Corpo Docente da Central de Concursos

BÁSICO DOS TRIBUNAIS

TRT - 2ª REGIÃO • TRF - 3ª REGIÃO • TRE - SP

TÉCNICO JUDICIÁRIO - ÁREA ADMINISTRATIVA

Direito Constitucional
Direito Administrativo
Direito Eleitoral
Matemática
Raciocínio Lógico
Informática
Noções de Arquivologia
Regimento Interno do TRE/SP

Editora Central de Concursos Ltda.
São Paulo
2015

Corpo Docente da Central de Concursos
Básico dos Tribunais: TRT - 2ª região, TRF - 3ª região e TRE - SP
Técnico Judiciário - Área Administrativa
São Paulo : Central de Concursos, 2015
848 p.; 21cm X 28cm.

1. Conhecimentos Básicos
ISBN 000-00-00000-00-0

Solicitamos a gentileza de, ao término de seus estudos, preencher a carta-resposta que se encontra na última folha e entregá-la em qualquer agência dos Correios. Sua opinião é fundamental para que possamos trabalhar sempre de modo a atender, cada vez mais, às suas expectativas.

Atenciosamente,
Os Editores

editoracao@centraldeconcursos.com.br
www.centraldeconcursos.com.br

Eventuais erratas e complementos referentes a esta publicação estarão disponíveis em nosso site.

Apresentação

Prezado(a) Candidato(a)

A equipe editorial da Central de Concursos apresenta o mais novo material para os concursos de Técnico Judiciário - Área Administrativa do TRT - 2ª região, TRF - 3ª região e TRE - SP.

Você encontrará as seguintes matérias: Direito Constitucional, Direito Administrativo, Direito Eleitoral, Matemática, Raciocínio Lógico, Informática, Noções de Arquivologia e Regimento Interno do Tribunal Regional Eleitoral de São Paulo de acordo com o conteúdos programáticos dos editais.

A Central de Concursos trabalha para desenvolver um material livre de erros e sempre atualizado (no que diz respeito à legislação), mas nem sempre conseguimos. Sendo assim, às vezes, se faz necessária a elaboração de erratas, atualizações e complementos, disponíveis para consulta e impressão em nosso site *www.centraldeconcursos.com.br*. Contamos com a sua compreensão.

Esperamos que este material possa ser de grande utilidade na conquista de sua vaga.

Aproveitamos a oportunidade para solicitar-lhe a gentileza de preencher a carta-resposta que se encontra na última folha desta apostila, e postá-la em qualquer agência dos Correios, de modo que possamos conhecer a sua opinião e buscar atender, cada vez mais, suas expectativas.

Departamento de Editoração
editoracao@centraldeconcursos.com.br

Sumário

DIREITO CONSTITUCIONAL

• Elaboração Edna Luiza Nobre Galvão •

1. Introdução

1. Constitucionalismo

Segundo o Professor Alexandre de Moraes, "a origem formal do constitucionalismo está ligada às Constituições escritas e rígidas dos Estados Unidos da América, em 1787, após a Independência das 13 Colônias, e da França, em 1791, a partir da Revolução Francesa, apresentando dois traços marcantes: *organização do Estado* e *limitação do poder estatal, por meio da previsão de direitos e garantias fundamentais*." (*Direito Constitucional, Ed. Atlas, 10ª edição, p. 33*).

O Constitucionalismo é um movimento democrático permeado pelo Iluminismo do século XVIII (chamado "século das luzes"), tendo surgido como contraponto ao Absolutismo.

Traz consigo uma onda de Constituições democráticas, protetora dos direitos dos indivíduos.

2. Direito Constitucional

O objeto do Direito Constitucional é o estudo da Constituição. Esta, por sua vez, deve determinar, fundamentalmente, o *modo de ser* do Estado, a sua *organização fundamental*.

Pode-se definir o Direito Constitucional, então, como sendo o ramo do direito que procura obter o conhecimento sistematizado das regras jurídicas relativas:
a) à forma do Estado;
b) à forma de Governo e ao sistema de Governo;
c) ao modo de aquisição e exercício do poder;
d) ao estabelecimento de seus órgãos;
e) aos limites de sua ação;
f) aos direitos e garantias fundamentais.

As regras acima mencionadas são "materialmente constitucionais", ou seja, devem necessariamente estar presentes em toda e qualquer Constituição.

Há, todavia, normas outras que, embora não digam respeito à matéria constitucional propriamente dita, costumam aparecer nas Constituições. São as regras "*formalmente* constitucionais", que se revestem do *status* de normas constitucionais, sem que regulem matéria rigorosamente constitucional.

Vejam-se, por exemplo, os dois parágrafos do artigo 242 da CF: "*§ 1º O ensino da História do Brasil levará em conta as contribuições das diferentes culturas e etnias para a formação do povo brasileiro*" e "*§ 2º O colégio Pedro II, localizado na cidade do Rio de Janeiro, será mantido na órbita federal*".

Tais regras não têm absolutamente nada a ver com o que deveria ser a matéria estritamente constitucional. A sua inclusão no corpo da Constituição, contudo, faz com que adquiram uma importância mais acentuada, já que qualquer modificação somente será possível por meio de emenda à Constituição.

À medida que a Constituição é a *Lei Maior* do Estado e subordina todo o ordenamento jurídico restante, o seu estudo assume extrema relevância. De fato, o Direito Constitucional fornece a base e o fundamento de todos os demais ramos do direito.

3. Teoria Geral do Estado

3.1. Introdução:

O tema "Teoria Geral do Estado" é tratado no curso de Direito como "cadeira autônoma", e, portanto, doutrinariamente também há uma divisão, entretanto, pela sua importância e necessidade para entendermos alguns conceitos presente no Direito Constitucional, passaremos aqui um panorama sobre o assunto (como se fosse um "Guia rápido e seguro"), visando facilitar o seu estudo de Direito Constitucional, lembrando inclusive que alguns editais pedem no conteúdo de Constitucional, normalmente como primeiro item a Teoria Geral do Estado.

Uma das obras mais clássicas sobre o tema no nosso País foi escrita em 1971 (*Elementos de Teoria Geral do Estado*, do mestre DALMO DALLARI[1]).

No Prefácio da 1ª edição, o professor lembra que "o problema do Estado passou a ser um problema de todos, uma vez que ninguém pode praticar qualquer ato de alguma repercussão social, ainda que muito restrita, sem levar em conta as diretrizes do Estado."

Já no Prefácio da 20ª edição (2009), DALLARI ilustra e nós destacamos aqui, para facilitar a importância do tema que "Nesses anos todos, o mundo tem passado por profundas transformações, o papel do Estado foi e continua sendo questionado, alteraram-se com maior ou menor amplitude suas formas de organização e atuação. Mas permanece o reconhecimento de enorme influência do Estado na vida da humanidade e, cada vez mais, é objeto de preocupação a conciliação da eficiência do Estado com a preservação dos direitos fundamentais da pessoa humana. [...] Na busca desse conhecimento é necessário reconhecer que nenhuma teoria tem valor algum se não servir para a prática. A par disso é preciso ter em conta que o Estado, criação humana e instrumento de seres humanos, não é bom ou mau em si mesmo, mas será aquilo que forem as pessoas que o controlarem." (g.n.)

3.2. Conceito:

Conceitualmente, segundo HÉLCIO DALLARI JÚNIOR, a Teoria Geral do Estado pode ser entendida como "um conjunto de princípios, análises e estudos que dão fundamento de validade à existência de uma ciência que tem por objetivo o conhecimento e o aperfeiçoamento do Estado."[2]

Ao falarmos sobre Teoria Geral do Estado, temos obrigatoriamente de abordar, mesmo que superficialmente a questão da sociedade, do Estado em si e do Governo.

3.3. Sociedade:

Sobre a sociedade, temos duas posições: a chamada **sociedade natural**, própria da natureza humana, e a **sociedade criada pelo ser humano** através dos séculos.

Atualmente predomina a sociedade natural, mas também levando em conta as necessidades do ser humano, ou seja, haveria uma miscelânea, mas ainda com a predominância da natureza humana.

A doutrina de um modo geral apresenta **três características** comuns a todas as sociedades: **valor social**, **manifestações ordenadas** e **poder social**.

O professor DALMO DALLARI lembra-nos que a sociedade acaba criando um paradoxo entre os benefícios e as limitações: "A vida em sociedade traz evidentes benefícios ao homem, mas por outro lado, favorece a criação de uma série de limitações que, em certos momentos e em determinados lugares, são de tal modo numerosas e frequentes que chegam a afetar seriamente a própria liberdade humana."[3]

3.4. Estado:

Com relação ao **Estado**, sob o ponto de vista histórico, "é uma formação política que surge a partir do final da Idade Média na Europa, não podendo ser transportado como conceito para tempos passados em que, efetivamente, não existia. A utilização de termos como "Estado Antigo" ou "Estado Medieval" é, portanto, totalmente questionável."[4], ou ainda, "todas as sociedades políticas que, com autoridade superior, fixaram as regras de convivência de seus membros".[5]

Pensamento marcante acerca do tema foi de **MAQUIAVEL**: "Todos os Estados, todos os domínios que têm tido ou têm império sobre os homens são Estados, e são repúblicas ou principados".[6]

Assim como a sociedade (natural ou "artificial"), há também questionamentos acerca do Estado: época do aparecimento? Motivos que determinaram tal surgimento?

Questionável ou não, ao falarmos de Estado, falamos em organização, portanto, em comunidades e, com a formação destas, conforme estudo precioso de GEORG JELLINEK em *Teoría General del Estado*, surgem então em ordem cronológica os "Estados Antigo, Grego, Romano, Medieval e o Moderno" na chamada evolução histórica do Estado.

ADERSON DE MENEZES, citado por DALMO DALLARI, afirmou que "que os tipos estatais não têm um curso uniforme.

No Estado Antigo (ou Oriental ou Teocrático) há a criação das comunidades a partir de 9000 a.C. até aproximadamente 612 a.C. A ocupação permanente das regiões pelas comunidades é denominado **período Neolítico**.

[1] DALLARI, Dalmo de Abreu. *Elementos de teoria geral do Estado.* 28ª ed. São Paulo: Saraiva, 2009.
[2] DALLARI JÚNIOR, Hélcio de Abreu. *Teoria geral do Estado contemporâneo.* São Paulo: Rideel, 2008.
[3] DALLARI, Dalmo de Abreu. Op. cit.
[4] DIMOULIS, Dimitri (coord.). Dicionário brasileiro de direito constitucional. São Paulo: Saraiva, 2007.
[5] DALLARI, Dalmo de Abreu. Op. cit.
[6] MAQUIAVEL, Nicolau. O Príncipe (comentários de Napoleão Bonaparte). 18ª. ed. São Paulo: Hemus, 2006.

Características: natureza unitária (não admite divisão interior, territorial, nem de funções) e a religiosidade (a influência predominante foi a religiosa, havendo dois poderes, sendo um humano e um divino).

No Estado Grego o destaque é o Império Grego (750 a.C. até por volta de 146 a.C.), cujo período possui uma parte concomitante com o Estado Antigo. Destacamos aqui a tríade usada até hoje: **soberania, povo e território**. Muitos chamam o Estado Grego de Estado Cidade. Temos aqui a chamada *polis* grega (cidade-Estado).

Destaque ao pensamento do filósofo grego, conhecido como "o príncipe eterno dos verdadeiros filósofos" – ARISTÓTELES: "a sociedade constituída por diversos pequenos burgos forma uma sociedade completa, com todos os meios de se abastecer por si, tendo atingido, por assim dizer, o fim a que se propôs".[7]

No denominado Estado Romano, que também é chamado de Estado Cidade pelas mesmas razões já vistas (aqui, ao invés da *polis* grega, há a *civitas*), teve também um período concomitante ao Estado Grego, pois Roma foi fundada em 754 a.C. e o Império inicia-se em 31 a.C. até por volta de 235 d.C. Características: base familiar da organização e participação do povo no governo (povo aqui não era "todo mundo", mas uma parcela estreita e elitizada da população).

O Estado Medieval, com início no século V d.C. até o século XV d.C., também chamado de Estado Feudal e talvez por isso denominado por alguns como a "noite negra" da história da Humanidade, inova ao politizar a organização da sociedade. Durante os últimos séculos deste período, há uma luta entre o Papa e o Imperador. Características: cristianismo, invasões dos bárbaros e o feudalismo.

Por fim, o Estado Moderno, a partir do século XV d.C. trouxe o Estado Absoluto, o Estado Liberal e o Estado Social. É aqui que a tríade "Soberania, Território e Povo" se estabelece como elemento constitutivo do Estado, sendo também sua característica marcante. Há uma divergência doutrinária enorme sobre a quantidade destes elementos essenciais, e ainda, sobre sua qualificação, como por exemplo, a questão da soberania, defendida por alguns como autoridade ou ainda como governo. É certo que as provas de um modo em geral, seguem a "linha clássica" mencionada no início, em que pese o mestre DALMO DALLARI acrescer "finalidade" a tríade: "Em face dessa variedade de posições, sem descer aos pormenores de cada teoria, vamos proceder à análise de quatro notas características – a soberania, o território, o povo e a finalidade –, cuja síntese nos conduzirá a um conceito de Estado que nos parece realista, porque considera todas as peculiaridades verificáveis no plano da realidade social. Evidentemente, a noção de ordem jurídica já se acha implícita, uma vez que vai analisar determinada sociedade e todas as sociedades são ordens jurídicas. Quanto à finalidade, que também poderia parecer implícita na qualificação preliminar de sociedade política, o problema é diferente, uma vez que, como procuraremos demonstrar, há uma finalidade própria do Estado, que não deixa de ser política mas que apresenta certas peculiaridades."[8] (g.n.)

3.4.1. Elementos constitutivos do Estado: a doutrina de um modo geral apresenta elementos de ordem formal e de ordem material. De ordem formal há a **soberania**. De ordem material há o **elemento humano** e o **território**.

3.4.1.1. Soberania: trata-se de um dos fundamentos da República Federativa do Brasil, estampada no art. 1°, inciso I da Constituição[9]. É a "qualidade essencial do Estado, também entendida como um sinônimo de poder do Estado, cuja unidade não impede a divisão vertical (federalismo) ou horizontal (organização dos poderes) do seu exercício".[10] ALEXANDRE DE MORAES citando o magistério de MARCELO CAETANO, afirma que soberania consiste em um "poder político supremo e independente, entendendo-se por poder supremo aquele que não está limitado por nenhum outro na ordem interna e por poder independente aquele que, na sociedade internacional, não tem de acatar regras que não sejam voluntariamente aceites e está em pé de igualdade com os poderes supremos dos outros povos". O próprio autor afirma que "É a capacidade de editar suas próprias normas, sua própria ordem jurídica (a começar pela Lei Magna), de tal modo que qualquer regra heterônoma só possa valer nos casos e nos termos admitidos pela própria Constituição."[11]

3.4.1.2. Povo: a ideia aqui deve ser ampla, algo como as pessoas que estão naquele território definido. O Dicionário Brasileiro de Direito Constitucional o define como o "conjunto dos cidadãos que tomam as decisões políticas fundamentais do Estado conforme a Constituição. Fonte e destino das ações do poder político e titular da soberania."[12] PEDRO LENZA, ao abordar o tema "nacionalidade", diferenciando "povo" de "população", o faz assim: "conjunto de pessoas que fazem parte do Estado – o seu elemento humano –, unido ao Estado pelo vínculo jurídico-político da nacionalidade."[13]

[7] ARISTÓTELES, A Política

[8] DALLARI, Dalmo de Abreu. Op. cit

[9] Art. 1º. A República Federativa do Brasil, formada pela união indissolúvel dos Estados e Municípios e do Distrito Federal, constitui-se em Estado Democrático de Direito e tem como fundamentos: I - a soberania;

[10] DIMOULIS, Dimitri (coord.). Op. cit.

[11] MORAES, Alexandre de. Direito Constitucional. 26ª ed. rev. e atual. São Paulo: Atlas, 2010.

[12] DIMOULIS, Dimitri (coord.). Op. cit.

[13] LENZA, Pedro. Direito Constitucional Esquematizado.

3.4.1.3. Território: conceito que surge no Estado Moderno é indispensável para a existência do Estado. Resumidamente, DALMO DALLARI afirma que "Não existe Estado sem território. No momento mesmo de sua constituição o Estado integra num conjunto indissociável, entre outros elementos, um território, de que não pode ser privado sob pena de não ser mais Estado. A perda temporária do território, entretanto, não desnatura o Estado, que continua a existir enquanto não se tornar definitiva a impossibilidade de se reintegrar o território com os demais elementos. O mesmo se dá com as perdas parciais de território, não havendo qualquer regra quanto ao mínimo de extensão territorial."[14]

3.4.2. Acepções do Estado:

3.4.2.1. Acepção filosófica: HEGEL definiu o Estado como a "realidade da ideia moral", a "substância de si mesma" e a "manifestação visível da divindade".

3.4.2.2. Acepção jurídica: KANT afirmou que era "a reunião de uma multidão de homens vivendo sob as leis do Direito". Definiu o Estado como "o sujeito da ordem jurídica na qual se realiza a comunidade de vida de um povo". DEL VECCHIO citado por PAULO BONAVIDES, afirma que "o Estado é o laço jurídico ou político ao passo que a Sociedade é uma pluralidade de laços".[15]

3.4.2.3. Acepção sociológica: BONAVIDES cita OSWALDO SPENGLER, OPPENHEIMER e DUGUIT pela marcação sociológica.[16] SPENGLER afirma que o Estado é uma "instituição social, que um grupo vitorioso impôs a um grupo vencido, com o único fim de organizar o domínio do primeiro sobre o segundo e resguardar-se contra rebeliões intestinas e agressões estrangeiras". OPPENHEIMER por sua vez, afirmou que o Estado "é coação e pelo conteúdo exploração econômica". Finalizando, DUGUIT considera "o Estado coletividade que se caracteriza apenas por assinalada e duradoura diferenciação entre fortes e fracos, onde os fortes monopolizam a força, de modo concentrado e organizado".

3.4.3. Momento da criação do Estado:

Voltando à questão do **momento da criação** do Estado, BALLADORE PALLIERI, citado por DALMO DALLARI, afirma que "a data oficial em que o mundo ocidental se apresenta organizado em Estados é a de 1648, ano em que foi assinada a paz de Westfália".[17]

[14] DALLARI, Dalmo de Abreu. Op. cit.
[15] BONAVIDES, Paulo. Ciência política. 14ª ed. São Paulo: Malheiros, 2007.
[16] BONAVIDES, Paulo. Op. cit.
[17] DALLARI, Dalmo de Abreu. Op. cit.

3.4.4. Causas de aparecimento do Estado:

Quanto às **causas de aparecimento dos Estados**, afirma-se a existência originária e derivada.

Sobre a formação originária, temos a visão natural (ou espontânea) e contratual (criação contratualista do Estado).

Ainda na existência originária, temos também a visão não-contratual, destacando-se a origem familial ou patriarcal; origem em atos de força, de violência, ou de conquista; origem em causas econômicas ou patrimoniais e origem no desenvolvimento interno da sociedade.

Sobre a formação derivada, esta tem como base os Estados preexistentes (processo mais comum atualmente e, portanto, mais provável de aparecer numa prova!). Existem, em regra, dois processos nesta formação: fracionamento e união.

Tomando novamente o magistério de DALMO DALLARI, "Tem-se o fracionamento quando uma parte do território de um Estado se desmembra e passa a constituir um novo Estado." (g.n.). Já na união de Estados, ocorrerá a adoção de uma Constituição comum, desaparecendo os Estados preexistentes que aderiram à União. No mesmo magistério, o professor afirma sobre a união que "Neste caso, dois ou mais Estados resolvem unir-se, para compor um novo Estado, perdendo sua condição de Estados a partir do momento em que se completar a união e integrando-se, a partir daí, no Estado resultante. Todos os componentes desaparecem como Estados, surgindo em seu lugar uma nova entidade, que absorve todas as características de Estado que pertenciam àqueles que se uniram para formá-lo. A formação de Estados, tendo como origem uma união de outros preexistentes, tem sido mais comum através da constituição de federações, preferindo-se esta forma porque, não obstante submeter todos os componentes a um poder central único, bem como a uma Constituição comum, permite a preservação de autonomias locais e das características sócio-culturais de cada componente da Federação. Nada impede, porém, que alguns Estados resolvam unir-se para compor um novo Estado, preferindo dar a este uma organização unitária, não-federal. O que é característico no processo de constituição de um Estado pela união de Estados preexistentes é que estes últimos perdem a condição de Estados no momento em que se concretiza a união." (g.n.)

3.5. Estado e Governo: fechando nossa ideia de "noções gerais", o tema em tela é de suma importância, pois abordaremos a **Democracia** e suas formas e as **formas de Governo**.

A base do conceito de Estado Democrático é a noção de **governo pelo povo** (base etimológica).

Afirmamos sempre em aula que democracia é o governo do povo, para o povo e pelo povo, ou seja, o verdadeiro titular do poder é o povo.

JOSÉ AFONSO afirma que "Democracia é conceito histórico. Não sendo por si um valor-fim, mas meio e instrumento de realização de valores de convivência humana, que se traduzem basicamente nos direitos fundamentais do homem, compreende-se que a historicidade destes a envolva na mesma medida, enriquecendo-lhe o conteúdo a cada etapa do evolver social, mantido sempre o princípio básico de que ela revela um regime político em que o poder repousa na vontade do povo. Sob esse aspecto, a democracia não é um mero conceito político abstrato e estático, mas é um processo de afirmação do povo e de garantia dos direitos fundamentais que o povo vai conquistando no correr da história."[18]

O Dicionário Brasileiro de Direito Constitucional define democracia como "Regime político caracterizado pelo exercício do poder sobre a base da efetiva participação do povo soberano nas decisões políticas, sempre à procura da realização de valores de convivência humana como a igualdade, a liberdade, a justiça e a dignidade das pessoas."[19]

3.5.1. Formas de democracia: direta, representativa e semidireta.

3.5.1.1. Democracia direta: o povo exerce o poder, sem intermediários. Segundo os historiadores, na forma "pura", só existe em alguns Cantões da Suíça (chamada de *Landsgemeinde*, era uma espécie de assembleia aberta a todos os cidadãos – foi o órgão supremo de todos os pequenos Cantões suíços).

As formas de democracia direta são: plebiscito, referendo, iniciativa popular, veto popular e o *recall*. DALMO DALLARI faz uma observação aqui que merece cautela: "Há vários outros institutos que, embora considerados por alguns autores como característicos da democracia direta, não dão ao povo a possibilidade de ampla discussão antes da deliberação, sendo por isso classificados pela maioria como representativos da *democracia semidireta*."[20]

Resumidamente, **plebiscito** é uma consulta popular prévia, ou seja, a priori pergunta-se ao povo o que quer fazer, sobre determinados assuntos. Alguns chamam-no de "referendo consultivo".

[18] SILVA, José Afonso da. Curso de direito constitucional positivo. 32ª ed. rev. e atual. São Paulo: Malheiros, 2009.

[19] DIMOULIS, Dimitri (coord.). Op. cit.

[20] DALLARI, Dalmo de Abreu. Op. cit.

O **referendo** por sua vez também é uma consulta popular, porém, a posteriori, ou seja, pergunta-se ao povo se concorda acerca de algo em matéria legislativa que já esteja pronto, porém com uma eficácia condicionada ao resultado do referendo. A origem está nas aprovações das leis *ad referendum* do povo nas antigas Dietas das Confederações Germânicas e Helvéticas. Alguns autores chamam-no de "plebiscito confirmatório".

Iniciativa é a primeira fase do processo legislativo e pode ser de várias formas: conjunta, exclusiva, concorrente, geral... e popular. A **iniciativa popular** é mais uma forma de democracia direta. Nela é possível, obedecidas a determinadas regras, que o povo apresente um projeto de lei. Teceremos mais comentários no tópico "Democracia no Brasil".

Veto popular é um instrumento que possibilita à população local manifestar-se contrário a uma medida ou lei, vetando-as, depois de publicadas, porém ainda em vias de entrar em execução. No caso das leis diria tranquilamente que estariam no período da *vacatio legis*.

Recall, conforme magistério de BONAVIDES, "Com o *recall* revogar-se-ia o mandato do representante, antes de expirar o prazo legal de seus poderes, desde que determinada parcela de eleitores tomasse iniciativa a esse respeito, daí resultando eventualmente a cessação ou a renovação do mandato que se questionou."[21] Uma variante do recall é o *Abberufungsrecht*, que trata de uma forma de revogação coletiva, de uma assembleia (no *recall* o objetivo é cassar o mandado de um indivíduo).

3.5.1.2. Democracia indireta: também conhecida como representativa, o povo é titular do poder, mas desta vez não o exerce, tendo intermediários para isso, sendo a forma mais comum nos países democráticos.

3.5.1.3. Democracia semidireta: também conhecida como participativa, é a forma adotada pelo Brasil. É uma espécie híbrida, ou seja, tem na sua essência a forma indireta, com "toques" de democracia direta, no caso do nosso País, através dos institutos do plebiscito, referendo e da iniciativa popular. PEDRO LENZA leciona sobre o tema da seguinte forma: "A democracia participativa ou semidireta assimilada pela CF/88 (arts. 1º, parágrafo único, e 14) caracteriza-se, portanto, como a base para que se possa, na atualidade, falar em participação popular no poder por intermédio de um processo, no caso, o exercício da soberania que se instrumentaliza através do plebiscito, referendo, iniciativa popular, bem como pelo ajuizamento da ação popular".[22]

[21] BONAVIDES, Paulo. Op. cit.

[22] LENZA, Pedro. Direito Constitucional Esquematizado. 15ª ed. rev. atual. e ampl. São Paulo: Saraiva, 2011.

3.5.2. Democracia no Brasil: nosso texto constitucional logo na abertura preambular assim afirma:

"Nós, representantes do povo brasileiro, reunidos em Assembléia Nacional Constituinte para instituir um Estado Democrático, destinado a assegurar o exercício dos direitos sociais e individuais, a liberdade, a segurança, o bem-estar, o desenvolvimento, a igualdade e a justiça como valores supremos de uma sociedade fraterna, pluralista e sem preconceitos, fundada na harmonia social e comprometida, na ordem interna e internacional, com a solução pacífica das controvérsias, promulgamos, sob a proteção de Deus, a seguinte CONSTITUIÇÃO DA REPÚBLICA FEDERATIVA DO BRASIL." (g.n.)

O art. 1º repete os dizeres preambulares:

"Art. 1º. A República Federativa do Brasil, formada pela união indissolúvel dos Estados e Municípios e do Distrito Federal, constitui-se em Estado Democrático de Direito e tem como fundamentos:" (g.n.)

O parágrafo único do art. 1º traz a essência da questão já estudada:

"Parágrafo único. Todo o poder emana do povo, que o exerce por meio de representantes eleitos ou diretamente, nos termos desta Constituição." (g.n.)

Do texto preambular, assim como do art. 1º, vimos que a República Federativa do Brasil é um Estado Democrático. Da interpretação do parágrafo único temos que o regime democrático adotado pela República Federativa do Brasil é o **participativo** (democracia semidireta), trazendo a titularidade do poder ao povo, porém, "dividindo" o exercício deste poder: através dos representantes eleitos (aqui predomina a democracia representativa) ou diretamente (nos termos do art. 14, abaixo reproduzido).

"Art. 14. A soberania popular será exercida pelo sufrágio universal e pelo voto direto e secreto, com valor igual para todos, e, nos termos da lei, mediante: I - plebiscito; II - referendo; III - iniciativa popular."

No Brasil, existem três formas de exercício direto do poder, na forma do art. 14 acima descrito. Destas formas, já comentei um pouquinho de cada uma em tópicos anteriores. Agora, vamos analisá-las na forma constitucional.

Inicialmente tanto o plebiscito, quanto o referendo necessitam de convocação do Congresso Nacional, na forma do art. 49, inciso XV da Constituição. Vejamos:

"Art. 49. É da competência exclusiva do Congresso Nacional: XV - autorizar referendo e convocar plebiscito;"

Na prática, o plebiscito atualmente é usado nas questões de incorporação, subdivisão e desmembramento dos Estados, bem como, na criação, incorporação, fusão e desmembramento dos Municípios, na forma do art. 18, §§ 3º e 4º da Constituição. Vejamos:

"Art. 18, § 3º. Os Estados podem incorporar-se entre si, subdividir-se ou desmembrar-se para se anexarem a outros, ou formarem novos Estados ou Territórios Federais, mediante aprovação da população diretamente interessada, através de plebiscito, e do Congresso Nacional, por lei complementar." (g.n.)
"§ 4º. A criação, a incorporação, a fusão e o desmembramento de Municípios, far-se-ão por lei estadual, dentro do período determinado por Lei Complementar Federal, e dependerão de consulta prévia, mediante plebiscito, às populações dos Municípios envolvidos, após divulgação dos Estudos de Viabilidade Municipal, apresentados e publicados na forma da lei." (g.n.)

O exemplo mais importante recente em nossa história sobre plebiscito ocorreu no dia 21 de abril de 1993, onde o eleitorado escolheu a forma e o sistema do governo, conforme art. 2º dos Atos das Disposições Constitucionais Transitórias (ADCT), alterado pela Emenda Constitucional de 1992. Vejamos:

"Art. 2º. No dia 7 de setembro de 1993 o eleitorado definirá, através de plebiscito, a forma (república ou monarquia constitucional) e o sistema de governo (parlamentarismo ou presidencialismo) que devem vigorar no País. (g.n.)
EC 02/92 – "O plebiscito de que trata o art. 2º do Ato das Disposições Constitucionais Transitórias realizar-se-á no dia 21 de abril de 1993."

Sobre o referendo, nosso exemplo mais recente e "famoso" ocorreu com o "Estatuto do Desarmamento", ou seja, a Lei nº 10.826/03, onde o seu art. 35 trouxe a disposição do referendo nos seguintes termos:

"Art. 35. É proibida a comercialização de arma de fogo e munição em todo o território nacional, salvo para as entidades previstas no art. 6º desta Lei.
§ 1º. Este dispositivo, para entrar em vigor, dependerá de aprovação mediante referendo popular, a ser realizado em outubro de 2005.
§ 2º. Em caso de aprovação do referendo popular, o disposto neste artigo entrará em vigor na data de publicação de seu resultado pelo Tribunal Superior Eleitoral." (g.n.)

Agora sobre a iniciativa popular no âmbito federal (no âmbito estadual há variações quanto ao seu alcance), temos sua previsão no art. 61, § 2º da Constituição. Vejamos:

"Art. 61, § 2º. A iniciativa popular pode ser exercida pela apresentação à Câmara dos Deputados de projeto de lei subscrito por, no mínimo, um por cento do eleitorado nacional, distribuído pelo menos por cinco Estados, com não menos de três décimos por cento dos eleitores de cada um deles." (g.n.)

Nosso melhor e mais atual exemplo foi a "Lei da Ficha Limpa".

Segundo o site *Wikipédia, a enciclopédia livre*, "Ficha Limpa é uma lei brasileira originada de um projeto de lei de iniciativa popular que reuniu mais de 2 milhões de assinaturas. O projeto tenta impedir que políticos com condenação na Justiça possam concorrer às eleições. O Projeto foi aprovado na Câmara dos Deputados no dia 5 de maio de 2010 e também foi aprovado no Senado Federal no dia 19 de maio de 2010 por votação unânime. Foi sancionado pelo Presidente da República, transformando-se na Lei Complementar nº 135, de 4 de junho de 2010."[23] (g.n.)

3.5.3. Formas de Governo: alguns autores denominam forma de governo como regime político. Lembramos que a forma mais utilizada nas provas é forma de governo.

Abordaremos aqui, portanto, a **monarquia** e a **república**. Sobre as demais formas, DALMO DALLARI, com precisão cirúrgica afirma: "Como última observação preliminar é conveniente esclarecer que na classificação só se procuram as características das formas *normais* de governo, aquelas que se estabelecem em decorrência da evolução natural dos fenômenos políticos. As formas *anormais*, que são os totalitarismos ou as ditaduras de homens ou de grupos, não comportam subclassificações, porque são regimes apoiados na força e que impedem a expansão natural das vocações políticas. Dessa maneira, seria inútil estudá-los, porque eles não obedecem a outra lei que não a da força. Basta, portanto, mencioná-los como regimes de força, dando-lhes o nome de tirania, despotismo, totalitarismo ou ditadura, de acordo com o uso de cada época e lugar."[24] (g.n.)

3.5.3.1. Monarquia: há duas espécies, a monarquia absoluta (não sujeita a limitações jurídicas) e a monarquia constitucional (o rei governa com limitações jurídicas).

Características: vitaliciedade, hereditariedade e irresponsabilidade.

Vitaliciedade: o monarca pode governar enquanto viver (tendo condições para isso).

Hereditariedade: prevalece a linha sucessória.

Irresponsabilidade: não há responsabilidade política (o monarca não deve explicações a ninguém, seja o povo ou órgão governamental).

[23] http://pt.wikipedia.org/wiki/Ficha_Limpa. Acesso em 25 de junho de 2011.
[24] DALLARI, Dalmo de Abreu. Op. cit.

3.5.3.2. República: é a forma que se opõe à monarquia.

Características: temporariedade, eletividade e responsabilidade.

Seguindo mais uma vez o magistério de DALMO DALLARI[25], temos: "As características fundamentais da república, mantidas desde o século XVII e que foram a razão de seu prestígio e de sua receptividade, são as seguintes:

Temporariedade. O Chefe de Governo recebe um mandato, com o prazo de duração predeterminado. E para evitar que as eleições reiteradas do mesmo indivíduo criasse um paralelo com o a monarquia, estabeleceu-se a proibição de reeleições sucessivas.

Eletividade. Na república o Chefe do Governo é eleito pelo povo, não se admitindo a sucessão hereditária ou por qualquer forma que impeça o povo de participar da escolha.

Responsabilidade. O Chefe de governo é politicamente responsável, o que quer dizer que ele deve prestar contas de sua orientação política, ou ao povo diretamente ou a um órgão de representação popular." (g.n.)

5.4. Sistemas de governo: parlamentarismo e presidencialismo.

5.4.1. Parlamentarismo: segundo o Dicionário Brasileiro de Direito Constitucional, é o "Regime político caracterizado pelo fato de vincular o Poder Executivo ao Poder Legislativo, distinguindo-se as figuras de um chefe de Estado, monarca ou presidente da República, e de um chefe de governo que, depois de receber aprovação do parlamento, se torna primeiro-ministro."[26]

5.4.2. Presidencialismo: neste caso, o presidente da República é Chefe do Estado e Chefe do Governo. É o que chamamos no Brasil de "Executivo monocrático", pois a chefia do Executivo é unipessoal. O presidente da República será escolhido pelo povo e por um prazo determinado.

4. Constituição

Conceito

Sistema de normas jurídicas, escritas ou costumeiras, que regula a forma do Estado, a forma de seu Governo, o modo de aquisição e o exercício do poder, o estabelecimento de seus órgãos e os limites de sua ação (José Afonso da Silva).

[25] DALLARI, Dalmo de Abreu. Op. cit.
[26] DIMOULIS, Dimitri (coord.). Op. cit.

Classificação

As Constituições existentes nos vários países podem ser classificadas quanto ao *conteúdo*, à *forma*, ao *modo de elaboração*, à *origem* e à *estabilidade*.

a) Quanto ao ***conteúdo***, as Constituições podem ser:

Materiais - são aquelas cujas normas *somente* regulam a estrutura do Estado, a organização de seus órgãos e os direitos fundamentais.

Formais - além das normas anteriormente mencionadas possuem normas outras, com conteúdo que não é materialmente constitucional; é o caso da Constituição do Brasil.

b) Quanto à ***forma***, podem ser:

Escritas - considera-se escrita a Constituição quando codificada e sistematizada num *texto único*, elaborado por um órgão constituinte, encerrando todas as normas tidas como fundamentais do país.

Não escritas (também chamadas de consuetudinárias) - são aquelas Constituições cujas normas não constam de um documento único e solene, mas são baseadas principalmente nos costumes, na jurisprudência[27] e em convenções e textos legais esparsos. É o que ocorre na Inglaterra.

c) Quanto ao ***modo de elaboração***, podem ser:

Dogmáticas - sempre escritas, são elaboradas por um órgão constituinte e sistematizam os dogmas ou ideias fundamentais da teoria política e do direito, dominantes no momento de sua elaboração.

Históricas - sempre não escritas, são resultantes da lenta formação histórica, do lento evoluir das tradições e/ou dos fatos sócio-políticos e culturais; enfim, da história dos países.

d) Quanto à ***origem***, podem ser:

Populares (também chamadas de promulgadas ou democráticas) - são aquelas que se originam de um órgão constituinte composto de representantes do povo, eleitos com a finalidade de elaborá-las.

Outorgadas - são aquelas elaboradas e estabelecidas *sem a participação do povo*, ou seja, são impostas pelos governantes.

Como exemplos das primeiras, podem ser previstas as Constituições Brasileiras de 1891, 1934, 1946 e 1988, e das segundas, as Constituições Brasileiras de 1824, 1937 e 1967.

[27] Jurisprudência: conjunto dos resultados dos julgamentos, ou seja, das decisões judiciais (acórdãos dos Tribunais).

e) Quanto à ***estabilidade***, podem ser:

Rígidas - são aquelas somente alteráveis mediante processos, solenidades e exigências formais especiais, diferentes e mais difíceis que os de formação das leis ordinárias[28] e das leis complementares[29].

Flexíveis - são aquelas que podem livremente ser modificadas pelo legislador, segundo o mesmo processo de elaboração das leis ordinárias. Na realidade, a própria lei ordinária posteriormente promulgada muda o texto constitucional.

Semirrígidas - são aquelas que possuem uma parte rígida e uma parte flexível.

A partir dos critérios acima enumerados, podemos concluir então que a atual Constituição Brasileira é: formal, escrita, dogmática, democrática e rígida.

5. Noções Gerais sobre Aplicabilidade e Eficácia das Normas Constitucionais

5.1. Introdução:

O tema sempre foi conhecido e discutido na doutrina estrangeira, mas aqui no Brasil começou a ser debatido de forma mais expressiva a partir de 1967 através da monografia do professor JOSÉ AFONSO DA SILVA, monografia esta que virou livro[30], o qual tomo como base para nosso texto.

As normas constitucionais e sua eficácia são temas recorrentes nos concursos públicos de um modo geral, portanto cautela com o tema, principalmente na espécie "norma constitucional de eficácia jurídica contida"!

Doutrinariamente o tema não apresenta dificuldades, porém, na prática, quando da análise do texto constitucional, verificamos uma dificuldade em classificar o texto na divisão clássica: **plena, limitada e contida.** Nesse sentido, JOSÉ AFONSO afirma que "Não é fácil determinar um critério para distinguir as normas constitucionais de eficácia plena daquelas de eficácia contida ou limitada. Constitui, mesmo, esse,

[28] Leis Ordinárias: são as leis comuns; exigem, para sua aprovação, *maioria simples* (número inteiro superior à metade dos parlamentares presentes à votação).

[29] Leis Complementares: são leis que se destinam a regular determinadas matérias arroladas no texto constitucional, conforme previsão e exigência da própria Lei Maior. As leis complementares possuem processo legislativo mais complexo do que o das leis ordinárias, exigindo, para sua aprovação, *maioria absoluta* (número inteiro superior à metade de todos os parlamentares da Casa).

[30] SILVA, José Afonso da. Aplicabilidade das normas constitucionais. 6ª ed. São Paulo: Malheiros, 2003.

um problema tormentoso de interpretação das normas constitucionais, e a sua solução se reveste, não obstante, de grande importância prática".[31] (g.n.)

Todas as normas constitucionais são dotadas de alguma eficácia, no mínimo pela posição hierárquica superior em relação às demais normas (infraconstitucionais), ou seja, na prática, como veremos abaixo na norma constitucional de eficácia jurídica limitada, até ela (limitada), possui aplicabilidade.

Quanto à eficácia, MICHEL TEMER aponta duas espécies: uma social e uma jurídica. Segundo nosso vice-presidente da República e constitucionalista renomado, "*Eficácia social* se verifica na hipótese de a norma vigente, isto é, com potencialidade para regular determinadas relações, ser efetivamente aplicada a casos concretos. *Eficácia jurídica*, por sua vez, significa que a norma está apta a produzir efeitos jurídicos na medida em que a sua simples edição resulta na revogação de todas as normas anteriores que com ela conflitam".

5.2. Classificação:

A doutrina, ao tratar do tema classifica as normas constitucionais quanto à sua eficácia como plena, limitada e contida (ou redutível).

5.2.1. Norma constitucional de eficácia jurídica plena:

A norma plena, como o próprio nome diz, não depende de nada para alcançar todos os seus efeitos. Lembramos que já se trata de uma norma constitucional, ocupando, portanto, o ápice da pirâmide, e sendo plena, não dependerá do legislador para nada.

Sobre as normas plenas, VEZIO CRISAFULLI citado por TEMER afirmou que:

"*Normas constitucionais de eficácia plena*: são aquelas de aplicabilidade imediata, direta, integral, independendo de legislação posterior para a sua inteira operatividade. Desse teor é a norma do art. 1º da Carta Constitucional: "A República Federativa do Brasil, formada pela união indissolúvel dos Estados e Municípios e do Distrito Federal, constitui-se em Estado Democrático de Direito e tem como fundamentos (...)." São normas bastantes em si, que não necessitam da intermediação do legislador infraconstitucional".[32]

Conceituando, novamente citamos o professor JOSÉ AFONSO, o qual direciona o tema como sendo "aquelas que, desde a entrada em vigor da constituição, produzem, ou têm possibilidade de produzir, todos os efeitos essenciais, relativamente aos interesses de produzir, todos os efeitos essenciais, relativamente aos interesses, comportamentos e situações, que o legislador constituinte, direta e normativamente, quis regular". O mestre continua: "A orientação doutrinária moderna é no sentido de reconhecer eficácia plena e aplicabilidade imediata à maioria das normas constitucionais, mesmo a grande parte daqueles de caráter sócio-ideológico, as quais até bem recentemente não passavam de princípios programáticos. Torna-se cada vez mais concreta a outorga dos direitos e garantias sociais das constituições. A Constituição Federal, no entanto, revelou acentuada tendência para deixar ao legislador ordinário a integração e complementação de suas normas. Mesmo assim, uma simples análise mostra que a maioria de seus dispositivos acolhe normas de eficácia plena e aplicabilidade direta e imediata".[33]

5.2.2. Norma constitucional de eficácia jurídica limitada:

Na norma limitada "falta algo", ou seja, ao contrário da plena, estudada acima, aqui precisaremos da interposição do legislador (*interpositio legislatoris*). Mas não nos esqueçamos que trata-se de norma constitucional, ou seja, ela produz efeitos, tem aplicabilidade pela posição hierárquica, mesmo sem o surgimento da lei.

Vejamos um exemplo clássico: a Constituição no art. 37, inciso VII afirma que "o direito de greve será exercido nos termos e nos limites definidos em lei específica;" (g.n.), temos aqui, portanto, uma norma constitucional de eficácia jurídica limitada. Atualmente inexiste tal lei que regulamente a greve do servidor público civil (lembrando que a Constituição veda a greve aos militares, tanto os federais, quanto os estaduais ou distritais), daí poderíamos pensar: para que serve então esta norma? Não vamos esquecer que trata-se de norma constitucional, portanto, automaticamente ela tem dois efeitos, conhecidos pela doutrina como "efeito paralisante" e "efeito revogador", ou seja, só pelo fato de ser uma norma constitucional, ela paralisaria qualquer projeto de lei que fosse contrário ao disposto na Constituição, pela relação de compatibilidade vertical (pelo menos é isso que esperamos das Comissões de Constituição e Justiça das Casas legislativas). Quanto ao efeito "revogador", o termo em si não é dos melhores, pois estamos falando da "chegada" da Constituição, ou seja, do fenômeno da recepção, que na prática irá realmente revogar as normas anteriores que não forem compatíveis materialmente com o novo ordenamento constitucional, mas o correto é falarmos que a norma não foi recepcionada.

[31] SILVA, José Afonso da. Op. cit.

[32] TEMER, Michel. Elementos de direito constitucional. 21ª ed. rev. e atual. São Paulo: Malheiros, 2006.

[33] SILVA, José Afonso da. Op. cit.

Na prática, de um modo geral, para ajudá-los nos estudos, a norma limitada traz os bordões "conforme dispuser a lei", "nos termos da lei" etc.

CRISAFULLI já citado, afirma que "*Normas constitucionais de eficácia limitada*: são aquelas que dependem "da emissão de uma normatividade futura, em que o legislador ordinário, integrando-lhe a eficácia, mediante lei ordinária, lhes dê capacidade de execução em termos de regulamentação daqueles interesses visados".[34] Em outras palavras, na norma limitada há a necessidade da interposição do legislador (*interpositio legislatoris*) para alcançar todos os elementos necessários para sua executabilidade.

O professor JOSÉ AFONSO, ao apresentar a monografia sobre o tema, criou uma subdivisão em dois grandes grupos para a norma limitada: normas de princípio institutivo (ou organizativo) e normas de princípio programático e novamente peço cautela aqui, porque há uma incidência forte de questões sobre este tema. Teoricamente seria "norma constitucional de eficácia jurídica limitada de princípio institutivo" e "norma constitucional de eficácia jurídica limitada de princípio programático". A primeira é aquela que contém esquemas iniciais de estruturação de instituições, órgãos ou entidades. Já a segunda, são normas que veiculam programas a serem implementados pelo Estado, visando a realização de fins sociais.

5.2.3. Norma constitucional de eficácia jurídica contida:

Finalizando a classificação, temos agora a norma contida, chamada pelo MICHEL TEMER de "norma redutível", aliás, lançamos aqui o magistério do constitucionalista: "são aquelas que têm aplicabilidade imediata, integral, plena, mas que podem ter reduzido seu alcance pela atividade do legislador infraconstitucional. Por isso mesmo, aliás, preferimos denominá-las de *normas constitucionais de eficácia redutível ou restringível.*

Desse teor é o preceito do art. 5º, XIII: "É livre o exercício de qualquer trabalho, ofício ou profissão, atendidas as qualificações que a lei estabelecer. O dispositivo é de aplicabilidade plena, mas sua eficácia pode ser reduzida, restringida, *nos casos e na forma que a lei estabelecer.* Enquanto não sobrevém a legislação restritiva, o princípio do livre exercício profissional é pleno".

Continuando no magistério de CRISAFULLI, "*Normas constitucionais de eficácia contida*: são aquelas que têm aplicabilidade imediata, integral, plena, mas que podem ter reduzido seu alcance pela atividade do legislador infraconstitucional. Por isso mesmo, aliás, preferimos denominá-las de normas constitucionais de eficácia redutível ou restringível. O dispositivo é de aplicabilidade plena, mas sua eficácia pode ser reduzida, restringida, *nos casos e na forma que a lei estabelecer.* Enquanto não sobrevém a legislação restritiva, o princípio do livre exercício profissional é pleno".[35]

Finalizando o tema, lembramos que toda norma contida é em um primeiro momento, uma norma plena, que com o surgimento de uma lei, terá sua aplicabilidade reduzida!

6. Poder Constituinte

A afirmação da existência de um poder constituinte está relacionada à ideia de que a Constituição é fruto de um poder distinto dos que estabelece, ou seja, existe um poder constituinte que é a fonte da Constituição e dos poderes por ela constituídos.

O poder de editar uma nova Constituição que substitui a anterior ou de editar a primeira Constituição de um novo Estado é denominado *poder constituinte originário*, uma vez que dá origem à organização fundamental do Estado.

Esse poder possui três características fundamentais:
a) é *inicial*, ou seja, não se funda em nenhum outro e é dele que derivam os demais poderes;
b) é *ilimitado*, isto é, não possui qualquer limitação no mundo jurídico;
c) é *incondicionado*, ou seja, não possui qualquer forma anteriormente estabelecida para sua manifestação.

Já o poder de reformar a Constituição, de modificá-la, de emendá-la, é denominado de poder constituinte *derivado* ou *instituído*, uma vez que é estabelecido pela própria Constituição.

Esse poder de reformar a Constituição possui três características fundamentais:
a) é *secundário*, ou seja, está abaixo do poder constituinte originário;
b) é *subordinado*, isto é, está limitado pelo poder constituinte originário;
c) é *condicionado*, ou seja, somente pode agir nas condições e formas estabelecidas pela Constituição.

A principal manifestação do poder constituinte derivado é o poder de emendar a Constituição, poder esse estabelecido no artigo 60 da Constituição Brasileira.

[34] TEMER, Michel. Op. cit.

[35] TEMER, Michel. Op. cit.

Por fim, cabe ressaltar que nos Estados Federais existe um terceiro poder constituinte que é o *poder constituinte decorrente*. Este poder também é instituído e possui as mesmas características do poder constituinte derivado.

Tal poder também deriva do poder constituinte originário, mas não se destina a rever a Constituição Federal, e sim instituir e estruturar a Constituição dos Estados-Membros, conforme a Constituição prevê.

7. Constituição e Demais Espécies Normativas

No ordenamento constitucional brasileiro existem diversos tipos de lei, com funções e atribuições diferentes.

Como já foi ressaltado, as normas constitucionais são as normas supremas dos países, pois regem a sua própria organização institucional. De fato, a Constituição é a base da ordem jurídica e a fonte de sua validade. *Todas as leis* a ela se subordinam e nenhuma pode contra ela dispor. Toda lei ou dispositivo legal que contrariar a Constituição é declarado inválido, ou insusceptível de produzir qualquer efeito.

A Constituição, entretanto, pode ser modificada através de uma Emenda Constitucional. Para ser aprovada, uma Emenda Constitucional exige voto favorável de pelo menos 3/5 dos componentes de cada Casa do Parlamento (ou seja, Senado e Câmara dos Deputados Federais), com votação em dois turnos[36] em cada Casa.

Abaixo das normas constitucionais e de suas emendas situam-se todas as demais espécies normativas. Existe consenso entre os doutrinadores de que todas as leis estão subordinadas à Constituição. Há controvérsia, porém, quanto à existência ou não de uma hierarquia entre as demais espécies normativas infraconstitucionais.

A doutrina dominante que deve ser levada em consideração nas provas defende a ideia de inexistência de hierarquia entre o ordenamento jurídico infraconstitucional, sendo assim, considera-se todas as normas em um mesmo patamar hierárquico (leis complementares, ordinárias, delegadas, medidas provisórias, decretos legislativos e resoluções).

Aqueles que defendem a existência de uma hierarquia situam, logo abaixo do texto constitucional, as **leis complementares** e abaixo desta, as demais leis.

[36] A votação em dois turnos é necessária independente do resultado de cada turno, tal conceito difere do 2º turno eleitoral, pois este, em certos casos, é dispensado.

Como indicado anteriormente, tais leis somente podem ser aprovadas por maioria absoluta de cada Casa do Parlamento e são exigidas sempre que a Constituição assim dispuser. Muitas vezes, a Constituição faz essa exigência valendo-se de determinados artigos que, ao invés de regularem de fato uma determinada matéria, dizem simplesmente que *"cabe à lei complementar..."* dispor sobre tais e tais assuntos. Como exemplo, veja-se o artigo 146 da Lei Maior:

Art. 146 - Cabe à lei complementar
I - dispor sobre conflitos de competência, em matéria tributária, entre a União, os Estados, o Distrito Federal e os Municípios;
II - regular as limitações constitucionais ao poder de tributar;
III - estabelecer normas gerais em matéria de legislação tributária, especialmente sobre: (etc.)

Além da lei complementar, abaixo da Constituição situa-se também a **lei ordinária** que corresponde à legislação comum do Estado Brasileiro. Quando a Constituição estabelece que "determinado assunto deverá ser regulamentado por **lei**", sem maiores adjetivações, está se referindo à lei **ordinária**.

No mesmo patamar da lei ordinária e complementar situam-se as *leis delegadas*, *medidas provisórias, os decretos legislativos e as resoluções.*

Lei Delegada: é um tipo de lei elaborada pelo Presidente da República (art. 68, CF), em razão de autorização do Poder Legislativo e nos limites estabelecidos por este.

Há a possibilidade de um crivo posterior do Congresso Nacional, após a delegação, tais condições tornam este instrumento pouco utilizado em nosso ordenamento, pois o instrumento da Medida Provisória é muito mais utilizado.

Medida Provisória: é o ato legislativo adotado pelo Presidente da República, com força de lei, que entra em vigor imediatamente, antes de ser apreciado pelo Congresso Nacional. Se no prazo de sessenta dias ela não for aprovada pelo Congresso Nacional, perderá eficácia desde a data de sua edição.

Decreto Legislativo: é ato elaborado pelo Legislativo com a finalidade de veicular as matérias de competência exclusiva do Congresso Nacional (art. 49 da CF). Este é o caso da ratificação de um Tratado Internacional pelo Congresso Nacional.

Resolução: é ato elaborado pelo Congresso ou qualquer de suas Casas, destinado a regular matéria de competência do Congresso Nacional ou de competência privativa de qualquer de suas Casas.

8. Noções Gerais sobre Concepções da Constituição

8.1. Sentido ou concepções sobre a Constituição:

O tema aqui proposto é abordado na doutrina de diversas formas: ou dentro de "classificações", normalmente antecedendo a própria classificação, ou após o "conceito" de constituição, ou ainda, de forma isolada. Alguns falam em "tipologia dos conceitos", enfim, vamos às espécies conhecidas e mais pedidas:

8.1.1. Sentido sociológico:

Seu grande representante foi FERDINAND LASSALE, no livro "O que é uma Constituição?". Para LASSALE, ou a Constituição representava "a somatória dos fatores reais do poder dentro de uma sociedade", ou então, "não passaria de uma simples folha de papel".

Reproduzo aqui nossos próprios apontamentos:

"A concepção sociológica é apresentada por FERDINAND LASSALE. LASSALE era advogado na antiga Prússia. Foi economista, agitador e orador. Teve participação ativa na Revolução de 1848 em *Düsseldorf*, tendo sido preso. Partidário da unificação alemã e do sufrágio universal. Em 1863, formou o *Allgemeiner Deutscher Arbeiterverein* (Associação Geral dos Trabalhadores Alemães), o primeiro partido trabalhista alemão, depois transformado no Partido Social Democrata. Escreveu a obra "Que é uma Constituição?", afirmando que a Constituição deve ser "a somatória dos fatores reais do poder dentro de uma sociedade" e ainda diz que se a Constituição não representar este fator, não passará de "uma folha de papel".[37]

8.1.2. Sentido político:

No sentido político temos a figura de CARL SCHMITT, o qual distinguiu constituição de lei constitucional, conceito este muito próximo da classificação constitucional quanto ao conteúdo formal e material.

Novamente, aproveitando nossos apontamentos sobre o tema:

"A concepção jurídica é apresentada por HANS KELSEN. TÉRCIO SAMPAIO FERRAZ JR., no Prólogo da obra "Para entender Kelsen", de autoria do Prof. FÁBIO ULHOA COELHO, afirma que: KELSEN, nascido em Praga, foi teórico do direito, filósofo, sociólogo, teórico do Estado, iniciador da lógica jurídica, sendo sua obra mais famosa a Teoria Pura do Direito, de 1934, cujo destaque é a norma pura, ou seja, sem qualquer influência com a sociologia, filosofia ou política. MICHEL TEMER destaca o tema, dividindo-o em duas espécies – jurídico-positivo e o lógico-jurídico, sendo o primeiro como "corporificado pelas normas postas, positivadas", e o segundo "situa-se em nível do suposto, do hipotético. Umas são normas postas; outra é suposta".

A concepção política é tratada por CARL SCHMITT, que nasceu na Alemanha, em 1888. Torna-se doutor em direito já em 1910, momento a partir do qual começa a desenvolver sua crítica veemente ao liberalismo e ao sistema democrático parlamentar alemão, chegando a ser um dos maiores teóricos da ditadura, do regime de exceção e mesmo a integrar os quadros do partido nazista entre 1933 e 1936. Morreu em 1985 após uma polêmica existência. É conhecido como o jurista do nazismo, defensor do estado totalitário e do Leviatã. Foi o grande defensor da soberania política. Foi preso em Nüremberg, mas não foi levado a julgamento. Escreveu um livro sobre a experiência na prisão "Ex captivitate salus", em que admite responsabilidade moral pelos doze anos precedentes. Após sua soltura, retornou para sua cidade natal com os direitos políticos cassados e proibido de lecionar, divide Constituição de lei constitucional, ideia essa que lembra a classificação "quanto ao conteúdo" - material e formal. JOSÉ AFONSO DA SILVA, ao comentar o tema afirma que "só se refere à decisão política fundamental (estrutura e órgãos do Estado, direitos individuais, vida democrática etc.); as leis constitucionais seriam os demais dispositivos inseridos no texto do documento constitucional, mas não contêm matéria de decisão política fundamental".[38]

8.1.3. Sentido jurídico:

No sentido jurídico, o grande expoente foi HANS KELSEN.

Sobre o tema, nosso magistério:

"[...] idéias de KELSEN, que "enxergava" a Constituição como a vontade racional do homem, deixando assim as leis naturais de lado. Sua obra, *Teoria Pura do Direito*, deixa isso claro ao afirmar que considera a Constituição como norma pura, sem qualquer influência sociológica, política ou filosófica. O Prof. JOSÉ AFONSO DA SILVA, afirma que KELSEN "toma a palavra Constituição em dois sentidos: no lógico-jurídico e no jurídico-positivo. De acordo com o primeiro, Constituição significa norma fundamental hipotética, cuja função é servir de fundamento lógico transcendental da validade da Constituição jurídico-positiva, que equivale à norma positiva suprema, conjunto de normas que regula a criação de outras normas, lei nacional no seu mais alto grau". MICHEL TEMER abordando o mesmo tema, afirma que o jurídico-positivo são normas postas, positivas,

[37] IZIDORO, Frederico Afonso. *500 testes comentados de Direito Constitucional*. 4ª ed. São Paulo: Degrau Cultural, 2009.

[38] IZIDORO, Frederico Afonso. *Op. cit.*

enquanto que o lógico-jurídico "situa-se em nível do suposto, do hipotético". A explicação até aqui já seria suficiente para "matar' a questão, mas temos ainda o item III e a letra "B" para comentar. Essa ideia de "núcleo de matérias que lhe são próprias e inerentes" e "Constituição como decisão política fundamental", nos remete à CARL SCHMITT, naquela concepção política, ao diferenciar Constituição de lei constitucional, como já explicado em outrora. JOSÉ AFONSO DA SILVA, ao comentar as concepções sobre as constituições, afirma que SCHMITT adota um "...sentido político, considerando-as como decisão política fundamental, decisão concreta de conjunto sobre o modo e a forma de existência da unidade política, fazendo distinção política fundamental (estrutura e órgãos do Estado, direitos individuais, vida democrática etc.); as leis constitucionais são os demais dispositivos inscritos no texto do documento constitucional, que não contenham matéria de decisão política fundamental". PEDRO LENZA fecha o tema desta forma: "Portanto, pode-se afirmar, em complemento, que, na visão de CARL SCHMITT, em razão de ser a Constituição produto de uma certa decisão política, ela seria, nesse sentido, a decisão política do titular do poder constituinte".[39]

PEDRO LENZA, didaticamente como sempre, apresenta um quadro comparativo entre o "Plano lógico-jurídico" e o "Plano jurídico-positivo".[40]

9. Teoria da Recepção

Como já se ressaltou, para a validade de qualquer lei, é necessário que ela seja compatível com todas as normas constitucionais. Todavia, uma questão bastante importante é saber o que acontece com as leis em vigor quando existe alteração de normas constitucionais ou quando há promulgação de uma *nova* Constituição.

De acordo com a teoria da recepção, existe a *preservação* do ordenamento jurídico anterior e inferior à nova Constituição que com ela seja *materialmente* compatível[41]. Assim, uma vez recepcionada (recebida) pela nova Constituição, toda legislação anterior com ela *compatível* continua em pleno vigor. Por outro lado, todo o ordenamento jurídico anterior e inferior à nova Constituição (ou à nova norma constitucional) que, com ela se mostre materialmente incompatível é tido por revogado. Revogar é tornar sem efeito uma norma, retirando sua obrigatoriedade do mundo das pessoas.

Exemplificando: o art. 35 do Código de Processo Penal nos dizia que *"a mulher casada não poderá exercer o direito de queixa sem consentimento do marido"*. Esse artigo feria frontalmente o art. 5º da atual CF que prevê que homens e mulheres são iguais em direitos e obrigações; portanto, não foi recepcionado pela Constituição Federal de 1988, além de ter sido expressamente revogado pela Lei n. 9.520/97.

O mesmo se aplicou ao art. 21 do mesmo Código, que previa a incomunicabilidade do preso, o que não é permitido na Constituição atual, nem mesmo em casos de situações de extrema turbulência social.

Não há necessidade de que haja a retirada expressa ou a interpretação do Supremo Tribunal Federal para que ocorra a revogação da legislação infraconstitucional materialmente incompatível com a nova Constituição: ela é automática.

Com relação ao que ocorre com a antiga Constituição, com o advento da nova, segundo Celso Bastos, há o desalojamento total da Constituição anterior.

Há, entretanto, doutrinadores minoritários que entendem que pode haver uma sobrevida de *algumas* das normas constitucionais antigas, desde que não estejam em contrariedade com a lei constitucional nova; neste caso ocorreria uma *desconstitucionalização* das normas constitucionais antigas, que permaneceriam vigentes na qualidade de leis *ordinárias*. Haveria, no dizer de Celso Ribeiro de Bastos, uma transmutação de tais regras que, de *constitucionais*, no ordenamento jurídico anterior, passariam a ser *subconstitucionais* no atual.

Já que estamos falando sobre revogação de leis, cabem alguns esclarecimentos adicionais.

Revogação é *gênero* que comporta duas espécies:
a) **ab-rogação** - supressão *total* da norma anterior (para vocês não se esquecerem, associem com a palavra **ab**dica: quem abdica do trono o faz totalmente);
b) **derrogação** - supressão *parcial* de uma norma anterior por uma norma nova.

A revogação pode ser *expressa* ou *tácita*.

Será *expressa* quando a nova norma declarar a lei anterior extinta em todos os seus dispositivos ou apontar expressamente os artigos que pretende retirar do ordenamento jurídico.

[39] IZIDORO, Frederico Afonso. *Op. cit.*

[40] LENZA, Pedro. *Direito Constitucional esquematizado.* 15ª ed. São Paulo: Saraiva, 2011.

[41] Compatibilidade Material: o *conteúdo* da lei deve ser compatível com as normas constitucionais supervenientes. Observe que não é necessário existir compatibilidade *formal* para que o fenômeno da recepção se dê. A atual Constituição, por exemplo, exige, no seu artigo 146, que lei **complementar** estabeleça normas gerais em matéria de legislação tributária. O Código Tributário Nacional, uma lei **ordinária** editada em 1966 supre essa exigência e, portanto, continua vigorando perante a Constituição de 1988, só que agora com força de lei complementar, ainda que originalmente seja lei ordinária.

Será *tácita* quando houver incompatibilidade entre a lei nova e a antiga, em razão de a lei nova regular diferentemente a matéria tratada pela anterior.

Repristinação

No direito brasileiro, a princípio, não se aceita o instituto da *repristinação*, ou seja, a ressurreição tácita da lei antiga pelo fato de a lei que a revogou ter sido, ela também, revogada. Diz o art. 2º, § 3º da Lei de Introdução ao Código Civil que "*salvo disposição em contrário*, a lei revogada *não se restaura* por ter a lei revogadora perdido a vigência". Pelo disposto nesse artigo, vê-se que jamais uma lei revogada poderá voltar à vida, se não houver um novo dispositivo legal que *expressamente* diga que ela voltará a produzir seus efeitos no ordenamento jurídico.

Para melhor compreensão deste instituto pensemos nos três ordenamentos jurídicos (três últimas Constituições). É como se uma lei fosse criada à luz da Constituição de 1946, se tornado ilegal em 1967 e voltado à legalidade em 1988.

10. Histórico e Estrutura da Constituição do Brasil

O Brasil já possuiu oito Constituições, a saber:

a) Constituição de 1824, também conhecida como Constituição Imperial;
b) Constituição de 1891, também conhecida como primeira Constituição Republicana;
c) Constituição de 1934, influenciada pela Constituição alemã Weimar;
d) Constituição de 1937, também conhecida como "A Polaca", dada a influência que recebeu da Constituição da Polônia;
e) Constituição de 1946;
f) Constituição de 1967;
g) Constituição de 1969. Em 1968, veio o AI-5, que rompe com a ordem constitucional. Teórica e tecnicamente, não se tratou de emenda, mas de nova Constituição, conforme decisão unânime do STF, reunido em Sessão Plenária;
h) Constituição de 1988, também conhecida como Constituição Cidadã, que vige até hoje.

A Constituição atual foi fruto de uma Assembleia Nacional Constituinte convocada pela Emenda Constitucional n. 26/1985, no âmbito da Constituição de 1967/1969.

Por essa Emenda Constitucional, os Deputados e Senadores que seriam eleitos no pleito de 1986 e os Senadores que haviam sido eleitos no pleito de 1982 deveriam se reunir a partir de 1987 para elaborar uma nova Constituição para o Brasil.

Em 1987 foi instalada a Assembleia Nacional Constituinte que elaborou a atual Constituição, tendo a mesma sido promulgada no dia 5 de outubro de 1988. O texto constitucional hoje vigente não é mais o originalmente promulgado, uma vez que já foram aprovadas diversas Emendas ao texto original. Assim, de 1992 até o fechamento desta Edição, foram aprovadas seis Emendas Constitucionais de Revisão e 51 Emendas Constitucionais. As Emendas de Revisão obedeceram o disposto no artigo 3º do Ato das Disposições Constitucionais Territoriais (ADCT).

A Constituição vigente apresenta a seguinte estrutura: possui um preâmbulo e nove Títulos, sendo oito destes o texto constitucional propriamente dito e o nono título destinado às Disposições Constitucionais Gerais e às Transitórias.

Os Títulos da Constituição são os seguintes:

Título I - Dos Princípios Fundamentais (arts. 1º a 4º) - onde são enunciados os princípios e objetivos que norteiam o país e relações com outras nações.

Título II - Dos Direitos e Garantias Fundamentais (arts. 5º a 17) - onde se encontram os Direitos Individuais, Coletivos e Sociais, bem como as regras sobre Nacionalidade, Direitos Políticos e Partidos Políticos.

Título III - Da Organização do Estado (arts. 18 a 43) - trata das normas que regulam a organização político-administrativa do país, a Administração Pública e as atribuições da União, Estados-membros, Municípios, Distrito Federal e Territórios.

Título IV - Da Organização dos Poderes (arts. 44 a 135) - neste título encontram-se as disposições referentes aos Poderes Legislativo, Executivo e Judiciário.

Título V - Da Defesa do Estado e das Instituições Democráticas (arts. 136 a 144) - pretendeu o legislador constituinte aqui regular certas instituições destinadas a proteger o Estado e as Instituições Democráticas.

Título VI - Da Tributação e do Orçamento (arts. 145 a 169) - texto fundamental para o Direito Tributário; neste título encontram-se as normas relativas ao Sistema Tributário e às Finanças Públicas.

Título VII - Da Ordem Econômica e Financeira (arts. 170 a 192) - delineiam-se aqui as normas reguladoras da atividade econômica do Estado, bem como das políticas urbana, agrícola e fundiária, e ainda do Sistema Financeiro Nacional.

Título VIII - Da Ordem Social (arts. 193 a 232) - neste título encontram-se as normas referentes à Seguridade Social, Educação, Cultura, Desporto, Ciência e Tecnologia, Comunicação Social, Meio Ambiente, Família, Criança, Adolescente, Idoso e Índios.

Título IX - Das Disposições Constitucionais Gerais (arts. 233 a 250) - compõe-se de normas relativas a certas situações criadas pela Constituição de 1988.

Ato das Disposições Transitórias (arts. 1º a 95) - nesta parte encontram-se normas que regulamentam a passagem da ordem constitucional anterior para a nova ordem constitucional.

Os *títulos* da Constituição são divididos em *capítulos* e estes, em *seções*. Algumas seções são divididas em *subseções*. No interior das seções e subseções estão agrupados os *artigos*, com os respectivos *parágrafos* (§), *incisos* (numerados com algarismos romanos) e *alíneas* (enumeradas com letras). O início do artigo, no qual enuncia-se a matéria básica a ser tratada, denomina-se *caput*.

11. Interpretação de Leis

Sobre interpretação sempre nos vem à mente a ciência da hermenêutica, ou seja, a interpretação das leis, porém aqui, nosso tema é a "Interpretação conforme a Constituição", ou seja, a ideia de supremacia constitucional em face das normas infraconstitucionais (ou subconstitucionais para alguns). Reproduzimos abaixo texto sobre o assunto da hermenêutica e da "interpretação conforme" de nossa autoria:

"Hermenêutica (teoria) é a teoria científica da interpretação, tendo por objeto a identificação e a sistematização dos métodos empregados. Interpretar (prática) significa determinar o significado e o alcance da norma, por meio do emprego de métodos ou sistemas e assim possibilitar sua completa aplicação. Por fim, a exegese (resultado) é a dissertação ou comentários que alguém faz ao interpretar. O intérprete é o exegeta. Temos vários métodos de interpretação. [...] As quatro formas mais conhecidas: gramatical ou literal ou semântica; histórico; teleológico; e lógico-sistemático (ou contextual).

[...] O Prof. ALEXANDRE DE MORAES, ao comentar sobre o tema, afirma: "Interpretação conforme a Constituição: A supremacia das normas constitucionais no ordenamento jurídico e a presunção de constitucionalidade das leis e atos normativos editados pelo poder público competente exigem que, na função hermenêutica de interpretação do ordenamento jurídico, seja sempre concedida preferência ao sentido da norma que seja adequado à Constituição Federal". Assim sendo, no caso de normas com várias significações possíveis, deverá ser encontrada a significação que apresente *conformidade com as normas constitucionais*, evitando sua declaração de inconstitucionalidade e consequente retirada do ordenamento jurídico. J. J. GOMES CANOTILHO sobre o tema diz que "... a interpretação conforme a Constituição só é legítima quando existe um espaço de decisão aberto a várias propostas interpretativas, umas em conformidade com a constituição e que devem ser preferidas, e outras em desconformidade com ela". A interpretação conforme a Constituição pode ser com redução do texto ou sem redução do texto. Será com redução do texto quando há a necessidade de se excluir uma parte daquele texto para deixá-lo no todo compatível com a Constituição. Será sem redução do texto quando mantém-se o texto, mas vincula-se uma interpretação naquele texto (lembre-se que nos dizeres de CANOTILHO, no caso deve existir "espaço" para mais de uma interpretação) para deixá-lo compatível com a Constituição."[42]

Existem vários tipos de interpretação, destacando-se os seguintes:

a) interpretação autêntica - é aquela em que o sentido da lei é explicado por um de seus dispositivos ou por uma outra lei.
b) interpretação doutrinária - provém dos estudos dos doutrinadores, que são professores e intérpretes da lei.
c) interpretação jurisprudencial - realizada a partir de decisões reiteradas dos tribunais num mesmo sentido.
d) interpretação gramatical (também chamada de interpretação literal) - observa as regras de linguística, examinando cada termo do texto normativo, isolada ou sintaticamente, a pontuação, a colocação de vocábulos, a etimologia etc.
e) interpretação lógica - busca reconstruir o pensamento do legislador, através do desenvolvimento de raciocínios lógicos, analisando as orações e os períodos do texto e combinando-os entre si.
f) interpretação histórica - é efetuada com base no contexto histórico em que a lei foi editada, ou seja, analisando-se todo o seu processo legislativo, desde o projeto, justificativas, emendas, aprovação e promulgação, até as circunstâncias culturais e psicológicas, em meio às quais o texto surgiu.
g) interpretação sistemática - busca a harmonização do texto em exame com o sistema jurídico mais amplo no qual ele se insere.

Quanto aos resultados a que conduz, a interpretação pode ser:

[42] IZIDORO, Frederico Afonso. *Op. cit.*

a) extensiva - quando se *amplia* o sentido do texto, para abranger hipóteses semelhantes;
b) restritiva - quando se procura *conter* o texto, para que não alcance outras situações;
c) teleológica - quando se examinam os *fins* para os quais a lei foi editada (como dispõe o art. 5º do LICC, "na aplicação da lei, o juiz atenderá aos fins sociais a que ela se dirige e às exigências do bem comum");
d) declarativa - quando se mostra desnecessária, uma vez que a lei corresponde ao pensamento do legislador.

As várias técnicas de interpretação não são mutuamente exclusivas e, frequentemente, na interpretação de um texto legal, são utilizadas várias delas.

Daremos, entretanto, especial importância à interpretação *sistemática* que previne a ocorrência de determinadas distorções. Um determinado inciso do artigo 5º da CF, por exemplo, ao ser analisado isoladamente, pode adquirir um significado excessivamente amplo e absoluto que não se sustenta se for integrado no conjunto do texto constitucional, vez que sofre restrições por parte dos demais incisos.

Feitas estas considerações, passaremos, nos capítulos seguintes, ao exame do texto constitucional.

Exercícios de Fixação

01. A Constituição do Brasil é:
a) flexível e histórica.
b) escrita e rígida.
c) semirrígida e costumeira.
d) escrita e flexível.
e) dogmática e semirrígida.

02. Quanto ao direito ordinário pré-constitucional é correto afirmar-se:
a) é todo ele incompatível com a nova Constituição.
b) deve ser considerado como recebido pela nova ordem constitucional, desde que se mostre com ela compatível, tanto sob o aspecto formal, quanto sob o aspecto material.
c) deve ser considerado como recebido pela nova ordem constitucional, desde que se mostre compatível com a constituição de uma perspectiva estritamente formal.
d) a incompatibilidade entre lei anterior e norma constitucional superveniente refere-se apenas a aspectos materiais (conteúdo). Essa incompatibilidade não pode, todavia, ser aferida no processo de controle abstrato de normas.
e) a jurisprudência do Supremo Tribunal Federal considera que toda lei ordinária incompatível com a norma constitucional superveniente deve ser considerada inconstitucional, podendo, por isso, sua legitimidade ser aferida no processo de controle abstrato de normas.

03. A Constituição confere o seguinte nome ao Brasil:
a) Estados Unidos do Brasil.
b) Federação do Brasil.
c) República do Brasil.
d) União Federal do Brasil.
e) República Federativa do Brasil.

04. A República Federativa do Brasil tem como forma de Estado:
a) Estado Democrático de Direito.
b) Estado Federal.
c) Estado Unitário.
d) Estado Republicano.
e) Estado Soberano.

05. Constituição é:
a) um conjunto de normas programáticas, sobretudo.
b) um conjunto de normas programáticas, que se tornam eficazes após a edição das leis complementares.
c) a lei mais eficaz do país, que condiciona, desde sua promulgação e publicação, a prática de todos os atos jurídicos.
d) um conjunto de regras de duas espécies, sendo umas plenamente eficazes desde a publicação e outras sem eficácia nenhuma enquanto não forem referendadas pela população.
e) uma declaração de direitos fundamentais, de natureza política, de conteúdo estritamente programático.

06. Complete as seguintes orações com as palavras adequadas:
A nova ordem constitucional _____ a anterior, sem necessidade de se produzir uma nova legislação infraconstitucional, em decorrência do fenômeno da _____, mediante o qual pode ocorrer, por exemplo, que uma lei ordinária venha a se tornar lei complementar.
Quando uma nova norma regular diferentemente a matéria versada pela anterior, no todo ou em parte, há, respectivamente _____ e _____.
Uma lei ordinária que já perdeu eficácia por ter sido revogada, não pode readquiri-la através do mero desaparecimento da lei revogadora. Essa restauração eficacial, juridicamente inadmissível, chama-se _____.
A _____, não admitida pela doutrina dominante, significa que os preceitos da Constituição precedente que não conflitarem com a nova Constituição são por esta recebidos como leis ordinárias.

a) recebeu; recepção; ab-rogação; derrogação; repristinação; desconstitucionalização.
b) derrogou; repristinação; revogação; ab-rogação; constitucionalização; acomodação.
c) tornou ineficaz; acomodação; derrogação; ab-rogação; desconstitucionalização; repristinação.
d) ab-rogou; constitucionalização; ab-rogação; revogação; disjunção normativa; acomodação.
e) sub-rogou; recepção; ab-rogação; derrogação; constitucionalização; repristinação.

07. A Federação brasileira é composta:
a) pela união dos Estados.
b) pela união dos Estados, Municípios e Distrito Federal.
c) pela união dos Estados e dos Territórios.
d) pela união de Municípios e Territórios.
e) pelo conjunto de todas as entidades da administração direta.

08. O Estado brasileiro é uma República Federativa, isto é, adota como forma de Estado:
a) a Federação.
b) a República.
c) a Democracia.
d) a Representação.
e) o Presidencialismo.

09. A soberania popular será exercida nos termos da lei mediante:
a) plebiscito.
b) iniciativa popular.
c) referendo.
d) ação popular.
e) todas as alternativas anteriores.

10. O regime político previsto pela atual Constituição Federal é:
a) o da democracia direta.
b) o da democracia indireta.
c) o da democracia semidireta.
d) o da democracia indireta, mas admitindo-se mecanismos de participação popular nas decisões, como por exemplo o *recall* e o veto popular.
e) o da democracia direta, excluídos alguns mecanismos de participação popular nas decisões, como por exemplo o *recall* e o veto popular.

11. Podemos classificar, quanto à forma, as constituições em:
a) rígidas e escritas.
b) não-escritas e rígidas.
c) flexíveis e rígidas.
d) rígidas e outorgadas.
e) escritas e não-escritas.

12. O Estado brasileiro é uma República Federativa que adota como sistema de governo:
a) Federação.
b) República.
c) Democracia.
d) Parlamentarismo.
e) Presidencialismo.

13. Quanto à origem, as constituições podem ser classificadas como:
a) populares ou outorgadas.
b) rígidas ou flexíveis.
c) escritas ou não-escritas.
d) dogmáticas ou históricas.
e) materiais ou formais.

14. A atual Constituição Federal brasileira classifica-se como:
a) flexível, material, escrita, histórica e outorgada.
b) rígida, formal, escrita, dogmática e democrática.
c) inflexível, formal, escrita, dogmática e outorgada.
d) eclética, consuetudinária, escrita e democrática.
e) rígida, material, não escrita, histórica e democrática.

15. Como se entende uma lei anterior à Constituição e com ela incompatível?
a) revogada.
b) inconstitucional.
c) vigora até que outra lei disponha sobre o assunto.
d) ineficaz.
e) repristinada.

Gabarito

01. B	**02. D**	**03. E**	**04. B**	**05. C**
06. A	**07. B**	**08. A**	**09. E**	**10. C**
11. E	**12. E**	**13. A**	**14. B**	**15. A**

2. Princípios Fundamentais da Constituição do Brasil

1. Fundamentos da República Federativa do Brasil
2. Tripartição dos Poderes
3. Objetivos Fundamentais
4. Relações Internacionais

Este Título é o mais simples da Constituição e seus artigos estão entre os mais requisitados nas provas de diversos concursos públicos. Convém que você o leia cuidadosamente e várias vezes.

1. Fundamentos da República Federativa do Brasil

Art. 1º - A República Federativa do Brasil, formada pela união indissolúvel dos Estados e Municípios e do Distrito Federal, constitui-se em Estado Democrático de Direito e tem como fundamentos:
I - a soberania;
II - a cidadania;
III - a dignidade da pessoa humana;
IV - os valores sociais do trabalho e da livre iniciativa;
V - o pluralismo político.
Parágrafo único - Todo o poder emana do povo, que o exerce por meio de representantes eleitos ou diretamente, nos termos desta Constituição.

Da leitura deste artigo depreende-se o seguinte:

a) Forma de Governo do Nosso País: República

Isto significa:
• Representantes eleitos pelo povo.
• Mandatos eletivos temporários.
• Agentes políticos passíveis de responsabilização por seus atos.
• Existência de soberania popular.
• Repartição de poderes.

b) Forma do Estado Brasileiro: Federação

Ou seja: formado por um conjunto de Estados-membros com relativa autonomia para se organizar política e juridicamente e regular os assuntos compreendidos por suas atribuições.

Existem, então, pelo menos duas ordens jurídicas que se sobrepõem: uma *nacional*, uniforme para todos os habitantes, e outra *regional*, vigorando apenas no interior de cada território.

O conceito moderno de federação surge com a formação dos Estados Unidos da América, quando as treze colônias se uniram em um só país para fazer frente às metrópoles da época, se inserindo no cenário mundial. Cabe também ressaltar que confederação não é uma forma de Estado, pois cada parte integrante dela possui o direito de soberania (elemento de Estado).

Embora a Federação por excelência seja aquela em que convivem as ordens jurídicas da União e a dos Estados-membros, a Constituição Federal de 88 inseriu os Municípios e o Distrito Federal como *entes federativos*.

Importante, ainda, frisar que tais entes estão ligados *indissoluvelmente*, ou seja, *não existe direito de secessão ou separação*.

Contudo, observa-se que o poder constituinte originário não tem limite, pois ele parte da vontade do povo, ou seja, o poder constituinte originário pode, por exemplo, instituir a pena de morte em tempos de paz, como também criar a secessão da Federação.

c) A República Federativa do Brasil é um Estado Democrático de Direito

Estado de Direito:
• Todos estão submetidos à lei confeccionada por representantes do povo, inclusive o próprio Estado;
• Os poderes do Estado estão repartidos, e exercem mútuo controle entre si;
• Os direitos e garantias individuais são solenemente enunciados.

Estado Democrático:
• Fundado no princípio da soberania popular, ou seja, o povo tem participação efetiva e operante nas decisões do governo;
• Fundado na ideia da defesa dos direitos sociais, ou seja, busca de superação das desigualdades sociais e regionais e realização de justiça social.
• Pluralidade partidária, pois em Estados de Exceção há a presença de um único partido, o partido que institucionaliza a arbitrariedade.

d) Com relação aos **fundamentos** da República Federativa do Brasil expressos nos incisos I, II e IV, cabem os seguintes comentários:

Soberania - segundo Miguel Reale, é o "*poder de organizar-se juridicamente e de fazer valer, dentro de seu território a universalidade de suas decisões, nos limites dos fins éticos de convivência*".

Pode-se entender soberania como o direito inconteste de poder na seara interna de cada Estado.

Cidadania - é o *status* da nacionalidade brasileira acrescido dos *direitos políticos*, isto é, do direito de participar do processo governamental, seja enquanto candidato ao governo, seja enquanto eleitor. Conforme ver-se-á no artigo 15, são excepcionalíssimas a perda e a suspensão dos direitos políticos.

Valores sociais do trabalho - são todos os direitos que possibilitam que o trabalho seja realizado com dignidade, entre eles, obrigação de uma remuneração justa e condições mínimas para o desenvolvimento da atividade.

Livre-iniciativa - significa que as pessoas possuem inteira liberdade para possuir bens e para tentar desenvolver empreendimentos de qualquer tipo, desde que respeitem as normas legitimamente existentes.

É uma característica existente na economia de mercado, ou seja, economia capitalista. A livre-iniciativa é um de seus elementos essenciais.

e) Com relação ao parágrafo único, nos termos da atual Carta, o povo exerce o poder *indiretamente* ao votar, de maneira *direta e universal*, para eleger os membros do Poder Executivo (Presidente da República, Governador, Prefeito) e os do Poder Legislativo (Congresso Nacional, Assembleia Legislativa, Câmara Municipal e Câmara Distrital).

Por outro lado, existe também a possibilidade de o povo exercer *diretamente* o poder ao decidir soberanamente certas matérias que lhe são propostas. Como vimos anteriormente, na atual Constituição há pelo menos três institutos que garantem ao cidadão o exercício direto do poder: o plebiscito, o referendo e a iniciativa popular.

A presença dos mecanismos diretos e indiretos de participação popular no processo decisório configura o regime político de nosso país como uma democracia representativa semi-direta.

2. Tripartição dos Poderes

Art 2º - São Poderes da União, independentes e harmônicos entre si, o Legislativo, o Executivo e o Judiciário.

Assinala este artigo a **tripartição dos poderes**:

a) Poder Executivo, na esfera da União - é exercido pelo Chefe de Governo que, no Brasil, assim como em todos os países presidencialistas, é o Presidente da República. A sua função *típica*, essencial, é administrar, mas também pode legislar (por exemplo: elaboração de Medidas Provisórias ou de Leis Delegadas) e julgar (é o caso dos Tribunais Administrativos, como por exemplo, o Tribunal de Impostos e Taxas).

b) Poder Legislativo - é exercido pelo Parlamento que, no Brasil, corresponde ao Congresso Nacional, composto pelo Senado Federal e pela Câmara dos Deputados. Sua função típica é a elaboração das leis, mas também administra (exemplo: possibilidade de criação ou extinção de cargos, empregos e funções relacionadas aos seus serviços) e julga (compete à Câmara dos Deputados autorizar instauração de processo contra o Presidente e o Vice-Presidente da República e os Ministros de Estado; compete ao Senado Federal processar e julgar, nos crimes de responsabilidade, essas mesmas pessoas e mais: os Ministros do Supremo Tribunal Federal, o Procurador-Geral da República e o Advogado-Geral da União).

c) Poder Judiciário - é exercido pelos juízes desembargadores e Ministros do Judiciário; além de julgar, o Judiciário pode, de forma atípica, legislar (por exemplo: elaboração de seu regimento interno) e administrar (organização de suas secretarias e serviços auxiliares).

3. Objetivos Fundamentais

Art 3º - Constituem objetivos fundamentais da República Federativa do Brasil:
I - construir uma sociedade livre, justa e solidária;
II - garantir o desenvolvimento nacional;
III - erradicar a pobreza e a marginalização e reduzir as desigualdades sociais e regionais;
IV - promover o bem de todos, sem preconceitos de origem, raça, sexo, cor, idade e quaisquer outras formas de discriminação.

Este artigo, de conteúdo programático, fixa metas a serem alcançadas *em longo prazo*. As enumerações desses objetivos fundamentais fornecem diretrizes não apenas para o cidadão comum, mas, sobretudo para as políticas governamentais.

O candidato deve observar uma importante diferença entre o art. 1º e o art. 3º da Constituição, pois o art.1º define os fundamentos, isto é, requisitos que já pertencem ao país, enquanto que o art. 3º define objetivos, metas, normas que devem ser cumpridas ao longo do tempo. Tem-se a ideia de que o direito é um agente transformador da sociedade para torná-la mais justa.

4. Relações Internacionais

Art. 4º - A República Federativa do Brasil rege-se nas suas relações internacionais pelos seguintes princípios:
I - independência nacional;
II - prevalência dos direitos humanos;
III - autodeterminação dos povos;
IV - não-intervenção;
V - igualdade entre os Estados;
VI - defesa da paz;
VII - solução pacífica dos conflitos;
VIII - repúdio ao terrorismo e ao racismo;
IX - cooperação entre os povos para o progresso da humanidade;
X - concessão de asilo político.
Parágrafo único - A República Federativa do Brasil buscará a integração econômica, política, social e cultural dos povos da América Latina, visando à formação de uma comunidade latino-americana de nações.

Cabem aqui algumas observações:

Diferença entre defesa da paz e solução pacífica dos conflitos:

Por defesa da paz entende-se como sendo o respeito à ordem, ao *status quo* estabelecido, já a solução pacífica significa o repúdio à guerra como meio de se evitar as mudanças. Pensemos: Hitler queria a paz, mas com ele no poder. Não era ele um defensor da solução pacífica dos conflitos.

Independência nacional: é a não-submissão da República Federativa do Brasil a qualquer ordenamento jurídico estrangeiro.

Autodeterminação dos povos: pode ser traduzida como respeito à soberania dos demais países.

Não-intervenção: por "intervenção" deve-se entender, sobretudo a invasão armada de um país estrangeiro, medida esta que tende a ser recusada pelo legislador constituinte.

Repúdio ao terrorismo: o legislador refere-se, aqui, ao terrorismo *internacional*, que não encontrará guarida no solo brasileiro (neste sentido, há, por exemplo, a previsão, em nosso ordenamento jurídico, de que o terrorista estrangeiro seja extraditado para o país de origem).

Asilo político: é a proteção oferecida pelo Estado Brasileiro aos estrangeiros que estejam sofrendo perseguição política em sua terra natal ou no país em que estiverem. O oferecimento de asilo político se coaduna com princípio, que vigora internamente, da livre manifestação do pensamento (art. 5º, IV, da CF).

Exercícios de Fixação

01. Constitui objetivo fundamental da República Federativa do Brasil:

a) garantir o desenvolvimento nacional.
b) independência nacional.
c) prevalência dos direitos humanos.
d) autodeterminação dos povos.
e) não-intervenção.

02. Assinale a alternativa correta:

a) a República Federativa do Brasil buscará a integração econômica, política, natural e cultural dos povos da América Latina, visando à formação de uma comunidade latino-americana de nações.
b) a República Federativa do Brasil buscará o intercâmbio econômico, político, social e racial dos povos da América Latina, visando à formação de uma comunidade latino-americana de nações.
c) a República Federativa do Brasil buscará a integração econômica, política, social e cultural dos povos da América Latina, visando à formação de uma comunidade latino-americana de nações.
d) a República Federativa do Brasil buscará a interação econômica, política, social e cultural dos povos da América do Sul, visando à formação de uma comunidade sul-americana de nações.
e) a República Federativa do Brasil buscará o intercâmbio econômico, político, social, artístico e cultural dos povos do continente americano, visando à formação de uma comunidade de nações.

03. A República Federativa do Brasil rege-se nas suas relações internacionais pelo(s) seguinte(s) princípio(s):

a) erradicar a pobreza e a marginalização e reduzir as desigualdades sociais e regionais.
b) promover o bem de todos, sem preconceitos de origem, raça, sexo, cor, idade e quaisquer outras formas de discriminação.
c) não-intervenção.
d) construir uma sociedade livre, justa e solidária.
e) dignidade da pessoa humana.

04. São poderes da União, ____________ entre si, o Legislativo, o Executivo e o Judiciário.

a) indissolúveis e harmônicos.
b) independentes e indissolúveis.
c) unidos e dependentes.
d) harmônicos e unidos.
e) independentes e harmônicos.

05. A independência nacional e o pluralismo político são respectivamente:
a) fundamento e princípio internacional.
b) princípio internacional e fundamento.
c) princípio fundamental e objetivo.
d) objetivo e princípio internacional.
e) princípio internacional e meta.

06. A cidadania é:
a) objeto da República Federativa do Brasil.
b) objetivo da República Federativa do Brasil.
c) meta da República Federativa do Brasil.
d) fundamento da República Federativa do Brasil.
e) princípio internacional da República Federativa do Brasil.

07. Erradicar a pobreza e a marginalização e reduzir as desigualdades sociais e regionais são:
a) objetivos da República Federativa do Brasil.
b) fundamentos da República Federativa do Brasil.
c) postulados da República Federativa do Brasil.
d) metas a curto prazo da República Federativa do Brasil.
e) princípios internacionais da República Federativa do Brasil.

08. A República Federativa do Brasil adota, como forma de Estado e forma de governo, respectivamente:
a) República e Presidencialismo.
b) Presidencialismo e Federação.
c) Democracia e República.
d) Federação e República.
e) República e Federação.

09. Qual a característica fundamental do Estado Federal?
a) participação dos cidadãos na escolha de seus representantes.
b) participação dos Estados-membros na Câmara dos Deputados.
c) repartição constitucional de competências e participação da vontade dos Estados-membros na vontade nacional, através do Senado Federal.
d) temporariedade dos mandatos.
e) responsabilidade mandatária.

10. Assinale a alternativa correta:
Asilo político é:
I. proteção oferecida pelo Estado ao estrangeiro que esteja a sofrer perseguição política no país onde se encontra.
II. princípio internacional da República Federativa do Brasil.
III. sinônimo de extradição, ou seja, devolução do estrangeiro terrorista ao seu país de origem, para ser julgado pelos crimes políticos que cometeu.
IV. instituto não reconhecido em nosso país.
a) todas estão corretas.
b) todas estão erradas.
c) apenas I e II estão corretas.
d) apenas III e IV estão corretas.
e) apenas I, II e IV estão corretas.

11. Constitui um dos objetivos fundamentais da República Federativa do Brasil:
a) autodeterminação dos povos.
b) não-intervenção e defesa da paz.
c) solução pacífica dos conflitos.
d) erradicar a pobreza e a marginalização e reduzir as desigualdades sociais e regionais.
e) concessão de asilo político.

12. O princípio da separação dos poderes está inscrito na Constituição Federal, em dispositivo que afirma que:
a) a República Federativa do Brasil é formada pela união indissolúvel dos Estados e Municípios e do Distrito Federal.
b) todo poder emana do povo, que o exerce por meio de representantes eleitos ou diretamente, nos termos da Constituição.
c) são Poderes da União, independentes e harmônicos entre si, o Legislativo, o Executivo e o Judiciário.
d) é assegurado aos brasileiros o direito de petição aos Poderes Públicos em defesa de direitos ou contra ilegalidade ou abuso de poder.
e) a lei não excluirá da apreciação do Poder Judiciário qualquer lesão ou ameaça a direito.

13. A República Federativa do Brasil, em suas relações internacionais, rege-se pelos seguintes princípios:
a) independência nacional e combate às drogas.
b) prevalência dos direitos humanos e livre manifestação do pensamento, admitida a censura em casos especiais.
c) autodeterminação dos povos e não-intervenção.
d) repúdio ao terrorismo, ao racismo e ao asilo político.

14. A federação brasileira é formada pela união:
a) indissolúvel dos Estados e do Distrito Federal.
b) voluntária dos Estados e Municípios e do Distrito Federal.
c) indissolúvel dos Estados e Municípios.
d) voluntária dos Estados e do Distrito Federal.
e) indissolúvel dos Estados e Municípios e do Distrito Federal.

15. A Constituição estabelece como objetivos fundamentais da República Federativa do Brasil:

a) desenvolver a livre iniciativa e estimular o uso social da propriedade.
b) erradicar a pobreza e a marginalização e aumentar as desigualdades sociais e regionais.
c) garantir o desenvolvimento nacional e o sistema financeiro.
d) promover o bem de todos, admitido o preconceito de sexo, bem como o de idade, para certos concursos públicos.
e) construir uma sociedade livre, justa e solidária.

Gabarito

01. A	**02. C**	**03. C**	**04. E**
05. B	**06. D**	**07. A**	**08. D**
09. C	**10. C**	**11. D**	**12. C**
13. C	**14. E**	**15. E**	

3. Dos Direitos e Deveres Individuais e Coletivos

1. Introdução

Iniciamos agora o estudo do Título II da Constituição Federal, que se reparte da seguinte maneira:
a) Dos direitos e deveres individuais e coletivos (art. 5º);
b) Dos direitos sociais (arts. 6º a 11);
c) Da nacionalidade (arts. 12 e 13);
d) Dos direitos políticos (arts. 14 a 16);
e) Dos partidos políticos (art. 17).

Neste capítulo estudaremos apenas o item (a). Os demais ficarão para os capítulos seguintes.

Os dispositivos citados tratam, todos eles, de *direitos e garantias fundamentais.*

Direitos são as faculdades e prerrogativas que a Constituição, por meio de disposições declaratórias, outorga às pessoas.

Garantias são disposições de *proteção*, ou seja, mecanismos jurídicos que procuram assegurar e fazer cumprir os direitos previstos (de nada adiantaria o constituinte nos conceder direitos se não nos fornecesse meios para protegê-los).

Os chamados Direitos Fundamentais não surgiram de uma única vez na sociedade, mas sim com a demanda de cada época, por esta razão os autores dividem estes direitos nas seguintes "gerações" ou "dimensões":

• **primeira geração ou dimensão**: enfatizam o princípio da liberdade, protegendo o indivíduo do arbítrio estatal (liberdades negativas), são desta categoria os direitos civis e políticos (por exemplo: à vida, à liberdade, à propriedade, à liberdade de expressão, à liberdade de religião, à atividade política). Estes direitos visam, sobretudo, proteger os indivíduos do abuso de poder do Estado, exigindo do Estado um não fazer, um não interferir nas atividades dos particulares.

• **segunda geração ou dimensão:** asseguram o princípio da igualdade material entre as pessoas. O direito de segunda geração exige do Estado uma obrigação de fazer (por exemplo: acesso à saúde, educação, trabalho, habitação e previdência social).

• **terceira geração ou dimensão**: são os princípios da solidariedade ou fraternidade, protegendo interesses de titularidade coletiva ou difusa e não interesses individuais, de um grupo (exemplo: meio ambiente, paz, direito de comunicação)

• **quarta geração ou dimensão:** são aqueles relacionados à engenharia genética, para NOBERTO BOBBIO ou à democracia e à informação, para PAULO BONAVIDES. De onde se percebe que não existe um consenso doutrinário sobre quais são realmente estes direitos, sendo que parte da doutrina nem menciona à sua existência.

• **quinta geração ou dimensão:** sua existência não é consenso entre os doutrinadores, mas alguns afirmam que fazem parte destes direitos de quinta geração a paz, que, embora já classificada como sendo um direito de terceira geração, assume um papel fundamental na sociedade atual e, por isso, foi alçada à condição de um direito de quinta geração.

2. Dos Direitos e Deveres Individuais e Coletivos

Com 78 incisos e quatro parágrafos, o artigo 5º é um dos mais importantes da Constituição e trouxe grandes avanços em relação à Carta Magna anterior. Sua redação, em determinados momentos, traduz uma reação contra abusos ocorridos no período ditatorial.

A estrutura deste artigo é mais ou menos a seguinte: os primeiros trinta incisos tratam, entre outras coisas, de liberdades diversas, como a liberdade de pensamento, de culto, de expressão, de locomoção, de reunião e de associação, o direito à propriedade, à herança, direito autoral etc. Após estes incisos, são apresentadas disposições diversas sobre o Poder Judiciário. Segue-se, então, uma longa parte destinada ao Direito Penal (cerca de 30 incisos). Por fim, são apresentados os chamados "remédios constitucionais" (*habeas corpus*, mandado de segurança, mandado de injunção etc.) e mais alguns incisos, versando sobre o Poder Judiciário e alguns direitos civis.

Caput - Princípio da isonomia

Art. 5º - Todos são iguais perante a lei, sem distinção de qualquer natureza, garantindo-se aos brasileiros e aos estrangeiros residentes no País a inviolabilidade do direito à vida, à liberdade, à igualdade, à segurança e à propriedade, nos termos seguintes: (...).

Aparece aqui um princípio fundamental do direito: o *princípio da isonomia* (todos são iguais perante a lei).

É necessário, todavia, que se esclareça um pormenor: a igualdade proclamada aqui é a igualdade *formal*, ou seja, igualdade de todos *perante a lei*, já que a igualdade *material* (uma mesma situação econômica, física, social, intelectual etc. para todos os indivíduos) não existe.

Aliás, a se considerar a realidade *material* dos indivíduos, muitas vezes torna-se necessário efetuar discriminações, para que a igualdade formal possa ser atingida. Neste sentido, o inciso LXXIV do artigo 5º, dirá, por exemplo, que "o Estado prestará assistência jurídica integral e gratuita *aos que comprovarem insuficiência de recursos*".

Vale aqui a famosa máxima de Ruy Barbosa, que diz que *"A isonomia não consiste em tratar todos da mesma maneira; consiste, isto sim, em tratar igualmente os iguais e desigualmente os desiguais, na medida de suas desigualdades".*

Chamamos atenção, também, para o fato de que muitas vezes é necessário e permitido ao Estado efetuar determinadas discriminações em razão do interesse público, para atender determinadas finalidades. Surge assim a figura da *discriminação-finalidade*, que permite, por exemplo, a exigência de determinados quesitos discriminadores, como porte físico, altura, peso etc. em editais de concursos públicos para cargos nos quais tais qualidades são necessárias (cargo de bombeiro, por exemplo).

Assim, por exemplo, é inconstitucional e fere o princípio da isonomia a exigência de idade máxima em um concurso de escrevente do Poder Judiciário, haja vista que a resistência física, neste caso, não é fator importante para o exercício do cargo, mas esta exigência se torna constitucional se for o caso de um cargo de policial militar onde o vigor físico é importante.

Neste sentido temos a súmula 683 do Supremo Tribunal Federal (STF) que determina que "*O limite de idade para a inscrição em concurso público só se legitima em face do art. 7º, XXX, da Constituição, quando possa ser justificado pela natureza das atribuições do cargo a ser preenchido.*".

Também relacionado a concurso público e princípio da igualdade ou isonomia, temos jurisprudência do STF afirmando que "*Viola o princípio constitucional da isonomia norma que estabelece como título o mero exercício de função pública.*" (ADI 3.443, Rel. Min. Carlos Velloso, julgamento em 8-9- 2005, Plenário, DJ de 23-9-2005.)

Na doutrina, tais discriminações são chamadas de objetivas, pois constituem condição *sine qua non* para o efetivo exercício de determinada atividade.

Além dos direitos individuais enumerados no *caput,* temos outros, conforme se lê nos incisos seguintes:

I - homens e mulheres são iguais em direitos e obrigações, nos termos desta Constituição;

Observa-se aqui um desdobramento do princípio da isonomia: as mulheres, pela primeira vez na história constitucional brasileira, adquiriram total equiparação, perante a lei, aos homens, *tanto em direitos quanto em obrigações*, nos termos da Constituição. Este inciso eliminou, por exemplo, a exclusividade da pensão alimentícia para mulheres, assim como acabou com a exclusividade do homem na chefia da unidade familiar.

Sobre a discriminação entre homens e mulheres em concursos públicos o STF já se posicionou da seguinte maneira: "*A regra direciona no sentido da inconstitucionalidade da diferença de critério de admissão considerado o sexo – art. 5º, I; e § 2º do art. 39 da Carta Federal. A exceção corre à conta das hipóteses aceitáveis, tendo em vista a ordem socioconstitucional.*" (RE 120.305, Rel. Min. Marco Aurélio, julgamento em 8-9-1994, Segunda Turma, DJ de 9-6-1995.)

Princípio da legalidade

II - ninguém será obrigado a fazer ou deixar de fazer alguma coisa senão em virtude de lei;

Vê-se aqui a enunciação de um princípio basilar do Estado de Direito: o *princípio da legalidade.*

A obrigação positiva (de fazer alguma coisa), como declarar imposto de renda, por exemplo, ou a obrigação negativa (de não fazer alguma coisa), como, por exemplo, não fumar em recintos públicos fechados, somente podem decorrer de uma lei.

Este princípio visa proteger o indivíduo do arbítrio estatal. Assim, uma única pessoa não pode criar uma obrigação para os cidadãos.

Embora determinados atos administrativos, como decretos e portarias, também obriguem os cidadãos, em última análise, isto só é possível porque alguma lei o permite e, mesmo a medida provisória que, conforme o artigo 62 da Constituição Federal, tem força de lei, deve ser posteriormente aprovada pelo Congresso Nacional, sob pena de perda de sua eficácia desde sua edição.

Na área da Administração Pública, mais especificamente no que se refere a concursos públicos, o STF já reconheceu que "*Só por lei se pode sujeitar a exame psicotécnico a habilitação de candidato a cargo público.*" (Súmula Vinculante 44)

O princípio da legalidade aqui tratado, conhecido como "princípio da legalidade ampla" não deve ser confundido com o princípio da legalidade encontrado no caput do art. 37, da Constituição Federal, dirigido à Administração Pública. Enquanto que o princípio do art. 5°, II, determina que o fazer ou não fazer deve estar previsto na lei, o princípio da legalidade da Administração Pública determina que o servidor somente pode praticar os atos que lhe são permitidos por lei.

III - ninguém será submetido à tortura ou tratamento desumano ou degradante;

Exemplos de tortura: utilização de "pau-de-arara", choques, espancamentos, mutilações, queimaduras, "soros da verdade" etc.

Quanto à proibição de *tratamento desumano e degradante*, ela diz respeito, sobretudo, à *aplicação de penas* e, neste sentido, o inciso XLVII proibirá, por exemplo, penas de trabalhos forçados e penas cruéis.

Ninguém poderá ser tratado sem o devido respeito. O legislador constituinte, em 1988, era um legislador *escaldado com um Estado que não respeitava o indivíduo.* Muitos deles foram alvos de tortura, daí a importância dada ao tema. O direito à integridade é basicamente o 1° direito humano elencado na Lei Maior.

Questão que tem aparecido com frequência em concursos públicos é a proibição do uso de algemas por parte dos órgãos de segurança pública, em decorrência de uma súmula vinculante do STF, que determinou que restringiu o seu uso, determinando que "*Só é lícito o uso de algemas em casos de resistência e de fundado receio de fuga ou de perigo à integridade física própria ou alheia, por parte do preso ou de terceiros, justificada a excepcionalidade por escrito, sob pena de responsabilidade disciplinar, civil e penal do agente ou da autoridade e de nulidade da prisão ou do ato processual a que se refere, sem prejuízo da responsabilidade civil do Estado.*" (Súmula Vinculante 11)

Liberdade de pensamento

IV - é livre a manifestação do pensamento, sendo vedado o anonimato;

Toda e qualquer pessoa pode manifestar seu pensamento, sendo que o STF já se pronunciou neste sentido de que "*A liberdade de expressão constitui-se em direito fundamental do cidadão, envolvendo o pensamento, a exposição de fatos atuais ou históricos e a crítica.*" (HC 83.125, Rel. Min. Marco Aurélio, julgamento em 16-9-2003, Primeira Turma, DJ de 7- 11-2003.)

Sempre lembrando que nenhum direito é absoluto. Assim decidiu o STF que "*O direito à livre expressão não pode abrigar, em sua abrangência, manifestações de conteúdo imoral que implicam ilicitude penal. As liberdades públicas não são incondicionais, por isso devem ser exercidas de maneira harmônica, observados os limites definidos na própria CF* (CF, art. 5°, § 2°, primeira parte) (HC 82.424, Rel. p/ o ac. Min. Presidente Maurício Corrêa, julgamento em 17-9-2003, Plenário, DJ de 19-3- 2004.)"

O texto constitucional determina a proibição de manifestação do pensamento de maneira anônima, de tal forma que aquele que deseja expressar o que pensa, por qualquer meio, deve fazê-lo de maneira a que possa ser identificado. Tal determinação visa a responsabilização daquele que ao expressar o seu pensamento comete algum tipo de ilícito penal, por exemplo.

Direito de resposta

V - é assegurado o direito de resposta, proporcional ao agravo, além da indenização por dano material, moral ou à imagem;

Uma das limitações ao direito de expressão do pensamento é o direito de resposta, que é o direito que o ofendido tem de responder à ofensa que lhe foi feita.

Assim, no caso de uma reportagem em um jornal, por exemplo, que atinja a honra ou a moral de alguém, essa pessoa ofendida tem o direito de resposta e o periódico é obrigado a lhe fornecer um espaço para que possa exercer este direito.

Tal direito pode, se for o caso, ser pleiteado judicialmente. Aliás, sobre a ação que pleiteia o direito de resposta, o STF decidiu que o pedido judicial "*deve ter no polo passivo a empresa de informação ou divulgação, a quem compete cumprir a decisão judicial no sentido de satisfazer o referido direito..*". (Pet. 3.645, Rel. Min. Menezes Direito, julgamento em 20-2-2008, Plenário, DJE de 2-5-2008.)

O próprio direito de resposta apresenta suas limitações quando o constituinte originário determina que o mesmo deve ser proporcional ao agravo. Assim, o direito de resposta deve ser concedido de maneira a ser suficiente para que o ofendido apresente a sua versão sobre o que foi dito sobre ele, mas nunca de maneira a criar uma desproporção entre a ofensa e o direito de resposta.

Liberdade de consciência, de crença e de culto

VI - é inviolável a liberdade de consciência e de crença, sendo assegurado o livre exercício dos cultos religiosos e garantida, na forma da lei, a proteção aos locais de culto e a suas liturgias;

A Constituição assegura a todos escolher livremente a crença e a ideologia política ou filosófica que quiserem. É a chamada *liberdade interna*, também conhecida por *liberdade subjetiva* ou *liberdade moral*.

Quando esse direito se *exterioriza*, com a expressão, por exemplo, da crença através do culto, estamos diante da *liberdade objetiva*, que também é resguardada pelo Estado.

Evidentemente, essa liberdade não é absoluta: pela interpretação sistemática, ela se mantém até onde inicia a liberdade do outro. Não se pode, por exemplo, fazer pregações às duas horas da manhã, pois isso interfere no direito de intimidade e privacidade do outro.

Percebe-se um avanço no respeito do Estado às liberdades de consciência e de crença, em comparação a textos constitucionais anteriores. Não pode, qualquer agente público, no exercício de suas funções fazer qualquer juízo de valor sobre a crença de qualquer pessoa, pois o Estado é Laico (não possui religião oficial).

Neste sentido trazemos decisão do STF que anulou a demissão de empregado de sociedade de economia mista por motivo político-partidário: "*Nulidade de ato de despedida de empregados de sociedade de economia mista, por razões de ordem político-partidária. (...) por haver-se configurado flagrante violação ao princípio da liberdade de convicção política, constitucionalmente consagrado, ao qual estão especialmente adstritos os entes da administração pública.*" (RE 130.206, Rel. Min. Ilmar Galvão, julgamento em 17-9-1991, Primeira Turma, DJ de 22-11-1991.)

VII - é assegurada, nos termos da lei, a prestação de assistência religiosa nas entidades civis e militares de internação coletiva;

O Estado Brasileiro é *laico*, isto é, não tem religião oficial. Portanto, a prestação de assistência religiosa, segundo o texto, além de ser regulamentada por lei, será oferecida facultativamente *por quem quiser*. Entidades de internação coletiva são: penitenciárias, reformatórios, orfanatos, hospitais, quartéis etc.

Nestas entidades, os internos tem o direito à assistência religiosa e poderão receber, se assim o desejarem, a visita de representantes habilitados da Igreja ou de cultos da religião ou doutrina que possuam.

VIII - ninguém será privado de direitos por motivo de crença religiosa ou de convicção filosófica ou política, salvo se as invocar para eximir-se de obrigação legal a todos imposta e recusar-se a cumprir prestação alternativa, fixada em lei;

É comum, no caso de algumas religiões, alegar-se *escusa de consciência* ("minha religião não permite") para a dispensa do serviço militar obrigatório.

Nesses casos, deve então a autoridade competente conceder uma *prestação alternativa*, onde, ao invés do treinamento militar, que contraria a sua religião, o sujeito irá fazer uma outra coisa (prestação de serviços comunitários, execução de serviços de escritório etc.). Deve agora o indivíduo cumprir essa prestação alternativa. Caso contrário, aí sim, perderá seus direitos *políticos*, e deixará de ser *cidadão*, isto é, não poderá mais *votar* ou se *candidatar a uma eleição.*

Um cuidado se deve ter: *só se pode alegar escusa de consciência quando a obrigação legal a todos imposta permitir uma prestação alternativa.* Caso contrário, ela não poderá ser alegada. Quem presencia um crime, por exemplo, não pode dizer ao Juiz que não pode testemunhar por razões de consciência - não há ato que substitua o depoimento dessa pessoa e, portanto, não há prestação alternativa que possa ser aplicada.

Em relação à escusa de consciência, alegando-se motivo religioso para não realizar as provas do ENEM aos sábados, o que contraria determinadas religiões, assim se pronunciou o STF:
"*Pedido de restabelecimento dos efeitos da decisão do Tribunal a quo que possibilitaria a participação de estudantes judeus no Exame Nacional do Ensino Médio (ENEM) em data alternativa ao Shabat (...) pode-se afirmar que a designação de data alternativa para a realização dos exames não se revela em sintonia com o princípio da isonomia, convolando-se em privilégio para um determinado grupo religioso. Decisão da Presidência, proferida em sede de contracautela, sob a ótica dos riscos que a tutela antecipada é capaz de acarretar à ordem pública. Pendência de julgamento da ADI 391 e da ADI 3.714, nas quais esta Corte poderá analisar o tema com maior profundidade.*" (STA 389- AgR, Rel. Min. Presidente Gilmar Mendes, julgamento em 3-12-2009, Plenário, DJE de 14-5-2010.)

Liberdade de expressão

IX - é livre a expressão da atividade intelectual, artística, científica, e de comunicação, independente de censura ou licença;

Censura, segundo Michel Temer, é a *"verificação do pensamento antes de sua divulgação, com o intuito de impedir a circulação de certas ideias"* ou, nas palavras do Min. Celso de Mello: "*... a censura governamental, emanada de qualquer um dos três Poderes, é a expressão odiosa da face autoritária do Poder Público*" (ADPF 130, Rel. Min. Ayres Britto, julgamento em 30 4 2009, Plenário, *DJE* de 6 11 2009.)

É um crivo prévio do Estado sobre qualquer publicação.

Licença (no presente contexto) é a autorização emitida por órgãos oficiais para a publicação de jornais e periódicos.

Estes dois institutos, utilizados exaustivamente no período da ditadura e demais estados de Exceção, hoje não têm mais lugar, como disposto no § 2º do art. 220 da CF. É lógico que o administrador faça uma classificação, como disposto ainda no artigo 220 da CF:

Art. 220,
§ 2º - É vedada toda e qualquer censura de natureza política, ideológica e artística.
§ 3º - Compete à lei federal:
I - regular as diversões e espetáculos públicos, cabendo ao Poder Público informar sobre a natureza deles, as faixas etárias a que não se recomendem, locais e horários em que sua apresentação se mostre inadequada;
II - estabelecer os meios legais que garantam à pessoa e à família a possibilidade de se defenderem de programas ou programações de rádio e televisão que contrariem o disposto no art. 221, bem como da propaganda de produtos, práticas e serviços que possam ser nocivos à saúde e ao meio ambiente.

Importante jurisprudência sobre o assunto, por entender que o exercício dos direitos fundamentais de reunião e de livre manifestação do pensamento devem ser garantidos a todas as pessoas, o Plenário do STF julgou procedente pedido de forma a excluir qualquer interpretação que possa ensejar a criminalização da defesa da legalização das drogas, ou de qualquer substância entorpecente específica, inclusive através de manifestações e eventos públicos. Afirmando que a mera proposta de descriminalização de determinado ilícito penal não se confundiria com ato de incitação à prática do crime, nem com o de apologia de fato criminoso. (ADPF 187, Rel. Min. Celso de Mello, julgamento em 15 6 2011, Plenário, *Informativo* 631.)

Inviolabilidade à intimidade, vida privada, honra e imagem

X - são invioláveis a intimidade, a vida privada, a honra e a imagem das pessoas, assegurado o direito à indenização pelo dano material ou moral decorrente de sua violação;

A defesa da intimidade é um dos grandes baluartes da Constituição brasileira e do nosso ordenamento jurídico.

Essa defesa abrange tanto as pessoas físicas como jurídicas.

A publicação ou a divulgação de fotos, segredos, cartas ou informações que firam a *vida íntima*, a *privacidade*, a *honra* ou a *imagem* das pessoas gera obrigação de reparação.

Este direito abrange, também, o sigilo fiscal, bancário e telefônico, que não pode ser violado sem a devida fundamentação. Com esse entendimento, a Segunda Turma do STF deferiu *habeas corpus* para reconhecer a ilicitude das provas obtidas sem fundamentação legal e fática e, por conseguinte, determinar o seu desentranhamento dos autos de ação penal (HC 96.056, Rel. Min. Gilmar Mendes, julgamento em 28 6 2011, Segunda Turma, *Informativo* 633.)

A defesa da intimidade, da honra ou da imagem não pode ser alegada para a defesa de prática de atos ilícitos, ou seja, o indivíduo não pode alegar em sua defesa o seu direito a intimidade e com isso deixar de ser punido por algo ilegal que cometeu. Neste sentido se pronunciou o STf quando decidiu que o indivíduo que exigiu quantia em dinheiro para inserir falsa informação de excesso de contingente em certificado de dispensa militar, não teve sua intimidade ilegalmente devassada quando foi realizada gravação clandestina pelo jovem que se alistava a pedido de emissora de televisão, que levou as imagens ao ar em todo o território nacional por meio de conhecido programa jornalístico (HC 87.341, Rel. Min. Eros Grau, julgamento em 7 2 2006, Primeira Turma, *DJ* de 3 3 2006.)

A violação da intimidade, da honra, da vida privada e da imagem pode ensejar o direito à indenização por dano material ou moral, tanto que o STF já decidiu no caso de publicação não consentida de fotografia que "...*para a reparação do dano moral não se exige a ocorrência de ofensa à reputação do indivíduo. O que acontece é que, de regra, a publicação da fotografia de alguém, com intuito comercial ou não, causa desconforto, aborrecimento ou constrangimento, não importando o tamanho desse desconforto, desse aborrecimento ou desse constrangimento. Desde que ele exista, há o dano moral, que deve ser reparado, manda a Constituição, art. 5º, X.*" (RE 215.984, Rel. Min. Carlos Velloso, julgamento em 4 6 2002, Segunda Turma, *DJ* de 28 6 2002.)".

Inviolabilidade da casa

XI - a casa é asilo inviolável do indivíduo, ninguém nela podendo penetrar sem consentimento do morador, salvo em caso de flagrante delito ou desastre, ou para prestar socorro, ou, durante o dia, por determinação judicial;

Teoricamente a casa da pessoa é onde ela deve se sentir mais segura, é onde terá seus momentos de descanso e de convívio com sua família e amigos, por estas razões a Constituição determina que, em regra, ninguém pode entrar na casa de outra pessoa a não ser que tenha sido convidado pelo morador, mas a própria Constituição estabelece algumas exceções:

• flagrante delito (ex.: assalto ocorrendo em uma residência)
• desastre (ex.: incêndio);
• prestar socorro (ex.: a pessoa está desmaiada e precisa de socorro médico);

• ordem judicial (ex.: mandado de prisão).
Importante frisar que a invasão de domicílio ainda tem restrição de horário:
• durante o dia ou noite: flagrante delito, desastre ou prestar socorro
• ordem judicial: SOMENTE DURANTE O DIA!

A Constituição não estabelece um horário, assim, as bancas não costumam estabelecer um horário específico e se utilizam somente dos termos "dia" ou "noite", até mesmo porque o assunto é polêmico na doutrina as bancas preferem utilizar o termo "dia" encontrado neste inciso. Apenas alertamos que PEDRO LENZA acresce que CELSO DE MELLO utiliza o critério físico-astronômico: a aurora e o crepúsculo

O termo "casa" deve ser entendido de maneira ampla, como sendo qualquer compartimento privado não aberto ao público, onde alguém exerce profissão ou atividade.

"Para os fins da proteção jurídica a que se refere o art. 5º, XI, da CF, o conceito normativo de 'casa' revela-se abrangente e, por estender-se a qualquer aposento de habitação coletiva, desde que ocupado (CP, art. 150, § 4º, II), compreende, observada essa específica limitação espacial, os quartos de hotel. Doutrina. Precedentes. Sem que ocorra qualquer das situações excepcionais taxativamente previstas no texto constitucional (art. 5º, XI), nenhum agente público poderá, contra a vontade de quem de direito (invito domino), ingressar, durante o dia, sem mandado judicial, em aposento ocupado de habitação coletiva, sob pena de a prova resultante dessa diligência de busca e apreensão reputar-se inadmissível, porque impregnada de ilicitude originária." *(RHC 90.376, Rel. Min. Celso de Mello, julgamento em 3 4 2007, Segunda Turma, DJ de 18 5 2007.)".*

Diante deste posicionamento do STF é inconstitucional as provas obtidas, em escritório de contabilidade, por agentes fazendários sem mandado judicial, necessitando qualquer agente de fiscalização de autorização do responsável pela empresa ou de mandado judicial para adentrar em recinto comercial, industrial ou escritório, para fins de fiscalização.

"Apreensão de livros contábeis e documentos fiscais realizada em escritório de contabilidade, por agentes fazendários e policiais federais, sem mandado judicial. Inadmissibilidade. "*Espaço privado, não aberto ao público, sujeito à proteção constitucional da inviolabilidade domiciliar (CF, art. 5º, XI)... Administração tributária. Fiscalização. Poderes. Necessário respeito aos direitos e garantias individuais dos contribuintes e terceiros. Não são absolutos os poderes de que se acham investidos os órgãos e agentes da administração tributária, pois o Estado, em tema de tributação, inclusive em matéria de fiscalização tributária, está sujeito à observância de um complexo de direitos e prerrogativas que assistem, constitucionalmente, aos contribuintes e aos cidadãos em geral." (HC 93.050, Rel. Min. Celso de Mello, julgamento em 10 6 2008, Segunda Turma, DJE de 1º 8 2008.)"*

Inviolabilidade da correspondência

XII - é inviolável o sigilo da correspondência e das comunicações telegráficas, de dados e das comunicações telefônicas, salvo, no último caso, por ordem judicial, nas hipóteses e na forma que a lei estabelecer para fins de investigação criminal ou instrução processual penal;

A defesa da intimidade estudada no inciso anterior também abrange a defesa da correspondência, das comunicações telegráficas, das comunicações de dados e das comunicações telefônicas.

O texto constitucional permite apenas a violação do sigilo telefônico e, ainda assim, somente quando atender TODOS os requisitos:
• autorização judicial,
• investigação criminal ou instrução processual penal e
• nas hipóteses e na forma que a lei estabelecer.

Observamos, então, que somente pode ser concedida autorização judicial quando a violação estiver relacionada com um crime (investigação criminal ou instrução processual penal) e, também, somente na forma e nas hipóteses que a lei estabelecer.

Embora o sigilo da correspondência aparentemente esteja revestido de um caráter absoluto, isto não é verdade. O STF entende que a violação da correspondência dos presos está em consonância com o disposto neste inciso, por razões de segurança pública.

"A administração penitenciária, com fundamento em razões de segurança pública, de disciplina prisional ou de preservação da ordem jurídica, pode, sempre excepcionalmente, e desde que respeitada a norma inscrita no art. 41, parágrafo único, da Lei 7.210/1984, proceder à interceptação da correspondência remetida pelos sentenciados, eis que a cláusula tutelar da inviolabilidade do sigilo epistolar não pode constituir instrumento de salvaguarda de práticas ilícitas." (HC 70.814, Rel. Min. Celso de Mello, julgamento em 1º 3 1994, Primeira Turma, DJ de 24 6 1994.)"

Outra exceção relevante envolve a licitude da gravação da conversa telefônica feita por um dos participantes para se defender de um crime que está sendo tentado ou praticado pelo outro participante da conversa, como, por exemplo, um fiscal que solicita propina pelo telefone ou que combina a entrega do dinheiro por este meio.
"É lícita a gravação de conversa telefônica feita por um dos interlocutores, ou com sua autorização, sem ciência do outro, quando há investida criminosa deste último. É inconsistente e fere o senso comum falar-se em violação do direito à privacidade quando interlocutor grava diálogo com sequestradores, estelionatários ou

qualquer tipo de chantagista." (HC 75.338, Rel. Min. Nelson Jobim, julgamento em 11 3 1998, Plenário, DJ de 25 9 1998.)"

"Alegação de ofensa ao art. 5º, XII, LIV e LVI, da CF. Recurso extraordinário que afirma a existência de interceptação telefônica ilícita porque efetivada por terceiros. Conversa gravada por um dos interlocutores. Precedentes do STF. Agravo regimental improvido. Alegação de existência de prova ilícita, porquanto a interceptação telefônica teria sido realizada sem autorização judicial. Não há interceptação telefônica quando a conversa é gravada por um dos interlocutores, ainda que com a ajuda de um repórter." (RE 453.562 AgR, Rel. Min. Joaquim Barbosa, julgamento em 23 9 2008, Segunda Turma, DJE de 28 11 2008.)"

Importante ressaltar que os dados contidos na memória de computador ou equipamento semelhante não estão protegidos por este inciso constitucional, assim decidiu o STF *"... não se questiona que a apreensão dos computadores da empresa do recorrente se fez regularmente, na conformidade e em cumprimento de mandado judicial. Não há violação do art. 5º, XII, da CF, que, conforme se acentuou na sentença, não se aplica ao caso, pois não houve 'quebra de sigilo das comunicações de dados (interceptação das comunicações), mas sim apreensão de base física na qual se encontravam os dados, mediante prévia e fundamentada decisão judicial'." (RE 418.416, Rel. Min. Sepúlveda Pertence, julgamento em 10 5 2006, Plenário, DJ de 19 12 2006.)"*

Liberdade de exercício de profissão

XIII - é livre o exercício de qualquer trabalho, ofício ou profissão, atendidas as qualificações profissionais que a lei estabelecer;

A regra, na nossa Constituição, é o livre exercício de qualquer trabalho, ofício ou profissão. Apenas em casos justificáveis, quando o mal exercício da atividade pode acarretar um dano às outras pessoas, é que a regulamentação com exigências legais para o exercício deve ser aceita. Fora destes casos não há que se falar em requisitos para o exercício de atividade profissional.

Com este pensamento o Plenário do STF, no julgamento do RE 511.961, declarou como não recepcionado pela Constituição de 1988, o art. 4º, V, do DL 972/1969, que exigia diploma de curso superior para o exercício da profissão de jornalista. Assim, qualquer pessoa pode exercer a atividade jornalística independentemente de qualificação acadêmica, a saber: O entendimento adotado no acórdão recorrido não diverge da jurisprudência firmada no âmbito deste Supremo Tribunal Federal, no sentido da inconstitucionalidade da exigência de diploma universitário em jornalismo, como condição para o exercício da profissão de jornalista (RE 511.961-RG, Rel. Min. Gilmar Mendes, Tribunal Pleno, DJe 13.11.2009). As razões do agravo regimental não se mostram aptas a infirmar os fundamentos que lastrearam a decisão agravada. Agravo regimental conhecido e não provido.

O pensamento do STF pode ser resumido na jurisprudência abaixo:
"Nem todos os ofícios ou profissões podem ser condicionadas ao cumprimento de condições legais para o seu exercício. A regra é a liberdade. Apenas quando houver potencial lesivo na atividade é que pode ser exigida inscrição em conselho de fiscalização profissional. A atividade de músico prescinde de controle. Constitui, ademais, manifestação artística protegida pela garantia da liberdade de expressão." (RE 414.426, Rel. Min. Ellen Gracie, julgamento em 1º 8 2011, Plenário, *DJE* de 10 10 2011.)

Direito de acesso à informação

XIV - é assegurado a todos o acesso à informação e resguardado o sigilo da fonte, quando necessário ao exercício profissional;

Alguns profissionais tem a garantia do sigilo de suas fontes, tais como jornalistas, advogados e médicos, entre outros. Em decorrência deste direito, estes profissionais não estão obrigados a revelarem a fonte ou as informações que tiveram acesso no exercício de sua atividade profissional, porém, como já deixou claro o STF, esta garantia não pode ser utilizada para a prática de atos ilícitos.

"O sigilo profissional constitucionalmente determinado não exclui a possibilidade de cumprimento de mandado de busca e apreensão em escritório de advocacia. O local de trabalho do advogado, desde que este seja investigado, pode ser alvo de busca e apreensão, observando-se os limites impostos pela autoridade judicial (HC 91.610, Rel. Min. Gilmar Mendes, julgamento em 8 6 2010, Segunda Turma, DJE de 22 10 2010.)"

Direito de locomoção

XV - é livre a locomoção no território nacional em tempo de paz, podendo qualquer pessoa, nos termos da lei, nele entrar, permanecer ou dele sair com seus bens;

A Constituição assegura a qualquer pessoa, brasileira ou estrangeira, o direito de locomoção no nosso país, mas, assim como todos os outros direitos, este não é um direito absoluto e pode sofrer restrições estando o país em situação de guerra ou "nos termos da lei", como determina o texto constitucional.

A lei pode restringir o direito de locomoção das pessoas, como exemplo temos a exigência de visto para que estrangeiros de algumas nacionalidades possam entrar no país e a possibilidade de prisão do indivíduo em virtude de condenação penal. Além disso, a própria Constituição Federal prevê uma exceção ao direito de locomoção em seu artigo 139, em caso de decretação de estado de sítio, quando é possível a obrigação de permanência em localidade determinada e a detenção em edifício não destinado a acusados ou condenados por crimes comuns.

Direito de reunião

XVI - todos podem reunir-se pacificamente, sem armas, em locais abertos ao público, independentemente de autorização, desde que não frustrem outra reunião anteriormente convocada para o mesmo local, sendo apenas exigido prévio aviso à autoridade competente;

Todos podemos utilizar os locais públicos, como praças e parques, por exemplo, para realização de reuniões, passeatas, cultos, shows, etc.

Esse direito de reunião em locais abertos ao público não depende de autorização. Importante não confundir o "prévio aviso" exigido pela Constituição com a exigência de um prévio aviso.

A autorização é conceituada com um ato discricionário, ou seja, ato que a autoridade tem o poder de praticar ou não, conforme entenda de interesse público, enquanto que no caso de prévio aviso a autoridade não tem o direito de negar a realização da reunião.

Claro que o direito de reunião não pode ser exercido de maneira a que ameace outros direitos das outras pessoas. Assim, ainda que a reunião seja pacífica, sem armas e com prévio aviso a autoridade competente, ela não pode colocar em risco a vida das outras pessoas ou o seu direito de locomoção.

Direito de associação

XVII - É plena a liberdade de associação para fins lícitos, vedada a de caráter paramilitar;

Assim como a liberdade de reunião, a liberdade de associação também é direito coletivo. A grande diferença entre reunião e associação reside na duração e na finalidade de ambas.

Segundo JOSÉ AFONSO DA SILVA, a associação é uma reunião *estável* e *permanente* de pessoas que visam um fim comum.

Associação paramilitar, proibida pela Lei Maior, é a que se destina ao treinamento de pessoas no manejo de armas, e que adota rigidez hierárquica semelhante à do Exército, com objetivos escusos, ilegais, como os esquadrões da morte, por exemplo.

XVIII - a criação de associações e, na forma da lei, a de cooperativas independem de autorização, sendo vedada a interferência estatal em seu funcionamento;

Em relação às cooperativas, há necessidade de lei ordinária que regulamente sua criação, o que deverá o legislador regular oportunamente.

Tanto para as associações como para as cooperativas, não se permite qualquer interferência estatal em seu funcionamento, desde que estejam de acordo com as normas legais.

Há inovação, pois o Estado não mais interfere na seara dos seus cidadãos, quando estes não ameaçam suas estruturas democráticas. Pela Constituição anterior havia a necessidade de autorização do Estado.

XIX - as associações só poderão ser compulsoriamente dissolvidas ou ter suas atividades suspensas por decisão judicial, exigindo-se, no primeiro caso, o trânsito em julgado;

Suspensão é a paralisação temporária das atividades da associação.

Dissolução é o desaparecimento da sociedade, do mundo jurídico.

Somente o Poder Judiciário, por meio de processo regular, poderá decretar a suspensão ou a dissolução compulsórias das associações. Mesmo a atuação judicial encontra uma limitação constitucional: apenas as associações que persigam fins ilícitos poderão ser compulsoriamente dissolvidas ou suspensas. Atos emanados do Executivo ou do Legislativo, que provoquem a compulsória suspensão ou dissolução de associações, mesmo as que possuam fins ilícitos, serão inconstitucionais.

Se a decisão da justiça for pela postura mais grave, ou seja, pela dissolução da associação, deverá, necessariamente ter ocorrido o *trânsito em julgado da decisão*, ou seja, deverão ter-se esgotado todos os recursos possíveis contra aquela decisão, que se torna, então, definitiva.

Exemplificando: o juiz, de um fórum qualquer, decide, em sua sentença, pela dissolução da sociedade. Os representantes desta têm o direito de apelar desta decisão para um órgão de segunda instância, superior a este juiz. Resolvem fazê-lo e perde novamente a sociedade. Ainda não ocorreu o trânsito em julgado, pois ainda há o direito de se entrar com *recurso especial*, para o Superior Tribunal de Justiça, ou *recurso extraordinário*, para o Supremo Tribunal Federal (se matéria constitucional). Perdendo novamente, aí não haverá mais recurso possível: ocorreu o trânsito em julgado, cujo resultado é a *coisa julgada*, ou seja, a sentença imutável, não mais passível de alteração.

[1] O art. 17, do Ato das Disposições Constitucionais Transitórias, por exemplo, diz o seguinte: "Os vencimentos, a remuneração, as vantagens e os adicionais, bem como os proventos de aposentadoria que estejam sendo percebidos em desacordo com a Constituição serão imediatamente reduzidos aos limites dela decorrentes, **não se admitindo**, neste caso, **invocação de direito adquirido** ou percepção de excesso a qualquer título".

Liberdade de associação

XX - ninguém poderá ser compelido a associar-se ou a permanecer associado;

O fato de se exigir a filiação de determinados profissionais aos respectivos Conselhos Regionais (CREA, CRM, CRP, OAB, CRC etc.), sob pena de exercício ilegal da profissão indica situação em que este inciso não é aplicado por serem tais entidades fiscalizadoras de exercício profissional e não associações.

Viola os princípios constitucionais da liberdade de associação (art. 5°, XX) e da liberdade sindical (art. 8°, V), ambos em sua dimensão negativa, "*a norma legal que condiciona, ainda que indiretamente, o recebimento do benefício do seguro desemprego à filiação do interessado a colônia de pescadores de sua região.*" (ADI 3.464, Rel. Min. Menezes Direito, julgamento em 29 10 2008, Plenário, *DJE* de 6 3 2009.)

XXI - as entidades associativas, quando expressamente autorizadas, têm legitimidade para representar seus filiados judicial ou extrajudicialmente;

Observe que a autorização tem que ser *expressa.* Uma associação de funcionários públicos aposentados, por exemplo, pode, mediante procuração de seus filiados, mover um processo contra o Estado para obter benefícios a que estes façam jus (representação judicial). Da mesma forma, um sindicato de trabalhadores pode entrar, em nome de seus filiados, em negociação com o sindicato patronal para efetuar determinados acertos salariais (representação extrajudicial).

Não obstante a Constituição exigir a autorização expressa para que a associação represente judicial ou extrajudicialmente seus associados, o STF entende que no caso do mandado de segurança coletivo, previsto no art. 5°, LXX, do seu texto, não é necessária a autorização expressa.

"A impetração de mandado de segurança coletivo por entidade de classe em favor dos associados independe da autorização destes." (Súmula 629 do STF)

Direito de propriedade

XXII - é garantido o direito de propriedade;

A Constituição assegura a qualquer pessoa o direito de propriedade, o direito de possuir e usar com exclusividade seus bens móveis, imóveis e semoventes. Esta garantia se consubstancia também na proteção do Estado à propriedade com a existência de órgãos de segurança pública, cuja função, entre outras, é zelar pela incolumidade do patrimônio das pessoas (art. 144), além de toda a proteção encontrada no nosso ordenamento jurídico que prevê, inclusive, vários crimes contra a propriedade.

Função social da propriedade

XXIII - a propriedade atenderá a sua função social;

Ao se exigir o cumprimento da função social da propriedade, teve o legislador constituinte a ideia de que a propriedade urbana e a rural não mais poderiam servir para o simples acréscimo patrimonial, mas sim deveriam ter um destino na sociedade.

Para se entender este inciso, é necessário esclarecer que a "função social" da propriedade varia, conforme seja ela urbana ou rural.

O art. 182, § 2° da CF diz o seguinte: "a propriedade **urbana** cumpre sua função social quando atende às exigências fundamentais de ordenação da cidade expressas no plano diretor".

O plano diretor é um instrumento de política de desenvolvimento e expansão urbana, exigido pela CF para cidades com mais de 20.000 habitantes; nele são enumeradas as obrigações dos proprietários de imóveis urbanos e as punições que sofrerão, caso não as cumpram.

Em relação às propriedades rurais, o art. 186 da CF diz o seguinte: *"A função social é cumprida quando a propriedade rural atende, simultaneamente, segundo critérios e graus de exigência estabelecidos em lei, aos seguintes requisitos:*
I - aproveitamento racional e adequado;
II - utilização adequada dos recursos naturais disponíveis e preservação do meio ambiente;
III - observância das disposições que regulam as relações de trabalho;
IV - exploração que favoreça o bem-estar dos proprietários e dos trabalhadores."

O próprio STF em suas decisões tem ressaltado a função social da propriedade determinando que esta "... *não se reveste de caráter absoluto, eis que, sobre ele, pesa grave hipoteca social, a significar que, descumprida a função social que lhe é inerente (CF, art. 5°,XXIII), legitimar-se-a a intervenção estatal na esfera dominial privada, observados, contudo, para esse efeito, os limites, as formas e os procedimentos fixados na própria CF. O acesso à terra, a solução dos conflitos sociais, o aproveitamento racional e adequado do imóvel rural, a utilização apropriada dos recursos naturais disponíveis e a preservação do meio ambiente constituem elementos de realização da função social da propriedade."* (ADI 2.213 MC, Rel. Min. Celso de Mello, julgamento em 4 4 2002, Plenário, *DJ* de 23 4 2004.)

Desapropriação

XXIV - a lei estabelecerá o procedimento para desapropriação por necessidade ou utilidade pública, ou por interesse social, mediante justa e prévia indenização em dinheiro, ressalvados os casos previstos nesta Constituição;

Desapropriação é a transferência compulsória da propriedade de um bem de uma determinada pessoa para o Estado, em razão de necessidade pública, utilidade pública ou interesse social.

Necessidade pública é aquela que o Poder Público sente em relação a determinado bem e que só pode ser resolvida com a transferência deste.

Utilidade pública afere-se pela conveniência da utilização do bem.

Interesse social ocorre quando se visualizam benefícios à coletividade.

Embora este inciso diga que a desapropriação deverá ser precedida de pagamento prévio e justo *em dinheiro*, nem sempre é assim. O texto constitucional enumera exceções à indenização em dinheiro:

- nas desapropriações para fins de *reforma agrária*, a indenização será feita mediante *títulos da dívida agrária* (art. 184, da CF);
- no caso de *desapropriação-sanção* (desapropriação aplicada ao proprietário de imóvel urbano que não promova o seu adequado aproveitamento), o pagamento é feito mediante *títulos da dívida pública* (art. 182, § 4º, III).

O art. 243, da CF, diz que o Estado deverá tomar a propriedade que foi utilizada para plantio de plantas psicotrópicas ilegais; neste caso, entretanto, *não se trata de desapropriação*, porque não há qualquer indenização, e é da essência do instituto da desapropriação que sempre haja indenização, **mas sim, *expropriação.***

Requisição administrativa

XXV - no caso de iminente perigo público, a autoridade competente poderá usar de propriedade particular, assegurada ao proprietário indenização ulterior, se houver dano;

Este inciso traz mais uma restrição ao direito de propriedade: é a chamada *requisição administrativa* ou *utilização de propriedade alheia.*

Diferentemente da desapropriação, neste caso não há alteração no Cartório de Registro de Imóveis, uma vez que não houve qualquer alteração de domínio (dono). O proprietário perderá apenas o direito de *usar*, perderá o direito de *posse*, que, temporariamente, passará ao Estado.

Ao término do perigo, deve a Administração Pública devolver o imóvel. Se houver a constatação de dano, far-se-á o ressarcimento *posteriormente.*

Convém lembrar, ainda, que há uma outra requisição administrativa, efetuada em situações outras que não em "iminente perigo". A Justiça Eleitoral, por exemplo, pode perfeitamente requisitar um prédio particular para que nele sejam realizadas eleições.

Proteção à pequena propriedade rural

XXVI - a pequena propriedade rural, assim definida em lei, desde que trabalhada pela família, não será objeto de penhora para pagamento de débitos decorrentes de sua atividade produtiva, dispondo a lei sobre os meios de financiar o seu desenvolvimento;

A pequena propriedade rural, de acordo com o Código Florestal, tem um tamanho variável de acordo com a região do país onde se encontrar.

Penhora é o ato judicial pelo qual são apreendidos os bens do devedor para que por eles se cobre o credor do que lhe é devido.

Esse inciso protege o pequeno agricultor que poderia perder sua propriedade em virtude do não-pagamento dos empréstimos que fez para o plantio.

Para que a propriedade não seja objeto de penhora, ela deverá ser *pequena* e ser trabalhada pela *família*; além disso, a dívida deverá ter sido contraída *em função da atividade produtiva.*

O favor constante nesse inciso *não abrange dívidas fiscais*, pelo que poderá ser efetuada a penhora em decorrência do não-pagamento de *tributos* **e nem as referentes a cotas condominiais, por exemplo.**

"Bem de família. Penhora. Decorrência de despesas condominiais. A relação condominial é, tipicamente, relação de comunhão de escopo. O pagamento da contribuição condominial (obrigação propter rem) é essencial à conservação da propriedade, vale dizer, à garantia da subsistência individual e familiar – a dignidade da pessoa humana. Não há razão para, no caso, cogitar se de impenhorabilidade." (RE 439.003, Rel. Min. Eros Grau, julgamento em 6 2 2007, Segunda Turma, *DJ* de 2 3 2007.)

Diz ainda, o legislador, remetendo o assunto a lei posterior, que haverá normas para permitir o desenvolvimento desse pequeno produtor.

Direito autoral

XXVII - aos autores pertence o direito exclusivo de utilização, publicação ou reprodução de suas obras, transmissível aos herdeiros pelo tempo que a lei fixar;

O direito autoral se insere no rol de propriedades intelectuais e, como qualquer propriedade, é garantida pelo ordenamento jurídico brasileiro.

O autor tem o direito vitalício de exploração da sua obra, ou seja, pelo tempo em que viver somente ele ou quem for por ele autorizado é que poderá explorar economicamente sua obra (livro, musica etc,)

Quando do falecimento do autor o direito de propriedade passará para os seus herdeiros pelo tempo previsto em lei (Lei nº 9.610/98), após este período de usufruto dos autores do direito de propriedade a obra passará a domínio público e então qualquer pessoa poderá reproduzi-la.

Direito à participação individual em obra coletiva

XXVIII - são assegurados, nos termos da lei:
a) a proteção às participações individuais em obras coletivas e à reprodução da imagem e voz humanas, inclusive nas atividades desportivas;
b) o direito de fiscalização do aproveitamento econômico das obras que criarem ou de que participarem aos criadores, aos intérpretes e às respectivas representações sindicais e associativas;

O constituinte quis proteger a participação individual nas obras coletivas. Uma novela, por exemplo, é composta da participação do autor, atores, diretores, assistentes e todo o corpo auxiliar.

Quem, de alguma forma, colaborou na elaboração de uma produção deverá ser contemplado com uma porcentagem da venda dessa obra.

Estendeu-se, também esse direito à reprodução da imagem e da voz humanas e às atividades desportivas.

Privilégio de invenção industrial

XXIX - a lei assegurará aos autores de inventos industriais privilégio temporário para sua utilização, bem como proteção às criações industriais, à propriedade das marcas, aos nomes de empresas e a outros signos distintivos, tendo em vista o interesse social e desenvolvimento tecnológico e econômico do País;

Caso o direito do inventor contrarie o interesse coletivo, este último prevalecerá, pois o interesse coletivo é supremo e indisponível em relação ao individual.

O privilégio de invenção industrial, no caso, consiste no direito de obter patente de propriedade do invento e no direito de utilização exclusiva desse invento. Por este inciso, tal privilégio deverá ser *temporário*, isto é, a lei ordinária que for regulá-lo não poderá torná-lo perpétuo.

Importante frisar aqui a diferença primordial entre o direito autoral e o direito de invenção, enquanto o direito autoral é vitalício para o autor, o direito de invenção é um privilégio temporário.

Direito de herança

XXX - é garantido o direito de herança;

Ao assegurar o direito de herança, a Constituição impede que o Estado se aproprie dos bens do falecido, salvo se este falecer sem deixar herdeiros, quando então teremos a chamada "herança jacente" que é atribuída ao município

XXXI - a sucessão de bens de estrangeiros situados no País será regulada pela lei brasileira em benefício do cônjuge ou dos filhos brasileiros, sempre que não lhes seja mais favorável a lei pessoal do 'de cujus';

"De cujus" é a pessoa que morreu. Se for estrangeira, a sucessão dos seus bens pode ser regulada por duas maneiras: ou pela lei do seu país de origem, ou pela lei do país onde estão situados os seus bens. Se os bens estiverem no Brasil, aplicar-se-á sempre a lei que for mais favorável aos filhos ou cônjuge *brasileiros.*

Defesa do consumidor

XXXII - o Estado promoverá, na forma de lei, a defesa do consumidor;

A regulamentação deste inciso adveio com a promulgação do Código de Defesa do Consumidor, Lei nº 8.078/90.

XXXIII - todos têm direito a receber dos órgãos públicos informações de seu interesse particular, ou de interesse coletivo ou geral, que serão prestadas no prazo da lei, sob pena de responsabilidade, ressalvadas aquelas cujo sigilo seja imprescindível à segurança da sociedade e do Estado;

Excetuando-se as informações que coloquem em risco a segurança da sociedade e do Estado, a resposta ao pedido de informação é obrigatória, sob pena de ser aberto processo administrativo contra o funcionário competente.

Além disso, em havendo recusa em fornecer dados ligados à pessoa do requerente, poder-se-á obrigar o Poder Público a entregá-los, utilizando-se o instituto do *habeas data*, consagrado no inciso LXXII.

Recentemente foi aprovada a Lei nº 12.527/2013 que regula o acesso a informações previsto neste inciso, aplicável a todos os entes da federação (União, Estados, Distrito Federal e Municípios).

Direito de petição

XXXIV - são a todos assegurados, independentemente do pagamento de taxas:
a) o direito de petição aos Poderes Públicos em defesa de direito ou contra ilegalidade ou abuso de poder;
b) a obtenção de certidões em repartições públicas, para defesa de direitos e esclarecimento de situações de interesse pessoal;

Neste inciso temos a consagração do *direito de petição*, ou *direito de representação*. Por ele qualquer pessoa, tanto *física* quanto *jurídica* pode fazer um requerimento **administrativo** endereçado aos órgãos do Poder Público, pleiteando um direito individual ou demonstrando que contra si ou seu interesse (seja individual ou coletivo) cometeu-se uma ilegalidade (violou-se a lei) ou algum abuso de poder, por parte de um agente público.

Não se confunde com os remédios constitucionais (habeas corpus, habeas data, mandado de injunção e mandado de segurança) que são garantias impetradas judicialmente e não administrativamente como o direito de petição.

O ingresso do direito de petição deve ser gratuito, neste sentido entende o STF que é "*inconstitucional a exigência de depósito ou arrolamento prévios de dinheiro ou bens para admissibilidade de recurso administrativo." (Súmula Vinculante 21)*" e "*É inconstitucional a exigência de depósito prévio como requisito de admissibilidade de ação judicial na qual se pretenda discutir a exigibilidade de crédito tributário" (Súmula Vinculante 28)*

Poder Público é toda e qualquer entidade governamental, seja da União, dos Estados-membros, dos Municípios, do Distrito Federal, dos Territórios, das autarquias e fundações públicas, seja do Poder Executivo, Legislativo ou Judiciário.

Certidão é o documento onde um funcionário público atesta algo que se encontra em seus livros e registros.

Muito embora o legislador constitucional garanta a obtenção de certidões, junto às repartições públicas, independentemente do pagamento de taxas, ainda continua legítima a cobrança de "emolumentos" ou "custas judiciais".

Lembramos, ainda, que o remédio constitucional correto contra a recusa de emissão de certidão é o mandado de segurança e não o habeas data, por não se tratar do direito à informação, mas sim do direito de obtenção de certidão.

"*A injusta recusa estatal em fornecer certidões, não obstante presentes os pressupostos legitimadores dessa pretensão, autorizará a utilização de instrumentos processuais adequados, como o mandado de segurança...*" (RE 472.489 AgR, Rel. Min. Celso de Mello, julgamento em 29 4 2008, Segunda Turma, *DJE* de 29 8 2008.) No mesmo sentido: RE 167.118 AgR, Rel. Min. Joaquim Barbosa, julgamento em 20 4 2010, Segunda Turma, *DJE* de 28 5 2010

Jurisdição universal ou Jurisdição única

XXXV - a lei não excluirá da apreciação do Poder Judiciário lesão ou ameaça a direito;

Esse princípio é consagrado como *princípio da inafastabilidade do controle jurisdicional* ou *princípio da universalidade da jurisdição.*

Qualquer pessoa que sinta que seu direito está sendo ameaçado, ou que entenda que sofreu uma lesão merecedora de reparos, tem o direito de ir ao Judiciário buscar uma solução, na forma de uma sentença proferida pelo juiz.

Houve aqui um enorme ganho em relação à redação deste princípio na Constituição de 1967, que dizia que o ingresso em juízo poderia ser condicionado a que se exaurissem previamente as vias administrativas. A regra, hoje, é que qualquer pessoa pode recorrer ao Judiciário, independentemente de abrir ou não processo administrativo. Excepciona, o legislador constituinte, apenas em relação à justiça desportiva (art. 217, §1º).

Também destacamos que o art. 7º, § 1º da Lei 11.417/2006 estabelece que "contra omissão ou ato da administração pública, o uso da reclamação só será admitido após esgotamento das vias administrativas.". É o contencioso administrativo atenuado que não impede o livre acesso ao judiciário, uma vez que veda apenas a reclamação, sendo permitido todas as outras medidas cabíveis.

Assim se posiciona o STF quando afirma que "*Não há previsão constitucional de esgotamento da via administrativa como condição da ação que objetiva o reconhecimento de direito previdenciário.*" (RE 549.238 AgR, Rel. Min. Ricardo Lewandowski, julgamento em 5 5 2009, Primeira Turma, *DJE* de 5 6 2009.)" e que "*É inconstitucional a exigência de depósito prévio como requisito de admissibilidade de ação judicial na qual se pretenda discutir a exigibilidade de crédito tributário.* (Súmula Vinculante 28)"

XXXVI - a lei não prejudicará o direito adquirido, o ato jurídico perfeito e a coisa julgada;

Busca-se garantir aqui a *segurança jurídica*, concedendo-se às pessoas estabilidade nas suas relações jurídicas com o Estado. Normas *supervenientes* (ou seja, que sobrevenham posteriormente) **não podem afetar certos institutos.**

Ato jurídico perfeito é aquele que foi realizado cumprindo todas as exigências legais, ou seja, é o *ato consumado de acordo com a lei vigente ao tempo em que se efetuou* por exemplo: a aquisição de um imóvel, um casamento ou adoção de uma criança que foi realizada conforme todas as exigências previstas em lei. Nestes casos nem mesmo uma mudança da lei pode desfazer estes atos.

Importante ressaltar que o STF decidiu que o estabelecido neste inciso não impede a diminuição dos valores recebidos a título de remuneração ou aposentadoria para se adequarem ao teto remuneratório dos servidores públicos

"Não ofende o ato jurídico perfeito a aplicação imediata do art. 14 da EC 20/1998 e do art. 5º da EC 41/2003 aos benefícios previdenciários limitados a teto do regime geral de previdência estabelecido antes da vigência dessas normas, de modo que passem a observar o novo teto constitucional." (RE 564.354, Rel. Min. Cármen Lúcia, julgamento em 8 9 2010, Plenário, DJE de 15 2 2011, com repercussão geral.)"

Coisa julgada, segundo o art. 6º, §3º da Lei Introdução às Normas do Direito Brasileiro, é a *decisão judicial de que já não caiba recurso.*

A partir do momento em que uma decisão judicial não pode mais ser objeto de recurso, nem mesmo uma alteração da lei é capaz de modificar esta decisão judicial. Assim, por exemplo, se um servidor obtém na Justiça o reconhecimento de um adicional por meio de um processo que transitou em julgado, não pode a lei ou qualquer órgão suprimir tal vantagem. Neste sentido já se pronunciou o STF determinando que "*Vantagem pecuniária incorporada aos proventos de aposentadoria de servidor público, por força de decisão judicial transitada em julgado: não pode o Tribunal de Contas, em caso assim, determinar a supressão de tal vantagem, por isso que a situação jurídica coberta pela coisa julgada somente pode ser modificada pela via da ação rescisória.*" (MS 25.460, Rel. Min. Carlos Velloso, julgamento em 15 12 2005, Plenário, *DJ* de 10 2 2006.)

Exceção a esta situação de irretroatividade que pode afetar a coisa julgada é a possibilidade prevista na própria Constituição Federal de que uma lei penal promulgada posteriormente ao fato possa produzir efeitos sobre ele caso beneficie o réu (art. 5º, XL).

Direito adquirido é aquele que permite gozar dos efeitos de lei não mais em vigor, por já ter sido incorporado ao patrimônio do seu titular, isto é, já ser de sua propriedade.

Direito adquirido é aquele em que o indivíduo já preencheu todos os requisitos para exercer, ainda que não tenha solicitado ou usufruído, por exemplo: servidor tem direito a um adicional a cada ano de trabalho quando ocorre uma mudança na lei que suprime este direito do seu estatuto, em relação aos anos que já trabalhou este servidor continuará a receber o adicional, somente deixando de receber pelos anos futuros. Assim já se pronunciou o STF no sentido de que "lei nova não pode revogar vantagem pessoal já incorporada ao patrimônio do servidor sob pena de ofensa ao direito adquirido." (AI 762.863 AgR, Rel. Min. Eros Grau, julgamento em 20 10 2009, Segunda Turma, *DJE* de 13 11 2009.)

Importante decisão do STF, reconhece o direito adquirido do aprovado em concurso público em relação à sua nomeação.

"Dentro do prazo de validade do concurso, a administração poderá escolher o momento qual se realizará a nomeação, mas não poderá dispor sobre a própria nomeação, a qual, de acordo com o edital, passa a constituir um direito do concursando aprovado e, dessa forma, um dever imposto ao Poder Público. Uma vez publicado o edital do concurso com número específico de vagas, o ato da administração que declara os candidatos aprovados no certame cria um dever de nomeação para a própria administração e, portanto, um direito à nomeação titularizado pelo candidato aprovado dentro desse número de vagas. (...) (RE 598.099, Rel. Min. Gilmar Mendes, julgamento em 10 8 2011, Plenário, DJE de 3 10 2011, com repercussão geral.)"

É importante notar que *não se pode alegar direito adquirido* se o prejuízo for decorrente de *emenda constitucional* ou de *dispositivo da própria Constituição.* O legislador deixa claro, no início do inciso, que a vedação em causa se destina à **lei**, isto é, ao ordenamento infraconstitucional.

XXXVII - não haverá juízo ou tribunal de exceção;

Proíbe-se a criação de tribunais ou juízos que não sejam aqueles previstos no art. 92 da CF. Os julgamentos somente poderão ser realizados por juízes ou tribunais pertencentes à estrutura do Poder Judiciário, a saber: Supremo Tribunal Federal, Conselho Nacional de Justiça, Superior Tribunal de Justiça; os Tribunais Regionais Federais e Juízes Federais; os Tribunais e Juízes do Trabalho; os Tribunais e Juízes Eleitorais; os Tribunais e Juízes Militares; os Tribunais e Juízes dos Estados e do Distrito Federal e Territórios.

Assim, não pode um indivíduo ser julgado por Tribunal ou juiz que não seja aquele a quem a lei confere tal competência. Exemplo de competência para julgamento previsto na Constituição é o inciso X, do art. 29, que determina que o julgamento do Prefeito será perante o Tribunal de Justiça.

XXXVIII - é reconhecida a instituição do júri, com a organização que lhe der a lei, assegurados:

a) a plenitude de defesa;
b) o sigilo das votações;
c) a soberania dos veredictos;
d) a competência para o julgamento dos crimes dolosos contra a vida;

Júri é o órgão julgador formado por sete pessoas do povo, destinado a julgar *crimes dolosos contra a vida*, a saber: homicídio (matar alguém), infanticídio (matar o próprio filho logo após o parto, em virtude do estado puerperal), aborto, e instigação, induzimento ou auxílio ao suicídio.

Ao jurado compete apenas examinar os fatos e dizer se o réu deverá ser condenado ou absolvido. O voto emitido pelo jurado é secreto. Ao final da votação é dado conhecimento ao réu de sua sentença. O jurado não aplica a pena, função esta que cabe exclusivamente ao juiz. No inciso acima, *soberania dos veredictos* quer dizer que o juiz é obrigado a acatar a decisão dos jurados, mesmo que não concorde com ela.

Ao réu deverá ser assegurada a mais *ampla defesa*, ou seja, não serão admitidos quaisquer atos que impeçam ou cerceiem seu direito de defesa. Não pode o juiz indeferir uma prova ou uma testemunha, sob pena de violação desse preceito constitucional.

O STF ressaltou em julgado que, embora a competência para julgamento dos crimes dolosos contra a vida seja do Tribunal do Júri, "*o local do julgamento pode variar, conforme as normas processuais, ou seja, conforme ocorra alguma das hipóteses de desaforamento previstas no art. 424 do CPP, que não são incompatíveis com a Constituição anterior nem com a atual (de 1988) e também não ensejam a formação de um tribunal de exceção.*" (HC 67.851, Rel. Min. Sydney Sanches, julgamento em 24 4 1990, Plenário, *DJ* de 18 5 1990.)

Princípio da anterioridade da lei penal

XXXIX - não há crime sem lei anterior que o defina, nem pena sem prévia cominação legal;

Toda conduta, para ser considerada criminosa, deverá estar previamente descrita em lei enquanto tal; associada a essa conduta deverá vir a *cominação legal da pena*, ou seja, a previsão legal de qual sanção será aplicada.

Para que haja um crime, é necessário que a lei que o descreve esteja em vigor ***antes*** *de o ato ser praticado.* Se lei posterior vier a prever uma conduta como criminosa, seus efeitos serão da data de sua publicação para frente. A lei penal, portanto, jamais retroagirá, isto é, jamais alcançará atos praticados antes de sua publicação, exceto na situação tratada no inciso seguinte, para beneficiar o réu.

Princípio da Irretroatividade da norma penal

XL - a lei penal não retroagirá, salvo para beneficiar o réu;

A lei penal é elaborada para ser aplicada a casos futuros, não devendo ser utilizada em crimes praticados antes do início de sua vigência. A única exceção para esta irretroatividade da lei penal é a possibilidade da lei penal mais nova ser mais benéfica ao réu do que a lei que vigorava quando o crime foi cometido. Nesta situação deve ser aplicada a lei posterior ao fato por beneficiar o réu.

Depreende-se que somente retroagirá a lei penal que não mais caracterizar determinada conduta como criminosa ou que diminuir a pena a ser aplicada ao criminoso, pois, nestes casos, o réu será beneficiado.

XLI - a lei punirá qualquer discriminação atentatória dos direitos e liberdades fundamentais;

Esse inciso não é um dispositivo autoexecutável, precisando da expedição de lei regulamentando-o.

Repúdio ao racismo

XLII - a prática do racismo constitui crime inafiançável e imprescritível, sujeito à pena de reclusão, nos termos da lei;

O racismo é um dos crimes mais repudiados pela nossa Constituição, tanto que esta posição foi consagrada no artigo 4º, do seu texto, como um princípio da República Federativa do Brasil nas suas relações internacionais.

Em rumorosa ação criminal contra editor de livros que publica obras antissemitas que negavam o holocausto o STF pronunciou-se no sentido de que "*Escrever, editar, divulgar e comerciar livros 'fazendo apologia de ideias preconceituosas e discriminatórias contra a comunidade judaica (Lei 7.716/1989, art. 20, na redação dada pela Lei 8.081/1990) constitui crime de racismo sujeito às cláusulas de inafiançabilidade e imprescritibilidade*' (CF, art. 5º, XLII)." (HC 82.424, Rel. p/ o ac. Min. Presidente Maurício Corrêa, julgamento em 17 9 2003, Plenário, *DJ* de 19 3 2004.)

Independentemente de qual seja a tipificação do crime de racismo, a nossa Lei Maior determina que é um crime inafiançável, imprescritível e sujeito à reclusão.

Fiança é o direito subjetivo que permite ao acusado, mediante caução (depósito em dinheiro nos cofres públicos) e cumprimento de certas obrigações, conservar sua liberdade até a sentença condenatória irrecorrível.

Dizer que o racismo é crime *inafiançável* significa dizer que o acusado não poderá responder ao processo em liberdade, através de fiança.

Prescrição é a perda do direito do Estado de punir, em razão do tempo excessivamente grande demandado na apuração do caso. Conforme diz Maximilianus Führer, *"se a pena não é imposta ou executada dentro de determinado prazo, cessa o interesse da lei pela punição, passando a prevalecer o interesse pelo esquecimento e pela pacificação social"*.

Dizer que o crime de racismo é imprescritível significa que o Estado poderá levar o tempo que for necessário para efetuar a sua apuração, que a prescrição não ocorrerá. Após a apuração e devida sentença penal condenatória, independentemente do tempo que levar, para transitar em julgado a decisão, o infrator cumprirá sua pena.

Reclusão é uma modalidade de pena privativa de liberdade, que se aplica a crimes *dolosos* e, portanto, *mais graves*, e cujo início de cumprimento de pena se dará em regime fechado (preso), ou semiaberto (trabalha em colônia penal agrícola de dia, e se recolhe à noite na cela para dormir) ou aberto (fica em sua própria casa).

Como o legislador nos diz que a pena para o crime de racismo é de *reclusão*, o início de seu cumprimento será atrás das grades, ou seja, em regime fechado, podendo mudar posteriormente para o semiaberto e bem mais tarde, para o aberto.

XLIII- a lei considerará crimes inafiançáveis e insuscetíveis de graça ou anistia a prática da tortura, tráfico ilícito de entorpecentes e drogas afins, o terrorismo e os definidos como crimes hediondos, por eles respondendo os mandantes, os executores e os que, podendo evitá-los, se omitirem;

Graça é o ato de competência privativa do Presidente da República, pelo qual se defere pedido individual de perdão ou de diminuição da pena do crime cometido. Se for concedida, ela extingue a *punibilidade*, ou seja, reconhece-se que houve crime, mas a ele não se aplicará a pena.

O indulto é uma espécie de graça que pode ser concedida pelo Presidente da República e que tem como limite o disposto neste inciso, conforme decisão do STF: "*A concessão de indulto aos condenados a penas privativas de liberdade insere-se no exercício do poder discricionário do presidente da República, limitado à vedação prevista no inciso XLIII do art. 5º da Carta da República. A outorga do benefício, precedido das cautelas devidas, não pode ser obstado por hipotética alegação de ameaça à segurança social, que tem como parâmetro simplesmente o montante da pena aplicada. Revela-se inconstitucional a possibilidade de que o indulto seja concedido aos condenados por crimes hediondos, de tortura, terrorismo ou tráfico ilícito de entorpecentes e drogas afins, independentemente do lapso temporal da condenação. Interpretação conforme a Constituição dada ao § 2º do art. 7º do Decreto 4.495/2002 para fixar os limites de sua aplicação, assegurando se legitimidade à indulgencia principis.*" (ADI 2.795 MC, Rel. Min. Maurício Corrêa, julgamento em 8 5 2003, Plenário, *DJ* de 20 6 2003.)

A *anistia* se dá *por lei* elaborada pelo Congresso Nacional, onde se perdoa o ato criminoso, extinguindo-se todas as ações penais a ele referentes. Não pode o anistiado recusar a anistia, uma vez que esta é o esquecimento da própria infração, apagando-a, como se ela nunca tivesse existido.

Os *crimes hediondos* são enumerados pela Lei n. 8.072/90 e aalterações posteriores, conforme segue:
I – homicídio (art. 121), quando praticado em atividade típica de grupo de extermínio, ainda que cometido por um só agente, e homicídio qualificado (art. 121, § 2o, incisos I, II, III, IV, V, VI e VII); *(Redação dada pela Lei nº 13.142, de 2015)*
I-A – lesão corporal dolosa de natureza gravíssima (art. 129, § 2º) e lesão corporal seguida de morte (art. 129, § 3º), quando praticadas contra autoridade ou agente descrito nos arts. 142 e 144 da Constituição Federal, integrantes do sistema prisional e da Força Nacional de Segurança Pública, no exercício da função ou em decorrência dela, ou contra seu cônjuge, companheiro ou parente consanguíneo até terceiro grau, em razão dessa condição; *(Incluído pela Lei nº 13.142, de 2015)*
II) latrocínio (roubo seguido de morte);
III) extorsão mediante sequestro;
IV) extorsão qualificada pela morte;
V) estupro;
VI) estupro de vulnerável;
VII) epidemia com resultado de morte;
VII-B) falsificação, corrupção, adulteração ou alteração de produto destinado a fins medicinais.
VIII) favorecimento da prostituição ou de outra forma de exploração sexual de criança ou adolescente ou de vulnerável.
Parágrafo único: Considera-se também hediondo o crime de genocídio previsto nos arts. 1º, 2º e 3º da Lei no 2.889, de 1º de outubro de 1956, tentado ou consumado.

Como se vê, a prática da tortura, o tráfico ilícito de entorpecentes e drogas afins, o terrorismo e os crimes hediondos não poderão se beneficiar de fiança, graça ou anistia. Além disso, todos os que participaram da conduta criminosa e os que, podendo evitá-la, se omitiram, responderão ao processo sob pena de reclusão.

Sobre o terrorismo já se pronunciou o STF no sentido de que "*O repúdio ao terrorismo: um compromisso ético jurídico assumido pelo Brasil, quer em face de sua própria Constituição, quer perante a comunidade internacional. Os atos delituosos de natureza terrorista, considerados os parâmetros consagrados pela vigente CR, não se subsumam à noção de criminalidade política, pois a Lei Fundamental proclamou o repúdio ao terrorismo como um dos princípios essenciais que devem reger o Estado brasileiro em suas relações internacionais (CF, art. 4º, VIII), além de haver qualificado o terrorismo, para efeito de repressão interna, como crime equiparável aos delitos hediondos, o que o expõe, sob tal perspectiva, a tratamento jurídico impregnado de máximo rigor, tornando-o Inafiançável e insuscetível da clemência soberana do Estado e reduzindo-o, ainda, à dimensão ordinária dos crimes meramente comuns*" (CF, art. 5º, XLIII).

XLIV - Constitui crime inafiançável e imprescritível a ação de grupos armados, civis ou militares, contra a ordem constitucional e o Estado Democrático;

O inciso em pauta vem reforçar a defesa do regime político adotado neste país, que é a democracia, e a defesa da ordem constitucional.

Ressaltamos que somente dois crimes no nosso país tem a característica da imprescritibilidade: o racismo e a ação de grupos armados, civis ou militares, contra a ordem constitucional e o Estado Democrático. Todos os demais crimes, incluídos os do inciso anterior, estão sujeitos ao instituto da prescrição.

Princípio da personalização da pena

XLV - Nenhuma pena passará da pessoa do condenado, podendo a obrigação de reparar o dano e a decretação do perdimento de bens ser, nos termos da lei, estendidas aos sucessores e contra eles executadas, até o limite do valor do patrimônio transferido;

Quando o autor de um determinado crime falecer, sua família não irá para a cadeia cumprir o que resta da pena por ele. É este o princípio da personalização da pena. Tal regra difere de outros ordenamentos do mundo em que a família sofre pelo ilícito cometido por um de seus membros, com casas demolidas, por exemplo.

Assim, ninguém pode cumprir a pena no lugar de um condenado, conforme orientação jurisprudencial do STF quando afirma que "A intransmissibilidade da pena traduz postulado de ordem constitucional. A sanção penal não passará da pessoa do delinquente. Vulnera o princípio da incontagiabilidade da pena a decisão judicial que permite ao condenado fazer-se substituir, por terceiro absolutamente estranho ao ilícito penal, na prestação de serviços à comunidade." (HC 68.309, Rel. Min. Celso de Mello, julgamento em 27 11 1990, Primeira Turma, *DJ* de 8 3 1991.)

Há, entretanto, uma segunda questão envolvida aí, que é de natureza patrimonial. Qualquer crime cometido implicará em reparação de dano, e a obrigação de indenizar, esta sim, passará aos familiares do *de cujus*, mas somente até o limite do que receberam na sucessão, resguardados os direitos do *cônjuge-meeiro* (aquele que fica com a metade dos bens). Exemplificando: Carlos cometeu crime de falsidade e foi condenado a uma pena de 5 anos. Cumpre 2 anos e falece. Sua mulher e filhos não responderão criminalmente. Enquanto estiveram casados, Carlos e a esposa auferiram, de forma lícita, uma casa e um telefone, que equivalem a 100 mil reais. 50 mil é de Carlos e 50 mil é da viúva. Só a parte de Carlos é que deve indenizar os prejuízos ocasionados a terceiros, pelos documentos falsificados, e não o patrimônio inteiro.

Perdimento de bens, no sentido original, era a devolução aos cofres públicos de quantias subtraídas do próprio erário, ou em decorrência de enriquecimento ilícito gerado pelo exercício de cargo, função ou emprego na administração direta ou indireta. A Constituição Federal, entretanto, não exige que o infrator seja funcionário público para ser-lhe aplicada a pena de perdimento de bens. Basta que cause prejuízo ao Estado.

Princípio da individualização da pena

XLVI - a lei regulará a individualização da pena e adotará, entre outras, as seguintes:
a) privação ou restrição da liberdade;
b) perda de bens;
c) multa;
d) prestação social alternativa;
e) suspensão ou interdição de direitos;

Individualização da pena significa dizer que o juiz deverá aplicar a pena coerentemente com o crime cometido e com as condições do infrator. Não deve o juiz agir de forma arbitrária, perseguindo os fracos e privilegiando os mais fortes. Ou ainda, determinando a mesma quantidade da pena independente do grau da participação individual em um ilícito coletivo.

A determinação da pena deve ter por base uma relação de proporcionalidade, aferida por dois critérios: o qualitativo e o quantitativo. O critério qualitativo nos diz que crimes mais graves devem ter penas mais severas. O critério quantitativo nos diz que a pena deverá ser aplicada em maior ou menor grau, conforme a maior ou menor culpabilidade do infrator.

Além dessas duas relações devemos analisar os antecedentes criminais do réu, sua personalidade, sua conduta social e familiar, os motivos determinantes do crime, gravidade da conduta etc.

Somente a lei pode criar penas e o legislador **constituinte** enumera alguns tipos, podendo perfeitamente ser criadas outras, uma vez que a enumeração é meramente exemplificativa:

a) privação ou restrição de liberdade;

O Código Penal divide essa pena em detenção e reclusão. Na *reclusão*, o preso inicialmente cumprirá sua pena em regime fechado, em isolamento celular, ou seja, preso em uma cela. Na *detenção*, poderá iniciar o cumprimento de sua pena em regime semiaberto, ou seja, trabalha durante o dia em colônia penal agrícola, ao ar livre, e à noite, recolhe-se à cela.

b) perda de bens;

É a perda em favor da União dos instrumentos do crime ou do produto do crime ou qualquer bem ou valor que constitua proveito auferido pelo infrator com a prática de fato criminoso.

c) prestação social alternativa;

Essa pena consiste na atribuição ao condenado de tarefas gratuitas junto a entidades assistenciais, hospitais, escolas, orfanatos e outros estabelecimentos.

d) suspensão ou interdição de direitos;

Implica na perda permanente (*interdição*) ou temporária (*suspensão*) de direitos. Perfaz-se, por exemplo, com a proibição para o exercício do cargo, função ou atividade pública, ou mandato eletivo; com a proibição do exercício de profissão, atividade ou ofício que dependam de habilitação especial, de licença ou autorização do poder público; com a suspensão de autorização ou de habilitação para dirigir veículos etc.

XLVII - não haverá penas:
a) de morte, salvo em caso de guerra declarada, nos termos do art. 84, XIX;
b) de caráter perpétuo;
c) de trabalhos forçados;
d) de banimento;
e) cruéis;

A pena de morte, prevista no Código Militar, é uma exceção à regra, só sendo permitida em período de guerra.

No nosso país a pena de morte é situação excepcional de punição pela prática de determinados crimes e desde que o país esteja em situação de guerra. Tanto é uma situação excepcional que a extradição de estrangeiro sujeito à pena de morte em outro país, o Brasil somente aceita praticar tal ato se o país em questão se comprometer a comutar a pena em privativa de liberdade.

"*O ordenamento positivo brasileiro, nas hipóteses em que se delineia a possibilidade de imposição do supplicium extremum, impede a entrega do extraditando ao Estado requerente, a menos que este, previamente, assuma o compromisso formal de comutar, em pena privativa de liberdade, a pena de morte, ressalvadas, quanto a esta, as situações em que a lei brasileira – fundada na CF (art. 5º, XLVII, a) – permitir a sua aplicação, caso em que se tornará dispensável a exigência de comutação.*" (Ext 633, Rel. Min. Celso de Mello, julgamento em 28 8 1996, Plenário, *DJ* de 6 4 2001.)

Não há penas de caráter perpétuo, uma vez que estas privam o homem de sua condição humana, e não lhe permitem a reeducação, que é objetivo do legislador.

Conforme o STF no caso de indivíduo a ser extraditado é necessária a "*prévia comutação, em pena temporária (máximo de trinta anos), da pena de prisão perpétua. A extradição somente será deferida pelo STF, tratando-se de fatos delituosos puníveis com prisão perpétua, se o Estado requerente assumir, formalmente, quanto a ela, perante o Governo brasileiro, o compromisso de comutá-la em pena não superior à duração máxima admitida na lei penal do Brasil (CP, art. 75)...*" (Ext 855, Rel. Min. Celso de Mello, julgamento em 26 8 2004, Plenário, *DJ* de 1º 7 2005.)

Também não se permite a imposição de trabalhos forçados. Os trabalhos forçados, por sua própria natureza, são gratuitos. Nos presídios brasileiros, os presos que trabalharem serão sempre remunerados.

Banimento é a expulsão de brasileiro do território nacional. A Constituição também não o admite.

XLVIII - a pena será cumprida em estabelecimentos distintos, de acordo com a natureza do delito, a idade e o sexo apenado;

Isto significa que presos de menor periculosidade deverão ficar com os de menor periculosidade. Os mais jovens deverão ficar separados dos mais velhos. As mulheres ficarão em presídios femininos, e os homens, nos masculinos.

XLIX - é assegurado aos presos o respeito à integridade física e moral;

O Estado detém a custódia do preso e é responsável pela sua integridade física e moral. Se uma pessoa for assassinada, estuprada ou maltratada numa prisão, cabe ação de indenização contra o Estado.

A integridade abrange tanto os aspectos físicos quanto morais, assim, o preso não pode sofrer violência física ou psicológica.

O STF já decidiu que a "*Morte de detento por colegas de carceragem. Indenização por danos morais e materiais. Detento sob a custódia do Estado. Responsabilidade objetiva. Teoria do risco administrativo. Configuração do nexo de causalidade em função do dever constitucional de guarda (art. 5º, XLIX). Responsabilidade de reparar o dano que prevalece ainda que demonstrada a ausência de culpa dos agentes públicos.*" (RE 272.839, Rel. Min. Gilmar Mendes, julgamento em 1º 2 2005, Segunda Turma, *DJ* de 8 4 2005.)

L - às presidiárias serão asseguradas condições para que possam permanecer com seus filhos durante o período de amamentação;

Os filhos das presidiárias não podem ser punidos pelos erros de suas mães; portanto, devem ser criados com condições mínimas. Se não houvesse esta garantia, estaria havendo uma apenação dessas crianças, constitucionalmente proibida.

LI - nenhum brasileiro será extraditado, salvo o naturalizado, em caso de crime comum, praticado antes da naturalização, ou de comprovado envolvimento em tráfico ilícito de entorpecentes e drogas afins, na forma da lei;

Extradição é a transferência compulsória de pessoa que está no território nacional para outro país, a pedido deste, para que responda a processo ou cumpra pena naquele país.

Determina a Constituição que o brasileiro nato *nunca poderá ser extraditado* e esta determinação não comporta nenhuma exceção, ou seja, sob nenhuma hipótese o brasileiro nato pode ser extraditado, conforme a Constituição e a própria interpretação que o STF faz deste inciso.

"*O brasileiro nato, quaisquer que sejam as circunstâncias e a natureza do delito, não pode ser extraditado, pelo Brasil, a pedido de governo estrangeiro, pois a CR, em cláusula que não comporta exceção, impede, em caráter absoluto, a efetivação da entrega extradicional daquele que é titular, seja pelo critério do jus soli, seja pelo critério do jus sanguinis, de nacionalidade brasileira primária ou originária. Esse privilégio constitucional, que beneficia, sem exceção, o brasileiro nato (CF, art. 5º, LI), não se descaracteriza pelo fato de o Estado estrangeiro, por lei própria, haver lhe reconhecido a condição de titular de nacionalidade originária pertinente a esse mesmo Estado*" (CF, art. 12, § 4º, II, *a*) (HC 83.113 QO, Rel. Min. Celso de Mello, julgamento em 26 6 2003, Plenário, *DJ* de 29 8 2003.)

O brasileiro naturalizado somente pode ser extraditado em duas situações:

a) envolvimento em *tráfico ilícito de entorpecentes*;

O tráfico ilícito de entorpecentes é motivo de extradição do brasileiro naturalizado, independentemente do momento que o tráfico ocorreu, se antes ou depois da naturalização.

"*Extradição passiva e brasileiro naturalizado. Possibilidade excepcional. Tráfico ilícito de entorpecentes. Necessidades, em tal hipótese, de que se demonstre 'comprovado envolvimento' do brasileiro naturalizado (CF, art. 5º, LI)... Tratando-se de extradição requerida contra brasileiro naturalizado, fundada em suposta prática de tráfico ilícito de entorpecentes e drogas afins, impõe-se, ao Estado requerente, a comprovação do envolvimento da pessoa reclamada no cometimento de referido evento delituoso.*" (Ext 1.082, Rel. Min. Celso de Mello, julgamento em 19 6 2008, Plenário, *DJE* de 8 8 2008.)

b) crime comum cometido *antes de sua naturalização*, ou seja, quando ainda era estrangeiro.

No caso do indivíduo cometer um crime comum, que não seja considerado crime político, antes de se naturalizar brasileiro, ele poderá ser extraditado.

"*Extradição. Passiva. Admissibilidade. Extraditando. Brasileiro naturalizado. Naturalização posterior aos fatos que, como crimes comuns, motivaram o pedido. Aplicação do art. 5º, LI, da CF e art. 77, I, da Lei 6.815/1980. Pode ser extraditado o brasileiro naturalizado que adquiriu a nacionalidade após a prática do crime comum que fundamenta o pedido de extradição.*" (HC 87.219, Rel. Min. Cezar Peluso, julgamento em 14 6 2006, Plenário, *DJ* de 4 8 2006.)

Alguns folclores cercam o assunto extradição, um deles é de que aquele que é casado com brasileiro ou brasileira ou tem filho brasileiro não pode ser extraditado, o que não é verdade, tanto que sobre o assunto assim se manifestou o STF:

"*Não impede a extradição a circunstância de ser o extraditando casado com brasileira ou ter filho brasileiro.*" (Súmula 421.)

LII - não será concedida extradição de estrangeiro por crime político ou de opinião;

Vimos anteriormente que a concessão de asilo político é um dos princípios que regem as relações de nosso país com os demais. Daí a vedação contida neste inciso.

Para se considerar o crime como *político*, entretanto, deverão ser analisados vários fatores, tais como: os motivos do crime, a psicologia do autor, o ambiente político existente no Estado reclamante etc.

"*Uma vez constatado o entrelaçamento de crimes de natureza política e comum, impõe indeferir a extradição. Precedentes: Ext 493 0 e 694 1 (...).*" (Ext 994, Rel. Min. Marco Aurélio, julgamento em 14 12 2005, Plenário, *DJ* de 4 8 2006.)

"*Não havendo a Constituição definido o crime político, ao Supremo cabe, em face da conceituação da legislação ordinária vigente, dizer se os delitos pelos quais se pede a extradição constituem infração de natureza política ou não, tendo em vista o sistema da principalidade ou da preponderância.*" (Ext 615, Rel. Min. Paulo Brossard, julgamento em 19 10 1994, Plenário, *DJ* de 5 12 1994.)

LIII - ninguém será processado nem sentenciado senão pela autoridade competente;

Dada a complexidade de nosso ordenamento jurídico, o processo e o proferimento da sentença deverão ser feitos por um juiz que tenha competência para julgar a questão. Desta forma, há um juiz competente para julgar questões tributárias, outro para julgar questões de família, outro para julgar questões trabalhistas etc. Busca-se, assim, assegurar que a justiça seja feita. Saliente-se que a prerrogativa de foro e nem o juízo arbitral afrontam esse princípio. A criação do Tribunal Penal Internacional fortalece o princípio do juiz natural agora na esfera dos conflitos de maior amplitude, que afetem a comunidade internacional, como: genocídio, crimes contra a humanidade, de guerra e de agressão.

A determinação contida neste artigo é conhecida como "princípio do juiz natural" e é considerada como um dos mais importantes princípios do Direito por garantir a neutralidade e independência do Poder judiciário. Com efeito, a garantia do juízo natural, segundo o STF, "*é uma das mais eficazes condições de independência dos magistrados. Independência, a seu turno, que opera como um dos mais claros pressupostos de imparcialidade que deles, julgadores, se exige.*" (RE 418.852, Rel. Min. Ayres Britto, julgamento em 6 12 2005, Primeira Turma, *DJ* de 10 3 2006.)

Princípio do devido processo legal

LIV - ninguém será privado da liberdade ou de seus bens sem o devido processo legal;

O *devido processo legal* é uma garantia processual penal. É a sequência de atos necessários para se chegar à decisão final, sendo que, necessariamente, nele deverão estar presentes as garantias seguintes:

O Estado de Direito deve viabilizar a preservação das práticas democráticas e, especialmente, o direito de defesa. Direito a, por exemplo, salvo circunstâncias excepcionais, não sermos presos senão após a efetiva comprovação da prática de um crime. Por isso "*usufruímos a tranquilidade que advém da segurança de sabermos que, se um irmão, amigo ou parente próximo vier a ser acusado de ter cometido algo ilícito, não será arrebatado de nós e submetido a ferros sem antes se valer de todos os meios de defesa em qualquer circunstância à disposição de todos. Tranquilidade que advém de sabermos que a CB assegura ao nosso irmão, amigo ou parente próximo a garantia do habeas corpus, por conta da qual qualquer violência que os alcance, venha de onde vier, será coibida.*" (HC 95.009, Rel. Min. Eros Grau, julgamento em 6 11 2008, Plenário, *DJE* de 19 12 2008.)

O devido processo legal é preceito que deve ser também observado nos processos administrativos, não sendo constitucionalmente legítima a aplicação de sanções disciplinares administrativas sem a sua observância, confome se pronunciou o STF em importantes julgados reproduzidos a seguir.

"*O regime disciplinar diferenciado é sanção disciplinar, e sua aplicação depende de prévia instauração de procedimento administrativo para apuração dos fatos imputados ao custodiado.*" (HC 96.328, Rel. Min. Cezar Peluso, julgamento em 2 3 2010, Segunda Turma, *DJE* de 9 4 2010.)

"*O entendimento desta Corte é no sentido de que o princípio do devido processo legal, de acordo com o texto constitucional, também se aplica aos procedimentos administrativos.*" (AI 592.340 AgR, Rel. Min. Ricardo Lewandowski, julgamento em 20 11 2007, Primeira Turma, *DJ* de 14 12 2007.)

Seguindo este entendimento de que o princípio do devido processo legal deve ser observado nos processos administrativos, o STF decidiu que "*O servidor público ocupante de cargo efetivo, ainda que em estágio probatório, não pode ser exonerado ad nutum, com base em decreto que declara a desnecessidade do cargo, sob pena de ofensa à garantia do devido processo legal, do contraditório e da ampla defesa. Incidência da Súmula 21/STF.*" (RE 378.041, Rel. Min. Ayres Britto, julgamento em 21 9 2004, Primeira Turma, *DJ* de 11 2 2005.)

Princípio da ampla defesa e do contraditório

LV - aos litigantes, em processo judicial ou administrativo, e aos acusados em geral serão assegurados o contraditório e ampla defesa, com os meios e recursos a ela inerentes;

Contraditório é a possibilidade de refutação da acusação e se dá quando as partes são colocadas em pé de igualdade, dando-se igual oportunidade ao acusado de opor-se ou dar outra versão aos atos produzidos pela outra parte contra ele.

Ampla defesa é o direito do acusado de usar, no processo, todos os meios lícitos necessários para provar sua versão (testemunhas, documentos, perícia etc.).

O contraditório e ampla defesa devem ser assegurados também nos processos administrativos, porém "*Não há ofensa à garantia do contraditório e da ampla defesa, inerente ao devido processo legal, quando, em procedimento administrativo, o interessado, notificado, deixa, sem justa causa, de apresentar defesa no prazo legal.*" (RMS 26.027 AgR, Rel. Min. Cezar Peluso, julgamento em 2 6 2009, Segunda Turma, *DJE* de 7 8 2009.)

Questão recorrente é sobre a necessidade ou não de se oferecer o contraditório e a ampla defesa em inquéritos policiais. A esta questão já se pronunciou o STF no entendimento que não se aplica a "*garantia constitucional do contraditório e da ampla defesa ao inquérito policial, que não é processo, porque não destinado a decidir litígio algum, ainda que na esfera administrativa; existência, não obstante, de direitos fundamentais do indiciado no curso do inquérito, entre os quais o de fazer-se assistir por advogado, o de não se incriminar e o de manter-se em silêncio.*" (HC 82.354, Rel. Min. Sepúlveda Pertence, julgamento em 10 8 2004, Primeira Turma, *DJ* de 24 9 2004.)

LVI - são inadmissíveis, no processo, as provas obtidas por meios ilícitos;

A licitude dos meios usados na obtenção das provas é necessária para a transparência e a seriedade processuais. Imagine o que aconteceria se o Poder Judiciário admitisse, nos processos, provas obtidas, por exemplo, mediante tortura, suborno de testemunhas, ameaças às pessoas ligadas ao acusado, escutas telefônicas sem autorização do juiz, furto de correspondência... ... Dessa forma em razão da teoria dos frutos da árvore envenenada, as provas derivadas de provas obtidas por meio ilícitos também são inaceitáveis.

Algumas provas são reconhecidas jurisprudencialmente como idôneas pelo STF, como, por exemplo, o encontro fortuito da prática de crime punido com detenção que, a princípio, não poderia ser objeto de interceptação telefônica e filmagem realizada pela vítima.

"*O STF, como intérprete maior da CR, considerou compatível com o art. 5º, XII e LVI, o uso de prova obtida fortuitamente através de interceptação telefônica licitamente conduzida, ainda que o crime descoberto, conexo ao que foi objeto da interceptação, seja punido com detenção.*" (AI 626.214 AgR, Rel. Min. Joaquim Barbosa, julgamento em 21 9 2010, Segunda Turma, *DJE* de 8 10 2010.)

"*Filmagem realizada pela vítima, em sua própria vaga de garagem, situada no edifício em que reside. Gravação de imagens feita com o objetivo de identificar o autor de danos praticados contra o patrimônio da vítima. Legitimidade jurídica desse comportamento do ofendido. Desnecessidade, em tal hipótese, de prévia autorização judicial. Alegada ilicitude da prova penal. Inocorrência. Validade dos elementos de informação produzidos, em seu próprio espaço privado, pela vítima de atos delituosos.*" (HC 84.203, Rel. Min. Celso de Mello, julgamento em 19 10 2004, Segunda Turma, *DJE* de 25 9 2009.)

Princípio da não-culpabilidade

LVII - ninguém será considerado culpado até o trânsito em julgado de sentença penal condenatória;

Consagrou-se aqui a garantia do *princípio da inocência*, ou como querem alguns doutrinadores, *princípio da não-culpabilidade*, instituto fundamental do Estado de Direito.

O acusado será considerado inocente até que haja o trânsito em julgado da sentença condenatória.

No que se refere aos concursos públicos, o STF entendeu que "*Na análise da conduta social, não poderia ter sido considerado como desfavorável o fato de responder o paciente a uma ação penal sem trânsito em julgado.*" (RHC 99.293, Rel. Min. Cármen Lúcia, julgamento em 31 8 2010, Primeira Turma, *DJE* de 7 2 2011.). Neste sentido "*Viola o princípio constitucional da presunção da inocência, previsto no art. 5º, LVII, da CF, a exclusão de candidato de concurso público que responde a inquérito ou ação penal sem trânsito em julgado da sentença condenatória.*" (RE 559.135 AgR, Rel. Min. Ricardo Lewandowski, julgamento em 20 5 2008, Primeira Turma, *DJE* de 13 6 2008.)

LVIII - o civilmente identificado não será submetido a identificação criminal, salvo nas hipóteses previstas em lei;

A identificação criminal (coleta de impressões digitais na delegacia de polícia) configura medida vexatória imposta ao cidadão indiciado, que a lei presume inocente até que sentença irrecorrível diga o contrário, não se justificando no caso de ele ter sido identificado no lugar em que o fato ocorreu.

Assim, entende o STF que "*A identificação criminal não será feita se apresentada, ante a autoridade policial, a identidade civil da indiciada (...).*" (RHC 66.180, Rel. Min. Francisco Rezek, julgamento em 16 12 1988, Segunda Turma, *DJ* de 10 3 1989.)

LIX - será admitida ação privada nos crimes de ação pública, se esta não for intentada no prazo legal;

Ação penal *pública* é aquela cuja iniciativa cabe privativamente ao Ministério Público (promotoria pública). Uma vez que o direito de punir pertence unicamente ao Estado, a regra no direito processual penal é que a ação penal seja *pública*. Este tipo de ação inicia-se por uma peça chamada "denúncia" e que somente o promotor de justiça poderá elaborar (art. 129, I da CF).

A ação penal *privada* é aquela cuja iniciativa cabe ao particular ofendido. É ele que ingressa nos autos como titular da ação penal, para que se persiga e se puna o infrator.

Quem determina quais são os casos de ação penal pública e quais são os casos de ação penal privada é a *lei*. O crime de difamação, por exemplo, é de ação penal privada, ao passo que o crime de homicídio é de ação penal pública.

O prazo que o promotor de justiça tem para elaborar a "denúncia" é de 5 dias, para o réu que está preso, e 15 dias, para o réu que está respondendo processo em liberdade. Mas pode ser que ele, por estar atarefado, perca o prazo. Neste caso pode o particular intentar a *ação privada subsidiária da pública*. Mas só se permitirá a *ação privada subsidiária da pública* quando o Ministério Público, que é quem deve propor a ação, não o fez dentro do prazo.

Assim entende o STF quando determina que "*O ajuizamento da ação penal privada subsidiária da pública pressupõe a completa inércia do Ministério Público, que se abstém, no prazo legal, de oferecer denúncia, ou de requerer o arquivamento do inquérito policial ou das peças de informação, ou, ainda, de requisitar novas (e indispensáveis) diligências investigatórias à autoridade policial. (...) O STF tem enfatizado que, arquivado o inquérito policial, por decisão judicial, a pedido do Ministério Público, não cabe a ação penal subsidiária.*" (HC 74.276, Rel. Min. Celso de Mello, julgamento em 3 9 1996, Primeira Turma, *DJE* de 24 2 2011.)

Publicidade dos atos processuais

LX - a lei só poderá restringir a publicidade dos atos processuais quando a defesa da intimidade ou o interesse social o exigirem;

Publicidade é aquilo que garante a transparência da atuação dos poderes públicos. Em regra, os atos processuais deverão ser públicos, ou seja, qualquer pessoa a eles terá acesso.

Há, todavia, situações em que a lei assegura o sigilo dos atos processuais, para resguardar o direito de intimidade ou em razão do interesse social, como por exemplo, nos casos de guarda de menores, divórcio, investigação de paternidade, investigação de crimes contra a segurança nacional etc.

LXI - ninguém será preso senão em flagrante delito ou por ordem escrita e fundamentada de autoridade judiciária competente, salvo nos casos de transgressão militar ou crime propriamente militar, definidos em lei;

Nós já definimos o flagrante delito nos comentários ao inciso XI. A *prisão em flagrante delito* pode ser decretada por qualquer pessoa, independentemente de mandado.

Já a *prisão preventiva*, que é a captura do indiciado ou a sua conservação em cárcere, a fim de que esteja presente em juízo e não escape ao cumprimento da sentença, *só pode ser decretada pelo juiz competente*, o juiz criminal. Pode ser feita em qualquer fase do inquérito policial ou ação penal para se garantir a ordem pública, ou por conveniência da aplicação da lei penal, quando houver prova da existência do crime e indícios suficientes da provável autoria.

As pessoas só poderão ser presas: em flagrante delito, por prisão preventiva ou temporária, decretada por um juiz competente, ressalvados os casos de crimes militares.

Exemplo de prisão por crime militar é a "*prisão por crime de deserção (art. 187, do Código Penal Militar) que é compatível com o disposto neste inciso*". (HC 84.330, Rel. Min. Marco Aurélio, julgamento em 29 6 2004, Primeira Turma, *DJ* de 27 8 2004).

LXII - a prisão de qualquer pessoa e o local onde se encontre serão comunicados imediatamente ao juiz competente e à família do preso ou à pessoa por ele indicada;

A comunicação ao juiz visa permitir o exame dos critérios de legalidade da prisão; se for ilegal, o juiz a relaxará, conforme previsto no inciso LXV, logo abaixo.

A comunicação à família tem por objetivo informá-la sobre o paradeiro do preso e permitir que tome as providências que julgar necessárias (constituição de advogado, por exemplo).

LXIII - o preso será informado de seus direitos, entre os quais o de permanecer calado, sendo-lhe assegurada a assistência da família e de advogado;

Ada Grinover nos diz que: "*o réu, sujeito da defesa, não tem obrigação nem dever de fornecer elementos de prova que o prejudiquem. Pode calar-se ou até mentir. Ainda que se quisesse ver no interrogatório um meio de prova, isso só seria possível em caráter meramente eventual, em face da faculdade dada ao acusado de não responder*".

O acusado contará, também, com a assistência de sua família e de advogado. Sendo comprovadamente pobre, caberá ao Estado fornecer-lhe assistência jurídica.

LXIV - o preso tem direito à identificação dos responsáveis por sua prisão ou por seu interrogatório policial;

Procurou-se, neste inciso, dar elementos ao acusado para apuração de responsabilidades, se caso sofrer abusos no ato da prisão ou no interrogatório. É uma pena que essa garantia seja uma faca de dois gumes, uma vez que, com essa proteção, presos perigosos podem se voltar contra as famílias inocentes daquelas pessoas que os denunciaram ou os prenderam.

LXV - a prisão ilegal será imediatamente relaxada pela autoridade judiciária;

O juiz determinará a soltura daquele que foi ilegalmente preso, mesmo que não haja pedido de *habeas corpus*. A verificação de ilegalidade consiste, sobretudo, no exame dos pressupostos do inciso LXI (existência de flagrante delito ou de mandado de prisão expedido pelo juiz competente).

O instituto da concessão de *habeas* de ofício é próprio a qualquer processo, mostrando-se suficiente a constatação de ilegalidade a cercear o direito de ir e vir para que se produza no julgador o dever de imediatamente relaxar a prisão.

LXVI - ninguém será levado à prisão ou nela mantido, quando a lei admitir a liberdade provisória, com ou sem fiança;

Liberdade provisória é o instituto pelo qual se permite que o acusado permaneça solto, respondendo em liberdade ao seu processo.

A prisão, como se vê, somente deverá ser efetuada em último caso, isto é, se a lei não admitir a liberdade provisória.

Assim, aquele que foi preso em flagrante, embora formalmente perfeito o auto de prisão respectivo e caracterizada a situação de flagrância, tem, ainda assim, direito subjetivo à obtenção da liberdade provisória, desde que não se registre qualquer das hipóteses autorizadoras da prisão preventiva. A prisão em flagrante somente deverá subsistir se se demonstrar que aquele que a sofreu deve permanecer sob a custódia cautelar do Estado, em razão de se verificarem, quanto a ele, os requisitos objetivos e subjetivos justificadores da prisão preventiva. (HC 94.157, Rel. Min. Celso de Mello, julgamento em 10 6 2008, Segunda Turma, *DJE* de 28 3 2011.)

LXVII - não haverá prisão civil por dívida, salvo a do responsável pelo inadimplemento voluntário e inescusável de obrigação alimentícia e a do depositário infiel;

A prisão do depositário infiel sempre gerou polêmica no nosso ordenamento jurídico, tendo em vista a permissão constitucional, no art. 5º, inc. LXVII.

Inicialmente, lembrando dos ensinamentos da Profa. ANA PAULA BARBOSA, sobre o contrato de depósito:

O conceito deste contrato encontra-se no artigo 627 do CC, onde "Pelo contrato de depósito recebe o depositário um objeto imóvel, para guardar, até que o depositante o reclame".
Figuram como partes: o depositário (quem recebe) e depositante (quem entrega a coisa para ser guardada).
Trata-se de contrato real (só se aperfeiçoa com a entrega da coisa para guarda), unilateral (só gera obrigação para o depositário), temporário (pressupõe a busca do bem pelo depositante) e, em regra, gratuito (pode ser convencionado pelas partes a gratificação, onde passa a ser bilateral).
Pode ser voluntário ou convencional, decorrente da vontade das partes, é o contrato de depósito comum. Ou ainda, pode ser obrigatório, que divide-se em legal (por força de lei, como ocorre com as bagagens entre hospedeiro e hóspede, art. 649, CC) ou necessário (ou miserável - decorrente de situação fática, como incêndio, inundação, calamidades).
Por fim, existe ainda o depósito judicial, disciplinado pelo direito processual, que por força de decisão do juiz, como nos casos de penhora.

O Pacto Internacional dos Direitos Civis e Políticos de 1966, adotado pela Resolução 2200-A (XXI) da Assembleia Geral da ONU em 16 de dezembro de 1966, no art. 11, proíbe tal prisão. O Brasil aderiu ao Pacto em 24 de janeiro de 1992, tendo promulgado e publicado através do Decreto nº 592, de 6 de julho de 1992. Vejamos:

Art. 11. Ninguém poderá ser preso apenas por não poder cumprir com uma obrigação contratual.

Este dispositivo abarca o contrato previsto pelo código civil.

Por sua vez, a Convenção Americana sobre Direitos Humanos (Pacto de São José da Costa Rica), adotada em São José, Costa Rica, por ocasião da Conferência Especializada Interamericana sobre Direitos Humanos, em 22 de novembro de 1969, proíbe tal prisão no art. 7º, item 7. O Brasil adotou a Convenção em 09 de julho de 1992 e ratificada em 25 de setembro de 1992. O Decreto nº 678, de 06 de novembro de 1992 promulgou. Vejamos:

Art. 7º. Direito à liberdade pessoal.
7. Ninguém deve ser detido por dívida. Este princípio não limita os mandados de autoridade judiciária competente expedidos em virtude de inadimplemento de obrigação alimentar. (g.n.)

Aqui abrange inclusive o instituto de direito processual, o depósito judicial.

Desta forma, temos um conflito aparente de normas, envolvendo os tratados internacionais sobre Direitos Humanos e a Constituição Federal de 1988, lembrando que "tratado" é a linguagem mais usual entre os Estados e a nomenclatura acabou sendo incorporada ao significado de convenção internacional.

Basicamente, até a Emenda Constitucional (EC) nº 45 de 2004, todos os tratados internacionais sobre Direitos Humanos no Brasil tinham um tratamento hierárquico infraconstitucional, para desespero dos humanistas, que sempre almejaram uma posição supraconstitucional, citando, por exemplo a Profa. FLÁVIA PIOVESAN.

Ao analisarmos as datas acima, verificamos então, que os pactos citados são anteriores à data, e desta forma, foram tratados como lei comum.

Com a chegada da EC nº 45/04, foi criado o § 3º do art. 5º da Constituição, que acabou tratando do tema, porém de forma extemporânea. Vejamos:

§ 3º. Os tratados e convenções internacionais sobre direitos humanos que forem aprovados, em cada Casa do Congresso Nacional, em dois turnos, por três quintos dos votos dos respectivos membros, serão equivalentes às emendas constitucionais. (g.n.)

O § 3º acima citado não resolveu a questão, pois a incorporação já havia ocorrido.

Segundo a Agência Senado, a prisão civil do depositário infiel, por dívida, poderá ser retirada da Constituição Federal. Parecer favorável do senador Demóstenes Torres (DEM-GO) a proposta de emenda à Constituição (PEC 30/03) nesse sentido foi aprovada, em março de 2009, pela Comissão de Constituição, Justiça e Cidadania (CCJ). Se essa mudança, proposta pelo senador Augusto Botelho (PT-RR), for aprovada de forma definitiva pelo Congresso, o texto constitucional estabelecerá a prisão civil por dívida apenas no caso do devedor voluntário de pensão alimentícia.

O STF, em "Notícias do STF", de 23/11/09, afirmou que "Embora a Constituição Federal, em seu artigo 5º, inciso LXVII, ainda admita a prisão do depositário infiel, o Supremo Tribunal Federal reformulou sua jurisprudência em dezembro de 2008 no sentido de que a prisão civil se aplica somente para os casos de não pagamento voluntário da pensão alimentícia, isentando os casos de depositário infiel."

Seguindo esta linha, em dezembro de 2009, o STF aprovou a Súmula vinculante nº 25, nos termos do art. 103-A/CF. Vejamos:

É ilícita a prisão civil de depositário infiel, qualquer que seja a modalidade do depósito.

Concluindo a celeuma, atualmente a SV nº 25 corrigiu a situação, não permitindo por ora a aplicação da prisão, em que pese a existência ainda no texto constitucional.

Na sua prova, tomar o cuidado pela forma da pergunta, ou seja, se existe a prisão, se é aplicada etc.

Remédios constitucionais

Nos incisos LXVIII a LXXIII estão previstos os chamados "remédios constitucionais". São instrumentos poderosos de proteção jurídica a serem utilizados para resguardar determinados direitos previstos na própria Constituição. São ações judiciais inseridas no texto constitucional com a finalidade de defender o indivíduo das autoridades públicas ou do particular que age munido de autoridade legal.

Habeas corpus

LXVIII - conceder-se-á habeas corpus sempre que alguém sofrer ou se achar ameaçado de sofrer violência ou coação em sua liberdade de locomoção, por ilegalidade ou abuso de poder;

A expressão *habeas corpus* é de origem latina e significa "tenha-se o corpo". Designa instituto jurídico que tem por finalidade precípua proteger a liberdade de *locomoção*, ou seja, de "mover-se com o próprio corpo". Protege, portanto, apenas o direito de pessoa *física* e *viva* (pessoa jurídica, ente abstrato definido em lei, não tem corpo e, portanto, não há como cercear a sua liberdade de locomoção).

O habeas corpus somente pode ser utilizado para proteger o direito de locomoção. Assim, é cabível *habeas corpus* para apreciar toda e qualquer medida que possa, em tese, acarretar constrangimento à liberdade de locomoção ou, ainda, agravar as restrições a esse direito. (HC 107.701, Rel. Min. Gilmar Mendes, julgamento em 13 9 2011, Segunda Turma, *Informativo* 640.)

Há duas espécies de *habeas corpus:* o preventivo e o repressivo.

Habeas corpus preventivo é aquele utilizado nos casos em que o direito de locomoção está sendo *ameaçado* (neste caso, será concedido ao paciente um *salvo-conduto,* assinado pelo juiz, sendo que uma cópia do mesmo também será enviada à autoridade coatora). Este tipo de habeas corpus é utilizado, por exemplo, quando o indivíduo já está com a prisão decretada e quer uma ordem judicial para que não seja preso, uma espécie de salvo conduto.

Importante ressaltar que, influenciado pelo princípio jurídico de que "in dubio pro reu", ou seja, na dúvida a favor do réu, o STF decidiu que "*O empate na votação de habeas corpus, ausente um dos integrantes do Colegiado, deságua na imediata proclamação do resultado mais favorável ao paciente.*" (HC 94.701, Rel. p/ o ac. Min. Marco Aurélio, julgamento em 5 8 2008, Primeira Turma, *DJE* de 24 10 2008.)

Habeas corpus repressivo é aquele utilizado quando a violência ao direito de ir e vir *já aconteceu*, por ilegalidade ou abuso de poder (ou seja, o indivíduo já está preso, detido etc.).

A palavra *ilegalidade*, aqui, deve ser entendida em sentido *amplo*, ou seja, como presença de cerceamento de defesa, acusação baseada em lei posterior ao fato ocorrido, instauração de processo criminal perante juiz incompetente, ausência de defesa em processo criminal etc.

Abuso de poder é o exercício *irregular* do poder, pelo transbordamento, por parte da autoridade, dos limites de sua competência.

A ação de *habeas corpus* pode ser ajuizada por qualquer pessoa, independentemente de sua qualificação profissional, e até por menor de idade, não sendo exigível linguagem técnico-jurídica ou maiores formalidades.

Importante lembrar que por força do § 2º, do artigo 142, da Constituição Federal, Não caberá "habeas-corpus" em relação a punições disciplinares militares". Porém, toda regra tem uma exceção para cair na prova e este caso não é exceção, afinal o STF já decidiu que é possível impetrar habeas corpus no caso de penalidade disciplinar militar aplicada ilegalmente, pois, nas palavras do STF "*Não há que se falar em violação ao art. 142, § 2º, da CF, se a concessão de habeas corpus impetrado contra punição disciplinar militar, volta-se tão somente para os pressupostos de sua legalidade, excluindo a apreciação de questões referentes ao mérito.*" (RE 338.840, Rel. Min. Ellen Gracie, julgamento em 19 8 2003, Segunda Turma, *DJ* de 12 9 2003.)

Mandado de segurança

LXIX - conceder-se-á mandado de segurança para proteger direito líquido e certo, não amparado por habeas corpus ou habeas data, quando o responsável pela ilegalidade ou abuso de poder for autoridade pública ou agente de pessoa jurídica no exercício de atribuições do Poder Público;

Mandado de segurança é um instrumento que protege por exclusão, ou seja, protege direito líquido e certo, *não amparado* por *habeas corpus* ou *habeas data.*

Direito líquido e certo é o que não mostra dúvida, pela clareza e evidência com que se apresenta.

Somente pode ser impetrado mandado de segurança contra ato concreto, já tendo decidido o STF que "*Não cabe mandado de segurança contra lei em tese.*" (Súmula 266). Assim é imprescindível a demonstração de que o ato ilegal da autoridade prejudicou direito subjetivo, líquido e certo do impetrante (RMS 22.350, Rel. Min. Sydney Sanches, julgamento em 3 9 1996, Primeira Turma, *DJ* de 8 11 1996.)

O mandado de segurança protege e pode ser impetrado tanto por pessoa jurídica quanto física, inclusive estrangeiro, residente no exterior (RE 215.267, Rel. Min. Ellen Gracie, julgamento em 24 4 2001, Primeira Turma, *DJ* de 25 5 2001.), desde que em até 120 dias a partir da data em que o ato violador do direito líquido e certo.

É oponível contra qualquer autoridade pública (agentes políticos, agentes públicos, agentes delegados, notariais, agentes administrativos, oficiais dos registros públicos) ou contra qualquer agente de pessoa jurídica privada, no exercício de atribuição do poder público (é possível, por exemplo, impetrar mandado de segurança contra o diretor de um hospital particular).

Mandado de segurança coletivo

LXX - o mandado de segurança coletivo pode ser impetrado por:
a) partido político com representação no Congresso Nacional;
b) organização sindical, entidade de classe ou associação legalmente constituída e em funcionamento há pelo menos um ano, em defesa dos interesses de seus membros ou associados;

Os princípios estudados anteriormente para o mandado de segurança se aplicam ao mandado de segurança coletivo, que é um instrumento que visa proteger direito líquido e certo de uma *categoria* ou de parte dela.

O direito de impetrar o mandado de segurança em favor dos associados do sindicato, entidade de classe, organização sindical ou associação, "*independe da autorização destes.*" (Súmula 629.). Assim, eles não precisam de autorização expressa para entrar no Judiciário com tal ação.

Lembrando que a associação, e somente ela, deve estar constituída e em funcionamento há pelo menos um ano para ter legitimidade de impetrar mandado de segurança coletivo, independendo este direito de tal prerrogativa estar prevista no seu estatuto (MS 25.347, voto do Rel. Min. Ayres Britto, julgamento em 17 2 2010, Plenário, *DJE* de 19 3 2010.)

Este instituto foi uma inovação introduzida pela Constituição atual e permitiu maior agilidade na solução para determinados abusos cometidos pelo Poder Público.

Mandado de injunção

LXXI - Conceder-se-á mandado de injunção sempre que a falta de norma regulamentadora torne inviável o exercício dos direitos e liberdade constitucionais e das prerrogativas inerentes à nacionalidade, à soberania e à cidadania;

A situação que justifica a impetração do mandado de injunção é a impossibilidade do exercício de um direito ou liberdade constitucional ou, ainda, uma prerrogativa inerente à cidadania, à nacionalidade ou à soberania, por falta de norma regulamentadora ou seja, existe um direito previsto na Constituição, mas o indivíduo, pessoa física ou jurídica, não consegue utilizar este direito em consequência da falta de norma regulamentadora que dê os "detalhes" de como isso deve ser feito.

Quanto ao mandado de injunção o mais relevante para a prova é a sua finalidade, ou seja, qual a pretensão possível do autor.

Existem duas correntes doutrinárias quanto aos efeitos do mandado de injunção, uma é a posição não-concretista (que foi a adotada pelo STF até 2007) e a posição concretista) adotada atualmente pelo STF.

Na corrente não-concretista, antes de 2007 adotada pelo STF, o Judiciário ao reconhecer a existência da não regulamentação do direito deveria comunicar essa omissão, a fim de que o Poder Legislativo elaborasse a lei, sem que houvesse, por parte do Judiciário, a resolução do caso para a parte impetrante.

A partir de 2007 (MI 721), o STF decidiu que cabe ao Poder Judiciário dar solução a omissão legislativa, adotando a posição concretista.

Ainda sobre o mandado de injunção: o STF admite o mandado de injunção coletivo (STF MI 73 e 472).

"*Entidades sindicais dispõem de legitimidade ativa para a impetração do mandado de injunção coletivo, que constitui instrumento de atuação processual destinado a viabilizar, em favor dos integrantes das categorias que essas instituições representam, o exercício de liberdades, prerrogativas e direitos assegurados pelo ordenamento constitucional.*" (MI 472, Rel. Min. Celso de Mello, julgamento em 6 9 2005, Plenário, DJ de 2 3 2001.)

Habeas data

LXXII - conceder-se-á habeas data:
a) para assegurar o conhecimento de informações relativas à pessoa do impetrante, constantes de registros ou bancos de dados de entidades governamentais ou de caráter público;
b) para a retificação de dados, quando não se prefira fazê-lo por processo sigiloso, judicial ou administrativo;

O *habeas data* assegura o acesso a informações referentes à pessoa do impetrante guardadas em bancos de dados governamentais ou de caráter público, e possibilita a retificação desses dados. É direito personalíssimo do titular dos dados, isto é, só pode ser exercido por este, e sua interposição é gratuita.

Uma pessoa, por exemplo, cujo nome, por engano, conste na relação de maus pagadores do Serviço de Proteção de Crédito, poderá impetrar *habeas data* contra esta instituição, para que deixe de constar no cadastro de devedores.

Importante lembrar que a prova do anterior indeferimento do pedido de informação de dados pessoais, ou da omissão em atendê-lo, constitui requisito indispensável para que se concretize o interesse de agir no habeas data. "*Sem que se configure situação prévia de pretensão resistida, há carência da ação constitucional do habeas data.*" (RHD 22, Rel. p/ o ac. Min. Celso de Mello, julgamento em 19 9 1991, Plenário, DJ de 1º 9 1995.)

Ação popular

LXXIII - qualquer cidadão é parte legítima para propor ação popular que vise a anular ato lesivo ao patrimônio público ou de entidade de que o Estado participe, à moralidade administrativa, ao meio ambiente e ao patrimônio histórico e cultural, ficando o autor, salvo comprovada má-fé, isento de custas judiciais e do ônus da sucumbência;

Cidadão é o sujeito que está em pleno exercício dos seus direitos políticos. Só pode ser cidadão o brasileiro nato ou o naturalizado.

A pessoa jurídica não tem legitimidade para propor ação popular. (Súmula 365.)

A ação popular é instrumento destinado a corrigir toda e qualquer lesão ao patrimônio público ou de entidade de que participe o Estado. Ela é uma garantia constitucional não apenas judicial, mas também *política*, uma vez que possibilita a participação do cidadão na vida pública.

Jamais a pessoa jurídica tem legitimidade para propô-la, uma vez que a pessoa jurídica não pode ter direitos políticos, não pode ser cidadã.

O ato lesivo, passível de anulação, é o que atinge a *moralidade administrativa* (art. 37), o *meio ambiente* (art. 225), o *patrimônio histórico e cultural* (art. 216) e o *patrimônio público ou de entidade de que o Estado participe.*

O cidadão estará agindo de boa-fé se o fizer no interesse da comunidade; neste caso, não arcará com as *custas judiciais*, que é a verba que se recolhe ao Estado por se ter movimentado o Poder Judiciário, e nem com o *ônus da sucumbência*, isto é, os honorários advocatícios, pagos por quem perde a ação.

Havendo motivos escusos por parte do cidadão, no caso de perder a ação, que é movida em seu nome, deverá haver o recolhimento das custas judiciais e do ônus de sucumbência. Assim, "*a não ser quando há comprovação de ma-fé do autor da ação popular, não pode ele ser condenado nos ônus das custas e da sucumbência.*" (RE 221.291, Rel. Min. Moreira Alves, julgamento em 11 4 2000, Primeira Turma, *DJ* de 9 6 2000.)

Os efeitos da ação popular se traduzem ou pela *anulação do ato lesivo praticado*, ou pela sua *sustação* (caso sua consumação esteja prestes a ocorrer), ou pela *ordenação da sua prática*, na hipótese de omissão (a autoridade deveria ter praticado o ato e não o fez).

Tutela jurisdicional aos hipossuficientes

LXXIV - o Estado prestará assistência jurídica integral e gratuita aos que comprovarem insuficiência de recursos;

Deve-se entender *assistência jurídica* aqui de uma forma ampla, envolvendo não apenas o provisionamento de advogados para mover ações, mas também as consultas para esclarecimento de situações de direito.

Não se deve confundir necessidade com miserabilidade. Basta que o interessado não possa prover as custas do processo sem prejuízo do sustento próprio e da família, para que se invoque o preceito constitucional.

A pessoa jurídica ao contrário do que ocorre com as pessoas físicas, deve comprovar "*o fato de se encontrar em situação inviabilizadora da assunção dos ônus decorrentes do ingresso em juízo.*" (Rcl 1.905- ED-AgR, Rel. Min. Marco Aurélio, julgamento em 15-8-2002, Plenário, *DJ* de 20-9-2002.)

O órgão do Judiciário encarregado de realizar o previsto neste inciso é a Defensoria Pública, a respeito da qual o artigo 134 da Lei Maior diz o seguinte: "*A Defensoria Pública é instituição essencial à função jurisdicional do Estado, incumbindo-lhe a orientação jurídica e a defesa, em todos os graus, dos necessitados, na forma do artigo 5º, LXXIV*".

LXXV - o Estado indenizará o condenado por erro judiciário, assim como o que ficar preso além do tempo fixado na sentença;

Estabelece, este inciso, a figura da responsabilidade patrimonial do Estado, com previsão de indenização por erros judiciários.

O montante a ser pago a título de indenização será apurado em via judicial, muito embora não haja vedação expressa, na Constituição, de indenização administrativa. O valor deverá recompor a situação patrimonial do lesado e o próprio dano.

LXXVI - são gratuitos para os reconhecidamente pobres, na forma da lei:
a) o registro civil de nascimento;
b) a certidão de óbito;

Este inciso, de caráter humanitário ao que tudo indica vem atender, também, a uma necessidade administrativa. O artigo 21, XV, da CF diz que compete à União organizar e manter os serviços oficiais de estatística. Constatou-se, todavia, uma defasagem muito grande dessa estatística em áreas muito pobres, onde a população não tinha dinheiro para registrar o nascimento ou a morte dos seus familiares. Daí a gratuidade desses assentamentos.

LXXVII - são gratuitas as ações de habeas corpus e habeas data, e, na forma da lei, os atos necessários ao exercício da cidadania.

Atos necessários ao exercício da cidadania, como a emissão do título de eleitor, da carteira de trabalho ou de documento de identidade, são gratuitos. Da mesma forma, as ações de *habeas corpus* e de *habeas data*, ou seja, para estas últimas não poderá haver custas de preparo (custas judiciais, normalmente 1% do valor da causa), de distribuição, despesas com oficial de justiça etc.

LXXVIII - a todos, no âmbito judicial e administrativo, são assegurados a razoável duração do processo e os meios que garantam a celeridade de sua tramitação.

A matéria regulada no inciso traz importante inovação no tocante ao lapso temporal a ser considerado em um feito. A Constituição Federal passa a assegurar a todos (regra a não comportar exceção), o direito a **razoável duração do processo**, determinado, assim, que se estabeleçam **meios que garantam a celeridade de sua tramitação.** O critério fixado pela Lei Maior é **subjetivo**, ou seja, não estabeleceu prazo determinado para a conclusão do feito, dada a multiplicidade e diversidade de causas e procedimentos que permeiam os milhares de processos existentes no país. Relevante atentar que **tal norma vale tanto para esfera judicial como para a administrativa.**

O réu tem direito subjetivo de ser julgado, pelo Poder Judiciário, dentro de prazo razoável, sem demora excessiva nem dilações indevidas. "*O excesso de prazo, quando exclusivamente imputável ao aparelho judiciário – não derivando, portanto, de qualquer fato atribuível ao réu – traduz situação anômala que compromete a efetividade do processo, pois, além de tornar evidente o desprezo estatal pela liberdade do cidadão, frustra um direito básico que assiste a qualquer pessoa: o direito à resolução do litígio, sem dilações indevidas, em tempo razoável e com todas as garantias reconhecidas pelo ordenamento constitucional.*" (HC 99.289, Rel. Min. Celso de Mello, julgamento em 23 6 2009, Segunda Turma, *DJE* de 4 8 2011.)

§ 1º - As normas definidoras dos direitos e garantias fundamentais têm aplicação imediata.

Desde a promulgação da Constituição Federal, que foi em 05 de outubro de 1988, esses incisos estudados acima deverão estar no ordenamento jurídico provocando efeitos.

Não esqueçam, porém, que há incisos onde o próprio legislador diz que lei os regulará. Estes, muito embora entrem em vigor também com a promulgação, só produzirão efeito plenamente quando devidamente regulamentados. De qualquer modo, para os casos concretos, se a falta de regulamentação prejudicar o exercício de um direito constitucional, caberá, conforme vimos anteriormente, mandado de injunção.

Assim, não pode ser elaborada nenhuma norma infraconstitucional que viole os direitos e garantias fundamentais, ainda que estes não estejam regulamentados.

§ 2º - Os direitos e garantias expressos nesta Constituição não excluem outros decorrentes do regime e dos princípios por ela adotados, ou dos tratados internacionais em que a República Federativa do Brasil seja parte.

Manuel Gonçalves Ferreira Filho nos ensina, acertadamente, que o dispositivo em exame significa simplesmente que a Constituição brasileira, ao enumerar os direitos fundamentais, não pretende ser exaustiva. Por isso, além dos direitos *explicitamente* reconhecidos, admite existirem outros, que *implicitamente* reconhece, decorrentes dos regimes e dos princípios que ela adota.

Da mesma forma, aos direitos atualmente existentes, outros poderão ser acrescentados em decorrência de tratados internacionais dos quais a República Federativa do Brasil seja signatária.

§ 3º - Os tratados e convenções internacionais sobre direitos humanos que forem aprovados, em cada Casa do Congresso Nacional, em dois turnos, por três quintos dos votos dos respectivos membros, serão equivalentes às emendas constitucionais.

Este parágrafo fixa-nos a importância e estabelece o nível hierárquico dos tratados e convenções internacionais sobre direitos humanos dentro de nosso ordenamento jurídico. Desde que tais pactos sejam aprovados, na Câmara dos Deputados e no Senado Federal, em dois turnos, obtendo-se maioria qualificada (três quintos), serão equiparados às emendas constitucionais (terão a mesma relevância jurídica). As emendas constitucionais incorporam-se à Lei Maior, passando a pertencer, desta forma, ao "corpo" constitucional. Portanto, sob as condições acima expostas, os tratados e convenções - apenas aqueles que versarem sobre direitos humanos - terão "status" constitucional, uma vez que se encontrarão no mesmo grau de hierarquia das emendas constitucionais.

§ 4º - O Brasil se submete à jurisdição de Tribunal Penal Internacional a cuja criação tenha manifestado adesão.

No tocante a tal matéria, já há produção jurídica em nosso país. O Tribunal Penal Internacional originou-se de uma Conferência Diplomática realizada na cidade de Roma, em julho de 1998, surgindo, assim, o Estatuto de Roma do Tribunal Penal Internacional. O Brasil, através do Decreto Presidencial nº 4.388, de 25.09.2002, promulgou o Estatuto de Roma do Tribunal Penal Internacional, anteriormente ratificado pelo Decreto Legislativo nº 112, de 06.05.2002, oriundo do Congresso Nacional. Com a inclusão deste parágrafo no artigo 5º, passamos obrigatoriamente a submeter-nos à sua jurisdição. Os delitos a serem julgados no Tribunal Penal Internacional são aqueles considerados graves, que afetam a comunidade internacional no seu conjunto, a saber: crime de genocídio; crimes contra a humanidade; crimes de guerra e o crime de agressão. Vale ressaltar que a competência do Tribunal Penal Internacional é complementar às jurisdições penais nacionais.

3. Direitos e Garantias Pétreos

A Constituição brasileira prevê, no art. 60, a possibilidade de serem efetuadas alterações em seu texto através das chamadas *emendas constitucionais*. O § 4º desse artigo, contudo, diz o seguinte: "*Art. 60, § 4º - Não será objeto de deliberação a proposta de emenda tendente a abolir:*
I - a forma federativa de Estado;
II - o voto direto, secreto, universal e periódico;
III - a separação dos Poderes;
IV - os direitos e garantias individuais."

Os quatro incisos acima compõem as chamadas "cláusulas pétreas", isto é, institutos constitucionais *perpétuos*, que *não poderão ser suprimidos*.

No artigo 5º, os direitos e garantias *individuais* (de supressão impossível) encontram-se misturados aos direitos e garantias *coletivos* (passíveis de abolição).

A partir da doutrina dominante, tentaremos, a grosso modo, destacar, dos incisos previstos no artigo 5º e de outros dispositivos constitucionais, quais direitos e garantias seriam *individuais* (cláusulas pétreas) e quais seriam *coletivos*.

Direitos individuais

- direito à vida (engloba: direito à existência, à segurança e à integridade física, entre outros);
- direito à privacidade, à intimidade, à honra e à imagem;
- direito à igualdade (entre homens e mulheres, perante a lei, perante a justiça etc.);
- direito à liberdade (de locomoção, de circulação, de pensamento, de credo, de culto, de expressão intelectual, artística e científica etc.);
- direito de propriedade (direito de uso exclusivo da utilização, publicação ou reprodução de obra artística, intelectual ou científica; direito de proteção às participações individuais em obras coletivas e à reprodução de imagens e voz humanas, inclusive desportivas; direito de propriedade de marcas, inventos, indústria e nome da empresa etc.);

Garantias individuais

- *princípios:* da legalidade, da proteção judiciária, da anterioridade da lei penal, da irretroatividade da lei penal, da individuação da pena, da personalização da pena etc.
- *inviolabilidades:* da liberdade, da intimidade, da honra, da casa, do sigilo da correspondência e das comunicações telegráficas etc.
- *garantias:* de inexistência do tribunal de exceção, de julgamento pelo tribunal competente, de legalidade e comunicação da prisão, do devido processo legal, de presunção da inocência, da incolumidade física etc.
- *proibição:* da prisão civil, de extradição, de determinadas penas (cruéis, perpétuas, de trabalhos forçados, de banimento, de morte) etc.
- *remédios constitucionais: habeas corpus, habeas data*, mandado de segurança individual, mandado de injunção.

Direitos coletivos

- direito de acesso: à terra urbana e rural, para morar e trabalhar; ao trabalho; ao transporte coletivo; ao meio ambiente sadio etc.
- direito à melhoria da qualidade de vida;
- direito de preservação da paisagem e da identidade histórica e cultural da coletividade;
- direitos de reunião, de associação, de sindicalização, de manifestação coletiva, incluindo-se aí o direito de greve;
- direito de controle de mercado de bens e serviços essenciais à população;
- direito de representação coletiva;

Garantias coletivas

- *vedação* da interferência estatal no funcionamento de uma associação ou de uma cooperativa;
- *proibição* da dissolução ou suspensão da associação, a não ser por ordem judicial;
- *remédios constitucionais: ação popular, mandado de segurança coletivo.*

Exercícios de Fixação

01. Das afirmações abaixo, assinale a única correta:

a) o exercício de qualquer trabalho depende de autorização da repartição competente.

b) as provas obtidas por meios ilícitos são admissíveis no processo, desde que necessárias.

c) compete à Ordem dos Advogados do Brasil prestar assistência social aos que comprovarem insuficiência de recursos.

d) homens e mulheres são iguais em direitos e obrigações, nos termos da Constituição Federal de 1988.

e) a locomoção em território nacional depende de "visto" junto às Secretarias de Segurança Pública em cada Estado da Federação.

02. O remédio jurídico que tem por objeto fazer com que todos tenham acesso às informações que Poder Público ou entidades de caráter público possuam a seu respeito, denomina-se:

a) *habeas data.*

b) *habeas corpus.*

c) mandado de injunção.

d) mandado de segurança.

e) ação popular.

03. Um cidadão sofrendo violação de seus direitos, embora estes não sejam assegurados pela Constituição, mas sim pela legislação positiva:

a) poderá acionar o Judiciário, optando por um dos vários instrumentos que a lei lhe coloca à disposição.

b) ingressará em juízo, desde que sejam exauridas previamente as vias administrativas.

c) terá restrito acesso aos órgãos judicantes por se tratar de preceito não resguardado pela Constituição Federal.

d) não poderá acionar o Judiciário nem a Administração.

e) não tem assegurado direito de ampla defesa e do contraditório.

04. Só se pode pleitear, por *habeas data*, informações:

a) sociais.

b) relativas ao impetrante.

c) criminais.

d) de caráter coletivo.

e) de amplo caráter.

05. O segundo objetivo do *habeas data* é:

a) a ratificação dos dados constantes na entidade governamental.

b) a retificação dos dados constantes na entidade governamental ou de caráter público.

c) a prisão da autoridade responsável pelas informações registradas.

d) a reparação financeira por danos morais causados pelas informações arquivadas.

e) n.d.a.

06. "A lei não prejudicará o direito adquirido, o ato jurídico perfeito e a coisa julgada". Trata-se do:

a) princípio da irretroatividade das leis.

b) princípio da igualdade de todos perante a lei.

c) princípio da legalidade penal.

d) princípio da isonomia.

e) n.d.a.

07. Extradição é a entrega de um indivíduo feita pelo governo a outro país que o reclame para ser julgado ou para cumprir pena. De acordo com a Constituição Federal:

a) brasileiro naturalizado pode ser extraditado a qualquer tempo.

b) português residente no Brasil nunca pode ser extraditado.

c) brasileiro nato não pode ser extraditado.

d) tratando-se de tráfico ilícito de entorpecentes e drogas há privilégio ao brasileiro naturalizado.

e) estrangeiro pode ser extraditado por crime político ou de opinião.

08. Assinale a assertiva correta:

a) A lei pode estabelecer hipóteses de exclusão de sua apreciação pelo Poder Judiciário, ainda que presentes a lesão ou a ameaça a direito.

b) É pública a votação dos jurados no processo do júri.

c) Não há crime sem lei anterior que o defina, nem pena sem prévia cominação legal.

d) A lei penal não retroagirá, salvo nos casos de anistia fiscal.

e) A prática do racismo constitui crime afiançável e prescritível, sujeito à pena de detenção nos termos da lei.

09. O remédio constitucional a ser aplicado em situações em que a falta de norma regulamentadora torna inviável o exercício de direitos e liberdades constitucionais e das prerrogativas inerentes à nacionalidade, à soberania e à cidadania, denomina-se:

a) mandado de segurança.

b) mandado de injunção.

c) ação popular.

d) *habeas corpus.*

e) mandado de segurança coletivo.

10. Assinale a única hipótese que não constitui crime inafiançável conforme a Constituição Federal:

a) prática de racismo.

b) prática de tortura.

c) prática de terrorismo.

d) tráfico de entorpecentes.

e) furto.

11.

I. Ninguém poderá ser compelido a associar-se ou permanecer associado.

II. É garantido o direito de propriedade.

III. Não há crime sem lei anterior que o defina, nem pena sem prévia cominação legal.

Em face do texto Constitucional, das afirmações acima, pode-se dizer:

a) as três normas são corretas.
b) as três são incorretas.
c) I e II são incorretas.
d) II e III são corretas e I incorreta.
e) I e III são corretas e II incorreta.

12. Conceder-se-á mandado de injunção:

a) sempre que a falta de norma regulamentadora torne inviável exercício dos direitos e liberdades constitucionais e das prerrogativas inerentes à nacionalidade, à soberania e à cidadania.
b) sempre que alguém sofrer ou se achar ameaçado de sofrer violência ou coação em sua liberdade de locomoção, por ilegalidade ou abuso de poder.
c) para proteger direito líquido e certo, não amparado por *habeas corpus* ou *habeas data*, quando o responsável pela ilegalidade ou abuso de poder for autoridade pública ou agente de pessoa jurídica no exercício de atribuições do Poder Público.
d) para retificação de dados, quando não se prefira fazê-lo por processo sigiloso, judicial ou administrativo.
e) para anular ato lesivo ao patrimônio público, à moralidade administrativa, ao meio ambiente e ao patrimônio histórico e cultural.

13. A Constituição Federal de 1988 veda:

a) a inviolabilidade do sigilo da correspondência.
b) a livre locomoção.
c) o direito de propriedade.
d) a liberdade de consciência e de crença.
e) o anonimato e as associações de caráter paramilitar.

14. A lei não prejudicará:

a) o trânsito em julgado.
b) a coisa não julgada.
c) o ato jurídico.
d) o direito adquirido.
e) todas as alternativas.

15. Assinale a assertiva correta:

a) é livre a expressão da atividade intelectual, artística, científica e de comunicação, ressalvados os casos de licença previstos em lei.
b) a casa é asilo inviolável do indivíduo, ninguém nela podendo penetrar sem consentimento do morador, salvo durante o dia, por determinação judicial ou requisição administrativa.
c) é compulsória a adesão a associação profissional ou a sindicato profissional.
d) é plena a liberdade de associação para fins lícitos, admitida a de caráter educativo paramilitar.
e) é livre o exercício de qualquer trabalho, ofício ou profissão, atendidas as qualificações profissionais que a lei estabelecer.

16. Segundo a Constituição Federal:

a) o princípio da igualdade de todos perante a lei impede que a lei favoreça os mais pobres, visando reduzir as desigualdades sociais.
b) o princípio da legalidade consiste em que ninguém será obrigado fazer ou deixar de fazer alguma coisa senão em virtude da lei.
c) o princípio da livre manifestação do pensamento protege o anonimato.
d) o exercício do direito de resposta, pela vítima de ofensa contra a honra exclui a indenização por dano material, moral ou à imagem.
e) a crença religiosa não é motivo de privação de direitos, ainda que invocada por quem pretenda eximir-se de obrigação legal a todos imposta e se recuse a cumprir prestação alternativa fixada em lei.

17. A prisão por dívida é proibida pela Constituição Federal, exceto no(s) caso(s):

a) de devedor inadimplente para com o Fisco.
b) de devedor de alimentos e depositário infiel.
c) de dívida fiscal para com a União, os Estados e os Municípios.
d) de devedor de jogo.
e) de devedor inadimplente comercialmente.

18. À instituição do júri compete julgar:

a) as contravenções penais.
b) os crimes dolosos contra a vida.
c) as lesões corporais culposas.
d) o homicídio culposo.
e) todo e qualquer crime.

19. "Sempre que alguém sofrer ou se achar ameaçado de sofrer violência ou coação em sua liberdade de locomoção, por ilegalidade ou abuso de poder", conceder-se-á:

a) *habeas corpus.*
b) mandado de segurança.
c) mandado de injunção.
d) *habeas data.*
e) ação popular.

20. Analise as afirmações abaixo:

I. aos pobres são gratuitos o registro de nascimento e a certidão de óbito.

II. aos pobres e ricos são gratuitas as ações de *habeas corpus* e *habeas data*.

III. a todos são gratuitos os atos necessários ao exercício da cidadania.

IV. os direitos e deveres individuais e coletivos têm aplicação imediata com ou sem a norma que os regulamente.

a) a I e a II estão corretas.
b) a III e a IV estão erradas.
c) apenas a I está correta.
d) apenas a III e a II estão corretas.
e) todas estão corretas.

21. São garantias previstas no capítulo dos direitos e deveres individuais e coletivos da Constituição Federal, dentre outras, as seguintes (assinale a alternativa correta):

a) livre manifestação do pensamento, permitido o anonimato.
b) direito de resposta, proporcional ao agravo, além de indenização por dano material ou imoral.
c) livre associação para fins lícitos, inclusive de caráter paramilitar.
d) livre expressão da atividade intelectual, artística, científica e de comunicação, independentemente de censura ou licença.
e) n.d.a.

22. Não será concedida extradição de estrangeiro por crime:

a) doloso contra vida.
b) político ou de opinião.
c) culposo contra o patrimônio.
d) de morte.
e) de extorsão.

23. Quanto ao *habeas corpus* pode-se dizer:

I. é o remédio jurídico que tutela a liberdade de locomoção.

II. seria a medida legal de proteção à liberdade de locomoção.

III. poderá ser liberatório ou preventivo.

IV. não depende de formalidade processual comum, podendo ser feita sua petição por telegrama ou por simples carta.

a) a I e a II estão erradas.
b) apenas a III está certa.
c) a IV é a única errada.
d) todas estão certas.
e) a II é a única certa.

24. Em caso de iminente perigo público, a autoridade competente poderá usar de propriedade particular:

a) desde que obtenha liminar judicial.
b) independentemente de autorização judicial, porém oferecendo depósito prévio, garantidor de futura indenização.
c) sem autorização judicial ou depósito prévio, respondendo apenas por indenização, se houver dano.
d) sem autorização judicial, ou depósito prévio, respondendo por indenização, independentemente de comprovação de dano.

25. Em relação ao direito de petição, assegurado pelo art. 5º, XXXIV, a, da Constituição da República, é correto afirmar que:

a) a Constituição prevê sanção para a hipótese de falta de resposta e pronunciamento da autoridade.
b) não há previsão constitucional de sanção para a falta de resposta e pronunciamento da autoridade.
c) é assegurado a qualquer pessoa, e dirigido apenas às autoridades judiciárias.
d) diz respeito apenas à defesa de direitos individuais.
e) n.d.a.

26. São gratuitas(os):

a) as ações de *habeas corpus*.
b) as ações de *habeas data*.
c) os atos necessários ao exercício da cidadania.
d) o registro civil de nascimento e a certidão de óbito, para os reconhecidamente pobres.
e) todas as respostas anteriores.

27. Em mandado de segurança, considera-se líquido e certo o direito:

a) embasado em fatos que comportam complexidade.
b) embasado em fatos ainda indeterminados, mas determináveis.
c) embasado em fatos comprovados de plano.
d) provável quanto à existência ainda que incerto no seu valor.
e) embasado em fatos incontroversos.

28. É reconhecida a instituição do júri, com a organização que lhe der a lei, assegurada:

a) a soberania dos veredictos.
b) a plenitude da acusação.
c) a votação pública.
d) a competência para o julgamento das contravenções penais.
e) a comunicabilidade dos jurados.

29. O preceito constitucional "ninguém será obrigado a fazer ou deixar de fazer alguma coisa senão em virtude de lei" expressa o princípio da:

a) igualdade de todos perante a lei.
b) isonomia.
c) legalidade.
d) responsabilidade.
e) liberdade social.

30. Assinale a opção correta:

a) nenhuma pena passará da pessoa do condenado, podendo a obrigação de reparar o dano e a decretação de perdimento dos bens ser, contra os sucessores executada, até o limite do valor do patrimônio transferido.
b) a lei regulará a individualização da pena e adotará, entre outras, a de banimento, no caso de crimes de ação armada de grupos civis ou militares, contra a ordem constitucional e o estado democrático.
c) o contraditório e a ampla defesa, nos crimes por prática de racismo, podem ser restringidos nos casos culposos, e suspensos nos casos dolosos.
d) a lei poderá, em caso de dolo, admitir a pena de trabalhos forçados para os crimes hediondos.
e) nenhum brasileiro será extraditado, salvo em caso de envolvimento comprovado com tráfico ilícito de entorpecentes e drogas afins, na forma da lei.

31. Considerados os direitos e garantias individuais, queira assinalar a resposta incorreta:

a) ninguém será considerado culpado até o trânsito em julgado de sentença penal condenatória.
b) são inadmissíveis, no processo, as provas obtidas por meios ilícitos.
c) a lei penal não retroagirá, salvo quando se tratar de crimes inafiançáveis ou hediondos.
d) a lei não excluirá de apreciação do Poder Judiciário lesão ou ameaça de direito.
e) a prisão ilegal será imediatamente relaxada pela autoridade judiciária.

32. A liberdade de reunião de que trata a Constituição Federal está condicionada:

a) à autorização da autoridade competente.
b) a ser pacífica, sem armas, com prévio aviso à autoridade competente e desde que não frustre outra reunião já marcada.
c) à situação política da entidade que a promoverá.
d) ao local e à hora em que será realizada.
e) à autorização do Prefeito do Município em que esta ocorrerá.

33. Quanto ao direito à propriedade, podemos dizer que entre nós encontra seu limite:

a) na necessidade pública.
b) na utilidade pública.
c) no interesse social.
d) nos dispositivos constitucionais que tratam do assunto.
e) todas as respostas estão corretas.

34. O mandado de segurança coletivo pode ser impetrado:

a) por qualquer cidadão brasileiro em defesa de seus interesses lesados.
b) por qualquer partido político, mesmo sem representação no Congresso.
c) por entidade de classe ou associação legalmente constituída e em funcionamento há pelo menos um ano, em defesa dos interesses de seus membros ou associados.
d) por entidade de classe ou associação legalmente constituída e em funcionamento há pelo menos três anos, em defesa dos interesses de seus membros ou associados.
e) em nenhum dos casos apontados acima.

35. A respeito do direitos e deveres individuais e coletivos previstos no art. 5º da CF, pode-se afirmar que:

I. a intimidade, a vida privada, a honra e a imagem das pessoas são invioláveis, sendo-lhes assegurado o direito à indenização pelo dano material ou moral decorrentes de sua violação.
II. ao ofendido é assegurado, além do direito de resposta, que será proporcional ao agravo, a indenização pelo dano material ou moral.
III. o crime de racismo praticado por qualquer pessoa, apesar de estar sujeito ao instituto da prescrição, como nos demais crimes, é absolutamente inafiançável, sujeitando seu agente à pena de reclusão, nos termos da lei.
IV. a tortura, o tráfico de entorpecentes, o terrorismo, bem como os crimes definidos como hediondos, são inafiançáveis e insuscetíveis de graça ou anistia, respondendo por eles os seus mandantes e executores.
V. nos crimes considerados hediondos pode-se aplicar a pena de caráter perpétuo, exceto de morte.

Dadas as proposições acima, assinale a alternativa correta:

a) I, II e IV.
b) V.
c) II e IV.
d) II e III.
e) I.

36. O mandado de injunção:

a) tem natureza jurídica semelhante à do mandado de segurança, mas refere-se à proteção de direito em casos de ilegalidade ou abuso de poder por omissão da autoridade pública.
b) diz respeito à inconstitucionalidade por omissão, mas, diferentemente da ação direta, pode ser impetrado por quem não possa exercer direito e liberdades constitucionais por falta de norma regulamentadora.
c) como o mandato de segurança coletivo, visa a obter a proteção de direitos através de normas gerais, mas refere-se apenas aos casos de omissão da autoridade pública.
d) visa a garantir o exercício de direitos fundamentais através de ordem judicial proibindo a autoridade pública de violar a Constituição.
e) n.d.a.

37. O Estado Democrático de Direito tem como princípios assegurados pela Constituição:

I. a legalidade e a igualdade perante a lei.
II. a presunção de inocência, a ampla defesa, o contraditório e o *due process of law.*
III. o respeito aos direitos políticos e às liberdades e direitos fundamentais da pessoa humana.
IV. a separação dos poderes.

Analisando as asserções acima, pode-se afirmar que:

a) as de números, I, III e IV estão corretas.
b) estão corretas apenas as de números I, II e III.
c) todas estão corretas.
d) apenas as de número I e III estão corretas.
e) nenhuma está correta.

38. Assinale a opção correta:

a) nenhum brasileiro será extraditado, salvo em caso de crime comum, ou de comprovado envolvimento em tráfico lícito de entorpecentes e drogas afins, na forma da lei.
b) a sucessão de bens de estrangeiros situados no país será regulada pela lei brasileira em benefício do cônjuge ou dos filhos brasileiros sempre que não lhes seja mais favorável a lei pessoal do país do *de cujus.*
c) nas suas relações internacionais o Brasil rege-se, dentre outros, pelos princípios da prevalência dos direitos humanos, da autodeterminação dos povos, da não-intervenção, do repúdio ao terrorismo e ao racismo, e da não-concessão de asilo político aos que tenham violado os direitos humanos.
d) não será concedida extradição de estrangeiros por crimes políticos ou de opinião, salvo mediante previsão em tratado internacional que especifique a vedação da pena de morte.

39. A defesa do consumidor será promovida:

a) pelos Estados-membros, na forma de lei complementar federal.
b) pelos Municípios, exclusivamente.
c) pelo Estado, na forma estabelecida em lei.
d) pelo Estado, independentemente de qualquer norma infraconstitucional.
e) por associação civil, vedada ao Estado qualquer participação.

40. O partido dos ecologistas do Brasil, que não logrou eleger, ainda, nenhum deputado federal ou senador, impetrou mandado de segurança coletivo contra ato do Presidente do Banco Central que denegou pedido de liberação de depósito de caderneta de poupança de mulheres separadas judicialmente sem direito a pensão. A segurança foi denegada:

a) porque o partido político de que se trata não tem representação atual no Congresso Nacional.
b) porque os partidos políticos não podem impetrar mandato de segurança coletivo.
c) porque caberia a cada interessada, provando seu direito líquido e certo, ingressada, ainda que em litisconsórcio, com o *writ.*
d) porque o caso é de ação civil pública, e não de mandado de segurança.
e) porque o instituto do mandado de segurança coletivo depende, ainda, de regulamentação.

Gabarito

01. D	02. A	03. A	04. B	05. B
06. A	07. C	08. C	09. B	10. E
11. A	12. A	13. E	14. D	15. E
16. B	17. B	18. B	19. A	20. E
21. D	22. B	23. D	24. C	25. B
26. E	27. C	28. A	29. C	30. A
31. C	32. B	33. E	34. C	35. A
36. B	37. C	38. B	39. C	40. A

4. Dos Direitos Sociais

1. Introdução

Os direitos sociais são direitos *coletivos*, passíveis de supressão ou alteração por emendas constitucionais.

2. Enumeração dos Direitos Sociais

Art. 6º São direitos sociais a educação, a saúde, a alimentação, o trabalho, a moradia, o lazer, a segurança, a previdência social, a proteção à maternidade e à infância, a assistência aos desamparados, na forma desta Constituição (Redação dada pela EC n.64, de 04 de Fevereiro de 2010).

3. Direitos dos Trabalhadores

O artigo 7º, que passaremos a estudar a seguir, enumerará os direitos dos *trabalhadores* urbanos e rurais.

A expressão *trabalhador*, utilizada no *caput* desse artigo é extremamente ampla e abrange não apenas os *empregados*, como também os trabalhadores que não possuem vínculo empregatício nenhum.

Convém assinalar que a inclusão dos trabalhadores *rurais* entre os titulares dos direitos que serão arrolados representa enorme avanço em direção à justiça social. No ordenamento constitucional anterior, tais trabalhadores estavam completamente destituídos de direitos constitucionais.

Os trabalhadores domésticos também tiveram ganhos com a Constituição de 1988, embora continuem em situação desprivilegiada em relação aos demais: dos 34 incisos arrolados no artigo 7º, a eles apenas se aplicavam os incisos IV, VI, VIII, XV, XVII, XVIII, XIX, XXI, e XXIV, além da sua integração à previdência social.

Essa situação de discriminação em relação aos trabalhadores gerais gerou um movimento que redundou na promulgação da Emenda Constitucional nº 72, de 02 de abril de 2013. Com certeza se trata de um avanço importante, para estender ao empregado doméstico os direitos gerais dos trabalhadores e reconhecer nele um cidadão, com direitos e deveres.

Dessa forma o parágrafo único do art. 7º, passou a ter seguinte redação: *"São assegurados à categoria dos trabalhadores domésticos os direitos previstos nos incisos IV, VI, VII, VIII, X, XIII, XV, XVI, XVII, XVIII, XIX, XXI, XXII, XXIV, XXVI, XXX, XXXI e XXXIII e, atendidas as condições estabelecidas em lei e observada a simplificação do cumprimento das obrigações tributárias, principais e acessórias, decorrentes da relação de trabalho e suas peculiaridades, os previstos nos incisos I, II, III, IX, XII, XXV e XXVIII, bem como a sua integração à previdência social."*

A Lei Complementar nº 150 de 1º de junho de 2015 dispôs sobre o contrato de trabalho doméstico e outras questões, que serão abordadas mais adiante. Pelos termos dado pela nova lei:

O trabalhador ou empregado doméstico é assim considerado, aquele que presta serviços de forma contínua, subordinada, onerosa e pessoal e de finalidade não lucrativa à pessoa ou à família, no âmbito residencial destas, por mais de 2 (dois) dias por semana; vedada a contratação de menor de 18 (dezoito) anos para desempenho desse trabalho (Lei Complementar nº 150/2015). Apenas para reafirmar o local de trabalho é casa de família e a atividade do trabalhador não pode gerar lucro ao empregador.

Assim, acabaram-se as grandes divergências e construções da doutrina e jurisprudência em relação ao conceito do empregador doméstico, alinhando-as. A partir de agora àqueles que trabalharem por mais de 2 dias por semana, em ambiente residencial estará amparado legalmente. Em caso de descumprimento poderá discuti-los nas vias judiciais, de uma forma mais isonômica com os outros trabalhadores.

Art. 7º - São direitos dos trabalhadores urbanos e rurais, além de outros que visem à melhoria de sua condição social:

Indenização por despedida arbitrária ou sem justa causa

I - relação de emprego protegida contra despedida arbitrária ou sem justa causa, nos termos de lei complementar, que preverá indenização compensatória, dentre outros direitos.

Até que seja promulgada a lei complementar que deverá regular tal indenização, vale o disposto no artigo 10 do Ato das Disposições Constitucionais Transitórias (ADCT), que prevê, no inciso I, acréscimo de 40% sobre os depósitos do FGTS a ser levantado a título de indenização.

Para a classe dos empregados domésticos a Lei Complementar nº 150/2015, expressamente disciplinou a questão da justa causa.

Foram instituídos dois regimes: tempo integral e tempo parcial e ainda facultada a contratação, por prazo determinado, de empregado doméstico em duas situações: I - mediante contrato de experiência, que não pode ser superior a 90 dias e II - para atender necessidades familiares de natureza transitória e para substituição temporária de empregado doméstico com contrato de trabalho interrompido ou suspenso, obedecido o limite máximo de 2 anos.

Para os empregados com contrato por prazo determinado: o empregador que, sem justa causa, despedir o empregado é obrigado a pagar-lhe, a título de indenização, metade da remuneração a que teria direito até o termo do contrato e o empregado não poderá se desligar do contrato sem justa causa, sob pena de ser obrigado a indenizar o empregador dos prejuízos que desse fato lhe resultarem. A indenização não poderá exceder aquela a que teria direito o empregado em idênticas condições. Nessa hipótese (contrato por prazo determinado) não será exigido aviso prévio.

Afora as situações acima o empregador doméstico depositará a importância de 3,2% (três inteiros e dois décimos por cento) sobre a remuneração devida, no mês anterior, a cada empregado, destinada ao pagamento da indenização compensatória da perda do emprego, sem justa causa ou por culpa do empregador. Os valores serão depositados na conta vinculada do empregado, e somente poderão ser movimentados por ocasião da rescisão contratual.

Nas hipóteses de dispensa por justa causa ou a pedido, de término do contrato de trabalho por prazo determinado, de aposentadoria e de falecimento do empregado doméstico, os valores serão movimentados pelo empregador.

Em caso de culpa recíproca, metade dos valores previstos será movimentada pelo empregado, enquanto a outra metade será movimentada pelo empregador.

A Lei Complementar nº 150/2015, em seu art. 27, para não deixar obscuridade disciplinou o conceito de justa causa para o empregado doméstico e em quais situações pode ser aplicada.

Art. 27. Considera-se justa causa para os efeitos desta Lei:
I - submissão a maus tratos de idoso, de enfermo, de pessoa com deficiência ou de criança sob cuidado direto ou indireto do empregado;
II - prática de ato de improbidade;
III - incontinência de conduta ou mau procedimento;
IV - condenação criminal do empregado transitada em julgado, caso não tenha havido suspensão da execução da pena;
V - desídia no desempenho das respectivas funções;
VI - embriaguez habitual ou em serviço;
VII - (VETADO);
VIII - ato de indisciplina ou de insubordinação;
IX - abandono de emprego, assim considerada a ausência injustificada ao serviço por, pelo menos, 30 (trinta) dias corridos;
X - ato lesivo à honra ou à boa fama ou ofensas físicas praticadas em serviço contra qualquer pessoa, salvo em caso de legítima defesa, própria ou de outrem;
XI - ato lesivo à honra ou à boa fama ou ofensas físicas praticadas contra o empregador doméstico ou sua família, salvo em caso de legítima defesa, própria ou de outrem;
XII - prática constante de jogos de azar.
Parágrafo único. O contrato de trabalho poderá ser rescindido por culpa do empregador quando:
I - o empregador exigir serviços superiores às forças do empregado doméstico, defesos por lei, contrários aos bons costumes ou alheios ao contrato;
II - o empregado doméstico for tratado pelo empregador ou por sua família com rigor excessivo ou de forma degradante;
III - o empregado doméstico correr perigo manifesto de mal considerável;
IV - o empregador não cumprir as obrigações do contrato;
V - o empregador ou sua família praticar, contra o empregado doméstico ou pessoas de sua família, ato lesivo à honra e à boa fama;
VI - o empregador ou sua família ofender o empregado doméstico ou sua família fisicamente, salvo em caso de legítima defesa, própria ou de outrem;
VII - o empregador praticar qualquer das formas de violência doméstica ou familiar contra mulheres.

O empregado doméstico que for dispensado, sem justa causa, fará jus ao benefício do seguro-desemprego, na forma da Lei nº 7.998, de 11 de janeiro de 1990, no valor de 1 (um) salário mínimo, por período máximo de 3 (três) meses, de forma contínua ou alternada.

§ 1º O benefício de que trata o caput será concedido ao empregado nos termos do regulamento do Conselho Deliberativo do Fundo de Amparo ao Trabalhador (Codefat).
§ 2º O benefício do seguro-desemprego será cancelado, sem prejuízo das demais sanções cíveis e penais cabíveis:
I - pela recusa, por parte do trabalhador desempregado, de outro emprego condizente com sua qualificação registrada ou declarada e com sua remuneração anterior;
II - por comprovação de falsidade na prestação das informações necessárias à habilitação;
III - por comprovação de fraude visando à percepção indevida do benefício do seguro-desemprego; ou
IV - por morte do segurado.

Seguro-desemprego

II - seguro-desemprego, em caso de desemprego involuntário;

O seguro-desemprego corresponde atualmente ao total de cálculo do valor do Salário Médio dos últimos três meses anteriores à dispensa, tendo como base o salário mensal do último vínculo empregatício, segundo uma fórmula variável, uma vez que assistência financeira é concedida em no máximo cinco parcelas, de forma contínua ou alternada, a cada período aquisitivo de dezesseis meses. Os recursos para seu pagamento provêm do PIS-PASEP (art. 239 da CF).

Os domésticos também passaram a ter esse direito, mas condicionado à instituição do regulamento do regime unificado de pagamento de tributos – Simples Doméstico, já criado pela Lei Complementar nº 150, de 01 de junho 2015 que deverá ser implementado em 120 dias, a contar da publicação da lei.

Independentemente do regulamento a ser implementado, a Lei Complementar nº 150/2015 estatuiu acerca do seguro-desemprego para o empregado doméstico. Assim, aquele empregado doméstico que for dispensado sem justa causa fará jus ao benefício do seguro-desemprego, na forma da Lei n. 7.998, de 11 de janeiro de 1990, no valor de 1 (um) salário mínimo, por período máximo de 3 (três) meses, de forma contínua ou alternada.

O benefício será concedido ao empregado nos termos do regulamento do Conselho Deliberativo do Fundo de Amparo ao Trabalhador (Codefat). Será cancelado, sem prejuízo das demais sanções cíveis e penais cabíveis:
I - pela recusa, por parte do trabalhador desempregado, de outro emprego condizente com sua qualificação registrada ou declarada e com sua remuneração anterior;
II - por comprovação de falsidade na prestação das informações necessárias à habilitação;
III - por comprovação de fraude visando à percepção indevida do benefício do seguro-desemprego; ou
IV - por morte do segurado.

Para se habilitar ao benefício do seguro-desemprego, o trabalhador doméstico deverá apresentar ao órgão competente do Ministério do Trabalho e Emprego:
I - Carteira de Trabalho e Previdência Social, na qual deverão constar a anotação do contrato de trabalho doméstico e a data de dispensa, de modo a comprovar o vínculo empregatício, como empregado doméstico, durante pelo menos 15 (quinze) meses nos últimos 24 (vinte e quatro) meses;
II - termo de rescisão do contrato de trabalho;
III - declaração de que não está em gozo de benefício de prestação continuada da Previdência Social, exceto auxílio-acidente e pensão por morte; e
IV - declaração de que não possui renda própria de qualquer natureza suficiente à sua manutenção e de sua família.

O seguro-desemprego deverá ser requerido de 7 (sete) a 90 (noventa) dias contados da data de dispensa e novo seguro-desemprego só poderá ser requerido após o cumprimento de novo período aquisitivo, cuja duração será definida pelo Codefat.

FGTS

III - fundo de garantia do tempo de serviço;

Criado pela Lei n. 5.107/66, o FGTS acabou substituindo a estabilidade no emprego. Ele é um fundo de reserva constituído mediante depósitos compulsórios em conta bancária em nome do trabalhador. Este, por sua vez, somente poderá utilizá-lo nas situações previstas em lei.

O FGTS corresponde a uma indenização de 8% do salário mensal.

Esse direito também segue a linha de raciocínio dos incisos I e II e dependem de lei. Deve-se criar um regime tributário especial para simplificar o recolhimento Fundo Garantia por Tempo de Serviço (FGTS) desses trabalhadores, mas a alíquota deverá ser de 8% sobre a remuneração.

Historicamente é bom relembrar que o legislador já havia tornado facultativo a concessão desse benefício, ao empregador. A Lei n. 10.208/01, incluiu o artigo 3º-A na Lei n. 5.859/72 (que regulamenta a profissão de empregado doméstico), deixando ao empregador a *faculdade de* inserir o trabalhador doméstico no regime FGTS, nos seguintes termos: *"É facultada a inclusão do empregado doméstico no Fundo de Garantia do Tempo de Serviço – FGTS, de que trata a Lei n. 8.036, de 11 de maio de 1990, mediante requerimento do empregador, na forma do regulamento".*

Em 2006 os parlamentares novamente abordaram a questão, na tentativa de tornar obrigatório o direito, mas o Presidente da República vetou o artigo da lei, que tornaria obrigatório o FGTS, a todos os domésticos, por entender que sua obrigatoriedade e a da multa rescisória, de 40% sobre os depósitos do FGTS, acabariam por onerar, de forma demasiada, o vínculo de trabalho do doméstico, contribuindo para a informalidade e o desemprego, maculando, portanto, a pretensão constitucional de garantia do pleno emprego.

A Lei Complementar nº 150/2015 estabeleceu em seu art. 21: *É devida a inclusão do empregado doméstico no Fundo de Garantia do Tempo de Serviço (FGTS), na forma do regulamento a ser editado pelo Conselho Curador e pelo agente operador do FGTS, no âmbito de suas competências, conforme disposto nos arts. 5º e 7º da Lei n. 8.036, de 11 de maio de 1990, inclusive no que tange aos aspectos técnicos de depósitos, saques, devolução de valores e emissão de extratos, entre outros determinados na forma da lei.*
Parágrafo único. O empregador doméstico somente passará a ter obrigação de promover a inscrição e de efetuar os recolhimentos referentes a seu empregado após a entrada em vigor do regulamento referido no caput.

Portanto a inclusão se tornou obrigatória, mas, ainda precisa de regulamentação do Conselho Curador e pelo agente operador do *FGTS*.

Sabemos que na regulamentação do recolhimento do FGTS, em caso da perda do emprego, sem justa causa ou por culpa do empregador, não será aplicado ao empregado doméstico o disposto nos §§ 1° a 3° do art. 18 da Lei n. 8.036, de 11 de maio de 1990.

Isso significa que o empregado doméstico não terá direito ao acréscimo de 40% do montante de todos os depósitos realizados na conta vinculada durante a vigência do contrato de trabalho, atualizados monetariamente e acrescidos dos respectivos juros, se despedida pelo empregador sem justa causa; bem como não terá direito ao acréscimo de 20%, se ocorrer despedida por culpa recíproca ou força maior, reconhecida pela Justiça do Trabalho.

Salário mínimo

IV - salário mínimo, fixado em lei, nacionalmente unificado, capaz de atender a suas necessidades vitais básicas e às de sua família com moradia, alimentação, educação, saúde, lazer, vestuário, higiene, transporte e previdência social, com reajustes periódicos que lhe preservem o poder aquisitivo, sendo vedada sua vinculação para qualquer fim;

A proibição de vinculação para qualquer fim significa que o salário mínimo não poderá ser utilizado como índice de reajuste de preços.

Os trabalhadores domésticos também têm direito ao salário mínimo, mas a Lei Complementar n° 150/2015 trouxe algumas inovações, em seu art. 18.

Art. 18. É vedado ao empregador doméstico efetuar descontos no salário do empregado por fornecimento de alimentação, vestuário, higiene ou moradia, bem como por despesas com transporte, hospedagem e alimentação em caso de acompanhamento em viagem.
§ 1° É facultado ao empregador efetuar descontos no salário do empregado em caso de adiantamento salarial e, mediante acordo escrito entre as partes, para a inclusão do empregado em planos de assistência médico-hospitalar e odontológica, de seguro e de previdência privada, não podendo a dedução ultrapassar 20% (vinte por cento) do salário.
§ 2° Poderão ser descontadas as despesas com moradia de que trata o caput deste artigo quando essa se referir a local diverso da residência em que ocorrer a prestação de serviço, desde que essa possibilidade tenha sido expressamente acordada entre as partes.
§ 3° As despesas referidas no caput deste artigo não têm natureza salarial nem se incorporam à remuneração para quaisquer efeitos.
§ 4° O fornecimento de moradia ao empregado doméstico na própria residência ou em morada anexa, de qualquer natureza, não gera ao empregado qualquer direito de posse ou de propriedade sobre a referida moradia.

Também garantiu aos empregados domésticos o vale-transporte, criado pela Lei n. 7.418/85, permitindo sua substituição, a critério do empregador, pela concessão, mediante recibo, dos valores para a aquisição das passagens necessárias ao custeio das despesas decorrentes do deslocamento residência-trabalho e vice-versa.

Piso salarial

V - piso salarial proporcional à extensão e à complexidade do trabalho;

Piso salarial é a remuneração mínima estipulada em lei para cada categoria profissional. Quanto maior e mais complexo for o trabalho, mais elevado deverá ser o piso salarial.

Irredutibilidade do salário

VI - irredutibilidade do salário, salvo o disposto em convenção ou acordo coletivo;

A redução do salário só é possível se uma *convenção* ou um *acordo coletivo* a determinarem.

Um acordo *isolado* entre patrão e empregado não permite a redução do salário, ainda que seja feito com o consentimento de ambas as partes.

Acordo coletivo é aquele realizado entre o *sindicato de empregados* e as *empresas* da correspondente categoria econômica.

Convenção coletiva é o acordo realizado entre *o sindicato dos empregados*, de um lado, e o *sindicato patronal*, de outro.

OBS: a irredutibilidade do salário, também se aplica aos trabalhadores domésticos.

Salário nunca inferior ao mínimo

VII - garantia de salário, nunca inferior ao mínimo, para os que percebem remuneração variável;

Não é permitido o pagamento de vencimentos inferiores ao salário mínimo, mesmo que o trabalhador exerça atividade onde receba uma parcela fixa e outra variável. Na realidade, o objetivo deste inciso é procurar impedir o uso de estratagemas ou ardis, por parte do empregador, para pagar menos de um salário mínimo aos seus empregados. Esse direito também é aplicável à categoria dos trabalhadores domésticos.

Questão interessante foi outorgada pela Lei Complementar n° 150/2015, uma vez que podemos ter jornadas completas de trabalho ou parciais, para o empregado doméstico.

O salário-hora normal, em caso de empregado mensalista, será obtido dividindo-se o salário mensal por 220 (duzentas e vinte) horas, salvo se o contrato estipular jornada mensal inferior que resulte em divisor diverso e o salário-dia normal, em caso de empregado mensalista, será obtido dividindo-se o salário mensal por 30 (trinta) e servirá de base para pagamento do repouso remunerado e dos feriados trabalhados.

Para a jornada de trabalho em regime de tempo parcial - cuja duração não exceda 25 (vinte e cinco) horas semanais, o salário a ser pago ao empregado sob regime de tempo parcial será proporcional a sua jornada, em relação ao empregado que cumpre, nas mesmas funções, tempo integral.

Mas, em qualquer situação, os intervalos previstos na Lei Complementar nº 150/2015, o tempo de repouso, as horas não trabalhadas, os feriados e os domingos livres em que o empregado que mora no local de trabalho nele permaneça não serão computados como horário de trabalho

13º salário

VIII - décimo terceiro salário com base na remuneração integral ou no valor da aposentadoria;

O direito ao décimo terceiro salário, também chamado de *gratificação natalina*, pela primeira vez na história do direito constitucional brasileiro, foi estendido a todos os trabalhadores, inclusive aos aposentados e aos domésticos.

Adicional noturno

IX - remuneração do trabalho noturno superior à do diurno;

O adicional noturno, segundo a Consolidação das Leis do Trabalho, art. 73, será devido para aqueles que trabalharem entre as 22 horas de um dia e as 5 horas do dia seguinte.

Consiste num acréscimo de 20% sobre os vencimentos devidos pelo período efetivamente trabalhado, não se incorporando ao salário do empregado.

No caso dos empregados domésticos a Lei Complementar nº 150/2015 seguiu o preceituado na CLT, ou seja, será devido para aqueles que trabalharem entre as 22 horas de um dia e as 5 horas do dia seguinte, com duração de 52 (cinquenta e dois) minutos e 30 (trinta) segundos.

Definiu que a remuneração do trabalho noturno deve ter acréscimo de, no mínimo, 20% (vinte por cento) sobre o valor da hora diurna e em caso de contratação, pelo empregador, de empregado exclusivamente para desempenhar trabalho noturno, o acréscimo será calculado sobre o salário anotado na Carteira de Trabalho e Previdência Social.

Para aqueles que detenham horários mistos, assim entendidos os que abrangem períodos diurnos e noturnos, aplica-se as horas de trabalho noturno.

Importante lembrar que está disciplinado na Lei Complementar nº 150/2015 que entre 2 (duas) jornadas de trabalho deve haver período mínimo de 11 (onze) horas consecutivas para descanso, para que se preserve a saúde do empregado.

Proibição da retenção dolosa do salário

X - proteção do salário na forma da lei, constituindo crime sua retenção dolosa;

Muitas empresas, antes do advento deste inciso, costumavam astuciosamente reter os salários dos empregados (pagando-os, por exemplo, com cheque numa sexta-feira e após o término do expediente bancário), para auferir lucros em aplicações de curto prazo no mercado de capitais. Tal prática, agora, é tipificada como criminosa, submetendo seus autores às penas da lei. Esse direito também se aplica aos domésticos, valendo a partir da promulgação da Emenda Constitucional.

Participação nos lucros

XI - participação nos lucros, ou resultados, desvinculada da remuneração, e, excepcionalmente, participação na gestão da empresa, conforme definido em lei;

A Lei n. 10.101/00, regula a participação dos trabalhadores nos lucros ou resultados da empresa como instrumento de integração entre o capital e o trabalho e como incentivo à produtividade.

Salário-família

"XII - salário-família pago em razão do dependente do trabalhador de baixa renda nos termos da lei".

A nova redação conferida ao artigo 7º, inciso XII, altera o sistema de salário-família, anteriormente considerado direito dos dependentes dos trabalhadores em geral, passando a ser direito apenas dos trabalhadores de baixa renda. Se posicionando acerca de tal dispositivo, a Previdência Social considera trabalhador de baixa renda para fins de recebimento do salário-família, aquele que perceber remuneração mensal igual ou inferior ao estipulado na Lei.

A Lei Complementar nº 150/2015 deu nova redação ao art. 68 da Lei n. 8.213/91, incluindo o empregado doméstico, a saber: As cotas do salário-família serão pagas pela empresa ou pelo empregador doméstico, mensalmente, junto com o salário, efetivando-se a compensação quando do recolhimento das contribuições, conforme dispuser o Regulamento. A empresa ou o empregador doméstico conservarão durante 10 (dez) anos os comprovantes de pagamento e as cópias das certidões correspondentes, para fiscalização da Previdência Social.

Jornada máxima de 44 horas

XIII - duração do trabalho normal não superior a oito horas diárias e quarenta e quatro semanais, facultada a compensação de horários e a redução da jornada, mediante acordo ou convenção coletiva de trabalho;

O limite de 44 horas por semana é a regra, mas o legislador irá prever, logo abaixo, remuneração adicional para o trabalhador que excedê-lo. Da mesma forma, o limite de 8 horas diárias também não é absoluto, uma vez que existem atividades que, por sua própria natureza, só podem ser realizadas trabalhando-se acima desse limite (é o caso do piloto de avião, em voo transcontinental). Em vista disto, a Constituição deixa aberta a possibilidade de compensação de horários *contanto que haja redução de jornada*, sendo que isto *somente poderá ser decidido através de acordo ou convenção coletiva.* A negociação coletiva tende a ser mais equilibrada do que a negociação isolada entre patrão e empregado; daí a sua exigência.

O doméstico também deve cumprir a jornada de 8 horas diárias e 44 horas semanais. Dessa forma a Emenda Constitucional aplicou a essa categoria de trabalhadores o mesmo regime, aplicável a todos os outros, eliminando uma discriminação que vigia até então. Desde a promulgação da Constituição Federal, em 05.10.1988 que, aos domésticos aplicava-se a jornada de 48 horas semanais, em razão de previsão legal especial. Com a emenda, essa jornada finalmente foi adequada aos patamares internacionais.

A Lei Complementar nº 150/2015 em seu artigo 2º apenas acresceu que deve ser observado o novo regramento, uma vez que é possível tem uma jornada menor ou maior de trabalho, e nesse caso, incidirá normas específicas.

Importante salientar que a questão tão debatida sobre os intervalos de descanso, finalmente foi regulamentada, tornando obrigatória a concessão de intervalo para repouso ou alimentação pelo período de, no mínimo, 1 (uma) hora e, no máximo, 2 (duas) horas, admitindo-se, mediante prévio acordo escrito entre empregador e empregado, sua redução a 30 (trinta) minutos.

Se o empregado residir no local de trabalho, o período de intervalo poderá ser desmembrado em 2 (dois) períodos, desde que cada um deles tenha, no mínimo, 1 (uma) hora, até o limite de 4 (quatro) horas ao dia.

É obrigatória anotação no registro diário de horário de qualquer modificação do intervalo de descanso.

Se maior, será facultado às partes, mediante acordo escrito entre essas, estabelecer horário de trabalho de 12 (doze) horas seguidas por 36 (trinta e seis) horas ininterruptas de descanso, observados ou indenizados os intervalos para repouso e alimentação.

Questão interessante prevista na lei é a da situação do empregado responsável por acompanhar o empregador prestando serviços em viagem. Exige a prévia existência de acordo escrito entre as partes e diz a lei que serão consideradas apenas as horas efetivamente trabalhadas no período, podendo ser compensadas as horas extraordinárias em outro dia. A remuneração-hora do serviço em viagem será, no mínimo, 25% (vinte e cinco por cento) superior ao valor do salário-hora normal, podendo, inclusive, mediante acordo, convertido em acréscimo no banco de horas, a ser utilizado a critério do empregado.

Instituiu o controle da jornada desse trabalhador por qualquer meio manual, mecânico ou eletrônico, desde que idôneo, que deverá ser guardado, para apresentação em caso de demanda judicial.

Outra questão inovadora é sobre o trabalho em regime de tempo parcial cuja duração não exceda 25 (vinte e cinco) horas semanais, sendo permitido o acréscimo de horas suplementares, em número não excedente a 1 (uma) hora diária, mediante acordo escrito entre empregador e empregado, com o limite máximo de 6 (seis) horas diárias. O salário a ser pago ao empregado sob regime de tempo parcial será proporcional a sua jornada, em relação ao empregado que cumpre, nas mesmas funções, tempo integral.

XIV - jornada de seis horas para o trabalho realizado em turnos ininterruptos de revezamento, salvo negociação coletiva;

Siderúrgicas, hospitais, hidrelétricas e empresas de telefonia, por exemplo, não admitem interrupção de atividades.

Daí o estabelecimento da jornada de 6 horas para esse tipo de serviço. Por essa razão não foi estendido aos empregados domésticos.

Repouso semanal remunerado

XV - repouso semanal remunerado, preferencialmente aos domingos;

A folga aos domingos não é obrigatória, podendo ser estipulada para qualquer outro dia da semana, a critério do empregador.

Por força da Lei Complementar nº 150/2015 ao empregado doméstico é devido descanso semanal remunerado de, no mínimo, 24 (vinte e quatro) horas consecutivas, preferencialmente aos domingos, além de descanso remunerado em feriados. Uma inovação bastante salutar e justa pois encontramos muitos domésticos trabalhando e residindo nas casas dos empregadores e que não percebem a remuneração devida, nos feriados.

Remuneração de hora extra superior à normal

XVI - remuneração do serviço extraordinário superior, no mínimo, em cinquenta por cento à do normal;

A duração do trabalho *normal* é de 44 horas, com no máximo 8 horas por dia. Circunstâncias especiais, porém, podem fazer com que esses limites tenham que ser ultrapassados. Como há uma sobrecarga do trabalhador, o constituinte achou justo que, pelas horas excedentes, fosse este remunerado mais que proporcionalmente ao que recebe normalmente, isto é, com 50% a mais, no mínimo.

Esta medida, de outra parte, onera efetivamente a folha de salários da empresa e tende a inibir a ultrapassagem da jornada prevista na Constituição.

A lei que disciplinava a categoria dos domésticos (Lei n. 5.859, de 11 de dezembro de 1972), previa uma remuneração bem inferior àquela atribuída aos trabalhadores urbanos e rurais. Quando da promulgação da Constituição Federal, a manutenção da diferença de jornada, para os domésticos, em 48 horas, criou uma desigualdade imperdoável. Finalmente a EC 72/2013 eliminou e equiparou as jornadas laborativas dos domésticos às outras categorias laborais.

A remuneração da hora extraordinária será, no mínimo, 50% (cinquenta por cento) superior ao valor da hora normal também para os empregados domésticos.

A Lei Complementar nº 150/2015 instituiu um banco de horas para o empregado doméstico, ao disciplinar que também que poderá ser dispensado o acréscimo de salário e instituído regime de compensação de horas, mediante acordo escrito entre empregador e empregado, se o excesso de horas de um dia for compensado em outro dia.

Nesse regime de compensação: I – sempre será devido o pagamento, como horas extraordinárias, das primeiras 40 (quarenta) horas mensais excedentes ao horário normal de trabalho; II - das 40 (quarenta) horas poderão ser deduzidas, sem o correspondente pagamento, as horas não trabalhadas, em função de redução do horário normal de trabalho ou de dia útil não trabalhado, durante o mês; III - o saldo de horas que excederem as 40 (quarenta) primeiras horas mensais será compensado no período máximo de 1 (um) ano.

Importante frisar que o trabalho não compensado prestado em domingos e feriados deve ser pago em dobro, sem prejuízo da remuneração relativa ao repouso semanal.

Férias anuais remuneradas e 1/3 de férias

XVII - gozo de férias anuais remuneradas com, pelo menos, um terço a mais do que o salário normal;

A remuneração adicional de no mínimo 1/3 do salário visa propiciar algum lazer ao trabalhador, por ocasião de suas férias. Aliás, conforme vimos no art. 6º, o lazer é considerado um direito social.

Para os trabalhadores domésticos a Lei Complementar nº 150/2015 instituiu dois sistemas, tendo em vista o contrato de tempo total e o contrato de tempo parcial, lembrando que considera-se trabalho em regime de tempo parcial aquele cuja duração não exceda 25 (vinte e cinco) horas semanais.

Para os empregados em regime integral as regras são as seguintes:

O empregado doméstico terá direito a férias anuais remuneradas de 30 (trinta) dias, com acréscimo de, pelo menos, um terço do salário normal, após cada período de 12 (doze) meses de trabalho prestado à mesma pessoa ou família.

Na cessação do contrato de trabalho, o empregado, desde que não tenha sido demitido por justa causa, terá direito à remuneração relativa ao período incompleto de férias, na proporção de um doze avos por mês de serviço ou fração superior a 14 (quatorze) dias.

O período de férias poderá, a critério do empregador, ser fracionado em até 2 (dois) períodos, sendo 1 (um) deles de, no mínimo, 14 (quatorze) dias corridos.

É facultado ao empregado doméstico converter um terço do período de férias a que tiver direito em abono pecuniário, no valor da remuneração que lhe seria devida nos dias correspondentes.

O abono de férias deverá ser requerido até 30 (trinta) dias antes do término do período aquisitivo.

É lícito ao empregado que reside no local de trabalho nele permanecer durante as férias.

As férias serão concedidas pelo empregador nos 12 (doze) meses subsequentes à data em que o empregado tiver adquirido o direito.

Na modalidade do regime de tempo parcial, após cada período de 12 (doze) meses de vigência do contrato de trabalho, o empregado terá direito a férias, na seguinte proporção:
I - 18 (dezoito) dias, para a duração do trabalho semanal superior a 22 (vinte e duas) horas, até 25 (vinte e cinco) horas;
II - 16 (dezesseis) dias, para a duração do trabalho semanal superior a 20 (vinte) horas, até 22 (vinte e duas) horas;
III - 14 (quatorze) dias, para a duração do trabalho semanal superior a 15 (quinze) horas, até 20 (vinte) horas;
IV - 12 (doze) dias, para a duração do trabalho semanal superior a 10 (dez) horas, até 15 (quinze) horas;
V - 10 (dez) dias, para a duração do trabalho semanal superior a 5 (cinco) horas, até 10 (dez) horas;
VI - 8 (oito) dias, para a duração do trabalho semanal igual ou inferior a 5 (cinco) horas.

Licença-gestante

XVIII - licença à gestante, sem prejuízo do emprego e do salário, com a duração de cento e vinte dias;

O direito da gestante de não perder o emprego foi garantido pelo art. 10, II, do ADCT, que veda a dispensa arbitrária ou sem justa causa da empregada gestante, desde a confirmação da gravidez até cinco meses após o seu parto. Sua duração é de 120 dias.

A Lei Complementar nº 150/2015 regulamentou esse direito em seu art. 25, a saber: "A empregada doméstica gestante tem direito a licença-maternidade de 120 (cento e vinte) dias, sem prejuízo do emprego e do salário, nos termos da Seção V do Capítulo III do Título III da Consolidação das Leis do Trabalho (CLT), aprovada pelo Decreto-Lei n. 5.452, de 1º de maio de 1943.

A confirmação do estado de gravidez durante o curso do contrato de trabalho, ainda que durante o prazo do aviso prévio trabalhado ou indenizado, garante à empregada gestante a estabilidade provisória prevista na alínea "b" do inciso II do art. 10 do Ato das Disposições Constitucionais Transitórias.

Licença-paternidade

XIX - licença-paternidade, nos termos fixados em lei;

Até que sobrevenha a lei, o art. 10, § 1º, dos ADCT estipulou o prazo de cinco dias. Os trabalhadores domésticos também têm este direito.

Proteção do mercado de trabalho da mulher

XX - proteção do mercado de trabalho da mulher, mediante incentivos específicos, nos termos da lei;

No mundo moderno é comum encontrar dispositivos de lei que protegem a mulher empregada, seja em relação à maternidade, seja em relação à saúde do recém-nascido, ou à redução da jornada de trabalho, à proibição do trabalho noturno ou insalubre etc. Nessa perspectiva, quis o legislador proteger o mercado de trabalho da mulher através de incentivos específicos.

A lei que deveria regular este inciso, todavia, não foi ainda editada, porém a Lei nº 9.799 de 26 de maio de 1999, insere na Consolidação das Leis do Trabalho regras sobre o acesso da mulher ao mercado de trabalho.

Aviso prévio

XXI - aviso prévio proporcional ao tempo de serviço, sendo no mínimo de trinta dias, nos termos da lei;

Aviso prévio é uma notificação que uma parte faz à outra de sua intenção de não mais prosseguir no contrato de trabalho. É um instituto peculiar a todos contratos de execução por tempo indeterminado, e, sobretudo naqueles que vinculam a pessoa, como ocorre com o trabalho.

OBS: o direito ao aviso prévio foi assegurado aos trabalhadores domésticos, que em razão da EC n. 72/2013.

A Lei Complementar nº 150/2015 expressamente consignou em seu art. 23, que não havendo prazo estipulado no contrato, a parte que, sem justo motivo, quiser rescindi-lo deverá avisar a outra de sua intenção. O aviso prévio será concedido na proporção de 30 (trinta) dias ao empregado que conte com até 1 (um) ano de serviço para o mesmo empregador.

Ao aviso prévio serão acrescidos 3 (três) dias por ano de serviço prestado para o mesmo empregador, até o máximo de 60 (sessenta) dias, perfazendo um total de até 90 (noventa) dias.

A falta de aviso prévio por parte do empregador dá ao empregado o direito aos salários correspondentes ao prazo do aviso, garantida sempre a integração desse período ao seu tempo de serviço.

No caso de falta de aviso prévio por parte do empregado dá ao empregador o direito de descontar os salários correspondentes ao prazo respectivo. Por fim, o valor das horas extraordinárias habituais integra o aviso prévio indenizado.

Em regra, o horário normal de trabalho do empregado durante o aviso prévio, quando a rescisão tiver sido promovida pelo empregador, será reduzido de 2 (duas) horas diárias, sem prejuízo do salário integral, sendo facultado ao empregado trabalhar sem a redução das 2 (duas) horas diárias, caso em que poderá faltar ao serviço, sem prejuízo do salário integral, por 7 (sete) dias corridos.

Redução dos riscos do trabalho

XXII - redução dos riscos inerentes ao trabalho, por meio de normas de saúde, higiene e segurança;

As comissões internas de prevenção de acidentes (CIPA) cumprem um importante papel na fiscalização do direito previsto neste inciso e o constituinte procurou garantir a atuação dessas comissões vedando a dispensa arbitrária ou sem justa causa do cipeiro (empregado eleito para cargo de direção das mesmas), desde o registro de sua candidatura até um ano após o final de seu mandato (art. 10, II, a, ADCT).

O legislador deve proteger os domésticos por meio de normas de saúde, higiene e segurança, de modo que reduza os riscos inerentes ao trabalho. Por esses motivos esse direito foi estendido aos trabalhadores domésticos.

Adicional para atividades penosas, insalubres ou perigosas

XXIII - adicional de remuneração para as atividades penosas, insalubres ou perigosas, na forma da lei;

Penosa é a atividade que causa incômodo ou sacrifício, como os trabalhos executados em subterrâneos, minerações, subsolo, pedreiras etc.

Insalubre é a atividade que expõe o trabalhador a agentes nocivos à saúde, acima dos limites de tolerância.

Perigosa é a atividade que implica no contato com inflamáveis ou explosivos, em condições de risco.

Exercendo o trabalhador qualquer uma dessas atividades, terá direito ao adicional correspondente, que segundo a CLT variará entre 40% e 10%, para atividades insalubres, e 30%, para atividades perigosas, sobre o valor do salário sem os acréscimos resultantes de gratificações, prêmios ou participação nos lucros da empresa.

Direito à aposentadoria

XXIV - aposentadoria;

A matéria é regulada pelo artigo 201 e seus §§ 7º, 8º e 9º da Constituição Federal, que estabelecem os seguintes princípios fundamentais:

Art. 201. *A previdência social será organizada sob a forma de regime geral, de caráter contributivo e de filiação obrigatória, observados critérios que preservem o equilíbrio financeiro e atuarial, e atenderá, nos termos da lei, a:*
I - cobertura dos eventos de doença, invalidez, morte e idade avançada;
II - proteção à maternidade, especialmente à gestante;
III - proteção ao trabalhador em situação de desemprego involuntário;
IV - salário-família e auxílio-reclusão para os dependentes dos segurados de baixa renda;
V - pensão por morte do segurado, homem ou mulher, ao cônjuge ou companheiro e dependentes, observado o disposto no § 2º.
(...)
§ 7º É assegurada aposentadoria no regime geral de previdência social, nos termos da lei, obedecidas as seguintes condições:
I - trinta e cinco anos de contribuição, se homem, e trinta anos de contribuição, se mulher;
II - sessenta e cinco anos de idade, se homem, e sessenta anos de idade, se mulher, reduzido em cinco anos o limite para os trabalhadores rurais de ambos os sexos e para os que exerçam suas atividades em regime de economia familiar, nestes incluídos o produtor rural, o garimpeiro e o pescador artesanal.
§ 8º Os requisitos a que se refere o inciso I do parágrafo anterior serão reduzidos em cinco anos, para o professor que comprove exclusivamente tempo de efetivo exercício das funções de magistério na educação infantil e no ensino fundamental e médio.
§ 9º Para efeito de aposentadoria, assegurada a contagem recíproca do tempo de contribuição na administração pública e na atividade privada, rural e urbana, hipótese em que os diversos regimes de previdência social se compensarão financeiramente, segundo critérios estabelecidos em lei.

A Lei Complementar nº 150, de 1/6/2015 expressamente consignou em seu art. 20 que o empregado doméstico é segurado obrigatório da Previdência Social, sendo-lhe devidas, na forma da Lei nº 8.213, de 24 de julho de 1991, as prestações nela arroladas, atendido o disposto nesta Lei e observadas as características especiais do trabalho doméstico.

Na mesma norma instituiu o "simples doméstico" no intuito de evitar fraudes e consigna em seu art. 34, que o sistema assegurará o recolhimento mensal, mediante documento único de arrecadação, dos seguintes valores:
I - 8% (oito por cento) a 11% (onze por cento) de contribuição previdenciária, a cargo do segurado empregado doméstico, nos termos do art. 20 da Lei nº 8.212, de 24 de julho de 1991;
II - 8% (oito por cento) de contribuição patronal previdenciária para a seguridade social, a cargo do empregador doméstico, nos termos do art. 24 da Lei no 8.212, de 24 de julho de 1991;
III - 0,8% (oito décimos por cento) de contribuição social para financiamento do seguro contra acidentes do trabalho;
IV - 8% (oito por cento) de recolhimento para o FGTS;
V - 3,2% (três inteiros e dois décimos por cento), na forma do art. 22 desta Lei; e
VI - imposto sobre a renda retido na fonte de que trata o inciso I do art. 7º da Lei no 7.713, de 22 de dezembro de 1988, se incidente.

As contribuições, os depósitos e o imposto arrolados nos incisos I a VI incidem sobre a remuneração paga ou devida no mês anterior, a cada empregado, incluída na remuneração a gratificação de Natal a que se refere a Lei n. 4.090, de 13 de julho de 1962, e a Lei n. 4.749, de 12 de agosto de 1965.

A contribuição e o imposto previstos nos incisos I e VI do caput do artigo citado serão descontados da remuneração do empregado pelo empregador, que é responsável por seu recolhimento, centralizados na Caixa Econômica Federal que transferirá para a Cota Única do Tesouro Nacional (o que vai gerar uma inconstitucionalidade, pois é sabido que tais recolhimentos devem ser recolhidos exclusivamente para o RGPS e não para o Tesouro).

O sistema será eletrônico de registro das obrigações trabalhistas, previdenciárias e fiscais e sobre o cálculo e o recolhimento dos tributos e encargos trabalhistas vinculados ao Simples Doméstico e disciplinado por ato conjunto dos Ministros de Estado da Fazenda, da Previdência Social e do Trabalho e Emprego.

As informações prestadas no sistema eletrônico: I - têm caráter declaratório, constituindo instrumento hábil e suficiente para a exigência dos tributos e encargos trabalhistas delas resultantes e que não tenham sido recolhidos no prazo consignado para pagamento; e II - deverão ser fornecidas até o vencimento do prazo para pagamento dos tributos e encargos trabalhistas devidos no Simples Doméstico em cada mês, relativamente aos fatos geradores ocorridos no mês anterior.

Além da questão tributária o legislador instituiu a inscrição do empregador e a entrada única de dados cadastrais e de informações trabalhistas, previdenciárias e fiscais no âmbito do Simples Doméstico dar-se-ão mediante registro em sistema eletrônico a ser disponibilizado em portal na internet, conforme regulamento, a ser editado pelo Ministério da Fazenda e pelo agente operador do FGTS.

O regulamento deverá prever quais as medidas cabíveis e alternativa quando for impossível a sua utilização, já prevendo que, a situação rural se difere um pouco das regiões urbanas.

Esse novo sistema eletrônico de recolhimento e o sistema de registro do empregado substituirão a obrigatoriedade de entrega de todas as informações, formulários e declarações a que estão sujeitos os empregadores domésticos, inclusive os relativos ao recolhimento do FGTS.

O recolhimento, após as devidas implantações, será obrigatório e de responsabilidade do empregador doméstico, até o dia 07 do mês seguinte ao da competência, incidindo multa e juros, ou seja, os encargos legais, em caso de descumprimento

Creche e pré-escola para filhos de até 5 anos

XXV - assistência gratuita aos filhos e dependentes desde o nascimento até 5 (cinco) anos de idade em creches e pré-escolas; (Redação dada pela Emenda Constitucional nº 53, de 2006)

Tal assistência visa dar tranquilidade ao trabalhador com relação ao bem-estar de seus filhos.

Esse direito foi estendido aos domésticos, com a cautela de serem observadas as condições estabelecidas em lei. Infelizmente é um direito que precisa de regulamentação.

Reconhecimento das convenções e acordos coletivos

XXVI - reconhecimento das convenções e acordos coletivos de trabalho;

Conforme discutimos anteriormente, nos acordos coletivos, encontramos a presença do sindicato de trabalhadores de um lado e, de outro, a presença de uma empresa ou grupo de empresas; nos acordos coletivos não há a presença de *sindicatos patronais*, ao passo que nas convenções coletivas, sim.

Em decorrência disto, as cláusulas da convenção coletiva atingem a *totalidade dos integrantes de uma categoria profissional e econômica*, independentemente de estarem ou não associados ao sindicato, enquanto que no acordo coletivo só são atingidos os empregados daquela empresa ou grupo que participou do acordo; os demais, não.

Pela primeira vez reconheceu-se as convenções e acordos coletivos realizadas em prol da categoria dos domésticos. Até então, os acordos aconteciam mas entendia-se que não havia a obrigatoriedade de cumprimento para a sociedade, uma vez que a Constituição Federal não havia estendido esse direito. Essa situação finalmente mudou com a promulgação dessa Emenda Constitucional n. 72/2013.

Questão interessante que deverá ser observada é sobre a contratação temporária, se já estiver disposta em convenção ou acordo coletivo. Isso porque a Lei Complementar nº 150/2015, em seu art. 4º, instituiu o contrato temporário entre empregador e empregado, nas seguintes situações:
É facultada a contratação, por prazo determinado, do empregado doméstico:
I - mediante contrato de experiência;
II - para atender necessidades familiares de natureza transitória e para substituição temporária de empregado doméstico com contrato de trabalho interrompido ou suspenso e nesse caso, sua duração será limitada ao término do evento que motivou a contratação, obedecido o limite máximo de 2 (dois) anos.

O contrato de experiência não poderá exceder 90 (noventa) dias e poderá ser prorrogado 1 (uma) vez, desde que a soma dos 2 (dois) períodos não ultrapasse 90 (noventa) dias.

O contrato de experiência que, havendo continuidade do serviço, não for prorrogado após o decurso de seu prazo previamente estabelecido ou que ultrapassar o período de 90 (noventa) dias passará a vigorar como contrato de trabalho por prazo indeterminado.

Proteção em face da automação

XXVII - proteção em face da automação, na forma da lei;

A robotização tem causado, em muitos países, um problema social sério: a dispensa maciça de trabalhadores. Daí a previsão de proteção contida neste inciso, que deverá ser regulado em lei.

Seguro contra acidentes

XXVIII - seguro contra acidentes de trabalho, a cargo do empregador, sem excluir a indenização a que este está obrigado, quando incorrer em dolo ou culpa;

Segundo o art. 19 da Lei n.º 8.213/91 (Dispõe sobre os Planos de Benefícios da Previdência Social e dá outras providências), o seguro contra acidentes deverá ser pago para aquele que sofreu um acidente que tenha provocado lesão corporal ou perturbação funcional que cause a morte, ou perda ou redução permanente da capacidade para o trabalho.

Esse artigo ganhou uma nova redação pela Lei Complementar nº 150/2015, a saber: *"Art. 19. Acidente do trabalho é o que ocorre pelo exercício do trabalho a serviço de empresa ou de empregador doméstico ou pelo exercício do trabalho dos segurados referidos no inciso VII do art. 11 desta Lei, provocando lesão corporal ou perturbação funcional que cause a morte ou a perda ou redução, permanente ou temporária, da capacidade para o trabalho.*" Dessa forma o legislador ampliou o conceito e incluiu o empregado doméstico.

Além do seguro, haverá, para o empregador que tenha agido com dolo ou culpa, o dever da reparação do dano, na esfera trabalhista. Essa responsabilidade é *subjetiva*, devendo o empregado ou sua família, para fins de indenização, provar que houve dolo ou culpa por parte do empregador e que por isto ocorreu o acidente.

Exemplificando: a legislação obriga o empregador da construção civil a fornecer capacete, luvas e botas aos seus empregados. Se ele não o fizer e ocorrer um acidente, responderá, na esfera civil, por *dolo*. Por outro lado, se fornecer o material, mas não fiscalizar o seu uso, e disso advier um acidente, ele, empregador, falhou com as cautelas necessárias ao seu dever de ofício; responderá, portanto, na esfera civil, por *culpa*.

Ação trabalhista

XXIX - ação, quanto a crédito resultante das relações de trabalho, com prazo prescricional de cinco anos para os trabalhadores urbanos e rurais, até o limite de dois anos após a extinção do contrato de trabalho.

Prescrição, no caso, é a perda, por parte do trabalhador, do direito de ingressar na justiça para pleitear as verbas trabalhistas que entende achar de direito. Seja ele urbano, seja ele rural, o prazo máximo é de até dois anos após a extinção do contrato.

Tanto o trabalhador urbano quanto o rural poderão pleitear na justiça apenas os últimos cinco anos trabalhados, contados da data da propositura da ação.

Exemplo: Empregado urbano ou rural trabalhou 10 anos em uma empresa e é mandado embora. Espera 1 ano e 11 meses para ingressar com ação trabalhista. Nela poderá pleitear apenas os últimos cinco anos desde a propositura da ação. Na realidade, perceberá apenas 3 anos e 1 mês, porque nos últimos cinco anos, esteve desvinculado da empresa por 1 ano e 11 meses.

No caso dos empregados domésticos que não estavam contemplados pelo texto constitucional levando a várias interpretações, a Lei Complementar nº 150/2015, expressamente consigna, nas disposições gerais, em seu artigo 43 que: o direito de ação quanto a créditos resultantes das relações de trabalho prescreve em 5 (cinco) anos até o limite de 2 (dois) anos após a extinção do contrato de trabalho.

Ainda determina que é de responsabilidade do empregador o arquivamento de documentos comprobatórios do cumprimento das obrigações fiscais, trabalhistas e previdenciárias, enquanto essas não prescreverem (art. 42).

É importante ainda mencionar que a Lei Complementar nº 150/2015 revogou o inciso I da Lei n. 8009/90, a saber: *Art. 3º A impenhorabilidade é oponível em qualquer processo de execução civil, fiscal, previdenciária, trabalhista ou de outra natureza, salvo se movido: I - em razão dos créditos de trabalhadores da própria residência e das respectivas contribuições previdenciárias.*

Dessa forma se houver execução de débitos civil, fiscal, previdenciária, trabalhista ou de outra natureza – principalmente em razão de recolhimentos relativos ao empregado doméstico, não será aceita a alegação da impenhorabilidade do bem da família, para se esquivar do pagamento devido.

Princípio da isonomia no trabalho

XXX - proibição de diferença de salários, de exercícios de funções e de critério de admissão por motivo de sexo, idade, cor ou estado civil;

A Emenda Constitucional nº 72/2013, reconheceu a igualdade de direitos entre os trabalhadores domésticos e os demais trabalhadores urbanos e rurais. Dessa forma aplica-se à categoria dos domésticos o inciso XXX, sendo terminantemente proibida a diferença de salários, de exercícios de funções e de critério de admissão por motivo de sexo, idade, cor ou estado civil.

XXXI - proibição de qualquer discriminação no tocante a salário e critérios de admissão do trabalhador portador de deficiência;

Esse inciso também se aplica à categoria dos domésticos, uma vez que não serão mais toleradas quaisquer discriminação no tocante a salário e critérios de admissão do trabalhador portador de deficiência.

XXXII - proibição de distinção entre trabalho manual, técnico e intelectual ou entre os profissionais respectivos;

Os três incisos acima são variações do princípio da isonomia, no tocante ao trabalho.

Proteção ao trabalho do menor

XXXIII - proibição de trabalho noturno, perigoso ou insalubre a menores de dezoito e de qualquer trabalho a menores de dezesseis anos, salvo na condição de aprendiz, a partir de quatorze anos.

Segundo o art. 428 da CLT, Contrato de Aprendizagem é o contrato de trabalho especial, ajustado por escrito e por prazo determinado, em que o empregador se compromete a assegurar ao maior de quatorze e menor de dezoito anos, inscrito em programa de aprendizagem, formação técnico-profissional metódica, compatível com o seu desenvolvimento físico, moral e psicológico e o aprendiz a executar, com zelo e diligência, as tarefas necessárias a essa formação.

Pelas razões acima é que o parlamento atribuiu esse direito aos trabalhadores domésticos. Dessa forma acaba-se com a figura, que perdurou por muitos anos na sociedade brasileira, de que a filha de doméstica, moradora da casa, também se transformaria em doméstica da casa, desde que tenha idade.

XXXIV - igualdade de direitos entre o trabalhador com vínculo empregatício permanente e o trabalhador avulso.

Empregado permanente é toda pessoa física que presta serviços de natureza não eventual a empregador, sob a dependência deste e mediante salário. O traço fundamental para ser empregado permanente, portanto, é a *subordinação.*

Trabalhador avulso é o trabalhador casual, não subordinado à empresa, mas que também não chega a ser autônomo.

A empresa não poderá fazer distinção entre os trabalhadores permanentes e os trabalhadores avulsos que lhe prestam serviços, no tocante aos seus direitos.

Direitos dos trabalhadores domésticos

Parágrafo único - *Parágrafo único - São assegurados à categoria dos trabalhadores domésticos os direitos previstos nos incisos IV, VI, VII, VIII, X, XIII, XV, XVI, XVII, XVIII, XIX, XXI, XXII, XXIV, XXVI, XXX, XXXI, XXXIII e, atendidas as condições estabelecidas em lei e observada a simplificação do cumprimento das obrigações tributárias, principais e acessórias, decorrentes da relação de trabalho e suas peculiaridades, os previstos nos incisos I, II, III, IX, XII, XXV, XXVIII, bem como a sua integração à previdência social. (Redação dada pela EC n. 72/2013)*

Segundo a Lei Complementar nº 150/2015 empregado doméstico, assim considerado aquele que presta serviços de forma contínua, subordinada, onerosa e pessoal e de finalidade não lucrativa à pessoa ou à família, no âmbito residencial destas, por mais de 2 (dois) dias por semana.

A integração do empregado domestico à previdência social tem como objetivo garantir a ele os benefícios estampados na lei previdenciária e seu regulamento. Para evitar distorções a Lei Complementar nº 150/2015 disciplinou acerca do período de carência, dando nova redação ao art. 27, I, 34 e 35 da Lei n. 8.213/91,a saber:

Art. 27, I - Para cômputo do período de carência, serão consideradas as contribuições:
I - referentes ao período a partir da data de filiação ao Regime Geral de Previdência Social (RGPS), no caso dos segurados empregados, inclusive os domésticos, e dos trabalhadores avulsos.

"Art. 34. No cálculo do valor da renda mensal do benefício, inclusive o decorrente de acidente do trabalho, serão computados:
I - para o segurado empregado, inclusive o doméstico, e o trabalhador avulso, os salários de contribuição referentes aos meses de contribuições devidas, ainda que não recolhidas pela empresa ou pelo empregador doméstico, sem prejuízo da respectiva cobrança e da aplicação das penalidades cabíveis, observado o disposto no § 5º do art. 29-A;
II - para o segurado empregado, inclusive o doméstico, o trabalhador avulso e o segurado especial, o valor mensal do auxílio-acidente, considerado como salário de contribuição para fins de concessão de qualquer aposentadoria, nos termos do art. 31.
"Art. 35. Ao segurado empregado, inclusive o doméstico, e ao trabalhador avulso que tenham cumprido todas as condições para a concessão do benefício pleiteado, mas não possam comprovar o valor de seus salários de contribuição no período básico de cálculo, será concedido o benefício de valor mínimo, devendo esta renda ser recalculada quando da apresentação de prova dos salários de contribuição."

Também alterou a redação da contemplar as questões do valor da renda mensal inicial e do cadastro, a saber:

"Lei 8.213/91, Art. 37. A renda mensal inicial, recalculada de acordo com o disposto no art. 35, deve ser reajustada como a dos benefícios correspondentes com igual data de início e substituirá, a partir da data do requerimento de revisão do valor do benefício, a renda mensal que prevalecia até então."
"Lei 8.213/91, Art. 38. Sem prejuízo do disposto no art. 35, cabe à Previdência Social manter cadastro dos segurados com todos os informes necessários para o cálculo da renda mensal dos benefícios."
"Lei 8.213/91, Art. 63. O segurado empregado, inclusive o doméstico, em gozo de auxílio-doença será considerado pela empresa e pelo empregador doméstico como licenciado.

Observamos que a Lei Complementar nº 150/2015 criou e disciplinou as regras relacionadas ao contrato do empregado doméstico, aproveitando para institucionalizar inúmeros benefícios que já estavam sendo pleiteados judicialmente, mas negados, por falta de amparo legal.

4. Direitos Sindicais

Liberdade de associação sindical

Art. 8º - É livre a associação profissional ou sindical, observado o seguinte:

Proibição ao poder público de interferir e intervir na organização sindical

I - a lei não poderá exigir autorização do Estado para a fundação de sindicato, ressalvado o registro no órgão competente, vedadas ao Poder Público a interferência e a intervenção na organização sindical;

O sindicato é uma associação específica de trabalhadores assalariados ou equiparados destinada a defender os seus interesses perante os patrões.

Para a fundação de um sindicato, segundo o legislador, basta apenas a elaboração de seu estatuto social, que será registrado no órgão competente. Dispensou o legislador a autorização que, segundo a doutrina, representava uma interferência no direito sindical.

O sindicato é livre, a filiação a ele não é obrigatória e o Estado, taxativamente, não pode mais intervir ou interferir nas decisões dessas organizações. Pode-se inferir, ainda, que sindicatos paralelos, não protegidos pelo manto do ordenamento jurídico, não serão tolerados.

Unidade sindical

II - é vedada a criação de mais de uma organização sindical, em qualquer grau, representativa de categoria profissional ou econômica, na mesma base territorial, que será definida pelos trabalhadores ou empregadores interessados, não podendo ser inferior à área de um Município;

Consagrou o legislador aqui a unidade sindical, ou seja, somente haverá um único sindicato representativo de uma categoria profissional, na mesma base territorial, que foi definida em sendo, pelo menos, a área do Município. Há, contudo, casos de sindicatos que representam trabalhadores em regiões maiores do que o Município, como em regiões metropolitanas, por exemplo.

Entende que se houver uma proliferação de sindicatos haverá um enfraquecimento do movimento sindicalista e que, portanto, deve-se proibir essa conduta.

III - ao sindicato cabe a defesa dos direitos e interesses coletivos ou individuais da categoria, inclusive em questões judiciais ou administrativas;

Neste inciso, o legislador nos diz qual o *objetivo* do sindicato: ele foi investido de capacidade *processual* para defesa dos direitos e interesses, *coletivos* e *individuais*, da categoria, tanto na esfera *judicial*, como na esfera *administrativa*. Nos processos, poderá, assim, ingressar como réu, autor, assistente ou parte interessada.

IV - a assembleia geral fixará a contribuição que, em se tratando de categoria profissional, será descontada em folha, para custeio do sistema confederativo da representação sindical respectiva, independentemente da contribuição prevista em lei;

Nesse inciso houve a instituição de uma contribuição para o sustento do sistema confederativo da representação sindical, a instituição de um Imposto para custeio. Isso é de muito bom alvitre, uma vez que, enquanto o sindicato tem suas bases nos trabalhadores, a confederação, não. O valor da contribuição em pauta, para os trabalhadores, corresponderá à remuneração de um dia de trabalho por ano; para os empregadores, o valor é variável.

Estamos diante do único imposto criado pela Constituição, pois todos os outros estão apenas previstos.

Liberdade de sindicalização

V - ninguém será obrigado a filiar-se ou a manter-se filiado a sindicato;

Como no artigo 5°, inciso XX, há a instituição da liberdade de associação como direito coletivo, nada mais lógico do que reprisá-lo aqui, no capítulo dos direitos sociais.

Participação obrigatória do sindicato nas negociações coletivas

VI - é obrigatória a participação dos sindicatos nas negociações coletivas de trabalho;

Uma vez que, originalmente, as convenções coletivas de trabalho surgiram de momentos de tensão entre empregado e empregador, e uma vez que o que for nelas decidido refletirá em toda a categoria profissional, o legislador achou por bem tornar obrigatória a presença do sindicato em todas as negociações coletivas. Trata-se de um poder-dever do sindicato.

É salutar lembrar que aos trabalhadores domésticos foi reconhecida as convenções e os acordos coletivos, o que, com certeza, fortalecerá o sindicato da categoria, nas negociações coletivas.

VII - o aposentado filiado tem direito a votar e ser votado nas organizações sindicais;

Este inciso alterou a regra prevista na CLT, que proibia aos inativos o exercício de cargo de administração sindical ou de representação econômica ou profissional.

Proteção ao sindicalista

VIII - é vedada a dispensa do empregado sindicalizado a partir do registro da candidatura a cargo de direção ou representação sindical e, se eleito, ainda que suplente, até um ano após o final do mandato, salvo se cometer falta grave nos termos da lei.

O dispositivo acima é mera transcrição do artigo 543, § 3° da CLT, e visa garantir a existência dos próprios sindicatos.

Parágrafo único - As disposições deste artigo aplicam-se à organização de sindicatos rurais e de colônias de pescadores, atendidas as condições que a lei estabelecer.

O intuito do legislador é estender, aos sindicatos rurais e de colônias de pescadores, os mesmos princípios que adotou para os sindicatos urbanos, mediante lei futura que regule a matéria.

Direito de greve

Art. 9º - É assegurado o direito de greve, competindo aos trabalhadores decidir sobre a oportunidade de exercê-lo e sobre os interesses que devam por meio dele defender.
§ 1º - A lei definirá os serviços ou atividades essenciais e disporá sobre o atendimento das necessidades inadiáveis da comunidade.
§ 2º - Os abusos cometidos sujeitam os responsáveis às penas da lei.

A Constituição anterior considerava a greve uma subversão à ordem, e não um legítimo direito do trabalhador.

O exercício do direito de greve, como foi adotado neste inciso, deve ser pautado pela prudência e pela responsabilidade.

Nos serviços ou atividades essenciais, os sindicatos, os empregadores e os trabalhadores ficam obrigados, de comum acordo, a garantir, durante a greve, a prestação dos serviços indispensáveis ao atendimento das necessidades inadiáveis da comunidade.

A Lei nº 7.783/89, que regulou a greve, nos diz que as atividades essenciais são:
a) tratamento e abastecimento de água;
b) produção de energia elétrica, gás, combustíveis;
c) assistência médica e hospitalar;
d) distribuição e comercialização de medicamentos e alimentos;
e) serviços funerários;
f) transporte coletivo;
g) captação e tratamento de água e esgoto;
h) telecomunicações;
i) guarda, uso e controle de substâncias radioativas, equipamentos e materiais nucleares;
j) processamento de dados ligados a serviços essenciais;
l) controle de tráfego aéreo e compensação bancária.

A previsão de responsabilização por abusos, prevista no § 2º, carece, ainda, de lei que a regulamente.

Art. 10 - É assegurada a participação dos trabalhadores e empregadores nos colegiados dos órgãos públicos em que seus interesses profissionais ou previdenciários sejam objeto de discussão e deliberação.

A participação de trabalhadores e empregadores nos órgãos mencionados busca conferir caráter mais democrático, maior legitimidade e maior representatividade às decisões governamentais.

Art. 11 - Nas empresas de mais de duzentos empregados, é assegurada a eleição de um representante destes com a finalidade exclusiva de promover-lhes o entendimento direto com os empregadores.

Há aqui mais uma inovação. O representante dos trabalhadores, no caso, é o que a doutrina chama de *delegado*. Sua atuação se restringe à intermediação de acordos no âmbito da empresa, apenas, e a Lei Maior não lhe garante proteção especial contra a despedida arbitrária.

Exercícios de Fixação

01. A Constituição do Brasil de 1988, inovando no campo da solução de conflitos coletivos de trabalho, adotou:
I. a convenção coletiva de trabalho.
II. o acordo coletivo de trabalho.
III. a arbitragem.
a) a I e a II estão corretas.
b) a III é a única correta.
c) a I é a única correta.
d) a II é a única correta.
e) todas estão corretas.

02. É livre a associação profissional ou sindical, segundo a Constituição Federal, observadas, dentre outras, as seguintes determinantes (assinale a alternativa incorreta):
a) são vedadas ao Poder Público a interferência e a intervenção na organização sindical.
b) é obrigatória a participação dos sindicatos nas negociações coletivas de trabalho.
c) ninguém será obrigado a filiar-se ou a manter-se filiado a sindicato.
d) o aposentado filiado tem direito a votar, mas não de ser votado nas organizações sindicais.

03. A Constituição do Brasil de 1988:
I. se limitou a reconhecer a validade do acordo e a convenção coletiva de trabalho.
II. foi a primeira a tratar da negociação coletiva nos seus múltiplos aspectos.
III. não se limitou a reconhecer a validade da convenção coletiva de trabalho.
a) a I é a única incorreta.
b) a II e a III estão incorretas.
c) a I e a II estão corretas.
d) a III é a única correta.
e) todas são corretas.

04. Os direitos dos trabalhadores previstos na Constituição:
a) não podem ser alterados em prejuízos deles.
b) não podem ser restringidos, a menos que haja concordância escrita do interessado.
c) podem ser restringidos, em algumas hipóteses, por meio de convenção coletiva.
d) só podem ser alterados em caso de força maior.

05. Assinale a resposta correta. À luz da Constituição da República, é vedado ao menor de 18 anos, quando empregado,

a) filiar-se a sindicato.
b) participar de greve.
c) o trabalho noturno, perigoso ou insalubre.
d) o trabalho sob horas extras.

06. A Constituição garante à mulher gestante:

a) licença de 84 dias, com a garantia de emprego até 5 dias após o parto.
b) licença de 84 dias, com a garantia de emprego até 120 dias após o parto.
c) licença de 120 dias, com a garantia do emprego após o parto.
d) licença de 120 dias, com a garantia do emprego até 5 meses após o parto.
e) licença de 120 dias, somente com garantia do emprego após o parto mediante cláusula em convenção coletiva, acordo ou sentença normativa.

07. A Constituição Federal de 1988 estabelece, quanto à duração do trabalho:

a) jornada de 7 horas e vinte minutos para todos os trabalhadores.
b) jornada de 6 horas para os empregados que trabalham em turnos ininterruptos de revezamento.
c) jornada livremente negociada entre os sindicatos de empregados e empregadores.
d) jornada não superior a 8 horas para os trabalhadores urbanos, rurais e domésticos.

08. Ao dispor sobre as contribuições sociais, estabeleceu a Constituição que:

a) objetivam dar condições de funcionamento aos sindicatos.
b) constituem modalidade de exação de natureza eminentemente tributária.
c) podem ser livremente instituídas, desde que haja motivo relevante.
d) têm vigência imediata após a sua instituição.

09. A base territorial de um sindicato não poderá ser inferior à área de:

a) um bairro.
b) um Município.
c) uma região administrativa.
d) um distrito.
e) uma região metropolitana.

10. O prazo de prescrição da ação trabalhista, desde a promulgação da Constituição Federal de 05.10.1988, para o trabalhador urbano, passou para:

a) 2 anos, após a extinção do contrato.
b) 5 anos, até o limite de 3 anos após a extinção do contrato.
c) 5 anos, até o limite de 2 anos após a extinção do contrato.
d) 2 anos, até o limite de 5 anos após a extinção do contrato.
e) 3 anos após a extinção do contrato.

11. No nosso ordenamento jurídico, a garantia contra a despedida arbitrária:

a) depende de promulgação de lei complementar.
b) está prevista na legislação ordinária.
c) depende de promulgação de lei ordinária.
d) não pode ser objeto de norma coletiva.

12. Complete a lacuna. A remuneração da hora extra deverá ser .... acima da remuneração da hora normal.

a) no máximo 50% (cinquenta por cento)
b) no mínimo 50% (cinquenta por cento)
c) no máximo 30% (trinta por cento)
d) no mínimo 30% (trinta por cento)
e) 30% (trinta por cento)

13. Ao dispor sobre o empregado sindicalizado, candidato a cargo de direção ou representação sindical, a Constituição Federal concedeu:

a) estabilidade no curso do mandato.
b) estabilidade provisória desde o registro da candidatura.
c) possibilidade de dispensa, desde que sejam pagos os seus direitos até o término do mandato.
d) impossibilidade de dispensa arbitrária ou sem justa causa, desde o registro de sua candidatura até um ano após o término do mandato.

14. Acordos coletivos de trabalho, previstos no art. 7º, XXVI, da Constituição Federal:

a) são os celebrados entre o sindicato da categoria profissional e uma única empresa.
b) são os celebrados entre uma empresa e seus empregados, com ou sem assistência dos respectivos sindicatos.
c) são celebrados entre os sindicatos patronais e os dos empregados correspondentes às categorias econômicas.
d) são aqueles, de caráter normativo, celebrados por um sindicato da categoria profissional com uma ou mais empresas da correspondente categoria econômica.

15. Dentre os avanços alcançados no campo dos Direitos Sociais pela atual Constituição do Brasil, não se inclui:

a) a duração do trabalho, antes de 48 (quarenta e oito) horas, passando a 44 (quarenta e quatro) horas semanais.
b) os turnos que eram de 03 (três) com 08 (oito) horas cada, agora 04 (quatro) com 06 (seis) horas.
c) o salário nas férias, antes integral, atualmente acrescido de 1/3 (um terço).
d) a licença-gestante, anteriormente de 90 (noventa) dias, agora 100 (cem) dias.
e) a remuneração do serviço extraordinário superior, no mínimo, em 50% (cinquenta por cento) a do normal.

16. Assinale a única hipótese que não constitui um direito social do trabalhador rural.

a) Seguro desemprego.
b) 13º salário.
c) Gozo de férias anuais.
d) Fundo de Garantia por Tempo de Serviço.
e) Duração do trabalho normal não superior a 10 (dez) horas diárias.

17. São direitos sociais, segundo a Constituição:

a) educação, saúde, trabalho, lazer, segurança, previdência social, proteção à maternidade e à infância e assistência aos desamparados.
b) proteção contra a despedida arbitrária, seguro-desemprego, FGTS, salário mínimo e salário-família, dentre outros.
c) direitos de petição, direito de ação judicial e recursos a ela inerentes, *habeas data*, proteção ao direito adquirido, etc.
d) trabalho, 13º salário, horas extras com acréscimo de 50%, etc.

18. Assinale a alternativa incorreta.
A Constituição do Brasil prevê alguns direitos sociais, dentre eles:

a) educação.
b) lazer.
c) trabalho.
d) cultura.
e) saúde.

19. Aqueles que recebem remuneração variável, como os vendedores de lojas:

a) devem receber pelo menos um salário mínimo e meio.
b) podem receber apenas suas comissões.
c) se suas comissões forem inferiores a um salário mínimo, mesmo assim deverão receber pelo menos um salário mínimo.
d) se suas comissões forem inferiores a dois salários mínimos, mesmo assim deverão receber pelo menos dois salários mínimos.
e) constitucionalmente, não existe a previsão de um trabalhador receber remuneração variável.

Gabarito

01. A	02. D	03. A	04. C
05. C	06. D	07. B	08. B
09. B	10. C	11. A	12. B
13. D	14. D	15. D	16. E
17. A	18. D	19. C	

5. Da Nacionalidade

1. Modos de Aquisição da Nacionalidade

O artigo 12 da Constituição, e o artigo 13, são os que disciplinam a questão da nacionalidade.

O artigo 12 tratará, dentre outras coisas, dos modos de aquisição e perda da nacionalidade, e dos cargos privativos de brasileiros natos.

Nacionalidade é o vínculo entre uma pessoa e a nação da qual se originou ou à qual pertence.

Ela pode ser adquirida de dois modos: o primário e o secundário.w

Modo primário de aquisição de nacionalidade é aquele decorrente do *fato do nascimento*. Qualquer criança que *nasça* em *território brasileiro*, por exemplo, adquirirá a nacionalidade brasileira, *a menos que* seus progenitores sejam estrangeiros e estejam a serviço do país de origem. Esta é a regra do *jus soli* (direito do solo, também chamado *jus loci*). Por outro lado, aquele que nasce no exterior, mas *é filho de pai ou mãe brasileiros*, também tem direito à nacionalidade brasileira, observadas determinadas condições estipuladas na CF. Aplica-se, neste caso, a regra do *jus sanguinis* (direito do sangue).

Modo secundário de aquisição da nacionalidade é aquele que ocorre na *naturalização*, quando, mediante *ato voluntário*, a própria pessoa decide adquirir para si uma nova nacionalidade.

Em nosso país, a maior parte das pessoas possui, evidentemente, apenas uma única nacionalidade: a brasileira. Mas existem casos de pessoas que possuem várias nacionalidades (polipátridas - são os indivíduos que adquiriram duas ou mais nacionalidades pelo critério misto = solo + sangue), ou nenhuma nacionalidade (apátridas - é o caso, por exemplo, do imigrante que nasceu no extinto império Austro-Húngaro, reside no Brasil, mas nunca requereu a nacionalidade brasileira ou qualquer outra). Na atualidade os Curdos e os Palestinos sofrem dessa condição.

No artigo 12, apresentado a seguir, a Constituição disporá, no inciso I, os modos primários de aquisição da nacionalidade brasileira (brasileiros *natos*), e no inciso II, os secundários (brasileiros *naturalizados*). O § 2º proibirá quaisquer distinções entre brasileiros natos e brasileiros naturalizados, excetuando-se, evidentemente, aquelas que a própria CF faz no § 3º e em outros dispositivos, que serão apresentados oportunamente. Por fim, no § 4º são arrolados os casos de *perda* da nacionalidade brasileira.

Art. 12 - São brasileiros:

Modo primário

I - natos:

Jus soli ou jus loci

a) os nascidos na República Federativa do Brasil, ainda que de pais estrangeiros, desde que estes não estejam a serviço de seu país;

Jus sanguinis

b) os nascidos no estrangeiro, de pai brasileiro ou mãe brasileira, desde que qualquer deles esteja a serviço da República Federativa do Brasil;

c) os nascidos no estrangeiro de pai brasileiro ou de mãe brasileira, desde que sejam registrados em repartição brasileira competente ou venham a residir na República Federativa do Brasil e optem, em qualquer tempo, depois de atingida a maioridade, pela nacionalidade brasileira; (Redação dada pela EC n. 54, de 2007)

Modo secundário

Naturalização ordinária

II - naturalizados:

a) os que, **na forma da lei**, adquiram a nacionalidade brasileira, exigidas aos originários de países de língua portuguesa apenas residência por um ano ininterrupto e idoneidade moral;

As situações em que uma pessoa estrangeira pode obter a naturalização são estabelecidas em lei ordinária, e não se resumem aos casos expressamente previstos pela CF.

A integração dos imigrantes oriundos de países de língua portuguesa é mais simples. Facilitou-se, portanto, a sua naturalização, exigindo-se residência de apenas 1 ano e idoneidade moral. O legislador não define o que seria a "idoneidade moral" da alínea, ficando a critério discricionário da autoridade administrativa sua interpretação e julgamento.

Há certos casos em que a prova elenca os países que têm o português como língua oficial, a saber: Portugal, Guiné-Bissau, São Tomé e Príncipe, Cabo Verde, Timor Leste, Angola e Moçambique.

Naturalização extraordinária

b) os estrangeiros de qualquer nacionalidade residentes na República Federativa do Brasil há mais de quinze anos ininterruptos e sem condenação penal, desde que requeiram a nacionalidade brasileira.

2. Portugueses

§ 1º - Aos portugueses com residência permanente no País, se houver reciprocidade em favor de brasileiros, serão atribuídos os direitos inerentes ao brasileiro, salvo os casos previstos nesta Constituição.

Observe que os *portugueses*, diferentemente dos demais estrangeiros, *não precisam se naturalizar* para gozar dos direitos do brasileiro, bastando apenas que residam aqui em caráter permanente.

3. Proibição Genérica de Distinção entre Brasileiros Natos e Naturalizados

§ 2º - A lei não poderá estabelecer distinção entre brasileiros natos e naturalizados, ***salvo nos casos previstos nesta Constituição.***

A regra é que os direitos e deveres dos brasileiros natos e dos brasileiros naturalizados são os mesmos. As pouquíssimas exceções a esta regra são estabelecidas pela própria CF, nenhum outro texto legal podendo fazer qualquer outra diferenciação.

4. Distinções entre Brasileiros Natos e Naturalizados Constitucionalmente Permitidas

§ 3º - São privativos de brasileiro nato os cargos:
I - de Presidente e Vice-Presidente da República;
II - de Presidente da Câmara dos Deputados;
III - de Presidente do Senado Federal;
IV - de Ministro do Supremo Tribunal Federal;
V - da carreira diplomática;
VI - de oficial das Forças Armadas.
VII - de Ministro de Estado da Defesa.

Além dos casos elencados no § 3º, há também tal exigência para os 6 membros indicados para o Conselho da República.

Como medida de segurança, foram reservados ao brasileiro *nato* os cargos máximos dos três poderes e aqueles que possuem relevância acentuada para a segurança nacional, como os da carreira diplomática e os de oficial das Forças Armadas. O brasileiros *naturalizados* e os *portugueses* poderão ser Vereadores, Prefeitos, Deputados (estaduais ou federais), Juízes (exceto do STF), Governadores, ou até mesmo Senadores. Só não poderão ocupar os cargos acima enumerados.

Os outros casos de discriminação entre brasileiros natos e naturalizados enumerados pela CF são os seguintes:
a) no artigo 5º, LI, é permitida a extradição de brasileiro *naturalizado* por crime comum cometido *antes* da naturalização, ou por comprovado envolvimento em *tráfico de drogas* (o brasileiro nato, como vimos, *nunca* poderá ser extraditado);
b) o art. 89, VII, reserva seis cargos do Conselho da República, órgão superior de consulta do Presidente da República, para brasileiros *natos*;
c) o art. 222 proíbe a propriedade de empresa jornalística e de radiodifusão sonora e de sons e imagens aos brasileiros naturalizados *há menos de dez anos.*

5. Perda da Nacionalidade

§ 4º - Será declarada a perda da nacionalidade do brasileiro que:
I - tiver cancelada sua naturalização, por sentença judicial, em virtude de atividade nociva ao interesse nacional;
II - adquirir outra nacionalidade, salvo nos casos:
a) de reconhecimento de nacionalidade originária pela lei estrangeira;
b) de imposição de naturalização, pela norma estrangeira, ao brasileiro residente em Estado estrangeiro, como condição para permanência em seu território ou para o exercício de direitos civis.

A aquisição *voluntária* de outra nacionalidade ocasiona a perda da nacionalidade brasileira, o que é feito através de decreto do Presidente da República (caso posteriormente se arrependa, o ex-brasileiro poderá readquirir a nacionalidade brasileira mediante petição ao Presidente da República, que poderá concedê-la, ou não, também mediante decreto).

A aquisição *involuntária* de nacionalidade estrangeira, nas hipóteses previstas na alínea *b*, não ocasiona a perda da nacionalidade brasileira.

6. Idioma e Símbolos Oficiais da República Federativa do Brasil

Art. 13 - A língua portuguesa é o idioma oficial da República Federativa do Brasil.
§ 1º - São símbolos da República Federativa do Brasil a bandeira, o hino, as armas e o selo nacionais.
§ 2º - Os Estados, o Distrito Federal e os Municípios poderão ter símbolos próprios.

O Brasil é uma exceção a regra dos países de enormes proporções, pois tem apenas uma língua oficial. A federação indiana, por exemplo, tem 16. Não é condição *sine qua non* para a formação de um país uma só língua.

Exercícios de Fixação

01. Os cargos públicos são acessíveis aos:
a) brasileiros natos, apenas.
b) brasileiros natos e naturalizados, apenas.
c) brasileiros natos, naturalizados e portugueses com residência permanente no país e havendo reciprocidade em favor dos brasileiros.
d) brasileiros natos, e portugueses com residência permanente no país e havendo reciprocidade em favor dos brasileiros.
e) brasileiros natos e naturalizados, aos portugueses com residência permanente no país e havendo reciprocidade em favor dos brasileiros e aos estrangeiros, na forma da lei.

02. O brasileiro nato perderá sua nacionalidade brasileira caso:
a) tenha cancelada sua naturalização, por sentença judicial, em virtude de atividade nociva ao interesse nacional.
b) adquira outra nacionalidade por naturalização voluntária.
c) cometa crime inafiançável.
d) cometa crime hediondo.
e) as respostas (a) e (b) estão corretas.

03. O brasileiro naturalizado perderá sua nacionalidade brasileira se:
a) tiver cancelada sua naturalização por sentença judicial, em virtude de atividade nociva ao interesse nacional.
b) adquirir outra nacionalidade por naturalização voluntária.
c) cometer crime inafiançável.
d) cometer crime hediondo.
e) as respostas (a) e (b) estão corretas.

04. Adquire-se a nacionalidade brasileira:
a) somente pelo *jus loci.*
b) tanto pelo *jus loci* como pelo *jus sanguinis.*
c) pelo *jus loci,* pelo *jus sanguinis* e pela naturalização.
d) pelo *jus loci*, pelo *jus sanguinis*, pela naturalização e pela adoção.

05. São brasileiros:
a) natos, os nascidos na República Federativa do Brasil, ainda que de pais estrangeiros que estejam a serviço de seu país.
b) natos, os nascidos no estrangeiro, de pai, mãe, avô ou avó brasileiros, desde que qualquer deles esteja a serviço da República Federativa do Brasil.
c) natos, os nascidos no estrangeiro de pai brasileiro ou de mãe brasileira, desde que sejam registrados em repartição brasileira competente ou venham a residir na República Federativa do Brasil e optem, em qualquer tempo, depois de atingida a maioridade, pela nacionalidade brasileira.
d) naturalizados, os que na forma da lei adquiram a nacionalidade brasileira, exigidas aos originários de países de língua portuguesa apenas residência por dois anos ininterruptos.
e) naturalizados, os estrangeiros de qualquer nacionalidade, residentes na República Federativa do Brasil há mais de cinco anos consecutivos, e com idoneidade moral.

06. Assinale a única hipótese de cargo não privativo de brasileiro nato:
a) Presidente de República.
b) Presidente do Senado Federal.
c) Deputado Federal.
d) Oficial da Forças Armadas.
e) Ministro do Supremo Tribunal Federal.

07. É o idioma oficial da República Federativa do Brasil:
a) a língua brasileira.
b) a língua nacional.
c) a língua luso-brasileira.
d) a língua portuguesa.
e) a língua portuguesa, exceto para os brasileiros naturalizados.

08. Assinale a alternativa correta. O acesso à carreira diplomática, no Brasil, é facultado:
a) ao brasileiro nato.
b) ao brasileiro nato e ao naturalizado.
c) ao brasileiro nato e ao estrangeiro residente no país há mais de dez anos.
d) ao brasileiro nato, ao naturalizado e ao português no gozo da reciprocidade de direitos.

09. O brasileiro nato pode perder a nacionalidade:

a) em consequência de sanção acessória da condenação a pena de reclusão, superior a 10 anos.
b) se adquirir outra nacionalidade por naturalização voluntária.
c) se banido do território nacional.
d) se cancelada a sua naturalização por sentença judicial.
e) se privado dos seus direitos políticos por invocar crença religiosa ou convicção política para não prestar o serviço militar.

10. Assinale a alternativa correta:

a) são privativos de brasileiros natos os cargos de Presidente da República, Presidente da Câmara dos Deputados e de Ministro da Fazenda.
b) o acesso à carreira diplomática no Brasil é facultado após naturalização na forma da lei.
c) são privativos de brasileiros natos os cargos de Presidente e Vice-Presidente da República, Presidente do Senado Federal, Senadores e Ministros de Estado.
d) o acesso ao cargo de Oficial das Forças Armadas é facultado somente aos brasileiros natos.

11. A lei não poderá distinguir brasileiros natos ou naturalizados. Assim sendo, ambos podem ser:

a) Presidente da República.
b) Oficial das Forças Armadas.
c) Presidente da Câmara dos Deputados.
d) Senador.
e) Ministro do Supremo Tribunal Federal.

Gabarito

01. E	02. B	03. E	04. C
05. C	06. C	07. D	08. A
09. B	10. D	11. D	

6. Dos Direitos Políticos e dos Partidos Políticos

1. Dos Direitos Políticos

Os direitos políticos, disciplinados pelos artigos 14 a 16 da Constituição, basicamente se referem ao direitos de: votar, ser votado, e participar diretamente do processo legislativo.

Formas de exercício da soberania popular

Art. 14 - A soberania popular será exercida pelo sufrágio universal e pelo voto direto e secreto, com valor igual para todos, e, nos termos da lei, mediante:
I - plebiscito;
II - referendo;
III - iniciativa popular.

O *caput* deste artigo prevê cinco formas de manifestação da soberania popular, a saber:

a) ***Sufrágio universal:*** sufrágio é o direito subjetivo público que tem o cidadão de *eleger* ou de *ser eleito*; decorre diretamente do princípio que diz que todo poder emana do povo e em seu nome é exercido; diz-se *universal* quando não se faz qualquer restrição ao cidadão, em razão de sua condição econômica, sexo ou grau de instrução (na realidade, a Constituição Brasileira faz *algumas* restrições, que serão analisadas posteriormente).

b) ***Voto direto e secreto:*** o voto não se confunde nem com o *sufrágio*, que é um *direito amplo*, nem com o *escrutínio*, que é o recolhimento, o exame e a apuração dos votos. O voto, na realidade, é a *manifestação* concreta do sufrágio, ou seja, é o ato político que *materializa* o direito subjetivo público do sufrágio; *voto direto* é aquele em que o eleitor exerce o seu direito *pessoalmente*; a exigência de que o voto seja *secreto* procura assegurar ao eleitor liberdade e privacidade para a escolha de seus candidatos.

Outra característica do voto é a sua periodicidade, ou seja, o mantadário exerce o poder por um período determinado.

c) ***Plebiscito:*** é a consulta feita aos cidadãos para decidir sobre uma questão política ou institucional, *antes de sua formulação legislativa*. Exemplo claro está previsto no art. 2º do ADCT, que determinou que no dia 07.09.1993 o eleitorado definisse através de plebiscito, a forma (República ou Monarquia constitucional) e o sistema de governo (Parlamentarismo ou Presidencialismo) que deveriam vigorar no País. O plebiscito é muito utilizado, também, para se decidir quanto ao desmembramento de Estados ou Municípios (CF, art. 18, § 3º e § 4º). Sua origem remota ao Estado Romano, o plebiscito era a forma encontrada para colher a opinião da plebe.

d) ***Referendo:*** consiste no submetimento à aprovação dos cidadãos de projetos de leis já discutidos e aprovados pelos seus representantes. Diferencia-se do plebiscito por ser uma consulta ao povo em um momento posterior à feitura da lei. O plebiscito é uma consulta prévia, enquanto que o *referendum* é uma consulta póstuma.

e) ***Iniciativa popular:*** é a possibilidade de os próprios cidadãos deflagrarem o processo de elaboração de lei, atendidos determinados requisitos previstos no art. 61, § 2º, que diz: "a iniciativa popular pode ser exercida pela apresentação à Câmara dos Deputados de projeto de lei subscrito por, no mínimo, um por cento do eleitorado nacional, distribuído pelo menos por cinco Estados, com não menos de três décimos por cento dos eleitores de cada um deles".

As condições mínimas são cumulativas, ou seja, somente valem se somadas:
a) 1% do eleitorado nacional;
b) 5 Estados-membros; e
c) 0,3% do eleitorado de cada Estado.

Obrigatoriedade do alistamento eleitoral e do voto

§ 1º - O alistamento eleitoral e o voto são:
I - obrigatórios para os maiores de dezoito anos;
II - facultativos para:
a) os analfabetos;
b) os maiores de setenta anos;
c) os maiores de dezesseis e menores de dezoito anos.

Alistamento eleitoral é a inscrição ou registro do indivíduo nos órgãos competentes da Justiça Eleitoral, com consequente emissão de título de eleitor mediante o qual exercerá sua *capacidade eleitoral ativa*, ou seja, capacidade para *escolher* os seus candidatos. Neste sentido, convém marcar que *alistabilidade* (capacidade eleitoral *ativa*) não se confunde com *elegibilidade* (capacidade eleitoral *passiva*, ou seja, capacidade de *ser votado*, de *ser candidato numa eleição*). Os analfabetos e os jovens entre dezesseis e dezoito anos, por exemplo, são *alistáveis* mas não são *elegíveis*.

A aplicação da universalidade do voto é traduzida pelo aumento significativo do colégio eleitoral apregoado por esta Constituição, que concede, pela primeira vez na história do Brasil, o direito de voto para os analfabetos e para os jovens de 16 a 18 anos.

Proibidos de se alistarem

§ 2º - Não podem alistar-se como eleitores os estrangeiros e, durante o período do serviço militar obrigatório, os conscritos.

Conscritos são os alistados no serviço militar obrigatório, normalmente homens na faixa de idade de 17 anos.

Por serem *inalistáveis*, os conscritos e os estrangeiros também são *inelegíveis.*

Condições para ser candidato

Para que qualquer indivíduo possa se candidatar a qualquer cargo político, além de preencher os requisitos arrolados no § 3º, também não poderá incorrer nas condições impeditivas de elegibilidade, previstas nos parágrafos seguintes.

§ 3º - São condições de elegibilidade, na forma da lei:
I - a nacionalidade brasileira;
II - o pleno exercício dos direitos políticos[1]*;*
III - o alistamento eleitoral;
IV - o domicílio eleitoral na circunscrição;
V - a filiação partidária;
VI - a idade mínima de:
a) trinta e cinco anos para Presidente e Vice-Presidente da República e Senador;
b) trinta anos para Governador e Vice-Governador de Estado e do Distrito Federal;
c) vinte e um anos para Deputado Federal, Deputado Estadual ou Distrital, Prefeito, Vice-Prefeito e juiz de paz[2]*;*
d) dezoito anos para Vereador.

Duas condições devem ser especialmente comentadas:
a) a filiação partidária obrigatória – não se admite no ordenamento jurídico brasileiro, diferentemente do francês, por exemplo, a candidatura independente; a filiação partidária é requisito essencial para a participação no pleito eleitoral;

b) as idades mínimas estabelecidas são as mesmas para os cargos de suplente e vice de cada cargo indicado, ou seja, a chapa que concorre ao Senado Federal deverá ser composta pela soma do titular com dois suplentes com idades mínimas de 35 anos.

Não podem ser candidatos (casos de inelegibilidade)

§ 4º - São inelegíveis os inalistáveis e os analfabetos.

O analfabeto pode escolher seus candidatos, votando facultativamente, mas não pode ser candidato. Conforme vimos anteriormente, ele é alistável mas inelegível.

Os inalistáveis (estrangeiros e conscritos) evidentemente também são inelegíveis.

§ 5º - O Presidente da República, os Governadores de Estado e do Distrito Federal, os Prefeitos e quem os houver sucedido ou substituído no curso dos mandatos poderão ser reeleitos para um único período subseqüente.
§ 6º - Para concorrerem a outros cargos, o Presidente da República, os Governadores de Estado e do Distrito Federal e os Prefeitos devem renunciar aos respectivos mandatos até seis meses antes do pleito.
§ 7º - São inelegíveis, no território de jurisdição do titular, o cônjuge e os parentes consangüíneos ou afins, até o segundo grau[3] *ou por adoção, do Presidente da República, de Governador de Estado ou Território, do Distrito Federal, de Prefeito ou de quem os haja substituído dentro dos seis meses anteriores ao pleito, salvo se já titular de mandato eletivo e candidato à reeleição.*

O legislador se preocupou com a possibilidade de o Presidente da República, os Governadores e os Prefeitos se utilizarem da máquina estatal para facilitar a sua própria reeleição, ou favorecer as candidaturas daqueles que os substituíram no final de seu mandato, ou ainda, as candidaturas de parentes. Neste sentido, foram tomadas as seguintes medidas:

a) O Presidente da República, os Governadores de Estado e do Distrito Federal, os Prefeitos e quem os houver sucedido ou substituído no curso dos mandatos poderão ser reeleitos para um período subsequente.

b) a candidatura das pessoas acima enumeradas para *outros cargos* foi permitida, mas com a condição de que renunciem ao cargo atual, *seis meses antes das eleições* (é a chamada *desincompatibilização* do cargo);

---

[1] Os casos de perda e suspensão dos direitos políticos serão previstos no artigo 15, destacando-se, entre outros, a incapacidade civil *absoluta*, a condenação criminal transitada em julgado, e o não-cumprimento de prestação alternativa para obrigação a todos impostas.

[2] Juiz de paz: indivíduo que tem por função básica celebrar casamentos; em face da simplicidade de suas atribuições, não se exige a condição de *formado em Direito* para o exercício das mesmas; o constituinte determinou *que o cargo de juiz de paz deverá ser preenchido via eleição.*

[3] O grau de parentesco no direito é diferente da relação de parentesco cultural. No direito jamais haverá um primo de 1º grau, ele sempre o será de 4º grau em diante. A saber: parentes de até 2º grau são: os genitores, os avós, os filhos, os netos e os irmãos.

c) proibiu-se também a candidatura, para o mesmo cargo, daqueles que tiverem *substituído* as pessoas enumeradas nos seis meses anteriores ao pleito[4];

d) proibiu-se, em regra, a candidatura do cônjuge e dos *parentes consanguíneos ou afins, até segundo grau ou por adoção* (ou seja: avós, pais, filhos, netos, irmãos, sogro, sogra, noras, genros, cunhados, padrasto e madrasta, independentemente dessas relações de parentesco decorrerem ou não de adoção), dos *titulares* dos cargos previstos ou de *quem os tiver substituído* nos seis meses antes da eleição, *na respectiva jurisdição.*

A "jurisdição"[5] do titular dá o limite dessa proibição. Como a jurisdição do Presidente da República abrange o país inteiro, seus parentes e seu cônjuge são inelegíveis para qualquer cargo. Os parentes e o cônjuge do Governador, entretanto, são inelegíveis apenas em seu Estado-membro (não em outro Estado) e os parentes e o cônjuge do Prefeito são inelegíveis para aquela cidade e não para as outras.

Há uma única exceção: se o cônjuge ou os parentes *já forem* titulares de mandato eletivo, poderão candidatar-se-à *reeleição* (ou seja, poderão disputar novamente as eleições para o cargo que já ocupam, mas não para outro).

Elegibilidade do militar

§ 8º - O militar alistável é elegível, atendidas as seguintes condições:
I - se contar menos de dez anos de serviço, deverá afastar-se da atividade;
II - se contar mais de dez anos de serviço, será agregado pela autoridade superior e, se eleito, passará automaticamente, no ato da diplomação, para a inatividade.

Todos os militares são alistáveis e, portanto, elegíveis, com exceção dos conscritos. A divisão dos incisos obedeceu o critério de antiguidade. Candidatos com menos de 10 anos de carreira deverão ir para a reserva[6] já no momento em que fizerem sua filiação partidária. Militares com mais de 10 anos de carreira serão "agregados". Agregação é situação de inatividade transitória do militar que, entretanto, continua pertencendo ao quadro efetivo. Sendo eleito, também o agregado passará para a reserva.

Outros casos de inelegibilidade

§ 9º - Lei complementar estabelecerá outros casos de inelegibilidade e os prazos de sua cessação, a fim de proteger a probidade administrativa, a moralidade para o exercício do mandato, considerada a vida pregressa do candidato, e a normalidade e legitimidade das eleições contra a influência do poder econômico ou o abuso do exercício de função, cargo ou emprego na administração direta ou indireta.

Os casos de inelegibilidade, portanto, não se restringem aos expressamente previstos na Constituição, podendo a lei complementar estabelecer outros.

Impugnação do mandato eletivo

§ 10 - O mandato eletivo poderá ser impugnado ante a Justiça Eleitoral no prazo de quinze dias contados da diplomação, instruída a ação com provas de abuso do poder econômico, corrupção ou fraude.
§ 11 - A ação de impugnação de mandato tramitará em segredo de justiça, respondendo o autor, na forma da lei, se temerária ou de manifesta má fé.

Diplomação é o ato pelo qual a Justiça Eleitoral dá ao candidato a investidura no cargo para o qual foi eleito. Se não houver nenhuma *incompatibilidade* (nenhum dos impedimentos previstos anteriormente) para o exercício do mandato, o candidato prestará compromisso e tomará posse. Caso haja alguma irregularidade, caberá *ação de impugnação do mandato*, a ser proposta ante a Justiça Eleitoral, só que dentro de quinze dias da diplomação (prazo prescricional[7]).

Perda e suspensão dos direitos políticos

O cidadão pode ser privado *definitiva* ou *temporariamente* de seus direitos. A privação definitiva é chamada de *perda*, e a temporária, de *suspensão.*

A Constituição nos enumera os casos de perda ou suspensão, conforme segue.

Art. 15. É vedada a cassação de direitos políticos, cuja perda ou suspensão só se dará nos casos de:
I - cancelamento da naturalização por sentença transitada em julgado; (perda)
II - incapacidade civil absoluta; (suspensão)
III - condenação criminal transitada em julgado, enquanto durarem seus efeitos; (suspensão)
IV - recusa de cumprir obrigação a todos imposta ou prestação alternativa, nos termos do art. 5º, VIII; (perda)
V - improbidade administrativa[8], nos termos do art. 37, § 4º. (suspensão)

[4] Contudo a jurisprudência tem aceitado a ideia de que sendo o vice um cargo de mera expectativa não se aplica tal regra.
[5] A palavra *jurisdição*, própria do Poder Judiciário, foi utilizada inadequadamente pelo legislador constituinte. O termo correto seria *circunscrição.*
[6] Reserva: totalidade de pessoas aptas para o serviço militar e que se conservam à disposição das Forças Armadas, para serem convocadas, se necessário.

[7] Prescrição: perda do direito de ingressar com ação na Justiça, por decurso de prazo.

Na Constituição atual, a perda ou a suspensão dos direitos políticos *cabe unicamente ao Poder Judiciário.* Convém assinalar, também, que a enumeração acima é **taxativa**, não sendo admitida a perda ou a suspensão dos direitos políticos em nenhuma outra situação, diferente das enumeradas.

É bom salientar que o ordenamento jurídico hoje vigente vedou a *cassação* dos direitos políticos, muito utilizada pelo Presidente da República no período ditatorial.

Vigência e aplicação da lei que alterar o processo eleitoral

Art. 16 - A lei que alterar o processo eleitoral entrará em vigor na data de sua publicação, não se aplicando à eleição que ocorra até um ano da data de sua vigência.

Para evitar turbulências no processo eleitoral é que o constituinte obriga a não-aplicação da nova lei, se não após um ano de sua publicação.

2. Dos Partidos Políticos

Partido político, segundo José Afonso da Silva, *é uma forma de agremiação de um grupo social, que se propõe a organizar, coordenar e instrumentalizar a vontade popular, com o fim de assumir o poder, para realizar seu programa de governo.*

Liberdade de criação e transformação dos partidos políticos e preceitos a serem observados

Art. 17 - É livre a criação, fusão, incorporação e extinção de partidos políticos, resguardados a soberania nacional, o regime democrático, o pluripartidarismo, os direitos fundamentais da pessoa humana e observados os seguintes preceitos:
I - caráter nacional;
II - proibição de recebimento de recursos financeiros de entidade ou governo estrangeiros ou de subordinação a estes;[9]
III - prestação de contas à Justiça Eleitoral;
IV - funcionamento parlamentar de acordo com a lei.[10]

Reconhece-se a figura pública das agremiações partidárias como elemento essencial para o bom funcionamento da democracia.

[8] Improbidade administrativa: são os atos praticados por pessoa investida de função pública, que geram prejuízo ao erário e benefício ao agente; segundo o art. 37, § 4º, "os atos de improbidade administrativa importarão a suspensão dos direitos políticos, a perda da função pública, a indisponibilidade dos bens e o ressarcimento ao erário, na forma e gradação previstas em lei, sem prejuízo da ação penal cabível".
[9] Previsão do *controle financeiro* dos partidos políticos, também chamado de *controle quantitativo.* Busca-se, neste inciso, garantir a soberania nacional.
[10] Previsão do *controle qualitativo*: a exigência de *funcionamento parlamentar* obriga uma representação mínima em qualquer Casa do Congresso, sem a qual a existência do partido é impossível; tal funcionamento parlamentar deverá, evidentemente, se dar *nos termos da lei* (o parlamentar que infringir as normas constantes do artigo 54 da CF, por exemplo, perderá o mandato).

Autonomia dos partidos políticos

§ 1º - É assegurada aos partidos políticos autonomia para definir sua estrutura interna, organização e funcionamento e para adotar os critérios de escolha e o regime de suas coligações eleitorais, sem obrigatoriedade de vinculação entre as candidaturas em âmbito nacional, estadual, distrital ou municipal, devendo seus estatutos estabelecer normas de disciplina e fidelidade partidária. (Redação dada pela Emenda Constitucional n. 52, de 2006)

O partido é autônomo, por exemplo, para aceitar, ou não, propostas de filiação. Os filiados deverão acatar o programa e objetivos do partido, devendo estar previstas nos estatutos quais fidelidades lhes serão exigidas e quais punições ser-lhe-ão aplicadas, em caso de descumprimento. A infidelidade partidária normalmente se manifesta de duas formas: (a) oposição, por atitude de voto, às diretrizes estabelecidas pelo partido; (b) apoio ostensivo ou disfarçado a candidatos de outro partido. De qualquer maneira, em face da enumeração taxativa do artigo 15, o político não terá seus direitos políticos cassados, mas poderá ser *expulso do partido* e *perder o mandato.*

OBS: a cassação de *mandato* existe; o que não existe é a cassação de *direitos políticos.*

Natureza jurídica dos partidos políticos

§ 2º - Os partidos políticos, após adquirirem personalidade jurídica, na forma da lei civil, registrarão seus estatutos no Tribunal Superior Eleitoral.

Partidos políticos são pessoas jurídicas de *direito privado*, devendo registrar seus estatutos primeiro no Cartório de Registro de Títulos e Documentos, e depois no Tribunal Superior Eleitoral.

Acesso gratuito ao rádio e à televisão

§ 3º - Os partidos políticos têm direito a recursos do fundo partidário e acesso gratuito ao rádio e à televisão, na forma da lei.

A participação de cada agremiação no fundo partidário é proporcional a sua representação política, isto é, ao número de votos e de eleitos.

Vedação da utilização de organização paramilitar

§ 4º - É vedada a utilização pelos partidos políticos de organização paramilitar.

Evita-se a associação entre a opinião política a o poder militar. Os partidos não podem ter caráter policialesco para impor suas doutrinas.

Trata-se de reforço ao disposto no art. 5º, XVII, que proíbe organizações de caráter paramilitar.

Exercícios de Fixação

01. A soberania popular será exercida:

a) pelo sufrágio universal e pelo voto indireto.
b) pelo voto secreto e direto, nos termos da Constituição do Brasil.
c) pelo sufrágio universal e pelo voto secreto.
d) pelo sufrágio universal e pelo voto direto e secreto com igual valor para todos.
e) pelo sufrágio parcial e pelo voto direto e não secreto com igual valor para todos.

02. Plebiscito é:

a) consulta que se faz aos eleitores antes da elaboração de uma lei.
b) consulta que se faz aos eleitores depois da elaboração de uma lei.
c) quando os eleitores formulam uma lei.
d) quando os eleitores formulam diretamente ao Poder Legislativo uma medida provisória.
e) as resposta "b" e "d" estão corretas.

03. Referendo é:

a) consulta que se faz aos eleitores antes da elaboração de uma lei.
b) consulta que se faz aos eleitores depois da elaboração de uma lei.
c) consulta que se faz aos eleitores através dos meios de comunicação.
d) consulta que se faz a todos os residentes no Brasil sobre a validade de uma lei delegada.
e) consulta que se faz ao Supremo Tribunal Federal sobre a constitucionalidade de uma medida provisória.

04. Assinale a alternativa correta:

a) são inelegíveis para os mesmos cargos, no período subsequente, o Presidente da República, os Governadores de Estado e do Distrito Federal, os Prefeitos, os Vereadores, os Deputados, os Senadores e quem os houver sucedido, ou substituído nos seis meses anteriores ao pleito.
b) para concorrerem a outros cargos, o Presidente da República, os Governadores de Estado e do Distrito Federal e os Prefeitos devem renunciar aos respectivos mandatos até dezoito meses antes do pleito.
c) são inelegíveis, no território de jurisdição do titular, o cônjuge e os parentes consanguíneos ou afins, exceto os de segundo grau ou por adoção, do Presidente da República, de Governador de Estado ou Território, do Distrito Federal, de Prefeito ou de quem os haja substituído dentro dos seis meses anteriores ao pleito, salvo se já titular de mandato eletivo e candidato à reeleição.
d) é vedada a cassação de direitos políticos, cuja perda ou suspensão só se dará nos casos de cancelamento da naturalização por sentença transitada em julgado, incapacidade civil absoluta, condenação criminal transitada em julgado, enquanto durarem seus efeitos, recusa de cumprir obrigação a todos imposta ou prestação alternativa, nos termos do art. 5º, VIII, e improbidade administrativa, nos termos do art. 37, § 4º.
e) o militar alistável é inelegível, a menos que conte mais de dez anos de serviço e seja agregado pela autoridade superior, passando, automaticamente, no ato da diplomação, para a inatividade.

05. Entende-se por iniciativa popular:

a) revolta da população para tomar o poder.
b) a faculdade que os eleitores têm de elaborar uma medida provisória.
c) a faculdade que tem a população em não acatar uma norma constitucional, mediante ação judicial.
d) consulta aos eleitores sobre a validade de uma lei.
e) faculdade que os eleitores têm de, em conformidade com o que requer a Constituição do Brasil, apresentar à Câmara dos Deputados projeto de lei.

06. Conforme o cargo eletivo a que pretenda concorrer, a idade do candidato constitui condição de elegibilidade. Assim é que a Constituição do Brasil exige do candidato a Vereador a idade mínima de:

a) 16 (dezesseis) anos.
b) 18 (dezoito) anos.
c) 21 (vinte e um) anos.
d) 30 (trinta) anos.
e) 35 (trinta e cinco) anos.

07. A soberania popular é exercida pelo sufrágio universal e pelo voto direto e secreto, com valor igual para todos, somente podendo ser candidatos a cargos eletivos:

a) os brasileiros natos no pleno exercício dos direitos políticos.
b) os brasileiros inscritos como eleitores, filiados a partidos políticos e no pleno exercício dos direitos políticos.
c) os brasileiros natos inscritos como eleitores, filiados a partido político, no pleno exercício dos direitos políticos, desde que não sejam analfabetos, tenham a idade mínima para o cargo pretendido e domicílio eleitoral na circunscrição.
d) os brasileiros que preencham as condições do item b e, além disso, tenham a idade mínima para o cargo pretendido e domicílio eleitoral na circunstância, desde que não sejam analfabetos ou inelegíveis.

08. Assinale a opção correta:

a) o alistamento eleitoral e o voto são facultativos para os analfabetos e para os maiores de dezesseis anos.
b) o alistamento eleitoral e o voto são facultativos para os estrangeiros e para os conscritos durante o período do serviço militar obrigatório.
c) são condições de elegibilidade, na forma da lei, a nacionalidade brasileira, o pleno exercício dos direitos políticos, o alistamento eleitoral na circunscrição, a filiação partidária e a idade mínima discriminada na Constituição.
d) os partidos políticos de âmbito regional terão acesso gratuito ao rádio e à televisão na área de sua influência, nos termos da lei.
e) admite-se a cassação de direitos políticos nos casos de incapacidade civil absoluta, condenação criminal transitada em julgado, enquanto durarem seus efeitos, recusa de cumprir obrigação a todos imposta, como o serviço militar, e improbidade administrativa.

09. São inelegíveis, mas não inalistáveis:

a) os estrangeiros.
b) cabos das Polícias Militares Estaduais.
c) os maiores de 70 (setenta) anos.
d) os brasileiros naturalizados.
e) o irmão e o avô do Governador de Estado, no território da jurisdição do mesmo.

10. O alistamento eleitoral, conforme a Constituição do Brasil, é facultativo para:

a) os maiores de 60 (sessenta) anos.
b) os menores de 18 (dezoito) anos.
c) os maiores de 16 (dezesseis) anos e menores de 18 (dezoito) anos.
d) os maiores de 70 (setenta) anos.
e) as respostas "c" e "d" estão corretas.

11. Marque a alternativa errada:

a) o sufrágio é universal e o voto é indireto e secreto.
b) o sufrágio é universal e o voto direto e secreto.
c) o alistamento eleitoral e o voto são obrigatórios para os maiores de dezoito anos.
d) o alistamento eleitoral e o voto são facultativos para: os analfabetos, os maiores de setenta anos e para os maiores de dezesseis anos e menores de dezoito.
e) não podem alistar-se como eleitores os estrangeiros e, durante o período do serviço militar obrigatório, os conscritos.

12. O mandato eletivo poderá ser impugnado ante a Justiça Eleitoral no prazo de ____ contados da diplomação, instruída a ação com provas de abuso do poder econômico, corrupção ou fraude:

a) 15 dias.
b) 01 ano.
c) 30 dias.
d) 60 dias.

13. São condições de elegibilidade na forma da lei, a idade mínima de trinta anos para:

a) Presidente da República.
b) Governador de Estado.
c) Senador.
d) Vereador.
e) Juiz de paz.

Gabarito

01. D **02. A** **03. B** **04. D** **05. E**
06. B **07. D** **08. C** **09. E** **10. E**
11. A **12. A** **13. B**

7. Da Organização do Estado

1. Introdução

Como já salientado no início de nossos estudos, a República Federativa do Brasil tem como forma de Estado a *Federação*, com as seguintes características essenciais:
a) participação dos Estados-membros na vontade nacional, realizada através do Senado Federal;
b) divisão de *competências* (poderes de atuação) entre as unidades federativas, garantindo-se, assim, *autonomia administrativa*, mediante a qual cada ente político poderá, *nos limites estabelecidos pela Constituição*, ter seu próprio governo, sua própria administração e sua própria organização.

O *Estado Federal* que leva o nome de *República Federativa do Brasil* é composto pelos seguintes entes políticos-administrativos: a União, os Estados, o Distrito Federal e os Municípios.

Observe que a União é apenas *uma parte* do Estado federal denominado República Federativa do Brasil. Segundo José Afonso da Silva, *embora ambos ocupem o mesmo território físico, do ponto de vista jurídico há diferenças: a ordem jurídica da República Federativa do Brasil é muito mais abrangente e eficaz, pois engloba todas a ordens jurídicas do país, ao passo que a eficácia da ordem jurídica da União só preside aos fatos de sua competência, que é definida e delimitada pela Constituição do Brasil.*

As confusões que as pessoas fazem entre a União, de um lado, e o Estado federal da República Federativa do Brasil, de outro, se devem, em parte, ao fato de que é pela União que a República Federativa do Brasil se faz *representar* nas suas relações internacionais (neste sentido, é à União que cabe exercer as prerrogativas da *soberania* do Estado Brasileiro).

Para bem compreender este capítulo, todavia, o conceito de União que o leitor deve ter em mente não é o de representante da República Federativa do Brasil, e sim, o de unidade federativa criada pela Constituição e que, da mesma forma como os Estados, o Distrito Federal e os Municípios, é *pessoa jurídica de direito público interno*, sendo, portanto, como qualquer pessoa, *titular de direitos* e *sujeito de obrigações*. E é assim que a Constituição dirá, nos artigos seguintes, quais são, por exemplo, os bens de cada um desses entes e quais são suas *competências*, isto é, os seus poderes de atuação.

2. Da Organização Político-Administrativa

Art. 18 - A organização político-administrativa da República Federativa do Brasil compreende a União, os Estados, o Distrito Federal e os Municípios, todos autônomos, nos termos desta Constituição.
§ 1º - Brasília é a Capital Federal.

Territórios Federais
§ 2º - Os Territórios Federais integram a União, e sua criação, transformação em Estado ou reintegração ao Estado de origem serão reguladas em lei complementar.

Observe que Territórios Federais *não são entes federativos*. Eles são mera autarquia, "simples descentralização administrativo-territorial da União", no dizer de José Afonso da Silva. Embora não existam atualmente no país, o dispositivo acima prevê a possibilidade de sua criação, mediante lei complementar.

Os territórios são considerados regiões sem autonomia, também chamadas de *manus longus* (mão longa) da União.

Estados
§ 3º - Os Estados podem incorporar-se entre si, subdividir-se ou desmembrar-se para se anexarem a outros, ou formarem novos Estados ou Territórios Federais, mediante aprovação da população diretamente interessada, através de plebiscito, e do Congresso Nacional, por lei complementar.

Incorporação é a fusão de dois Estados, dando origem a um terceiro.

Subdivisão é a divisão de um Estado, em dois ou mais Estados diferentes desaparecendo o antigo.

Desmembramento é a separação de uma *parte* do Estado antigo para formar um novo Estado. O Estado antigo não perde sua identidade original, embora o seu território diminua.

No caso da incorporação, como há dois Estados-membros envolvidos, dever-se-á ouvir os cidadãos interessados dos dois Estados.

Municípios

§ 4º - A criação, a incorporação, a fusão e o desmembramento de Municípios, far-se-ão por lei estadual, dentro do período determinado por lei complementar federal, e dependerão de consulta prévia, mediante plebiscito, às populações dos Municípios envolvidos, após divulgação dos Estudos de Viabilidade Municipal, apresentados e publicados na forma da lei.

Vedações constitucionais federativas

As proibições seguintes, dirigidas aos entes federativos que compõem a República Federativa do Brasil, têm por finalidade garantir o *equilíbrio federativo.*

Art. 19 - É vedado à União, aos Estados, ao Distrito Federal e aos Municípios:

Natureza laica do Estado

I - estabelecer cultos religiosos ou igrejas, subvencioná-los, embaraçar-lhes o funcionamento ou manter com eles ou seus representantes relações de dependência ou aliança, ressalvada, na forma da lei, a colaboração de interesse público;

Credibilidade dos documentos públicos

II - recusar fé aos documentos públicos;

Os documentos públicos, qualquer que tenha sido a entidade federativa que os emitiu, fazem prova, isto é, valem formal e materialmente, perante as demais entidades.

Paridade federativa

III - criar distinções entre brasileiros ou preferências entre si.

3. Da União

Bens da União

Os bens públicos, dentre os quais situam-se os da União, são classificados pelo Código Civil da seguinte maneira:

"Art. 99 - São bens públicos:
I - os de uso comum do povo, tais como rios, mares, estradas, ruas e praças.
II - os de uso especial, tais como edifícios ou terrenos destinados a serviço ou estabelecimento da administração federal, estadual ou municipal.
III - os dominicais, que constituem o patrimônio da União, dos Estados, ou dos Municípios, como objeto de direito pessoal ou real de cada uma dessas entidades".

Por determinação constitucional, os bens públicos, sejam eles da União, dos Estados, do DF ou dos Municípios, gozam das seguintes prerrogativas:
- são, *em regra*, inalienáveis;
- são impenhoráveis (não podem ser submetidos à penhora para garantir uma execução judicial);
- não são passíveis da usucapião.

Por ser pessoa jurídica de direito público, a União é titular de direitos reais, podendo ser titular de direitos pessoais. A enumeração dos seus bens, no artigo 20 transcrito abaixo, é meramente exemplificativa.

Art. 20 - São bens da União:
I - os que atualmente lhe pertencem e os que lhe vierem a ser atribuídos;
II - as terras devolutas [1] indispensáveis à defesa das fronteiras, das fortificações e construções militares, das vias federais de comunicação e à preservação ambiental, definidas em lei;
III - os lagos, rios e quaisquer correntes de água em terrenos de seu domínio, ou que banhem mais de um Estado, sirvam de limites com outros países ou se estendam a território estrangeiro ou dele provenham, bem como os terrenos marginais e as praias fluviais;
IV - as ilhas fluviais e lacustres nas zonas limítrofes com outros países; as praias marítimas; as ilhas oceânicas e as costeiras, excluídas, destas, as que contenham a sede de Municípios, exceto aquelas áreas afetadas ao serviço público e a unidade ambiental federal, e as referidas no art. 26, II; (Redação dada pela EC n. 46, de 05 de maio de 2005)
V - os recursos naturais da plataforma continental [2] e da zona econômica exclusiva [3];
VI - o mar territorial;

---

[1] Terras devolutas são aquelas que nunca tiveram dono, ou, se tiveram, não mais o têm, não se encontrando, portanto, em domínio particular por concessão ou por qualquer título legítimo. As terras devolutas indispensáveis à defesa das fronteiras, das fortificações etc. são da União; as outras terras devolutas pertencem aos Estados (art. 26, IV). Lei deverá dizer quais terras são indispensáveis à defesa das fortificações, das vias federais de comunicação, à preservação ambiental etc.

[2] Plataforma continental: porção de terra firme no fundo do mar de até 200 milhas marítimas da costa.

[3] Zona econômica exclusiva: faixa que se estende das doze às duzentas milhas, contadas a partir das linhas de base que servem para medir a largura do mar territorial. Sobre ela, o Brasil tem direito de soberania para fins de exploração e aproveitamento, conservação e gestão de recursos minerais.

VII - os terrenos de marinha [4] e seus acrescidos [5];
VIII - os potenciais de energia hidráulica;
IX - os recursos minerais, inclusive os do subsolo;
X - as cavidades naturais subterrâneas [6] e os sítios arqueológicos [7] e pré-históricos;
XI - as terras tradicionalmente ocupadas pelos índios.

Participação das demais entidades federativas na exploração dos recursos minerais da União

§ 1º - É assegurada, nos termos da lei, aos Estados, ao Distrito Federal e aos Municípios, bem como a órgãos da administração direta da União, participação no resultado da exploração de petróleo ou gás natural, de recursos hídricos para fins de geração de energia elétrica e de outros recursos minerais no respectivo território, plataforma continental, mar territorial ou zona econômica exclusiva, ou compensação financeira por essa exploração.

Relembrando que a Lei nº 9.478, de 06 de agosto de 1997 dispõe sobre a política energética nacional, as atividades relativas ao monopólio do petróleo, institui o Conselho Nacional de Política Energética e a Agência Nacional do Petróleo, expressamente afirma acerca do Monopólio e que Petróleo: todo e qualquer hidrocarboneto líquido em seu estado natural, a exemplo do óleo cru e condensado bem como Gás Natural ou Gás: todo hidrocarboneto que permaneça em estado gasoso nas condições atmosféricas normais, extraído diretamente a partir de reservatórios petrolíferos ou gaseíferos, incluindo gases úmidos, secos, residuais e gases raros e que:

Lei 9.478/97. Art. 3º. *Pertencem à União os depósitos de petróleo, gás natural e outros hidrocarbonetos fluidos existentes no território nacional, nele compreendidos a parte terrestre, o mar territorial, a plataforma continental e a zona econômica exclusiva.*

Faixa de fronteira

Fronteira é a faixa de até cento e cinquenta quilômetros de largura, ao longo das fronteiras terrestres é considerada fundamental para defesa do território nacional, e sua ocupação e utilização serão reguladas em lei. Na faixa de fronteira o cidadão tem a posse, mas nunca a propriedade.

§ 2º - A faixa de até cento e cinquenta quilômetros de largura, ao longo das fronteiras terrestres, designada como faixa de fronteira, é considerada fundamental para defesa do território nacional, e sua ocupação e utilização serão reguladas em lei.

Repartição de competências

A Constituição atribui e distribui, para as diversas entidades federativas, certo conjunto de matérias, que formam o campo de atuação *governamental* ou *legislativa* de cada uma, isto é, a sua área de *competência*.

O texto constitucional estruturou-se em um sistema complexo, em que cada ente federativo possui sua própria competência. Nesse sentido, há as competências privativas, repartidas horizontalmente, como as da União, previstas no art. 21 (matérias relativas à atuação política e administrativa) e no art. 22 (discrimina matérias de disciplina legislativa); as dos Estados, com competências residuais (CF, art. 25, § 1º), além da criação de Municípios (CF, art. 18, § 4º), da exploração dos serviços locais de gás canalizado (CF, art. 25, § 2º) e da instituição de regiões metropolitanas, aglomerações urbanas e microrregiões (CF, art. 25, § 3º).

As competências dos entes municipais, por sua vez, estão catalogadas no art. 30 da CF, como as de ordem administrativa (incisos III, IV, V e VIII) e a competência para legislar sobre o interesse local, conferida pelo inciso I; não se esquecendo do Distrito Federal, membro da Federação (CF, art. 1º e 18), que recebe do art. 32, § 1º, as competências legislativas reservadas aos Estados e aos Municípios.

Com efeito, todas convivem com as competências concorrentes (CF, art. 24), repartidas verticalmente, cabendo a União editar normas gerais (CF, art. 24, § 1º), não excluindo os Estados e o Distrito Federal de legislarem de forma suplementar (CF, art. 24, § 2º) sobre suas peculiaridades, inclusive na omissão da legislação federal (CF, art. 24, § 3º). A propósito, o Município teve sua competência concorrente deslocada para o art. 30, II, da CF, suprindo a legislação federal ou estadual no que couber.

Não obstante, a repartição vertical ganha espaço na competência comum, discriminada no art. 23, cujas tarefas devem ser cumpridas com o concurso da União, dos Estados, dos Municípios e do Distrito Federal, conforme lei complementar prevista no parágrafo único, a fim de se alcançar a preservação mais adequada desses valores.

As competências podem ser divididas, por um outro ponto de vista, segundo José Afonso da Silva, em *materiais* (quando se referem às atuações governamentais administrativas) ou *legislativas* (quando se referem à feitura de leis).

A competência material pode ser *exclusiva* ou *comum*. Já a competência legislativa pode ser *exclusiva*, *privativa*, *comum*, *concorrente* ou *suplementar*. Não vamos definir agora todas estas subespécies. Vamos fazê-lo à medida que forem aparecendo.

[4] Terrenos de marinha: são todos os que, banhados pelas águas do mar, ou pelos rios navegáveis, vão até a distância de 33 metros para a parte das terras.
[5] Acrescidos: terrenos que, naturalmente ou artificialmente, se formam além das linhas do preamar médio para a parte do mar ou das águas dos rios.
[6] Cavidades subterrâneas: são as originadas por agentes geológicos, normalmente de origem vulcânica.
[7] Sítios arqueológicos: jazidas de qualquer natureza que representam culturas indígenas antepassadas.

Os artigos que enumeram as competências dos entes federativos são enormes e, com certeza, você não conseguirá memorizar todos os incisos de cada um. Para efeito de concurso, ser-lhe-á útil saber que eles foram estruturados obedecendo a um princípio, o chamado *"princípio da predominância do interesse"*, a respeito do qual José Afonso da Silva diz o seguinte:

"O princípio geral que norteia a repartição de competência entre as entidades componentes do Estado federal é o da predominância do interesse, segundo o qual à União caberão aquelas matérias e questões de predominante interesse geral nacional, ao passo que aos Estados tocarão as matérias e assuntos de predominante interesse regional, e aos Municípios concernem os assuntos de interesse local".

O interesse predominante:
Geral – União
Regional – Estados
Local – Municípios
Regional e local – DF.

"Não é difícil identificar no modelo adotado pela Constituição Brasileira de 1988 a combinação de praticamente tudo o que já se experimentou na prática federativa. Estruturou-se, com efeito, um sistema complexo em que convivem competências privativas, repartidas horizontalmente, com competências concorrentes, repartidas verticalmente, abrindo-se espaço também para a participação das ordens parciais na esfera de competências próprias da ordem central, mediante delegação" no ensinamento de Fernanda Dias Menezes de Almeida.

O artigo 21, citado logo abaixo, vai tratar de uma competência *material exclusiva* da União. Isto significa que *somente a União poderá administrar as matérias arroladas*, sendo excluída e proibida a atuação de qualquer outro ente federativo neste campo.

Art. 21 - Compete à União:
I - manter relações com Estados estrangeiros e participar de organizações internacionais;
II - declarar a guerra e celebrar a paz;
III - assegurar a defesa nacional;
IV - permitir, nos casos previstos em lei complementar, que forças estrangeiras transitem pelo território nacional ou nele permaneçam temporariamente;
V - decretar o estado de sítio, o estado de defesa e a intervenção federal;
VI - autorizar e fiscalizar a produção e o comércio de material bélico;
VII - emitir moeda;
VIII - administrar as reservas cambiais do País e fiscalizar as operações de natureza financeira, especialmente as de crédito, câmbio e capitalização, bem como as de seguros e de previdência privada;
IX - elaborar e executar planos nacionais e regionais de ordenação do território e de desenvolvimento econômico e social;
X - manter o serviço postal e o correio aéreo nacional;
XI - explorar, diretamente ou mediante autorização, concessão ou permissão, os serviços de telecomunicações, nos termos da lei, que disporá sobre a organização dos serviços, a criação de um órgão regulador e outros aspectos institucionais;
XII - explorar, diretamente ou mediante autorização, concessão ou permissão:
a) os serviços de radiodifusão sonora e de sons e imagens;
b) os serviços e instalações de energia elétrica e o aproveitamento energético dos cursos de água, em articulação com os Estados onde se situam os potenciais hidroenergéticos;
c) a navegação aérea, aeroespacial e a infra-estrutura aeroportuária;
d) os serviços de transporte ferroviário e aquaviário entre portos brasileiros e fronteiras nacionais, ou que transponham os limites de Estado ou Território;
e) os serviços de transporte rodoviário interestadual e internacional de passageiros;
f) os portos marítimos, fluviais e lacustres;
XIII - organizar e manter o Poder Judiciário, o Ministério Público do Distrito Federal e dos Territórios e a Defensoria Pública dos Territórios; (Redação dada pela Emenda Constitucional nº 69, de 2012)
XIV - organizar e manter a polícia civil, a polícia militar e o corpo de bombeiros militar do Distrito Federal, bem como prestar assistência financeira ao Distrito Federal para a execução de serviços públicos, por meio de fundo próprio;
XV - organizar e manter os serviços oficiais de estatística, geografia, geologia e cartografia de âmbito nacional;
XVI - exercer a classificação, para efeito indicativo, de diversões públicas e de programas de rádio e televisão;
XVII - conceder anistia;
XVIII - planejar e promover a defesa permanente contra as calamidades públicas, especialmente as secas e as inundações;
XIX - instituir sistema nacional de gerenciamento de recursos hídricos e definir critérios de outorga de direitos de seu uso;
XX - instituir diretrizes para o desenvolvimento urbano, inclusive habitação, saneamento básico e transportes urbanos;
XXI - estabelecer princípios e diretrizes para o sistema nacional de viação;
XXII - executar os serviços de polícia marítima, aeroportuária e de fronteiras;
XXIII - explorar os serviços e instalações nucleares de qualquer natureza e exercer monopólio estatal sobre a pesquisa, a lavra, o enriquecimento e reprocessamento, a industrialização e o comércio de minérios nucleares e seus derivados, atendidos os seguintes princípios e condições:
a) toda atividade nuclear em território nacional somente será admitida para fins pacíficos e mediante aprovação do Congresso Nacional;
b) sob regime de permissão, são autorizadas a comercialização e a utilização de radioisótopos para a pesquisa e usos médicos, agrícolas e industriais;
c) sob regime de permissão, são autorizadas a produção, comercialização e utilização de radioisótopos de meia-vida igual ou inferior a duas horas;

d) a responsabilidade civil por danos nucleares independe da existência de culpa; (alíneas alteradas e inseridas pela Emenda Constitucional n.º 49, de 08 de fevereiro de 2006)
XXIV - organizar, manter e executar a inspeção do trabalho;
XXV - estabelecer as áreas e as condições para o exercício da atividade de garimpagem, em forma associativa.

Competência legislativa privativa da União

Na linguagem corrente, os termos *exclusivo* e *privativo* são tomados como sinônimos; no Direito Constitucional, porém, eles são utilizados para designar institutos diferentes. Segundo José Afonso da Silva, competência *exclusiva* é aquela que é atribuída a uma entidade com total exclusão das demais; ela é *indelegável* e não admite *suplementariedade*. Já a competência privativa é aquela que, embora esteja enumerada como própria de uma entidade, traz a possibilidade, todavia, de *delegação* e de *competência suplementar*. Competência suplementar significa o poder de formular normas que desdobrem o conteúdo de princípios ou normas gerais, ou que supram a ausência ou omissão destas. Convém alertar que na redação da Constituição não foi observado este princípio de redação jurídica.

A competência legislativa disciplinada no artigo 21 da CB, que iremos ver agora, é *privativa*, porque o parágrafo único deste dispositivo faculta à lei complementar autorizar aos Estados legislar sobre questões específicas das matérias ali enumeradas (admite, portanto, delegação).

Art. 22 - Compete privativamente à União legislar sobre:
I - direito civil, comercial, penal, processual, eleitoral, agrário, marítimo, aeronáutico, espacial e do trabalho;
II - desapropriação;
III - requisições civis e militares, em caso de iminente perigo e em tempo de guerra;
IV - águas, energia, informática, telecomunicações e radiodifusão;
V - serviço postal;
VI - sistema monetário e de medidas, títulos e garantias dos metais;
VII - política de crédito, câmbio, seguros e transferência de valores;
VIII - comércio exterior e interestadual;
IX - diretrizes da política nacional de transportes;
X - regime dos portos, navegação lacustre, fluvial, marítima, aérea e aeroespacial;
XI - trânsito e transporte;
XII - jazidas, minas, outros recursos minerais e metalurgia;
XIII - nacionalidade, cidadania e naturalização;
XIV - populações indígenas;
XV - emigração e imigração, entrada, extradição e expulsão de estrangeiros;
XVI - organização do sistema nacional de emprego e condições para o exercício de profissões;
XVII - organização judiciária, do Ministério Público do Distrito Federal e dos Territórios e da Defensoria Pública dos Territórios, bem como organização administrativa destes; (Redação dada pela Emenda Constitucional nº 69, de 2012)
XVIII - sistema estatístico, sistema cartográfico e de geologia nacionais;
XIX - sistemas de poupança, captação e garantia da poupança popular;
XX - sistemas de consórcios e sorteios;
XXI - normas gerais de organização, efetivos, material bélico, garantias, convocação e mobilização das polícias militares e corpos de bombeiros militares;
XXII - competência da polícia federal e das polícias rodoviária e ferroviária federais;
XXIII - seguridade social;
XXIV - diretrizes e bases da educação nacional;
XXV - registros públicos;
XXVI - atividades nucleares de qualquer natureza;
XXVII - normas gerais de licitação e contratação, em todas as modalidades, para as administrações públicas, diretas, autárquicas e fundacionais da União, Estados, Distrito Federal e Municípios, obedecido o disposto no art. 37, XXI, e para as empresas públicas e sociedades de economia mista, nos termos do art. 173, § 1º, III;
XXVIII - defesa territorial, defesa aeroespacial, defesa marítima, defesa civil e mobilização nacional;
XXIX - propaganda comercial.

Possibilidade de delegação

Parágrafo único - Lei complementar poderá autorizar os Estados a legislar sobre questões específicas das matérias relacionadas neste artigo.

Competência material comum da União, dos Estados, do Distrito Federal e dos Municípios

Segundo José Afonso da Silva, *competência comum*, também chamada de cumulativa ou paralela, significa a *"faculdade de legislar ou praticar certos atos, em determinada esfera, juntamente e em pé de igualdade, consistindo, pois, num campo de atuação comum às várias entidades, sem que o exercício de uma venha a excluir a competência de outra, que pode assim ser exercida cumulativamente"*.

Art. 23 - É competência comum da União, dos Estados, do Distrito Federal e dos Municípios:
I - zelar pela guarda da Constituição, das leis e das instituições democráticas e conservar o patrimônio público;
II - cuidar da saúde e assistência pública, da proteção e garantia das pessoas portadoras de deficiência;
III - proteger os documentos, as obras e outros bens de valor histórico, artístico e cultural, os monumentos, as paisagens naturais notáveis e os sítios arqueológicos;
IV - impedir a evasão, a destruição e a descaracterização de obras de arte e de outros bens de valor histórico, artístico ou cultural;
V - proporcionar os meios de acesso à cultura, à educação, à ciência, à tecnologia, à pesquisa e à inovação; (Redação dada pela Emenda Constitucional nº 85, de 2015)
VI - proteger o meio ambiente e combater a poluição em qualquer de suas formas;
VII - preservar as florestas, a fauna e a flora;
VIII - fomentar a produção agropecuária e organizar o abastecimento alimentar;

IX - promover programas de construção de moradias e a melhoria das condições habitacionais e de saneamento básico;
X - combater as causas da pobreza e os fatores de marginalização, promovendo a integração social dos setores desfavorecidos;
XI - registrar, acompanhar e fiscalizar as concessões de direitos de pesquisa e exploração de recursos hídricos e minerais em seus territórios;
XII - estabelecer e implantar política de educação para a segurança do trânsito.
Parágrafo único. Leis complementares fixarão normas para a cooperação entre a União e os Estados, o Distrito Federal e os Municípios, tendo em vista o equilíbrio do desenvolvimento e do bem-estar em âmbito nacional.

Competência concorrente da União, dos Estados e do Distrito Federal

Na *competência concorrente*, da mesma forma que na comum, também há a possibilidade de mais de uma entidade federativa dispor sobre o mesmo assunto ou matéria, só que com uma diferença: a competência para estabelecer políticas *gerais*, diretrizes *gerais* ou normas *gerais* cabe à *União*, enquanto que se defere aos Estados a competência *suplementar*, isto é, o poder de formular normas que desdobrem o conteúdo das normas gerais fixadas pela União, ou até mesmo que supram a ausência destas, se a União não editá-las. A competência suplementar, portanto, está intimamente relacionada à competência concorrente. No artigo 24, a primazia da União quanto à feitura de normas gerais se afirma nos §§ 1º e 4º, e a competência suplementar dos Estados está prevista nos §§ 2º e 3º.

Observe que, neste artigo, não se admite a legislação concorrente por parte dos Municípios; ele só se aplica à União, aos Estados e ao Distrito Federal [8].

Art. 24 - Compete à União, aos Estados e ao Distrito Federal legislar concorrentemente sobre:
I - direito tributário, financeiro, penitenciário, econômico e urbanístico;
II - orçamento;
III - juntas comerciais;
IV - custas dos serviços forenses;
V - produção e consumo;
VI - florestas, caça, pesca, fauna, conservação da natureza, defesa do solo e dos recursos naturais, proteção do meio ambiente e controle da poluição;
VII - proteção ao patrimônio histórico, cultural, artístico, turístico e paisagístico;
VIII - responsabilidade por dano ao meio ambiente, ao consumidor, a bens e direitos de valor artístico, estético, histórico, turístico e paisagístico;
IX - educação, cultura, ensino, desporto, ciência, tecnologia, pesquisa, desenvolvimento e inovação; (Redação dada pela Emenda Constitucional nº 85, de 2015)

[8] A competência suplementar dos Municípios, entretanto, está prevista no art. 30, II, que diz que é competência dos Municípios suplementar a legislação federal e a estadual *no que couber* (ou seja, no que sobrar).

X - criação, funcionamento e processo do juizado de pequenas causas;
XI - procedimentos em matéria processual;
XII - previdência social, proteção e defesa da saúde;
XIII - assistência jurídica e defensoria pública;
XIV - proteção e integração social das pessoas portadoras de deficiência;
XV - proteção à infância e à juventude;
XVI - organização, garantias, direitos e deveres das polícias civis.

Competência da União para estabelecer normas gerais

§ 1º - No âmbito da legislação concorrente, a competência da União limitar-se-á a estabelecer normas gerais.

Competência suplementar dos Estados

§ 2º - A competência da União para legislar sobre normas gerais não exclui a competência suplementar dos Estados.
§ 3º - Inexistindo lei federal sobre normas gerais, os Estados exercerão a competência legislativa plena, para atender a suas peculiaridades.

Primazia das normas gerais editadas pela União sobre as leis estaduais que lhe forem contrárias

§ 4º - A superveniência de lei federal sobre normas gerais suspende [9] *a eficácia da lei estadual, no que lhe for contrário.*

4. Dos Estados Federados

A Constituição do Brasil assegura *autonomia* aos Estados federados, que terão *auto-organização*, *autolegislação*, *autogoverno* e *auto-administração*.

A capacidade de auto-organização e autolegislação está consagrada no *caput* do art. 25, quando diz que os Estados organizam-se e regem-se pelas suas Constituições e leis que adotarem. As Constituições dos Estados, porém, não podem, evidentemente, contrariar os dispositivos da Lei Principal, que é a Constituição do Brasil.

A capacidade de autogoverno foi enumerada nos arts. 27 e 28, quando dizem que os Estados têm *competências próprias* e *autoridades próprias*, dispondo de Poder Executivo, Poder Legislativo e Poder Judiciário.

A capacidade de auto-administração decorre das normas que distribuem as competências entre União, Estados e Municípios, especialmente do art. 25, § 1º, ao dispor que *são reservadas aos Estados as competências que não lhes sejam vedadas por esta Constituição*. Portanto, fica-lhes proibido dispor sobre competências da União e dos Municípios. Cabem aos Estados os poderes *remanescentes*, que sobram

[9] Observe que suspender não é o mesmo que revogar. A *revogação* atinge a *vigência* da lei e de uma forma *definitiva*, ao passo que a suspensão atinge a sua *eficácia* e de forma *temporária*. Se posteriormente houver modificações na lei federal de normas gerais que façam com que a lei estadual deixe de ser com ela incompatível, a lei estadual voltará a ter eficácia, ou seja, voltará a ser aplicada.

da enumeração dos poderes da União (especialmente os artigos 21 e 22) e dos indicados aos Municípios.

Capacidade de auto-organização e autolegislação dos Estados

Art. 25 - Os Estados organizam-se e regem-se pelas Constituições e leis que adotarem, observados os princípios desta Constituição.

Poderes remanescentes dos Estados

§ 1º - São reservadas aos Estados as competências que não lhes sejam vedadas por esta Constituição.

§ 2º - Cabe aos Estados explorar diretamente, ou mediante concessão, os serviços locais de gás canalizado, na forma da lei, vedada a edição de medida provisória para a sua regulamentação.

§ 3º - Os Estados poderão, mediante lei complementar, instituir regiões metropolitanas, aglomerações urbanas e microrregiões, constituídas por agrupamentos de Municípios limítrofes, para integrar a organização, o planejamento e a execução de funções públicas de interesse comum.

Bens dos Estados

Art. 26 - Incluem-se entre os bens dos Estados:

I - as águas superficiais ou subterrâneas, fluentes, emergentes e em depósito, ressalvadas, neste caso, na forma da lei, as decorrentes de obras da União;

II - as áreas, nas ilhas oceânicas e costeiras, que estiverem no seu domínio, excluídas aquelas sob domínio da União, Municípios ou terceiros;

III - as ilhas fluviais e lacustres [10] não pertencentes à União;

IV - as terras devolutas não compreendidas entre as da União.

Capacidade Legislativa dos Estados

Número de Deputados Estaduais

Art. 27 - O número de Deputados à Assembléia Legislativa corresponderá ao triplo da representação do Estado na Câmara dos Deputados e, atingido o número de trinta e seis, será acrescido de tantos quantos forem os Deputados Federais acima de doze.

Como o mínimo de Deputados Federais de cada Estado é 8 e o máximo é 70, o número de Deputados Estaduais de cada Assembleia Legislativa estará entre 24 (triplo de oito) e 94 (= 36 + 70 - 12).

Mandato dos Deputados Estaduais

§ 1º - Será de quatro anos o mandato dos Deputados Estaduais, aplicando-se-lhes as regras desta Constituição sobre sistema eleitoral, inviolabilidade, imunidades, remuneração, perda de mandato, licença, impedimentos e incorporação às Forças Armadas.

Subsídio dos Deputados Estaduais

§ 2º - O subsídio dos Deputados Estaduais será fixado por lei de iniciativa da Assembléia Legislativa, na razão de, no máximo, setenta e cinco por cento daquele estabelecido, em espécie, para os Deputados Federais, observado o que dispõem os arts. 39 § 4º, 57, § 7º, 150, II, 153, III e 153, § 2º, I.

[10] Ilhas fluviais e lacustres são aquelas que estão em rios e lagos.

Ao final de cada ano os parlamentares resolverão quais serão os seus subsídios para o ano futuro. Seus vencimentos sofrerão incidência do imposto de renda e não poderão ultrapassar os subsídios estabelecidos para os Deputados Federais, pois estão limitados em 75% do estabelecido para Deputado Federal.

Auto-organização das Assembleias Legislativas

§ 3º - Compete às Assembléias Legislativas dispor sobre seu regimento interno, polícia e serviços administrativos de sua secretaria, e prover os respectivos cargos.

Iniciativa popular no processo legislativo estadual

O processo legislativo estadual dependerá das regras estatuídas nas Constituições de cada Estado-membro em razão da determinação constitucional. Para exemplificar: a Constituição do Estado de São Paulo, em seu art. 24, § 3º, I da Constituição Estadual diz que "a iniciativa popular pode ser exercida pela apresentação de projeto de lei subscrito por, no mínimo, cinco décimos de unidade por cento do eleitorado do Estado, assegurada a defesa do projeto, por representante dos respectivos responsáveis, perante as Comissões pelas quais tramitar".

§ 4º - A lei disporá sobre a iniciativa popular no processo legislativo estadual.

Capacidade de auto-governo dos Estados

Art. 28 - A eleição do Governador e do Vice-Governador de Estado, para mandato de quatro anos, realizar-se-á, no primeiro domingo de outubro, em primeiro turno, e no último domingo de outubro, em segundo turno, se houver, do ano anterior ao do término do mandato de seus antecessores, e a posse ocorrerá em 1º de janeiro do ano subseqüente, observado, quanto ao mais, o disposto no art. 77.

O mandato do Governador (e também o de seu Vice) será de 4 anos, mediante pleito direto e *simultâneo* em todo o País. Aplica-se à eleição do Governador o disposto no artigo 77, que regula a eleição do Presidente e do Vice-Presidente. Assim, vencerá o candidato que tiver *maioria absoluta* de votos, não computados os brancos e os nulos (a soma de seus votos deverá ser superior à soma dos votos de todos os seus concorrentes). Caso não haja maioria absoluta na primeira votação, haverá um segundo turno, uma nova eleição, dentro de até 20 dias após a proclamação do primeiro resultado, concorrendo os dois mais votados. Agora, considerar-se-á eleito aquele que obtiver a maioria dos votos válidos. Votos válidos são *todos os votos, retirando-se os brancos e os nulos* (são sinônimas as expressões "*maioria de votos, não computados os brancos e os nulos*" e "*maioria de votos válidos entre dois candidatos*").

Perda de mandato do governador

§ 1º - Perderá o mandato o Governador que assumir outro cargo ou função na administração pública direta ou indireta, ressalvada a posse em virtude de concurso público e observado o disposto no art. 38, I, IV, e V.

O constituinte ressalvou apenas a posse, mas desde que não entre em exercício, ou seja, desde que efetivamente não comece as atribuições do cargo.

Segundo o art. 38 da CF, se o Governador eleito era servidor público antes de vencer as eleições, deverá afastar-se de seu cargo, emprego ou função e, para efeito de benefício previdenciário, os valores serão descontados como se no exercício de seu cargo efetivo estivesse, e não no de Governador.

O tempo de permanência no mandato eletivo do Governador que era funcionário público antes de concorrer à eleição, segundo ainda regra do art. 38, será contado para todos os efeitos legais, *exceto para promoção por merecimento*, uma vez que, no curso de seu mandato de 4 anos, terá se afastado de seu cargo, nos quadros do funcionalismo público.

Subsídio do Governador, do Vice-Governador e dos Secretários de Estado

§ 2º - Os subsídios do Governador, do Vice-Governador e dos Secretários de Estado serão fixados por lei de iniciativa da Assembléia Legislativa, observado o que dispõem os artigos 37, XI, 39, § 4º, 150, II, 153, III e 153, § 2º, I;

Julgamento de crime comum e de responsabilidade

No caso de crime comum, será competente para o julgamento do Governador o Superior Tribunal de Justiça (art. 105, I, *a*). Não há previsão constitucional taxativa para o caso de crime de responsabilidade, ficando a matéria, portanto, a cargo de cada Constituição Estadual.

5. Dos Municípios

As Constituições anteriores à atual, segundo José Afonso da Silva, "outorgavam aos Municípios só *governo próprio* e *competência exclusiva*, que correspondem ao mínimo para que uma entidade territorial tenha autonomia constitucional". Agora, entretanto, *"foi-lhes reconhecido o poder de auto-organização, ao lado de governo próprio e de competências exclusivas, e ainda com ampliação destas, de sorte que a Constituição criou verdadeiramente uma nova instituição municipal no Brasil. Por outro lado, não há mais qualquer hipótese de prefeitos nomeados. Tornou-se plena, pois, a capacidade de autogoverno municipal entre nós".*

De fato, o Município:

a) tem capacidade de *auto-organização*, mediante a elaboração da *lei orgânica própria*;

b) tem capacidade de *autogoverno*, pela eleição do Prefeito e Vereadores, representantes do Poder Executivo e Legislativo [11];

c) tem *capacidade normativa própria* ou capacidade de *autolegislação*, quando legisla sobre as matérias de sua competência exclusiva ou suplementar; e

d) tem capacidade de *auto-administração*, quando lhe é propiciada uma administração própria, para manter e prestar serviços de interesse local (ensino fundamental, postos de saúde, tratamento de água e esgoto, transporte municipal etc.).

Lei orgânica (capacidade de auto-organização)

Art. 29 - O Município reger-se-á por lei orgânica, votada em dois turnos, com o interstício mínimo de dez dias, e aprovada por dois terços dos membros da Câmara Municipal, que a promulgará, atendidos os princípios estabelecidos nesta Constituição, na Constituição do respectivo Estado e os seguintes preceitos:

O Município não tem "constituição municipal", mas sim, uma *lei orgânica*, na qual são enumerados todas as regras e princípios de sua organização.

Mandato de 4 anos para Prefeito, Vice-Prefeito e Vereadores (capacidade de autogoverno e de autolegislação).

I - eleição do Prefeito, do Vice-Prefeito e dos Vereadores, para mandato de quatro anos, mediante pleito direto e simultâneo realizado em todo o País;

II - eleição do Prefeito e do Vice-Prefeito realizada no 1º domingo de outubro do ano anterior ao término do mandato dos que devam suceder, aplicadas as regras do art. 77, no caso de Municípios com mais de duzentos mil eleitores;

Haverá exigência de eleição por maioria absoluta e previsão de segundo turno *apenas se o Município tiver mais de duzentos mil eleitores* (não são 200.000 *habitantes*, e sim, 200.000 *eleitores*).

III - posse do Prefeito e do Vice-Prefeito no dia 1º de janeiro do ano subseqüente ao da eleição;

Número de Vereadores

IV - para a composição das Câmaras Municipais, será observado o limite máximo instituído pela Emenda Constitucional nº 58, a saber:

a) 9 (nove) Vereadores, nos Municípios de até 15.000 (quinze mil) habitantes;

b) 11 (onze) Vereadores, nos Municípios de mais de 15.000 (quinze mil) habitantes e de até 30.000 (trinta mil) habitantes;

c) 13 (treze) Vereadores, nos Municípios com mais de 30.000 (trinta mil) habitantes e de até 50.000 (cinquenta mil) habitantes;

d) 15 (quinze) Vereadores, nos Municípios de mais de 50.000 (cinquenta mil) habitantes e de até 80.000 (oitenta mil) habitantes;

e) 17 (dezessete) Vereadores, nos Municípios de mais de 80.000 (oitenta mil) habitantes e de até 120.000 (cento e vinte mil) habitantes;

f) 19 (dezenove) Vereadores, nos Municípios de mais de 120.000 (cento e vinte mil) habitantes e de até 160.000 (cento sessenta mil) habitantes;

g) 21 (vinte e um) Vereadores, nos Municípios de mais de 160.000 (cento e sessenta mil) habitantes e de até 300.000 (trezentos mil) habitantes;

[11] OBS: não existe Poder Judiciário em âmbito municipal.

h) 23 (vinte e três) Vereadores, nos Municípios de mais de 300.000 (trezentos mil) habitantes e de até 450.000 (quatrocentos e cinquenta mil) habitantes;
i) 25 (vinte e cinco) Vereadores, nos Municípios de mais de 450.000 (quatrocentos e cinquenta mil) habitantes e de até 600.000 (seiscentos mil) habitantes;
j) 27 (vinte e sete) Vereadores, nos Municípios de mais de 600.000 (seiscentos mil) habitantes e de até 750.000 (setecentos e cinquenta mil) habitantes;
k) 29 (vinte e nove) Vereadores, nos Municípios de mais de 750.000 (setecentos e cinquenta mil) habitantes e de até 900.000 (novecentos mil) habitantes;
l) 31 (trinta e um) Vereadores, nos Municípios de mais de 900.000 (novecentos mil) habitantes e de até 1.050.000 (um milhão e cinquenta mil) habitantes;
m) 33 (trinta e três) Vereadores, nos Municípios de mais de 1.050.000 (um milhão e cinquenta mil) habitantes e de até 1.200.000 (um milhão e duzentos mil) habitantes;
n) 35 (trinta e cinco) Vereadores, nos Municípios de mais de 1.200.000 (um milhão e duzentos mil) habitantes e de até 1.350.000 (um milhão e trezentos e cinquenta mil) habitantes;
o) 37 (trinta e sete) Vereadores, nos Municípios de 1.350.000 (um milhão e trezentos e cinquenta mil) habitantes e de até 1.500.000 (um milhão e quinhentos mil) habitantes;
p) 39 (trinta e nove) Vereadores, nos Municípios de mais de 1.500.000 (um milhão e quinhentos mil) habitantes e de até 1.800.000 (um milhão e oitocentos mil) habitantes;
q) 41 (quarenta e um) Vereadores, nos Municípios de mais de 1.800.000 (um milhão e oitocentos mil) habitantes e de até 2.400.000 (dois milhões e quatrocentos mil) habitantes;
r) 43 (quarenta e três) Vereadores, nos Municípios de mais de 2.400.000 (dois milhões e quatrocentos mil) habitantes e de até 3.000.000 (três milhões) de habitantes;
s) 45 (quarenta e cinco) Vereadores, nos Municípios de mais de 3.000.000 (três milhões) de habitantes e de até 4.000.000 (quatro milhões) de habitantes;
t) 47 (quarenta e sete) Vereadores, nos Municípios de mais de 4.000.000 (quatro milhões) de habitantes e de até 5.000.000 (cinco milhões) de habitantes;
u) 49 (quarenta e nove) Vereadores, nos Municípios de mais de 5.000.000 (cinco milhões) de habitantes e de até 6.000.000 (seis milhões) de habitantes;
v) 51 (cinquenta e um) Vereadores, nos Municípios de mais de 6.000.000 (seis milhões) de habitantes e de até 7.000.000 (sete milhões) de habitantes;
w) 53 (cinquenta e três) Vereadores, nos Municípios de mais de 7.000.000 (sete milhões) de habitantes e de até 8.000.000 (oito milhões) de habitantes; e
x) 55 (cinquenta e cinco) Vereadores, nos Municípios de mais de 8.000.000 (oito milhões) de habitantes;

Subsídio do Prefeito e do Vice-Prefeito

Lembrando que o subsídio de contraprestação paga pelo Estado a determinados agentes públicos, em parcela única, mas com toda a incidência natural tributária, como imposto de renda, previdência social, dentro outros.

V - subsídios do Prefeito, do Vice-Prefeito e dos Secretários Municipais fixados por lei de iniciativa da Câmara Municipal, observado o que dispõem os arts. 37, XI, 39, § 4º, 150, II, 153, III e 153, § 2º, I;

Subsídio dos Vereadores e sua Proporcionalidade

Já para os senhores Vereadores a Constituição Federal fixou uma proporcionalidade inovado pela Emenda Constitucional. O número de Vereadores é fixado pela Câmara segundo proporcionalidade estabelecida na Lei Orgânica Municipal. A tabela para a fixação da proporcionalidade populacional está no art. 29, inciso IV da Constituição. Observem que a proporcionalidade aqui não esta em relação aos eleitores e sim à população.

VI - subsídio dos Vereadores fixado por lei de iniciativa das Câmaras Municipais em cada legislatura para a subseqüente, observado o que dispõe esta Constituição, observado os critérios estabelecidos na respectiva Lei Orgânica e os seguintes limites máximos:
a) em Municípios de até dez mil habitantes, o subsídio máximo dos Vereadores corresponderá a vinte por cento do subsídio dos Deputados Estaduais;
b) em Municípios de dez mil e um a cinqüenta mil habitantes, o subsídio máximo dos Vereadores corresponderá a trinta por cento do subsídio dos Deputados Estaduais;
c) em Municípios de cinqüenta mil e um a cem mil habitantes, o subsídio máximo dos Vereadores corresponderá a quarenta por cento do subsídio dos Deputados Estaduais;
d) em Municípios de cem mil e um a trezentos mil habitantes, o subsídio máximo dos Vereadores corresponderá a cinqüenta por cento do subsídio dos Deputados Estaduais;
e) em Municípios de trezentos mil e um a quinhentos mil habitantes, o subsídio máximo dos Vereadores corresponderá a sessenta por cento do subsídio dos Deputados Estaduais;
f) em Municípios de mais de quinhentos mil habitantes, o subsídio máximo dos Vereadores corresponderá a setenta e cinco por cento do subsídio dos Deputados Estaduais;
VII - o total da despesa com a remuneração dos Vereadores não poderá ultrapassar o montante de cinco por cento da receita do Município;

Inviolabilidade dos Vereadores

VIII - inviolabilidade dos Vereadores por suas opiniões, palavras e votos no exercício do mandato e na circunscrição do Município;

Esta foi uma grande inovação constitucional, pois, pela primeira vez se assegurou ao Vereador inviolabilidade por suas palavras e votos, no exercício do mandato e na circunscrição do Município.

Inviolabilidade, no caso, é a exclusão da punibilidade de certos atos dos agentes públicos, quando praticados no desempenho de suas funções e em razão delas. Observe que tal inviolabilidade está limitada aos limites territoriais do Município em que o Vereador atua.

IX - proibições e incompatibilidades, no exercício da vereança, similares, no que couber, ao disposto nesta Constituição para os membros do Congresso Nacional e, na Constituição do respectivo Estado, para os membros da Assembléia Legislativa;

As mesmas incompatibilidades que atingem os mesmo do Congresso Nacional são estendidas aos Vereadores. Essas incompatibilidades estão no art. 54, a saber:
Art. 54. Os Deputados e Senadores não poderão:
I - desde a expedição do diploma:
a) firmar ou manter contrato com pessoa jurídica de direito público, autarquia, empresa pública, sociedade de economia mista ou empresa concessionária de serviço público, salvo quando o contrato obedecer a cláusulas uniformes;
b) aceitar ou exercer cargo, função ou emprego remunerado, inclusive os de que sejam demissíveis "ad nutum", nas entidades constantes da alínea anterior;
II - desde a posse:
a) ser proprietários, controladores ou diretores de empresa que goze de favor decorrente de contrato com pessoa jurídica de direito público, ou nela exercer função remunerada;
b) ocupar cargo ou função de que sejam demissíveis "ad nutum", nas entidades referidas no inciso I, "a";
c) patrocinar causa em que seja interessada qualquer das entidades a que se refere o inciso I, "a";
d) ser titulares de mais de um cargo ou mandato público eletivo.

Julgamento do Prefeito

X - julgamento do Prefeito perante o Tribunal de Justiça;

Tal é o teor da decisão proferida pelo Ministro Celso de Mello, na Reclamação 2657/MCPR, de 21.6.2004, publicada pelo DJU de 25.6.2004, cujo tópico agora é transcrito.

"Isso significa, portanto, tendo-se presente o contexto ora em exame, que, tratando-se de Prefeito Municipal, compete, originariamente, ao Tribunal de Justiça... (ADI 2.797/DF).

XI - organização das funções legislativas e fiscalizadoras da Câmara Municipal;

XII - cooperação das associações representativas no planejamento municipal;

Iniciativa popular

O exercício da soberania popular na democracia semidireta também foi prevista para os cidadãos do Município. Cabe à iniciativa popular a iniciativa de projetos de lei de interesse específico do Município, da cidade ou de bairros, desde que preenchidos os requisitos de que haja manifestação de, pelo menos, 5% do eleitorado municipal.

XIII - iniciativa popular de projetos de lei de interesse específico do Município, da cidade ou de bairros, através de manifestação de, pelo menos, cinco por cento do eleitorado;

Perda do mandato do Prefeito

XIV - perda do mandato do Prefeito, nos termos do art. 28, parágrafo único.

Assim como previsto no caso de Governador ou Presidente da República, o Prefeito perderá seu mandato, se assumir outro cargo ou função na Administração direta ou indireta. Se o Prefeito eleito era servidor público antes de vencer as eleições, deverá afastar-se de seu cargo, emprego ou função, podendo optar pela remuneração do cargo, isto é, podendo escolher qual valor quer receber, o subsídio de Prefeito ou a remuneração de servidor público.

Limite de Despesas

O constituinte enumera uma extensa relação de percentuais, relativos ao somatório da receita tributária e das transferências previstas, uma vez que o sistema fiscal e político-institucional brasileiro geram incentivos à expansão excessiva das despesas das câmaras, o que justificou a iniciativa de se impor uma limitação constitucional. Não podemos nos esquecer também que a estrutura constitucional de autonomia dos poderes cria incentivos para a expansão exagerada das despesas dos legislativos municipais (na verdade dos legislativos de todos os níveis de governo, assim como do Judiciário e do Ministério Público). Daí se justifica que, na própria Constituição Federal, haja uma cláusula impondo um teto a essas despesas, de forma a contrapor a força dos incentivos à expansão de gastos.

Art. 29-A - O total da despesa do Poder Legislativo Municipal, incluídos os subsídios dos Vereadores e excluídos os gastos com inativos, não poderá ultrapassar os seguintes percentuais, relativos ao somatório da receita tributária e das transferências previstas no § 5º do art. 153 e nos arts. 158 e 159, efetivamente realizado no exercício anterior:
I - 7% (sete por cento) para Municípios com população de até 100.000 (cem mil) habitantes;
II - 6% (seis por cento) para Municípios com população entre 100.000 (cem mil) e 300.000 (trezentos mil) habitantes;
III - 5% (cinco por cento) para Municípios com população entre 300.001 (trezentos mil e um) e 500.000 (quinhentos mil) habitantes;
IV - 4,5% (quatro inteiros e cinco décimos por cento) para Municípios com população entre 500.001 (quinhentos mil e um) e 3.000.000 (três milhões) de habitantes;
V - 4% (quatro por cento) para Municípios com população entre 3.000.001 (três milhões e um) e 8.000.000 (oito milhões) de habitantes;
VI - 3,5% (três inteiros e cinco décimos por cento) para Municípios com população acima de 8.000.001 (oito milhões e um) habitantes.

Gastos com Folha de Pagamento – Máximo – 70%

§ 1º A - Câmara Municipal não gastará mais de setenta por cento de sua receita com folha de pagamento, incluído o gasto com o subsídio de seus Vereadores.

Crime de Responsabilidade

Guilherme de Souza Nucci afirma: "Crimes de responsabilidade é uma denominação inexata, não correspondente ao que o Código de Processo Penal tem por fim regular. Os crimes de responsabilidade de funcionários públicos, quando autênticos, são infrações político-administrativas, normalmente julgadas por órgãos políticos, como o Senado Federal, a Assembleia do Estado ou mesmo a Câmara Municipal, determinando, como penalidade, a perda do cargo ou função pública, inabilitando o réu ao seu exercício por certo período. Não é o caso aqui previsto. Cuida-se apenas dos delitos cometidos por funcionários públicos, no exercício da sua função, logo, são crimes funcionais.

Fica claro que os Municípios não dispõem de competência para legislar sobre essa matéria, infrações político-administrativas, que é privativa da União (CF, artigos 15, "caput", 22, I e XIII, e 24, XI), incumbindo-lhe tão-somente observar as prescrições emanadas no Decreto-lei n. 201/67, o qual foi recepcionado pela nova ordem constitucional, como, aliás, o Egrégio Supremo Tribunal Federal já deixou assentado em mais de uma passagem (HC n. 69.850-6/RS, DJ 27.5.94, HC 70.671-PI, j. em 13.4.1994, DJU de 19.5.1994, p. 13.993, apud Tito Costa, in Responsabilidade de Prefeitos e Vereadores, São Paulo: Revista dos Tribunais, 3ª ed., 1998, p. 30).

§ 2º - Constitui crime de responsabilidade do ***Prefeito Municipal****:*
I - efetuar repasse que supere os limites definidos neste artigo;
II - não enviar o repasse até o dia vinte de cada mês; ou
III - enviá-lo a menor em relação à proporção fixada na Lei Orçamentária.
§ 3º - Constitui crime de responsabilidade do ***Presidente da Câmara Municipal*** *o desrespeito ao § 1º deste artigo.*

Competências dos Municípios

Art. 30 - Compete aos Municípios:
I - legislar sobre assuntos de interesse local;

Competência suplementar

II - suplementar a legislação federal e a estadual no que couber;

Competência tributária

III - instituir e arrecadar os tributos de sua competência, bem como aplicar suas rendas, sem prejuízo da obrigatoriedade de prestar contas e publicar balancetes nos prazos fixados em lei;

Competência administrativa

IV - criar, organizar e suprimir distritos, observada a legislação estadual;
V - organizar e prestar, diretamente ou sob regime de concessão ou permissão, os serviços públicos de interesse local, incluído o de transporte coletivo, que tem caráter essencial;
VI - manter, com a cooperação técnica e financeira da União e do Estado, programas de educação infantil e de ensino fundamental; (Redação dada pela Emenda Constitucional nº 53, de 2006)
VII - prestar, com a cooperação técnica e financeira da União e do Estado, serviços de atendimento à saúde da população;
VIII - promover, no que couber, adequado ordenamento territorial, mediante planejamento e controle do uso, do parcelamento e da ocupação do solo urbano;
IX - promover a proteção do patrimônio histórico cultural local, observada a legislação e a ação fiscalizadora federal e estadual.

Fiscalização do Município

A fiscalização do Município será exercida pelo Poder Legislativo Municipal, mediante dois tipos de controle:
- controle externo, que é o realizado através dos Tribunais de Contas dos Estados ou do Município ou dos Conselhos ou Tribunal de Contas do Município e
- pelos sistemas de controle interno do Poder Executivo Municipal (Art.31).

Esse Tribunal não faz sentenças mas emite parecer prévio e/ou técnico. Esses pareceres podem não ser aceitos pela Câmara dos Vereadores que por decisão de 2/3 dos membros, podem rejeitá-los.

Observem que o Executivo encaminha suas contas ao Legislativo Municipal, que os remete ao Tribunal de Contas. Após exaustiva análise das mesmas, as julga regulares, regulares com ressalva ou irregulares. Após esta análise pelo corpo técnico e julgamento, as contas são enviadas diretamente a Câmara de Vereadores.

Quando a Câmara recebe as contas, deve dar publicidade através do órgão de divulgação oficial do município, site da Câmara e outros meios disponíveis, dizendo que as contas ficarão na Câmara de Vereadores à disposição dos interessados para análise durante 60 dias. Após este prazo e analisado nas Comissões as mesmas vão a Plenário para serem votadas (normalmente é feita em votação secreta e em única votação).

Art. 31 - A fiscalização do Município será exercida pelo Poder Legislativo Municipal, mediante controle externo, e pelos sistemas de controle interno do Poder Executivo Municipal, na forma da lei.
§ 1º - O controle externo da Câmara Municipal será exercido com o auxílio dos Tribunais de Contas dos Estados ou do Município ou dos Conselhos ou Tribunais de Contas dos Municípios, onde houver.
§ 2º - O parecer prévio, emitido pelo órgão competente sobre as contas que o Prefeito deve anualmente prestar, só deixará de prevalecer por decisão de dois terços dos membros da Câmara Municipal.

Disponibilidade das contas
§ 3º - As contas dos Municípios ficarão, durante sessenta dias, anualmente, à disposição de qualquer contribuinte, para exame e apreciação, o qual poderá questionar-lhes a legitimidade, nos termos da lei.

Proibição de criação de órgãos de Contas Municipais
§ 4º - É vedada a criação de Tribunais, Conselhos ou órgãos de Contas Municipais.

O legislador proíbe a criação de Tribunais, Conselhos ou Órgãos de Contas Municipais. Os que já existiam antes da atual Constituição serão mantidos. As contas das Prefeituras onde não existam esses órgãos serão remetidas para o Tribunal de Contas dos Estados. A título de curiosidade somente existem dois Tribunais de Contas Municipal – o da cidade de São Paulo e da cidade do Rio de Janeiro.

6. Do Distrito Federal

Segundo José Afonso da Silva, o Distrito Federal não é Estado, nem Município. Serve de sede ao governo federal e tem autonomia político-administrativa tendo sido enumerado como ente federado.

É pessoa jurídica de direito público, com capacidade legislativa, administrativa e judiciária.

Tem *auto-organização,* uma vez que é regida pela sua lei orgânica, votada em dois turnos com interstício mínimo de 10 dias e aprovada por 2/3 da Câmara Distrital, que a promulgará.

Também tem *autogoverno*, uma vez que no Distrito Federal há Poder Legislativo, com eleição para Deputados Distritais e, também, representante do Poder Executivo, que é o Governador distrital.

E por último está presente a *auto-administração,* quando o legislador nos diz que a ele serão atribuídas as competências legislativas dos Estados e Municípios.

É proibido ao Distrito Federal dividir-se em Municípios.

Não detém o poder de organizar e manter o Poder Judiciário, nem o Ministério Público, nem a Defensoria Pública, nem a polícia civil e militar e o corpo de bombeiros, que serão mantidos pela União Federal (art. 21, XIII, XIV).

Art. 32 - O Distrito Federal vedada sua divisão em Municípios, reger-se-á por lei orgânica, votada em dois turnos com interstício mínimo de dez dias, e aprovada por dois terços da Câmara Legislativa, que a promulgará, atendidos os princípios estabelecidos nesta Constituição.
§ 1º - Ao Distrito Federal são atribuídas as competências legislativas reservadas aos Estados e Municípios.
§ 2º - A eleição do Governador e do Vice-Governador, observadas as regras do art. 77, e dos Deputados Distritais coincidirá com a dos Governadores e Deputados Estaduais, para mandato de igual duração.
§ 3º - Aos Deputados Distritais e à Câmara Legislativa aplica se o disposto no art. 27.
§ 4º - Lei federal disporá sobre a utilização, pelo Governo do Distrito Federal, das polícias civil e militar e do corpo de bombeiros militar.

7. Dos Territórios

Enquanto os outros entes federativos são dotados de autonomia, o mesmo não se aplica aos Territórios. Eles não têm autogoverno, nem auto-legislação. Como vimos anteriormente, os Territórios são meras autarquias federais na esfera da União. Aqui aparece uma figura muito interessante que é a do Governador nomeado.

A fiscalização legislativa financeira dos recursos públicos pertencentes ao território federal (autarquia territorial federal) é realizada pelo Congresso Nacional, mediante controle externo, com auxílio do Tribunal de Contas da União. Essa é a dicção do art. 33, § 2°, da CF/88 que estabelece:

Art. 33. A lei disporá sobre a organização administrativa e judiciária dos Territórios.

2º - As contas do Governo do Território serão submetidas ao Congresso Nacional, com parecer prévio do Tribunal de Contas da União.

De outra sorte, o controle legislativo financeiro dos recursos públicos pertencentes aos municípios situados no território federal segue outro modelo.

Com efeito, por serem recursos municipais, e considerando a autonomia desses entes estatais, deve-se prestigiar o comando dado pelo art. 33, § 1°, da CF/88 que aduz:

Art. 33. A lei disporá sobre a organização administrativa e judiciária dos Territórios.
1º - Os Territórios poderão ser divididos em Municípios, aos quais se aplicará, no que couber, o disposto no Capítulo IV deste Título.

Ora, o regime fixado para o controle legislativo financeiro dos municípios, no aludido Capítulo IV, está consagrado no art. 31 da CF/88 que estatui:

Art. 31. A fiscalização do Município será exercida pelo Poder Legislativo Municipal, mediante controle externo, e pelos sistemas de controle interno do Poder Executivo Municipal, na forma da lei.

Não é demais mencionar que o Supremo Tribunal Federal ao julgar a ADI 445 (DJ de 25/3/94), acompanhou o voto do ilustre Ministro Néri da Silveira e decidiu:

"Em face de informações devidamente documentadas, o Estado do Tocantins, criado pelo art. 13 do ADCT da Constituição de 1988, possui mais de cem municípios e quase três dezenas de órgãos da administração direta e indireta, funcionando o Tribunal de Contas do Estado com apenas três Conselheiros, nos termos do que determina o art. 235, III, da Constituição, para os dez primeiros anos da criação de Estado novo. Não é possível, assim, acolher, em linha de princípio, a alegação de ofensa ao art. 37 da Constituição. A inconstitucionalidade da criação do Tribunal de Contas dos Municípios do Estado do Tocantins resulta, entretanto, na espécie, de ofensa ao art. 235, da Constituição Federal, que define normas básicas para a organização e funcionamento dos novos estados, durante os dez primeiros anos de sua criação. No art. 235, III, prevê-se a existência de um Tribunal de Contas, no Estado, com três membros, não se fazendo qualquer remissão ao art. 31 e seus parágrafos da mesma Carta Magna. Ao dispor especificamente sobre o Estado do Tocantins, o art. 13 do ADCT não previu nenhuma ressalva a autorizar a invocação do art. 31 e parágrafos da Constituição, para a fiscalização das contas dos Municípios, durante os dez primeiros anos da existência do Estado. De tal maneira, conforme o art. 235, III, da Lei Maior, o auxílio às Câmaras Municipais, para o controle externo, nesse primeiro decênio, há de fazer-se por intermédio do Tribunal de Contas do Estado, sendo inviável a criação de Tribunal de Contas dos Municípios."

Art. 33 - A lei disporá sobre a organização administrativa e judiciária dos Territórios.
§ 1º - Os Territórios poderão ser divididos em Municípios, aos quais se aplicará, no que couber, o disposto no Capítulo IV deste Título.
§ 2º - As contas do Governo do Território serão submetidas ao Congresso Nacional, com parecer prévio do Tribunal de Contas da União.
§ 3º - Nos Territórios Federais com mais de cem mil habitantes, além do Governador nomeado na forma desta Constituição, haverá órgãos judiciários de primeira e segunda instância, membros do Ministério Público e defensores públicos federais; a lei disporá sobre as eleições para a Câmara Territorial e sua competência deliberativa.

8. Da Intervenção

Intervenção, segundo Pontes de Miranda, é ato político que consiste na incursão da entidade interventora nos negócios da entidade que a suporta. É medida *excepcional* tomada em último caso e apenas contra os Estados, Distrito Federal ou os Municípios, jamais contra a União. Caracteriza-se pelo afastamento temporário, total ou parcial, das prerrogativas de autonomia do ente federativo que a sofreu, prevalecendo a vontade do ente interventor. Visa, entre outras coisas, garantir a proteção do território, a divisão territorial, a paz social, o respeito à moralidade administrativa, o adequado cuidado com as finanças públicas, etc.

O Poder Legislativo da União deverá autorizar em 24 horas o decreto interventor. Tomou o legislador esta medida como forma de evitar a exorbitância do Poder Executivo. Em suma, a intervenção significa uma retirada temporária da autonomia do ente federado para manter o pacto federativo.

Intervenção da União nos Estados e no Distrito Federal

Art. 34 - A União não intervirá nos Estados nem no Distrito Federal, exceto para:
I - manter a integridade nacional;
II - repelir invasão estrangeira ou de uma unidade da Federação em outra;
III - pôr termo a grave comprometimento da ordem pública;
IV - garantir o livre exercício de qualquer dos Poderes nas unidades da Federação;
V - reorganizar as finanças da unidade da Federação que:
a) suspender o pagamento da dívida fundada por mais de dois anos consecutivos, salvo motivo de força maior;
b) deixar de entregar aos Municípios receitas tributárias fixadas nesta Constituição, dentro dos prazos estabelecidos em lei;
VI - prover a execução de lei federal, ordem ou decisão judicial;

Princípios constitucionais sensíveis

VII - assegurar a observância dos seguintes princípios constitucionais:
a) forma republicana, sistema representativo e regime democrático;
b) direitos da pessoa humana;
c) autonomia municipal;
d) prestação de contas da administração pública, direta e indireta;
e) aplicação do mínimo exigido da receita resultante de impostos estaduais, compreendida a proveniente de transferências, na manutenção e desenvolvimento do ensino e nas ações e serviços públicos de saúde.

Nota-se que a saúde e a educação têm um tratamento qualificado à luz da Constituição, pois o desrespeito ao investimento mínimo exigido gera intervenção.

OBS: Os princípios constitucionais enumerados nas alíneas acima são extremamente importantes; por terem sido claros e indubitavelmente enumerados pela Constituição, recebem, na doutrina, o nome de princípios constitucionais *sensíveis*. Segundo José Afonso da Silva, esses princípios constituem o fulcro da organização constitucional do país; sua violação ensejará representação do Procurador-Geral da República junto ao Supremo Tribunal Federal, visando à declaração de inconstitucionalidade, e decretação, por parte do Presidente da República, de intervenção federal (art. 36, III). Os direitos da pessoa humana são direitos individuais. Direitos do homem ou direitos humanos são expressões mais usadas entre os autores anglo-americanos e latinos, em coerência com a tradição e a história, afirmando-se que só o ser humano pode ser titular de direitos. Aliás, a expressão direitos humanos é a preferida nos documentos internacionais atuais.

Os caracteres dos direitos fundamentais são os seguintes:

1) Historicidade. São históricos como qualquer direito. Nascem, modificam-se e desaparecem. Eles apareceram com a revolução burguesa-liberal e evoluem, ampliam-se, com o correr dos tempos;

2) Inalienabilidade. São direitos intransferíveis, inegociáveis, porque não são de conteúdo econômico-patrimonial. Se a ordem constitucional os confere a todos (erga omnes), deles não se pode desfazer, pois são indisponíveis;
3) Imprescritibilidade. O exercício de boa parte dos direitos fundamentais ocorre só no fato de existirem reconhecidos na ordem jurídica. Em relação a eles não se verificam requisitos que importem em sua prescrição. Vale dizer assim, que nunca deixam de ser exigíveis. Pois prescrição é um instituto jurídico que somente atinge, coarctando, a exigibilidade dos direitos patrimoniais, não a exigibilidade de direitos personalíssimos, ainda que não individualistas, como é o caso. Se são sempre exercíveis e exercidos, não há intercorrência temporal de não exercício que fundamente a perda da exigibilidade pela prescrição;

4) Irrenunciabilidade. Não se renunciam direitos fundamentais. Alguns deles podem até não ser exercidos, pode-se deixar de exercê-los, mas não se admite que sejam renunciados.

Ainda é bom salientar que modernamente há um grande movimento sobre esses mesmos direitos, havendo agora uma nova classificação, calcada em Gerações:

Como destaca Celso de Melo:

"Enquanto os direitos de primeira geração (direitos civis e políticos) - que compreendem as liberdades clássicas, negativas ou formais - realçam o princípio da liberdade e os direitos da segunda geração (direitos econômicos, sociais e culturais) - que se identificam com as liberdades positivas, reais ou concretas - acentuam o princípio da igualdade, os direitos da terceira geração, que materializam poderes de titularidade coletiva atribuídos genericamente a todas as formações sociais, consagram o princípio da solidariedade e constituem um momento importante no processo de desenvolvimento, expansão e reconhecimento dos direitos humanos, caracterizados enquanto valores fundamentais indisponíveis, pela nota de uma essencial Inexauribilidade".

Assim, os direitos fundamentais de primeira geração são os direitos e garantias individuais e políticos clássicos (liberdades públicas), surgidos institucionalmente a partir da Magna Carta inglesa de 1215.

Os direitos da 1ª geração ou direitos da liberdade têm por titular o indivíduo, são oponíveis ao Estado, traduzem-se como faculdades ou atributos da pessoa e ostentam uma subjetividade que é seu traço mais característico; enfim, são direitos de resistência ou de oposição perante o Estado.

Direitos fundamentais da 2ª geração

Referindo-se aos hoje chamados direitos fundamentais da segunda geração, que são os direitos sociais, econômicos e culturais, surgidos no início do século XX, Themistocles Brandão Cavalcanti analisou que:

"O começo do nosso século viu a inclusão de uma nova categoria de direitos nas declarações e, ainda mais recentemente, nos princípios garantidores da liberdade das nações e das normas da convivência internacional. Entre os direitos chamados sociais, incluem-se aqueles relacionados com o trabalho, o seguro social, a subsistência, o amparo à doeça, à velhice etc.".

Direitos fundamentais da 3ª geração

Por fim, modernamente, protege-se, constitucionalmente, como direitos de terceira geração os chamados direitos de solidariedade ou fraternidade, que englobam o direito a um meio ambiente equilibrado, uma saudável qualidade de vida, ao progresso, a paz, a autodeterminação dos povos e a outros direitos difusos (à comunicação, à propriedade sobre o patrimônio comum da humanidade) que são os interesses de grupos menos determinados de pessoas, sendo que entre elas não há vínculo jurídico ou fático muito preciso.

Como conclui Manoel Gonçalves Ferreira Filho: "a primeira geração seria a dos direitos de liberdade, a segunda, dos direitos de igualdade, a terceira, assim, complementaria o lema da Revolução Francesa: liberdade, igualdade e fraternidade".

Portanto, a história dos direitos da pessoa humana - direitos fundamentais de três gerações sucessivas e cumulativas, a saber: direitos individuais, direitos sociais e direitos difusos - é a mesma história da liberdade moderna, da separação e limitação dos poderes, da criação de mecanismos que auxiliam o homem a concretizar valores cuja identidade jaz primeiro na Sociedade e não nas esferas do poder estatal.

Intervenção nos Municípios

Para o Ministro Celso de Mello: "O instituto da intervenção federal, consagrado por todas as Constituições republicanas, representa um elemento fundamental na própria formulação da doutrina do federalismo, que dele não pode prescindir - inobstante a excepcionalidade de sua aplicação -, para efeito de preservação da intangibilidade do vínculo federativo, da unidade do Estado Federal e da integridade territorial das unidades federadas".

A Ação Direta de Inconstitucionalidade Interventiva- ADIN Interventiva é assim chamada pelo fato de promover a intervenção federal em algum Estado, no Distrito Federal ou em algum Município.

Para melhor compreensão, embora no Estado federativo vigore a regra da autonomia dos entes federados, em certos casos, será admitida a intervenção de um ente sobre o outro, situação em que ficará suspensa dita autonomia.

A União poderá intervir nos Estados e no Distrito Federal ou dos Estados e nos Municípios, isto é, poderá promover a Intervenção Federal e a Intervenção Estadual, respectivamente.

A intervenção poderá ser espontânea ou provocada, funcionando ora como ato político, ora como ato político-jurídico, havendo procedimentos e legitimados distintos, conforme o caso em tela.

Art. 35 - O Estado não intervirá em seus Municípios, nem a União nos Municípios localizados em Território Federal, exceto quando:
I - deixar de ser paga, sem motivo de força maior, por dois anos consecutivos, a dívida fundada;
II - não forem prestadas contas devidas, na forma da lei;
III - não tiver sido aplicado o mínimo exigido da receita municipal na manutenção e desenvolvimento do ensino e nas ações e serviços públicos de saúde
IV - o Tribunal de Justiça der provimento a representação para assegurar a observância de princípios indicados na Constituição Estadual, ou para prover a execução de lei, de ordem ou de decisão judicial.

O art. 35 da CF versa, dentre outras coisas, sobre a possibilidade de intervenção federal em Municípios pertencentes a territórios federais.

Pressupostos formais da intervenção

Art. 36 - A decretação da intervenção dependerá:
I - no caso do art. 34, IV, de solicitação do Poder Legislativo ou do Poder Executivo coacto ou impedido, ou de requisição do Supremo Tribunal Federal, se a coação for exercida contra o Poder Judiciário;
II - no caso de desobediência a ordem ou decisão judiciária, de requisição do Supremo Tribunal Federal, do Superior Tribunal de Justiça ou do Tribunal Superior Eleitoral;
III - de provimento, pelo Supremo Tribunal Federal, de representação do Procurador-Geral da República, na hipótese do art. 34, VII e no caso de recusa à execução de lei federal;
IV - Revogado pela Emenda Constitucional nº 45 de 2004.

Decreto de intervenção

§ 1º - O decreto de intervenção, que especificará a amplitude, o prazo e as condições de execução e que, se couber, nomeará o interventor, será submetido à apreciação do Congresso Nacional ou da Assembléia Legislativa do Estado, no prazo de vinte e quatro horas.
§ 2º - Se não estiver funcionando o Congresso Nacional ou a Assembléia Legislativa, far-se-á convocação extraordinária, no mesmo prazo de vinte e quatro horas.
§ 3º - Nos casos do art. 34, VI e VII, ou do art. 35, IV, dispensada a apreciação pelo Congresso Nacional ou pela Assembléia Legislativa, o decreto limitar-se-á a suspender a execução do ato impugnado, se essa medida bastar ao restabelecimento da normalidade.
§ 4º - Cessados os motivos da intervenção, as autoridades afastadas de seus cargos a estes voltarão, salvo impedimento legal.

Exercícios de Fixação

01. A competência para legislar sobre direito do trabalho:

a) é da União, dos Estados, do Distrito Federal e dos Municípios.
b) é privativa da União.
c) é da União, dos Estados e dos Municípios.
d) é do Município.
e) é do Distrito Federal.

02. Assinale a afirmativa correta:

a) compete à União, aos Estados e ao Distrito Federal legislar concorrentemente sobre direito tributário e financeiro.
b) compete privativamente à União legislar sobre direito civil, comercial, penal, processual, eleitoral, agrário, marítimo, aeronáutico, espacial, econômico e do trabalho.
c) é competência comum da União, dos Estados e do Distrito Federal zelar pela guarda da Constituição, das leis e das instituições democráticas e conservar o patrimônio público, e especificamente legislar sobre o comércio interestadual.
d) é competência concorrente da União, dos Estados e do Distrito Federal zelar pela guarda da Constituição.
e) é competência privativa da União, dos Estados e do Distrito Federal zelar pela guarda da Constituição.

03. Compete à União, aos Estados e ao Distrito Federal legislar concorrentemente sobre todas as matérias abaixo, exceto:

a) trânsito e transporte.
b) proteção ao patrimônio histórico, cultural, artístico e paisagístico.
c) responsabilidade por dano ao meio ambiente, ao consumidor, a bens e direitos de valor artístico e estético.
d) criação, funcionamento e processo do Juizado de Pequenas Causas.
e) orçamento.

04. Assinale a correta:

a) a competência dos Estados para legislar sobre direito tributário estende-se aos Municípios, quando lhes atenda às peculiaridades.
b) existindo normas geral da União sobre matéria tributária, os Estados ficam impedidos de legislar supletivamente a respeito.
c) os Estados exercerão a competência legislativa plena sobre normas gerais de direito tributário para atender a suas peculiaridades, ainda que exista lei federal sobre a matéria.
d) sobrevindo lei federal sobre normas gerais de direito tributário, a lei estadual tributária tem sua eficácia suspensa, no que aquela lhe for contrária.
e) a competência da União para legislar sobre direito tributário não está sujeita a qualquer limitação.

05. Assinale a assertiva correta:

a) Os Estados-membros organizam-se e regem-se pelas Constituições e leis que adotarem, devendo observância apenas aos chamados *"princípios sensíveis"* constantes da Constituição Federal.
b) Os Estados-membros gozam de autonomia, cabendo ao Tribunal de Justiça o processo e julgamento de seus Governadores.
c) Os Estados-membros gozam de autonomia, podendo adotar, inclusive, sistema de governo diverso daquele vigente no plano federal.
d) Os Estados-membros organizam-se e regem-se pelas Constituições e leis que adotarem, devendo observância apenas aos *"princípios sensíveis"* e aos *"princípios estabelecidos"* previstos na Constituição Federal.
e) A autonomia dos Estados-membros abrange também a possibilidade de, mediante desmembramento, criar-se nova unidade, independentemente da autorização do Congresso Nacional.

06. Assinale a assertiva correta:

a) A criação de Municípios deve observar os requisitos estabelecidos em lei complementar federal.
b) O Distrito Federal não pode dividir-se em Municípios.
c) A criação de novos Estados mediante desmem-bramento depende apenas da iniciativa da Assembleia Legislativa estadual.
d) A Constituição veda a remuneração de vereadores em Municípios com menos de cem mil eleitores.
e) O Distrito Federal forma uma autêntica unidade federativa, dispondo inclusive de Tribunal de Justiça e de Ministério Público distrital.

07. Compete aos Municípios, exceto:

a) criar, organizar e suprimir distrito, observada a legislação estadual.
b) organizar e prestar, diretamente ou sob regime de concessão ou permissão, os serviços públicos de interesse local, incluindo o transporte coletivo, que tem caráter essencial.
c) explorar diretamente, ou mediante concessão, com exclusividade de distribuição, os serviços locais de gás canalizado.
d) promover, no que couber, adequado ordenamento territorial, mediante planejamento e controle do uso, do parcelamento e da ocupação do solo urbano.

08. Compete à União legislar, privativamente, sobre:

a) desapropriação, informática, direito eleitoral e direito tributário.
b) direito econômico, direito civil e direito do trabalho.
c) direito civil, comercial, penal, processual, eleitoral, agrário, marítimo e previdência social.
d) direito espacial, aeronáutico e comércio interestadual.
e) direito tributário, orçamento e produção e consumo.

09. Assinale a assertiva correta:

a) são bens dos Estados as praias marítimas.
b) são bens dos Estados as ilhas fluviais e lacustres e os potenciais de energia hidráulica.
c) são bens da União as terras devolutas indispensáveis à preservação ambiental, definidas em lei.
d) são bens da União as ilhas oceânicas e costeiras.
e) são bens dos Estados as cavidades naturais subterrâneas e as águas em depósito.

10. Assinale a assertiva correta:

a) constitui competência legislativa exclusiva dos Estados-membros a organização, as garantias, os direitos e os deveres das polícias civis.
b) lei ordinária federal poderá autorizar os Estados-membros a legislar sobre matérias da competência específica da União.
c) compete à lei orgânica do Distrito Federal definir a competência do Tribunal de Justiça local.
d) a Constituição outorga posição diferenciada ao Distrito Federal, vedando-lhe a divisão em Municípios.
e) no âmbito de seus poderes de auto-organização, podem os Estados-membros definir o sistema de governo a ser adotado.

11. É da competência legislativa privativa da União:

a) a organização judiciária, do Ministério Público e da Defensoria Pública do Distrito Federal e dos Territórios, bem como a organização administrativa destes.
b) organização, garantias, direitos e deveres das polícias civis.
c) direito tributário, financeiro, penitenciário, econômico e urbanístico.
d) juntas comerciais e custas dos serviços forenses.
e) proteção ao patrimônio histórico e cultural.

12. Assinale a alternativa correta. Compete à União legislar, privativamente, sobre:

a) sistema estatístico e cartográfico.
b) previdência social.
c) procedimento em matéria processual.
d) seguridade social.
e) são corretas as alternativas a e d.

13. Assinale a opção correta:

a) A autonomia constitucional dos Municípios veda o controle externo da Câmara Municipal por intermédio de Tribunal de Contas do Estado.
b) Compete aos Municípios instituir e arrecadar os tributos de sua competência, bem como aplicar suas rendas, sem prejuízo da obrigatoriedade de prestação de contas e de publicação de balancetes nos prazos fixados em lei.
c) Os Municípios, em face do interesse e peculiaridade locais, podem legislar sobre normas gerais de licitação e contratação, em todas as modalidades, para sua administração direta e indireta, inclusive as fundações e as empresas sob seu controle.
d) Compete aos Municípios, concorrentemente com a União e os Estados, legislar sobre direito tributário e financeiro.
e) A União não intervirá nos Municípios salvo para manter a integridade nacional, repelir invasão estrangeira ou de Município em outro.

14. É competência privativa da União legislar sobre:

a) produção e consumo, desapropriação e defesa civil.
b) serviço postal, política de crédito e direito econômico.
c) proteção ao patrimônio histórico, populações indígenas e seguridade social.
d) registros públicos, propaganda comercial e sistema estatístico.
e) responsabilidade por dano ao consumidor, nacionalidade e cidadania.

15. Assinale a opção correta:

a) A competência da União para legislar sobre normas gerais exclui a competência suplementar dos Estados.
b) Inexistindo lei federal sobre normas gerais, os Estados exercerão a competência legislativa plena, para atender às suas peculiaridades.
c) No âmbito da legislação privativa, a competência da União limitar-se-á a estabelecer normas gerais.
d) A superveniência de lei federal sobre normas gerais revoga a lei estadual, no que lhe for contrária.
e) A superveniência de lei federal sobre normas gerais derroga a lei estadual, no que lhe for contrária.

16. Todas as alternativas indicam matéria em relação à qual a União detém competência privativa para legislar, exceto:

a) direito civil, processual, comercial, eleitoral, marítimo e espacial.
b) águas, energia, informática, telecomunicações e radiodifusão.
c) jazidas, minas, outros recursos minerais e metalúrgicos.
d) procedimentos em matéria processual, direito financeiro, econômico e previdência social.
e) nacionalidade e cidadania.

17. Assinale a alternativa correta. É da competência comum da União e dos Estados:

a) explorar, diretamente ou mediante concessão, portos fluviais e lacustres.
b) fiscalizar a concessão de direito de pesquisa de recursos hídricos e mineração.
c) legislar sobre proteção à infância e à juventude.
d) zelar pela guarda da Constituição.
e) manter o serviço postal.
f) são corretas as alternativas b, c e d.

18. Pode o cidadão de um Município ter iniciativa de projeto de lei de interesse específico de seu Município?

a) sim, desde que manifestado o interesse por, no mínimo, cinco por cento do eleitorado local.
b) não, tal iniciativa cabe tão-somente aos vereadores.
c) sim, desde que manifestado o interesse por, no mínimo, um por cento do eleitorado local.
d) sim, desde que manifestado o interesse por, no mínimo, cinco por cento do eleitorado do Estado.
e) somente se conseguir que o projeto receba o aval de, no mínimo, cinco por cento dos vereadores.

19. Compete aos Municípios:

a) a legislação suplementar às normas gerais editadas pela União.
b) a atividade legislativa plena na ausência de lei federal sobre normas gerais.
c) legislar concorrentemente sobre proteção ao patrimônio histórico, cultural, artístico, turístico e paisagístico.
d) prestar, com a cooperação técnica e financeira da União e do Estado, serviços de atendimento à saúde da população.
e) instituir diretrizes para o desenvolvimento urbano, inclusive habitação, saneamento básico e transportes urbanos.

20. Assinale a afirmativa correta:

a) compete à União, aos Estados e ao Distrito Federal legislar concorrentemente sobre direito tributário e financeiro.
b) compete privativamente à União legislar sobre direito civil, comercial, parcial, processual, eleitoral, agrário, marítimo, aeronáutico, especial, econômico e do trabalho.
c) é competência comum da União, dos Estados e do Distrito Federal zelar pela guarda da Constituição, das leis e das instituições democráticas e conservar o patrimônio público, e, especificamente legislar sobre o comércio interestadual.
d) compete privativamente à União Federal legislar sobre criação, funcionamento e processo de Juizado de Pequenas Causas.
e) compete concorrentemente à União legislar sobre serviço postal e populações indígenas.

21. É competência privativa da União legislar sobre:

a) produção e consumo, desapropriação e defesa civil.
b) serviço postal, política de crédito e direito econômico.
c) proteção ao patrimônio histórico, populações indígenas e seguridade social.
d) registros públicos, propaganda comercial e sistema estatístico.
e) responsabilidade por dano ao consumidor, nacionalidade e cidadania.

22. Na capacidade de auto-organização e auto-governo do Distrito Federal incluem-se:

a) a elaboração de lei orgânica, pela sua Câmara Legislativa, bem assim a organização e manutenção de Poder Judiciário.
b) a organização e a manutenção do Ministério Público e Consultoria Jurídica.
c) a organização e a manutenção do Poder Judiciário, Ministério Público e Defensoria Pública.
d) a elaboração de lei orgânica, votada em dois turnos, com interstício mínimo de dez dias, e aprovada por dois terços da Câmara Legislativa, que a promulgará, atendidos os princípios estabelecidos na Constituição.
e) elaboração de sua Constituição distrital.

23. À União compete, privativamente, legislar sobre:

a) direito civil, direito eleitoral, direito processual e direito administrativo.
b) direito penal, direito espacial, direito do trabalho e direito internacional.
c) direito comercial, direito agrário, direito marítimo e direito penal.
d) direito civil, direito municipal, direito eleitoral e direito aeronáutico.
e) direito civil, direito estadual, direito eleitoral e direito aeronáutico.

24. Compete à União, aos Estados e ao Distrito Federal legislar, concorrentemente, sobre:

a) desapropriação.
b) fomentar a produção agropecuária e organizar o abastecimento alimentar.
c) trânsito e transporte.
d) procedimentos em matéria processual.
e) jazidas, minas, outros recursos minerais e metalúrgicos.

25. Não é princípio constitucional sensível:

a) forma republicana, sistema representativo e regime democrático.
b) direitos da pessoa humana.
c) autonomia municipal.
d) prestação de contas da administração pública, direta e indireta.
e) retroatividade da norma penal mais benéfica ao infrator.

26. A intervenção federal, para o fim de assegurar a observância de princípios constitucionais sensíveis, depende de:

a) requisição do Ministro de Estado da Justiça.
b) requisição do Supremo Tribunal Federal, do Superior Tribunal Federal, do Superior Tribunal de Justiça ou do Superior Tribunal Eleitoral.
c) provimento, pelo Supremo Tribunal Federal, de representação do Procurador-Geral da República.
d) provimento, pelo Superior Tribunal de Justiça, de representação do Procurador-Geral da República.
e) representação do Presidente da República.

27. Nos termos da Constituição de 1988, compete à União, aos Estados e ao Distrito Federal, legislar concorrentemente sobre diversas matérias; em tais hipóteses:

a) sendo omisso o legislador federal na elaboração de leis complementares, os Estados exercerão competência legislativa plena, para atendimento de suas peculiaridades.
b) a competência legislativa concorrente será necessariamente exercida através de leis complementares.
c) o estabelecimento de normas gerais é privativo da União, vedada aos Estados produção legislativa subjetiva.
d) a competência legislativa da União limita-se ao estabelecimento de normas gerais, não excluindo a competência suplementar dos Estados.
e) a competência legislativa concorrente será necessariamente exercida através de leis ordinárias estaduais.

28. A Constituição Federal de 1988 inseriu os Municípios na organização político-administrativa do país. Segundo seu texto:

a) as leis orgânicas serão votadas e promulgadas pelas Câmaras Municipais, observados os princípios da Constituição Federal e da Constituição do respectivo Estado.
b) os Municípios serão regidos por lei orgânica promulgada pelas Assembleias Legislativas dos Estados.
c) as Constituições dos Estados definirão o âmbito da competência legislativa dos respectivos Municípios.
d) a União poderá intervir nos Municípios para proteção do princípio legislativo.
e) os Municípios serão regidos por Constituição promulgada pelas Assembleias Legislativas dos Estados.

29. Com o disciplinamento dado na Constituição da República o Distrito Federal recebeu competências equivalentes às:

a) dos Estados.
b) dos Municípios.
c) dos Estados e Municípios.
d) da União.
e) não recebeu competência alguma.

30. Os Estados podem incorporar-se entre si, subdividir-se para se anexarem a outros, ou formarem novos Estados ou Territórios Federais, mediante:

a) aprovação da população diretamente interessada, através de plebiscito, e do Congresso Nacional, por lei complementar.
b) proposta das Assembleias Legislativas dos Estados interessados, e aprovação do Congresso Nacional, por lei complementar.
c) proposta do Presidente da República, ou de um terço de cada uma das casas do Congresso Nacional, aprovadas mediante lei, e ouvida a população diretamente interessada através de referendo.
d) aprovação da população diretamente interessada, através de plebiscito, e das Assembleias Legislativas, por lei complementar.
e) aprovação de lei pelo Congresso Nacional, após manifestação plebiscitária da população diretamente interessada.

31. Assinale a alternativa falsa. A União não intervirá nos Estados nem no Distrito Federal, exceto para:

a) manter a integridade nacional.
b) repelir invasão estrangeira ou de uma unidade da Federação em outra.
c) pôr termo a grave comprometimento da ordem pública.
d) garantir o livre exercício de qualquer dos Poderes nas unidades da Federação.
e) reorganizar as finanças da unidade da Federação que proceder ao pagamento da dívida fundada por mais de dois anos consecutivos, salvo motivo de força maior.

32. É competência privativa da União:

a) legislar sobre direito tributário, financeiro, produção e consumo.

b) legislar sobre floresta, caça, pesca, fauna, defesa do solo e dos recursos naturais, proteção do meio ambiente e controle da poluição.

c) legislar sobre direito penal, eleitoral, agrário, marítimo e do trabalho.

d) legislar sobre previdência social, proteção e defesa da saúde.

e) assegurar acesso à cultura, à educação e à ciência.

Gabarito

01. B	02. A	03. A	04. D
05. D	06. B	07. C	08. D
09. C	10. D	11. A	12. E
13. B	14. D	15. B	16. D
17. F	18. A	19. D	20. A
21. D	22. D	23. C	24. D
25. E	26. C	27. D	28. A
29. C	30. A	31. E	32. C

8. Da Administração Pública

1. Introdução

Segundo Hely Lopes Meirelles, a expressão *Administração Pública* pode ter os seguintes significados:
a) conjunto de *órgãos* instituídos para consecução dos objetivos do Governo;
b) conjunto das *funções* necessárias aos serviços públicos em geral;
c) desempenho perene e sistemático; legal e técnico, dos serviços próprios do Estado ou por ele assumidos em benefício da coletividade.

A Administração Pública divide-se em dois grandes grupos: a administração *direta* (centralizada) e a administração *indireta* (descentralizada).

A administração *direta* é formada pelo conjunto de órgãos administrativos subordinados *diretamente* ao Poder Executivo de cada uma das esferas governamentais autônomas: União, Estados, Distrito Federal e Municípios.

Já a administração *indireta* é formada por entidades *descentralizadas* que se destinam à prestação de determinados serviços ou à exploração de determinadas atividades econômicas. Essas entidades podem ser pessoas jurídicas de *direito público*, como as autarquias e fundações de direito público, ou pessoas jurídicas de *direito privado,* como as empresas públicas e as sociedades de economia mista.

Autarquias são entes administrativos autônomos, criados por lei específica, com patrimônio próprio e atribuições estatais específicas. Segundo Hely Lopes Meirelles, *"a autarquia é forma de descentralização administrativa, através da personificação de um serviço retirado da Administração centralizada. Por essa razão, à autarquia só deve ser outorgado serviço público típico, e não atividades industriais ou econômicas, ainda que de interesse coletivo"* Exemplos de autarquias: Banco Central, USP, INSS, IBAMA, etc.

Fundação de direito público é uma *"universalidade de bens personalizada"*, instituída em atenção a um fim determinado, definido em lei. Exemplos: Fundação de Amparo à Pesquisa do Estado de São Paulo (tem por finalidade prover bolsas e subsídios para o desenvolvimento de pesquisas), Fundação Casa (tem por finalidade prestar atendimento a crianças marginalizadas ou carentes) etc. No presente ordenamento jurídico, não há mais diferença relevante entre as fundações de direito público e as autarquias, havendo, inclusive, autores que chamam as fundações de direito público de "autarquias fundacionais".

Tanto a Autarquia quanto a Fundação Pública não têm concorrência com o particular, portanto todas as prerrogativas aplicadas aos entes públicos da federação (União, Estados, DF e Municípios) devem ser estendidas a elas.

As *empresas públicas*, as *sociedades de economia mista* e suas *subsidiárias* são as entidades da administração indireta pelas quais o Poder Público atua na *iniciativa privada*, prestando *serviços* ou explorando *atividades econômicas.* O art. 173 da CF determina que a lei estabelecerá o estatuto jurídico da empresa pública, da sociedade de economia mista e de suas subsidiárias que explorem atividade econômica de produção ou comercialização de bens ou de prestação de serviços. A diferença básica entre a sociedade de economia mista e a empresa pública é que o capital da primeira, como o próprio nome diz, é *misto*, formado pela participação de particulares e do Estado, ao passo que o capital da empresa pública é 100% estatal. Como exemplos de sociedades de economia mista, temos: o Banco do Brasil e a Petrobras. Exemplos de empresas públicas: Casa da Moeda, Correios e Telégrafos, Caixa Econômica Federal. Ambas são Sociedades Anônimas, mas uma de capital aberto e outra de capital fechado para o particular.

Segundo o inciso XIX do art. 37 da CB, somente por *lei específica*[1] poderá ser criada a autarquia ou autorizada a criação de empresa pública, sociedade de economia mista ou fundação pública; além disso, conforme o inciso XX, depende de *autorização legislativa*, em cada caso, a criação de subsidiárias dessas entidades, assim como a participação de qualquer delas em empresa privada.

[1] Lei específica é aquela que regula apenas uma espécie de matéria; a exigência de lei específica impõe maior transparência ao processo legislativo, diminuindo, no caso, a possibilidade de a criação das referidas entidades da administração indireta passar desapercebida.

2. Princípios Constitucionais da Administração Pública

O *caput* do art. 37 da CF enumera expressamente como princípios da Administração Pública os da *legalidade, impessoalidade, moralidade, publicidade e eficiência.* Além destes, outros podem ser encontrados nos incisos e parágrafos do mesmo artigo, como o da *licitação*, o da *prescritibilidade dos ilícitos administrativos* e o da *responsabilidade civil das pessoas jurídicas de direito público.*

a) Princípio da legalidade

Todo e qualquer ato administrativo, somente será válido se houver *lei* que o fundamente. Considerando-se, de outra parte, que é a *lei* que determina a *finalidade* do ato administrativo, o princípio da legalidade traz implícito em seu bojo um outro princípio extremamente importante da Administração Pública: o princípio da *finalidade.* Ele impõe ao administrador público que só pratique o ato para o seu *fim legal,* fim este que, em última análise, deverá corresponder, *sempre,* ao *interesse público;* em não atendendo a este princípio, o administrador incorrerá em "desvio de finalidade", uma das formas de abuso de poder. O princípio da legalidade na administração pública difere do princípio da legalidade adotada por qualquer cidadão ou particular, pois este pode agir na lacuna (omissão) da lei, enquanto aquele somente quando a lei autorizar expressamente.

b) Princípio da impessoalidade

Os atos e provimentos administrativos deverão ser expressão da *vontade do Estado,* e não da veleidade, do capricho ou da arbitrariedade do funcionário. Neste sentido, por exemplo, o § 1° do artigo 37 irá proibir que na publicidade de atos, programas, obras, serviços e campanhas dos órgãos públicos constem nomes, símbolos ou imagens que caracterizem promoção pessoal de autoridades ou servidores públicos.
Não poderá o administrador, objetivar pelo ato administrativo, o benefício ou o prejuízo pessoal, o único objetivo do ato deverá ser o interesse público.

c) Princípio da moralidade

Segundo Hely Lopes Meirelles, "por considerações de direito e de moral, o ato administrativo não terá que obedecer somente à lei *jurídica*, mas também à lei *ética* da própria instituição, porque *nem tudo que é legal é honesto*".

Neste sentido, cabe exemplo esclarecedor dado por José Afonso da Silva: *"se um Prefeito, em fim de mandato, por ter perdido a eleição para seu adversário político, congela ou não atualiza o imposto sobre propriedade territorial e urbana, com o intuito, aí transparente de prejudicar a futura administração municipal, comete imoralidade administrativa, pouco importa se o ato for ou não ilegal".* É importante lembrar que, conforme vimos no art. 5°, o desrespeito à moralidade administrativa permite ao cidadão comum invalidar os atos administrativos imorais, *ainda que sejam legais*, através de *ação popular.*

Convém lembrar também que, conjuminado ao princípio da *moralidade administrativa*, existe o princípio da *probidade administrativa.* A probidade administrativa, segundo Marcello Caetano, é uma forma de moralidade que consiste no dever que tem o funcionário de servir à Administração com honestidade, procedendo no exercício de suas funções, sem aproveitar os poderes ou facilidades dela decorrentes em proveito pessoal ou de outrem a quem queira favorecer. Os atos de improbidade administrativa são tratados, pela Constituição, até mesmo com mais severidade do que os demais atos administrativos imorais: importam em suspensão dos direitos políticos do seu autor, perda da função pública, indisponibilidade dos bens e ressarcimento ao Erário, na forma e gradação previstas em lei, sem prejuízo da ação penal cabível.

d) Princípio da publicidade

Publicidade é a divulgação oficial do ato para conhecimento público e início de seus efeitos externos (normalmente consiste na publicação do ato no diário oficial). Ela é necessária para que haja *transparência* na Administração Pública, isto é, para que os administrados possam ter conhecimento dos atos dos administradores e possam se defender. Em regra, portanto, são proibidos o sigilo e o segredo administrativo, com raras exceções, permitidos pela própria Constituição, no art. 5°, XXXIII (segurança da sociedade e do Estado).

e) Princípio da eficiência

A Eficiência como princípio fundamental da Administração Pública apresenta-se, inclusive, como condição à aquisição da estabilidade, na medida em que, conforme dispõe o artigo 41, é condição obrigatória para aquisição da estabilidade, a avaliação especial de desempenho efetivada por comissão instituída para essa finalidade (art. 41, § 1°, inciso III).

Deve este princípio, também ser entendido como a melhor forma do administrador atender as necessidades coletivas, pois sabemos que as necessidades do povo são infinitas, mas os recursos para atendê-las são esparsos. Será ineficiente o administrador que investir em outros serviços deixando de lado o essencial.

f) Princípio da exigência de licitação pública, para as contratações de obras, serviços e alienações (art. 37, XXI).

Licitação, segundo José Afonso da Silva, *"é um procedimento administrativo destinado a provocar propostas e a escolher proponentes de contratos de execução de obras, serviços, compras ou de alienações do Poder Público. O princípio da licitação significa que essas contratações ficam sujeitas, como regra, ao procedimento de seleção de propostas mais vantajosas para a Administração Pública"*. Conforme vimos no art. 22, inciso XXVII, compete privativamente à União legislar sobre normas gerais de licitação e contratação, em todas as modalidades, para toda a Administração Pública.

g) Princípio da prescritibilidade dos atos administrativos (art. 37, § 5º).

Prescrição é a perda da exigibilidade de um direito pela inércia de seu titular. Os ilícitos administrativos têm prazos para sua apuração. Se a Administração Pública não tomar todas as providências cabíveis nesse prazo, perderá o direito de punir administrativamente o funcionário. Não perderá, contudo, o direito à indenização, pelo prejuízo causado ao Erário.

h) Princípio da responsabilidade civil objetiva (art. 37, § 6º).

Responsabilidade civil é a obrigação de reparar os danos ou prejuízos de natureza patrimonial ou moral que uma pessoa cause a outra. A Constituição obrigou *toda e qualquer pessoa jurídica prestadora de serviço público*, seja ela de direito privado, seja de direito público, seja da administração direta ou indireta, seja concessionária, autorizatária ou permissionária, a indenizar terceiros por danos que seus agentes, enquanto tais, vierem a lhes causar. Uma vez que essa responsabilidade é *objetiva*, a indenização será devida, *mesmo que não haja dolo ou culpa por parte do agente público*. Se houver dolo ou culpa, a pessoa jurídica responsabilizada e que teve de pagar a indenização terá direito de *regresso*, ou seja, de *reembolso*, contra o agente responsável. Não se configurando dolo ou culpa, mas *caso fortuito* (acidente imprevisto e imprevisível) ou *força maior* (ação das forças da natureza), nada terá de pagar o agente.

Por fim, cabe acrescentar que, muito embora *não estejam expressamente enumerados* no art. 37 da Constituição do Brasil, deverá também o administrador público guiar-se por outros princípios enumerados sistematicamente na Lei Maior, tais como os da *motivação*, da *razoabilidade* e da *economicidade*, ou seja, os atos administrativos devem ser *motivados*, *fundamentados*; devem ser *coerentes* e *integrados* dentro do sistema jurídico, com *proporcionalidade* entre os meios de que a Administração se utiliza e os fins que ela pretende alcançar, e devem *onerar o menos possível* a Administração Pública.

Feitas estas considerações, passemos à leitura do artigo 37.

3. Disposições Gerais

Caput - Princípios da Administração Pública:

"Art. 37. A administração pública direta e indireta de qualquer dos Poderes da União, dos Estados, do Distrito Federal e dos Municípios, obedecerá aos princípios de legalidade, impessoalidade, moralidade, publicidade, eficiência e, também ao seguinte:

Acessibilidade dos cargos, empregos e funções públicas

I - os cargos, empregos e funções públicas são acessíveis aos brasileiros que preencham os requisitos estabelecidos em lei, assim como aos estrangeiros na forma da Lei;

Aos estrangeiros há possibilidade do exercício dos cargos públicos, anteriormente privativos de brasileiros (natos ou naturalizados). Ressalta-se, entretanto, que a própria Constituição estabelece a reserva a brasileiro nato, o exercício dos cargos de Presidente e Vice-Presidente da República, Presidente da Câmara dos Deputados, Presidente do Senado Federal, Ministro do Supremo Tribunal Federal, Cargos de Carreira Diplomática; Oficial das Forças Armadas e Ministro de Estado da Defesa (conforme artigo 12, § 3º, estudado anteriormente). Também os seis brasileiros indicados para o Conselho da República.

Exigência de concursos públicos

II - a investidura em cargo ou emprego público depende de aprovação prévia em concurso público de provas ou de provas e títulos, de acordo com a natureza e a complexidade do cargo ou emprego, na forma prevista em lei, ressalvadas as nomeações para cargo em comissão declarado em lei de livre nomeação e exoneração[2];

Observe que a exigência de concurso público é feita apenas para cargo ou emprego público. Propositalmente, as funções públicas não estão enumeradas aqui, uma vez que parte dos que as exercem ou foram contratados temporariamente (como por exemplo, a contratação de técnicos estrangeiros, para que exerçam determinada função num período de tempo) ou são ocupantes de funções de confiança. A Constituição estabelece outras exceções a este inciso nos arts. 94 e 207. O artigo 94 determina que um quinto dos lugares dos Tribunais Regionais Federais, dos Tribunais dos Estados, e do Distrito Federal e Territórios seja composto de membros do Ministério Público, com mais de dez anos de carreira, e de advogados de notório saber jurídico e de reputação ilibada,

[2] Refere-se o legislador, aqui, a funções de chefia, direção ou assessoramento, e que em geral são de confiança, sendo, portanto, de livre provimento e exoneração, dispondo, entretanto, o inciso V, do artigo 37, que tais funções de confiança, serão exercidas exclusivamente por servidores ocupantes de cargo efetivo e os em comissão, por servidores de carreira, nos casos, condições e percentuais mínimos estabelecidos na lei.

com mais de dez anos de efetiva atividade profissional, indicados em lista sêxtupla pelos órgãos de representação das respectivas classes. Tais advogados, preenchidos os requisitos acima, passarão a ser Juízes de segunda instância, com as prerrogativas de seu cargo. O art. 207, faculta às universidades e às instituições de pesquisa científica e tecnológica admitir professores, técnicos e cientistas estrangeiros, na forma da lei.

Prazo de validade do concurso
III - o prazo de validade do concurso público será de até dois anos, prorrogável uma vez, por igual período;
§ 2º - A não-observância do disposto nos incisos II e III implicará a nulidade do ato e a punição da autoridade responsável, nos termos da lei.
IV - durante o prazo improrrogável previsto no edital de convocação, aquele aprovado em concurso público de provas ou de provas e títulos será convocado com prioridade sobre novos concursados para assumir cargo ou emprego, na carreira;

O prazo de validade do concurso público será de no máximo 2 anos, podendo ser prorrogado uma única vez, por prazo igual ao fixado no edital (se o edital fixou o prazo de validade em 5 meses, a Administração poderá prorrogá-lo uma única vez e somente por 5 meses). Se for aberto um novo edital durante o prazo improrrogável, ou seja, durante a única prorrogação permitida, haverá direito adquirido para os que passaram no concurso anterior. Exemplificando: a Administração Federal faz um concurso de AFRF, com prazo de validade de 2 meses, podendo ser prorrogado por mais 2 meses. Se antes do término do prazo de 2 meses de prorrogação, houver a emissão de editais para um novo concurso público, haverá direito adquirido para aqueles que passaram no concurso anterior.

O princípio da acessibilidade dos cargos e empregos públicos mediante concurso público e as regras relativas ao prazo de validade do concurso são reforçados pelo disposto no seguinte inciso:

Exigência de previsão legal para os cargos em comissão
V - as funções de confiança, exercidas exclusivamente por servidores ocupantes de cargo efetivo, e os cargos em comissão, a serem preenchidos por servidores de carreira nos casos, condições e percentuais mínimos previstos em lei, destinam-se apenas às atribuições de direção, chefia e assessoramento;

Contudo, não há lei definindo o percentual mínimo.

Direito do servidor público civil à sindicalização
VI - é garantido ao servidor público civil o direito à livre associação sindical;

Observe que este direito pertence *apenas* ao servidor público civil. Ao MILITAR *são vedados* o direito de sindicalização e o direito de greve (art. 42, § 1º c/c art. 142, §3º, IV ambos da CF).

Direito de greve do servidor público civil
VII - o direito de greve será exercido nos termos e nos limites definidos em lei específica;

Reserva legal de cargos e empregos públicos para deficientes
VIII - a lei reservará percentual dos cargos e empregos públicos para as pessoas portadoras de deficiência e definirá os critérios de sua admissão;

Previsão legal para contratações por tempo determinado
IX - a lei estabelecerá os casos de contratação por tempo determinado para atender a necessidade temporária de excepcional interesse público;

Este inciso constitucional trata do Agente Público temporário.

Regras para a remuneração dos servidores públicos
X - a remuneração dos servidores públicos e o subsídio de que trata o § 4º do art. 39 somente poderão ser fixados ou alterados por lei específica, observada a iniciativa privativa em cada caso, assegurada revisão geral anual, sempre na mesma data e sem distinção de índices;
XI - a remuneração e o subsídio dos ocupantes de cargos, funções e empregos públicos da administração direta, autárquica e fundacional, dos membros de qualquer dos Poderes da União, dos Estados, do Distrito Federal e dos Municípios, dos detentores de mandato eletivo e dos demais agentes políticos e os proventos, pensões ou outra espécie remuneratória, percebidos cumulativamente ou não, incluídas as vantagens pessoais ou de qualquer outra natureza, não poderão exceder o subsídio mensal, em espécie, dos Ministros do Supremo Tribunal Federal, aplicando-se como limite, nos Municípios, o subsídio do Prefeito, e nos Estados e no Distrito Federal, o subsídio mensal do Governador no âmbito do Poder Executivo, o subsídio dos Deputados Estaduais e Distritais no âmbito do Poder Legislativo e o subsídio dos Desembargadores do Tribunal de Justiça, limitado a noventa inteiros e vinte e cinco centésimos por cento do subsídio mensal, em espécie, dos Ministros do Supremo Tribunal Federal, no âmbito do Poder Judiciário, aplicável este limite aos membros do Ministério Público, aos Procuradores e aos Defensores Públicos;

Se houver o recebimento de recursos por parte do Estado, ainda se aplicarão esses limites, se relacionados a despesas de pessoal e custeio em geral, em razão do § 9º, desse mesmo artigo.

§ 9º - O disposto no inciso XI aplica-se às empresas públicas e às sociedades de economia mista, e suas subsidiárias, que receberem recursos da União, dos Estados, do Distrito Federal ou dos Municípios para pagamentos de despesas de pessoal ou de custeio em geral.

XII - os vencimentos dos cargos do Poder Legislativo e do Poder Judiciário não poderão ser superiores aos pagos pelo Poder Executivo.

Será considerado, para os fins do limite fixado aqui, o valor da maior remuneração atribuída por lei, ao Ministro do Supremo Tribunal Federal, a título de vencimento, de representação mensal e da parcela recebida em razão de tempo de serviço, aplicando-se como limite, nos Municípios, o subsídio do Prefeito, e nos Estados e no Distrito Federal, o subsídio mensal do Governador no âmbito do Poder Executivo, o subsídio dos Deputados Estaduais e Distritais no âmbito do Poder Legislativo e o subsídio dos Desembargadores do Tribunal de Justiça, limitado a noventa inteiros e vinte e cinco centésimos por cento da maior remuneração mensal de Ministro do Supremo Tribunal Federal, no âmbito do Poder Judiciário, aplicável este limite aos membros do Ministério Público, aos Procuradores e aos Defensores Públicos;

XIII - é vedada vinculação ou equiparação de quaisquer espécies remuneratórias para o efeito de remuneração de pessoal do serviço público;

Proibiu-se a vinculação dos vencimentos a quaisquer índices, como por exemplo, o salário mínimo, o aumento da arrecadação, os valores dos títulos da dívida pública etc.

XIV - os acréscimos pecuniários percebidos por servidor público não serão computados nem acumulados para fins de concessão de acréscimos ulteriores;

Proíbe-se aqui o chamado "*repicão*", ou seja, a incidência de adicionais sobre adicionais. No demonstrativo de pagamento do servidor público, cada adicional ao salário base; deverá ser apresentado separadamente, não se incorporando, assim, à base de cálculo de adicionais posteriores que tenham idêntico fundamento.

Esse inciso, veda a acumulação de acréscimos pecuniários percebidos por servidor público, para fins de acréscimos ulteriores.

XV - o subsídio e os vencimentos dos ocupantes de cargos e empregos públicos são irredutíveis, ressalvado o disposto nos incisos XI e XIV deste artigo e nos arts. 39, § 4º, 150, II, 153, III, e 153, § 2º, I;

O artigo 39, § 4º, estabelece que o membro de Poder, o detentor de mandato eletivo, os Ministros de Estados e os Secretários Estaduais e Municipais serão remunerados, exclusivamente, por subsídio fixado em parcela única, vedado o acréscimo de qualquer gratificação, adicional, abono, prêmio, verba de representação ou outra espécie remuneratória, obedecido, em qualquer caso, o disposto no artigo 37, X e XI.

Proibição de acumulação de cargos

XVI - é vedada a acumulação remunerada de cargos públicos, exceto quando houver compatibilidade de horários, observado em qualquer caso o disposto no inciso XI:
a) a de dois cargos de professor;
b) a de um cargo de professor com outro, técnico ou científico;
c) a de dois cargos ou empregos privativos de profissionais de saúde, com profissões regulamentadas;

Nunca haverá a possibilidade do servidor exercer três cargos públicos à luz da Lei Maior.

Além das hipóteses acima enumeradas, há mais três situações em que a Constituição admite acúmulo de cargos:
d) se o servidor for investido em cargo de Vereador e houver compatibilidade de horários, poderá acumular os cargos;
e) cargo de juiz com outro de magistério (art. 95, parágrafo único, I da CF);
f) cargo de promotor com outro de magistério (art. 128, § 5º, II, "d").

Tanto a *alínea e* quanto a *alínea f* se enquadram na terceira exceção do art. 37, XVI da CF.

XVII - a proibição de acumular estende-se a empregos e funções e abrangem autarquias, fundações, empresas públicas, sociedades de economia mista, suas subsidiárias, e sociedades controladas, direta ou indiretamente, pelo poder público;

Precedência da administração fazendária sobre os demais setores administrativos

XVIII - a administração fazendária e seus servidores fiscais terão, dentro de suas áreas de competência e jurisdição, precedência sobre os demais setores administrativos, na forma da lei;

Este inciso permite, por exemplo, que a Receita Federal possa convocar a Polícia Militar para garantir a realização de uma auditoria.

Exigência de lei específica para a criação de órgãos da administração indireta

XIX - somente por lei específica poderá ser criada autarquia e autorizada a instituição de empresa pública, de sociedade de economia mista e de fundação, cabendo à lei complementar, neste último caso, definir as áreas de sua atuação;

XX - depende de autorização legislativa, em cada caso, a criação de subsidiárias das entidades mencionadas no inciso anterior, assim como a participação de qualquer delas em empresa privada;

Princípio da exigibilidade de licitação

XXI - ressalvados os casos especificados na legislação, as obras, serviços, compras e alienações serão contratados mediante processo de licitação pública que assegure igualdade de condições a todos os concorrentes, com cláusulas que estabeleçam obrigações de pagamento, mantidas as condições efetivas da proposta, nos termos da lei, a qual somente permitirá as exigências de qualificação técnica e econômica; indispensáveis à garantia do cumprimento das obrigações.

Recursos prioritários para as administrações tributárias

XXII - as administrações tributárias da União, dos Estados, do Distrito Federal e dos Municípios, atividades essenciais ao funcionamento do Estado, exercidas por servidores de carreiras específicas, terão recursos prioritários para a realização de suas atividades e atuarão de forma integrada, inclusive com o compartilhamento de cadastros e de informações fiscais, na forma da lei ou convênio.

Proibição da utilização da publicidade oficial para fins de promoção pessoal

§ 1º - A publicidade dos atos, programas, obras, serviços e campanhas dos órgãos públicos deverá ter caráter educativo, informativo ou de orientação social, dela não podendo constar nomes, símbolos ou imagens que caracterizem promoção pessoal de autoridades ou servidores públicos.

Este parágrafo reafirma o princípio da Impessoalidade do Administrador.

Nulidade e Responsabilidade

§ 2º - A não-observância do disposto nos incisos II e III implicará a nulidade do ato e a punição da autoridade responsável, nos termos da lei.

Reclamações quanto aos serviços públicos

§ 3º - A lei disciplinará as formas de participação do usuário da administração pública direta e indireta, regulando especialmente:

I - as reclamações relativas à prestação dos serviços públicos em geral, asseguradas a manutenção de serviços de atendimento ao usuário e a avaliação periódica, externa e interna, da qualidade dos serviços;

II - o acesso dos usuários a registros administrativos e a informações sobre atos de governo, observado o disposto no art. 5º, X e XXXIII;

III - a disciplina da representação contra o exercício negligente ou abusivo de cargo, emprego ou função na administração pública.

Princípio da probidade administrativa

§ 4º - Os atos de improbidade administrativa importarão a suspensão dos direitos políticos, a perda da função pública, a indisponibilidade dos bens e o ressarcimento ao erário, na forma e gradação previstas em lei, sem prejuízo da ação penal cabível.

Princípio da prescritibilidade de ilícitos administrativos

§ 5º - A lei estabelecerá os prazos de prescrição para ilícitos praticados por qualquer agente, servidor ou não, que causem prejuízos ao erário, ressalvadas as respectivas ações de ressarcimento.

Princípio da responsabilidade civil objetiva

§ 6º - As pessoas jurídicas de direito público e as de direito privado, prestadoras de serviços públicos responderão pelos danos que seus agentes, nessa qualidade, causarem a terceiros, assegurado o direito de regresso contra o responsável nos casos de dolo ou culpa.

Reserva da lei e informações privilegiadas

§ 7º - A lei disporá sobre os requisitos e as restrições ao ocupante de cargo ou emprego da administração direta e indireta que possibilite o acesso a informações privilegiadas.

O princípio da eficiência e autonomia do Estado

§ 8º - A autonomia gerencial, orçamentária e financeira dos órgãos e entidades da administração direta e indireta poderá ser ampliada mediante contrato, a ser firmado entre seus administradores e o poder público, que tenha por objeto a fixação de metas de desempenho para o órgão ou entidade, cabendo à lei dispor sobre:

I - o prazo de duração do contrato;

II - os controles e critérios de avaliação de desempenho, direitos, obrigações e responsabilidade dos dirigentes;

III - a remuneração do pessoal.

Limitação ao teto remuneratório

§ 9º - O disposto no inciso XI aplica-se às empresas públicas e às sociedades de economia mista, e suas subsidiárias, que receberam recursos da União, dos Estados, do Distrito Federal ou dos Municípios para pagamento de despesas de pessoal ou de custeio em geral.

Proibição de acumulação de proventos e vencimentos

§ 10 - É vedada a percepção simultânea de proventos de aposentadoria decorrentes do art. 40 ou dos arts. 42 e 142 com a remuneração de cargo, emprego ou função pública, ressalvados os cargos acumuláveis na forma desta Constituição, os cargos eletivos e os cargos em comissão declarados em lei de livre nomeação e exoneração.

§ 11. Não serão computadas, para efeito dos limites remuneratórios de que trata o inciso XI do caput deste artigo, as parcelas de caráter indenizatório previstas em lei.

§ 12. Para os fins do disposto no inciso XI do caput deste artigo, fica facultado aos Estados e ao Distrito Federal fixar, em seu âmbito, mediante emenda às respectivas Constituições e Lei Orgânica, como limite único, o subsídio mensal dos Desembargadores do respectivo Tribunal de Justiça, limitado a noventa inteiros e vinte e cinco centésimos por cento do subsídio mensal dos Ministros do Supremo Tribunal Federal, não se aplicando o disposto neste parágrafo aos subsídios dos Deputados Estaduais e Distritais e dos Vereadores.

Regras para o servidor público em mandato eletivo

Art. 38. Ao servidor público da administração direta, autárquica e fundacional, no exercício de mandato eletivo, aplicam-se as seguintes disposições:

I - tratando-se de mandato eletivo federal, estadual ou distrital, ficará afastado de seu cargo, emprego ou função;

II - investido no mandato de Prefeito, será afastado do cargo, emprego ou função, sendo lhe facultado optar pela sua remuneração;

III - investido no mandato de Vereador, havendo compatibilidade de horários, perceberá as vantagens de seu cargo, emprego ou função, sem prejuízo da remuneração do cargo eletivo, e, não havendo compatibilidade, será aplicada a norma do inciso anterior;

IV - em qualquer caso que exija o afastamento para o exercício de mandato eletivo, seu tempo de serviço será contado para todos os efeitos legais, exceto para promoção por merecimento;

V - para efeito de benefício previdenciário, no caso de afastamento, os valores serão determinados como se no exercício estivesse.

4. Servidores Públicos

Previsão de instituição de conselho de política de administração e remuneração de pessoal

Art. 39. A União, os Estados, o Distrito Federal e os Municípios instituirão conselho de política de administração e remuneração de pessoal, integrado por servidores designados pelos respectivos Poderes.

O plano de carreira é a classificação dos cargos que compõem a carreira, em função da complexidade dos mesmos. O objetivo do plano de carreira é estabelecer uma política salarial mais justa, com vencimentos proporcionais à responsabilidade exercida.

Composição do sistema remuneratório

§ 1º - A fixação dos padrões de vencimento e dos demais componentes do sistema remuneratório observará:

I - a natureza, o grau de responsabilidade e a complexidade dos cargos componentes de cada carreira;

II - os requisitos para a investidura;

III - as peculiaridades dos cargos.

Direitos sociais dos servidores civis

§ 2º - A União, os Estados e o Distrito, Federal manterão escolas de governo para a formação e o aperfeiçoamento dos servidores públicos, constituindo-se a participação nos cursos um dos requisitos para a promoção na carreira, facultada, para isso, a celebração de convênios ou contratos entre os entes federados.

§ 3º - Aplica-se aos servidores ocupantes de cargo público o disposto no art. 7º; IV, VII, VIII, IX, XII, XIII, XV, XVI, XVII, XVIII, XIX, XX, XXII e XXX, podendo a lei estabelecer requisitos diferenciados de admissão quando a natureza do cargo o exigir.

§ 4º - O membro de Poder, o detentor de mandato eletivo, os Ministros de Estado e os Secretários Estaduais e Municipais serão remunerados exclusivamente por subsídio fixado em parcela única, vedado o acréscimo de qualquer gratificação, adicional, abono, prêmio, verba de representação ou outra espécie remuneratória, obedecido, em qualquer caso, o disposto no art. 37, X e XI.

§ 5º - Lei da União, dos Estados, do Distrito Federal e dos Municípios poderá estabelecer a relação entre a maior e a menor remuneração dos servidores públicos, obedecido, em qualquer caso, o disposto no art. 37, XI.

§ 6º - Os Poderes Executivo, Legislativo e Judiciário publicarão anualmente os valores do subsídio e da remuneração dos cargos e empregos públicos.

§ 7º - Lei da União, dos Estados, do Distrito Federal e dos Municípios disciplinará a aplicação de recursos orçamentários provenientes da economia com despesas correntes em cada órgão, autarquia e fundação, para aplicação no desenvolvimento de programas de qualidade e produtividade, treinamento e desenvolvimento, modernização, reaparelhamento e racionalização do serviço público, inclusive sob a forma de adicional ou prêmio de produtividade.

§ 8º - A remuneração dos servidores públicos organizados em carreira poderá ser fixada nos termos do § 4º.

A Constituição concede aos servidores civis da União, dos Estados, do Distrito Federal, dos Municípios, autarquias e fundações públicas os seguintes direitos sociais, previstos no art. 7º:

1. salário mínimo, fixado em lei;
2. garantia de salário, nunca inferior ao mínimo, para os que percebem remuneração variável;
3. décimo terceiro salário com base na remuneração integral ou no valor da aposentadoria;
4. remuneração do trabalho noturno superior à do diurno;
5. salário-família para seus dependentes;
6. duração do trabalho normal não superior a oito horas diárias e quarenta e quatro semanais, facultada a compensação de horários e a redução da jornada, mediante acordo ou convenção coletiva de trabalho;
7. repouso semanal remunerado, preferencialmente aos domingos;
8. remuneração do serviço extraordinário superior, no mínimo, em cinquenta por cento à do normal;

9. gozo de férias anuais remuneradas com, pelo menos, um terço a mais do que o salário normal;
10. licença à gestante, sem prejuízo do emprego e do salário, com a duração de cento e vinte dias;
11. licença-paternidade, nos termos fixados em lei;
12. proteção do mercado de trabalho da mulher, mediante incentivos específicos, nos termos da lei;
13. redução dos riscos inerentes ao trabalho, por meio de normas de saúde, higiene e segurança;
14. proibição de diferença de salários, de exercício de funções e de critério de admissão por motivo de sexo, idade, cor ou estado civil.

Aposentadoria do servidor

Instituição do sistema contributivo e solidário para ativos, inativos e pensionistas - assegurado para os que tem cargo efetivo

Art. 40. Aos servidores titulares de cargos efetivos da União, dos Estados, do Distrito Federal e dos Municípios, incluídas suas autarquias e fundações, é assegurado regime de previdência de caráter contributivo e solidário, mediante contribuição do respectivo ente público, dos servidores ativos e inativos e dos pensionistas, observados critérios que preservem o equilíbrio financeiro e atuarial e o disposto neste artigo.

Obrigatoriedade do Cálculo

§ 1º - Os servidores abrangidos pelo regime de previdência de que trata este artigo serão aposentados, calculados os seus proventos a partir dos valores fixados na forma dos §§ 3º e 17.

Observe que agora o sistema para o cálculo de aposentadoria deve ter como referencial não mais a remuneração total, bruta, mas sim o valor utilizado para o desconto das contribuições previdenciárias, que sempre é menor, uma vez que em sua base não pode haver bitributação (imposto de renda, indenização, vale-transporte etc.). Não se esqueçam de que o § 3º manda também que se observe a regra do art. 201, ou seja:

a) por invalidez permanente - na forma da lei

I - por invalidez permanente, sendo os proventos proporcionais ao tempo de contribuição, exceto se decorrente de acidente em serviço, moléstia profissional ou doença grave, contagiosa ou incurável, na forma da lei;

b) compulsória

II - compulsoriamente, com proventos proporcionais ao tempo de contribuição, aos 70 (setenta) anos de idade, ou aos 75 (setenta e cinco) anos de idade, na forma de lei complementar; (Redação dada pela Emenda Constitucional nº 88, de 2015)

c) voluntária

III - voluntariamente, desde que cumprido tempo mínimo de dez anos de efetivo exercício no serviço público e cinco anos no cargo efetivo em que se dará a aposentadoria, observadas as seguintes condições:

a) sessenta anos de idade e trinta e cinco de contribuição, se homem, e cinqüenta e cinco anos de idade e trinta de contribuição, se mulher;

b) sessenta e cinco anos de idade, se homem, e sessenta anos de idade, se mulher, com proventos proporcionais ao tempo de contribuição.

Limites - Proibição do servidor inativo ganhar mais que o da ativa

§ 2º - Os proventos de aposentadoria e as pensões, por ocasião de sua concessão, não poderão exceder a remuneração do respectivo servidor, no cargo efetivo em que se deu a aposentadoria ou que serviu de referência para a concessão da pensão.

Concessão e modo de cálculo

§ 3º - Para o cálculo dos proventos de aposentadoria, por ocasião da sua concessão, serão consideradas as remunerações utilizadas como base para as contribuições do servidor aos regimes de previdência de que tratam este artigo e o art. 201, na forma da lei.

O modo como será feita a concessão deve necessariamente ter por base o mesmo sistema que permite o desconto previdenciário, sempre que paralelo ao sistema previdenciário dos trabalhadores.

Proibição de requisitos e critérios diferenciados, salvo exceções

§ 4º - É vedada a adoção de requisitos e critérios diferenciados para a concessão de aposentadoria aos abrangidos pelo regime de que trata este artigo, ressalvados, nos termos definidos em leis complementares, os casos de servidores:
I - portadores de deficiência;
II - que exerçam atividades de risco;
III - cujas atividades sejam exercidas sob condições especiais que prejudiquem a saúde ou a integridade física.

Aposentadoria de professor - educação infantil e ensinos fundamental e médio

§ 5º - Os requisitos de idade e de tempo de contribuição serão reduzidos em cinco anos, em relação ao disposto no § 1º, III, a, para o professor que comprove exclusivamente tempo de efetivo exercício das funções de magistério na educação infantil e no ensino fundamental e médio.

Proibição de mais de uma aposentadoria

§ 6º - Ressalvadas as aposentadorias decorrentes dos cargos acumuláveis na forma desta Constituição, é vedada a percepção de mais de uma aposentadoria à conta do regime de previdência previsto neste artigo.

O legislador proíbe a concessão de mais de uma aposentadoria, ou seja, há permissão legal para até duas, desde que constitucionalmente permitidas. Acima do limite previsto, está proibido.

Concessão de Pensão

§ 7º - Lei disporá sobre a concessão do benefício de pensão por morte, que será igual:

I - ao valor da totalidade dos proventos do servidor falecido, até o limite máximo estabelecido para os benefícios do regime geral de previdência social de que trata o art. 201, acrescido de setenta por cento da parcela excedente a este limite, caso aposentado à data do óbito; ou

II - ao valor da totalidade da remuneração do servidor no cargo efetivo em que se deu o falecimento, até o limite máximo estabelecido para os benefícios do regime geral de previdência social de que trata o art. 201, acrescido de setenta por cento da parcela excedente a este limite, caso em atividade na data do óbito.

Em relação às pensões, o legislador estipulou regras diferenciadas da concessão da aposentadoria, ou seja, não se pagará mais a totalidade daquilo que o servidor percebia enquanto na ativa, ou enquanto proventos (lembrando-se de que em relação aos proventos ele já recebeu uma redução, pela adoção do sistema da base da contribuição).

Agora o legislador determina que se utilize o valor a ser aplicável aos trabalhadores do regime geral da previdência social, e se ultrapassar esse valor, do restante, apenas 70%.

Exemplificando: o servidor ganha R$ 5.000,00. O valor da aposentadoria do INSS é R$ 2.400,00. O Estado pagará a ele R$ 2.400,00 + 70% de R$ 2.600,00, ou seja (R$ 2.400,00 + R$ 1.820,00 = R$ 4.200,00), mais uma nova redução, em cima da redução já anteriormente aplicada.

Reajustamento desvinculado da ativa

§ 8º - É assegurado o reajustamento dos benefícios para preservar-lhes, em caráter permanente, o valor real, conforme critérios estabelecidos em lei.

Agora, pelas novas regras, todo e qualquer benefício será assegurado apenas o valor real, estando desvinculado das melhorias do cargo de origem. Se, por exemplo, ao cargo se aplicar uma nova gratificação ou benefício, esse não será estendido aos pensionistas nem às aposentadorias.

Contagem recíproca e disponibilidade

§ 9º - O tempo de contribuição federal, estadual ou municipal será contado para efeito de aposentadoria e o tempo de serviço correspondente para efeito de disponibilidade.

Proibição de contagem de tempo fictício

§ 10 - A lei não poderá estabelecer qualquer forma de contagem de tempo de contribuição fictício.

Assim, o menor aprendiz, o estagiário, o conscrito que serve exército obrigatório, não mais poderão contar esse tempo, pois não havendo recolhimento de previdência, é fictício.

Teto remuneratório para situações de acumulação permitida

§ 11 - Aplica-se o limite fixado no art. 37, XI, à soma total dos proventos de inatividade, inclusive quando decorrentes da acumulação de cargos ou empregos públicos, bem como de outras atividades sujeitas à contribuição para o regime geral de previdência social, e ao montante resultante da adição de proventos de inatividade com remuneração de cargo acumulável na forma desta Constituição, cargo em comissão declarado em lei de livre nomeação e exoneração, e de cargo eletivo.

Observância das regras da previdência social para o servidor público

§ 12 - Além do disposto neste artigo, o regime de previdência dos servidores públicos titulares de cargo efetivo observará, no que couber, os requisitos e critérios fixados para o regime geral de previdência social.

Cargo exclusivo em comissão - regras gerais

§ 13 - Ao servidor ocupante, exclusivamente, de cargo em comissão declarado em lei de livre nomeação e exoneração bem como de outro cargo temporário ou de emprego público, aplica-se o regime geral de previdência social.

Permissão da previdência complementar e limite de pagamento por parte do Estado

§ 14 - A União, os Estados, o Distrito Federal e os Municípios, desde que instituam regime de previdência complementar para os seus respectivos servidores titulares de cargo efetivo, poderão fixar, para o valor das aposentadorias e pensões a serem concedidas pelo regime de que trata este artigo, o limite máximo estabelecido para os benefícios do regime geral de previdência social de que trata o art. 201.

§ 15 - O regime de previdência complementar de que trata o § 14 será instituído por lei de iniciativa do respectivo Poder Executivo, observado o disposto no art. 202 e seus parágrafos, no que couber, por intermédio de entidades fechadas de previdência complementar, de natureza pública, que oferecerão aos respectivos participantes planos de benefícios somente na modalidade de contribuição definida.

§ 16 - Somente mediante sua prévia e expressa opção, o disposto nos §§ 14 e 15 poderá ser aplicado ao servidor que tiver ingressado no serviço público até a data da publicação do ato de instituição do correspondente regime de previdência complementar.

Se for instituída a previdência complementar, o Estado somente se responsabilizará pelo pagamento do valor estipulado para a iniciativa privada. Qualquer valor acima desse teto será pago pelas companhias instituídas e responsáveis pela previdência privada. Em termos de valor, não haverá perda nenhuma para o servidor, apenas perderá o bom patrão, que é o Estado. Afinal, nunca se sabe quando uma instituição financeira perderá a solidez.

Mais importante: a passagem do sistema público para o complementar só poderá ser feita por opção.

Atualização dos valores

§ 17 - Todos os valores de remuneração considerados para o cálculo do benefício previsto no § 3° serão devidamente atualizados, na forma da lei.

Obrigatoriedade de contribuição dos pensionistas e aposentados

§ 18 - Incidirá contribuição sobre os proventos de aposentadorias e pensões concedidas pelo regime de que trata este artigo que superem o limite máximo estabelecido para os benefícios do regime geral de previdência social de que trata o art. 201, com percentual igual ao estabelecido para os servidores titulares de cargos efetivos.

Se o valor que o servidor público percebe ultrapassar o limite-teto da iniciativa privada, será descontado dele a contribuição previdenciária, não da totalidade, mas apenas do excedente.

Abono de permanência

§ 19 - O servidor de que trata este artigo que tenha completado as exigências para aposentadoria voluntária estabelecidas no § 1º, III, a, e que opte por permanecer em atividade fará jus a um abono de permanência equivalente ao valor da sua contribuição previdenciária até completar as exigências para aposentadoria compulsória contidas no § 1º, II.

Se o servidor já preencheu as regras e, em vias das novas regras, decidir ainda continuar na ativa, ser-lhe-á concedido, desde que opte em permanecer na ativa, por um abono, no valor respectivo da contribuição que lhe era descontado enquanto na ativa. É uma forma de incentivar a permanência do servidor, evitando o seu desligamento e a vacância no cargo, o que demandaria novo concurso público.

Unidade de regime e gestora do regime

§ 20 - Fica vedada a existência de mais de um regime próprio de previdência social para os servidores titulares de cargos efetivos, e de mais de uma entidade gestora do respectivo regime em cada ente estatal, ressalvado o disposto no art. 142, § 3º, X.

§ 21 - A contribuição prevista no § 18 deste artigo incidirá apenas sobre as parcelas de proventos de aposentadoria e de pensão que superem o dobro do limite máximo estabelecido para os benefícios do regime geral de previdência social de que trata o art. 201 desta Constituição, quando o beneficiário, na forma da lei, for portador de doença incapacitante.

Estabilidade

Art. 41. São estáveis após três anos de efetivo exercício os servidores nomeados para cargo de provimento efetivo em virtude de concurso público.

§ 1º - O servidor público estável só perderá o cargo:

I - em virtude de sentença judicial transitada em julgado;

II - mediante processo administrativo em que lhe seja assegurada ampla defesa;

III - mediante procedimento de avaliação periódica de desempenho, na forma de lei complementar, assegurada ampla defesa.

§ 2º - Invalidada por sentença judicial a demissão do servidor estável, será ele reintegrado, e o eventual ocupante da vaga, se estável, reconduzido ao cargo de origem sem direito a indenização, aproveitado em outro cargo ou posto em disponibilidade com remuneração proporcional ao tempo de serviço.

§ 3º - Extinto o cargo ou declarada a sua desnecessidade, o servidor estável ficará em disponibilidade, com remuneração proporcional ao tempo de serviço, até seu adequado aproveitamento em outro cargo.

§ 4º - Como condição para a aquisição da estabilidade, é obrigatória a avaliação especial de desempenho por comissão instituída para essa finalidade.

O benefício da estabilidade somente alcançou os servidores públicos civis da União, dos Estados, do Distrito Federal, dos Municípios, da administração direta e das autarquias e fundações públicas. Os *empregados* das empresas públicas e das sociedades de economia mista não gozam do direito de estabilidade.
São institutos decorrentes da estabilidade: a *reintegração*, a *disponibilidade* e o *aproveitamento*.

Reintegração é o reingresso do funcionário demitido, quando invalidada, por sentença judicial, a sua demissão por processo administrativo. O substituto do servidor reintegrado ao cargo não terá direito à indenização, devendo voltar ao seu cargo de origem.

Disponibilidade é a garantia da inatividade remunerada, assegurada ao servidor estável, em caso de seu cargo ser extinto ou de ser declarada a desnecessidade do mesmo.

Aproveitamento é o reingresso no serviço público, do funcionário em disponibilidade, quando haja cargo vago de natureza e vencimento compatíveis com o anteriormente ocupado.

Finalmente, há que se informar que nos termos do disposto no artigo 33 da Emenda Constitucional nº 19, consideram-se servidores não estáveis, para os fins do artigo 169, § 3º, II, da Constituição Federal aqueles admitidos na administração direta, autárquica e fundacional sem concurso público de provas ou de provas e títulos após o dia 5 de outubro de 1983.

Dos Militares do Estado, Do Distrito Federal e dos Territórios

Art. 42. Os membros das Polícias Militares e Corpos de Bombeiros Militares, instituições organizadas com base na hierarquia e disciplina, são militares dos Estados, do Distrito Federal e dos Territórios.
§ 1º - Aplicam-se aos militares dos Estados, do Distrito Federal e dos Territórios, além do que vier a ser fixado em lei, as disposições do art. 14, § 8º; do art. 40, § 9º; e do art. 142, §§ 2º e 3º, cabendo a lei estadual específica dispor sobre as matérias do art. 142, § 3º, inciso X, sendo as patentes dos oficiais conferidas pelos respectivos governadores.
§ 2º - Aos pensionistas dos militares dos Estados, do Distrito Federal e dos Territórios aplica-se o que for fixado em lei específica do respectivo ente estatal.

Das Regiões

Entenda-se por regiões metropolitanas aqueles municípios que gravitam em torno da grande cidade, formando esta uma unidade socioeconômica, com recíprocas implicações nos seus serviços urbanos e interurbanos.

Esses serviços deixam de ser de exclusivo interesse local por estarem vinculados a toda a comunidade metropolitana, devendo ser planejadas e executadas em conjunto por uma administração unificada e autônoma, mantida por todos os municípios da região, na proporção de ser complementados pelos Estados e até mesmo pela União, porque os seus benefícios se estendem aos governos estaduais e federal.

O que se busca com a fixação constitucional das regiões metropolitanas é que a União, reunindo um grupo de municípios de grande densidade populacional, crie uma figura administrativa acima dos municípios e integra a que, para que no conjunto, com ela supra as necessidades nas quais os recursos de cada município se mostrem ineficientes.

Os planos regionais fazem parte dos planos nacionais de desenvolvimento econômico e social, que é de competência da União, não somente a sua elaboração como também a sua execução.

Os incentivos regionais, meramente exemplificativos, são os seguintes:

I - igualdade de tarifas, fretes, seguros e outros itens de custos e preços de responsabilidade do Poder Público;
II - juros favorecidos para financiamento de atividades prioritárias;
III - isenções, reduções ou diferimento temporário de tributos federais devidos por pessoas físicas ou jurídicas;
IV - prioridade para o aproveitamento econômico e social dos rios e das massas de água represadas ou represáveis nas regiões de baixa renda, sujeitas a secas periódicas.

Esses incentivos são fundamentais para as imensas conglomerações humanas que, em decorrência do êxodo rural, imigram para as capitais e cidades periféricas. Na maioria das vezes são regiões habitadas por pessoas carentes de recursos e que necessitam de reduções tarifárias e diminuição de carga tributária.

Onde houver terras áridas e onde existirem pequenos e médios proprietários rurais, a União aplicará os incentivos no sentido de promover o estabelecimento nas pequenas glebas rurais de fontes de água e de pequena irrigação.

Art. 43. Para efeitos administrativos, a União poderá articular sua ação em um mesmo complexo geoeconômico e social, visando a seu desenvolvimento e à redução das desigualdades regionais.
§ 1º - Lei complementar disporá sobre:
I - as condições para integração de regiões em desenvolvimento;
II - a composição dos organismos regionais que executarão, na forma da lei, os planos regionais, integrantes dos planos nacionais de desenvolvimento econômico e social, aprovados juntamente com estes.
§ 2º - Os incentivos regionais compreenderão, além de outros, na forma da lei:
I - igualdade de tarifas, fretes, seguros e outros itens de custos e preços de responsabilidade do Poder Público;
II - juros favorecidos para financiamento de atividades prioritárias;
III - isenções, reduções ou diferimento temporário de tributos federais devidos por pessoas físicas ou jurídicas;
IV - prioridade para o aproveitamento econômico e social dos rios e das massas de água represadas ou represáveis nas regiões de baixa renda, sujeitas a secas periódicas.
§ 3º - Nas áreas a que se refere o § 2º, IV, a União incentivará a recuperação de terras áridas e cooperará com os pequenos e médios proprietários rurais para o estabelecimento, em suas glebas, de fontes de água e de pequena irrigação.

Exercícios de Fixação

01. O Governador do Estado do Acre foi aprovado em concurso público e tomou posse tão logo foi convocado; neste caso:

a) necessariamente perderá o cargo eletivo.
b) estará suspenso do cargo eletivo.
c) deverá se afastar do cargo efetivo.
d) poderá permanecer em ambos os cargos.
e) o fato jamais ocorrerá pois aos detentores de cargos eletivos é vedada a participação em concurso público.

02. O tempo de serviço público, seja federal, estadual ou municipal, é garantia constitucional dos servidores públicos civis e será computado para os efeitos de aposentadoria e de disponibilidade:

a) integralmente, se não houver períodos descontinuados.
b) integralmente, se não houver períodos descontinuados por interrupção superior a 60 dias.
c) integralmente, independentemente de serem continuados ou não os períodos.
d) proporcionalmente, se houver períodos descontinuados por interrupção inferior a 90 dias.
e) proporcionalmente, contanto que exerça, ao tempo da aposentadoria, cargo na administração direta ou indireta.

03. O servidor público civil da União:

a) tem direito a um piso salarial proporcional à extensão e à complexidade do seu trabalho.
b) não está sujeito à aposentadoria compulsória aos 70 anos de idade.
c) tem direito de se afastar do seu cargo, emprego ou função para exercer mandato eletivo federal, estadual ou distrital.
d) não tem direito a adicional por trabalho noturno.
e) não tem direito de fazer greve.

04. Desde a promulgação da Carta Constitucional de outubro de 1988, o servidor público, para tornar-se estável, deverá contar, no mínimo:

a) três anos de efetivo exercício, ainda que intercalados, na hipótese de ingresso mediante contratação.
b) um ano de efetivo exercício quando nomeado pelo Presidente da República.
c) dois anos de efetivo exercício, os nomeados em cargo de comissão.
d) dois anos de efetivo exercício, ainda que intercalados, na hipótese de ingresso mediante contratação.
e) três anos de efetivo exercício, os nomeados em virtude de concursos públicos.

05. Assinale a afirmativa correta:

a) A Constituição do Brasil garante a todo servidor público o direito à livre associação sindical.
b) A Constituição do Brasil dispõe que, em caso de invalidez permanente, o servidor deverá ser sempre aposentado com proventos integrais, em face do princípio da irredutibilidade de vencimentos e salários.
c) A aposentadoria voluntária do servidor público com proventos integrais ocorrerá aos trinta e cinco anos de serviço, para o homem, e aos trinta, para a mulher, podendo lei complementar estabelecer exceções, no caso de exercício de atividades consideradas penosas, insalubres ou perigosas.
d) A Constituição Federal não garante ao servidor público o direito à livre associação sindical.
e) Todo servidor público pode fazer greve ampla, geral e irrestrita.

06. Assinale a opção correta:

a) a Constituição assegura a quaisquer brasileiros o acesso aos cargos públicos.
b) a condenação criminal transitada em julgado é a única forma pela qual o servidor público pode perder o cargo.
c) a sentença transitada em julgado é a única forma pela qual o servidor público estável pode perder o cargo.
d) o servidor público estável só perderá o cargo em virtude de sentença judicial transitada em julgado ou mediante processo administrativo em que lhe seja assegurada ampla defesa.
e) os servidores públicos ocupantes de cargos em comissão e funções em confiança necessariamente deverão ser efetivos.

07. Assinale a assertiva correta:

a) o tempo de serviço do servidor público afastado para o exercício de mandato eletivo será contado para todos os efeitos legais, inclusive para promoção por merecimento.
b) qualquer servidor público, no exercício de mandato eletivo federal, estadual, distrital, ou municipal, necessariamente deverá ficar afastado de seu cargo, emprego ou função, sob pena de perdê-lo, computando-se o tempo de serviço para todos os efeitos legais, exceto para promoção por merecimento.
c) o servidor público federal, estadual, distrital ou municipal, no exercício de mandato eletivo ficará afastado de seu cargo, emprego ou função, mas poderá optar pelos vencimentos que lhe forem mais convenientes.
d) investido no mandato de vereador, e não sendo possível compatibilizar os horários, o servidor público será afastado do seu cargo, emprego ou função pública, sendo-lhe, porém facultado optar pela sua remuneração.

e) havendo compatibilidade de horários, o servidor público federal, estadual, distrital ou municipal perceberá as vantagens de seu cargo, emprego ou função, sem prejuízo de remuneração do cargo eletivo.

08. Assinale a opção correta:

a) os cargos, empregos e funções públicas são acessíveis aos brasileiros natos que preencham os requisitos estabelecidos em lei.
b) as pessoas jurídicas de direito privado prestadoras de serviços públicos responderão por quaisquer danos que seus agentes causarem a terceiro, assegurado o direito de regresso apenas contra o responsável doloso.
c) ao servidor público, civil ou militar, é garantido o direito à livre associação sindical.
d) os atos de improbidade administrativa importarão a suspensão dos direitos políticos, a perda da função pública, a indisponibilidade dos bens e o ressarcimento do erário, na forma e gradação previstas em lei, sem prejuízo da ação penal cabível.
e) o militar, enquanto em serviço efetivo, pode estar filiado a partido, vedada a candidatura a cargo eletivo.

09. Segundo o § 6º, do art. 37, da Constituição Federal, que define a responsabilidade do Estado pelos danos que o agente venha a causar, por ação ou omissão, a terceiros, a ação de indenização deverá ser proposta:

a) contra o agente e o Estado, ambos responsáveis solidários.
b) contra o agente, demonstrando que agiu com culpa.
c) contra o Estado, independentemente da existência ou não de culpa do agente causador do dano.
d) contra o Estado, uma vez demonstrado que seu agente agiu com dolo.

10. Quanto à disciplina constitucional dos cargos públicos é correto dizer:

a) os cargos públicos de provimento efetivo bem como os vitalícios somente podem ser providos por concurso público de provas e títulos, em qualquer hipótese.
b) a Constituição não admite distinção entre brasileiros natos e naturalizados para a ocupação de cargos públicos quaisquer.
c) o servidor público federal da administração direta pode acumular um cargo técnico com outro cargo da mesma natureza em empresa pública, desde que haja compatibilidade de horário.
d) o servidor deve afastar-se de seu cargo, para o exercício de mandato eletivo estadual, período que não será contado para promoção por merecimento.
e) o estrangeiro não pode, em qualquer hipótese, ocupar cargo público.

11. Assinale a alternativa correta:

a) a administração pública direta deverá obedecer aos princípios de legalidade, impessoalidade, moralidade, estoicidade, frugalidade e publicidade exigidos pela Constituição Federal.
b) a Constituição Federal garante a todo servidor público o direito à livre associação sindical.
c) a Constituição Federal dispõe que, em caso de invalidez permanente, o servidor deverá ser sempre aposentado com proventos integrais em face do princípio da irredutibilidade de vencimentos e salários.
d) a aposentadoria voluntária do servidor público com proventos integrais ocorrerá aos trinta e cinco anos de serviço, para o homem, e aos trinta para a mulher, podendo lei complementar, nesta hipótese, estabelecer exceções, no caso de exercício de atividades consideradas penosas, insalubres ou perigosas.

12. Dentre os princípios constitucionais que devem ser observados pela administração pública, figura o da:

a) generosidade.
b) uniformidade.
c) impessoalidade.
d) universidade.
e) delegabilidade.

13. Assinale a resposta correta:

a) a nomeação para cargo público apenas se admite após aprovação em concurso público.
b) a nomeação para alguns cargos públicos é livre.
c) a nomeação para emprego público apenas se admite após aprovação em concurso público.
d) a nomeação para funções públicas apenas se admite após aprovação em concurso interno de títulos.

14. Assinale o direito não reconhecido aos servidores públicos na Constituição Federal:

a) remuneração do trabalho noturno superior à do diurno.
b) remuneração do serviço extraordinário superior, no mínimo, em cinquenta por cento a do normal.
c) gozo de férias anuais remuneradas com, pelo menos, um terço a mais do que o salário normal.
d) reconhecimento das convenções e acordos coletivos.

15. Os Estados e os Municípios, no exercício de sua autonomia:

a) podem instituir sociedade de economia mista e empresas públicas para prestação de serviços públicos, mediante deliberação de seu Poder Executivo.

b) podem instituir, mediante lei, sociedades de economia mista e empresas públicas para exploração de atividades econômicas, desde que observados os limites e termos da Constituição Federal.
c) podem instituir, mediante lei, sociedade de economia mista e empresas públicas, que integrarão sua Administração Indireta, sendo seus bens impenhoráveis.
d) podem instituir, mediante lei, regime jurídico de direito público, de índole estatutária, para as relações de trabalho dos servidores de suas sociedades de economia mista e empresas públicas.

16. Ao servidor público civil:
a) são vedados o direito de associação sindical e o direito de greve.
b) é vedado o direito de associação, mas é assegurado o direito de greve.
c) é livre à associação sindical e restrito o direito de greve.
d) não é livre à associação sindical nem mesmo o direito de greve.

17. A autarquia, a empresa pública e a sociedade de economia mista têm personalidade jurídica:
a) de direito público, as duas primeiras, e de direito privado, a sociedade de economia mista.
b) de direito público, a autarquia, e de direito privado, as duas últimas.
c) de direito privado, todas as três.
d) de direito público, todas as três.

18. Assinale a opção correta:
a) as pessoas jurídicas de direito público e as de direito privado prestadoras de serviços públicos, responderão pelos danos que seus agentes, em qualquer circunstância, causarem a terceiros, assegurados o direito de regresso contra o responsável nos casos de dolo ou culpa.
b) os atos de improbidade administrativa importarão a cassação dos direitos políticos, a perda da função pública, a indisponibilidade dos bens previstas em lei, sem prejuízo da ação penal cabível.
c) a lei reservará percentual dos cargos e empregos públicos para as pessoas portadoras de deficiência ou desvantagem étnica ou de educação e definirá aos critérios de sua admissão.
d) somente por lei específica poderão ser criadas empresas públicas, sociedade de economia mista, autarquia ou fundação pública. A criação de subsidiárias dessas entidades, ou sua participação em empresas privadas, serão autorizadas pelo Presidente da República.
e) o servidor público afastado para exercício de mandato eletivo perceberá seu benefício previdenciário como se em exercício estivesse.

19. Em nosso sistema constitucional o direito de greve:
a) é assegurado, em regra, a todos os trabalhadores, exceto os militares.
b) é garantido a todos os trabalhadores, exceto aos militares e servidores públicos.
c) exclui os servidores públicos que ocupem cargo de direção.
d) estende-se aos policiais militares, desde que assegurada a manutenção dos serviços essenciais à comunidade.

20. A greve é um direito-garantia, assegurado aos trabalhadores do país. Considerando o texto constitucional vigente,
a) o exercício do direito de greve pelos servidores públicos civis é submetido a termos e limites a serem definidos em lei complementar.
b) é vedada greve nas atividades ou serviços essenciais, pois os interesses de classes não podem prevalecer sobre as necessidades inadiáveis da comunidade.
c) compete concorrentemente à União e aos Estados legislar sobre o direito de greve nos serviços públicos respectivos.
d) a greve há de ser exercida exclusivamente para reivindicações trabalhistas das respectivas categorias, vedadas as de natureza política ou de solidariedade, por dispositivo constitucional expresso.

Gabarito

01. C	02. C	03. C	04. E	05. A
06. D	07. D	08. D	09. C	10. D
11. B	12. C	13. B	14. D	15. B
16. C	17. B	18. E	19. A	20. A

9. Do Poder Legislativo

1. Introdução

O Poder Legislativo tem a função precípua de elaborar as leis do País, nos vários níveis de governo.

A função legislativa de competência da *União* é exercida pelo *Congresso Nacional*, composto por duas Casas (sistema bicameral): *Câmara dos Deputados* e *Senado Federal*. A primeira Casa representa o *povo*; a segunda, os *Estados-membros*.

2. Do Congresso Nacional

A Constituição determina que o Congresso Nacional tenha legislatura de quatro anos. Legislatura segundo De Plácido e Silva, é o *"período em que os membros do Poder Legislativo (assembléias legislativas), como delegados do povo ou da soberania popular, exercem o respectivo mandato"*.

O mandato dos Deputados Federais coincide com a duração da legislatura e, a cada quatro anos, *todas as vagas da Câmara de Deputados Federais têm que ser disputadas nas eleições*.

Já o mandato dos Senadores é de *oito* anos, o que dá duas legislaturas, sendo que, a cada legislatura, apenas *uma parte* do Senado é renovada (1/3 das vagas numa eleição, e 2/3 das vagas na eleição seguinte 4 anos depois, alternadamente).

Dá-se o nome de *sessão legislativa* (também chamada de *legislatura anual*) ao período em que o Congresso Nacional funciona em cada ano. Por determinação constitucional, a sessão legislativa se divide em dois períodos: de 02 de fevereiro a 17 de julho e de 01 de agosto a 22 de dezembro. (texto alterado pela Emenda Constitucional n.° 50 de 14 de fevereiro de 2006).

O período de 18 a 31 de julho corresponde às férias dos parlamentares e o período de 23 de dezembro a 01 de fevereiro corresponde ao chamado *recesso parlamentar*. Durante o recesso, o Congresso não funciona, a menos que seja convocada *sessão legislativa extraordinária*. O art. 58, § 4º, contudo, prevê o funcionamento, no período de recesso, de uma Comissão representativa do Congresso Nacional, com composição proporcional, na medida do possível, à representação partidária.

Em regra as reuniões do Congresso são, realizadas na Capital Federal não se interrompendo a sessão legislativa sem que ocorra a aprovação do *projeto de lei de diretrizes orçamentárias,* documento imprescindível na condução dos negócios nacionais.

Há dois sistemas eleitorais vigentes no País: o sistema *majoritário* e o sistema *proporcional*.

Sistema majoritário é aquele em que se considera eleito o candidato que, em determinada circunscrição, obteve a maioria (absoluta ou relativa) dos votos.

Maioria relativa é aquela em que simplesmente se apura, em eleições de um único turno, qual o candidato que recebeu *mais votos* (exemplos: eleições para Senador, Juiz de Paz e Deputado Federal dos Territórios) e para prefeitos de municípios com menos de 200 mil eleitores.

Maioria absoluta é aquela em que o candidato, para ser eleito, deverá ter mais votos que todos os seus concorrentes juntos (mais da metade dos votos), não computados os votos brancos e nulos, sendo frequentemente necessária a realização de um *segundo turno* de eleições, para que tal aconteça. Esse sistema é utilizado nas eleições para Presidente da República, Governador e Prefeito de Município com mais de 200.000 eleitores.

Sistema Proporcional é aquele no qual as vagas são distribuídas proporcionalmente à população de cada circunscrição eleitoral. Nosso sistema constitucional adota o sistema proporcional para as eleições de Deputado Federal, Deputado Estadual e Vereador.

A Constituição não diz qual é o número de Deputados Federais para cada Estado; diz apenas que o número *mínimo* que representará um Estado é 8 e irá aumentando à medida que o contingente populacional aumentar, até o *limite máximo* de 70. A *lei complementar* é que dirá, *antes de cada eleição*, o número de Deputados Federais que cada Estado poderá eleger.

Os limites mínimo e máximo estipulados pela Constituição, contudo, trazem graves distorções, contradizendo o princípio do voto com igual valor para todos, consubstanciado no art. 14 da Constituição: os votos dos eleitores dos Estados mais populosos elegem, comparativamente, um número muito menor de Deputados Federais do que os votos dos eleitores de Estados menos populosos.

Composição do Congresso Nacional
Art. 44. O Poder Legislativo é exercido pelo Congresso Nacional, que se compõe da Câmara dos Deputados e do Senado Federal.
Parágrafo único - Cada legislatura terá a duração de quatro anos.

Composição da Câmara dos Deputados
Art. 45. A Câmara dos Deputados compõe-se de representantes do povo, eleitos, pelo sistema proporcional, em cada Estado, em cada Território e no Distrito Federal.
§ 1º - O número total de Deputados, bem como a representação por Estado e pelo Distrito Federal, será estabelecido por lei complementar, proporcionalmente à população, procedendo-se aos ajustes necessários, no ano anterior às eleições, para que nenhuma daquelas unidades da Federação tenha menos de oito ou mais de setenta Deputados.
§ 2º - Cada Território elegerá quatro Deputados.

Composição do Senado Federal
Art. 46. O Senado Federal compõe-se de representantes dos Estados e do Distrito Federal, eleitos segundo o princípio majoritário.
§ 1º - Cada Estado e o Distrito Federal elegerão três Senadores, com mandato de oito anos.
§ 2º - A representação de cada Estado e do Distrito Federal será renovada de quatro em quatro anos, alternadamente, por um e dois terços.
§ 3º - Cada Senador será eleito com dois suplentes.

Deliberações por maioria simples e quorum por maioria absoluta
Art. 47. Salvo disposição constitucional em contrário, as deliberações de cada Casa e de suas Comissões serão tomadas por maioria dos votos, presente a maioria absoluta de seus membros.

Por fim, para que uma Casa do Congresso Nacional ou uma Comissão Parlamentar possa deliberar, há a exigência da *presença* de um número mínimo de parlamentares (*quorum*), que, segundo a Constituição no seu art. 47, deverá ser mais da metade do número de componentes da Casa ou da Comissão (maioria absoluta).

Exemplo: A Câmara dos Deputados é composta de 513 parlamentares, para que se possa iniciar qualquer trabalho é preciso que estejam presentes no mínimo 257 parlamentares (quorum); atingido esse número, as propostas, no caso de *lei ordinária*, serão aprovadas se, desse mínimo, mais da metade (ou seja, pelo menos 129 parlamentares) disser sim ao projeto de lei (maioria simples).

3. Atribuições do Congresso Nacional

No art. 48 da CF são destacadas *algumas* matérias da competência *legislativa* do Congresso, em caráter não exaustivo, ou seja, sem esgotar suas atribuições. Os projetos de lei que regulam as matérias enumeradas neste artigo deverão, após aprovação nas duas Casas do Congresso, ser enviados ao Presidente da República, para que os sancione. Se o Presidente, os considerar inconstitucionais ou contrários ao interesse público, poderá vetá-los total ou parcialmente no prazo de 15 dias úteis do recebimento. O veto do Presidente, entretanto, será apreciado em sessão conjunta de Senadores e Deputados e poderá ser derrubado pelos parlamentares, mediante *maioria absoluta*.

Competência legislativa do Congresso Nacional
Art. 48. Cabe ao Congresso Nacional, com a sanção do Presidente da República, não exigida esta para o especificado nos arts. 49, 51 e 52, dispor sobre todas as matérias de competência da União[1]*, especialmente sobre:*
I - sistema tributário, arrecadação e distribuição de rendas;
II - plano plurianual, diretrizes orçamentárias, orçamento anual, operações de crédito, dívida pública e emissões de curso forçado;

A iniciativa é da competência privativa do Presidente da República (art. 84, XXIII), no caso do plano plurianual, das diretrizes orçamentárias, e do orçamento anual.

O projeto referente ao plano plurianual, à diretriz orçamentária e ao orçamento anual, bem como a créditos adicionais de interesse dos três poderes, serão apreciados pelas duas Casas, depois que comissão mista de Senadores e Deputados, de caráter permanente, emitir parecer específico (art. 166).

[1]Por ser o Congresso Nacional órgão legislativo da União, cabe a ele dispor sobre matérias de competência desta, enumeradas nos arts. 21 e 22 da Constituição.

III - fixação e modificação do efetivo das Forças Armadas;

Também aqui a iniciativa é de competência privativa do Presidente da República (art. 61, § 1º, I), que é o comandante supremo das Forças Armadas, seja na paz ou na guerra.

IV - planos e programas nacionais, regionais e setoriais de desenvolvimento;

Estes planos e programas deverão ser elaborados em concordância com o plano plurianual e serão apreciados pelo Congresso Nacional (art. 165, § 4º).

V - limites do território nacional, espaço aéreo e marítimo e bens do domínio da União;

Caso ocorra dúvida quanto aos limites do Território Nacional, é o Congresso Nacional o órgão competente para dirimi-la e referendar acordo ou tratado internacional com os demais países.

VI - incorporação, subdivisão ou desmembramento de áreas de Territórios ou Estados, ouvidas as respectivas Assembléias Legislativas;

Mera decorrência do art. 18, §§ 3º e 4º, já estudado anteriormente.

VII - transferência temporária da sede do Governo Federal;

A transferência *temporária* será decidida por maioria simples se o Presidente sancioná-la, ou por maioria absoluta, se ele vetá-la. Já a mudança *definitiva*, em face do exposto no art. 18, que diz que Brasília é a Capital Federal, só poderá ser realizada por *emenda constitucional*, que exige maioria qualificada de 3/5.

VIII - concessão de anistia;

Decorrência da competência exclusiva prevista no art. 21, XVII.

IX - organização administrativa, judiciária, do Ministério Público e da Defensoria Pública da União e dos Territórios e organização judiciária e do Ministério Público do Distrito Federal; (Redação dada pela Emenda Constitucional nº 69, de 2012)

Também decorre do art. 21, XIII, que diz que é competência exclusiva da União fazer a organização acima colocada.

X - criação, transformação e extinção de cargos, empregos e funções públicas, observado o que estabelece o art. 84, VI, b;

A iniciativa, neste caso, é *privativa*[2] do Presidente da República (art. 61, § 1º, II, *a*) e delegável aos Ministros de Estado (art. 84, VI e parágrafo único).

XI - criação e extinção de Ministérios e órgãos da administração pública;

Aqui a iniciativa é *concorrente* e está prevista no art. 61, § 1º, II, *d* e no art. 128, § 5º.

XII - telecomunicações e radiodifusão;

A concessão e a renovação das mesmas é competência do Poder Executivo, mas o ato deve ser apreciado pelo Congresso Nacional (art. 223).

XIII - matéria financeira, cambial e monetária, instituições financeiras e suas operações;
XIV - moeda, seus limites de emissão, e montante da dívida mobiliária federal.
XV - fixação do subsídio dos Ministros do Supremo Tribunal Federal, observado o que dispõem os arts. 39, § 4º; 150, II; 153, III; e 153, § 2º, I.

Tanto o inciso XIII quanto o XIV estão discriminados no art. 164, que diz que lei complementar disciplinará os assuntos acima.

Competência administrativa do Congresso Nacional
A competência *administrativa* do Congresso é exteriorizada por *decreto legislativo* ou por *resolução legislativa (art. 49 da CF).*

Segundo De Plácido e Silva, *decreto é toda decisão tomada por uma pessoa ou instituição, a que se conferem poderes especiais e próprios para decidir, julgar, resolver ou determinar.*

Decreto legislativo, consoante definição de Hely Lopes Meirelles, *é o ato de caráter administrativo dos corpos legislativos (Senado, Câmara dos Deputados, Assembléia Legislativa, Câmara Distrital, Câmara Municipal) sobre assuntos de sua competência e de efeitos externos.*

Resolução legislativa é o ato pelo qual o Poder Legislativo toma uma decisão, impõe uma ordem ou estabelece uma medida.

Os dois institutos, conforme se depreende da leitura do art. 49 do texto constitucional, serão utilizados pelo Congresso *principalmente* para aprovar, sustar, julgar, ou autorizar *atos do Presidente da República.* Assim, não podem se submeter, e de fato não se submetem, ao veto ou à sanção deste (vide *caput* do artigo 48).

[2]OBS: a iniciativa de projeto de lei pode ser: a) *exclusiva*, quando a Constituição a outorga a um órgão apenas; b) *concorrente*, quando é permitido a vários órgãos iniciarem o projeto.

Convém lembrar que a competência aqui tratada é *exclusiva*, não se permitindo que nenhum outro órgão, Poder ou ente federativo legisle sobre os assuntos previstos.

Art. 49. É da competência exclusiva do Congresso Nacional:
I - resolver definitivamente sobre tratados, acordos ou atos internacionais que acarretem encargos ou compromissos gravosos ao patrimônio nacional;
II - autorizar o Presidente da República a declarar guerra, a celebrar a paz, a permitir que forças estrangeiras transitem pelo território nacional ou nele permaneçam temporariamente, ressalvados os casos previstos em lei complementar;
III - autorizar o Presidente e o Vice-Presidente da República a se ausentarem do País, quando a ausência exceder a quinze dias;
IV - aprovar o estado de defesa e a intervenção federal, autorizar o estado de sítio, ou suspender qualquer uma dessas medidas;

Nos incisos I a IV estão disciplinadas competências *internacionais*. Convém lembrar que o Presidente da República é, ao mesmo tempo, chefe de Governo e chefe de *Estado*. Os atos do Presidente, enquanto Chefe de Estado, podem comprometer a soberania e a segurança nacional. Daí a exigência de apreciação dos mesmos pelo Congresso.

V - sustar os atos normativos do Poder Executivo que exorbitem do poder regulamentar ou dos limites de delegação legislativa;

Aqui temos uma competência *política:* o legislador sustará um ato ou um decreto do Executivo que, de qualquer forma, altere, amplie ou reduza a aplicação de uma lei.

VI - mudar temporariamente sua sede;

A sede a que se refere aqui é a sede do Poder Legislativo (Congresso Nacional) e não a sede do Governo.

VII - fixar idêntico subsídio para os Deputados Federais e os Senadores, observado o que dispõem os arts. 37, XI, 39, § 4º, 150, II, 153; III, e 153, § 2º, I;

Os Deputados Federais e os Senadores perceberão a mesma remuneração, sem nenhum privilégio em relação ao pagamento de imposto de renda.

VIII - fixar os subsídios do Presidente e do Vice-Presidente da República e dos Ministros de Estado, observado o que dispõem os arts. 37, XI, 39, § 4º, 150, II, 153, III, e 153, § 2º, I;

Também incidirá imposto de renda nos vencimentos do Presidente da República e dos Ministros.

IX - julgar anualmente as contas prestadas pelo Presidente da República e apreciar os relatórios sobre a execução dos planos de governo;

O julgamento das contas produz efeitos imediatos. Tanto o julgamento das contas como a apreciação dos relatórios envolvem conhecimentos técnicos especializados. Neste sentido, cabe ao Tribunal de Contas da União emitir parecer prévio sobre as contas prestadas anualmente pelo Presidente da República.

X - fiscalizar e controlar, diretamente, ou por qualquer de suas Casas, os atos do Poder Executivo, incluídos os da administração indireta;

Tais atos de fiscalização incluem, por exemplo, a convocação pela Câmara dos Deputados, ou pelo Senado Federal, de Ministro do Estado para prestar informações sobre assunto de interesse relevante (art. 50), sob pena de responsabilidade.

XI - zelar pela preservação de sua competência legislativa em face da atribuição normativa dos outros Poderes;

A preservação da própria competência é necessária para o equilíbrio do sistema como um todo, que se baseia na tripartição dos Poderes e na atribuição de competências específicas a cada um deles.

XII - apreciar os atos de concessão e renovação de concessão de emissoras de rádio e televisão;

Os atos em tela são expedidos pelo Poder Executivo (art. 223), mas dependem de manifestação congressual para serem eficazes. O Congresso Nacional os apreciará tanto do ponto de vista da legalidade quanto do ponto de vista da oportunidade. Dada a importância do assunto, a concessão de rádio e televisão ganha um tratamento diferenciado pela Lei Maior. Dois poderes controlam tais concessões: o executivo e o legislativo.

XIII - escolher dois terços dos membros do Tribunal de Contas da União;

Mera decorrência da aplicação do art. 71 da CF. O TCU é integrado por 9 Ministros, tem sede no Distrito Federal e jurisdição sobre todo o Território Nacional. Além de emitir parecer técnico sobre as contas apresentadas pelo Presidente da República, cabe ao TCU, entre outras coisas, julgar (do ponto de vista *técnico*, apenas) as contas dos administradores e demais responsáveis por dinheiros, bens e valores públicos das Administrações Direta e Indireta, incluídas as fundações e sociedades instituídas e mantidas pelo Poder Público federal.

XIV - aprovar iniciativas do Poder Executivo referentes às atividades nucleares;

Conforme vimos no art. 21, XXIII, a atividade nuclear é admitida somente para fins pacíficos e depende de aprovação do Congresso.

XV - autorizar referendo e convocar plebiscito;

Referendo e plebiscito, como já vimos, são formas de participação dos cidadãos no processo democrático, competindo ao Congresso sua autorização.

XVI - autorizar, em terras indígenas, a exploração e o aproveitamento de recursos hídricos e a pesquisa e lavra de riquezas minerais;

Essa regra será retomada no art. 231, § 3º da CF, que diz que *"o aproveitamento dos recursos hídricos, incluindo os potenciais energéticos, pesquisa e a lavra das riquezas minerais em terras indígenas só poderão ser efetivados com autorização do Congresso Nacional, ouvidas as comunidades afetadas, ficando-lhes assegurada participação nos resultados da lavra, na forma da lei".*

Não se esqueçam que as terras dos índios pertencem à União (os índios detêm apenas o usufruto).

XVII - aprovar, previamente, a alienação ou concessão de terras públicas com área superior a dois mil e quinhentos hectares.

Tal aprovação prévia é requisito para a validade do ato.

Comparecimento perante a Comissão para esclarecimentos

Nosso ordenamento prevê a possibilidade de autoridades do Poder Executivo prestarem informações, por sua livre e espontânea vontade ou mediante prévia convocação.

Na hipótese de convocação, se a autoridade for Ministro de Estado, há a obrigatoriedade de sua presença.O não-comparecimento sem justificativa adequada importa em *crime de responsabilidade.*

Art. 50. A Câmara dos Deputados e o Senado Federal, ou qualquer de suas Comissões, poderão convocar Ministro de Estado ou quaisquer titulares de órgãos diretamente subordinados à Presidência da República para prestarem, pessoalmente, informações sobre assunto previamente determinado, importando em crime de responsabilidade a ausência sem justificação adequada.
§ 1º - Os Ministros de Estado poderão comparecer ao Senado Federal, à Câmara dos Deputados, ou a qualquer de suas Comissões, por sua iniciativa e mediante entendimentos com a Mesa[3] respectiva, para expor assunto de relevância de seu Ministério.
§ 2º - As Mesas da Câmara dos Deputados e do Senado Federal poderão encaminhar pedidos escritos de informação a Ministros de Estado ou a qualquer das pessoas referidas no caput deste artigo, importando em crime de responsabilidade a recusa, ou o não atendimento, no prazo de trinta dias, bem como a prestação de informações falsas.

4. Competências da Câmara dos Deputados

A maior parte dos incisos enumerados no art. 51, citado logo abaixo, atribui à Câmara dos Deputados funções que lhe são *atípicas*, como, por exemplo, a de julgar ou a de administrar.

O inciso I outorga à Câmara competência para emitir o *juízo de admissibilidade*, ou seja, autorizar o julgamento do Presidente da República.

No inciso II, temos a Câmara funcionando com função *fiscalizadora* do Poder Executivo.

Já no III, quando elabora seu regimento interno, a Câmara tem uma função *legislativa*, só que interna.

No inciso IV encontramos a Câmara exercendo uma função executiva *administrativa* atípica em relação à sua função original.

Por último, tem a Câmara, também, competência para eleger 2 membros do Conselho da República, que terão de ser, necessariamente, brasileiros natos, com mandato de 3 anos, vedada a recondução (art. 89, VII).

Art. 51. Compete privativamente à Câmara dos Deputados:

Juízo de admissibilidade

I - autorizar, por dois terços de seus membros, a instauração de processo contra o Presidente e o Vice-Presidente da República e os Ministros de Estado;

Quem autoriza o início do processo é a Câmara Baixa (Câmara dos Deputados) enquanto quem julga é a Câmara Alta (Senado Federal).

Fiscalização do Executivo

II - proceder à tomada de contas do Presidente da República, quando não apresentadas ao Congresso Nacional dentro de sessenta dias após a abertura da sessão legislativa;

Regimento interno

III - elaborar seu regimento interno;

[3] OBS.: as Mesas são órgãos diretores da cada Casa e sua estrutura está definida no respectivo Regimento Interno.

Função administrativa

IV - dispor sobre sua organização, funcionamento, polícia, criação, transformação ou extinção dos cargos, empregos e funções de seus serviços e a iniciativa de lei para fixação da respectiva remuneração, observados os parâmetros estabelecidos na lei de diretrizes orçamentárias;

Eleição de membros do Conselho da República

V - eleger membros do Conselho da República, nos termos do art. 89, VII.

5. Competências do Senado Federal

Também no artigo seguinte, segundo José Afonso da Silva, há o mesmo erro técnico do art. 51: as competências enumeradas são *exclusivas* e não privativas.

Art. 52. Compete privativamente ao Senado Federal:

I - processar e julgar o Presidente e o Vice-Presidente da República nos crimes de responsabilidade, bem como os Ministros de Estado e os Comandantes da Marinha, do Exército e da Aeronáutica nos crimes da mesma natureza conexos com aqueles;

Tendo sido dada a autorização pela Câmara, competirá, agora, ao Senado, efetuar o processo e o julgamento das pessoas citadas, com emissão de sentença penal pela absolvição ou pela condenação. O Senado tem competência para julgar tanto o Presidente, como o Vice e os Ministros, se estes últimos cometerem crimes de responsabilidade relacionados com os do Presidente da República.

II - processar e julgar os Ministros do Supremo Tribunal Federal, os membros do Conselho Nacional de Justiça e do Conselho Nacional do Ministério Público, o Procurador-Geral da República e o Advogado-Geral da União nos crimes de responsabilidade;

Observa-se aqui o "mecanismo de freios e contrapesos", sistema de controle dos poderes proposto por *Montesquieu*, na elaboração da teoria da Tripartição dos Poderes. Ao Senado competirá o processo (instauração, apuração, coleta de provas, instrução) e o julgamento dos Ministros do Supremo Tribunal Federal, dos membros do Conselho Nacional de Justiça e do Conselho Nacional do Ministério Público, do Procurador-Geral da República e do Advogado-Geral da União, mas *apenas* nos *crimes de responsabilidade*. O crime comum praticado por estas mesmas pessoas ou por parlamentares será julgado pelo Supremo Tribunal Federal (art. 102, I, *b*). Relevante ressaltar que o Conselho Nacional de Justiça (composto de quinze membros) e o Conselho Nacional do Ministério Público (composto de quatorze membros) foram criados pela recente Emenda Constitucional nº 45/04, na forma dos artigos 103-B e 130-A, respectivamente.

III - aprovar previamente, por voto secreto, após argüição pública, a escolha de:
a) magistrados, nos casos estabelecidos nesta Constituição;
b) Ministros do Tribunal de Contas da União indicados pelo Presidente da República;
c) Governador de Território;
d) presidente e diretores do Banco Central;
e) Procurador-Geral da República;
f) titulares de outros cargos que a lei determinar;

Encontramos aqui uma divisão de responsabilidades entre o Poder Executivo e o Poder Legislativo. A indicação poderá ser do Presidente da República, mas a escolha final, a palavra final é do Senado Federal, órgão representante dos Estados.

IV - aprovar previamente, por voto secreto, após argüição em sessão secreta, a escolha dos chefes de missão diplomática de caráter permanente;

São as Missões Brasileiras na ONU, por exemplo. Também encontramos aqui divisão de responsabilidade, principalmente porque os chefes de missão diplomática representarão o país externamente.

Do inciso V até o IX o legislador condicionou a eficácia das medidas econômico-financeiras adotadas à aprovação do Senado Federal, exatamente para limitar os empréstimos procurados externamente, e que aumentam nossa dívida externa.

V - autorizar operações externas de natureza financeira, de interesse da União, dos Estados, do Distrito Federal, dos Territórios e dos Municípios;
VI - fixar, por proposta do Presidente da República, limites globais para o montante da dívida consolidada da União, dos Estados, do Distrito Federal e dos Municípios;
VII - dispor sobre limites globais e condições para as operações de crédito externo e interno da União, dos Estados, do Distrito Federal e dos Municípios, de suas autarquias e demais entidades controladas pelo Poder Público federal;
VIII - dispor sobre limites e condições para a concessão de garantia da União em operações de crédito externo e interno;
IX - estabelecer limites globais e condições para o montante da dívida mobiliária dos Estados, do Distrito Federal e dos Municípios;
X - suspender a execução, no todo ou em parte, de lei declarada inconstitucional por decisão definitiva do Supremo Tribunal Federal;

O inciso X é extremamente importante. É o Senado que retira do ordenamento jurídico, por Resolução, a lei que o Supremo Tribunal Federal declarou inconstitucional. Por exemplo: um indivíduo discute na justiça que uma lei federal está impedindo-o de receber aposentadoria integral, de um salário-mínimo. Tal lei fere o artigo da Constituição que garante, a todas as pessoas, no mínimo, um salário-mínimo. O reclamante aciona a Justiça, ganha em primeira instância, ganha em segunda instância (nos tribunais) e aí o caso vai para o STF, onde novamente ele ganha. A lei que o impede de receber salário mínimo integral foi declarada inconstitucional, mas a decisão do STF só vale para essas duas partes (*inter partes*): o autor da ação e o Estado. Não vale para as demais pessoas. Não pode, o STF, retirar, por si, do ordenamento jurídico a lei inconstitucional. Ele oficia o Senado para que baixe uma Resolução (é ato discricionário do Senado Federal) retirando-a do ordenamento jurídico. Somente a partir de Resolução do Senado nesse sentido é que a lei em pauta deixará de ter efeito para o resto da sociedade (*erga omnes*).

Voltaremos a falar deste assunto quando estudarmos o Controle de Constitucionalidade por parte do Poder Judiciário.

XI - aprovar, por maioria absoluta e por voto secreto, a exoneração, de ofício, do Procurador-Geral da República antes do término de seu mandato;

Como o Senado aprova a escolha do Procurador-Geral, também sua exoneração deverá ser aprovada, principalmente porque estará sendo feita "de ofício", ou seja, a expressão *de ofício* quer dizer em razão da profissão, do ofício.

XII - elaborar seu regimento interno;

Mera função legislativa interna.

XIII - dispor sobre sua organização, funcionamento, polícia, criação, transformação ou extinção dos cargos, empregos e funções de seus serviços e a iniciativa de lei para fixação da respectiva remuneração, observados os parâmetros estabelecidos na lei de diretrizes orçamentárias;

No inciso XIII encontramos o Senado exercendo uma função executiva administrativa atípica de sua função original, que é elaborar leis.

XIV - eleger membros do Conselho da República, nos termos do art. 89, VII.
XV - avaliar periodicamente a funcionalidade do Sistema Tributário Nacional, em sua estrutura e seus componentes, e o desempenho das administrações tributárias da União, dos Estados e do Distrito Federal e dos Municípios.

Por último, da mesma forma que a Câmara dos Deputados Federais, terá o Senado competência para eleger 2 membros do Conselho da República.

Impedimento do Presidente e previsão de sanção
Parágrafo único - Nos casos previstos nos incisos I e II, funcionará como Presidente o do Supremo Tribunal Federal, limitando-se a condenação, que somente será proferida por dois terços dos votos do Senado Federal, à perda do cargo, com inabilitação, por oito anos, para o exercício de função pública, sem prejuízo das demais sanções judiciais cabíveis.

Se qualquer uma das pessoas enumeradas nos incisos I e II (Presidente da República, seu Vice, Ministros do Estado, Ministros do STF, Procurador-Geral da República ou Advogado-Geral da União) for condenada pelo Senado por crime de responsabilidade, além de perder o cargo, receberá uma sanção adicional que será a proibição de candidatar-se, por oito anos, para *qualquer função pública*.

Tal punição não afasta outras sanções judiciais cabíveis, como multa, reparação ao erário público etc. Observa-se que o julgamento é presidido pelo Presidente do Supremo Tribunal Federal. Há a junção de dois Poderes para o controle do Executivo.

6. Dos Deputados e Senadores

Prerrogativas
Aos Deputados Federais e aos Senadores, a Constituição concedeu determinadas prerrogativas, com o objetivo de lhes permitir o livre desempenho de suas funções, de molde a assegurar a independência do Poder Legislativo.

Tais prerrogativas basicamente são:

Inviolabilidade (imunidade material)
Os Deputados e Senadores são *invioláveis* por suas opiniões, palavras e votos, no exercício dos respectivos mandatos (os parlamentares, por exemplo, nunca poderão cometer crime de injúria ou de calúnia, pois a Constituição veda, de plano, a incidência dos dispositivos da lei penal sobre suas opiniões, palavras e votos).

Art. 53. Os Deputados e Senadores são invioláveis civil e penalmente, por quaisquer de suas opiniões, palavras e votos.

A) Privilégio de foro para julgamento
§ 1º - Os Deputados e Senadores, desde a expedição do diploma, serão submetidos a julgamento perante o Supremo Tribunal Federal.

B) Proibição de prisão

Desde a expedição do diploma, os parlamentares não poderão ser presos desde o ato da diplomação até encerrar definitivamente seu mandato;

A Constituição excepciona, apenas, os casos de flagrante de *crime inafiançável*.

§ 2º - Desde a expedição do diploma, os membros do Congresso Nacional não poderão ser presos, salvo em flagrante de crime inafiançável. Nesse caso, os autos serão remetidos dentro de vinte e quatro horas, à Casa respectiva, para que, pelo voto da maioria de seus membros, resolva sobre a prisão.

C) Suspensão do processo

O art. 53, em seu § 3º, possibilita a suspensão de processo contra parlamentar, desde que o pedido de suspensão seja efetuado por partido político e aprovado por maioria dos votos dos membros da Casa.

§ 3º - Recebida a denúncia contra o Senador ou Deputado, por crime ocorrido após a diplomação, o Supremo Tribunal Federal dará ciência à Casa respectiva, que, por iniciativa de partido político nela representado e pelo povo da maioria de seus membros, poderá, até a decisão final, sustar o andamento da ação.
§ 4º - O pedido de sustação será apreciado pela Casa respectiva no prazo improrrogável de quarenta e cinco dias do seu recebimento pela Mesa Diretora.
§ 5º - A sustação do processo suspende a prescrição, enquanto durar o mandato.

Prescrição é a perda do direito de ação, em regra, os prazos no direito são prescritíveis.

D) Limitação ao dever de testemunhar

Os congressistas têm o dever de testemunhar sobre fatos que se supõem ser de seu conhecimento e indispensáveis à instrução penal ou civil, devendo ser convidados a prestar seu depoimento em dia e local conveniente, no Fórum, uma vez que, neste caso, não têm privilégio de foro.

De outra parte, os Deputados e Senadores não serão obrigados a testemunhar sobre informações recebidas ou prestadas *em razão do exercício do mandato,* nem sobre as pessoas que lhes confiaram ou deles receberam informações.

§ 6º - Os Deputados e Senadores não serão obrigados a testemunhar sobre informações recebidas ou prestadas em razão do exercício do mandato, nem sobre as pessoas que lhes confiaram ou deles receberam informações.

E) Imunidade para o serviço militar

§ 7º - A incorporação às Forças Armadas de Deputados e Senadores, embora militares e ainda que em tempo de guerra, dependerá de prévia licença da Casa respectiva.

Se o congressista quiser, por livre e espontânea vontade, incorporar-se às Forças Armadas, deverá renunciar ao seu mandato.

F) Permanência das imunidades

§ 8º- As imunidades de Deputados ou Senadores subsistirão durante o estado de sítio, só podendo ser suspensas mediante o voto de dois terços dos membros da Casa respectiva, nos casos de atos, praticados fora do recinto do Congresso, que sejam incompatíveis com a execução da medida.

Enumeradas as prerrogativas dos parlamentares, vejamos agora as proibições que a Constituição lhes impõe.

Proibições impostas aos parlamentares

As proibições a que Deputados e Senadores estão incursos, enquanto investidos no mandato, estão enumeradas no art. 54, que tem a finalidade de preservar a licitude e a ética do comportamento dos parlamentares em relação à causa pública.

O congressista não pode exercer certas ocupações ou praticar determinados atos cumulativamente com seu mandato.

Tais impedimentos podem ser classificados em vários tipos: incompatibilidade funcional, incompatibilidade negocial, incompatibilidade política e incompatibilidade profissional.

Art. 54. Os Deputados e Senadores não poderão:
I - desde a expedição do diploma:

A diplomação ocorre após a homologação do resultado eleitoral e antes da posse do eleito.

a) firmar ou manter contrato com pessoa jurídica de direito público, autarquia, empresa pública, sociedade de economia mista ou empresa concessionária de serviço público, salvo quando o contrato obedecer a cláusulas uniformes;

A caracterização de *"contrato de cláusulas uniformes"* é controvertida na doutrina. A maioria entende que são os contratos de adesão, tais como: seguro, transporte, fornecimento de água, prestação de serviços de telefone, contrato do sistema financeiro habitacional etc.

b) aceitar ou exercer cargo, função ou emprego remunerado, inclusive os de que sejam demissíveis ad nutum[4], *nas entidades constantes da alínea anterior;*

II - desde a posse:
a) ser proprietários, controladores ou diretores de empresa que goze de favor decorrente de contrato com pessoa jurídica de direito público, ou nela exercer função remunerada;

Tal disposto, bem como os anteriores visam garantir a impessoalidade no trato com a administração.

b) ocupar cargo ou função de que sejam demissíveis ad nutum, *nas entidades referidas no inciso I, a;*
c) patrocinar causa em que seja interessada qualquer das entidades a que se refere o inciso I, a;
d) ser titulares de mais de um cargo ou mandato público eletivo.

Não pode o congressista ser, ao mesmo tempo, Deputado e Senador ou Deputado e Vereador ou Senador e Vice-Presidente, ou Deputado e Vice-Governador, apenas cargos eletivos etc. Essa é a regra geral. A Constituição, entretanto, prevê no art. 56 alguns casos em que o parlamentar poderá se afastar de seu mandato, para exercer outras funções públicas.

Perda do Mandato

A perda do mandato está prevista no art. 55, e se dará por *cassação* ou *extinção.*

Ocorrerá a *cassação* quando o parlamentar incorrer em falta funcional, prevista na Constituição, e punível com esta sanção. As situações às quais a cassação se aplica são as seguintes: infringência ao artigo 54, quebra do decoro parlamentar e condenação criminal. Somente a Mesa da Casa ou o partido político com representação no Congresso Nacional poderá propô-la e ela será decidida pela Casa do parlamentar acusado, por voto secreto e quorum privilegiado da maioria absoluta dos integrantes da Casa ou de sua composição plena.

Ocorrerá *extinção* do mandato quando houver fato ou ato que torne *automaticamente* inexistente a investidura eletiva, como, por exemplo, a morte, a renúncia, o não-comparecimento a certo número de sessões, a perda ou a suspensão dos direitos políticos, ou a determinação pela Justiça Eleitoral. A perda do mandato mediante extinção é praticamente automática, sendo simplesmente *declarada* pela Mesa da Casa respectiva. Esta pode agir de ofício ou mediante requerimento de qualquer de seus membros ou de partido político com representação no Congresso. A Constituição assegura, entretanto, ao parlamentar atingido, a ampla defesa.

Art. 55. Perderá o mandato o Deputado ou Senador:
I - que infringir qualquer das proibições estabelecidas no artigo anterior; [cassação]
II - cujo procedimento for declarado incompatível com o decoro parlamentar; [cassação]
III - que deixar de comparecer, em cada sessão legislativa, à terça parte das sessões ordinárias da Casa a que pertencer, salvo licença ou missão por esta autorizada; [extinção]
IV - que perder ou tiver suspensos os direitos políticos; [extinção]
V - quando o decretar a Justiça Eleitoral, nos casos previstos nesta Constituição; [extinção]
VI - que sofrer condenação criminal em sentença transitada em julgado; [cassação]

§ 1º - É incompatível com o decoro parlamentar, além dos casos definidos no regimento interno, o abuso das prerrogativas asseguradas a membro do Congresso Nacional ou a percepção de vantagens indevidas.

Tem o escopo de evitar o abuso e o desvio de poder.

Cassação

§ 2º - Nos casos dos incisos I, II e VI, a perda do mandato será decidida pela Câmara dos Deputados ou pelo Senado Federal, por maioria absoluta, mediante provocação da respectiva Mesa ou de partido político representado no Congresso Nacional, assegurada ampla defesa. (Redação dada pela Emenda Constitucional nº 76, de 2013)

Extinção

§ 3º - Nos casos previstos nos incisos III a V, a perda será declarada pela Mesa da Casa respectiva, de ofício ou mediante provocação de qualquer de seus membros, ou de partido político representado no Congresso Nacional, assegurada ampla defesa.
§ 4º - A renúncia de parlamentar submetido a processo que vise ou possa levar à perda do mandato, nos termos deste artigo, terá seus efeitos suspensos até as deliberações finais de que tratam os §§ 2º e 3º.

Afastamento do parlamentar

No artigo seguinte, o legislador enumerou situações onde o parlamentar poderá se afastar de seu mandato, com ou sem remuneração.

Art. 56. Não perderá o mandato o Deputado ou Senador:
I - investido no cargo de Ministro de Estado, Governador de Território, Secretário de Estado, do Distrito Federal, de Território, de Prefeitura de Capital ou chefe de missão diplomática temporária;
II - licenciado pela respectiva Casa por motivo de doença, ou para tratar, sem remuneração, de interesse particular, desde que, neste caso, o afastamento não ultrapasse cento e vinte dias por sessão legislativa.

[4] *Demissíveis ad nutum:* expressão utilizada para indicar cargos ou funções públicas que podem ser dispensados sem qualquer atenção à pessoa que os exerce. Todos os cargos públicos em comissão ou de confiança são demissíveis *ad nutum.*

§ 1º O suplente será convocado nos casos de vaga, de investidura em funções previstas neste artigo ou de licença superior a cento e vinte dias.
§ 2º Ocorrendo vaga e não havendo suplente, far-se-á eleição para preenchê-la se faltarem mais de quinze meses para o término do mandato. Excepcionalmente prevê a CF a realização de uma eleição atemporal.
§ 3º Na hipótese do inciso I, o Deputado ou Senador poderá optar pela remuneração do mandato.

7. Das Reuniões

A sessão legislativa consiste no período de atividade do Congresso, durante o qual se realizam suas reuniões de trabalho. Esse período de trabalho irá de 02 de fevereiro a 17 de julho e 01 de agosto a 22 de dezembro. (texto alterado pela Emenda Constitucional n.º 50 de 14 fevereiro de 2006).

As reuniões poderão ser realizadas separadamente em cada Casa, ou conjuntamente.

Reunião conjunta

A Câmara dos Deputados e o Senado Federal, sob a presidência da Mesa do Senado, se reunirão em sessão conjunta para:
a) inaugurar a sessão legislativa;
b) elaborar o regimento comum e regular a criação de serviços comuns das duas Casas;
c) receber o compromisso do Presidente e Vice-Presidente da República;
d) conhecer do veto e sobre ele deliberar.

Na primeira situação (inauguração da sessão legislativa), dá-se início aos trabalhos legislativos e conhecimento da mensagem do Presidente da República.

Na segunda situação (elaboração do regimento comum), é necessário dizer que três são os regimentos que estabelecem as normas do Legislativo: o do Congresso Nacional, o da Câmara dos Deputados e o do Senado Federal. Qualquer emenda, qualquer alteração do regimento comum, no caso, o do Congresso Nacional, deverá ser feita em sessão conjunta.

Na terceira, deve-se receber o compromisso do Presidente e Vice-Presidente da República, que será: *"Prometo manter, defender e cumprir a Constituição, observar as leis, promover o bem geral do povo brasileiro, sustentar a União, a integridade e a independência do Brasil".*

E, por último, o conhecimento do veto e a deliberação sobre ele são procedimentos que finalizam o processo legislativo.

O veto, como vimos anteriormente, é a discordância do Presidente da República de um projeto de lei, seja por entendê-lo inconstitucional, seja por entendê-lo contrário aos interesses públicos. A exigência de apreciação, mediante veto ou sanção, do Presidente da República para a edição de uma lei é uma estratégia que divide a responsabilidade da elaboração de leis entre o Poder Legislativo e o Poder Executivo. Para a derrubada do veto, o legislador constituinte exigiu a presença das duas Casas do Congresso.

Mesa diretora

Mesa é o conjunto de parlamentares eleitos por seus pares para dirigir os trabalhos legislativos durante dois anos.

A Constituição diz que há três mesas dirigentes:
a) Mesa da Câmara dos Deputados;
b) Mesa do Senado Federal;
c) Mesa do Congresso Nacional.

Segundo José Afonso da Silva, a composição de cada mesa é *"matéria regimental e cada Casa disciplina como melhor lhe parecer"*. A regra tem sido que tanto a Mesa da Câmara dos Deputados como a Mesa do Senado Federal, compreendam: Presidente, dois Vice-Presidentes, quatro Secretários e quatro suplentes de Secretários.

Diz o mesmo autor que *"as atribuições das Mesas são contempladas nos regimentos internos, mas a Constituição menciona algumas de maior destaque, que fogem a uma consideração puramente regimental, como as referentes à convocação ou comparecimento de Ministros, à perda de mandatos de congressistas, à propositura da ação direta de inconstitucionalidade, e à liberação de pronunciamento de parlamentares durante o estado de sítio".*

Art. 57. O Congresso Nacional reunir-se-á, anualmente, na Capital Federal, de 2 de fevereiro a 17 de julho e de 1º de agosto a 22 de dezembro. (Redação dada pela Emenda Constitucional n.º 50 de 14 de fevereiro de 2006)
§ 1º - As reuniões marcadas para essas datas serão transferidas para o primeiro dia útil subseqüente, quando recaírem em sábados, domingos ou feriados.
§ 2º - A sessão legislativa não será interrompida sem a aprovação do projeto de lei de diretrizes orçamentárias.

A Lei de Diretrizes Orçamentárias é uma tarefa precípua do Congresso Nacional, daí o seu grau de importância.

§ 3º - Além de outros casos previstos nesta Constituição, a Câmara dos Deputados e o Senado Federal reunir-se-ão em sessão conjunta para:
I - inaugurar a sessão legislativa;
II - elaborar o regimento comum e regular a criação de serviços comuns às duas Casas;

III - receber o compromisso do Presidente e do Vice-Presidente da República;
IV - conhecer do veto e sobre ele deliberar.

§ 4º - Cada uma das Casas reunir-se-á em sessões preparatórias, a partir de 1º de fevereiro, no primeiro ano da legislatura, para a posse de seus membros e eleição das respectivas Mesas, para mandato de 2 (dois) anos, vedada a recondução para o mesmo cargo na eleição imediatamente subseqüente. (Redação dada pela Emenda Constitucional n.º 50 de 14 de fevereiro de 2006)
§ 5º - A Mesa do Congresso Nacional será presidida pelo Presidente do Senado Federal, e os demais cargos serão exercidos, alternadamente, pelos ocupantes de cargos equivalentes na Câmara dos Deputados e no Senado Federal.

Convocação extraordinária
Têm legitimidade para convocar extraordinariamente o Congresso Nacional durante o recesso, nas situações e assuntos previstos para cada um:
- o Presidente do Senado Federal;
- o Presidente da República;
- o Presidente da Câmara dos Deputados;
- a maioria dos membros de ambas as Casas.

Na sessão legislativa extraordinária, o Congresso só poderá deliberar sobre a matéria para a qual foi convocado e nenhuma outra mais.

§ 6º - A convocação extraordinária do Congresso Nacional far-se-á:
I - pelo Presidente do Senado Federal, em caso de decretação de estado de defesa ou de intervenção federal, de pedido de autorização para a decretação de estado de sítio e para o compromisso e a posse do Presidente e do Vice-Presidente da República;
II - pelo Presidente da República, pelos Presidentes da Câmara dos Deputados e do Senado Federal ou a requerimento da maioria dos membros de ambas as Casas, em caso de urgência ou interesse público relevante, em todas as hipóteses deste inciso com a aprovação da maioria absoluta de cada uma das Casas do Congresso Nacional. (Redação dada pela Emenda Constitucional n.º 50, de 14 fevereiro de 2006)

Valor superior ao teto
§ 7º - Na sessão legislativa extraordinária, o Congresso Nacional somente deliberará sobre a matéria para a qual foi convocado, ressalvada a hipótese do § 8º deste artigo, vedado o pagamento de parcela indenizatória, em razão da convocação. (Redação dada pela Emenda Constitucional n.º 50 de 14 de fevereiro de 2006)
§ 8º - Havendo medidas provisórias em vigor na data de convocação extraordinária do Congresso Nacional, serão elas automaticamente incluídas na pauta da convocação.

8. Das Comissões

Comissões são organismos constituídos em cada Câmara, compostos de número geralmente restrito de membros, encarregados de estudar e examinar proposições legislativas e apresentar pareceres.

As comissões podem ser de quatro tipos:

a) *permanentes:* são as que subsistem através das legislaturas; organizam-se em função da matéria, coincidindo, geralmente, com o campo funcional dos Ministérios (art. 58). Um exemplo de Comissão permanente é a CCJ – Comissão de Constituição e Justiça.

b) *temporárias:* são criadas para assuntos específicos, e extinguem-se quando tenham preenchido os fins a que se destinam ou com o fim da legislatura; o § 2º do art. 58 designa as competências dessas comissões.

c) *mistas:* são comissões formadas por Deputados e Senadores com o objetivo de estudar assuntos expressamente fixados, em especial, aqueles que devam ser decididos pelo Congresso Nacional, em sessão conjunta das duas Casas; a Constituição estatui no art. 166, § 1º, uma comissão mista permanente.

d) *comissões parlamentares de inquérito:* previstas no § 3º do artigo 58, terão poderes de investigação *próprios das autoridades judiciais,* além de outros previstos nos regimentos internos das Casas; desempenham papel de fiscalização e controle da Administração; o Senado e a Câmara poderão criar, isolada ou conjuntamente, tantas CPI quantas julgarem necessárias.

Para ser criada uma CPI, é necessário:
1. requerimento de 1/3 dos membros da Casa;
2. que seja constituída para a apuração de fato determinado;
3. que tenha prazo certo de funcionamento.

Suas conclusões serão encaminhadas ao Ministério Público, para que este promova a responsabilidade civil ou criminal dos infratores. É o Poder Legislativo funcionando como órgão fiscalizador, defendendo a probidade administrativa.

Segundo os doutrinadores, tem a CPI, natureza de inquérito policial.

Convocação de autoridade
De nada adiantaria criar comissões parlamentares de inquérito se não houvesse mecanismos impeditivos da omissão ou sonegação de informação por parte das autoridades públicas. É por isso que a Constituição dispõe sobre a convocação de autoridades.

A Câmara dos Deputados ou o Senado Federal, bem como qualquer de suas Comissões, poderão convocar Ministro de Estado para prestar, pessoalmente, informações sobre assunto previamente determinado, importando crime de responsabilidade a ausência sem justificação adequada.

Os Ministros de Estado poderão comparecer ao Senado Federal, à Câmara dos Deputados, ou a qualquer de suas Comissões, por sua iniciativa e mediante entendimentos com a Mesa respectiva, para expor assunto de relevância de seu Ministério.

Como vimos no art. 50, § 2º, as Mesas da Câmara dos Deputados e do Senado Federal poderão encaminhar pedidos escritos de informação aos Ministros de Estado ou a quaisquer titulares dos órgãos subordinados à Presidência da República, importando crime de responsabilidade a recusa, ou o não-atendimento no prazo de trinta dias, bem como a prestação de informações falsas.

Art. 58. O Congresso Nacional e suas Casas terão comissões permanentes e temporárias, constituídas na forma e com as atribuições previstas no respectivo regimento ou no ato de que resultar sua criação.
§ 1º - Na constituição das Mesas e de cada Comissão, é assegurada, tanto quanto possível, a representação proporcional dos partidos ou dos blocos parlamentares que participam da respectiva Casa.
§ 2º - Às comissões, em razão da matéria de sua competência, cabe:
I - discutir e votar projeto de lei que dispensar, na forma do regimento, a competência do Plenário, salvo se houver recurso de um décimo dos membros da Casa;
II - realizar audiências públicas com entidades da sociedade civil;
III - convocar Ministros de Estado para prestar informações sobre assuntos inerentes a suas atribuições;
IV - receber petições, reclamações, representações ou queixas de qualquer pessoa contra atos ou omissões das autoridades ou entidades públicas;
V - solicitar depoimento de qualquer autoridade ou cidadão;
VI - apreciar programa de obras, planos nacionais, regionais e setoriais de desenvolvimento e sobre eles emitir parecer.
§ 3º - As comissões parlamentares de inquérito, que terão poderes de investigação próprios das autoridades judiciais, além de outros previstos nos regimentos das respectivas Casas, serão criadas pela Câmara dos Deputados e pelo Senado Federal, em conjunto ou separadamente, mediante requerimento de um terço de seus membros, para a apuração de fato determinado e por prazo certo, sendo suas conclusões, se for o caso, encaminhadas ao Ministério Público, para que promova a responsabilidade civil ou criminal dos infratores.
§ 4º - Durante o recesso, haverá uma Comissão representativa do Congresso Nacional, eleita por suas Casas na última sessão ordinária do período legislativo, com atribuições definidas no regimento comum cuja composição reproduzirá, quanto possível, a proporcionalidade da representação partidária.

Exercícios de Fixação

01. Salvo disposição constitucional em contrário, as deliberações de cada Casa e de suas Comissões, serão tomadas por:
a) maioria de votos de parlamentares estaduais.
b) dois terços dos votos.
c) três quartos dos votos.
d) maioria dos votos, presentes a maioria absoluta de seus membros.
e) maioria relativa dos votos por derivação.

02. A Câmara dos Deputados compõe-se de representantes:
a) do povo, eleitos pelo sistema econômico-majoritário.
b) do povo, eleitos pelo sistema majoritário.
c) do povo, eleitos pelo sistema proporcional.
d) do povo, eleitos pelo sistema igualitário-majoritário.
e) do povo, dos Estados e do Distrito Federal.

03. O número total de Deputados, bem como a representação por Estado e pelo Distrito Federal, será estabelecido por Lei Complementar:
a) proporcionalmente aos cidadãos.
b) proporcionalmente à população.
c) proporcionalmente aos detentores de cidadania ativa.
d) proporcionalmente aos detentores de cidadania passiva.
e) proporcionalmente ao número de Deputados Estaduais.

04. O Senado Federal compõe-se de representantes:
a) dos Estados e do Distrito Federal.
b) dos Estados, do Distrito Federal e dos Territórios.
c) dos Estados, do Distrito Federal e dos Municípios.
d) dos Estados e dos Territórios.
e) dos Estados e dos Municípios.

05. Compete privativamente ao Congresso Nacional:
I. autorizar o Presidente e o Vice-Presidente da República a se ausentarem do País, quando a ausência exceder a quinze dias.
II. aprovar o estado de defesa e a intervenção federal, autorizar o estado de sítio, ou suspender qualquer uma dessas medidas.
III. mudar temporariamente sua sede.
a) apenas I e II estão corretas.
b) I, II e III estão incorretas.
c) apenas I está correta.
d) apenas I e II estão incorretas.
e) I, II, III estão corretas, mas o enunciado não, porque a competência em tela é exclusiva.

06. É competência exclusiva do Congresso Nacional:

a) autorizar referendo e convocar plebiscito.
b) dispor sobre sistema tributário.
c) dispor sobre programas nacionais.
d) dispor sobre limites do território nacional.
e) dispor sobre concessão de anistia.

07. A autorização dada pela Câmara dos Deputados para a instauração de processo contra o Presidente da República e os Ministros de Estado se dará por:

a) dois terços de seus membros.
b) três quintos de seus membros.
c) dois terços dos membros presentes à sessão.
d) três quintos dos membros presentes à sessão.
e) maioria simples.

08. Emissão de moeda, seus limites e montante da dívida mobiliária federal é competência legislativa do(a):

a) Banco Central do Brasil, com sanção do Senado Federal.
b) Ministério da Fazenda, com sanção do Presidente da República.
c) Senado Federal, com sanção da Câmara dos Deputados.
d) Presidência da República, com sanção do Congresso Nacional.
e) Congresso Nacional, com sanção Presidencial.

09. Compete privativamente à Câmara dos Deputados:

a) processar e julgar o Presidente da República nos crimes de responsabilidade.
b) autorizar, por dois terços de seus membros, a instauração de processo contra os Ministros de Estado.
c) autorizar, por um terço de seus membros, a instauração de processo contra o Presidente da República.
d) processar e julgar o Vice-Presidente da República nos crimes de responsabilidade.

10. Quando o Senado Federal estiver funcionando como Tribunal para julgamento do Presidente da República nos crimes de responsabilidade, funcionará como presidente da sessão:

a) o Presidente do Senado Federal.
b) o Presidente da Câmara dos Deputados.
c) o Presidente do Supremo Tribunal Federal.
d) o Presidente do Senado Federal e da Câmara dos Deputados, conjuntamente.
e) um Presidente escolhido entre os Senadores da República, através do voto secreto.

11. Os Deputados Federais e Senadores são submetidos a julgamento perante o:

a) Tribunal Superior Eleitoral.
b) Tribunal Federal de Recursos.
c) Tribunal de Justiça do Distrito Federal.
d) Supremo Tribunal Federal.
e) Superior Tribunal Militar.

12. O Senador:

a) não é representante do povo mas é eleito pelo povo.
b) terá mandato de cinco anos, renovado de quatro em quatro anos.
c) será eleito com um suplente.
d) será eleito com dois suplentes para ajudá-lo no desempenho do mandato.
e) representa o território.

13. Os Deputados e Senadores são invioláveis por suas opiniões, palavras e votos, sendo que suas imunidades, no que se refere ao estado de sítio,

a) não subsistirão.
b) subsistirão plenamente.
c) só podem ser interrompidas mediante o voto de 2/3 dos membros da Casa respectiva e no caso de prática de atos contrários à execução da medida fora do recinto do Congresso Nacional.
d) só podem ser suspensas mediante o voto de 2/3 dos membros da Casa respectiva e no caso de prática de atos incompatíveis com a execução da medida.
e) o enunciado da questão é falso.

14. O número de Deputados Federais eleitos por Território é de:

a) no mínimo oito e no máximo setenta.
b) três.
c) quatro.
d) no mínimo quatro e no máximo setenta.
e) no máximo setenta.

15. Os Deputados Federais não poderão, desde a posse:

a) ser titulares de mais de um cargo ou mandato público eletivo.
b) firmar contrato com pessoa jurídica de direito público.
c) manter contrato com autarquia.
d) firmar contrato com sociedade de economia mista.
e) manter contrato com empresa pública.

16. Podem convocar, extraordinariamente, o Congresso Nacional:

a) o Presidente da República, o Presidente do Senado Federal, o Presidente da Câmara dos Deputados ou a maioria dos membros do Congresso Nacional.
b) somente o Presidente da República e o Presidente do Congresso Nacional.
c) o Presidente da República, o Presidente do Senado Federal, o Presidente da Câmara dos Deputados, o Presidente do Congresso Nacional ou a maioria dos membros do Congresso Nacional.
d) o Presidente do Senado Federal e o Presidente da Câmara dos Deputados apenas.
e) somente o Presidente da República.

17. Indique a alternativa incorreta:

a) na Constituição das Mesas e de cada Comissão, é assegurada, tanto quanto possível, a representação proporcional dos partidos ou dos blocos parlamentares que participem da respectiva Casa.
b) sendo matéria de sua competência a comissão pode convocar Ministros de Estado.
c) sendo matéria de sua competência a comissão pode solicitar depoimento de qualquer autoridade, cidadão ou representante de países estrangeiros.
d) as comissões parlamentares de inquérito têm poderes de investigação próprios das autoridades judiciais.
e) o Congresso Nacional, o Senado Federal e a Câmara do Deputados terão comissões permanentes e temporárias.

18. Durante o recesso parlamentar:

a) não existe comissão formada.
b) só existe comissão do Senado Federal.
c) só existe comissão da Câmara dos Deputados.
d) só existe comissão representativa do Congresso Nacional.
e) as comissões são representadas pelos líderes dos partidos.

19. O Presidente da República, se for acusado de algum crime, será julgado:

a) pelo STF, quer se trate de crime comum ou de crime de responsabilidade.
b) pelo Senado Federal, tanto nos casos de crime comum como nos casos de responsabilidade.
c) pelo STF, tanto nos crimes comuns como nos crimes de responsabilidade, depois que a Câmara dos Deputados declarar procedente a acusação pelo voto de 2/3 dos Deputados.
d) pelo STF nos crimes comuns e pelo Senado Federal nos crimes de responsabilidade depois que a Câmara dos Deputados declarar procedente a acusação pelo voto de 2/3 dos seus membros.
e) pelo Senado Federal, tanto nos crimes comuns como nos crimes de responsabilidade, depois de a Câmara dos Deputados declarar procedente a acusação pelo voto da maioria dos seus membros.

20. Queira assinalar a resposta incorreta, abaixo, relativamente às comissões parlamentares de inquérito:

a) podem ser criadas pelo Senado e pela Câmara dos Deputados, em conjunto ou separadamente.
b) a criação depende de requerimento subscrito por um terço dos membros de cada uma das aludidas casas legislativas.
c) devem ter prazo certo para encerrar seus trabalhos.
d) as conclusões das comissões parlamentares de inquérito (CPI) têm efeitos exauridos no âmbito do Congresso Nacional, sem que se imponham provisórias outras, por partes das mesmas, para a promoção da responsabilidade civil ou criminal dos eventuais infratores.
e) têm poderes de investigação próprios das autoridades judiciais.

Gabarito

01. D	02. C	03. B	04. A
05. E	06. A	07. A	08. E
09. B	10. C	11. D	12. A
13. D	14. C	15. A	16. A
17. C	18. D	19. D	20. D

10. Do Processo Legislativo

1. Introdução

Processo legislativo é o conjunto de atos (iniciativa, emenda, discussão, votação, sanção, veto, promulgação, publicação) necessários para criar leis.

Temos três grandes categorias normativas: leis federais, leis estaduais e leis municipais.

As leis federais e as leis nacionais são editadas pela União, que pode agir tanto em nome próprio como em nome da Federação.

A **lei** será ***federal*** quando atingir *todos os habitantes do país* (exemplo: leis trabalhistas, leis penais, leis civis, leis processuais etc.).

A lei também será *federal* quando for aplicável apenas à própria União e aos seus agentes, órgãos e instituições, não obrigando os Estados-membros e os Municípios. Exemplo: Lei nº 8.112/90 - dispõe sobre o regime jurídico dos servidores públicos civis *da União*, das autarquias e fundações públicas *federais* (estatuto do funcionário público federal).

Leis *estaduais* são aquelas elaboradas pelas Assembleias Legislativas dos Estados-membros e as ***leis municipais*** são elaboradas pelas Câmaras de Vereadores dos Municípios.

As Leis elaboradas pela Câmara Distrital, que é a casa legislativa do Distrito Federal têm natureza híbrida, ou seja, possuem competência estadual e municipal.

Vamos seguir a corrente majoritária, ou seja, a segunda. Dentre as leis, federal, estadual e municipal há uma relação de *coordenação*, não existindo hierarquia jurídica propriamente dita que as subordine umas às outras. Relação hierárquica de subordinação existe apenas em relação à Constituição, que estabelece a competência legislativa de cada ente federativo. Neste sentido, a invasão da competência legal *exclusiva* de um ente federativo por parte de outro resulta na *inconstitucionalidade* da norma legal editada.

É lógico que, na esfera da competência *concorrente*, onde a própria Constituição nos diz que a União editará *lei com regras gerais* esta prevalecerá sobre as demais. Mas isto decorre não do fato de que a lei federal em si seja superior às demais, e sim do fato de que houve determinação constitucional anterior neste sentido.

O art. 59 da Constituição Federal enumerou as diversas espécies legislativas colocando-as aproximadamente em ordem decrescente quanto à dificuldade de aprovação e não de hierarquia.

Art. 59 - O processo legislativo compreende a elaboração de:
I - emendas à Constituição;
II - leis complementares;
III - leis ordinárias;
IV - leis delegadas;
V - medidas provisórias;
VI - decretos legislativos;
VII - resoluções.
Parágrafo único - Lei complementar disporá sobre a elaboração, redação, alteração e consolidação das leis.

Antes de estudarmos os dispositivos constitucionais pertinentes, é necessário conhecer as *fases do processo legislativo.* Sem tal ferramenta torna-se impossível entender a natureza jurídica de cada espécie normativa.

2. Fases do Processo Legislativo

As fases do processo de criação das leis são as seguintes:

a) iniciativa do projeto de lei; } fase *introdutória*

b) discussão do projeto;
c) emendas ao projeto;
d) votação do projeto;
e) submetimento a sanção ou veto do chefe do Executivo;
} Fase *constitutiva*

f) promulgação;
g) publicação;
h) vigência.
} Fase *complementar*

a) Iniciativa
Iniciativa é a faculdade atribuída a alguém ou a algum órgão para apresentar projetos de lei ao Poder Legislativo. Pode ser conferida *concorrentemente* a mais de uma pessoa ou órgão, ou *com exclusividade* a uma só pessoa ou órgão.

Em nosso ordenamento jurídico, a iniciativa *concorrente*, também chamada de iniciativa *vinculada*, compreende os seguintes casos:

1. leis complementares e ordinárias: são de iniciativa do Presidente da República, dos Deputados Federais, dos Senadores, das Comissões Parlamentares (sejam elas da Câmara dos Deputados, do Senado Federal, ou do Congresso Nacional), do Supremo Tribunal Federal, e dos cidadãos (através, neste último caso, da chamada *iniciativa popular*);

2. os Tribunais Superiores, o Supremo Tribunal Federal e o Procurador-Geral da República têm competência concorrente para propor projetos de leis *referentes ao Poder Judiciário*;

3. cabem ao Presidente da República e ao Procurador-Geral da República a iniciativa de normas *concernentes ao Ministério Público Federal* (art. 61, §1º, II, "d" e 128, § 5º).

A iniciativa *exclusiva* (também chamada de *reservada*) está prevista para os seguintes casos:

1. Presidente da República: cabe unicamente a ele a iniciativa de leis que: criem cargos, funções ou empregos públicos, ou aumentem a remuneração dos servidores públicos; fixem ou modifiquem os efetivos das Forças Armadas; disponham sobre organização administrativa e judiciária, matéria tributária e orçamentária, serviços públicos e pessoal da administração dos Territórios; disponham sobre os servidores públicos da União e Territórios, seu regime jurídico, provimento de cargos, estabilidade e aposentadoria de civis, reforma e transferência de militares para a inatividade;

2. Supremo Tribunal Federal: cabe exclusivamente a este órgão a iniciativa de projeto de lei complementar dispondo sobre o estatuto da magistratura (art. 93), e leis de criação e extinção de cargos e de fixação de vencimentos de seus membros e auxiliares;

3. Presidente do Supremo Tribunal Federal: cabe a ele a iniciativa de proposta orçamentária do respectivo órgão;

4. Tribunais Superiores: a eles compete a iniciativa de leis de alteração do número de membros dos tribunais inferiores, e leis de criação e extinção de cargos e de fixação de vencimentos de seus membros e auxiliares (art. 96, II, b);

5. Câmara dos Deputados e Senado Federal: detêm a iniciativa para propor projetos de lei que disponham sobre criação ou extinção de cargos de seus serviços e fixação dos respectivos vencimentos (art. 51, IV e 52, XIII).

Se o projeto for de iniciativa do Presidente da República, dos Deputados dos Tribunais ou do Procurador-Geral da República, o local de sua apresentação será a Câmara dos Deputados. Se oferecido por Senador, a apresentação e a discussão iniciar-se-ão na sua própria Casa, ou seja, no Senado Federal.

Os cidadãos também têm a possibilidade de deflagrar o processo de elaboração de lei, mediante o instituto da *iniciativa popular*. Há, todavia, determinados requisitos a serem observados (art. 61, § 2º), a saber:
• o projeto deverá ser apresentado à Câmara dos Deputados;
• deverá haver a assinatura de no mínimo 1% do eleitorado nacional, em pelo menos 5 Estados;
• em cada Estado dever-se-á colher assinaturas de, no mínimo, 0,3% dos eleitores.

Convém lembrar que se a iniciativa couber a um órgão apenas (iniciativa exclusiva), não pode outro órgão iniciar o projeto. Se tal ocorrer, o projeto será inconstitucional de plano, mesmo que receba a sanção do Presidente da República.

b) Discussão
Qualquer projeto de lei apresentado à Casa legislativa será discutido nas comissões permanentes (art. 58, § 2º) e no plenário.

As comissões permanentes examinam a *constitucionalidade* (aspecto formal) e o *conteúdo* (aspecto material) do projeto de lei.

Após a análise das comissões, o projeto é remetido ao plenário para uma última discussão e início da votação. Surgem, agora, três possibilidades:
1. se houver *aprovação*, o projeto de lei será remetido para a Casa Revisora;
2. se for aprovado (na Casa Revisora) será enviado ao Presidente da República para promulgação ou sanção;
3. se houver *emenda* ao projeto de lei, este será devolvido à Câmara Iniciadora para que a aprecie;
4. se o projeto for *rejeitado,* seguir-se-á o seu arquivamento.

A Câmara Legislativa Revisora poderá arquivar o projeto sem ouvir a Câmara Iniciadora.

A matéria constante de projeto de lei arquivado ou não sancionado, somente poderá constituir objeto de novo projeto, na mesma sessão legislativa (sessão anual), mediante proposta da *maioria absoluta* dos membros de qualquer uma das Casas legislativas. Já no caso específico de *emenda à Constituição*, é vedada nova apreciação, na mesma sessão legislativa, de proposta que tenha sido rejeitada ou prejudicada.

c) Emendas ao projeto de lei

Emendar é a faculdade que têm os membros ou órgãos de cada uma das Casas do Congresso Nacional de sugerir modificações nos projetos de lei apresentados.

Podem ser emendados, mesmo que isto implique em aumento de despesa:

• projetos de lei do orçamento anual ou;

• projeto de lei que modifique o orçamento, observadas as regras do art. 166, §§ 3º e 4º;

- seja compatível com o plano plurianual e a lei de diretrizes orçamentárias;
- sejam indicados os recursos necessários; e
- sejam relacionados com a correção de erros ou omissões ou com os dispositivos do texto do projeto de lei.

Não podem ser admitidas emendas que aumentem a despesa prevista nos projetos sobre organização dos serviços administrativos da Câmara dos Deputados, do Senado Federal, dos Tribunais Federais e do Ministério Público (art. 63, I e II).

d) Votação

A votação é ato coletivo das Casas do Congresso, geralmente precedida de estudos, de pareceres das comissões técnicas, e de debates em plenário. É ato de decisão que se toma:

1. por *maioria simples ou relativa*, isto é maioria dos membros *presentes* na votação, nos casos de projetos de *lei ordinária*;

2. por *maioria absoluta* dos membros das Câmaras, isto é, maioria do *total* de parlamentares de cada Casa legislativa, no caso de aprovação de *lei complementar*;

3. por *maioria qualificada* de 3/5 dos membros das Casas do Congresso, no caso de aprovação de *emendas constitucionais*.

Se for solicitada urgência ou relevância pelo Presidente para projeto de sua iniciativa, a votação do mesmo em cada Casa deverá ser feita em até 45 dias (90 dias no total). Se não for votado nesse prazo, o projeto será incluído na próxima ordem do dia e votado, em primeiro lugar, com primazia sobre todos os outros. Se houver emendas por parte do Senado Federal, a Câmara dos Deputados deverá apreciá-las em 10 dias.

A este respeito, cabe lembrar que há três formas de andamento ou tramitação do projeto de lei previstas na Constituição:

a) procedimento *ordinário* (sem prazo);

b) procedimento *sumário* (para leis de tramitação com prazo, em regime de urgência); e

c) *procedimentos legislativos especiais.*

Segundo José Afonso da Silva, *o procedimento ordinário é o procedimento comum utilizado na elaboração de leis ordinárias.* Ele é mais demorado, pois comporta mais oportunidades de exame, estudo e discussão do projeto.

O procedimento *sumário* é previsto apenas para os casos dos projetos de lei de iniciativa privativa do Presidente da República, a quem Constituição deferiu a faculdade de solicitação de relevância e urgência.

Procedimentos legislativos *especiais,* como o próprio nome diz, são aqueles que têm características especiais, sendo utilizados para a elaboração de: emendas constitucionais, lei do plano plurianual, lei de diretrizes orçamentárias, lei do orçamento anual e de abertura de créditos adicionais, leis delegadas, medidas provisórias e leis complementares.

É importante frisar que a Constituição atual, ao contrário da anterior, *não permite a aprovação de projeto de lei por decurso de prazo*. Agora, *todos os projetos de lei têm de ser votados*, seja no prazo ou fora dele.

e) Submetimento a sanção ou veto

A sanção e o veto são atos legislativos de competência *exclusiva* do Presidente da República, pelos quais fiscaliza a feitura das leis e divide com o Congresso a responsabilidade pelas mesmas.

Sanção é a aquiescência do Presidente da República ao projeto de lei. Ela pode ser *expressa* ou *tácita*. Será *expressa* se o Presidente concordar expressamente, no prazo de 15 dias úteis, mediante aposição de sua assinatura no projeto de lei. Será *tácita* se o Presidente da República não se pronunciar naquele prazo.

Veto é o ato pelo qual o Presidente da República exprime sua discordância em relação a projeto de lei aprovado nas duas Casas.

A Constituição exige que o veto seja sempre *motivado,* isto é, fundamentado com as razões que levaram o Presidente àquela decisão (art. 66, § 1º). Conclui-se, pois, que *não existe veto tácito.*

Ele poderá ser *total* (quando o Presidente discorda do projeto por inteiro) ou *parcial* (quando a discordância atinge apenas parte do projeto). O Presidente da República pode vetar um artigo, um parágrafo, um inciso, ou uma alínea, mas jamais pode vetar uma palavra isolada (art. 66, § 1º).

O veto de uma palavra isolada poderia mudar completamente o sentido da lei. Imaginemos o veto sobre um advérbio de negação, portanto a necessidade de proibição do uso do veto parcial dentro dos subitens da lei.

O prazo para que o Presidente da República tome esta medida é de até 15 dias úteis da data do recebimento do projeto de lei (art. 66, § 1º), devendo comunicar ao Presidente do Senado Federal os motivos de sua decisão dentro de 48 horas do exercício desta. Há uma aplicação clara do sistema de freios e contrapesos de *Montesquieu*, pois o legislativo tem a iniciativa enquanto que o executivo o freio. Entretanto, no processo legislativo quem fala mais alto é o poder legislativo, pois este pode derrubar o veto e terá a palavra final.

O veto não impede definitivamente o andamento do projeto: a Constituição prevê a possibilidade de sua rejeição. Ele será apreciado em *sessão conjunta* (ou seja, Câmara e Senado reunidos), dentro de trinta dias a contar de seu recebimento, e poderá ser rejeitado pelo voto da *maioria absoluta* dos Deputados e Senadores, em escrutínio secreto (art. 66, § 4º).

Convém lembrar que, uma vez manifestado, o veto é *irretratável.*

Em suma, o instituto do veto, em nosso Direito Constitucional, apresenta as seguintes características básicas, segundo José Afonso da Silva:
1. quanto à *extensão*, o veto poderá ser *parcial* ou *total*;
2. quanto à *forma*, o veto deverá sempre ser *expresso* e *motivado*;
3. quanto ao *fundamento*, o veto poderá ser *político* ou *jurídico* (contrário ao interesse público ou contrário à Constituição);
4. quanto aos *efeitos*, ele é *relativo* e *suspensivo*, ou seja, apenas impede a conversão *imediata* do projeto de lei em lei, sem no entanto, prejudicar ulterior apreciação definitiva pelo Poder Legislativo;
5. quanto à *devolução*, o veto é *legislativo*, posto que o destinatário do projeto vetado, com competência para sobre ele deliberar, é o próprio Poder Legislativo.

f) Promulgação
Promulgar é atestar que a ordem jurídica foi inovada. Pela promulgação, o Executivo autentica a lei, notificando aos respectivos destinatários a sua criação.

Pode-se entender a expressão como sinônimo de homologar, ou seja, respaldar a legalidade.

Para a maior parte da doutrina, o ato de promulgação tem como pressuposto a presunção de que a lei promulgada é *válida*, *executável* e *potencialmente obrigatória.* Para José Afonso da Silva é necessária, ainda, a *publicação do texto*, para ciência de seus destinatários.

A promulgação é obrigatória e em regra é efetuada pelo Presidente da República, que promulga as leis complementares e ordinárias, mesmo que decorram de projeto de lei por ele vetado, mas posteriormente ratificado pelo Legislativo (art. 66, § 5º). Se o Presidente da República não promulgar a lei dentro de 48 horas, o Presidente do Senado o fará em seu lugar, e se o Presidente do Senado não o fizer dentro de 48 horas, o Vice-Presidente do Senado obrigatoriamente a promulgará. (art. 66, § 7º)

As Emendas à Constituição *não são promulgadas pelo Poder Executivo*, e sim pelo próprio Poder Legislativo, no caso as Mesas da Câmara dos Deputados e do Senado Federal (art. 60, § 3º).

A Constituição Federal também não é promulgada pelo Poder Executivo e sim pela própria Assembleia Constituinte que a instituiu.

g) Publicação
A publicação realiza-se pela inserção da lei promulgada no jornal oficial e é condição para que a lei entre em vigor e torne-se eficaz. A mesma pessoa ou o mesmo órgão que promulga a lei deve determinar também sua publicação. Ela impede a alegação de ignorância da lei por parte das pessoas.

h) Vigência
Vigorar é entrar no ordenamento jurídico, isto é, ser exigida. A lei pode entrar em vigor na data nela prevista ou se houver a omissão, em 45 dias após a publicação.

O período entre a publicação e a vigência, é chamado de *vacatio legis.*

3. Disposições Constitucionais sobre o Processo Legislativo

a) Emenda Constitucional
A Emenda Constitucional é uma manifestação do *poder constituinte derivado.*

Iniciativa
Art. 60 - A Constituição poderá ser emendada mediante proposta:
I - de um terço, no mínimo, dos membros da Câmara dos Deputados ou do Senado Federal;
II - do Presidente da República;
III - de mais da metade das Assembléias Legislativas das unidades da Federação, manifestando-se, cada uma delas, pela maioria relativa de seus membros.

Como se depreende da leitura dos incisos acima, a *iniciativa* para projeto de Emenda Constitucional é *concorrente*, isto é, cabe a várias pessoas.

Vedações circunstanciais explícitas
§ 1º - A Constituição não poderá ser emendada na vigência de intervenção federal, de estado de defesa ou de estado de sítio.

Quando ocorrer *intervenção federal* (arts. 34 a 36 da Constituição, já estudados), *estado de defesa* (art. 136) e *estado de sítio* (arts. 137 a 139), não se poderá votar Emenda Constitucional.

O *estado de defesa* pode ser decretado para *preservar* ou prontamente *restabelecer*, em locais restritos e determinados, *a ordem pública* e a *paz social;* ameaçadas por grave e iminente instabilidade institucional ou atingidas por calamidades de grandes proporções na natureza.

Já o *estado de sítio*, se dará nos casos de:
• comoção grave de repercussão nacional, ou ocorrência de fatos que comprovem a ineficácia de medida tomada durante o estado de defesa;
• declaração de estado de guerra ou resposta a agressão armada estrangeira.

Votação em dois turnos e maioria qualificada de 3/5
§ 2º - A proposta será discutida e votada em cada Casa do Congresso Nacional, em dois turnos, considerando-se aprovada se obtiver, em ambos, três quintos dos votos dos respectivos membros.

Desnecessidade de sanção presidencial
§ 3º - A emenda à Constituição será promulgada pelas Mesas da Câmara dos Deputados e do Senado Federal, com o respectivo número de ordem.

Por se tratar de matéria da competência exclusiva do Congresso, todo o processamento da Emenda Constitucional se desenvolve na órbita interna do Poder Legislativo, seja qual for a origem do projeto, não existindo, portanto, a necessidade de sanção do Presidente da República. Votado e aprovado o projeto, passa-se diretamente à sua promulgação, feita pelas Mesas da Câmara e do Senado.

Cláusulas pétreas (vedações materiais explícitas)
§ 4º - Não será objeto de deliberação a proposta de emenda tendente a abolir:
I - a forma federativa de Estado;
II - o voto direto, secreto, universal e periódico;
III - a separação dos Poderes;
IV - os direitos e garantias individuais.

Segundo José Afonso da Silva, a Constituição ampliou consideravelmente o núcleo explicitamente imodificável na via da emenda, ao utilizar a expressão *"proposta de emenda tendente a abolir"*, que tem conotação extremamente ampla. A Constituição não proíbe apenas emendas que expressamente declarem *"fica abolida a Federação"*, ou *"ficam extintos os habeas corpus, a liberdade religiosa e a de comunicação"*, mas também qualquer proposta de emenda que se encaminhe, *ainda que remotamente*, para a abolição das matérias enumeradas.

Entretanto, tendente a abolir é completamente diferente de modificar. As características do voto podem ser modificadas, como, por exemplo, sua periodicidade. Não é permitido ao legislador trilhar o caminho da mudança que o extermine.

Convém lembrar que, conforme vimos anteriormente, entre os assuntos proibidos de exclusão estão os direitos e garantias *individuais*[1], que não estão apenas no art. 5º da CF. Pelo art. 60, § 4º, os *direitos coletivos e sociais podem ser abolidos da Constituição.*

Proibição de reapreciação, na mesma sessão legislativa, de emenda rejeitada ou prejudicada
§ 5º - A matéria constante de proposta de emenda rejeitada ou havida por prejudicada não pode ser objeto de nova proposta na mesma sessão legislativa.

Leis ordinárias e leis complementares
São duas as diferenças essenciais entre lei complementar e lei ordinária:

a) *matéria* (campo próprio de incidência - o texto constitucional diz *expressamente* quais matérias serão reguladas por lei complementar; o que sobrar será regulado pela lei ordinária). Observe que a CF não afirma quais serão as

[1] Sendo considerado como tal "o princípio da anterioridade, que é garantia individual do contribuinte" (ADIN 939, in RDA 198/123 e RTJ 151/755).

matérias elaboradas por lei ordinária, ela não menciona esta palavra. Entende-se, então, que em todos os casos que o corpo constitucional disser apenas a palavra lei, será a lei ordinária.

b) ***elemento formal*** (exigência de maioria absoluta para aprovação da lei complementar, e de maioria simples, para a lei ordinária).

Com exceção desses dois requisitos, no resto, o processo legislativo da lei ordinária é o mesmo da lei complementar.

Iniciativa concorrente
Art. 61 - A iniciativa das leis complementares e ordinárias cabe a qualquer membro ou Comissão da Câmara dos Deputados, do Senado Federal ou do Congresso Nacional, ao Presidente da República, ao Supremo Tribunal Federal, aos Tribunais Superiores, ao Procurador-Geral da República e aos cidadãos, na forma e nos casos previstos nesta Constituição.

Iniciativa privativa do Presidente da República
§ 1º - São de iniciativa privativa do Presidente da República as leis que:
I - fixem ou modifiquem os efetivos das Forças Armadas;
II - disponham sobre:
a) criação de cargos, funções ou empregos públicos na administração direta e autárquica ou aumento de sua remuneração;
b) organização administrativa e judiciária, matéria tributária e orçamentária, serviços públicos e pessoal da administração dos Territórios;
c) servidores públicos da União e Territórios, seu regime jurídico, provimento de cargos, estabilidade e aposentadoria;
d) organização do Ministério Público e da Defensoria Pública da União, bem como normas gerais para a organização do Ministério Público e da Defensoria Pública dos Estados, do Distrito Federal e dos Territórios;
e) criação e extinção de Ministérios e órgãos da administração pública, observado o disposto no art. 84, VI;
f) militares das Forças Armadas, seu regime jurídico, provimento de cargos, promoções, estabilidade, remuneração, reforma e transferência para reserva.

Iniciativa popular
§ 2º - A iniciativa popular pode ser exercida pela apresentação à Câmara dos Deputados de projeto de lei subscrito por, no mínimo, um por cento do eleitorado nacional, distribuído pelo menos por cinco Estados, com não menos de três décimos por cento dos eleitores de cada um deles.

c) Medidas provisórias
A Carta Magna atribui competência legislativa ao Presidente da República, segundo dois caminhos: um *ativo* (lei delegada e medida provisória) e um *passivo* (exercício do veto).

Antes de sua apreciação pelo Congresso Nacional, porém, a medida provisória *não é lei*, e sim apenas um *ato* que *provisoriamente* tem *força de lei*. Se for aprovada pelo Congresso Nacional, ela mantém sua eficácia desde a data de sua publicação. *Mas, se não for convertida em lei pelo Congresso no prazo de 60 dias, perde a eficácia desde a sua edição.* Neste sentido, a medida provisória *suspende*, mas *não revoga* lei anterior que regulava a mesma matéria. Caso seja rejeitada pelo Congresso, a lei anterior, que apenas foi suspensa, volta à plenitude de sua vigência.

A aprovação congressual deverá ser feita por *maioria simples* e tem que ser *expressa*. A não-apreciação da medida provisória por parte do Congresso implica em sua *rejeição*. Rejeitada, deverá o Congresso Nacional editar lei que regulamente as relações jurídicas decorrentes do período em que a medida provisória esteve produzindo efeitos.

Passou a entender que para a sua validade a MP deveria sofrer uma aprovação expressa do poder legislativo. A omissão do Congresso Nacional não mais seria sua anuência. Contudo, ressalvou a Constituição o direito de uma única reedição por parte do poder executivo.

Art. 62. Em caso de relevância e urgência, o Presidente da República poderá adotar medidas provisórias, com força de lei, devendo submetê-las de imediato ao Congresso Nacional.

A medida provisória é um *ato exclusivo do Presidente da República* que produz efeitos *imediatos* no mundo jurídico. Ela só pode ser utilizada em casos de *relevância* e *urgência*.

§ 1º - É vedada a edição de medidas provisórias sobre matéria:
I - relativa a:
a) nacionalidade, cidadania, direitos políticos, partidos políticos e direito eleitoral;
b) direito penal, processual penal e processual civil;
c) organização do Poder Judiciário e do Ministério Público, a carreira e a garantia de seus membros;
d) planos plurianuais, diretrizes orçamentárias, orçamento e créditos adicionais e suplementares, ressalvado o previsto no art. 167, § 3º;
II - que vise a detenção ou seqüestro de bens, de poupança popular ou qualquer outro ativo financeiro;
III - reservada a lei complementar;
IV - já disciplinada em projeto de lei aprovado pelo Congresso Nacional e pendente de sanção ou veto do Presidente da República.

As matérias acima estão fora do campo de abrangência da medida provisória.

§ 2º - Medida Provisória que implique instituição ou majoração de impostos, exceto os previstos nos arts. 153, I, II, IV, V, e 154, II, só produzirá efeitos no exercício financeiro seguinte se houver sido convertida em lei até o último dia daquele em que foi editada.

Em respeito à regra de que os impostos somente poderão ser exigidos no exercício financeiro seguinte ao da sua criação, o § 2º estabelece que no caso da medida provisória criar ou aumentar um imposto, ela somente produzirá efeitos a partir do exercício financeiro seguinte daquele em que for convertida em lei, porém no caso de alguns tributos esta regra não é aplicada; são eles os impostos sobre: importação de produtos estrangeiros; exportação, para o exterior, de produtos nacionais ou nacionalizados; produtos industrializados; operações de crédito, câmbio e seguro, ou relativas a títulos ou valores mobiliários e impostos extraordinários na iminência ou no caso de guerra externa.

§ 3º - As medidas provisórias, ressalvado o disposto nos §§ 11 e 12 perderão eficácia, desde a edição, se não forem convertidas em lei no prazo de sessenta dias, prorrogável, nos termos do § 7º, uma vez por igual período, devendo o Congresso Nacional disciplinar, por decreto legislativo, as relações jurídicas delas decorrentes.

Se não forem convertidas em lei nos prazos constitucionais as medidas provisórias perderão seus efeitos desde a edição (como se nunca tivesse existido), salvo se não editado o decreto legislativo a que se refere o § 3º até sessenta dias após a rejeição ou perda de eficácia da medida provisória ou se aprovado projeto de lei de conversão alterando o texto original da medida provisória, quando esta se manterá integralmente em vigor até que seja sancionado ou vetado o projeto.

§ 4º - O prazo a que se refere o § 3º contar-se-á da publicação da medida provisória, suspendendo-se durante os períodos de recesso do Congresso Nacional.

Os recessos do Congresso Nacional geralmente ocorrem entre 18 de julho a 31 de julho e 23 de dezembro a 01 de fevereiro (texto alterado pela Emenda Constitucional n.º 50/06).

§ 5º - A deliberação de cada uma das Casas do Congresso Nacional sobre o mérito das medidas provisórias dependerá de juízo prévio sobre o atendimento de seus pressupostos constitucionais.

A medida provisória somente poderá ter sua votação após a verificação do cumprimento dos pressupostos constitucionais, ou seja, se está ou não de acordo com a Constituição.

§ 6º - Se a medida provisória não for apreciada em até quarenta e cinco dias contados de sua publicação, entrará em regime de urgência, subseqüentemente, em cada uma das Casas do Congresso Nacional, ficando sobrestadas, até que se ultime a votação, todas as demais deliberações legislativas da Casa em que estiver tramitando.

A fim de que a medida provisória não fique sem apreciação ela, se não for votada em até 45 dias contados de sua publicação, será considerada em regime de urgência devendo ser apreciada com preferência sobre os demais assuntos, ficando suspensas todas as demais deliberações.

§ 7º - Prorrogar-se-á uma única vez por igual período a vigência de medida provisória que, no prazo de sessenta dias, contado de sua publicação, não tiver a sua votação encerrada nas duas Casas do Congresso Nacional.

Ficam proibidas as sucessivas reedições das medidas provisórias; tal possibilidade já não existe, agora estas somente poderão ter sua prorrogação por um único período de 60 dias.

Buscou-se restaurar o equilíbrio entre os três Poderes da República, diminuindo a hipertrofia do Poder Executivo. Significa dizer que o Presidente da República não mais teria o direito de legislar sem o controle expresso de outro poder.

§ 8º - As medidas provisórias terão sua votação iniciada na Câmara dos Deputados.

A Câmara dos Deputados é a Casa Iniciadora da votação de uma medida provisória, enquanto que o Senado é a Casa Revisora.

§ 9º - Caberá à comissão mista de Deputados e Senadores examinar as medidas provisórias e sobre elas emitir parecer, antes de serem apreciadas, em sessão separada, pelo plenário de cada uma das Casas do Congresso Nacional.

Esta análise por uma comissão mista já era efetuada, estando prevista na resolução 1/89 do Congresso Nacional.

§ 10 - É vedada a reedição, na mesma sessão legislativa, de medida provisória que tenha sido rejeitada ou que tenha perdido sua eficácia por decurso de prazo.

Caso uma medida provisória tenha sido rejeitada ou tenha perdido sua eficácia por decurso de prazo, esta não poderá ser reeditada na mesma sessão legislativa, notem que não há óbice para a reedição na sessão legislativa seguinte.

§ 11 - Não editado o decreto legislativo a que se refere o § 3º até sessenta dias após a rejeição ou perda de eficácia de medida provisória, as relações jurídicas constituídas e decorrentes de atos praticados durante sua vigência conservar-se-ão por ela regidas.

O Congresso Nacional tem 60 dias para regulamentar as relações jurídicas decorrentes de medida provisória que tenha perdido seus efeitos; caso isso não ocorra as relações jurídicas constituídas conservar-se-ão regidas pela medida provisória.

§ 12 - Aprovado projeto de lei de conversão alterando o texto original da medida provisória, esta manter-se-á integralmente em vigor até que seja sancionado ou vetado o projeto.

Caso o teor da medida provisória sofra alguma modificação o projeto deve ser enviado para a sanção ou veto do Presidente da República. Enquanto o Presidente não exercer suas prerrogativas o texto original da medida provisória manter-se-á integralmente em vigor, até que seja sancionado ou vetado o projeto.

É importante ressaltar que, com a publicação da emenda constitucional n.º 32, as medidas provisórias editadas em data anterior à da sua publicação (12/09/2001), continuam em vigor até que medida provisória ulterior as revogue explicitamente ou até deliberação definitiva do Congresso Nacional.

As MP's editadas antes da Emenda Constitucional nº 32/2001 têm uma espécie de direito adquirido sobre a nova ordem constitucional.

d) Leis Delegadas

Leis delegadas são leis elaboradas pelo Presidente da República, mediante prévia autorização do Congresso Nacional.

A diferença básica entre a lei delegada e a medida provisória é que, na lei delegada, o juízo congressual é emitido *de antemão*, ao passo que, na medida provisória, primeiramente o Presidente a edita e depois o Congresso a aprova ou não.

Ao fazer a solicitação da delegação ao Congresso deve o Presidente da República anexar uma cópia do projeto de lei, sem o qual o pedido não será analisado.

Neste procedimento não há sanção, nem veto, muito menos emendas. Há promulgação e publicação.

Art. 68 - As leis delegadas serão elaboradas pelo Presidente da República, que deverá solicitar a delegação ao Congresso Nacional.

Proibição de delegação (vale também para as medidas provisórias)

§ 1º - Não serão objeto de delegação os atos de competência exclusiva do Congresso Nacional, os de competência privativa da Câmara dos Deputados ou do Senado Federal, a matéria reservada à lei complementar, nem a legislação sobre:

I - organização do Poder Judiciário e do Ministério Público, a carreira e a garantia de seus membros;

II - nacionalidade, cidadania, direitos individuais, políticos e eleitorais;

III - planos plurianuais, diretrizes orçamentárias e orçamentos.

Formalização da delegação

§ 2º - A delegação ao Presidente da República terá a forma de resolução do Congresso Nacional, que especificará seu conteúdo e os termos de seu exercício.

Apreciação pelo Congresso Nacional

§ 3º - Se a resolução determinar a apreciação do projeto pelo Congresso Nacional, este a fará em votação única, vedada qualquer emenda.

Este dispositivo permite ao Congresso Nacional fiscalizar posteriormente o trabalho feito pelo Presidente da República.

e) Outras disposições

Restrições a emendas

Art. 63 - Não será admitido aumento da despesa prevista:

I - nos projetos de iniciativa exclusiva do Presidente da República, ressalvado o disposto no art. 166, §§ 3º e 4º;

II - nos projetos sobre organização dos serviços administrativos da Câmara dos Deputados, do Senado Federal, dos Tribunais Federais e do Ministério Público.

Discussão e votação dos projetos de lei

Art. 64 - A discussão e votação dos projetos de lei de iniciativa do Presidente da República, do Supremo Tribunal Federal e dos Tribunais Superiores terão início na Câmara dos Deputados.

§ 1º - O Presidente da República poderá solicitar urgência para apreciação de projetos de sua iniciativa.

§ 2º - Se, no caso do § 1º, a Câmara dos Deputados e o Senado Federal não se manifestarem sobre a proposição, cada qual sucessivamente, em até quarenta e cinco dias, sobrestar-se-ão todas as demais deliberações legislativas da respectiva Casa, com exceção das que tenham prazo constitucional determinado, até que se ultime a votação.

§ 3º - A apreciação das emendas do Senado Federal pela Câmara dos Deputados far-se-á no prazo de dez dias, observado quanto ao mais o disposto no parágrafo anterior.

§ 4º - Os prazos do § 2º não correm nos períodos de recesso do Congresso Nacional, nem se aplicam aos projetos de código.

Tramitação do projeto

Art. 65 - O projeto de lei aprovado por uma Casa será revisto pela outra, em um só turno de discussão e votação, e enviado à sanção ou promulgação, se a Casa revisora o aprovar, ou arquivado, se o rejeitar.

Parágrafo único - Sendo o projeto emendado, voltará à Casa iniciadora.

Transmite a ideia de que para que seja feita uma lei deverá haver um consenso entre as opiniões da Câmara Alta e da Câmara Baixa, daí o retorno do projeto emendado.

Apreciação do Presidente da República

Art. 66 - A Casa na qual tenha sido concluída a votação enviará o projeto de lei ao Presidente da República, que, aquiescendo, o sancionará.

§ 1º - Se o Presidente da República considerar o projeto, no todo ou em parte, inconstitucional ou contrário ao interesse público, vetá-lo-á total ou parcialmente, no prazo de quinze dias úteis, contados da data do recebimento, e comunicará, dentro de quarenta e oito horas, ao Presidente do Senado Federal os motivos do veto.

§ 2º - O veto parcial somente abrangerá texto integral de artigo, de parágrafo, de inciso ou de alínea.

§ 3º - Decorrido o prazo de quinze dias, o silêncio do Presidente da República importará sanção.

§ 4º O veto será apreciado em sessão conjunta, dentro de trinta dias a contar de seu recebimento, só podendo ser rejeitado pelo voto da maioria absoluta dos Deputados e Senadores. (Redação dada pela Emenda Constitucional nº 76, de 2013)

§ 5º - Se o veto não for mantido, será o projeto enviado, para promulgação, ao Presidente da República.

§ 6º - Esgotado sem deliberação o prazo estabelecido no § 4º, o veto será colocado na ordem do dia da sessão imediata, sobrestadas as demais proposições, até sua votação final.

Promulgação

§ 7º - Se a lei não for promulgada dentro de quarenta e oito horas pelo Presidente da República, nos casos dos §§3º e 5º, o Presidente do Senado a promulgará, e, se este não o fizer em igual prazo, caberá ao Vice-Presidente do Senado fazê-lo.

Reapreciação de projeto de lei rejeitado

Art. 67 - A matéria constante de projeto de lei rejeitado somente poderá constituir objeto de novo projeto, na mesma sessão legislativa, mediante proposta da maioria absoluta dos membros de qualquer das Casas do Congresso Nacional.

Quorum de aprovação de leis complementares

Art. 69 - As leis complementares serão aprovadas por maioria absoluta.

Exercícios de Fixação

01. Decorrido o prazo de quinze dias úteis da aprovação de uma lei pelo Congresso Nacional, o silêncio do Presidente da República importará:

a) arquivamento.
b) sanção.
c) delegação.
d) resolução.
e) decreto-lei.

02. A iniciativa das Leis Complementares pode caber:

a) ao Presidente da República.
b) aos partidos políticos.
c) a sindicato.
d) à associação.
e) aos indivíduos.

03. São de iniciativa do Presidente da República as leis que:

a) mudem temporariamente a sede do Congresso Nacional.
b) fixem o efetivo das Forças Armadas.
c) elaborem o regimento interno da Câmara dos Deputados.
d) eleja membros do Conselho da República.
e) disponham sobre a organização da polícia.

04. Caso o projeto de lei seja emendado:

a) será arquivado.
b) será delegado.
c) será objeto de resolução.
d) voltará à Casa iniciadora.
e) será objeto de lei ordinária.

05. A Constituição Federal poderá ser emendada mediante proposta:

a) no mínimo de um quarto dos membros da Câmara dos Deputados.
b) no mínimo de um quinto dos membros do Senado Federal.
c) não poderá ser emendada.
d) de maioria absoluta do Congresso Nacional, em caso de intervenção federal.
e) de no mínimo um terço dos membros da Câmara dos Deputados ou do Senado Federal.

06. A proposta de emenda à Constituição Federal tendente a abolir as garantias individuais:

a) será votada em dois turnos.
b) não será objeto de deliberação.
c) só será aprovada por maioria absoluta.
d) pode ser aprovada por maioria simples.
e) pode ser objeto de deliberação.

07. A forma de controle que destina-se a impedir o ingresso, no sistema, de normas que, em seu projeto, já revelam vícios de inconstitucionalidade, denomina-se controle:

a) governamental
b) composto
c) repressivo
d) preventivo
e) especial

08. No que diz respeito ao processo legislativo, assinale a alternativa correta:

a) decorrido o prazo de 10 dias do recebimento do projeto de lei pelo Presidente da República, o seu silêncio importará sanção.
b) na hipótese de não-manutenção do veto, se a lei não for promulgada pelo Presidente da República dentro de 48 horas, o Presidente do Congresso o fará e, se este não o fizer em igual prazo, caberá ao Presidente da Câmara fazê-lo.
c) a matéria constante de projeto de lei rejeitado somente poderá constituir objeto de novo projeto, na mesma sessão legislativa, mediante proposta da maioria absoluta de qualquer das Casas do Congresso Nacional.
d) as leis delegadas serão elaboradas pelo Presidente da República, que deverá solicitar delegação à Câmara dos Deputados e ao Senado Federal, não podendo ser objeto de delegação os atos de competência da Câmara dos Deputados e do Senado Federal.
e) poderão ser objeto de delegação: a matéria reservada à lei complementar e a legislação sobre organização do Poder Judiciário e do Ministério Público, nacionalidade, cidadania, direitos individuais e eleitorais, planos plurianuais, diretrizes orçamentárias e orçamentos.

09. Todas as alternativas indicam leis cuja iniciativa é privativa do Presidente da República, exceto:

a) organização do Ministério Público e da Defensoria Pública da União, bem como normas gerais para a organização do Ministério Público e da Defensoria Pública dos Estados, do Distrito Federal e dos Territórios.
b) criação de cargos, funções ou empregos públicos na administração.
c) organização administrativa e judiciária, matéria tributária e orçamentária, serviços públicos e pessoal da administração dos Territórios.
d) servidores públicos da União e Territórios, seu regime jurídico, provimento de cargos, estabilidade e aposentadoria de civis, reforma e transferência dos militares para a inatividade.
e) licitação, organização e estruturação do Congresso Nacional, processo eleitoral e segurança nacional.

10. Leia com atenção as proposições abaixo e assinale a alternativa correta:

I. As Assembleias Legislativas de no mínimo 2/3 das unidades da Federação, manifestando-se cada uma delas pela maioria relativa de seus membros, podem propor emendas à Constituição.

II. Cabe privativamente ao Presidente da República a iniciativa de leis que disponham sobre a organização do Ministério Público.

III. Os empregados das sociedades de economia mista instituídas pelo Estado, entidades estas com personalidade jurídica de direito privado, não estão submetidos às vedações constitucionais referentes à acumulação de cargos.

IV. a Assembleia-Geral, como órgão máximo das empresas públicas constituídas sob a forma de sociedade anônima, pode autorizar a criação de subsidiárias, não necessitando de autorização legislativa.

a) estão corretas apenas as proposições I e III.
b) nenhuma proposição está correta.
c) a única proposição correta é a II.
d) as proposições II e IV estão corretas.
e) apenas a proposição I está correta.

11. A respeito dos projetos de lei encaminhados pelo Presidente da República ao Legislativo é correto dizer:

a) tais projetos terão a sua discussão e votação iniciadas necessariamente no Senado Federal.
b) solicitada a urgência para apreciação do projeto e se as casas do Congresso não se manifestarem sobre ele no prazo de 45 dias, cada qual, o projeto será considerado aprovado por decurso de prazo.
c) o Presidente da República pode vetar projeto de lei apresentado por ele, mesmo que tenha sido aprovado pelo Congresso sem alterações.
d) em nenhum caso admite-se emenda, no Congresso, que aumente despesas ao projeto de lei enviado pelo Presidente da República, no exercício de sua iniciativa exclusiva.
e) o projeto de lei apresentado pelo Presidente da República deve ser apreciado pelo Congresso Nacional, em sessão conjunta.

12. Tendo em vista as disposições constitucionais sobre o processo legislativo, é correto afirmar que:

a) é da iniciativa privativa do Presidente da República a lei que fixa os efetivos das forças armadas.
b) o projeto de lei de iniciativa popular deve ser apresentado ao Senado Federal com a assinatura de, no mínimo, 1% do eleitorado nacional, distribuídos pelo menos por cinco Estados.
c) a matéria constante de proposta de emenda à Constituição rejeitada ou havida por prejudicada somente poderá constituir objeto de nova proposta na mesma sessão legislativa por voto da maioria absoluta dos membros de qualquer das Casas do Congresso.
d) é de 12 dias o prazo para a Câmara dos Deputados apreciar as emendas do Senado.
e) o Presidente da República deve comunicar ao Presidente da Câmara Federal os motivos do veto ao projeto de lei, no prazo de 48 horas.

13. Uma medida provisória editada pelo Presidente da República e não apreciada pelo Congresso Nacional no prazo legal:

a) transforma-se, automaticamente, em lei.
b) perde a eficácia a partir de sua edição, devendo o Congresso Nacional disciplinar as relações jurídicas dela decorrentes.
c) perde sua eficácia a partir do vencimento do prazo para sua apreciação.
d) permanece em vigor até que o Congresso Nacional aprecie a matéria.
e) terá seus efeitos suspensos até que o Congresso Nacional aprecie a matéria.

14. Quanto às medidas provisórias e leis delegadas, é correto afirmar que:

a) leis delegadas não poderão regular direitos políticos e eleitorais, entre outras matérias.
b) direitos do trabalho podem ser regulados através de lei delegada.
c) é constitucional a medida provisória que implique em aumento de despesa.
d) matérias reservadas à lei complementar poderão ser objetos de delegação ao Presidente da República.
e) estão corretas as alternativas a e b.

15. Assinale a alternativa incorreta:

a) o veto do Presidente da República a projeto de lei que considere inconstitucional ou contrário ao interesse público poderá ser parcial ou total, nunca poderá abranger uma palavra isolada, e deverá ser expresso e motivado.
b) não será objeto de deliberação a proposta de emenda tendente a abolir a forma federativa de Estado, o voto direto, secreto, universal e periódico, a separação dos Poderes, os direitos e garantias individuais.
c) a iniciativa das leis complementares cabe a qualquer membro ou Comissão da Câmara dos Deputados, do Senado Federal ou do Congresso Nacional, ao Presidente da República, ao Supremo Tribunal Federal, aos Tribunais Superiores, ao Procurador-Geral da República e aos cidadãos, na forma e nos casos previstos na Constituição.
d) a delegação de lei ao Presidente da República terá a forma de decreto do Congresso Nacional, que especificará seus conteúdos, os termos de seu exercício, o prazo para a elaboração da lei, as condições para sua apreciação e os conteúdos passíveis de sofrer emendas.
e) não será admitido aumento da despesa prevista nos projetos sobre organização dos serviços administrativos da Câmara dos Deputados, do Senado Federal, dos Tribunais Federais e do Ministério Público.

Gabarito

01. B	**02. A**	**03. B**	**04. D**	**05. E**
06. B	**07. D**	**08. C**	**09. E**	**10. C**
11. C	**12. A**	**13. B**	**14. E**	**15. D**

11. Da Fiscalização Contábil, Financeira e Orçamentária

1. Introdução

Segundo José Afonso da Silva, o princípio da legalidade, disposto no art. 37 da Constituição e em particular, da *subordinação da Administração à lei*, é uma das conquistas mais importantes na evolução do Estado. Tal princípio, entretanto, seria ineficaz se não fossem previstos meios de fazê-lo valer na prática.

É por isso que a Constituição prevê, no art. 70, a fiscalização contábil; financeira; orçamentária; operacional e patrimonial da Administração Pública, efetivada segundo duas formas diferentes de controle: o *externo* e o *interno*.

Art. 70 - A fiscalização contábil, financeira, orçamentária, operacional e patrimonial da União e das entidades da administração direta e indireta, quanto à legalidade, legitimidade, economicidade, aplicação das subvenções e renúncia de receitas, será exercida pelo Congresso Nacional, mediante controle externo, e pelo sistema de controle interno de cada Poder.
Parágrafo único. Prestará contas qualquer pessoa física ou jurídica, pública ou privada, que utilize, arrecade, guarde, gerencie ou administre dinheiros, bens e valores públicos ou pelos quais a União responda, ou que, em nome desta, assuma obrigações de natureza pecuniária.

Embora o dispositivo acima, pela sua redação, esteja dirigido predominantemente à Administração Federal, na realidade ele se aplica a toda Administração Pública, inclusive à dos Estados, à do Distrito Federal e à dos Municípios, pois o artigo que finaliza a seção no qual ele se insere diz o seguinte:

Art. 75 - As normas estabelecidas nesta seção aplicam-se, no que couber, à organização, composição e fiscalização dos Tribunais de Contas dos Estados e do Distrito Federal, bem como dos Tribunais e Conselhos de Contas dos Municípios.
Parágrafo único. As Constituições estaduais disporão sobre os Tribunais de Contas respectivos, que serão integrados por sete Conselheiros.

2. Controle Externo

O controle *externo* compete ao *Poder Legislativo*. No plano *federal* o controle externo será exercido pelo *Congresso Nacional*, com auxílio do Tribunal de Contas da União (TCU); no plano *estadual*, pela *Assembleia Legislativa*, com o auxílio do Tribunal de Contas do Estado; no plano municipal, o controle externo é exercido pela *Câmara Municipal*, auxiliada pelo Tribunal de Contas do Estado, ou, onde houver, pelo Tribunal de Contas do próprio Município[1].

Tal controle também é exercido pelo Poder Judiciário, pois é ele quem julga a correta aplicabilidade das leis.

Posição institucional dos Tribunais de Contas

Os Tribunais de Contas são *tribunais administrativos*, *não integrantes do Poder Judiciário*, mas dotados de ampla autonomia e independência. Eles e seus membros são destinatários de garantias constitucionais de índole *objetiva* (autogoverno) e *subjetiva* (estendem-se, aos seus membros, as garantias da magistratura).

Não pertencem ao Poder Judiciário porque são órgãos *meramente técnicos*, sendo *suas decisões apenas administrativas e não jurisdicionais*. Julgam contas sim, mas somente para emitir *pareceres técnico-administrativos*. Tais pareceres *poderão* ser utilizados, porém, como meio de prova em processos judiciais, caso acusem alguma irregularidade.

Paradoxalmente, conquanto atuem junto ao Poder Legislativo, também não têm função *legislativa*, mas sim apenas função *técnico-administrativa*, ou seja, oferecem

[1] *Art. 31. A fiscalização do Município será exercida pelo Poder Legislativo Municipal, mediante controle externo, e pelos sistemas de controle interno do Poder Executivo Municipal, na forma da lei.*
§ 1º - O controle externo da Câmara Municipal será exercido com o auxílio dos Tribunais de Contas dos Estados ou do Município ou dos Conselhos ou Tribunais de Contas dos Municípios, onde houver.
Convém lembrar que, em nosso país, existem apenas dois Municípios que possuem Tribunais de Contas: o Município de São Paulo e o Município do Rio de Janeiro, que ficaram definitivamente institucionalizados por força do § 1º do dispositivo acima. Os demais Municípios não poderão criar Tribunais, Conselhos ou órgãos de contas Municipais, por força do § 4º do mesmo artigo, que contém expressamente esta vedação.

subsídios para uma melhor decisão dos legisladores. Observe que auxiliar não significa subordinado, pois os poderes são independentes entre si (art. 3º CF). O Ministério Público, por exemplo, auxilia a justiça, pois é o fiscal da lei, mas é um órgão do Poder Executivo; ele auxilia, mas não se subordina.

Composição do Tribunal de Contas da União
Art. 73. O Tribunal de Contas da União, integrado por nove Ministros, tem sede no Distrito Federal, quadro próprio de pessoal e jurisdição em todo o território nacional, exercendo, no que couber, as atribuições previstas no art. 96 [2].
§ 2º - Os Ministros do Tribunal de Contas da União serão escolhidos:
I - um terço pelo Presidente da República, com aprovação do Senado Federal, sendo dois alternadamente dentre auditores e membros do Ministério Público junto ao Tribunal, indicados em lista tríplice pelo Tribunal, segundo os critérios de antigüidade e merecimento;
II - dois terços pelo Congresso Nacional.

Dos 9 Ministros do Tribunal de Contas da União, três serão escolhidos pelo Presidente da República, com aprovação do Senado Federal, nas condições do inciso I, e 6 serão escolhidos pelo Congresso.

Requisitos para investidura
§ 1º - Os Ministros do Tribunal de Contas da União serão nomeados dentre brasileiros que satisfaçam os seguintes requisitos:
I - mais de trinta e cinco e menos de sessenta e cinco anos de idade;
II - idoneidade moral e reputação ilibada;
III - notórios conhecimentos jurídicos, contábeis, econômicos e financeiros ou de administração pública;
IV - mais de dez anos de exercício de função ou de efetiva atividade profissional que exija os conhecimentos mencionados no inciso anterior.

Os cargos de Ministro do TCU *não são privativos de brasileiro nato*, podendo ser ocupados tanto pelo brasileiro nato como pelo naturalizado, mas não por estrangeiros.

Para poder julgar as contas públicas, o Ministro do TCU, evidentemente, precisa ter conhecimentos profundos de Contabilidade, Economia, Direito Financeiro e Administração Pública. Daí a exigência de pelo menos 10 anos de experiência nessas áreas.

Idoneidade moral e reputação são critérios *subjetivos* que o candidato a Ministro deverá comprovar junto ao poder competente.

[2] As atribuições previstas no art. 96 referem-se, sobretudo, à *capacidade de autoadministração:* elaboração do regimento interno, organização de secretarias e serviços auxiliares, provimento de cargos necessários à administração da Justiça mediante concurso público etc.

Garantias, prerrogativas, impedimentos, vencimentos e vantagens dos Ministros do Tribunal de Contas e dos auditores que os substituírem:

§ 3º - Os Ministros do Tribunal de Contas da União terão as mesmas garantias, prerrogativas, impedimentos, vencimentos e vantagens dos Ministros do Superior Tribunal de Justiça, aplicando-se-lhes, quanto à aposentadoria e pensão, as normas constantes do art. 40.

Art. 40. Aos servidores titulares de cargos efetivos da União, dos Estados, do Distrito Federal e dos Municípios, incluídas suas autarquias e fundações, é assegurado regime de previdência de caráter contributivo e solidário, mediante contribuição do respectivo ente público, dos servidores ativos e inativos e dos pensionistas, observados critérios que preservem o equilíbrio financeiro e atuarial e o disposto neste artigo.

§ 4º - O auditor, quando em substituição a Ministro, terá as mesmas garantias e impedimentos do titular e, quando no exercício das demais atribuições da judicatura, as de juiz de Tribunal Regional Federal.

Depreende-se, da leitura do art. 95, conjugada com o dispositivo acima, que os Ministros do TCU são *vitalícios* [3], *inamovíveis* [4] e seus *vencimentos são irredutíveis*. Perderão o cargo, porém, se descumprirem os seguintes impedimentos constitucionais:
a) exercerem, ainda que em disponibilidade outro cargo ou função, salvo uma de magistério;
b) receberem, a qualquer título ou pretexto, custas ou participação em processo;
c) dedicarem-se à atividade político-partidária.

Emissão de pareceres
Os pareceres do Tribunal de Contas têm conteúdo meramente opinativo, não vinculando o Legislativo, que poderá aceitá-los ou não. A doutrina define como parecer o ato administrativo que emite uma opinião técnica, mas que não tem qualquer poder decisório. O ato administrativo que decide é o despacho.

O Supremo Tribunal Federal, na Súmula 347, reconheceu a capacidade do TCU para a apreciação da constitucionalidade das leis e dos atos do Poder Público.

[3] Cargo *vitalício* é aquele do qual o funcionário só pode ser exonerado ou demitido por *sentença judicial*, ou a seu pedido (no caso de exoneração). Trata-se de prerrogativa mais poderosa do que a estabilidade, uma vez que os funcionários estáveis podem ser postos em disponibilidade e podendo ser demitidos mediante processo administrativo. Já os vitalícios são nomeados sem essa condição e por toda sua vida. Este tipo de cargo é um resquício do ordenamento monárquico vivido pelo país até o advento da República.
[4] Inamovibilidade: impossibilidade de remover o magistrado de um local para o outro *de ofício*, isto é, sem a sua anuência. O princípio da inamovibilidade complementa o da vitaliciedade e tem por objetivo assegurar a divisão dos Poderes.

Essa jurisdição, todavia, é apenas *administrativa*, podendo ser revista pelo Judiciário. Não é uma competência jurisdicional propriamente dita.

Competências do Tribunal de Contas da União

Art. 71. O controle externo, a cargo do Congresso Nacional, será exercido com o auxílio do Tribunal de Contas da União, ao qual compete:

I - apreciar as contas prestadas anualmente pelo Presidente da República, mediante parecer prévio que deverá ser elaborado em sessenta dias a contar de seu recebimento;

II - julgar as contas dos administradores e demais responsáveis por dinheiros, bens e valores públicos da administração direta e indireta, incluídas as fundações e sociedades instituídas e mantidas pelo Poder Público federal, e as contas daqueles que derem causa a perda, extravio ou outra irregularidade de que resulte prejuízo ao erário público;

III - apreciar, para fins de registro, a legalidade dos atos de admissão de pessoal[5]*, a qualquer título, na administração direta e indireta, incluídas as fundações instituídas e mantidas pelo Poder Público, excetuadas as nomeações para cargo de provimento em comissão, bem como a das concessões de aposentadorias, reformas e pensões, ressalvadas as melhorias posteriores que não alterem o fundamento legal do ato concessório;*

IV - realizar, por iniciativa própria, da Câmara dos Deputados, do Senado Federal, de Comissão técnica ou de inquérito, inspeções e auditorias de natureza contábil, financeira, orçamentária, operacional e patrimonial, nas unidades administrativas dos Poderes Legislativo, Executivo e Judiciário, e demais entidades referidas no inciso II;

V - fiscalizar as contas nacionais das empresas supranacionais de cujo capital social a União participe, de forma direta ou indireta, nos termos do tratado constitutivo;

VI - fiscalizar a aplicação de quaisquer recursos repassados pela União mediante convênio, acordo, ajuste ou outros instrumentos congêneres, a Estado, ao Distrito Federal ou a Município;

VII - prestar as informações solicitadas pelo Congresso Nacional, por qualquer de suas Casas, ou por qualquer das respectivas Comissões, sobre a fiscalização contábil, financeira, orçamentária, operacional e patrimonial e sobre resultados de auditorias e inspeções realizadas;

VIII - aplicar aos responsáveis, em caso de ilegalidade de despesa ou irregularidade de contas, as sanções[6] *previstas em lei, que estabelecerá, entre outras cominações, multa proporcional ao dano causado ao erário;*

IX - assinar prazo para que o órgão ou entidade adote as providências necessárias ao exato cumprimento da lei, se verificada ilegalidade;

X - sustar, se não atendido, a execução do ato impugnado, comunicando a decisão à Câmara dos Deputados e ao Senado Federal[7]*;*

XI - representar[8] *ao Poder competente sobre irregularidades ou abusos apurados.*

§ 1º - No caso de contrato, o ato de sustação será adotado diretamente pelo Congresso Nacional, que solicitará, de imediato, ao Poder Executivo as medidas cabíveis.

§ 2º - Se o Congresso Nacional ou o Poder Executivo, no prazo de noventa dias, não efetivar as medidas previstas no parágrafo anterior, o Tribunal decidirá a respeito.

§ 3º - As decisões do Tribunal de que resulte imputação de débito ou multa terão eficácia de título executivo[9]*.*

Prestação de contas do Tribunal de Contas

§ 4º - O Tribunal encaminhará ao Congresso Nacional, trimestral e anualmente, relatório de suas atividades.

Da mesma forma que o Tribunal fiscaliza os outros órgãos sob superintendência do Congresso Nacional, cabe a este fiscalizá-lo, através dos relatórios trimestrais e anuais de suas atividades, ou seja, ele também é controlado, como qualquer órgão de poder na República.

Controle externo através de Comissão mista permanente de Deputados e Senadores

O controle externo é efetivado não apenas com o auxílio do TCU, mas também através de um importante órgão de fiscalização das contas da União, a *Comissão mista permanente de Deputados e Senadores*, criada pelo art. 166 e regulada pelo art. 72. Vejamos o que dizem estes dispositivos.

Art. 166. Os projetos de lei relativos ao plano plurianual, às diretrizes orçamentárias, ao orçamento anual e aos créditos adicionais serão apreciados pelas duas Casas do Congresso Nacional, na forma do regimento comum.

§ 1º - Caberá a uma Comissão mista permanente de Senadores e Deputados:

I - examinar e emitir parecer sobre os projetos referidos neste artigo e sobre as contas apresentadas anualmente pelo Presidente da República;

II - examinar e emitir parecer sobre os planos e programas nacionais, regionais e setoriais previstos nesta Constituição e exercer o acompanhamento e a fiscalização orçamentária, sem prejuízo da atuação das demais comissões do Congresso Nacional e de suas Casas, criadas de acordo com o art. 58.

[6] OBS.: as sanções aqui referidas são *sanções administrativas*.

[5] Segundo José Afonso da Silva, a palavra "registro", aqui, não há de ter sentido puramente cartorário. "Se os atos forem legais, o Tribunal determina o registro; se forem ilegais, recusa o registro, assinará prazo para que o órgão ou entidade competente adote as providências necessárias ao exato cumprimento da lei, corrigindo e invalidando os atos viciados", explica o autor.

[7] OBS.: se o ato for um *contrato* aplicar-se-á o disposto nos §§1º e 2º.

[8] Representar é expor, por escrito, à autoridade competente, irregularidades encontradas, de modo que esta possa tomar as providências cabíveis.

[9] Isto significa o seguinte: se o Tribunal aplicar uma multa ou declarar a dívida de alguém para com o Poder Público, o documento que contiver essas decisões dará direito imediato, à União, de ajuizar a ação de execução.

Art. 72. A Comissão mista permanente a que se refere o art. 166, § 1º, diante de indícios de despesas não autorizadas, ainda que sob a forma de investimentos não programados ou de subsídios não aprovados, poderá solicitar à autoridade governamental responsável que, no prazo de cinco dias, preste os esclarecimentos necessários.
§ 1º - Não prestados os esclarecimentos, ou considerados estes insuficientes, a Comissão solicitará ao Tribunal pronunciamento conclusivo sobre a matéria, no prazo de trinta dias.
§ 2º - Entendendo o Tribunal irregular a despesa, a Comissão, se julgar que o gasto possa causar dano irreparável ou grave lesão à economia pública, proporá ao Congresso Nacional sua sustação.

Participação popular no controle externo
Art. 74, § 2º - Qualquer cidadão, partido político, associação ou sindicato é parte legítima para, na forma da lei, denunciar irregularidades ou ilegalidades perante o Tribunal de Contas da União.

José Afonso da Silva faz um interessante comentário a respeito da exigência de regulamentação legal para o exercício do direito previsto neste dispositivo. Este autor diz o seguinte: *"Na forma da lei, diz o texto, como se para esse tipo de denúncia aquelas partes legítimas dependessem de lei que as autorizasse. Ora, primeiro existe o direito de petição que independe de lei, e pode ser utilizado no caso; segundo, porque a denúncia poderá ser feita sempre, e o Tribunal a terá na conta que merecer. Será realmente de pasmar se não tomar conhecimento do fato, só porque eventualmente não existe lei que autorize aquela legitimação para agir perante ele. Se ele pode tomar conhecimento e tomar as providências cabíveis de ofício, então não há como recusar conhecer da denúncia".*

3. Controle Interno

Controle interno é o controle exercido *privativamente* por parte de cada um dos três Poderes, *em relação aos seus próprios atos de gestão financeira.* Ele se embasa no poder hierárquico da administração, pois ela mesma se guarda, com escopo na autotutela.

Não compete ao Executivo exercer o controle dos atos de gestão financeira do Poder Judiciário ou do Poder Legislativo.

O controle interno desdobra-se em:
a) controle de execução dos programas;
b) controle de legalidade;
c) controle de fidelidade funcional.

Finalidade do controle interno das contas
Art. 74. Os Poderes Legislativo, Executivo e Judiciário manterão, de forma integrada, sistema de controle interno com a finalidade de:
I - avaliar o cumprimento das metas previstas no plano plurianual, a execução dos programas de governo e dos orçamentos da União;
II - comprovar a legalidade e avaliar os resultados, quanto à eficácia e eficiência, da gestão orçamentária, financeira e patrimonial nos órgãos e entidades da administração federal, bem como da aplicação de recursos públicos por entidades de direito privado;
III - exercer o controle das operações de crédito, avais e garantias, bem como dos direitos e haveres da União;
IV - apoiar o controle externo no exercício de sua missão institucional.
§ 1º - Os responsáveis pelo controle interno, ao tomarem conhecimento de qualquer irregularidade ou ilegalidade, dela darão ciência ao Tribunal de Contas da União, sob pena de responsabilidade solidária.
§ 2º - Qualquer cidadão, partido político, associação ou sindicato é parte legítima para, na forma da lei, denunciar irregularidades ou ilegalidades perante o Tribunal de Contas da União.

Obrigatoriedade de comunicar ao TCU quaisquer irregularidades (fidelidade funcional)
§ 1º - Os responsáveis pelo controle interno, ao tomarem conhecimento de qualquer irregularidade ou ilegalidade, dela darão ciência ao Tribunal de Contas da União, sob pena de responsabilidade solidária.

OBS.: se os responsáveis pelo controle interno não comunicarem a irregularidade ou a ilegalidade ao TCU (que é o órgão que faz o controle externo das contas da Administração Federal), responderão pelo prejuízo ao Erário, tanto quanto os responsáveis originais.

EXERCÍCIOS DE FIXAÇÃO

01. A fiscalização financeira e orçamentária da União será exercida pelo(a):

a) Ministério da Fazenda.
b) Supremo Tribunal Federal.
c) Tribunal de Contas da União.
d) Congresso Nacional.
e) Câmara dos Deputados.

02. Sobre o tema fiscalização orçamentária e financeira, a Constituição Federal prevê que:

a) as decisões do Tribunal de Contas de que resulte imputação de débito ou multa poderão ter a eficácia de título executivo.
b) a sustação de contrato irregular será feita pelo TCU, em caráter imediato.
c) o TCU não tem competência para apreciar, para fins de registro, a legalidade dos atos da nomeação para cargo de provimento em comissão.
d) o controle externo é exercido pelo TCU.

03. A fiscalização financeira e orçamentária da União é da competência:

a) do Congresso Nacional, do Tribunal de Contas da União e do Poder Executivo.
b) do Tribunal de Contas da União, do Ministério da Fazenda e do Congresso Nacional.
c) do Supremo Tribunal Federal, do Congresso Nacional e do Poder Executivo.
d) do Poder Judiciário, do Poder Legislativo e do Poder Executivo.
e) do Poder Legislativo, do Poder Judiciário e do Tribunal de Contas da União.

04. A fiscalização contábil, financeira, orçamentária, operacional e patrimonial da União e das entidades da administração direta e indireta, quanto à legalidade, legitimidade, economicidade, aplicação das subvenções e renúncia de receitas será exercida, mediante *controle interno*:

a) apenas pelo Poder Executivo.
b) apenas pelo Congresso Nacional.
c) pelo Congresso Nacional, auxiliado pelo Tribunal de Contas da União.
d) pelas Assembleias Legislativas, no plano estadual.
e) de cada Poder.

05. O TCU é composto por:

a) 9 membros do Ministério Público.
b) 9 Ministros, do quais 3 são escolhidos pelo Presidente da República e 6 são escolhidos pelo Congresso.
c) 9 brasileiros natos, com mais de trinta e cinco anos, idoneidade moral e reputação ilibada e notórios conhecimentos científicos, filosóficos e econômicos.
d) 9 Juízes escolhidos pelo Presidente da República a partir de lista tríplice fornecida pelo Congresso Nacional.
e) 9 Juízes, dos quais 3 são escolhidos pelos Ministros do Supremo Tribunal Federal, 3 são escolhidos pelo Presidente da República e 3 são escolhidos pela Câmara e Senado em reunião conjunta.

06. Assinale a alternativa incorreta:

a) ao TCU cabe apreciar as contas prestadas anualmente pelo Presidente da República, mediante parecer prévio que deverá ser elaborado em sessenta dias a contar de seu recebimento.
b) ao TCU cabe julgar as contas dos administradores e demais responsáveis por dinheiros, bens e valores públicos da administração direta e indireta, incluídas as fundações e sociedades instituídas e mantidas pelo Poder Público federal, e as contas daqueles que derem causa a perda, extravio ou outra irregularidade de que resulte prejuízo ao erário público.
c) qualquer cidadão, partido político, associação ou sindicato é parte legítima para, na forma da lei, denunciar irregularidades ou ilegalidades perante o Tribunal de Contas da União.
d) os responsáveis pelo controle interno, ao tomarem conhecimento de qualquer irregularidade ou ilegalidade, dela darão ciência ao Tribunal de Contas da União, sob pena de responsabilidade solidária.
e) os pareceres emitidos pelo TCU, em razão da competência jurisdicional que lhe foi constitucionalmente atribuída, têm caráter vinculativo, obrigando tanto o Executivo como o Legislativo a tomarem as providências cabíveis, a menos que venham a ser revistos pelo Supremo Tribunal Federal.

07. Quanto às decisões do Tribunal de Contas da União, é correto afirmar-se:

a) não são suscetíveis de revisão pelo Poder Judiciário, uma vez que emanadas de um órgão dotado das características e garantias semelhantes àquelas outorgadas aos demais órgãos jurisdicionais.
b) não se prestam para execução imediata.
c) podem ser revistas por ato do Poder Executivo.
d) são suscetíveis de revisão pelo Poder Judiciário, salvo aquelas referentes ao registro de aposentadoria.
e) são suscetíveis de revisão pelo Poder Judiciário.

08. Quanto à posição institucional dos Tribunais de Contas:

a) pertencem ao Poder Judiciário, embora atuem junto ao Legislativo, na efetivação do controle interno.
b) pertencem ao Poder Judiciário, embora suas decisões não sejam jurisdicionais e sim, administrativas.
c) são tribunais administrativos, não integrantes do Poder Judiciário, mas dotados de ampla autonomia e independência, sendo estendidas a seus membros as mesmíssimas garantias constitucionais da magistratura, excluindo-se a inamovibilidade e a vitaliciedade.
d) são tribunais administrativos, dotados de ampla autonomia e independência, não integrantes do Poder Judiciário, e que atuam junto ao Poder Legislativo, embora não tenham função legislativa e sim função técnico-administrativa, sendo suas decisões desprovidas de caráter jurisdicional.
e) são órgãos meramente técnicos, sendo suas decisões apenas administrativas, pelo que vinculam apenas o Poder Executivo e o Poder Legislativo, mas não o Judiciário, que poderá revê-las.

09. Em relação às competências do TCU, assinale a alternativa correta:

I. prestar as informações solicitadas pelos cidadãos, pelo Senado Federal, pela Câmara, ou por qualquer das respectivas Comissões, sobre a fiscalização contábil, financeira, orçamentária, operacional e patrimonial e sobre resultados de benfeitorias e inspeções realizadas.

II. aplicar aos responsáveis, em caso de legalidade de despesa ou regularidade de contas, as sanções previstas em lei, que estabelecerá, entre outras cominações, multa proporcional ao dano causado ao erário e pena de reclusão.

III. assinar prazo não superior a 45 dias para que o órgão ou entidade adote as providências necessárias ao exato cumprimento da lei, se verificada legalidade.

IV. sustar a execução do contrato impugnado, comunicando a decisão à Câmara dos Deputados e ao Senado Federal.

V. representar ao Poder competente sobre regularidades ou abusos apurados.

a) todas estão corretas.
b) apenas a I está correta.
c) apenas a II e a III estão corretas.
d) apenas III e IV estão corretas.
e) estão todas erradas.

10. Os Poderes Legislativo, Executivo e Judiciário manterão, de forma integrada, sistema de controle interno com a finalidade de:

I. avaliar o cumprimento das metas previstas no plano plurianual, a execução dos programas de governo e dos orçamentos da União.

II. comprovar a legalidade e avaliar os resultados, quando à eficácia e eficiência, da gestão orçamentária, financeira e patrimonial nos órgãos e entidades da administração federal, bem como da aplicação de recursos públicos por entidades de direito privado.

III. exercer o controle das operações de crédito, avais e garantias, bem como dos direitos e haveres da União.

IV. apoiar o controle externo no exercício de sua missão institucional.

a) todas estão corretas.
b) apenas a I está correta.
c) apenas a II e a III estão corretas.
d) apenas III e IV estão corretas.
e) estão todas erradas.

Gabarito

01. D	02. C	03. A	04. E	05. B
06. E	07. E	08. D	09. E	10. A

12. Do Poder Executivo

1. Introdução

A função *típica* fundamental do Poder Executivo é a administração da máquina estatal através de um desenvolvimento *infralegal*, isto é, através de *atos administrativos* (decretos, regulamentos, portarias, avisos etc.), que deverão estar sempre *subordinados à lei* votada pelo Poder Legislativo.

Desta forma, a edição de leis delegadas e de medidas provisórias, e a participação no processo legislativo através da iniciativa, da sanção, do veto e da promulgação, constituem funções legislativas *atípicas* do Poder Executivo.

Vale a pena marcar que a chefia do Poder Executivo é *unipessoal*. O Presidente exerce o Poder Executivo e reúne, em si, a tríplice condição de Chefe de Estado, Chefe de Governo e Chefe da Administração Federal. Neste sentido, os Ministros de Estado são meros ocupantes de cargos em comissão, *auxiliando* o Presidente da República no exercício do Poder Executivo:

Art. 76. O Poder Executivo é exercido pelo Presidente da República, auxiliado pelos Ministros de Estado.

A estrutura jurídico-administrativa da Presidência da República compreende os *órgãos essenciais* (Gabinete Civil e Gabinete Militar) e os *órgãos de assessoramento* imediato do Presidente da República (Conselho de Segurança Nacional, Conselho de Desenvolvimento Econômico, Conselho de Desenvolvimento Social, Conselho Nacional de Informática e Automação, Serviço Nacional de Informações, Estado-Maior das Forças Armadas, Consultoria-Geral da República etc.).

2. Do Presidente e do Vice-Presidente da República

Requisitos para a candidatura à Presidência
Podem candidatar-se ao cargo de Presidente da República os indivíduos que:

a) sejam brasileiros *natos*;
b) estejam em pleno exercício dos direitos políticos;
c) tenham o domicílio eleitoral na circunscrição;
d) estejam filiados a um partido;
e) tenham a idade mínima de 35 anos.

Eleição do Presidente e do Vice-Presidente da República
O Presidente e o Vice-Presidente com ele registrado, serão eleitos para um mandato de *4 anos* e poderão ser reeleitos para um único período subsequente. A eleição de ambos realizar-se-á, simultaneamente, no primeiro domingo de outubro, em primeiro turno e último domingo de outubro, em segundo turno no ano anterior ao término do mandato presidencial vigente.

Art. 77. A eleição do Presidente e do Vice-Presidente da República realizar-se-á, simultaneamente, no primeiro domingo de outubro, em primeiro turno, e no último domingo de outubro, em segundo turno, se houver, do ano anterior ao término do mandato presidencial vigente.
§ 1º - A eleição do Presidente da República importará a do Vice-Presidente com ele registrado.

Há um vínculo direto entre a eleição do titular do cargo (o Presidente) e o titular do cargo de mera expectativa (o Vice-Presidente). Não há a possibilidade de eleição dissociada como em outros tempos de nossa ordem legal.

Eleição por maioria absoluta dos votos válidos
§ 2º - Será considerado eleito Presidente o candidato que, registrado por partido político, obtiver a maioria absoluta de votos, não computados os em branco e os nulos.

Previsão de segundo turno
§ 3º - Se nenhum candidato alcançar maioria absoluta na primeira votação, far-se-á nova eleição em até vinte dias após a proclamação do resultado, concorrendo os dois candidatos mais votados e considerando-se eleito aquele que obtiver a maioria dos votos válidos.

Situações especiais

§ 4º - Se, antes de realizado o segundo turno, ocorrer morte, desistência ou impedimento legal de candidato, convocar-se-á, dentre os remanescentes, o de maior votação.

Ocorrendo a morte, desistência ou algum impedimento legal de um dos dois candidatos ao segundo turno, não será eleito necessariamente o que sobrou. A Constituição *exige* que haja o segundo turno com o terceiro candidato mais votado.

§ 5º - Se, na hipótese dos parágrafos anteriores, remanescer, em segundo lugar, mais de um candidato com a mesma votação, qualificar-se-á o mais idoso.

Se no primeiro turno dois ou mais candidatos empatarem em segundo lugar, irão para o segundo turno apenas dois candidatos: aquele que ficou em primeiro lugar e o mais idoso dos que empataram.

Observa-se o quesito idade como critério de desempate. Esta regra é muito usada em concursos públicos.

Posse

Art. 78. O Presidente e o Vice-Presidente da República tomarão posse em sessão do Congresso Nacional, prestando o compromisso de manter, defender e cumprir a Constituição, observar as leis, promover o bem geral do povo brasileiro, sustentar a união, a integridade e a independência do Brasil.

Vacância

Vacância é o ato expedido pelo Congresso Nacional declarando o cargo de Presidente ou Vice da República vago. Uma das hipóteses em que ela pode ocorrer é a seguinte:

Parágrafo único - Se, decorridos dez dias da data fixada para a posse, o Presidente ou o Vice-Presidente, salvo motivo de força maior, não tiver assumido o cargo, este será declarado vago.

Além da situação acima prevista, a vacância do cargo presidencial também pode decorrer:
a) de morte;
b) de incapacidade absoluta;
c) de aceitação de título ou de condecoração estrangeira, que resultem em restrição ao seu direito ou dever perante o Estado brasileiro;
d) de renúncia;
e) de condenação pelo Senado Federal por *crime de responsabilidade*;
f) de perda dos direitos políticos;
g) de condenação judicial pelo Supremo Tribunal Federal por *crime comum*, resultando em impossibilidade de exercício da função pública;
h) de perda do cargo, ao ausentar-se do País por mais de 15 dias, sem licença do Congresso Nacional.

Atribuições do Vice-Presidente

Art. 79 - Substituirá o Presidente, no caso de impedimento, e suceder-lhe-á, no de vaga, o Vice-Presidente.

As atribuições *básicas* do Vice-Presidente são:
a) substituição temporária do Presidente, no caso de *impedimento* (exemplo: quando o Presidente da República precisar se ausentar do País);
b) *sucessão* definitiva daquele, no caso de *vacância* do cargo (exemplo: com a condenação de Fernando Collor pelo Senado, Itamar Franco assumiu definitivamente a Presidência da República).

Tanto a substituição como a sucessão, ocorrerão *somente pelo tempo de mandato que restar.*

Outras atribuições do Vice-Presidente são previstas no seguinte dispositivo:

Parágrafo único - O Vice-Presidente da República, além de outras atribuições que lhe forem conferidas por lei complementar, auxiliará o Presidente, sempre que por ele convocado para missões especiais.

Substituição no caso de impedimento ou vacância de ambos os cargos

Art. 80. Em caso de impedimento do Presidente e do Vice-Presidente, ou vacância dos respectivos cargos, serão sucessivamente chamados ao exercício da Presidência o Presidente da Câmara dos Deputados, o do Senado Federal e o do Supremo Tribunal Federal.

A ordem de substituição acima enumerada é *taxativa* e obedece ao princípio da representação popular: primeiro chama-se o Presidente da Câmara dos Deputados, formada de representantes diretamente escolhidos pelos cidadãos; a seguir, o Presidente do Senado Federal, formado por representantes dos Estados-membros; por último, o Presidente do Supremo Tribunal Federal, formado por Ministros que não foram escolhidos diretamente pelos cidadãos.

Se houver *impedimento* do Presidente e de seu Vice, as pessoas acima enumeradas os substituirão, até que cesse o impedimento.

Se houver *vacância* de *ambos os cargos*, essas mesmas pessoas os substituirão até que sejam realizadas as eleições extraordinárias previstas no art. 81. Por este dispositivo, os novos chefes do Executivo serão escolhidos diretamente pelos cidadãos (*eleição popular direta*), se os dois cargos ficarem vagos nos dois primeiros anos de mandato, e serão escolhidos pelo Congresso (*eleição indireta*), se tal ocorrer nos dois últimos anos do mandato. Em qualquer dos casos, os eleitos só ocuparão os respectivos cargos pelo período restante do mandato de seus antecessores.

Art. 81. Vagando os cargos de Presidente e Vice-Presidente da República, far-se-á eleição noventa dias depois de aberta a última vaga.
§ 1º - Ocorrendo a vacância nos últimos dois anos do período presidencial, a eleição para ambos os cargos será feita trinta dias depois da última vaga, pelo Congresso Nacional, na forma da lei.
§ 2º - Em qualquer dos casos, os eleitos deverão completar o período de seus antecessores.

Mandato Presidencial
Art. 82. O mandato do Presidente da República é de quatro anos e terá início em primeiro de janeiro do ano seguinte ao da sua eleição.

Necessidade de licença do Congresso para se ausentar do País por mais de 15 dias
Art. 83. O Presidente e o Vice-Presidente da República não poderão, sem licença do Congresso Nacional, ausentar-se do País por período superior a quinze dias, sob pena de perda do cargo.

Tal licença deverá ser dada por maioria absoluta.

3. Das Atribuições do Presidente da República

O art. 84 cuida do assunto. Embora o *caput* desse artigo qualifique as competências do Presidente da República enumeradas como *privativas*, na realidade 90% delas são *indelegáveis* e, portanto, *exclusivas*.

Existem três únicas exceções ditadas pelo parágrafo único, que prevê a possibilidade de *delegação* das atribuições enumeradas nos incisos VI (competência para dispor sobre a organização e o funcionamento da Administração Federal), XII (concessão de indulto e comutação de penas), e XXV, primeira parte (provimento de cargos públicos federais), aos *Ministros de Estado*, ao *Procurador-Geral da República* ou ao *Advogado-Geral da União*.

Art. 84. Compete privativamente ao Presidente da República:
I - nomear e exonerar os Ministros de Estado;
II - exercer, com o auxílio dos Ministros de Estado, a direção superior da administração federal;
III - iniciar o processo legislativo, na forma e nos casos previstos nesta Constituição;
IV - sancionar, promulgar e fazer publicar as leis, bem como expedir decretos e regulamentos para sua fiel execução;
V - vetar projetos de lei, total ou parcialmente;
VI - dispor, mediante decreto, sobre:
a) organização e funcionamento da administração federal, quando não implicar aumento de despesa nem criação ou extinção de órgãos públicos;
b) extinção de funções ou cargos públicos, quando vagos;
VII - manter relações com Estados estrangeiros e acreditar seus representantes diplomáticos;
VIII - celebrar tratados, convenções e atos internacionais, sujeitos a referendo do Congresso Nacional;
IX - decretar o estado de defesa e o estado de sítio;
X - decretar e executar a intervenção federal;
XI - remeter mensagem e plano de governo ao Congresso Nacional por ocasião da abertura da sessão legislativa, expondo a situação do País e solicitando as providências que julgar necessárias;
XII - conceder indulto e comutar penas, com audiência, se necessário, dos órgãos instituídos em lei;
XIII - exercer o comando supremo das Forças Armadas, nomear os Comandantes da Marinha, do Exército e da Aeronáutica, promover seus oficiais-generais e nomeá-los para os cargos que lhes são privativos;
XIV - nomear, após aprovação pelo Senado Federal, os Ministros do Supremo Tribunal Federal e dos Tribunais Superiores, os Governadores de Territórios, o Procurador-Geral da República, o presidente e os diretores do banco central e outros servidores, quando determinado em lei;
XV - nomear, observado o disposto no art. 73, os Ministros do Tribunal de Contas da União;
XVI - nomear os magistrados, nos casos previstos nesta Constituição, e o Advogado-Geral da União;
XVII - nomear membros do Conselho da República, nos termos do art. 89, VII;
XVIII - convocar e presidir o Conselho da República e o Conselho de Defesa Nacional;
XIX - declarar guerra, no caso de agressão estrangeira, autorizado pelo Congresso Nacional ou referendado por ele, quando ocorrida no intervalo das sessões legislativas, e, nas mesmas condições, decretar, total ou parcialmente, a mobilização nacional;
XX - celebrar a paz, autorizado ou com o referendo do Congresso Nacional;
XXI - conferir condecorações e distinções honoríficas;
XXII - permitir, nos casos previstos em lei complementar, que forças estrangeiras transitem pelo território nacional ou nele permaneçam temporariamente;
XXIII - enviar ao Congresso Nacional o plano plurianual, o projeto de lei de diretrizes orçamentárias e as propostas de orçamento previstos nesta Constituição;
XXIV - prestar, anualmente, ao Congresso Nacional, dentro de sessenta dias após a abertura da sessão legislativa, as contas referentes ao exercício anterior;
XXV - prover e extinguir os cargos públicos federais, na forma da lei;
XXVI - editar medidas provisórias com força de lei, nos termos do art. 62;
XXVII - exercer outras atribuições previstas nesta Constituição.
Parágrafo único. O Presidente da República poderá delegar as atribuições mencionadas nos incisos VI, XII e XXV, primeira parte, aos Ministros de Estado, ao Procurador-Geral da República ou ao Advogado-Geral da União, que observarão os limites traçados nas respectivas delegações.

4. Da Responsabilidade do Presidente da República

Crime é a violação de um bem juridicamente tutelado. O Presidente pode praticar *crimes de responsabilidade* (previstos no art. 85 da CF) ou *crimes comuns* (previstos na Legislação Penal).

Crime de responsabilidade é aquele que está ligado com o cargo ocupado. *Crime comum* é o que pode ser praticado por qualquer pessoa, independentemente da função que ocupa.

Exemplos: matar alguém é crime de homicídio previsto na legislação penal (art. 121 do Código Penal ou art. 302 do Código de Trânsito Brasileiro), ou seja, crime comum. Entretanto, ao atentar contra a lei orçamentária estará praticando um crime de responsabilidade e não há uma infração penal.

Os crimes de *responsabilidade* estão enumerados no art. 85 da Constituição, e podem ser crimes *políticos* (incisos I a IV) ou crimes *funcionais* (incisos V a VII).

Art. 85. São crimes de responsabilidade os atos do Presidente da República que atentem contra a Constituição Federal e, especialmente, contra:
I - a existência da União;
II - o livre exercício do Poder Legislativo, do Poder Judiciário, do Ministério Público e dos Poderes constitucionais das unidades da Federação;
III - o exercício dos direitos políticos, individuais e sociais;
IV - a segurança interna do País;
V - a probidade na administração;
VI - a lei orçamentária;
VII - o cumprimento das leis e das decisões judiciais.
Parágrafo único - Esses crimes serão definidos em lei especial, que estabelecerá as normas de processo e julgamento.

Processo contra o Presidente da República

José Afonso da Silva nos ensina o seguinte:
"O processo dos crimes de responsabilidade e dos comuns cometidos pelo Presidente da República divide-se em duas partes: juízo de admissibilidade do processo e julgamento. A acusação pode ser articulada por qualquer brasileiro perante a Câmara dos Deputados. Esta conhecerá, ou não, da denúncia; não conhecendo, será ela arquivada; conhecendo, declarará procedente, ou não, a acusação; julgando-a improcedente, também será arquivada. Se a declarar procedente pelo voto de dois terços de seus membros, autorizará a instauração de processo (arts. 51 e 86), passando, então, à matéria: a) à competência do Senado Federal, se tratar de crime de responsabilidade (arts. 52, I, e 86); b) ao Supremo Tribunal Federal, se o crime for comum (art. 86).

"Recebida a autorização da Câmara para instaurar o processo, o Senado Federal se transformará em tribunal de juízo político, sob a Presidência do Presidente do Supremo Tribunal Federal (...)"

O processo seguirá os trâmites legais, com oportunidade de ampla defesa ao imputado, concluindo pelo julgamento, que poderá ser absolutório, com o arquivamento do processo, ou condenatório, por dois terços dos votos do Senado, limitando-se a decisão à perda do cargo, com inabilitação, por oito anos, para o exercício *de função pública, sem prejuízo das demais sanções judiciais cabíveis* (art. 52, parágrafo único).

"Em se tratando de crimes comuns, autorizado o processo pela Câmara, este será instaurado pelo Supremo Tribunal Federal com o recebimento da denúncia ou queixa-crime, com a conseqüência também imediata da suspensão do Presidente de suas funções (art. 86, § 1º), prosseguindo o processo nos termos do Regimento Interno daquele Colendo Tribunal e da legislação processual penal pertinente. Nesse caso, a condenação do Presidente importa em conseqüência de natureza penal e somente por efeitos reflexos e indiretos implica perda do cargo, à vista do disposto no art. 15, III."

Vejamos agora o que diz a Constituição:
Art. 86. Admitida a acusação contra o Presidente da República, por dois terços da Câmara dos Deputados, será ele submetido a julgamento perante o Supremo Tribunal Federal, nas infrações penais comuns, ou perante o Senado Federal, nos crimes de responsabilidade.
§ 1º - O Presidente ficará suspenso de suas funções:
I - nas infrações penais comuns, se recebida a denúncia ou queixa-crime pelo Supremo Tribunal Federal;
II - nos crimes de responsabilidade, após a instauração do processo pelo Senado Federal.
§ 2º - Se, decorrido o prazo de cento e oitenta dias, o julgamento não estiver concluído, cessará o afastamento do Presidente, sem prejuízo do regular prosseguimento do processo.
§ 3º - Enquanto não sobrevier sentença condenatória, nas infrações comuns, o Presidente da República não estará sujeito a prisão.
§ 4º - O Presidente da República, na vigência de seu mandato, não pode ser responsabilizado por atos estranhos ao exercício de suas funções.

5. Dos Ministros de Estado

Requisitos para ser Ministro de Estado

Art. 87. Os Ministros de Estado serão escolhidos dentre brasileiros maiores de vinte e um anos e no exercício dos direitos políticos.

Competências dos Ministros de Estado

Parágrafo único - Compete ao Ministro de Estado, além de outras atribuições estabelecidas nesta Constituição e na lei:
I - exercer a orientação, coordenação e supervisão dos órgãos e entidades da administração federal na área de sua competência e referendar os atos e decretos assinados pelo Presidente da República;
II - expedir instruções para a execução das leis, decretos e regulamentos;
III - apresentar ao Presidente da República relatório anual de sua gestão no Ministério;
IV - praticar os atos pertinentes às atribuições que lhe forem outorgadas ou delegadas pelo Presidente da República.

Criação dos Ministérios por lei

Art. 88. A lei disporá sobre a criação e extinção de Ministérios e órgãos da administração pública.

Responsabilidade dos Ministros de Estado

São crimes de responsabilidade dos Ministros de Estado:
a) falta de comparecimento sem justificação adequada, à Câmara dos Deputados, ao Senado Federal ou a qualquer

de suas Comissões, quando convocado para prestar, pessoalmente, quaisquer informações;
b) praticar, juntamente com o Presidente da República, atos definidos como crime de responsabilidade.

Juízo competente para processar e julgar os Ministros do Estado

Assim como o Presidente da República, os Ministros serão julgados:
a) pelo Supremo Tribunal Federal, nos crimes comuns e nos crimes de responsabilidade que cometerem sozinhos, e
b) pelo Senado Federal, nos crimes de responsabilidade, quando os cometerem com o Presidente da República.

6. Do Conselho da República e do Conselho da Defesa Nacional

Conselhos, segundo José Afonso da Silva, *"são organismos públicos destinados ao assessoramento de alto nível e de orientação e até de deliberação em determinado campo de atuação governamental"*.

Existem vários Conselhos junto à Superior Administração Federal, como o Conselho da Educação, o Conselho da Cultura, o Conselho Interministerial de Preços etc., mas a Constituição previu apenas *três:*
a) Conselho da República (art. 89);
b) Conselho de Defesa Nacional (art. 91);
c) Conselho da Comunicação Social (art. 224).

Este conselho, apesar de previsto não está criado até o presente momento.

Neste capítulo iremos estudar somente os dois primeiros.

a) Conselho da República

Composição

Art. 89. O Conselho da República é órgão superior de consulta do Presidente da República, e dele participam:
I - o Vice-Presidente da República;
II - o Presidente da Câmara dos Deputados;
III - o Presidente do Senado Federal;
IV - os líderes da maioria e da minoria na Câmara dos Deputados;
V - os líderes da maioria e da minoria no Senado Federal;
VI - o Ministro da Justiça;
VII - seis cidadãos brasileiros natos, com mais de trinta e cinco anos de idade, sendo dois nomeados pelo Presidente da República, dois eleitos pelo Senado Federal e dois eleitos pela Câmara dos Deputados, todos com mandato de três anos, vedada a recondução.

Observa-se que dos 14 brasileiros membros do Conselho da República, 9 devem ser brasileiros natos, pois além dos 6 citados no art. 89 da CF, os cargos de Presidente e Vice da República, bem como o de Presidente do Senado Federal também devem ser de brasileiros natos.

Competências

Art. 90. Compete ao Conselho da República pronunciar-se sobre:
I - intervenção federal, estado de defesa e estado de sítio;
II - as questões relevantes para a estabilidade das instituições democráticas.
§ 1º - O Presidente da República poderá convocar Ministro de Estado para participar da reunião do Conselho, quando constar da pauta questão relacionada com o respectivo Ministério.
§ 2º - A lei regulará a organização e o funcionamento do Conselho da República.

OBS.: o Conselho da República é um instituto encarregado da consolidação democrática do país, mas não é um órgão deliberativo, uma vez que só emite opiniões.

b) Conselho de Defesa Nacional

Da mesma forma que o Conselho da República, o Conselho de Defesa Nacional também não é um órgão *deliberativo*, mas apenas *consultivo*.

Composição

Art. 91. O Conselho de Defesa Nacional é órgão de consulta do Presidente da República nos assuntos relacionados com a soberania nacional e a defesa do Estado democrático, e dele participam como membros natos:
I - o Vice-Presidente da República;
II - o Presidente da Câmara dos Deputados;
III - o Presidente do Senado Federal;
IV - o Ministro da Justiça;
V - o Ministro de Estado da Defesa;
VI - o Ministro das Relações Exteriores;
VII - o Ministro do Planejamento.
VIII - os Comandantes da Marinha, do Exército e da Aeronáutica.

Tal Conselho é composto por 10 membros.

Competências

§ 1º - Compete ao Conselho de Defesa Nacional:
I - opinar nas hipóteses de declaração de guerra e de celebração da paz, nos termos desta Constituição;
II - opinar sobre a decretação do estado de defesa, do estado de sítio e da intervenção federal;
III - propor os critérios e condições de utilização de áreas indispensáveis à segurança do território nacional e opinar sobre seu efetivo uso, especialmente na faixa de fronteira e nas relacionadas com a preservação e a exploração dos recursos naturais de qualquer tipo;
IV - estudar, propor e acompanhar o desenvolvimento de iniciativas necessárias a garantir a independência nacional e a defesa do Estado democrático.
§ 2º - A lei regulará a organização e o funcionamento do Conselho de Defesa Nacional.

Exercícios de Fixação

01. O Presidente da República deverá afastar-se do exercício de suas funções:

a) tão logo autorizar a Câmara dos Deputados, por dois terços de seus membros, a instauração do processo de *impeachment* contra o mesmo.
b) assim que admita a Câmara dos Deputados, pelo voto de dois terços dos seus membros, a acusação contra o mesmo por crimes comuns ou por crimes de responsabilidade.
c) após a instauração, contra o mesmo, de processo de *impeachment* pelo Senado Federal ou, nos casos de crimes comuns, após o recebimento pelo Supremo Tribunal Federal de queixa-crime ou de denúncia formulada pelo Procurador-Geral da República.
d) após o oferecimento de denúncia contra o mesmo pelo Procurador-Geral da República perante o Supremo Tribunal Federal, nos casos de crimes comuns, ou por qualquer representante do povo perante a Câmara dos Deputados, nos casos de crimes de responsabilidade.
e) somente após condenação penal transitada em julgado no Supremo Tribunal Federal.

02. O Presidente da República, se for acusado de algum crime, será julgado:

a) pelo STF, quer se trate de crime comum ou de crime de responsabilidade.
b) pelo Senado Federal, tanto nos casos de crime comum como nos casos de responsabilidade.
c) pelo STF, tanto nos crimes comuns como nos crimes de responsabilidade, depois que a Câmara dos Deputados declarar procedente a acusação pelo voto de 2/3 dos Deputados.
d) pelo STF nos crimes comuns e pelo Senado Federal nos crimes de responsabilidade, depois que a Câmara dos Deputados declarar procedente a acusação pelo voto de 2/3 dos seus membros.
e) pelo Senado Federal, tanto nos crimes comuns como nos crimes de responsabilidade, depois de a Câmara dos Deputados declarar procedente a acusação pelo voto da maioria dos seus membros.

03. Durante o recesso parlamentar:

a) não existe comissão formada.
b) só existe comissão do Senado Federal.
c) só existe comissão da Câmara dos Deputados.
d) só existe comissão representativa do Congresso Nacional.
e) as comissões são representadas pelos líderes dos partidos.

04. Ausentando-se do País, por uma semana, sem a licença do Congresso Nacional, sujeita-se o Presidente da República a:

a) pena de perda do cargo.
b) suspensão de suas funções até julgamento do crime de responsabilidade.
c) nenhuma sanção penal ou política, porque não está prevista a hipótese na Constituição.
d) processo de *impeachment.*
e) não mais poder sair do território nacional.

05. Assinale a afirmativa correta:

a) sucederá o Presidente da República, no caso de vaga, e o substituirá, no caso de impedimento, o Vice-Presidente da República.
b) substituirá o Presidente da República, no caso de vaga, o Vice-Presidente da República.
c) sucederá o Presidente da República, no caso de impedimento, o Vice-Presidente da República.
d) substituirá e sucederá o Presidente da República, no caso de vaga, o Vice-Presidente da República.
e) substituirá o Presidente da República, no caso de vaga ou de impedimento, o Vice-Presidente da República.

06. Ao Presidente da República compete privativamente dispor sobre a organização e o funcionamento da administração federal:

a) conforme dispuser lei complementar.
b) mediante decreto.
c) nos casos previstos na Constituição.
d) através de leis delegadas.
e) ouvido o Conselho da República.

07. Nomear, após aprovação do Senado Federal, os Ministros do Supremo Tribunal Federal é atribuição do:

a) Presidente da República.
b) Presidente do Supremo Tribunal Federal.
c) Presidente do Senado Federal.
d) Presidente da Câmara dos Deputados.
e) Presidente do Congresso Nacional.

08. De acordo com a Constituição Federal, os crimes de responsabilidade do Presidente da República serão definidos em:

a) Lei especial.
b) Lei ordinária.
c) Lei complementar.
d) Lei delegada.
e) Emenda constitucional.

09. O Presidente ficará suspenso de suas funções:
a) nas infrações penais comuns, se recebida a denúncia ou queixa-crime pelo Senado Federal.
b) nos crimes de responsabilidade, após instauração do processo pelo Supremo Tribunal Federal.
c) nos crimes comuns, se recebida a denúncia ou queixa-crime pela Câmara dos Deputados.
d) nos crimes de responsabilidade, após a denúncia ou queixa-crime pelo Supremo Tribunal Federal.
e) nas infrações penais comuns, se recebida a denúncia ou queixa-crime pelo Supremo Tribunal Federal.

10. Assinale a alternativa incorreta:
a) o mandato do Presidente da República é de quatro anos, e o mesmo poderá ser reeleito para um único período subsequente.
b) o Presidente e o Vice-Presidente da República não poderão, sem licença do Congresso Nacional, ausentar-se do País por período superior a quinze dias, sob pena de perda do cargo.
c) compete ao Presidente da República celebrar tratados, convenções e atos internacionais, sujeitos a referendo do Congresso Nacional.
d) compete ao Presidente da República remeter mensagem e plano de governo ao Congresso Nacional por ocasião da abertura da sessão legislativa, expondo a situação do País e solicitando as providências que julgar necessárias, e também nomear e exonerar os Ministros de Estado.
e) não são crimes de responsabilidade funcionais, e sim crimes de responsabilidade políticos os atos do Presidente da República que atentem contra a probidade na administração, a lei orçamentária e o cumprimento das leis e das decisões judiciais.

11. Assinale a alternativa falsa. São crimes de responsabilidade os atos do Presidente da República que atentem contra a Constituição Federal e, especialmente, contra:
a) o livre exercício do Poder Legislativo, do Poder Judiciário, do Ministério Público e dos Poderes constitucionais das unidades da Federação.
b) o exercício dos direitos políticos, individuais e sociais.
c) a probidade na administração.
d) a vida, a propriedade e o decoro parlamentar.
e) a segurança interna do País.

12. A criação, estruturação e atribuições dos Ministérios dependem de:
a) Lei.
b) Decreto.
c) Medida Provisória.
d) Revisão Constitucional.
e) Portaria.

13. Segundo prevê a Constituição Federal vigente, o Conselho da República, para o Presidente da República é:
a) órgão de controle interno.
b) órgão superior de consulta.
c) autarquia superior de fiscalização.
d) autarquia de controle de estratégias.
e) órgão central de avaliação das políticas administrativas.

14. O Conselho da República deverá deliberar nos casos de:
a) intervenção federal.
b) estado de defesa.
c) estado de sítio.
d) questões relevantes para a estabilidade das instituições democráticas.
e) o enunciado apresenta proposição falsa, uma vez que o Conselho da República não emite deliberações, e sim apenas opiniões.

15. Da pauta de reunião do Conselho da República constava assunto relativo ao processo inflacionário, o que levou o Presidente da República a convocar o Ministro da Fazenda para participar da mesma. Analise e responda qual das alternativas está correta:
a) o Presidente da República errou, pois a Constituição Federal só lhe permite *convidar*, e não *convocar*, Ministros de Estado.
b) o Presidente da República errou, pois a Constituição Federal defere tal competência ao Vice-Presidente da República, já que o mesmo é o Presidente do referido Conselho.
c) o Conselho da República é incompetente para tratar do assunto.
d) o ato do Presidente da República atende aos preceitos constitucionais.
e) é defeso ao Presidente da República convocar ou convidar Ministros de Estado para as reuniões do Conselho.

Gabarito

01. C	02. D	03. D	04. C
05. A	06. B	07. A	08. A
09. E	10. E	11. D	12. B
13. B	14. E	15. D	

13. Do Poder Judiciário

1. Introdução

O Poder Judiciário, no âmbito da Constituição Federal (CF), vem disciplinado no Título IV, Capítulo III, dos artigos 92 a 126. Entretanto, antes de chegarmos ao artigo 92, se faz necessário alguns comentários.

A CF, logo no início dos Princípios Fundamentais, especificamente no art. 2º, diz:

"São Poderes da União, independentes e harmônicos entre si, o Legislativo, o Executivo e o Judiciário."

2. A "Reforma" do Poder Judiciário Através da Emenda Constitucional Nº 45 de 2004

No dia 08 de dezembro de 2004 foi concluída a Emenda Constitucional (EC) nº 45, a qual veio a ser publicada no dia 31 de dezembro de 2004. Esta Emenda ficou conhecida como a "reforma" do Judiciário.

A EC nº 45 alterou os seguintes dispositivos da Constituição: arts. 5º, 36, 52, 92, 93, 95, 98, 99, 102, 103, 104, 105, 107, 109, 111, 112, 114, 115, 125, 126, 127, 128, 129, 134 e 168 da Constituição Federal, e acrescentou os arts. 103-A, 103-B, 111-A e 130-A.

De forma resumida, merece destaque:

Princípio da Razoável Duração dos Processos, no art. 5º, LXXVIII:

Art. 5º, LXXVIII - a todos, no âmbito judicial e administrativo, são assegurados a razoável duração do processo e os meios que garantam a celeridade de sua tramitação.

Equiparação dos Tratados Internacionais sobre Direitos Humanos às emendas constitucionais, desde que obedecida na incorporação o quórum qualificado das propostas de emenda à Constituição: art. 5º, § 3º:

Art. 5º, § 3º - Os tratados e convenções internacionais sobre direitos humanos que forem aprovados, em cada Casa do Congresso Nacional, em dois turnos, por três quintos dos votos dos respectivos membros, serão equivalentes às emendas constitucionais.

Em julho de 2008, em Roma, foi criado o Tribunal Penal Internacional (TPI). O TPI entrou em vigor em 1º de julho de 2002, após o depósito do 60º instrumento de ratificação. A República Federativa do Brasil, signatária do TPI, colocou a adesão no texto constitucional, conforme art. 5º, § 4º:

Art. 5º, § 4º - O Brasil se submete à jurisdição de Tribunal Penal Internacional a cuja criação tenha manifestado adesão."

A EC também criou o chamado Conselho Nacional de Justiça, chamado por muitos de "controle externo do Judiciário", o qual será estudado posteriormente neste mesmo Capítulo. Sua previsão está no arts. 92, I-A e 103-B:

Art. 92. São órgãos do Poder Judiciário:
I-A - o Conselho Nacional de Justiça;

Art. 103-B. O Conselho Nacional de Justiça compõe-se de quinze membros com mais de trinta e cinco e menos de sessenta e seis anos de idade, com mandato de dois anos, admitida uma recondução, sendo:

Da "reforma" também houve mudanças na carreira do juiz, no tocante ao ingresso e remoção do Magistrado, conforme art. 93. Tais temas também serão abordados posteriormente.

Surge a súmula vinculante no art. 103-A, tema a ser estudado posteriormente:

Art. 103-A. O Supremo Tribunal Federal poderá, de ofício ou por provocação, mediante decisão de dois terços dos seus membros, após reiteradas decisões sobre matéria constitucional, aprovar súmula que, a partir de sua publicação na imprensa oficial, terá efeito vinculante em relação aos demais órgãos do Poder Judiciário e à administração pública direta e indireta, nas esferas federal, estadual e municipal, bem como proceder à sua revisão ou cancelamento, na forma estabelecida em lei.

Temos também a "federalização dos crimes de Direitos Humanos", na forma do art. 109, § 5º:

Art. 109, § 5º - Nas hipóteses de grave violação de direitos humanos, o Procurador-Geral da República, com a finalidade de assegurar o cumprimento de obrigações decorrentes de tratados internacionais de direitos humanos dos quais o Brasil seja parte, poderá suscitar, perante o Superior Tribunal de Justiça, em qualquer fase do inquérito ou processo, incidente de deslocamento de competência para a Justiça Federal.

Por fim, temos a criação do Conselho Nacional do Ministério Público, no mesmo diapasão do Conselho Nacional de Justiça. Sua previsão está no art.130-A:

Art. 130-A. O Conselho Nacional do Ministério Público compõe-se de quatorze membros nomeados pelo Presidente da República, depois de aprovada a escolha pela maioria absoluta do Senado Federal, para um mandato de dois anos, admitida uma recondução, sendo:

3. Funções Típicas e Atípicas

A função típica do Poder Judiciário é exercer a jurisdição, ou seja, aplicar o Direito ao caso concreto. Sempre lembro aos meus alunos, que a lei traz uma expectativa de direito, enquanto, o Judiciário "diz o Direito". Em suma, a função primária do Judiciário é julgar.

O Poder Judiciário também exerce outras funções, atipicamente, ou seja, fará a função executiva e legislativa, não se limitando ao exercício da sua função de julgar. Possui ainda funções administrativas previstas no art. 96, como eleição de órgãos diretivos, organização de secretarias, concessão de licenças, férias, todas essas de matérias de cunho administrativo e competências legislativas, tais como: elaboração de Regimentos Internos dos Tribunais, propositura de projetos de lei complementar ou ordinária por meio do Supremo Tribunal Federal ou Tribunais Superiores (art. 61) e em matérias de suas alçada". Vejamos assim alguns exemplos de funções atípicas:

Art. 61. A iniciativa das leis complementares e ordinárias cabe a qualquer membro ou Comissão da Câmara dos Deputados, do Senado Federal ou do Congresso Nacional, ao Presidente da República, ao Supremo Tribunal Federal, aos Tribunais Superiores, ao Procurador-Geral da República e aos cidadãos, na forma e nos casos previstos nesta Constituição.

Art. 96. Compete privativamente:
I - aos tribunais:
a) eleger seus órgãos diretivos e elaborar seus regimentos internos, com observância das normas de processo e das garantias processuais das partes, dispondo sobre a competência e o funcionamento dos respectivos órgãos jurisdicionais e administrativos;
b) organizar suas secretarias e serviços auxiliares e os dos juízos que lhes forem vinculados, velando pelo exercício da atividade correicional respectiva;
c) prover, na forma prevista nesta Constituição, os cargos de juiz de carreira da respectiva jurisdição;
d) propor a criação de novas varas judiciárias;
e) prover, por concurso público de provas, ou de provas e títulos, obedecido o disposto no art. 169, parágrafo único, os cargos necessários à administração da Justiça, exceto os de confiança assim definidos em lei;
f) conceder licença, férias e outros afastamentos a seus membros e aos juízes e servidores que lhes forem imediatamente vinculados;
II - ao Supremo Tribunal Federal, aos Tribunais Superiores e aos Tribunais de Justiça propor ao Poder Legislativo respectivo, observado o disposto no art. 169:
a) a alteração do número de membros dos tribunais inferiores;
b) a criação e a extinção de cargos e a remuneração dos seus serviços auxiliares e dos juízos que lhes forem vinculados, bem como a fixação do subsídio de seus membros e dos juízes, inclusive dos tribunais inferiores, onde houver;
c) a criação ou extinção dos tribunais inferiores;
d) a alteração da organização e da divisão judiciárias;

Art. 49. É da competência exclusiva do Congresso Nacional:
XI - zelar pela preservação de sua competência legislativa em face da atribuição normativa dos outros Poderes;

4. Jurisdição

Segundo o Dicionário Jurídico Brasileiro[1]: "Do latim *jurisdictio*, ou seja, prerrogativa de dizer o direito, decidir, enfim. Vocábulo analógico que significa a prerrogativa *exclusiva* do Poder Judiciário de aplicar a lei, mediante a tutela jurisdicional [...]".

CELSO BASTOS[2], citando as lições do Mestre JOSÉ MANOEL DE ARRUDA ALVIM *(Curso de Direito Processual Civil)*, resume bem a questão: "Podemos, assim, afirmar que função jurisdicional é aquela realizada pelo Poder Judiciário, tendo em vista aplicar a lei a uma hipótese controvertida mediante processo regular, produzindo, afinal, coisa julgada, com o que substitui, definitivamente, a atividade e vontade das partes. Evidentemente tem-se

[1] ACQUAVIVA, Marcus Cláudio. Dicionário Jurídico Brasileiro Acquaviva. 9ª ed. rev. atual. São Paulo: Jurídica Brasileira, 1998.
[2] BASTOS, Celso Ribeiro. Curso de Direito Constitucional. São Paulo: Celso Bastos Editor, 2002.

que distinguir a atividade jurisdicional da administrativa e da legislativa. As duas últimas, especialmente a administrativa, consistem em atuação em conformidade com a lei, mas são nitidamente diversas da atividade jurisdicional, pois esta é atividade secundária ou substitutiva, ao passo que a administrativa é primária."

5. Estatuto da Magistratura

A Constituição fala sobre o Estatuto no art. 93, que deverá ser implementado através de uma lei complementar, que ainda não existe. Por ora, temos a Lei Complementar nº 35/79 (dispõe sobre a Lei Orgânica da Magistratura Nacional), que foi recepcionada pela atual Constituição. Vamos ao texto constitucional:

Art. 93. Lei complementar, de iniciativa do Supremo Tribunal Federal, disporá sobre o Estatuto da Magistratura, observados os seguintes princípios:
I - ingresso na carreira, cujo cargo inicial será o de juiz substituto, mediante concurso público de provas e títulos, com a participação da Ordem dos Advogados do Brasil em todas as fases, exigindo-se do bacharel em direito, no mínimo, três anos de atividade jurídica e obedecendo-se, nas nomeações, à ordem de classificação;
II - promoção de entrância para entrância, alternadamente, por antiguidade e merecimento, atendidas as seguintes normas:
a) é obrigatória a promoção do juiz que figure por três vezes consecutivas ou cinco alternadas em lista de merecimento;
b) a promoção por merecimento pressupõe dois anos de exercício na respectiva entrância e integrar o juiz a primeira quinta parte da lista de antiguidade desta, salvo se não houver com tais requisitos quem aceite o lugar vago;
c) aferição do merecimento conforme o desempenho e pelos critérios objetivos de produtividade e presteza no exercício da jurisdição e pela frequência e aproveitamento em cursos oficiais ou reconhecidos de aperfeiçoamento;
d) na apuração de antiguidade, o tribunal somente poderá recusar o juiz mais antigo pelo voto fundamentado de dois terços de seus membros, conforme procedimento próprio, e assegurada ampla defesa, repetindo-se a votação até fixar-se a indicação;
e) não será promovido o juiz que, injustificadamente, retiver autos em seu poder além do prazo legal, não podendo devolvê-los ao cartório sem o devido despacho ou decisão;
III - o acesso aos tribunais de segundo grau far-se-á por antiguidade e merecimento, alternadamente, apurados na última ou única entrância;
IV - previsão de cursos oficiais de preparação, aperfeiçoamento e promoção de magistrados, constituindo etapa obrigatória do processo de vitaliciamento a participação em curso oficial ou reconhecido por escola nacional de formação e aperfeiçoamento de magistrados;
V - o subsídio dos Ministros dos Tribunais Superiores corresponderá a noventa e cinco por cento do subsídio mensal fixado para os Ministros do Supremo Tribunal Federal e os subsídios dos demais magistrados serão fixados em lei e escalonados, em nível federal e estadual, conforme as respectivas categorias da estrutura judiciária nacional, não podendo a diferença entre uma e outra ser superior a dez por cento ou inferior a cinco por cento, nem exceder a noventa e cinco por cento do subsídio mensal dos Ministros dos Tribunais Superiores, obedecido, em qualquer caso, o disposto nos arts. 37, XI, e 39, § 4º.;
VI - a aposentadoria dos magistrados e a pensão de seus dependentes observarão o disposto no art. 40;
VII - o juiz titular residirá na respectiva comarca, salvo autorização do tribunal;
VIII - o ato de remoção, disponibilidade e aposentadoria do magistrado, por interesse público, fundar-se-á em decisão por voto da maioria absoluta do respectivo tribunal ou do Conselho Nacional de Justiça, assegurada ampla defesa;
VIII-A - a remoção a pedido ou a permuta de magistrados de comarca de igual entrância atenderá, no que couber, ao disposto nas alíneas a, b, c e e do inciso II;
IX - todos os julgamentos dos órgãos do Poder Judiciário serão públicos, e fundamentadas todas as decisões, sob pena de nulidade, podendo a lei limitar a presença, em determinados atos, às próprias partes e a seus advogados, ou somente a estes, em casos nos quais a preservação do direito à intimidade do interessado no sigilo não prejudique o interesse público à informação;
X - as decisões administrativas dos tribunais serão motivadas e em sessão pública, sendo as disciplinares tomadas pelo voto da maioria absoluta de seus membros;
XI - nos tribunais com número superior a vinte e cinco julgadores, poderá ser constituído órgão especial, com o mínimo de onze e o máximo de vinte e cinco membros, para o exercício das atribuições administrativas e jurisdicionais delegadas da competência do tribunal pleno, provendo-se metade das vagas por antiguidade e a outra metade por eleição pelo tribunal pleno;
XII - a atividade jurisdicional será ininterrupta, sendo vedado férias coletivas nos juízos e tribunais de segundo grau, funcionando, nos dias em que não houver expediente forense normal, juízes em plantão permanente;
XIII - o número de juízes na unidade jurisdicional será proporcional à efetiva demanda judicial e à respectiva população;
XIV - os servidores receberão delegação para a prática de atos de administração e atos de mero expediente sem caráter decisório;
XV - a distribuição de processos será imediata, em todos os graus de jurisdição.

6. Garantias Institucionais do Judiciário

O Poder Judiciário possui como garantias institucionais a autonomia administrativa e financeira.

A autonomia administrativa e financeira está prevista no art. 99, § 1º c/c art. 96, incisos I e II c/c art. 168:

Art. 99. Ao Poder Judiciário é assegurada autonomia administrativa e financeira.
§ 1º. Os tribunais elaborarão suas propostas orçamentárias dentro dos limites estipulados conjuntamente com os demais Poderes na lei de diretrizes orçamentárias.

Art. 96. Compete privativamente:
I - aos tribunais:
a) eleger seus órgãos diretivos e elaborar seus regimentos internos, com observância das normas de processo e das garantias processuais das partes, dispondo sobre a competência e o funcionamento dos respectivos órgãos jurisdicionais e administrativos;
b) organizar suas secretarias e serviços auxiliares e os dos juízos que lhes forem vinculados, velando pelo exercício da atividade correicional respectiva;
c) prover, na forma prevista nesta Constituição, os cargos de juiz de carreira da respectiva jurisdição;
d) propor a criação de novas varas judiciárias;
e) prover, por concurso público de provas, ou de provas e títulos, obedecido o disposto no art. 169, parágrafo único, os cargos necessários à administração da Justiça, exceto os de confiança assim definidos em lei;
f) conceder licença, férias e outros afastamentos a seus membros e aos juízes e servidores que lhes forem imediatamente vinculados;
II - ao Supremo Tribunal Federal, aos Tribunais Superiores e aos Tribunais de Justiça propor ao Poder Legislativo respectivo, observado o disposto no art. 169:
a) a alteração do número de membros dos tribunais inferiores;
b) a criação e a extinção de cargos e a remuneração dos seus serviços auxiliares e dos juízos que lhes forem vinculados, bem como a fixação do subsídio de seus membros e dos juízes, inclusive dos tribunais inferiores, onde houver;
c) a criação ou extinção dos tribunais inferiores;
d) a alteração da organização e da divisão judiciárias;

Art. 168. Os recursos correspondentes às dotações orçamentárias, compreendidos os créditos suplementares e especiais, destinados aos órgãos dos Poderes Legislativo e Judiciário, do Ministério Público e da Defensoria Pública, ser-lhes-ão entregues até o dia 20 de cada mês, em duodécimos, na forma da lei complementar a que se refere o art. 165, § 9º.

Em que pese o Poder Judiciário possuir a autonomia financeira, por se tratar de dinheiro público, a obrigação da prestação de contas se mantém, na forma do arts. 71, inciso IV e 74. Vamos ao texto:

Art. 71. O controle externo, a cargo do Congresso Nacional, será exercido com o auxílio do Tribunal de Contas da União, ao qual compete:
IV - realizar, por iniciativa própria, da Câmara dos Deputados, do Senado Federal, de Comissão técnica ou de inquérito, inspeções e auditorias de natureza contábil, financeira, orçamentária, operacional e patrimonial, nas unidades administrativas dos Poderes Legislativo, Executivo e Judiciário, e demais entidades referidas no inciso II;

Art. 74. Os Poderes Legislativo, Executivo e Judiciário manterão, de forma integrada, sistema de controle interno com a finalidade de:

7. Garantias do Magistrado

As garantias funcionais do Magistrado estão previstas no art. 95. São garantias impessoais, que visam proteger a imparcialidade dos juízes. Vamos ao texto:

Art. 95. Os juízes gozam das seguintes garantias:
I - vitaliciedade, que, no primeiro grau, só será adquirida após dois anos de exercício, dependendo a perda do cargo, nesse período, de deliberação do tribunal a que o juiz estiver vinculado, e, nos demais casos, de sentença judicial transitada em julgado;
II - inamovibilidade, salvo por motivo de interesse público, na forma do art. 93, VIII;
III - irredutibilidade de subsídio, ressalvado o disposto nos arts. 37, X e XI, 39, § 4º., 150, II, 153, III, e 153, § 2º., I.

Vitaliciedade significa dizer que o magistrado vitalício só perderá o cargo por sentença judicial transitada em julgado. A vitaliciedade, para o juiz, só será adquirida após 2 anos de efetivo exercício do cargo, desde que, naturalmente, o magistrado seja aprovado no respectivo estágio probatório. Nos 2 primeiros anos, para o Juiz que ingressou na carreira por meio de concursos de provas e títulos, ocupando o cargo de juiz substituto (art. 93, I), a perda do cargo dependerá de deliberação do tribunal a que estiver vinculado (art. 95, I). Todos os membros dos tribunais têm a garantia da vitaliciedade, independentemente da forma de nomeação, sendo que os membros dos Tribunais adquirem a vitaliciedade no momento da posse, não sendo submetidos ao estágio probatório.

Art. 93. Lei complementar, de iniciativa do Supremo Tribunal Federal, disporá sobre o Estatuto da Magistratura, observados os seguintes princípios:
I - ingresso na carreira, cujo cargo inicial será o de juiz substituto, mediante concurso público de provas e títulos, com a participação da Ordem dos Advogados do Brasil em todas as fases, exigindo-se do bacharel em direito, no mínimo, três anos de atividade jurídica e obedecendo-se, nas nomeações, à ordem de classificação;

Quanto à inamovibilidade, temos aqui uma proteção contra ingerências externas, visando "tirar" a autoridade judicial de determinado local. Em regra, o juiz só será removido a pedido. Excepcionalmente, na forma do art. 93, VIII, poderá ser removido por interesse público.

Art. 93. Lei complementar, de iniciativa do Supremo Tribunal Federal, disporá sobre o Estatuto da Magistratura, observados os seguintes princípios:
VIII - o ato de remoção, disponibilidade e aposentadoria do magistrado, por interesse público, fundar-se-á em decisão por voto da maioria absoluta do respectivo tribunal ou do Conselho Nacional de Justiça, assegurada ampla defesa;

VIII-A - a remoção a pedido ou a permuta de magistrados de comarca de igual entrância atenderá, no que couber, ao disposto nas alíneas a, b, c e e do inciso II;

Finalizando as garantias funcionais, temos a irredutibilidade dos subsídios.

Art. 95. Os juízes gozam das seguintes garantias:
(...)
III - irredutibilidade de subsídio, ressalvado o disposto nos arts. 37, X e XI, 39, § 4º, 150, II, 153, III, e 153, § 2º, I.

Vedações ao Magistrado

As vedações, também chamadas de garantias de imparcialidade dos órgãos judiciários, estão previstas no art. 95, parágrafo único e são restrições impostas aos juízes.

Art. 95, parágrafo único. Aos juízes é vedado:
I - exercer, ainda que em disponibilidade, outro cargo ou função, salvo uma de magistério;
II - receber, a qualquer título ou pretexto, custas ou participação em processo;
III - dedicar-se à atividade político-partidária.
IV - receber, a qualquer título ou pretexto, auxílios ou contribuições de pessoas físicas, entidades públicas ou privadas, ressalvadas as exceções previstas em lei;
V - exercer a advocacia no juízo ou tribunal do qual se afastou, antes de decorridos três anos do afastamento do cargo por aposentadoria ou exoneração.

O Subsídio dos Magistrados

Os membros do Poder Judiciário são remunerados por subsídio. O art. 37, incisos X e XI e § 12, tratam do assunto, bem como, o art. 39, § 4º.

Ao analisar estes artigos, observamos que o Poder Judiciário serve de "parâmetro salarial" para toda a Administração Pública, ou seja, o teto salarial, conforme inciso XI do art. 37 é o subsídio mensal dos Ministros do Supremo Tribunal Federal.

Merece destaque também a parte final do inciso XI, que acaba criando um subteto remuneratório, diferenciando os juízes estaduais dos federais. Em virtude disso, esta parte foi declarada inconstitucional pelo STF, conforme jurisprudência abaixo destacada, sendo que tal decisão também atinge o art. 37, § 12.

Art. 37, XI - a remuneração e o subsídio dos ocupantes de cargos, funções e empregos públicos da administração direta, autárquica e fundacional, dos membros de qualquer dos Poderes da União, dos Estados, do Distrito Federal e dos Municípios, dos detentores de mandato eletivo e dos demais agentes políticos e os proventos, pensões ou outra espécie remuneratória, percebidos cumulativamente ou não, incluídas as vantagens pessoais ou de qualquer outra natureza, não poderão exceder o subsídio mensal, em espécie, dos Ministros do Supremo Tribunal Federal, aplicando-se como limite, nos Municípios, o subsídio do Prefeito, e nos Estados e no Distrito Federal, o subsídio mensal do Governador no âmbito do Poder Executivo, o subsídio dos Deputados Estaduais e Distritais no âmbito do Poder Legislativo e o subsídio dos Desembargadores do Tribunal de Justiça, limitado a noventa inteiros e vinte e cinco centésimos por cento do subsídio mensal, em espécie, dos Ministros do Supremo Tribunal Federal, no âmbito do Poder Judiciário, aplicável este limite aos membros do Ministério Público, aos Procuradores e aos Defensores Públicos;
Art. 37, § 12. Para os fins do disposto no inciso XI do caput deste artigo, fica facultado aos Estados e ao Distrito Federal fixar, em seu âmbito, mediante emenda às respectivas Constituições e Lei Orgânica, como limite único, o subsídio mensal dos Desembargadores do respectivo Tribunal de Justiça, limitado a noventa inteiros e vinte e cinco centésimos por cento do subsídio mensal dos Ministros do Supremo Tribunal Federal, não se aplicando o disposto neste parágrafo aos subsídios dos Deputados Estaduais e Distritais e dos Vereadores.

Requisitos para ingresso na carreira da Magistratura

O art. 93, inciso I, traz os requisitos mínimos para ingresso na carreira. Vamos ao texto:

Art. 93. Lei complementar, de iniciativa do Supremo Tribunal Federal, disporá sobre o Estatuto da Magistratura, observados os seguintes princípios:
I - ingresso na carreira, cujo cargo inicial será o de juiz substituto, mediante concurso público de provas e títulos, com a participação da Ordem dos Advogados do Brasil em todas as fases, exigindo-se do bacharel em direito, no mínimo, três anos de atividade jurídica e obedecendo-se, nas nomeações, à ordem de classificação;

Sobre a questão, o Prof. JOSÉ AFONSO DA SILVA[3] afirma que "[...] As categorias da carreira da Magistratura são organizadas em entrâncias, cujo escalonamento é matéria das leis de organização judiciária dos Estados ou da Justiça Federal; mas na carreira se incluem os cargos de juiz substituto como categoria inicial. Assim, o ingresso na carreira se dá por provimento do cargo de juiz e a progressão ocorre de entrância em entrância, por promoção, e para o tribunal correspondente, por acesso. O provimento do cargo inicial da carreira depende de prévia aprovação em concurso público de provas e títulos, com a participação da OAB em todas as suas fases, exigindo-se do bacharel em Direito, no mínimo, três anos de atividade jurídica e obedecendo-se, nas nomeações, à ordem de classificação. Essa questão provém da redação

[3] SILVA, José Afonso da. Comentário contextual à Constituição. 4ª ed. São Paulo: Malheiros, 2007.

dada ao inciso I pela Emenda Constitucional 45/2004, que, ao falar em "bacharel em Direito" e em "atividade jurídica", mostra que outros profissionais, que não advogados, podem inscrever-se no concurso para ingresso na Magistratura, desde que sejam bacharéis em Direito e exerçam atividade jurídica por um período mínimo de três anos: promotores de justiça, delegados de polícia, escrivães judiciais, notários, registradores públicos."

8. Quinto Constitucional

Mais uma vez me socorro do laureado Prof. JOSÉ AFONSO DA SILVA[4], que com precisão nos ensina: "**O QUINTO CONSTITUCIONAL**. Assim se chama a regra, que vem do art. 105 da Carta de 1937, que determina que um quinto da composição dos Tribunais Superiores seja preenchido por advogados e membros do Ministério Público. O STF nunca foi concebido no conceito de "Tribunais Superiores", até porque o acesso a todos os seus cargos é de livre indicação do presidente da República, com a aprovação do Senado Federal. O dispositivo em comentário é específico no indicar a que Tribunais se destina a regra do quinto constitucional: TRFs e Tribunais de Justiça dos Estados, do Distrito Federal e dos Territórios (estes não existem). O STF está fora, pelas razões indicadas. O STJ não está sujeito ao quinto, mas a uma espécie de terço constitucional, porque um terço de sua composição terá que provir, em parte igual, da classe dos advogados e do Ministério Público (art. 104, parágrafo único, II). Os Tribunais do Trabalho também se compõem de membros provenientes da classe dos advogados e do Ministério Público numa proporção 11 x 6 (arts. 113 e 115). Igualmente na composição do STM se incluem advogados e membros do Ministério Público (art. 123). Enfim, todos os Tribunais Superiores Federais ou Estaduais têm uma parte de sua composição preenchida com advogados e membros do Ministério Público, salvo os Tribunais Eleitorais, cuja composição foge ao padrão geral (arts. 119 e 120). A ideia subjacente a tal regra é a de temperar a composição dos tribunais com operadores do Direito de fora da carreira, na suposição (razoável) de que um elemento que venha dos entrechoques do contraditório jurídico pode contribuir para inovações que não seriam fáceis de ocorrer só com elementos de formação interna da carreira."

Art. 94. Um quinto dos lugares dos Tribunais Regionais Federais, dos Tribunais dos Estados, e do Distrito Federal e Territórios será composto de membros, do Ministério Público, com mais de dez anos de carreira, e de advogados de notório saber jurídico e de reputação ilibada, com mais de dez anos de efetiva atividade profissional, indicados em lista sêxtupla pelos órgãos de representação das respectivas classes.

[4] SILVA, José Afonso da. *Op. cit.*

Parágrafo único. Recebidas as indicações, o tribunal formará lista tríplice, enviando-a ao Poder Executivo, que, nos vinte dias subsequentes, escolherá um de seus integrantes para nomeação.

Art. 104. O Superior Tribunal de Justiça compõe-se de, no mínimo, trinta e três Ministros.
Parágrafo único. Os Ministros do Superior Tribunal de Justiça serão nomeados pelo Presidente da República, dentre brasileiros com mais de trinta e cinco e menos de sessenta e cinco anos, de notável saber jurídico e reputação ilibada, depois de aprovada a escolha pela maioria absoluta do Senado Federal, sendo:
II - um terço, em partes iguais, dentre advogados e membros do Ministério Público Federal, Estadual, do Distrito Federal e Territórios, alternadamente, indicados na forma do art. 94.

Art. 113. A lei disporá sobre a constituição, investidura, jurisdição, competência, garantias e condições de exercício dos órgãos da Justiça do Trabalho.

Art. 115. Os Tribunais Regionais do Trabalho compõem-se de, no mínimo, sete juízes, recrutados, quando possível, na respectiva região, e nomeados pelo Presidente da República dentre brasileiros com mais de trinta e menos de sessenta e cinco anos, sendo:
I - um quinto dentre advogados com mais de dez anos de efetiva atividade profissional e membros do Ministério Público do Trabalho com mais de dez anos de efetivo exercício, observado o disposto no art. 94;

Art. 123. O Superior Tribunal Militar compor-se-á de quinze Ministros vitalícios, nomeados pelo Presidente da República, depois de aprovada a indicação pelo Senado Federal, sendo três dentre oficiais-generais da Marinha, quatro dentre oficiais-generais do Exército, três dentre oficiais-generais da Aeronáutica, todos da ativa e do posto mais elevado da carreira, e cinco dentre civis.

Art. 119. O Tribunal Superior Eleitoral compor-se-á, no mínimo, de sete membros, escolhidos:
I - mediante eleição, pelo voto secreto:
a) três juízes dentre os Ministros do Supremo Tribunal Federal;
b) dois juízes dentre os Ministros do Superior Tribunal de Justiça;
II - por nomeação do Presidente da República, dois juízes dentre seis advogados de notável saber jurídico e idoneidade moral, indicados pelo Supremo Tribunal Federal.
Parágrafo único. O Tribunal Superior Eleitoral elegerá seu Presidente e o Vice-Presidente dentre os Ministros do Supremo Tribunal Federal, e o Corregedor Eleitoral dentre os Ministros do Superior Tribunal de Justiça.
Art. 120. Haverá um Tribunal Regional Eleitoral na Capital de cada Estado e no Distrito Federal.
§ 1º. Os Tribunais Regionais Eleitorais compor-se-ão:
I - mediante eleição, pelo voto secreto:
a) de dois juízes dentre os desembargadores do Tribunal de Justiça;
b) de dois juízes, dentre juízes de direito, escolhidos pelo Tribunal de Justiça;

II - de um juiz do Tribunal Regional Federal com sede na Capital do Estado ou no Distrito Federal, ou, não havendo, de juiz federal, escolhido, em qualquer caso, pelo Tribunal Regional Federal respectivo;
III - por nomeação, pelo Presidente da República, de dois juízes dentre seis advogados de notável saber jurídico e idoneidade moral, indicados pelo Tribunal de Justiça.

Súmula Vinculante

Instituto criado pela Emenda Constitucional nº 45/04, previsto no texto constitucional no art. 103-A.

Art. 103-A. O Supremo Tribunal Federal poderá, de ofício ou por provocação, mediante decisão de dois terços dos seus membros, após reiteradas decisões sobre matéria constitucional, aprovar súmula que, a partir de sua publicação na imprensa oficial, terá efeito vinculante em relação aos demais órgãos do Poder Judiciário e à administração pública direta e indireta, nas esferas federal, estadual e municipal, bem como proceder à sua revisão ou cancelamento, na forma estabelecida em lei.
§ 1º. A súmula terá por objetivo a validade, a interpretação e a eficácia de normas determinadas, acerca das quais haja controvérsia atual entre órgãos judiciários ou entre esses e a administração pública que acarrete grave insegurança jurídica e relevante multiplicação de processos sobre questão idêntica.
§ 2º. Sem prejuízo do que vier a ser estabelecido em lei, a aprovação, revisão ou cancelamento de súmula poderá ser provocada por aqueles que podem propor a ação direta de inconstitucionalidade.
§ 3º. Do ato administrativo ou decisão judicial que contrariar a súmula aplicável ou que indevidamente a aplicar, caberá reclamação ao Supremo Tribunal Federal que, julgando-a procedente, anulará o ato administrativo ou cassará a decisão judicial reclamada, e determinará que outra seja proferida com ou sem a aplicação da súmula, conforme o caso."

Trata-se de instrumento de competência exclusiva do Supremo Tribunal Federal (STF), o qual produzirá efeitos obrigatórios (vinculantes) no Poder Judiciário, no Poder Executivo (Administração Pública).

Importante: Quanto ao Poder Legislativo, a súmula vinculante não impede que os Parlamentares legislem a respeito e de modo diverso que a súmula tenha decidido, portanto, não vincula o Legislativo.

O STF já produzia suas Súmulas, entretanto não tinham caráter vinculante, ou seja, não havia a obrigatoriedade de seguir, pois não passava de uma "visão" do Supremo, ou seja, o Supremo "pensa" daquela maneira e se a matéria chegasse até o Supremo, já teríamos boa noção de como seria o julgamento. Agora ficou diferente, pois a decisão do Supremo obriga todos a cumpri-la, desde que seja editada uma súmula vinculante.

Para fins de concurso, oriento o candidato a ter muito cuidado, pois tem frequentes perguntas sobre o tema. Da análise da lei, devemos lembrar que em que pese o caráter vinculante, a súmula é mutável, ou seja, ela poder ser revista ou até mesmo cancelada.

Lembro, conforme § 1º, do art. 2º da lei, que o enunciado da súmula terá por objeto a validade, a interpretação e a eficácia de normas determinadas, acerca das quais haja, entre órgãos judiciários ou entre esses e a Administração Pública, controvérsia atual que acarrete grave insegurança jurídica e relevante multiplicação de processos sobre idêntica questão. Abaixo as súmulas:

Sobre o momento dos efeitos da súmula, em regra, terá efeito imediato, nos termos do art. 4º:

Art. 4º. A súmula com efeito vinculante tem eficácia imediata, mas o Supremo Tribunal Federal, por decisão de 2/3 (dois terços) dos seus membros, poderá restringir os efeitos vinculantes ou decidir que só tenha eficácia a partir de outro momento, tendo em vista razões de segurança jurídica ou de excepcional interesse público.

Se alguém contrariar a súmula, o § 3º do art. 103-A/CF e o art. 7º, §§ 1º e 2º da lei, caberá a chamada Reclamação. Sobre o instituto da Reclamação, explicação segue após o texto.

Art. 103-A, § 3º. Do ato administrativo ou decisão judicial que contrariar a súmula aplicável ou que indevidamente a aplicar, caberá reclamação ao Supremo Tribunal Federal que, julgando-a procedente, anulará o ato administrativo ou cassará a decisão judicial reclamada, e determinará que outra seja proferida com ou sem a aplicação da súmula, conforme o caso."

Art. 7º. Da decisão judicial ou do ato administrativo que contrariar enunciado de súmula vinculante, negar-lhe vigência ou aplicá-lo indevidamente caberá reclamação ao Supremo Tribunal Federal, sem prejuízo dos recursos ou outros meios admissíveis de impugnação.
§ 1º. Contra omissão ou ato da administração pública, o uso da reclamação só será admitido após esgotamento das vias administrativas.
§ 2º. Ao julgar procedente a reclamação, o Supremo Tribunal Federal anulará o ato administrativo ou cassará a decisão judicial impugnada, determinando que outra seja proferida com ou sem aplicação da súmula, conforme o caso.

A Reclamação está prevista no art. 102, I, "l"/CF. Em suma, é uma ação que cabe ao procurador-geral da República ou ao interessado na causa, para preservar a competência do STF ou garantir a autoridade de suas decisões. Vejamos:

Art. 102. Compete ao Supremo Tribunal Federal, precipuamente, a guarda da Constituição, cabendo-lhe:
I - processar e julgar, originariamente:
l) a reclamação para a preservação de sua competência e garantia da autoridade de suas decisões;

9. Estrutura do Judiciário

O art. 92 elenca os órgãos do Poder Judiciário:

Art. 92. São órgãos do Poder Judiciário:
I - o Supremo Tribunal Federal;
I-A - o Conselho Nacional de Justiça;
II - o Superior Tribunal de Justiça;
III - os Tribunais Regionais Federais e Juízes Federais;
IV - os Tribunais e Juízes do Trabalho;
V - os Tribunais e Juízes Eleitorais;
VI - os Tribunais e Juízes Militares;
VII - os Tribunais e Juízes dos Estados e do Distrito Federal e Territórios.

Como já havia falado no início do Capítulo sobre jurisdição, o Poder Judiciário é aquele que irá "dizer o direito no caso concreto", ou seja, exercer a jurisdição. Desta forma, nós temos um novo órgão, já também mencionado, mas ainda não explicado, pela "reforma do Judiciário": o Conselho Nacional de Justiça (CNJ). O CNJ é um órgão do Poder Judiciário que excepcionalmente não exerce a jurisdição, motivo este que no quadro abaixo o mesmo encontra-se em posição destacada em relação aos demais órgãos do art. 92. Mais adiante, explicarei o funcionamento e a composição do CNJ. Vamos ao quadro:

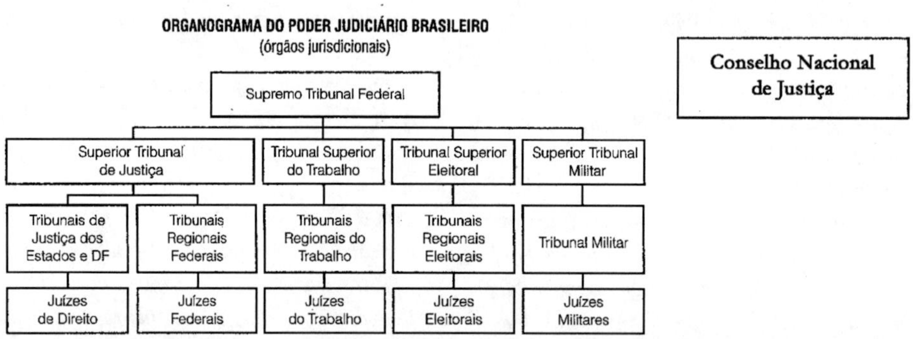

Vimos no início, conforme art. 2º, que o Poder Judiciário é um dos Poderes da União. A República Federativa do Brasil possui como entes da Federação a União, os Estados, os Municípios e o Distrito Federal. Desta forma, além do Judiciário na esfera federal, temos também na esfera estadual e distrital, lembrando que não há Poder Judiciário municipal, mas pode haver Poder Judiciário territorial. Vejamos na Constituição:

10. Características Gerais dos Órgãos do Poder Judiciário

Conselho Nacional de Justiça

O Conselho Nacional de Justiça (CNJ) foi criado pela "reforma do Judiciário", conforme explicação anterior.

É um órgão que vem ganhando bastante expressão na mídia por suas ações, e consequentemente tem sido alvo das mais diversas perguntas nos concursos públicos. Oriento você leitor a ter cautela neste tópico!

É um dos órgãos do Poder Judiciário, com peculiaridade de não exercer jurisdição, sendo apenas um órgão administrativo, tem sede em Brasília e a composição está prevista no art. 103-B, incisos I a XIII.

Art. 103-B. O Conselho Nacional de Justiça compõe-se de 15 (quinze) membros com mandato de 2 (dois) anos, admitida 1 (uma) recondução, sendo: (Redação dada pela Emenda Constitucional nº 61, de 2009)
I - o Presidente do Supremo Tribunal Federal; (Redação dada pela Emenda Constitucional nº 61, de 2009)
II - um Ministro do Superior Tribunal de Justiça, indicado pelo respectivo tribunal;

III - um Ministro do Tribunal Superior do Trabalho, indicado pelo respectivo tribunal;
IV - um desembargador de Tribunal de Justiça, indicado pelo Supremo Tribunal Federal;
V - um juiz estadual, indicado pelo Supremo Tribunal Federal;
VI - um juiz de Tribunal Regional Federal, indicado pelo Superior Tribunal de Justiça;
VII - um juiz federal, indicado pelo Superior Tribunal de Justiça;
VIII - um juiz de Tribunal Regional do Trabalho, indicado pelo Tribunal Superior do Trabalho;
IX - um juiz do trabalho, indicado pelo Tribunal Superior do Trabalho;
X - um membro do Ministério Público da União, indicado pelo Procurador-Geral da República;
XI - um membro do Ministério Público estadual, escolhido pelo Procurador-Geral da República dentre os nomes indicados pelo órgão competente de cada instituição estadual;
XII - dois advogados, indicados pelo Conselho Federal da Ordem dos Advogados do Brasil;
XIII - dois cidadãos, de notável saber jurídico e reputação ilibada, indicados um pela Câmara dos Deputados e outro pelo Senado Federal.

A presidência está prevista no art. 103-B, § 1°.

§ 1° O Conselho será presidido pelo Presidente do Supremo Tribunal Federal e, nas suas ausências e impedimentos, pelo Vice-Presidente do Supremo Tribunal Federal. (Redação dada pela Emenda Constitucional n° 61, de 2009)

No CNJ não há o cargo de Vice-Presidente. No caso de ausência, licença, afastamento, impedimento do presidente, o Corregedor Nacional de Justiça o substitui.

A competência está prevista no art. 103-B, § 4°:

§ 4°. Compete ao Conselho o controle da atuação administrativa e financeira do Poder Judiciário e do cumprimento dos deveres funcionais dos juízes, cabendo-lhe, além de outras atribuições que lhe forem conferidas pelo Estatuto da Magistratura:
I - zelar pela autonomia do Poder Judiciário e pelo cumprimento do Estatuto da Magistratura, podendo expedir atos regulamentares, no âmbito de sua competência, ou recomendar providências;
II - zelar pela observância do art. 37 e apreciar, de ofício ou mediante provocação, a legalidade dos atos administrativos praticados por membros ou órgãos do Poder Judiciário, podendo desconstituí-los, revê-los ou fixar prazo para que se adotem as providências necessárias ao exato cumprimento da lei, sem prejuízo da competência do Tribunal de Contas da União;
III - receber e conhecer das reclamações contra membros ou órgãos do Poder Judiciário, inclusive contra seus serviços auxiliares, serventias e órgãos prestadores de serviços notariais e de registro que atuem por delegação do poder público ou oficializados, sem prejuízo da competência disciplinar e correicional dos tribunais, podendo avocar processos disciplinares em curso e determinar a remoção, a disponibilidade ou a aposentadoria com subsídios ou proventos proporcionais ao tempo de serviço e aplicar outras sanções administrativas, assegurada ampla defesa;
IV - representar ao Ministério Público, no caso de crime contra a administração pública ou de abuso de autoridade;
V - rever, de ofício ou mediante provocação, os processos disciplinares de juízes e membros de tribunais julgados há menos de um ano;
VI - elaborar semestralmente relatório estatístico sobre processos e sentenças prolatadas, por unidade da Federação, nos diferentes órgãos do Poder Judiciário;
VII - elaborar relatório anual, propondo as providências que julgar necessárias, sobre a situação do Poder Judiciário no País e as atividades do Conselho, o qual deve integrar mensagem do Presidente do Supremo Tribunal Federal a ser remetida ao Congresso Nacional, por ocasião da abertura da sessão legislativa.

A figura do Corregedor está prevista no art. 103-B, § 5°:

§ 5°. O Ministro do Superior Tribunal de Justiça exercerá a função de Ministro-Corregedor e ficará excluído da distribuição de processos no Tribunal, competindo-lhe, além das atribuições que lhe forem conferidas pelo Estatuto da Magistratura, as seguintes:
I - receber as reclamações e denúncias, de qualquer interessado, relativas aos magistrados e aos serviços judiciários;
II - exercer funções executivas do Conselho, de inspeção e de correição geral;
III - requisitar e designar magistrados, delegando-lhes atribuições, e requisitar servidores de juízos ou tribunais, inclusive nos Estados, Distrito Federal e Territórios.

O papel do Corregedor é exercer o controle disciplinar e promover a correta administração da justiça, delegando atribuições e instruções e zelando pelo bom funcionamento dos serviços judiciários. É importante compreender que não é função do Corregedor punir os desvios de conduta praticados por magistrados e servidores, mas de apurar os fatos trazidos ao seu conhecimento e levar à apreciação do Plenário do CNJ as questões relacionadas à atividade judiciária que se apresentem mais graves e que possam macular a imagem do Judiciário frente ao cidadão.

Ato de remoção. Em que pese já mencionado anteriormente nas garantias do Magistrado, merece lembrar que o CNJ também tem competência para o ato de remoção, conforme art. 93, VIII:

Art. 93. Lei complementar, de iniciativa do Supremo Tribunal Federal, disporá sobre o Estatuto da Magistratura, observados os seguintes princípios:
VIII - o ato de remoção, disponibilidade e aposentadoria do magistrado, por interesse público, fundar-se-á em decisão por voto da maioria absoluta do respectivo tribunal ou do Conselho Nacional de Justiça, assegurada ampla defesa;

Julgamento dos membros do Conselho Nacional de Justiça pela prática de crime comum: cabe ao STF, nos termos do art. 102, I, "r". Vejamos:

Art. 102. Compete ao Supremo Tribunal Federal, precipuamente, a guarda da Constituição, cabendo-lhe:
I - processar e julgar, originariamente:
r) as ações contra o Conselho Nacional de Justiça e contra o Conselho Nacional do Ministério Público;

Julgamento dos membros do Conselho Nacional de Justiça pela prática de crime de responsabilidade: cabe ao Senado Federal, nos termos do art. 52, II. Vejamos:

Art. 52. Compete privativamente ao Senado Federal:
II - processar e julgar os Ministros do Supremo Tribunal Federal, os membros do Conselho Nacional de Justiça e do Conselho Nacional do Ministério Público, o Procurador-Geral da República e o Advogado-Geral da União nos crimes de responsabilidade;

Supremo Tribunal Federal

Supremo Tribunal Federal (STF) é o órgão da mais alta cúpula do Poder Judiciário brasileiro. É chamado de "guardião da Constituição", vamos analisá-lo.

Sua sede é em Brasília e é composto por onze Ministros, brasileiros natos (art. 12, § 3º, IV, da CF/88), escolhidos dentre cidadãos com mais de 35 e menos de 65 anos de idade, de notável saber jurídico e reputação ilibada (art. 101 da CF/88), e nomeados pelo Presidente da República, após aprovação da escolha pela maioria absoluta do Senado Federal.

O Tribunal indica um de seus Ministros para compor o Conselho Nacional de Justiça (art. 103-B, I, da CF/88) e três para compor o Tribunal Superior Eleitoral (art. 119, I, a, da CF/88).

Entre suas principais atribuições está a de julgar a ação direta de inconstitucionalidade de lei ou ato normativo federal ou estadual, a ação declaratória de constitucionalidade de lei ou ato normativo federal, a arguição de descumprimento de preceito fundamental decorrente da própria Constituição e a extradição solicitada por Estado estrangeiro.

Na área penal, destaca-se a competência para julgar, nas infrações penais comuns, o Presidente da República, o Vice-Presidente, os membros do Congresso Nacional, seus próprios Ministros e o Procurador-Geral da República, entre outros.

Em grau de recurso, sobressaem-se as atribuições de julgar, em recurso ordinário, o *habeas corpus*, o mandado de segurança, o habeas data e o mandado de injunção decididos em única instância pelos Tribunais Superiores, se denegatória a decisão, e, em recurso extraordinário, as causas decididas em única ou última instância, quando a decisão recorrida contrariar dispositivo da Constituição.

A partir da Emenda Constitucional n. 45/2004, foi introduzida a possibilidade de o Supremo Tribunal Federal aprovar, após reiteradas decisões sobre matéria constitucional, súmula com efeito vinculante em relação aos demais órgãos do Poder Judiciário e à administração pública direta e indireta, nas esferas federal, estadual e municipal (art. 103-A da CF/88).

O Plenário, as Turmas e o Presidente são os órgãos do Tribunal (art. 3º do RISTF/80). O Presidente e o Vice-Presidente são eleitos pelo Plenário do Tribunal, dentre os Ministros, e têm mandato de dois anos. Cada uma das duas Turmas é constituída por cinco Ministros e presidida pelo mais antigo em sua composição (art. 4º, § 1º, do RISTF/80)."

A composição do STF está prevista no art. 101 c/c art. 12, § 3º c/c art. 84, XIV:

Art. 101. O Supremo Tribunal Federal compõe-se de onze Ministros, escolhidos dentre cidadãos com mais de trinta e cinco e menos de sessenta e cinco anos de idade, de notável saber jurídico e reputação ilibada.
Parágrafo único. Os Ministros do Supremo Tribunal Federal serão nomeados pelo Presidente da República, depois de aprovada a escolha pela maioria absoluta do Senado Federal.

Julgamento dos Ministros do STF pela prática de crime de responsabilidade, nos termos do art. 52, II:

Art. 52. Compete privativamente ao Senado Federal:
II - processar e julgar os Ministros do Supremo Tribunal Federal, os membros do Conselho Nacional de Justiça e do Conselho Nacional do Ministério Público, o Procurador-Geral da República e o Advogado-Geral da União nos crimes de responsabilidade;

Julgamento dos Deputados e Senadores pela prática de crime comum, nos termos do art. 53, § 1º:

Art. 53, § 1º. Os Deputados e Senadores, desde a expedição do diploma, serão submetidos a julgamento perante o Supremo Tribunal Federal.

Julgamento do presidente da República pela prática de crime comum, nos termos do art. 86:

Art. 86. Admitida a acusação contra o Presidente da República, por dois terços da Câmara dos Deputados, será ele submetido a julgamento perante o Supremo Tribunal Federal, nas infrações penais comuns, ou perante o Senado Federal, nos crimes de responsabilidade.

Julgamento de crime de responsabilidade no Senado Federal - participação do presidente do STF conforme art. 52, parágrafo único:

Art. 52, parágrafo único. Nos casos previstos nos incisos I e II, funcionará como Presidente o do Supremo Tribunal Federal, limitando-se a condenação, que somente será proferida por dois terços dos votos do Senado Federal, à perda do cargo, com inabilitação, por oito anos, para o exercício de função pública, sem prejuízo das demais sanções judiciais cabíveis.

A competência principal do STF é a guarda da Constituição.

Art. 102. Compete ao Supremo Tribunal Federal, precipuamente, a guarda da Constituição, cabendo-lhe:

Autonomia administrativa nos termos art. 96, II:

Art. 96. Compete privativamente:
II - ao Supremo Tribunal Federal, aos Tribunais Superiores e aos Tribunais de Justiça propor ao Poder Legislativo respectivo, observado o disposto no art. 169:
a) a alteração do número de membros dos tribunais inferiores;
b) a criação e a extinção de cargos e a remuneração dos seus serviços auxiliares e dos juízos que lhes forem vinculados, bem como a fixação do subsídio de seus membros e dos juízes, inclusive dos tribunais inferiores, onde houver;
c) a criação ou extinção dos tribunais inferiores;
d) a alteração da organização e da divisão judiciárias;

Competência, conforme art. 102:

Art. 102. Compete ao Supremo Tribunal Federal, precipuamente, a guarda da Constituição, cabendo-lhe:
I - processar e julgar, originariamente:
a) a ação direta de inconstitucionalidade de lei ou ato normativo federal ou estadual e a ação declaratória de constitucionalidade de lei ou ato normativo federal;
b) nas infrações penais comuns, o Presidente da República, o Vice-Presidente, os membros do Congresso Nacional, seus próprios Ministros e o Procurador-Geral da República;
c) nas infrações penais comuns e nos crimes de responsabilidade, os Ministros de Estado e os Comandantes da Marinha, do Exército e da Aeronáutica, ressalvado o disposto no art. 52, I, os membros dos Tribunais Superiores, os do Tribunal de Contas da União e os chefes de missão diplomática de caráter permanente;
d) o "habeas-corpus", sendo paciente qualquer das pessoas referidas nas alíneas anteriores; o mandado de segurança e o "habeas-data" contra atos do Presidente da República, das Mesas da Câmara dos Deputados e do Senado Federal, do Tribunal de Contas da União, do Procurador-Geral da República e do próprio Supremo Tribunal Federal;
e) o litígio entre Estado estrangeiro ou organismo internacional e a União, o Estado, o Distrito Federal ou o Território;
f) as causas e os conflitos entre a União e os Estados, a União e o Distrito Federal, ou entre uns e outros, inclusive as respectivas entidades da administração indireta;
g) a extradição solicitada por Estado estrangeiro;
h) (Revogado)
i) o habeas corpus, quando o coator for Tribunal Superior ou quando o coator ou o paciente for autoridade ou funcionário cujos atos estejam sujeitos diretamente à jurisdição do Supremo Tribunal Federal, ou se trate de crime sujeito à mesma jurisdição em uma única instância;
j) a revisão criminal e a ação rescisória de seus julgados;
l) a reclamação para a preservação de sua competência e garantia da autoridade de suas decisões;
m) a execução de sentença nas causas de sua competência originária, facultada a delegação de atribuições para a prática de atos processuais;
n) a ação em que todos os membros da magistratura sejam direta ou indiretamente interessados, e aquela em que mais da metade dos membros do tribunal de origem estejam impedidos ou sejam direta ou indiretamente interessados;
o) os conflitos de competência entre o Superior Tribunal de Justiça e quaisquer tribunais, entre Tribunais Superiores, ou entre estes e qualquer outro tribunal;
p) o pedido de medida cautelar das ações diretas de inconstitucionalidade;
q) o mandado de injunção, quando a elaboração da norma regulamentadora for atribuição do Presidente da República, do Congresso Nacional, da Câmara dos Deputados, do Senado Federal, das Mesas de uma dessas Casas Legislativas, do Tribunal de Contas da União, de um dos Tribunais Superiores, ou do próprio Supremo Tribunal Federal;
r) as ações contra o Conselho Nacional de Justiça e contra o Conselho Nacional do Ministério Público;
II - julgar, em recurso ordinário:
a) o "habeas-corpus", o mandado de segurança, o "habeas-data" e o mandado de injunção decididos em única instância pelos Tribunais Superiores, se denegatória a decisão;
b) o crime político;
III - julgar, mediante recurso extraordinário, as causas decididas em única ou última instância, quando a decisão recorrida:
a) contrariar dispositivo desta Constituição;
b) declarar a inconstitucionalidade de tratado ou lei federal;
c) julgar válida lei ou ato de governo local contestado em face desta Constituição.
d) julgar válida lei local contestada em face de lei federal.

Superior Tribunal de Justiça

Chamado de "Tribunal da Cidadania", o Superior Tribunal de Justiça (STJ), assim como o Supremo, também fica em Brasília.

Na Constituição está previsto no art. 92, II:

Art. 92. São órgãos do Poder Judiciário:
II - o Superior Tribunal de Justiça;

Atribuições:

É a corte responsável por uniformizar a interpretação da lei federal em todo o Brasil, seguindo os princípios constitucionais e a garantia e defesa do Estado de Direito.

O STJ é a última instância da Justiça brasileira para as causas infraconstitucionais, não relacionadas diretamente à Constituição, haja vista que estas são avaliadas em última instância pelo Supremo Tribunal Federal. Como órgão de convergência da Justiça comum, aprecia causas oriundas de todo o território nacional, em todas as vertentes jurisdicionais não-especializadas.

Sua competência está prevista no art. 105 da Constituição Federal, que estabelece os processos que têm início no STJ (originários) e os casos em que o Tribunal age como órgão de revisão, inclusive nos julgamentos de recursos especiais.

O STJ julga crimes comuns praticados por Governadores dos Estados e do Distrito Federal, crimes comuns e de responsabilidade de Desembargadores dos Tribunais de Justiça e de Conselheiros dos Tribunais de Contas Estaduais, dos membros dos Tribunais Regionais Federais, Eleitorais e do Trabalho.

Em 2005, como parte da reforma do Judiciário, o STJ assumiu também a competência para analisar a concessão de cartas rogatórias e processar e julgar a homologação de sentenças estrangeiras. Até então, a apreciação desses pedidos era feita no Supremo Tribunal Federal (STF)."

Composição, conforme art. 104:

Art. 104. O Superior Tribunal de Justiça compõe-se de, no mínimo, trinta e três Ministros.
Parágrafo único. Os Ministros do Superior Tribunal de Justiça serão nomeados pelo Presidente da República, dentre brasileiros com mais de trinta e cinco e menos de sessenta e cinco anos, de notável saber jurídico e reputação ilibada, depois de aprovada a escolha pela maioria absoluta do Senado Federal, sendo:
I - um terço dentre juízes dos Tribunais Regionais Federais e um terço dentre desembargadores dos Tribunais de Justiça, indicados em lista tríplice elaborada pelo próprio Tribunal;
II - um terço, em partes iguais, dentre advogados e membros do Ministério Público Federal, Estadual, do Distrito Federal e Territórios, alternadamente, indicados na forma do art. 94.

Competência, conforme art. 105:

Art. 105. Compete ao Superior Tribunal de Justiça:
I - processar e julgar, originariamente:
a) nos crimes comuns, os Governadores dos Estados e do Distrito Federal, e, nestes e nos de responsabilidade, os desembargadores dos Tribunais de Justiça dos Estados e do Distrito Federal, os membros dos Tribunais de Contas dos Estados e do Distrito Federal, os dos Tribunais Regionais Federais, dos Tribunais Regionais Eleitorais e do Trabalho, os membros dos Conselhos ou Tribunais de Contas dos Municípios e os do Ministério Público da União que oficiem perante tribunais;
b) os mandados de segurança e os **habeas data** *contra ato de Ministro de Estado, dos Comandantes da Marinha, do Exército e da Aeronáutica ou do próprio Tribunal;*
c) os **habeas corpus**, *quando o coator ou paciente for qualquer das pessoas mencionadas na alínea "a", ou quando o coator for tribunal sujeito à sua jurisdição, Ministro de Estado ou Comandante da Marinha, do Exército ou da Aeronáutica, ressalvada a competência da Justiça Eleitoral;*
d) os conflitos de competência entre quaisquer tribunais, ressalvado o disposto no art. 102, I, "o", bem como entre tribunal e juízes a ele não vinculados e entre juízes vinculados a tribunais diversos;
e) as revisões criminais e as ações rescisórias de seus julgados;
f) a reclamação para a preservação de sua competência e garantia da autoridade de suas decisões;
g) os conflitos de atribuições entre autoridades administrativas e judiciárias da União, ou entre autoridades judiciárias de um Estado e administrativas de outro ou do Distrito Federal, ou entre as deste e da União;
h) o mandado de injunção, quando a elaboração da norma regulamentadora for atribuição de órgão, entidade ou autoridade federal, da administração direta ou indireta, excetuados os casos de competência do Supremo Tribunal Federal e dos órgãos da Justiça Militar, da Justiça Eleitoral, da Justiça do Trabalho e da Justiça Federal;
i) a homologação de sentenças estrangeiras e a concessão de exequatur às cartas rogatórias;
II - julgar, em recurso ordinário:
a) os "habeas-corpus" decididos em única ou última instância pelos Tribunais Regionais Federais ou pelos tribunais dos Estados, do Distrito Federal e Territórios, quando a decisão for denegatória;
b) os mandados de segurança decididos em única instância pelos Tribunais Regionais Federais ou pelos tribunais dos Estados, do Distrito Federal e Territórios, quando denegatória a decisão;
c) as causas em que forem partes Estado estrangeiro ou organismo internacional, de um lado, e, do outro, Município ou pessoa residente ou domiciliada no País;
III - julgar, em recurso especial, as causas decididas, em única ou última instância, pelos Tribunais Regionais Federais ou pelos tribunais dos Estados, do Distrito Federal e Territórios, quando a decisão recorrida:
a) contrariar tratado ou lei federal, ou negar-lhes vigência;
b) julgar válido ato de governo local contestado em face de lei federal;
c) der a lei federal interpretação divergente da que lhe haja atribuído outro tribunal.

Tribunal Superior do Trabalho e Justiça do Trabalho

O Tribunal Superior do Trabalho (TST) é o órgão de cúpula da justiça trabalhista.

A Justiça do Trabalho está estruturada em três graus de jurisdição:

Primeira instância - Varas do Trabalho: julgam apenas dissídios individuais, que são controvérsias surgidas nas relações de trabalho entre o empregador (pessoa física ou jurídica) e o empregado (este sempre como indivíduo, pessoa física). Esse conflito chega à Vara na forma de reclamação trabalhista. A jurisdição da Vara é local, abrangendo geralmente um ou alguns municípios. Sua competência é determinada pela localidade onde o empregado, reclamante ou reclamado, prestar serviços ao empregador, ainda que tenha sido contratado em outro local ou no estrangeiro. A Vara compõe-se de um juiz do trabalho titular e um juiz do trabalho substituto. Em comarcas onde não exista Vara do Trabalho, a lei pode atribuir a jurisdição trabalhista ao juiz de direito.

Segunda instância - Tribunais Regionais do Trabalho (TRTs): julgam recursos ordinários contra decisões de Varas do Trabalho, ações originárias (dissídios coletivos de categorias de sua área de jurisdição - sindicatos patronais ou de trabalhadores organizados em nível regional), ações rescisórias de decisões suas ou das Varas e os mandados de segurança contra atos de seus juízes.

Instância extraordinária - Tribunal Superior do Trabalho (TST): o TST, com sede em Brasília-DF e jurisdição em todo o território nacional, tem por principal função uniformizar a jurisprudência trabalhista. De acordo com o artigo 111-A, "O Tribunal Superior do Trabalho compor-se-á de vinte e sete Ministros, escolhidos dentre brasileiros com mais de trinta e cinco e menos de sessenta e cinco anos, nomeados pelo Presidente da República após aprovação pela maioria absoluta do Senado Federal". Julga recursos de revista, recursos ordinários e agravos de instrumento contra decisões de TRTs e dissídios coletivos de categorias organizadas em nível nacional, além de mandados de segurança, embargos opostos a suas decisões e ações rescisórias.

Na Constituição, a justiça trabalhista está prevista no art. 111 e §§:

Art. 111. São órgãos da Justiça do Trabalho:
I - o Tribunal Superior do Trabalho;
II - os Tribunais Regionais do Trabalho;
III - Juízes do Trabalho.

Composição do TST, conforme art. 111-A:

Art. 111-A. O Tribunal Superior do Trabalho compor-se-á de vinte e sete Ministros, escolhidos dentre brasileiros com mais de trinta e cinco e menos de sessenta e cinco anos, nomeados pelo Presidente da República após aprovação pela maioria absoluta do Senado Federal, sendo:
I - um quinto dentre advogados com mais de dez anos de efetiva atividade profissional e membros do Ministério Público do Trabalho com mais de dez anos de efetivo exercício, observado o disposto no art. 94;
II - os demais dentre juízes dos Tribunais Regionais do Trabalho, oriundos da magistratura da carreira, indicados pelo próprio Tribunal Superior.

Competência do TST está prevista no art. 111-A, § 1º:

§ 1º. A lei disporá sobre a competência do Tribunal Superior do Trabalho.

Varas da Justiça do Trabalho prevista no art. 112:

Art. 112. A lei criará varas da Justiça do Trabalho, podendo, nas comarcas não abrangidas por sua jurisdição, atribuí-la aos juízes de direito, com recurso para o respectivo Tribunal Regional do Trabalho.

Competência da Justiça do Trabalho está prevista no art. 114:

Art. 114. Compete à Justiça do Trabalho processar e julgar:
I - as ações oriundas da relação de trabalho, abrangidos os entes de direito público externo e da administração pública direta e indireta da União, dos Estados, do Distrito Federal e dos Municípios;
II - as ações que envolvam exercício do direito de greve;
III - as ações sobre representação sindical, entre sindicatos, entre sindicatos e trabalhadores, e entre sindicatos e empregadores;
IV - os mandados de segurança, habeas corpus e habeas data, quando o ato questionado envolver matéria sujeita à sua jurisdição;
V - os conflitos de competência entre órgãos com jurisdição trabalhista, ressalvado o disposto no art. 102, I, o;
VI - as ações de indenização por dano moral ou patrimonial, decorrentes da relação de trabalho;
VII - as ações relativas às penalidades administrativas impostas aos empregadores pelos órgãos de fiscalização das relações de trabalho;
VIII - a execução, de ofício, das contribuições sociais previstas no art. 195, I, a, e II, e seus acréscimos legais, decorrentes das sentenças que proferir;
IX - outras controvérsias decorrentes da relação de trabalho, na forma da lei.
§ 1º. Frustrada a negociação coletiva, as partes poderão eleger árbitros.
§ 2º. Recusando-se qualquer das partes à negociação coletiva ou à arbitragem, é facultado às mesmas, de comum acordo, ajuizar dissídio coletivo de natureza econômica, podendo a Justiça do Trabalho decidir o conflito, respeitadas as disposições mínimas legais de proteção ao trabalho, bem como as convencionadas anteriormente.
§ 3º. Em caso de greve em atividade essencial, com possibilidade de lesão do interesse público, o Ministério Público do Trabalho poderá ajuizar dissídio coletivo, competindo à Justiça do Trabalho decidir o conflito.

Composição dos TRTs está prevista no art. 115:

Art. 115. Os Tribunais Regionais do Trabalho compõem-se de, no mínimo, sete juízes, recrutados, quando possível, na respectiva região, e nomeados pelo Presidente da República dentre brasileiros com mais de trinta e menos de sessenta e cinco anos, sendo:

I - um quinto dentre advogados com mais de dez anos de efetiva atividade profissional e membros do Ministério Público do Trabalho com mais de dez anos de efetivo exercício, observado o disposto no art. 94;
II - os demais, mediante promoção de juízes do trabalho por antiguidade e merecimento, alternadamente.

Justiça itinerante dos TRTs está prevista no art. 115, § 1º:

§ 1º. Os Tribunais Regionais do Trabalho instalarão a justiça itinerante, com a realização de audiências e demais funções de atividade jurisdicional, nos limites territoriais da respectiva jurisdição, servindo-se de equipamentos públicos e comunitários.

Jurisdição na Vara do Trabalho está prevista no art. 116:

Art. 116. Nas Varas do Trabalho, a jurisdição será exercida por um juiz singular.

Art. 114. Compete à Justiça do Trabalho processar e julgar:
I - as ações oriundas da relação de trabalho, abrangidos os entes de direito público externo e da administração pública direta e indireta da União, dos Estados, do Distrito Federal e dos Municípios;
II - as ações que envolvam exercício do direito de greve;
III - as ações sobre representação sindical, entre sindicatos, entre sindicatos e trabalhadores, e entre sindicatos e empregadores;
IV - os mandados de segurança, habeas corpus e habeas data, quando o ato questionado envolver matéria sujeita à sua jurisdição;
V - os conflitos de competência entre órgãos com jurisdição trabalhista, ressalvado o disposto no art. 102, I, o;
VI - as ações de indenização por dano moral ou patrimonial, decorrentes da relação de trabalho;
VIII - a execução, de ofício, das contribuições sociais previstas no art. 195, I, a, e II, e seus acréscimos legais, decorrentes das sentenças que proferir;
IX - outras controvérsias decorrentes da relação de trabalho, na forma da lei.
§ 2º - Recusando-se qualquer das partes à negociação coletiva ou à arbitragem, é facultado às mesmas, de comum acordo, ajuizar dissídio coletivo de natureza econômica, podendo a Justiça do Trabalho decidir o conflito, respeitadas as disposições mínimas legais de proteção ao trabalho, bem como as convencionadas anteriormente.

Art. 115. Os Tribunais Regionais do Trabalho compõem-se de, no mínimo, sete juízes, recrutados, quando possível, na respectiva região, e nomeados pelo Presidente da República dentre brasileiros com mais de trinta e menos de sessenta e cinco anos, sendo:
I - um quinto dentre advogados com mais de dez anos de efetiva atividade profissional e membros do Ministério Público do Trabalho com mais de dez anos de efetivo exercício, observado o disposto no art. 94;
II - os demais, mediante promoção de juízes do trabalho por antiguidade e merecimento, alternadamente.

Tribunal Superior Eleitoral e Justiça Eleitoral

O Tribunal Superior Eleitoral (TSE) é o órgão de cúpula da justiça eleitoral. Assim como os demais tribunais superiores, também está sediado em Brasília.

Tem como missão assegurar os meios efetivos que garantam à sociedade a plena manifestação de sua vontade, pelo exercício do direito de votar e ser votado.

De acordo com o artigo 118 da Constituição da República, a Justiça Eleitoral está estruturada da seguinte forma:

Art. 118. São órgãos da Justiça Eleitoral:
I - o Tribunal Superior Eleitoral;
II - os Tribunais Regionais Eleitorais;
III - os Juízes Eleitorais;
IV - as Juntas Eleitorais.

Composição do TSE está prevista no art. 119:

Art. 119. O Tribunal Superior Eleitoral compor-se-á, no mínimo, de sete membros, escolhidos:
I - mediante eleição, pelo voto secreto:
a) três juízes dentre os Ministros do Supremo Tribunal Federal;
b) dois juízes dentre os Ministros do Superior Tribunal de Justiça;
II - por nomeação do Presidente da República, dois juízes dentre seis advogados de notável saber jurídico e idoneidade moral, indicados pelo Supremo Tribunal Federal.

O Presidente e vice-presidente do TSE estão previstos no art. 115, parágrafo único:

Parágrafo único. O Tribunal Superior Eleitoral elegerá seu Presidente e o Vice-Presidente dentre os Ministros do Supremo Tribunal Federal, e o Corregedor Eleitoral dentre os Ministros do Superior Tribunal de Justiça.

Tribunal Regional Eleitoral – previsão e composição, conforme art. 120:

Art. 120. Haverá um Tribunal Regional Eleitoral na Capital de cada Estado e no Distrito Federal.
§ 1º. Os Tribunais Regionais Eleitorais compor-se-ão:
I - mediante eleição, pelo voto secreto:
a) de dois juízes dentre os desembargadores do Tribunal de Justiça;
b) de dois juízes, dentre juízes de direito, escolhidos pelo Tribunal de Justiça;
II - de um juiz do Tribunal Regional Federal com sede na Capital do Estado ou no Distrito Federal, ou, não havendo, de juiz federal, escolhido, em qualquer caso, pelo Tribunal Regional Federal respectivo;
III - por nomeação, pelo Presidente da República, de dois juízes dentre seis advogados de notável saber jurídico e idoneidade moral, indicados pelo Tribunal de Justiça.
§ 2º. O Tribunal Regional Eleitoral elegerá seu Presidente e o Vice-Presidente dentre os desembargadores.

§ 2º. Os juízes dos tribunais eleitorais, salvo motivo justificado, servirão por dois anos, no mínimo, e nunca por mais de dois biênios consecutivos, sendo os substitutos escolhidos na mesma ocasião e pelo mesmo processo, em número igual para cada categoria.
§ 3º. São irrecorríveis as decisões do Tribunal Superior Eleitoral, salvo as que contrariarem esta Constituição e as denegatórias de "habeas-corpus" ou mandado de segurança.

Art. 121. Lei complementar disporá sobre a organização e competência dos tribunais, dos juízes de direito e das juntas eleitorais.
§ 1º - Os membros dos tribunais, os juízes de direito e os integrantes das juntas eleitorais, no exercício de suas funções, e no que lhes for aplicável, gozarão de plenas garantias e serão inamovíveis.
§ 2º - Os juízes dos tribunais eleitorais, salvo motivo justificado, servirão por dois anos, no mínimo, e nunca por mais de dois biênios consecutivos, sendo os substitutos escolhidos na mesma ocasião e pelo mesmo processo, em número igual para cada categoria.
§ 3º - São irrecorríveis as decisões do Tribunal Superior Eleitoral, salvo as que contrariarem esta Constituição e as denegatórias de "habeas-corpus" ou mandado de segurança.
§ 4º - Das decisões dos Tribunais Regionais Eleitorais somente caberá recurso quando:
I - forem proferidas contra disposição expressa desta Constituição ou de lei;
II - ocorrer divergência na interpretação de lei entre dois ou mais tribunais eleitorais;
III - versarem sobre inelegibilidade ou expedição de diplomas nas eleições federais ou estaduais;
IV - anularem diplomas ou decretarem a perda de mandatos eletivos federais ou estaduais;
V - denegarem "habeas-corpus", mandado de segurança, "habeas-data" ou mandado de injunção.

Superior Tribunal Militar e Justiça Militar

O Superior Tribunal Militar (STM) é o órgão de cúpula da justiça militar federal. Assim como os demais tribunais superiores, também está sediado em Brasília.

De acordo com o art. 122, a Justiça Militar está estruturada da seguinte forma:

Art. 122. São órgãos da Justiça Militar:
I - o Superior Tribunal Militar;
II - os Tribunais e Juízes Militares instituídos por lei.

Art. 123. O Superior Tribunal Militar compor-se-á de quinze Ministros vitalícios, nomeados pelo Presidente da República, depois de aprovada a indicação pelo Senado Federal, sendo três dentre oficiais-generais da Marinha, quatro dentre oficiais-generais do Exército, três dentre oficiais-generais da Aeronáutica, todos da ativa e do posto mais elevado da carreira, e cinco dentre civis.
Parágrafo único. Os Ministros civis serão escolhidos pelo Presidente da República dentre brasileiros maiores de trinta e cinco anos, sendo:
I - três dentre advogados de notório saber jurídico e conduta ilibada, com mais de dez anos de efetiva atividade profissional;
II - dois, por escolha paritária, dentre juízes auditores e membros do Ministério Público da Justiça Militar.

Competência da Justiça Militar conforme art. 124:

Art. 124. À Justiça Militar compete processar e julgar os crimes militares definidos em lei.
Parágrafo único. A lei disporá sobre a organização, o funcionamento e a competência da Justiça Militar.

Art. 123. O Superior Tribunal Militar compor-se-á de quinze Ministros vitalícios, nomeados pelo Presidente da República, depois de aprovada a indicação pelo Senado Federal, sendo três dentre oficiais-generais da Marinha, quatro dentre oficiais-generais do Exército, três dentre oficiais-generais da Aeronáutica, todos da ativa e do posto mais elevado da carreira, e cinco dentre civis.
I - três dentre advogados de notório saber jurídico e conduta ilibada, com mais de dez anos de efetiva atividade profissional;
II - dois, por escolha paritária, dentre juízes auditores e membros do Ministério Público da Justiça Militar.

Art. 124. à Justiça Militar compete processar e julgar os crimes militares definidos em lei.
Parágrafo único. A lei disporá sobre a organização, o funcionamento e a competência da Justiça Militar.

Tribunais Regionais Federais e Juízes Federais

A Justiça Comum Federal está organizada conforme o art. 106. Vejamos:

Art. 106. São órgãos da Justiça Federal:
I - os Tribunais Regionais Federais;
II - os Juízes Federais.

A composição dos Tribunais Regionais são da seguinte forma, nos termos do art. 107:

Art. 107. Os Tribunais Regionais Federais compõem-se de, no mínimo, sete juízes, recrutados, quando possível, na respectiva região e nomeados pelo Presidente da República dentre brasileiros com mais de trinta e menos de sessenta e cinco anos, sendo:
I - um quinto dentre advogados com mais de dez anos de efetiva atividade profissional e membros do Ministério Público Federal com mais de dez anos de carreira;
II - os demais, mediante promoção de juízes federais com mais de cinco anos de exercício, por antiguidade e merecimento, alternadamente.

A justiça itinerante dos Tribunais Regionais está prevista nos termos do art. 107, § 2º:

§ 2º. Os Tribunais Regionais Federais instalarão a justiça itinerante, com a realização de audiências e demais funções da atividade jurisdicional, nos limites territoriais da respectiva jurisdição, servindo-se de equipamentos públicos e comunitários.

As Câmaras regionais estão previstas nos termos do art. 107, § 3º:

§ 3º. Os Tribunais Regionais Federais poderão funcionar descentralizadamente, constituindo Câmaras regionais, a fim de assegurar o pleno acesso do jurisdicionado à justiça em todas as fases do processo.

A competência dos Tribunais Regionais vem prevista no art. 108:

Art. 108. Compete aos Tribunais Regionais Federais:
I - processar e julgar, originariamente:
a) os juízes federais da área de sua jurisdição, incluídos os da Justiça Militar e da Justiça do Trabalho, nos crimes comuns e de responsabilidade, e os membros do Ministério Público da União, ressalvada a competência da Justiça Eleitoral;
b) as revisões criminais e as ações rescisórias de julgados seus ou dos juízes federais da região;
c) os mandados de segurança e os "habeas-data" contra ato do próprio Tribunal ou de juiz federal;
d) os "habeas-corpus", quando a autoridade coatora for juiz federal;
e) os conflitos de competência entre juízes federais vinculados ao Tribunal;
II - julgar, em grau de recurso, as causas decididas pelos juízes federais e pelos juízes estaduais no exercício da competência federal da área de sua jurisdição.

A competência dos juízes federais está prevista no art. 109:

Art. 109. Aos juízes federais compete processar e julgar:
I - as causas em que a União, entidade autárquica ou empresa pública federal forem interessadas na condição de autoras, rés, assistentes ou oponentes, exceto as de falência, as de acidentes de trabalho e as sujeitas à Justiça Eleitoral e à Justiça do Trabalho;
II - as causas entre Estado estrangeiro ou organismo internacional e Município ou pessoa domiciliada ou residente no País;
III - as causas fundadas em tratado ou contrato da União com Estado estrangeiro ou organismo internacional;
IV - os crimes políticos e as infrações penais praticadas em detrimento de bens, serviços ou interesse da União ou de suas entidades autárquicas ou empresas públicas, excluídas as contravenções e ressalvada a competência da Justiça Militar e da Justiça Eleitoral;
V - os crimes previstos em tratado ou convenção internacional, quando, iniciada a execução no País, o resultado tenha ou devesse ter ocorrido no estrangeiro, ou reciprocamente;
V-A - as causas relativas a direitos humanos a que se refere o § 5º deste artigo;
VI - os crimes contra a organização do trabalho e, nos casos determinados por lei, contra o sistema financeiro e a ordem econômico-financeira;
VII - os "habeas-corpus", em matéria criminal de sua competência ou quando o constrangimento provier de autoridade cujos atos não estejam diretamente sujeitos a outra jurisdição;
VIII - os mandados de segurança e os "habeas-data" contra ato de autoridade federal, excetuados os casos de competência dos tribunais federais;
IX - os crimes cometidos a bordo de navios ou aeronaves, ressalvada a competência da Justiça Militar;
X - os crimes de ingresso ou permanência irregular de estrangeiro, a execução de carta rogatória, após o "exequatur", e de sentença estrangeira, após a homologação, as causas referentes à nacionalidade, inclusive a respectiva opção, e à naturalização;
XI - a disputa sobre direitos indígenas.
§ 1º. As causas em que a União for autora serão aforadas na seção judiciária onde tiver domicílio a outra parte.

O foro envolvendo instituição de previdência social e segurado, conforme art. 109, § 3º:

§ 3º. Serão processadas e julgadas na justiça estadual, no foro do domicílio dos segurados ou beneficiários, as causas em que forem parte instituição de previdência social e segurado, sempre que a comarca não seja sede de vara do juízo federal, e, se verificada essa condição, a lei poderá permitir que outras causas sejam também processadas e julgadas pela justiça estadual.
§ 4º. Na hipótese do parágrafo anterior, o recurso cabível será sempre para o Tribunal Regional Federal na área de jurisdição do juiz de primeiro grau.

A federalização das violações de direitos humanos nos termos do art. 109, § 5º:

§ 5º. Nas hipóteses de grave violação de direitos humanos, o Procurador-Geral da República, com a finalidade de assegurar o cumprimento de obrigações decorrentes de tratados internacionais de direitos humanos dos quais o Brasil seja parte, poderá suscitar, perante o Superior Tribunal de Justiça, em qualquer fase do inquérito ou processo, incidente de deslocamento de competência para a Justiça Federal.

Art. 107. Os Tribunais Regionais Federais compõem-se de, no mínimo, sete juízes, recrutados, quando possível, na respectiva região e nomeados pelo Presidente da República dentre brasileiros com mais de trinta e menos de sessenta e cinco anos, sendo:
I - um quinto dentre advogados com mais de dez anos de efetiva atividade profissional e membros do Ministério Público Federal com mais de dez anos de carreira;
II - os demais, mediante promoção de juízes federais com mais de cinco anos de exercício, por antiguidade e merecimento, alternadamente.

Art. 108. Compete aos Tribunais Regionais Federais:
I - processar e julgar, originariamente:
a) os juízes federais da área de sua jurisdição, incluídos os da Justiça Militar e da Justiça do Trabalho, nos crimes comuns e de responsabilidade, e os membros do Ministério Público da União, ressalvada a competência da Justiça Eleitoral;
b) as revisões criminais e as ações rescisórias de julgados seus ou dos juízes federais da região;

c) os mandados de segurança e os "habeas-data" contra ato do próprio Tribunal ou de juiz federal;
d) os "habeas-corpus", quando a autoridade coatora for juiz federal;
e) os conflitos de competência entre juízes federais vinculados ao Tribunal;
II - julgar, em grau de recurso, as causas decididas pelos juízes federais e pelos juízes estaduais no exercício da competência federal da área de sua jurisdição.

Tribunais de Justiça Estaduais, Juízes Estaduais e Justiça Militar Estadual

A Justiça Comum estadual vem estabelecida a partir do art. 125:

Art. 125. Os Estados organizarão sua Justiça, observados os princípios estabelecidos nesta Constituição.

Cabe ressaltar que os Estados-membros possuem autonomia para elaborar sua própria justiça, porém, tal autonomia encontra regras estabelecidas pelo Poder Constituinte Originário. Os princípios mencionados na parte final do art. 125 referem-se aos "princípios constitucionais sensíveis" do art. 34, VII. Vejamos:

Art. 34. A União não intervirá nos Estados nem no Distrito Federal, exceto para:
VII - assegurar a observância dos seguintes princípios constitucionais:
a) forma republicana, sistema representativo e regime democrático;
b) direitos da pessoa humana;
c) autonomia municipal;
d) prestação de contas da administração pública, direta e indireta.
e) aplicação do mínimo exigido da receita resultante de impostos estaduais, compreendida a proveniente de transferências, na manutenção e desenvolvimento do ensino e nas ações e serviços públicos de saúde.

A competência dos tribunais será definida na respectiva Constituição do Estado, conforme art. 125, § 1º:

§ 1º. A competência dos tribunais será definida na Constituição do Estado, sendo a lei de organização judiciária de iniciativa do Tribunal de Justiça.

§ 2º. Cabe aos Estados a instituição de representação de inconstitucionalidade de leis ou atos normativos estaduais ou municipais em face da Constituição Estadual, vedada a atribuição da legitimação para agir a um único órgão.

§ 3º. A lei estadual poderá criar, mediante proposta do Tribunal de Justiça, a Justiça Militar estadual, constituída, em primeiro grau, pelos juízes de direito e pelos Conselhos de Justiça e, em segundo grau, pelo próprio Tribunal de Justiça, ou por Tribunal de Justiça Militar nos Estados em que o efetivo militar seja superior a vinte mil integrantes.

A competência da Justiça Militar estadual está prevista no art. 125, § 4º:

§ 4º. Compete à Justiça Militar estadual processar e julgar os militares dos Estados, nos crimes militares definidos em lei e as ações judiciais contra atos disciplinares militares, ressalvada a competência do júri quando a vítima for civil, cabendo ao tribunal competente decidir sobre a perda do posto e da patente dos oficiais e da graduação das praças.

A competência dos juízes de direito e juízes militares está prevista no art. 125, § 5º:

§ 5º. Compete aos juízes de direito do juízo militar processar e julgar, singularmente, os crimes militares cometidos contra civis e as ações judiciais contra atos disciplinares militares, cabendo ao Conselho de Justiça, sob a presidência de juiz de direito, processar e julgar os demais crimes militares.

As Câmaras regionais têm previsão no art. 125, § 6º:

§ 6º. O Tribunal de Justiça poderá funcionar descentralizadamente, constituindo Câmaras regionais, a fim de assegurar o pleno acesso do jurisdicionado à justiça em todas as fases do processo.

A justiça itinerante está prevista no art. 125, § 7º:

§ 7º. O Tribunal de Justiça instalará a justiça itinerante, com a realização de audiências e demais funções da atividade jurisdicional, nos limites territoriais da respectiva jurisdição, servindo-se de equipamentos públicos e comunitários.

Jurisprudência:
Art. 125. Os Estados organizarão sua Justiça, observados os princípios estabelecidos nesta Constituição.

"(...) o art. 125 da Lei Magna defere aos Estados a competência de organizar a sua própria Justiça, mas não é menos certo que esse mesmo art. 125, caput, junge essa organização aos princípios "estabelecidos" por ela, Carta Maior, neles incluídos os constantes do art. 37, cabeça." (ADC 12-MC, Rel. Min. Carlos Britto, julgamento em 16-2-06, DJ de 1º-9-06).

§ 1º - A competência dos tribunais será definida na Constituição do Estado, sendo a lei de organização judiciária de iniciativa do Tribunal de Justiça.

§ 2º - Cabe aos Estados a instituição de representação de inconstitucionalidade de leis ou atos normativos estaduais ou municipais em face da Constituição Estadual, vedada a atribuição da legitimação para agir a um único órgão.

§ 3º - A lei estadual poderá criar, mediante proposta do Tribunal de Justiça, a Justiça Militar estadual, constituída, em primeiro grau, pelos juízes de direito e pelos Conselhos de Justiça e, em segundo grau, pelo próprio Tribunal de Justiça, ou por Tribunal de Justiça Militar nos Estados em que o efetivo militar seja superior a vinte mil integrantes.

§ 4º - Compete à Justiça Militar estadual processar e julgar os militares dos Estados, nos crimes militares definidos em lei e as ações judiciais contra atos disciplinares militares, ressalvada a competência do júri quando a vítima for civil, cabendo ao tribunal competente decidir sobre a perda do posto e da patente dos oficiais e da graduação das praças.

§ 5º - Compete aos juízes de direito do juízo militar processar e julgar, singularmente, os crimes militares cometidos contra civis e as ações judiciais contra atos disciplinares militares, cabendo ao Conselho de Justiça, sob a presidência de juiz de direito, processar e julgar os demais crimes militares.

Juizados Especiais

Lembro mais uma vez as lições do mestre JOSÉ AFONSO DA SILVA[5]: "A CF nesse art. 98, I e parágrafo único, impõe à União, no Distrito Federal e nos Territórios (inexistentes agora) e aos Estados a criação de *Juizados Especiais Cíveis e Criminais*; essa criação não é uma mera faculdade, mas um comando imperativo. Na área cível, têm competência para conciliação, processo, julgamento e execução de causas cíveis de menor complexidade; a Lei n. 9.099, de 1995, assim considera as causas cujo valor não exceda a quarenta vezes o salário mínimo assim como as causas arroladas no art. 275, II, do Código de Processo Civil, que têm rito sumário e que, assim, quando propostas perante o Juizado Especial, se transformam em procedimentos sumaríssimos, por força do inciso I do art. 96 em comentário. A lei usou o critério do valor da causa para definir "causas de menor complexidade", o que certamente é um critério nada científico - pois pode haver causa de alta complexidade, embora de pequeno valor, ou até, de valor algum em termos monetários -, mas talvez não haja outro meio de fazer essa definição. Na *área criminal*, a competência do Juizado Especial é para os processos e julgamentos das infrações penais de menor potencial ofensivo, assim considerados, pela mesma lei, as contravenções penais e os crimes a que a lei comine pena máxima não superior a um ano. Em ambos os casos, a lei firmou o princípio de que o processo sumaríssimo referido no dispositivo constitucional deverá orientar-se pelos critérios da oralidade, simplicidade, informalidade, economia processual e celeridade, objetivando e buscando, sempre que possível, no cível a conciliação dos danos sofridos pela vítima e a aplicação de pena não privativa de liberdade. [...] A redação original só previa que a União criasse Juizados Especiais no Distrito Federal e nos Territórios. Juizados, digamos comuns, tal qual os Estaduais; mas não havia previsão de instituição de *Juizados Especiais Federais*, propriamente ditos, no âmbito da Justiça Federal. [...] E esses Juizados Federais foram instituídos tanto na área cível como na criminal, pela Lei nº 10.259, de 2001." Apenas observo que o "parágrafo único" citado pelo Mestre, foi transformado em parágrafo 1º pelas Emendas Constitucionais nº 22 e 45.

[5] SILVA, José Afonso da. *Op. cit.*

Na Constituição, vem previsto no art. 98, I. Na ordem infraconstitucional temos a Lei nº 9.099 de 26/09/95 que "Dispõe sobre os Juizados Especiais Cíveis e Criminais e dá outras providências no âmbito da Justiça Estadual, enquanto a Lei nº 10.259 de 12/07/01 que "Dispõe sobre a instituição dos Juizados Especiais Cíveis e Criminais no âmbito da Justiça Federal".

Art. 98. A União, no Distrito Federal e nos Territórios, e os Estados criarão:
I - juizados especiais, providos por juízes togados, ou togados e leigos, competentes para a conciliação, o julgamento e a execução de causas cíveis de menor complexidade e infrações penais de menor potencial ofensivo, mediante os procedimentos oral e sumaríssimo, permitidos, nas hipóteses previstas em lei, a transação e o julgamento de recursos por turmas de juízes de primeiro grau;
§ 1º. Lei federal disporá sobre a criação de juizados especiais no âmbito da Justiça Federal.

Juizados de Paz

A justiça de paz está prevista no art. 98, II, bem como, no art. 30 do Ato das Disposições Constitucionais Transitórias (ADCT). Vejamos:

Art. 98. A União, no Distrito Federal e nos Territórios, e os Estados criarão:
II - justiça de paz, remunerada, composta de cidadãos eleitos pelo voto direto, universal e secreto, com mandato de quatro anos e competência para, na forma da lei, celebrar casamentos, verificar, de ofício ou em face de impugnação apresentada, o processo de habilitação e exercer atribuições conciliatórias, sem caráter jurisdicional, além de outras previstas na legislação.

Art. 30. A legislação que criar a justiça de paz manterá os atuais juízes de paz até a posse dos novos titulares, assegurando-lhes os direitos e atribuições conferidos a estes, e designará o dia para a eleição prevista no art. 98, II, da Constituição.

11. Controle de Constitucionalidade

Numa primeira abordagem, podemos definir o controle de constitucionalidade como sendo um conjunto de mecanismos jurídicos pelos quais busca-se impedir que *leis* ou *atos normativos*, contrários à Constituição, venham a vigorar ou continuem vigorando, produzindo efeitos no mundo jurídico.

O Poder Judiciário exerce o controle repressivo, ou jurisdicional, realiza uma função típica, pois compete a este poder solucionar os conflitos no Estado Democrático de Direto.

1. Controle por via de ação - consiste na possibilidade de se discutir *diretamente* a constitucionalidade de uma lei. Tal controle se materializa na possibilidade de se propor ao Supremo Tribunal Federal quatro ações: *ação direta de inconstitucionalidade, ação declaratória de constitucionalidade, ação direta de inconstitucionalidade por omissão e ação de arguição de descumprimento de preceito fundamental.* Tais ações, com exceção da última, somente podem ser propostas pelas pessoas ou órgãos indicados no art. 103 da CF (entre outros, o Presidente da República, a Mesa do Senado Federal, a Mesa da Câmara dos Deputados e o Procurador-Geral da República).

2. Controle por via de exceção ou difuso - também denominado "controle incidental", concerne à possibilidade de se discutir a constitucionalidade de uma lei ou de parte de seus dispositivos, em *qualquer ação judicial.* Tal discussão, entretanto se faz "incidentalmente" no processo, ou seja, não constitui o objeto principal da ação podendo ser proposta perante qualquer órgão do Poder Judiciário.

Sistematizando, podemos afirmar que os mecanismos de controle jurisdicional da constitucionalidade são basicamente:

a) **controle por via de ação**
   - ação declaratória de constitucionalidade;
   - ação direta de inconstitucionalidade;
   - ação de inconstitucionalidade por omissão;
   - ação de arguição de descumprimento de preceito fundamental;

b) **controle de constitucionalidade por via de exceção;**

Passemos à análise dos institutos por nós enumerados.

• Ação declaratória de constitucionalidade

Como dissemos anteriormente, esta ação, proposta diretamente no STF, tem por objetivo obter uma declaração deste órgão confirmando a validade constitucional de lei ou ato normativo federal.

Lei, no caso, é qualquer das espécies normativas enumeradas no art. 59: emendas à Constituição, leis complementares, leis ordinárias, leis delegadas, medidas provisórias, decretos legislativos e resoluções.

Atos normativos são normas outras, como por exemplo, as normas regimentais dos Tribunais Federais.

A declaração de constitucionalidade por parte do STF (decidindo-se definitivamente o mérito), tem efeito *vinculante*, relativamente a toda estrutura do Poder Judiciário Brasileiro e à Administração Pública Direta e Indireta (autarquias, fundações públicas, sociedades de economia mista e empresas públicas), em todas as esferas (federal, estadual e municipal, esquecendo-se de mencionar a distrital, mas que, por óbvio, deverá ser abarcada), produzindo, também, efeitos contra todos (*erga omnes*).

Os legitimados para propor ação declaratória de constitucionalidade encontram-se elencados nos **incisos do artigo 103**.

• Ação direta de inconstitucionalidade

Ao contrário do instituto anterior, o objetivo desta ação é *invalidar* a lei, banindo-a do ordenamento jurídico.

A ação deve ser interposta no STF, que é o órgão competente para julgá-la e a sua decisão faz coisa *julgada material*, ou seja, encerra definitivamente a questão, não havendo nenhuma instância superior que possa alterar a sentença proferida.

Assim como na ação declaratória de constitucionalidade, aqui também a decisão do Supremo tem efeito *erga omnes* e vinculante, ou seja, vale para a sociedade inteira, não sendo necessária nenhuma intermediação do Senado Federal e deve ser respeitada pelo Poder Judiciário e Executivo.

Art. 102, § 2° - As decisões definitivas de mérito, proferidas pelo Supremo Tribunal Federal, nas ações diretas de inconstitucionalidade e nas ações declaratórias de constitucionalidade produzirão eficácia contra todos e efeito vinculante, relativamente aos demais órgãos do Poder Judiciário e à administração pública direta e indireta, nas esferas federal, estadual e municipal. (Redação dada pela Emenda Constitucional n° 45/2004);

A ação direta de inconstitucionalidade, entretanto, tem aplicação mais ampla do que a ação declaratória de constitucionalidade, pois pode ser proposta contra lei ou ato normativo federal ou estadual.

Uma vez que a decisão do STF pode prejudicar uma lei federal, de competência da União, a Constituição prevê a participação do Advogado-Geral da União no processo, que deverá defender o texto, e também a participação do Procurador-Geral da República:

Art. 103, § 1° - O Procurador-Geral da República deverá ser previamente ouvido nas ações de inconstitucionalidade e em todos os processos de competência do Supremo Tribunal Federal.
§ 3° - Quando o Supremo Tribunal Federal apreciar a inconstitucionalidade, em tese, de norma legal ou ato normativo, citará, previamente, o Advogado-Geral da União, que defenderá o ato ou texto impugnado.

As pessoas competentes para propor ação direta de inconstitucionalidade são as seguintes:

Art. 103 - Podem propor a ação de inconstitucionalidade e a ação declaratória de constitucionalidade (Redação dada pela Emenda Constitucional nº45/2004):
I - o Presidente da República;
II - a Mesa do Senado Federal;
III - a Mesa da Câmara dos Deputados;
IV - a Mesa da Assembleia Legislativa ou da Câmara Legislativa do Distrito Federal (Redação dada pela Emenda Constitucional nº 45/2004);
V - o Governador de Estado ou do Distrito Federal (Redação dada pela Emenda Constitucional nº 45/2004);
VI - o Procurador-Geral da República;
VII - o Conselho Federal da Ordem dos Advogados do Brasil;
VIII - partido político com representação no Congresso Nacional;
IX - confederação sindical ou entidade de classe de âmbito nacional.

• Ação de inconstitucionalidade por omissão

A ação de inconstitucionalidade por omissão na realidade é um caso particular do anterior, pelo que as pessoas competentes para propô-la são as mesmas.

JOSÉ AFONSO DA SILVA nos dá exemplos extremamente esclarecedores a respeito do assunto. Este autor diz que a inconstitucionalidade por omissão "*verifica-se nos casos em que não sejam praticados atos legislativos ou executivos requeridos para tornar plenamente aplicáveis normas constitucionais*".

Muitas destas, de fato, requerem uma lei ou uma providência administrativa ulterior para que os direitos ou situações nelas previstos se efetivem na prática. A Constituição, por exemplo, prevê o direito de participação dos trabalhadores nos lucros e na gestão das empresas, conforme definido em lei, mas, se esse direito não se realizar, por omissão do legislador em produzir a lei aí referida e necessária à plena aplicação da norma, tal omissão se caracterizará como inconstitucional. Ocorre, então, o pressuposto para a propositura de uma ação de inconstitucionalidade por omissão, visando obter do legislador a elaboração da lei em causa. Outro exemplo: a Constituição reconhece que a saúde e a educação são direitos de todos e dever do Estado (arts. 201 e 210), mas, se não se produzirem os atos legislativos e administrativos indispensáveis para que se efetivem tais direitos em favor dos interessados, aí também teremos uma omissão inconstitucional do Poder Público que possibilita a interposição da ação de inconstitucionalidade por omissão (art. 103)".

Os efeitos da decretação da inconstitucionalidade por omissão, contudo, são tênues. Em relação ao Poder Legislativo, consistem em mera notificação "ciência" da necessidade de feitura da lei, não havendo prazo para tanto, uma vez que os legisladores não são obrigados a legislar. No que tange ao Poder Executivo, é fornecido um prazo de 30 dias para que sejam tomadas as medidas necessárias, o que é mais grave, porque se o agente público competente não atendê-lo, será responsabilizado.

Art. 103, § 2º - Declarada a inconstitucionalidade por omissão de medida para tornar efetiva norma constitucional, será dada ciência ao Poder competente para a adoção das providências necessárias e, em se tratando de órgão administrativo, para fazê-lo em trinta dias.

• Controle constitucional por via de exceção

Tal controle também é chamado de "*controle incidental*" ou "*controle por via de defesa*". Difere dos mecanismos anteriores em vários aspectos.

Em primeiro lugar, porque o vício de inconstitucionalidade poderá ser alegado e a ação poderá ser proposta por qualquer pessoa que se sinta lesada por *qualquer lei ou ato normativo*, sejam estes federais, estaduais ou municipais.

Em segundo lugar, porque todos os órgãos do Judiciário, desde o juiz de primeira instância, passando pelos Tribunais, até o STF, terão competência para julgar a inconstitucionalidade alegada nessa ação particular, e não apenas o STF (o processo somente chegará até o Supremo se o proponente perder na primeira e na segunda instância, e resolver recorrer ao STF mediante o chamado "recurso extraordinário").

Em terceiro lugar, porque se for decretada, em qualquer dessas instâncias (inclusive no STF), a inconstitucionalidade da lei ou do ato normativo, a eficácia dessa decisão não será *erga omnes*, isto é, *não valerá para toda a sociedade*; a eficácia, neste caso, será apenas *inter partes*, isto é, somente valerá entre as partes.

O STF deverá comunicar ao Senado Federal a inconstitucionalidade da lei em causa, e caberá a ele, mediante resolução (art. 52, X), retirar do ordenamento jurídico os dispositivos inconstitucionais. Só depois da resolução do Senado é que a decretação de inconstitucionalidade passará a ter efeito "*erga omnes*" e "*ex nunc*".

Art. 52 - Compete privativamente ao Senado Federal: (...)
X - suspender a execução, no todo ou em parte, de lei declarada inconstitucional por decisão definitiva do Supremo Tribunal Federal.

• ação de arguição de descumprimento de preceito fundamental

Esta ação tem por objeto evitar ou reparar lesão a preceito fundamental, resultante de ato do Poder Público, podendo ser utilizada, também, para questionar a constitucionalidade de uma norma perante a Constituição Federal, mas tal norma deve ser municipal ou anterior à Constituição vigente (no caso, anterior à de 1988). A ADPF é disciplinada pela Lei Federal n. 9.882/99 e pode ser proposta pelos mesmos legitimados da ação direta de inconstitucionalidade (CF, art. 103).

A decisão da ADPF produz efeito erga omnes (contra todos) e vinculantes em relação aos demais órgãos do poder público. Os efeitos no tempo serão *ex tunc* (retroativos), mas o STF poderá, em razão da segurança jurídica ou de excepcional interesse social, restringir os efeitos da decisão, decidir que essa somente produzirá efeitos a partir do trânsito em julgado ou de outro momento futuro que venha a ser fixado. Decisões nessa linha excepcional exigem voto de dois terços dos membros do STF (Lei n. 9.868/99, art. 27)

Considerações Finais

Convém lembrar, ainda, importante regra contida no art. 97 da Constituição, que diz o seguinte:

Art. 97 - Somente pelo voto da maioria absoluta de seus membros ou dos membros do respectivo órgão especial poderão os tribunais declarar a inconstitucionalidade de lei ou ato normativo do Poder Público.

Artigos da Constituição Federal

Capítulo III
Do Poder Judiciário
Seção I
Disposições Gerais

Art. 92. *São órgãos do Poder Judiciário:*
I - o Supremo Tribunal Federal;
I-A - o Conselho Nacional de Justiça;
II - o Superior Tribunal de Justiça;
III - os Tribunais Regionais Federais e Juízes Federais;
IV - os Tribunais e Juízes do Trabalho;
V - os Tribunais e Juízes Eleitorais;
VI - os Tribunais e Juízes Militares;
VII - os Tribunais e Juízes dos Estados e do Distrito Federal e Territórios.
§ 1º O Supremo Tribunal Federal, o Conselho Nacional de Justiça e os Tribunais Superiores têm sede na Capital Federal. (Incluído pela Emenda Constitucional nº 45, de 2004)
§ 2º O Supremo Tribunal Federal e os Tribunais Superiores têm jurisdição em todo o território nacional.

Art. 93. *Lei complementar, de iniciativa do Supremo Tribunal Federal, disporá sobre o Estatuto da Magistratura, observados os seguintes princípios:*
I - ingresso na carreira, cujo cargo inicial será o de juiz substituto, mediante concurso público de provas e títulos, com a participação da Ordem dos Advogados do Brasil em todas as fases, exigindo-se do bacharel em direito, no mínimo, três anos de atividade jurídica e obedecendo-se, nas nomeações, à ordem de classificação; (Redação dada pela Emenda Constitucional nº 45, de 2004)
II - promoção de entrância para entrância, alternadamente, por antiguidade e merecimento, atendidas as seguintes normas:
a) é obrigatória a promoção do juiz que figure por três vezes consecutivas ou cinco alternadas em lista de merecimento;
b) a promoção por merecimento pressupõe dois anos de exercício na respectiva entrância e integrar o juiz a primeira quinta parte da lista de antiguidade desta, salvo se não houver com tais requisitos quem aceite o lugar vago;
c) aferição do merecimento conforme o desempenho e pelos critérios objetivos de produtividade e presteza no exercício da jurisdição e pela frequência e aproveitamento em cursos oficiais ou reconhecidos de aperfeiçoamento;
d) na apuração de antiguidade, o tribunal somente poderá recusar o juiz mais antigo pelo voto fundamentado de dois terços de seus membros, conforme procedimento próprio, e assegurada ampla defesa, repetindo-se a votação até fixar-se a indicação; (Redação dada pela Emenda Constitucional nº 45, de 2004)
e) não será promovido o juiz que, injustificadamente, retiver autos em seu poder além do prazo legal, não podendo devolvê-los ao cartório sem o devido despacho ou decisão; (Incluída pela Emenda Constitucional nº 45, de 2004)
III - o acesso aos tribunais de segundo grau far-se-á por antiguidade e merecimento, alternadamente, apurados na última ou única entrância; (Redação dada pela Emenda Constitucional nº 45, de 2004)
IV - previsão de cursos oficiais de preparação, aperfeiçoamento e promoção de magistrados, constituindo etapa obrigatória do processo de vitaliciamento a participação em curso oficial ou reconhecido por escola nacional de formação e aperfeiçoamento de magistrados; (Redação dada pela Emenda Constitucional nº 45, de 2004)
V - o subsídio dos Ministros dos Tribunais Superiores corresponderá a noventa e cinco por cento do subsídio mensal fixado para os Ministros do Supremo Tribunal Federal e os subsídios dos demais magistrados serão fixados em lei e escalonados, em nível federal e estadual, conforme as respectivas categorias da estrutura judiciária nacional, não podendo a diferença entre uma e outra ser superior a dez por cento ou inferior a cinco por cento, nem exceder a noventa e cinco por cento do subsídio mensal dos Ministros dos Tribunais Superiores, obedecido, em qualquer caso, o disposto nos arts. 37, XI, e 39, § 4º; (Redação dada pela Emenda Constitucional nº 19, de 1998)
VI - a aposentadoria dos magistrados e a pensão de seus dependentes observarão o disposto no art. 40; (Redação dada pela Emenda Constitucional nº 20, de 1998)
VII - o juiz titular residirá na respectiva comarca, salvo autorização do tribunal; (Redação dada pela Emenda Constitucional nº 45, de 2004)
VIII - o ato de remoção, disponibilidade e aposentadoria do magistrado, por interesse público, fundar-se-á em decisão por voto da maioria absoluta do respectivo tribunal ou do Conselho Nacional de Justiça, assegurada ampla defesa; (Redação dada pela Emenda Constitucional nº 45, de 2004)
VIII-A - a remoção a pedido ou a permuta de magistrados de comarca de igual entrância atenderá, no que couber, ao disposto nas alíneas a, b, c e e do inciso II; (Incluído pela Emenda Constitucional nº 45, de 2004)

IX - todos os julgamentos dos órgãos do Poder Judiciário serão públicos, e fundamentadas todas as decisões, sob pena de nulidade, podendo a lei limitar a presença, em determinados atos, às próprias partes e a seus advogados, ou somente a estes, em casos nos quais a preservação do direito à intimidade do interessado no sigilo não prejudique o interesse público à informação; (Redação dada pela Emenda Constitucional nº 45, de 2004)
X - as decisões administrativas dos tribunais serão motivadas e em sessão pública, sendo as disciplinares tomadas pelo voto da maioria absoluta de seus membros;
XI - nos tribunais com número superior a vinte e cinco julgadores, poderá ser constituído órgão especial, com o mínimo de onze e o máximo de vinte e cinco membros, para o exercício das atribuições administrativas e jurisdicionais delegadas da competência do tribunal pleno, provendo-se metade das vagas por antiguidade e a outra metade por eleição pelo tribunal pleno;
XII - a atividade jurisdicional será ininterrupta, sendo vedado férias coletivas nos juízos e tribunais de segundo grau, funcionando, nos dias em que não houver expediente forense normal, juízes em plantão permanente; (Incluído pela Emenda Constitucional nº 45, de 2004)
XIII - o número de juízes na unidade jurisdicional será proporcional à efetiva demanda judicial e à respectiva população; (Incluído pela Emenda Constitucional nº 45, de 2004)
XIV - os servidores receberão delegação para a prática de atos de administração e atos de mero expediente sem caráter decisório; (Incluído pela Emenda Constitucional nº 45, de 2004)
XV - a distribuição de processos será imediata, em todos os graus de jurisdição. (Incluído pela Emenda Constitucional nº 45, de 2004)

Art. 94. *Um quinto dos lugares dos Tribunais Regionais Federais, dos Tribunais dos Estados, e do Distrito Federal e Territórios será composto de membros, do Ministério Público, com mais de dez anos de carreira, e de advogados de notório saber jurídico e de reputação ilibada, com mais de dez anos de efetiva atividade profissional, indicados em lista sêxtupla pelos órgãos de representação das respectivas classes.*
Parágrafo único. Recebidas as indicações, o tribunal formará lista tríplice, enviando-a ao Poder Executivo, que, nos vinte dias subsequentes, escolherá um de seus integrantes para nomeação.

Art. 95. *Os juízes gozam das seguintes garantias:*
I - vitaliciedade, que, no primeiro grau, só será adquirida após dois anos de exercício, dependendo a perda do cargo, nesse período, de deliberação do tribunal a que o juiz estiver vinculado, e, nos demais casos, de sentença judicial transitada em julgado;
II - inamovibilidade, salvo por motivo de interesse público, na forma do art. 93, VIII;
III - irredutibilidade de subsídio, ressalvado o disposto nos arts. 37, X e XI, 39, § 4º, 150, II, 153, III, e 153, § 2º, I. (Redação dada pela Emenda Constitucional nº 19, de 1998)
Parágrafo único. Aos juízes é vedado:
I - exercer, ainda que em disponibilidade, outro cargo ou função, salvo uma de magistério;
II - receber, a qualquer título ou pretexto, custas ou participação em processo;
III - dedicar-se à atividade político-partidária.
IV - receber, a qualquer título ou pretexto, auxílios ou contribuições de pessoas físicas, entidades públicas ou privadas, ressalvadas as exceções previstas em lei; (Incluído pela Emenda Constitucional nº 45, de 2004)
V - exercer a advocacia no juízo ou tribunal do qual se afastou, antes de decorridos três anos do afastamento do cargo por aposentadoria ou exoneração. (Incluído pela Emenda Constitucional nº 45, de 2004)

Art. 96. *Compete privativamente:*
I - aos tribunais:
a) eleger seus órgãos diretivos e elaborar seus regimentos internos, com observância das normas de processo e das garantias processuais das partes, dispondo sobre a competência e o funcionamento dos respectivos órgãos jurisdicionais e administrativos;
b) organizar suas secretarias e serviços auxiliares e os dos juízos que lhes forem vinculados, velando pelo exercício da atividade correicional respectiva;
c) prover, na forma prevista nesta Constituição, os cargos de juiz de carreira da respectiva jurisdição;
d) propor a criação de novas varas judiciárias;
e) prover, por concurso público de provas, ou de provas e títulos, obedecido o disposto no art. 169, parágrafo único, os cargos necessários à administração da Justiça, exceto os de confiança assim definidos em lei;
f) conceder licença, férias e outros afastamentos a seus membros e aos juízes e servidores que lhes forem imediatamente vinculados;
II - ao Supremo Tribunal Federal, aos Tribunais Superiores e aos Tribunais de Justiça propor ao Poder Legislativo respectivo, observado o disposto no art. 169:
a) a alteração do número de membros dos tribunais inferiores;
b) a criação e a extinção de cargos e a remuneração dos seus serviços auxiliares e dos juízos que lhes forem vinculados, bem como a fixação do subsídio de seus membros e dos juízes, inclusive dos tribunais inferiores, onde houver;
c) a criação ou extinção dos tribunais inferiores;
d) a alteração da organização e da divisão judiciárias;
III - aos Tribunais de Justiça julgar os juízes estaduais e do Distrito Federal e Territórios, bem como os membros do Ministério Público, nos crimes comuns e de responsabilidade, ressalvada a competência da Justiça Eleitoral.

Art. 97. *Somente pelo voto da maioria absoluta de seus membros ou dos membros do respectivo órgão especial poderão os tribunais declarar a inconstitucionalidade de lei ou ato normativo do Poder Público.*

Art. 98. *A União, no Distrito Federal e nos Territórios, e os Estados criarão:*
I - juizados especiais, providos por juízes togados, ou togados e leigos, competentes para a conciliação, o julgamento e a execução de causas cíveis de menor complexidade e infrações penais de menor potencial ofensivo, mediante os procedimentos oral e sumaríssimo, permitidos, nas hipóteses previstas em lei, a transação e o julgamento de recursos por turmas de juízes de primeiro grau;
II - justiça de paz, remunerada, composta de cidadãos eleitos pelo voto direto, universal e secreto, com mandato de quatro anos e competência para, na forma da lei, celebrar casamentos, verificar, de ofício ou em face de impugnação apresentada, o processo de

habilitação e exercer atribuições conciliatórias, sem caráter jurisdicional, além de outras previstas na legislação.

§ 1º Lei federal disporá sobre a criação de juizados especiais no âmbito da Justiça Federal. (Renumerado pela Emenda Constitucional nº 45, de 2004)

§ 2º As custas e emolumentos serão destinados exclusivamente ao custeio dos serviços afetos às atividades específicas da Justiça. (Incluído pela Emenda Constitucional nº 45, de 2004)

Art. 99. *Ao Poder Judiciário é assegurada autonomia administrativa e financeira.*

§ 1º - Os tribunais elaborarão suas propostas orçamentárias dentro dos limites estipulados conjuntamente com os demais Poderes na lei de diretrizes orçamentárias.

§ 2º - O encaminhamento da proposta, ouvidos os outros tribunais interessados, compete:

I - no âmbito da União, aos Presidentes do Supremo Tribunal Federal e dos Tribunais Superiores, com a aprovação dos respectivos tribunais;

II - no âmbito dos Estados e no do Distrito Federal e Territórios, aos Presidentes dos Tribunais de Justiça, com a aprovação dos respectivos tribunais.

§ 3º Se os órgãos referidos no § 2º não encaminharem as respectivas propostas orçamentárias dentro do prazo estabelecido na lei de diretrizes orçamentárias, o Poder Executivo considerará, para fins de consolidação da proposta orçamentária anual, os valores aprovados na lei orçamentária vigente, ajustados de acordo com os limites estipulados na forma do § 1º deste artigo.

§ 4º Se as propostas orçamentárias de que trata este artigo forem encaminhadas em desacordo com os limites estipulados na forma do § 1º, o Poder Executivo procederá aos ajustes necessários para fins de consolidação da proposta orçamentária anual.

§ 5º Durante a execução orçamentária do exercício, não poderá haver a realização de despesas ou a assunção de obrigações que extrapolem os limites estabelecidos na lei de diretrizes orçamentárias, exceto se previamente autorizadas, mediante a abertura de créditos suplementares ou especiais. (Incluído pela Emenda Constitucional nº 45, de 2004)

Art. 100. *Os pagamentos devidos pelas Fazendas Públicas Federal, Estaduais, Distrital e Municipais, em virtude de sentença judiciária, far-se-ão exclusivamente na ordem cronológica de apresentação dos precatórios e à conta dos créditos respectivos, proibida a designação de casos ou de pessoas nas dotações orçamentárias e nos créditos adicionais abertos para este fim.*

§ 1º Os débitos de natureza alimentícia compreendem aqueles decorrentes de salários, vencimentos, proventos, pensões e suas complementações, benefícios previdenciários e indenizações por morte ou por invalidez, fundadas em responsabilidade civil, em virtude de sentença judicial transitada em julgado, e serão pagos com preferência sobre todos os demais débitos, exceto sobre aqueles referidos no § 2º deste artigo. (Redação dada pela Emenda Constitucional nº 62, de 2009).

§ 2º Os débitos de natureza alimentícia cujos titulares tenham 60 (sessenta) anos de idade ou mais na data de expedição do precatório, ou sejam portadores de doença grave, definidos na forma da lei, serão pagos com preferência sobre todos os demais débitos, até o valor equivalente ao triplo do fixado em lei para os fins do disposto no § 3º deste artigo, admitido o fracionamento para essa finalidade, sendo que o restante será pago na ordem cronológica de apresentação do precatório.

§ 3º O disposto no caput deste artigo relativamente à expedição de precatórios não se aplica aos pagamentos de obrigações definidas em leis como de pequeno valor que as Fazendas referidas devam fazer em virtude de sentença judicial transitada em julgado. (Redação dada pela Emenda Constitucional nº 62, de 2009).

§ 4º Para os fins do disposto no § 3º, poderão ser fixados, por leis próprias, valores distintos às entidades de direito público, segundo as diferentes capacidades econômicas, sendo o mínimo igual ao valor do maior benefício do regime geral de previdência social. (Redação dada pela Emenda Constitucional nº 62, de 2009).

§ 5º É obrigatória a inclusão, no orçamento das entidades de direito público, de verba necessária ao pagamento de seus débitos, oriundos de sentenças transitadas em julgado, constantes de precatórios judiciários apresentados até 1º de julho, fazendo-se o pagamento até o final do exercício seguinte, quando terão seus valores atualizados monetariamente. (Redação dada pela Emenda Constitucional nº 62, de 2009).

§ 6º As dotações orçamentárias e os créditos abertos serão consignados diretamente ao Poder Judiciário, cabendo ao Presidente do Tribunal que proferir a decisão exequenda determinar o pagamento integral e autorizar, a requerimento do credor e exclusivamente para os casos de preterimento de seu direito de precedência ou de não alocação orçamentária do valor necessário à satisfação do seu débito, o sequestro da quantia respectiva. (Redação dada pela Emenda Constitucional nº 62, de 2009).

§ 7º O Presidente do Tribunal competente que, por ato comissivo ou omissivo, retardar ou tentar frustrar a liquidação regular de precatórios incorrerá em crime de responsabilidade e responderá, também, perante o Conselho Nacional de Justiça. (Incluído pela Emenda Constitucional nº 62, de 2009).

§ 8º É vedada a expedição de precatórios complementares ou suplementares de valor pago, bem como o fracionamento, repartição ou quebra do valor da execução para fins de enquadramento de parcela do total ao que dispõe o § 3º deste artigo. (Incluído pela Emenda Constitucional nº 62, de 2009).

§ 9º No momento da expedição dos precatórios, independentemente de regulamentação, deles deverá ser abatido, a título de compensação, valor correspondente aos débitos líquidos e certos, inscritos ou não em dívida ativa e constituídos contra o credor original pela Fazenda Pública devedora, incluídas parcelas vincendas de parcelamentos, ressalvados aqueles cuja execução esteja suspensa em virtude de contestação administrativa ou judicial. (Incluído pela Emenda Constitucional nº 62, de 2009).

§ 10. Antes da expedição dos precatórios, o Tribunal solicitará à Fazenda Pública devedora, para resposta em até 30 (trinta) dias, sob pena de perda do direito de abatimento, informação sobre os débitos que preencham as condições estabelecidas no § 9º, para os fins nele previstos. (Incluído pela Emenda Constitucional nº 62, de 2009).

§ 11. É facultada ao credor, conforme estabelecido em lei da entidade federativa devedora, a entrega de créditos em precatórios para compra de imóveis públicos do respectivo ente federado. (Incluído pela Emenda Constitucional nº 62, de 2009).

§ 12. A partir da promulgação desta Emenda Constitucional, a atualização de valores de requisitórios, após sua expedição, até o efetivo pagamento, independentemente de sua natureza, será

feita pelo índice oficial de remuneração básica da caderneta de poupança, e, para fins de compensação da mora, incidirão juros simples no mesmo percentual de juros incidentes sobre a caderneta de poupança, ficando excluída a incidência de juros compensatórios. (Incluído pela Emenda Constitucional nº 62, de 2009).

§ 13. O credor poderá ceder, total ou parcialmente, seus créditos em precatórios a terceiros, independentemente da concordância do devedor, não se aplicando ao cessionário o disposto nos §§ 2º e 3º. (Incluído pela Emenda Constitucional nº 62, de 2009).

§ 14. A cessão de precatórios somente produzirá efeitos após comunicação, por meio de petição protocolizada, ao tribunal de origem e à entidade devedora. (Incluído pela Emenda Constitucional nº 62, de 2009).

§ 15. Sem prejuízo do disposto neste artigo, lei complementar a esta Constituição Federal poderá estabelecer regime especial para pagamento de crédito de precatórios de Estados, Distrito Federal e Municípios, dispondo sobre vinculações à receita corrente líquida e forma e prazo de liquidação. (Incluído pela Emenda Constitucional nº 62, de 2009).

§ 16. A seu critério exclusivo e na forma de lei, a União poderá assumir débitos, oriundos de precatórios, de Estados, Distrito Federal e Municípios, refinanciando-os diretamente. (Incluído pela Emenda Constitucional nº 62, de 2009).

Seção II
Do Supremo Tribunal Federal

Art. 101. *O Supremo Tribunal Federal compõe-se de onze Ministros, escolhidos dentre cidadãos com mais de trinta e cinco e menos de sessenta e cinco anos de idade, de notável saber jurídico e reputação ilibada.*

Parágrafo único. Os Ministros do Supremo Tribunal Federal serão nomeados pelo Presidente da República, depois de aprovada a escolha pela maioria absoluta do Senado Federal.

Art. 102. *Compete ao Supremo Tribunal Federal, precipuamente, a guarda da Constituição, cabendo-lhe:*

I - processar e julgar, originariamente:

a) a ação direta de inconstitucionalidade de lei ou ato normativo federal ou estadual e a ação declaratória de constitucionalidade de lei ou ato normativo federal;

b) nas infrações penais comuns, o Presidente da República, o Vice-Presidente, os membros do Congresso Nacional, seus próprios Ministros e o Procurador-Geral da República;

c) nas infrações penais comuns e nos crimes de responsabilidade, os Ministros de Estado e os Comandantes da Marinha, do Exército e da Aeronáutica, ressalvado o disposto no art. 52, I, os membros dos Tribunais Superiores, os do Tribunal de Contas da União e os chefes de missão diplomática de caráter permanente;

d) o "habeas-corpus", sendo paciente qualquer das pessoas referidas nas alíneas anteriores; o mandado de segurança e o "habeas-data" contra atos do Presidente da República, das Mesas da Câmara dos Deputados e do Senado Federal, do Tribunal de Contas da União, do Procurador-Geral da República e do próprio Supremo Tribunal Federal;

e) o litígio entre Estado estrangeiro ou organismo internacional e a União, o Estado, o Distrito Federal ou o Território;

f) as causas e os conflitos entre a União e os Estados, a União e o Distrito Federal, ou entre uns e outros, inclusive as respectivas entidades da administração indireta;

g) a extradição solicitada por Estado estrangeiro;

h) (Revogado pela Emenda Constitucional nº 45, de 2004)

i) o habeas corpus, quando o coator for Tribunal Superior ou quando o coator ou o paciente for autoridade ou funcionário cujos atos estejam sujeitos diretamente à jurisdição do Supremo Tribunal Federal, ou se trate de crime sujeito à mesma jurisdição em uma única instância;

j) a revisão criminal e a ação rescisória de seus julgados;

l) a reclamação para a preservação de sua competência e garantia da autoridade de suas decisões;

m) a execução de sentença nas causas de sua competência originária, facultada a delegação de atribuições para a prática de atos processuais;

n) a ação em que todos os membros da magistratura sejam direta ou indiretamente interessados, e aquela em que mais da metade dos membros do tribunal de origem estejam impedidos ou sejam direta ou indiretamente interessados;

o) os conflitos de competência entre o Superior Tribunal de Justiça e quaisquer tribunais, entre Tribunais Superiores, ou entre estes e qualquer outro tribunal;

p) o pedido de medida cautelar das ações diretas de inconstitucionalidade;

q) o mandado de injunção, quando a elaboração da norma regulamentadora for atribuição do Presidente da República, do Congresso Nacional, da Câmara dos Deputados, do Senado Federal, das Mesas de uma dessas Casas Legislativas, do Tribunal de Contas da União, de um dos Tribunais Superiores, ou do próprio Supremo Tribunal Federal;

r) as ações contra o Conselho Nacional de Justiça e contra o Conselho Nacional do Ministério Público; (Incluída pela Emenda Constitucional nº 45, de 2004)

II - julgar, em recurso ordinário:

a) o "habeas-corpus", o mandado de segurança, o "habeas-data" e o mandado de injunção decididos em única instância pelos Tribunais Superiores, se denegatória a decisão;

b) o crime político;

III - julgar, mediante recurso extraordinário, as causas decididas em única ou última instância, quando a decisão recorrida:

a) contrariar dispositivo desta Constituição;

b) declarar a inconstitucionalidade de tratado ou lei federal;

c) julgar válida lei ou ato de governo local contestado em face desta Constituição.

d) julgar válida lei local contestada em face de lei federal. (Incluída pela Emenda Constitucional nº 45, de 2004)

§ 1.º A arguição de descumprimento de preceito fundamental, decorrente desta Constituição, será apreciada pelo Supremo Tribunal Federal, na forma da lei. (Transformado em § 1º pela Emenda Constitucional nº 3, de 17/03/93)

§ 2º As decisões definitivas de mérito, proferidas pelo Supremo Tribunal Federal, nas ações diretas de inconstitucionalidade e nas ações declaratórias de constitucionalidade produzirão eficácia contra todos e efeito vinculante, relativamente aos demais órgãos do Poder Judiciário e à administração pública direta e indireta, nas esferas federal, estadual e municipal. (Redação dada pela Emenda Constitucional nº 45, de 2004)

§ 3º No recurso extraordinário o recorrente deverá demonstrar a repercussão geral das questões constitucionais discutidas no caso, nos termos da lei, a fim de que o Tribunal examine a admissão do recurso, somente podendo recusá-lo pela manifestação de dois terços de seus membros. (Incluída pela Emenda Constitucional nº 45, de 2004)

Art. 103. *Podem propor a ação direta de inconstitucionalidade e a ação declaratória de constitucionalidade: (Redação dada pela Emenda Constitucional nº 45, de 2004)*
I - o Presidente da República;
II - a Mesa do Senado Federal;
III - a Mesa da Câmara dos Deputados;
IV - a Mesa de Assembleia Legislativa ou da Câmara Legislativa do Distrito Federal; (Redação dada pela Emenda Constitucional nº 45, de 2004)
V - o Governador de Estado ou do Distrito Federal; (Redação dada pela Emenda Constitucional nº 45, de 2004)
VI - o Procurador-Geral da República;
VII - o Conselho Federal da Ordem dos Advogados do Brasil;
VIII - partido político com representação no Congresso Nacional;
IX - confederação sindical ou entidade de classe de âmbito nacional.
§ 1º - O Procurador-Geral da República deverá ser previamente ouvido nas ações de inconstitucionalidade e em todos os processos de competência do Supremo Tribunal Federal.
§ 2º - Declarada a inconstitucionalidade por omissão de medida para tornar efetiva norma constitucional, será dada ciência ao Poder competente para a adoção das providências necessárias e, em se tratando de órgão administrativo, para fazê-lo em trinta dias.
§ 3º - Quando o Supremo Tribunal Federal apreciar a inconstitucionalidade, em tese, de norma legal ou ato normativo, citará, previamente, o Advogado-Geral da União, que defenderá o ato ou texto impugnado.
§ 4.º (Revogado pela Emenda Constitucional nº 45, de 2004)

Art. 103-A. *O Supremo Tribunal Federal poderá, de ofício ou por provocação, mediante decisão de dois terços dos seus membros, após reiteradas decisões sobre matéria constitucional, aprovar súmula que, a partir de sua publicação na imprensa oficial, terá efeito vinculante em relação aos demais órgãos do Poder Judiciário e à administração pública direta e indireta, nas esferas federal, estadual e municipal, bem como proceder à sua revisão ou cancelamento, na forma estabelecida em lei. (Incluído pela Emenda Constitucional nº 45, de 2004)*
§ 1º A súmula terá por objetivo a validade, a interpretação e a eficácia de normas determinadas, acerca das quais haja controvérsia atual entre órgãos judiciários ou entre esses e a administração pública que acarrete grave insegurança jurídica e relevante multiplicação de processos sobre questão idêntica.
§ 2º Sem prejuízo do que vier a ser estabelecido em lei, a aprovação, revisão ou cancelamento de súmula poderá ser provocada por aqueles que podem propor a ação direta de inconstitucionalidade.
§ 3º Do ato administrativo ou decisão judicial que contrariar a súmula aplicável ou que indevidamente a aplicar, caberá reclamação ao Supremo Tribunal Federal que, julgando-a procedente, anulará o ato administrativo ou cassará a decisão judicial reclamada, e determinará que outra seja proferida com ou sem a aplicação da súmula, conforme o caso."

Art. 103-B. *O Conselho Nacional de Justiça compõe-se de 15 (quinze) membros com mandato de 2 (dois) anos, admitida 1 (uma) recondução, sendo: (Redação dada pela Emenda Constitucional nº 61, de 2009)*
I - o Presidente do Supremo Tribunal Federal; (Redação dada pela Emenda Constitucional nº 61, de 2009)
II - um Ministro do Superior Tribunal de Justiça, indicado pelo respectivo tribunal;
III - um Ministro do Tribunal Superior do Trabalho, indicado pelo respectivo tribunal;
IV - um desembargador de Tribunal de Justiça, indicado pelo Supremo Tribunal Federal;
V - um juiz estadual, indicado pelo Supremo Tribunal Federal;
VI - um juiz de Tribunal Regional Federal, indicado pelo Superior Tribunal de Justiça;
VII - um juiz federal, indicado pelo Superior Tribunal de Justiça;
VIII - um juiz de Tribunal Regional do Trabalho, indicado pelo Tribunal Superior do Trabalho;
IX - um juiz do trabalho, indicado pelo Tribunal Superior do Trabalho;
X - um membro do Ministério Público da União, indicado pelo Procurador-Geral da República;
XI - um membro do Ministério Público estadual, escolhido pelo Procurador-Geral da República dentre os nomes indicados pelo órgão competente de cada instituição estadual;
XII - dois advogados, indicados pelo Conselho Federal da Ordem dos Advogados do Brasil;
XIII - dois cidadãos, de notável saber jurídico e reputação ilibada, indicados um pela Câmara dos Deputados e outro pelo Senado Federal.
§ 1º O Conselho será presidido pelo Presidente do Supremo Tribunal Federal e, nas suas ausências e impedimentos, pelo Vice-Presidente do Supremo Tribunal Federal. (Redação dada pela Emenda Constitucional nº 61, de 2009)
§ 2º Os demais membros do Conselho serão nomeados pelo Presidente da República, depois de aprovada a escolha pela maioria absoluta do Senado Federal. (Redação dada pela Emenda Constitucional nº 61, de 2009)
§ 3º Não efetuadas, no prazo legal, as indicações previstas neste artigo, caberá a escolha ao Supremo Tribunal Federal.
§ 4º Compete ao Conselho o controle da atuação administrativa e financeira do Poder Judiciário e do cumprimento dos deveres funcionais dos juízes, cabendo-lhe, além de outras atribuições que lhe forem conferidas pelo Estatuto da Magistratura:
I - zelar pela autonomia do Poder Judiciário e pelo cumprimento do Estatuto da Magistratura, podendo expedir atos regulamentares, no âmbito de sua competência, ou recomendar providências;
II - zelar pela observância do art. 37 e apreciar, de ofício ou mediante provocação, a legalidade dos atos administrativos praticados por membros ou órgãos do Poder Judiciário, podendo desconstituí-los, revê-los ou fixar prazo para que se adotem as providências necessárias ao exato cumprimento da lei, sem prejuízo da competência do Tribunal de Contas da União;
III - receber e conhecer das reclamações contra membros ou órgãos do Poder Judiciário, inclusive contra seus serviços auxiliares, serventias e órgãos prestadores de serviços notariais e de registro que atuem por delegação do poder público ou oficializados, sem prejuízo da competência disciplinar e correicional dos tribunais, podendo avocar processos disciplinares em curso e determinar a

remoção, a disponibilidade ou a aposentadoria com subsídios ou proventos proporcionais ao tempo de serviço e aplicar outras sanções administrativas, assegurada ampla defesa;
IV - representar ao Ministério Público, no caso de crime contra a administração pública ou de abuso de autoridade;
V - rever, de ofício ou mediante provocação, os processos disciplinares de juízes e membros de tribunais julgados há menos de um ano;
VI - elaborar semestralmente relatório estatístico sobre processos e sentenças prolatadas, por unidade da Federação, nos diferentes órgãos do Poder Judiciário;
VII - elaborar relatório anual, propondo as providências que julgar necessárias, sobre a situação do Poder Judiciário no País e as atividades do Conselho, o qual deve integrar mensagem do Presidente do Supremo Tribunal Federal a ser remetida ao Congresso Nacional, por ocasião da abertura da sessão legislativa.
§ 5º O Ministro do Superior Tribunal de Justiça exercerá a função de Ministro-Corregedor e ficará excluído da distribuição de processos no Tribunal, competindo-lhe, além das atribuições que lhe forem conferidas pelo Estatuto da Magistratura, as seguintes:
I receber as reclamações e denúncias, de qualquer interessado, relativas aos magistrados e aos serviços judiciários;
II exercer funções executivas do Conselho, de inspeção e de correição geral;
III requisitar e designar magistrados, delegando-lhes atribuições, e requisitar servidores de juízos ou tribunais, inclusive nos Estados, Distrito Federal e Territórios.
§ 6º Junto ao Conselho oficiarão o Procurador-Geral da República e o Presidente do Conselho Federal da Ordem dos Advogados do Brasil.
§ 7º A União, inclusive no Distrito Federal e nos Territórios, criará ouvidorias de justiça, competentes para receber reclamações e denúncias de qualquer interessado contra membros ou órgãos do Poder Judiciário, ou contra seus serviços auxiliares, representando diretamente ao Conselho Nacional de Justiça.

Seção III
Do Superior Tribunal de Justiça

Art. 104. *O Superior Tribunal de Justiça compõe-se de, no mínimo, trinta e três Ministros.*
Parágrafo único. Os Ministros do Superior Tribunal de Justiça serão nomeados pelo Presidente da República, dentre brasileiros com mais de trinta e cinco e menos de sessenta e cinco anos, de notável saber jurídico e reputação ilibada, depois de aprovada a escolha pela maioria absoluta do Senado Federal, sendo: (Redação dada pela Emenda Constitucional nº 45, de 2004)
I - um terço dentre juízes dos Tribunais Regionais Federais e um terço dentre desembargadores dos Tribunais de Justiça, indicados em lista tríplice elaborada pelo próprio Tribunal;
II - um terço, em partes iguais, dentre advogados e membros do Ministério Público Federal, Estadual, do Distrito Federal e Territórios, alternadamente, indicados na forma do art. 94.

Art. 105. *Compete ao Superior Tribunal de Justiça:*
I - processar e julgar, originariamente:
a) nos crimes comuns, os Governadores dos Estados e do Distrito Federal, e, nestes e nos de responsabilidade, os desembargadores dos Tribunais de Justiça dos Estados e do Distrito Federal, os membros dos Tribunais de Contas dos Estados e do Distrito Federal, os dos Tribunais Regionais Federais, dos Tribunais Regionais Eleitorais e do Trabalho, os membros dos Conselhos ou Tribunais de Contas dos Municípios e os do Ministério Público da União que oficiem perante tribunais;
b) os mandados de segurança e os habeas data contra ato de Ministro de Estado, dos Comandantes da Marinha, do Exército e da Aeronáutica ou do próprio Tribunal;
c) os habeas corpus, quando o coator ou paciente for qualquer das pessoas mencionadas na alínea "a", ou quando o coator for tribunal sujeito à sua jurisdição, Ministro de Estado ou Comandante da Marinha, do Exército ou da Aeronáutica, ressalvada a competência da Justiça Eleitoral;
d) os conflitos de competência entre quaisquer tribunais, ressalvado o disposto no art. 102, I, "o", bem como entre tribunal e juízes a ele não vinculados e entre juízes vinculados a tribunais diversos;
e) as revisões criminais e as ações rescisórias de seus julgados;
f) a reclamação para a preservação de sua competência e garantia da autoridade de suas decisões;
g) os conflitos de atribuições entre autoridades administrativas e judiciárias da União, ou entre autoridades judiciárias de um Estado e administrativas de outro ou do Distrito Federal, ou entre as deste e da União;
h) o mandado de injunção, quando a elaboração da norma regulamentadora for atribuição de órgão, entidade ou autoridade federal, da administração direta ou indireta, excetuados os casos de competência do Supremo Tribunal Federal e dos órgãos da Justiça Militar, da Justiça Eleitoral, da Justiça do Trabalho e da Justiça Federal;
i) a homologação de sentenças estrangeiras e a concessão de exequatur às cartas rogatórias;
II - julgar, em recurso ordinário:
a) os "habeas-corpus" decididos em única ou última instância pelos Tribunais Regionais Federais ou pelos tribunais dos Estados, do Distrito Federal e Territórios, quando a decisão for denegatória;
b) os mandados de segurança decididos em única instância pelos Tribunais Regionais Federais ou pelos tribunais dos Estados, do Distrito Federal e Territórios, quando denegatória a decisão;
c) as causas em que forem partes Estado estrangeiro ou organismo internacional, de um lado, e, do outro, Município ou pessoa residente ou domiciliada no País;
III - julgar, em recurso especial, as causas decididas, em única ou última instância, pelos Tribunais Regionais Federais ou pelos tribunais dos Estados, do Distrito Federal e Territórios, quando a decisão recorrida:
a) contrariar tratado ou lei federal, ou negar-lhes vigência;
b) julgar válido ato de governo local contestado em face de lei federal; (Redação dada pela Emenda Constitucional nº 45, de 2004)
c) der a lei federal interpretação divergente da que lhe haja atribuído outro tribunal.
Parágrafo único. Funcionarão junto ao Superior Tribunal de Justiça: (Redação dada pela Emenda Constitucional nº 45, de 2004)
I - a Escola Nacional de Formação e Aperfeiçoamento de Magistrados, cabendo-lhe, dentre outras funções, regulamentar os cursos oficiais para o ingresso e promoção na carreira; (Incluído pela Emenda Constitucional nº 45, de 2004)

II - o Conselho da Justiça Federal, cabendo-lhe exercer, na forma da lei, a supervisão administrativa e orçamentária da Justiça Federal de primeiro e segundo graus, como órgão central do sistema e com poderes correicionais, cujas decisões terão caráter vinculante. (Incluído pela Emenda Constitucional nº 45, de 2004)

Seção IV
Dos Tribunais Regionais Federais e dos Juízes Federais

Art. 106. *São órgãos da Justiça Federal:*
I - os Tribunais Regionais Federais;
II - os Juízes Federais.

Art. 107. *Os Tribunais Regionais Federais compõem-se de, no mínimo, sete juízes, recrutados, quando possível, na respectiva região e nomeados pelo Presidente da República dentre brasileiros com mais de trinta e menos de sessenta e cinco anos, sendo:*
I - um quinto dentre advogados com mais de dez anos de efetiva atividade profissional e membros do Ministério Público Federal com mais de dez anos de carreira;
II - os demais, mediante promoção de juízes federais com mais de cinco anos de exercício, por antiguidade e merecimento, alternadamente.
§ 1º A lei disciplinará a remoção ou a permuta de juízes dos Tribunais Regionais Federais e determinará sua jurisdição e sede. (Renumerado pela Emenda Constitucional nº 45, de 2004)
§ 2º Os Tribunais Regionais Federais instalarão a justiça itinerante, com a realização de audiências e demais funções da atividade jurisdicional, nos limites territoriais da respectiva jurisdição, servindo-se de equipamentos públicos e comunitários. (Incluído pela Emenda Constitucional nº 45, de 2004)
§ 3º Os Tribunais Regionais Federais poderão funcionar descentralizadamente, constituindo Câmaras regionais, a fim de assegurar o pleno acesso do jurisdicionado à justiça em todas as fases do processo. (Incluído pela Emenda Constitucional nº 45, de 2004)

Art. 108. *Compete aos Tribunais Regionais Federais:*
I - processar e julgar, originariamente:
a) os juízes federais da área de sua jurisdição, incluídos os da Justiça Militar e da Justiça do Trabalho, nos crimes comuns e de responsabilidade, e os membros do Ministério Público da União, ressalvada a competência da Justiça Eleitoral;
b) as revisões criminais e as ações rescisórias de julgados seus ou dos juízes federais da região;
c) os mandados de segurança e os "habeas-data" contra ato do próprio Tribunal ou de juiz federal;
d) os "habeas-corpus", quando a autoridade coatora for juiz federal;
e) os conflitos de competência entre juízes federais vinculados ao Tribunal;
II - julgar, em grau de recurso, as causas decididas pelos juízes federais e pelos juízes estaduais no exercício da competência federal da área de sua jurisdição.

Art. 109. *Aos juízes federais compete processar e julgar:*
I - as causas em que a União, entidade autárquica ou empresa pública federal forem interessadas na condição de autoras, rés, assistentes ou oponentes, exceto as de falência, as de acidentes de trabalho e as sujeitas à Justiça Eleitoral e à Justiça do Trabalho;
II - as causas entre Estado estrangeiro ou organismo internacional e Município ou pessoa domiciliada ou residente no País;
III - as causas fundadas em tratado ou contrato da União com Estado estrangeiro ou organismo internacional;
IV - os crimes políticos e as infrações penais praticadas em detrimento de bens, serviços ou interesse da União ou de suas entidades autárquicas ou empresas públicas, excluídas as contravenções e ressalvada a competência da Justiça Militar e da Justiça Eleitoral;
V - os crimes previstos em tratado ou convenção internacional, quando, iniciada a execução no País, o resultado tenha ou devesse ter ocorrido no estrangeiro, ou reciprocamente;
V-A as causas relativas a direitos humanos a que se refere o § 5º deste artigo;
VI - os crimes contra a organização do trabalho e, nos casos determinados por lei, contra o sistema financeiro e a ordem econômico-financeira;
VII - os "habeas-corpus", em matéria criminal de sua competência ou quando o constrangimento provier de autoridade cujos atos não estejam diretamente sujeitos a outra jurisdição;
VIII - os mandados de segurança e os "habeas-data" contra ato de autoridade federal, excetuados os casos de competência dos tribunais federais;
IX - os crimes cometidos a bordo de navios ou aeronaves, ressalvada a competência da Justiça Militar;
X - os crimes de ingresso ou permanência irregular de estrangeiro, a execução de carta rogatória, após o "exequatur", e de sentença estrangeira, após a homologação, as causas referentes à nacionalidade, inclusive a respectiva opção, e à naturalização;
XI - a disputa sobre direitos indígenas.
§ 1º - As causas em que a União for autora serão aforadas na seção judiciária onde tiver domicílio a outra parte.
§ 2º - As causas intentadas contra a União poderão ser aforadas na seção judiciária em que for domiciliado o autor, naquela onde houver ocorrido o ato ou fato que deu origem à demanda ou onde esteja situada a coisa, ou, ainda, no Distrito Federal.
§ 3º - Serão processadas e julgadas na justiça estadual, no foro do domicílio dos segurados ou beneficiários, as causas em que forem parte instituição de previdência social e segurado, sempre que a comarca não seja sede de vara do juízo federal, e, se verificada essa condição, a lei poderá permitir que outras causas sejam também processadas e julgadas pela justiça estadual.
§ 4º - Na hipótese do parágrafo anterior, o recurso cabível será sempre para o Tribunal Regional Federal na área de jurisdição do juiz de primeiro grau.
§ 5º Nas hipóteses de grave violação de direitos humanos, o Procurador-Geral da República, com a finalidade de assegurar o cumprimento de obrigações decorrentes de tratados internacionais de direitos humanos dos quais o Brasil seja parte, poderá suscitar, perante o Superior Tribunal de Justiça, em qualquer fase do inquérito ou processo, incidente de deslocamento de competência para a Justiça Federal. (Incluído pela Emenda Constitucional nº 45, de 2004)

Art. 110. *Cada Estado, bem como o Distrito Federal, constituirá uma seção judiciária que terá por sede a respectiva Capital, e varas localizadas segundo o estabelecido em lei.*

Parágrafo único. Nos Territórios Federais, a jurisdição e as atribuições cometidas aos juízes federais caberão aos juízes da justiça local, na forma da lei.

Seção V
Dos Tribunais e Juízes do Trabalho

Art. 111. *São órgãos da Justiça do Trabalho:*
I - o Tribunal Superior do Trabalho;
II - os Tribunais Regionais do Trabalho;
III - Juízes do Trabalho. (Redação dada pela Emenda Constitucional nº 24, de 1999)
§ 1º (Revogado pela Emenda Constitucional nº 45, de 2004)
§ 2º - (Revogado pela Emenda Constitucional nº 45, de 2004)
§ 3º - (Revogado pela Emenda Constitucional nº 45, de 2004)

Art. 111-A. *O Tribunal Superior do Trabalho compor-se-á de vinte e sete Ministros, escolhidos dentre brasileiros com mais de trinta e cinco e menos de sessenta e cinco anos, nomeados pelo Presidente da República após aprovação pela maioria absoluta do Senado Federal, sendo:*
I - um quinto dentre advogados com mais de dez anos de efetiva atividade profissional e membros do Ministério Público do Trabalho com mais de dez anos de efetivo exercício, observado o disposto no art. 94;
II - os demais dentre juízes dos Tribunais Regionais do Trabalho, oriundos da magistratura da carreira, indicados pelo próprio Tribunal Superior.
§ 1º - A lei disporá sobre a competência do Tribunal Superior do Trabalho.
§ 2º - Funcionarão junto ao Tribunal Superior do Trabalho:
I - a Escola Nacional de Formação e Aperfeiçoamento de Magistrados do Trabalho, cabendo-lhe, dentre outras funções, regulamentar os cursos oficiais para o ingresso e promoção na carreira;
II - o Conselho Superior da Justiça do Trabalho, cabendo-lhe exercer, na forma da lei, a supervisão administrativa, orçamentária, financeira e patrimonial da Justiça do Trabalho de primeiro e segundo graus, como órgão central do sistema, cujas decisões terão efeito vinculante.

Art. 112. *A lei criará varas da Justiça do Trabalho, podendo, nas comarcas não abrangidas por sua jurisdição, atribuí-la aos juízes de direito, com recurso para o respectivo Tribunal Regional do Trabalho. (Redação dada pela Emenda Constitucional nº 45, de 2004)*

Art. 113. *A lei disporá sobre a constituição, investidura, jurisdição, competência, garantias e condições de exercício dos órgãos da Justiça do Trabalho. (Redação dada pela Emenda Constitucional nº 24, de 1999)*

Art. 114. *Compete à Justiça do Trabalho processar e julgar: (Redação dada pela Emenda Constitucional nº 45, de 2004)*
I - as ações oriundas da relação de trabalho, abrangidos os entes de direito público externo e da administração pública direta e indireta da União, dos Estados, do Distrito Federal e dos Municípios; (Incluído pela Emenda Constitucional nº 45, de 2004)
II - as ações que envolvam exercício do direito de greve; (Incluído pela Emenda Constitucional nº 45, de 2004)
III - as ações sobre representação sindical, entre sindicatos, entre sindicatos e trabalhadores, e entre sindicatos e empregadores; (Incluído pela Emenda Constitucional nº 45, de 2004)
IV - os mandados de segurança, habeas corpus e habeas data, quando o ato questionado envolver matéria sujeita à sua jurisdição; (Incluído pela Emenda Constitucional nº 45, de 2004)
V - os conflitos de competência entre órgãos com jurisdição trabalhista, ressalvado o disposto no art. 102, I, o; (Incluído pela Emenda Constitucional nº 45, de 2004)
VI - as ações de indenização por dano moral ou patrimonial, decorrentes da relação de trabalho; (Incluído pela Emenda Constitucional nº 45, de 2004)
VII - as ações relativas às penalidades administrativas impostas aos empregadores pelos órgãos de fiscalização das relações de trabalho; (Incluído pela Emenda Constitucional nº 45, de 2004)
VIII - a execução, de ofício, das contribuições sociais previstas no art. 195, I, a, e II, e seus acréscimos legais, decorrentes das sentenças que proferir; (Incluído pela Emenda Constitucional nº 45, de 2004)
IX - outras controvérsias decorrentes da relação de trabalho, na forma da lei. (Incluído pela Emenda Constitucional nº 45, de 2004)
§ 1º - Frustrada a negociação coletiva, as partes poderão eleger árbitros.
§ 2º - Recusando-se qualquer das partes à negociação coletiva ou à arbitragem, é facultado às mesmas, de comum acordo, ajuizar dissídio coletivo de natureza econômica, podendo a Justiça do Trabalho decidir o conflito, respeitadas as disposições mínimas legais de proteção ao trabalho, bem como as convencionadas anteriormente. (Redação dada pela Emenda Constitucional nº 45, de 2004)
§ 3º - Em caso de greve em atividade essencial, com possibilidade de lesão do interesse público, o Ministério Público do Trabalho poderá ajuizar dissídio coletivo, competindo à Justiça do Trabalho decidir o conflito. (Redação dada pela Emenda Constitucional nº 45, de 2004)

Art. 115. *Os Tribunais Regionais do Trabalho compõem-se de, no mínimo, sete juízes, recrutados, quando possível, na respectiva região, e nomeados pelo Presidente da República dentre brasileiros com mais de trinta e menos de sessenta e cinco anos, sendo: (Redação dada pela Emenda Constitucional nº 45, de 2004)*
I - um quinto dentre advogados com mais de dez anos de efetiva atividade profissional e membros do Ministério Público do Trabalho com mais de dez anos de efetivo exercício, observado o disposto no art. 94;
II - os demais, mediante promoção de juízes do trabalho por antiguidade e merecimento, alternadamente.
§ 1º - Os Tribunais Regionais do Trabalho instalarão a justiça itinerante, com a realização de audiências e demais funções de atividade jurisdicional, nos limites territoriais da respectiva jurisdição, servindo-se de equipamentos públicos e comunitários.
§ 2º - Os Tribunais Regionais do Trabalho poderão funcionar descentralizadamente, constituindo Câmaras regionais, a fim de assegurar o pleno acesso do jurisdicionado à justiça em todas as fases do processo.

Art. 116. *Nas Varas do Trabalho, a jurisdição será exercida por um juiz singular.*
Parágrafo único. (Revogado)

Art. 117. *(Revogado pela Emenda Constitucional nº 24, de 1999)*

Seção VI
Dos Tribunais e Juízes Eleitorais

Art. 118. *São órgãos da Justiça Eleitoral:*
I - o Tribunal Superior Eleitoral;
II - os Tribunais Regionais Eleitorais;
III - os Juízes Eleitorais;
IV - as Juntas Eleitorais.

Art. 119. *O Tribunal Superior Eleitoral compor-se-á, no mínimo, de sete membros, escolhidos:*
I - mediante eleição, pelo voto secreto:
a) três juízes dentre os Ministros do Supremo Tribunal Federal;
b) dois juízes dentre os Ministros do Superior Tribunal de Justiça;
II - por nomeação do Presidente da República, dois juízes dentre seis advogados de notável saber jurídico e idoneidade moral, indicados pelo Supremo Tribunal Federal.
Parágrafo único. O Tribunal Superior Eleitoral elegerá seu Presidente e o Vice-Presidente dentre os Ministros do Supremo Tribunal Federal, e o Corregedor Eleitoral dentre os Ministros do Superior Tribunal de Justiça.

Art. 120. *Haverá um Tribunal Regional Eleitoral na Capital de cada Estado e no Distrito Federal.*
§ 1º - Os Tribunais Regionais Eleitorais compor-se-ão:
I - mediante eleição, pelo voto secreto:
a) de dois juízes dentre os desembargadores do Tribunal de Justiça;
b) de dois juízes, dentre juízes de direito, escolhidos pelo Tribunal de Justiça;
II - de um juiz do Tribunal Regional Federal com sede na Capital do Estado ou no Distrito Federal, ou, não havendo, de juiz federal, escolhido, em qualquer caso, pelo Tribunal Regional Federal respectivo;
III - por nomeação, pelo Presidente da República, de dois juízes dentre seis advogados de notável saber jurídico e idoneidade moral, indicados pelo Tribunal de Justiça.
§ 2º - O Tribunal Regional Eleitoral elegerá seu Presidente e o Vice-Presidente- dentre os desembargadores.

Art. 121. *Lei complementar disporá sobre a organização e competência dos tribunais, dos juízes de direito e das juntas eleitorais.*
§ 1º - Os membros dos tribunais, os juízes de direito e os integrantes das juntas eleitorais, no exercício de suas funções, e no que lhes for aplicável, gozarão de plenas garantias e serão inamovíveis.
§ 2º - Os juízes dos tribunais eleitorais, salvo motivo justificado, servirão por dois anos, no mínimo, e nunca por mais de dois biênios consecutivos, sendo os substitutos escolhidos na mesma ocasião e pelo mesmo processo, em número igual para cada categoria.
§ 3º - São irrecorríveis as decisões do Tribunal Superior Eleitoral, salvo as que contrariarem esta Constituição e as denegatórias de "habeas-corpus" ou mandado de segurança.
§ 4º - Das decisões dos Tribunais Regionais Eleitorais somente caberá recurso quando:
I - forem proferidas contra disposição expressa desta Constituição ou de lei;
II - ocorrer divergência na interpretação de lei entre dois ou mais tribunais eleitorais;
III - versarem sobre inelegibilidade ou expedição de diplomas nas eleições federais ou estaduais;
IV - anularem diplomas ou decretarem a perda de mandatos eletivos federais ou estaduais;
V - denegarem "habeas-corpus", mandado de segurança, "habeas-data" ou mandado de injunção.

Seção VII
Dos Tribunais e Juízes Militares

Art. 122. *São órgãos da Justiça Militar:*
I - o Superior Tribunal Militar;
II - os Tribunais e Juízes Militares instituídos por lei.

Art. 123. *O Superior Tribunal Militar compor-se-á de quinze Ministros vitalícios, nomeados pelo Presidente da República, depois de aprovada a indicação pelo Senado Federal, sendo três dentre oficiais-generais da Marinha, quatro dentre oficiais-generais do Exército, três dentre oficiais-generais da Aeronáutica, todos da ativa e do posto mais elevado da carreira, e cinco dentre civis.*
Parágrafo único. Os Ministros civis serão escolhidos pelo Presidente da República dentre brasileiros maiores de trinta e cinco anos, sendo:
I - três dentre advogados de notório saber jurídico e conduta ilibada, com mais de dez anos de efetiva atividade profissional;
II - dois, por escolha paritária, dentre juízes auditores e membros do Ministério Público da Justiça Militar.

Art. 124. *à Justiça Militar compete processar e julgar os crimes militares definidos em lei.*
Parágrafo único. A lei disporá sobre a organização, o funcionamento e a competência da Justiça Militar.

Seção VIII
Dos Tribunais e Juízes dos Estados

Art. 125. *Os Estados organizarão sua Justiça, observados os princípios estabelecidos nesta Constituição.*
§ 1º - A competência dos tribunais será definida na Constituição do Estado, sendo a lei de organização judiciária de iniciativa do Tribunal de Justiça.
§ 2º - Cabe aos Estados a instituição de representação de inconstitucionalidade de leis ou atos normativos estaduais ou municipais em face da Constituição Estadual, vedada a atribuição da legitimação para agir a um único órgão.
§ 3º - A lei estadual poderá criar, mediante proposta do Tribunal de Justiça, a Justiça Militar estadual, constituída, em primeiro grau, pelos juízes de direito e pelos Conselhos de Justiça e, em segundo grau, pelo próprio Tribunal de Justiça, ou por Tribunal de Justiça Militar nos Estados em que o efetivo militar seja superior a vinte mil integrantes. (Redação dada pela Emenda Constitucional nº 45, de 2004)
§ 4º - Compete à Justiça Militar estadual processar e julgar os militares dos Estados, nos crimes militares definidos em lei e as ações judiciais contra atos disciplinares militares, ressalvada a competência do júri quando a vítima for civil, cabendo ao tribunal competente decidir sobre a perda do posto e da patente dos oficiais e da graduação das praças. (Redação dada pela Emenda Constitucional nº 45, de 2004)

§ 5º - Compete aos juízes de direito do juízo militar processar e julgar, singularmente, os crimes militares cometidos contra civis e as ações judiciais contra atos disciplinares militares, cabendo ao Conselho de Justiça, sob a presidência de juiz de direito, processar e julgar os demais crimes militares. (Incluído pela Emenda Constitucional nº 45, de 2004)

§ 6º - O Tribunal de Justiça poderá funcionar descentralizadamente, constituindo Câmaras regionais, a fim de assegurar o pleno acesso do jurisdicionado à justiça em todas as fases do processo. (Incluído pela Emenda Constitucional nº 45, de 2004)

§ 7º - O Tribunal de Justiça instalará a justiça itinerante, com a realização de audiências e demais funções da atividade jurisdicional, nos limites territoriais da respectiva jurisdição, servindo-se de equipamentos públicos e comunitários. (Incluído pela Emenda Constitucional nº 45, de 2004)

Art. 126. *Para dirimir conflitos fundiários, o Tribunal de Justiça proporá a criação de varas especializadas, com competência exclusiva para questões agrárias. (Redação dada pela Emenda Constitucional nº 45, de 2004)*

Parágrafo único. Sempre que necessário à eficiente prestação jurisdicional, o juiz far-se-á presente no local do litígio.

Capítulo IV
Das Funções Essenciais à Justiça
Seção I
Do Ministério Público

Art. 127. *O Ministério Público é instituição permanente, essencial à função jurisdicional do Estado, incumbindo-lhe a defesa da ordem jurídica, do regime democrático e dos interesses sociais e individuais indisponíveis.*

§ 1º - São princípios institucionais do Ministério Público a unidade, a indivisibilidade e a independência funcional.

§ 2º - Ao Ministério Público é assegurada autonomia funcional e administrativa, podendo, observado o disposto no art. 169, propor ao Poder Legislativo a criação e extinção de seus cargos e serviços auxiliares, provendo-os por concurso público de provas ou de provas e títulos, a política remuneratória e os planos de carreira; a lei disporá sobre sua organização e funcionamento.

§ 3º - O Ministério Público elaborará sua proposta orçamentária dentro dos limites estabelecidos na lei de diretrizes orçamentárias.

§ 4º - Se o Ministério Público não encaminhar a respectiva proposta orçamentária dentro do prazo estabelecido na lei de diretrizes orçamentárias, o Poder Executivo considerará, para fins de consolidação da proposta orçamentária anual, os valores aprovados na lei orçamentária vigente, ajustados de acordo com os limites estipulados na forma do § 3º. (Incluído pela Emenda Constitucional nº 45, de 2004)

§ 5º - Se a proposta orçamentária de que trata este artigo for encaminhada em desacordo com os limites estipulados na forma do § 3º, o Poder Executivo procederá aos ajustes necessários para fins de consolidação da proposta orçamentária anual. (Incluído pela Emenda Constitucional nº 45, de 2004)

§ 6º - Durante a execução orçamentária do exercício, não poderá haver a realização de despesas ou a assunção de obrigações que extrapolem os limites estabelecidos na lei de diretrizes orçamentárias, exceto se previamente autorizadas, mediante a abertura de créditos suplementares ou especiais. (Incluído pela Emenda Constitucional nº 45, de 2004)

Art. 128. *O Ministério Público abrange:*

I - o Ministério Público da União, que compreende:

a) o Ministério Público Federal;

b) o Ministério Público do Trabalho;

c) o Ministério Público Militar;

d) o Ministério Público do Distrito Federal e Territórios;

II - os Ministérios Públicos dos Estados.

§ 1º - O Ministério Público da União tem por chefe o Procurador-Geral da República, nomeado pelo Presidente da República dentre integrantes da carreira, maiores de trinta e cinco anos, após a aprovação de seu nome pela maioria absoluta dos membros do Senado Federal, para mandato de dois anos, permitida a recondução.

§ 2º - A destituição do Procurador-Geral da República, por iniciativa do Presidente da República, deverá ser precedida de autorização da maioria absoluta do Senado Federal.

§ 3º - Os Ministérios Públicos dos Estados e o do Distrito Federal e Territórios formarão lista tríplice dentre integrantes da carreira, na forma da lei respectiva, para escolha de seu Procurador-Geral, que será nomeado pelo Chefe do Poder Executivo, para mandato de dois anos, permitida uma recondução.

§ 4º - Os Procuradores-Gerais nos Estados e no Distrito Federal e Territórios poderão ser destituídos por deliberação da maioria absoluta do Poder Legislativo, na forma da lei complementar respectiva.

§ 5º - Leis complementares da União e dos Estados, cuja iniciativa é facultada aos respectivos Procuradores-Gerais, estabelecerão a organização, as atribuições e o estatuto de cada Ministério Público, observadas, relativamente a seus membros:

I - as seguintes garantias:

a) vitaliciedade, após dois anos de exercício, não podendo perder o cargo senão por sentença judicial transitada em julgado;

b) inamovibilidade, salvo por motivo de interesse público, mediante decisão do órgão colegiado competente do Ministério Público, pelo voto da maioria absoluta de seus membros, assegurada ampla defesa; (Redação dada pela Emenda Constitucional nº 45, de 2004)

c) irredutibilidade de subsídio, fixado na forma do art. 39, § 4º, e ressalvado o disposto nos arts. 37, X e XI, 150, II, 153, III, 153, § 2º, I; (Redação dada pela Emenda Constitucional nº 19, de 1998)

II - as seguintes vedações:

a) receber, a qualquer título e sob qualquer pretexto, honorários, percentagens ou custas processuais;

b) exercer a advocacia;

c) participar de sociedade comercial, na forma da lei;

d) exercer, ainda que em disponibilidade, qualquer outra função pública, salvo uma de magistério;

e) exercer atividade político-partidária; (Redação dada pela Emenda Constitucional nº 45, de 2004)

f) receber, a qualquer título ou pretexto, auxílios ou contribuições de pessoas físicas, entidades públicas ou privadas, ressalvadas as exceções previstas em lei. (Incluída pela Emenda Constitucional nº 45, de 2004)

§ 6º - Aplica-se aos membros do Ministério Público o disposto no art. 95, parágrafo único, V.

Art. 129. *São funções institucionais do Ministério Público:*

I - promover, privativamente, a ação penal pública, na forma da lei;

II - zelar pelo efetivo respeito dos Poderes Públicos e dos serviços de relevância pública aos direitos assegurados nesta Constituição, promovendo as medidas necessárias a sua garantia;
III - promover o inquérito civil e a ação civil pública, para a proteção do patrimônio público e social, do meio ambiente e de outros interesses difusos e coletivos;
IV - promover a ação de inconstitucionalidade ou representação para fins de intervenção da União e dos Estados, nos casos previstos nesta Constituição;
V - defender judicialmente os direitos e interesses das populações indígenas;
VI - expedir notificações nos procedimentos administrativos de sua competência, requisitando informações e documentos para instruí-los, na forma da lei complementar respectiva;
VII - exercer o controle externo da atividade policial, na forma da lei complementar mencionada no artigo anterior;
VIII - requisitar diligências investigatórias e a instauração de inquérito policial, indicados os fundamentos jurídicos de suas manifestações processuais;
IX - exercer outras funções que lhe forem conferidas, desde que compatíveis com sua finalidade, sendo-lhe vedada a representação judicial e a consultoria jurídica de entidades públicas.
§ 1º - A legitimação do Ministério Público para as ações civis previstas neste artigo não impede a de terceiros, nas mesmas hipóteses, segundo o disposto nesta Constituição e na lei.
§ 2º - As funções do Ministério Público só podem ser exercidas por integrantes da carreira, que deverão residir na comarca da respectiva lotação, salvo autorização do chefe da instituição. (Redação dada pela Emenda Constitucional nº 45, de 2004)
§ 3º - O ingresso na carreira do Ministério Público far-se-á mediante concurso público de provas e títulos, assegurada a participação da Ordem dos Advogados do Brasil em sua realização, exigindo-se do bacharel em direito, no mínimo, três anos de atividade jurídica e observando-se, nas nomeações, a ordem de classificação. (Redação dada pela Emenda Constitucional nº 45, de 2004)
§ 4º - Aplica-se ao Ministério Público, no que couber, o disposto no art. 93. (Redação dada pela Emenda Constitucional nº 45, de 2004)
§ 5º - A distribuição de processos no Ministério Público será imediata. (Incluído pela Emenda Constitucional nº 45, de 2004)

Art. 130. *Aos membros do Ministério Público junto aos Tribunais de Contas aplicam-se as disposições desta seção pertinentes a direitos, vedações e forma de investidura.*

Art. 130-A. *O Conselho Nacional do Ministério Público compõe-se de quatorze membros nomeados pelo Presidente da República, depois de aprovada a escolha pela maioria absoluta do Senado Federal, para um mandato de dois anos, admitida uma recondução, sendo: (Incluído pela Emenda Constitucional nº 45, de 2004)*
I - o Procurador-Geral da República, que o preside;
II - quatro membros do Ministério Público da União, assegurada a representação de cada uma de suas carreiras;
III - três membros do Ministério Público dos Estados;
IV - dois juízes, indicados um pelo Supremo Tribunal Federal e outro pelo Superior Tribunal de Justiça;
V - dois advogados, indicados pelo Conselho Federal da Ordem dos Advogados do Brasil;
VI - dois cidadãos de notável saber jurídico e reputação ilibada, indicados um pela Câmara dos Deputados e outro pelo Senado Federal.
§ 1º - Os membros do Conselho oriundos do Ministério Público serão indicados pelos respectivos Ministérios Públicos, na forma da lei.
§ 2º - Compete ao Conselho Nacional do Ministério Público o controle da atuação administrativa e financeira do Ministério Público e do cumprimento dos deveres funcionais de seus membros, cabendo-lhe:
I - zelar pela autonomia funcional e administrativa do Ministério Público, podendo expedir atos regulamentares, no âmbito de sua competência, ou recomendar providências;
II - zelar pela observância do art. 37 e apreciar, de ofício ou mediante provocação, a legalidade dos atos administrativos praticados por membros ou órgãos do Ministério Público da União e dos Estados, podendo desconstituí-los, revê-los ou fixar prazo para que se adotem as providências necessárias ao exato cumprimento da lei, sem prejuízo da competência dos Tribunais de Contas;
III - receber e conhecer das reclamações contra membros ou órgãos do Ministério Público da União ou dos Estados, inclusive contra seus serviços auxiliares, sem prejuízo da competência disciplinar e correicional da instituição, podendo avocar processos disciplinares em curso, determinar a remoção, a disponibilidade ou a aposentadoria com subsídios ou proventos proporcionais ao tempo de serviço e aplicar outras sanções administrativas, assegurada ampla defesa;
IV - rever, de ofício ou mediante provocação, os processos disciplinares de membros do Ministério Público da União ou dos Estados julgados há menos de um ano;
V - elaborar relatório anual, propondo as providências que julgar necessárias sobre a situação do Ministério Público no País e as atividades do Conselho, o qual deve integrar a mensagem prevista no art. 84, XI.
§ 3º - O Conselho escolherá, em votação secreta, um Corregedor nacional, dentre os membros do Ministério Público que o integram, vedada a recondução, competindo-lhe, além das atribuições que lhe forem conferidas pela lei, as seguintes:
I - receber reclamações e denúncias, de qualquer interessado, relativas aos membros do Ministério Público e dos seus serviços auxiliares;
II - exercer funções executivas do Conselho, de inspeção e correição geral;
III - requisitar e designar membros do Ministério Público, delegando-lhes atribuições, e requisitar servidores de órgãos do Ministério Público.
§ 4º - O Presidente do Conselho Federal da Ordem dos Advogados do Brasil oficiará junto ao Conselho.
§ 5º - Leis da União e dos Estados criarão ouvidorias do Ministério Público, competentes para receber reclamações e denúncias de qualquer interessado contra membros ou órgãos do Ministério Público, inclusive contra seus serviços auxiliares, representando diretamente ao Conselho Nacional do Ministério Público.

Seção II
Da Advocacia Pública

(Redação dada pela Emenda Constitucional nº 19, de 1998)

Art. 131. *A Advocacia-Geral da União é a instituição que, diretamente ou através de órgão vinculado, representa a União, judicial e extrajudicialmente, cabendo-lhe, nos termos da lei complementar que dispuser sobre sua organização e funcionamento, as atividades de consultoria e assessoramento jurídico do Poder Executivo.*
§ 1º - A Advocacia-Geral da União tem por chefe o Advogado-Geral da União, de livre nomeação pelo Presidente da República

dentre cidadãos maiores de trinta e cinco anos, de notável saber jurídico e reputação ilibada.
§ 2º - O ingresso nas classes iniciais das carreiras da instituição de que trata este artigo far-se-á mediante concurso público de provas e títulos.
§ 3º - Na execução da dívida ativa de natureza tributária, a representação da União cabe à Procuradoria-Geral da Fazenda Nacional, observado o disposto em lei.

***Art. 132.** Os Procuradores dos Estados e do Distrito Federal, organizados em carreira, na qual o ingresso dependerá de concurso público de provas e títulos, com a participação da Ordem dos Advogados do Brasil em todas as suas fases, exercerão a representação judicial e a consultoria jurídica das respectivas unidades federadas. (Redação dada pela Emenda Constitucional nº 19, de 1998)*
Parágrafo único. Aos procuradores referidos neste artigo é assegurada estabilidade após três anos de efetivo exercício, mediante avaliação de desempenho perante os órgãos próprios, após relatório circunstanciado das corregedorias.

Seção III
Da Advocacia e da Defensoria Pública

***Art. 133.** O advogado é indispensável à administração da justiça, sendo inviolável por seus atos e manifestações no exercício da profissão, nos limites da lei.*

***Art. 134.** A Defensoria Pública é instituição permanente, essencial à função jurisdicional do Estado, incumbindo-lhe, como expressão e instrumento do regime democrático, fundamentalmente, a orientação jurídica, a promoção dos direitos humanos e a defesa, em todos os graus, judicial e extrajudicial, dos direitos individuais e coletivos, de forma integral e gratuita, aos necessitados, na forma do inciso LXXIV do art. 5º desta Constituição Federal. (Redação dada pela Emenda Constitucional nº 80, de 2014)*
§ 1º - Lei complementar organizará a Defensoria Pública da União e do Distrito Federal e dos Territórios e prescreverá normas gerais para sua organização nos Estados, em cargos de carreira, providos, na classe inicial, mediante concurso público de provas e títulos, assegurada a seus integrantes a garantia da inamovibilidade e vedado o exercício da advocacia fora das atribuições institucionais. (Renumerado pela Emenda Constitucional nº 45, de 2004)
§ 2º - Às Defensorias Públicas Estaduais são asseguradas autonomia funcional e administrativa e a iniciativa de sua proposta orçamentária dentro dos limites estabelecidos na lei de diretrizes orçamentárias e subordinação ao disposto no art. 99, § 2º. (Incluído pela Emenda Constitucional nº 45, de 2004)
§ 3º Aplica-se o disposto no § 2º às Defensorias Públicas da União e do Distrito Federal. (Incluído pela Emenda Constitucional nº 74, de 2013)
§ 4º São princípios institucionais da Defensoria Pública a unidade, a indivisibilidade e a independência funcional, aplicando-se também, no que couber, o disposto no art. 93 e no inciso II do art. 96 desta Constituição Federal. (Incluído pela Emenda Constitucional nº 80, de 2014)

***Art. 135.** Os servidores integrantes das carreiras disciplinadas nas Seções II e III deste Capítulo serão remunerados na forma do art. 39, § 4º.*

Exercícios de Fixação

01. Identifique a alternativa que contém órgãos não pertencentes ao Poder Judiciário:
a) Supremo Tribunal Federal; Superior Tribunal de Justiça.
b) Tribunais Regionais Federais; Juízes Federais.
c) Tribunais e Juízes do Trabalho; Tribunais e Juízes Eleitorais.
d) Tribunal de Contas da União e Tribunais de Impostos e Taxas estaduais.
e) Tribunais e Juízes Militares; Tribunais e Juízes dos Estados e do Distrito Federal e Territórios.

02. Diz o art. 93, IX que "todos os julgamentos dos órgãos do Poder Judiciário serão públicos, e fundamentadas todas as decisões, sob pena de nulidade, podendo a lei, se o interesse público o exigir, limitar a presença, em determinados atos, às próprias partes e a seus advogados, ou somente a estes". Na redação deste dispositivo estão presentes pelo menos dois princípios importantes. Assinale a alternativa que os contém.
a) princípio da publicidade e princípio da motivação.
b) princípio da julgabilidade e princípio da preponderância do interesse público sobre o particular.
c) princípio do devido processo legal e princípio do contraditório.
d) princípio do processo em segredo de justiça e princípio do respeito à privacidade.
e) princípio da nulidade processual e princípio do interesse público.

03. Assinale a alternativa que não contém garantia constitucional assegurada aos juízes:
a) vitaliciedade, que, no primeiro grau, só será adquirida após dois anos de exercício, dependendo a perda do cargo, nesse período, de deliberação do tribunal a que o juiz estiver vinculado, e, nos demais casos, de sentença judicial transitada em julgado.
b) inamovibilidade, salvo por motivo de interesse público, na forma do art. 93, VIII.
c) imunidade tributária em relação ao imposto sobre a renda.
d) irredutibilidade de vencimentos.
e) nenhuma das anteriores.

04. Aos juízes é permitido:
a) exercer, ainda que em disponibilidade, outro cargo ou função.
b) receber, a qualquer título ou pretexto, custas em processo.
c) receber, a qualquer título ou pretexto, participação em processo.
d) exercer uma e apenas uma função de magistério.
e) dedicar-se à atividade político-partidária.

05. Os tribunais poderão declarar a inconstitucionalidade de lei ou ato normativo do Poder Público:

a) pelo voto da maioria relativa de seus membros ou dos membros do respectivo órgão especial.
b) pelo voto da maioria simples de seus membros ou dos membros do respectivo órgão especial.
c) pelo voto da maioria absoluta de seus membros, se a decisão for contra lei federal, e pelo voto da maioria simples de seus membros, se for contra lei estadual ou municipal.
d) apenas mediante recurso extraordinário fundamentado, denegado na instância especial.
e) somente pelo voto da maioria absoluta de seus membros ou dos membros do respectivo órgão especial.

06. Assinale a alternativa correta:

a) a União e os Estados criarão juizados especiais, providos por juízes togados, ou togados e leigos, competentes para a conciliação, o julgamento e a execução das causas cíveis mais complexas e infrações com maior potencial ofensivo, mediante os procedimentos oral e sumaríssimo.
b) a União e os Estados criarão justiça de paz, remunerada, composta de cidadãos eleitos pelo voto direto, universal e secreto, com mandato de quatro anos e competência para, na forma da lei, celebrar casamentos, verificar, de ofício ou em face da impugnação apresentada, o processo de habilitação e exercer atribuições conciliatórias, sem caráter jurisdicional, além de outras previstas na legislação.
c) os pagamentos devidos pela Fazenda Federal, Estadual ou Municipal, em virtude de sentença judiciária, far-se-ão unicamente na ordem de apresentação dos precatórios, inclusive quanto aos créditos de natureza alimentícia, mesmo que a família passe fome.
d) nas dotações orçamentárias e nos créditos adicionais abertos para efetuar os pagamentos devidos pela Fazenda Federal, Estadual ou Municipal, dever-se-á efetuar expressamente a designação de casos e pessoas que, por indicação do Chefe do Executivo ou de membros do Legislativo, terão prioridade em relação à ordem cronológica de apresentação dos precatórios.
e) é proibida a inclusão, no orçamento das entidades de direito público, da verba necessária ao pagamento de seus débitos constantes de precatórios judiciais, devendo o pagamento ser efetuado imediatamente, assim que a sentença desfavorável à Fazenda for proferida, mediante a abertura de créditos adicionais.

07. Não é competência do Supremo Tribunal Federal:

a) processar e julgar, originariamente, a ação direta de constitucionalidade de lei ou ato normativo federal ou estadual e a ação declaratória de constitucionalidade de lei ou ato normativo federal.
b) processar e julgar, originariamente, nas infrações penais comuns, o Presidente da República, o Vice-Presidente, os membros do Congresso Nacional, seus próprios Ministros e o Procurador-Geral da República.
c) processar e julgar, originariamente, o litígio entre Estado estrangeiro ou organismo internacional e a União, o Estado, o Distrito Federal ou o Território.
d) julgar, mediante recurso extraordinário, as causas decididas em única ou última instância, quando a decisão recorrida contrariar dispositivo da Constituição, declarar a inconstitucionalidade de tratado ou lei federal, ou julgar válida lei ou ato de governo local contestado em face da Constituição.
e) apreciar as contas prestadas anualmente pelo Presidente da República, mediante parecer prévio que deverá ser elaborado em sessenta dias a contar de seu recebimento, e fiscalizar a aplicação de quaisquer recursos repassados pela União mediante convênio, acordo, ajuste ou outros instrumentos congêneres, a Estado, ao Distrito Federal ou a Município.

08. É falso afirmar que:

a) o Superior Tribunal de Justiça compõe-se de, no mínimo, trinta e três Ministros, ao passo que os Tribunais Regionais Federais compõem-se de, no mínimo, sete juízes.
b) compete ao Superior Tribunal de Justiça processar e julgar, originariamente, nos crimes comuns, os Governadores dos Estados e do Distrito Federal.
c) a Justiça Eleitoral é órgão competente para processar e julgar os crimes militares definidos em lei.
d) compete ao Superior Tribunal de Justiça processar e julgar, em recurso ordinário, os habeas corpus e os mandados de segurança decididos em única ou última instância pelos Tribunais Regionais Federais ou pelos Tribunais dos Estados, do Distrito Federal e Territórios, quando denegatória a decisão.
e) compete ao Superior Tribunal de Justiça processar e julgar, em recurso especial, as causas decididas em única ou última instância pelos Tribunais Regionais Federais ou pelos Tribunais dos Estados, do Distrito Federal e Territórios, quando a decisão recorrida contrariar tratado ou lei federal, ou negar-lhes vigência.

09. Compete aos Tribunais Regionais Federais:

a) conciliar e julgar os dissídios individuais e coletivos entre trabalhadores e empregadores.
b) processar e julgar os crimes militares definidos em lei.
c) promover o inquérito civil e a ação civil pública, para a proteção do patrimônio público e social, do meio ambiente e de outros interesses difusos e coletivos.
d) julgar, em grau de recurso, as causas decididas pelos juízes federais e pelos juízes estaduais no exercício da competência federal de sua jurisdição.
e) processar e julgar a ação de impugnação de mandato eletivo, instruída com provas de abuso do poder econômico, corrupção ou fraude.

10. Segundo o texto constitucional:

a) as causas em que a União for autora serão aforadas todas no Distrito Federal, devendo o acusado para lá se deslocar, a fim de se defender.
b) as causas intentadas contra a União somente poderão ser aforadas no Distrito Federal, devendo o autor para lá se deslocar, a fim de iniciar o processo.
c) as causas intentadas contra a União deverão ser aforadas nas capitais dos Estados-membros, junto aos Tribunais Regionais Federais, o que de certa forma beneficia o autor, que não precisará se deslocar até o Distrito Federal, e sim, apenas até a capital de seu Estado, que se supõe estar mais próxima.
d) compete aos juízes federais processar e julgar as causas em que a União, entidade autárquica ou empresa pública federal forem interessadas na condição de autoras, rés, assistentes ou oponentes, exceto as de falência, as de acidentes de trabalho e as sujeitas à Justiça Eleitoral e à Justiça do Trabalho, sendo que as causas em que a União for autora serão aforadas na seção judiciária onde tiver domicílio a outra parte, e as causas intentadas contra a União poderão ser aforadas na seção judiciária em que for domiciliado o autor, naquela onde houver ocorrido o ato ou fato que deu origem à demanda ou onde esteja situada a coisa, ou, ainda, no Distrito Federal.
e) a União não poderá figurar como ré em processo judicial, uma vez que os bens da União são indisponíveis, mas poderá figurar como autora, hipótese na qual far-se-á o aforamento na seção judiciária em que a outra parte tiver domicílio, o que a beneficia, pois não precisará se deslocar até o Distrito Federal

11. Analise as proposições seguintes, e a seguir assinale a alternativa correta:

I. Compete à Justiça do Trabalho conciliar e julgar os dissídios individuais e coletivos entre trabalhadores e empregadores.
II. Frustrada a negociação coletiva, as partes poderão eleger árbitros.
III. Recusando-se qualquer das partes à negociação ou à arbitragem, é facultado aos respectivos sindicatos ajuizar dissídio coletivo, podendo a Justiça do Trabalho estabelecer normas e condições, respeitadas as disposições convencionais e legais mínimas de proteção ao trabalho.
IV. A decisão proferida pelo Tribunal Superior do Trabalho é irrecorrível, mesmo que fira matéria constitucional.

a) todas as proposições são falsas.
b) apenas I é falsa.
c) apenas II é falsa.
d) apenas III é falsa.
e) apenas IV é falsa.

12. Não é função institucional do Ministério Público:

a) representar a União, judicial e extrajudicialmente, diretamente ou através de órgão vinculado, bem como providenciar consultoria e assessoria jurídica ao Poder Executivo, nos termos da lei complementar, pois tais tarefas cabem à Advocacia-Geral da União.
b) promover, privativamente, a ação penal pública, na forma da lei.
c) zelar pelo efetivo respeito dos Poderes Públicos e dos serviços de relevância pública aos direitos assegurados nesta Constituição, promovendo as medidas necessárias a sua garantia.
d) promover o inquérito civil e a ação civil pública, para a proteção do patrimônio público e social, do meio ambiente e de outros interesses difusos e coletivos.
e) promover a ação de inconstitucionalidade ou representação para fins de intervenção da União e dos Estados, nos casos previstos nesta Constituição.

13. Com relação aos membros do Ministério Público, assinale a alternativa incorreta:

a) gozam de vitaliciedade, após dois anos de exercício, não podendo perder o cargo senão por sentença judicial transitada em julgado.
b) são inamovíveis, salvo por motivo de interesse público, mediante decisão do órgão colegiado competente do Ministério Público, por voto de dois terços de seus membros, assegurada ampla defesa.
c) têm irredutibilidade de vencimentos.
d) não podem exercer qualquer outra função pública, mesmo que seja função de magistério.
e) não podem receber, a qualquer título e sob qualquer pretexto, honorários, percentagens ou custas processuais; além disso, não podem exercer a advocacia e tampouco participar de sociedade comercial, na forma da lei.

14. Não está de acordo com a Constituição a seguinte afirmativa:

a) a representação da União na execução de dívida ativa de natureza tributária cabe à Procuradoria-Geral da Fazenda Nacional.
b) a presença do advogado nos processos judiciais é facultativa, podendo qualquer autor particular representar-se por si mesmo.
c) a representação judicial dos Estados e do Distrito Federal, assim como a consultoria jurídica dessas unidades federadas cabe aos respectivos Procuradores.
d) a Defensoria Pública é instituição essencial à função jurisdicional do Estado, incumbindo-lhe a orientação jurídica e a defesa, em todos os graus, dos necessitados, na forma do art. 5o, LXXIV.
e) o advogado é indispensável à administração da justiça, sendo inviolável por seus atos e manifestações no exercício da profissão, nos limites da lei.

15. São legitimados para propor a ação direta de inconstitucionalidade:

a) o Presidente da República e o Governador do Estado.
b) a Mesa do Senado Federal, a Mesa da Câmara dos Deputados, a Mesa da Assembleia Legislativa.
c) o Conselho Federal da Ordem dos Advogados do Brasil, partido político com representação no Congresso Nacional e Confederação Sindical ou entidade de classe de âmbito nacional.
d) o Procurador-Geral da República.
e) todas as respostas estão corretas.

16. Há, na Constituição Federal, a previsão de quais formas de controle da constitucionalidade?

a) preventivo; repressivo
b) apenas um sistema composto
c) político; coletivo
d) coletivo; especial
e) comum; especial

17. O controle de constitucionalidade repressivo:

a) é competência exclusiva do Presidente da República.
b) será exercido pelo Legislativo e Judiciário.
c) será exercido apenas pelo Supremo Tribunal Federal, instância correspondente à Suprema Corte.
d) cabe exclusivamente ao Poder Judiciário.
e) é competência concorrente dos três Poderes.

18. O controle preventivo é exercido tanto pelo Poder __________ quanto pelo(s) __________

a) Judiciário; Executivo
b) Executivo; Ministros de Estado
c) Legislativo; Ministros do Supremo Tribunal Federal
d) Executivo; Legislativo
e) Legislativo; Judiciário

19. Qual o controle presente no artigo abaixo? "Se o Presidente da República julgar o projeto, no todo ou em parte, inconstitucional ou contrário ao interesse público, vetá-lo-á, total ou parcialmente"

a) repressivo, exercido pelo Poder Executivo.
b) comum, exercido pelo Chefe do Executivo.
c) especial.
d) governamental.
e) preventivo, exercido pelo Chefe do Executivo.

20. Segundo a doutrina, o controle da inconstitucionalidade é viabilizado por dois meios, a via _______ e a via _______ :

a) de defesa; de ação
b) de defesa; de declaração
c) de acesso; incidental
d) incidental; pública
e) defesa; exceção

21. Todos os itens abaixo referem-se à via de exceção (ou de defesa), exceto:

a) só é exercitável à vista de caso concreto, de litígio posto em juízo.
b) o Juiz singular não poderá declarar a inconstitucionalidade de ato normativo ao solucionar o litígio entre partes.
c) não é declaração de inconstitucionalidade de lei em tese, mas de exigência imposta para a solução do caso concreto.
d) a declaração de inconstitucionalidade não é o objetivo principal da lide, e sim consequência incidental.
e) o controle de constitucionalidade por via de exceção é exercitável da primeira à última instância do Judiciário.

22. Por qual via objetiva-se obter a invalidação da lei, em tese?

a) de ação
b) de acesso
c) de omissão
d) de defesa
e) governamental

Gabarito

01. D	02. A	03. C	04. D	05. E
06. B	07. E	08. C	09. D	10. D
11. E	12. A	13. D	14. B	15. E
16. A	17. B	18. D	19. E	20. A
21. B	22. A			

DIREITO ADMINISTRATIVO

• Elaboração Júlio César Hidalgo •

1. Direito Administrativo e Administração Pública

1. Introdução

O Direito é dividido em dois grandes ramos: Direito Público e Direito Privado. O Direito Público regula os interesses estatais e sociais, daí chamar-se Direito Público Interno - em contrapartida ao Direito Público Externo, que se destina a reger as relações entre os Estados soberanos e as atividades individuais no plano internacional. Temos no campo do Direito Público o Direito Constitucional, o Direito Administrativo, o Direito Penal, o Direito Eleitoral e o Direito Processual. O Direito Privado tutela predominantemente os interesses individuais, assegurando a coexistência das pessoas em sociedade, como é o caso do Direito Civil e do Direito Comercial.

O Direito Administrativo é um dos ramos do Direito Público Interno cujo conceito vem sendo debatido por diversos autores, em diferentes abordagens. Para Hely Lopes Meirelles, *"Direito Administrativo é o conjunto harmônico de princípios jurídicos que regem os órgãos, os agentes e as atividades públicas tendentes a realizar concreta, direta e imediatamente os fins desejados pelo Estado"*. Para Maria Sylvia Zanella Di Pietro, *"Direito Administrativo é o ramo do direito público que tem por objeto os órgãos, agentes e pessoas jurídicas administrativas que integram a Administração Pública, a atividade jurídica não contenciosa que exerce e os bens de que se utiliza para a consecução de seus fins, de natureza pública"*.

2. O Direito Administrativo e os Outros Ramos do Direito

O Direito Administrativo mantém estreita afinidade com o Direito Constitucional, uma vez que ambos cuidam da mesma entidade: o Estado. Diferenciam-se porque o Direito Constitucional se interessa pela estrutura estatal e pela instituição política do governo. O Direito Administrativo cuida especificamente da organização interna dos órgãos da Administração, de seu pessoal e do funcionamento de seus serviços, de modo a satisfazer as necessidades da coletividade.

São também sensíveis as relações do Direito Administrativo com o Direito Tributário, pois as atividades vinculadas à imposição e arrecadação de tributos, à realização da receita e efetivação das despesas públicas são eminentemente administrativas.

Em relação ao Direito Penal, este também mantém a intimidade com o Direito Administrativo, até porque em muitos casos, como nos crimes contra a Administração Pública (arts. 312 a 327 do Código Penal), subordina a definição do delito à conceituação de atos e fatos administrativos.

O Direito Administrativo também se relaciona com o Direito Processual, mantendo intercâmbio de princípios aplicáveis a ambas as disciplinas na regulamentação de suas respectivas jurisdições.

As relações com o Direito do Trabalho referem-se às instituições de previdência e assistência ao assalariado, principalmente quando o Estado contrata empregados públicos no regime da CLT.

São intensas também as relações do Direito Administrativo com o Direito Civil e Comercial, principalmente no que se refere aos contratos e obrigações do Poder Público com o particular.

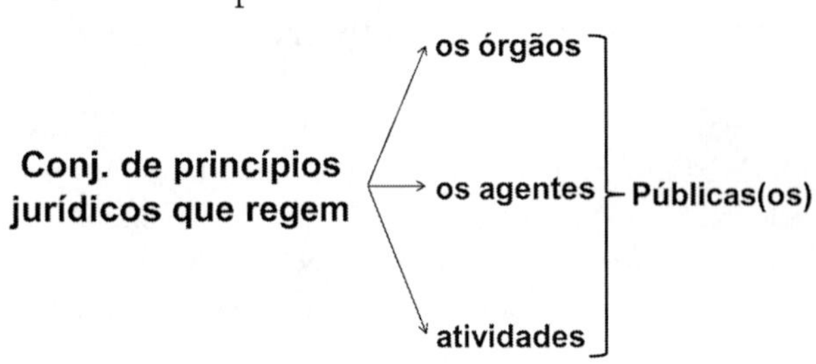

3. Princípios do Direito Administrativo

Na Administração Pública, determinados princípios devem ser seguidos pelo agente público sob pena de, se não o fizer, estar sujeito a sanções administrativas ou judiciais, conforme o caso.

Os dois princípios fundamentais e que constituem a base estrutural de todo o Direito Administrativo são: Supremacia do Interesse Público sobre o Privado e a Indisponibilidade do Interesse Público.

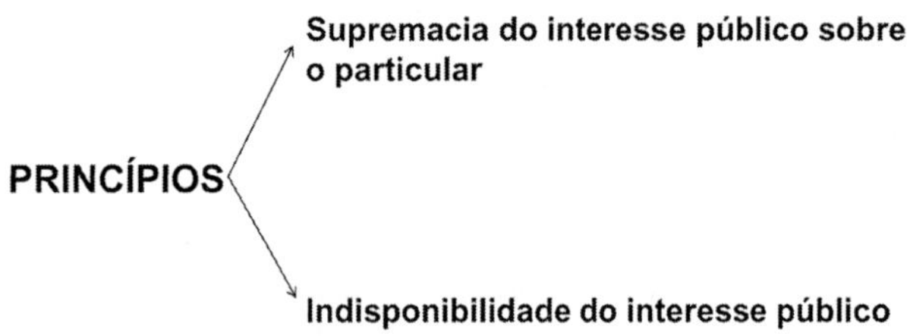

3.1 Supremacia do Interesse Público sobre o Interesse Privado

No Direito Administrativo, o interesse público deve prevalecer sobre o interesse particular. Assim, na interpretação das normas administrativas deve-se sempre ter em mente que conflitando o interesse público com o interesse particular deve-se privilegiar a interpretação que mais atende ao interesse público.

A aplicação deste princípio ao regime jurídico administrativo atribui à Administração Pública certas prerrogativas, tais como o poder de expropriar, o de requisitar bens e serviços, o de ocupar temporariamente o imóvel particular, o de aplicar sanções administrativas e o de alterar e rescindir unilateralmente os contratos, entre outros, além de privilégios, tais como: imunidade tributária, prazos processuais maiores, impenhorabilidade dos bens e presunção de legitimidade de seus atos.

3.2 Indisponibilidade do Interesse Público

Segundo o mestre CELSO ANTONIO BANDEIRA DE MELLO os "interesses qualificados como próprios da coletividade - internos ao setor público - não se encontram à livre disposição de quem quer que seja, por inapropriáveis. O próprio órgão administrativo que os representa não tem disponibilidade sobre eles, no sentido de que lhe incumbe apenas curá-los - o que é também um dever - na estrita conformidade do que dispuser a *intenfio legis*".

Mais além, diz que "as pessoas administrativas não têm portanto disponibilidade sobre os interesses públicos confiados à sua guarda e realização. Esta disponibilidade está permanentemente retida nas mãos do Estado (e de outras pessoas políticas, cada qual na própria esfera) em sua manifestação legislativa. Por isso, a Administração e a pessoa administrativa, autarquia, têm caráter instrumental".

4. Fontes do Direito Administrativo

Chamamos de "Fontes do Direito Administrativo" de onde "brotam" as regras deste ramo do Direito Público.

Assim como a maior parte das disciplinas jurídicas o Direito Administrativo apresenta como fontes as leis, a jurisprudência, a doutrina e os costumes.

A principal fonte do Direito Administrativo, também chamada de fonte primária, são as leis. Uma das características deste ramos do Direito é que ele ainda não está codificado, ou seja, não existe um Código Administrativo como existe no Direito Civil e no Direito Penal, entre outros. Desta forma, o Direito Administrativo busca suas regras, principalmente, nas leis esparsas, entre elas, por exemplo, a Lei n. 8.666/93 (Lei de Licitações e Contratos Públicos) e a Lei n. 8.112/90 (Estatuto dos Servidores Públicos Civis da União).

A jurisprudência, que é a coletânea de julgados dos Tribunais em um mesmo sentido, tem importante papel pra o Direito Administrativo, principalmente após a edição das súmulas vinculantes do Supremo Tribunal Federal (STF) de observância obrigatória para os demais órgãos do Poder Judiciário e para a Administração Pública da União, Estados, Distrito Federal e Municípios.

Outra fonte do Direito Administrativo é a doutrina, o posicionamento dos mais renomados juristas como Hely Lopes Meirelles e Sylvia Zanella Di Pietro, entre outros, sobre os diversos assuntos deste ramo do Direito.

Os costumes também apresentam-se como fonte do Direito Administrativo e são os usos e práticas reiteradas que geram uma convicção de que são obrigatórios. A doutrina considera que para uma prática ser considerada um costume é necessário que seja reiterada e uniforme, gerando a ideia geral de que são obrigatórios.

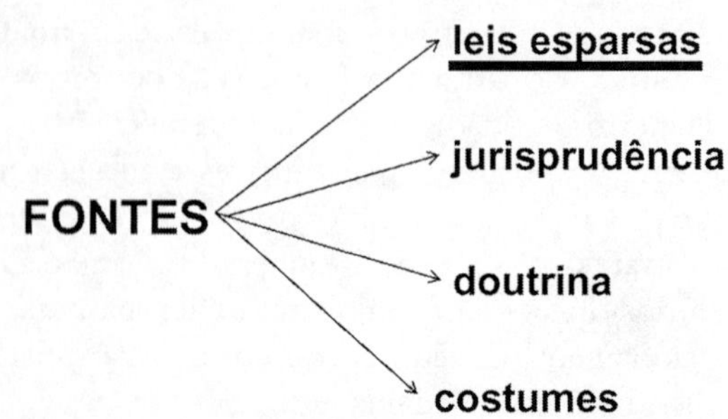

5. Conceitos da Administração Pública

A Administração Pública compreende os três Poderes do Estado: Legislativo, Executivo e Judiciário.

A atividade administrativa é desenvolvida pelos três Poderes, tanto o Executivo, quanto o Legislativo e o Judiciário, realizam licitações, concursos e outras atividades administrativas, porém é o Poder Executivo que tipicamente realiza estas atividades com maior frequência. Por isso, ao estudarmos a Administração Pública, nos fixamos no Poder Executivo, mas não podemos esquecer que o termo "Administração Pública" abrange os órgãos e entidades dos três Poderes da União, dos Estados, do Distrito Federal e dos Municípios (CF, art. 37).

"Art. 37 - A administração pública direta e indireta de qualquer dos Poderes da União, dos Estados, do Distrito Federal e dos Municípios obedecerá aos princípios de legalidade, impessoalidade, moralidade, publicidade e eficiência e, também, ao seguinte"

O conceito de Administração Pública pode ser analisado sob duas óticas: a formal, segundo a qual a Administração Pública é o conjunto de órgãos instituídos pelo Estado para a consecução do bem comum, e em sentido material, é o conjunto das funções necessárias à prestação dos serviços públicos em geral.

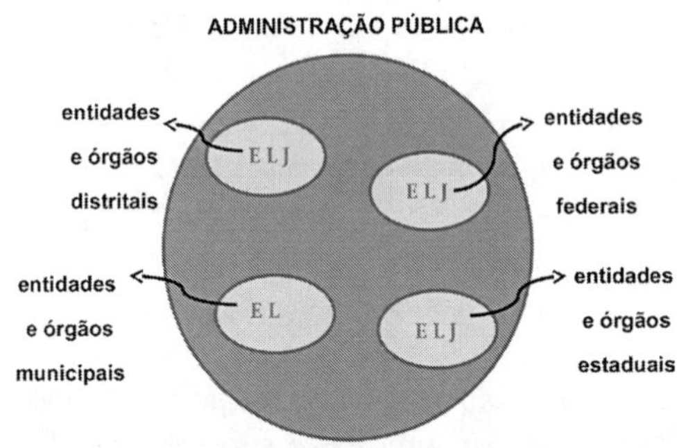

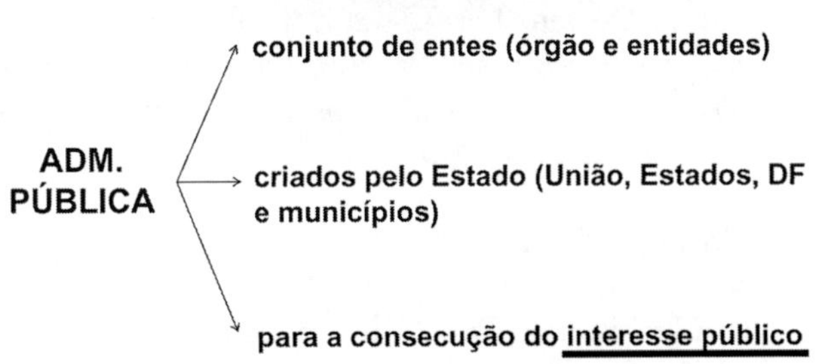

6. Princípios da Administração Pública (Art. 37 da CF)

Alguns princípios da Administração Pública são encontrados no art. 37 da Constituição Federal, enquanto outros decorrem da legislação vigente e da doutrina.

6.1 Legalidade

A atuação do servidor deve estar sempre baseada na lei. Enquanto o particular pode fazer tudo aquilo que a lei não proíbe, o servidor somente pode fazer o que a lei expressamente autoriza.

Toda a competência do servidor é determinada pela lei. Assim, o que não está previsto em lei não é de competência do servidor e, caso ele pratique ato para o qual não é competente, estará praticando ato ilegal e, portanto, nulo.

6.2 Impessoalidade

Na Administração Pública a satisfação do interesse público deve ser o objetivo a ser atingido, ainda que não expresso na lei.

O servidor não pode valer-se do cargo para obter proveito pessoal ou de outra pessoa, assim como para prejudicar terceiro. O que se faz ou deixa de se fazer deve ser sempre no interesse público.

Assim, o superior hierárquico que remove subordinado alegando que o faz no interesse público, mas que na verdade busca uma vingança pessoal, fere o princípio da impessoalidade e pratica este ato com desvio de finalidade.

6.3 Moralidade

O particular, nos atos que pratica cotidianamente, deve se preocupar somente com a legalidade, pois não pode o Poder Judiciário punir os atos particulares que sejam somente imorais. O mesmo não acontece com o servidor público; este ao praticar um ato deve se preocupar com a legalidade e também com a moralidade deste ato.

O ato administrativo somente será valido se praticado de acordo com a lei, com atendimento ao princípio da legalidade e de acordo com a moral, com atendimento ao princípio da moralidade.

A Constituição Federal prevê, inclusive, a utilização de ação popular para anular ato que contrarie a moralidade administrativa.

"CF, art. 5º, *LXXIII - qualquer cidadão é parte legítima para propor ação popular que vise a anular ato lesivo ao patrimônio público ou de entidade de que o Estado participe, à moralidade administrativa, ao meio ambiente e ao patrimônio histórico e cultural, ficando o autor, salvo comprovada má-fé, isento de custas judiciais e do ônus da sucumbência;"*

6.4 Publicidade

A Administração Pública deve dar publicidade aos seus atos, possibilitando o acesso de todos ao seu conteúdo. Por isso as audiências de licitação, assim como o acesso a todos os seus atos e documentos, são públicos.

A publicidade permite a possibilidade de fiscalização da Administração, por intermédio dela os órgãos de fiscalização e os cidadãos podem controlar os atos administrativos, tanto por meio judicial quanto administrativo.

Importante ressaltar que a publicidade dos atos não se restringe à publicação, pois esta é apenas um meio de publicidade. Assim o fornecimento de cópias de documentos, de certidões, entre outros atos, também atendem às exigências deste princípio.

> A publicidade oficial deve ter caráter educativo, informativo ou de orientação social. Assim, se na publicidade oficial constar nomes, símbolos ou imagens que caracterizem promoção pessoal de autoridades ou servidores públicos, estaremos diante de uma violação do princípio da impessoalidade (CF, art. 37, § 1º).

6.5 Eficiência

A Administração Pública tem o dever de manterse em constante atualização tecnológica, buscando a maximização dos seus serviços. Cabe à Administração desempenhar os seus diversos deveres de forma eficiente, oferecendo aos administrados o que há de melhor, levando-se em conta os recursos disponíveis.

Por meio de avaliação periódica de resultados deve buscar, com um mínimo de investimentos, alcançar um máximo de beneficiários, evitando assim o desperdício do erário público.

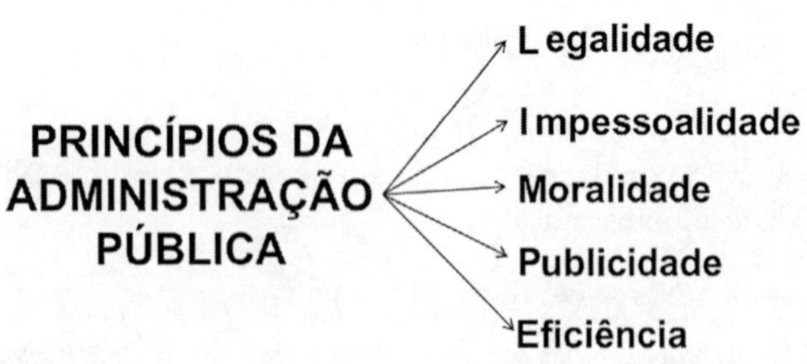

7. Outros Princípios da Administração Pública

7.1 Hierarquia

A Administração Pública é organizada de forma hierárquica, sua estrutura dispõe de forma vertical o relacionamento de seus órgãos. No primeiro plano encontramos o órgão possuidor de maior poder (ex. Presidência da República), nos planos inferiores, à medida que descemos, situam-se os órgãos que estão a este subordinados (ex. Ministérios).

Desta maneira a competência do órgão localizado no cume desta verticalização é a soma das competências atribuídas aos seus órgãos subordinados. A esta hierarquia de órgãos está somada a de seus agentes.

Como consequências deste princípio temos as faculdades de dar ordens, de fiscalizar, de rever, de delegar e de avocar:

- dar ordens: determina-se ao subordinado qual o ato a ser praticado ou qual a conduta a ser seguida;

- fiscalizar: vigilância dos atos e do comportamento dos subalternos, zelando para que estes não extrapolem os limites da legislação a ser obedecida;

- rever: faculta a apreciação dos atos e da conduta dos subordinados, visando a suas manutenções, se condizentes com a legislação e com o mérito, ou caso contrário, desfazê-los;

- delegar: atribuição de competências recebidas a outrem, buscando assim uma maior eficiência e rapidez das decisões. Ex.: Parágrafo único do Art. 84 da CF que preceitua que "*O Presidente da República poderá delegar as atribuições mencionadas nos incisos VI, XII, XXV, primeira parte, aos Ministros de Estado, ao Procurador-Geral da República ou ao Advogado-Geral da União, que observarão os limites traçados nas respectivas delegações.*"

- avocar: possibilidade de trazer para si funções atribuídas a outrem que lhe é subordinado. Ex.: Art. 170 do Decreto-Lei federal n.º 200/67 que estatui que: "*o Presidente da República, por motivo de interesse público, poderá avocar e decidir qualquer assunto na esfera da Administração Federal.*"

7.2 Indisponibilidade

A Administração Pública não pode dispor dos bens e das coisas que estão sob o seu domínio ou guarda, por se tratarem de coisas públicas. A disposição destas coisas não pode acontecer a critério subjetivo e pessoal do administrador, devendo ser regulada por normas jurídicas que vinculam a atividade do administrador público. Deve sempre ser buscado o interesse público, sendo este objetivo irrenunciável por critério pessoal do servidor.

7.3 Razoabilidade

O princípio da razoabilidade visa limitar a liberdade do agente que, no exercício do poder discricionário, deve ter sua conduta norteada para melhor atender à finalidade da lei e aos interesses públicos, de acordo com a conveniência e a oportunidade.

A finalidade da lei e consequentemente do ato deve estar norteada pela razoabilidade, caso contrário o ato será anulável.

7.4 Autotutela

Em decorrência deste princípio a Administração Pública exerce controle sobre as entidades por ela criadas com a finalidade de prestarem serviços públicos. Este controle tem como finalidade tutelar, fiscalizar e controlar a aplicação dos recursos financeiros e técnicos destinados aos integrantes da Administração indireta, assim como ao cumprimento de suas atribuições legais, impedindo a entidade de atuar em desacordo com os objetivos para os quais foi criada.

A Administração exerce controle sobre seus próprios órgãos e agentes, visando a legalidade de seus atos.

Em decorrência deste princípio, à Administração é dado controlar seus atos, anulando-os quando eivados de vícios insanáveis ou revogando-os por conveniência e oportunidade, podendo punir os agente que infrinjam as normas legais ou regulamentares.

7.5 Planejamento

Planejamento é o estudo e o estabelecimento de diretrizes e metas que deverão orientar a ação governamental para a execução de planos nacionais e regionais de ordenação do território e de desenvolvimento econômico e social.

A Administração Pública não pode assumir compromissos financeiros que estejam em desacordo com a programação financeira de pagamentos.

7.6 Coordenação

É a harmonização das atividades da administração, evitando a duplicidade de atuação, a dispersão de recursos, a divergência de soluções e outros males característicos da burocracia estatal.

A coordenação deve ser imposta a todos os níveis da Administração, poupando assim a Administração de desperdícios e evitando a duplicação de esforços e investimentos.

8. Administração Pública Direta e Indireta

A Administração Pública é dividida pela doutrina e pelo direito positivo (legislação) em "direta", também chamada de centralizada e "indireta" ou descentralizada.

A Administração direta ou centralizada é aquela exercida pelas entidades políticas (União, Estados, Distrito Federal ou Municípios) por meio de seus órgãos (Ministérios, Secretarias, Departamento, Gabinetes e etc.) nas três esferas (Executivo, Legislativo e Judiciário).

A Administração indireta é composta por entes (Autarquias, Empresas Públicas, Sociedades de Economia Mista, Fundações e Consórcios Públicos) criados pela União, Estados, Distrito Federal e Municípios, a fim de realizarem atividades administrativas de maneira descentralizada.

8.1. Administração Pública Direta (Centralizada)

8.1.1. Teoria do Órgão

O Estado, por ser uma pessoa criada pelo Direito, não possui uma vontade e nem uma ação própria, visto que estas qualidades são inerentes às pessoas físicas.

Não obstante o alegado, é inegável que ao Estado são reconhecidos tais atributos (querer e agir), por meio da vontade e atuação dos agentes públicos.

Os estudiosos elaboram diversas teorias a fim de explicar tais manifestações do "querer" e "agir" do Estado.

Pela teoria do mandato (procuração), a mais antiga de todas, o agente, pessoa física, era considerado como procurador da pessoa jurídica, mas esta teoria não prosperou porque logo surgiu a indagação de que para que alguém seja mandatário de outro é necessário que este lhe outorgue o instrumento (mandato). Se o Estado originariamente não pode exteriorizar sua vontade, como poderia então delegar um mandato a alguém?

Por este motivo a teoria do mandato foi abandonada pelos estudiosos do direito administrativo.

Na teoria da representação, a seguinte a ser formulada, a vontade das pessoas físicas exprimiria a vontade das pessoas jurídicas, em virtude de lei (*ex lege*), considerava-se o agente como sendo representante do Estado, em analogia ao tutor e ao curador dos incapazes, porém, tal pensamento não prosperou, visto que na tutela e na curatela não é o menor ou o incapaz que outorga o instrumento (tutela ou curatela), como poderia então o próprio Estado outorgar o seu? Esta indagação tornou então inaceitável esta teoria.

Até que o mestre Otto Gerke formulou a teoria do órgão, onde as pessoas jurídicas expressam a sua vontade por meio de seus próprios órgãos.

A teoria do órgão veio em substituição as já ultrapassadas teorias do mandato e da representação, por meio das quais se tentou explicar como poderia se atribuir ao Estado e às demais pessoas jurídicas públicas os atos de seus agentes, pessoas humanas, que agissem em seu nome.

Conceito

A palavra órgão deriva de vocábulo grego e significa instrumento ou ferramenta, em biologia a palavra órgão designa um conjunto de tecidos vivos, que embora distintos, concorrem para a mesma função, um sistema de órgãos que convergem para a mesma função geral, formam então, um aparelho.

Poder-se-ia então comparar, com as devidas ressalvas, o Estado a um organismo vivo e assim transpor os termos da biologia para o direito.

Dentro do Estado encontramos *órgãos* que governam, outros que administram, e ainda, outros que julgam. Estas são as *funções* do Estado (governo, administração e justiça), o conjunto dos *órgãos* que desempenham estas funções formam um *aparelho*, no caso do Estado o *aparelho* federal, o estadual e o municipal.

> Órgãos Públicos são centros de competência do Estado, criados para a realização de serviços públicos, por meio de seus agentes, cuja atuação é imputada à pessoa jurídica a que pertencem.

Os órgãos integram a estrutura do Estado e das demais pessoas jurídicas como partes desses corpos vivos, são dotados de vontades e capazes de exercer direitos e contrair obrigações para atingirem os fins institucionais.

> Por integrarem a pessoa jurídica os órgãos não possuem personalidade jurídica e nem vontade própria, estas são atributos do corpo e não das partes.

O querer e o agir do agente são imputados, ou seja, atribuídos diretamente ao Estado, os atos do órgão são havidos como da própria entidade que eles compõem.

Os órgãos públicos não têm patrimônio próprio, os bens pertencem à pessoa jurídica (União, Estados, Distrito Federal ou Município) a qual o órgão pertence.

Embora os órgãos não possuam personalidade jurídica, ou seja, não são pessoas jurídicas, alguns deles podem expressar uma capacidade judicial. Assim, alguns órgãos podem ser partes de uma ação judicial (por ex.: Câmaras de Vereadores, Assembleias Legislativas e Tribunais de Justiça).

No tocante às suas atribuições e nos limites de sua competência funcional os órgãos expressam a vontade da entidade a que pertencem e a vinculam por seus atos.

Para que realizem eficientemente suas funções cada órgão é investido de determinada competência; a competência de cada órgão é dada por lei ou regulamento. Dessa forma a soma das competências de todos os órgãos públicos de determinada pessoa jurídica representa a totalidade das competências desta pessoa.

> Órgãos Públicos:
> - não possuem personalidade jurídica própria;
> - não têm patrimônio próprio;
> - sua atuação é imputada à pessoa jurídica a que pertencem;
> - podem expressar capacidade jurídica (alguns).

8.1.2. Classificação

Em face das múltiplas e variadas atividades governamentais, os órgãos que vão realizá-las apresentam diferenças quanto à posição que ocupam na estrutura estatal, à composição do órgão e à atuação funcional.

Quanto à posição que ocupam na estrutura estatal

Quanto à posição que os órgãos ocupam na escala governamental ou administrativa, eles se classificam em: independentes, autônomos, superiores e subalternos.

Órgãos independentes

São os que têm origem na Constituição. Localizam-se no ápice da pirâmide organizacional, não estando sujeitos a qualquer subordinação hierárquica e são encontrados nos três poderes.

Estes órgãos estão sujeitos somente ao controle constitucional, controle este exercido normalmente por um Poder sobre o outro.

"CF, Art. 2º - São Poderes da União, independentes e harmônicos entre si, o Legislativo, o Executivo e o Judiciário."

São exemplos de órgãos independentes:

- No Poder Legislativo: Congresso Nacional, Senado Federal e Câmara dos Deputados, na esfera da União. As Assembleias Legislativas nos Estados-Membros e no Distrito Federal e as Câmaras de Vereadores nos Municípios;
- No Poder Executivo: Presidência da República, Governadoria e Prefeitura;
- No Poder Judiciário: Supremo Tribunal Federal, Superior Tribunal de Justiça, Tribunais Regionais Federais, entre outros.

O Ministério Público Federal, os Ministérios Públicos estaduais, os Tribunais de Contas da União, dos Estados e dos Municípios, também são exemplos de órgãos independentes.

Órgãos autônomos

São os que estão situados na parte superior da pirâmide administrativa, logo abaixo dos órgãos independentes e a estes subordinados.

Possuem ampla autonomia administrativa, financeira e técnica. São órgãos de direção, possuindo funções de planejamento, supervisão, coordenação e controle das atribuições de sua competência. Participam das decisões governamentais e executam suas atividades com autonomia, observando as diretrizes traçadas pelos órgãos independentes.

São exemplos de órgãos autônomos na esfera federal: os Ministérios e a Consultoria Geral da República. Na esfera estadual: as Secretarias e a Procuradoria de Justiça. Na esfera municipal: as Secretarias.

Órgãos Superiores

São os situados hierarquicamente logo abaixo dos autônomos, sendo considerados órgãos de direção, controle, decisão e comando em assuntos da respectiva competência. Não gozam de autonomia financeira nem administrativa. Possuem funções técnicas e de planejamento na área de suas correspondentes atribuições. São exemplos: as Superintendências, os Departamentos, os Gabinetes, Departamentos e Divisões.

Órgãos Subalternos

São os órgãos que possuem reduzido poder decisório e predominância de atribuições executivas. Cumprem decisões, executando serviços rotineiros, sem liberdade de planejamento. São exemplos destes órgãos os serviços, seções e portarias.

Quanto à composição do órgão

Levando-se em conta este critério os órgãos podem ser divididos em simples e compostos.

Órgãos Simples

Também chamados de unitários, são os órgãos públicos dotados de um único centro de competências ou atribuições. Isto não quer dizer que só tenham um cargo e um agente público.

O que tipifica o órgão como simples ou unitário é a inexistência de outros órgãos incrustados em sua estrutura, o número de seus agentes e cargos não influi na unidade orgânica se esta é mantida num único centro de competência, como, por exemplo, uma portaria, seções e serviços.

Órgãos Compostos

Estes órgãos formam um sistema orgânico, onde as funções são desconcentradas, distribuídas a vários órgãos de sua estrutura. São os que reúnem na sua estrutura outros órgãos menores, com função principal idêntica. Temos como exemplo uma Secretaria de Educação (órgão composto) que tem em sua estrutura órgãos menores com funções principais idênticas (escolas).

Estes órgãos formam um sistema orgânico, onde as funções são desconcentradas, distribuídas a vários órgãos de sua estrutura. São os que reúnem na sua estrutura outros órgãos menores, com função principal idêntica.

Quanto à atuação funcional

Levando-se em conta este aspecto podemos classificar os órgãos em singulares ou colegiados.

Órgãos Singulares

Também chamados de unipessoais, são os órgãos que atuam e decidem através de um único agente, o seu titular. Embora este órgão possa ter outros agentes auxiliares, o que caracteriza sua singularidade é o desempenho de sua função principal por um só agente, apenas este tem competência para decidir pelo órgão.

São exemplos deste tipo de órgão a Presidência da República e as Governadorias.

Órgãos Colegiados

Também são conhecidos como pluripessoais, sendo aqueles compostos de vários membros, atuando e decidindo pela manifestação conjunta e majoritária da vontade de seus membros.

Nestes órgãos o que prevalece é a decisão da maioria e não a vontade individual de seu Chefe ou Presidente, sendo que esta decisão manifesta-se por meio de deliberação entre seus membros.

8.2. Administração Indireta (Descentralizada)

A Administração Indireta é formada por entes públicos que são dotados de personalidade jurídica própria, criados ou mantidos pelo Estado para prestarem serviços públicos ou de interesse público delegáveis.

Segundo o Decreto-lei n. 200, de 25/02/67, art. 4°, inc. II, a Administração Pública Indireta é o "*Conjunto dos serviços que compreende as seguintes categorias de entidades dotadas de personalidade jurídica própria: autarquias, empresas públicas e sociedades de economia mista*", pelo Decreto-lei n. 900/79 foi incluída a fundação pública como entidade participante da Administração Indireta.

Estas entidades podem ser criadas pela União, pelos Estados-Membros, pelo Distrito Federal e pelos Municípios, estando vinculadas à entidade criadora, que possui o poder de controlar e fiscalizar, segundo as normas legais, as entidades criadas.

A Constituição Federal diz em seu art. 37, inc. XIX, que "*somente por lei específica poderá ser criada autarquia e autorizada a instituição de empresa pública, de sociedade de economia mista e de fundação, cabendo à lei complementar, neste último caso definir as áreas de sua atuação;*"

A doutrina aceita de forma unânime a existência de quatro tipos de entidades: Autarquias, Fundações Públicas, Sociedades de Economia Mista e Empresas Públicas, porém, em 2005, a Lei n. 11.107 trouxe um novo tipo de entidade denominada de "Consórcio Público" que, pelas suas peculiaridades e divergências doutrinárias, acerca de sua posição na Administração Pública, trataremos em separado das demais entidades.

Entidades da Administração Indireta

Características comuns a todas as entidades da Administração Indireta:

a) Criadas (autarquias) ou têm sua criação autorizada (empresas públicas, sociedades de economia mista e fundações) por lei específica (art. 37 XIX CF);
b) personalidade jurídica própria;
c) autonomia administrativa e financeira;
d) patrimônio próprio;
e) sujeitam-se à licitação;
f) vinculadas aos órgãos da administração direta (Ministérios ou Secretarias);
g) proibição de acumulação de cargos públicos (art., 37, XVII);
h) ingresso somente por concurso público.

ENTIDADES (Características Comuns)

- lei específica (CF, art. 37, XIX)
  - cria: autarquias
  - autoriza: demais
- personalidade jurídica própria
- autonomia administrativa e financeira
- vinculadas a órgão (Ministério /Secretaria)
- patrimônio próprio
- licitação (CF, art. 37, XXI)
- ingresso por concurso (CF, art. 37, II)
- inacumulabilidade de cargo (CF, art. 37, XVI)

> Importante esclarecer que todas as entidades da Administração Pública Indireta estão vinculadas a um órgão da Administração direta (Ministério ou Secretaria), mas que isto não deve ser confundido com subordinação. O vínculo é de fiscalização para que a entidade não se desvie das finalidades para as quais ela foi criada, não havendo qualquer interferência na autonomia da entidade, se exercida nos limites legais.

Autarquias

Segundo o Decreto-lei n. 200/67, autarquia é o "*serviço autônomo, criado por lei, com personalidade jurídica, patrimônio e receita próprios, para executar atividades da Administração Pública que requeiram, para o seu melhor funcionamento, gestão administrativa e financeira descentralizadas.*"

As autarquias são pessoas jurídicas distintas do Estado e atuam por conta própria, gozando de autonomia administrativa e financeira, possuindo personalidade jurídica de direito público interno e com a incumbência de executar atividades típicas da Administração Pública.

São exemplos de autarquias as Agências Nacionais Reguladoras, que também são chamadas de autarquias especiais, como a Agência Nacional das Águas – ANA; a Agência Nacional de Telecomunicações – ANATEL e a Agência Nacional de Petróleo – ANP, além do Banco Central e o INSS.

Por conta de sua classificação como pessoa jurídica de direito público, as autarquias possuem alguns privilégios, dentre os quais encontramos:

- imunidade de impostos sobre seu patrimônio, renda e serviços (CF, art. 150, § 2°);
- prescrição quinquenal de suas dívidas (Decreto-Lei Federal 4.597/42);
- execução fiscal de seus créditos (CPC, art. 578);
- direito de regresso contra seus servidores (CF, art. 37, § 6°);
- impenhorabilidade de seus bens e rendas (CF, art. 100 e parágrafos);
- prazo em quádruplo para responder e em dobro para recorrer (CPC, art. 188 e Decreto-Lei Federal n.° 7.659/45);
- presunção de legalidade dos atos administrativos;
- proteção de seus bens contra usucapião.

Autarquias de regime especial: Considera-se autarquia de regime especial aquela a quem a lei confere privilégios específicos para aumentar a sua autonomia em comparação com as autarquias comuns. O que caracteriza a autarquia como de regime especial são estes privilégios que a lei criadora confere a esta entidades com o intuito de possibilitar o desempenho de suas finalidades. São consideradas autarquias de regime especial, o Banco Central do Brasil e as Agências Nacionais Reguladoras como a ANATEL (Agência Nacional de Telecomunicações) e a ANEEL (Agência Nacional de Energia Elétrica), entre outras.

Fundações Públicas

Fundação Pública é a entidade dotada de personalidade jurídica de direito público, não possuindo fins lucrativos, sendo sua criação autorizada por lei específica e sua área de atuação definida em lei complementar, a fim de desenvolver atividades que não exijam execução por órgãos ou entidades de direito público.

As fundações instituídas pela Administração Pública destinam-se essencialmente à realização de atividades não lucrativas e de interesse dos administrados, consideradas atividades atípicas do Estado, de caráter social, pesquisa e estudos técnicos.

As fundações, assim como as autarquias, possuem alguns privilégios, dentre outros encontramos:

- execução fiscal de seus créditos (CPC, art. 578);
- direito de regresso contra seus servidores (CF, art. 37, § 6°);
- prescrição quinquenal de suas dívidas (Decreto-Lei Federal 4.597/42);
- impenhorabilidade de seus bens e rendas (CF, art. 100 e parágrafos);
- prazo em quádruplo para responder e em dobro para recorrer (CPC, art. 188 e Decreto-Lei Federal n.º 7.659/45);
- imunidade de impostos sobre seu patrimônio, renda e serviços (CF, art. 150, § 2°);
- bens não podem ser adquiridos por usucapião.

Exemplos de Fundações:

- IPEA – Instituto de Pesquisa Econômica Aplicada;
- FUNAI – Fundação Nacional do Índio;
- IBGE – Instituto Brasileiro de Geografia e Estatística.

A doutrina aceita a criação de fundações públicas de direito privado, ou seja, regidas pela mesma legislação aplicável às pessoas jurídicas privadas.

Agência Executiva é a qualificação dada à autarquia, fundação pública que celebre *contrato de gestão** com o próprio ente político com o qual está vinculado. As agências executivas atuam no setor onde predominam atividades que por sua natureza não podem ser delegadas à instituições não estatais, como fiscalização, exercício do poder de polícia, regulação, fomento, segurança interna e etc. Importante ressaltar que o reconhecimento como agência executiva não muda, nem cria outra figura jurídica.

* A finalidade do contrato de gestão é assegurar uma maior autonomia gerencial para as entidades da administração indireta ou órgãos da administração direta e, em contrapartida, estabelecer indicadores e metas de qualidade e de redução de custo, as quais deverão ser fiscalizadas e auditadas pela própria administração direta, estando prevista tal celebração na Constituição Federal.

CF, art. 37, § 8º - A autonomia gerencial, orçamentária e financeira dos órgãos e entidades da administração direta e indireta poderá ser ampliada mediante contrato, a ser firmado entre seus administradores e o poder público, que tenha por objeto a fixação de metas de desempenho para o órgão ou entidade, cabendo à lei dispor sobre:
I - o prazo de duração do contrato;
II - os controles e critérios de avaliação de desempenho, direitos, e obrigações e responsabilidade dos dirigentes;
III - a remuneração do pessoal.

AUTARQUIAS E FUNDAÇÕES (Comum)
- pessoas jurídicas de direito público
- servidores regidos por estatuto
- privilégios
  - imunidade de impostos
  - impenhorabilidade dos bens
  - prazos processuais maiores
  - imprescritibilidade dos bens

AUTARQUIAS E FUNDAÇÕES (Diferença)
- Autarquias: atividades típicas de Estado
- Fundações: atividades atípicas de Estado

Empresa Pública

A empresa pública é a sociedade mercantil-industrial, constituída mediante autorização de lei e essencialmente sob a égide do Direito Privado, com capital exclusivamente público, destinada a realizar imperativos da segurança nacional e relevantes interesses da comunidade.

Esta entidade é criada pelo Estado para prestar serviços públicos ou atuar no campo da atividade econômica nos limites estabelecidos pela lei de criação e pela Constituição Federal.

O capital da empresa pública somente pode ser integralizado por entidades públicas, não sendo permitida a participação do capital privado. Podem compor o capital social da empresa pública a União, os Estados-Membros, o Distrito Federal, os Municípios e as pessoas jurídicas que façam parte da Administração Indireta de qualquer destas pessoas políticas.

A Empresa Pública pode apresentar-se sob qualquer das formas admitidas em direito, ou seja, o capital social pode ser representado por quotas ou ações.

As empresas públicas podem ser constituídas sob a forma de sociedade anônima.

As empresas públicas são pessoas jurídicas de direito privado, segundo a Constituição Federal em seu art. 173 e § 1°, II, que dispõe:

"Art. 173 - Ressalvados os casos previstos nesta Constituição, a exploração direta de atividade econômica pelo Estado só será permitida quando necessária aos imperativos da segurança nacional ou a relevante interesse coletivo conforme definidos em lei.
§ 1° - A lei estabelecerá o estatuto jurídico da empresa pública, da sociedade de economia mista e de suas subsidiárias que explorem atividade econômica de produção ou comercialização de bens ou de prestação de serviços, dispondo sobre:
...
II - a sujeição ao regime jurídico próprio das empresas privadas, inclusive quanto aos direitos e obrigações civis, comerciais, trabalhistas e tributários;

Devido ao fato das empresas públicas, quanto as suas obrigações, equipararem-se às empresas privadas, aos bens que a compõem não se assegura qualquer privilégio. Estes bens podem portanto ser penhorados.

Seus empregados serão submetidos ao regime da Consolidação das Leis do Trabalho (CLT), e embora tenham esta característica o ingresso continua sendo por meio de concurso público. O ingresso em concurso público não garante ao trabalhador da empresa pública estabilidade ou efetividade no cargo, emprego ou função. Os trabalhadores destas empresas ainda estão proibidos de acumularem cargos, empregos ou funções.

"CF, Art. 37, é vedada a acumulação remunerada de cargos públicos, exceto, quando houver compatibilidade de horários, observado em qualquer caso o disposto no inciso XI:
a) a de dois cargos de professor;
b) a de um cargo de professor com outro, técnico ou científico;
c) a de dois cargos ou empregos privativos de profissionais de saúde, com profissões regulamentadas;
XVII - a proibição de acumular estende-se a empregos e funções e abrange autarquias, fundações, empresas públicas, sociedades de economia mista, suas subsidiárias, e sociedades controladas, direta ou indiretamente, pelo poder público"

O julgamento dos litígios envolvendo as empresas públicas e seus empregados, cabe à Justiça do Trabalho, segundo o Art. 114, I, da CF:

"Art. 114. Compete à Justiça do Trabalho processar e julgar:
I - as ações oriundas da relação de trabalho, abrangidos os entes de direito público externo e da administração pública direta e indireta da União, dos Estados, do Distrito Federal e dos Municípios;":

A doutrina reconhece em nosso país a existência de dois tipos distintos de empresas públicas: • As que exploram atividades comerciais ou industriais. (Ex.: Caixa Econômica Federal); • As que prestam serviços públicos como a Empresa de Correios e Telégrafos e a Casa da Moeda.

Sociedades de Economia Mista

As sociedades de economia mista são pessoas jurídicas de direito privado, criadas pelo Estado para desempenhar atividades próprias da iniciativa privada, ou a prestação de serviços públicos ou de utilidade pública.

Segundo o mestre HELY LOPES MEIRELLES:
"As sociedades de economia mista são pessoas jurídicas de Direito Privado, com participação do Poder Público e de particulares no seu capital e sua administração, para a realização de atividade econômica ou serviço de interesse coletivo outorgado ou delegado pelo Estado."

As sociedades de economia mista são sempre constituídas sob a forma de Sociedades Anônimas, participando o Estado com no mínimo 50% (cinquenta por cento) mais uma ação com direito a voto do seu capital.

Os servidores das sociedades de economia mista ingressam em seus quadros por meio de concurso público, não obstante serem regidos pela Consolidação das Leis do Trabalho (CLT), ressaltando que o ingresso por concurso não ocasiona a estabilidade no cargo, emprego ou função.

O regime tributário das sociedades de economia mista é o mesmo das empresas privadas e das empresas públicas.

Diferenças entre Empresas Públicas e Sociedades de Economia Mista

I. Capital social

a) Sociedade de Economia Mista: parte do capital é público e parte é privado, com o Poder Público participando com, no mínimo, 50% mais uma ação do capital ordinário (votante);

b) Empresa Pública: o capital é 100% público, não havendo participação de capital privado.

II. Forma da entidade

a) Sociedade de Economia Mista: é sempre criada sob a forma de Sociedade Anônima (S/A);

b) Empresa Pública: pode ser constituída sob qualquer das formas admitidas no direito (S/A, Ltda. etc.)

III. Competência do Judiciário

a) Sociedade de Economia Mista: as causas em que a sociedade de economia mista forem interessadas na condição de autoras, rés, assistentes ou oponentes, exceto as de falência, as de acidentes de trabalho e as sujeitas à Justiça Eleitoral e à Justiça do Trabalho, serão julgadas pela Justiça Estadual.

b) Empresas Públicas: as causas em que as empresas públicas forem interessadas na condição de autoras, rés, assistentes ou oponentes, exceto as de falência, as de acidentes de trabalho e as sujeitas à Justiça Eleitoral e à Justiça do Trabalho, serão julgadas pela Justiça Federal.

> No caso de empresas públicas estaduais ou municipais as causas em que forem autoras, rés, assistentes ou oponentes, serão julgadas pela Justiça Estadual, não se aplicando a regra acima.

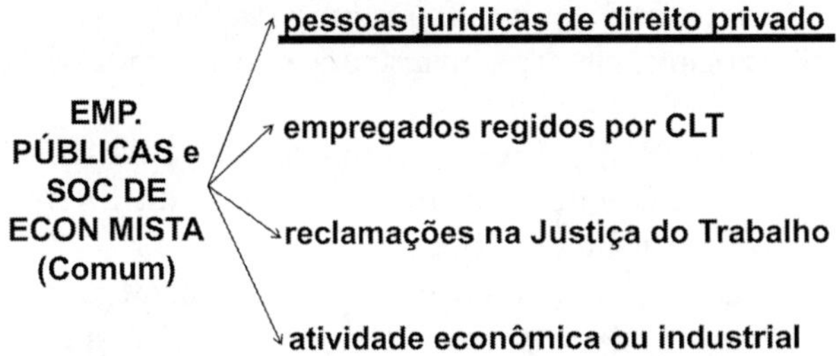

Consórcios Públicos

A Emenda Constitucional n. 19, de 1998, deu a seguinte redação ao artigo 241, da Constituição Federal:

"CF, art. 241. A União, os Estados, o Distrito Federal e os Municípios disciplinarão por meio de lei os consórcios públicos e os convênios de cooperação entre os entes federados, autorizando a gestão associada de serviços públicos, bem como a transferência total ou parcial de encargos, serviços, pessoal e bens essenciais à continuidade dos serviços transferidos."

Em 2005 foi criada a Lei Federal n. 11.107/05 que "Dispõe sobre normas gerais de contratação de consórcios públicos e dá outras providências.".

Os Consórcios Públicos são pessoas jurídicas de direito público, quando constituirem associação pública, mediante a vigência das leis de ratificação do protocolo de intenções, ou pessoa jurídica de direito privado, quando atender aos requisitos de legislação civil que são criados para a gestão associada de serviços públicos.

O Consórcio consiste na união entre dois ou mais entes da federação (Municípios, Estados e União), sem fins lucrativos, com a finalidade de prestar serviços e desenvolver ações conjuntas que visem o interesse coletivo e benefícios públicos, com personalidade jurídica de direito público e de natureza autárquica, ou como pessoa jurídica de direito privado sem fins econômicos.

O Consórcio, não importando se é de personalidade jurídica ou privada, tem alguns privilégios por força de lei:

- poder de promover desapropriações e instituir servidões;
- possibilidade de ser contratado pela administração direta ou indireta dos entes consorciados da Federação com dispensa de licitação;
- limites mais elevados para fim de escolha da modalidade de licitação;
- valores mais elevados para a dispensa de licitação em razão do valor.

Os Consórcios, quando possuem personalidade jurídica de direito público, integram a administração indireta de todos os entes que o compõe.

Exercícios de Fixação e de Concursos

01. Quanto à estrutura da administração pública federal, julgue os itens a seguir.

a) Embora seja pessoa jurídica de direito privado, a empresa pública federal caracteriza-se por ser composta apenas por capital público.

b) Ao contrário das entidades da administração pública indireta, os órgãos da administração pública direta têm personalidade jurídica de direito público.

c) Fato de as sociedades de economia mista qualificarem-se como pessoas jurídicas de direito privado torna desnecessário que as mesmas sejam criadas por lei específica.

d) No direito administrativo brasileiro, autarquia conceitua-se como um patrimônio público dotado de personalidade jurídica para a consecução de finalidade especificada em lei.

e) A autarquia é concebida como pessoa jurídica destinada ao desenvolvimento de atividade econômica pelo Estado, de modo descentralizado.

02. Julgue os seguintes itens, relativos aos princípios constitucionais da administração pública.

a) Contraria o princípio constitucional de publicidade da administração pública o fato de um fiscal de contribuições previdenciárias autuar empresa exclusivamente porque o proprietário é seu desafeto.

b) No regime da Constituição de 1988, em nenhuma hipótese haverá greve lícita no serviço público.

c) No regime constitucional vigente, a perda da função pública e dos direitos políticos, a indisponibilidade de bens e a obrigação de ressarcir as entidades de direito público por improbidade no exercício de cargo público só podem ser cumulativamente decretadas em consequência de condenação criminal.

d) Princípio constitucional da inacumulabilidade de cargos públicos não se aplica sempre que o servidor ocupar um cargo federal e outro municipal.

e) Uma vez que a licitação permite a disputa de várias pessoas que satisfaçam a critérios da lei e do edital, é correto afirmar que, com isso, estão sendo observados os princípios constitucionais da isonomia, da legalidade e da impessoalidade da administração pública.

03. (CESPE) Em relação ao regime jurídico aplicável a órgãos e entidade da administração pública direta e indireta julgue os itens abaixo.

a) É entendimento assente na doutrina e na jurisprudência que os empregados de sociedades de economia mista não precisam prestar concurso público de provas ou de provas e títulos para ingressar em empresas estatais porque estas se submetem a regime jurídico próprio das empresas privadas.

b) Os salários de empregados de empresas públicas e sociedades de economia mista que não recebam recursos orçamentários dos entes federados para pagamento de despesas de pessoal ou de custeio em geral não se submetem ao teto de remuneração constitucional fixado pela EC n.º 20/98.

c) A EC n.º 20/98 prevê a impossibilidade de acumulação de proventos de aposentadoria de servidor público civil ou militar com remuneração decorrente da ocupação de cargo, emprego ou função pública, ressalvadas as hipóteses de cargos acumuláveis na forma da Constituição, os cargos eletivos e os cargos em comissão declarados em lei de livre nomeação e exoneração, devendo todos os que estiverem em desacordo com essa regra optar pelos proventos de aposentadoria ou pela remuneração do cargo.

d) A autonomia gerencial orçamentária e financeira das entidades da administração indireta poderá ser ampliada mediante contrato de gestão, a ser fixado entre seus administradores e o poder público que tenha por objeto a fixação de metas de desempenho para a entidade, sendo descabido falar em contrato de gestão assinado por órgãos públicos, uma vez que estes últimos não têm personalidade jurídica.

e) A administração pública brasileira tomada em acepção subjetiva, de acordo com a letra do Decreto-lei n. º 200/67, não engloba os serviços sociais autônomos.

04. (CESPE) As autarquias caracterizam-se

a) Pelo desempenho de atividades tipicamente estatais.

b) Por serem entidades dotadas de personalidade jurídica de direito público.

c) Por beneficiarem-se dos mesmos prazos processuais aplicáveis à administração pública centralizada.

d) Como órgãos prestadores de serviços públicos dotados de autonomia administrativa.

e) Por integrarem a administração pública centralizada.

05. (CESPE) Julgue os itens abaixo, relativos à organização e aos privilégios da administração pública brasileira.

a) As sociedades de economia mista somente podem ter sua criação autorizada por meio de lei específica, apesar de tais entes serem sempre criados sob a forma de pessoa jurídica de direito privado.

b) Fica sujeita ao duplo grau de jurisdição obrigatório a sentença que julgar procedente o pedido deduzido em ação em que a fundação pública federal figure como ré.

c) Uma empresa pública é constituída de capital exclusivamente público, embora esse capital possa pertencer a mais de um ente.

d) São processadas e julgadas na justiça federal as ações propostas por servidores contra as empresas públicas federais com as quais mantenham relação jurídica laboral.
e) Os bens do INSS são impenhoráveis. Os débitos desse ente público, definidos em sentença judicial, são pagos exclusivamente por meio de precatórios.

06. (ESAF) A Administração Pública, como tal prevista na Constituição Federal (art. 37) e na legislação pertinente (Decreto-lei nº 200/67, com alterações supervenientes), além dos órgãos estatais e de diversos tipos de entidades abrange, também,
a) as concessionárias de serviço público em geral.
b) as universidades federais que são fundações públicas.
c) as organizações sindicais.
d) os chamados serviços sociais autônomos (Senai, Senac etc).
e) os partidos políticos.

07. (ESAF) As autarquias e as empresas públicas, como integrantes da Administração Federal Indireta, equiparam-se entre si pelo fato de que ambas são:
a) pessoas administrativas, com personalidade jurídica própria.
b) pessoas administrativas, sem personalidade jurídica própria.
c) pessoas jurídicas de direito público interno.
d) pessoas jurídicas de direito privado.
e) pessoas ou entidades políticas estatais.

08. (ESAF) A Administração Pública, em sentido objetivo, no exercício da função administrativa, engloba as seguintes atividades, exceto:
a) polícia administrativa.
b) serviço público.
c) elaboração legislativa, com caráter inovador.
d) fomento a atividades privadas de interesse público.
e) intervenção no domínio público.

09. (ESAF) Quanto às fundações instituídas pelo Poder Público, com personalidade jurídica de direito público, pode-se afirmar, exceto:
a) o regime jurídico de seu pessoal pode ser o estatutário.
b) os atos de seus dirigentes não são suscetíveis de controle pelo Ministério Público.
c) têm as mesmas características das entidades autárquicas.
d) podem expressar poder de polícia administrativa.
e) o seu patrimônio é impenhorável.

10. (ESAF) A exigência constitucional de provimento por concurso público dos cargos efetivos tem seu fundamento doutrinário básico no princípio da:
a) publicidade.
b) finalidade.
c) legalidade.
d) razoabilidade.
e) isonomia.

11. (CESPE) Julgue os itens seguintes, a respeito da administração pública.
a) É inconstitucional a lei que fixe a idade mínima para o acesso a determinados cargos públicos em patamar superior a dezoito anos.
b) À administração pública é vedada a realização de novo concurso público para provimento de cargos se, no prazo de validade do certame anterior, ainda houver candidatos aprovados, mas não-nomeados.
c) Considerando que as empresas públicas e as sociedades de economia mista sujeitam-se ao regime jurídico próprio das empresas privadas, tais entes não estão obrigados a contratar obras, compras e serviços mediante licitação pública.
d) Os atos de improbidade administrativa podem ensejar, entre outras consequências, a cassação dos direitos políticos do servidor reconhecido como responsável pela prática do ato viciado.
e) O ordenamento jurídico não veda que um empregado de uma sociedade de economia mista seja, concomitantemente, empregado de uma sociedade comercial.

12. (ESAF) Aplicam-se às fundações públicas, de natureza autárquica, as seguintes prerrogativas, exceto:
a) impenhorabilidade de seu patrimônio.
b) privilégios de natureza processual, típicos da Fazenda Pública.
c) natureza administrativa de seus contratos.
d) regime jurídico estatutário de seus servidores.
e) autonomia para legislar, inclusive mediante regras com novidade jurídica.

13. (ESAF) Tratando-se de Administração Pública, assinale a afirmativa falsa.
a) A autarquia pode exercer poder de polícia administrativa.
b) A criação de empresa pública depende de lei autorizativa, mas sua personalidade advém do registro competente.
c) O órgão público decorre do fenômeno da descentralização.
d) As fundações públicas devem ter por objeto atividades de natureza social ou científica.
e) Os bens das autarquias não estão sujeitos a penhora.

14. (ESAF) O contexto de Administração Pública, que a Constituição Federal subordina à observância dos princípios fundamentais de legalidade, impessoalidade, moralidade e publicidade (é):

a) abrange órgãos e entidades dos Três Poderes das áreas federal, estadual, distrital e municipal.
b) abrange só os órgãos públicos da estrutura da União, dos Estados e dos Municípios.
c) restrito ao âmbito federal.
d) restrito aos Poderes Executivos federal, estadual e municipal.
e) restrito ao Poder Executivo Federal.

15. (CESPE) Na organização administrativa brasileira:

a) o Estatuto da Reforma Administrativa classificou a administração federal em direta e indireta, constituindo-se a primeira dos serviços integrados na estrutura administrativa da Presidência da República, dos ministérios e das autarquias. A administração indireta é a constituída pelos serviços atribuídos a pessoas jurídicas diversas da União, com personalidade de direito privado (empresas públicas e sociedades de economia mista), vinculadas a um ministério, mas administrativa e financeiramente autônomas.
b) os empregados da Caixa Econômica Federal, admitidos antes de 4/10/83, sem concurso público, devem usufruir a estabilidade contida no Ato das Disposições Constitucionais Transitórias (CF/88), por contarem, em 5/10/88 com mais de cinco anos de serviço público.
c) os municípios são entidades estaduais integrantes da Federação brasileira. Dessa posição singular é que resulta a sua autonomia político-administrativa assegurada na Constituição da República, para todos os assuntos de seu interesse local.
d) o patrimônio, a renda e os serviços das autarquias estão sempre protegidos pela imunidade tributária, prevista no texto constitucional vigente. As sociedades de economia mista e as empresas sujeitam-se ao regime jurídico próprio da empresas privadas, inclusive quanto às obrigações trabalhistas e tributárias.
e) as empresas públicas podem adotar qualquer forma societária, entre as admitidas em direito, enquanto as sociedades de economia mista terão, obrigatoriamente, a forma de sociedade anônima.

16. (ESAF) Sobre os conceitos de Administração Pública, é correto afirmar:

a) em seu sentido material, a Administração Pública manifesta-se exclusivamente no Poder Executivo.
b) o conjunto de órgãos e entidades integrantes da Administração é compreendido no conceito funcional de Administração Pública.
c) administração Pública, em seu sentido objetivo, não se manifesta no Poder Legislativo.
d) no sentido orgânico, Administração Pública confunde-se com a atividade administrativa.
e) a Administração Pública, materialmente, expressa uma das funções tripartites do Estado.

17. (ESAF) Quanto às empresas estatais é incorreto afirmar:

a) o regime de pessoal da empresa pública é o da Consolidação das Leis Trabalhistas - CLT.
b) a sociedade de economia mista não pode usufruir privilégios fiscais não extensíveis ao setor privado.
c) o patrimônio da empresa pública e o da sociedade de economia mista têm a mesma natureza jurídica.
d) a empresa pública pode adotar qualquer forma jurídica admitida em Direito.
e) a composição do capital é a única diferença entre empresa pública e sociedade de economia mista.

18. (CESPE) Na Administração Pública Brasileira,

a) as empresas públicas possuem personalidade jurídica de direito privado, mas estão sujeitas ao dever de licitar.
b) compete à Justiça Federal julgar as causas em que são parte as Sociedades de Economia Mista federais.
c) um ente da administração indireta que se estruture como sociedade anônima é necessariamente uma sociedade de economia mista.
d) uma empresa pública pode ter mais de um sócio.
e) as sociedades de economia mista somente podem ser criadas por lei específica, o mesmo não se dando com as suas subsidiárias.

Gabarito

01. C, E, E, E, E	**02. E, E, E, E, C**	**03. E, C, E, E, C**
04. C, C, C, E, E	**05. C, C, C, E, E**	**06. B**
07. A	**08. C**	**09. B**
10. E	**11. E, E,E, E, C**	**12. E**
13. C	**14. A**	**15. E,E, C, C, C**
16. E	**17. E**	**18. C, E, E, C, E**

2. Serviços Públicos

1. Conceito

O conceito de serviço público é variável em razão do local (em Mônaco a exploração de cassinos é considerada como serviço público) ou até mesmo em razão da época (os serviços religiosos, casamentos e batizados, já foram tidos como públicos no Brasil).

Apresentamos as definições de três dos mais renomados doutrinadores brasileiros.

DIÓGENES GASPARINI conceitua serviço público como sendo "*toda atividade de oferecimento de utilidade ou comodidade fruível preponderantemente pelos administrados, prestada pela Administração Pública ou por quem lhe faça as vezes, sob um regime de Direito Público, instituído em favor de interesses definidos como próprios pelo ordenamento jurídico.*"

Para o mestre HELY LOPES MEIRELLES serviço público é "*todo aquele prestado pela Administração ou por seus delegados, sob normas e controles estatais, para satisfazer necessidades essenciais ou secundárias da coletividade ou simples conveniências do Estado.*"

JOSÉ CRETELLA JUNIOR diz que "*serviço público é a atividade que pessoa jurídica pública exerce direta, ou indiretamente, para a consecução de fins do Estado, mediante procedimento de direito público, exorbitantes e derrogatórios do direito comum, informados por princípios publicísticos e, pois, submetidos a regime jurídico de direito público*".

Na Constituição Federal a prestação de serviços públicos incumbe ao Poder Público:

"Art. 175 - Incumbe ao poder público, na forma da lei, diretamente ou sob regime de concessão ou permissão, sempre por meio de licitação, a prestação de serviços públicos."

No desempenho de suas atividades a Administração Pública deve prestar serviços com o intuito de oferecer comodidades e utilidades aos administrados, atendendo às necessidades da coletividade.

A Constituição enumera, em seu texto, alguns exemplos de serviços públicos:

"Art. 21 - Compete à União:
X - manter o serviço postal e o correio aéreo nacional;
XI - explorar, diretamente ou mediante autorização, concessão ou permissão, os serviços de telecomunicações, nos termos da lei, que disporá sobre a organização dos serviços, a criação de um órgão regulador e outros aspectos institucionais;
XII - explorar, diretamente ou mediante autorização, concessão ou permissão:
a) os serviços de radiodifusão sonora e de sons e imagens;
b) os serviços e instalações de energia elétrica e o aproveitamento energético dos cursos de água, em articulação com os Estados onde se situam os potenciais hidroenergéticos;
c) a navegação aérea, aeroespacial e a infra-estrutura aeroportuária;
d) os serviços de transporte ferroviário e aquaviário entre portos brasileiros e fronteiras nacionais, ou que transponham os limites de Estado ou Território;
e) os serviços de transporte rodoviário interestadual e internacional de passageiros;
f) os portos marítimos, fluviais e lacustres;
XIII - organizar e manter o Poder Judiciário, o Ministério Público e a Defensoria Pública do Distrito Federal e dos Territórios;
XIV - organizar e manter a polícia civil, a polícia militar e o corpo de bombeiros militar do Distrito Federal, bem como prestar assistência financeira ao Distrito Federal para a execução de serviços públicos, por meio de fundo próprio;
XV - organizar e manter os serviços oficiais de estatística, geografia, geologia e cartografia de âmbito nacional;
XXII - executar os serviços de polícia marítima, aeroportuária e de fronteiras;
XXIII - explorar os serviços e instalações nucleares de qualquer natureza e exercer monopólio estatal sobre a pesquisa, a lavra, o enriquecimento e reprocessamento, a industrialização e o comércio de minérios nucleares e seus derivados, atendidos os seguintes princípios e condições:

2. Princípios do Serviço Público

Aquele que presta um serviço público, Administração ou o particular, deve satisfazer alguns princípios que, conforme a maioria dos doutrinadores, são classificados em: continuidade ou permanência, generalidade ou igualdade, eficiência, modicidade e cortesia ou urbanidade.

Continuidade ou Permanência

Uma vez iniciada a prestação do serviço público esta não poderá mais ser interrompida enquanto o serviço for considerado público, devendo ser prestado, na ausência de outro interessado, pela Administração Pública.

O princípio da continuidade obriga à permanência do serviço e acarreta duas consequências:

- o direito da Administração de intervir na empresa concessionária de serviços públicos, se esta não os estiver prestando adequadamente.

"Lei n. 8.666/93
Art. 80. A rescisão de que trata o inciso I do artigo anterior acarreta as seguintes conseqüências, sem prejuízo das sanções previstas nesta Lei:
...
II - ocupação e utilização do local, instalações, equipamentos, material e pessoal empregados na execução do contrato, necessários à sua continuidade, na forma do inciso V do art. 58 desta Lei;

Art. 58. O regime jurídico dos contratos administrativos instituído por esta Lei confere à Administração, em:
...
V - nos casos de serviços essenciais, ocupar provisoriamente bens móveis, imóveis, pessoal e serviços vinculados ao objeto do contrato, na hipótese da necessidade de acautelar apuração administrativa de faltas contratuais pelo contratado, bem como na hipótese de rescisão do contrato administrativo."

- outra consequência é a limitação do direito de greve, tanto do servidor público, quanto do particular prestador de serviço público. Para ambos a Constituição Federal limita o direito de greve:

"Art. 9º - É assegurado o direito de greve, competindo aos trabalhadores decidir sobre a oportunidade de exercê-lo e sobre os interesses que devam por meio dele defender.
§ 1º - A lei definirá os serviços ou atividades essenciais e disporá sobre o atendimento das necessidades inadiáveis da comunidade.

Art. 37 -
VI - é garantido ao servidor público civil o direito à livre associação sindical;
VII - o direito de greve será exercido nos termos e nos limites definidos em lei específica;"

Generalidade ou Igualdade

O serviço público deve ser prestado igualmente a todos os usuários, sem discriminação, de forma que todos os interessados possam ter acesso ao serviço em igualdade de condições com os demais usuários. Preenchidas as condições para a utilização do serviço, ele deve ser prestado sem discriminar os usuários. A Constituição consagra o princípio da isonomia no *caput* art. 5º da Constituição, assim como o da impessoalidade, previsto no art. 37 do mesmo texto.

"Art. 5º - Todos são iguais perante a lei, sem distinção de qualquer natureza, garantindo-se aos brasileiros e aos estrangeiros residentes no País a inviolabilidade do direito à vida, à liberdade, à igualdade, à segurança e à propriedade, nos termos seguintes:

Art. 37 - A administração pública direta e indireta de qualquer dos Poderes da União, dos Estados, do Distrito Federal e dos Municípios obedecerá aos princípios de legalidade, impessoalidade, moralidade, publicidade e eficiência e, também, ao seguinte:"

Eficiência

O princípio da eficiência obriga a uma constante atualização tecnológica dos serviços públicos objetivando uma maximização de resultados.

A prestação do serviço público deve ser realizada de maneira eficiente, considerando-se os recursos à disposição do prestador.

"Lei n. 8.987/95, art. 23. São cláusulas essenciais do contrato de concessão as relativas:
V - aos direitos, garantias e obrigações do poder concedente e da concessionária, inclusive os relacionados às previsíveis necessidades de futura alteração e expansão do serviço e conseqüente modernização, aperfeiçoamento e ampliação dos equipamentos e das instalações;"

Modicidade

A prestação de serviços públicos deve ser realizada mediante o pagamento de taxas e tarifas consideradas justas e que permitam o seu funcionamento e expansão. A instituição de remuneração deve ser feita por meio de lei, nos termos do art. 175 da Constituição.

"Art. 175, Parágrafo único - A lei disporá sobre:
III - política tarifária;"

Cortesia ou Urbanidade

O prestador de serviço público deve ser urbano (educado, cortês) com os usuários do serviço. A urbanidade é um princípio que deve ser obedecido pelo funcionário público e pelo particular que presta um serviço público. Quando este princípio não for observado a Administração Pública poderá aplicar, se a execução for direta, uma penalidade ao servidor e, se for indireta, poderá intervir na prestação.

"Lei n. 8.112/90, art. 116. São deveres do servidor:
V - atender com presteza:
a) ao público em geral, prestando as informações requeridas, ressalvadas as protegidas por sigilo;
XI - tratar com urbanidade as pessoas;"

SERVIÇOS PÚBLICOS
- **prestado pela Adm. ou por seus delegados, sob normas e controles estatais, para satisfazer necessidades essenciais ou secundárias da coletividade, ou simples conveniência do Estado.**
- **princípios**
  - **continuidade**
  - **modicidade**
  - **igualdade**
  - **urbanidade**
  - **eficiência**

3. Classificação dos Serviços Públicos

A classificação de serviços públicos pode ser realizada levando-se em conta determinados critérios, como a essencialidade, a adequação, a finalidade e os destinatários do serviço.

Quanto à essencialidade

Considerando o critério da essencialidade do serviço podemos classificá-los em:

- Serviços públicos: prestados diretamente à coletividade pela Administração, que reconhece a sua essencialidade e necessidade para a sobrevivência do grupo social ou do próprio Estado. Os "serviços públicos, em princípio, são prestados pelo Poder Público sem delegação a terceiros. São exemplos destes serviços os de Defesa Nacional, os de saúde pública e o Judiciário. São essenciais os serviços sem os quais a população ou o Estado necessitam para a sua existência, são considerados por lei como indispensáveis à vida e à convivência dos administrados na sociedade e à manutenção do Estado.
- Serviços de utilidade pública: são os que a Administração reconhece a sua conveniência para a comunidade e os presta diretamente ou por terceiros, nas condições por ela regulamentadas e sob o seu controle. São exemplos deste serviço o funerário, o telefônico e o transporte coletivo.

Quanto à adequação

Podemos classificar os serviços públicos em:

- Serviços próprios do Estado: são os que estão diretamente relacionados com as atribuições do Poder Público e onde, para a sua execução a Administração se vale de sua supremacia sobre os administrados. São exemplos deste tipo de serviço: os de segurança, polícia, higiene e saúde pública. Estes serviços "próprios" devem ser prestados pela Administração Pública, sem delegação a particulares.
- Serviços impróprios do Estado: não estão diretamente relacionados às necessidades da comunidade, mas atendem interesses comuns de seus membros. São prestados pela administração de forma remunerada, por meio de seus órgãos ou entidades descentralizadas, podem ter sua prestação, também, por terceiros. São exemplos deste tipo de serviço os de conservação de estradas, transporte público e telefonia residencial.

Quanto à finalidade

São classificados em:

- Serviços administrativos: executados pela Administração com o intuito de atender as suas necessidades internas ou preparar outros serviços que serão prestados ao público. Exemplo: Impressão de Diário Oficial e Academias de Polícia.
- Serviços industriais: São os que geram renda para quem os presta, mediante remuneração denominada tarifa ou preço público, sendo sempre fixada pelo Poder Público, não importando quem é o prestador do serviço, se concessionário, permissionários, autorizatários ou pelos próprios órgãos da Administração.
- Serviços sociais: São aqueles que o Estado desempenha para atender as necessidades coletivas em áreas em que sua atuação é imprescindível, mas que, porém, convive com a atuação da iniciativa privada, como os serviços de educação, saúde e previdência.

Quanto aos destinatários do serviço

Podem ser divididos em:

- "*uti universi*" ou gerais: Serviços que a Administração oferece a usuários indeterminados, conhecidos também como gerais. Satisfazem a população sem individualizar os usuários. São indivisíveis, pois é impossível medir o quanto cada usuário se utiliza do serviço (iluminação pública, calçamento, limpeza pública, polícia etc). A cobrança é justificada pela simples disponibilização do serviço, independentemente de ocorrer ou não a sua utilização.
- "*uti singuli*": Chamados de individuais ou divisíveis, são os prestados a usuários certos, determinados, que utilizam o serviço de forma direta, são mensuráveis para cada destinatário. Estes serviços são de fruição facultativa e individual (telefonia, energia elétrica

residencial, transporte coletivo funerário etc). A cobrança justifica-se pelo efetivo uso.

4. Formas e Meios de Prestação do Serviço Público

Atualmente a demanda de prestação de serviços públicos é cada vez maior, acentuando-se a prática de delegação da execução desses serviços a terceiros, assim ao lado da prestação direta do serviço realizada pelos órgãos da Administração, temos a prestação de forma descentralizada realizada por intermédio das entidades da Administração Indireta e de particulares. Ex.: segurança pública feita pelas polícias militares dos Estados.

Execução centralizada

Acontece quando a atividade é feita por intermédio dos órgãos da Administração Pública Direta, em seu próprio nome e sob sua inteira responsabilidade. A Administração Pública é titular e executora do serviço público; este vai da Administração Pública, que o executa e explora, ao administrado, sem passar por intermediação de terceiros.

Execução descentralizada

Acontece quando a prestação do serviço é atribuída a autarquias, fundações, empresas privadas ou particulares individualmente, por outorga ou delegação.

A outorga ocorre quando o Estado (União, Estado, Distrito Federal ou Município) cria uma entidade e a ela transfere a titularidade, por lei, determinado serviço público ou de utilidade pública.

Encontramos a delegação quando o Estado transfere, mediante contrato (concessão) ou ato unilateral (permissão ou autorização), a execução do serviço para que o delegado preste por sua conta e risco, sob condições regulamentares e controle estatal. O particular tem direito à execução do serviço público, sendo que a titularidade continua com a Administração.

O art. 21, XII da CF prevê a participação dessas pessoas na prestação dos serviços públicos.

"Art. 21 - Compete à União:
XII - explorar, diretamente ou mediante autorização, concessão ou permissão:
a) os serviços de radiodifusão sonora e de sons e imagens;
b) os serviços e instalações de energia elétrica e o aproveitamento energético dos cursos de água, em articulação com os Estados onde se situam os potenciais hidroenergéticos;
c) a navegação aérea, aeroespacial e a infra-estrutura aeroportuária;
d) os serviços de transporte ferroviário e aquaviário entre portos brasileiros e fronteiras nacionais, ou que transponham os limites de Estado ou Território;
e) os serviços de transporte rodoviário interestadual e internacional de passageiros;
f) os portos marítimos, fluviais e lacustres;"

O prestador de serviço executa e explora o serviço ou a atividade que por conveniência lhes foi transferida por meio de concessão, a autorização e a permissão.

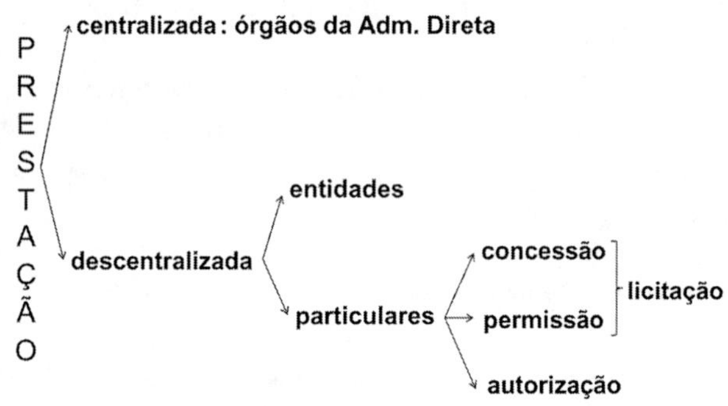

Concessão

Segundo HELY LOPES MEIRELLES: "*Concessão é a delegação contratual da execução do serviço, na forma autorizada e regulamentada pelo Executivo*". São características da concessão do serviço público:

- o encargo do serviço não é específico, sendo realizada *intuito personae*;
- os riscos da execução do serviço concedido cabem ao concessionário;
- a existência de relação entre pessoa jurídica de direito público (Administração), e pessoa jurídica de direito privado (administrado), onde a Administração transfere ao administrado a prestação de um serviço público;
- o serviço é exercido pelo concessionário em seu próprio nome;
- a transferência da execução do serviço é feita por tempo determinado;
- o concessionário recebe do usuário do serviço público a tarifa, paga durante o prazo pelo qual se estende a concessão e que não pode ser alterada unilateralmente pela empresa concessionária ou outro meio de remuneração.

A concessão é um contrato administrativo, com vantagens e encargos recíprocos, com condições de prestação de serviço e previsão de remuneração, por meio do qual o Poder Público delega a execução do serviço, nos limites e condições legais ou contratuais.

"*Lei n. 8.987/95, Art. 2º - Para os fins do disposto nesta lei, considera-se: II - concessão de serviço público: a delegação de sua prestação, feita pelo poder concedente, mediante licitação, na modalidade de concorrência, à pessoa jurídica ou consórcio de empresas que demonstre capacidade para seu desempenho, por sua conta e risco e por prazo determinado;*"

O concessionário é remunerado por meio de tarifa (preço público) que deve permitir uma remuneração justa do capital que permita a melhora e a expansão do serviço ou outro meio de remuneração. A fim de assegurar o equilíbrio econômico e financeiro do contrato, deve-se realizar a revisão periódica das tarifas, mantendo assim a justa remuneração do concessionário, na forma contratada.

Não perde o Poder concedente o direito de explorar o serviço direta ou indiretamente, desde que o interesse coletivo assim o exija. Pode assim, o Poder Público retomar o serviço concedido, mediante indenização ao concessionário dos lucros cessantes e danos emergentes.

A concessão, em regra, deve ser feita sem exclusividade, a fim de incentivar a competitividade entre os interessados, beneficiando os usuários com serviços cada vez melhores e mais baratos (Lei n. 8.987/95, art. 16).

"*Art. 16. A outorga de concessão ou permissão não terá caráter de exclusividade, salvo no caso de inviabilidade técnica ou econômica justificada no ato a que se refere o art. 5º desta Lei*".

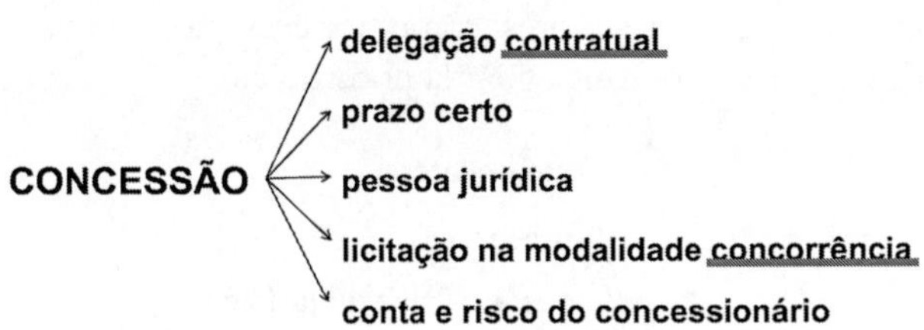

Regulamentação do Serviço

Compete ao Poder Público concedente editar a lei regulamentar de suas concessões, sempre em concordância com a norma federal, de caráter geral, sobre concessão.

"*Art. 22 - Compete privativamente à União legislar sobre: XXVII - normas gerais de licitação e contratação, em todas as modalidades, para as administrações públicas diretas, autárquicas e fundacionais da União, Estados, Distrito Federal e Municípios, obedecido o disposto no art. 37, XXI, e para as empresas públicas e sociedades de economia mista, nos termos do art. 173, § 1º, III;*

Art. 37, XXI - ressalvados os casos especificados na legislação, as obras, serviços, compras e alienações serão contratados mediante processo de licitação pública que assegure igualdade de condições a todos os concorrentes, com cláusulas que estabeleçam obrigações de pagamento, mantidas as condições efetivas da proposta, nos termos da lei, o qual somente permitirá as exigências de qualificação técnica e econômica indispensáveis à garantia do cumprimento das obrigações.

Art. 173 § 1º - A lei estabelecerá o estatuto jurídico da empresa pública, da sociedade de economia mista e de suas subsidiárias que explorem atividade econômica de produção ou comercialização de bens ou de prestação de serviços, dispondo sobre:
III - licitação e contratação de obras, serviços, compras e alienações, observados os princípios da administração pública;"

A concessionária tem como obrigação:

- manter atualizado o inventário e o registro dos bens vinculados à concessão;
- prestar contas da prestação do serviço ao poder concedente e aos usuários, nos termos definidos no contrato;
- cumprir e fazer cumprir as normas do serviço e as cláusulas contratuais e editalícias da concessão;
- facultar aos encarregados da fiscalização da execução do serviço, livre acesso em qualquer época às obras, aos equipamentos e às instalações integrantes do serviço, assim como a seus registros contábeis;
- zelar pela integridade dos bens vinculados à prestação do serviço;
- prestar o serviço de maneira adequada, na forma prevista na lei e nas normas técnicas aplicáveis e no contrato;
- captar, aplicar e gerir os recursos financeiros necessários à prestação do serviço;
- promover as desapropriações e constituir servidões autorizadas pelo poder concedente, conforme previsto no edital e no contrato.

> As contratações, incluídas as de mão de obra, realizadas pela concessionária serão regidas pelas normas de direito privado, incluindo-se a legislação trabalhista, não se estabelecendo qualquer relação entre os terceiros contratados pela concessionária e a Administração concedente.

Permissão

Segundo o mestre JOSÉ CRETELLA JÚNIOR, permissão de serviço público é "*ato administrativo unilateral, discricionário e precário, pelo qual o Poder Público torna possível ao administrativo (pessoa física ou pessoa jurídica de direito privado) a prestação de certa atividade de interesse coletivo, condicionando-a ao preenchimento de determinados requisitos, podendo ser dada a título gratuito ou remunerado, nas condições estabelecidas pelo Poder Público*".

Serviços permitidos são os que a Administração institui os requisitos para sua prestação ao público e, por ato unilateral, confere ao particular a sua execução, desde que comprove capacidade para o seu desempenho. A permissão é discricionária e precária, mas admite condições e prazos para exploração do serviço, o Poder Público pode, a qualquer momento, alterar as condições iniciais, ou revogar a permissão de forma unilateral.

O serviço é executado em nome do permissionário, por sua conta e risco, sob as condições e requisitos estabelecidos pela Administração que controla sua execução, podendo intervir quando prestado inadequadamente.

A permissão é o meio de delegação utilizado para prestação de serviços ou atividades transitórias, ou mesmo permanentes, mas que exijam habituais atualizações para acompanhar a evolução da técnica ou as variações do interesse público.

A permissão para a prestação de serviço público ou de utilidade pública, exige licitação, nos termos do art. 175 da Constituição, do art. 2º da Lei n. 8.666/93, e dos art. 2º, IV e 40, da Lei n. 8.987/95.

"*Lei n. 8.666/93, art. 2º - As obras, serviços, inclusive de publicidade, compras, alienações, concessões, permissões e locações da Administração Pública, quando contratadas com terceiros, serão necessariamente precedidas de licitação ressalvadas as hipóteses previstas nesta Lei.*
Parágrafo único - Para os fins desta Lei, considera-se contrato todo e qualquer ajuste entre órgãos ou entidades da Administração Pública e particulares, em que haja um acordo de vontades para a formação de vínculo e a estipulação de obrigações recíprocas, seja qual for a denominação utilizada.

"*Lei n. 8.987/95, Art. 2º. Para os fins do disposto nesta lei, considera-se:*
IV - permissão de serviço público: a delegação, a título precário, mediante licitação da prestação de serviços públicos, feita pelo poder concedente à pessoa física ou jurídica que demonstre capacidade para seu desempenho, por sua conta e risco.

Art. 40. A permissão de serviço público será formalizada mediante contrato de adesão, que observará os termos desta lei, das demais normas pertinentes e do edital de licitação, inclusive quanto à precariedade e à revogabilidade unilateral do contrato pelo poder concedente.
Parágrafo único. Aplica-se às permissões o disposto nesta lei."

A doutrina admite a celebração de contratos de adesão com prazo certo quando da delegação do serviço público sob a forma de permissão entre o Poder concedente e o permissionário.

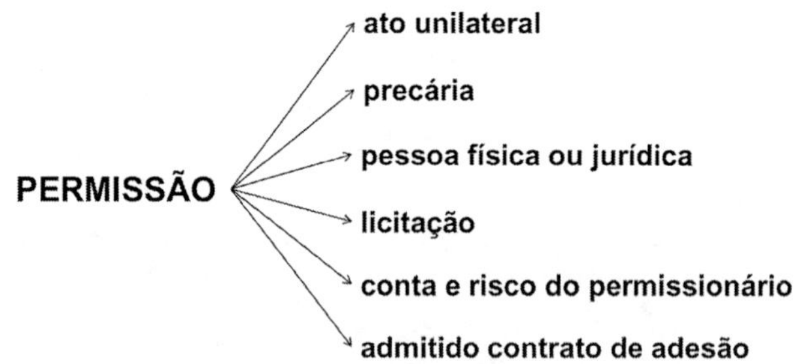

Autorização

Os serviços autorizados são aqueles que a Administração consente na sua execução por particular a fim de atender a interesse coletivo instável ou emergência transitória, além destes casos a prestação do serviço deve ser feita mediante concessão ou permissão.

A execução do serviço é pessoal e não pode ser transferida a terceiros, sendo indicada para serviços que não exigem execução pela própria Administração, nem necessitam de especialização na sua prestação ao público. São serviços em que convém que o Poder Público conheça e credencie seus executores, como por exemplo, o serviço de taxi, de despachante, guarda noturno etc.

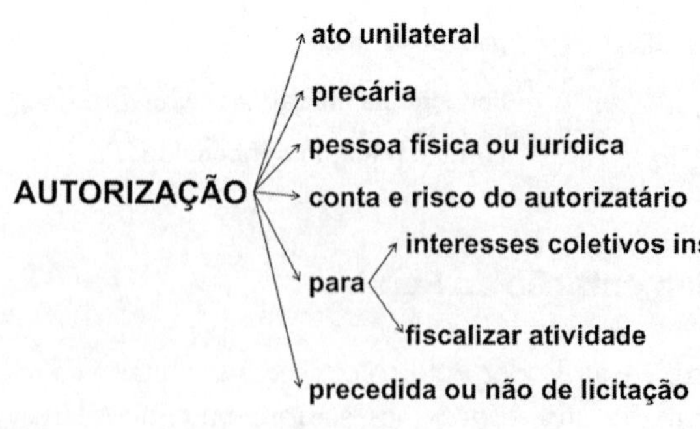

5. Competência para Prestação de Serviço Público

Competência do Estado-membro

Embora a competência do Estado-membro para a prestação de serviços públicos não esteja prevista explicitamente na Constituição, podemos chegar até ela pela exclusão, conforme se conclui do art. 25, § 1º, da Carta Magna e da exceção imposta pelo art. 25, § 2º, do mesmo texto:

"Art. 25 - Os Estados organizam-se e regem-se pelas Constituições e leis que adotarem, observados os princípios desta Constituição.
§ 1º - São reservadas aos Estados as competências que não lhes sejam vedadas por esta Constituição.
§ 2º - Cabe aos Estados explorar diretamente, ou mediante concessão, os serviços locais de gás canalizado, na forma da lei, vedada a edição de medida provisória para a sua regulamentação."

Pertencem aos Estados-membros os serviços públicos não reservados à União ou aos Municípios pelo critério de interesse local. Pertence ao Estado-membro os serviços e obras que ultrapassem as divisas territoriais de um município ou que digam respeito a interesses regionais, devendo prestá-los sempre que o interesse geral ou de seus habitantes assim o exigir.

"CF, Art. 25 - Os Estados organizam-se e regem-se pelas Constituições e leis que adotarem, observados os princípios desta Constituição.
§ 3º - Os Estados poderão, mediante lei complementar, instituir regiões metropolitanas, aglomerações urbanas e microrregiões, constituídas por agrupamentos de Municípios limítrofes, para integrar a organização, o planejamento e a execução de funções públicas de interesse comum."

Competência do Município

A Constituição atribui aos Municípios a competência para organizar e manter os serviços públicos locais, assegurando assim a sua autonomia administrativa.

"CF, Art. 30 - Compete aos Municípios:
V - organizar e prestar, diretamente ou sob regime de concessão ou permissão, os serviços públicos de interesse local, incluído o de transporte coletivo, que tem caráter essencial;"

A Constituição previu, também, a prestação de alguns serviços por parte do Município.

"Art. 30 - Compete aos Municípios:
V - organizar e prestar, diretamente ou sob regime de concessão ou permissão, os serviços públicos de interesse local, incluído o de transporte coletivo, que tem caráter essencial;
VI - manter, com a cooperação técnica e financeira da União e do Estado, programas de educação pré-escolar e de ensino fundamental;
VII - prestar, com a cooperação técnica e financeira da União e do Estado, serviços de atendimento à saúde da população;
VIII - promover, no que couber, adequado ordenamento territorial, mediante planejamento e controle do uso, do parcelamento e da ocupação do solo urbano;
IX - promover a proteção do patrimônio histórico-cultural local, observada a legislação e a ação fiscalizadora federal e estadual."

6. Remuneração

As taxas são criadas para remunerarem os serviços *uti singuli*. As taxas têm como fato gerador o exercício do poder de polícia, ou a utilização, efetiva ou potencial, de serviço público específico e divisível, prestado ao contribuinte ou simplesmente posto à sua disposição.

"CF, art. 145 - A União, os Estados, o Distrito Federal e os Municípios poderão instituir os seguintes tributos:
II - taxas, em razão do exercício do poder de polícia ou pela utilização, efetiva ou potencial, de serviços públicos específicos e divisíveis, prestados ao contribuinte ou postos a sua disposição;"

A tarifa tem a natureza de preço público e é fixada no contrato (arts. 92 e 23, IV, da Lei nº 8.987/95).

Ao Poder Público é admitido cobrar taxa em razão da utilização efetiva do serviço (de acordo com o maior ou menor consumo) ou pela disponibilização do serviço (por ter ele sido colocado à disposição do usuário).

A tarifa (ou preço público) é devida pela utilização de um serviço requisitado ou utilizado. Assim a cobrança da tarifa somente se justifica quando há a utilização do serviço público (exemplo: energia elétrica domiciliar, transporte coletivo e telefonia).

7. Direitos e Deveres na Prestação de Serviço Público

Direitos dos usuários

Os usuários têm seus direitos reconhecidos face a prestação de qualquer serviço público ou de utilidade pública.

"Art. 23. São cláusulas essenciais do contrato de concessão as relativas:
VI - aos direitos e deveres dos usuários para obtenção e utilização do serviço;"

Os serviços públicos são prestados com a observância dos princípios da permanência, generalidade, eficiência, modicidade e da cortesia, sendo que no caso da falta de qualquer desse requisitos o Estado tem a possibilidade de interferir na execução dos serviços prestados com o intuito de ajustá-los a fim de que estejam sempre de acordo com estes princípios.

"CF, Art. 37 - § 3º - A lei disciplinará as formas de participação do usuário na administração pública direta e indireta, regulando especialmente:
I - as reclamações relativas à prestação dos serviços públicos em geral, asseguradas a manutenção de serviços de atendimento ao usuário e a avaliação periódica, externa e interna, da qualidade dos serviços;"
"Código de Defesa do Consumidor, Art. 6º - São direitos básicos do consumidor:
X - a adequada e eficaz prestação dos serviços públicos em geral."

O prestador de um serviço público deve oferecer esse serviço de forma satisfatória. Este direito dos usuários está assegurado pela Constituição em seu art. 175, IV e pelo Código de Defesa do Consumidor no art. 22, parágrafo único.

"CF, Art. 175, Parágrafo único - A lei disporá sobre:
IV - a obrigação de manter serviço adequado."

"CDC, Art. 22 - Os órgãos públicos, por si ou suas empresas, concessionárias, permissionárias ou sob qualquer outra forma de empreendimento, são obrigados a fornecer serviços adequados, eficientes, seguros e, quanto aos essenciais, contínuos.
Parágrafo único - Nos casos de descumprimento, total ou parcial, das obrigações referidas neste artigo, serão as pessoas jurídicas compelidas a cumpri-las e a reparar os danos causados, na forma prevista neste Código."

No caso de danos causados pela má atuação dos permissionários ou concessionários de serviço público o usuário tem o direito de pleitear judicialmente, se for o caso, o ressarcimento desses danos.

Deveres dos usuários

Os usuários têm direito a alguns serviços públicos independentemente da satisfação de qualquer exigência prévia ou pagamento (iluminação pública, segurança pública etc.). Outros, porém, para serem utilizados pelos usuários exigem, por parte destes, o cumprimento de determinadas obrigações. Temos como exemplo o serviço de distribuição de telefonia fixa, neste o usuário deve pedir a utilização do serviço, realizar as instalações até o limite do imóvel, e ainda, remunerar o serviço na forma exigida pela lei, sendo que, somente após a satisfação das exigências o usuário tem o direito ao serviço público.

Greve nos serviços essenciais

O direito a greve é assegurado, pela Constituição em seu art. 9º, a todos os trabalhadores, inclusive aqueles que prestam serviço público, que sobre ela podem decidir quando de sua oportunidade e dos direitos a serem defendidos por sua ocasião.

"Art. 9º - É assegurado o direito de greve, competindo aos trabalhadores decidir sobre a oportunidade de exercê-lo e sobre os interesses que devam por meio dele defender."

Este mesmo artigo determina que a greve nos serviços ou atividades essenciais deve ser disposta por lei a fim de garantir o atendimento das necessidades inadiáveis da comunidade.

"Art. 9º, § 1º - A lei definirá os serviços ou atividades essenciais e disporá sobre o atendimento das necessidades inadiáveis da comunidade."

Essa matéria foi disciplinada pela Lei Federal n.º 7.783/89, que dispõe sobre o exercício do direito de greve e define como serviços essenciais: o de fornecimento de água, de energia elétrica, gás e combustíveis, o de saúde, o de distribuição e comercialização de medicamentos e alimentos, o funerário, o de transporte coletivo, o de captação e tratamento de esgoto e lixo, o de telecomunicações, o relacionado com substâncias radioativas, o de tráfego aéreo, o de compensação bancária e o de processamento de dados ligado a esses serviços.

Greve dos servidores públicos

A Constituição Federal garantiu o direito de greve dos servidores públicos em ser art. 37, VII, devendo os limites e termos desta greve serem definidos por lei específica.

"Art. 37, VII - o direito de greve será exercido nos termos e nos limites definidos em lei específica;"

O objetivo da regulamentação do direito de greve nos serviços públicos é garantir a continuidade da prestação destes serviços, levando-se em conta que as necessidades da coletividade não cessam, os serviços também não podem ser interrompidos.

A Administração Pública e o Código do Consumidor

A Administração Pública, segundo o Código de Defesa do Consumidor, pode ser classificada como fornecedor, não importando a esfera em que se manifesta (federal, estadual, distrital ou municipal).

"Art. 3º - Fornecedor é toda pessoa física ou jurídica, pública ou privada, nacional ou estrangeira, bem como os entes despersonalizados, que desenvolvem atividades de produção, montagem, criação, construção, transformação, importação, exportação, distribuição ou comercialização de produtos ou prestação de serviços."

Os direitos básicos do consumidor também estão previstos na mesma lei em seu art. 6º:

"Art. 6º - São direitos básicos do consumidor:
I - a proteção da vida, saúde e segurança contra os riscos provocados por práticas no fornecimento de produtos e serviços considerados perigosos ou nocivos;
II - a educação e divulgação sobre o consumo adequado dos produtos e serviços, asseguradas a liberdade de escolha e a igualdade nas contratações;

III - a informação adequada e clara sobre os diferentes produtos e serviços, com especificação correta de quantidade, características, composição, qualidade e preço, bem como sobre os riscos que apresentem;
IV - a proteção contra a publicidade enganosa e abusiva, métodos comerciais coercitivos ou desleais, bem como contra práticas e cláusulas abusivas ou impostas no fornecimento de produtos e serviços;
V - a modificação das cláusulas contratuais que estabeleçam prestações desproporcionais ou sua revisão em razão de fatos supervenientes que as tornem excessivamente onerosas;
VI - a efetiva prevenção e reparação de danos patrimoniais e morais, individuais, coletivos e difusos;
VII - o acesso aos órgãos judiciários e administrativos, com vistas à prevenção ou reparação de danos patrimoniais e morais, individuais, coletivos ou difusos, assegurada a proteção jurídica, administrativa e técnica aos necessitados;
VIII - a facilitação da defesa de seus direitos, inclusive com a inversão do ônus da prova, a seu favor, no processo civil, quando, a critério do juiz, for verossímil a alegação ou quando for ele hipossuficiente, segundo as regras ordinárias de experiências;
IX - (Vetado.)
X - a adequada e eficaz prestação dos serviços públicos em geral."

Quanto à cobrança dos valores resultantes da prestação de serviço público, a Administração Pública, assim como os concessionários, permissionários ou os autorizatários de serviço público, não pode valer-se de prática que exponha o usuário ao ridículo ou que o submeta a constrangimento ou ameaça.

"Art. 42 - Na cobrança de débitos, o consumidor inadimplente não será exposto a ridículo, nem será submetido a qualquer tipo de constrangimento ou ameaça.
Parágrafo único - O consumidor cobrado em quantia indevida tem direito à repetição do indébito, por valor igual ao dobro ao que pagou em excesso, acrescido de correção monetária e juros legais, salvo hipótese de engano justificável."

Exercícios de Fixação

01. O ato administrativo revogável, discricionário e precário, pelo qual o Poder Público faculta ao particular a execução de serviços de interesse coletivo, ou o uso especial de bens públicos, para atender a interesses coletivos instáveis ou emergência transitória é:

a) permissão.
b) aprovação.
c) autorização.
d) licença.

02. Os serviços públicos prestados pela própria Administração Pública a usuários indeterminados, para atender à sociedade no seu todo, denomina-se:

a) serviços *uti singuli.*
b) serviços impróprios do Estado.
c) serviços *uti universi.*
d) serviços administrativos.

03. Ato unilateral, discricionário, precário, "intuitu personae", precedido de licitação. Este conceito refere-se à:

a) permissão.
b) concessão.
c) direito real de uso.
d) delegação.
e) autorização.

04. Quando os particulares prestam serviços públicos, eles o fazem mediante:

a) contrato de locação de serviços.
b) investidura em cargo público.
c) concessão ou permissão.
d) contrato administrativo.

05. São princípios básicos do Serviço Público:

a) cortesia, legalidade e impessoalidade.
b) continuidade do serviço, igualdade dos usuários, eficiência, modicidade e cortesia.
c) cortesia, modicidade, legalidade, igualdade dos usuários e mutabilidade do regime jurídico.
d) cortesia, continuidade, legalidade, pessoalidade e solidariedade.

06. São serviços *uti singuli*, de acordo com a doutrina brasileira:

a) serviço fruído indiretamente pelo particular.
b) serviço prestado diretamente pelo Estado.
c) serviço que satisfaz individual e diretamente.
d) serviço prestado indiretamente pelo Estado.

07. Ocorre desconcentração administrativa quando:

a) distribuem-se hierarquicamente competências para realizar serviços entre órgãos estatais distintos.
b) distribuem-se competências iguais entre órgãos diferentes, sem que haja necessariamente relação de hierarquia.
c) distribuem-se competências diferentes entre órgãos iguais, sem que haja necessariamente relação de hierarquia.
d) distribuem-se hierarquicamente competências para realizar serviços no mesmo órgão.

08. Sobre a concessão de serviço público, é correto afirmar-se:

a) trata-se de contrato de direito público em virtude da prévia exigência de licitação.
b) trata-se de ato discricionário e precário.
c) trata-se de ato vinculado que não pode ser revogado em respeito ao princípio da segurança jurídica.
d) trata-se de contrato de direito privado em virtude da participação do particular.

09. A concessão é ato:

a) unilateral, pelo qual o Estado transfere definitivamente a titularidade do serviço público a uma fundação.
b) unilateral, precário, por prazo determinado, pelo qual um particular é admitido como usuário de serviço público.
c) bilateral, pelo qual se transfere o exercício de serviço público a alguém.
d) complexo, pelo qual o Estado atribui o exercício de um serviço público a um particular, que aceita prestá-lo em nome do poder público.

10. Os serviços que o Estado presta pelos seus órgãos ou entidades descentralizadas são serviços públicos:

a) próprios e indiretos.
b) impróprios.
c) impróprios, mas diretos.
d) indiretos e impróprios.

Gabarito

01. C	**02. C**	**03. A**	**04. C**	**05. B**
06. C	**07. D**	**08. A**	**09. C**	**10. A**

3. Poderes e Atos Administrativos

1. Classificação
2. Atos Administrativos

A finalidade da Administração Pública é interesse público e, para tanto, é possuidora de poderes administrativos (poder vinculado, discricionário, regulamentar, hierárquico e de polícia), que são utilizados como instrumentos para que atinja seu objetivo.

Estes poderes são encontrados em todas as esferas da Administração Pública (União, Estados-Membros, Distrito Federal e Municípios).

1. Classificação

Poder Vinculado

O poder vinculado é o que a lei atribui à Administração Pública para que esta pratique os atos de sua competência, determinando os elementos e requisitos necessários à sua formalização.

Para a prática de determinados atos (atos vinculados), que estudaremos ainda neste capítulo, a Administração fica inteiramente submissa ao que define a lei, ainda que o administrador tenha uma liberdade de atuar, esta liberdade é muito pequena, pois ele não pode distanciar-se do que está previsto no texto legal.

Caso o administrador venha a se afastar do previsto na lei o ato é considerado inválido, sendo que a anulação do ato poderá ser realizada pelo judiciário, se provocado, ou pela própria Administração Pública.

> Temos como exemplo de ato praticado sob o domínio do poder vinculado: a aposentadoria compulsória do servidor público que deve ocorrer aos 70 (setenta) anos de idade, independentemente da vontade da Administração ou de sua própria vontade.

Poder Discricionário

É a possibilidade que o Poder Público possui de praticar ou deixar de praticar certo ou, ainda, escolher o ato a ser praticado, conforme entenda esse ato, conveniente ou inconveniente, para a Administração.

No exercício do Poder Discricionário, diferentemente da vinculado, o administrador tem uma liberdade maior de agir, desde que esta discricionariedade seja exercida nos limites permitidos em lei.

Estes limites acima são encontrados na subordinação legal à competência de quem realiza o ato, na forma e na finalidade do mesmo.

> A discricionariedade decorre da lei e não da ausência desta, pois na falta da lei, segundo o princípio da legalidade da Administração Pública, o servidor não pode agir por faltar-lhe competência.

Poder Disciplinar

Poder Disciplinar é a possibilidade que a Administração possui de punir internamente as infrações funcionais cometidas por servidores e demais pessoas sujeitas à disciplina dos órgãos e serviços da Administração.

Usando do poder disciplinar a Administração controla o desempenho das funções executivas e a conduta interna de seus servidores.

Muito importante não confundir o poder disciplinar da Administração com o poder punitivo do Estado. O poder disciplinar refere-se apenas às infrações relacionadas com o serviço, enquanto o poder punitivo, que visa combater os crimes e contravenções definidas nas leis penais, é exercido pela Justiça Penal.

> As penalidades impostas aos particulares não fazem parte do poder disciplinar que a Administração Pública possui.

Poder Hierárquico

É o poder disposto pela Administração para distribuir e escalonar as funções de seus órgãos, ordenar e rever a atuação de seus agentes, estabelecendo a relação de subordinação entre os servidores de seu quadro de pessoal.

Este poder tem como objetivo:

- ordenar as atividades da Administração, repartindo e escalonando as funções entre seus agentes;
- coordenar as funções no intuito de obter um entrosamento de todos os serviços a cargo do mesmo órgão;

- controlar cada servidor no sentido de que este cumpra a lei e instruções e acompanhar também sua conduta e rendimento;
- corrigir as atividades administrativas revisando os atos de seus agentes.

Poder de Polícia

O poder de polícia é capacidade que a Administração Pública possui, para condicionar e restringir o uso e gozo de bens, atividades e direitos individuais, visando o benefício da coletividade ou do próprio Estado.

Para o mestre DIÓGENES GASPARINI o poder de polícia é "*a atribuição de que dispõe a Administração Pública para condicionar o uso, o gozo e a disposição da propriedade e o exercício da liberdade dos administrados no interesse público ou social.*"

O Código Tributário Nacional considera como poder de polícia a atividade da Administração Pública que, limitando ou disciplinando direito, interesse ou liberdade, regula a prática de ato ou abstenção de fato, em razão de interesse público concernente à segurança, à higiene, à ordem, aos costumes, à disciplina da produção e do mercado, ao exercício de atividades econômicas dependentes de concessão ou autorização do Poder Público, à tranquilidade pública ou ao respeito à propriedade e aos direitos individuais e coletivos.

Embora a legislação confira aos particulares uma série de direitos relacionados com o uso, gozo e disposição da propriedade e com o exercício da liberdade, esses direitos não são ilimitados e devem ser compatíveis com o bem-estar social ou com o próprio interesse do Poder Público.

O poder de polícia tem como finalidade a proteção ao interesse público é ao bem-estar social, destinando-se a prevenir o surgimento de atividades particulares nocivas aos interesses sociais ou públicos ou a obstar seu desenvolvimento.

São exemplos práticos do poder de polícia: proibição de construir edifícios acima de determinada altura, dever de notificar doença contagiosa, apreensão de mercadoria deteriorada, embargo de obra e atos de fiscalização em geral.

MARIA SYLVIA DI PIETRO ensina que são "atributos do poder de polícia a discricionariedade, a auto-executoriedade e a coercibilidade, além do fato de corresponder a uma atividade negativa.

- **Discricionariedade:** Embora a discricionariedade seja encontrada na maior parte das vezes em que a Administração Pública age com poder de polícia, nem sempre isso ocorre. Na maior parte dos casos concretos, a Administração tem liberdade para decidir qual o melhor momento para praticar o ato, assim como qual o meio de ação mais recomendado e qual a sanção cabível, se for o caso (ex.: fiscal sanitário que ao vistoriar estabelecimento deve decidir, diante das condições sanitárias encontradas, qual o ato que melhor atenda aos interesses públicos, a aplicação de uma multa ou a interdição do referido estabelecimento).

Existem situações em que o poder de polícia será vinculado, haja vista que a lei estabelece a obrigatoriedade da Administração, diante de certos requisitos, à prática de determinado ato, não deixando liberdade ao agente na hora de agir, praticando ato vinculado no exercício do poder de polícia (ex: fiscal do IBAMA que encontra madeirame extraído ilegalmente e que tem o dever de apreender o mesmo).

> O poder de polícia tanto pode ser discricionário quanto vinculado, porém, para fins de concurso, considera-se como característica deste poder a discricionariedade por estar presente na maioria dos atos praticados sob seu exercício.

- **Autoexecutoriedade:** em decorrência do atributo da autoexecutoriedade a Administração tem o poder de diretamente, sem necessidade de recorrer ao Poder Judiciário, valer-se de meios indiretos de coação para o exercício do seu poder de polícia. Assim, por exemplo, a Administração pode demolir um prédio que oferece risco de desabamento, dissolver uma passeata ou interditar um restaurante.

> A autoexecutoriedade não é encontrada em todos os atos praticados com poder de polícia, mas somente naqueles que a lei expressamente autoriza.

- **Coercibilidade:** os atos dotados de poder de polícia caracterizam-se por serem comparados a uma ordem administrativa (atos normativos, ordinatórios, punitivos) nascem sempre com coercibilidade, ou seja, com força que obriga o particular ao seu fiel atendimento, sob pena de, caso contrário, se sujeitar a execução forçada pela Administração ou por intermédio do judiciário.

Poder Regulamentar ou Normativo

Poder Regulamentar ou Normativo é o que cabe ao Chefe do Poder Executivo da União, dos Estados e dos Municípios, de editar normas complementares à lei (decretos), para sua fiel execução.

As leis, muitas vezes, necessitam da edição de atos complementares do Poder Executivo a fim de que possam ser executadas, cabendo, assim, ao Presidente da República, Governador ou ao Prefeito editarem decretos com o intuito de darem aplicabilidade às leis. O Poder regulamentar também é encontrado nas resoluções, portarias, deliberações e instruções emanadas por outras autoridades que não o Chefe do Poder Executivo.

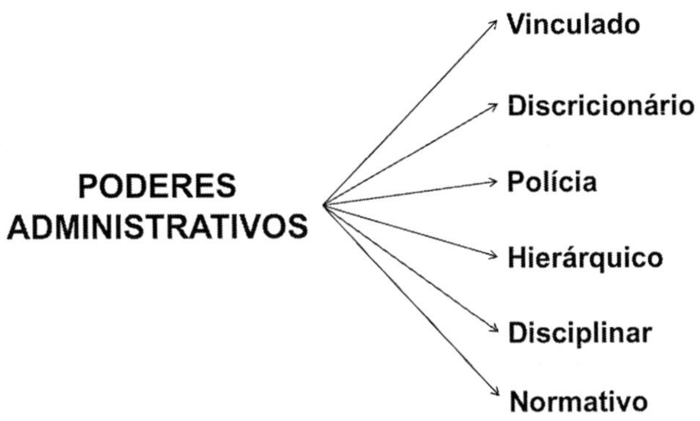

2. Atos Administrativos

2.1. Conceito de Ato Administrativo

Não encontramos na lei uma definição de ato administrativo, sendo que várias são as definições apresentadas pelos estudiosos. Selecionamos as dos mestres JOSÉ CRETELLA JÚNIOR e HELY LOPES MEIRELLES

"Ato administrativo é toda medida editada pelo Estado, por meio de seus representantes, no exercício regular de suas funções, ou por qualquer pessoa que detenha, nas mãos, fração de poder delegada pelo Estado, que tem por finalidade imediata criar, reconhecer, modificar, resguardar ou extinguir situações jurídicas subjetivas, em matéria administrativa." (José Cretella Júnior)

"Ato administrativo é toda manifestação unilateral de vontade da Administração Pública que, agindo nessa qualidade, tenha por fim imediato adquirir, resguardar, transferir, modificar, extinguir e declarar direitos, ou impor obrigações aos administrados ou a si própria." (Hely Lopes Meirelles)

Analisando a definição acima encontramos que os contratos administrativos não estão incluídos, por se tratarem de atos multilaterais. Verificamos também que estes atos são praticados por manifestação do Estado (União, Estado-Membro, Distrito Federal, Município) ou por quem tenha prerrogativas estatais (concessionários).

2.2. Requisitos do ato administrativo

São os componentes ou elementos que o ato deve reunir para ser perfeito e válido, também chamados de elementos ou pressupostos do ato.

Encontramos cinco requisitos para que o ato jurídico seja considerado válido: competência, finalidade ou objetivo, motivo ou causa, forma, conteúdo ou objeto.

Competência

A competência administrativa é o poder atribuído ao agente para que este desempenhe suas funções, sendo que este poder é limitado, resultando de lei. Nenhum ato, seja ele discricionário ou vinculado, é validado se o agente não possuir poder legal para praticá-lo.

A competência não pode ser transferida ou prorrogada entre as partes, o que podemos encontrar é a delegação e a avocação de competência, desde que estas estejam previstas em lei.

A delegação de competência pode ser exemplificada pelo parágrafo único do art. 84 da Constituição Federal.

Art. 84 - "O Presidente da República poderá delegar as atribuições mencionadas nos incisos VI, XII e XXV, primeira parte, aos Ministros de Estado, ao Procurador-Geral da República ou ao Advogado-Geral da União, que observarão os limites traçados nas respectivas delegações."

Quanto à avocação, que é chamar para si funções atribuídas a outrem que lhe é subordinado, encontramos exemplo no art. 170 do Decreto-lei n.º 200/67 onde se estatui que:

"Art. 170 - "O Presidente da República, por motivo relevante de interesse público, poderá avocar e decidir qualquer assunto na esfera da Administração Federal".

A ausência de competência do agente que pratica o ato carrega este de ilegalidade, ocorrendo neste caso, vício de competência.

Finalidade

É a meta ou alvo que a Administração pretende alcançar com o ato. A finalidade é requisito indispensável e vinculado à validade do ato administrativo, sendo ainda que não é qualquer finalidade que justifica a validade do ato, mas sim a finalidade que atenda a um interesse público ou social.

A finalidade do ato administrativo é aquela indicada pela lei, não podendo o agente substituí-la por outra, mesmo que esta vise o fim público.

HELY LOPES MEIRELLES conclui o assunto da seguinte maneira: "*A alteração da finalidade expressa na norma legal, ou implícita no ordenamento jurídico da Administração, caracteriza o desvio de poder..., que rende ensejo à invalidação do ato, por lhe faltar um elemento primordial em sua formação: o fim público desejado pelo legislador.*"

> Quando o agente escolhe finalidade diversa daquela constante na lei, ainda que implicitamente, caracteriza-se o desvio de finalidade.
> Por exemplo: Um agente público tem competência para remover e suspender um funcionário, não podendo, porém, utilizar a remoção com a finalidade de punir; se assim o fizer este ato será inválido por desvio de finalidade.

Motivo

Também chamado de causa é a situação que determina (ato vinculado) ou autoriza (ato discricionário) a prática do ato administrativo. O motivo pode ser de direito, quando então será vinculado ou poderá ser de fato, quando será discricionário quanto à sua existência e valoração.

O motivo pode ser legal ou de direito, e assim será, quando estiver previsto em lei. Neste caso o agente somente poderá praticar o ato quando houver ocorrido a situação prevista, quando então será vinculado.

Quando não houver a previsão legal, o agente terá a liberdade de escolher o motivo em vista do qual realizará o ato, porém, ao fazê-lo, o motivo alegado passará a fazer parte do ato e se descoberto ser falso o ato será inválido. Segundo CELSO RIBEIRO BASTOS "*a desconformidade entre os motivos e a realidade acarreta a invalidade do ato.*"

A este fenômeno da invalidação do ato, por motivo falso alegado, a doutrina denomina como "*Teoria dos Motivos Determinantes*".

> **Teoria dos Motivos Determinantes**
>
> Motivos Determinantes são aqueles que são alegados para a prática do ato, lembrando sempre que este motivo não pode estar na vontade livre do agente.
> Exemplo da Teoria dos Motivos Determinantes: Um funcionário exonerável *ad nutum* (possuidor de cargo de confiança ou função comissionada) é exonerado do serviço público com a acusação de improbidade administrativa, mais tarde descobre-se que a acusação era infundada, o ato será então invalidado e o funcionário será reintegrado, mesmo que para sua exoneração não fosse necessária a alegação de um motivo, por ele ser demissível *ad nutum*.

Forma

E o meio de exteriorização do ato, é o modo pelo qual o ato aparece, revela sua existência.

A vontade da Administração Pública para manifestar-se exige procedimentos especiais e forma legal para que seja expressada validamente.

É importante estabelecer distinção entre forma e formalidade do ato. A formalidade do ato é o conjunto de operações exigidas para sua perfeição. Assim, para uma concorrência há uma formalidade que se inicia com o edital e se finda com a adjudicação do objeto, o ato adjudicatório é que se concretiza com a forma.

A maneira usual de exteriorização do ato é a forma escrita (despacho em processo administrativo que pune servidor que agiu irregularmente), porém não é a única. Temos também os atos orais (ordens que são dadas a um servidor), atos pictóricos (placas de sinalização de trânsito), atos eletromecânicos (semáforos) e atos mímicos (policial de trânsito dirigindo o tráfego).

Objeto

Também chamado de conteúdo, pode ser definido como aquilo para que o ato se preordene ou a que se destina, sendo a modificação do ordenamento jurídico que o ato acarreta.

Temos como exemplo de conteúdo: a outorga de uso, no ato de permissão de uso de bem público, o desligamento do agente público, no ato de exoneração do funcionário ocupante de cargo de provimento em comissão e a aquisição da propriedade em uma desapropriação.

> Dentre os requisitos do ato administrativo o motivo e o objeto podem ser discricionários ou vinculados enquanto que a competência, forma e finalidade são sempre vinculados.

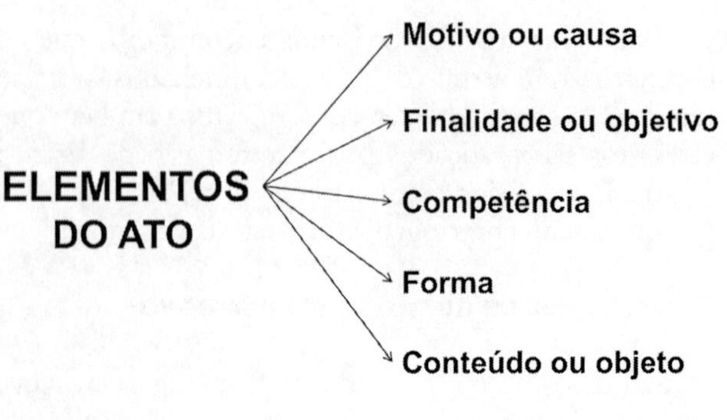

2.3. Tipos de ato

Os atos administrativos são agrupados em vinculados e discricionários, em razão do grau de liberdade que a Administração Pública tem para agir ou decidir.

Atos vinculados

Também conhecidos como atos predeterminados, são os atos administrativos praticados segundo os ditames que a lei prescreve à Administração Pública. Na lei encontramos "se", "como" e "quando" a Administração deve praticar tais atos, sendo que estes são praticados no desempenho do poder vinculado.

As imposições da lei acabam por suprimir a vontade do agente, uma vez que sua ação fica restrita aos pressupostos legais para a validade do ato.

Exemplo de ato vinculado encontramos na Constituição Federal quanto à aposentadoria compulsória do servidor aos setenta anos de idade (CF, art. 40, II), que a Administração não pode deixar de outorgar-lhe. Esta obrigação da Administração decorre da vinculação do ato, o que a obriga a praticá-lo.

Ato discricionário

Como já aprendemos, a lei confere ao administrador público poder discricionário e poder vinculado. No primeiro, como já vimos, os atos são determinados pela lei, porém, a lei não consegue prever todas as hipóteses e fatos que possam ocorrer; por este motivo ela possibilita ao administrador público a escolha da melhor solução frente a um caso concreto.

Atos discricionários são aqueles praticados pela Administração Pública em conformidade com um dos comportamentos prescritos pela lei. A liberdade do agente não é absoluta, este deve ater-se aos limites estabelecidos na lei e ao atendimento do interesse público.

A liberdade de escolha é limitada ao conteúdo e ao motivo, outros elementos são indispensáveis à validade do ato, estes elementos vinculantes são: capacidade legal de quem o pratica, forma prescrita em lei e finalidade pública. Nestes três últimos quesitos o agente deve ater-se ao disposto na lei.

Importante frisar que discricionariedade não deve ser confundida com arbitrariedade, esta é a possibilidade de operar sem qualquer limite, sem seguir qualquer norma jurídica, enquanto aquela é a possibilidade de atuar dentro de certos limites, concedidos ao agente pela regra jurídica. A discricionariedade decorre da lei e não da ausência desta.

O assunto estudado foi assim resumido em importante acórdão do TJRN publicado na revista de Direito Administrativo 14/52: "*A competência discricionária não se exerce acima ou além da lei, senão, como toda e qualquer atividade executória, com sujeição a ela. O que a distingue da competência vinculada está na maior mobilidade que a lei enseja ao executor no exercício. E não na liberação da lei. Enquanto ao praticar o ato administrativo vinculado a autoridade está presa à lei em todos os seus elementos (competência, motivo, objeto, finalidade e forma), no praticar o ato discricionário é livre (dentro das opções que a própria lei prevê) quanto à escolha dos motivos (oportunidade e conveniência) e do objeto (conteúdo). Entre praticar o ato ou dele se abster, entre praticá-lo com este ou aquele conteúdo (por ex.: advertir apenas ou proibir), ele é discricionário. Porém, no que concerne à competência, à finalidade e à forma, o ato discricionário está sujeito aos textos legais como qualquer outro.*"

Se no exercício da discricionariedade, o agente ultrapassar os limites estabelecidos pela lei, este rompimento caracteriza abuso de poder ou desvio de finalidade.

Abuso de poder

O ato administrativo deve ser praticado segundo a observância da lei, seja ele vinculado ou discricionário, a discricionariedade da Administração não pode ferir a moralidade pública.

Segundo HELY LOPES MEIRELLES: "*O abuso de poder ocorre quando a autoridade, embora competente para praticar o ato, ultrapassa os limites de suas atribuições ou se desvia das finalidades administrativas.*"

Podemos encontrar o abuso de poder tanto na forma omissiva quanto na comissiva, assim podemos afirmar que o agente público ao omitir-se da prática de um ato a que está obrigado por lei, lesa o patrimônio jurídico individual, não importando nesta análise se a omissão foi praticada com dolo (vontade) ou culpa.

O abuso de poder é matéria tão importante ao universo jurídico que a própria Constituição Federal preocupou-se com o assunto ao prever a utilização do mandado de segurança.

Outro inciso do mesmo Art. 5° que combate o abuso da autoridade é o XXXIV, a:

"XXXIV - são a todos assegurados, independentemente do pagamento de taxas:
o direito de petição aos Poderes Públicos em defesa de direitos ou contra a ilegalidade ou abuso de poder."

Direito Administrativo

O abuso de poder ou abuso de autoridade divide-se em duas espécies bem caracterizadas: o excesso de poder e o desvio de finalidade.

Excesso de poder

O excesso de poder ocorre no momento que a autoridade pública, que possuindo competência para praticar o ato, ultrapassa dos limites desta competência exorbitando-se no uso de suas faculdades administrativas.

O excesso de poder torna o ato ilícito e nulo, retirando a legitimidade da conduta do administrador público.

O excesso de poder pode ser caracterizado pelo descumprimento frontal da lei, quando a autoridade age claramente além de sua competência e quando ela contorna as limitações da lei utilizando-se de dissimulação para arrogar-se poderes que não lhe são atribuídos por lei.

A violação de competência, seja ela praticada com culpa ou dolo, é o bastante para invalidar o ato.

Desvio de finalidade

Encontramos o desvio de finalidade quando a autoridade age nos limites de sua competência, porém pratica o ato por razões ou fins diversos dos objetivados pela lei ou exigidos pelo interesse público.

O administrador pratica o ato dentro dos limites legais, a violação neste caso é ideológica, pois o administrador busca fins não queridos pelo legislador, ou utiliza motivos e meios imorais para a prática de um ato administrativo aparentemente legal.

Por exemplo: se o administrador realiza uma desapropriação alegando utilidade pública, mas visando, na realidade, satisfazer interesse pessoal próprio ou favorecer algum particular com a subsequente transferência do bem expropriado.

O ato praticado com desvio de finalidade é realizado às escondidas ou se apresenta disfarçado sob o manto da legalidade e do interesse público, tornando-se difícil sua prova, sendo que esta na maioria das vezes é realizada por meio de indícios e circunstâncias que revelem a distorção do fim legal que foi preterido por um fim ilegal ou imoral, não desejado pelo legislador.

2.4. Classificação dos atos administrativos

São inúmeras as classificações do ato administrativo encontradas na doutrina e dada a falta de padrão nesta classificação utilizaremos nesta obra a classificação do mestre HELY LOPES MEIRELLES.

Quanto aos destinatários do ato

Nesta classificação leva-se em conta o alcance do ato frente a quem se destina.

QUANTO AOS DESTINATÁRIOS → gerais
QUANTO AOS DESTINATÁRIOS → individuais

Atos gerais

Atos administrativos gerais ou regulamentares são aqueles destinados a um grupo de pessoas inominadas, ou seja, são expedidos sem destinatários determinados, com finalidade normativa, alcançando a todas as pessoas ligadas por uma mesma situação.

Podemos citar como exemplo de atos gerais: a determinação de dissolução de uma passeata ou de uma reunião e atos que outorgam férias coletivas aos funcionários.

A característica dos atos gerais é de que estes prevalecem sobre os atos individuais, mesmo que provenham da mesma autoridade.

Os atos gerais, quando possuem efeitos, apenas sujeitam os destinatários às suas disposições após a publicação do ato em órgão oficial ou, na hipótese deste não existir (no caso de Municípios), após afixação, na Prefeitura, em local acessível ao público.

Atos individuais

Também chamados de especiais, são aqueles atos que têm destinatários certos, determinados. Nestes atos são explicitados os destinatários certos.

O mesmo ato pode abranger um ou vários sujeitos, desde que sejam individualizados, podendo assim ser singulares (quando o destinatário nominado é um só, a exemplo do ato de nomeação de titular de cargo público) ou plurais (se os destinatários nominados são vários, a exemplo do ato de classificação de aprovados em concurso público).

Quanto à abrangência dos efeitos

Os atos administrativos também podem ser classificados em internos e externos.

Atos internos

São os destinados a produzir efeitos apenas no interior da Administração Pública, incidindo normalmente, sobre órgãos e agentes da Administração que os expedirem, como, por exemplo, os pareceres.

Os atos internos não dependem de publicação em órgão oficial para sua validade, bastando para isto a cientificação direta aos destinatários ou a divulgação regulamentar da repartição.

Atos externos

Segundo DIÓGENES GASPARINI: "*Externos são os que se predestinam a produzir efeitos além do interior da Administração Pública, alcançando, por conseguinte, terceiros.*"

Tais atos só entram em vigor a partir de sua publicação em órgão oficial, sendo que a publicidade de tais atos é princípio de legitimidade e moralidade administrativa, tanto para a Administração direta quanto como para a indireta, já que estas gerem bens e dinheiros públicos.

Quanto ao objeto

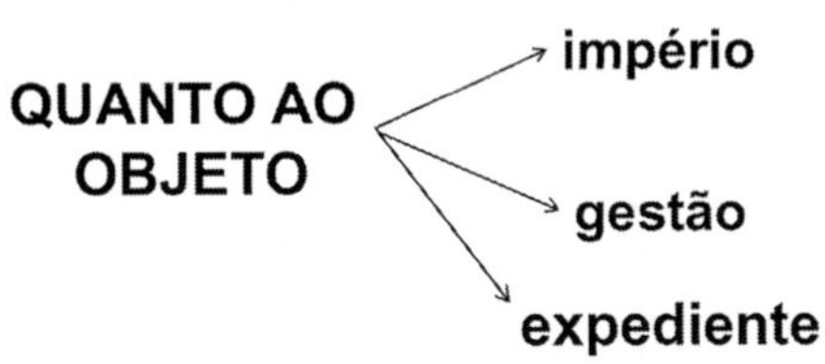

Podemos quanto ao objeto do ato e seus efeitos jurídicos classificá-los em atos de império, de gestão e de expediente.

Atos de Império

Também classificados como atos de autoridade, são todos aqueles que a Administração pratica utilizando-se de sua supremacia sobre o administrado ou servidor, impondo-lhes obrigatório cumprimento.

Sua característica principal é de ser ato unilateral da Administração, como são, por exemplo, os atos de desapropriações ou de interdições de atividades.

Estes atos são normalmente revogáveis e modificáveis pela Administração Pública que os expediu.

Atos de gestão

São os que a Administração pratica sem utilizar-se de sua supremacia sobre os destinatários, em decorrência da administração dos bens e serviços públicos e dos negócios com os particulares, que não exigem coerção sobre os interessados.

Em sua maior parte são atos bilaterais, de alienação, oneração ou aquisição de bens, sendo antecedidos de formalidades administrativas para sua realização (licitação, avaliação etc.).

Atos de expediente

Segundo HELY LOPES MEIRELLES são "todos aqueles que se destinam a dar andamento aos processos e papéis que tramitam pelas repartições públicas, preparando-os para a decisão de mérito a ser proferida pela autoridade competente."

São atos que não possuem caráter vinculante e nem forma especial, geralmente praticados por funcionários subalternos, sem competência decisória.

Quanto à composição da vontade

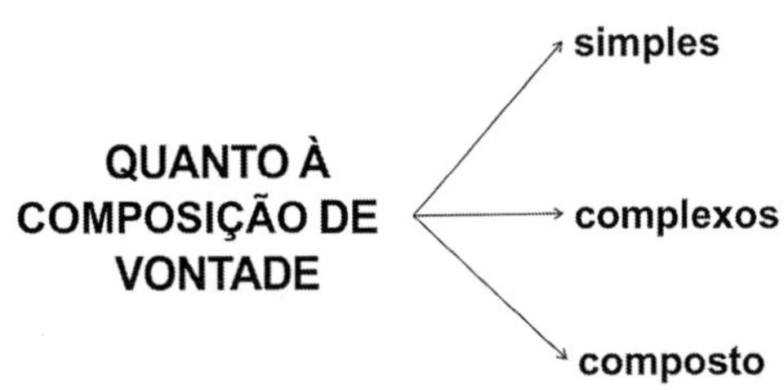

Atos simples

São os atos oriundos da manifestação jurídica de um único órgão, unipessoal ou colegiado.

O importante para a classificação do ato em simples é a vontade unitária que o órgão expressa para dar origem ao ato visado pela Administração, não importando o número de pessoas que participa da formação do ato.

Podemos citar como exemplo de ato simples: a nomeação de um funcionário e o despacho de um chefe de expediente.

Atos complexos

São os atos resultantes da conjugação de vontade de órgão diversos(dois ou mais órgãos), existindo para a formação de um único ato um concurso de vontades de órgãos diferentes. Temos como exemploo decreto assinado pelo Chefe do Executivo e referendado pelo Ministro de Estado (Maria Sylvia Di Pietro).

Atos compostos

É o ato que resulta da manifestação da vontade de dois ou mais órgãos, onde cada um prática atos diferentes que se fundem para formar um único ato.

A diferença entre ato composto e complexo é que este se forma com a conjugação de vontades de órgão diversa, enquanto aquele é formado pela vontade única de um órgão, sendo apenas ratificado por outra autoridade.

Exemplo: Nomeação de Ministro do Supremo Tribunal Federal que depende da aprovação do Senado Federal (CF, art. 101).

Quanto ao conteúdo

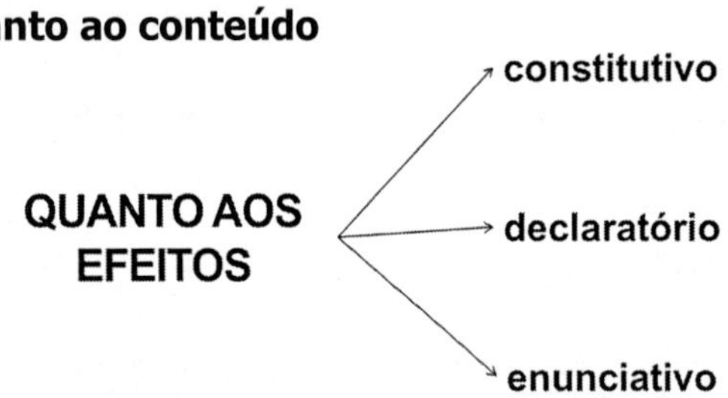

Ato constitutivo

São os que implantam uma nova situação jurídica, para seus destinatários, em relação à Administração, modificando ou extinguindo a situação existente.

Pertencem a esta categoria as licenças, as nomeações de funcionários, as sanções administrativas etc.

Ato extintivo ou desconstitutivo

É o que põe fim a situações jurídicas de caráter individual. Ex.: cassação de autorização, encampação de serviços públicos etc.

Ato declaratório

É o que afirma a existência de uma situação de fato ou de direito, visando a preservação de direitos ou reconhecimento de situações preexistentes. Ex.: expedição de certidões e demais atos fundados em situações jurídicas anteriores.

Ato alienativo

Segundo HELY LOPES MEIRELLES "É o que realiza a transferência de bens ou direitos de um titular a outro."

Estes atos, em sua maior parte, sujeitam o Executivo à autorização legislativa, porque sua realização ultrapassa os poderes ordinários de administração.

Ato modificativo

É aquele que embora não suprima direitos ou obrigações, altera situações preexistentes.

Exemplos: alteração de horários, percursos, locais de reunião etc.

Ato abdicativo

Neste tipo de ato o titular de um direito abre mão do mesmo, possuindo esta renúncia um caráter incondicional e irretratável, de modo que a decisão não possa ser revista (ex.: abrir mão de autorização).

Quanto à exequibilidade

Ato perfeito

Diz-se perfeito o ato que cumpriu todas as fases de sua formação, sendo apto e disponível para produzir seus regulares efeitos.

No caso de não observada uma fase ou etapa de sua formação o ato é inexistente, pois não se atendeu os requisitos necessários à sua formação.

Ato imperfeito

É o que se mostra incompleto nos elementos que o formam ou lhe falta um ato complementar para tornar-se exequível e operante.

Ato pendente

Ato que se encontra com seus efeitos pendentes, embora seja um ato perfeito, pois reúne todos os elementos de sua formação. Não se verifica o termo ou a condição de que depende sua exequibilidade ou operatividade.

Ato consumado

É o que já produziu todos os seus efeitos, tornando-se, portanto, irretratável ou imodificável.

Quanto à eficácia do ato

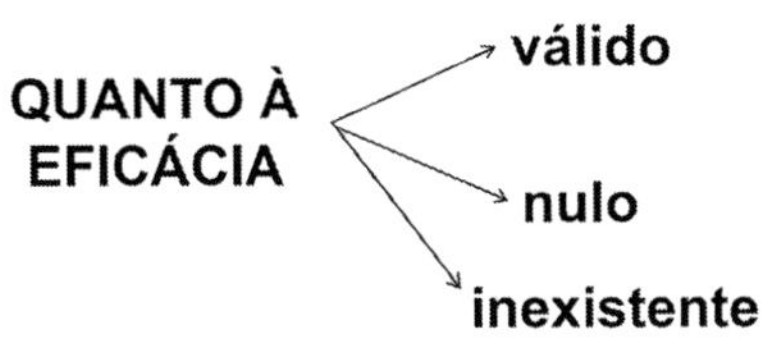

Ato válido

O ato é considerado válido quando da sua edição foram observadas as condições e os limites estabelecidos na regra jurídica que o fundamenta.

> O ato pode ser válido, porém, ainda não exequível, por estar sob condição suspensiva ou termo ainda não verificado.

Ato nulo

Ato nulo é aquele que possui em seu bojo vício impossível de ser sanado por ausência ou defeito substancial em seus elementos constitutivos ou no procedimento de sua formação.

Neste caso, pois não se pode adquirir um direito contra a lei, o ato não possui qualquer efeito entre as partes.

> A nulidade deve ser reconhecida pela Administração Pública ou pelo Judiciário, não podendo o particular negar sua exequibilidade.

Ato inexistente

Este ato apenas tem a aparência de ato administrativo, temos como exemplo o ato que é praticado por um particular que usurpa a função pública.

Tanto a nulidade como a inexistência produzem a invalidade do ato.

Espécies de ato administrativo

Agora que já distinguimos os atos administrativos, sob os vários aspectos que estes possuem, vamos estudar alguns que se sobressaem em decorrência da utilização frequente pela Administração Pública.

Estes atos são a admissão, a permissão, a autorização, a aprovação, a homologação, a licença, a concessão e a dispensa.

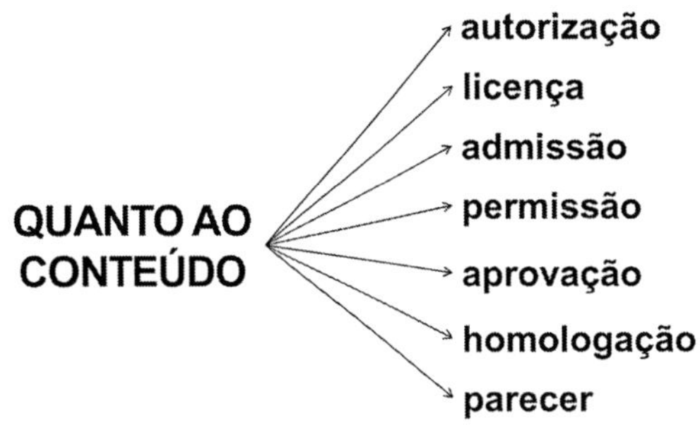

Admissão

É o ato administrativo vinculado pelo qual a Administração Pública, ao verificar o atendimento a todos os requisitos legais pelo particular, faculta a este o ingresso em estabelecimento governamental, para que usufrua de um serviço público (ex.: a admissão em universidade pública).

Diz-se que é um ato vinculado porque o administrado cumpriu todas as exigências legais para o ingresso no estabelecimento governamental.

> A admissão de alguém no serviço público para o desempenho de determinada função não pode ser confundida com a aqui estudada, porque a admissão de pessoal é regulada por outros princípios.

Permissão

Ato segundo o qual a Administração outorga a alguém, desde que este se interesse, o direito de usar, em caráter privativo, um bem público ou prestar um serviço público.

Podemos citar como exemplo os atos que outorgam a um particular o direito de executar serviços de transporte coletivo, distribuição de energia elétrica ou transferência do uso privativo de um bem público imóvel ou móvel.

Autorização

Ato discricionário da Administração Pública, que autoriza a realização de certa atividade material, serviço ou utilização de determinados bens particulares ou públicos.

A autorização é discricionária e precária, podendo ser negada ou cessada a qualquer momento, sem indenização alguma.

São três as modalidades de autorização, a saber:

- para uso de bem público. Ex.: ocupação temporária de determinado prédio público.
- prestação de serviços públicos. Ex.: no caso de exploração de serviços de radiodifusão sonora e de sons e imagens.
- exercícios de atividades ou uso de determinados objetos policiados pela administração. Ex.: autorização para explorar o serviço de táxi ou para portar arma.

Aprovação

Ato administrativo discricionário mediante o qual a Administração Pública faculta a prática de certo ato jurídico ou concorda com o já praticado para lhe dar eficácia, se conveniente e oportuno.

Por meio da aprovação a Administração verifica a legalidade e o mérito de outro ato ou de situações ou realizações materiais de seus órgãos, de outras entidades ou de particulares.

A aprovação pode ser anterior ou posterior.

É anterior quando a apreciação do mérito ocorre antes da edição do ato submetido a esse controle (ex.: pronunciamento do Conselho da República sobre a intervenção federal, estado de sítio e estado de defesa e, também, a aprovação, pelos membros do Senado Federal, do ato de destituição do Procurador-Geral da República).

É posterior quando a apreciação da conveniência e oportunidade do ato submetido a esse controle acontece depois de sua edição (ex.: exoneração de ofício, pelo Senado Federal, do Procurador-Geral da República e a aprovação de medida provisória expedida pelo Presidente da República).

Homologação

Homologação é ato de controle, unilateral e vinculado pelo qual a Administração concorda com o ato jurídico praticado, se conforme com os requisitos legitimadores de sua edição.

É por meio da homologação que o ato adquire eficácia, porém o ato homologatório não permite alterações no ato homologado (ex.: ato do Tribunal de Contas que aprecia as concessões iniciais de aposentadoria, reformas e pensões e a deliberação sobre o procedimento licitatório, feito por autoridade competente).

> Importante não confundir aprovação com homologação. Enquanto nesta avalia-se a legalidade, naquela analisa-se a conveniência e a oportunidade. Enquanto a aprovação é ato discricionário, a homologação é ato vinculado. A homologação é sempre posterior, enquanto a aprovação pode ou não ser.

Licença

Ato administrativo vinculado e definitivo, pelo qual a Administração Pública outorga a alguém, verificando que este atendeu a todas as exigências legais, o direito de realizar certa atividade material que antes lhe era proibida.

A licença não pode ser negada. Quando o requerente satisfaz todas as exigências legais a Administração é obrigada a concedê-la. Esta é sua maior diferença com a autorização, enquanto a licença é vinculada a outra é discricionária.

Exemplos de licença: exercício de uma profissão (alvará de funcionamento), construção de um edifício (alvará de construção).

Concessão

Ato administrativo, discricionário ou vinculado, no qual a Administração Pública outorga aos administrados um "status" (concessão de cidadania brasileira), uma honraria (concessão de uma comenda) ou, ainda, lhes faculta o exercício de uma atividade material (concessão de lavra).

Dispensa

Ato administrativo que libera alguém, antes obrigado a um determinado comportamento, de seu cumprimento, à vista da ocorrência de determinadas circunstâncias.

Exemplos: liberação do pagamento de tarifa metroviária por passageiro sexagenário e dispensa da apresentação de determinados documentos, em uma tomada de preços, caso o proponente já esteja cadastrado.

> Na liberação da obrigação há de ser respeitada a forma e a hierarquia dos atos, portanto, se uma lei obriga a determinado comportamento, este somente poderá ser dispensado por outra lei.

Formas de exteriorização do ato administrativo

Estudaremos a seguir as fórmulas de exteriorização do ato administrativo, ou seja, os veículos que a Administração utiliza para exteriorizar seus atos.

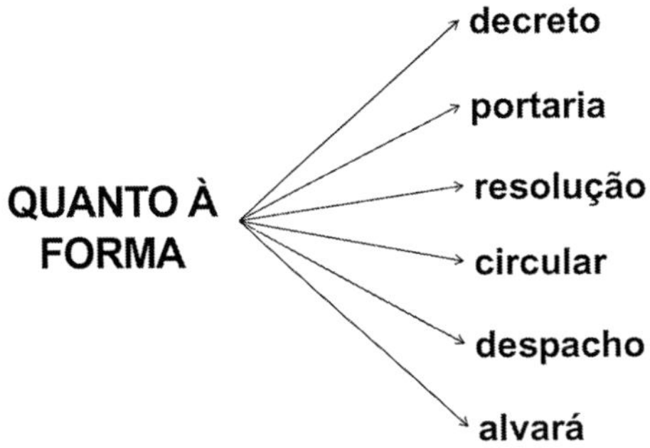

Decreto

Ato de competência do Chefe do Executivo (União, Estados-membros, Distrito Federal e Municípios), utilizado parta veicular atos administrativos de suas respectivas competências.

Somente poderá ser utilizado por agente público, podendo ser divididos em individuais ou específicos (nomeação e exoneração de servidor, de desapropriação etc.) e gerais ou normativos (Regulamento do Imposto de Renda e o Código Sanitário do Estado de São Paulo).

> Importante não confundir o decreto administrativo com o decreto legislativo (exclusivo do Poder Legislativo) ou com a medida provisória, já que estes têm, materialmente, a mesma natureza da lei.

Portaria

Atos administrativos internos, pelo qual as autoridades de qualquer escalão de comando, desde que inferiores ao Chefe do Executivo, expedem determinações gerais ou especiais a seus subordinados, ou designam servidores para funções e cargos secundários. Exemplos: aberturas de sindicâncias e processos administrativos.

> A portaria não pode obrigar um particular ao seu cumprimento, pois este não está sujeito ao poder hierárquico da administração.

Alvará

Ato vinculado, segundo o qual a Administração Pública expede autorização e licença para a prática de ato ou o exercício de certa atividade material.

Exemplos: alvará de porte de arma, de construção e alvará de funcionamento de um estabelecimento qualquer.

Aviso

Atos emanados dos Ministros de Estado, utilizados principalmente na esfera militar, onde são prescritas orientações a subordinados. Temos como exemplo a ordem do dia, no caso militar.

Circular

Ordem escrita mediante a qual os superiores transmitem ordens uniformes aos respectivos subordinados sobre certo serviço, ou sobre o desempenho de certas atribuições em circunstâncias especiais.

Ordem de serviço

Fórmula com que os superiores transmitem aos subordinados a maneira como estes devem conduzir certo e determinado serviço, no que diz respeito aos aspectos administrativos e técnicos.

Resolução

Ato administrativo de que se valem os órgãos colegiados para manifestarem suas deliberações em assuntos da respectiva competência ou para dispor sobre seu próprio funcionamento.

As resoluções são sempre atos inferiores ao regulamento e ao regimento, não podendo inová-los ou contrariá-los.

Ofício

São comunicações escritas com as quais os agentes públicos procedem às necessárias comunicações de caráter administrativo ou social.

Exemplos: convite para participação em solenidade cívica e comunicação ao interessado sobre decisão proferida em certo expediente de seu interesse.

Instrução

Ordem escrita e geral que é expedida a determinados funcionários ou agentes administrativos incumbidos de certo serviço, ou do desempenho de certas atribuições em circunstâncias especiais.

É um ato de mero ordenamento administrativo interno, não podendo contrariar a lei, o decreto, o regulamento, o regimento ou o estatuto do serviço.

Despacho

São atos por meio dos quais a autoridade administrativa manifesta decisões finais ou interlocutórias em processos submetidos à sua apreciação.

Parecer

Fórmula pela qual certo órgão ou agente com funções consultivas expede opinião técnica sobre matéria submetida à sua apreciação.

O parecer pode ser vinculante (quando a decisão da autoridade solicitante esta presa às suas conclusões) ou facultativo (quando a autoridade que o demanda não está obrigada a observar as suas conclusões).

2.5. Atributos dos Atos Administrativos

O ato administrativo pelas suas próprias peculiaridades que o distingue dos atos jurídicos privados, possui características que não são encontradas nestes.

A doutrina reconhece, como atributos do ato administrativo, a presunção de legitimidade, autoexecutoriedade, a imperatividade, a exigibilidade e a tipicidade.

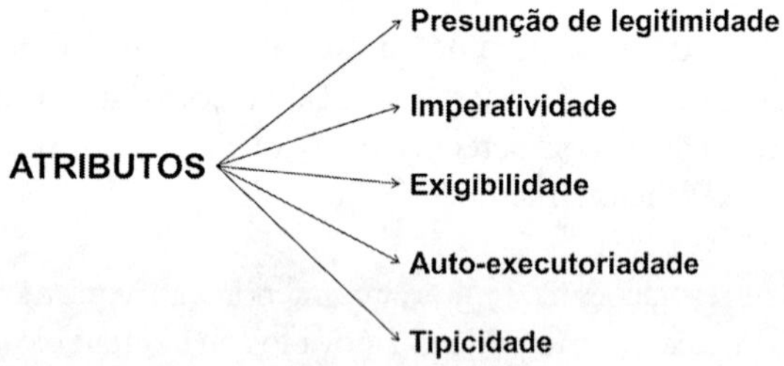

Presunção de legitimidade

Os atos administrativos são presumivelmente legítimos, até que se prove o contrário, são, assim, tidos como verdadeiros e conforme o Direito.

A Administração Pública somente pode agir quando, como e quando a lei autoriza, portanto, presume-se que os seus atos são legítimos, isto é, que são verdadeiros e que se conformam com o Direito. A Administração somente necessitará fazer prova da veracidade ou legalidade de seu ato se contestada em juízo ou perante o Tribunal de Contas, ou seja, a presunção de legitimidade é relativa, admitindo prova em contrário.

Enquanto o pronunciamento de nulidade do ato não sobrevier, este será tido como válido e operante, justamente em decorrência da presunção de legitimidade, que autoriza a imediata execução ou operatividade dos atos administrativos, mesmo que arguidos de vícios ou defeitos que os levem, mais tarde, à nulidade.

Em decorrência deste atributo o terceiro de boa-fé não pode ser prejudicado pela ilegalidade do ato.

Imperatividade

Qualidade que têm os atos administrativos de imporem a terceiros situações de observância obrigatória, independentemente de concordarem ou não.

Todo ato dotado de imperatividade deve ser cumprido ou atendido enquanto não for retirado do mundo jurídico por revogação ou anulação.

Exemplos: escolha de certa rua para a realização de feira livre, atribuição de mão única de direção em determinada avenida.

Exigibilidade

Atributo que impele o destinatário à obediência do ato administrativo e às obrigações por ele impostas, sem necessidade de recorrer às vias judiciais.

Exemplos: determinação para que o particular construa muro no alinhamento da rua ou pode árvores cujos galhos ameaçam a integridade da rede elétrica.

No caso do não cumprimento de sua determinação a Administração pode multar o administrado desobediente, não podendo, porém, compeli-lo materialmente a executar a obrigação.

Autoexecutoriedade

É a qualidade do ato administrativo que dá ensejo à Administração de, direta e imediatamente, executá-lo.

A Administração executa o ato independentemente de qualquer recurso ao Judiciário e, se for o caso, com o uso da força.

Exemplos: dissolução de uma passeata ou reunião, requisição de bens durante estado de calamidade pública, destruição de alimentos impróprios para consumo público etc.

> A autoexecutoriedade não é encontrada em todo e qualquer ato administrativo, sendo somente encontrada nos atos que recebem da lei tal distinção, pois ela deve ser prevista nos casos em que for indispensável à imediata salvaguarda do interesse público.

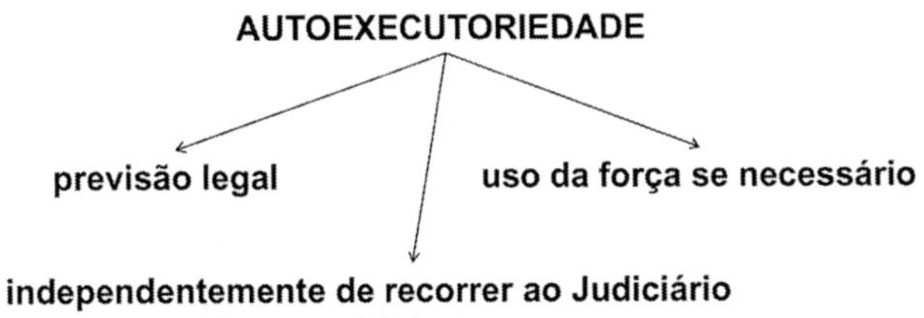

2.6. Revogação e Anulação do Ato Administrativo

A Administração Pública, que age sempre buscando o bem comum e norteada pelo Direito, não pode desviar-se destes dois quesitos e da moral administrativa. No caso disto acontecer por erro, dolo ou culpa, deve a própria Administração ou o Judiciário invalidar o ato.

A Administração pode, ainda, revogar seu ato, caso este não lhe seja mais conveniente ou oportuno.

Assunto de grande interesse da doutrina, que comumente aparece em concurso público, a revogação e a anulação do ato administrativo serão estudadas separadamente a fim de serem transmitidos de maneira mais clara e objetiva os diversos conceitos que o assunto encerra.

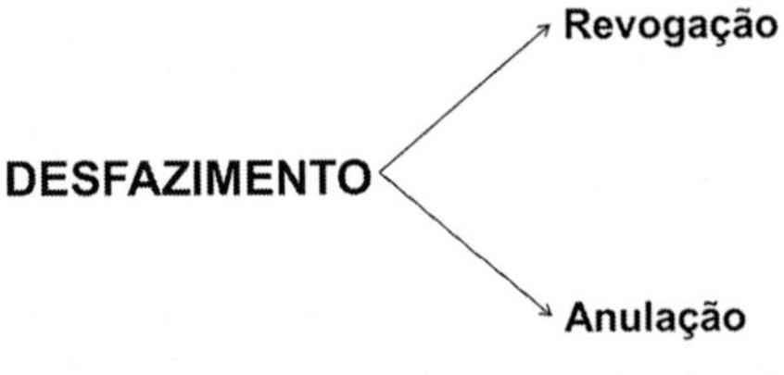

Revogação do Ato Administrativo

Conceito de revogação

Dada a importância do assunto citaremos a seguir algumas conceituações do termo "revogação".

"*Revogação é a retirada, parcial ou total, de um ato administrativo válido e eficaz do ordenamento jurídico, mediante outro ato administrativo, por motivo de conveniência ou oportunidade, respeitados os efeitos produzidos.*" (DIÓGENES GASPARINI).

"*Revogação é a supressão de um ato administrativo legítimo e eficaz, realizada pela Administração - e somente por ela - por não mais lhe convir sua existência.*" (HELY LOPES MEIRELLES).

"*Revogação do ato administrativo é a manifestação unilateral da vontade da Administração que tem por escopo desfazer, total ou parcialmente, os efeitos de outro ato administrativo anterior editado pelo mesmo agente ou seu inferior hierárquico por motivos de oportunidade ou de conveniência.*" (JOSÉ CRETELLA JÚNIOR).

Espécies de revogação

A revogação pode ser total (ab-rogação) alcançando todo o ato, por ex.: revogação de ato que declarou de utilidade pública um determinado terreno, para fins de desapropriação e construção de uma escola, já que a Administração iniciou a construção de um prédio com a mesma finalidade. Será parcial (derrogação) a revogação que suprimir apenas parte do ato.

A revogação pode, ainda, ser expressa ou tácita. Ela será expressa quando a Administração Pública declarar revogado este ou aquele ato especificadamente, ex.: quando a Administração revoga ato que outorgou a determinado particular o uso privativo de algum bem público. Será tácita quando a Administração, ao dispor sobre certa situação já existente, o faz de forma com ela incompatível, ex.: permissão de uso de bem público quando a Administração Pública o aliena a terceiro ou ao próprio interessado.

Motivo

O motivo da revogação é a conveniência ou a oportunidade do ato (mérito). A Administração ao verificar, a qualquer tempo, que o ato é inoportuno ou inconveniente, poderá revogá-lo (ato discricionário).

Competência

A competência para retirar o ato administrativo do ordenamento jurídico é exclusiva da Administração Pública, sendo que ao Judiciário e ao Legislativo não cabe qualquer atribuição neste sentido.

A autoridade competente para retirar o ato é mesma que o praticou ou a superior hierarquicamente àquela.

> O Judiciário não pode revogar ato administrativo porque a este não é dado apreciar da conveniência ou oportunidade do ato.

Efeito no tempo

O efeito do ato revogatório é *ex nunc* (efeito que se projeta para o futuro, que opera a partir do momento da decisão, sem qualquer ideia de retroatividade), produzindo resultados jurídicos válidos após a data de sua publicação.

Tal efeito (*ex nunc*) não poderia ser diferente, visto que a revogação atinge somente atos sem vícios, já que todos os efeitos do ato revogado são respeitados até a edição do ato revogatório.

Segundo SEABRA FAGUNDES: "*A revogação opera da data em diante (ex nunc). Os efeitos que a precederam, esses permanecem de pé. O ato revogado, havendo revestido todos os requisitos legais, nada justificaria negar-lhe efeitos operados ao tempo de sua vigência.*"

Indenização

A regra é que a revogação não gere nenhum direito a indenização, se a Administração revoga o ato inconveniente, que ainda não gerou direitos subjetivos para o destinatário, ou porque não é definitivo ou porque é precário. Neste caso a obrigação da Administração é de manter os efeitos passados do ato revogado.

No caso de retirada de ato que já produziu efeito, gerando assim direitos, a indenização torna-se regra, pois não é lícito ao indivíduo suportar sozinho o ônus a ele imposto pela revogação do ato no interesse da coletividade. Ex.: Prefeitura expede licença para particular construir e depois resolve alargar via pública, impedindo a construção nos moldes aprovados. O particular terá neste caso direito a ressarcimento de seus danos.

Atos irrevogáveis

A característica de revogação dos atos administrativos possui exceções, não podendo ser revogados os atos administrativos declarados por lei como irrevogáveis; os vinculados; os consumados; os meros atos administrativos e os que criam direito adquirido.

Os atos declarados por lei como irrevogáveis, o são porque há a expressa vedação legal no que diz respeito a sua revogação.

Os atos consumados, por já estarem exauridos, esgotados, não existem mais e, portanto não há o que revogar ou retirar do ordenamento jurídico. Ex.: ato de apreensão e destruição de mercadoria imprópria ao consumo público, após a apreensão e destruição da mercadoria o ato já está consumado.

Os atos vinculados, porque a Administração Pública, ao praticá-los esgotou sua competência, devendo a ordem jurídica oferecer garantia a seus destinatários.

Nota: em alguns casos é admitida a revogação de um ato vinculado, desde que o particular atingido seja ressarcido dos danos que porventura sofreu.

Os meros atos administrativos, porque não expressam uma norma da Administração Pública (ex.: certidão e atestado).

Os atos que conferem um direito adquirido, devido à proteção da Constituição Federal (art. 5º, XXXVI).

"Art.5º, XXXVI - a lei não prejudicará o direito adquirido, o ato jurídico perfeito e a coisa julgada;"

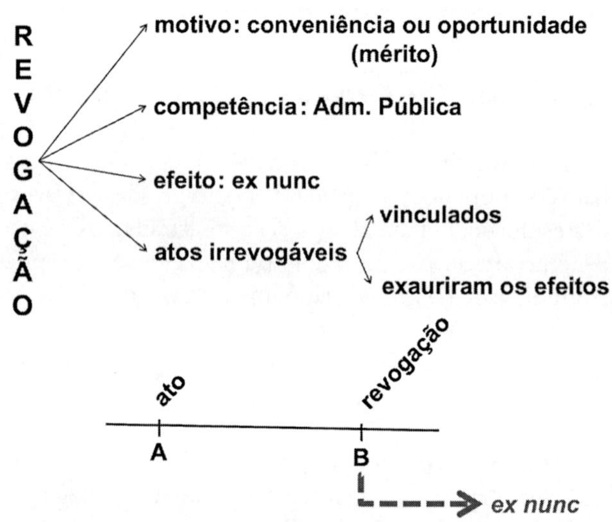

Anulação ou invalidação do ato administrativo

Conceito

Anulação do ato administrativo é a sua retirada, retroativa, parcial ou total, do ordenamento jurídico por motivo deste possuir vício de ilegalidade insanável.

Observamos que a anulação atinge o ato praticado em desacordo com a lei, possuidor de defeitos jurídicos. Esta anulação nada tem a ver com sua conveniência ou oportunidade, atingindo os atos nulos.

Espécies de anulação

A declaração de anulação do ato pode ser total ou parcial, conforme a declaração atinja o ato em sua totalidade ou apenas parcialmente.

Exemplo: Se o contrato administrativo (contrato principal) for anulado a cláusula de garantia (contrato acessório) também o será, o inverso, porém, não acontece, no caso de anulação da cláusula de garantia o contrato continuará válido.

Motivo

O motivo da anulação é a invalidade, o desacordo do ato com o ordenamento jurídico. Anula-se o ato ilegal ou ilegítimo. Esse motivo deve ser devidamente comprovado pela Administração, sob pena de ilegalidade da anulação.

> O ato que praticado em desacordo com a moralidade administrativa prevista no caput do art. 37, da Constituição Federal, pode ser anulado pela Administração ou pelo Judiciário.

Competência

A competência para realizar a anulação do ato administrativo é tanto da Administração Pública quanto do Poder Judiciário.

A Administração pode anular ato por ela praticado, de ofício ou a requerimento do interessado.

O Judiciário depende de provocação para anular um ato administrativo; o interessado deve postular a anulação do ato.

Efeito no tempo

Os efeitos da anulação atingem o ato desde seu nascedouro, pois ato inválido não produz direito e, consequentemente, não gera efeitos jurídicos.

Este efeito retroativo é denominado de *ex tunc*, porque os efeitos da anulação retroagem às suas origens, invalidando as consequências passadas, presentes e futuras do ato.

Indenização

A anulação tem como regra a não indenização. Ato nulo não gera direito, e sua extinção não pode, portanto, ser fundamento de qualquer ressarcimento.
Exceção a este princípio é encontrada quando o efeito da anulação do ato atinge o terceiro de boa-fé.

Convalidação

Nem todo ato administrativo ilegal deve ser anulado e seus efeitos retirados do mundo jurídico. Existe a possibilidade de convalidação destes atos. Segundo a professora MARIA SYLVIA DI PIETRO "*Convalidação ou saneamento é o ato administrativo pelo qual é suprido o vício existente em um ato ilegal, com efeitos retroativos à data em que este foi praticado.*"

Diante de um caso concreto a Administração pode, discricionariamente, decidir pela convalidação do ato ou sua anulação, o que melhor atenda aos interesses públicos.

> A convalidação do ato só é possível: se a ilegalidade estiver no sujeito que praticou o ato (agente), desde que não se trate de competência outorgada com exclusividade; em relação à forma, a convalidação é possível, dependendo do caso concreto; quanto ao motivo e finalidade a convalidação é impossível e, por fim, quanto ao objeto pode ser possível a substituição do ato por outro, exemplo: a substituição de uma suspensão ilegal por uma advertência ao servidor.

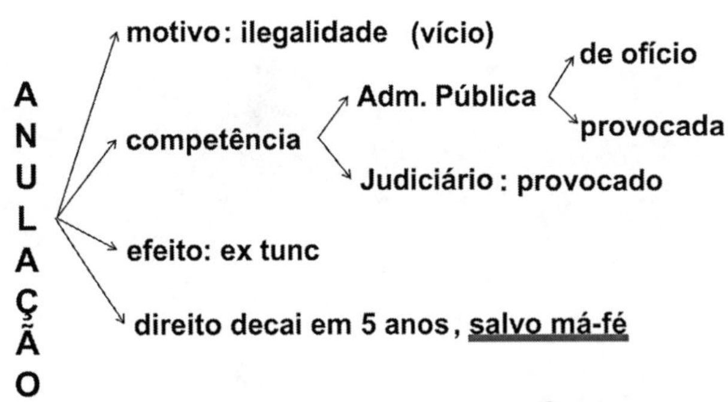

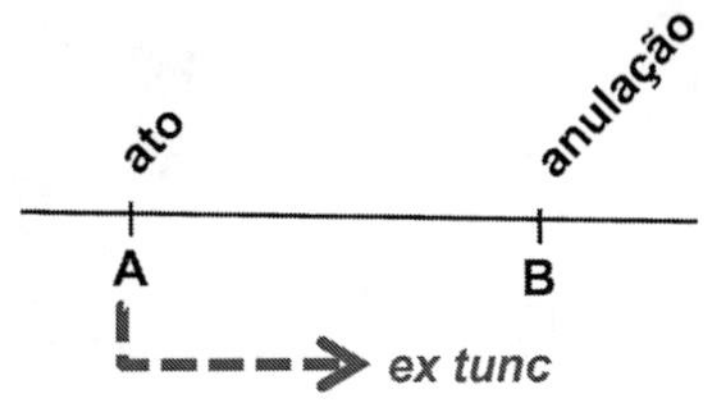

Súmulas Aplicáveis

PODERES ADMINISTRATIVOS: PODER DE POLÍCIA

STF

646. Ofende o princípio da livre concorrência lei municipal que impede a instalação de estabelecimentos comerciais do mesmo ramo em determinada área.

645. É competente o município para fixar o horário de funcionamento de estabelecimento comercial.

419. Os municípios têm competência para regular o horário do comércio local, desde que não infrinjam leis estaduais ou federais válidas.

397. O poder de polícia da Câmara dos Deputados e do Senado Federal, em caso de crime cometido nas suas dependências, compreende, consoante o regimento, a prisão em flagrante do acusado e a realização do inquérito.

ATO ADMINISTRATIVO

STF

473. A administração pode anular seus próprios atos, quando eivados de vícios que os tornam ilegais, porque deles não se originam direitos; ou revogá-los, por motivo de conveniência ou oportunidade, respeitados os direitos adquiridos, e ressalvada, em todos os casos, a apreciação judicial.

346. A administração pública pode declarar a nulidade dos seus próprios atos.

Exercícios de Fixação e de Concursos

01. (ESAF) A atividade da Administração Pública que, limitando ou disciplinando direitos, interesses ou liberdades individuais, regula a prática de ato ou abstenção de fato, em razão do interesse público, nos limites da lei e com observância do devido processo legal, constitui mais propriamente o exercício do poder:

a) de domínio.
b) de polícia.
c) disciplinar.
d) hierárquico.
e) regulamentar.

02. (ESAF) O decreto, com função normativa, não tem o seguinte atributo:

a) Novidade.
b) Privativo do Chefe do Poder Executivo.
c) Generalidade.
d) Abstração.
e) Obrigatoriedade.

03. (ESAF) A atividade negativa que sempre impõe uma abstenção ao administrado, constituindo-se em obrigação de não fazer, caracteriza o poder:

a) discricionário.
b) disciplinar.
c) normativo.
d) de polícia.
e) hierárquico.

04. (CESPE) Julgue os seguintes itens, acerca do poder de polícia administrativa.

a) Em decorrência do poder de polícia de que é investida, a administração pública pode condicionar e restringir o uso e o gozo de bens, atividades e direitos individuais, independentemente de prévia autorização judicial.
b) O acatamento do ato de polícia administrativa é obrigatório ao seu destinatário. Para fazer valer o seu ato, a administração pode até mesmo empregar força pública em face da resistência do administrado, sem que, para isso, dependa de qualquer autorização judicial.
c) As sanções decorrentes do exercício do poder de polícia administrativa - por exemplo, a interdição de atividade, o fechamento de estabelecimento, a demolição de construção, a destruição de objetos e a proibição de fabricação de determinados produtos, só podem ser aplicadas após regular processo judicial, haja vista a dimensão da restrição de direitos individuais implementada.
d) A proporcionalidade entre a restrição imposta pela administração e o benefício social que se tem em vista, bem como a correspondência entre a infração cometida e a sanção aplicada, podem ser questionadas em juízo, mas deverão ser esgotadas previamente as vias recursais administrativas, sob pena de o Poder Judiciário proclamar a falta de interesse de agir do administrativo.
e) Considerando a natureza e os efeitos da atuação da polícia administrativa, os atos administrativos praticados nessa esfera são estritamente vinculados.

05. (CESPE) Julgue os itens seguintes, acerca dos poderes da administração.

a) O poder disciplinar abrange as sanções impostas a particulares, tais como: multa, interdição de atividade, fechamento de estabelecimento e destruição de objetos.
b) São atributos do poder de polícia: a discricionariedade, a autoexecutoriedade e a coercibilidade.
c) Para a validade da pena, a motivação da punição disciplinar é sempre imprescindível.
d) Prevalece na doutrina nacional o entendimento de que, após o texto constitucional vigente, não há mais que se falar na possibilidade de expedição de decretos autônomos, pois o poder regulamentar supõe a existência de uma lei a ser regulamentada.
e) Do exercício do poder hierárquico decorrem as faculdades de fiscalizar, rever, delegar, dar ordens e avocar. São características da fiscalização hierárquica: a permanência e a automaticidade.

06. (ESAF) Não é atribuição da Administração Pública decorrente do poder hierárquico:

a) Editar atos regulamentares.
b) Aplicar sanções disciplinares.
c) Avocar e/ou delegar atribuições.
d) Controlar as atividades dos órgãos subordinados.
e) Anular atos ilegais praticados por órgãos inferiores.

07. A faculdade de que dispõe a Administração Pública de aplicar sanções relativas a infrações funcionais de seus servidores caracteriza o poder:

a) hierárquico.
b) disciplinar.
c) regulamentar.
d) de polícia.

08. O poder regulamentar, no âmbito federal, compete:

a) ao Presidente da República e aos Ministros de Estado.
b) aos Ministros de Estado, por delegação do Presidente da República.
c) ao Presidente da República, exclusivamente.
d) ao Congresso Nacional, com a colaboração do Presidente da República.

09. O poder discricionário e o poder arbitrário:
a) Ambos se apóiam na lei.
b) Ambos são permitidos à Administração.
c) O poder discricionário fundamenta-se na lei e o poder arbitrário exorbita da lei.
d) n.d.a.

10. O exercício do poder de polícia administrativa:
a) é atividade em regra discricionária.
b) manifesta-se somente por meio de atos concretos.
c) não se sujeita ao princípio da legalidade.
d) n.d.a.

11. O poder administrativo que controla o desempenho das funções administrativas e o comportamento interno de seus agentes, punindo-os pelas faltas apuradas, denomina-se poder:
a) regulamentar.
b) hierárquico.
c) disciplinar.
d) de polícia.

12. São atributos do poder de polícia:
a) competência, forma, mérito.
b) finalidade, competência, discricionariedade.
c) coercibilidade competência, autoexecutoriedade.
d) discricionariedade, coercibilidade, autoexecutoriedade.

13. Poder vinculado é o regulado pelo direito positivo e:
a) conferido ao chefe da empresa pública para comandar seus subalternos.
b) corresponde à sua finalidade normativa.
c) conferido à Administração Pública para ato de sua competência.
d) conferido à Administração com liberdade de escolha de sua conveniência, oportunidade e necessidade.

14. Poder de polícia é:
a) a liberdade de investigação dada aos servidores públicos.
b) a faculdade disponível da Administração Pública para condicionar, restringir e fiscalizar o uso e gozo de bens, atividades e direitos individuais.
c) a liberdade para pressionar e torturar qualquer um que coloque em risco a empresa pública.
d) é privativo a órgãos e corporações específicas.

15. A autorização, ato administrativo mediante o qual a Administração, levando em conta a conveniência e oportunidade, defere ou nega a pretensão do particular, é emanada do poder:
a) de polícia.
b) discricionário.
c) hierárquico.
d) vinculado.

16. Poder disciplinar da Administração é:
a) o que é exercido com finalidade social, na repressão de delitos de menor poder ofensivo.
b) a faculdade de punir discricionariamente as infrações praticadas pelo público sujeito à disciplina dos órgãos a serviço da Administração.
c) a faculdade de punir internamente as infrações funcionais dos servidores e demais pessoas sujeitas à disciplina dos órgãos e serviços da Administração.
d) n.d.a.

17. A categoria de atos administrativos em que a Administração é obrigada a manifestar-se conforme o enunciado da lei é resultante do poder:
a) regulamentar.
b) discricionário.
c) disciplinar.
d) vinculado.

18. O alvará consubstancia a concordância do poder público para a realização pelo particular, de uma atividade policiada. Assim sendo, não é correto afirmar que:
a) o alvará precário se refere a uma autorização.
b) o alvará definitivo se refere à licença.
c) a cassação de alvará, por descumprimento das normas legais pelo administrado exige processo administrativo.
d) a invalidação do alvará se dá pela ilegalidade na sua expedição.

19. Alvará é:
a) instrumento de licença ou autorização para prática de ato dependente de policiamento administrativo.
b) simples autorização para praticar atos de comércio.
c) instrumento independente da atuação do poder de polícia.
d) pode ser cassado discricionariamente, se for alvará de licença.

20. Faculdade de que dispõe a Administração Pública para condicionar, restringir e fiscalizar o uso e gozo de bens, atividades e direitos individuais, em benefício da coletividade ou do próprio Estado. É conceito de:
a) poder regulamentar.
b) poder de polícia.
c) poder discricionário.
d) poder hierárquico.

21. Assinale a opção que apresenta exclusivamente poderes inerentes à Administração:

a) vinculado, disciplinar e fiscalizador.
b) de promulgar, de regulamentar, de vincular e de disciplinar.
c) hierárquico, disciplinar, discricionário e de tributar.
d) hierárquico, regulamentar, discricionário e de polícia.

22. Julgue os itens que se seguem, acerca de atos administrativos.

a) Atos de gestão são os praticados pela administração pública, sem a utilização do atributo de império de poder público.
b) Atos administrativos complexos são aqueles cuja prática depende do concurso da vontade de, pelo menos, dois agentes públicos.
c) Por serem exteriorizações do poder público, ao qual cabe cuidar dos interesses coletivos, todos os atos administrativos possuem a característica da imperatividade.
d) Entende-se por procedimento administrativo uma sequência de atos administrativos ligados entre si pelo objetivo da produção de um ato final da administração.
e) Os atos administrativos carecem de autoexecutoriedade.

23. (CESPE) A respeito da teoria dos atos administrativos, julgue os seguintes itens.

a) Os atos administrativos são dotados de presunção de legitimidade e veracidade, o que significa que há presunção relativa de que foram emitidos com observância da lei e de que os fatos alegados pela administração são verdadeiros.
b) Imperatividade é o atributo pelo qual os atos administrativos se impõem a terceiros, independentemente de sua concordância.
c) Os atos administrativos só são dotados de auto-executoriedade nas hipóteses previstas expressamente em lei.
d) A presunção de legitimidade dos atos legislativos não impede que o cidadão possa opor-se aos mesmos.
e) A motivação de um ato administrativo deve contemplar a exposição dos motivos de fato e de direito, ou seja, a regra de direito habilitante e os fatos em que o agente se estribou para decidir.

24. (CESPE) Com base na teoria e na legislação que tratam da revogação e da invalidade dos atos administrativos, julgue os itens abaixo.

a) Os atos administrativos vinculados podem ser revogados a partir de critério de oportunidade e de conveniência.
b) A administração deve anular seus próprios atos quando eivados de vício de legalidade, e pode revogá-los por motivo de conveniência ou oportunidade, respeitados os direitos adquiridos.
c) O ato administrativo pode ser invalidado sempre que a matéria de fato ou de direito em que se fundamentar o ato for materialmente inexistente ou juridicamente inadequada ao resultado obtido.
d) O direito da administração de anular os atos administrativos de que decorram efeitos favoráveis para os destinatários decai em cinco anos, contados da data em que foram praticados, salvo comprovada má-fé.
e) Os atos que apresentarem defeitos sanáveis poderão ser convalidados pela própria administração em decisão na qual se evidencie não acarretarem lesão ao interesse público nem prejuízo a terceiro.

25. (CESPE) No âmbito da administração pública, a lei regula determinadas situações de forma tal que não resta para o administrador qualquer margem de liberdade na escolha do conteúdo do ato administrativo a ser praticado. Ao contrário, em outras situações, o administrador goza de certa liberdade na escolha do conteúdo, da conveniência e da oportunidade do ato que poderá ser praticado. Acerca desse importante tema para o direito administrativo - discricionariedade ou vinculação administrativa e possibilidade de invalidação ou revogação do ato administrativo, julgue os seguintes itens.

a) O ato discricionário não escapa do controle efetuado pelo Poder Judiciário.
b) A discricionariedade administrativa decorre da ausência de legislação que discipline o ato. Assim, não existindo proibição legal, poderá o administrador praticar o ato discricionário.
c) Um ato discricionário deverá ser anulado quando praticado por agente incompetente.
d) Ao Poder Judiciário somente é dado revogar o ato vinculado.
e) O ato revocatório desconstitui o ato revogado com eficácia ex nunc.

26. (CESPE) Julgue os itens a seguir, com relação ao abuso do poder administrativo e à invalidação dos atos administrativos.

a) O ordenamento jurídico investe o cidadão de meios para desencadear o controle externo da omissão abusiva de um administrador público. Não há, porém, previsão legal específica que autorize um cidadão a suscitar o controle da omissão pela própria administração.
b) Em consonância com as construções doutrinárias acerca do uso e do abuso do poder administrativo, a lei considera que o gestor público age com excesso de poder quando pratica o ato administrativo visando a fim diverso daquele previsto, explícita ou implicitamente, na regra de competência.

c) Para as partes envolvidas, os efeitos da anulação de um ato administrativo retroagem à data da prática do ato ilegal. Apesar da anulação, porém, admite-se a produção de efeitos em relação a terceiros de boa-fé, podendo o ato anulado ensejar, por exemplo, uma eventual reparação de danos.
d) A ação popular e o mandado de segurança são instrumentos processuais adequados à eventual invalidação de atos administrativos discricionários.
e) A revogação do ato administrativo é ato privativo da administração pública, haja vista decorrer de motivos de conveniência ou oportunidade. Como corolário, é correto afirmar, então, que o Poder Judiciário jamais poderá revogar um ato administrativo.

27. (CESPE) Julgue os itens abaixo quanto aos atos administrativos.
a) Caso exista norma jurídica válida, prevendo que o atraso no recolhimento de contribuição previdenciária enseja multa de 5% calculada sobre o valor devido, a aplicação desse dispositivo legal será definida como atividade discricionária.
b) Segundo a lei e a doutrina majoritária, motivo, forma, finalidade, competência e objeto integram o ato administrativo.
c) No direito brasileiro, atos administrativos válidos podem ser revogados.
d) Mesmo que ditada pelo interesse público, a revogação de um ato administrativo que afete a relação jurídica mantida entre o Estado e um particular pode gerar o dever de o primeiro indenizar o segundo.
e) Não cabe ao Judiciário indagar do objeto visado pelo agente público ao praticar determinado ato, se verificar que o administrador atuou nos limites de sua competência.

28. (CESPE) Ainda acerca dos atos administrativos, julgue os seguintes itens.
a) Em linha de princípio, o agente público carente de competência para a prática de um certo ato pode substituir o agente competente para tanto, desde que ambos pertençam ao mesmo órgão ao qual está afeto o conteúdo do ato a ser praticado.
b) Em razão do princípio constitucional da legalidade, a administração pública pode, unilateralmente - isto é, sem ouvir o particular -, editar o ato administrativo II para revogar o ato administrativo I, que reconheceu ao administrado o preenchimento das condições para exercer um direito subjetivo, caso constate a ilicitude do ato I.
c) Ao Judiciário somente é dado anular atos administrativos, não podendo revogá-los.
d) Um ato administrativo será válido se preencher todos os requisitos jurídicos para a sua prática, nada importando considerações morais a respeito do seu conteúdo.
e) Sendo o ato administrativo legal, porém inconveniente ou inoportuno, à administração pública é dado anulá-lo.

29. (ESAF) Um ato administrativo estará caracterizando desvio de poder, por faltar-lhe o elemento relativo à finalidade de interesse público, quando quem o praticou violou o princípio básico da:
a) economicidade.
b) eficiência.
c) impessoalidade.
d) legalidade.
e) moralidade

30. (ESAF) Quando a valoração da conveniência e oportunidade fica ao talante da Administração, para decidir sobre a prática de determinado ato, isto consubstancia na sua essência:
a) a sua eficácia.
b) a sua executoriedade.
c) a sua motivação.
d) o poder vinculado.
e) o mérito administrativo.

Gabarito

01. B	**02. A**	**03. D**	**04. C,C, E, E, E**
05. E,C,C,C,C	**06. B**	**07. B**	**08. C**
09. C	**10. A**	**11. C**	**12. D**
13. C	**14. B**	**15. B**	**16. C**
17. D	**18. C**	**19. A**	**20. B**
21. D	**22. C,E,E,C, E**		**23. C,C,E,C,C**
24. E,C,C,C,C	**25. C,E,C,E,C**		**26. E,E,C,C,E**
27. E,C,C,C,E	**28. E,E,C,E,E**		**29. C**
30. E			

4. Responsabilidade Civil do Estado

1. Responsabilidade Extracontratual do Estado

Quando alguma atividade do Estado causa algum dano ao particular, surge o dever de indenizar. Na atividade legislativa e judiciária o Estado responderá somente em hipóteses excepcionais.

A responsabilidade extracontratual do Estado é aquela correspondente à obrigação de reparar danos causados a terceiros em decorrência de comportamentos imputáveis aos agentes políticos.

2. Breve Histórico

Ao longo da história surgiram as seguintes teorias sobre o tema:
a) teoria da irresponsabilidade;
b) teoria da culpa civil ou da responsabilidade subjetiva;
c) teoria da responsabilidade objetiva.

Teoria da Irresponsabilidade - A teoria da irresponsabilidade foi adotada na época dos Estados absolutos e repousava fundamentalmente na ideia de que o Estado dispunha de autoridade incontestável perante o súdito e não admitia ser colocado no mesmo plano que estes por considerar desrespeito à sua soberania, não poderia, ser responsabilizado pelos danos decorrentes da sua atividade.

Teorias da culpa civil ou da responsabilidade subjetiva - admitia a responsabilidade do Estado baseada na ideia da culpa (responsabilidade subjetiva), ou seja, para o ressarcimento dos danos causados pela atividade do Estado a vítima tinha o ônus de provar a culpa ou o dolo do agente público (ao Estado era assegurada a ação regressiva contra ele).

Teoria da responsabilidade objetiva - nessa teoria, a ideia de culpa é substituída pelo de nexo de causalidade entre o funcionamento do serviço público e o prejuízo sofrido pelo administrado. É indiferente que o serviço público tenha funcionado bem ou mal, de forma regular ou irregular.

É chamada teoria da responsabilidade objetiva, precisamente por prescindir da apreciação dos elementos subjetivos (culpa ou dolo); é também chamada teoria do risco, porque parte da ideia de que a atuação estatal envolve um risco de dano, que lhe é inerente. Causado o dano, o Estado responde como se fosse uma empresa de seguro em que os segurados seriam os contribuintes que, pagando os tributos, contribuem para a formação de um patrimônio coletivo.

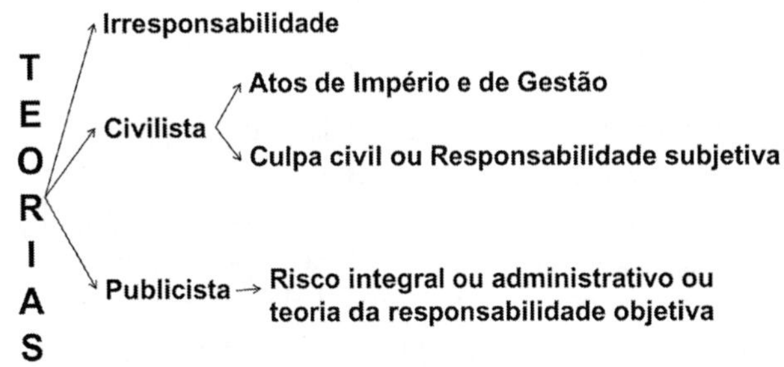

3. Responsabilidade Civil do Estado

A Constituição Federal de 1988 acolheu a responsabilidade objetiva do Estado, no § 6º do art. 37, nos seguintes termos: "As pessoas jurídicas de direito público e as de direito privado prestadoras de serviços públicos responderão pelos danos que seus agentes, nessa qualidade, causarem a terceiros, assegurado o direito de regresso contra o responsável nos casos de dolo ou culpa".

O dispositivo constitucional estabelece duas relações de responsabilidade:

I) a do Poder Público (União, os Estados, o Distrito Federal, os Municípios, Administração direta e indireta) e seus delegados na prestação de serviços públicos perante a vítima do dano, de caráter objetivo, baseado no nexo causal

II) a do agente causador do dano, perante a Administração ou empregador, de caráter subjetivo, calcada no dolo ou culpa.

As pessoas jurídicas de direito privado prestadoras de serviços públicos podem estar ou não inseridas na Administração. Entre as entidades da Administração indireta, dotadas de personalidade jurídica privada, figuram as empresas públicas, as sociedades de economia mista e algumas fundações públicas.

E S T A D O
- objetiva → independe de dolo ou culpa do agente
  CF, art. 37, 6º - As pessoas jurídicas de direito público e as de direito privado prestadoras de serviços públicos responderão pelos danos que seus agentes, nessa qualidade, causarem a terceiros, assegurado o direito de regresso contra o responsável nos casos de dolo ou culpa.
- subjetiva → servidor responde nos casos de dolo ou culpa

4. Excludentes da Responsabilidade

A responsabilidade civil do Estado deixará de existir ou incidirá de forma atenuada quando o serviço público não for a causa do dano ou quando não for a causa única. Assim, são situações excludentes da responsabilidade do Estado: a força maior, o caso fortuito e a culpa da vítima.

Força maior é acontecimento da natureza imprevisível, inevitável e estranho à vontade das partes, como uma tempestade ou um raio. Não sendo imputável à Administração, não pode incidir a responsabilidade do Estado; não há nexo de causalidade entre o dano e o comportamento da Administração. Entretanto, mesmo ocorrendo motivo de força maior, a responsabilidade do Estado poderá ocorrer se, aliada à força maior, ocorrer omissão do poder público na realização de um serviço. Por exemplo, quando as chuvas provocam enchentes na cidade, o Estado responderá se ficar demonstrado que a realização de determinados serviços de limpeza dos rios etc., não teria sido suficiente para impedir a enchente.

Caso fortuito é o evento humano, imprevisto e imprevisível, que acarreta um dano ao particular, como, por exemplo, uma manifestação, guerra ou greve. Nesse caso a responsabilidade do Estado somente ocorrerá se este, podendo evitar o dano, não o fez.

Quando houver culpa da vítima, há que se distinguir se é sua culpa exclusiva ou concorrente com a do poder público; no primeiro caso, o Estado não responde; no segundo, a sua responsabilidade e, consequentemente, a indenização serão repartidas de acordo com a intensidade da culpa de cada um, conforme autoriza o art. 945 do novo Código Civil.

C A S O S
- Força maior
- Culpa exclusiva da vítima
- Culpa de terceiro

(excludentes)
- Culpa concorrente da vítima ⇒ atenuante

5. Responsabilidade do Estado por Atos Legislativos e Judiciais

Quanto aos atos legislativos e judiciais, o Estado só responde mediante a comprovação de culpa manifesta na sua expedição, de maneira ilegítima e lesiva. Essa distinção, segundo Hely Lopes Meirelles, resulta do próprio texto constitucional em virtude da redação do art. 37, § 6º, que alude apenas aos agentes administrativos (servidores), omitindo-se quanto aos agentes políticos (parlamentares e magistrados), que não são servidores da administração pública: mas sim membros de Poderes do Estado. Assim, para os atos legislativos e judiciais a responsabilidade do Estado seria subjetiva exigindo-se, dessa forma, a demonstração de culpa ou dolo na conduta dos agentes políticos.

Via Regressiva

Cabe ação regressiva do Poder Público contra o agente público causador do dano, nos termos do art. 37, § 6º, da CF, mesmo após a cessação do exercício do cargo ou função, seja por questões de aposentadoria, exoneração, disponibilidade ou demissão.

Para a propositura da ação de regresso, necessário se faz o cumprimento de dois requisitos basilares: que o Estado já tenha sido condenado a indenizar a vítima e a comprovação do dolo ou da culpa do agente público. Trata-se de ação de responsabilidade subjetiva.

A T O S
- Administrativos
- Legislativos
- Judiciais

5. Controle da Administração Pública

A Administração Pública tem todas as suas atividades submissas à lei (CF, art. 37, *caput*), não podendo ir além dos limites tracejados pela lei para cada caso ou situação que lhe seja apresentada. Para que estes limites sejam obedecidos o ordenamento prevê mecanismos de controle de suas atividades, que é exercido pelos três Poderes, podendo ser interno ou externo. Ele é interno quando é realizado pelos órgãos da própria Administração Pública, e é externo quando exercido por órgãos do Legislativo ou do Judiciário.

"Art. 37 - A administração pública direta e indireta de qualquer dos Poderes da União, dos Estados do Distrito Federal e dos Municípios obedecerá aos princípios de legalidade, impessoalidade, moralidade, publicidade e eficiência e também, ao seguinte:"

O mestre DIÓGENES GASPARINI ensina que controle é *"a atribuição de vigilância, orientação e correção de certo órgão ou agente público sobre a atuação de outro ou de sua própria atuação, visando confirmá-la ou desfazê-la, conforme seja ou não legal, conveniente oportuna e eficiente."*

É por meio do controle de suas atividades que a Administração confirma ou desfaz seus atos, confirma-se se é legal, conveniente, oportuno e eficiente ou desfaz se é inconveniente, inoportuno, ilegal ou ineficiente.

1. Espécies

Há variadas modalidades de controle da atividade administrativa, em razão do critério levado em conta para sua sistematização.

Em relação ao órgão que o exercita, este controle pode ser:

- Administrativo;
- Legislativo;
- Judiciário.

Quanto ao objeto, o controle pode ser de:

- Legalidade: verifica se o ato ou o procedimento administrativo está consoante com as normas legais que o regem. O controle de legalidade pode ser exercido pela Administração, pelo Legislativo ou pelo Judiciário. Quando utilizado este controle o ato é anulado.
- Mérito: visa a comprovação da eficiência, do resultado, da conveniência ou oportunidade do ato controlado. Na maior parte das vezes este controle é exercido pela Administração, e somente por exceção é exercido pelo Legislativo nos casos previstos na CF:

"Art. 49 – É da competência exclusiva do Congresso Nacional:
IX – julgar anualmente as contas prestadas pelo Presidente da República e apreciar os relatórios sobre a execução dos planos de governo;
X – fiscalizar e controlar, diretamente, ou por qualquer de suas Casas, os atos do Poder Executivo, incluídos os da Administração Indireta;"

Levando-se em conta a pertinência do órgão controlador à estrutura do controlado, este controle pode ser:

- Interno: é realizado pela entidade ou órgão responsável pela atividade controlada, no âmbito da própria Administração, assim o controle interno pode ser realizado pelos três poderes sobre suas próprias atividades.
- Externo: é o realizado por órgão estranho à Administração responsável pelo ato controlado. Ex.: sustação de ato normativo do Executivo pelo Legislativo (CF, art. 49, V).

"Art. 49 – É da competência exclusiva do Congresso Nacional:
V – sustar os atos normativos do Poder executivo que exorbitem do poder regulamentar ou dos limites da delegação administrativa;

Quanto ao momento em que o controle é efetuado ele pode ser: prévio, concomitante ou posterior:

- Prévio: quando é realizado antes da prática do ato pela Administração, dependendo de formalidades para que possa produzir efeitos jurídicos válidos. Exemplo: nomeação do Presidente do Banco Central pelo Presidente da República que depende de prévia aprovação do Senado Federal.
- Concomitante: acontece simultaneamente à prática do ato da administração. Exemplo: acompanhamento da execução orçamentária e financeira que é realizado ao mesmo tempo que a despesa.
- Posterior: acontece após a prática do ato administrativo. Exemplo: contrato firmado com pessoa jurídica e que depois é submetido ao Tribunal de Contas.

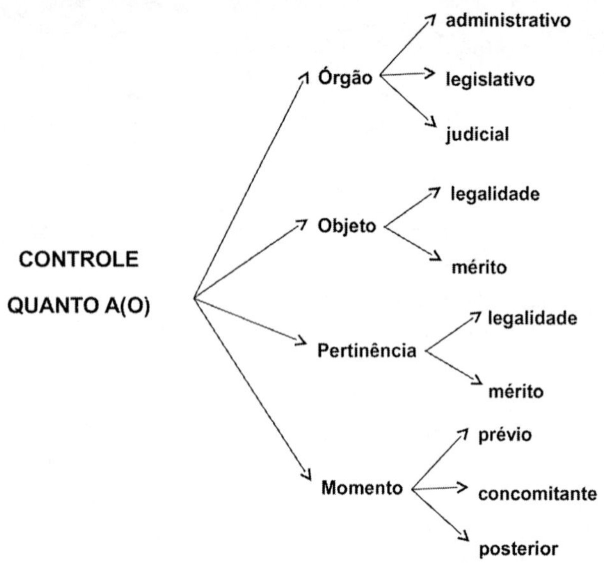

2. Controle Administrativo

É efetuado pelo Poder Executivo e por órgão de administração do Legislativo e do Judiciário sobre suas próprias atividades, objetivando mantê-las nos limites da lei, conforme as necessidades do serviço e as exigências técnicas e econômicas de sua realização.

O controle administrativo decorre do poder-dever de autotutela que a Administração possui sobre seus próprios órgãos ou agentes.

Conforme a Súmula 473 do Supremo Tribunal Federal:

"*A Administração pode anular seus próprios atos, quando eivados de vícios que os tornem ilegais, porque deles não se originam direitos; ou revogá-los, por motivo de conveniência ou oportunidade, respeitados os direitos adquiridos, e ressalvada, em todos os casos, a apreciação judicial.*"

2.1. Meios de controle Administrativo

São os instrumentos que possibilitam à Administração Pública e aos órgãos de administração do Legislativo e do Judiciário controlarem suas próprias atividades e decisões.

São classificados em direito de petição, pedido de reconsideração, reclamação administrativa e recurso administrativo.

2.1.1. Direito de Petição

É a faculdade que o cidadão possui de postular perante os órgãos públicos contra ameaça ou lesão a direito.

A Constituição atual prevê o direito de petição em seu artigo 5°, XXXIV, a:

"*são a todos assegurados, independentemente do pagamento de taxas: a) o direito de petição aos Poderes Públicos em defesa de direitos ou contra ilegalidade ou abuso de poder;*"

Este direito tem suas raízes em 1689 no *Bill of Rights*, onde os súditos dirigiam petições ao rei, sendo depois adotado pela Constituição Francesa e dos Estados Unidos e tem como finalidade defender direito ou noticiar ilegalidade ou abuso de autoridade.

No direito de petição é dada notícia do fato abusivo para que os Poderes Públicos providenciem as medidas adequadas, e se solicita medida que defenda direito.

Qualquer pessoa física ou jurídica pode exercer o seu direito de petição, junto à autoridade administrativa competente do Executivo, do Legislativo e do Judiciário. Por autoridade administrativa competente entende-se como a que pode conhecer e restaurar a legalidade ou conceder o direito. O direito de petição é procedimento administrativo, por isto não se confunde com o *habeas corpus*, com o *habeas data* ou com o mandado de segurança, que são procedimentos judiciais.

O Direito de Petição tem como efeito informar a Administração Pública da irregularidade, do desmando, do abuso, cuja correção não está obrigada, por este motivo, apesar de ser isento de taxas, este direito não é comumente exercido.

2.1.2. Pedido de reconsideração

Meio mediante o qual o interessado solicita por escrito, por petição formal, à autoridade que praticou o ato que reconsidere a decisão anterior, retirando o ato do ordenamento jurídico ou o modificando segundo suas pretensões.

Este pedido é dirigido, por uma única vez à mesma autoridade que praticou o ato ou proferiu a decisão. Não pode ser refeito ainda que indeferido total ou parcialmente, sendo que somente poderá ser formulado por quem tem interesses ou direitos afetados pelo ato da autoridade pública.

Exemplos de pedido de reconsideração:

"*Art. 106, da Lei n° 8.112/90 – Cabe pedido de reconsideração à autoridade que houver expedido o ato ou proferido a primeira decisão, não podendo ser renovado.*"

"Lei nº 8.666/93, art. 109 – Dos atos da Administração decorrentes da aplicação desta Lei cabem:
III – pedido de reconsideração, de decisão de Ministro de Estado, ou Secretário Estadual ou Municipal, conforme o caso, na hipótese do § 4º, do art. 87 desta Lei, no prazo de 10 (dez) dias úteis da intimação do ato."

2.1.3. Reclamação administrativa

Reclamação administrativa é a reclamação escrita e assinada, solene, a ato ou atividade pública que afete direitos ou interesses legítimos do reclamante. Esta reclamação pode ser exercida por pessoa física ou jurídica, desde que tenha direitos ou interesses legítimos lesados ou em via de serem lesados por ato ou atividade pública.

O prazo para reclamação extingue-se em um ano, contado do ato ou atividade lesiva, se outro prazo não for fixado em lei, esgotado o prazo para a Administração decidir sobre a reclamação administrativa sem qualquer pronunciamento, entende-se que houve indeferimento do pedido.

2.1.4. Recurso administrativo

Ocorre quando o recorrente pede o reexame de atividade ou ato de agente ou órgão inferior a outro órgão ou autoridade superior, visando o seu desfazimento ou modificação.

O recurso administrativo pode ter efeitos:

- devolutivo: devolver ao órgão, a que se recorre, o conhecimento da matéria em discussão. Ex.:

"Art. 79 – A rescisão do contrato poderá ser:
I – determinada por ato unilateral e escrito da Administração, nos casos enumerados nos incisos I a XII e XVII do artigo anterior;
II – amigável, por acordo entre as partes, reduzida a termo no processo da licitação, desde que haja conveniência para a Administração;
III – judicial, nos termos da legislação;"

- suspensivo: enquanto não for decidido o recurso a execução do ato ou atividade recorrida permanece suspensa. Ex.: Lei Federal, 8.666/93, Art. 109, inc. I:

"Art. 109 – Dos atos da Administração decorrentes da aplicação desta Lei cabem:
I – recurso, no prazo de 05 (cinco) dias úteis a contar da intimação do ato ou da lavratura da ata, nos casos de:"

Em alguns casos o recurso administrativo pode ter efeito suspensivo e devolutivo. Ex.: Lei n. 8.666/93, Art. 109, § 2º:

"O recurso previsto nas alíneas "a" e "b" do inciso I deste artigo terá efeito suspensivo, podendo a autoridade competente, motivadamente e presentes razões de interesse público, atribuir ao recurso interposto eficácia suspensiva aos demais recursos."

O recurso administrativo também pode ser:

- próprio: quando é dirigido a autoridade ou órgão de hierarquia superior à que praticou o ato impugnado.
- impróprio: quando é dirigido a órgão ou autoridade estranha à hierarquia da que expediu o ato recorrido. Para sua utilização é necessária a previsão em norma jurídica que especifique as condições de sua utilização, o órgão ou a autoridade competente para julgá-lo.

Podemos também classificar os recursos administrativos em:

- voluntário: quando é proposto pela parte prejudicada ou vencida;
- de ofício: quando, por força de lei, o órgão ou autoridade que decidiu contra a Administração Pública recorre da própria decisão.

É importante ressaltar a inexistência de coisa julgada administrativa perante o Poder Judiciário, como estabelece o Art. 5º, XXXV, da CF:

"a lei não excluirá da apreciação do Poder Judiciário lesão ou ameaça a direito;"

2.3. Controle Legislativo

Efetuado pelos órgãos do Poder Legislativo (Congresso Nacional, Assembleias Legislativas e Câmaras de Vereadores) em relação a determinados atos da Administração Pública.

São vários os mecanismos de que dispõe o Legislativo para controlar certos atos da Administração Pública: Comissões Parlamentares de Inquérito, pedidos de informação, convocação de autoridades, participação na função administrativa, função jurisdicional, fiscalização financeira e orçamentária:

2.3.1. Comissão Parlamentar de Inquérito

Prevista na Constituição Federal em seu art. 58, § 3º:

"*As comissões parlamentares de inquérito, que terão poderes de investigação próprios das autoridades judiciais, além de outros previstos nos regimentos das respectivas Casas, serão criadas pela Câmara dos Deputados e pelo Senado Federal, em conjunto ou separadamente, mediante requerimento de um terço de seus membros, para a apuração de fato determinado e por prazo certo, sendo suas conclusões, se for o caso, encaminhadas ao Ministério Público, para que promova a responsabilidade civil ou criminal dos infratores;*"

Tem como objetivo apurar fato determinado ocorrido na Administração Pública, direta ou indireta, investigando irregularidades envolvendo as autoridades.

A CPI tem função meramente inquisitória, com poder investigatório, apurando os fatos que podem configurar crime de responsabilidade ou crime comum. Nos casos de crime de responsabilidade, dependendo da conclusão, os autos serão remetidos ao Senado e quando se tratar de crime comum os autos serão remetidos ao Ministério Público.

As Comissões Parlamentares de Inquérito também são encontradas no âmbito estadual e municipal.

2.3.2. Pedido de informação

Os pedidos de informação podem versar sobre fato, ato ou comportamento relacionado com o Ministro ou com as competências de sua pasta.

A Constituição Federal em seu art. 50, § 2º:

"*As Mesas da Câmara dos Deputados e do Senado Federal poderão encaminhar pedidos escritos de informação a Ministros de Estado ou a qualquer das pessoas referidas no caput deste artigo, importando em crime de responsabilidade a recusa, ou o não atendimento, no prazo de trinta dias, bem como a prestação de informações falsas.*"

Se o pedido de informações não for atendido em 30 (trinta dias) o Ministro poderá incidir em crime de responsabilidade e, caso preste informação falsa, também estará sujeito a punição.

O pedido de informação também pode ser encontrado no âmbito estadual e municipal.

2.3.3. Convocação de autoridades

A Constituição Federal em seu art. 50, prevê a possibilidade de certas autoridades serem convocadas para prestarem informações.

Os Ministros de Estado poderão ser convocados pela Câmara dos Deputados, pelo Senado Federal ou por qualquer de suas comissões, para prestarem, pessoalmente, informações acerca de assunto previamente determinado, sendo que o não atendimento a esta convocação, por motivo injustificado, configura crime de responsabilidade.

A convocação de autoridade também pode ser encontrada no âmbito estadual e municipal, se previamente determinada nas Constituições Estaduais e Leis Orgânicas.

2.3.4. Participação na função administrativa

Existem várias possibilidades, previstas na Constituição Federal, que outorgam ao Legislativo a competência para participar da função administrativa realizada, pelo Executivo. Os órgãos do Legislativo contribuem para a validade da atuação da Administração Pública, aprovando ou autorizando essa atuação.

Temos como exemplo:
"Art. 49, da CF – É da competência exclusiva do Congresso Nacional:
I - resolver definitivamente sobre tratados, acordos, ou atos internacionais que acarretem encargos ou compromissos gravosos ao patrimônio nacional;"
"Art. 52, da CF – Compete privativamente ao Senado Federal:
III - aprovar previamente, por voto secreto, após argüição pública, a escolha de:
a) magistrados, nos casos estabelecidos nesta Constituição;
b) Ministros do Tribunal de Contas da União indicados pelo Presidente da República;
c) Governador de território;
d) Presidente e diretores do banco central;
e) Procurador-Geral da República;
f) Titulares de outros cargos que a lei determinar;"
"Art. 51, da CF – Compete privativamente à Câmara dos Deputados:
V – eleger membros do Conselho da República, nos termos do art. 89, VII."

2.3.5. Função jurisdicional

Por vezes o Legislativo assume a função de órgão julgador. Temos como exemplo:
"Art. 49, da CF - É da competência exclusiva do Congresso Nacional:
IX – julgar anualmente as contas prestadas do Presidente da República e apreciar os relatórios sobre a execução dos planos de governo;"

"Art. 52, da CF - Compete privativamente ao Senado Federal:
I – processar e julgar o Presidente da República e o Vice-Presidente da República nos crimes de responsabilidade e os Ministros de Estado nos crimes da mesma natureza conexos com aqueles;"
II - processar e julgar os Ministros do Supremo Tribunal Federal, o Procurador-Geral da República e o Advogado-Geral da União nos crimes de responsabilidade;"

2.3.6. Fiscalização contábil, financeira e orçamentária

Esta fiscalização está prevista no Art. 70 e 71 da CF:

"A fiscalização contábil, financeira, orçamentária, operacional e patrimonial da União e das entidades da administração direta e indireta, quanto à legalidade, legitimidade, economicidade, aplicação das subvenções e renúncia de receitas, será exercida pelo Congresso Nacional, mediante controle externo, e pelo sistema de controle interno de cada Poder.

O controle externo, a cargo do Congresso Nacional, será exercido com o auxílio do Tribunal de Contas da União, ao qual compete:"

Este controle externo compreende o exame da legalidade, legitimidade, economicidade, aplicação das subvenções e renúncia de receitas.

A presença do Tribunal de Contas é encontrada nos Estados e Municípios que auxiliam as respectivas Assembleias Legislativas e as Câmaras de Vereadores.

2.4. Controle Jurisdicional

A Administração Pública sujeita-se também ao controle jurisdicional, que visa examinar a legalidade dos atos e atividades administrativas do Executivo, do Legislativo e do Judiciário, não cabendo ao controle jurisdicional o exame do mérito do ato ou atividade.

O controle pelo Poder Judiciário possui três características:

- é externo: porque é realizado por órgão que não integra a mesma estrutura organizacional da Administração Pública;
- é provocado: normalmente a iniciativa vem de fora do órgão julgador;
- é direto: porque atua sobre os atos e atividades administrativas.

A Constituição prevê a utilização de instrumentos jurídicos de defesa, que são mecanismos que propiciam aos órgãos do Judiciário o controle da legalidade dos atos e atividades administrativas do Executivo e dos órgãos de administração do Legislativo e do Judiciário, estes instrumentos serão estudados a seguir:

2.4.1. Mandado de Segurança

O Mandado de Segurança é previsto na CF em seu art. 5°, LXIX

Esta garantia constitucional pode ser utilizada por pessoa física ou jurídica, pública ou privada, podendo ser ajuizada individualmente, para a defesa de direito próprio, individual do impetrante (mandado de segurança individual). Pode ser utilizada, também, para defesa de direitos de integrantes de partido político, sindicato e entidade de classe ou associação (mandado de segurança coletivo).

O mandado de segurança ataca o ato de autoridade, responsável por ilegalidade ou abuso de poder. Estão sujeitos a esta medida, os atos de autoridade, que consubstanciam uma ação ou omissão da Administração Pública, ou de quem lhe faça as vezes, no desempenho de suas funções ou a pretexto de seu desempenho.

Considera-se direito líquido e certo, segundo HELY LOPES MEIRELLES, o "que se apresenta manifesto na sua existência, delimitado na sua extensão e apto a ser exercitado no momento da impetração".

2.4.2. *Habeas data*

Esta garantia civil é novidade no direito brasileiro, sendo introduzida pela Constituição Federal de 1988, em seu art. 5º, LXXII, que preceitua o seguinte:
"Conceder-se-á *habeas data*:
a) para assegurar o conhecimento de informações relativas à pessoa do impetrante, constantes de registros ou bancos de dados de entidades governamentais ou de caráter público;
b) para a retificação de dados, quando não se prefira fazê-la por processo sigiloso, judicial ou administrativo."

O *habeas data* pode ser impetrado por qualquer pessoa física ou jurídica, nacional ou estrangeira. Os sujeitos passivos desta ação são as pessoas públicas ou privadas (que mantém registros ou banco de dados de natureza pública).

Pode ser utilizado para conhecimento de informações a respeito do impetrante ou para retificar dados com os quais não se concorde, lembrando sempre que para a concessão do *habeas data* a informação tem que haver sido negada anteriormente.

A ação de *habeas data* é gratuita, não podendo portanto gerar ação de execução para cobrar custas processuais ou honorários periciais e advocatícios, salvo se for provada a má-fé do impetrante.

2.4.3. Mandado de injunção

O mandado de injunção é aplicado quando a norma constitucional não é autoaplicável, dependendo de regulamentação complementar. Quando a falta desta regulamentação inibe o usufruto de direito constitucional, concernente ao exercício dos direitos e liberdades constitucionais e das prerrogativas inerentes à nacionalidade, à soberania e à cidadania, o remédio constitucional a ser aplicado é o mandado de injunção.

O mandado pode ser impetrado por pessoa física ou jurídica que se encontre na situação acima descrita e o sujeito passivo é o Poder Público (União, Estado-Membro, Distrito Federal ou Município).

No mandado de injunção o judiciário declara o direito, tendo a sentença força de mandamental. É errado afirmar que no mandado de injunção o judiciário legisla, já que neste caso há apenas a decisão para o caso concreto em si, a decisão é *inter pars*, ou seja, vale somente para as partes.

2.4.4. Ação civil pública

Ação civil pública é a ação adequada para reprimir ou impedir danos a direitos, bens e interesses da coletividade (meio ambiente, o consumidor, os bens e direitos de valor artístico, estético, histórico, turístico e paisagístico), não podendo ser utilizado para proteger direitos e interesses individuais, foi instituída pela Lei Federal n.º 7.347, de 24 de julho de 1985.

Esta ação pode ser proposta pelo Ministério Público, União, Estados, Municípios, autarquia, empresa pública, fundação, sociedade de economia mista ou associação que esteja constituída há pelo menos cinco anos e inclua, entre suas finalidades institucionais, a proteção ao meio ambiente, ao consumidor, ao patrimônio artístico, estético, histórico, turístico e paisagístico.

A sentença pode obrigar o réu a uma indenização ou a uma obrigação de fazer ou não fazer.

Exercícios de Fixação e de Concursos

01. (ESAF) Se o Tribunal de Contas da União, no exercício da sua função de controle externo da atividade financeira do Estado, verificar alguma ilegalidade em órgão ou entidade do Poder Executivo, poderá fixar prazo para as providências necessárias ao exato cumprimento da lei, mas, se não for atendido, poderá de imediato sustar a execução do respectivo ato,

a) mesmo no caso de contrato.
b) exceto no caso de contrato, cuja sustação compete à Câmara dos Deputados.
c) exceto no caso de contrato, cuja sustação compete ao Senado Federal.
d) exceto no caso de contrato, cuja sustação compete ao Congresso Nacional.
e) exceto no caso de contrato cuja sustação compete ao Presidente da República.

02. (CESPE) O controle, na Administração Pública, é aquele exercido em todos os níveis e em todos os órgãos. Com relação à matéria, vários conceitos atinentes à supervisão ministerial e ao controle interno são relevantes. Julgue os itens seguintes.

a) A supervisão ministerial tem um campo de abrangência mais restrito que o do controle interno, cingindo-se aos casos de controle deliberativo.
b) A observância do princípio do controle - que constitui um dos princípios fundamentais da Administração Federal – é um dos objetivos principais da supervisão ministerial.
c) A autonomia conferida às empresas estatais corresponde à prerrogativa que devem ter seus dirigentes de definirem seus objetivos e assegurarem seu funcionamento sem interferência da Administração Centralizada.
d) O controle técnico apresenta duas dimensões: a da legalidade - que se associa ao cumprimento dos aspectos formais, à regularidade e à adequação contábeis - e a do mérito, relacionada aos meios, aos fins e aos resultados das ações desenvolvidas pelo Poder Público.
e) Diz-se que é vedado à Administração agir com arbitrariedade, isto é, fora dos limites da lei, senão com discricionariedade, que compreende a adoção dos critérios de conveniência e oportunidade, segundo as circunstâncias.

03. (CESPE) Tendo em vista a disciplina legislativa e a lição da doutrina jurídica acerca do controle dos atos administrativos, julgue os itens abaixo.

a) O Congresso Nacional pode, ouvido previamente o Tribunal de Contas da União, decretar a suspensão de ato normativo do Presidente da República que exorbite do poder regulamentar.
b) É inconcebível, lógica e juridicamente, a existência de controle administrativo de atos administrativos, haja vista a idealização de um controle pressupor que ele seja exercido por uma estrutura externa à fiscalizada.
c) A Constituição Federal admite a hipótese de controle popular das contas públicas, determinando que as contas do Município fiquem, anualmente, durante sessenta dias, à disposição de qualquer contribuinte.
d) O controle judiciário dos atos administrativos é exercido pelos órgãos do Poder Judiciário e pelo Tribunal de Contas da União.
e) A legalidade de todo e qualquer ato de concessão de aposentadoria a servidores e a membros do Ministério Público do Distrito Federal e Territórios é apreciada pelo Tribunal de Contas da União.

04. O controle que a Secretaria de Estado exerce sobre uma autarquia a ela vinculada é:

a) interno.
b) hierárquico.
c) pleno e ilimitado.
d) finalístico.
e) judicial.

Gabarito

01. D 02. C,C,E,C,C 03. E, E,C, E,C 04. D

Direito Administrativo

6. Licitação

1. Introdução

As pessoas físicas e jurídicas são livres para realizarem as compras e alienações (vendas) de que necessitam, mas a Administração Pública não tem a mesma liberdade, tendo como obrigação sua submissão ao instituto da licitação. Assim, as pessoas políticas (União, Estados-Membros, Distrito Federal, Municípios) e suas entidades (empresas públicas, sociedades de economia mista, fundações e consórcios públicos), por gerirem a coisa pública, devem se submeter ao instituto da licitação nos termos e condições estabelecidas em lei própria.

O dever da Administração de licitar decorre da própria Constituição Federal, em seu artigo 37, inc. XXI e artigo 175.

"Art. 37, XXI - ressalvados os casos especificados na legislação, as obras, serviços, compras e alienações serão contratados mediante processo de licitação pública que assegure igualdade de condições a todos os concorrentes, com cláusulas que estabeleçam obrigações de pagamento, mantidas as condições efetivas da proposta, nos termos da lei, o qual somente permitirá as exigências de qualificação técnica e econômica indispensáveis à garantia do cumprimento das obrigações.
Art. 175 - Incumbe ao Poder Público, na forma da lei, diretamente ou sob regime de concessão ou permissão, sempre por meio de licitação, a prestação de serviços públicos."

2. Conceito

O processo de escolha, nos termos e condições estabelecidas em lei, da melhor proposta para a Administração Pública, denominamos "licitação".

Vários são os conceitos que a doutrina atribui à licitação. Segundo o mestre HELY LOPES MEIRELLES "*Licitação é o procedimento administrativo mediante o qual a Administração Pública seleciona a proposta mais vantajosa para o contrato de seu interesse.*"

Para JOSÉ CRETELLA JÚNIOR licitação é o "*Procedimento administrativo preliminar, mediante o qual a Administração, baseada em critério prévio, seleciona, entre várias propostas, referentes a compras, obras ou serviços, a que melhor atenda ao interesse público, a fim de celebrar contrato com o responsável pela proposta mais vantajosa.*"

DIÓGENES GASPARINI conceitua licitação como sendo "*o procedimento administrativo por meio do qual a pessoa ou ente a isso juridicamente obrigado seleciona, em razão de critérios previamente estabelecidos, de interessados que tenham atendido à sua convocação, a proposta mais vantajosa para o contrato ou ato de seu interesse.*"

2.1. Finalidades

A realização de licitação apresenta duas finalidades.

A primeira de proporcionar a obtenção da melhor proposta para a Administração e a segunda finalidade da licitação é proporcionar igualdade de condições aos participantes desta (art. 3º)[1].

Art. 3º A licitação destina-se a garantir a observância do princípio constitucional da isonomia, a seleção da proposta mais vantajosa para a administração e a promoção do desenvolvimento nacional sustentável e será processada e julgada em estrita conformidade

[1] Neste capítulo sobre "Licitações" os dispositivos legais mencionados desacompanhados do número da legislação correspondente referem-se à Lei n. 8.666/93 (Lei de Licitações e Contratos).

com os princípios básicos da legalidade, da impessoalidade, da moralidade, da igualdade, da publicidade, da probidade administrativa, da vinculação ao instrumento convocatório, do julgamento objetivo e dos que lhes são correlatos. (Redação dada pela Lei nº 12.349, de 2010)

FINALIDADES

- **igualdade entre os participantes**
  - CF, art 5º - Todos são iguais perante a lei, sem distinção de qualquer natureza...
  - Lei 8.666/93, art. 3º, § 1o É vedado aos agentes públicos: I - admitir, prever, incluir ou tolerar, nos atos de convocação, cláusulas ou condições que comprometam, restrinjam ou frustrem o seu caráter competitivo...
- **selecionar a proposta mais vantajosa**

3. Princípios

São princípios da licitação: procedimento formal, publicidade, vinculação ao instrumento convocatório, competitividade, sigilo na apresentação das propostas e julgamento objetivo.

PRINCÍPIOS

- **procedimento formal**
- **vinculação ao instrumento licitatório**
- **competitividade**
- **sigilo na apresentação das propostas**
- **julgamento objetivo**
- **adjudicação compulsória**
- **igualdade entre os licitantes**
- **publicidade**

Procedimento Formal

A licitação está vinculada às determinações legais que regem todos seus atos e fases. Estas prescrições decorrem também do edital e do convite.

Todos que participem de uma licitação têm direito público subjetivo à fiel observância do pertinente procedimento estabelecido em lei. O procedimento licitatório caracteriza ato administrativo formal, seja ele praticado em qualquer esfera da Administração Pública.

Publicidade

O princípio da publicidade na licitação alcança desde os avisos de sua abertura até o conhecimento do edital e seus anexos, incluindo o exame da documentação e das propostas pelos interessados ou por qualquer pessoa e o fornecimento de certidões de quaisquer peças, pareceres ou decisões com ela relacionadas.

É por meio da publicidade que a Administração dá ciência a todos os interessados em participar da licitação, aos órgãos de controle e a todas as pessoas em geral. Todos os atos praticados no procedimento licitatório devem ser publicados no órgão oficial e a abertura dos envelopes da documentação e proposta deve ser feita em público.

A licitação não pode ser sigilosa, todos os atos de seu procedimento são públicos e acessíveis a qualquer pessoa, salvo o conteúdo das propostas, até a respectiva abertura (art. 3º, § 3º).

"Art. 3º, § 3º A licitação não será sigilosa, sendo públicos e acessíveis ao público os atos de seu procedimento, salvo quanto ao conteúdo das propostas, até a respectiva abertura."

Determina o estatuto licitatório quanto à publicidade do certame, que a abertura dos envelopes contendo a documentação para habilitação e as propostas será realizada sempre em ato público previamente designado, do qual se lavrará ata circunstanciada, assinada pelos licitantes presentes e pela comissão (art. 43, § 1º).

"Art. 43. A licitação será processada e julgada com observância dos seguintes procedimentos:
§ 1º A abertura dos envelopes contendo a documentação para habilitação e as propostas será realizada sempre em ato público previamente designado, do qual se lavrará ata circunstanciada, assinada pelos licitantes presentes e pela Comissão."

Vinculação ao Instrumento Licitatório

Estabelecidas as regras da licitação, estas se tornam inalteráveis durante todo o procedimento. HELY LOPES MEIRELLES afirma que "*o edital é a lei interna da licitação*" e por isso vincula aos seus termos tanto os licitantes como a Administração Pública (art. 41).

"Art. 41. A Administração não pode descumprir as normas e condições do edital, ao qual se acha estritamente vinculada."

No caso da Administração verificar, no decorrer da licitação, sua inviabilidade, deverá invalidá-la e reabri-la em novos moldes. Qualquer alteração que afete a elaboração das propostas deve ser feita por meio de aditamento ou expedição de um novo edital ou convite, com a republicação e reabertura do prazo.

Competitividade

A Administração está impedida de comprometer a competitividade, restringindo ou frustrando a disputa entre os interessados em contratar com a entidade, sendo vedado a seus agentes admitirem, preverem, incluírem ou tolerarem, nos atos de convocação, qualquer cláusula ou condição que comprometa a competitividade dos participantes ou interessados (art. 3º, § 1º).

Art. 3, § 1º É vedado aos agentes públicos:
I - admitir, prever, incluir ou tolerar, nos atos de convocação, cláusulas ou condições que comprometam, restrinjam ou frustrem o seu caráter competitivo, inclusive nos casos de sociedades cooperativas, e estabeleçam preferências ou distinções em razão da naturalidade, da sede ou domicílio dos licitantes ou de qualquer outra circunstância impertinente ou irrelevante para o específico objeto do contrato, ressalvado o disposto nos §§ 5º a 12 deste artigo e no art. 3º da Lei nº 8.248, de 23 de outubro de 1991; (Redação dada pela Lei nº 12.349, de 2010)
II - estabelecer tratamento diferenciado de natureza comercial, legal, trabalhista, previdenciária ou qualquer outra, entre empresas brasileiras e estrangeiras, inclusive no que se refere a moeda, modalidade e local de pagamentos, mesmo quando envolvidos financiamentos de agências internacionais, ressalvado o disposto no parágrafo seguinte e no art. 3º da Lei n. 8.248, de 23 de outubro de 1991."

Os atos praticados pela Administração Pública quando no edital de concorrência forem incluídas cláusulas ou condições que comprometam o caráter competitivo do certame ou quando a concorrência administrativa for processada em condições que acarretem a limitação das possibilidades normais de competição, são nulos.

Sigilo na Apresentação das Propostas

Para não favorecer nenhum dos participantes da licitação, pois ficaria em vantagem o concorrente que tivesse acesso à proposta de outro, é necessário o sigilo de todas as propostas, até a data designada para a abertura dos envelopes que as contenham.

> A licitação não será sigilosa, sendo públicos e acessíveis ao público os atos de seu procedimento, salvo quanto ao conteúdo das propostas, até a respectiva abertura.

Se acontecer a abertura da documentação ou das propostas ou a revelação de seu conteúdo antecipadamente, esta violação dará ensejo a anulação do procedimento e constituirá também ilícito penal (art. 94).

"Art. 94. Devassar o sigilo de proposta apresentada em procedimento licitatório, ou proporcionar a terceiro o ensejo de devassá-lo: Pena - detenção, de 2 (dois) a 3 (três) anos, e multa."

Julgamento Objetivo

O julgamento das propostas deve ser realizado com base nos critérios indicados no edital ou convite e nos termos específicos das propostas. A escolha das propostas não deve ser feita de modo discricionário, a Administração se prenderá ao critério fixado no ato de convocação.

No julgamento das propostas, a comissão deve levar em consideração os critérios objetivos definidos no edital ou convite, os quais não devem contrariar as normas e princípios estabelecidos pela lei.

Assim, o julgamento das propostas será objetivo, devendo a comissão de licitação ou o responsável pelo convite realizá-lo em conformidade com os tipos de licitação, os critérios previamente estabelecidos no ato convocatório e de acordo com os fatores exclusivamente nele referidos, de maneira a possibilitar sua aferição pelos licitantes e pelos órgãos de controle.

Adjudicação Compulsória

Finalizado o procedimento licitatório a Administração está impedida de atribuir seu objeto a outrem que não o legítimo vencedor e é esta atribuição do objeto ao licitante vencedor que é chamada de "adjudicação".

Não é permitido a Administração contratar com outrem enquanto válida a adjudicação, nem revogar o procedimento ou protelar indefinidamente a adjudicação ou a assinatura do contrato sem justa causa. A adjudicação ao vencedor é, então, obrigatória, salvo se este desistir expressamente do contrato ou não o firmar no prazo prefixado, a menos que comprove justo motivo.

Importante ressaltar que é obrigatória a adjudicação (atribuição do objeto da licitação) e não o contato imediato, pois a Administração o pode revogar ou anular o procedimento ou, ainda, adiar o contrato, quando ocorrer motivos para que isso seja feito.

> A adjudicação é o último ato do procedimento licitatório, ocorrendo depois da homologação do certame pela autoridade competente.

Igualdade entre os Licitantes

É proibida a discriminação entre os participantes do certame, devendo-se dispensar a estes um tratamento isonômico. Este tratamento igual proíbe tanto as cláusulas que, no edital ou no convite, favoreçam uns em prejuízo de outros, que mediante julgamento tendencioso, que segundo HELY LOPES MEIRELLES "*desiguale os iguais ou iguale os desiguais*".

Mesmo as empresas estrangeiras, que atuam regularmente no País, devem concorrer em igualdade de condições com as nacionais. Somente no caso de empate é que as empresas nacionais terão a preferência, seguindo-se a seguinte ordem de critérios de preferência na definição do vencedor, neste caso:

1. produzidos no País;
2. produzidos ou prestados por empresas brasileiras;
3. produzidos ou prestados por empresas que invistam em pesquisa e no desenvolvimento de tecnologia no País.

No caso de medidas que dificultem ou restrinjam o caráter competitivo do certame, com a finalidade de obter vantagem para si ou para outrem, ou seja, a não obediência ao princípio da igualdade entre os licitantes, pode acarretar a detenção de dois a quatro anos, mais multa (art. 90).

"Art. 90. Frustrar ou fraudar, mediante ajuste, combinação ou qualquer outro expediente, o caráter competitivo do procedimento licitatório, com o intuito de obter, para si ou para outrem, vantagem decorrente da adjudicação do objeto da licitação:
Pena - detenção, de 2 (dois) a 4 (quatro) anos, e multa."

Probidade Administrativa

Segundo este princípio a licitação deve sempre voltar-se para os interesses da Administração, sem, é claro, prejudicar os interesses do particular. Não pode ser feita licitação com o intuito de beneficiar a iniciativa privada, pois tal ação configura ilícito administrativo e pode configurar-se também em ilícito penal (art. 91).

"Art. 91. Patrocinar, direta ou indiretamente, interesse privado perante a Administração, dando causa à instauração de licitação ou à celebração de contrato, cuja invalidação vier a ser decretada pelo Poder Judiciário:
Pena - detenção, de 6 (seis) meses a 2 (dois) anos, e multa."

A probidade (honestidade) administrativa é tão importante que a Constituição dela ocupou-se em seu art. 37, § 4°.

"Art. 37, § 4° - Os atos de improbidade administrativa importarão a suspensão dos direitos políticos, a perda da função pública, a indisponibilidade dos bens e o ressarcimento ao erário, na forma e gradação previstas em lei, sem prejuízo da ação penal cabível."

Padronização

Estabelece o estatuto licitatório que as compras, sempre que possível, deverão atender ao princípio da padronização, devendo-se impor compatibilidade de especificações técnicas e de desempenho, observando-se, quando for o caso, as condições de manutenção, assistência técnica e garantias oferecidas (art. 15, I).

"Art. 15. As compras, sempre que possível, deverão:
I - atender ao princípio da padronização, que imponha compatibilidade de especificações técnicas e de desempenho, observadas, quando for o caso, as condições de manutenção, assistência técnica e garantia oferecidas;"

Em decorrência deste princípio a entidade pública participante da licitação deve observar as regras básicas que levam a adoção de um modelo, de um padrão que possa satisfazer às necessidades das atividades que estão a seu cargo. Toda compra deve ser avaliada segundo este princípio, com a finalidade de evitar aquisições de bens diferentes nos seus elementos componentes, na qualidade, na produtividade e na durabilidade, incidindo diretamente no estoque, na manutenção, na assistência técnica, nos custos, no controle e na atividade administrativa.

Importante ressaltar que o princípio da padronização não impede que se escolha uma das marcas de produtos similares existentes no mercado. A eleição de uma marca é possível quando se deseja dar continuidade a um dado serviço ou obra em que um produto de certa marca já foi empregado, introduzir a padronização de marca no serviço, manter a padronização de marca ou atender às necessidades específicas do serviço ou obra que só podem ser satisfeitas com vantagem com produto de certa marca.

Fiscalização da Licitação

Os participantes, assim como quaisquer pessoas, podem fiscalizar a Administração Pública licitante quanto à instauração e realização da licitação, assim como, na contratação.

Qualquer cidadão poderá requerer à Administração Pública os quantitativos das obras e preços unitários de determinada obra executada (art. 7°, § 8°). Assim, como é permitido a qualquer licitante o conhecimento dos termos do contrato e do respectivo processo licitatório e, a qualquer interessado, a obtenção de cópia autenticada, mediante o pagamento dos emolumentos devidos.

Art. 7°, § 8° Qualquer cidadão poderá requerer à Administração Pública os quantitativos das obras e preços unitários de determinada obra executada.

Para garantir o amplo direito de fiscalização da licitação a legislação garante ainda que qualquer licitante, contratado ou pessoa física ou jurídica poderá representar ao Tribunal de Contas ou aos órgãos integrantes do sistema de controle interno contra irregularidades na realização da licitação (Art. 113, § 1°).

"Art. 113. O controle das despesas decorrentes dos contratos e demais instrumentos regidos por esta Lei será feito pelo Tribunal de Contas competente, na forma da legislação pertinente, ficando os órgãos interessados da Administração responsáveis pela demonstração da legalidade e regularidade da despesa e execução, nos termos da Constituição e sem prejuízo do sistema de controle interno nela previsto."

4. Objeto da Licitação

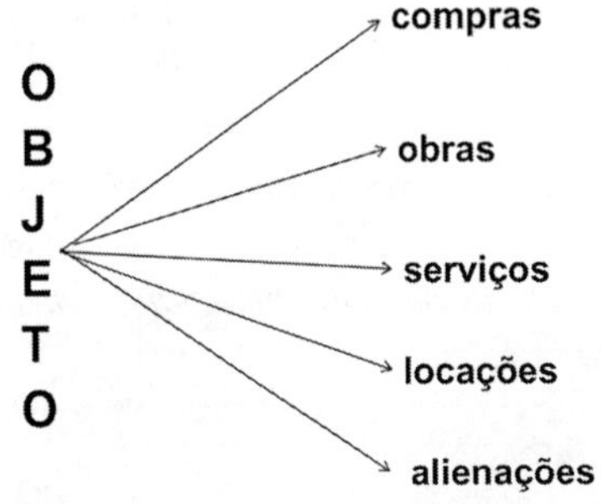

O objeto das licitações e contratos administrativos são as obras, serviços, inclusive de publicidade, compras, alienações e locações no âmbito dos poderes da União, dos Estados, do Distrito Federal e dos Municípios, desde que haja disputa, certame ou concorrência entre os interessados em contratar com a entidade obrigada à licitação (art. 1º).

"Art. 1º Esta Lei estabelece normas gerais sobre licitações e contratos administrativos pertinentes a obras, serviços, inclusive de publicidade, compras, alienações e locações no âmbito dos Poderes da União, dos Estados, do Distrito Federal e dos Municípios."

Necessário esclarecer que o art. 1° da Lei n. 8.666/93 é meramente exemplificatório, pois outros negócios desejados pelas pessoas políticas (União, Estados, Distrito Federal e Municípios), governamentais (sociedades de economia mista, empresas públicas, fundações e autarquias) e suas subsidiárias, obrigadas a licitar, também devem ser objeto de licitação. O mestre Diógenes Gasparini cita como exemplo destes casos o arrendamento e o empréstimo. Podem, ainda, ser objeto de licitação: convênios, acordos, ajustes e outros instrumentos congêneres celebrados por órgãos e entidades da Administração (art. 116).

"Art. 116. Aplicam-se as disposições desta Lei, no que couber, aos convênios, acordos, ajustes e outros instrumentos congêneres celebrados por órgãos e entidades da Administração."

O edital ou carta-convite deve descrever de modo sucinto e claro o objeto do certame (art. 40, I), sendo que quando se tratar de compra o objeto deve ser adequadamente caracterizado (art. 14), e, no caso de obra ou serviço, deve estar calcado em projeto básico aprovado pela autoridade competente (art. 7, § 2°, I).

Art. 40. O edital conterá no preâmbulo o número de ordem em série anual, o nome da repartição interessada e de seu setor, a modalidade, o regime de execução e o tipo da licitação, a menção de que será regida por esta Lei, o local, dia e hora para recebimento da documentação e proposta, bem como para início da abertura dos envelopes, e indicará, obrigatoriamente, o seguinte:
I - objeto da licitação, em descrição sucinta e clara;
Art. 14. Nenhuma compra será feita sem a adequada caracterização de seu objeto e indicação dos recursos orçamentários para seu pagamento, sob pena de nulidade do ato e responsabilidade de quem lhe tiver dado causa.

Art. 7º, § 2º As obras e os serviços somente poderão ser licitados quando:
I - houver projeto básico aprovado pela autoridade competente e disponível para exame dos interessados em participar do processo licitatório;"

Em princípio o objeto da licitação é uno e indivisível, não se permitindo em regra sua divisão, porém se esta for necessária tecnicamente ou em decorrência da falta de recursos orçamentários ou financeiros, pode ser promovida a divisão do objeto, desde que cada uma das divisões seja precedida de licitação igual à que seria realizada para o todo (art. 23, § 2°).

"Art. 23, § 2º. Na execução de obras e serviços e nas compras de bens, parceladas nos termos do parágrafo anterior, a cada etapa ou conjunto de etapas da obra, serviço ou compra, há de corresponder licitação distinta, preservada a modalidade pertinente para a execução do objeto em licitação. (Redação dada pela Lei nº 8.883, de 1994)"

Para garantir o amplo direito de fiscalização da licitação a legislação garante ainda que qualquer licitante, contratado ou pessoa física ou jurídica poderá representar ao Tribunal de Contas ou aos órgãos integrantes do sistema de controle interno contra irregularidades na realização da licitação (Art. 113, § 1º).

Art. 113, § 2º Os Tribunais de Contas e os órgãos integrantes do sistema de controle interno poderão solicitar para exame, até o dia útil imediatamente anterior à data de recebimento das propostas, cópia de edital de licitação já publicado, obrigando-se os órgãos ou entidades da Administração interessada à adoção de medidas corretivas pertinentes que, em função desse exame, lhes forem determinadas. (Redação dada pela Lei nº 8.883, de 1994)

5. Modalidades de Licitação

MODALIDADES
- **concorrência**, **tomada de preços**, **convite** — **em razão do valor**
- **concurso**, **leilão**, **pregão** — **em razão do objeto**

Concorrência

A concorrência é realizada nos casos de:

a) contratos de grande vulto, entendidos como tais, as compras e serviços acima de R$650.00,00 (seiscentos e cinquenta mil reais) e as obras e serviços de engenharia acima de R$1.500.000,00 (um milhão e quinhentos mil reais);
b) alienação de bens imóveis, salvo a possibilidade de alguns imóveis serem vendidos também por leilão (art. 19);
c) concessões de direito real de uso;
d) licitações internacionais, ressalvada a possibilidade de realização de tomada de preços, quando o órgão

ou entidade dispuser de cadastro internacional de fornecedores, ou o convite, quando não houver fornecedor do bem ou serviço no País, respeitados os limites de valores para cada modalidade.

e) Contratação de parceria público e privada (PPP), segundo o art. 10, da Lei n. 11.079/04:

"Lei n. 11.079, art. 10. A contratação de parceria público-privada será precedida de licitação na modalidade de concorrência, estando a abertura do processo licitatório condicionada a:"

f) concessão de serviço público.

> As concessões, permissões e autorizações, efetuadas como forma de privatização ou desestatização também poderão ser realizadas pela modalidade leilão e a permissão de uso poderá ser deferida por meio de licitação, observando-se a modalidade referente ao valor da contratação.

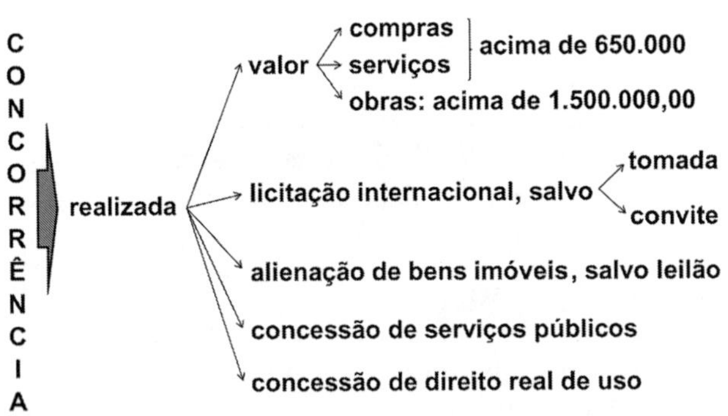

Características da concorrência

a) Participação de qualquer interessado, desde que, na fase de habilitação preliminar, comprovem preencher os requisitos mínimos de qualificação do edital;

b) Realização e julgamento por comissão permanente ou especial, de, no mínimo, 3 (três) membros, sendo pelo menos 2 (dois) deles servidores qualificados pertencentes aos quadros permanentes dos órgãos da Administração responsáveis pela licitação;

- comissão permanente: escolhida para realizar, em regra, todas as licitações da Administração Pública, seus membros têm mandato de 1 (um) ano, vedada a recondução da totalidade para a mesma comissão no período subsequente (art. 51, §4º);
- comissão especial: criada para realizar uma licitação específica.

> Importante lembrar que a comissão pode ter a participação de pessoas estranhas à Administração, desde que, no mínimo, dois membros sejam pertencentes aos quadros de servidores permanentes desta.

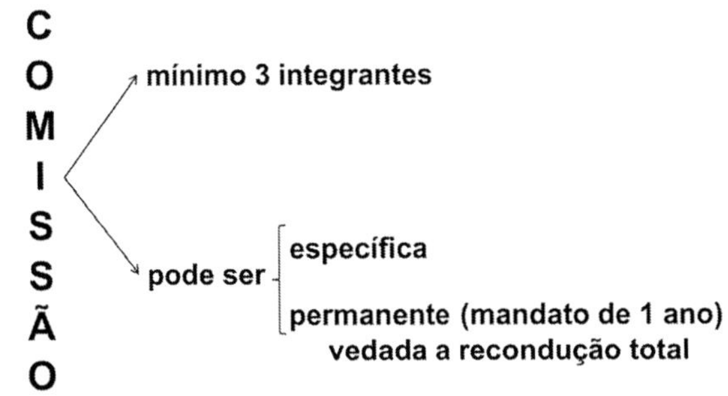

c) Instrumento convocatório: assim como na tomada de preço, no concurso e no leilão, na concorrência o edital deve ser publicado:

- no Diário Oficial da União, quando se tratar de licitação feita por órgão ou entidade da Administração Pública Federal e, ainda, quando se tratar de obras financiadas parcial ou totalmente com recursos federais ou garantidas por instituições federais;
- no Diário Oficial do Estado, ou do Distrito Federal quando se tratar, respectivamente, de licitação feita por órgão ou entidade da Administração Pública Estadual ou Municipal, ou do Distrito Federal;
- em jornal diário de grande circulação no Estado e também, se houver, em jornal de circulação no Município ou na região onde será realizada a obra, prestado o serviço, fornecido, alienado ou alugado o bem, podendo ainda a Administração, conforme o vulto da licitação, utilizar-se de outros meios de divulgação para ampliar a área de competição.

d) Realização de uma fase de habilitação prévia, onde os documentos de habilitação são conferidos publicamente, após o que, na mesma sessão ou posteriormente, a comissão decide pela inabilitação ou não de algum participante.

> Esta fase de habilitação prévia é o que caracteriza a concessão, sendo exclusiva desta modalidade e, por isso, de conhecimento muito exigido em concursos.

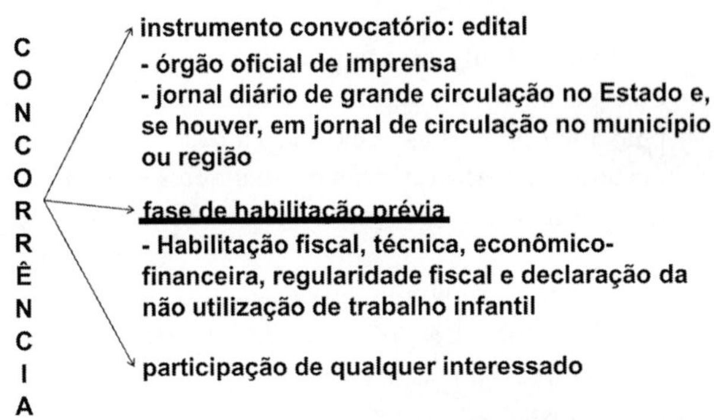

Tomada de Preços

A tomada de preços é realizada nos casos de licitações de médio valor, assim compreendidas:

a) Compra e serviços: entre R$80.000,00 (oitenta mil reais) e R$650.000,00 (seiscentos e cinquenta mil reais);
b) Obras e serviços de engenharia: entre R$150.000,00 (cento e cinquenta mil reais) e R$1.500.000,00 (um milhão e quinhentos mil reais).

> A tomada de preços é admitida nas licitações internacionais, desde que a Administração tenha um cadastro internacional de fornecedores e, ainda, o valor esteja dentro dos limites para a tomada de preços.

Características da tomada de preços

a) Participação somente de interessados devidamente cadastrados ou que atenderem a todas as condições exigidas para cadastramento até o terceiro dia anterior à data do recebimento das propostas, observada a necessária qualificação (art. 22, § 2º).
b) Instrumento convocatório: assim como na concorrência, no concurso e no leilão, na tomada de preço o edital deve ser publicado:
- no Diário Oficial da União, quando se tratar de licitação feita por órgão ou entidade da Administração Pública Federal e, ainda, quando se tratar de obras financiadas parcial ou totalmente com recursos federais ou garantidas por instituições federais;
- no Diário Oficial do Estado, ou do Distrito Federal quando se tratar, respectivamente, de licitação feita por órgão ou entidade da Administração Pública Estadual ou Municipal, ou do Distrito Federal;
- em jornal diário de grande circulação no Estado e também, se houver, em jornal de circulação no Município ou na região onde será realizada a obra, prestado o serviço, fornecido, alienado ou alugado o bem, podendo ainda a Administração, conforme o vulto da licitação, utilizar-se de outros meios de divulgação para ampliar a área de competição.

c) Realização e julgamento por comissão permanente ou especial, de, no mínimo, 3 (três) membros, sendo pelo menos 2 (dois) deles servidores qualificados pertencentes aos quadros permanentes dos órgãos da Administração responsáveis pela licitação.

> O que caracteriza a tomada de preço é a possibilidade de participação somente de interessados cadastrados até o terceiro dia anterior ao recebimento das propostas.

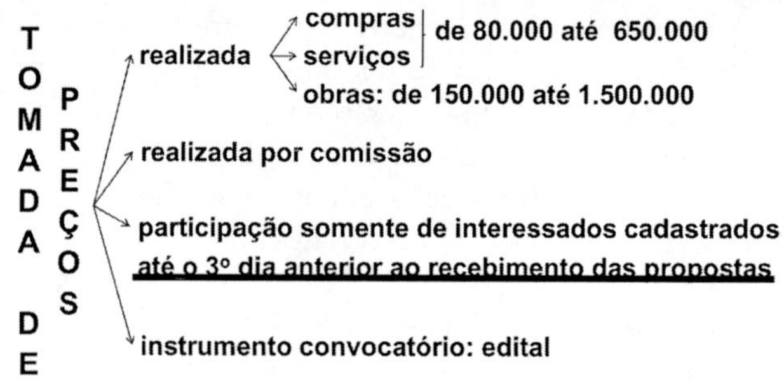

Convite

O convite é realizado nos casos de licitações de pequeno valor, assim compreendidas:

a) Compra e serviços: entre R$8.000,00 (oito mil reais) e R$80.000,00 (oitenta mil reais);
b) Obras e serviços de engenharia: entre R$15.000,00 (quinze mil reais) e R$150.000,00 (cento e cinquenta mil reais).

Características do convite

> Praticamente todas as características do convite são exclusivas desta modalidade, assim, aconselhamos um estudo mais detalhado destas características, devido à sua grande incidência em concursos públicos.

a) Realização e julgamento:
- por comissão permanente ou especial, de, no mínimo, 3 (três) membros, sendo pelo menos 2 (dois) deles servidores qualificados pertencentes aos quadros permanentes dos órgãos da Administração responsáveis pela licitação;
- por um único servidor, excepcionalmente, nas pequenas unidades administrativas e em face da exiguidade de pessoal disponível. (art. 51, §1º).

b) Participação somente de interessados do ramo, cadastrados ou não, escolhidos e convidados em número mínimo de 3 (três) e de interessados não convidados, desde que já cadastrados e que manifestem seu interesse com antecedência de até 24 (vinte e quatro) horas da apresentação das propostas.

c) Instrumento convocatório: carta-convite enviada a, no mínimo, três interessados do ramo e afixação de cópia do convite em quadro de avisos do órgão ou entidade, localizado em lugar de ampla divulgação.

d) Exigência de três propostas válidas, se tal não ocorrer, o convite deve ser repetido, salvo limitação de mercado ou manifesto desinteresse dos convidados, devidamente justificados (art. 22, §7º).

e) Existindo na praça mais de 3 (três) possíveis interessados, a cada novo convite, realizado para objeto idêntico ou assemelhado, é obrigatório o convite a, no mínimo, mais um interessado, enquanto existirem cadastrados não convidados nas últimas licitações (art. 22, §6º).

> Nos casos em que couber convite, a Administração poderá utilizar a tomada de preços e, em qualquer caso, a concorrência (art. 23, §4º).

CONVITE

- realizado
  - compras / serviços: de 8.000 até 80.000
  - obras: de 15.000 até 150.000
- realizado por comissão <u>ou único servidor</u>
- instrumento convocatório: carta-convite
- participação
  - convidados: mínimo 3
  - interessados já cadastrados, desde que manifestem seu interesse em até 24 h antes do recebimento das propostas

CONVITE

- se não acudirem, pelo menos 3 interessados, o convite deve ser refeito, <u>salvo limitação de mercado ou manifesto desisteresse</u>
- existindo na praça mais de 3 possíveis interessados, a cada novo convite, realizado para objeto idêntico ou assemelhado, é obrigatório o convite a, no mínimo, mais um interessado, <u>salvo limitação de mercado</u>

Concurso

O concurso é realizado nos casos de escolha de trabalho:

a) técnico;
b) científico;
c) artístico.

Características do concurso

a) Participação de quaisquer interessados que atenderem às exigências do edital;
b) Pagamento de prêmio ou remuneração aos vencedores condicionado à cessão dos direitos referentes ao trabalho à Administração;

> A licitação se encerrará com o pagamento do prêmio ou remuneração, sendo que o vencedor não poderá participar de futura licitação para escolha do responsável pela execução do projeto, ressalvada a possibilidade de realização de consultoria ou de fiscalização da execução desse trabalho.

c) Realização e julgamento por comissão que deverá ser integrada por servidores públicos ou não, de reputação ilibada e reconhecido conhecimento da matéria a ser objeto da licitação.

> A comissão que realiza o concurso é a única, das responsáveis pela realização de licitações, que pode ser totalmente composta de não servidores.

d) Instrumento convocatório: assim como na tomada de preço, na concorrência e no leilão, no concurso o edital deve ser publicado:

- no Diário Oficial da União, quando se tratar de licitação feita por órgão ou entidade da Administração Pública Federal e, ainda, quando se tratar de obras financiadas parcial ou totalmente com recursos federais ou garantidas por instituições federais;
- no Diário Oficial do Estado, ou do Distrito Federal quando se tratar, respectivamente, de licitação feita por órgão ou entidade da Administração Pública Estadual ou Municipal, ou do Distrito Federal;
- em jornal diário de grande circulação no Estado e também, se houver, em jornal de circulação no Município ou na região onde será realizada a obra, prestado o serviço, fornecido, alienado ou alugado o bem, podendo ainda a Administração, conforme o vulto da licitação, utilizar-se de outros meios de divulgação para ampliar a área de competição.

CONCURSO

- (art. 22, 4º) realizado : trabalho
  - técnico
  - artístico
  - científico
- comissão constituída por <u>servidores ou não</u> (art. 51, § 5º)
- instrumento convocatório: edital
- pagamento de prêmio
- participação de qualquer interessado

Leilão

O leilão é realizado nos casos de alienação (venda) de:

a) Bens móveis ou semoventes (animais) inservíveis ou apreendidos;
b) Bens imóveis, provenientes de dação em pagamento (aqueles que a Administração recebe como pagamento de uma dívida) ou de procedimento judicial (aqueles que o Judiciário atribui a propriedade à Administração Pública, como, por exemplo, no caso de herança sem herdeiros que a justiça determina que fique com o Estado).

> Todos os bens imóveis podem ser vendidos por concorrência, mas apenas os provenientes de dação em pagamento ou de procedimento judicial é que podem ser alienados por concorrência ou por leilão (art. 19).

Características do leilão

a) Instrumento convocatório: assim como na tomada de preço, na concorrência e no concurso; no concurso o edital deve ser publicado:
- no Diário Oficial da União, quando se tratar de licitação feita por órgão ou entidade da Administração Pública Federal e, ainda, quando se tratar de obras financiadas parcial ou totalmente com recursos federais ou garantidas por instituições federais;
- no Diário Oficial do Estado, ou do Distrito Federal quando se tratar, respectivamente, de licitação feita por órgão ou entidade da Administração Pública Estadual ou Municipal, ou do Distrito Federal;
- em jornal diário de grande circulação no Estado e também, se houver, em jornal de circulação no Município ou na região onde será realizada a obra, prestado o serviço, fornecido, alienado ou alugado o bem, podendo ainda a Administração, conforme o vulto da licitação, utilizar-se de outros meios de divulgação para ampliar a área de competição.

b) Pode ser realizado por servidor ou por leiloeiro oficial;

c) Permite a participação de qualquer interessado.

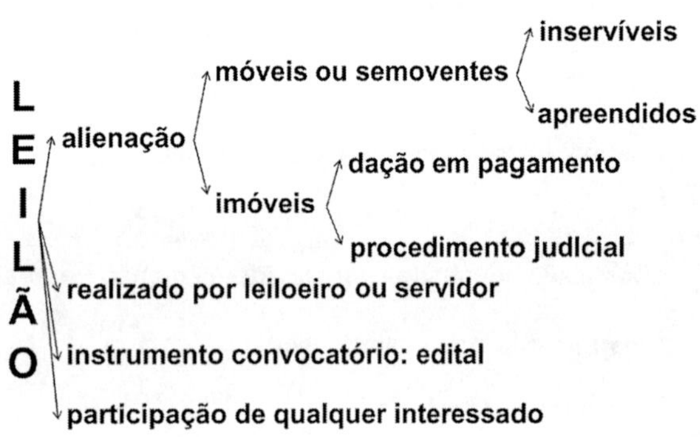

Pregão

O pregão é a modalidade de licitação utilizada para aquisição de bens e serviços comuns, sendo que são assim considerados aqueles cujos padrões de desempenho e qualidade possam ser objetivamente definidos pelo edital, por meio de especificações usuais no mercado, como por exemplo: material de escritório, material de limpeza, serviços de limpeza dos prédios públicos e serviços de manutenção e reparo de veículos.

Características do Pregão

a) Instrumento convocatório: o aviso do edital deve ser publicado, segundo os valores abaixo:
- Valores de até R$ 650 mil: Diário Oficial da União (DOU) e Internet;
- Valores acima de R$ 650 mil até R$ 1,3 milhão: DOU, Internet e jornal de grande circulação local;
- Valores superiores a R$ 1,3 milhão: DOU, Internet e jornal de grande circulação regional ou nacional.

b) Pode ser presencial ou realizado via Internet (eletrônico);

c) Realizado por uma equipe de apoio (comissão) integrada em sua maioria por servidores ocupantes de cargo efetivo ou emprego da administração, preferencialmente pertencentes ao quadro permanente do órgão ou entidade promotora do evento e por um pregoeiro, designado pela autoridade competente dentre os servidores do órgão ou entidade promotora da licitação;

d) No dia, hora e local designados, é realizada sessão pública para recebimento das propostas e aberta a sessão, os interessados ou seus representantes, apresentarão declaração dando ciência de que cumprem plenamente os requisitos de habilitação (este sistema de entrega de declaração de habilitação permite que as propostas sejam julgadas sem necessidade de realizar uma audiência de habilitação);

e) No curso da sessão, o autor da oferta de valor mais baixo e os das ofertas com preços até 10% (dez por cento) superiores àquela poderão oferecer novos lances verbais (ou pela Internet no caso do pregão eletrônico) e sucessivos, até a proclamação do vencedor, sendo que os demais participantes, que oferecerem propostas superiores ao patamar de 10%, estão excluídos do certame;

> Não havendo pelo menos 3 (três) ofertas superiores em até 10% da menor oferta, poderão os autores das melhores propostas, até o máximo de 3 (três), oferecer novos lances verbais e sucessivos, quaisquer que sejam os preços oferecidos.

f) Encerrada a etapa competitiva e ordenadas as ofertas, o pregoeiro procederá à abertura do invólucro contendo os documentos de habilitação do licitante que apresentou a melhor proposta, para verificação do atendimento das condições fixadas no edital.

> Quem, convocado dentro do prazo de validade da sua proposta (até 60 dias ou outro prazo fixado no edital), não celebrar o contrato, deixar de entregar ou apresentar documentação falsa exigida para o certame, ensejar o retardamento da execução de seu objeto, não mantiver a proposta, falhar ou fraudar na execução do contrato, comportar-se de modo inidôneo ou cometer fraude fiscal, ficará impedido de licitar e contratar com a União, Estados, Distrito Federal ou Municípios, pelo prazo de até 5 (cinco) anos, sem prejuízo das multas previstas em edital e no contrato e das demais penalidades legais.

PREGÃO
- realizado
  - bens
  - serviços
  - (bens e serviços) comuns
- vedado
  - obras e serviços de engenharia
  - locações imobiliárias
  - alienações em geral

PREGÃO
- realizado por <u>comissão de apoio e pregoeiro</u>
- tipo: sempre melhor preço
- realização independe do valor global
- instrumento convocatório: edital
- declaração de habilitação
- participação de qualquer interessado

PREGÃO
- lances verbais dos autores das propostas superiores em até 10% a de menor valor
- Se não existirem, no mínimo, 3 propostas superiores em até 10% a de menor valor, oferecerão os lances verbais os autores das 3 melhores propostas

Pregão Eletrônico

O pregão eletrônico é realizado por meio de recursos de tecnologia da informação, ou seja, por intermédio da Internet. Sua previsão legal está no § 1º do art. 2º, da Lei n. 10.520/02 e sua regulamentação por meio do Decreto n. 5.450/2005.

O procedimento do pregão eletrônico segue as regras básicas do pregão comum, mas sem a presença do pregoeiro e dos participantes, pois os atos são praticados por via eletrônica.

O fornecedor interessado em participar do pregão eletrônico deve cadastrar-se no *site* do órgão ou entidade que está realizando o pregão.

As propostas são apresentadas via eletrônica pelos concorrentes, iniciando-se com a fixação da menor proposta e com o pregoeiro incentivando os concorrentes a oferecerem lances inferiores, como um leilão ao contrário, onde ganha o fornecedor que oferecer a mercadoria ou serviço o menor preço.

Após a definição do vencedor verifica-se a habilitação da empresa vencedora, caso não esteja habilitada passa-se à verificação da habilitação da segunda colocada e assim sucessivamente.

ELETRÔNICO
- compras e serviços comuns
- tipo: sempre melhor preço
- realização independe do valor global
- credenciamento perante o provedor do sistema
- inexistência de envelope de proposta e documentação
- lances por meio eletrônico
- instrumento convocatório: edital

Quadro de Modalidades de Licitação

(Lei n. 8.666/93)

Artigo	Inciso	Alínea	Valor (R$)	Modalidades de Licitação
Obras / Serviços de Engenharia				
23	I	a	150.000,00	Convite
	I	b	1.500.000,00	Tomada de Preço
	I	c	Acima de 1.500.000,00	Concorrência
Compras / Outros Serviços				
23	II	a	80.000,00	Convite
	II	b	650.000,00	Tomada de Preço
	II	c	Acima de 650.000,00	Concorrência
Dispensa de Licitação				
24	I	-	15.000,00	Obras / Serviços de Engenharia
	II	-	8.000,00	Compras / Outros Serviços
Sociedade de Economia Mista; Empresas Públicas; Autarquias e Fundações Qualificadas como Agência Executiva				
24	I	-	30.000,00	Obras / Serviços de Engenharia
	II	-	16.000,00	Compras / Outros Serviços

Fonte: http://www.finep.gov.br/cpl/modalidades_de_licitacao.asp

Os valores limites para a realização de licitação são estipulados pela Lei n. 8.666/93 para a União, mas os Estados, Distrito Federal e Municípios podem adotar os mesmos valores ou, ainda, valores menores como limite licitatório, mas nunca maiores dos que usados como limite para a União.

6. Obrigatoriedade, Dispensa e Inexigibilidade de Licitação

Quando nos referimos a obrigatoriedade de licitação, tratamos de dois aspectos, o primeiro é a compulsoriedade de licitação em geral e o segundo é a obrigatoriedade de ser realizada a modalidade prevista em lei para a espécie, pois a Administração não pode utilizar um tipo de licitação mais singela quando é exigida uma mais complexa. Somente a lei é que pode retirar esta obrigação da Administração, autorizando a dispensa de licitação ou permitindo a substituição de uma modalidade por outra.

As sociedades de economia mista, empresas e fundações públicas e demais entidades controladas direta ou indiretamente pela União, Estados, Distrito Federal ou pelos Municípios podem ter regulamentos próprios devidamente publicados, ficando, porém, sujeitas às disposições da Lei n. 8.666/93.

7. Dispensa e Inexigibilidade de Licitação

A licitação, de acordo com a lei, pode ser dispensada ou dispensável, sendo que em alguns casos a Administração pode e em outros ela deve deixar de realizar a licitação.

Licitação Dispensada

A Administração está dispensada de realizar a licitação (art. 17, I e II):

1. Quando imóveis, nos seguintes casos:
a) dação em pagamento;
b) doação, permitida exclusivamente para outro órgão ou entidade da administração pública, de qualquer esfera de governo;
c) permuta, por outro imóvel que atenda aos requisitos estabelecidos em lei;
d) investidura;
e) venda a outro órgão ou entidade da administração pública, de qualquer esfera de governo;
f) alienação gratuita ou onerosa, aforamento, concessão de direito real de uso, locação ou permissão de uso de bens imóveis residenciais construídos, destinados ou efetivamente utilizados no âmbito de programas habitacionais ou de regularização fundiária de interesse social desenvolvidos por órgãos ou entidades da administração pública;
g) procedimentos de legitimação de posse, mediante iniciativa e deliberação dos órgãos da Administração Pública em cuja competência legal inclua-se tal atribuição;
h) alienação gratuita ou onerosa, aforamento, concessão de direito real de uso, locação ou permissão de uso de bens imóveis de uso comercial de âmbito local com área de até 250 m² (duzentos e cinquenta metros quadrados) e inseridos no âmbito de programas de regularização fundiária de interesse social desenvolvidos por órgãos ou entidades da administração pública.

2. Quando móveis, dependerá de avaliação prévia e de licitação, dispensada esta nos seguintes casos:
a) doação, permitida exclusivamente para fins e uso de interesse social, após avaliação de sua oportunidade e conveniência socioeconômica, relativamente à escolha de outra forma de alienação;
b) permuta, permitida exclusivamente entre órgãos ou entidades da Administração Pública;
c) venda de ações, que poderão ser negociadas em bolsa, observada a legislação específica;
d) venda de títulos, na forma da legislação pertinente;
e) venda de bens produzidos ou comercializados por órgãos ou entidades da Administração Pública, em virtude de suas finalidades;
f) venda de materiais e equipamentos para outros órgãos ou entidades da Administração Pública, sem utilização previsível por quem deles dispõe;
g) procedimentos de legitimação de posse, mediante iniciativa e deliberação dos órgãos da Administração Pública em cuja competência legal inclua-se tal atribuição.

> Importante ressaltar que a doação, com encargo, de bens móveis, como quando a Administração Pública, por exemplo, doa um terreno àquele que se disponha a construir uma creche para 100 pessoas, no menor espaço de tempo possível, deverá ser precedida de licitação, haja vista que mais de uma pessoa pode se interessar em participar do certame (art. 17, § 4º).

Licitação Dispensável

Segundo HELY LOPES MEIRELLES a licitação dispensável é "*toda aquela que a Administração pode dispensar se assim lhe convier*".

Nesta obra faremos uma divisão didática para apresentação deste tópico. Ressaltamos aos leitores que a subdivisão apresentada a seguir, das possibilidades de licitação dispensável, não tem inspiração legal, mas sim pedagógica.

Em razão do valor

1. Para obras e serviços de engenharia de valor até 10% (dez por cento) do limite previsto na alínea "a" do inciso I do artigo 23 do Estatuto Licitatório, que é de R$150.000,00 (cento e cinquenta mil reais) desde que não se refiram a parcelas de uma mesma obra ou serviço ou ainda para obras e serviços da mesma natureza e no mesmo local que possam ser realizadas conjunta e concomitantemente.

A execução de pequenas obras ou prestação de singelos serviços de engenharia pela sua simplicidade não justificam procedimentos solenes, que são dotados de formalidades que emperram a atividade administrativa, neste caso, sem oferecer qualquer vantagem.

Embora o estatuto defina o que são obras e serviços em seu art. 6º, ele não define o que sejam obras e serviços de engenharia, porém Diógenes Gasparini define obra de engenharia como sendo "*Toda construção, reforma, fabricação, recuperação ou ampliação cuja responsabilidade pela execução cabe somente a profissionais ou firmas que atendam à legislação de engenharia, enquanto serviço é toda atividade destinada a propiciar determinada utilidade de interesse da Administração ou dos administrados, cuja responsabilidade executória só pode estar a cargo de profissionais ou empresas que também satisfaçam as exigências da legislação de engenharia."*

A entidade da Administração, que está obrigada a licitar, não pode dividir a obra ou serviço em duas ou mais partes apenas para fraudar o processo licitatório, não o realizando.

Está proibida também de dispensar a licitação quando se tratar de obras e serviços da mesma natureza (uma escola e um hospital ou um serviço de vigilância em uma escola e em um hospital).

Segundo o art. 120 do Estatuto Licitatório o valor de R$150.000,00 (cento e cinquenta mil reais), instituído como teto, pode ser revisto pelo Poder Executivo Federal, observando como limite superior a variação geral dos preços do mercado, no período.

"Art. 120. Os valores fixados por esta Lei poderão ser anualmente revistos pelo Poder Executivo Federal, que os fará publicar no Diário Oficial da União, observando como limite superior a variação geral dos preços do mercado, no período. (Redação dada pela Lei nº 9.648, de 1998)"

2. Para outros serviços e compras de valor até 10% (dez por cento) do limite previsto na alínea "a", do inciso II do artigo 23 (R$80.000,00), e para alienações, nos casos previstos na Lei n. 8.666/93, desde que não se refiram a parcelas de um mesmo serviço, compra ou alienação de maior vulto que possa ser realizada de uma só vez;

Os serviços que não são de engenharia e as compras de pequeno valor, isto é que não ultrapassem R$8.000,00 (oito mil reais), podem ser contratados diretamente, dispensando-se a licitação.

> * Os percentuais referidos nos itens "1" e "2", serão de 20% (vinte por cento) para compras, obras e serviços contratados por sociedade de economia mista e empresa pública, bem assim por autarquia e fundação qualificadas, na forma da lei, como Agências Executivas.

3. Quando as propostas apresentadas consignarem preços manifestamente superiores aos praticados no mercado nacional ou forem incompatíveis com os fixados pelos órgãos oficiais competentes;

Tenta-se evitar aqui que a Administração seja vítima de um conluio entre os participantes com a intenção de impor-lhe preços excessivos.

A licitação neste caso será dispensada sempre que as propostas apresentadas forem desclassificadas por conterem preços excessivos e os licitantes não apresentarem outras, no prazo de oito dias úteis, sem estes preços excessivos ou que, ainda apresentem preços que, por serem muito baixos, sejam inexequíveis (art. 48).

"Art. 48. Serão desclassificadas:
II - propostas com valor global superior ao limite estabelecido ou com preços manifestamente inexeqüíveis, assim considerados aqueles que não venham a ter demonstrada sua viabilidade através de documentação que comprove que os custos dos insumos são coerentes com os de mercado e que os coeficientes de produtividade são compatíveis com a execução do objeto do contrato, condições estas necessariamente especificadas no ato convocatório da licitação. (Redação dada pela Lei nº 8.883, de 1994)

Em razão da circunstância

1. Nos casos de guerra ou grave perturbação da ordem;

A Guerra, juridicamente, somente se configura após a declaração solene do Chefe de Estado, portanto somente após esta declaração é que a entidade está dispensada de licitar.

Cumpre lembrar que a entidade não está liberada para qualquer licitação, mas tão somente àquela que está relacionada com o evento bélico.

Grave perturbação da ordem é a comoção interna geral ou parcial de determinada região (ex.: greve ou revolução), normalmente reconhecidas oficialmente com a declaração do estado de defesa ou o estado de sítio (CF, arts. 136 e 137). Uma vez declarada uma destas situações a entidade licitante está liberada de realizar o certame no que diz respeito aos contratos cuja função seja minorar ou terminar com tal estado.

2. Nos casos de emergência ou de calamidade pública, quando caracterizada urgência de atendimento de situação, que possa ocasionar prejuízo ou comprometer a segurança de pessoas, obras, serviços, equipamentos e outros bens, públicos ou particulares;

Calamidade Pública é uma situação de grave perigo, decorrente de evento da natureza (secas, epidemias, vendavais). Caracteriza-se pela impossibilidade da Administração de atender adequadamente as necessidades da população com utilização dos meios e recursos que normalmente estão ao seu dispor. Somente após a declaração do Poder Executivo (Federal, Estadual ou Municipal). A dispensa somente será possível se a licitação estiver relacionada ao estado de calamidade pública, visando somente a aquisição de bens com o intuito de minorá-lo ou combatê-lo.

A emergência é caracterizada perla urgência do atendimento. Algumas vezes somente o atendimento imediato pode evitar prejuízos ou salvaguardar a segurança das pessoas, obras, bens e equipamentos.

3. Quando não acudirem interessados à licitação anterior e esta, justificadamente, não puder ser repetida sem prejuízo para a Administração, mantidas, neste caso, todas as condições preestabelecidas;

Quando não acudir nenhum concorrente ao processo licitatório anteriormente realizado, está dispensada a realização de nova licitação, se a realização desta puder ser prejudicial à Administração Pública, em face do tempo que sua realização demandaria, causando-lhe um acréscimo no valor do contrato ou um atraso na prestação do serviço ou utilização da obra.

> Importante diferenciar a licitação onde nenhum licitante acudir ao instrumento convocatório (licitação deserta) e que pode ser dispensada, da licitação em que todos os participantes são inabilitados ou todas as propostas são desclassificadas (licitação fracassada) que não pode ser dispensada, devendo-se abrir novo prazo para a apresentação da documentação ou propostas, ou, ainda, repetir a licitação (art. 48, § 3º).

4. Quando a União tiver que intervir no domínio econômico para regular preços ou normalizar o abastecimento;

Quando a União tiver que intervir no domínio econômico para regular preços ou normalizar o abastecimento, estará dispensada de licitar. Note-se que esta possibilidade é dada somente à União, haja vista que às outras pessoas políticas não é dado intervir no domínio econômico, por conta própria.

5. Quando houver possibilidade de comprometimento da segurança nacional, nos casos estabelecidos em decreto do Presidente da República, ouvido o Conselho de Defesa Nacional;

A licitação está dispensada quando houver a possibilidade de comprometimento da segurança nacional. O decreto 2.295, de 04/08/97 listou três casos: aquisição de recursos bélicos navais, terrestres e aeroespaciais; contratação de serviços técnicos especializados na área de projetos, pesquisas e desenvolvimento científico e tecnológico; aquisição de equipamento e contratação de serviços técnicos especializados para a área de inteligência.

Em razão da pessoa

1. Para a aquisição, por pessoa jurídica de direito público interno, de bens produzidos ou serviços prestados por órgão ou entidade que integre a Administração Pública e que tenha sido criado para esse fim específico em data anterior à vigência desta Lei, desde que o preço contratado seja compatível com o praticado no mercado;

A pessoa jurídica de direito público interno licitante pode dispensar o certame quando os bens e serviços forem produzidos por órgão ou entidade que integre a Administração Pública, desde que esta tenha sido criada antes da vigência do estatuto licitatório, sendo ainda necessário que os preços dos bens e serviços contratados sejam compatíveis com os praticados pelo mercado, conforme levantamento prévio.

2. Na contratação de instituição brasileira incumbida regimental ou estatutariamente da pesquisa, do ensino ou do desenvolvimento institucional, ou de instituição dedicada à recuperação social do preso, desde que a contratada detenha inquestionável reputação ético-profissional e não tenha fins lucrativos;

As Universidades federais e estaduais e os Institutos de Pesquisa, entre outros, podem ser contratados sem licitação, posto que atendem as condições acima, ou seja, detêm inquestionável reputação ético-profissional e não possuem fins lucrativos.

3. Na contratação de associação de portadores de deficiência física, sem fins lucrativos e de comprovada idoneidade, por órgãos ou entidades da Administração Pública, para a prestação de serviços ou fornecimento de mão de obra, desde que o preço contratado seja compatível com o praticado no mercado;

A dispensa de licitação para contratação de serviços de associações de portadores de deficiência física (excluídos os portadores de deficiência psíquica), deve ser diferenciada da contratação de mão de obra pois esta somente pode ser realizada por meio de concurso público.

4. Na contratação realizada por empresa pública ou sociedade de economia mista com suas subsidiárias e controladas, para a aquisição ou alienação de bens, prestação ou obtenção de serviços, desde que o preço contratado seja compatível com o praticado no mercado;

Quando empresa pública ou sociedade de economia mista contratar com suas subsidiárias e controladas, visando a aquisição ou alienação de bens, prestação ou

Direito Administrativo

obtenção de serviços, a licitação poderá ser dispensada, com a condição de que o preço contratado seja compatível com o praticado no mercado.

5. Para a celebração de contratos de prestação de serviços com as organizações sociais, qualificadas no âmbito das respectivas esferas de governo, para atividades contempladas no contrato de gestão.

As organizações sociais são entidades privadas que não possuem fins lucrativos, sendo destinadas ao exercício de atividades dirigidas ao ensino, à pesquisa científica, ao desenvolvimento tecnológico, à proteção e preservação do meio ambiente, à cultura e à saúde. Esses organismos são declarados, pelo Poder Executivo, de interesse social e utilidade pública, podendo-lhes ser destinados recursos orçamentários e bens públicos necessários aos contratos de gestão, que deverão prever o cronograma de desembolso e as liberações financeiras.

Os contratos de prestação de serviços necessários ao cumprimento do contrato de gestão e destinados a essas organizações ficam dispensados da licitação.

6. Na contratação realizada por Instituição Científica e Tecnológica - ICT ou por agência de fomento para a transferência de tecnologia e para o licenciamento de direito de uso ou de exploração de criação protegida.

Esta possibilidade de dispensa possibilita a contratação direta de Instituição Científica e Tecnológica - ICT (definida na legislação como órgão ou entidade da administração pública que tenha por missão institucional, dentre outras, executar atividades de pesquisa básica ou aplicada de caráter científico ou tecnológico ou por agência de fomento (que representa órgão ou instituição de natureza pública ou privada que tenha entre os seus objetivos o financiamento de ações que visem a estimular e promover o desenvolvimento da ciência, da tecnologia e da inovação, como, por exemplo, Capes, Finep e CNPq), com pessoas jurídicas de direito privado, para a transferência de tecnologia e para o licenciamento de direito de uso ou de exploração de criação protegida. Esta contratação deve ter a finalidade de incentivar a interação entre essas Instituições Científicas e Tecnológicas, objetivando que os produtos nacionais se tornem mais competitivos no mercado interno e externo, como resultado da agregação de tecnologia.

7. Na celebração de contrato de programa com ente da Federação ou com entidade de sua administração indireta, para a prestação de serviços públicos de forma associada nos termos do autorizado em contrato de consórcio público ou em convênio de cooperação.

Como já foi mencionado nesta obra a Administração Pública está desobrigada de realizar licitação a fim de celebrar convênio de cooperação ou contrato de consórcio público.

8. Na contratação de instituição ou organização, pública ou privada, com ou sem fins lucrativos, para a prestação de serviços de assistência técnica e extensão rural no âmbito do Programa Nacional de Assistência Técnica e Extensão Rural na Agricultura Familiar e na Reforma Agrária, instituído por lei federal.

A contratação de instituição ou organização para a prestação de serviços de assistência técnica e extensão rural no âmbito do Programa Nacional de Assistência Técnica e Extensão Rural na Agricultura Familiar e na Reforma Agrária, tem a finalidade de elevar a produção nacional maximizando a produtividade da agricultura familiar e dos assentamentos da reforma agrária

1. Para a compra ou locação de imóvel destinado ao atendimento das finalidades precípuas da Administração, cujas necessidades de instalação e localização condicionem a sua escolha, desde que o preço seja compatível com o valor de mercado, segundo avaliação prévia;

Quando a Administração necessitar de imóvel para atendimento de suas finalidades precípuas poderá comprá-lo ou locá-lo sem licitação, desde que as necessidades de instalação ou localização condicionem sua escolha (por exemplo: sua proximidade com outro serviço já instalado).

2. Na contratação de remanescente de obra, serviço ou fornecimento, em consequência de rescisão contratual, desde que atendida a ordem de classificação da licitação anterior e aceitas as mesmas condições oferecidas pelo licitante vencedor, inclusive quanto ao preço, devidamente corrigido;

Quando ocorrer a rescisão contratual, a fim de que seja continuada a obra, serviço ou fornecimento a Administração está dispensada de realizar novo certame, devendo contratar seguindo a ordem classificatória da licitação que serviu de base para a contratação rescindida e que sejam observadas as mesmas condições oferecidas pelo então contratado, conforme sua proposta.
Esta mesma regra é aplicada quando o vencedor do contato se nega a assiná-lo, a aceitar ou retirar o instrumento equivalente, embora este fundamento esteja preceituado no art. 64, §2°, do Estatuto Licitatório.

3. Nas compras de hortifrutigranjeiros, pão e outros gêneros perecíveis, no tempo necessário para a realização dos processos licitatórios correspondentes, realizadas diretamente com base no preço do dia;

As compras de hortifrutigranjeiros, pão e outros gêneros perecíveis, podem ser feitas diretamente desde que no período necessário para a realização de licitação. Antes ou depois deste tempo as compras destes produtos só serão legítimas se realizadas mediante certame.

4. Para a aquisição de bens ou serviços nos termos de acordo internacional específico aprovado pelo Congresso Nacional, quando as condições ofertadas forem manifestamente vantajosas para o Poder Público;

Quando o Brasil for adquirir bens e serviços por intermédio de organizações internacionais das quais seja membro e desde que nos termos de acordo internacional e com condições manifestamente vantajosas para a Administração Pública, esta aquisição pode ser realizada sem procedimento licitatório.

5. Para a aquisição ou restauração de obras de arte e objetos históricos, de autenticidade certificada, desde que compatíveis ou inerentes às finalidades do órgão ou entidade.

A aquisição de objetos históricos por entidades que tenham por finalidade programas voltados à arte ou à história (por exemplo: museus, fundações culturais), desde que estes objetos tenham sua autenticidade comprovada e seja singulares ou únicos, poderão ser adquiridos sem licitação.

O certame também está dispensado quando for objeto a contratação de serviços de restauração de obras de arte e objetos históricos por museus, escolas de história e belas-artes, fundações culturais e pinacotecas, desde que realizada por profissional de notória especialização nessa atividade.

6. Para a impressão dos diários oficiais, de formulários padronizados de uso da Administração e de edições técnicas oficiais, bem como para a prestação de serviços de informática a pessoa jurídica de direito público interno, por órgãos ou entidades que integrem a Administração Pública, criados para esse fim específico;

Quando pessoa jurídica de direito público desejar contratar serviços de impressão dos diários oficiais, de formulários padronizados de uso da Administração e de edições técnicas oficiais, bem como para a prestação de serviços de informática e quando a contratada for órgão ou entidade da Administração Pública o certame está dispensado.

7. Para a aquisição de componentes ou peças de origem nacional ou estrangeira, necessários à manutenção de equipamentos durante o período de garantia técnica, junto ao fornecedor original desses equipamentos, quando tal condição de exclusividade for indispensável para a vigência da garantia;

Para que a licitação seja dispensada no caso acima é necessária que a exclusividade seja indispensável para manter a garantia técnica; terminada a garantia, a aquisição de componentes e peças será realizada mediante licitação.

8. Nas compras ou contratações de serviços para o abastecimento de navios, embarcações, unidades aéreas ou tropas e seus meios de deslocamento, quando em estada eventual de curta duração em portos, aeroportos ou localidades diferentes de suas sedes, por motivo de movimentação operacional ou de adestramento, quando a exiguidade dos prazos legais puder comprometer a normalidade e os propósitos das operações e desde que seu valor não exceda ao limite previsto na alínea "a" do inc. II do art. 23 desta Lei;

Quando em trânsito ou estadia de curta duração as compras ou contratações de serviços para o abastecimento de navios, embarcações, unidades aéreas ou tropas, desde que não exceda a determinado limite, poderá ser feita sem licitação.

9. Para as compras de materiais de uso pelas Forças Armadas, com exceção de materiais de uso pessoal e administrativo, quando houver necessidade de manter a padronização requerida pela estrutura de apoio logístico dos meios navais, aéreos e terrestres, mediante parecer de comissão instituída por decreto;

Importante frisar que na dispensa acima o material de uso pessoal e administrativo está excluído.

10. Aquisição de bens destinados exclusivamente a investigação científica e tecnológica, com recursos concedidos por instituições oficiais de fomento à pesquisa.

A aquisição de bens destinados exclusivamente à pesquisa científica e tecnológica com recursos concedidos pela CAPES, FINEP, CNPq ou outras instituições oficiais de fomento à pesquisa credenciadas pelo CNPq para esse fim específico, estão dispensadas de licitação.

11. Na contratação do fornecimento ou suprimento de energia elétrica ou gás natural com concessionário, permissionário ou autorizado, segundo as normas da legislação específica;

Quando a Administração Pública tiver que contratar o fornecimento ou suprimento de energia elétrica com concessionário, permissionário ou autorizado, para este serviço, esta contratação poderá ser realizada sem licitação, desde que sejam observadas as regras existentes em legislação específica.

12. Na contratação da coleta, processamento e comercialização de resíduos sólidos urbanos recicláveis ou reutilizáveis, em áreas com sistema de coleta seletiva de lixo, efetuados por associações ou cooperativas formadas exclusivamente por pessoas físicas de baixa renda reconhecidas pelo poder público como catadores de materiais recicláveis, com o uso de equipamentos compatíveis com as normas técnicas, ambientais e de saúde pública.

Aqui a possibilidade de dispensa tem uma importante função social, a Administração pode deixar de realizar licitação no caso de contratação, por exemplo, de uma cooperativa de catadores de lixo para a contratação da coleta, o processamento ou a comercialização de lixo reciclado.

13. Para o fornecimento de bens e serviços, produzidos ou prestados no País, que envolvam, cumulativamente, alta complexidade tecnológica e defesa nacional, mediante parecer de comissão especialmente designada pela autoridade máxima do órgão.

Deve-se observar que, neste caso de dispensa de licitação, as exigências são cumulativas, assim é necessária a presença de alta complexidade tecnológica e o interesse na manutenção da segurança nacional.

14. Aquisição de bens e contratação de serviços para atender aos contingentes militares das Forças Singulares brasileiras empregadas em operações de paz no exterior, necessariamente justificadas quanto ao preço e à escolha do fornecedor ou executante e ratificadas pelo Comandante da Força.

A dispensa de licitação na aquisição de bens e contratação de serviços para atender aos contingentes militares das Forças Singulares brasileiras empregadas em operações de paz no exterior tem por fundamento tanto o custo em tempo de se realizar a licitação, quanto a eventual ausência de potencialidade de benefício da licitação. Somente as Forças Armada podem se valer desta dispensa e somente para atendimento do contingente em missão de paz no exterior. Aplica-se para compras e contratações de serviços, tendo o responsável que comprovar as condições que justifiquem a dispensa.

15. Nas contratações visando ao cumprimento do disposto nos arts. 3º, 4º, 5º e 20 da Lei nº 10.973, de 2 de dezembro de 2004, observados os princípios gerais de contratação dela constantes.

A Lei n. 10.973 dispõe sobre incentivos à inovação e à pesquisa científica e tecnológica no ambiente produtivo e dá outras providências com a finalidade de fomentar o desenvolvimento industrial do país.

Os artigos 3º, 4º, 5º permitem que a União, os Estados, o Distrito Federal, os Municípios e as respectivas agências de fomento estimulem e apoiem a constituição de alianças estratégicas e o desenvolvimento de projetos de cooperação, ficando a União e suas entidades autorizadas, inclusive, a participarem minoritariamente do capital de empresa privada de propósito específico que vise ao desenvolvimento de projetos científicos ou tecnológicos para obtenção de produto ou processo inovadores. Já o artigo 20 permite que os órgãos e entidades da administração pública contratem empresa, consórcio de empresas e entidades nacionais de direito privado sem fins lucrativos voltadas para atividades de pesquisa, de reconhecida capacitação tecnológica no setor, visando à realização de atividades de pesquisa e desenvolvimento, que envolvam risco tecnológico, para solução de problema técnico específico ou obtenção de produto ou processo inovador.

16. Contratação em que houver transferência de tecnologia de produtos estratégicos para o Sistema Único de Saúde - SUS, no âmbito da Lei nº 8.080, de 19 de setembro de 1990, conforme elencados em ato da direção nacional do SUS, inclusive por ocasião da aquisição destes produtos durante as etapas de absorção tecnológica.

Visando maximizar a atuação dos órgãos integrantes do Sistema Único de Saúde – SUS, o estatuto licitatório permite a contratação direta, com dispensa de licitação, quando houver transferência de tecnologia de produtos estratégicos SUS.

> Importante frisar que os casos de dispensa enumerados aqui e extraídos do art. 24, da Lei n. 8.666/93, são exaustivos, ou seja, não são admitidos outros casos além destes.

Inexigibilidade de Licitação

Em certos casos ocorre a impossibilidade jurídica de competição entre os contratantes, ou a natureza específica do negócio ou os objetivos sociais visados pela Administração torna-a inexigível.

A diferença entre dispensabilidade e inexigibilidade é que na primeira a licitação é viável, não se realizando apenas por conveniência administrativa e na última é impossível por impedimento de ordem fática, relativo ao bem que se deseja adquirir, à pessoa que se quer contratar ou com quem se quer contratar.

São os seguintes os casos de inexigibilidade de licitação:

a) para aquisição de materiais, equipamentos ou gêneros que só possam ser fornecidos por produtor, empresa ou representante comercial exclusivo, vedada a preferência de marca, devendo a comprovação de exclusividade ser feita por meio de atestado fornecido pelo órgão de registro do comércio do local em que se realizaria a licitação ou a obra ou serviço, pelo Sindicato, Federação ou Confederação Patronal, ou, ainda, pelas entidades equivalentes;

A exclusividade industrial, ou seja, quando o material, equipamento ou gênero somente pode ser fornecido por um único produtor no país, motiva a inexigibilidade da licitação, quando há apenas um vendedor ou representante comercial na praça de comércio que abranja a localidade da compra, a licitação também será inexigível.

Convém ressaltar que no caso de vendedor ou representante comercial existe a possibilidade de existirem vários no país, porém apenas um possui como sua área privativa de trabalho o local de contratação.

> A preferência de marca está proibida quando for arbitrária, exceto quando se deseje dar continuidade a um dado serviço ou obra em que um produto de certa marca já foi empregado, introduzir a padronização de marca no serviço, manter a padronização de marca ou atender às necessidades específicas do serviço ou obra que só podem ser satisfeitas com vantagem com produto de certa marca.

b) para contratação de serviços técnicos de natureza singular, com profissionais ou empresas de notória especialização, vedada a inexigibilidade para serviços de publicidade e divulgação;

A licitação dos serviços que demandam do executor além de normal habilitação técnica e profissional, conhecimentos profundos na sua área de atuação, como: estudos técnicos, planejamentos e projetos básicos ou executivos, pareceres, perícias e avaliações em geral, assessorias ou consultorias técnicas e auditorias financeiras ou tributárias, fiscalização, supervisão ou gerenciamento de obras ou serviços ou patrocínio ou defesa de causas judiciais ou administrativas.

> Importante ressaltar que para que um serviço seja considerado de notória especialização o seu executor, pessoa física ou jurídica, deverá possuir uma especialização tal que seu serviço seja singular, único em qualidade ou resultado.

c) para contratação de profissional de qualquer setor artístico, diretamente ou por meio de empresário exclusivo, desde que consagrado pela crítica especializada ou pela opinião pública.

A contratação de artista consagrado pela crítica especializada ou pela opinião pública tem sua licitação inexigível, seja feita por meio de empresário exclusivo ou diretamente, ainda que se trate de contratação para realização de uma campanha publicitária.

> Os casos de inexigibilidade enumerados no art. 25, da lei de licitações são exemplificativos, assim outros poderão surgir no decorrer da atividade administrativa, cabendo ao agente público identificá-los.

8. Lei n. 8.666, de 21 de Junho de 1993

Regulamenta o art. 37, inciso XXI, da Constituição Federal, institui normas para licitações e contratos da Administração Pública e dá outras providências.

O PRESIDENTE DA REPÚBLICA Faço saber que o Congresso Nacional decreta e eu sanciono a seguinte Lei:

Capítulo I
DAS DISPOSIÇÕES GERAIS
Seção I
Dos Princípios

Art. 1° Esta Lei estabelece normas gerais sobre licitações e contratos administrativos pertinentes a obras, serviços, inclusive de publicidade, compras, alienações e locações no âmbito dos Poderes da União, dos Estados, do Distrito Federal e dos Municípios.

Parágrafo único. Subordinam-se ao regime desta Lei, além dos órgãos da administração direta, os fundos especiais, as autarquias, as fundações públicas, as empresas públicas, as sociedades de economia mista e demais entidades controladas direta ou indiretamente pela União, Estados, Distrito Federal e Municípios.

Art. 2° As obras, serviços, inclusive de publicidade, compras, alienações, concessões, permissões e locações da Administração Pública, quando contratadas com terceiros, serão necessariamente precedidas de licitação, ressalvadas as hipóteses previstas nesta Lei.

Parágrafo único. Para os fins desta Lei, considera-se contrato todo e qualquer ajuste entre órgãos ou entidades da Administração Pública e particulares, em que haja um acordo de vontades para a formação de vínculo e a estipulação de obrigações recíprocas, seja qual for a denominação utilizada.

Art. 3° A licitação destina-se a garantir a observância do princípio constitucional da isonomia, a seleção da proposta mais vantajosa para a administração e a promoção do desenvolvimento nacional sustentável e será processada e julgada em estrita conformidade com os princípios básicos da legalidade, da impessoalidade, da moralidade, da igualdade, da publicidade, da probidade administrativa, da vinculação ao instrumento convocatório, do julgamento objetivo e dos que lhes são correlatos. *(Redação dada pela Lei n° 12.349, de 2010)*

§ 1° É vedado aos agentes públicos:

I - admitir, prever, incluir ou tolerar, nos atos de convocação, cláusulas ou condições que comprometam, restrinjam ou frustrem o seu caráter competitivo, inclusive nos casos de sociedades cooperativas, e estabeleçam preferências ou distinções em razão da naturalidade, da sede ou domicílio dos licitantes ou de qualquer outra circunstância impertinente ou irrelevante para o específico objeto do contrato, ressalvado o disposto nos §§ 5° a 12 deste artigo e no art. 3° da Lei n° 8.248, de 23 de outubro de 1991; *(Redação dada pela Lei n° 12.349, de 2010)*

II - estabelecer tratamento diferenciado de natureza comercial, legal, trabalhista, previdenciária ou qualquer outra, entre empresas brasileiras e estrangeiras, inclusive no que se refere a moeda, modalidade e local de pagamentos, mesmo quando envolvidos financiamentos de agências internacionais, ressalvado o disposto no parágrafo seguinte e no art. 3° da Lei n° 8.248, de 23 de outubro de 1991.

§ 2° Em igualdade de condições, como critério de desempate, será assegurada preferência, sucessivamente, aos bens e serviços:

I - *(Revogado pela Lei n° 12.349, de 2010)*

II - produzidos no País;

III - produzidos ou prestados por empresas brasileiras.

IV - produzidos ou prestados por empresas que invistam em pesquisa e no desenvolvimento de tecnologia no País

§ 3° A licitação não será sigilosa, sendo públicos e acessíveis ao público os atos de seu procedimento, salvo quanto ao conteúdo das propostas, até a respectiva abertura.

§ 4° (Vetado). *(Incluído pela Lei n° 8.883, de 1994)*

§ 5° Nos processos de licitação previstos no caput, poderá ser estabelecido margem de preferência para produtos manufaturados e para serviços nacionais que atendam a normas técnicas brasileiras.

§ 6° A margem de preferência de que trata o § 5° será estabelecida com base em estudos revistos periodicamente, em prazo não superior a 5 (cinco) anos, que levem em consideração: *(Incluído pela Lei n° 12.349, de 2010)*

I - geração de emprego e renda;

II - efeito na arrecadação de tributos federais, estaduais e municipais; *(Incluído pela Lei n° 12.349, de 2010)*

III - desenvolvimento e inovação tecnológica realizados no País; *(Incluído pela Lei n° 12.349, de 2010)*

IV - custo adicional dos produtos e serviços; e *(Incluído pela Lei n° 12.349, de 2010)*

V - em suas revisões, análise retrospectiva de resultados. *(Incluído pela Lei n° 12.349, de 2010)*

§ 7° Para os produtos manufaturados e serviços nacionais resultantes de desenvolvimento e inovação tecnológica realizados no País, poderá ser estabelecido margem de preferência adicional àquela prevista no § 5°. *(Incluído pela Lei n° 12.349, de 2010)*

§ 8° As margens de preferência por produto, serviço, grupo de produtos ou grupo de serviços, a que se referem os §§ 5° e 7°, serão definidas pelo Poder Executivo federal, não podendo a soma delas ultrapassar o montante de 25% (vinte e cinco por cento) sobre o preço dos produtos manufaturados e serviços estrangeiros. *(Incluído pela Lei n° 12.349, de 2010)*

§ 9° As disposições contidas nos §§ 5° e 7° deste artigo não se aplicam aos bens e aos serviços cuja capacidade de produção ou prestação no País seja inferior: *(Incluído pela Lei n° 12.349, de 2010)*

I - à quantidade a ser adquirida ou contratada; ou *(Incluído pela Lei nº 12.349, de 2010)*
II - ao quantitativo fixado com fundamento no § 7º do art. 23 desta Lei, quando for o caso.
§ 10. A margem de preferência a que se refere o § 5º poderá ser estendida, total ou parcialmente, aos bens e serviços originários dos Estados Partes do Mercado Comum do Sul - Mercosul. *(Incluído pela Lei nº 12.349, de 2010)*
§ 11. Os editais de licitação para a contratação de bens, serviços e obras poderão, mediante prévia justificativa da autoridade competente, exigir que o contratado promova, em favor de órgão ou entidade integrante da administração pública ou daqueles por ela indicados a partir de processo isonômico, medidas de compensação comercial, industrial, tecnológica ou acesso a condições vantajosas de financiamento, cumulativamente ou não, na forma estabelecida pelo Poder Executivo federal. *(Incluído pela Lei nº 12.349, de 2010)*
§ 12. Nas contratações destinadas à implantação, manutenção e ao aperfeiçoamento dos sistemas de tecnologia de informação e comunicação, considerados estratégicos em ato do Poder Executivo federal, a licitação poderá ser restrita a bens e serviços com tecnologia desenvolvida no País e produzidos de acordo com o processo produtivo básico de que trata a Lei nº 10.176, de 11 de janeiro de 2001. *(Incluído pela Lei nº 12.349, de 2010)*
§ 13. Será divulgada na internet, a cada exercício financeiro, a relação de empresas favorecidas em decorrência do disposto nos §§ 5º, 7º, 10, 11 e 12 deste artigo, com indicação do volume de recursos destinados a cada uma delas. *(Incluído pela Lei nº 12.349, de 2010)*
§ 14. As preferências definidas neste artigo e nas demais normas de licitação e contratos devem privilegiar o tratamento diferenciado e favorecido às microempresas e empresas de pequeno porte na forma da lei. *(Incluído pela Lei Complementar nº 147, de 2014)*
§ 15. As preferências dispostas neste artigo prevalecem sobre as demais preferências previstas na legislação quando estas forem aplicadas sobre produtos ou serviços estrangeiros. *(Incluído pela Lei Complementar nº 147, de 2014)*
Art. 4º Todos quantos participem de licitação promovida pelos órgãos ou entidades a que se refere o art. 1º têm direito público subjetivo à fiel observância do pertinente procedimento estabelecido nesta lei, podendo qualquer cidadão acompanhar o seu desenvolvimento, desde que não interfira de modo a perturbar ou impedir a realização dos trabalhos.
Parágrafo único. O procedimento licitatório previsto nesta lei caracteriza ato administrativo formal, seja ele praticado em qualquer esfera da Administração Pública.
Art. 5º Todos os valores, preços e custos utilizados nas licitações terão como expressão monetária a moeda corrente nacional, ressalvado o disposto no art. 42 desta Lei, devendo cada unidade da Administração, no pagamento das obrigações relativas ao fornecimento de bens, locações, realização de obras e prestação de serviços, obedecer, para cada fonte diferenciada de recursos, a estrita ordem cronológica das datas de suas exigibilidades, salvo quando presentes relevantes razões de interesse público e mediante prévia justificativa da autoridade competente, devidamente publicada.
§ 1º Os créditos a que se refere este artigo terão seus valores corrigidos por critérios previstos no ato convocatório e que lhes preservem o valor.
§ 2º A correção de que trata o parágrafo anterior cujo pagamento será feito junto com o principal, correrá à conta das mesmas dotações orçamentárias que atenderam aos créditos a que se referem. *(Redação dada pela Lei nº 8.883, de 1994)*
§ 3º Observados o disposto no caput, os pagamentos decorrentes de despesas cujos valores não ultrapassem o limite de que trata o inciso II do art. 24, sem prejuízo do que dispõe seu parágrafo único, deverão ser efetuados no prazo de até 5 (cinco) dias úteis, contados da apresentação da fatura. *(Incluído pela Lei nº 9.648, de 1998)*
Art. 5º-A. As normas de licitações e contratos devem privilegiar o tratamento diferenciado e favorecido às microempresas e empresas de pequeno porte na forma da lei. *(Incluído pela Lei Complementar nº 147, de 2014)*

Seção II
Das Definições

Art. 6º Para os fins desta Lei, considera-se:
I - Obra - toda construção, reforma, fabricação, recuperação ou ampliação, realizada por execução direta ou indireta;
II - Serviço - toda atividade destinada a obter determinada utilidade de interesse para a Administração, tais como: demolição, conserto, instalação, montagem, operação, conservação, reparação, adaptação, manutenção, transporte, locação de bens, publicidade, seguro ou trabalhos técnico-profissionais;
III - Compra - toda aquisição remunerada de bens para fornecimento de uma só vez ou parceladamente;
IV - Alienação - toda transferência de domínio de bens a terceiros;
V - Obras, serviços e compras de grande vulto - aquelas cujo valor estimado seja superior a 25 (vinte e cinco) vezes o limite estabelecido na alínea "c" do inciso I do art. 23 desta Lei;
VI - Seguro-Garantia - o seguro que garante o fiel cumprimento das obrigações assumidas por empresas em licitações e contratos;
VII - Execução direta - a que é feita pelos órgãos e entidades da Administração, pelos próprios meios;
VIII - Execução indireta - a que o órgão ou entidade contrata com terceiros sob qualquer dos seguintes regimes: *(Redação dada pela Lei nº 8.883, de 1994)*
a) empreitada por preço global - quando se contrata a execução da obra ou do serviço por preço certo e total;
b) empreitada por preço unitário - quando se contrata a execução da obra ou do serviço por preço certo de unidades determinadas;
c) (Vetado). *(Redação dada pela Lei nº 8.883, de 1994)*

d) tarefa - quando se ajusta mão-de-obra para pequenos trabalhos por preço certo, com ou sem fornecimento de materiais;
e) empreitada integral - quando se contrata um empreendimento em sua integralidade, compreendendo todas as etapas das obras, serviços e instalações necessárias, sob inteira responsabilidade da contratada até a sua entrega ao contratante em condições de entrada em operação, atendidos os requisitos técnicos e legais para sua utilização em condições de segurança estrutural e operacional e com as características adequadas às finalidades para que foi contratada;
IX - Projeto Básico - conjunto de elementos necessários e suficientes, com nível de precisão adequado, para caracterizar a obra ou serviço, ou complexo de obras ou serviços objeto da licitação, elaborado com base nas indicações dos estudos técnicos preliminares, que assegurem a viabilidade técnica e o adequado tratamento do impacto ambiental do empreendimento, e que possibilite a avaliação do custo da obra e a definição dos métodos e do prazo de execução, devendo conter os seguintes elementos:
a) desenvolvimento da solução escolhida de forma a fornecer visão global da obra e identificar todos os seus elementos constitutivos com clareza;
b) soluções técnicas globais e localizadas, suficientemente detalhadas, de forma a minimizar a necessidade de reformulação ou de variantes durante as fases de elaboração do projeto executivo e de realização das obras e montagem;
c) identificação dos tipos de serviços a executar e de materiais e equipamentos a incorporar à obra, bem como suas especificações que assegurem os melhores resultados para o empreendimento, sem frustrar o caráter competitivo para a sua execução;
d) informações que possibilitem o estudo e a dedução de métodos construtivos, instalações provisórias e condições organizacionais para a obra, sem frustrar o caráter competitivo para a sua execução;
e) subsídios para montagem do plano de licitação e gestão da obra, compreendendo a sua programação, a estratégia de suprimentos, as normas de fiscalização e outros dados necessários em cada caso;
f) orçamento detalhado do custo global da obra, fundamentado em quantitativos de serviços e fornecimentos propriamente avaliados;
X - Projeto Executivo - o conjunto dos elementos necessários e suficientes à execução completa da obra, de acordo com as normas pertinentes da Associação Brasileira de Normas Técnicas - ABNT;
XI - Administração Pública - a administração direta e indireta da União, dos Estados, do Distrito Federal e dos Municípios, abrangendo inclusive as entidades com personalidade jurídica de direito privado sob controle do poder público e das fundações por ele instituídas ou mantidas;
XII - Administração - órgão, entidade ou unidade administrativa pela qual a Administração Pública opera e atua concretamente;
XIII - Imprensa Oficial - veículo oficial de divulgação da Administração Pública, sendo para a União o Diário Oficial da União, e, para os Estados, o Distrito Federal e os Municípios, o que for definido nas respectivas leis; *(Redação dada pela Lei nº 8.883, de 1994)*
XIV - Contratante - é o órgão ou entidade signatária do instrumento contratual;
XV - Contratado - a pessoa física ou jurídica signatária de contrato com a Administração Pública;
XVI - Comissão - comissão, permanente ou especial, criada pela Administração com a função de receber, examinar e julgar todos os documentos e procedimentos relativos às licitações e ao cadastramento de licitantes.
XVII - produtos manufaturados nacionais - produtos manufaturados, produzidos no território nacional de acordo com o processo produtivo básico ou com as regras de origem estabelecidas pelo Poder Executivo federal; *(Incluído pela Lei nº 12.349, de 2010)*
XVIII - serviços nacionais - serviços prestados no País, nas condições estabelecidas pelo Poder Executivo federal; *(Incluído pela Lei nº 12.349, de 2010)*
XIX - sistemas de tecnologia de informação e comunicação estratégicos - bens e serviços de tecnologia da informação e comunicação cuja descontinuidade provoque dano significativo à administração pública e que envolvam pelo menos um dos seguintes requisitos relacionados às informações críticas: disponibilidade, confiabilidade, segurança e confidencialidade. *(Incluído pela Lei nº 12.349, de 2010)*

Seção III
Das Obras e Serviços

Art. 7º As licitações para a execução de obras e para a prestação de serviços obedecerão ao disposto neste artigo e, em particular, à seguinte seqüência:
I - projeto básico;
II - projeto executivo;
III - execução das obras e serviços.
§ 1º A execução de cada etapa será obrigatoriamente precedida da conclusão e aprovação, pela autoridade competente, dos trabalhos relativos às etapas anteriores, à exceção do projeto executivo, o qual poderá ser desenvolvido concomitantemente com a execução das obras e serviços, desde que também autorizado pela Administração.
§ 2º As obras e os serviços somente poderão ser licitados quando:
I - houver projeto básico aprovado pela autoridade competente e disponível para exame dos interessados em participar do processo licitatório;
II - existir orçamento detalhado em planilhas que expressem a composição de todos os seus custos unitários;
III - houver previsão de recursos orçamentários que assegurem o pagamento das obrigações decorrentes de obras ou serviços a serem executadas no exercício financeiro em curso, de acordo com o respectivo cronograma;

IV - o produto dela esperado estiver contemplado nas metas estabelecidas no Plano Plurianual de que trata o art. 165 da Constituição Federal, quando for o caso.

§ 3º É vedado incluir no objeto da licitação a obtenção de recursos financeiros para sua execução, qualquer que seja a sua origem, exceto nos casos de empreendimentos executados e explorados sob o regime de concessão, nos termos da legislação específica.

§ 4º É vedada, ainda, a inclusão, no objeto da licitação, de fornecimento de materiais e serviços sem previsão de quantidades ou cujos quantitativos não correspondam às previsões reais do projeto básico ou executivo.

§ 5º É vedada a realização de licitação cujo objeto inclua bens e serviços sem similaridade ou de marcas, características e especificações exclusivas, salvo nos casos em que for tecnicamente justificável, ou ainda quando o fornecimento de tais materiais e serviços for feito sob o regime de administração contratada, previsto e discriminado no ato convocatório.

§ 6º A infringência do disposto neste artigo implica a nulidade dos atos ou contratos realizados e a responsabilidade de quem lhes tenha dado causa.

§ 7º Não será ainda computado como valor da obra ou serviço, para fins de julgamento das propostas de preços, a atualização monetária das obrigações de pagamento, desde a data final de cada período de aferição até a do respectivo pagamento, que será calculada pelos mesmos critérios estabelecidos obrigatoriamente no ato convocatório.

§ 8º Qualquer cidadão poderá requerer à Administração Pública os quantitativos das obras e preços unitários de determinada obra executada.

§ 9º O disposto neste artigo aplica-se também, no que couber, aos casos de dispensa e de inexigibilidade de licitação.

Art. 8º A execução das obras e dos serviços deve programar-se, sempre, em sua totalidade, previstos seus custos atual e final e considerados os prazos de sua execução.

Parágrafo único. É proibido o retardamento imotivado da execução de obra ou serviço, ou de suas parcelas, se existente previsão orçamentária para sua execução total, salvo insuficiência financeira ou comprovado motivo de ordem técnica, justificados em despacho circunstanciado da autoridade a que se refere o art. 26 desta Lei. *(Redação dada pela Lei nº 8.883, de 1994)*

Art. 9º Não poderá participar, direta ou indiretamente, da licitação ou da execução de obra ou serviço e do fornecimento de bens a eles necessários:

I - o autor do projeto, básico ou executivo, pessoa física ou jurídica;

II - empresa, isoladamente ou em consórcio, responsável pela elaboração do projeto básico ou executivo ou da qual o autor do projeto seja dirigente, gerente, acionista ou detentor de mais de 5% (cinco por cento) do capital com direito a voto ou controlador, responsável técnico ou subcontratado;

III - servidor ou dirigente de órgão ou entidade contratante ou responsável pela licitação.

§ 1º É permitida a participação do autor do projeto ou da empresa a que se refere o inciso II deste artigo, na licitação de obra ou serviço, ou na execução, como consultor ou técnico, nas funções de fiscalização, supervisão ou gerenciamento, exclusivamente a serviço da Administração interessada.

§ 2º O disposto neste artigo não impede a licitação ou contratação de obra ou serviço que inclua a elaboração de projeto executivo como encargo do contratado ou pelo preço previamente fixado pela Administração.

§ 3º Considera-se participação indireta, para fins do disposto neste artigo, a existência de qualquer vínculo de natureza técnica, comercial, econômica, financeira ou trabalhista entre o autor do projeto, pessoa física ou jurídica, e o licitante ou responsável pelos serviços, fornecimentos e obras, incluindo-se os fornecimentos de bens e serviços a estes necessários.

§ 4º O disposto no parágrafo anterior aplica-se aos membros da comissão de licitação.

Art. 10. As obras e serviços poderão ser executados nas seguintes formas: *(Redação dada pela Lei nº 8.883, de 1994)*

I - execução direta;

II - execução indireta, nos seguintes regimes: *(Redação dada pela Lei nº 8.883, de 1994)*

a) empreitada por preço global;

b) empreitada por preço unitário;

c) (Vetado). *(Redação dada pela Lei nº 8.883, de 1994)*

d) tarefa;

e) empreitada integral.

Parágrafo único. (Vetado). *(Redação dada pela Lei nº 8.883, de 1994)*

Art. 11. As obras e serviços destinados aos mesmos fins terão projetos padronizados por tipos, categorias ou classes, exceto quando o projeto-padrão não atender às condições peculiares do local ou às exigências específicas do empreendimento.

Art. 12. Nos projetos básicos e projetos executivos de obras e serviços serão considerados principalmente os seguintes requisitos: *(Redação dada pela Lei nº 8.883, de 1994)*

I - segurança;

II - funcionalidade e adequação ao interesse público;

III - economia na execução, conservação e operação;

IV - possibilidade de emprego de mão-de-obra, materiais, tecnologia e matérias-primas existentes no local para execução, conservação e operação;

V - facilidade na execução, conservação e operação, sem prejuízo da durabilidade da obra ou do serviço;

VI - adoção das normas técnicas, de saúde e de segurança do trabalho adequadas; *(Redação dada pela Lei nº 8.883, de 1994)*

VII - impacto ambiental.

Seção IV
Dos Serviços Técnicos Profissionais Especializados

Art. 13. Para os fins desta Lei, consideram-se serviços técnicos profissionais especializados os trabalhos relativos a:

I - estudos técnicos, planejamentos e projetos básicos ou executivos;
II - pareceres, perícias e avaliações em geral;
III - assessorias ou consultorias técnicas e auditorias financeiras ou tributárias; *(Redação dada pela Lei nº 8.883, de 1994)*
IV - fiscalização, supervisão ou gerenciamento de obras ou serviços;
V - patrocínio ou defesa de causas judiciais ou administrativas;
VI - treinamento e aperfeiçoamento de pessoal;
VII - restauração de obras de arte e bens de valor histórico.
VIII - (Vetado). *(Incluído pela Lei nº 8.883, de 1994)*
§ 1º Ressalvados os casos de inexigibilidade de licitação, os contratos para a prestação de serviços técnicos profissionais especializados deverão, preferencialmente, ser celebrados mediante a realização de concurso, com estipulação prévia de prêmio ou remuneração.
§ 2º Aos serviços técnicos previstos neste artigo aplica-se, no que couber, o disposto no art. 111 desta Lei.
§ 3º A empresa de prestação de serviços técnicos especializados que apresente relação de integrantes de seu corpo técnico em procedimento licitatório ou como elemento de justificação de dispensa ou inexigibilidade de licitação, ficará obrigada a garantir que os referidos integrantes realizem pessoal e diretamente os serviços objeto do contrato.

Seção V
Das Compras

Art. 14. Nenhuma compra será feita sem a adequada caracterização de seu objeto e indicação dos recursos orçamentários para seu pagamento, sob pena de nulidade do ato e responsabilidade de quem lhe tiver dado causa.
Art. 15. As compras, sempre que possível, deverão:
I - atender ao princípio da padronização, que imponha compatibilidade de especificações técnicas e de desempenho, observadas, quando for o caso, as condições de manutenção, assistência técnica e garantia oferecidas;
II - ser processadas através de sistema de registro de preços;
III - submeter-se às condições de aquisição e pagamento semelhantes às do setor privado;
IV - ser subdivididas em tantas parcelas quantas necessárias para aproveitar as peculiaridades do mercado, visando economicidade;
V - balizar-se pelos preços praticados no âmbito dos órgãos e entidades da Administração Pública.
§ 1º O registro de preços será precedido de ampla pesquisa de mercado.
§ 2º Os preços registrados serão publicados trimestralmente para orientação da Administração, na imprensa oficial.
§ 3º O sistema de registro de preços será regulamentado por decreto, atendidas as peculiaridades regionais, observadas as seguintes condições:
I - seleção feita mediante concorrência;
II - estipulação prévia do sistema de controle e atualização dos preços registrados;
III - validade do registro não superior a um ano.
§ 4º A existência de preços registrados não obriga a Administração a firmar as contratações que deles poderão advir, ficando-lhe facultada a utilização de outros meios, respeitada a legislação relativa às licitações, sendo assegurado ao beneficiário do registro preferência em igualdade de condições.
§ 5º O sistema de controle originado no quadro geral de preços, quando possível, deverá ser informatizado.
§ 6º Qualquer cidadão é parte legítima para impugnar preço constante do quadro geral em razão de incompatibilidade desse com o preço vigente no mercado.
§ 7º Nas compras deverão ser observadas, ainda:
I - a especificação completa do bem a ser adquirido sem indicação de marca;
II - a definição das unidades e das quantidades a serem adquiridas em função do consumo e utilização prováveis, cuja estimativa será obtida, sempre que possível, mediante adequadas técnicas quantitativas de estimação;
III - as condições de guarda e armazenamento que não permitam a deterioração do material.
§ 8º O recebimento de material de valor superior ao limite estabelecido no art. 23 desta Lei, para a modalidade de convite, deverá ser confiado a uma comissão de, no mínimo, 3 (três) membros.
Art. 16. Será dada publicidade, mensalmente, em órgão de divulgação oficial ou em quadro de avisos de amplo acesso público, à relação de todas as compras feitas pela Administração Direta ou Indireta, de maneira a clarificar a identificação do bem comprado, seu preço unitário, a quantidade adquirida, o nome do vendedor e o valor total da operação, podendo ser aglutinadas por itens as compras feitas com dispensa e inexigibilidade de licitação. *(Redação dada pela Lei nº 8.883, de 1994)*
Parágrafo único. O disposto neste artigo não se aplica aos casos de dispensa de licitação previstos no inciso IX do art. 24. *(Incluído pela Lei nº 8.883, de 1994)*

Seção VI
Das Alienações

Art. 17. A alienação de bens da Administração Pública, subordinada à existência de interesse público devidamente justificado, será precedida de avaliação e obedecerá às seguintes normas:
I - quando imóveis, dependerá de autorização legislativa para órgãos da administração direta e entidades autárquicas e fundacionais, e, para todos, inclusive as entidades paraestatais, dependerá de avaliação prévia e de licitação na modalidade de concorrência, dispensada esta nos seguintes casos:
a) dação em pagamento;
b) doação, permitida exclusivamente para outro órgão ou entidade da administração pública, de qualquer esfera de governo, ressalvado o disposto nas alíneas *f*, *h* e *i*; *(Redação dada pela Lei nº 11.952, de 2009)*
c) permuta, por outro imóvel que atenda aos requisitos constantes do inciso X do art. 24 desta Lei;

d) investidura;
e) venda a outro órgão ou entidade da administração pública, de qualquer esfera de governo; *(Incluída pela Lei nº 8.883, de 1994)*
f) alienação gratuita ou onerosa, aforamento, concessão de direito real de uso, locação ou permissão de uso de bens imóveis residenciais construídos, destinados ou efetivamente utilizados no âmbito de programas habitacionais ou de regularização fundiária de interesse social desenvolvidos por órgãos ou entidades da administração pública; *(Redação dada pela Lei nº 11.481, de 2007)*
g) procedimentos de legitimação de posse de que trata o art. 29 da Lei nº 6.383, de 7 de dezembro de 1976, mediante iniciativa e deliberação dos órgãos da Administração Pública em cuja competência legal inclua-se tal atribuição; *(Incluído pela Lei nº 11.196, de 2005)*
h) alienação gratuita ou onerosa, aforamento, concessão de direito real de uso, locação ou permissão de uso de bens imóveis de uso comercial de âmbito local com área de até 250 m² (duzentos e cinqüenta metros quadrados) e inseridos no âmbito de programas de regularização fundiária de interesse social desenvolvidos por órgãos ou entidades da administração pública; *(Incluído pela Lei nº 11.481, de 2007)*
i) alienação e concessão de direito real de uso, gratuita ou onerosa, de terras públicas rurais da União na Amazônia Legal onde incidam ocupações até o limite de 15 (quinze) módulos fiscais ou 1.500ha (mil e quinhentos hectares), para fins de regularização fundiária, atendidos os requisitos legais; *(Incluído pela Lei nº 11.952, de 2009)*
II - quando móveis, dependerá de avaliação prévia e de licitação, dispensada esta nos seguintes casos:
a) doação, permitida exclusivamente para fins e uso de interesse social, após avaliação de sua oportunidade e conveniência sócio-econômica, relativamente à escolha de outra forma de alienação;
b) permuta, permitida exclusivamente entre órgãos ou entidades da Administração Pública;
c) venda de ações, que poderão ser negociadas em bolsa, observada a legislação específica;
d) venda de títulos, na forma da legislação pertinente;
e) venda de bens produzidos ou comercializados por órgãos ou entidades da Administração Pública, em virtude de suas finalidades;
f) venda de materiais e equipamentos para outros órgãos ou entidades da Administração Pública, sem utilização previsível por quem deles dispõe.
§ 1º Os imóveis doados com base na alínea "b" do inciso I deste artigo, cessadas as razões que justificaram a sua doação, reverterão ao patrimônio da pessoa jurídica doadora, vedada a sua alienação pelo beneficiário.
§ 2º A Administração também poderá conceder título de propriedade ou de direito real de uso de imóveis, dispensada licitação, quando o uso destinar-se: *(Redação dada pela Lei nº 11.196, de 2005)*
I - a outro órgão ou entidade da Administração Pública, qualquer que seja a localização do imóvel; *(Incluído pela Lei nº 11.196, de 2005)*
II - a pessoa natural que, nos termos da lei, regulamento ou ato normativo do órgão competente, haja implementado os requisitos mínimos de cultura, ocupação mansa e pacífica e exploração direta sobre área rural situada na Amazônia Legal, superior a 1 (um) módulo fiscal e limitada a 15 (quinze) módulos fiscais, desde que não exceda 1.500ha (mil e quinhentos hectares); *(Redação dada pela Lei nº 11.952, de 2009)*
§ 2º-A. As hipóteses do inciso II do § 2º ficam dispensadas de autorização legislativa, porém submetem-se aos seguintes condicionamentos: *(Redação dada pela Lei nº 11.952, de 2009)*
I - aplicação exclusivamente às áreas em que a detenção por particular seja comprovadamente anterior a 1º de dezembro de 2004; *(Incluído pela Lei nº 11.196, de 2005)*
II - submissão aos demais requisitos e impedimentos do regime legal e administrativo da destinação e da regularização fundiária de terras públicas; *(Incluído pela Lei nº 11.196, de 2005)*
III - vedação de concessões para hipóteses de exploração não-contempladas na lei agrária, nas leis de destinação de terras públicas, ou nas normas legais ou administrativas de zoneamento ecológico-econômico; e *(Incluído pela Lei nº 11.196, de 2005)*
IV - previsão de rescisão automática da concessão, dispensada notificação, em caso de declaração de utilidade, ou necessidade pública ou interesse social. *(Incluído pela Lei nº 11.196, de 2005)*
§ 2º-B. A hipótese do inciso II do § 2º deste artigo: *(Incluído pela Lei nº 11.196, de 2005)*
I - só se aplica a imóvel situado em zona rural, não sujeito a vedação, impedimento ou inconveniente a sua exploração mediante atividades agropecuárias; *(Incluído pela Lei nº 11.196, de 2005)*
II – fica limitada a áreas de até quinze módulos fiscais, desde que não exceda mil e quinhentos hectares, vedada a dispensa de licitação para áreas superiores a esse limite; *(Redação dada pela Lei nº 11.763, de 2008)*
III - pode ser cumulada com o quantitativo de área decorrente da figura prevista na alínea g do inciso I do caput deste artigo, até o limite previsto no inciso II deste parágrafo. *(Incluído pela Lei nº 11.196, de 2005)*
IV – (VETADO) *(Incluído pela Lei nº 11.763, de 2008)*
§ 3º Entende-se por investidura, para os fins desta lei: *(Redação dada pela Lei nº 9.648, de 1998)*
I - a alienação aos proprietários de imóveis lindeiros de área remanescente ou resultante de obra pública, área esta que se tornar inaproveitável isoladamente, por preço nunca inferior ao da avaliação e desde que esse não ultrapasse a 50% (cinqüenta por cento) do valor constante da alínea "a" do inciso II do art. 23 desta lei; *(Incluído pela Lei nº 9.648, de 1998)*
II - a alienação, aos legítimos possuidores diretos ou, na falta destes, ao Poder Público, de imóveis para fins

residenciais construídos em núcleos urbanos anexos a usinas hidrelétricas, desde que considerados dispensáveis na fase de operação dessas unidades e não integrem a categoria de bens reversíveis ao final da concessão. *(Incluído pela Lei nº 9.648, de 1998)*

§ 4º A doação com encargo será licitada e de seu instrumento constarão, obrigatoriamente os encargos, o prazo de seu cumprimento e cláusula de reversão, sob pena de nulidade do ato, sendo dispensada a licitação no caso de interesse público devidamente justificado; *(Redação dada pela Lei nº 8.883, de 1994)*

§ 5º Na hipótese do parágrafo anterior, caso o donatário necessite oferecer o imóvel em garantia de financiamento, a cláusula de reversão e demais obrigações serão garantidas por hipoteca em segundo grau em favor do doador. *(Incluído pela Lei nº 8.883, de 1994)*

§ 6º Para a venda de bens móveis avaliados, isolada ou globalmente, em quantia não superior ao limite previsto no art. 23, inciso II, alínea "b" desta Lei, a Administração poderá permitir o leilão. *(Incluído pela Lei nº 8.883, de 1994)*

§ 7º (VETADO).

Art. 18. Na concorrência para a venda de bens imóveis, a fase de habilitação limitar-se-á à comprovação do recolhimento de quantia correspondente a 5% (cinco por cento) da avaliação.

Art. 19. Os bens imóveis da Administração Pública, cuja aquisição haja derivado de procedimentos judiciais ou de dação em pagamento, poderão ser alienados por ato da autoridade competente, observadas as seguintes regras:

I - avaliação dos bens alienáveis;

II - comprovação da necessidade ou utilidade da alienação;

III - adoção do procedimento licitatório, sob a modalidade de concorrência ou leilão. *(Redação dada pela Lei nº 8.883, de 1994)*

Capítulo II
Da Licitação
Seção I
Das Modalidades, Limites e Dispensa

Art. 20. As licitações serão efetuadas no local onde se situar a repartição interessada, salvo por motivo de interesse público, devidamente justificado.

Parágrafo único. O disposto neste artigo não impedirá a habilitação de interessados residentes ou sediados em outros locais.

Art. 21. Os avisos contendo os resumos dos editais das concorrências, das tomadas de preços, dos concursos e dos leilões, embora realizados no local da repartição interessada, deverão ser publicados com antecedência, no mínimo, por uma vez: *(Redação dada pela Lei nº 8.883, de 1994)*

I - no Diário Oficial da União, quando se tratar de licitação feita por órgão ou entidade da Administração Pública Federal e, ainda, quando se tratar de obras financiadas parcial ou totalmente com recursos federais ou garantidas por instituições federais; *(Redação dada pela Lei nº 8.883, de 1994)*

II - no Diário Oficial do Estado, ou do Distrito Federal quando se tratar, respectivamente, de licitação feita por órgão ou entidade da Administração Pública Estadual ou Municipal, ou do Distrito Federal;

III - em jornal diário de grande circulação no Estado e também, se houver, em jornal de circulação no Município ou na região onde será realizada a obra, prestado o serviço, fornecido, alienado ou alugado o bem, podendo ainda a Administração, conforme o vulto da licitação, utilizar-se de outros meios de divulgação para ampliar a área de competição. *(Redação dada pela Lei nº 8.883, de 1994)*

§ 1º O aviso publicado conterá a indicação do local em que os interessados poderão ler e obter o texto integral do edital e todas as informações sobre a licitação.

§ 2º O prazo mínimo até o recebimento das propostas ou da realização do evento será:

I - quarenta e cinco dias para:

a) concurso; *(Incluída pela Lei nº 8.883, de 1994)*

b) concorrência, quando o contrato a ser celebrado contemplar o regime de empreitada integral ou quando a licitação for do tipo "melhor técnica" ou "técnica e preço"; *(Incluída pela Lei nº 8.883, de 1994)*

II - trinta dias para: *(Redação dada pela Lei nº 8.883, de 1994)*

a) concorrência, nos casos não especificados na alínea "b" do inciso anterior; *(Incluída pela Lei nº 8.883, de 1994)*

b) tomada de preços, quando a licitação for do tipo "melhor técnica" ou "técnica e preço";

III - quinze dias para a tomada de preços, nos casos não especificados na alínea "b" do inciso anterior, ou leilão;

IV - cinco dias úteis para convite.

§ 3º Os prazos estabelecidos no parágrafo anterior serão contados a partir da última publicação do edital resumido ou da expedição do convite, ou ainda da efetiva disponibilidade do edital ou do convite e respectivos anexos, prevalecendo a data que ocorrer mais tarde.

§ 4º Qualquer modificação no edital exige divulgação pela mesma forma que se deu o texto original, reabrindo-se o prazo inicialmente estabelecido, exceto quando, inqüestionavelmente, a alteração não afetar a formulação das propostas.

Art. 22. São modalidades de licitação:

I - concorrência;

II - tomada de preços;

III - convite;

IV - concurso;

V - leilão.

§ 1º Concorrência é a modalidade de licitação entre quaisquer interessados que, na fase inicial de habilitação preliminar, comprovem possuir os requisitos mínimos de qualificação exigidos no edital para execução de seu objeto.

§ 2º Tomada de preços é a modalidade de licitação entre interessados devidamente cadastrados ou que atenderem a todas as condições exigidas para cadastramento até o terceiro dia anterior à data do recebimento das propostas, observada a necessária qualificação.

§ 3º Convite é a modalidade de licitação entre interessados do ramo pertinente ao seu objeto, cadastrados ou não, escolhidos e convidados em número mínimo de 3 (três) pela unidade administrativa, a qual afixará, em local apropriado, cópia do instrumento convocatório e o estenderá aos demais cadastrados na correspondente especialidade que manifestarem seu interesse com antecedência de até 24 (vinte e quatro) horas da apresentação das propostas.

§ 4º Concurso é a modalidade de licitação entre quaisquer interessados para escolha de trabalho técnico, científico ou artístico, mediante a instituição de prêmios ou remuneração aos vencedores, conforme critérios constantes de edital publicado na imprensa oficial com antecedência mínima de 45 (quarenta e cinco) dias.

§ 5º Leilão é a modalidade de licitação entre quaisquer interessados para a venda de bens móveis inservíveis para a administração ou de produtos legalmente apreendidos ou penhorados, ou para a alienação de bens imóveis prevista no art. 19, a quem oferecer o maior lance, igual ou superior ao valor da avaliação. *(Redação dada pela Lei nº 8.883, de 1994)*

§ 6º Na hipótese do § 3º deste artigo, existindo na praça mais de 3 (três) possíveis interessados, a cada novo convite, realizado para objeto idêntico ou assemelhado, é obrigatório o convite a, no mínimo, mais um interessado, enquanto existirem cadastrados não convidados nas últimas licitações. *(Redação dada pela Lei nº 8.883, de 1994)*

§ 7º Quando, por limitações do mercado ou manifesto desinteresse dos convidados, for impossível a obtenção do número mínimo de licitantes exigidos no § 3º deste artigo, essas circunstâncias deverão ser devidamente justificadas no processo, sob pena de repetição do convite.

§ 8º É vedada a criação de outras modalidades de licitação ou a combinação das referidas neste artigo.

§ 9º Na hipótese do parágrafo 2º deste artigo, a administração somente poderá exigir do licitante não cadastrado os documentos previstos nos arts. 27 a 31, que comprovem habilitação compatível com o objeto da licitação, nos termos do edital. *(Incluído pela Lei nº 8.883, de 1994)*

Art. 23. As modalidades de licitação a que se referem os incisos I a III do artigo anterior serão determinadas em função dos seguintes limites, tendo em vista o valor estimado da contratação:

I - para obras e serviços de engenharia: *(Redação dada pela Lei nº 9.648, de 1998)*

a) convite - até R$ 150.000,00 (cento e cinqüenta mil reais); *(Redação dada pela Lei nº 9.648, de 1998)*

b) tomada de preços - até R$ 1.500.000,00 (um milhão e quinhentos mil reais);

c) concorrência - acima de R$ 1.500.000,00 (um milhão e quinhentos mil reias); *(Redação dada pela Lei nº 9.648, de 1998)*

II - para compras e serviços não referidos no inciso anterior: *(Redação dada pela Lei nº 9.648, de 1998)*

a) convite - até R$ 80.000,00 (oitenta mil reais);

b) tomada de preços - até R$ 650.000,00 (seiscentos e cinqüenta mil reais); *(Redação dada pela Lei nº 9.648, de 1998)*

c) concorrência - acima de R$ 650.000,00 (seiscentos e cinqüenta mil reais). *(Redação dada pela Lei nº 9.648, de 1998)*

§ 1º As obras, serviços e compras efetuadas pela administração serão divididas em tantas parcelas quantas se comprovarem técnica e economicamente viáveis, procedendo-se à licitação com vistas ao melhor aproveitamento dos recursos disponíveis no mercado e à amplicação da competitiivdade, sem perda da economia de escala. *(Redação dada pela Lei nº 8.883, de 1994)*

§ 2º Na execução de obras e serviços e nas compras de bens, parceladas nos termos do parágrafo anterior, a cada etapa ou conjunto de etapas da obra, serviço ou compra, há de corresponder licitação distinta, preservada a modalidade pertinente para a execução do objeto em licitação. *(Redação dada pela Lei nº 8.883, de 1994)*

§ 3º A concorrência é a modalidade de licitação cabível, qualquer que seja o valor de seu objeto, tanto na compra ou alienação de bens imóveis, ressalvado o disposto no art. 19, como nas concessões de direito real de uso e nas licitações internacionais, admitindo-se neste último caso, observados os limites deste artigo, a tomada de preços, quando o órgão ou entidade dispuser de cadastro internacional de fornecedores ou o convite, quando não houver fornecedor do bem ou serviço no País. *(Redação dada pela Lei nº 8.883, de 1994)*

§ 4º Nos casos em que couber convite, a Administração poderá utilizar a tomada de preços e, em qualquer caso, a concorrência.

§ 5º É vedada a utilização da modalidade "convite" ou "tomada de preços", conforme o caso, para parcelas de uma mesma obra ou serviço, ou ainda para obras e serviços da mesma natureza e no mesmo local que possam ser realizadas conjunta e concomitantemente, sempre que o somatório de seus valores caracterizar o caso de "tomada de preços" ou "concorrência", respectivamente, nos termos deste artigo, exceto para as parcelas de natureza específica que possam ser executadas por pessoas ou empresas de especialidade diversa daquela do executor da obra ou serviço.

§ 6º As organizações industriais da Administração Federal direta, em face de suas peculiaridades, obedecerão aos limites estabelecidos no inciso I deste artigo também para suas compras e serviços em geral, desde que para a aquisição de materiais aplicados exclusivamente na manutenção, reparo ou fabricação de meios operacionais bélicos pertencentes à União.

§ 7º Na compra de bens de natureza divisível e desde que não haja prejuízo para o conjunto ou complexo, é permitida a cotação de quantidade inferior à demandada na licitação, com vistas a ampliação da competitividade, podendo o edital fixar quantitativo mínimo para preservar a economia de escala.

§ 8º No caso de consórcios públicos, aplicar-se-á o dobro dos valores mencionados no caput deste artigo quando formado por até 3 (três) entes da Federação, e o triplo, quando formado por maior número.

Art. 24. É dispensável a licitação:

I - para obras e serviços de engenharia de valor até 10% (dez por cento) do limite previsto na alínea "a", do inciso I do artigo anterior, desde que não se refiram a parcelas de uma mesma obra ou serviço ou ainda para obras e serviços da mesma natureza e no mesmo local que possam ser realizadas conjunta e concomitantemente;

II - para outros serviços e compras de valor até 10% (dez por cento) do limite previsto na alínea "a", do inciso II do artigo anterior e para alienações, nos casos previstos nesta Lei, desde que não se refiram a parcelas de um mesmo serviço, compra ou alienação de maior vulto que possa ser realizada de uma só vez;

III - nos casos de guerra ou grave perturbação da ordem;

IV - nos casos de emergência ou de calamidade pública, quando caracterizada urgência de atendimento de situação que possa ocasionar prejuízo ou comprometer a segurança de pessoas, obras, serviços, equipamentos e outros bens, públicos ou particulares, e somente para os bens necessários ao atendimento da situação emergencial ou calamitosa e para as parcelas de obras e serviços que possam ser concluídas no prazo máximo de 180 (cento e oitenta) dias consecutivos e ininterruptos, contados da ocorrência da emergência ou calamidade, vedada a prorrogação dos respectivos contratos;

V - quando não acudirem interessados à licitação anterior e esta, justificadamente, não puder ser repetida sem prejuízo para a Administração, mantidas, neste caso, todas as condições preestabelecidas;

VI - quando a União tiver que intervir no domínio econômico para regular preços ou normalizar o abastecimento;

VII - quando as propostas apresentadas consignarem preços manifestamente superiores aos praticados no mercado nacional, ou forem incompatíveis com os fixados pelos órgãos oficiais competentes, casos em que, observado o parágrafo único do art. 48 desta Lei e, persistindo a situação, será admitida a adjudicação direta dos bens ou serviços, por valor não superior ao constante do registro de preços, ou dos serviços;

VIII - para a aquisição, por pessoa jurídica de direito público interno, de bens produzidos ou serviços prestados por órgão ou entidade que integre a Administração Pública e que tenha sido criado para esse fim específico em data anterior à vigência desta Lei, desde que o preço contratado seja compatível com o praticado no mercado; *(Redação dada pela Lei nº 8.883, de 1994)*

IX - quando houver possibilidade de comprometimento da segurança nacional, nos casos estabelecidos em decreto do Presidente da República, ouvido o Conselho de Defesa Nacional;

X - para a compra ou locação de imóvel destinado ao atendimento das finalidades precípuas da administração, cujas necessidades de instalação e localização condicionem a sua escolha, desde que o preço seja compatível com o valor de mercado, segundo avaliação prévia;

XI - na contratação de remanescente de obra, serviço ou fornecimento, em conseqüência de rescisão contratual, desde que atendida a ordem de classificação da licitação anterior e aceitas as mesmas condições oferecidas pelo licitante vencedor, inclusive quanto ao preço, devidamente corrigido;

XII - nas compras de hortifrutigranjeiros, pão e outros gêneros perecíveis, no tempo necessário para a realização dos processos licitatórios correspondentes, realizadas diretamente com base no preço do dia;

XIII - na contratação de instituição brasileira incumbida regimental ou estatutariamente da pesquisa, do ensino ou do desenvolvimento institucional, ou de instituição dedicada à recuperação social do preso, desde que a contratada detenha inquestionável reputação ético-profissional e não tenha fins lucrativos;

XIV - para a aquisição de bens ou serviços nos termos de acordo internacional específico aprovado pelo Congresso Nacional, quando as condições ofertadas forem manifestamente vantajosas para o Poder Público;

XV - para a aquisição ou restauração de obras de arte e objetos históricos, de autenticidade certificada, desde que compatíveis ou inerentes às finalidades do órgão ou entidade.

XVI - para a impressão dos diários oficiais, de formulários padronizados de uso da administração, e de edições técnicas oficiais, bem como para prestação de serviços de informática a pessoa jurídica de direito público interno, por órgãos ou entidades que integrem a Administração Pública, criados para esse fim específico;

XVII - para a aquisição de componentes ou peças de origem nacional ou estrangeira, necessários à manutenção de equipamentos durante o período de garantia técnica, junto ao fornecedor original desses equipamentos, quando tal condição de exclusividade for indispensável para a vigência da garantia; *(Incluído pela Lei nº 8.883, de 1994)*

XVIII - nas compras ou contratações de serviços para o abastecimento de navios, embarcações, unidades aéreas ou tropas e seus meios de deslocamento quando em estada eventual de curta duração em portos, aeroportos ou localidades diferentes de suas sedes, por motivo de movimentação operacional ou de adestramento, quando a exiguidade dos prazos legais puder comprometer a normalidade e os propósitos das operações e desde que seu valor não exceda ao limite previsto na alínea "a" do incico II do art. 23 desta Lei: *(Incluído pela Lei nº 8.883, de 1994)*

XIX - para as compras de material de uso pelas Forças Armadas, com exceção de materiais de uso pessoal e administrativo, quando houver necessidade de manter a padronização requerida pela estrutura de apoio logístico dos meios navais, aéreos e terrestres, mediante parecer de comissão instituída por decreto; *(Incluído pela Lei nº 8.883, de 1994)*

XX - na contratação de associação de portadores de deficiência física, sem fins lucrativos e de comprovada idoneidade,

por órgãos ou entidades da Admininistração Pública, para a prestação de serviços ou fornecimento de mão-de-obra, desde que o preço contratado seja compatível com o praticado no mercado. *(Incluído pela Lei nº 8.883, de 1994)*
XXI - para a aquisição de bens e insumos destinados exclusivamente à pesquisa científica e tecnológica com recursos concedidos pela Capes, pela Finep, pelo CNPq ou por outras instituições de fomento a pesquisa credenciadas pelo CNPq para esse fim específico; *(Redação dada pela Lei nº 12.349, de 2010)*
XXII - na contratação de fornecimento ou suprimento de energia elétrica e gás natural com concessionário, permissionário ou autorizado, segundo as normas da legislação específica; *(Incluído pela Lei nº 9.648, de 1998)*
XXIII - na contratação realizada por empresa pública ou sociedade de economia mista com suas subsidiárias e controladas, para a aquisição ou alienação de bens, prestação ou obtenção de serviços, desde que o preço contratado seja compatível com o praticado no mercado.
XXIV - para a celebração de contratos de prestação de serviços com as organizações sociais, qualificadas no âmbito das respectivas esferas de governo, para atividades contempladas no contrato de gestão.
XXV - na contratação realizada por Instituição Científica e Tecnológica - ICT ou por agência de fomento para a transferência de tecnologia e para o licenciamento de direito de uso ou de exploração de criação protegida.
XXVI – na celebração de contrato de programa com ente da Federação ou com entidade de sua administração indireta, para a prestação de serviços públicos de forma associada nos termos do autorizado em contrato de consórcio público ou em convênio de cooperação.
XXVII - na contratação da coleta, processamento e comercialização de resíduos sólidos urbanos recicláveis ou reutilizáveis, em áreas com sistema de coleta seletiva de lixo, efetuados por associações ou cooperativas formadas exclusivamente por pessoas físicas de baixa renda reconhecidas pelo poder público como catadores de materiais recicláveis, com o uso de equipamentos compatíveis com as normas técnicas, ambientais e de saúde pública. *(Redação dada pela Lei nº 11.445, de 2007).*
XXVIII – para o fornecimento de bens e serviços, produzidos ou prestados no País, que envolvam, cumulativamente, alta complexidade tecnológica e defesa nacional, mediante parecer de comissão especialmente designada pela autoridade máxima do órgão. *(Incluído pela Lei nº 11.484, de 2007)*
Parágrafo único. Os percentuais referidos nos incisos I e II do caput deste artigo serão 20% (vinte por cento) para compras, obras e serviços contratados por consórcios públicos, sociedade de economia mista, empresa pública e por autarquia ou fundação qualificadas, na forma da lei, como Agências Executivas.
XXIX – na aquisição de bens e contratação de serviços para atender aos contingentes militares das Forças Singulares brasileiras empregadas em operações de paz no exterior, necessariamente justificadas quanto ao preço e à escolha do fornecedor ou executante e ratificadas pelo Comandante da Força. *(Incluído pela Lei nº 11.783, de 2008)*
XXX - na contratação de instituição ou organização, pública ou privada, com ou sem fins lucrativos, para a prestação de serviços de assistência técnica e extensão rural no âmbito do Programa Nacional de Assistência Técnica e Extensão Rural na Agricultura Familiar e na Reforma Agrária, instituído por lei federal. *(Incluído pela Lei nº 12.188, de 2.010)*
XXXI - nas contratações visando ao cumprimento do disposto nos arts. 3º, 4º, 5º e 20 da Lei nº 10.973, de 2 de dezembro de 2004, observados os princípios gerais de contratação dela constantes. *(Incluído pela Lei nº 12.349, de 2010)*
XXXII - na contratação em que houver transferência de tecnologia de produtos estratégicos para o Sistema Único de Saúde - SUS, no âmbito da Lei nº 8.080, de 19 de setembro de 1990, conforme elencados em ato da direção nacional do SUS, inclusive por ocasião da aquisição destes produtos durante as etapas de absorção tecnológica. *(Incluído pela Lei nº 12.715, de 2012)*
XXXIII - na contratação de entidades privadas sem fins lucrativos, para a implementação de cisternas ou outras tecnologias sociais de acesso à água para consumo humano e produção de alimentos, para beneficiar as famílias rurais de baixa renda atingidas pela seca ou falta regular de água. *(Incluído pela Lei nº 12.873, de 2013)*
§ 1º Os percentuais referidos nos incisos I e II do caput deste artigo serão 20% (vinte por cento) para compras, obras e serviços contratados por consórcios públicos, sociedade de economia mista, empresa pública e por autarquia ou fundação qualificadas, na forma da lei, como Agências Executivas. *(Incluído pela Lei nº 12.715, de 2012)*
§ 2º O limite temporal de criação do órgão ou entidade que integre a administração pública estabelecido no inciso VIII do caput deste artigo não se aplica aos órgãos ou entidades que produzem produtos estratégicos para o SUS, no âmbito da Lei nº 8.080, de 19 de setembro de 1990, conforme elencados em ato da direção nacional do SUS. *(Incluído pela Lei nº 12.715, de 2012)*
Art. 25. É inexigível a licitação quando houver inviabilidade de competição, em especial:
I - para aquisição de materiais, equipamentos, ou gêneros que só possam ser fornecidos por produtor, empresa ou representante comercial exclusivo, vedada a preferência de marca, devendo a comprovação de exclusividade ser feita através de atestado fornecido pelo órgão de registro do comércio do local em que se realizaria a licitação ou a obra ou o serviço, pelo Sindicato, Federação ou Confederação Patronal, ou, ainda, pelas entidades equivalentes;
II - para a contratação de serviços técnicos enumerados no art. 13 desta Lei, de natureza singular, com profissionais ou empresas de notória especialização, vedada a inexigibilidade para serviços de publicidade e divulgação;
III - para contratação de profissional de qualquer setor artístico, diretamente ou através de empresário exclusivo,

desde que consagrado pela crítica especializada ou pela opinião pública.

§ 1º Considera-se de notória especialização o profissional ou empresa cujo conceito no campo de sua especialidade, decorrente de desempenho anterior, estudos, experiências, publicações, organização, aparelhamento, equipe técnica, ou de outros requisitos relacionados com suas atividades, permita inferir que o seu trabalho é essencial e indiscutivelmente o mais adequado à plena satisfação do objeto do contrato.

§ 2º Na hipótese deste artigo e em qualquer dos casos de dispensa, se comprovado superfaturamento, respondem solidariamente pelo dano causado à Fazenda Pública o fornecedor ou o prestador de serviços e o agente público responsável, sem prejuízo de outras sanções legais cabíveis.

Art. 26. As dispensas previstas nos §§ 2º e 4º do art. 17 e no inciso III e seguintes do art. 24, as situações de inexigibilidade referidas no art. 25, necessariamente justificadas, e o retardamento previsto no final do parágrafo único do art. 8º desta Lei deverão ser comunicados, dentro de 3 (três) dias, à autoridade superior, para ratificação e publicação na imprensa oficial, no prazo de 5 (cinco) dias, como condição para a eficácia dos atos. *(Redação dada pela Lei nº 11.107, de 2005)*

Parágrafo único. O processo de dispensa, de inexigibilidade ou de retardamento, previsto neste artigo, será instruído, no que couber, com os seguintes elementos:

I - caracterização da situação emergencial ou calamitosa que justifique a dispensa, quando for o caso;

II - razão da escolha do fornecedor ou executante;

III - justificativa do preço.

IV - documento de aprovação dos projetos de pesquisa aos quais os bens serão alocados. *(Incluído pela Lei nº 9.648, de 1998)*

Seção II
Da Habilitação

Art. 27. Para a habilitação nas licitações exigir-se-á dos interessados, exclusivamente, documentação relativa a:

I - habilitação jurídica;

II - qualificação técnica;

III - qualificação econômico-financeira;

IV - regularidade fiscal e trabalhista

V – cumprimento do disposto no inciso XXXIII do art. 7º da Constituição Federal. *(Incluído pela Lei nº 9.854, de 1999)*

Art. 28. A documentação relativa à habilitação jurídica, conforme o caso, consistirá em:

I - cédula de identidade;

II - registro comercial, no caso de empresa individual;

III - ato constitutivo, estatuto ou contrato social em vigor, devidamente registrado, em se tratando de sociedades comerciais, e, no caso de sociedades por ações, acompanhado de documentos de eleição de seus administradores;

IV - inscrição do ato constitutivo, no caso de sociedades civis, acompanhada de prova de diretoria em exercício;

V - decreto de autorização, em se tratando de empresa ou sociedade estrangeira em funcionamento no País, e ato de registro ou autorização para funcionamento expedido pelo órgão competente, quando a atividade assim o exigir.

Art. 29. A documentação relativa à regularidade fiscal e trabalhista, conforme o caso, consistirá em:

I - prova de inscrição no Cadastro de Pessoas Físicas (CPF) ou no Cadastro Geral de Contribuintes (CGC);

II - prova de inscrição no cadastro de contribuintes estadual ou municipal, se houver, relativo ao domicílio ou sede do licitante, pertinente ao seu ramo de atividade e compatível com o objeto contratual;

III - prova de regularidade para com a Fazenda Federal, Estadual e Municipal do domicílio ou sede do licitante, ou outra equivalente, na forma da lei;

IV - prova de regularidade relativa à Seguridade Social e ao Fundo de Garantia por Tempo de Serviço (FGTS), demonstrando situação regular no cumprimento dos encargos sociais instituídos por lei.

V – prova de inexistência de débitos inadimplidos perante a Justiça do Trabalho, mediante a apresentação de certidão negativa, nos termos do Título VII-A da Consolidação das Leis do Trabalho, aprovada pelo Decreto-Lei nº 5.452, de 1º de maio de 1943. *(Incluído pela Lei nº 12.440, de 2011)*

Art. 30. A documentação relativa à qualificação técnica limitar-se-á a:

I - registro ou inscrição na entidade profissional competente;

II - comprovação de aptidão para desempenho de atividade pertinente e compatível em características, quantidades e prazos com o objeto da licitação, e indicação das instalações e do aparelhamento e do pessoal técnico adequados e disponíveis para a realização do objeto da licitação, bem como da qualificação de cada um dos membros da equipe técnica que se responsabilizará pelos trabalhos;

III - comprovação, fornecida pelo órgão licitante, de que recebeu os documentos, e, quando exigido, de que tomou conhecimento de todas as informações e das condições locais para o cumprimento das obrigações objeto da licitação;

IV - prova de atendimento de requisitos previstos em lei especial, quando for o caso.

§ 1º A comprovação de aptidão referida no inciso II do "caput" deste artigo, no caso das licitações pertinentes a obras e serviços, será feita por atestados fornecidos por pessoas jurídicas de direito público ou privado, devidamente registrados nas entidades profissionais competentes, limitadas as exigências a:

I - capacitação técnico-profissional: comprovação do licitante de possuir em seu quadro permanente, na data prevista para entrega da proposta, profissional de nível superior ou outro devidamente reconhecido pela entidade competente, detentor de atestado de responsabilidade técnica por execução de obra ou serviço de características semelhantes, limitadas estas exclusivamente às parcelas de maior relevância e valor significativo do objeto da licitação, vedadas as exigências de quantidades mínimas ou prazos máximos; *(Incluído pela Lei nº 8.883, de 1994)*

II - (Vetado). *(Incluído pela Lei nº 8.883, de 1994)*

a) (Vetado). *(Incluído pela Lei nº 8.883, de 1994)*

b) (Vetado). *(Incluído pela Lei nº 8.883, de 1994)*

§ 2º As parcelas de maior relevância técnica e de valor significativo, mencionadas no parágrafo anterior, serão definidas no instrumento convocatório.

§ 3º Será sempre admitida a comprovação de aptidão através de certidões ou atestados de obras ou serviços similares de complexidade tecnológica e operacional equivalente ou superior.

§ 4º Nas licitações para fornecimento de bens, a comprovação de aptidão, quando for o caso, será feita através de atestados fornecidos por pessoa jurídica de direito público ou privado.

§ 5º É vedada a exigência de comprovação de atividade ou de aptidão com limitações de tempo ou de época ou ainda em locais específicos, ou quaisquer outras não previstas nesta Lei, que inibam a participação na licitação.

§ 6º As exigências mínimas relativas a instalações de canteiros, máquinas, equipamentos e pessoal técnico especializado, considerados essenciais para o cumprimento do objeto da licitação, serão atendidas mediante a apresentação de relação explícita e da declaração formal da sua disponibilidade, sob as penas cabíveis, vedada as exigências de propriedade e de localização prévia.

§ 7º (Vetado). *(Redação dada pela Lei nº 8.883, de 1994)*

I - (Vetado). *(Incluído pela Lei nº 8.883, de 1994)*

II - (Vetado). *(Incluído pela Lei nº 8.883, de 1994)*

§ 8º No caso de obras, serviços e compras de grande vulto, de alta complexidade técnica, poderá a Administração exigir dos licitantes a metodologia de execução, cuja avaliação, para efeito de sua aceitação ou não, antecederá sempre à análise dos preços e será efetuada exclusivamente por critérios objetivos.

§ 9º Entende-se por licitação de alta complexidade técnica aquela que envolva alta especialização, como fator de extrema relevância para garantir a execução do objeto a ser contratado, ou que possa comprometer a continuidade da prestação de serviços públicos essenciais.

§ 10. Os profissionais indicados pelo licitante para fins de comprovação da capacitação técnico-profissional de que trata o inciso I do § 1º deste artigo deverão participar da obra ou serviço objeto da licitação, admitindo-se a substituição por profissionais de experiência equivalente ou superior, desde que aprovada pela administração.

§ 11. (Vetado). *(Incluído pela Lei nº 8.883, de 1994)*

§ 12. (Vetado). *(Incluído pela Lei nº 8.883, de 1994)*

Art. 31. A documentação relativa à qualificação econômico-financeira limitar-se-á a:

I - balanço patrimonial e demonstrações contábeis do último exercício social, já exigíveis e apresentados na forma da lei, que comprovem a boa situação financeira da empresa, vedada a sua substituição por balancetes ou balanços provisórios, podendo ser atualizados por índices oficiais quando encerrado há mais de 3 (três) meses da data de apresentação da proposta;

II - certidão negativa de falência ou concordata expedida pelo distribuidor da sede da pessoa jurídica, ou de execução patrimonial, expedida no domicílio da pessoa física;

III - garantia, nas mesmas modalidades e critérios previstos no "caput" e § 1º do art. 56 desta Lei, limitada a 1% (um por cento) do valor estimado do objeto da contratação.

§ 1º A exigência de índices limitar-se-á à demonstração da capacidade financeira do licitante com vistas aos compromissos que terá que assumir caso lhe seja adjudicado o contrato, vedada a exigência de valores mínimos de faturamento anterior, índices de rentabilidade ou lucratividade.

§ 2º A Administração, nas compras para entrega futura e na execução de obras e serviços, poderá estabelecer, no instrumento convocatório da licitação, a exigência de capital mínimo ou de patrimônio líquido mínimo, ou ainda as garantias previstas no § 1º do art. 56 desta Lei, como dado objetivo de comprovação da qualificação econômico-financeira dos licitantes e para efeito de garantia ao adimplemento do contrato a ser ulteriormente celebrado.

§ 3º O capital mínimo ou o valor do patrimônio líquido a que se refere o parágrafo anterior não poderá exceder a 10% (dez por cento) do valor estimado da contratação, devendo a comprovação ser feita relativamente à data da apresentação da proposta, na forma da lei, admitida a atualização para esta data através de índices oficiais.

§ 4º Poderá ser exigida, ainda, a relação dos compromissos assumidos pelo licitante que importem diminuição da capacidade operativa ou absorção de disponibilidade financeira, calculada esta em função do patrimônio líquido atualizado e sua capacidade de rotação.

§ 5º A comprovação de boa situação financeira da empresa será feita de forma objetiva, através do cálculo de índices contábeis previstos no edital e devidamente justificados no processo administrativo da licitação que tenha dado início ao certame licitatório, vedada a exigência de índices e valores não usualmente adotados para correta avaliação de situação financeira suficiente ao cumprimento das obrigações decorrentes da licitação. *(Redação dada pela Lei nº 8.883, de 1994)*

§ 6º (Vetado). *(Redação dada pela Lei nº 8.883, de 1994)*

Art. 32. Os documentos necessários à habilitação poderão ser apresentados em original, por qualquer processo de cópia autenticada por cartório competente ou por servidor da administração ou publicação em órgão da imprensa oficial. *(Redação dada pela Lei nº 8.883, de 1994)*

§ 1º A documentação de que tratam os arts. 28 a 31 desta Lei poderá ser dispensada, no todo ou em parte, nos casos de convite, concurso, fornecimento de bens para pronta entrega e leilão.

§ 2º O certificado de registro cadastral a que se refere o § 1º do art. 36 substitui os documentos enumerados nos arts. 28 a 31, quanto às informações disponibilizadas em sistema informatizado de consulta direta indicado no edital, obrigando-se a parte a declarar, sob as penalidades legais, a superveniência de fato impeditivo da habilitação. *(Redação dada pela Lei nº 9.648, de 1998)*

§ 3º A documentação referida neste artigo poderá ser substituída por registro cadastral emitido por órgão ou entidade pública, desde que previsto no edital e o registro tenha sido feito em obediência ao disposto nesta Lei.

§ 4º As empresas estrangeiras que não funcionem no País, tanto quanto possível, atenderão, nas licitações internacionais, às exigências dos parágrafos anteriores mediante documentos equivalentes, autenticados pelos respectivos consulados e traduzidos por tradutor juramentado, devendo ter representação legal no Brasil com poderes expressos para receber citação e responder administrativa ou judicialmente.

§ 5º Não se exigirá, para a habilitação de que trata este artigo, prévio recolhimento de taxas ou emolumentos, salvo os referentes a fornecimento do edital, quando solicitado, com os seus elementos constitutivos, limitados ao valor do custo efetivo de reprodução gráfica da documentação fornecida.

§ 6º O disposto no § 4º deste artigo, no § 1º do art. 33 e no § 2º do art. 55, não se aplica às licitações internacionais para a aquisição de bens e serviços cujo pagamento seja feito com o produto de financiamento concedido por organismo financeiro internacional de que o Brasil faça parte, ou por agência estrangeira de cooperação, nem nos casos de contratação com empresa estrangeira, para a compra de equipamentos fabricados e entregues no exterior, desde que para este caso tenha havido prévia autorização do Chefe do Poder Executivo, nem nos casos de aquisição de bens e serviços realizada por unidades administrativas com sede no exterior.

Art. 33. Quando permitida na licitação a participação de empresas em consórcio, observar-se-ão as seguintes normas:

I - comprovação do compromisso público ou particular de constituição de consórcio, subscrito pelos consorciados;

II - indicação da empresa responsável pelo consórcio que deverá atender às condições de liderança, obrigatoriamente fixadas no edital;

III - apresentação dos documentos exigidos nos arts. 28 a 31 desta Lei por parte de cada consorciado, admitindo-se, para efeito de qualificação técnica, o somatório dos quantitativos de cada consorciado, e, para efeito de qualificação econômico-financeira, o somatório dos valores de cada consorciado, na proporção de sua respectiva participação, podendo a Administração estabelecer, para o consórcio, um acréscimo de até 30% (trinta por cento) dos valores exigidos para licitante individual, inexigível este acréscimo para os consórcios compostos, em sua totalidade, por micro e pequenas empresas assim definidas em lei;

IV - impedimento de participação de empresa consorciada, na mesma licitação, através de mais de um consórcio ou isoladamente;

V - responsabilidade solidária dos integrantes pelos atos praticados em consórcio, tanto na fase de licitação quanto na de execução do contrato.

§ 1º No consórcio de empresas brasileiras e estrangeiras a liderança caberá, obrigatoriamente, à empresa brasileira, observado o disposto no inciso II deste artigo.

§ 2º O licitante vencedor fica obrigado a promover, antes da celebração do contrato, a constituição e o registro do consórcio, nos termos do compromisso referido no inciso I deste artigo.

Seção III
Dos Registros Cadastrais

Art. 34. Para os fins desta Lei, os órgãos e entidades da Administração Pública que realizem freqüentemente licitações manterão registros cadastrais para efeito de habilitação, na forma regulamentar, válidos por, no máximo, um ano.

§ 1º O registro cadastral deverá ser amplamente divulgado e deverá estar permanentemente aberto aos interessados, obrigando-se a unidade por ele responsável a proceder, no mínimo anualmente, através da imprensa oficial e de jornal diário, a chamamento público para a atualização dos registros existentes e para o ingresso de novos interessados.

§ 2º É facultado às unidades administrativas utilizarem-se de registros cadastrais de outros órgãos ou entidades da Administração Pública.

Art. 35. Ao requerer inscrição no cadastro, ou atualização deste, a qualquer tempo, o interessado fornecerá os elementos necessários à satisfação das exigências do art. 27 desta Lei.

Art. 36. Os inscritos serão classificados por categorias, tendo-se em vista sua especialização, subdivididas em grupos, segundo a qualificação técnica e econômica avaliada pelos elementos constantes da documentação relacionada nos arts. 30 e 31 desta Lei.

§ 1º Aos inscritos será fornecido certificado, renovável sempre que atualizarem o registro.

§ 2º A atuação do licitante no cumprimento de obrigações assumidas será anotada no respectivo registro cadastral.

Art. 37. A qualquer tempo poderá ser alterado, suspenso ou cancelado o registro do inscrito que deixar de satisfazer as exigências do art. 27 desta Lei, ou as estabelecidas para classificação cadastral.

Seção IV
Do Procedimento e Julgamento

Art. 38. O procedimento da licitação será iniciado com a abertura de processo administrativo, devidamente autuado, protocolado e numerado, contendo a autorização respectiva, a indicação sucinta de seu objeto e do recurso próprio para a despesa, e ao qual serão juntados oportunamente:

I - edital ou convite e respectivos anexos, quando for o caso;
II - comprovante das publicações do edital resumido, na forma do art. 21 desta Lei, ou da entrega do convite;
III - ato de designação da comissão de licitação, do leiloeiro administrativo ou oficial, ou do responsável pelo convite;
IV - original das propostas e dos documentos que as instruírem;
V - atas, relatórios e deliberações da Comissão Julgadora;
VI - pareceres técnicos ou jurídicos emitidos sobre a licitação, dispensa ou inexigibilidade;
VII - atos de adjudicação do objeto da licitação e da sua homologação;
VIII - recursos eventualmente apresentados pelos licitantes e respectivas manifestações e decisões;
IX - despacho de anulação ou de revogação da licitação, quando for o caso, fundamentado circunstanciadamente;
X - termo de contrato ou instrumento equivalente, conforme o caso;
XI - outros comprovantes de publicações;
XII - demais documentos relativos à licitação.
Parágrafo único. As minutas de editais de licitação, bem como as dos contratos, acordos, convênios ou ajustes devem ser previamente examinadas e aprovadas por assessoria jurídica da Administração. *(Redação dada pela Lei nº 8.883, de 1994)*

Art. 39. Sempre que o valor estimado para uma licitação ou para um conjunto de licitações simultâneas ou sucessivas for superior a 100 (cem) vezes o limite previsto no art. 23, inciso I, alínea "c" desta Lei, o processo licitatório será iniciado, obrigatoriamente, com uma audiência pública concedida pela autoridade responsável com antecedência mínima de 15 (quinze) dias úteis da data prevista para a publicação do edital, e divulgada, com a antecedência mínima de 10 (dez) dias úteis de sua realização, pelos mesmos meios previstos para a publicidade da licitação, à qual terão acesso e direito a todas as informações pertinentes e a se manifestar todos os interessados.
Parágrafo único. Para os fins deste artigo, consideram-se licitações simultâneas aquelas com objetos similares e com realização prevista para intervalos não superiores a trinta dias e licitações sucessivas aquelas em que, também com objetos similares, o edital subseqüente tenha uma data anterior a cento e vinte dias após o término do contrato resultante da licitação antecedente. *(Redação dada pela Lei nº 8.883, de 1994)*

Art. 40. O edital conterá no preâmbulo o número de ordem em série anual, o nome da repartição interessada e de seu setor, a modalidade, o regime de execução e o tipo da licitação, a menção de que será regida por esta Lei, o local, dia e hora para recebimento da documentação e proposta, bem como para início da abertura dos envelopes, e indicará, obrigatoriamente, o seguinte:
I - objeto da licitação, em descrição sucinta e clara;
II - prazo e condições para assinatura do contrato ou retirada dos instrumentos, como previsto no art. 64 desta Lei, para execução do contrato e para entrega do objeto da licitação;
III - sanções para o caso de inadimplemento;
IV - local onde poderá ser examinado e adquirido o projeto básico;
V - se há projeto executivo disponível na data da publicação do edital de licitação e o local onde possa ser examinado e adquirido;
VI - condições para participação na licitação, em conformidade com os arts. 27 a 31 desta Lei, e forma de apresentação das propostas;
VII - critério para julgamento, com disposições claras e parâmetros objetivos;
VIII - locais, horários e códigos de acesso dos meios de comunicação à distância em que serão fornecidos elementos, informações e esclarecimentos relativos à licitação e às condições para atendimento das obrigações necessárias ao cumprimento de seu objeto;
IX - condições equivalentes de pagamento entre empresas brasileiras e estrangeiras, no caso de licitações internacionais;
X - o critério de aceitabilidade dos preços unitário e global, conforme o caso, permitida a fixação de preços máximos e vedados a fixação de preços mínimos, critérios estatísticos ou faixas de variação em relação a preços de referência, ressalvado o dispossto nos parágrafos 1º e 2º do art. 48; *(Redação dada pela Lei nº 9.648, de 1998)*
XI - critério de reajuste, que deverá retratar a variação efetiva do custo de produção, admitida a adoção de índices específicos ou setoriais, desde a data prevista para apresentação da proposta, ou do orçamento a que essa proposta se referir, até a data do adimplemento de cada parcela; *(Redação dada pela Lei nº 8.883, de 1994)*
XII - (Vetado). *(Redação dada pela Lei nº 8.883, de 1994)*
XIII - limites para pagamento de instalação e mobilização para execução de obras ou serviços que serão obrigatoriamente previstos em separado das demais parcelas, etapas ou tarefas;
XIV - condições de pagamento, prevendo:
a) prazo de pagamento não superior a trinta dias, contado a partir da data final do período de adimplemento de cada parcela; *(Redação dada pela Lei nº 8.883, de 1994)*
b) cronograma de desembolso máximo por período, em conformidade com a disponibilidade de recursos financeiros;
c) critério de atualização financeira dos valores a serem pagos, desde a data final do período de adimplemento de cada parcela até a data do efetivo pagamento; *(Redação dada pela Lei nº 8.883, de 1994)*
d) compensações financeiras e penalizações, por eventuais atrasos, e descontos, por eventuais antecipações de pagamentos;
e) exigência de seguros, quando for o caso;
XV - instruções e normas para os recursos previstos nesta Lei;
XVI - condições de recebimento do objeto da licitação;
XVII - outras indicações específicas ou peculiares da licitação.

§ 1º O original do edital deverá ser datado, rubricado em todas as folhas e assinado pela autoridade que o expedir, permanecendo no processo de licitação, e dele extraindo-se cópias integrais ou resumidas, para sua divulgação e fornecimento aos interessados.

§ 2º Constituem anexos do edital, dele fazendo parte integrante:

I - o projeto básico e/ou executivo, com todas as suas partes, desenhos, especificações e outros complementos;

II - orçamento estimado em planilhas de quantitativos e preços unitários; *(Redação dada pela Lei nº 8.883, de 1994)*

III - a minuta do contrato a ser firmado entre a Administração e o licitante vencedor;

IV - as especificações complementares e as normas de execução pertinentes à licitação.

§ 3º Para efeito do disposto nesta Lei, considera-se como adimplemento da obrigação contratual a prestação do serviço, a realização da obra, a entrega do bem ou de parcela destes, bem como qualquer outro evento contratual a cuja ocorrência esteja vinculada a emissão de documento de cobrança.

§ 4º Nas compras para entrega imediata, assim entendidas aquelas com prazo de entrega até trinta dias da data prevista para apresentação da proposta, poderão ser dispensadas: *(Incluído pela Lei nº 8.883, de 1994)*

I - o disposto no inciso XI deste artigo; *(Incluído pela Lei nº 8.883, de 1994)*

II - a atualização financeira a que se refere a alínea "c" do inciso XIV deste artigo, correspondente ao período compreendido entre as datas do adimplemento e a prevista para o pagamento, desde que não superior a quinze dias. *(Incluído pela Lei nº 8.883, de 1994)*

Art. 41. A Administração não pode descumprir as normas e condições do edital, ao qual se acha estritamente vinculada.

§ 1º Qualquer cidadão é parte legítima para impugnar edital de licitação por irregularidade na aplicação desta Lei, devendo protocolar o pedido até 5 (cinco) dias úteis antes da data fixada para a abertura dos envelopes de habilitação, devendo a Administração julgar e responder à impugnação em até 3 (três) dias úteis, sem prejuízo da faculdade prevista no § 1º do art. 113.

§ 2º Decairá do direito de impugnar os termos do edital de licitação perante a administração o licitante que não o fizer até o segundo dia útil que anteceder a abertura dos envelopes de habilitação em concorrência, a abertura dos envelopes com as propostas em convite, tomada de preços ou concurso, ou a realização de leilão, as falhas ou irregularidades que viciariam esse edital, hipótese em que tal comunicação não terá efeito de recurso. *(Redação dada pela Lei nº 8.883, de 1994)*

§ 3º A impugnação feita tempestivamente pelo licitante não o impedirá de participar do processo licitatório até o trânsito em julgado da decisão a ela pertinente.

§ 4º A inabilitação do licitante importa preclusão do seu direito de participar das fases subseqüentes.

Art. 42. Nas concorrências de âmbito internacional, o edital deverá ajustar-se às diretrizes da política monetária e do comércio exterior e atender às exigências dos órgãos competentes.

§ 1º Quando for permitido ao licitante estrangeiro cotar preço em moeda estrangeira, igualmente o poderá fazer o licitante brasileiro.

§ 2º O pagamento feito ao licitante brasileiro eventualmente contratado em virtude da licitação de que trata o parágrafo anterior será efetuado em moeda brasileira, à taxa de câmbio vigente no dia útil imediatamente anterior à data do efetivo pagamento. *(Redação dada pela Lei nº 8.883, de 1994)*

§ 3º As garantias de pagamento ao licitante brasileiro serão equivalentes àquelas oferecidas ao licitante estrangeiro.

§ 4º Para fins de julgamento da licitação, as propostas apresentadas por licitantes estrangeiros serão acrescidas dos gravames conseqüentes dos mesmos tributos que oneram exclusivamente os licitantes brasileiros quanto à operação final de venda.

§ 5º Para a realização de obras, prestação de serviços ou aquisição de bens com recursos provenientes de financiamento ou doação oriundos de agência oficial de cooperação estrangeira ou organismo financeiro multilateral de que o Brasil seja parte, poderão ser admitidas, na respectiva licitação, as condições decorrentes de acordos, protocolos, convenções ou tratados internacionais aprovados pelo Congresso Nacional, bem como as normas e procedimentos daquelas entidades, inclusive quanto ao critério de seleção da proposta mais vantajosa para a administração, o qual poderá contemplar, além do preço, outros fatores de avaliação, desde que por elas exigidos para a obtenção do financiamento ou da doação, e que também não conflitem com o princípio do julgamento objetivo e sejam objeto de despacho motivado do órgão executor do contrato, despacho esse ratificado pela autoridade imediatamente superior. *(Redação dada pela Lei nº 8.883, de 1994)*

§ 6º As cotações de todos os licitantes serão para entrega no mesmo local de destino.

Art. 43. A licitação será processada e julgada com observância dos seguintes procedimentos:

I - abertura dos envelopes contendo a documentação relativa à habilitação dos concorrentes, e sua apreciação;

II - devolução dos envelopes fechados aos concorrentes inabilitados, contendo as respectivas propostas, desde que não tenha havido recurso ou após sua denegação;

III - abertura dos envelopes contendo as propostas dos concorrentes habilitados, desde que transcorrido o prazo sem interposição de recurso, ou tenha havido desistência expressa, ou após o julgamento dos recursos interpostos;

IV - verificação da conformidade de cada proposta com os requisitos do edital e, conforme o caso, com os preços correntes no mercado ou fixados por órgão oficial competente, ou ainda com os constantes do sistema de registro

de preços, os quais deverão ser devidamente registrados na ata de julgamento, promovendo-se a desclassificação das propostas desconformes ou incompatíveis;
V - julgamento e classificação das propostas de acordo com os critérios de avaliação constantes do edital;
VI - deliberação da autoridade competente quanto à homologação e adjudicação do objeto da licitação.
§ 1º A abertura dos envelopes contendo a documentação para habilitação e as propostas será realizada sempre em ato público previamente designado, do qual se lavrará ata circunstanciada, assinada pelos licitantes presentes e pela Comissão.
§ 2º Todos os documentos e propostas serão rubricados pelos licitantes presentes e pela Comissão.
§ 3º É facultada à Comissão ou autoridade superior, em qualquer fase da licitação, a promoção de diligência destinada a esclarecer ou a complementar a instrução do processo, vedada a inclusão posterior de documento ou informação que deveria constar originariamente da proposta.
§ 4º O disposto neste artigo aplica-se à concorrência e, no que couber, ao concurso, ao leilão, à tomada de preços e ao convite. *(Redação dada pela Lei nº 8.883, de 1994)*
§ 5º Ultrapassada a fase de habilitação dos concorrentes (incisos I e II) e abertas as propostas (inciso III), não cabe desclassificá-los por motivo relacionado com a habilitação, salvo em razão de fatos supervenientes ou só conhecidos após o julgamento.
§ 6º Após a fase de habilitação, não cabe desistência de proposta, salvo por motivo justo decorrente de fato superveniente e aceito pela Comissão.
Art. 44. No julgamento das propostas, a Comissão levará em consideração os critérios objetivos definidos no edital ou convite, os quais não devem contrariar as normas e princípios estabelecidos por esta Lei.
§ 1º É vedada a utilização de qualquer elemento, critério ou fator sigiloso, secreto, subjetivo ou reservado que possa ainda que indiretamente elidir o princípio da igualdade entre os licitantes.
§ 2º Não se considerará qualquer oferta de vantagem não prevista no edital ou no convite, inclusive financiamentos subsidiados ou a fundo perdido, nem preço ou vantagem baseada nas ofertas dos demais licitantes.
§ 3º Não se admitirá proposta que apresente preços global ou unitários simbólicos, irrisórios ou de valor zero, incompatíveis com os preços dos insumos e salários de mercado, acrescidos dos respectivos encargos, ainda que o ato convocatório da licitação não tenha estabelecido limites mínimos, exceto quando se referirem a materiais e instalações de propriedade do próprio licitante, para os quais ele renuncie a parcela ou à totalidade da remuneração. *(Redação dada pela Lei nº 8.883, de 1994)*
§ 4º O disposto no parágrafo anterior aplica-se também às propostas que incluam mão-de-obra estrangeira ou importações de qualquer natureza. *(Redação dada pela Lei nº 8.883, de 1994)*

Art. 45. O julgamento das propostas será objetivo, devendo a Comissão de licitação ou o responsável pelo convite realizá-lo em conformidade com os tipos de licitação, os critérios previamente estabelecidos no ato convocatório e de acordo com os fatores exclusivamente nele referidos, de maneira a possibilitar sua aferição pelos licitantes e pelos órgãos de controle.
§ 1º Para os efeitos deste artigo, constituem tipos de licitação, exceto na modalidade concurso: *(Redação dada pela Lei nº 8.883, de 1994)*
I - a de menor preço - quando o critério de seleção da proposta mais vantajosa para a Administração determinar que será vencedor o licitante que apresentar a proposta de acordo com as especificações do edital ou convite e ofertar o menor preço;
II - a de melhor técnica;
III - a de técnica e preço.
IV - a de maior lance ou oferta - nos casos de aliençāo de bens ou concessão de direito real de uso. *(Incluído pela Lei nº 8.883, de 1994)*
§ 2º No caso de empate entre duas ou mais propostas, e após obedecido o disposto no § 2º do art. 3º desta Lei, a classificação se fará, obrigatoriamente, por sorteio, em ato público, para o qual todos os licitantes serão convocados, vedado qualquer outro processo.
§ 3º No caso da licitação do tipo "menor preço", entre os licitantes considerados qualificados a classificação se dará pela ordem crescente dos preços propostos, prevalecendo, no caso de empate, exclusivamente o critério previsto no parágrafo anterior. *(Redação dada pela Lei nº 8.883, de 1994)*
§ 4º Para contratação de bens e serviços de informática, a administração observará o disposto no art. 3º da Lei nº 8.248, de 23 de outubro de 1991, levando em conta os fatores especificados em seu parágrafo 2º e adotando obrigatoriamento o tipo de licitação "técnica e preço", permitido o emprego de outro tipo de licitação nos casos indicados em decreto do Poder Executivo. *(Redação dada pela Lei nº 8.883, de 1994)*
§ 5º É vedada a utilização de outros tipos de licitação não previstos neste artigo.
§ 6º Na hipótese prevista no art. 23, § 7º, serão selecionadas tantas propostas quantas necessárias até que se atinja a quantidade demandada na licitação. *(Incluído pela Lei nº 9.648, de 1998)*
Art. 46. Os tipos de licitação "melhor técnica" ou "técnica e preço" serão utilizados exclusivamente para serviços de natureza predominantemente intelectual, em especial na elaboração de projetos, cálculos, fiscalização, supervisão e gerenciamento e de engenharia consultiva em geral e, em particular, para a elaboração de estudos técnicos preliminares e projetos básicos e executivos, ressalvado o disposto no § 4º do artigo anterior. *(Redação dada pela Lei nº 8.883, de 1994)*
§ 1º Nas licitações do tipo "melhor técnica" será adotado o seguinte procedimento claramente explicitado no

instrumento convocatório, o qual fixará o preço máximo que a Administração se propõe a pagar:

I - serão abertos os envelopes contendo as propostas técnicas exclusivamente dos licitantes previamente qualificados e feita então a avaliação e classificação destas propostas de acordo com os critérios pertinentes e adequados ao objeto licitado, definidos com clareza e objetividade no instrumento convocatório e que considerem a capacitação e a experiência do proponente, a qualidade técnica da proposta, compreendendo metodologia, organização, tecnologias e recursos materiais a serem utilizados nos trabalhos, e a qualificação das equipes técnicas a serem mobilizadas para a sua execução;

II - uma vez classificadas as propostas técnicas, proceder-se-á à abertura das propostas de preço dos licitantes que tenham atingido a valorização mínima estabelecida no instrumento convocatório e à negociação das condições propostas, com a proponente melhor classificada, com base nos orçamentos detalhados apresentados e respectivos preços unitários e tendo como referência o limite representado pela proposta de menor preço entre os licitantes que obtiveram a valorização mínima;

III - no caso de impasse na negociação anterior, procedimento idêntico será adotado, sucessivamente, com os demais proponentes, pela ordem de classificação, até a consecução de acordo para a contratação;

IV - as propostas de preços serão devolvidas intactas aos licitantes que não forem preliminarmente habilitados ou que não obtiverem a valorização mínima estabelecida para a proposta técnica.

§ 2º Nas licitações do tipo "técnica e preço" será adotado, adicionalmente ao inciso I do parágrafo anterior, o seguinte procedimento claramente explicitado no instrumento convocatório:

I - será feita a avaliação e a valorização das propostas de preços, de acordo com critérios objetivos preestabelecidos no instrumento convocatório;

II - a classificação dos proponentes far-se-á de acordo com a média ponderada das valorizações das propostas técnicas e de preço, de acordo com os pesos preestabelecidos no instrumento convocatório.

§ 3º Excepcionalmente, os tipos de licitação previstos neste artigo poderão ser adotados, por autorização expressa e mediante justificativa circunstanciada da maior autoridade da Administração promotora constante do ato convocatório, para fornecimento de bens e execução de obras ou prestação de serviços de grande vulto majoritariamente dependentes de tecnologia nitidamente sofisticada e de domínio restrito, atestado por autoridades técnicas de reconhecida qualificação, nos casos em que o objeto pretendido admitir soluções alternativas e variações de execução, com repercussões significativas sobre sua qualidade, produtividade, rendimento e durabilidade concretamente mensuráveis, e estas puderem ser adotadas à livre escolha dos licitantes, na conformidade dos critérios objetivamente fixados no ato convocatório.

§ 4º (Vetado). *(Incluído pela Lei nº 8.883, de 1994)*

Art. 47. Nas licitações para a execução de obras e serviços, quando for adotada a modalidade de execução de empreitada por preço global, a Administração deverá fornecer obrigatoriamente, junto com o edital, todos os elementos e informações necessários para que os licitantes possam elaborar suas propostas de preços com total e completo conhecimento do objeto da licitação.

Art. 48. Serão desclassificadas:

I - as propostas que não atendam às exigências do ato convocatório da licitação;

II - propostas com valor global superior ao limite estabelecido ou com preços manifestamente inexeqüíveis, assim considerados aqueles que não venham a ter demonstrada sua viabilidade através de documentação que comprove que os custos dos insumos são coerentes com os de mercado e que os coeficientes de produtividade são compatíveis com a execução do objeto do contrato, condições estas necessariamente especificadas no ato convocatório da licitação. *(Redação dada pela Lei nº 8.883, de 1994)*

§ 1º Para os efeitos do disposto no inciso II deste artigo consideram-se manifestamente inexeqüíveis, no caso de licitações de menor preço para obras e serviços de engenharia, as propostas cujos valores sejam inferiores a 70% (setenta por cento) do menor dos seguintes valores: *(Incluído pela Lei nº 9.648, de 1998)*

a) média aritmética dos valores das propostas superiores a 50% (cinqüenta por cento) do valor orçado pela administração, ou (Incluído pela Lei nº 9.648, de 1998)

b) valor orçado pela administração. *(Incluído pela Lei nº 9.648, de 1998)*

§ 2º Dos licitantes classificados na forma do parágrafo anterior cujo valor global da proposta for inferior a 80% (oitenta por cento) do menor valor a que se referem as alíneas "a" e "b", será exigida, para a assinatura do contrato, prestação de garantia adicional, dentre as modalidades previstas no § 1º do art. 56, igual a diferença entre o valor resultante do parágrafo anterior e o valor da correspondente proposta. *(Incluído pela Lei nº 9.648, de 1998)*

§ 3º Quando todos os licitantes forem inabilitados ou todas as propostas forem desclassificadas, a administração poderá fixar aos licitantes o prazo de oito dias úteis para a apresentação de nova documentação ou de outras propostas escoimadas das causas referidas neste artigo, facultada, no caso de convite, a redução deste prazo para três dias úteis. *(Incluído pela Lei nº 9.648, de 1998)*

Art. 49. A autoridade competente para a aprovação do procedimento somente poderá revogar a licitação por razões de interesse público decorrente de fato superveniente devidamente comprovado, pertinente e suficiente para justificar tal conduta, devendo anulá-la por ilegalidade, de ofício ou por provocação de terceiros, mediante parecer escrito e devidamente fundamentado.

§ 1° A anulação do procedimento licitatório por motivo de ilegalidade não gera obrigação de indenizar, ressalvado o disposto no parágrafo único do art. 59 desta Lei.
§ 2° A nulidade do procedimento licitatório induz à do contrato, ressalvado o disposto no parágrafo único do art. 59 desta Lei.
§ 3° No caso de desfazimento do processo licitatório, fica assegurado o contraditório e a ampla defesa.
§ 4° O disposto neste artigo e seus parágrafos aplica-se aos atos do procedimento de dispensa e de inexigibilidade de licitação.
Art. 50. A Administração não poderá celebrar o contrato com preterição da ordem de classificação das propostas ou com terceiros estranhos ao procedimento licitatório, sob pena de nulidade.
Art. 51. A habilitação preliminar, a inscrição em registro cadastral, a sua alteração ou cancelamento, e as propostas serão processadas e julgadas por comissão permanente ou especial de, no mínimo, 3 (três) membros, sendo pelo menos 2 (dois) deles servidores qualificados pertencentes aos quadros permanentes dos órgãos da Administração responsáveis pela licitação.
§ 1° No caso de convite, a Comissão de licitação, excepcionalmente, nas pequenas unidades administrativas e em face da exigüidade de pessoal disponível, poderá ser substituída por servidor formalmente designado pela autoridade competente.
§ 2° A Comissão para julgamento dos pedidos de inscrição em registro cadastral, sua alteração ou cancelamento, será integrada por profissionais legalmente habilitados no caso de obras, serviços ou aquisição de equipamentos.
§ 3° Os membros das Comissões de licitação responderão solidariamente por todos os atos praticados pela Comissão, salvo se posição individual divergente estiver devidamente fundamentada e registrada em ata lavrada na reunião em que tiver sido tomada a decisão.
§ 4° A investidura dos membros das Comissões permanentes não excederá a 1 (um) ano, vedada a recondução da totalidade de seus membros para a mesma comissão no período subseqüente.
§ 5° No caso de concurso, o julgamento será feito por uma comissão especial integrada por pessoas de reputação ilibada e reconhecido conhecimento da matéria em exame, servidores públicos ou não.
Art. 52. O concurso a que se refere o § 4° do art. 22 desta Lei deve ser precedido de regulamento próprio, a ser obtido pelos interessados no local indicado no edital.
§ 1° O regulamento deverá indicar:
I - a qualificação exigida dos participantes;
II - as diretrizes e a forma de apresentação do trabalho;
III - as condições de realização do concurso e os prêmios a serem concedidos.
§ 2° Em se tratando de projeto, o vencedor deverá autorizar a Administração a executá-lo quando julgar conveniente.
Art. 53. O leilão pode ser cometido a leiloeiro oficial ou a servidor designado pela Administração, procedendo-se na forma da legislação pertinente.
§ 1° Todo bem a ser leiloado será previamente avaliado pela Administração para fixação do preço mínimo de arrematação.
§ 2° Os bens arrematados serão pagos à vista ou no percentual estabelecido no edital, não inferior a 5% (cinco por cento) e, após a assinatura da respectiva ata lavrada no local do leilão, imediatamente entregues ao arrematante, o qual se obrigará ao pagamento do restante no prazo estipulado no edital de convocação, sob pena de perder em favor da Administração o valor já recolhido.
§ 3° Nos leilões internacionais, o pagamento da parcela à vista poderá ser feito em até vinte e quatro horas. *(Redação dada pela Lei nº 8.883, de 1994)*
§ 4° O edital de leilão deve ser amplamente divulgado, principalmente no município em que se realizará. *(Incluído pela Lei nº 8.883, de 1994)*

Capítulo III
DOS CONTRATOS
Seção I
Disposições Preliminares

Art. 54. Os contratos administrativos de que trata esta Lei regulam-se pelas suas cláusulas e pelos preceitos de direito público, aplicando-se-lhes, supletivamente, os princípios da teoria geral dos contratos e as disposições de direito privado.
§ 1° Os contratos devem estabelecer com clareza e precisão as condições para sua execução, expressas em cláusulas que definam os direitos, obrigações e responsabilidades das partes, em conformidade com os termos da licitação e da proposta a que se vinculam.
§ 2° Os contratos decorrentes de dispensa ou de inexigibilidade de licitação devem atender aos termos do ato que os autorizou e da respectiva proposta.
Art. 55. São cláusulas necessárias em todo contrato as que estabeleçam:
I - o objeto e seus elementos característicos;
II - o regime de execução ou a forma de fornecimento;
III - o preço e as condições de pagamento, os critérios, data-base e periodicidade do reajustamento de preços, os critérios de atualização monetária entre a data do adimplemento das obrigações e a do efetivo pagamento;
IV - os prazos de início de etapas de execução, de conclusão, de entrega, de observação e de recebimento definitivo, conforme o caso;
V - o crédito pelo qual correrá a despesa, com a indicação da classificação funcional programática e da categoria econômica;
VI - as garantias oferecidas para assegurar sua plena execução, quando exigidas;
VII - os direitos e as responsabilidades das partes, as penalidades cabíveis e os valores das multas;

VIII - os casos de rescisão;
IX - o reconhecimento dos direitos da Administração, em caso de rescisão administrativa prevista no art. 77 desta Lei;
X - as condições de importação, a data e a taxa de câmbio para conversão, quando for o caso;
XI - a vinculação ao edital de licitação ou ao termo que a dispensou ou a inexigiu, ao convite e à proposta do licitante vencedor;
XII - a legislação aplicável à execução do contrato e especialmente aos casos omissos;
XIII - a obrigação do contratado de manter, durante toda a execução do contrato, em compatibilidade com as obrigações por ele assumidas, todas as condições de habilitação e qualificação exigidas na licitação.
§ 1º (Vetado). *(Redação dada pela Lei nº 8.883, de 1994)*
§ 2º Nos contratos celebrados pela Administração Pública com pessoas físicas ou jurídicas, inclusive aquelas domiciliadas no estrangeiro, deverá constar necessariamente cláusula que declare competente o foro da sede da Administração para dirimir qualquer questão contratual, salvo o disposto no § 6º do art. 32 desta Lei.
§ 3º No ato da liquidação da despesa, os serviços de contabilidade comunicarão, aos órgãos incumbidos da arrecadação e fiscalização de tributos da União, Estado ou Município, as características e os valores pagos, segundo o disposto no art. 63 da Lei nº 4.320, de 17 de março de 1964.
Art. 56. A critério da autoridade competente, em cada caso, e desde que prevista no instrumento convocatório, poderá ser exigida prestação de garantia nas contra-tações de obras, serviços e compras.
§ 1º Caberá ao contratado optar por uma das seguintes modalidades de garantia: *(Redação dada pela Lei nº 8.883, de 1994)*
I - caução em dinheiro ou em títulos da dívida pública, devendo estes ter sido emitidos sob a forma escritural, mediante registro em sistema centralizado de liquidação e de custódia autorizado pelo Banco Central do Brasil e avaliados pelos seus valores econômicos, conforme definido pelo Ministério da Fazenda; *(Redação dada pela Lei nº 11.079, de 2004)*
II - seguro-garantia; *(Redação dada pela Lei nº 8.883, de 1994)*
III - fiança bancária. *(Redação dada pela Lei nº 8.883, de 8.6.94)*
§ 2º A garantia a que se refere o caput deste artigo não excederá a cinco por cento do valor do contrato e terá seu valor atualizado nas mesmas condições daquele, ressalvado o previsto no parágrafo 3º deste artigo. *(Redação dada pela Lei nº 8.883, de 1994)*
§ 3º Para obras, serviços e fornecimentos de grande vulto envolvendo alta complexidade técnica e riscos financeiros consideráveis, demonstrados através de parecer tecnicamente aprovado pela autoridade competente, o limite de garantia previsto no parágrafo anterior poderá ser elevado para até dez por cento do valor do contrato. *(Redação dada pela Lei nº 8.883, de 1994)*
§ 4º A garantia prestada pelo contratado será liberada ou restituída após a execução do contrato e, quando em dinheiro, atualizada monetariamente.
§ 5º Nos casos de contratos que importem na entrega de bens pela Administração, dos quais o contratado ficará depositário, ao valor da garantia deverá ser acrescido o valor desses bens.
Art. 57. A duração dos contratos regidos por esta Lei ficará adstrita à vigência dos respectivos créditos orçamentários, exceto quanto aos relativos:
I - aos projetos cujos produtos estejam contemplados nas metas estabelecidas no Plano Plurianual, os quais poderão ser prorrogados se houver interesse da Administração e desde que isso tenha sido previsto no ato convocatório;
II - à prestação de serviços a serem executados de forma contínua, que poderão ter a sua duração prorrogada por iguais e sucessivos períodos com vistas à obtenção de preços e condições mais vantajosas para a administração, limitada a sessenta meses; *(Redação dada pela Lei nº 9.648, de 1998)*
III - (Vetado). *(Redação dada pela Lei nº 8.883, de 1994)*
IV - ao aluguel de equipamentos e à utilização de programas de informática, podendo a duração estender-se pelo prazo de até 48 (quarenta e oito) meses após o início da vigência do contrato.
V - às hipóteses previstas nos incisos IX, XIX, XXVIII e XXXI do art. 24, cujos contratos poderão ter vigência por até 120 (cento e vinte) meses, caso haja interesse da administração. *(Incluído pela Lei nº 12.349, de 2010)*
§ 1º Os prazos de início de etapas de execução, de conclusão e de entrega admitem prorrogação, mantidas as demais cláusulas do contrato e assegurada a manutenção de seu equilíbrio econômico-financeiro, desde que ocorra algum dos seguintes motivos, devidamente autuados em processo:
I - alteração do projeto ou especificações, pela Administração;
II - superveniência de fato excepcional ou imprevisível, estranho à vontade das partes, que altere fundamentalmente as condições de execução do contrato;
III - interrupção da execução do contrato ou diminuição do ritmo de trabalho por ordem e no interesse da Administração;
IV - aumento das quantidades inicialmente previstas no contrato, nos limites permitidos por esta Lei;
V - impedimento de execução do contrato por fato ou ato de terceiro reconhecido pela Administração em documento contemporâneo à sua ocorrência;
VI - omissão ou atraso de providências a cargo da Administração, inclusive quanto aos pagamentos previstos de que resulte, diretamente, impedimento ou retardamento na execução do contrato, sem prejuízo das sanções legais aplicáveis aos responsáveis.
§ 2º Toda prorrogação de prazo deverá ser justificada por escrito e previamente autorizada pela autoridade competente para celebrar o contrato.
§ 3º É vedado o contrato com prazo de vigência indeterminado.

§ 4° Em caráter excepcional, devidamente justificado e mediante autorização da autoridade superior, o prazo de que trata o inciso II do caput deste artigo poderá ser prorrogado por até doze meses. *(Incluído pela Lei nº 9.648, de 1998)*

Art. 58. O regime jurídico dos contratos administrativos instituído por esta Lei confere à Administração, em relação a eles, a prerrogativa de:

I - modificá-los, unilateralmente, para melhor adequação às finalidades de interesse público, respeitados os direitos do contratado;

II - rescindi-los, unilateralmente, nos casos especificados no inciso I do art. 79 desta Lei;

III - fiscalizar-lhes a execução;

IV - aplicar sanções motivadas pela inexecução total ou parcial do ajuste;

V - nos casos de serviços essenciais, ocupar provisoriamente bens móveis, imóveis, pessoal e serviços vinculados ao objeto do contrato, na hipótese da necessidade de acautelar apuração administrativa de faltas contratuais pelo contratado, bem como na hipótese de rescisão do contrato administrativo.

§ 1° As cláusulas econômico-financeiras e monetárias dos contratos administrativos não poderão ser alteradas sem prévia concordância do contratado.

§ 2° Na hipótese do inciso I deste artigo, as cláusulas econômico-financeiras do contrato deverão ser revistas para que se mantenha o equilíbrio contratual.

Art. 59. A declaração de nulidade do contrato administrativo opera retroativamente impedindo os efeitos jurídicos que ele, ordinariamente, deveria produzir, além de desconstituir os já produzidos.

Parágrafo único. A nulidade não exonera a Administração do dever de indenizar o contratado pelo que este houver executado até a data em que ela for declarada e por outros prejuízos regularmente comprovados, contanto que não lhe seja imputável, promovendo-se a responsabilidade de quem lhe deu causa.

Seção II
Da Formalização dos Contratos

Art. 60. Os contratos e seus aditamentos serão lavrados nas repartições interessadas, as quais manterão arquivo cronológico dos seus autógrafos e registro sistemático do seu extrato, salvo os relativos a direitos reais sobre imóveis, que se formalizam por instrumento lavrado em cartório de notas, de tudo juntando-se cópia no processo que lhe deu origem.

Parágrafo único. É nulo e de nenhum efeito o contrato verbal com a Administração, salvo o de pequenas compras de pronto pagamento, assim entendidas aquelas de valor não superior a 5% (cinco por cento) do limite estabelecido no art. 23, inciso II, alínea "a" desta Lei, feitas em regime de adiantamento.

Art. 61. Todo contrato deve mencionar os nomes das partes e os de seus representantes, a finalidade, o ato que autorizou a sua lavratura, o número do processo da licitação, da dispensa ou da inexigibilidade, a sujeição dos contratantes às normas desta Lei e às cláusulas contratuais.

Parágrafo único. A publicação resumida do instrumento de contrato ou de seus aditamentos na imprensa oficial, que é condição indispensável para sua eficácia, será providenciada pela Administração até o quinto dia útil do mês seguinte ao de sua assinatura, para ocorrer no prazo de vinte dias daquela data, qualquer que seja o seu valor, ainda que sem ônus, ressalvado o disposto no art. 26 desta Lei. *(Redação dada pela Lei nº 8.883, de 1994)*

Art. 62. O instrumento de contrato é obrigatório nos casos de concorrência e de tomada de preços, bem como nas dispensas e inexigibilidades cujos preços estejam compreendidos nos limites destas duas modalidades de licitação, e facultativo nos demais em que a Administração puder substituí-lo por outros instrumentos hábeis, tais como carta-contrato, nota de empenho de despesa, autorização de compra ou ordem de execução de serviço.

§ 1° A minuta do futuro contrato integrará sempre o edital ou ato convocatório da licitação.

§ 2° Em "carta contrato", "nota de empenho de despesa", "autorização de compra", "ordem de execução de serviço" ou outros instrumentos hábeis aplica-se, no que couber, o disposto no art. 55 desta Lei. *(Redação dada pela Lei nº 8.883, de 1994)*

§ 3° Aplica-se o disposto nos arts. 55 e 58 a 61 desta Lei e demais normas gerais, no que couber:

I - aos contratos de seguro, de financiamento, de locação em que o Poder Público seja locatário, e aos demais cujo conteúdo seja regido, predominantemente, por norma de direito privado;

II - aos contratos em que a Administração for parte como usuária de serviço público.

§ 4° É dispensável o "termo de contrato" e facultada a substituição prevista neste artigo, a critério da Administração e independentemente de seu valor, nos casos de compra com entrega imediata e integral dos bens adquiridos, dos quais não resultem obrigações futuras, inclusive assistência técnica.

Art. 63. É permitido a qualquer licitante o conhecimento dos termos do contrato e do respectivo processo licitatório e, a qualquer interessado, a obtenção de cópia autenticada, mediante o pagamento dos emolumentos devidos.

Art. 64. A Administração convocará regularmente o interessado para assinar o termo de contrato, aceitar ou retirar o instrumento equivalente, dentro do prazo e condições estabelecidos, sob pena de decair o direito à contratação, sem prejuízo das sanções previstas no art. 81 desta Lei.

§ 1° O prazo de convocação poderá ser prorrogado uma vez, por igual período, quando solicitado pela parte durante o seu transcurso e desde que ocorra motivo justificado aceito pela Administração.

§ 2º É facultado à Administração, quando o convocado não assinar o termo de contrato ou não aceitar ou retirar o instrumento equivalente no prazo e condições estabelecidos, convocar os licitantes remanescentes, na ordem de classificação, para fazê-lo em igual prazo e nas mesmas condições propostas pelo primeiro classificado, inclusive quanto aos preços atualizados de conformidade com o ato convocatório, ou revogar a licitação independentemente da cominação prevista no art. 81 desta Lei.
§ 3º Decorridos 60 (sessenta) dias da data da entrega das propostas, sem convocação para a contratação, ficam os licitantes liberados dos compromissos assumidos.

Seção III
Da Alteração dos Contratos

Art. 65. Os contratos regidos por esta Lei poderão ser alterados, com as devidas justificativas, nos seguintes casos:
I - unilateralmente pela Administração:
a) quando houver modificação do projeto ou das especificações, para melhor adequação técnica aos seus objetivos;
b) quando necessária a modificação do valor contratual em decorrência de acréscimo ou diminuição quantitativa de seu objeto, nos limites permitidos por esta Lei;
II - por acordo das partes:
a) quando conveniente a substituição da garantia de execução;
b) quando necessária a modificação do regime de execução da obra ou serviço, bem como do modo de fornecimento, em face de verificação técnica da inaplicabilidade dos termos contratuais originários;
c) quando necessária a modificação da forma de pagamento, por imposição de circunstâncias supervenientes, mantido o valor inicial atualizado, vedada a antecipação do pagamento, com relação ao cronograma financeiro fixado, sem a correspondente contraprestação de fornecimento de bens ou execução de obra ou serviço;
d) para restabelecer a relação que as parte pactuaram inicialmente entre os encargos do contratado e a retribuição da Administração para a justa remuneração da obra, serviço ou fornecimento, objetivando a manutenção do equilibrio econômico-financeiro inicial do contrato, na hipótese de sobreviverem fatos imprevisíveis, ou previsíveis porém de consequências incalculáveis, retardadores ou impeditivos da execução do ajustado, ou ainda, em caso de força maior, caso fortuito ou fato do príncipe, configurando álea econômica extraordinária e extracontratual. *(Redação dada pela Lei nº 8.883, de 1994)*
§ 1º O contratado fica obrigado a aceitar, nas mesmas condições contratuais, os acréscimos ou supressões que se fizerem nas obras, serviços ou compras, até 25% (vinte e cinco por cento) do valor inicial atualizado do contrato, e, no caso particular de reforma de edifício ou de equipamento, até o limite de 50% (cinqüenta por cento) para os seus acréscimos.
§ 2º Nenhum acréscimo ou supressão poderá exceder os limites estabelecidos no parágrafo anterior, salvo: *(Redação dada pela Lei nº 9.648, de 1998)*
I - (VETADO) *(Incluído pela Lei nº 9.648, de 1998)*
II - as supressões resultantes de acordo celebrado entre os contratantes. *(Incluído pela Lei nº 9.648, de 1998)*
§ 3º Se no contrato não houverem sido contemplados preços unitários para obras ou serviços, esses serão fixados mediante acordo entre as partes, respeitados os limites estabelecidos no § 1º deste artigo.
§ 4º No caso de supressão de obras, bens ou serviços, se o contratado já houver adquirido os materiais e posto no local dos trabalhos, estes deverão ser pagos pela Administração pelos custos de aquisição regularmente comprovados e monetariamente corrigidos, podendo caber indenização por outros danos eventualmente decorrentes da supressão, desde que regularmente comprovados.
§ 5º Quaisquer tributos ou encargos legais criados, alterados ou extintos, bem como a superveniência de disposições legais, quando ocorridas após a data da apresentação da proposta, de comprovada repercussão nos preços contratados, implicarão a revisão destes para mais ou para menos, conforme o caso.
§ 6º Em havendo alteração unilateral do contrato que aumente os encargos do contratado, a Administração deverá restabelecer, por aditamento, o equilíbrio econômico-financeiro inicial.
§ 7º (VETADO)
§ 8º A variação do valor contratual para fazer face ao reajuste de preços previsto no próprio contrato, as atualizações, compensações ou penalizações financeiras decorrentes das condições de pagamento nele previstas, bem como o empenho de dotações orçamentárias suplementares até o limite do seu valor corrigido, não caracterizam alteração do mesmo, podendo ser registrados por simples apostila, dispensando a celebração de aditamento.

Seção IV
Da Execução dos Contratos

Art. 66. O contrato deverá ser executado fielmente pelas partes, de acordo com as cláusulas avençadas e as normas desta Lei, respondendo cada uma pelas conseqüências de sua inexecução total ou parcial.
Art. 67. A execução do contrato deverá ser acompanhada e fiscalizada por um representante da Administração especialmente designado, permitida a contratação de terceiros para assisti-lo e subsidiá-lo de informações pertinentes a essa atribuição.
§ 1º O representante da Administração anotará em registro próprio todas as ocorrências relacionadas com a execução do contrato, determinando o que for necessário à regularização das faltas ou defeitos observados.
§ 2º As decisões e providências que ultrapassarem a competência do representante deverão ser solicitadas a seus superiores em tempo hábil para a adoção das medidas convenientes.

Art. 68. O contratado deverá manter preposto, aceito pela Administração, no local da obra ou serviço, para representá-lo na execução do contrato.

Art. 69. O contratado é obrigado a reparar, corrigir, remover, reconstruir ou substituir, às suas expensas, no total ou em parte, o objeto do contrato em que se verificarem vícios, defeitos ou incorreções resultantes da execução ou de materiais empregados.

Art. 70. O contratado é responsável pelos danos causados diretamente à Administração ou a terceiros, decorrentes de sua culpa ou dolo na execução do contrato, não excluindo ou reduzindo essa responsabilidade a fiscalização ou o acompanhamento pelo órgão interessado.

Art. 71. O contratado é responsável pelos encargos trabalhistas, previdenciários, fiscais e comerciais resultantes da execução do contrato.

§ 1° A inadimplência do contratado, com referência aos encargos trabalhistas, fiscais e comerciais não transfere à Administração Pública a responsabilidade por seu pagamento, nem poderá onerar o objeto do contrato ou restringir a regularização e o uso das obras e edificações, inclusive perante o Registro de Imóveis. *(Redação dada pela Lei nº 9.032, de 1995)*

§ 2° A Administração Pública responde solidariamente com o contratado pelos encargos previdenciários resultantes da execução do contrato, nos termos do art. 31 da Lei nº 8.212, de 24 de julho de 1991. *(Redação dada pela Lei nº 9.032, de 1995)*

§ 3° (Vetado). *(Incluído pela Lei nº 8.883, de 1994)*

Art. 72. O contratado, na execução do contrato, sem prejuízo das responsabilidades contratuais e legais, poderá subcontratar partes da obra, serviço ou fornecimento, até o limite admitido, em cada caso, pela Administração.

Art. 73. Executado o contrato, o seu objeto será recebido:

I - em se tratando de obras e serviços:

a) provisoriamente, pelo responsável por seu acompanhamento e fiscalização, mediante termo circunstanciado, assinado pelas partes em até 15 (quinze) dias da comunicação escrita do contratado;

b) definitivamente, por servidor ou comissão designada pela autoridade competente, mediante termo circunstanciado, assinado pelas partes, após o decurso do prazo de observação, ou vistoria que comprove a adequação do objeto aos termos contratuais, observado o disposto no art. 69 desta Lei;

II - em se tratando de compras ou de locação de equipamentos:

a) provisoriamente, para efeito de posterior verificação da conformidade do material com a especificação;

b) definitivamente, após a verificação da qualidade e quantidade do material e conseqüente aceitação.

§ 1° Nos casos de aquisição de equipamentos de grande vulto, o recebimento far-se-á mediante termo circunstanciado e, nos demais, mediante recibo.

§ 2° O recebimento provisório ou definitivo não exclui a responsabilidade civil pela solidez e segurança da obra ou do serviço, nem ético-profissional pela perfeita execução do contrato, dentro dos limites estabelecidos pela lei ou pelo contrato.

§ 3° O prazo a que se refere a alínea "b" do inciso I deste artigo não poderá ser superior a 90 (noventa) dias, salvo em casos excepcionais, devidamente justificados e previstos no edital.

§ 4° Na hipótese de o termo circunstanciado ou a verificação a que se refere este artigo não serem, respectivamente, lavrado ou procedida dentro dos prazos fixados, reputar-se-ão como realizados, desde que comunicados à Administração nos 15 (quinze) dias anteriores à exaustão dos mesmos.

Art. 74. Poderá ser dispensado o recebimento provisório nos seguintes casos:

I - gêneros perecíveis e alimentação preparada;

II - serviços profissionais;

III - obras e serviços de valor até o previsto no art. 23, inciso II, alínea "a", desta Lei, desde que não se componham de aparelhos, equipamentos e instalações sujeitos à verificação de funcionamento e produtividade.

Parágrafo único. Nos casos deste artigo, o recebimento será feito mediante recibo.

Art. 75. Salvo disposições em contrário constantes do edital, do convite ou de ato normativo, os ensaios, testes e demais provas exigidos por normas técnicas oficiais para a boa execução do objeto do contrato correm por conta do contratado.

Art. 76. A Administração rejeitará, no todo ou em parte, obra, serviço ou fornecimento executado em desacordo com o contrato.

Seção V
Da Inexecução e da Rescisão dos Contratos

Art. 77. A inexecução total ou parcial do contrato enseja a sua rescisão, com as conseqüências contratuais e as previstas em lei ou regulamento.

Art. 78. Constituem motivo para rescisão do contrato:

I - o não cumprimento de cláusulas contratuais, especificações, projetos ou prazos;

II - o cumprimento irregular de cláusulas contratuais, especificações, projetos e prazos;

III - a lentidão do seu cumprimento, levando a Administração a comprovar a impossibilidade da conclusão da obra, do serviço ou do fornecimento, nos prazos estipulados;

IV - o atraso injustificado no início da obra, serviço ou fornecimento;

V - a paralisação da obra, do serviço ou do fornecimento, sem justa causa e prévia comunicação à Administração;

VI - a subcontratação total ou parcial do seu objeto, a associação do contratado com outrem, a cessão ou transferência, total ou parcial, bem como a fusão, cisão ou incorporação, não admitidas no edital e no contrato;

VII - o desatendimento das determinações regulares da autoridade designada para acompanhar e fiscalizar a sua execução, assim como as de seus superiores;

VIII - o cometimento reiterado de faltas na sua execução, anotadas na forma do § 1º do art. 67 desta Lei;
IX - a decretação de falência ou a instauração de insolvência civil;
X - a dissolução da sociedade ou o falecimento do contratado;
XI - a alteração social ou a modificação da finalidade ou da estrutura da empresa, que prejudique a execução do contrato;
XII - razões de interesse público, de alta relevância e amplo conhecimento, justificadas e determinadas pela máxima autoridade da esfera administrativa a que está subordinado o contratante e exaradas no processo administrativo a que se refere o contrato;
XIII - a supressão, por parte da Administração, de obras, serviços ou compras, acarretando modificação do valor inicial do contrato além do limite permitido no § 1º do art. 65 desta Lei;
XIV - a suspensão de sua execução, por ordem escrita da Administração, por prazo superior a 120 (cento e vinte) dias, salvo em caso de calamidade pública, grave perturbação da ordem interna ou guerra, ou ainda por repetidas suspensões que totalizem o mesmo prazo, independentemente do pagamento obrigatório de indenizações pelas sucessivas e contratualmente imprevistas desmobilizações e mobilizações e outras previstas, assegurado ao contratado, nesses casos, o direito de optar pela suspensão do cumprimento das obrigações assumidas até que seja normalizada a situação;
XV - o atraso superior a 90 (noventa) dias dos pagamentos devidos pela Administração decorrentes de obras, serviços ou fornecimento, ou parcelas destes, já recebidos ou executados, salvo em caso de calamidade pública, grave perturbação da ordem interna ou guerra, assegurado ao contratado o direito de optar pela suspensão do cumprimento de suas obrigações até que seja normalizada a situação;
XVI - a não liberação, por parte da Administração, de área, local ou objeto para execução de obra, serviço ou fornecimento, nos prazos contratuais, bem como das fontes de materiais naturais especificadas no projeto;
XVII - a ocorrência de caso fortuito ou de força maior, regularmente comprovada, impeditiva da execução do contrato.
Parágrafo único. Os casos de rescisão contratual serão formalmente motivados nos autos do processo, assegurado o contraditório e a ampla defesa.
XVIII – descumprimento do disposto no inciso V do art. 27, sem prejuízo das sanções penais cabíveis. *(Incluído pela Lei nº 9.854, de 1999)*
Art. 79. A rescisão do contrato poderá ser:
I - determinada por ato unilateral e escrito da Administração, nos casos enumerados nos incisos I a XII e XVII do artigo anterior;
II - amigável, por acordo entre as partes, reduzida a termo no processo da licitação, desde que haja conveniência para a Administração;
III - judicial, nos termos da legislação;
IV - (Vetado). *(Redação dada pela Lei nº 8.883, de 1994)*
§ 1º A rescisão administrativa ou amigável deverá ser precedida de autorização escrita e fundamentada da autoridade competente.
§ 2º Quando a rescisão ocorrer com base nos incisos XII a XVII do artigo anterior, sem que haja culpa do contratado, será este ressarcido dos prejuízos regularmente comprovados que houver sofrido, tendo ainda direito a:
I - devolução de garantia;
II - pagamentos devidos pela execução do contrato até a data da rescisão;
III - pagamento do custo da desmobilização.
§ 3º (Vetado). *(Redação dada pela Lei nº 8.883, de 1994)*
§ 4º (Vetado). *(Redação dada pela Lei nº 8.883, de 1994)*
§ 5º Ocorrendo impedimento, paralisação ou sustação do contrato, o cronograma de execução será prorrogado automaticamente por igual tempo.
Art. 80. A rescisão de que trata o inciso I do artigo anterior acarreta as seguintes conseqüências, sem prejuízo das sanções previstas nesta Lei:
I - assunção imediata do objeto do contrato, no estado e local em que se encontrar, por ato próprio da Administração;
II - ocupação e utilização do local, instalações, equipamentos, material e pessoal empregados na execução do contrato, necessários à sua continuidade, na forma do inciso V do art. 58 desta Lei;
III - execução da garantia contratual, para ressarcimento da Administração, e dos valores das multas e indenizações a ela devidos;
IV - retenção dos créditos decorrentes do contrato até o limite dos prejuízos causados à Administração.
§ 1º A aplicação das medidas previstas nos incisos I e II deste artigo fica a critério da Administração, que poderá dar continuidade à obra ou ao serviço por execução direta ou indireta.
§ 2º É permitido à Administração, no caso de concordata do contratado, manter o contrato, podendo assumir o controle de determinadas atividades de serviços essenciais.
§ 3º Na hipótese do inciso II deste artigo, o ato deverá ser precedido de autorização expressa do Ministro de Estado competente, ou Secretário Estadual ou Municipal, conforme o caso.
§ 4º A rescisão de que trata o inciso IV do artigo anterior permite à Administração, a seu critério, aplicar a medida prevista no inciso I deste artigo.

Capítulo IV
DAS SANÇÕES ADMINISTRATIVAS E DA TUTELA JUDICIAL
Seção I
Disposições Gerais

Art. 81. A recusa injustificada do adjudicatário em assinar o contrato, aceitar ou retirar o instrumento

equivalente, dentro do prazo estabelecido pela Administração, caracteriza o descumprimento total da obrigação assumida, sujeitando-o às penalidades legalmente estabelecidas.
Parágrafo único. O disposto neste artigo não se aplica aos licitantes convocados nos termos do art. 64, § 2º desta Lei, que não aceitarem a contratação, nas mesmas condições propostas pelo primeiro adjudicatário, inclusive quanto ao prazo e preço.
Art. 82. Os agentes administrativos que praticarem atos em desacordo com os preceitos desta Lei ou visando a frustrar os objetivos da licitação sujeitam-se às sanções previstas nesta Lei e nos regulamentos próprios, sem prejuízo das responsabilidades civil e criminal que seu ato ensejar.
Art. 83. Os crimes definidos nesta Lei, ainda que simplesmente tentados, sujeitam os seus autores, quando servidores públicos, além das sanções penais, à perda do cargo, emprego, função ou mandato eletivo.
Art. 84. Considera-se servidor público, para os fins desta Lei, aquele que exerce, mesmo que transitoriamente ou sem remuneração, cargo, função ou emprego público.
§ 1º Equipara-se a servidor público, para os fins desta Lei, quem exerce cargo, emprego ou função em entidade paraestatal, assim consideradas, além das fundações, empresas públicas e sociedades de economia mista, as demais entidades sob controle, direto ou indireto, do Poder Público.
§ 2º A pena imposta será acrescida da terça parte, quando os autores dos crimes previstos nesta Lei forem ocupantes de cargo em comissão ou de função de confiança em órgão da Administração direta, autarquia, empresa pública, sociedade de economia mista, fundação pública, ou outra entidade controlada direta ou indiretamente pelo Poder Público.
Art. 85. As infrações penais previstas nesta Lei pertinem às licitações e aos contratos celebrados pela União, Estados, Distrito Federal, Municípios, e respectivas autarquias, empresas públicas, sociedades de economia mista, fundações públicas, e quaisquer outras entidades sob seu controle direto ou indireto.

Seção II
Das Sanções Administrativas

Art. 86. O atraso injustificado na execução do contrato sujeitará o contratado à multa de mora, na forma prevista no instrumento convocatório ou no contrato.
§ 1º A multa a que alude este artigo não impede que a Administração rescinda unilateralmente o contrato e aplique as outras sanções previstas nesta Lei.
§ 2º A multa, aplicada após regular processo administrativo, será descontada da garantia do respectivo contratado.
§ 3º Se a multa for de valor superior ao valor da garantia prestada, além da perda desta, responderá o contratado pela sua diferença, a qual será descontada dos pagamentos eventualmente devidos pela Administração ou ainda, quando for o caso, cobrada judicialmente.
Art. 87. Pela inexecução total ou parcial do contrato a Administração poderá, garantida a prévia defesa, aplicar ao contratado as seguintes sanções:
I - advertência;
II - multa, na forma prevista no instrumento convocatório ou no contrato;
III - suspensão temporária de participação em licitação e impedimento de contratar com a Administração, por prazo não superior a 2 (dois) anos;
IV - declaração de inidoneidade para licitar ou contratar com a Administração Pública enquanto perdurarem os motivos determinantes da punição ou até que seja promovida a reabilitação perante a própria autoridade que aplicou a penalidade, que será concedida sempre que o contratado ressarcir a Administração pelos prejuízos resultantes e após decorrido o prazo da sanção aplicada com base no inciso anterior.
§ 1º Se a multa aplicada for superior ao valor da garantia prestada, além da perda desta, responderá o contratado pela sua diferença, que será descontada dos pagamentos eventualmente devidos pela Administração ou cobrada judicialmente.
§ 2º As sanções previstas nos incisos I, III e IV deste artigo poderão ser aplicadas juntamente com a do inciso II, facultada a defesa prévia do interessado, no respectivo processo, no prazo de 5 (cinco) dias úteis.
§ 3º A sanção estabelecida no inciso IV deste artigo é de competência exclusiva do Ministro de Estado, do Secretário Estadual ou Municipal, conforme o caso, facultada a defesa do interessado no respectivo processo, no prazo de 10 (dez) dias da abertura de vista, podendo a reabilitação ser requerida após 2 (dois) anos de sua aplicação.
Art. 88. As sanções previstas nos incisos III e IV do artigo anterior poderão também ser aplicadas às empresas ou aos profissionais que, em razão dos contratos regidos por esta Lei:
I - tenham sofrido condenação definitiva por praticarem, por meios dolosos, fraude fiscal no recolhimento de quaisquer tributos;
II - tenham praticado atos ilícitos visando a frustrar os objetivos da licitação;
III - demonstrem não possuir idoneidade para contratar com a Administração em virtude de atos ilícitos praticados.

Seção III
Dos Crimes e das Penas

Art. 89. Dispensar ou inexigir licitação fora das hipóteses previstas em lei, ou deixar de observar as formalidades pertinentes à dispensa ou à inexigibilidade:
Pena - detenção, de 3 (três) a 5 (cinco) anos, e multa.
Parágrafo único. Na mesma pena incorre aquele que, tendo comprovadamente concorrido para a consumação da ilegalidade, beneficiou-se da dispensa ou inexigibilidade ilegal, para celebrar contrato com o Poder Público.

Art. 90. Frustrar ou fraudar, mediante ajuste, combinação ou qualquer outro expediente, o caráter competitivo do procedimento licitatório, com o intuito de obter, para si ou para outrem, vantagem decorrente da adjudicação do objeto da licitação:
Pena - detenção, de 2 (dois) a 4 (quatro) anos, e multa.
Art. 91. Patrocinar, direta ou indiretamente, interesse privado perante a Administração, dando causa à instauração de licitação ou à celebração de contrato, cuja invalidação vier a ser decretada pelo Poder Judiciário:
Pena - detenção, de 6 (seis) meses a 2 (dois) anos, e multa.
Art. 92. Admitir, possibilitar ou dar causa a qualquer modificação ou vantagem, inclusive prorrogação contratual, em favor do adjudicatário, durante a execução dos contratos celebrados com o Poder Público, sem autorização em lei, no ato convocatório da licitação ou nos respectivos instrumentos contratuais, ou, ainda, pagar fatura com preterição da ordem cronológica de sua exigibilidade, observado o disposto no art. 121 desta Lei: *(Redação dada pela Lei nº 8.883, de 1994)*
Pena - detenção, de dois a quatro anos, e multa. *(Redação dada pela Lei nº 8.883, de 1994)*
Parágrafo único. Incide na mesma pena o contratado que, tendo comprovadamente concorrido para a consumação da ilegalidade, obtém vantagem indevida ou se beneficia, injustamente, das modificações ou prorrogações contratuais.
Art. 93. Impedir, perturbar ou fraudar a realização de qualquer ato de procedimento licitatório:
Pena - detenção, de 6 (seis) meses a 2 (dois) anos, e multa.
Art. 94. Devassar o sigilo de proposta apresentada em procedimento licitatório, ou proporcionar a terceiro o ensejo de devassá-lo:
Pena - detenção, de 2 (dois) a 3 (três) anos, e multa.
Art. 95. Afastar ou procura afastar licitante, por meio de violência, grave ameaça, fraude ou oferecimento de vantagem de qualquer tipo:
Pena - detenção, de 2 (dois) a 4 (quatro) anos, e multa, além da pena correspondente à violência.
Parágrafo único. Incorre na mesma pena quem se abstém ou desiste de licitar, em razão da vantagem oferecida.
Art. 96. Fraudar, em prejuízo da Fazenda Pública, licitação instaurada para aquisição ou venda de bens ou mercadorias, ou contrato dela decorrente:
I - elevando arbitrariamente os preços;
II - vendendo, como verdadeira ou perfeita, mercadoria falsificada ou deteriorada;
III - entregando uma mercadoria por outra;
IV - alterando substância, qualidade ou quantidade da mercadoria fornecida;
V - tornando, por qualquer modo, injustamente, mais onerosa a proposta ou a execução do contrato:
Pena - detenção, de 3 (três) a 6 (seis) anos, e multa.
Art. 97. Admitir à licitação ou celebrar contrato com empresa ou profissional declarado inidôneo:
Pena - detenção, de 6 (seis) meses a 2 (dois) anos, e multa.
Parágrafo único. Incide na mesma pena aquele que, declarado inidôneo, venha a licitar ou a contratar com a Administração.
Art. 98. Obstar, impedir ou dificultar, injustamente, a inscrição de qualquer interessado nos registros cadastrais ou promover indevidamente a alteração, suspensão ou cancelamento de registro do inscrito:
Pena - detenção, de 6 (seis) meses a 2 (dois) anos, e multa.
Art. 99. A pena de multa cominada nos arts. 89 a 98 desta Lei consiste no pagamento de quantia fixada na sentença e calculada em índices percentuais, cuja base corresponderá ao valor da vantagem efetivamente obtida ou potencialmente auferível pelo agente.
§ 1º Os índices a que se refere este artigo não poderão ser inferiores a 2% (dois por cento), nem superiores a 5% (cinco por cento) do valor do contrato licitado ou celebrado com dispensa ou inexigibilidade de licitação.
§ 2º O produto da arrecadação da multa reverterá, conforme o caso, à Fazenda Federal, Distrital, Estadual ou Municipal.

Seção IV
Do Processo e do Procedimento Judicial

Art. 100. Os crimes definidos nesta Lei são de ação penal pública incondicionada, cabendo ao Ministério Público promovê-la.
Art. 101. Qualquer pessoa poderá provocar, para os efeitos desta Lei, a iniciativa do Ministério Público, fornecendo-lhe, por escrito, informações sobre o fato e sua autoria, bem como as circunstâncias em que se deu a ocorrência.
Parágrafo único. Quando a comunicação for verbal, mandará a autoridade reduzi-la a termo, assinado pelo apresentante e por duas testemunhas.
Art. 102. Quando em autos ou documentos de que conhecerem, os magistrados, os membros dos Tribunais ou Conselhos de Contas ou os titulares dos órgãos integrantes do sistema de controle interno de qualquer dos Poderes verificarem a existência dos crimes definidos nesta Lei, remeterão ao Ministério Público as cópias e os documentos necessários ao oferecimento da denúncia.
Art. 103. Será admitida ação penal privada subsidiária da pública, se esta não for ajuizada no prazo legal, aplicando-se, no que couber, o disposto nos arts. 29 e 30 do Código de Processo Penal.
Art. 104. Recebida a denúncia e citado o réu, terá este o prazo de 10 (dez) dias para apresentação de defesa escrita, contado da data do seu interrogatório, podendo juntar documentos, arrolar as testemunhas que tiver, em número não superior a 5 (cinco), e indicar as demais provas que pretenda produzir.

Art. 105. Ouvidas as testemunhas da acusação e da defesa e praticadas as diligências instrutórias deferidas ou ordenadas pelo juiz, abrir-se-á, sucessivamente, o prazo de 5 (cinco) dias a cada parte para alegações finais.
Art. 106. Decorrido esse prazo, e conclusos os autos dentro de 24 (vinte e quatro) horas, terá o juiz 10 (dez) dias para proferir a sentença.
Art. 107. Da sentença cabe apelação, interponível no prazo de 5 (cinco) dias.
Art. 108. No processamento e julgamento das infrações penais definidas nesta Lei, assim como nos recursos e nas execuções que lhes digam respeito, aplicar-se-ão, subsidiariamente, o Código de Processo Penal e a Lei de Execução Penal.

Capítulo V
DOS RECURSOS ADMINISTRATIVOS

Art. 109. Dos atos da Administração decorrentes da aplicação desta Lei cabem:
I - recurso, no prazo de 5 (cinco) dias úteis a contar da intimação do ato ou da lavratura da ata, nos casos de:
a) habilitação ou inabilitação do licitante;
b) julgamento das propostas;
c) anulação ou revogação da licitação;
d) indeferimento do pedido de inscrição em registro cadastral, sua alteração ou cancelamento;
e) rescisão do contrato, a que se refere o inciso I do art. 79 desta Lei; *(Redação dada pela Lei nº 8.883, de 1994)*
f) aplicação das penas de advertência, suspensão temporária ou de multa;
II - representação, no prazo de 5 (cinco) dias úteis da intimação da decisão relacionada com o objeto da licitação ou do contrato, de que não caiba recurso hierárquico;
III - pedido de reconsideração, de decisão de Ministro de Estado, ou Secretário Estadual ou Municipal, conforme o caso, na hipótese do § 4º do art. 87 desta Lei, no prazo de 10 (dez) dias úteis da intimação do ato.
§ 1º A intimação dos atos referidos no inciso I, alíneas "a", "b", "c" e "e", deste artigo, excluídos os relativos a advertência e multa de mora, e no inciso III, será feita mediante publicação na imprensa oficial, salvo para os casos previstos nas alíneas "a" e "b", se presentes os prepostos dos licitantes no ato em que foi adotada a decisão, quando poderá ser feita por comunicação direta aos interessados e lavrada em ata.
§ 2º O recurso previsto nas alíneas "a" e "b" do inciso I deste artigo terá efeito suspensivo, podendo a autoridade competente, motivadamente e presentes razões de interesse público, atribuir ao recurso interposto eficácia suspensiva aos demais recursos.
§ 3º Interposto, o recurso será comunicado aos demais licitantes, que poderão impugná-lo no prazo de 5 (cinco) dias úteis.
§ 4º O recurso será dirigido à autoridade superior, por intermédio da que praticou o ato recorrido, a qual poderá reconsiderar sua decisão, no prazo de 5 (cinco) dias úteis, ou, nesse mesmo prazo, fazê-lo subir, devidamente informado, devendo, neste caso, a decisão ser proferida dentro do prazo de 5 (cinco) dias úteis, contado do recebimento do recurso, sob pena de responsabilidade.
§ 5º Nenhum prazo de recurso, representação ou pedido de reconsideração se inicia ou corre sem que os autos do processo estejam com vista franqueada ao interessado.
§ 6º Em se tratando de licitações efetuadas na modalidade de "carta convite" os prazos estabelecidos nos incisos I e II e no parágrafo 3º deste artigo serão de dois dias úteis. *(Incluído pela Lei nº 8.883, de 1994)*

Capítulo VI
DISPOSIÇÕES FINAIS E TRANSITÓRIAS

Art. 110. Na contagem dos prazos estabelecidos nesta Lei, excluir-se-á o dia do início e incluir-se-á o do vencimento, e considerar-se-ão os dias consecutivos, exceto quando for explicitamente disposto em contrário.
Parágrafo único. Só se iniciam e vencem os prazos referidos neste artigo em dia de expediente no órgão ou na entidade.
Art. 111. A Administração só poderá contratar, pagar, premiar ou receber projeto ou serviço técnico especializado desde que o autor ceda os direitos patrimoniais a ele relativos e a Administração possa utilizá-lo de acordo com o previsto no regulamento de concurso ou no ajuste para sua elaboração.
Parágrafo único. Quando o projeto referir-se a obra imaterial de caráter tecnológico, insuscetível de privilégio, a cessão dos direitos incluirá o fornecimento de todos os dados, documentos e elementos de informação pertinentes à tecnologia de concepção, desenvolvimento, fixação em suporte físico de qualquer natureza e aplicação da obra.
Art. 112. Quando o objeto do contrato interessar a mais de uma entidade pública, caberá ao órgão contratante, perante a entidade interessada, responder pela sua boa execução, fiscalização e pagamento.
§ 1º Os consórcios públicos poderão realizar licitação da qual, nos termos do edital, decorram contratos administrativos celebrados por órgãos ou entidades dos entes da Federação consorciados. *(Incluído pela Lei nº 11.107, de 2005)*
§ 2º É facultado à entidade interessada o acompanhamento da licitação e da execução do contrato. *(Incluído pela Lei nº 11.107, de 2005)*
Art. 113. O controle das despesas decorrentes dos contratos e demais instrumentos regidos por esta Lei será feito pelo Tribunal de Contas competente, na forma da legislação pertinente, ficando os órgãos interessados da Administração responsáveis pela demonstração da legalidade e regularidade da despesa e execução, nos termos da Constituição e sem prejuízo do sistema de controle interno nela previsto.
§ 1º Qualquer licitante, contratado ou pessoa física ou jurídica poderá representar ao Tribunal de Contas ou aos órgãos integrantes do sistema de controle interno

contra irregularidades na aplicação desta Lei, para os fins do disposto neste artigo.

§ 2º Os Tribunais de Contas e os órgãos integrantes do sistema de controle interno poderão solicitar para exame, até o dia útil imediatamente anterior à data de recebimento das propostas, cópia de edital de licitação já publicado, obrigando-se os órgãos ou entidades da Administração interessada à adoção de medidas corretivas pertinentes que, em função desse exame, lhes forem determinadas. *(Redação dada pela Lei nº 8.883, de 1994)*

Art. 114. O sistema instituído nesta Lei não impede a pré-qualificação de licitantes nas concorrências, a ser procedida sempre que o objeto da licitação recomende análise mais detida da qualificação técnica dos interessados.

§ 1º A adoção do procedimento de pré-qualificação será feita mediante proposta da autoridade competente, aprovada pela imediatamente superior.

§ 2º Na pré-qualificação serão observadas as exigências desta Lei relativas à concorrência, à convocação dos interessados, ao procedimento e à analise da documentação.

Art. 115. Os órgãos da Administração poderão expedir normas relativas aos procedimentos operacionais a serem observados na execução das licitações, no âmbito de sua competência, observadas as disposições desta Lei.

Parágrafo único. As normas a que se refere este artigo, após aprovação da autoridade competente, deverão ser publicadas na imprensa oficial.

Art. 116. Aplicam-se as disposições desta Lei, no que couber, aos convênios, acordos, ajustes e outros instrumentos congêneres celebrados por órgãos e entidades da Administração.

§ 1º A celebração de convênio, acordo ou ajuste pelos órgãos ou entidades da Administração Pública depende de prévia aprovação de competente plano de trabalho proposto pela organização interessada, o qual deverá conter, no mínimo, as seguintes informações:

I - identificação do objeto a ser executado;

II - metas a serem atingidas;

III - etapas ou fases de execução;

IV - plano de aplicação dos recursos financeiros;

V - cronograma de desembolso;

VI - previsão de início e fim da execução do objeto, bem assim da conclusão das etapas ou fases programadas;

VII - se o ajuste compreender obra ou serviço de engenharia, comprovação de que os recursos próprios para complementar a execução do objeto estão devidamente assegurados, salvo se o custo total do empreendimento recair sobre a entidade ou órgão descentralizador.

§ 2º Assinado o convênio, a entidade ou órgão repassador dará ciência do mesmo à Assembléia Legislativa ou à Câmara Municipal respectiva.

§ 3º As parcelas do convênio serão liberadas em estrita conformidade com o plano de aplicação aprovado, exceto nos casos a seguir, em que as mesmas ficarão retidas até o saneamento das impropriedades ocorrentes:

I - quando não tiver havido comprovação da boa e regular aplicação da parcela anteriormente recebida, na forma da legislação aplicável, inclusive mediante procedimentos de fiscalização local, realizados periodicamente pela entidade ou órgão descentralizador dos recursos ou pelo órgão competente do sistema de controle interno da Administração Pública;

II - quando verificado desvio de finalidade na aplicação dos recursos, atrasos não justificados no cumprimento das etapas ou fases programadas, práticas atentatórias aos princípios fundamentais de Administração Pública nas contratações e demais atos praticados na execução do convênio, ou o inadimplemento do executor com relação a outras cláusulas conveniais básicas;

III - quando o executor deixar de adotar as medidas saneadoras apontadas pelo partícipe repassador dos recursos ou por integrantes do respectivo sistema de controle interno.

§ 4º Os saldos de convênio, enquanto não utilizados, serão obrigatoriamente aplicados em cadernetas de poupança de instituição financeira oficial se a previsão de seu uso for igual ou superior a um mês, ou em fundo de aplicação financeira de curto prazo ou operação de mercado aberto lastreada em títulos da dívida pública, quando a utilização dos mesmos verificar-se em prazos menores que um mês.

§ 5º As receitas financeiras auferidas na forma do parágrafo anterior serão obrigatoriamente computadas a crédito do convênio e aplicadas, exclusivamente, no objeto de sua finalidade, devendo constar de demonstrativo específico que integrará as prestações de contas do ajuste.

§ 6º Quando da conclusão, denúncia, rescisão ou extinção do convênio, acordo ou ajuste, os saldos financeiros remanescentes, inclusive os provenientes das receitas obtidas das aplicações financeiras realizadas, serão devolvidos à entidade ou órgão repassador dos recursos, no prazo improrrogável de 30 (trinta) dias do evento, sob pena da imediata instauração de tomada de contas especial do responsável, providenciada pela autoridade competente do órgão ou entidade titular dos recursos.

Art. 117. As obras, serviços, compras e alienações realizados pelos órgãos dos Poderes Legislativo e Judiciário e do Tribunal de Contas regem-se pelas normas desta Lei, no que couber, nas três esferas administrativas.

Art. 118. Os Estados, o Distrito Federal, os Municípios e as entidades da administração indireta deverão adaptar suas normas sobre licitações e contratos ao disposto nesta Lei.

Art. 119. As sociedades de economia mista, empresas e fundações públicas e demais entidades controladas direta ou indiretamente pela União e pelas entidades referidas no artigo anterior editarão regulamentos próprios devidamente publicados, ficando sujeitas às disposições desta Lei.

Parágrafo único. Os regulamentos a que se refere este artigo, no âmbito da Administração Pública, após aprovados pela autoridade de nível superior a que estiverem vinculados os respectivos órgãos, sociedades e entidades, deverão ser publicados na imprensa oficial.

Art. 120. Os valores fixados por esta Lei poderão ser anualmente revistos pelo Poder Executivo Federal, que os fará publicar no Diário Oficial da União, observando como limite superior a variação geral dos preços do mercado, no período. *(Redação dada pela Lei nº 9.648, de 1998)*
Art. 121. O disposto nesta Lei não se aplica às licitações instauradas e aos contratos assinados anteriormente à sua vigência, ressalvado o disposto no art. 57, nos parágrafos 1º, 2º e 8º do art. 65, no inciso XV do art. 78, bem assim o disposto no "caput" do art. 5º, com relação ao pagamento das obrigações na ordem cronológica, podendo esta ser observada, no prazo de noventa dias contados da vigência desta Lei, separadamente para as obrigações relativas aos contratos regidos por legislação anterior à Lei nº 8.666, de 21 de junho de 1993. *(Redação dada pela Lei nº 8.883, de 1994)*
Parágrafo único. Os contratos relativos a imóveis do patrimônio da União continuam a reger-se pelas disposições do Decreto-lei nº 9.760, de 5 de setembro de 1946, com suas alterações, e os relativos a operações de crédito interno ou externo celebrados pela União ou a concessão de garantia do Tesouro Nacional continuam regidos pela legislação pertinente, aplicando-se esta Lei, no que couber.
Art. 122. Nas concessões de linhas aéreas, observar-se-á procedimento licitatório específico, a ser estabelecido no Código Brasileiro de Aeronáutica.
Art. 123. Em suas licitações e contratações administrativas, as repartições sediadas no exterior observarão as peculiaridades locais e os princípios básicos desta Lei, na forma de regulamentação específica.
Art. 124. Aplicam-se às licitações e aos contratos para permissão ou concessão de serviços públicos os dispositivos desta Lei que não conflitem com a legislação específica sobre o assunto. *(Redação dada pela Lei nº 8.883, de 1994)*
Parágrafo único. As exigências contidas nos incisos II a IV do § 2º do art. 7º serão dispensadas nas licitações para concessão de serviços com execução prévia de obras em que não foram previstos desembolso por parte da Administração Pública concedente. *(Incluído pela Lei nº 8.883, de 1994)*
Art. 125. Esta Lei entra em vigor na data de sua publicação. *(Renumerado por força do disposto no art. 3º da Lei nº 8.883, de 1994)*
Art. 126. Revogam-se as disposições em contrário, especialmente os Decretos-leis nºs 2.300, de 21 de novembro de 1986, 2.348, de 24 de julho de 1987, 2.360, de 16 de setembro de 1987, a Lei nº 8.220, de 4 de setembro de 1991, e o art. 83 da Lei nº 5.194, de 24 de dezembro de 1966. *(Renumerado por força do disposto no art. 3º da Lei nº 8.883, de 1994)*

Brasília, 21 de junho de 1993,
172º da Independência e 105º da República.

ITAMAR FRANCO

9. Lei N. 10.520, de 17 de Julho de 2002 (Pregão)

Institui, no âmbito da União, Estados, Distrito Federal e Municípios, nos termos do art. 37, inciso XXI, da Constituição Federal, modalidade de licitação denominada pregão, para aquisição de bens e serviços comuns, e dá outras providências.

O PRESIDENTE DA REPÚBLICA Faço saber que o Congresso Nacional decreta e eu sanciono a seguinte Lei:
Art. 1º Para aquisição de bens e serviços comuns, poderá ser adotada a licitação na modalidade de pregão, que será regida por esta Lei.
Parágrafo único. Consideram-se bens e serviços comuns, para os fins e efeitos deste artigo, aqueles cujos padrões de desempenho e qualidade possam ser objetivamente definidos pelo edital, por meio de especificações usuais no mercado.
Art. 2º (VETADO)
§ 1º Poderá ser realizado o pregão por meio da utilização de recursos de tecnologia da informação, nos termos de regulamentação específica.
§ 2º Será facultado, nos termos de regulamentos próprios da União, Estados, Distrito Federal e Municípios, a participação de bolsas de mercadorias no apoio técnico e operacional aos órgãos e entidades promotores da modalidade de pregão, utilizando-se de recursos de tecnologia da informação.
§ 3º As bolsas a que se referem o § 2º deverão estar organizadas sob a forma de sociedades civis sem fins lucrativos e com a participação plural de corretoras que operem sistemas eletrônicos unificados de pregões.
Art. 3º A fase preparatória do pregão observará o seguinte:
I - a autoridade competente justificará a necessidade de contratação e definirá o objeto do certame, as exigências de habilitação, os critérios de aceitação das propostas, as sanções por inadimplemento e as cláusulas do contrato, inclusive com fixação dos prazos para fornecimento;
II - a definição do objeto deverá ser precisa, suficiente e clara, vedadas especificações que, por excessivas, irrelevantes ou desnecessárias, limitem a competição;
III - dos autos do procedimento constarão a justificativa das definições referidas no inciso I deste artigo e os indispensáveis elementos técnicos sobre os quais estiverem apoiados, bem como o orçamento, elaborado pelo órgão ou entidade promotora da licitação, dos bens ou serviços a serem licitados; e
IV - a autoridade competente designará, dentre os servidores do órgão ou entidade promotora da licitação, o pregoeiro e respectiva equipe de apoio, cuja atribuição inclui, dentre outras, o recebimento das propostas e lances, a análise de sua aceitabilidade e sua classificação, bem como a habilitação e a adjudicação do objeto do certame ao licitante vencedor.
§ 1º A equipe de apoio deverá ser integrada em sua maioria por servidores ocupantes de cargo efetivo ou emprego da

administração, preferencialmente pertencentes ao quadro permanente do órgão ou entidade promotora do evento.

§ 2º No âmbito do Ministério da Defesa, as funções de pregoeiro e de membro da equipe de apoio poderão ser desempenhadas por militares

Art. 4º A fase externa do pregão será iniciada com a convocação dos interessados e observará as seguintes regras:

I - a convocação dos interessados será efetuada por meio de publicação de aviso em diário oficial do respectivo ente federado ou, não existindo, em jornal de circulação local, e facultativamente, por meios eletrônicos e conforme o vulto da licitação, em jornal de grande circulação, nos termos do regulamento de que trata o art. 2º;

II - do aviso constarão a definição do objeto da licitação, a indicação do local, dias e horários em que poderá ser lida ou obtida a íntegra do edital;

III - do edital constarão todos os elementos definidos na forma do inciso I do art. 3º, as normas que disciplinarem o procedimento e a minuta do contrato, quando for o caso;

IV - cópias do edital e do respectivo aviso serão colocadas à disposição de qualquer pessoa para consulta e divulgadas na forma da Lei no 9.755, de 16 de dezembro de 1998;

V - o prazo fixado para a apresentação das propostas, contado a partir da publicação do aviso, não será inferior a 8 (oito) dias úteis;

VI - no dia, hora e local designados, será realizada sessão pública para recebimento das propostas, devendo o interessado, ou seu representante, identificar-se e, se for o caso, comprovar a existência dos necessários poderes para formulação de propostas e para a prática de todos os demais atos inerentes ao certame;

VII - aberta a sessão, os interessados ou seus representantes, apresentarão declaração dando ciência de que cumprem plenamente os requisitos de habilitação e entregarão os envelopes contendo a indicação do objeto e do preço oferecidos, procedendo-se à sua imediata abertura e à verificação da conformidade das propostas com os requisitos estabelecidos no instrumento convocatório;

VIII - no curso da sessão, o autor da oferta de valor mais baixo e os das ofertas com preços até 10% (dez por cento) superiores àquela poderão fazer novos lances verbais e sucessivos, até a proclamação do vencedor;

IX - não havendo pelo menos 3 (três) ofertas nas condições definidas no inciso anterior, poderão os autores das melhores propostas, até o máximo de 3 (três), oferecer novos lances verbais e sucessivos, quaisquer que sejam os preços oferecidos;

X - para julgamento e classificação das propostas, será adotado o critério de menor preço, observados os prazos máximos para fornecimento, as especificações técnicas e parâmetros mínimos de desempenho e qualidade definidos no edital;

XI - examinada a proposta classificada em primeiro lugar, quanto ao objeto e valor, caberá ao pregoeiro decidir motivadamente a respeito da sua aceitabilidade;

XII - encerrada a etapa competitiva e ordenadas as ofertas, o pregoeiro procederá à abertura do invólucro contendo os documentos de habilitação do licitante que apresentou a melhor proposta, para verificação do atendimento das condições fixadas no edital;

XIII - a habilitação far-se-á com a verificação de que o licitante está em situação regular perante a Fazenda Nacional, a Seguridade Social e o Fundo de Garantia do Tempo de Serviço - FGTS, e as Fazendas Estaduais e Municipais, quando for o caso, com a comprovação de que atende às exigências do edital quanto à habilitação jurídica e qualificações técnica e econômico-financeira;

XIV - os licitantes poderão deixar de apresentar os documentos de habilitação que já constem do Sistema de Cadastramento Unificado de Fornecedores – Sicaf e sistemas semelhantes mantidos por Estados, Distrito Federal ou Municípios, assegurado aos demais licitantes o direito de acesso aos dados nele constantes;

XV - verificado o atendimento das exigências fixadas no edital, o licitante será declarado vencedor;

XVI - se a oferta não for aceitável ou se o licitante desatender às exigências habilitatórias, o pregoeiro examinará as ofertas subseqüentes e a qualificação dos licitantes, na ordem de classificação, e assim sucessivamente, até a apuração de uma que atenda ao edital, sendo o respectivo licitante declarado vencedor;

XVII - nas situações previstas nos incisos XI e XVI, o pregoeiro poderá negociar diretamente com o proponente para que seja obtido preço melhor;

XVIII - declarado o vencedor, qualquer licitante poderá manifestar imediata e motivadamente a intenção de recorrer, quando lhe será concedido o prazo de 3 (três) dias para apresentação das razões do recurso, ficando os demais licitantes desde logo intimados para apresentar contra-razões em igual número de dias, que começarão a correr do término do prazo do recorrente, sendo-lhes assegurada vista imediata dos autos;

XIX - o acolhimento de recurso importará a invalidação apenas dos atos insuscetíveis de aproveitamento;

XX - a falta de manifestação imediata e motivada do licitante importará a decadência do direito de recurso e a adjudicação do objeto da licitação pelo pregoeiro ao vencedor;

XXI - decididos os recursos, a autoridade competente fará a adjudicação do objeto da licitação ao licitante vencedor;

XXII - homologada a licitação pela autoridade competente, o adjudicatário será convocado para assinar o contrato no prazo definido em edital; e

XXIII - se o licitante vencedor, convocado dentro do prazo de validade da sua proposta, não celebrar o contrato, aplicar-se-á o disposto no inciso XVI.

Art. 5º É vedada a exigência de:

I - garantia de proposta;

II - aquisição do edital pelos licitantes, como condição para participação no certame; e

III - pagamento de taxas e emolumentos, salvo os referentes a fornecimento do edital, que não serão superiores ao custo de sua reprodução gráfica, e aos custos de utilização de recursos de tecnologia da informação, quando for o caso.

Art. 6º O prazo de validade das propostas será de 60 (sessenta) dias, se outro não estiver fixado no edital.

Art. 7º Quem, convocado dentro do prazo de validade da sua proposta, não celebrar o contrato, deixar de entregar ou apresentar documentação falsa exigida para o certame, ensejar o retardamento da execução de seu objeto, não mantiver a proposta, falhar ou fraudar na execução do contrato, comportar-se de modo inidôneo ou cometer fraude fiscal, ficará impedido de licitar e contratar com a União, Estados, Distrito Federal ou Municípios e, será descredenciado no Sicaf, ou nos sistemas de cadastramento de fornecedores a que se refere o inciso XIV do art. 4º desta Lei, pelo prazo de até 5 (cinco) anos, sem prejuízo das multas previstas em edital e no contrato e das demais cominações legais.

Art. 8º Os atos essenciais do pregão, inclusive os decorrentes de meios eletrônicos, serão documentados no processo respectivo, com vistas à aferição de sua regularidade pelos agentes de controle, nos termos do regulamento previsto no art. 2º.

Art. 9º Aplicam-se subsidiariamente, para a modalidade de pregão, as normas da Lei nº 8.666, de 21 de junho de 1993.

Art. 10. Ficam convalidados os atos praticados com base na Medida Provisória nº 2.182-18, de 23 de agosto de 2001.

Art. 11. As compras e contratações de bens e serviços comuns, no âmbito da União, dos Estados, do Distrito Federal e dos Municípios, quando efetuadas pelo sistema de registro de preços previsto no art. 15 da Lei nº 8.666, de 21 de junho de 1993, poderão adotar a modalidade de pregão, conforme regulamento específico.

Art. 12. A Lei nº 10.191, de 14 de fevereiro de 2001, passa a vigorar acrescida do seguinte artigo:

"Art. 2-A. A União, os Estados, o Distrito Federal e os Municípios poderão adotar, nas licitações de registro de preços destinadas à aquisição de bens e serviços comuns da área da saúde, a modalidade do pregão, inclusive por meio eletrônico, observando-se o seguinte:

I - são considerados bens e serviços comuns da área da saúde, aqueles necessários ao atendimento dos órgãos que integram o Sistema Único de Saúde, cujos padrões de desempenho e qualidade possam ser objetivamente definidos no edital, por meio de especificações usuais do mercado.

II - quando o quantitativo total estimado para a contratação ou fornecimento não puder ser atendido pelo licitante vencedor, admitir-se-á a convocação de tantos licitantes quantos forem necessários para o atingimento da totalidade do quantitativo, respeitada a ordem de classificação, desde que os referidos licitantes aceitem praticar o mesmo preço da proposta vencedora.

III - na impossibilidade do atendimento ao disposto no inciso II, excepcionalmente, poderão ser registrados outros preços diferentes da proposta vencedora, desde que se trate de objetos de qualidade ou desempenho superior, devidamente justificada e comprovada a vantagem, e que as ofertas sejam em valor inferior ao limite máximo admitido."

Art. 13. Esta Lei entra em vigor na data de sua publicação.

Brasília, 17 de julho de 2002;
181º da Independência e 114º da República.

FERNANDO HENRIQUE CARDOSO

10. Decreto N. 5.450, de 31 de Maio de 2005 (Pregão Eletrônico)

Regulamenta o pregão, na forma eletrônica, para aquisição de bens e serviços comuns, e dá outras providências.

O PRESIDENTE DA REPÚBLICA, no uso da atribuição que lhe confere o art. 84, inciso IV, da Constituição, e tendo em vista o disposto na Lei nº 10.520, de 17 de julho de 2002,

DECRETA:

Art. 1º A modalidade de licitação pregão, na forma eletrônica, de acordo com o disposto no § 1º do art. 2º da Lei nº 10.520, de 17 de julho de 2002, destina-se à aquisição de bens e serviços comuns, no âmbito da União, e submete-se ao regulamento estabelecido neste Decreto.

Parágrafo único. Subordinam-se ao disposto neste Decreto, além dos órgãos da administração pública federal direta, os fundos especiais, as autarquias, as fundações públicas, as empresas públicas, as sociedades de economia mista e as demais entidades controladas direta ou indiretamente pela União.

Art. 2º O pregão, na forma eletrônica, como modalidade de licitação do tipo menor preço, realizar-se-á quando a disputa pelo fornecimento de bens ou serviços comuns for feita à distância em sessão pública, por meio de sistema que promova a comunicação pela internet.

§ 1º Consideram-se bens e serviços comuns, aqueles cujos padrões de desempenho e qualidade possam ser objetivamente definidos pelo edital, por meio de especificações usuais do mercado.

§ 2º Para o julgamento das propostas, serão fixados critérios objetivos que permitam aferir o menor preço, devendo ser considerados os prazos para a execução do contrato e do fornecimento, as especificações técnicas, os parâmetros mínimos de desempenho e de qualidade e as demais condições definidas no edital.

§ 3º O sistema referido no caput será dotado de recursos de criptografia e de autenticação que garantam condições de segurança em todas as etapas do certame.

§ 4º O pregão, na forma eletrônica ,será conduzido pelo órgão ou entidade promotora da licitação, com apoio técnico e operacional da Secretaria de Logística e Tecnologia da Informação do Ministério do Planejamento, Orçamento e Gestão, que atuará como provedor do sistema eletrônico para os órgãos integrantes do Sistema de Serviços Gerais - SISG.

§ 5º A Secretaria de Logística e Tecnologia da Informação poderá ceder o uso do seu sistema eletrônico a órgão ou entidade dos Poderes da União, Estados, Distrito Federal e Municípios, mediante celebração de termo de adesão.

Art. 3º Deverão ser previamente credenciados perante o provedor do sistema eletrônico a autoridade competente do órgão promotor da licitação, o pregoeiro, os membros da equipe de apoio e os licitantes que participam do pregão na forma eletrônica.

§ 1º O credenciamento dar-se-á pela atribuição de chave de identificação e de senha, pessoal e intransferível, para acesso ao sistema eletrônico.

§ 2º No caso de pregão promovido por órgão integrante do SISG, o credenciamento do licitante, bem assim a sua manutenção, dependerá de registro atualizado no Sistema de Cadastramento Unificado de Fornecedores - SICAF.

§ 3º A chave de identificação e a senha poderão ser utilizadas em qualquer pregão na forma eletrônica, salvo quando cancelada por solicitação do credenciado ou em virtude de seu descadastramento perante o SICAF.

§ 4º A perda da senha ou a quebra de sigilo deverá ser comunicada imediatamente ao provedor do sistema, para imediato bloqueio de acesso.

§ 5º O uso da senha de acesso pelo licitante é de sua responsabilidade exclusiva, incluindo qualquer transação efetuada diretamente ou por seu representante, não cabendo ao provedor do sistema ou ao órgão promotor da licitação responsabilidade por eventuais danos decorrentes de uso indevido da senha, ainda que por terceiros.

§ 6º O credenciamento junto ao provedor do sistema implica a responsabilidade legal do licitante e a presunção de sua capacidade técnica para realização das transações inerentes ao pregão na forma eletrônica.

Art. 4º Nas licitações para aquisição de bens e serviços comuns será obrigatória a modalidade pregão, sendo preferencial a utilização da sua forma eletrônica.

§ 1º O pregão deve ser utilizado na forma eletrônica, salvo nos casos de comprovada inviabilidade, a ser justificada pela autoridade competente.

§ 2º Na hipótese de aquisições por dispensa de licitação, fundamentadas no inciso II do art. 24 da Lei nº 8.666, de 21 de junho de 1993, as unidades gestoras integrantes do SISG deverão adotar, preferencialmente, o sistema de cotação eletrônica, conforme disposto na legislação vigente.

Art. 5º A licitação na modalidade de pregão é condicionada aos princípios básicos da legalidade, impessoalidade, moralidade, igualdade, publicidade, eficiência, probidade administrativa, vinculação ao instrumento convocatório e do julgamento objetivo, bem como aos princípios correlatos da razoabilidade, competitividade e proporcionalidade.

Parágrafo único. As normas disciplinadoras da licitação serão sempre interpretadas em favor da ampliação da disputa entre os interessados, desde que não comprometam o interesse da administração, o princípio da isonomia, a finalidade e a segurança da contratação.

Art. 6º A licitação na modalidade de pregão, na forma eletrônica, não se aplica às contratações de obras de engenharia, bem como às locações imobiliárias e alienações em geral.

Art. 7º Os participantes de licitação na modalidade de pregão, na forma eletrônica, têm direito público subjetivo à fiel observância do procedimento estabelecido neste Decreto, podendo qualquer interessado acompanhar o seu desenvolvimento em tempo real, por meio da internet.

Art. 8º À autoridade competente, de acordo com as atribuições previstas no regimento ou estatuto do órgão ou da entidade, cabe:

I - designar e solicitar, junto ao provedor do sistema, o credenciamento do pregoeiro e dos componentes da equipe de apoio;

II - indicar o provedor do sistema;

III - determinar a abertura do processo licitatório;

IV - decidir os recursos contra atos do pregoeiro quando este mantiver sua decisão;

V - adjudicar o objeto da licitação, quando houver recurso;

VI - homologar o resultado da licitação; e

VII - celebrar o contrato.

Art. 9º Na fase preparatória do pregão, na forma eletrônica, será observado o seguinte:

I - elaboração de termo de referência pelo órgão requisitante, com indicação do objeto de forma precisa, suficiente e clara, vedadas especificações que, por excessivas, irrelevantes ou desnecessárias, limitem ou frustrem a competição ou sua realização;

II - aprovação do termo de referência pela autoridade competente;

III - apresentação de justificativa da necessidade da contratação;

IV - elaboração do edital, estabelecendo critérios de aceitação das propostas;

V - definição das exigências de habilitação, das sanções aplicáveis, inclusive no que se refere aos prazos e às condições que, pelas suas particularidades, sejam consideradas relevantes para a celebração e execução do contrato e o atendimento das necessidades da administração; e

VI - designação do pregoeiro e de sua equipe de apoio.

§ 1º A autoridade competente motivará os atos especificados nos incisos II e III, indicando os elementos técnicos fundamentais que o apóiam, bem como quanto aos elementos contidos no orçamento estimativo e no cronograma físico-financeiro de desembolso, se for o caso, elaborados pela administração.

§ 2º O termo de referência é o documento que deverá conter elementos capazes de propiciar avaliação do custo pela administração diante de orçamento detalhado, definição dos métodos, estratégia de suprimento, valor estimado em planilhas de acordo com o preço de mercado, cronograma físico-financeiro, se for o caso, critério de aceitação do objeto, deveres do contratado e do contratante, procedimentos de fiscalização e gerenciamento do contrato, prazo de execução e sanções, de forma clara, concisa e objetiva.

Art. 10. As designações do pregoeiro e da equipe de apoio devem recair nos servidores do órgão ou entidade promotora da licitação, ou de órgão ou entidade integrante do SISG.

§ 1º A equipe de apoio deverá ser integrada, em sua maioria, por servidores ocupantes de cargo efetivo ou emprego da administração pública, pertencentes, preferencialmente, ao quadro permanente do órgão ou entidade promotora da licitação.

§ 2º No âmbito do Ministério da Defesa, as funções de pregoeiro e de membro da equipe de apoio poderão ser desempenhadas por militares.

§ 3º A designação do pregoeiro, a critério da autoridade competente, poderá ocorrer para período de um ano, admitindo-se reconduções, ou para licitação específica.

§ 4º Somente poderá exercer a função de pregoeiro o servidor ou o militar que reúna qualificação profissional e perfil adequados, aferidos pela autoridade competente.

Art. 11. Caberá ao pregoeiro, em especial:

I - coordenar o processo licitatório;

II - receber, examinar e decidir as impugnações e consultas ao edital, apoiado pelo setor responsável pela sua elaboração;

III - conduzir a sessão pública na internet;

IV - verificar a conformidade da proposta com os requisitos estabelecidos no instrumento convocatório;

V - dirigir a etapa de lances;

VI - verificar e julgar as condições de habilitação;

VII - receber, examinar e decidir os recursos, encaminhando à autoridade competente quando mantiver sua decisão;

VIII - indicar o vencedor do certame;

IX - adjudicar o objeto, quando não houver recurso;

X - conduzir os trabalhos da equipe de apoio; e

XI - encaminhar o processo devidamente instruído à autoridade superior e propor a homologação.

Art. 12. Caberá à equipe de apoio, dentre outras atribuições, auxiliar o pregoeiro em todas as fases do processo licitatório.

Art. 13. Caberá ao licitante interessado em participar do pregão, na forma eletrônica:

I - credenciar-se no SICAF para certames promovidos por órgãos da administração pública federal direta, autárquica e fundacional, e de órgão ou entidade dos demais Poderes, no âmbito da União, Estados, Distrito Federal e Municípios, que tenham celebrado termo de adesão;

II - remeter, no prazo estabelecido, exclusivamente por meio eletrônico, via internet, a proposta e, quando for o caso, seus anexos;

III - responsabilizar-se formalmente pelas transações efetuadas em seu nome, assumindo como firmes e verdadeiras suas propostas e lances, inclusive os atos praticados diretamente ou por seu representante, não cabendo ao provedor do sistema ou ao órgão promotor da licitação responsabilidade por eventuais danos decorrentes de uso indevido da senha, ainda que por terceiros;

IV - acompanhar as operações no sistema eletrônico durante o processo licitatório, responsabilizando-se pelo ônus decorrente da perda de negócios diante da inobservância de quaisquer mensagens emitidas pelo sistema ou de sua desconexão;

V - comunicar imediatamente ao provedor do sistema qualquer acontecimento que possa comprometer o sigilo ou a inviabilidade do uso da senha, para imediato bloqueio de acesso;

VI - utilizar-se da chave de identificação e da senha de acesso para participar do pregão na forma eletrônica; e

VII - solicitar o cancelamento da chave de identificação ou da senha de acesso por interesse próprio.

Parágrafo único. O fornecedor descredenciado no SICAF terá sua chave de identificação e senha suspensas automaticamente.

Art. 14. Para habilitação dos licitantes, será exigida, exclusivamente, a documentação relativa:

I - à habilitação jurídica;

II - à qualificação técnica;

III - à qualificação econômico-financeira;

IV - à regularidade fiscal com a Fazenda Nacional, o sistema da seguridade social e o Fundo de Garantia do Tempo de Serviço - FGTS;

V - à regularidade fiscal perante as Fazendas Estaduais e Municipais, quando for o caso; e

VI - ao cumprimento do disposto no inciso XXXIII do art. 7º da Constituição e no inciso XVIII do art. 78 da Lei nº 8.666, de 1993.

Parágrafo único. A documentação exigida para atender ao disposto nos incisos I, III, IV e V deste artigo poderá ser substituída pelo registro cadastral no SICAF ou, em se tratando de órgão ou entidade não abrangida pelo referido Sistema, por certificado de registro cadastral que atenda aos requisitos previstos na legislação geral.

Art. 15. Quando permitida a participação de empresas estrangeiras na licitação, as exigências de habilitação serão atendidas mediante documentos equivalentes, autenticados pelos respectivos consulados ou embaixadas e traduzidos por tradutor juramentado no Brasil.

Art. 16. Quando permitida a participação de consórcio de empresas, serão exigidos:

I - comprovação da existência de compromisso público ou particular de constituição de consórcio, com indicação da empresa-líder, que deverá atender às condições de liderança estipuladas no edital e será a representante das consorciadas perante a União;

II - apresentação da documentação de habilitação especificada no instrumento convocatório por empresa consorciada;
III - comprovação da capacidade técnica do consórcio pelo somatório dos quantitativos de cada consorciado, na forma estabelecida no edital;
IV - demonstração, por empresa consorciada, do atendimento aos índices contábeis definidos no edital, para fins de qualificação econômico-financeira;
V - responsabilidade solidária das empresas consorciadas pelas obrigações do consórcio, nas fases de licitação e durante a vigência do contrato;
VI - obrigatoriedade de liderança por empresa brasileira no consórcio formado por empresas brasileiras e estrangeiras, observado o disposto no inciso I; e
VII - constituição e registro do consórcio antes da celebração do contrato.
Parágrafo único. Fica impedida a participação de empresa consorciada, na mesma licitação, por intermédio de mais de um consórcio ou isoladamente.
Art. 17. A fase externa do pregão, na forma eletrônica, será iniciada com a convocação dos interessados por meio de publicação de aviso, observados os valores estimados para contratação e os meios de divulgação a seguir indicados:
I - até R$ 650.000,00 (seiscentos e cinqüenta mil reais):
a) Diário Oficial da União; e
b) meio eletrônico, na internet;
II - acima de R$ 650.000,00 (seiscentos e cinqüenta mil reais) até R$ 1.300.000,00 (um milhão e trezentos mil reais):
a) Diário Oficial da União;
b) meio eletrônico, na internet; e
c) jornal de grande circulação local;
III - superiores a R$ 1.300.000,00 (um milhão e trezentos mil reais):
a) Diário Oficial da União;
b) meio eletrônico, na internet; e
c) jornal de grande circulação regional ou nacional.
§ 1º Os órgãos ou entidades integrantes do SISG e os que aderirem ao sistema do Governo Federal disponibilizarão a íntegra do edital, em meio eletrônico, no Portal de Compras do Governo Federal - COMPRASNET, sítio www.comprasnet.gov.br.
§ 2º O aviso do edital conterá a definição precisa, suficiente e clara do objeto, a indicação dos locais, dias e horários em que poderá ser lida ou obtida a íntegra do edital, bem como o endereço eletrônico onde ocorrerá a sessão pública, a data e hora de sua realização e a indicação de que o pregão, na forma eletrônica, será realizado por meio da internet.
§ 3º A publicação referida neste artigo poderá ser feita em sítios oficiais da administração pública, na internet, desde que certificado digitalmente por autoridade certificadora credenciada no âmbito da Infra-Estrutura de Chaves Públicas Brasileira - ICP-Brasil.
§ 4º O prazo fixado para a apresentação das propostas, contado a partir da publicação do aviso, não será inferior a oito dias úteis.
§ 5º Todos os horários estabelecidos no edital, no aviso e durante a sessão pública observarão, para todos os efeitos, o horário de Brasília, Distrito Federal, inclusive para contagem de tempo e registro no sistema eletrônico e na documentação relativa ao certame.
§ 6º Na divulgação de pregão realizado para o sistema de registro de preços, independentemente do valor estimado, será adotado o disposto no inciso III.
Art. 18. Até dois dias úteis antes da data fixada para abertura da sessão pública, qualquer pessoa poderá impugnar o ato convocatório do pregão, na forma eletrônica.
§ 1º Caberá ao pregoeiro, auxiliado pelo setor responsável pela elaboração do edital, decidir sobre a impugnação no prazo de até vinte e quatro horas.
§ 2º Acolhida a impugnação contra o ato convocatório, será definida e publicada nova data para realização do certame.
Art. 19. Os pedidos de esclarecimentos referentes ao processo licitatório deverão ser enviados ao pregoeiro, até três dias úteis anteriores à data fixada para abertura da sessão pública, exclusivamente por meio eletrônico via internet, no endereço indicado no edital.
Art. 20. Qualquer modificação no edital exige divulgação pelo mesmo instrumento de publicação em que se deu o texto original, reabrindo-se o prazo inicialmente estabelecido, exceto quando, inquestionavelmente, a alteração não afetar a formulação das propostas.
Art. 21. Após a divulgação do edital no endereço eletrônico, os licitantes deverão encaminhar proposta com a descrição do objeto ofertado e o preço e, se for o caso, o respectivo anexo, até a data e hora marcadas para abertura da sessão, exclusivamente por meio do sistema eletrônico, quando, então, encerrar-se-á, automaticamente, a fase de recebimento de propostas.
§ 1º A participação no pregão eletrônico dar-se-á pela utilização da senha privativa do licitante.
§ 2º Para participação no pregão eletrônico, o licitante deverá manifestar, em campo próprio do sistema eletrônico, que cumpre plenamente os requisitos de habilitação e que sua proposta está em conformidade com as exigências do instrumento convocatório.
§ 3º A declaração falsa relativa ao cumprimento dos requisitos de habilitação e proposta sujeitará o licitante às sanções previstas neste Decreto.
§ 4º Até a abertura da sessão, os licitantes poderão retirar ou substituir a proposta anteriormente apresentada.
Art. 22. A partir do horário previsto no edital, a sessão pública na internet será aberta por comando do pregoeiro com a utilização de sua chave de acesso e senha.
§ 1º Os licitantes poderão participar da sessão pública na internet, devendo utilizar sua chave de acesso e senha.

§ 2º O pregoeiro verificará as propostas apresentadas, desclassificando aquelas que não estejam em conformidade com os requisitos estabelecidos no edital.

§ 3º A desclassificação de proposta será sempre fundamentada e registrada no sistema, com acompanhamento em tempo real por todos os participantes.

§ 4º As propostas contendo a descrição do objeto, valor e eventuais anexos estarão disponíveis na internet.

§ 5º O sistema disponibilizará campo próprio para troca de mensagens entre o pregoeiro e os licitantes.

Art. 23. O sistema ordenará, automaticamente, as propostas classificadas pelo pregoeiro, sendo que somente estas participarão da fase de lance.

Art. 24. Classificadas as propostas, o pregoeiro dará início à fase competitiva, quando então os licitantes poderão encaminhar lances exclusivamente por meio do sistema eletrônico.

§ 1º No que se refere aos lances, o licitante será imediatamente informado do seu recebimento e do valor consignado no registro.

§ 2º Os licitantes poderão oferecer lances sucessivos, observados o horário fixado para abertura da sessão e as regras estabelecidas no edital.

§ 3º O licitante somente poderá oferecer lance inferior ao último por ele ofertado e registrado pelo sistema.

§ 4º Não serão aceitos dois ou mais lances iguais, prevalecendo aquele que for recebido e registrado primeiro.

§ 5º Durante a sessão pública, os licitantes serão informados, em tempo real, do valor do menor lance registrado, vedada a identificação do licitante.

§ 6º A etapa de lances da sessão pública será encerrada por decisão do pregoeiro.

§ 7º O sistema eletrônico encaminhará aviso de fechamento iminente dos lances, após o que transcorrerá período de tempo de até trinta minutos, aleatoriamente determinado, findo o qual será automaticamente encerrada a recepção de lances.

§ 8º Após o encerramento da etapa de lances da sessão pública, o pregoeiro poderá encaminhar, pelo sistema eletrônico, contraproposta ao licitante que tenha apresentado lance mais vantajoso, para que seja obtida melhor proposta, observado o critério de julgamento, não se admitindo negociar condições diferentes daquelas previstas no edital.

§ 9º A negociação será realizada por meio do sistema, podendo ser acompanhada pelos demais licitantes.

§ 10. No caso de desconexão do pregoeiro, no decorrer da etapa de lances, se o sistema eletrônico permanecer acessível aos licitantes, os lances continuarão sendo recebidos, sem prejuízo dos atos realizados.

§ 11. Quando a desconexão do pregoeiro persistir por tempo superior a dez minutos, a sessão do pregão na forma eletrônica será suspensa e reiniciada somente após comunicação aos participantes, no endereço eletrônico utilizado para divulgação.

Art. 25. Encerrada a etapa de lances, o pregoeiro examinará a proposta classificada em primeiro lugar quanto à compatibilidade do preço em relação ao estimado para contratação e verificará a habilitação do licitante conforme disposições do edital.

§ 1º A habilitação dos licitantes será verificada por meio do SICAF, nos documentos por ele abrangidos, quando dos procedimentos licitatórios realizados por órgãos integrantes do SISG ou por órgãos ou entidades que aderirem ao SICAF.

§ 2º Os documentos exigidos para habilitação que não estejam contemplados no SICAF, inclusive quando houver necessidade de envio de anexos, deverão ser apresentados inclusive via fax, no prazo definido no edital, após solicitação do pregoeiro no sistema eletrônico.

§ 3º Os documentos e anexos exigidos, quando remetidos via fax, deverão ser apresentados em original ou por cópia autenticada, nos prazos estabelecidos no edital.

§ 4º Para fins de habilitação, a verificação pelo órgão promotor do certame nos sítios oficiais de órgãos e entidades emissores de certidões constitui meio legal de prova.

§ 5º Se a proposta não for aceitável ou se o licitante não atender às exigências habilitatórias, o pregoeiro examinará a proposta subseqüente e, assim sucessivamente, na ordem de classificação, até a apuração de uma proposta que atenda ao edital.

§ 6º No caso de contratação de serviços comuns em que a legislação ou o edital exija apresentação de planilha de composição de preços, esta deverá ser encaminhada de imediato por meio eletrônico, com os respectivos valores readequados ao lance vencedor.

§ 7º No pregão, na forma eletrônica, realizado para o sistema de registro de preços, quando a proposta do licitante vencedor não atender ao quantitativo total estimado para a contratação, respeitada a ordem de classificação, poderão ser convocados tantos licitantes quantos forem necessários para alcançar o total estimado, observado o preço da proposta vencedora.

§ 8º Os demais procedimentos referentes ao sistema de registro de preços ficam submetidos à norma específica que regulamenta o art. 15 da Lei nº 8.666, de 1993.

§ 9º Constatado o atendimento às exigências fixadas no edital, o licitante será declarado vencedor.

Art. 26. Declarado o vencedor, qualquer licitante poderá, durante a sessão pública, de forma imediata e motivada, em campo próprio do sistema, manifestar sua intenção de recorrer, quando lhe será concedido o prazo de três dias para apresentar as razões de recurso, ficando os demais licitantes, desde logo, intimados para, querendo, apresentarem contra-razões em igual prazo, que começará a contar do término do prazo do recorrente, sendo-lhes assegurada vista imediata dos elementos indispensáveis à defesa dos seus interesses.

§ 1º A falta de manifestação imediata e motivada do licitante quanto à intenção de recorrer, nos termos do caput, importará na decadência desse direito, ficando o pregoeiro autorizado a adjudicar o objeto ao licitante declarado vencedor.

§ 2º O acolhimento de recurso importará na invalidação apenas dos atos insuscetíveis de aproveitamento.

§ 3º No julgamento da habilitação e das propostas, o pregoeiro poderá sanar erros ou falhas que não alterem a substância das propostas, dos documentos e sua validade jurídica, mediante despacho fundamentado, registrado em ata e acessível a todos, atribuindo-lhes validade e eficácia para fins de habilitação e classificação.

Art. 27. Decididos os recursos e constatada a regularidade dos atos praticados, a autoridade competente adjudicará o objeto e homologará o procedimento licitatório.

§ 1º Após a homologação referida no caput, o adjudicatário será convocado para assinar o contrato ou a ata de registro de preços no prazo definido no edital.

§ 2º Na assinatura do contrato ou da ata de registro de preços, será exigida a comprovação das condições de habilitação consignadas no edital, as quais deverão ser mantidas pelo licitante durante a vigência do contrato ou da ata de registro de preços.

§ 3º O vencedor da licitação que não fizer a comprovação referida no § 2º ou quando, injustificadamente, recusar-se a assinar o contrato ou a ata de registro de preços, poderá ser convocado outro licitante, desde que respeitada a ordem de classificação, para, após comprovados os requisitos habilitatórios e feita a negociação, assinar o contrato ou a ata de registro de preços, sem prejuízo das multas previstas em edital e no contrato e das demais cominações legais.

§ 4º O prazo de validade das propostas será de sessenta dias, salvo disposição específica do edital.

Art. 28. Aquele que, convocado dentro do prazo de validade de sua proposta, não assinar o contrato ou ata de registro de preços, deixar de entregar documentação exigida no edital, apresentar documentação falsa, ensejar o retardamento da execução de seu objeto, não mantiver a proposta, falhar ou fraudar na execução do contrato, comportar-se de modo inidôneo, fizer declaração falsa ou cometer fraude fiscal, garantido o direito à ampla defesa, ficará impedido de licitar e de contratar com a União, e será descredenciado no SICAF, pelo prazo de até cinco anos, sem prejuízo das multas previstas em edital e no contrato e das demais cominações legais.

Parágrafo único. As penalidades serão obrigatoriamente registradas no SICAF.

Art. 29. A autoridade competente para aprovação do procedimento licitatório somente poderá revogá-lo em face de razões de interesse público, por motivo de fato superveniente devidamente comprovado, pertinente e suficiente para justificar tal conduta, devendo anulá-lo por ilegalidade, de ofício ou por provocação de qualquer pessoa, mediante ato escrito e fundamentado.

§ 1º A anulação do procedimento licitatório induz à do contrato ou da ata de registro de preços.

§ 2º Os licitantes não terão direito à indenização em decorrência da anulação do procedimento licitatório, ressalvado o direito do contratado de boa-fé de ser ressarcido pelos encargos que tiver suportado no cumprimento do contrato.

Art. 30. O processo licitatório será instruído com os seguintes documentos:

I - justificativa da contratação;

II - termo de referência;

III - planilhas de custo, quando for o caso;

IV - previsão de recursos orçamentários, com a indicação das respectivas rubricas;

V - autorização de abertura da licitação;

VI - designação do pregoeiro e equipe de apoio;

VII - edital e respectivos anexos, quando for o caso;

VIII - minuta do termo do contrato ou instrumento equivalente, ou minuta da ata de registro de preços, conforme o caso;

IX - parecer jurídico;

X - documentação exigida para a habilitação;

XI - ata contendo os seguintes registros:

a) licitantes participantes;

b) propostas apresentadas;

c) lances ofertados na ordem de classificação;

d) aceitabilidade da proposta de preço;

e) habilitação; e

f) recursos interpostos, respectivas análises e decisões;

XII - comprovantes das publicações:

a) do aviso do edital;

b) do resultado da licitação;

c) do extrato do contrato; e

d) dos demais atos em que seja exigida a publicidade, conforme o caso.

§ 1º O processo licitatório poderá ser realizado por meio de sistema eletrônico, sendo que os atos e documentos referidos neste artigo constantes dos arquivos e registros digitais serão válidos para todos os efeitos legais, inclusive para comprovação e prestação de contas.

§ 2º Os arquivos e registros digitais, relativos ao processo licitatório, deverão permanecer à disposição das auditorias internas e externas.

§ 3º A ata será disponibilizada na internet para acesso livre, imediatamente após o encerramento da sessão pública.

Art. 31. O Ministério do Planejamento, Orçamento e Gestão estabelecerá instruções complementares ao disposto neste Decreto.

Art. 32. Este Decreto entra em vigor em 1º de julho de 2005.

Art. 33. Fica revogado o Decreto nº 3.697, de 21 de dezembro de 2000.

Brasília, de de 2005;

184º da Independência e 117º da República.

LUIZ INÁCIO LULA DA SILVA

Exercícios de Concursos

01. (CESPE) Os Estados, o Distrito Federal e os municípios podem editar leis próprias de licitações e contratos para regular os seus atos, mas devem observar as normas gerais estabelecidas na Lei n.º 8.666/1993

( ) CERTO
( ) ERRADO

02. (ESAF) A licitação, conforme previsão expressa na Lei nº 8.666/93, destina-se à observância do princípio constitucional da isonomia e, em relação à Administração Pública, a selecionar a proposta que lhe

a) ofereça melhores condições.
b) seja mais conveniente.
c) seja mais vantajosa.
d) proporcione melhor preço.
e) atenda as suas necessidades.

03. (FCC) A desclassificação do licitante, motivada pelo não atendimento às exigências constantes no instrumento convocatório do certame, está diretamente relacionada com o princípio da

a) competitividade.
b) igualdade entre os licitantes.
c) sigilo na apresentação das propostas.
d) economicidade.
e) vinculação ao edital.

04. (NCE/UFRJ) A determinação segundo a qual as regras traçadas para o procedimento devem ser fielmente observadas por todos refere-se ao princípio:

a) da moralidade;
b) da igualdade;
c) da probidade administrativa;
d) da vinculação ao instrumento convocatório;
e) da impessoalidade.

05. (NCE/UFRJ) Assinale a alternativa em que NÃO consta princípio legal básico expresso na lei que normatiza a licitação:

a) julgamento objetivo;
b) concorrência;
c) igualdade;
d) publicidade;
e) probidade.

06. (NCE/UFRJ) Sobre o procedimento licitatório, é INCORRETO afirmar que:

a) as normas gerais sobre licitações devem ser criadas pela União;
b) a Administração Pública, no instrumento convocatório da licitação, somente deverá formular exigências mínimas de participação para verificar a capacidade técnica, econômica e jurídica dos licitantes;
c) os critérios de julgamento da licitação, objetivos e subjetivos, devem estar previstos no instrumento convocatório;
d) como regra, o resultado da licitação deve ser homologado pela autoridade competente;
e) a licitação pode ser revogada e anulada pela própria Administração.

07. (NCE/UFRJ) Quanto às licitações, é INCORRETO afirmar que:

a) em igualdade de condições, será assegurada preferência aos bens e serviços produzidos ou prestados por empresas brasileiras de capital nacional;
b) não serão sigilosas, sendo públicos e acessíveis ao público os atos de seu procedimento, salvo quanto ao conteúdo das propostas, até a respectiva abertura;
c) qualquer cidadão poderá acompanhar o desenvolvimento do processo de licitação, desde que não perturbe ou impeça a realização dos trabalhos;
d) a probidade administrativa e a vinculação ao instrumento convocatório são alguns de seus princípios básicos;
e) entre suas modalidades, estão inseridas a concorrência, o convite, o concurso e o sorteio público.

08. (CESPE) A exemplo das empresas privadas, as empresas públicas e sociedades de economia mista que desempenham atividade econômica não são obrigadas a licitar.

( ) CERTO
( ) ERRADO

09. (CESPE) As autarquias estão sujeitas às mesmas regras de licitação aplicáveis para a Administração Direta.

( ) CERTO
( ) ERRADO

10. (VUNESP – JUIZ) Segundo a Lei n. 8.666, de 1993, as licitações destinam-se a garantir

a) o princípio da isonomia e a seleção da proposta mais vantajosa para a Administração.
b) o princípio da moralidade administrativa e a seleção da proposta economicamente mais barata para a Administração.
c) o princípio da publicidade dos atos administrativos e a seleção da proposta financeiramente mais econômica.
d) o princípio da eficiência administrativa e a seleção preferencial de bens e serviços produzidos no País.

11. (CESPE) Na vigência da Lei n. 8.666/93, um prefeito municipal contratou diretamente, sem licitação, empresa de consultoria de propriedade de correligionário político para a prestação de serviços técnicos de assessoramento econômico-financeiro. Entendeu o prefeito que o caso se enquadrava na hipótese de inexigibilidade de licitação, uma vez que, a seu ver, os técnicos da empresa eram profissionais de notória especialização. Quinze dias antes do término de seu mandato, sabedor da eleição do novo chefe do Poder Executivo municipal, firmou termo aditivo entre a prefeitura e a empresa, prorrogando por mais um ano o contrato. No último dia de seu mandato, porém, alegando que o novo prefeito, por ser seu inimigo político e desafeto do proprietário da empresa contratada, não iria dar sequência ao contrato, rescindiu unilateralmente a avença e indenizou integralmente o contratado pelo valor correspondente a todas as remunerações que ainda seriam pagas pelo município.

Com base na situação hipotética descrita acima e na teoria dos contratos administrativos, julgue os itens a seguir.

a) A rescisão unilateral do contrato e o consequente pagamento da indenização constituíram hipótese de desvio de poder, porque a rescisão do vínculo contratual e a indenização plena do contratado não se coadunam com a prorrogação do ajuste acordado quinze dias antes, sem que nenhum fato novo tivesse ocorrido. Dessa forma, o prefeito usou sua competência animado pelo favoritismo e alheio ao interesse público.
b) O desvio de poder ou desvio de finalidade ocorre quando o agente pratica o ato visando a fim diverso daquele previsto, explícita ou implicitamente, na regra de competência.
c) A contratação de empresa de consultoria com base nas hipóteses de inexigibilidade de licitação não precisa ser necessariamente justificada, sendo suficiente que o prefeito tenha providenciado a indispensável publicação na imprensa oficial do ato que declarou inexigível o certame licitatório.
d) A prorrogação do contrato entre a prefeitura e a empresa de consultoria não necessita de justificativa por escrito, uma vez que, na hipótese, por tratar-se de contrato para prestação de serviços a serem executados de forma contínua, o prazo de vigência contratual é indeterminado.
e) Se não for comprovada a participação da contratada no cometimento do ilícito de desvio de poder, estará o prefeito sucessor obrigado a anular o contrato e a ratificar a indenização paga à empresa de consultoria, tendo em vista que, segundo expressão literal contida na Lei nº 8.666/93, a responsabilidade contratual do Estado abrangerá tanto os danos emergentes quanto os lucros cessantes.

12. Autarquia federal realiza concorrência para a contratação de empresa para prestação de serviços de segurança e vigilância no prédio da instituição e, no decorrer do procedimento licitatório, ocorre a desclassificação de todas as propostas dos licitantes, uma vez que consignam preços manifestamente superiores aos praticados no mercado nacional.

Em face dessa situação, julgue os itens que se seguem.

a) O edital não pode ter estabelecido o preço máximo que a administração se dispunha a pagar pelo serviço, sendo possível, tão-só, consoante expressamente previsto pela Lei n. 8.666/93, a fixação de preços mínimos e critérios estatísticos.
b) O princípio da continuidade do serviço público e o da indisponibilidade dos interesses e bens públicos pelos administradores públicos impõem que a contratação pudesse ser feita por tomada de preço ou convite.
c) O administrador poderá convocar os licitantes para que, em oito dias úteis, apresentem novas propostas com preços compatíveis com os do mercado. Persistindo a situação, poderá contratar diretamente, com dispensa de licitação.
d) A autarquia estará legitimada para contratar diretamente uma empresa de vigilância, tendo em vista a inexigibilidade de licitação decorrente da inviabilidade de competição.
e) Tendo em vista o ocorrido, o presidente da autarquia deve buscar a autorização do ministro de Estado a quem deva obediência hierárquica para a contratação direta do serviço de vigilância.

13. (CESPE) Suponha que tenha sido realizada licitação pelo INSS para a construção de cem metros quadrados de calçada para pedestres, conforme especificações constantes no edital. Julgadas as propostas, a licitação foi encaminhada à autoridade competente, que a homologou. Não sendo o objeto da licitação adjudicado, a empresa vencedora apresentou pedido de reconsideração em que alegou ter direito adquirido à celebração do contrato. Tendo sido este pedido aceito, a autoridade competente, antes de assinar o contrato, nele fez incluir cláusula em que impôs ao contratado a obrigação de apresentar garantia sob a modalidade de fiança bancária. Durante a execução do contrato, o INSS, julgando necessário construir dez metros quadrados adicionais de calçadas, fez novamente incluir, unilateralmente, essa alteração no contrato. Em face dessa situação, julgue os itens a seguir.

a) Foi correta a atitude da comissão de licitação ao encaminhar o processo licitatório à autoridade competente, pois a esta cabe adjudicar o objeto da licitação.
b) Tendo sido realizada a licitação, o INSS estaria obrigado a celebrar o contrato licitado com a empresa vencedora.
c) A atitude do INSS de exigir a apresentação de garantia pela empresa contratada é lícita, ainda que esta previsão não constasse no edital.
d) A empresa contratada está obrigada a aceitar a alteração do contrato relativo ao aumento do objeto do contrato.
e) Em face da situação descrita, é correto concluir que se trata de contrato de concessão de obra pública.

14. (CESPE) Acerca da obrigatoriedade e das modalidades de licitação, julgue os itens que se seguem.

a) A tomada de preços é modalidade de licitação em que somente poderão participar oferecendo propostas as pessoas cadastradas no órgão ou entidade licitante antes da publicação do edital.
b) Ainda que não tenha sido convidada, a empresa previamente cadastrada poderá apresentar proposta na licitação, sob a modalidade convite.
c) A existência de uma primeira fase de habilitação preliminar é uma das características da concorrência pública.
d) Em face de situação de emergência ou de calamidade pública, a licitação é dispensável.
e) Caracteriza situação de inexigibilidade de licitação a existência de fornecedor exclusivo do produto ou serviço.

15. (CESPE) Julgue os itens a seguir, relativos às licitações.

a) Agirá licitamente o administrador público que, em atenção ao interesse público de certeza de execução do futuro contrato administrativo, exigir dos licitantes condições de habilitação econômica com certa margem acima do necessário ao cumprimento das obrigações a serem contratadas.
b) Quando optar pelo regime de concessão ou permissão de serviços públicos, a administração estará, em princípio, obrigada a licitar, em busca de interessados na execução desses serviços.
c) Tanto nas compras realizadas pela administração como nas vendas de bens públicos, a regra é a licitação.
d) Nas licitações, o princípio da vinculação ao edital é válido tanto para os concorrentes quanto para a administração.
e) Nas licitações, é dado questionar administrativa e judicialmente o edital, se nele houver ilicitude, apesar do princípio da vinculação do edital.

16. (CESPE) No que tange às licitações promovidas pelo poder público, julgue os itens seguintes.

a) O propósito de uma licitação é selecionar as melhores propostas para a administração pública e não somente uma delas: por isso, o resultado da licitação não vincula o administrador, que pode, justificadamente, recusar a proposta mais vantajosa e eleger outra.
b) Os atos do procedimento da administração são públicos e acessíveis ao público, mantendo-se sigiloso apenas o conteúdo das propostas, até a respectiva abertura.
c) Embora a formalidade seja característica do ato administrativo, a licitação pode, excepcionalmente, e apenas em algumas etapas, prescindir deste atributo.
d) Quando há inviabilidade de competição, a licitação é inexigível.
e) A licitação é procedimento obrigatório para a administração pública direta e indireta, não sendo necessária para a fundacional, em virtude da sua índole privada.

17. (ESAF) A locação de imóvel, para nele funcionar determinado serviço público, será uma modalidade de contratação que (em que):

a) depende de prévia licitação, em qualquer caso.
b) prescinde de licitação, em qualquer caso.
c) pode ser dispensada a licitação, nos casos previstos na lei.
d) é inexigível a licitação, nos casos previstos na lei.
e) é discricionariamente dispensável ou inexigível a licitação.

18. (ESAF) São hipóteses de dispensa de licitação, exceto:

a) contratação de serviço técnico de profissional de notória especialização.
b) casos de calamidade pública.
c) contratação de remanescente de obra, desde que observadas a ordem de classificação e as condições do licitante vencedor.
d) locação de imóvel para atender às finalidades da Administração.
e) contratação de instituição brasileira da área da pesquisa científica, sem fins lucrativos.

19. (CESPE) Julgue os itens seguintes, acerca de dispensa, inexigibilidade e modalidades de licitação.

a) Obras, compras e serviços podem ser contratados pela administração pública sob diferentes modalidades de licitação: concorrência, tomada de preços ou convite. Quando, porém em face do valor estimado da contratação, o objeto licitado for enquadrável em uma dessas modalidades, a administração não poderá realizar a licitação por meio de qualquer uma das outras.
b) Caso as circunstâncias o justifiquem, o administrador público poderá dispensar a realização de licitação, qualquer que seja o valor da contratação, quando não se apresentarem interessados na licitação anterior.
c) Se o contratado não concluir a obra licitada, ocasionando a rescisão do contrato, será inexigível a realização de licitação para contratação do remanescente da respectiva obra.
d) É licita a combinação de diferentes modalidades de licitação, desde que o objeto licitado seja adequadamente dividido e, consequentemente, sejam observados os limites de valor de cada modalidade.
e) As modalidades de licitação são previstas em lei de forma taxativa, de maneira que o administrador não pode, em hipótese alguma, criar uma nova forma de licitação pública.

20. (CESPE) Julgue os itens que se seguem, relativos ao procedimento e às fases da licitação.

a) O licitante decairá do direito de impugnar os termos do edital se não propuser a respectiva ação judicial até o segundo dia útil que anteceder à abertura dos envelopes de habilitação. Consumada a decadência, o licitante só poderá questionar em juízo irregularidades eventualmente havidas em fases posteriores à publicação do edital.
b) Para a habilitação nas licitações, é lícito exigirem-se dos interessados, exclusivamente, documentação relativa à habilitação jurídica, qualificação técnica, qualificação econômico-financeira e regularidade fiscal.
c) A lei admite que a administração desclassifique concorrentes por motivo relacionado à habilitação, mesmo após a abertura das propostas dos licitantes, mas somente em razão de fatos supervenientes ou só conhecidos após o julgamento.
d) A administração pública pode, discricionariamente, deliberar que a escolha da proposta vencedora para a construção de um edifício seja feita pelo critério melhor preço, melhor técnica ou técnica e preço.
e) A par de implementar os princípios da isonomia e da moralidade administrativa, o instituto da licitação objetiva viabilizar ao gestor alcançar o melhor contrato possível para a administração pública. Assim, em uma concorrência do tipo menor preço, estando definida a habilitação e a qualificação do interessados, à administração é indiferente o fato de a melhor proposta apresentar preços meramente simbólicos. À administração pública não cabe gerir os interesses de particulares.

21. (ESAF) São hipóteses de dispensa de licitação, exceto:

a) contratação de remanescente de obra, serviço ou fornecimento, atendida a ordem de classificação e aceitas as condições do licitante vencedor.
b) locação de imóvel para a instalação de órgão público.
c) casos de emergência, diante de situação urgente que ocasione riscos de prejuízos ou à segurança de pessoas, obras ou bens.
d) contratação de instituição científica brasileira, incumbida estatutariamente de atividades de pesquisa, sem fins lucrativos e com inquestionável reputação ético-profissional.
e) contratação de serviços técnicos especializados, prestados por profissionais ou empresas de notória especialização.

22. (CESPE) Considerando os dispositivos da Lei de Licitações (Lei n. 8.666/93) em suas alterações, julgue os itens a seguir.

a) Em uma licitação de menor preço, é possível ao BACEN, após ultrapassar a fase de habilitação, adjudicar o objeto da licitação à empresa classificada em segundo lugar, sob o argumento de desclassificação superveniente do licitante que ofereceu o menor preço, por motivo relacionado com a respectiva qualificação econômico-financeira.
b) Se, em uma licitação realizada pelo BACEN, a empresa X é desclassificada na fase de habilitação, por motivo relacionado com a respectiva classificação técnica, o recurso administrativo interposto tem efeito suspensivo e pode ser impugnado pelos demais licitantes.

c) Ocorrendo o que a doutrina chama de licitação deserta e persistindo o interesse da sua administração em contratar, o BACEN, obrigatoriamente, devera promover nova licitação, corrigindo os defeitos do primeiro procedimento.
d) É inexigível a licitação para compra ou locação de imóvel destinado ao serviço publico, cuja necessidade de instalação e localização condicione a sua escolha. O preço, entretanto, deverá compatível com valor do mercado, segundo avaliação prévia a ser feita.
e) Para a contratação de profissional de qualquer setor artístico, é dispensável a licitação, desde que o mesmo seja artista já consagrado pela crítica especializada ou pela opinião pública.

23. (ESAF) O último ato do procedimento licitatório, pelo qual se atribui ao vencedor o objeto licitado, denomina-se:
a) homologação.
b) julgamento.
c) habilitação.
d) adjudicação.
e) contratação.

24. (ESAF) O Município de Alfa decidiu-se por delegar a particulares a execução do serviço público de coleta de lixo urbano. Para tanto, são necessários alguns atos e procedimentos. Identifique, na relação a seguir, a opção que indica os passos corretos para a delegação, em sua ordem cronológica (da esquerda para a direita).
a) edital de licitação / regulamento do serviço / lei autorizativa / contrato de concessão.
b) regulamento do serviço / edital de licitação / termo de permissão / lei autorizativa.
c) lei autorizativa / regulamento do serviço / edital de licitação / contrato de concessão.
d) edital de licitação / contrato de concessão / lei autorizativa / regulamento do serviço.
e) regulamento do serviço / edital de licitação / lei autorizativa / termo de permissão.

25. (CESPE) A Lei n. 8.666, de 21 de junho de 1993, modificada pela Lei n. 8.833, de 08 de junho de 1994, regulamentou o art. 37, inciso XXI, da Constituição, instituindo normas para licitações e contratos da Administração Pública. Sobre o assunto, julgue os itens a seguir.
a) As organizações industriais da Administração Federal direta, em face de suas peculiaridades, poderão criar modalidades de licitação ou combinar as já previstas na legislação vigente.
b) O leilão é uma modalidade de licitação entre interessados previamente cadastrados, que pode ser utilizada para a alienação de bens imóveis da Administração Pública, cuja aquisição tenha decorrido de procedimentos judiciais.
c) O concurso é a modalidade adequada de licitação para um Tribunal de Contas que pretender premiar as melhores monografias sobre o controle externo.
d) A utilização de convite exclui a participação de quaisquer interessados não-cadastrados, que poderão, entretanto, manifestar seu interesse após a afixação do instrumento convocatório pela unidade administrativa.
e) Quando couber convite ou tomada de preços, a Administração poderá valer-se da concorrência, e, no caso de convite, também da tomada de preços.

26. (CESPE) A licitação destina-se a garantir a observância do princípio constitucional da isonomia e a selecionar a proposta mais vantajosa para a Administração. Há situações, todavia, em que a legislação considera a licitação dispensável e inexigível. Em relação a estas situações, julgue os itens a seguir.
a) Quando as propostas consignarem preços incompatíveis com os fixados por órgão oficial, a Administração poderá proceder à adjudicação direta dos bens ou serviços ao licitante que tiver apresentado a proposta de menor preço.
b) Se for criada uma empresa vinculada ao TCU, de prestação de serviços de processamento de dados, a licitação será dispensável, desde que o preço contratado seja compatível com o praticado no mercado.
c) É inexigível a licitação para uma sociedade de economia mista que tenha sofrido autuação fiscal de valor considerável e deseje contratar profissional que se notabilizou na defesa de contribuintes em idêntica situação.
d) Será dispensável a licitação na hipótese de a Secretaria Federal de Controle pretender contratar o Instituto Serzedello Corrêa para ministrar treinamentos aos analistas de finanças e controle.
e) A licitação será inexigível nas situações em que a União ou Estado tiverem de adquirir produtos necessários à normalização do abastecimento ou à regulação de preços.

27. (CESPE) Uma empresa apresentou documento fiscal falsificado na fase de habilitação de uma licitação, fato que não foi percebido pela Administração. Terminada a fase de classificação e julgamento, veio ao conhecimento da comissão de licitação informação relativa à falsidade do documento. Com relação ao caso hipotético apresentado, julgue os itens que se seguem.

a) A modalidade licitatória do caso não pode ser uma concorrência.
b) A administração não pode agir de ofício na hipótese, devendo esperar a impugnação do documento pelos outros licitantes.
c) A administração só poderá desclassificar a proposta do licitante se, a partir dos dados fiscais falsos, ficar comprovado que os preços oferecidos pelo licitante são inexequíveis.
d) Em nenhuma hipótese o licitante poderia desistir da proposta após, vencida a fase de habilitação.
e) Se ainda persistirem dúvidas quanto à falsidade do documento fiscal apresentado pela licitante, tanto a comissão de licitação quanto a autoridade responsável por sua homologação poderão promover diligências destinadas a esclarecer a questão.

Gabarito

01. C	**02. C**	**03. E**	**04. D**	**05. B**
06. C	**07. E**	**08. E**	**09. C**	**10. A**
11. C, C, E, E, E	**12. E, E, C, E, E**	**13. C, E, E, C, E**		
14. E, C, C, C, C	**15. E, C, C, C, C**	**16. E, C, E, C, E**		
17. C	**18. A**	**19. E, C, E, E, C**		
20. E,C,C,E,E	**21. E**	**22. C, C, E, E, E**		
23. D	**24. C**	**25. E, E, C, E, C**		
26. E,E,C,C,E	**27. E,E,E,E,C**			

7. Contratos Administrativos

A palavra "contrato" origina-se do latim *contractus*, que significa, acordo de vontades, pacto. O contrato é um acordo de vontades com a finalidade de criar obrigações e direitos.

A diferença entre um contrato e um ato é que o ato é unilateral enquanto que o contrato é um ato bilateral ou, até mesmo, multilateral e decorre do acordo entre as partes.

Todo contrato é regido por dois princípios;
• *lex inter pars* (lei entre as partes): o estipulado pelas partes em um contrato gera lei entre elas.
• *pacta sunt servanda* (observância do pactuado): as partes estão obrigadas a cumprirem fielmente o que prometeram uma a outra.

A Administração Pública pode celebrar contratos regidos pelo direito público (Lei n. 8.666/93[1]) e contratos regidos pelo direito privado (Código Civil e Comercial), assim, temos dois tipos de contratos da Administração:
• Contratos públicos, chamados, também, de administrativos (objeto de estudo deste capítulo);
• Contratos privados ou civis.

O que diferencia os tipos de contrato que a Administração celebra é o regime jurídico, ou seja, o conjunto de leis a que se submetem.

O fato da Administração Pública ser parte de um contrato não o caracteriza como um contrato administrativo, mas sim o fato dele ser regido pela Lei n. 8.666/93 (Lei de Licitações e Contratos).

[1] Neste capítulo sobre "Contratos Administrativos" toda citação de dispositivo legal desacompanhada do número da norma, refere-se à Lei n. 8.666/93.

Os contratos privados da Administração regem-se pelo Código Civil ou Comercial, enquanto que os contratos públicos da Administração são regidos principalmente pela Lei de Licitações e Contratos (Lei n. 8.666/93) e, apenas subsidiariamente, pelo Código Civil e Comercial, por isso possuem características especialíssimas, estando sujeitos a cláusulas especiais que vão além do que é comum no direito, conhecidas como *CLÁUSULAS EXORBITANTES*.

Importante estabelecer as diferenças entre os contratos administrativos que a Administração celebra com os particulares sob regime de direito público e os convênios que a Administração celebra com entidades públicas ou privadas para a realização de objetivos de interesse comum. Assim, estude com atenção o tópico comparativo a seguir, sempre lembrando que convênio não é modalidade de contrato.

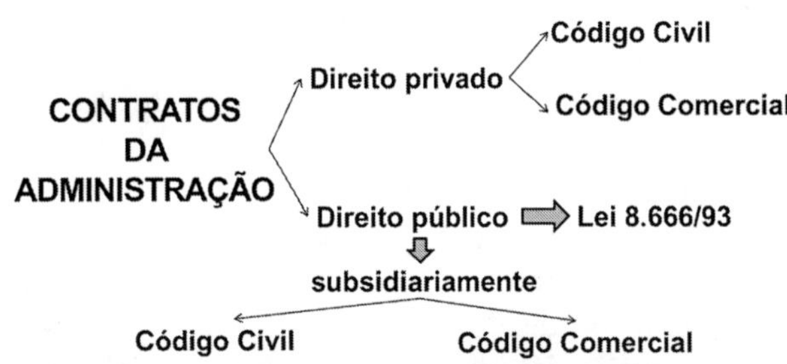

1. Diferença entre Contratos e Convênios

O CONVÊNIO NÃO É UMA MODALIDADE DE CONTRATO, é apenas o instrumento que o Poder Público utiliza para associar-se com outras entidades públicas ou privadas, disciplinando a cooperação entre os entes participantes.

No convênio os interesses são recíprocos enquanto que no contrato os interesses são opostos e contraditórios.

O valor pago fica vinculado à utilização prevista no ajuste, enquanto que no contrato é irrelevante qual a utilização do valor pago ao contratado.

No convênio não é exigida a licitação, mas no contrato, em princípio, ela é obrigatória.

O convênio pode ser desfeito a qualquer momento sem penalidades, enquanto que a rescisão do contrato pode acarretar penalidades.

2. Conceito de Contrato Administrativo

Contrato Administrativo segundo o mestre HELY LOPES MEIRELLES "*é o ajuste que a Administração Pública, agindo nessa qualidade, firma com o particular ou outra entidade administrativa para a consecução de objetivos de interesse público, nas condições estabelecidas pela Própria Administração.*"

Os Contratos Administrativos, subespécie dos contratos da Administração, possuem determinadas características especiais, sendo consensuais, plurilaterais, formais, onerosos, comutativos e realizados *intuito personae*, além da presença de "cláusulas exorbitantes":

- consensuais: há um acordo de vontades;
- plurilaterais: realizados entre mais de uma parte;
- formais: devem ser expressos por escrito e com requisitos especiais;

> O artigo 60, parágrafo único, da Lei de Licitações, permite os contratos verbais na Administração Pública, desde que os valores sejam inferiores a R$4.000,00 (quatro mil reais).

- onerosos: são remunerados na forma pactuada entre as partes;
- comutativos: estabelecem compensações recíprocas e equivalentes entre as partes;
- realizados *intuito personae*: devem ser executados pelo próprio contratado;
- presença de cláusulas exorbitantes: atribuem prerrogativas à Administração.

3. Modalidades de Contratos Administrativos

Contrato de Obra Pública

É o contrato administrativo que objetiva uma construção, uma reforma ou, ainda, uma ampliação de imóvel destinado ao uso público ou à prestação de serviço público. O contrato de obra pública admite duas modalidades de regime de execução:

a) por empreitada: atribui ao particular a execução da obra por sua própria conta e risco, mediante uma remuneração previamente pactuada. O empreiteiro de uma obra pública não goza de inteira liberdade na execução do contrato, estando sujeito a supervisão e fiscalização da Administração Pública. Pode ser por preço global, que é aquela onde se ajusta a execução do contrato por preço certo, embora possa ser reajustado, previamente estabelecido para a totalidade da obra, neste caso o pagamento pode efetuar-se parceladamente nas datas prefixadas ou na conclusão da obra ou de cada etapa. Pode ser ainda por preço unitário onde se contrata a execução por preço certo de unidades determinadas.

b) por tarefa: outorga-se ao particular contratante a execução de pequenas obras ou parte de obra maior, mediante remuneração por preço certo, global ou unitário.

Contrato de Serviço

É todo ajuste realizado pela Administração e que tenha por objeto uma atividade prestada à mesma, para atendimento de suas necessidades ou de seus administrados. Para fins de contratação é necessária a distinção dos tipos de serviços:

a) Serviços comuns: são aqueles que não exigem habilitação especial para sua execução;

b) Serviços técnicos profissionais: são os que exigem habilitação legal para sua execução. O que caracteriza o serviço é a exclusividade de sua execução por profissional habilitado;

c) Contratos de trabalhos artísticos: são os que visam a realização de obras de arte; exige a licitação, quando não lhe interessarem os atributos pessoais.

Contrato de Fornecimento

É o contrato pelo qual a Administração adquire coisas móveis que são necessárias à realização de suas obras ou à manutenção de seus serviços. Admite três modalidades de fornecimento:

a) Integral: a entrega da coisa deve ser feita de uma só vez e na sua totalidade;

b) Parcelado: exaure-se com a entrega final da quantidade contratada;

c) Contínuo: a entrega é sucessiva e perene.

Contrato de Concessão

É o contrato mediante o qual a Administração delega ao particular a execução remunerada de serviço ou de obra pública ou, ainda, lhe cede o uso de um bem público, para que explore por sua conta e risco, pelo prazo e nas condições regulamentares e contratuais.

a) concessão de serviço público: tem por objeto a transferência da execução de um serviço do Poder Público ao particular, que será remunerado por meio de tarifa cobrada dos usuários.

b) concessão de obra pública: tem por objeto a delegação a um particular da execução e exploração de uma obra pública ou de interesse público, para uso da coletividade, mediante remuneração ao concessionário, por tarifa.

c) concessão de uso de um bem público: é outorgar ao particular a faculdade de utilizar um bem da Administração segundo a sua destinação específica, tal como um hotel, um local turístico ou uma área em mercado pertencente ao Poder Público concedente.

Contrato de Gestão

Modalidade de contrato celebrada entre a Administração e entidades da Administração Indireta ou, até mesmo, órgão públicos da Administração Direta, com a finalidade de estabelecer determinadas metas a serem alcançadas pela entidade em troca de algum benefício outorgado pelo Poder Público. O objetivo de tal tipo de contrato é o de conceder maior autonomia à entidade ou órgão da Administração Pública de modo a possibilitar a obtenção de metas a serem alcançadas no prazo definido no contrato, coroando-se, assim, o princípio da eficiência da Administração Pública.

MODALIDADES DE CONTRATO

- **Concessão**
  - **serviço público**
  - **obra pública**
  - **uso**
- **Obra pública e prestação de serviço**
  - **empreitada por preço global**
  - **empreitada por preço unitário**
  - **empreitada integral**
  - **tarefa**
- **Fornecimento**

4. Cláusulas Indispensáveis dos Contratos Administrativos

São cláusulas indispensáveis ao contrato administrativo (art. 55), ou seja, que todo contrato regido pela Lei de Licitações deve conter; essas cláusulas estabelecem:

- o objeto e seus elementos característicos;
- o regime de execução ou a forma de fornecimento;
- o preço e as condições de pagamento, os critérios, data-base e periodicidade do reajustamento de preços, os critérios de atualização monetária entre a data do adimplemento das obrigações e a do efetivo pagamento;
- os prazos de início de etapas de execução, de conclusão, de entrega, de observação e de recebimento definitivo, conforme o caso;
- o crédito pelo qual correrá a despesa, com a indicação da classificação funcional programática e da categoria econômica;
- as garantias oferecidas para assegurar sua plena execução, quando exigidas;
- os direitos e as responsabilidades das partes, as penalidades cabíveis e os valores das multas;
- os casos de rescisão;
- o reconhecimento dos direitos da Administração, em caso de rescisão administrativa;
- as condições de importação, a data e a taxa de câmbio para conversão, quando for o caso;
- a vinculação ao edital de licitação ou ao termo que a dispensou ou a inexigiu, ao convite e à proposta do licitante vencedor;
- a legislação aplicável à execução do contrato e especialmente aos casos omissos;
- a obrigação do contratado de manter, durante toda a execução do contrato, em compatibilidade com as obrigações por ele assumidas, todas as condições de habilitação e qualificação exigidas na licitação;
- o foro da sede da Administração para dirimir qualquer questão contratual, salvo nas licitações internacionais para a aquisição de bens e serviços cujo pagamento seja feito com o produto de financiamento concedido por organismo financeiro internacional de que o Brasil faça parte, ou por agência estrangeira de cooperação, nem nos casos de contratação com empresa estrangeira, para a compra de equipamentos fabricados e entregues no exterior, desde que para este caso tenha havido prévia autorização do Chefe do Poder Executivo, nem nos casos de aquisição de bens e serviços realizada por unidades administrativas com sede no exterior.

Algumas destas cláusulas são comuns aos contratos privados, outras, são próprias de direito administrativo. São as cláusulas próprias de direito administrativo que caracterizam um "contrato administrativo", ou seja, a principal diferença entre um contrato privado e um contrato administrativo e que o último, por ser regido pela lei de licitação e contratos, possui as chamadas "cláusulas exorbitantes".

Cláusulas Exorbitantes

Cláusulas exorbitantes são as que excedem do Direito Privado para instituir uma vantagem para a Administração. As cláusulas exorbitantes somente são possíveis em um contrato administrativo em razão da necessidade de proteção do interesse público e da prevalência deste interesse público sobre o interesse particular.

As cláusulas exorbitantes atribuem a Administração, no interesse do serviço público, as mais diversas prerrogativas. Dessas prerrogativas as principais são as que acarretam a possibilidade de:

- exigência de prestação de garantia;
- modificação e rescisão unilateral;
- fiscalização da execução;
- aplicação de sanções;
- ocupação provisória de bens móveis, imóveis, de pessoal e serviços vinculados ao objeto do contrato, na hipótese da necessidade de apuração administrativa de faltas contratuais pelo contratado, bem como na hipótese de rescisão do contrato administrativo;
- assunção imediata do objeto do contrato, no estado e local em que se encontrar, por ato próprio da Administração;
- ocupação e utilização do local, instalações, equipamentos, material e pessoal empregados na execução do contrato, necessários à sua continuidade, na forma da lei;
- retenção dos créditos decorrentes do contrato até o limite dos prejuízos causados à Administração.

Modificação unilateral

Embora o contratado se torne lei entre as partes, devendo ser observado o que foi pactuado (*pacta sunt servanda*), é admitida pela doutrina e pelo Direito Positivo sua modificação, sob certas circunstâncias e condições quando (art. 65):

- houver modificação do projeto ou das especificações, para melhor adequação técnica aos seus objetivos;
- necessária a modificação do valor contratual em decorrência de acréscimo ou diminuição quantitativa de seu objeto, nos limites permitidos pela lei.

A possibilidade de modificação unilateral dos contratos, por parte da Administração, sofre restrições e para que possamos melhor compreender essas restrições é necessário precisar a natureza das cláusulas existentes nos contratos administrativos. Essas cláusulas são de duas ordens: as regulamentares e as econômicas.

As cláusulas regulamentares são as que dispõem sobre o objeto do contrato e sua execução (fiscalização, penalidades, etc.), podendo ser alteradas ou suprimidas pela Administração, quando o interesse coletivo o exigir. As cláusulas econômicas são as que estabelecem a equação financeira do contrato (remuneração do contrato), sendo inalteráveis, a fim de preservar o equilíbrio econômico-financeiro inicial da equação, desta forma, por exemplo, se for realizado um aditamento no contrato aumentando as obrigações do contratado a sua remuneração deverá aumentar na mesma proporção e, da mesma forma, caso haja uma diminuição de suas obrigações, também diminuirá a sua remuneração na mesma proporção.

As cláusulas econômico-financeiras e monetárias dos contratos administrativos somente poderão ser alteradas com prévia concordância do contratado.

O poder de modificação unilateral é próprio da Administração, podendo ser exercido ainda que não previsto expressamente em lei ou em cláusula contratual, porém esta característica não é atividade discricionária da Administração, estando vinculada a uma melhor adequação do contrato às finalidades de interesse público (art. 58, I).

Existem duas hipóteses que admitem a modificação unilateral do contrato:

- para melhor adequação técnica aos seus objetivos, normalmente para corrigir erros no projeto ou para a adoção de técnicas novas (art. 65, I, a);
- a fim de preservar o equilíbrio econômico-financeiro em decorrência de acréscimo ou diminuição quantitativa do objeto.

A possibilidade de alteração contratual unilateral em favor da Administração não contraria o princípio do equilíbrio econômico-financeiro do contrato, desde que este equilíbrio seja mantido. Assim, havendo alteração unilateral do contrato que aumente os encargos do contratado, a Administração deverá restabelecer, por aditamento, o equilíbrio econômico-financeiro inicial (art. 65, §6º).

É possível realizar acréscimos ou supressões desde que inerentes ao objeto do contrato, porém esta possibilidade sofre limitações no que diz respeito aos montantes. O contratado fica obrigado a aceitar, nas mesmas condições contratuais, os acréscimos ou supressões que se fizeram nas obras, serviços ou compras, até 25% (vinte e cinco por cento) do valor inicial atualizado do contrato, e, no caso particular de reforma de edifícios ou de equipamentos, até o limite de 50% (cinquenta por cento) para os seus acréscimos, não podendo o contrato de reforma sofrer diminuição no seu valor.

Os limites de 25% (vinte e cinco por cento) do valor inicial atualizado do contrato para as obras, serviços ou compras e de 50% para reforma de edifícios ou de equipamentos, somente são aplicáveis para a alteração quantitativa, não estando a alteração para melhor adequação técnica sujeita a estes limites.

MODIFICAÇÃO UNILATERAL (art. 65, I)
- **melhor adequação técnica (qualitativa)**
- **quantitativa**
  - **compras, obras ou serviços: até 25% de acrescimo ou supressão sobre o valor do contrato**
  - **reformas: até 50% de acrescimo sobre o valor do contrato**

Rescisão unilateral

A rescisão é o desfazimento do contrato, durante o seu período de execução, por inadimplemento de uma das partes, em decorrência de acontecimentos que impeçam ou tornem inconveniente o prosseguimento do pactuado ou pela ocorrência de fatos que acarretem seu rompimento de pleno direito.

Os contratos administrativos podem ser rescindidos unilateralmente (rescisão administrativa), por escrito, nos casos de:
1. interesse público;
2. inadimplemento ou descumprimento de obrigações a cargo do contratante particular;
3. ilegalidade.

1. A possibilidade de rescisão por interesse público funda-se na variação que esse interesse pode sofrer ao longo da vigência do contrato, não possui caráter punitivo, tendo o contratante o direito de ser indenizado. O contratante somente tem direito à indenização, não podendo opor-se à rescisão (art. 79, § 2º). Assim, constitui motivo para rescisão do contrato o interesse público, de alta relevância e amplo conhecimento, justificado e determinado pela máxima autoridade da esfera administrativa a que está subordinado o contratante e exaradas no processo administrativo a que se refere o contrato (art. 78, XII).

2. A rescisão por motivo de descumprimento de cláusula contratual ou disposição legal (art. 78), que enseje a pena de rescisão, pode ocorrer em razão de:

- não cumprimento de cláusulas contratuais, especificações, projetos ou prazos;
- o cumprimento irregular de cláusulas contratuais, especificações, projetos e prazos;
- lentidão do seu cumprimento, levando a Administração a comprovar a impossibilidade da conclusão da obra, do serviço ou do fornecimento, nos prazos estipulados;
- atraso injustificado no início da obra, serviço ou fornecimento;
- paralisação da obra, do serviço ou do fornecimento, sem justa causa e prévia comunicação à Administração;
- subcontratação total ou parcial do seu objeto, a associação do contratado com outrem, a cessão ou transferência, total ou parcial, bem como a fusão, cisão ou incorporação, não admitidas no edital e no contrato;
- desatendimento das determinações regulares da autoridade designada para acompanhar e fiscalizar a sua execução, assim como a de seus superiores;
- cometimento reiterado de faltas;
- decretação de falência ou a instauração de insolvência civil;
- dissolução da sociedade ou o falecimento do contratado;
- alteração social ou a modificação da finalidade ou da estrutura da empresa, que prejudique a execução do contrato.

A rescisão por inadimplemento do contrato acarretará as seguintes consequências, sem prejuízo das sanções previstas no estatuto licitatório:

- assunção imediata do objeto do contrato, no estado e local em que se encontrar, por ato próprio da Administração;
- ocupação e utilização do local, instalações equipamentos, material e pessoal empregados na execução do contrato, necessários à sua continuidade;
- execução da garantia contratual, para ressarcimento da Administração e dos valores das multas e indenizações a ela devidos;
- retenção dos créditos decorrentes do contrato até o limite dos prejuízos causados à Administração.

> A Administração ao pretender rescindir unilateralmente o contrato deve cientificar o contratado, indicando os motivos da rescisão e dando-lhe oportunidade de defesa, sob risco de, não o fazendo, invalidar-se a rescisão, devendo ser assegurado ao contratado o direito ao contraditório e a ampla defesa (art.78).

3. A administração pública ao verificar a ocorrência de ilegalidade (vício) em um contrato administrativo pode declarar a sua nulidade, com efeito retroativo (*ex tunc*), impedindo os efeitos jurídicos que ele, ordinariamente, deveria produzir, além de desconstituir os já produzidos.

A nulidade do contrato não exonera a Administração do dever de indenizar o contratado pelo que este houver executado. Assim, o que foi produzido, executado, prestado, entregue ou construído até o momento da ilegalidade, deve ser pago ao contratado, ainda que este tenha sido o causador da mesma. Tendo, ainda, o contratado, direito a ser indenizado por eventuais prejuízos causados pela anulação do contrato, desde que não seja a ele atribuída a responsabilidade da ilegalidade.

A ilegalidade da licitação e sua consequente anulação acarreta a anulação do contrato por ela gerado.

RESCISÃO UNILATERAL (art. 58,II)
- interesse público: sem indenização
- inadimplemento: com indenização
- ilegalidade
  - indenização depende do culpado da ilegalidade
  - a Administração tem o dever de pagar o que foi executado
- caso fortuito ou força maior

Fiscalização

Uma das prerrogativas da Administração Pública é o controle da execução dos contratos administrativos (art. 58), poder que é sempre implícito, não sendo necessária sua previsão contratual. Este controle é exercido de várias formas: supervisionando, fiscalizando e, se necessário, intervindo na execução do contrato, visando o cumprimento das cláusulas contratuais.

A fiscalização, como poder implícito da Administração, não tem sua inclusão no contrato como obrigatória, haja vista que por determinação legal (art. 67), a execução do contrato deverá ser acompanhada e fiscalizada por um representante da Administração especialmente designado, sendo permitida a contratação de terceiros para assisti-lo e subsidiá-lo de informações pertinentes a essa atribuição.

O agente fiscalizador, representante da Administração Pública não tem necessariamente que ser um agente do Poder Público, podendo ser pessoa física ou jurídica especialmente contratada para fins de acompanhamento da execução do contrato.

O poder de controle da Administração acarreta também o poder de realizar intervenção no cumprimento do contrato. A intervenção deve ser realizada em casos indispensáveis, para regular o cumprimento das cláusulas contratuais, corrigindo ou eliminando a causa produtora do fato ou da situação que a originou.

Nos casos de retardamento ou paralisação da execução ou perigo de desvirtuamento ou perecimento do objeto do ajuste, com prejuízos atuais ou iminentes para a programação administrativa, para os usuários ou para o empreendimento contratado é lícito à Administração assumir provisória ou definitivamente a execução do objeto do contrato, com utilização dos materiais, pessoal e equipamento do contratado, a serem posteriormente indenizados (art. 80, II, § 2º).

FISCALIZAÇÃO
- não necessariamente por um agente público
- acarreta o poder de realizar intervenção no contrato
- a Adm. Pode assumir a execução do contrato

Aplicação de sanções

A Administração tem a prerrogativa de aplicar sanções diretamente à parte contrária. Em verdade o poder de aplicação de sanções é o coroamento do poder de controle. De nada adiantaria fiscalizar se a Administração não tivesse a capacidade de punir a infração do contratado.

Ao realizar o contrato a Administração reserva-se implicitamente o direito de aplicar as penalidades previstas no estatuto licitatório, não sendo necessária sua previsão legal, salvo no caso da multa. Outra característica na aplicação de sanções pela Administração é a desnecessidade de se recorrer ao Judiciário para tanto.

As penalidades que podem ser aplicadas pela Administração vão desde as advertências, multas, a suspensão provisória e a declaração de inidoneidade para licitar e contratar com a Administração (art. 87). A advertência é a penalidade mais branda é a declaração de inidoneidade a mais grave. A aplicação de penalidades ao contratado deve ater-se às enumeradas no estatuto licitatório, sob pena de, não o fazendo, estarem sujeitos a declaração de nulidade.

A penalidade de advertência é uma reprimenda aplicada ao contratado, em caso de pequenas faltas ou faltas levíssimas.

A multa é a pena pecuniária imposta ao contratado infrator, com o intuito de compensação pelo dano decorrente da infração e para coibir a ocorrência de novas faltas. Para sua aplicação não basta a previsibilidade legal é necessária, ainda, seu prévio estabelecimento no instrumento convocatório ou no contrato. A multa pode ser descontada da garantia contratual oferecida e, se esta for insuficiente, do pagamento devido ao contratado, ou, se for o caso, poderá ser cobrada judicialmente (art. 87, § 1º).

A penalidade de multa pode ser aplicada cumulativamente com a advertência, a suspensão do direito de participar de licitação e de contratar com a Administração e a declaração de inidoneidade.

A suspensão temporária para licitar e realizar contratos com a Administração visa impedir o infrator, que cometeu falta grave, de participar de licitação ou de contratar com a Administração, não podendo este prazo ser superior a dois anos. A finalidade dessa penalidade é evitar que o Poder Público seja obrigado a manter relações comerciais com empresas ou profissionais que tenham praticado atos ilícitos ou tenham sofrido condenação definitiva por praticarem fraude fiscal ou tenham descumprido cláusulas contratuais.

A declaração de inidoneidade é a pena aplicada com o objetivo de inabilitar a contratação com a Administração Pública, impedindo o contratado que sofre a sanção de licitar ou contratar com a Administração Pública até que desapareçam os motivos determinantes da sanção ou que ocorra a reabilitação, promovida perante a mesma autoridade que a aplicou.

> A penalidade de suspensão impede a contratação e a participação em licitações apenas com a Administração que a aplicou, enquanto que a declaração de inidoneidade impede a contratação e a participação em licitações com toda a Administração Pública (União, Estados, Distrito Federal e Municípios).

Quando da aplicação de sanções ao contratado este tem o direito à prévia defesa, a ser exercido no prazo de 05 dias úteis, salvo no caso de sanção de declaração de inidoneidade, quando esse prazo será de 10 dias úteis da abertura de vista (art. 87, § 2º e § 3º).

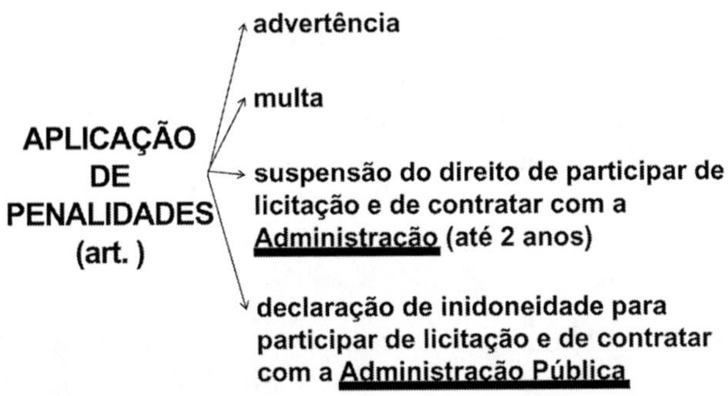

Garantia Contratual

O Estatuto Federal Licitatório, em seu art. 56, garante à Administração Pública, desde que prevista no edital, a prerrogativa de exigir do contratado uma garantia, cuja finalidade é assegurar a execução do contrato, por esse motivo essa garantia somente pode ser exigida do licitante vencedor.

É necessário fazer a observação de que a garantia, aqui estudada, não deve ser confundida com a exigência de garantia para participação de licitação como condição a ser atendida por todos os licitantes, no caso de ser solicitada, na documentação relativa à qualificação econômico-financeira (art. 31, III).

Caberá ao contratado optar por uma das modalidades de garantia previstas no estatuto licitatório, a saber: caução em dinheiro ou títulos da dívida pública, seguro-garantia ou a fiança bancária (art. 56, §1º). Após a execução do contrato a garantia prestada pelo contratado será liberada ou restituída, e, quando prestada em dinheiro, terá seu valor corrigido.

As garantias de caução e a fiança bancária são consideradas alternativas, ou seja, a exigência de uma exclui a de outra, porém podem ser pedidas concomitantemente com o seguro de pessoas e bens e o compromisso de entrega de material ou equipamento.

A caução é a reserva de numerários (dinheiro ou títulos da dívida pública) que o contratado faz para garantir a execução do contrato. Também é conhecida por garantia "real", por consistir na entrega de bens à Administração contratante. Vale ressaltar que a escolha cabe ao contratado, inclusive no que se refere a escolha de títulos da dívida pública (federais ou estaduais) ou dinheiro.

> O valor da garantia está limitado a, no máximo, 5% (cinco por cento) do valor do contrato, salvo para obras, serviços e fornecimentos de grande vulto envolvendo alta complexidade técnica e riscos financeiros consideráveis, demonstrados por meio de parecer tecnicamente aprovado pela autoridade competente, quando o limite de garantia poderá ser elevado para até 10% (dez por cento) do valor do contrato.

O seguro-garantia, modalidade nova no Brasil, tendo sido introduzida quando das obras do "Metrô" de São Paulo, é a obrigação assumida em nome da seguradora para garantir a plena execução do contrato. Por meio de uma apólice de seguro, a seguradora assume a responsabilidade de execução do contrato ou indenização à Administração Pública até o limite mencionado na referida apólice.

A fiança bancária é a garantia oferecida por uma instituição bancária que, perante a administração Pública contratante, se torna responsável pelas obrigações assumidas no instrumento contratual pelo contratado.

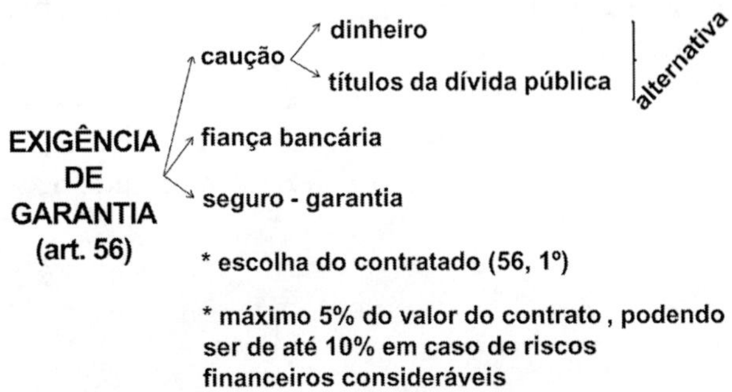

Retomada do objeto

A Administração tem como cláusula exorbitante a faculdade de retomar o objeto do contrato (obra, reforma, serviço), independentemente da necessidade de recorrer ao Poder Judiciário, quando da rescisão contratual (art. 80, I).

A retomada do objeto ocorre fundamentada no princípio da continuidade dos serviços públicos, que impede a interrupção da prestação do serviço, garantindo à Administração o direito de dar-lhes continuidade.

É facultado à Administração a ocupação e utilização do local, instalações, equipamentos, material e pessoal empregados na execução do contrato (art. 80, II); neste caso o contratado deve ser indenizado, mediante avaliação.

RETOMADA DO OBJETO (art. 80)
- independe de recorrer ao Judiciário
- fundamenta-se na continuidade do serviço
- adm. pode assumir local, instalações, equipamentos, material e pessoal do contratado

Retenção de créditos

Embora as garantias oferecidas pelo contratado à Administração devam cobrir os valores devidos em razão da inadimplência do contrato (art. 56), no caso de ser insuficiente a garantia, a Administração pode descontar a diferença apurada dos créditos a que o contratado eventualmente tenha a receber.

Esta prerrogativa de descontar os créditos a receber do contratado é encontrada:

- como consequência da rescisão unilateral do contrato (art. 80, IV);
- com o intuito de saldar multas impostas ao contratado por atraso injustificado na execução do contrato (art. 86, §3º);
- como resultado da inexecução total ou parcial do contrato (art. 87, §1º).

> Se a retenção dos créditos se mostrar insuficiente, a Administração poderá cobrar o saldo restante por via judicial.

RETENÇÃO DE CRÉDITOS (art. 80, IV)
- no caso de rescisão unilateral (art. 80, IV)
- saldar multas do contratado (art. 80, § 3º)
- inexecução total ou parcial (art. 87, § 1º)

5. Inexecução e Rescisão do Contrato

A inexecução contratual é o não cumprimento de suas cláusulas, no todo ou em parte, podendo ocorrer por ação ou omissão, sendo ainda culposa ou não. Embora o contrato tenha como regra o seu cumprimento, isso nem sempre acontece. Os mais variados motivos podem levar à inexecução, parcial ou total do contrato.

A inexecução do contrato pode ocorrer por ação ou omissão de quaisquer das partes, ensejando responsabilidades para o inadimplente e até mesmo dando ensejo à rescisão do contrato (art. 77).

Quando a inadimplência ocorre por culpa do contratado este fica sujeito a sanções administrativas, previstas em contrato ou na legislação. Se o não cumprimento do contrato se deu por parte da Administração, esta também responderá no limite de sua culpa.

O nosso ordenamento jurídico adota na maioria dos casos a responsabilidade subjetiva, onde a responsabilidade decorre de ato ou omissão culposa ou dolosa de qualquer das partes.

Temos, porém, a inexecução culposa e a inexecução sem culpa:

- inexecução culposa: ocorre por ação ou omissão de uma das partes, decorrente de negligência, imprudência ou imperícia no cumprimento das cláusulas contratuais, podendo esse descumprimento referir-se a prazos contratuais, modo de realização do objeto e a própria consecução desse objeto;
- inexecução sem culpa: decorre de fatos ou atos estranhos as partes, retardando ou impedindo a execução do contrato. Embora haja aqui a inadimplência e possível rescisão contratual, essa não ocorre por culpa da parte, não havendo que se falar em responsabilidade para os contratantes.

Teoria da Imprevisão
Cláusula Rebus Sic Standibus

Os contratos têm como princípio que o celebrado deve ser rigorosamente cumprido, como lei entre as partes. Nos contratos privados, assim como nos contratos administrativos, este principio é suavizado pelo preceito do "*rebus sic standibus*" (cláusula usada em contratos, para significar a permanência do atual estado das coisas, o seu significado corresponde a "enquanto as coisas permanecerem como estão", "se as coisas permanecerem assim" ou ainda "ficando tudo como está") ou teoria da imprevisão.

De acordo com a doutrina dominante, a aplicação da teoria da imprevisão nos contratos administrativos têm como pressuposto a ocorrência de atos ou fatos supervenientes ao contrato, imprevistos e imprevisíveis. Defende-se que, ainda que a ocorrência de circunstâncias excepcionais não libera o contratado de suas obrigações pactuadas, também não é justo que ele responda sozinho pelos prejuízos sofridos em decorrência de um evento imprevisto ou imprevisível.

Assim, havendo um desequilíbrio nas obrigações econômico-financeiras do contrato, deverá haver uma repactuação que vise restabelecer a equidade das obrigações contratuais, desde que o fato que causou o desequilíbrio seja:

- de ocorrência imprevisível;
- estranho à vontade das partes;
- causador de desequilíbrio acentuado no contrato;
- inevitável.

A doutrina reconhece como eventos da teoria da imprevisão que justificam uma repactuação do contrato os motivos de força maior, causo fortuito, fato do príncipe, fato da Administração e as interferências imprevistas.

Força maior e caso fortuito

Assim como nos contratos de direito privado, nos contratos administrativos as partes podem invocar a ocorrência de força maior ou de caso fortuito, a fim de eximirem-se das obrigações contratuais, desde que devidamente comprovados e que impeçam a execução do contrato (art. 78, XVII). No Código Civil Brasileiro, assim como no estatuto licitatório, também encontramos a figura da força maior e do caso fortuito (art. 393 *caput* e parágrafo único).

"Art. 393. O devedor não responde pelos prejuízos resultantes de caso fortuito ou força maior, se expressamente não se houver por eles responsabilizado.

Parágrafo único - O caso fortuito ou de força maior verifica-se no fato necessário, cujos efeitos não era possível evitar ou impedir."

Força maior é definida como o evento humano que cria para o contratado a impossibilidade intransponível de executar o contrato nos moldes pactuados (ex.: greve de funcionários do setor de transporte).

É considerado caso fortuito o evento da natureza que cria para o contratado a impossibilidade intransponível de executar o contrato regularmente, sendo necessário que este evento seja imprevisível e inevitável (terremoto ou furacão em zonas não sujeitas regularmente a esses fenômenos).

> A doutrina não é unânime quanto à definição de caso fortuito e força maior, sendo que alguns autores apresentam as definições de maneira invertida, ou seja, defendendo que força maior é evento da natureza e caso fortuito é evento humano.

Estes acontecimentos imprevistos e imprevisíveis criam a uma das partes do contrato um impedimento intransponível para a sua execução conforme o pactuado. Não basta uma simples dificuldade, é necessário que esteja caracterizada a impossibilidade intransponível de execução do contrato, além disso, essa impossibilidade deve ser imprevisível.

Fato do príncipe

É qualquer determinação do Poder Público, de caráter geral, imprevista e imprevisível, que incida na execução do contrato administrativo, de forma a onerá-lo substancialmente.

É necessário que a determinação da Administração seja de caráter geral e reflita indiretamente no contrato, sendo exteriorizado por lei, regulamento, portaria, resolução etc., de natureza geral. Temos como exemplo o aumento de imposto de importação de determinado produto, que desequilibra a economia do contrato ou torna impossível sua plena execução.

O fato do príncipe é aplicado tanto ao contratante como ao contratado, o estatuto licitatório em seu art. 65, §5°, prevê uma hipótese do fato do príncipe.

"Art. 65, § 5° - Quaisquer tributos ou encargos legais criados, alterados ou extintos, bem como a superveniência de disposições legais, quando ocorridas após a data da apresentação da proposta, de comprovada repercussão nos preços contratados, implicarão à revisão destes para mais ou para menos, conforme o caso."

Direito Administrativo

Fato da Administração

Segundo o mestre HELY LOPES MEIRELLES "*Fato da Administração é toda ação ou omissão do Poder Público que, incidindo direta e especificamente sobre o contrato, retarda, agrava ou impede a sua execução*".

O fato da Administração e o fato do príncipe diferenciam-se porque o primeiro incide diretamente no contrato e o segundo indiretamente. O fato da Administração é específico e o fato do príncipe é geral. Temos como exemplo do fato da Administração a não liberação de área ou local para execução de obra, serviço ou fornecimento, nos prazos contratuais; quando a Administração não realiza as desapropriações necessárias ou pratica qualquer ato impeditivo dos trabalhos a cargo da outra parte.

São considerados, ainda, fatos da Administração, os seguintes eventos:

- a suspensão de sua execução, por ordem escrita da Administração, por prazo superior a 120 (cento e vinte) dias, salvo em caso de calamidade pública, grave perturbação da ordem interna ou guerra, ou ainda por repetidas suspensões que totalizem o mesmo prazo, independentemente do pagamento obrigatório de indenizações pelas sucessivas e contratualmente imprevistas desmobilizações e mobilizações e outras previstas, assegurado ao contratado, nesses casos, o direito de optar pela suspensão do cumprimento das obrigações assumidas até que seja normalizada a situação;
- o atraso superior a 90 (noventa) dias dos pagamentos devidos pela Administração decorrentes de obras, serviços ou fornecimento, ou parcelas destes, já recebidos ou executados, salvo em caso de calamidade pública, grave perturbação da ordem interna ou guerra, assegurado ao contratado o direito de optar pela suspensão do cumprimento de suas obrigações até que seja normalizada a situação;
- a não liberação por parte da Administração, de área, local ou objeto para execução de obra, serviço ou fornecimento, nos prazos contratuais, bem como das fontes de materiais naturais especificadas no projeto.

Tais fatos da Administração não levam necessariamente a rescisão contratual, podendo determinar a revisão do contrato, inclusive com dilatação de prazos (art.57, II).

Interferências imprevistas

São ocorrências materiais desconhecidas ou não cogitadas pelas partes quando da realização do contrato, mas que já existiam quando de sua celebração e que, quando surgem na sua execução de modo surpreendente e excepcional, dificultam e oneram excepcionalmente o prosseguimento e a conclusão dos trabalhos.

A diferença entre a interferência imprevista e os demais eventos que compõe a teoria da imprevisão é que estes ocorrem depois do contrato, enquanto que a interferência imprevista já existia antes do contrato, porém sua existência era desconhecida das partes. Outra diferença é que as interferências imprevistas não são impeditivas da execução do contrato, mas sim criadoras de dificuldades e onerosidades para a conclusão dos trabalhos, o que torna necessário uma equação dos preços e dos prazos à nova realidade encontrada.

É exemplo de interferência imprevista o encontro de um terreno rochoso, e não arenoso como indicado pela Administração, de um sítio arqueológico ou de uma grande rocha na construção de um túnel.

CLÁUSULA REBUS SIC STANDIBUS

- **força maior: evento humano**
- **caso fortuito: evento da natureza**
- **fato do princípe: determinação geral**
- **fato da Administração : sobre o contrato**
- **interferência imprevista : já existia**

"Exceptio non adimpleti contractus" (Exceção do Contrato Não Cumprido)

Conhecida como exceção do contrato não cumprido, este princípio encontra-se no art. 476 do Código Civil Brasileiro, dispondo que se uma das partes não cumpre a sua obrigação, esta não pode exigir da outra parte o cumprimento das suas. Assim, uma das partes pode se eximir de suas obrigações contratuais em decorrência do não cumprimento das cláusulas pela outra parte.

"CC, art. 476. Nos contratos bilaterais, nenhum dos contratantes, antes de cumprida a sua obrigação, pode exigir o implemento da do outro."

Esta exceção é pacificamente aplicada nos contratos de direito privado, porém nos contratos administrativos esta aplicação tem sido restringida em decorrência dos princípios da continuidade e de que o interesse público prevalece ao interesse individual.

Os contratos administrativos, em regra, não estão sujeitos a aplicação do *exceptio non adimpleti contractus*, ou seja, o contratado não pode, a princípio, deixar de cumprir sua obrigação alegando que a Administração deixou de cumprir as suas, estando obrigado a dar continuidade à execução do contrato, ainda que a Administração não cumpra com suas obrigações.

Porém em alguns casos a exceção em pauta pode ser aplicada, podendo o contratado rescindir unilateralmente o contrato em caso de:

- o atraso superior a 90 (noventa) dias dos pagamentos devidos pela Administração decorrentes de obras, serviços ou fornecimento, ou parcelas destes, já recebidos ou executados, salvo em caso de calamidade pública, grave perturbação da ordem interna ou guerra, assegurado ao contratado o direito de optar pela suspensão do cumprimento de suas obrigações até que seja normalizada a situação;"
- supressão, por parte da Administração, de obras, serviços ou compras, acarretando modificação do valor inicial do contrato além do limite permitido na lei;
- a suspensão de sua execução, por ordem escrita da Administração, por prazo superior a 120 (cento e vinte) dias, salvo em caso de calamidade pública, grave perturbação da ordem interna ou guerra, ou ainda por repetidas suspensões que totalizem o mesmo prazo, independentemente do pagamento obrigatório de indenizações pelas sucessivas e contratualmente imprevistas desmobilizações e mobilizações e outras previstas, assegurado ao contratado, nesses casos, o direito de optar pela suspensão do cumprimento das obrigações assumidas até que seja normalizada a situação;
- a não liberação, por parte da Administração, de área, local ou objeto para execução de obra, serviço ou fornecimento, nos prazos contratuais, bem como das fontes de materiais naturais especificadas no projeto.

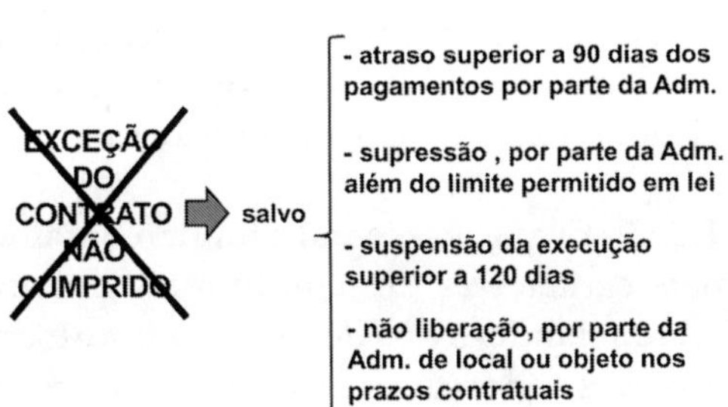

Rescisão do Contrato

A rescisão dos contratos pode efetivar-se de diversas formas: por ato unilateral da Administração (rescisão administrativa), por acordo entre as partes (rescisão amigável), por decisão judicial (rescisão judicial), por declaração de ocorrência de fato previsto como extintivo do contrato (rescisão de pleno direito).

Rescisão administrativa

Já estudada aqui quando discorremos sobre a rescisão unilateral, é aquela efetivada por ato unilateral da Administração, por inadimplência do contratado ou por interesse do serviço público. Em qualquer dos casos a Administração pode rescindir unilateralmente o contrato, assumindo o objeto, independentemente de ordem ou decisão judicial.

A rescisão administrativa por inadimplência do contratado ocorre quando este descumpre cláusula essencial do contrato, retardando ou paralisando sua execução ou desvirtuando seu objeto, constituindo-se em sanção e visando a continuidade do serviço público.

A rescisão administrativa por interesse público ou conveniência da Administração tem como fundamento a variação do interesse público, que autoriza a rescisão contratual quando este se torna inútil ou prejudicial à coletividade.

Rescisão amigável

Decorre do acordo entre as partes (art. 79, II), quando a Administração e o contratado entendem ser melhor a rescisão do contrato. Para tal é necessária a conveniência para a Administração. Ocorre normalmente nos casos de inadimplência sem culpa e nos que autorizam a rescisão por interesse público.

A conveniência deve ficar nos limites do poder discricionário da Administração, exigindo-se que o ato rescisório seja fundamentado por escrito pela autoridade competente (art. 79, § 1º).

A rescisão amigável tem efeito a partir da data em que foi firmada (*ex nunc*), devendo atender à mesma forma e aos demais requisitos legais e regulamentares exigidos para a contratação, ou seja, se esta foi feita por meio de escritura pública, a rescisão se dará por escritura pública.

Rescisão judicial

A rescisão judicial é a decretada pelo Poder Judiciário em ação proposta por uma das partes ou por terceiros, admitindo-se pedidos acumulados de indenização, de retenção, compensação, de cobrança de multas e outros decorrentes da relação contratual (art. 79, III).

A lei admite cinco hipóteses de pedido de rescisão pelo contratado:

a) a supressão, por parte da Administração, de obras, serviços ou compras, acarretando modificação do valor inicial do contrato, além dos limites legais;
b) a suspensão de sua execução, por ordem escrita da Administração, por prazo superior a 120 (cento e vinte) dias;

c) o atraso superior a 90 (noventa) dias dos pagamentos devidos pela Administração decorrentes de obras, serviços ou fornecimento, ou parcelas destes, já recebidos ou executados;
d) a não liberação por parte da Administração, de área, local ou objeto para execução de obra, serviço ou fornecimento, nos prazos contratuais;
e) a ocorrência de caso fortuito ou de força maior, regularmente comprovada, impeditiva da execução do contrato.

No caso de ser a rescisão administrativa lesiva ao patrimônio público, esta poderá ser invalidada por meio de ação popular, de iniciativa de qualquer cidadão (CF, art. 5°, LXXIII).

"CF, art. 5°, LXXIII - qualquer cidadão é parte legítima para propor ação popular que vise a anular ato lesivo ao patrimônio público ou de entidade de que o Estado participe, à moralidade administrativa, ao meio ambiente e ao patrimônio histórico e cultural, ficando o autor, salvo comprovada má-fé, isento de custas judiciais e do ônus da sucumbência;"

Na ocorrência de ato abusivo ou ilegal da autoridade poderá ser impetrado o mandado de segurança, conduzindo indiretamente à rescisão contratual (CF, art. 5°, LXIX e LXX). Temos como exemplo o concorrente que preterido ilegalmente na habilitação ou no julgamento, obtém, através de mandado de segurança, a anulação do ato e a invalidação do respectivo contrato (art. 49, § 2º).

"CF, art. 5°, LXIX - conceder-se-á mandado de segurança para proteger direito líquido e certo, não amparado por habeas corpus ou habeas data, quando o responsável pela ilegalidade ou abuso de poder for autoridade pública ou agente de pessoa jurídica no exercício de atribuições do Poder Público;
LXX - o mandado de segurança coletivo pode ser impetrado por:
a) partido político com representação no Congresso Nacional;
b) organização sindical, entidade de classe ou associação legalmente constituída e em funcionamento há pelo menos um ano, em defesa dos interesses de seus membros ou associados;

A anulação do procedimento licitatório acarreta a anulação do contrato.

Rescisão de pleno direito

A rescisão de pleno direito é a verificada independentemente de manifestação de vontade de qualquer das partes, resultante da ocorrência de fato extintivo do contrato previsto em lei, em regulamento ou no próprio contrato. Temos como exemplo desse tipo de rescisão a morte do contratado, a falência da empresa e a insolvência civil.

Em ocorrendo o fato extintivo o contrato é rompido automaticamente, devendo as partes cessarem sua execução, não sendo necessário ato formal de rescisão ou decretação judicial.

Tal tipo de rescisão pode dar-se com ou sem direito a indenização, conforme o previsto em norma legal ou contratual. Neste caso não há a opção de rescindir ou não o contrato, já que ocorrendo o fato extintivo o contrato fica automaticamente rescindido.

Exercícios de Fixação e de Concursos

01. Julgue os itens abaixo:
a) Mesmo que a autoridade administrativa seja competente tanto para punir um subordinado como removê-lo para outra cidade, será inválido o ato de remoção praticado como meio de punição ao subordinado, ainda que haja necessidade de pessoal na cidade para onde o servidor foi removido.
b) A licitação é inexigível quando a administração dispõe-se a contratar um artista consagrado pela opinião pública para protagonizar campanhas publicitárias.
c) De acordo com a teoria dos motivos determinantes, é lícito à administração pública impor um ato administrativo seu a terceiros, independentemente da concordância do afetado.
d) O atraso reprovável do INSS em pagar dívida para com segurado não pode levar à penhora dos bens do Instituto como meio de satisfação forçada do direito do credor.
e) As chamadas cláusulas exorbitantes dos contratos administrativos não se aplicam a todos os contratos celebrados pela administração pública.

02. (ESAF) O que, essencial e fundamentalmente, mais caracteriza um contrato administrativo, diferenciando-o dos demais e subordinando-o às regras específicas de direito público, é:
a) ter como parte contratante uma entidade da Administração Pública.
b) ter como parte contratante uma pessoa jurídica de direito público interno e presente o interesse público no seu objeto.
c) ter o interesse público presente no seu objeto, ainda que uma das partes não seja órgão ou entidade da Administração Pública.
d) o fato de acarretar despesa à conta de recursos públicos.
e) o fato de versar seu objeto uma determinada prestação de serviço público.

03. O regime jurídico dos contratos administrativos, inclusive no que confere à Administração as prerrogativas de modificá-los, rescindi-los e outras compreendidas nas chamadas cláusulas derrogativas ou excepcionais do direito privado,

a) não se aplica aos de seguro, em que a União for parte.
b) não se aplica aos de locação, em que a União for locatária.
c) não se aplica àqueles em que a União for parte como usuária de serviço público.
d) aplica-se àqueles em que a União for parte como usuária de serviço público, no que couber.
e) aplica-se aos de locação, mas somente quando a União for locadora.

04. (ESAF) Não é característica do contrato administrativo:

a) natureza de contrato de adesão.
b) finalidade pública.
c) liberdade de forma.
d) presença de cláusulas exorbitantes.
e) mutabilidade.

05. (ESAF) São consideradas cláusulas exorbitantes nos contratos administrativos, exceto:

a) possibilidade da retomada do objeto pela Administração.
b) aplicação unilateral de penalidades ao contratado.
c) atividade permanente de fiscalização na execução contratual.
d) rescisão unilateral do contrato pela Administração.
e) plena aplicabilidade da cláusula *exceptio non adimpleti contractus.*

06. (ESAF) Não é considerada cláusula exorbitante, típica do contrato administrativo:

a) plena adoção da cláusula da exceção do contrato não cumprido.
b) aplicação de penalidades sem a necessidade de se acionar o Judiciário.
c) alteração unilateral do contrato pelo Poder Público.
d) retomada do objeto por ato da Administração.
e) anulação do contrato, por ilegalidade, pela própria Administração.

07. (CESPE) A disciplina dos contratos administrativos no Brasil implica que:

a) o Tribunal de Contas possa fazer controle *a priori*, não se restringindo ao controle posterior, como previa a Constituição anterior.
b) não se faz mais possível a invalidação dos mesmos, depois que o Tribunal de Contas os homologa.
c) o preço, o prazo contratual e as condições de pagamento não são cláusulas essenciais vez que tais regras são imposição legal.
d) deve haver ressarcimento, extinto o contrato por força de decisão judicial, de ato do Legislativo ou de controle da própria Administração.
e) não poderá ser inválido o contrato se a licitação for válida.

08. A causa justificadora da inexecução do contrato administrativo, decorrente, por exemplo, da falta de desapropriação necessária do terreno onde deveria ser realizada a obra, chama-se:

a) responsabilidade civil.
b) fato do príncipe.
c) interferências imprevistas.
d) responsabilidade administrativa.
e) fato da Administração.

09. A rescisão do contrato administrativo decorrente de fato legal, regulamentar ou contratualmente previsto como extintivo do contrato, chama-se rescisão:

a) por decisão judicial.
b) administrativa.
c) de pleno direito.
d) amigável.
e) por fato do príncipe.

Gabarito

01. C, C, E, C, C	**02. B**	**03. D**
04. C	**05. E**	**06. A**
07. C, E, E, E, E	**08. E**	**09. C**

Direito Administrativo

8. Agentes Públicos

1. Conceitos

São todas as pessoas físicas incumbidas, definitiva ou transitoriamente, do exercício de alguma função estatal. São todos aqueles que, de alguma forma, prestam um serviço público. Consoante o Professor CELSO ANTÔNIO BANDEIRA DE MELLO, "esta expressão – *agentes públicos* – é a mais ampla que se pode conceber para designar genérica e indistintamente os sujeitos que servem ao Poder Público como instrumentos expressivos de sua vontade ou ação, ainda quando o façam apenas ocasional ou episodicamente. Quem quer que desempenhe funções estatais, *enquanto as exercita*, é um agente público. Por isto, a noção abarca tanto o Chefe do Poder Executivo (em quaisquer das esferas) como os senadores, deputados e vereadores, os ocupantes de cargos ou empregos públicos da Administração direta dos três Poderes, os servidores das autarquias, das fundações governamentais, das empresas públicas e sociedades de economia mista nas distintas órbitas de governo, os concessionários e permissionários de serviço público, os delegados de função ou ofício público, os requisitados, os contratados sob locação civil de serviços e os gestores de negócios públicos." (*Curso de Direito Administrativo* – Malheiros – 17ª ed. – 2004 – p. 226/227).

Os agentes públicos (gênero) compõem-se das seguintes espécies:

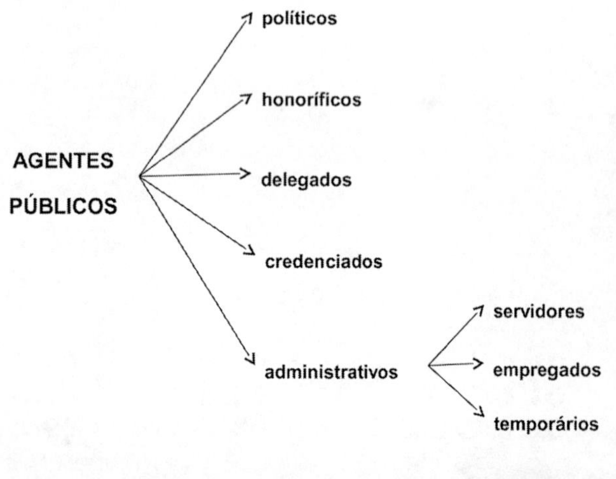

Agentes Políticos

São aqueles que ocupam os primeiros escalões do governo, investidos em cargos, funções, mandatos ou comissões, por nomeação, eleição, designação ou delegação para o exercício de atribuições constitucionais. Desempenham atribuições estabelecidas na Constituição e em leis especiais, não são servidores públicos e, portanto, não se sujeitam a um regime jurídico. São as autoridades públicas e supremas do Governo e da Administração na área de sua atuação, pois não estão hierarquizadas, sujeitando-se apenas aos graus e limites constitucionais e legais de jurisdição. Ex.: Chefes do Executivo e seus auxiliares imediatos, membros das Corporações Legislativas, membros do Poder Judiciário, do Ministério Público, dos Tribunais de Contas, os representantes diplomáticos etc.

Agentes Administrativos

Conforme conceito do saudoso Professor HELY LOPES MEIRELLES, "são todos aqueles que se vinculam ao Estado ou às suas entidades autárquicas e fundacionais por relações profissionais, sujeitos à hierarquia funcional e ao regime jurídico determinado pela entidade estatal a que servem." (*Direito Administrativo Brasileiro* – Malheiros – 31ª ed. – 2005 – p. 79).

O Professor Reinaldo Moreira Bruno, de forma extremamente didática, aduz que "pode-se verificar a divisão dos agentes administrativos em pelo menos três categorias, a saber:

a) **servidores públicos** – a partir da edição da Constituição de 1988, em seu art. 37, II, é possível afirmar que são aqueles que ocupam cargos públicos na Administração, podendo ter esta vinculação em caráter permanente. O ingresso dá-se mediante concurso público, ensejando, assim, a estabilidade, e caráter transitório, quando a vinculação dá-se mediante confiança por parte da autoridade, a partir do que dispõe o art. 37, II, parte final, da Constituição Federal. Suas relações não possuem caráter contratual e são submetidas aos Estatutos dos Servidores, editados pelos entes ao qual se vinculam;

b) **empregados públicos** – são aqueles que trabalham para ente estatal com vínculo de trabalho revestido de natureza contratual e, portanto, regido pela Consolidação das Leis do Trabalho, também tratados no art. 37, II, da Constituição Federal, com redação dada pela Emenda Constitucional n. 19;

c) **temporários** – são aqueles admitidos para atender necessidade de excepcional interesse público, nos termos do que dispõe o art. 37, IX, da Constituição Federal." (*Direito Administrativo* – Del Rey – 2005 – p. 336).

Agentes Honoríficos

São cidadãos convocados, designados ou nomeados para prestar, transitoriamente, determinados serviços ao Estado, em razão de sua condição cívica, de sua honorabilidade ou de sua notória capacidade profissional, mas sem qualquer vínculo empregatício ou estatutário e, normalmente, sem remuneração. Tais serviços constituem o chamado múnus público, como, por exemplo, jurado, mesário eleitoral, comissário de menores etc.

Agentes Delegados

São particulares que recebem a incumbência da execução de determinada atividade, obra ou serviço público, e o realizam em nome próprio, por sua conta e risco, mas segundo as normas do Estado e sob a permanente fiscalização do delegante. Esses agentes não são servidores públicos, nem honoríficos, nem representantes do Estado. Nessa categoria encontram-se os concessionários e permissionários de obras e serviços públicos, os serventuários de ofícios ou cartórios não estatizados, os leiloeiros, os tradutores e intérpretes públicos, as demais pessoas que recebem delegação para a prática de alguma atividade estatal ou serviço de interesse coletivo.

Agentes Credenciados

São particulares que recebem a incumbência da execução de determinada atividade, porém por conta e risco da própria administração pública. Exemplo: advogado credenciado para contencioso internacional que envolva a Petrobras.

2. Os Poderes e Deveres do Administrador Público

São os encargos daqueles que geram bens e interesses da comunidade, expressos em lei, bem como os impostos pela moral administrativa e os exigidos pelo interesse da coletividade. Cada agente administrativo é investido da necessária parcela de poder público para o desempenho de suas atribuições. O poder administrativo, portanto, é atribuído à autoridade para remover os interesses particulares que se opõem ao interesse público. Nessas condições, o poder de agir se converte no dever de agir.

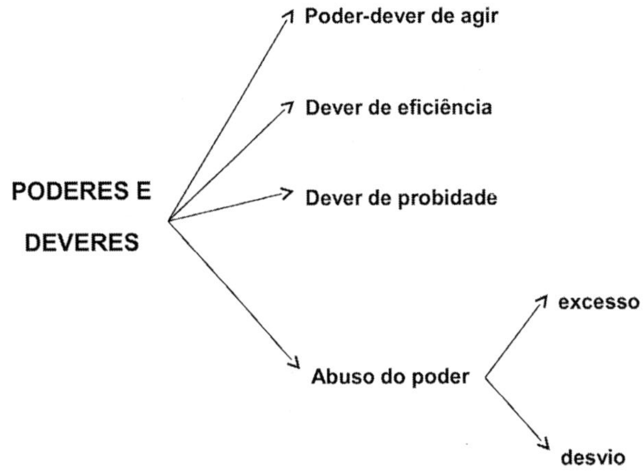

Poder-dever de Agir

Se para o particular o poder de agir é uma faculdade, para o administrador público é uma obrigação de atuar, desde que se apresente o ensejo de exercitá-lo em benefício da comunidade. É um poder insuscetível de renúncia pelo seu titular, até porque tal atitude importaria fazer liberalidade com o direito alheio, e o Poder Público não é, nem pode ser, instrumento de cortesias administrativas. Segundo o Professor Diógenes Gasparini, "ao administrador público cabe desempenhar, a tempo, as atribuições do cargo, função ou emprego público de que é titular. Reconhece-se nessa oportuna atuação um dever do agente público. As competências do cargo, função ou emprego público devem ser exercidas na sua plenitude e no momento legal. Não se satisfaz o Direito com o desempenho incompleto ou a destempo da competência e, pior ainda, com a omissão da autoridade." (*Direito Administrativo* – Saraiva – 7ª ed. – 2002 – p. 139).

Dever de Eficiência

É o dever que se impõe a todo agente público de realizar suas atribuições com presteza, perfeição e rendimento funcional, correspondendo ao dever de boa administração. A eficiência funcional é, pois, considerada em sentido amplo, abrangendo não só a produtividade do exercente do cargo ou da função, como a perfeição do trabalho e sua adequação técnica aos fins visados pela Administração.

Dever de Probidade

Está constitucionalmente integrado na conduta do administrador público como elemento necessário à legitimidade de seus atos; quando o ato administrativo for praticado com lesão aos bens e interesses públicos também fica sujeito à invalidação pela própria Administração ou pelo Poder Judiciário, por vício de improbidade, que é uma ilegitimidade como as demais que nulificam a conduta do administrador público. Reza o Professor Diógenes Gasparini, que "esse dever impõe ao agente público o desempenho de suas atribuições sob pautas que indicam atitudes retas, leais, justas e honestas, notas marcantes da integridade do caráter do homem. É nesse sentido do reto, do leal, do justo e do honesto que deve orientar-se o agente público no desempenho do cargo, função ou emprego junto ao Estado ou entidade por ele criada, sob pena de ilegitimidade de suas ações. O administrador, em obediência a essa orientação, deve buscar o melhor para a Administração Pública. Assim, entre duas opções permitidas pela lei, deve o agente público escolher a mais vantajosa, a melhor." (*Direito Administrativo* – Saraiva – 7ª ed. – 2002 – p. 142).

O Uso e Abuso de Poder

A Administração deve obediência à lei em todas as suas manifestações, e até mesmo nas chamadas atividades discricionárias, o administrador público fica sujeito às prescrições legais quanto à competência, finalidade e forma, só se movendo com liberdade na estreita faixa da conveniência e oportunidade administrativas.

a) **Uso do poder** - é prerrogativa da autoridade que deve ser usada normalmente sem abuso e empregada segundo as normas legais, a moral da instituição, a finalidade do ato e as exigências do interesse público. Abusar de poder é empregá-lo fora da lei, sem utilidade pública, daí porque todo ato abusivo é nulo, por excesso ou desvio de poder.

b) **Abuso do poder** - ocorre quando a autoridade, embora competente para praticar o ato, ultrapassa os limites de suas atribuições ou se desvia das finalidades administrativas. É sempre uma ilegalidade invalidadora do ato que o contém. O abuso de poder tanto pode revestir a forma comissiva como a omissiva, porque ambas são capazes de afrontar a lei e causar lesão a direito individual do administrado. Para seu combate temos o mandado de segurança (art. 5º, inc. LXIX da CF), cabível contra ato de qualquer autoridade. O gênero abuso de poder ou abuso de autoridade reparte-se em duas espécies bem caracterizadas: o excesso de poder e o desvio de finalidade.

c) **Excesso de poder** - ocorre quando a autoridade, embora competente para praticar o ato, vai além do permitido e exorbita no uso de suas faculdades administrativas, excedendo sua competência legal e, com isso, invalida o ato. O excesso de poder torna o ato arbitrário, ilícito e nulo, caracterizando-se tanto pelo descumprimento frontal da lei, quando a autoridade age claramente além de sua competência, como também quando ela contorna dissimuladamente as limitações da lei, para arrogar-se poderes que não lhe são atribuídos legalmente.

d) **Desvio de finalidade** - ou desvio de poder - verifica-se quando a autoridade, embora atuando nos limites de sua competência, pratica o ato por motivos ou com fins diversos dos objetivados pela lei ou exigidos pelo interesse público. É uma violação ideológica e moral da lei, colimando o administrador público fins não queridos pelo legislador, ou utilizando motivos e meios imorais para a prática de um ato administrativo aparentemente legal. Por exemplo, quando a autoridade pública decreta uma desapropriação alegando utilidade pública, mas visando, na realidade, satisfazer interesse pessoal próprio ou favorecer algum particular com a subsequente transferência do bem expropriado; ou quando outorga uma permissão sem interesse coletivo; ou quando classifica um concorrente por favoritismo, sem atender aos fins objetivados pela licitação.

3. Concurso Público

É o meio técnico posto à disposição da Administração Pública para obter-se moralidade, eficiência e aperfeiçoamento do serviço público e, ao mesmo tempo, propiciar igual oportunidade a todos os interessados que atendam aos requisitos da lei. O concurso, por se destinar a prover cargos, somente pode ser instaurado se existente o cargo e, ainda assim, se estiver vago.

Os cargos, empregos e funções públicas são acessíveis aos brasileiros, natos ou naturalizados, aos portugueses equiparados que preencham os requisitos estabelecidos em lei e, desde a promulgação da Emenda Constitucional n. 19, de 04.06.98, aos estrangeiros, na forma da lei, sendo vedada qualquer possibilidade de discriminação abusiva, que desrespeite o princípio da igualdade, por flagrante inconstitucionalidade. Assim, *"os cargos, empregos e funções públicas são acessíveis aos brasileiros que preencham os requisitos estabelecidos em lei, assim como aos estrangeiros, na forma da lei."*

A Reforma Administrativa (EC 19/98) seguiu, portanto, a tendência iniciada com a EC 11/96, que facultou às universidades contratar professores, técnicos e cientistas estrangeiros, na forma da lei.

Entende-se que se trata de lei de cada entidade da federação, já que a matéria relacionada a servidor público não é reservada à competência privativa da União. O dispositivo constitucional não é autoaplicável, dependendo de lei que estabeleça as condições de ingresso do estrangeiro. Portanto, o acesso de estrangeiros aos cargos, empregos e funções públicas não ocorrerá imediatamente a partir da EC 19/98, por tratar-se de norma constitucional de eficácia limitada à edição de lei, que estabelecerá a necessária forma. Essa lei, logicamente, não poderá estabelecer diferenciações arbitrárias e abusivas, privilegiando determinados estrangeiros em detrimento de outros, tão-somente em razão do país de origem, assim como aplica-se igualmente aos estrangeiros residentes ou não no país.

Desde a Constituição de 1967 os concursos públicos só podem ser de provas ou de provas e títulos, ficando, assim, afastada a possibilidade de seleção com base unicamente em títulos, como ocorria na vigência da Constituição de 1946.

A Administração é livre para estabelecer as bases do concurso e os critérios de julgamento, desde que o faça com igualdade para todos os candidatos, podendo, a todo tempo, alterar as condições e requisitos de admissão dos concorrentes, para melhor atendimento do interesse público. Mesmo inscritos, os candidatos não adquirem direito à realização do concurso na época e condições inicialmente estabelecidas pela Administração, pois os concorrentes têm apenas uma expectativa de direito, que não obriga a Administração a realizar as provas prometidas, em face do princípio da supremacia do interesse público.

Para o acesso a cargo, emprego ou função o interessado terá que satisfazer os requisitos estabelecidos em lei. A lei responsável pela instituição desses requisitos é a da entidade política titular do cargo, emprego ou função pública que se deseja preencher, dada a autonomia que se lhe assegura nessa matéria. O estatuto da Lei n. 8.112/90 estabelece em seu artigo 5º os requisitos básicos para a investidura em cargo público federal: a nacionalidade brasileira, o gozo dos direitos políticos, a quitação com as obrigações militares e eleitorais, o nível de escolaridade exigido para o exercício do cargo, a idade mínima de dezoito anos, aptidão física e mental.

Nos termos do artigo 37, II da Constituição Federal: *"a investidura em cargo ou emprego público depende de aprovação em concurso de provas ou provas e títulos, de acordo com a natureza e complexidade do cargo ou emprego, na forma prevista em lei, ressalvadas as nomeações para cargos em comissão declarado em lei de livre nomeação e exoneração."*

A Constituição Federal é intransigente em relação à imposição da efetividade do princípio constitucional do concurso público, como regra a todas as admissões da Administração Pública, consistindo, portanto, pressuposto de validez da admissão de pessoal não apenas pela administração direta, mas também pelas entidades da administração indireta. Assim, apesar de o regime de pessoal das entidades paraestatais ser o mesmo dos empregados de empresas privadas, sujeitos à CLT, às normas acidentárias e à justiça trabalhista (art.114, CF), permanece a obrigatoriedade do postulado do concurso público, mesmo para as empresas que exerçam atividades econômicas, salvo, logicamente, para os cargos ou funções de confiança, por serem instrumentos de realização concreta dos princípios constitucionais da isonomia e da impessoalidade.

O próprio inciso II do artigo 37 prevê uma das exceções constitucionais à obrigatoriedade do concurso público, ressalvando as nomeações para cargo em comissão declarado em lei de livre nomeação e exoneração. Essa exceção constitucional exige que a lei determine expressamente quais as funções de confiança e os cargos de confiança que poderão ser providos por pessoas estranhas ao funcionalismo público e sem a necessidade do concurso público, não sendo permitido à legislação infraconstitucional estabelecer outras formas diferenciadas de acesso a cargos e funções públicas.

A previsão legal para cargos em comissão declarados de livre nomeação e exoneração é de iniciativa do Chefe do Poder Executivo em cada esfera de governo e deve, obrigatoriamente, respeitar a existência de vínculo de confiança entre a função a ser realizada e autoridade nomeante, pois nas demais hipóteses deverão ser realizados concursos públicos, sob pena de inconstitucionalidade.

A Constituição Federal também trata do tema no inciso V do artigo 37, a saber: *"as funções de confiança, exercidas exclusivamente por servidores ocupantes de cargo efetivo, e os cargos em comissão, a serem preenchidos por servidores de carreira nos casos, condições e percentuais mínimos previstos em lei, destinam-se apenas às atribuições de direção, chefia e assessoramento."* (obs.: v. conceituação de cargo em comissão no item 11 deste capítulo, que dá o devido detalhamento à matéria).

Outra exceção constitucional quanto à obrigatoriedade de realização de concurso público é o artigo 37, IX, que trata da contratação temporária, em virtude de excepcional interesse público (v. item 6 deste capítulo).

Por derradeiro, vejamos importante lembrança anotada pelo administrativista REINALDO MOREIRA BRUNO: "A inobservância da regra do concurso público para investidura em cargo ou emprego público, é claro, desde que não se configurem as exceções indicadas (art. 37, II e IX, da CF/88), como também a violação da ordem classificatória final do concurso, implicará a nulidade dos atos e, ainda, a punição do agente responsável nos termos da lei, como dispõe expressamente o art. 37, § 2º, da Constituição Federal." (*Direito Administrativo* – Del Rey – 2005 – p. 354).

3.1. Prazo de Validade do Concurso Público

Conforme disposição do inciso III do artigo 37 da CF, *"o prazo de validade do concurso público será de até dois anos, prorrogável uma vez, por igual período."* A fixação do prazo de validade do concurso é ato discricionário da Administração Pública, que poderá escolher o prazo em função de conveniência administrativa. Da mesma forma, discricionariamente, poderá decidir sobre a prorrogação ou não do prazo de validade. Entretanto, se decidir pela prorrogação, o prazo estará previamente definido, pois é ato vinculado que não permite a escolha do prazo de prorrogação. Igual período não pode ser outro, diferente do que fora fixado e, portanto, significa o mesmo que inicialmente fora estabelecido a título de validade do concurso. Durante esse prazo improrrogável previsto no edital de convocação, aquele aprovado em concurso público de provas ou de provas e títulos será convocado com prioridade sobre novos concursados para assumir cargo ou emprego, na carreira. O prazo de validade do concurso público será contado da homologação, e nele a Administração deverá nomear os candidatos aprovados.

A aprovação no concurso não gera direito absoluto à nomeação, pois que continua o aprovado com simples expectativa de direito à investidura no cargo ou emprego disputado. Uma vez expirado o prazo de validade do concurso, entretanto, a expectativa de direito dos aprovados desfaz-se, permitindo-se, inclusive, a abertura de novo concurso, pois inexiste direito à nomeação para os candidatos classificados em concurso cujo prazo extinguiu-se.

3.2. Percentual de Vagas para Pessoas Portadoras de Deficiência

"(...) a lei reservará percentual dos cargos e empregos públicos para as pessoas portadoras de deficiência e definirá os critérios de sua admissão" (inc. VIII do art. 37 da CF). A reserva de percentual a deficientes físicos é obrigatoriedade constitucional, não se submetendo à discricionariedade da Administração Pública e aplicando-se a todos os Poderes da República, independente de quem seja o ente federativo.

A reserva de percentual mínimo para os portadores de deficiência não os exime da obrigatoriedade constitucional do concurso público; aprovados em concurso de provas ou provas e títulos, terão direito à regular convocação, seguindo-se a lista classificatória entre os portadores de deficiência.

Nos termos do § 2º do artigo 5º da Lei n. 8.112/90 *"Às pessoas portadoras de deficiência é assegurado o direito de se inscrever em concurso público para provimento de cargo cujas atribuições sejam compatíveis com a deficiência de que são portadoras; para tais pessoas serão reservadas até 20% (vinte por cento) das vagas oferecidas no concurso."*

3.3. Contratação Temporária de Excepcional Interesse Público

Nos termos do inciso IX do art. 37 da CF *"a lei estabelecerá os casos de contratação por tempo determinado para atender a necessidade temporária de excepcional interesse público".* O texto constitucional permite a contratação temporária sem concurso, desde que atendidos os três requisitos obrigatórios para essa exceção: a) excepcional interesse público; b) temporariedade da contratação; c) hipóteses expressamente previstas em lei. Haverá flagrante desvio inconstitucional dessa exceção se a contratação temporária tiver como finalidade o atendimento de necessidade permanente da Administração Pública. Impossível a contratação temporária por tempo determinado, ou de suas sucessivas renovações, para atender a necessidade permanente, em face do evidente desrespeito ao preceito constitucional que consagra a obrigatoriedade do concurso público. A lei mencionada no dispositivo constitucional é a lei editada pela entidade contratadora, ou seja, lei federal, estadual, distrital ou municipal, conforme a respectiva competência legislativa constitucional. Na esfera federal, a contratação temporária está disciplinada pela Lei n. 8.745, de 09.12.93, alterada pela Lei n. 9.849, de 26.10.99. A estes aplica-se o Regime Geral de Previdência Social.

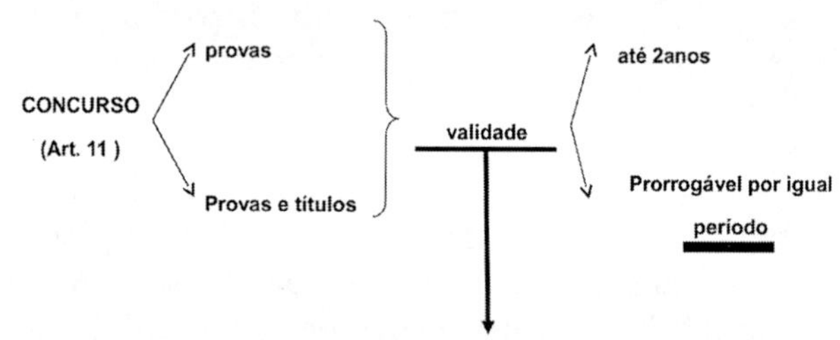

Prazo de validade a partir da homologação do concurso

4. Servidores Públicos

No que toca à conceituação sobre servidores públicos, é de se reportar o leitor para o item 1 do presente capítulo, no tópico "Agentes Administrativos".

De outra sorte, é necessário salientar que a Constituição de 1988 substituiu a expressão funcionário público por servidor público e previu na redação original do artigo 39 regime jurídico único para os servidores da Administração direta, autarquias e fundações públicas. Entretanto, a partir da EC 19/98, a exigência deixou de existir, **de modo que**

cada esfera governamental poderá instituir o regime estatutário ou o contratual, com possibilidade de conviverem os dois regimes na mesma entidade ou órgão, não havendo necessidade de que o mesmo regime adotado para a Administração direta seja igual para as autarquias e fundações públicas.

5. Cargo Público

"É a denominação dada à mais simples unidade de poderes e deveres estatais a serem expressos por um agente" (CELSO ANTONIO BANDEIRA DE MELLO). Para HELY LOPES MEIRELLES *"é o lugar instituído na organização do serviço público, com denominação própria, atribuições e responsabilidades específicas e estipêndio correspondente, para ser provido e exercido por um titular, na forma estabelecida em lei."* Nos termos do artigo 3° da Lei n. 8.112/90 *"é o conjunto de atribuições e responsabilidades previstas na estrutura organizacional que devem ser cometidas a um servidor."*

6. Emprego Público

É o revestido de vínculo contratual, sendo o empregado público regido pela Consolidação das Leis do Trabalho (CLT).

Atentemos para a exímia lição do saudoso Professor HELY LOPES MEIRELLES, no que tange aos detentores de emprego público: "os empregados públicos são todos os titulares de emprego público (não de cargo público) da Administração direta e indireta, sujeitos ao regime jurídico da CLT, daí serem chamados também de "celetistas". (*Direito Administrativo Brasileiro* – Malheiros – 31ª ed. – 2005 – p. 410). - obs.: ver também, conceito sobre empregado público anotado no item 1 do presente capítulo, no tópico "Agentes Administrativos".

7. Função Pública

É o conjunto de atribuições às quais não corresponde um cargo ou emprego e que a Administração confere a cada categoria profissional ou comete individualmente a determinados servidores a execução de serviços eventuais. Nos termos da atual Constituição Federal só é exigido o concurso público para investidura em cargo ou emprego; nos casos de função a exigência não existe porque os que a exercem ou são contratados temporariamente com base no artigo 37, inc. IX, ou são ocupantes de funções de confiança, de livre provimento e exoneração.

Todo cargo tem função, mas pode haver função sem cargo. As funções do cargo são definitivas e as funções autônomas são provisórias, em face da transitoriedade do serviço que visam atender. Por essa razão, as funções permanentes da Administração devem ser desempenhadas pelos titulares de cargos e as transitórias por servidores contratados temporariamente. Os servidores podem adquirir estabilidade nos cargos, mas jamais nas funções. As funções de confiança serão exercidas, em regra, por servidores ocupantes de cargos públicos. Ao servidor ocupante, exclusivamente de cargo em comissão, aplica-se o Regime Geral de Previdência Social. (art. 37, § 13 da CF).

7.1. Definições

Segundo o saudoso Professor HELY LOPES MEIRELLES (*Direito Administrativo Brasileiro* – Malheiros – 31ª ed. – 2005 – p. 415/416), "os cargos distribuem-se em *classes* e *carreiras*, e excepcionalmente criam-se *isolados*." Registremos os conceitos dados por ele concernentes à matéria:

Classe - "é o agrupamento de cargos da mesma profissão, e com idênticas atribuições, responsabilidades e vencimentos. As *classes* constituem os degraus de acesso na *carreira*." Relevante aqui também consignar a lição do Professor CELSO ANTÔNIO BANDEIRA DE MELLO: "classe é o conjunto de cargos da mesma natureza de trabalho." (*Curso de Direito Administrativo* – Malheiros – 17ª ed. – 2004 – p. 277).

Carreira - "é o agrupamento de classes da mesma profissão ou atividade, escalonadas segundo a hierarquia do serviço, para acesso privativo dos titulares dos cargos que a integram, mediante provimento originário. O conjunto de carreiras e de cargos isolados constitui o *quadro permanente do serviço* dos diversos Poderes e órgãos da Administração Pública. As carreiras iniciam-se e terminam nos respectivos *quadros*."

Quadro - "é o conjunto de carreiras, cargos isolados e funções gratificadas de um mesmo serviço, órgão ou Poder. O *quadro* pode ser permanente ou provisório, mas sempre estanque, não admitindo promoção ou acesso de um para outro."

Cargo de carreira - "é o que se escalona em classes, para acesso privativo de seus titulares, até o da mais alta hierarquia profissional."

Cargo isolado - "é o que não se escalona em classes, por ser o único na sua categoria. Os *cargos isolados* constituem exceção no funcionalismo, porque a hierarquia administrativa exige escalonamento das funções para aprimoramento do serviço e estímulo aos servidores, através da promoção vertical. Não é o arbítrio do legislador que deve predominar na criação de cargos isolados, mas sim a natureza da função e as exigências do serviço."

Cargo técnico - "é o que exige conhecimentos profissionais especializados para seu desempenho, dada a natureza científica ou artística das funções que encerra. Nesta acepção é que o art. 37, XVI, "b", da CF o emprega, sinonimizando-o com *cargo científico*, para efeito de acumulação."

Cargo em comissão - "é o que só admite provimento em caráter provisório. São declarados em lei de livre nomeação (sem concurso público) e exoneração (art. 37, II), destinando-se apenas às atribuições de direção, chefia e assessoramento (CF, art. 37, V). Todavia, pela EC 19, o preenchimento de uma parcela dos *cargos em comissão* dar-se-á unicamente por servidores de carreira, nos casos, condições e percentuais mínimos previstos em lei (art. 37, V). Portanto, nestas hipóteses o provimento não será totalmente livre, como ocorre com os não servidores, isto é, os sem vínculo efetivo anterior à nomeação. A lei ali referida será de cada entidade política, mas, especialmente na fixação dos percentuais mínimos, deverá observar o *princípio da razoabilidade*, sob pena de fraudar a determinação constitucional, no sentido de uma parte dos cargos em comissão ser provida de forma totalmente livre e outra, parcialmente, diante das limitações e condições previstas nessa lei. A instituição de tais cargos é permanente, mas seu desempenho é sempre precário, pois quem os exerce não adquire direito à continuidade na função, mesmo porque a exerce por confiança do superior hierárquico; daí a livre nomeação e exoneração."

Cargo de chefia - "é o que se destina à direção de serviços. Pode ser de carreira ou isolado, de provimento efetivo ou em comissão, tudo dependendo da lei que o instituir."

Lotação - "é o número de servidores que devem ter exercício em cada repartição ou serviço. A *lotação* pode ser *numérica* ou básica e *nominal* ou supletiva; a primeira corresponde aos cargos e funções atribuídos às várias unidades administrativas; a segunda importa a distribuição nominal dos servidores para cada repartição, a fim de preencher os claros do quadro numérico. Ambas são atos administrativos típicos e, como tais, da competência privativa do Executivo, no que concerne aos serviços. Por lei se instituem os cargos e funções; por decreto se movimentam os servidores, segundo as necessidades do serviço. A *lotação* e a *relotação* constituem prerrogativas do Executivo, contra as quais não se podem opor os servidores, desde que feitas na forma estatutária. Na omissão da lei, entende-se amplo e discricionário o poder de movimentação dos servidores, por ato do Executivo, no interesse do serviço, dentro do quadro a que pertencem."

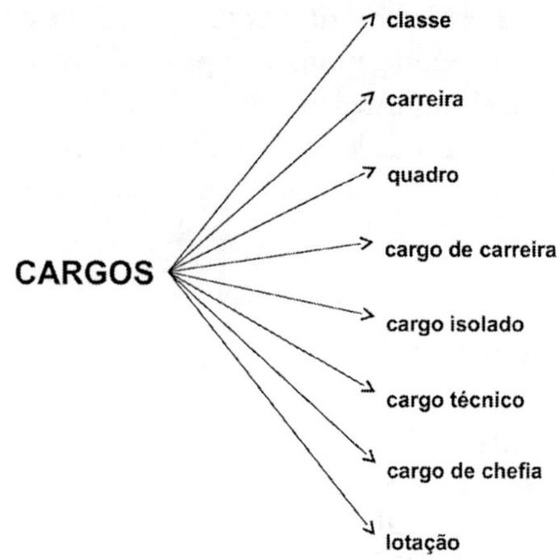

7.2. Disponibilidade

Reza o Professor CELSO ANTÔNIO BANDEIRA DE MELLO, que "disponibilidade é a colocação do servidor **estável** em inatividade remunerada, até seu adequado aproveitamento em outro cargo, com proventos proporcionais ao seu tempo de serviço." (grifo nosso). Aduz, ainda, que "a disponibilidade é um *direito* que a Constituição confere ao servidor público civil *estável, caso seu cargo venha a ser extinto ou declarado desnecessário* (§ 3º do art. 41), ou ainda quando, em virtude de reintegração de outrem, seja desalojado do cargo que ocupava sem ter um cargo de origem para regressar a ele (art. 41, § 2º)." (*Curso de Direito Administrativo* – Malheiros – 17ª ed. – 2004 – p. 266).

7.3. Provimento de Cargos

É ato de designação de uma pessoa por meio do qual ela é investida no exercício do cargo, emprego ou função. O provimento pode ser:

a) **originário** - ou inicial, quando se faz por meio de nomeação ou contratação, dependendo do regime jurídico de que se trate, vinculando inicialmente o servidor ao cargo, emprego ou função e pressupondo a inexistência de vinculação entre a situação de serviço anterior do nomeado e o preenchimento do cargo;

b) **derivado** - é sempre uma alteração na situação de serviço do nomeado, pois depende de um vínculo anterior do servidor com a Administração.

Em decorrência do artigo 37, inc. II da CF, qualquer investidura em carreira diversa daquela em que o servidor ingressou por concurso é, atualmente, vedada.

Quanto à sua durabilidade, o provimento dos cargos pode ser classificado em:

a) **Provimento efetivo** - ocorre mediante nomeação por concurso público, assegurando ao servidor, após três anos de exercício, o direito de permanência no cargo, do qual só pode ser destituído por processo administrativo ou por sentença judicial, em que lhe seja assegurado o direito sagrado do contraditório e da ampla defesa.

b) **Provimento vitalício** - ocorre mediante nomeação, assegurando ao servidor o direito à permanência no cargo, do qual só poderá ser destituído mediante sentença judicial. Esses cargos estão previstos na Constituição Federal para os membros da Magistratura (art. 95, inc.I), do Tribunal de Contas (art.73, § 3º) e do Ministério Público (art.128, § 5º, *a*). Nem sempre se dá pela aprovação em concurso público, pois o artigo 94 da CF admite a nomeação de juízes nos Tribunais pelo quinto constitucional.

c) **Provimento em comissão** - ocorre mediante livre nomeação para cargo público, independentemente de concurso e em caráter transitório, nos cargos em que a lei declara.

Nos termos do artigo 8º da Lei n. 8.112/90, são formas de provimento de cargo público:

1. **Nomeação** - é a forma original do provimento do cargo público. É ato jurídico pelo qual se atribui individualmente, ao nomeado, certa situação jurídica estatutária, geral, impessoal e abstrata.

2. **Promoção** - é o movimento ascendente do servidor, dentro do quadro, pela ascensão à classe superior na carreira, com simples melhoria de vencimentos. Trata-se de movimentação, sem aumento de responsabilidade, com melhoria do vencimento e decorre pelos anos no cargo, quer pelo critério do merecimento, quer pela antiguidade.

3. **Readaptação** - é a investidura do servidor em cargo de atribuições e responsabilidades compatíveis com a limitação que tenha sofrido em sua capacidade física ou mental e é sempre decorrente de decisão de junta médica do serviço público.

4. **Reversão** - é o reingresso do aposentado ao serviço, por não mais subsistirem as razões que lhe determinaram a aposentadoria por invalidez. Será feita no mesmo cargo ou no cargo que ocupava e que resultou outro cargo pela transformação. Não será possível a reversão do aposentado compulsoriamente. Na hipótese de se encontrar provido o cargo do reversivo, este deverá exercer suas funções como excedente, até que ocorra vaga.

5. **Aproveitamento** - é o reingresso, no serviço público, do funcionário em disponibilidade, quando haja cargo vago de natureza e vencimento compatíveis com o anteriormente ocupado. O aproveitamento do servidor em disponibilidade é obrigatório, inexistindo possibilidade deste não aceitar o seu aproveitamento, pois se isso fosse possível a disponibilidade estaria sendo transformada num tipo de aposentadoria, o que redundaria em capciosa forma de se obter um direito, quando, na realidade, a disponibilidade, ao invés de ser vista como benefício, deve ser cuidadosamente verificada como garantia do servidor.

6. **Reintegração** - é o reingresso do servidor estável demitido, quando seja invalidada a sua demissão por decisão administrativa ou judicial, sendo-lhe assegurado ressarcimento das vantagens ligadas ao cargo. Encontrando-se ocupado o cargo, o eventual ocupante será reconduzido ao cargo de origem, sem direito à indenização, aproveitado em outro cargo, se já era servidor anteriormente, ou posto em disponibilidade. Na hipótese de extinção do cargo, o servidor reintegrado ficará em disponibilidade.

7. **Recondução** - é o retorno do servidor estável ao cargo anteriormente ocupado e decorrerá da inabilitação em estágio probatório ou pela reintegração do anterior ocupante. Quando o reconduzido encontrar seu cargo ocupado, será aproveitado em outro ou posto em disponibilidade remunerada.

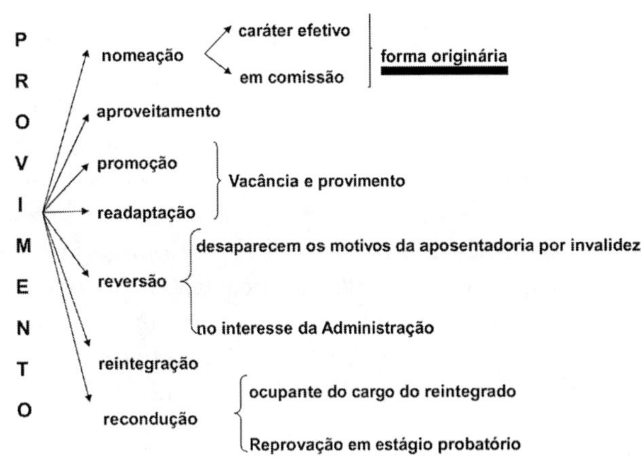

7.4. Vacância do Cargo Público

É o ato por meio do qual o servidor é destituído do cargo, emprego ou função. Conforme artigo 33 da Lei n. 8.112/90, a vacância do cargo público decorrerá de: exoneração, demissão, promoção, readaptação, aposentadoria, posse em outro cargo inacomodável e falecimento.

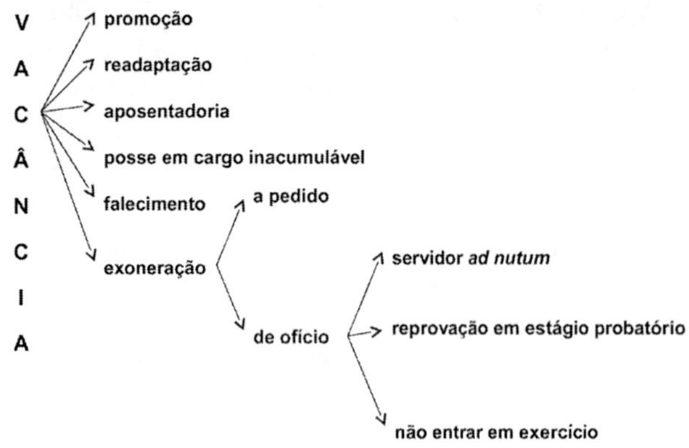

7.5. Exoneração e Demissão

São formas de desligamento do serviço público. A demissão é penalidade aplicada ao servidor que cometeu infração funcional, nos casos previstos no artigo 132 da Lei n. 8.112/90. A exoneração não é penalidade, mas sim dispensa sem caráter sancionador. A exoneração de cargo efetivo dar-se-á a pedido do servidor, ou de ofício. A exoneração de ofício dar-se-á quando não satisfeitas as condições do estágio probatório ou quando, tendo tomado posse, o servidor não entrar em exercício no prazo estabelecido (art. 34 da Lei n. 8.112/90). A exoneração de cargo em comissão e a dispensa de função de confiança dar-se-ão a juízo da autoridade competente ou a pedido do próprio servidor (art. 35 da Lei n. 8.112/90).

7.6. Posse e Exercício

A posse é provimento inicial e autônomo, ou seja, é a investidura em cargo público. É ato solene mediante o qual alguém é investido nas funções do cargo ou emprego para que foi nomeado e entra em gozo dos direitos e vantagens atribuídos; é autenticado por meio de um termo. A posse torna a nomeação plenamente eficaz e irrevogável, passando a gerar direitos e obrigações. A posse poderá dar-se mediante procuração com poderes específicos, não servindo qualquer outro instrumento, mesmo que procuração de amplos e gerais poderes. Nos termos do § 1º do artigo 12 da Lei n. 8.112/90, a posse ocorrerá no prazo de trinta dias contados da publicação do ato de provimento de nomeação, pois não há posse para as outras formas de provimento. Entretanto, se a posse não ocorrer dentro do prazo legal, a consequência jurídica é que o provimento de nomeação perderá o seu efeito. Além de depender de inspeção médica oficial, no ato de posse deverá ser apresentada a declaração de bens e valores que constituem o patrimônio do servidor, bem como declaração quanto ao exercício ou não de outro cargo, emprego ou função pública.

O exercício é o efetivo desempenho das atribuições do cargo ou da função de confiança. É o ato decorrente da posse, através do qual o servidor passa a desempenhar suas atribuições, adquirindo direito às vantagens decorrentes da contraprestação pecuniária que lhe passa a ser devida pelo Estado. O prazo para o servidor empossado entrar em exercício é de quinze dias, contados da data da posse, sob pena de exoneração do cargo ou perda do efeito do ato de designação para função de confiança.

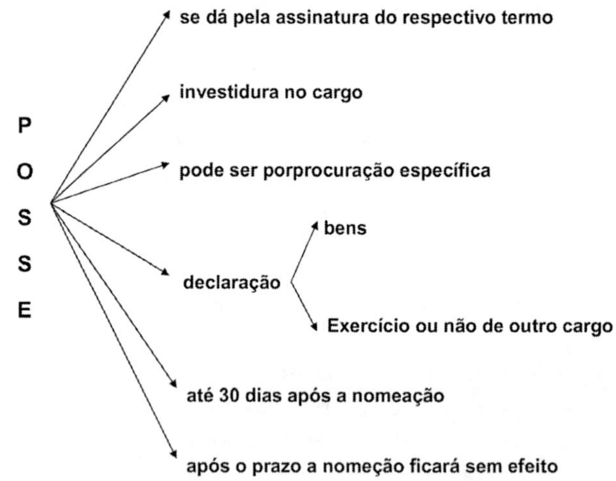

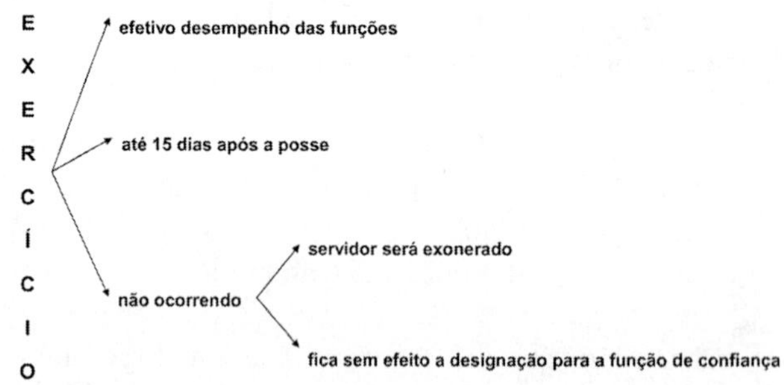

7.7. Estabilidade

É um atributo pessoal do servidor. Não se confunde com efetividade, uma vez que esta é atribuição do cargo, é característica da nomeação. No entanto, a efetividade é um pressuposto necessário da estabilidade, que deve ser declarada no decreto de nomeação bem como no respectivo título. A efetividade é característica do provimento de certos cargos, razão pela qual a estabilidade não é no cargo mas no serviço público, em qualquer cargo equivalente ao da nomeação efetiva. Segundo HELY LOPES MEIRELLES, *"Estabilidade é a garantia constitucional de permanência no serviço público outorgada ao servidor que, nomeado por concurso em caráter efetivo, tenha transposto o estágio probatório."*

A Administração Pública possui dois tipos de servidores estáveis: os que foram nomeados por concurso público e cumpriram estágio probatório e os que adquiriram a estabilidade excepcional, independente de concurso, em decorrência de benefícios concedidos pelas várias Constituições. As duas categorias têm igual garantia de permanência no serviço público: só podem perder seus cargos, empregos ou funções por sentença judicial transitada em julgado ou processo administrativo em que tenham assegurada ampla defesa.

Por força da Emenda Constitucional n.19/98 ocorreram diversas alterações no instituto da estabilidade. Senão, vejamos:

1. conforme art. 41, *caput*, a estabilidade só se adquire após três anos de efetivo exercício, ressalvado, para os que já eram servidores na data da promulgação da Emenda, o direito a adquirirem estabilidade no prazo de dois anos;

2. foi acrescentado o § 4º no art. 41, estipulando que "como condição para a aquisição da estabilidade, é obrigatória a avaliação especial de desempenho por comissão instituída para essa finalidade."

3. foram criadas mais duas hipóteses de perda do cargo pelo servidor estável: uma que ocorrerá "mediante procedimento de avaliação periódica de desempenho, na forma de lei complementar, assegurada ampla defesa" (art. 41, § 1º, III), e outra que ocorrerá se não for cumprido o limite com despesa de pessoal, prevista no artigo 169, § 4º, disciplinado pela Lei Complementar n. 96, de 31.05.99;

4. nos termos do artigo 41, *caput*, ficou expresso que a estabilidade só beneficia os servidores nomeados para cargo de provimento efetivo. Com isso, fez cessar o entendimento defendido por alguns doutrinadores de que os servidores celetistas, sendo contratados mediante concurso público, também faziam jus ao benefício;

5. inclui-se na Constituição o artigo 247, estabelecendo que as *"leis previstas no inciso III do § 1º do artigo 41 e no § 7º do artigo 169 estabelecerão critérios e garantias especiais para a perda do cargo pelo servidor público estável que, em decorrência das atribuições de seu cargo efetivo, desenvolva atividades exclusivas de Estado"*.

7.8. Estágio Probatório

O prazo do estágio probatório dos servidores públicos é de três anos. A mudança no texto do artigo 41 da Constituição Federal instituiu o prazo, que antes era de dois anos, para três anos a fim de que o servidor alcance a estabilidade:

"Art. 41. São estáveis após três anos de efetivo exercício os servidores nomeados para cargo de provimento efetivo em virtude de concurso público.

...

§ 4º Como condição para a aquisição da estabilidade, é obrigatória a avaliação especial de desempenho por comissão instituída para essa finalidade."

Estabelece a Constituição que a perda do cargo do servidor estável somente ocorrerá em virtude de sentença judicial transitada em julgado, processo administrativo em que lhe seja assegurada ampla defesa ou procedimento de avaliação periódica de desempenho, na forma de lei complementar, assegurada ampla defesa."

7.9. Remuneração

O sistema remuneratório dos servidores públicos sofreu modificações significativas com a Emenda Constitucional 19/98 e, posteriormente, com a Emenda Constitucional 41/03, sem descurar, também, da recente Emenda Constitucional 47/05. Foi excluído o princípio da isonomia de vencimentos e introduzido o regime de subsídios para determinadas categorias de agentes públicos. O que difere a remuneração do subsídio é que neste a retribuição é constituída por parcela única e aquele compreende uma parte fixa e uma variável, composta por vantagens pecuniárias de natureza diversa. Em relação ao teto das remunerações e subsídios, será observada a norma do artigo 37, inciso XI, da CF/88 (com redação dada pela EC 41/03), da qual se conclui que: o teto abrange tanto os que continuam sob o regime de remuneração como os que passaram para o regime de subsídios; alcança servidores ocupantes de cargos, empregos e funções públicos na administração direta, autárquica e fundacional, mas quanto às empresas públicas, sociedades de economia mista e subsidiárias, só serão alcançadas pelo teto se receberem recursos da União, dos Estados, do Distrito Federal ou dos Municípios para pagamento de pessoal ou de custeio em geral; o teto é válido para os servidores dos três Poderes, nas quatro esferas governamentais, bem como para os detentores de mandato eletivo e demais agentes políticos; atinge proventos de aposentados e também pensionistas; será obedecido mesmo no caso de acumulação de cargos que abrange a soma da dupla retribuição pecuniária; serão incluídas no teto as vantagens pessoais ou de qualquer outra natureza (exceto as parcelas de caráter indenizatório previstas em lei – artigo 37, § 11, incluído pela EC 47/05). A Constituição veda o denominado efeito *repicão*, isto é, que uma mesma vantagem seja repetidamente computada sobre as demais vantagens.

Por oportuno, agora, mencionarmos quais agentes públicos são utilizados como referência para o teto no setor público (conteúdo esculpido no próprio inciso XI do artigo 37): 'proíbe-se que se exceda o subsídio mensal, em espécie, dos Ministros do Supremo Tribunal Federal, aplicando-se como limite, nos Municípios, o subsídio do Prefeito, e nos Estados e no Distrito Federal, o subsídio mensal do Governador no âmbito do Poder Executivo, o subsídio dos Deputados Estaduais e Distritais no âmbito do Poder Legislativo e o subsídio dos Desembargadores do Tribunal de Justiça, limitado a noventa inteiros e vinte e cinco centésimos por cento do subsídio mensal, em espécie, dos Ministros do Supremo Tribunal Federal, no âmbito do Poder Judiciário, aplicável este limite aos membros do Ministério Público, aos Procuradores e aos Defensores Públicos.'

Por derradeiro, registre-se que o artigo 48, inciso XV, da CF/88, estabelece caber ao Congresso Nacional dispor sobre a fixação do subsídio dos Ministros do Supremo Tribunal Federal, observando-se determinados preceitos constitucionais (redação dada pela EC 41/03).

7.10. Acumulação de Cargos

A Constituição Federal – artigo 37, inciso XVI – veda a acumulação remunerada de cargos públicos, exceto quando houver compatibilidade de horários e obedecido o teto de remuneração ou subsídio.

A proibição de acumular estende-se a empregos e funções e abrange autarquias, fundações, empresas públicas e sociedades de economia mista, suas subsidiárias, e sociedades controladas, direta ou indiretamente, pelo poder público (art. 37, inciso XVII, CF). A vedação só existe quando ambos os cargos, empregos ou funções forem remunerados, inexistindo, inclusive, qualquer hipótese de tríplice acumulação, a não ser que uma delas não seja remunerada.

O aposentado pode acumular provento e remuneração decorrente do exercício de cargo, emprego ou função, pois o mesmo não recebe seus proventos por ocupar cargo, função ou emprego público e, portanto, se estiver recebendo pelo desempenho de cargo, função ou emprego público, não se poderá dizer que incide na vedação genérica do artigo 37, inciso XVI da CF. Entretanto, sua retribuição a qualquer título não poderá exceder ao teto fixado na Carta Política.

No caso de aposentado compulsoriamente (setenta anos de idade), não será permitido ocupar qualquer outro cargo, emprego ou função pública, porque a própria Constituição Federal estabelece uma presunção de incapacidade absoluta para o desempenho de serviço público. Da mesma forma, é entendimento do STF que não se podem acumular proventos com remuneração na atividade quando os cargos efetivos de que decorrem ambas remunerações não sejam acumuláveis na atividade. A EC 20/98 reiterou esse posicionamento jurisprudencial ao estabelecer ser vedada a percepção simultânea de proventos de aposentadoria com a remuneração de cargo, emprego ou função pública, ressalvados os cargos constitucionalmente acumuláveis, os cargos eletivos e os cargos em comissão declarados em lei de livre nomeação e exoneração (artigo 37, § 10, CF). Conclui-se, assim, que a acumulação de proventos e vencimentos somente é permitida quando se tratar de cargos, funções ou empregos acumuláveis na atividade, na forma permitida pela Constituição. No entanto, há que se observar que, mesmo que permitida constitucionalmente a acumulação de duas aposentadorias decorrentes dos cargos acumuláveis, não haverá possibilidade de se exceder o teto estabelecido no artigo 37, XI, CF.

As exceções à regra da acumulação de cargos, empregos ou funções somente são possíveis quando houver compatibilidade de horários. Assim, é permitido acumular apenas dois cargos de professor, um cargo de professor com outro técnico ou científico e dois cargos privativos de profissionais da área da saúde, com profissões regulamentadas. Nos termos do Decreto n. 35.956/54, o cargo científico é entendido como aquele que para o seu exercício exige a aplicação de conhecimentos específicos ou artísticos de nível superior.

Quanto ao mandato eletivo, é possível a acumulação de cargo ou função com o mandato de vereador, desde que haja compatibilidade de horários, hipótese em que o servidor perceberá as vantagens correspondentes a sua condição de servidor e de vereador. Não havendo compatibilidade de horários, ficará afastado de suas funções, exercendo exclusivamente o mandato eletivo, mas podendo optar pela remuneração ou pelo subsídio, regra essa também aplicada ao prefeito.

Nos demais casos de mandato eletivo, o servidor obrigatoriamente se afasta de suas atividades para desempenhar unicamente o mandato eletivo, percebendo apenas o subsídio correspondente. Nesse período em que o servidor se afastou para exercer mandato eletivo federal, estadual, distrital ou de prefeito, é contado o tempo de atividade eletiva para fins de aposentadoria no serviço público, mas não para promoção por merecimento.

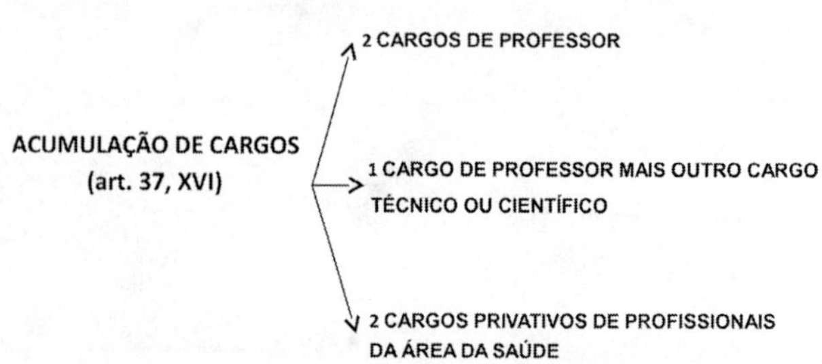

7.11. Direitos Sociais do Servidor Público Civil

Determina o § 3º do artigo 39 a aplicabilidade, aos servidores ocupantes de cargos públicos, de diversos direitos sociais previstos no artigo 7º da Constituição Federal, a saber:

"IV - salário mínimo, fixado em lei, nacionalmente unificado, capaz de atender a suas necessidades vitais básicas e às de sua família com moradia, alimentação, educação, saúde, lazer, vestuário, higiene, transporte e previdência social, com reajustes periódicos que lhe preservem o poder aquisitivo, sendo vedada sua vinculação para qualquer fim;
VII - garantia de salário, nunca inferior ao mínimo, para os que percebem remuneração variável;
VIII - décimo terceiro salário com base na remuneração integral ou no valor da aposentadoria;
IX - remuneração do trabalho noturno superior à do diurno;
XII - salário-família pago em razão do dependente do trabalhador de baixa renda nos termos da lei;
XIII - duração do trabalho normal não superior a oito horas diárias e quarenta e quatro semanais, facultada a compensação de horários e a redução da jornada, mediante acordo ou convenção coletiva de trabalho;
XV - repouso semanal remunerado, preferencialmente aos domingos;
XVI - remuneração do serviço extraordinário superior, no mínimo, em cinqüenta por cento à do normal;
XVII - gozo de férias anuais remuneradas com, pelo menos, um terço a mais do que o salário normal;
XVIII - licença à gestante, sem prejuízo do emprego e do salário, com a duração de cento e vinte dias;
XIX - licença-paternidade, nos termos fixados em lei;
XX - proteção do mercado de trabalho da mulher, mediante incentivos específicos, nos termos da lei;
XXII - redução dos riscos inerentes ao trabalho, por meio de normas de saúde, higiene e
XXX - proibição de diferença de salários, de exercício de funções e de critério de admissão por motivo de sexo, idade, cor ou estado civil;"

DIREITOS SOCIAIS
- salário mínimo
- salário mínimo em caso de remuneração variável
- 13º salário
- adicional noturno
- salário-família
- trabalho normal 8h diárias e 44h semanais
- repouso semanal remunerado
- hora-extra de, no mínimo, 50% a mais
- férias remuneradas com, pelo menos, 1/3 a mais

DIREITOS SOCIAIS
- licença à gestante
- licença-paternidade
- proteção do mercado de trabalho da mulher
- redução dos riscos inerentes ao trabalho, por meio de normas de saúde, higiene e segurança
- proibição {diferença de salários; exercício de funções; critério de admissão} por {sexo; idade; cor; estado civil}

7.12. Seguridade Social do Servidor Público (CF/88, artigo 40)

A aposentadoria é o direito à inatividade remunerada reconhecido aos servidores públicos que ou prestaram longos anos de serviço, ou se incapacitaram para suas atividades, com desinvestidura da função.

Aplica-se a aposentadoria ora tratada, aos servidores titulares de cargos efetivos da União, dos Estados, do Distrito Federal e dos Municípios, incluídas suas autarquias e fundações, sendo tal previdência de caráter contributivo e solidário, mediante contribuição do respectivo **ente público**, dos **servidores ativos** e **inativos** e dos **pensionistas**, observando critérios que preservem o equilíbrio financeiro e atuarial.

É de se atentar que hoje os inativos e os pensionistas também contribuem para a previdência do servidor, porém nem todos e, sim, apenas os que se encontram abarcados na regra do § 18 do artigo 40, a saber: "Incidirá contribuição sobre os proventos de aposentadorias e pensões concedidas pelo regime de que trata este artigo que **superem o limite máximo estabelecido para os benefícios do regime geral de previdência social de que trata o art. 201**, com percentual igual ao estabelecido para os servidores titulares de cargos efetivos." (grifo nosso)

A Constituição Federal é taxativa ao estabelecer que se aplicará o regime geral da previdência social (artigo 201), e não a aposentadoria em estudo (artigo 40), ao servidor ocupante, **exclusivamente**, de cargo em comissão declarado em lei de livre nomeação e exoneração, bem como de outro cargo temporário ou de emprego público.

Modalidades de Aposentadoria

Nos termos do artigo 40, § 1º, da Carta Magna vigente, existem três modalidades de aposentadoria:

1. **Invalidez permanente**: sendo os proventos proporcionais ao tempo de contribuição, exceto se decorrente de acidente em serviço, moléstia profissional ou doença grave, contagiosa ou incurável, na forma da lei.

2. **Compulsória**: aos setenta anos de idade, independentemente do sexo, com proventos proporcionais ao tempo de contribuição. A invalidez, nesse caso, é presumida, criando uma presunção *jure et de jure* (absoluta) de incapacidade para o serviço público.

3. **Voluntária**: quando requerida pelo próprio servidor e desde que cumprido tempo mínimo de dez anos de efetivo exercício no serviço público e cinco anos no cargo efetivo em que se dará a aposentadoria. Nesse caso, existem dois fatos geradores da concessão dessa aposentadoria, a saber:
   a) **Idade e Tempo de Contribuição**: sessenta anos de idade e trinta e cinco de contribuição, se homem, e cinquenta e cinco anos de idade e trinta de contribuição, se mulher.
   b) **Idade avançada**: sessenta e cinco anos de idade, se homem, e sessenta anos de idade, se mulher, com proventos proporcionais ao tempo de contribuição.

Percepção de Proventos

Atualmente, **não há mais a possibilidade de percepção de proventos integrais** (afora regras de transição – próximo item), uma vez que **o cálculo para aposentadoria se dará de acordo com as regras previstas nos parágrafos 3º e 17 do artigo 40, da CF/88 (EC 41/03), estabelecendo-se um piso, através do *quantum* verificado**. Segundo a Professora ODETE MEDAUAR: "Quanto aos *proventos*, ou seja, a retribuição pecuniária recebida pelo aposentado, o § 3.º do art. 40, com a redação dada pela Emenda 41/2003, determina que seu cálculo, por ocasião da concessão, deverá considerar as remunerações utilizadas como base para as contribuições do servidor aos regimes de previdência de que tratam o art. 40 e o art. 201, na forma da lei. Desse modo, a EC 41/2003, em redação confusa dada ao § 3.º do art. 40, **extinguiu a percepção dos proventos com base na remuneração do servidor no cargo efetivo, dando a entender que seu cálculo se efetuará pela média das contribuições.** Todos os valores considerados para o cálculo dos proventos serão atualizados na forma da lei (§ 17 do art. 40, acrescentado pela EC 41/2003)." (*Direito Administrativo Moderno*. - p. 334) – grifo nosso

Aposentadoria Especial

Em situações excepcionais, permite a Constituição Federal o estabelecimento de regras outras para fins de aposentadoria. Destarte, temos o § 4º (EC 47/05) e o § 5º (EC 20/98) do artigo 40 da Lei Maior, a tratar do tema, respectivamente, a saber:

'É vedada a adoção de requisitos e critérios diferenciados para a concessão de aposentadoria aos abrangidos pelo regime de que trata este artigo, **ressalvados**, nos termos definidos em leis complementares, **os casos de servidores**:

1. **portadores de deficiência.**

2. que exerçam **atividades de risco.**

3. cujas atividades sejam exercidas sob **condições especiais que prejudiquem a saúde ou a integridade física.**'

'Os requisitos de idade e de tempo de contribuição serão **reduzidos em cinco anos**, em relação ao disposto na aposentadoria voluntária (v. 22.1: Modalidades, item 3, letra "**a**"), para o **professor que comprove exclusivamente tempo de efetivo exercício das funções de magistério na educação infantil e no ensino fundamental e médio.**'

7.13. Regras de Transição

Em linhas gerais, a presente matéria trata de normas de aposentadoria direcionadas a servidores que já tenham ingressado nos quadros da Administração Pública, quando do surgimento de Reforma na Previdência.

A tratar do assunto ora abordado, temos as Emendas Constitucionais 20/98, 41/03 e 47/05. Enfatizaremos a última citada.

Além de outros mecanismos aplicáveis a servidores que possam se valer de regras de transição, como os artigos 2º e 6º da EC 41/03, registre-se o capitulado no artigo 3º da EC 47/05:

'O servidor da União, dos Estados, do Distrito Federal e dos Municípios, incluídas suas autarquias e fundações, **que tenha ingressado no serviço público até 16 de dezembro de 1998** poderá aposentar-se com **proventos integrais**, desde que preencha, **cumulativamente**, as seguintes condições:

1. trinta e cinco anos de contribuição, se homem, e trinta anos de contribuição, se mulher.

2. vinte e cinco anos de efetivo exercício no serviço público, quinze anos de carreira e cinco anos no cargo em que se der a aposentadoria.

3. idade mínima resultante da redução, relativamente aos limites da aposentadoria voluntária (v. 22.1: Modalidades, item 3, letra "a"), de um ano de idade para cada ano de contribuição que exceder a condição prevista no item 1 acima.'

7.14. Regime Disciplinar

Em primeiro plano temos traçados no Regime Disciplinar dos servidores públicos os direitos e os deveres, consagrados, em grande parte, na Constituição Federal.

Dentre os direitos incluem-se os concernentes a férias, licenças, vencimento ou remuneração e demais vantagens pecuniárias, assistência, direito de petição, disponibilidade e aposentadoria.

A Lei n. 8.112/90 emprega, com sentido preciso, os vocábulos vencimento e remuneração, usados indiferentemente na Constituição. Assim:

Vencimento - é a retribuição pecuniária pelo exercício de cargo público, com valor fixado em lei. Obs.: Nenhum servidor receberá, a título de vencimento, importância inferior ao salário mínimo.

Remuneração – é o vencimento do cargo efetivo, acrescido das vantagens pecuniárias permanentes estabelecidas em lei.

Provento - é a retribuição pecuniária a que faz jus o aposentado, detentor de cargo público efetivo.

Pensão - é o benefício pago aos dependentes do servidor falecido.

Em relação às vantagens, a Lei n. 8.112/90 estabelece no artigo 49 que, além do vencimento, poderão ser pagas ao servidor as gratificações e os adicionais previstos no artigo 61, bem como as indenizações de ajuda de custo, diárias e transporte. Enquanto as gratificações e os adicionais se incorporam ao vencimento ou provento, as indenizações não poderão ser incorporadas em face de seu caráter de reembolso de uma despesa efetuada pelo servidor.

Os deveres e proibições dos servidores estão disciplinados em estatutos próprios e o seu descumprimento enseja punição disciplinar.

7.15. Responsabilidade do Servidor Público

O servidor público sujeita-se à responsabilidade civil, penal e administrativa decorrente do exercício irregular de suas atribuições no cargo, emprego ou função, quer perante a administração Pública, quer perante terceiros. As sanções civis, penais e administrativas poderão acumular-se, sendo independentes entre si.

A responsabilidade administrativa está relacionada aos ilícitos administrativos definidos na legislação estatutária e apresentam os mesmos elementos básicos do ilícito civil: ação ou omissão contrária à lei, culpa ou dolo e dano. Nesse caso, a infração será apurada pela própria Administração Pública, através de procedimento administrativo, no qual será assegurado ao servidor o direito sagrado do contraditório e da ampla defesa, com os meios e recursos a ela inerentes. Comprovada a infração funcional, o servidor fica sujeito às penalidades administrativas disciplinares.

A responsabilidade penal se caracteriza quando a conduta infracional do servidor se caracteriza como crime no Código Penal. A responsabilidade criminal do servidor é apurada pelo Poder Judiciário e, nos termos do artigo 126 da 8.112/90, a responsabilidade administrativa do servidor será afastada no caso de absolvição criminal que negue a existência do fato ou sua autoria.

A responsabilidade civil é de ordem patrimonial, obrigando o servidor a reparar o dano causado ao Estado ou a terceiros, em razão de ato omissivo ou comissivo, doloso ou culposo. A obrigação de reparar o dano estende-se aos sucessores e contra eles será executada, até o limite do valor da herança recebida.

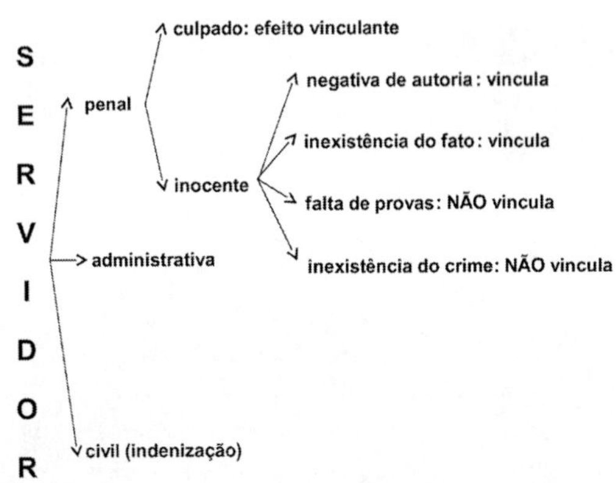

7.16. Processo Administrativo

É instrumento indispensável para o exercício de função administrativa e não se confunde com procedimento, que é o conjunto de formalidades que devem ser observadas e que se desenvolve dentro de um processo administrativo. Os processos administrativos se desenvolvem em três fases: instauração, instrução e julgamento. O processo é realizado por comissões disciplinares, que se caracterizam como órgão estranho ao relacionamento entre o funcionário e o superior hierárquico. Para garantir essa imparcialidade, os integrantes da comissão devem ser servidores estáveis e não interinos ou exoneráveis *ad nutum*. Não havendo elementos suficientes para instaurar o processo, será determinada previamente a realização de sindicância. Se, além da infração administrativa, o fato constituir ilícito penal, a comissão processante deverá comunicar o fato à autoridade competente, fornecendo-lhe os elementos de instrução de que dispuser. Concluído o processo, pela absolvição ou pela aplicação de penalidade, cabem, neste último caso, o pedido de reconsideração e os recursos hierárquicos, além da revisão admitida na legislação estatutária.

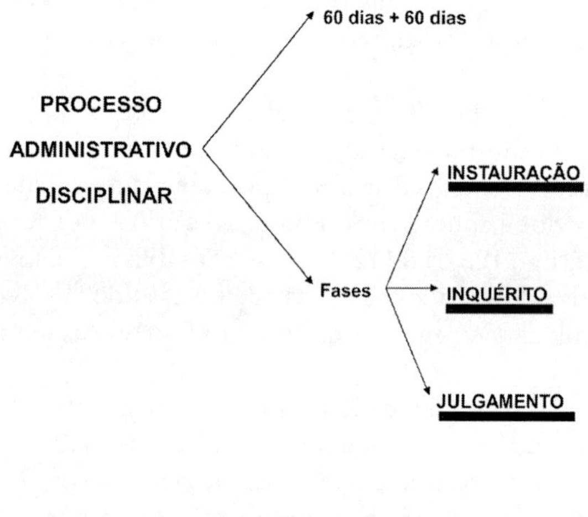

Súmulas Aplicáveis

AGENTES PÚBLICOS

Súmula Vinculante 3. Nos processos perante o Tribunal de Contas da União asseguram-se o contraditório e a ampla defesa quando da decisão puder resultar anulação ou revogação de ato administrativo que beneficie o interessado, excetuada a apreciação da legalidade do ato de concessão inicial de aposentadoria, reforma e pensão.

Súmula Vinculante 5. A falta de defesa técnica por advogado no processo administrativo disciplinar não ofende a constituição.

Súmula Vinculante 21. É inconstitucional a exigência de depósito ou arrolamento prévios de dinheiro ou bens para admissibilidade de recurso administrativo.

STF

21. Funcionário em estágio probatório não pode ser exonerado nem demitido sem inquérito ou sem as formalidades legais de apuração de sua capacidade.

20. É necessário processo administrativo, com ampla defesa, para demissão de funcionário admitido por concurso.

19. É inadmissível segundo punição de servidor público, baseada no mesmo processo em que fundou a primeira.

18. Pela falta residual, não compreendida na absolvição pelo juízo criminal, é admissível a punição administrativa do servidor público.

STJ

218. Compete à Justiça dos Estados processar e julgar ação de servidor estadual decorrente de direitos e vantagens estatutárias no exercício de cargo em comissão.

378. Reconhecido o desvio de função, o servidor faz jus às diferenças salariais decorrentes.

173. Compete à Justiça Federal processar e julgar o pedido de reintegração em cargo público federal, ainda que o servidor tenha sido dispensado antes da instituição do regime jurídico único.

170. Compete ao juízo onde primeiro for intentada a ação envolvendo acumulação de pedidos, trabalhista e estatutário, decidi-la nos limites da sua jurisdição, sem prejuízo do ajuizamento de nova causa, com o pedido remanescente, no juízo próprio.

137. Compete à Justiça Comum Estadual processar e julgar ação de servidor público municipal, pleiteando direitos relativos ao vínculo estatutário.

97. Compete à Justiça do Trabalho processar e julgar reclamação de servidor público relativamente a vantagens trabalhistas anteriores a instituição do regime jurídico único.

CONCURSO PÚBLICO

STF

686. Só por lei se pode sujeitar a exame psicotécnico a habilitação de candidato a cargo público.

685. É inconstitucional toda modalidade de provimento que propicie ao servidor investir-se, sem prévia aprovação em concurso público destinado ao seu provimento, em cargo que não integra a carreira na qual anteriormente investido.

684. É inconstitucional o veto não motivado à participação de candidato a concurso público.

683. O limite de idade para a inscrição em concurso público só se legitima em face do art. 7º, XXX, da constituição, quando possa ser justificado pela natureza das atribuições do cargo a ser preenchido.

15. Dentro do prazo de validade do concurso, o candidato aprovado tem o direito à nomeação, quando o cargo for preenchido sem observância da classificação.

16. Funcionário nomeado por concurso tem direito à posse.

STJ

17. A nomeação de funcionário sem concurso pode ser desfeita antes da posse.

377. O portador de visão monocular tem direito de concorrer, em concurso público, às vagas reservadas aos deficientes.

266. O diploma ou habilitação legal para o exercício do cargo deve ser exigido na posse e não na inscrição para o concurso público.

DEMISSÃO

STF

8. Diretor de sociedade de economia mista pode ser destituído no curso do mandato.

25. A nomeação a termo não impede a livre demissão pelo Presidente da República, de ocupante de cargo dirigente de autarquia.

DISPONIBILIDADE

STF

22. O estágio probatório não protege o funcionário contra a extinção do cargo.

39. À falta de lei, funcionário em disponibilidade não pode exigir, judicialmente, o seu aproveitamento, que fica subordinado ao critério de conveniência da administração.

REMUNERAÇÃO

Súmula Vinculante 20. A gratificação de desempenho de atividade técnico-administrativa – GDATA, instituída pela lei nº 10.404/2002, deve ser deferida aos inativos nos valores correspondentes a 37,5 (trinta e sete vírgula cinco) pontos no período de fevereiro a maio de 2002 e, nos termos do artigo 5º, parágrafo único, da Lei nº 10.404/2002, no período de junho de 2002 até a conclusão dos efeitos do último ciclo de avaliação a que se refere o artigo 1º da Medida Provisória no 198/2004, a partir da qual passa a ser de 60 (sessenta) pontos.

Súmula Vinculante 16. Os artigos 7º, IV, e 39, § 3º (redação da EC 19/98), da constituição, referem-se ao total da remuneração percebida pelo servidor público.

Súmula Vinculante 15. O cálculo de gratificações e outras vantagens do servidor público não incide sobre o abono utilizado para se atingir o salário mínimo.

Súmula Vinculante 6. Não viola a constituição o estabelecimento de remuneração inferior ao salário mínimo para as praças prestadoras de serviço militar inicial.

Súmula Vinculante 4. Salvo nos casos previstos na constituição, o salário mínimo não pode ser usado como indexador de base de cálculo de vantagem de servidor público ou de empregado, nem ser substituído por decisão judicial.

STF

682. Não ofende a constituição a correção monetária no pagamento com atraso dos vencimentos de servidores públicos.

681. É inconstitucional a vinculação do reajuste de vencimentos de servidores estaduais ou municipais a índices federais de correção monetária.

680. O direito ao auxílio-alimentação não se estende aos servidores inativos.

672. O reajuste de 28,86%, concedido aos servidores militares pelas Leis 8.622/1993 e 8.627/1993, estende-se aos servidores civis do poder executivo, observadas as eventuais compensações decorrentes dos reajustes diferenciados concedidos pelos mesmos diplomas legais.

671. Os servidores públicos e os trabalhadores em geral têm direito, no que concerne à URP de abril/maio de 1988, apenas ao valor correspondente a 7/30 de 16,19% sobre os vencimentos e salários pertinentes aos meses de abril e maio de 1988, não cumulativamente, devidamente corrigido até o efetivo pagamento.

359. Ressalvada a revisão prevista em lei, os proventos da inatividade regulam-se pela lei vigente ao tempo em que o militar, ou o servidor civil, reuniu os requisitos necessários.

339. Não cabe ao poder judiciário, que não tem função legislativa, aumentar vencimentos de servidores públicos sob fundamento de isonomia.

TEMPO DE SERVIÇO

STF

726. Para efeito de aposentadoria especial de professores, não se computa o tempo de serviço prestado fora da sala de aula.

567. A constituição, ao assegurar, no § 3º do art. 102, a contagem integral do tempo de serviço público federal, estadual ou municipal para os efeitos de aposentadoria e disponibilidade não proíbe à União, aos Estados e aos Municípios mandarem contar, mediante lei, para efeito diverso, tempo de serviço prestado a outra pessoa de direito público interno.

VITALICIEDADE

STF

47. Reitor de universidade não é livremente demissível pelo Presidente da República durante o prazo de sua investidura.

46. Desmembramento de serventia de justiça não viola o princípio de vitaliciedade do serventuário.

36. Servidor vitalício está sujeito à aposentadoria compulsória, em razão da idade.

NOMEAÇÃO PARA CARGO EM COMISSÃO (NEPOTISMO)

Súmula vinculante 13. A nomeação de cônjuge, companheiro ou parente em linha reta, colateral ou por afinidade, até o terceiro grau, inclusive, da autoridade nomeante ou de servidor da mesma pessoa jurídica investido em cargo de direção, chefia ou assessoramento, para o exercício de cargo em comissão ou de confiança ou, ainda, de função gratificada na administração pública direta e indireta em qualquer dos poderes da união, dos estados, do distrito federal e dos municípios, compreendido o ajuste mediante designações recíprocas, viola a Constituição Federal.

APOSENTADORIA

Súmula Vinculante 33. Aplicam-se ao servidor público, no que couber, as regras do regime geral da previdência social sobre aposentadoria especial de que trata o artigo 40, § 4º, inciso III da Constituição Federal, até a edição de lei complementar específica.

Exercícios de Fixação e de Concursos

01. A respeito do servidor público, julgue os itens abaixo.

a) Princípio da não-cumulatividade das sanções, aplicável aos servidores públicos, significa que a imposição de sanção penal por cometimento de crime praticado por servidor público, na qualidade de agente administrativo, afasta a responsabilidade administrativa.

b) Absolvido o servidor público de imputação de cometimento de crime, por negativa da existência do fato ou por negativa de autoria, afastada estará a responsabilidade administrativa.

c) No processo administrativo disciplinar, nunca há oportunidade de prova testemunhal, pois, sendo a atividade administrativa formal, todo o ato administrativo irregular provar-se-á sempre mediante documento.

d) A conjugação dos princípios da verdade material e da legalidade, aplicáveis ao processo administrativo, pode, excepcionalmente, afastar a audiência do interessado, mas nunca o acesso ao Judiciário.

e) Após dois anos de efetivo exercício, o servidor público nomeado em virtude de aprovação em aprovação em concurso público torna-se estável, só perdendo o cargo, a partir de então, em razão de sentença judicial transitada em julgado.

02. Com relação à prática cotidiana da administração pública, julgue os itens que se seguem.

a) Se a administração perceber que cometeu um erro ao conceder um benefício que, segundo a lei, não deveria ter sido concedido, é permitido a ela anular o ato, sem recorrer ao Poder Judiciário, mesmo que essa decisão venha a afetar o interesse do segurado.

b) Uma decisão administrativa de realizar uma licitação pode ser anulada pelo superior hierárquico de quem a tomou, por entender que a abertura da licitação não é conveniente naquele momento.

c) Uma lei que extingue gratificações e adicionais, mas eleva o vencimento-base do cargo, não afronta a garantia da irredutibilidade de vencimentos, se não houver decesso no quantitativo total da remuneração dos servidores.

d) O servidor, antes de completar três anos de serviço público, pode ser demitido, independentemente de procedimento administrativo que lhe assegure a ampla defesa e o contraditório.

e) Considere que um servidor tenha cometido falta administrativa, ocasionando dano financeiro para a administração. Nessa situação, o servidor não poderá sofrer sanção administrativa nem dele poderá ser cobrada a reparação pelo prejuízo causado ao erário se o prazo de prescrição relativamente à punição de tal ilícito estiver vencido.

03. (CESPE) Considere que um servidor público civil da União falte ao serviço intencionalmente por 31 dias seguidos. Em face dessa situação hipotética, julgue os seguintes itens:

a) Deverá ser instaurado processo administrativo sumário visando à apuração do ilícito, sendo possível a aplicação da pena de demissão.

b) Deverá o servidor ser removido de ofício para outra localidade, antes da instauração de sindicância administrativa.

c) Comprovado o ilícito administrativo por meio de processo administrativo disciplinar, deverão ser descontados os dias de falta do servidor, que poderá ainda ser apenado com a sanção de advertência.

d) Simultaneamente à instauração do procedimento administrativo sumário visando à apuração do abandono do cargo, deverá a administração pública indicar a materialidade da transgressão que, na hipótese, dar-se-á pela indicação precisa do período de ausência intencional do servidor ao serviço público superior a trinta dias.

e) Caso o servidor venha a ser demitido em função do ocorrido, ele jamais poderá retornar ao serviço público.

04. (CESPE) Em relação ao regime jurídico dos servidores públicos civis da União, julgue os itens a seguir:

a) Nas hipóteses de provimento de cargo público federal por readaptação ou reversão, encontrando-se provido o cargo, o servidor exercerá as atividades como excedente, até a ocorrência de vaga.

b) O servidor reintegrado exercerá as atividades como excedente, na hipótese de encontrar-se provido o cargo.

c) A redistribuição é forma de provimento de cargo público, utilizada na hipótese de extinção de órgãos.

d) Caso haja previsão legal, os cargos públicos federais poderão ser providos e extintos pelo Presidente da República.

e) Em regra, o início de exercício de função de confiança dá-se no mesmo dia em que é publicado o ato de designação.

05. (CESPE) A Lei n. 8.112, de 11 de dezembro de 1990, que dispõe sobre o Regime Jurídico Único (RJU) dos servidores públicos civis federais, sofreu diversas e profundas alterações com a conversão da Medida Provisória n. 1.573, e suas diversas reedições, na Lei n. 9.527, de 10 de dezembro de 1997. Acerca dessas alterações, julgue os itens abaixo.

a) Apenas os servidores da União e das autarquias federais passam a ser regidos pelo RJU; os empregados de empresas públicas, sociedades de economia mista e fundações públicas serão regidos pelo regime celetista.

Direito Administrativo

b) A ascensão e o acesso, que já haviam sido declarados inconstitucionais pelo STF, foram excluídos do RJU.
c) Da data da posse, o servidor deverá entrar em exercício no prazo de quinze dias, improrrogáveis.
d) O estágio probatório para servidor nomeado para cargo de provimento efetivo passa a ser de trinta meses.
e) Passa a ser admitida a demissão de servidor estável em decorrência de número excessivo de servidores.

06. (CESPE) João da Silva ocupava o cargo de procurador autárquico do INSS. Em face das profundas alterações que a Constituição Federal tem sofrido no capítulo concernente à administração pública, João requereu, e foi-lhe deferida, a concessão de aposentadoria proporcional. Insatisfeito com sua nova situação de aposentado, João prestou novo concurso para o cargo de fiscal de contribuições previdenciárias do INSS. Considerando as regras constantes na legislação pertinente e a orientação jurisprudencial firmada pelo STF sobre acumulação de cargos, julgue os seguintes itens.

a) A acumulação dos proventos do cargo de procurador com os vencimentos do cargo de fiscal será considerada indevida.
b) Qualquer acumulação de cargo, emprego ou função públicos será tida como inconstitucional. Essa impossibilidade total de acumulação de cargos na atividade estende-se à acumulação na inatividade.
c) Independentemente da discussão acerca da acumulação dos cargos, João, empossado no novo cargo, terá de cumprir novo estágio probatório, e, caso não o cumpra, será demitido.
d) Caso João renunciasse ao provento de aposentadoria, ainda assim seria reputada ilícita a acumulação dos cargos de procurador e fiscal do INSS.
e) Caso o servidor tivesse pedido exoneração, e não a sua aposentadoria, do cargo de procurador, no qual já havia adquirido a estabilidade, e fosse empossado no cargo de fiscal, não teria de se submeter a novo estágio probatório.

07. (CESPE) Com relação aos servidores públicos, julgue os itens que se seguem.

a) A nacionalidade brasileira, a idade mínima de dezesseis anos e a aptidão física e mental são alguns requisitos básicos para investidura em cargo público.
b) A feição hierarquizada da administração pública impõe que o servidor cumpra as ordens superiores, mesmo que manifestamente ilegais.
c) O servidor público pode atuar, em repartições públicas, como procurador ou intermediário de cônjuge, quando se tratar de benefício previdenciário.
d) O exercício irregular das atribuições do cargo pode acarretar responsabilidade civil e administrativa do servidor público.
e) A lei impõe expressamente os seguintes deveres ao servidor público: sigilo acerca de assuntos da repartição, conservação do patrimônio público e lealdade à instituição.

08. (ESAF) O servidor público federal, subordinado ao Regime Jurídico Único da Lei n. 8.112/90, que ainda esteja em estágio probatório não poderá:

a) afastar-se para fazer curso de formação necessário a assumir outro cargo.
b) afastar-se para missão oficial no exterior.
c) exercer cargo comissionado.
d) ter licença para atividade política.
e) ter licença para mandato classista.

09. (ESAF) Quando a autoridade remove servidor para localidade remota, com o intuito de puni-lo,

a) incorre em desvio de poder.
b) pratica ato disciplinar.
c) age dentro de suas atribuições.
d) não está obrigada a instaurar processo administrativo.
e) utiliza-se do poder hierárquico.

10. (CESPE) Julgue os itens abaixo, relativos aos direitos e às vantagens atribuídos aos servidores públicos federais.

a) O servidor de uma fundação pública federal fará jus a três meses de licença, a título de prêmio por assiduidade, após cada quinquênio ininterrupto de efetivo exercício no cargo.
b) Na hipótese de substituição de servidor investido em cargo de direção, o substituto só fará jus à retribuição pelo exercício do referido cargo por período que exceder a trinta dias de afastamento do titular.
c) O servidor investido em cargo efetivo e designado para o desempenho de função de chefia não terá direito à incorporação, na sua remuneração, de qualquer proporção da respectiva gratificação.
d) É facultado ao servidor converter um terço do período de férias em abono pecuniário, desde que o requeira com, pelo menos, sessenta dias de antecedência.
e) Não é admissível que o servidor ocupante de cargo efetivo de um órgão público seja transferido para cargo do quadro de pessoal de outro órgão, ainda que ambos os órgãos integram a estrutura do mesmo poder.

11. (CESPE) Julgue os itens a seguir, acerca da seguridade social do servidor público federal.

a) O servidor que contar tempo de serviço para aposentadoria com provento integral será aposentado com a remuneração do padrão da classe imediatamente superior àquela em que se encontra posicionado.
b) A servidora que adotar uma criança terá direito a licença remunerada, cuja duração (trinta ou noventa dias) variará conforme o adotado tenha mais ou menos de um ano de idade.
c) O servidor acidentado no percurso da residência para o trabalho será licenciado para tratamento, sempre com remuneração integral.
d) O companheiro de servidora falecida é beneficiário de pensão vitalícia, mas perderá essa qualidade, extinguindo-se o benefício, se vier a contrair núpcias.
e) É imprescritível o direito ao benefício de pensão por morte de servidor. Todavia, prescrevem em cinco anos as respectivas prestações.

12. (ESAF) Os prazos de prescrição para ilícitos praticados por servidor que cause prejuízos ao erário devem ser estabelecidos em lei, ressalvadas(dos) as(os):

a) ações de ressarcimento.
b) ações penais.
c) ações civis públicas.
d) ações populares.
e) processos disciplinares.

13. (ESAF) Quanto à estabilidade no serviço público, é falso afirmar:

a) a estabilidade decorre, automaticamente, de nomeação em virtude de concurso público e do transcurso de três anos de efetivo exercício.
b) a perda do cargo do servidor estável por desempenho insuficiente deve ser precedida de ampla defesa e do contraditório.
c) o servidor estável colocado em disponibilidade perceberá remuneração proporcional ao seu tempo de serviço.
d) o servidor estável dispensado por excesso de quadro fará jus à indenização.
e) o instituto da estabilidade tem características diferentes em razão da natureza das atribuições do cargo efetivo.

14. (ESAF) Aos servidores públicos federais, subordinados ao Regime Jurídico Único da Lei n.º 8.112/90, é expressamente proibido ser:

a) cotista de sociedade comercial.
b) acionista de sociedade comercial.
c) filiado a partido político.
d) empregado de país estrangeiro.
e) dirigente de entidade sindical.

15. (ESAF) O processo administrativo disciplinar, como tal previsto na Lei nº 8.112/90, para o servidor regido pelo Regime Jurídico Único, é:

a) necessário para penalidade de suspensão por 30 dias.
b) necessário para a penalidade de destituição de cargo em comissão.
c) dispensável para a penalidade de suspensão em geral.
d) dispensável para a penalidade de destituição de cargo em comissão.
e) dispensável para a penalidade de cassação da aposentadoria.

16. (ESAF) Entre os casos puníveis com a penalidade de demissão do servidor público federal, regido pelo Regime Jurídico Único da Lei nº 8.112/90, não se inclui o de:

a) abandono do cargo.
b) inassiduidade habitual.
c) improbidade administrativa.
d) insubordinação grave em serviço.
e) coagir subordinado a filiar-se a organização sindical ou a partido político.

17. (CESPE) Julgue os itens que se seguem:

a) É impossível, juridicamente, a restauração do ato administrativo revogado.
b) O servidor público aposentado pode sofrer sanções administrativas.
c) Se determinado servidor do BACEN pratica ilícito administrativo que, em tese, seja punível com a pena de advertência a referida autarquia pode aplicar, na hipótese, o princípio da verdade sabida.
d) Na aplicação das penas contra servidores públicos, a jurisdição criminal e a instância administrativa são, em regra, independentes.
e) Segundo o entendimento do STJ, no processo administrativo disciplinar deve prevalecer o princípio do informalismo.

18. (ESAF) São direitos trabalhistas estendidos aos servidores públicos, exceto:

a) repouso semanal remunerado.
b) férias anuais remuneradas, com acréscimo de 1/3.
c) remuneração do serviço extraordinário superior, no mínimo, em 50% à do normal.
d) fundo de garantia por tempo de serviço.
e) licença à gestante.

19. (CESPE) A disciplina dos servidores regidos pelo Regime Jurídico Único da União (Lei n.º 8.112/90).

a) alcança tanto os servidores públicos das autarquias federais quanto os das fundações públicas federais.
b) prevê expressamente a aposentadoria por invalidez, com proventos integrais, nos casos de síndrome de imunodeficiência adquirida (SIDA/AIDS).

c) prevê pagamento, apenas para as servidoras, de auxílio-natalidade, por motivo de nascimento ou adoção.
d) determina que o provento proporcional de aposentadoria não seja inferior a 3/5 (três quintos) da remuneração da atividade.
e) determina que o servidor aposentado com provento proporcional ao tempo de serviço que vier a ser acometido por hanseníase passe a perceber provento integral.

20. (CESPE) A disciplina da Administração Pública no Brasil implica que:
a) se considere funcionário público, para efeitos penais, alguém que, transitoriamente e sem remuneração, exerce emprego público.
b) quem exige para si vantagem indevida, estando fora da função pública, mas em razão dela, comete o crime de concussão.
c) o abandono de função pode ser ilícito, mas não pode ser punido como crime.
d) aquele que patrocina diretamente interesse privado perante a administração pública, valendo-se da qualidade de funcionário público, comete o crime de patrocínio infiel.
e) há crime, se um profissional declarado inidôneo celebra contrato com a Administração, tanto por parte dele quanto do servidor que celebra o contrato.

21. A pessoa física que presta serviço ao Estado, em caráter permanente ou transitório, remunerado ou não, é:
a) agente político.
b) agente administrativo.
c) agente delegado.
d) agente público.

22. Sobre o prazo de validade dos concursos públicos, é correto afirmar-se que:
a) pode ser de até dois anos, com prorrogação obrigatória de igual período.
b) deve ser de dois anos, prorrogável por igual período.
c) pode ser de seis meses, prorrogável por igual período.
d) é de até um ano, prorrogável por igual período.

23. A perda do prazo improrrogável para entrar em exercício acarreta para o candidato empossado:
a) exoneração.
b) demissão.
c) advertência.
d) multa.

24. São deveres do servidor:
a) lealdade, impessoalidade e razoabilidade.
b) economicidade, motivação e sigilo.
c) assiduidade, lealdade e sigilo.
d) impessoalidade, pontualidade e imperatividade.

25. O prazo para conclusão do procedimento administrativo disciplinar apuratório de falta não excederá a:
a) 90 dias improrrogáveis.
b) 60 dias prorrogável por igual período.
c) 60 dias improrrogáveis.
d) 30 dias improrrogáveis.

26. As pessoas jurídicas de direito público e as de direito privado prestadoras de serviço público responderão pelos danos que seus agentes, nessa qualidade, causarem a terceiros:
a) assegurado o pagamento pelo prejuízo sofrido.
b) assegurado o respeito ao princípio da legalidade.
c) assegurado o direito de regresso nos casos de dolo ou culpa.
d) assegurado o direito de regresso no caso de culpa consciente.

27. O servidor civil da União que cometer infração administrativa que configure também infração penal não será punido disciplinarmente se:
a) ocorrer a prescrição penal.
b) for absolvido do crime, por insuficiência de provas.
c) vier a cumprir pena criminal.
d) vier a ser aposentado.

28. Sanções civis, penais e disciplinares ou administrativas:
a) podem ser cumuladas, pois umas e outras são independentes entre si, em decorrência da natureza especial de cada uma delas.
b) não podem ser cumuladas, pois umas e outras estão sujeitas a disciplinamentos diversos.
c) podem ser cumuladas, pois umas e outras se interligam para agravamento da pena.
d) não podem ser cumuladas, pois não são independentes entre si.

Gabarito

01. E,C,E,E,E	**02. C,E,C,E,E**	**03. C,E,E,C,E**
04. C,E,E,C,C	**05. E,C,C,E,E**	**06. C,E,E,E,E**
07. E,E,C,C,C	**08. E**	**09. A**
10. E,C,C,E,C	**11. E,C,C,E,C**	**12. A**
13. A	**14. D**	**15. B**
16. E	**17. E,C,E,C,C**	**18. D**
19. C,C,E,E,C	**20. C,C,E,E,C**	**21. D**
22. C	**23. A**	**24. C**
25. B	**26. C**	**27. A**
28. A		

9. Regime Disciplinar dos Servidores Públicos Civis da União

Lei n. 8.112, de 11 de Dezembro de 1990

Dispõe sobre o regime jurídico dos servidores públicos civis da União, das autarquias e das fundações públicas federais.

O PRESIDENTE DA REPÚBLICA Faço saber que o Congresso Nacional decreta e eu sanciono a seguinte Lei:

Título I
Capítulo Único
Das Disposições Preliminares

Art. 1º. Esta Lei institui o Regime Jurídico dos Servidores Públicos Civis da União, das autarquias, inclusive as em regime especial, e das fundações públicas federais.

Art. 2º. Para os efeitos desta Lei, servidor é a pessoa legalmente investida em cargo público.

Art. 3º. Cargo público é o conjunto de atribuições e responsabilidades previstas na estrutura organizacional que devem ser cometidas a um servidor.

Parágrafo único. Os cargos públicos, acessíveis a todos os brasileiros, são criados por lei, com denominação própria e vencimento pago pelos cofres públicos, para provimento em caráter efetivo ou em comissão.

Art. 4º. É proibida a prestação de serviços gratuitos, salvo os casos previstos em lei.

Título II
Do Provimento, Vacância, Remoção, Redistribuição e Substituição
Capítulo I
Do Provimento
Seção I
Disposições Gerais

Art. 5º. São requisitos básicos para investidura em cargo público:

I - a nacionalidade brasileira;

II - o gozo dos direitos políticos;

III - a quitação com as obrigações militares e eleitorais;

IV - o nível de escolaridade exigido para o exercício do cargo;

V - a idade mínima de dezoito anos;

VI - aptidão física e mental.

§ 1º As atribuições do cargo podem justificar a exigência de outros requisitos estabelecidos em lei.

§ 2º Às pessoas portadoras de deficiência é assegurado o direito de se inscrever em concurso público para provimento de cargo cujas atribuições sejam compatíveis com a deficiência de que são portadoras; para tais pessoas serão reservadas até 20% (vinte por cento) das vagas oferecidas no concurso.

§ 3º As universidades e instituições de pesquisa científica e tecnológica federais poderão prover seus cargos com professores, técnicos e cientistas estrangeiros, de acordo com as normas e os procedimentos desta Lei. *(Parágrafo incluído pela Lei n. 9.515, de 20.11.97)*

Art. 6º. O provimento dos cargos públicos far-se-á mediante ato da autoridade competente de cada Poder.

Art. 7º. A investidura em cargo público ocorrerá com a posse.

Art. 8º. São formas de provimento de cargo público:

I - nomeação;

II - promoção;

III - *(Revogado pela Lei n. 9.527, de 10.12.97)*

IV - *(Revogado pela Lei n. 9.527, de 10.12.97)*

V - readaptação;

VI - reversão;

VII - aproveitamento;

VIII - reintegração;

IX - recondução.

Seção II
Da Nomeação

Art. 9º. A nomeação far-se-á:

I - em caráter efetivo, quando se tratar de cargo isolado de provimento efetivo ou de carreira;

II - em comissão, inclusive na condição de interino, para cargos de confiança vagos. *(Redação dada pela Lei n. 9.527, de 10.12.97)*

Parágrafo único. O servidor ocupante de cargo em comissão ou de natureza especial poderá ser nomeado para ter exercício, interinamente, em outro cargo de confiança, sem prejuízo das atribuições do que atualmente ocupa, hipótese em que deverá optar pela remuneração de um deles durante o período da interinidade. *(Redação dada pela Lei n. 9.527, de 10.12.97)*

Art. 10. A nomeação para cargo de carreira ou cargo isolado de provimento efetivo depende de prévia habilitação em concurso público de provas ou de provas e títulos, obedecidos a ordem de classificação e o prazo de sua validade.

Parágrafo único. Os demais requisitos para o ingresso e o desenvolvimento do servidor na carreira, mediante promoção, serão estabelecidos pela lei que fixar as diretrizes do sistema de carreira na Administração Pública Federal e seus regulamentos. *(Redação dada pela Lei n. 9.527, de 10.12.97)*

Seção III
Do Concurso Público

Art. 11. O concurso será de provas ou de provas e títulos, podendo ser realizado em duas etapas, conforme dispuserem a lei e o regulamento do respectivo plano de carreira, condicionada a inscrição do candidato ao pagamento do valor fixado no edital, quando indispensável ao seu custeio, e ressalvadas as hipóteses de isenção nele expressamente previstas. *(Redação dada pela Lei n. 9.527, de 10.12.97)*

Art. 12. O concurso público terá validade de até 2 (dois) anos, podendo ser prorrogado uma única vez, por igual período.

§ 1º O prazo de validade do concurso e as condições de sua realização serão fixados em edital, que será publicado no Diário Oficial da União e em jornal diário de grande circulação.

§ 2º Não se abrirá novo concurso enquanto houver candidato aprovado em concurso anterior com prazo de validade não expirado.

Seção IV
Da Posse e do Exercício

Art. 13. A posse dar-se-á pela assinatura do respectivo termo, no qual deverão constar as atribuições, os deveres, as responsabilidades e os direitos inerentes ao cargo ocupado, que não poderão ser alterados unilateralmente, por qualquer das partes, ressalvados os atos de ofício previstos em lei.

§ 1º A posse ocorrerá no prazo de trinta dias contados da publicação do ato de provimento. *(Redação dada pela Lei n. 9.527, de 10.12.97)*

§ 2º Em se tratando de servidor, que esteja na data de publicação do ato de provimento, em licença prevista nos incisos I, III e V do art. 81, ou afastado nas hipóteses dos incisos I, IV, VI, VIII, alíneas "a", "b", "d", "e" e "f", IX e X do art. 102, o prazo será contado do término do impedimento. *(Redação dada pela Lei n. 9.527, de 10.12.97)*

§ 3º A posse poderá dar-se mediante procuração específica.

§ 4º Só haverá posse nos casos de provimento de cargo por nomeação. *(Redação dada pela Lei n. 9.527, de 10.12.97)*

§ 5º No ato da posse, o servidor apresentará declaração de bens e valores que constituem seu patrimônio e declaração quanto ao exercício ou não de outro cargo, emprego ou função pública.

§ 6º Será tornado sem efeito o ato de provimento se a posse não ocorrer no prazo previsto no § 1º deste artigo.

Art. 14. A posse em cargo público dependerá de prévia inspeção médica oficial.

Parágrafo único. Só poderá ser empossado aquele que for julgado apto física e mentalmente para o exercício do cargo.

Art. 15. Exercício é o efetivo desempenho das atribuições do cargo público ou da função de confiança. *(Redação dada pela Lei n. 9.527, de 10.12.97)*

§ 1º É de quinze dias o prazo para o servidor empossado em cargo público entrar em exercício, contados da data da posse. *(Redação dada pela Lei n. 9.527, de 10.12.97)*

§ 2º O servidor será exonerado do cargo ou será tornado sem efeito o ato de sua designação para função de confiança, se não entrar em exercício nos prazos previstos neste artigo, observado o disposto no art. 18. *(Redação dada pela Lei n. 9.527, de 10.12.97)*

§ 3º À autoridade competente do órgão ou entidade para onde for nomeado ou designado o servidor compete dar-lhe exercício. *(Redação dada pela Lei n. 9.527, de 10.12.97)*

§ 4º O início do exercício de função de confiança coincidirá com a data de publicação do ato de designação, salvo quando o servidor estiver em licença ou afastado por qualquer outro motivo legal, hipótese em que recairá no primeiro dia útil após o término do impedimento, que não poderá exceder a trinta dias da publicação. *(Parágrafo incluído pela Lei n. 9.527, de 10.12.97)*

Art. 16. O início, a suspensão, a interrupção e o reinício do exercício serão registrados no assentamento individual do servidor.

Parágrafo único. Ao entrar em exercício, o servidor apresentará ao órgão competente os elementos necessários ao seu assentamento individual.

Art. 17. A promoção não interrompe o tempo de exercício, que é contado no novo posicionamento na carreira a partir da data de publicação do ato que promover o servidor. *(Redação dada pela Lei n. 9.527, de 10.12.97)*

Art. 18. O servidor que deva ter exercício em outro município em razão de ter sido removido, redistribuído, requisitado, cedido ou posto em exercício provisório terá, no mínimo, dez e, no máximo, trinta dias de prazo, contados da publicação do ato, para a retomada do efetivo desempenho das atribuições do cargo, incluído nesse prazo o tempo necessário para o deslocamento para a nova sede. *(Redação dada pela Lei n. 9.527, de 10.12.97)*

§ 1º Na hipótese de o servidor encontrar-se em licença ou afastado legalmente, o prazo a que se refere este artigo será contado a partir do término do impedimento. *(Parágrafo renumerado e alterado pela Lei n. 9.527, de 10.12.97)*

§ 2º É facultado ao servidor declinar dos prazos estabelecidos no **caput**. *(Parágrafo incluído pela Lei n. 9.527, de 10.12.97)*

Art. 19. Os servidores cumprirão jornada de trabalho fixada em razão das atribuições pertinentes aos respectivos cargos, respeitada a duração máxima do trabalho semanal de quarenta horas e observados os limites mínimo e máximo de seis horas e oito horas diárias, respectivamente. *(Redação dada pela Lei n. 8.270, de 17.12.91)*

§ 1º O ocupante de cargo em comissão ou função de confiança submete-se a regime de integral dedicação ao serviço, observado o disposto no art. 120, podendo ser convocado sempre que houver interesse da Administração. *(Redação dada pela Lei n. 9.527, de 10.12.97)*

§ 2º O disposto neste artigo não se aplica a duração de trabalho estabelecida em leis especiais. *(Parágrafo incluído pela Lei n. 8.270, de 17.12.91)*

Art. 20. Ao entrar em exercício, o servidor nomeado para cargo de provimento efetivo ficará sujeito a estágio probatório por período de 24 (vinte e quatro) meses, durante o qual a sua aptidão e capacidade serão objeto de avaliação para o desempenho do cargo, observados os seguinte fatores: *(Vide art. 41 da CF alterado pela EC n. 19/98)*

I - assiduidade;

II - disciplina;

III - capacidade de iniciativa;

IV - produtividade;

V- responsabilidade.

§ 1º 4 (quatro) meses antes de findo o período do estágio probatório, será submetida à homologação da autoridade competente a avaliação do desempenho do servidor, realizada por comissão constituída para essa finalidade, de acordo com o que dispuser a lei ou o regulamento da respectiva carreira ou cargo, sem prejuízo da continuidade de apuração dos fatores enumerados nos incisos I a V do caput deste artigo. *(Redação dada pela Lei nº 11.784, de 2008)*

§ 2º O servidor não aprovado no estágio probatório será exonerado ou, se estável, reconduzido ao cargo anteriormente ocupado, observado o disposto no parágrafo único do art. 29.

§ 3º O servidor em estágio probatório poderá exercer quaisquer cargos de provimento em comissão ou funções de direção, chefia ou assessoramento no órgão ou entidade de lotação, e somente poderá ser cedido a outro órgão ou entidade para ocupar cargos de Natureza Especial, cargos de provimento em comissão do Grupo-Direção e Assessoramento Superiores - DAS, de níveis 6, 5 e 4, ou equivalentes. *(Parágrafo incluído pela Lei n. 9.527, de 10.12.97)*

§ 4º Ao servidor em estágio probatório somente poderão ser concedidas as licenças e os afastamentos previstos nos arts. 81, incisos I a IV, 94, 95 e 96, bem assim afastamento para participar de curso de formação decorrente de aprovação em concurso para outro cargo na Administração Pública Federal. *(Parágrafo incluído pela Lei n. 9.527, de 10.12.97)*

§ 5º O estágio probatório ficará suspenso durante as licenças e os afastamentos previstos nos arts. 83, 84, § 1º, 86 e 96, bem assim na hipótese de participação em curso de formação, e será retomado a partir do término do impedimento. *(Parágrafo incluído pela Lei n. 9.527, de 10.12.97)*

Seção V
Da Estabilidade

Art. 21. O servidor habilitado em concurso público e empossado em cargo de provimento efetivo adquirirá estabilidade no serviço público ao completar 2 (dois) anos de efetivo exercício. *(Prazo: 3 anos - vide EMC n. 19)*

Art. 22. O servidor estável só perderá o cargo em virtude de sentença judicial transitada em julgado ou de processo administrativo disciplinar no qual lhe seja assegurada ampla defesa.

Seção VI
Da Transferência

Art. 23. *(Revogado pela Lei n. 9.527, de 10.12.97)*

Seção VII
Da Readaptação

Art. 24. Readaptação é a investidura do servidor em cargo de atribuições e responsabilidades compatíveis com a limitação que tenha sofrido em sua capacidade física ou mental verificada em inspeção médica.

§ 1º Se julgado incapaz para o serviço público, o readaptando será aposentado.

§ 2º A readaptação será efetivada em cargo de atribuições afins, respeitada a habilitação exigida, nível de escolaridade e equivalência de vencimentos e, na hipótese de inexistência de cargo vago, o servidor exercerá suas atribuições como excedente, até a ocorrência de vaga. *(Redação dada pela Lei n. 9.527, de 10.12.97)*

Seção VIII
Da Reversão

Art. 25. Reversão é o retorno à atividade de servidor aposentado: *(Redação dada pela Medida Provisória n. 2.225-45, de 4.9.2001)*

I - por invalidez, quando junta médica oficial declarar insubsistentes os motivos da aposentadoria; ou *(Inciso incluído pela Medida Provisória n. 2.225-45, de 4.9.2001)*

II - no interesse da administração, desde que: (Inciso incluído pela Medida Provisória n. 2.225-45, de 4.9.2001)

a) tenha solicitado a reversão; *(Alínea incluída pela Medida Provisória n. 2.225-45, de 4.9.2001)*

b) a aposentadoria tenha sido voluntária; *(Alínea incluída pela Medida Provisória n. 2.225-45, de 4.9.2001)*

c) estável quando na atividade; *(Alínea incluída pela Medida Provisória n. 2.225-45, de 4.9.2001)*

d) a aposentadoria tenha ocorrido nos cinco anos anteriores à solicitação; *(Alínea incluída pela Medida Provisória n. 2.225-45, de 4.9.2001)*

e) haja cargo vago. *(Alínea incluída pela Medida Provisória n. 2.225-45, de 4.9.2001)*

§ 1º A reversão far-se-á no mesmo cargo ou no cargo resultante de sua transformação. *(Parágrafo incluído pela Medida Provisória n. 2.225-45, de 4.9.2001)*

§ 2º O tempo em que o servidor estiver em exercício será considerado para concessão da aposentadoria. *(Parágrafo incluído pela Medida Provisória n. 2.225-45, de 4.9.2001)*

§ 3º No caso do inciso I, encontrando-se provido o cargo, o servidor exercerá suas atribuições como excedente, até a ocorrência de vaga. *(Parágrafo incluído pela Medida Provisória n. 2.225-45, de 4.9.2001)*

§ 4º O servidor que retornar à atividade por interesse da administração perceberá, em substituição aos proventos da aposentadoria, a remuneração do cargo que voltar a exercer, inclusive com as vantagens de natureza pessoal que percebia anteriormente à aposentadoria. *(Parágrafo incluído pela Medida Provisória n. 2.225-45, de 4.9.2001)*

§ 5º O servidor de que trata o inciso II somente terá os proventos calculados com base nas regras atuais se permanecer pelo menos cinco anos no cargo. *(Parágrafo incluído pela Medida Provisória n. 2.225-45, de 4.9.2001)*

§ 6º O Poder Executivo regulamentará o disposto neste artigo. *(Parágrafo incluído pela Medida Provisória n. 2.225-45, de 4.9.2001)*

Art. 26. *(Revogado pela Medida Provisória n. 2.225-45, de 4.9.2001)*

Art. 27. Não poderá reverter o aposentado que já tiver completado 70 (setenta) anos de idade.

Seção IX
Da Reintegração

Art. 28. A reintegração é a reinvestidura do servidor estável no cargo anteriormente ocupado, ou no cargo resultante de sua transformação, quando invalidada a sua demissão por decisão administrativa ou judicial, com ressarcimento de todas as vantagens.

§ 1º Na hipótese de o cargo ter sido extinto, o servidor ficará em disponibilidade, observado o disposto nos arts. 30 e 31.

§ 2º Encontrando-se provido o cargo, o seu eventual ocupante será reconduzido ao cargo de origem, sem direito à indenização ou aproveitado em outro cargo, ou, ainda, posto em disponibilidade.

Seção X
Da Recondução

Art. 29. Recondução é o retorno do servidor estável ao cargo anteriormente ocupado e decorrerá de:
I - inabilitação em estágio probatório relativo a outro cargo;
II - reintegração do anterior ocupante.
Parágrafo único. Encontrando-se provido o cargo de origem, o servidor será aproveitado em outro, observado o disposto no art. 30.

Seção XI
Da Disponibilidade e do Aproveitamento

Art. 30. O retorno à atividade de servidor em disponibilidade far-se-á mediante aproveitamento obrigatório em cargo de atribuições e vencimentos compatíveis com o anteriormente ocupado.
Art. 31. O órgão Central do Sistema de Pessoal Civil determinará o imediato aproveitamento de servidor em disponibilidade em vaga que vier a ocorrer nos órgãos ou entidades da Administração Pública Federal.
Parágrafo único. Na hipótese prevista no § 3º do art. 37, o servidor posto em disponibilidade poderá ser mantido sob responsabilidade do órgão central do Sistema de Pessoal Civil da Administração Federal - SIPEC, até o seu adequado aproveitamento em outro órgão ou entidade. *(Parágrafo incluído pela Lei n. 9.527, de 10.12.97)*
Art. 32. Será tornado sem efeito o aproveitamento e cassada a disponibilidade se o servidor não entrar em exercício no prazo legal, salvo doença comprovada por junta médica oficial.

Capítulo II
Da Vacância

Art. 33. A vacância do cargo público decorrerá de:
I - exoneração;
II - demissão;
III - promoção;
IV - *(Revogado pela Lei n. 9.527, de 10.12.97)*
V - *(Revogado pela Lei n. 9.527, de 10.12.97)*
VI - readaptação;
VII - aposentadoria;
VIII - posse em outro cargo inacumulável;
IX - falecimento.
Art. 34. A exoneração de cargo efetivo dar-se-á a pedido do servidor, ou de ofício.
Parágrafo único. A exoneração de ofício dar-se-á:
I - quando não satisfeitas as condições do estágio probatório;
II - quando, tendo tomado posse, o servidor não entrar em exercício no prazo estabelecido.
Art. 35. A exoneração de cargo em comissão e a dispensa de função de confiança dar-se-á: *(Redação dada pela Lei n. 9.527, de 10.12.97)*
I - a juízo da autoridade competente;
II - a pedido do próprio servidor.
Parágrafo único. *(Revogado pela Lei n. 9.527, de 10.12.97)*

Capítulo III
Da Remoção e da Redistribuição
Seção I
Da Remoção

Art. 36. Remoção é o deslocamento do servidor, a pedido ou de ofício, no âmbito do mesmo quadro, com ou sem mudança de sede.
Parágrafo único. Para fins do disposto neste artigo, entende-se por modalidades de remoção: *(Redação dada pela Lei nº 9.527, de 10.12.97)*
I - de ofício, no interesse da Administração; *(Incluído pela Lei nº 9.527, de 10.12.97)*
II - a pedido, a critério da Administração; *(Incluído pela Lei nº 9.527, de 10.12.97)*
III - a pedido, para outra localidade, independentemente do interesse da Administração: *(Incluído pela Lei nº 9.527, de 10.12.97)*
a) para acompanhar cônjuge ou companheiro, também servidor público civil ou militar, de qualquer dos Poderes da União, dos Estados, do Distrito Federal e dos Municípios, que foi deslocado no interesse da Administração; *(Incluído pela Lei nº 9.527, de 10.12.97)*
b) por motivo de saúde do servidor, cônjuge, companheiro ou dependente que viva às suas expensas e conste do seu assentamento funcional, condicionada à comprovação por junta médica oficial; *(Incluído pela Lei nº 9.527, de 10.12.97)*
c) em virtude de processo seletivo promovido, na hipótese em que o número de interessados for superior ao número de vagas, de acordo com normas preestabelecidas pelo órgão ou entidade em que aqueles estejam lotados. *(Incluído pela Lei nº 9.527, de 10.12.97)*

Seção II
Da Redistribuição

Art. 37. Redistribuição é o deslocamento de cargo de provimento efetivo, ocupado ou vago no âmbito do quadro geral de pessoal, para outro órgão ou entidade do mesmo Poder, com prévia apreciação do órgão central do SIPEC, observados os seguintes preceitos: *(Redação dada pela Lei nº 9.527, de 10.12.97)*
I - interesse da administração; *(Incluído pela Lei nº 9.527, de 10.12.97)*
II - equivalência de vencimentos; *(Incluído pela Lei nº 9.527, de 10.12.97)*
III - manutenção da essência das atribuições do cargo; *(Incluído pela Lei nº 9.527, de 10.12.97)*
IV - vinculação entre os graus de responsabilidade e complexidade das atividades; *(Incluído pela Lei nº 9.527, de 10.12.97)*
V - mesmo nível de escolaridade, especialidade ou habilitação profissional; *(Incluído pela Lei nº 9.527, de 10.12.97)*
VI - compatibilidade entre as atribuições do cargo e as finalidades institucionais do órgão ou entidade. *(Incluído pela Lei nº 9.527, de 10.12.97)*
§ 1º A redistribuição ocorrerá *ex officio* para ajustamento de lotação e da força de trabalho às necessidades dos serviços, inclusive nos casos de reorganização, extinção ou criação de órgão ou entidade. *(Incluído pela Lei nº 9.527, de 10.12.97)*

§ 2º A redistribuição de cargos efetivos vagos se dará mediante ato conjunto entre o órgão central do SIPEC e os órgãos e entidades da Administração Pública Federal envolvidos. *(Incluído pela Lei nº 9.527, de 10.12.97)*

§ 3º Nos casos de reorganização ou extinção de órgão ou entidade, extinto o cargo ou declarada sua desnecessidade no órgão ou entidade, o servidor estável que não for redistribuído será colocado em disponibilidade, até seu aproveitamento na forma dos arts. 30 e 31. *(Parágrafo renumerado e alterado pela Lei nº 9.527, de 10.12.97)*

§ 4º O servidor que não for redistribuído ou colocado em disponibilidade poderá ser mantido sob responsabilidade do órgão central do SIPEC, e ter exercício provisório, em outro órgão ou entidade, até seu adequado aproveitamento. *(Incluído pela Lei nº 9.527, de 10.12.97)*

Capítulo IV
Da Substituição

Art. 38. Os servidores investidos em cargo ou função de direção ou chefia e os ocupantes de cargo de Natureza Especial terão substitutos indicados no regimento interno ou, no caso de omissão, previamente designados pelo dirigente máximo do órgão ou entidade. *(Redação dada pela Lei nº 9.527, de 10.12.97)*

§ 1º O substituto assumirá automática e cumulativamente, sem prejuízo do cargo que ocupa, o exercício do cargo ou função de direção ou chefia e os de Natureza Especial, nos afastamentos, impedimentos legais ou regulamentares do titular e na vacância do cargo, hipóteses em que deverá optar pela remuneração de um deles durante o respectivo período.

§ 2º O substituto fará jus à retribuição pelo exercício do cargo ou função de direção ou chefia ou de cargo de Natureza Especial, nos casos dos afastamentos ou impedimentos legais do titular, superiores a trinta dias consecutivos, paga na proporção dos dias de efetiva substituição, que excederem o referido período.

Art. 39. O disposto no artigo anterior aplica-se aos titulares de unidades administrativas organizadas em nível de assessoria.

Título III
Dos Direitos e Vantagens
Capítulo I
Do Vencimento e da Remuneração

Art. 40. Vencimento é a retribuição pecuniária pelo exercício de cargo público, com valor fixado em lei.

Parágrafo único. *(Revogado pela Lei nº 11.784, de 2008).*

Art. 41. Remuneração é o vencimento do cargo efetivo, acrescido das vantagens pecuniárias permanentes estabelecidas em lei.

§ 1º A remuneração do servidor investido em função ou cargo em comissão será paga na forma prevista no art. 62.

§ 2º O servidor investido em cargo em comissão de órgão ou entidade diversa da de sua lotação receberá a remuneração de acordo com o estabelecido no § 1º do art. 93.

§ 3º O vencimento do cargo efetivo, acrescido das vantagens de caráter permanente, é irredutível.

§ 4º É assegurada a isonomia de vencimentos para cargos de atribuições iguais ou assemelhadas do mesmo Poder, ou entre servidores dos três Poderes, ressalvadas as vantagens de caráter individual e as relativas à natureza ou ao local de trabalho.

§ 5º Nenhum servidor receberá remuneração inferior ao salário mínimo. *(Incluído pela Lei nº 11.784, de 2008)*

Art. 42. Nenhum servidor poderá perceber, mensalmente, a título de remuneração, importância superior à soma dos valores percebidos como remuneração, em espécie, a qualquer título, no âmbito dos respectivos Poderes, pelos Ministros de Estado, por membros do Congresso Nacional e Ministros do Supremo Tribunal Federal.

Parágrafo único. Excluem-se do teto de remuneração as vantagens previstas nos incisos II a VII do art. 61.

Art. 43. *(Revogado pela Lei n. 9.624, de 2.4.98) (*) Nota: O menor e o maior valor da remuneração do servidor está, agora, estabelecido no art. 18 da Lei n. 9.624, de 02.04.98: o fator é de 25,641 , o menor é R$ 312,00 e o maior é de R$ 8.000,00.*

Art. 44. O servidor perderá:

I - a remuneração do dia em que faltar ao serviço, sem motivo justificado; *(Redação dada pela Lei n. 9.527, de 10.12.97)*

II - a parcela de remuneração diária, proporcional aos atrasos, ausências justificadas, ressalvadas as concessões de que trata o art. 97, e saídas antecipadas, salvo na hipótese de compensação de horário, até o mês subseqüente ao da ocorrência, a ser estabelecida pela chefia imediata.

Parágrafo único. As faltas justificadas decorrentes de caso fortuito ou de força maior poderão ser compensadas a critério da chefia imediata, sendo assim consideradas como efetivo exercício. *(Parágrafo incluído pela Lei n. 9.527, de 10.12.97)*

Art. 45. Salvo por imposição legal, ou mandado judicial, nenhum desconto incidirá sobre a remuneração ou provento.

§ 1º Mediante autorização do servidor, poderá haver consignação em folha de pagamento em favor de terceiros, a critério da administração e com reposição de custos, na forma definida em regulamento *(Incluído pela MP n. 681, de julho de 2015).*

§ 2º O total de consignações facultativas de que trata o § 1º não excederá trinta e cinco por cento da remuneração mensal, sendo cinco por cento reservados exclusivamente para a amortização de despesas contraídas por meio de cartão de crédito *(Incluído pela MP n. 681, de julho de 2015).*

Art. 46. As reposições e indenizações ao erário, atualizadas até 30 de junho de 1994, serão previamente comunicadas ao servidor ativo, aposentado ou ao pensionista, para pagamento, no prazo máximo de trinta dias, podendo ser parceladas, a pedido do interessado. *(Redação dada pela Medida Provisória n. 2.225-45, de 4.9.2001)*

§ 1º O valor de cada parcela não poderá ser inferior ao correspondente a dez por cento da remuneração, provento ou pensão.

§ 2º Quando o pagamento indevido houver ocorrido no mês anterior ao do processamento da folha, a reposição será feita imediatamente, em uma única parcela.

§ 3º Na hipótese de valores recebidos em decorrência de cumprimento a decisão liminar, a tutela antecipada ou a sentença que venha a ser revogada ou rescindida, serão eles atualizados até a data da reposição. *(Redação dada pela Medida Provisória n. 2.225-45, de 4.9.2001)*

Art. 47. O servidor em débito com o erário, que for demitido, exonerado ou que tiver sua aposentadoria ou disponibilidade cassada, terá o prazo de sessenta dias para quitar o débito. *(Redação dada pela Medida Provisória n. 2.225-45, de 4.9.2001)*

Parágrafo único. A não quitação do débito no prazo previsto implicará sua inscrição em dívida ativa. *(Redação dada pela Medida Provisória n. 2.225-45, de 4.9.2001)*

Art. 48. O vencimento, a remuneração e o provento não serão objeto de arresto, seqüestro ou penhora, exceto nos casos de prestação de alimentos resultante de decisão judicial.

Capítulo II
Das Vantagens

Art. 49. Além do vencimento, poderão ser pagas ao servidor as seguintes vantagens:

I - indenizações;

II - gratificações;

III - adicionais.

§ 1º As indenizações não se incorporam ao vencimento ou provento para qualquer efeito.

§ 2º As gratificações e os adicionais incorporam-se ao vencimento ou provento, nos casos e condições indicados em lei.

Art. 50. As vantagens pecuniárias não serão computadas, nem acumuladas, para efeito de concessão de quaisquer outros acréscimos pecuniários ulteriores, sob o mesmo título ou idêntico fundamento.

Seção I
Das Indenizações

Art. 51. Constituem indenizações ao servidor:

I - ajuda de custo;

II - diárias;

III - transporte.

IV - auxílio-moradia.*(Incluído pela Lei nº 11.355, de 2006)*

Art. 52. Os valores das indenizações estabelecidas nos incisos I a III do art. 51, assim como as condições para a sua concessão, serão estabelecidos em regulamento. *(Redação dada pela Lei nº 11.355, de 2006)*

Subseção I
Da Ajuda de Custo

Art. 53. A ajuda de custo destina-se a compensar as despesas de instalação do servidor que, no interesse do serviço, passar a ter exercício em nova sede, com mudança de domicílio em caráter permanente, vedado o duplo pagamento de indenização, a qualquer tempo, no caso de o cônjuge ou companheiro que detenha também a condição de servidor, vier a ter exercício na mesma sede. *(Redação dada pela Lei n. 9.527, de 10.12.97)*

§ 1º Correm por conta da administração as despesas de transporte do servidor e de sua família, compreendendo passagem, bagagem e bens pessoais.

§ 2º À família do servidor que falecer na nova sede são assegurados ajuda de custo e transporte para a localidade de origem, dentro do prazo de 1 (um) ano, contado do óbito.

§ 3º Não será concedida ajuda de custo nas hipóteses de remoção previstas nos incisos II e III do parágrafo único do art. 36. *(Incluído pela Lei nº 12.998, de 2014)*

Art. 54. A ajuda de custo é calculada sobre a remuneração do servidor, conforme se dispuser em regulamento, não podendo exceder a importância correspondente a 3 (três) meses.

Art. 55. Não será concedida ajuda de custo ao servidor que se afastar do cargo, ou reassumi-lo, em virtude de mandato eletivo.

Art. 56. Será concedida ajuda de custo àquele que, não sendo servidor da União, for nomeado para cargo em comissão, com mudança de domicílio.

Parágrafo único. No afastamento previsto no inciso I do art. 93, a ajuda de custo será paga pelo órgão cessionário, quando cabível.

Art. 57. O servidor ficará obrigado a restituir a ajuda de custo quando, injustificadamente, não se apresentar na nova sede no prazo de 30 (trinta) dias.

Subseção II
Das Diárias

Art. 58. O servidor que, a serviço, afastar-se da sede em caráter eventual ou transitório para outro ponto do território nacional ou para o exterior, fará jus a passagens e diárias destinadas a indenizar as parcelas de despesas extraordinária com pousada, alimentação e locomoção urbana, conforme dispuser em regulamento. *(Redação dada pela Lei n. 9.527, de 10.12.97)*

§ 1º A diária será concedida por dia de afastamento, sendo devida pela metade quando o deslocamento não exigir pernoite fora da sede, ou quando a União custear, por meio diverso, as despesas extraordinárias cobertas por diárias.*(Redação dada pela Lei n. 9.527, de 10.12.97)*

§ 2º Nos casos em que o deslocamento da sede constituir exigência permanente do cargo, o servidor não fará jus a diárias.

§ 3º Também não fará jus a diárias o servidor que se deslocar dentro da mesma região metropolitana, aglomeração urbana ou microrregião, constituídas por municípios limítrofes e regularmente instituídas, ou em áreas de controle integrado mantidas com países limítrofes, cuja jurisdição e competência dos órgãos, entidades e servidores brasileiros considera-se estendida, salvo se houver pernoite fora da sede, hipóteses em que as diárias pagas serão sempre as fixadas para os afastamentos dentro do território nacional. *(Parágrafo incluído dada pela Lei n. 9.527, de 10.12.97)*

Art. 59. O servidor que receber diárias e não se afastar da sede, por qualquer motivo, fica obrigado a restituí-las integralmente, no prazo de 5 (cinco) dias.

Parágrafo único. Na hipótese de o servidor retornar à sede em prazo menor do que o previsto para o seu afastamento, restituirá as diárias recebidas em excesso, no prazo previsto no **caput**.

Subseção III
Da Indenização de Transporte

Art. 60. Conceder-se-á indenização de transporte ao servidor que realizar despesas com a utilização de meio próprio de locomoção para a execução de serviços externos, por força das atribuições próprias do cargo, conforme se dispuser em regulamento.

Subseção IV
Do Auxílio-Moradia

(Incluído pela Lei nº 11.355, de 2006)

Art. 60-A. O auxílio-moradia consiste no ressarcimento das despesas comprovadamente realizadas pelo servidor com aluguel de moradia ou com meio de hospedagem administrado por empresa hoteleira, no prazo de um mês após a comprovação da despesa pelo servidor. *(Incluído pela Lei nº 11.355, de 2006)*

Art. 60-B. Conceder-se-á auxílio-moradia ao servidor se atendidos os seguintes requisitos: *(Incluído pela Lei nº 11.355, de 2006)*

I - não exista imóvel funcional disponível para uso pelo servidor; *(Incluído pela Lei nº 11.355, de 2006)*

II - o cônjuge ou companheiro do servidor não ocupe imóvel funcional; *(Incluído pela Lei nº 11.355, de 2006)*

III - o servidor ou seu cônjuge ou companheiro não seja ou tenha sido proprietário, promitente comprador, cessionário ou promitente cessionário de imóvel no Município aonde for exercer o cargo, incluída a hipótese de lote edificado sem averbação de construção, nos doze meses que antecederem a sua nomeação; *(Incluído pela Lei nº 11.355, de 2006)*

IV - nenhuma outra pessoa que resida com o servidor receba auxílio-moradia; *(Incluído pela Lei nº 11.355, de 2006)*

V - o servidor tenha se mudado do local de residência para ocupar cargo em comissão ou função de confiança do Grupo-Direção e Assessoramento Superiores - DAS, níveis 4, 5 e 6, de Natureza Especial, de Ministro de Estado ou equivalentes; *(Incluído pela Lei nº 11.355, de 2006)*

VI - o Município no qual assuma o cargo em comissão ou função de confiança não se enquadre nas hipóteses do art. 58, § 3º, em relação ao local de residência ou domicílio do servidor; *(Incluído pela Lei nº 11.355, de 2006)*

VII - o servidor não tenha sido domiciliado ou tenha residido no Município, nos últimos doze meses, aonde for exercer o cargo em comissão ou função de confiança, desconsiderando-se prazo inferior a sessenta dias dentro desse período; e *(Incluído pela Lei nº 11.355, de 2006)*

VIII - o deslocamento não tenha sido por força de alteração de lotação ou nomeação para cargo efetivo. *(Incluído pela Lei nº 11.355, de 2006)*

IX - o deslocamento tenha ocorrido após 30 de junho de 2006. *(Incluído pela Lei nº 11.490, de 2007)*

Parágrafo único. Para fins do inciso VII, não será considerado o prazo no qual o servidor estava ocupando outro cargo em comissão relacionado no inciso V. *(Incluído pela Lei nº 11.355, de 2006)*

Art. 60-C. *(Revogado pela Lei nº 12.998, de 2014)*

Parágrafo único. *(Revogado pela Lei nº 12.998, de 2014)*

Art. 60-D. O valor mensal do auxílio-moradia é limitado a 25% (vinte e cinco por cento) do valor do cargo em comissão, função comissionada ou cargo de Ministro de Estado ocupado. *(Incluído pela Lei nº 11.784, de 2008)*

§ 1º O valor do auxílio-moradia não poderá superar 25% (vinte e cinco por cento) da remuneração de Ministro de Estado. *(Incluído pela Lei nº 11.784, de 2008)*

§ 2º Independentemente do valor do cargo em comissão ou função comissionada, fica garantido a todos os que preencherem os requisitos o ressarcimento até o valor de R$ 1.800,00 (mil e oitocentos reais). *(Incluído pela Lei nº 11.784, de 2008)*

Art. 60-E. No caso de falecimento, exoneração, colocação de imóvel funcional à disposição do servidor ou aquisição de imóvel, o auxílio-moradia continuará sendo pago por um mês. *(Incluído pela Lei nº 11.355, de 2006)*

Seção II
Das Gratificações e Adicionais

Art. 61. Além do vencimento e das vantagens previstas nesta Lei, serão deferidos aos servidores as seguintes retribuições, gratificações e adicionais: *(Redação dada pela Lei n. 9.527, de 10.12.97)*

I - retribuição pelo exercício de função de direção, chefia e assessoramento; *(Redação dada pela Lei n. 9.527, de 10.12.97)*

II - gratificação natalina;

III - *(Inciso Revogado pela Medida Provisória n. 2.225-45, de 4.9.2001)*

IV - adicional pelo exercício de atividades insalubres, perigosas ou penosas;

V - adicional pela prestação de serviço extraordinário;

VI - adicional noturno;

VII - adicional de férias;

VIII - outros, relativos ao local ou à natureza do trabalho.

IX - gratificação por encargo de curso ou concurso. *(Redação dada pela Lei n. 11.314, de 3.07.2006)*

Subseção I
Da Retribuição pelo Exercício de Função de Direção, Chefia e Assessoramento

(Redação dada pela Lei n. 9.527, de 10.12.97)

Art. 62. Ao servidor ocupante de cargo efetivo investido em função de direção, chefia ou assessoramento, cargo de provimento em comissão ou de Natureza Especial é devida retribuição pelo seu exercício. *(Redação dada pela Lei n. 9.527, de 10.12.97)*

Parágrafo único. Lei específica estabelecerá a remuneração dos cargos em comissão de que trata o inciso II do art. 9º. *(Redação dada pela Lei n. 9.527, de 10.12.97)*

Art. 62-A. Fica transformada em Vantagem Pessoal Nominalmente Identificada - VPNI a incorporação da retribuição pelo exercício de função de direção, chefia ou assessoramento,

cargo de provimento em comissão ou de Natureza Especial a que se referem os arts. 3º e 10 da Lei nº 8.911, de 11 de julho de 1994, e o art. 3º da Lei nº 9.624, de 2 de abril de 1998. *(Artigo incluído pela Medida Provisória n. 2.225-45, de 4.9.2001)*
Parágrafo único. A VPNI de que trata o **caput** deste artigo somente estará sujeita às revisões gerais de remuneração dos servidores públicos federais. *(Parágrafo único incluído pela Medida Provisória n. 2.225-45, de 4.9.2001)*

Seção II
Da Gratificação Natalina

Art. 63. A gratificação natalina corresponde a 1/12 (um doze avos) da remuneração a que o servidor fizer jus no mês de dezembro, por mês de exercício no respectivo ano.
Parágrafo único. A fração igual ou superior a 15 (quinze) dias será considerada como mês integral.
Art. 64. A gratificação será paga até o dia 20 (vinte) do mês de dezembro de cada ano.
Parágrafo único. (VETADO).
Art. 65. O servidor exonerado perceberá sua gratificação natalina, proporcionalmente aos meses de exercício, calculada sobre a remuneração do mês da exoneração.
Art. 66. A gratificação natalina não será considerada para cálculo de qualquer vantagem pecuniária.

Subseção III
Do Adicional por Tempo de Serviço

Art. 67. *(Revogado pela Medida Provisória n. 2.225-45, de 4.9.2001)*
Parágrafo único. *(Revogado pela Medida Provisória n. 2.225-45, de 4.9.2001)*

Subseção IV
Dos Adicionais de Insalubridade, Periculosidade ou Atividades Penosas

Art. 68. Os servidores que trabalhem com habitualidade em locais insalubres ou em contato permanente com substâncias tóxicas, radioativas ou com risco de vida, fazem jus a um adicional sobre o vencimento do cargo efetivo.
§ 1º O servidor que fizer jus aos adicionais de insalubridade e de periculosidade deverá optar por um deles.
§ 2º O direito ao adicional de insalubridade ou periculosidade cessa com a eliminação das condições ou dos riscos que deram causa a sua concessão.
Art. 69. Haverá permanente controle da atividade de servidores em operações ou locais considerados penosos, insalubres ou perigosos.
Parágrafo único. A servidora gestante ou lactante será afastada, enquanto durar a gestação e a lactação, das operações e locais previstos neste artigo, exercendo suas atividades em local salubre e em serviço não penoso e não perigoso.
Art. 70. Na concessão dos adicionais de atividades penosas, de insalubridade e de periculosidade, serão observadas as situações estabelecidas em legislação específica.
Art. 71. O adicional de atividade penosa será devido aos servidores em exercício em zonas de fronteira ou em localidades cujas condições de vida o justifiquem, nos termos, condições e limites fixados em regulamento.
Art. 72. Os locais de trabalho e os servidores que operam com Raios X ou substâncias radioativas serão mantidos sob controle permanente, de modo que as doses de radiação ionizante não ultrapassem o nível máximo previsto na legislação própria.
Parágrafo único. Os servidores a que se refere este artigo serão submetidos a exames médicos a cada 6 (seis) meses.

Subseção V
Do Adicional por Serviço Extraordinário

Art. 73. O serviço extraordinário será remunerado com acréscimo de 50% (cinqüenta por cento) em relação à hora normal de trabalho.
Art. 74. Somente será permitido serviço extraordinário para atender a situações excepcionais e temporárias, respeitado o limite máximo de 2 (duas) horas por jornada.

Subseção VI
Do Adicional Noturno

Art. 75. O serviço noturno, prestado em horário compreendido entre 22 (vinte e duas) horas de um dia e 5 (cinco) horas do dia seguinte, terá o valor-hora acrescido de 25% (vinte e cinco por cento), computando-se cada hora como cinqüenta e dois minutos e trinta segundos.
Parágrafo único. Em se tratando de serviço extraordinário, o acréscimo de que trata este artigo incidirá sobre a remuneração prevista no art. 73.

Subseção VII
Do Adicional de Férias

Art. 76. Independentemente de solicitação, será pago ao servidor, por ocasião das férias, um adicional correspondente a 1/3 (um terço) da remuneração do período das férias.
Parágrafo único. No caso de o servidor exercer função de direção, chefia ou assessoramento, ou ocupar cargo em comissão, a respectiva vantagem será considerada no cálculo do adicional de que trata este artigo.

Subseção VIII
Da Gratificação por Encargo de Curso ou Concurso
(Incluído pela Lei n. 11.314, de 3.07.2006)

Art. 76-A. A Gratificação por Encargo de Curso ou Concurso é devida ao servidor que, em caráter eventual:
I - atuar como instrutor em curso de formação, de desenvolvimento ou de treinamento regularmente instituído no âmbito da administração pública federal;
II - participar de banca examinadora ou de comissão para exames orais, para análise curricular, para correção de provas discursivas, para elaboração de questões de provas ou para julgamento de recursos intentados por candidatos;
III - participar da logística de preparação e de realização de concurso público envolvendo atividades de planejamento, coordenação, supervisão, execução e avaliação de resultado, quando tais atividades não estiverem incluídas entre as suas atribuições permanentes;
IV - participar da aplicação, fiscalizar ou avaliar provas de exame vestibular ou de concurso público ou supervisionar essas atividades.

§ 1º Os critérios de concessão e os limites da gratificação de que trata este artigo serão fixados em regulamento, observados os seguintes parâmetros:
I - o valor da gratificação será calculado em horas, observadas a natureza e a complexidade da atividade exercida;
II - a retribuição não poderá ser superior ao equivalente a 120 (cento e vinte) horas de trabalho anuais, ressalvada situação de excepcionalidade, devidamente justificada e previamente aprovada pela autoridade máxima do órgão ou entidade, que poderá autorizar o acréscimo de até 120 (cento e vinte) horas de trabalho anuais;
III - o valor máximo da hora trabalhada corresponderá aos seguintes percentuais, incidentes sobre o maior vencimento básico da administração pública federal:
a) 2,2% (dois inteiros e dois décimos por cento), em se tratando de atividades previstas nos incisos I e II do caput deste artigo; *(Redação dada pela Lei nº 11.501, de 2007)*
b) 1,2% (um inteiro e dois décimos por cento), em se tratando de atividade prevista nos incisos III e IV do caput deste artigo. *(Redação dada pela Lei nº 11.501, de 2007)*
§ 2º A Gratificação por Encargo de Curso ou Concurso somente será paga se as atividades referidas nos incisos do caput deste artigo forem exercidas sem prejuízo das atribuições do cargo de que o servidor for titular, devendo ser objeto de compensação de carga horária quando desempenhadas durante a jornada de trabalho, na forma do § 4º do art. 98 desta Lei.
§ 3º A Gratificação por Encargo de Curso ou Concurso não se incorpora ao vencimento ou salário do servidor para qualquer efeito e não poderá ser utilizada como base de cálculo para quaisquer outras vantagens, inclusive para fins de cálculo dos proventos da aposentadoria e das pensões.

Capítulo III
Das Férias

Art. 77. O servidor fará jus a trinta dias de férias, que podem ser acumuladas, até o máximo de dois períodos, no caso de necessidade do serviço, ressalvadas as hipóteses em que haja legislação específica. *(Redação dada pela Lei n. 9.527, de 10.12.97)*
§ 1º Para o primeiro período aquisitivo de férias serão exigidos 12 (doze) meses de exercício.
§ 2º É vedado levar à conta de férias qualquer falta ao serviço.
§ 3º As férias poderão ser parceladas em até três etapas, desde que assim requeridas pelo servidor, e no interesse da administração pública. *(Parágrafo incluído pela Lei n. 9.525, de 3.12.97)*
Art. 78. O pagamento da remuneração das férias será efetuado até 2 (dois) dias antes do início do respectivo período, observando-se o disposto no § 1º deste artigo.
§ 1º *(Revogado pela Lei n. 9.527, de 10.12.97)*
§ 2º *(Revogado pela Lei n. 9.527, de 10.12.97)*
§ 3º O servidor exonerado do cargo efetivo, ou em comissão, perceberá indenização relativa ao período das férias a que tiver direito e ao incompleto, na proporção de um doze avos por mês de efetivo exercício, ou fração superior a quatorze dias. *(Parágrafo incluído pela Lei n. 8.216, de 13.8.91)*
§ 4º A indenização será calculada com base na remuneração do mês em que for publicado o ato exoneratório. *(Parágrafo incluído pela Lei n. 8.216, de 13.8.91)*
§ 5º Em caso de parcelamento, o servidor receberá o valor adicional previsto no inciso XVII do art. 7º da Constituição Federal quando da utilização do primeiro período. *(Parágrafo incluído pela Lei n. 9.525, de 3.12.97)*
Art. 79. O servidor que opera direta e permanentemente com Raios X ou substâncias radioativas gozará 20 (vinte) dias consecutivos de férias, por semestre de atividade profissional, proibida em qualquer hipótese a acumulação.
Parágrafo único. *(Revogado pela Lei n. 9.527, de 10.12.97)*
Art. 80. As férias somente poderão ser interrompidas por motivo de calamidade pública, comoção interna, convocação para júri, serviço militar ou eleitoral, ou por necessidade do serviço declarada pela autoridade máxima do órgão ou entidade. *(Redação dada pela Lei n. 9.527, de 10.12.97)*
Parágrafo único. O restante do período interrompido será gozado de uma só vez, observado o disposto no art. 77. *(Parágrafo incluído pela Lei n. 9.527, de 10.12.97)*

Capítulo IV
Das Licenças
Seção I
Disposições Gerais

Art. 81. Conceder-se-á ao servidor licença:
I - por motivo de doença em pessoa da família;
II - por motivo de afastamento do cônjuge ou companheiro;
III - para o serviço militar;
IV - para atividade política;
V - para capacitação; *(Redação dada pela Lei n. 9.527, de 10.12.97)*
VI - para tratar de interesses particulares;
VII - para desempenho de mandato classista.
§ 1º A licença prevista no inciso I do caput deste artigo bem como cada uma de suas prorrogações serão precedidas de exame por perícia médica oficial, observado o disposto no art. 204 desta Lei. *(Redação dada pela Lei nº 11.907, de 2009)*
§ 2º *(Revogado pela Lei n. 9.527, de 10.12.97)*
§ 3º É vedado o exercício de atividade remunerada durante o período da licença prevista no inciso I deste artigo.
Art. 82. A licença concedida dentro de 60 (sessenta) dias do término de outra da mesma espécie será considerada como prorrogação.

Seção II
Da Licença por Motivo de Doença em Pessoa da Família

Art. 83. Poderá ser concedida licença ao servidor por motivo de doença do cônjuge ou companheiro, dos pais, dos filhos, do padrasto ou madrasta e enteado, ou dependente que viva a suas expensas e conste do seu assentamento funcional, mediante comprovação por perícia médica oficial. *(Redação dada pela Lei nº 11.907, de 2009)*

§ 1º A licença somente será deferida se a assistência direta do servidor for indispensável e não puder ser prestada simultaneamente com o exercício do cargo ou mediante compensação de horário, na forma do disposto no inciso II do art. 44. *(Redação dada pela Lei n. 9.527, de 10.12.97)*

§ 2º A licença de que trata o caput, incluídas as prorrogações, poderá ser concedida a cada período de doze meses nas seguintes condições: *(Redação dada pela Lei n. 12.269, de 21.06.2010)*

I - por até 60 (sessenta) dias, consecutivos ou não, mantida a remuneração do servidor; e *(Redação dada pela Lei n. 12.269, de 21.06.2010)*

II - por até 90 (noventa) dias, consecutivos ou não, sem remuneração. *(Redação dada pela Lei n. 12.269, de 21.06.2010)*

§ 3º O início do interstício de 12 (doze) meses será contado a partir da data do deferimento da primeira licença concedida. *(Redação dada pela Lei n. 12.269, de 21.06.2010)*

§ 4º A soma das licenças remuneradas e das licenças não remuneradas, incluídas as respectivas prorrogações, concedidas em um mesmo período de 12 (doze) meses, observado o disposto no § 3º, não poderá ultrapassar os limites estabelecidos nos incisos I e II do § 2º. *(Incluído pela Lei n. 12.269, de 21.06.2010)*

Seção III
Da Licença por Motivo de Afastamento do Cônjuge

Art. 84. Poderá ser concedida licença ao servidor para acompanhar cônjuge ou companheiro que foi deslocado para outro ponto do território nacional, para o exterior ou para o exercício de mandato eletivo dos Poderes Executivo e Legislativo.

§ 1º A licença será por prazo indeterminado e sem remuneração.

§ 2º No deslocamento de servidor cujo cônjuge ou companheiro também seja servidor público, civil ou militar, de qualquer dos Poderes da União, dos Estados, do Distrito Federal e dos Municípios, poderá haver exercício provisório em órgão ou entidade da Administração Federal direta, autárquica ou fundacional, desde que para o exercício de atividade compatível com o seu cargo. *(Redação dada pela Lei n. 9.527, de 10.12.97)*

Seção IV
Da Licença para o Serviço Militar

Art. 85. Ao servidor convocado para o serviço militar será concedida licença, na forma e condições previstas na legislação específica.

Parágrafo único. Concluído o serviço militar, o servidor terá até 30 (trinta) dias sem remuneração para reassumir o exercício do cargo.

Seção V
Da Licença para Atividade Política

Art. 86. O servidor terá direito a licença, sem remuneração, durante o período que mediar entre a sua escolha em convenção partidária, como candidato a cargo eletivo, e a véspera do registro de sua candidatura perante a Justiça Eleitoral.

§ 1º O servidor candidato a cargo eletivo na localidade onde desempenha suas funções e que exerça cargo de direção, chefia, assessoramento, arrecadação ou fiscalização, dele será afastado, a partir do dia imediato ao do registro de sua candidatura perante a Justiça Eleitoral, até o décimo dia seguinte ao do pleito. *(Redação dada pela Lei n. 9.527, de 10.12.97)*

§ 2º A partir do registro da candidatura e até o décimo dia seguinte ao da eleição, o servidor fará jus à licença, assegurados os vencimentos do cargo efetivo, somente pelo período de três meses. *(Redação dada pela Lei n. 9.527, de 10.12.97)*

Seção VI
Da Licença para Capacitação

(Redação dada pela Lei n. 9.527, de 10.12.97)

Art. 87. Após cada qüinqüênio de efetivo exercício, o servidor poderá, no interesse da Administração, afastar-se do exercício do cargo efetivo, com a respectiva remuneração, por até três meses, para participar de curso de capacitação profissional. *(Redação dada pela Lei n. 9.527, de 10.12.97)*

Parágrafo único. Os períodos de licença de que trata o **caput** não são acumuláveis. *(Redação dada pela Lei n. 9.527, de 10.12.97)*

Art. 88. *(Revogado pela Lei n. 9.527, de 10.12.97)*

Art. 89. *(Revogado pela Lei n. 9.527, de 10.12.97)*

Art. 90. *(VETADO).*

Seção VII
Da Licença para Tratar de Interesses Particulares

Art. 91. A critério da Administração, poderão ser concedidas ao servidor ocupante de cargo efetivo, desde que não esteja em estágio probatório, licenças para o trato de assuntos particulares pelo prazo de até três anos consecutivos, sem remuneração. *(Redação dada pela Medida Provisória n. 2.225-45, de 4.9.2001)*

Parágrafo único. A licença poderá ser interrompida, a qualquer tempo, a pedido do servidor ou no interesse do serviço. *(Redação dada pela Medida Provisória n. 2.225-45, de 4.9.2001)*

Seção VIII
Da Licença para o Desempenho de Mandato Classista

Art. 92. É assegurado ao servidor o direito à licença sem remuneração para o desempenho de mandato em confederação, federação, associação de classe de âmbito nacional, sindicato representativo da categoria ou entidade fiscalizadora da profissão ou, ainda, para participar de gerência ou administração em sociedade cooperativa constituída por servidores públicos para prestar serviços a seus membros, observado o disposto na alínea c do inciso VIII do art. 102 desta Lei, conforme disposto em regulamento e observados os seguintes limites: *(Redação dada pela Lei nº 11.094, de 2005)*

I - para entidades com até 5.000 (cinco mil) associados, 2 (dois) servidores; *(Redação dada pela Lei nº 12.998, de 2014)*

II - para entidades com 5.001 (cinco mil e um) a 30.000 (trinta mil) associados, 4 (quatro) servidores; *(Redação dada pela Lei nº 12.998, de 2014)*

III - para entidades com mais de 30.000 (trinta mil) associados, 8 (oito) servidores. *(Redação dada pela Lei nº 12.998, de 2014)*

§ 1º Somente poderão ser licenciados os servidores eleitos para cargos de direção ou de representação nas referidas entidades, desde que cadastradas no órgão competente. *(Redação dada pela Lei nº 12.998, de 2014)*

§ 2º A licença terá duração igual à do mandato, podendo ser renovada, no caso de reeleição. *(Redação dada pela Lei nº 12.998, de 2014)*

Capítulo V
Dos Afastamentos
Seção I
Do Afastamento para Servir a Outro Órgão ou Entidade

Art. 93. O servidor poderá ser cedido para ter exercício em outro órgão ou entidade dos Poderes da União, dos Estados, ou do Distrito Federal e dos Municípios, nas seguintes hipóteses: *(Redação dada pela Lei n. 8.270, de 17.12.91)*

I - para exercício de cargo em comissão ou função de confiança; *(Redação dada pela Lei n. 8.270, de 17.12.91)*

II - em casos previstos em leis específicas. *(Redação dada pela Lei n. 8.270, de 17.12.91)*

§ 1º Na hipótese do inciso I, sendo a cessão para órgãos ou entidades dos Estados, do Distrito Federal ou dos Municípios, o ônus da remuneração será do órgão ou entidade cessionária, mantido o ônus para o cedente nos demais casos. *(Redação dada pela Lei n. 8.270, de 17.12.91)*

§ 2º Na hipótese de o servidor cedido a empresa pública ou sociedade de economia mista, nos termos das respectivas normas, optar pela remuneração do cargo efetivo ou pela remuneração do cargo efetivo acrescida de percentual da retribuição do cargo em comissão, a entidade cessionária efetuará o reembolso das despesas realizadas pelo órgão ou entidade de origem. *(Redação dada pela Lei nº 11.355, de 2006)*

§ 3º A cessão far-se-á mediante Portaria publicada no Diário Oficial da União. *(Redação dada pela Lei n. 8.270, de 17.12.91)*

§ 4º Mediante autorização expressa do Presidente da República, o servidor do Poder Executivo poderá ter exercício em outro órgão da Administração Federal direta que não tenha quadro próprio de pessoal, para fim determinado e a prazo certo. *(Parágrafo incluído pela Lei n. 8.270, de 17.12.91)*

§ 5º Aplica-se à União, em se tratando de empregado ou servidor por ela requisitado, as disposições dos §§ 1º e 2º deste artigo. *(Redação dada pela Lei n. 10.470, de 25.6.2002)*

§ 6º As cessões de empregados de empresa pública ou de sociedade de economia mista, que receba recursos de Tesouro Nacional para o custeio total ou parcial da sua folha de pagamento de pessoal, independem das disposições contidas nos incisos I e II e §§ 1º e 2º deste artigo, ficando o exercício do empregado cedido condicionado a autorização específica do Ministério do Planejamento, Orçamento e Gestão, exceto nos casos de ocupação de cargo em comissão ou função gratificada. *(Parágrafo incluído pela Lei n. 10.470, de 25.6.2002)*

§ 7º O Ministério do Planejamento, Orçamento e Gestão, com a finalidade de promover a composição da força de trabalho dos órgãos e entidades da Administração Pública Federal, poderá determinar a lotação ou o exercício de empregado ou servidor, independentemente da observância do constante no inciso I e nos §§ 1º e 2º deste artigo. *(Incluído pela Lei nº 10.470, de 25.6.2002)*

Seção II
Do Afastamento para Exercício de Mandato Eletivo

Art. 94. Ao servidor investido em mandato eletivo aplicam-se as seguintes disposições:

I - tratando-se de mandato federal, estadual ou distrital, ficará afastado do cargo;

II - investido no mandato de Prefeito, será afastado do cargo, sendo-lhe facultado optar pela sua remuneração;

III - investido no mandato de vereador:

a) havendo compatibilidade de horário, perceberá as vantagens de seu cargo, sem prejuízo da remuneração do cargo eletivo;

b) não havendo compatibilidade de horário, será afastado do cargo, sendo-lhe facultado optar pela sua remuneração.

§ 1º No caso de afastamento do cargo, o servidor contribuirá para a seguridade social como se em exercício estivesse.

§ 2º O servidor investido em mandato eletivo ou classista não poderá ser removido ou redistribuído de ofício para localidade diversa daquela onde exerce o mandato.

Seção III
Do Afastamento para Estudo ou Missão no Exterior

Art. 95. O servidor não poderá ausentar-se do País para estudo ou missão oficial, sem autorização do Presidente da República, Presidente dos Órgãos do Poder Legislativo e Presidente do Supremo Tribunal Federal.

§ 1º A ausência não excederá a 4 (quatro) anos, e finda a missão ou estudo, somente decorrido igual período, será permitida nova ausência.

§ 2º Ao servidor beneficiado pelo disposto neste artigo não será concedida exoneração ou licença para tratar de interesse particular antes de decorrido período igual ao do afastamento, ressalvada a hipótese de ressarcimento da despesa havida com seu afastamento.

§ 3º O disposto neste artigo não se aplica aos servidores da carreira diplomática.

§ 4º As hipóteses, condições e formas para a autorização de que trata este artigo, inclusive no que se refere à remuneração do servidor, serão disciplinadas em regulamento. *(Parágrafo incluído pela Lei n. 9.527, de 10.12.97).*

Art. 96. O afastamento de servidor para servir em organismo internacional de que o Brasil participe ou com o qual coopere dar-se-á com perda total da remuneração.

Seção IV
(Incluído pela Lei nº 11.907, de 2009)
Do Afastamento para Participação em Programa de Pós-Graduação *Stricto Sensu* no País

Art. 96-A. O servidor poderá, no interesse da Administração, e desde que a participação não possa ocorrer simultaneamente com o exercício do cargo ou mediante compensação de

Direito Administrativo

horário, afastar-se do exercício do cargo efetivo, com a respectiva remuneração, para participar em programa de pós-graduação stricto sensu em instituição de ensino superior no País. *(Incluído pela Lei nº 11.907, de 2009)*

§ 1º Ato do dirigente máximo do órgão ou entidade definirá, em conformidade com a legislação vigente, os programas de capacitação e os critérios para participação em programas de pós-graduação no País, com ou sem afastamento do servidor, que serão avaliados por um comitê constituído para este fim. *(Incluído pela Lei nº 11.907, de 2009)*

§ 2º Os afastamentos para realização de programas de mestrado e doutorado somente serão concedidos aos servidores titulares de cargos efetivos no respectivo órgão ou entidade há pelo menos 3 (três) anos para mestrado e 4 (quatro) anos para doutorado, incluído o período de estágio probatório, que não tenham se afastado por licença para tratar de assuntos particulares para gozo de licença capacitação ou com fundamento neste artigo nos 2 (dois) anos anteriores à data da solicitação de afastamento. *(Incluído pela Lei nº 11.907, de 2009)*

§ 3º Os afastamentos para realização de programas de pós-doutorado somente serão concedidos aos servidores titulares de cargos efetivo no respectivo órgão ou entidade há pelo menos quatro anos, incluído o período de estágio probatório, e que não tenham se afastado por licença para tratar de assuntos particulares ou com fundamento neste artigo, nos quatro anos anteriores à data da solicitação de afastamento. *(Redação dada pela Lei n. 12.269, de 21.06.2010)*

§ 4º Os servidores beneficiados pelos afastamentos previstos nos §§ 1º, 2º e 3º deste artigo terão que permanecer no exercício de suas funções após o seu retorno por um período igual ao do afastamento concedido. *(Incluído pela Lei nº 11.907, de 2009)*

§ 5º Caso o servidor venha a solicitar exoneração do cargo ou aposentadoria, antes de cumprido o período de permanência previsto no § 4º deste artigo, deverá ressarcir o órgão ou entidade, na forma do art. 47 da Lei nº 8.112, de 11 de dezembro de 1990, dos gastos com seu aperfeiçoamento. *(Incluído pela Lei nº 11.907, de 2009)*

§ 6º Caso o servidor não obtenha o título ou grau que justificou seu afastamento no período previsto, aplica-se o disposto no § 5º deste artigo, salvo na hipótese comprovada de força maior ou de caso fortuito, a critério do dirigente máximo do órgão ou entidade. *(Incluído pela Lei nº 11.907, de 2009)*

§ 7º Aplica-se à participação em programa de pós-graduação no Exterior, autorizado nos termos do art. 95 desta Lei, o disposto nos §§ 1º a 6º deste artigo. *(Incluído pela Lei nº 11.907, de 2009)*

Capítulo VI
Das Concessões

Art. 97. Sem qualquer prejuízo, poderá o servidor ausentar-se do serviço: *(Redação dada pela Medida provisória nº 632, de 2013)*

I - por 1 (um) dia, para doação de sangue;

II - pelo período comprovadamente necessário para alistamento ou recadastramento eleitoral, limitado, em qualquer caso, a 2 (dois) dias; *(Redação dada pela Lei nº 12.998, de 2014)*

III - por 8 (oito) dias consecutivos em razão de:

a) casamento;

b) falecimento do cônjuge, companheiro, pais, madrasta ou padrasto, filhos, enteados, menor sob guarda ou tutela e irmãos.

Art. 98. Será concedido horário especial ao servidor estudante, quando comprovada a incompatibilidade entre o horário escolar e o da repartição, sem prejuízo do exercício do cargo.

§ 1º Para efeito do disposto neste artigo, será exigida a compensação de horário no órgão ou entidade que tiver exercício, respeitada a duração semanal do trabalho. *(Parágrafo renumerado e alterado pela Lei n. 9.527, de 10.12.97)*

§ 2º Também será concedido horário especial ao servidor portador de deficiência, quando comprovada a necessidade por junta médica oficial, independentemente de compensação de horário. *(Parágrafo incluído pela Lei n. 9.527, de 10.12.97)*

§ 3º As disposições do parágrafo anterior são extensivas ao servidor que tenha cônjuge, filho ou dependente portador de deficiência física, exigindo-se, porém, neste caso, compensação de horário na forma do inciso II do art. 44. *(Parágrafo incluído pela Lei n. 9.527, de 10.12.97)*

§ 4º Será igualmente concedido horário especial, vinculado à compensação de horário a ser efetivada no prazo de até 1 (um) ano, ao servidor que desempenhe atividade prevista nos incisos I e II do caput do art. 76-A desta Lei. *(Redação dada pela Lei nº 11.501, de 2007)*

Art. 99. Ao servidor estudante que mudar de sede no interesse da administração é assegurada, na localidade da nova residência ou na mais próxima, matrícula em instituição de ensino congênere, em qualquer época, independentemente de vaga.

Parágrafo único. O disposto neste artigo estende-se ao cônjuge ou companheiro, aos filhos, ou enteados do servidor que vivam na sua companhia, bem como aos menores sob sua guarda, com autorização judicial.

Capítulo VII
Do Tempo de Serviço

Art. 100. É contado para todos os efeitos o tempo de serviço público federal, inclusive o prestado às Forças Armadas.

Art. 101. A apuração do tempo de serviço será feita em dias, que serão convertidos em anos, considerado o ano como de trezentos e sessenta e cinco dias.

Parágrafo único. *(Revogado pela Lei n. 9.527, de 10.12.97)*

Art. 102. Além das ausências ao serviço previstas no art. 97, são considerados como de efetivo exercício os afastamentos em virtude de:

I - férias;

II - exercício de cargo em comissão ou equivalente, em órgão ou entidade dos Poderes da União, dos Estados, Municípios e Distrito Federal;

III - exercício de cargo ou função de governo ou administração, em qualquer parte do território nacional, por nomeação do Presidente da República;

IV - participação em programa de treinamento regularmente instituído, ou em programa de pós-graduação stricto sensu no país, conforme dispuser o regulamento; *(Redação dada pela Lei n. 11.907, de 2009)*
V - desempenho de mandato eletivo federal, estadual, municipal ou do Distrito Federal, exceto para promoção por merecimento;
VI - júri e outros serviços obrigatórios por lei;
VII - missão ou estudo no exterior, quando autorizado o afastamento, conforme dispuser o regulamento; *(Redação dada pela Lei n. 9.527, de 10.12.97)*
VIII - licença:
a) à gestante, à adotante e à paternidade;
b) para tratamento da própria saúde, até o limite de vinte e quatro meses, cumulativo ao longo do tempo de serviço público prestado à União, em cargo de provimento efetivo; *(Redação dada pela Lei n. 9.527, de 10.12.97)*
c) para o desempenho de mandato classista ou participação de gerência ou administração em sociedade cooperativa constituída por servidores para prestar serviços a seus membros, exceto para efeito de promoção por merecimento; *(Redação dada pela Lei nº 11.094, de 2005)*
d) por motivo de acidente em serviço ou doença profissional;
e) para capacitação, conforme dispuser o regulamento; *(Redação dada pela Lei n. 9.527, de 10.12.97)*
f) por convocação para o serviço militar;
IX - deslocamento para a nova sede de que trata o art. 18;
X - participação em competição desportiva nacional ou convocação para integrar representação desportiva nacional, no País ou no exterior, conforme disposto em lei específica;
XI - afastamento para servir em organismo internacional de que o Brasil participe ou com o qual coopere. *(Inciso incluído pela Lei n. 9.527, de 10.12.97)*

Art. 103. Contar-se-á apenas para efeito de aposentadoria e disponibilidade:
I - o tempo de serviço público prestado aos Estados, Municípios e Distrito Federal;
II - a licença para tratamento de saúde de pessoal da família do servidor, com remuneração, que exceder a 30 (trinta) dias em período de 12 (doze) meses. *(Redação dada pela Lei n. 12.269, de 21.06.2010)*
III - a licença para atividade política, no caso do art. 86, § 2º;
IV - o tempo correspondente ao desempenho de mandato eletivo federal, estadual, municipal ou distrital, anterior ao ingresso no serviço público federal;
V - o tempo de serviço em atividade privada, vinculada à Previdência Social;
VI - o tempo de serviço relativo a tiro de guerra;
VII - o tempo de licença para tratamento da própria saúde que exceder o prazo a que se refere a alínea "b" do inciso VIII do art. 102. *(Inciso incluído pela Lei n. 9.527, de 10.12.97)*
§ 1º O tempo em que o servidor esteve aposentado será contado apenas para nova aposentadoria.
§ 2º Será contado em dobro o tempo de serviço prestado às Forças Armadas em operações de guerra.
§ 3º É vedada a contagem cumulativa de tempo de serviço prestado concomitantemente em mais de um cargo ou função de órgão ou entidades dos Poderes da União, Estado, Distrito Federal e Município, autarquia, fundação pública, sociedade de economia mista e empresa pública.

Capítulo VIII
Do Direito de Petição

Art. 104. É assegurado ao servidor o direito de requerer aos Poderes Públicos, em defesa de direito ou interesse legítimo.
Art. 105. O requerimento será dirigido à autoridade competente para decidi-lo e encaminhado por intermédio daquela a que estiver imediatamente subordinado o requerente.
Art. 106. Cabe pedido de reconsideração à autoridade que houver expedido o ato ou proferido a primeira decisão, não podendo ser renovado.
Parágrafo único. O requerimento e o pedido de reconsideração de que tratam os artigos anteriores deverão ser despachados no prazo de 5 (cinco) dias e decididos dentro de 30 (trinta) dias.
Art. 107. Caberá recurso:
I - do indeferimento do pedido de reconsideração;
II - das decisões sobre os recursos sucessivamente interpostos.
§ 1º O recurso será dirigido à autoridade imediatamente superior à que tiver expedido o ato ou proferido a decisão, e, sucessivamente, em escala ascendente, às demais autoridades.
§ 2º O recurso será encaminhado por intermédio da autoridade a que estiver imediatamente subordinado o requerente.
Art. 108. O prazo para interposição de pedido de reconsideração ou de recurso é de 30 (trinta) dias, a contar da publicação ou da ciência, pelo interessado, da decisão recorrida.
Art. 109. O recurso poderá ser recebido com efeito suspensivo, a juízo da autoridade competente.
Parágrafo único. Em caso de provimento do pedido de reconsideração ou do recurso, os efeitos da decisão retroagirão à data do ato impugnado.
Art. 110. O direito de requerer prescreve:
I - em 5 (cinco) anos, quanto aos atos de demissão e de cassação de aposentadoria ou disponibilidade, ou que afetem interesse patrimonial e créditos resultantes das relações de trabalho;
II - em 120 (cento e vinte) dias, nos demais casos, salvo quando outro prazo for fixado em lei.
Parágrafo único. O prazo de prescrição será contado da data da publicação do ato impugnado ou da data da ciência pelo interessado, quando o ato não for publicado.
Art. 111. O pedido de reconsideração e o recurso, quando cabíveis, interrompem a prescrição.
Art. 112. A prescrição é de ordem pública, não podendo ser relevada pela administração.
Art. 113. Para o exercício do direito de petição, é assegurada vista do processo ou documento, na repartição, ao servidor ou a procurador por ele constituído.
Art. 114. A administração deverá rever seus atos, a qualquer tempo, quando eivados de ilegalidade.

Art. 115. São fatais e improrrogáveis os prazos estabelecidos neste Capítulo, salvo motivo de força maior.

Título IV
Do Regime Disciplinar
Capítulo I
Dos Deveres

Art. 116. São deveres do servidor:

I - exercer com zelo e dedicação as atribuições do cargo;

II - ser leal às instituições a que servir;

III - observar as normas legais e regulamentares;

IV - cumprir as ordens superiores, exceto quando manifestamente ilegais;

V - atender com presteza:

a) ao público em geral, prestando as informações requeridas, ressalvadas as protegidas por sigilo;

b) à expedição de certidões requeridas para defesa de direito ou esclarecimento de situações de interesse pessoal;

c) às requisições para a defesa da Fazenda Pública.

VI - levar as irregularidades de que tiver ciência em razão do cargo ao conhecimento da autoridade superior ou, quando houver suspeita de envolvimento desta, ao conhecimento de outra autoridade competente para apuração; *(Redação dada pela Lei nº 12.527, de 2011)*

VII - zelar pela economia do material e a conservação do patrimônio público;

VIII - guardar sigilo sobre assunto da repartição;

IX - manter conduta compatível com a moralidade administrativa;

X - ser assíduo e pontual ao serviço;

XI - tratar com urbanidade as pessoas;

XII - representar contra ilegalidade, omissão ou abuso de poder.

Parágrafo único. A representação de que trata o inciso XII será encaminhada pela via hierárquica e apreciada pela autoridade superior àquela contra a qual é formulada, assegurando-se ao representando ampla defesa.

Capítulo II
Das Proibições

Art. 117. Ao servidor é proibido:

I - ausentar-se do serviço durante o expediente, sem prévia autorização do chefe imediato;

II - retirar, sem prévia anuência da autoridade competente, qualquer documento ou objeto da repartição;

III - recusar fé a documentos públicos;

IV - opor resistência injustificada ao andamento de documento e processo ou execução de serviço;

V - promover manifestação de apreço ou desapreço no recinto da repartição;

VI - cometer a pessoa estranha à repartição, fora dos casos previstos em lei, o desempenho de atribuição que seja de sua responsabilidade ou de seu subordinado;

VII - coagir ou aliciar subordinados no sentido de filiarem-se a associação profissional ou sindical, ou a partido político;

VIII - manter sob sua chefia imediata, em cargo ou função de confiança, cônjuge, companheiro ou parente até o segundo grau civil;

IX - valer-se do cargo para lograr proveito pessoal ou de outrem, em detrimento da dignidade da função pública;

X - participar de gerência ou administração de sociedade privada, personificada ou não personificada, exercer o comércio, exceto na qualidade de acionista, cotista ou comanditário; *(Redação dada pela Lei nº 11.784, de 2008)*

XI - atuar, como procurador ou intermediário, junto a repartições públicas, salvo quando se tratar de benefícios previdenciários ou assistenciais de parentes até o segundo grau, e de cônjuge ou companheiro;

XII - receber propina, comissão, presente ou vantagem de qualquer espécie, em razão de suas atribuições;

XIII - aceitar comissão, emprego ou pensão de estado estrangeiro;

XIV - praticar usura sob qualquer de suas formas;

XV - proceder de forma desidiosa;

XVI - utilizar pessoal ou recursos materiais da repartição em serviços ou atividades particulares;

XVII - cometer a outro servidor atribuições estranhas ao cargo que ocupa, exceto em situações de emergência e transitórias;

XVIII - exercer quaisquer atividades que sejam incompatíveis com o exercício do cargo ou função e com o horário de trabalho;

XIX - recusar-se a atualizar seus dados cadastrais quando solicitado. *(Inciso incluído pela Lei n. 9.527, de 10.12.97)*

Parágrafo único. A vedação de que trata o inciso X do caput deste artigo não se aplica nos seguintes casos: *(Incluído pela Lei nº 11.784, de 2008).*

I - participação nos conselhos de administração e fiscal de empresas ou entidades em que a União detenha, direta ou indiretamente, participação no capital social ou em sociedade cooperativa constituída para prestar serviços a seus membros; e *(Incluído pela Lei nº 11.784, de 2008).*

II - gozo de licença para o trato de interesses particulares, na forma do art. 91 desta Lei, observada a legislação sobre conflito de interesses. *(Incluído pela Lei nº 11.784, de 2008).*

Capítulo III
Da Acumulação

Art. 118. Ressalvados os casos previstos na Constituição, é vedada a acumulação remunerada de cargos públicos.

§ 1º A proibição de acumular estende-se a cargos, empregos e funções em autarquias, fundações públicas, empresas públicas, sociedades de economia mista da União, do Distrito Federal, dos Estados, dos Territórios e dos Municípios.

§ 2º A acumulação de cargos, ainda que lícita, fica condicionada à comprovação da compatibilidade de horários.

§ 3º Considera-se acumulação proibida a percepção de vencimento de cargo ou emprego público efetivo com proventos da inatividade, salvo quando os cargos de que decorram essas remunerações forem acumuláveis na atividade. *(Parágrafo incluído pela Lei n. 9.527, de 10.12.97)*

Art. 119. O servidor não poderá exercer mais de um cargo em comissão, exceto no caso previsto no parágrafo único do art. 9º, nem ser remunerado pela participação em órgão de deliberação coletiva.

Parágrafo único. O disposto neste artigo não se aplica à remuneração devida pela participação em conselhos de administração e fiscal das empresas públicas e sociedades de economia mista, suas subsidiárias e controladas, bem como quaisquer empresas ou entidades em que a União, direta ou indiretamente, detenha participação no capital social, observado o que, a respeito, dispuser legislação específica

Art. 120. O servidor vinculado ao regime desta Lei, que acumular licitamente dois cargos efetivos, quando investido em cargo de provimento em comissão, ficará afastado de ambos os cargos efetivos, salvo na hipótese em que houver compatibilidade de horário e local com o exercício de um deles, declarada pelas autoridades máximas dos órgãos ou entidades envolvidos. *(Redação dada pela Lei n. 9.527, de 10.12.97)*

Capítulo IV
Das Responsabilidades

Art. 121. O servidor responde civil, penal e administrativamente pelo exercício irregular de suas atribuições.

Art. 122. A responsabilidade civil decorre de ato omissivo ou comissivo, doloso ou culposo, que resulte em prejuízo ao erário ou a terceiros.

§ 1º A indenização de prejuízo dolosamente causado ao erário somente será liquidada na forma prevista no art. 46, na falta de outros bens que assegurem a execução do débito pela via judicial.

§ 2º Tratando-se de dano causado a terceiros, responderá o servidor perante a Fazenda Pública, em ação regressiva.

§ 3º A obrigação de reparar o dano estende-se aos sucessores e contra eles será executada, até o limite do valor da herança recebida.

Art. 123. A responsabilidade penal abrange os crimes e contravenções imputadas ao servidor, nessa qualidade.

Art. 124. A responsabilidade civil-administrativa resulta de ato omissivo ou comissivo praticado no desempenho do cargo ou função.

Art. 125. As sanções civis, penais e administrativas poderão cumular-se, sendo independentes entre si.

Art. 126. A responsabilidade administrativa do servidor será afastada no caso de absolvição criminal que negue a existência do fato ou sua autoria.

Art. 126-A. Nenhum servidor poderá ser responsabilizado civil, penal ou administrativamente por dar ciência à autoridade superior ou, quando houver suspeita de envolvimento desta, a outra autoridade competente para apuração de informação concernente à prática de crimes ou improbidade de que tenha conhecimento, ainda que em decorrência do exercício de cargo, emprego ou função pública. *(Incluído pela Lei nº 12.527, de 2011)*

Capítulo V
Das Penalidades

Art. 127. São penalidades disciplinares:

I - advertência;

II - suspensão;

III - demissão;

IV - cassação de aposentadoria ou disponibilidade;

V - destituição de cargo em comissão;

VI - destituição de função comissionada.

Art. 128. Na aplicação das penalidades serão consideradas a natureza e a gravidade da infração cometida, os danos que dela provierem para o serviço público, as circunstâncias agravantes ou atenuantes e os antecedentes funcionais.

Parágrafo único. O ato de imposição da penalidade mencionará sempre o fundamento legal e a causa da sanção disciplinar.

Art. 129. A advertência será aplicada por escrito, nos casos de violação de proibição constante do art. 117, incisos I a VIII e XIX, e de inobservância de dever funcional previsto em lei, regulamentação ou norma interna, que não justifique imposição de penalidade mais grave.

Art. 130. A suspensão será aplicada em caso de reincidência das faltas punidas com advertência e de violação das demais proibições que não tipifiquem infração sujeita a penalidade de demissão, não podendo exceder de 90 (noventa) dias.

§ 1º Será punido com suspensão de até 15 (quinze) dias o servidor que, injustificadamente, recusar-se a ser submetido a inspeção médica determinada pela autoridade competente, cessando os efeitos da penalidade uma vez cumprida a determinação.

§ 2º Quando houver conveniência para o serviço, a penalidade de suspensão poderá ser convertida em multa, na base de 50% (cinqüenta por cento) por dia de vencimento ou remuneração, ficando o servidor obrigado a permanecer em serviço.

Art. 131. As penalidades de advertência e de suspensão terão seus registros cancelados, após o decurso de 3 (três) e 5 (cinco) anos de efetivo exercício, respectivamente, se o servidor não houver, nesse período, praticado nova infração disciplinar.

Parágrafo único. O cancelamento da penalidade não surtirá efeitos retroativos.

Art. 132. A demissão será aplicada nos seguintes casos:

I - crime contra a administração pública;

II - abandono de cargo;

III - inassiduidade habitual;

IV - improbidade administrativa;

V - incontinência pública e conduta escandalosa, na repartição;

VI - insubordinação grave em serviço;

VII - ofensa física, em serviço, a servidor ou a particular, salvo em legítima defesa própria ou de outrem;

VIII - aplicação irregular de dinheiros públicos;

IX - revelação de segredo do qual se apropriou em razão do cargo;

X - lesão aos cofres públicos e dilapidação do patrimônio nacional;

XI - corrupção;

XII - acumulação ilegal de cargos, empregos ou funções públicas;

XIII - transgressão dos incisos IX a XVI do art. 117.

Art. 133. Detectada a qualquer tempo a acumulação ilegal de cargos, empregos ou funções públicas, a autoridade a que se refere o art. 143 notificará o servidor, por intermédio de sua chefia imediata, para apresentar opção no prazo improrrogável de dez dias, contados da data da ciência e, na hipótese de omissão, adotará procedimento sumário para a sua apuração e regularização imediata, cujo processo administrativo disciplinar se desenvolverá nas seguintes fases: *(Redação dada pela Lei n. 9.527, de 10.12.97)*

I - instauração, com a publicação do ato que constituir a comissão, a ser composta por dois servidores estáveis, e simultaneamente indicar a autoria e a materialidade da transgressão objeto da apuração;

II - instrução sumária, que compreende indiciação, defesa e relatório; *(Inciso incluído pela Lei n. 9.527, de 10.12.97)*

III - julgamento. *(Inciso incluído pela Lei n. 9.527, de 10.12.97)*

§ 1° A indicação da autoria de que trata o inciso I dar-se-á pelo nome e matrícula do servidor, e a materialidade pela descrição dos cargos, empregos ou funções públicas em situação de acumulação ilegal, dos órgãos ou entidades de vinculação, das datas de ingresso, do horário de trabalho e do correspondente regime jurídico.

§ 2° A comissão lavrará, até três dias após a publicação do ato que a constituiu, termo de indiciação em que serão transcritas as informações de que trata o parágrafo anterior, bem como promoverá a citação pessoal do servidor indiciado, ou por intermédio de sua chefia imediata, para, no prazo de cinco dias, apresentar defesa escrita, assegurando-se-lhe vista do processo na repartição, observado o disposto nos arts. 163 e 164. *(Redação dada pela Lei n. 9.527, de 10.12.97)*

§ 3° Apresentada a defesa, a comissão elaborará relatório conclusivo quanto à inocência ou à responsabilidade do servidor, em que resumirá as peças principais dos autos, opinará sobre a licitude da acumulação em exame, indicará o respectivo dispositivo legal e remeterá o processo à autoridade instauradora, para julgamento. *(Parágrafo incluído pela Lei n. 9.527, de 10.12.97)*

§ 4° No prazo de cinco dias, contados do recebimento do processo, a autoridade julgadora proferirá a sua decisão, aplicando-se, quando for o caso, o disposto no § 3° do art. 167.

§ 5° A opção pelo servidor até o último dia de prazo para defesa configurará sua boa-fé, hipótese em que se converterá automaticamente em pedido de exoneração do outro cargo. *(Parágrafo incluído pela Lei n. 9.527, de 10.12.97)*

§ 6° Caracterizada a acumulação ilegal e provada a má-fé, aplicar-se-á a pena de demissão, destituição ou cassação de aposentadoria ou disponibilidade em relação aos cargos, empregos ou funções públicas em regime de acumulação ilegal, hipótese em que os órgãos ou entidades de vinculação serão comunicados. *(Parágrafo incluído pela Lei n. 9.527, de 10.12.97)*

§ 7° O prazo para a conclusão do processo administrativo disciplinar submetido ao rito sumário não excederá trinta dias, contados da data de publicação do ato que constituir a comissão, admitida a sua prorrogação por até quinze dias, quando as circunstâncias o exigirem.

§ 8° O procedimento sumário rege-se pelas disposições deste artigo, observando-se, no que lhe for aplicável, subsidiariamente, as disposições dos Títulos IV e V desta Lei.

Art. 134. Será cassada a aposentadoria ou a disponibilidade do inativo que houver praticado, na atividade, falta punível com a demissão.

Art. 135. A destituição de cargo em comissão exercido por não ocupante de cargo efetivo será aplicada nos casos de infração sujeita às penalidades de suspensão e de demissão.

Parágrafo único. Constatada a hipótese de que trata este artigo, a exoneração efetuada nos termos do art. 35 será convertida em destituição de cargo em comissão.

Art. 136. A demissão ou a destituição de cargo em comissão, nos casos dos incisos IV, VIII, X e XI do art. 132, implica a indisponibilidade dos bens e o ressarcimento ao erário, sem prejuízo da ação penal cabível.

Art. 137. A demissão ou a destituição de cargo em comissão, por infringência do art. 117, incisos IX e XI, incompatibiliza o ex-servidor para nova investidura em cargo público federal, pelo prazo de 5 (cinco) anos.

Parágrafo único. Não poderá retornar ao serviço público federal o servidor que for demitido ou destituído do cargo em comissão por infringência do art. 132, incisos I, IV, VIII, X e XI.

Art. 138. Configura abandono de cargo a ausência intencional do servidor ao serviço por mais de trinta dias consecutivos.

Art. 139. Entende-se por inassiduidade habitual a falta ao serviço, sem causa justificada, por sessenta dias, interpoladamente, durante o período de doze meses.

Art. 140. Na apuração de abandono de cargo ou inassiduidade habitual, também será adotado o procedimento sumário a que se refere o art. 133, observando-se especialmente que: *(Redação dada pela Lei n. 9.527, de 10.12.97)*

I - a indicação da materialidade dar-se-á:

a) na hipótese de abandono de cargo, pela indicação precisa do período de ausência intencional do servidor ao serviço superior a trinta dias;

b) no caso de inassiduidade habitual, pela indicação dos dias de falta ao serviço sem causa justificada, por período igual ou superior a sessenta dias interpoladamente, durante o período de doze meses; *(Alínea incluída pela Lei n. 9.527, de 10.12.97)*

II - após a apresentação da defesa a comissão elaborará relatório conclusivo quanto à inocência ou à responsabilidade do servidor, em que resumirá as peças principais dos autos, indicará o respectivo dispositivo legal, opinará, na hipótese de abandono de cargo, sobre a intencionalidade da ausência ao serviço superior a trinta dias e remeterá o processo à autoridade instauradora para julgamento.

Art. 141. As penalidades disciplinares serão aplicadas:

I - pelo Presidente da República, pelos Presidentes das Casas do Poder Legislativo e dos Tribunais Federais e pelo Procurador-Geral da República, quando se tratar de demissão e cassação de aposentadoria ou disponibilidade de servidor vinculado ao respectivo Poder, órgão, ou entidade;

II - pelas autoridades administrativas de hierarquia imediatamente inferior àquelas mencionadas no inciso anterior quando se tratar de suspensão superior a 30 (trinta) dias;

III - pelo chefe da repartição e outras autoridades na forma dos respectivos regimentos ou regulamentos, nos casos de advertência ou de suspensão de até 30 (trinta) dias;

IV - pela autoridade que houver feito a nomeação, quando se tratar de destituição de cargo em comissão.

Art. 142. A ação disciplinar prescreverá:
I - em 5 (cinco) anos, quanto às infrações puníveis com demissão, cassação de aposentadoria ou disponibilidade e destituição de cargo em comissão;
II - em 2 (dois) anos, quanto à suspensão;
III - em 180 (cento e oitenta) dias, quanto á advertência.
§ 1º O prazo de prescrição começa a correr da data em que o fato se tornou conhecido.
§ 2º Os prazos de prescrição previstos na lei penal aplicam-se às infrações disciplinares capituladas também como crime.
§ 3º A abertura de sindicância ou a instauração de processo disciplinar interrompe a prescrição, até a decisão final proferida por autoridade competente.
§ 4º Interrompido o curso da prescrição, o prazo começará a correr a partir do dia em que cessar a interrupção.

Título V
Do Processo Administrativo Disciplinar
Capítulo I
Disposições Gerais

Art. 143. A autoridade que tiver ciência de irregularidade no serviço público é obrigada a promover a sua apuração imediata, mediante sindicância ou processo administrativo disciplinar, assegurada ao acusado ampla defesa.
§ 1º *(Revogado pela Lei n. 11.204, de 2005)*
§ 2º *(Revogado pela Lei n. 11.204, de 2005)*
§ 3º A apuração de que trata o **caput**, por solicitação da autoridade a que se refere, poderá ser promovida por autoridade de órgão ou entidade diverso daquele em que tenha ocorrido a irregularidade, mediante competência específica para tal finalidade, delegada em caráter permanente ou temporário pelo Presidente da República, pelos presidentes das Casas do Poder Legislativo e dos Tribunais Federais e pelo Procurador-Geral da República, no âmbito do respectivo Poder, órgão ou entidade, preservadas as competências para o julgamento que se seguir à apuração. *(Parágrafo incluído pela Lei n. 9.527, de 10.12.97)*
Art. 144. As denúncias sobre irregularidades serão objeto de apuração, desde que contenham a identificação e o endereço do denunciante e sejam formuladas por escrito, confirmada a autenticidade.
Parágrafo único. Quando o fato narrado não configurar evidente infração disciplinar ou ilícito penal, a denúncia será arquivada, por falta de objeto.
Art. 145. Da sindicância poderá resultar:
I - arquivamento do processo;
II - aplicação de penalidade de advertência ou suspensão de até 30 (trinta) dias;
III - instauração de processo disciplinar.
Parágrafo único. O prazo para conclusão da sindicância não excederá 30 (trinta) dias, podendo ser prorrogado por igual período, a critério da autoridade superior.
Art. 146. Sempre que o ilícito praticado pelo servidor ensejar a imposição de penalidade de suspensão por mais de 30 (trinta) dias, de demissão, cassação de aposentadoria ou disponibilidade, ou destituição de cargo em comissão, será obrigatória a instauração de processo disciplinar.

Capítulo II
Do Afastamento Preventivo

Art. 147. Como medida cautelar e a fim de que o servidor não venha a influir na apuração da irregularidade, a autoridade instauradora do processo disciplinar poderá determinar o seu afastamento do exercício do cargo, pelo prazo de até 60 (sessenta) dias, sem prejuízo da remuneração.
Parágrafo único. O afastamento poderá ser prorrogado por igual prazo, findo o qual cessarão os seus efeitos, ainda que não concluído o processo.

Capítulo III
Do Processo Disciplinar

Art. 148. O processo disciplinar é o instrumento destinado a apurar responsabilidade de servidor por infração praticada no exercício de suas atribuições, ou que tenha relação com as atribuições do cargo em que se encontre investido.
Art. 149. O processo disciplinar será conduzido por comissão composta de três servidores estáveis designados pela autoridade competente, observado o disposto no § 3º do art. 143, que indicará, dentre eles, o seu presidente, que deverá ser ocupante de cargo efetivo superior ou de mesmo nível, ou ter nível de escolaridade igual ou superior ao do indiciado. *(Redação dada pela Lei n. 9.527, de 10.12.97)*
§ 1º A Comissão terá como secretário servidor designado pelo seu presidente, podendo a indicação recair em um de seus membros.
§ 2º Não poderá participar de comissão de sindicância ou de inquérito, cônjuge, companheiro ou parente do acusado, consangüíneo ou afim, em linha reta ou colateral, até o terceiro grau.
Art. 150. A Comissão exercerá suas atividades com independência e imparcialidade, assegurado o sigilo necessário à elucidação do fato ou exigido pelo interesse da administração.
Parágrafo único. As reuniões e as audiências das comissões terão caráter reservado.
Art. 151. O processo disciplinar se desenvolve nas seguintes fases:
I - instauração, com a publicação do ato que constituir a comissão;
II - inquérito administrativo, que compreende instrução, defesa e relatório;
III - julgamento.
Art. 152. O prazo para a conclusão do processo disciplinar não excederá 60 (sessenta) dias, contados da data de publicação do ato que constituir a comissão, admitida a sua prorrogação por igual prazo, quando as circunstâncias o exigirem.
§ 1º Sempre que necessário, a comissão dedicará tempo integral aos seus trabalhos, ficando seus membros dispensados do ponto, até a entrega do relatório final.

§ 2º As reuniões da comissão serão registradas em atas que deverão detalhar as deliberações adotadas.

Seção I
Do Inquérito

Art. 153. O inquérito administrativo obedecerá ao princípio do contraditório, assegurada ao acusado ampla defesa, com a utilização dos meios e recursos admitidos em direito.

Art. 154. Os autos da sindicância integrarão o processo disciplinar, como peça informativa da instrução.

Parágrafo único. Na hipótese de o relatório da sindicância concluir que a infração está capitulada como ilícito penal, a autoridade competente encaminhará cópia dos autos ao Ministério Público, independentemente da imediata instauração do processo disciplinar.

Art. 155. Na fase do inquérito, a comissão promoverá a tomada de depoimentos, acareações, investigações e diligências cabíveis, objetivando a coleta de prova, recorrendo, quando necessário, a técnicos e peritos, de modo a permitir a completa elucidação dos fatos.

Art. 156. É assegurado ao servidor o direito de acompanhar o processo pessoalmente ou por intermédio de procurador, arrolar e reinquirir testemunhas, produzir provas e contraprovas e formular quesitos, quando se tratar de prova pericial.

§ 1º O presidente da comissão poderá denegar pedidos considerados impertinentes, meramente protelatórios, ou de nenhum interesse para o esclarecimento dos fatos.

§ 2º Será indeferido o pedido de prova pericial, quando a comprovação do fato independer de conhecimento especial de perito.

Art. 157. As testemunhas serão intimadas a depor mediante mandado expedido pelo presidente da comissão, devendo a segunda via, com o ciente do interessado, ser anexado aos autos.

Parágrafo único. Se a testemunha for servidor público, a expedição do mandado será imediatamente comunicada ao chefe da repartição onde serve, com a indicação do dia e hora marcados para inquirição.

Art. 158. O depoimento será prestado oralmente e reduzido a termo, não sendo lícito à testemunha trazê-lo por escrito.

§ 1º As testemunhas serão inquiridas separadamente.

§ 2º Na hipótese de depoimentos contraditórios ou que se infirmem, proceder-se-á à acareação entre os depoentes.

Art. 159. Concluída a inquirição das testemunhas, a comissão promoverá o interrogatório do acusado, observados os procedimentos previstos nos arts. 157 e 158.

§ 1º No caso de mais de um acusado, cada um deles será ouvido separadamente, e sempre que divergirem em suas declarações sobre fatos ou circunstâncias, será promovida a acareação entre eles.

§ 2º O procurador do acusado poderá assistir ao interrogatório, bem como à inquirição das testemunhas, sendo-lhe vedado interferir nas perguntas e respostas, facultando-se-lhe, porém, reinquiri-las, por intermédio do presidente da comissão.

Art. 160. Quando houver dúvida sobre a sanidade mental do acusado, a comissão proporá à autoridade competente que ele seja submetido a exame por junta médica oficial, da qual participe pelo menos um médico psiquiatra.

Parágrafo único. O incidente de sanidade mental será processado em auto apartado e apenso ao processo principal, após a expedição do laudo pericial.

Art. 161. Tipificada a infração disciplinar, será formulada a indiciação do servidor, com a especificação dos fatos a ele imputados e das respectivas provas.

§ 1º O indiciado será citado por mandado expedido pelo presidente da comissão para apresentar defesa escrita, no prazo de 10 (dez) dias, assegurando-se-lhe vista do processo na repartição.

§ 2º Havendo dois ou mais indiciados, o prazo será comum e de 20 (vinte) dias.

§ 3º O prazo de defesa poderá ser prorrogado pelo dobro, para diligências reputadas indispensáveis.

§ 4º No caso de recusa do indiciado em apor o ciente na cópia da citação, o prazo para defesa contar-se-á da data declarada, em termo próprio, pelo membro da comissão que fez a citação, com a assinatura de (2) duas testemunhas.

Art. 162. O indiciado que mudar de residência fica obrigado a comunicar à comissão o lugar onde poderá ser encontrado.

Art. 163. Achando-se o indiciado em lugar incerto e não sabido, será citado por edital, publicado no Diário Oficial da União e em jornal de grande circulação na localidade do último domicílio conhecido, para apresentar defesa.

Parágrafo único. Na hipótese deste artigo, o prazo para defesa será de 15 (quinze) dias a partir da última publicação do edital.

Art. 164. Considerar-se-á revel o indiciado que, regularmente citado, não apresentar defesa no prazo legal.

§ 1º A revelia será declarada, por termo, nos autos do processo e devolverá o prazo para a defesa.

§ 2º Para defender o indiciado revel, a autoridade instauradora do processo designará um servidor como defensor dativo, que deverá ser ocupante de cargo efetivo superior ou de mesmo nível, ou ter nível de escolaridade igual ou superior ao do indiciado. *(Redação dada pela Lei n. 9.527, de 10.12.97)*

Art. 165. Apreciada a defesa, a comissão elaborará relatório minucioso, onde resumirá as peças principais dos autos e mencionará as provas em que se baseou para formar a sua convicção.

§ 1º O relatório será sempre conclusivo quanto à inocência ou à responsabilidade do servidor.

§ 2º Reconhecida a responsabilidade do servidor, a comissão indicará o dispositivo legal ou regulamentar transgredido, bem como as circunstâncias agravantes ou atenuantes.

Art. 166. O processo disciplinar, com o relatório da comissão, será remetido à autoridade que determinou a sua instauração, para julgamento.

Seção II
Do Julgamento

Art. 167. No prazo de 20 (vinte) dias, contados do recebimento do processo, a autoridade julgadora proferirá a sua decisão.

§ 1º Se a penalidade a ser aplicada exceder a alçada da autoridade instauradora do processo, este será encaminhado à autoridade competente, que decidirá em igual prazo.

§ 2º Havendo mais de um indiciado e diversidade de sanções, o julgamento caberá à autoridade competente para a imposição da pena mais grave.

§ 3º Se a penalidade prevista for a demissão ou cassação de aposentadoria ou disponibilidade, o julgamento caberá às autoridades de que trata o inciso I do art. 141.

§ 4º Reconhecida pela comissão a inocência do servidor, a autoridade instauradora do processo determinará o seu arquivamento, salvo se flagrantemente contrária à prova dos autos. *(Parágrafo incluído pela Lei n. 9.527, de 10.12.97)*

Art. 168. O julgamento acatará o relatório da comissão, salvo quando contrário às provas dos autos.

Parágrafo único. Quando o relatório da comissão contrariar as provas dos autos, a autoridade julgadora poderá, motivadamente, agravar a penalidade proposta, abrandá-la ou isentar o servidor de responsabilidade.

Art. 169. Verificada a ocorrência de vício insanável, a autoridade que determinou a instauração do processo ou outra de hierarquia superior declarará a sua nulidade, total ou parcial, e ordenará, no mesmo ato, a constituição de outra comissão para instauração de novo processo. *(Redação dada pela Lei n. 9.527, de 10.12.97)*

§ 1º O julgamento fora do prazo legal não implica nulidade do processo.

§ 2º A autoridade julgadora que der causa à prescrição de que trata o art. 142, § 2º, será responsabilizada na forma do Capítulo IV do Título IV.

Art. 170. Extinta a punibilidade pela prescrição, a autoridade julgadora determinará o registro do fato nos assentamentos individuais do servidor.

Art. 171. Quando a infração estiver capitulada como crime, o processo disciplinar será remetido ao Ministério Público para instauração da ação penal, ficando trasladado na repartição.

Art. 172. O servidor que responder a processo disciplinar só poderá ser exonerado a pedido, ou aposentado voluntariamente, após a conclusão do processo e o cumprimento da penalidade, acaso aplicada.

Parágrafo único. Ocorrida a exoneração de que trata o parágrafo único, inciso I do art. 34, o ato será convertido em demissão, se for o caso.

Art. 173. Serão assegurados transporte e diárias:

I - ao servidor convocado para prestar depoimento fora da sede de sua repartição, na condição de testemunha, denunciado ou indiciado;

II - aos membros da comissão e ao secretário, quando obrigados a se deslocarem da sede dos trabalhos para a realização de missão essencial ao esclarecimento dos fatos.

Seção III
Da Revisão do Processo

Art. 174. O processo disciplinar poderá ser revisto, a qualquer tempo, a pedido ou de ofício, quando se aduzirem fatos novos ou circunstâncias suscetíveis de justificar a inocência do punido ou a inadequação da penalidade aplicada.

§ 1º Em caso de falecimento, ausência ou desaparecimento do servidor, qualquer pessoa da família poderá requerer a revisão do processo.

§ 2º No caso de incapacidade mental do servidor, a revisão será requerida pelo respectivo curador.

Art. 175. No processo revisional, o ônus da prova cabe ao requerente.

Art. 176. A simples alegação de injustiça da penalidade não constitui fundamento para a revisão, que requer elementos novos, ainda não apreciados no processo originário.

Art. 177. O requerimento de revisão do processo será dirigido ao Ministro de Estado ou autoridade equivalente, que, se autorizar a revisão, encaminhará o pedido ao dirigente do órgão ou entidade onde se originou o processo disciplinar.

Parágrafo único. Deferida a petição, a autoridade competente providenciará a constituição de comissão, na forma do art. 149.

Art. 178. A revisão correrá em apenso ao processo originário.

Parágrafo único. Na petição inicial, o requerente pedirá dia e hora para a produção de provas e inquirição das testemunhas que arrolar.

Art. 179. A comissão revisora terá 60 (sessenta) dias para a conclusão dos trabalhos.

Art. 180. Aplicam-se aos trabalhos da comissão revisora, no que couber, as normas e procedimentos próprios da comissão do processo disciplinar.

Art. 181. O julgamento caberá à autoridade que aplicou a penalidade, nos termos do art. 141.

Parágrafo único. O prazo para julgamento será de 20 (vinte) dias, contados do recebimento do processo, no curso do qual a autoridade julgadora poderá determinar diligências.

Art. 182. Julgada procedente a revisão, será declarada sem efeito a penalidade aplicada, restabelecendo-se todos os direitos do servidor, exceto em relação à destituição do cargo em comissão, que será convertida em exoneração.

Parágrafo único. Da revisão do processo não poderá resultar agravamento de penalidade.

Título VI
Da Seguridade Social do Servidor
Capítulo I
Disposições Gerais

Art. 183. A União manterá Plano de Seguridade Social para o servidor e sua família. *(Parágrafo incluído pela Lei n. 8.647, de 13 de abril de 1993)*

§ 1º O servidor ocupante de cargo em comissão que não seja, simultaneamente, ocupante de cargo ou emprego efetivo na administração pública direta, autárquica e fundacional não terá direito aos benefícios do Plano de Seguridade Social, com exceção da assistência à saúde. *(Redação dada pela Lei n. 10.667, de 14.5.2003)*

§ 2º O servidor afastado ou licenciado do cargo efetivo, sem direito à remuneração, inclusive para servir em organismo oficial internacional do qual o Brasil seja membro efetivo ou com o qual coopere, ainda que contribua para regime de previdência social no exterior, terá suspenso o seu vínculo com o regime do Plano de Seguridade Social do Servidor Público enquanto durar o afastamento ou a licença, não lhes assistindo, neste período, os benefícios do mencionado regime de previdência. *(Incluído pela Lei n. 10.667, de 14.5.2003)*

§ 3º Será assegurada ao servidor licenciado ou afastado sem remuneração a manutenção da vinculação ao regime do Plano de Seguridade Social do Servidor Público, mediante o recolhimento mensal da respectiva contribuição, no mesmo percentual devido pelos servidores em atividade, incidente sobre a remuneração total do cargo a que faz jus no exercício de suas atribuições, computando-se, para esse efeito, inclusive, as vantagens pessoais. *(Incluído pela Lei n. 10.667, de 14.5.2003)*

§ 4º O recolhimento de que trata o § 3º deve ser efetuado até o segundo dia útil após a data do pagamento das remunerações dos servidores públicos, aplicando-se os procedimentos de cobrança e execução dos tributos federais quando não recolhidas na data de vencimento. *(Incluído pela Lei n. 10.667, de 14.5.2003)*

Art. 184. O Plano de Seguridade Social visa a dar cobertura aos riscos a que estão sujeitos o servidor e sua família, e compreende um conjunto de benefícios e ações que atendam às seguintes finalidades:

I - garantir meios de subsistência nos eventos de doença, invalidez, velhice, acidente em serviço, inatividade, falecimento e reclusão;

II - proteção à maternidade, à adoção e à paternidade;

III - assistência à saúde.

Parágrafo único. Os benefícios serão concedidos nos termos e condições definidos em regulamento, observadas as disposições desta Lei.

Art. 185. Os benefícios do Plano de Seguridade Social do servidor compreendem:

I - quanto ao servidor:

a) aposentadoria;

b) auxílio-natalidade;

c) salário-família;

d) licença para tratamento de saúde;

e) licença à gestante, à adotante e licença-paternidade;

f) licença por acidente em serviço;

g) assistência à saúde;

h) garantia de condições individuais e ambientais de trabalho satisfatórias;

II - quanto ao dependente:

a) pensão vitalícia e temporária;

b) auxílio-funeral;

c) auxílio-reclusão;

d) assistência à saúde.

§ 1º As aposentadorias e pensões serão concedidas e mantidas pelos órgãos ou entidades aos quais se encontram vinculados os servidores, observado o disposto nos arts. 189 e 224.

§ 2º O recebimento indevido de benefícios havidos por fraude, dolo ou má-fé, implicará devolução ao erário do total auferido, sem prejuízo da ação penal cabível.

Capítulo II
Dos Benefícios
Seção I
Da Aposentadoria

Art. 186. O servidor será aposentado: *(Vide art. 40 da Constituição)*

I - por invalidez permanente, sendo os proventos integrais quando decorrente de acidente em serviço, moléstia profissional ou doença grave, contagiosa ou incurável, especificada em lei, e proporcionais nos demais casos;

II - compulsoriamente, aos setenta anos de idade, com proventos proporcionais ao tempo de serviço;

III - voluntariamente:

a) aos 35 (trinta e cinco) anos de serviço, se homem, e aos 30 (trinta) se mulher, com proventos integrais;

b) aos 30 (trinta) anos de efetivo exercício em funções de magistério se professor, e 25 (vinte e cinco) se professora, com proventos integrais;

c) aos 30 (trinta) anos de serviço, se homem, e aos 25 (vinte e cinco) se mulher, com proventos proporcionais a esse tempo;

d) aos 65 (sessenta e cinco) anos de idade, se homem, e aos 60 (sessenta) se mulher, com proventos proporcionais ao tempo de serviço.

§ 1º Consideram-se doenças graves, contagiosas ou incuráveis, a que se refere o inciso I deste artigo, tuberculose ativa, alienação mental, esclerose múltipla, neoplasia maligna, cegueira posterior ao ingresso no serviço público, hanseníase, cardiopatia grave, doença de Parkinson, paralisia irreversível e incapacitante, espondiloartrose anquilosante, nefropatia grave, estados avançados do mal de Paget (osteíte deformante), Síndrome de Imunodeficiência Adquirida - AIDS, e outras que a lei indicar, com base na medicina especializada.

§ 2º Nos casos de exercício de atividades consideradas insalubres ou perigosas, bem como nas hipóteses previstas no art. 71, a aposentadoria de que trata o inciso III, "a" e "c", observará o disposto em lei específica.

§ 3º Na hipótese do inciso I o servidor será submetido à junta médica oficial, que atestará a invalidez quando caracterizada a incapacidade para o desempenho das atribuições do cargo ou a impossibilidade de se aplicar o disposto no art. 24. *(Parágrafo incluído pela Lei n. 9.527, de 10.12.97)*

Art. 187. A aposentadoria compulsória será automática, e declarada por ato, com vigência a partir do dia imediato àquele em que o servidor atingir a idade-limite de permanência no serviço ativo.

Art. 188. A aposentadoria voluntária ou por invalidez vigorará a partir da data da publicação do respectivo ato.

§ 1º A aposentadoria por invalidez será precedida de licença para tratamento de saúde, por período não excedente a 24 (vinte e quatro) meses.
§ 2º Expirado o período de licença e não estando em condições de reassumir o cargo ou de ser readaptado, o servidor será aposentado.
§ 3º O lapso de tempo compreendido entre o término da licença e a publicação do ato da aposentadoria será considerado como de prorrogação da licença.
§ 4º Para os fins do disposto no § 1º deste artigo, serão consideradas apenas as licenças motivadas pela enfermidade ensejadora da invalidez ou doenças correlacionadas. *(Incluído pela Lei nº 11.907, de 2009)*
§ 5º A critério da Administração, o servidor em licença para tratamento de saúde ou aposentado por invalidez poderá ser convocado a qualquer momento, para avaliação das condições que ensejaram o afastamento ou a aposentadoria. *(Incluído pela Lei nº 11.907, de 2009)*
Art. 189. O provento da aposentadoria será calculado com observância do disposto no § 3º do art. 41, e revisto na mesma data e proporção, sempre que se modificar a remuneração dos servidores em atividade.
Parágrafo único. São estendidos aos inativos quaisquer benefícios ou vantagens posteriormente concedidas aos servidores em atividade, inclusive quando decorrentes de transformação ou reclassificação do cargo ou função em que se deu a aposentadoria.
Art. 190. O servidor aposentado com provento proporcional ao tempo de serviço se acometido de qualquer das moléstias especificadas no § 1º do art. 186 desta Lei e, por esse motivo, for considerado inválido por junta médica oficial passará a perceber provento integral, calculado com base no fundamento legal de concessão da aposentadoria. *(Redação dada pela Lei nº 11.907, de 2009)*
Art. 191. Quando proporcional ao tempo de serviço, o provento não será inferior a 1/3 (um terço) da remuneração da atividade.
Art. 192. *(Revogado pela Lei n. 9.527, de 10.12.97)*
Art. 193. *(Revogado pela Lei n. 9.527, de 10.12.97)*
Art. 194. Ao servidor aposentado será paga a gratificação natalina, até o dia vinte do mês de dezembro, em valor equivalente ao respectivo provento, deduzido o adiantamento recebido.
Art. 195. Ao ex-combatente que tenha efetivamente participado de operações bélicas, durante a Segunda Guerra Mundial, nos termos da Lei n. 5.315, de 12 de setembro de 1967, será concedida aposentadoria com provento integral, aos 25 (vinte e cinco) anos de serviço efetivo.

Seção II
Do Auxílio-Natalidade

Art. 196. O auxílio-natalidade é devido à servidora por motivo de nascimento de filho, em quantia equivalente ao menor vencimento do serviço público, inclusive no caso de natimorto.
§ 1º Na hipótese de parto múltiplo, o valor será acrescido de 50% (cinqüenta por cento), por nascituro.
§ 2º O auxílio será pago ao cônjuge ou companheiro servidor público, quando a parturiente não for servidora.

Seção III
Do Salário-Família

Art. 197. O salário-família é devido ao servidor ativo ou ao inativo, por dependente econômico.
Parágrafo único. Consideram-se dependentes econômicos para efeito de percepção do salário-família:
I - o cônjuge ou companheiro e os filhos, inclusive os enteados até 21 (vinte e um) anos de idade ou, se estudante, até 24 (vinte e quatro) anos ou, se inválido, de qualquer idade;
II - o menor de 21 (vinte e um) anos que, mediante autorização judicial, viver na companhia e às expensas do servidor, ou do inativo;
III - a mãe e o pai sem economia própria.
Art. 198. Não se configura a dependência econômica quando o beneficiário do salário-família perceber rendimento do trabalho ou de qualquer outra fonte, inclusive pensão ou provento da aposentadoria, em valor igual ou superior ao salário-mínimo.
Art. 199. Quando o pai e mãe forem servidores públicos e viverem em comum, o salário-família será pago a um deles; quando separados, será pago a um e outro, de acordo com a distribuição dos dependentes.
Parágrafo único. Ao pai e à mãe equiparam-se o padrasto, a madrasta e, na falta destes, os representantes legais dos incapazes.
Art. 200. O salário-família não está sujeito a qualquer tributo, nem servirá de base para qualquer contribuição, inclusive para a Previdência Social.
Art. 201. O afastamento do cargo efetivo, sem remuneração, não acarreta a suspensão do pagamento do salário-família.

Seção IV
Da Licença para Tratamento de Saúde

Art. 202. Será concedida ao servidor licença para tratamento de saúde, a pedido ou de ofício, com base em perícia médica, sem prejuízo da remuneração a que fizer jus.
Art. 203. A licença de que trata o art. 202 desta Lei será concedida com base em perícia oficial. *(Redação dada pela Lei nº 11.907, de 2009)*
§ 1º Sempre que necessário, a inspeção médica será realizada na residência do servidor ou no estabelecimento hospitalar onde se encontrar internado.
§ 2º Inexistindo médico no órgão ou entidade no local onde se encontra ou tenha exercício em caráter permanente o servidor, e não se configurando as hipóteses previstas nos parágrafos do art. 230, será aceito atestado passado por médico particular. *(Redação dada pela Lei n. 9.527, de 10.12.97)*
§ 3º No caso do § 2º deste artigo, o atestado somente produzirá efeitos depois de recepcionado pela unidade de recursos humanos do órgão ou entidade. *(Redação dada pela Lei nº 11.907, de 2009)*
§ 4º A licença que exceder o prazo de 120 (cento e vinte) dias no período de 12 (doze) meses a contar do primeiro dia de afastamento será concedida mediante avaliação por junta médica oficial. *(Redação dada pela Lei nº 11.907, de 2009)*
§ 5º A perícia oficial para concessão da licença de que trata o caput deste artigo, bem como nos demais casos de perícia oficial previstos nesta Lei, será efetuada por cirur-

giões-dentistas, nas hipóteses em que abranger o campo de atuação da odontologia. *(Incluído pela Lei nº 11.907, de 2009)*

Art. 204. A licença para tratamento de saúde inferior a 15 (quinze) dias, dentro de 1 (um) ano, poderá ser dispensada de perícia oficial, na forma definida em regulamento. *(Redação dada pela Lei nº 11.907, de 2009)*

Art. 205. O atestado e o laudo da junta médica não se referirão ao nome ou natureza da doença, salvo quando se tratar de lesões produzidas por acidente em serviço, doença profissional ou qualquer das doenças especificadas no art. 186, § 1º.

Art. 206. O servidor que apresentar indícios de lesões orgânicas ou funcionais será submetido a inspeção médica.

Art. 206-A. O servidor será submetido a exames médicos periódicos, nos termos e condições definidos em regulamento. *(Incluído pela Lei nº 11.907, de 2009)*

Parágrafo único. Para os fins do disposto no caput, a União e suas entidades autárquicas e fundacionais poderão: *(Incluído pela Lei nº 12.998, de 2014)*

I - prestar os exames médicos periódicos diretamente pelo órgão ou entidade à qual se encontra vinculado o servidor; *(Incluído pela Lei nº 12.998, de 2014)*

II - celebrar convênio ou instrumento de cooperação ou parceria com os órgãos e entidades da administração direta, suas autarquias e fundações; *(Incluído pela Lei nº 12.998, de 2014)*

III - celebrar convênios com operadoras de plano de assistência à saúde, organizadas na modalidade de autogestão, que possuam autorização de funcionamento do órgão regulador, na forma do art. 230; ou *(Incluído pela Lei nº 12.998, de 2014)*

IV - prestar os exames médicos periódicos mediante contrato administrativo, observado o disposto na Lei n. 8.666, de 21 de junho de 1993, e demais normas pertinentes. *(Incluído pela Lei nº 12.998, de 2014)*

Seção V
Da Licença à Gestante, à Adotante e da Licença-Paternidade

Art. 207. Será concedida licença à servidora gestante por 120 (cento e vinte) dias consecutivos, sem prejuízo da remuneração.

§ 1º A licença poderá ter início no primeiro dia do nono mês de gestação, salvo antecipação por prescrição médica.

§ 2º No caso de nascimento prematuro, a licença terá início a partir do parto.

§ 3º No caso de natimorto, decorridos 30 (trinta) dias do evento, a servidora será submetida a exame médico, e se julgada apta, reassumirá o exercício.

§ 4º No caso de aborto atestado por médico oficial, a servidora terá direito a 30 (trinta) dias de repouso remunerado.

Art. 208. Pelo nascimento ou adoção de filhos, o servidor terá direito à licença-paternidade de 5 (cinco) dias consecutivos.

Art. 209. Para amamentar o próprio filho, até a idade de seis meses, a servidora lactante terá direito, durante a jornada de trabalho, a uma hora de descanso, que poderá ser parcelada em dois períodos de meia hora.

Art. 210. À servidora que adotar ou obtiver guarda judicial de criança até 1 (um) ano de idade, serão concedidos 90 (noventa) dias de licença remunerada.

Parágrafo único. No caso de adoção ou guarda judicial de criança com mais de 1 (um) ano de idade, o prazo de que trata este artigo será de 30 (trinta) dias.

Seção VI
Da Licença por Acidente em Serviço

Art. 211. Será licenciado, com remuneração integral, o servidor acidentado em serviço.

Art. 212. Configura acidente em serviço o dano físico ou mental sofrido pelo servidor, que se relacione, mediata ou imediatamente, com as atribuições do cargo exercido.

Parágrafo único. Equipara-se ao acidente em serviço o dano:

I - decorrente de agressão sofrida e não provocada pelo servidor no exercício do cargo;

II - sofrido no percurso da residência para o trabalho e vice-versa.

Art. 213. O servidor acidentado em serviço que necessite de tratamento especializado poderá ser tratado em instituição privada, à conta de recursos públicos.

Parágrafo único. O tratamento recomendado por junta médica oficial constitui medida de exceção e somente será admissível quando inexistirem meios e recursos adequados em instituição pública.

Art. 214. A prova do acidente será feita no prazo de 10 (dez) dias, prorrogável quando as circunstâncias o exigirem.

Seção VII
Da Pensão

Art. 215. Por morte do servidor, os dependentes, nas hipóteses legais, fazem jus à pensão a partir da data de óbito, observado o limite estabelecido no inciso XI do caput do art. 37 da Constituição Federal e no art. 2º da Lei nº 10.887, de 18 de junho de 2004. *(Redação dada pela Lei nº 13.135, de 2015)*

Art. 216. *(Revogado pela Lei nº 13.135, de 2015)*

Art. 217. São beneficiários das pensões:

I - o cônjuge; *(Redação dada pela Lei nº 13.135, de 2015)*

II - o cônjuge divorciado ou separado judicialmente ou de fato, com percepção de pensão alimentícia estabelecida judicialmente; *(Redação dada pela Lei nº 13.135, de 2015)*

III - o companheiro ou companheira que comprove união estável como entidade familiar; *(Incluído pela Lei nº 13.135, de 2015)*

IV - o filho de qualquer condição que atenda a um dos seguintes requisitos: *(Incluído pela Lei nº 13.135, de 2015)*

a) seja menor de 21 (vinte e um) anos; *(Incluído pela Lei nº 13.135, de 2015)*

b) seja inválido; *(Incluído pela Lei nº 13.135, de 2015)*

c) tenha deficiência grave; ou *(Incluído pela Lei nº 13.135, de 2015)* **(este inciso entrará em vigor em 17 de junho de 2017)**

d) tenha deficiência intelectual ou mental, nos termos do regulamento; *(Incluído pela Lei nº 13.135, de 2015)*

V - a mãe e o pai que comprovem dependência econômica do servidor; e *(Incluído pela Lei nº 13.135, de 2015)*

VI - o irmão de qualquer condição que comprove dependência econômica do servidor e atenda a um dos requisitos previstos no inciso IV. *(Incluído pela Lei nº 13.135, de 2015)*

§ 1º A concessão de pensão aos beneficiários de que tratam os incisos I a IV do caput exclui os beneficiários referidos nos incisos V e VI. *(Redação dada pela Lei nº 13.135, de 2015)*

§ 2º A concessão de pensão aos beneficiários de que trata o inciso V do caput exclui o beneficiário referido no inciso VI. *(Redação dada pela Lei nº 13.135, de 2015)*

§ 3º O enteado e o menor tutelado equiparam-se a filho mediante declaração do servidor e desde que comprovada dependência econômica, na forma estabelecida em regulamento. *(Incluído pela Lei nº 13.135, de 2015)*

Art. 218. Ocorrendo habilitação de vários titulares à pensão, o seu valor será distribuído em partes iguais entre os beneficiários habilitados. *(Redação dada pela Lei nº 13.135, de 2015)*

Art. 219. A pensão poderá ser requerida a qualquer tempo, prescrevendo tão-somente as prestações exigíveis há mais de 5 (cinco) anos.

Parágrafo único. Concedida a pensão, qualquer prova posterior ou habilitação tardia que implique exclusão de beneficiário ou redução de pensão só produzirá efeitos a partir da data em que for oferecida.

Art. 220. Perde o direito à pensão por morte: *(Redação dada pela Lei nº 13.135, de 2015)*

I - após o trânsito em julgado, o beneficiário condenado pela prática de crime de que tenha dolosamente resultado a morte do servidor; *(Incluído pela Lei nº 13.135, de 2015)*

II - o cônjuge, o companheiro ou a companheira se comprovada, a qualquer tempo, simulação ou fraude no casamento ou na união estável, ou a formalização desses com o fim exclusivo de constituir benefício previdenciário, apuradas em processo judicial no qual será assegurado o direito ao contraditório e à ampla defesa. *(Incluído pela Lei nº 13.135, de 2015)*

Art. 221. Será concedida pensão provisória por morte presumida do servidor, nos seguintes casos:

I - declaração de ausência, pela autoridade judiciária competente;

II - desaparecimento em desabamento, inundação, incêndio ou acidente não caracterizado como em serviço;

III - desaparecimento no desempenho das atribuições do cargo ou em missão de segurança.

Parágrafo único. A pensão provisória será transformada em vitalícia ou temporária, conforme o caso, decorridos 5 (cinco) anos de sua vigência, ressalvado o eventual reaparecimento do servidor, hipótese em que o benefício será automaticamente cancelado.

Art. 222. Acarreta perda da qualidade de beneficiário:

I - o seu falecimento;

II - a anulação do casamento, quando a decisão ocorrer após a concessão da pensão ao cônjuge;

III - a cessação da invalidez, em se tratando de beneficiário inválido, o afastamento da deficiência, em se tratando de beneficiário com deficiência, ou o levantamento da interdição, em se tratando de beneficiário com deficiência intelectual ou mental que o torne absoluta ou relativamente incapaz, respeitados os períodos mínimos decorrentes da aplicação das alíneas "a" e "b" do inciso VII; *(Redação dada pela Lei nº 13.135, de 2015)*

IV - o implemento da idade de 21 (vinte e um) anos, pelo filho ou irmão; *(Redação dada pela Lei nº 13.135, de 2015)*

V - a acumulação de pensão na forma do art. 225;

VI - a renúncia expressa; e *(Redação dada pela Lei nº 13.135, de 2015)*

VII - em relação aos beneficiários de que tratam os incisos I a III do caput do art. 217: *(Incluído pela Lei nº 13.135, de 2015)*

a) o decurso de 4 (quatro) meses, se o óbito ocorrer sem que o servidor tenha vertido 18 (dezoito) contribuições mensais ou se o casamento ou a união estável tiverem sido iniciados em menos de 2 (dois) anos antes do óbito do servidor; *(Incluído pela Lei nº 13.135, de 2015)*

b) o decurso dos seguintes períodos, estabelecidos de acordo com a idade do pensionista na data de óbito do servidor, depois de vertidas 18 (dezoito) contribuições mensais e pelo menos 2 (dois) anos após o início do casamento ou da união estável: *(Incluído pela Lei nº 13.135, de 2015)*

1) 3 (três) anos, com menos de 21 (vinte e um) anos de idade; *(Incluído pela Lei nº 13.135, de 2015)*

2) 6 (seis) anos, entre 21 (vinte e um) e 26 (vinte e seis) anos de idade; *(Incluído pela Lei nº 13.135, de 2015)*

3) 10 (dez) anos, entre 27 (vinte e sete) e 29 (vinte e nove) anos de idade; *(Incluído pela Lei nº 13.135, de 2015)*

4) 15 (quinze) anos, entre 30 (trinta) e 40 (quarenta) anos de idade; *(Incluído pela Lei nº 13.135, de 2015)*

5) 20 (vinte) anos, entre 41 (quarenta e um) e 43 (quarenta e três) anos de idade; *(Incluído pela Lei nº 13.135, de 2015)*

6) vitalícia, com 44 (quarenta e quatro) ou mais anos de idade. *(Incluído pela Lei nº 13.135, de 2015)*

§ 1º A critério da administração, o beneficiário de pensão cuja preservação seja motivada por invalidez, por incapacidade ou por deficiência poderá ser convocado a qualquer momento para avaliação das referidas condições. *(Incluído pela Lei nº 13.135, de 2015)*

§ 2º Serão aplicados, conforme o caso, a regra contida no inciso III ou os prazos previstos na alínea "b" do inciso VII, ambos do caput, se o óbito do servidor decorrer de acidente de qualquer natureza ou de doença profissional ou do trabalho, independentemente do recolhimento de 18 (dezoito) contribuições mensais ou da comprovação de 2 (dois) anos de casamento ou de união estável. *(Incluído pela Lei nº 13.135, de 2015)*

§ 3º Após o transcurso de pelo menos 3 (três) anos e desde que nesse período se verifique o incremento mínimo de um ano inteiro na média nacional única, para ambos os sexos, correspondente à expectativa de sobrevida da população brasileira ao nascer, poderão ser fixadas, em números inteiros, novas idades para os fins previstos na alínea "b" do inciso VII do caput, em ato do Ministro de Estado do Planejamento, Orçamento e Gestão, limitado o acréscimo na comparação com as idades anteriores ao referido incremento. *(Incluído pela Lei nº 13.135, de 2015)*

§ 4º O tempo de contribuição a Regime Próprio de Previdência Social (RPPS) ou ao Regime Geral de Previdência Social (RGPS) será considerado na contagem das 18 (dezoito) contribuições mensais referidas nas alíneas "a" e "b" do inciso VII do caput. *(Incluído pela Lei nº 13.135, de 2015)*

Art. 223. Por morte ou perda da qualidade de beneficiário, a respectiva cota reverterá para os cobeneficiários. *(Redação dada pela Lei nº 13.135, de 2015)*

Art. 224. As pensões serão automaticamente atualizadas na mesma data e na mesma proporção dos reajustes dos vencimentos dos servidores, aplicando-se o disposto no parágrafo único do art. 189.

Art. 225. Ressalvado o direito de opção, é vedada a percepção cumulativa de pensão deixada por mais de um cônjuge ou companheiro ou companheira e de mais de 2 (duas) pensões. *(Redação dada pela Lei nº 13.135, de 2015)*

Seção VIII
Do Auxílio-Funeral

Art. 226. O auxílio-funeral é devido à família do servidor falecido na atividade ou aposentado, em valor equivalente a um mês da remuneração ou provento.

§ 1º No caso de acumulação legal de cargos, o auxílio será pago somente em razão do cargo de maior remuneração.

§ 2º (VETADO).

§ 3º O auxílio será pago no prazo de 48 (quarenta e oito) horas, por meio de procedimento sumaríssimo, à pessoa da família que houver custeado o funeral.

Art. 227. Se o funeral for custeado por terceiro, este será indenizado, observado o disposto no artigo anterior.

Art. 228. Em caso de falecimento de servidor em serviço fora do local de trabalho, inclusive no exterior, as despesas de transporte do corpo correrão à conta de recursos da União, autarquia ou fundação pública.

Seção IX
Do Auxílio-Reclusão

Art. 229. À família do servidor ativo é devido o auxílio-reclusão, nos seguintes valores:

I - dois terços da remuneração, quando afastado por motivo de prisão, em flagrante ou preventiva, determinada pela autoridade competente, enquanto perdurar a prisão;

II - metade da remuneração, durante o afastamento, em virtude de condenação, por sentença definitiva, a pena que não determine a perda de cargo.

§ 1º Nos casos previstos no inciso I deste artigo, o servidor terá direito à integralização da remuneração, desde que absolvido.

§ 2º O pagamento do auxílio-reclusão cessará a partir do dia imediato àquele em que o servidor for posto em liberdade, ainda que condicional.

§ 3º Ressalvado o disposto neste artigo, o auxílio-reclusão será devido, nas mesmas condições da pensão por morte, aos dependentes do segurado recolhido à prisão. *(Incluído pela Lei nº 13.135, de 2015)*

Capítulo III
Da Assistência à Saúde

Art. 230. A assistência à saúde do servidor, ativo ou inativo, e de sua família compreende assistência médica, hospitalar, odontológica, psicológica e farmacêutica, terá como diretriz básica o implemento de ações preventivas voltadas para a promoção da saúde e será prestada pelo Sistema Único de Saúde – SUS, diretamente pelo órgão ou entidade ao qual estiver vinculado o servidor, ou mediante convênio ou contrato, ou ainda na forma de auxílio, mediante ressarcimento parcial do valor despendido pelo servidor, ativo ou inativo, e seus dependentes ou pensionistas com planos ou seguros privados de assistência à saúde, na forma estabelecida em regulamento. *(Redação dada pela Lei nº 11.302 de 2006).*

§ 1º Nas hipóteses previstas nesta Lei em que seja exigida perícia, avaliação ou inspeção médica, na ausência de médico ou junta médica oficial, para a sua realização o órgão ou entidade celebrará, preferencialmente, convênio com unidades de atendimento do sistema público de saúde, entidades sem fins lucrativos declaradas de utilidade pública, ou com o Instituto Nacional do Seguro Social - INSS. *(Parágrafo incluído pela Lei n. 9.527, de 10.12.97)*

§ 2º Na impossibilidade, devidamente justificada, da aplicação do disposto no parágrafo anterior, o órgão ou entidade promoverá a contratação da prestação de serviços por pessoa jurídica, que constituirá junta médica especificamente para esses fins, indicando os nomes e especialidades dos seus integrantes, com a comprovação de suas habilitações e de que não estejam respondendo a processo disciplinar junto à entidade fiscalizadora da profissão. *(Parágrafo incluído pela Lei n. 9.527, de 10.12.97)*

§ 3º Para os fins do disposto no caput deste artigo, ficam a União e suas entidades autárquicas e fundacionais autorizadas a: *(Incluído pela Lei nº 11.302 de 2006)*

I - celebrar convênios exclusivamente para a prestação de serviços de assistência à saúde para os seus servidores ou empregados ativos, aposentados, pensionistas, bem como para seus respectivos grupos familiares definidos, com entidades de autogestão por elas patrocinadas por meio de instrumentos jurídicos efetivamente celebrados e publicados até 12 de fevereiro de 2006 e que possuam autorização de funcionamento do órgão regulador, sendo certo que os convênios celebrados depois dessa data somente poderão sê-lo na forma da regulamentação específica sobre patrocínio de autogestões, a ser publicada pelo mesmo órgão regulador, no prazo de 180 (cento e oitenta) dias da vigência desta Lei, normas essas também aplicáveis aos convênios existentes até 12 de fevereiro de 2006; *(Incluído pela Lei nº 11.302 de 2006)*

II - contratar, mediante licitação, na forma da Lei nº 8.666, de 21 de junho de 1993, operadoras de planos e seguros privados de assistência à saúde que possuam autorização de funcionamento do órgão regulador; *(Incluído pela Lei nº 11.302 de 2006)*

III - *(VETADO) (Incluído pela Lei nº 11.302 de 2006)*

§ 4º *(VETADO) (Incluído pela Lei nº 11.302 de 2006)*

§ 5º O valor do ressarcimento fica limitado ao total despendido pelo servidor ou pensionista civil com plano ou seguro privado de assistência à saúde. *(Incluído pela Lei nº 11.302 de 2006)*

Capítulo IV
Do Custeio

Art. 231. *(Revogado pela Lei n. 9.783, de 28.01.99)*

Título VII
Capítulo Único
Da Contratação Temporária de Excepcional Interesse Público

Art. 232. *(Revogado pela Lei n. 8.745, de 9.12.93)*
Art. 233. *(Revogado pela Lei n. 8.745, de 9.12.93)*
Art. 234. *(Revogado pela Lei n. 8.745, de 9.12.93)*
Art. 235. *(Revogado pela Lei n. 8.745, de 9.12.93)*

Título VIII
Capítulo Único
Das Disposições Gerais

Art. 236. O Dia do Servidor Público será comemorado a vinte e oito de outubro.

Art. 237. Poderão ser instituídos, no âmbito dos Poderes Executivo, Legislativo e Judiciário, os seguintes incentivos funcionais, além daqueles já previstos nos respectivos planos de carreira:

I - prêmios pela apresentação de idéias, inventos ou trabalhos que favoreçam o aumento de produtividade e a redução dos custos operacionais;

II - concessão de medalhas, diplomas de honra ao mérito, condecoração e elogio.

Art. 238. Os prazos previstos nesta Lei serão contados em dias corridos, excluindo-se o dia do começo e incluindo-se o do vencimento, ficando prorrogado, para o primeiro dia útil seguinte, o prazo vencido em dia em que não haja expediente.

Art. 239. Por motivo de crença religiosa ou de convicção filosófica ou política, o servidor não poderá ser privado de quaisquer dos seus direitos, sofrer discriminação em sua vida funcional, nem eximir-se do cumprimento de seus deveres.

Art. 240. Ao servidor público civil é assegurado, nos termos da Constituição Federal, o direito à livre associação sindical e os seguintes direitos, entre outros, dela decorrentes:

a) de ser representado pelo sindicato, inclusive como substituto processual;

b) de inamovibilidade do dirigente sindical, até um ano após o final do mandato, exceto se a pedido;

c) de descontar em folha, sem ônus para a entidade sindical a que for filiado, o valor das mensalidades e contribuições definidas em assembléia geral da categoria.

d) *(Revogado pela Lei n. 9.527, de 10.12.97)*

e) *(Revogado pela Lei n. 9.527, de 10.12.97)*

Art. 241. Consideram-se da família do servidor, além do cônjuge e filhos, quaisquer pessoas que vivam às suas expensas e constem do seu assentamento individual.

Parágrafo único. Equipara-se ao cônjuge a companheira ou companheiro, que comprove união estável como entidade familiar.

Art. 242. Para os fins desta Lei, considera-se sede o município onde a repartição estiver instalada e onde o servidor tiver exercício, em caráter permanente.

Título IX
Capítulo Único
Das Disposições Transitórias e Finais

Art. 243. Ficam submetidos ao regime jurídico instituído por esta Lei, na qualidade de servidores públicos, os servidores dos Poderes da União, dos ex-Territórios, das autarquias, inclusive as em regime especial, e das fundações públicas, regidos pela Lei n. 1.711, de 28 de outubro de 1952 -Estatuto dos Funcionários Públicos Civis da União, ou pela Consolidação das Leis do Trabalho, aprovada pelo Decreto-Lei n. 5.452, de 1º de maio de 1943, exceto os contratados por prazo determinado, cujos contratos não poderão ser prorrogados após o vencimento do prazo de prorrogação.

§ 1º Os empregos ocupados pelos servidores incluídos no regime instituído por esta Lei ficam transformados em cargos, na data de sua publicação.

§ 2º As funções de confiança exercidas por pessoas não integrantes de tabela permanente do órgão ou entidade onde têm exercício ficam transformadas em cargos em comissão, e mantidas enquanto não for implantado o plano de cargos dos órgãos ou entidades na forma da lei.

§ 3º As Funções de Assessoramento Superior - FAS, exercidas por servidor integrante de quadro ou tabela de pessoal, ficam extintas na data da vigência desta Lei.

§ 4º (VETADO).

§ 5º O regime jurídico desta Lei é extensivo aos serventuários da Justiça, remunerados com recursos da União, no que couber.

§ 6º Os empregos dos servidores estrangeiros com estabilidade no serviço público, enquanto não adquirirem a nacionalidade brasileira, passarão a integrar tabela em extinção, do respectivo órgão ou entidade, sem prejuízo dos direitos inerentes aos planos de carreira aos quais se encontrem vinculados os empregos.

§ 7º Os servidores públicos de que trata o **caput** deste artigo, não amparados pelo art. 19 do Ato das Disposições Constitucionais Transitórias, poderão, no interesse da Administração e conforme critérios estabelecidos em regulamento, ser exonerados mediante indenização de um mês de remuneração por ano de efetivo exercício no serviço público federal. *(Parágrafo incluído pela Lei n. 9.527, de 10.12.97)*

§ 8º Para fins de incidência do imposto de renda na fonte e na declaração de rendimentos, serão considerados como indenizações isentas os pagamentos efetuados a título de indenização prevista no parágrafo anterior. *(Parágrafo incluído pela Lei n. 9.527, de 10.12.97)*

§ 9º Os cargos vagos em decorrência da aplicação do disposto no § 7º poderão ser extintos pelo Poder

Executivo quando considerados desnecessários. *(Parágrafo incluído pela Lei n. 9.527, de 10.12.97)*

Art. 244. Os adicionais por tempo de serviço, já concedidos aos servidores abrangidos por esta Lei, ficam transformados em anuênio.

Art. 245. A licença especial disciplinada pelo art. 116 da Lei n. 1.711, de 1952, ou por outro diploma legal, fica transformada em licença-prêmio por assiduidade, na forma prevista nos arts. 87 a 90.

Art. 246. (VETADO).

Art. 247. Para efeito do disposto no Título VI desta Lei, haverá ajuste de contas com a Previdência Social, correspondente ao período de contribuição por parte dos servidores celetistas abrangidos pelo art. 243. *(Redação dada pela Lei n. 8.162, de 8.1.91)*

Art. 248. As pensões estatutárias, concedidas até a vigência desta Lei, passam a ser mantidas pelo órgão ou entidade de origem do servidor.

Art. 249. Até a edição da lei prevista no § 1º do art. 231, os servidores abrangidos por esta Lei contribuirão na forma e nos percentuais atualmente estabelecidos para o servidor civil da União conforme regulamento próprio.

Art. 250. O servidor que já tiver satisfeito ou vier a satisfazer, dentro de 1 (um) ano, as condições necessárias para a aposentadoria nos termos do inciso II do art. 184 do antigo Estatuto dos Funcionários Públicos Civis da União, Lei n. 1.711, de 28 de outubro de 1952, aposentar-se-á com a vantagem prevista naquele dispositivo. *(Artigo vetado e mantido pelo Congresso Nacional promulgado no D.O.U. de 19.4.91)*

Art. 251. *(Revogado pela Lei n. 9.527, de 10.12.97)*

Art. 252. Esta Lei entra em vigor na data de sua publicação, com efeitos financeiros a partir do primeiro dia do mês subseqüente.

Art. 253. Ficam revogadas a Lei n. 1.711, de 28 de outubro de 1952, e respectiva legislação complementar, bem como as demais disposições em contrário.

Brasília, 11 de dezembro de 1990;
169º da Independência e 102º da República.

FERNANDO COLLOR

Exercícios de Concursos

01. (FCC) Caroline, servidora pública efetiva, é candidata a cargo eletivo na localidade onde desempenha suas funções e que exerce cargo de direção. Neste caso, de acordo com a Lei n. 8.112/1990, Caroline

a) será afastada do cargo público que exerce, a partir do dia imediato ao do registro de sua candidatura perante a Justiça Eleitoral, até o décimo dia seguinte ao do pleito.
b) não será afastada do cargo público que exerce até a proclamação final do resultado das eleições na qual ela é candidata.
c) será afastada do cargo público que exerce, a partir do dia imediato ao do registro de sua candidatura perante a Justiça Eleitoral, até a proclamação final do resultado das eleições.
d) será afastada do cargo público que exerce, a partir do dia imediato ao do registro de sua candidatura perante a Justiça Eleitoral, até o dia seguinte ao do pleito.
e) será afastada do cargo público que exerce, a partir do dia imediato ao do registro de sua candidatura perante a Justiça Eleitoral, até o dia do pleito.

02. (FCC) Segundo o art. 104 da Lei n. 8.112/1990 "*é assegurado ao servidor o direito de requerer aos Poderes Públicos, em defesa de direito ou interesse legítimo*". A respeito do Direito de Petição, considere:

I. Cabe pedido de reconsideração à autoridade que houver expedido o ato ou proferido a primeira decisão, não podendo ser renovado.
II. Caberá das decisões sobre os recursos sucessivamente interpostos.
III. O direito de requerer prescreve em três anos quanto aos atos de demissão e de cassação de aposentadoria ou disponibilidade.
IV. Para o exercício do direito de petição, é assegurada vista do processo ou documento, na repartição, ao servidor ou a procurador por ele constituído.

Está correto o que se afirma APENAS em

a) II e IV.
b) I e II.
c) III e IV.
d) I, II e III.
e) I, II e IV.

03. (FCC) Liliane e Teresa são técnicas judiciárias do Tribunal Regional Eleitoral do Estado do Ceará. No exercício do cargo, Liliane praticou usura e Teresa procedeu de forma desidiosa. Considerando que ambas não possuem qualquer infração administrativa constante nos seus prontuários, segundo a Lei n. 8.112/1990, Liliane e Teresa estão sujeitas a penalidade de

a) advertência.
b) suspensão.
c) demissão.
d) demissão e suspensão, respectivamente.
e) suspensão e demissão, respectivamente.

04. (FCC) Considere:

I. Cleópatra, técnica judiciária do Tribunal Regional Eleitoral do Estado do Ceará foi demitida em razão da prática de ato de improbidade devidamente comprovado.

II. Afrodite, auxiliar judiciária do Tribunal Regional Eleitoral do Estado do Ceará foi demitida por incontinência pública e conduta escandalosa na repartição.

III. Minotauro, funcionário público no exercício de cargo em comissão no Tribunal Regional Eleitoral do Estado do Ceará foi destituído do cargo pela prática de crime contra a administração pública.

De acordo com a Lei n. 8.112/1990, NÃO poderá retornar ao serviço público federal

a) Minotauro, apenas.
b) Cleópatra, Afrodite e Minotauro.
c) Cleópatra, apenas.
d) Cleópatra e Minotauro, apenas.
e) Cleópatra e Afrodite, apenas.

05. (FCC) Manoel, servidor público federal, foi punido com a penalidade de suspensão por sessenta dias. Nos termos da Lei n. 8.112/1990, após o decurso de determinado período de efetivo exercício, Manoel terá a sanção cancelada de seus registros, desde que, nesse período, não tenha praticado nova infração disciplinar. O lapso temporal a que se refere o enunciado é de

a) 2 anos.
b) 4 anos.
c) 3 anos.
d) 5 anos.
e) 1 ano.

Instruções: Para responder às questões de números 06 a 09, considere a Lei n. 8.112/1990.

06. (FCC) Em matéria de proibições aos servidores públicos federais, analise a situação de cada um deles:

I. Marcílio distribuiu propaganda de uma associação profissional para servidores não subordinados.

II. Miriam praticou usura destinada a uma entidade de assistência social.

III. Marta, na qualidade de cotista, participa de uma sociedade não personificada.

IV. Manoel promoveu, no horário de folga, manifestação de apreço no recinto da repartição.

Nesses casos, NÃO constituem proibições as situações apresentadas em

a) I e II.
b) I e III.
c) I e IV.
d) II e IV.
e) III e IV.

07. (FCC) Alexandre, analista judiciário (área judiciária), ausentou-se do Brasil, pelo período de 4 (quatro) anos, para a realização de um trabalho científico de natureza jurídica em instituição de ensino superior na Inglaterra, com a regular autorização do Presidente do Supremo Tribunal Federal. Referida situação diz respeito

a) à licença para capacitação.
b) ao afastamento para servir em outra entidade.
c) ao afastamento para estudo no exterior.
d) à licença para tratar de assuntos particulares.
e) ao afastamento para participação em programa de pós-graduação *stricto sensu*.

08. (FCC) Cecília, servidora pública federal, foi reintegrada no cargo anteriormente ocupado. Porém, referido cargo estava provido por Francisco. Nesse caso, Francisco será, dentre outras alternativas,

a) reconduzido ao cargo de origem, sem direito à indenização.
b) revertido ao cargo de origem, com direito à indenização.
c) posto em disponibilidade remunerada, com indenização a critério da administração.
d) removido ao cargo de origem ou para outro cargo, vedada qualquer indenização.
e) redistribuído a outro cargo de provimento efetivo de maior remuneração.

Direito Administrativo

09. (FCC) A Walter, como servidor público federal, é assegurado o direito de requerer do Poder Público, em defesa de direito ou interesse legítimo. Diante disso, Walter deverá observar peculiaridades do direito de petição, dentre outras, o fato de que

a) esse pedido e os recursos, quando cabíveis, não interrompem a prescrição.
b) não caberá recurso das decisões sobre os recursos sucessivamente interpostos.
c) o prazo para a interposição do pedido é de 10 (dez) dias, improrrogáveis, a partir da decisão recorrida.
d) esse pedido deve ser dirigido à autoridade superior do órgão, podendo ser renovado por até duas vezes.
e) no caso do provimento do pedido de reconsideração, os efeitos da decisão retroagirão à data do ato impugnado.

10. (FCC) Determinado servidor em estágio probatório requereu que lhe fosse concedido afastamento para exercício de mandato eletivo. O pedido foi indeferido pela Administração. A decisão, nos termos da Lei nº 8.112/90, deve ser

a) revista, somente se o pedido de afastamento for para exercício de mandato eletivo na esfera federal.
b) revista, na medida em que o servidor em estágio probatório tem direito a todos os afastamentos previstos para o servidor estável.
c) mantida, na medida em que o servidor somente adquire direito a pleitear afastamento do serviço público, após o término do estágio probatório.
d) mantida, se o pedido de afastamento for para exercício de mandato eletivo em esfera diversa da federal.
e) revista, na medida em que o afastamento para exercício de mandato eletivo estende-se ao servidor em estágio probatório.

11. (FCC) Nos termos da Lei n. 8.112/1990, sobre a vacância de cargos públicos, considere:

I. Decorre da promoção do servidor.
II. Dá-se em razão da posse do servidor em outro cargo inacumulável.
III. Decorre da exoneração do servidor.
IV. Decorre da readaptação do servidor.

Está correto o que consta em

a) I, II e III, apenas.
b) I, III e IV, apenas.
c) II, III e IV, apenas.
d) II e IV, apenas.
e) I, II, III e IV.

12. (FCC) Segundo a Lei n. 8.112/1990, o processo disciplinar será conduzido por comissão composta de três servidores estáveis designados pela autoridade competente. Sobre o tema, é correto afirmar:

a) poderá participar de Comissão de sindicância ou de inquérito parente do acusado, consanguíneo ou afim, em linha reta ou colateral de terceiro grau.
b) o presidente da Comissão deverá ser ocupante de cargo efetivo superior ou de mesmo nível, ou ter nível de escolaridade igual ou superior ao do indiciado.
c) a Comissão terá como secretário servidor designado pelo seu presidente, não podendo a indicação recair em um de seus membros.
d) as reuniões e as audiências da Comissão não terão caráter reservado.
e) a Comissão exercerá suas atividades com independência e imparcialidade, não se aplicando, em qualquer hipótese, o sigilo na sua atuação.

13. (FCC) Nos termos da Lei n. 8.112/1990, quanto ao processo administrativo disciplinar, está correto o que se afirma em:

a) Da sindicância pode resultar na aplicação da penalidade da suspensão de até trinta dias.
b) O processo disciplinar será facultativo nos casos de destituição de cargo em comissão.
c) O prazo para conclusão da sindicância não poderá exceder a noventa dias.
d) Ao término da sindicância, apenas a advertência é a penalidade possível.
e) Com a sindicância, pode haver a imediata demissão de um servidor a bem do serviço público.

14. (FCC) De acordo com a Lei n. 8.112/1990, quanto às vantagens possíveis de serem pagas aos servidores federais, considere:

I. Quando são pagas indenizações, gratificações e adicionais, as gratificações e adicionais incorporam-se ao vencimento ou provento, nos casos previstos em lei.
II. As vantagens pecuniárias serão computadas e acumuladas para efeito de concessão de quaisquer outros acréscimos pecuniários ulteriores, sob o mesmo título e idêntico fundamento.
III. Quando são pagas indenizações e adicionais, somente as primeiras são incorporadas ao vencimento ou provento, nos casos previstos em lei.

Está correto o que consta APENAS em

a) I e II.
b) II e III.
c) I e III.
d) I.
e) II.

15. (FCC) Carlos, servidor público federal ocupante de cargo efetivo, estável, é casado com Ana, também servidora pública, e ambos possuem a mesma localidade de exercício funcional. Ocorre que Ana foi deslocada para outra cidade, no interesse da Administração. De acordo com as disposições da Lei n. 8.112/90, Carlos

a) pode ser removido a pedido, no interesse da Administração, desde que Ana tenha ingressado no serviço público antes dele.
b) possui direito à remoção a pedido, a critério da Administração, desde que Ana seja servidora federal.
c) pode ser removido de ofício, independentemente do interesse da Administração.
d) possui direito à remoção a pedido, mesmo que Ana seja servidora estadual ou municipal.
e) não pode ser removido a pedido, mas apenas de ofício e desde que conte com mais de cinco anos de serviço público.

16. (FCC) Marco Antonio, servidor público celetista, requereu que lhe fosse concedido determinado descanso remunerado, em analogia a direito reconhecidamente conferido aos servidores estatutários. O pedido foi indeferido. Independentemente de fazer jus ou não ao benefício, conforme conduta expressamente prevista na Lei n. 8.112/90, o servidor pode atacar a decisão administrativa por meio de

a) mandado de segurança contra ato da autoridade, pleiteando o desfazimento do ato e a concessão do benefício.
b) ação judicial para defesa de seu direito, pleiteando a concessão de liminar em seu favor.
c) pedido de reconsideração à autoridade que proferiu a decisão, que deverá ser apreciado no prazo de 30 (trinta) dias.
d) representação diretamente à autoridade superior, para reconsideração da decisão que lhe indeferiu o pedido inicial.
e) apresentação às autoridades superiores, em grau ascendente e sucessivamente, de pedidos de reconsideração da decisão da autoridade que lhe indeferiu o pedido.

(CESPE) Com relação ao Regime Jurídico dos Servidores Públicos Civis da União, julgue os itens a seguir.

17. O vencimento, a remuneração e o provento de um servidor somente podem ser objeto de penhora nos casos de indenização ao erário e prestação alimentícia que resultem de decisão judicial.

18. O gozo de férias do servidor pode ser interrompido, entre outros motivos, por convocação de júri, serviço eleitoral ou por necessidade do serviço declarada pela autoridade máxima do órgão ou entidade em que o servidor desempenhe suas funções.

19. Ainda que interinamente, é vedado ao servidor público exercer mais de um cargo em comissão.

20. Se determinado servidor, por ato cometido no exercício da função, for absolvido criminalmente por falta de provas, ele não poderá ser responsabilizado administrativamente pelo mesmo fato.

21. Se determinado servidor, na data de publicação do ato de provimento de certo cargo público, estiver em gozo de licença por motivo de doença em pessoa da família, o prazo para a posse será contado do término do respectivo impedimento.

(CESPE) Em relação ao regime jurídico dos servidores públicos federais, julgue os itens subsequentes.

22. Aplica-se a penalidade disciplinar de demissão a servidor público por abandono de cargo, caracterizado pela ausência intencional do servidor ao serviço por mais de trinta dias consecutivos ou por sessenta dias não consecutivos, em um período de um ano.

23. A posse do servidor público nomeado, que pode ocorrer mediante procuração específica, deve acontecer no prazo de trinta dias contados da publicação do ato de provimento, sendo, ainda, conferidos ao servidor mais trinta dias para entrar em exercício no cargo.

24. Para efeito apenas de aposentadoria, sem repercussão financeira, deve-se contar em favor do servidor o tempo de serviço em atividade privada, desde que esta seja vinculada à previdência social.

(CESPE) Acerca do regime jurídico dos servidores públicos civis da administração federal, julgue os itens subsequentes.

25. Suponha que um servidor público apresente ao setor de recursos humanos do órgão em que seja lotado atestado médico particular para comprovar que seu pai é portador de doença grave e informar que necessita assisti-lo durante a realização de tratamento em cidade distante do local de trabalho. Nesse caso, o referido servidor fará jus a licença por motivo de doença.

26. O servidor público que faltar ao serviço injustificadamente estará sujeito à pena de censura, aplicável pela comissão de ética, mas não à perda da remuneração do dia não trabalhado.

Gabarito

01. A	02. E	03. C	04. D	05. D
06. B	07. C	08. A	09. E	10. E
11. E	12. B	13. A	14. D	15. D
16. C	17. E	18. C	19. E	20. E
21. C	22. E	23. E	24. C	25. E
26. E				

10. Lei n. 11.416, de 15 de Dezembro de 2006

Dispõe sobre as Carreiras dos Servidores do Poder Judiciário da União; revoga as Leis nos 9.421, de 24 de dezembro de 1996, 10.475, de 27 de junho de 2002, 10.417, de 5 de abril de 2002, e 10.944, de 16 de setembro de 2004; e dá outras providências.

O PRESIDENTE DA REPÚBLICA Faço saber que o Congresso Nacional decreta e eu sanciono a seguinte Lei:

Art. 1º As Carreiras dos Servidores dos Quadros de Pessoal do Poder Judiciário da União passam a ser regidas por esta Lei.

Art. 2º Os Quadros de Pessoal efetivo do Poder Judiciário são compostos pelas seguintes Carreiras, constituídas pelos respectivos cargos de provimento efetivo:
I - Analista Judiciário;
II - Técnico Judiciário;
III - Auxiliar Judiciário.

Art. 3º Os cargos efetivos das Carreiras referidas no art. 2º desta Lei são estruturados em Classes e Padrões, na forma do Anexo I desta Lei, de acordo com as seguintes áreas de atividade:
I - área judiciária, compreendendo os serviços realizados privativamente por bacharéis em Direito, abrangendo processamento de feitos, execução de mandados, análise e pesquisa de legislação, doutrina e jurisprudência nos vários ramos do Direito, bem como elaboração de pareceres jurídicos;
II - área de apoio especializado, compreendendo os serviços para a execução dos quais se exige dos titulares o devido registro no órgão fiscalizador do exercício da profissão ou o domínio de habilidades específicas, a critério da administração;
III - área administrativa, compreendendo os serviços relacionados com recursos humanos, material e patrimônio, licitações e contratos, orçamento e finanças, controle interno e auditoria, segurança e transporte e outras atividades complementares de apoio administrativo.
Parágrafo único. As áreas de que trata o **caput** deste artigo poderão ser classificadas em especialidades, quando forem necessárias formação especializada, por exigência legal, ou habilidades específicas para o exercício das atribuições do cargo.

Art. 4º As atribuições dos cargos serão descritas em regulamento, observado o seguinte:
I - Carreira de Analista Judiciário: atividades de planejamento; organização; coordenação; supervisão técnica; assessoramento; estudo; pesquisa; elaboração de laudos, pareceres ou informações e execução de tarefas de elevado grau de complexidade;
II - Carreira de Técnico Judiciário: execução de tarefas de suporte técnico e administrativo;
III - Carreira de Auxiliar Judiciário: atividades básicas de apoio operacional.
§ 1º Os ocupantes do cargo de Analista Judiciário - área judiciária cujas atribuições estejam relacionadas com a execução de mandados e atos processuais de natureza externa, na forma estabelecida pela legislação processual civil, penal, trabalhista e demais leis especiais, serão enquadrados na especialidade de Oficial de Justiça Avaliador Federal. *(Redação dada pela Lei nº 12.774, de 2012)*
§ 2º Aos ocupantes do cargo da Carreira de Analista Judiciário – área administrativa e da Carreira de Técnico Judiciário – área administrativa cujas atribuições estejam relacionadas às funções de segurança são conferidas as denominações de Inspetor e Agente de Segurança Judiciária, respectivamente, para fins de identificação funcional.

Art. 5º Integram os Quadros de Pessoal dos órgãos do Poder Judiciário da União as Funções Comissionadas, escalonadas de FC-1 a FC-6, e os Cargos em Comissão, escalonados de CJ-1 a CJ-4, para o exercício de atribuições de direção, chefia e assessoramento.
§ 1º Cada órgão destinará, no mínimo, 80% (oitenta por cento) do total das funções comissionadas para serem exercidas por servidores integrantes das Carreiras dos Quadros de Pessoal do Poder Judiciário da União, podendo designar-se para as restantes servidores ocupantes de cargos de provimento efetivo que não integrem essas carreiras ou que sejam titulares de empregos públicos, observados os requisitos de qualificação e de experiência previstos em regulamento.
§ 2º As funções comissionadas de natureza gerencial serão exercidas preferencialmente por servidores com formação superior.
§ 3º Consideram-se funções comissionadas de natureza gerencial aquelas em que haja vínculo de subordinação e poder de decisão, especificados em regulamento, exigindo-se do titular participação em curso de desenvolvimento gerencial oferecido pelo órgão.
§ 4º Os servidores designados para o exercício de função comissionada de natureza gerencial que não tiverem participado de curso de desenvolvimento gerencial oferecido pelo órgão deverão fazê-lo no prazo de até um ano da publicação do ato, a fim de obterem a certificação.
§ 5º A participação dos titulares de funções comissionadas de que trata o § 4º deste artigo em cursos de desenvolvimento gerencial é obrigatória, a cada 2 (dois) anos, sob a responsabilidade dos respectivos órgãos do Poder Judiciário da União.
§ 6º Os critérios para o exercício de funções comissionadas de natureza não gerencial serão estabelecidos em regulamento.
§ 7º Pelo menos 50% (cinqüenta por cento) dos cargos em comissão, a que se refere o **caput** deste artigo, no âmbito de cada órgão do Poder Judiciário, serão destinados a servidores efetivos integrantes de seu quadro de pessoal, na forma prevista em regulamento.
§ 8º Para a investidura em cargos em comissão, ressalvadas as situações constituídas, será exigida formação superior, aplicando-se o disposto nos §§ 3º, 4º e 5º deste artigo quanto aos titulares de cargos em comissão de natureza gerencial.

Art. 6º No âmbito da jurisdição de cada tribunal ou juízo é vedada a nomeação ou designação, para os cargos em comissão e funções comissionadas, de cônjuge, companheiro, parente ou afim, em linha reta ou colateral, até o terceiro grau, inclusive, dos respectivos membros e juízes vinculados, salvo a de ocupante de cargo de provimento efetivo das Carreiras dos Quadros de Pessoal do Poder Judiciário, caso em que a vedação é restrita à nomeação ou designação para servir perante o magistrado determinante da incompatibilidade.

Do Ingresso na Carreira

Art. 7º O ingresso em qualquer dos cargos de provimento efetivo das Carreiras dos Quadros de Pessoal do Poder Judiciário dar-se-á no primeiro padrão da classe "A" respectiva, após aprovação em concurso público, de provas ou de provas e títulos.
Parágrafo único. Os órgãos do Poder Judiciário da União poderão incluir, como etapa do concurso público, progra-

ma de formação, de caráter eliminatório, classificatório ou eliminatório e classificatório.

Art. 8º São requisitos de escolaridade para ingresso:

I - para o cargo de Analista Judiciário, curso de ensino superior, inclusive licenciatura plena, correlacionado com a especialidade, se for o caso;

II - para o cargo de Técnico Judiciário, curso de ensino médio, ou curso técnico equivalente, correlacionado com a especialidade, se for o caso;

III - para o cargo de Auxiliar Judiciário, curso de ensino fundamental.

Parágrafo único. Além dos requisitos previstos neste artigo, poderão ser exigidos formação especializada, experiência e registro profissional a serem definidos em regulamento e especificados em edital de concurso.

Do Desenvolvimento na Carreira

Art. 9º O desenvolvimento dos servidores nos cargos de provimento efetivo das Carreiras dos Quadros de Pessoal do Poder Judiciário dar-se-á mediante progressão funcional e promoção.

§ 1º A progressão funcional é a movimentação do servidor de um padrão para o seguinte dentro de uma mesma classe, observado o interstício de um ano, sob os critérios fixados em regulamento e de acordo com o resultado de avaliação formal de desempenho.

§ 2º A promoção é a movimentação do servidor do último padrão de uma classe para o primeiro padrão da classe seguinte, observado o interstício de um ano em relação à progressão funcional imediatamente anterior, dependendo, cumulativamente, do resultado de avaliação formal de desempenho e da participação em curso de aperfeiçoamento oferecido, preferencialmente, pelo órgão, na forma prevista em regulamento.

Art. 10. Caberá ao Supremo Tribunal Federal, ao Conselho Nacional de Justiça, aos Tribunais Superiores, ao Conselho da Justiça Federal, ao Conselho Superior da Justiça do Trabalho e ao Tribunal de Justiça do Distrito Federal e Territórios, no âmbito de suas competências, instituir Programa Permanente de Capacitação destinado à formação e aperfeiçoamento profissional, bem como ao desenvolvimento gerencial, visando à preparação dos servidores para desempenharem atribuições de maior complexidade e responsabilidade.

Da Remuneração

Art. 11. A remuneração dos cargos de provimento efetivo das Carreiras dos Quadros de Pessoal do Poder Judiciário é composta pelo Vencimento Básico do cargo e pela Gratificação Judiciária (GAJ), acrescida das vantagens pecuniárias permanentes estabelecidas em lei. *(Redação dada pela Lei nº 12.774, de 2012)*

Art. 12. Os vencimentos básicos das Carreiras dos Quadros de Pessoal do Poder Judiciário são os constantes do Anexo II desta Lei.

Art. 13. A Gratificação Judiciária (GAJ) será calculada mediante aplicação do percentual de 90% (noventa por cento) sobre o vencimento básico estabelecido no Anexo II desta Lei. *(Redação dada pela Lei nº 12.774, de 2012)*

§ 1º O percentual previsto no caput será implementado gradativamente e corresponderá a: *(Redação dada pela Lei nº 12.774, de 2012)*

I - 62% (sessenta e dois por cento), a partir de 1º de janeiro de 2013; *(Redação dada pela Lei nº 12.774, de 2012)*

II - 75,2% (setenta e cinco inteiros e dois décimos por cento), a partir de 1º de janeiro de 2014; e *(Redação dada pela Lei nº 12.774, de 2012)*

III - 90% (noventa por cento), a partir de 1º de janeiro de 2015. *(Redação dada pela Lei nº 12.774, de 2012)*

IV - 42% (quarenta e dois por cento), a partir de 1º de dezembro de 2007;

V - 46% (quarenta e seis por cento), a partir de 1º de julho de 2008;

VI - integralmente, a partir de 1º de dezembro de 2008.

§ 2º Os servidores retribuídos pela remuneração do Cargo em Comissão e da Função Comissionada constantes dos Anexos III e IV desta Lei, respectivamente, bem como os sem vínculo efetivo com a Administração Pública, não perceberão a gratificação de que trata este artigo.

§ 3º O servidor das Carreiras dos Quadros de Pessoal do Poder Judiciário cedido não perceberá, durante o afastamento, a gratificação de que trata este artigo, salvo na hipótese de cessão para órgãos da União, na condição de optante pela remuneração do cargo efetivo.

Art. 14. É instituído o Adicional de Qualificação – AQ destinado aos servidores das Carreiras dos Quadros de Pessoal do Poder Judiciário, em razão dos conhecimentos adicionais adquiridos em ações de treinamento, títulos, diplomas ou certificados de cursos de pós-graduação, em sentido amplo ou estrito, em áreas de interesse dos órgãos do Poder Judiciário a serem estabelecidas em regulamento.

§ 1º O adicional de que trata este artigo não será concedido quando o curso constituir requisito para ingresso no cargo.

§ 2º *(VETADO)*

§ 3º Para efeito do disposto neste artigo, serão considerados somente os cursos e as instituições de ensino reconhecidos pelo Ministério da Educação, na forma da legislação.

§ 4º Serão admitidos cursos de pós-graduação **lato sensu** somente com duração mínima de 360 (trezentas e sessenta) horas.

§ 5º O adicional será considerado no cálculo dos proventos e das pensões, somente se o título ou o diploma forem anteriores à data da inativação, excetuado do cômputo o disposto no inciso V do art. 15 desta Lei.

Art. 15. O Adicional de Qualificação – AQ incidirá sobre o vencimento básico do servidor, da seguinte forma:

I - 12,5% (doze vírgula cinco por cento), em se tratando de título de Doutor;

II - 10% (dez por cento), em se tratando de título de Mestre;

III - 7,5% (sete vírgula cinco por cento), em se tratando de certificado de Especialização;

IV – *(VETADO)*

V - 1% (um por cento) ao servidor que possuir conjunto de ações de treinamento que totalize pelo menos 120 (cento e vinte) horas, observado o limite de 3% (três por cento).

§ 1º Em nenhuma hipótese o servidor perceberá cumulativamente mais de um percentual dentre os previstos nos incisos I a IV do **caput** deste artigo.

§ 2º Os coeficientes relativos às ações de treinamento previstas no inciso V deste artigo serão aplicados pelo prazo de 4 (quatro) anos, a contar da data de conclusão da última ação que totalizou o mínimo de 120 (cento e vinte) horas.

§ 3º O adicional de qualificação será devido a partir do dia da apresentação do título, diploma ou certificado.

§ 4º O servidor das Carreiras dos Quadros de Pessoal do Poder Judiciário cedido não perceberá, durante o afastamento, o adicional de que trata este artigo, salvo na hipótese de cessão para órgãos da União, na condição de optante pela remuneração do cargo efetivo.

Art. 16. Fica instituída a Gratificação de Atividade Externa – GAE, devida exclusivamente aos ocupantes do cargo de Analista Judiciário referidos no § 1º do art. 4º desta Lei.

§ 1º A gratificação de que trata este artigo corresponde a 35% (trinta e cinco por cento) do vencimento básico do servidor.

§ 2º É vedada a percepção da gratificação prevista neste artigo pelo servidor designado para o exercício de função comissionada ou nomeado para cargo em comissão.

Art. 17. Fica instituída a Gratificação de Atividade de Segurança – GAS, devida exclusivamente aos ocupantes dos cargos de Analista Judiciário e de Técnico Judiciário referidos no § 2° do art. 4° desta Lei.

§ 1° A gratificação de que trata este artigo corresponde a 35% (trinta e cinco por cento) do vencimento básico do servidor.

§ 2° É vedada a percepção da gratificação prevista neste artigo pelo servidor designado para o exercício de função comissionada ou nomeado para cargo em comissão.

§ 3° É obrigatória a participação em programa de reciclagem anual, conforme disciplinado em regulamento, para o recebimento da gratificação prevista no **caput** deste artigo.

Art. 18. A retribuição pelo exercício de Cargo em Comissão e Função Comissionada é a constante dos Anexos III e IV desta Lei, respectivamente.

§ 1° O valor fixado no Anexo III desta Lei entrará em vigor a partir de 1° de dezembro de 2008, adotando-se, até essa data, as retribuições constantes do Anexo VI desta Lei.

§ 2° Ao servidor integrante das Carreiras de que trata esta Lei e ao cedido ao Poder Judiciário, investidos em Cargo em Comissão, é facultado optar pela remuneração de seu cargo efetivo ou emprego permanente, acrescida de 65% (sessenta e cinco por cento) dos valores fixados no Anexo III desta Lei. *(Redação dada pela Lei n° 12.774, de 2012)*

I - *(revogado); (Redação dada pela Lei n° 12.774, de 2012)*

II - *(revogado). (Redação dada pela Lei n° 12.774, de 2012)*

§ 3° O servidor integrante das Carreiras de que trata esta Lei e o cedido ao Poder Judiciário, investidos em Função Comissionada, perceberão a remuneração de seu cargo efetivo ou emprego permanente, acrescida dos valores constantes do Anexo VIII desta Lei. *(Incluído pela Lei n° 12.774, de 2012)*

Disposições Finais e Transitórias

Art. 19. Os cargos de provimento efetivo das Carreiras dos Quadros de Pessoal do Poder Judiciário, a que se refere o art. 3° da Lei n° 10.475, de 27 de junho de 2002, são estruturados na forma do Anexo V desta Lei.

Art. 20. Para efeito da aplicação do art. 36 da Lei n° 8.112, de 11 de dezembro de 1990, conceitua-se como Quadro a estrutura de cada Justiça Especializada, podendo haver remoção, nos termos da lei, no âmbito da Justiça Federal, da Justiça do Trabalho, da Justiça Eleitoral e da Justiça Militar.

Art. 21. Os concursos públicos realizados ou em andamento, na data da publicação desta Lei, para os Quadros de Pessoal dos Órgãos do Poder Judiciário da União são válidos para ingresso nas Carreiras dos Quadros de Pessoal do Poder Judiciário, observados a correlação entre as atribuições, as especialidades e o grau de escolaridade.

Art. 22. O enquadramento previsto no art. 4° e no Anexo III da Lei n° 9.421, de 24 de dezembro de 1996, estende-se aos servidores que prestaram concurso antes de 26 de dezembro de 1996 e foram nomeados após essa data, produzindo todos os efeitos legais e financeiros desde o ingresso no Quadro de Pessoal.

Art. 23. (VETADO)

Art. 24. Os órgãos do Poder Judiciário da União fixarão em ato próprio a lotação dos cargos efetivos, das funções comissionadas e dos cargos em comissão nas unidades componentes de sua estrutura.

Parágrafo único. Os órgãos de que trata este artigo ficam autorizados a transformar, sem aumento de despesa, no âmbito de suas competências, as funções comissionadas e os cargos em comissão de seu quadro de pessoal, vedada a transformação de função em cargo ou vice-versa.

Art. 25. Serão aplicadas aos servidores do Poder Judiciário da União as revisões gerais dos servidores públicos federais, observado o que a respeito resolver o Supremo Tribunal Federal.

Art. 26. Caberá ao Supremo Tribunal Federal, ao Conselho Nacional de Justiça, aos Tribunais Superiores, ao Conselho da Justiça Federal, ao Conselho Superior da Justiça do Trabalho e ao Tribunal de Justiça do Distrito Federal e Territórios, no âmbito de suas competências, baixar os atos regulamentares necessários à aplicação desta Lei, observada a uniformidade de critérios e procedimentos, no prazo de 180 (cento e oitenta) dias, a contar de sua publicação.

Art. 27. A elaboração dos regulamentos de que trata esta Lei pode contar com a participação das entidades sindicais.

Art. 28. O disposto nesta Lei aplica-se, no que couber, aos aposentados e pensionistas, nos termos da Constituição Federal. *(Redação dada pela Lei n° 12.774, de 2012)*

Art. 29. As despesas resultantes da execução desta Lei correm à conta das dotações consignadas aos Órgãos do Poder Judiciário no Orçamento Geral da União.

Art. 30. A diferença entre o vencimento fixado por esta Lei e o decorrente da Lei n° 10.475, de 27 de junho de 2002, será implementada em parcelas sucessivas, não cumulativas, observada a seguinte razão:

I - 15% (quinze por cento), a partir de 1° de junho de 2006;

II - 30% (trinta por cento), a partir de 1° de dezembro de 2006;

III - 45% (quarenta e cinco por cento), a partir de 1° de julho de 2007;

IV - 60% (sessenta por cento), a partir de 1° de dezembro de 2007;

V - 80% (oitenta por cento), a partir de 1° de julho de 2008;

VI - integralmente, a partir de 1° de dezembro de 2008.

§ 1° Os percentuais das gratificações previstas nos arts. 13, 14, 16 e 17 desta Lei incidirão sobre os valores constantes do Anexo IX *desta Lei* mencionados no **caput** deste artigo.

§ 2° O percentual das gratificações de que tratam os arts. 16 e 17 desta Lei será implementado em parcelas sucessivas, não cumulativas, incidindo sobre os valores constantes do Anexo IX *desta Lei*, observada a seguinte razão:

I - 5% (cinco por cento), a partir de 1° de junho de 2006;

II - 11% (onze por cento), a partir de 1° de dezembro de 2006;

III - 16% (dezesseis por cento), a partir de 1° de julho de 2007;

IV - 21% (vinte e um por cento), a partir de 1° de dezembro de 2007;

V - 28% (vinte e oito por cento), a partir de 1° de julho de 2008;

VI - integralmente, a partir de 1° de dezembro de 2008.

§ 3° Até que seja integralizado o vencimento básico previsto no Anexo IX *desta Lei*, será facultado, excepcionalmente, aos servidores referidos no § 1° do art. 4° desta Lei optar pela percepção da Gratificação de Atividade Externa - GAE ou da Função Comissionada que exerçam, observado o disposto no art. 18 desta Lei.

Art. 31. A eficácia do disposto nesta Lei fica condicionada ao atendimento do § 1° do art. 169 da Constituição Federal e das normas pertinentes da Lei Complementar n° 101, de 4 de maio de 2000.

Art. 32. Esta Lei entra em vigor na data de sua publicação.

Art. 33. Ficam revogadas a Lei n° 9.421, de 24 de dezembro de 1996, a Lei n° 10.475, de 27 de junho de 2002, a Lei n° 10.417, de 5 de abril de 2002, e a Lei n° 10.944, de 16 de setembro de 2004.

Brasília, 15 de dezembro de 2006;
185° da Independência e 118° da República

LUIZ INÁCIO LULA DA SILVA

ANEXO I – CARREIRAS DOS QUADROS DE PESSOAL DO PODER JUDICIÁRIO DA UNIÃO

ANEXO I

(Redação dada pela Lei nº 12.774, de 2012)

CARGO	CLASSE	PADRÃO
ANALISTA JUDICIÁRIO	C	13
		12
		11
	B	10
		9
		8
		7
		6
	A	5
		4
		3
		2
		1
TÉCNICO JUDICIÁRIO	C	13
		12
		11
	B	10
		9
		8
		7
		6
	A	5
		4
		3
		2
		1
AUXILIAR JUDICIÁRIO	C	13
		12
		11
	B	10
		9
		8
		7
		6
	A	5
		4
		3
		2
		1

ANEXO II

(Redação dada pela Lei nº 12.774, de 2012)

CARGO	CLASSE	PADRÃO	VENCIMENTO
ANALISTA JUDICIÁRIO	C	13	6.957,41
		12	6.754,77
		11	6.558,03
	B	10	6.367,02
		9	6.181,57
		8	5.848,22
		7	5.677,88
		6	5.512,51
	A	5	5.351,95
		4	5.196,07
		3	4.915,86
		2	4.772,68
		1	4.633,67
TÉCNICO JUDICIÁRIO	C	13	4.240,47
		12	4.116,96
		11	3.997,05
	B	10	3.880,63
		9	3.767,60
		8	3.564,43
		7	3.460,61
		6	3.359,82
	A	5	3.261,96
		4	3.166,95
		3	2.996,17
		2	2.908,90
		1	2.824,17
AUXILIAR JUDICIÁRIO	C	13	2.511,37
		12	2.403,23
		11	2.299,74
	B	10	2.200,71
		9	2.105,94
		8	1.992,37
		7	1.906,58
		6	1.824,48
	A	5	1.745,91
		4	1.670,73
		3	1.580,63
		2	1.512,57
		1	1.447,43

ANEXO III

(Art. 18 da Lei Nº 11.416, de 15 de Dezembro de 2006)

CARGO EM COMISSÃO	VALOR (R$)
CJ-4	11.686,76
CJ-3	10.352,52
CJ-2	9.106,74
CJ-1	7.945,86

ANEXO IV

(Revogado pela Lei nº 12.774, de 2012)

ANEXO V

(Redação dada pela Lei nº 12.774, de 2012)

<table>
<tr><th rowspan="2">CARGO</th><th colspan="2">SITUAÇÃO ANTERIOR</th><th colspan="2">SITUAÇÃO NOVA</th></tr>
<tr><th>CLASSE</th><th>PADRÃO</th><th>CLASSE</th><th>PADRÃO</th></tr>
<tr><td rowspan="15">ANALISTA JUDICIÁRIO</td><td rowspan="5">C</td><td>15</td><td rowspan="3">C</td><td>13</td></tr>
<tr><td>14</td><td>12</td></tr>
<tr><td>13</td><td>11</td></tr>
<tr><td>12</td><td rowspan="5">B</td><td>10</td></tr>
<tr><td>11</td><td>9</td></tr>
<tr><td rowspan="5">B</td><td>10</td><td>8</td></tr>
<tr><td>9</td><td>7</td></tr>
<tr><td>8</td><td>6</td></tr>
<tr><td>7</td><td rowspan="7">A</td><td>5</td></tr>
<tr><td>6</td><td>4</td></tr>
<tr><td rowspan="5">A</td><td>5</td><td>3</td></tr>
<tr><td>4</td><td>2</td></tr>
<tr><td>3</td><td rowspan="3">1</td></tr>
<tr><td>2</td></tr>
<tr><td>1</td></tr>
<tr><td rowspan="15">TÉCNICO JUDICIÁRIO</td><td rowspan="5">C</td><td>15</td><td rowspan="3">C</td><td>13</td></tr>
<tr><td>14</td><td>12</td></tr>
<tr><td>13</td><td>11</td></tr>
<tr><td>12</td><td rowspan="5">B</td><td>10</td></tr>
<tr><td>11</td><td>9</td></tr>
<tr><td rowspan="5">B</td><td>10</td><td>8</td></tr>
<tr><td>9</td><td>7</td></tr>
<tr><td>8</td><td>6</td></tr>
<tr><td>7</td><td rowspan="7">A</td><td>5</td></tr>
<tr><td>6</td><td>4</td></tr>
<tr><td rowspan="5">A</td><td>5</td><td>3</td></tr>
<tr><td>4</td><td>2</td></tr>
<tr><td>3</td><td rowspan="3">1</td></tr>
<tr><td>2</td></tr>
<tr><td>1</td></tr>
<tr><td rowspan="15">AUXILIAR JUDICIÁRIO</td><td rowspan="5">C</td><td>15</td><td rowspan="3">C</td><td>13</td></tr>
<tr><td>14</td><td>12</td></tr>
<tr><td>13</td><td>11</td></tr>
<tr><td>12</td><td rowspan="5">B</td><td>10</td></tr>
<tr><td>11</td><td>9</td></tr>
<tr><td rowspan="5">B</td><td>10</td><td>8</td></tr>
<tr><td>9</td><td>7</td></tr>
<tr><td>8</td><td>6</td></tr>
<tr><td>7</td><td rowspan="7">A</td><td>5</td></tr>
<tr><td>6</td><td>4</td></tr>
<tr><td rowspan="5">A</td><td>5</td><td>3</td></tr>
<tr><td>4</td><td>2</td></tr>
<tr><td>3</td><td rowspan="3">1</td></tr>
<tr><td>2</td></tr>
<tr><td>1</td></tr>
</table>

ANEXO VI
CARGO EM COMISSÃO INTEGRAL
(Art. 18, § 1º, da Lei nº 11.416, de 15 de Dezembro de 2006)

CARGO EM COMISSÃO	Vigência					
	junho/2006	dez/2006	Julho/2007	dez/2007	julho/2008	dez/2008
	15%	30%	45%	60%	80%	100%
CJ – 4	8.375,51	8.959,85	9.544,18	10.128,52	10.907,64	11.686,76
CJ – 3	7.419,31	7.936,93	8.454,56	8.972,18	9.662,35	10.352,52
CJ – 2	6.526,50	6.981,83	7.437,17	7.892,51	8.499,62	9.106,74
CJ – 1	5.694,53	6.091,83	6.489,12	6.886,41	7.416,14	7.945,86

Direito Administrativo

ANEXO VII
CARGO EM COMISSÃO – OPÇÃO PELO CARGO EFETIVO
(Art. 18, § 2º, da Lei nº 11.416, de 15 de dezembro de 2006)

CARGO EM COMISSÃO	Vigência					
	junho/2006	dez/2006	julho/2007	dez/2007	julho/2008	dez/2008
CJ – 4	3.545,75	4.151,50	4.803,99	5.503,23	6.508,26	7.596,39
CJ – 3	3.179,23	3.711,27	4.283,77	4.896,73	5.776,97	6.729,14
CJ – 2	2.819,64	3.284,92	3.785,22	4.320,56	5.088,83	5.919,38
CJ – 1	2.465,24	2.870,61	3.306,41	3.772,66	4.441,68	5.164,81

ANEXO VIII
FUNÇÃO COMISSIONADA – OPÇÃO PELO CARGO EFETIVO
(Art. 18, § 2º, da Lei nº 11.416, de 15 de dezembro de 2006)

FUNÇÃO COMISSIONADA	Vigência					
	junho/2006	dez/2006	julho/2007	dez/2007	julho/2008	dez/2008
FC-6	1.984,09	2.176,13	2.368,18	2.560,23	2.816,29	3.072,36
FC-5	1.629,64	1.736,00	1.842,37	1.948,74	2.090,56	2.232,38
FC-4	1.356,62	1.459,55	1.562,48	1.665,41	1.802,65	1.939,89
FC-3	1.044,04	1.103,17	1.162,29	1.221,41	1.300,24	1.379,07
FC-2	837,33	898,69	960,05	1.021,42	1.103,23	1.185,05
FC-1	660,61	723,89	787,16	850,44	934,80	1.019,17

ANEXO IX

(Art. 30 da Lei nº 11.416, de 15 de dezembro de 2006)

CARGO	CLASSE	PADRÃO	Vigência do Vencimento Básico					
			Inciso I	Inciso II	Inciso III	Inciso IV	Inciso V	Inciso VI
			15%	30%	45%	60%	80%	100%
Analista Judiciário	C	15	5.301,50	5.593,72	5.885,94	6.178,16	6.567,78	6.957,41
		14	5.127,97	5.415,05	5.702,13	5.989,22	6.371,99	6.754,77
		13	4.960,13	5.242,11	5.524,09	5.806,08	6.182,05	6.558,03
		12	4.797,79	5.074,71	5.351,64	5.628,56	5.997,79	6.367,02
		11	4.640,79	4.912,69	5.184,60	5.456,50	5.819,03	6.181,57
	B	10	4.465,96	4.709,89	4.953,82	5.197,74	5.522,98	5.848,22
		9	4.319,75	4.559,42	4.799,09	5.038,76	5.358,32	5.677,88
		8	4.178,36	4.413,80	4.649,23	4.884,67	5.198,59	5.512,51
		7	4.041,61	4.272,84	4.504,08	4.735,32	5.043,63	5.351,95
		6	3.909,34	4.136,41	4.363,48	4.590,55	4.893,31	5.196,07
	A	5	3.762,08	3.965,69	4.169,30	4.372,91	4.644,38	4.915,86
		4	3.638,92	3.839,00	4.039,07	4.239,15	4.505,92	4.772,68
		3	3.519,80	3.716,37	3.912,93	4.109,50	4.371,59	4.633,67
		2	3.404,60	3.597,68	3.790,76	3.983,83	4.241,27	4.498,71
		1	3.293,18	3.482,80	3.672,41	3.862,03	4.114,86	4.367,68
Técnico Judiciário	C	15	3.185,40	3.371,59	3.557,78	3.743,96	3.992,22	4.240,47
		14	3.081,18	3.263,96	3.446,75	3.629,53	3.873,24	4.116,96
		13	2.980,37	3.159,79	3.339,20	3.518,61	3.757,83	3.997,05
		12	2.882,87	3.058,94	3.235,02	3.411,09	3.645,86	3.880,63
		11	2.788,57	2.961,34	3.134,11	3.306,88	3.537,24	3.767,60
	B	10	2.683,35	2.838,83	2.994,32	3.149,80	3.357,11	3.564,43
		9	2.595,53	2.748,19	2.900,85	3.053,51	3.257,06	3.460,61
		8	2.510,62	2.660,48	2.810,33	2.960,19	3.160,00	3.359,82
		7	2.428,47	2.575,56	2.722,64	2.869,73	3.065,84	3.261,96
		6	2.349,03	2.493,37	2.637,71	2.782,04	2.974,50	3.166,95
	A	5	2.260,42	2.390,26	2.520,09	2.649,93	2.823,05	2.996,17
		4	2.186,44	2.313,93	2.441,43	2.568,92	2.738,91	2.908,90
		3	2.114,90	2.240,06	2.365,23	2.490,40	2.657,29	2.824,17
		2	2.045,70	2.168,56	2.291,42	2.414,29	2.578,10	2.741,92
		1	1.978,78	2.099,36	2.219,93	2.340,51	2.501,28	2.662,06
Auxiliar Judiciário	C	15	1.903,08	2.010,42	2.117,77	2.225,12	2.368,24	2.511,37
		14	1.835,54	1.935,72	2.035,90	2.136,08	2.269,65	2.403,23
		13	1.770,43	1.863,84	1.957,24	2.050,65	2.175,20	2.299,74
		12	1.707,65	1.794,66	1.881,67	1.968,68	2.084,69	2.200,71
		11	1.647,13	1.728,09	1.809,06	1.890,03	1.997,98	2.105,94
	B	10	1.585,33	1.657,16	1.728,99	1.800,82	1.896,60	1.992,37
		9	1.529,22	1.595,81	1.662,41	1.729,00	1.817,79	1.906,58
		8	1.475,11	1.536,77	1.598,42	1.660,07	1.742,27	1.824,48
		7	1.422,93	1.479,92	1.536,92	1.593,92	1.669,91	1.745,91
		6	1.372,63	1.425,23	1.477,84	1.530,45	1.600,59	1.670,73
	A	5	1.321,39	1.367,14	1.412,89	1.458,64	1.519,63	1.580,63
		4	1.274,73	1.316,70	1.358,67	1.400,64	1.456,61	1.512,57
		3	1.229,73	1.268,15	1.306,57	1.344,98	1.396,21	1.447,43
		2	1.186,34	1.221,41	1.256,49	1.291,57	1.338,33	1.385,10
		1	1.144,50	1.176,44	1.208,37	1.240,30	1.282,88	1.325,46

11. Lei de Improbidade Administrativa

Lei n. 8.429, de 2 de Junho de 1992

Dispõe sobre as sanções aplicáveis aos agentes públicos nos casos de enriquecimento ilícito no exercício de mandato, cargo, emprego ou função na administração pública direta, indireta ou fundacional e dá outras providências.

O Presidente da República, Faço saber que o Congresso Nacional decreta e eu sanciono a seguinte lei:

Capítulo I
Das Disposições Gerais

Art. 1° Os atos de improbidade praticados por qualquer agente público, servidor ou não, contra a administração direta, indireta ou fundacional de qualquer dos Poderes da União, dos Estados, do Distrito Federal, dos Municípios, de Território, de empresa incorporada ao patrimônio público ou de entidade para cuja criação ou custeio o erário haja concorrido ou concorra com mais de cinqüenta por cento do patrimônio ou da receita anual, serão punidos na forma desta lei.

Parágrafo único. Estão também sujeitos às penalidades desta lei os atos de improbidade praticados contra o patrimônio de entidade que receba subvenção, benefício ou incentivo, fiscal ou creditício, de órgão público bem como daquelas para cuja criação ou custeio o erário haja concorrido ou concorra com menos de cinqüenta por cento do patrimônio ou da receita anual, limitando-se, nestes casos, a sanção patrimonial à repercussão do ilícito sobre a contribuição dos cofres públicos.

Art. 2° Reputa-se agente público, para os efeitos desta lei, todo aquele que exerce, ainda que transitoriamente ou sem remuneração, por eleição, nomeação, designação, contratação ou qualquer outra forma de investidura ou vínculo, mandato, cargo, emprego ou função nas entidades mencionadas no artigo anterior.

Art. 3° As disposições desta lei são aplicáveis, no que couber, àquele que, mesmo não sendo agente público, induza ou concorra para a prática do ato de improbidade ou dele se beneficie sob qualquer forma direta ou indireta.

Art. 4° Os agentes públicos de qualquer nível ou hierarquia são obrigados a velar pela estrita observância dos princípios de legalidade, impessoalidade, moralidade e publicidade no trato dos assuntos que lhe são afetos.

Art. 5° Ocorrendo lesão ao patrimônio público por ação ou omissão, dolosa ou culposa, do agente ou de terceiro, dar-se-á o integral ressarcimento do dano.

Art. 6° No caso de enriquecimento ilícito, perderá o agente público ou terceiro beneficiário os bens ou valores acrescidos ao seu patrimônio.

Art. 7° Quando o ato de improbidade causar lesão ao patrimônio público ou ensejar enriquecimento ilícito, caberá a autoridade administrativa responsável pelo inquérito representar ao Ministério Público, para a indisponibilidade dos bens do indiciado.

Parágrafo único. A indisponibilidade a que se refere o caput deste artigo recairá sobre bens que assegurem o integral ressarcimento do dano, ou sobre o acréscimo patrimonial resultante do enriquecimento ilícito.

Art. 8° O sucessor daquele que causar lesão ao patrimônio público ou se enriquecer ilicitamente está sujeito às cominações desta lei até o limite do valor da herança.

Capítulo II
Dos Atos de Improbidade Administrativa
Seção I
Dos Atos de Improbidade Administrativa que Importam Enriquecimento Ilícito

Art. 9° Constitui ato de improbidade administrativa importando enriquecimento ilícito auferir qualquer tipo de vantagem patrimonial indevida em razão do exercício de cargo, mandato, função, emprego ou atividade nas entidades mencionadas no art. 1° desta lei, e notadamente:

I - receber, para si ou para outrem, dinheiro, bem móvel ou imóvel, ou qualquer outra vantagem econômica, direta ou indireta, a título de comissão, percentagem, gratificação ou presente de quem tenha interesse, direto ou indireto, que possa ser atingido ou amparado por ação ou omissão decorrente das atribuições do agente público;

II - perceber vantagem econômica, direta ou indireta, para facilitar a aquisição, permuta ou locação de bem móvel ou imóvel, ou a contratação de serviços pelas entidades referidas no art. 1° por preço superior ao valor de mercado;

III - perceber vantagem econômica, direta ou indireta, para facilitar a alienação, permuta ou locação de bem público ou o fornecimento de serviço por ente estatal por preço inferior ao valor de mercado;

IV - utilizar, em obra ou serviço particular, veículos, máquinas, equipamentos ou material de qualquer natureza, de propriedade ou à disposição de qualquer das entidades mencionadas no art. 1° desta lei, bem como o trabalho de servidores públicos, empregados ou terceiros contratados por essas entidades;

V - receber vantagem econômica de qualquer natureza, direta ou indireta, para tolerar a exploração ou a prática de jogos de azar, de lenocínio, de narcotráfico, de contrabando, de usura ou de qualquer outra atividade ilícita, ou aceitar promessa de tal vantagem;

VI - receber vantagem econômica de qualquer natureza, direta ou indireta, para fazer declaração falsa sobre medição ou avaliação em obras públicas ou qualquer outro serviço, ou sobre quantidade, peso, medida, qualidade ou característica de mercadorias ou bens fornecidos a qualquer das entidades mencionadas no art. 1° desta lei;

VII - adquirir, para si ou para outrem, no exercício de mandato, cargo, emprego ou função pública, bens de qualquer natureza cujo valor seja desproporcional à evolução do patrimônio ou à renda do agente público;

VIII - aceitar emprego, comissão ou exercer atividade de consultoria ou assessoramento para pessoa física ou

jurídica que tenha interesse suscetível de ser atingido ou amparado por ação ou omissão decorrente das atribuições do agente público, durante a atividade;
IX - perceber vantagem econômica para intermediar a liberação ou aplicação de verba pública de qualquer natureza;
X - receber vantagem econômica de qualquer natureza, direta ou indiretamente, para omitir ato de ofício, providência ou declaração a que esteja obrigado;
XI - incorporar, por qualquer forma, ao seu patrimônio bens, rendas, verbas ou valores integrantes do acervo patrimonial das entidades mencionadas no art. 1° desta lei;
XII - usar, em proveito próprio, bens, rendas, verbas ou valores integrantes do acervo patrimonial das entidades mencionadas no art. 1° desta lei.

Seção II
Dos Atos de Improbidade Administrativa que Causam Prejuízo ao Erário

Art. 10. Constitui ato de improbidade administrativa que causa lesão ao erário qualquer ação ou omissão, dolosa ou culposa, que enseje perda patrimonial, desvio, apropriação, malbaratamento ou dilapidação dos bens ou haveres das entidades referidas no art. 1º desta lei, e notadamente:
I - facilitar ou concorrer por qualquer forma para a incorporação ao patrimônio particular, de pessoa física ou jurídica, de bens, rendas, verbas ou valores integrantes do acervo patrimonial das entidades mencionadas no art. 1º desta lei;
II - permitir ou concorrer para que pessoa física ou jurídica privada utilize bens, rendas, verbas ou valores integrantes do acervo patrimonial das entidades mencionadas no art. 1º desta lei, sem a observância das formalidades legais ou regulamentares aplicáveis à espécie;
III - doar à pessoa física ou jurídica bem como ao ente despersonalizado, ainda que de fins educativos ou assistências, bens, rendas, verbas ou valores do patrimônio de qualquer das entidades mencionadas no art. 1º desta lei, sem observância das formalidades legais e regulamentares aplicáveis à espécie;
IV - permitir ou facilitar a alienação, permuta ou locação de bem integrante do patrimônio de qualquer das entidades referidas no art. 1º desta lei, ou ainda a prestação de serviço por parte delas, por preço inferior ao de mercado;
V - permitir ou facilitar a aquisição, permuta ou locação de bem ou serviço por preço superior ao de mercado;
VI - realizar operação financeira sem observância das normas legais e regulamentares ou aceitar garantia insuficiente ou inidônea;
VII - conceder benefício administrativo ou fiscal sem a observância das formalidades legais ou regulamentares aplicáveis à espécie;
VIII - frustrar a licitude de processo licitatório ou de processo seletivo para celebração de parcerias com entidades sem fins lucrativos, ou dispensá-los indevidamente; *(Redação dada pela Lei nº 13.019, de 2014)*
IX - ordenar ou permitir a realização de despesas não autorizadas em lei ou regulamento;
X - agir negligentemente na arrecadação de tributo ou renda, bem como no que diz respeito à conservação do patrimônio público;
XI - liberar verba pública sem a estrita observância das normas pertinentes ou influir de qualquer forma para a sua aplicação irregular;
XII - permitir, facilitar ou concorrer para que terceiro se enriqueça ilicitamente;
XIII - permitir que se utilize, em obra ou serviço particular, veículos, máquinas, equipamentos ou material de qualquer natureza, de propriedade ou à disposição de qualquer das entidades mencionadas no art. 1° desta lei, bem como o trabalho de servidor público, empregados ou terceiros contratados por essas entidades.
XIV - celebrar contrato ou outro instrumento que tenha por objeto a prestação de serviços públicos por meio da gestão associada sem observar as formalidades previstas na lei; *(Incluído pela Lei nº 11.107, de 2005)*
XV – celebrar contrato de rateio de consórcio público sem suficiente e prévia dotação orçamentária, ou sem observar as formalidades previstas na lei. *(Incluído pela Lei nº 11.107, de 2005)*
XVI - facilitar ou concorrer, por qualquer forma, para a incorporação, ao patrimônio particular de pessoa física ou jurídica, de bens, rendas, verbas ou valores públicos transferidos pela administração pública a entidades privadas mediante celebração de parcerias, sem a observância das formalidades legais ou regulamentares aplicáveis à espécie; *(Incluído pela Lei nº 13.019, de 2014)*
XVII - permitir ou concorrer para que pessoa física ou jurídica privada utilize bens, rendas, verbas ou valores públicos transferidos pela administração pública a entidade privada mediante celebração de parcerias, sem a observância das formalidades legais ou regulamentares aplicáveis à espécie; *(Incluído pela Lei nº 13.019, de 2014)*
XVIII - celebrar parcerias da administração pública com entidades privadas sem a observância das formalidades legais ou regulamentares aplicáveis à espécie; *(Incluído pela Lei nº 13.019, de 2014)*
XIX - frustrar a licitude de processo seletivo para celebração de parcerias da administração pública com entidades privadas ou dispensá-lo indevidamente; *(Incluído pela Lei nº 13.019, de 2014)*
XX - agir negligentemente na celebração, fiscalização e análise das prestações de contas de parcerias firmadas pela administração pública com entidades privadas; *(Incluído pela Lei nº 13.019, de 2014)*
XXI - liberar recursos de parcerias firmadas pela administração pública com entidades privadas sem a estrita observância das normas pertinentes ou influir de qualquer forma para a sua aplicação irregular. *(Incluído pela Lei nº 13.019, de 2014)*

Seção III
Dos Atos de Improbidade Administrativa que Atentam Contra os Princípios da Administração Pública

Art. 11. Constitui ato de improbidade administrativa que atenta contra os princípios da administração pública qualquer ação ou omissão que viole os deveres de honestidade, imparcialidade, legalidade, e lealdade às instituições, e notadamente:

I - praticar ato visando fim proibido em lei ou regulamento ou diverso daquele previsto, na regra de competência;

II - retardar ou deixar de praticar, indevidamente, ato de ofício;

III - revelar fato ou circunstância de que tem ciência em razão das atribuições e que deva permanecer em segredo;

IV - negar publicidade aos atos oficiais;

V - frustrar a licitude de concurso público;

VI - deixar de prestar contas quando esteja obrigado a fazê-lo;

VII - revelar ou permitir que chegue ao conhecimento de terceiro, antes da respectiva divulgação oficial, teor de medida política ou econômica capaz de afetar o preço de mercadoria, bem ou serviço.

VIII - descumprir as normas relativas à celebração, fiscalização e aprovação de contas de parcerias firmadas pela administração pública com entidades privadas. *(Incluído pela Lei nº 13.019, de 2014)*

Capítulo III
Das Penas

Art. 12. Independentemente das sanções penais, civis e administrativas previstas na legislação específica, está o responsável pelo ato de improbidade sujeito às seguintes cominações, que podem ser aplicadas isolada ou cumulativamente, de acordo com a gravidade do fato: *(Redação dada pela Lei nº 12.120, de 2009)*

I - na hipótese do art. 9°, perda dos bens ou valores acrescidos ilicitamente ao patrimônio, ressarcimento integral do dano, quando houver, perda da função pública, suspensão dos direitos políticos de oito a dez anos, pagamento de multa civil de até três vezes o valor do acréscimo patrimonial e proibição de contratar com o Poder Público ou receber benefícios ou incentivos fiscais ou creditícios, direta ou indiretamente, ainda que por intermédio de pessoa jurídica da qual seja sócio majoritário, pelo prazo de dez anos;

II - na hipótese do art. 10, ressarcimento integral do dano, perda dos bens ou valores acrescidos ilicitamente ao patrimônio, se concorrer esta circunstância, perda da função pública, suspensão dos direitos políticos de cinco a oito anos, pagamento de multa civil de até duas vezes o valor do dano e proibição de contratar com o Poder Público ou receber benefícios ou incentivos fiscais ou creditícios, direta ou indiretamente, ainda que por intermédio de pessoa jurídica da qual seja sócio majoritário, pelo prazo de cinco anos;

III - na hipótese do art. 11, ressarcimento integral do dano, se houver, perda da função pública, suspensão dos direitos políticos de três a cinco anos, pagamento de multa civil de até cem vezes o valor da remuneração percebida pelo agente e proibição de contratar com o Poder Público ou receber benefícios ou incentivos fiscais ou creditícios, direta ou indiretamente, ainda que por intermédio de pessoa jurídica da qual seja sócio majoritário, pelo prazo de três anos.

Parágrafo único. Na fixação das penas previstas nesta lei o juiz levará em conta a extensão do dano causado, assim como o proveito patrimonial obtido pelo agente.

Capítulo IV
Da Declaração de Bens

Art. 13. A posse e o exercício de agente público ficam condicionados à apresentação de declaração dos bens e valores que compõem o seu patrimônio privado, a fim de ser arquivada no serviço de pessoal competente. (Regulamento)

§ 1º A declaração compreenderá imóveis, móveis, semoventes, dinheiro, títulos, ações, e qualquer outra espécie de bens e valores patrimoniais, localizado no País ou no exterior, e, quando for o caso, abrangerá os bens e valores patrimoniais do cônjuge ou companheiro, dos filhos e de outras pessoas que vivam sob a dependência econômica do declarante, excluídos apenas os objetos e utensílios de uso doméstico.

§ 2º A declaração de bens será anualmente atualizada e na data em que o agente público deixar o exercício do mandato, cargo, emprego ou função.

§ 3º Será punido com a pena de demissão, a bem do serviço público, sem prejuízo de outras sanções cabíveis, o agente público que se recusar a prestar declaração dos bens, dentro do prazo determinado, ou que a prestar falsa.

§ 4º O declarante, a seu critério, poderá entregar cópia da declaração anual de bens apresentada à Delegacia da Receita Federal na conformidade da legislação do Imposto sobre a Renda e proventos de qualquer natureza, com as necessárias atualizações, para suprir a exigência contida no caput e no § 2° deste artigo.

Capítulo V
Do Procedimento Administrativo e do Processo Judicial

Art. 14. Qualquer pessoa poderá representar à autoridade administrativa competente para que seja instaurada investigação destinada a apurar a prática de ato de improbidade.

§ 1º A representação, que será escrita ou reduzida a termo e assinada, conterá a qualificação do representante, as informações sobre o fato e sua autoria e a indicação das provas de que tenha conhecimento.

§ 2º A autoridade administrativa rejeitará a representação, em despacho fundamentado, se esta não contiver as formalidades estabelecidas no § 1º deste artigo. A rejeição não impede a representação ao Ministério Público, nos termos do art. 22 desta lei.

§ 3º Atendidos os requisitos da representação, a autoridade determinará a imediata apuração dos fatos que, em se tratando de servidores federais, será processada na forma prevista nos arts. 148 a 182 da Lei nº 8.112, de 11 de dezembro de 1990 e, em se tratando de servidor militar, de acordo com os respectivos regulamentos disciplinares.

Art. 15. A comissão processante dará conhecimento ao Ministério Público e ao Tribunal ou Conselho de Contas da existência de procedimento administrativo para apurar a prática de ato de improbidade.

Parágrafo único. O Ministério Público ou Tribunal ou Conselho de Contas poderá, a requerimento, designar representante para acompanhar o procedimento administrativo.

Art. 16. Havendo fundados indícios de responsabilidade, a comissão representará ao Ministério Público ou à procuradoria do órgão para que requeira ao juízo competente a decretação do seqüestro dos bens do agente ou terceiro que tenha enriquecido ilicitamente ou causado dano ao patrimônio público.

§ 1° O pedido de seqüestro será processado de acordo com o disposto nos arts. 822 e 825 do Código de Processo Civil.

§ 2° Quando for o caso, o pedido incluirá a investigação, o exame e o bloqueio de bens, contas bancárias e aplicações financeiras mantidas pelo indiciado no exterior, nos termos da lei e dos tratados internacionais.

Art. 17. A ação principal, que terá o rito ordinário, será proposta pelo Ministério Público ou pela pessoa jurídica interessada, dentro de trinta dias da efetivação da medida cautelar.

§ 1° É vedada a transação, acordo ou conciliação nas ações de que trata o caput.

§ 2° A Fazenda Pública, quando for o caso, promoverá as ações necessárias à complementação do ressarcimento do patrimônio público.

§ 3° No caso de a ação principal ter sido proposta pelo Ministério Público, aplica-se, no que couber, o disposto no § 3° do art. 6° da Lei n° 4.717, de 29 de junho de 1965.

§ 4° O Ministério Público, se não intervir no processo como parte, atuará obrigatoriamente, como fiscal da lei, sob pena de nulidade.

§ 5° A propositura da ação prevenirá a jurisdição do juízo para todas as ações posteriormente intentadas que possuam a mesma causa de pedir ou o mesmo objeto

§ 6° A ação será instruída com documentos ou justificação que contenham indícios suficientes da existência do ato de improbidade ou com razões fundamentadas da impossibilidade de apresentação de qualquer dessas provas, observada a legislação vigente, inclusive as disposições inscritas nos arts. 16 a 18 do Código de Processo Civil.

§ 7° Estando a inicial em devida forma, o juiz mandará autuá-la e ordenará a notificação do requerido, para oferecer manifestação por escrito, que poderá ser instruída com documentos e justificações, dentro do prazo de quinze dias.

§ 8° Recebida a manifestação, o juiz, no prazo de trinta dias, em decisão fundamentada, rejeitará a ação, se convencido da inexistência do ato de improbidade, da improcedência da ação ou da inadequação da via eleita.

§ 9° Recebida a petição inicial, será o réu citado para apresentar contestação.

§ 10. Da decisão que receber a petição inicial, caberá agravo de instrumento.

§ 11. Em qualquer fase do processo, reconhecida a inadequação da ação de improbidade, o juiz extinguirá o processo sem julgamento do mérito.

§ 12. Aplica-se aos depoimentos ou inquirições realizadas nos processos regidos por esta Lei o disposto no art. 221, **caput** e § 1°, do Código de Processo Penal.

Art. 18. A sentença que julgar procedente ação civil de reparação de dano ou decretar a perda dos bens havidos ilicitamente determinará o pagamento ou a reversão dos bens, conforme o caso, em favor da pessoa jurídica prejudicada pelo ilícito.

Capítulo VI
Das Disposições Penais

Art. 19. Constitui crime a representação por ato de improbidade contra agente público ou terceiro beneficiário, quando o autor da denúncia o sabe inocente.

Pena: detenção de seis a dez meses e multa.

Parágrafo único. Além da sanção penal, o denunciante está sujeito a indenizar o denunciado pelos danos materiais, morais ou à imagem que houver provocado.

Art. 20. A perda da função pública e a suspensão dos direitos políticos só se efetivam com o trânsito em julgado da sentença condenatória.

Parágrafo único. A autoridade judicial ou administrativa competente poderá determinar o afastamento do agente público do exercício do cargo, emprego ou função, sem prejuízo da remuneração, quando a medida se fizer necessária à instrução processual.

Art. 21. A aplicação das sanções previstas nesta lei independe:

I - da efetiva ocorrência de dano ao patrimônio público, salvo quanto à pena de ressarcimento; *(Redação dada pela Lei nº 12.120, de 2009)*

II - da aprovação ou rejeição das contas pelo órgão de controle interno ou pelo Tribunal ou Conselho de Contas.

Art. 22. Para apurar qualquer ilícito previsto nesta lei, o Ministério Público, de ofício, a requerimento de autoridade administrativa ou mediante representação formulada de acordo com o disposto no art. 14, poderá requisitar a instauração de inquérito policial ou procedimento administrativo.

Capítulo VII
Da Prescrição

Art. 23. As ações destinadas a levar a efeitos as sanções previstas nesta lei podem ser propostas:

I - até cinco anos após o término do exercício de mandato, de cargo em comissão ou de função de confiança;

II - dentro do prazo prescricional previsto em lei específica para faltas disciplinares puníveis com demissão a bem do serviço público, nos casos de exercício de cargo efetivo ou emprego.

Capítulo VIII
Das Disposições Finais

Art. 24. Esta lei entra em vigor na data de sua publicação.

Art. 25. Ficam revogadas as Leis n°s 3.164, de 1° de junho de 1957, e 3.502, de 21 de dezembro de 1958 e demais disposições em contrário.

Rio de Janeiro, 2 de junho de 1992;
171° da Independência e 104° da República.

FERNANDO COLLOR

ESQUEMATIZAÇÃO DA LEI N. 8.429, DE 2 DE JUNHO DE 1992

IMPROBIDADE NÃO É CRIME

ATO CONTRA
- administração direta ou indireta
- empresa incorporada ao patrimônio público
- entidade para cuja criação ou custeio o erário haja concorrido ou concorra com mais de 50% do patrimônio ou da receita anual
- entidade que receba subvenção, benefício ou incentivo, fiscal ou creditício, de órgão público
- entidade para cuja criação ou custeio o erário haja concorrido ou concorra com menos de 50% do patrimônio ou da receita anual

IMPROBIDADE
- ato praticado por
  - agente público
  - particular que
    - concorra
    - se beneficie
- ato
  - comissivo: de fazer
  - omissivo: de não fazer
- pode ser por
  - culpa
  - dolo
- reparação do danos e estende aos sucessores até o valor da herança recebida

TIPOS
- causam enriquecimento ilícito (art. 9)
- causam prejuízo ao erário (art. 10)
- atenta contra os princípios da Adm. (art. 11)

ENRIQUECIMENTO ILÍCITO

- receber, para si ou para outrem, dinheiro, bem móvel ou imóvel, ou qualquer outra vantagem econômica, direta ou indireta, a título de comissão, percentagem, gratificação ou presente de quem tenha interesse, direto ou indireto, que possa ser atingido ou amparado por ação ou omissão decorrente das atribuições do agente público;
- perceber vantagem econômica, direta ou indireta, para facilitar a aquisição, permuta ou locação de bem móvel ou imóvel, ou a contratação de serviços por preço superior ao valor de mercado;
- perceber vantagem econômica, direta ou indireta, para facilitar a alienação, permuta ou locação de bem público ou o fornecimento de serviço por ente estatal por preço inferior ao valor de mercado;
- utilizar, em obra ou serviço particular, veículos, máquinas, equipamentos ou material de qualquer natureza, de propriedade ou à disposição de qualquer das entidades protegidas pela lei de improbidade (art. 1°), bem como o trabalho de servidores públicos, empregados ou terceiros contratados por essas entidades;
- receber vantagem econômica de qualquer natureza, direta ou indireta, para tolerar a exploração ou a prática de jogos de azar, de lenocínio, de narcotráfico, de contrabando, de usura ou de qualquer outra atividade ilícita, ou aceitar promessa de tal vantagem;
- receber vantagem econômica de qualquer natureza, direta ou indireta, para fazer declaração falsa sobre medição ou avaliação em obras públicas ou qualquer outro serviço, ou sobre quantidade, peso, medida, qualidade ou característica de mercadorias ou bens fornecidos a qualquer das entidades mencionadas no art. 1º da lei de improbidade;
- adquirir, para si ou para outrem, no exercício de mandato, cargo, emprego ou função pública, bens de qualquer natureza cujo valor seja desproporcional à evolução do patrimônio ou à renda do agente público;
- aceitar emprego, comissão ou exercer atividade de consultoria ou assessoramento para pessoa física ou jurídica que tenha interesse suscetível de ser atingido ou amparado por ação ou omissão decorrente das atribuições do agente público, durante a atividade;
- perceber vantagem econômica para intermediar a liberação ou aplicação de verba pública de qualquer natureza;
- receber vantagem econômica de qualquer natureza, direta ou indiretamente, para omitir ato de ofício, providência ou declaração a que esteja obrigado;
- incorporar, por qualquer forma, ao seu patrimônio bens, rendas, verbas ou valores integrantes do acervo patrimonial das entidades mencionadas no art. 1° da lei de improbidade;
- usar, em proveito próprio, bens, rendas, verbas ou valores integrantes do acervo patrimonial das entidades mencionadas no art. 1° desta lei.

PREJUÍZO AO ERÁRIO

- facilitar ou concorrer por qualquer forma para a incorporação ao patrimônio particular, de pessoa física ou jurídica, de bens, rendas, verbas ou valores integrantes do acervo patrimonial das entidades mencionadas no art. 1º da lei de improbidade;
- permitir ou concorrer para que pessoa física ou jurídica privada utilize bens, rendas, verbas ou valores integrantes do acervo patrimonial das entidades mencionadas no art. 1º da lei de improbidade, sem a observância das formalidades legais ou regulamentares aplicáveis à espécie;
- doar à pessoa física ou jurídica bem como ao ente despersonalizado, ainda que de fins educativos ou assistências, bens, rendas, verbas ou valores do patrimônio de qualquer das entidades mencionadas no art. 1º da lei de improbidade, sem observância das formalidades legais e regulamentares aplicáveis à espécie;
- permitir ou facilitar a alienação, permuta ou locação de bem integrante do patrimônio de qualquer das entidades referidas no art. 1º da lei de improbidade, ou ainda a prestação de serviço por parte delas, por preço inferior ao de mercado;
- permitir ou facilitar a aquisição, permuta ou locação de bem ou serviço por preço superior ao de mercado;
- realizar operação financeira sem observância das normas legais e regulamentares ou aceitar garantia insuficiente ou inidônea;
- conceder benefício administrativo ou fiscal sem a observância das formalidades legais ou regulamentares aplicáveis à espécie;

VIII - frustrar a licitude de processo licitatório ou de processo seletivo para celebração de parcerias com entidades sem fins lucrativos, ou dispensá-los indevidamente;

IX - ordenar ou permitir a realização de despesas não autorizadas em lei ou regulamento;

X - agir negligentemente na arrecadação de tributo ou renda, bem como no que diz respeito à conservação do patrimônio público;

XI - liberar verba pública sem a estrita observância das normas pertinentes ou influir de qualquer forma para a sua aplicação irregular;

XII - permitir, facilitar ou concorrer para que terceiro se enriqueça ilicitamente;

XIII - permitir que se utilize, em obra ou serviço particular, veículos, máquinas, equipamentos ou material de qualquer natureza, de propriedade ou à disposição de qualquer das entidades mencionadas no art. 1° desta lei, bem como o trabalho de servidor público, empregados ou terceiros contratados por essas entidades.

XIV – celebrar contrato ou outro instrumento que tenha por objeto a prestação de serviços públicos por meio da gestão associada sem observar as formalidades previstas na lei; (Incluido pela Lei nº 11.107, de 2005)

XV – celebrar contrato de rateio de consórcio público sem suficiente e prévia dotação orçamentária, ou sem observar as formalidades previstas na lei. (Incluído pela Lei nº 11.107, de 2005)

XVI - facilitar ou concorrer, por qualquer forma, para a incorporação, ao patrimônio particular de pessoa física ou jurídica, de bens, rendas, verbas ou valores públicos transferidos pela administração pública a entidades privadas mediante celebração de parcerias, sem a observância das formalidades legais ou regulamentares aplicáveis à espécie;

XVII - permitir ou concorrer para que pessoa física ou jurídica privada utilize bens, rendas, verbas ou valores públicos transferidos pela administração pública a entidade privada mediante celebração de parcerias, sem a observância das formalidades legais ou regulamentares aplicáveis à espécie;

XVIII - celebrar parcerias da administração pública com entidades privadas sem a observância das formalidades legais ou regulamentares aplicáveis à espécie;

XIX - frustrar a licitude de processo seletivo para celebração de parcerias da administração pública com entidades privadas ou dispensá-lo indevidamente;

XX - agir negligentemente na celebração, fiscalização e análise das prestações de contas de parcerias firmadas pela administração pública com entidades privadas;

XXI - liberar recursos de parcerias firmadas pela administração pública com entidades privadas sem a estrita observância das normas pertinentes ou influir de qualquer forma para a sua aplicação irregular.

ATENTA CONTRA OS PRINCÍPIOS DA ADMINISTRAÇÃO

- praticar ato visando fim proibido em lei ou regulamento ou diverso daquele previsto, na regra de competência;
- retardar ou deixar de praticar, indevidamente, ato de ofício;
- revelar fato ou circunstância de que tem ciência em razão das atribuições e que deva permanecer em segredo;
- negar publicidade aos atos oficiais;
- frustrar a licitude de concurso público;
- deixar de prestar contas quando esteja obrigado a fazê-lo;
- revelar ou permitir que chegue ao conhecimento de terceiro, antes da respectiva divulgação oficial, teor de medida política ou econômica capaz de afetar o preço de mercadoria, bem ou serviço.

<u>ENRIQUECIMENTO ILÍCITO</u>

PENAS (art. 12, I)

- perda dos bens ou valores acrescidos
- perda da função pública
- ressarcimento integral do dano
- suspensão dos direitos políticos de 8 a 10 anos
- pagamento de multa civil de até 3x o valor do acréscimo patrimonial
- proibição de contratar com o Poder Público ou receber benefícios ou incentivos fiscais ou creditícios, direta ou indiretamente, ainda que por intermédio de pessoa jurídica da qual seja sócio majoritário, pelo prazo de 10 anos

<u>PREJUÍZO AO ERÁRIO</u>

PENAS (art. 12, II)

- perda dos bens ou valores acrescidos
- perda da função pública
- ressarcimento integral do dano
- suspensão dos direitos políticos de5a 8anos
- pagamento de multa civil de até 2 o valor do dano
- proibição de contratar com o Poder Público ou receber benefícios ou incentivos fiscais ou creditícios, direta ou indiretamente, ainda que por intermédio de pessoa jurídica da qual seja sócio majoritário, pelo prazo de 5 anos

<u>ATENTAM CONTRA OS PRINCIPIOS DA ADM.</u>

PENAS (art. 12, III)

- perda da função pública
- ressarcimento integral do dano
- suspensão dos direitos políticos de 3a5anos
- pagamento de multa civil de até100xo valor da remuneração percebida pelo agente público
- proibição de contratar com o Poder Público ou receber benefícios ou incentivos fiscais ou creditícios, direta ou indiretamente, ainda que por intermédio de pessoa jurídica da qual seja sócio majoritário, pelo prazo de 3 anos

DECLARAÇÃO DE BENS (ART. 13)

- quando
  - posse
  - deixar o exercício
  - anualmente
- recusa ou declaração falsa: demissão a bem do serviço público
- imóveis, móveis, semoventes, dinheiro, títulos, ações, e qualquer outra espécie de bens e valores patrimoniais, localizado no País ou no exterior

REPRESENTAÇÃO

- qualquer pessoa faz à autoridade competente
- escrita e assinada
- deve conter qualificação do representante, as informações sobre o fato e sua autoria e a indicação das provas de que tenha conhecimento
- autoridade pode rejeitar a representação que não atender as formalidades
- comissão processante deve dar ciência ao Ministério Público (MP) e ao Tribunal de Contas
- comissão deve representar ao MP para que requeira o sequestro de bens do agente

PRESCRIÇÃO

- até cinco anos após o término do exercício de mandato, de cargo em comissão ou de função de confiança
- dentro do prazo prescricional previsto em lei específica para faltas disciplinares puníveis com demissão a bem do serviço público, nos casos de exercício de cargo efetivo ou emprego

Exercícios de Concursos

01. (FCC) O servidor que praticar ato de improbidade estará sujeito às

a) cominações estabelecidas na Lei de Improbidade (Lei n. 8.429/92), que, por mais graves, afastam a aplicação de outras sanções penais ou civis.
b) cominações estabelecidas na Lei de Improbidade (Lei n. 8.429/92) e às sanções penais cabíveis, excluindo-se a incidência de outras sanções de natureza civil ou administrativa.
c) sanções administrativas, no que concerne às infrações disciplinares, e às cominações previstas na Lei de Improbidade, afastando-se apenas a aplicação de sanções penais e civis, para evitar duplicidade de penalização pelo mesmo fato.
d) sanções penais, civis e administrativas previstas na legislação e às cominações previstas na Lei de Improbidade, isolada ou cumulativamente.
e) sanções penais, civis, administrativas ou às cominações previstas na Lei de Improbidade, isoladamente e nessa ordem de preferência, como critério de gravidade.

02. (FCC) Nos termos da Lei n. 8.429/1992, dar-se-á o integral ressarcimento do dano ao erário, se houver lesão ao patrimônio público por conduta

a) comissiva ou omissiva, exclusivamente dolosa, praticada por agente público ou terceiro.
b) exclusivamente omissiva e dolosa, praticada tão somente por agente público.
c) exclusivamente comissiva e culposa, praticada por agente público ou terceiro.
d) comissiva ou omissiva, dolosa ou culposa, praticada por agente público ou terceiro.
e) exclusivamente comissiva, dolosa ou culposa, praticada tão somente por agente público.

03. (FCC) Nos termos da Lei n. 8.429/1992, praticar ato visando fim proibido em lei ou regulamento ou diverso daquele previsto na regra de competência constitui

a) ato de improbidade administrativa que atenta contra os princípios da Administração Pública.
b) mero ilícito administrativo.
c) ato de improbidade administrativa que importa enriquecimento ilícito.
d) conduta lícita, não caracterizando qualquer irregularidade.
e) ato de improbidade administrativa que causa prejuízo ao erário.

04. (FCC) Dentre as possíveis providências expressamente constantes da Lei n. 8.429/92, que cabem à autoridade administrativa responsável diante de ato de improbidade que cause lesão ao patrimônio público está

a) a obrigação de promover arrolamento cautelar de bens do indiciado para a recomposição do dano causado.
b) a faculdade de providenciar diretamente a indisponibilidade dos bens do indiciado no inquérito, mediante comunicação aos órgãos públicos oficiais.
c) a faculdade de providenciar o sequestro de bens suficientes a garantir o prejuízo apurado.
d) o dever de representar ao Ministério Público para viabilizar a indisponibilidade dos bens do indiciado.
e) o dever de, em se tratando de indiciado servidor público, colocá-lo em disponibilidade não remunerada, contingenciando-se os vencimentos para eventual ressarcimento dos danos.

A respeito da improbidade administrativa, julgue o item abaixo.

05. (CESPE) Se o suposto autor do ato alegar que não tinha conhecimento prévio da ilicitude, o ato de improbidade restará afastado, por ser o desconhecimento da norma motivo para afastá-lo.

(CESPE) Com base no disposto na Lei n. 8.429/1992, julgue os itens seguintes.

06. O servidor que estiver sendo processado judicialmente pela prática de ato de improbidade somente perderá a função pública após o trânsito em julgado da sentença condenatória.

07. As penalidades aplicadas ao servidor ou a terceiro que causar lesão ao patrimônio público são de natureza pessoal, extinguindo-se com a sua morte.

Com relação à improbidade administrativa, julgue os itens que se seguem.

08. O indivíduo que for condenado por improbidade administrativa à perda de direitos políticos não pode, enquanto perdurarem os efeitos da decisão judicial, propor ação popular.

09. A posse e o exercício de agente público em seu cargo ficam condicionados à apresentação de declaração de bens e valores que componham seu patrimônio, a fim de ser arquivada no setor de pessoal do órgão.

Gabarito

01. D **02. D** **03. A** **04. D**
05. E **06. C** **07. E** **08. C**
09. C

Direito Administrativo

12. Processo Administrativo Federal

Lei n. 9.784, de 29 de Janeiro de 1999

Regula o processo administrativo no âmbito da Administração Pública Federal.

O PRESIDENTE DA REPÚBLICA Faço saber que o Congresso Nacional decreta e eu sanciono a seguinte Lei:

CAPÍTULO I
DAS DISPOSIÇÕES GERAIS

Art. 1º Esta Lei estabelece normas básicas sobre o processo administrativo no âmbito da Administração Federal direta e indireta, visando, em especial, à proteção dos direitos dos administrados e ao melhor cumprimento dos fins da Administração.

§ 1º Os preceitos desta Lei também se aplicam aos órgãos dos Poderes Legislativo e Judiciário da União, quando no desempenho de função administrativa.

§ 2º Para os fins desta Lei, consideram-se:

I - órgão - a unidade de atuação integrante da estrutura da Administração direta e da estrutura da Administração indireta;

II - entidade - a unidade de atuação dotada de personalidade jurídica;

III - autoridade - o servidor ou agente público dotado de poder de decisão.

Art. 2º A Administração Pública obedecerá, dentre outros, aos princípios da legalidade, finalidade, motivação, razoabilidade, proporcionalidade, moralidade, ampla defesa, contraditório, segurança jurídica, interesse público e eficiência.

Parágrafo único. Nos processos administrativos serão observados, entre outros, os critérios de:

I - atuação conforme a lei e o Direito;

II - atendimento a fins de interesse geral, vedada a renúncia total ou parcial de poderes ou competências, salvo autorização em lei;

III - objetividade no atendimento do interesse público, vedada a promoção pessoal de agentes ou autoridades;

IV - atuação segundo padrões éticos de probidade, decoro e boa-fé;

V - divulgação oficial dos atos administrativos, ressalvadas as hipóteses de sigilo previstas na Constituição;

VI - adequação entre meios e fins, vedada a imposição de obrigações, restrições e sanções em medida superior àquelas estritamente necessárias ao atendimento do interesse público;

VII - indicação dos pressupostos de fato e de direito que determinarem a decisão;

VIII – observância das formalidades essenciais à garantia dos direitos dos administrados;

IX - adoção de formas simples, suficientes para propiciar adequado grau de certeza, segurança e respeito aos direitos dos administrados;

X - garantia dos direitos à comunicação, à apresentação de alegações finais, à produção de provas e à interposição de recursos, nos processos de que possam resultar sanções e nas situações de litígio;

XI - proibição de cobrança de despesas processuais, ressalvadas as previstas em lei;

XII - impulsão, de ofício, do processo administrativo, sem prejuízo da atuação dos interessados;

XIII - interpretação da norma administrativa da forma que melhor garanta o atendimento do fim público a que se dirige, vedada aplicação retroativa de nova interpretação.

CAPÍTULO II
DOS DIREITOS DOS ADMINISTRADOS

Art. 3º O administrado tem os seguintes direitos perante a Administração, sem prejuízo de outros que lhe sejam assegurados:

I - ser tratado com respeito pelas autoridades e servidores, que deverão facilitar o exercício de seus direitos e o cumprimento de suas obrigações;

II - ter ciência da tramitação dos processos administrativos em que tenha a condição de interessado, ter vista dos autos, obter cópias de documentos neles contidos e conhecer as decisões proferidas;

III - formular alegações e apresentar documentos antes da decisão, os quais serão objeto de consideração pelo órgão competente;

IV - fazer-se assistir, facultativamente, por advogado, salvo quando obrigatória a representação, por força de lei.

CAPÍTULO III
DOS DEVERES DO ADMINISTRADO

Art. 4º São deveres do administrado perante a Administração, sem prejuízo de outros previstos em ato normativo:

I - expor os fatos conforme a verdade;

II - proceder com lealdade, urbanidade e boa-fé;

III - não agir de modo temerário;

IV - prestar as informações que lhe forem solicitadas e colaborar para o esclarecimento dos fatos.

CAPÍTULO IV
DO INÍCIO DO PROCESSO

Art. 5º O processo administrativo pode iniciar-se de ofício ou a pedido de interessado.

Art. 6º O requerimento inicial do interessado, salvo casos em que for admitida solicitação oral, deve ser formulado por escrito e conter os seguintes dados:

I - órgão ou autoridade administrativa a que se dirige;

II - identificação do interessado ou de quem o represente;

III - domicílio do requerente ou local para recebimento de comunicações;
IV - formulação do pedido, com exposição dos fatos e de seus fundamentos;
V - data e assinatura do requerente ou de seu representante.
Parágrafo único. É vedada à Administração a recusa imotivada de recebimento de documentos, devendo o servidor orientar o interessado quanto ao suprimento de eventuais falhas.
Art. 7º Os órgãos e entidades administrativas deverão elaborar modelos ou formulários padronizados para assuntos que importem pretensões equivalentes.
Art. 8º Quando os pedidos de uma pluralidade de interessados tiverem conteúdo e fundamentos idênticos, poderão ser formulados em um único requerimento, salvo preceito legal em contrário.

CAPÍTULO V
DOS INTERESSADOS

Art. 9º São legitimados como interessados no processo administrativo:
I - pessoas físicas ou jurídicas que o iniciem como titulares de direitos ou interesses individuais ou no exercício do direito de representação;
II - aqueles que, sem terem iniciado o processo, têm direitos ou interesses que possam ser afetados pela decisão a ser adotada;
III - as organizações e associações representativas, no tocante a direitos e interesses coletivos;
IV - as pessoas ou as associações legalmente constituídas quanto a direitos ou interesses difusos.
Art. 10. São capazes, para fins de processo administrativo, os maiores de dezoito anos, ressalvada previsão especial em ato normativo próprio.

CAPÍTULO VI
DA COMPETÊNCIA

Art. 11. A competência é irrenunciável e se exerce pelos órgãos administrativos a que foi atribuída como própria, salvo os casos de delegação e avocação legalmente admitidos.
Art. 12. Um órgão administrativo e seu titular poderão, se não houver impedimento legal, delegar parte da sua competência a outros órgãos ou titulares, ainda que estes não lhe sejam hierarquicamente subordinados, quando for conveniente, em razão de circunstâncias de índole técnica, social, econômica, jurídica ou territorial.
Parágrafo único. O disposto no *caput* deste artigo aplica-se à delegação de competência dos órgãos colegiados aos respectivos presidentes.
Art. 13. Não podem ser objeto de delegação:
I - a edição de atos de caráter normativo;
II - a decisão de recursos administrativos;
III - as matérias de competência exclusiva do órgão ou autoridade.
Art. 14. O ato de delegação e sua revogação deverão ser publicados no meio oficial.
§ 1º O ato de delegação especificará as matérias e poderes transferidos, os limites da atuação do delegado, a duração e os objetivos da delegação e o recurso cabível, podendo conter ressalva de exercício da atribuição delegada.
§ 2º O ato de delegação é revogável a qualquer tempo pela autoridade delegante.
§ 3º As decisões adotadas por delegação devem mencionar explicitamente esta qualidade e considerar-se-ão editadas pelo delegado.
Art. 15. Será permitida, em caráter excepcional e por motivos relevantes devidamente justificados, a avocação temporária de competência atribuída a órgão hierarquicamente inferior.
Art. 16. Os órgãos e entidades administrativas divulgarão publicamente os locais das respectivas sedes e, quando conveniente, a unidade fundacional competente em matéria de interesse especial.
Art. 17. Inexistindo competência legal específica, o processo administrativo deverá ser iniciado perante a autoridade de menor grau hierárquico para decidir.

CAPÍTULO VII
DOS IMPEDIMENTOS E DA SUSPEIÇÃO

Art. 18. É impedido de atuar em processo administrativo o servidor ou autoridade que:
I - tenha interesse direto ou indireto na matéria;
II - tenha participado ou venha a participar como perito, testemunha ou representante, ou se tais situações ocorrem quanto ao cônjuge, companheiro ou parente e afins até o terceiro grau;
III - esteja litigando judicial ou administrativamente com o interessado ou respectivo cônjuge ou companheiro.
Art. 19. A autoridade ou servidor que incorrer em impedimento deve comunicar o fato à autoridade competente, abstendo-se de atuar.
Parágrafo único. A omissão do dever de comunicar o impedimento constitui falta grave, para efeitos disciplinares.
Art. 20. Pode ser argüida a suspeição de autoridade ou servidor que tenha amizade íntima ou inimizade notória com algum dos interessados ou com os respectivos cônjuges, companheiros, parentes e afins até o terceiro grau.
Art. 21. O indeferimento de alegação de suspeição poderá ser objeto de recurso, sem efeito suspensivo.

CAPÍTULO VIII
DA FORMA, TEMPO E LUGAR DOS ATOS DO PROCESSO

Art. 22. Os atos do processo administrativo não dependem de forma determinada senão quando a lei expressamente a exigir.
§ 1º Os atos do processo devem ser produzidos por escrito, em vernáculo, com a data e o local de sua realização e a assinatura da autoridade responsável.

§ 2º Salvo imposição legal, o reconhecimento de firma somente será exigido quando houver dúvida de autenticidade.
§ 3º A autenticação de documentos exigidos em cópia poderá ser feita pelo órgão administrativo.
§ 4º O processo deverá ter suas páginas numeradas seqüencialmente e rubricadas.
Art. 23. Os atos do processo devem realizar-se em dias úteis, no horário normal de funcionamento da repartição na qual tramitar o processo.
Parágrafo único. Serão concluídos depois do horário normal os atos já iniciados, cujo adiamento prejudique o curso regular do procedimento ou cause dano ao interessado ou à Administração.
Art. 24. Inexistindo disposição específica, os atos do órgão ou autoridade responsável pelo processo e dos administrados que dele participem devem ser praticados no prazo de cinco dias, salvo motivo de força maior.
Parágrafo único. O prazo previsto neste artigo pode ser dilatado até o dobro, mediante comprovada justificação.
Art. 25. Os atos do processo devem realizar-se preferencialmente na sede do órgão, cientificando-se o interessado se outro for o local de realização.

CAPÍTULO IX
DA COMUNICAÇÃO DOS ATOS

Art. 26. O órgão competente perante o qual tramita o processo administrativo determinará a intimação do interessado para ciência de decisão ou a efetivação de diligências.
§ 1º A intimação deverá conter:
I - identificação do intimado e nome do órgão ou entidade administrativa;
II - finalidade da intimação;
III - data, hora e local em que deve comparecer;
IV - se o intimado deve comparecer pessoalmente, ou fazer-se representar;
V - informação da continuidade do processo independentemente do seu comparecimento;
VI - indicação dos fatos e fundamentos legais pertinentes.
§ 2º A intimação observará a antecedência mínima de três dias úteis quanto à data de comparecimento.
§ 3º A intimação pode ser efetuada por ciência no processo, por via postal com aviso de recebimento, por telegrama ou outro meio que assegure a certeza da ciência do interessado.
§ 4º No caso de interessados indeterminados, desconhecidos ou com domicílio indefinido, a intimação deve ser efetuada por meio de publicação oficial.
§ 5º As intimações serão nulas quando feitas sem observância das prescrições legais, mas o comparecimento do administrado supre sua falta ou irregularidade.
Art. 27. O desatendimento da intimação não importa o reconhecimento da verdade dos fatos, nem a renúncia a direito pelo administrado.
Parágrafo único. No prosseguimento do processo, será garantido direito de ampla defesa ao interessado.
Art. 28. Devem ser objeto de intimação os atos do processo que resultem para o interessado em imposição de deveres, ônus, sanções ou restrição ao exercício de direitos e atividades e os atos de outra natureza, de seu interesse.

CAPÍTULO X
DA INSTRUÇÃO

Art. 29. As atividades de instrução destinadas a averiguar e comprovar os dados necessários à tomada de decisão realizam-se de ofício ou mediante impulsão do órgão responsável pelo processo, sem prejuízo do direito dos interessados de propor atuações probatórias.
§ 1º O órgão competente para a instrução fará constar dos autos os dados necessários à decisão do processo.
§ 2º Os atos de instrução que exijam a atuação dos interessados devem realizar-se do modo menos oneroso para estes.
Art. 30. São inadmissíveis no processo administrativo as provas obtidas por meios ilícitos.
Art. 31. Quando a matéria do processo envolver assunto de interesse geral, o órgão competente poderá, mediante despacho motivado, abrir período de consulta pública para manifestação de terceiros, antes da decisão do pedido, se não houver prejuízo para a parte interessada.
§ 1º A abertura da consulta pública será objeto de divulgação pelos meios oficiais, a fim de que pessoas físicas ou jurídicas possam examinar os autos, fixando-se prazo para oferecimento de alegações escritas.
§ 2º O comparecimento à consulta pública não confere, por si, a condição de interessado do processo, mas confere o direito de obter da Administração resposta fundamentada, que poderá ser comum a todas as alegações substancialmente iguais.
Art. 32. Antes da tomada de decisão, a juízo da autoridade, diante da relevância da questão, poderá ser realizada audiência pública para debates sobre a matéria do processo.
Art. 33. Os órgãos e entidades administrativas, em matéria relevante, poderão estabelecer outros meios de participação de administrados, diretamente ou por meio de organizações e associações legalmente reconhecidas.
Art. 34. Os resultados da consulta e audiência pública e de outros meios de participação de administrados deverão ser apresentados com a indicação do procedimento adotado.
Art. 35. Quando necessária à instrução do processo, a audiência de outros órgãos ou entidades administrativas poderá ser realizada em reunião conjunta, com a participação de titulares ou representantes dos órgãos competentes, lavrando-se a respectiva ata, a ser juntada aos autos.
Art. 36. Cabe ao interessado a prova dos fatos que tenha alegado, sem prejuízo do dever atribuído ao órgão competente para a instrução e do disposto no art. 37 desta Lei.
Art. 37. Quando o interessado declarar que fatos e dados estão registrados em documentos existentes na própria Administração responsável pelo processo ou em

outro órgão administrativo, o órgão competente para a instrução proverá, de ofício, à obtenção dos documentos ou das respectivas cópias.

Art. 38. O interessado poderá, na fase instrutória e antes da tomada da decisão, juntar documentos e pareceres, requerer diligências e perícias, bem como aduzir alegações referentes à matéria objeto do processo.

§ 1º Os elementos probatórios deverão ser considerados na motivação do relatório e da decisão.

§ 2º Somente poderão ser recusadas, mediante decisão fundamentada, as provas propostas pelos interessados quando sejam ilícitas, impertinentes, desnecessárias ou protelatórias.

Art. 39. Quando for necessária a prestação de informações ou a apresentação de provas pelos interessados ou terceiros, serão expedidas intimações para esse fim, mencionando-se data, prazo, forma e condições de atendimento.

Parágrafo único. Não sendo atendida a intimação, poderá o órgão competente, se entender relevante a matéria, suprir de ofício a omissão, não se eximindo de proferir a decisão.

Art. 40. Quando dados, atuações ou documentos solicitados ao interessado forem necessários à apreciação de pedido formulado, o não atendimento no prazo fixado pela Administração para a respectiva apresentação implicará arquivamento do processo.

Art. 41. Os interessados serão intimados de prova ou diligência ordenada, com antecedência mínima de três dias úteis, mencionando-se data, hora e local de realização.

Art. 42. Quando deva ser obrigatoriamente ouvido um órgão consultivo, o parecer deverá ser emitido no prazo máximo de quinze dias, salvo norma especial ou comprovada necessidade de maior prazo.

§ 1º Se um parecer obrigatório e vinculante deixar de ser emitido no prazo fixado, o processo não terá seguimento até a respectiva apresentação, responsabilizando-se quem der causa ao atraso.

§ 2º Se um parecer obrigatório e não vinculante deixar de ser emitido no prazo fixado, o processo poderá ter prosseguimento e ser decidido com sua dispensa, sem prejuízo da responsabilidade de quem se omitiu no atendimento.

Art. 43. Quando por disposição de ato normativo devam ser previamente obtidos laudos técnicos de órgãos administrativos e estes não cumprirem o encargo no prazo assinalado, o órgão responsável pela instrução deverá solicitar laudo técnico de outro órgão dotado de qualificação e capacidade técnica equivalentes.

Art. 44. Encerrada a instrução, o interessado terá o direito de manifestar-se no prazo máximo de dez dias, salvo se outro prazo for legalmente fixado.

Art. 45. Em caso de risco iminente, a Administração Pública poderá motivadamente adotar providências acauteladoras sem a prévia manifestação do interessado.

Art. 46. Os interessados têm direito à vista do processo e a obter certidões ou cópias reprográficas dos dados e documentos que o integram, ressalvados os dados e documentos de terceiros protegidos por sigilo ou pelo direito à privacidade, à honra e à imagem.

Art. 47. O órgão de instrução que não for competente para emitir a decisão final elaborará relatório indicando o pedido inicial, o conteúdo das fases do procedimento e formulará proposta de decisão, objetivamente justificada, encaminhando o processo à autoridade competente.

CAPÍTULO XI
DO DEVER DE DECIDIR

Art. 48. A Administração tem o dever de explicitamente emitir decisão nos processos administrativos e sobre solicitações ou reclamações, em matéria de sua competência.

Art. 49. Concluída a instrução de processo administrativo, a Administração tem o prazo de até trinta dias para decidir, salvo prorrogação por igual período expressamente motivada.

CAPÍTULO XII
DA MOTIVAÇÃO

Art. 50. Os atos administrativos deverão ser motivados, com indicação dos fatos e dos fundamentos jurídicos, quando:

I - neguem, limitem ou afetem direitos ou interesses;

II - imponham ou agravem deveres, encargos ou sanções;

III - decidam processos administrativos de concurso ou seleção pública;

IV - dispensem ou declarem a inexigibilidade de processo licitatório;

V - decidam recursos administrativos;

VI - decorram de reexame de ofício;

VII - deixem de aplicar jurisprudência firmada sobre a questão ou discrepem de pareceres, laudos, propostas e relatórios oficiais;

VIII - importem anulação, revogação, suspensão ou convalidação de ato administrativo.

§ 1º A motivação deve ser explícita, clara e congruente, podendo consistir em declaração de concordância com fundamentos de anteriores pareceres, informações, decisões ou propostas, que, neste caso, serão parte integrante do ato.

§ 2º Na solução de vários assuntos da mesma natureza, pode ser utilizado meio mecânico que reproduza os fundamentos das decisões, desde que não prejudique direito ou garantia dos interessados.

§ 3º A motivação das decisões de órgãos colegiados e comissões ou de decisões orais constará da respectiva ata ou de termo escrito.

CAPÍTULO XIII
DA DESISTÊNCIA E OUTROS CASOS DE EXTINÇÃO DO PROCESSO

Art. 51. O interessado poderá, mediante manifestação escrita, desistir total ou parcialmente do pedido formulado ou, ainda, renunciar a direitos disponíveis.

§ 1º Havendo vários interessados, a desistência ou renúncia atinge somente quem a tenha formulado.

§ 2º A desistência ou renúncia do interessado, conforme o caso, não prejudica o prosseguimento do processo, se a Administração considerar que o interesse público assim o exige.

Art. 52. O órgão competente poderá declarar extinto o processo quando exaurida sua finalidade ou o objeto da decisão se tornar impossível, inútil ou prejudicado por fato superveniente.

CAPÍTULO XIV
DA ANULAÇÃO, REVOGAÇÃO E CONVALIDAÇÃO

Art. 53. A Administração deve anular seus próprios atos, quando eivados de vício de legalidade, e pode revogá-los por motivo de conveniência ou oportunidade, respeitados os direitos adquiridos.

Art. 54. O direito da Administração de anular os atos administrativos de que decorram efeitos favoráveis para os destinatários decai em cinco anos, contados da data em que foram praticados, salvo comprovada má-fé.

§ 1º No caso de efeitos patrimoniais contínuos, o prazo de decadência contar-se-á da percepção do primeiro pagamento.

§ 2º Considera-se exercício do direito de anular qualquer medida de autoridade administrativa que importe impugnação à validade do ato.

Art. 55. Em decisão na qual se evidencie não acarretarem lesão ao interesse público nem prejuízo a terceiros, os atos que apresentarem defeitos sanáveis poderão ser convalidados pela própria Administração.

CAPÍTULO XV
DO RECURSO ADMINISTRATIVO E DA REVISÃO

Art. 56. Das decisões administrativas cabe recurso, em face de razões de legalidade e de mérito.

§ 1º O recurso será dirigido à autoridade que proferiu a decisão, a qual, se não a reconsiderar no prazo de cinco dias, o encaminhará à autoridade superior.

§ 2º Salvo exigência legal, a interposição de recurso administrativo independe de caução.

§ 3º Se o recorrente alegar que a decisão administrativa contraria enunciado da súmula vinculante, caberá à autoridade prolatora da decisão impugnada, se não a reconsiderar, explicitar, antes de encaminhar o recurso à autoridade superior, as razões da aplicabilidade ou inaplicabilidade da súmula, conforme o caso. *(Incluído pela Lei nº 11.417, de 2006).*

Art. 57. O recurso administrativo tramitará no máximo por três instâncias administrativas, salvo disposição legal diversa.

Art. 58. Têm legitimidade para interpor recurso administrativo:

I - os titulares de direitos e interesses que forem parte no processo;

II - aqueles cujos direitos ou interesses forem indiretamente afetados pela decisão recorrida;

III - as organizações e associações representativas, no tocante a direitos e interesses coletivos;

IV - os cidadãos ou associações, quanto a direitos ou interesses difusos.

Art. 59. Salvo disposição legal específica, é de dez dias o prazo para interposição de recurso administrativo, contado a partir da ciência ou divulgação oficial da decisão recorrida.

§ 1º Quando a lei não fixar prazo diferente, o recurso administrativo deverá ser decidido no prazo máximo de trinta dias, a partir do recebimento dos autos pelo órgão competente.

§ 2º O prazo mencionado no parágrafo anterior poderá ser prorrogado por igual período, ante justificativa explícita.

Art. 60. O recurso interpõe-se por meio de requerimento no qual o recorrente deverá expor os fundamentos do pedido de reexame, podendo juntar os documentos que julgar convenientes.

Art. 61. Salvo disposição legal em contrário, o recurso não tem efeito suspensivo.

Parágrafo único. Havendo justo receio de prejuízo de difícil ou incerta reparação decorrente da execução, a autoridade recorrida ou a imediatamente superior poderá, de ofício ou a pedido, dar efeito suspensivo ao recurso.

Art. 62. Interposto o recurso, o órgão competente para dele conhecer deverá intimar os demais interessados para que, no prazo de cinco dias úteis, apresentem alegações.

Art. 63. O recurso não será conhecido quando interposto:

I - fora do prazo;

II - perante órgão incompetente;

III - por quem não seja legitimado;

IV - após exaurida a esfera administrativa.

§ 1º Na hipótese do inciso II, será indicada ao recorrente a autoridade competente, sendo-lhe devolvido o prazo para recurso.

§ 2º O não conhecimento do recurso não impede a Administração de rever de ofício o ato ilegal, desde que não ocorrida preclusão administrativa.

Art. 64. O órgão competente para decidir o recurso poderá confirmar, modificar, anular ou revogar, total ou parcialmente, a decisão recorrida, se a matéria for de sua competência.

Parágrafo único. Se da aplicação do disposto neste artigo puder decorrer gravame à situação do recorrente, este deverá ser cientificado para que formule suas alegações antes da decisão.

Art. 64-A. Se o recorrente alegar violação de enunciado da súmula vinculante, o órgão competente para decidir o recurso explicitará as razões da aplicabilidade ou inaplicabilidade da súmula, conforme o caso. *(Incluído pela Lei nº 11.417, de 2006).*

Art. 64-B. Acolhida pelo Supremo Tribunal Federal a reclamação fundada em violação de enunciado da súmula vinculante, dar-se-á ciência à autoridade prolatora e ao órgão competente para o julgamento do recurso, que deverão adequar as futuras decisões administrativas em casos semelhantes, sob pena de responsabilização pessoal nas esferas cível, administrativa e penal. *(Incluído pela Lei nº 11.417, de 2006).*

Art. 65. Os processos administrativos de que resultem sanções poderão ser revistos, a qualquer tempo, a pedido ou de ofício, quando surgirem fatos novos ou circunstâncias relevantes suscetíveis de justificar a inadequação da sanção aplicada.
Parágrafo único. Da revisão do processo não poderá resultar agravamento da sanção.

CAPÍTULO XVI
DOS PRAZOS

Art. 66. Os prazos começam a correr a partir da data da cientificação oficial, excluindo-se da contagem o dia do começo e incluindo-se o do vencimento.
§ 1º Considera-se prorrogado o prazo até o primeiro dia útil seguinte se o vencimento cair em dia em que não houver expediente ou este for encerrado antes da hora normal.
§2º Os prazos expressos em dias contam-se de modo contínuo.
§ 3º Os prazos fixados em meses ou anos contam-se de data a data. Se no mês do vencimento não houver o dia equivalente àquele do início do prazo, tem-se como termo o último dia do mês.
Art. 67. Salvo motivo de força maior devidamente comprovado, os prazos processuais não se suspendem.

CAPÍTULO XVII
DAS SANÇÕES

Art. 68. As sanções, a serem aplicadas por autoridade competente, terão natureza pecuniária ou consistirão em obrigação de fazer ou de não fazer, assegurado sempre o direito de defesa.

CAPÍTULO XVIII
DAS DISPOSIÇÕES FINAIS

Art. 69. Os processos administrativos específicos continuarão a reger-se por lei própria, aplicando-se-lhes apenas subsidiariamente os preceitos desta Lei.
Art. 69-A. Terão prioridade na tramitação, em qualquer órgão ou instância, os procedimentos administrativos em que figure como parte ou interessado: *(Incluído pela Lei nº 12.008, de 2009).*
I - pessoa com idade igual ou superior a 60 (sessenta) anos; *(Incluído pela Lei nº 12.008, de 2009).*
II - pessoa portadora de deficiência, física ou mental; *(Incluído pela Lei nº 12.008, de 2009).*
III – (VETADO) *(Incluído pela Lei nº 12.008, de 2009).*
IV - pessoa portadora de tuberculose ativa, esclerose múltipla, neoplasia maligna, hanseníase, paralisia irreversível e incapacitante, cardiopatia grave, doença de Parkinson, espondiloartrose anquilosante, nefropatia grave, hepatopatia grave, estados avançados da doença de Paget (osteíte deformante), contaminação por radiação, síndrome de imunodeficiência adquirida, ou outra doença grave, com base em conclusão da medicina especializada, mesmo que a doença tenha sido contraída após o início do processo. *(Incluído pela Lei nº 12.008, de 2009).*
§ 1º A pessoa interessada na obtenção do benefício, juntando prova de sua condição, deverá requerê-lo à autoridade administrativa competente, que determinará as providências a serem cumpridas. *(Incluído pela Lei nº 12.008, de 2009).*
§ 2º Deferida a prioridade, os autos receberão identificação própria que evidencie o regime de tramitação prioritária. *(Incluído pela Lei nº 12.008, de 2009).*
§ 3º *(VETADO) (Incluído pela Lei nº 12.008, de 2009).*
§ 4º *(VETADO) (Incluído pela Lei nº 12.008, de 2009).*
Art. 70. Esta Lei entra em vigor na data de sua publicação.

Brasília 29 de janeiro de 1999;
178º da Independência e 111º da República.

FERNANDO HENRIQUE CARDOSO

Súmulas Aplicáveis

STJ

467. Prescreve em cinco anos, contados do término do processo administrativo, a pretensão da Administração Pública de promover a execução da multa por infração ambiental.

373. É ilegítima a exigência de depósito prévio para admissibilidade de recurso administrativo.

ESQUEMATIZAÇÃO DA LEI N. 9.784, DE 29 DE JANEIRO DE 1999

Princípios

- Legalidade
- Finalidade
- Motivação
- Razoabilidade
- Proporcionalidade
- Moralidade
- ampla defesa
- Contraditório
- segurança jurídica
- interesse público
- eficiência

Critérios

- atuação conforme a lei e o Direito;
- atendimento a fins de interesse geral, vedada a renúncia total ou parcial de poderes ou competências, salvo autorização em lei;
- objetividade no atendimento do interesse público, vedada a promoção pessoal de agentes ou autoridades;
- atuação segundo padrões éticos de probidade, decoro e boa-fé;
- divulgação oficial dos atos administrativos, ressalvadas as hipóteses de sigilo previstas na Constituição;
- adequação entre meios e fins, vedada a imposição de obrigações, restrições e sanções em medida superior àquelas estritamente necessárias ao atendimento do interesse público;
- indicação dos pressupostos de fato e de direito que determinarem a decisão;
- observância das formalidades essenciais à garantia dos direitos dos administrados;
- adoção de formas simples, suficientes para propiciar adequado grau de certeza, segurança e respeito aos direitos dos administrados;
- garantia dos direitos à comunicação, à apresentação de alegações finais, à produção de provas e à interposição de recursos, nos processos de que possam resultar sanções e nas situações de litígio;
- proibição de cobrança de despesas processuais, ressalvadas as previstas em lei;
- impulsão, de ofício, do processo administrativo, sem prejuízo da atuação dos interessados;
- interpretação da norma administrativa da forma que melhor garanta o atendimento do fim público a que se dirige, vedada aplicação retroativa de nova interpretação.

DIREITOS DOS ADMINISTRADOS

- ser tratado com respeito pelas autoridades e servidores, que deverão facilitar o exercício de seus direitos e o cumprimento de suas obrigações;
- ter ciência da tramitação dos processos administrativos em que tenha a condição de interessado, ter vista dos autos, obter cópias de documentos neles contidos e conhecer as decisões proferidas;
- formular alegações e apresentar documentos antes da decisão, os quais serão objeto de consideração pelo órgão competente;
- fazer-se assistir, facultativamente, por advogado, salvo quando obrigatória a representação, por força de lei.

DEVERES DOS ADMINISTRADOS

- expor os fatos conforme a verdade;
- proceder com lealdade, urbanidade e boa-fé;
- não agir de modo temerário;
- prestar as informações que lhe forem solicitadas e colaborar para o esclarecimento dos fatos

INÍCIO

- OFÍCIO
- A PEDIDO

REQUERIMENTO DEVE CONTER

- órgão ou autoridade administrativa a que se dirige;
- identificação do interessado ou de quem o represente;
- domicílio do requerente ou local para recebimento de comunicações;
- formulação do pedido, com exposição dos fatos e de seus fundamentos;

INTERESSADOS NO PROCESSO

- pessoas físicas ou jurídicas que o iniciem como titulares de direitos ou interesses individuais ou no exercício do direito de representação;
- aqueles que, sem terem iniciado o processo, têm direitos ou interesses que possam ser afetados pela decisão a ser adotada;
- organizações e associações representativas, no tocante a direitos e interesses coletivos;
- Pessoas ou as associações legalmente constituídas quanto a direitos ou interesses difusos.

COMPETÊNCIA

- é irrenunciável e se exerce pelos órgãos administrativos a que foi atribuída como própria, salvo os casos de delegação e avocação legalmente admitidos.
- Um órgão administrativo e seu titular poderão, se não houver impedimento legal, delegar parte da sua competência a outros órgãos ou titulares, ainda que estes não lhe sejam hierarquicamente subordinados, quando for conveniente, em razão de circunstâncias de índole técnica, social, econômica, jurídica ou territorial.

DELEGAÇÃO

- e sua revogação deverão ser publicados no meio oficial.
- especificará as matérias e poderes transferidos, os limites da atuação do delegado, a duração e os objetivos da delegação e o recurso cabível, podendo conter ressalva de exercício da atribuição delegada.
- é revogável a qualquer tempo pela autoridade delegante.
- as decisões adotadas por delegação devem mencionar explicitamente esta qualidade e considerar-se-ão editadas pelo delegado.
- não pode ser delegada
  - edição de atos de caráter normativo;
  - decisão de recursos administrativos;
  - as matérias de competência exclusiva do órgão ou autoridade.

IMPEDIMENTO

- quem tenha interesse direto ou indireto na matéria;
- quem tenha participado ou venha a participar como perito, testemunha ou representante, ou se tais situações ocorrem quanto ao cônjuge, companheiro ou parente e afins até o terceiro grau;
- quem esteja litigando judicial ou administrativamente com o interessado ou respectivo cônjuge ou companheiro.

SUSPEIÇÃO

- amizade íntima
- inimizade notória

com

- cônjuges
- companheiros
- parentese afins até o3° grau

INTIMAÇÃO

Art. 26

- deve conter
  - identificação do intimado e nome do órgão ou entidade administrativa;
  - finalidade da intimação;
  - data, hora e local em que deve comparecer;
  - se o intimado deve comparecer pessoalmente, ou fazer-se representar;
  - informação da continuidade do processo independentemente do seu comparecimento;
  - indicação dos fatos e fundamentos legais pertinentes.
- observará a antecedência mínima de 3 dias úteis quanto à data de comparecimento
- pode ser efetuada por ciência no processo, por via postal com aviso de recebimento, por telegrama ou outro meio que assegure a certeza da ciência do interessado.

INSTRUÇÃO

- mediante impulsão do órgão responsável pelo processo
- inadmissíveis no processo administrativo as provas obtidas por meios ilícitos.
- quando necessária à instrução do processo, a audiência de outros órgãos ou entidades administrativas poderá ser realizada em reunião conjunta, com a participação de titulares ou representantes dos órgãos competentes, lavrando-se a respectiva ata, a ser juntada aos autos.
- cabe ao interessado a prova dos fatos que tenha alegado, sem prejuízo do dever atribuído ao órgão competente para a instrução e do disposto no art. 37 desta Lei.
- o interessado poderá, na fase instrutória e antes da tomada da decisão, juntar documentos e pareceres, requerer diligências e perícias, bem como aduzir alegações referentes à matéria objeto do processo.
- somente poderão ser recusadas, mediante decisão fundamentada, as provas propostas pelos interessados quando sejam ilícitas, impertinentes, desnecessárias ou protelatórias.

MOTIVAÇÃO QUANDO

- neguem, limitem ou afetem direitos ou interesses;
- imponham ou agravem deveres, encargos ou sanções;
- decidam processos administrativos de concurso ou seleção pública;
- dispensem ou declarem a inexigibilidade de processo licitatório;
- decidam recursos administrativos;
- decorram de reexame de ofício;
- deixem de aplicar jurisprudência firmada sobre a questão ou discrepem de pareceres, laudos, propostas e relatórios oficiais;
- importem anulação, revogação, suspensão ou convalidação de ato administrativo.

EXTINÇÃO

- DESISTÊNCIA
  - por escrito
  - havendo vários interessados, a desistência ou renúncia atinge somente quem a tenha formulado.
  - conforme o caso, não prejudica o prosseguimento do processo, se a Administração considerar que o interesse público assim o exige.
- quando exaurida sua finalidade ou o objeto da decisão se tornar impossível, inútil ou prejudicado por fato superveniente.

ANULAÇÃO

- motivo: ilegalidade
- prazo: o direito da Administração de anular os atos administrativos de que decorram efeitos favoráveis para os destinatários decai em cinco anos, contados da data em que foram praticados, salvo comprovada má-fé.
- Convalidação: em decisão na qual se evidencie não acarretarem lesão ao interesse público nem prejuízo a terceiros, os atos que apresentarem defeitos sanáveis poderão ser convalidados pela própria Administração.

RECURSO

- será dirigido à autoridade que proferiu a decisão, a qual, se não a reconsiderar no prazo de 5dias, o encaminhará à autoridade superior.
- tramitará no máximo por 3 instâncias administrativas, salvo disposição legal diversa.
- salvo disposição legal específica, é de10dias o prazo para interposição de recurso administrativo (contado a partir da ciência ou divulgação oficial da decisão recorrida)
- quando a lei não fixar prazo diferente, o recurso administrativo deverá ser decidido no prazo máximo de30dias, a partir do recebimento dos autos pelo órgão competente (prorrogável) por igual período
- salvo disposição legal em contrário, o recurso não tem efeito suspensivo.

RECURSO

- legitimidade
  - titulares de direitos e interesses que forem parte no processo
  - aqueles cujos direitos ou interesses forem indiretamente afetados pela decisão recorrida;
  - organizações e associações representativas, no tocante a direitos e interesses coletivos;
  - cidadãos ou associações, quanto a direitos ou interesses difusos.
- não será conhecido quando
  - fora do prazo;
  - perante órgão incompetente;
  - por quem não seja legitimado;
  - após exaurida a esfera administrativa.

PRAZOS

- começam a correr a partir da data da cientificação oficial, excluindo-se da contagem o dia do começo e incluindo-se o do vencimento.
- considera-se prorrogado o prazo até o primeiro dia útil seguinte se o vencimento cair em dia em que não houver expediente ou este for encerrado antes da hora normal.
- expressos em dias contam-se de modo contínuo.
- fixados em meses ou anos contam-se de data a data. Se no mês do vencimento não houver o dia equivalente àquele do início do prazo, tem-se como termo o último dia do mês.
- Salvo motivo de força maior devidamente comprovado, os prazos processuais não se suspendem.

Exercícios de Concursos

01. (FCC) Claudio é parte em determinado processo administrativo, sendo seus direitos atingidos por decisão administrativa proferida pela Administração Pública Federal. Contra a referida decisão, Claudio interpôs recurso administrativo, sem, no entanto, prestar caução. Nos termos da Lei n. 9.784/1999,

a) Claudio não é legitimado para interpor o recurso administrativo, sendo assim, pouco importa a discussão atinente à caução.
b) a caução é sempre necessária à interposição do recurso administrativo, motivo pelo qual o recurso será considerado deserto.
c) a interposição de recurso administrativo independe de caução, salvo exigência legal nesse sentido.
d) a caução jamais será necessária à interposição do recurso administrativo, pois, do contrário, caracterizaria exigência contrária aos princípios do processo administrativo.
e) a exigência de caução é ato discricionário da Administração Pública; logo, é ela quem decidirá acerca da necessidade ou não de sua prestação.

02. (FCC) As normas sobre processo administrativo postas na Lei n. 9.784/99 aplicam-se aos

a) órgãos do Poder Legislativo e do Poder Judiciário da União, no que se referir ao desempenho de funções administrativas atípicas.
b) órgãos do Poder Executivo e aos servidores integrantes do quadro da Administração direta, excluídos os afastados e os órgãos dos demais Poderes.
c) órgãos dos Poderes Executivo, Legislativo e Judiciário, no exercício de suas funções típicas.
d) servidores dos Poderes Executivo e Legislativo, na realização de suas funções típicas, excluído o Poder Judiciário em razão de sua competência judicante.
e) órgãos do Poder Executivo integrantes da Administração direta ou indireta, excluídos os órgãos do Poder Legislativo e do Poder Judiciário quando se tratar de realização de função administrativa.

03. (FCC) De acordo com a Lei n. 9.784/99, que regula o processo administrativo no âmbito da Administração Pública Federal,

a) os atos administrativos são sigilosos no decorrer da fase probatória.
b) é vedada a cobrança de despesas processuais, salvo as previstas em lei.
c) os interessados deverão ser representados por advogado, salvo se hipossuficientes.
d) aplica-se o princípio do formalismo, dispensada a indicação dos pressupostos de fato da decisão.
e) é vedada a impulsão de ofício, cabendo ao interessado indicar os fundamentos de direito da decisão.

(CESPE) À luz do que dispõe a Lei n. 9.784/1999, julgue os próximos itens.

04. O servidor que estiver litigando judicialmente contra a companheira de um interessado em determinado processo administrativo estará impedido de atuar nesse processo.

05. O processo administrativo pode ser iniciado a pedido do interessado, mediante formulação escrita, não sendo admitida solicitação oral.

Gabarito

01. C 02. A 03. B 04. C 05. E

Noções de Direito Eleitoral
(Código Eleitoral - Lei n. 4.737 de 15.07.1965)

• Elaboração Daniel Guerra •

1. Noções de Direito Eleitoral

INTRODUÇÃO

Os editais de concursos para o preenchimento de vagas nos TREs costumam exigir o conhecimento de textos da Constituição Federal, do Código Eleitoral e também de leis eleitorais posteriores à edição do Código Eleitoral.

Para o nosso estudo nos limitaremos a conhecer estas espécies normativas acima indicadas, direcionando os nossos estudos desta forma:

- Constituição Federal: artigos 12 e seguintes (nacionalidade); 14 e seguintes (direitos políticos); 17 e seguintes (partidos políticos); 118 e seguintes (tribunais eleitorais).

- necessitamos conhecer, também, Código Eleitoral nos artigos válidos e nas leis: 9.096/95 (partidos políticos); 9507/94 (eleições); a Lei Complementar n. 64/90, (inelegibilidades) que foi enriquecida pela também Lei Complementar n. 135/2010 que ficou apelidada de lei da ficha limpa.

- também é interessante conhecer o teor do Decreto-lei n. 201/67 que cuida dos crimes de responsabilidade dos prefeitos e vereadores e a Lei de Improbidade Administrativa n. 8.429/96.

Desta forma, dividiremos o nosso estudo nestes tópicos:
1) Justiça Eleitoral: composição e atribuições dos tribunais e perfil dos cartórios e juntas eleitorais.

2) Exercício do voto: alistamento, domicílio eleitoral, movimentações no título eleitoral por iniciativa do eleitor, cancelamento do título de eleitor e voto do preso provisório e em trânsito.

3) Impedimentos ao exercício do voto: perda e suspensão dos direitos políticos, inelegibilidade, inabilitação para a função pública e perda do cargo público.

4) Partidos políticos: existência, filiação partidária, propaganda eleitoral, registro de candidatura, posse e exercício do mandato eletivo.

5) Sistemas eleitorais.

No cotidiano da Justiça Eleitoral poucas regras do Código Eleitoral são seguidas porque foram revogadas ou atualizadas por resoluções do TSE. Os julgamentos dos processos eleitorais, os atos e registros administrativos e mesmo as movimentações feitas em títulos eleitorais seguem as resoluções expedidas pelo Tribunal Superior Eleitoral.

O poder normativo, em direito eleitoral, toma por base também as resoluções. Estas são expedidas com base no artigo 120 da CF e também no artigo 105 da Lei n. 9.504/97, que diz: "*Art. 105. Até o dia 5 de março do ano da eleição, o Tribunal Superior Eleitoral, atendendo ao caráter regulamentar e sem restrigir direitos ou estabelecer sanções distintas das previstas nesta Lei, poderá expedir todas as instruções necessárias para sua fiel execução, ouvidos, previamente, em audiência pública, os delegados ou representantes dos partidos políticos*".

1) Tribunal Superior Eleitoral

O órgão máximo da justiça eleitoral é o TSE – Tribunal Superior Eleitoral, e está sediado em Brasília-DF.

O TSE se compõe de sete juízes, conforme abaixo:
- Cinco ministros, escolhidos mediante eleição interna pelo voto secreto, sendo três originários do STF e dois do STJ.

- Dois advogados, nomeados pelo Presidente da República, cujos nomes saíram de listas tríplices dos quadros da OAB.

Os juízes do STF e STJ são chamados "ministros" e apenas os advogados são nomeados para tomar posse. Os "ministros" não precisam ser nomeados porque já o foram quando apossaram-se como juízes.

Serão presidente e vice-presidente do TSE os ministros do STF. Será corregedor o ministro originário do STJ.

Magistrados e advogados (empossados como ministros) atuam no TSE como julgadores. O Ministério Público não integra os quadros do TSE, o promotor, porém, atua como parte ou como fiscal da lei, o que será visto adiante.

São irrecorríveis as decisões do Tribunal Superior Eleitoral, salvo as que contrariarem esta Constituição e as denegatórias de "habeas-corpus" ou mandado de segurança.

Art. 118. *São órgãos da Justiça Eleitoral:*
I - o Tribunal Superior Eleitoral;
II - os Tribunais Regionais Eleitorais;
III - os Juízes Eleitorais;
IV - as Juntas Eleitorais.

Art. 119. *O Tribunal Superior Eleitoral compor-se-á, no mínimo, de sete membros, escolhidos:*
I - mediante eleição, pelo voto secreto:
a) três juízes dentre os Ministros do Supremo Tribunal Federal;
b) dois juízes dentre os Ministros do Superior Tribunal de Justiça;
II - por nomeação do Presidente da República, dois juízes dentre seis advogados de notável saber jurídico e idoneidade moral, indicados pelo Supremo Tribunal Federal.
Parágrafo único. O Tribunal Superior Eleitoral elegerá seu Presidente e o Vice-Presidente dentre os Ministros do Supremo Tribunal Federal, e o Corregedor Eleitoral dentre os Ministros do Superior Tribunal de Justiça.

Art. 120. *Haverá um Tribunal Regional Eleitoral na Capital de cada Estado e no Distrito Federal.*
§ 1º - Os Tribunais Regionais Eleitorais compor-se-ão:
I - mediante eleição, pelo voto secreto:
a) de dois juízes dentre os desembargadores do Tribunal de Justiça;
b) de dois juízes, dentre juízes de direito, escolhidos pelo Tribunal de Justiça;
II - de um juiz do Tribunal Regional Federal com sede na Capital do Estado ou no Distrito Federal, ou, não havendo, de juiz federal, escolhido, em qualquer caso, pelo Tribunal Regional Federal respectivo;
III - por nomeação, pelo Presidente da República, de dois juízes dentre seis advogados de notável saber jurídico e idoneidade moral, indicados pelo Tribunal de Justiça.
§ 2º - O Tribunal Regional Eleitoral elegerá seu Presidente e o Vice-Presidente- dentre os desembargadores.

Direito Eleitoral

Art. 121. Lei complementar disporá sobre a organização e competência dos tribunais, dos juízes de direito e das juntas eleitorais.

§ 1º - Os membros dos tribunais, os juízes de direito e os integrantes das juntas eleitorais, no exercício de suas funções, e no que lhes for aplicável, gozarão de plenas garantias e serão inamovíveis.

§ 2º - Os juízes dos tribunais eleitorais, salvo motivo justificado, servirão por dois anos, no mínimo, e nunca por mais de dois biênios consecutivos, sendo os substitutos escolhidos na mesma ocasião e pelo mesmo processo, em número igual para cada categoria.

§ 3º - São irrecorríveis as decisões do Tribunal Superior Eleitoral, salvo as que contrariarem esta Constituição e as denegatórias de "habeas-corpus" ou mandado de segurança.

§ 4º - Das decisões dos Tribunais Regionais Eleitorais somente caberá recurso quando:

I - forem proferidas contra disposição expressa desta Constituição ou de lei;

II - ocorrer divergência na interpretação de lei entre dois ou mais tribunais eleitorais;

III - versarem sobre inelegibilidade ou expedição de diplomas nas eleições federais ou estaduais;

IV - anularem diplomas ou decretarem a perda de mandatos eletivos federais ou estaduais;

V - denegarem "habeas-corpus", mandado de segurança, "habeas-data" ou mandado de injunção.

Cabe ao TSE

1 – processar e julgar originariamente:

a) o registro e a cassação de registro de partidos políticos, dos seus diretórios nacionais e de candidatos à Presidência e vice-presidência da República;

b) os conflitos de jurisdição entre Tribunais Regionais e juizes eleitorais de Estados diferentes;

c) a suspeição ou impedimento aos seus membros, ao Procurador Geral e aos funcionários da sua Secretaria;

d) os crimes eleitorais e os comuns que lhes forem conexos cometidos pelos seus próprios juizes e pelos juizes dos Tribunais Regionais;

e) o habeas corpus ou mandado de segurança, em matéria eleitoral, relativos a atos do Presidente da República, dos Ministros de Estado e dos Tribunais Regionais; ou, ainda, o habeas corpus, quando houver perigo de se consumar a violência antes que o juiz competente possa prover sobre a impetração;

f) as reclamações relativas a obrigações impostas por lei aos partidos políticos, quanto à sua contabilidade e à apuração da origem dos seus recursos;

g) as impugnações á apuração do resultado geral, proclamação dos eleitos e expedição de diploma na eleição de Presidente e Vice-Presidente da República;

h) os pedidos de desaforamento dos feitos não decididos nos Tribunais Regionais dentro de trinta dias da conclusão ao relator, formulados por partido, candidato, Ministério Público ou parte legitimamente interessada.

i) as reclamações contra os seus próprios juizes que, no prazo de trinta dias a contar da conclusão, não houverem julgado os feitos a eles distribuídos.

j) a ação rescisória, nos casos de inelegibilidade, desde que intentada dentro de cento e vinte dias de decisão irrecorrível, possibilitando-se o exercício do mandato eletivo até o seu trânsito em julgado.

II - julgar os recursos interpostos das decisões dos Tribunais Regionais nos termos do Art. 276 inclusive os que versarem matéria administrativa.

Parágrafo único. As decisões do Tribunal Superior são irrecorrível, salvo nos casos do Art. 281.

Assim, todo o partido para ter existência jurídica deverá tomar algumas providências que serão vistas no capítulo específico que trata de agremiação partidária. Somente após esta etapa formal e inicial, aí sim estará habilitado a registrar o seu estatuto no TSE (Lei 9.096/95, artigo 9º)

2 - Tribunal Regional Eleitoral

O TRE, como o TSE, também se compõe de sete julgadores, assim dispostos:

- Cinco juízes, dos quais: dois são desembargadores, dois são juízes estaduais e um advem da justiça federal.

Os desembargadores e os juízes estaduais são escolhidos internamente pelo voto secreto. O juiz federal é indicado pelo TRF.

Os outros dois, que assumirão como juízes, se originam dos quadros da OAB; são, portanto, advogados nomeados pelo Presidente da República e indicados pelo tribunal de justiça. Os desembargadores assumirão as funções de presidente e vice do TRE.

Compete aos tribunais regionais:

1 – processar e julgar originariamente:

a) o registro e o cancelamento do registro dos diretórios estaduais e municipais de partidos políticos, bem como de candidatos a Governador, Vice-Governadores, e membro do Congresso Nacional e das Assembléias Legislativas;

b) os conflitos de jurisdição entre juizes eleitorais do respectivo Estado;

c) a suspeição ou impedimentos aos seus membros ao Procurador Regional e aos funcionários da sua Secretaria assim como aos juizes e escrivães eleitorais;

d) os crimes eleitorais cometidos pelos juizes eleitorais;

e) o habeas corpus ou mandado de segurança, em matéria eleitoral, contra ato de autoridades que respondam perante os Tribunais de Justiça por crime de responsabilidade e, em grau de recurso, os denegados ou concedidos pelos juizes eleitorais; ou, ainda, o habeas corpus quando houver perigo de se consumar a violência antes que o juiz competente possa prover sobre a impetração;

f) as reclamações relativas a obrigações impostas por lei aos partidos políticos, quanto a sua contabilidade e à apuração da origem dos seus recursos;

g) os pedidos de desaforamento dos feitos não decididos pelos juizes eleitorais em trinta dias da sua conclusão para julgamento, formulados por partido candidato Ministério Público ou parte legitimamente interessada sem prejuízo das sanções decorrentes do excesso de prazo.

II - julgar os recursos interpostos:

a) dos atos e das decisões proferidas pelos juizes e juntas eleitorais.

b) das decisões dos juizes eleitorais que concederem ou denegarem habeas corpus ou mandado de segurança.

Parágrafo único. As decisões dos Tribunais Regionais são irrecorríveis, salvo nos casos do Art. 276.

Compete, ainda, privativamente, aos Tribunais Regionais:

I - elaborar o seu regimento interno;

II - organizar a sua Secretaria e a Corregedoria Regional provendo-lhes os cargos na forma da lei, e propor ao Congresso Nacional, por intermédio do Tribunal Superior a criação ou supressão de cargos e a fixação dos respectivos vencimentos;

III - conceder aos seus membros e aos juizes eleitorais licença e férias, assim como afastamento do exercício dos cargos efetivos submetendo, quanto aqueles, a decisão à aprovação do Tribunal Superior Eleitoral;

IV - fixar a data das eleições de Governador e Vice-Governador, deputados estaduais, prefeitos, vice-prefeitos, vereadores e juízes de paz, quando não determinada por disposição constitucional ou legal;

Segundo a CF:
Art. 28. A eleição do Governador e do Vice-Governador de Estado, para mandato de quatro anos, realizar-se-á no primeiro domingo de outubro, em primeiro turno, e no último domingo de outubro, em segundo turno, se houver, do ano anterior ao do término do mandato de seus antecessores, e a posse ocorrerá em primeiro de janeiro do ano subseqüente, observado, quanto ao mais, o disposto no art. 77.(Redação dada pela Emenda Constitucional nº 16, de1997)
Art. 29. O Município reger-se-á por lei orgânica, votada em dois turnos, com o interstício mínimo de dez dias, e aprovada por dois terços dos membros da Câmara Municipal, que a promulgará, atendidos os princípios estabelecidos nesta Constituição, na Constituição do respectivo Estado e os seguintes preceitos:

"causa perplexidade o candidato conhecer duas normas legais com conteúdos contraditórios. Quando o Código Eleitoral foi editado acontecia a autonomia operacional do TRE, que podia legislar. Com o advento da nova CF, porém, o inciso IV do art. 30 do Código Eleitoral ficou vazio. O candidato deverá aplicar os artigos 28 e 29 da CF, mesmo porque há disposição constitucional que indica a data para as eleições ali mencionadas".

V - constituir as juntas eleitorais e designar a respectiva
VI - indicar ao tribunal Superior as zonas eleitorais ou seções em que a contagem dos votos deva ser feita pela mesa receptora;
VII - apurar com os resultados parciais enviados pelas juntas eleitorais, os resultados finais das eleições de Governador e Vice-Governador de membros do Congresso Nacional e expedir os respectivos diplomas, remetendo dentro do prazo de 10 (dez) dias após a diplomação, ao Tribunal Superior, cópia das atas de seus trabalhos;
VIII - responder, sobre matéria eleitoral, às consultas que lhe forem feitas, em tese, por autoridade pública ou partido político;
IX - dividir a respectiva circunscrição em zonas eleitorais, submetendo essa divisão, assim como a criação de novas zonas, à aprovação do Tribunal Superior;
X - aprovar a designação do Ofício de Justiça que deva responder pela escrivania eleitoral durante o biênio;
XI - (Revogado pela Lei nº 8.868, de 14.4.1994)
XII - requisitar a força necessária ao cumprimento de suas decisões solicitar ao Tribunal Superior a requisição de força federal;
XIII - autorizar, no Distrito Federal e nas capitais dos Estados, ao seu presidente e, no interior, aos juizes eleitorais, a requisição de funcionários federais, estaduais ou municipais para auxiliarem os escrivães eleitorais, quando o exigir o acúmulo ocasional do serviço;
XIV - requisitar funcionários da União e, ainda, no Distrito Federal e em cada Estado ou Território, funcionários dos respectivos quadros administrativos, no caso de acúmulo ocasional de serviço de suas Secretarias;
XV - aplicar as penas disciplinares de advertência e de suspensão até 30 (trinta) dias aos juizes eleitorais;
XVI - comprir e fazer cumprir as decisões e instruções do Tribunal Superior;
XVII - determinar, em caso de urgência, providências para a execução da lei na respectiva circunscrição;
XVIII - organizar o fichário dos eleitores do Estado.
XIX - suprimir os mapas parciais de apuração mandando utilizar apenas os boletins e os mapas totalizadores, desde que o menor número de candidatos às eleições proporcionais justifique a supressão, observadas as seguintes normas:
a) qualquer candidato ou partido poderá requerer ao Tribunal Regional que suprima a exigência dos mapas parciais de apuração;
b) da decisão do Tribunal Regional qualquer candidato ou partido poderá, no prazo de três dias, recorrer para o Tribunal Superior, que decidirá em cinco dias;
c) a supressão dos mapas parciais de apuração só será admitida até seis meses antes da data da eleição;
d) os boletins e mapas de apuração serão impressos pelos Tribunais Regionais, depois de aprovados pelo Tribunal Superior;
e) o Tribunal Regional ouvira os partidos na elaboração dos modelos dos boletins e mapas de apuração a fim de que estes atendam às peculiaridade locais, encaminhando os modelos que aprovar, acompanhados das sugestões ou impugnações formuladas pelos partidos, à decisão do Tribunal Superior.

Repassando um pouco mais, para firmar o entendimento: os TREs, dentre outras atribuições, cuidarão do registro de candidatura dos deputados federais, senadores, deputados estaduais. Deverão também julgar os prefeitos nos crimes eleitorais. Haverá uma sede do TRE na Capital de cada Estado da União. O Brasil possui 27 TREs.

Diz a Constituição Federal que das decisões dos TRE somente caberá recurso quando forem proferidas contra disposição expressa desta constituição ou de lei; quando ocorrer divergência na interpretação de lei entre dois ou mais tribunais eleitorais; versarem sobre inelegibilidade ou expedição de diplomas nas eleições federais ou estaduais; anularem diplomas ou decretarem a perda de mandatos eletivos federais ou estaduais; denegarem "habeas-corpus", mandado de segurança, "habeas-data" ou mandado de injunção.

JUÍZES ELEITORAIS

Não há quadro de carreira para juízes na Justiça Eleitoral. Não existe concurso para julgador na Justiça Eleitoral. Todos os magistrados são juízes estaduais emprestados para a função eleitoral, que acumulam a respectiva função (de juiz estadual e eleitoral) e, proporcionalmente também acumulam os ganhos salariais. Os juízes eleitorais, por exemplo, cuidam do registro de candidatura dos prefeitos e vereadores.

Os juízes na função eleitoral servirão obrigatoriamente por dois anos e nunca por mais dois biênios – Código Eleitoral, artigo 14. A CF tem a mesma redação no § 2º, do art 121. A Resolução do TSE n. 20.958/2001 também informa que os juízes nos TREs deverão servir por dois anos, e facultativamente por mais dois. A legislação eleitoral costuma utilizar a expressão "biênio", no lugar de "dois anos".

Os juízes eleitorais (lembre-se que são juízes estaduais na temporária função federal eleitoral) titulam os cartórios eleitorais, antigamente chamadas também de "serventias" ou "ofícios".

Cabe ao cartório eleitoral o trabalho judicial e administrativo do juiz eleitoral, como: o atendimento ao público, expedição de título eleitoral, acolher informação sobre a alteração de dados no diretório municipal dos partidos políticos, secretariar o magistrado nas audiências de processos eleitorais civis e eleitorais criminais, tratar de todo o registro de candidatura de prefeito e vereador, analisar as contas dos partidos políticos apresentadas anualmente e a prestação de contas dos candidatos a cargos municipais, realizar a revisão do eleitorado dentre outras atividades.

JUNTAS ELEITORAIS

São compostas pelo seu presidente, que é o juiz na função eleitoral e mais cidadãos, entre dois e quatro, nomeados pelo presidente do TRE.

Compor-se-ão as Juntas Eleitorais de um Juiz de Direito, que será o Presidente, e de 2 (dois) ou 4 (quatro) cidadãos de notória idoneidade.

§ 1º Os membros das Juntas Eleitorais serão nomeados 60 (sessenta) dia antes da eleição, depois de aprovação do Tribunal Regional, pelo Presidente deste, a quem cumpre também designar-lhes a sede.

§ 2º Até 10 (dez) dias antes da nomeação os nomes das pessoas indicadas para compor as Juntas serão publicados no órgão oficial do Estado, podendo qualquer partido, no prazo de 3 (três) dias, em petição fundamentada, impugnar as indicações.

§ 3º Não podem ser nomeados membros das Juntas, escrutinadores ou auxiliares:

I - os candidatos e seus parentes, ainda que por afinidade, até o segundo grau, inclusive, e bem assim o cônjuge;

II - os membros de Diretórios de partidos políticos devidamente registrados e cujos nomes tenham sido oficialmente publicados;

III - as autoridades e agentes policiais, bem como os funcionários no desempenho de cargos de confiança do Executivo;

IV - os que pertencerem ao serviço eleitoral.

Cabe à Junta Eleitoral a apuração e a totalização dos votos e publicação do seu resultado.

Embora prevista a sua organização e funcionamento no Código Eleitoral, artigo 36 e na Constituição Federal , artigo 118, na vida prática a Junta não tem a mesma atuação de quando foi criada porque as eleições não são manuais, não são contabilizadas no voto em forma de papel. A urna eletrônica substitui em grande parte o trabalho de contagem e apuração dos votos.

As Juntas são constituídas sessenta dias antes da eleição.

Os integrantes das juntas, assim como os mesários terão o dobro dos dias de descanso em seus locais de trabalho conforme se vê: "***Os eleitores nomeados para compor as mesas receptoras ou juntas eleitorais e os requisitados para auxiliar seus trabalhos serão dispensados do serviço, mediante declaração expedida pela justiça eleitoral, sem prejuízo do salário, vencimento ou qualquer outra vantagem, pelo dobro dos dias de convocação***" (Lei n. 9.504/97, art 98).

A democracia brasileira acontece pelo exercício do voto, pelo referendo, por meio do plebiscito e também por iniciativa popular.

REFERENDO: se destina a aprovação posterior pela população que opinará manifestando apenas "sim" ou "não" ao que lhe foi proposto. **O referendo é autorizado.** O assunto é tratado o artigo 49, XV da Constituição Federal e o último experimentado foi o relativo a comercialização de armas de fogo no país, exigido no artigo 35 da Lei n. 10.826/2003, conhecido como o "estatuto do desarmamento".

PLEBISCITO: é a consulta prévia da população de uma matéria que será tratada como projeto de lei. **No plebiscito existe a convocação.** O mesmo inciso XV do artigo 49 da Constituição trata do tema. A última experiência foi a escolha pela forma de governo a ser adotado, em 1983 prevalecendo a manutenção da República.

O exercício do voto é chamado pomposamente pela doutrina de "capacidade eleitoral ativa" porque expressa a possibilidade de votar. Ao passo que a possibilidade de se lançar candidato é chamada de "capacidade eleitoral passiva". Em outras palavras: votar e ser votado representam a capacidade eleitoral de um cidadão. Somente é cidadão o nacional, ou o nacionalizado (e excepcionalmente o estrangeiro) que possua esses direitos políticos.

O VOTO possui estes predicados: pode ser obrigatório, facultativo e proibido.

VOTO OBRIGATÓRIO: para os brasileiros maiores de dezoito anos, sejam índios, ciganos, moradores de rua, enfim, todos estão obrigados a se alistar para integrar o Cadastro Nacional de Eleitores.

VOTO FACULTATIVO: para os brasileiros entre dezesseis e dezoito anos incompletos, para os analfabetos e para os maiores de setenta anos. O analfabeto declara-se nesta condição, não há prova documental de analfabetismo. O voto também se tornou facultativo para os presos provisórios pela Resolução TSE n. 23.210/2010.

VOTO PROIBIDO: para os estrangeiros, para os que prestam serviço militar obrigatório, chamados de "conscritos". Aos que cursam medicina, odontologia, veterinária em idade para a prestação do serviço militar, que se apresentarão após concluído o curso de suas graduações e neste período, pós-formatura, e serão chamados também de "conscritos".

O exercício do voto também é proibido aos condenados criminalmente em caráter definitivo enquanto perdurar o efeito da condenação.

O português é o único alienígena (estrangeiro) que possui direito ao voto se cumpridas certas condições (CF, art. 12, parágrafo primeiro).

Voto

Sufragar é escolher, é eleger, é votar. O sufrágio se dá pelo voto. O voto é secreto, universal, periódico e obrigatório.

Para se alisar como eleitor deverá o interessado ser brasileiro, contar com idade mínima de dezesseis ou máxima de dezoito anos, apresentar o certificado de alistamento militar se do sexo masculino e possuir domicílio eleitoral. Portanto, aos dezoito anos todo brasileiro é obrigado a se apresentar ao cartório eleitoral para se alistar.

Em tese aos dezenove anos o que pretende ser eleitor já está em atraso, devendo ser cobrada a multa pelo alistamento tardio. Acontece, porém, que o artigo 8º do Código Eleitoral e o parágrafo único do artigo 15 da Resolução n. 21.538/03 tem a mesma redação que diz: "***não se aplicará a pena ao não alistado que requerer a***

<u>sua inscrição eleitoral até o centésimo qüinquagésimo primeiro dia anterior à eleição subseqüente à data em que completar dezenove anos</u>"

O brasileiro nato que não se alistar até os 19 anos ou o naturalizado que não se alistar até um ano depois de adquirida a nacionalidade brasileira, incorrerá na multa de 3 (três) a 10 (dez) por cento sobre o valor do salário-mínimo da região, imposta pelo Juiz e cobrada no ato da inscrição eleitoral através de selo federal inutilizado no próprio requerimento.
Parágrafo único. Não se aplicará a pena ao não alistado que requerer sua inscrição eleitoral até o centésimo primeiro dia anterior à eleição subseqüente à data em que completar dezenove anos.

Muito embora o Código Eleitoral mencione que os títulos não podem ser requeridos ou fornecidos nos cem dias anteriores ao pleito, esta regra foi alterada pelo artigo 91 da Lei n. 9.504/97 que diz "***<u>nenhum requerimento de inscrição eleitoral ou transferência será recebido dentro dos 150 dias anteriores à eleição</u>***". Deve prevalecer esta última norma, que é derrogante do Código Eleitoral.

<u>Alistamento</u> é ato personalíssimo. O interessado não poderá indicar procurador, enviar um dos seus genitores ou o seu cônjuge para isso. Apenas o interessado deverá comparecer e para tanto assinará o RAE - Requerimento de Alistamento Eleitoral, que é subscrito pelo eleitor, pelo juiz eleitoral e pelo servidor do cartório que expediu o título. Não existe a possibilidade de se alistar como eleitor e obter o título eleitoral pela internet. O que se permite é o agendamento pela internet, mas não a obtenção do título eleitoral.

O requerimento, acompanhado de 3 (três) retratos, será instruído com um dos seguintes documentos, que não poderão ser supridos mediante justificação:
I - carteira de identidade expedida pelo órgão competente do Distrito Federal ou dos Estados;
II - certificado de quitação do serviço militar;
III - certidão de idade extraída do Registro Civil;
IV - instrumento público do qual se infira, por direito, ter o requerente idade superior a dezoito anos e do qual constem, também, os demais elementos necessários à sua qualificação;
V - documento do qual se infira a nacionalidade brasileira, originária ou adquirida, do requerente.
Parágrafo único. Será devolvido o requerimento que não contenta os dados constantes do modelo oficial, na mesma ordem, e em caracteres inequívocos.

Informando que pela Resolução n. 21.538/03 do TSE, a fotografia está dispensada. Atualmente para se alistar como eleitor o interessado deve: provar a idade, nacionalidade e filiação por documento oficial (certidão de nascimento ou casamento), carteira de identidade (RG, carteira de trabalho, certificado de dispensa do serviço militar) e, se possível, comprovante de domicílio.

A carteira nacional de habilitação e o passaporte expedido pela Polícia Federal não são documentos hábeis para o alistamento eleitoral porque a CNH não indica a nacionalidade (estrangeiro pode estar habilitado a dirigir) e o passaporte não indica a filiação (o que causará problema na hipótese de homonimia).

Quando do alistamento o eleitor escolhe o local de votação (escola) e será remetido automaticamente pelo sistema a uma das seções (sala de aula) eleitorais. Cada seção eleitoral deverá comportar até quatrocentos eleitores.

O ato de se alistar é pessoal e não pode ser exercitado por ninguém. Apenas os eleitores residentes no exterior poderão receber o seu título pelo correio, porém, devem primeiramente ter se alistado como eleitor nas embaixadas ou consulados. Estes eleitores estarão vinculados à zona eleitoral de Brasília, cuja sigla é; "ZZ". Os eleitores nacionais que residem no exterior somente estão obrigados a votar a cada quatro anos, nas eleições gerais para Presidente da República.

<u>Transferência</u> é a modificação de domicílio eleitoral. O eleitor votava na cidade "A" e se mudou para a "B". Fará uma transferência. Transferir é mudar de cidade. Para transferir há a necessidade de que a última tenha ocorrido ao menos um ano antes e que a fixação domiciliar se dê, no mínimo, três meses no atual endereço. Servidores civis e militares não precisam demonstrar este um ano de fixação nem os três meses de permanência no mesmo endereço.

<u>Revisão</u> é a alteração de dados ou a mudança de domicílio dentro do mesmo município. São exemplos: o eleitor se casou, modificou o nome, graduou-se na faculdade, mudou de bairro ou de vila, neste caso, fará uma atualização, fará uma "revisão".

Na prática dos cartórios os eleitores chamam a revisão de "segunda via".

A segunda via existe para repor o documento que foi furtado, extraviado ou danificado. Não acontecerá nenhuma alteração no cadastro eleitoral, o interessado apenas precisa do documento.

O título sofrerá o cancelamento se o eleitor deixar de votar ou de justificar em três eleições consecutivas, e aqui cada eleição é igual a um turno.

<u>Não há limite para o número de justificativas. Ninguém é obrigado a transferir o seu título.</u>

<u>Revisão do Eleitorado</u>: acontecerá também o cancelamento do título eleitoral se acontecer a revisão do eleitorado e o eleitor estiver presente para este recadastramento.

Imagine a hipótese que determinada cidade possua mais eleitores do que habitantes, esta é uma situação comum em cidades turísticas. Tal hipótese, porém, pode ser um indício de fraude, o que geraria a possibilidade de pedir a revisão do eleitorado, que acontecerá nestas hipóteses (Lei n. 9.504/97, art. 92 e Código Eleitoral, art. 71):
1)O total de transferência de eleitores ocorridas no ano em curso seja 10% superior ao do ano anterior;
2)O eleitorado for superior ao dobro da população entre dez e quinze anos, somada a de idade superior a setenta anos no território daquele município
3)O eleitorado for superior a 65% da população projetada para aquele ano pelo IBGE.

O candidato deve atentar porque as hipóteses mencionam o número do "**eleitorado**" em confronto com as estatísticas da "**população**".

<u>Voto do preso</u>
A Constituição Federal diz que ficam suspensos os direitos políticos dos condenados.

Ocorre, porém, que os chamados presos provisórios não são condenados. Estão detidos em flagrante ou por prisão temporária ou preventiva. Desta forma, poderão a qualquer momento deixar o presídio.

O mesmo acontece com os internos da Fundação Casa, que cometeram ato infracional e estão detidos por até 45 dias (Lei n. 8.069/90)

A Resolução n. 23.219 de 2010 regulou a matéria. Interessante notar que os presos provisórios PODEM votar. No Estado de São Paulo optaram como eleitores votantes aproximadamente 5.500 presos.

Curiosa a determinação do TSE sobre o voto do preso. Este mesmo tribunal não se preocupou com o voto do interno em hospital, dos aquartelados e nos aeroportos. O direito só ficou estendido ao preso. Os doentes e os médicos plantonistas, que também são provisoriamente internos, não puderam votar.

Se no dia da votação o preso provisório adquiriu o status de preso definitivo então, neste caso, não poderia exercer o voto.

Voto em trânsito

A Resolução n. 23.215 de 2010 do TSE abordou o tema no qual os interessados em votar em trânsito deveriam se cadastrar entre os dias quinze de julho até quinze de agosto de 2010.

Estavam possibilitados em votar somente nas Capitais dos Estados e apenas para Presidente da República.
Na cidade de São Paulo, por exemplo, foram alocados apenas três pontos junto a estações de metrô, nas quais estavam inscritos aproximadamente 40 mil eleitores.

Durante o exercício do voto não é permitida a permanência de outra pessoa na cabine de votação. Como o voto também é secreto não é permitida a permanência na cabine de votação com celular, máquina fotográfica ou qualquer outro aparelho que registre o voto (Lei n. 9.504/97 art 91-A).

Cadastro Nacional de Eleitores

Trata-se do banco de dados gerenciado pelo TSE. O denominado "Cadastro Nacional de Eleitores" é hermético e confidencial. Os dados contidos no TSE como nome, filiação, data de nascimento e endereço de eleitores somente poderá ser fornecido para juízes e promotores, nos termos do artigo 29 da Resolução n. 21.538/03.

Ocorre, porém, que esta regra foi mitigada por dois dispositivos, um da lei das eleições e outra da dos partidos, conforme se vê: "***A justiça eleitoral enviará aos partidos políticos, na respectiva circunscrição, até o dia cinco de junho do ano da eleição, a relação de todos os devedores de multa eleitoral, a qual embasará a expedição de certidões de quitação eleitoral***" (art. 11, §9º da Lei n. 9.504/97 – artigo que trata do registro de candidatura) e também "***Os órgãos de direção nacional dos partidos políticos terão pleno acesso às normas de seus filiados constantes do cadastro eleitoral***" (art. 19, §3º da Lei n. 9.096/95 – artigo que trata da filiação partidária).

Perda e suspensão dos Direitos Políticos

O texto constitucional não diferenciou o que seja um ou outro. Na prática, porém, as divergências ficam claras porque a perda torna irreversível a situação, ao passo que a suspensão, uma vez superada a hipótese impeditiva do sufrágio, o interessado se reabilitará podendo votar novamente.

Diz o art. 15 da CF:

É vedada a cassação de direitos políticos, cuja perda ou suspensão só se dará nos casos de:
I - cancelamento da naturalização por sentença transitada em julgado;
II - incapacidade civil absoluta;
III - condenação criminal transitada em julgado, enquanto durarem seus efeitos;
IV - recusa de cumprir obrigação a todos imposta ou prestação alternativa, nos termos do art. 5º, VIII;
V - improbidade administrativa, nos termos do art. 37, § 4º.

São casos de perda dos Direitos Políticos:

- cancelamento da naturalização por sentença transitada em julgado: Trata-se da hipótese de um estrangeiro que adquiriu a brasilidade (se tornou brasileiro por opção) e depois, por algum motivo, se comprovou alguma irregularidade ou fraude, o que gerou um novo processo para anular aquele que lhe deu o estado de brasileiro.

- perda da nacionalidade brasileira: (em virtude de aquisição de outra nacionalidade). Como na hipótese anterior a brasilidade foi perdida, porém, a pedido espontâneo do interessado que resolveu agasalhar-se em outro país. Deixando de ser brasileiro perde a cidadania e, portanto, não poderá votar ou ser votado.

Estatuto da Igualdade: Pelo Decreto presidencial n. 70.436 de 1972 o português poderá optar pelo exercício de seus direitos políticos no Brasil; se assim o fizer perderá os que poderia exercer em sua terra natal. O português não poderá exercer em duplicidade os direitos políticos em Portugal e também no Brasil. Se assim o fizer, ou se escolher efetivá-los em Portugal perderá os direitos neste país.

Hipóteses de suspensão dos Direitos Políticos

- incapacidade civil absoluta: - A Lei n. 10.406 de 2002, conhecida como Código Civil disciplina a capacidade, que nada mais é do que a medida de discernimento físico-mental do indivíduo. As hipóteses são: menores de dezesseis anos; os que por enfermidade ou deficiência mental não tiverem o discernimento para a prática desses atos e os que por causa transitória não puderem exprimir a sua vontade.

Uma vez detectada esta situação será instaurado um processo de natureza civil, cuja sentença incapacitante de direitos deverá ser apresentada no cartório eleitoral do eleitor.

- condenação criminal transitada em julgado: – Após a prática do ilícito penal, acontecerá a investigação e o processamento do feito criminal que desaguará em uma sentença condenatória. A condenação não precisa acarretar, de maneira obrigatória, a prisão.

Qualquer espécie de condenação, como: pena de multa, restritiva de direitos, privativa de liberdade (detenção, reclusão e prisão simples) acarretam a suspensão dos direitos políticos.

Surgem algumas controvérsias em relação a Lei n. 9.099/95, que trata do Juizado Especial Criminal de pequenas causas. Isto porque se acontecer a hipótese do "sursis" processual (art. 89) não acontecerá condenação.

Idêntico problema se dá na hipótese da "advertência" da Lei n. 11.343/03, art. 28 no qual o juiz não aplica outra medida que não esta admoestação.

Em ambos os casos não aconteceu condenação criminal, o que permitiria o exercício dos direitos políticos.
Estas informações acima são controvertidas e os julgados se debatem junto com a doutrina para encontrar a melhor acomodação da matéria.

De resto, qualquer condenação criminal, mesmo que de contravenção penal, enseja a suspensão dos direitos políticos e esta suspensão é automática.

<u>- improbidade administrativa:</u> O artigo 37, §4º da CF foi regulamentado pela Lei n. 8.429/92, cujas sanções se encontram em seu artigo 12. Praticadas as condutas previstas em seus artigos 9º, 10 e 11, se iniciará um procedimento judicial que, se julgado procedente obrigará o responsável pelo dano ou lesão a ressarci-lo, perderá o cargo ou a função pública e experimentará a sanção eleitoral de suspensão de seus direitos políticos. O processo de improbidade não tramitará perante a Justiça Eleitoral, mas sim no juiz cível, com reflexos no campo criminal e eleitoral.

<u>. escusa de consciência:</u> também chamada de "*<u>recusa de cumprir obrigação a todos imposta ou prestação alternativa</u>*". A Lei n. 8.239 de 1991 regulamentou o inciso VIII do artigo 5º da CF informando que o nacional não prestar o serviço militar obrigatório por valores religiosos, filosóficos ou políticos, deverá prestar serviço alternativo para compensar a sua falta ao serviço militar. Agora, se o nacional não presta o serviço militar e nem se apresenta para o serviço alternativo, então, neste caso, terá a suspensão de seus direitos políticos, porque não poderá ser furtar de uma obrigação a todos imposta.

Uma parte dos estudiosos em direito eleitoral e constitucional se divide para colocar esta hipótese na "perda" e não na "suspensão" de direitos políticos. Ora, se o interessado prestar o serviço alternativo então se reabilitaria, situação que credencia a suspensão de direitos políticos.

INELEGIBILIDADES

Este subtítulo merece atenção especial, porque a matéria é densa, complexa e nova, sendo recentemente aprimorada pela Lei Complementar n. 135/2010.

São inelegíveis todos os que não podem se lançar candidatos, como estes:
- Inelegibilidade constitucional: são os inalistáveis (estrangeiros e conscritos), bem como os analfabetos – CF, art. 14.

- Os chefes do poder executivo após a segunda reeleição e também os parentes até o segundo grau - CF, art. 14. Esta inelegibilidade que envolve os parentes do chefe do executivo é chamada "inelegibilidade reflexa" pela doutrina.

<u>Outras espécies</u>:
- O servidor da Justiça Eleitoral não pode se filiar a partido político, razão pela qual não é elegível (Regimento do TRE).

- O militar só é elegível mediante certas condições – CF art. 14.

A Lei Complementar n. 64/90 regulamentou o art. 14, §9º da CF que contempla várias hipóteses de perda de direitos políticos o que, de maneira indireta, proíbe a candidatura e também a quitação eleitoral das pessoas nela credenciadas. Em resumo: após a prática das condutas descritas no art. 1º da Lei Complementar n. 64/90 o infrator não conseguirá nenhum tipo de movimentação eleitoral, nem de quitação, porque está impedido de obtê-los pelo prazo (que antes era de três) de oito anos.

<u>PARTIDOS POLÍTICOS</u>

Trata-se de pessoa jurídica de direito privado, igual a uma empresa.

CF - Art. 17. É livre a criação, fusão, incorporação e extinção de partidos políticos, resguardados a soberania nacional, o regime democrático, o pluripartidarismo, os direitos fundamentais da pessoa humana e observados os seguintes preceitos:
I - caráter nacional;
II - proibição de recebimento de recursos financeiros de entidade ou governo estrangeiros ou de subordinação a estes;
III - prestação de contas à Justiça Eleitoral;
IV - funcionamento parlamentar de acordo com a lei.
§ 1º É assegurada aos partidos políticos autonomia para definir sua estrutura interna, organização e funcionamento e para adotar os critérios de escolha e o regime de suas coligações eleitorais, sem obrigatoriedade de vinculação entre as candidaturas em âmbito nacional, estadual, distrital ou municipal, devendo seus estatutos estabelecer normas de disciplina e fidelidade partidária. § 2º - Os partidos políticos, após adquirirem personalidade jurídica, na forma da lei civil, registrarão seus estatutos no Tribunal Superior Eleitoral.
§ 3º - Os partidos políticos têm direito a recursos do fundo partidário e acesso gratuito ao rádio e à televisão, na forma da lei.
§ 4º - É vedada a utilização pelos partidos políticos de organização paramilitar.

A Lei n. 9.096/95 regula os partidos políticos, que no Brasil atualmente são 27 e em breve será pedido o registro de um novo denominado "partido dos defensores da ecologia".

Criação: nasce de um requerimento dirigido ao Cartório do Registro Civil em Brasília, com no mínimo 101 assinatura dos interessados, cujos integrantes deverão ter fixação domiciliar de, no mínimo, 1/3 dos Estados. Portanto, não poderá ser criado partido onde todos os interessados residam em uma única cidade (art 8º da Lei n. 9.096/95).
Constituição definitiva: após a criação o partido será validado pela "lista de apoiamento". Esta lista deverá ser assinada por eleitores, aptos ao exercício do voto, indicando o número de sua inscrição (título) eleitoral (art. 9º da Lei n. 9.096/95).

Registro no TSE: é a última etapa, depois de superada as duas anteriores. No TSE haverá o registro do estatuto do novo partido político.

Extinção: O TSE pode determinar o fim jurídico do partido, extinguindo-o conforme redação do artigo 28 da Lei n. 9.096/95.

Filiação partidária: Só é admitida a quem tenha o pleno gozo dos direitos políticos. A filiação é fundamental para que o interessado possa concorrer a cargo eletivo. Todos os partidos devem, na segunda semana de abril e outubro apresentar nos cartórios eleitorais a lista de filiados. Sem esta apresentação o partido impediria algum interessado em se candidatar. Atualmente esta apresentação de lista é feita sistemicamente pelo programa denominado "filiaweb" dispensando a apresentação de listas em papel (arts. 16 a 20 da Lei n. 9.096/95).

Desfiliação partidária: acontecerá a pedido do filiado ou será cancelada por morte ou perda dos direitos políticos e em caso de expulsão ou mesmo de dupla filiação.

Caso o filiado venha a se filiar, ao mesmo tempo, em outro partido sem fazer a comunicação ao juiz eleitoral e ao seu partido de origem, o filiado, nesta hipótese, terá ambas as filiações canceladas.

O cancelamento é ato judicial; a desfiliação é ato administrativo do partido (arts. 21 e 22 da Lei n. 9.096/95).

Prestação de contas: Até o dia 30 de abril de cada ano, eleitoral ou não, é dever de cada partido político apresentar a sua prestação de contas. Qualquer que seja a esfera do partido (municipal, estadual ou federal) e mesmo que não tenha filiados naquela cidade, ainda assim, a agremiação partidária é obrigada à prestação de contas.

É vedado ao partido receber qualquer valor em dinheiro ou estimável em dinheiro proveniente de entidade ou governo estrangeiro, autoridade ou órgãos públicos (exceto do 'fundo partidário'); autarquias, empresas públicas ou concessionárias de serviços públicos, sociedades de economia mista e fundações instituídas em virtude de lei e também de entidades de classe e sindical (arts. 30 ao 32 da Lei n. 9.096/95).

O exame da prestação de contas dos partidos tem caráter jurisdicional, o que o descaracterizou como processo administrativo.

Todo partido recebe cotas do fundo partidário (art. 38 da Lei n. 9.096/95) cujos recursos se originam das multas eleitorais e de fundos financeiros do governo federal. Os recursos do fundo partidário deverão ser aplicados na manutenção das sedes e serviços do partido, na propaganda doutrinária e política, no alistamento e campanhas eleitorais e na criação e manutenção de instituto ou de fundação de pesquisa e de doutrinação política e, também poderá ser aplicado na criação de programas de promoção e difusão da participação política das mulheres (art. 44, da Lei n. 9096/95).

As doações feitas aos partidos políticos devem ter o doador identificado e se em cheque deverá estar nominado ao partido político (art. 39, §4º da Lei n. 9.096/95).

Candidatura: Para ser candidato o interessado deve possuir a chamada "condições de elegibilidade" descrita no artigo catorze, parágrafo terceiro; são elas:
a)Pleno exercício dos direitos políticos ("***a certidão de quitação eleitoral abrangerá exclusivamente a plenitude do gozo dos direitos políticos, o regular exercício do voto, o atendimento a convocações da justiça eleitoral para auxiliar os trabalhos relativos ao pleito, a inexistência de multas aplicadas, em caráter definitivo, pela justiça eleitoral e não remetidas, e a apresentação de contas de campanha eleitoral***" – Lei n. 9.504/97, art. 11).

b)Alistamento eleitoral;
c)Domicílio eleitoral na circunscrição onde irá disputar as eleições (Lei n. 9.504/97, art. 9º);
d)Filiação partidária há um ano pelo menos (Lei n. 9.099/95, art. 18);
e)Idade mínima constitucionalmente determinada, como:
35 anos para presidente e senador;
30 anos para governador;
21 anos para deputados, prefeito e juiz de paz
18 para vereador.

A lei considera eleito o candidato, no cargo executivo que tenha segundo turno, quem obtiver a maioria absoluta dos votos válidos. O conceito de votos válidos exclui os nulos e brancos. Se nenhum candidato obtiver a maioria será feito o segundo turno, que somente acontece em municípios com mais de duzentos mil habitantes. Se antes do segundo turno um dos concorrente falecer ou desistir será convocado o de maior votação e se, ainda assim, empatar será considerado eleito o de maior idade (art. 2º da Lei n. 9.504/97).

As coligações são permitidas, não exigindo a lei fidelidade entre as coligações nacionais, estaduais, municipais ou distritais (art. 6º da Lei n. 9.504/97).

Convenção partidária: A escolha dos candidatos e a deliberação sobre as coligações deverá acontecer entre os dias dez e trinta de junho do ano eleitoral. O registro de candidatura se formaliza por um processo apresentado ao juiz eleitoral (para vereador e prefeito), ao TRE (para deputado federal, estadual, senador e governador) e ao TSE (Presidente da República).

Os partidos devem dividir as vagas em 30% e 70% para pessoas do sexo oposto. Podem os partidos, também, substituir candidatos que forem considerados inelegíveis, renunciar ou falecer, cuja escolha do substituto será feita conforme regimento do partido (art. 13 da Lei n. 9.504/97).

Tanto o candidato quanto o partido deverão abrir conta bancária especialmente destinada a comprovar os gastos de campanha, isso não exclui a obrigação do candidato de apresentar as suas contas perante a Justiça Eleitoral (arts. 21, 22 e 28 da Lei n. 9.504/97).

Propaganda: somente pode ser iniciada após cinco de julho do ano eleitoral. O material impresso deve ser identificado pelo CNPJ ou CPF do impressor. O denominado "showmício" é proibido.

2. Código Eleitoral

Lei n. 4.737, de 15 de Julho de 1965

Institui o Código Eleitoral.

O PRESIDENTE DA REPÚBLICA,
Faço saber que sanciono a seguinte Lei, aprovada pelo Congresso Nacional, nos termos do art. 4°, caput, do Ato Institucional, de 9 de abril de 1964.

PARTE PRIMEIRA
INTRODUÇÃO

Art. 1° - Este Código contém normas destinadas a assegurar a organização e o exercício de Direitos políticos precipuamente os de votar e ser votado.
Parágrafo único. O Tribunal Superior Eleitoral expedirá Instruções para sua fiel execução.
Art. 2° - Todo poder emana do povo e será exercido em seu nome, por mandatários escolhidos, direta e secretamente, dentre candidatos indicados por partidos políticos nacionais, ressalvada a eleição indireta nos casos previstos na Constituição e leis específicas.
Art. 3° - Qualquer cidadão pode pretender investidura em cargo eletivo, respeitadas as condições constitucionais e legais de elegibilidade e incompatibilidade.
Art. 4° - São eleitores os brasileiros maiores de 18 anos que se alistarem na forma da lei. - *** *Vide art. 14 da CF*
Art. 5° - Não podem alistar-se eleitores:
I - os analfabetos; *(Revogado pelo art. 14, §1°, II, "a" da CF)*
II - os que não saibam exprimir-se na língua nacional;
III - os que estejam privados, temporária ou definitivamente dos Direitos políticos.
Parágrafo único - Os militares são alistáveis desde que oficiais, aspirantes a oficiais, guardas-marinha, subtenentes ou suboficiais, sargentos ou alunos das escolas militares de ensino superior para formação de oficiais.
Art. 6° - O alistamento e o voto são **obrigatórios** para os brasileiros de um e outro sexo, **salvo**:
I - quanto ao alistamento:
a) os inválidos;
b) os maiores de setenta anos;
c) os que se encontrem fora do país.
II - quanto ao voto:
a) os enfermos;
b) os que se encontrem fora do seu domicílio;
c) os funcionários civis e os militares, em serviço que os impossibilite de votar.
Art. 7° - O eleitor que deixar de votar e não se justificar perante o Juiz Eleitoral até 30 (trinta) dias após a realização da eleição, incorrerá na multa de 3 (três) a 10 (dez) por cento sobre o salário-mínimo da região, imposta pelo Juiz Eleitoral e cobrada na forma prevista no art. 367.
§ 1° Sem a prova de que votou na última eleição, pagou a respectiva multa ou de que se justificou devidamente, não poderá o eleitor:
I - inscrever-se em concurso ou prova para cargo ou função pública, investir-se ou empossar-se neles;
II - receber vencimentos, remuneração, salário ou proventos de função ou emprego público, autárquico ou paraestatal, bem como fundações governamentais, empresas, institutos e sociedades de qualquer natureza, mantidas ou subvencionadas pelo governo ou que exerçam serviço público delegado, correspondentes ao segundo mês subsequente ao da eleição;
III - participar de concorrência pública ou administrativa da União, dos Estados, dos Territórios, do Distrito Federal ou dos Municípios, ou das respectivas autarquias;
IV - obter empréstimos nas autarquias, sociedades de economia mista, caixas econômicas federais ou estaduais, nos institutos e caixas de previdência social, bem como em qualquer estabelecimento de crédito mantido pelo governo, ou de cuja administração este participe, e com essas entidades celebrar contratos;
V - obter passaporte ou carteira de identidade;
VI - renovar matrícula em estabelecimento de ensino oficial ou fiscalizado pelo governo;
VII - praticar qualquer ato para o qual se exija quitação do serviço militar ou imposto de renda.
§ 2° Os brasileiros natos ou naturalizados, maiores de 18 anos, salvo os excetuados nos arts. 5° e 6°, n° I, sem prova de estarem alistados não poderão praticar os atos relacionados no parágrafo anterior.
§ 3° Realizado o alistamento eleitoral pelo processo eletrônico de dados, será cancelada a inscrição do eleitor que não votar em 3 (três) eleições consecutivas, não pagar a multa ou não se justificar no prazo de 6 (seis) meses, a contar da data da última eleição a que deveria ter comparecido.
Art. 8° - O brasileiro nato que não se alistar até os 19 anos ou o naturalizado que não se alistar até um ano depois de adquirida a nacionalidade brasileira, incorrerá na multa de 3 (três) a 10 (dez) por cento sobre o valor do salário-mínimo da região, imposta pelo Juiz e cobrada no ato da inscrição eleitoral através de selo federal inutilizado no próprio requerimento.
Parágrafo único. Não se aplicará a pena ao não alistado que requerer sua inscrição eleitoral até o centésimo primeiro dia anterior à eleição subseqüente à data em que completar dezenove anos.
Art. 9° - Os responsáveis pela inobservância do disposto nos arts. 7° e 8° incorrerão na multa de 1 (um) a 3 (três) salários-mínimos vigentes na Zona Eleitoral ou de suspensão disciplinar até 30 (trinta) dias.
Art. 10 - O Juiz Eleitoral fornecerá aos que não votarem por motivo justificado e aos não alistados nos termos dos artigos 5° e 6°, n° I, documento que os isente das sanções legais.
Art. 11 - O eleitor que não votar e não pagar a multa, se se encontrar fora de sua Zona e necessitar de documento de quitação com a Justiça Eleitoral, poderá efetuar o pagamento perante o Juízo da Zona em que estiver.
§ 1° A multa será cobrada no máximo previsto, salvo se o eleitor quiser aguardar que o Juiz da Zona em que se encontrar solicite informações sobre o arbitramento ao Juízo da inscrição.
§ 2° Em qualquer das hipóteses, efetuado o pagamento através de selos federais, inutilizados no próprio requerimento, o Juiz que recolheu a multa comunicará o fato ao da Zona de inscrição e fornecerá ao requerente comprovante do pagamento.

PARTE SEGUNDA
DOS ÓRGÃOS DA JUSTIÇA ELEITORAL

Art. 12. São órgãos da Justiça Eleitoral:
I - O Tribunal Superior Eleitoral, com sede na Capital da República e jurisdição em todo o País;
II - um Tribunal Regional, na Capital de cada Estado, no Distrito Federal e, mediante proposta do Tribunal Superior, na Capital de Território;

III - juntas eleitorais;
IV - juizes eleitorais.

Art. 13. O número de juizes dos Tribunais Regionais não será reduzido, mas poderá ser elevado até nove, mediante proposta do Tribunal Superior, e na forma por ele sugerida.

Art. 14. Os juizes dos Tribunais Eleitorais, salvo motivo justificado, servirão obrigatoriamente por dois anos, e nunca por mais de dois biênios consecutivos.

§ 1º Os biênios serão contados, ininterruptamente, sem o desconto de qualquer afastamento nem mesmo o decorrente de licença, férias, ou licença especial, salvo no caso do § 3º.

§ 2º Os juizes afastados por motivo de licença férias e licença especial, de suas funções na Justiça comum, ficarão automaticamente afastados da Justiça Eleitoral pelo tempo correspondente exceto quando com períodos de férias coletivas, coincidir a realização de eleição, apuração ou encerramento de alistamento.

§ 3º Da homologação da respectiva convenção partidária até a apuração final da eleição, não poderão servir como juizes nos Tribunais Eleitorais, ou como juiz eleitoral, o cônjuge, perante consangüíneo legítimo ou ilegítimo, ou afim, até o segundo grau, de candidato a cargo eletivo registrado na circunscrição.

§ 4º No caso de recondução para o segundo biênio observar-se-ão as mesmas formalidades indispensáveis à primeira investidura.

Art. 15. Os substitutos dos membros efetivos dos Tribunais Eleitorais serão escolhidos, na mesma ocasião e pelo mesmo processo, em número igual para cada categoria.

TÍTULO I
DO TRIBUNAL SUPERIOR

Art. 16. Compõe-se o Tribunal Superior Eleitoral:
I - mediante eleição, pelo voto secreto:
a) de três juizes, dentre os Ministros do Supremo Tribunal Federal; e
b) de dois juizes, dentre os membros do Tribunal Federal de Recursos;
II - por nomeação do Presidente da República, de dois entre seis advogados de notável saber jurídico e idoneidade moral, indicados pelo Supremo Tribunal Federal.

§ 1º Não podem fazer parte do Tribunal Superior Eleitoral cidadãos que tenham entre si parentesco, ainda que por afinidade, até o 4º (quarto) grau, seja o vínculo legítimo ou ilegítimo, excluindo-se neste caso o que tiver sido escolhido por último.

§ 2º A nomeação que trata o inciso II deste artigo não poderá recair em cidadão que ocupe cargo público de que seja demissível ad nutum; que seja diretor, proprietário ou sócio de empresa beneficiada com subvenção, privilégio, isenção ou favor em virtude de contrato com a administração pública; ou que exerça mandato de caráter político, federal, estadual ou municipal.

Art. 17. O Tribunal Superior Eleitoral elegerá para seu presidente um dos ministros do Supremo Tribunal Federal, cabendo ao outro a vice-presidência, e para Corregedor Geral da Justiça Eleitoral um dos seus membros.

§ 1º As atribuições do Corregedor Geral serão fixadas pelo Tribunal Superior Eleitoral.

§ 2º No desempenho de suas atribuições o Corregedor Geral se locomoverá para os Estados e Territórios nos seguintes casos:
I - por determinação do Tribunal Superior Eleitoral;
II - a pedido dos Tribunais Regionais Eleitorais;
III - a requerimento de Partido deferido pelo Tribunal Superior Eleitoral;
IV - sempre que entender necessário.

§ 3º Os provimentos emanados da Corregedoria Geral vinculam os Corregedores Regionais, que lhes devem dar imediato e preciso cumprimento.

Art. 18. Exercerá as funções de Procurador Geral, junto ao Tribunal Superior Eleitoral, o Procurador Geral da República, funcionando, em suas faltas e impedimentos, seu substituto legal.

Parágrafo único. O Procurador Geral poderá designar outros membros do Ministério Público da União, com exercício no Distrito Federal, e sem prejuízo das respectivas funções, para auxiliá-lo junto ao Tribunal Superior Eleitoral, onde não poderão ter assento.

Art. 19. O Tribunal Superior delibera por maioria de votos, em sessão pública, com a presença da maioria de seus membros.

Parágrafo único. As decisões do Tribunal Superior, assim na interpretação do Código Eleitoral em face da Constituição e cassação de registro de partidos políticos, como sobre quaisquer recursos que importem anulação geral de eleições ou perda de diplomas, só poderão ser tomadas com a presença de todos os seus membros. Se ocorrer impedimento de algum juiz, será convocado o substituto ou o respectivo suplente.

Art. 20. Perante o Tribunal Superior, qualquer interessado poderá argüir a suspeição ou impedimento dos seus membros, do Procurador Geral ou de funcionários de sua Secretaria, nos casos previstos na lei processual civil ou penal e por motivo de parcialidade partidária, mediante o processo previsto em regimento.

Parágrafo único. Será ilegítima a suspeição quando o excipiente a provocar ou, depois de manifestada a causa, praticar ato que importe aceitação do argüido.

Art. 21. Os Tribunais e juizes inferiores devem dar imediato cumprimento às decisões, mandados, instruções e outros atos emanados do Tribunal Superior Eleitoral.

Art. 22. Compete ao Tribunal Superior:
I - Processar e julgar originariamente:
a) o registro e a cassação de registro de partidos políticos, dos seus diretórios nacionais e de candidatos à Presidência e vice-presidência da República;
b) os conflitos de jurisdição entre Tribunais Regionais e juizes eleitorais de Estados diferentes;
c) a suspeição ou impedimento aos seus membros, ao Procurador Geral e aos funcionários da sua Secretaria;
d) os crimes eleitorais e os comuns que lhes forem conexos cometidos pelos seus próprios juizes e pelos juizes dos Tribunais Regionais;
~~e) o habeas corpus ou mandado de segurança, em matéria eleitoral, relativos a atos do Presidente da República, dos Ministros de Estado e dos Tribunais Regionais; ou, ainda, o habeas corpus, quando houver perigo de se consumar a violência antes que o juiz competente possa prover sobre a impetração;~~ *(Execução Suspensa pela RSF n. 132 de 1984)*
f) as reclamações relativas a obrigações impostas por lei aos partidos políticos, quanto à sua contabilidade e à apuração da origem dos seus recursos;
g) as impugnações á apuração do resultado geral, proclamação dos eleitos e expedição de diploma na eleição de Presidente e Vice-Presidente da República;
h) os pedidos de desaforamento dos feitos não decididos nos Tribunais Regionais dentro de trinta dias da conclusão ao relator, formulados por partido, candidato, Ministério Público ou parte legitimamente interessada.
i) as reclamações contra os seus próprios juizes que, no prazo de trinta dias a contar da conclusão, não houverem julgado os feitos a eles distribuídos.
j) a ação rescisória, nos casos de inelegibilidade, desde que intentada dentro de cento e vinte dias de decisão irrecorrível,

possibilitando-se o exercício do mandato eletivo até o seu trânsito em julgado.
II - julgar os recursos interpostos das decisões dos Tribunais Regionais nos termos do Art. 276 inclusive os que versarem matéria administrativa.
Parágrafo único. As decisões do Tribunal Superior são irrecorrível, salvo nos casos do Art. 281.
Art. 23 - Compete, ainda, privativamente, ao Tribunal Superior,
I - elaborar o seu regimento interno;
II - organizar a sua Secretaria e a Corregedoria Geral, propondo ao Congresso Nacional a criação ou extinção dos cargos administrativos e a fixação dos respectivos vencimentos, provendo-os na forma da lei;
III - conceder aos seus membros licença e férias assim como afastamento do exercício dos cargos efetivos;
IV - aprovar o afastamento do exercício dos cargos efetivos dos juizes dos Tribunais Regionais Eleitorais;
V - propor a criação de Tribunal Regional na sede de qualquer dos Territórios;
VI - propor ao Poder Legislativo o aumento do número dos juizes de qualquer Tribunal Eleitoral, indicando a forma desse aumento;
VII - fixar as datas para as eleições de Presidente e Vice-Presidente da República, senadores e deputados federais, quando não o tiverem sido por lei:
VIII - aprovar a divisão dos Estados em zonas eleitorais ou a criação de novas zonas;
IX - expedir as instruções que julgar convenientes à execução deste Código;
X - fixar a diária do Corregedor Geral, dos Corregedores Regionais e auxiliares em diligência fora da sede;
XI - enviar ao Presidente da República a lista tríplice organizada pelos Tribunais de Justiça nos termos do ar. 25;
XII - responder, sobre matéria eleitoral, às consultas que lhe forem feitas em tese por autoridade com jurisdição, federal ou]órgão nacional de partido político;
XIII - autorizar a contagem dos votos pelas mesas receptoras nos Estados em que essa providência for solicitada pelo Tribunal Regional respectivo;
XIV - requisitar a força federal necessária ao cumprimento da lei, de suas próprias decisões ou das decisões dos Tribunais Regionais que o solicitarem, e para garantir a votação e a apuração;
XV - organizar e divulgar a Súmula de sua jurisprudência;
XVI - requisitar funcionários da União e do Distrito Federal quando o exigir o acúmulo ocasional do serviço de sua Secretaria;
XVII - publicar um boletim eleitoral;
XVIII - tomar quaisquer outras providências que julgar convenientes à execução da legislação eleitoral.
Art. 24. Compete ao Procurador Geral, como Chefe do Ministério Público Eleitoral;
I - assistir às sessões do Tribunal Superior e tomar parte nas discussões;
II - exercer a ação pública e promovê-la até final, em todos os feitos de competência originária do Tribunal;
III - oficiar em todos os recursos encaminhados ao Tribunal;
IV - manifestar-se, por escrito ou oralmente, em todos os assuntos submetidos à deliberação do Tribunal, quando solicitada sua audiência por qualquer dos juizes, ou por iniciativa sua, se entender necessário;
V - defender a jurisdição do Tribunal;
VI - representar ao Tribunal sobre a fiel observância das leis eleitorais, especialmente quanto à sua aplicação uniforme em todo o País;
VII - requisitar diligências, certidões e esclarecimentos necessários ao desempenho de suas atribuições;
VIII - expedir instruções aos órgãos do Ministério Público junto aos Tribunais Regionais;
IX - acompanhar, quando solicitado, o Corregedor Geral, pessoalmente ou por intermédio de Procurador que designe, nas diligências a serem realizadas.

TÍTULO II
DOS TRIBUNAIS REGIONAIS

Art. 25. Os Tribunais Regionais Eleitorais compor-se-ão:
I - mediante eleição, pelo voto secreto:
a) de dois juizes, dentre os desembargadores do Tribunal de Justiça;
b) de dois juizes de direito, escolhidos pelo Tribunal de Justiça;
II - do juiz federal e, havendo mais de um, do que for escolhido pelo Tribunal Federal de Recursos; e
III - por nomeação do Presidente da República de dois dentre seis cidadãos de notável saber jurídico e idoneidade moral, indicados pelo Tribunal de Justiça.
§ 1º A lista tríplice organizada pelo Tribunal de Justiça será enviada ao Tribunal Superior Eleitoral.
§ 2º A lista não poderá conter nome de magistrado aposentado ou de membro do Ministério Público.
§ 3º Recebidas as indicações o Tribunal Superior divulgará a lista através de edital, podendo os partidos, no prazo de cinco dias, impugná-la com fundamento em incompatibilidade.
§ 4º Se a impugnação for julgada procedente quanto a qualquer dos indicados, a lista será devolvida ao Tribunal de origem para complementação.
§ 5º Não havendo impugnação, ou desprezada esta, o Tribunal Superior encaminhará a lista ao Poder Executivo para a nomeação.
§ 6º Não podem fazer parte do Tribunal Regional pessoas que tenham entre si parentesco, ainda que por afinidade, até o 4º grau, seja o vínculo legítimo ou ilegítimo, excluindo-se neste caso a que tiver sido escolhida por último.
§ 7º A nomeação de que trata o nº II deste artigo não poderá recair em cidadão que tenha qualquer das incompatibilidades mencionadas no art. 16, § 4º.
Art. 26. O Presidente e o Vice-Presidente do Tribunal Regional serão eleitos por este dentre os três desembargadores do Tribunal de Justiça; o terceiro desembargador será o Corregedor Regional da Justiça Eleitoral.
§ 1º As atribuições do Corregedor Regional serão fixadas pelo Tribunal Superior Eleitoral e, em caráter supletivo ou complementar, pelo Tribunal Regional Eleitoral perante o qual servir.
§ 2º No desempenho de suas atribuições o Corregedor Regional se locomoverá para as zonas eleitorais nos seguintes casos:
I - por determinação do Tribunal Superior Eleitoral ou do Tribunal Regional Eleitoral;
II - a pedido dos juizes eleitorais;
III - a requerimento de Partido, deferido pelo Tribunal Regional;
IV - sempre que entender necessário.
Art. 27. Servirá como Procurador Regional junto a cada Tribunal Regional Eleitoral o Procurador da República no respectivo Estado e, onde houver mais de um, aquele que for designado pelo Procurador Geral da República.
§ 1º No Distrito Federal, serão as funções de Procurador Regional Eleitoral exercidas pelo Procurador Geral da Justiça do Distrito Federal.
§ 2º Substituirá o Procurador Regional, em suas faltas ou impedimentos, o seu substituto legal.
§ 3º Compete aos Procuradores Regionais exercer, perante os Tribunais junto aos quais servirem, as atribuições do Procurador Geral.
§ 4º Mediante prévia autorização do Procurador Geral, podendo os Procuradores Regionais requisitar, para auxiliá-los

nas suas funções, membros do Ministério Público local, não tendo estes, porém, assento nas sessões do Tribunal.

Art. 28. Os Tribunais Regionais deliberam por maioria de votos, em sessão pública, com a presença da maioria de seus membros.

§ 1º No caso de impedimento e não existindo quorum, será o membro do Tribunal substituído por outro da mesma categoria, designado na forma prevista na Constituição.

§ 2º Perante o Tribunal Regional, e com recurso voluntário para o Tribunal Superior qualquer interessado poderá argüir a suspeição dos seus membros, do Procurador Regional, ou de funcionários da sua Secretaria, assim como dos juizes e escrivães eleitorais, nos casos previstos na lei processual civil e por motivo de parcialidade partidária, mediante o processo previsto em regimento.

§ 3º No caso previsto no parágrafo anterior será observado o disposto no parágrafo único do art. 20.

Art. 29. Compete aos Tribunais Regionais:

I - processar e julgar originariamente:

a) o registro e o cancelamento do registro dos diretórios estaduais e municipais de partidos políticos, bem como de candidatos a Governador, Vice-Governadores, e membro do Congresso Nacional e das Assembléias Legislativas;

b) os conflitos de jurisdição entre juizes eleitorais do respectivo Estado;

c) a suspeição ou impedimentos aos seus membros ao Procurador Regional e aos funcionários da sua Secretaria assim como aos juizes e escrivães eleitorais;

d) os crimes eleitorais cometidos pelos juizes eleitorais;

e) o habeas corpus ou mandado de segurança, em matéria eleitoral, contra ato de autoridades que respondam perante os Tribunais de Justiça por crime de responsabilidade e, em grau de recurso, os denegados ou concedidos pelos juizes eleitorais; ou, ainda, o habeas corpus quando houver perigo de se consumar a violência antes que o juiz competente possa prover sobre a impetração;

f) as reclamações relativas a obrigações impostas por lei aos partidos políticos, quanto a sua contabilidade e à apuração da origem dos seus recursos;

g) os pedidos de desaforamento dos feitos não decididos pelos juizes eleitorais em trinta dias da sua conclusão para julgamento, formulados por partido candidato Ministério Público ou parte legitimamente interessada sem prejuízo das sanções decorrentes do excesso de prazo.

II - julgar os recursos interpostos:

a) dos atos e das decisões proferidas pelos juizes e juntas eleitorais.

b) das decisões dos juizes eleitorais que concederem ou denegarem habeas corpus ou mandado de segurança.

Parágrafo único. As decisões dos Tribunais Regionais são irrecorríveis, salvo nos casos do Art. 276.

Art. 30. Compete, ainda, privativamente, aos Tribunais Regionais:

I - elaborar o seu regimento interno;

II - organizar a sua Secretaria e a Corregedoria Regional provendo-lhes os cargos na forma da lei, e propor ao Congresso Nacional, por intermédio do Tribunal Superior a criação ou supressão de cargos e a fixação dos respectivos vencimentos;

III - conceder aos seus membros e aos juizes eleitorais licença e férias, assim como afastamento do exercício dos cargos efetivos submetendo, quanto aqueles, a decisão à aprovação do Tribunal Superior Eleitoral;

IV - fixar a data das eleições de Governador e Vice-Governador, deputados estaduais, prefeitos, vice-prefeitos , vereadores e juizes de paz, quando não determinada por disposição constitucional ou legal;

V - constituir as juntas eleitorais e designar a respectiva sede e jurisdição;

VI - indicar ao tribunal Superior as zonas eleitorais ou seções em que a contagem dos votos deva ser feita pela mesa receptora;

VII - apurar com os resultados parciais enviados pelas juntas eleitorais, os resultados finais das eleições de Governador e Vice-Governador de membros do Congresso Nacional e expedir os respectivos diplomas, remetendo dentro do prazo de 10 (dez) dias após a diplomação, ao Tribunal Superior, cópia das atas de seus trabalhos;

VIII - responder, sobre matéria eleitoral, às consultas que lhe forem feitas, em tese, por autoridade pública ou partido político;

IX - dividir a respectiva circunscrição em zonas eleitorais, submetendo essa divisão, assim como a criação de novas zonas, à aprovação do Tribunal Superior;

X - aprovar a designação do Ofício de Justiça que deva responder pela escrivania eleitoral durante o biênio;

XI - *(Revogado pela Lei nº 8.868, de 14.4.1994)*

XII - requisitar a força necessária ao cumprimento de suas decisões solicitar ao Tribunal Superior a requisição de força federal;

XIII - autorizar, no Distrito Federal e nas capitais dos Estados, ao seu presidente e, no interior, aos juizes eleitorais, a requisição de funcionários federais, estaduais ou municipais para auxiliarem os escrivães eleitorais, quando o exigir o acúmulo ocasional do serviço;

XIV - requisitar funcionários da União e, ainda, no Distrito Federal e em cada Estado ou Território, funcionários dos respectivos quadros administrativos, no caso de acúmulo ocasional de serviço de suas Secretarias;

XV - aplicar as penas disciplinares de advertência e de suspensão até 30 (trinta) dias aos juizes eleitorais;

XVI - comprir e fazer cumprir as decisões e instruções do Tribunal Superior;

XVII - determinar, em caso de urgência, providências para a execução da lei na respectiva circunscrição;

XVIII - organizar o fichário dos eleitores do Estado.

XIX - suprimir os mapas parciais de apuração mandando utilizar apenas os boletins e os mapas totalizadores, desde que o menor número de candidatos às eleições proporcionais justifique a supressão, observadas as seguintes normas:

a) qualquer candidato ou partido poderá requerer ao Tribunal Regional que suprima a exigência dos mapas parciais de apuração;

b) da decisão do Tribunal Regional qualquer candidato ou partido poderá, no prazo de três dias, recorrer para o Tribunal Superior, que decidirá em cinco dias;

c) a supressão dos mapas parciais de apuração só será admitida até seis meses antes da data da eleição;

d) os boletins e mapas de apuração serão impressos pelos Tribunais Regionais, depois de aprovados pelo Tribunal Superior;

e) o Tribunal Regional ouvira os partidos na elaboração dos modelos dos boletins e mapas de apuração a fim de que estes atendam às peculiaridade locais, encaminhando os modelos que aprovar, acompanhados das sugestões ou impugnações formuladas pelos partidos, à decisão do Tribunal Superior.

Art. 31. Faltando num Território o Tribunal Regional, ficará a respectiva circunscrição eleitoral sob a jurisdição do Tribunal Regional que o Tribunal Superior designar.

TÍTULO III
DOS JUIZES ELEITORAIS

Art. 32. Cabe a jurisdição de cada uma das zonas eleitorais a um juiz de direito em efetivo exercício e, na falta deste, ao seu substituto legal que goze das prerrogativas do Art. 95 da Constituição.

Art. 33. Nas zonas eleitorais onde houver mais de uma serventia de justiça, o juiz indicará ao Tribunal Regional a que deve ter o anexo da escrivania eleitoral pelo prazo de dois anos.

§ 1º Não poderá servir como escrivão eleitoral, sob pena de demissão, o membro de diretório de partido político, nem o candidato a cargo eletivo, seu cônjuge e parente consangüíneo ou afim até o segundo grau.

§ 2º O escrivão eleitoral, em suas faltas e impedimentos, será substituído na forma prevista pela lei de organização judiciária local.

Art. 34. Os juizes despacharão todos os dias na sede da sua zona eleitoral.

Art. 35. Compete aos juizes:

I - cumprir e fazer cumprir as decisões e determinações do Tribunal Superior e do Regional;

II - processar e julgar os crimes eleitorais e os comuns que lhe forem conexos, ressalvada a competência originária do Tribunal Superior e dos Tribunais Regionais;

III - decidir habeas corpus e mandado de segurança, em matéria eleitoral, desde que essa competência não esteja atribuída privativamente a instância superior.

IV - fazer as diligências que julgar necessárias a ordem e presteza do serviço eleitoral;

V - tomar conhecimento das reclamações que lhe forem feitas verbalmente ou por escrito, reduzindo-as a termo, e determinando as providências que cada caso exigir;

VI - indicar, para aprovação do Tribunal Regional, a serventia de justiça que deve ter o anexo da escrivania eleitoral;

VII - (Revogado pela Lei nº 8.868, de 14.4.1994)

VIII - dirigir os processos eleitorais e determinar a inscrição e a exclusão de eleitores;

IX- expedir títulos eleitorais e conceder transferência de eleitor;

X - dividir a zona em seções eleitorais;

XI - mandar organizar, em ordem alfabética, relação dos eleitores de cada seção, para remessa a mesa receptora, juntamente com a pasta das folhas individuais de votação;

XII - ordenar o registro e cassação do registro dos candidatos aos cargos eletivos municiais e comunicá-los ao Tribunal Regional;

XIII - designar, até 60 (sessenta) dias antes das eleições os locais das seções;

XIV - nomear, 60 (sessenta) dias antes da eleição, em audiência pública anunciada com pelo menos 5 (cinco) dias de antecedência, os membros das mesas receptoras;

XV - instruir os membros das mesas receptoras sobre as suas funções;

XVI - providenciar para a solução das ocorrências para a solução das ocorrências que se verificarem nas mesas receptoras;

XVII - tomar todas as providências ao seu alcance para evitar os atos viciosos das eleições;

XVIII -fornecer aos que não votaram por motivo justificado e aos não alistados, por dispensados do alistamento, um certificado que os isente das sanções legais;

XIX - comunicar, até às 12 horas do dia seguinte a realização da eleição, ao Tribunal Regional e aos delegados de partidos credenciados, o número de eleitores que votarem em cada uma das seções da zona sob sua jurisdição, bem como o total de votantes da zona.

TÍTULO IV
DAS JUNTAS ELEITORAIS

Art. 36 - Compor-se-ão as Juntas Eleitorais de um Juiz de Direito, que será o Presidente, e de 2 (dois) ou 4 (quatro) cidadãos de notória idoneidade.

§ 1º Os membros das Juntas Eleitorais serão nomeados 60 (sessenta) dia antes da eleição, depois de aprovação do Tribunal Regional, pelo Presidente deste, a quem cumpre também designar-lhes a sede.

§ 2º Até 10 (dez) dias antes da nomeação os nomes das pessoas indicadas para compor as Juntas serão publicados no órgão oficial do Estado, podendo qualquer partido, no prazo de 3 (três) dias, em petição fundamentada, impugnar as indicações.

§ 3º Não podem ser nomeados membros das Juntas, escrutinadores ou auxiliares:

I - os candidatos e seus parentes, ainda que por afinidade, até o segundo grau, inclusive, e bem assim o cônjuge;

II - os membros de Diretórios de partidos políticos devidamente registrados e cujos nomes tenham sido oficialmente publicados;

III - as autoridades e agentes policiais, bem como os funcionários no desempenho de cargos de confiança do Executivo;

IV - os que pertencerem ao serviço eleitoral.

Art. 37 - Poderão ser organizadas tantas Juntas quantas permitir o número de Juízes de Direito que gozem das garantias do art. 95 da Constituição, mesmo que não sejam Juízes Eleitorais.

Parágrafo único. Nas Zonas em que houver de ser organizada mais de uma Junta, ou quando estiver vago o cargo de Juiz Eleitoral ou estiver este impedido, o Presidente do Tribunal Regional, com a aprovação deste, designará Juízes de Direito da mesma ou de outras comarcas, para presidirem as Juntas Eleitorais.

Art. 38 - Ao Presidente da Junta é facultado nomear, dentre cidadãos de notória idoneidade, escrutinadores e auxiliares em número capaz de atender à boa marcha dos trabalhos.

§ 1º É obrigatória essa nomeação sempre que houver mais de dez urnas a apurar.

§ 2º Na hipótese do desdobramento da Junta em Turmas, o respectivo Presidente nomeará um escrutinador para servir como **Secretário** em cada Turma.

§ 3º Além dos Secretários a que se refere o parágrafo anterior, será designado pelo Presidente da Junta um escrutinador para **Secretário-Geral** competindo-lhe;

I - lavrar as atas;

II - tomar por termo ou protocolar os recursos, neles funcionando como Escrivão;

III - totalizar os votos apurados.

Art. 39 - Até 30 (trinta) dias antes da eleição, o Presidente da Junta comunicará ao Presidente do Tribunal Regional as nomeações que hover feito e divulgará a composição do órgão por edital publicado ou afixado, podendo qualquer partido oferecer impugnação motivada, no prazo de 3 (três) dias.

Art. 40 - Compete à Junta Eleitoral;

I - apurar, no prazo de 10 (dez) dias, as eleições realizadas nas Zonas Eleitorais sob a sua jurisdição.

II - resolver as impugnações e demais incidentes verificados durante os trabalhos da contagem e da apuração;

III - expedir os boletins de apuração mencionados no art. 179;

IV - expedir diploma aos eleitos para cargos municipais.

Parágrafo único. Nos Municípios onde houver mais de uma Junta Eleitoral, a expedição dos diplomas será feita pelo que for presidida pelo Juiz Eleitoral mais antigo, à qual as demais enviarão os documentos da eleição.

Art. 41 - Nas Zonas Eleitorais em que for autorizada a contagem prévia dos votos pelas Mesas Receptoras, compete à Junta Eleitoral tomar as providências mencionadas no art. 195.

TÍTULO III
DOS RECURSOS
CAPÍTULO I
DISPOSIÇÕES PRELIMINARES

Art. 257. Os recursos eleitorais não terão efeito suspensivo.

Parágrafo único. A execução de qualquer acórdão será feita imediatamente, através de comunicação por ofício, telegrama, ou, em casos especiais, a critério do presidente do Tribunal, através de cópia do acórdão.

Art. 258. Sempre que a lei não fixar prazo especial, o recurso deverá ser interposto em três dias da publicação do ato, resolução ou despacho.
Art. 258. Sempre que a lei não fixar prazo especial, o recurso deverá ser interposto em três dias da publicação do art. Resolução ou despacho.
Art. 259. São preclusivos os prazos para interposição de recurso, salvo quando neste se discutir matéria constitucional.
Parágrafo único. O recurso em que se discutir matéria constitucional não poderá ser interposto fora do prazo. Perdido o prazo numa fase própria, só em outra que se apresentar poderá ser interposto.
Art. 260. A distribuição do primeiro recurso que chegar ao Tribunal Regional ou Tribunal Superior, previnirá a competência do relator para todos os demais casos do mesmo município ou Estado.
Art. 261. Os recursos parciais, entre os quais não se incluem os que versarem matéria referente ao registro de candidatos, interpostos para os Tribunais Regionais no caso de eleições municipais, e para o Tribunal Superior no caso de eleições estaduais ou federais, serão julgados à medida que derem entrada nas respectivas Secretarias.
§ 1º Havendo dois ou mais recursos parciais de um mesmo município ou Estado, ou se todos, inclusive os de diplomação já estiverem no Tribunal Regional ou no Tribunal Superior, serão eles julgados seguidamente, em uma ou mais sessões.
§ 2º As decisões com os esclarecimentos necessários ao cumprimento, serão comunicadas de uma só vez ao juiz eleitoral ou ao presidente do Tribunal Regional.
§ 3º Se os recursos de um mesmo município ou Estado deram entrada em datas diversas, sendo julgados separadamente, o juiz eleitoral ou o presidente do Tribunal Regional, aguardará a comunicação de todas as decisões para cumpri-las, salvo se o julgamento dos demais importar em alteração do resultado do pleito que não tenha relação com o recurso já julgado.
§ 4º Em todos os recursos, no despacho que determinar a remessa dos autos à instância superior, o juízo "a quo" esclarecerá quais os ainda em fase de processamento e, no último, quais os anteriormente remetidos.
§ 5º Ao se realizar a diplomação, se ainda houver recurso pendente de decisão em outra instância, será consignado que os resultados poderão sofrer alterações decorrentes desse julgamento.
§ 6º Realizada a diplomação, e decorrido o prazo para recurso, o juiz ou presidente do Tribunal Regional comunicará à instância superior se foi ou não interposto recurso.
Art. 262. O recurso contra expedição de diploma caberá somente nos seguintes casos:
I - inelegibilidade ou incompatibilidade de candidato;
II - errônea interpretação da lei quanto à aplicação do sistema de representação proporcional;
III - erro de direito ou de fato na apuração final, quanto à determinação do quociente eleitoral ou partidário, contagem de votos e classificação de candidato, ou a sua contemplação sob determinada legenda;
IV - concessão ou denegação do diploma em manifesta contradição com a prova dos autos, nas hipóteses do art. 222 desta Lei, e do art. 41-A da Lei nº 9.504, de 30 de setembro de 1997. (Redação dada pela Lei n 9.840, de 28.9.1999)
Art. 263. No julgamento de um mesmo pleito eleitoral, as decisões anteriores sôbre questões de direito constituem prejulgados para os demais casos, salvo se contra a tese votarem dois terços dos membros do Tribunal.
Art. 264. Para os Tribunais Regionais e para o Tribunal Superior caberá, dentro de 3 (três) dias, recurso dos atos, resoluções ou despachos dos respectivos presidentes.

Exercícios de Fixação

As questões de Nº 01 a 7 deverão ser respondidas utilizando-se o QUADRO a seguir
COMPETÊNCIAS
(1) do TSE
(2) privativa do TSE
(3) Procurador-Geral, como chefe do Ministério Público Eleitoral

01.
( ) "expedir instruções aos órgãos do Ministério Público junto aos Tribunais Regionais;"
( ) "fixar a diária do Corregedor-Geral, dos Corregedores Regionais e auxiliares em diligência fora da sede;"
( ) "enviar ao Presidente da República a lista tríplice organizada pelos Tribunais de Justiça nos termos do art. 25; do Código Eleitoral;"
( ) "processar e julgar originariamente as reclamações relativas a obrigações impostas por lei aos partidos políticos, quando à sua contabilidade e à apuração da origem do seus recursos."
a) 3 – 1 – 2 – 1
b) 3 – 2 – 2 – 1
c) 2 – 3 – 1 – 1
d) 2 – 1 – 1 – 1

02.
( ) "fixar as datas para as eleições de Presidente e Vice-Presidente da República, Senadores e Deputados Federais, quando não tiverem sido por lei;"
( ) "aprovar a divisão dos Estados em Zonas Eleitorais ou a criação de novas Zonas;"
( ) "expedir as instruções que julgar convenientes à execução do Código Eleitoral;"
( ) "representar ao Tribunal sobre fiel observância das leis eleitorais, especialmente quanto à sua aplicação uniforme em todo o País;"
( ) "requisitar diligências, certidões e esclarecimentos necessários ao desempenho de suas atribuições;"
a) 2 – 1 – 3 – 2 – 1
b) 2 – 3 – 2 – 1 – 1
c) 2 – 1 – 2 – 3 – 2
d) 2 – 2 – 2 – 3 – 3

03.
( ) "processar e julgar originalmente a suspeição ou impedimento aos seus membros, ao Procurador-Geral e aos funcionários da sua Secretaria;"
( ) "processar e julgar originalmente os crimes eleitorais e os comuns que lhe forem conexos cometidos pelos seus próprios Juízes e pelos Juízes dos Tribunais Regionais;"
( ) "manifestar-se, por escrito ou oralmente, em todos os assuntos submetidos à deliberação do Tribunal, quando solicitada sua audiência por qualquer dos Juízes, ou por iniciativa sua, se entender necessário;"
( ) "defender a jurisdição do Tribunal;"
a) 1 – 1 – 3 – 3
b) 1 – 2 – 1 – 3
c) 2 – 3 – 2 – 3
d) 1 – 1 – 3 – 2

04.
( ) "aprovar o afastamento do exercício dos cargos efetivos dos Juízes dos Tribunais Regionais Eleitorais;"
( ) "propor a criação de Tribunal Regional na sede de qualquer dos Territórios;"
( ) "assistir às sessões do Tribunal Superior e tomar parte nas discussões;"
( ) "exercer a ação pública e promove-la até final, em todos os feitos de competência originária do Tribunal;"
a) 1 – 2 – 2 – 3
b) 2 – 2 – 3 – 3
c) 2 – 2 – 3 – 3
d) 3 – 2 – 2 – 3

05.

( ) "processar e julgar originariamente o registro e a cassação de registro de partidos políticos, dos seus Diretórios Nacionais e de candidatos à Presidência e Vice-Presidência da República;"

( ) "processar e julgar originariamente os conflitos de jurisdição entre Tribunais Regionais e Juízes Eleitorais de Estados diferentes;"

( ) "elaborar o seu regimento interno;"

( ) "organizar a sua Secretaria e a Corregedoria-Geral, propondo ao Congresso Nacional a criação ou extinção dos cargos administrativos e a fixação dos respectivos vencimentos, provendo-os na forma da lei;"

( ) "conceder aos seus membros licença e férias, assim como afastamento do exercício dos cargos efetivos;"

a) 1 – 2 – 2 – 1 – 2
b) 2 – 2 – 1 – 2 – 1
c) 1 – 1 – 2 – 2 – 2
d) 1 – 2 – 1 – 2 – 2

06.

( ) "acompanhar, quando solicitado, o Corregedor-Geral, pessoalmente ou por intermédio de Procurador que designe, nas diligências a serem realizadas."

( ) "processar e julgar originariamente as reclamações contra os seus próprios Juízes que, no prazo de trinta dias a contar da conclusão, não houverem julgado os feitos a eles distribuídos."

( ) "processar e julgar originariamente a ação rescisória, nos casos de inelegibilidade, desde que intentada dentro de cento e vinte dias de decisão irrecorrível, possibilitando-se o exercício do mandato eletivo até o seu trânsito em julgado"

( ) julgar os recursos interpostos das decisões dos Tribunais Regionais nos termos do art. 276 do Código Eleitoral inclusive os que versarem matéria administrativa.

a) 3 – 2 – 1 – 2
b) 3 – 1 – 1 – 1
c) 3 – 2 – 1 – 3
d) 2 – 1 – 2 – 2

07.

( ) "organizar e divulgar a súmula de sua jurisprudência;"

( ) "requisitar funcionários da União e do Distrito Federal quando o exigir o acúmulo ocasional do serviço de sua Secretaria;"

( ) "publicar um boletim eleitoral; (O Boletim Eleitoral foi substituído em julho/90, pela revista Jurisprudência do Tribunal Superior Eleitoral)"

( ) "tomar quaisquer outras providencias que julgar convenientes à execução da legislação eleitoral."

( ) "oficiar em todos os recursos encaminhados ao TRE."

a) 1 – 2 – 2 – 3 – 2
b) 2 – 2 – 1 – 3 – 3
c) 3 – 3 – 2 – 1 – 3
d) 2 – 2 – 2 – 2 – 3

Gabarito

01. B 02. D 03. A 04. B 05. C
06. B 07. D

3. Resolução Nº 21.538, de 14 de Outubro de 2003

Processo Administrativo Nº 18.463 - CLASSE 19ª - Distrito Federal (Brasília).

Relator: Ministro Barros Monteiro.
Interessada: Corregedoria-Geral da Justiça Eleitoral.

Dispõe sobre o alistamento e serviços eleitorais mediante processamento eletrônico de dados, a regularização de situação de eleitor, a administração e a manutenção do cadastro eleitoral, o sistema de alistamento eleitoral, a revisão do eleitorado e a fiscalização dos partidos políticos, entre outros.

O TRIBUNAL SUPERIOR ELEITORAL, no uso de suas atribuições, tendo em conta o disposto na Lei nº 7.444, de 20 de dezembro de 1985, considerando que à Corregedoria-Geral da Justiça Eleitoral cabe velar pela fiel execução das leis e instruções e pela boa ordem e celeridade dos serviços eleitorais, considerando a necessidade de adaptar as normas em vigor à nova sistemática adotada para o cadastro eleitoral, considerando a necessidade de estabelecer rotina procedimental única, de forma a facilitar os trabalhos desenvolvidos, especialmente quanto às situações de duplicidade ou pluralidade de inscrições e revisão de eleitorado,

RESOLVE:

Art. 1º O alistamento eleitoral, mediante processamento eletrônico de dados, implantado nos termos da Lei nº 7.444/85, será efetuado, em todo o território nacional, na conformidade do referido diploma legal e desta resolução.

Parágrafo único. Os tribunais regionais eleitorais adotarão o sistema de alistamento desenvolvido pelo Tribunal Superior Eleitoral.

Do Requerimento de Alistamento Eleitoral - RAE

Art. 2º O Requerimento de Alistamento Eleitoral - RAE (Anexo I) servirá como documento de entrada de dados e será processado eletronicamente.

Parágrafo único. O sistema de alistamento de que trata o parágrafo único do art. 1º conterá os campos correspondentes ao formulário RAE, de modo a viabilizar a impressão do requerimento, com as informações pertinentes, para apreciação do juiz eleitoral.

Art. 3º Para preenchimento do RAE, devem ser observados os procedimentos especificados nesta resolução e nas orientações pertinentes.

Art. 4º Deve ser consignada OPERAÇÃO 1 - ALISTAMENTO quando o alistando requerer inscrição e quando em seu nome não for identificada inscrição em nenhuma zona eleitoral do país ou exterior, ou a única inscrição localizada estiver cancelada por determinação de autoridade judiciária (FASE 450).

Art. 5º Deve ser consignada OPERAÇÃO 3 - TRANSFERÊNCIA sempre que o eleitor desejar alterar seu domicílio e for encontrado em seu nome número de inscrição em qualquer município ou zona, unidade da Federação ou país, em conjunto ou não com eventual retificação de dados.

§ 1º Na hipótese do caput, o eleitor permanecerá com o número originário da inscrição e deverá ser, obrigatoriamente, consignada no campo próprio a sigla da UF anterior.

§ 2º É vedada a transferência de número de inscrição envolvida em coincidência, suspensa, cancelada automaticamente pelo sistema quando envolver situação de perda e suspensão de direitos políticos, cancelada por perda de direitos políticos (FASE 329) e por decisão de autoridade judiciária (FASE 450).

§ 3º Será admitida transferência com reutilização do número de inscrição cancelada pelos códigos FASE 019 - falecimento, 027 - duplicidade/pluralidade, 035 - deixou de votar em três eleições consecutivas e 469 - revisão de eleitorado, desde que comprovada a inexistência de outra inscrição liberada, não liberada, regular ou suspensa para o eleitor.

§ 4º Existindo mais de uma inscrição cancelada para o eleitor no cadastro, nas condições previstas no § 3º, deverá ser promovida, preferencialmente, a transferência daquela:

I - que tenha sido utilizada para o exercício do voto no último pleito;

II - que seja mais antiga.

Art. 6º Deve ser consignada OPERAÇÃO 5 - REVISÃO quando o eleitor necessitar alterar local de votação no mesmo município, ainda que haja mudança de zona eleitoral, retificar dados pessoais ou regularizar situação de inscrição cancelada nas mesmas condições previstas para a transferência a que se refere o § 3º do art. 5º.

Art. 7º Deve ser consignada OPERAÇÃO 7 - SEGUNDA VIA quando o eleitor estiver inscrito e em situação regular na zona por ele procurada e desejar apenas a segunda via do seu título eleitoral, sem nenhuma alteração.

Art. 8º Nas hipóteses de REVISÃO ou de SEGUNDA VIA, o título eleitoral será expedido automaticamente e a data de domicílio do eleitor não será alterada.

Do Alistamento

Art. 9º No cartório eleitoral ou no posto de alistamento, o servidor da Justiça Eleitoral preencherá o RAE ou digitará as informações no sistema de acordo com os dados constantes do documento apresentado pelo eleitor, complementados com suas informações pessoais, de conformidade com as exigências do processamento de dados, destas instruções e das orientações específicas.

§ 1º O RAE deverá ser preenchido ou digitado e impresso na presença do requerente.

§ 2º No momento da formalização do pedido, o requerente manifestará sua preferência sobre local de votação, entre os estabelecidos para a zona eleitoral.

§ 3º Para os fins do § 2º deste artigo, será colocada à disposição, no cartório ou posto de alistamento, a relação de todos os locais de votação da zona, com os respectivos endereços.

§ 4º A assinatura do requerimento ou a aposição da impressão digital do polegar será feita na presença do servidor da Justiça Eleitoral, que deverá atestar, de imediato, a satisfação dessa exigência.

Art. 10. Antes de submeter o pedido a despacho do juiz eleitoral, o servidor providenciará o preenchimento ou a digitação no sistema dos espaços que lhe são reservados no RAE.

Parágrafo único. Para efeito de preenchimento do requerimento ou de digitação no sistema, será mantida em cada zona eleitoral relação de servidores, identificados pelo número do título eleitoral, habilitados a praticar os atos reservados ao cartório.

Art. 11. Atribuído número de inscrição, o servidor, após assinar o formulário, destacará o protocolo de solicitação, numerado de idêntica forma, e o entregará ao requerente, caso a emissão do título não seja imediata.

Art. 12. Os tribunais regionais eleitorais farão distribuir, observada a seqüência numérica fornecida pela Secretaria de Informática, às zonas eleitorais da respectiva circunscrição, séries de números de inscrição eleitoral, a serem utilizados na forma deste artigo.

Parágrafo único. O número de inscrição compor-se-á de até 12 algarismos, por unidade da Federação, assim discriminados:

a) os oito primeiros algarismos serão seqüenciados, desprezando-se, na emissão, os zeros à esquerda;
b) os dois algarismos seguintes serão representativos da unidade da Federação de origem da inscrição, conforme códigos constantes da seguinte tabela:
01 - São Paulo
02 - Minas Gerais
03 - Rio de Janeiro
04 - Rio Grande do Sul
05 - Bahia
06 - Paraná
07 - Ceará
08 - Pernambuco
09 - Santa Catarina
10 - Goiás
11 - Maranhão
12 - Paraíba
13 - Pará
14 - Espírito Santo
15 - Piauí
16 - Rio Grande do Norte
17 - Alagoas
18 - Mato Grosso
19 - Mato Grosso do Sul
20 - Distrito Federal
21 - Sergipe
22 - Amazonas
23 - Rondônia
24 - Acre
25 - Amapá
26 - Roraima
27 - Tocantins
28 - Exterior (ZZ)
c) os dois últimos algarismos constituirão dígitos verificadores, determinados com base no módulo 11, sendo o primeiro calculado sobre o número seqüencial e o último sobre o código da unidade da Federação seguido do primeiro dígito verificador.

Art. 13. Para o alistamento, o requerente apresentará um dos seguintes documentos do qual se infira a nacionalidade brasileira (Lei nº 7.444/85, art. 5º, § 2º):
a) carteira de identidade ou carteira emitida pelos órgãos criados por lei federal, controladores do exercício profissional;
b) certificado de quitação do serviço militar;
c) certidão de nascimento ou casamento, extraída do Registro Civil;
d) instrumento público do qual se infira, por direito, ter o requerente a idade mínima de 16 anos e do qual constem, também, os demais elementos necessários à sua qualificação.
Parágrafo único. A apresentação do documento a que se refere a alínea b é obrigatória para maiores de 18 anos, do sexo masculino.

Art. 14. É facultado o alistamento, no ano em que se realizarem eleições, do menor que completar 16 anos até a data do pleito, inclusive.
§ 1º O alistamento de que trata o caput poderá ser solicitado até o encerramento do prazo fixado para requerimento de inscrição eleitoral ou transferência.
§ 2º O título emitido nas condições deste artigo somente surtirá efeitos com o implemento da idade de 16 anos (Res./TSE nº 19.465, de 12.3.96).

Art. 15. O brasileiro nato que não se alistar até os 19 anos ou o naturalizado que não se alistar até um ano depois de adquirida a nacionalidade brasileira incorrerá em multa imposta pelo juiz eleitoral e cobrada no ato da inscrição.
Parágrafo único. Não se aplicará a pena ao não-alistado que requerer sua inscrição eleitoral até o centésimo qüinquagésimo primeiro dia anterior à eleição subseqüente à data em que completar 19 anos (Código Eleitoral, art. 8º c.c. a Lei nº 9.504/97, art. 91).

Art. 16. O alistamento eleitoral do analfabeto é facultativo (Constituição Federal, art. 14, § 1º, II, a).
Parágrafo único. Se o analfabeto deixar de sê-lo, deverá requerer sua inscrição eleitoral, não ficando sujeito à multa prevista no art. 15 (Código Eleitoral, art. 8º).

Art. 17. Despachado o requerimento de inscrição pelo juiz eleitoral e processado pelo cartório, o setor da Secretaria do Tribunal Regional Eleitoral responsável pelos serviços de processamento eletrônico de dados enviará ao cartório eleitoral, que as colocará à disposição dos partidos políticos, relações de inscrições incluídas no cadastro, com os respectivos endereços.
§ 1º Do despacho que indeferir o requerimento de inscrição, caberá recurso interposto pelo alistando no prazo de cinco dias e, do que o deferir, poderá recorrer qualquer delegado de partido político no prazo de dez dias, contados da colocação da respectiva listagem à disposição dos partidos, o que deverá ocorrer nos dias 1º e 15 de cada mês, ou no primeiro dia útil seguinte, ainda que tenham sido exibidas ao alistando antes dessas datas e mesmo que os partidos não as consultem (Lei nº 6.996/82, art. 7º).
§ 2º O cartório eleitoral providenciará, para o fim do disposto no § 1º, relações contendo os pedidos indeferidos.

Da Transferência

Art. 18. A transferência do eleitor só será admitida se satisfeitas as seguintes exigências:
I - recebimento do pedido no cartório eleitoral do novo domicílio no prazo estabelecido pela legislação vigente;
II - transcurso de, pelo menos, um ano do alistamento ou da última transferência;
III - residência mínima de três meses no novo domicílio, declarada, sob as penas da lei, pelo próprio eleitor (Lei nº 6.996/82, art. 8º);
IV - prova de quitação com a Justiça Eleitoral.
§ 1º O disposto nos incisos II e III não se aplica à transferência de título eleitoral de servidor público civil, militar, autárquico, ou de membro de sua família, por motivo de remoção ou transferência (Lei nº 6.996/82, art. 8º, parágrafo único).
§ 2º Ao requerer a transferência, o eleitor entregará ao servidor do cartório o título eleitoral e a prova de quitação com a Justiça Eleitoral.
§ 3º Não comprovada a condição de eleitor ou a quitação para com a Justiça Eleitoral, o juiz eleitoral arbitrará, desde logo, o valor da multa a ser paga.
§ 4º Despachado o requerimento de transferência pelo juiz eleitoral e processado pelo cartório, o setor da Secretaria do Tribunal Regional Eleitoral responsável pelos serviços de processamento de dados enviará ao cartório eleitoral, que as colocará à disposição dos partidos políticos, relações de inscrições atualizadas no cadastro, com os respectivos endereços.
§ 5º Do despacho que indeferir o requerimento de transferência, caberá recurso interposto pelo eleitor no prazo de cinco dias e, do que o deferir, poderá recorrer qualquer delegado de partido político no prazo de dez dias, contados da colocação da respectiva listagem à disposição dos partidos, o que deverá ocorrer nos dias 1º e 15 de cada mês, ou no primeiro dia útil seguinte, ainda que tenham sido exibidas ao requerente antes dessas datas e mesmo que os partidos não as consultem (Lei nº 6.996/82, art. 8º).
§ 6º O cartório eleitoral providenciará, para o fim do disposto no § 5º, relações contendo os pedidos indeferidos.

Da Segunda Via

Art. 19. No caso de perda ou extravio do título, bem assim de sua inutilização ou dilaceração, o eleitor deverá requerer pessoalmente ao juiz de seu domicílio eleitoral que lhe expeça segunda via.

§ 1º Na hipótese de inutilização ou dilaceração, o requerimento será instruído com a primeira via do título.

§ 2º Em qualquer hipótese, no pedido de segunda via, o eleitor deverá apor a assinatura ou a impressão digital do polegar, se não souber assinar, na presença do servidor da Justiça Eleitoral, que deverá atestar a satisfação dessa exigência, após comprovada a identidade do eleitor.

Do Restabelecimento de Inscrição Cancelada por Equívoco

Art. 20. Será admitido o restabelecimento, mediante comando do código FASE 361, de inscrição cancelada em virtude de comando equivocado dos códigos FASE 019, 450 e 469.

Do Formulário de Atualização da Situação do Eleitor - FASE

Art. 21. Para registro de informações no histórico de inscrição no cadastro, utilizar-se-á, como documento de entrada de dados, o Formulário de Atualização da Situação do Eleitor - FASE, cuja tabela de códigos será estabelecida pela Corregedoria-Geral.

Parágrafo único. A atualização de registros de que trata o caput poderá ser promovida, desde que viabilizado, diretamente no sistema de alistamento eleitoral, dispensando-se o preenchimento do formulário FASE.

Do Título Eleitoral

Art. 22. O título eleitoral será confeccionado com características, formas e especificações constantes do modelo Anexo II.

Parágrafo único. O título eleitoral terá as dimensões de 9,5 x 6,0 cm, será confeccionado em papel com marca d'água e peso de 120 g/m2, impresso nas cores preto e verde, em frente e verso, tendo como fundo as Armas da República, e será contornado por serrilha.

Art. 23. O título eleitoral será emitido, obrigatoriamente, por computador e dele constarão, em espaços próprios, o nome do eleitor, a data de nascimento, a unidade da Federação, o município, a zona e a seção eleitoral onde vota, o número da inscrição eleitoral, a data de emissão, a assinatura do juiz eleitoral, a assinatura do eleitor ou a impressão digital de seu polegar, bem como a expressão "segunda via", quando for o caso.

§ 1º Os tribunais regionais poderão autorizar, na emissão on-line de títulos eleitorais e em situações excepcionais, a exemplo de revisão de eleitorado, recadastramento ou rezoneamento, o uso, mediante rígido controle, de impressão da assinatura (chancela) do presidente do Tribunal Regional Eleitoral respectivo, em exercício na data da autorização, em substituição à assinatura do juiz eleitoral da zona, nos títulos eleitorais.

§ 2º Nas hipóteses de alistamento, transferência, revisão e segunda via, a data da emissão do título será a de preenchimento do requerimento.

Art. 24. Juntamente com o título eleitoral, será emitido Protocolo de Entrega do Título Eleitoral - PETE (canhoto), que conterá o número de inscrição, o nome do eleitor e de sua mãe e a data de nascimento, com espaços, no verso, destinados à assinatura do eleitor ou aposição da impressão digital de seu polegar, se não souber assinar, à assinatura do servidor do cartório responsável pela entrega e o número de sua inscrição eleitoral, bem como à data de recebimento.

§ 1º O título será entregue, no cartório ou no posto de alistamento, pessoalmente ao eleitor, vedada a interferência de pessoas estranhas à Justiça Eleitoral.

§ 2º Antes de efetuar a entrega do título, comprovada a identidade do eleitor e a exatidão dos dados inseridos no documento, o servidor destacará o título eleitoral e colherá a assinatura ou a impressão digital do polegar do eleitor, se não souber assinar, no espaço próprio constante do canhoto.

Art. 25. No período de suspensão do alistamento, não serão recebidos requerimentos de alistamento ou transferência (Lei nº 9.504/97, art. 91, caput).

Parágrafo único. O processamento reabrir-se-á em cada zona logo que estejam concluídos os trabalhos de apuração em âmbito nacional (Código Eleitoral, art. 70).

Art. 26. O título eleitoral prova a quitação do eleitor para com a Justiça Eleitoral até a data de sua emissão.

Da Fiscalização dos Partidos Políticos

Art. 27. Os partidos políticos, por seus delegados, poderão:

I - acompanhar os pedidos de alistamento, transferência, revisão, segunda via e quaisquer outros, até mesmo emissão e entrega de títulos eleitorais, previstos nesta resolução;

II - requerer a exclusão de qualquer eleitor inscrito ilegalmente e assumir a defesa do eleitor cuja exclusão esteja sendo promovida;

III - examinar, sem perturbação dos serviços e na presença dos servidores designados, os documentos relativos aos pedidos de alistamento, transferência, revisão, segunda via e revisão de eleitorado, deles podendo requerer, de forma fundamentada, cópia, sem ônus para a Justiça Eleitoral.

Parágrafo único. Qualquer irregularidade determinante de cancelamento de inscrição deverá ser comunicada por escrito ao juiz eleitoral, que observará o procedimento estabelecido nos arts. 77 a 80 do Código Eleitoral.

Art. 28. Para os fins do art. 27, os partidos políticos poderão manter até dois delegados perante o Tribunal Regional Eleitoral e até três delegados em cada zona eleitoral, que se revezarão, não sendo permitida a atuação simultânea de mais de um delegado de cada partido.

§ 1º Na zona eleitoral, os delegados serão credenciados pelo juiz eleitoral.

§ 2º Os delegados credenciados no Tribunal Regional Eleitoral poderão representar o partido, na circunscrição, perante qualquer juízo eleitoral.

Do Acesso às Informações Constantes do Cadastro

Art. 29. As informações constantes do cadastro eleitoral serão acessíveis às instituições públicas e privadas e às pessoas físicas, nos termos desta resolução (Lei nº 7.444/85, art. 9º, I).

§ 1º Em resguardo da privacidade do cidadão, não se fornecerão informações de caráter personalizado constantes do cadastro eleitoral.

§ 2º Consideram-se, para os efeitos deste artigo, como informações personalizadas, relações de eleitores acompanhadas de dados pessoais (filiação, data de nascimento, profissão, estado civil, escolaridade, telefone e endereço).

§ 3º Excluem-se da proibição de que cuida o § 1º os pedidos relativos a procedimento previsto na legislação eleitoral e os formulados:

a) pelo eleitor sobre seus dados pessoais;

b) por autoridade judicial e pelo Ministério Público, vinculada a utilização das informações obtidas, exclusivamente, às respectivas atividades funcionais;

c) por entidades autorizadas pelo Tribunal Superior Eleitoral, desde que exista reciprocidade de interesses (Lei nº 7.444/85, art. 4º).

Art. 30. Os tribunais e juízes eleitorais poderão, no âmbito de suas jurisdições, autorizar o fornecimento a interessados, desde que sem ônus para a Justiça Eleitoral e disponíveis em meio magnético, dos dados de natureza estatística levantados com base no cadastro eleitoral, relativos ao eleitorado ou ao resultado de pleito eleitoral, salvo quando lhes for atribuído caráter reservado.

Art. 31. Os juízes e os tribunais eleitorais não fornecerão dados do cadastro de eleitores não pertencentes a sua jurisdição, salvo na hipótese do art. 82 desta resolução.

Art. 32. O uso dos dados de natureza estatística do eleitorado ou de pleito eleitoral obriga a quem os tenha adquirido a citar a fonte e a assumir responsabilidade pela manipulação inadequada ou extrapolada das informações obtidas.

Dos Batimentos

Art. 33. O batimento ou cruzamento das informações constantes do cadastro eleitoral terá como objetivos expurgar possíveis duplicidades ou pluralidades de inscrições eleitorais e identificar situações que exijam averiguação e será realizado pelo Tribunal Superior Eleitoral, em âmbito nacional.

§ 1º As operações de alistamento, transferência e revisão somente serão incluídas no cadastro ou efetivadas após submetidas a batimento.

§ 2º Inscrição agrupada em duplicidade ou pluralidade ficará sujeita a apreciação e decisão de autoridade judiciária.

§ 3º Em um mesmo grupo, serão sempre consideradas não liberadas as inscrições mais recentes, excetuadas as inscrições atribuídas a gêmeos, que serão identificadas em situação liberada.

§ 4º Em caso de agrupamento de inscrição de gêmeo com inscrição para a qual não foi indicada aquela condição, essa última será considerada não liberada.

Dos Documentos Emitidos pelo Sistema no Batimento

Art. 34. Será colocada à disposição de todas as zonas eleitorais, após a realização de batimento:

I - RELAÇÃO DE ELEITORES AGRUPADOS (envolvidos em duplicidade ou pluralidade) emitida por ordem de número de grupo, contendo todos os eleitores agrupados inscritos na zona, com dados necessários a sua individualização, juntamente com índice em ordem alfabética;

II - COMUNICAÇÃO dirigida à autoridade judiciária incumbida da apreciação do caso, noticiando o agrupamento de inscrição em duplicidade ou pluralidade, para as providências estabelecidas nesta resolução.

Parágrafo único. Será expedida NOTIFICAÇÃO dirigida ao eleitor cuja inscrição foi considerada não liberada pelo batimento.

Das Duplicidades e Pluralidades (Coincidências)

Art. 35. Colocada à disposição a relação de eleitores agrupados, o juiz eleitoral fará publicar edital, pelo prazo de três dias, para conhecimento dos interessados.

Art. 36. Todo eleitor que tiver sua inscrição não liberada em decorrência do cruzamento de informações deverá ser notificado para, se o desejar, requerer regularização de sua situação eleitoral, no prazo de 20 dias, contados da data de realização do batimento.

Art. 37. Recebida a comunicação da coincidência, a autoridade judiciária deverá, de ofício e imediatamente:

I - determinar sua autuação;

II - determinar a regularização da situação da inscrição do eleitor que não possuir outra inscrição liberada, independentemente de requerimento, desde que constatado que o grupo é formado por pessoas distintas;

III - determinar as diligências cabíveis quando não for possível identificar de pronto se a inscrição pertence ou não a um mesmo eleitor;

IV - aguardar, sendo o caso, o comparecimento do eleitor ao cartório durante os 20 dias que lhe são facultados para requerer regularização de situação eleitoral;

V - comparecendo o eleitor ao cartório, orientá-lo, conforme o caso, a preencher o Requerimento para Regularização de Inscrição - RRI, ou a requerer, oportunamente, transferência, revisão ou segunda via;

VI - determinar o cancelamento da(s) inscrição(ões) que comprovadamente pertença(m) a um mesmo eleitor, assegurando a cada eleitor apenas uma inscrição;

VII - dar publicidade à decisão;

VIII - promover a digitação da decisão;

IX - adotar demais medidas cabíveis.

Art. 38. Não poderá ser objeto de transferência, revisão ou segunda via, inscrição agrupada em duplicidade ou pluralidade.

Art. 39. Encerrado o prazo para exame e decisão dos casos de duplicidade ou pluralidade, não existindo decisão de autoridade judiciária, a inscrição liberada passará a figurar como regular e a não-liberada como cancelada, caso exista no cadastro.

Art. 40. Identificada situação em que um mesmo eleitor possua duas ou mais inscrições liberadas ou regulares, agrupadas ou não pelo batimento, o cancelamento de uma ou mais delas deverá, preferencialmente, recair:

I - na inscrição mais recente, efetuada contrariamente às instruções em vigor;

II - na inscrição que não corresponda ao domicílio eleitoral do eleitor;

III - naquela cujo título não haja sido entregue ao eleitor;

IV - naquela cujo título não haja sido utilizado para o exercício do voto na última eleição;

V - na mais antiga.

§ 1º Comprovado que as inscrições identificadas pertencem a gêmeos ou homônimos, deverá ser comandado o respectivo código FASE.

§ 2º Constatada a inexatidão de qualquer dado constante do cadastro eleitoral, deverá ser providenciada a necessária alteração, mediante preenchimento ou digitação de RAE (Operação 5 - Revisão), observadas as formalidades para seu deferimento.

Da Competência para Regularização de Situação Eleitoral e para o Processamento das Decisões

Art. 41. A decisão das duplicidades e pluralidades de inscrições, agrupadas ou não pelo batimento, inclusive quanto às inscrições de pessoas que estão com seus direitos políticos suspensos, na esfera administrativa, caberá:

I - No tocante às duplicidades, ao juiz da zona eleitoral onde foi efetuada a inscrição mais recente (Tipo 1 D), ressalvadas as hipóteses previstas nos §§ 1º a 3º deste artigo;

II - No tocante às pluralidades:

a) ao juiz da zona eleitoral, quando envolver inscrições efetuadas em uma mesma zona eleitoral (Tipo 1 P);

b) ao corregedor regional eleitoral, quando envolver inscrições efetuadas entre zonas eleitorais de uma mesma circunscrição (Tipo 2 P);

c) ao corregedor-geral, quando envolver inscrições efetuadas em zonas eleitorais de circunscrições diversas (Tipo 3 P).

§ 1º As decisões de situação relativa a pessoa que perdeu seus direitos políticos (Tipo 3 D) e de pluralidades decorrentes do agrupamento de uma ou mais inscrições, requeridas em circunscrições distintas, com um ou mais registros de suspensão da Base de Perda e Suspensão de Direitos Políticos (Tipo 3 P) serão da competência do corregedor-geral.

§ 2º As decisões das duplicidades envolvendo inscrição e registro de suspensão da Base de Perda e Suspensão de Direitos Políticos (Tipo 2 D) e das pluralidades decorrentes do agrupamento de uma ou mais inscrições, requeridas na mesma circunscrição, com um ou mais registros de suspensão da referida base (Tipo 2 P) serão da competência do corregedor regional eleitoral.

§ 3º Na hipótese de duplicidade envolvendo inscrições atribuídas a gêmeos ou homônimos comprovados, existindo inscrição não liberada no grupo, a competência para decisão será do juiz da zona eleitoral a ela correspondente.

§ 4º Em grau de recurso, no prazo de três dias, caberá:

a) ao corregedor regional a apreciação de situações que motivaram decisão de juiz eleitoral de sua circunscrição;

b) ao corregedor-geral a apreciação de situações que ensejaram decisão de corregedor regional.

§ 5º Havendo decisões conflitantes em processo de regularização de situação de eleitor, proferidas por autoridades judiciárias distintas, envolvendo inscrições atribuídas a uma mesma pessoa, o conflito será decidido:

a) pelo corregedor regional eleitoral, quando se tratar de decisões proferidas por juízes de zonas eleitorais de uma mesma circunscrição;

b) pelo corregedor-geral, quando se tratar de decisões proferidas por juízes eleitorais de circunscrições diversas ou pelos corregedores regionais.

Art. 42. O juiz eleitoral só poderá determinar a regularização, o cancelamento ou a suspensão de inscrição que pertença à sua jurisdição.

Parágrafo único. A autoridade judiciária que tomar conhecimento de fato ensejador do cancelamento de inscrição liberada ou regular, ou da necessidade de regularização de inscrição não liberada, cancelada ou suspensa, efetuada em zona eleitoral diferente daquela em que tem jurisdição, deverá comunicá-lo à autoridade judiciária competente, para medidas cabíveis, por intermédio da correspondente corregedoria regional.

Art. 43. Nas duplicidades e pluralidades de sua competência, o corregedor-geral ou o corregedor regional poderão se pronunciar quanto a qualquer inscrição agrupada.

Art. 44. A competência para decidir a respeito das duplicidades e pluralidades, na esfera penal, será sempre do juiz eleitoral da zona onde foi efetuada a inscrição mais recente.

Art. 45. Examinada e decidida a duplicidade ou a pluralidade, a decisão tomada pela autoridade judiciária será processada, conforme o caso:

I - pela própria zona eleitoral e, na impossibilidade, encaminhada à respectiva secretaria regional de informática, por intermédio das corregedorias regionais;

II - pelas corregedorias regionais, com o apoio das secretarias regionais de informática, no que não lhes for possível proceder;

III - pela própria Corregedoria-Geral.

Art. 46. As informações necessárias ao exame e decisão das duplicidades e pluralidades deverão ser prestadas no prazo de dez dias, contados do recebimento da requisição, por intermédio do ofício INFORMAÇÕES PRESTADAS PELA AUTORIDADE JUDICIÁRIA.

Parágrafo único. Ainda que o eleitor não tenha sido encontrado, o ofício de que trata o caput deverá ser preenchido, assinado, instruído e enviado, no prazo estipulado, à autoridade judiciária competente para decisão.

Art. 47. A autoridade judiciária competente deverá se pronunciar quanto às situações de duplicidade e pluralidade detectadas pelo batimento em até 40 dias contados da data de realização do respectivo batimento.

§ 1º Processada a decisão de que trata o caput, a situação da inscrição será automaticamente atualizada no cadastro.

§ 2º Inscrição agrupada em duplicidade ou pluralidade, com situação não liberada, que não for objeto de decisão da autoridade judiciária no prazo especificado no caput, decorridos dez dias, será automaticamente cancelada pelo sistema.

§ 3º Após o transcurso de seis anos, contados do processamento do código FASE próprio, as inscrições canceladas serão excluídas do cadastro.

Da Hipótese de Ilícito Penal

Art. 48. Decidida a duplicidade ou pluralidade e tomadas as providências de praxe, se duas ou mais inscrições em cada grupo forem atribuídas a um mesmo eleitor, excetuados os casos de evidente falha dos serviços eleitorais, os autos deverão ser remetidos ao Ministério Público Eleitoral.

§ 1º Manifestando-se o Ministério Público pela existência de indício de ilícito penal eleitoral a ser apurado, o processo deverá ser remetido, pela autoridade judiciária competente, à Polícia Federal para instauração de inquérito policial.

§ 2º Inexistindo unidade regional do Departamento de Polícia Federal na localidade onde tiver jurisdição o juiz eleitoral a quem couber decisão a respeito, a remessa das peças informativas poderá ser feita por intermédio das respectivas corregedorias regionais eleitorais.

§ 3º Concluído o apuratório ou no caso de pedido de dilação de prazo, o inquérito policial a que faz alusão o § 1º deverá ser encaminhado, pela autoridade policial que o presidir, ao juiz eleitoral a quem couber decisão a respeito na esfera penal.

§ 4º Arquivado o inquérito ou julgada a ação penal, o juiz eleitoral comunicará, sendo o caso, a decisão tomada à autoridade judiciária que determinou sua instauração, com a finalidade de tornar possível a adoção de medidas cabíveis na esfera administrativa.

§ 5º A espécie, no que lhe for aplicável, será regida pelas disposições do Código Eleitoral e, subsidiariamente, pelas normas do Código de Processo Penal.

§ 6º Não sendo cogitada a ocorrência de ilícito penal eleitoral a ser apurado, os autos deverão ser arquivados na zona eleitoral onde o eleitor possuir inscrição regular.

Art. 49. Os procedimentos a que se refere esta resolução serão adotados sem prejuízo da apuração de responsabilidade de qualquer ordem, seja de eleitor, de servidor da Justiça Eleitoral ou de terceiros, por inscrição fraudulenta ou irregular.

Parágrafo único. Qualquer eleitor, partido político ou Ministério Público poderá se dirigir formalmente ao juiz eleitoral, corregedor regional ou geral, no âmbito de suas respectivas competências, relatando fatos e indicando provas para pedir abertura de investigação com o fim de apurar irregularidade no alistamento eleitoral.

Dos Casos não Apreciados

Art. 50. Os Requerimentos para Regularização de Inscrição - RRI recebidos após o prazo previsto no caput do art. 36 serão indeferidos pela autoridade judiciária competente, por intempestivos, e o eleitor deverá ser orientado a procurar o cartório da zona eleitoral para regularizar sua situação.

Da Restrição de Direitos Políticos

Art. 51. Tomando conhecimento de fato ensejador de inelegibilidade ou de suspensão de inscrição por motivo de suspensão de direitos políticos ou de impedimento ao exercício do voto, a autoridade judiciária determinará a inclusão dos dados no sistema mediante comando de FASE.

§ 1º Não se tratando de eleitor de sua zona eleitoral, o juiz eleitoral comunicará o fato, por intermédio das correspondentes corregedorias regionais, à zona eleitoral a que pertencer a inscrição.

§ 2º Quando se tratar de pessoa não inscrita perante a Justiça Eleitoral ou com inscrição cancelada no cadastro, o registro será feito diretamente na Base de Perda e Suspensão de Direitos Políticos pela Corregedoria Regional Eleitoral que primeiro tomar conhecimento do fato.

§ 3º Comunicada a perda de direitos políticos pelo Ministério da Justiça, a Corregedoria-Geral providenciará a imediata atualização da situação das inscrições no cadastro e na Base de Perda e Suspensão de Direitos Políticos.

§ 4º A outorga a brasileiros do gozo dos direitos políticos em Portugal, devidamente comunicada ao Tribunal Superior Eleitoral, importará suspensão desses mesmos direitos no Brasil (Decreto nº 70.391, de 12.4.72).

Art. 52. A regularização de situação eleitoral de pessoa com restrição de direitos políticos somente será possível mediante comprovação de haver cessado o impedimento.

§ 1º Para regularização de inscrição envolvida em coincidência com outra de pessoa que perdeu ou está com seus direitos políticos suspensos, será necessária a comprovação de tratar-se de eleitor diverso.

§ 2º Na hipótese do artigo, o interessado deverá preencher requerimento e instruir o pedido com Declaração de Situação de Direitos Políticos e documentação comprobatória de sua alegação.
§ 3º Comprovada a cessação do impedimento, será comandado o código FASE próprio e/ou inativado(s), quando for o caso, o(s) registro(s) correspondente(s) na Base de Perda e Suspensão de Direitos Políticos.
Art. 53. São considerados documentos comprobatórios de reaquisição ou restabelecimento de direitos políticos:
I - Nos casos de perda:
a) decreto ou portaria;
b) comunicação do Ministério da Justiça.
II - Nos casos de suspensão:
a) para interditos ou condenados: sentença judicial, certidão do juízo competente ou outro documento;
b) para conscritos ou pessoas que se recusaram à prestação do serviço militar obrigatório: Certificado de Reservista, Certificado de Isenção, Certificado de Dispensa de Incorporação, Certificado do Cumprimento de Prestação Alternativa ao Serviço Militar Obrigatório, Certificado de Conclusão do Curso de Formação de Sargentos, Certificado de Conclusão de Curso em Órgão de Formação da Reserva ou similares;
c) para beneficiários do Estatuto da Igualdade: comunicação do Ministério da Justiça ou de repartição consular ou missão diplomática competente, a respeito da cessação do gozo de direitos políticos em Portugal, na forma da lei.
III - Nos casos de inelegibilidade: certidão ou outro documento.

Da Folha de Votação e do Comprovante de Comparecimento à Eleição

Art. 54. A folha de votação, da qual constarão apenas os eleitores regulares ou liberados, e o comprovante de comparecimento serão emitidos por computador.
§ 1º A folha de votação, obrigatoriamente, deverá :
a) identificar as eleições, a data de sua realização e o turno;
b) conter dados individualizadores de cada eleitor, como garantia de sua identificação no ato de votar;
c) ser emitida em ordem alfabética de nome de eleitor, encadernada e embalada por seção eleitoral.
§ 2º O comprovante de comparecimento (canhoto) conterá o nome completo do eleitor, o número de sua inscrição eleitoral e referência à data da eleição.

Da Conservação de Documentos

Art. 55. Os formulários utilizados pelos cartórios e tribunais eleitorais, em pleitos anteriores à data desta resolução e nos que lhe seguirem, deverão ser conservados em cartório, observado o seguinte:
I - os Protocolos de Entrega do Título Eleitoral - PETE assinados pelo eleitor e os formulários (Formulário de Alistamento Eleitoral - FAE ou Requerimento de Alistamento Eleitoral - RAE) relativos a alistamento, transferência, revisão ou segunda via, por, no mínimo, cinco anos;
II - as folhas de votação, por oito anos, descartando-se a mais antiga somente após retornar das seções eleitorais a mais recente;
III - os Formulários de Atualização da Situação do Eleitor - FASE e os comprovantes de comparecimento à eleição (canhotos) que permanecerem junto à folha de votação poderão ser descartados depois de processados e armazenados em meio magnético;
IV - os cadernos de revisão utilizados durante os serviços pertinentes, por quatro anos, contados do encerramento do período revisional;
V - os boletins de urna, por quatro anos, contados da data de realização do pleito correspondente;
VI - as relações de eleitores agrupados, até o encerramento do prazo para atualização das decisões nas duplicidades e pluralidades;
VII - os títulos eleitorais não procurados pelo eleitor, os respectivos protocolos de entrega e as justificativas eleitorais, até o pleito subseqüente ou, relativamente a estas, durante o período estabelecido nas instruções específicas para o respectivo pleito;
VIII - as relações de filiados encaminhadas pelos partidos políticos, por dois anos.

Das Inspeções e Correições

Art. 56. O corregedor-geral ou regional, no âmbito de sua jurisdição, sempre que entender necessário ou que tomar conhecimento da ocorrência de indícios de irregularidades na prestação dos serviços eleitorais, pessoalmente ou por intermédio de comissão de servidores especialmente por ele designada, como providência preliminar à correição, inspecionará os serviços eleitorais da circunscrição, visando identificar eventuais irregularidades.
Parágrafo único. A comissão apresentará relatório circunstanciado da inspeção ao corregedor, que determinará providências pertinentes, objetivando a regularização dos procedimentos ou a abertura de correição.
Art. 57. O corregedor regional realizará correição ordinária anual na circunscrição e extraordinária, sempre que entender necessário ou ante a existência de indícios de irregularidades que a justifique, observadas as instruções específicas do Tribunal Superior Eleitoral e as que subsidiariamente baixar a Corregedoria Regional Eleitoral.

Da Revisão de Eleitorado

Art. 58. Quando houver denúncia fundamentada de fraude no alistamento de uma zona ou município, o Tribunal Regional Eleitoral poderá determinar a realização de correição e, provada a fraude em proporção comprometedora, ordenará, comunicando a decisão ao Tribunal Superior Eleitoral, a revisão do eleitorado, obedecidas as instruções contidas nesta resolução e as recomendações que subsidiariamente baixar, com o cancelamento de ofício das inscrições correspondentes aos títulos que não forem apresentados à revisão (Código Eleitoral, art. 71, § 4º).
§ 1º O Tribunal Superior Eleitoral determinará, de ofício, a revisão ou correição das zonas eleitorais sempre que:
I - o total de transferências de eleitores ocorridas no ano em curso seja dez por cento superior ao do ano anterior;
II - o eleitorado for superior ao dobro da população entre dez e quinze anos, somada à de idade superior a setenta anos do território daquele município;
III - o eleitorado for superior a sessenta e cinco por cento da população projetada para aquele ano pelo Instituto Brasileiro de Geografia e Estatística - IBGE (Lei nº 9.504/97, art. 92).
§ 2º Não será realizada revisão de eleitorado em ano eleitoral, salvo em situações excepcionais, quando autorizada pelo Tribunal Superior Eleitoral.
§ 3º Caberá à Secretaria de Informática apresentar, anualmente, até o mês de outubro, à Presidência do Tribunal Superior Eleitoral, estudo comparativo que permita a adoção das medidas concernentes ao cumprimento da providência prevista no § 1º.
Art. 59. O Tribunal Regional Eleitoral, por intermédio da corregedoria regional, inspecionará os serviços de revisão (Res./TSE nº 7.651/65, art. 8º).
Art. 60. O juiz eleitoral poderá determinar a criação de postos de revisão, que funcionarão em datas fixadas no edital a que se refere o art. 63 e em período não inferior a seis horas, sem intervalo, inclusive aos sábados e, se necessário, aos domingos e feriados.
§ 1º Nas datas em que os trabalhos revisionais estiverem sendo realizados nos postos de revisão, o cartório sede da zona poderá, se houver viabilidade, permanecer com os serviços eleitorais de rotina.
§ 2º Após o encerramento diário do expediente nos postos de revisão, a listagem geral e o caderno de revisão deverão

ser devidamente guardados em local seguro e previamente determinado pelo juiz eleitoral.

§ 3º Os serviços de revisão encerrar-se-ão até as 18 horas da data especificada no edital de que trata o art. 63 desta resolução.

§ 4º Existindo, na ocasião do encerramento dos trabalhos, eleitores aguardando atendimento, serão distribuídas senhas aos presentes, que serão convidados a entregar ao juiz eleitoral seus títulos eleitorais para que sejam admitidos à revisão, que continuará se processando em ordem numérica das senhas até que todos sejam atendidos, sem interrupção dos trabalhos.

Art. 61. Aprovada a revisão de eleitorado, a Secretaria de Informática, ou órgão regional por ela indicado, emitirá ou colocará à disposição, em meio magnético, listagem geral do cadastro, contendo relação completa dos eleitores regulares inscritos e/ou transferidos no período abrangido pela revisão no(s) município(s) ou zona(s) a ela sujeito(s), bem como o correspondente caderno de revisão, do qual constará comprovante destacável de comparecimento (canhoto).

Parágrafo único. A listagem geral e o caderno de revisão serão emitidos em única via, englobarão todas as seções eleitorais referentes à zona ou município objeto da revisão e serão encaminhados, por intermédio da respectiva corregedoria regional, ao juiz eleitoral da zona onde estiver sendo realizada a revisão.

Art. 62. A revisão do eleitorado deverá ser sempre presidida pelo juiz eleitoral da zona submetida à revisão.

§ 1º O juiz eleitoral dará início aos procedimentos revisionais no prazo máximo de 30 dias, contados da aprovação da revisão pelo tribunal competente.

§ 2º A revisão deverá ser precedida de ampla divulgação, destinada a orientar o eleitor quanto aos locais e horários em que deverá se apresentar, e processada em período estipulado pelo Tribunal Regional Eleitoral, não inferior a 30 dias (Lei nº 7.444/85, art. 3º, § 1º).

§ 3º A prorrogação do prazo estabelecido no edital para a realização da revisão, se necessária, deverá ser requerida pelo juiz eleitoral, em ofício fundamentado, dirigido à Presidência do Tribunal Regional Eleitoral, com antecedência mínima de cinco dias da data do encerramento do período estipulado no edital.

Art. 63. De posse da listagem e do caderno de revisão, o juiz eleitoral deverá fazer publicar, com antecedência mínima de cinco dias do início do processo revisional, edital para dar conhecimento da revisão aos eleitores cadastrados no(s) município(s) ou zona(s), convocando-os a se apresentarem, pessoalmente, no cartório ou nos postos criados, em datas previamente especificadas, atendendo ao disposto no art. 62, a fim de procederem às revisões de suas inscrições.

Parágrafo único. O edital de que trata o caput deverá:

I - dar ciência aos eleitores de que:

a) estarão obrigados a comparecer à revisão a fim de confirmarem seu domicílio, sob pena de cancelamento da inscrição, sem prejuízo das sanções cabíveis, se constatada irregularidade;

b) deverão se apresentar munidos de documento de identidade, comprovante de domicílio e título eleitoral ou documento comprobatório da condição de eleitor ou de terem requerido inscrição ou transferência para o município ou zona (Código Eleitoral, art. 45).

II - estabelecer a data do início e do término da revisão, o período e a área abrangidos, e dias e locais onde serão instalados os postos de revisão;

III - ser disponibilizado no fórum da comarca, nos cartórios eleitorais, repartições públicas e locais de acesso ao público em geral, dele se fazendo ampla divulgação, por um mínimo de três dias consecutivos, por meio da imprensa escrita, falada e televisada, se houver, e por quaisquer outros meios que possibilitem seu pleno conhecimento por todos os interessados, o que deverá ser feito sem ônus para a Justiça Eleitoral.

Art. 64. A prova de identidade só será admitida se feita pelo próprio eleitor mediante apresentação de um ou mais dos documentos especificados no art. 13 desta resolução.

Art. 65. A comprovação de domicílio poderá ser feita mediante um ou mais documentos dos quais se infira ser o eleitor residente ou ter vínculo profissional, patrimonial ou comunitário no município a abonar a residência exigida.

§ 1º Na hipótese de ser a prova de domicílio feita mediante apresentação de contas de luz, água ou telefone, nota fiscal ou envelopes de correspondência, estes deverão ter sido, respectivamente, emitidos ou expedidos no período compreendido entre os 12 e 3 meses anteriores ao início do processo revisional.

§ 2º Na hipótese de ser a prova de domicílio feita mediante apresentação de cheque bancário, este só poderá ser aceito se dele constar o endereço do correntista.

§ 3º O juiz eleitoral poderá, se julgar necessário, exigir o reforço, por outros meios de convencimento, da prova de domicílio quando produzida pelos documentos elencados nos §§ 1º e 2º.

§ 4º Subsistindo dúvida quanto à idoneidade do comprovante de domicílio apresentado ou ocorrendo a impossibilidade de apresentação de documento que indique o domicílio do eleitor, declarando este, sob as penas da lei, que tem domicílio no município, o juiz eleitoral decidirá de plano ou determinará as providências necessárias à obtenção da prova, inclusive por meio de verificação in loco.

Art. 66. A revisão de eleitorado ficará submetida ao direto controle do juiz eleitoral e à fiscalização do representante do Ministério Público que oficiar perante o juízo.

Art. 67. O juiz eleitoral deverá dar conhecimento aos partidos políticos da realização da revisão, facultando-lhes, na forma prevista nos arts. 27 e 28 desta resolução, acompanhamento e fiscalização de todo o trabalho.

Art. 68. O juiz eleitoral poderá requisitar diretamente às repartições públicas locais, observados os impedimentos legais, tantos auxiliares quantos bastem para o desempenho dos trabalhos, bem como a utilização de instalações de prédios públicos.

Art. 69. O juiz eleitoral determinará o registro, no caderno de revisão, da regularidade ou não da inscrição do eleitor, observados os seguintes procedimentos:

a) o servidor designado pelo juiz eleitoral procederá à conferência dos dados contidos no caderno de revisão com os documentos apresentados pelo eleitor;

b) comprovados a identidade e o domicílio eleitoral, o servidor exigirá do eleitor que aponha sua assinatura ou a impressão digital de seu polegar no caderno de revisão, e entregar-lhe-á o comprovante de comparecimento à revisão (canhoto);

c) o eleitor que não apresentar o título eleitoral deverá ser considerado como revisado, desde que atendidas as exigências dos arts. 64 e 65 desta resolução e que seu nome conste do caderno de revisão;

d) constatada incorreção de dado identificador do eleitor constante do cadastro eleitoral, se atendidas as exigências dos arts. 64 e 65 desta resolução, o eleitor deverá ser considerado revisado e orientado a procurar o cartório eleitoral para a necessária retificação;

e) o eleitor que não comprovar sua identidade ou domicílio não assinará o caderno de revisão nem receberá o comprovante revisional;

f) o eleitor que não constar do caderno de revisão, cuja inscrição pertença ao período abrangido pela revisão, deverá ser orientado a procurar o cartório eleitoral para regularizar sua situação eleitoral, na forma estabelecida nesta resolução.

Art. 70. Na revisão mediante sistema informatizado, observar-se-ão, no que couber, os procedimentos previstos no art. 69.

Parágrafo único. Nas situações descritas nas alíneas d e f do art. 69, o eleitor poderá requerer, desde que viável, regularização de sua situação eleitoral no próprio posto de revisão.

Art. 71. Se o eleitor possuir mais de uma inscrição liberada ou regular no caderno de revisão, apenas uma delas poderá ser considerada revisada.

Parágrafo único. Na hipótese do caput, deverá(ão) ser formalmente recolhido(s) e inutilizado(s) o(s) título(s) encontrado(s) em poder do eleitor referente(s) à(s) inscrição(ões) que exigir(em) cancelamento.

Art. 72. Compete ao Tribunal Regional Eleitoral autorizar, excetuadas as hipóteses previstas no § 1º do art. 58 desta resolução, a alteração do período e/ou da área abrangidos pela revisão, comunicando a decisão ao Tribunal Superior Eleitoral.

Art. 73. Concluídos os trabalhos de revisão, ouvido o Ministério Público, o juiz eleitoral deverá determinar o cancelamento das inscrições irregulares e daquelas cujos eleitores não tenham comparecido, adotando as medidas legais cabíveis, em especial quanto às inscrições consideradas irregulares, situações de duplicidade ou pluralidade e indícios de ilícito penal a exigir apuração.

Parágrafo único. O cancelamento das inscrições de que trata o caput somente deverá ser efetivado no sistema após a homologação da revisão pelo Tribunal Regional Eleitoral.

Art. 74. A sentença de cancelamento deverá ser específica para cada município abrangido pela revisão e prolatada no prazo máximo de dez dias contados da data do retorno dos autos do Ministério Público, podendo o Tribunal Regional Eleitoral fixar prazo inferior.

§ 1º A sentença de que trata o caput deverá:

I - relacionar todas as inscrições que serão canceladas no município;

II - ser publicada a fim de que os interessados e, em especial, os eleitores cancelados, exercendo a ampla defesa, possam recorrer da decisão.

§ 2º Contra a sentença a que se refere este artigo, caberá, no prazo de três dias, contados da publicidade, o recurso previsto no art. 80 do Código Eleitoral e serão aplicáveis as disposições do art. 257 do mesmo diploma legal.

§ 3º No recurso contra a sentença a que se refere este artigo, os interessados deverão especificar a inscrição questionada, relatando fatos e fornecendo provas, indícios e circunstâncias ensejadoras da alteração pretendida.

Art. 75. Transcorrido o prazo recursal, o juiz eleitoral fará minucioso relatório dos trabalhos desenvolvidos, que encaminhará, com os autos do processo de revisão, à Corregedoria Regional Eleitoral.

Parágrafo único. Os recursos interpostos deverão ser remetidos, em autos apartados, à presidência do Tribunal Regional Eleitoral.

Art. 76. Apreciado o relatório e ouvido o Ministério Público, o corregedor regional eleitoral:

I - indicará providências a serem tomadas, se verificar a ocorrência de vícios comprometedores à validade ou à eficácia dos trabalhos;

II - submetê-lo-á ao Tribunal Regional, para homologação, se entender pela regularidade dos trabalhos revisionais.

Da Administração do Cadastro Eleitoral

Art. 77. A execução dos serviços de processamento eletrônico de dados, na Justiça Eleitoral, será realizada por administração direta do Tribunal Regional Eleitoral, em cada circunscrição, sob a orientação e supervisão do Tribunal Superior Eleitoral e na conformidade de suas instruções.

Art. 78. Para a execução dos serviços de que trata esta resolução, os tribunais regionais eleitorais, sob supervisão e coordenação do Tribunal Superior Eleitoral, poderão celebrar convênios ou contratos com entidades da administração direta ou indireta da União, estados, Distrito Federal, territórios ou municípios, ou com empresas cujo capital seja exclusivamente nacional (Lei nº 7.444/85, art. 7º, parágrafo único).

Art. 79. O cadastro eleitoral e as informações resultantes de sua manutenção serão administrados e utilizados, exclusivamente, pela Justiça Eleitoral, na forma desta resolução.

§ 1º Às empresas contratadas para a execução de serviços eleitorais, por processamento eletrônico, é vedada a utilização de quaisquer dados ou informações resultantes do cadastro eleitoral, para fins diversos do serviço eleitoral, sob pena de imediata rescisão do contrato e sem prejuízo de outras sanções administrativas, civis e criminais.

§ 2º O Tribunal Superior Eleitoral, em todo o território nacional, e os tribunais regionais eleitorais, no âmbito das respectivas jurisdições, fiscalizarão o cumprimento do disposto neste artigo.

§ 3º Caso recebam pedidos de informações sobre dados constantes do cadastro eleitoral, as empresas citadas no § 1º deverão encaminhá-los à presidência do tribunal eleitoral competente, para apreciação.

Da Justificação do Não-Comparecimento à Eleição

Art. 80. O eleitor que deixar de votar e não se justificar perante o juiz eleitoral até 60 dias após a realização da eleição incorrerá em multa imposta pelo juiz eleitoral e cobrada na forma prevista nos arts. 7º e 367 do Código Eleitoral, no que couber, e 85 desta resolução.

§ 1º Para eleitor que se encontrar no exterior na data do pleito, o prazo de que trata o caput será de 30 dias, contados do seu retorno ao país.

§ 2º O pedido de justificação será sempre dirigido ao juiz eleitoral da zona de inscrição, podendo ser formulado na zona eleitoral em que se encontrar o eleitor, a qual providenciará sua remessa ao juízo competente.

§ 3º Indeferido o requerimento de justificação ou decorridos os prazos de que cuidam o caput e os §§ 1º e 2º, deverá ser aplicada multa ao eleitor, podendo, após o pagamento, ser-lhe fornecida certidão de quitação.

§ 4º A fixação do valor da multa pelo não-exercício do voto observará o que dispõe o art. 85 desta resolução e a variação entre o mínimo de 3% e o máximo de 10% do valor utilizado como base de cálculo.

§ 5º A justificação da falta ou o pagamento da multa serão anotados no cadastro.

§ 6º Será cancelada a inscrição do eleitor que se abstiver de votar em três eleições consecutivas, salvo se houver apresentado justificativa para a falta ou efetuado o pagamento de multa, ficando excluídos do cancelamento os eleitores que, por prerrogativa constitucional, não estejam obrigados ao exercício do voto e cuja idade não ultrapasse 80 anos.

§ 7º Para o cancelamento a que se refere o § 6º, a Secretaria de Informática colocará à disposição do juiz eleitoral do respectivo domicílio, em meio magnético ou outro acessível aos cartórios eleitorais, relação dos eleitores cujas inscrições são passíveis de cancelamento, devendo ser afixado edital no cartório eleitoral.

§ 8º Decorridos 60 dias da data do batimento que identificar as inscrições sujeitas a cancelamento, mencionadas no § 7º, inexistindo comando de quaisquer dos códigos FASE "078 - Quitação mediante multa", "108 - Votou em separado", "159 - Votou fora da seção" ou "167 - Justificou ausência às urnas", ou processamento das operações de transferência, revisão ou segunda via, a inscrição será automaticamente cancelada pelo sistema, mediante código FASE "035 - Deixou de votar em três eleições consecutivas", observada a exceção contida no § 6º.

Art. 81. O documento de justificação formalizado perante a Justiça Eleitoral, no dia da eleição, prova a ausência do eleitor do seu domicílio eleitoral.

§ 1º A justificação será formalizada em impresso próprio fornecido pela Justiça Eleitoral ou, na falta do impresso, digitado ou manuscrito.

§ 2º O encarregado do atendimento entregará ao eleitor o comprovante, que valerá como prova da justificação, para todos os efeitos legais (Lei nº 6.091/74, art. 16 e parágrafos).

§ 3º Os documentos de justificação entregues em missão diplomática ou repartição consular brasileira serão encaminhados ao Ministério das Relações Exteriores, que deles fará entrega ao Tribunal Regional Eleitoral do Distrito Federal para processamento.

§ 4º Os documentos de justificação preenchidos com dados insuficientes ou inexatos, que impossibilitem a identificação do eleitor no cadastro eleitoral, terão seu processamento rejeitado pelo sistema, o que importará débito para com a Justiça Eleitoral.

§ 5º Os procedimentos estipulados neste artigo serão observados sem prejuízo de orientações específicas que o Tribunal Superior Eleitoral aprovar para o respectivo pleito.

Art. 82. O eleitor que não votar e não pagar a multa, caso se encontre fora de sua zona e necessite prova de quitação com a Justiça Eleitoral, poderá efetuar o pagamento perante o juízo da zona em que estiver (Código Eleitoral, art. 11).

§ 1º A multa será cobrada no máximo previsto, salvo se o eleitor quiser aguardar que o juiz da zona em que se encontrar solicite informações sobre o arbitramento ao juízo da inscrição.

§ 2º Efetuado o pagamento, o juiz que recolheu a multa fornecerá certidão de quitação e determinará o registro da informação no cadastro.

§ 3º O alistando ou o eleitor que comprovar, na forma da lei, seu estado de pobreza, perante qualquer juízo eleitoral, ficará isento do pagamento da multa (Código Eleitoral, art. 367, § 3º).

§ 4º O eleitor que estiver quite com suas obrigações eleitorais poderá requerer a expedição de certidão de quitação em zona eleitoral diversa daquela em que é inscrito (Res./TSE nº 20.497, de 21.10.99).

Da Nomenclatura Utilizada

Art. 83. Para efeito desta resolução, consideram-se:

I - COINCIDÊNCIA - o agrupamento pelo batimento de duas ou mais inscrições ou registros que apresentem dados iguais ou semelhantes, segundo critérios previamente definidos pelo Tribunal Superior Eleitoral;

II - GÊMEOS COMPROVADOS - aqueles que tenham comprovado mesma filiação, data e local de nascimento, em cujas inscrições haja registro de código FASE 256;

III - HOMÔNIMOS - aqueles, excetuados os gêmeos, que possuam dados iguais ou semelhantes, segundo critérios previamente definidos pelo Tribunal Superior Eleitoral, e que figurem em uma mesma duplicidade ou pluralidade (coincidência);

IV - HOMÔNIMOS COMPROVADOS - aqueles em cujas inscrições haja registro de código FASE 248;

V - SITUAÇÃO - condição atribuída à inscrição que define sua disponibilidade para o exercício do voto e condiciona a possibilidade de sua movimentação no cadastro:

a) regular - a inscrição não envolvida em duplicidade ou pluralidade, que está disponível para o exercício do voto e habilitada a transferência, revisão e segunda via;

b) suspensa - a inscrição que está indisponível, temporariamente (até que cesse o impedimento), em virtude de restrição de direitos políticos, para o exercício do voto e não poderá ser objeto de transferência, revisão e segunda via;

c) cancelada - a inscrição atribuída a eleitor que incidiu em uma das causas de cancelamento previstas na legislação eleitoral, que não poderá ser utilizada para o exercício do voto e somente poderá ser objeto de transferência ou revisão nos casos previstos nesta resolução;

d) coincidente - a inscrição agrupada pelo batimento, nos termos do inciso I, sujeita a exame e decisão de autoridade judiciária e que não poderá ser objeto de transferência, revisão e segunda via:

- não liberada - inscrição coincidente que não está disponível para o exercício do voto;
- liberada - inscrição coincidente que está disponível para o exercício do voto.

VI - INEXISTENTE - a inscrição cuja inserção no cadastro foi inviabilizada em decorrência de decisão de autoridade judiciária ou de atualização automática pelo sistema após o batimento;

VII - ELEIÇÃO - cada um dos turnos de um pleito, para todos os efeitos, exceto para os fins de aplicação do disposto no parágrafo único do art. 15 desta resolução (Código Eleitoral, art. 8º, c.c. a Lei nº 9.504/97, art. 91).

Das Disposições Finais

Art. 84. O juiz eleitoral poderá determinar a incineração do título eleitoral, bem como do respectivo protocolo de entrega, não procurado pelo eleitor até a data da eleição posterior à emissão do documento.

Art. 85. A base de cálculo para aplicação das multas previstas pelo Código Eleitoral e leis conexas, bem como das de que trata esta resolução, será o último valor fixado para a UFIR, multiplicado pelo fator 33,02, até que seja aprovado novo índice, em conformidade com as regras de atualização dos débitos para com a União.

Art. 86. Os registros de banco de erros permanecerão disponíveis para tratamento pelas zonas eleitorais durante o prazo de seis meses, contados da data de inclusão da inscrição no banco, após o qual serão automaticamente excluídos, deixando de ser efetivadas as operações correspondentes.

Art. 87. A Corregedoria-Geral, com o apoio da Secretaria de Informática, providenciará manuais e rotinas necessários à execução dos procedimentos de que trata esta resolução.

Art. 88. A Corregedoria-Geral e as corregedorias regionais eleitorais exercerão supervisão, orientação e fiscalização direta do exato cumprimento das instruções contidas nesta resolução.

Art. 89. Os fichários manuais existentes nas zonas e nos tribunais regionais eleitorais, relativos aos registros dos eleitores, anteriores ao recadastramento de que cuidam a Lei nº 7.444/85 e a Res./TSE nº 12.547, de 28.2.86, poderão, a critério do Tribunal Regional respectivo, ser inutilizados, preservando-se os arquivos relativos à filiação partidária e os documentos que, também a critério do Tribunal Regional, tenham valor histórico.

Art. 90. Considerado o estágio de automação dos serviços eleitorais, a Corregedoria-Geral expedirá provimentos destinados a regulamentar a presente resolução, aprovando os formulários e tabelas cujos modelos por ela não tenham sido regulamentados, necessários a sua fiel execução.

Art. 91. A Secretaria de Informática providenciará a transformação dos atuais códigos FASE de cancelamento de inscrições em decorrência de revisão de eleitorado em códigos FASE 469 e, até a data em que entrar em vigor esta resolução, a adequação do sistema necessária à implementação desta norma.

Art.92. Esta resolução entra em vigor no dia 1º de janeiro de 2004, revogadas a Res./TSE nº 20.132, de 19.3.98, e as demais disposições em contrário e ressalvadas as regras relativas à disciplina da revisão de eleitorado e à fixação de competência para exame de duplicidades e pluralidades, que terão aplicação imediata.

Sala de Sessões do Tribunal Superior Eleitoral.
Brasília, 14 de outubro de 2003.

Ministro CARLOS VELLOSO, presidente em exercício
Ministro BARROS MONTEIRO, relator
Ministro MARCO AURÉLIO
Ministro FRANCISCO PEÇANHA MARTINS
Ministro FERNANDO NEVES
Ministro LUIZ CARLOS MADEIRA

4. Lei Complementar n. 64, de 18 de Maio de 1990

Estabelece, de acordo com o art. 14, § 9º da Constituição Federal, casos de inelegibilidade, prazos de cessação, e determina outras providências.

O PRESIDENTE DA REPÚBLICA, faço saber que o Congresso Nacional decreta e eu sanciono a seguinte lei:

(...)

Art. 2º Compete à Justiça Eleitoral conhecer e decidir as argüições de inelegibilidade.

Parágrafo único. A argüição de inelegibilidade será feita perante:

I - o Tribunal Superior Eleitoral, quando se tratar de candidato a Presidente ou Vice-Presidente da República;

II - os Tribunais Regionais Eleitorais, quando se tratar de candidato a Senador, Governador e Vice-Governador de Estado e do Distrito Federal, Deputado Federal, Deputado Estadual e Deputado Distrital;

III - os Juízes Eleitorais, quando se tratar de candidato a Prefeito, Vice-Prefeito e Vereador.

Art. 3° Caberá a qualquer candidato, a partido político, coligação ou ao Ministério Público, no prazo de 5 (cinco) dias, contados da publicação do pedido de registro do candidato, impugná-lo em petição fundamentada.

§ 1° A impugnação, por parte do candidato, partido político ou coligação, não impede a ação do Ministério Público no mesmo sentido.

§ 2° Não poderá impugnar o registro de candidato o representante do Ministério Público que, nos 4 (quatro) anos anteriores, tenha disputado cargo eletivo, integrado diretório de partido ou exercido atividade político-partidária.

§ 3° O impugnante especificará, desde logo, os meios de prova com que pretende demonstrar a veracidade do alegado, arrolando testemunhas, se for o caso, no máximo de 6 (seis).

(...)

Art. 15. Transitada em julgado **ou publicada a decisão proferida por órgão colegiado** que declarar a inelegibilidade do candidato, ser-lhe-á negado registro, ou cancelado, se já tiver sido feito, ou declarado nulo o diploma, se já expedido. *(Redação dada pela Lei Complementar nº 135, de 2010)*

Parágrafo único. A decisão a que se refere o **caput**, independentemente da apresentação de recurso, deverá ser comunicada, de imediato, ao Ministério Público Eleitoral e ao órgão da Justiça Eleitoral competente para o registro de candidatura e expedição de diploma do réu. *(Incluído pela Lei Complementar nº 135, de 2010)*

Art. 16. Os prazos a que se referem o art. 3º e seguintes desta lei complementar são peremptórios e contínuos e correm em secretaria ou Cartório e, a partir da data do encerramento do prazo para registro de candidatos, não se suspendem aos sábados, domingos e feriados.

Art. 17. É facultado ao partido político ou coligação que requerer o registro de candidato considerando inelegível dar-lhe substituto, mesmo que a decisão passada em julgado tenha sido proferida após o termo final do prazo de registro, caso em que a respectiva Comissão Executiva do Partido fará a escolha do candidato.

Art. 18. A declaração de inelegibilidade do candidato à Presidência da República, Governador de Estado e do Distrito Federal e Prefeito Municipal não atingirá o candidato a Vice-Presidente, Vice-Governador ou Vice-Prefeito, assim como a destes não atingirá aqueles.

Art. 19. As transgressões pertinentes à origem de valores pecuniários, abuso do poder econômico ou político, em detrimento da liberdade de voto, serão apuradas mediante investigações jurisdicionais realizadas pelo Corregedor-Geral e Corregedores Regionais Eleitorais.

Parágrafo único. A apuração e a punição das transgressões mencionadas no caput deste artigo terão o objetivo de proteger a normalidade e legitimidade das eleições contra a influência do poder econômico ou do abuso do exercício de função, cargo ou emprego na administração direta, indireta e fundacional da União, dos Estados, do Distrito Federal e dos Municípios.

Art. 20. O candidato, partido político ou coligação são parte legítima para denunciar os culpados e promover-lhes a responsabilidade; a nenhum servidor público, inclusive de autarquias, de entidade paraestatal e de sociedade de economia mista será lícito negar ou retardar ato de ofício tendente a esse fim, sob pena de crime funcional.

Art. 21. As transgressões a que se refere o art. 19 desta lei complementar serão apuradas mediante procedimento sumaríssimo de investigação judicial, realizada pelo Corregedor-Geral e Corregedores Regionais Eleitorais, nos termos das Leis nºs 1.579, de 18 de março de 1952, 4.410, de 24 de setembro de 1964, com as modificações desta lei complementar.

Art. 22. Qualquer partido político, coligação, candidato ou Ministério Público Eleitoral poderá representar à Justiça Eleitoral, diretamente ao Corregedor-Geral ou Regional, relatando fatos e indicando provas, indícios e circunstâncias e pedir abertura de investigação judicial para apurar uso indevido, desvio ou abuso do poder econômico ou do poder de autoridade, ou utilização indevida de veículos ou meios de comunicação social, em benefício de candidato ou de partido político, obedecido o seguinte rito:

I - o Corregedor, que terá as mesmas atribuições do Relator em processos judiciais, ao despachar a inicial, adotará as seguintes providências:

a) ordenará que se notifique o representado do conteúdo da petição, entregando-se-lhe a segunda via apresentada pelo representante com as cópias dos documentos, a fim de que, no prazo de 5 (cinco) dias, ofereça ampla defesa, juntada de documentos e rol de testemunhas, se cabível;

b) determinará que se suspenda o ato que deu motivo à representação, quando for relevante o fundamento e do ato impugnado puder resultar a ineficiência da medida, caso seja julgada procedente;

c) indeferirá desde logo a inicial, quando não for caso de representação ou lhe faltar algum requisito desta lei complementar;

II - no caso do Corregedor indeferir a reclamação ou representação, ou retardar-lhe a solução, poderá o interessado renová-la perante o Tribunal, que resolverá dentro de 24 (vinte e quatro) horas;

III - o interessado, quando for atendido ou ocorrer demora, poderá levar o fato ao conhecimento do Tribunal Superior Eleitoral, a fim de que sejam tomadas as providências necessárias;

IV - feita a notificação, a Secretaria do Tribunal juntará aos autos cópia autêntica do ofício endereçado ao representado, bem como a prova da entrega ou da sua recusa em aceitá-la ou dar recibo;

V - findo o prazo da notificação, com ou sem defesa, abrir-se-á prazo de 5 (cinco) dias para inquirição, em uma só assentada, de testemunhas arroladas pelo representante e pelo representado, até o máximo de 6 (seis) para cada um, as quais comparecerão independentemente de intimação;

VI - nos 3 (três) dias subseqüentes, o Corregedor procederá a todas as diligências que determinar, ex officio ou a requerimento das partes;
VII - no prazo da alínea anterior, o Corregedor poderá ouvir terceiros, referidos pelas partes, ou testemunhas, como conhecedores dos fatos e circunstâncias que possam influir na decisão do feito;
VIII - quando qualquer documento necessário à formação da prova se achar em poder de terceiro, inclusive estabelecimento de crédito, oficial ou privado, o Corregedor poderá, ainda, no mesmo prazo, ordenar o respectivo depósito ou requisitar cópias;
IX - se o terceiro, sem justa causa, não exibir o documento, ou não comparecer a juízo, o Juiz poderá expedir contra ele mandado de prisão e instaurar processo s por crime de desobediência;
X - encerrado o prazo da dilação probatória, as partes, inclusive o Ministério Público, poderão apresentar alegações no prazo comum de 2 (dois) dias;
XI - terminado o prazo para alegações, os autos serão conclusos ao Corregedor, no dia imediato, para apresentação de relatório conclusivo sobre o que houver sido apurado;
XII - o relatório do Corregedor, que será assentado em 3 (três) dias, e os autos da representação serão encaminhados ao Tribunal competente, no dia imediato, com pedido de inclusão incontinenti do feito em pauta, para julgamento na primeira sessão subseqüente;
XIII - no Tribunal, o Procurador-Geral ou Regional Eleitoral terá vista dos autos por 48 (quarenta e oito) horas, para se pronunciar sobre as imputações e conclusões do Relatório;
XIV – julgada procedente a representação, **ainda que após a proclamação dos eleitos,** o Tribunal declarará a inelegibilidade do representado e de quantos hajam contribuído para a prática do ato, cominando-lhes sanção de inelegibilidade para as eleições a se realizarem nos **8 (oito)** anos subsequentes à eleição em que se verificou, além da cassação do registro ou diploma do candidato diretamente beneficiado pela interferência do poder econômico **ou** pelo desvio ou abuso do poder de autoridade **ou dos meios de comunicação**, determinando a remessa dos autos ao Ministério Público Eleitoral, para instauração de processo disciplinar, se for o caso, **e de ação penal,** ordenando quaisquer outras providências que a espécie comportar; *(Redação dada pela Lei Complementar nº 135, de 2010)*
XV - *(Revogado pela Lei Complementar nº 135, de 2010)*
XVI – para a configuração do ato abusivo, não será considerada a potencialidade de o fato alterar o resultado da eleição, mas apenas a gravidade das circunstâncias que o caracterizam. *(Incluído pela Lei Complementar nº 135, de 2010)*
Parágrafo único. O recurso contra a diplomação, interposto pelo representante, não impede a atuação do Ministério Público no mesmo sentido.
(...)

Art. 24. Nas eleições municipais, o Juiz Eleitoral será competente para conhecer e processar a representação prevista nesta lei complementar, exercendo todas as funções atribuídas ao Corregedor-Geral ou Regional, constantes dos incisos I a XV do art. 22 desta lei complementar, cabendo ao representante do Ministério Público Eleitoral em função da Zona Eleitoral as atribuições deferidas ao Procurador-Geral e Regional Eleitoral, observadas as normas do procedimento previstas nesta lei complementar.
Art. 25. Constitui crime eleitoral a argüição de inelegibilidade, ou a impugnação de registro de candidato feito por interferência do poder econômico, desvio ou abuso do poder de autoridade, deduzida de forma temerária ou de manifesta má-fé:
Pena: detenção de 6 (seis) meses a 2 (dois) anos, e multa de 20 (vinte) a 50 (cinqüenta) vezes o valor do Bônus do Tesouro Nacional (BTN) e, no caso de sua extinção, de título público que o substitua.

5. Partidos Políticos (Lei n. 9.096, de 19 de Setembro de 1995)

Dispõe sobre partidos políticos, regulamenta os arts. 17 e 14, § 3º, inciso V, da Constituição Federal.

O VICE-PRESIDENTE DA REPÚBLICA no exercício do cargo de **PRESIDENTE DA REPÚBLICA** Faço saber que o Congresso Nacional decreta e eu sanciono a seguinte Lei:

TÍTULO I
Disposições Preliminares

Art. 1º. O partido político, pessoa jurídica de direito privado, destina-se a assegurar, no interesse do regime democrático, a autenticidade do sistema representativo e a defender os direitos fundamentais definidos na Constituição Federal.

Art. 2º. É livre a criação, fusão, incorporação e extinção de partidos políticos cujos programas respeitem a soberania nacional, o regime democrático, o pluripartidarismo e os direitos fundamentais da pessoa humana.

Art. 3º. É assegurada, ao partido político, autonomia para definir sua estrutura interna, organização e funcionamento.

Parágrafo único. É assegurada aos candidatos, partidos políticos e coligações autonomia para definir o cronograma das atividades eleitorais de campanha e executá-lo em qualquer dia e horário, observados os limites estabelecidos em lei. *(Incluído pela Lei nº 12.891, de 2013)*

Art. 4º. Os filiados de um partido político têm iguais direitos e deveres.

Art. 5º. A ação do partido tem caráter nacional e é exercida de acordo com seu estatuto e programa, sem subordinação a entidades ou governos estrangeiros.

Art. 6º. É vedado ao partido político ministrar instrução militar ou paramilitar, utilizar-se de organização da mesma natureza e adotar uniforme para seus membros.

Art. 7º. O partido político, após adquirir personalidade jurídica na forma da lei civil, registra seu estatuto no Tribunal Superior Eleitoral.

§ 1º Só é admitido o registro do estatuto de partido político que tenha caráter nacional, considerando-se como tal aquele que comprove o apoiamento de eleitores não filiados a partido político, correspondente a, pelo menos, 0,5% (cinco décimos por cento) dos votos dados na última eleição geral para a Câmara dos Deputados, não computados os votos em branco e os nulos, distribuídos por 1/3 (um terço), ou mais, dos Estados, com um mínimo de 0,1% (um décimo por cento) do eleitorado que haja votado em cada um deles. *(Redação dada Lei nº 13.107, de 2015)*

§ 2º Só o partido que tenha registrado seu estatuto no Tribunal Superior Eleitoral pode participar do processo eleitoral, receber recursos do Fundo Partidário e ter acesso gratuito ao rádio e à televisão, nos termos fixados nesta Lei.

§ 3º Somente o registro do estatuto do partido no Tribunal Superior Eleitoral assegura a exclusividade da sua denominação, sigla e símbolos, vedada a utilização, por outros partidos, de variações que venham a induzir a erro ou confusão.

TÍTULO II
Da Organização e Funcionamento dos Partidos Políticos
CAPÍTULO I
Da Criação e do Registro dos Partidos Políticos

Art. 8º. O requerimento do registro de partido político, dirigido ao cartório competente do Registro Civil das Pessoas Jurídicas, da Capital Federal, deve ser subscrito pelos seus fundadores, em número nunca inferior a cento e um, com domicílio eleitoral em, no mínimo, um terço dos Estados, e será acompanhado de:

I - cópia autêntica da ata da reunião de fundação do partido;

II - exemplares do Diário Oficial que publicou, no seu inteiro teor, o programa e o estatuto;

III - relação de todos os fundadores com o nome completo, naturalidade, número do título eleitoral com a Zona, Seção, Município e Estado, profissão e endereço da residência.

§ 1º O requerimento indicará o nome e função dos dirigentes provisórios e o endereço da sede do partido na Capital Federal.

§ 2º Satisfeitas as exigências deste artigo, o Oficial do Registro Civil efetua o registro no livro correspondente, expedindo certidão de inteiro teor.

§ 3º Adquirida a personalidade jurídica na forma deste artigo, o partido promove a obtenção do apoiamento mínimo de eleitores a que se refere o § 1º do art. 7º e realiza os atos necessários para a constituição definitiva de seus órgãos e designação dos dirigentes, na forma do seu estatuto.

Art. 9º. Feita a constituição e designação, referidas no § 3º do artigo anterior, os dirigentes nacionais promoverão o registro do estatuto do partido junto ao Tribunal Superior Eleitoral, através de requerimento acompanhado de:

I - exemplar autenticado do inteiro teor do programa e do estatuto partidários, inscritos no Registro Civil;

II - certidão do registro civil da pessoa jurídica, a que se refere o § 2º do artigo anterior;

III - certidões dos cartórios eleitorais que comprovem ter o partido obtido o apoiamento mínimo de eleitores a que se refere o § 1º do art. 7º.

§ 1º A prova do apoiamento mínimo de eleitores é feita por meio de suas assinaturas, com menção ao número do respectivo título eleitoral, em listas organizadas para cada Zona, sendo a veracidade das respectivas assinaturas e o número dos títulos atestados pelo Escrivão Eleitoral.

§ 2º O Escrivão Eleitoral dá imediato recibo de cada lista que lhe for apresentada e, no prazo de quinze dias, lavra o seu atestado, devolvendo-a ao interessado.

§ 3º Protocolado o pedido de registro no Tribunal Superior Eleitoral, o processo respectivo, no prazo de quarenta e oito horas, é distribuído a um Relator, que, ouvida a Procuradoria-Geral, em dez dias, determina, em igual prazo, diligências para sanar eventuais falhas do processo.

§ 4º Se não houver diligências a determinar, ou após o seu atendimento, o Tribunal Superior Eleitoral registra o estatuto do partido, no prazo de trinta dias.

Art. 10. As alterações programáticas ou estatutárias, após registradas no Ofício Civil competente, devem ser encaminhadas, para o mesmo fim, ao Tribunal Superior Eleitoral.

Parágrafo único. O Partido comunica à Justiça Eleitoral a constituição de seus órgãos de direção e os nomes dos respectivos integrantes, bem como as alterações que forem promovidas, para anotação: *(Incluído pela Lei nº 9.259, de 1996)*

I - no Tribunal Superior Eleitoral, dos integrantes dos órgãos de âmbito nacional; *(Incluído pela Lei nº 9.259, de 1996)*

II - nos Tribunais Regionais Eleitorais, dos integrantes dos órgãos de âmbito estadual, municipal ou zonal. *(Incluído pela Lei nº 9.259, de 1996)*

Art. 11. O partido com registro no Tribunal Superior Eleitoral pode credenciar, respectivamente:

I - delegados perante o Juiz Eleitoral;

II - delegados perante o Tribunal Regional Eleitoral;

III - delegados perante o Tribunal Superior Eleitoral.

Parágrafo único. Os delegados credenciados pelo órgão de direção nacional representam o partido perante quaisquer Tribunais ou Juízes Eleitorais; os credenciados pelos órgãos

estaduais, somente perante o Tribunal Regional Eleitoral e os Juízes Eleitorais do respectivo Estado, do Distrito Federal ou Território Federal; e os credenciados pelo órgão municipal, perante o Juiz Eleitoral da respectiva jurisdição.
(...)

CAPÍTULO IV
Da Filiação Partidária

Art. 16. Só pode filiar-se a partido o eleitor que estiver no pleno gozo de seus direitos políticos.

Art. 17. Considera-se deferida, para todos os efeitos, a filiação partidária, com o atendimento das regras estatutárias do partido.

Parágrafo único. Deferida a filiação do eleitor, será entregue comprovante ao interessado, no modelo adotado pelo partido.

Art. 18. Para concorrer a cargo eletivo, o eleitor deverá estar filiado ao respectivo partido pelo menos um ano antes da data fixada para as eleições, majoritárias ou proporcionais.

Art. 19. Na segunda semana dos meses de abril e outubro de cada ano, o partido, por seus órgãos de direção municipais, regionais ou nacional, deverá remeter, aos juízes eleitorais, para arquivamento, publicação e cumprimento dos prazos de filiação partidária para efeito de candidatura a cargos eletivos, a relação dos nomes de todos os seus filiados, da qual constará a data de filiação, o número dos títulos eleitorais e das seções em que estão inscritos. *(Redação dada pela Lei nº 9.504, de 30.9.1997)*

§ 1º Se a relação não é remetida nos prazos mencionados neste artigo, permanece inalterada a filiação de todos os eleitores, constante da relação remetida anteriormente.

§ 2º Os prejudicados por desídia ou má-fé poderão requerer, diretamente à Justiça Eleitoral, a observância do que prescreve o caput deste artigo.

§ 3º Os órgãos de direção nacional dos partidos políticos terão pleno acesso às informações de seus filiados constantes do cadastro eleitoral. *(Incluído pela Lei nº 12.034, de 2009)*

Art. 20. É facultado ao partido político estabelecer, em seu estatuto, prazos de filiação partidária superiores aos previstos nesta Lei, com vistas a candidatura a cargos eletivos.

Parágrafo único. Os prazos de filiação partidária, fixados no estatuto do partido, com vistas a candidatura a cargos eletivos, não podem ser alterados no ano da eleição.

Art. 21. Para desligar-se do partido, o filiado faz comunicação escrita ao órgão de direção municipal e ao Juiz Eleitoral da Zona em que for inscrito.

Parágrafo único. Decorridos dois dias da data da entrega da comunicação, o vínculo torna-se extinto, para todos os efeitos.

Art. 22. O cancelamento imediato da filiação partidária verifica-se nos casos de:

I - morte;

II - perda dos direitos políticos;

III - expulsão;

IV - outras formas previstas no estatuto, com comunicação obrigatória ao atingido no prazo de quarenta e oito horas da decisão.

V - filiação a outro partido, desde que a pessoa comunique o fato ao juiz da respectiva Zona Eleitoral. *(Incluído pela Lei nº 12.891, de 2013)*

Parágrafo único. Havendo coexistência de filiações partidárias, prevalecerá a mais recente, devendo a Justiça Eleitoral determinar o cancelamento das demais. *(Redação dada pela Lei nº 12.891, de 2013)*

CAPÍTULO VI
Da Fusão, Incorporação e Extinção dos Partidos Políticos

Art. 27. Fica cancelado, junto ao Ofício Civil e ao Tribunal Superior Eleitoral, o registro do partido que, na forma de seu estatuto, se dissolva, se incorpore ou venha a se fundir a outro.

Art. 28. O Tribunal Superior Eleitoral, após trânsito em julgado de decisão, determina o cancelamento do registro civil e do estatuto do partido contra o qual fique provado:

I - ter recebido ou estar recebendo recursos financeiros de procedência estrangeira;

II - estar subordinado a entidade ou governo estrangeiros;

III - não ter prestado, nos termos desta Lei, as devidas contas à Justiça Eleitoral;

IV - que mantém organização paramilitar.

§ 1º A decisão judicial a que se refere este artigo deve ser precedida de processo regular, que assegure ampla defesa.

§ 2º O processo de cancelamento é iniciado pelo Tribunal à vista de denúncia de qualquer eleitor, de representante de partido, ou de representação do Procurador-Geral Eleitoral.

§ 3º O partido político, em nível nacional, não sofrerá a suspensão das cotas do Fundo Partidário, nem qualquer outra punição como conseqüência de atos praticados por órgãos regionais ou municipais.

§ 4º Despesas realizadas por órgãos partidários municipais ou estaduais ou por candidatos majoritários nas respectivas circunscrições devem ser assumidas e pagas exclusivamente pela esfera partidária correspondente, salvo acordo expresso com órgão de outra esfera partidária.

§ 5º Em caso de não pagamento, as despesas não poderão ser cobradas judicialmente dos órgãos superiores dos partidos políticos, recaindo eventual penhora exclusivamente sobre o órgão partidário que contraiu a dívida executada. *(Incluído pela Lei nº 12.034, de 2009)*

§ 6º O disposto no inciso III do caput refere-se apenas aos órgãos nacionais dos partidos políticos que deixarem de prestar contas ao Tribunal Superior Eleitoral, não ocorrendo o cancelamento do registro civil e do estatuto do partido quando a omissão for dos órgãos partidários regionais ou municipais. *(Incluído pela Lei nº 12.034, de 2009)*

Art. 29. Por decisão de seus órgãos nacionais de deliberação, dois ou mais partidos poderão fundir-se num só ou incorporar-se um ao outro.

§ 1º No primeiro caso, observar-se-ão as seguintes normas:

I - os órgãos de direção dos partidos elaborarão projetos comuns de estatuto e programa;

II - os órgãos nacionais de deliberação dos partidos em processo de fusão votarão em reunião conjunta, por maioria absoluta, os projetos, e elegerão o órgão de direção nacional que promoverá o registro do novo partido.

§ 2º No caso de incorporação, observada a lei civil, caberá ao partido incorporando deliberar por maioria absoluta de votos, em seu órgão nacional de deliberação, sobre a adoção do estatuto e do programa de outra agremiação.

§ 3º Adotados o estatuto e o programa do partido incorporador, realizar-se-á, em reunião conjunta dos órgãos nacionais de deliberação, a eleição do novo órgão de direção nacional.

§ 4º Na hipótese de fusão, a existência legal do novo partido tem início com o registro, no Ofício Civil competente da Capital Federal, do estatuto e do programa, cujo requerimento deve ser acompanhado das atas das decisões dos órgãos competentes.

§ 5º No caso de incorporação, o instrumento respectivo deve ser levado ao Ofício Civil competente, que deve, então, cancelar o registro do partido incorporado a outro.

§ 6º No caso de incorporação, o instrumento respectivo deve ser levado ao Ofício Civil competente, que deve, então, cancelar o registro do partido incorporado a outro. *(Redação dada Lei nº 13.107, de 2015)*

§ 7º Havendo fusão ou incorporação, devem ser somados exclusivamente os votos dos partidos fundidos ou incorporados obtidos na última eleição geral para a Câmara dos Deputados, para efeito da distribuição dos recursos do Fundo Partidário e do acesso gratuito ao rádio e à televisão. *(Redação dada Lei nº 13.107, de 2015)*

§ 8º O novo estatuto ou instrumento de incorporação deve ser levado a registro e averbado, respectivamente, no Ofício Civil e no Tribunal Superior Eleitoral. *(Incluído pela Lei nº 13.107, de 2015)*

§ 9º Somente será admitida a fusão ou incorporação de partidos políticos que hajam obtido o registro definitivo do Tribunal Superior Eleitoral há, pelo menos, 5 (cinco) anos. *(Incluído pela Lei nº 13.107, de 2015)*

TÍTULO III
Das Finanças e Contabilidade dos Partidos
CAPÍTULO I
Da Prestação de Contas

Art. 30. O partido político, através de seus órgãos nacionais, regionais e municipais, deve manter escrituração contábil, de forma a permitir o conhecimento da origem de suas receitas e a destinação de suas despesas.

Art. 31. É vedado ao partido receber, direta ou indiretamente, sob qualquer forma ou pretexto, contribuição ou auxílio pecuniário ou estimável em dinheiro, inclusive através de publicidade de qualquer espécie, procedente de:

I - entidade ou governo estrangeiros;

II - autoridade ou órgãos públicos, ressalvadas as dotações referidas no art. 38;

III - autarquias, empresas públicas ou concessionárias de serviços públicos, sociedades de economia mista e fundações instituídas em virtude de lei e para cujos recursos concorram órgãos ou entidades governamentais;

IV - entidade de classe ou sindical.

Art. 32. O partido está obrigado a enviar, anualmente, à Justiça Eleitoral, o balanço contábil do exercício findo, até o dia 30 de abril do ano seguinte.

§ 1º O balanço contábil do órgão nacional será enviado ao Tribunal Superior Eleitoral, o dos órgãos estaduais aos Tribunais Regionais Eleitorais e o dos órgãos municipais aos Juízes Eleitorais.

§ 2º A Justiça Eleitoral determina, imediatamente, a publicação dos balanços na imprensa oficial, e, onde ela não exista, procede à afixação dos mesmos no Cartório Eleitoral.

§ 3º No ano em que ocorrem eleições, o partido deve enviar balancetes mensais à Justiça Eleitoral, durante os quatro meses anteriores e os dois meses posteriores ao pleito.

Art. 33. Os balanços devem conter, entre outros, os seguintes itens:

I - discriminação dos valores e destinação dos recursos oriundos do fundo partidário;

II - origem e valor das contribuições e doações;

III - despesas de caráter eleitoral, com a especificação e comprovação dos gastos com programas no rádio e televisão, comitês, propaganda, publicações, comícios, e demais atividades de campanha;

IV - discriminação detalhada das receitas e despesas.

Art. 34. A Justiça Eleitoral exerce a fiscalização sobre a escrituração contábil e a prestação de contas do partido e das despesas de campanha eleitoral, devendo atestar se elas refletem adequadamente a real movimentação financeira, os dispêndios e recursos aplicados nas campanhas eleitorais, exigindo a observação das seguintes normas:

I - obrigatoriedade de constituição de comitês e designação de dirigentes partidários específicos, para movimentar recursos financeiros nas campanhas eleitorais;

II - caracterização da responsabilidade dos dirigentes do partido e comitês, inclusive do tesoureiro, que responderão, civil e criminalmente, por quaisquer irregularidades;

III - escrituração contábil, com documentação que comprove a entrada e saída de dinheiro ou de bens recebidos e aplicados;

IV - obrigatoriedade de ser conservada pelo partido a documentação comprobatória de suas prestações de contas, por prazo não inferior a cinco anos;

V - obrigatoriedade de prestação de contas, pelo partido político, seus comitês e candidatos, no encerramento da campanha eleitoral, com o recolhimento imediato à tesouraria do partido dos saldos financeiros eventualmente apurados.

Parágrafo único. Para efetuar os exames necessários ao atendimento do disposto no caput, a Justiça Eleitoral pode requisitar técnicos do Tribunal de Contas da União ou dos Estados, pelo tempo que for necessário.

§ 1º A fiscalização de que trata o caput tem por escopo identificar a origem das receitas e a destinação das despesas com as atividades partidárias e eleitorais, mediante o exame formal dos documentos contábeis e fiscais apresentados pelos partidos políticos, comitês e candidatos, sendo vedada a análise das atividades político-partidárias ou qualquer interferência em sua autonomia. *(Incluído pela Lei nº 12.891, de 2013)*

§ 2º Para efetuar os exames necessários ao atendimento do disposto no caput, a Justiça Eleitoral pode requisitar técnicos do Tribunal de Contas da União ou dos Estados, pelo tempo que for necessário. *(Incluído pela Lei nº 12.891, de 2013)*

Art. 35. O Tribunal Superior Eleitoral e os Tribunais Regionais Eleitorais, à vista de denúncia fundamentada de filiado ou delegado de partido, de representação do Procurador-Geral ou Regional ou de iniciativa do Corregedor, determinarão o exame da escrituração do partido e a apuração de qualquer ato que viole as prescrições legais ou estatutárias a que, em matéria financeira, aquele ou seus filiados estejam sujeitos, podendo, inclusive, determinar a quebra de sigilo bancário das contas dos partidos para o esclarecimento ou apuração de fatos vinculados à denúncia.

Parágrafo único. O partido pode examinar, na Justiça Eleitoral, as prestações de contas mensais ou anuais dos demais partidos, quinze dias após a publicação dos balanços financeiros, aberto o prazo de cinco dias para impugná-las, podendo, ainda, relatar fatos, indicar provas e pedir abertura de investigação para apurar qualquer ato que viole as prescrições legais ou estatutárias a que, em matéria financeira, os partidos e seus filiados estejam sujeitos.

Art. 36. Constatada a violação de normas legais ou estatutárias, ficará o partido sujeito às seguintes sanções:

I - no caso de recursos de origem não mencionada ou esclarecida, fica suspenso o recebimento das quotas do fundo partidário até que o esclarecimento seja aceito pela Justiça Eleitoral;

II - no caso de recebimento de recursos mencionados no art. 31, fica suspensa a participação no fundo partidário por um ano;

III - no caso de recebimento de doações cujo valor ultrapasse os limites previstos no art. 39, § 4º, fica suspensa por dois anos a participação no fundo partidário e será aplicada ao partido multa correspondente ao valor que exceder aos limites fixados.

Art. 37. A falta de prestação de contas ou sua desaprovação total ou parcial implica a suspensão de novas cotas do Fundo Partidário e sujeita os responsáveis ás penas da lei. *(Redação dada pela Lei nº 9.693, de 27.7.98)*

§ 1º. A Justiça Eleitoral pode determinar diligências necessárias à complementação de informações ou ao saneamento de irregularidades encontradas nas contas dos órgãos de direção partidária ou de candidatos. *(Parágrafo renumerado pela Lei nº 9.693, de 27.7.98)*

§ 2º A sanção a que se refere o caput será aplicada exclusivamente à esfera partidária responsável pela irregularidade. *(Incluído pela Lei nº 9.693, de 27.7.98)*

§ 3º A sanção de suspensão do repasse de novas quotas do Fundo Partidário, por desaprovação total ou parcial da prestação de contas de partido, deverá ser aplicada de forma proporcional e razoável, pelo período de 1 (um) mês a 12 (doze) meses, ou por meio do desconto, do valor a ser repassado, da importância apontada como irregular, não podendo ser aplicada a sanção de suspensão, caso a prestação de contas não seja julgada, pelo juízo ou tribunal competente, após 5 (cinco) anos de sua apresentação. *(Incluído pela Lei nº 12.034, de 2009)*

§ 4º Da decisão que desaprovar total ou parcialmente a prestação de contas dos órgãos partidários caberá recurso para os Tribunais Regionais Eleitorais ou para o Tribunal Superior Eleitoral, conforme o caso, o qual deverá ser recebido com efeito suspensivo. *(Incluído pela Lei nº 12.034, de 2009)*

§ 5º As prestações de contas desaprovadas pelos Tribunais Regionais e pelo Tribunal Superior poderão ser revistas para fins de aplicação proporcional da sanção aplicada, mediante requerimento ofertado nos autos da prestação de contas. *(Incluído pela Lei nº 12.034, de 2009)*

§ 6º O exame da prestação de contas dos órgãos partidários tem caráter jurisdicional. *(Incluído pela Lei nº 12.034, de 2009)*

TÍTULO IV
Do Acesso Gratuito ao Rádio e à Televisão

Art. 45. A propaganda partidária gratuita, gravada ou ao vivo, efetuada mediante transmissão por rádio e televisão será realizada entre as dezenove horas e trinta minutos e as vinte e duas horas para, com exclusividade:

I - difundir os programas partidários;

II - transmitir mensagens aos filiados sobre a execução do programa partidário, dos eventos com este relacionados e das atividades congressuais do partido;

III - divulgar a posição do partido em relação a temas político-comunitários.

IV - promover e difundir a participação política feminina, dedicando às mulheres o tempo que será fixado pelo órgão nacional de direção partidária, observado o mínimo de 10% (dez por cento). *(Incluído pela Lei nº 12.034, de 2009)*

§ 1º Fica vedada, nos programas de que trata este Título:

I - a participação de pessoa filiada a partido que não o responsável pelo programa;

II - a divulgação de propaganda de candidatos a cargos eletivos e a defesa de interesses pessoais ou de outros partidos;

III - a utilização de imagens ou cenas incorretas ou incompletas, efeitos ou quaisquer outros recursos que distorçam ou falseiem os fatos ou a sua comunicação.

§ 2º O partido que contrariar o disposto neste artigo será punido: *(Redação dada pela Lei nº 12.034, de 2009)*

I - quando a infração ocorrer nas transmissões em bloco, com a cassação do direito de transmissão no semestre seguinte; *(Incluído pela Lei nº 12.034, de 2009)*

II - quando a infração ocorrer nas transmissões em inserções, com a cassação de tempo equivalente a 5 (cinco) vezes ao da inserção ilícita, no semestre seguinte. *(Incluído pela Lei nº 12.034, de 2009)*

§ 3º A representação, que somente poderá ser oferecida por partido político, será julgada pelo Tribunal Superior Eleitoral quando se tratar de programa em bloco ou inserções nacionais e pelos Tribunais Regionais Eleitorais quando se tratar de programas em bloco ou inserções transmitidos nos Estados correspondentes. *(Redação dada pela Lei nº 12.034, de 2009)*

§ 4º O prazo para o oferecimento da representação encerra-se no último dia do semestre em que for veiculado o programa impugnado, ou se este tiver sido transmitido nos últimos 30 (trinta) dias desse período, até o 15º (décimo quinto) dia do semestre seguinte. *(Incluído pela Lei nº 12.034, de 2009)*

§ 5º Das decisões dos Tribunais Regionais Eleitorais que julgarem procedente representação, cassando o direito de transmissão de propaganda partidária, caberá recurso para o Tribunal Superior Eleitoral, que será recebido com efeito suspensivo. *(Incluído pela Lei nº 12.034, de 2009)*

§ 6º A propaganda partidária, no rádio e na televisão, fica restrita aos horários gratuitos disciplinados nesta Lei, com proibição de propaganda paga. *(Incluído pela Lei nº 12.034, de 2009)*

Art. 46. As emissoras de rádio e de televisão ficam obrigadas a realizar, para os partidos políticos, na forma desta Lei, transmissões gratuitas em âmbito nacional e estadual, por iniciativa e sob a responsabilidade dos respectivos órgãos de direção.

§ 1º As transmissões serão em bloco, em cadeia nacional ou estadual, e em inserções de trinta segundos e um minuto, no intervalo da programação normal das emissoras.

§ 2º A formação das cadeias, tanto nacional quanto estaduais, será autorizada pelo Tribunal Superior Eleitoral, que fará a necessária requisição dos horários às emissoras de rádio e de televisão, mediante requerimento dos órgãos nacionais dos partidos, com antecedência mínima de quinze dias.

§ 3º No requerimento a que se refere o parágrafo anterior, o órgão partidário solicitará conjuntamente a fixação das datas de formação das cadeias, nacional e estaduais.

§ 4º O Tribunal Superior Eleitoral, independentemente do âmbito nacional ou estadual da transmissão, havendo coincidência de data, dará prioridade ao partido que apresentou o requerimento em primeiro lugar.

§ 5º O material de áudio e vídeo com os programas em bloco ou as inserções será entregue às emissoras com antecedência mínima de 12 (doze) horas da transmissão, podendo as inserções de rádio ser enviadas por meio de correspondência eletrônica. *(Redação dada pela Lei nº 12.891, de 2013)*

§ 6º As inserções a serem feitas na programação das emissoras serão determinadas:

I - pelo Tribunal Superior Eleitoral, quando solicitadas por órgão de direção nacional de partido;

II - pelo Tribunal Regional Eleitoral, quando solicitadas por órgão de direção estadual de partido.

§ 7º Em cada rede somente serão autorizadas até dez inserções de trinta segundos ou cinco de um minuto por dia.

§ 8º É vedada a veiculação de inserções idênticas no mesmo intervalo de programação, exceto se o número de inserções de que dispuser o partido exceder os intervalos disponíveis, sendo vedada a transmissão em sequência para o mesmo partido político. *(Incluído pela Lei nº 12.891, de 2013)*

Art. 47. Para agilizar os procedimentos, condições especiais podem ser pactuadas diretamente entre as emissoras de rádio e de televisão e os órgãos de direção do partido, obedecidos os limites estabelecidos nesta Lei, dando-se conhecimento ao Tribunal Eleitoral da respectiva jurisdição.

Art. 48. O partido registrado no Tribunal Superior Eleitoral que não atenda ao disposto no art. 13 tem assegurada a realização de um programa em cadeia nacional, em cada semestre, com a duração de dois minutos. *(Vide Adins nºs 1.351-3 e 1.354-8)*

Art. 49. O partido que atenda ao disposto no art. 13 tem assegurado: *(Vide Adins nºs 1.351-3 e 1.354-8)*

I - a realização de um programa, em cadeia nacional e de um programa, em cadeia estadual em cada semestre, com a duração de vinte minutos cada;

II - a utilização do tempo total de quarenta minutos, por semestre, para inserções de trinta segundos ou um minuto, nas redes nacionais, e de igual tempo nas emissoras estaduais.

6. Lei n. 9.504 de 30 de Setembro de 1997

O VICE PRESIDENTE DA REPÚBLICA no exercício do cargo de **PRESIDENTE DA REPÚBLICA** Faço saber que o Congresso Nacional decreta e eu sanciono a seguinte Lei:

Disposições Gerais

Art 1º As eleições para Presidente e Vice-Presidente da República, Governador e Vice-Governador de Estado e do Distrito Federal, Prefeito e Vice-Prefeito, Senador, Deputado Federal, Deputado Estadual, Deputado Distrital e Vereador dar-se-ão, em todo o País, no primeiro domingo de outubro do ano respectivo.

Parágrafo único. Serão realizadas simultaneamente as eleições:

I - para Presidente e Vice-Presidente da República, Governador e Vice-Governador de Estado e do Distrito Federal, Senador, Deputado Federal, Deputado Estadual e Deputado Distrital;

II - para Prefeito, Vice-Prefeito e Vereador.

Art. 2º Será considerado eleito o candidato a Presidente ou a Governador que obtiver a maioria absoluta de votos, não computados os em branco e os nulos.

§ 1º Se nenhum candidato alcançar maioria absoluta na primeira votação, far-se-á nova eleição no último domingo de outubro, concorrendo os dois candidatos mais votados, e considerando-se eleito o que obtiver a maioria dos votos válidos.

§ 2º Se, antes de realizado o segundo turno, ocorrer morte, desistência ou impedimento legal de candidato, convocar-se-á, dentre os remanescentes, o de maior votação.

§ 3º Se, na hipótese dos parágrafos anteriores, remanescer em segundo lugar mais de um candidato com a mesma votação, qualificar-se-á o mais idoso.

§ 4º A eleição do Presidente importará a do candidato a Vice-Presidente com ele registrado, o mesmo se aplicando à eleição de Governador.

Art. 3º Será considerado eleito Prefeito o candidato que obtiver a maioria dos votos, não computados os em branco e os nulos.

§ 1º A eleição do Prefeito importará a do candidato a Vice-Prefeito com ele registrado.

§ 2º Nos Municípios com mais de duzentos mil eleitores, aplicar-se-ão as regras estabelecidas nos §§ 1º a 3º do artigo anterior.

Art 4º Poderá participar das eleições o partido que, até um ano antes do pleito, tenha registrado seu estatuto no Tribunal Superior Eleitoral, conforme o disposto em lei, e tenha, até a data da convenção, órgão de direção constituído na circunscrição, de acordo com o respectivo estatuto.

Art. 5º Nas eleições proporcionais, contam-se como válidos apenas os votos dados a candidatos regularmente inscritos e às legendas partidárias.

Das Coligações

Art. 6º É facultado aos partidos políticos, dentro da mesma circunscrição, celebrar coligações para eleição majoritária, proporcional, ou para ambas, podendo, neste último caso, formar-se mais de uma coligação para a eleição proporcional dentre os partidos que integram a coligação para o pleito majoritário.

§ lº A coligação terá denominação própria, que poderá ser a junção de todas as siglas dos partidos que a integram, sendo a ela atribuídas as prerrogativas e obrigações de partido político no que se refere ao processo eleitoral, e devendo funcionar como um só partido no relacionamento com a Justiça Eleitoral e no trato dos interesses interpartidários.

§ 1º-A. A denominação da coligação não poderá coincidir, incluir ou fazer referência a nome ou número de candidato, nem conter pedido de voto para partido político. (Incluído pela Lei nº 12.034, de 2009)

§ 2º Na propaganda para eleição majoritária, a coligação usará, obrigatoriamente, sob sua denominação, as legendas de todos os partidos que a integram; na propaganda para eleição proporcional, cada partido usará apenas sua legenda sob o nome da coligação.

§ 3º Na formação de coligações, devem ser observadas, ainda, as seguintes normas:

I - na chapa da coligação, podem inscrever-se candidatos filiados a qualquer partido político dela integrante;

II - o pedido de registro dos candidatos deve ser subscrito pelos presidentes dos partidos coligados, por seus delegados, pela maioria dos membros dos respectivos órgãos executivos de direção ou por representante da coligação, na forma do inciso III;

III - os partidos integrantes da coligação devem designar um representante, que terá atribuições equivalentes às de presidente de partido político, no trato dos interesses e na representação da coligação, no que se refere ao processo eleitoral;

IV - a coligação será representada perante a Justiça Eleitoral pela pessoa designada na forma do inciso III ou por delegados indicados pelos partidos que a compõem, podendo nomear até:

a) três delegados perante o Juízo Eleitoral;

b) quatro delegados perante o Tribunal Regional Eleitoral;

c) cinco delegados perante o Tribunal Superior Eleitoral.

§ 4º O partido político coligado somente possui legitimidade para atuar de forma isolada no processo eleitoral quando questionar a validade da própria coligação, durante o período compreendido entre a data da convenção e o termo final do prazo para a impugnação do registro de candidatos. (Incluído pela Lei nº 12.034, de 2009)

§ 5º A responsabilidade pelo pagamento de multas decorrentes de propaganda eleitoral é solidária entre os candidatos e os respectivos partidos, não alcançando outros partidos mesmo quando integrantes de uma mesma coligação. (Incluído pela Lei nº 12.891, de 2013)

Das Convenções para a Escolha de Candidatos

Art. 7º As normas para a escolha e substituição dos candidatos e para a formação de coligações serão estabelecidas no estatuto do partido, observadas as disposições desta Lei.

§ 1º Em caso de omissão do estatuto, caberá ao órgão de direção nacional do partido estabelecer as normas a que se refere este artigo, publicando-as no Diário Oficial da União até cento e oitenta dias antes das eleições.

§ 2º Se a convenção partidária de nível inferior se opuser, na deliberação sobre coligações, às diretrizes legitimamente estabelecidas pelo órgão de direção nacional, nos termos do respectivo estatuto, poderá esse órgão anular a deliberação e os atos dela decorrentes. (Redação dada pela Lei nº 12.034, de 2009)

§ 3º As anulações de deliberações dos atos decorrentes de convenção partidária, na condição acima estabelecida, deverão ser comunicadas à Justiça Eleitoral no prazo de 30 (trinta) dias após a data limite para o registro de candidatos. (Redação dada pela Lei nº 12.034, de 2009)

§ 4º Se, da anulação, decorrer a necessidade de escolha de novos candidatos, o pedido de registro deverá ser apresentado à Justiça Eleitoral nos 10 (dez) dias seguintes à deliberação, observado o disposto no art. 13. (Incluído pela Lei nº 12.034, de 2009)

Art. 8º A escolha dos candidatos pelos partidos e a deliberação sobre coligações deverão ser feitas no período de 12 a 30 de junho do ano em que se realizarem as eleições, lavrando-se a respectiva ata em livro aberto, rubricado pela Justiça Eleitoral, publicada em 24 (vinte e quatro) horas em qualquer meio de comunicação. (Redação dada pela Lei nº 12.891, de 2013)

§ 1º Aos detentores de mandato de Deputado Federal, Estadual ou Distrital, ou de Vereador, e aos que tenham exercido esses cargos em qualquer período da legislatura que estiver em curso, é assegurado o registro de candidatura para o mesmo cargo pelo partido a que estejam filiados.

§ 2º Para a realização das convenções de escolha de candidatos, os partidos políticos poderão usar gratuitamente prédios públicos, responsabilizando-se por danos causados com a realização do evento.

Art. 9º Para concorrer às eleições, o candidato deverá possuir domicílio eleitoral na respectiva circunscrição pelo prazo de, pelo menos, um ano antes do pleito e estar com a filiação deferida pelo partido no mesmo prazo.

Parágrafo único. Havendo fusão ou incorporação de partidos após o prazo estipulado no *caput*, será considerada, para efeito de filiação partidária, a data de filiação do candidato ao partido de origem.

Do Registro de Candidatos

Art. 10. Cada partido poderá registrar candidatos para a Câmara dos Deputados, Câmara Legislativa, Assembléias Legislativas e Câmaras Municipais, até cento e cinqüenta por cento do número de lugares a preencher.

§ lº No caso de coligação para as eleições proporcionais, independentemente do número de partidos que a integrem, poderão ser registrados candidatos até o dobro do número de lugares a preencher.

§ 2º Nas unidades da Federação em que o número de lugares a preencher para a Câmara dos Deputados não exceder de vinte, cada partido poderá registrar candidatos a Deputado Federal e a Deputado Estadual ou Distrital até o dobro das respectivas vagas; havendo coligação, estes números poderão ser acrescidos de até mais cinqüenta por cento.

§ 3º Do número de vagas resultante das regras previstas neste artigo, cada partido ou coligação preencherá o mínimo de 30% (trinta por cento) e o máximo de 70% (setenta por cento) para candidaturas de cada sexo. (Redação dada pela Lei nº 12.034, de 2009)

§ 4º Em todos os cálculos, será sempre desprezada a fração, se inferior a meio, e igualada a um, se igual ou superior.

§ 5º No caso de as convenções para a escolha de candidatos não indicarem o número máximo de candidatos previsto no *caput* e nos §§ 1º e 2º deste artigo, os órgãos de direção dos partidos respectivos poderão preencher as vagas remanescentes até sessenta dias antes do pleito.

Art. 11. Os partidos e coligações solicitarão à Justiça Eleitoral o registro de seus candidatos até as dezenove horas do dia 5 de julho do ano em que se realizarem as eleições.

§ lº O pedido de registro deve ser instruído com os seguintes documentos:

I - cópia da ata a que se refere o art. 8º;

II - autorização do candidato, por escrito;

III - prova de filiação partidária;

IV - declaração de bens, assinada pelo candidato;

V - cópia do título eleitoral ou certidão, fornecida pelo cartório eleitoral, de que o candidato é eleitor na circunscrição ou requereu sua inscrição ou transferência de domicílio no prazo previsto no art. 9º;

VI - certidão de quitação eleitoral;

VII - certidões criminais fornecidas pelos órgãos de distribuição da Justiça Eleitoral, Federal e Estadual;

VIII - fotografia do candidato, nas dimensões estabelecidas em instrução da Justiça Eleitoral, para efeito do disposto no § 1º do art. 59.

IX - propostas defendidas pelo candidato a Prefeito, a Governador de Estado e a Presidente da República. (Incluído pela Lei nº 12.034, de 2009)

§ 2º A idade mínima constitucionalmente estabelecida como condição de elegibilidade é verificada tendo por referência a data da posse.

§ 3º Caso entenda necessário, o Juiz abrirá prazo de setenta e duas horas para diligências.

§ 4º Na hipótese de o partido ou coligação não requerer o registro de seus candidatos, estes poderão fazê-lo perante a Justiça Eleitoral, observado o prazo máximo de quarenta e oito horas seguintes à publicação da lista dos candidatos pela Justiça Eleitoral. (Redação dada pela Lei nº 12.034, de 2009)

§ 5º Até a data a que se refere este artigo, os Tribunais e Conselhos de Contas deverão tornar disponíveis à Justiça Eleitoral relação dos que tiveram suas contas relativas ao exercício de cargos ou funções públicas rejeitadas por irregularidade insanável e por decisão irrecorrível do órgão competente, ressalvados os casos em que a questão estiver sendo submetida à apreciação do Poder Judiciário, ou que haja sentença judicial favorável ao interessado.

§ 6º A Justiça Eleitoral possibilitará aos interessados acesso aos documentos apresentados para os fins do disposto no § 1º. (Incluído pela Lei nº 12.034, de 2009)

§ 7º A certidão de quitação eleitoral abrangerá exclusivamente a plenitude do gozo dos direitos políticos, o regular exercício do voto, o atendimento a convocações da Justiça Eleitoral para auxiliar os trabalhos relativos ao pleito, a inexistência de multas aplicadas, em caráter definitivo, pela Justiça Eleitoral e não remitidas, e a apresentação de contas de campanha eleitoral. (Incluído pela Lei nº 12.034, de 2009)

§ 8º Para fins de expedição da certidão de que trata o § 7º, considerar-se-ão quites aqueles que: (Incluído pela Lei nº 12.034, de 2009)

I - condenados ao pagamento de multa, tenham, até a data da formalização do seu pedido de registro de candidatura, comprovado o pagamento ou o parcelamento da dívida regularmente cumprido; (Incluído pela Lei nº 12.034, de 2009)

II - pagarem a multa que lhes couber individualmente, excluindo-se qualquer modalidade de responsabilidade solidária, mesmo quando imposta concomitantemente com outros candidatos e em razão do mesmo fato. (Incluído pela Lei nº 12.034, de 2009)

III - o parcelamento das multas eleitorais é direito do cidadão, seja ele eleitor ou candidato, e dos partidos políticos, podendo ser parceladas em até 60 (sessenta) meses, desde que não ultrapasse o limite de 10% (dez por cento) de sua renda. (Incluído pela Lei nº 12.891, de 2013)

§ 9º A Justiça Eleitoral enviará aos partidos políticos, na respectiva circunscrição, até o dia 5 de junho do ano da eleição, a relação de todos os devedores de multa eleitoral, a qual embasará a expedição das certidões de quitação eleitoral. (Incluído pela Lei nº 12.034, de 2009)

§ 10. As condições de elegibilidade e as causas de inelegibilidade devem ser aferidas no momento da formalização do pedido de registro da candidatura, ressalvadas as alterações, fáticas ou jurídicas, supervenientes ao registro que afastem a inelegibilidade.

§ 11. A Justiça Eleitoral observará, no parcelamento a que se refere o § 8º deste artigo, as regras de parcelamento previstas na legislação tributária federal. (Incluído pela Lei nº 12.034, de 2009)

§ 12. (VETADO) (Incluído pela Lei nº 12.034, de 2009)

§ 13. Fica dispensada a apresentação pelo partido, coligação ou candidato de documentos produzidos a partir de informações detidas pela Justiça Eleitoral, entre eles os indicados nos incisos III, V e VI do § 1º deste artigo. (Incluído pela Lei nº 12.891, de 2013)

Art. 12. O candidato às eleições proporcionais indicará, no pedido de registro, além de seu nome completo, as variações nominais com que deseja ser registrado, até o máximo de três opções, que poderão ser o prenome, sobrenome, cognome, nome abreviado, apelido ou nome pelo qual é mais conhecido, desde que não se estabeleça dúvida quanto à sua identidade, não atente contra o pudor e não seja ridículo ou irreverente, mencionando em que ordem de preferência deseja registrar-se.

§ 1º Verificada a ocorrência de homonímia, a Justiça Eleitoral procederá atendendo ao seguinte:

I - havendo dúvida, poderá exigir do candidato prova de que é conhecido por dada opção de nome, indicada no pedido de registro;

II - ao candidato que, na data máxima prevista para o registro, esteja exercendo mandato eletivo ou o tenha exercido nos últimos quatro anos, ou que nesse mesmo prazo se tenha candidatado com um dos nomes que indicou, será deferido o seu uso no registro, ficando outros candidatos impedidos de fazer propaganda com esse mesmo nome;

III - ao candidato que, pela sua vida política, social ou profissional, seja identificado por um dado nome que tenha indicado, será deferido o registro com esse nome, observado o disposto na parte final do inciso anterior;

IV - tratando-se de candidatos cuja homonímia não se resolva pelas regras dos dois incisos anteriores, a Justiça Eleitoral deverá notificá-los para que, em dois dias, cheguem a acordo sobre os respectivos nomes a serem usados;

V - não havendo acordo no caso do inciso anterior, a Justiça Eleitoral registrará cada candidato com o nome e sobrenome constantes do pedido de registro, observada a ordem de preferência ali definida.

§ 2º A Justiça Eleitoral poderá exigir do candidato prova de que é conhecido por determinada opção de nome por ele indicado, quando seu uso puder confundir o eleitor.

§ 3º A Justiça Eleitoral indeferirá todo pedido de variação de nome coincidente com nome de candidato a eleição majoritária, salvo para candidato que esteja exercendo mandato eletivo ou o tenha exercido nos últimos quatro anos, ou que, nesse mesmo prazo, tenha concorrido em eleição com o nome coincidente.

§ 4º Ao decidir sobre os pedidos de registro, a Justiça Eleitoral publicará as variações de nome deferidas aos candidatos.

§ 5º A Justiça Eleitoral organizará e publicará, até trinta dias antes da eleição, as seguintes relações, para uso na votação e apuração:

I - a primeira, ordenada por partidos, com a lista dos respectivos candidatos em ordem numérica, com as três variações de nome correspondentes a cada um, na ordem escolhida pelo candidato;

II - a segunda, com o índice onomástico e organizada em ordem alfabética, nela constando o nome completo de cada candidato e cada variação de nome, também em ordem alfabética, seguidos da respectiva legenda e número.

Art. 13. É facultado ao partido ou coligação substituir candidato que for considerado inelegível, renunciar ou falecer após o termo final do prazo do registro ou, ainda, tiver seu registro indeferido ou cancelado.

§ 1º A escolha do substituto far-se-á na forma estabelecida no estatuto do partido a que pertencer o substituído, e o registro deverá ser requerido até 10 (dez) dias contados do fato ou da notificação do partido da decisão judicial que deu origem à substituição. (Redação dada pela Lei nº 12.034, de 2009)

§ 2º Nas eleições majoritárias, se o candidato for de coligação, a substituição deverá fazer-se por decisão da maioria absoluta dos órgãos executivos de direção dos partidos coligados, podendo o substituto ser filiado a qualquer partido dela integrante, desde que o partido ao qual pertencia o substituído renuncie ao direito de preferência.

§ 3º Tanto nas eleições majoritárias como nas proporcionais, a substituição só se efetivará se o novo pedido for apresentado até 20 (vinte) dias antes do pleito, exceto em caso de falecimento de candidato, quando a substituição poderá ser efetivada após esse prazo. (Redação dada pela Lei nº 12.891, de 2013)

Art. 14. Estão sujeitos ao cancelamento do registro os candidatos que, até a data da eleição, forem expulsos do partido, em processo no qual seja assegurada ampla defesa e sejam observadas as normas estatutárias.

Parágrafo único. O cancelamento do registro do candidato será decretado pela Justiça Eleitoral, após solicitação do partido.

Art. 15. A identificação numérica dos candidatos se dará mediante a observação dos seguintes critérios:

I - os candidatos aos cargos majoritários concorrerão com o número identificador do partido ao qual estiverem filiados;

II - os candidatos à Câmara dos Deputados concorrerão com o número do partido ao qual estiverem filiados, acrescido de dois algarismos à direita;

III - os candidatos às Assembléias Legislativas e à Câmara Distrital concorrerão com o número do partido ao qual estiverem filiados acrescido de três algarismos à direita;

IV - o Tribunal Superior Eleitoral baixará resolução sobre a numeração dos candidatos concorrentes às eleições municipais.

§ lº Aos partidos fica assegurado o direito de manter os números atribuídos à sua legenda na eleição anterior, e aos candidatos, nesta hipótese, o direito de manter os números que lhes foram atribuídos na eleição anterior para o mesmo cargo.

§ 2º Aos candidatos a que se refere o § 1º do art. 8º, é permitido requerer novo número ao órgão de direção de seu partido, independentemente do sorteio a que se refere o § 2º do art. 100 da Lei nº 4.737, de 15 de julho de 1965 - Código Eleitoral.

§ 3º Os candidatos de coligações, nas eleições majoritárias, serão registrados com o número de legenda do respectivo partido e, nas eleições proporcionais, com o número de legenda do respectivo partido acrescido do número que lhes couber, observado o disposto no parágrafo anterior.

Art. 16. Até quarenta e cinco dias antes da data das eleições, os Tribunais Regionais Eleitorais enviarão ao Tribunal Superior Eleitoral, para fins de centralização e divulgação de dados, a relação dos candidatos às eleições majoritárias e proporcionais, da qual constará obrigatoriamente a referência ao sexo e ao cargo a que concorrem.

§ 1º Até a data prevista no caput, todos os pedidos de registro de candidatos, inclusive os impugnados, e os respectivos recursos, devem estar julgados em todas as instâncias, e publicadas as decisões a eles relativas. (Incluído pela Lei nº 12.034, de 2009)

§ 2º Os processos de registro de candidaturas terão prioridade sobre quaisquer outros, devendo a Justiça Eleitoral adotar as providências necessárias para o cumprimento do prazo previsto no § 1º, inclusive com a realização de sessões extraordinárias e a convocação dos juízes suplentes pelos Tribunais, sem prejuízo da eventual aplicação do disposto no art. 97 e de representação ao Conselho Nacional de Justiça. (Incluído pela Lei nº 12.034, de 2009)

Art. 16-A. O candidato cujo registro esteja sub judice poderá efetuar todos os atos relativos à campanha eleitoral, inclusive utilizar o horário eleitoral gratuito no rádio e na televisão e ter

seu nome mantido na urna eletrônica enquanto estiver sob essa condição, ficando a validade dos votos a ele atribuídos condicionada ao deferimento de seu registro por instância superior. (Incluído pela Lei nº 12.034, de 2009)
Parágrafo único. O cômputo, para o respectivo partido ou coligação, dos votos atribuídos ao candidato cujo registro esteja sub judice no dia da eleição fica condicionado ao deferimento do registro do candidato. (Incluído pela Lei nº 12.034, de 2009)
Art. 16-B. O disposto no art. 16-A quanto ao direito de participar da campanha eleitoral, inclusive utilizar o horário eleitoral gratuito, aplica-se igualmente ao candidato cujo pedido de registro tenha sido protocolado no prazo legal e ainda não tenha sido apreciado pela Justiça Eleitoral. (Incluído pela Lei nº 12.891, de 2013)

Da Arrecadação e da Aplicação de Recursos nas Campanhas Eleitorais

Art. 17. As despesas da campanha eleitoral serão realizadas sob a responsabilidade dos partidos, ou de seus candidatos, e financiadas na forma desta Lei.
Art. 17-A. A cada eleição caberá à lei, observadas as peculiaridades locais, fixar até o dia 10 de junho de cada ano eleitoral o limite dos gastos de campanha para os cargos em disputa; não sendo editada lei até a data estabelecida, caberá a cada partido político fixar o limite de gastos, comunicando à Justiça Eleitoral, que dará a essas informações ampla publicidade. (Redação dada pela Lei nº 11.300, de 2006)
Art. 18. No pedido de registro de seus candidatos, os partidos e coligações comunicarão aos respectivos Tribunais Eleitorais os valores máximos de gastos que farão por cargo eletivo em cada eleição a que concorrerem, observados os limites estabelecidos, nos termos do art. 17-A desta Lei. (Redação dada pela Lei nº 11.300, de 2006)
§ 1º Tratando-se de coligação, cada partido que a integra fixará o valor máximo de gastos de que trata este artigo.
§ 2º Gastar recursos além dos valores declarados nos termos deste artigo sujeita o responsável ao pagamento de multa no valor de cinco a dez vezes a quantia em excesso.
Art. 19. Até dez dias úteis após a escolha de seus candidatos em convenção, o partido constituirá comitês financeiros, com a finalidade de arrecadar recursos e aplicá-los nas campanhas eleitorais.
§ 1º Os comitês devem ser constituídos para cada uma das eleições para as quais o partido apresente candidato próprio, podendo haver reunião, num único comitê, das atribuições relativas às eleições de uma dada circunscrição.
§ 2º Na eleição presidencial é obrigatória a criação de comitê nacional e facultativa a de comitês nos Estados e no Distrito Federal.
§ 3º Os comitês financeiros serão registrados, até cinco dias após sua constituição, nos órgãos da Justiça Eleitoral aos quais compete fazer o registro dos candidatos.
Art. 20. O candidato a cargo eletivo fará, diretamente ou por intermédio de pessoa por ele designada, a administração financeira de sua campanha, usando recursos repassados pelo comitê, inclusive os relativos à cota do Fundo Partidário, recursos próprios ou doações de pessoas físicas ou jurídicas, na forma estabelecida nesta Lei.
Art. 21. O candidato é solidariamente responsável com a pessoa indicada na forma do art. 20 desta Lei pela veracidade das informações financeiras e contábeis de sua campanha, devendo ambos assinar a respectiva prestação de contas. (Redação dada pela Lei nº 11.300, de 2006)
Art. 22. É obrigatório para o partido e para os candidatos abrir conta bancária específica para registrar todo o movimento financeiro da campanha.
§ 1º Os bancos são obrigados a: (Redação dada pela Lei nº 12.891, de 2013)
I - acatar, em até 3 (três) dias, o pedido de abertura de conta de qualquer comitê financeiro ou candidato escolhido em convenção, sendo-lhes vedado condicioná-la a depósito mínimo e a cobrança de taxas ou a outras despesas de manutenção; (Incluído pela Lei nº 12.891, de 2013)
II - identificar, nos extratos bancários das contas correntes a que se refere o caput, o CPF ou o CNPJ do doador. (Incluído pela Lei nº 12.891, de 2013)
§ 2º O disposto neste artigo não se aplica aos casos de candidatura para Prefeito e Vereador em Municípios onde não haja agência bancária, bem como aos casos de candidatura para Vereador em Municípios com menos de vinte mil eleitores.
§ 3º O uso de recursos financeiros para pagamentos de gastos eleitorais que não provenham da conta específica de que trata o **caput** deste artigo implicará a desaprovação da prestação de contas do partido ou candidato; comprovado abuso de poder econômico, será cancelado o registro da candidatura ou cassado o diploma, se já houver sido outorgado. (Incluído pela Lei nº 11.300, de 2006)
§ 4º Rejeitadas as contas, a Justiça Eleitoral remeterá cópia de todo o processo ao Ministério Público Eleitoral para os fins previstos no art. 22 da Lei Complementar nº 64, de 18 de maio de 1990. (Incluído pela Lei nº 11.300, de 2006)
Art. 22-A. Candidatos e Comitês Financeiros estão obrigados à inscrição no Cadastro Nacional da Pessoa Jurídica - CNPJ. (Incluído pela Lei nº 12.034, de 2009)
§ 1º Após o recebimento do pedido de registro da candidatura, a Justiça Eleitoral deverá fornecer em até 3 (três) dias úteis, o número de registro de CNPJ. (Incluído pela Lei nº 12.034, de 2009)
§ 2º Cumprido o disposto no § 1º deste artigo e no § 1º do art. 22, ficam os candidatos e comitês financeiros autorizados a promover a arrecadação de recursos financeiros e a realizar as despesas necessárias à campanha eleitoral. (Incluído pela Lei nº 12.034, de 2009)
Art. 23. Pessoas físicas poderão fazer doações em dinheiro ou estimáveis em dinheiro para campanhas eleitorais, obedecido o disposto nesta Lei. (Redação dada pela Lei nº 12.034, de 2009)
§ 1º As doações e contribuições de que trata este artigo ficam limitadas:
I - no caso de pessoa física, a dez por cento dos rendimentos brutos auferidos no ano anterior à eleição;
II - no caso em que o candidato utilize recursos próprios, ao valor máximo de gastos estabelecido pelo seu partido, na forma desta Lei.
§ 2º As doações estimáveis em dinheiro a candidato específico, comitê ou partido deverão ser feitas mediante recibo, assinado pelo doador, exceto na hipótese prevista no § 6º do art. 28. (Redação dada pela Lei nº 12.891, de 2013)
§ 3º A doação de quantia acima dos limites fixados neste artigo sujeita o infrator ao pagamento de multa no valor de cinco a dez vezes a quantia em excesso.
§ 4º As doações de recursos financeiros somente poderão ser efetuadas na conta mencionada no art. 22 desta Lei por meio de: (Redação dada pela Lei nº 11.300, de 2006)
I - cheques cruzados e nominais ou transferência eletrônica de depósitos; (Incluído pela Lei nº 11.300, de 2006)
II - depósitos em espécie devidamente identificados até o limite fixado no inciso I do § 1º deste artigo.(Incluído pela Lei nº 11.300, de 2006)
III - mecanismo disponível em sítio do candidato, partido ou coligação na internet, permitindo inclusive o uso de cartão de crédito, e que deverá atender aos seguintes requisitos: (Incluído pela Lei nº 12.034, de 2009)
a) identificação do doador; (Incluído pela Lei nº 12.034, de 2009)
b) emissão obrigatória de recibo eleitoral para cada doação realizada. (Incluído pela Lei nº 12.034, de 2009)

§ 5º Ficam vedadas quaisquer doações em dinheiro, bem como de troféus, prêmios, ajudas de qualquer espécie feitas por candidato, entre o registro e a eleição, a pessoas físicas ou jurídicas.(Incluído pela Lei nº 11.300, de 2006)

§ 6º Na hipótese de doações realizadas por meio da internet, as fraudes ou erros cometidos pelo doador sem conhecimento dos candidatos, partidos ou coligações não ensejarão a responsabilidade destes nem a rejeição de suas contas eleitorais. (Incluído pela Lei nº 12.034, de 2009)

§ 7º O limite previsto no inciso I do § 1º não se aplica a doações estimáveis em dinheiro relativas à utilização de bens móveis ou imóveis de propriedade do doador, desde que o valor da doação não ultrapasse R$ 50.000,00 (cinquenta mil reais). (Incluído pela Lei nº 12.034, de 2009)

Art. 24. É vedado, a partido e candidato, receber direta ou indiretamente doação em dinheiro ou estimável em dinheiro, inclusive por meio de publicidade de qualquer espécie, procedente de:

I - entidade ou governo estrangeiro;

II - órgão da administração pública direta e indireta ou fundação mantida com recursos provenientes do Poder Público;

III - concessionário ou permissionário de serviço público;

IV - entidade de direito privado que receba, na condição de beneficiária, contribuição compulsória em virtude de disposição legal;

V - entidade de utilidade pública;

VI - entidade de classe ou sindical;

VII - pessoa jurídica sem fins lucrativos que receba recursos do exterior.

VIII - entidades beneficentes e religiosas; (Incluído pela Lei nº 11.300, de 2006)

IX - entidades esportivas; (Redação dada pela Lei nº 12.034, de 2009)

X - organizações não-governamentais que recebam recursos públicos; (Incluído pela Lei nº 11.300, de 2006)

XI - organizações da sociedade civil de interesse público. (Incluído pela Lei nº 11.300, de 2006)

Parágrafo único. Não se incluem nas vedações de que trata este artigo as cooperativas cujos cooperados não sejam concessionários ou permissionários de serviços públicos, desde que não estejam sendo beneficiadas com recursos públicos, observado o disposto no art. 81. (Incluído pela Lei nº 12.034, de 2009)

Art 25. O partido que descumprir as normas referentes à arrecadação e aplicação de recursos fixadas nesta Lei perderá o direito ao recebimento da quota do Fundo Partidário do ano seguinte, sem prejuízo de responderem os candidatos beneficiados por abuso do poder econômico.

Parágrafo único. A sanção de suspensão do repasse de novas quotas do Fundo Partidário, por desaprovação total ou parcial da prestação de contas do candidato, deverá ser aplicada de forma proporcional e razoável, pelo período de 1 (um) mês a 12 (doze) meses, ou por meio do desconto, do valor a ser repassado, na importância apontada como irregular, não podendo ser aplicada a sanção de suspensão, caso a prestação de contas não seja julgada, pelo juízo ou tribunal competente, após 5 (cinco) anos de sua apresentação. (Incluído pela Lei nº 12.034, de 2009)

Art. 26. São considerados gastos eleitorais, sujeitos a registro e aos limites fixados nesta Lei: (Redação dada pela Lei nº 11.300, de 2006)

I - confecção de material impresso de qualquer natureza e tamanho, observado o disposto no § 3o do art. 38 desta Lei; (Redação dada pela Lei nº 12.891, de 2013)

II - propaganda e publicidade direta ou indireta, por qualquer meio de divulgação, destinada a conquistar votos;

III - aluguel de locais para a promoção de atos de campanha eleitoral;

IV - despesas com transporte ou deslocamento de candidato e de pessoal a serviço das candidaturas; (Redação dada pela Lei nº 11.300, de 2006)

V - correspondência e despesas postais;

VI - despesas de instalação, organização e funcionamento de Comitês e serviços necessários às eleições;

VII - remuneração ou gratificação de qualquer espécie a pessoal que preste serviços às candidaturas ou aos comitês eleitorais;

VIII - montagem e operação de carros de som, de propaganda e assemelhados;

IX - a realização de comícios ou eventos destinados à promoção de candidatura; (Redação dada pela Lei nº 11.300, de 2006)

X - produção de programas de rádio, televisão ou vídeo, inclusive os destinados à propaganda gratuita;

XI - (Revogado pela Lei nº 11.300, de 2006)

XII - realização de pesquisas ou testes pré-eleitorais;

XIII - (Revogado pela Lei nº 11.300, de 2006)

XIV - (Revogado pela Lei nº 12.891, de 2013)

XV - custos com a criação e inclusão de sítios na Internet;

XVI - multas aplicadas aos partidos ou candidatos por infração do disposto na legislação eleitoral.

XVII - produção de **jingles**, vinhetas e **slogans** para propaganda eleitoral. (Incluído pela Lei nº 11.300, de 2006)

Parágrafo único. São estabelecidos os seguintes limites com relação ao total do gasto da campanha: (Incluído pela Lei nº 12.891, de 2013)

I - alimentação do pessoal que presta serviços às candidaturas ou aos comitês eleitorais: 10% (dez por cento); (Incluído pela Lei nº 12.891, de 2013)

II - aluguel de veículos automotores: 20% (vinte por cento). (Incluído pela Lei nº 12.891, de 2013)

Art. 27. Qualquer eleitor poderá realizar gastos, em apoio a candidato de sua preferência, até a quantia equivalente a um mil UFIR, não sujeitos a contabilização, desde que não reembolsados.

Da Prestação de Contas

Art. 28. A prestação de contas será feita:

I - no caso dos candidatos às eleições majoritárias, na forma disciplinada pela Justiça Eleitoral;

II - no caso dos candidatos às eleições proporcionais, de acordo com os modelos constantes do Anexo desta Lei.

§ 1º As prestações de contas dos candidatos às eleições majoritárias serão feitas por intermédio do comitê financeiro, devendo ser acompanhadas dos extratos das contas bancárias referentes à movimentação dos recursos financeiros usados na campanha e da relação dos cheques recebidos, com a indicação dos respectivos números, valores e emitentes.

§ 2º As prestações de contas dos candidatos às eleições proporcionais serão feitas pelo comitê financeiro ou pelo próprio candidato.

§ 3º As contribuições, doações e as receitas de que trata esta Lei serão convertidas em UFIR, pelo valor desta no mês em que ocorrerem.

§ 4º Os partidos políticos, as coligações e os candidatos são obrigados, durante a campanha eleitoral, a divulgar, pela rede mundial de computadores (internet), nos dias 8 de agosto e 8 de setembro, relatório discriminando os recursos em dinheiro ou estimáveis em dinheiro que tenham recebido para financiamento da campanha eleitoral e os gastos que realizarem, em sítio criado pela Justiça Eleitoral para esse fim, exigindo-se a indicação dos nomes dos doadores e os respectivos valores doados somente na prestação de contas final de que tratam os incisos III e IV do art. 29 desta Lei. (Redação dada pela Lei nº 12.891, de 2013)

§ 5º (VETADO). (Incluído pela Lei nº 12.891, de 2013)

§ 6º Ficam também dispensadas de comprovação na prestação de contas: (Incluído pela Lei nº 12.891, de 2013)

I - a cessão de bens móveis, limitada ao valor de R$ 4.000,00 (quatro mil reais) por pessoa cedente; (Incluído pela Lei nº 12.891, de 2013)

II - doações estimáveis em dinheiro entre candidatos, partidos ou comitês financeiros, decorrentes do uso comum tanto de sedes quanto de materiais de propaganda eleitoral, cujo gasto deverá ser registrado na prestação de contas do responsável pelo pagamento da despesa. (Incluído pela Lei nº 12.891, de 2013)

Art. 29. Ao receber as prestações de contas e demais informações dos candidatos às eleições majoritárias e dos candidatos às eleições proporcionais que optarem por prestar contas por seu intermédio, os comitês deverão:

I - verificar se os valores declarados pelo candidato à eleição majoritária como tendo sido recebidos por intermédio do comitê conferem com seus próprios registros financeiros e contábeis;

II - resumir as informações contidas nas prestações de contas, de forma a apresentar demonstrativo consolidado das campanhas dos candidatos;

III - encaminhar à Justiça Eleitoral, até o trigésimo dia posterior à realização das eleições, o conjunto das prestações de contas dos candidatos e do próprio comitê, na forma do artigo anterior, ressalvada a hipótese do inciso seguinte;

IV - havendo segundo turno, encaminhar a prestação de contas dos candidatos que o disputem, referente aos dois turnos, até o trigésimo dia posterior a sua realização.

§ 1º Os candidatos às eleições proporcionais que optarem pela prestação de contas diretamente à Justiça Eleitoral observarão o mesmo prazo do inciso III do *caput*.

§ 2º A inobservância do prazo para encaminhamento das prestações de contas impede a diplomação dos eleitos, enquanto perdurar.

§3º Eventuais débitos de campanha não quitados até a data de apresentação da prestação de contas poderão ser assumidos pelo partido político, por decisão do seu órgão nacional de direção partidária. (Incluído pela Lei nº 12.034, de 2009)

§ 4º No caso do disposto no § 3º, o órgão partidário da respectiva circunscrição eleitoral passará a responder por todas as dívidas solidariamente com o candidato, hipótese em que a existência do débito não poderá ser considerada como causa para a rejeição das contas. (Incluído pela Lei nº 12.034, de 2009)

Art. 30. A Justiça Eleitoral verificará a regularidade das contas de campanha, decidindo: (Redação dada pela Lei nº 12.034, de 2009)

I - pela aprovação, quando estiverem regulares; (Incluído pela Lei nº 12.034, de 2009)

II - pela aprovação com ressalvas, quando verificadas falhas que não lhes comprometam a regularidade; (Incluído pela Lei nº 12.034, de 2009)

III - pela desaprovação, quando verificadas falhas que lhes comprometam a regularidade; (Incluído pela Lei nº 12.034, de 2009)

IV - pela não prestação, quando não apresentadas as contas após a notificação emitida pela Justiça Eleitoral, na qual constará a obrigação expressa de prestar as suas contas, no prazo de setenta e duas horas. (Incluído pela Lei nº 12.034, de 2009)

§ 1º A decisão que julgar as contas dos candidatos eleitos será publicada em sessão até 8 (oito) dias antes da diplomação. (Redação dada pela Lei nº 11.300, de 2006)

§ 2º Erros formais e materiais corrigidos não autorizam a rejeição das contas e a cominação de sanção a candidato ou partido.

§ 2º-A. Erros formais ou materiais irrelevantes no conjunto da prestação de contas, que não comprometam o seu resultado, não acarretarão a rejeição das contas. (Incluído pela Lei nº 12.034, de 2009)

§ 3º Para efetuar os exames de que trata este artigo, a Justiça Eleitoral poderá requisitar técnicos do Tribunal de Contas da União, dos Estados, do Distrito Federal ou dos Municípios, pelo tempo que for necessário.

§ 4º Havendo indício de irregularidade na prestação de contas, a Justiça Eleitoral poderá requisitar diretamente do candidato ou do comitê financeiro as informações adicionais necessárias, bem como determinar diligências para a complementação dos dados ou o saneamento das falhas.

§ 5º Da decisão que julgar as contas prestadas pelos candidatos e comitês financeiros caberá recurso ao órgão superior da Justiça Eleitoral, no prazo de 3 (três) dias, a contar da publicação no Diário Oficial. (Incluído pela Lei nº 12.034, de 2009)

§ 6º No mesmo prazo previsto no § 5º, caberá recurso especial para o Tribunal Superior Eleitoral, nas hipóteses previstas nos incisos I e II do § 4º do art. 121 da Constituição Federal. (Incluído pela Lei nº 12.034, de 2009)

§ 7º O disposto neste artigo aplica-se aos processos judiciais pendentes. (Incluído pela Lei nº 12.034, de 2009)

Art. 30-A. Qualquer partido político ou coligação poderá representar à Justiça Eleitoral relatando fatos e indicando provas e pedir a abertura de investigação judicial para apurar condutas em desacordo com as normas desta Lei, relativas à arrecadação e gastos de recursos. (Incluído pela Lei nº 11.300, de 2006)

§ 1º Na apuração de que trata este artigo, aplicar-se-á o procedimento previsto no art. 22 da Lei Complementar nº 64, de 18 de maio de 1990, no que couber.

§ 2º Comprovados captação ou gastos ilícitos de recursos, para fins eleitorais, será negado diploma ao candidato, ou cassado, se já houver sido outorgado. (Incluído pela Lei nº 11.300, de 2006)

§ 3º O prazo de recurso contra decisões proferidas em representações propostas com base neste artigo será de 3 (três) dias, a contar da data da publicação do julgamento no Diário Oficial. (Incluído pela Lei nº 12.034, de 2009)

Art. 31. Se, ao final da campanha, ocorrer sobra de recursos financeiros, esta deve ser declarada na prestação de contas e, após julgados todos os recursos, transferida ao partido, obedecendo aos seguintes critérios: (Redação dada pela Lei nº 12.891, de 2013)

I - no caso de candidato a Prefeito, Vice-Prefeito e Vereador, esses recursos deverão ser transferidos para o órgão diretivo municipal do partido na cidade onde ocorreu a eleição, o qual será responsável exclusivo pela identificação desses recursos, sua utilização, contabilização e respectiva prestação de contas perante o juízo eleitoral correspondente; (Incluído pela Lei nº 12.891, de 2013)

II - no caso de candidato a Governador, Vice-Governador, Senador, Deputado Federal e Deputado Estadual ou Distrital, esses recursos deverão ser transferidos para o órgão diretivo regional do partido no Estado onde ocorreu a eleição ou no Distrito Federal, se for o caso, o qual será responsável exclusivo pela identificação desses recursos, sua utilização, contabilização e respectiva prestação de contas perante o Tribunal Regional Eleitoral correspondente; (Incluído pela Lei nº 12.891, de 2013)

III - no caso de candidato a Presidente e Vice-Presidente da República, esses recursos deverão ser transferidos para o órgão diretivo nacional do partido, o qual será responsável exclusivo pela identificação desses recursos, sua utilização, contabilização e respectiva prestação de contas perante o Tribunal Superior Eleitoral; (Incluído pela Lei nº 12.891, de 2013)

IV - o órgão diretivo nacional do partido não poderá ser responsabilizado nem penalizado pelo descumprimento do disposto neste artigo por parte dos órgãos diretivos municipais e regionais. (Incluído pela Lei nº 12.891, de 2013)

Parágrafo único. As sobras de recursos financeiros de campanha serão utilizadas pelos partidos políticos, devendo tais valores ser declarados em suas prestações de contas perante a Justiça Eleitoral, com a identificação dos candidatos. (Redação dada pela Lei nº 12.034, de 2009)

Art. 32. Até cento e oitenta dias após a diplomação, os candidatos ou partidos conservarão a documentação concernente a suas contas.

Parágrafo único. Estando pendente de julgamento qualquer processo judicial relativo às contas, a documentação a elas concernente deverá ser conservada até a decisão final.

(...)

Da Propaganda Eleitoral em Geral

Art. 36. A propaganda eleitoral somente é permitida após o dia 5 de julho do ano da eleição.

§ 1º Ao postulante a candidatura a cargo eletivo é permitida a realização, na quinzena anterior à escolha pelo partido, de propaganda intrapartidária com vista à indicação de seu nome, vedado o uso de rádio, televisão e *outdoor*.

§ 2º No segundo semestre do ano da eleição, não será veiculada a propaganda partidária gratuita prevista em lei nem permitido qualquer tipo de propaganda política paga no rádio e na televisão.

§ 3º A violação do disposto neste artigo sujeitará o responsável pela divulgação da propaganda e, quando comprovado o seu prévio conhecimento, o beneficiário à multa no valor de R$ 5.000,00 (cinco mil reais) a R$ 25.000,00 (vinte e cinco mil reais), ou ao equivalente ao custo da propaganda, se este for maior. (Redação dada pela Lei nº 12.034, de 2009)

§ 4º Na propaganda dos candidatos a cargo majoritário, deverão constar, também, o nome dos candidatos a vice ou a suplentes de Senador, de modo claro e legível, em tamanho não inferior a 10% (dez por cento) do nome do titular. (Incluído pela Lei nº 12.034, de 2009)

§ 5º A comprovação do cumprimento das determinações da Justiça Eleitoral relacionadas a propaganda realizada em desconformidade com o disposto nesta Lei poderá ser apresentada no Tribunal Superior Eleitoral, no caso de candidatos a Presidente e Vice-Presidente da República, nas sedes dos respectivos Tribunais Regionais Eleitorais, no caso de candidatos a Governador, Vice-Governador, Deputado Federal, Senador da República, Deputados Estadual e Distrital, e, no Juízo Eleitoral, na hipótese de candidato a Prefeito, Vice-Prefeito e Vereador. (Incluído pela Lei nº 12.034, de 2009)

Art. 36-A. Não serão consideradas propaganda antecipada e poderão ter cobertura dos meios de comunicação social, inclusive via internet: (Redação dada pela Lei nº 12.891, de 2013)

I - a participação de filiados a partidos políticos ou de pré-candidatos em entrevistas, programas, encontros ou debates no rádio, na televisão e na internet, inclusive com a exposição de plataformas e projetos políticos, observado pelas emissoras de rádio e de televisão o dever de conferir tratamento isonômico; (Redação dada pela Lei nº 12.891, de 2013)

II - a realização de encontros, seminários ou congressos, em ambiente fechado e a expensas dos partidos políticos, para tratar da organização dos processos eleitorais, discussão de políticas públicas, planos de governo ou alianças partidárias visando às eleições, podendo tais atividades ser divulgadas pelos instrumentos de comunicação intrapartidária; (Redação dada pela Lei nº 12.891, de 2013)

III - a realização de prévias partidárias e sua divulgação pelos instrumentos de comunicação intrapartidária e pelas redes sociais; (Redação dada pela Lei nº 12.891, de 2013)

IV - a divulgação de atos de parlamentares e debates legislativos, desde que não se faça pedido de votos; (Redação dada pela Lei nº 12.891, de 2013)

V - a manifestação e o posicionamento pessoal sobre questões políticas nas redes sociais. (Incluído pela Lei nº 12.891, de 2013)

Parágrafo único. É vedada a transmissão ao vivo por emissoras de rádio e de televisão das prévias partidárias. (Incluído pela Lei nº 12.891, de 2013)

Art. 36-B. Será considerada propaganda eleitoral antecipada a convocação, por parte do Presidente da República, dos Presidentes da Câmara dos Deputados, do Senado Federal e do Supremo Tribunal Federal, de redes de radiodifusão para divulgação de atos que denotem propaganda política ou ataques a partidos políticos e seus filiados ou instituições. (Incluído pela Lei nº 12.891, de 2013)

Parágrafo único. Nos casos permitidos de convocação das redes de radiodifusão, é vedada a utilização de símbolos ou imagens, exceto aqueles previstos no § 1o do art. 13 da Constituição Federal. (Incluído pela Lei nº 12.891, de 2013)

Art. 37. Nos bens cujo uso dependa de cessão ou permissão do Poder Público, ou que a ele pertençam, e nos de uso comum, inclusive postes de iluminação pública e sinalização de tráfego, viadutos, passarelas, pontes, paradas de ônibus e outros equipamentos urbanos, é vedada a veiculação de propaganda de qualquer natureza, inclusive pichação, inscrição a tinta, fixação de placas, estandartes, faixas, cavaletes e assemelhados. (Redação dada pela Lei nº 12.891, de 2013)

§ 1º A veiculação de propaganda em desacordo com o disposto no **caput** deste artigo sujeita o responsável, após a notificação e comprovação, à restauração do bem e, caso não cumprida no prazo, a multa no valor de R$ 2.000,00 (dois mil reais) a R$ 8.000,00 (oito mil reais). (Redação dada pela Lei nº 11.300, de 2006)

§ 2º Em bens particulares, independe de obtenção de licença municipal e de autorização da Justiça Eleitoral a veiculação de propaganda eleitoral por meio da fixação de faixas, placas, cartazes, pinturas ou inscrições, desde que não excedam a 4m² (quatro metros quadrados) e que não contrariem a legislação eleitoral, sujeitando-se o infrator às penalidades previstas no § 1º. (Redação dada pela Lei nº 12.034, de 2009)

§ 3º Nas dependências do Poder Legislativo, a veiculação de propaganda eleitoral fica a critério da Mesa Diretora.

§ 4º Bens de uso comum, para fins eleitorais, são os assim definidos pela Lei nº 10.406, de 10 de janeiro de 2002 - Código Civil e também aqueles a que a população em geral tem acesso, tais como cinemas, clubes, lojas, centros comerciais, templos, ginásios, estádios, ainda que de propriedade privada. (Incluído pela Lei nº 12.034, de 2009)

§ 5º Nas árvores e nos jardins localizados em áreas públicas, bem como em muros, cercas e tapumes divisórios, não é permitida a colocação de propaganda eleitoral de qualquer natureza, mesmo que não lhes cause dano. (Incluído pela Lei nº 12.034, de 2009)

§ 6º É permitida a colocação de mesas para distribuição de material de campanha e a utilização de bandeiras ao longo das vias públicas, desde que móveis e que não dificultem o bom andamento do trânsito de pessoas e veículos. (Redação dada pela Lei nº 12.891, de 2013)

§ 7º A mobilidade referida no § 6º estará caracterizada com a colocação e a retirada dos meios de propaganda entre as seis horas e as vinte e duas horas. (Incluído pela Lei nº 12.034, de 2009)

§ 8º A veiculação de propaganda eleitoral em bens particulares deve ser espontânea e gratuita, sendo vedado qualquer tipo de pagamento em troca de espaço para esta finalidade. (Incluído pela Lei nº 12.034, de 2009)

Art. 38. Independe da obtenção de licença municipal e de autorização da Justiça Eleitoral a veiculação de propaganda eleitoral pela distribuição de folhetos, adesivos, volantes **e** outros impressos, os quais devem ser editados sob a responsabilidade do partido, coligação ou candidato. (Redação dada pela Lei nº 12.891, de 2013)

§ 1º Todo material impresso de campanha eleitoral deverá conter o número de inscrição no Cadastro Nacional da Pessoa Jurídica - CNPJ ou o número de inscrição no Cadastro de Pessoas Físicas - CPF do responsável pela confecção, bem como de quem a contratou, e a respectiva tiragem. (Incluído pela Lei nº 12.034, de 2009)

§ 2º Quando o material impresso veicular propaganda conjunta de diversos candidatos, os gastos relativos a cada um deles deverão constar na respectiva prestação de contas, ou apenas naquela relativa ao que houver arcado com os custos. (Incluído pela Lei nº 12.034, de 2009)

§ 3º Os adesivos de que trata o caput deste artigo poderão ter a dimensão máxima de 50 (cinquenta) centímetros por 40 (quarenta) centímetros. (Incluído pela Lei nº 12.891, de 2013)

§ 4º É proibido colar propaganda eleitoral em veículos, exceto adesivos microperfurados até a extensão total do para-brisa traseiro e, em outras posições, adesivos até a dimensão máxima fixada no § 3º. (Incluído pela Lei nº 12.891, de 2013)

Art. 39. A realização de qualquer ato de propaganda partidária ou eleitoral, em recinto aberto ou fechado, não depende de licença da polícia.

§ 1º O candidato, partido ou coligação promotora do ato fará a devida comunicação à autoridade policial em, no mínimo, vinte e quatro horas antes de sua realização, a fim de que esta lhe garanta, segundo a prioridade do aviso, o direito contra quem tencione usar o local no mesmo dia e horário.

§ 2º A autoridade policial tomará as providências necessárias à garantia da realização do ato e ao funcionamento do tráfego e dos serviços públicos que o evento possa afetar.

§ 3º O funcionamento de alto-falantes ou amplificadores de som, ressalvada a hipótese contemplada no parágrafo seguinte, somente é permitido entre as oito e as vinte e duas horas, sendo vedados a instalação e o uso daqueles equipamentos em distância inferior a duzentos metros:

I - das sedes dos Poderes Executivo e Legislativo da União, dos Estados, do Distrito Federal e dos Municípios, das sedes dos Tribunais Judiciais, e dos quartéis e outros estabelecimentos militares;

II - dos hospitais e casas de saúde;

III - das escolas, bibliotecas públicas, igrejas e teatros, quando em funcionamento.

§ 4º A realização de comícios e a utilização de aparelhagens de sonorização fixas são permitidas no horário compreendido entre as 8 (oito) e as 24 (vinte e quatro) horas, com exceção do comício de encerramento da campanha, que poderá ser prorrogado por mais 2 (duas) horas. (Redação dada pela Lei nº 12.891, de 2013)

§ 5º Constituem crimes, no dia da eleição, puníveis com detenção, de seis meses a um ano, com a alternativa de prestação de serviços à comunidade pelo mesmo período, e multa no valor de cinco mil a quinze mil UFIR:

I - o uso de alto-falantes e amplificadores de som ou a promoção de comício ou carreata;

II - a arregimentação de eleitor ou a propaganda de boca de urna; (Redação dada pela Lei nº 11.300, de 2006)

III - a divulgação de qualquer espécie de propaganda de partidos políticos ou de seus candidatos. (Redação dada pela Lei nº 12.034, de 2009)

§ 6º É vedada na campanha eleitoral a confecção, utilização, distribuição por comitê, candidato, ou com a sua autorização, de camisetas, chaveiros, bonés, canetas, brindes, cestas básicas ou quaisquer outros bens ou materiais que possam proporcionar vantagem ao eleitor. (Incluído pela Lei nº 11.300, de 2006)

§ 7º É proibida a realização de *showmício* e de evento assemelhado para promoção de candidatos, bem como a apresentação, remunerada ou não, de artistas com a finalidade de animar comício e reunião eleitoral. (Incluído pela Lei nº 11.300, de 2006)

§ 8º É vedada a propaganda eleitoral mediante outdoors, inclusive eletrônicos, sujeitando-se a empresa responsável, os partidos, as coligações e os candidatos à imediata retirada da propaganda irregular e ao pagamento de multa no valor de R$ 5.000,00 (cinco mil reais) a R$ 15.000,00 (quinze mil reais). (Redação dada pela Lei nº 12.891, de 2013)

§ 9º Até as vinte e duas horas do dia que antecede a eleição, serão permitidos distribuição de material gráfico, caminhada, carreata, passeata ou carro de som que transite pela cidade divulgando jingles ou mensagens de candidatos. (Incluído pela Lei nº 12.034, de 2009)

§ 10. Fica vedada a utilização de trios elétricos em campanhas eleitorais, exceto para a sonorização de comícios. (Incluído pela Lei nº 12.034, de 2009)

§ 11. É permitida a circulação de carros de som e minitrios como meio de propaganda eleitoral, desde que observado o limite de 80 (oitenta) decibéis de nível de pressão sonora, medido a 7 (sete) metros de distância do veículo, e respeitadas as vedações previstas no § 3º deste artigo. (Incluído pela Lei nº 12.891, de 2013)

§ 12. Para efeitos desta Lei, considera-se: (Incluído pela Lei nº 12.891, de 2013)

I - carro de som: veículo automotor que usa equipamento de som com potência nominal de amplificação de, no máximo, 10.000 (dez mil) watts; (Incluído pela Lei nº 12.891, de 2013)

II - minitrio: veículo automotor que usa equipamento de som com potência nominal de amplificação maior que 10.000 (dez mil) watts e até 20.000 (vinte mil) watts; (Incluído pela Lei nº 12.891, de 2013)

III - trio elétrico: veículo automotor que usa equipamento de som com potência nominal de amplificação maior que 20.000 (vinte mil) watts. (Incluído pela Lei nº 12.891, de 2013)

Art. 39-A. É permitida, no dia das eleições, a manifestação individual e silenciosa da preferência do eleitor por partido político, coligação ou candidato, revelada exclusivamente pelo uso de bandeiras, broches, dísticos e adesivos. (Incluído pela Lei nº 12.034, de 2009)

§ 1º É vedada, no dia do pleito, até o término do horário de votação, a aglomeração de pessoas portando vestuário padronizado, bem como os instrumentos de propaganda referidos no caput, de modo a caracterizar manifestação coletiva, com ou sem utilização de veículos. (Incluído pela Lei nº 12.034, de 2009)

§ 2º No recinto das seções eleitorais e juntas apuradoras, é proibido aos servidores da Justiça Eleitoral, aos mesários e aos escrutinadores o uso de vestuário ou objeto que contenha qualquer propaganda de partido político, de coligação ou de candidato. (Incluído pela Lei nº 12.034, de 2009)

§ 3º Aos fiscais partidários, nos trabalhos de votação, só é permitido que, em seus crachás, constem o nome e a sigla do partido político ou coligação a que sirvam, vedada a padronização do vestuário. (Incluído pela Lei nº 12.034, de 2009)

§ 4º No dia do pleito, serão afixadas cópias deste artigo em lugares visíveis nas partes interna e externa das seções eleitorais. (Incluído pela Lei nº 12.034, de 2009)

Art. 40. O uso, na propaganda eleitoral, de símbolos, frases ou imagens, associadas ou semelhantes às empregadas por órgão de governo, empresa pública ou sociedade de economia mista constitui crime, punível com detenção, de seis meses a um ano, com a alternativa de prestação de serviços à comunidade pelo mesmo período, e multa no valor de dez mil a vinte mil UFIR.

Art. 40-A. (VETADO) (Redação dada pela Lei nº 11.300, de 2006)

Art. 40-B. A representação relativa à propaganda irregular deve ser instruída com prova da autoria ou do prévio conhecimento do beneficiário, caso este não seja por ela responsável. (Incluído pela Lei nº 12.034, de 2009)

Parágrafo único. A responsabilidade do candidato estará demonstrada se este, intimado da existência da propaganda irregular, não providenciar, no prazo de quarenta e oito horas, sua retirada ou regularização e, ainda, se as circunstâncias e as peculiaridades do caso específico revelarem a impossibilidade de o beneficiário não ter tido conhecimento da propaganda. (Incluído pela Lei nº 12.034, de 2009)

Art. 41. A propaganda exercida nos termos da legislação eleitoral não poderá ser objeto de multa nem cerceada sob alegação do exercício do poder de polícia ou de violação de postura municipal, casos em que se deve proceder na forma prevista no art. 40. (Redação dada pela Lei nº 12.034, de 2009)

§ 1º O poder de polícia sobre a propaganda eleitoral será exercido pelos juízes eleitorais e pelos juízes designados pelos Tribunais Regionais Eleitorais. (Incluído pela Lei nº 12.034, de 2009)

§ 2º O poder de polícia se restringe às providências necessárias para inibir práticas ilegais, vedada a censura prévia sobre o teor dos programas a serem exibidos na televisão, no rádio ou na internet. (Incluído pela Lei nº 12.034, de 2009)

Art. 41-A. Ressalvado o disposto no art. 26 e seus incisos, constitui captação de sufrágio, vedada por esta Lei, o candidato doar, oferecer, prometer, ou entregar, ao eleitor, com o fim de obter-lhe o voto, bem ou vantagem pessoal de qualquer natureza, inclusive emprego ou função pública, desde o registro da candidatura até o dia da eleição, inclusive, sob pena de multa de mil a cinqüenta mil Ufir, e cassação do registro ou do diploma, observado o procedimento previsto no art. 22 da Lei Complementar nº 64, de 18 de maio de 1990. (Incluído pela Lei nº 9.840, de 28.9.1999)

§ 1º Para a caracterização da conduta ilícita, é desnecessário o pedido explícito de votos, bastando a evidência do dolo, consistente no especial fim de agir. (Incluído pela Lei nº 12.034, de 2009)

§ 2º As sanções previstas no caput aplicam-se contra quem praticar atos de violência ou grave ameaça a pessoa, com o fim de obter-lhe o voto. (Incluído pela Lei nº 12.034, de 2009)

§ 3º A representação contra as condutas vedadas no caput poderá ser ajuizada até a data da diplomação. (Incluído pela Lei nº 12.034, de 2009)

§ 4º O prazo de recurso contra decisões proferidas com base neste artigo será de 3 (três) dias, a contar da data da publicação do julgamento no Diário Oficial. (Incluído pela Lei nº 12.034, de 2009)

Da Propaganda Eleitoral na Imprensa

Art. 43. São permitidas, até a antevéspera das eleições, a divulgação paga, na imprensa escrita, e a reprodução na internet do jornal impresso, de até 10 (dez) anúncios de propaganda eleitoral, por veículo, em datas diversas, para cada candidato, no espaço máximo, por edição, de 1/8 (um oitavo) de página de jornal padrão e de 1/4 (um quarto) de página de revista ou tabloide. (Redação dada pela Lei nº 12.034, de 2009)

§ 1º Deverá constar do anúncio, de forma visível, o valor pago pela inserção. (Incluído pela Lei nº 12.034, de 2009)

§ 2º A inobservância do disposto neste artigo sujeita os responsáveis pelos veículos de divulgação e os partidos, coligações ou candidatos beneficiados a multa no valor de R$ 1.000,00 (mil reais) a R$ 10.000,00 (dez mil reais) ou equivalente ao da divulgação da propaganda paga, se este for maior. (renumerado do parágrafo único pela Lei nº 12.034, de 2009)

Da Propaganda Eleitoral no Rádio e na Televisão

Art. 44. A propaganda eleitoral no rádio e na televisão restringe-se ao horário gratuito definido nesta Lei, vedada a veiculação de propaganda paga.

§ 1º A propaganda eleitoral gratuita na televisão deverá utilizar a Linguagem Brasileira de Sinais - LIBRAS ou o recurso de legenda, que deverão constar obrigatoriamente do material entregue às emissoras. (Incluído pela Lei nº 12.034, de 2009)

§ 2º No horário reservado para a propaganda eleitoral, não se permitirá utilização comercial ou propaganda realizada com a intenção, ainda que disfarçada ou subliminar, de promover marca ou produto. (Incluído pela Lei nº 12.034, de 2009)

§ 3º Será punida, nos termos do § 1º do art. 37, a emissora que, não autorizada a funcionar pelo poder competente, veicular propaganda eleitoral. (Incluído pela Lei nº 12.034, de 2009)

Art. 45. A partir de 1º de julho do ano da eleição, é vedado às emissoras de rádio e televisão, em sua programação normal e noticiário:

I - transmitir, ainda que sob a forma de entrevista jornalística, imagens de realização de pesquisa ou qualquer outro tipo de consulta popular de natureza eleitoral em que seja possível identificar o entrevistado ou em que haja manipulação de dados;

II - usar trucagem, montagem ou outro recurso de áudio ou vídeo que, de qualquer forma, degradem ou ridicularizem candidato, partido ou coligação, ou produzir ou veicular programa com esse efeito;

III - veicular propaganda política ou difundir opinião favorável ou contrária a candidato, partido, coligação, a seus órgãos ou representantes;

IV - dar tratamento privilegiado a candidato, partido ou coligação;

V - veicular ou divulgar filmes, novelas, minisséries ou qualquer outro programa com alusão ou crítica a candidato ou partido político, mesmo que dissimuladamente, exceto programas jornalísticos ou debates políticos;

VI - divulgar nome de programa que se refira a candidato escolhido em convenção, ainda quando preexistente, inclusive se coincidente com o nome do candidato ou com a variação nominal por ele adotada. Sendo o nome do programa o mesmo que o do candidato, fica proibida a sua divulgação, sob pena de cancela mento do respectivo registro.

§ 1º A partir do resultado da convenção, é vedado, ainda, às emissoras transmitir programa apresentado ou comentado por candidato escolhido em convenção. (Redação dada pela Lei nº 11.300, de 2006)

§ 2º Sem prejuízo do disposto no parágrafo único do art. 55, a inobservância do disposto neste artigo sujeita a emissora ao pagamento de multa no valor de vinte mil a cem mil UFIR, duplicada em caso de reincidência.

§ 3º (Revogado pela Lei nº 12.034, de 2009)

§ 4º Entende-se por trucagem todo e qualquer efeito realizado em áudio ou vídeo que degradar ou ridicularizar candidato, partido político ou coligação, ou que desvirtuar a realidade e beneficiar ou prejudicar qualquer candidato, partido político ou coligação. (Incluído pela Lei nº 12.034, de 2009)

§ 5º Entende-se por montagem toda e qualquer junção de registros de áudio ou vídeo que degradar ou ridicularizar candidato, partido político ou coligação, ou que desvirtuar a realidade e beneficiar ou prejudicar qualquer candidato, partido político ou coligação. (Incluído pela Lei nº 12.034, de 2009)

§ 6º É permitido ao partido político utilizar na propaganda eleitoral de seus candidatos em âmbito regional, inclusive no horário eleitoral gratuito, a imagem e a voz de candidato ou militante de partido político que integre a sua coligação em âmbito nacional. (Incluído pela Lei nº 12.034, de 2009)

Art 46. Independentemente da veiculação de propaganda eleitoral gratuita no horário definido nesta Lei, é facultada a transmissão, por emissora de rádio ou televisão, de debates sobre as eleições majoritária ou proporcional, sendo assegurada a participação de candidatos dos partidos com representação na Câmara dos Deputados, e facultada a dos demais, observado o seguinte:

I - nas eleições majoritárias, a apresentação dos debates poderá ser feita:

a) em conjunto, estando presentes todos os candidatos a um mesmo cargo eletivo;

b) em grupos, estando presentes, no mínimo, três candidatos;

II - nas eleições proporcionais, os debates deverão ser organizados de modo que assegurem a presença de número equivalente de candidatos de todos os partidos e coligações a um mesmo cargo eletivo, podendo desdobrar-se em mais de um dia;

III - os debates deverão ser parte de programação previamente estabelecida e divulgada pela emissora, fazendo-se mediante sorteio a escolha do dia e da ordem de fala de cada candidato, salvo se celebrado acordo em outro sentido entre os partidos e coligações interessados.

§ 1º Será admitida a realização de debate sem a presença de candidato de algum partido, desde que o veículo de comunicação responsável comprove havê-lo convidado com a antecedência mínima de setenta e duas horas da realização do debate.

§ 2º É vedada a presença de um mesmo candidato a eleição proporcional em mais de um debate da mesma emissora.

§ 3º O descumprimento do disposto neste artigo sujeita a empresa infratora às penalidades previstas no art. 56.

§ 4º O debate será realizado segundo as regras estabelecidas em acordo celebrado entre os partidos políticos e a pessoa jurídica interessada na realização do evento, dando-se ciência à Justiça Eleitoral. (Incluído pela Lei nº 12.034, de 2009)

§ 5º Para os debates que se realizarem no primeiro turno das eleições, serão consideradas aprovadas as regras que obtiverem a concordância de pelo menos 2/3 (dois terços) dos candidatos aptos no caso de eleição majoritária, e de pelo menos 2/3 (dois terços) dos partidos ou coligações com candidatos aptos, no caso de eleição proporcional. (Incluído pela Lei nº 12.034, de 2009)

Art. 47. As emissoras de rádio e de televisão e os canais de televisão por assinatura mencionados no art. 57 reservarão, nos quarenta e cinco dias anteriores à antevéspera das eleições, horário destinado à divulgação, em rede, da propaganda eleitoral gratuita, na forma estabelecida neste artigo.

§ 1º A propaganda será feita:

I - na eleição para Presidente da República, às terças e quintas-feiras e aos sábados:

a) das sete horas às sete horas e vinte e cinco minutos e das doze horas às doze horas e vinte e cinco minutos, no rádio;

b) das treze horas às treze horas e vinte e cinco minutos e das vinte horas e trinta minutos às vinte horas e cinqüenta e cinco minutos, na televisão;

II - nas eleições para Deputado Federal, às terças e quintas-feiras e aos sábados:

a) das sete horas e vinte e cinco minutos às sete horas e cinqüenta minutos e das doze horas e vinte e cinco minutos às doze horas e cinqüenta minutos, no rádio;

b) das treze horas e vinte e cinco minutos às treze horas e cinqüenta minutos e das vinte horas e cinqüenta e cinco minutos às vinte e uma horas e vinte minutos, na televisão;

III - nas eleições para Governador de Estado e do Distrito Federal, às segundas, quartas e sextas-feiras:

a) das sete horas às sete horas e vinte minutos e das doze horas às doze horas e vinte minutos, no rádio, nos anos em que a renovação do Senado Federal se der por 1/3 (um terço); (Redação dada pela Lei nº 12.034, de 2009)

b) das treze horas às treze horas e vinte minutos e das vinte horas e trinta minutos às vinte horas e cinquenta minutos, na televisão, nos anos em que a renovação do Senado Federal se der por 1/3 (um terço); (Redação dada pela Lei nº 12.034, de 2009)

c) das sete horas às sete horas e dezoito minutos e das doze horas às doze horas e dezoito minutos, no rádio, nos anos em que a renovação do Senado Federal se der por 2/3 (dois terços); (Incluído pela Lei nº 12.034, de 2009)

d) das treze horas às treze horas e dezoito minutos e das vinte horas e trinta minutos às vinte horas e quarenta e oito minutos, na televisão, nos anos em que a renovação do Senado Federal se der por 2/3 (dois terços); (Incluído pela Lei nº 12.034, de 2009)

IV - nas eleições para Deputado Estadual e Deputado Distrital, às segundas, quartas e sextas-feiras:

a) das sete horas e vinte minutos às sete horas e quarenta minutos e das doze horas e vinte minutos às doze horas e quarenta minutos, no rádio, nos anos em que a renovação do Senado Federal se der por 1/3 (um terço); (Redação dada pela Lei nº 12.034, de 2009)

b) das treze horas e vinte minutos às treze horas e quarenta minutos e das vinte horas e cinquenta minutos às vinte e uma horas e dez minutos, na televisão, nos anos em que a renovação do Senado Federal se der por 1/3 (um terço); (Redação dada pela Lei nº 12.034, de 2009)

c) das sete horas e dezoito minutos às sete horas e trinta e cinco minutos e das doze horas e dezoito minutos às doze horas e trinta e cinco minutos, no rádio, nos anos em que a renovação do Senado Federal se der por 2/3 (dois terços); (Incluído pela Lei nº 12.034, de 2009)

d) das treze horas e dezoito minutos às treze horas e trinta e cinco minutos e das vinte horas e quarenta e oito minutos às vinte e uma horas e cinco minutos, na televisão, nos anos em que a renovação do Senado Federal se der por 2/3 (dois terços); (Incluído pela Lei nº 12.034, de 2009)

V - na eleição para Senador, às segundas, quartas e sextas-feiras:

a) das sete horas e quarenta minutos às sete horas e cinquenta minutos e das doze horas e quarenta minutos às doze horas e cinquenta minutos, no rádio, nos anos em que a renovação do Senado Federal se der por 1/3 (um terço); (Redação dada pela Lei nº 12.034, de 2009)

b) das treze horas e quarenta minutos às treze horas e cinquenta minutos e das vinte e uma horas e dez minutos às vinte e uma horas e vinte minutos, na televisão, nos anos em que a renovação do Senado Federal se der por 1/3 (um terço); (Redação dada pela Lei nº 12.034, de 2009)

c) das sete horas e trinta e cinco minutos às sete horas e cinquenta minutos e das doze horas e trinta e cinco minutos às doze horas e cinquenta minutos, no rádio, nos anos em que a renovação do Senado Federal se der por 2/3 (dois terços); (Incluído pela Lei nº 12.034, de 2009)

d) das treze horas e trinta e cinco minutos às treze horas e cinquenta minutos e das vinte e uma horas e cinco minutos às vinte e uma horas e vinte minutos, na televisão, nos anos em que a renovação do Senado Federal se der por 2/3 (dois terços); (Incluído pela Lei nº 12.034, de 2009)

VI - nas eleições para Prefeito e Vice-Prefeito, às segundas, quartas e sextas-feiras:

a) das sete horas às sete horas e trinta minutos e das doze horas às doze horas e trinta minutos, no rádio;

b) das treze horas às treze horas e trinta minutos e das vinte horas e trinta minutos às vinte e uma horas, na televisão;

VII - nas eleições para Vereador, às terças e quintas-feiras e aos sábados, nos mesmos horários previstos no inciso anterior.

§ 2º Os horários reservados à propaganda de cada eleição, nos termos do § 1º, serão distribuídos entre todos os partidos e coligações que tenham candidato, observados os seguintes critérios: (Redação dada pela Lei nº 12.875, de 2013)

I - 2/3 (dois terços) distribuídos proporcionalmente ao número de representantes na Câmara dos Deputados, considerado, no caso de coligação, o resultado da soma do número de representantes de todos os partidos que a integram; (Redação dada pela Lei nº 12.875, de 2013)

II - do restante, 1/3 (um terço) distribuído igualitariamente e 2/3 (dois terços) proporcionalmente ao número de representantes eleitos no pleito imediatamente anterior para a Câmara dos Deputados, considerado, no caso de coligação, o resultado da soma do número de representantes de todos os partidos que a integram. (Redação dada pela Lei nº 12.875, de 2013)

§ 3º Para efeito do disposto neste artigo, a representação de cada partido na Câmara dos Deputados é a resultante da eleição. (Redação dada pela Lei nº 11.300, de 2006)

§ 4º O número de representantes de partido que tenha resultado de fusão ou a que se tenha incorporado outro corresponderá à soma dos representantes que os partidos de origem possuíam na data mencionada no parágrafo anterior.

§ 5º Se o candidato a Presidente ou a Governador deixar de concorrer, em qualquer etapa do pleito, e não havendo a substituição prevista no art. 13 desta Lei, far-se-á nova distribuição do tempo entre os candidatos remanescentes.

§ 6º Aos partidos e coligações que, após a aplicação dos critérios de distribuição referidos no *caput*, obtiverem direito a parcela do horário eleitoral inferior a trinta segundos, será assegurado o direito de acumulá-lo para uso em tempo equivalente.

§ 7º Para efeito do disposto no § 2º, serão desconsideradas as mudanças de filiação partidária em quaisquer hipóteses. (Redação dada pela Lei nº 13.107, de 2015)

§ 8º As mídias com as gravações da propaganda eleitoral no rádio e na televisão serão entregues às emissoras, inclusive nos sábados, domingos e feriados, com a antecedência mínima: (Incluído pela Lei nº 12.891, de 2013)

I - de 6 (seis) horas do horário previsto para o início da transmissão, no caso dos programas em rede; (Incluído pela Lei nº 12.891, de 2013)

II - de 12 (doze) horas do horário previsto para o início da transmissão, no caso das inserções. (Incluído pela Lei nº 12.891, de 2013)

Art. 48. Nas eleições para Prefeitos e Vereadores, nos Municípios em que não haja emissora de rádio e televisão, a Justiça Eleitoral garantirá aos Partidos Políticos participantes do pleito a veiculação de propaganda eleitoral gratuita nas localidades aptas à realização de segundo turno de eleições e nas quais seja operacionalmente viável realizar a retransmissão. (Redação dada pela Lei nº 12.034, de 2009)

§ 1º A Justiça Eleitoral regulamentará o disposto neste artigo, de forma que o número máximo de Municípios a serem atendidos seja igual ao de emissoras geradoras disponíveis. (Redação dada pela Lei nº 12.034, de 2009)

§ 2º O disposto neste artigo aplica-se às emissoras de rádio, nas mesmas condições.

Art. 49. Se houver segundo turno, as emissoras de rádio e televisão reservarão, a partir de quarenta e oito horas da proclamação dos resultados do primeiro turno e até a antevéspera da eleição, horário destinado à divulgação da propaganda eleitoral gratuita, dividido em dois períodos diários de vinte minutos para cada eleição, iniciando-se às sete e às doze horas, no rádio, e às treze e às vinte horas e trinta minutos, na televisão.

§ 1º Em circunscrição onde houver segundo turno para Presidente e Governador, o horário reservado à propaganda deste iniciar-se-á imediatamente após o término do horário reservado ao primeiro.

§ 2º O tempo de cada período diário será dividido igualitariamente entre os candidatos.

Art. 50. A Justiça Eleitoral efetuará sorteio para a escolha da ordem de veiculação da propaganda de cada partido ou coligação no primeiro dia do horário eleitoral gratuito; a cada dia que se seguir, a propaganda veiculada por último, na véspera, será a primeira, apresentando-se as demais na ordem do sorteio.

Art. 51. Durante os períodos previstos nos arts. 47 e 49, as emissoras de rádio e televisão e os canais por assinatura mencionados no art. 57 reservarão, ainda, trinta minutos diários para a propaganda eleitoral gratuita, a serem usados em inserções de até sessenta segundos, a critério do respectivo partido ou coligação, assinadas obrigatoriamente pelo partido ou coligação, e distribuídas, ao longo da programação veiculada entre as oito e as vinte e quatro horas, nos termos do § 2º do art. 47, obedecido o seguinte:

I - o tempo será dividido em partes iguais para a utilização nas campanhas dos candidatos às eleições majoritárias e proporcionais, bem como de suas legendas partidárias ou das que componham a coligação, quando for o caso;

II - destinação exclusiva do tempo para a campanha dos candidatos a Prefeito e Vice-Prefeito, no caso de eleições municipais;

III - a distribuição levará em conta os blocos de audiência entre as oito e as doze horas, as doze e as dezoito horas, as dezoito e as vinte e uma horas, as vinte e uma e as vinte e quatro horas;

IV - na veiculação das inserções, é vedada a divulgação de mensagens que possam degradar ou ridicularizar candidato, partido ou coligação, aplicando-se-lhes, ainda, todas as demais regras aplicadas ao horário de propaganda eleitoral, previstas no art. 47. (Redação dada pela Lei nº 12.891, de 2013)

Parágrafo único. É vedada a veiculação de inserções idênticas no mesmo intervalo de programação, exceto se o número de inserções de que dispuser o partido exceder os intervalos disponíveis, sendo vedada a transmissão em sequência para o mesmo partido político. (Incluído pela Lei nº 12.891, de 2013)

Art. 52. A partir do dia 8 de julho do ano da eleição, a Justiça Eleitoral convocará os partidos e a representação das emissoras de televisão para elaborarem plano de mídia, nos termos do artigo anterior, para o uso da parcela do horário eleitoral gratuito a que tenham direito, garantida a todos participação nos horários de maior e menor audiência.

Art. 53. Não serão admitidos cortes instantâneos ou qualquer tipo de censura prévia nos programas eleitorais gratuitos.

§ 1º É vedada a veiculação de propaganda que possa degradar ou ridicularizar candidatos, sujeitando-se o partido ou coligação infratores à perda do direito à veiculação de propaganda no horário eleitoral gratuito do dia seguinte.

§ 2º Sem prejuízo do disposto no parágrafo anterior, a requerimento de partido, coligação ou candidato, a Justiça Eleitoral impedirá a reapresentação de propaganda ofensiva à honra de candidato, à moral e aos bons costumes.

Art. 53-A. É vedado aos partidos políticos e às coligações incluir no horário destinado aos candidatos às eleições proporcionais propaganda das candidaturas a eleições majoritárias ou vice-versa, ressalvada a utilização, durante a exibição do programa, de legendas com referência aos candidatos majoritários ou, ao fundo, de cartazes ou fotografias desses candidatos, ficando autorizada a menção ao nome e ao número de qualquer candidato do partido ou da coligação. (Redação dada pela Lei nº 12.891, de 2013)

§ 1º É facultada a inserção de depoimento de candidatos a eleições proporcionais no horário da propaganda das candidaturas majoritárias e vice-versa, registrados sob o mesmo partido ou coligação, desde que o depoimento consista exclusivamente em pedido de voto ao candidato que cedeu o tempo. (Incluído pela Lei nº 12.034, de 2009)

§ 2º Fica vedada a utilização da propaganda de candidaturas proporcionais como propaganda de candidaturas majoritárias e vice-versa. (Incluído pela Lei nº 12.034, de 2009)

§ 3º O partido político ou a coligação que não observar a regra contida neste artigo perderá, em seu horário de propaganda gratuita, tempo equivalente no horário reservado à propaganda da eleição disputada pelo candidato beneficiado. (Incluído pela Lei nº 12.034, de 2009)

Art. 54. Dos programas de rádio e televisão destinados à propaganda eleitoral gratuita de cada partido ou coligação poderá participar, em apoio aos candidatos desta ou daquele, qualquer cidadão não filiado a outra agremiação partidária ou a partido integrante de outra coligação, sendo vedada a participação de qualquer pessoa mediante remuneração.

Parágrafo único. No segundo turno das eleições não será permitida, nos programas de que trata este artigo, a participação de filiados a partidos que tenham formalizado o apoio a outros candidatos.

Art. 55. Na propaganda eleitoral no horário gratuito, são aplicáveis ao partido, coligação ou candidato as vedações indicadas nos incisos I e II do art. 45.

Parágrafo único. A inobservância do disposto neste artigo sujeita o partido ou coligação à perda de tempo equivalente ao dobro do usado na prática do ilícito, no período do horário gratuito subsequente, dobrada a cada reincidência, devendo o tempo correspondente ser veiculado após o programa dos demais candidatos com a informação de que a não veiculação do programa resulta de infração da lei eleitoral. (Redação dada pela Lei nº 12.891, de 2013)

Art. 56. A requerimento de partido, coligação ou candidato, a Justiça Eleitoral poderá determinar a suspensão, por vinte e quatro horas, da programação normal de emissora que deixar de cumprir as disposições desta Lei sobre propaganda.

§ 1º No período de suspensão a que se refere este artigo, a Justiça Eleitoral veiculará mensagem de orientação ao eleitor, intercalada, a cada 15 (quinze) minutos. (Redação dada pela Lei nº 12.891, de 2013)

§ 2º Em cada reiteração de conduta, o período de suspensão será duplicado.

Art. 57. As disposições desta Lei aplicam-se às emissoras de televisão que operam em VHF e UHF e os canais de televisão por assinatura sob a responsabilidade do Senado Federal, da Câmara dos Deputados, das Assembléias Legislativas, da Câmara Legislativa do Distrito Federal ou das Câmaras Municipais.

Art. 57-A. É permitida a propaganda eleitoral na internet, nos termos desta Lei, após o dia 5 de julho do ano da eleição. (Incluído pela Lei nº 12.034, de 2009)

Art. 57-B. A propaganda eleitoral na internet poderá ser realizada nas seguintes formas: (Incluído pela Lei nº 12.034, de 2009) (Vide Lei nº 12.034, de 2009)

I - em sítio do candidato, com endereço eletrônico comunicado à Justiça Eleitoral e hospedado, direta ou indiretamente, em provedor de serviço de internet estabelecido no País; (Incluído pela Lei nº 12.034, de 2009)

II - em sítio do partido ou da coligação, com endereço eletrônico comunicado à Justiça Eleitoral e hospedado, direta ou indiretamente, em provedor de serviço de internet estabelecido no País; (Incluído pela Lei nº 12.034, de 2009)

III - por meio de mensagem eletrônica para endereços cadastrados gratuitamente pelo candidato, partido ou coligação; (Incluído pela Lei nº 12.034, de 2009)

IV - por meio de blogs, redes sociais, sítios de mensagens instantâneas e assemelhados, cujo conteúdo seja gerado ou editado por candidatos, partidos ou coligações ou de iniciativa de qualquer pessoa natural. (Incluído pela Lei nº 12.034, de 2009)

Art. 57-C. Na internet, é vedada a veiculação de qualquer tipo de propaganda eleitoral paga. (Incluído pela Lei nº 12.034, de 2009)

§ 1º É vedada, ainda que gratuitamente, a veiculação de propaganda eleitoral na internet, em sítios: (Incluído pela Lei nº 12.034, de 2009)

I - de pessoas jurídicas, com ou sem fins lucrativos; (Incluído pela Lei nº 12.034, de 2009)

II - oficiais ou hospedados por órgãos ou entidades da administração pública direta ou indireta da União, dos Estados, do Distrito Federal e dos Municípios. (Incluído pela Lei nº 12.034, de 2009)

§ 2º A violação do disposto neste artigo sujeita o responsável pela divulgação da propaganda e, quando comprovado seu prévio conhecimento, o beneficiário à multa no valor de R$ 5.000,00 (cinco mil reais) a R$ 30.000,00 (trinta mil reais). (Incluído pela Lei nº 12.034, de 2009)

Art. 57-D. É livre a manifestação do pensamento, vedado o anonimato durante a campanha eleitoral, por meio da rede mundial de computadores - internet, assegurado o direito de resposta, nos termos das alíneas *a*, *b* e *c* do inciso IV do § 3º do art. 58 e do 58-A, e por outros meios de comunicação interpessoal mediante mensagem eletrônica. (Incluído pela Lei nº 12.034, de 2009)

§ 1º (VETADO) (Incluído pela Lei nº 12.034, de 2009)

§ 2º A violação do disposto neste artigo sujeitará o responsável pela divulgação da propaganda e, quando comprovado seu prévio conhecimento, o beneficiário à multa no valor de R$ 5.000,00 (cinco mil reais) a R$ 30.000,00 (trinta mil reais). (Incluído pela Lei nº 12.034, de 2009)

§ 3º Sem prejuízo das sanções civis e criminais aplicáveis ao responsável, a Justiça Eleitoral poderá determinar, por solicitação do ofendido, a retirada de publicações que contenham agressões ou ataques a candidatos em sítios da internet, inclusive redes sociais. (Incluído pela Lei nº 12.891, de 2013)

Art. 57-E. São vedadas às pessoas relacionadas no art. 24 a utilização, doação ou cessão de cadastro eletrônico de seus clientes, em favor de candidatos, partidos ou coligações. (Incluído pela Lei nº 12.034, de 2009)

§ 1º É proibida a venda de cadastro de endereços eletrônicos. (Incluído pela Lei nº 12.034, de 2009)

§ 2º A violação do disposto neste artigo sujeita o responsável pela divulgação da propaganda e, quando comprovado seu prévio conhecimento, o beneficiário à multa no valor de R$ 5.000,00 (cinco mil reais) a R$ 30.000,00 (trinta mil reais). (Incluído pela Lei nº 12.034, de 2009)

Art. 57-F. Aplicam-se ao provedor de conteúdo e de serviços multimídia que hospeda a divulgação da propaganda eleitoral de candidato, de partido ou de coligação as penalidades previstas nesta Lei, se, no prazo determinado pela Justiça Eleitoral, contado a partir da notificação de decisão sobre a existência de propaganda irregular, não tomar providências para a cessação dessa divulgação. (Incluído pela Lei nº 12.034, de 2009)

Parágrafo único. O provedor de conteúdo ou de serviços multimídia só será considerado responsável pela divulgação da propaganda se a publicação do material for comprovadamente de seu prévio conhecimento. (Incluído pela Lei nº 12.034, de 2009)

Art. 57-G. As mensagens eletrônicas enviadas por candidato, partido ou coligação, por qualquer meio, deverão dispor de mecanismo que permita seu descadastramento pelo destinatário, obrigado o remetente a providenciá-lo no prazo de quarenta e oito horas. (Incluído pela Lei nº 12.034, de 2009)

Parágrafo único. Mensagens eletrônicas enviadas após o término do prazo previsto no caput sujeitam os responsáveis ao pagamento de multa no valor de R$ 100,00 (cem reais), por mensagem. (Incluído pela Lei nº 12.034, de 2009)

Art. 57-H. Sem prejuízo das demais sanções legais cabíveis, será punido, com multa de R$ 5.000,00 (cinco mil reais) a R$ 30.000,00 (trinta mil reais), quem realizar propaganda eleitoral na internet, atribuindo indevidamente sua autoria a terceiro, inclusive a candidato, partido ou coligação. (Incluído pela Lei nº 12.034, de 2009)

§ 1º Constitui crime a contratação direta ou indireta de grupo de pessoas com a finalidade específica de emitir mensagens ou comentários na internet para ofender a honra ou denegrir a imagem de candidato, partido ou coligação, punível com detenção de 2 (dois) a 4 (quatro) anos e multa de R$

15.000,00 (quinze mil reais) a R$ 50.000,00 (cinquenta mil reais). (Incluído pela Lei nº 12.891, de 2013)

§ 2º Igualmente incorrem em crime, punível com detenção de 6 (seis) meses a 1 (um) ano, com alternativa de prestação de serviços à comunidade pelo mesmo período, e multa de R$ 5.000,00 (cinco mil reais) a R$ 30.000,00 (trinta mil reais), as pessoas contratadas na forma do § 1º. (Incluído pela Lei nº 12.891, de 2013)

Art. 57-I. A requerimento de candidato, partido ou coligação, observado o rito previsto no art. 96, a Justiça Eleitoral poderá determinar a suspensão, por vinte e quatro horas, do acesso a todo conteúdo informativo dos sítios da internet que deixarem de cumprir as disposições desta Lei. (Incluído pela Lei nº 12.034, de 2009)

§ 1º A cada reiteração de conduta, será duplicado o período de suspensão. (Incluído pela Lei nº 12.034, de 2009)

§ 2º No período de suspensão a que se refere este artigo, a empresa informará, a todos os usuários que tentarem acessar seus serviços, que se encontra temporariamente inoperante por desobediência à legislação eleitoral. (Incluído pela Lei nº 12.034, de 2009)

Do Direito de Resposta

Art. 58. A partir da escolha de candidatos em convenção, é assegurado o direito de resposta a candidato, partido ou coligação atingidos, ainda que de forma indireta, por conceito, imagem ou afirmação caluniosa, difamatória, injuriosa ou sabidamente inverídica, difundidos por qualquer veículo de comunicação social.

§ 1º O ofendido, ou seu representante legal, poderá pedir o exercício do direito de resposta à Justiça Eleitoral nos seguintes prazos, contados a partir da veiculação da ofensa:

I - vinte e quatro horas, quando se tratar do horário eleitoral gratuito;

II - quarenta e oito horas, quando se tratar da programação normal das emissoras de rádio e televisão;

III - setenta e duas horas, quando se tratar de órgão da imprensa escrita.

§ 2º Recebido o pedido, a Justiça Eleitoral notificará imediatamente o ofensor para que se defenda em vinte e quatro horas, devendo a decisão ser prolatada no prazo máximo de setenta e duas horas da data da formulação do pedido.

§ 3º Observar-se-ão, ainda, as seguintes regras no caso de pedido de resposta relativo a ofensa veiculada:

I - em órgão da imprensa escrita:

a) o pedido deverá ser instruído com um exemplar da publicação e o texto para resposta;

b) deferido o pedido, a divulgação da resposta dar-se-á no mesmo veículo, espaço, local, página, tamanho, caracteres e outros elementos de realce usados na ofensa, em até quarenta e oito horas após a decisão ou, tratando-se de veículo com periodicidade de circulação maior que quarenta e oito horas, na primeira vez em que circular;

c) por solicitação do ofendido, a divulgação da resposta será feita no mesmo dia da semana em que a ofensa foi divulgada, ainda que fora do prazo de quarenta e oito horas;

d) se a ofensa for produzida em dia e hora que inviabilizem sua reparação dentro dos prazos estabelecidos nas alíneas anteriores, a Justiça Eleitoral determinará a imediata divulgação da resposta;

e) o ofensor deverá comprovar nos autos o cumprimento da decisão, mediante dados sobre a regular distribuição dos exemplares, a quantidade impressa e o raio de abrangência na distribuição;

II - em programação normal das emissoras de rádio e de televisão:

a) a Justiça Eleitoral, à vista do pedido, deverá notificar imediatamente o responsável pela emissora que realizou o programa para que entregue em vinte e quatro horas, sob as penas do art. 347 da Lei nº 4.737, de 15 de julho de 1965 - Código Eleitoral, cópia da fita da transmissão, que será devolvida após a decisão;

b) o responsável pela emissora, ao ser notificado pela Justiça Eleitoral ou informado pelo reclamante ou representante, por cópia protocolada do pedido de resposta, preservará a gravação até a decisão final do processo;

c) deferido o pedido, a resposta será dada em até quarenta e oito horas após a decisão, em tempo igual ao da ofensa, porém nunca inferior a um minuto;

III - no horário eleitoral gratuito:

a) o ofendido usará, para a resposta, tempo igual ao da ofensa, nunca inferior, porém, a um minuto;

b) a resposta será veiculada no horário destinado ao partido ou coligação responsável pela ofensa, devendo necessariamente dirigir-se aos fatos nela veiculados;

c) se o tempo reservado ao partido ou coligação responsável pela ofensa for inferior a um minuto, a resposta será levada ao ar tantas vezes quantas sejam necessárias para a sua complementação;

d) deferido o pedido para resposta, a emissora geradora e o partido ou coligação atingidos deverão ser notificados imediatamente da decisão, na qual deverão estar indicados quais os períodos, diurno ou noturno, para a veiculação da resposta, que deverá ter lugar no início do programa do partido ou coligação;

e) o meio magnético com a resposta deverá ser entregue à emissora geradora, até trinta e seis horas após a ciência da decisão, para veiculação no programa subseqüente do partido ou coligação em cujo horário se praticou a ofensa;

f) se o ofendido for candidato, partido ou coligação que tenha usado o tempo concedido sem responder aos fatos veiculados na ofensa, terá subtraído tempo idêntico do respectivo programa eleitoral; tratando-se de terceiros, ficarão sujeitos à suspensão de igual tempo em eventuais novos pedidos de resposta e à multa no valor de duas mil a cinco mil UFIR.

IV - em propaganda eleitoral na internet: (Incluído pela Lei nº 12.034, de 2009)

a) deferido o pedido, a divulgação da resposta dar-se-á no mesmo veículo, espaço, local, horário, página eletrônica, tamanho, caracteres e outros elementos de realce usados na ofensa, em até quarenta e oito horas após a entrega da mídia física com a resposta do ofendido; (Incluído pela Lei nº 12.034, de 2009)

b) a resposta ficará disponível para acesso pelos usuários do serviço de internet por tempo não inferior ao dobro em que esteve disponível a mensagem considerada ofensiva; (Incluído pela Lei nº 12.034, de 2009)

c) os custos de veiculação da resposta correrão por conta do responsável pela propaganda original. (Incluído pela Lei nº 12.034, de 2009)

§ 4º Se a ofensa ocorrer em dia e hora que inviabilizem sua reparação dentro dos prazos estabelecidos nos parágrafos anteriores, a resposta será divulgada nos horários que a Justiça Eleitoral determinar, ainda que nas quarenta e oito horas anteriores ao pleito, em termos e forma previamente aprovados, de modo a não ensejar tréplica.

§ 5º Da decisão sobre o exercício do direito de resposta cabe recurso às instâncias superiores, em vinte e quatro horas da data de sua publicação em cartório ou sessão, assegurado ao recorrido oferecer contra-razões em igual prazo, a contar da sua notificação.

§ 6º A Justiça Eleitoral deve proferir suas decisões no prazo máximo de vinte e quatro horas, observando-se o disposto nas alíneas *d* e *e* do inciso III do § 3º para a restituição do tempo em caso de provimento de recurso.

§ 7º A inobservância do prazo previsto no parágrafo anterior sujeita a autoridade judiciária às penas previstas no art. 345 da Lei nº 4.737, de 15 de julho de 1965 - Código Eleitoral.

§ 8º O não-cumprimento integral ou em parte da decisão que conceder a resposta sujeitará o infrator ao pagamento de multa no valor de cinco mil a quinze mil UFIR, duplicada em caso de reiteração de conduta, sem prejuízo do disposto no art. 347 da Lei nº 4.737, de 15 de julho de 1965 - Código Eleitoral.

§ 9º Caso a decisão de que trata o § 2o não seja prolatada em 72 (setenta e duas) horas da data da formulação do pedido, a Justiça Eleitoral, de ofício, providenciará a alocação de Juiz auxiliar. (Incluído pela Lei nº 12.891, de 2013)

Art. 58-A. Os pedidos de direito de resposta e as representações por propaganda eleitoral irregular em rádio, televisão e internet tramitarão preferencialmente em relação aos demais processos em curso na Justiça Eleitoral. (Incluído pela Lei nº 12.034, de 2009)

Do Sistema Eletrônico de Votação e da Totalização dos Votos

Art. 59. A votação e a totalização dos votos serão feitas por sistema eletrônico, podendo o Tribunal Superior Eleitoral autorizar, em caráter excepcional, a aplicação das regras fixadas nos arts. 83 a 89.

§ 1º A votação eletrônica será feita no número do candidato ou da legenda partidária, devendo o nome e fotografia do candidato e o nome do partido ou a legenda partidária aparecer no painel da urna eletrônica, com a expressão designadora do cargo disputado no masculino ou feminino, conforme o caso.

§ 2º Na votação para as eleições proporcionais, serão computados para a legenda partidária os votos em que não seja possível a identificação do candidato, desde que o número identificador do partido seja digitado de forma correta.

§ 3º A urna eletrônica exibirá para o eleitor os painéis na seguinte ordem: (Redação dada pela Lei nº 12.976, de 2014)

I - para as eleições de que trata o inciso I do parágrafo único do art. 1º, Deputado Federal, Deputado Estadual ou Distrital, Senador, Governador e Vice-Governador de Estado ou do Distrito Federal, Presidente e Vice-Presidente da República; (Incluído pela Lei nº 12.976, de 2014)

II - para as eleições de que trata o inciso II do parágrafo único do art. 1º, Vereador, Prefeito e Vice-Prefeito. (Incluído pela Lei nº 12.976, de 2014)

§ 4º A urna eletrônica disporá de recursos que, mediante assinatura digital, permitam o registro digital de cada voto e a identificação da urna em que foi registrado, resguardado o anonimato do eleitor. (Redação dada pela Lei nº 10.740, de 1º.10.2003)

§ 5º Caberá à Justiça Eleitoral definir a chave de segurança e a identificação da urna eletrônica de que trata o § 4º. (Redação dada pela Lei nº 10.740, de 1º.10.2003)

§ 6º Ao final da eleição, a urna eletrônica procederá à assinatura digital do arquivo de votos, com aplicação do registro de horário e do arquivo do boletim de urna, de maneira a impedir a substituição de votos e a alteração dos registros dos termos de início e término da votação. (Redação dada pela Lei nº 10.740, de 1º.10.2003)

§ 7º O Tribunal Superior Eleitoral colocará à disposição dos eleitores urnas eletrônicas destinadas a treinamento. (Redação dada pela Lei nº 10.740, de 1º.10.2003)

§ 8º O Tribunal Superior Eleitoral colocará à disposição dos eleitores urnas eletrônicas destinadas a treina-mento. (Parágrafo incluído pela Lei nº 10.408, de 10.1.2002)

Art. 60. No sistema eletrônico de votação considerar-se-á voto de legenda quando o eleitor assinalar o número do partido no momento de votar para determinado cargo e somente para este será computado.

Art 61. A urna eletrônica contabilizará cada voto, assegurando-lhe o sigilo e inviolabilidade, garantida aos partidos políticos, coligações e candidatos ampla fiscalização.

Art. 61-A.(Revogada pela Lei nº 10.740, de 1º.10.2003)

Art. 62. Nas Seções em que for adotada a urna eletrônica, somente poderão votar eleitores cujos nomes estiverem nas respectivas folhas de votação, não se aplicando a ressalva a que se refere o art. 148, § 1º, da Lei nº 4.737, de 15 de julho de 1965 - Código Eleitoral.

Parágrafo único. O Tribunal Superior Eleitoral disciplinará a hipótese de falha na urna eletrônica que prejudique o regular processo de votação.

(...)

Das Condutas Vedadas aos Agentes Públicos em Campanhas Eleitorais

Art. 73. São proibidas aos agentes públicos, servidores ou não, as seguintes condutas tendentes a afetar a igualdade de oportunidades entre candidatos nos pleitos eleitorais:

I - ceder ou usar, em benefício de candidato, partido político ou coligação, bens móveis ou imóveis pertencentes à administração direta ou indireta da União, dos Estados, do Distrito Federal, dos Territórios e dos Municípios, ressalvada a realização de convenção partidária;

II - usar materiais ou serviços, custeados pelos Governos ou Casas Legislativas, que excedam as prerrogativas consignadas nos regimentos e normas dos órgãos que integram;

III - ceder servidor público ou empregado da administração direta ou indireta federal, estadual ou municipal do Poder Executivo, ou usar de seus serviços, para comitês de campanha eleitoral de candidato, partido político ou coligação, durante o horário de expediente normal, salvo se o servidor ou empregado estiver licenciado;

IV - fazer ou permitir uso promocional em favor de candidato, partido político ou coligação, de distribuição gratuita de bens e serviços de caráter social custeados ou subvencionados pelo Poder Público;

V - nomear, contratar ou de qualquer forma admitir, demitir sem justa causa, suprimir ou readaptar vantagens ou por outros meios dificultar ou impedir o exercício funcional e, ainda, *ex officio*, remover, transferir ou exonerar servidor público, na circunscrição do pleito, nos três meses que o antecedem e até a posse dos eleitos, sob pena de nulidade de pleno direito, ressalvados:

a) a nomeação ou exoneração de cargos em comissão e designação ou dispensa de funções de confiança;

b) a nomeação para cargos do Poder Judiciário, do Ministério Público, dos Tribunais ou Conselhos de Contas e dos órgãos da Presidência da República;

c) a nomeação dos aprovados em concursos públicos homologados até o início daquele prazo;

d) a nomeação ou contratação necessária à instalação ou ao funcionamento inadiável de serviços públicos essenciais, com prévia e expressa autorização do Chefe do Poder Executivo;

e) a transferência ou remoção *ex officio* de militares, policiais civis e de agentes penitenciários;

VI - nos três meses que antecedem o pleito:

a) realizar transferência voluntária de recursos da União aos Estados e Municípios, e dos Estados aos Municípios, sob pena de nulidade de pleno direito, ressalvados os recursos destinados a cumprir obrigação formal preexistente para execução de obra ou serviço em andamento e com cronograma prefixado, e os destinados a atender situações de emergência e de calamidade pública;

b) com exceção da propaganda de produtos e serviços que tenham concorrência no mercado, autorizar publicidade institucional dos atos, programas, obras, serviços e campanhas dos órgãos públicos federais, estaduais ou municipais, ou das respectivas entidades da administração indireta, salvo em caso de grave e urgente necessidade pública, assim reconhecida pela Justiça Eleitoral;

c) fazer pronunciamento em cadeia de rádio e televisão, fora do horário eleitoral gratuito, salvo quando, a critério da Justiça Eleitoral, tratar-se de matéria urgente, relevante e característica das funções de governo;

VII - realizar, em ano de eleição, antes do prazo fixado no inciso anterior, despesas com publicidade dos órgãos públicos federais, estaduais ou municipais, ou das respectivas entidades da administração indireta, que excedam a média dos gastos nos três últimos anos que antecedem o pleito ou do último ano imediatamente anterior à eleição.

VIII - fazer, na circunscrição do pleito, revisão geral da remuneração dos servidores públicos que exceda a recomposição da perda de seu poder aquisitivo ao longo do ano da eleição, a partir do início do prazo estabelecido no art. 7º desta Lei e até a posse dos eleitos.

§ 1º Reputa-se agente público, para os efeitos deste artigo, quem exerce, ainda que transitoriamente ou sem remuneração, por eleição, nomeação, designação, contratação ou qualquer outra forma de investidura ou vínculo, mandato, cargo, emprego ou função nos órgãos ou entidades da administração pública direta, indireta, ou fundacional.

§ 2º A vedação do inciso I do *caput* não se aplica ao uso, em campanha, de transporte oficial pelo Presidente da República, obedecido o disposto no art. 76, nem ao uso, em campanha, pelos candidatos a reeleição de Presidente e Vice-Presidente da República, Governador e Vice-Governador de Estado e do Distrito Federal, Prefeito e Vice-Prefeito, de suas residências oficiais para realização de contatos, encontros e reuniões pertinentes à própria campanha, desde que não tenham caráter de ato público.

§ 3º As vedações do inciso VI do *caput*, alíneas b e c, aplicam-se apenas aos agentes públicos das esferas administrativas cujos cargos estejam em disputa na eleição.

§ 4º O descumprimento do disposto neste artigo acarretará a suspensão imediata da conduta vedada, quando for o caso, e sujeitará os responsáveis a multa no valor de cinco a cem mil UFIR.

§ 5º Nos casos de descumprimento do disposto nos incisos do caput e no § 10, sem prejuízo do disposto no § 4º, o candidato beneficiado, agente público ou não, ficará sujeito à cassação do registro ou do diploma. (Redação dada pela Lei nº 12.034, de 2009)

§ 6º As multas de que trata este artigo serão duplicadas a cada reincidência.

§ 7º As condutas enumeradas no *caput* caracterizam, ainda, atos de improbidade administrativa, a que se refere o art. 11, inciso I, da Lei nº 8.429, de 2 de junho de 1992, e sujeitam-se às disposições daquele diploma legal, em especial às cominações do art. 12, inciso III.

§ 8º Aplicam-se as sanções do § 4º aos agentes públicos responsáveis pelas condutas vedadas e aos partidos, coligações e candidatos que delas se beneficiarem.

§ 9º Na distribuição dos recursos do Fundo Partidário (Lei nº 9.096, de 19 de setembro de 1995) oriundos da aplicação do disposto no § 4º, deverão ser excluídos os partidos beneficiados pelos atos que originaram as multas.

§ 10. No ano em que se realizar eleição, fica proibida a distribuição gratuita de bens, valores ou benefícios por parte da Administração Pública, exceto nos casos de calamidade pública, de estado de emergência ou de programas sociais autorizados em lei e já em execução orçamentária no exercício anterior, casos em que o Ministério Público poderá promover o acompanhamento de sua execução financeira e administrativa. (Incluído pela Lei nº 11.300, de 2006)

§ 11. Nos anos eleitorais, os programas sociais de que trata o § 10 não poderão ser executados por entidade nominalmente vinculada a candidato ou por esse mantida. (Incluído pela Lei nº 12.034, de 2009)

§ 12. A representação contra a não observância do disposto neste artigo observará o rito do art. 22 da Lei Complementar nº 64, de 18 de maio de 1990, e poderá ser ajuizada até a data da diplomação. (Incluído pela Lei nº 12.034, de 2009)

§ 13. O prazo de recurso contra decisões proferidas com base neste artigo será de 3 (três) dias, a contar da data da publicação do julgamento no Diário Oficial. (Incluído pela Lei nº 12.034, de 2009)

Art. 74. Configura abuso de autoridade, para os fins do disposto no art. 22 da Lei Complementar nº 64, de 18 de maio de 1990, a infringência do disposto no § 1º do art. 37 da Constituição Federal, ficando o responsável, se candidato, sujeito ao cancelamento do registro ou do diploma. (Redação dada pela Lei nº 12.034, de 2009)

Art. 75. Nos três meses que antecederem as eleições, na realização de inaugurações é vedada a contratação de shows artísticos pagos com recursos públicos.

Parágrafo único. Nos casos de descumprimento do disposto neste artigo, sem prejuízo da suspensão imediata da conduta, o candidato beneficiado, agente público ou não, ficará sujeito à cassação do registro ou do diploma. (Incluído pela Lei nº 12.034, de 2009)

Art. 76. O ressarcimento das despesas com o uso de transporte oficial pelo Presidente da República e sua comitiva em campanha eleitoral será de responsabilidade do partido político ou coligação a que esteja vinculado.

§ 1º O ressarcimento de que trata este artigo terá por base o tipo de transporte usado e a respectiva tarifa de mercado cobrada no trecho correspondente, ressalvado o uso do avião presidencial, cujo ressarcimento corresponderá ao aluguel de uma aeronave de propulsão a jato do tipo táxi aéreo.

§ 2º No prazo de dez dias úteis da realização do pleito, em primeiro turno, ou segundo, se houver, o órgão competente de controle interno procederá *ex officio* à cobrança dos valores devidos nos termos dos parágrafos anteriores.

§ 3º A falta do ressarcimento, no prazo estipulado, implicará a comunicação do fato ao Ministério Público Eleitoral, pelo órgão de controle interno.

§ 4º Recebida a denúncia do Ministério Público, a Justiça Eleitoral apreciará o feito no prazo de trinta dias, aplicando aos infratores pena de multa correspondente ao dobro das despesas, duplicada a cada reiteração de conduta.

Art. 77. É proibido a qualquer candidato comparecer, nos 3 (três) meses que precedem o pleito, a inaugurações de obras públicas. (Redação dada pela Lei nº 12.034, de 2009)

Parágrafo único. A inobservância do disposto neste artigo sujeita o infrator à cassação do registro ou do diploma. (Redação dada pela Lei nº 12.034, de 2009)

Art. 78. A aplicação das sanções cominadas no art. 73, §§ 4º e 5º, dar-se-á sem prejuízo de outras de caráter constitucional, administrativo ou disciplinar fixadas pelas demais leis vigentes.

(...)

Disposições Finais

Art. 90. Aos crimes definidos nesta Lei, aplica-se o disposto nos arts. 287 e 355 a 364 da Lei nº 4.737, de 15 de julho de 1965 - Código Eleitoral.

§ 1º Para os efeitos desta Lei, respondem penalmente pelos partidos e coligações os seus representantes legais.

§ 2º Nos casos de reincidência, as penas pecuniárias previstas nesta Lei aplicam-se em dobro.

Art. 90-A. (VETADO) (Incluído pela Lei nº 11.300, de 2006)

Art. 91. Nenhum requerimento de inscrição eleitoral ou de transferência será recebido dentro dos cento e cinqüenta dias anteriores à data da eleição.

Parágrafo único. A retenção de título eleitoral ou do comprovante de alistamento eleitoral constitui crime, punível com detenção, de um a três meses, com a alternativa de prestação de serviços à comunidade por igual período, e multa no valor de cinco mil a dez mil UFIR.

Art. 91-A. No momento da votação, além da exibição do respectivo título, o eleitor deverá apresentar documento de identificação com fotografia. (Incluído pela Lei nº 12.034, de 2009)

Parágrafo único. Fica vedado portar aparelho de telefonia celular, máquinas fotográficas e filmadoras, dentro da cabina de votação. (Incluído pela Lei nº 12.034, de 2009)

Art. 92. O Tribunal Superior Eleitoral, ao conduzir o processamento dos títulos eleitorais, determinará de ofício a revisão ou correição das Zonas Eleitorais sempre que:

I - o total de transferências de eleitores ocorridas no ano em curso seja dez por cento superior ao do ano anterior;

II - o eleitorado for superior ao dobro da população entre dez e quinze anos, somada à de idade superior a setenta anos do território daquele Município;

III - o eleitorado for superior a sessenta e cinco por cento da população projetada para aquele ano pelo Instituto Brasileiro de Geografia e Estatística - IBGE.

Art. 93. O Tribunal Superior Eleitoral poderá requisitar, das emissoras de rádio e televisão, no período compreendido entre 31 de julho e o dia do pleito, até dez minutos diários, contínuos ou não, que poderão ser somados e usados em dias espaçados, para a divulgação de seus comunicados, boletins e instruções ao eleitorado.

Art. 93-A. O Tribunal Superior Eleitoral (TSE), no período compreendido entre 1º de março e 30 de junho dos anos eleitorais, em tempo igual ao disposto no art. 93 desta Lei, poderá promover propaganda institucional, em rádio e televisão, destinada a incentivar a igualdade de gênero e a participação feminina na política. (Incluído pela Lei nº 12.891, de 2013)

Art. 94. Os feitos eleitorais, no período entre o registro das candidaturas até cinco dias após a realização do segundo turno das eleições, terão prioridade para a participação do Ministério Público e dos Juízes de todas as Justiças e instâncias, ressalvados os processos de *habeas corpus* e mandado de segurança.

§ 1º É defeso às autoridades mencionadas neste artigo deixar de cumprir qualquer prazo desta Lei, em razão do exercício das funções regulares.

§ 2º O descumprimento do disposto neste artigo constitui crime de responsabilidade e será objeto de anotação funcional para efeito de promoção na carreira.

§ 3º Além das polícias judiciárias, os órgãos da receita federal, estadual e municipal, os tribunais e órgãos de contas auxiliarão a Justiça Eleitoral na apuração dos delitos eleitorais, com prioridade sobre suas atribuições regulares.

§ 4º Os advogados dos candidatos ou dos partidos e coligações serão notificados para os feitos de que trata esta Lei com antecedência mínima de vinte e quatro horas, ainda que por fax, telex ou telegrama.

Art. 94-A. Os órgãos e entidades da Administração Pública direta e indireta poderão, quando solicitados, em casos específicos e de forma motivada, pelos Tribunais Eleitorais: (Incluído pela Lei nº 11.300, de 2006)

I - fornecer informações na área de sua competência; (Incluído pela Lei nº 11.300, de 2006)

II - ceder funcionários no período de 3 (três) meses antes a 3 (três) meses depois de cada eleição. (Incluído pela Lei nº 11.300, de 2006)

Art. 94-B. (VETADO) (Incluído pela Lei nº 11.300, de 2006)

Art. 95. Ao Juiz Eleitoral que seja parte em ações judiciais que envolvam determinado candidato é defeso exercer suas funções em processo eleitoral no qual o mesmo candidato seja interessado.

Art. 96. Salvo disposições específicas em contrário desta Lei, as reclamações ou representações relativas ao seu descumprimento podem ser feitas por qualquer partido político, coligação ou candidato, e devem dirigir-se:

I - aos Juízes Eleitorais, nas eleições municipais;

II - aos Tribunais Regionais Eleitorais, nas eleições federais, estaduais e distritais;

III - ao Tribunal Superior Eleitoral, na eleição presidencial.

§ 1º As reclamações e representações devem relatar fatos, indicando provas, indícios e circunstâncias.

§ 2º Nas eleições municipais, quando a circunscrição abranger mais de uma Zona Eleitoral, o Tribunal Regional designará um Juiz para apreciar as reclamações ou representações.

§ 3º Os Tribunais Eleitorais designarão três juízes auxiliares para a apreciação das reclamações ou representações que lhes forem dirigidas.

§ 4º Os recursos contra as decisões dos juízes auxiliares serão julgados pelo Plenário do Tribunal.

§ 5º Recebida a reclamação ou representação, a Justiça Eleitoral notificará imediatamente o reclamado ou representado para, querendo, apresentar defesa em quarenta e oito horas.

§ 6º (Revogado pela Lei nº 9.840, de 28.9.99)

§ 7º Transcorrido o prazo previsto no § 5º, apresentada ou não a defesa, o órgão competente da Justiça Eleitoral decidirá e fará publicar a decisão em vinte e quatro horas.

§ 8º Quando cabível recurso contra a decisão, este deverá ser apresentado no prazo de vinte e quatro horas da publicação da decisão em cartório ou sessão, assegurado ao recorrido o oferecimento de contra-razões, em igual prazo, a contar da sua notificação.

§ 9º Os Tribunais julgarão o recurso no prazo de quarenta e oito horas.

§ 10. Não sendo o feito julgado nos prazos fixados, o pedido pode ser dirigido ao órgão superior, devendo a decisão ocorrer de acordo com o rito definido neste artigo.

Art. 96-A. Durante o período eleitoral, as intimações via fac-símile encaminhadas pela Justiça Eleitoral a candidato deverão ser exclusivamente realizadas na linha telefônica por ele previamente cadastrada, por ocasião do preenchimento do requerimento de registro de candidatura. (Incluído pela Lei nº 12.034, de 2009)

Parágrafo único. O prazo de cumprimento da determinação prevista no caput é de quarenta e oito horas, a contar do recebimento do fac-símile. (Incluído pela Lei nº 12.034, de 2009)

Art. 97. Poderá o candidato, partido ou coligação representar ao Tribunal Regional Eleitoral contra o Juiz Eleitoral que descumprir as disposições desta Lei ou der causa ao seu descumprimento, inclusive quanto aos prazos processuais; neste caso, ouvido o representado em vinte e quatro horas, o Tribunal ordenará a observância do procedimento que explicitar, sob pena de incorrer o Juiz em desobediência.

§ 1º É obrigatório, para os membros dos Tribunais Eleitorais e do Ministério Público, fiscalizar o cumprimento desta Lei pelos juízes e promotores eleitorais das instâncias inferiores, determinando, quando for o caso, a abertura de procedimento disciplinar para apuração de eventuais irregularidades que verificarem. (Incluído pela Lei nº 12.034, de 2009)

§ 2º No caso de descumprimento das disposições desta Lei por Tribunal Regional Eleitoral, a representação poderá ser feita ao Tribunal Superior Eleitoral, observado o disposto neste artigo. (Renumerado do parágrafo único pela Lei nº 12.034, de 2009)

Art. 97-A. Nos termos do inciso LXXVIII do art. 5º da Constituição Federal, considera-se duração razoável do processo que possa resultar em perda de mandato eletivo o período máximo de 1 (um) ano, contado da sua apresentação à Justiça Eleitoral. (Incluído pela Lei nº 12.034, de 2009)

§ 1º A duração do processo de que trata o caput abrange a tramitação em todas as instâncias da Justiça Eleitoral. (Incluído pela Lei nº 12.034, de 2009)

§ 2º Vencido o prazo de que trata o caput, será aplicável o disposto no art. 97, sem prejuízo de representação ao Conselho Nacional de Justiça. (Incluído pela Lei nº 12.034, de 2009)

Art. 98. Os eleitores nomeados para compor as Mesas Receptoras ou Juntas Eleitorais e os requisitados para auxiliar seus trabalhos serão dispensados do serviço, mediante declaração expedida pela Justiça Eleitoral, sem prejuízo do salário, vencimento ou qualquer outra vantagem, pelo dobro dos dias de convocação.

Art. 99. As emissoras de rádio e televisão terão direito a compensação fiscal pela cedência do horário gratuito previsto nesta Lei. Regulamento Regulamento Regulamento

§ 1º O direito à compensação fiscal das emissoras de rádio e televisão previsto no parágrafo único do art. 52 da Lei nº 9.096, de 19 de setembro de 1995, e neste artigo, pela cedência do horário gratuito destinado à divulgação das propagandas partidárias e eleitoral, estende-se à veiculação de propaganda gratuita de plebiscitos e referendos de que dispõe o art. 8º da Lei nº 9.709, de 18 de novembro de 1998, mantido também, a esse efeito, o entendimento de que: (Incluído pela Lei nº 12.034, de 2009)

I – (VETADO); (Incluído pela Lei nº 12.034, de 2009)

II – a compensação fiscal consiste na apuração do valor correspondente a 0,8 (oito décimos) do resultado da multiplicação de 100% (cem por cento) ou de 25% (vinte e cinco por cento) do tempo, respectivamente, das inserções e das transmissões em bloco, pelo preço do espaço comercializável comprovadamente vigente, assim considerado aquele divulgado pelas emissoras de rádio e televisão por intermédio de tabela pública de preços de veiculação de publicidade, atendidas as disposições regulamentares e as condições de que trata o § 2º-A; (Redação dada pela Lei nº 12.350, de 2010)

III – o valor apurado na forma do inciso II poderá ser deduzido do lucro líquido para efeito de determinação do lucro real, na apuração do Imposto sobre a Renda da Pessoa Jurídica (IRPJ), inclusive da base de cálculo dos recolhimentos mensais previstos na legislação fiscal (art. 2º da Lei nº 9.430, de 27 de dezembro de 1996), bem como da base de cálculo do lucro presumido. (Incluído pela Lei nº 12.350, de 2010)

§ 2º (VETADO) (Incluído pela Lei nº 12.034, de 2009)

§ 2º-A. A aplicação das tabelas públicas de preços de veiculação de publicidade, para fins de compensação fiscal, deverá atender ao seguinte: (Incluído pela Lei nº 12.350, de 2010)

I – deverá ser apurada mensalmente a variação percentual entre a soma dos preços efetivamente praticados, assim considerados os valores devidos às emissoras de rádio e televisão pelas veiculações comerciais locais, e o correspondente a 0,8 (oito décimos) da soma dos respectivos preços constantes da tabela pública de veiculação de publicidade; (Incluído pela Lei nº 12.350, de 2010)

II – a variação percentual apurada no inciso I deverá ser deduzida dos preços constantes da tabela pública a que se refere o inciso II do § 1º. (Incluído pela Lei nº 12.350, de 2010)

§ 3º No caso de microempresas e empresas de pequeno porte optantes pelo Regime Especial Unificado de Arrecadação de Tributos e Contribuições (Simples Nacional), o valor integral da compensação fiscal apurado na forma do inciso II do § 1º será deduzido da base de cálculo de imposto e contribuições federais devidos pela emissora, seguindo os critérios definidos pelo Comitê Gestor do Simples Nacional (CGSN). (Redação dada pela Lei nº 12.350, de 2010)

Art. 100. A contratação de pessoal para prestação de serviços nas campanhas eleitorais não gera vínculo empregatício com o candidato ou partido contratantes.

Art. 100-A. A contratação direta ou terceirizada de pessoal para prestação de serviços referentes a atividades de militância e mobilização de rua nas campanhas eleitorais observará os seguintes limites, impostos a cada candidato: (Incluído pela Lei nº 12.891, de 2013)

I - em Municípios com até 30.000 (trinta mil) eleitores, não excederá a 1% (um por cento) do eleitorado; (Incluído pela Lei nº 12.891, de 2013)

II - nos demais Municípios e no Distrito Federal, corresponderá ao número máximo apurado no inciso I, acrescido de 1 (uma) contratação para cada 1.000 (mil) eleitores que exceder o número de 30.000 (trinta mil). (Incluído pela Lei nº 12.891, de 2013)

§ 1º As contratações observarão ainda os seguintes limites nas candidaturas aos cargos a: (Incluído pela Lei nº 12.891, de 2013)

I - Presidente da República e Senador: em cada Estado, o número estabelecido para o Município com o maior número de eleitores; (Incluído pela Lei nº 12.891, de 2013)

II - Governador de Estado e do Distrito Federal: no Estado, o dobro do limite estabelecido para o Município com o maior número de eleitores, e, no Distrito Federal, o dobro do número alcançado no inciso II do caput; (Incluído pela Lei nº 12.891, de 2013)

III - Deputado Federal: na circunscrição, 70% (setenta por cento) do limite estabelecido para o Município com o maior número de eleitores, e, no Distrito Federal, esse mesmo percentual aplicado sobre o limite calculado na forma do inciso II do caput, considerado o eleitorado da maior região administrativa; (Incluído pela Lei nº 12.891, de 2013)

IV - Deputado Estadual ou Distrital: na circunscrição, 50% (cinquenta por cento) do limite estabelecido para Deputados Federais; (Incluído pela Lei nº 12.891, de 2013)

V - Prefeito: nos limites previstos nos incisos I e II do caput; (Incluído pela Lei nº 12.891, de 2013)

VI - Vereador: 50% (cinquenta por cento) dos limites previstos nos incisos I e II do caput, até o máximo de 80% (oitenta por cento) do limite estabelecido para Deputados Estaduais. (Incluído pela Lei nº 12.891, de 2013)

§ 2º Nos cálculos previstos nos incisos I e II do caput e no § 1º, a fração será desprezada, se inferior a 0,5 (meio), e igualada a 1 (um), se igual ou superior. (Incluído pela Lei nº 12.891, de 2013)

§ 3º A contratação de pessoal por candidatos a Vice-Presidente, Vice-Governador, Suplente de Senador e Vice-Prefeito é, para todos os efeitos, contabilizada como contratação pelo titular, e a contratação por partidos fica vinculada aos limites impostos aos seus candidatos. (Incluído pela Lei nº 12.891, de 2013)

§ 4º Na prestação de contas a que estão sujeitos na forma desta Lei, os candidatos são obrigados a discriminar nominalmente as pessoas contratadas, com indicação de seus respectivos números de inscrição no Cadastro de Pessoas Físicas (CPF). (Incluído pela Lei nº 12.891, de 2013)

§ 5º O descumprimento dos limites previstos nesta Lei sujeitará o candidato às penas previstas no art. 299 da Lei no 4.737, de 15 de julho de 1965. (Incluído pela Lei nº 12.891, de 2013)

§ 6º São excluídos dos limites fixados por esta Lei a militância não remunerada, pessoal contratado para apoio administrativo e operacional, fiscais e delegados credenciados para trabalhar nas eleições e os advogados dos candidatos ou dos partidos e coligações. (Incluído pela Lei nº 12.891, de 2013)

Art. 101. (VETADO)

Art. 102. O parágrafo único do art. 145 da Lei nº 4.737, de 15 de julho de 1965 - Código Eleitoral passa a vigorar acrescido do seguinte inciso IX:

"Art. 145...

Parágrafo único...

IX - os policiais militares em serviço."

Art. 103. O art. 19, *caput,* da Lei nº 9.096, de 19 de setembro de 1995 - Lei dos Partidos, passa a vigorar com a seguinte redação:

"Art. 19. Na segunda semana dos meses de abril e outubro de cada ano, o partido, por seus órgãos de direção municipais, regionais ou nacional, deverá remeter, aos juízes eleitorais, para arquivamento, publicação e cumprimento dos prazos de filiação partidária para efeito de candidatura a cargos eletivos, a relação dos nomes de todos os seus filiados, da qual constará a data de filiação, o número dos títulos eleitorais e das seções em que estão inscritos.

...."

Art. 104. O art. 44 da Lei nº 9.096, de 19 de setembro de 1995, passa a vigorar acrescido do seguinte § 3º:

"Art. 44...

§ 3º Os recursos de que trata este artigo não estão sujeitos ao regime da Lei nº 8.666, de 21 de junho de 1993."

Art. 105. Até o dia 5 de março do ano da eleição, o Tribunal Superior Eleitoral, atendendo ao caráter regulamentar e sem restringir direitos ou estabelecer sanções distintas das previstas nesta Lei, poderá expedir todas as instruções necessárias para sua fiel execução, ouvidos, previamente, em audiência pública, os delegados ou representantes dos partidos políticos. (Redação dada pela Lei nº 12.034, de 2009)

§ 1º O Tribunal Superior Eleitoral publicará o código orçamentário para o recolhimento das multas eleitorais ao Fundo Partidário, mediante documento de arrecadação correspondente.

§ 2º Havendo substituição da UFIR por outro índice oficial, o Tribunal Superior Eleitoral procederá à alteração dos valores estabelecidos nesta Lei pelo novo índice.

§ 3º Serão aplicáveis ao pleito eleitoral imediatamente seguinte apenas as resoluções publicadas até a data referida no caput. (Incluído pela Lei nº 12.034, de 2009)

Art. 105-A. Em matéria eleitoral, não são aplicáveis os procedimentos previstos na Lei nº 7.347, de 24 de julho de 1985. (Incluído pela Lei nº 12.034, de 2009)

Art. 106. Esta Lei entra em vigor na data de sua publicação.

Art. 107. Revogam-se os arts. 92, 246, 247, 250, 322, 328, 329, 333 e o parágrafo único do art. 106 da Lei nº 4.737, de 15 de julho de 1965 - Código Eleitoral; o § 4º do art. 39 da Lei nº 9.096, de 19 de setembro de 1995; o § 2º do art. 50 e o § 1º do art. 64 da Lei nº 9.100, de 29 de setembro de 1995; e o § 2º do art. 7º do Decreto-Lei nº 201, de 27 de fevereiro de 1967.

Brasília, 30 de setembro de 1997;
176º da Independência e 109º da República.

7. Lei n. 6.091, de 15 de Agosto de 1974

Dispõe sobre o fornecimento gratuito de transporte, em dias de eleição, a eleitores residentes nas zonas rurais, e dá outras providências.

O PRESIDENTE DA REPÚBLICA Faço saber que o **CONGRESSO NACIONAL** decreta e eu sanciono a seguinte Lei:

Art. 1º Os veículos e embarcações, devidamente abastecidos e tripulados, pertencentes à União, Estados, Territórios e Municípios e suas respectivas autarquias e sociedades de economia mista, excluídos os de uso militar, ficarão à disposição da Justiça Eleitoral para o transporte gratuito de eleitores em zonas rurais, em dias de eleição.

§ 1º Excetuam-se do disposto neste artigo os veículos e embarcações em número justificadamente indispensável ao funcionamento de serviço público insusceptível de interrupção.

§ 2º Até quinze dias antes das eleições, a Justiça Eleitoral requisitará dos órgãos da administração direta ou indireta da União, dos Estados, Territórios, Distrito Federal e Municípios os funcionários e as instalações de que necessitar para possibilitar a execução dos serviços de transporte e alimentação de eleitores previstos nesta Lei.

Art. 2º Se a utilização de veículos pertencentes às entidades previstas no art. 1º não for suficiente para atender ao disposto nesta Lei, a Justiça Eleitoral requisitará veículos e embarcações a particulares, de preferência os de aluguel.

Parágrafo único. Os serviços requisitados serão pagos, até trinta dias depois do pleito, a preços que correspondam aos critérios da localidade. A despesa correrá por conta do Fundo Partidário.

Art. 3º Até cinqüenta dias antes da data do pleito, os responsáveis por todas as repartições, órgãos e unidades do serviço público federal, estadual e municipal oficiarão à Justiça Eleitoral, informando o número, a espécie e lotação dos veículos e embarcações de sua propriedade, e justificando, se for o caso, a ocorrência da exceção prevista no parágrafo 1º do art. 1º desta Lei.

§ 1º Os veículos e embarcações à disposição da Justiça Eleitoral deverão, mediante comunicação expressa de seus proprietários, estar em condições de ser utilizados, pelo menos, vinte e quatro horas antes das eleições e circularão exibindo de modo bem visível, dístico em letras garrafais, com a frase: "A serviço da Justiça Eleitoral."

§ 2º A Justiça Eleitoral, à vista das informações recebidas, planejará a execução do serviço de transporte de eleitores e requisitará aos responsáveis pelas repartições, órgãos ou unidades, até trinta dias antes do pleito, os veículos e embarcações necessários.

Art. 4º Quinze dias antes do pleito, a Justiça Eleitoral divulgará, pelo órgão competente, o quadro geral de percursos e horários programados para o transporte de eleitores, dele fornecendo cópias aos partidos políticos.

§ 1º O transporte de eleitores somente será feito dentro dos limites territoriais do respectivo município e quando das zonas rurais para as mesas receptoras distar pelo menos dois quilômetros.

§ 2º Os partidos políticos, os candidatos, ou eleitores em número de vinte, pelo menos, poderão oferecer reclamações em três dias contados da divulgação do quadro.

§ 3º As reclamações serão apreciadas nos três dias subsequentes, delas cabendo recurso sem efeito suspensivo.

§ 4º Decididas as reclamações, a Justiça Eleitoral divulgará, pelos meios disponíveis, o quadro definitivo.

Art. 5º Nenhum veículo ou embarcação poderá fazer transporte de eleitores desde o dia anterior até o posterior à eleição, salvo:

I - a serviço da Justiça Eleitoral;

II - coletivos de linhas regulares e não fretados;

III - de uso individual do proprietário, para o exercício do próprio voto e dos membros da sua família;

IV - o serviço normal, sem finalidade eleitoral, de veículos de aluguel não atingidos pela requisição de que trata o art. 2º.

Art. 6º A indisponibilidade ou as deficiências do transporte de que trata esta Lei não eximem o eleitor do dever de votar.

Parágrafo único. Verificada a inexistência ou deficiência de embarcações e veículos, poderão os órgãos partidários ou os candidatos indicar à Justiça Eleitoral onde há disponibilidade para que seja feita a competente requisição.

Art. 7º O eleitor que deixar de votar e não se justificar perante o Juiz Eleitoral até sessenta dias após a realização da eleição incorrerá na multa de três a dez por cento sobre o salário mínimo da região, imposta pelo Juiz Eleitoral e cobrada na forma prevista no art. 367, da Lei 4.737, de 15 de julho de 1965.

Art. 8º Somente a Justiça Eleitoral poderá, quando imprescindível, em face da absoluta carência de recursos de eleitores da zona rural, fornecer-lhes refeições, correndo, nesta hipótese, as despesas por conta do Fundo Partidário.

Art. 9º É facultado aos Partidos exercer fiscalização nos locais onde houver transporte e fornecimento de refeições a eleitores.

Art. 10. É vedado aos candidatos ou órgãos partidários, ou a qualquer pessoa, o fornecimento de transporte ou refeições aos eleitores da zona urbana.

Art. 11. Constitui crime eleitoral:

I - descumprir, o responsável por órgão, repartição ou unidade do serviço público, o dever imposto no art. 3º, ou prestar, informação inexata que vise a elidir, total ou parcialmente, a contribuição de que ele trata:

Pena - detenção de quinze dias a seis meses e pagamento de 60 a 100 dias - multa;

II - desatender à requisição de que trata o art. 2º:

Pena - pagamento de 200 a 300 dias-multa, além da apreensão do veículo para o fim previsto;

III - descumprir a proibição dos artigos 5º, 8º e 10º;

Pena - reclusão de quatro a seis anos e pagamento de 200 a 300 dias-multa (art. 302 do Código Eleitoral);

IV - obstar, por qualquer forma, a prestação dos serviços previstos nos arts. 4º e 8º desta Lei, atribuídos à Justiça Eleitoral:

Pena - reclusão de 2 (dois) a 4 (quatro) anos;

V - utilizar em campanha eleitoral, no decurso dos 90 (noventa) dias que antecedem o pleito, veículos e embarcações pertencentes à União, Estados, Territórios, Municípios e respectivas autarquias e sociedades de economia mista:

Pena - cancelamento do registro do candidato ou de seu diploma, se já houver sido proclamado eleito.

Parágrafo único. O responsável, pela guarda do veículo ou da embarcação, será punido com a pena de detenção, de 15 (quinze) dias a 6 (seis) meses, e pagamento de 60 (sessenta) a 100 (cem) dias-multa.

Art. 12. A propaganda eleitoral, no rádio e na televisão, circunscrever-se-á, única e exclusivamente, ao horário gratuito disciplinado pela Justiça Eleitoral, com a expressa proibição de qualquer propaganda paga.

Parágrafo único. Será permitida apenas a divulgação paga, pela imprensa escrita, do curriculum-vitae do candidato e do número do seu registro na Justiça Eleitoral, bem como do partido a que pertence.

Art. 13. São vedados e considerados nulos de pleno direito, não gerando obrigação de espécie alguma para a pessoa jurídica interessada, nem qualquer direito para o

Direito Eleitoral

beneficiário, os atos que, no período compreendido entre os noventa dias anteriores à data das eleições parlamentares e o término, respectivamente, do mandato do Governador do Estado importem em nomear, contratar, designar, readaptar ou proceder a quaisquer outras formas de provimento de funcionário ou servidor na administração direta e nas autarquias, empresas públicas e sociedades de economia mista dos Estados e Municípios, salvo os cargos em comissão, e da magistratura, do Ministério Público e, com aprovação do respectivo Órgão Legislativo, dos Tribunais de Contas e os aprovados em concursos públicos homologados até a data da publicação desta lei.

§ 1º Excetuam-se do disposto no artigo:

I - nomeação ou contratação necessárias à instalação inadiável de serviços públicos essenciais, com prévia e expressa autorização do governador ou Prefeito;

II - nomeação ou contratação de técnico indispensável ao funcionamento do serviço público essencial.

§ 2º O ato com a devida fundamentação será publicado no respectivo órgão oficial.

Art. 14. A Justiça Eleitoral instalará, trinta dias antes do pleito, na sede de cada Município, Comissão Especial de Transporte e Alimentação, composta de pessoas indicadas pelos Diretórios Regionais dos Partidos Políticos Nacionais, com a finalidade de colaborar na execução desta lei.

§ 1º Para compor a Comissão, cada Partido indicará três pessoas, que não disputem cargo eletivo.

§ 2º É facultado a candidato, em Município de sua notória influência política, indicar ao Diretório do seu Partido, pessoa de sua confiança para integrar a Comissão.

Art. 15. Os Diretórios Regionais, até quarenta dias antes do pleito, farão as indicações de que trata o artigo 14 desta lei.

Art. 16. O eleitor que deixar de votar por se encontrar ausente de seu domicílio eleitoral deverá justificar a falta, no prazo de 60 (sessenta) dias, por meio de requerimento dirigido ao Juiz Eleitoral de sua zona de inscrição, que mandará anotar o fato, na respectiva folha individual de votação.

§ 1º O requerimento, em duas vias, será levado, em sobrecarta aberta, a agência postal, que, depois de dar andamento à 1ª via, aplicará carimbo de recepção na 2ª, devolvendo-a ao interessado, valendo esta como prova para todos os efeitos legais.

§ 2º Estando no exterior, no dia em que se realizarem eleições, o eleitor terá o prazo de 30 (trinta) dias, a contar de sua volta ao País, para a justificação.

Art. 17. *(Revogado pela Lei nº 7.493, de 1986).*

I - *(Revogado pela Lei nº 7.493, de 1986).*

II - *(Revogado pela Lei nº 7.493, de 1986).*

§ 1º *(Revogado pela Lei nº 7.493, de 1986).*

§ 2º *(Revogado pela Lei nº 7.493, de 1986).*

§ 3º *(Revogado pela Lei nº 7.493, de 1986).*

Art. 18. *(Revogado pela Lei nº 7.493, de 1986).*

I - *(Revogado pela Lei nº 7.493, de 1986).*

II - *(Revogado pela Lei nº 7.493, de 1986).*

Art. 19. *(Revogado pela Lei nº 7.493, de 1986).*

Art. 20. *(Revogado pela Lei nº 7.493, de 1986).*

I - *(Revogado pela Lei nº 7.493, de 1986).*

II - *(Revogado pela Lei nº 7.493, de 1986).*

III - *(Revogado pela Lei nº 7.493, de 1986).*

§ 1º *(Revogado pela Lei nº 7.493, de 1986).*

§ 2º *(Revogado pela Lei nº 7.493, de 1986).*

Art. 21. *(Revogado pela Lei nº 7.493, de 1986).*

Art. 22. *(Revogado pela Lei nº 7.493, de 1986).*

Art. 23. *(Revogado pela Lei nº 7.493, de 1986).*

Art. 24. *(Revogado pela Lei nº 7.493, de 1986).*

Art. 25. *(Revogado pela Lei nº 7.493, de 1986).*

§ 1º *(Revogado pela Lei nº 7.493, de 1986).*

§ 2º *(Revogado pela Lei nº 7.493, de 1986).*

§ 3º *(Revogado pela Lei nº 7.493, de 1986).*

§ 4º *(Revogado pela Lei nº 7.493, de 1986).*

Art. 26. O Poder Executivo é autorizado a abrir o crédito especial de Cr$20.000.000,00 (vinte milhões de cruzeiros) destinado ao Fundo Partidário, para atender às despesas decorrentes da aplicação desta Lei na eleição de 15 de novembro de 1974.

Parágrafo único. A abertura do crédito autorizado neste artigo será compensada mediante a anulação de dotações constantes no Orçamento para o corrente exercício, de que trata a Lei nº 5.964, de 10 de novembro de 1973.

Art. 27. Sem prejuízo do disposto no inciso XVII do artigo 30 do Código Eleitoral (Lei nº 4.737, de 15 de julho de 1965), o Tribunal Superior Eleitoral expedirá, dentro de 15 dias da data da publicação desta Lei, as instruções necessárias a sua execução.

Art. 28. Esta Lei entra em vigor na data de sua publicação, revogadas as disposições em contrário.

Brasília, 15 de agosto de 1974;
153º da Independência e 86º da República.
Ernesto Geisel

MATEMÁTICA

• Revisão e Atualização Angelo Primo Júnior •

Matemática

1. Conjunto dos Números Naturais

1. Introdução

Os números naturais são conhecidos desde a antiguidade e estão diretamente relacionados a contagem de elementos de um conjunto: pessoas, animais, objetos etc.

O conjunto dos números naturais ($\mathbb{N}$) é representado da seguinte forma:

$$\mathbb{N} = \{0, 1, 2, 3, 4, 5, 6, ...\}$$

Excluindo o zero do conjunto dos números naturais, o conjunto será representado por $\mathbb{N}^*$:

$$\mathbb{N}^* = \{1, 2, 3, 4, 5, 6, 7, 8, ...\}$$

☞ **Observações**

1. Todo número natural dado tem um sucessor (número que vem depois do número dado), considerando também o zero.

Exemplos:
- O sucessor de **m** é **m + 1** se, $m \in \mathbb{N}$ é um número natural.
- O sucessor de **0** é **1**.
- O sucessor de **34** é **35**.
- O sucessor de **19** é **20**.

2. Se um número natural é sucessor de outro, então os dois números juntos são chamados **números consecutivos**.

Exemplos:
- **5** e **6** são números consecutivos.
- **50** e **51** são números consecutivos.

3. Todo número natural **n**, exceto o zero, tem um antecessor (número que vem antes do número dado).

Exemplos:
- O antecessor de **m** $\in \mathbb{N}$ **é m ≠ 0** se m é um número natural finito diferente de zero.
- O antecessor de **15** é **14**.
- O antecessor de **59** é **58**.

2. Operações Fundamentais com Números Naturais

A) Adição

$$\begin{array}{r|l} 1.004 & \\ 577 & \rightarrow \text{Parcelas} \\ 12 & \\ 4 & \\ \hline 1.597 & \rightarrow \text{Total ou Soma} \end{array}$$

Propriedades da Adição

- **Comutativa:** a ordem das parcelas não altera a soma
  Ex: 3 + 5 = 5 + 3 = 8
- **Associativa**
  Ex: 4 + (5+6) = (4+5) + 6 = 15
- **Elemento neutro:** é o zero
  Ex: 15 + 0 = 0 + 15 = 15

B) Subtração

120	-	45	=	75
Minuendo		**Subtraendo**		**Resto**

☞ **Importante:** o minuendo é igual à soma do subtraendo com o resto, isto é: **M = S + R**

Matemática

Exercícios Resolvidos

01. A soma de dois números é 520. Uma das parcelas é 180. Qual é a outra?

Resolução:
Seja p a outra parcela. Devemos ter:
$180 + p = 520$
$p = 520 - 180$ portanto $p = 340$

Resposta: A outra parcela é 340

02. Numa subtração, o minuendo é 1.345 e o resto é 478. Qual é o subtraendo?

Resolução:
Seja s o subtraendo. Aplicando a relação fundamental da subtração, temos:
$s = 1345 - 478$ portanto, $s = 867$

Resposta: O subtraendo é 867

C) Multiplicação

O resultado da multiplicação é denominado ***produto*** e os números que geraram o produto são chamados ***fatores***.

Exemplo:
- 4 vezes 9 é igual a somar o número 9 quatro vezes: $4 . 9 = 9 + 9 + 9 + 9 = 36$

Propriedades da Multiplicação

- **Comutativa**
  $m . n = n . m$
  $3 . 4 = 4 . 3 = 12$
- **Distributiva**
  $m . (p + q) = m . p + m . q$
  $6 . (5 + 3) = 6 . 5 + 6 . 3 = 30 + 18 = 48$
- **Elemento Neutro:** é o um
  $1 . n = n . 1 = n$
  $1 . 7 = 7 . 1 = 7$
- **Associativa**
  $(m . n) . p = m . (n . p)$
  $(3 . 4) . 5 = 3 . (4 . 5) = 60$

D) Divisão

É a operação que permite determinar o quociente entre dois números.

A divisão exata é a operação inversa da multiplicação.

Exemplo:
- $18 . 4 = 72 \rightarrow 72 \div 4 = 18$

```
Dividendo → 4051 |8    → Divisor
            -40   506  → Quociente
            ---
             051
            -48
            ---
              03 → Resto
```

☞ **Atenção:**
- Quando o dividendo é múltiplo do divisor, dizemos que a divisão é exata.
  Exemplo: $16 \div 8 = 2$
- Quando o dividendo não é múltiplo do divisor, dizemos que a divisão é aproximada ou inexata.
  Exemplo: $16 \div 5 = 3$ (resto = 1)
- Numa divisão, o divisor tem de ser diferente de zero, isto é, não existe divisão por zero.

☞ **Relação fundamental da divisão**

$$D = d . q + R$$

D = **D**ividendo,
d = **d**ivisor,
q = **q**uociente,
R = **R**esto

☞ **Observações:**
- Em qualquer divisão, o resto é sempre menor que o divisor.
- Não existe divisão por **zero,** pois não existe um número natural que multiplicado por **zero** não dê zero.
- Quando o resto é igual a **zero,** dizemos que a divisão é **exata.**
- O maior resto possível é o **divisor menos 1** (d-1).

Exercícios Resolvidos

01. O produto de dois números é 800. Se um dos fatores é 40, qual é o outro?

Resolução:
Seja f o outro fator. Devemos ter:
f.40 = 800
f = 800 : 40 portanto, f = 20
Resposta: o outro fator é 20

02. Numa divisão, o dividendo é 620, o quociente 18 e o resto 8. Qual é o divisor?

Resolução:
Seja d o divisor. Pela relação fundamental da divisão, devemos ter:
620 = d · 18 + 8
d . 18 = 620 - 8
d . 18 = 612
d = 612 : 18
portanto, d= 34
Resposta: o divisor é 34

E) Potenciação

Esta operação não passa de uma **multiplicação com fatores iguais.**

Exemplo:
- $2^3 = 2 . 2 . 2 = 8$

$2^3 = 8$ → potência
↓
base

☞ **Atenção:**

- **Bases especiais**

a) Base 1
Uma potência cuja base é igual a **1** e o expoente natural é **n**, denotado por 1^n, será sempre igual a 1.

Exemplos:
- $1^n = 1 . 1 ... 1$ (n vezes) = 1
- $1^3 = 1 . 1 . 1 = 1$
- $1^7 = 1 . 1 . 1 . 1 . 1 . 1 . 1 = 1$

b) Base 10
Toda potência 10^n é o número formado pelo algarismo **1** seguido de **n** zeros.

Exemplos:
- $10^3 = 1000$
- $10^8 = 100.000.000$
- $10^0 = 1$

- **Expoentes Especiais**

a) Expoente zero
Se **n** é um número natural diferente de zero, então a potência n^0 será sempre igual a **1**.

Exemplos:
- $N^0 = 1$
- $5^0 = 1$
- $49^0 = 1$

b) Expoente um
Qualquer que seja a potência em que a base é o número natural **n** e o expoente é igual a **1**, denotado por n^1 é igual ao próprio **n**.

Exemplos:
- $5^1 = 5$
- $64^1 = 64$

Exercícios de Fixação

01. Um número natural é expresso por x + 14. Como podemos escrever o seu antecessor?
a) x + 16
b) x + 13
c) x + 15
d) 15x
e) x

02. Um arquivo possui 5 gavetas; cada gaveta contém 5 pastas; cada pasta guarda 5 fichas; cada ficha tem 5 itens, cada um com 5 subitens. O número total de subitens anotados no arquivo é:
a) 25 b)125
c) 225 d)625
e) 3125

03. Um reservatório contém 400 litros de água e efetuamos, sucessivamente, as seguintes operações:
- **retiramos 70 litros**
- **colocamos 38 litros**
- **retiramos 193 litros**
- **colocamos 101 litros**
- **colocamos 18 litros**

Qual a quantidade de água que ficou no reservatório?
a) 292
b) 294
c) 296
d) 298
e) 300

04. Em uma escola estudam 1.920 alunos distribuídos igualmente em 3 períodos: manhã, tarde e noite. Quantos alunos estudam em cada sala, por período, se há 16 salas de aula?

a) 10
b) 20
c) 30
d) 40
e) 50

05. Observe como são curiosos os resultados das expressões a seguir:

1 x 9 + 2 = 11
12 x 9 + 3 = 111
123 x 9 + 4 = 1111
1234 x 9 + 5 = 11111

O resultado da expressão 12345678 x 9 + 9 é:

a) 1 111 111
b) 11 111 111
c) 111 111 111
d) 1 111 111 111
e) 11 111 111 111

Gabarito dos Exercícios de Fixação

01. B 02. E 03. B 04. D 05. C

3. Múltiplos e Divisores de um Número

Múltiplos de um Número

Múltiplo de um número natural é o produto desse número por um outro número natural qualquer.

Exemplo:
- M (2) {0, 2, 4, 6, 8, 10, 12, 14, ...}
- M (5) {0, 5, 10, 15, 20, 25, 30, ...}

☞ **Notas:**
- Zero é múltiplo de todos os números.
- Qualquer número natural é múltiplo de si mesmo.
- O conjunto de múltiplos de um número diferente de zero é infinito.

Divisores de um Número

Um número é divisor de outro quando divide exatamente este número.

Um número pode ter mais de um divisor. Por exemplo, os divisores do número 12 são:
- 1, 2, 3, 4, 6, e 12.

O conjunto dos divisores de 12 é representado assim:
- D (12) = {1, 2, 3, 4, 6, 12}

Se um número é múltiplo de outro, ele é "divisível" por este outro.

☞ **Notas:**
a) Zero não é divisor de nenhum número.
b) Um é divisor de todos os números.
c) Todo número é divisor dele mesmo.

Conjunto dos números pares

É o conjunto: **{0, 2, 4, 6, 8, 10, 12, ...}**

☞ **Notas:**
a) **ZERO** é um número par!
b) Todo número par é divisível por 2

Conjunto dos números ímpares

É o conjunto: **{1, 3, 5, 7 , 9, 11, ...}**

☞ **Nota:**
a) Nenhum número ímpar é divisível por 2

4. Critérios de Divisibilidade

Sem efetuarmos a divisão podemos verificar se um número é divisível por outro.

a) Por 2:

Um número é divisível por 2 quando ele é par.
- **Exemplo:** 14, 356, ...

b) Por 3:

Um número é divisível por 3 quando a soma dos valores absolutos de seus algarismos for divisível por 3.

- **Exemplo:** 252 é divisível por 3 porque 2 + 5 + 2 = 9 e 9 é múltiplo de 3.

c) Por 4:

Um número é divisível por 4 quando os dois últimos algarismos forem 0 ou formarem um número divisível por 4.

- **Exemplo:** 5<u>00</u>, 7<u>32</u>, 8<u>12</u>

d) Por 5:

Um número é divisível por 5 quando termina em 0 ou 5.

- **Exemplo:** 78<u>0</u>, 93<u>5</u>

e) Por 6:

Um número é divisível por 6 quando é divisível por 2 e por 3 ao mesmo tempo.

- **Exemplo:** 312 e 732. Repare que esses números são divisíveis por 2 e também por 3 e, portanto, são divisíveis por 6.

f) Por 9:

Um número é divisível por 9 quando a soma dos valores absolutos de seus algarismos for divisível por 9.

- **Exemplo:** 2.538, 7.560

g) Por 10:

Um número é divisível por 10 quando termina em 0.

- **Exemplo:** 1.87<u>0</u>, 54<u>0</u>, 6.00<u>0</u>

5. Classificação de um Número Natural pela Quantidade de seus Divisores

a) Números primos:

São os números que apresentam **apenas dois** divisores naturais: O **um** e **o próprio número.**

- **Exemplos:** 2, 3, 5, 7, 11, 13, 17, 19, 23, 29, 31, 37,...

b) Números compostos:

São os números que apresentam **mais do que dois** divisores naturais.

- **Exemplos:** 4, 9, 16, 21, 38, 49, 60, etc

☞**Notas:**

1) O número 2 é o único número par que também é primo.

2) Os números 0 e 1 **não são** números primos e nem números compostos.

6. Decomposição de um Número Composto em Fatores Primos

A decomposição em fatores primos é feita através de divisões sucessivas por divisores primos.

Exemplo:

30	2
15	3
5	5
1	

- O menor divisor primo de 30 é 2 → 30: 2 = 15
- O menor divisor primo de 15 é 3 → 15 : 3 = 5
- O menor divisor primo de 5 é 5 → 5 : 5 = 1

Para decompor um número em seus fatores primos:

- Dividimos o número pelo seu menor divisor primo.
- Dividimos o quociente pelo seu menor divisor primo.
- E assim sucessivamente, até encontrarmos o quociente 1.

7. Determinação dos Divisores de um Número

Na prática, determinamos todos os divisores de um número utilizando os seus fatores primos. Vamos determinar, por exemplo, os divisores de 90:

1º) decompomos o número em fatores primos;

2º) traçamos uma linha e escrevemos o 1 no alto, porque ele é divisor de qualquer número;

3º) multiplicamos sucessivamente cada fator primo pelos divisores já obtidos e escrevemos esses produtos ao lado de cada fator primo;

		1
90	2	2
45	3	3,6
15	3	0
5	5	
1		

4º) os divisores já obtidos não precisam ser repetidos.

	1
2	2
3	3 6
3	9 18
5	5 10 15 30 45 90

Portanto os **divisores de 90** são:
1, 2, 3, 5, 6, 9, 10, 15, 18, 30, 45, 90.

8. Quantidade de Divisores de um Número

Para determinarmos a quantidade de divisores de um número devemos:

Decompor o número em fatores primos, somar **1** a **cada expoente** dos fatores obtidos e multiplicar os resultados.

Exemplo:
- $300 = 2^{\underline{2}} . 3^{\underline{1}} . 5^{\underline{2}}$
  $(\underline{2}+1) . (\underline{1}+1) . (\underline{2}+1) = 3 . 2 . 3 = 18$
  Então o 300 têm 18 divisores

Exercícios de Fixação

01. O número 3744X̲ será divisível por 15 se X̲ for o algarismo:
a) 7 b) 5
c) 3 d) 1
e) 0

02. O número 43Y̲72 será divisível por 6 se Y̲ for o algarismo:
a) 0 b) 1
c) 2 d) 3
e) 4

03. O menor número que se deve subtrair de 21316 para se obter um número que seja simultaneamente divisível por 5 e por 9 é:
a) 29 b) 31
c) 33 d) 36
e) 37

04. Qual dos itens abaixo contém todos os divisores positivos do número 20?
a) 1, 2, 4, 5, 10, 20 b) 1, 2, 5, 10, 20
c) 2, 4, 5, 10, 20 d) 1, 2, 4, 5, 10
e) 1, 2, 4, 10, 20

05. Quantos divisores têm o número 72?
a) 10 b) 12
c) 14 d) 16
e) 18

06. Sabendo-se que $2^a x 3^b x 5^c = 360$, a soma dos valores de a, b e c, é igual a:
a) 6 b) 8
c) 10 d) 12
e) 14

Gabarito dos Exercícios de Fixação

01. E 02. C 03. B
04. A 05. B 06. A

9. Máximo Divisor Comum (M.D.C.)

Dois números naturais sempre têm divisores comuns, por exemplo os divisores comuns de 12 e 18 são 1, 2, 3 e 6.

Dentre eles, 6 é o maior. Então chamamos o **6** de **máximo divisor comum de 12 e 18** e indicamos **m.d.c.(12,18) = 6.**

O maior divisor comum de dois ou mais números é chamado de **máximo divisor comum** desses números. Usamos a abreviação **m.d.c.**

Alguns exemplos:
- m.d.c. (6, 12) = 6
- m.d.c. (12, 20) = 4
- m.d.c. (12, 20, 24) = 4
- m.d.c. (6, 12, 15) = 3

Cálculo do m.d.c.

Um modo de calcular o m.d.c. de dois ou mais números é utilizar a decomposição desses números em fatores primos.

1º) decompomos os números em fatores primos;

2º) o m.d.c. é o produto dos fatores primos comuns, com menor expoente.

Acompanhe o cálculo do m.d.c. entre 36 e 90:
- $36 = 2 . \underline{2} . \underline{3} . \underline{3}$
- $90 = \underline{2} . \underline{3} . \underline{3} . 5$

O m.d.c. é o produto dos fatores primos comuns → m.d.c.(36, 90) = **2 . 3 . 3**

Portanto, **m.d.c.(36, 90) = 18.**

Escrevendo a fatoração do número na forma de potência, temos:
- $36 = \underline{2^2} . \underline{3^2}$
- $90 = \underline{2} . \underline{3^2} . 5$

Portanto, m.d.c.(36, 90) = $2 . 3^2 = 18$.

> O m.d.c. de dois ou mais números, **quando fatorados**, é o produto dos fatores comuns a eles, cada um elevado ao menor expoente.

Números Primos entre si

Dois ou mais números são **primos entre si** quando o máximo divisor comum desses números é **1**.

Exemplos:
- Os números 35 e 24 **são** números primos entre si, pois m.d.c (35,24) = 1.

- Os números 35 e 21 **não são** números primos entre si, pois m.d.c (35,21) = 7.

Propriedade do M.D.C.

Dentre os números 6, 18 e 30, o número 6 é divisor dos outros dois. Neste caso, 6 é o m.d.c. (6, 18, 30).

Observe:
- 6 = 2 . 3
- 18 = 2 . 3^2
- 30 = 2 . 3 . 5

Portanto m.d.c. (6, 18, 30) = 6

Dados dois ou mais números, **se um deles é divisor de todos os outros**, então **ele é o m.d.c.** dos números dados.

10. Mínimo Múltiplo Comum (M.M.C.)

O menor múltiplo comum de dois ou mais números, diferente de zero, é chamado de **mínimo múltiplo comum** desses números. Usamos a abreviação **m.m.c.**

Exemplo:

Consideremos os números 3 e 4 e escrevamos alguns dos seus múltiplos. Teremos:
- M (3) = {0, 3, 6, 9, 12, 15, 18, 21, 24, 27, 30, 33, 36 ...}
- M (4) = {0, 4, 8, 12, 16, 20, 24, 28, 32, 36, 44, ...}

Observamos que há elementos comuns entre esses dois conjuntos. Portanto a interseção entre eles será:
- M(3) . M(4) = {0, 12, 24, 36, ...}
- m.m.c. (3, 4) = 12
- 12 é o menor múltiplo comum de 3 e 4.

Processo da decomposição simultânea

Neste processo decompomos todos os números ao mesmo tempo, num dispositivo como mostra o exemplo abaixo. O produto dos fatores primos que obtemos nessa decomposição é o m.m.c. desses números. Abaixo vemos o cálculo do m.m.c. (15, 24, 60).

15	24	60	2
15	12	30	2
15	6	15	2
15	3	15	3
5	1	5	5
1	1	1	

Portanto, m.m.c.(15, 24, 60) = 2 . 2 . 2 . 3 . 5 = **120**

Exercícios Resolvidos

01. (UEFS) Hoje, A e B estão de folga do trabalho. Sabendo-se que A tem folga de 6 em 6 dias e B, de 4 em 4 dias e que a folga dos dois coincide sempre a cada x dias, pode-se concluir que o valor de x é:

a) 4
b) 6
c) 10
d) 12
e) 24

Resolução:

Temos que determinar a repetição simultânea das folgas, portanto vamos determinar o mínimo múltiplo comum dos períodos de folga. Então, MMC(4,6) = 12, ou seja, a cada 12 dias as folgas irão coincidir.

Alternativa: D

02. (PUC-SP) Um enxadrista quer decorar uma parede retangular, dividindo-a em quadrados, como se fosse um tabuleiro de xadrez. A parede mede 440 centímetros por 275 centímetros. Qual o menor número de quadrados que ele pode colocar na parede?

Resolução:

Deveremos então achar o máximo divisor comum – (MDC) entre essas dimensões. Essa é a única forma de achar a dimensão do lado de cada quadrado, que caberá exatamente na parede sem sobra de espaço.

Temos:
MDC(440, 275) = 55
Portanto, 440/55 = 8 e 275/55 = 5, de onde conclui-se que teremos 8 x 5 = 40 quadrados, todos com 55 cm de lado.

☞ **Importante!!!**

Na resolução de problemas, de uma maneira geral, devemos:

- Usar o **MDC** quando desejamos **dividir algo em partes iguais, sendo a parte a maior possível.**
- Usar o **MMC** quando desejamos saber a próxima **repetição de um determinado acontecimento.**

Exercícios de Fixação

01. Saem do porto de Santos, navios Argentinos de 6 em 6 dias, os do Uruguai de 4 em 4 dias. Se num dia saírem dois navios desses países que tempo demorará para saírem juntos outra vez?

a) 10
b) 11
c) 12
d) 13
e) 14

02. Três locomotivas apitam em intervalos de 45,50 e 60 minutos respectivamente. Se coincidir das três apitarem juntas numa vez, quantas horas levará para apitarem juntas novamente?

a) 15
b) 16
c) 17
d) 18
e) 19

03. Numa república hipotética, o presidente deve permanecer 4 anos em seu cargo: os senadores, 6 anos e os deputados, 3 anos. Nessa república houve eleição para os três cargos em 1989. A próxima eleição simultânea para esses três cargos ocorrerá, novamente, em:

a) 1995
b) 1999
c) 2001
d) 2002
e) 2005

04. Três peças de tecidos iguais possuem respectivamente 48m, 60m e 72m. Precisam ser cortadas em pedaços iguais e do maior tamanho possível. O tamanho de cada pedaço e o número de pedaços, são respectivamente iguais a:

a) 10 e 10
b) 12 e 12
c) 12 e 15
d) 15 e 12
e) 15 e 15

Gabarito dos Exercícios de Fixação

01. C 02. A 03. C 04. C

Exercícios Propostos

01. (AUX.EDUC.S.ANDRÉ) Um funcionário carrega 3 caixas de merenda, por vez, de um veículo estacionado a 20m de distância do local de armazenamento. Como terá que carregar 36 caixas, então, ao todo, ele percorrerá uma distância de:

a) 300 m.
b) 350 m.
c) 400 m.
d) 480 m.
e) 520 m.

02. (TRE-96) Um fabricante de palito de fósforo acondicionou certa quantidade de palitos em 5 dúzias de caixas, cada uma contendo 80 palitos. Se como medida de economia resolvesse colocar 96 palitos em cada caixa, a quantidade de caixas que economizaria seria:

a) uma dezena
b) meia dúzia
c) uma dúzia
d) uma dúzia e meia

03. (ESCRIT/PITANGUEIRAS) Num semestre Cláudia recebeu R$ 28.500,00 para suas despesas. No outro, R$ 49.350,00. Se gastou R$ 5.896,00, quanto economizou no ano?

a) R$ 70.000,00
b) R$ 71.954,00
c) R$ 72.000,00
d) R$ 73.000,00

04. (Empasial) Quais os números primos que são divisores de 120 ?

a) 0,1,2,3,5
b) 1,2,3,5
c) 3,5,8
d) 1,3,5
e) 2,3,5

05. (PM-01) Quantos divisores positivos têm o número 16 ?

a) 5
b) 6
c) 10
d) 12
e) 2

06. (AERONÁUTICA) Um número formado de três algarismos é divisível por 6. Se o algarismo das centenas é 4, o algarismo das dezenas é 5, então o algarismo das unidades deve ser:

a) 1
b) 2
c) 3
d) 6
e) 7

07. (Empasial) Das opções abaixo, assinale a que é divisível ao mesmo tempo por 2, 3 e 5:

a) 1.060
b) 2.025
c) 1.100
d) 1.800
e) 2.300

08. (UNESP) Um carpinteiro recebeu a incumbência de cortar 40 toras de madeira de 8 metros cada uma e 60 toras da mesma madeira de 6 metros cada uma, em toras do mesmo comprimento, sendo o comprimento o maior possível. Nessas condições, quantas toras deverão ser obtidas, ao todo, pelo carpinteiro?

a) 200
b) 340
c) 680
d) 1.360
e) 1.800

09. (TACRIM-2000) Um funcionário arquivou um lote com 320 processos e outro com 360, da seguinte maneira:

- **os do primeiro lote na estante A e os do segundo lote na B;**
- **utilizou o menor número possível de prateleiras;**
- **colocou o mesmo número de processos em cada prateleira utilizada.**

Nessas condições, é verdade que:

a) utilizou um total de 17 prateleiras.
b) utilizou 9 prateleiras da estante A.
c) utilizou 10 prateleiras da estante B.
d) colocou exatamente 30 processos em cada prateleira.
e) colocou 45 processos em cada prateleira.

10. Duas pessoas, fazendo seus exercícios diários, partem de um mesmo ponto e contornam, andando, uma pista oval. Uma dessas pessoas anda de forma mais acelerada e dá uma volta completa na pista em 12 minutos, enquanto a outra leva 20 minutos para completar a volta. Depois de quanto tempo essas duas pessoas voltarão a se encontrar no ponto de partida e quantas voltas terá dado cada uma das pessoas?

a) 60 min, 5 e 3
b) 32 min, 4 e 2
c) 32 min, 1 e 2
d) 8 min, 12 e 20

11. (TRE_96) Três funcionários de um escritório cumprem, sistematicamente, horas extras em trabalho, inclusive aos sábados e domingos: um deles a cada 15 dias, outro a cada 18 dias e o terceiro a cada 20 dias. Se, hoje, os três cumprissem horas extras, a próxima vez que eles irão cumpri-las num mesmo dia será daqui a:

a) um mês.
b) um bimestre.
c) um trimestre.
d) um semestre.
e) um ano.

Gabarito dos Exercícios Propostos

01. D	02. A	03. B	04. E
05. A	06. D	07. D	08. B
09. A	10. A	11. D	

2. Conjunto dos Números Inteiros

1. Introdução

No estudo das operações com números naturais, você aprendeu que a subtração não pode ser efetuada quando o minuendo é menor do que o subtraendo, por exemplo 5 - 9, não tem resultado dentro do conjunto dos números naturais.

Para que a subtração seja sempre possível, foi criado o conjunto dos números inteiros negativos: -1, -2, -3, -4, ...

Esses números negativos, reunidos com o zero e com os números inteiros positivos, formam o conjunto dos números inteiros relativos, que é representado por $\mathbb{Z}$:

$$\mathbb{Z} = \{..., -4, -3, -2, -1, 0, 1, 2, 3, 4,...\}$$

Alguns subconjuntos do conjunto $\mathbb{Z}$:

- Conjunto dos números inteiros exceto o número zero: $\mathbb{Z}^* = \{..., -4, -3, -2, -1, 1, 2, 3, 4,...\}$

- Conjunto dos números inteiros não negativos: $\mathbb{Z}_+ = \{0, 1, 2, 3, 4,...\}$

- Conjunto dos números inteiros não positivos: $\mathbb{Z}_- = \{..., -4, -3, -2, -1, 0\}$

Representação Geométrica dos Números Inteiros

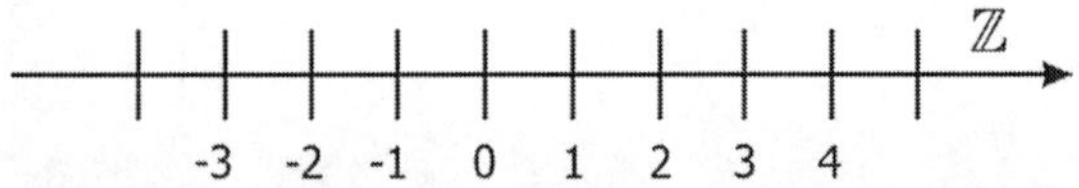

Relação de Ordem no Conjunto dos Números Inteiros

Dados dois números inteiros, podemos determinar qual deles é maior ou menor do que o outro.

Exemplos:

1)-3 está à esquerda de +1 $\Rightarrow$ -3 < +1
Então, -3 é menor que +1

2)+2 está à direita de -3 $\Rightarrow$ + 2 > -3
Então + 2 é maior que -3

Outros Exemplos:

a) -2 < + 2
b)0 > -4
c) -1 > -3

Valor Absoluto ou Módulo

Valor absoluto de um número inteiro relativo é o número natural que o representa. Indicamos o módulo de um número com duas barras verticais.

Exemplos:

- $|+5| = 5$
- $|-13| = 13$
- $|0| = 0$

☞ Quando um número não tiver sinal, devemos considerá-lo como um número positivo, assim 13 é o mesmo que +13.

Números Opostos ou Simétricos

São números que têm o mesmo valor absoluto, porém de sinais contrários. A distância, em relação a origem, entre dois números simétricos é igual. Observe a reta numerada:

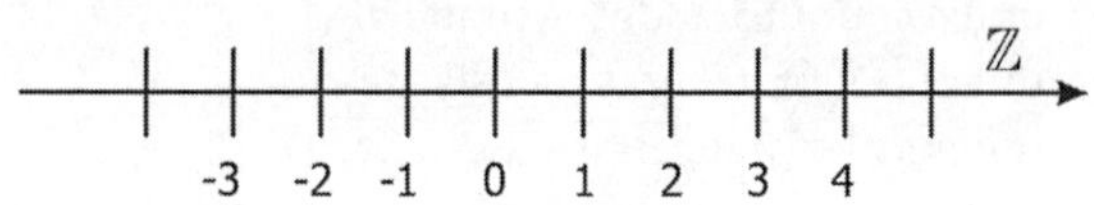

O simétrico de -3 é +3
O simétrico do +15 é -15

☞ **Notas:**

- O simétrico de zero é o zero mesmo.
- A soma de dois números simétricos é sempre igual a zero.

2. Operações com Números Inteiros Relativos

A) Adição

- **Adição de números positivos**

Observe os exemplos:
a) (+2) + (+5) = +7
b) (+1) + (+4) = +5
c) (+6) + (+3) = +9

Verificando os resultados anteriores, podemos concluir que:
☞**A soma de dois números positivos é um número positivo.**

- **Adição de números negativos**

Observe os exemplos:
a) (-2) + (-3) = -5
b) (-1) + (-1) = -2
c) (-7) + (-2) = -9

Verificando os resultados acima, podemos concluir que:
☞**A soma de dois números negativos é um número negativo.**

- **Adição de números com sinais diferentes**

Observe os exemplos:
a) (+6) + (-1) = +5
b) (+2) + (-5) = -3
c) (-10) + (+3) = -7

Observe que o resultado da adição tem o mesmo sinal que o número de maior valor absoluto.

☞**Conclusão:**
A soma de dois números inteiros de sinais diferentes é obtida subtraindo-se os valores absolutos e deixando o sinal do número que tiver maior valor absoluto.

B) Subtração

A operação de subtração é uma operação inversa da adição.

Exemplos:
a) (+8) - (+4) = (+8) + (-4) = +4
b) (-6) - (+9) = (-6) + (-9) = -15
c) (+5) - (-2) = (+5) + (+2) = +7

☞**Conclusão:**
Para subtrairmos dois números relativos, basta que adicionemos ao primeiro o simétrico do segundo.

C) Multiplicação

- **Multiplicação de dois números positivos:**

a) (+5) . (+2) = +10

☞**Conclusão:**
O produto de dois números positivos é um número positivo.

- **Multiplicação de dois números negativos:**

a) (-3) . (-5) = +15

☞**Conclusão:**
O produto de dois números negativos é um número positivo.

- **Multiplicação de dois números de sinais diferentes:**

a) (+3) . (-2) = -6
b) (-5) . (+4) = -20
c) (+6) . (-5) = -30
d) (-1) . (+7) = -7

☞**Conclusão:**
O produto de dois números inteiros de sinais diferentes é um número negativo.

Resumindo:

+	×	+	=	+
+	×	-	=	-
-	×	+	=	-
-	×	-	=	+

Exercícios Resolvidos

01. **A temperatura de um corpo variou de – 20° C para 20° C. Qual a variação total da temperatura do corpo?**

Resolução:
Sendo a variação de temperatura, definida como a diferença entre a temperatura final e a temperatura inicial, e representada por ΔT, teremos que:

$\Delta T = 20 - (-20) = 20 + 20 = 40°C.$

Resposta: A variação de temperatura foi de 40 °C.

02. Um veículo movendo-se a uma velocidade de 20m/s parou após 50m. Qual a variação da velocidade até o veículo parar?

Resolução:
Sendo a variação de velocidade, definida como a diferença entre a velocidade final e a velocidade inicial, e representada por ΔV, teremos que:

$\Delta V = 0 - 20 = -20 m/s$

Resposta: A variação de velocidade foi de -20m/s

D) Divisão

Você sabe que a divisão é a operação inversa da multiplicação.

Exemplos:
a) (+12) : (+4) = (+3) porque (+3) . (+4) = +12
b) (-12) : (-4) = (+3) porque (+3) . (-4) = -12
c) (+12) : (-4) = (-3) porque (-3) . (-4) = +12
d) (-12) : (+4) = (-3) porque (-3) . (+4) = -12

Resumindo:

+	÷	+	=	+
+	÷	-	=	-
-	÷	+	=	-
-	÷	-	=	+

☞ **Notas:**
- A divisão nem sempre é possível em $\mathbb{Z}$.
  $(+9) : (-2) \notin \mathbb{Z}$

- O zero nunca pode ser divisor.
  (+5) : 0 é impossível

E) Potenciação

Definição: A potência a^n do número inteiro a é definida como um produto de n fatores iguais. O número **a** é denominado *base* e o número **n** é o *expoente.*

$a^n = a \times a \times a \times a \times ... \times a$ n vezes

Exemplos:
- $2^3 = 2 \times 2 \times 2 = 8$
- $(-2)^3 = (-2) \times (-2) \times (-2) = (-8)$
- $(-5)^2 = (-5) \times (-5) = 25$
- $(+5)^2 = (+5) \times (+5) = 25$

☞ **Importante!**
Pelos exemplos acima, podemos concluir que:

- A potência de todo número inteiro elevado a um expoente par é um número positivo.
- A potência de todo número inteiro elevado a um expoente ímpar é um número que conserva o seu sinal.

3. Expressões Numéricas

São expressões matemáticas que envolvem operações com números e ou variáveis, podendo conter sinais de agrupamentos.

Existe uma ordem para resolvermos qualquer expressão numérica:
1ª) Potência ou Raiz
2ª) Multiplicação ou Divisão
3ª) Adição ou Subtração

Na ordem em que aparecem, obedecendo:
1ª) Parênteses ( )
2ª) Colchetes [ ]
3ª) Chaves { }

Exercício Resolvido

Calcule o valor da seguinte expressão:
$[6 + 3 . (2 + 2 + 2^3) - 17^0 . (40 : 8 - 3)^2] - 2$

Resolução:

$[6 + 3 . (2 + 2 + 8) - 17^0 . (5 - 3)^2] - 2$

$[6 + 3 . (12) -17^0 . (2)^2] - 2$

$[6 + 3 . 12 - 1.4] - 2$

$[6 + 36 - 4] - 2$

$[38] - 2$

$38 - 2 = 36$

Exercícios de Fixação

01. A temperatura, à tarde, em uma cidade, foi de +4 graus Celsius. Durante a noite a temperatura baixou 7 graus. Qual foi a temperatura durante a noite, em graus Celsius?

a) + 11 b) + 3
c) - 3 d) - 11
e) - 2

02. A diferença entre o antecessor de -32 e o sucessor do -23, é um número absoluto:

a) par
b) divisível por 5
c) maior do que 10
d) divisível por 11
e) múltiplo de 3

03. O número que somado a 4 dá como resultado -8, é

a) primo
b) menor do que zero
c) ímpar
d) divisível por 7
e) maior do que -1

04. Se a = -2^2 então o cubo de a é igual a

a) -12 b) -64
c) -16 d) +64
e) -8

05. O resultado da expressão (-128) : (-45 + 13) - [- (-91) - 205 : (+41)] é

a) -82 b) +82
c) -90 d) +90
e) - 80

06. O valor da expressão (x - 1) (x + 3) (x + 2), sendo x = -5 é:

a) 36 b) 18
c) -36 d) -48
e) 50

07. Assinale as expressões corretas:

I. (+5) + (-3) – (+2) + (-1) = -1
II. 10 + {5 – (-3 + 1)} = 15
III. 23 – {1 + [5 – (+3 –2 +1)]} = 19
IV. (+5 - 3) : (-1 + 3) = 0

a) I e II b) I e III
c) I e IV d) II e III
e) II e IV

Gabarito dos Exercícios de Fixação

01. C 02. D 03. B 04. B
05. A 06. C 07. B

Exercícios Propostos

01. (AUX.EDUC.STO.ANDRÉ) Amplitude térmica é a diferença entre a maior e a menor temperatura de certa região. Num determinado planeta, as temperaturas podem variar de 50 graus Celsius durante o dia a -80 graus Celsius à noite. A amplitude térmica nesse planeta, em graus Celsius é:

a) -30 b) 30
c) -130 d) 130
e) -80

02. (CEE-98) O limite do cheque especial de José Maria é de R$ 3.000,00. No final do mês, na véspera do pagamento da empresa em que trabalhava sua conta apresentava um saldo de -R$ 2.300,00. No dia seguinte, com o seu salário creditado em sua conta, o saldo passou a ser de 380,00. Nesse caso, o salário que José Maria recebeu foi:

a) R$ 2.540,00
b) R$ 2.680,00
c) R$ 2.830,00
d) R$ 3.140,00
e) R$ 3.250,00

03. Considere um número inteiro X. Então, podemos concluir o seguinte:

a) o simétrico de X é igual ao antecessor de X
b) o simétrico de X é igual ao sucessor de X
c) o oposto do simétrico de X é -X
d) o simétrico do oposto de X é X
e) o oposto de X é X

04. A expressão 156 : (15 + 2^3 x 3) - 5^2 tem como resultado:

a) 21 b) 15
c) 0 d) -15
e) -21

05. Sendo A o conjunto dos números inteiros maiores que -7 e menores que -1, e B o conjunto dos números inteiros menores que -4, o conjunto dos números do conjunto B que também pertencem ao conjunto A é formado por:

a) {-5, -6}
b) {-3, -2}
c) {-4, -3}
d) {-5, -6, -7}
e) {-3, -2, -1}

Gabarito dos Exercícios Propostos

01. D 02. B 03. D 04. E 05. A

3. Conjunto dos Números Racionais

1. Introdução: Números Racionais e Frações

Consideremos a operação 14 : 5, em que o dividendo não é múltiplo do divisor. Vemos que não é possível determinar o quociente dessa divisão no conjunto dos números inteiros porque não há nenhum número inteiro que multiplicado por 5 seja igual a 14.

A partir dessa dificuldade, precisamos criar um outro conjunto que permite efetuar a operação de divisão, quando o dividendo não for múltiplo do divisor. Esse novo conjunto é o **conjunto dos números racionais ($\mathbb{Q}$).**

Definição:

Número racional é todo aquele que pode ser escrito na forma $\frac{a}{b}$ onde *a* e *b* são números inteiros e b é diferente de zero.

São exemplos de números racionais:

$$\frac{3}{5}, \frac{1}{2}, \frac{4}{3}, \frac{10}{5}, \frac{12}{24}, \frac{36}{18}, 1$$

O Significado de uma Fração

Algumas vezes, $\frac{a}{b}$ é um número inteiro. Outras vezes, isso não acontece. Neste caso, qual é o significado de $\frac{a}{b}$?

Uma fração envolve a seguinte ideia: **dividir algo em partes iguais**. Dentre essas partes, consideramos uma ou algumas, conforme nosso interesse.

Por exemplo, se Marcos comeu $\frac{4}{7}$ de um bolo. Isso significa que o bolo foi dividido em 7 partes iguais e que Marcos teria comido 4 partes:

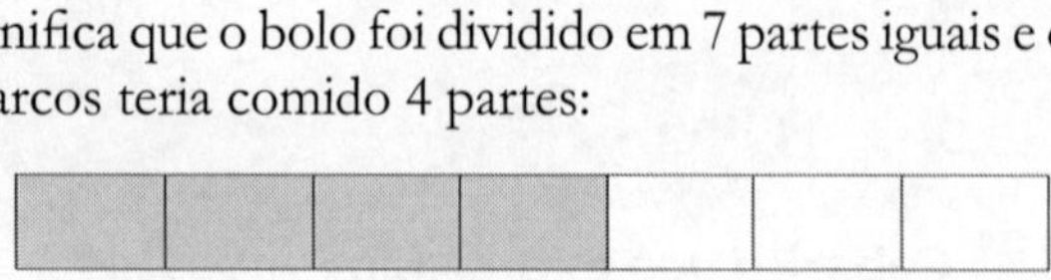

Na figura, as partes destacadas são as partes comidas por Marcos, e a parte branca é a parte que sobrou do bolo.

O **denominador** de uma fração representa em quantas partes **um todo** foi dividido e o **numerador** em quantas partes foi considerado.

Leitura das Frações

As frações recebem nomes especiais quando os denominadores são 2, 3, 4, 5, 6, 7, 8, 9 e também quando os denominadores são 10, 100, 1000, ...

$\frac{1}{2}$ um meio — $\frac{2}{5}$ dois quintos

$\frac{1}{3}$ um terço — $\frac{4}{7}$ quatro sétimos

$\frac{1}{4}$ um quarto — $\frac{7}{8}$ sete oitavos

$\frac{1}{5}$ um quinto — $\frac{12}{9}$ doze nonos

$\frac{1}{6}$ um sexto — $\frac{1}{10}$ um décimo

$\frac{1}{7}$ um sétimo — $\frac{1}{100}$ um centésimo

$\frac{1}{8}$ um oitavo — $\frac{5}{100}$ cinco centésimos

Quando o denominador é maior que 10 (e não é potência de 10), lemos o número acompanhado da palavra **"avos"**.

$\frac{1}{15}$ um quinze avos

$\frac{3}{29}$ três vinte e nove avos

$\frac{13}{85}$ treze oitenta e cinco avos

2. Classificação das Frações

Frações Ordinárias e Frações Decimais

As frações cujos denominadores são os números 10, 100, 1000 (potência de 10) são chamadas **Frações Decimais**. As outras são chamadas **Frações Ordinárias.**

Frações Próprias e Frações Impróprias

I)Frações Próprias

Observe as frações abaixo:

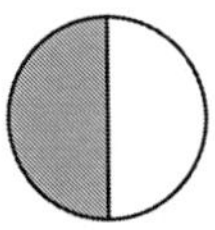

$\frac{1}{2}$

$\frac{2}{3}$

Essas frações são menores do que o inteiro. São chamadas **Frações Próprias**.

II) Frações Impróprias

Observe as frações abaixo:

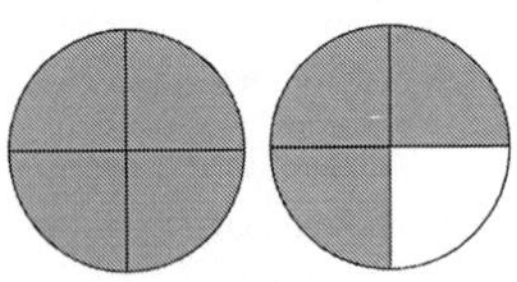

$\frac{7}{4}$

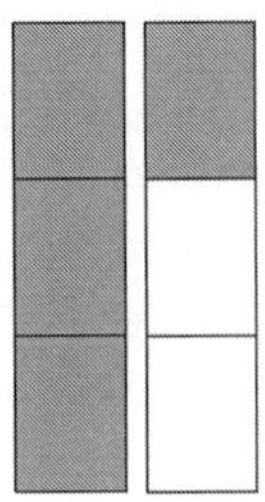

$\frac{4}{3}$

Essas frações são maiores do que o inteiro. São chamadas **Frações Impróprias**.

Nas frações impróprias, o numerador é maior que o denominador.

Quando a fração é **imprópria**, podemos transformá-la em **número misto.**

Números Mistos

Os números mistos são formados por uma parte inteira e uma fração própria.

1 inteiro 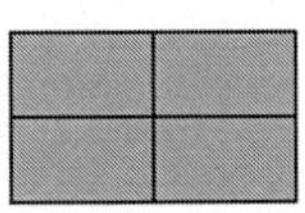 $\frac{1}{2}$ 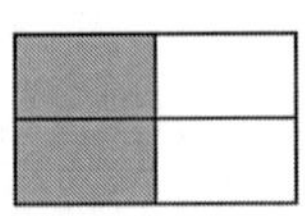

Representamos assim: $1\frac{1}{2}$

Lemos: Um inteiro e um meio

Exercícios Resolvidos

01. Classificar as seguintes frações:

a) $\frac{12}{15}$ b) $\frac{5}{4}$

c) $2\frac{3}{4}$ d) $\frac{4}{10}$

e) $\frac{24}{1000}$

Resolução:

a) Fração própria (o numerador é menor que o denominador).

b) Fração imprópria (o numerador é maior que o denominador).

c) Número misto, equivalente a fração imprópria 11/4.

d) Fração decimal.

e) Fração decimal.

02. Complete com a palavra correta:

a) Frações impróprias representam quantidades ________________ que a unidade.

b) Frações impróprias são frações cujo numerador é ________________ que o denominador.

c) Frações próprias representam quantidades ________________ que a unidade.

Resolução:

a) Maiores
b) Maior
c) Menores

Extração de Inteiros

É o processo de transformação de fração imprópria em número misto.

Observe a figura:

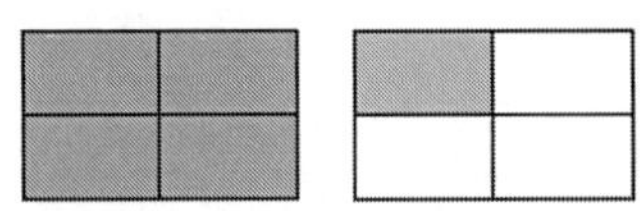

Podemos representar essa fração de duas formas:

$$1\frac{1}{4} \quad \text{ou} \quad \frac{5}{4}$$

Transformação de fração imprópria em número misto

Para transformar $\frac{5}{4}$ em número misto, ou seja, para verificar quantas vezes $\frac{4}{4}$ cabe em $\frac{5}{4}$, procede-se assim:

$$\begin{array}{r|l} 5 & 4 \\ \hline 1 & 1 \end{array}$$

Onde:
4 → denominador
1 → inteiro
1 → numerador

É só dividir o numerador pelo denominador. O quociente será a parte inteira. O resto será o numerador e conserva-se o mesmo denominador.

Transformação de número misto em fração imprópria

Transformar $1\frac{1}{4}$ em fração imprópria.

Método:

Multiplica-se a parte inteira pelo denominador e adiciona-se o numerador ao produto obtido, mantendo-se o denominador.

$$1\frac{1}{4} = \frac{(1.4+1)}{4} = \frac{5}{4}$$

Exercício Resolvido

Transforme os números mistos em frações impróprias:

a) $3\frac{1}{2}$

b) $12\frac{3}{4}$

c) $1\frac{1}{8}$

Resolução:

a) $3\frac{1}{2} = \frac{2.3+1}{2} = \frac{7}{2}$

b) $12\frac{3}{4} = \frac{4.12+3}{4} = \frac{51}{4}$

c) $1\frac{1}{8} = \frac{8.1+1}{8} = \frac{9}{8}$

Frações Aparentes

São frações que representam uma unidade, duas unidades, por exemplo, $\frac{5}{5}$, $\frac{8}{4}$ e $\frac{18}{3}$. Neste tipo de fração o numerador é sempre múltiplo do denominador.

3. Frações Equivalentes

São frações que representam **a mesma parte de um todo.**

Exemplo:

$\frac{2}{3}$

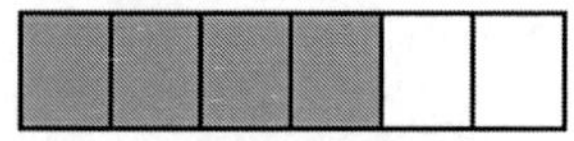

$\frac{4}{6}$

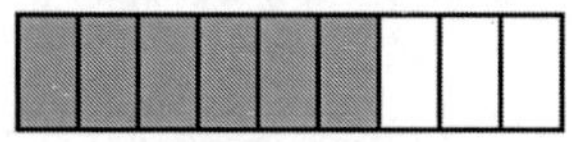

$\frac{6}{9}$

As frações $\frac{2}{3}$, $\frac{4}{6}$ e $\frac{6}{9}$ são equivalentes (representam a mesma parte de um todo).

Para obtermos uma fração equivalente a outra, basta multiplicar ou dividir o numerador e o denominador pelo mesmo número (diferente de zero).

4. Simplificação de Frações

Simplificar uma fração significa transformá-la numa fração equivalente com os termos respectivamente menores. Para isso, divide-se o numerador e o denominador por um mesmo número natural (diferente de 0 e de 1).

Quando uma fração não pode mais ser simplificada, diz-se que ela é **IRREDUTÍVEL** ou que está na sua forma mais simples.Nesse caso, o numerador e o denominador são primos entre si.

Exercícios Resolvidos

1) Simplificar as frações

a) $\frac{8}{16}$

b) $\frac{12}{18}$

Resolução:

a) A forma irredutível da fração $\frac{8}{16}$, será:

$$\frac{8}{16} = \frac{8:2}{16:2} = \frac{4:2}{8:2} = \frac{2:2}{4:2} = \frac{1}{2}$$

b) A forma irredutível da fração $\frac{12}{18}$, será:

$$\frac{12}{18} = \frac{12:6}{18:6} = \frac{2}{3}$$

A simplificação de uma fração poderá ser feita de uma única vez ou em várias divisões sucessivas.

5. Redução de Frações ao Mesmo Denominador

Reduzir duas ou mais frações ao mesmo denominador significa obter frações equivalentes às apresentadas e que tenham todas o mesmo número para denominador.

As frações $\frac{1}{2}$, $\frac{2}{3}$ e $\frac{3}{4}$ são equivalentes a $\frac{6}{12}$, $\frac{8}{12}$ e $\frac{9}{12}$ respectivamente.

Método prático:

1º) Calcula-se o m.m.c. dos denominadores das frações que será o menor denominador comum.

2º) Divide-se o m.m.c. encontrado pelos denominadores das frações dadas.

3º) Multiplica-se o quociente encontrado em cada divisão pelo numerador da respectiva fração. O produto encontrado é o novo numerador.

Exercícios resolvidos

01. Reduzir ao menor denominador comum as frações:

$$\frac{1}{2}, \frac{3}{4}, \frac{7}{6}$$

Resolução:

1º) m.m.c. (2, 4, 6) = 12 é o denominador

2,	4,	6	2
1,	2,	3	2
1,	1,	3	3
1,	1,	1	12

2º) 12 : 2 = 6
12 : 4 = 3
12 : 6 = 2

3º) $\frac{1.6}{12} = \frac{6}{12}$ $\frac{3.3}{12} = \frac{9}{12}$ $\frac{7.2}{12} = \frac{14}{12}$

Obtendo assim $\frac{6}{12}$, $\frac{9}{12}$, $\frac{14}{12}$ que são equivalentes a $\frac{1}{2}$, $\frac{3}{4}$, $\frac{7}{6}$ respectivamente.

02. Reduza as frações ao mesmo denominador:

a) $\frac{1}{8}; \frac{3}{16}$ b) $\frac{1}{2}; \frac{5}{16}; \frac{3}{12}$

Resolução:

a) O m.m.c. entre 8,16 é o próprio 16 então, tem:

$$\frac{2}{16}, \frac{3}{16}$$

b) O m.m.c. entre 2, 16, 12 é 48 então, tem:

$$\frac{24}{48}, \frac{15}{48}, \frac{12}{48}$$

6. Comparação de Frações

Comparar duas ou mais frações é dizer qual delas é a maior ou a menor.

Temos três casos a considerar:

a) Frações com o Mesmo Denominador

Se duas ou mais frações têm o mesmo denominador, **a maior é a que têm maior numerador, dessa forma,** $\frac{5}{8} > \frac{3}{8} > \frac{1}{8}$

b) Frações com o Mesmo Numerador

Se duas ou mais frações têm o mesmo numerador, **a maior é a que tem menor denominador, dessa forma** $\frac{3}{16} < \frac{3}{8} < \frac{3}{4}$

c) Frações com os Numeradores e Denominadores Diferentes

Para fazer a comparação de frações com numeradores e denominadores diferentes, reduzem-se as frações ao mesmo denominador.

Exercício Resolvido

Escreva frações as $\frac{2}{3}$, $\frac{1}{2}$ e $\frac{3}{4}$ em ordem decrescente.

Resolução:

1º) Vamos determinar o m.m.c. de 2, 3, 4.

$$\begin{array}{ccc|c} 3, & 2, & 4 & 2 \\ 3, & 1, & 2 & 2 \\ 3, & 1, & 1 & 3 \\ \hline 1, & 1, & 1 & 12 \end{array}$$

2º) Reduzir as frações ao mesmo denominador

$$\frac{2}{3}=\frac{8}{12} \qquad \frac{1}{2}=\frac{6}{12} \qquad \frac{3}{4}=\frac{9}{12}$$

3º) Ordenar as frações obtidas

$$\frac{9}{12} > \frac{8}{12} > \frac{6}{12}$$

4º) Voltar para as frações originais

$$\frac{3}{4} > \frac{2}{3} > \frac{1}{2}$$

7. Operações com Frações

Adição e Subtração de Frações

A soma ou diferença de duas frações é uma outra fração, obtida a partir do estudo dos seguintes "casos":

1º) As Frações têm o mesmo Denominador

Adicionam-se ou subtraem-se os numeradores e repete-se o denominador.

Exercícios Resolvidos

Calcule:

a) $\frac{4}{7}+\frac{2}{7}$

b) $\frac{5}{7}-\frac{2}{7}$

Resolução:

a) $\frac{4}{7}+\frac{2}{7}=\frac{6}{7}$

b) $\frac{5}{7}-\frac{2}{7}=\frac{3}{7}$

2º) As frações têm denominadores diferentes

Para somar frações com denominadores diferentes, devemos obter frações com denominadores comuns equivalentes às frações dadas. Esse denominador comum é o **m.m.c. dos denominadores.**

Exercício Resolvido

Somar as frações $\frac{4}{5}$ e $\frac{5}{2}$.

Resolução:

1º) Determinar o m.m.c. de 2 e 5

Obtendo o m.m.c. dos denominadores temos: m.m.c. (5,2) = 10.

2º) Reduzir as frações ao mesmo denominador

$$\frac{4}{5}=\frac{?}{10}(10:5).4=8 \qquad \frac{5}{2}=\frac{?}{10}(10:2).5=25$$

3º) Somar as novas frações

$$\frac{8}{10}+\frac{25}{10}=\frac{33}{10}$$

Resumindo: utilizamos o m.m.c. para obter as frações equivalentes e depois somamos normalmente as frações.

3º) Números mistos

Transformam-se os números mistos em frações impróprias e procede-se como nos casos anteriores.

Exercícios Resolvidos

01. Calcular a soma $2\frac{1}{3}+1\frac{1}{4}$

Resolução:

Vamos inicialmente transformar os números mistos em frações e depois somar essas frações.

$$2\,\frac{1}{3} + 1\,\frac{1}{4}$$

$$\frac{7}{3}+\frac{5}{4}=\frac{28}{12}+\frac{15}{12}=\frac{43}{12}=3\frac{7}{12}$$

02. Quanta falta a cada fração para completar um inteiro:

a) $\frac{1}{2}$

b) $\frac{3}{5}$

c) $\frac{7}{9}$

Resolução:

a) $\frac{1}{2} \rightarrow \frac{2}{2} - \frac{1}{2} = \frac{1}{2}$

b) $\frac{3}{5} \rightarrow \frac{5}{5} - \frac{3}{5} = \frac{2}{5}$

c) $\frac{7}{9} \rightarrow \frac{9}{9} - \frac{7}{9} = \frac{2}{9}$

Multiplicação de Frações

Na **multiplicação** de números fracionários, devemos multiplicar numerador por numerador, e denominador por denominador.

Exercício Resolvido

Calcule os seguintes produtos:

a) $\frac{8}{3} \times \frac{4}{3}$

b) $-\frac{5}{2} \times \frac{4}{3}$

Resolução:

a) $\frac{8}{3} \times \frac{4}{3} = \frac{8 \times 4}{3 \times 3} = \frac{32}{9}$

b) $-\frac{5}{2} \times \frac{4}{3} = \frac{-5 \times 4}{2 \times 3} = \frac{-20}{6} = -\frac{20}{6} = -\frac{10}{3}$

Multiplicação Cancelada

Numa multiplicação de frações, costuma-se simplificar os fatores comuns ao numerador e ao denominador antes de efetuá-la.

Exercício Resolvido

Calcule o produto $\frac{6}{5} \times \frac{10}{3} \times \frac{6}{9}$

Resolução:

$$\frac{6}{5} \times \frac{10}{3} \times \frac{6}{9} = \frac{\not{6}^{2}}{\not{5}_{1}} \times \frac{\not{1}\not{0}^{2}}{\not{3}_{1}} \times \frac{\not{6}^{2}}{\not{9}_{3}} = \frac{2}{1} \times \frac{2}{1} \times \frac{2}{3} = \frac{8}{3} = 2\frac{2}{3}$$

Divisão de Frações

Na **divisão** de números fracionários, devemos **multiplicar a primeira fração pelo inverso da segunda.**

Exemplos:

a) $\frac{8}{3} \div \frac{3}{4} \Rightarrow \frac{8}{3} \times \frac{4}{3} = \frac{32}{9}$

b) $-\frac{5}{2} \div \frac{3}{4} \Rightarrow \frac{5}{2} \times \frac{4}{3} = -\frac{20}{6} = -\frac{10}{3}$

c) $8\frac{1}{4} \div 3 \Rightarrow \frac{33}{4} \div \frac{3}{1} \Rightarrow \frac{33}{4} \times \frac{1}{3} = \frac{33}{12} = \frac{11}{4} = 2\frac{3}{4}$

Potenciação de Frações

Devemos elevar tanto o numerador quanto o denominador ao expoente.

$$\left(\frac{a}{b}\right)^{n} = \frac{a^{n}}{b^{n}},\ \mathbf{b \neq 0}$$

Por exemplo:

$$\left(\frac{2}{3}\right)^{4} = \frac{2^{4}}{3^{4}} = \frac{16}{81}$$

Expoentes Especiais

a) Para o expoente zero, continua valendo a regra dos números inteiros.

$$\left(\frac{3}{5}\right)^{0} = 1$$

b) Para o expoente um, continua valendo a regra dos números inteiros.

$$\left(\frac{8}{3}\right)^{1} = \frac{8}{3}$$

Matemática

c) Para expoente negativo, invertemos a base e transformamos em expoente negativo.

$$a^{-m} = \left(\frac{1}{a}\right)^m = \frac{1^m}{a^m} = \frac{1}{a^m}$$

$$2^{-2} = \frac{1}{2^2} = \frac{1}{4}$$

$$\left(\frac{2}{5}\right)^{-3} = \left(\frac{5}{2}\right)^3 = \frac{5^3}{2^3} = \frac{125}{8}$$

Problemas Resolvidos

01. Se $\frac{2}{3}$ dos 42 alunos de uma sala usam óculos, calcule o número de alunos que não usam óculos.

Resolução:

Se $\frac{2}{3}$ dos alunos usam óculos, então $\frac{1}{3}$ dos alunos não usam.

Portanto, $\frac{1}{3}$ de $42 = \frac{42}{3} \times 1 = 14 \times 1 = 14$

Resposta: 14 alunos não usam óculos.

02. Determine a soma dos termos de uma fração equivalente à $\frac{7}{11}$ cujo numerador é 42.

Resolução:
Uma fração equivalente à fração $\frac{7}{11}$ com numerador 42 é $\frac{42}{66}$, isto é, multiplicamos o numerador e o denominador por 6.

Portanto a soma do denominador com o numerador é: 42 + 66 = 108

Resposta: 108

03. Numa certa cidade $\frac{3}{16}$ dos moradores são de nacionalidade estrangeira. Se o total de habitantes é 56.400, calcule o número de habitantes brasileiros nessa cidade.

Resolução:

Se $\frac{3}{16}$ dos habitantes são estrangeiros, então $\frac{13}{16}$ são brasileiros.

Então $\frac{13}{16}$ de 56.400 são: $\frac{56.400}{16} \times 13 = 45.825$

Resposta: O número de habitantes brasileiros é 45.825

04. Calcule a soma entre o dobro de $\frac{3}{5}$ com o triplo de $\frac{16}{9}$.

Resolução:

O dobro de $\frac{3}{5}$ é $\frac{6}{5}$ e o triplo de $\frac{16}{9}$ é $\frac{48}{9}$.

Então temos: $\frac{6}{5} + \frac{48}{9} = \frac{54}{45} + \frac{240}{45} = \frac{294}{45} = \frac{98}{15}$

Resposta: $\frac{98}{15}$ ou $6\frac{8}{15}$

05. Determine a soma dos inversos dos números 10 e $\frac{4}{10}$.

Resolução:

O inverso de 10 é $\frac{1}{10}$ e o inverso de $\frac{4}{10}$ é $\frac{10}{4}$.

Então: $\frac{1}{10} + \frac{10}{4} = \frac{2}{20} + \frac{50}{20} = \frac{52}{20} = \frac{13}{5}$

Resposta: $\frac{13}{5}$ ou $2\frac{3}{5}$

06. Paula gastou $\frac{1}{3}$ da farinha de trigo que possuía para fazer um bolo para suas amigas, mais tarde resolveu gastar $\frac{5}{8}$ do restante da farinha para fazer uma torta. Determine a fração da farinha que sobrou.

Resolução:

1) gastou $\frac{1}{3}$ para fazer o bolo, então restaram $\frac{2}{3}$ da farinha;

2) gastou $\frac{5}{8}$ de $\frac{2}{3} = \frac{5}{8} \times \frac{2}{3} = \frac{10}{24} = \frac{5}{12}$

Portanto, restaram da farinha:

$$\frac{2}{3} - \frac{5}{12} = \frac{8}{12} - \frac{5}{12} = \frac{3}{12} = \frac{1}{4}$$

Resposta: Restou $\frac{1}{4}$ da farinha.

Exercícios de Fixação

01. **Uma torneira aberta enche de água um tanque em 10 minutos. A fração do tanque que esta torneira enche em 1 minuto é:**

a) $\frac{1}{2}$ b) $\frac{1}{4}$ c) $\frac{1}{6}$ d) $\frac{1}{8}$ e) $\frac{1}{10}$

02. **Transformando o número misto $3\frac{1}{2}$ em fração imprópria e a fração imprópria $\frac{38}{7}$ em número misto, encontramos respectivamente:**

a) $\frac{7}{2}$ e $5\frac{3}{7}$
b) $\frac{7}{2}$ e $1\frac{12}{13}$
c) $\frac{7}{2}$ e $1\frac{11}{35}$
d) $\frac{7}{2}$ e $1\frac{1}{5}$
e) $\frac{7}{2}$ e $1\frac{21}{26}$

03. **Das frações abaixo quais são as frações equivalentes a $\frac{2}{5}$.**

I. $\frac{10}{25}$
II. $\frac{3}{10}$
III. $\frac{5}{20}$
IV. $\frac{8}{20}$
V. $\frac{6}{15}$

a) I e II
b) I e III
c) I, IV e V
d) III e V
e) I e V

04. **Simplificando as frações $\frac{14}{28}$ e $\frac{6}{15}$, e deixando-as irredutíveis, encontramos respectivamente:**

a) 2/5 e 19/20
b) 1/2 e 2/5
c) 4/21 e 3/4
d) 1/4 e 1/5
e) 3/4 e 32/41

05. **Em determinada cidade, no mês de novembro, choveu 12 dias. A fração do mês de novembro que teve chuva nessa cidade é equivalente a:**

a) $\frac{6}{7}$
b) $\frac{5}{6}$
c) $\frac{4}{5}$
d) $\frac{3}{4}$
e) $\frac{2}{5}$

06. **Colocando-se as frações $\frac{3}{4}, \frac{5}{7}, \frac{8}{9}$ e $\frac{7}{6}$ em ordem crescente, obtém-se**

a) $\frac{5}{7}, \frac{8}{9}, \frac{3}{4}, \frac{7}{6}$
b) $\frac{3}{4}, \frac{5}{7}, \frac{7}{6}, \frac{8}{9}$
c) $\frac{5}{7}, \frac{3}{4}, \frac{8}{9}, \frac{7}{6}$
d) $\frac{3}{4}, \frac{7}{6}, \frac{5}{7}, \frac{8}{9}$
e) $\frac{8}{9}, \frac{7}{6}, \frac{5}{7}, \frac{3}{4}$

07. **(AG.PEN-2001) Três amigos pediram 2 pizzas. A primeira pizza foi cortada em 6 pedaços iguais. Gisele comeu 2 pedaços, João comeu 1 e Fernando 3 pedaços. A segunda pizza foi dividida em 8 pedaços iguais, dos quais Gisele comeu 3, João comeu 4 e Fernando 1 pedaço. Comparando o que cada um consumiu pode-se afirmar que:**

a) Fernando comeu menos que João.
b) João comeu mais que Gisele.
c) Fernando e Gisele comeram quantias iguais.
d) Gisele e João comeram quantias iguais.
e) Gisele comeu menos que Fernando.

08. **Efetuando $\frac{25}{3} + 1\frac{1}{4} + 1$ e escrevendo o resultado como número misto, encontramos:**

a) $10\frac{7}{12}$
b) $3\frac{5}{12}$
c) $1\frac{11}{35}$
d) $1\frac{1}{5}$
e) $1\frac{21}{26}$

09. **Em uma caixa, os lápis estão assim distribuídos: $\frac{1}{2}$ correspondem aos lápis vermelhos, $\frac{1}{5}$ são lápis azuis e $\frac{1}{4}$ são pretos. Que fração corresponde ao total de lápis que estão na caixa?**

a) 2/5
b) 19/20
c) 4/21
d) 3/4
e) 32/41

10. Efetuando a subtração $\frac{8}{5} - \frac{2}{7}$, encontramos como resultado:

a) $10\frac{7}{12}$
b) $3\frac{5}{12}$
c) $1\frac{11}{35}$
d) $1\frac{1}{5}$
e) $1\frac{21}{26}$

11. João encheu o tanque do seu carro. Gastou $\frac{2}{5}$ da gasolina para ir trabalhar e $\frac{1}{5}$ para ir passear no final de semana. Que fração sobrou de gasolina no tanque?

a) $\frac{1}{2}$ b) $\frac{1}{5}$ c) $\frac{1}{4}$ d) $\frac{2}{5}$ e) $\frac{3}{10}$

12. Efetuando os produtos $\frac{2}{5} \times \frac{9}{7} \times \frac{14}{27}$ e $3\frac{1}{2} \times \frac{5}{16} \times \frac{3}{5}$ encontramos respectivamente:

a) $\frac{4}{15}$ e $\frac{21}{32}$
b) $10\frac{7}{12}$ e $3\frac{5}{12}$
c) $1\frac{11}{35}$ e $1\frac{1}{5}$
d) $1\frac{1}{5}$ e $1\frac{21}{26}$
e) $1\frac{11}{35}$ e $1\frac{21}{26}$

13. Calculando $\frac{2}{4}$ de 32, $\frac{1}{3}$ de 930 e $\frac{5}{7}$ de 350, encontramos, respectivamente:

a) 16; 310 e 250
b) 16; 310 e 260
c) 16; 310 e 255
d) 16; 315 e 250
e) 15; 315 e 255

14. (AUX.EDUC.STO.ANDRÉ) José usou 2/9 de seu salário para pagar o aluguel de seu apartamento. Como ele recebeu de salário R$ 1.800,00, o seu aluguel foi:

a) R$ 200,00
b) R$ 250,00
c) R$ 300,00
d) R$ 350,00
e) R$ 400,00

15. (TACRIM-2000) João digitou 342 páginas de um processo. O número de páginas digitadas por Maria correspondeu à terça parte do de João; o de José correspondeu à terça do de Maria. Nestas condições, juntos, o total de páginas digitadas:

a) por Maria e João foi 423
b) por João e José foi 350
c) pelos três foi 475
d) por Maria e José foi 144
e) pelos três foi 494

16. Nelson comprou um moto, deu R$ 2.400,00 de entrada e o resto em 12 prestações iguais, cada qual correspondendo a $\frac{1}{15}$ do preço da moto. O preço pago pela moto, foi de:

a) R$ 12.300,00
b) R$ 12.200,00
c) R$ 12.100,00
d) R$ 12.000,00
e) R$ 12.500,00

17. Efetuando a divisão $\frac{3}{4} \div \frac{1}{2}$ encontramos:

a) $\frac{3}{2}$
b) $\frac{4}{15}$
c) $\frac{21}{32}$
d) $\frac{3}{4}$
e) $\frac{2}{5}$

18. Para pintar $\frac{5}{8}$ de uma parede, utilizei 25 litros de tinta. Quantos litros de tinta serão necessários para pintar toda a parede?

a) 35
b) 42
c) 40
d) 45
e) 50

19. Efetuando-se a expressão $\left[\frac{1}{5} + \frac{2}{7} + \frac{1}{10}\right] \div \frac{1}{7}$ teremos como resultado a fração:

a) $\frac{41}{70}$
b) $\frac{10}{41}$
c) $\frac{70}{41}$
d) $\frac{41}{10}$
e) $\frac{5}{29}$

20. Efetuando $\dfrac{\frac{2}{3}+\frac{2}{4}}{\frac{2}{3}-\frac{2}{4}}$ encontramos:

a) 7

b) $\frac{2}{12}$

c) $\frac{4}{7}$

d) 5

e) $\frac{14}{12}$

Gabarito dos Exercícios de Fixação

01. E	02. A	03. C	04. B	05. E
06. C	07. A	08. A	09. B	10. C
11. D	12. A	13. A	14. E	15. E
16. D	17. A	18. C	19. D	20. A

8. Números Decimais

Introdução

Já estudamos que uma fração é decimal, quando o seu denominador é o número 10 ou potência de 10, como $\frac{1}{10}$ (um décimo), $\frac{1}{100}$ (um centésimo) ou $\frac{1}{1000}$ (um milésimo).

Mas as frações decimais também podem ser representadas através de uma notação decimal que é mais conhecida por "número decimal".

Os decimais correspondentes às frações $\frac{1}{10}$, $\frac{1}{100}$ e $\frac{1}{1000}$, são respectivamente 0,1; 0,01 e 0,001.

Número Decimal

Em um número decimal, os algarismos escritos à esquerda da vírgula constituem a parte inteira e os algarismos que ficam à direita da vírgula constituem a parte decimal.

45,	74
Parte inteira	Parte decimal

Leitura de um Número Decimal

1. Enuncia-se a parte inteira, quando existe.
2. Enuncia-se o número formado pelos algarismos da parte decimal, acrescentando o nome da ordem do último algarismo.

Exercícios Resolvidos

01. Qual é a leitura para os decimais 0,245; 3,95 e 42,8

Resolução:
A leitura de 0,245

Parte Inteira	Parte Decimal		
	décimos	centésimos	milésimos
0,	2	4	5

Duzentos e quarenta e cinco milésimos

A leitura de 3,95

Parte Inteira	Parte Decimal	
	décimos	centésimos
3,	9	5

Três inteiros e noventa e cinco centésimos

Poderíamos fazer a seguinte leitura para 3,95:
Trezentos e noventa e cinco centésimos

02. Representar em forma de números decimais:
a) 35 centésimos.
b) 11 inteiros e 5 milésimos.
c) 23 inteiros e 42 centésimos.
d) 469 milésimos.

Resolução:
a) 35 centésimos = 0,35
b) 11 inteiros e 5 milésimos = 11,005
c) 23 inteiros e 42 centésimos = 23,42
d) 469 milésimos = 0,469

Transformação de Fração Decimal em Número Decimal Exato

Para escrever qualquer número fracionário decimal, na forma de "Número Decimal Exato", escreve-se o numerador da fração com tantas casas decimais quantos forem os zeros do denominador.

Exercício Resolvido

01. Escreva em forma de número decimal as seguintes frações decimais:

a) $\frac{36}{100}$

b) $\frac{5}{100}$

Resolução:

a) $\frac{36}{100} = 0{,}36$

b) $\frac{5}{100} = 0{,}05$

Transformação de Número Decimal Exato em Fração Decimal

Para transformar um número decimal numa fração decimal, escreve-se, no numerador, os algarismos desse número e no denominador, a potência de 10 correspondente à quantidade de ordens (casas) decimais.

Exercício Resolvido

03. Escreva na forma de fração decimal:
a) 0,7 = ________
b) 0,096 = ________ = ________
c) 0,04 = ________
d) 0,184 = ________
e) 3,5 = ________

Resolução:

a) $\frac{7}{10}$ b) $\frac{96}{1000}$ c) $\frac{4}{100}$ d) $\frac{184}{1000}$ e) $\frac{35}{10}$

Propriedades

1. O número decimal não muda de valor se acrescentarmos ou suprimirmos zeros à direita do último algarismo.

   Exemplo: 0,5 = 0,50 = 0,500

2. Todo número inteiro pode ser escrito na forma de número decimal, colocando-se a vírgula após o último algarismo e zero (s) a sua direita.

   Exemplo: 574 = 574,000; 1369 = 1369,00

Operações Com Números Decimais

Adição e Subtração

Para adicionar ou subtrair dois números decimais, basta escrever um abaixo do outro, deixando "**vírgula abaixo de vírgula**" e adicionar ou subtrair como se fossem números inteiros. Quando os números apresentarem, quantidade de casas diferentes será necessário completar as casas decimais com zeros à direita do último algarismo.

Exercícios Resolvidos

01. Efetuar as adições:
a) 0,9 + 7,34
b) 7,3 + 4 + 5,624
c) 9 + 0,78 + 5,53
d) 39,2 + 7,52 + 6,045

Resolução:

a) 0,9 + 7,34
Igualando as casas decimais e deixando vírgula debaixo de vírgula:

$$\begin{array}{r} 0{,}90 \\ +\ 7{,}34 \\ \hline 8{,}24 \end{array}$$

b) 7,3 + 4 + 5,624
Igualando as casas decimais e deixando vírgula debaixo de vírgula:

$$\begin{array}{r} 7{,}300 \\ +\ 4{,}000 \\ 5{,}624 \\ \hline 16{,}924 \end{array}$$

c) 9 + 0,78 + 5,53

Igualando as casas decimais e deixando vírgula debaixo de vírgula:

```
  9,00
+ 0,78
  5,53
 -----
 15,31
```

d) 39,2 + 7,52 + 6,045

Igualando as casas decimais e deixando vírgula debaixo de vírgula:

```
  39,200
+  7,520
   6,045
  ------
  52,765
```

02. Efetue as subtrações:
a) 36,45 - 1,2
b) 4,8 - 1,49
c) 9 - 2,685

Resolução:

a) 36,45 - 1,2

Igualando as casas decimais e deixando vírgula debaixo de vírgula:

```
  36,45
-  1,20
  -----
  35,25
```

b) 4,8 - 1,49

Igualando as casas decimais e deixando vírgula debaixo de vírgula:

```
  4,80
- 1,49
  ----
  3,31
```

c) 9 - 2,685

Igualando as casas decimais e deixando vírgula debaixo de vírgula:

```
  9,000
- 2,685
  -----
  6,315
```

Multiplicação

Para multiplicar números decimais, devemos:

1º Multiplicar os números decimais, como se fossem naturais;
2º No produto, colocar a vírgula contando-se da direita para a esquerda, um número de casas decimais igual à soma das casas decimais dos fatores.

Exercício Resolvido

Efetuar 2,25 x 3,5

Resolução:
Montando o dispositivo prático e multiplicando normalmente ignorando a vírgula e colocando 3 casas decimais no resultado, temos:

2,25	2 casas decimais	multiplicando
× 3,5	1 casa decimal	multiplicador
1125		
+ 675		
7,875	**3 casas decimais**	**Produto**

Regra Prática

Para multiplicar um número decimal **por 10, 100, 1000...,** basta deslocar a vírgula para a direita tantas casas quantos forem os zeros do multiplicador.

Exemplos:
a) $9,45 \times 10 = 94,5$
b) $67,4 \times 100 = 6740$
c) $0,9762 \times 1000 = 976,2$

Divisão

Para efetuarmos a divisão entre números decimais procedemos do seguinte modo:

1º) igualamos o número de casas decimais do dividendo e do divisor acrescentando zeros;

2º) eliminamos as vírgulas;

3º) efetuamos a divisão entre os números naturais obtidos.

Se a divisão não for exata, para continuá-la colocamos um zero à direita do novo dividendo, acrescentando uma vírgula no quociente.

Matemática

Exercício Resolvido

Efetuar as divisões:

a) 1,4 : 0,05
b) 6 : 0,015

Resolução:

a) 1,4 : 0,05

Para realizarmos a divisão, inicialmente:

- Igualamos as casas decimais: 1,4**0** : 0,05
- Suprimindo as vírgulas: 140 : 5
- Efetuando a divisão

$$\begin{array}{r|l} 140 & 5 \\ 40 & \mathbf{28} \\ 0 & \end{array}$$

Logo, o quociente de 1,4 por 0,05 é 28.

b) 6 : 0,015

- Igualamos as casas decimais: 6,000 : 0,015
- Suprimindo as vírgulas: 6.000 : 15
- Efetuando a divisão

$$\begin{array}{r|l} 6.000 & 15 \\ 000 & \mathbf{400} \end{array}$$

Logo, o quociente de 6 por 0,015 é 400

Regra Prática

Para dividir um número decimal por **10, 100 ou 1000...,** basta deslocar a vírgula no dividendo para a esquerda tantas casas quantos forem os zeros do divisor.

Exemplos:

a) Dividir 98,235 por 10. Basta deslocar a vírgula uma casa para esquerda.
$98,235 \div 10 = 9,8235$

b) Dividir 75,6 por 100. Basta deslocar a vírgula duas casas para a esquerda.
$75,6 \div 100 = 0,756$

Potenciação de Números Decimais

As potências nas quais a base é um número decimal e o expoente um número natural seguem as mesmas regras desta operação, já definidas. Assim:

$(3,5)^2 = 3,5 \cdot 3,5 = 12,25$

$(0,4)^3 = 0,4 \cdot 0,4 \cdot 0,4 = 0,064$

$(0,64)^1 = 0,64$

$(0,15)^2 = 0,0225$

Exercício Resolvido

Calcule:

a) $(0,12)^2$
b) $(1,3)^3$

Resolução:

a) $(0,12)^2 = (0,12) \times (0,12) = 0,0144$
b) $(1,3)^3 = (1,3) \times (1,3) \times (1,3) = 2,197$

Dízima Periódica e Fração Geratriz

Todo número racional resulta da divisão de dois números inteiros. A divisão pode resultar em um número inteiro ou decimal.

Convém lembrar que temos decimais exatos.

Exemplo: 2,45; 0,256; 12,5689; 12,5689

Há frações que não possuem representação decimal exata. Por exemplo:

$\frac{1}{3} = 0,333...$ $\frac{5}{6} = 0,8333...$

Aos numerais decimais em que há repetição periódica e infinita de um ou mais algarismos, dá-se o nome de numerais decimais periódicos ou **dízimas periódicas.**

Numa dízima periódica, o algarismo ou algarismos que se repetem infinitamente, constituem o **período dessa dízima.**

Consideramos a parte não periódica de uma dízima o termo situado entre a vírgula e o período. Excluímos, portanto, da parte não periódica, o inteiro.

As dízimas classificam-se em **dízimas periódicas simples e dízimas periódicas compostas.**

Exemplos:

$\frac{5}{9} = 0,555...$ (Período: 5)

$\frac{7}{3} = 2,333...$ (Período: 3)

$\frac{4}{33} = 0,1212...$ (Período: 12)

São **dízimas periódicas simples**, uma vez que o período apresenta-se logo após a vírgula.

$\frac{1}{45} = 0,0222...$
Período: 2
Parte não Periódica: 0

$\frac{1.039}{900} = 1,15444...$
Período: 4
Parte não Periódica: 15

São **dízimas periódicas compostas**, uma vez que entre o período e a vírgula existe uma parte não periódica.

Representações de uma dízima

Podemos representar uma dízima periódica das seguintes maneiras:

0,555... ou $0,\bar{5}$	0,0222... ou $0,0\bar{2}$
2,333... ou $2,\bar{3}$	1,15444... ou $1,15\bar{4}$

Transformando fração em decimal

Para transformarmos uma fração em um decimal, faremos a divisão entre o numerador e o denominador da fração.

Exercícios Resolvidos

01. Converta $\frac{3}{4}$ em número decimal.

Resolução:
Vamos dividir 3 por 4.

```
30 |4
 20  0,75
  0
```

Logo, $\frac{3}{4}$ é igual a 0,75 que é um **decimal exato.**

02. Converta $\frac{1}{3}$ em número decimal.

Resolução:
Vamos dividir 1 por 3.

```
10 |3
 10  0,333...
  10
   1
```

Logo, $\frac{1}{3}$ é igual a 0,333... que é uma **dízima periódica simples.**

03. Converta $\frac{5}{6}$ em número decimal.

Resolução:
Vamos dividir 5 por 6

```
50 |6
 20  0,8333...
  20
   20
    2
```

Logo, $\frac{5}{6}$ é igual a 0,8333... que é uma **dízima periódica composta.**

Geratriz de uma Dízima Periódica

É possível determinar a fração que deu origem a uma dízima periódica. Denominamos esta fração de **geratriz da dízima periódica.**

Procedimentos para determinação de uma dízima:

Dízima simples
A geratriz de uma dízima simples é uma fração que tem para numerador o período e para denominador tantos noves quantos forem os algarismos do período.

Exemplos:

$$0,777... = \frac{7}{9}$$

$$0,105105105... = \frac{105}{999}$$

$$0,232323... = \frac{23}{99}$$

$$7,323232... = 7\frac{32}{99}$$

Exercícios Resolvidos

01. Achar as frações geratrizes de:
a) 0,222...
b) 0,242424...
c) 0,235235235...

Resolução:
Nos três casos temos dízimas periódicas simples. Nesse caso a fração geratriz será aquela que o numerador é o próprio período e o denominador terá tantos noves quantos forem os algarismos do período. Então temos:

a) $0,222... = 0,222... = \frac{2}{9}$ (período com 1 algarismo)

b) $0,242424... = \frac{24}{99} = \frac{8}{33}$ (período com 2 algarismos)

c) $0,235235235... = \frac{235}{999}$ (período com 3 algarismos)

02. Achar a fração geratriz de 3,242424...

Resolução:
Inicialmente, iremos separar a parte inteira da parte decimal.
3,242424...= 3 + 0,242424...=

E transformaremos a dízima em fração

$$3 + \frac{24}{99} = 3 + \frac{8}{33} = \frac{99+8}{33} = \frac{107}{33}$$

Matemática

Dízima composta

A geratriz de uma dízima composta é uma fração da forma $\frac{n}{d}$, onde:

n: parte não-periódica seguida do período, menos a parte não-periódica.

d: tantos noves quantos forem os algarismos do período seguidos de tantos zeros quantos forem os algarismos da parte não-periódica.

Exercício Resolvido

Achar a fração geratriz de 2,13444...

Resolução:
Agora trata-se de uma dízima periódica composta em que o período é 4 e o anti-período é 13 e a parte inteira é 2.

Então temos:

Numerador da fração geratriz: O anti-período seguido de um período menos o anti-período: 2134-213 = 1921

Denominador da fração geratriz: Tantos noves quantos forem os algarismos do período seguidos de tantos zeros quantos forem os algarismos do anti-período: 900.

Portanto a fração geratriz fica: 1921/900

Exercícios de Fixação

01. Dividindo-se o maior dos números x = 0,21, y = 0,28, z = 0,42, pelo número do meio, obtém-se:

a) -15
b) -0,75
c) 0,75
d) 1,25
e) 1,5

02. Comparando-se os números A = 60 x 0,001 e B = 0,6 x 0,1, podemos dizer que:

a) B = A
b) A = 5B
c) B = 10A
d) A = 10B
e) B = 6A

03. (ESCR.FERNANDÓPOLIS-99) Um décimo dividido por 100 é igual:

a) 10
b) 100
c) 0,10
d) 0,01
e) 0,001

04. (ESCR.JUD.SP) Qual o resultado de 1,68 ÷ 336?

a) 0,50
b) 0,048
c) 0,005
d) 5
e) 500

05. (TELERJ) Somando-se o maior e o menor dos números a = 0,5129, b = 0,9, c = 0,89 e d = 0,289, obtém-se:

a) 0,8019
b) 1,179
c) 1,189
d) 1,4129
e) 1,428

06. (TELERJ) Dividindo-se 0,42 por 2,1, obtemos:

a) 20
b) 2
c) 0,2
d) 0,02
e) 0,002

07. (TRE_96) A fração 0,0104/0,65 é equivalente a:

a) $\frac{1}{250}$
b) $\frac{2}{125}$
c) $\frac{1}{50}$
d) $\frac{3}{125}$
e) $\frac{7}{250}$

08. A dízima periódica 0,16666666.., é igual a:

a) $\frac{16}{99}$
b) $\frac{1}{9}$
c) $\frac{8}{45}$
d) $\frac{1}{6}$
e) $\frac{5}{33}$

09. (CEE-1998) Um camelô comprou no Paraguai, 180 bugigangas por R$ 468,00. Querendo lucrar R$ 234,00 com a venda desses produtos, ele deverá vender cada unidade por:

a) R$ 2,60
b) R$ 2,90
c) R$ 3,10
d) R$ 3,90
e) R$ 4,50

10. (OF.PROMOTORIA-01) Uma parede com 18 m² de área está pintada com duas cores: a de cor amarela corresponde a $\frac{3}{5}$ da área total e a de cor azul corresponde a $\frac{2}{3}$ da área amarela. Então, a área pintada de azul é de:

a) 14,4 m^2
b) 12,0 m^2
c) 10,8 m^2
d) 7,2 m^2
e) 3,6 m^2

Gabarito dos Exercícios de Fixação

01. E	**02. A**	**03. E**	**04. C**	**05. C**
06. C	**07. B**	**08. D**	**09. D**	**10. D**

Exercícios Propostos

01. (ATEN.JUD.) Se $a = \frac{3}{4}$; $b = \frac{1}{2}$ e $c = \frac{2}{3}$, então:

a) a : b = c
b) a = b + c
c) a = b : c
d) a = b.c
e) a = b = c

02. (ESCT.VOTUPORANGA) De um recipiente de água de 200 litros foram retirados 50 litros. Que fração de água ainda restou?

a) $\frac{1}{4}$
b) $\frac{1}{5}$
c) $\frac{3}{4}$
d) $\frac{2}{5}$
e) $\frac{3}{5}$

03. (PRF-1998) A distância entre duas cidades A e B é de 265 quilômetros e o único posto de gasolina entre elas encontra-se a $\frac{3}{5}$ desta distância, partindo de A. O total de quilômetros a serem percorridos da cidade B até este posto é de:

a) 57
b) 106
c) 110
d) 159
e) 212

04. (AG.PEN.-2001) Um consumidor residencial gastou em junho 240 kWh de energia elétrica. Desse consumo, a geladeira foi responsável por $\frac{1}{3}$, o chuveiro, por $\frac{1}{4}$ e a televisão, por $\frac{1}{12}$. O restante foi consumido por lâmpadas do tipo comum. Se estas tivessem sido trocadas por lâmpadas econômicas, que consomem $\frac{1}{4}$ da energia utilizada por lâmpadas comuns, a economia, nesse mês, teria sido de:

a) 15 kWh
b) 20 kWh
c) 40 kWh
d) 60 kWh
e) 80 kWh

05 (AUX.EDUC.STO.ANDRÉ) Numa prova de matemática com 35 questões, Marluce acertou $\frac{3}{5}$ e Artur $\frac{5}{7}$. Artur acertou a mais que Marluce:

a) 1 questão
b) 2 questões
c) 3 questões
d) 4 questões
e) 5 questões

06. Augusto construiu sua casa em $\frac{3}{7}$ do seu lote. Dias depois plantou frutas em $\frac{1}{3}$ do restante. A fração do terreno que foi destinado ao plantio de frutas, é igual a:

a) $\frac{4}{21}$
b) $\frac{3}{7}$
c) $\frac{1}{3}$
d) $\frac{3}{5}$
e) $\frac{1}{4}$

07. Uma família tem $\frac{1}{3}$ de homens, $\frac{1}{4}$ de mulheres e 25 crianças. Qual o total de pessoas da família?

a) 40
b) 50
c) 60
d) 70
e) 80

08. Maria Clara gasta com passagens $4,35 por dia, de 2ª a 6ª feira. Nos sábados gasta apenas $3,00 e domingo nunca sai de casa. Num mês de 30 dias, começado numa 2ª feira, o total gasto por Maria Clara em transporte foi, em reais:

a) R$ 137,70
b) R$ 107,70
c) R$ 127,70
d) R$ 97,70
e) R$ 117,70

09. Um estacionamento para automóveis tem a seguinte tabela de preços:

R$ 1,20	→	1ª hora
R$ 0,50	→	a partir da 2ª hora

Se um automóvel ficar estacionado 6 horas, o seu proprietário deverá pagar a seguinte quantia:

a) R$ 3,50
b) R$ 4,10
c) R$ 3,70
d) R$ 4,30
e) R$ 3,90

10. Considere os preços abaixo pesquisados nos supermercados A e B, do País das Maravilhas.

produto	A	B
feijão	R$ 0,98	R$ 0,87
sabonete	R$ 0,25	R$ 0,29
molho de tomate	R$ 0,49	R$ 0,53
manteiga	R$ 0,88	R$ 0,93
café	R$ 2,08	R$ 1,99

Procurando sempre os preços mais baixos, uma pessoa com R$ 2,00 poderá comprar o seguinte grupo de produtos:

a) sabonete / molho de tomate/ manteiga
b) feijão / manteiga / molho de tomate
c) molho de tomate / café / sabonete
d) feijão / molho de tomate / café
e) café / sabonete / manteiga

Gabarito dos Exercícios Propostos

01. C	02. C	03. B	04. D	05. D
06. A	07. C	08. B	09. C	10. A

4. Unidades de Medidas

1. Introdução

Grandeza Primitiva

É qualquer coisa passível de ser medida. São exemplos de grandezas: comprimento, tempo, massa, área, volume, ângulo etc.

Medir uma grandeza é compará-la com outra de mesma espécie chamada de **unidade padrão.**

Adotamos o **Sistema Internacional de Unidades (SI)** que considera como grandeza, a massa e o tempo, com o objetivo de padronizar os nomes e símbolos das unidades. Três de suas unidades fundamentais são: o metro (m), o quilograma (kg) e o segundo (s).

Vamos estudar as medidas em dois Sistemas Métricos: Decimal e Não Decimal.

2. Sistema Métrico Decimal

O sistema métrico decimal surgiu da necessidade de se adotar medidas padrão para as várias grandezas conhecidas. **Chama-se métrico decimal** porque a palavra metro deriva da palavra medida. As transformações para unidades inferiores ou superiores são feitas multiplicando-se ou dividindo-se por 10, 100, 1.000, 10.000 etc.

No Sistema Métrico Decimal, estudaremos as medidas de Comprimento, Superfície, Volume, Capacidade e Massa e as respectivas unidades de medida.

Os submúltiplos são as medidas menores que o padrão, os seus nomes serão formados pela composição de um prefixo e uma terminação, que é o nome do padrão usado. Os prefixos mais habituais são o deci (d), o centi (c) e o mili (m).

Os múltiplos são as medidas maiores que o padrão, os seus nomes serão formados pela composição de um prefixo e uma terminação, que é o nome do padrão usado. Os prefixos mais habituais são: o quilo (k), o hecto (h) e o deca (da).

Grafia
- Os prefixos citados não são escritos com letras maiúsculas.
- As abreviações das unidades não levam o s, de plural.

3. Unidades de Comprimento

A unidade fundamental da medida de comprimento é o metro linear, abreviado por m, e também o padrão de medida.

Curiosidade:
1m = 1.650.763,73 comprimentos de onda no vácuo da radiação laranja-avermelhada, correspondente à transição entre os níveis $2p^{10}$ e $5d^{5}$ do átomo de criptônio 86.

Múltiplos e Submúltiplos do Metro

Além da unidade fundamental de comprimento**, o metro**, existe ainda os seus múltiplos e submúltiplos:

Múltiplos do metro		
quilômetro	**hectômetro**	**decâmetro**
km	hm	dam
1.000m	100m	10m

Submúltiplos do metro		
decímetro	**centímetro**	**milímetro**
dm	cm	mm
0,1m	0,01m	0,001m

Transformações das Unidades de Comprimento

1)Devemos **multiplicar por 10, 100, 1.000 etc..** quando queremos transformar **unidades maiores para menores**, bastando para isso **deslocar a vírgula para a direita uma, duas, três etc. casas.**

2)Devemos **dividir por 10, 100, 1.000 etc.** quando queremos transformar **unidades menores para maiores**, bastando para isso **deslocar a vírgula para a esquerda uma, duas, três etc. casas.**

Veja a tabela abaixo:

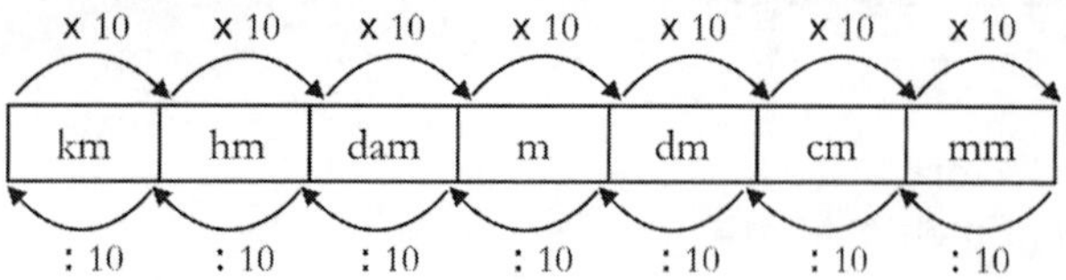

Exemplos:

a) 12,3659 km = 12365,9m.
A vírgula deslocou-se **para a direita 3 casas.**

b) 5,3cm = 0,053m.
A vírgula deslocou-se **para a esquerda 2 casas.**

c) 1565,34dm = 1,56534hm.
A vírgula deslocou-se **para a esquerda 3 casas.**

d) 12,4dam = 124000mm.
A vírgula deslocou-se **para a direita 4 casas.**
Neste caso foram acrescentados 3 zeros, porque a vírgula teve que se deslocar 4 casas para a direita.

4. Unidades de Superfície

A unidade fundamental de superfície chama-se **metro quadrado.**

O metro quadrado (m^2) é a medida correspondente à superfície de um **quadrado com 1 metro de lado.**

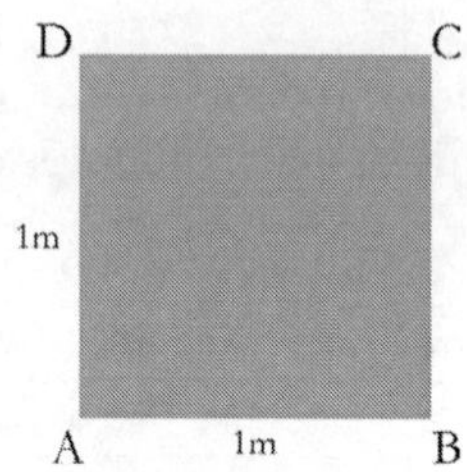

Múltiplos e Submúltiplos do metro quadrado

Além da unidade fundamental de comprimento, **o metro quadrado**, existe ainda os seus múltiplos e submúltiplos:

Múltiplos do m²		
quilômetro quadrado	**hectômetro quadrado**	**decâmetro quadrado**
km^2	hm^2	dam^2
$1.000.000m^2$	$10.000m^2$	$100m^2$

Submúltiplos do m²		
decímetro quadrado	**centímetro quadrado**	**milímetro quadrado**
dm^2	cm^2	mm^2
$0,01m^2$	$0,0001m^2$	$0,000001m^2$

Transformações das Unidades de Superfície

Nas transformações das unidades de superfície, **devemos observar que cada unidade de superfície é 100 vezes maior que a unidade imediatamente inferior.**

Veja o esquema abaixo:

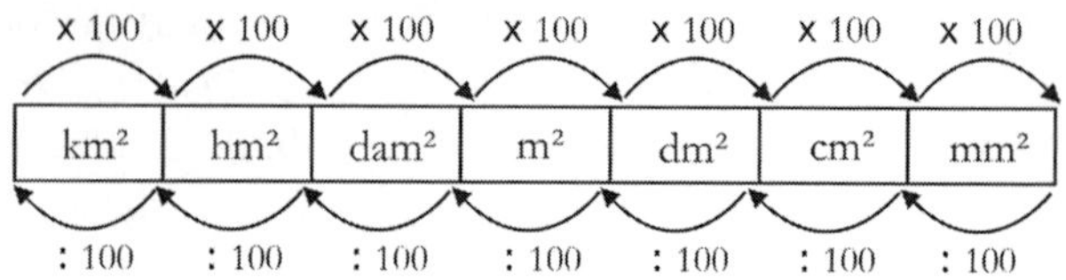

Exemplos:

a) $2,87654km^2 = 2876540m^2$.
A vírgula deslocou-se **6 casas para a direita.**

b) $4987,54cm^2 = 0,498754m^2$.
A vírgula deslocou-se **4 casas para a esquerda.**

c) $2,98345hm^2 = 298,345dam^2$.
A vírgula deslocou-se **2 casas para a direita.**

d) $0,00047dam^2 = 470cm^2$.
A vírgula deslocou-se **6 casas para a direita.**

Medidas Agrárias

As medidas agrárias são utilizadas para medir superfícies de campo, plantações, pastos, fazendas, etc. A principal unidade destas medidas é o **are (*a*).** Possui um múltiplo, o **hectare (*ha*)**, e um submúltiplo, o **centiare (*ca*).**

Múltiplos e Submúltiplos do are		
hectare (ha)	**are (a)**	**centiare (ca)**
100a	1a	0,01a

Relações entre as Medidas de Superfície e as Medidas Agrárias

☞ 1 are = $100m^2$

☞ 1 hectare = 100are = $10.000m^2$

☞ 1 centiare = 0,01are = $1m^2$

Exemplos:

a) 3,5are = $350m^2$

b) $78,62m^2$ = 0,7862are

c) 9,85ha = 985ares = $98500m^2$

d) 15,378ca = 0,15378are

5. Unidades de Volume

Volume é a medida do espaço ocupado por um sólido, em certa unidade. A unidade padrão de volume é o **metro cúbico (m^3).** O metro cúbico é o espaço ocupado por um **cubo de 1 m de aresta**

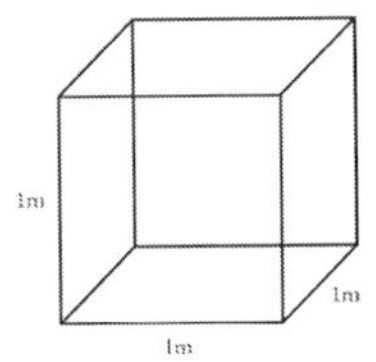

Múltiplos e Submúltiplos do metro cúbico

Além da unidade fundamental de comprimento, o **metro cúbico**, existe ainda os seus múltiplos e submúltiplos:

Múltiplos do m^3		
quilômetro cúbico	**hectômetro cúbico**	**decâmetro cúbico**
km^3	hm^3	dam^3
$1.000.000.000m^3$	$1.000.000\ m^3$	$1.000m^3$

Submúltiplos do m^3		
decímetro cúbico	**centímetro cúbico**	**milímetro cúbico**
dm^3	cm^3	mm^3
$0,001m^3$	$0,000001m^3$	$0,000000001\ m^3$

Transformações das Unidades de Volume

Nas transformações das unidades de volume, devemos lembrar que cada unidade de volume é 1.000 maior que a unidade imediatamente inferior.

Veja o esquema abaixo:

x 1.000 x 1.000 x 1.000 x 1.000 x 1.000 x 1.000 x 1.000

km^3	hm^3	dam^3	m^3	dm^3	cm^3	mm^3

: 1.000 : 1.000 : 1.000 : 1.000 : 1.000 : 1.000 : 1.000

Exemplos:

a) $0,4659804km^3 = 465980400m^3$.
A vírgula deslocou-se **9 casas para a direita.**

b) $8649,32dm^3 = 8,64932m^3$.
A vírgula deslocou-se **3 casas para a esquerda.**

c) $0,004682dam^3 = 4682dm^3$.
A vírgula deslocou-se **6 casas para a direita.**

d) $934502,3mm^3 = 0,9345023dm^3$.
A vírgula deslocou-se **6 casas para a esquerda.**

6. Unidades de Capacidade

Capacidade é o volume interno de um recipiente. A quantidade de líquido é igual ao volume interno de um recipiente. Afinal, quando enchemos este recipiente, o líquido assume a forma do mesmo. A unidade fundamental de capacidade chama-se **litro(L).**

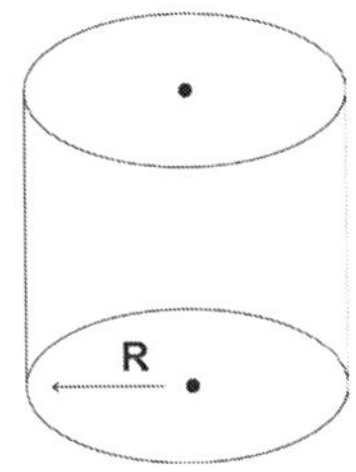

Múltiplos e Submúltiplos do litro

Além da unidade fundamental de comprimento**, o litro**, existe ainda os seus múltiplos e submúltiplos:

Múltiplos do L		
quilolitro	**hectolitro**	**decalitro**
kL	hL	daL
1000L	100L	10L

Submúltiplos do L		
decilitro	**centilitro**	**mililitro**
dL	cL	mL
0,1L	0,01L	0,001L

Transformações das Unidades

Nas transformações das unidades de capacidade, no sistema métrico decimal, devemos lembrar que **cada unidade de capacidade é 10 vezes maior que a unidade imediatamente inferior.**

Veja o esquema abaixo:

x 10 x 10 x 10 x 10 x 10 x 10 x 10

kL	hL	daL	L	dL	cL	mL

: 10 : 10 : 10 : 10 : 10 : 10 : 10

Exemplos:

a) 3,496kL = 3496L
A vírgula deslocou-se **3 casas para a direita.**

b) 6,45dL = 0,00645hL
A vírgula deslocou-se **3 casas para a esquerda.**

Relação entre volume e capacidade

Litro é a capacidade de um cubo que tem **1dm de aresta.**

$$1L = 1dm^3$$

- $1m^3$ = 1.000 litros
- $1cm^3$ = 1 mililitro

Exemplos:

a) $0,45683m^3$ = 456,83 litros.
A vírgula deslocou-se **3 casas para a direita.**

b) 54,6 litros = $0,0546m^3$.
A vírgula deslocou-se **3 casas para a esquerda.**

c) $94,6dm^3$ = 94,6 litros.
Relação de **um para um.**

d) 7,2kL = 7.200 litros = $7,2m^3$

e) 0,34daL = 3,4 litros = $0,0034m^3$

7. Unidades de Massa

O quilograma é a unidade fundamental de massa e corresponde a massa de 1 dm^3 de água destilada, nas condições normais de temperatura e pressão atmosférica.

Nota: A massa de 1kg é muito próxima da massa 1L de água destilada (pura) à temperatura de 4ºC e 1 atm de pressão.

Múltiplos e Submúltiplos do grama

Além da unidade fundamental de comprimento, **o grama**, existe ainda os seus múltiplos e submúltiplos:

Múltiplos do g		
quilograma	**hectograma**	**decagrama**
kg	hg	dag
1.000g	100g	10g

submúltiplos do g		
decigrama	**centigrama**	**miligrama**
dg	cg	mg
0,1g	0,01g	0,001g

Transformações das Unidades de Massa

Cada unidade de massa é **10 vezes maior que a unidade imediatamente inferior.**

Veja o esquema abaixo:

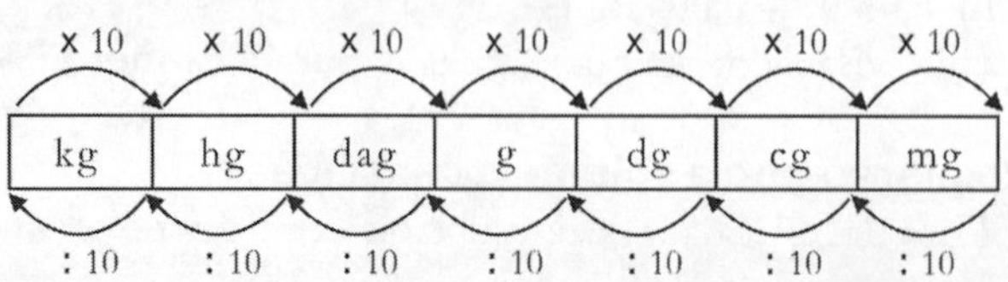

Exemplos:

a) 3,8975kg = 3897,5 g.
A vírgula deslocou-se **3 casas para a direita.**

b) 94564,23dg = 945,6423dag.
A vírgula deslocou-se **2 casas para a esquerda.**

c) 0,34hg = 34000mg.
A vírgula deslocou-se **5 casas para a direita.**

d) 764,2cg = 0,007642kg.
A vírgula deslocou-se **5 casas para a esquerda.**

Outras relações importantes

1 tonelada = 1.000kg
1 arroba = 15kg

Exemplos:

a) 3,4 toneladas = 3.400kg.
A vírgula deslocou-se **3 casas para a direita.**

b) 98754,32kg = 98,75432 toneladas

c) 20 arrobas = 20 x 15 = 300kg

d) 1.200kg = 1.200 : 15 = 80 arrobas

8. Sistema Métrico Não Decimal

No Sistema Métrico não Decimal, a relação entre as unidades não são potencias de 10. Nesse caso veremos as Medidas de Tempo e as de Ângulos.

9. Unidades de Tempo

A unidade de tempo escolhida como padrão é o segundo(s), que corresponde ao intervalo de tempo igual a 1/86.400 do dia solar, aproximadamente.

São alguns múltiplos do segundo:

1) **1 minuto (min) = 60 segundos**
2) **1 hora(h) = 60 minutos ou**
1 hora (h) = 3.600 segundos
3) **1 dia(d) = 24 horas (aproximadamente)**
1 dia = 1.440 minutos
1 dia = 86.400 segundos

Representação das unidades de tempo

Forma Complexa

a) 15 horas e 30 minutos: 15h30min
b) 12 dias 20 horas e 15 minutos = 12d20h15min
c) $\frac{1}{10}$h = 6min

Forma Decimal

a) 15 horas e 30 minutos: 15,5h

b) 12 dias 20 horas e 15 minutos = 12,84375d

c) $\frac{1}{10}h = 0{,}1h$

Transformação da forma decimal para complexa

A representação 7,20h não representa 7h 20 min, pois o sistema de medidas de tempo não é decimal. Dessa 7,20h representam:

7,20h = 7h + 0,20h = 7h + 0,20 x 60min = 7h + 12min

Portanto 7,2h = 7h12min

Operações

Adição: Colocar unidades iguais embaixo de unidades iguais e somar cada grupo separadamente, o excedente transformar para a unidade superior.

Exemplo: Calcule 9h 25min + 5h 45min

$$\begin{array}{rr} 9h & 25min \\ 5h & 45min\ + \\ \hline 14h & 70min \end{array}$$

Como 70min = 1h + 10min, então temos 15h 10min

Subtração: Colocar unidades iguais embaixo de unidades iguais e subtrair cada grupo separadamente, se houver algum valor dos grupos da parte de cima, menor que os valores da parte de baixo do dispositivo, teremos que "emprestar", para realizarmos a operação:

Exemplo: Calcule 10h 20min – 4h 45min

Como não é possível subtrair 45min de 20min, pedimos emprestado uma unidade na ordem imediatamente superior. Dessa forma pegaremos 1 hora e transformaremos em 60 minutos

10h 20min = 9h 80min

$$\begin{array}{rr} 9h & 80min \\ 4h & 45min\ - \\ \hline 5h & 35min \end{array}$$

Multiplicação: Multiplicar cada elemento pelo número real.

$$\begin{array}{rrr} 9h & 15min & 31s \\ & & x\,5 \\ \hline 35h & 75min & 155s \end{array}$$

Transformando, teremos: 1d 12h 17min 35s

Divisão: Quando o resto da divisão é menor que o divisor, transformamos o resto para a unidade imediatamente abaixo.

Exemplo: Calcule 21h 28min : 4

$$\begin{array}{l|l} 21h \quad 28min & 4 \\ \cline{2-2} 1h = 1x60min & 5h \quad 22min \\ \cline{1-1} 60h + 28min = 88min & \end{array}$$

10. Unidades de Ângulo

A unidade de ângulo escolhida como padrão é o grau (°), que corresponde a 1/90 de um ângulo reto.

São alguns submúltiplos do grau:

1) 1° = 60' (minutos)

2) 1° = 3.600"(segundos)

Representação das unidades de ângulo

Forma Complexa

a) 15 graus e 30 minutos: 15°30'

b) 12 graus 30 minutos e 36 segundos = 12°30'36"

Forma Decimal

a) 15 graus e 30 minutos: 15,5°

b) 12 graus 30 minutos e 36 segundos = 12,51°

Transformação da forma decimal para complexa

A representação 7,4° não representa 7° 4', pois o sistema de medidas de ângulo não é decimal. Corretamente 7,4° representam:

7,4° = 7° + 0,4° = 7° + 0,4 x 60' = 7° + 24'

Portanto 7,4° = 7°24'

Operações

As operações com ângulos seguem os mesmos procedimentos já vistos para as operações com as unidades de tempo.

Exercícios de Fixação

a) Unidades de comprimento

01. Assinale a alternativa que corresponde aos resultados das operações abaixo, transformados em metros.

(I) 18dm + 55,7cm + 300mm

(II) 2,5km + 86hm + 13,6dam

a) (I) 2,657m e (II) 11236m
b) (I) 26,57m e (II) 11,236m
c) (I) 365,7m e (II) 222,36m
d) (I) 3657m e (II) 2232,6m

02. Uma tartaruga percorreu, num dia, 6,05hm. No dia seguinte, percorreu mais 0,72km e, no terceiro dia, mais 12.500cm. Podemos dizer que essa tartaruga percorreu nos três dias uma distância de:

a) 1.450m
b) 12.506,77m
c) 14.500m
d) 12.506m
e) n.d.a.

03. Um presente é amarrado com uma fita como mostra a figura.

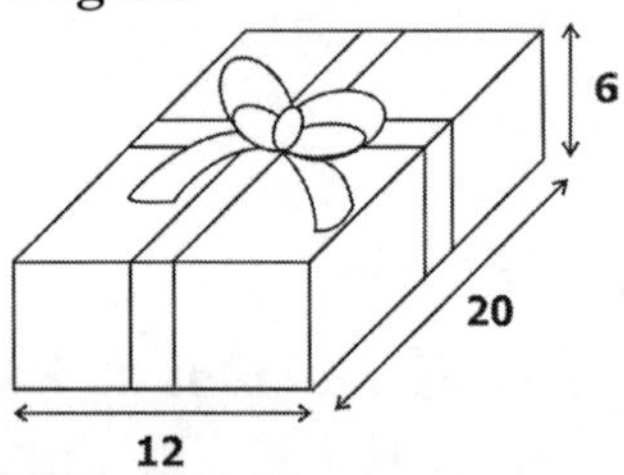

Se são necessários 30cm de fita apenas para o laço ornamental, o comprimento total da fita, em cm, é:

a) 148
b) 138
c) 128
d) 118
e) 108

b) Unidades de superfície

04. Quantos metros quadrados há em $17,35hm^2$?

a) 0,1735
b) 173,5
c) 1.735
d) 17.350
e) 173.500

05. (TELERJ) $0,17hm^2 + 1,3dam^2 + 1100dm^2 =$

a) $140m^2$
b) $410m^2$
c) $579m^2$
d) $1283m^2$
e) $1841m^2$

06. O resultado da operação 3ha + 15a + 4ca, em metros quadrados é igual a:

a) $24.529,638m^2$
b) $548.972m^2$
c) $266.000m^2$
d) $31.504m^2$
e) $1.305dam^2$

c) Unidades de volume

07. (Empasial) Expresse em hm^3, $87.020.000dm^3$:

a) 0,08702
b) 0,8702
c) 8,702
d) 0,008702
e) 87,02

08. (Esaf) 100dm x 0,1dam x 100mm é igual a:

a) $0,010m^3$
b) $10m^3$
c) $100m^3$
d) $1m^3$
e) $0,100m^3$

d) Unidades de capacidade

09. (Empasial). Quantas garrafas de 750mL posso encher com suco de laranja se tenho estocado 15.000 litros de suco?

a) 2.000
b) 1.500
c) 7.500
d) 20.000
e) 15.000

10. Uma fábrica de vinho armazena o produto em tonéis com capacidade para 25 litros; e vende esse vinho, no varejo, em garrafas de 750ml. Um tonel cheio até 3/5 de sua capacidade tem vinho suficiente para encher um número de garrafas correspondente a:

a) 8
b) 10
c) 15
d) 20
e) 25

11. (Empasial) Um cubo de $13.800cm^3$ é capaz de conter quantos litros d'água?

a) 0,138
b) 1,38
c) 13,8
d) 138
e) 1.380

12. O consumo mensal de água em uma lavanderia é de $216,5m^3$. A quantidade de litros de água que nela se gasta por ano é:

a) 25.980
b) 259.800
c) 25.920
d) 216.000
e) 2.598.000

e) Unidades de massa

13. (Empasial) Após transformar as parcelas para dg ,efetue a operação:

$$0,08kg + 380cg + 4,31dag =$$

a) 54,9
b) 51,49
c) 1.269
d) 549
e) 514,9

14. (Empasial) Complete: 350kg de farinha enchem 1.400 sacos iguais de:

a) 0,25g b) 2,5g
c) 25g d) 250g
e) 2.500g

f) Unidades de tempo

15. Quantas horas estão contidas em 113.160 minutos?

a) 1.486 b) 1.586
c) 1.686 d) 1.786
e) 1.886

16. Se Ivo gastar, em média, 15 minutos em cada questionário que preencher para o IBGE, em quanto tempo ele preencherá 75 questionários?

a) 17h e 15min b) 17h e 45min
c) 18h e 15min d) 18h e 45min
e) 19h e 15min

17. Um programa de TV teve início às 21h 13min 17s e terminou exatamente às 24h. A duração do programa foi de:

a) 1h 43min 46s b) 2h 43min 46s
c) 1h 46min 43s d) 2h 46min 43s
e) 3h

18. Os 7/10 do dia correspondem a

a) 10 horas e 15 minutos
b) 16 horas e 48 minutos
c) 16 horas, 15 minutos e 12 segundos
d) 18 horas, 10 minutos e 05 segundos
e) 19 horas, 15 minutos e 13 segundos

g) Unidades de ângulo

19. Qual o resultado das operações abaixo?
I. 17° 9' 23" x 4
II. 31° 47' 15"÷3

a) (I) 68° 37' 32"(II) 14° 36' 46"
b) (I) 70° 37' 30"(II) 10° 35' 45"
c) (I) 68° 37' 32"(II) 10° 35' 45"
d) (I) 66° 36' 31"(II) 8° 36' 46"

20. Um ângulo que mede 25.850" corresponde a

a) 7°10'50" b) 7°11'10"
c) 7°50' d) 7°10'

Gabarito dos Exercícios de Fixação

01. A	**02. A**	**03. D**	**04. E**	**05. E**
06. D	**07. A**	**08. D**	**09. D**	**10. D**
11. C	**12. E**	**13. C**	**14. D**	**15. E**
16. D	**17. D**	**18. B**	**19. C**	**20. A**

Exercícios Propostos

01. (Empasial) Marque a opção verdadeira:

a) 1 litro = $1m^3$
b) $1.000dm^3$ = 100 litros
c) 1 are = $10.000m^2$
d) 0,5g = 500mg
e) 1hm = 10dm

02. (ESAF) Se $300cm^3$ de uma substância têm massa de 500g, quanto custarão 75dL (decilitro) dessa substância, sabendo-se que é vendido a $ 25,50 o quilograma?

a) $ 3.187,50
b) $ 31,87
c) $ 381,75
d) $ 318,75
e) $ 31.875,00

03. (CEE-98) Observe a tabela a seguir, copiada de um estacionamento na região central de São Paulo:

TEMPO	PREÇO EM R$
1ª hora	6,00
2ª hora	3,00
Horas seguintes	1,00

Pedro Américo chegou ao estacionamento às 7h40min. E voltou para pegar o carro às 13h10min. A quantia a ser paga será de:

a) R$ 11,00
b) R$ 12,00
c) R$ 13,00
d) R$ 14,00
e) R$ 15,00

Gabarito dos Exercícios Propostos

01. D **02. D** **03. C**

5. Razões, Proporções e Divisão Proporcional

1. Razão

Definição

Razão entre dois números é o quociente do primeiro pelo segundo.

Representa-se uma razão entre dois números **a** e **b** (b≠0) por $\frac{a}{b}$ **ou a/b ou a : b**

Lê-se: "a está para b".

Assim a razão 3 está para 5 poderá ser representada das formas $\frac{3}{5}$ ou 3/5 ou 3 : 5.

Termos de uma Razão

Os termos que formam a razão são o antecedente e o consequente, que ocupam as seguintes posições na razão:

$$\text{razão} = \frac{\text{antecedente}}{\text{consequente}}$$

Dessa forma uma razão que tem antecedente 12 e consequente 5 será escrita da seguinte forma: $\frac{12}{5}$

Notas:

- O consequente deve ser sempre diferente de zero.
- Para determinar o valor de uma razão, basta dividir o antecedente pelo consequente.

Inversa de uma Razão

Duas razões são inversas, quando o antecedente de uma é igual ao consequente da outra.

De forma prática, a inversa de uma razão é determinada trocando-se a posição dos termos da razão considerada, assim a inversa da razão $\frac{2}{3}$ é $\frac{3}{2}$

Algumas Razões Especiais

a) Escala

Chamamos **escala** de um desenho a **razão** entre o comprimento considerado no desenho e o comprimento real correspondente, ambos medidos na mesma unidade.

$$\text{escala} = \frac{\text{comprimento no desenho}}{\text{comprimento real}}$$

Se a escala de um desenho é **1/300**, então a altura real de uma parede, que no desenho mede 2cm é de 6m, pois fazendo a conversão 2cm x 300 = 600cm = 6m, encontramos a altura real da parede.

b) Densidade Demográfica

É também chamada de população relativa de uma região. Expressa a razão entre o número de habitantes e a área ocupada em certa região.

$$\text{densidade demográfica} = \frac{\text{número de habitantes}}{\text{área ocupada}}$$

Se um Estado brasileiro ocupa a área de 200.000km^2 e de acordo com o censo realizado, o Estado tem uma população aproximada de 12.000.000 habitantes, a densidade demográfica do Estado é de 60 habitantes/km^2, pois é o resultado da seguinte razão: 12.000.000 habitantes: 200.000km^2. Isso significa que para cada 1km^2 existem, aproximadamente, 60 habitantes.

c) Velocidade Média

A "velocidade média", em geral, é uma grandeza obtida pela razão entre uma distância percorrida (expressa em quilômetros ou metros) e um tempo por ele gasto (expresso em horas, minutos ou segundos).

$$\text{velocidade média} = \frac{\text{distância percorrida}}{\text{tempo gasto}}$$

Suponhamos que um carro percorreu 328km em 2h. A velocidade média do veículo nesse percurso foi de 164km/h ou seja, para cada hora percorrida o carro se deslocou 164km.

Esse valor foi obtido a partir da razão:

$$v_{média} = 328km : 2h = 164km/h$$

2. Proporção

Chama-se proporção a igualdade entre duas razões. De um modo genérico, representa-se uma proporção por uma das formas:

$$\frac{a}{b} = \frac{c}{d} \text{ ou } a : b :: c : d$$

Lê-se "a está para b, assim como c está para d". ($b \neq 0$ e $d \neq 0$)

Exemplos:

a) As razões $\frac{2}{3}$ e $\frac{6}{9}$ formam a proporção $\frac{2}{3} = \frac{6}{9}$

b) As razões 3 : 2 e 9 : 6 formam a proporção 3 : 2 :: 9: 6

Termos de uma Proporção

Os números que se escrevem numa proporção são denominados termos, os quais recebem nomes especiais: **o primeiro e o último termo recebem o nome de extremos e os outros dois recebem o nome de meios.**

extremo	meio	meios
↓	↓	↓
$\frac{9}{12}$	$\frac{6}{8}$	9 : 12 : : 6 : 8
↑	↑	↑
meio	extremo	↖ extremos ↗

Propriedade Fundamental das Proporções

Em uma proporção, o produto dos meios é igual ao produto dos extremos.

Observe a proporção $\frac{6}{8} = \frac{9}{12}$ e examine o que ocorre com os produtos dos termos do mesmo nome.

Produto dos meios: 8 x 9 = 72

Produto dos extremos: 6 x 12 = 72

Se numa proporção, três termos forem conhecidos e um desconhecido, pode-se determiná-lo aplicando a propriedade fundamental das proporções.

Exercício Resolvido

Determinar o valor de "a" para que $\frac{a}{2} = \frac{3}{6}$, represente uma proporção.

Resolução:

Sabendo-se que $\frac{a}{2} = \frac{3}{6}$, é uma proporção, então poderemos aplicar a propriedade fundamental, logo:

$$\frac{a}{2} = \frac{3}{6} \Leftrightarrow 6 \cdot a = 2 \cdot 3 \Leftrightarrow$$

$$6a = 6 \Leftrightarrow a = \frac{6}{6} \Leftrightarrow a = 1$$

Outras Propriedades das Proporções

1ª propriedade:

Numa proporção, a soma dos dois primeiros termos está para o 2º (ou 1º) termo, assim como a soma dos dois últimos está para o 4º (ou 3º).

Se: $\frac{a}{b} = \frac{c}{d}$

Então: $\frac{a+b}{b} = \frac{c+d}{d}$ ou $\frac{a+b}{a} = \frac{c+d}{c}$

Exercício Resolvido

Determine x e y na proporção $\frac{x}{y} = \frac{3}{4}$, sabendo que x + y = 84.

Resolução:

Aplicando-se a 1ª propriedade na proporção, teremos:

$$\frac{x}{y} = \frac{3}{4} \Rightarrow \frac{x+y}{y} = \frac{3+4}{4}$$

E substituindo x + y = 84, na proporção obtida, teremos:

$$\frac{84}{y} = \frac{7}{4} \Rightarrow y = \frac{84 \cdot 4}{7} = 48$$

Calculando x, pela equação x + y = 84, teremos:

$x = 84 - y \Rightarrow x = 84 - 48 \Rightarrow x = 36$.

Logo, x = 36 e y = 48.

2ª propriedade:

Numa proporção, a diferença dos dois primeiros termos está para o 2º (ou 1º) termo, assim como a diferença dos dois últimos está para o 4º (ou 3º).

Se: $\frac{a}{b} = \frac{c}{d}$

Então: $\frac{a-b}{b} = \frac{c-d}{d}$ ou $\frac{a-b}{a} = \frac{c-d}{c}$

Exercício Resolvido

Sabendo-se que x – y = 18, determine x e y na proporção $\frac{x}{y} = \frac{5}{2}$

Resolução:
Aplicando-se a 2ª propriedade na proporção, teremos:

$$\frac{x}{y} = \frac{5}{2} \Rightarrow \frac{x-y}{y} = \frac{5-2}{2}$$

E substituindo x – y = 18, na proporção obtida, teremos:

$$x = 18 + y \Rightarrow x = 18 + 12 \Rightarrow x = 30$$

$$\frac{18}{y} = \frac{3}{2} \Rightarrow y = \frac{18 \cdot 2}{y} = 12$$

Calculando x, pela equação x - y = 18, teremos:

Logo, x = 30 e y = 12.

3ª propriedade:

Numa proporção, a soma dos antecedentes está para a soma dos consequentes, assim como cada antecedente está para o seu consequente.

Se: $\frac{a}{b} = \frac{c}{d}$

Então: $\frac{a+c}{b+d} = \frac{c}{d} = \frac{a}{b}$

4ª propriedade:

Numa proporção, a diferença dos antecedentes está para a diferença dos consequentes, assim como cada antecedente está para o seu consequente.

Se: $\frac{a}{b} = \frac{c}{d}$

Então: $\frac{a-c}{b-d} = \frac{c}{d} = \frac{a}{b}$

Exercício Resolvido

Sabendo que a – b = -24, determine a e b na proporção $\frac{a}{5} = \frac{b}{7}$

Resolução:
Pela 4ª propriedade, temos que:

$$\frac{a-b}{5-7} = \frac{a}{5} = \frac{b}{7}$$

E substituindo a – b = -24, na proporção obtida, teremos:

$$\frac{-24}{-2} = \frac{a}{5} \Rightarrow a = \frac{5 \cdot (-24)}{-2} \Rightarrow a = 60$$

$$\frac{-24}{-2} = \frac{b}{7} \Rightarrow b = \frac{7 \cdot (-24)}{-2} \Rightarrow b = 84$$

Logo *a* é igual a 60 e b é igual a 84.

Terceira Proporcional

Dados dois números naturais *a* e *b*, não-nulos, denomina-se **terceira proporcional** desses números o número *x* tal que:

$$\frac{a}{b} = \frac{c}{x}$$

Só falamos em **terceira proporcional** quando **os meios da proporção são iguais e conhecidos.**

Exercício Resolvido

Determine a terceira proporcional dos números 20 e 10.

Resolução:
Indicamos por x a terceira proporcional e armamos a proporção: Veja que os **meios são iguais e conhecidos.**

$$\frac{20}{10} = \frac{10}{x}$$

Aplicando a propriedade fundamental

$$20.x = 10.10 \Leftrightarrow 20x = 100$$

$$\Leftrightarrow x = \frac{100}{2} \Leftrightarrow x = 5$$

Logo, a terceira proporcional é 5.

Quarta proporcional

Dados três números racionais a, b e c, não-nulos, denomina-se **quarta proporcional** desses números um número x tal que:

$$\frac{a}{b} = \frac{c}{x}$$

Exercício Resolvido

Determine a quarta proporcional dos números 8, 12 e 6.

Resolução:

Indicamos por x a quarta proporcional e armamos a proporção: $\frac{8}{12} = \frac{6}{x}$

Aplicando a propriedade fundamental, teremos:

$$8 \cdot x = 12 \cdot 6 \Leftrightarrow 8 \cdot x = 72$$

$$\Leftrightarrow x = \frac{72}{8} \Leftrightarrow x = 9$$

Logo, a quarta proporcional é 9.

Exercícios de Fixação

01. A razão entre as áreas das superfícies das quadras de vôlei e basquete, sabendo que a quadra de vôlei possui uma área de $162m^2$ e a de basquete possui uma área de $240m^2$ é:

a) $\frac{1}{2}$

b) $\frac{10}{43}$

c) $\frac{27}{40}$

d) $\frac{1}{3}$

e) $\frac{2}{3}$

02. Beatriz foi de São Paulo a Campinas (92km) no seu carro. Foram gastos nesse percurso 8 litros de combustível. Qual a razão entre a distância e o combustível consumido?

a) 10,2
b) 11,5
c) 12,6
d) 13,1
e) 14,5

03. Moacir fez o percurso Rio - São Paulo (450km) em 5 horas. Qual foi a velocidade média, em km/h, desenvolvida pelo veículo?

a) 90
b) 100
c) 120
d) 150
e) 180

04. Os números 5, 8, 35 e x formam, nessa ordem, uma proporção. O valor de x, é:

a) 33
b) 45
c) 56
d) 72
e) 81

05. A terceira proporcional entre os números 20 e 10, é:

a) 5
b) 10
c) 15
d) 20
e) 25

06. O valor de x na proporção $\dfrac{x}{y} = \dfrac{3}{4}$, sabendo que x + y = 84, é igual a:
a) 36
b) 48
c) 60
d) 72
e) 84

07. Numa salina, de cada metro cúbico (m^3) de água salgada, são retirados $40dm^3$ de sal. Para obtermos $2m^3$ de sal, quantos metros cúbicos de água salgada são necessários?
a) 36
b) 46
c) 50
d) 66
e) 76

08. Um pequeno caminhão pode carregar 50 sacos de areia ou 400 tijolos. Se foram colocados no caminhão 32 sacos de areia, quantos tijolos pode ainda ele carregar?
a) 132
b) 144
c) 146
d) 148
e) 152

Gabarito dos Exercícios de Fixação

01. C	02. B	03. A	04. C
05. A	06. A	07. C	08. B

3. Números Diretamente e Inversamente Proporcionais

a) Números diretamente proporcionais (DP)

Duas sucessões de números (diferentes de zero) são diretamente proporcionais quando **as razões entre os números da primeira sucessão e os correspondentes da segunda sucessão são iguais.**

Sejam as sucessões A = (2,4,6) e B = (6,12,18), a sequência A é **Diretamente Proporcional** a B, pois:

$$\frac{2}{6} = \frac{4}{12} = \frac{6}{18}$$

Observe que:
- quando o valor de A **dobra,** o valor de B também **dobra.**

$$\frac{2}{6} = \frac{4}{12}$$

- quando o valor de A **triplica, o** valor de B também **triplica.**

$$\frac{2}{6} = \frac{6}{18}$$

Divisão de um Número em Partes Diretamente Proporcionais.

Exercícios Resolvidos

01. Dividir o número 100 em duas partes x_1 e x_2 diretamente proporcionais a 2 e 3.

Resolução
Inicialmente, montaremos as seguintes equações:

$$x_1 + x_2 = 100 \text{ e } \frac{x_1}{2} = \frac{x_2}{3}$$

Aplicando as propriedades das proporções, teremos:

$$\frac{x_1}{2} = \frac{x_2}{3} \Rightarrow \frac{x_1 + x_2}{2+3} = \frac{100}{5} = 20$$

Resolvendo, teremos:

$$\frac{x_1}{2} = 20 \Rightarrow x_1 = 40 \text{, e}$$

$$\frac{x_2}{3} = 20 \Rightarrow x_2 = 60$$

Resposta: As partes são $x_1 = 40$ e $x_2 = 60$

02. Determinar dois números x_1 e x_2 diretamente proporcionais a 8 e 3, sabendo-se que a diferença entre eles é 60.

Resolução:
Inicialmente, montaremos as seguintes equações:

$$x_1 - x_2 = 60 \text{ e } \frac{x_1}{8} = \frac{x_2}{3}$$

Aplicando as propriedades das proporções, teremos:

$$\frac{x_1}{8} = \frac{x_2}{3} \Rightarrow \frac{x_1 - x_2}{8-3} = \frac{60}{5} = 12$$

Resolvendo, teremos:

$$\frac{x_1}{8} = 12 \Rightarrow x_1 = 96$$, e

$$\frac{x_2}{3} = 12 \Rightarrow x_2 = 36$$

Resposta: Os números são $x_1 = 96$ e $x_2 = 36$

03. Dividir o número 120 em três partes x_1, x_2 e x_3 diretamente proporcionais a 2, 4 e 6.

Resolução:
Inicialmente, montaremos as seguintes equações:

$$x_1 + x_2 + x_3 = 120 \text{ e } \frac{x_1}{2} = \frac{x_2}{4} = \frac{x_3}{6}$$

Aplicando as propriedades das proporções, teremos:

$$\frac{x_1}{2} = \frac{x_2}{4} = \frac{x_3}{6} = \frac{x_1 + x_2 + x_3}{2+4+6} = \frac{120}{12} = 10$$

Resolvendo, teremos

$$\frac{x_1}{2} = 10 \Rightarrow x_1 = 20$$,

$$\frac{x_2}{4} = 10 \Rightarrow x_2 = 40$$ e

$$\frac{x_3}{6} = 10 \Rightarrow x_3 = 60$$

Resposta: Os números são $x_1 = 20$, $x_2 = 40$ e $x_3 = 60$

b) Números Inversamente Proporcionais (IP)

Duas sucessões de números (diferentes de zero) são inversamente proporcionais quando as razões entre os números da primeira sucessão e os inversos dos números correspondentes da segunda sucessão são iguais.

Sejam as sucessões de números A = (2,4,6) e B = (30,15,10), a sequência A é Inversamente Proporcional a B, pois:

Observe: 2 x 30 = 4 x 15 = 6 x 10, ou seja,

$$\frac{2}{\frac{1}{30}} = \frac{4}{\frac{1}{15}} = \frac{6}{\frac{1}{10}} = 60$$

Na prática, só trabalhamos com a divisão diretamente proporcional. Quando tivermos que fazer uma divisão inversamente proporcional, deveremos **inverter as razões da segunda sucessão e fazer uma divisão diretamente proporcional.**

Divisão de um Número em Partes Inversamente Proporcionais

Exercícios Resolvidos

01. Dividir o número 120 em duas partes x_1 e x_2 inversamente proporcionais a 2 e 3.

Resolução:
Inicialmente, montaremos as seguintes equações:

$$x_1 + x_2 = 120 \text{ e } \frac{x_1}{\frac{1}{2}} = \frac{x_2}{\frac{1}{3}}$$

Aplicando as propriedades das proporções, teremos:

$$\frac{x_1}{\frac{1}{2}} = \frac{x_2}{\frac{1}{3}} = \frac{x_1 + x_2}{\frac{1}{2} + \frac{1}{3}} = \frac{120}{\frac{5}{6}} = 120 \cdot \frac{5}{6} = 144$$

Resolvendo, teremos:

$$\frac{x_1}{\frac{1}{2}} = 144 \Rightarrow x_1 = 72$$

$$\frac{x_2}{\frac{1}{3}} = 144 \Rightarrow x_2 = 48$$

Resposta: Os números são $x_1 = 72$ e $x_2 = 48$

02. Determinar dois números x_1 e x_2 inversamente proporcionais a 6 e 8, sabendo-se que a diferença entre eles é 10.

Resolução:
Inicialmente, montaremos as seguintes equações:

$$x_1 + x_2 = 10 \text{ e } \frac{x_1}{\frac{1}{6}} = \frac{x_2}{\frac{1}{8}}$$

Aplicando as propriedades das proporções, teremos:

$$\frac{x_1}{\frac{1}{6}} = \frac{x_2}{\frac{1}{8}} \Rightarrow \frac{x_1 - x_2}{\frac{1}{6} - \frac{1}{8}} = \frac{10}{\frac{1}{24}} = 240$$

Resolvendo, teremos:

$$\frac{x_1}{\frac{1}{6}} = 240 \Rightarrow x_1 = 40$$

$$\frac{x_2}{\frac{1}{8}} = 240 \Rightarrow x_2 = 30$$

Resposta: Os números são $x_1 = 40$ e $x_2 = 30$

Divisão Proporcional Composta

Para dividir um número M em n partes $x_1, x_2, ..., x_n$ diretamente proporcionais a $p_1, p_2, ..., p_n$ e inversamente proporcionais a $q_1, q_2, ..., q_n$, dividiremos este número M em n partes $x_1, x_2, ..., x_n$ diretamente proporcionais a $p_1/q_1, p_2/q_2, ..., p_n/q_n$.

Exercícios Resolvidos

01. Dividir o número 115 em três partes x_1, x_2 e x_3 diretamente proporcionais a 1, 2 e 3 e inversamente proporcionais a 4, 5 e 6.

Resolução:
Inicialmente, montaremos as seguintes equações:

$$x_1 + x_2 + x_3 = 115 \text{ e } \frac{x_1}{\frac{1}{4}} = \frac{x_2}{\frac{2}{5}} = \frac{x_3}{\frac{3}{6}}$$

Aplicando as propriedades das proporções, teremos:

$$\frac{x_1}{\frac{1}{4}} = \frac{x_2}{\frac{2}{5}} = \frac{x_3}{\frac{3}{6}} \Rightarrow \frac{x_1 + x_2 + x_3}{\frac{1}{4} + \frac{2}{5} + \frac{3}{6}} = \frac{115}{\frac{23}{20}} = 100$$

Resolvendo, teremos:

$$\frac{x_1}{\frac{1}{4}} = 100 \Rightarrow x_1 = 25,$$

$$\frac{x_2}{\frac{2}{5}} = 100 \Rightarrow x_2 = 40 \text{ e}$$

$$\frac{x_3}{\frac{3}{6}} = 100 \Rightarrow x_3 = 50$$

Resposta: Os números são $x_1 = 25$, $x_2 = 40$, $x_3 = 50$

02. Determinar três números x, y e z diretamente proporcionais a 1, 10 e 2 e inversamente proporcionais a 2, 4 e 5, de modo que 2x + 3y – 4 z = 10.

Resolução:
Inicialmente, montaremos as seguintes equações:

$$2x + 3y - 4z = 10 \quad \text{e} \quad \frac{x}{\frac{1}{2}} = \frac{y}{\frac{10}{4}} = \frac{z}{\frac{2}{5}}$$

Aplicando as propriedades das proporções, teremos:

$$\frac{2x}{2 \cdot \frac{1}{2}} = \frac{3y}{3 \cdot \frac{10}{4}} = -\frac{4z}{-4 \cdot \frac{2}{5}} = \frac{2x + 3y - 4z}{1 + \frac{15}{2} - \frac{8}{5}} = \frac{10}{\frac{69}{10}} = \frac{100}{69}$$

Resolvendo, teremos:

$$\text{como } \frac{x}{\frac{1}{2}} = \frac{100}{69} \Rightarrow x = \frac{100}{138} \Rightarrow x = \frac{50}{69},$$

$$\text{como } \frac{y}{\frac{10}{4}} = \frac{100}{69} \Rightarrow y = \frac{1000}{276} \Rightarrow y = \frac{250}{69} \quad \text{e}$$

$$\text{como } \frac{z}{\frac{2}{5}} = \frac{100}{69} \Rightarrow z = \frac{200}{335} \Rightarrow z = \frac{40}{69}$$

Resposta: Os números são $\frac{50}{69}$, $\frac{250}{69}$ e $\frac{40}{69}$

4. Regra de Sociedade

Regra de sociedade é um procedimento matemático que indica a forma de distribuição de um resultado (lucro ou prejuízo) de uma sociedade, sendo que os membros poderão participar com capitais distintos e também em tempos distintos. A Regra de Sociedade é uma aplicação imediata do caso de uma divisão proporcional composta, na qual o lucro (ou prejuízo) de cada sócio deve ser diretamente proporcional ao respectivo capital aplicado e ao tempo de aplicação.

Exercício Resolvido

Ocorreu a formação de uma sociedade por três pessoas P_1, P_2 e P_3 sendo que P_1 entrou com um capital de R$ 50.000,00 e nela permaneceu por 40 meses, P_2 entrou com um capital de R$ 60.000,00 e nela permaneceu por 30 meses e P_3 entrou com capital de R$ 30.000,00 e nela permaneceu por 40 meses. Se o lucro da empresa após certo período posterior, foi de R$ 25.000,00, quanto deverá receber cada sócio?

Resolução:
Vamos identificar a participação de cada sócio na sociedade pelo produto capital x tempo. Desse modo:

$P_1 = 50x40=2000$
$P_2 = 60x30=1800$
$P_3 = 30x40=1200$

Inicialmente, montaremos as seguintes equações:

$$p_1+p_2+p_3 = 25000 \text{ e } \frac{p_1}{2000} = \frac{p_2}{1800} = \frac{p_3}{1200}$$

Aplicando as propriedades das proporções, teremos:

$$\frac{p_1}{2000} = \frac{p_2}{1800} = \frac{p_3}{1200} = \frac{p_1+p_2+p_3}{2000+1800+1200} = \frac{25000}{5000} = 5$$

Resolvendo, teremos:

$$\text{como } \frac{p_1}{2000} = 5 \Rightarrow p_1 = 10000,$$

$$\text{como } \frac{p_2}{1800} = 5 \Rightarrow p_2 = 9000 \quad \text{e}$$

$$\text{como } \frac{p_3}{1200} = 5 \Rightarrow p_3 = 6000$$

Resposta: Os valores são respectivamente R$ 10.000,00, R$ 9.000,00 e R$ 6.000,00.

Exercícios de Fixação

01. Dividir o número 150 em duas partes diretamente proporcionais a 3 e 7:
a) 25 e 125
b) 30 e 120
c) 35 e 115
d) 40 e 110
e) 45 e 105

02. Dividir o número 180 em três partes diretamente proporcionais a 2, 3 e 4:
a) 40, 60, 80
b) 50, 50, 80
c) 60, 70, 70
d) 80, 40, 40
e) n.d.a

03. Dividir o número 380 em três partes inversamente proporcionais a 2, 5 e 4:
a) 80, 125, 175
b) 80, 130, 170
c) 200, 80, 100
d) 210, 90, 100
e) n.d.a

04. Dividindo-se 123 em partes inversamente proporcionais a 6, 8 e 20, encontramos respectivamente:
a) 18, 45, 60
b) 45, 18, 60
c) 45, 60, 18
d) 60, 45, 18
e) 18, 60, 45

05. Divida 36 balas entre duas crianças de 4 e 5 anos, de modo que o número de balas que receberá cada criança seja diretamente proporcional à sua idade. Quantas balas receberá cada criança?
a) 16 e 20
b) 20 e 16
c) 18 e 18
d) 14 e 22
e) 22 e 14

06. Dividindo 560 em partes diretamente proporcionais a 3, 6 e 7 e inversamente proporcionais a 5, 4 e 2, encontramos respectivamente:
a) 60, 150, 350
b) 150, 60, 350
c) 150, 60, 350
d) 350, 60, 150
e) 350, 150, 60

Matemática

07. **Repartir 108 em partes diretamente proporcionais a $\frac{1}{2}$ e $\frac{3}{4}$, e, inversamente proporcionais a 5 e 6.**

a) 48 e 60
b) 60 e 48
c) 58 e 50
d) 50 e 58
e) 22 e 14

08. **Foi repartida uma herança de R$ 460.000,00 entre três pessoas na razão direta do número de filhos e na razão inversa das idades de cada uma delas. As três pessoas têm, respectivamente, 2, 4 e 5 filhos e as idades respectivas são 24, 32 e 45 anos, o maior valor foi de:**

a) 120.000,00
b) 140.000,00
c) 160.000,00
d) 180.000,00
e) 200.000,00

09. **Dois sócios lucraram com a dissolução da sociedade e devem dividir entre si o lucro de R$ 28.000,00. O sócio "A" empregou R$ 9.000,00 durante um ano e três meses e o sócio "B" empregou R$ 15.000,00 durante 1 ano. O lucro do sócio "A" foi de:**

a) R$ 16.000,00
b) R$ 12.000,00
c) R$ 10.000,00
d) R$ 20.000,00
e) R$ 8.000,00

10. **Paco fundou uma empresa com R$ 20.000,00 de capital e, após 4 meses, admitiu Capo como sócio, que ingressou com o capital de R$ 32.000,00. Se após 1 ano de atividades a empresa gerou um lucro de R$ 19.840,00, então Paco, recebeu ?**

a) R$ 520,00 a menos que Capo.
b) R$ 580,00 a mais que Capo.
c) R$ 580,00 a menos que Capo.
d) R$ 640,00 a mais que Capo.
e) R$ 640,00 a menos que Capo.

Gabarito dos Exercícios de Fixação

01. E	**02. A**	**03. C**	**04. D**	**05. A**
06. A	**07. A**	**08. D**	**09. B**	**10. E**

Exercícios Propostos

01. **(ESCR.PITANGUEIRAS) Um tanque com a capacidade de 86.400 litros de água fria fica cheio em 2 horas e 15 minutos. O seu rendimento por minuto é:**

a) 661 litros
b) 231 litros
c) 60 litros
d) 640 litros

02. **(TRE-96) Uma funcionária tinha um lote de documentos para protocolar. Se já executou a quinta parte de sua tarefa, então a razão entre o número de documentos já protocolados e o número restante, nessa ordem é:**

a) $\frac{1}{20}$
b) $\frac{1}{5}$
c) $\frac{1}{4}$
d) 4
e) 5

03. **(ESCT-VOTUP) Qual o valor da razão entre o M.D.C. e o M.M.C. de 56 e 80?**

a) 70^{-1}
b) $\frac{3}{7}$
c) $\frac{5}{7}$
d) 35
e) 2

04. **(ESAF) Um automóvel percorre a distância de Brasília a Belo Horizonte, de 729 km, em 7 horas e 30 minutos. Qual a sua velocidade média?**

a) 97,2 km/h
b) 98 km/h
c) 100 km/h
d) 110 km/h
e) 972 m/s

05. **(TRE-96) Certo dia, das 24 pessoas que trabalharam em um escritório, faltaram 6, em outro escritório, onde trabalharam 80 pessoas, se a frequência fosse a mesma razão, quantas pessoas teriam comparecido ao trabalho?**

a) 64
b) 60
c) 56
d) 48
e) 20

06. **(CEE-1998) Dentro de um conceituado colégio, foram entrevistados, ao acaso, 380 estudantes e, desses, 266 estavam muito descontentes com o novo diretor. Nessas condições, é muito provável que, dos 4.000 estudantes desse colégio, os descontentes sejam:**

a) 1.500
b) 1.900
c) 2.600
d) 2.800
e) 3.100

07. (ATEN.JUD.-87) Uma casa é representada numa planta cuja escala é 1:60. Sabendo-se que uma parede na planta mede 16 cm, a sua dimensão real é de:

a) 9,0m b) 9,5m
c) 9,6m d) 9,7m
e) 10,0m

08. (ATEN. JUD. 87) A razão entre dois números é $\frac{2}{3}$. Se o maior deles é igual a 24, então o menor é igual a:

a) 8 b) 10
c) 12 d) 15
e) 16

09. (ESCR.FERNANDÓPOLIS-99) Assinale a alternativa falsa:

a) quatro números só formam uma proporção se o produto de dois deles for igual ao produto dos dois outros;
b) pode-se calcular o valor de um termo qualquer de uma proporção, conhecendo-se o valor dos outros três;
c) uma proporção que tem os meios iguais, chama-se proporção contínua;
d) em toda proporção o produto dos meios é igual ao dos extremos;
e) na razão "a está para b" ou a : b, "a" chama-se extremo e "b" chama-se meio.

10. (VUNESP) Uma universidade tem um professor para cada 6 alunos e 3 funcionários para cada 10 professores. Determine o número de alunos por funcionário:

a) 60 b) 50 c) 30 d) 20 e) 10

11. (PUC) Um elevador pode levar 20 adultos ou 24 crianças. Se 15 adultos já estão no elevador, quantas crianças podem ainda entrar?

a) 5 b) 6 c) 7 d) 8 e) 9

12. (ESAF) Num mapa, cuja escala é 1/3000.000, a estrada Belém-Brasília tem 67cm. Calcular, em km, a distância real.

a) 2100 b) 2010
c) 2280 d) 1910
e) 2233

13. (OF.JUST.ITAPECIRICA) Divida 153 em partes proporcionais a $\frac{2}{3}$ e $\frac{3}{4}$:

a) 52 e 101 b) 64 e 89
c) 54 e 99 d) 76 e 77
e) 72 e 81

14. (OF. JUST.BATATAIS) Divida 55 em partes inversamente proporcionais a $\frac{1}{2}$ e $\frac{1}{3}$:

a) 21 e 34 b) 22 e 33
c) 23 e 32 d) 24 e 31
e) 25 e 30

15. (OF. JUST.SANTOS) Determine o valor de x, y e z , sabendo que são diretamente proporcionais a 2 , 3 e 5 , e que o valor de x somado ao triplo do valor de y , somado ao quádruplo do valor de z é igual a 93.

a) x = 1 ; y = 10 ; z = 18
b) x = 6 ; y = 9 ; z = 15
c) x = 2 ; y = 12 ; z = 18
d) x = 3 ; y = 9 ; z = 18
e) x = 4 ; y = 8 ; z = 16

16. (ESAF) Uma pessoa deseja repartir 135 balinhas para duas crianças, em partes que sejam ao mesmo tempo proporcionais diretamente a $\frac{2}{3}$ e $\frac{4}{7}$ e inversamente a $\frac{4}{9}$ e $\frac{2}{21}$. Quantas balinhas cada criança receberá?

a) 27 e 108 b) 35 e 100
c) 40 e 95 d) 25 e 110
e) 30 e 105

17. (ESCR.VOTUPORANGA) Dividir o número 46 em partes diretamente proporcionais a 5 e 4 e inversamente proporcionais a 2 e 3, respectivamente.

a) 30 e 16 b) 20 e 26
c) 25 e 21 d) 10 e 36
e) 15 e 31

18. (ESAF) Distribuir o lucro de \$ 28.200,00 entre dois sócios de uma firma, sabendo que o primeiro aplicou \$ 80.000,00 na sociedade durante 9 meses e que o segundo aplicou \$ 20.000,00 durante 11 meses.

a) \$ 18.000,00 e \$ 10.200,00
b) \$ 21.000,00 e \$ 7.200,00
c) \$ 20.000,00 e \$ 8.200,00
d) \$ 18.200,00 e \$ 10.000,00
e) \$ 21.600,00 e \$ 6.600,00

Gabarito dos Exercícios Propostos

01. D	02. C	03. A	04. A	05. B
06. D	07. C	08. E	09. E	10. D
11. B	12. B	13. E	14. B	15. B
16. A	17. A	18. E		

6. Regra de Três Simples e Composta

1. Introdução

Entendemos por **grandeza** tudo que se pode ser medir ou quantificar. O volume, a massa, a superfície, o comprimento, a capacidade, a velocidade e o tempo são alguns exemplos de grandezas.

No nosso dia-a-dia encontramos várias situações em que relacionamos duas ou mais grandezas.

Em uma corrida, quanto maior for a velocidade menor será o tempo gasto nessa prova. Aqui, as grandezas são: a velocidade e o tempo.

Numa construção, quanto maior for o número de funcionários menor será o tempo gasto para que esta fique pronta. Nesse caso, as grandezas são: número de funcionário e o tempo.

2. Grandezas Diretamente Proporcionais

Duas grandezas são chamadas diretamente proporcionais quando, aumentamos uma delas a outra também aumenta na mesma proporção ou, quando diminuimos uma delas a outra também diminui na mesma proporção. Por exemplo: dobrando uma delas a outra também dobra; triplicando uma delas a outra também triplica etc.

Exemplo: Em um determinado mês do ano o litro de gasolina custava R$ 0,50. Tomando como base esse dado, podemos formar a seguinte tabela.

Quantidade de gasolina (em litros)	Quantidade a pagar (em reais)
1	0,50
2	1,00
4	2,00

Se a quantidade de gasolina dobra, o preço a ser pago também dobra.

Quantidade de gasolina (em litros)	Quantidade a pagar (em reais)
1	0,50
3	1,50
9	4,50

Se a quantidade de gasolina triplica, o preço a ser pago também triplica.

Neste caso, as duas grandezas envolvidas, quantia a ser paga e quantidade de gasolina são chamadas grandezas diretamente proporcionais.

3. Grandezas Inversamente Proporcionais

Duas grandezas são inversamente proporcionais quando aumentando uma delas, a outra se reduz na mesma proporção. Exemplo: **dobrando uma delas, a outra se reduz para a metade; triplicando uma delas, a outra se reduz para a terça parte... e assim por diante.**

Exemplo: Um professor de matemática tem 24 livros para distribuir entre os seus melhores alunos. Se ele escolher apenas 2 alunos, cada um deles receberá 12 livros. Se ele escolher 4 alunos, cada um deles receberá 6 livros. Se ele escolher 6 alunos, cada um deles receberá 4 livros.

Observe a tabela:

Número de alunos escolhidos	Número de livros para cada aluno
2	12
4	6
8	3

Se o número de aluno dobra, a quantidade de livros cai pela metade.

Quando duas grandezas são inversamente proporcionais, os números que expressam essas grandezas variam um na razão inversa do outro.

4. Regra de Três Simples

Regra de três simples é um processo prático para resolver problemas que envolvam quatro valores, dos quais conhecemos três deles. Devemos, portanto, determinar um valor a partir dos três já conhecidos.

Passos utilizados numa regra de três simples

1) Construir uma tabela, agrupando as grandezas da mesma espécie em colunas e mantendo na mesma linha as grandezas de espécies diferentes em correspondência.

2) Identificar se as grandezas são diretamente ou inversamente proporcionais.
3) Montar a proporção e resolver a equação.

Exemplos:

a) Se 8m de tecido custam 156 reais, qual o preço de 12m do mesmo tecido?

Tecido (m)	Preço
↓ 8	156 ↓
12	x

Observe que as grandezas são diretamente proporcionais, pois aumentando o metro do tecido, aumenta, na mesma proporção, o preço a ser pago, logo:

$$\frac{8}{12} = \frac{156}{x} \Rightarrow 8x = 12 \cdot 156 \Rightarrow x = \frac{12 \cdot 156}{8}$$

$$x = 234$$

Observe que o exercício foi montado respeitando o sentido das setas.

Resposta: A quantia a ser paga é de R$ 234,00.

b) Um carro com velocidade de 60km/h faz certo percurso em 4 horas. Se a velocidade do carro fosse de 80km/h, em quantas horas seria feito o mesmo percurso?

Velocidade (km/h)	Tempo (horas)
↑ 60	4 ↓
80	x

Observe que as grandezas são inversamente proporcionais, pois aumentando a velocidade, o tempo diminui na razão inversa, logo:

$$\frac{4}{x} = \frac{80}{60} \Rightarrow 80 \cdot x = 60 \cdot 4 \Rightarrow x = \frac{60 \cdot 4}{80} \Rightarrow x = 3$$

Observe que o exercício foi montado respeitando os sentidos das setas, ou seja, colocamos as setas no mesmo sentido.

Resposta: O carro teria feito o percurso em 3 horas.

c) Se três limas custam R$ 144,00, quanto se pagará por 7 limas iguais às primeiras?

Limas	R$
↓ 3	144 ↓
7	x

Valendo-se do seguinte raciocínio: "se três limas custam R$ 144,00, aumentando o número de limas aumentará o preço, logo, a regra é simples.

De acordo com a propriedade fundamental das proporções, tem-se:

$$3 . x = 144 . 7$$

Resolvendo a equação formada, tem-se:

$$x = \frac{144 \cdot 7}{3} \Leftrightarrow x = 336$$

Resposta: O preço das limas será R$ 336,00.

Vimos, pelos exemplos resolvidos, que a sucessão que contém (x) serve de base para saber se qualquer uma outra é direta ou inversa. Se é direta, recebe as setas no mesmo sentido, e se inversa, em sentidos opostos.

5. Regra de Três Composta

A regra de três composta é utilizada **em problemas com mais de duas grandezas**, diretamente ou inversamente proporcionais.

Exemplos:

a) Em 8 horas, 20 caminhões descarregam 160m³ de areia. Em 5 horas, quantos caminhões serão necessários para descarregar 125m³?

Horas	Caminhões	Volume
↑ 8	20 ↓	160 ↓
5	x	125

Coloca-se uma seta para baixo, onde estiver o x.

Aumentando o número de horas de trabalho, podemos diminuir o número de caminhões. Portanto, a relação é inversamente proporcional (seta para cima na 1ª coluna).

Aumentando o volume de areia, devemos aumentar o número de caminhões. Portanto a relação é diretamente proporcional (seta para baixo na 3ª coluna).

Devemos igualar a razão que contém o termo x com o produto das outras razões de acordo com o sentido das setas.

Resolução:

$$\frac{20}{x} = \frac{\cancel{160}}{\cancel{125}} \cdot \frac{\cancel{5}}{\cancel{8}} \Rightarrow \frac{20 \cdot 1}{25 \cdot 1} \Rightarrow \frac{20}{x} = \frac{20}{25} \Rightarrow x = 25$$

Resposta: Serão necessários 25 caminhões.

b) Quatro operários, em 6 dias, montam 48 bicicletas. Quantas bicicletas do mesmo tipo são montadas por 10 operários em 9 dias?

Escrevendo-se as linhas e as colunas:

Operários	Dias	Bicicletas
4	6	48
10	9	x

Comparando cada grandeza com a que tem o termo desconhecido: As grandezas "operários" e "bicicletas" são diretamente proporcionais (aumentando uma, aumentará a outra), logo, as setas devem ter o mesmo sentido, ou seja:

Operários	Dias	Bicicletas
↓ 4	6	↓ 48
10	9	x

As grandezas "dias" e "bicicletas" são diretamente proporcionais, logo, as setas devem ter o mesmo sentido, ou seja:

Operários	Dias	Bicicletas
↓ 4	↓ 6	↓ 48
10	9	x

Portanto, para escrever a proporção correspondente, deve-se igualar a razão que tem o termo desconhecido com o produto das razões relativas às outras grandezas. Escreve-se:

$$\frac{48}{x} = \frac{\not{6}}{\not{9}} \cdot \frac{\not{4}}{\not{10}} \text{ simplificando } \frac{48}{x} = \frac{2}{3} \cdot \frac{2}{5}$$

Pela propriedade fundamental das proporções, tem-se:

$$4 \,.\, x = 48 \,.\, 15$$

$$x = \frac{48 \cdot 15}{4}$$

Resolvendo-se essa equação, vem: x = 180

Resposta: serão montadas 180 bicicletas.

c) Se 8 operários constroem, em 6 dias, um muro com 40m de comprimento, quantos operários serão necessários para construir um outro muro com 70m, trabalhando 14 dias?

Solução: Escrevendo-se as linhas e as colunas:

Operários	Dias	Metros
8	6	40
x	14	70

Comparando-se cada grandeza com a que tem o termo desconhecido: As grandezas "operários" e "metros" são diretamente proporcionais (aumentando uma, aumentará a outra), logo, as setas devem ter o mesmo sentido, ou seja:

Operários	Dias	Metros
↓ 8	6	↓ 40
x	14	70

As grandezas "operários" e "dias" são inversamente proporcionais (aumentando uma, diminuirá a outra), logo, as setas devem ter sentido contrário, ou seja:

Operários	Dias	Metros
↓ 8	↑ 6	↓ 40
x	14	70

Para escrever a proporção correspondente, deve-se igualar a razão da grandeza desconhecida com o produto da razão inversa da grandeza "dias" pela razão direta da grandeza "metros".

$$\frac{8}{x} = \frac{\not{14}}{\not{6}} \cdot \frac{\not{40}}{\not{70}} \text{ simplificando:}$$

$$\frac{8}{x} = \frac{2}{3} \cdot \frac{2}{1}$$

$$\frac{8}{x} = \frac{4}{3}$$

$$4x = 3 \cdot 8$$

$$x = \frac{3 \cdot 8}{4}$$

$$x = 6$$

Resposta: Serão necessários 6 operários.

Exercícios de Fixação

a) Regra de Três Simples

01. **Se 3 operários fazem 20 metros de um muro em um dia, quantos metros farão 15 operários, em um dia?**

a) 100
b) 103
c) 120
d) 130
e) 140

02. **Um trem, deslocando-se a uma velocidade média de 400km/h, faz um determinado percurso em 3 horas. Em quanto tempo faria esse mesmo percurso, se a velocidade utilizada fosse de 480km/h?**

a) 2h
b) 2h 30 min
c) 3h
d) 3h 30 min
e) 4h

03. **Um determinado relógio atrasou 26 minutos em 48 horas. Quantos minutos atrasará em 30 dias?**

a) 390 min
b) 360 min
c) 330 min
d) 300 min
e) 270 min

04. **Um navio dispõe de reservas suficientes para alimentar 14 homens durante 45 dias, mas recebe 4 sobreviventes de um naufrágio. As reservas de alimento darão para no máximo quantos dias?**

a) 31 dias
b) 32 dias
c) 33 dias
d) 34 dias
e) 35 dias

05. **(OFIC.JUST.STO.ANDRÉ) Um centro social acolhe 154 internos e possui gêneros alimentícios suficientes para fornecer merenda durante 25 dias. Se esse Centro tivesse acolhido 21 internos a mais, a mesma quantidade de alimento disponível seria suficiente apenas para:**

a) 24 dias
b) 23 dias
c) 22 dias
d) 21 dias
e) 20 dias

b) Regra de Três Composta

06. **Um gramado de 720 metros quadrados foi podado por dois homens, que trabalharam seis horas por dia durante dois dias. Quantos metros quadrados três homens conseguiriam podar se trabalhassem oito horas por dia durante três dias?**

a) 2.160
b) 2.560
c) 2.060
d) 2.000
e) 2.660

07. **Trabalhando 8 horas por dia, os 2.500 operários de uma indústria automobilística produzem 500 veículos em 30 dias. Quantos dias serão necessários para que 1.200 operários produzam 450 veículos, trabalhando 10 horas por dia?**

a) 45
b) 50
c) 55
d) 60
e) 65

08. **(Sta. CASA -SP) Sabe-se que 4 máquinas, operando 4 horas por dia, durante 4 dias, produzem 4 toneladas de certo produto. Quantas toneladas do mesmo produto seriam produzidas por 6 máquinas daquele tipo, operando 6 horas por dia, durante 6 dias?**

a) 6
b) 8
c) 15
d) 10,5
e) 13,5

09. **(ESAF) Se 2/3 de uma obra foi realizada em 5 dias por 8 operários, trabalhando 6 horas por dia, o restante da obra será feito, agora por 6 operários, trabalhando 10 horas por dia em:**

a) 7 dias
b) 6 dias
c) 2 dias
d) 4 dias
e) 3 dias

10. **(ESAF) 24 operários fazem 2/5 de determinado serviço em 10 dias, trabalhando 7 horas por dia. Em quantos dias a obra estará terminada, sabendo-se que foram dispensados 4 operários e o regime de trabalho diminuído de uma hora por dia?**

a) 8
b) 11
c) 12
d) 21
e) 18

Gabarito dos Exercícios de Fixação

01. A	**02. B**	**03. A**	**04. E**	**05. C**
06. A	**07. A**	**08. E**	**09. C**	**10. D**

Exercícios Propostos

a) Regra de Três Simples

01. (ESAF) Para proceder auditoria, 6 técnicos previram sua conclusão em 30 dias. Tendo sido observada a ausência de um dos componentes da equipe, o trabalho agora deverá ser executado em:
a) 36 dias
b) 40 dias
c) 35 dias
d) 45 dias
e) 25 dias

02. (Empasial) Um digitador consegue dar 20.000 toques de entrada de dados em 5 horas. Quantos toques dará em 3 horas e meia?
a) 12.300
b) 15.000
c) 10.000
d) 14.000
e) 24.000

03. (ATEND.JUD-87) Uma refinaria de petróleo produz 500 litros de gasolina a cada período de 10 minutos. Quantos litros serão produzidos ao fim de 24 horas?
a) 720.000
b) 72.000
c) 50.000
d) 12.000
e) 7.200

04. (TACRIM-2000) Um veículo fez um percurso sem paradas em 5 horas, com velocidade média de 63km/h. Para que esse percurso possa ser feito em 3 horas e meia, a velocidade média deverá ser:
a) 90km/h
b) 70km/h
c) 85km/h
d) 92km/h
e) 95km/h

05. (ATEND.JUD.-87) Um navio cargueiro, com 30 homens de tripulação, encontrou uns náufragos, durante a viagem, e reduziu a ração de cada homem de 96dag para 576g. Quantos eram os náufragos?
a) 20
b) 25
c) 30
d) 35
e) 40

b) Regra de Três Composta

06. (ESAF) 12 pedreiros constroem 27m² de um muro em 30 dias, de 8 horas. Quantas horas devem trabalhar por dia 16 pedreiros, durante 24 dias, para construírem 36m² do mesmo muro?
a) 7 b) 8
c) 10 d) 12
e) 17

07. (ESAF) Um navio, com uma guarnição de 300 homens, necessita de 120.000 litros de água para efetuar uma viagem de 20 dias. Aumentando a guarnição em 50 homens e a água em 6.000 litros, determine qual poderá ser a duração da viagem.
a) 24 dias b) 22 dias
c) 20 dias d) 18 dias
e) 16 dias

08. (TRF-94) Um motorista fez um certo percurso em 5 dias, viajando 6 horas por dia com a velocidade média de 70 km/hora Se quiser repetir o percurso em 4 dias, viajando 7 horas por dia, a velocidade média deverá ser de:
a) 48km/hora
b) 65km/hora
c) 75km/hora
d) 80km/hora
e) 102km/hora

09. (ESCR.VOTUPORANGA) Um construtor utilizando 16 operários trabalhando 6 horas por dia constrói uma determinada obra em 180 dias. Quantos operários deverá utilizar para fazer a mesma obra trabalhando 8 horas por dia no prazo de 120 dias?
a) 2 b) 25
c) 28 d) 18
e) 20

10. (ESAF) Um grupo de 10 trabalhadores pode fazer uma estrada em 96 dias, trabalhando 6 horas por dia. Se o mesmo grupo trabalhar 8 horas por dia, a estrada será concluída em:
a) 90 dias b) 84 dias
c) 72 dias d) 128 dias
e) 60 dias

Gabarito dos Exercícios Propostos

01. A	02. D	03. B	04. A	05. A
06. C	07. D	08. C	09. D	10. C

7. PORCENTAGEM

1. INTRODUÇÃO

Se repararmos em nossa volta, vamos perceber que este símbolo % aparece com muita frequência em jornais, revistas, televisão e anúncios de liquidação etc.

O crescimento no número de matrícula no ensino fundamental foi de 24%.

A taxa de desemprego no Brasil cresceu 12% neste ano.

Desconto de 25% nas compras a vista.

Observe que o símbolo % que aparece nos exemplos acima significa por cento e toda fração de denominador 100 representa uma porcentagem, como diz o próprio nome por cem.

$$12\% = \frac{12}{100},\ 24\% = \frac{24}{100} \text{ e } 25\% = \frac{25}{100}$$

Forma decimal da porcentagem

Devemos lembrar que a porcentagem também pode ser representada na forma de números decimais. Observe os exemplos.

$$25\% = \frac{25}{100} = 0{,}25 \qquad 7\% = \frac{7}{100} = 0{,}07$$

$$73\% = \frac{73}{100} = 0{,}73 \qquad 0{,}3\% = \frac{0{,}3}{100} = 0{,}003$$

Exercícios Resolvidos

01. Pedro usou 32% de um rolo de mangueira de 100m. Determine quantos metros de mangueira Pedro usou.

Resolução:
Temos que calcular 32% de 100m.

$$32\% \text{ de } 100 = \frac{32}{100} \cdot 100 = \frac{3200}{100} = 32$$

Logo, Pedro gastou 32m de mangueira.

02. Comprei uma mercadoria por 2.000 reais. Por quanto devo vendê-la, se quero obter um lucro de 25% sobre o preço de custo.

Resolução:
O preço de venda é o preço de custo somado com o lucro.
Temos que calcular 25% de 2.000 e depois somar a 2.000.

$$25\% \text{ de } 2.000 = \frac{25}{100} \cdot 2.000 = \frac{50.000}{100} = 500$$

Então, 2.000 + 500 = 2.500 reais.

Logo, devo vender a mercadoria por 2.500 reais.

03. Num torneio de basquete, uma determinada seleção disputou 4 partidas na primeira fase e venceu 3. Qual a porcentagem de vitórias obtida por essa seleção nessa fase?

Resolução:
Vamos indicar por x% o número que representa essa porcentagem. Esse problema pode ser expresso da seguinte forma: **x% de 4 = 3**

Assim:

$$\frac{x}{100} \cdot 4 = 3 \Rightarrow \frac{4x}{100} = 3 \Rightarrow 4x = 300 \Rightarrow x = 75$$

Logo, nessa primeira fase, a porcentagem de vitórias foi de 75%.

04. Numa indústria trabalham 255 mulheres. Esse número corresponde a 42,5% do total de empregados da indústria. Quantas pessoas trabalham nesse local? Quantos homens trabalham nessa indústria?

Resolução:
Vamos indicar por x o número total de empregados dessa indústria. Esse problema pode ser representado por: **42,5% de x = 255**
Assim:

$$42{,}5\% \cdot x = 255 \Rightarrow \frac{42{,}5}{100} \cdot x = 255 \Rightarrow$$

$$42{,}5 \cdot x = 25.500 \Rightarrow 425 \cdot x = 255.000$$

$$\Rightarrow x = \frac{255.000}{425} = 600$$

Nessa indústria trabalham 600 pessoas, sendo que há: 600 - 255 = 345 homens

05. Um fichário tem 25 fichas numeradas, sendo que 52% dessas fichas estão etiquetadas com um número par. Quantas fichas têm a etiqueta com número par? Quantas fichas têm a etiqueta com número ímpar?

Resolução:
Para determinarmos o número de etiquetas par, faremos: 52% de 25
Assim:

$$52\% \cdot 25 = \frac{52}{100} \cdot 25 = \frac{1.300}{100} = 13$$

Nesse fichário há 13 fichas etiquetadas com número par.

O número de fichas ímpar será a diferença entre o total de fichas e o número de fichar par, ou seja, teremos12 fichas com número ímpar.

06. Um jogador de futebol, ao longo de um campeonato, cobrou 75 faltas, transformando em gols 8% dessas faltas. Quantos gols de falta esse jogador fez?

Resolução:
Para determinarmos quantos gols o jogador marcou, temos que calcular: 8% de 75.
Assim:

$$8\% \cdot 75 = \frac{8}{100} \cdot 75 = \frac{600}{100} = 6$$

Portanto o jogador fez 6 gols de falta.

2. Fatores de Multiplicação

a) Acréscimo

Se, por exemplo, há um **acréscimo** de 10% a um determinado valor, podemos calcular o novo valor apenas multiplicando esse valor por **1,10**, que é o fator de multiplicação. Se o acréscimo for de 20%, multiplicamos por **1,20**, e assim por diante.

Veja a tabela abaixo:

Acréscimo ou Lucro	Fator de Multiplicação
10%	1,10
15%	1,15
20%	1,20
47%	1,47
67%	1,67

Assim se for aumentado em 10% o valor de R$10,00 temos: 10 x 1,10 = **R$ 11,00**

Exercícios Resolvidos

01. O preço de uma casa sofreu um aumento de 20%, passando a ser vendida por 35.000 reais. Qual era o preço desta casa antes deste aumento?

Resolução:
Como teve um acréscimo de 20% sobre o valor x de compra e como o fator de acréscimo correspondente é 1,20 e poderemos escrever que: 35.000 = x. 1,2

Portanto

$$35.000 = x \cdot 1{,}2 \Leftrightarrow x = \frac{35.000}{1{,}2} \Leftrightarrow x = 29.166{,}67$$

Logo, o preço anterior era R$ 29.166,67.

02. Se eu comprei uma ação de um clube por R$ 250,00 e a revendi por R$ 300,00, qual a taxa percentual de lucro obtida?

Resolução:
Como houve um acréscimo, poderemos fazer o fator de acréscimo x, e montaremos a seguinte equação: 300 = 250.x

Logo:

$$300 = 250 \cdot x \Leftrightarrow x = \frac{300}{250} \Leftrightarrow x = 1{,}20$$

O acréscimo será a diferença entre o fator e 1, ou seja, 0,2 que em porcentagem correspondem a 20%.

Portanto, a taxa percentual de lucro foi de 20%.

b) Decréscimo

No caso de haver um **decréscimo,** o fator de multiplicação será:

Fator de Multiplicação = 1 - taxa de desconto (na forma decimal)

Veja a tabela abaixo:

Desconto	Fator de Multiplicação
10%	0,90
25%	0,75
34%	0,66
60%	0,40
90%	0,10

Exemplo: Descontando 10% no valor de R$ 10,00 temos: 10 x 0,90 = **R$ 9,00**

Exercícios Resolvidos

01. Uma televisão custa 300 reais. Pagando a vista você ganha um desconto de 10%. Quanto pagarei se comprar esta televisão a vista?

Resolução:
Como teve um decréscimo de 10% sobre o valor de compra, então o valor de venda é 90% do valor de compra e então poderemos escrever que:
x = 90% de 300.

Assim
$x = 300 \,.\, 0{,}90 \Leftrightarrow x = 270$
Logo, pagarei 270 reais.

02. Ao comprar uma mercadoria, obtive um desconto de 8% sobre o preço marcado na etiqueta. Se paguei R$ 690,00 pela mercadoria, qual o preço original dessa mercadoria?

Resolução:
Seja x o preço original da mercadoria. Se obtive 8% de desconto sobre o preço da etiqueta, o preço que paguei representa 100% - 8% = 92% do preço original e isto significa que: 92% de x = 690 logo

$$92\% \cdot x = 690 \Leftrightarrow \frac{92}{100} \cdot x = 690 \Leftrightarrow \frac{92 \cdot x}{100} = 690$$

$$92 \cdot x = 69.000 \Leftrightarrow x = \frac{69.000}{92} = 750$$

O preço original da mercadoria era de R$ 750,00.

Exercícios de Fixação

01. (Empasial) Em uma pesquisa onde foram entrevistadas 3.750 pessoas, 150 preferem futebol a qualquer outro esporte. A porcentagem dos que preferem futebol é igual a:
a) 4
b) 8
c) 12
d) 15
e) 25

02. (Empasial) Numa sacola estão bolas numeradas de 1 a 20. Qual a chance em porcentagem de uma pessoa tirar uma bola numerada com um número primo?
a) 15%
b) 30%
c) 40%
d) 55%
e) 65%

03. (Empasial) Uma empregada trabalhou 240 horas normais e 50 horas-extras, em certo mês. Se o salário é de $ 213,00, por hora normal e tem um acréscimo de 20% nas horas-extras, quanto a empregada deve receber?
a) $ 64.000,00
b) $ 63.900,00
c) $ 81.112,00
d) n.d.a

04. (TRF-94) Um pagamento de valor X sofreu acréscimo de 15% por ter sido pago após o vencimento. Se o valor total pago foi de $ 54.280,00, o valor X era:
a) $ 45 320,00
b) $ 45 800,00
c) $ 46 270,00
d) $ 46 500,00
e) $ 47 200,00

05 (Empasial) Ao se exprimir $\frac{3}{4}$ em forma de percentagem teremos:
a) 0,75%
b) 0,25%
c) 66,67%
d) 33%
e) 75%

06. (ESCR.PITANGUEIRAS) Um automóvel, após 5 meses de uso, foi vendido com uma depreciação de 18% (dezoito por cento). Sabendo-se que seu proprietário o vendeu por $ 451.000,00, qual foi o preço da compra?
a) $ 550.000,00
b) $ 517.000,00
c) $ 811.000,00
d) $ 433.000,00

07. (CEE-98) Certo produto importado custava, no início deste ano, R$ 1.000,00. De lá para cá ele foi reajustado em duas oportunidades. O primeiro aumento foi de 15% e alguns meses depois, houve um aumento de 20% sobre o valor reajustado. Atualmente este produto está sendo vendido a:
a) R$ 1.380,00
b) R$ 1.370,00
c) R$ 1.360,00
d) R$ 1.350,00
e) R$ 1.340,00

08. (TACRIM-00) Em uma loja atacadista, um comerciante pagou R$ 144,00 por 12 caixas de certo chocolate em tabletes. O vendedor fez-lhe uma oferta: se comprasse mais 28 caixas, ele teria um abatimento de 10% no valor a ser pago por elas. Aceitando a oferta, ele pagaria pelas novas caixas um total de:
a) R$ 466,40
b) R$ 302,40
c) R$ 336,00
d) R$ 326,00
e) R$ 129,60

09. (ESAF) Uma casa, comprada por $ 24.000.000,00, foi vendida, após um ano, com um prejuízo de 20% sobre o preço da venda. Ela foi vendida, então, por:
a) $ 28.800.000,00
b) $ 19.200.000,00
c) $ 20.000.000,00
d) $ 30.000.000,00
e) $ 9 .000.000,00

10. (TELERJ) Uma mercadoria teve seu preço aumentado em 20%. Em seguida, o novo preço foi rebaixado em 20%. O preço final da mercadoria em relação ao preço inicial é:
a) igual
b) 4% maior
c) 4% menor
d) 8% maior
e) 8% menor

Gabarito dos Exercícios de Fixação

01. A	02. C	03. B	04. E	05. E
06. A	07. A	08. B	09. C	10. C

Exercícios Propostos

01. (ESAF) Um produto é vendido com um lucro bruto de 20%. Sobre o preço total da nota, 10% correspondem a despesas. O lucro líquido do comerciante é de:
a) 5%
b) 8%
c) 11%
d) 2%
e) 12%

02. (ESAF) Um terreno foi vendido por $ 16.500,00, com um lucro de 10% ; em seguida, foi revendido por $ 20.700,00. O lucro total das duas transações representa sobre o custo inicial do terreno um percentual de:
a) 38,00%
b) 40,00%
c) 28,00%
d) 51,00%
e) 25,00%

03. (ESAF) Um cliente obteve do comerciante desconto de 20% no preço da mercadoria. Sabendo-se que o preço da venda, sem desconto, é superior em 20% ao do custo, pode-se afirmar que houve por parte do comerciante um:
a) lucro de 5%
b) prejuízo de 4%
c) lucro de 4%
d) prejuízo de 2%
e) lucro de 2%

04. (ESAF) Maria vendeu um relógio por $ 18.167,50 com um prejuízo de 15,5% sobre o preço de compra. Para que tivesse um lucro de 25% sobre o custo, ela deveria ter vendido por:
a) $ 22.709,37
b) $ 26.875,00
c) $ 27.675,00
d) $ 21.497,64
e) $ 26.785,00

05. (TELERJ) Perder o direito a um desconto de 20% no preço a vista, para poder pagar integralmente o preço um mês após a compra, equivale a pagar juros mensais de:
a) 20%
b) 25%
c) 30%
d) 50%
e) 60%

06. (VUNESP) Os dados publicados pela revista Veja de 12/04/2000 mostram que de cada 100 pessoas com o ensino médio, apenas 54 conseguem emprego. Se num determinado grupo de 3.000 pessoas, 25% têm ensino médio, o número provável de pessoas do grupo, com ensino médio que, de acordo com os dados da pesquisa irão conseguir emprego é:

a) 375
b) 405
c) 450
d) 750
e) 1.620

07. (VUNESP) Suponhamos que numa dada eleição, uma cidade tivesse 18.500 eleitores inscritos. Suponhamos ainda que, para essa eleição, no caso de se verificar um índice de abstenções de 6% entre os homens e de 9% entre as mulheres, o número de votantes do sexo masculino será exatamente igual ao número de votantes do sexo feminino. Determine o número de eleitores de cada sexo.

a) 2.000h e 6.500m
b) 1.000h e 7.500m
c) 400h e 9.100m
d) 9.100h e 9.400m
e) 8.000h e 10.500m

08. (OF.JUST.STO.ANDRÉ) No momento, tenho disponível uma quantia de R$ 400,00. Se 35% do que tenho corresponde a 20% do que você tem, então, a quantia que você tem disponível corresponde a:

a) R$ 480,00
b) R$ 540,00
c) R$ 620,00
d) R$ 648,00
e) R$ 700,00

09. (OF.PROM.-2001) Um litro de leite custa R$ 1,20 e um litro de groselha, R$ 2,40. Precisa preparar uma mistura com 75% de leite e 25% de groselha. Se for preparada uma quantidade de 60 litros dessa mistura, o seu custo será:

a) R$ 75,00
b) R$ 80,00
c) R$ 85,00
d) R$ 90,00
e) R$ 95,00

10. (Empasial) Paulo comprou um aparelho de televisão de 33 polegadas por R$ 1.700,00 e o revendeu com um lucro de 15% sobre o preço de venda. Por quanto Paulo vendeu o aparelho de TV?

a) R$ 1.955,00
b) R$ 2.000,00
c) R$ 1.850,00
d) R$ 1.935,00
e) R$ 2.050,00

Gabarito dos Exercícios Propostos

01. B	02. A	03. B	04. B	05. B
06. B	07. D	08. E	09. D	10. B

8. Exercícios Complementares

Questões de Concursos da Fundação Carlos Chagas

Números Naturais

01. **(AUX.SERV.CAMPO-MARANHÃO-2005) O esquema abaixo apresenta a operação de adição de três números inteiros, cada um dos quais teve um de seus algarismos substituído pelas letras X, Y, Z e T.**

$$\begin{array}{r} 234X \\ +\ 1Y71 \\ 37Z5 \\ \hline T754 \end{array}$$

Para que a soma obtida esteja correta, X, Y, Z e T devem ser tais que X + Y + Z + T é igual a

a) 15
b) 18
c) 20
d) 24
e) 26

02. **(SECRET.ESC.-SP-2003) Do início de 1991 até o final de 2000, certos relatórios emitidos mensalmente estavam sendo guardados em pastas contendo cada uma um total de 6 relatórios. A partir do início de 2001 os mesmos relatórios passaram a ser emitidos bimestralmente e guardados em pastas contendo cada uma 4 relatórios. Levando-se em consideração os procedimentos adotados, desde o início de 1991 até o final de 2002, o total de pastas acumuladas é**

a) 23
b) 24
c) 27
d) 28
e) 32

03. **(TRT-21ª REGIÃO-2003) Um funcionário recebeu R$ 300,00 para comprar sacos plásticos de certo tipo. Pesquisando os preços, encontrou na loja x e na loja y os seguintes resultados:**

Loja	Pacotes contendo	Preço por pacote
x	500 sacos	R$ 20,00
y	1000 sacos	R$ 30,00

É verdade que

a) na compra de 5 000 sacos, economizará exatamente R$ 20,00 se o fizer na loja y.
b) na compra de 3 000 sacos, economizará exatamente R$ 30,00 se o fizer na loja y.
c) na compra de 7 000 sacos, economizará exatamente R$ 50,00 se o fizer na loja y.
d) ele tem dinheiro suficiente para comprar 8 200 sacos na loja x.
e) ele tem dinheiro suficiente para comprar 12 500 sacos na loja y.

04. **(AGENTE VISTOR-SP-2002-FCC) O caixa automático de um banco possui notas de 2, 5, 10 e 50 reais para operações de saque e está programado para disponibilizar sempre o menor número possível de notas para o sacador. Nestas condições, um único saque de R$ 298,00 implicará um total de notas igual a**

a) 10
b) 11
c) 12
d) 13
e) 14

05. **(AGENTE VISTOR-SP-2002- FCC) Uma copiadora publicou a seguinte tabela de preços:**

Número de cópias de um mesmo original	Preço por cópia
De 1 a 49	R$ 0,10
50 ou mais	R$ 0,09

Segundo os dados da tabela, uma pessoa que dispõe da quantia exata de R$ 4,90 para fazer cópias de um mesmo original poderá solicitar no máximo

a) 50 cópias.
b) 51 cópias.
c) 52 cópias.
d) 53 cópias.
e) 54 cópias.

06. **(AGENTE VISTOR-SP-2002- FCC) Um museu dispõe de 13 funcionários treinados para atender o público visitante, sendo que cada um deles pode acompanhar grupos de no máximo 6 pessoas. Se o museu decide alocar os 13 funcionários para atender um grupo de 74 alunos de uma escola, o menor número de estudantes que um dos grupos poderá ter é igual a**

a) 1
b) 2
c) 3
d) 4
e) 5

07. (ESCRIT.CEF-1998) Imagine os números inteiros de 1 a 6 000, escritos na disposição que se vê abaixo:

1ª linha:	1	2	3	4	5	6
	7	8	9	10	11	12
: :	:	:	:	:	:	:

Qual é o número escrito na 5ª coluna da 243ª linha?

a) 961
b) 1 059
c) 1 451
d) 1 457
e) 3 151

08. (SECRET.ESC.-SP-2003) A secretaria de uma escola possui cinco funcionários que trabalham em turnos de cinco horas, sem intervalos. O horário de funcionamento da secretaria é das 7:30 às 22:30 h, havendo sempre ao menos um funcionário em horário de trabalho. Nessas condições, o número máximo de funcionários que poderemos encontrar trabalhando na secretaria é igual a

a) 5
b) 4
c) 3
d) 2
e) 1

09. Um técnico, responsável pela montagem de um livro, observou que, na numeração de suas páginas, haviam sido usados 321 algarismos. O número de páginas desse livro era:

a) 137
b) 139
c) 141
d) 143
e) 146

10. (AGENTE VISTOR-SP-2002- FCC) O preço de um determinado produto vendido a granel é R$ 20,00 o quilograma. Se a pesagem do produto for feita sem descontar a massa de 50 gramas da embalagem descartável, um consumidor só irá levar um quilograma do produto se pagar

a) R$ 20,40
b) R$ 20,50
c) R$ 21,00
d) R$ 21,40
e) R$ 21,50

Múltiplos e Divisores

11. (AUX.JUD.-TRF-1ª-2001) Um mecânico faz revisão nos freios dos veículos dos três diretores de uma empresa, um a cada 10 dias, outro a cada 12 dias e o terceiro a cada 15 dias, inclusive aos sábados, domingos e feriados. Se hoje ele fizer a revisão nos três veículos, daqui a quantos dias será a próxima vez em que fará a revisão dos três em um mesmo dia?

a) 37
b) 40
c) 45
d) 48
e) 60

12. (AGENTE VISTOR-SP-2002- FCC) O cometa Halley é visto da Terra de 76 em 76 anos, tendo sido visto a última vez em 1986. Sabendo-se que em 2002 será realizada uma copa do mundo de futebol, e que esse evento ocorre de 4 em 4 anos, a próxima data prevista para que o cometa Halley seja visto em um ano de realização de uma copa do mundo de futebol será

a) 2062
b) 2138
c) 2214
d) 2290
e) 2366

13. (TRT-21ª REGIÃO-2003) Três funcionários fazem plantões nas seções em que trabalham: um a cada 10 dias, outro a cada 15 dias, e o terceiro a cada 20 dias, inclusive aos sábados, domingos e feriados. Se no dia 18/05/02 os três estiveram de plantão, a próxima data em que haverá coincidência no dia de seus plantões será

a) 18/11/02
b) 17/09/02
c) 18/08/02
d) 17/07/02
e) 18/06/02

14. (TÉC.JUDIC.-PIAUÍ-2002) Um médico receitou dois remédios a um paciente: um para ser tomado a cada 12 horas e outro a cada 15 horas. Se às 14 horas do dia 10/10/2000 o paciente tomou ambos os remédios, ele voltou a tomá-los juntos novamente às

a) 17 horas do dia 11/10/2000.
b) 14 horas do dia 12/10/2000.
c) 18 horas do dia 12/10/2000.
d) 2 horas do dia 13/10/2000.
e) 6 horas do dia 13/10/2000.

15. **(TÉC.JUD.-TRT-22ª-2004) Sistematicamente, Fábio e Cíntia vão a um mesmo restaurante: Fábio a cada 15 dias e Cíntia a cada 18 dias. Se em 10 de outubro de 2004 ambos estiveram em tal restaurante, outro provável encontro dos dois nesse restaurante ocorrerá em**

a) 9 de dezembro de 2004.
b) 10 de dezembro de 2004.
c) 8 de janeiro de 2005.
d) 9 de janeiro de 2005.
e) 10 de janeiro de 2005.

16. **(TÉC.JUD.-TER-RGN-2005) O controle estatístico de uma indústria produtora de veículos pretende estabelecer um regime de acompanhamento de 4 itens do produto final da seguinte maneira:**

- **A cada lote de 10 unidades é testado o motor da última unidade produzida.**
- **A cada lote de 6 unidades é testada a injeção eletrônica da última unidade produzida.**
- **A cada lote de 4 unidades é testado o ar condicionado da última unidade.**
- **A cada lote de 3 unidades é testada a qualidade dos freios da última unidade.**

Iniciando o processo descrito no início da manhã de segunda-feira e prevendo uma produção de 360 unidades até o final da semana, quantas unidades produzidas terão 3 ou mais itens testados simultaneamente?

a) 6
b) 12
c) 18
d) 30
e) 36

17. **(GUARDA CIVIL METR.-SP-2004) A escala de dias livres de uma equipe de trabalho indica que o funcionário A folga nos dias múltiplos de 2, o funcionário B nos dias múltiplos de 3, e assim sucessivamente até o funcionário G, que folga nos dias múltiplos de 8. Com base na escala de folgas dessa equipe, é correto afirmar que**

a) três funcionários estarão de folga no dia 30 de um mês.
b) o número máximo de dias de um mês sem funcionários de folga é 8.
c) não existe dia no mês sem funcionários de folga.
d) nunca haverá dia do mês com exatamente quatro funcionários de folga.
e) existem funcionários com o mesmo número de dias de folga em um mês de 31 dias.

18. **(AUX.SERV.CAMPO-MARANHÃO-2005) Num armazém há dois lotes de grãos: um com 1.152kg de soja e outro, com 2.100kg de café. Todo o grão dos dois lotes deve ser acomodado em sacos iguais, de modo que cada saco contenha um único tipo de grão e seja usada a menor quantidade possível de sacos. Nessas condições, de quantas unidades o número de sacos de café excederá o de soja?**

a) 12
b) 37
c) 48
d) 64
e) 79

19. **(AUX.TÉC.-CEAL-2005) De um grupo de auxiliares técnicos de uma empresa, sabe-se que 28 executam somente serviços de instalações elétricas e 16 executam apenas serviços de instalações hidráulicas. Todos esses funcionários deverão compor equipes de trabalho, de forma que:**

- **em cada equipe, todos os componentes exerçam a mesma função;**
- **todas as equipes tenham a mesma quantidade de componentes.**

Nessas condições, o menor número de equipes que podem ser formadas é

a) 5
b) 7
c) 9
d) 11
e) 13

20. **(TÉC.JUD.-TRT-22ª-2004) Para participar de um programa de treinamento, todos os funcionários de uma empresa serão divididos em grupos, obedecendo ao seguinte critério.**

- **todos os grupos deverão ter o mesmo número de componentes;**
- **em cada grupo, os componentes deverão ser do mesmo sexo.**

Se nessa empresa trabalham 132 homens e 108 mulheres, a menor quantidade de grupos que poderão ser formados é

a) 15
b) 18
c) 20
d) 24
e) 26

21. (TÉC.JUDIC.1ª REGIÃO) A tabela abaixo apresenta as dimensões do papel enrolado em duas bobinas B_1 e B_2.

	comprimento (m)	largura (m)	espessura (mm)
B_1	23,10	0,18	1,5
B_2	18	0,18	1,5

Todo o papel das bobinas será cortado de modo que, tanto o corte feito em B_1 como em B_2, resulte em folhas retangulares, todas com a mesma largura do papel. Nessas condições, o menor número de folhas que se poderá obter é

a) 135
b) 137
c) 140
d) 142
e) 149

22. (TÉC.JUDIC.-2002-CEARÁ) Uma Repartição Pública recebeu 143 microcomputadores e 104 impressoras para distribuir a algumas de suas seções. Esses aparelhos serão divididos em lotes, todos com igual quantidade de aparelhos. Se cada lote deve ter um único tipo de aparelho, o menor número de lotes formados deverá ser

a) 8
b) 11
c) 19
d) 20
e) 21

23. (TÉCN.JUDIC.-BAHIA-2003) Todos os funcionários de um Tribunal devem assistir a uma palestra sobre "Qualidade de vida no trabalho", que será apresentada várias vezes, cada vez para um grupo distinto. Um técnico foi incumbido de formar os grupos, obedecendo aos seguintes critérios:

- todos os grupos devem ter igual número de funcionários;
- em cada grupo, as pessoas devem ser do mesmo sexo;
- o total de grupos deve ser o menor possível.

Se o total de funcionários é composto de 225 homens e 125 mulheres, o número de palestras que deve ser programado é

a) 10
b) 12
c) 14
d) 18
e) 25

24. (ESCRIT.CEF-1998) Qual é o menor número pelo qual se deve multiplicar 84 para se obter um quadrado perfeito?

a) 18
b) 21
c) 27
d) 35
e) 42

25. (TÉC.JUDIC.-TRT-24ª) Nos dados bem construídos, a soma dos pontos das faces opostas é sempre igual a 7. Um dado bem construído foi lançado três vezes. Se o produto dos pontos obtidos foi 36, o produto dos pontos das faces opostas pode ser

a) 48
b) 30
c) 28
d) 24
e) 16

Gabarito

01. D	**02. A**	**03. B**	**04. D**	**05. E**
06. B	**07. D**	**08. C**	**09. D**	**10. C**
11. E	**12. A**	**13. D**	**14. D**	**15. C**
16. E	**17. B**	**18. E**	**19. D**	**20. C**
21. B	**22. C**	**23. C**	**24. B**	**25. A**

Números Inteiros

01. (SECRET.ESC.-SP-2003) Digitando em uma calculadora a sequência de teclas indicada abaixo, o resultado final que irá aparecer no visor será –10.

[5] [–] [7] [×] [2] [–] [6] [=]

Em linguagem matemática, a operação feita pela calculadora é equivalente a

a) (5 – 7).2 – 6
b) (5 – 7.2) – 6
c) 5 – (7.2) – 6
d) 5 – 7. (2 – 6)
e) (5 – 7).(2 – 6)

Gabarito

01. A

Fração

01. (TÉC.JUDIC.-TRE-ACRE-2003) Em um dado de seis faces marcamos os números –2, –1/2, 1/2, 3/4, 2 e 3. Indicando por x o número obtido após o primeiro lançamento do dado, e por y o número obtido após [illegible]ndo lançamento, o maior valor possível $\frac{1}{x} - y$ será

a) 5
b) 4
c) 10/3
d) 7/3
e) 3/2

02. (AUX.SERV.CAMPO-MARANHÃO-2005) Do total de animais confinados em parte de uma reserva florestal, sabe-se que 2/5 foram vacinados em 2004 e os 105 restantes serão vacinados em 2005. O número de animais confinados nessa reserva está compreendido entre

a) 100 e 150
b) 150 e 180
c) 180 e 210
d) 210 e 250
e) 250 e 300

03. (AUX.JUD.-TRF-1ª-2001) Um eletricista vistoriou as instalações elétricas das 48 salas de um prédio. Na primeira semana, o número de salas vistoriadas correspondeu a 1/4 do total e, na segunda semana, correspondeu a 1/4 do número restante. Na terceira semana vistoriou 14 salas e na quarta semana terminou o serviço. Quantas salas ele vistoriou na quarta semana?

a) 10
b) 11
c) 12
d) 13
e) 14

04. (AUX.SERV.CAMPO-MARANHÃO-2005) Um mesmo caminhão fez três viagens para transportar alguns animais. Na primeira viagem foi levada a terça parte do total de animais e, a cada viagem subsequente, a terça parte do número restante. Se após as três viagens 16 animais deixaram de ser transportados, o número de animais que havia inicialmente era

a) 54
b) 56
c) 60
d) 64
e) 68

Gabarito

01. B **02. B** **03. D** **04. A**

Problemas Tipo "Torneiras"

01. (ESCRIT.CEF-1998) O faxineiro A limpa certo salão em 4 horas. O faxineiro B faz o mesmo serviço em 3 horas. Se A e B trabalharem juntos, em quanto tempo, aproximadamente, espera-se que o serviço seja feito?

a) 2 horas e 7 minutos.
b) 2 horas e 5 minutos.
c) 1 hora e 57 minutos.
d) 1 hora e 43 minutos.
e) 1 hora e 36 minutos.

02. (TÉC.JUD.-TRT-22ª-2004) Para encher um tanque com água dispõe-se de duas torneiras I e II. Considere que, abrindo-se apenas I, o tanque estaria cheio após 12 minutos, enquanto que I I, sozinha, levaria 15 minutos para enchê-lo. Assim sendo, se I e II fossem abertas simultaneamente, o tanque estaria cheio em

a) 6 minutos e 10 segundos.
b) 6 minutos e 15 segundos.
c) 6 minutos e 25 segundos.
d) 6 minutos e 30 segundos.
e) 6 minutos e 40 segundos.

03. (TÉC.SEG.TRAB.-CEAL-2005) Para avaliar as condições ambientais de trabalho e emitir parecer técnico para subsidiar a adoção de medidas de prevenção de acidentes de trabalho em uma unidade da Companhia, dispõe-se de dois técnicos (I e II) em segurança de trabalho. Considere que, se I trabalhasse sozinho, a tarefa estaria concluída em 24 dias, enquanto que II, sozinho, levaria 40 dias para executá-la. Assim sendo, em quantos dias os dois, juntos, fariam o trabalho?

a) 22 b) 21 c) 19
d) 17 e) 15

04. (TRT-21ª REGIÃO-2003) Um determinado serviço é realizado por uma única máquina em 12 horas de funcionamento ininterrupto e, em 15 horas, por uma outra máquina, nas mesmas condições. Se funcionarem simultaneamente, em quanto tempo realizarão esse mesmo serviço?

a) 3 horas. b) 9 horas.
c) 25 horas. d) 4 horas e 50 minutos.
e) 6 horas e 40 minutos.

05. (TÉC.JUDIC.-PIAUÍ-2002) Um funcionário demora 6 horas para fazer certo serviço, enquanto outro leva 8 horas para fazê-lo. Que fração desse serviço os dois fariam juntos em 3 horas?

a) 1/4 b) 1/7 c) 2/3
d) 3/4 e) 7/8

Gabarito

01. D **02. E** **03. E** **04. E** **05. E**

Números Decimais

01. (AUX.JUD.-TRF-1ª REGIÃO-2001) Ao preencher corretamente um cheque no valor de R$ 2.010,50 deve-se escrever por extenso

a) dois mil e cem reais e cinquenta centavos.
b) dois mil e dez reais e cinquenta centavos.
c) dois mil e dez reais e cinco centavos.
d) duzentos e dez reais e cinquenta centavos.
e) duzentos e um reais e cinco centavos.

02. (SECRET.ESC.-SP-2003) Uma escola com turmas no período da manhã e da noite possui 7 salas disponíveis para aula, cada uma com capacidade máxima de 40 alunos. Sabendo que cada aluno receberá no início do ano um documento de identificação custeado pela escola por R$ 0,60, pode-se afirmar que o gasto máximo da escola com a emissão dos documentos será de

a) R$ 168,00
b) R$ 336,00
c) R$ 504,00
d) R$ 1.680,00
e) R$ 3.360,00

03. (SECRET.ESC.-SP-2003) As caixas de disquetes para computador costumam dar a seguinte informação, referente a capacidade de armazenagem de cada disco, em relação ao tipo de computador usado:

PC IBM	1,44 MB
APLE	1,40 MB

Uma empresa utiliza computadores APLE e adquire grandes quantidades de disquetes. Para compensar a menor capacidade de armazenagem do produto adquirido, é matematicamente razoável negociar com o fornecedor a cortesia de um disquete gratuito após a compra de

a) 28 disquetes.
b) 32 disquetes.
c) 30 disquetes.
d) 35 disquetes.
e) 38 disquetes.

04. (AUX.TÉC.-CEAL-2005) Efetue as duas divisões indicadas até a segunda casa decimal, desprezando as demais, sem arredondamento:

61 |3   3 |11

A diferença positiva dos quocientes obtidos é igual a

a) 20,16
b) 20,06
c) 20,60
d) 2,06
e) 0,39

05. (TÉC.JUDIC.-TRE-ACRE-2003) Na tabela de conversão indicada, se quisermos substituir a palavra multiplique pela palavra divida, o número 1,094 deve ser substituído por

Tabela de Conversão
Multiplique Metros por 1, 094 para obter Jardas

Valor aproximado

a) 0,109
b) 0,622
c) 0,628
d) 0,909
e) 0,914

06. (AGENTE VISTOR-SP-2002- FCC) Observe os dados apresentados na tabela abaixo:

X	Y	X ÷ Y
2	3	0,6666...
5	6	0,8333...
1	2	0,5

Se S for a soma dos três resultados apresentados na coluna X e Y, é correto afirmar que S

a) é divisível por 3.
b) é múltiplo de 5.
c) é um número par.
d) é uma dízima periódica sem representação decimal finita.
e) não pode ser calculado porque não podemos somar dízimas periódicas.

07. (TÉC.JUD.-4ª -2001) O esquema abaixo mostra, passo a passo, a sequência de operações a serem efetuadas a partir de um certo número, a fim de obter o resultado final 10,4.

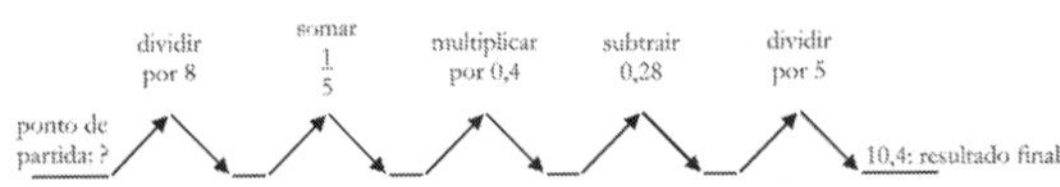

O número que deve ser considerado como ponto de partida está compreendido entre

a) 1 000 e 1 050
b) 1 050 e 1 100
c) 1 100 e 1 150
d) 1 150 e 1 200
e) 1 250 e 1 300

Matemática

08. (AUX.JUD.-TRF-1ª-2001) Nas Casas Brasil um refrigerador pode ser vendido de duas formas: a vista por R$ 399,00 ou em 12 parcelas de R$ 47,30 cada. Os amigos Fernando e Henrique compraram desses refrigeradores nessa loja: o primeiro, a vista e o segundo, a prazo. Que quantia Henrique pagou a mais do que Fernando?

a) R$ 168,60
b) R$ 177,60
c) R$ 178,60
d) R$ 186,60
e) R$ 278,60

09. (TÉC.JUD.-TER-RGN-2005) Para montar um kit básico de higiene bucal um técnico selecionou cinco produtos M, N, P, Q e R, e do estoque inicial de cada um deles retirou uma fração para a composição dos kits. A tabela abaixo indica a quantidade inicial no estoque, as frações retiradas e a quantidade de cada produto utilizada em uma unidade do kit

Produto	M	N	P	Q	R
Estoque inicial	2,5kg	0,8kg	450mL	600mL	750mL
Fração retirada	$\frac{2}{5}$	$\frac{3}{4}$	$\frac{2}{9}$	$\frac{7}{15}$	$\frac{1}{3}$
Quantidade do produto em um kit	0,25kg	0,1kg	10mL	70mL	25mL

Quantos kits de cada produto serão produzidos?

	M	N	P	Q	R
A	4	6	10	4	10
B	2	2	5	1	10
C	4	6	100	14	25
D	25	10	202	18	90
E	40	60	100	40	100

10. (ESCRIT.CEF-1998) Se A é um número compreendido entre 0 e 1, então é FALSO que

a) $A^3 < 1$
b) $A^2 > A$
c) $0,9 \cdot A < A$
d) $A > -1$
e) $A / 2A = 0,5$

Gabarito

01. B **02. B** **03. D** **04. B** **05. E**
06. C **07. A** **08. A** **09. A** **10. B**

Sistema Métrico Decimal

a) Unidades de comprimento

01. (AUX.SERV.CAMPO-MARANHÃO-2005) Dividindo-se todos os 0,36km de corda de um rolo em pedaços de 180cm de comprimento cada um, quantas partes serão obtidas?

a) Trezentas. b) Duzentas. c) Trinta.
d) Vinte. e) Doze.

02. (TÉC.JUD.-TRT-22ª-2004) A parte interna de uma gaveta tem 15cm de altura, 42cm de largura e 35cm de profundidade. A maior quantidade de folhas de papel, cada qual com 0,5mm de espessura e medindo 200mm de largura por 320mm de comprimento, que podem ser guardadas nesse armário é

a) 750 b) 600 c) 500
d) 300 e) 250

03. (SECRET.ESC.-SP-2003) As paredes de um escritório terão aumento de espessura após serem recobertas com tijolos de 4 centímetros, fibra de vidro de $2\frac{1}{2}$ polegadas e uma camada de 6,5 milímetros de massa. Sabendo que uma polegada é igual a 2,54 centímetros, a espessura de cada parede aumentará em

a) 7,19cm b) 9,00cm
c) 10,35cm d) 11,00cm
e) 15,95cm

04. (AGENTE VISTOR-SP-2002- FCC) O sistema de tubulação de um prédio prevê a instalação de tubos de $1\frac{1}{2}$ polegadas de diâmetro numa extensão de 1,2 metros, conforme indica a figura abaixo:

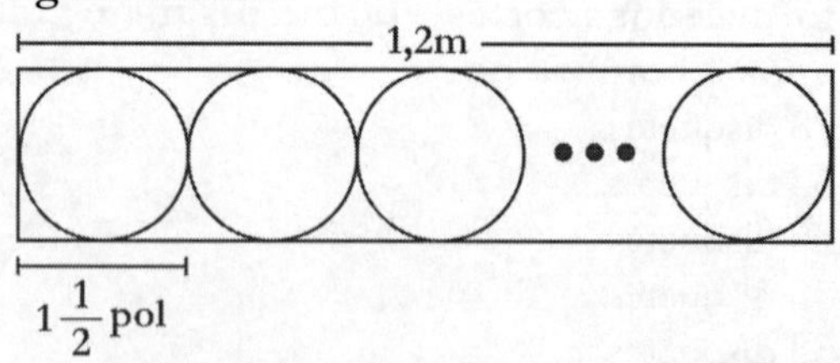

Sabendo que 1 polegada equivale a 25mm, o total de tubos utilizados na instalação será igual a

a) 32 b) 30 c) 26
d) 18 e) 10

Gabarito

01. B **02. B** **03. D** **04. A**

b) Unidades de área

01. (TÉC.JUDIC.-2002-CEARÁ) O tampo de uma mesa tem a forma de um quadrado, cujo lado mede 120cm. Se ele deve ser revestido por um material que custa R$ 18,50 o metro quadrado, a quantia mínima a ser desembolsada para se executar esse serviço é

a) R$ 26,64
b) R$ 25,86
c) R$ 24,48
d) R$ 22,20
e) R$ 20,16

02. (SECRET.ESC.-SP-2003) A figura mostra uma folha de papel retangular medida com uma régua de 40cm.

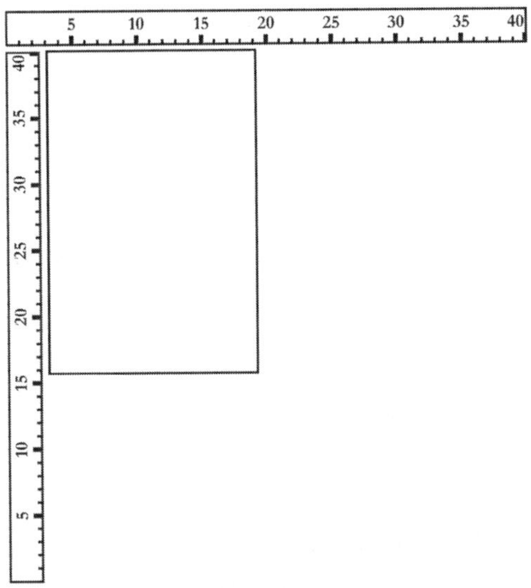

Sabendo que uma folha de tamanho A_4 mede aproximadamente 21cm por 30cm, sua área supera a da folha representada na figura em

a) $25cm^2$
b) $130cm^2$
c) $155cm^2$
d) $230cm^2$
e) $255cm^2$

Gabarito

01. A **02. D**

c) Unidades de volume e capacidade

01. Um recipiente tem a forma de um paralelepípedo retângulo com as seguintes dimensões: 1,5m de comprimento, 1m de largura e 0,5m de altura. Considerando-se desprezível a espessura de suas paredes, a capacidade desse recipiente, em litros, é

a) 50
b) 75
c) 500
d) 750
e) 7 500

02. (AUX.SERV.CAMPO-MARANHÃO-2005) Pretende-se acondicionar 1 200 litros de fertilizante em recipientes, cada um com capacidade para $0,025m^3$. A menor quantidade de frascos que deverão ser usados é

a) 48
b) 50
c) 96
d) 480
e) 500

03. (AUX.PER.CRIM.-2002-AMAPÁ) Uma das caixas de água de um prédio mede 1,5m de comprimento, 8dm de largura e 120cm de altura. O número de litros de água que ela comporta é

a) 129,5
b) 144
c) 1 295
d) 1 440
e) 2 880

04. (TÉC.JUDIC.-PIAUÍ-2002) O volume de uma caixa d'água é de $2,760m^3$. Se a água nela contida está ocupando os 3/5 de sua capacidade, quantos decalitros de água devem ser colocados nessa caixa para enchê-la completamente?

a) 331,2
b) 184
c) 165,6
d) 110,4
e) 55,2

Gabarito

01. D **02. A** **03. D** **04. D**

d) Unidades de massa

01. (AUX.JUD.-TRF-1ª REGIÃO-2001) Uma gráfica recebeu um lote com 1 250 pacotes de papel. Se cada pacote pesa 2 200 gramas, quantos quilogramas de papel tem esse lote?

a) 27,5
b) 275
c) 2 750
d) 27 500
e) 275 000

02. (AUX.SERV.CAMPO-MARANHÃO-2005) Em uma rodovia, uma carreta está transportando 65 toras de madeira, cada qual com peso de 82kg. Se a carreta vazia pesa 3,5 toneladas, então, ao parar num posto de pesagem, quantas toneladas a balança marcará?

a) 6,43
b) 7,87
c) 8,83
d) 9,27
e) 9,63

03. (SECRET.ESC.-SP-2003) A coleta seletiva de lixo de uma escola prevê conseguir 5 quilos de alumínio, por semana, provenientes de latas recicláveis. Se 3 latas vazias têm massa aproximada de 20 gramas, a meta da escola será atingida se forem arrecadadas semanalmente um total de latas igual a

a) 250
b) 300
c) 550
d) 600
e) 750

Gabarito

01. C 02. C 03. E

Sistema Métrico Não Decimal

e) Unidades de tempo

01. (AUX.SERV.CAMPO-MARANHÃO-2005) Dizer que são decorridos 25/72 de um dia é o mesmo que dizer que são

a) 7 horas e 10 minutos.
b) 7 horas e 20 minutos.
c) 7 horas e 40 minutos.
d) 8 horas e 10 minutos.
e) 8 horas e 20 minutos.

02. (TÉC.JUDIC.-PIAUÍ-2002) Um motorista iniciou uma viagem às 9h25min e chegou ao seu destino às 18h10min. Essa viagem durou

a) oito horas e trinta e cinco minutos.
b) oito horas e quarenta e cinco minutos.
c) nove horas e cinco minutos.
d) nove horas e quinze minutos.
e) nove horas e trinta e cinco minutos.

03. (AUX.JUD.-TRF-1ª REGIÃO-2001) Certo dia, devido a um racionamento de energia, uma marcenaria teve que desligar suas máquinas às 9h12min, religando-as às 13h05min. Por quanto tempo essas máquinas ficaram desligadas?

a) 3 horas e 7 minutos.
b) 3 horas e 53 minutos.
c) 4 horas e 7 minutos.
d) 4 horas e 17 minutos.
e) 4 horas e 53 minutos.

04. (TÉC.JUDIC.1ª REGIÃO) Certo dia, um técnico judiciário trabalhou ininterruptamente por 2 horas e 50 minutos na digitação de um texto. Se ele concluiu essa tarefa quando eram decorridos 11/16 do dia, então ele iniciou a digitação do texto às

a) 13h40min
b) 13h20min
c) 13h
d) 12h20min
e) 12h10min

05. (TÉC.JUDIC.-2002-CEARÁ) Certo dia, Jairo comentou com seu colega Luiz: "Hoje eu trabalhei o equivalente a 4/9 do dia, enquanto você trabalhou apenas o equivalente a 7/20 do dia." Com base nessa informação, quanto tempo Jairo trabalhou a mais que Luiz?

a) 1 hora e 50 minutos.
b) 2 horas e 16 minutos.
c) 2 horas e 48 minutos.
d) 3 horas e 14 minutos.
e) 3 horas e 36 minutos.

06. (TÉC.JUD.-TRT-22ª-2004) Suponha que a jornada de trabalho de uma pessoa seja de 8 horas diárias. Certo dia, ela chegou ao trabalho quando eram decorridos 11/36 do dia, saiu para almoçar às 12 horas e 15 minutos e retomou o trabalho às 13 horas. Se foi para casa quando eram decorridos 2/3 do mesmo dia, então sua jornada

a) foi integralmente cumprida.
b) foi excedida em 10 minutos.
c) foi excedida em 5 minutos.
d) deixou de ser cumprida, pois faltaram 10 minutos.
e) deixou de ser cumprida, pois faltaram 5 minutos.

07. (AGENTE VISTOR-SP-2002- FCC) Um atleta que completou a distância de 10 quilômetros em 45 minutos percorreu cada quilômetro no tempo médio de

a) 4 minutos e 50 segundos.
b) 4 minutos e 45 segundos.
c) 4 minutos e 40 segundos.
d) 4 minutos e 35 segundos.
e) 4 minutos e 30 segundos.

08. A velocidade de 120km/h equivale, aproximadamente, à velocidade de

a) 33,33m/s
b) 35m/s
c) 42,5m/s
d) 54,44m/s
e) 60m/s

09. (AUX.TÉC.-CEAL-2005) Para suprir as necessidades básicas na falta de energia, uma oficina de manutenção usa um gerador elétrico cujo tanque tem capacidade para 15 litros de combustível. Se o tanque desse gerador estiver cheio e gasta 1,2 litros de combustível a cada hora de funcionamento, então, o número de horas que o gerador pode ficar ligado, sem ser reabastecido, é 12 horas e

a) 50 minutos.
b) 40 minutos.
c) 30 minutos.
d) 20 minutos.
e) 10 minutos.

Gabarito

01. E	**02. B**	**03. B**	**04. A**	**05. B**
06. E	**07. E**	**08. A**	**09. C**	

Razão e Proporção

01. (AUX.JUD.-TRF-1ª REGIÃO-2001) No depósito de material de uma carpintaria havia 36 trincos e 24 maçanetas. Foram utilizados metade do número de trincos e 1/3 do número de maçanetas. Das peças restantes, a razão entre o número de trincos e o de maçanetas, nessa ordem, é

a) 9/8 b) 5/4
c) 3/2 d) 7/4
e) 2

02. (TÉC.JUD.-TRT-11ª-2005) Para percorrer um mesmo trajeto de 72 900 metros, dois veículos gastaram: um 54 minutos, e o outro, 36 minutos. A diferença positiva entre as velocidades médias desses veículos, nesse percurso, em quilômetros por hora, era

a) 11,475
b) 39,25
c) 40,5
d) 42,375
e) 45,5

03. (TÉC.JUD.-TRT-22ª-2004) Dispõe-se de um bloco maciço de madeira com volume de 0,04m³. Se a densidade da madeira é 0,93 g/cm³, o peso desse bloco, em quilogramas, é

a) 23,25
b) 37,2
c) 232,5
d) 372
e) 2 325

04. (GUARDA CIVIL METR.-SP-2004) A escala de um mapa rodoviário é de 1 para 2 500 000. Se a distância entre dois pontos nesse mapa é 25mm, a distância real entre esses pontos, em km, é igual a

a) 100
b) 62,5
c) 10
d) 6,25
e) 1

05. (AUX.TÉC.-CEAL-2005) Suponhamos que uma planta da cidade de Palmeira dos Índios foi desenhada na escala 1:60 000, o que significa que as medidas reais são iguais a 60 000 vezes as medidas correspondentes na planta. Assim, cada medida de 4cm na planta corresponde a uma medida real, em quilômetros, de

a) 2400 b) 240
c) 24 d) 2,4
e) 0,24

06. (TÉC.JUD.-TRT-22ª-2004) Das pessoas atendidas em um ambulatório certo dia, sabe-se que 12 foram encaminhadas a um clínico geral e as demais para tratamento odontológico. Se a razão entre o número de pessoas encaminhadas ao clínico e o número das restantes, nessa ordem, é 3/5, o total de pessoas atendidas foi

a) 44
b) 40
c) 38
d) 36
e) 32

07. (TÉC.JUDIC.-PIAUÍ-2002) Se a razão entre dois números é 4/5 e sua soma é igual a 27, o menor deles é

a) primo.
b) divisível por 5.
c) múltiplo de 7.
d) divisível por 6.
e) múltiplo de 9.

08. (TÉC.JUDIC.-2002-CEARÁ) Ao fazer a manutenção dos 63 microcomputadores de certa empresa, um funcionário observou que a razão entre o número de aparelhos que necessitavam de reparos e o número dos que não apresentavam defeitos era, nessa ordem, 2/7. Nessas condições, é verdade que o número de aparelhos com defeitos era

a) 3
b) 7
c) 14
d) 17
e) 21

09. (AUX.SERV.CAMPO-MARANHÃO-2005) Do total de animais inspecionados em certa região, sabe-se que:

- o número de vacinados excede o de não vacinados em 45 unidades;
- a razão entre o número de animais não vacinados e o de vacinados, nesta ordem, é 2/7 .

Nessas condições, o total de animais inspecionados é

a) 63
b) 74
c) 81
d) 92
e) 96

10. (GUARDA CIVIL METR.-SP-2004) A tabela indica os vários tipos de tons acinzentados que podem ser obtidos com a mistura das tintas branca e preta:

Tom acizentado	Proporção da mistura
claro	4 partes de tinta branca + 1 parte de tinta preta
médio	3 partes de tinta branca + 2 parte de tinta preta
escuro	1 partes de tinta branca + 1 parte de tinta preta

Para que uma mistura contendo 5 litros de cada um dos três tons acinzentados seja convertida em uma mistura de tom acinzentado médio, deve-se acrescentar aos 15 litros da mistura

a) 5/4 litros de tinta branca.
b) 6/5 litros de tinta branca.
c) 4/5 litros de tinta preta.
d) 5/6 litros de tinta preta.
e) 5/4 litros de tinta preta.

11. (TÉC.JUD.-TER-RGN-2005) O estoque de determinado produto de um laboratório tem previsão de duração de 18 dias a partir desta data. Porém, o fabricante avisou que vai atrasar em 9 dias a próxima entrega do produto, obrigando assim o laboratório a programar uma redução no consumo diário anterior. Supondo que a redução do consumo seja a mesma todos os dias, a razão entre o novo consumo diário e o previsto inicialmente é

a) 5/6 b) 3/4
c) 2/3 d) 1/2
e) 1/3

12. (TÉC.JUD.-TRT-11ª-2005) Os originais de um texto tinham 690 páginas, com 25 linhas em cada uma, e, depois de digitados, resultaram em um livro de 630 páginas, cada qual com 30 linhas. Dispondo-se dos originais de outro texto, contendo 276 páginas, com 30 linhas em cada uma, será possível obter um livro de mesmo formato do primeiro, com número de páginas igual a:

a) 238 b) 230
c) 224 d) 218
e) 210

Gabarito

01. A	02. C	03. B	04. B
05. D	06. E	07. D	08. C
09. C	10. D	11. C	12. E

Divisão Proporcional Simples

01. (AG.PENIT.-2002-AMAPÁ) Na tabela abaixo têm-se as idades e os tempos de serviço de três soldados na corporação, que devem dividir entre si um certo número de fichas cadastrais para verificação.

Soldado	Idade, em anos	Tempo de serviço, em anos
Abel	20	3
Daniel	24	4
Manoel	30	5

Se o número de fichas for 518 e a divisão for feita em partes diretamente proporcionais às suas respectivas idades, o número de fichas que caberá a Abel é

a) 140 b) 148
c) 154 d) 182
e) 210

02. (AUX.JUD.-TRF-1ª-2001) Dois auxiliares deveriam instalar 56 aparelhos telefônicos em uma empresa e resolveram dividir essa tarefa entre si, em partes diretamente proporcionais as suas respectivas idades. Se um tem 21 anos e o outro tem 28, o número de aparelhos que coube ao mais velho foi

a) 24
b) 26
c) 28
d) 30
e) 32

03. (TÉC.JUDIC.-PIAUÍ-2002) Dois sócios constituíram uma empresa com capitais iguais, sendo que o primeiro fundou a empresa e o segundo foi admitido 4 meses depois. No fim de um ano de atividades, a empresa apresentou um lucro de R$ 20 000,00. Eles receberam, respectivamente,

a) R$ 10 500,00 e R$ 9 500,00
b) R$ 12 000,00 e R$ 8 000,00
c) R$ 13 800,00 e R$ 6 200,00
d) R$ 15 000,00 e R$ 5 000,00
e) R$ 16 000,00 e R$ 4 000,00

04. (TÉC.JUD.-TRT-22ª-2004) Na liquidação de uma falência, apura-se um ativo de 2,4 milhões de reais e um passivo constituído pelas seguintes dívidas: ao credor X, 1,6 milhões de reais; ao Y, 2,4 milhões de reais; e ao Z, 2 milhões de reais. É correto afirmar que Z deverá receber

a) R$ 150 000,00 a mais do que X.
b) R$ 150 000,00 a menos do que Y.
c) 5/8 do que caberá a X.
d) 5/8 do que caberá a Y.
e) a metade do que X e Y receberão juntos.

05. (TRT-21ª REGIÃO-2003) Certo mês, os números de horas extras cumpridas pelos funcionários A, B e C foram inversamente proporcionais aos seus respectivos tempos de serviço na empresa. Se A trabalha há 8 meses, B há 2 anos, C há 3 anos e, juntos, os três cumpriram um total de 56 horas extras, então o número de horas extras cumpridas por B foi

a) 8 b) 12
c) 18 d) 24
e) 36

06. (AUX.SERV.CAMPO-MARANHÃO-2005) Certo dia, para a execução de uma tarefa de reflorestamento, dois auxiliares de serviços de campo foram incumbidos de plantar 324 mudas de árvores em uma reserva florestal. Dividiram a tarefa entre si, na razão inversa de suas respectivas idades: 24 e 30 anos. Assim, o número de mudas que coube ao mais jovem deles foi

a) 194 b) 180
c) 156 d) 144
e) 132

07. (TÉC.JUDIC.-2002-CEARÁ) Dois técnicos judiciários foram incumbidos de catalogar alguns documentos, que dividiram entre si em partes inversamente proporcionais aos seus respectivos tempos de serviço no cartório da seção onde trabalham. Se o que trabalha há 12 anos deverá catalogar 36 documentos e o outro trabalha há 9 anos, então o total de documentos que ambos deverão catalogar é

a) 76 b) 84
c) 88 d) 94
e) 96

08. (TÉC.JUD.-TRT-11ª-2005) Na oficina de determinada empresa há um certo número de aparelhos elétricos a serem reparados. Incumbidos de realizar tal tarefa, dois técnicos dividiram o total de aparelhos entre si, na razão inversa de seus respectivos tempos de serviço na empresa: 8 anos e 12 anos. Assim, se a um deles coube 9 aparelhos, o total reparado foi

a) 21 b) 20
c) 18 d) 15
e) 12

Gabarito

01. A	**02. E**	**03. B**	**04. E**
05. B	**06. B**	**07. B**	**08. D**

Matemática

Divisão Proporcional-Composta

01. (AG.PENIT.-2002-AMAPÁ) Na tabela abaixo têm-se as idades e os tempos de serviço de três soldados na corporação, que devem dividir entre si um certo número de fichas cadastrais para verificação.

Soldado	Idade, em anos	Tempo de serviço, em anos
Abel	20	3
Daniel	24	4
Manoel	30	5

Se o número de fichas for 504 e a divisão for feita em partes diretamente proporcionais às suas respectivas idades, mas inversamente proporcionais aos seus respectivos tempos de serviço na corporação, o número de fichas que caberá a

a) Daniel é 180.
b) Manoel é 176.
c) Daniel é 170.
d) Manoel é 160.
e) Daniel é 162.

02. (TÉC.JUD.-TRT-22ª-2004) Certo mês, o dono de uma empresa concedeu a dois de seus funcionários uma gratificação no valor de R$ 500,00. Essa quantia foi dividida entre eles, em partes que eram diretamente proporcionais aos respectivos números de horas de plantões que cumpriram no mês e, ao mesmo tempo, inversamente proporcionais às suas respectivas idades. Se um dos funcionários tinha 36 anos e cumpriu 24 horas de plantões e, o outro, de 45 anos, cumpriu 18 horas, coube ao mais jovem receber

a) R$ 302,50
b) R$ 310,00
c) R$ 312,50
d) R$ 325,00
e) R$ 342,50

03. (TÉC.JUDIC.1ª REGIÃO) Dois funcionários de uma Repartição Pública foram incumbidos de arquivar 164 processos e dividiram esse total na razão direta de suas respectivas idades e inversa de seus respectivos tempos de serviço público. Se um deles tem 27 anos e 3 anos de tempo de serviço e o outro 42 anos e está há 9 anos no serviço público, então a diferença positiva entre os números de processos que cada um arquivou é

a) 48
b) 50
c) 52
d) 54
e) 56

04. (TÉC.JUD.-TRT-22ª-2004) Uma gratificação deverá ser dividida entre dois funcionários de uma empresa, em partes que são, ao mesmo tempo, inversamente proporcionais às suas respectivas idades e diretamente proporcionais aos seus respectivos tempos de serviço na empresa. Sabe-se também que X, que tem 24 anos, trabalha há 5 anos na empresa, e Y, que tem 32 anos, trabalha há 12 anos. Se Y receber R$ 1 800,00, o valor da gratificação é

a) R$ 2 500,00
b) R$ 2 650,00
c) R$ 2 780,00
d) R$ 2 800,00
e) R$ 2 950,00

05. (TÉC.JUD.-4ª -2001) No quadro abaixo, têm-se as idades e os tempos de serviço de dois técnicos judiciários do Tribunal Regional Federal de certa circunscrição judiciária.

	Idade (em anos)	Tempo de Serviço (em anos)
João	36	8
Maria	30	12

Esses funcionários foram incumbidos de digitar as laudas e um processo. Dividiram o total de laudas entre si, na razão direta de suas idades e inversa de seus tempos de serviço no Tribunal. Se João digitou 27 laudas, o total de laudas do processo era

a) 40
b) 41
c) 42
d) 43
e) 44

Gabarito

01. E 02. C 03. C 04. D 05. C

Regra de Três Simples

01. (AUX.SERV.CAMPO-MARANHÃO-2005) Ao catalogar os tipos de produtos agrícolas existentes em estoque, um auxiliar de serviços de campo observou que gastava, em média, 25 minutos para catalogar 15 tipos. Nessas condições, se trabalhar ininterruptamente por 1 hora e 20 minutos, espera-se que o número de produtos que ele consiga catalogar seja

a) 36
b) 38
c) 42
d) 45
e) 48

02. (SECRET.ESC.-SP-2003) A figura abaixo mostra o indicador do nível de tinta de um cartucho de impressora, marcando em cor escura o percentual de tinta já utilizada.

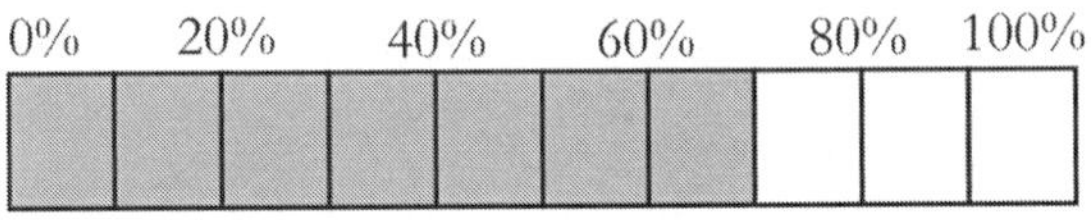

Sabendo que o consumo de tinta desse cartucho é o mesmo a cada dia, e que em 20 dias de uso foram consumidos 50% da tinta, é possível afirmar que ainda existe no cartucho tinta suficiente para exatamente

a) 6 dias.
b) 10 dias.
c) 12 dias.
d) 15 dias.
e) 28 dias.

03. (ESCRIT.CEF-1998) Uma pessoa x pode realizar certa tarefa em 12 horas. Outra pessoa, y, é 50% mais eficiente que x. Nessas condições, o número de horas necessárias para que y realize essa tarefa é

a) 4
b) 5
c) 6
d) 7
e) 8

04. (ESCRIT.CEF-1998) João e Maria acertaram seus relógios às 14 horas do dia 7 de março. O relógio de João adianta 20s por dia e o de Maria atrasa 16s por dia. Dias depois, João e Maria se encontraram e notaram uma diferença de 4 minutos e 30 segundos entre os horários que seus relógios marcavam. Em que dia e hora eles se encontraram?

a) Em 12/03 à meia noite.
b) Em 13/03 ao meio dia.
c) Em 14/03 às 14h.
d) Em 14/03 às 22h.
e) Em 15/03 às 2h.

05. (SECRET.ESC.-SP-2003) Nas figuras abaixo estão representadas pilhas de caixas iguais, cada uma contendo uma mesma quantidade de envelopes.

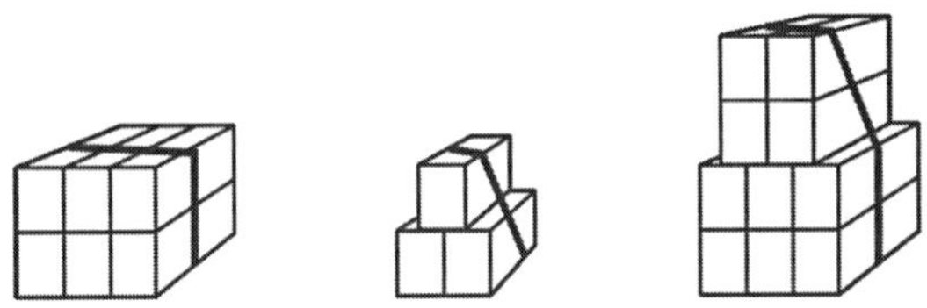

$\frac{3x}{2}$ envelopes $\quad$ $\frac{3x}{4}$ envelopes

As expressões matemáticas 3x/2 e 3x/4 indicam os totais de envelopes das duas primeiras pilhas. A expressão correspondente à terceira pilha é

a) 5x/2
b) 5x/4
c) 3x/5
d) 3x
e) 5x

06. (TÉC.JUD.-TRT-22ª-2004) Uma pessoa acertou seu relógio às 8 horas e 30 minutos de certo dia. Supondo que seu relógio atrase 10 segundos a cada 6 horas, então, decorridas 60 horas e 36 minutos do acerto, ele estará marcando

a) 20h.
b) 20h15min16s.
c) 20h20min18s.
d) 21 h.
e) 21h04min19s.

07. (AUX.JUD.-TRF-1ª-2001) Em uma gráfica, uma máquina imprimiu 8.520 unidades de certo formulário num determinado período de tempo. Quantas unidades desse formulário seriam impressas no mesmo período por outra máquina, cujo rendimento corresponde a 3/4 do rendimento da primeira?
a) 11 360
b) 8 250
c) 7 490
d) 6 390
e) 6 315

08. (SECRET.ESC.-SP-2003) Para a realização de uma determinada tarefa administrativa em 21 dias, é necessário alocar exclusivamente para esse trabalho 3 funcionários. Se dispomos de apenas 2 funcionários para a tarefa, é razoável admitir que ela será realizada em
a) 7 dias.
b) 14 dias.
c) 18 dias e meio.
d) 23 dias e meio.
e) 31 dias e meio.

09. (TÉC.JUDIC.-PIAUÍ-2002) Um automóvel faz certo percurso em 2 horas, com velocidade média de 80 km/h. Se a velocidade média fosse de 60 km/h, em quanto tempo faria esse mesmo percurso?
a) Uma hora e trinta minutos.
b) Uma hora e cinquenta e cinco minutos.
c) Duas horas e vinte minutos.
d) Duas horas e trinta minutos.
e) Duas horas e quarenta minutos.

Gabarito

01. E	02. C	03. E	04. E	05. A
06. E	07. D	08. E	09. E	

Regra de Três Composta

01. (TÉC.JUDIC.-TRT-24ª) Considere que a carência de um seguro-saúde é inversamente proporcional ao valor da franquia e diretamente proporcional à idade do segurado. Se o tempo de carência para um segurado de 20 anos, com uma franquia de R$ 1 000,00 é 2 meses, o tempo de carência para um segurado de 60 anos com uma franquia de R$ 1 500,00 é
a) 6 meses.
b) 5 meses e meio.
c) 5 meses.
d) 4 meses e meio.
e) 4 meses.

02. (ANALISTA FINANC.-GUARULHOS-2003) Dois operários após 8 dias de serviços receberão R$ 4.000,00. Se cinco operários trabalharem por 12 dias, quanto será o valor recebido?
a) R$ 12.000,00.
b) R$ 15.000,00.
c) R$ 16.000,00.
d) R$ 14.000,00.

03. (ESCRIT.CEF-1998) Em 3 dias, 72 000 bombons são embalados, usando-se 2 máquinas embaladoras funcionando 8 horas por dia. Se a fábrica usar 3 máquinas iguais às primeiras, funcionando 6 horas por dia, em quantos dias serão embalados 108.000 bombons?
a) 3
b) 3,5
c) 4
d) 4,5
e) 5

04. (AGENTE VISTOR-SP-2002- FCC) Segundo previsões da divisão de obras de um município, serão necessários 120 operários para construir 600m de uma estrada em 30 dias de trabalho. Sabendo-se que o município poderá disponibilizar apenas 40 operários para a realização da obra, os primeiros 300m da estrada estarão concluídos em
a) 45 dias.
b) 50 dias.
c) 55 dias.
d) 60 dias.
e) 65 dias.

05. (GUARDA CIVIL METR.-SP-2004) Um guarda em serviço percorre 22km em 2 dias, andando 3 horas por dia. Se ele passar a andar 4 horas por dia, mantendo o mesmo ritmo anterior, em quantos dias ele percorrerá 396km?

a) 23
b) 24
c) 25
d) 26
e) 27

06. (TÉCN.JUDIC.-BAHIA-2003) Juntas, quatro impressoras de mesma capacidade operacional são capazes de tirar 1 800 cópias iguais em 5 horas de funcionamento ininterrupto. Duas dessas impressoras tirariam a metade daquele número de cópias se operassem, juntas, por um período contínuo de

a) 2 horas e 30 minutos.
b) 5 horas.
c) 7 horas e 30 minutos.
d) 10 horas.
e) 12 horas e 30 minutos.

07. (AUX.PER.CRIM.-2002-AMAPÁ) Uma empresa deseja iniciar a coleta seletiva de resíduos em todas as suas unidades e, para tanto, encomendou a uma gráfica a impressão de 140.000 folhetos explicativos. A metade desses folhetos foi impressa em 3 dias por duas máquinas de mesmo rendimento, funcionando 3 horas por dia. Devido a uma avaria em uma delas, a outra deve imprimir os folhetos que faltam em 2 dias. Para tanto, deve funcionar diariamente por um período de

a) 9 horas e meia.
b) 9 horas.
c) 8 horas e meia.
d) 8 horas.
e) 7 horas e meia.

08. (AUX.JUD.-TRF-1ª REGIÃO-2001) Em uma gráfica, uma máquina imprimiu 8 520 unidades de certo formulário num determinado período de tempo. Quantas unidades desse formulário seriam impressas no mesmo período por outra máquina, cujo rendimento corresponde a 3/4 do rendimento da primeira?

a) 11 360
b) 8 250
c) 7 490
d) 6 390
e) 6 315

09. (TÉC.JUDIC.1ª REGIÃO) A impressora X é capaz de tirar certo número de cópias de um texto em 1 hora e 15 minutos de funcionamento ininterrupto. A impressora Y, que tem 75% da capacidade de produção de X, tiraria a metade do número de cópias desse texto, se operasse ininterruptamente durante

a) 50 minutos.
b) 1 hora.
c) 1 hora e 10 minutos.
d) 1 hora e 20 minutos.
e) 1 hora e 30 minutos.

10. (TÉC.JUDIC.-2002-CEARÁ) Uma impressora tem capacidade para imprimir 14 páginas por minuto em preto e 10 páginas por minuto em cores. Quanto tempo outra impressora levaria para imprimir um texto com 210 páginas em preto e 26 em cores, se sua capacidade de operação é igual a 80% da capacidade da primeira?

a) 16 minutos e 45 segundos.
b) 20 minutos.
c) 21 minutos e 25 segundos.
d) 22 minutos.
e) 24 minutos e 30 segundos.

11. (TÉC.JUDIC.-TRE-ACRE-2003) Uma impressora trabalhando continuamente emite todos os boletos de pagamento de uma empresa em 3 horas. Havendo um aumento de 50% no total de boletos a serem emitidos, três impressoras, iguais à primeira, trabalhando juntas poderão realizar o trabalho em 1 hora e

a) 30 minutos.
b) 35 minutos.
c) 40 minutos.
d) 45 minutos.
e) 50 minutos.

12. (TRT-21ª REGIÃO-2003) Um veículo percorre os 5/8 de uma estrada em 4 horas, à velocidade média de 75km/h. Para percorrer o restante dessa estrada em 1 hora e 30 minutos, sua velocidade média deverá ser

a) 90 km/h
b) 100 km/h
c) 115 km/h
d) 120 km/h
e) 125 km/h

13. (TÉC.JUD.-TRT-22ª-2004) Pretende-se que uma máquina tire em 4 dias o mesmo número de cópias que ela já havia tirado em 7 dias, operando 6 horas por dia. Se sua capacidade de produção for aumentada em 2/5 , então, para executar tal trabalho, ela deverá operar diariamente por um período de
a) 7 horas e 12 minutos.
b) 7 horas e 24 minutos.
c) 7 horas e 30 minutos.
d) 7 horas e 35 minutos.
e) 7 horas e 48 minutos.

14. (TÉC.JUDIC.-TRT-24ª) Uma indústria tem 34 máquinas. Sabe-se que 18 dessas máquinas têm, todas, a mesma eficiência e executam certo serviço em 10 horas de funcionamento contínuo. Se as máquinas restantes têm 50% a mais de eficiência que as primeiras, funcionando ininterruptamente, executariam o mesmo serviço em
a) 8 horas e 40 minutos.
b) 8 horas e 20 minutos.
c) 7 horas e 45 minutos.
d) 7 horas e 30 minutos.
e) 7 horas e 15 minutos.

Gabarito

01. E	02. B	03. C	04. A	05. E
06. B	07. B	08. D	09. A	10. D
11. A	12. D	13. C	14. D	

Porcentagem

01. (AUX.SERV.CAMPO-MARANHÃO-2005) Em 2004, a floresta amazônica teve, de seus 4 milhões de quilômetros quadrados de área total, 24 mil quilômetros quadrados desmatados. Isso significa dizer que a porcentagem da área da floresta que sofreu tal desmatamento equivale a
a) 12% b) 6%
c) 1,2% d) 0,6%
e) 0,12%

02. (AUX.PER.CRIM.-2002-AMAPÁ) Um ciclista deseja percorrer uma distância de 31,25km. Se percorrer 500m a cada minuto, que porcentagem do total terá percorrido em 1/4 de hora?
a) 20% b) 21%
c) 22% d) 23%
e) 24%

03. (AUX.JUD.-TRF-1ª REGIÃO-2001) Atualmente, o aluguel da casa onde Carlos mora é R$ 320,00. Se, no próximo mês, esse aluguel sofrer um aumento de 8% do seu valor, o novo aluguel será
a) R$ 328,00 b) R$ 337,00
c) R$ 345,60 d) R$ 354,90
e) R$ 358,06

04. (TÉC.JUDIC.-PIAUÍ-2002) O número de funcionários de uma agência bancária passou de 80 para 120. Em relação ao número inicial, o aumento no número de funcionários foi de
a) 50% b) 55%
c) 60% d) 65%
e) 70%

05. (TÉC.JUDIC.-TRE-ACRE-2003) A região sombreada da figura representa a área plantada de um canteiro retangular, que foi dividido em quadrados.

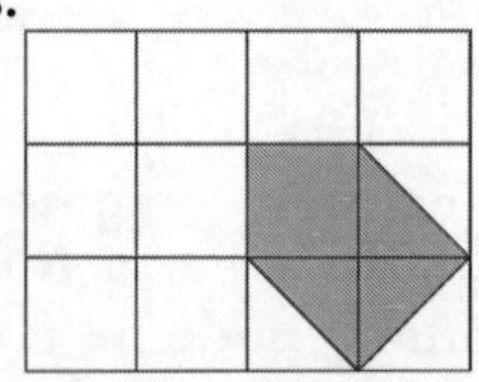

Em relação à área total do canteiro, a região plantada corresponde, aproximadamente, a
a) 18,4%
b) 19,3%
c) 20,8%
d) 23,5%
e) 24,2%

06. (TÉC.JUDIC.-TRT-24ª) Quanto cobrou um marceneiro para realizar a reforma de uma mesa de 2500 x 1100 x 740mm, sabendo-se que o material empregado foi de R$ 645,00 e a mão-de-obra 45% do material gasto?

a) R$ 290,25
b) R$ 935,25
c) R$ 975,75
d) R$ 1 050,00
e) R$ 1 035,55

07. (TÉC.JUDIC.-TRE-ACRE-2003) Uma oficina de automóveis cobra R$ 25,00 por hora de trabalho mais o custo das peças trocadas no serviço. Se o preço do serviço realizado em um veículo é de R$ 300,00, dos quais 25% se referem ao custo das peças, o número de horas de trabalho gastas para a realização do serviço é igual a

a) 9 b) 8
c) 7 d) 6
e) 5

08. (TÉC.JUD.-TER-RGN-2005) O preço para a execução de um trabalho de prótese dentária é o resultado da adição do custo do material com o valor da mão-de-obra. Em certo trabalho no qual o valor da mão-de-obra foi orçado em 80% do custo do material, o protético fez um desconto de 5% ao cliente, que pagou R$ 513,00. O preço estipulado pela mão-de-obra desse trabalho foi de

a) R$ 385,00
b) R$ 300,00
c) R$ 285,00
d) R$ 270,00
e) R$ 240,00

09. (ESCRIT.CEF-1998) Antonio tem 270 reais, Bento tem 450 reais e Carlos nada tem. Antonio e Bento dão parte de seu dinheiro a Carlos, de tal maneira que todos acabam ficando com a mesma quantia. O dinheiro dado por Antonio representa, aproximadamente, quanto por cento do que ele possuía?

a) 11,1 b) 13,2
c) 15,2 d) 33,3
e) 35,518.

10. (ESCRIT.CEF-1998) Em uma agência bancária trabalham 40 homens e 25 mulheres. Se, do total de homens, 80% não são fumantes e, do total de mulheres, 12% são fumantes, então o número de funcionários dessa agência que são homens ou fumantes é

a) 42 b) 43
c) 45 d) 48
e) 49

11. (SECRET.ESC.-SP-2003- FCC) Com a implantação de um sistema informatizado, estima-se que a secretaria de uma escola irá transferir para disquete 30% do arquivo morto no primeiro ano, e 40% do que sobrar ao final do segundo ano. Confirmada a estimativa ao final de dois anos, pode-se dizer que a escola terá reduzido seu arquivo morto em

a) 30%
b) 40%
c) 58%
d) 70%
e) 88%

12. (TÉC.JUDIC.-2002-CEARÁ) Do total de inscritos em certo concurso público, 62,5% eram do sexo feminino. Se foram aprovados 42 homens e este número corresponde a 8% dos candidatos do sexo masculino, então o total de pessoas que se inscreveram nesse concurso é

a) 1 700
b) 1 680
c) 1 600
d) 1 540
e) 1 400

13. (TÉC.JUDIC.-2002-CEARÁ) Suponha que, em uma eleição, apenas dois candidatos concorressem ao cargo de governador. Se um deles obtivesse 48% do total de votos e o outro, 75% do número de votos recebidos pelo primeiro, então, do total de votos apurados nessa eleição, os votos não recebidos pelos candidatos corresponderiam a

a) 16%
b) 18%
c) 20%
d) 24%
e) 26%

14. (TÉCN.JUDIC.-BAHIA-2003) Comparando as quantidades de processos arquivados por um técnico judiciário durante três meses consecutivos, observou-se que, a cada mês, a quantidade aumentara em 20% com relação ao mês anterior. Se no terceiro mês ele arquivou 72 processos, qual o total arquivado nos três meses?

a) 182
b) 186
c) 192
d) 196
e) 198

15. (TÉC.JUDIC.-PIAUÍ-2002) Em uma seção de um Tribunal havia certo número de processos a serem arquivados. O número de processos arquivados por um funcionário correspondeu a 1/4 do total e os arquivados por outro correspondeu a 2/5 do número restante. Em relação ao número inicial, a porcentagem de processos que deixaram de ser arquivados foi

a) 35%
b) 42%
c) 45%
d) 50%
e) 52%

16. (ANALISTA FINANC.-GUARULHOS-2003) Uma fábrica de calçados produz no máximo e diariamente 50 pares de sapatos, sendo 60% de sapatos femininos. Em um dia de greve a fábrica produziu 30% de calçados femininos e 20% de calçados masculinos da produção esperada. Quantos pares de calçados femininos e masculinos foram produzidos nesse dia?

a) 15 pares femininos e 10 pares masculinos.
b) 30 pares femininos e 20 pares masculinos.
c) 15 pares femininos e 15 pares masculinos.
d) 20 pares femininos e 30 pares masculinos.

17. (AUX.SERV.CAMPO-MARANHÃO-2005) Em 02/01/2005, a fiscalização em certa reserva florestal acusou que o número de espécies nativas havia diminuído de 60%, em relação a 02/01/2004. Para que, em 02/01/2006, o número de espécies nativas volte a ser o mesmo observado em 02/01/2004, então, relativamente a 02/01/2005, será necessário um aumento de

a) 60%
b) 80%
c) 150%
d) 160%
e) 180%

18. (GUARDA CIVIL METR.-SP-2004) Uma caixa contém de 36 a 42 botões. Retirando-se 4 botões, sabe-se que o total de botões da caixa se reduz a 90% da situação anterior à retirada. Nessas condições, é correto dizer que o número de botões na caixa antes da retirada era

a) divisor de 200.
b) divisor de 205.
c) divisor de 222.
d) múltiplo de 3.
e) múltiplo de 19.

19. (TÉC.JUD.-TRT-22ª-2004) Um técnico judiciário arquivou 20% do total de processos de um lote. Se 35% do número restante correspondem a 42 processos, então o total existente inicialmente no lote era

a) 110
b) 120
c) 140
d) 150
e) 180

20. (AG.PENIT.-2002-AMAPÁ) Em uma eleição para a diretoria de um clube, concorreram três candidatos, e a porcentagem do total de votos válidos que cada um recebeu dos 6 439 votantes é mostrada na tabela abaixo.

Candidato	Votos válidos (%)
João Pedro	20
José Plínio	30
Júlio Paulo	50

Se nessa eleição houve 132 votos nulos e 257 em branco, considerados não válidos, então

a) João Pedro obteve um total de 1 200 votos.
b) José Plínio obteve 620 votos a mais que João Pedro.
c) Júlio Paulo obteve 1 210 votos a mais que José Plínio.
d) o último colocado recebeu 2 000 votos a menos do que o primeiro.
e) o primeiro colocado recebeu 1 010 votos a mais do que o segundo.

21. (AUX.PER.CRIM.-2002-AMAPÁ) Certa quantidade de dados cadastrais está armazenada em dois disquetes e em discos compactos (CDs). A razão entre o número de disquetes e de discos compactos, nessa ordem, é 3/2 . Em relação ao total desses objetos, a porcentagem de

a) disquetes é 30%.
b) discos compactos é 25%.
c) disquetes é 60%.
d) discos compactos é 30%.
e) disquetes é 75%.

22. (AUX.PER.CRIM.-2002-AMAPÁ) Um agente executou certa tarefa em 3 horas e 40 minutos de trabalho. Outro agente, cuja eficiência é de 80% da do primeiro, executaria a mesma tarefa se trabalhasse por um período de

a) 2 horas e 16 minutos.
b) 3 horas e 55 minutos.
c) 4 horas e 20 minutos.
d) 4 horas e 35 minutos.
e) 4 horas e 45 minutos.

23. **(TÉC.JUD.-TRT-22ª-2004) Um artigo foi comprado por R$ 800,00 e revendido por R$ 1.040,00. Se i é a taxa pela qual se calculou o lucro sobre o preço de custo desse artigo, então i é igual a**
a) 27,5%
b) 30%
c) 32,5%
d) 35%
e) 35,5%

24. **(GUARDA CIVIL METR.-SP-2004) Uma mercadoria é vendida a vista por R$ 799,00, ou em duas prestações iguais. Sabendo que o preço total da mercadoria a prazo é 10% superior ao preço a vista, cada prestação da compra a prazo é igual a**
a) R$ 479,40
b) R$ 459,99
c) R$ 439,45
d) R$ 419,99
e) R$ 403,45

25. **(TÉC.JUDIC.-PIAUÍ-2002) Em uma liquidação, certo artigo está sendo vendido com desconto de 20% sobre o preço T de tabela. Se o pagamento for efetuado em dinheiro, o preço com desconto sofre um desconto de 15%. Nesse último caso, o preço final será igual a**
a) 0,68 T
b) 0,72 T
c) 1,35 T
d) 1,68 T
e) 1,72 T

26. **(ANALISTA FINANC.-GUARULHOS-2003) Um comerciante, para não ter perda maior com seu estoque, vendeu, dois meses após a compra, um objeto por R$ 1.440,00. Perdeu o equivalente a 10% do preço pago pelo produto. Qual foi o preço da compra?**
a) R$ 1.166,40.
b) R$ 1.584,00.
c) R$ 1.600,00.
d) R$ 1.742,40.

27. **(TRT-21ª REGIÃO-2003) Um comerciante compra um artigo por R$ 80,00 e pretende vendê-lo de forma a lucrar exatamente 30% sobre o valor pago, mesmo se der um desconto de 20% ao cliente. Esse artigo deverá ser anunciado por**
a) R$ 110,00
b) R$ 125,00
c) R$ 130,00
d) R$ 146,00
e) R$ 150,00

28. **(TÉC.JUDIC.-TRT-24ª) O preço de um objeto foi aumentado em 20% de seu valor. Como as vendas diminuíram, o novo preço foi reduzido em 10% de seu valor. Em relação ao preço inicial, o preço final apresenta**
a) um aumento de 10%.
b) um aumento de 8%.
c) um aumento de 2%.
d) uma diminuição de 2%.
e) uma diminuição de 10%.

29. **(AGENTE VISTOR-SP-2002- FCC) Em janeiro, uma loja em liquidação decidiu baixar todos os preços em 10%. No mês de março, frente a diminuição dos estoques a loja decidiu reajustar os preços em 10%. Em relação aos preços praticados antes da liquidação de janeiro, pode-se afirmar que, no período considerado, houve**
a) um aumento de 0,5%
b) um aumento de 1%
c) um aumento de 1,5%
d) uma queda de 1%
e) uma queda de 1,5%

30. **(TÉC.JUD.-TRT-11ª-2005) Duas lojas têm o mesmo preço de tabela para um mesmo artigo e ambas oferecem dois descontos sucessivos ao comprador: uma, de 20% e 20%; e a outra, de 30% e 10% Na escolha da melhor opção, um comprador obterá, sobre o preço de tabela, um ganho de**
a) 34%
b) 36%
c) 37%
d) 39%
e) 40%

31. **(TÉC.JUD.-TRT-22ª-2004) Uma fatura de R$ 10 000,00 sofreu três abatimentos sucessivos: de 5%, mais 8% e mais 7%. 0 valor líquido dessa fatura é**
a) R$ 7 828,20
b) R$ 7 982,40
c) R$ 8 000,00
d) R$ 8 128,20
e) R$ 8 248,60

32. **(TÉC.JUD.-TRT-22ª-2004) Um artigo foi comprado por R$ 800,00 e revendido por R$ 1. 040,00. Se i é a taxa pela qual se calculou o lucro sobre o preço de custo desse artigo, então i é igual a**
a) 27,5%
b) 30%
c) 32,5%
d) 35%
e) 35,5%

33. (TÉC.JUD.-TRT-22ª-2004) Um comerciante compra certo artigo ao preço unitário de R$ 48,00 e o coloca à venda por um preço que lhe proporcionará uma margem de lucro de 40% sobre o preço de venda. O preço unitário de venda desse artigo é

a) R$ 78,00
b) R$ 80,00
c) R$ 84,00
d) R$ 86,00
e) R$ 90,00

34. (SECRET.ESC.-SP-2003) Uma determinada conta no valor de x reais oferece cinco opções diferentes de pagamento em um determinado mês:

* Opção 1: até o dia 5 com desconto de 3%
* Opção 2: do dia 6 ao dia 15 com desconto de 2,5%
* Opção 3: do dia 16 ao dia 25 com desconto de 1,5%
* Opção 4: do dia 26 ao dia 30 sem desconto
* Opção 5: no dia 31 com acréscimo de 2%

Se dispomos na conta bancária de x reais para resgate imediato, ou x reais acrescido de 2% para resgate a partir do dia 20, as melhores datas para o pagamento da conta são datas que estão na

a) opção 1
b) opção 2
c) opção 3
d) opção 4
e) opção 5

35. (TÉC.JUDIC.-TRE-ACRE-2003) A tabela indica o número de crianças nascidas vivas em um município brasileiro.

Ano	Crianças nascidas vivas
2000	130
2001	125
2002	130
2003	143

Se toda criança deve tomar uma determinada vacina ao completar 2 anos de vida, em relação ao total mínimo de vacinas que o posto de saúde reservou para 2003, haverá em 2004

a) diminuição de 2%.
b) diminuição de 3%.
c) crescimento de 1%.
d) crescimento de 3%.
e) crescimento de 4%.

36. (AGENTE VISTOR-SP-2002- FCC) Desprezando-se qualquer tipo de perda, ao se adicionar 100g de ácido puro a uma solução que contém 40g de água e 60g deste ácido, obtém-se uma nova solução com

a) 75% de ácido.
b) 80% de ácido.
c) 85% de ácido.
d) 90% de ácido.
e) 95% de ácido.

37. (ANALISTA FINANC.-GUARULHOS-2003) Um cidadão comprou mil dólares e pagou R$ 2,20 por cada dólar (taxa de compra). Após trinta dias vendeu quinhentos dólares e recebeu R$ 2.200,00 pela venda.
Podemos dizer que na operação de compra e venda da moeda estrangeira ocorreu:

a) Ganho percentual de 100% sobre a taxa de compra.
b) Não ganhou nem perdeu financeiramente na operação.
c) A taxa de câmbio usada na venda foi 50% maior do que a de compra.
d) A taxa de venda foi menor do que a taxa de compra.

38. (AUX.TÉC.-CEAL-2005) Um auxiliar técnico sempre abastecia o tanque vazio de seu veículo com 40 litros de combustível e recebia do frentista a nota fiscal no valor de R$ 92,00. No entanto, na última vez que abasteceu, o valor da nota foi de R$ 110,40 para os mesmos 40 litros do mesmo combustível. Questionado sobre a diferença, o dono do posto alegou que houve um aumento de x% no preço do combustível. O valor de x

a) é maior que 19,5.
b) é igual a 18,5.
c) está entre 15 e 18.
d) está entre 17 e 19,6.
e) é menor que 16.

39. (AUX.TÉC.-CEAL-2005) A tabela abaixo representa as principais fontes de energia do planeta:

Fontes	Termelétricas	Hidrelétricas	Nucleares	Renováveis
Porcentagem	64%	18%	16%	2%

Nessas condições, é verdade que

a) 7/9 das hidrelétricas do planeta equivalem às nucleares.
b) as fontes renováveis correspondem a 2% das outras três juntas.
c) 8 das termelétricas do planeta equivalem às outras três juntas.
d) 25% das fontes de energia do planeta são nucleares.
e) mais de 80% das fontes de energia do planeta são constituídas de termelétricas e hidrelétricas.

40. (GUARDA CIVIL METR.-SP-2004) Rotineiramente uma pessoa deve fazer as seguintes contas sobre um determinado preço: acrescentar 32%, dar um desconto de 10% sobre o resultado encontrado, calcular 2/3 do número obtido e, com essa última conta, obter o preço final procurado. Para fazer as três operações, utilizando uma única conta, deve-se multiplicar o preço inicial por

a) 0,021
b) 0,088
c) 0,147
d) 0,628
e) 0,782

41. (GUARDA CIVIL METR.-SP-2004) Do tempo gasto no processamento de uma planilha de cálculo, sabe-se que o computador gasta 25% lendo os dados de entrada, 40% fazendo cálculos aritméticos e 35% preparando os dados para a impressão. Se o programa do computador for reformulado de modo a realizar os cálculos aritméticos na metade do tempo que faz originalmente, as novas porcentagens de gasto de tempos na leitura dos dados de entrada, nos cálculos aritméticos e no preparo para a impressão, respectivamente, serão

a) 31,25%, 25%, 43,75%
b) 32,5%, 25%, 42,5%
c) 32,75%, 20%, 47,25%
d) 33,33%, 20%, 46,66%
e) 35%, 20%, 45%

42. (TÉC.JUD.-TRT-22ª-2004) Franco e Jade foram incumbidos de digitar as laudas de um texto. Sabe-se que ambos digitaram suas partes com velocidades constantes e que a velocidade de Franco era 80% da de Jade. Nessas condições, se Jade gastou 10 minutos para digitar 3 laudas, o tempo gasto por Franco para digitar 24 laudas foi

a) 1 hora e 15 minutos.
b) 1 hora e 20 minutos.
c) 1 hora e 30 minutos.
d) 1 hora e 40 minutos.
e) 2 horas.

43. (TÉC.JUD.-TRT-22ª-2004) Um vendedor recebe uma comissão de 5% sobre o lucro total das vendas que realiza no mês. Em um mês em que as vendas totalizaram R$ 45 000,00, gerando um lucro de 30%, ele recebeu uma comissão de

a) R$ 675,00
b) R$ 680,00
c) R$ 700,00
d) R$ 725,00
e) R$ 760,00

44. (TÉC.JUD.-TRT-22ª-2004) Três funcionários, X, Y e Z, dividiram entre si os 78 processos que receberam para arquivar. Sabendo que X arquivou a terça parte do número de processos arquivados por Y e este último arquivou 40% do triplo do número arquivado por Z, é correto afirmar que a quantidade exata de processos arquivados por um dos três era

a) 12
b) 24
c) 32
d) 35
e) 40

45. (TÉC.JUD.-4ª -2001) Durante dois dias consecutivos, um técnico judiciário foi designado para prestar informações ao público. Sabe-se que:

- o total de pessoas que ele atendeu nos dois dias foi 105;
- o número de pessoas que ele atendeu no primeiro dia era igual a 75% do número atendido no segundo;
- a diferença positiva entre os números de pessoas atendidas em cada um dos dois dias era igual a um número inteiro k.

Nessas condições, k é igual a

a) 19
b) 18
c) 15
d) 12
e) 10

Gabarito

01. D	02. E	03. C	04. A	05. C
06. B	07. A	08. E	09. A	10. B
11. C	12. E	13. A	14. A	15. C
16. A	17. C	18. A	19. D	20. C
21. C	22. D	23. B	24. C	25. A
26. C	27. C	28. B	29. D	30. C
31. D	32. B	33. B	34. C	35. E
36. B	37. A	38. A	39. E	40. E
41. A	42. D	43. A	44. A	45. C

Raciocínio Lógico

• Revisão e Atualização Angelo Primo Júnior •

• Colaboração: Maria Aparecida Beserra da Silva (Prof. Cida) •

1. Diagrama de Venn

1. Introdução

1. Introdução

O diagrama de Venn é usado na resolução de vários problemas.

Uma situação em que esses diagramas poderão ser usados, é na determinação da quantidade de elementos que apresentam uma determinada característica.

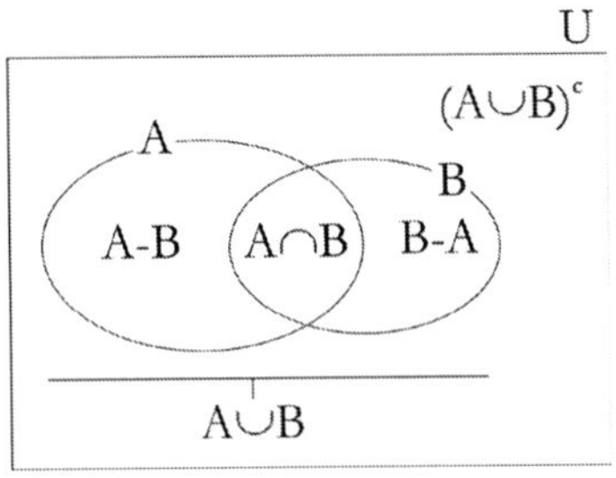

Assim, se num grupo de pessoas há 43 que dirigem carro, 18 que dirigem moto e 10 que dirigem carro e moto. Baseando-se nesses dados, e nos diagramas lógicos poderemos saber:

Quantas pessoas têm no grupo ou quantas dirigem somente carro ou ainda quantas dirigem somente motos.

Vamos inicialmente montar os diagramas dos conjuntos que representam os motoristas de motos e motoristas de carros.

Começaremos marcando quantos elementos tem a intersecção e depois completaremos os outros espaços.

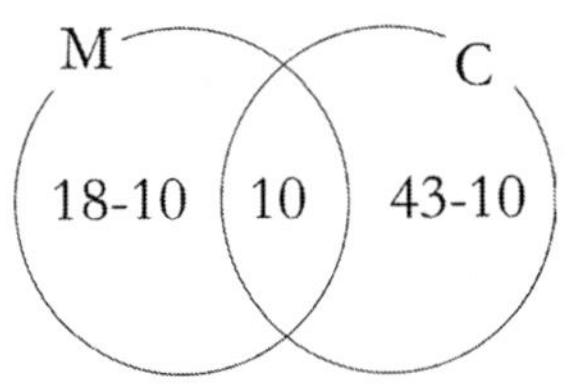

Marcando o valor da intersecção, então iremos subtrair esse valor da quantidade de elementos dos conjuntos A e B.

A partir dos valores reais é que poderemos responder as perguntas feitas.

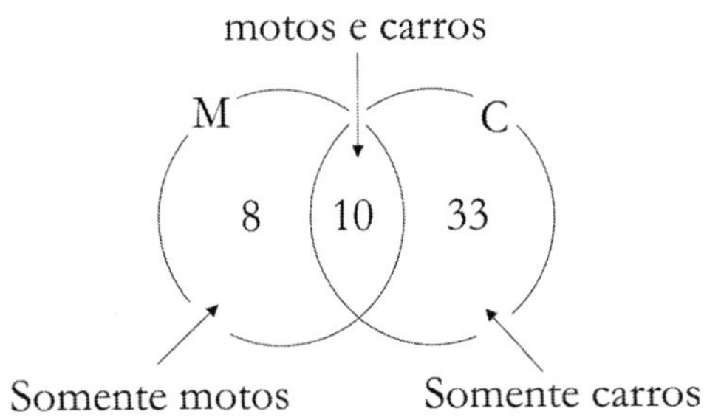

a) Temos no grupo: 8 + 10 + 33 = 51 motoristas.

b) Dirigem somente carros 33 motoristas.

c) Dirigem somente motos 8 motoristas.

No caso de uma pesquisa de opinião sobre a preferência quanto a leitura de três jornais A, B e C, foi apresentada a seguinte tabela:

Jornais	Leitores
A	300
B	250
C	200
A e B	70
A e C	65
B e C	105
A, B e C	40
Nenhum	150

Para termos os valores reais da pesquisa, vamos inicialmente montar os diagramas que representam cada conjunto.

A colocação dos valores começará pela intersecção dos três conjuntos e depois para as intersecções duas a duas e por último as regiões que representam cada conjunto individualmente.

Representaremos esses conjuntos dentro de um retângulo que indicará o conjunto universo da pesquisa.

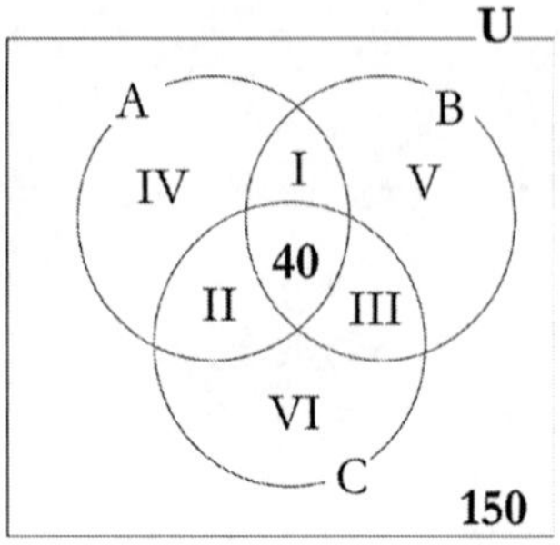

Fora dos diagramas teremos 150 elementos que não são leitores de nenhum dos três jornais.

Na região I, teremos: 70 - 40 = 30 elementos.

Na região II, teremos: 65 - 40 = 25 elementos.

Na região III, teremos: 105 - 40 = 65 elementos.

Na região IV, teremos: 300 - 40 - 30 - 25 = 205 elementos.

Na região V, teremos: 250 - 40 - 30 - 65 = 115 elementos.

Na região VI, teremos: 200 - 40 - 25 - 65 = 70 elementos.

Dessa forma, o diagrama figura preenchido com os seguintes elementos:

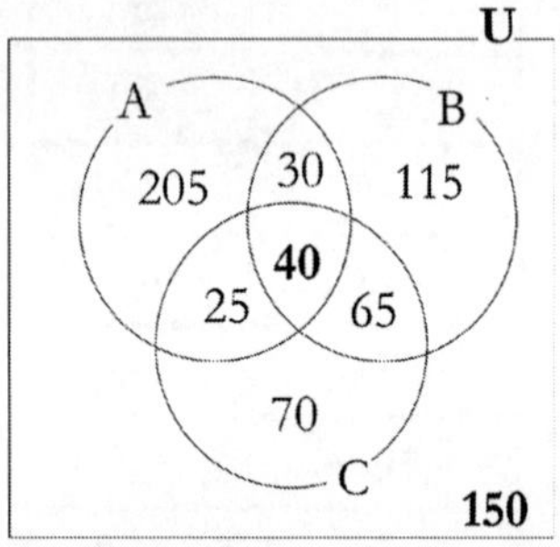

Com essa distribuição, poderemos notar que 205 pessoas leem apenas o jornal A.

Verificamos que 500 pessoas não lêem o jornal C, pois é a soma 205 + 30 + 115 + 150.

Notamos ainda que 700 pessoas foram entrevistadas, que é a soma 205 + 30 + 25 + 40 + 115 + 65 + 70 + 150.

Cálculo Algébrico da quantidade de elementos de um conjunto

Poderemos calcular alguns valores a partir de relações algébricas. Para dois conjuntos A e B:
$n(A \cup B) = n(A) + n(B) - n(A \cap B)$

Para três conjuntos A, B e C:
$n(A \cup B \cup C) = n(A) + n(B) + n(C) - n(A \cap B) - n(A \cap C) - n(B \cap C) + n(A \cap B \cap C)$

Exercícios de Fixação

01. Num levantamento realizado por um agente de saúde e saneamento, verificou-se que de um grupo de 900 pessoas, 450 tinham sintomas de uma doença A, 280 tinham sintomas de uma doença B e 80 tinham sintomas dessas duas doenças. O número de pessoas que não tinham sintomas nem de A nem de B corresponde a:

a) 150
b) 200
c) 250
d) 350

02. Entrevistando-se 1.000 pessoas, verificou-se que todas utilizavam os produtos A ou B. O produto B é usado por 400 pessoas e 160 pessoas usam os dois produtos ao mesmo tempo. Quantas pessoas usam o produto A?

a) 760
b) 625
c) 560
d) 600
e) 660

03. Foram consultadas 1.000 pessoas sobre as rádios que costumam escutar. O resultado foi o seguinte: 450 pessoas escutam a rádio A, 380 escutam a rádio B e 270 não escutam A nem B. O número de pessoas que escutam as rádios A e B é

a) 100
b) 300
c) 350
d) 400
e) 450

04. **Numa turma de 42 recrutas onde todos praticam futebol ou basquete, 36 gostam de futebol e 28 gostam de basquete. Quantos recrutas gostam, ao mesmo tempo, de futebol e de basquete?**

a) 21
b) 22
c) 23
d) 24

05. **Numa comunidade constituída de 1.800 pessoas, há três programas de TV favoritos: Esporte (E), Novela (N), e Humorismo (H). A tabela abaixo indica quantas pessoas assistem a esses programas:**

Programas	Número de Telespectadores
E	400
N	1.220
H	1.080
E e N	220
N e H	800
E e H	180
E, N e H	100

Através destes dados, verifica-se o número de pessoas da comunidade que não assistem a nenhum dos três programas.

a) 100.
b) 200.
c) 900.
d) os dados do problema estão incorretos.

Exercícios Complementares e de Concursos

Diagrama de Venn

01. **De um total de 30 agentes administrativos sabe-se que:**

I. **18 gostam de cinema**
II. **14 gostam de teatro**
III. **2 não gostam de cinema, nem de teatro**

O número de agentes que gostam de cinema e de teatro corresponde a:

a) 2
b) 4
c) 6
d) 8

02. **De um grupo de N auxiliares técnicos de produção, 44 leem o jornal A, 42 o jornal B e 18 leem ambos os jornais. Sabendo que todo auxiliar deste grupo é leitor de pelo menos um dos jornais, o número N de auxiliares é:**

a) 60
b) 62
c) 68
d) 104

03. **Em uma turma, 45% dos alunos falam inglês e 33% falam francês. Se 25% dos alunos não falam nenhuma dessas duas línguas, a porcentagem de alunos que falam francês mas não falam inglês é de:**

a) 3%
b) 15%
c) 27%
d) 30%
e) 33%

04. **Realizou-se uma pesquisa e verificou-se que, das pessoas consultadas, 200 ouviam a rádio A, 300 ouviam a rádio B, 20 ouviam as duas rádios (A e B) e 220 não ouviam nenhuma das duas rádios. Quantas pessoas foram consultadas?**

a) 520
b) 560
c) 640
d) 680
e) 700

05. **Em uma pesquisa, foram entrevistados 100 telespectadores. 60 assistiam a televisão à noite e 50 assistiam a televisão de dia. Quantos assistiam a televisão de dia e de noite?**

a) 5
b) 10
c) 15
d) 20
e) 25

06. **Em uma pesquisa, foram entrevistadas 200 pessoas. 100 delas iam regularmente ao cinema, 60 iam regularmente ao teatro e 50 não iam regularmente nem ao cinema nem ao teatro. Quantas dessas pessoas iam regularmente a ambos?**

a) 10
b) 20
c) 30
d) 40
e) 50

07. (VUNESP) Uma professora levou alguns alunos ao parque de diversões chamado Sonho. Desses alunos:

16 já haviam ido ao parque Sonho, mas nunca andaram de montanha russa.
6 já andaram de montanha russa, mas nunca haviam ido ao parque Sonho.
Ao todo, 20 já andaram de montanha russa.
Ao todo, 18 nunca haviam ido ao parque Sonho.

Pode-se afirmar que a professora levou ao parque Sonho:

a) 60 alunos.
b) 48 alunos
c) 42 alunos.
d) 36 alunos
e) 32 alunos.

08. (VUNESP) Em uma classe, há 20 alunos que praticam futebol mas não praticam vôlei e há 8 alunos que praticam vôlei mas não praticam futebol. O total dos que praticam vôlei é 15. Ao todo, existem 17 alunos que não praticam futebol. O número de alunos da classe é:

a) 30
b) 35
c) 37
d) 42
e) 44

09. (FCC) Para um grupo de funcionários, uma empresa oferece cursos para somente dois idiomas estrangeiros: inglês e espanhol. Há 105 funcionários que pretendem estudar inglês, 118 que preferem espanhol e 37 que pretendem estudar simultaneamente os dois idiomas. Se $\frac{1}{7}$ do total de funcionários desse grupo não pretende estudar qualquer idioma estrangeiro, então o número de elementos do grupo é

a) 245
b) 238
c) 231
d) 224
e) 217

10. Numa pesquisa de mercado, foram entrevistadas várias pessoas acerca de suas preferências em relação a 3 produtos: A, B e C. Os resultados da pesquisa indicaram que:

210 pessoas compram o produto A
210 pessoas compram o produto B
250 pessoas compram o produto C
20 pessoas compram os 3 produtos
100 pessoas não compram nenhum dos 3 produtos
60 pessoas compram os produtos A e B
70 pessoas compram os produtos A e C
50 pessoas compram os produtos B e C

Quantas pessoas foram entrevistadas?

a) 670
b) 970
c) 870
d) 610
e) 510

11. No problema anterior, calcular quantas pessoas compram apenas o produto A; apenas o produto B; apenas o produto C.

a) 210; 210; 250
b) 150; 150; 180
c) 100; 120; 150
d) 120; 140; 170
e) n.d.a.

12. (ESAF) Um colégio oferece a seus alunos a prática de um ou mais dos seguintes esportes: futebol, basquete e vôlei. Sabe-se que, no atual semestre,

- 20 alunos praticam vôlei e basquete;
- 60 alunos praticam futebol e 65 praticam basquete;
- 21 alunos não praticam nem futebol nem vôlei;
- o número de alunos que praticam só futebol é idêntico ao número dos alunos que praticam só vôlei;
- 17 alunos praticam futebol e vôlei;
- 45 alunos praticam futebol e basquete; 30, entre os 45, não praticam vôlei.

O número total de alunos do colégio, no atual semestre, é igual a

a) 93.
b) 114.
c) 103.
d) 110.
e) 99.

13. (ESAF) Em um determinado curso de pós-graduação, 1/4 dos participantes são graduados em matemática, 2/5 dos participantes são graduados em geologia, 1/3 dos participantes são graduados em economia, 1/4 dos participantes são graduados em biologia e 1/3 dos participantes são graduados em química. Sabe-se que não há participantes do curso com outras graduações além dessas, e que não há participantes com três ou mais graduações. Assim, qual é o numero mais próximo da porcentagem de participantes com duas graduações?

a) 40%
b) 33%
c) 57%
d) 50%
e) 25%

14. (ESAF) Foi feita uma pesquisa de opinião para determinar o nível de aprovação popular a três diferentes propostas de políticas governamentais para redução da criminalidade. As proposta (referidas como "A", "B" e "C") não eram mutuamente excludentes, de modo que o entrevistado poderia se declarar ou contra todas elas, ou a favor de apenas uma, ou a favor de apenas duas, ou a favor de todas as três. Dos entrevistados, 78% declararam-se favoráveis a pelo menos uma delas. Ainda do total dos entrevistados, 50% declararam-se favoráveis à proposta A, 30% à proposta B e 20% à proposta C. Sabe-se, ainda, que 5% do total dos entrevistados que se declaram favoráveis a todas as três propostas. Assim, a percentagem dos entrevistados que se declararam favoráveis a mais de uma das três propostas foi igual a:

a) 17%
b) 5%
c) 10%
d) 12%
e) 22%

15. (FCC) Numa sala de 30 alunos, 17 foram aprovados em Matemática, 10 em História, 9 em Desenho, 7 em Matemática e em História, 5 em Matemática e Desenho, 3 em História e Desenho e 2 em Matemática, História e Desenho. Sejam:

- v o número de aprovados em pelo menos uma das três disciplinas;
- w o número de aprovados em pelo menos duas das três disciplinas;
- x o número de aprovados em uma e uma só das três disciplinas;
- y o número de aprovados em duas e somente duas das três disciplinas;
- z o número dos que não foram aprovados em qualquer uma das três disciplinas.

Os valores de v, w , x, y, z são, respectivamente,

a) 30, 17, 9, 7, 2
b) 30, 12, 23, 3, 2
c) 23, 12, 11, 9, 7
d) 23, 11, 12, 9, 7
e) 23, 11, 9, 7, 2

16. (FCC) Um seminário foi constituído de um ciclo de três conferências: uma de manhã, outra à tarde e a terceira à noite. Do total de inscritos, 144 compareceram de manhã, 168 à tarde e 180 à noite. Dentre os que compareceram de manhã, 54 não voltaram mais para o seminário, 16 compareceram às três conferências e 22 compareceram também à tarde, mas não compareceram à noite. Sabe-se também que 8 pessoas compareceram à tarde e à noite, mas não de manhã. Constatou-se que o número de ausentes no seminário foi de um oitavo do total de inscritos. Nessas condições, é verdade que

a) 387 pessoas compareceram a pelo menos uma das conferências.
b) 282 pessoas compareceram a somente uma das conferências.
c) 108 pessoas compareceram a pelo menos duas conferências.
d) 54 pessoas inscritas não compareceram ao seminário.
e) o número de inscritos no seminário foi menor que 420.

17. (ESAF) Uma pesquisa entre 800 consumidores - sendo 400 homens e 400 mulheres - mostrou os seguintes resultados:

do total de pessoas entrevistadas:
500 assinam o jornal X
350 têm curso superior
250 assinam o jornal X e têm curso superior

do total de mulheres entrevistadas:
200 assinam o jornal X
150 têm curso superior
50 assinam o jornal X e têm curso superior

O número de homens entrevistados que não assinam o jornal X e não têm curso superior é, portanto, igual a:

a) 100
b) 200
c) 0
d) 50
e) 25

18. (CESGRANRIO) Em um conjunto de 35 pessoas, 16 são homens e 11 são mulheres com 18 anos ou mais. Se nesse conjunto há 15 pessoas com menos de 18 anos, o número de homens com 18 anos ou mais é

a) 10
b) 9
c) 8
d) 7
e) 6

19. (CESGRANRIO) Dos funcionários que trabalham em uma certa empresa, 29% são homens casados, 24% são mulheres solteiras e 3% são pessoas que não são casadas e nem solteiras (por exemplo, viúvas). Sabendo-se que 59% dos funcionários são casados e que 45% dos funcionários são homens, é correto concluir que

a) 61% dos funcionários da empresa são solteiros.
b) 54% dos funcionários da empresa são mulheres.
c) 30% das mulheres que trabalham na empresa são casadas.
d) 14% dos funcionários da empresa são homens solteiros.
e) dos funcionários da empresa que não são casados e nem solteiros, a metade é mulher.

20. (CESGRANRIO) Todos os funcionários que trabalham em uma certa empresa ou são casados, ou são solteiros. Dos funcionários da empresa, 52% são homens e 28% são solteiros. Sabe-se ainda que o número de mulheres casadas é o dobro do de mulheres solteiras. Concluiu-se então que

a) 40% dos homens que trabalham na empresa são casados.
b) 32% das mulheres que trabalham na empresa são casadas.
c) 16% dos funcionários da empresa são mulheres casadas.
d) 12% dos funcionários da empresa são homens solteiros.
e) o número de funcionários da empresa que são casados é o quádruplo dos que são solteiros.

21. Suponhamos que numa equipe de 10 estudantes, 6 usam óculos e 8 usam relógio. O número de estudantes que usa ao mesmo tempo, óculos e relógio é:

a) exatamente 6
b) exatamente 2
c) no mínimo 6
d) no máximo 5
e) no mínimo 4

Gabarito dos Exercícios de Fixação

01. C	02. A	03. A	04. B	05. B

Gabarito dos Exercícios Complementares

01. B	02. C	03. D	04. E
05. B	06. A	07. B	08. E
09. E	10. D	11. C	12. E
13. C	14. A	15. D	16. D
17. A	18. B	19. D	20. D
21. E			

2. Lógica Matemática

1. Definição de Proposição
2. Princípios ou Axiomas
3. Proposições Simples e Compostas
4. Conectivos e a Linguagem Matemática
5. Tabela-Verdade

Lógica Proposicional

A lógica proposicional trata do raciocínio por meio de declarações chamadas de proposições.

1. Definição de Proposição

Proposições são frases afirmativas ou negativas e fechadas, pois podem ser julgadas como verdadeiras (V) ou falsa (F). Porém não se admitem, para a proposição, ambas as interpretações.

Por exemplo, a frase "O planeta Marte é uma imensa planíce" é uma proposição porque a ela é possível atribuir a valorização falsa (F), e a frase "Onde fica São Paulo?" não é proposição porque é uma pergunta, e portanto, não faz sentido ser valorada como V ou F. A sentença "Esta frase é falsa" não é proposição porque não pode ser nem V nem F. Frases exclamativas como "Que belo dia!" ou imperativas como "estude", também não representam proposições.

2. Princípios ou Axiomas

A lógica matemática se fundamenta em três princípios básicos:

I) Princípio da não contradição:

Uma proposição não poderá ser ao mesmo tempo falsa e verdadeira.

II) Princípio do terceiro excluído:

Toda proposição **ou é verdadeira ou é falsa**, não existe um terceiro caso.

Por exemplo:

A proposição "2 é par" é verdadeira.

Agora a sentença $x + 3 = 7$, não é uma proposição pois ela será verdadeira para $x = 4$ e falsa para $x \neq 4$.

III) Princípio da identidade:

Uma proposição deve ser igual a ela mesma.

Valor Lógico de uma Proposição

Uma proposição poderá ter valor lógico verdade ou falsidade.

Toda proposição tem um e, um só dos valores V ou F.

Considere as proposições:

(I) 3 é um número ímpar.

(II) A Lua não é satélite natural da Terra.

A proposição (I) tem valor lógico Verdade (V) e a proposição (II) têm valor lógico Falsidade (F).

Indicaremos por V(I) = V e V(II) = F.

3. Proposições Simples e Compostas

Proposição Simples ou Proposição Atômica

É aquela que não tem nenhuma outra proposição como parte integrante.

Representaremos pelas letras latinas minúsculas p, q, r, s...

p: Antônio é médico.

q: 2 é um número ímpar.

A proposição (p) poderá ser verdadeira ou falsa e o valor lógico dependerá de outras informações.

A proposição (q) é falsa, sendo o valor lógico a falsidade.

Proposição Composta ou Proposição Molecular

É aquela formada pela combinação de duas ou mais proposições ligadas através de um conectivo.

Representaremos pelas letras latinas maiúsculas P, Q, R, S...

P: Antônio é médico **e** José é jornalista.

Q: 2 é um número par **ou** um número primo.

Conectivos

São palavras ou símbolos usados para ligar proposições, assim criando novas proposições.

Os conectivos são:

Nome dos Conectivos
e
ou
ou...ou...
se...então
...se e somente se...
não

Por exemplo:

P: O número 2 é par **e** número primo.

Q: Paulo é médico **ou** advogado.

R: **Ou** Ricardo é paulista **ou** é carioca.

S: **Se** 8 é um número par, **então** é divisível por 2.

T: O triângulo ABC é equilátero, **se e somente se,** é equiângulo.

U: **Não** está calor.

4. Conectivos e a Linguagem Matemática

Poderemos escrever uma proposição composta usando a linguagem matemática.

Os equivalentes matemáticos para os conectivos são dados pela tabela abaixo.

Nome	Símbolo
e	$\wedge$
ou	$\vee$
ou...ou...	$\underline{\vee}$
se...então	$\rightarrow$
...se e somente se...	$\leftrightarrow$
não	~

Dessa forma, a proposição é composta.

P: Paulo é médico **ou** Ricardo é jornalista, que pode ser escrito na linguagem matemática como P: p v q.

5. Tabela-Verdade

Dispositivo prático no qual figuram **todos os possíveis** valores lógicos de uma proposição.

Proposição Simples

Pelo princípio do terceiro excluído, toda proposição ou é verdadeira ou é falsa, não existe um terceiro caso.

Dessa forma, a tabela-verdade para uma proposição simples p terá o seguinte formato.

p
V
F

O valor lógico de uma proposição simples p será indicado pela forma V(p). Dessa forma, se p for uma proposição verdadeira, o seu valor lógico será Verdade, indicada por V(p) = V; se p for uma proposição falsa, o seu valor lógico será Falsidade, indicada por V(p) = F.

Proposição Composta

No caso da proposição composta P, a determinação do seu valor lógico **dependerá exclusivamente dos valores lógicos das proposições simples que a compõem.**

A tabela-verdade para uma proposição composta P, formada pelas proposições simples p e q, teria o seguinte formato para as colunas da proposições simples:

	p	q
1	V	V
2	V	F
3	F	V
4	F	F

Diagrama de Árvore

Poderemos representar a relação entre as proposições usando o diagrama de árvore, representado da seguinte forma:

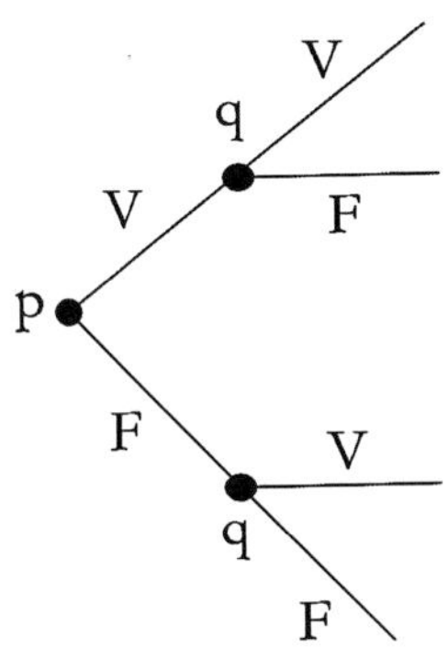

O valor lógico de uma proposição composta P, será indicado pela forma V(P). Dessa forma, se P for uma proposição verdadeira, o seu valor lógico será Verdade, indicada por V(P) = V; se P for uma proposição falsa, o seu valor lógico será Falsidade, indicada por V(P) = F.

Operações Lógicas sobre Proposições e Tabelas-Verdade Fundamentais

Quando analisamos proposições realizamos uma série de operações. Vamos conhecê-las, assim como as suas respectivas tabelas-verdade.

Inicialmente, analisemos as operações lógicas fundamentais que usam apenas um conectivo na operação.

a) Negação (~)

Chamaremos negação de uma proposição simples **p** a proposição não p, representada por **~p**, cujo valor lógico é a verdade, quando o valor lógico de p é a falsidade; e a falsidade, quando o valor lógico de p é verdadeiro.

Poderemos representar o valor lógico da negação por:

$$V(\sim p) = \sim V(p)$$

A negação poderá ser lida de forma simples, antepondo-se o não à frente do verbo.

Portanto, se temos a seguinte proposição:

p: Antônio é professor

a negação será:

~p: Antônio **não** é professor.

Outras formas para a leitura de ~p é: não é verdade que p; não sucede p.

Se o valor lógico da proposição p: 2 é um número par é verdade, então o valor lógico da proposição ~p: 2 **não** é um número par é a falsidade.

A tabela-verdade para as proposições p e ~p é dada por:

p	~p
V	F
F	V

Poderemos representar uma negação usando o símbolo lógico ¬, portanto ~p = ¬p

Se a proposição p: João não é médico, a proposição ~p será João não (não) é médico, ou seja, João é médico.

Propriedade

$$\sim(\sim p) = p$$

b) Conjunção ($\wedge$)

Chamaremos conjunção de duas proposições p **e** q, a proposição composta representada simbolicamente por $p \wedge q$, que será verdadeira se p e q são ambas **verdadeiras**; e falsa se ao menos uma das proposições for falsa.

Poderemos ler $p \wedge q$ das seguintes formas: p e q ou p mais q.

Para as proposições simples p, q, formando a proposição composta P: $p \wedge q$

p: $3 < 5$
q: 3 é um número primo

a leitura seria:

$p \wedge q$: $3 < 5$ **e** 3 é um número primo.

A tabela-verdade para a conjunção será:

p	q	$p \wedge q$
V	V	V
V	F	F
F	V	F
F	F	F

Poderemos determinar o valor lógico da proposição composta a partir dos valores lógicos de cada proposição simples que a forma:

$$V(p \wedge q) = V(p) \wedge V(q)$$

Observemos esta construção:

p: 2 é um número par (V)
q: 3 não é um número primo (F)
$p \wedge q$: 2 é um número par **e** 3 não é um número primo (F)

pois $V \wedge F = F$.

c) Disjunção ($\vee$)

Chamaremos disjunção de duas proposições p **e** q a proposição composta representada simbolicamente por $p \vee q$, que será verdadeira se pelo menos uma das proposições for **verdadeira**; e falsa se ambas as proposições forem **falsas**.

Podemos ler $p \vee q$ da seguinte forma p ou q.

Para as proposições simples p, q, formando a proposição composta P: $p \vee q$

p: 2 é primo
q: 5 é par

a leitura seria:

$p \vee q$: 2 é primo **ou** 5 é par.

A tabela-verdade para a disjunção será:

p	q	$p \vee q$
V	V	V
V	F	V
F	V	V
F	F	F

Poderemos determinar o valor lógico da proposição composta a partir dos valores lógicos de cada proposição simples que a forma:

$$V(p \vee q) = V(p) \vee V(q)$$

Observemos esta construção:

p: 3 é um número ímpar (V)
q: $5 < 1$ (F)
$p \vee q$: 3 é um número ímpar **ou** $5 < 1$ (V)

pois $V \vee F = V$

d) Disjunção Exclusiva ($\veebar$)

Chamaremos disjunção exclusiva de duas proposições p **e** q a proposição composta representada simbolicamente por $p \veebar q$, que será verdadeira quando apenas uma das proposições for **verdadeira**.

Podemos ler $p \veebar q$ da seguinte forma: ou p ou q, mas não ambos.

Para as proposições simples p, q, formando a proposição composta P: $p \veebar q$

p: Paulo é carioca
q: Paulo é paulista

a leitura seria:
$p \veebar q$: **ou** Paulo é carioca **ou** Paulo é paulista.

A tabela-verdade para a disjunção exclusiva será:

p	q	$p \veebar q$
V	V	F
V	F	V
F	V	V
F	F	F

Poderemos determinar o valor lógico da proposição composta a partir dos valores lógicos de cada proposição simples que a forma:

$$V(p \veebar q) = V(p) \veebar V(q)$$

e) Condicional ($\rightarrow$)

Chamaremos **condicional** entre duas proposições p **e** q a proposição composta representada simbolicamente por $p \rightarrow q$, que será falsa só quando p for verdadeira e q for falsa.

Poderemos ler $p \rightarrow q$ das seguintes formas: se p então q; q se p; p somente se q.

A proposição $p \rightarrow q$ poderá ser interpretada das seguintes formas:

(a) p é condição suficiente para q

(b) q é condição necessária para p

Para as proposições simples p, q, formando a proposição composta P: $p \rightarrow q$

p: $3 < 5$

q: 3 é um número primo

a leitura seria:

$p \rightarrow q$: Se $3 < 5$ então 3 é um número primo.

A tabela-verdade para o condicional será:

p	q	$p \rightarrow q$
V	V	V
V	F	F
F	V	V
F	F	V

Poderemos determinar o valor lógico da proposição composta a partir dos valores lógicos de cada proposição simples que a forma:

$$V(p \rightarrow q) = V(p) \rightarrow V(q)$$

Observemos esta construção:

p: 2 é um número par (V)
q: 3 não é um número primo (F)
$p \rightarrow q$: Se 2 é um número par, então 3 não é um número primo (F)

pois $V \rightarrow F = F$.

f) Bicondicional ($\leftrightarrow$)

Chamaremos **bicondicional** entre duas proposições p **e** q, a proposição composta representada simbolicamente por $p \leftrightarrow q$, que será verdadeira quando p e q tiverem o mesmo valor lógico e falsa quando p e q tiverem valores lógicos diferentes.

Poderemos ler $p \leftrightarrow q$ das seguintes formas: p se, e somente se, q; p é equivalente a q.

A proposição $p \leftrightarrow q$ poderá ser interpretada das seguintes formas:

(a) p é condição necessária e suficiente para q

(b) q é condição necessária e suficiente para p

Para as proposições simples p, q, formando a proposição composta P: $p \leftrightarrow q$

p: 6 é par

q: 6 é divisível por 2

a leitura seria:

$p \leftrightarrow q$: 6 é par, se, e somente se, 6 é divisível por 2.

A tabela-verdade para o condicional será:

p	q	$p \leftrightarrow q$
V	V	V
V	F	F
F	V	F
F	F	V

Poderemos determinar o valor lógico da proposição composta a partir dos valores lógicos de cada proposição simples que a forma:

$$V(p \leftrightarrow q) = V(p) \leftrightarrow V(q)$$

Observemos esta construção:
p: 2 é um número par (V)
q: 3 não é um número primo (F)
$p \leftrightarrow q$: 2 é um número par, se, e somente se, 3 não é um número primo (F)

pois $V \leftrightarrow F = F$.

Construção de Tabelas-Verdade

A construção de uma tabela-verdade para uma proposição composta levará em conta os conectivos lógicos usados entre as proposições simples e o princípio de que no caso da proposição composta P, a determinação do seu valor lógico **dependerá exclusivamente dos valores lógicos das proposições simples que a compõem.**

Dessa forma, poderemos construir as tabelas-verdade para proposições compostas do tipo:

$P(p, q) = (p \wedge q) \rightarrow \sim q$
$Q(p,q) = (\sim p \vee q) \leftrightarrow (p \veebar q)$

Convenção

A utilização de parênteses deixará explícitas quais operações deverão ser realizadas primeiramente, como na proposição $(\sim p \vee q) \wedge (p \veebar q)$, que tem a conjunção como elemento principal.

Na ausência de parênteses, convencionou-se que a ordem de precedência será: (1) negação ($\sim$); (2) conjunção ($\wedge$) ou as disjunções ($\vee$;$\veebar$); (3) condicional ($\rightarrow$) e (4) bicondicional ($\leftrightarrow$).

Portanto, a proposição $p \wedge q \leftrightarrow p \veebar q$ é bicondicional. Poderia ser escrita com o auxílio dos parênteses da seguinte forma: $(p \wedge q) \leftrightarrow (p \veebar q)$.

Vamos observar a sequência para a construção da seguinte proposição composta $P(p,q) = (p \wedge q) \rightarrow q$.

I) Construiremos as colunas com os valores lógicos das proposições simples p e q.
II) Construir as colunas das proposições dos conectivos obedecendo a ordem de precedência.

p	q	$p \wedge q$	$\rightarrow$	$\sim q$
V	V	V	F	F
V	F	F	V	V
F	V	F	V	F
F	F	F	V	V
Sequência das operações		1	3	2

Poderemos representar os resultados obtidos na tabela-verdade, através de uma função entre as possíveis combinações dos valores lógicos das proposições simples e as valorações encontradas para a proposição composta.

A forma abreviada da proposição composta $P(p,q) = (p \wedge q) \rightarrow \sim q$ seria:

$$P(VV, VF, FV, FF) = FVVV.$$

Chamando-se U ao conjunto {VV, VF, FV, FF}, notaremos que cada elemento de U está associado a um único elemento do conjunto {V, F}, formando uma função de U em {V,F}.

Representação Gráfica

A função de U em {V,F} poderá ser representada graficamente por um **diagrama sagital**, tendo U como o conjunto de partida e o conjunto {V, F} como o de chegada.

Para a proposição composta $P(p,q) = (p \wedge q) \rightarrow \sim q$, teremos o seguinte diagrama sagital.

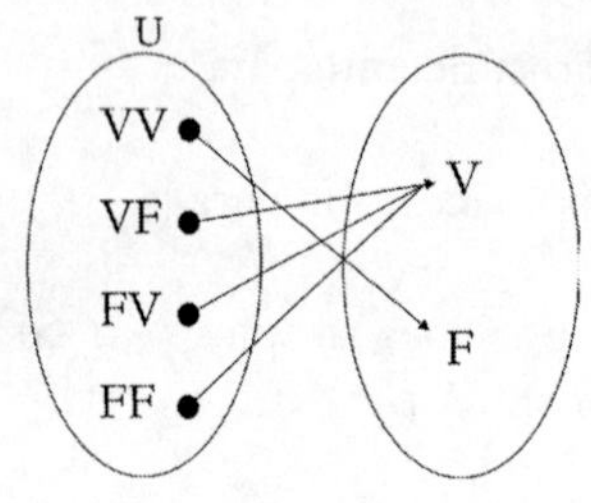

Vamos construir a tabela-verdade para a seguinte proposição: Q(p, q, r) = p ∨ q ↔~p ∧ r.

p	q	r	p ∨ q	↔	~p	~p ∧ r
V	V	V	V	F	F	F
V	V	F	V	F	F	F
V	F	V	V	F	F	F
V	F	F	V	F	F	F
F	V	V	V	V	V	V
F	V	F	V	F	V	F
F	F	V	F	F	V	V
F	F	F	F	V	V	F
Operações			1	4(1e3)	2	3

A forma abreviada seria da proposição composta Q(p,q,r) = p ∨ q ↔~p ∧ r, seria:

Q(VVV,VVF,VFV,VFF,FVV,FVF,FFV,FFF) = FFFF-VFFV

O diagrama sagital será representado por:

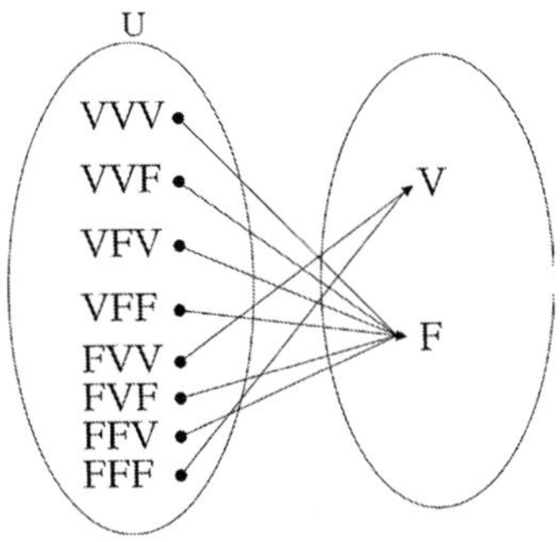

Propriedades da Tabela-Verdade

a) Número de linhas de uma tabela-verdade

A quantidade de linhas de uma tabela-verdade dependerá exclusivamente da quantidade de proposições simples envolvidas.

Dessa forma, poderemos enunciar:

"Uma tabela que apresenta **n** proposições simples contém **2^n** linhas".

Portanto, a tabela-verdade de uma proposição que é formada por 3 proposições simples, apresentará 8 linhas (2^3).

b) Número de tabelas-verdade de valorações distintas

Com as mesmas proposições simples, dependendo dos conectivos usados, formaremos tabelas-verdade distintas, conforme as possibilidades sobre a última coluna construída.

Assim, a proposição P(p,q) = P(VV, VF, FV, FF) = FVVV e a proposição Q(p,q) = Q(VV, VF, FV, FF) = FVFV, apresentam tabelas-verdade distintas.

Tautologias

Sentenças moleculares que são sempre verdadeiras, independentemente do valor lógico das proposições que as constituem, são chamadas tautologias.

A tabela-verdade de uma tautologia apresentará, na coluna representativa da proposição, apenas V.

As tautologias também são conhecidas como proposições tautológicas ou proposições logicamente verdadeiras.

Vamos construir a tabela-verdade para a proposição (p ∧ ~p)→(p ∨ q).

p	q	~p	p ∧ ~p	→	p ∨ q
V	V	F	F	V	V
V	F	F	F	V	V
F	V	V	F	V	V
F	F	V	F	V	F
Sequência das operações	1	2	4	3	

Notamos que a coluna 4 é formada só por V, portanto a proposição (p ∧ ~p)→(p ∨ q) é uma tautologia.

ER01. Verifique se a proposição P(p,q) se João é alto ou Guilherme é gordo, então Guilherme é gordo, é uma tautologia.

Inicialmente vamos definir as proposições simples p e q.

p: João é alto.
q: Guilherme é gordo.

Vamos reescrever a proposição P(p,q) na linguagem simbólica.

Se João é alto ou Guilherme é gordo, então Guilherme é gordo.

P(p,q) = p ∨ q → q

Para verificarmos se a proposição é uma tautologia, construiremos a tabela-verdade correspondente.

p	q	p ∨ q	→	q
V	V	V	V	V
V	F	V	F	F
F	V	V	V	V
F	F	F	V	F
Sequência das operações		1	3	2

Notamos que a última coluna não apresenta só V, logo não é uma tautologia.

Contradições

Sentenças moleculares que são sempre falsidades, independentemente do valor lógico das proposições que as constituem, são chamadas contradições.

A tabela-verdade de uma contradição apresentará, na coluna representativa da proposição, apenas F.

As contradições também são conhecidas como proposições contraválidas ou proposições logicamente falsas.

Vamos construir a tabela-verdade para a proposição (p ∨ ~q) ↔ (~p ∧ q).

p	q	~p	~q	p ∨ ~q	↔	~p ∧ q
V	V	F	F	V	F	F
V	F	F	V	V	F	F
F	V	V	F	F	F	V
F	F	V	V	V	F	F
Sequência das operações		1	2	3	5	4

Notamos que a coluna 5 é formada só por F, portanto a proposição (p ∨ ~q) ↔ (~p ∧ q) é uma contradição.

Contingência

Sentenças moleculares que apresentam verdades e falsidades.

A tabela-verdade de uma contingência apresentará na coluna representativa da proposição V e F.

As contingências também são conhecidas como proposições contingentes ou proposições indeterminadas.

Todas as primitivas são contingências.

Estruturas Lógicas

Equivalência Lógica

Duas proposições P e Q são logicamente equivalentes ou equivalentes quando apresentarem tabelas-verdade idênticas.

Significado dos Símbolos ↔ e ⇔

O símbolo ↔, quando usado entre duas proposições, representa uma operação que resulta em uma proposição.

O símbolo ⇔, quando usado entre duas proposições, representa que existe uma equivalência entre as proposições.

Vamos verificar se existe equivalência lógica entre as proposições P(p,q) = p → q e Q(p,q) = ~q → ~p

Construindo a tabela-verdade da proposição P(p,q) = p → q

p	q	p → q
V	V	V
V	F	F
F	V	V
F	F	V

Construindo a tabela-verdade da proposição Q(p,q) = ~q → ~p

~p	~q	~q → ~p
F	F	V
F	V	F
V	F	V
V	V	V

Notamos que as tabelas-verdade apresentam as colunas finais iguais, portanto as proposições são equivalentes. Poderemos escrever, então que:

p → q ⇔ ~q → ~p

Equivalências da Condicional

A proposição condicional p → q apresenta duas relações de equivalência, que são:

(I) p → q ⇔ ~q → ~p (contrapositiva)
(II) p → q ⇔ ~p ∨ q

Dessa forma a proposição:

Se João é médico, então Ricardo é jornalista, é logicamente equivalente a

Se Ricardo não é jornalista, então João não é médico.
ou
Se João é médico, então Ricardo é jornalista, é logicamente equivalente a

João não é médico, ou Ricardo é jornalista.

ER02. (ESAF) Dizer que "Pedro não é pedreiro ou Paulo é paulista" é, do ponto de vista lógico, o mesmo que dizer que:

a) se Pedro é pedreiro, então Paulo é paulista.
b) se Paulo é paulista, então Pedro é pedreiro.
c) se Pedro não é pedreiro, então Paulo é paulista.
d) se Pedro é pedreiro, então Paulo não é paulista.
e) se Pedro não é pedreiro, então Paulo não é paulista.

Resolução:

Nomeando as proposições simples:

p: Pedro não é pedreiro
q: Paulo é paulista

~p: Pedro é pedreiro

Do ponto de vista da lógica, a negação da primeira **ou** afirmação da segunda ($\sim p \vee q$) é **equivalente** a dizer que a afirmação da primeira implica a afirmação da segunda ($p \rightarrow q$):

$$\sim p \vee q \Leftrightarrow p \rightarrow q$$

Logo:

"Pedro não é pedreiro ou Paulo é paulista" equivale a

"se Pedro é pedreiro, então Paulo é paulista".

Alternativa: A

Equivalências da Bicondicional

A proposição condicional $p \leftrightarrow q$ apresenta duas relações de equivalência que são:

(I) $p \leftrightarrow q \Leftrightarrow (p \rightarrow q) \wedge (q \rightarrow p)$

(II) $p \leftrightarrow q \Leftrightarrow (\sim p \vee q) \wedge (\sim q \vee p)$

Equivalências Notáveis

Algumas equivalências formam leis da Álgebra das proposições; citaremos algumas.

I) Leis comutativas

a) $p \wedge q \Leftrightarrow q \wedge p$ (conjunção)

b) $p \vee q \Leftrightarrow q \vee p$ (disjunção)

II) Leis associativas

a) $p \wedge (q \wedge r) \Leftrightarrow (p \wedge q) \wedge r$ (conjunção)

b) $p \vee (q \vee r) \Leftrightarrow (p \vee q) \vee r$ (disjunção)

III) Leis distributivas

a) $p \wedge (q \vee r) \Leftrightarrow (p \wedge q) \vee (p \wedge r)$

b) $p \vee (q \wedge r) \Leftrightarrow (p \vee q) \wedge (p \vee r)$

Negação de Proposições Compostas

Podemos substituir a negação de uma proposição composta por uma equivalência lógica. Essa substituição facilitará a resolução de problemas mais complexos da lógica matemática.

As tabelas-verdade de uma proposição e de sua negação apresentam sempre valor diferente em linhas correspondentes dessas tabelas.

A negação de uma proposição deve ser contraditória com a proposição inicial.

I) Conjunção

Para a proposição $P(p,q) = p \wedge q$, vamos analisar a negação $\sim P(p,q)$.

Ao negarmos a proposição composta $P(p,q) = p \wedge q$, estaremos negando cada proposição simples.

A negação direta para a proposição p e q seria não (p e q).

A equivalência para essa proposição é não p ou não q.

Proposição	Negação direta	Equivalência
$p \wedge q$	$\sim(p \wedge q)$	$\sim p \vee \sim q$

A negação da proposição dois é par e dois é primo é a proposição dois não é par ou dois não é primo.

II) Disjunção

Para a proposição $P(p,q) = p \vee q$, vamos analisar a negação $\sim P(p,q)$.

Ao negarmos a proposição composta $P(p,q) = p \vee q$, estaremos negando cada proposição simples.

A negação direta para a proposição p ou q seria não (p ou q).

A equivalência para essa proposição é não p e não q.

Proposição	Negação direta	Equivalência
$p \vee q$	$\sim(p \vee q)$	$\sim p \wedge \sim q$

A negação da proposição João é professor ou médico é a proposição João não é professor e não é médico.

III) Condicional

Para a proposição $P(p,q) = p \rightarrow q$, vamos analisar a negação $\sim P(p,q)$.

A negação direta para a proposição se p então q seria não (se p então q).

A equivalência para essa proposição é p e não q.

Proposição	Negação direta	Equivalência
$p \rightarrow q$	$\sim(p \rightarrow q)$	$p \wedge \sim q$

A negação da proposição se João é professor então é médico é a proposição João é professor e não é médico.

IV) Bicondicional

Para a proposição $P(p,q) = p \leftrightarrow q$, vamos analisar a negação $\sim P(p,q)$.

A negação direta para a proposição p, se e somente se q, seria não (se e somente se).

A equivalência para essa proposição é p e não q.

Proposição	Negação direta	Equivalência
$p \leftrightarrow q$	$\sim(p \leftrightarrow q)$	$(p \wedge \sim q) \vee (\sim p \wedge q)$
$p \leftrightarrow q$	$\sim(p \leftrightarrow q)$	$p \veebar q$

A negação da proposição João é professor se, e somente se, é médico, é a proposição João é professor e não é médico ou João não é professor e é médico. Poderemos dizer que ou João é professor ou João é médico.

Enunciados Categóricos ou Proposições Categóricas

São proposições da forma sujeito-predicado prefixada por um quantificador que se diferem quanto à quantidade: universais ou particulares, afirmativas e quanto a qualidade: afirmativa e negativa.

As quatro formas nas quais as proposições se apresentam são:

- Proposição "A", a **afirmação universal** é, normalmente traduzida como "todo S é P".
  Exemplo: Todo gato mia.
- Proposição "E", a **negação universal** é, normalmente traduzida como "nenhum S é P".
  Exemplo: Nenhum homem mia.
- Proposição "I", a **afirmação particular** é, normalmente traduzida como "algum S é P".
  Exemplo: Alguns gatos sabem nadar.
- Proposição "O", a **negação particular** é, normalmente traduzida como "algum S não é P".
  Exemplo: Alguns políticos não são honestos.

Relações Entre as Proposições

Temos várias relações que se podem estabelecer entre "A", "E", "I" e "O". Veja a seguir:

Proposições contrárias ($A \leftrightarrow E$): São proposições universais que diferem só pela qualidade (negação ou afirmação).
Exemplo: Todos os homens são roxos (A) e Nenhum homem é roxo (E).

Proposições subcontrárias ($I \leftrightarrow O$): São proposições particulares que diferem só pela qualidade.
Exemplo: Alguns homens são roxos (I) e Alguns homens não são roxos (O).

Proposições subalternas ($A \rightarrow I$ e $E \rightarrow O$): São proposições que só diferem pela quantidade, ou seja, pelo número de indivíduos que estão sendo relacionados.
Exemplo: Todos os homens são mamíferos (A) e Alguns homens são mamíferos (I);
Nenhum homem é mamífero (E) e Alguns homens não são mamíferos (O).

Proposições contraditórias ($A \leftrightarrow O$ e $E \leftrightarrow I$): São proposições que diferem quanto à quantidade e qualidade.
Exemplo: Todos os homens são roxos (A) e Alguns homens não são roxos (O);
Nenhum homem é roxo (E) e Alguns homens são roxos (I).

Algumas Regras

1. **Regra das contrárias**: Duas proposições contrárias não podem ser ambas verdadeiras ao mesmo tempo.

   Contrárias são declarações tais que ambas não podem ser verdadeiras ao mesmo tempo. Um exemplo disto é a afirmação universal "todo homem é roxo" e a negação do universal "nenhum homem é roxo". Estas afirmações não podem ser verdadeiras ao mesmo tempo, porém, elas não são contraditórias, pois pode ser que as duas sejam falsas ao mesmo tempo.

2. **Regra das contraditórias**: Duas proposições contraditórias não podem ser nem verdadeiras nem falsas ao mesmo tempo.

   Um par formado por uma afirmação e sua negação é chamado de "contradição". Um exemplo de contradição é "todo homem é roxo" e "nem todo homem é roxo", "nenhum homem é roxo" e "algum homem é roxo".

Conversão de Proposições

A conversão de uma proposição consiste em tirar de uma proposição uma outra pela transposição dos seus termos, de modo que o sujeito se torne predicado e o predicado sujeito. A proposição que se obtém por processo de conversão não deve afirmar ou negar nada mais do que a proposição convertida.

Exemplo	Conversão válida
Alguns poetas são ricos	Alguns ricos são poetas
Nenhum gato é rato	Nenhum rato é gato

As conversões simples das proposições do tipo "A" e "O" não são válidas porque infringem umas das regras fundamentais das inferências: Os termos não podem ser mais extensos na conclusão que nas premissas.

Exemplo	Conversão não válida
Todos os homens são brancos	todos os brancos são homens
Alguns homens não são brancos	alguns brancos não são homens

Conversão por Limitação ou Acidente

As proposições de tipo "A" podem ser convertidas desde que se altere a quantidade do sujeito da nova proposição.

Exemplo	Conversão válida
Todos os gatos são mamíferos	Alguns mamíferos são gatos

Conversão por Negação

Esta conversão só se aplica às proposições particulares negativas.

Exemplo	Conversão válida
Alguns poetas não são ricos	Alguns não ricos são poetas

Interpretação conjuntista

As proposições categóricas poderão ser representadas por Diagramas de Venn que ajudarão na sua interpretação. Veja a seguir essas interpretações. Considere S o conjunto dos sujeitos e P o conjunto dos predicados.

I) Todo S é P

$$S \subset P$$

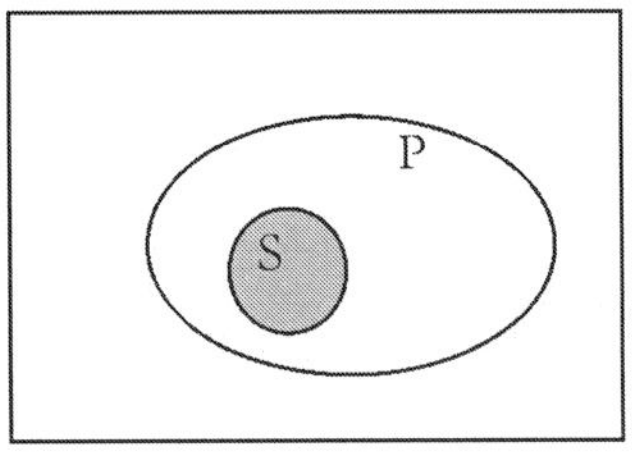

II) Nenhum S é P

$$S \cap P = \varnothing$$

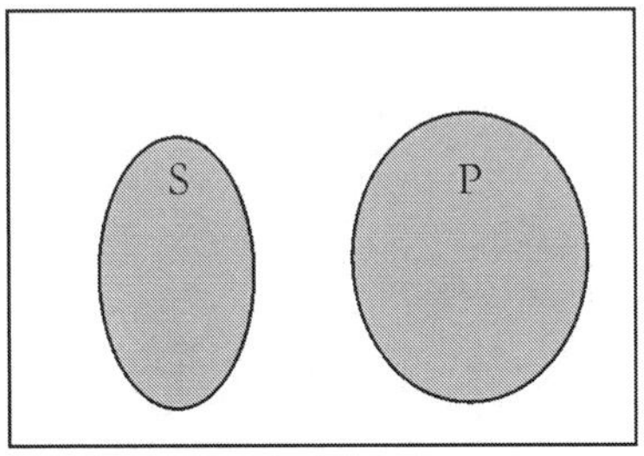

III) Algum S é P

$$S \cap P \neq \varnothing$$

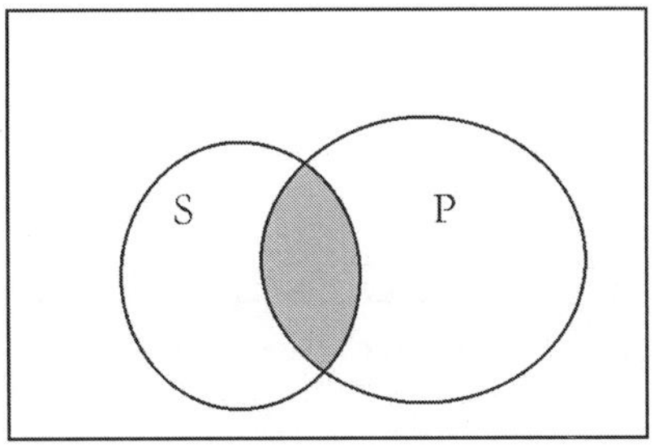

IV) Algum S não é P

$$S - P \neq \varnothing$$

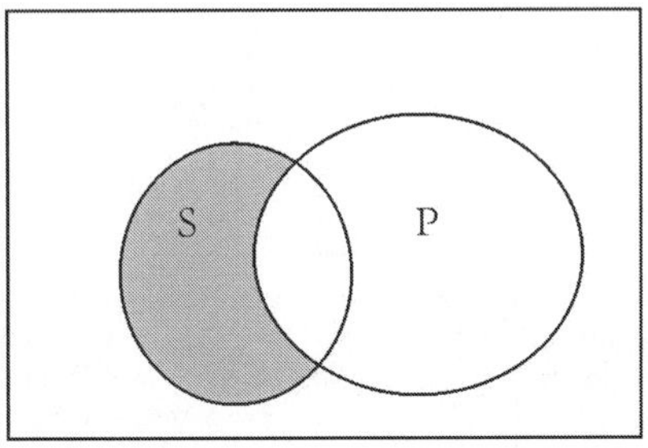

Lógica dos Predicados ou Lógica de 1ª Ordem

A **lógica de primeira ordem** (LPO), conhecida também como **cálculo de predicados de primeira ordem** (CPPO), é um sistema lógico que estende a lógica proposicional. O novo da lógica de primeira ordem e não encontrado na lógica proposicional é a quantificação, pois dada uma sentença ϕ qualquer, as novas construções ∀xϕ e ∃xϕ - leia "para todo x, ϕ" e "para algum x, ϕ", respectivamente são introduzidas. ∀xϕ significa que ϕ é verdadeiro para todo valor de x e ∃xϕ significa que há pelo menos um x tal que ϕ é verdadeiro.

Relação entre os Quantificadores da Lógica Clássica e os Elementos da Lógica de Primeira Ordem

Veremos a seguir como são representados simbolicamente as proposições categóricas e as interpretações para cada uma delas.

Proposição categórica	Representação simbólica	Interpretação
"Todo S é P"	(∀x)(S(x)→P(x))	"Para todo x, se vale S(x), então vale P(x)" ou "Todos elementos de classe S estão na classe P".

Proposição categórica	Representação simbólica	Interpretação
"Nenhum S é P"	(∀x)(S(x)→¬P(x))	"Para todo x, se vale S(x), então vale não P(x)" ou "Todos elementos de classe S é da classe não P".

Proposição categórica	Representação simbólica	Interpretação
"Algum S é P"	(∃x)(S(x)∧P(x))	"Existe x para o qual vale S(x) e vale P(x)" ou "Existe algum elemento da classe S que é da classe P".

Proposição categórica	Representação simbólica	Interpretação
"Algum S não é P"	(∃x)(S(x)∧¬P(x))	"Existe x tal que vale S(x) e não vale P(x)" ou "Algum elemento da classe S é da classe não P".

Negação das Proposições na Lógica de 1ª Ordem

De modo geral, a negação do quantificador universal de uma função proposicional é equivalente a uma quantificação existencial sobre a negação da mesma função proposicional. A negação de uma proposição que usa quantificador é feita negando o quantificador e também o predicado P, ou seja, a negação da proposição "para cada x, P(x)" é "existe x, ¬P(x)". A negação da proposição "existe x, P(x)" é "para cada x, ¬P(x)". Veja a seguir nas tabelas abaixo:

	Proposição	Negação
Quantificadores	Todo A é B	Algum A não é B;
Símbolos	(∀x)(A(x) → B(x))	(∃x)(A(x) ∧ ¬B(x))
Quantificadores	Nenhum A é B	Algum A é B;
Símbolos	¬(∃x)(A(x) ∧ B(x))	(∃x)(A(x) ∧ B(x))
Quantificadores	(∃x)(A(x) ∧ B(x))	¬(∃x)(A(x) ∧ B(x))
Símbolos	Algum A é B	Nenhum A é B
Quantificadores	Algum A não é B	Todo A é B
Símbolos	(∃x)(A(x) ∧¬B(x))	(∀x)(A(x) → B(x))

Exercícios de Fixação

01. (FCC) Dadas a proposições compostas:

I. $3 + 4 = 7 \leftrightarrow 5^3 = 125$.
II. $3 + 2 = 6 \rightarrow 4 + 4 = 9$.
III. $\sqrt{3} > 1 \vee \pi$ não é um número real.
IV. $\sqrt{2} > 1 \rightarrow 2^0 = 2$.
V. $-2 < 0 \leftrightarrow \pi^2 > 0$.

A sequência de valores lógicos é:

a) FVVFF
b) FFFFF
c) VFVFV
d) FVFVF
e) VVVFV

02. Construa as tabelas-verdade das seguintes proposições compostas.

a) $P(p,q) = (p \wedge q) \leftrightarrow \sim p$
b) $Q(p,q) = p \veebar q \rightarrow p \wedge q$

03. (CESGRANRIO) Chama-se tautologia à proposição composta que possui valor lógico verdadeiro quaisquer que sejam os valores lógicos das proposições que a compõem.
Sejam p e q proposições simples e ~p e ~q as suas respectivas negações. Em cada uma das alternativas abaixo, há uma proposição composta, formada por p e q. Qual corresponde a uma tautologia?

a) $p \vee q$
b) $p \wedge \sim q$
c) $(p \vee q) \rightarrow (\sim p \wedge q)$
d) $(p \vee q) \rightarrow (p \wedge q)$
e) $(p \wedge q) \rightarrow (p \vee q)$

04. (CESGRANRIO) Assinale a alternativa que corresponde a uma tautologia.

a) $p \wedge \sim p$.
b) $p \rightarrow (p \vee q)$.
c) $p \leftrightarrow q$.
d) $p \rightarrow (p \wedge q)$.
e) $p \leftrightarrow \sim q$.

05. (ESAF) A negação de "Hoje é segunda-feira e amanhã não choverá" é:

a) Hoje não é segunda-feira e amanhã choverá.
b) Hoje não é segunda-feira ou amanhã choverá.
c) Hoje não é segunda-feira, então, amanhã choverá.
d) Hoje não é segunda-feira nem amanhã choverá.
e) Hoje é segunda-feira ou amanhã não choverá.

06. (CESGRANRIO) A negação de "x > 4 ou x < 2" é:

a) $x < 4$ e $x > 2$
b) $x < 4$ ou $x > 2$
c) $x \leq 4$ e $x \geq 2$
d) $x \leq 4$ ou $x \geq 2$
e) se $x \leq 4$ então $x < 2$

07. A negação de "x ≥ -2" é:

a) $x \geq 2$
b) $x \leq -2$
c) $x < -2$
d) $x < 2$
e) $x \leq 2$

08. (ESAF) A negação da afirmação condicional "se estiver chovendo, eu levo o guarda-chuva" é:

a) se não estiver chovendo, eu levo o guarda-chuva.
b) não está chovendo e eu levo o guarda-chuva.
c) não está chovendo e eu não levo o guarda-chuva.
d) se estiver chovendo, eu não levo o guarda-chuva.
e) está chovendo e eu não levo o guarda-chuva.

09. A negação da proposição $(p \vee q) \rightarrow r$ é:

a) $(p \vee q) \wedge \sim r$
b) $(p \wedge q) \wedge r$
c) $(p \vee q) \vee \sim r$
d) $(\sim p \vee \sim q) \vee r$
e) $(p \vee \sim q) \vee r$

10. Dizer que não é verdade que João é alto e Maria é rica, é logicamente equivalente a dizer que é verdade que:

a) João não é alto ou Maria não é rica;
b) João não é alto e Maria não é rica;
c) João é alto ou Maria não é rica;
d) Se João não é alto, então Maria é rica;
e) Se João não é alto, então Maria não é rica.

11. (ANPAD) Dada a proposição: "Se Carla é solteira, então Maria é estudante", uma proposição equivalente é

a) "Carla é solteira e Maria é estudante".
b) "Se Maria é estudante, então Carla é solteira".
c) "Se Maria não é estudante, então Carla não é solteira".
d) "Maria é estudante se, e somente se, Carla é solteira".
e) "Se Carla não é solteira, então Maria não é estudante".

12. (UFMT) Dizer que "Carlos planta soja ou Ana não planta algodão" é logicamente equivalente a dizer:

a) se Carlos planta soja, então Ana não planta algodão;
b) se Carlos não planta soja, então Ana planta algodão;
c) se Ana planta algodão, então Carlos planta soja;
d) se Ana planta algodão, então Carlos não planta soja;
e) Carlos não planta soja e Ana não planta algodão.

13. (ESAF) Se Marcos não estuda, João não passeia. Logo,

a) Marcos estudar é condição necessária para João não passear.
b) Marcos estudar é condição suficiente para João passear.
c) Marcos não estudar é condição necessária para João não passear.
d) Marcos não estudar é condição suficiente para João passear.
e) Marcos estudar é condição necessária para João passear.

14. (AFC) Os dois círculos abaixo representam, respectivamente, o conjunto S dos amigos de Sara e o conjunto P dos amigos de Paula. Sabendo que a parte sombreada do diagrama não possui elemento algum, então:

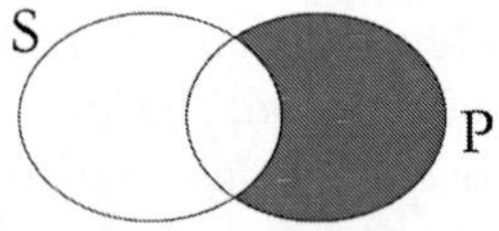

a) Todo amigo de Paula é também amigo de Sara.
b) Todo amigo de Sara é também amigo de Paula.
c) Algum amigo de Paula não é amigo de Sara.
d) Nenhum amigo de Sara é amigo de Paula.
e) Nenhum amigo de Paula é amigo de Sara.

15. (ESAF) Dizer que a afirmação "todos os economistas são médicos" é falsa, do ponto de vista lógico, equivale a dizer que a seguinte afirmação é verdadeira:

a) pelo menos um economista não é médico;
b) nenhum economista é médico;
c) nenhum médico é economista;
d) pelo menos um médico não é economista;
e) todos os não-médicos são não-economistas.

Gabarito

01. E

02.

a)

p	q	$p \wedge q$	$\leftrightarrow$	$\sim p$
V	V	V	F	F
V	F	F	V	F
F	V	F	F	V
F	F	F	F	V
Sequência das operações		1	3	2

b)

p	q	$p \veebar q$	$\rightarrow$	$p \wedge q$
V	V	F	V	V
V	F	V	F	F
F	V	V	F	F
F	F	F	V	F
Sequência das operações		1	3	2

03. E **04. B** **05. B** **06. C** **07. C**
08. E **09. A** **10. A** **11. C** **12. C**
13. E **14. A** **15. A**

Exercícios Complementares e de Concursos

Conceitos Iniciais

01. (FCC) Considere as seguintes frases:

I. Ele foi o melhor jogador do mundo em 2005.

II. $\frac{x+y}{5}$ **é um número inteiro.**

III. João da Silva foi o Secretário da Fazenda do Estado de São Paulo em 2000.

É verdade que APENAS

a) I e II são sentenças abertas.
b) I e III são sentenças abertas.
c) II e III são sentenças abertas.
d) I é uma sentença aberta.
e) II é uma sentença aberta.

02. (FCC) Das cinco frases abaixo, quatro delas têm uma mesma característica lógica em comum, enquanto uma delas não tem essa característica.

I. Que belo dia!
II. Um excelente livro de raciocínio lógico.
III. O jogo terminou empatado?
IV. Existe vida em outros planetas do universo.
V. Escreva uma poesia.

A frase que não possui essa característica comum é a

a) I.
b) II.
c) III.
d) IV.
e) V.

03. (FCC) Considere a proposição "Paula estuda, mas não passa no concurso". Nessa proposição, o conectivo lógico é

a) disjunção inclusiva.
b) conjunção.
c) disjunção exclusiva.
d) condicional.
e) bicondicional.

04. (CESGRANRIO) Sempre que chove, Augusto dorme. Com base nessa informação, pode-se concluir que:

a) se Augusto está dormindo, então está chovendo.
b) se não está chovendo, Augusto está dormindo.
c) se Augusto não está dormindo, então não está chovendo.
d) se não está chovendo, Augusto não está dormindo.
e) se Augusto está dormindo, então não está chovendo.

Tabela-Verdade

05. (IPAMV) Para responder a essa questão assinale com o valor lógico correspondente (V ou F) as proposições seguintes:

( ) $1 < 5$ e $6 \geq 6$.
( ) Se 5 é par, então 3 é par.
( ) $3^2 = 9$ ou $0,4 = 4$.
( ) Se 3 é primo, então $4 < 5$.

A opção que representa, obedecendo a ordem, os valores lógicos encontrados é:

a) V V V F;
b) V F F F;
c) F V F V;
d) F F F F;
e) V V V V.

06. (DATAPREV) Sejam V (verdadeiro) e F (falso) os valores lógicos associados às proposições compostas a seguir:

I. $3 \leq 3$ e $-3 > -2$.
II. Se 2 é primo, então 3 é par.
III. Se 4 é primo, então 5 é par.
IV. 5 é ímpar ou 7 é par.

A sequência ordenada dos valores lógicos obtidos, de cima para baixo, é:

a) V V F F;
b) F F V V;
c) F V F V;
d) V F V F;
e) F F F F.

07. (FCC) Dadas as proposições

I. $\sim(1 + 1 = 2 \leftrightarrow 3 + 4 = 5)$
II. $\sim(2 + 2 \neq 4 \wedge 3 + 5 = 8)$
III. $4^3 \neq 64 \rightarrow \sim(3 + 3 = 7 \leftrightarrow 1 + 1 = 2)$
IV. $(2^3 \neq 8 \vee 4^2 \neq 4^3)$
V. $3^4 = 81 \rightarrow \sim(2 + 1 = 3 \wedge 5 \times 0 = 0)$

A que tem valor lógico FALSO é a

a) IV;
b) V;
c) III;
d) II;
e) I.

08. (FCC) Dadas as proposições simples p e q, tais que p é verdadeira e q é falsa, considere as seguintes proposições compostas:

(1) $p \wedge q$;
(2) $\sim p \rightarrow q$;
(3) $\sim(p \vee \sim q)$;
(4) $\sim(p \leftrightarrow q)$.

Quantas dessas proposições compostas são verdadeiras?

a) Nenhuma.
b) Apenas uma.
c) Apenas duas.
d) Apenas três.
e) Quatro.

09. Em uma roda de amigos, Jorge, Edson e Geraldo contam fatos sobre suas namoradas. Sabe-se que Edson e Jorge mentiram e Geraldo falou a verdade. Assinale qual das proposições abaixo é verdadeira.

a) "Se Geraldo mentiu, então Jorge falou a verdade."
b) "Edson falou a verdade e Geraldo mentiu."
c) "Se Edson mentiu, então Jorge falou a verdade."
d) "Jorge falou a verdade e Geraldo mentiu."
e) "Edson mentiu e Jorge falou a verdade."

10. (FCC) Duas pessoas que sabiam lógica, um estudante e um garçom, tiveram o seguinte diálogo numa lanchonete:

Garçom : O que deseja ?
Estudante : Se eu comer um sanduíche então não comerei salada, mas tomarei sorvete.

A situação que torna a declaração do estudante FALSA é:

a) o estudante não comeu salada, mas tomou sorvete
b) o estudante comeu sanduíche, não comeu salada e tomou sorvete.
c) o estudante não comeu sanduíche.
d) o estudante comeu sanduíche, mas não tomou sorvete.
e) o estudante não comeu sanduíche, mas comeu salada.

11. (ESAF) O reino está sendo atormentado por um terrível dragão. O mago diz ao rei: “O dragão desaparecerá amanhã se e somente se Aladim beijou a princesa ontem”. O rei, tentando compreender melhor as palavras do mago, faz as seguintes perguntas ao lógico da corte:

I. Se a afirmação do mago é falsa e se o dragão desaparecer amanhã, posso concluir corretamente que Aladim beijou a princesa ontem?

II. Se a afirmação do mago é verdadeira e se o dragão desaparecer amanhã, posso concluir corretamente que Aladim beijou a princesa ontem?

III. Se a afirmação do mago é falsa e se Aladim não beijou a princesa ontem, posso concluir corretamente que o dragão desaparecerá amanhã?

O lógico da corte, então, diz acertadamente que as respostas logicamente corretas para as três perguntas são, respectivamente:

a) Não, sim, não.
b) Não, não, sim.
c) Sim, sim, sim.
d) Não, sim, sim.
e) Sim, não, sim.

12. (IPAMV) Na tabela-verdade apresentada abaixo, p e q representam proposições simples.

p	q	?
V	V	F
V	F	V
F	V	V
F	F	F

Uma proposição composta que pode substituir corretamente a interrogação é:

a) $p \veebar q$;
b) $p \wedge q$;
c) $p \rightarrow q$;
d) $\sim(p \rightarrow q)$;
e) $\sim p \vee \sim q$.

13. Na tabela-verdade abaixo, p e q são proposições.

p	q	?
V	V	F
V	F	V
F	V	F
F	F	F

A proposição composta que substitui corretamente o ponto de interrogação é

a) $p \wedge q$;
b) $p \rightarrow q$;
c) $\sim(p \rightarrow q)$;
d) $p \leftrightarrow q$;
e) $\sim(p \vee q)$.

14. (FCC) Numa proposição composta s, aparecem as proposições simples p, q e r.

Sua Tabela-Verdade é

p	q	r	s
V	V	V	V
V	V	F	V
V	F	V	F
V	F	F	V
F	V	V	V
F	V	F	V
F	F	V	F
F	F	F	V

Usando a conjunção ($\wedge$), a disjunção ($\vee$) e a negação ($\sim$), pode-se construir sentenças equivalentes a s.

Uma dessas sentenças é

a) $(\sim p \vee q \vee \sim r) \wedge (p \vee q \vee \sim r)$
b) $(p \vee q \vee r) \wedge (\sim p \vee \sim q \vee r)$
c) $(p \wedge q \wedge \sim r) \vee (p \wedge \sim q \wedge \sim r)$
d) $(p \wedge q \wedge r) \vee (\sim p \wedge \sim q \wedge r)$
e) $(p \wedge \sim q \wedge r) \vee (\sim p \wedge \sim q \wedge r)$

15. (IPAMV) A proposição $(\sim p \vee q) \rightarrow (q \wedge r)$ será verdadeira, se:

a) p e q são verdadeiras e r, falsa;
b) p e q são falsas e r, verdadeira;
c) p e r são falsas e q, verdadeira;
d) p, q e r são verdadeiras;
e) p, q e r são falsas.

Tautologia

16. (ESAF) Chama-se tautologia à toda proposição que é sempre verdadeira, independentemente da verdade dos termos que a compõem. Um exemplo de tautologia é:

a) Se João é alto, então João é alto ou Guilherme é gordo.
b) Se João é alto, então João é alto e Guilherme é gordo.
c) Se João é alto ou Guilherme é gordo, então Guilherme é gordo.
d) Se João é alto ou Guilherme é gordo, então João é alto e Guilherme é gordo.
e) Se João é alto ou não é alto, então Guilherme é gordo.

17. (FCC) Considere as afirmações abaixo.

I. O número de linhas de uma tabela-verdade é sempre um número par.
II. A proposição "$(10 < \sqrt{10}) \leftrightarrow (8 - 3 = 6)$" é falsa.
III. Se p e q são proposições, então a proposição "$(p \rightarrow q) \vee (\sim q)$" é uma tautologia.

É verdade o que se afirma APENAS em:

a) I.
b) II.
c) III.
d) I e II.
e) I e III.

18. (IPAMV) Considere as afirmações abaixo:

I. Se p e q são proposições simples, a proposição $p \vee (q \vee \sim p)$ é uma tautologia.
II. A proposição (3 é par $\leftrightarrow$ 42 = 8) é falsa.
III. A proposição (4 é par $\rightarrow$ 5 é par) é verdadeira.

É verdade apenas o que se afirma:

a) no item I;
b) no item II;
c) no item III;
d) nos itens I e II;
e) nos itens II e III.

19. (CESGRANRIO) Sejam p e q proposições. Das alternativas abaixo, apenas uma é tautologia. Assinale-a.

a) $p \vee q$.
b) $p \wedge q$.
c) $(p \wedge q) \rightarrow q$.
d) $(p \vee q) \rightarrow q$.
e) $\sim p \wedge \sim q$.

20. Sejam p e q proposições e ~p e ~q suas respectivas negações. Assinale a única alternativa que apresenta uma tautologia.

a) $p \wedge \sim p$.
b) $p \rightarrow \sim p$.
c) $p \vee \sim p$.
d) $\sim p \rightarrow p$.
e) $p \vee q$.

21. (CESGRANRIO) Seja *L* a expressão lógica a seguir.

$$\sim((\sim P \vee \sim Q) \vee Q)$$

Considerando-se que os símbolos "~" e "¬" têm o mesmo significado, o que é obtido após uma simplificação de *L*?

a) P.
b) Q.
c) $P \vee Q$.
d) Contradição.
e) Tautologia.

22. (CESGRANRIO) Chama-se tautologia à proposição composta que possui valor lógico verdadeiro, quaisquer que sejam os valores lógicos das proposições que a compõem. Sejam p e q proposições simples e ~p e ~q as suas respectivas negações. Em cada uma das alternativas abaixo, há uma proposição composta, formada por p e q. Qual corresponde a uma tautologia?

a) $p \wedge q$
b) $p \vee \sim p$
c) $(p \vee q) \rightarrow (\sim p \wedge q)$
d) $(\sim p \rightarrow q) \rightarrow (p \wedge q)$
e) $\sim(p \wedge q) \rightarrow (p \rightarrow q)$

23. (CESGRANRIO) Assinale a opção que corresponde a uma tautologia.

a) $p \rightarrow (p \wedge q)$
b) $p \rightarrow (p \vee q)$
c) $p \leftrightarrow q$
d) $p \leftrightarrow \sim q$
e) $p \wedge \sim p$

(CESGRANRIO)
O enunciado a seguir refere-se à questão de nº 24.

Sejam p e q proposições e ~p e ~q, respectivamente, as suas negações. Os conectivos e e ou são representados, respectivamente, por $\wedge$ e $\vee$. A implicação é representada por $\rightarrow$.

24. **Assinale a opção que corresponde a uma tautologia.**
a) $(p \rightarrow q) \rightarrow (\sim p \rightarrow q)$
b) $(p \rightarrow q) \vee (\sim p \rightarrow q)$
c) $(p \rightarrow q) \wedge (\sim p \rightarrow q)$
d) $\sim p \vee q$
e) $\sim p \wedge q$

25. **(CESGRANRIO) Sejam p e q proposições e ~p e ~q, respectivamente, as suas negações. Os conectivos e ou ou são representados, respectivamente, por $\wedge$ e $\vee$. Assinale a opção que corresponde a uma tautologia.**
a) $\sim p \wedge p$
b) $\sim p \vee p$
c) $\sim p \wedge q$
d) $\sim p \vee q$
e) $\sim p \vee \sim q$

26. **(FCC) Dada a sentença [ ] $\rightarrow \sim(\sim p \wedge q \wedge r)$, complete o [ ] espaço com uma e uma só das sentenças simples p, q, r ou a sua negação ~p, ~q ou ~r para que a sentença dada seja uma tautologia. Assinale a opção que responde a essa condição.**
a) Somente q.
b) Somente p.
c) Somente uma das duas: q ou r.
d) Somente uma das três: ~p, q ou r.
e) Somente uma das três: p, ~q ou ~r.

27. **(FCC) Seja a sentença aberta A: $(\sim p \vee p) \leftrightarrow$ [ ] e a sentença B: "Se o espaço [ ] for ocupado por uma ....(I)...., a sentença A será uma ....(II)..."**

A sentença B se tornará verdadeira se I e II forem substituídos, respectivamente, por
a) tautologia e contingência.
b) contingência e contingência.
c) contradição e tautologia.
d) contingência e contradição.
e) tautologia e contradição.

Condição Necessária
Condição Suficiente
Condição Necessária e Suficiente

28. **(ESAF) Se você se esforçar, então irá vencer. Assim sendo.**
a) Seu esforço é condição suficiente para vencer.
b) Seu esforço é condição necessária para vencer.
c) Se você não se esforçar, então não irá vencer.
d) Você vencerá só se esforçar.
e) Mesmo que se esforce, você não vencerá.

29. **(FCC) Sejam as proposições:**

p: atuação compradora de dólares por parte do Banco Central;

q: fazer frente ao fluxo positivo.

Se p implica em q, então
a) a atuação compradora de dólares por parte do Banco Central é condição necessária para fazer frente ao fluxo positivo.
b) fazer frente ao fluxo positivo é condição suficiente para a atuação compradora por parte do Banco Central.
c) a atuação compradora de dólares por parte do Banco Central é condição suficiente para fazer frente ao fluxo positivo.
d) fazer frente ao fluxo positivo é condição necessária e suficiente para a atuação compradora de dólares por parte do Banco Central.
e) a atuação compradora de dólares por parte do Banco Central não é condição suficiente e nem necessária para fazer frente ao fluxo positivo.

30. **(FCC) O manual de garantia da qualidade de uma empresa diz que, se um cliente faz uma reclamação formal, então é aberto um processo interno e o departamento de qualidade é acionado. De acordo com essa afirmação é correto concluir que:**
a) a existência de uma reclamação formal de um cliente é uma condição necessária para que o departamento de qualidade seja acionado;
b) a existência de uma reclamação formal de um cliente é uma condição suficiente para que o departamento de qualidade seja acionado;
c) a abertura de um processo interno é uma condição necessária e suficiente para que o departamento de qualidade seja acionado;
d) se um processo interno foi aberto, então um cliente fez uma reclamação formal;
e) não existindo qualquer reclamação formal feita por um cliente, nenhum processo interno poderá ser aberto.

31. (ESAF) Se Elaine não ensaia, Elisa não estuda. Logo,

a) Elaine ensaiar é condição necessária para Elisa não estudar.
b) Elaine ensaiar é condição suficiente para Elisa estudar.
c) Elaine não ensaiar é condição necessária para Elisa não estudar.
d) Elaine não ensaiar é condição suficiente para Elisa estudar.
e) Elaine ensaiar é condição necessária para Elisa estudar.

32. (FCC) Leia atentamente as proposições simples P e Q:

P: João foi aprovado no concurso do Tribunal.

Q: João foi aprovado em um concurso.

Do ponto de vista lógico, uma proposição condicional correta em relação a P e Q é:

a) Se não Q, então P.
b) Se não P, então não Q.
c) Se P, então Q.
d) Se Q, então P.
e) Se P, então não Q.

33. (CESGRANRIO) Analise as afirmativas a seguir.

I. Para $x < 5$ é suficiente $x < 8$.
II. Para $x < 5$ é necessário $x < 8$.
III. Para $x = 5$ é necessário e suficiente $x^2 = 25$.

É(São) correta(s) a(s) afirmativa(s)

a) II, apenas.
b) III, apenas.
c) I e III, apenas.
d) II e III, apenas.
e) I, II e III.

34. (CESGRANRIO) Analise as afirmativas a seguir.

I. Para $x > 3$ é necessário $x > 1$.
II. Para $x > 3$ é suficiente $x > 1$.
III. Para $2x > 6$ é necessário e suficiente $x > 3$.

É(São) correta(s) a(s) afirmativa(s)

a) III, apenas.
b) I e II, apenas.
c) I e III, apenas.
d) II e III, apenas.
e) I, II e III.

Equivalências Notáveis

35. (FCC) Se todos os nossos atos têm causa, então não há atos livres. Se não há atos livres, então todos os nossos atos têm causa. Logo,

a) alguns atos não têm causa se não há atos livres.
b) todos os nossos atos têm causa se e somente se há atos livres.
c) todos os nossos atos têm causa se e somente se não há atos livres.
d) todos os nossos atos não têm causa se e somente se não há atos livres.
e) alguns atos são livres se e somente se todos os nossos atos têm causa.

36. (FCC) Um economista deu a seguinte declaração em uma entrevista: "Se os juros bancários são altos, então a inflação é baixa".

Uma proposição logicamente equivalente à do economista é:

a) se a inflação não é baixa, então os juros bancários não são altos.
b) se a inflação é alta, então os juros bancários são altos.
c) se os juros bancários não são altos, então a inflação não é baixa.
d) os juros bancários são baixos e a inflação é baixa.
e) ou os juros bancários, ou a inflação é baixa.

37. (BACEN) Se Pedro gosta de pimenta, então ele é falante. Portanto,

a) se Pedro não é falante, então ele não gosta de pimenta.
b) se Pedro é falante, então ele gosta de pimenta.
c) se Pedro é falante, então ele não gosta de pimenta.
d) se Pedro não gosta de pimenta, então ele não é falante.
e) se Pedro gosta de pimenta, então ele não é falante.

38. (VUNESP) Se Rodrigo mentiu, então ele é culpado. Logo,

a) se Rodrigo não é culpado, então ele não mentiu.
b) Rodrigo é culpado.
c) se Rodrigo não mentiu, então ele não é culpado.
d) Rodrigo mentiu.
e) se Rodrigo é culpado, então ele mentiu.

39. (CESGRANRIO) Considere verdadeira a declaração: "Se x é par, então y é ímpar".

Com base na declaração, é correto concluir que, se

a) x é ímpar, então y é par.
b) x é ímpar, então y é ímpar.
c) y é ímpar, então x é par.
d) y é par, então x é par.
e) y é par, então x é ímpar.

40. (CVM) Do ponto de vista lógico, se for verdadeira a proposição condicional "se eu ganhar na loteria, então comprarei uma casa", necessariamente será verdadeira a proposição:

a) se eu não ganhar na loteria, então não comprarei uma casa;
b) se eu não comprar uma casa, então não ganhei na loteria;
c) se eu comprar uma casa, então terei ganho na loteria;
d) só comprarei uma casa se ganhar na loteria;
e) só ganharei na loteria quando decidir comprar uma casa.

41. (UFMT) A contra positiva da proposição "se beber, não dirija" é:

a) se dirigir, não beba;
b) se não beber, dirija;
c) se não dirigir, beba;
d) se beber, dirija;
e) se não dirigir, não beba.

42. (ESAF) Uma sentença logicamente equivalente a "Se Ana é bela, então Carina é feia" é:

a) Se Ana não é bela, então Carina não é feia.
b) Ana é bela ou Carina não é feia.
c) Se Carina é feia, Ana é bela.
d) Ana é bela ou Carina é feia.
e) Se Carina não é feia, então Ana não é bela.

43. (ESAF) Dizer que "Ana não é alegre ou Beatriz é feliz" é do ponto de vista lógico, o mesmo que dizer:

a) se Ana não é alegre, então Beatriz é feliz.
b) se Beatriz é feliz, então Ana é alegre.
c) se Ana é alegre, então Beatriz é feliz.
d) se Ana é alegre, então Beatriz não é feliz.
e) se Ana não é alegre, então Beatriz não é feliz.

44. (CESGRANRIO) Admita verdadeira a declaração: "se A é C, então B não é C". Conclui-se corretamente que

a) se B é C, então A não é C.
b) se B é C, então A é C.
c) se B não é C, então A não é C.
d) se B não é C, então A é C.
e) se A não é C, então B é C.

45. (FCC) Das proposições abaixo, a única que é logicamente equivalente a $p \to q$ é

a) $\sim q \to \sim p$
b) $\sim q \to p$
c) $\sim p \to \sim q$
d) $q \to \sim p$
e) $\sim(q \to p)$

46. (UFRJ) A sentença "Duda é bonita ou Hélio não é magro" é logicamente equivalente a:

a) se Duda é bonita, então Hélio é magro;
b) se Duda é bonita, então Hélio não é magro;
c) se Duda não é bonita, então Hélio não é magro;
d) se Duda não é bonita, então Hélio é magro;
e) se Hélio não é magro, então Duda não é bonita.

47. (ESAF) Dizer que "André é artista ou Bernardo não é engenheiro" é logicamente equivalente a dizer que:

a) André é artista se e somente se Bernardo não é engenheiro;
b) se André é artista, então Bernardo não é engenheiro;
c) se André não é artista, então Bernardo é engenheiro;
d) se Bernardo é engenheiro, então André é artista;
e) André não é artista e Bernardo é engenheiro.

48. (UFMT) Dizer que "Carlos não planta soja ou Ana não planta algodão" é logicamente equivalente a dizer:

a) se Carlos planta soja, então Ana não planta algodão.
b) Se Carlos não planta soja, então Ana planta algodão.
c) Se Ana planta algodão, então Carlos planta soja.
d) Se Ana planta algodão, então Carlos não planta soja.
e) Carlos não planta soja e Ana não planta algodão.

49. (VUNESP) Se os pais de filhos loiros sempre são loiros, então:

a) os filhos de não loiros nunca são loiros.
b) os filhos de não loiros sempre são loiros.
c) os filhos de loiros sempre são loiros.
d) os filhos de loiros nunca são loiros.
e) os pais de filhos loiros nem sempre são loiros.

50. (AFC) Se os pais de artistas sempre são artistas, então:

a) os filhos de não-artistas nunca são artistas;
b) os filhos de não-artistas sempre são artistas;
c) os filhos de artistas sempre são artistas;
d) os filhos de artistas nunca são artistas;
e) os filhos de artistas quase sempre são artistas.

51. (CESGRANRIO) Considere verdadeira a premissa: "se viajo, então estou de férias".

Analise as afirmativas a seguir.

I. Se não viajo, então não estou de férias.
II. Se estou de férias, então viajo.
III. Se estou de férias, então não viajo.

Com base na premissa,

a) é correto concluir I, apenas.
b) é correto concluir II, apenas.
c) é correto concluir III, apenas.
d) é correto concluir I, II e III.
e) não é correto concluir qualquer das três afirmativas.

52. (ANA) Sabendo-se que o símbolo $\neg$ denota negação e que o símbolo $\vee$ denota o conector lógico *ou*, a fórmula $A \rightarrow B$, que é lida "se A então B", pode ser reescrita como:

a) $A \vee B$
b) $\neg A \vee B$
c) $A \vee \neg B$
d) $\neg A \vee \neg B$
e) $\neg(A \vee B)$

53. (TÉCNICO – MIN) Ao se referir a um passageiro que estava falando inglês, o motorista disse que "ele é americano, inglês ou australiano". O motorista teria falado de forma equivalente, se disse que:

a) o passageiro não é brasileiro nem português;
b) o passageiro é estrangeiro;
c) se o passageiro não for inglês, então ele é americano;
d) se o passageiro não for americano nem inglês, então ele é australiano;
e) o passageiro é de um país de língua inglesa.

54. (FCC) A contrapositiva da recíproca de $p \rightarrow q$ é equivalente a

a) $\sim q \rightarrow p$;
b) $\sim p \rightarrow q$;
c) $q \rightarrow p$;
d) $\sim q \rightarrow \sim p$;
e) $\sim p \rightarrow \sim q$.

Negação Lógica

55. (ESAF) Dizer que não é verdade que Pedro é pobre e Alberto é alto, é logicamente equivalente a dizer que é verdade que:

a) Pedro não é pobre ou Alberto não é alto;
b) Pedro não é pobre e Alberto não é alto;
c) Pedro é pobre ou Alberto não é alto;
d) Se Pedro não é pobre, então Alberto é alto;
e) Se Pedro não é pobre, então Alberto não é alto.

56. (ANPAD) A negação da proposição: "Pedro fala inglês e francês" é:

a) "Pedro fala inglês ou fala francês";
b) "Pedro não fala inglês e fala francês";
c) "Pedro não fala inglês ou fala francês";
d) "Pedro não fala inglês e não fala francês";
e) "Pedro não fala inglês ou não fala francês".

57. (CESGRANRIO) Dizer que não é verdade que José é gordo e Carlos é alto é logicamente equivalente a dizer que é verdade que:

a) José não é gordo ou Carlos não é alto.
b) José não é gordo e Carlos não é alto.
c) José é gordo ou Carlos não é alto.
d) se José não é gordo, então Carlos é alto.
e) se José não é gordo, então Carlos não é alto.

58. (CESGRANRIO) A negação de "Não sabe matemática ou sabe português" é:

a) sabe matemática ou sabe português.
b) sabe matemática ou não sabe português.
c) não sabe matemática e não sabe português.
d) sabe matemática e não sabe português.
e) não sabe matemática e sabe português.

59. (CESGRANRIO) A negação de "$x > 8$ ou $x < 3$" é:

a) $x < 8$ e $x > 3$
b) $x < 8$ ou $x > 3$
c) $x \leq 8$ e $x \geq 3$
d) $x \leq 8$ ou $x \geq 3$
e) se $x \leq 8$ então $x < 3$

60. (CESGRANRIO) Sejam p e q proposições simples e ~p e ~q, respectivamente, as suas negações. Os conectivos <u>e</u> e <u>ou</u> são representados por $\wedge$ e $\vee$. A negação da proposição composta por $p \wedge \sim q$ é:

a) $\sim p \wedge q$;
b) $\sim p \wedge \sim q$;
c) $p \vee \sim q$;
d) $\sim p \vee q$;
e) $\sim p \vee \sim q$.

61. (CESGRANRIO) Assinale a alternativa que corresponde logicamente a $\sim(p \vee q)$.

a) $\sim p \wedge \sim q$.
b) $\sim p \vee \sim q$.
c) $\sim p \wedge q$.
d) $\sim p \vee q$.
e) $p \wedge q$.

62. (CESGRANRIO) Sejam p e q proposições simples e ~p e ~q, respectivamente, as suas negações. Os conectivos <u>e</u> e <u>ou</u> são representados por $\wedge$ e $\vee$. A negação da proposição composta por $\sim p \vee q$ é:

a) $p \wedge \sim q$;
b) $p \vee \sim q$;
c) $\sim p \vee \sim q$;
d) $\sim p \wedge \sim q$;
e) $\sim p \wedge q$.

63. (CESGRANRIO) A negação de "Se A é par e B é ímpar, então A + B é ímpar" é:

a) Se A é ímpar e B é par, então A + B é par.
b) Se A é par e B é ímpar, então A + B é par.
c) Se A + B é par, então A é ímpar ou B é par.
d) A é ímpar, B é par e A + B é par.
e) A é par, B é ímpar e A + B é par.

64. (MDA) Dentre as proposições apresentadas abaixo, a que pode ser considerada como uma NEGAÇÃO de "Se fico exposto ao sol, então minha pele fica vermelha", é:

a) Se fico exposto ao sol, então minha pele não fica vermelha.
b) Fico exposto ao sol e minha pele não fica vermelha.
c) Se minha pele fica vermelha, então fico exposto ao sol.
d) Se não fico exposto ao sol, então minha pele não fica vermelha.
e) Se não fico exposto ao sol, então minha pele fica vermelha.

65. (CESGRANRIO) Sejam p e q proposições simples e ~p e ~q, respectivamente, as suas negações. A negação da proposição composta $p \rightarrow \sim q$.

a) $\sim p \rightarrow \sim q$;
b) $\sim p \rightarrow q$;
c) $p \rightarrow q$;
d) $p \wedge \sim q$;
e) $p \wedge q$;

66. (CESGRANRIO) A negação de "se hoje chove então fico em casa" é:

a) hoje não chove e fico em casa.
b) hoje chove e não fico em casa.
c) hoje chove ou não fico em casa.
d) hoje não chove ou fico em casa.
e) se hoje chove então não fico em casa.

67. (UFF) De acordo com as regras do cálculo proposicional e com as equivalências lógicas, das frases apresentadas abaixo a única que pode ser considerada uma negação de *"Se como comida gordurosa, então passo mal"*, é:

a) Como comida gordurosa e passo mal.
b) Não como comida gordurosa e não passo mal.
c) Se não como comida gordurosa, não passo mal.
d) Como comida gordurosa e não passo mal.
e) Se não passo mal, então como comida gordurosa.

68. (ESAF) A afimação "Não é verdade que, se Pedro está em Roma, então Paulo está em Paris" é logicamente equivalente à afirmação

a) É verdade que "Pedro está em Roma e Paulo está em Paris".
b) Não é verdade que "Pedro está em Roma ou Paulo não está em Paris".
c) Não é verdade que "Pedro não está em Roma ou Paulo não está em Paris".
d) Não é verdade que "Pedro não está em Roma ou Paulo está em Paris".
e) É verdade que "Pedro está em Roma ou Paulo está em Paris".

69. (CESGRANRIO) Alguém declara: "Se uma pessoa é gaúcha, então bebe chimarrão". Para provar que essa declaração é falsa, basta encontrar uma pessoa que:

a) não seja gaúcha e beba chimarrão;
b) não seja gaúcha e não beba chimarrão;
c) seja gaúcha e beba chimarrão;
d) seja gaúcha e não beba chimarrão;
e) ou seja gaúcha ou beba chimarrão.

(CESGRANRIO)
O enunciado a seguir refere-se à questão de nº 70.

Sejam p e q proposições e ~p e ~q, respectivamente, as suas negações. Os conectivos e e ou são representados, respectivamente, por $\wedge$ e $\vee$. A implicação é representada por $\rightarrow$.

70. A negação de $(p \rightarrow q) \wedge (q \rightarrow p)$ é:

a) $(p \wedge q) \vee (\sim p \wedge \sim q)$;
b) $(p \vee q) \wedge (\sim p \vee \sim q)$;
c) $(p \wedge \sim q) \wedge (\sim p \wedge q)$;
d) $(p \vee \sim q) \wedge (\sim p \vee q)$;
e) $(p \wedge \sim q) \vee (\sim p \wedge q)$.

Quantificadores → Conceitos Iniciais/Equivalência

71. (FCC) Denota-se respectivamente por A e B os conjuntos de todos atletas da delegação olímpica argentina e brasileira em Atenas, e por M o conjunto de todos os atletas que irão ganhar medalhas nessas Olimpíadas. O diagrama mais adequado para representar possibilidades de intersecção entre os três conjuntos é

a) 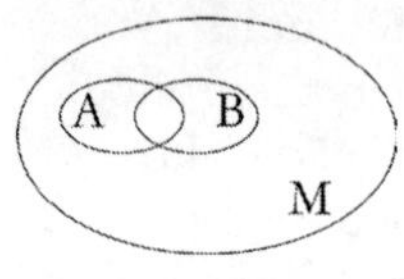

b) 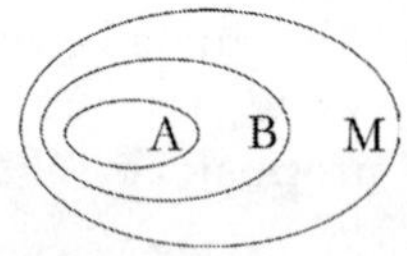

c) 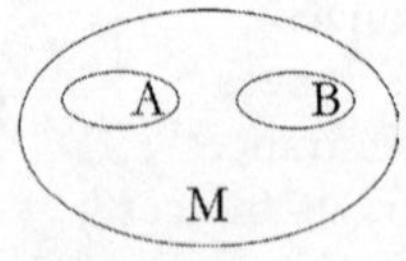

d) 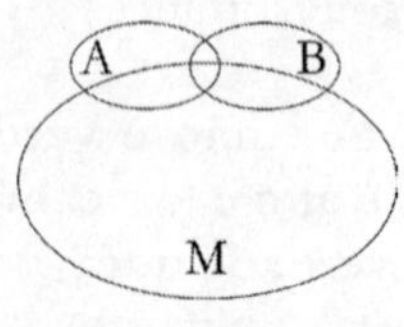

e) 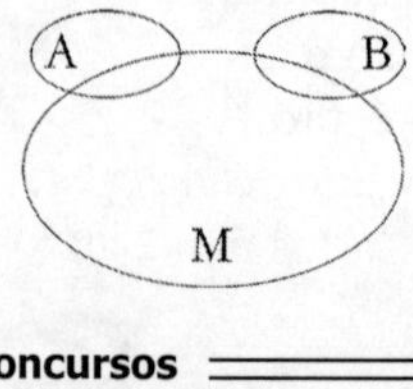

72. (VUNESP) Todos os marinheiros são republicanos. Assim sendo:

a) O conjunto dos marinheiros contém o conjunto dos republicanos.
b) O conjunto dos republicanos contém o conjunto dos marinheiros.
c) Todos os republicanos são marinheiros.
d) Algum marinheiro não é republicano.
e) Nenhum marinheiro é republicano.

73. (VUNESP) Todo cavalo é um animal. Logo,

a) toda cabeça de cavalo é cabeça de animal.
b) toda cabeça de animal é cabeça de cavalo.
c) todo animal é cavalo.
d) nem todo cavalo é animal.
e) nenhum animal é cavalo.

74. (FCC) Sabe-se que existem pessoas desonestas e que existem corruptos. Admitindo-se verdadeira a frase "Todos os corruptos são desonestos", é correto concluir que

a) quem não é corrupto é honesto.
b) existem corruptos honestos.
c) alguns honestos podem ser corruptos.
d) existem mais corruptos do que desonestos.
e) existem desonestos que são corruptos.

75. (FCC) Considerando "toda prova de Lógica é difícil" uma proposição verdadeira, é correto inferir que

a) "nenhuma prova de Lógica é difícil" é uma proposição necessariamente verdadeira.
b) "alguma prova de Lógica é difícil" é uma proposição necessariamente verdadeira.
c) "alguma prova de Lógica é difícil" é uma proposição verdadeira ou falsa.
d) "alguma prova de Lógica não é difícil" é uma proposição necessariamente verdadeira.
e) "alguma prova de Lógica não é difícil" é uma proposição verdadeira ou falsa.

76. (UFRJ) Dos 11 jogadores de um time de futebol, 4 são europeus, 3 são brasileiros, 2 são africanos e 2 são argentinos. Há cinco canhotos no time, dois dos quais são espanhóis. Então, dos jogadores do time:

a) todos os europeus são canhotos;
b) os africanos são destros;
c) pelo menos um sul-americano é destro;
d) pelo menos um sul-americano é canhoto;
e) pelo menos um africano é canhoto.

77. (UFRJ) A soma de dez números é 510. Um deles é 53. Então podemos afirmar que:

I. pelo menos um dos números é menor que 51;
II. um dos outros números tem de ser o 49;
III. pelo menos dois dos outros números são 50;

a) apenas a afirmativa I está correta;
b) apenas a afirmativa III está correta;
c) apenas as afirmativas I e II estão corretas;
d) apenas as afirmativas II e III estão corretas;
e) as afirmativas I, II e III estão corretas.

78. (CESGRANRIO) Considere verdadeira a declaração: "Nenhum dos alunos que fizeram uma determinada prova tirou mais do que 7". Diante disso, qual a conclusão correta?

a) Todos os alunos tiraram menos do que 7 na prova.
b) Todos os alunos tiraram 7 na prova.
c) Algum aluno tirou 7 na prova.
d) Algum aluno tirou menos de 7 na prova.
e) Algum aluno tirou 7 ou menos na prova.

79. (FJG) Numa determinada fábrica, um conjunto de máquinas foi submetido a uma inspeção para verificar se apresentavam algum defeito. No laudo de tal avaliação constava a seguinte afirmação: Nem todas as máquinas apresentaram defeito em todos os testes. A alternativa que apresenta uma sentença equivalente a essa afirmação é:

a) Pelo menos uma máquina não apresentou defeito em pelo menos um teste.
b) Pelo menos uma máquina apresentou defeito em pelo menos um teste.
c) Pelo menos uma máquina não apresentou defeito em todos os testes.
d) Pelo menos uma máquina apresentou defeito em todos os testes.

80. (FJG) Na empresa multinacional B&B, todos os funcionários falam inglês ou francês. A partir desta informação, é correto concluir que:

a) algum funcionário da B&B fala inglês.
b) algum funcionário da B&B fala francês.
c) todo funcionário da B&B que não fala francês fala inglês.
d) todos os funcionários da B&B falam inglês.
e) todos os funcionários da B&B falam francês.

81. (ESAF) Indique qual das opções abaixo é verdadeira.

a) Para algum número real x, tem-se que $x < 4$ e que $x > 5$
b) Para todo número real y, tem-se que $y < 3$ e que $y > 2$
c) Para algum número real x, tem-se que $x < 4$ e que $x^2 + 5x = 0$
d) Para algum número real k, tem-se que $k > 5$ e que $k^2 - 5k = 0$
e) Para todo número real positivo x, tem-se que $x^2 > x$

82. (FJG) Uma afirmação verdadeira a respeito do conjunto U= {-1 , 0 , 1} é:

a) para todo x, existe y tal que $x + y = 0$
b) existe x tal que para cada y, $x + y = 0$
c) existe x tal que para todo y, $x > y$
d) para todo x e todo y, $x + y \in U$

83. (FJG) Considere os conjuntos A={1 , 3 , 5} e B={1 , 2 , 4 , 6}. A partir destes dados, é correto concluir que:

a) todo elemento de A é maior que algum elemento de B.
b) nenhum elemento de A é menor que algum elemento de B.
c) nenhum elemento de A é menor que qualquer elemento de B.
d) todo elemento de A é menor ou igual a qualquer elemento de B.

84. (ACEP) Ao contrário dos políticos não mais existem jogadores honestos. Se em uma cidade esta afirmação é verdadeira podemos então afirmar que nesta cidade:

a) todos os políticos são honestos.
b) nenhum político é jogador.
c) algum jogador é político.
d) existe político honesto.

85. (ESAF) Se é verdade que "nenhum artista é atleta", então também será verdade que:

a) todos não-artistas são não-atletas.
b) nenhum atleta é não-artista.
c) nenhum artista é não-atleta.
d) pelo menos um não-atleta é artista.
e) nenhum não-atleta é artista.

Negação

86. (ESAF) Dizer que a afirmação "todos os economistas são médicos" é falsa, do ponto de vista lógico, equivale a dizer que a seguinte afirmação é verdadeira:

a) pelo menos um economista não é médico;
b) nenhum economista é médico;
c) nenhum médico é economista;
d) pelo menos um médico não é economista;
e) todos os não-médicos são não-economistas.

87. (FCC) A correta negação da proposição "todos os cargos deste concurso são de analista judiciário" é:

a) alguns cargos deste concurso são de analista judiciário.
b) existem cargos deste concurso que não são de analista judiciário.
c) existem cargos deste concurso que são de analista judiciário.
d) nenhum dos cargos deste concurso não é de analista judiciário.
e) os cargos deste concurso são ou de analista judiciário, ou no judiciário.

88. (UFMT) Se é falsa a afirmação "Todo brasileiro é um forte", então é verdade que

a) existe pelo menos um brasileiro não forte.
b) existe brasileiro forte.
c) todo brasileiro é não forte.
d) todo forte é não brasileiro.
e) todo forte é brasileiro.

89. (CESGRANRIO) A negação de "Todos os caminhos levam a Roma" é

a) "Todos os caminhos não levam a Roma".
b) "Nenhum caminho leva a Roma".
c) "Pelo menos um caminho leva a Roma".
d) "Pelo menos um caminho não leva a Roma".
e) "Não há caminhos para Roma".

90. (ESAF) Pedro, após visitar uma aldeia distante, afirmou: "Não é verdade que todos os aldeões daquela aldeia não dormem a sesta". A condição necessária e suficiente para que a afirmação de Pedro seja verdadeira é que seja verdadeira a seguinte proposição:

a) No máximo um aldeão daquela aldeia não dorme a sesta.
b) Todos os aldeões daquela aldeia dormem a sesta.
c) Pelo menos um aldeão daquela aldeia dorme a sesta.
d) Nenhum aldeão daquela aldeia não dorme a sesta.
e) Nenhum aldeão daquela aldeia dorme a sesta.

91. (FJG) Considere que S seja a sentença: "todo político é filiado a algum partido". A sentença equivalente à negação da sentença S acima é:

a) nenhum político é filiado a algum partido.
b) nenhum político não é filiado a qualquer partido.
c) pelo menos um político é filiado a algum partido.
d) pelo menos um político não é filiado a qualquer partido.

92. (FCC) Dada a proposição: "É falso que existem pelicanos que não comem peixe", uma forma equivalente é:

a) "não existem pelicanos que comem peixe".
b) "todos os pelicanos comem peixe".
c) "existem pelicanos que não comem peixe".
d) "algum pelicano não come peixe".
e) "todos os pelicanos não comem peixe".

93. (ACCESS) Considere a proposição: "Não há criança que não ame animais.". Sua negação é:

a) Há crianças que não amam animais.
b) Há crianças que amam animais.
c) Todas as crianças amam animais.
d) Todas as crianças não amam animais.
e) Não há criança que ame animais.

94. (CESGRANRIO) Qual é a negação de "não há quem não goste de futebol"?

a) Não há quem goste de futebol.
b) Ninguém gosta de futebol.
c) Todos gostam de futebol.
d) Há quem goste de futebol.
e) Há quem não goste de futebol.

95. (CESGRANRIO) Qual a negação de "Todos os filhos de Maria gostam de quiabo e desgostam de bife"?

a) Nenhum dos filhos de Maria gosta de quiabo e desgosta de bife.
b) Nenhum dos filhos de Maria desgosta de quiabo ou gosta de bife.
c) Algum filho de Maria desgosta de quiabo e gosta de bife.
d) Algum filho de Maria desgosta de quiabo ou gosta de bife.
e) Algum dos filhos de Maria gosta de bife.

96. (CESGRANRIO) Se não é verdade que todos os cariocas sejam flamenguistas, é correto concluir que:

a) o conjunto dos cariocas contém o conjunto dos flamenguistas.
b) o conjunto dos flamenguistas contém o conjunto dos cariocas.
c) todos os flamenguistas são cariocas.
d) algum carioca não é flamenguista.
e) nenhum carioca é flamenguista.

Gabarito

01. A	02. D	03. B	04. C	05. E
06. B	07. B	08. C	09. A	10. D
11. D	12. A	13. C	14. A	15. D
16. A	17. E	18. A	19. C	20. C
21. D	22. B	23. B	24. B	25. B
26. E	27. B	28. A	29. C	30. B
31. E	32. C	33. A	34. C	35. C
36. A	37. A	38. A	39. E	40. B
41. A	42. E	43. C	44. A	45. A
46. C	47. D	48. D	49. A	50. A
51. E	52. B	53. D	54. E	55. A
56. E	57. A	58. D	59. C	60. D
61. A	62. A	63. E	64. B	65. E
66. B	67. D	68. D	69. D	70. E
71. E	72. B	73. A	74. E	75. B
76. C	77. A	78. E	79. A/C	80. C
81. C	82. A	83. C	84. D	85. D
86. A	87. B	88. A	89. D	90. C
91. D	92. B	93. A	94. E	95. D
96. D				

3. Lógica de Argumentação

1. Introdução
2. Argumento
3. Indicação de um Argumento
4. Tipos de Argumento
5. Tipos de Raciocínio
6. Validade de um Argumento
7. Critério de Validade de um Argumento

1. Introdução

A palavra **lógica** significa pensamento, e Lógica é o ramo da Filosofia que cuida das regras do pensar correto, sendo portanto, um *instrumento do pensar*. A Lógica estabelece *algumas regras* de como deveríamos pensar para não errar, ao usarmos a razão, dedutivamente e indutivamente. Sendo assim diremos que a lógica trata dos argumentos, isto é, das conclusões a que chegamos através da apresentação de informações que a sustentam. No estudo da lógica encontramos ferramentas que identificam um bom argumento e de quais argumentos são falaciosos.

2. Argumento

Dadas as proposições $P_1, P_2, ..., P_n$ $(n \geq 1)$ e Q, simples ou compostas, chama-se argumento toda afirmação de que uma certa sequência finita de proposições tem como consequência uma proposição final.

3. Indicação de um Argumento

As proposições iniciais $P_1, P_2, ..., P_n$ são as **premissas** do argumento e a proposição final Q é a **conclusão** do argumento.

Podemos indicar um argumento de premissas $P_1, P_2, ..., P_n$ e de conclusão Q da seguinte forma:

$$P_1, P_2, ..., P_n \mid\text{----------}Q$$

Que poderá ser lido das seguintes formas:

(1) "Q **decorre** de $P_1, P_2, ..., P_n$"
(2) "Q se **deduz** de $P_1, P_2, ..., P_n$"
(3) "Q se **infere** de $P_1, P_2, ..., P_n$"
(4) "$P_1, P_2, ..., P_n$ **acarretam Q**"

O símbolo |------- é chamado traço de asserção. Indica que a proposição Q só poderá ser deduzida a partir das premissas que se encontram à esquerda do traço.

Podemos indicar um argumento de premissas $P_1, P_2, ..., P_n$ e de conclusão Q, também da seguinte forma:

$$\begin{array}{c} P_1 \\ P_2 \\ P_3 \\ : \\ : \\ \underline{P_n} \\ \text{-------} \\ Q \end{array}$$

Essa é a chamada forma padronizada.

Outra forma de representar um argumento é a "condicional associada" ao argumento dado, e que será escrita da seguinte forma:

$$(P_1 \wedge P_2 \wedge ..... \wedge P_n) \rightarrow Q.$$

4. Tipos de Argumento

Um argumento que consiste em duas premissas e uma conclusão chama-se **silogismo**.

Poderemos usar os termos hipótese, no lugar de premissa, e tese, no lugar de conclusão.

Vejamos o seguinte argumento, usando o traço de asserção.

João é médico ou professor, João não é médico |----- João é professor.

Na forma padronizada, teremos:

João é médico ou professor.
João não é médico.

Logo João é professor.

Substituindo as proposições por letras sentenciais P e Q.

P: João é médico.
Q: João é professor.
~P: João não é médico.

Vejamos o seguinte argumento, usando o traço de asserção:

João é médico ou professor, João não é médico |----- João é professor.

$$P \vee Q, \sim P \ |\text{-------}\ Q$$

Na forma padronizada, teremos:

João é médico ou professor.
João não é médico.

Logo João é professor.

$$\frac{\begin{array}{c} P \vee Q \\ \sim P \end{array}}{Q}$$

A condicional associada a esse argumento será:

$$(P \vee Q) \wedge (\sim P) \rightarrow Q.$$

Silogismo Categórico

Silogismo categórico é um argumento constituído por duas premissas categóricas e uma conclusão categórica.

Observe o seguinte argumento válido.

Todos os diplomatas são gordos.
Nenhum gordo sabe nadar.

Nenhum diplomata sabe nadar

Nas proposições categóricas, temos classes de atributos, como diplomatas, gordo, nadador (sabe nadar).

Tais atributos são ligados através dos quantificadores "Todo", "Algum" e "Nenhum".

5. Tipos de Raciocínio

5.1. Raciocínio Dedutivo

Dedução é toda inferência que parte do universal para o particular. Essa inferência é feita da confrontação de duas proposições para extrair uma conclusão.

Argumento Dedutivo

Um argumento dedutivo é aquele cuja validade depende unicamente da sua forma lógica. Isto é, o argumento é válido se a conclusão for sustentada e apoiada logicamente pelas premissas, ou seja, um argumento dedutivo afirma que a verdade de uma conclusão é uma consequência lógica das premissas que o antecedem.

Todo humano é mamífero (universal).
João é humano (particular).

Logo, João é mamífero. (conclusão)

5.2. Raciocínio Indutivo

Indução é uma forma de raciocínio que faz generalizações fundamentadas em casos particulares, consiste em afirmar acerca de todos, aquilo que foi possível observar em alguns.

Argumento Indutivo

É o processo de raciocínio no qual as premissas de um argumento se baseiam na conclusão, mas não se aplicam nela.

Ex:
Luis joga basquete e é alto.
Mario joga basquete e é alto.

Portanto todo jogador de basquete é alto.

A indução generalizada cria proposições particulares. É uma forma de raciocínio com pouca credibilidade de muito mais fácil contestação.

5.3. Analogia

É uma relação de equivalência entre duas outras relações. As analogias têm uma forma de expressão própria que segue o modelo: A : B :: C : D, lido como: A está para B, assim como C está para D.

Por exemplo, diz-se que: "O joelho está para o pé, assim como o cotovelo está para a mão", ou seja, a relação que o joelho estabelece com o pé é idêntica à relação que o cotovelo estabelece com a mão.

Exercícios de Fixação

01. **(FCC) Leia o argumento a seguir e posteriormente assinale a alternativa que apresente argumento a ele similar.**

"Quando chove, meu carro fica molhado. Como não tem chovido ultimamente, meu carro não pode estar molhado."

a) Sempre que uma peça de teatro recebe elogios da crítica, as pessoas vão vê-la. Como as pessoas estão indo ver a nova peça de Augusto Levy, ela provavelmente receberá elogios da crítica.
b) Sempre que uma peça recebe uma grande audiência, ela é elogiada pela crítica. A nova peça de Augusto Levy vem tendo grande audiência sendo, por isso, elogiada pela crítica.
c) Sempre que a crítica elogia uma peça de teatro, as pessoas vão vê-la. A nova peça de Augusto Levy recebeu críticas favoráveis. Logo as pessoas provavelmente vão querer vê-la.
d) Sempre que a crítica elogia uma peça de teatro, as pessoas vão vê-la. A nova peça de Augusto Levy não recebeu críticas favoráveis. Logo, eu duvido que alguém vá vê-la.
e) Sempre que a crítica elogia uma peça de teatro, as pessoas vão vê-la. As pessoas não estão indo ver a nova peça de Augusto Levy. Logo, ela não recebeu elogios da crítica.

02. **(CESGRANRIO) Uma das formas mais simples de argumentar consiste em duas frases, uma das quais é a conclusão da outra, que é chamada premissa. Assinale, dentre as opções seguintes, aquela em que a associação está correta:**

a) Premissa: os exames finais devem ser extintos;
Conclusão: os exames finais dão muito trabalho a alunos e professores.
b) Premissa: é possível que um candidato ganhe as eleições presidenciais;
Conclusão: o tal candidato tem vários eleitores no interior do país.
c) Premissa: N é um número inteiro múltiplo de 6;
Conclusão: N não é um número ímpar.
d) Premissa: os índios brasileiros eram culturalmente primitivos;
Conclusão: os índios brasileiros cultivavam vários deuses.
e) Premissa: é muito difícil aprender a escrita japonesa;
Conclusão: o alfabeto japonês tem mais de dois mil anos.

03. **(VUNESP) Assinale a alternativa em que se chega a uma conclusão por um processo de dedução.**

a) Vejo um cisne branco, outro cisne branco, outro cisne branco...então todos os cisnes são brancos.
b) Vi um cisne, então ele é branco.
c) Vi dois cisnes brancos, então outros cisnes devem ser brancos.
d) Todos os cisnes são brancos, então este cisne é branco.
e) Todos os cisnes são brancos, então este cisne pode ser branco.

04. **(CESGRANRIO) Pergunta: "Qual o número de irmãos que José possui?"**
Informações:
I. o número é par;
II. o número é primo.
Assinale:

a) Se as duas informações, em conjunto, forem insuficientes para que se responda corretamente à pergunta.
b) Se cada uma das informações, sozinha, for suficiente para que se responda corretamente à pergunta.
c) Se as duas informações, em conjunto, forem suficientes para que se responda corretamente à pergunta, e cada uma delas, sozinha, for suficiente.
d) Se a segunda informação, sozinha, for suficiente para que se responda corretamente à pergunta, e a primeira, insuficiente.
e) Se a primeira informação, sozinha, for suficiente para que se responda corretamente à pergunta, e a segunda, insuficiente.

05. **(VUNESP) Preencha adequadamente os dois espaços, escolhendo, para o primeiro, a palavra a que corresponde um número, e para o segundo, uma letra: ....**
..está para pé, assim como cotovelo está par a...

1. Perna
2. Coxa
3. Joelho
4. Calcanhar

a) Mão
b) Polegar
c) Ombro
d) Dedos

a) 1 A
b) 2 C
c) 3 A
d) 4 C
e) 2 D

06. Leia os argumentos abaixo e posteriormente assinale a alternativa correta.
I. "Todos os X são Y; todos os Y são Z; logo, todos os X são Z."
II. "Na escola A, 5/6 dos professores são doutores; X leciona em A; logo, X é doutor."

a) Ambos são argumentos dedutivos.
b) O primeiro é um exemplo canônico de um argumento indutivo. O segundo é um típico argumento dedutivo.
c) O segundo argumento apenas estaria correto com a redação seguinte: "Na escola A, 5/6 dos professores são doutores; X leciona em A; logo X não é doutor."
d) O primeiro argumento não é válido. Seria válido, no entanto, enunciar: "Todos os X são Y; todos os Y são Z; logo, todos os Y são X."
e) O primeiro é um exemplo canônico de um argumento classificado como válido pela lógica dedutiva. O segundo é um argumento que não é classificado como válido pela lógica dedutiva, denominado indutivo.

Gabarito

01. D 02. C 03. D 04. C 05. C
06. E

6. Validade de um argumento

6.1. Argumento Dedutivo

Argumentos dedutivos tanto podem ser válidos ou inválidos, e a validade do argumento dedutivo não depende do conteúdo mas sim da forma lógica. A função da Lógica é procurar identificar as formas válidas, ou seja, as formas para fazer argumentos válidos.

Seja qual termo for utilizado, toda premissa, bem como a conclusão, deve ser capaz apenas de ser verdadeira ou falsa e nada mais, nunca pode ser ambígua, logo as sentenças que formam um argumento ou são verdadeiras ou são falsas.

A validade de um argumento não é uma garantia da verdade da sua conclusão, pois se um argumento é válido, e a sua premissa é verdadeira, a conclusão deve ser verdadeira.

Um argumento válido pode ter premissas falsas e uma conclusão falsa, mas um argumento válido não pode ter premissa verdadeira e uma conclusão falsa.

Um argumento não-válido recebe o nome de **falácia**.

6.2. Argumento Informal Convincente

Um argumento informal é convincente se e somente se a veracidade das premissas tornar verdade a provável conclusão isto é, o argumento é forte, e as premissas do argumento são, de fato, verdadeiras.

6.3. Falácias e Não-Argumentos

Argumentos podem ser invalidados por uma variedade de razões. Existem padrões bem construídos de raciocínio que tornam argumentos inválidos; esses padrões são conhecidos como falácias lógicas. Uma falácia é um argumento inválido que parece válido. Por exemplo: "Sócrates é um homem e todos os homens são mortais, logo, Sócrates é mortal". Isso é um argumento, já que a conclusão de que Sócrates é mortal decorre das premissas anteriores. Agora: "eu estava com fome e, eu comi" não é um argumento, apesar de sua forma, pois não necessariamente eu comi por causa da fome, eu poderia ter comido por algum outro motivo. As falácias são divididas em dois grandes grupos, a saber: Formais e Informais. O Sofisma é uma falácia com a intenção de enganar o interlocutor.

Exercícios de Fixação

01. (FCC) Observe a construção de um argumento:
Premissas: Todos os cachorros têm asas.
Todos os animais de asas são aquáticos.
Existem gatos que são cachorros.
Conclusão: Existem gatos que são aquáticos.

Sobre o argumento A, as premissas P e a conclusão C, é correto dizer que:

a) A não é válido, P é falso e C é verdadeiro.
b) A não é válido, P e C são falsos.
c) A é válido, P e C são falsos.
d) A é válido, P ou C são verdadeiros.
e) A é válido se P é verdadeiro e C é falso.

02. (VUNESP) Assinale a alternativa em que ocorre uma conclusão verdadeira (que corresponde à realidade) e o argumento inválido (do ponto de vista lógico).

a) Sócrates é homem, e todo homem é mortal, portanto Sócrates é mortal.
b) Toda pedra é homem, pois alguma pedra é um ser, e todo ser é homem.
c) Todo cachorro mia, e nenhum gato mia, portanto cachorros não são gatos.
d) Todo pensamento é um raciocínio, portanto, todo pensamento é um movimento, visto que todos os raciocínios são movimentos.
e) Toda cadeira é um objeto, e todo objeto tem cinco pés, portanto algumas cadeiras têm quatro pés.

Gabarito

01. C 02. E

7. Critério de Validade de um Argumento

a) Validade mediante tabelas-verdade

A validade de argumento poderá ser demonstrada mediante a utilização dos conectivos lógicos. Para cada forma de argumento, existe uma forma correspondente, chamada de Correspondente Condicional. O **correspondente condicional** é uma proposição que tem como principal conectivo o condicional. O antecedente é a conjunção das premissas e o consequente a conclusão. Um argumento é válido se, e somente se o seu correspondente condicional é uma verdade necessária, ou seja, um argumento é válido se, e somente se, o seu correspondente condicional é uma verdade lógica, uma tautologia.

Um argumento $P_1, P_2, \ldots, P_n$ |------ C é **válido,** se, e somente se, a condicional.

$$(P_1 \wedge P_2, \wedge \ldots \wedge P_n) \rightarrow C \text{ é tautológica.}$$

Ou seja, o argumento será quando, na mesma linha das premissas e da conclusão, encontrarmos valores V.

Isso deverá ser verificado para todas as linhas onde as premissas apresentam valor V.

Caso contrário, o argumento não é válido.

Vamos verificar a validade do argumento:

pq, q |----- p

Usaremos a tabela-verdade para verificarmos a validade do argumento.

p	q	$p \leftrightarrow q$	Linhas
V	V	V	1
V	F	F	2
F	V	F	3
F	F	V	4

Para a verificação, devemos procurar linhas das premissas que apresentam V e comparar com a linha correspondente da conclusão.

Na linha 1, temos V e V para as premissas e V para a conclusão.

Logo, o argumento é válido.

b) Validade Mediante Regras de Inferência

Implicação Lógica

Diz-se que uma proposição P implica logicamente ou implica uma proposição Q, se Q é verdadeira se todas as vezes que P for verdadeira.

Comparando-se as tabelas-verdade de P e Q, notaremos que na mesma linha não deverá aparecer VF ou FV.

Significado dos símbolos → e ⇒

O símbolo →, quando usado entre duas proposições, representa uma operação que resulta em uma proposição.

O símbolo ⇒, quando usado entre duas proposições representa a existência de uma implicação entre as proposições.

Implicações Notáveis

Temos 10 implicações notáveis, que formam argumentos válidos fundamentais.

Esses argumentos formam as regras de inferências, que são usadas para fazer deduções ou demonstrações.

Vamos prová-los pelas respectivas tabelas-verdade.

1) Regra da Adição (AD)

$p \Rightarrow p \vee q$ (I) $\qquad$ $q \Rightarrow p \vee q$ (II)

Forma padronizada

$$\frac{p}{p \vee q} \qquad \frac{q}{p \vee q}$$

p	q	p ∨ q	Linhas
V	V	V	1
V	F	V	2
F	V	V	3
F	F	F	4

Note que na 1ª linha de p, q e p ∨ q só aparece V.

2) Regra da Simplificação (SP)

$p \wedge q \Rightarrow p$ (I) $\qquad$ $p \wedge q \Rightarrow q$ (II)

Forma padronizada

$$\frac{p \wedge q}{p} \qquad \frac{p \wedge q}{q}$$

p	q	p ∧ q	Linhas
V	V	V	1
V	F	F	2
F	V	F	3
F	F	F	4

Note que na 1ª linha de p, q e p ∧ q, só aparece V.

3) Regra da Conjunção (CONJ)

$$p \wedge q \Rightarrow p \text{ e } p \wedge q \Rightarrow q$$

Forma padronizada

$$\frac{\begin{array}{c}p\\q\end{array}}{p \wedge q} \qquad \frac{\begin{array}{c}p\\q\end{array}}{q \wedge p}$$

p	q	p ∧ q	Linhas
V	V	V	1
V	F	F	2
F	V	F	3
F	F	F	4

Note que na 1ª linha de p, q e p ∧ q, só aparece V.

4) Regra da Absorção (ABS)

$$p \rightarrow q \Rightarrow p \rightarrow (p \wedge q)$$

Forma padronizada

$$\frac{\begin{array}{c}p\\q\end{array}}{p \wedge q} \qquad \frac{\begin{array}{c}p\\q\end{array}}{q \wedge p}$$

p	q	p→q	p ∧ q	p→(p ∧ q)	Linhas
V	V	V	V	V	1
V	F	F	F	F	2
F	V	V	F	V	3
F	F	V	F	V	4

Note que nas linhas 1, 3 e 4 só temos V para as proposições $p \rightarrow q$ e $p \rightarrow (p \wedge q)$.

Argumentos Válidos Importantes

5) Regra Modus Ponens (MP)

$$(p \rightarrow q) \wedge p \Rightarrow q$$

Forma padronizada

$$\frac{\begin{array}{c}p \rightarrow q\\p\end{array}}{q}$$

p	q	p→q	(p→q) ∧ p	Linhas
V	V	V	V	1
V	F	F	F	2
F	V	V	F	3
F	F	V	F	4

Note que na linha 1 só temos V para as proposições p e p → q.

Vamos usar a regra modus ponens para verificar a validade do argumento:

Se Maria é francesa, então Guilherme é italiano.
Se Guilherme é italiano, então Orlando é chinês.
Mas Maria é francesa.

Logo Orlando é chinês.

Representando simbolicamente as proposições por A: Maria é francesa; B: Guilherme é italiano e C: Orlando é chinês

Na forma padronizada

(1) A → B
(2) B → C
(3) A

---

(4) C

(1), (2) e (3) são as premissas e (4) é a conclusão. Das premissas (1) e (3) podemos concluir, via "modus ponens", que a proposição B é verdadeira e assim, no nosso argumento, podemos usar a proposição B como uma nova premissa. São então verdadeiras as proposições (1), (2), (3) e (4), mostrando que o argumento é válido.

6) Regra Modus Tollens (MT)

$$(p \rightarrow q) \wedge \sim q \Rightarrow \sim p$$

Forma padronizada

$$\begin{array}{c} p \rightarrow q \\ \sim q \\ \hline \sim p \end{array}$$

p	q	~p	~q	p→q	(p→q) ∧ ~q	Linhas
V	V	F	F	V	F	1
V	F	F	V	F	F	2
F	V	V	F	V	F	3
F	F	V	V	V	V	4

Note que na linha 4 só temos V para as proposições ~q e (p → q) ∧ ~q.

Vamos usar a regra modus tollens para verificar a validade do argumento:

7) Regra do Silogismo Disjuntivo (SD)

$(p \vee q) \wedge \sim p \Rightarrow q$ (I) $\quad (p \vee q) \wedge \sim q \Rightarrow p$ (II)

Forma padronizada

$$\begin{array}{c} p \vee q \\ \sim p \\ \hline q \end{array} \qquad \begin{array}{c} p \vee q \\ \sim q \\ \hline p \end{array}$$

p	q	p∨q	~p	(p∨q) ∧ ~P	Linhas
V	V	V	F	F	1
V	F	V	F	F	2
F	V	V	V	V	3
F	F	F	V	F	4

Note que na 3ª linha de q, ~p e p ∨ q, só aparece V.

8) Regra do Silogismo Hipotético (SH)

$$(p \rightarrow q) \wedge (q \rightarrow r) \Rightarrow (p \rightarrow r)$$

Forma padronizada:

$$\begin{array}{c} p \rightarrow q \\ q \rightarrow r \\ \hline p \rightarrow r \end{array}$$

p	q	r	p→q	q→r	(p→q) ∧ (q→r)	p→r	Linhas
V	V	V	V	V	V	V	1
V	V	F	V	F	F	F	2
V	F	V	F	V	F	V	3
V	F	F	F	V	F	F	4
F	V	V	V	V	V	V	5
F	V	F	V	F	F	V	6
F	F	V	V	V	V	V	7
F	F	F	V	V	V	V	8

Note que na 1ª, 5ª e 7ª linhas de (p → q), (q → r) e (p → r) só aparece V.

9) Regra do Dilema Construtivo (DC)

$$(p \rightarrow q) \wedge (r \rightarrow s) \wedge (p \vee r) \Rightarrow (q \vee s)$$

Forma padronizada:

$$\begin{array}{c} p \rightarrow q \\ r \rightarrow s \\ p \vee r \\ \hline q \vee s \end{array}$$

$$P = (p \rightarrow q) \wedge (r \rightarrow s) \wedge (p \vee r)$$

p	q	r	s	p→q	r→s	p∨r	P	q∨s
V	V	V	V	V	V	V	V	V
V	V	V	F	V	F	V	F	V
V	V	F	V	V	V	V	V	V
V	V	F	F	V	V	V	V	V
V	F	V	V	F	V	V	F	V
V	F	V	F	F	F	V	F	F
V	F	F	V	F	V	V	F	V
V	F	F	F	F	V	V	F	F
F	V	V	V	V	V	V	V	V
F	V	V	F	V	F	V	F	V
F	V	F	V	V	V	F	F	V
F	V	F	F	V	V	F	F	V
F	F	V	V	V	V	V	V	V
F	F	V	F	V	F	V	F	F
F	F	F	V	V	V	F	F	V
F	F	F	F	V	V	F	F	F

Note que na 1ª ,3ª 4ª, 9ª e 13ª linhas de $(p \to q) \wedge (r \to s) \wedge (p \vee r)$ e $(q \vee s)$ só aparece V.

10) Regra do Dilema Destrutivo (DD)

$$(p \to q) \wedge (r \to s) \wedge (\sim q \vee \sim s) \Rightarrow (\sim p \vee \sim r)$$

Forma padronizada

$$\begin{array}{c} p \to q \\ r \to s \\ \sim q \vee \sim s \\ \hline \sim p \vee \sim r \end{array}$$

Prova de não-validade de um argumento

Vamos verificar a validade do argumento: $p \to q$, $\sim p$|----$\sim q$.

Usaremos a tabela-verdade para verificarmos a validade do argumento.

Para a verificação, devemos procurar linhas das premissas que apresentam V e comparar com a linha correspondente da conclusão.

p	q	p→q	~p	~q	Linhas
V	V	V	F	F	1
V	F	F	F	V	2
F	V	V	V	F	3
F	F	V	V	V	4
		P_1	P_2	C	

Na linha 3, temos V e V para as premissas e F para a conclusão.

Na linha 4, temos V e V para as premissas e V para a conclusão

Existem, portanto, duas linhas conflitantes (VVF) e (VVV). Logo, o argumento não é válido, é um sofisma.

Usando a Teoria dos Conjuntos no Silogismo

Usando os diagramas da teoria dos conjuntos que representam as relações de inclusão entre conjuntos, poderemos verificar a validade de um silogismo ou concluir algo sobre proposição, que são combinações de outras proposições.

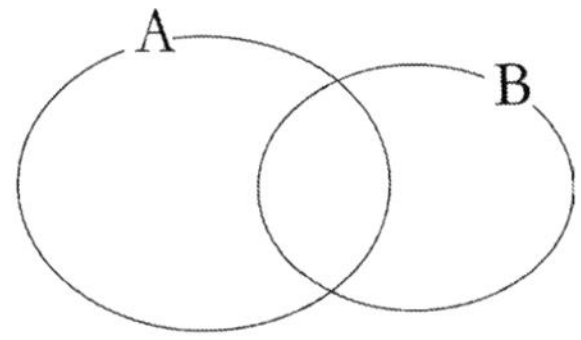

Interpretações para os diagramas:

a) Algum A é B.
b) Algum B é A.
c) Algum A não é B.
d) Algum B não é A.

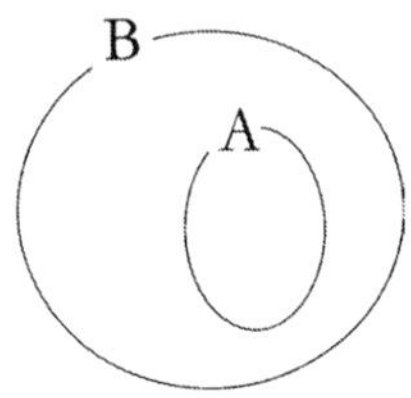

Interpretações para os diagramas:

a) Todo A é B.
b) Algum B é A.
c) Algum B não é A.

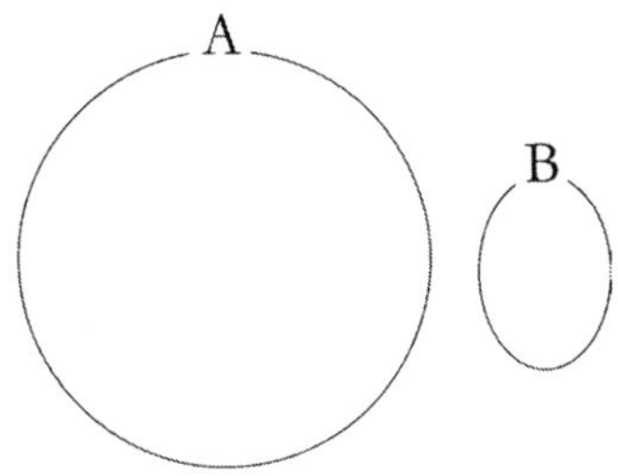

Interpretações para os diagramas:

a) Nenhum A é B.
b) Nenhum B é A.

Vejamos a seguinte situação onde teremos que chegar a uma conclusão partindo de:

ER04. (ICMS_SP_02)
Todos os diplomatas são gordos.
Nenhum gordo sabe nadar.
Segue-se que:

a) Algum diplomata não é gordo.
b) Algum diplomata sabe nadar.
c) Nenhum diplomata sabe nadar.
d) Nenhum diplomata é gordo.
e) Algum gordo sabe nadar.

Poderemos usar a teoria dos conjuntos para a resolução do exercício.

Vamos representar cada frase por diagramas de conjuntos:

Todos os diplomatas são gordos.	Nenhum gordo sabe nadar.
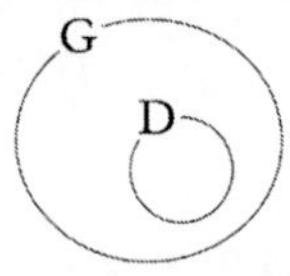	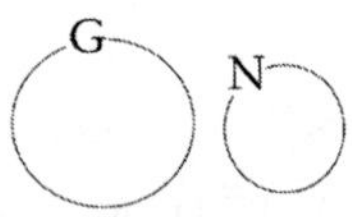
O conjunto dos diplomatas é um subconjunto do conjunto dos gordos.	Esses dois conjuntos são disjuntos

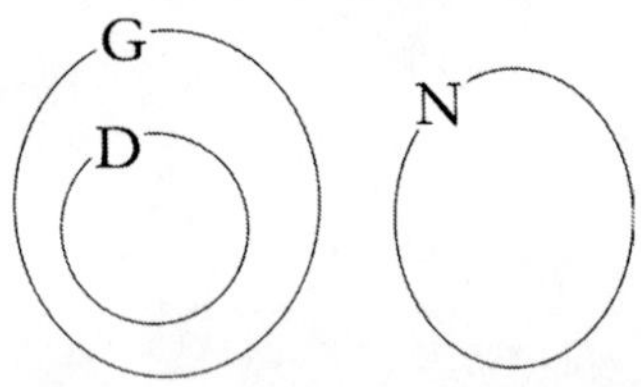

Como não há intersecção entre o conjunto dos Gordos e o conjunto dos Nadadores, então não existe a possibilidade de algum diplomata saber nadar, logo nenhum diplomata sabe nadar.

Vejamos outra situação envolvendo o silogismo categórico.

ER05. (TTN) Se é verdade que "Alguns A são R" e que "Nenhum G é R", então <u>é necessariamente verdadeiro</u> que:

a) algum A não é G.
b) algum A é G.
c) nenhum A é G.
d) algum G é A.
e) nenhum G é A.

Vamos construir as possíveis configurações para os diagramas representativos desse silogismo.

Primeira situação:

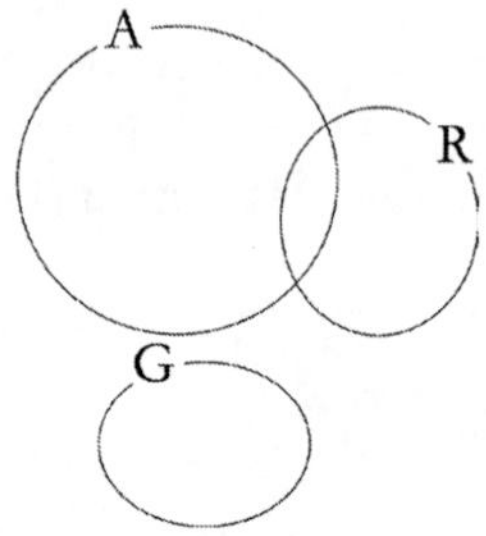

Interpretações para os diagramas:
a) Alguns A são R.
b) Alguns R são A.
c) Alguns A não são R.
d) Alguns R não são A.
e) Nenhum G é R.
f) Nenhum R é G.
g) Nenhum G é A.
h) Nenhum A é G.

Segunda situação:

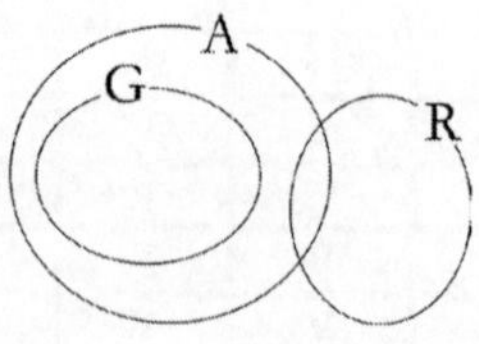

Interpretações para os diagramas:

a) Alguns A são R.
b) Alguns R são A.
c) Alguns A não são R.
d) Alguns R não são A.
e) Todos os G são A.
f) Algum A não é G.

Terceira situação:

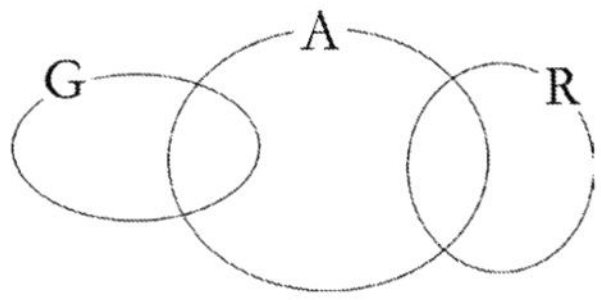

a) Alguns A são R.
b) Alguns R são A.
c) Alguns A não são R.
d) Alguns R não são A.
e) Nenhum G é R.
f) Nenhum R é G.
g) Alguns A são G.
h) Alguns G são A.
i) Alguns A não são G.
j) Alguns G não são A.

Para ser possível uma conclusão, devemos encontrar uma que seja comum às três situações.

Portanto, podemos concluir que **Alguns A não são G.**

Exercícios de Fixação

Argumento e Tabela-Verdade

01. (ESAF) Jair está machucado ou não quer jogar. Mas Jair quer jogar. Logo,

a) Jair não está machucado nem quer jogar.
b) Jair não quer jogar nem está machucado.
c) Jair não está machucado e quer jogar.
d) Jair está machucado e não quer jogar.
e) Jair está machucado e quer jogar.

02. (ESAF) Se Beto briga com Glória, então Glória vai ao cinema. Se Glória vai ao cinema, então Carla fica em casa. Se Carla fica em casa, então Raul briga com Carla. Ora, Raul não briga com Carla. Logo,

a) Carla não fica em casa e Beto não briga com Glória.
b) Carla fica em casa e Glória vai ao cinema.
c) Carla não fica em casa e Glória vai ao cinema.
d) Glória vai ao cinema e Beto briga com Glória.
e) Glória não vai ao cinema e Beto briga com Glória.

03. (ESAF) Maria tem três carros: um Gol, um Corsa e um Fiesta. Um dos carros é branco, o outro é preto, e o outro é azul. Sabe-se que:

1) ou o Gol é branco, ou o Fiesta é branco,
2) ou o Gol é preto, ou o Corsa é azul,
3) ou o Fiesta é azul, ou o Corsa é azul,
4) ou o Corsa é preto, ou o Fiesta é preto.

Portanto, as cores do Gol, do Corsa e do Fiesta são, respectivamente,

a) branco, preto, azul.
b) preto, azul, branco.
c) azul, branco, preto.
d) preto, branco, azul.
e) branco, azul, preto.

04. (ESAF) Se Frederico é francês, então Alberto não é alemão.
Ou Alberto é alemão, ou Egídio é espanhol.
Se Pedro não é português, então Frederico é francês. Ora, nem Egídio é espanhol nem Isaura é italiana.

Logo,

a) Pedro é português e Frederico é francês.
b) Pedro é português e Alberto é alemão.
c) Pedro não é português e Alberto é alemão.
d) Egídio é espanhol ou Frederico é francês.
e) Se Alberto é alemão, Frederico é francês.

05. (ESAF) O rei ir à caça é condição necessária para o duque sair do castelo, e é condição suficiente para a duquesa ir ao jardim. Por outro lado, o conde encontrar a princesa é condição necessária e suficiente para o barão sorrir e é condição necessária para a duquesa ir ao jardim. O barão não sorriu. Logo:

a) a duquesa foi ao jardim ou o conde encontrou a princesa;
b) se o duque não saiu do castelo, então o conde encontrou a princesa;
c) o rei não foi à caça e o conde não encontrou a princesa;
d) o rei foi à caça e a duquesa não foi ao jardim;
e) o duque saiu do castelo e o rei não foi à caça.

06. (FCC) Considere os argumentos abaixo:

Argumento	Premissas	Conclusão
I	a, a→b	b
II	~a, a→b	~b
III	~b, a→b	~a
IV	b, a→b	a

Indicando-se os argumentos legítimos por L e os ilegítimos por I, obtém-se, na ordem dada,

a) L, I, L, I.
b) I, L, I, L .
c) I, I, I, I.
d) L, L, I, L .
e) L, L, L, L.

Gabarito

01. E **02. A** **03. E**
04. B **05. C** **06. A**

Argumento e Diagrama Lógico

01. (ESAF) Em uma pequena comunidade, sabe-se que "nenhum filósofo é rico" e que "alguns professores são ricos". Assim, pode-se afirmar, corretamente, que nessa comunidade:

a) alguns filósofos são professores.
b) alguns professores são filósofos.
c) nenhum filósofo é professor.
d) alguns professores não são filósofos
e) nenhum professor é filósofo.

02. (CESGRANRIO) O silogismo é uma forma de raciocínio dedutivo. Na sua forma padronizada, é constituído por três proposições: as duas primeiras denominam-se premissas e a terceira, conclusão. Em um silogismo, a conclusão é consequência necessária das premissas. Assinale a alternativa que corresponde a um silogismo.

a) Premissa 1: Todo brasileiro gosta de futebol.
Premissa 2: José gosta de futebol.
Conclusão: José é brasileiro.

b) Premissa 1: Todo brasileiro gosta de futebol.
Premissa 2: Todo brasileiro é desportista.
Conclusão: Todo desportista gosta de futebol.

c) Premissa 1: João é mortal.
Premissa 2: Nenhum homem é imortal.
Conclusão: João é homem.

d) Premissa 1: Todo peixe nada.
Premissa 2: Alguns mamíferos nadam.
Conclusão: Alguns mamíferos são peixes.

e) Premissa 1: Nenhum mamífero é peixe.
Premissa 2: Alguns mamíferos nadam.
Conclusão: Algum animal que nada não é peixe.

03. (FCC) Considerando "Todo livro é instrutivo" uma proposição verdadeira, é correto inferir que:

a) "Nenhum livro é instrutivo" é uma proposição necessariamente verdadeira.
b) "Algum livro é instrutivo" é uma proposição necessariamente verdadeira.
c) "Algum livro não é instrutivo" é uma proposição verdadeira ou falsa.
d) "Algum livro é instrutivo" é uma proposição verdadeira ou falsa.
e) "Algum livro não é instrutivo" é uma proposição necessariamente verdadeira.

Gabarito

01. D **02. E** **03. B**

Exercícios de Concursos

Conceitos

01. (VUNESP) Utilizando-se de um conjunto de hipóteses, um cientista deduz uma predição sobre a ocorrência de um certo eclipse solar. Todavia, sua predição mostra-se falsa. O cientista deve logicamente concluir que

a) todas as hipóteses desse conjunto são falsas.
b) a maioria das hipóteses desse conjunto é falsa.
c) pelo menos uma hipótese desse conjunto é falsa.
d) pelo menos uma hipótese desse conjunto é verdadeira.
e) a maioria das hipóteses desse conjunto é verdadeira.

02. (VUNESP) As rosas são mais baratas do que os lírios. Não tenho dinheiro suficiente para comprar duas dúzias de rosas. Logo,

a) tenho dinheiro suficiente para comprar uma dúzia de rosas.
b) não tenho dinheiro suficiente para comprar uma dúzia de rosas.
c) não tenho dinheiro suficiente para comprar meia dúzia de lírios.
d) não tenho dinheiro suficiente para comprar duas dúzias de lírios.
e) tenho dinheiro suficiente para comprar uma dúzia de lírios.

03. (FCC) Suponha que não é obrigatório que Maria pague as contas de seu irmão. Segue-se que

a) não é permissível que Maria pague as contas de seu irmão.
b) é permissível que Maria não pague as contas de seu irmão.
c) não é permissível que Maria não pague as contas de seu irmão.
d) é obrigatório que Maria não pague as contas de seu irmão.
e) é obrigatório que Maria pague as contas de seu irmão.

04. (VUNESP) Um técnico de futebol, animado com as vitórias obtidas pela sua equipe nos últimos quatro jogos, decide apostar que essa equipe também vencerá o próximo jogo. Indique a informação adicional que tornaria menos provável a vitória esperada.

a) Sua equipe venceu os últimos seis jogos, em vez de apenas quatro.
b) Choveu nos últimos quatro jogos e há previsão de que não choverá no próximo jogo.
c) Cada um dos últimos quatro jogos foi ganho por uma diferença de mais de um gol.
d) O artilheiro de sua equipe recuperou-se do estiramento muscular.
e) Dois dos últimos quatro jogos foram realizados em seu campo e os outros dois, em campo adversário.

05. (VUNESP) Válter tem inveja de quem é mais rico do que ele. Geraldo não é mais rico do que quem o inveja. Logo,

a) quem não é mais rico do que Válter é mais pobre do que Válter.
b) Geraldo é mais rico do que Válter.
c) Válter não tem inveja de quem não é mais rico do que ele.
d) Válter inveja só quem é mais rico do que ele.
e) Geraldo não é mais rico do que Válter.

06. (FCC) Se Marcos for à festa, Luís se retira da festa. Se Luís se retira da festa, Roberto ou Jorge convidam Alice para dançar. Se Alice é convidada para dançar por Roberto ou Jorge e Luís se retira da festa, então Alice aceita. Se Alice é convidada para dançar por Roberto ou Jorge e Luís não se retira da festa, então Alice não aceita. Sabendo que Luís não se retira da festa, quais das seguintes proposições podem ser logicamente deduzidas das informações dadas?

I. Roberto ou Jorge convidam Alice para dançar.
II. Marcos não foi a festa.
III. Alice é namorada de Luís.

a) Somente a I.
b) Somente a II.
c) Somente a III.
d) I e II apenas.
e) Todas.

07. (CESGRANRIO) Considere o seguinte argumento: "Se Soninha sorri, Sílvia é miss simpatia. Ora, Soninha não sorri. Logo, Sílvia não é miss simpatia". Este não é um argumento logicamente válido, uma vez que:

a) a conclusão não é decorrência necessária das premissas.
b) a segunda premissa não é decorrência lógica da primeira.
c) a primeira premissa pode ser falsa, embora a segunda possa ser verdadeira.
d) a segunda premissa pode ser falsa, embora a primeira possa ser verdadeira.
e) o argumento só é válido se Soninha na realidade não sorri.

08. (VUNESP) Se Francisco desviou dinheiro da campanha assistencial, então ele cometeu um grave delito. Mas Francisco não desviou dinheiro da campanha assistencial. Logo,

a) Francisco desviou dinheiro da campanha assistencial.
b) Francisco não cometeu um grave delito.
c) Francisco cometeu um grave delito.
d) alguém desviou dinheiro da campanha assistencial.
e) alguém não desviou dinheiro da campanha assistencial.

09. (FCC) Um argumento é composto pelas seguintes premissas:

- **Se as metas de inflação não são reais, então a crise econômica não demorará a ser superada.**
- **Se as metas de inflação são reais, então os superávits primários não serão fantasiosos.**
- **Os superávits primários serão fantasiosos.**

Para que o argumento seja válido, a conclusão deve ser:

a) A crise econômica não demorará a ser superada.
b) As metas de inflação são irreais ou os superávits são fantasiosos.
c) As metas de inflação são irreais e os superávits são fantasiosos.
d) Os superávits econômicos serão fantasiosos.
e) As metas de inflação não são irreais e a crise econômica não demorará a ser superada.

10. (FCC) Aldo, Benê e Caio receberam uma proposta para executar um projeto. A seguir são registradas as declarações dadas pelos três, após a conclusão do projeto:

- **Aldo: Não é verdade que Benê e Caio executaram o projeto.**
- **Benê: Se Aldo não executou o projeto, então Caio o executou.**
- **Caio: Eu não executei o projeto, mas Aldo ou Benê o executaram.**

Se somente a afirmação de Benê é falsa, então o projeto foi executado APENAS por

a) Aldo.
b) Benê.
c) Caio.
d) Aldo e Benê.
e) Aldo e Caio.

11. (FCC) No Japão, muitas empresas dispõem de lugares para que seus funcionários se exercitem durante os intervalos de sua jornada de trabalho. No Brasil, poucas empresas têm esse tipo de programa. Estudos têm revelado que os trabalhadores japoneses são mais produtivos que os brasileiros. Logo, deve-se concluir que a produtividade dos empregados brasileiros será menor que as dos japoneses enquanto as empresas brasileiras não aderirem a programas que obriguem seus funcionários à prática de exercícios.

A conclusão dos argumentos é válida se assumirmos que

a) a produtividade de todos os trabalhadores pode ser aumentada com exercícios.
b) a prática de exercícios é um fator essencial na maior produtividade dos trabalhadores japoneses.
c) as empresas brasileiras não dispõem de recursos para a construção de ginásios de esporte para seus funcionários.
d) ainda que os programas de exercícios não aumentem a produtividade dos trabalhadores brasileiros, estes programas melhorarão a saúde deles.
e) os trabalhadores brasileiros têm uma jornada de trabalho maior que a dos japoneses.

12. (VUNESP) Indique a alternativa em que as proposições formam um conjunto inconsistente:

a) Se o avião tem problema de motor, então pousa em Campinas. Se o avião não tem problema de motor, então pousa em Bauru. O avião não pousa em Campinas.
b) Se o avião tem problema de motor, então pousa em Campinas. Se o avião não tem problema de motor, então pousa em Bauru. O avião pousa em Bauru.
c) Se o avião tem problema de motor, então não pousa em Campinas. Se o avião não tem problema de motor, então pousa em Bauru. O avião não pousa em Campinas.
d) Se o avião tem problema de motor, então pousa em Campinas. Se o avião não tem problema de motor, então pousa em Bauru. O avião não pousa em Campinas nem em Bauru.
e) Se o avião tem problema de motor, então não pousa em Campinas. Se o avião não tem problema de motor, então não pousa em Bauru. O avião pousa em Campinas.

13. (ESAF) Considere as afirmações:

A) Se Patrícia é uma boa amiga, Vítor diz a verdade.

B) Se Vítor diz a verdade, Helena não é uma boa amiga.

C) Se Helena não é uma boa amiga, Patrícia é uma boa amiga.

A análise do encadeamento lógico dessas três afirmações permite concluir que elas,

a) são equivalentes a dizer que Patrícia é uma boa amiga.
b) implicam necessariamente que Patrícia é uma boa amiga.
c) implicam necessariamente que Vítor diz a verdade e que Helena não é uma boa amiga.
d) são consistentes entre si, quer Patrícia seja uma boa amiga, quer Patrícia não seja uma boa amiga.
e) são inconsistentes entre si.

Argumentos Válidos Importantes

14. (ESAF) Se o jardim não é florido, então o gato mia. Se o jardim é florido, então o passarinho não canta. Ora, o passarinho canta. Logo,

a) o jardim é florido e o gato mia.
b) o jardim é florido e o gato não mia.
c) o jardim não é florido e o gato mia.
d) o jardim não é florido e o gato não mia.
e) se o passarinho canta, então o gato não mia.

15. (ESAF) André é inocente ou Beto é inocente. Se Beto é inocente, então Caio é culpado. Caio é inocente se e somente se Dênis é culpado. Ora, Dênis é culpado. Logo:

a) Caio é Beto são inocentes;
b) André e Caio são inocentes;
c) André e Beto são inocentes;
d) Caio e Dênis são culpados;
e) André e Dênis são culpados.

16. (ESAF) Se Beraldo briga com Beatriz, então Beatriz briga com Bia. Se Beatriz briga com Bia, então Bia vai ao bar. Se Bia vai ao bar, então Beto briga com Bia. Ora, Beto não briga com Bia. Logo:

a) Bia não vai ao bar e Beatriz briga com Bia;
b) Bia vai ao bar e Beatriz briga com Bia;
c) Beatriz não briga com Bia e Beraldo não briga com Beatriz;
d) Beatriz briga com Bia e Beraldo briga com Beatriz;
e) Beatriz não briga com Bia e Beraldo briga com Beatriz.

17. (ESAF) Ana é artista ou Carlos é carioca. Se Jorge é juiz, então Breno não é bonito. Se Carlos é carioca, então Breno é bonito. Ora, Jorge é juiz. Logo:

a) Jorge é juiz e Breno é bonito;
b) Carlos é carioca ou Breno é bonito;
c) Breno é bonito e Ana é artista;
d) Ana não é artista e Carlos é carioca;
e) Ana é artista e Carlos não é carioca.

18. (ESAF) Ana é prima de Bia, ou Carlos é filho de Pedro. Se Jorge é irmão de Maria, então Breno não é neto de Beto. Se Carlos é filho de Pedro, então Breno é neto de Beto. Ora, Jorge é irmão de Maria. Logo:

a) Carlos é filho de Pedro ou Breno é neto de Beto;
b) Breno é neto de Beto e Ana é prima de Bia;
c) Ana não é prima de Bia e Carlos é filho de Pedro;
d) Jorge é irmão de Maria e Breno é neto de Beto;
e) Ana é prima de Bia e Carlos não é filho de Pedro.

19. (ESAF) Se Carlos é mais velho do que Pedro, então Maria e Júlia têm a mesma idade. Se Maria e Júlia têm a mesma idade, então João é mais moço do que Pedro. Se João é mais moço do que Pedro, então Carlos é mais velho do que Maria. Ora, Carlos não é mais velho do que Maria. Então,

a) Carlos não é mais velho do que Júlia, e João é mais moço do que Pedro.
b) Carlos é mais velho do que Pedro, e Maria e Júlia têm a mesma idade.
c) Carlos e João são mais moços do que Pedro.
d) Carlos é mais velho do que Pedro, e João é mais moço do que Pedro.
e) Carlos não é mais velho do que Pedro, e Maria e Júlia não têm a mesma idade.

20. (ESAF) Ou Lógica é fácil, ou Artur não gosta de Lógica. Por outro lado, se Geografia não é difícil, então Lógica é difícil. Daí segue-se que, se Artur gosta de Lógica, então:

a) se Geografia é difícil, então Lógica é difícil;
b) Lógica é fácil e Geografia é difícil;
c) Lógica é fácil e Geografia é fácil;
d) Lógica é difícil e Geografia é difícil;
e) Lógica é difícil ou Geografia é fácil.

21. (ESAF) Há três suspeitos de um crime: o cozinheiro, a governanta e o mordomo. Sabe-se que o crime foi efetivamente cometido por um ou por mais de um deles, já que podem ter agido individualmente ou não. Sabe-se, ainda, que:

- se o cozinheiro é inocente, então a governanta é culpada;
- ou o mordomo é culpado ou a governanta é culpada, mas não os dois;
- o mordomo não é inocente. Logo:

a) a governanta e o mordomo são os culpados; somente o cozinheiro é inocente;
b) somente a governanta é culpada;
c) somente o mordomo é culpado;
d) o cozinheiro e o mordomo são os culpados.

22. (ESAF) Carmem, Gerusa e Maribel são suspeitas de um crime. Sabe-se que o crime foi cometido por uma ou mais de uma delas, já que podem ter agido individualmente ou não. Sabe-se que, se Carmem é inocente, então Gerusa é culpada. Sabe-se também que ou Maribel é culpada ou Gerusa é culpada, mas não as duas. Maribel não é inocente. Logo,

a) Gerusa e Maribel são as culpadas.
b) Carmem e Maribel são culpadas.
c) somente Carmem é inocente.
d) somente Gerusa é culpada.
e) somente Maribel é culpada.

23. (ESAF)Ou Celso compra um carro, ou Ana vai à África, ou Rui vai a Roma. Se Ana vai à África, então Luís compra um livro. Se Luís compra um livro, então Rui vai a Roma. Ora, Rui não vai a Roma, logo:

a) Celso compra um carro e Ana não vai à África.
b) Celso não compra um carro e Luís não compra o livro.
c) Ana não vai à África e Luís compra um livro.
d) Ana vai à África ou Luís compra um livro.
e) Ana vai à África e Rui não vai a Roma.

24. (ESAF) Ou Anais será professora, ou Anelise será cantora, ou Anamélia será pianista. Se Ana for atleta, então Anamélia será pianista. Se Anelise for cantora, então Ana será atleta. Ora Anamélia não será pianista. Então:

a) Anais será professora e Anelise não será cantora;
b) Anais não será professora e Ana não será atleta;
c) Anelise não será cantora e Ana será atleta;
d) Anelise será cantora ou Ana será atleta;
e) Anelise será cantora e Anamélia não será pianista.

25. (ESAF) Se a professora de Matemática foi à reunião, nem a professora de Inglês nem a professora de Francês deram aula. Se a professora de Francês não deu aula, a professora de Português foi à reunião. Se a professora de Português foi à reunião, todos os problemas foram resolvidos. Ora, pelo menos um problema não foi resolvido. Logo:

a) a professora de Matemática não foi à reunião e a professora de Francês não deu aula;
b) a professora de matemática e a professora de Português não foram à reunião;
c) a professora de Francês não deu aula e a professora de Português não foi à reunião;
d) a professora de Francês não deu aula ou a professora de Português foi à reunião;
e) a professora de Inglês e a professora de Francês não deram aula.

26. (ESAF) $M = 2x + 3y$, então $M = 4p + 3r$. Se $M = 4p + 3r$, então $M = 2w - 3r$. Por outro lado, $M = 2x + 3y$, ou $M = 0$. Se $M = 0$, então $M + H = 1$. Ora, $M + H \neq 1$. Logo,

a) $2w - 3r = 0$
b) $4p + 3r \neq 2w - 3r$
c) $M \neq 2x + 3y$
d) $2x + 3y \neq 2w - 3r$
e) $M = 2w - 3r$

27. (ESAF) Uma professora de Matemática faz as três seguintes afirmações:

"$X > Q$ e $Z < Y$";
"$X > Y$ e $Q > Y$, e e somente se $Y > Z$";
"$R \neq Q$, se e somente se $Y = X$".

Sabendo-se que todas as afirmações da professora são verdadeiras, conclui-se corretamente que:

a) $X>Y>Q>Z$;
b) $X>R>Y>Z$;
c) $Z<Y<X<R$;
d) $X>Q>Z>R$;
e) $Q<X<Z<Y$.

28. (ESAF) José quer ir ao cinema assistir ao filme "Fogo contra fogo", mas não tem certeza se está sendo exibido. Seus amigos, Maria, Luís e Júlio têm opiniões discordantes sobre se o filme está ou não em cartaz. Se Maria estiver certa, então Júlio está enganado. Se Júlio estiver enganado, então Luís está enganado. Se Luís estiver enganado, então o filme não está sendo exibido. Ora, ou o filme "Fogo contra fogo" está sendo exibido, ou José não irá ao cinema. Verificou-se que Maria está certa. Logo,

a) o filme "Fogo contra fogo" está sendo exibido.
b) Luís e Júlio não estão enganados.
c) Júlio está enganado, mas não Luís.
d) Luís está enganado, mas não Júlio.
e) José não irá ao cinema.

29. (ESAF) Paula quer viajar á França para visitar Pedrita, mas não tem certeza se Pedrita ainda mora em Paris. Suas primas, Patrícia, Pâmela e Priscila, têm opiniões discordantes sobre se Pedrita ainda mora, ou não, em Paris. Se Patrícia estiver certa, então Priscila está enganada. Se Priscila estiver enganada, então Pâmela está enganada. Se Pâmela estiver enganada, então Pedrita não mora mais em Paris. De outro lado, ou Pedrita ainda mora em Paris, ou Paula não viajará à França. Verificou-se que Patrícia está certa (isto é, não está enganada).

Logo:

a) Pâmela e Priscila não estão enganadas;
b) Pâmela está enganada e Paula não viajará à França;
c) Priscila está enganada, mas não Pâmela;
d) Pedrita ainda mora em Paris, e Patrícia está certa;
e) Pedrita não mora em Paris e Priscila não está enganada.

30. (ESAF) Cícero quer ir ao circo, mas não tem certeza de que o circo ainda esteja na cidade. Suas amigas, Cecília, Célia e Cleusa, têm opiniões discordantes sobre se o circo está na cidade. Se Cecília estiver certa, então Cleusa está enganada. Se Cleusa estiver enganada, então Célia está enganada. Se Célia estiver enganada, então o circo não está na cidade. Ora, ou o circo está na cidade, ou Cícero não irá ao circo. Verificou-se que Cecília está certa. Logo:

a) o circo está na cidade;
b) Célia e Cleusa não estão enganadas;
c) Cleusa está enganada, mas não Célia;
d) Célia está enganada, mas não Cleusa;
e) Cícero não irá ao circo.

31. **(ESAF) No último domingo, Dorneles não saiu para ir à missa. Ora, sabe-se que sempre que Denise dança, o grupo de Denise é aplaudido de pé. Sabe-se, também, que, aos domingos, ou Paula vai ao parque ou vai pescar na praia. Sempre que Paula vai pescar na praia, Dorneles sai para ir à missa, e sempre que Paula vai ao parque, Denise dança. Então, no último domingo:**
a) o grupo de Denise não foi aplaudido de pé e Paula não foi pescar na praia;
b) Denise não dançou e o grupo de Denise foi aplaudido de pé;
c) Denise dançou e seu grupo foi aplaudido de pé;
d) Paula não foi ao parque e o grupo de Denise não foi aplaudido de pé.

32. **(FCC) Uma turma de alunos de um curso de Direito reuniu-se em um restaurante para um jantar de confraternização e coube a Francisco receber de cada um a quantia a ser paga pela participação. Desconfiado que Augusto, Berenice e Carlota não tinham pago as suas respectivas partes, Francisco conversou com os três e obteve os seguintes depoimentos:**
Augusto: "Não é verdade que Berenice pagou ou Carlota não pagou."
Berenice: "Se Carlota pagou, então Augusto também pagou."
Carlota: "Eu paguei, mas sei que pelo menos um dos dois outros não pagou."

Considerando que os três falaram a verdade, é correto afirmar que
a) apenas Berenice não pagou a sua parte.
b) apenas Carlota não pagou a sua parte.
c) Augusto e Carlota não pagaram suas partes.
d) Berenice e Carlota pagaram suas partes.
e) os três pagaram suas partes.

33. **(FCC) Se Rodolfo é mais alto que Guilherme, então Heloísa e Flávia têm a mesma altura. Se Heloísa e Flávia têm a mesma altura, então Alexandre é mais baixo que Guilherme. Se Alexandre é mais baixo que Guilherme, então Rodolfo é mais alto que Heloísa. Ora, Rodolfo não é mais alto que Heloísa. Logo,**
a) Rodolfo não é mais alto que Guilherme, e Heloísa e Flávia não têm a mesma altura.
b) Rodolfo é mais alto que Guilherme, e Heloísa e Flávia têm a mesma altura.
c) Rodolfo não é mais alto que Flávia, e Alexandre é mais baixo que Guilherme.
d) Rodolfo e Alexandre são mais baixos que Guilherme.
e) Rodolfo é mais alto que Guilherme, e Alexandre é mais baixo que Heloísa.

34. **(FGV) Relativamente a uma mesma prova de um concurso a que se submeteram, três amigos fizeram as seguintes declarações:**
Ariovaldo: Benício foi reprovado no concurso e Corifeu foi aprovado.
Benício: Se Ariovaldo foi reprovado no concurso, então Corifeu também o foi.
Corifeu: Eu fui aprovado no concurso, mas pelo menos um dos outros dois não o foi.

Admitindo-se que as três declarações são verdadeiras, então
a) Ariovaldo foi o único dos três que foi aprovado no concurso.
b) Benício foi o único dos três que foi aprovado no concurso.
c) Corifeu foi o único dos três que foi aprovado no concurso.
d) Benício foi o único dos três que foi reprovado no concurso.
e) Ariovaldo foi o único dos três que foi reprovado no concurso.

35. **(ESAF) Se Carina é amiga de Carol, então Carmem é cunhada de Carol. Carmem não é cunhada de Carol. Se Carina não é cunhada de Carol, então Carina é amiga de Carol. Logo:**
a) Carina é cunhada de Carmem e é amiga de Carol;
b) Carina não é amiga de Carol ou não é cunhada de Carmem;
c) Carina é amiga de Carol ou não é cunhada de Carol;
d) Carina é amiga de Carmem e é amiga de Carol;
e) Carina é amiga de Carol e não é cunhada de Carmem.

36. **(ESAF) Se Nestor disse a verdade, Júlia e Raul mentiram. Se Raul mentiu, Lauro falou a verdade. Se Lauro falou a verdade, há um leão feroz nesta sala. Ora, não há um leão feroz nesta sala, logo,**
a) Nestor e Júlia disseram a verdade.
b) Nestor e Lauro mentiram.
c) Raul e Lauro mentiram.
d) Raul mentiu ou Lauro disse a verdade.
e) Raul e Júlia mentiram.

37. **(ESAF) Quando não vejo Carlos, não passeio ou fico deprimida. Quando chove, não passeio e fico deprimida. Quando não faz calor e passeio, não vejo Carlos. Quando não chove e estou deprimida, não passeio. Hoje, passeio. Portanto, hoje**
a) vejo Carlos, e não estou deprimida, e chove, e faz calor.
b) não vejo Carlos, e estou deprimida, e chove, e faz calor.
c) vejo Carlos, e não estou deprimida, e não chove, e faz calor.
d) não vejo Carlos, e estou deprimida, e não chove, e não faz calor.
e) vejo Carlos, e estou deprimida, e não chove, e faz calor.

38. (ESAF) Quando não vejo Lucia, não passeio ou fico deprimido. Quando chove, não passeio e fico deprimido. Quando não faz calor e passeio, não vejo Lucia. Quando não chove e estou deprimido, não passeio. Hoje, passeio. Portanto, hoje

a) vejo Lucia, e não estou deprimido, e não chove, e faz calor.
b) não vejo Lucia, e estou deprimido, e chove, e faz calor.
c) não vejo Lucia, e estou deprimido, e não chove, e não faz calor.
d) vejo Lucia, e não estou deprimido, e chove, e faz calor.
e) vejo Lucia, e estou deprimido, e não chove, e faz calor.

39. (ESAF) Sabe-se que a ocorrência de B é condição necessária para a ocorrência de C e condição suficiente para a ocorrência de D. Sabe-se, também, que a ocorrência de D é condição necessária e suficiente para a ocorrência de A. Assim, quando C ocorre,

a) D ocorre e B não ocorre.
b) D não ocorre ou A não ocorre.
c) B e A ocorrem.
d) nem B nem D ocorrem.
e) B não ocorre ou A não ocorre.

40. (ESAF) Sabe-se que João estar feliz é condição necessária para Maria sorrir e condição suficiente para Daniela abraçar Paulo. Sabe-se, também, que Daniela abraçar Paulo é condição necessária e suficiente para a Sandra abraçar Sérgio. Assim, quando Sandra não abraça Sérgio:

a) João está feliz, e Maria não sorri, e Daniela abraça Paulo;
b) João não está feliz, e Maria sorri, e Daniela não abraça Paulo;
c) João está feliz, e Maria sorri, e Daniela não abraça Paulo;
d) João não está feliz, e Maria não sorri, e Daniela não abraça Paulo;
e) João não está feliz, e Maria sorri, e Daniela abraça Paulo.

41. (ESAF) Carlos não ir ao Canadá é condição necessária para Alexandre ir à Alemanha. Helena não ir à Holanda é condição suficiente para Carlos ir ao Canadá. Alexandre não ir à Alemanha é condição necessária para Carlos não ir ao Canadá. Helena ir à Holanda é condição suficiente para Alexandre ir à Alemanha. Portanto:

a) Helena não vai à Holanda, Carlos não vai ao Canadá, Alexandre não vai à Alemanha.
b) Helena vai à Holanda, Carlos vai ao Canadá, Alexandre não vai à Alemanha.
c) Helena não vai à Holanda, Carlos vai ao Canadá, Alexandre não vai à Alemanha.
d) Helena vai à Holanda, Carlos não vai ao Canadá, Alexandre vai à Alemanha.
e) Helena vai à Holanda, Carlos não vai ao Canadá, Alexandre não vai à Alemanha.

Hipotéticos

42. (VUNESP) Luís, Mário e Heitor são amigos e dois fatos são conhecidos a respeito deles: (1) ou Luís ou Mário é o mais velho dos três; (2) ou Heitor é o mais velho ou Luís é o mais jovem. Pode-se concluir que:

a) Heitor é o mais velho e Mário é o mais jovem.
b) Luís é o mais velho e Mário é o mais jovem.
c) Mário é o mais velho e Heitor é o mais jovem.
d) Heitor é o mais velho e Luís é o mais jovem.
e) Mário é o mais velho e Luís é o mais jovem.

43. (ESAF) Ricardo, Rogério e Renato são irmãos. Um deles é médico, outro é professor, e o outro é músico. Sabe-se que:

1) ou Ricardo é médico, ou Renato é médico,

2) ou Ricardo é professor, ou Rogério é músico;

3) ou Renato é músico, ou Rogério é músico,

4) ou Rogério é professor, ou Renato é professor.

Portanto, as profissões de Ricardo, Rogério e Renato são, respectivamente,

a) professor, médico, músico.
b) médico, professor, músico.
c) professor, músico, médico.
d) músico, médico, professor.
e) médico, músico, professor.

44. (ESAF) Amigas desde a infância, Beatriz, Dalva e Valna seguiram diferentes profissões e hoje uma delas é arquiteta, outra é psicóloga, e outra é economista. Sabe-se que ou Beatriz é a arquiteta ou Dalva é a arquiteta. Sabe-se, ainda, que ou Dalva é a psicóloga ou Valna é a economista. Sabe-se, também, que ou Beatriz é a economista ou Valna é a economista. Finalmente, sabe-se que ou Beatriz é a psicóloga ou Valna é a psicóloga. As profissões de Beatriz, Dalva e Valna são, pois, respectivamente,

a) psicóloga, economista, arquiteta.
b) arquiteta, economista, psicóloga.
c) arquiteta, psicóloga, economista.
d) psicóloga, arquiteta, economista.
e) economista, arquiteta, psicóloga.

45. (ACADEPOL) Qual das alternativas abaixo não pode ser considerada uma proposição?

a) $7 < 9$.
b) Pelé é o nome de um planeta.
c) A lua é um satélite da terra.
d) $X > 2$.
e) A capital de Sergipe é Teresina.

46. (ESAF) Ana, Beatriz e Carla desempenham diferentes papéis em uma peça de teatro. Uma delas faz o papel de bruxa, a outra o de fada, e a outra o de princesa. Sabe-se que: ou Ana é bruxa, ou Carla é bruxa; ou Ana é fada, ou Beatriz é princesa; ou Carla é princesa, ou Beatriz é princesa; ou Beatriz é fada, ou Carla é fada. Com essas informações conclui-se que os papéis desempenhados por Ana e Carla são, respectivamente:

a) bruxa e fada.
b) bruxa e princesa.
c) fada e bruxa.
d) princesa e fada.
e) fada e princesa.

47. (ESAF) Ana tem três irmãs: uma gremista, uma corintiana e outra fluminense. Uma das irmãs é loira, a outra morena, e a outra ruiva. Sabe-se que: 1) ou a gremista é loira, ou a fluminense é loira; 2) ou a gremista é morena, ou a corintiana é ruiva; 3) ou a fluminense é ruiva, ou a corintiana é ruiva; 4) ou a corintiana é morena, ou a fluminense é morena. Portanto, a gremista, a corintiana e a fluminense, são, respectivamente,

a) loira, ruiva, morena.
b) ruiva, morena, loira.
c) ruiva, loira, morena.
d) loira, morena, ruiva.
e) morena, loira, ruiva.

48. (ESAF) Se Flávia é filha de Fernanda, então Ana não é filha de Alice. Ou Ana é filha de Alice, ou Ênia é filha de Elisa. Se Paula não é filha de Paulete, então Flávia é filha de Fernanda.

Ora, nem Ênia é filha de Elisa nem Inês é filha de Isa.

a) Paula é filha de Paulete e Flávia é filha de Fernanda.
b) Paula é filha de Paulete e Ana é filha de Alice.
c) Paula não é filha de Paulete e Ana é filha de Alice.
d) Ênia é filha de Elisa ou Flávia é filha de Fernanda.
e) Se Ana é filha de Alice, Flávia é filha de Fernanda.

49. (ESAF) Se Frederico é francês, então Alberto não é alemão. Ou Alberto é alemão, ou Egídio é espanhol. Se Pedro não é português, então Frederico é francês. Ora, nem Egídio é espanhol nem Isaura é italiana. Logo:

a) Pedro é português e Frederico é francês;
b) Pedro é português e Alberto é alemão;
c) Pedro não é português e Alberto é alemão;
d) Egídio é espanhol ou Frederico é francês;
e) Se Alberto é alemão, Frederico é francês.

50. (ESAF) Se Iara não fala italiano, então Ana fala alemão. Se Iara fala italiano, então ou Ching fala chinês ou Débora fala dinamar- quês. Se Débora fala dinamarquês, Elton fala espanhol. Mas Elton fala espanhol se e somente se não for verdade que Francisco não fala francês. Ora, Francisco não fala francês e Ching não fala chinês. Logo:

a) Iara não fala italiano e Débora não fala dinamarquês;
b) Ching não fala chinês e Débora fala dinamarquês;
c) Francisco não fala francês e Elton fala espanhol;
d) Ana não fala alemão ou Iara fala italiano;
e) Ana fala alemão e Débora fala dinamarquês.

51. (ESAF) Se não durmo, bebo. Se estou furioso, durmo. Se durmo, não estou furioso. Se não estou furioso, não bebo. Logo,

a) não durmo, estou furioso e não bebo.
b) durmo, estou furioso e não bebo.
c) não durmo, estou furioso e bebo.
d) durmo, não estou furioso e não bebo.
e) não durmo, não estou furioso e bebo.

52. (ESAF) Se não leio, não compreendo. Se jogo, não leio. Se não desisto, compreendo. Se é feriado, não desisto. Então,

a) se jogo, não é feriado.
b) se não jogo, é feriado.
c) se é feriado, não leio.
d) se não é feriado, leio.
e) se é feriado, jogo.

53. (ESAF) Se André é culpado, então Bruno é inocente. Se André é inocente, então Bruno é culpado. Se André é culpado, Leo é inocente. Se André é inocente, então Leo é culpado. Se Bruno é inocente, então Leo é culpado. Logo, André, Bruno e Leo são, respectivamente:

a) Culpado, culpado, culpado.
b) Inocente, culpado, culpado.
c) Inocente, culpado, inocente.
d) Inocente, inocente, culpado.
e) Culpado, culpado, inocente.

54. (ESAF) Pedro toca piano se e somente se Vítor toca violino. Ora,Vítor toca violino, ou Pedro toca piano. Logo,

a) Pedro toca piano, e Vítor não toca violino.
b) se Pedro toca piano, então Vítor não toca violino.
c) se Pedro não toca piano, então Vítor toca violino.
d) Pedro não toca piano, e Vítor toca violino.
e) Pedro toca piano, e Vítor toca violino.

55. (ESAF) Se pedro não bebe, ele visita Ana. Se Pedro bebe, ele lê poesias. Se Pedro não visita Ana, ele não lê poesias. Se Pedro lê poesias, ele não visita Ana. Segue-se, portanto que, Pedro:

a) bebe, visita Ana, não lê poesias.
b) não bebe, visita Ana, não lê poesias.
c) bebe, não visita Ana, lê poesias.
d) não bebe, não visita Ana, não lê poesias.
e) não bebe, não visita Ana, lê poesias.

56. (ESAF) Homero não é honesto, ou Julio é justo. Homero é honesto, ou Julio é justo, ou Beto é bondoso. Beto é bondoso, ou Julio não é justo. Beto não é bondoso, ou Homero é honesto. Logo,

a) Beto é bondoso, Homero é honesto, Júlio não é justo.
b) Beto não é bondoso, Homero é honesto, Júlio não é justo.
c) Beto é bondoso, Homero é honesto, Júlio é justo.
d) Beto não é bondoso, Homero não é honesto, Júlio não é justo.
e) Beto não é bondoso, Homero é honesto, Júlio é justo.

57. (ESAF) Márcia não é magra ou Renata é ruiva. Beatriz é bailarina ou Renata não é ruiva. Renata não é ruiva ou Beatriz não é bailarina. Se Beatriz não é bailarina então Márcia é magra. Assim,

a) Márcia não é magra, Renata não é ruiva, Beatriz é bailarina.
b) Márcia é magra, Renata não é ruiva, Beatriz é bailarina.
c) Márcia é magra, Renata não é ruiva, Beatriz não é bailarina.
d) Márcia não é magra, Renata é ruiva, Beatriz é bailarina.
e) Márcia não é magra, Renata é ruiva, Beatriz não é bailarina.

58. (ESAF) Ana é artista ou Carlos é compositor. Se Mauro gosta de música, então Flávia não é fotógrafa. Se Flávia não é fotógrafa, então Carlos não é compositor. Ana não é artista e Daniela não fuma. Pode-se, então, concluir corretamente que:

a) Ana não é artista e Carlos não é compositor.
b) Carlos é compositor e Flávia é fotógrafa.
c) Mauro gosta de música e Daniela não fuma.
d) Ana não é artista e Mauro gosta de música.
e) Mauro não gosta de música e Flávia não é fotógrafa.

59. (ESAF) No final de semana, Chiquita não foi ao parque. Ora, sabe-se que sempre que Didi estuda, Didi é aprovado. Sabe-se, também, que, nos finais de semana, ou Dadá vai à missa ou vai visitar tia Célia. Sempre que Dadá vai visitar tia Célia, Chiquita vai ao parque, e sempre que Dadá vai à missa, Didi estuda. Então, no final de semana,

a) Dadá foi à missa e Didi foi aprovado.
b) Didi não foi aprovado e Dadá não foi visitar tia Célia.
c) Didi não estudou e Didi foi aprovado.
d) Didi estudou e Chiquita foi ao parque.
e) Dadá não foi à missa e Didi não foi aprovado.

60. (ESAF) Perguntado sobre as notas de cinco alunas (Alice, Beatriz, Cláudia, Denise e Elenise), um professor de Matemática respondeu com as seguintes afirmações:

1. "A nota de Alice é maior do que a de Beatriz e menor do que a de Cláudia";
2. "A nota de Alice é maior do que a de Denise e a nota de Denise é maior do que a de Beatriz, se e somente se a nota de Beatriz é menor do que a de Cláudia";
3. "Elenise e Denise não têm a mesma nota, se e somente se a nota de Beatriz é igual à de Alice".

Sabendo-se que todas as afirmações do professor são verdadeiras, conclui-se corretamente que a nota de:

a) Alice é maior do que a de Elenise, menor do que a de Cláudia e igual à de Beatriz.
b) Elenise é maior do que a de Beatriz, menor do que a de Cláudia e igual à de Denise.
c) Beatriz é maior do que a de Cláudia, menor do que a de Denise e menor do que a de Alice.
d) Beatriz é menor do que a de Denise, menor do que a de Elenise e igual à de Cláudia.
e) Denise é maior do que a de Cláudia, maior do que a de Alice e igual à de Elenise.

61. (ESAF) Investigando uma fraude bancária, um famoso detetive colheu evidências que o convenceram da verdade das seguintes afirmações:

1. Se Homero é culpado, então João é culpado.
2. Se Homero é inocente, então João ou Adolfo são culpados.
3. Se Adolfo é inocente, então João é inocente.
4. Se Adolfo é culpado, então Homero é culpado.

As evidências colhidas pelo famoso detetive indicam, portanto, que

a) Homero, João e Adolfo são inocentes.
b) Homero, João e Adolfo são culpados.
c) Homero é culpado, mas João e Adolfo são inocentes.
d) Homero e João são inocentes, mas Adolfo é culpado.
e) Homero e Adolfo são culpados, mas João é inocente.

62. (ESAF) Se Fulano é culpado, então Beltrano é culpado. Se Fulano é inocente, então ou Beltrano é culpado, ou Sicrano é culpado, ou ambos, Beltrano e Sicrano, são culpados. Se Sicrano é inocente, então Beltrano é inocente. Se Sicrano é culpado, então Fulano é culpado. Logo,

a) Fulano é inocente, e Beltrano é inocente, e Sicrano é inocente.
b) Fulano é culpado, e Beltrano é culpado, e Sicrano é inocente.
c) Fulano é culpado, e Beltrano é inocente, e Sicrano é inocente.
d) Fulano é inocente, e Beltrano é culpado, e Sicrano é culpado.
e) Fulano é culpado, e Beltrano é culpado, e Sicrano é culpado.

Silogismo Categórico

63. (VUNESP) Todo A é B e todo C não é B, portanto,
a) algum A é C.
b) nenhum A é C.
c) nenhum A é B.
d) algum B é C.
e) nenhum B é A.

64. (ESAF) Sabe-se que existe pelo menos um A que é B. Sabe-se, também, que todo B é C. Segue-se, portanto, necessariamente que
a) todo C é B.
b) todo C é A.
c) algum A é C.
d) nada que não seja C é A.
e) algum A não é C.

65. (ESAF) Das premissas: "Nenhum A é B" "Alguns C são B". Segue-se, necessariamente:
a) Nenhum A é C.
b) Alguns A são C.
c) Alguns C são A.
d) Alguns C não são A.
e) Nenhum C é A.

66. (FCC) Algum A é B. Todo A é C. logo:
a) algum D é A;
b) todo B é C;
c) todo C é A;
d) todo B é A;
e) algum B é C.

67. (CESGRANRIO) Se todo Y é Z e existem X que são Y, pode-se concluir que:
a) existem X que são Z;
b) todo X é Z;
c) todo X é Y;
d) todo Y é X;
e) todo Z é Y.

68. (CESGRANRIO) Se todo P é Q e todo Q é R, então:
a) todo P é R,
b) todo R é P;
c) todo R é Q;
d) todo Q é R;
e) todo não-R é P.

69. (CESGRANRIO) Se todo P é Q e algum P é não-R, então:
a) todo P é não-R;
b) algum Q é não-R;
c) todo R é P;
d) todo Q é R;
e) todo não-R é P.

70. (CESGRANRIO) Se todo A é B e nenhum B é C, é possível concluir, corretamente, que:
a) nenhum B é A;
b) nenhum A é C;
c) todo A é C;
d) todo C é B;
e) todo B é A.

71. (FCC) Sabe-se que algum B não é A e que algum C é A. Podemos afirmar com certeza que:
a) algum A não é B;
b) algum A não é C.
c) nenhum B é C;
d) algum B é C;
e) algum A é C.

72. (FCC)Todos os macerontes são torminodoros. Alguns macerontes são momorrengos. Logo,
a) todos os momorrengos são torminodoros.
b) alguns torminodoros são momorrengos.
c) todos os torminodoros são macerontes.
d) alguns momorrengos são pássaros.
e) todos os momorrengos são macerontes.

73. (FCC) Todos os estudantes de medicina são estudiosos. Alguns estudantes de medicina são corintianos. Baseando-se apenas nessas duas afirmações, podese concluir que:
a) Nenhum estudioso é corintiano.
b) Nenhum corintiano é estudioso.
c) Todos os corintianos são estudiosos.
d) Todos os estudantes de medicina são corintianos.
e) Existem estudiosos que são corintianos.

74. (ESAF) Em determinada universidade, foi realizado um estudo para avaliar o grau de satisfação de seus professores e alunos. O estudo mostrou que, naquela universidade, nenhum aluno é completamente feliz e alguns professores são completamente felizes. Uma conclusão logicamente necessária destas informações é que, naquela universidade, objeto da pesquisa,
a) nenhum aluno é professor.
b) alguns professores são alunos.
c) alguns alunos são professores.
d) nenhum professor é aluno.
e) alguns professores não são alunos.

75. (CESGRANRIO) Suponha que todos os professores sejam poliglotas e todos os poliglotas sejam religiosos. Pode-se concluir que, se:
a) João é religioso, João é poliglota.
b) Pedro é poliglota, Pedro é professor.
c) Joaquim é religioso, Joaquim é professor.
d) Antônio não é professor, Antônio não é religioso.
e) Cláudio não é religioso, Cláudio não é poliglota.

76. (CESGRANRIO) Se é verdade que "Alguns escritores são poetas" e que "Nenhum músico é poeta", então, também é necessariamente verdade que

a) nenhum músico é escritor.
b) algum escritor é músico.
c) algum músico é escritor.
d) algum escritor não é músico.
e) nenhum escritor é músico.

77. (FCC) Considere as seguintes afirmativas:

I. todas as pessoas inteligentes gostam de cinema;
II. existem pessoas antipáticas e inteligentes.

Admitindo-se que as afirmações são corretas, pode-se concluir que:

a) todas as pessoas que gostam de cinema são inteligentes;
b) toda pessoa antipática é inteligente;
c) podem existir pessoas antipáticas que não gostam de cinema;
d) as afirmações a, b e c são todas falsas.

78. (FCC) Se é verdade que "alguns atletas são cantores" e "nenhum médico é cantor", também é necessariamente verdade que:

a) algum atleta é médico;
b) algum médico é atleta;
c) algum cantor não é atleta;
d) algum cantor é médico;
e) algum atleta não é médico.

79. (VUNESP) Em uma cidade, é verdade que "Algum físico é desportista" e que "Nenhum aposentado é desportista". Portanto, nessa cidade:

a) Nenhum aposentado é físico.
b) Nenhum físico é aposentado.
c) Algum aposentado não é físico.
d) Algum físico é aposentado.
e) Algum físico não é aposentado.

80. (VUNESP) Todo matemático é estudioso. Existem músicos que são estudiosos. Pedro é matemático e Ivo é estudioso. Pode-se concluir que:

a) Pedro é estudioso e Ivo é matemático.
b) Pedro é estudioso e Ivo é músico.
c) Pedro é também músico e Ivo é matemático.
d) Pedro é estudioso e Ivo pode não ser matemático nem músico.
e) Pedro é também músico e Ivo pode não ser matemático nem músico.

81. (FCC) Considere as seguintes premissas relativas a um dia de operação no mercado de ações:

- **Existem ações de empresas do setor de comércio que se valorizaram mais de 1% no pregão de hoje.**
- **Todas as ações que se valorizaram mais de 1% no pregão de hoje são de empresas que divulgaram ontem o seu balanço.**

Se as duas premissas são verdadeiras, em relação ao pregão de hoje, podemos concluir que

a) todas as ações que se valorizaram mais de 1% são de empresas do setor de comércio.
b) todas as empresas do setor de comércio cotadas em bolsa divulgaram ontem o seu balanço.
c) todas empresas que divulgaram ontem o seu balanço tiveram valorização de mais de 1% na cotação das ações.
d) existem empresas que divulgaram ontem o seu balanço que são do setor de comércio.
e) todas as empresas do setor de comércio têm ações cotadas em bolsa.

82. (FCC) Sabe-se que alguns músicos são loucos e que todos os músicos são artistas. Além disso, é sabido que todos os matemáticos são loucos e que alguns artistas são matemáticos. Com base nessas afirmações, considere as seguintes afirmativas:

1. Alguns matemáticos são músicos.
2. Se um artista é matemático, então ele é louco.
3. Se um músico é louco, então ele é matemático.
4. Se um artista não é louco, então ele não é matemático.

Assinale a alternativa correta.

a) Somente as afirmativas 1 e 2 são verdadeiras.
b) Somente as afirmativas 1 e 4 são verdadeiras.
c) Somente as afirmativas 2 e 3 são verdadeiras.
d) Somente as afirmativas 3 e 4 são verdadeiras.
e) Somente as afirmativas 2 e 4 são verdadeiras.

83. (FCC) Se todos os jaguadartes são momorrengos e todos os momorrengos são cronópios então pode-se concluir que:

a) É possível existir um jaguadarte que não seja momorrengo.
b) É possível existir um momorrengo que não seja jaguadarte.
c) Todos os momorrengos são jaguadartes.
d) É possível existir um jaguadarte que não seja cronópio.
e) Todos os cronópios são jaguadartes.

84. (FCC) Sobre as consultas feitas a três livros X, Y e Z, um bibliotecário constatou que:

- **todas as pessoas que haviam consultado Y também consultaram X;**
- **algumas pessoas que consultaram Z também consultaram X.**

De acordo com suas constatações, é correto afirmar que, com certeza:

a) pelo menos uma pessoa que consultou Z também consultou Y;
b) se alguma pessoa consultou Z e Y, então ela também consultou X;
c) toda pessoa que consultou X também consultou Y;
d) existem pessoas que consultaram Y e Z;
e) existem pessoas que consultaram Y e não consultaram X.

85. (FCC) Considere que as seguintes afirmações são verdadeiras:

- **todo motorista que não obedece às leis de trânsito é multado;**
- **existem pessoas idôneas que são multadas.**

Com base nessas afirmações é verdade que:

a) se um motorista é idôneo e não obedece às leis de trânsito, então ele é multado;
b) se um motorista não respeita as leis de trânsito, então ele é idôneo;
c) todo motorista é uma pessoa idônea;
d) toda pessoa idônea obedece às leis de trânsito;
e) toda pessoa idônea não é multada.

86. (FCC) Considere que as afirmações seguintes são verdadeiras:

- **todo usuário de Metrô é inteligente.**
- **toda pessoa que não tem condução própria é usuária do Metrô.**

Com base nessas afirmações, é correto concluir que:

a) toda pessoa inteligente é usuária do Metrô;
b) todo usuário do Metrô não tem condução própria;
c) existem pessoas que não têm condução própria e não são inteligentes;
d) existem usuários do Metrô que têm condução própria;
e) existem pessoas que não têm condução própria e não são usuárias do Metrô.

87. (FCC) Se nem todo Sclok é Ploc, todo Ploc é Splash mas há Slásh que não é Ploc então:

a) todo Splash é Ploc;
b) nem todo Sclok é Splash;
c) todo Sclok que é Ploc é Splash;
d) quem não é Splash não é Sclok;
e) quem não é Ploc não é Splash.

88. (FCC) Um curso preparatório para concursos oferece aulas de Português, Inglês, Informática, Raciocínio Lógico e Contabilidade. Todos os professores de Informática também são professores de Raciocínio Lógico, e alguns professores de Raciocínio Lógico são professores de Contabilidade.

Todos os professores de Português são também professores de Inglês, mas nenhum professor de Inglês é professor de contabilidade. Sabe-se que Contabilidade, Informática e Raciocínio Lógico não têm nenhum professor em comum, e nenhum professor de Raciocínio Lógico é Professor de Inglês.

De acordo com esses dados, é verdade que:

a) nenhum professor de Português é professor de Informática;
b) todos os professores de Inglês são professores de Português;
c) pelo menos um professor de Contabilidade é professor de Português;
d) nenhum professor de Contabilidade é professor de Raciocínio Lógico;
e) pelo menos um professor de Informática é professor de Contabilidade.

89. (ESAF) Na formatura de Hélcio, todos os que foram à solenidade de colação de grau estiveram, antes, no casamento de Hélio. Como nem todos os amigos de Hélcio estiveram no casamento de Hélio, conclui-se que, dos amigos de Hélcio,

a) todos foram à solenidade de colação de grau de Hélcio e alguns não foram ao casamento de Hélio.
b) pelo menos um não foi à solenidade de colação de grau de Hélcio.
c) alguns foram à solenidade de colação de grau de Hélcio, mas não foram ao casamento de Hélio.
d) alguns foram à solenidade de colação de grau de Hélcio e nenhum foi ao casamento de Hélio.
e) todos foram à solenidade de colação de grau de Hélcio e nenhum foi ao casamento de Hélio.

90. (ESAF) Em um grupo de amigas, todas as meninas loiras são, também, altas e magras, mas nenhuma menina alta e magra tem olhos azuis. Todas as meninas alegres possuem cabelos crespos, e algumas meninas de cabelos crespos têm também olhos azuis. Como nenhuma menina de cabelos crespos é alta e magra, e como neste grupo de amigas não existe nenhuma menina que tenha cabelos crespos, olhos azuis e seja alegre, então:

a) pelo menos uma menina alegre tem olhos azuis.
b) pelo menos uma menina loira tem olhos azuis.
c) todas as meninas que possuem cabelos crespos são loiras.
d) todas as meninas de cabelos crespos são alegres.
e) nenhuma menina alegre é loira.

91. (ESAF) Todas as amigas de Aninha que foram à sua festa de aniversário estiveram, antes, na festa de aniversário de Betinha. Como nem todas amigas de Aninha estiveram na festa de aniversário de Betinha, conclui-se que, das amigas de Aninha,

a) todas foram à festa de Aninha e algumas não foram à festa de Betinha.
b) pelo menos uma não foi à festa de Aninha.
c) todas foram à festa de Aninha e nenhuma foi à festa de Betinha.
d) algumas foram à festa de Aninha mas não foram à festa de Betinha.
e) algumas foram à festa de Aninha e nenhuma foi à festa de Betinha.

92. (ESAF) Todos os alunos de matemática são, também, alunos de inglês, mas nenhum aluno de inglês é aluno de história. Todos os alunos de português são também alunos de informática, e alguns alunos de informática são também alunos de história. Como nenhum aluno de informática é aluno de inglês, e como nenhum aluno de português é aluno de história, então:

a) pelo menos um aluno de português é aluno de inglês.
b) pelo menos um aluno de matemática é aluno de história.
c) nenhum aluno de português é aluno de matemática.
d) todos os alunos de informática são alunos de matemática.
e) todos os alunos de informática são alunos de português.

93. (VUNESP) Todos os que conhecem João e Maria admiram Maria. Alguns que conhecem Maria não a admiram, logo,

a) todos os que conhecem Maria a admiram.
b) ninguém admira Maria.
c) alguns que conhecem Maria não conhecem João.
d) quem conhece João admira Maria.
e) só quem conhece João e Maria conhece Maria.

94. (VUNESP) Indique a alternativa que mostra uma conclusão correta a partir da premissa. Todas as irmãs de Vera são loiras.

a) Se Ana é irmã de Vera, então Ana não é loira.
b) Se Joana é loira, então ela é irmã de Vera.
c) Se Alice não é loira, então ela não é irmã de Vera.
d) Vera é loira.
e) Vera é morena.

95. (FCC) Todos os jornalistas defendem a liberdade de expressão. Cristina não é jornalista. Logo,

a) nem todos os jornalistas defendem a liberdade de expressão.
b) não existe jornalista que não defenda a liberdade de expressão.
c) existe jornalista que não defende a liberdade de expressão.
d) Cristina não defende a liberdade de expressão.
e) Cristina defende a liberdade de expressão.

96. (VUNESP) Todo torcedor do time A é fanático. Existem torcedores do time B que são fanáticos. Marcos torce pelo time A e Paulo é fanático. Pode-se, então, afirmar que:

a) Marcos é fanático e Paulo torce pelo time A.
b) Marcos é fanático e Paulo torce pelo time B.
c) Marcos também torce pelo time B e Paulo torce pelo time A.
d) Marcos também torce pelo time B e o time de Paulo pode não ser A nem B.
e) Marcos é fanático e o time de Paulo pode não ser A nem B.

97. (FCC) Partindo das premissas:

(1) Todo advogado é sagaz.
(2) Todo advogado é formado em Direito.
(3) Roberval é sagaz.
(4) Sulamita é juíza.

Pode-se concluir que

a) há pessoas formadas em Direito que são sagazes.
b) Roberval é advogado.
c) Sulamita é sagaz.
d) Roberval é promotor.
e) Sulamita e Roberval são casados.

98. (FCC) Considere as seguintes afirmações:

- Quem apoia Ivo, vota em Joaquim.
- Álvaro votará apenas em quem for amigo de Henrique.
- Para quaisquer x e y , x será amigo de y se e somente se y for amigo de x.
- Nenhum amigo de Clóvis é amigo de Joaquim.
- Henrique é amigo de Clóvis.

Admitindo-se que as cinco afirmações acima sejam verdadeiras, é correto concluir que:

a) Álvaro votará em Joaquim e Henrique não é amigo de Joaquim.
b) Álvaro apoiará Ivo e não votará em Joaquim.
c) Henrique é amigo de Joaquim.
d) Álvaro não apoiará Ivo.

99. (FCC) Em um grupo de amigos (Joana, Victor, Maria e Breno) sabe-se que: existem homens que não gostam de dançar, toda mulher tem computador.

Leia com atenção as sentenças abaixo:

1. Joana gosta de dançar e tem computador.
2. Victor gosta de dançar e tem computador.
3. Maria não gosta de dançar e não tem computador.
4. Breno não gosta de dançar e não tem computador.

A(s) única(s) afirmativa(s) que garantimos que seja(m) FALSA(S) é (são) :

a) 2
b) 2 e 3
c) 3
d) 1 e 4
e) 4

100. (CESGRANRIO) Considere as seguintes afirmações:

- todo Nardaquense é Waldorense.
- todo Nardaquense é Shultz.
- Pedro é Waldorense.
- Gretchen é Shultz.

Dessa forma, pode-se garantir que:

a) Gretchen é Waldorense;
b) Pedro é Nardaquense;
c) Pedro e Gretchen são Nardaquenses;
d) todo Waldorense é Shultz;
e) há Shultz que são Waldorenses.

Gabarito

01. C	02. D	03. B	04. B	05. E
06. B	07. A	08. E	09. A	10. B
11. B	12. D	13. D	14. C	15. B
16. C	17. E	18. E	19. E	20. B
21. D	22. B	23. A	24. A	25. B
26. E	27. B	28. E	29. B	30. E
31. C	32. A	33. A	34. D	35. B
36. B	37. C	38. A	39. C	40. D
41. C	42. E	43. E	44. D	45. D
46. A	47. A	48. B	49. B	50. A
51. D	52. A	53. B	54. E	55. B
56. C	57. A	58. B	59. A	60. B
61. B	62. E	63. B	64. C	65. D
66. E	67. A	68. A	69. B	70. B
71. E	72. B	73. E	74. E	75. E
76. D	77. C	78. E	79. E	80. D
81. D	82. E	83. B	84. B	85. A
86. D	87. C	88. A	89. B	90. E
91. B	92. C	93. C	94. C	95. B
96. E	97. A	98. D	99. C	100. E

4. Correlacionamentos, Ordenação e Verdade e Mentira

1. Correlacionamentos
2. Ordenação dos Elementos de uma Sequência
3. Verdade e Mentira

1. Correlacionamento ("A César o que é de César")

Nesse tipo de situação, teremos que correlacionar elementos entre si. Esses elementos poderão ser pessoas, objetos, cores. Uma forma de se resolver esse tipo de situação é a de se montar uma tabela, que será preenchida a princípio com as informações do texto. As células que sobrarem serão preenchidas por dedução.

Vamos analisar a situação abaixo:

ER01. (ESAF) Três amigas encontram-se em uma festa. O vestido de uma delas é azul, o de outra é preto, e o da outra é branco. Elas calçam pares de sapatos destas mesmas três cores, mas somente Ana está com vestido e sapatos de mesma cor. Nem o vestido nem os sapatos de Júlia são brancos. Marisa está com sapatos azuis. Desse modo,

a) o vestido de Júlia é azul e o de Ana é preto.
b) o vestido de Júlia é branco e seus sapatos são pretos.
c) os sapatos de Júlia são pretos e os de Ana são brancos.
d) os sapatos de Ana são pretos e o vestido de Marisa é branco.
e) o vestido de Ana é preto e os sapatos de Marisa são azuis.

Resolução:
Do enunciado temos as seguintes informações:

Cores dos vestidos: Azul, preto e branco.

Somente Ana está com vestido e sapatos da mesma cor.

Nem o vestido nem os sapatos de Júlia são brancos.

Marisa está com sapatos azuis.

Com essas informações preencheremos a tabela abaixo:

	Vestidos			Sapatos		
	Azul	Preto	Branco	Azul	Preto	Branco
Ana						
Júlia			Não			Não
Marisa				Sim	Não	Não

Logo concluimos que:

Júlia está de sapato preto e Ana de branco, se Ana tem sapatos e vestido da mesma cor logo o vestido é branco.

Júlia tendo sapatos pretos seu vestido será azul.

Marisa tendo sapatos azuis seu vestido será preto.

Alternativa: C

ER02. (ESAF) Cinco irmãos exercem, cada um, uma profissão diferente. Luís é paulista, como o agrônomo, e é mais moço do que o engenheiro e mais velho do que Oscar. O agrônomo, o economista e Mário residem no mesmo bairro. O economista, o matemático e Luís são, todos, torcedores do Flamengo. O matemático costuma ir ao cinema com Mário e Nédio. O economista é mais velho do que Nédio e mais moço do que Pedro; este, por sua vez, é mais moço do que o arquiteto.
Logo,

a) Luís é arquiteto, e o engenheiro é mais velho do que o agrônomo, e Pedro é mais velho do que o matemático.
b) Oscar é engenheiro, e o matemático é mais velho do que o agrônomo, e Luís é mais velho do que o matemático.
c) Pedro é matemático, e o arquiteto é mais velho do que o engenheiro, e Oscar é mais velho do que o agrônomo.
d) Mário é engenheiro, e o matemático é mais velho do que o agrônomo, e o economista é mais novo do que Luís.
e) Nédio é engenheiro, e o arquiteto é mais velho do que o matemático, e Mário é mais velho do que o economista.

Resolução:
Do enunciado, temos que:

1. Luís é paulista como o agrônomo e é mais moço do que o engenheiro e mais velho que Oscar.

Conclusões

a) Luís não é agrônomo e não é engenheiro.
b) Oscar não é engenheiro e não é agrônomo.
c) Oscar é mais moço que Luís e Luís mais moço que o engenheiro.

2. O agrônomo, o economista e Mário residem no mesmo bairro.

Conclusão

a) Mário não é agrônomo e não é economista.

3. O economista, o matemático e Luís são torcedores do Flamengo.

Conclusão

a) Luís não é economista e não é matemático.

4. O matemático costuma ir ao cinema com Mário e Nédio.

Conclusão

a) Mário e Nédio não são matemáticos.

5. O economista é mais velho do que Nédio e mais moço do que Pedro; este por sua vez, é mais moço que o arquiteto.

Conclusão

a) Nédio não é economista, nem arquiteto e nem engenheiro.
b) Pedro não é economista, nem arquiteto e nem engenheiro.

Com as conclusões acima, montaremos a tabela de referência:

	Agrônomo	Engenheiro	Economista	Matemático	Arquiteto
Luís	Não	Não	Não	Não	I
Oscar	Não	Não	III		
Mário	Não	II	Não	Não	
Nédio	V	Não	Não	Não	Não
Pedro		Não	Não	IV	Não

Da tabela deduzimos que:

I. Luis é Arquiteto.
II. Mário é Engenheiro.
III. Oscar é economista.
IV. Pedro é matemático.
V. Nédio é agrônomo.

Alternativa: D

Exercícios de Fixação

01. (ESAF) Os carros de Artur, Bernardo e César são, não necessariamente nesta ordem, uma Brasília, uma Parati e um Santana. Um dos carros é cinza, um outro é verde, e o outro é azul. O carro de Artur é cinza; o carro de César é o Santana; o carro de Bernardo não é verde e não é a Brasília. As cores da Brasília, da Parati e do Santana são, respectivamente:

a) cinza, verde e azul.
b) azul, cinza e verde.
c) azul, verde e cinza.
d) cinza, azul e verde.
e) verde, azul e cinza.

02. (ESAF) Um agente de viagens atende três amigas. Uma delas é loura, outra é morena e a outra é ruiva. O agente sabe que uma delas se chama Bete, outra se chama Elza e a outra se chama Sara. Sabe, ainda, que cada uma delas fará uma viagem a um país diferente da Europa: uma delas irá à Alemanha, outra irá à França e a outra irá à Espanha. Ao agente de viagens, que queria identificar o nome e o destino de cada uma, elas deram as seguintes informações:

a loura: "Não vou à França nem à Espanha".;

a morena: "Meu nome não é Elza nem Sara".;

a ruiva: "Nem eu nem Elza vamos à França".

O agente de viagens concluiu, então, acertadamente, que:

a) a loura é Sara e vai à Espanha;
b) a ruiva é Sara e vai à França;
c) a ruiva é Bete e vai à Espanha;
d) a morena é Bete e vai à Espanha;
e) a loura é Elza e vai à Alemanha.

Gabarito

01. D **02. E**

2. Ordenação dos Elementos de uma Sequência

Os elementos de uma sequência poderão ser ordenados pela posição, como primeiro, segundo, terceiro; por uma cor ou tamanho; ou qualquer outra forma em que poderemos fazer uma comparação que diferencie um elemento do outro.

Portanto, usando tais critérios, organizaremos e depois compararemos os elementos das sequências.

ER01. (ICMS_SP_97) Cinco ciclistas apostam uma corrida.
"A" chegou depois de "B".
"C" e "E" chegaram ao mesmo tempo.
"D" chegou antes de "B".
Quem ganhou, chegou sozinho.

Quem ganhou a corrida foi

a) A
b) B
c) C
d) D
e) E

Resolução:
Com a informação de que quem ganhou a corrida chegou sozinho, poderemos eliminar os ciclistas C e E, que chegaram ao mesmo tempo.

Se "A" chegou depois de "B", então "B" chegou antes de "A".

Se "D" chegou antes de "B", então "D" chegou antes de "A", então o ganhador da corrida foi o ciclista "D".

Exercícios de Fixação

01. (VUNESP) Cátia é mais gorda do que Bruna. Vera é menos gorda do que Bruna. Logo,

a) Vera é mais gorda do que Bruna.
b) Cátia é menos gorda do que Bruna.
c) Bruna é mais gorda do que Cátia.
d) Vera é menos gorda do que Cátia.
e) Bruna é menos gorda do que Vera.

02. (VUNESP) Marta corre tanto quanto Rita e menos do que Juliana. Fátima corre tanto quanto Juliana. Logo,

a) Fátima corre menos do que Rita.
b) Fátima corre mais do que Marta.
c) Juliana corre menos do que Rita.
d) Marta corre mais do que Juliana.
e) Juliana corre menos do que Marta.

03. (VUNESP) Em uma avenida reta, a padaria fica entre o posto de gasolina e a banca de jornal, e o posto de gasolina fica entre a banca de jornal e a sapataria. Logo,

a) a sapataria fica entre a banca de jornal e a padaria.
b) a banca de jornal fica entre o posto de gasolina e a padaria.
c) o posto de gasolina fica entre a padaria e a banca de jornal.
d) a padaria fica entre a sapataria e o posto de gasolina.
e) o posto de gasolina fica entre a sapataria e a padaria.

04. (ESAF) Em torno de uma mesa quadrada, encontram-se sentados quatro sindicalistas. Oliveira, o mais antigo entre eles, é mineiro. Há também um paulista, um carioca e um baiano. Paulo está sentado à direita de Oliveira. Norton, à direita do paulista. Por sua vez, Vasconcelos, que não é carioca, encontra-se à frente de Paulo. Assim,

a) Paulo é paulista e Vasconcelos é baiano.
b) Paulo é carioca e Vasconcelos é baiano.
c) Norton é baiano e Vasconcelos é paulista.
d) Norton é carioca e Vasconcelos é paulista.
e) Paulo é baiano e Vasconcelos é paulista.

05. (ESAF) Seis pessoas, A, B, C, D, E, F, devem sentar-se em torno de uma mesa redonda para discutir um contrato. Há exatamente seis cadeiras em torno da mesa, e cada pessoa senta-se de frente para o centro da mesa e numa posição diametralmente oposta à pessoa que está do outro lado da mesa. A disposição das pessoas à mesa deve satisfazer às seguintes restrições:

F não pode sentar-se ao lado de C;
E não pode sentar-se ao lado de A;.
D deve sentar-se ao lado de A.

Então uma distribuição aceitável das pessoas em torno da mesa é:

a) F, B, C, E, A, D
b) A, E, D, F, C, B
c) A, E, F, C, D, B
d) F, D, A, C, E, B
e) F, E, D, A, B, C

Gabarito

01. D 02. B 03. E 04. A 05. D

3. Verdade e Mentira

São situações nas quais elementos de um grupo podem falar a verdade ou serem mentirosos. Para determinarmos a natureza dos elementos desse grupo, serão feitas perguntas cujas respostas servirão como pistas para deduzirmos a natureza dos elementos envolvidos.

Em algumas situações, poderemos admitir como hipótese, como sendo verdadeira o que uma determinada pessoa afirmou.

A partir dessa hipótese serão testadas as outras afirmações para verificar se ocorre uma contradição.

Caso não ocorra contradição a sua hipótese inicial é aceita, porém se ocorrer alguma contradição, então a hipótese inicial deverá ser alterada.

Outra maneira de se resolver é criar um padrão para todas as combinações possíveis de respostas, considerando as perguntas feitas aos verazes e aos mentirosos.

Vejamos alguns exercícios resolvidos.

ER01. (FT) Um crime foi cometido por uma e apenas uma pessoa de um grupo de cinco suspeitos: Armando, Celso, Edu, Juarez e Tarso. Perguntados sobre quem era o culpado, cada um deles respondeu:

Armando: "Sou inocente".
Celso: "Edu é o culpado".
Edu: "Tarso é o culpado".
Juarez: "Armando disse a verdade".
Tarso: "Celso mentiu".

Sabendo-se que apenas um dos suspeitos mentiu e que todos os outros disseram a verdade, pode-se concluir que o culpado é:

a) Armando
b) Celso
c) Edu
d) Juarez
e) Tarso

Resolução:
Como só há um culpado, e só uma pessoa mentiu, portanto o mentiroso ou é o Celso ou é o Edu. Vamos reorganizar a sequência das respostas.

Armando: "Sou inocente".
Juarez: "Armando disse a verdade".
Tarso: "Celso mentiu".
Celso: "Edu é o culpado".
Edu: "Tarso é o culpado".

Se Tarso falou a verdade, então Celso mentiu.
Se Celso mentiu, então Edu falou a verdade, logo

Tarso é culpado.

ER02. (ESAF) Você está à frente de duas portas. Uma delas conduz a um tesouro; a outra, a uma sala vazia. Cosme guarda uma das portas, enquanto Damião guarda a outra. Cada um dos guardas sempre diz a verdade ou sempre mente, ou seja, ambos os guardas podem sempre mentir, ambos podem sempre dizer a verdade, ou um sempre dizer a verdade e o outro sempre mentir. Você não sabe se ambos são mentirosos, se ambos são verazes, ou se um é veraz e o outro é mentiroso. Mas, para descobrir qual das portas conduz ao tesouro, você pode fazer três (e apenas três) perguntas aos guardas, escolhendo-as da seguinte relação:

P1: O outro guarda é da mesma natureza que você (isto é, se você é mentiroso ele também o é, e se você é veraz ele também o é)?
P2: Você é o guarda da porta que leva ao tesouro?
P3: O outro guarda é mentiroso?
P4: Você é veraz?

Então, uma possível sequência de três perguntas que é logicamente suficiente para assegurar, seja qual for a natureza dos guardas, que você identifique corretamente a porta que leva ao tesouro, é

a) P2 a Cosme, P2 a Damião, P3 a Damião.
b) P3 a Damião, P2 a Cosme, P3 a Cosme.
c) P3 a Cosme, P2 a Damião, P4 a Cosme.
d) P1 a Cosme, P1 a Damião, P2 a Cosme.
e) P4 a Cosme, P1 a Cosme, P2 a Damião.

Resolução:
Vamos montar uma tabela com todas as possibilidades de respostas para as 4 perguntas e verificarmos aquelas que servirão para identificarmos a porta do tesouro.

Porta	Tesouro	Vazia	Tesouro	Vazia	Tesouro	Vazia	Tesouro	Vazia
Guardas	Veraz	Veraz	Mentiroso	Mentiroso	Veraz	Mentiroso	Mentiroso	Veraz
Pergunta								
1ª O outro guarda e da mesma natureza que você?	Sim	Sim	Não	Não	Não	Sim	Sim	Não
2ª Você é o guarda da porta que leva ao tesouro?	Sim	Não	Não	Sim	Sim	Sim	Não	Não
3ª O outro guarda é mentiroso?	Não	Não	Não	Não	Sim	Sim	Sim	Sim
4ª Você é veraz?	Sim	Sim	Sim	Sim	Sim	Sim	Sim	Sim

Da tabela concluímos que:

Fazendo a 1ª pergunta para Cosme e Damião, determinaremos a natureza deles, pois se as respostas forem:

Sim	Sim	são verazes
Não	Não	são mentirosos
Não	Sim	são diferentes

Natureza do 1ª guarda	Resposta	Conclusão	Natureza do 2º guarda	Resposta	Conclusão
Veraz	Sim	Sala do Tesouro	Veraz	Não	Sala Vazia
Mentiroso	Não	Sala do Tesouro	Mentiroso	Sim	Sala Vazia
Veraz	Não	Sala Vazia	Mentiroso	Não	Sala do Tesouro
Mentiroso	Sim	Sala Vazia	Veraz	Sim	Sala do Tesouro

Portanto, teremos que fazer a pergunta P1 a Cosme, a pergunta P1 a Damião, e a pergunta P2 a Cosme.

Exercícios de Fixação

01. (AFRF) Três amigas, Tânia, Janete e Angélica, estão sentadas lado a lado em um teatro. Tânia sempre fala a verdade; Janete às vezes fala a verdade; e Angélica nunca fala a verdade. A que está sentada à esquerda diz: "Tânia é quem está sentada no meio". A que está sentada no meio diz: "eu sou Janete". Finalmente, a que está sentada à direita diz: "Angélica é quem está sentada no meio". A que está sentada à esquerda, a que está sentada no meio e a que está sentada à direita são, respectivamente:

a) Janete, Tânia e Angélica
b) Janete, Angélica e Tânia
c) Angélica, Janete e Tânia
d) Angélica, Tânia e Janete
e) Tânia, Angélica e Janete

02. (TEC_MPU) Uma empresa produz androides de dois tipos: os de tipo V, que sempre dizem a verdade, e os de tipo M, que sempre mentem. Dr. Turing, um especialista em Inteligência Artificial, está examinando um grupo de cinco androides - rotulados de Alfa, Beta, Gama, Delta e Épsilon -, fabricados por essa empresa, para determinar quantos entre os cinco são do tipo V. Ele pergunta a Alfa: "Você é do M?" Alfa responde mas Dr. Turing, distraído, não ouve a resposta. Os androides restantes fazem, então, as seguintes declarações:

Beta: "Alfa respondeu que sim".
Gama: "Beta está mentindo".
Delta: "Gama está mentindo".
Épsilon: "Alfa é do tipo M".

Mesmo sem ter prestado atenção à resposta de Alfa, Dr. Turing pôde, então, concluir corretamente que o número de androides do tipo V, naquele grupo, era igual a

a) 1.
b) 2.
c) 3.
d) 4.
e) 5.

03. (CESGRANRIO) Amanda, Beatriz e Cláudia são filhas de Rita, Sílvia e Tânia, não necessariamente na ordem dada. Cada uma dessas mães só tem uma filha. Três afirmativas são feitas abaixo, mas somente uma é verdadeira.

I. Amanda não é filha de Tânia.
II. Beatriz é filha de Tânia.
III. Cláudia não é filha de Rita.

É correto concluir que:

a) Amanda é filha de Rita, Beatriz é filha de Tânia e Cláudia é filha de Sílvia.
b) Amanda é filha de Tânia, Beatriz é filha de Sílvia e Cláudia é filha de Rita.
c) Amanda é filha de Tânia, Beatriz é filha de Rita e Cláudia é filha de Sílvia.
d) Amanda é filha de Sílvia, Beatriz é filha de Rita e Cláudia é filha de Tânia.
e) Amanda é filha de Sílvia, Beatriz é filha de Tânia e Cláudia é filha de Rita.

04. (ESAF) Fátima, Beatriz, Gina, Sílvia e Carla são atrizes de teatro infantil, e vão participar de uma peça em que representarão, não necessariamente nesta ordem, os papéis de Fada, Bruxa, Rainha, Princesa e Governanta. Como todas são atrizes versáteis, o diretor da peça realizou um sorteio para determinar a qual delas caberia cada papel. Antes de anunciar o resultado, o diretor reuniu-as e pediu que cada uma desse seu palpite sobre qual havia sido o resultado do sorteio.

Disse Fátima: "Acho que eu sou a Governanta, Beatriz é a Fada, Sílvia é a Bruxa e Carla é a Princesa".

Disse Beatriz: "Acho que Fátima é a Princesa ou a Bruxa".

Disse Gina: "Acho que Sílvia é a Governanta ou a Rainha".

Disse Sílvia: "Acho que eu sou a Princesa".

Disse Carla: "Acho que a Bruxa sou eu ou Beatriz".

Neste ponto, o diretor falou: "Todos os palpites estão completamente errados; nenhuma de vocês acertou sequer um dos resultados do sorteio!" Um estudante de Lógica, que a tudo assistia, concluiu então, corretamente, que os papéis sorteados para Fátima, Beatriz, Gina e Sílvia foram, respectivamente,

a) rainha, bruxa, princesa, fada;
b) rainha, princesa, governanta, fada;
c) fada, bruxa, governanta, princesa;
d) rainha, princesa, bruxa, fada;
e) fada, bruxa, rainha, princesa.

Gabarito

01. B 02. B 03. C 04. D

Exercícios Complementares e de Concursos

Correlacionamento

01. (CESGRANRIO) Ana, Bruna e Carla têm, cada uma, um único bicho de estimação. Uma delas tem um cachorro, outra tem um gato e a terceira, um jabuti. Sabe-se que:

– Ana não é a dona do cachorro;

– Carla é a dona do gato;

Com base nas informações acima, é correto afirma que:

a) Ana é dona do gato;
b) Ana é dona do jabuti;
c) Bruna não é dona do cachorro;
d) Carla é dona do jabuti;
e) Carla é dona do cachorro.

02. (ACADEPOL) Antônio, Bento e Carlos são suspeitos e estavam na cena de um crime. Quando da ocorrência do delito, vestiam camisas de cores vermelha, azul e branca, não necessariamente nesta ordem e cada um vestia uma camisa de cor diferente. Sabe-se que apenas uma das seguintes afirmações é verdadeira.

- Antônio estava com a camisa vermelha.

- Beto não estava com a camisa vermelha.

- Carlos não estava com a camisa azul.

Uma testemunha do crime afirmou que o culpado vestia camisa vermelha, quem ajudou a cometer o crime vestia camisa azul, e quem tentou evitar o crime vestia camisa branca. Portanto, pelo que afirmou a testemunha é correto concluir que

a) Antônio ajudou a cometer o crime, Bento tentou evitar e Carlos é o culpado.
b) Antônio tentou evitar o crime, Bento é o culpado e Carlos ajudou.
c) Antônio ajudou a cometer o crime, Bento é o culpado e Carlos tentou evitar.
d) Antônio tentou evitar o crime, Bento ajudou e Carlos é o culpado.
e) Antônio é o culpado do crime, Bentou ajudou e Carlos tentou evitar.

03. (CESGRANRIO) Ana, Bruna e Carla têm, cada uma, um único bicho de estimação. Uma delas tem um cachorro, outra tem um gato e a terceira, um jabuti. Sabe-se que:

– Ana não é a dona do gato;

– Carla não é dona do cachorro;

– O jabuti não pertence a Bruna;

– O gato não pertence a Carla.

Com base nas informações acima, é correto afirma que:

a) Ana é dona do gato;
b) Ana é dona do jabuti;
c) Bruna é dona do cachorro;
d) Carla é dona do jabuti;
e) Carla é dona do gato.

04. (CESGRANRIO) Ana, Bia e Carla têm, cada uma delas, um único animal de estimação. Sabe-se que:

– esses animais são um mico, um gato e um cachorro;

– Ana não é dona do gato;

– O mico pertence a Clara.

De acordo com essas informações, pode-se afirmar que:

a) Clara é dona do gato;
b) Bia é dona do mico;
c) Bia é dona do cachorro;
d) Ana é dona do gato;
e) Ana é dona do cachorro.

05. (ESAF) Os cursos de Márcia, Berenice e Priscila são, não necessariamente nesta ordem, Medicina, Biologia e Psicologia. Uma delas realizou seu curso em Belo Horizonte; a outra, em Florianópolis; e a outra, em São Paulo. Márcia realizou seu curso em Belo Horizonte, Priscila cursou Psicologia. Berenice não realizou seu curso em São Paulo e não fez Medicina. Assim, os cursos e os respectivos locais de estudo de Márcia, Berenice e Priscila são, pela ordem:

a) Medicina, em Belo Horizonte; Psicologia, em Florianópolis; Biologia, em São Paulo;
b) Psicologia, em Belo Horizonte; Biologia, em Florianópolis; Medicina em São Paulo;
c) Medicina, em Belo Horizonte; Biologia, em Florianópolis; Psicologia, em São Paulo;
d) Biologia, em Belo Horizonte; Medicina, em São Paulo; Psicologia, em Florianópolis;
e) Medicina, em Belo Horizonte; Biologia, em São Paulo; Psicologia, em Florianópolis.

06. (CESGRANRIO) Antônio, Bento, Ciro e Dorival são profissionais liberais. Um deles é advogado, outro é paisagista, outro é veterinário e outro é professor. Sabe-se que: o veterinário não é Antônio nem Ciro; Bento não é veterinário nem paisagista; Ciro não é advogado nem paisagista.

A conclusão correta quanto à correspondência entre o profissional está indicada em:

a) advogado – Dorival;
b) paisagista – Dorival;
c) paisagista – Antônio;
d) advogado – Antônio.

07. (FCC) As afirmações abaixo referem-se às praias que cinco amigos pernambucanos costumam frequentar.

- **Antônio e João não frequentam a praia de Boa Viagem;**
- **Maurício e Francisco não frequentam a praia de Maria Farinha nem a da Piedade;**
- **Duarte não frequenta a praia do Pina nem a de Candeias;**
- **Antônio não frequenta a praia de Maria Farinha;**
- **Duarte não frequenta a praia de Maria Farinha nem a da Piedade;**
- **Francisco não frequenta a praia de Candeiras.**

Nessas condições, considerando que cada um deles frequenta uma única praia, aquele que frequenta a praia

a) de Candeias é João;
b) de Maria Farinha é Maurício;
c) de Piedade é Antônio;
d) do Pina é Duarte;
e) de Boa Viagem é Francisco.

08. (CESGRANRIO) Dario, Pelé, Puskas e Zico foram artilheiros da história do futebol mundial por terem marcado muitos gols. Um deles marcou 926 gols. Outro marcou 799. Houve ainda um, entre eles, que marcou 1.176 gols. Sabe-se que:

- **Dario fez menos do que 1.000 gols;**
- **Pelé é o maior artilheiro da história do futebol com 1.280 gols;**
- **Zico fez menos gols do que Dario;**
- **Puskas fez mais do que 1.000 gols.**

Com base nessas informações, pode-se concluir corretamente que:

a) Zico fez mais de 1.000 gols;
b) Zico fez mais gols do que Dario;
c) Zico fez mais gols do que Puskas;
d) Dario fez 926 gols;
e) Dario fez mais gols do que Puskas.

09. (FCC) Três técnicos - Antonio, Benedito e Carlos - cada qual com especialidades diferentes entre si, um em Segurança, um em Construção e outro em Eletromecânica, escolheram, cada um, uma cidade diferente entre Maceió, Arapiraca e União dos Palmares para executar trabalhos em redes de distribuição de energia. Sabe-se que:

I. Antonio escolheu Maceió;

II. O técnico em Eletromecânica escolheu União dos Palmares;

III. Carlos não é técnico em Construção e nem em Eletromecânica.

É verdade que

a) Antonio é técnico em Eletromecânica.
b) Benedito é técnico em Construção.
c) Carlos é técnico em Segurança e escolheu Arapiraca.
d) Benedito é técnico em Segurança e escolheu União dos Palmares.
e) Maceió e União dos Palmares, uma delas, foi escolhida por Carlos.

10. (ESAF) Mauro, José e Lauro são três irmãos. Cada um deles nasceu em um estado diferente: um é mineiro, outro é carioca, e outro é paulista (não necessariamente nessa ordem). Os três têm, também, profissões diferentes: um é engenheiro, outro é veterinário, e outro é psicólogo (não necessariamente nessa ordem). Sabendo que José é mineiro, que o engenheiro é paulista, e que Lauro é veterinário, conclui-se corretamente que

a) Lauro é paulista e José é psicólogo.
b) Mauro é carioca e José é psicólogo.
c) Lauro é carioca e Mauro é psicólogo.
d) Mauro é paulista e José é psicólogo.
e) Lauro é carioca e Mauro é engenheiro.

11. (FCC) Três técnicos de segurança do trabalho – Lúcia, Amadeu e Francisco –, um de Alagoas, um do Rio de Janeiro e outro de São Paulo, analisaram três pesquisas sobre: Prevenção de Acidentes, Higiene e Dispositivos de Segurança no trabalho. Sabe-se que:

I. Cada técnico analisou uma pesquisa diferente dos outros dois, bem como são de estados diferentes;

II. Lúcia analisou sobre Prevenção de Acidentes no trabalho;

III. O técnico de Alagoas estudou sobre a Higiene no trabalho;

IV. Francisco é de São Paulo.

É verdade que

a) Amadeu analisou sobre Higiene no trabalho e é de Alagoas.
b) Lúcia não é do Rio de Janeiro.
c) Francisco não estudou Dispositivos de Segurança no trabalho.
d) Lúcia analisou sobre Prevenção de Acidentes e é de São Paulo.
e) Amadeu não é alagoano.

12. (FCC) Alcides, Ferdinando e Reginaldo foram a uma lanchonete e pediram lanches entre si, cada qual constituído de um sanduíche e uma bebida. Sabe-se que:

- **os tipos de sanduíches pedidos eram de presunto, misto quente e hambúrguer;**
- **Reginaldo pediu um misto quente;**
- **um deles pediu um hambúrguer e um suco de laranja;**
- **Alcides pediu um suco de uva;**
- **um deles pediu suco de acerola.**

Nessas condições é correto afirmar que

a) Alcides pediu o sanduíche de presunto;
b) Ferdinando pediu o sanduíche de presunto;
c) Reginaldo pediu suco de laranja;
d) Ferdinando pediu suco de acerola;
e) Alcides pediu um hambúrguer.

13. (FCC) Alice, Bruna e Carla, cujas profissões são, advogada, dentista e professora, não necessariamente nesta ordem, tiveram grandes oportunidades para progredir em sua carreira: uma delas, foi aprovada em um concurso público; outra, recebeu uma ótima oferta de emprego e a terceira, uma proposta para fazer um curso de especialização no exterior. Considerando que:

- **Carla é professora;**
- **Alice recebeu a proposta para fazer o curso de especialização no exterior;**
- **a advogada foi aprovada em um concurso público.**

é correto afirmar que:

a) Alice é advogada;
b) Bruna é advogada;
c) Carla foi aprovada no concurso público;
d) Bruna recebeu a oferta de emprego;
e) Bruna é dentista.

14. (FCC) Aluísio, Bento e Casimiro compraram, cada um, um único terno e uma única camisa. Considere que:

- **tanto os ternos quanto as camisas compradas eram nas cores branca, preta e cinza;**
- **apenas Aluísio comprou terno e camisa nas mesmas cores;**
- **nem o terno e nem a camisa comprados por Bento eram brancos;**
- **a camisa comprada por Casimiro era cinza.**

Nessas condições, é verdade que

a) o terno comprado por Bento era preto e a camisa era cinza;
b) a camisa comprada por Aluísio era branca e o terno comprado por Casimiro era preto;
c) o terno comprado por Bento era preto e a camisa comprada por Aluísio era branca;
d) os ternos comprados por Aluísio e Casimiro eram cinza e preto, respectivamente;
e) as camisas compradas por Aluísio e Bento eram preta e branca, respectivamente.

15. (FCC) Com relação a três funcionários do Tribunal, sabe-se que:

I. João é mais alto que o recepcionista;

II. Mário é escrivão;

III. Luís não é o mais baixo dos três;

IV. um deles é escrivão, o outro recepcionista e o outro segurança.

Sendo verdadeiras as quatro afirmações, é correto dizer que:

a) João é mais baixo que Mário;
b) Luís é segurança;
c) Luís é o mais alto dos três;
d) João é o mais alto dos três;
e) Mário é mais alto que Luís.

16. (VUNESP) André, Bernardo e Caetano moram em Santos, Lorena e Campinas, não necessariamente nessa ordem. Bernardo, que é filho único, é o mais novo dos três. Quem mora em Campinas, que é mais velho que o André, se casou com a irmã de quem mora em Lorena. Pode-se concluir que

a) André mora em Campinas;
b) André mora em Santos;
c) Bernardo mora em Santos;
d) Bernardo mora em Campinas;
e) Caetano mora em Lorena.

17. (FCC) Os advogados Clóvis, Rui e Raimundo trabalham em agências diferentes de um mesmo banco, denominadas Norte, Sul e Leste. Exercem, não necessariamente nesta ordem, suas funções nos setores de Financiamento, Cobrança e Ouvidoria. Sabe-se, ainda, que:

- **Clóvis e o advogado da Agência Leste não trabalham na Ouvidoria;**
- **o advogado da Agência Norte não é Clóvis nem Rui;**
- **na Agência Sul, o advogado não trabalha na Ouvidoria nem no Financiamento.**

É possível concluir que:

a) Clóvis trabalha no setor de Cobranças da Agência Norte;
b) Rui, o advogado da Agência Leste, trabalha no setor de Ouvidoria;
c) nem Raimundo, nem Rui trabalham no setor de Financiamento;
d) Raimundo trabalha no setor de Cobranças da Agência Leste;
e) nas Agências Sul e Norte, os advogados não trabalham com Financiamento.

18. (FCC) Certo dia, três funcionários do Tribunal de Contas – Xavier, Yolanda e Zenilda – cujas idades são 24, 32 e 44 anos, não necessariamente nesta ordem, foram incumbidos da execução das seguintes tarefas: digitação de um texto, arquivamento de processos e expedição de correspondências. Considerando que:

- **cada um deles executou apenas uma das tarefas e, dois a dois, eles executaram tarefas distintas;**
- **Zenilda tem 44 anos;**
- **coube a Xavier cuidar da expedição de correspondências;**
- **ao funcionário que tem 24 anos coube a digitação do texto.**

É correto afirmar que

a) Xavier tem 24 anos.
b) Yolanda tem 32 anos.
c) Yolanda tem 24 anos.
d) Yolanda foi encarregada de arquivar os processos.
e) Zenilda foi incumbida de digitar o texto.

19. (FCC) Amarildo, Bento e Clodoaldo são motoristas do Tribunal de Contas e, certo mês, ao viajarem a serviço pelo Estado da Paraíba, observou-se que:

- **um deles fez 5 viagens, enquanto que outro fez 8 e outro 10;**
- **em suas viagens, cada um percorreu distâncias diferentes: 90, 150 e 280km;**
- **Clodoaldo percorreu 280km;**
- **aquele que percorreu 150km fez 10 viagens;**
- **Amarildo fez 5 viagens.**

Com base nas informações dadas, é correto afirmar que

a) Bento fez 8 viagens;
b) Clodoaldo não fez 8 viagens;
c) Amarildo percorreu 150km;
d) Bento percorreu 150km;
e) Amarildo não percorreu 90km.

20. **(FCC) Três pessoas – Alcebíades, Bonifácio e Corifeu – usam, cada qual, um único meio de transporte para se dirigir ao trabalho. Considere as seguintes informações:**

– **os meios de transporte que eles usam são: automóvel, ônibus e motocicleta;**

– **as idades dos três são: 28, 30 e 35 anos;**

– **Alcebíades vai para o trabalho de ônibus;**

– **a pessoa que tem 28 anos usa uma motocicleta para ir ao trabalho;**

– **Corifeu tem 35 anos.**

Com base nas informações dadas, é correto afirmar que:

a) Bonifácio tem 28 anos;
b) Alcebíades tem 28 anos;
c) Bonifácio usa um automóvel para ir ao trabalho;
d) Corifeu usa uma motocicleta para ir ao trabalho;
e) Alcebíades não tem 30 anos.

21. **(FCC) Certo dia, três auxiliares judiciários - Alcebíades, Benevides e Corifeu - executaram, num dado período, um único tipo de tarefa cada um. Considere que:**

– **as tarefas por eles executadas foram: expedição de correspondências, arquivamento de documentos e digitação de textos;**

– **os períodos em que as tarefas foram executadas foram: das 8 às 10 horas, das 10 às 12 horas e das 14 às 16 horas;**

– **Corifeu efetuou a expedição de correspondências;**

– **o auxiliar que arquivou documentos o fez das 8 às 10 horas;**

– **Alcebíades executou sua tarefa 14 às 16 horas.**

Nessas condições, é correto afirmar que

a) Alcebíades arquivou documentos;
b) Corifeu executou sua tarefa 8 às 10 horas;
c) Benevides arquivou documentos;
d) Alcebíades não digitou textos;
e) Benevides digitou textos.

22. **(FCC) Certo dia, durante o expediente do Tribunal de contas do Estado de Minas Gerais, três funcionários – Antero, Boris e Carmo – executaram as tarefas de arquivar um lote de processos, protocolar um lote de documentos e prestar atendimento ao público, não necessariamente nesta ordem. Considere que:**

– **cada um deles executou somente uma das tarefas mencionadas;**

– **todos os processos do lote, todos os documentos do lote e todas as pessoas atendidas eram procedentes de apenas uma das cidades: Belo Horizonte, Uberaba e Uberlândia; não respectivamente;**

– **Antero arquivou os processos;**

– **os documentos protocolados eram procedentes de Belo Horizonte;**

– **a tarefa executada por Carmo era procedente de Uberlândia.**

Nessas condições, é correto afirmar que:

a) Carmo protocolou documentos;
b) a tarefa executada por Boris era procedente de Belo Horizonte;
c) Boris atendeu às pessoas procedentes de Uberaba;
d) as pessoas atendidas por Antero não eram procedentes de Uberaba;
e) os processos arquivados por Antero eram procedentes de Uberlândia.

23. **(FCC) Cinco irmãs nasceram, cada uma, em um Estado diferente do Brasil. Lúcia é morena como a cearense, é mais moça do que a gaúcha e mais velha do que Maria. A cearense, a paulista e Helena gostam de teatro tanto quanto Norma. A paulista, a mineira e Lúcia são, todas, psicólogas. A mineira costuma ir ao cinema com Helena e Paula. A paulista é mais moça do que a goiana, mas é mais velha do que a mineira; esta, por sua vez, é mais velha do que Paula. Logo:**

a) Norma é gaúcha, a goiana é mais velha do que a mineira, e Helena é mais moça do que a paulista.

b) Paula é gaúcha, Lúcia é mais velha do que Helena, e a mineira é mais velha do que Maria.

c) Norma é mineira, a goiana é mais velha do que a gaúcha, e Maria é mais moça do que a cearense.

d) Lúcia é goiana, a gaúcha é mais moça do que a cearense, e Norma é mais velha do que a mineira.

e) Paula é cearense, Lúcia é mais velha do que a paulista, e Norma é mais moça do que a gaúcha.

24. (ESAF) Três meninos estão andando de bicicleta. A bicicleta de um deles é azul, a do outro é preta, a do outro é branca. Eles vestem bermudas destas mesmas três cores, mas somente Artur está com bermuda de mesma cor que sua bicicleta. Nem a bermuda nem a bicicleta de Júlio são brancas. Marcos está com bermuda azul. Desse modo:

a) a bicicleta de Júlio é azul e a de Artur é preta;
b) a bicicleta de Marcos é branca e sua bermuda é preta;
c) a bermuda de Júlio é preta e a bicicleta de Artur é branca;
d) a bermuda de Artur é preta e a bicicleta de Marcos é branca;
e) a bicicleta de Artur é preta e a bermuda de Marcos é azul.

25. (FCC) Cinco amigos – Américo, Basílio, Carlito, Dante e Eliseu – se cotizaram para comprar um presente de casamento, contribuindo com R$ 50,00, R$ 60,00, R$ 80,00, R$ 100,00 e R$ 150,00, não necessariamente na ordem dada de seus nomes. Sabe-se que:

- **suas profissões são analista judiciário, professor, advogado, dentista e médico; suas idades são 25, 28, 30, 32 e 33 anos, não respectivamente;**
- **o analista judiciário, que não é Basílio, tem 30 anos e contribuiu com R$ 50,00;**
- **o advogado contribuiu com menos de R$ 150,00;**
- **Dante, que não tem 30 anos, contribuiu com R$ 60,00;**
- **aquele que tem 32 anos não é advogado nem dentista;**
- **Eliseu tem 33 anos, é médico e contribuiu com mais de R$ 60,00;**
- **Américo é dentista e contribuiu com R$ 80,00;**
- **aquele que tem 25 anos não é professor e nem advogado;**
- **nem Basílio e nem Carlito têm 32 anos.**

Com base nessas informações, é correto afirmar que:

a) Américo tem 28 anos;
b) Basílio contribuiu com R$ 150,00;
c) Carlito é analista judiciário;
d) Dante tem 25 anos;
e) Eliseu contribuiu com R$ 100,00.

26. (FCC) Certo dia, três técnicos judiciários – Altamiro, Benevides e Corifeu – receberam, cada um, um lote de processos para arquivar e um lote de correspondências a serem expedidas. Considere que:

- **tanto a tarefa de arquivamento dos processos, quanto a de expedição das correspondências foram executadas no mesmo dia e em um dos seguintes horários: das 10 às 12 horas, das 14 às 16 horas e das 16 às 18 horas;**
- **apenas Altamiro arquivou os processos e expediu as correspondências que recebeu em um mesmo horário;**
- **nem os processos arquivados e nem as correspondências expedidas por Benevides ocorreram das 10 às 12 horas;**
- **Corifeu expediu toda a correspondência de seu respectivo lote das 16 às 18 horas.**

Nessas condições, é verdade que:

a) Os processos dos lotes de Altamiro e Corifeu foram arquivados das 16 às 18 horas e das 14 às 16 horas, respectivamente;
b) As correspondências dos lotes de Altamiro e Benevides foram expedidas das 14 às 16 horas e das 10 às 12 horas, respectivamente;
c) Benevides arquivou os processos de seu lote das 14 às 16 horas e expediu as correspondências do lote que lhe coube das 16 às 18 horas;
d) O lote de processos que coube a Benevides foi arquivado das 14 às 16 horas e Altamiro expediu as correspondências de seu lote das 10 às 12 horas;
e) Altamiro expediu as correspondências de seu lote das 10 às 12 horas e Corifeu arquivou os processos de seu lote das 14 às 16 horas.

27. (FCC) No dia 29 de dezembro de 2006 quatro técnicos judiciários de uma mesma Secretaria da Justiça Federal - Eugênio, Nair, Raul e Virgínio – entregaram seu relatório mensal de atividades, não necessariamente nessa ordem. Considere as informações seguintes:

- **as funções que esses técnicos desempenham na Secretaria são: manutenção de computadores, motorista, operador de computadores e segurança;**
- **a última pessoa a entregar o relatório não nasceu em Maringá;**
- **após Virgínio, que é motorista, entregar seu relatório, o operador de computadores entregou o dele;**
- **Eugênio, que nasceu em Londrina, entregou seu relatório depois de Raul, que faz a manutenção de computadores;**
- **o segurança não foi o primeiro a entregar o relatório;**
- **o técnico que nasceu em Cascavel entregou seu relatório logo depois de Nair, que nasceu em Bagé.**

Com base nessas informações, é correto afirmar que

a) Eugênio foi o primeiro a entregar o relatório;
b) Nair é operadora de computadores;
c) Raul nasceu em Maringá;
d) Virgínio foi o último a entregar o relatório;
e) a pessoa que nasceu em Londrina foi a segunda a entregar o relatório.

28. (ESAF) Quatro casais reunem-se para jogar xadrez. Como há apenas um tabuleiro, eles combinam que:

a) nenhuma pessoa pode jogar duas partidas seguidas;

b) marido e esposa não jogam entre si.

- **Na primeira partida, Celina joga contra Alberto. Na segunda, Ana joga contra o marido de Júlia.**
- **Na terceira, a esposa de Alberto joga contra o marido de Ana. Na quarta, Celina joga contra Carlos.**
- **E na quinta, a esposa de Gustavo joga contra Alberto.**

A esposa de Tiago e o marido de Helena são, respectivamente:

a) Celina e Alberto
b) Ana e Carlos
c) Júlia e Gustavo
d) Ana e Alberto
e) Celina e Gustavo

29. (ESAF) Caio, Décio, Éder, Felipe e Gil compraram, cada um, um barco. Combinaram, então, dar aos barcos os nomes de suas filhas. Cada um tem uma única filha, e todas têm nomes diferentes. Ficou acertado que nenhum deles poderia dar a seu barco o nome da própria filha e que a cada nome das filhas corresponderia um e apenas um barco. Décio e Éder desejavam, ambos, dar a seus barcos o nome de Laís, mas acabaram entrando em um acordo: o nome de Laís ficou para o barco de Décio e Éder deu a seu barco o nome de Mara. Gil convenceu o pai de Olga a pôr o nome de Paula em seu barco (isto é, no barco dele, pai de Olga). Ao barco de Caio, coube o nome de Nair, e ao barco do pai de Nair coube o nome de Olga.

As filhas de Caio, Décio, Éder, Felipe e Gil são, respectivamente:

a) Mara, Nair, Paula, Olga, Laís.;
b) Laís, Mara, Olga, Nair, Paula;
c) Nair, Laís, Mara, Paula, Olga;
d) Paula, Olga, Laís, Nair, Mara;
e) Laís, Mara, Paula, Olga, Nair.

30. (FCC) Cinco amigos, que estudaram juntos no colégio, estão reunidos num jantar. São eles: Almir, Branco, Caio, Danilo e Edílson. Atualmente eles moram nas cidades de Atibaia, Batatais, Catanduva, Dracena e Embu, onde exercem as seguintes profissões: advogado, bibliotecário, contabilista, dentista e engenheiro. Considere que:

- **nenhum deles vive na cidade que tem a mesma letra inicial do seu nome, nem o nome de sua ocupação tem a mesma inicial do seu nome nem da cidade em que vive;**
- **Almir não reside em Batatais, e Edílson que não é bibliotecário e nem dentista, tampouco aí vive;**
- **Branco que não é contabilista e nem dentista, não mora em Catanduva e nem em Dracena;**
- **Danilo vive em Embu, não é bibliotecário e nem advogado;**
- **O bibliotecário não mora em Catanduva.**

Nessas condições, é verdade que:

a) Almir é contabilista e reside em Dracena.
b) Branco é advogado e reside em Atibaia.
c) Caio é dentista e reside em Catanduva.
d) Danilo é dentista e reside em Embu.
e) Edílson é advogado e reside em Catanduva.

31. (FCC) Um grupo de administradores – Álvaro, Bento, Caio, Dante, Eli e Fábio – participou de uma Convenção e, durante o evento, alguns deles descobriram algumas afinidades com um dos outros:

- **Álvaro percebeu que tinha afinidades com todas as pessoas do grupo;**
- **Bento, concluiu que não tinha afinidades com ninguém; entretanto, todos os demais acharam que tinham afinidades com ele;**
- **Caio descobriu afinidades com apenas duas pessoas do grupo, uma das quais era Dante;**
- **Dante percebeu que tinha afinidades com três pessoas do grupo, excluídos Caio e Fábio;**
- **Eli e Fábio descobriram afinidades com apenas uma pessoa do grupo.**

Nessas condições, o número de administradores desse grupo que descobriram ter afinidades com pelo menos uma pessoa que não tem o sentimento recíproco é:

a) 6;
b) 5;
c) 4;
d) 3;
e) 2.

(FCC) Use o texto seguinte para responder às duas próximas questões.

Quatro médicos de especialidades distintas cumprem plantões de segunda à quinta-feira em um posto de assistência aos funcionários do Tribunal de Contas do Estado da Paraíba. Considere que:

- **cada médico cumpre plantão em um dia fixo da semana e, nesse dia, seu plantão sempre ocorre no mesmo horário: das 8 às 10 horas, das 10 às 12 horas, das 14 às 16 horas ou das 16 às 18 horas;**
- **nos demais dias da semana não há plantões de tais médicos;**
- **o oftalmologista cumpre seu plantão um dia após o Dr. Amaro, que é dermatologista;**
- **o Dr. Pacheco cumpre seu plantão das 16 às 18 horas e um dia após o da Dra. Amália, que é cardiologista;**
- **o plantão do ortopedista ocorre às quintas-feiras;**
- **o médico que cumpre plantão das 14 às 16 horas o faz no dia seguinte ao plantão do Dr. Fortes, que ocorre das 10 às 12 horas.**

32. Os médicos que cumprem seus plantões nas terças e nas quintas-feiras são, respectivamente, os doutores:

a) Amaro e Fortes;
b) Amaro e Amália;
c) Fortes e Pacheco;
d) Fortes e Amália;
e) Amália e Pacheco.

33. O horário de plantão do Dr. Amaro e a especialidade do Dr. Pacheco são, respectivamente:

a) das 8 às 10 horas – oftalmologista;
b) das 8 às 10 horas – ortopedia;
c) das 14 às 16 horas – oftalmologista;
d) das 14 às 16 horas – ortopedia;
e) das 16 às 18 horas – oftamologista.

(VUNESP) Use o texto seguinte para responder às quatros próximas questões.

Armando, Bruno, Cristóvão e Diogo são quatro artistas talentosos. Um deles é pintor, outro é dançarino, outro é cantor e outro é escritor, não necessariamente nessa ordem. Sabe-se que:

(1) Armando e Cristóvão assistiram ao show do cantor.

(2) quando jovens, Bruno e o escritor foram retratados pelo pintor.

(3) o escritor, que já escreveu uma biografia de Diogo, planeja escrever uma biografia de Armando.

(4) Armando nunca conheceu Cristóvão.

34. Segue-se que:

a) Armando é o pintor.
b) Bruno é o pintor.
c) Cristóvão é o pintor.
d) Diogo é o pintor.
e) Armando é o escritor.

35. Pode-se ainda concluir que:

a) Armando é o cantor.
b) Bruno é o cantor.
c) Cristóvão é o cantor.
d) Diogo é o cantor.
e) Cristóvão é o dançarino.

36. Pode-se também inferir que:

a) Armando é o escritor.
b) Bruno é o escritor.
c) Cristóvão é o escritor.
d) Diogo é o escritor.
e) Bruno é o pintor.

37. E ainda pode-se extrair a conclusão de que:

a) Armando é o dançarino.
b) Bruno é o dançarino.
c) Cristóvão é o dançarino.
d) Diogo é o dançarino.
e) Diogo é o cantor.

Ordenação

38. (FCC) Em um dia de trabalho no escritório, em relação aos funcionários Ana, Cláudia, Luis, Paula e João, sabe-se que:

– Ana chegou antes de Paula e Luís;

– Paula chegou antes de João;

– Cláudia chegou antes de Ana;

– João não foi o último a chegar.

Nesse dia, o terceiro a chegar no escritório para o trabalho foi:

a) Ana;
b) Cláudia;
c) João;
d) Luis;
e) Paula.

39. (FCC) Cinco livros de assuntos distintos – Português, Matemática, Lógica, Informática e História – devem ser empilhados, obedecendo às seguintes condições:

- o livro de Lógica deve ficar acima do de História e imediatamente abaixo do de Informática;

- o livro de Matemática deve ficar acima do de Português, mas não encostado nele;

- o livro de Português deve ficar imediatamente abaixo do de Lógica.

Se forem obedecidos os critérios estipulados, o livro que ficará no topo da pilha será o de

a) Português.
b) Matemática.
c) Lógica.
d) Informática.
e) História.

40. (FCC) Considere que cinco times de futebol - Reis da Bola, Fraternidade, Leões de Alagoas, Camisa Preta e Força Tarefa - estão disputando um torneio regional. Após a última rodada de jogos, sabe-se que:

- todos os times disputaram o mesmo número de partidas;

- o Leões de Alagoas ocupa o primeiro lugar na classificação, enquanto que o Fraternidade está em quinto;

- o Reis da Bola ocupa uma posição equidistante do Leões de Alagoas e do Fraternidade;

- o Força Tarefa está à frente do Fraternidade e o Camisa Preta está imediatamente atrás do Reis da Bola.

Nessas condições, é correto afirmar que, na classificação geral, o

a) Força Tarefa está em segundo lugar.
b) Reis da Bola está em segundo lugar.
c) Camisa Preta está em segundo lugar.
d) Camisa Preta ocupa a terceira posição.
e) Força Tarefa ocupa a quarta posição.

41. (FCC) Assinale a opção que contém a sequência correta das quatro bolas, de acordo com as afirmativas abaixo.

I. A bola amarela está depois da branca.

II. A bola azul está antes da verde.

III. A bola que está imediatamente após a azul é maior do que a que está antes dela.

IV. A bola verde é a menor de todas.

a) Branca, amarela, azul e verde.
b) Branca, azul, amarela e verde.
c) Branca, azul, verde e amarela.
d) Azul, branca, amarela e verde.
e) Azul, branca, verde e amarela.

42. (CESGRANRIO) Quatro carros de cores diferentes, amarelo, verde, azul e preto, não necessariamente nessa ordem, formam uma fila. O carro que está imediatamente antes do carro azul é menos veloz do que o que está imediatamente depois do carro azul. O carro verde é o menos veloz de todos e está depois do carro azul. O carro amarelo está depois do carro preto. As cores do primeiro e do segundo carro da fila, são, respectivamente,

a) amarelo e verde;
b) preto e azul;
c) azul e verde;
d) verde e preto;
e) preto e amarelo;

43. (FCC) Quatro meninas que formam uma fila estão usando blusas de cores diferentes, amarela, verde, azul e preta. A menina que está imediatamente antes da menina que veste blusa azul é menor do que a que está imediatamente depois da menina de blusa azul. A menina que está usando blusa verde é a menor de todas e está depois da menina de blusa azul. A menina de blusa amarela está depois da menina que veste blusa preta. As cores das blusas da primeira e da segunda menina da fila são, respectivamente:

a) amarela e verde.
b) azul e verde.
c) preta e azul.
d) verde e preta.
e) preta e amarela.

44. (VUNESP) Fábio, Antonio, Joaquim e Bernardo moram em casas separadas, todas localizadas no mesmo lado de uma rua retilínea. Sabe-se que a casa de Fábio localiza-se entre a casa de Joaquim e a casa de Bernardo. Sabe-se também que a casa de Joaquim localiza-se entre a casa de Bernardo e a casa de Antonio. Logo, a casa de:

a) Fábio fica entre as casas de Antonio e de Joaquim;
b) Joaquim fica entre as casas de Fábio e de Bernardo;
c) Bernardo fica entre as casas de Joaquim e de Fábio;
d) Antonio fica entre as casas de Bernardo e de Fábio;
e) Joaquim fica entre as casas de Antonio e de Fábio.

45. (FCC) Abelardo completará 31 anos de idade no dia 14 de junho de 2006; Bernardino fez 28 anos no dia 2 de janeiro de 2004; Constantino, Demétrio e Eleutério nasceram em 1975; Eleutério nasceu em julho, três meses antes de Demétrio e quatro meses depois de Constantino. Entre os cinco, o mais velho é:

a) Abelardo;
b) Bernardino;
c) Constantino;
d) Demétrio;
e) Eleutério.

46. (VUNESP) Cinco pessoas estão ordenadas de forma que Maria está antes de Paula, Cláudia está entre João e Sérgio, João está depois de Maria. Assinale a ordem que é impossível:

a) MJCPS
b) MPJCS
c) SCMPJ
d) MJSCP
e) SCMJP

47. (FCC) Há cinco objetos alinhados numa estante: um violino, um grampeador, um vaso, um relógio e um tinteiro.

Conhecemos as seguintes informações quanto à ordem dos objetos:

- **O grampeador está entre o tinteiro e o relógio.**
- **O violino não é o primeiro objeto e o relógio não é o último.**
- **O vaso está separado do relógio por dois outros objetos.**
- **O violino está depois do vaso.**

Qual é a posição do violino?

a) Sexta posição.
b) Quinta posição.
c) Quarta posição.
d) Terceira posição.
e) Segunda posição.

(CESGRANRIO) O enunciado a seguir refere-se às duas questões a seguir.

Um candidato decide fazer apenas um comício em cada uma das seguintes cidades: Fortaleza, Belo Horizonte, Rio de Janeiro, Salvador, São Paulo e Porto Alegre. Seus assessores estabelecem como condições que o candidato:

I. deve ir a Salvador somente depois de ir ao Rio de Janeiro e a São Paulo;

I. não deve ir a São Paulo antes de ir a Fortaleza;

III. deve definir Belo Horizonte como a segunda cidade a ser visitada.

48. Se o candidato visitar Porto Alegre em primeiro lugar, qual cidade poderá ser visitada em terceiro lugar?

a) Somente Fortaleza.
b) Somente São Paulo.
c) Somente Rio de Janeiro.
d) Somente Fortaleza ou Rio de Janeiro.
e) Somente Fortaleza, Rio de Janeiro ou São Paulo.

49. Qual das cidades a seguir NÃO pode ser visitada em terceiro lugar?

a) Salvador.
b) Rio de Janeiro.
c) São Paulo.
d) Porto Alegre.
e) Fortaleza.

50. (FCC) Encontram-se sentados em torno de uma mesa quadrada quatro juristas. Miranda, o mais antigo entre eles, é alagoano. Ferraz está sentado à direita de Miranda. Mendes, à direita do paulista. Por sua vez, Barbosa, que não é carioca, encontra-se à frente de Ferraz. Assim

a) Ferraz é carioca e Barbosa é baiano.
b) Mendes é baiano e Barbosa é paulista.
c) Mendes é carioca e Barbosa é paulista.
d) Ferraz é baiano e Barbosa é paulista.
e) Ferraz é paulista e Barbosa é baiano.

51. (FCC) Um psicólogo faz terapia de grupo com quatro pessoas: João, Pedro, Paulo e José. Em um determinado dia, sua sessão foi realizada em uma mesa retangular com dois lugares de cada lado oposto da mesa e com o psicólogo e Paulo nas cabeceiras. Sendo assim, um lugar na mesa estava vago e este não estava perto do psicólogo.

Dado esse cenário, pode-se afirmar, com certeza, que:

a) o lugar vago estava perto do Paulo;
b) o lugar vago estava perto do José;
c) o lugar vago estava perto do João;
d) o lugar vago estava perto do Pedro;
e) João estava perto do Paulo.

52. (ESAF) Três amigos, Mário, Nilo e Oscar, juntamente com suas esposas, sentaram-se, ao lado, à beira do cais, para apreciar o pôr-do-sol. Um deles é flamenguista, outro é palmeirense, e outro, vascaíno. Sabe-se, também, que um é arquiteto, outro é biólogo e outro, cozinheiro. Nenhum deles sentou-se ao lado da esposa e nenhuma pessoa sentou-se ao lado de outra do mesmo sexo. As esposas chamam-se, não necessariamente nesta ordem, Regina, Sandra e Tânia.

O arquiteto sentou-se em um dos dois lugares do meio, ficando mais próximo de Regina do que de Oscar ou do que do flamenguista. O vascaíno está sentado em uma das pontas e a esposa do cozinheiro está sentada à sua direita. Mário está sentado entre Tânia, que está à sua esquerda, e Sandra. As esposas de Nilo e de Oscar são, respectivamente:

a) Regina e Sandra;
b) Tânia e Sandra;
c) Sandra e Tânia;
d) Regina e Tânia;
e) Tânia e Regina.

53. (ESAF) Três amigos, Beto, Caio e Dario, juntamente com suas namoradas, sentaram-se, lado a lado, em um teatro, para assistir a um grupo de dança. Um deles é carioca, outro é nordestino, e outro catarinense. Sabe-se, também, que um é médico, outro é engenheiro e outro é professor. Nenhum deles sentou-se ao lado da namorada, e nenhuma pessoa sentou-se ao lado de outra do mesmo sexo. As namoradas chamam-se, não necessariamente nesta ordem, Lúcia, Samanta e Teresa. O médico sentou-se em um dos dois lugares do meio, ficando mais próximo de Lúcia do que de Dario ou do que do carioca. O catarinense está sentado em uma das pontas, e a namorada do professor está sentada à sua direita. Beto está sentado entre Teresa, que está à sua esquerda, e Samanta. As namoradas de Caio e de Dario são, respectivamente:

a) Teresa e Samanta;
b) Samanta e Teresa;
c) Lúcia e Samanta;
d) Lúcia e Teresa;
e) Teresa e Lúcia.

Verdade e Mentira

54. (ESAF) Três irmãs – Ana, Maria e Cláudia – foram a uma festa com vestidos de cores diferentes. Uma vestiu azul, a outra branco e a terceira preto. Chegando à festa, o anfitrião perguntou quem era cada uma delas. A de azul respondeu: "Ana é a que está de branco". A de branco falou: "Eu sou Maria". E a de preto disse: "Cláudia é quem está de branco". Como o anfitrião sabia que Ana sempre diz a verdade; que Maria às vezes diz a verdade e que Cláudia nunca diz a verdade, ele foi capaz de identificar corretamente quem era cada pessoa. As cores dos vestidos de Ana, Maria e Cláudia eram, respectivamente:

a) preto, branco e azul.
b) preto, azul e branco.
c) azul, preto e branco.
d) azul, branco e preto.
e) branco, azul e preto.

55. (FCC) Certo dia, três Técnicos Judiciários - Abel, Benjamim e Caim - foram incumbidos de prestar atendimento ao público, arquivar um lote de documentos e organizar a expedição de correspondências, não respectivamente. Considere que cada um deverá executar um único tipo de tarefa e que, arguidos sobre qual tipo de tarefa deveriam cumprir, deram as seguintes respostas:

- **aquele que irá atender ao público disse que Abel fará o arquivamento de documentos;**
- **o encarregado do arquivamento de documentos disse que seu nome era Abel;**
- **o encarregado da expedição de correspondências afirmou que Caim deverá fazer o arquivamento de documentos.**

Se Abel é o único que sempre diz a verdade, então as respectivas tarefas de Abel, Benjamim e Caim são:

a) atendimento ao público, arquivamento de documentos e expedição de correspondências.
b) atendimento ao público, expedição de correspondências e arquivamento de documentos.
c) arquivamento de documentos, atendimento ao público e expedição de correspondências.
d) expedição de correspondências, atendimento ao público e arquivamento de documentos.
e) expedição de correspondências, arquivamento de documentos e atendimento ao público.

56. (ESAF) Três pessoas – Amália, Beatriz e Cássia – aguardam atendimento em uma fila, em posições sucessivas. Indagadas sobre seus nomes, a que ocupa a primeira posição entre as três diz: "Amália está atrás de mim"; a que está na posição intermediária diz: "Eu sou a Beatriz"; a que ocupa a terceira posição diz: "Cássia é aquela que ocupa a posição intermediária". Considerando que Amália só fala verdade, Beatriz mente algumas vezes e Cássia só fala mentiras, então a primeira, a segunda e a terceira posições são ocupadas respectivamente por:

a) Cássia, Amália e Beatriz;
b) Cássia, Beatriz e Amália;
c) Amália, Beatriz e Cássia;
d) Beatriz, Amália e Cássia;
e) Beatriz, Cássia e Amália.

57. (ESAF) Três rapazes – Alaor, Marcelo e Celso – chegam a um estacionamento dirigindo carros de cores diferentes. Um dirigindo um carro amarelo, o outro um carro bege e o terceiro um carro verde. Chegando ao estacionamento, o manobrista perguntou quem era cada um deles. O que dirigia o carro amarelo respondeu: "Alaor é o que estava dirigindo o carro bege". O que estava dirigindo o carro bege falou: "eu sou Marcelo". E o que estava dirigindo o carro verde disse: "Celso é quem estava dirigindo o carro bege". Como o manobrista sabia que Alaor sempre diz a verdade, que Marcelo às vezes diz a verdade e que Celso nunca diz a verdade, ele foi capaz de identificar quem era cada pessoa. As cores dos carros que Alaor e Celso dirigiam eram, respectivamente, iguais a:

a) amarelo e bege.
b) verde e amarelo.
c) verde e bege.
d) bege e amarelo.
e) amarelo e verde.

58. (FCC) Três irmãos, Huguinho, Zezinho e Luisinho, estão sentados lado a lado em um cinema. Luisinho nunca fala a verdade, Zezinho às vezes fala a verdade e Huguinho sempre fala a verdade. Quem está sentado à direita diz: "Luisinho está sentado no meio". Quem está sentado no meio diz: "Eu sou Zezinho". Por fim, quem está sentado à esquerda diz: "Huguinho está sentando no meio". Quem está sentado à direita, quem está sentado no meio e quem está sentado à esquerda são, respectivamente:

a) Zezinho, Huguinho e Luisinho.
b) Luisinho, Zezinho e Huguinho.
c) Huguinho, Luisinho e Zezinho.
d) Luisinho, Huguinho e Zezinho.
e) Zezinho, Luisinho e Huguinho.

59. (FCC) Sobre a mesa de um Agente de Protocolo há três caixas, cada qual pintada com uma das três cores: branca, preta e vermelha. Diariamente, ele usa uma das caixas para colocar apenas os documentos que recebe, outra para colocar apenas os documentos que deve protocolar e a terceira, apenas os que deve encaminhar a outras seções do Tribunal. Certo dia, para brincar com seus colegas, rotulou as três caixas da forma como é mostrado nas figuras abaixo.

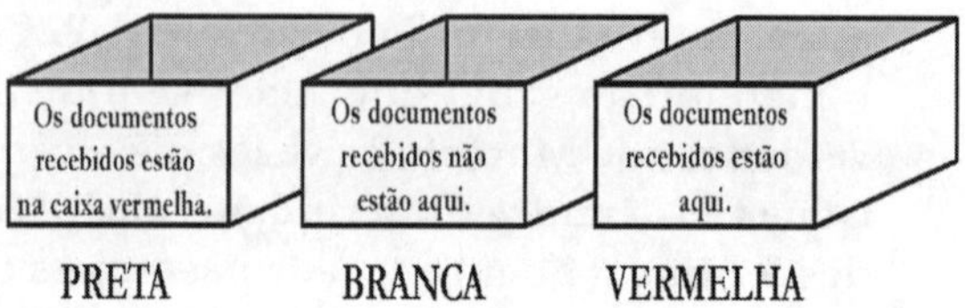

Se somente um dos rótulos dizia a verdade, então, em tal dia, os documentos recebidos, os que deveriam ser protocolados e os que deveria encaminhar, poderiam estar respectivamente nas caixas

a) vermelha, preta e branca.
b) vermelha, branca e preta.
c) branca, preta e vermelha.
d) branca, vermelha e preta.
e) preta, branca e vermelha.

60. (ANPAD) Ângela, Letícia, Heloísa e Denise apostaram uma corrida.

Ângela disse: "Heloísa chegou em segundo e Denise em terceiro".

Letícia disse: "Heloísa ganhou e eu cheguei em segundo".

Heloísa disse: "Denise foi a última e Ângela a segunda".

Sabendo que, em cada afirmação, há uma verdade e uma mentira, quem chegou em último lugar?

a) Ângela.
b) Letícia.
c) Heloísa.
d) Denise.
e) Não é possível saber.

61. (ANPAD) Três casas – A, B e C – foram pintadas, cada uma, com uma das seguintes cores: verde, amarela ou branca, não necessariamente nesta ordem. Sabendo que somente uma das seguintes afirmações é verdadeira:

A é verde;

B não é verde;

C não é amarela;

Então, pode-se afirmar que:

a) A é amarela, B é branca e C é verde;
b) A é amarela, B é verde e C é branca;
c) A é branca, B é verde e C é amarela;
d) A é branca, B é amarela e C é verde;
e) A é verde, B é amarela e C é branca.

62. (FCC) Entre Alberto, Carlos e Eduardo, temos um estatístico, um geógrafo e um matemático, cada um com exatamente uma dessas três profissões. Considere as afirmativas a seguir.

I. Alberto é geógrafo.

II. Carlos não é estatístico.

III. Eduardo não é geógrafo.

Sabe-se que apenas uma das três afirmativas acima é verdadeira, assinale alternativa correta:

a) Alberto é matemático, Carlos é geógrafo e Eduardo é estatístico;
b) Alberto é matemático, Carlos é estatístico e Eduardo é geógrafo;
c) Alberto é estatístico, Carlos é matemático e Eduardo é geógrafo;
d) Alberto é estatístico, Carlos é geógrafo e Eduardo é matemático;
e) Alberto é geógrafo, Carlos é estatístico e Eduardo é matemático.

63. (CESGRANRIO) Em seu aniversário de seis anos, Lucas ganhou exatamente três brinquedos: uma bola, um boneco e uma bicicleta. Cada um destes presentes foi dado pelo pai, pela avó e pela tia de Lucas, não necessariamente nesta ordem. Sabe-se que apenas uma das três afirmações que seguem é verdadeira:

I. a bola foi o presente dado pelo pai de Lucas;

II. o boneco não foi o presente dado pelo pai de Lucas;

III. a bicicleta não foi dada pela tia de Lucas.

A partir destas afirmações, podemos assegurar que os presentes dados a Lucas pelo pai, pela avó e pela tia foram, respectivamente:

a) o boneco, a bicicleta e a bola;
b) a bicicleta, o boneco e a bola;
c) a bola, a bicicleta e o boneco;
d) o boneco, a bola e a bicicleta.

64. (FCC) Cinco seleções foram convidadas para disputar um torneio de handebol: Noruega, Suécia, Dinamarca, França e Alemanha. Solicitou-se a cinco diferentes videntes, antes do torneio, que fizessem previsões sobre os resultados, que se encontram na tabela abaixo:

Vidente	Previsão
1	A equipe campeã não será a França nem a Suécia.
2	O campeão do torneio será a Suécia ou a Alemanha.
3	A Noruega será a campeã.
4	A Dinamarca não será a campeã do torneio.
5	Noruega ou França será a campeã.

Sabendo-se que apenas um dos videntes errou sua previsão, pode-se concluir que a equipe campeã do torneio foi a:

a) Noruega;
b) Suécia;
c) Dinamarca;
d) França;
e) Alemanha.

65. (ESAF) Quatro amigos, André, Beto, Caio e Dênis, obtiveram os quatro primeiros lugares em um concurso de oratória julgado por uma comissão de três juízes. Ao comunicarem a classificação final, cada juiz anunciou duas colocações, sendo uma delas verdadeira e a outra falsa:

Juiz 1: "André foi o primeiro; Beto foi o segundo"
Juiz 2: "André foi o segundo; Dênis foi o terceiro"
Juiz 3: "Caio foi o segundo; Dênis foi o quarto"

Sabendo que não houve empates, o primeiro, o segundo, o terceiro e o quarto colocados foram, respectivamente,

a) André, Caio, Beto, Dênis.
b) Beto, André, Caio, Dênis.
c) Beto, André, Dênis, Caio.
d) André, Caio, Dênis, Beto.
e) Caio, Beto, Dênis, André.

66. (ESAF) Um professor de lógica encontra-se em viagem em um país distante, habitado pelos verdamanos e pelos mentimanos. O que os distingue é que os verdamanos sempre dizem a verdade, enquanto os mentimanos sempre mentem. Certo dia, o professor depara-se com um grupo de cinco habitantes locais. Chamemo-los de Alfa, Beta, Gama, Delta e Épsilon. O professor sabe que um e apenas um no grupo é verdamano, mas não sabe qual deles o é. Pergunta, então, a cada um do grupo quem entre eles é verdamano e obtém as seguintes respostas:

Alfa: "Beta é mentimano"

Beta: "Gama é mentimano"

Gama: "Delta é verdamano"

Delta: "Épsilon é verdamano"

Épsilon, afônico, fala tão baixo que o professor não consegue ouvir sua resposta. Mesmo assim, o professor de lógica conclui corretamente que o verdamano é:

a) Delta;
b) Alfa;
c) Gama;
d) Beta;
e) Épsilon.

67. (ESAF) Cinco aldeões foram trazidos à presença de um velho rei, acusados de haver roubado laranjas do pomar real. Abelim, o primeiro a falar, falou tão baixo que o rei - que era um pouco surdo - não ouviu o que ele disse. Os outros quatro acusados disseram:

- **Bebelim: "Cebelim é inocente".**
- **Cebelim: "Dedelim é inocente".**
- **Dedelim: "Ebelim é culpado".**
- **Ebelim: "Abelim é culpado".**

O mago Merlim, que vira o roubo das laranjas e ouvira as declarações dos cinco acusados, disse então ao rei: "Majestade, apenas um dos cinco acusados é culpado, e ele disse a verdade; os outros quatro são inocentes e todos os quatro mentiram". O velho rei, embora um pouco surdo, muito sábio, logo concluiu que o culpado era:

a) Abelim;
b) Bebelim;
c) Cebelim;
d) Dedelim;
e) Ebelim.

68. (FCC) Em uma cidade há dois irmãos gêmeos, Pedro e Paulo. Pedro sempre mente e Paulo sempre diz a verdade. Uma pessoa fez duas perguntas a eles; um dos irmãos respondeu à primeira, e o outro, à segunda. As perguntas foram:

i) seu nome é Pedro?

ii) como seu irmão responderia à primeira pergunta?

Pode-se afirmar que:

a) As respostas obtidas foram sim e sim.
b) As respostas obtidas foram sim e não.
c) Se a segunda resposta for sim, o interpelado é Pedro.
d) As respostas obtidas foram não e não.
e) As respostas obtidas foram não e sim.

69. (ESAF) Num país há apenas dois tipos de habitantes: os verds; que sempre dizem a verdade e os falcs, que sempre mentem. Um professor de Lógica, recém chegado a este país, é informado por um nativo que glup e plug, na língua local, significam sim e não mas o professor não sabe se o nativo que o informou é verd ou falc. Então ele se aproxima de três outros nativos que estavam conversando juntos e faz a cada um deles duas perguntas:

1º Os outros dois são verds?

2º Os outros dois são falcs?

A primeira pergunta é respondida com glup pelos três mas à segunda pergunta os dois primeiros responderam glup e o terceiro respondeu plug.

Assim, o professor pode concluir que:

a) todos são verds.
b) todos são falcs.
c) somente um dos três últimos é falc e glup significa não.
d) somente um dos três últimos é verd e glup significa sim.
e) há dois verds e glup significa sim.

70. (ESAF) Daniel encontra-se em visita ao país X. Este país é formado por apenas duas tribos, a saber, a tribo dos Nuncamentem e a dos Sempermentem. Embora utilizem exatamente a mesma língua, os Nuncamentem sempre dizem a verdade, e os Semprementem jamais dizem a verdade. Daniel ainda não domina o idioma local. Sabe que "balá" e "melé" são as palavras utilizadas para significar "sim" e "não". O que Daniel não sabe é qual delas significa "sim" e qual delas significa "não". Daniel encontra três amigos, habitantes de X, sem saber quantos deles são Nuncamentem e quantos são Semprementem. Daniel pergunta a cada um dos três separadamente: "Os teus dois amigos são Nuncamentem?". A esta pergunta, todos os três respondem "balá". A seguir, Daniel pergunta a cada um dos três separadamente: "Os teus dois amigos são Semprementem?". A esta pergunta, os dois primeiros respondem "balá", enquanto o terceiro responde "melé". Daniel pode, então, concluir corretamente que:

a) exatamente dois amigos são Semprementem e "balá" significa "sim".
b) exatamente dois amigos são Nuncamentem e "balá" significa "sim".
c) exatamente dois amigos são Semprementem e "balá" significa "não".
d) os três amigos são Semprementem e "balá" significa "não".
e) exatamente dois amigos são Nuncamentem e "balá" significa "não".

71. (ESAF) Percival encontra-se à frente de três portas, numeradas de 1 a 3, cada uma das quais conduz a uma sala diferente. Em uma das salas, encontra-se uma linda princesa; em outra, um valioso tesouro; finalmente, na outra, um feroz dragão. Em cada uma das portas encontra-se uma inscrição:

- **Porta 1: "Se procuras a linda princesa, não entres; ela está atrás da porta 2."**
- **Porta 2: "Se aqui entrares, encontrarás um valioso tesouro; mas cuidado: não entres na porta 3, pois atrás dela encontra-se um feroz dragão."**
- **Porta 3: "Podes entrar sem medo, pois atrás desta porta não há dragão algum."**

Alertado por um mago de que uma e somente uma dessas inscrições é falsa (sendo as duas outras verdadeiras), Percival conclui, então, corretamente que, atrás das portas 1, 2 e 3, encontram-se, respectivamente:

a) o feroz dragão, o valioso tesouro, a linda princesa;
b) a linda princesa, o valioso tesouro, o feroz dragão;
c) o valioso tesouro, a linda princesa, o feroz dragão;
d) a linda princesa, o feroz dragão, o valioso tesouro;
e) o feroz dragão, a linda princesa, o valioso tesouro;

72. (ESAF) O sultão prendeu Aladim em uma sala. Na sala há três portas. Delas, uma e apenas uma conduz à liberdade; as duas outras escondem terríveis dragões. Uma porta é vermelha, outra é azul e a outra branca. Em cada porta há uma inscrição. Na porta vermelha está escrito: "esta porta conduz à liberdade". Na porta azul está escrito: "esta porta não conduz à liberdade". Finalmente, na porta branca está escrito: "a porta azul não conduz à liberdade". Ora, a princesa – que sempre diz a verdade e que sabe o que há detrás de cada porta – disse a Aladim que pelo menos uma das inscrições é verdadeira, mas não disse nem quantas, nem quais. E disse mais a princesa: que pelo menos uma das inscrições é falsa, mas não disse nem quantas nem quais. Com tais informações, Aladim concluiu corretamente que:

a) a inscrição na porta branca é verdadeira e a porta vermelha conduz à liberdade.
b) a inscrição na porta vermelha é falsa e a porta azul conduz à liberdade.
c) a inscrição na porta azul é verdadeira e a porta vermelha conduz à liberdade.
d) a inscrição na porta branca é falsa e a porta azul conduz à liberdade.
e) a inscrição na porta vermelha é falsa e a porta branca conduz à liberdade.

73. (ESAF) Ana encontra-se à frente de três salas cujas portas estão pintadas de verde, azul e rosa. Em cada uma das três salas encontra-se uma e somente uma pessoa - em uma delas encontra-se Luís; em outra, encontra-se Carla; em outra, encontra-se Diana. Na porta de cada uma das salas existe uma inscrição, a saber:

Sala verde: "Luís está na sala de porta rosa"

Sala azul: "Carla está na sala de porta verde"

Sala rosa: "Luís está aqui"

Ana sabe que a inscrição na porta da sala onde Luís se encontra pode ser verdadeira ou falsa. Sabe, ainda, que a inscrição na porta da sala onde Carla se encontra é falsa, e que a inscrição na porta da sala em que Diana se encontra é verdadeira. Com tais informações, Ana conclui corretamente que nas salas de portas verde, azul e rosa encontram-se, respectivamente,

a) Diana, Luís e Carla;
b) Luís, Diana e Carla;
c) Diana, Carla e Luís;
d) Carla, Diana e Luís;
e) Luís, Carla e Diana.

74. (ESAF) Sócrates encontra-se em viagem por um distante e estranho país, formado por apenas duas aldeias, uma grande e outra pequena. Os habitantes entendem perfeitamente o português, mas falam apenas o idioma local, desconhecido por Sócrates. Ele sabe, contudo, que os habitantes da aldeia menor dizem a verdade e os da aldeia maior sempre mentem. Sabe, também, que "Milango" e "Nabungo" são as palavras no idioma local que significam "sim" e "não", mas não sabe qual delas significa "sim" e nem, conseqüen-temente, qual significa "não". Um dia, Sócrates encontra um casal acompanhado de um jovem. Dirigindo-se a ele, e apontando para o casal, Sócrates pergunta:

- **Meu bom jovem, é a aldeia desse homem maior do que a dessa mulher?**
- ***Milango* -, responde o jovem.**
- **E a tua aldeia é maior do que a desse homem? – voltou Sócrates a perguntar.**
- ***Milango* -, tornou o jovem a responder.**
- **E, dize-me ainda, és tu da aldeia maior? – perguntou Sócrates.**
- ***Nabungo* -, disse o jovem.**

Sócrates, sorrindo, conclui corretamente que:

a) o jovem diz a verdade, e o homem é da aldeia grande e a mulher da grande.
b) o jovem mente, e o homem é da aldeia grande e a mulher da pequena.
c) o jovem mente, e o homem é da aldeia grande e a mulher da grande.
d) o jovem diz a verdade, e o homem é da aldeia pequena e a mulher da pequena.
e) o jovem mente, e o homem é da aldeia pequena e a mulher da pequena.

75. (ESAF) Beatriz encontrava-se em viagem por um país distante, habitado pelos vingos e pelos mingos. Os vingos sempre dizem a verdade; já os mingos sempre mentem. Certo dia, vendo-se perdida em uma estrada, Beatriz dirigiu-se a um jovem que por ali passava e perguntou-lhe: "Esta estrada leva à Aldeia Azul?". O jovem respondeu-lhe: Sim, esta estrada leva à Aldeia Azul". Como não soubesse se o jovem era vingo ou mingo, Beatriz fez-lhe outra pergunta: "E se eu te perguntasse se és mingo, o que me responderias?". E o jovem respondeu: "Responderia que sim". Dadas as respostas do jovem, Beatriz pôde concluir corretamente que

a) o jovem era mingo e a estrada não levava à Aldeia Azul.
b) o jovem era mingo e a estrada levava à Aldeia Azul.
c) o jovem era vingo e a estrada não levava à Aldeia Azul.
d) o jovem era vingo e a estrada levava à Aldeia Azul.
e) o jovem poderia ser vingo ou mingo, e a estrada levava à Aldeia Azul.

76. (ESAF) Um professor de Lógica percorre uma estrada que liga, em linha reta, as vilas Alfa, Beta e Gama. Em Alfa, ele avista dois sinais com as seguintes indicações: "Beta a 5km" e "Gama a 7km". Depois, já em Beta, encontra dois sinais com as indicações: "Alfa a 4km" e "Gama a 6km". Ao chegar a Gama, encontra mais dois sinais: "Alfa a 7 km" e "Beta a 3km". Soube, então, que em uma das três vilas, todos os sinais têm indicações erradas; em outra, todos os sinais têm indicações corretas; e na outra um sinal tem indicação correta e outro sinal tem indicação errada (não necessariamente nesta ordem). O professor de Lógica pode concluir, portanto, que as verdadeiras distâncias, em quilômetros, entre Alfa e Beta, e entre Beta e Gama, são, respectivamente:

a) 5 e 3;
b) 5 e 6;
c) 4 e 6;
d) 4 e 3;
e) 5 e 2.

77. **(ESAF) Três suspeitos de haver roubado o colar da rainha foram levados à presença de um velho e sábio professor de Lógica. Um dos suspeitos estava de camisa azul, outro de camisa branca e o outro de camisa preta. Sabe-se que um e apenas um dos suspeitos é culpado e que o culpado às vezes fala a verdade e às vezes mente. Sabe-se, também, que dos outros dois (isto é, dos suspeitos que são inocentes), um sempre diz a verdade e o outro sempre mente. O velho e sábio professor perguntou, a cada um dos suspeitos, qual entre eles era o culpado. Disse o de camisa azul: "Eu sou o culpado". Disse o de camisa branca, apontando para o de camisa azul: "Sim, ele é o culpado". Disse, por fim, o de camisa preta: "Eu roubei o colar da rainha; o culpado sou eu". O velho e sábio professor de Lógica, então, sorriu e concluiu corretamente que:**

a) o culpado é o de camisa azul e o de camisa preta sempre mente;
b) o culpado é o de camisa branca e o de camisa preta sempre mente;
c) o culpado é o de camisa preta e o de camisa azul sempre mente;
d) o culpado é o de camisa preta e o de camisa azul sempre diz a verdade;
e) o culpado é o de camisa azul e o de camisa azul sempre diz a verdade.

78. **(FCC) Numa ilha dos mares do sul convivem três raças distintas de ilhéus: os zel(s) só mentem, os del(s) só falam a verdade e os mel(s) alternadamente falam verdades e mentiras – ou seja, uma verdade, uma mentira, uma verdade, uma mentira –, mas não se sabe se começaram falando uma ou outra.**

Encontramos com três nativos, Sr. A, Sr. B, Sr. C, um de cada uma das raças. Observe bem o diálogo que travamos com o Sr. C.

Nós: – Sr. C, o senhor é da raça zel, del ou mel?

Sr. C: – Eu sou mel. (1ª resposta)

Nós: – Sr. C, e o senhor A, de que raça é?

Sr. C: – Ele é zel. (2ª resposta)

Nós: – Mas então o Sr. B é del, não é isso, Sr. C?

Sr. C: – Claro, senhor! (3ªresposta)

Nessas condições, é verdade que os senhores A, B e C são, respectivamente:

a) del, zel, mel;
b) del, mel, zel;
c) mel, del, zel;
d) zel, del, mel;
e) zel, mel, del.

79. **(ESAF) Fernanda atrasou-se e chega ao estádio da Ulbra quando o jogo de vôlei já está em andamento. Ela pergunta às suas amigas, que estão assistindo à partida, desde o início, qual o resultado até o momento. Suas amigas dizem-lhe:**

Amanda: Neste set, o escore está 13 a 12.

Berenice: O escore não está 13 a 12, e a Ulbra já ganhou o primeiro set.

Camila: Este set está 13 a 12, a favor da Ulbra.

Denise: O escore não está 13 a 12, a Ulbra está perdendo este set, e quem vai sacar é a equipe visitante.

Eunice: Quem vai sacar é a equipe visitante, e a Ulbra está ganhando este set.

Conhecendo suas amigas, Fernanda sabe que duas delas estão mentindo e que as demais estão dizendo a verdade. Conclui, então, corretamente, que:

a) o escore está 13 a 12, e a Ulbra está perdendo este set, e quem vai sacar é a equipe visitante.
b) o escore está 13 a 12, e a Ulbra está vencendo este set, e quem vai sacar é a equipe visitante.
c) o escore não está 13 a 12, e a Ulbra está vencendo este set, e quem vai sacar é a equipe visitante.
d) o escore não está 13 a 12, e a Ulbra não está vencendo este set, e a Ulbra venceu o primeiro set.
e) o escore está 13 a 12, e a Ulbra vai sacar, e a Ulbra venceu o primeiro set.

80. **(ESAF) Pedro encontra-se à frente de três caixas, numeradas de 1 a 3. Cada uma das três caixas contém um e somente um objeto. Uma delas contém um livro; outra, uma caneta; outra, um diamante. Em cada uma das caixas existe uma inscrição, a saber:**

Caixa 1: "O livro está na caixa 3."
Caixa 2: "A caneta está na caixa 1."
Caixa 3: "O livro está aqui."

Pedro sabe que a inscrição da caixa que contém o livro pode ser verdadeira ou falsa. Sabe, ainda, que a inscrição da caixa que contém a caneta é falsa, e que a inscrição da caixa que contém o diamante é verdadeira. Com tais informações, Pedro conclui corretamente que nas caixas 1, 2 e 3 estão, respectivamente:

a) a caneta, o diamante, o livro;
b) o livro, o diamante, a caneta;
c) o diamante, a caneta, o livro;
d) o diamante, o livro, a caneta;
e) o livro, a caneta, o diamante.

81. (ESAF) Depois de um assalto a um banco, quatro testemunhas deram quatro diferentes descrições do assaltante segundo quatro características, a saber: estatura, cor de olhos, tipo de cabelos e usar ou não bigode.

Testemunha 1: "Ele é alto, olhos verdes, cabelos crespos e usa bigode."

Testemunha 2: "Ele é baixo, olhos azuis, cabelos crespos e usa bigode."

Testemunha 3: "Ele é de estatura mediana, olhos castanhos, cabelos lisos e usa bigode."

Testemunha 4: "Ele é alto, olhos negros, cabelos crespos e não usa bigode."

Cada testemunha descreveu corretamente uma e apenas uma das características do assaltante, e cada característica foi corretamente descrita por uma das testemunhas. Assim, o assaltante é:

a) baixo, olhos azuis, cabelos lisos e usa bigode.
b) alto, olhos azuis, cabelos lisos e usa bigode.
c) baixo, olhos verdes, cabelos lisos e não usa bigode.
d) estatura mediana, olhos verdes, cabelos crespos e não usa bigode.
e) estatura mediana, olhos negros, cabelos crespos e não usa bigode.

Gabarito

01. B	02. C	03. D	04. E	05. C
06. C	07. C	08. D	09. C	10. D, E
11. A	12. A	13. B	14. B	15. D
16. C	17. E	18. C	19. D	20. A
21. C	22. B	23. E	24. C	25. C
26. E	27. B	28. A	29. E	30. E
31. B	32. C	33. B	34. D	35. B
36. C	37. A	38. E	39. B	40. A
41. B	42. B	43. C	44. E	45. C
46. D	47. B	48. D	49. A	50. E
51. A	52. C	53. B	54. B	55. D
56. E	57. C	58. C	59. E	60. B
61. B	62. C	63. A	64. A	65. D
66. D	67. C	68. C	69. C	70. E
71. E	72. E	73. C	74. C	75. A
76. E	77. A	78. B	79. B	80. C
81. C				

5. Habilidades

1. Raciocínio Aritmético
2. Princípio de Contagem
3. Relação por Analogia
4. Habilidade Visio-espacial
5. Habilidade Orientação Espacial
6. Raciocínio Verbal
7. Dados
8. Calendário

1. Raciocínio Aritmético

São situações-problema que envolvem apenas as operações de adição, subtração, multiplicação, divisão e potenciação. Os conhecimentos básicos envolvidos são sobre as técnicas operatórias envolvidas em cada uma das operações.

Vejamos o exercício resolvido abaixo:

ER1. (FCC) Considere que, em cada uma das figuras seguintes, o número no interior do círculo central é resultado de uma operação com os demais números.

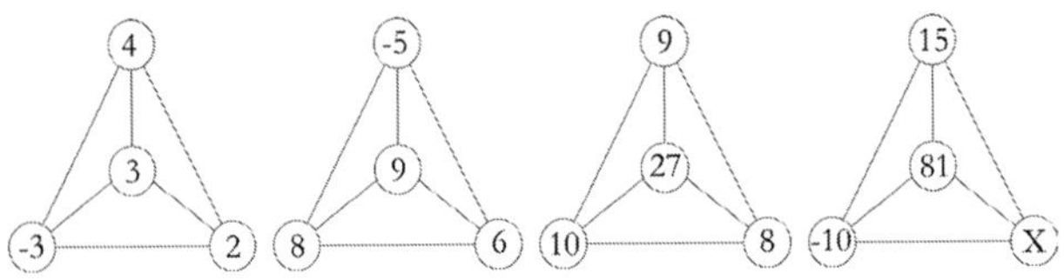

Nessas condições, o valor de x é igual a

a) 72
b) 73
c) 74
d) 75
e) 76

Resolução:
Conforme o enunciado, o número no interior do círculo central é resultado de uma operação com os demais números. A operação usada entre os três elementos dos vértices dos triângulos para se obter o número interno é a soma. Vamos fazer o teste para os três primeiros triângulos:

$4 + 2 + (-3) = 3$
$(-5) + 6 + 8 = 9$
$9 + 10 + 8 = 27$

Portanto, para o quarto triângulo, teremos:
$15 + (-10) + x = 81 \Leftrightarrow x = 81 - 5 \Leftrightarrow x = 76.$

Exercícios de Fixação

01. (FCC) O esquema abaixo representa a multiplicação do 7 por um número de quatro algarismos distintos, na qual alguns algarismos foram substituídos por retângulos.

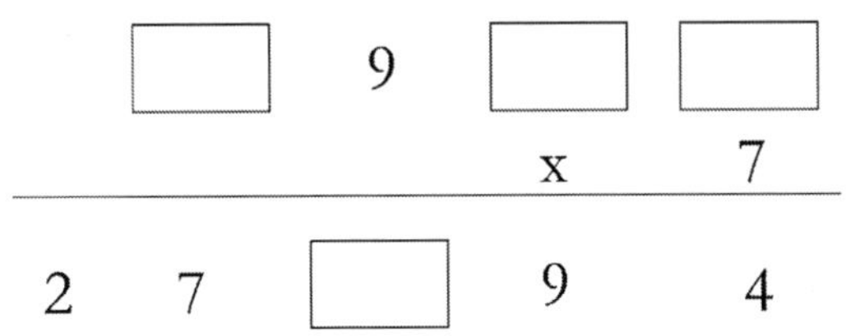

Sobre os quatro algarismos desconhecidos, é verdade que

a) três são pares e um é ímpar.
b) um é par e três são ímpares.
c) todos são pares.
d) todos são ímpares.
e) dois são pares e dois são ímpares.

02. (FCC) Você faz parte de um grupo de pessoas que estão sentadas em torno de uma grande mesa circular. Um pacote com 25 balas deve ser passado sucessivamente para as pessoas ao redor da mesa, de modo que cada uma se sirva de uma única bala e passe o pacote com as balas restantes para a pessoa sentada à sua direita. Se você pegar a primeira e a última bala do pacote, considerando que pode ter se servido de outras, o total de pessoas sentadas nessa mesa poderia ser

a) 7
b) 9
c) 12
d) 13
e) 15

03. (FCC) Chama-se persistência de um número inteiro e positivo o número de etapas necessárias para, através de operações sucessivas, obter-se um número de um único algarismo. Como é mostrado no exemplo seguinte, a persistência do número 1642 é 3:

$$1642 \xrightarrow{1\times6\times4\times2} 48 \xrightarrow{4\times8} 32 \xrightarrow{3\times2} 6$$

Com base na definição e no exemplo dados, é correto afirmar que a persistência do número 27 991 é

a) menor que 4.
b) 4.
c) 5.
d) 6.
e) maior que 6.

04. (FCC) O triângulo seguinte é composto de uma sucessão de números ímpares positivos. Observe que, em cada linha, a soma dos elementos sugere uma regra geral.

$$\begin{array}{ccc} 1 & = & 1 \\ 3+5 & = & 8 \\ 7+9+11 & = & 27 \\ 13+15+17+19 & = & 64 \\ 21+23+25+27+29 & = & 125 \end{array}$$

Nessas condições, a soma dos elementos da 30ª linha desse triângulo é um número compreendido entre

a) 2500 e 3000
b) 3000 e 3500
c) 20000 e 25000
d) 25000 e 30000
e) 30000 e 35000

05. (FCC) O esquema abaixo apresenta a operação de adição de três números inteiros, cada um dos quais teve um de seus algarismos substituído pelas letras X, Y, Z e T.

```
  234X
 +1Y71
  37Z5
 -----
  T754
```

Para que a soma obtida esteja correta, X, Y, Z e T devem ser tais que X + Y + Z + T é igual a

a) 15
b) 18
c) 20
d) 24
e) 26

06. (ESAF) A operação $\alpha = 3x^3$ é definida como o triplo do cubo de x, e a operação $\beta = \frac{1}{x}$ é definida como o inverso de x. Assim, o valor da expressão $\alpha^2 \cdot \left(\frac{5}{3}\right)^2 \cdot \beta^6$ é igual a:

a) 15;
b) 20;
c) 25;
d) 45;
e) 30.

07. (CESGRANRIO) Na sequência A B C D E A B C D E A B C D E A ..., a letra que ocupa a 728ª posição é

a) A
b) B
c) C
d) D
e) E

08. (CESGRANRIO) Os anos bissextos têm 366 dias, um a mais do que aqueles que não são bissextos. Esse dia a mais é colocado sempre no final do mês de fevereiro, que, nesses casos, passa a terminar no dia 29. Certo ano bissexto começou em uma segunda-feira. O primeiro dia do mês de março foi um(a)

a) domingo.
b) sábado.
c) sexta-feira.
d) quinta-feira.
e) quarta-feira.

09. (FCC) Um fato curioso ocorreu com meu pai em 22 de outubro de 1932. Nessa data, dia de seu aniversário, ele comentou com seu avô que sua idade era igual ao número formado pelos dois últimos algarismos do ano de seu nascimento. Ficou, então, muito surpreso quando seu avô, que igualmente fazia aniversário na mesma data, observou que o mesmo ocorria com a sua idade. Nessas condições, é correto afirmar que a diferença positiva entre as idades de meu pai e desse meu bisavô, em anos, é

a) 40;
b) 42;
c) 45;
d) 47;
e) 50.

10. (FCC) No esquema abaixo é apresentado uma sequência de operações que devem ser feitas, a partir de um número X, até que obtenha como resultado final o número 75.

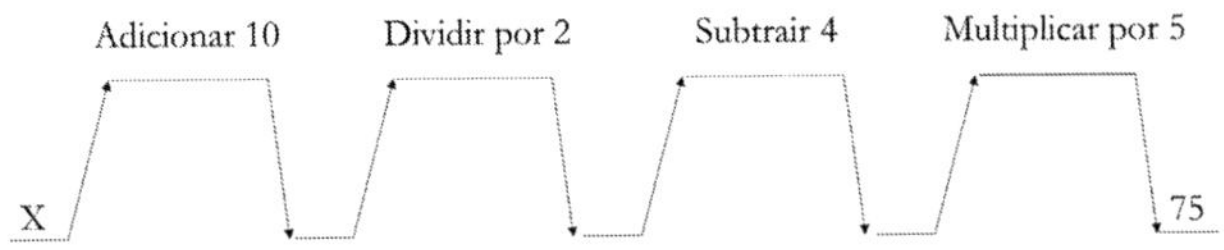

O número X está compreendido entre

a) 0 e 30
b) 30 e 50
c) 50 e 70
d) 70 e 80
e) 80 e 100

Gabarito

01. E	**02. C**	**03. A**	**04. D**	**05. D**
06. C	**07. C**	**08. C**	**09. E**	**10. A**

Exercícios de Concursos

01. **(ESAF) Dado um número inteiro e positivo N, chama-se *persistência* de N a quantidade de etapas que são necessárias para que, através de uma sequência de operações preestabelecidas efetuadas a partir de N, seja obtido um número de apenas um dígito. O exemplo seguinte mostra que a persistência do número 7 191 é 3:**

$$\underset{}{7191} \xrightarrow[7\times1\times9\times1]{} 63 \xrightarrow[6\times3]{} 18 \xrightarrow[1\times8]{} 8$$

Com base na definição e no exemplo dados, é correto afirmar que a *persistência* do número 8 464 é

a) menor que 4;
b) 4;
c) 5;
d) 6;
e) maior que 6.

02. **(FCC) Observe o diagrama.**

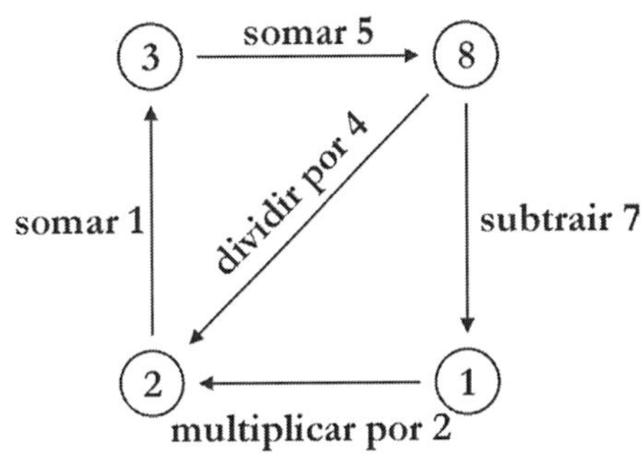

Usando a mesma ideia, é possível determinar os números do interior de cada um dos 4 círculos do diagrama a seguir.

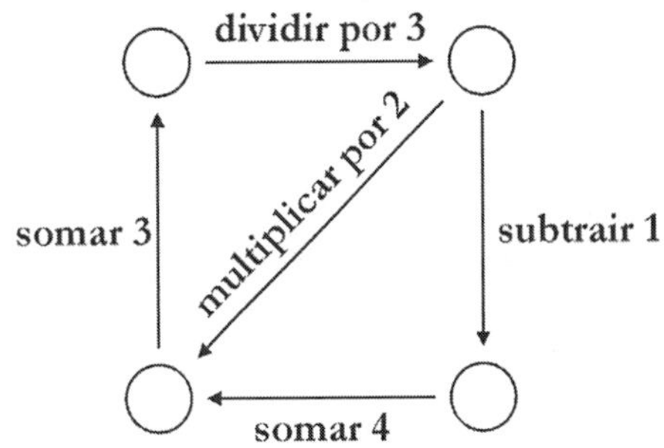

Desses quatro números, o:

a) menor é 3;
b) menor é 4;
c) maior é 6;
d) maior é 9;
e) maior é 12.

03. (FCC) Considere a sequência de igualdades seguintes:

$1^3 = 1^2 - 0^2$
$2^3 = 3^2 - 1^2$
$3^3 = 6^2 - 3^2$
$4^3 = 10^2 - 6^2$
•
•
•

É correto afirmar que a soma:

$1^3 + 2^3 + 3^3 + 4^3 + 5^3 + 6^3 + 7^3 + 8^3$ é igual a:

a) 48^2;
b) 46^2;
c) 42^2;
d) 38^2;
e) 36^2.

04. (FCC) Analise a sequência abaixo.

$1 \times 9 + 2 = 11$
$12 \times 9 + 3 = 111$
$123 \times 9 + 4 = 1111$
••••••••••••••••••••••••••••
••••••••••••••••••••••••••••

Nessas condições, quantas vezes o algarismo 1 aparece no resultado de $12345678 \times 9 + 9$?

a) 9.
b) 10.
c) 11.
d) 12.
e) 13.

05. (FCC) Considere a seguinte sequência de cálculos:

$11^2 = 121$
$111^2 = 12321$
$1\,111^2 = 1234321$
$11\,111^2 = 123454321$
•
•
•

A soma dos algarismos do número que se obtém calculando $111\,111\,111^2$ é:

a) um quadrado perfeito;
b) maior que 100;
c) menor que 70;
d) divisível por 5;
e) um número primo.

06. (FCC) Uma pessoa tem 7 bolas de mesmo peso e, para calcular o peso de cada uma, colocou 5 bolas em um dos pratos de uma balança e o restante junto com uma barra de ferro de 546 gramas, no outro prato. Com isso, os pratos da balança ficaram totalmente equilibrados. O peso de cada bola, em gramas, é um número:

a) maior que 190.
b) entre 185 e 192.
c) entre 178 e 188.
d) entre 165 e 180.
e) menor que 170.

07. (FCC) Michael, Rubinho e Ralf decidiram organizar um desafio para definir qual deles era o melhor nadador. Seriam realizadas n provas ($n > 1$), sendo atribuídos, em cada prova, x pontos para o primeiro colocado, y para o segundo e z para o terceiro, não havendo possibilidade de empate em qualquer colocação. Ao final do desafio, Michael acumulou 25 pontos, Rubinho 21 pontos e Ralf 9 pontos. Sendo x, y e z números inteiros e positivos, o valor de n é:

a) 3;
b) 5;
c) 7;
d) 9;
e) 11.

08. (FCC) Quando a brincadeira começa, Ana tem duas bolinhas, Branca tem três, Carla tem quatro, Daniela tem cinco, Elisa tem seis e Fabiana tem sete. Ana vai passar bolinhas para Branca, que passará para Carla, que passará para Daniela, que passará para Elisa, que passará para Fabiana, que passará para Ana, e assim por diante. O jogo tem a seguinte regra: quem tem um número par de bolinhas, no total, passa a metade de suas bolinhas para a seguinte. Quem primeiro ficar com o número ímpar de bolinhas será eliminada e o jogo continuará apenas com as demais. Desse modo, se Ana começa, a primeira eliminada será:

a) Ana;
b) Branca;
c) Carla;
d) Daniela;
e) Elisa.

09. (CESGRANRIO) Uma menina chamada Maria tem um irmão chamado João. Maria e João têm outros irmãos e irmãs. João tem tantos irmãos quanto irmãs. Maria tem de irmãos o dobro que de irmãs. A partir destas informações, é correto concluir que, nesta família, o número total de crianças (meninos e meninas) é de:

a) 9;
b) 8;
c) 7;
d) 6.

10. (ESAF) Ao final de um torneio de tênis com 64 participantes, onde todas as partidas são eliminatórias, o campeão terá jogado:

a) 4 vezes;
b) 5 vezes;
c) 6 vezes;
d) 7 vezes;
e) 8 vezes.

11. (FCC) Certo dia, X funcionários e o presidente de empresa em que trabalham estavam sentados em torno de uma mesa circular. Num dado momento, o presidente começou a passar aos funcionários um pacote com 29 balas e, sucessivamente, cada um retirou uma única bala a cada passagem do pacote. Considerando que $1 < X < 15$ e que o presidente retirou a primeira e a última bala do pacote, o número de funcionários que estavam sentados à mesa poderia ser

a) 14
b) 12
c) 9
d) 6
e) 4

12. (FCC) Um fato curioso ocorreu em uma família no ano de 1936. Nesse ano, Ribamar tinha tantos anos quanto expressavam os dois últimos algarismos do ano em que nascera e, coincidentemente, o mesmo ocorria com a idade de seu pai. Nessas condições, em 1936, a soma das idades de Ribamar e de seu pai, em anos, era igual a:

a) 76;
b) 78;
c) 82;
d) 84;
e) 86.

13. (FCC) Em um dado instante, um elevador estava parado no andar médio de um prédio. A partir de então, ele recebeu algumas chamadas que o fizeram deslocar-se sucessivamente: subiu quatro andares, desceu seis, subiu oito e, quando subiu mais quatro andares, chegou ao último andar do edifício. O total de andares desse prédio era

a) 21
b) 19
c) 15
d) 13
e) 11

14. (CESGRANRIO) Pensei num número. Multipliquei-o por 2 e adicionei 13 ao resultado. Peguei o novo número obtido e apliquei a mesma regra, ou seja, multipliquei-o por 2 novamente e somei 13 ao resultado. Apliquei novamente a regra ao novo resultado, ou seja, multipliquei-o por 2 e adicionei 13 ao resultado, obtendo resultado final, que foi 147. O número em que pensei é:

a) par e maior que 5;
b) ímpar e maior que 8;
c) par e menor que 10;
d) ímpar e menor que 8;
e) par e igual ou maior que 6.

15. (FCC) Se N é o menor número inteiro positivo que multiplicado por 77 resulta em um número inteiro cujos algarismos são todos iguais a 9, então a soma dos algarismos de N é:

a) 36;
b) 34;
c) 31;
d) 29;
e) 27.

16. (FCC) Seja N um número inteiro cujo produto por 9 é igual a um número natural em que todos os algarismos são iguais a 1. A soma dos algarismos de N é:

a) 27;
b) 29;
c) 33;
d) 37;
e) 45.

17. (FCC) Seja N o menor número inteiro positivo que multiplicado por 33 dá um produto cujos algarismos são todos iguais a 7. É correto afirmar que:

a) N é par;
b) o algarismo das unidades de N é 7.
c) o algarismo das dezenas de N é menor que 4;
d) o algarismo das centenas de N é maior que 5;
e) a soma dos algarismos de N é igual a 25.

18. (ESAF) A operação ∴ é definida por a ∴ b = ab – a – b para quaisquer números reais a e b. Então, o valor de {a ∴ [(a ∴ b) – (b ∴ a)]} ∴ 1 é:

a) ab;
b) a;
c) b;
d) 0;
e) -1.

19. (ESAF) A operação ∇x é definida como o triplo do cubo de x, e a operação Ωx é definida como o inverso de x. Assim, o valor da expressão $\nabla 3^{\frac{2}{3}} - (\sqrt{2})^{\Omega \frac{1}{2}}$ é igual a:

a) 15;
b) 20;
c) 25;
d) 45;
e) 30.

20. (FGV) Se a é um número inteiro positivo, define-se uma operação & como $a^{\&} = 3a - 2$. Considere a sequência $(a_1, a_2, a_3, ..., a_n, ...)$ cujo termo geral é $a_n = (n^{\&})^{\&}$, para todo n = 1, 2, 3, ... A soma do terceiro e quinto termos dessa sequência é igual a:

a) 42;
b) 46;
c) 48;
d) 52;
e) 56.

21. (FCC) Considere que a tábua abaixo define uma operação, sobre o conjunto E = {1, 2, 3, 4, 5}.

Δ	1	2	3	4	5
1	5	4	3	2	1
2	4	3	2	1	5
3	3	2	1	5	4
4	2	1	5	4	3
5	1	5	4	3	2

Assim, por exemplo, 5 Δ (4 Δ 3) = 5 Δ 5 = 2.

Nessas condições, se x é um elemento de E, tal que, [(4 Δ 3) Δ (2 Δ 5)] Δ x = 1, então o valor de x é:

a) 1;
b) 2;
c) 3;
d) 4;
e) 5.

22. (FCC) A tabela seguinte é a de uma operação definida sobre o conjunto E = {a, b, c, d, e}.

Δ	a	b	c	d	e
a	a	b	c	d	e
b	b	c	d	e	a
c	c	d	e	a	b
d	d	e	a	b	c
e	e	a	b	c	d

Assim, por exemplo, temos: (b Δ d) Δ c = e Δ c = b.

Nessas condições, se x ∈ E e d Δ x = c Δ (b Δ e), então x é igual a:

a) a;
b) b;
c) c;
d) d;
e) e.

23. (VUNESP) Analise a sequência.

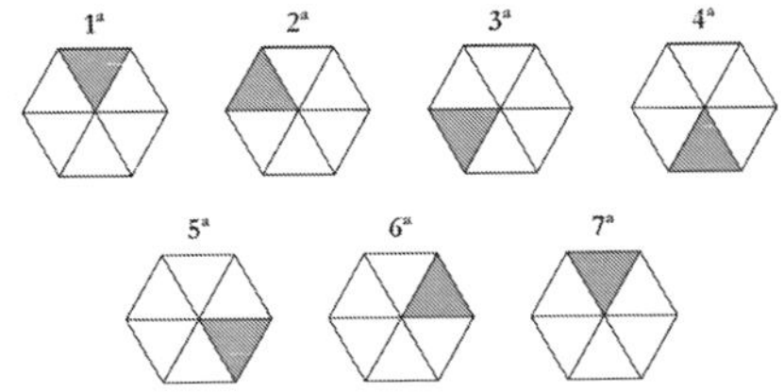

Admitindo-se que a regra de formação das figuras seguintes permaneça a mesma, pode-se afirmar que a figura que ocuparia a 778ª posição dessa sequência é:

a) 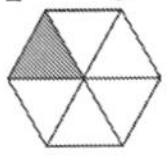

b) 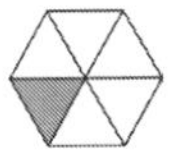

c) 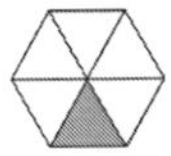

d) 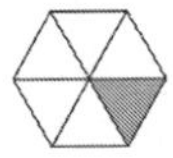

e) 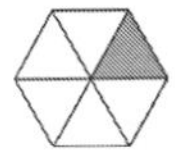

24. (FCC) Considere a sequência de figuras:

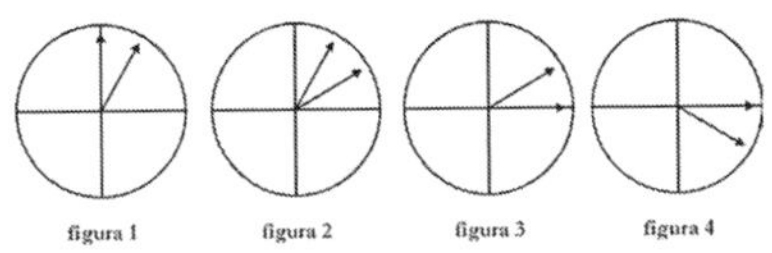

Mantendo a mesma lei de formação, a 1ª figura é igual a:

a) 11ª figura;
b) 12ª figura;
c) 13ª figura;
d) 14ª figura;
e) 15ª figura.

25. (FCC) Em um corredor há 30 armários, numerados de 1 a 30, inicialmente todos fechados. Suponha que 30 pessoas, numeradas de 1 a 30, passem sucessivamente por esse corredor, comportando-se da seguinte maneira: a pessoa de número k reverte o estado de todos os armários cujos números são múltiplos de k. Por exemplo, a de número 3 reverte o estado dos armários de números 3, 6, 9, 12, ..., 30, abrindo os que encontra fechados e fechando os que encontra abertos. Nessas condições, após todas as pessoas passarem uma única vez pelo corredor, o total de armários que estarão abertos é:

a) 4;
b) 5;
c) 6;
d) 7;
e) 8.

26. (FCC) No vestiário de um hospital há exatamente 30 armários que são usados por exatamente 30 enfermeiros. Curiosamente, certo dia em que todos os armários estavam fechados, tais enfermeiros entraram no vestiário um após o outro, adotando o seguinte procedimento:

– o primeiro a entrar, abriu todos os armários;
– o segundo, fechou todos os armários de números pares (2, 4, 6, ..., 30) e manteve a situação dos demais;
– o terceiro, inverteu a situação a cada três armários (3º, 6º, 9º, ..., 30º), ou seja, abriu os que estavam fechados e fechou os que estavam abertos, mantendo a situação dos demais;
– o quarto, inverteu a situação a cada quatro armários (4º, 8º, 12º, ..., 28º), mantendo a situação dos demais;
– e, da mesma forma, ocorreu sucessivamente o procedimento dos demais enfermeiros.

Com certeza, após a passagem de todos os enfermeiros pelo vestiário, os armários de números 9, 16 e 28 ficaram, respectivamente:

a) aberto, aberto e fechado;
b) aberto, fechado e aberto;
c) fechado, aberto e aberto;
d) aberto, aberto e aberto;
e) fechado, fechado e fechado.

27. (FCC) Ana e Júlia, ambas filhas de Márcia, fazem aniversário no mesmo dia. Ana, a mais velha, tem olhos azuis; Júlia, a mais nova, tem olhos castanhos. Tanto o produto como a soma das idades de Ana e Júlia, consideradas as idades em número de anos completados, são iguais a números primos. Segue-se que a idade de Ana – a filha de olhos azuis –, em número de anos completados, é igual

a) à idade de Júlia mais 7 anos;
b) ao triplo da idade de Júlia;
c) à idade de Júlia mais 5 anos;
d) ao dobro da idade de Júlia;
e) à idade de Júlia mais 11 anos.

28. (FCC) Imagine os números inteiros de 1 a 6000, escritos na disposição que se vê abaixo:

1ª linha:	1	2	3	4	5	6
	7	8	9	10	11	12
	:	:	:	:	:	:

Qual é o número escrito na 5ª coluna da 243ª linha?

a) 961
b) 1059
c) 1451
d) 1457
e) 3151

29. (FCC) Abaixo apresentam-se as três primeiras linhas de uma tabela composta por mais de 20 linhas. O padrão de organização observado mantém-se para a tabela toda.

1	2	4	8	16
1	3	9	27	81
1	4	16	64	256
•	•	•	•	•
•	•	•	•	•
•	•	•	•	•

Nessa tabela, o número localizado na 7ª linha e 3ª coluna é

a) 64
b) 49
c) 36
d) 8
e) 7

30. (FCC) Observe a sequência de quadrados com os respectivos números em seus vértices:

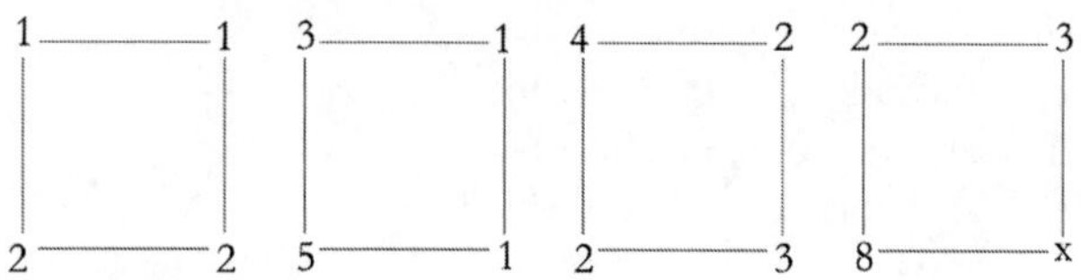

Para cada quadrado, calculando a soma dos produtos dos números de dois vértices não consecutivos, obtém-se uma sucessão de números que obedecem a uma lei de formação. Nessas condições, x é igual a

a) 8
b) 7
c) 6
d) 5
e) 4

31. (FCC)

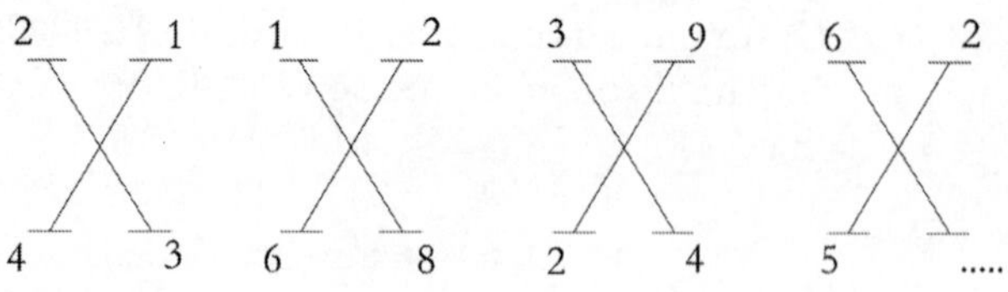

a) 5
b) 6
c) 7
d) 8
e) 9

32. (FCC) O diagrama abaixo apresenta o algoritmo da adição de dois números inteiros, no qual alguns algarismos foram substituídos pelas letras A, B, C e D.

```
  7 B 2 5 A
+   D C B 5
-----------
  E 8 A 8 6
```

Determinando-se corretamente esses algarismos, verifica-se que:

a) A + C = 2.D;
b) B + D = E;
c) B – A = D;
d) C = 2.B;
e) C – E = A.

33. (FCC) O esquema abaixo representa a subtração de dois números inteiros, na qual alguns algarismos foram substituídos pelas letras X, Y, Z e T.

```
  49X6
 –Y09Z
 -----
  3T84
```

Obtido o resultado correto, a soma de X + Y + Z + T é igual a:

a) 12;
b) 14;
c) 15;
d) 18;
e) 21.

34. (FCC) No esquema seguinte, que representa a multiplicação de dois números inteiros, alguns algarismos foram substituídos pelas letras X, Y, Z e T.

```
    3X56
      7Y
  ------
   31Z48
  27692
  ------
  30YT68
```

Considerando que letras distintas correspondem a algarismos distintos, para que o produto obtido seja o correto, X, Y, Z e T devem ser tais que:

a) X + Y = T + Z;
b) X – Z = T – Y;
c) X + T = Y + Z;
d) X + Z < Y + T;
e) X + Y + Z + T < 25.

35. **(FCC) Considere o número inteiro e positivo X4Y, em que X e Y representam os algarismos das centenas e das unidades, respectivamente. Sabendo que 15.480 ÷ (X4Y) = 24, então X4Y é um número compreendido entre:**
a) 800 e 1.000;
b) 600 e 800;
c) 400 e 600;
d) 200 e 400;
e) 100 e 200.

36. **(ESAF) Na soma de três parcelas mostradas abaixo, cada letra representa um dígito numérico distinto:**

A	B	C
D	E	F
G	H	I
....		
J	J	J

Sabendo-se que A, D e G são diferentes de zero, o valor de J é:
a) 5;
b) 6;
c) 7;
d) 8;
e) 9.

37. **(FCC) Perguntado sobre a quantidade de livros do acervo de uma biblioteca do Tribunal de Contas do Estado da Paraíba, o funcionário responsável pelo setor, que era aficionado em matemática, deu a seguinte resposta: "O total de livros do acervo é o resultado da adição de dois números inteiros naturais, que no esquema abaixo, comparecem com seus algarismos substituídos por letras".**

```
  M A R R A
+ M A R R A
-----------
  T O R T A
```

Considerando que letras distintas correspondem a algarismos distintos, então, ao ser decifrado corretamente, o código permitirá concluir que o total de livros do acervo dessa biblioteca é um número:
a) menor que 70.000;
b) compreendido entre 70.000 e 75.000;
c) compreendido entre 75.000 e 80.000;
d) compreendido entre 80.000 e 85.000;
e) maior que 85.000.

38. **(FCC) Considere o seguinte criptograma aritmético, ou seja, um esquema operatório codificado, em que cada letra corresponde a um único algarismo do sistema decimal de numeração.**

$$(PA)^2 = SPA$$

Determinados os números que satisfazem a sentença dada, com certeza pode-se afirmar que SPA é um número compreendido entre:
a) 100 e 250;
b) 250 e 500;
c) 500 e 600;
d) 600 e 850;
e) 850 e 999.

39. **(FGV) Indagado sobre a quantidade de projetos desenvolvidos nos últimos 10 anos em sua área de trabalho, um Analista Legislativo que era aficionado em matemática respondeu o seguinte: *"O total de projetos é igual ao número que, no criptograma matemático abaixo, corresponde à palavra* ESSO".**

$$(SO)^2 = ESSO$$

Considerando que, nesse criptograma, letras distintas equivalem a algarismos distintos escolhidos de 1 a 9, então, ao decifrar corretamente esse enigma, conclui-se que a quantidade de projetos à qual ele se refere é um número:
a) menor que 5.000;
b) compreendido entre 5.000 e 6.000;
c) compreendido entre 6.000 e 7.000;
d) compreendido entre 7.000 e 8.000;
e) maior que 8.000.

40. **(FCC) No quadro seguinte, os símbolos ♥ e ♣ substituem as operações que devem ser efetuadas em cada linha a fim de obter-se o correspondente resultado que se encontra na coluna da extrema direita.**

18	♥	2	♣	5	=	4
44	♥	4	♣	6	=	5
65	♥	5	♣	4	=	?

Para que o resultado da terceira linha seja o correto, o ponto de interrogação deverá ser substituído pelo número:
a) 8;
b) 9;
c) 10;
d) 11;
e) 12.

41. (FCC) No quadro seguinte, as letras A e B substituem os símbolos das operações que devem ser efetuadas em cada linha a fim de obter-se o correspondente resultado que se encontra na coluna da extrema direita.

6	A	3	B	2	=	0
8	A	2	B	1	=	3
10	A	2	B	2	=	?

Para que o resultado da terceira linha seja correto, o ponto de interrogação deverá ser substituído pelo número:

a) 6;
b) 5;
c) 4;
d) 3;
e) 2.

42. (FCC) Considere que os símbolos ♦ e ♠, que aparecem no quadro seguinte, substituem as operações que devem ser efetuadas em cada linha a fim de obter-se o resultado correspondente, que se encontra na coluna da extrema direita.

36	♦	4	♠	5	=	14
48	♦	6	♠	9	=	17
54	♦	9	♠	7	=	?

Para que o resultado da terceira linha seja o correto, o ponto de interrogação deverá ser substituído pelo número:

a) 16;
b) 15;
c) 14;
d) 13;
e) 12.

43. (FCC) São dadas quatro sequências de três cartas, em duas das quais aparecem duas cartas viradas.

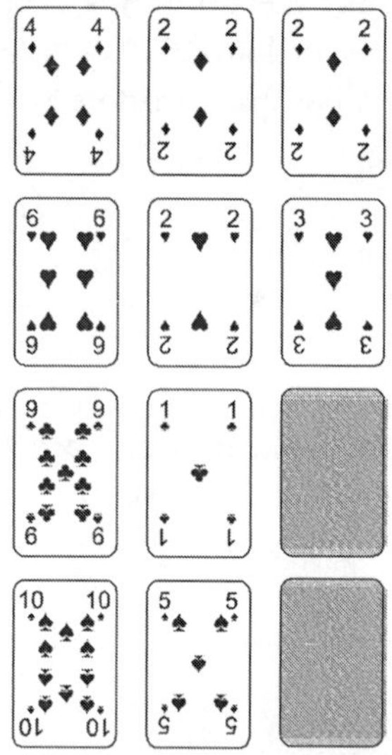

Se todas as linhas obedecem a um mesmo padrão, o números marcados nas cartas viradas da 3ª e 4ª linhas são, respectivamente:

a) 6 e 10;
b) 9 e 2;
c) 10 e 5;
d) 6 e 9;
e) 9 e 6.

44. (FCC)

3	z	8	6			4	y	1
	2		x	5	8		3	
4	5	9	7			2		

Um jogo é constituído de 27 quadrados numa grade de 3 x 9 quadrados. Essa grade é subdividida em 3 grades menores de 3 x 3 quadrados. Esses quadrados devem ser preenchidos com os números de 1 a 9, obedecidas as seguintes exigências:

- **em cada uma das três fileiras horizontais, cada um dos números de 1 a 9 deve aparecer uma única vez;**
- **em cada uma das três grades menores, cada um dos números de 1 a 9 deve aparecer uma única vez.**

É correto afirmar que x + y + z vale:

a) 16;
b) 15;
c) 13;
d) 11;
e) 10.

45. (FCC) O *Mini Sudoku* é um divertido passatempo de raciocínio lógico. Ele consiste de 36 quadradinhos em uma grade 6 × 6, subdividida em seis grades menores de 2 × 3. O objetivo do jogo é preencher os espaços em branco com os números de 1 a 6, de modo que os números colocados não se repitam nas linhas, nem nas colunas, nem nas grades 2 × 3 e tampouco na grade 6 × 6, conforme é mostrado no exemplo que segue:

1	5	2	4	3	6
4	3	6	2	1	5
5	6	3	1	4	2
2	1	4	6	5	3
3	2	1	5	6	4
6	4	5	3	2	1

Observe que, no esquema de jogo abaixo, três das casas em branco aparecem sombreadas. Você deve completar o esquema de acordo com as regras do jogo, para descobrir quais números deverão ser colocados nessas casas.

	3	2			5
4					
6			2		
		3			4
					3
3			1	5	

A soma dos números que corretamente deverão preencher as casas sombreadas é:

a) 7.
b) 9.
c) 11.
d) 13.
e) 15.

46. (FCC) O *Mini Sudoku* é um interessante jogo de raciocínio lógico. Ele consiste de 36 quadrados de uma grade 6 x 6, subdividida em seis grades menores de 3 x 2. O objetivo do jogo é preencher os espaços em branco com números de 1 a 6, de modo que os números colocados não sejam repetidos nas linhas e nem nas colunas da grade maior, e nem nas grades menores, como mostra o exemplo abaixo.

2	6	1	5	4	3
5	3	6	4	1	2
4	1	2	3	5	6
3	2	5	1	6	4
6	5	4	2	3	1
1	4	3	6	2	5

Observe que no esquema do jogo seguinte duas casa em branco foram sombreadas. Você deve preencher o esquema de acordo com as regras do jogo, para descobrir quais números deverão ser colocados corretamente nessas duas casas.

		1		3	6
	6		3	1	
				4	
	4				
	2	4		6	
5	1		6		

Assim, a soma dos números que deverão ocupar as casas sombreadas é igual a:

a) 5.
b) 6.
c) 8.
d) 9.
e) 10.

47. (FCC) Considere as sentenças seguintes:

$2 + 2 = 6$
$4 \times 4 = 34$
$7 : 1 = 1$
$26 : 2 = 5$

Obviamente as quatro sentenças são falsas! Entretanto, uma mesma alteração feita em cada um dos doze números que nelas aparecem pode torná-las verdadeiras. Feita essa alteração e mantidas as operações originais, então, entre os resultados que aparecerão no segundo membro de cada igualdade, o menor será

a) 2
b) 3
c) 4
d) 5
e) 6

48. (CESGRANRIO)

5/10 | 27 9 | 48/12 | 20 100 | .....

a) 35/175

b) 30 | 180

c) 240/40

d) 90 | 15

e) 25/150

49. (CESGRANRIO)

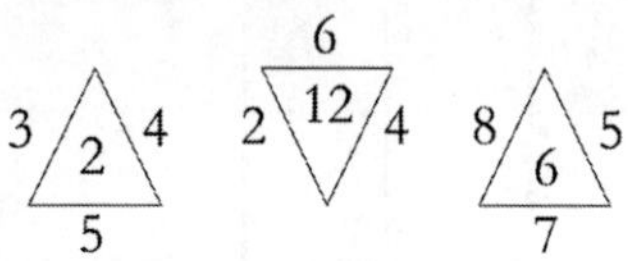

a) 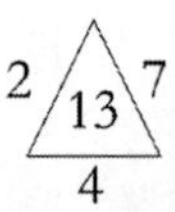

b) 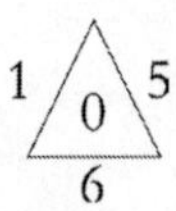

c) 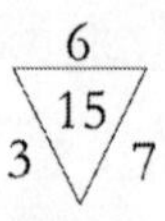

d) 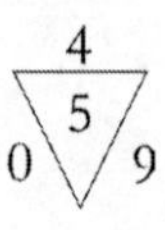

e) 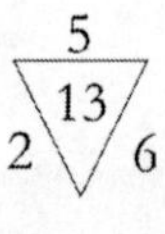

50. (FCC) Observe que, na sucessão de figuras abaixo, os números que foram colocados no dois primeiros triângulos obedecem a um mesmo critério.

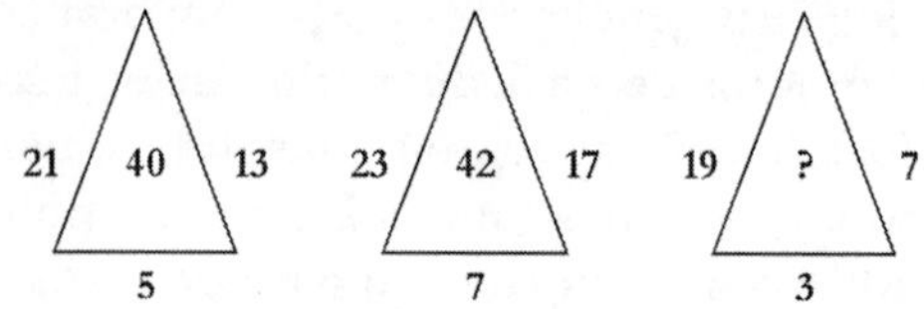

Para que o mesmo critério seja mantido no triângulo da direita, o número que deverá substituir o ponto de interrogação é:

a) 32;
b) 36;
c) 38;
d) 42;
e) 46.

51. (FCC) Na sucessão de triângulos seguintes, o número no interior de cada um é resultado de operações efetuadas com os números que se encontram em sua parte externa.

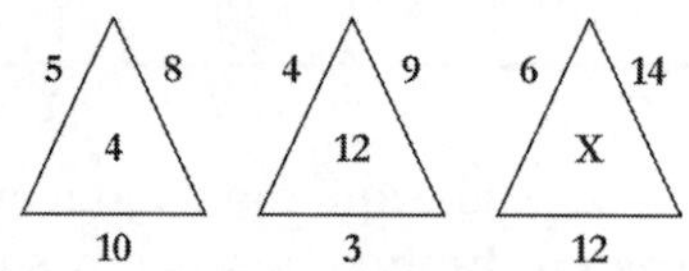

Se a sequência de operações é a mesma para os números dos três triângulos, então o número X é:

a) 13;
b) 10;
c) 9;
d) 7;
e) 6.

52. (FCC) Instruções: Para responder à questão a seguir, observe o exemplo abaixo, no qual são dados três conjuntos de números, seguidos de cinco alternativas.

3 4	1 5	2 8
12	**11**	**X**

a) 10.
b) 12.
c) 13.
d) 15.
e) 18.

53. (FCC) Em cada linha da tabela abaixo, o número da extrema direita é resultado de operações efetuadas com outros dois números.

9	7	14
7	4	12
8	4	X

Se a sucessão de operações é a mesma nas três linhas, o número X é:

a) 10;
b) 11;
c) 16;
d) 18;
e) 21.

54. (FCC) No quadriculado seguinte, os números foram colocados nas células, obedecendo a um determinado padrão.

16	34	27	X
13	19	28	42
29	15	55	66

Seguindo esse padrão, o número X deve ser tal que:

a) X > 100;
b) 90 < X < 100;
c) 80 < X < 90;
d) 70 < X < 80;
e) X < 70.

55. (FCC) Observe que os números no interior da malha quadriculada abaixo foram colocados segundo determinado critério.

12	42	36
54	?	6
24	18	48

Segundo tal critério, o número que substitui corretamente o ponto de interrogação está compreendido entre:

a) 5 e 10;
b) 10 e 15;
c) 15 e 25;
d) 25 e 35;
e) 35 e 45.

2. Princípio de Contagem

2.1. Diagrama de Árvore (Árvore de Possibilidades)

Ao lançarmos uma moeda duas vezes, poderemos ter as seguintes possibilidades de ocorrências: cara no 1º lançamento e cara no 2º lançamento; ou cara no 1º lançamento e coroa no 2º lançamento; ou coroa no 1º lançamento e coroa no 2º lançamento; ou coroa no 1º lançamento e cara no 2º lançamento.

Representando cara por Ca e coroa por Co, poderíamos construir um diagrama para essas situações possíveis.

Considerando ocorrência de cara no 1º lançamento, teremos:

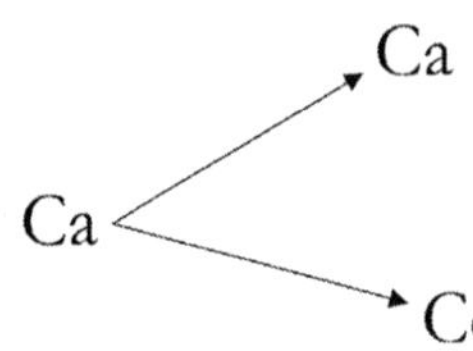

Considerando ocorrência de coroa no 1º lançamento, teremos:

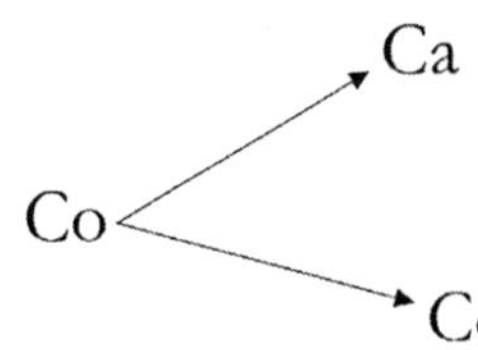

A montagem do diagrama de árvore mostrará os caminhos possíveis de ocorrência de uma determinada ação.

O diagrama de árvore é útil quando queremos identificar os caminhos possíveis e também quando queremos determinar o número de caminhos possíveis para uma determinada ocorrência.

2.2. Princípio Multiplicativo

Quando estudamos de quantas formas um acontecimento, que é formado por etapas sucessivas, como o número de placas de automóveis, formação de números, formação de anagramas, códigos, senhas e tantas outras situações, teremos que observar inicialmente se a ordem dos elementos que formarão as etapas é importante ou não e se existe elemento repetido.

Analisaremos essas situações.

A ordem dos elementos na formação do acontecimento é importante e não tem elementos repetidos

Se um acontecimento é composto de duas etapas sucessivas, independentes uma da outra e se a primeira pode ocorrer de n modos e a segunda etapa pode ocorrer de m modos, então, o número de possibilidades de ocorrência do acontecimento é **n x m**.

Dessa forma, se quisermos determinar quantos números naturais de quatro algarismos poderemos formar com os algarismos 1, 2, 3, 4, 5, 6, 7, usaremos o princípio multiplicativo, pois a formação do número será composta de quatro etapas independentes.

Queremos formar um número que tenha:

unidade de milhar – centena – dezena – unidade

A 1ª etapa será escolher o algarismo da unidade de milhar; a 2ª etapa será escolher o algarismo da centena; a 3ª etapa será escolher o algarismo da dezena e a 4ª será escolher o algarismo da unidade.

Notamos que, para a formação desses números, a ordem em que aparecerá cada elemento gerará um novo número.

Assim, 2.457 e 7.254, apesar de usarem os mesmos elementos, são diferentes.

Vamos determinar de quantas maneiras cada casa poderá ser preenchida.

Como os algarismos poderão ser repetidos, então teremos sete maneiras de preencher cada casa.

7	7	7	7
u.m.	d	c	u

Assim, o total de possibilidades será dado por:

7 x 7 x 7 x 7 = 2.401

Logo, é possível formar 2.401 números nessas condições descritas.

Para a resolução desse tipo de situação que envolve o princípio multiplicativo, é importante notar se os elementos a serem usados poderão ser reutilizados ou não na elaboração da etapa seguinte. Temos palavras como com reposição ou distintos que são indicadores dessas situações.

Vejamos quantos números com 4 algarismos distintos podemos formar com os algarismos 1, 2, 3, 4, 5, 6 e 7.

Notamos que, para a formação desses números, a ordem em que aparecerá cada elemento gerará um novo número.

Assim, 2.457 e 7.254, apesar de usarem os mesmos elementos, são diferentes.

Novamente queremos formar um número que tenha:

unidade de milhar – centena – dezena – unidade

Para sabermos quantos números nessas condições poderemos formar, deveremos determinar de quantas maneiras cada casa poderá ser preenchida.

Como os algarismos não poderão ser repetidos, então teremos uma possibilidade a menos de preencher cada casa seguinte.

7	6	5	4
u.m.	d	c	u

Dessa forma, o total de possibilidades será dada por:

7 x 6 x 5 x 4 = 840

Observe que diminuiu a quantidade de números formados devido ao fato de não ocorrer repetição de elemento.

Vejamos uma outra situação

Para a diretoria de um clube, concorrem 2 candidatos a presidente, 3 a vice-presidente, 4 a secretário e 10 a tesoureiro. Quantas chapas distintas podem ser formadas?

Notamos que a chapa que tem o elemento A como presidente, o elemento B como vice-presidente e o C como tesoureiro, é diferente da chapa que tem o elemento B como presidente, o elemento A como vice-presidente e o C como tesoureiro.

O número de chapas formadas será igual ao produto das possibilidades de preenchermos cada cargo.

Então, para o preenchimento de cada cargo, teremos:

P	V.P.	S	T
2	3	4	10

Dessa forma o total de chapas, será dada por:

$$2 \times 3 \times 4 \times 10 = 240$$

Veremos uma situação em que um determinado elemento ocupará uma posição definida.

Como nas linhas telefônicas de certa cidade, onde todas começam pelo algarismo 6 e possuem 6 dígitos.

Para determinarmos quantas linhas telefônicas poderá ter essa cidade, teremos que multiplicar o número de possibilidades de preencher cada dígito de cada número de telefone.

Como o prefixo deve começar por 6, teremos então uma possibilidade de preenchermos o 1º dígito e 10 possibilidades de preenchimentos para os demais dígitos.

1	10	10	10	10	10
1º dig	2º dig	3º dig	4º dig	5º dig	6º dig

Dessa forma, o total de linhas telefônicas será dado por:

$$1 \times 10 \times 10 \times 10 \times 10 \times 10 = 100.000 \text{ linhas}$$

2.3. Anagramas

Anagramas são "palavras" formadas com as mesmas letras da palavra dada, sendo que tais "palavras" podem não ter significado na linguagem comum.

POSCAM, MAPOSC, SOMPAC são alguns dos anagramas da palavra CAMPOS.

Dessa maneira para determinarmos quantos anagramas poderemos formar a partir de uma palavra- chave, faremos o produto das possibilidades de se preencher cada posição da palavra a ser formada.

6	5	4	3	2	1
1ª letra	2ª letra	3ª letra	4ª letra	5ª letra	6ª letra

Assim, o total de anagramas que poderá ser formado a partir da palavra CAMPOS será:

$$6 \times 5 \times 4 \times 3 \times 2 \times 1 = 720 \text{ anagramas.}$$

Poderemos determinar quantos anagramas apresentam determinada característica.

Dessa forma o número de anagramas da palavra CAMPOS que começam pela letra **P** será igual ao produto das possibilidades de preenchermos cada posição da palavra a ser formada, fixando-se a letra P na primeira posição.

1	5	4	3	2	1
1ª letra	2ª letra	3ª letra	4ª letra	5ª letra	6ª letra

Então, o total de anagramas que poderá ser formado a partir da palavra CAMPOS, com a letra P no início, é igual a:

$$5 \times 4 \times 3 \times 2 \times 1 = 120 \text{ anagramas.}$$

Poderemos manter um grupo de letras juntas, para formar um anagrama. Assim, para determinarmos quantos anagramas da palavra CAMPOS apresentam as letras C e A juntas, será calculado fazendo o grupo CA valer por um e depois trabalhar tal grupo com as outras letras.

Dessa forma, teremos os seguintes elementos a considerar: CA, M, P, O, S.

5	4	3	2	1
1ª letra	2ª letra	3ª letra	4ª letra	5ª letra

$$5 \times 4 \times 3 \times 2 \times 1 = 120 \text{ anagramas.}$$

Porém, devemos considerar os anagramas que apresentam as letras C e A, nas sequências CA e AC, pois a ordem não foi estipulada.

Logo, o total de anagramas que apresentam as letras C e A juntas é igual a: 2 x 120 = 240 anagramas.

Outros casos serão estudados no capítulo de Análise Combinatória.

2.4. Princípio da Casa dos Pombos

O **princípio do pombal** ou **princípio da casa dos pombos** é a afirmação de que se n pombos devem ser postos em m casas, e se $n > m$, então pelo menos uma casa irá conter mais de um pombo.

Exercícios de Fixação

Diagrama de Árvore

01. (FCC) Uma pessoa gasta R$ 9,75 em uma loja e usa uma nota de dez reais para fazer o pagamento. De quantos modos distintos ela pode receber as moedas do troco devido?

a) 8
b) 9
c) 10
d) 11
e) 13

Princípio Multiplicativo

02. (CESGRANRIO)

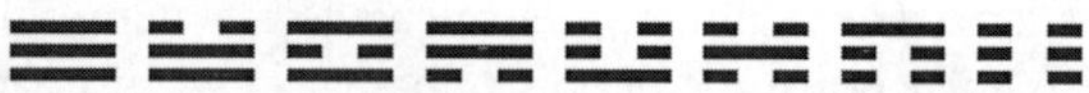

A figura acima ilustra as 8 possibilidades de disposição, em 3 linhas, de

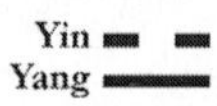

Se Yin e Yang fossem dispostos em 8 linhas, haveria quantas possibilidades de disposição?

a) 512
b) 256
c) 128
d) 63
e) 32

03. (FGV) Existem apenas dois modos de se atingir uma cidade x partindo de uma outra A. Uma delas é ir até uma cidade intermediária B e de lá atingir x, e a outra é ir até C e de lá chegar a x. (Veja o esquema a seguir)

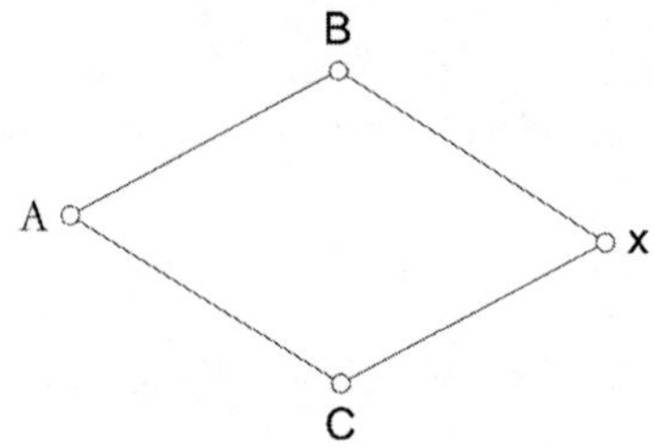

Existem 10 estradas ligando A e B; 12 ligando B à x; 5 ligando A à C; 8 ligando C à x; nenhuma ligação entre B e C e nenhuma ligação direta entre A e x. O número de percursos diferentes que se pode fazer para partindo de A atingir x pela primeira vez é:

a) 35
b) 4.800
c) 300
d) 4
e) 160

04. (USP) Uma bandeira é formada de 7 listras que devem ser pintadas de 3 cores diferentes. De quantas maneiras distintas será possível pintá-la de modo que duas listras adjacentes nunca estejam pintadas da mesma cor?

a) 128
b) 192
c) 35
d) 2.187
e) 210

05. O número de anagramas que podemos construir com a palavra ACREDITO, começados com a letra A, é:

a) menos de 5.000.
b) um múltiplo de 22.
c) maior que 10.000.
d) um divisor de 15.
e) múltiplo de 12.

06. Considerando-se a palavra REPÚBLICA, o número de anagramas que começam por R e terminam por A é:

a) 2
b) 24
c) 120
d) 6
e) 5.040

07. **(FUVEST) O número de anagramas da palavra FUVEST que começam e terminam por vogal é:**
a) 24
b) 48
c) 96
d) 120
e) 144

Princípio da Casa dos Pombos

08. **(CESGRANRIO) Um grupo é formado por N pessoas. O valor mínimo de N para que se tenha certeza de que duas delas fazem aniversário no mesmo dia da semana é:**
a) 7
b) 8
c) 10
d) 12
e) 14

09. **(CESGRANRIO) Em uma urna há 3 bolas amarelas e 2 verdes. Qual o número mínimo de bolas que precisam ser retiradas para que se possa garantir que duas delas têm cores diferentes?**
a) 3
b) 4
c) 5
d) 6
e) 7

Contagem de Números Consecutivos

10. **(FCC) Um técnico, responsável pela montagem de um livro, observou que, na numeração de suas páginas, haviam sido usados 321 algarismos. O número de páginas desse livro era**
a) 137
b) 139
c) 141
d) 143
e) 146

Gabarito

01. E	**02. B**	**03. E**	**04. B**	**05. E**
06. E	**07. B**	**08. B**	**09. B**	**10. D**

Exercícios de Concursos

Diagrama de Árvore

56. **(FCC) No caixa de um supermercado há apenas 3 moedas de cada um dos seguintes tipos: 5 centavos, 10 centavos, 25 centavos e 50 centavos. De quantos modos essas moedas poderão ser usadas para compor o troco de 1 real que deve ser dado a um cliente?**
a) 3
b) 4
c) 5
d) 6
e) 7

57. **(FCC) Uma cafeteira automática aceita apenas moedas de 5, 10 ou 25 centavos e não devolve troco. Se, feito nessa máquina, cada cafezinho custa 50 centavos, de quantos modos podem ser usadas essas moedas para pagá-lo?**
a) 13
b) 12
c) 11
d) 10
e) 9

58. **(FCC) O caixa eletrônico de um banco foi programado para fazer pagamentos utilizando apenas cédulas de R$ 50,00, R$ 20,00 e R$ 10,00. Ao usar esse caixa, de quantos modos distintos uma pessoa poderá fazer uma retirada de R$ 100,00?**
a) 6.
b) 7.
c) 8.
d) 9.
e) 10.

59. (FGV) Uma moto tem combustível suficiente para somente três voltas num circuito. Pedro, Manoel e Antônio disputam, através de lançamento de uma moeda, a oportunidade de dar cada volta, do seguinte modo:

I. o lançamento da moeda é efetuado antes de cada volta;
II. se coroa, a vez é de Manoel;
III. se cara, a vez é de Pedro;
IV. se a mesma face ocorrer consecutivamente, a vez é de Antônio.

Pode-se dizer, então, que Antônio dará:

a) pelo menos uma volta;
b) no máximo uma volta;
c) pelo menos uma volta, se a primeira for dada por Manoel;
d) no máximo duas voltas, se a primeira for dada por Pedro;
e) nenhuma das respostas anteriores.

60. (FGV) Um homem tem oportunidade de jogar no máximo 5 vezes na roleta. Em cada jogada ele ganha ou perde um real. Começará com um real e parará de jogar antes de cinco vezes, se perder todo seu dinheiro ou se ganhar três reais, isto é, se tiver quatro reais. O número de maneiras em que o jogo poderá se desenrolar é:

a) 5
b) 3
c) 11
d) 12
e) 10

61. (FCC) Suponha que no início de um jogo você tenha R$ 2,00 e que só possa jogar enquanto tiver dinheiro. Supondo que em cada jogada você perde ou ganha R$ 1,00, ao final de três jogadas os possíveis resultados são:

a) R$ 2,00, R$ 3,00 ou R$ 5,00
b) R$ 1,00, R$ 3,00 ou R$ 4,00
c) R$ 0,00, R$ 2,00 ou R$ 4,00
d) R$ 1,00, R$ 3,00 ou R$ 5,00

Princípio Multiplicativo

62. (FCC) Dona Mocinha teve 6 filhos. Sabendo que cada filho lhe deu 5 netos, cada neto lhe deu 4 bisnetos e cada bisneto teve 3 filhos, quantos são os descendentes de dona Mocinha?

a) 516.
b) 484.
c) 460.
d) 380.
e) 320.

63. (VUNESP) Há 4 caminhos para se ir de X a Y e 6 caminhos para se ir de Y a Z. o número de caminhos de X a Z que passam por Y é:

a) 10
b) 12
c) 18
d) 24
e) 32

64. (CESGRANRIO) Uma placa de automóvel é composta por três letras e quatro algarismos, nessa ordem. O número de placas que podem ser formadas com as letras K, Q ou L e cujos dois últimos algarismos que são 2 e 6, nessa ordem, é:

a) 540;
b) 600;
c) 2.430;
d) 2.700;
e) 3.000.

65. (FCC) A quantidade de placas de licença de automóveis que podem ser formadas por 3 letras e 4 algarismos sendo as letras apenas vogais e sendo os algarismos distintos, é igual a:

a) 12
b) 60
c) 600
d) 630.000
e) 5.000.000

66. (FCC) As letras de um certo código são formadas por uma sucessão de traços e pontos sendo permitidas repetições. Quantas letras existem formadas por 6 etapas?

a) 64
b) 32
c) 16
d) 8
e) 4

67. (FCC) Com os algarismos 1, 2, 3, 4, 5, 6 e 7 quantos números naturais ímpares de três algarismos distintos podemos formar?

a) 100
b) 105
c) 110
d) 115
e) 120

68. (CESGRANRIO) Precisa-se criar bandeiras para times de uma competição em uma escola. As bandeiras terão a forma indicada na figura abaixo, com três faixas verticais adjacentes coloridas. Estarão disponíveis 5 cores distintas para se pintarem as faixas. Em uma bandeira poderá ser usada a mesma cor em duas faixas distintas, contando que elas não sejam adjacentes.

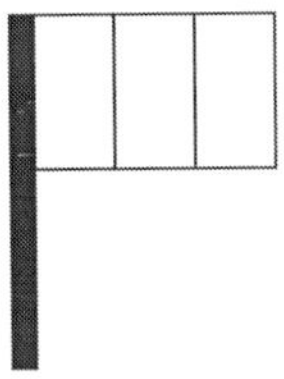

O número total de bandeiras distintas que podem ser criadas é:

a) 60;
b) 80;
c) 100;
d) 120;
e) 125.

69. (ESAF). Em uma cidade, os números dos telefones têm 7 algarismos e não podem começar por 0. Os três primeiros números constituem o prefixo. Sabendo-se que em todas as farmácias os quatro últimos dígitos são zero e o prefixo não tem dígitos repetidos, então o número de telefones que podem ser instalados nas farmácias é igual a:

a) 504
b) 720
c) 684
d) 648
e) 842

70. (FCC) Andréa, Gustavo, Paula e Úrsula querem organizar uma firma cujo nome é formado pelas suas iniciais (exemplo: PUGA). O número total de siglas possíveis é:

a) 8
b) 12
c) 18
d) 22
e) 24

71. (FCC) No sistema de numeração decimal, a totalidade de números inteiros positivos menores que 1.000 e que tenham todos os algarismos distintos é:

a) 990
b) 720
c) 738
d) 819

Princípio da Casa dos Pombos

72. (FCC) Ana guarda suas blusas em uma única gaveta em seu quarto. Nela encontram-se sete blusas azuis, nove amarelas, uma preta, três verdes e três vermelhas. Uma noite, no escuro, Ana abre a gaveta e pega algumas blusas. O número mínimo de blusas que Ana deve pegar para ter certeza de ter pegado ao menos duas blusas da mesma cor é

a) 6;
b) 4;
c) 2;
d) 8;
e) 10.

73. (FCC) Hermes guardava suas gravatas em uma única gaveta em seu quarto. Nela, encontram-se sete gravatas azuis, nove amarelas, uma preta, três verdes e três vermelhas. Uma noite, no escuro, Hermes abre a gaveta e pega algumas gravatas. O número mínimo de gravatas que Hermes deve pegar para ter certeza de ter pegado ao menos duas gravatas da mesma cor é:

a) 2;
b) 4;
c) 6;
d) 8;
e) 10.

74. (CESGRANRIO) Uma urna tem 5 bolas brancas e 3 bolas pretas. N bolas serão retiradas simultaneamente dessa urna. Qual o menor valor de N para que se possa garantir que, entre as esferas retiradas, haverá 2 com cores diferentes?

a) 8
b) 6
c) 5
d) 4
e) 3

75. (CESGRANRIO) Em uma urna há cinco bolas brancas, três bolas azuis e duas verdes. Qual o número mínimo de bolas que precisam ser retiradas para que se possa garantir que duas delas têm a mesma cor?

a) 2
b) 3
c) 4
d) 5
e) 6

76. (CESGRANRIO) Um armário tem 4 cadeados denominados A, B, C e D. Seis pessoas têm chaves desses cadeados de uma forma muito curiosa:
- todos têm chaves de exatamente dois cadeados;
- duas dessas pessoas nunca têm as mesmas duas chaves.

Qual o número mínimo de pessoas desse grupo necessário para que possamos ter certeza de que o cadeado A poderá ser aberto?

a) 6
b) 5
c) 4
d) 3
e) 2

Contagem de Números Consecutivos

77. (FCC) Se, para numerar as páginas de um livro, um tipógrafo usou 747 algarismos, então o número de páginas desse livro é

a) 350
b) 315
c) 306
d) 298
e) 285

78. (FCC) Quantos algarismos são usados para numerar de 1 a 150 todas as páginas de um livro?

a) 327.
b) 339.
c) 342.
d) 345.
e) 350.

79. (FCC) Se na numeração das páginas de um livro foram usados 405 algarismos, quantas páginas tem esse livro?

a) 164.
b) 171.
c) 176.
d) 184.
e) 181.

3. Relação por Analogia

Nesse tipo de situação, serão dados dois elementos que apresentam uma relação entre si, e a seguir será dado mais um elemento. O objetivo é o de identificar nas alternativas um elemento que manterá a mesma relação com o elemento isolado, semelhante àquela que relaciona os elementos dados inicialmente.

Vejamos o exercício abaixo.

01. (FCC) No esquema abaixo, observe que há certa relação entre as duas primeiras palavras.

GATO - GALO : : LEÃO - ?

A mesma relação deve existir entre a terceira palavra e a quarta, que está faltando. Essa quarta palavra é

a) cachorro.
b) cobra.
c) cavalo.
d) golfinho.
e) sabiá.

Resolução:
Observando as alternativas percebemos que a relação a ser procurada, está associada aos animais. O gato é um felino e o galo uma ave, então o leão que é um felino está para sabiá que é uma ave.

Exercícios de Fixação

01. (FCC) Na sentença seguinte há duas palavras grifadas, cada qual seguida de uma lacuna. Essas lacunas devem ser preenchidas por palavras, de modo que a primeira palavra tenha, para a segunda, a mesma relação que a terceira tem para com a quarta.

Primeiro está para.....assim como **janeiro** está para .....

Assim, as palavras que preenchem a primeira e a segunda lacunas são, respectivamente,

a) fileira e mês.
b) ganho e verão.
c) vitória e reis.
d) último e dezembro.
e) número e mês.

02. (FCC) Observe que há uma relação entre as duas primeiras figuras representadas abaixo. A mesma relação deve existir entre a terceira figura e a quarta, que está faltando.

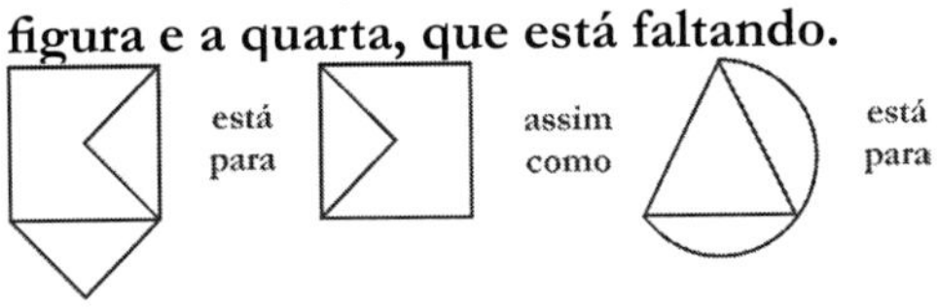

A quarta figura é

a) 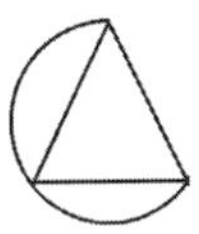

b) 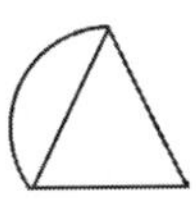

c) 

d) 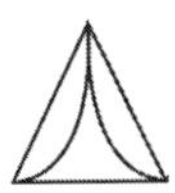

e) 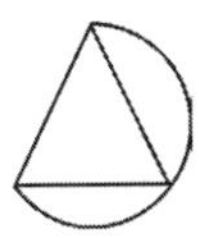

Gabarito

01. D **02. B**

Exercícios de Concursos

80. (FCC) Observe que a sequência de figuras seguinte está incompleta. A figura que está faltando, à direita, deve ter com aquela que a antecede, a mesma relação que a segunda tem com a primeira. Assim,

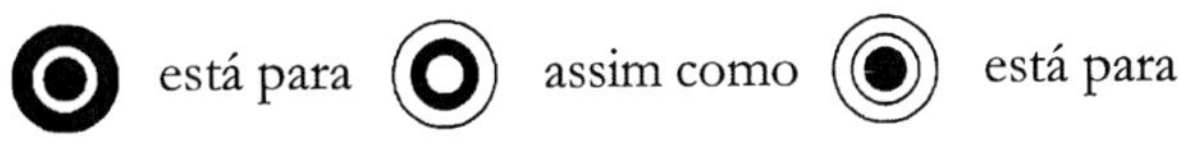

a) 

b) 

c) 

d) 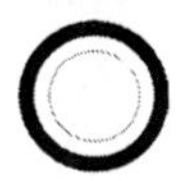

e) 

81. (VUNESP) Preencha adequadamente os dois espaços, escolhendo, para o primeiro, a palavra a que corresponde um número, e para o segundo, uma letra: .... está para pé, assim como cotovelo está para ....

1. Perna
2. Coxa
3. Joelho
4. Calcanhar

a) Mão
b) Polegar
c) Ombro
d) Dedos

a) 1 A
b) 2 C
c) 3 A
d) 4 C
e) 2 D

82. (FCC) Assinale a alternativa que completa corretamente a frase seguinte.

O anuário está para o ano, assim como as efemérides estão para...

a) a eternidade.
b) o mês.
c) a semana.
d) o dia.
e) a quinzena.

83. (FCC) $\frac{AGEC}{DJHF} = \frac{GNLI}{........}$

a) MSOQ
b) JMOQ
c) JQPL
d) JQOM
e) GOMJ

84. (FCC) Observe que há uma relação entre os dois primeiros grupos de letras apresentados abaixo. A mesma relação deve existir entre o terceiro e quarto grupo, que está faltando.

DFGJ : HJLO :: MOPS : ?

Considerando que as letras K, Y e W não pertencem ao alfabeto oficial usado, o grupo de letras que substituiria corretamente o ponto de interrogação é:

a) OQRU;
b) QSTV;
c) QSTX;
d) RTUX;
e) RTUZ.

85. (FCC) Observe que, no esquema abaixo, as letras que compõem os dois primeiros grupos foram dispostas segundo determinado padrão. Esse mesmo padrão deve existir entre o terceiro grupo e o quarto, que está faltando.

ZUVX : TQRS : : HEFG : ?

Considerando que a ordem alfabética adotada, que é a oficial, exclui as letras K, W e Y, o grupo de letras que substitui corretamente o ponto de interrogação é:

a) QNOP;
b) BCDA;
c) IFGH;
d) DABC;
e) FCDE.

Instruções: Nas duas questões seguintes, observe que há uma relação entre o primeiro e o segundo grupos de letras. A mesma relação deverá existir entre o terceiro grupo e um dos cinco grupo que aparecem nas alternativas, ou seja, aquele que substitui corretamente o ponto de interrogação.

Considere que a ordem alfabética adotada é a oficial e exclui as letras K, W e Y.

86. (FCC)

ABCA : DEFD : : HIJH : ?

a) IJLI.
b) JLMJ.
c) LMNL.
d) FGHF.
e) EFGE.

87. (FCC)

CASA : LATA : : LOBO : ?

a) SOCO.
b) TOCO.
c) TOMO.
d) VOLO.
e) VOTO.

88. (FCC) Considere a relação existente entre o primeiro e o segundo grupo de letras, a contar da esquerda no esquema abaixo. A mesma relação deve existir entre o terceiro grupo e o quarto, que está faltando.

A B C A : E F G E :: M N O M : ?

Se o alfabeto oficial exclui as letras K, W e Y, então o grupo de letras que substitui corretamente o ponto de interrogação é:

a) T U V T;
b) Q R S Q;
c) P Q R P;
d) O P Q O;
e) N O P N.

89. **(FCC) Observe que há uma relação entre as duas primeiras figuras representadas abaixo. A mesma relação deve existir entre a terceira figura e a quarta, que está faltando.**

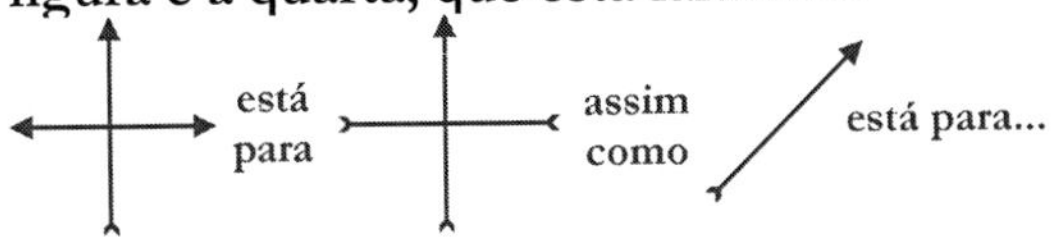

A quarta figura é:

a) 

b)

c) 

d) 

e) 

90. **(FCC) Qual dos cinco desenhos representa a comparação adequada?**

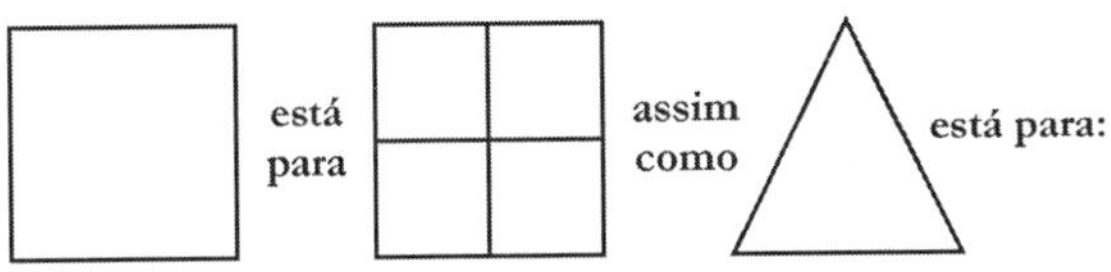

a) 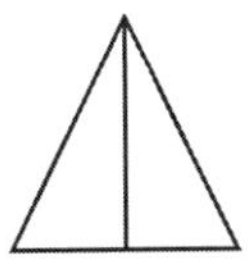

b) 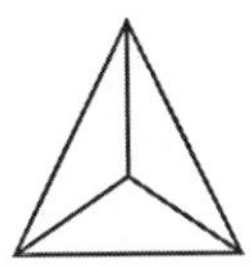

c) 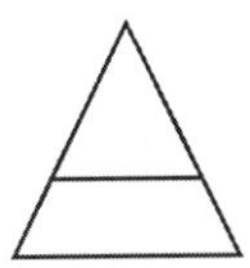

d) 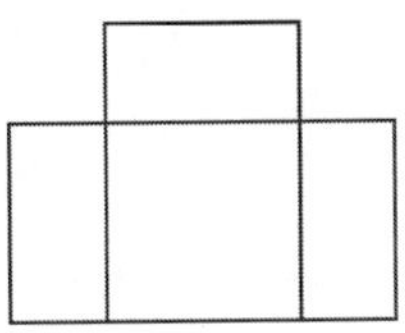

e) 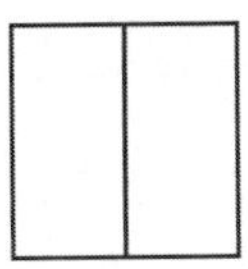

91. **(FCC) Observe que há uma relação entre as duas primeiras figuras representadas na sequência abaixo.**

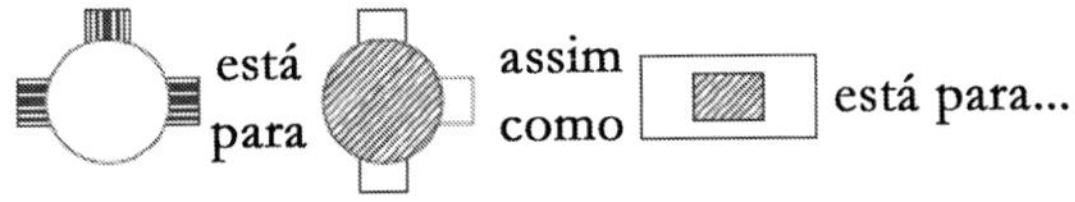

A mesma relação deve existir entre a terceira figura e a quarta, que está faltando. Essa quarta figura é:

a) 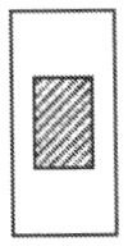

b) 

c) 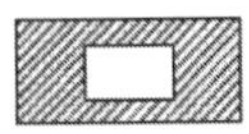

d) 

e) 

4. Habilidade Visio-espacial

São exercícios que verificam a habilidade de se lidar com figuras espaciais representadas no plano ou ainda com composição de figuras. Em algumas situações são usados cubos e dados como elementos espaciais.

Vejamos alguns exemplos.

01. (ICMS_SP_02) Apresentam-se abaixo diferentes aspectos de um mesmo dado. São faces opostas neste dado:

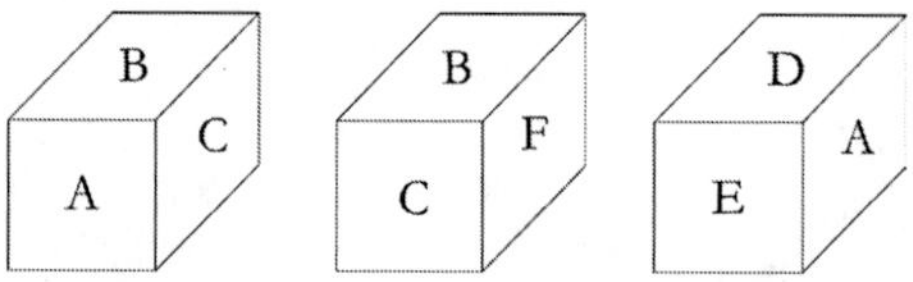

a) D e C
b) A e C
c) B e E
d) B e D
e) A e D

Resolução:

Planificando o dado teremos:

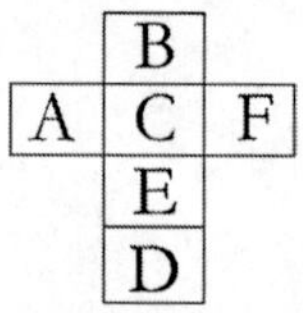

As faces opostas são: A e F, C e D , B e E.

As alternativas a e c, foram consideradas corretas após os recursos.

02. (FCC) Sobre uma superfície plana têm-se 3 blocos iguais empilhados, com 13 faces expostas, conforme mostra a figura abaixo.

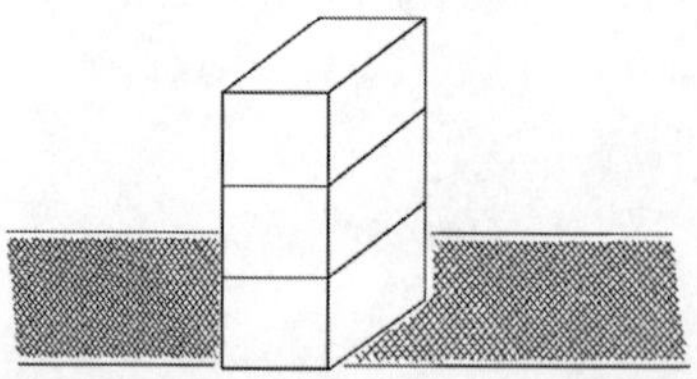

Se forem empilhados 25 desses blocos, o número de faces expostas será

a) 125
b) 121
c) 111
d) 105
e) 101

Resolução:

As faces expostas são as frontais e as laterais de todos os blocos e mais a superior do último bloco. Empilhando-se 25 blocos, teremos 100 faces entre laterais e frontais e mais uma superior do último bloco, logo teremos um total de 101 faces expostas.

Exercícios de Fixação

01. (CESGRANRIO)

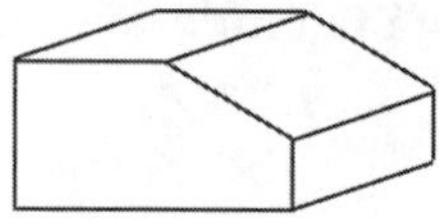

A figura acima ilustra um sólido fechado. Sua planificação é

a) 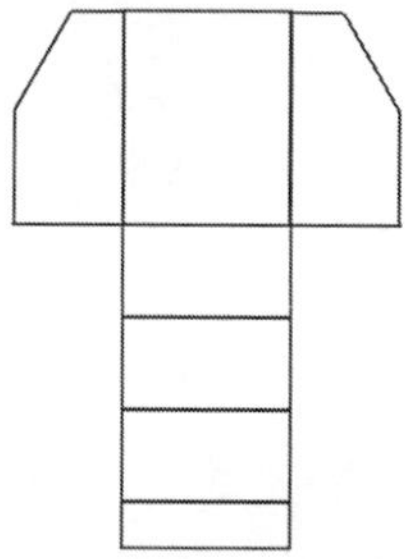

b) 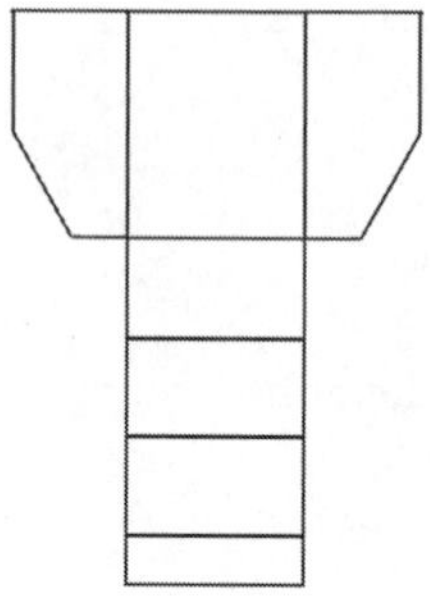

c) 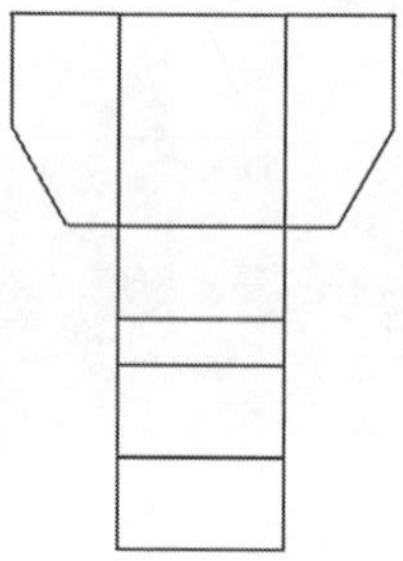

d) 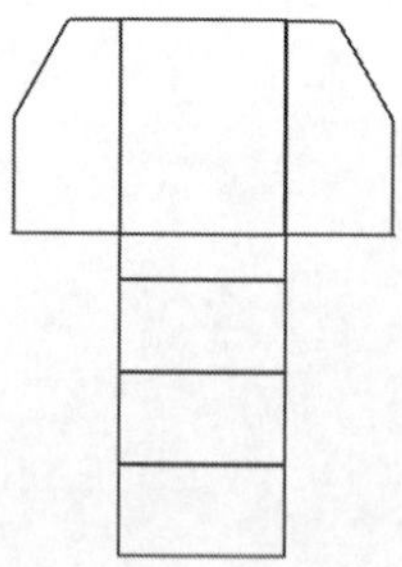

e) 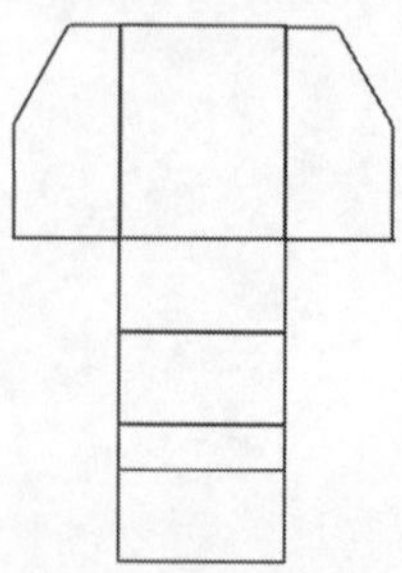

02. (CESGRANRIO)

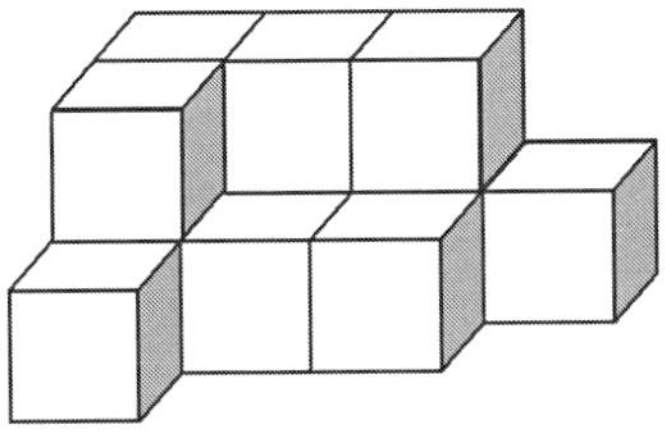

A figura ilustra um conjunto de cubos todos iguais cujos volumes valem $1m^3$. É correto afirmar que o volume do conjunto, incluindo os cubos não visíveis, em m^3, vale:

a) 8
b) 10
c) 11
d) 12
e) 13

Gabarito

01. A 02. D

Exercícios de Concursos

Na figura abaixo tem-se um cubo formado por 64 cubinhos iguais.

92. (FCC) Se o cubo é pintado em todas as suas seis faces, alguns dos cubinhos internos não receberão tinta alguma. Quantos são esses cubinhos?

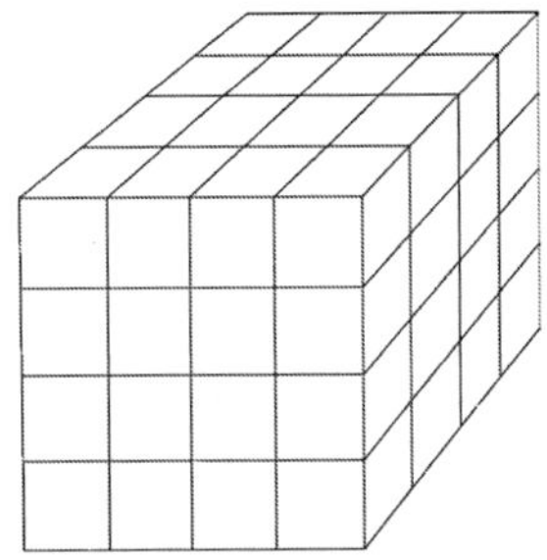

a) 8
b) 12
c) 16
d) 20
e) 27

93. (FCC) Usando apenas "cubinhos" idênticos, de aresta 1, Abigail está montando um cubo de aresta 5. No momento, Abigail já fez a seguinte montagem:

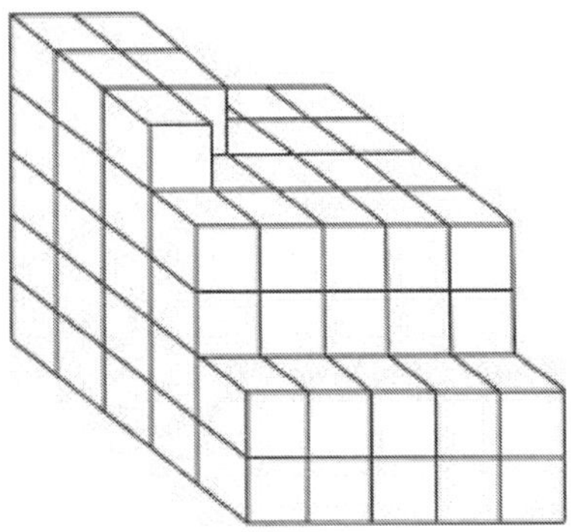

Para completar o cubo, Abigail ainda precisa da seguinte quantidade de "cubinhos":

a) 14;
b) 18;
c) 22;
d) 26;
e) 30.

94. (FCC) Considere que o cubo mostrado na figura foi montado a partir de pequenos cubos avulsos, todos de mesmo tamanho.

O número de cubos que podem ser visualizados nessa figura é:

a) 9;
b) 18;
c) 27;
d) 36;
e) 48.

95. (FCC) Uma pessoa pretende montar uma caixa de papelão, totalmente fechada, como a mostrada na figura abaixo.

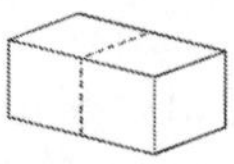

Qual das seguintes planificações lhe permitirá montar essa caixa?

a) 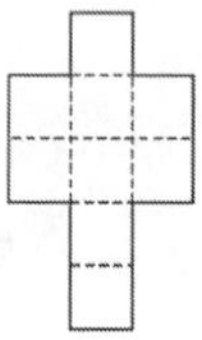

b) 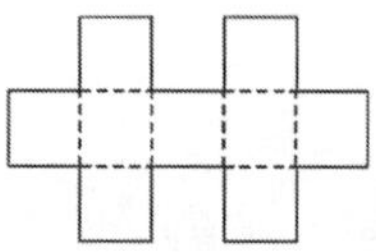

c) 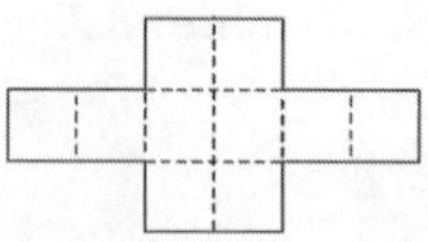

d) 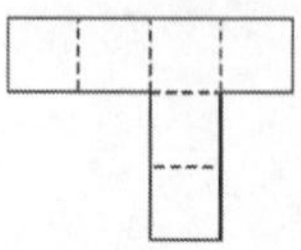

e) 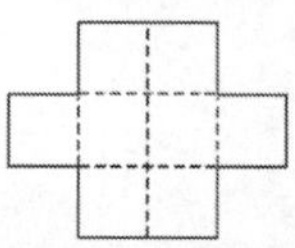

96. (FCC) O sólido representado na figura seguinte é um paralelepípedo reto-retângulo.

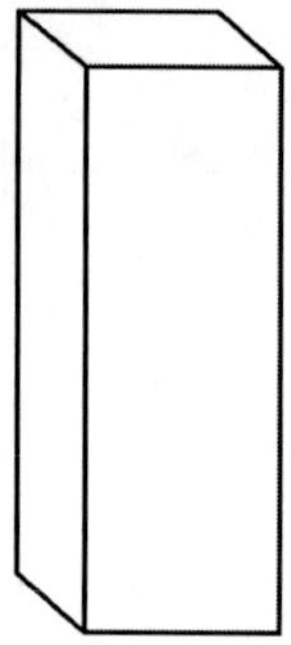

Uma planificação desse sólido é

a) 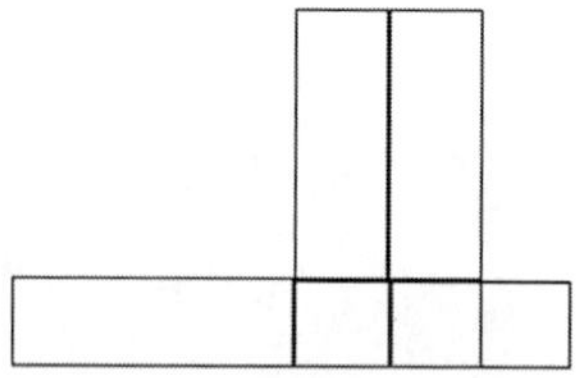

b) 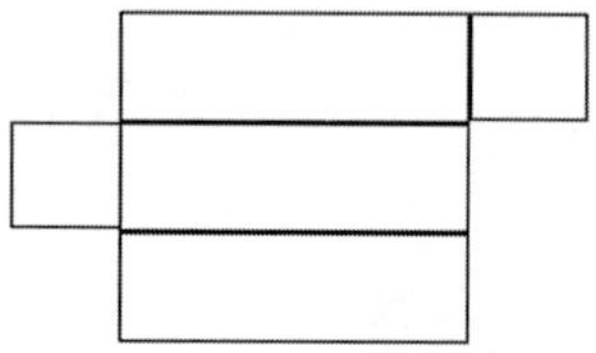

c) 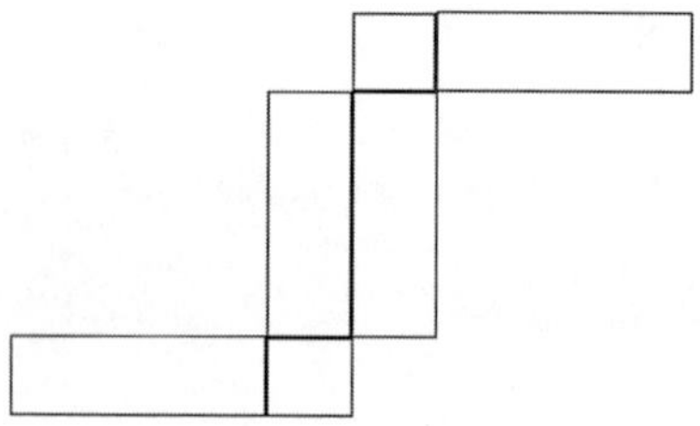

d) 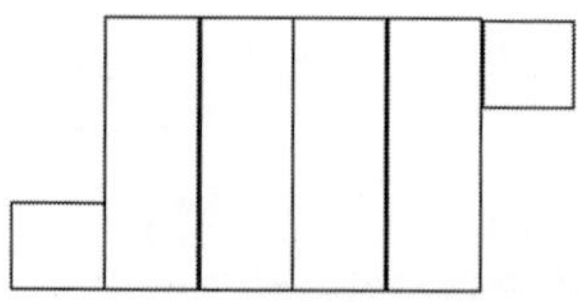

e) 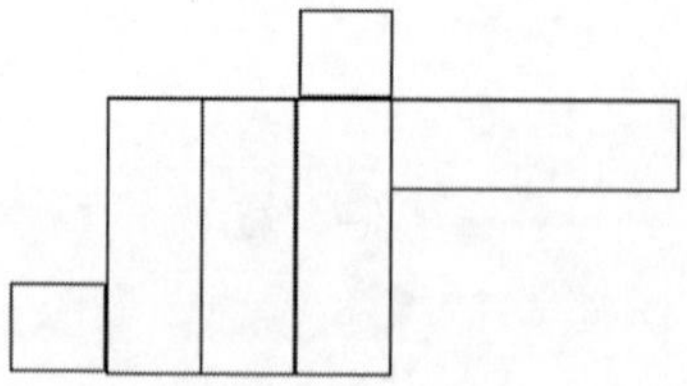

97. (FCC) O desenho seguinte mostra a planificação de um cubo que apresenta um número pintado em cada face, como é mostrado na figura abaixo.

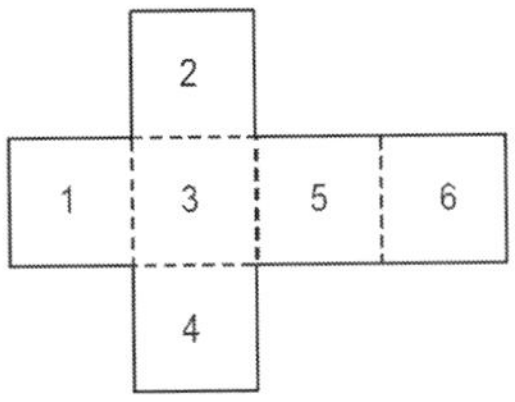

A partir dessa planificação, qual dos seguintes cubos pode ser montado?

a) 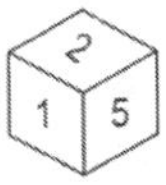

b) 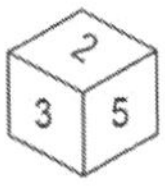

c) 

d) 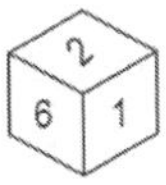

e) 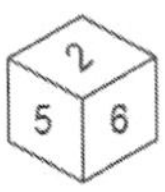

98. (FCC) Considere a sequência de figuras abaixo.

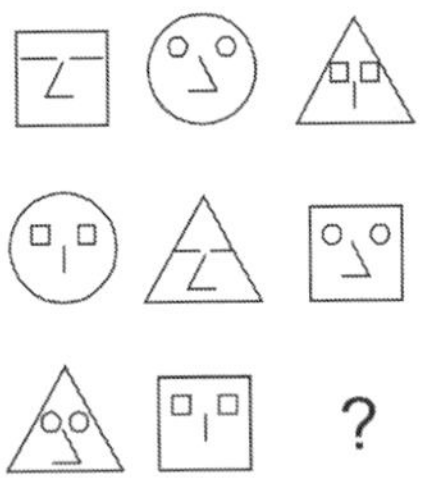

A figura que substitui corretamente a interrogação é:

a) 

b) 

c) 

d) 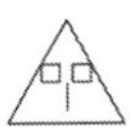

e) 

99. (FCC) Considere a sequência de figuras abaixo.

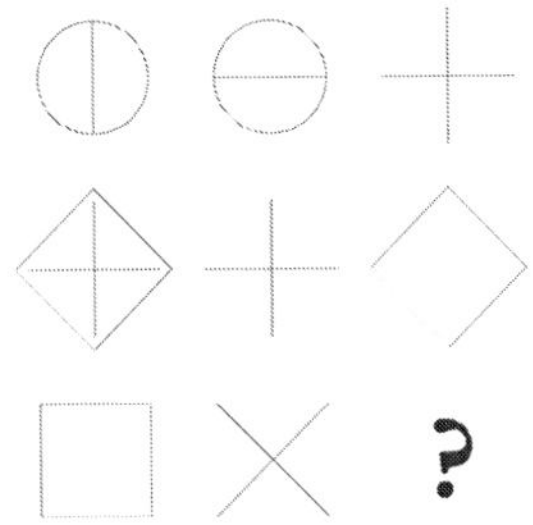

A figura que substitui corretamente a interrogação é:

a) 

b) 

c) 

d) 

e) 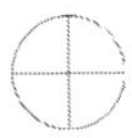

100. (FCC) Em cada linha do quadro abaixo as figuras foram desenhadas obedecendo a um mesmo padrão de construção.

Segundo esse padrão, a figura que deverá substituir corretamente o ponto é:

a) 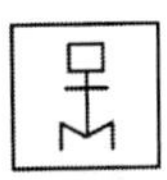

b) 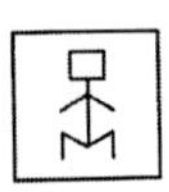

c) 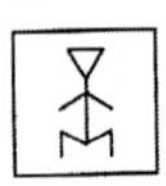

d) 

e) 

101. (FCC) Em cada linha do quadro abaixo as três figuras foram desenhadas de acordo com determinado padrão.

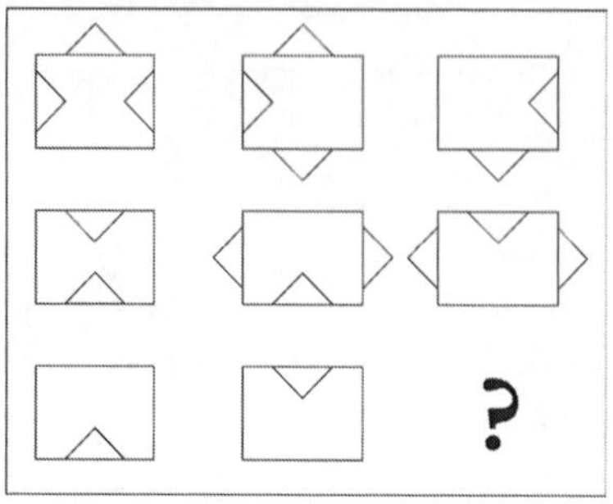

Segundo esse mesmo padrão, a figura que deve substituir o ponto de interrogação é:

a) 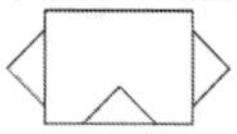

b) 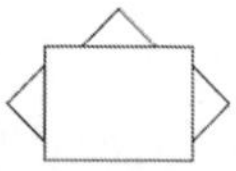

c) 

d) 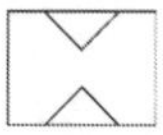

e) 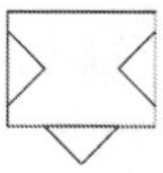

102. (FCC) Considerando as relações horizontais e verticais entre as figuras, assinale a alternativa que substitui a interrogação.

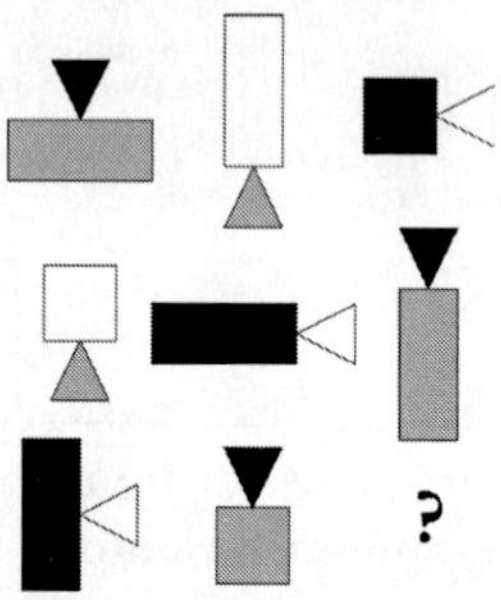

a) 

b) 

c) 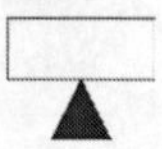

d) 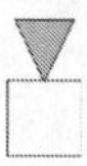

e) 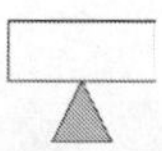

103. (FCC) Considere a sequência de figuras abaixo.

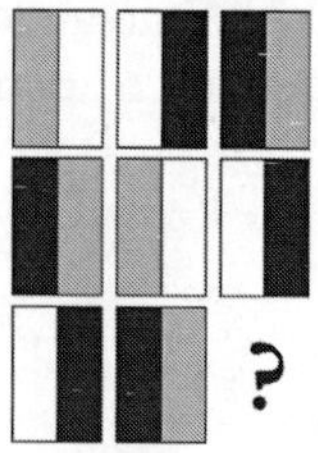

A figura que substitui corretamente a interrogação é:

a) 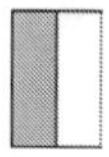

b) 

c) 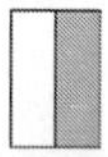

d) 

e) 

104. (FCC) Assinale a alternativa, entre as cinco relacionadas, que preenche a vaga assinalada pela interrogação.

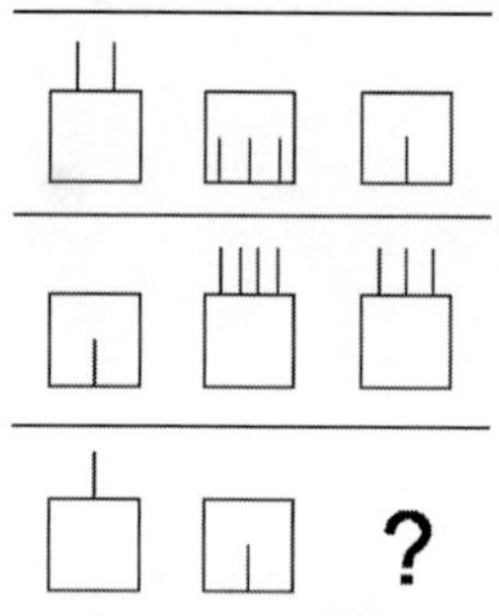

a) 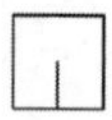

b) 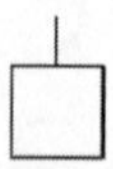

c) 

d) 

e) 

5. Habilidade Orientação Espacial

A orientação espacial é a que permite ao indivíduo orientar-se no espaço, em direção, localização e tempo.

Exercícios de Fixação

01. (FCC) Para ir de uma estação X a uma estação Y, um trem do metrô de certa cidade passa por quatro estações, ligadas sucessivamente por linhas retas – a primeira, localizada a 3 km de X, no sentido oeste, a segunda, a 4km da primeira, no sentido sul; a terceira, a 7km da segunda, no sentido leste; a quarta, a 2km da terceira, no sentido norte – e, por fim, percorre mais 4km no sentido oeste, até chegar a Y. Por razões econômicas, pretende-se construir um novo trajeto ligando diretamente X e Y, de modo que a distância entre as duas estações seja a menor possível. Assim sendo, um trem que use a nova linha para se deslocar de X a Y deverá percorrer

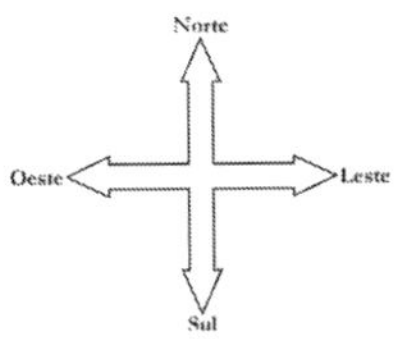

a) 3km na direção norte.
b) 3km na direção oeste.
c) 2km na direção leste.
d) 2km na direção sul.
e) 1km na direção oeste.

02. (CESGRANRIO)

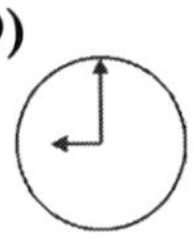

Um relógio sem os números marca 9h como ilustrado na figura. Virando-o de frente para um espelho plano, a imagem vista é:

a) 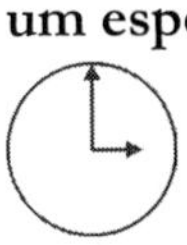
b) 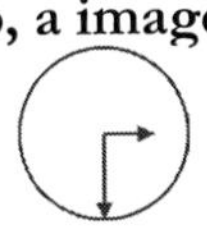
c) 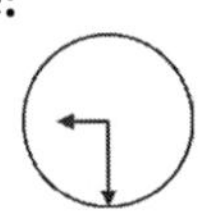
d) 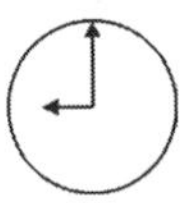
e) 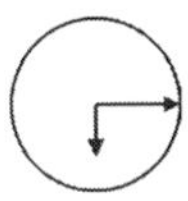

Gabarito

01. D **02. A**

Exercícios de Concursos

105. (FCC) Considere a figura abaixo:

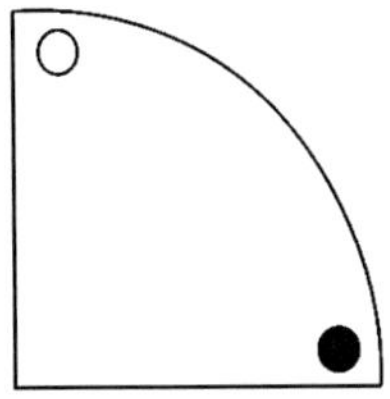

Supondo que as figuras apresentadas nas alternativas abaixo possam ser deslizadas sobre o papel, aquela que coincidirá com a figura dada é

a) 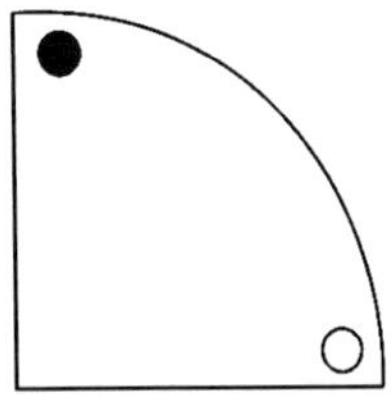

b) 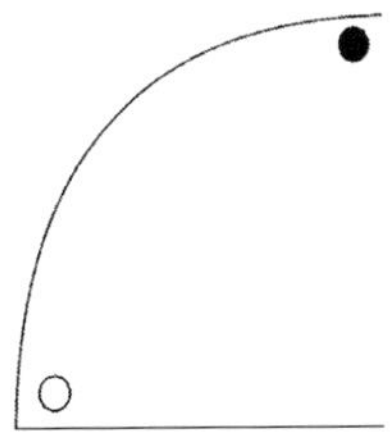

c) 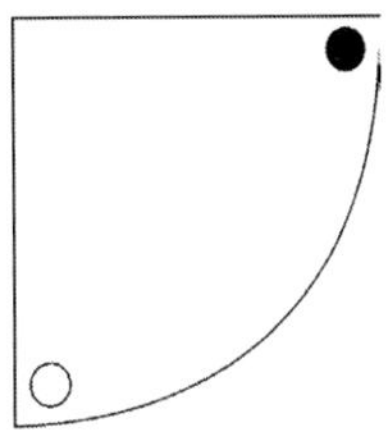

d) 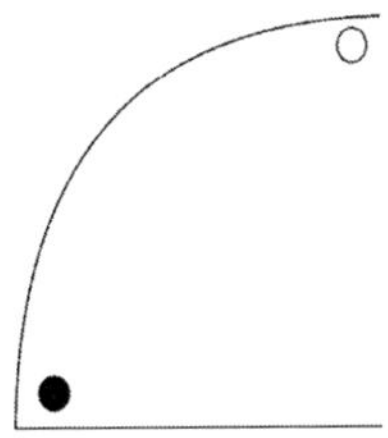

e) 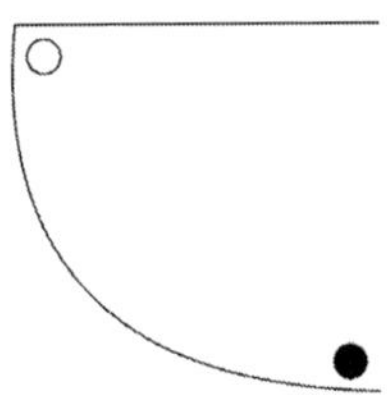

106. (FCC) Considere a figura abaixo.

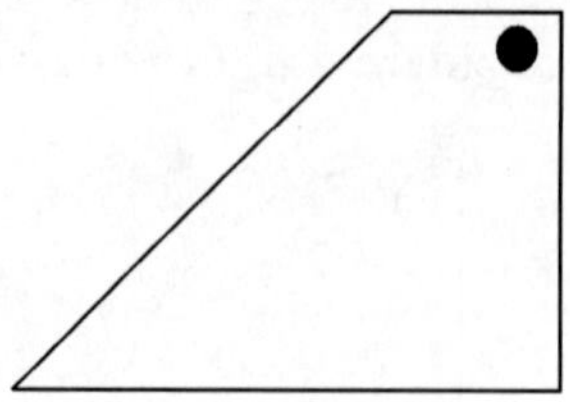

Supondo que as figuras apresentadas nas alternativas abaixo possam apenas ser deslizadas sobre o papel, aquela que coincidirá com a figura dada, é

a) 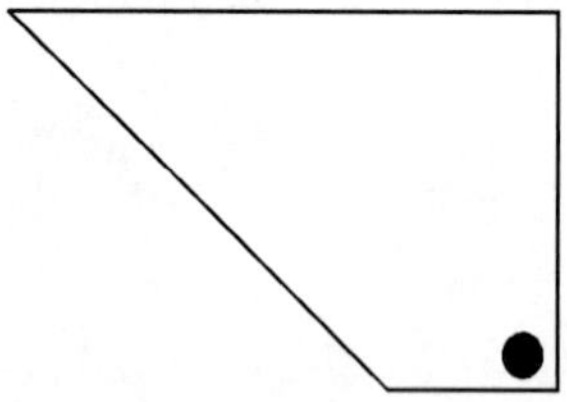

b) 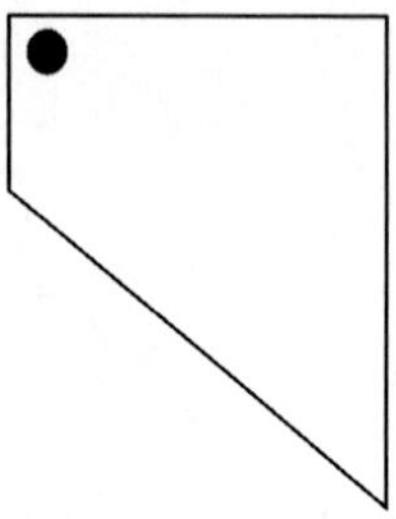

c) 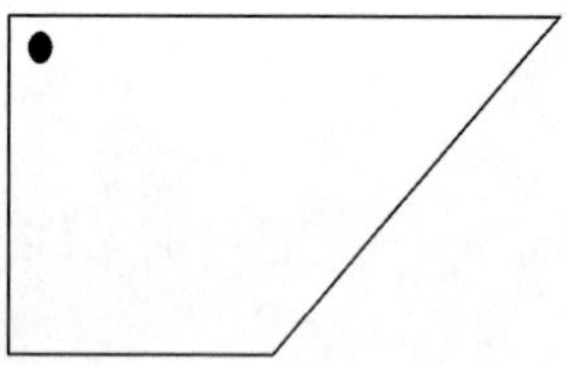

d) 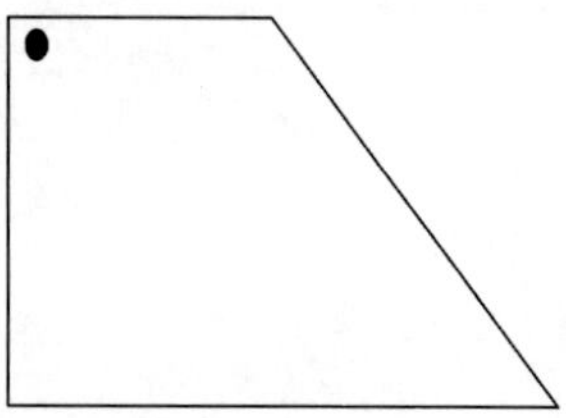

e) 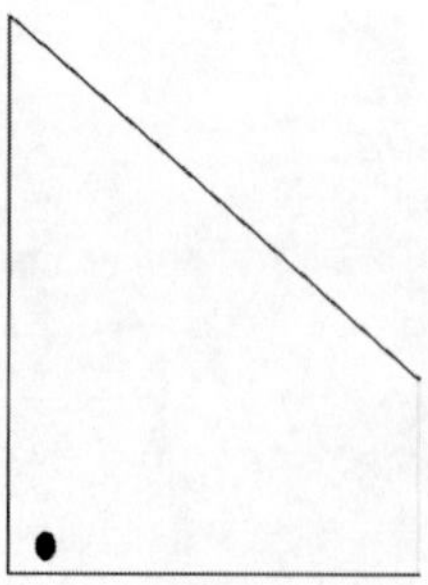

107. (FCC) Considere a figura abaixo.

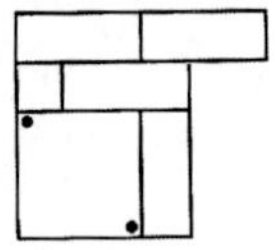

Supondo que as figuras apresentadas nas alternativas abaixo possam apenas ser deslizadas sobre o papel, aquela que coincidirá com a figura dada é

a) 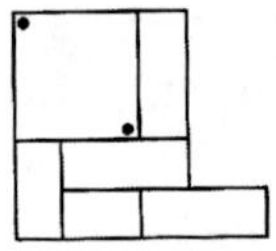

b) 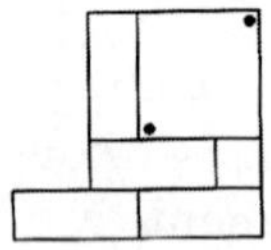

c) 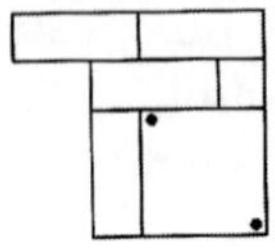

d) 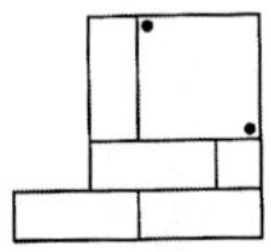

e) 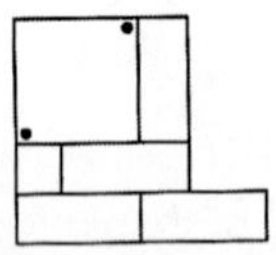

108. (FCC) Considere a figura abaixo:

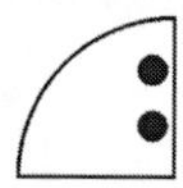

Se você pudesse fazer uma dessas figuras deslizar sobre o papel, aquela que, quando sobreposta à figura dada, coincidiria exatamente com ela é:

a) 

b) 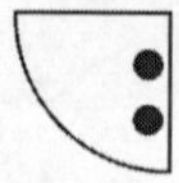

c) 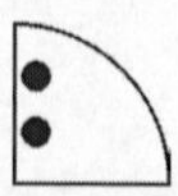

d) 

e) 

109. (FCC) Movendo alguns palitos de fósforo da figura I, é possível transformá-la na figura II:

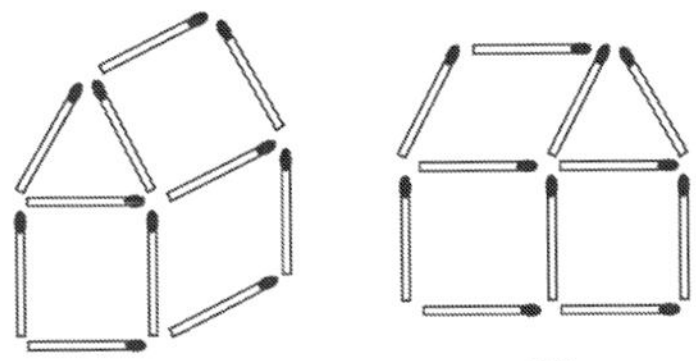

I II

O menor número de palitos de fósforo que deve ser movido para fazer tal transformação é

a) 3;
b) 4;
c) 5;
d) 6;
e) 7.

110. (FCC) Movendo-se palito(s) de fósforo na figura I, é possível transformá-la na figura II:

I II

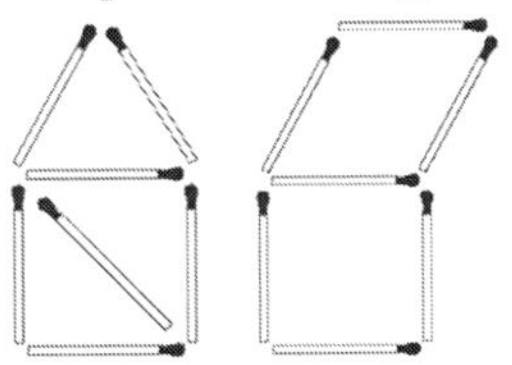

O menor número de palitos de fósforo que deve ser movido para fazer tal transformação é

a) 1;
b) 2;
c) 3;
d) 4;
e) 5.

111. (FCC) Observe que com 10 moedas iguais é possível construir um triângulo:

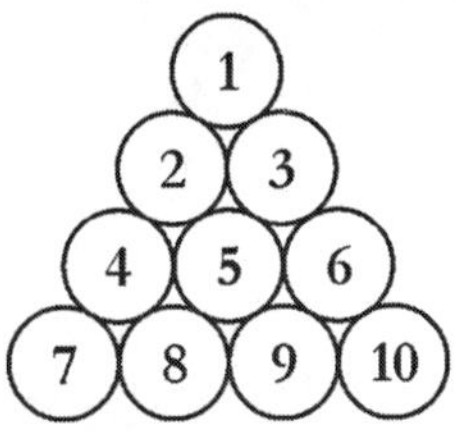

Movendo apenas três dessas moedas é possível fazer com que o triângulo acima fique com a posição invertida, ou seja, a base para cima e o vértice oposto para baixo. Para que isso aconteça, as moedas que devem ser movidas são as de número:

a) 1, 2 e 3;
b) 1, 8 e 9;
c) 1, 7 e 10;
d) 2, 3 e 5;
e) 5, 7 e 10.

112. (CESGRANRIO) Em uma rua há 10 casas do lado direito e outras 10 do lado esquerdo. Todas as casas são numeradas de tal forma que, de um lado da rua, ficam as de número par e, do lado oposto, as de número ímpar. Em ambos os lados, a numeração das casas segue uma ordem crescente (ou decrescente, dependendo do sentido em que o observador caminha). Não há grandes diferenças entre os números de casas adjacentes e nem entre os números daquelas que ficam frente a frente. Um agente censitário encontra-se nessa rua, na porta da casa de número 76. Sem mudar de lado, ele segue em um sentido. Em poucos segundos, percebe que está diante da porta da casa de número 72. Pretendendo entrevistar o morador da casa de número 183, o mais provável é que ele precise

a) continuar no mesmo sentido sem mudar de lado.
b) continuar no mesmo sentido, mas mudando de lado.
c) apenas atravessar a rua.
d) andar no sentido contrário sem mudar de lado.
e) andar no sentido contrário, mas mudando de lado.

113. (FCC) O desenho abaixo indica, num mapa, as direções Norte (N), Sul (S), Leste (L) e Oeste (O).

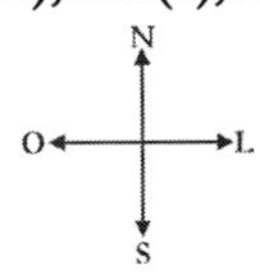

Três pesquisadores, Albertino, Bernardino e Constantino, trabalham num mesmo local. Para ir de casa ao trabalho, Albertino segue no sentido Sul e, depois, pega uma estrada que segue no sentido Sudeste. Bernardino pega uma estrada que segue no sentido Leste e, depois, pega um caminho que vai para o Nordeste. Constantino sai em direção ao Norte, pega, em seguida, uma estrada que vai para o Oeste e, depois, uma outra que vai para o Norte. Se A, B e C representam os trajetos feitos por Albertino, Bernardino e Constantino, respectivamente, assinale a opção que melhor pode representar os três objetos.

a) 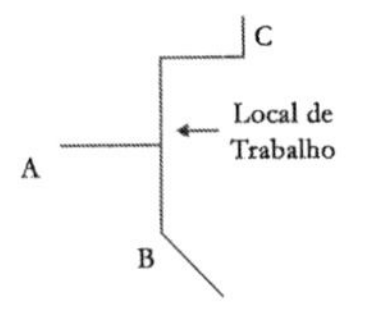

b) 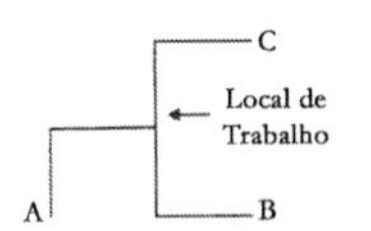

c) 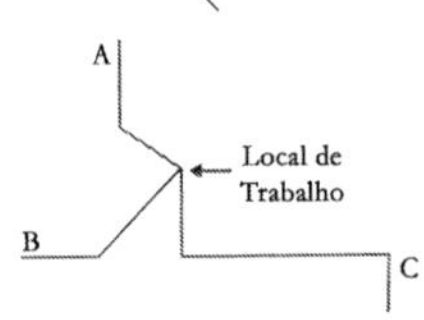

d) 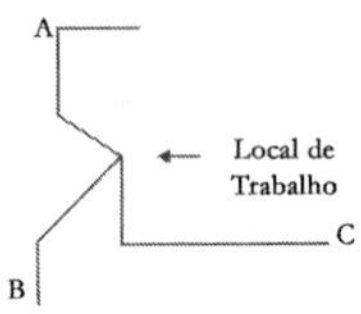

e) 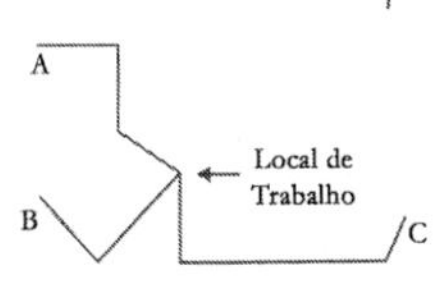

6. Raciocínio Verbal

São situações que procuram testar vocabulário, interpretação de um texto e relacionamento de significados e de ideias.

Vejamos o exemplo abaixo:

01. (FCC) Em qual das alternativas encontra-se a palavra que melhor completa a sentença: "Para se propor um problema, o ideal é que sejam considerados apenas os dados essenciais e eliminados aqueles..."?

a) substituíveis.
b) insolúveis.
c) irrelevantes.
d) incoerentes.
e) inviáveis.

Resolução:
A ideia do texto é o de se manter os dados necessários, indispensáveis e eliminar os dados não necessários, dispensáveis ou seja os dados **irrelevantes.**

Exercícios de Fixação

01. (FCC) Das cinco palavras seguintes, quatro estão ligadas por uma relação, ou seja, pertencem a uma mesma classe.

MANIFESTO - LEI - DECRETO - CONSTITUIÇÃO - REGULAMENTO

A palavra que NÃO pertence à mesma classe das demais é

a) REGULAMENTO
b) LEI
c) DECRETO
d) CONSTITUIÇÃO
e) MANIFESTO

02. (FCC) Observe que, no esquema abaixo, há uma relação entre as duas primeiras palavras:

AUSÊNCIA – PRESENÇA :: GENEROSIDADE - ?

A mesma relação deve existir entre a terceira palavra e a quarta, que está faltando. Essa quarta palavra é

a) bondade.
b) infinito.
c) largueza.
d) qualidade.
e) mesquinhez.

Gabarito

01. E **02. E**

Exercícios de Concursos

114. (FCC) A sucessão seguinte de palavras obedece a uma ordem lógica. Escolha a alternativa que substitui "X" corretamente: RÃ, LUÍS, MEIO, PARABELO, "X".

a) Calçado.
b) Pente.
c) Lógica.
d) Sibipiruna.
e) Soteropolitano.

115. (FCC) Esta sequência de palavras segue uma lógica:

- **Pá**
- **Xale**
- **Japeri**

Uma quarta palavra que daria continuidade lógica à sequência poderia ser

a) Casa;
b) Anseio;
c) Urubu;
d) Café;
e) Sua.

(FCC) Atenção: As questões de número 116 e 117 apresentam sentenças, em cada uma das quais falta a última palavra. Você deve procurar, entre as alternativas apresentadas, a palavra que <u>melhor</u> completa a sentença dada.

116. (FCC) A ficar hesitando entre duas soluções, é preferível e mais prático decidir de vez e determinar qual delas deve...

a) simplificar
b) prevalecer
c) confirmar
d) resilir
e) coincidir.

117. (FCC) Novas ideias e invenções criam necessidades da expressão, novas palavras para denominar os inventos da ciência e da tecnologia. Surgem, então, os chamados...

a) neologismos
b) modernismos
c) silogismos
d) neocíclicos.
e) neófitos.

(FCC) Instruções: Para responder às questões de números 04 e 05, você deve observar que, em cada um dos dois primeiros pares de palavras dadas, a palavra da direita foi formada a partir da palavra da esquerda segundo um determinado critério. Você deve descobrir esse critério e usá-lo para associar a terceira palavra àquela que deve ser corretamente colocada no lugar do ponto de interrogação.

118. (FCC)
telefonar - arte
robustecer - erro
cadastro - ?

a) troca
b) roca
c) cada
d) caro
e) orca

119. (FCC)
capitular - lar
loucura - cura
batalho - ?

a) alho
b) bolha
c) atola
d) atalho
e) talho

120. (FCC) Cada uma das duas primeiras linhas seguintes apresenta um par de palavras que foram formadas obedecendo a determinado critério. Esse mesmo critério deve ser usado para completar a terceira linha, na qual falta uma palavra.

GROSSO – SOGRO
TESTEMUNHAR– ARTES
AMEDRONTAR – ?

A palavra que deve estar no lugar do ponto de interrogação é:
a) ARAME;
b) ARDEM;
c) ENTOA;
d) RONDA;
e) TRAMA.

121. (FCC) Distinguir pensamentos, emoções e reações é um instrumento importante para avaliar a inteligência pessoal de um indivíduo e permitir que ele tenha uma consciência desenvolvida e eficaz de si mesmo.

Considerando os pensamentos como processos cognitivos, as emoções como resultados psicológicos e as reações como respostas físicas, analise o seguinte fato.

Você gasta mais de uma hora escolhendo o que vestir para ir a uma festa na empresa onde trabalha, pois pretende impressionar o seu chefe. Entretanto, ele deixa de cumprimentá-la por seu aspecto. O que você faria?

1. **Gostaria de fazer algum comentário.**
2. **O questionaria sobre sua indumentária.**
3. **Se sentiria deprimido por não sentir que seu esforço foi reconhecido.**

As opções de respostas, 1, 2 e 3 são, respectivamente, caracterizadas como
a) pensamento, emoção e reação.
b) pensamento, reação e emoção.
c) emoção, pensamento e reação.
d) emoção, reação e pensamento.
e) reação, emoção e pensamento.

122. (VUNESP) Distinguir pensamentos, emoções e reações é um instrumento importante para avaliar a inteligência pessoal de um indivíduo e permitir que ele tenha uma consciência desenvolvida e eficaz de si mesmo.

Considerando os pensamentos como processos cognitivos, as emoções como resultados psicológicos e as reações como respostas físicas, analise o seguinte fato.

Você acaba a assumir um novo trabalho e um de seus colegas está querendo deixá-lo mal perante o chefe. O que você faria?

1. Se sentiria muito incomodado pela atitude de seu colega.
2. Procuraria o chefe para uma conversa em particular.
3. Se questionaria se representa uma ameaça para ele.

As opções de resposta, 1, 2 e 3, são respectivamente caracterizadas como
a) pensamento, emoção e reação.
b) pensamento, reação e emoção.
c) emoção, pensamento e reação.
d) emoção, reação e pensamento.
e) reação, pensamento e emoção.

123. (FCC) Em seu livro *Primal Leadership: Realizing the Power of Emotional Intelligence* (2001), Daniel Goleman destaca quatro tipos de lideranças positivas: visionária, formativa, afetiva e democrática.

- os líderes visionários são aqueles cujas instruções são claras, se assegurando que todos os seus subordinados progridam visando os objetivos empresariais, mas dando liberdade para que decidam livremente como chegar a eles;
- os líderes formativos procuram relacionar o interesse dos subordinados aos objetivos da empresa;
- os líderes afetivos procuram desenvolver equipes unidas e motivadas, fomentando um relacionamento são e amistoso, quase que superando os objetivos empresariais;
- os líderes democráticos obtêm o respaldo e o compromisso político porque fomentam a participação. Empregam trabalhos em grupo, a negociação e a empatia, de modo que seus subordinados se sintam valorizados.

Com base nas informações dadas, analise as afirmações seguintes:

I. Se os subordinados estão satisfeitos e sentem que têm o respaldo de seu chefe, os objetivos são atingidos.

II. Nenhum indivíduo por si só tem todas as respostas; com frequência recorro à minha equipe para que me deem ideias.

III. Acho que saber escutar é tão importante quanto ser um bom comunicador.

Das três afirmações, a figura do líder democrático está caracterizada APENAS em

a) II
b) III
c) I e II
d) I e III
e) II e III

(VUNESP) INSTRUÇÃO: Utilize o texto a seguir para responder às questões de números 124 e 125.

"O primeiro impacto da nova tecnologia de aprendizado será sobre a educação universal. Através dos tempos, as escolas, em sua maioria, gastaram horas intermináveis tentando ensinar coisas que eram mais bem aprendidas do que ensinadas, isto é, coisas que são aprendidas de forma comportamental e através de exercícios, repetição e "feedback". Pertencem a essa categoria todas as matérias ensinadas no primeiro grau, mas também muitas daquelas ensinadas em estágios posteriores do processo educacional. Essas matérias - seja ler e escrever, aritmética, ortografia, história, biologia, ou mesmo matérias avançadas como neurocirurgia, diagnóstico médico e a maior parte da engenharia - são melhor aprendidas através de programas de computador. O professor motiva, dirige, incentiva. Na verdade, ele passa a ser um líder e um recurso.

Na escola de amanhã os estudantes serão seus próprios instrutores, com programas de computador como ferramentas. Na verdade, quanto mais jovens forem os estudantes, maior o apelo do computador para eles e maior o seu sucesso na sua orientação e instrução. Historicamente, a escola de primeiro grau tem sido totalmente intensiva de mão de obra. A escola de primeiro grau de amanhã será fortemente intensiva de capital.

Contudo, apesar da tecnologia disponível, a educação universal apresenta tremendos desafios. Os conceitos tradicionais de educação não são mais suficientes. Ler, escrever e aritmética continuarão a ser necessário como hoje, mas a educação precisará ir muito mais além desses itens básicos. Ela irá exigir familiaridade com números e cálculos; uma compreensão básica de ciência e da dinâmica da tecnologia; conhecimento de línguas estrangeiras. Também será necessário aprender a ser eficaz como membro de uma organização, como empregado." (Peter Drucker, A sociedade pós-capitalista).

124. (VUNESP) Para Peter Drucker, o ensino de matérias como aritmética, ortografia, história e biologia

a) deve ocorrer apenas no primeiro grau.
b) deve ser diferente do ensino de matérias como neurocirurgia e diagnóstico médico.
c) será afetado pelo desenvolvimento da informática.
d) não deverá se modificar, nas próximas décadas.
e) deve se dar através de meras repetições e exercícios.

125. (VUNESP)Para o autor, neste novo cenário, o computador

a) terá maior eficácia educacional quanto mais jovem for o estudante.
b) tende a substituir totalmente o professor em sala de aula.
c) será a ferramenta de aprendizado para os professores.
d) tende a ser mais utilizado por médicos.
e) será uma ferramenta acessória na educação.

(VUNESP) INSTRUÇÃO: Utilize o texto a seguir para responder às questões de números 126 e 127.

"Os homens atribuem autoridade a comunicações de posições superiores com a condição de que estas comunicações sejam razoavelmente consistentes com as vantagens de escopo e perspectiva que são creditadas a estas posições. Esta autoridade é, até um grau considerável, independente da habilidade pessoal do sujeito que ocupa a posição. É muitas vezes reconhecido que, embora este sujeito possa ter habilidade pessoal limitada, sua recomendação deve ser superior pela simples razão da vantagem de posição. Esta é a autoridade de posição.

Mas é óbvio que alguns homens têm habilidade superior. O seu conhecimento e a sua compreensão, independentemente da posição, geram respeito. Os homens atribuem autoridade ao que eles dizem, em uma organização, apenas por esta razão. Esta é a autoridade de liderança."

(Chester Barnard, The Functions of the Executive).

126. (VUNESP) Para o autor,

a) autoridade de posição e autoridade de liderança são sinônimos.
b) autoridade de posição é uma autoridade superior à autoridade de liderança.
c) tanto a autoridade de posição quanto a autoridade de liderança são ineficazes.
d) a autoridade de posição se estabelece por habilidades pessoais superiores de alguns líderes.
e) a autoridade de liderança se estabelece por características individuais de alguns homens.

127. (VUNESP) Durante o texto, o autor procura mostrar que as pessoas

a) não costumam respeitar a autoridade de posição.
b) também respeitam autoridade que não esteja ligada a posições hierárquicas superiores.
c) respeitam mais autoridade de liderança do que de posição.
d) acham incompatíveis os dois tipos de autoridade.
e) confundem autoridade de posição e liderança.

128. (VUNESP) " ...o pensador crítico precisa ter tolerância e até predileção por estados cognitivos de conflito, em que o problema ainda não é totalmente compreendido. Se ele ficar aflito quando não sabe 'a resposta correta', essa ansiedade pode impedir a exploração mais completa do problema."

(David Carraher, Senso Crítico).

O autor quer dizer que o pensador crítico

a) precisa tolerar respostas corretas.
b) nunca sabe a resposta correta.
c) precisa gostar dos estados em que não sabe a resposta correta.
d) que não fica aflito explora com mais dificuldade os problemas.
e) não deve tolerar estados cognitivos de conflito.

7. Dados

Um dado é dito "comum" quando faces opostas somam sete.

Exercícios de Fixação

01. (FCC) Nos dados habitualmente usados em jogos, a soma dos pontos de duas faces opostas deve ser sempre igual a 7. Assim, por exemplo, todas as vistas possíveis de um dado cuja face da frente tem 1 ponto marcado estão representadas nas figuras abaixo.

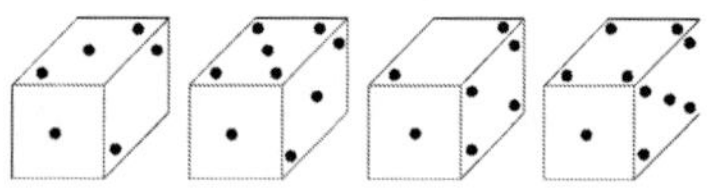

a) 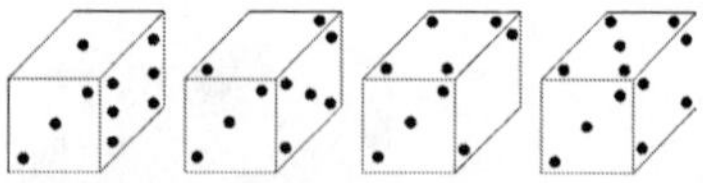

b) 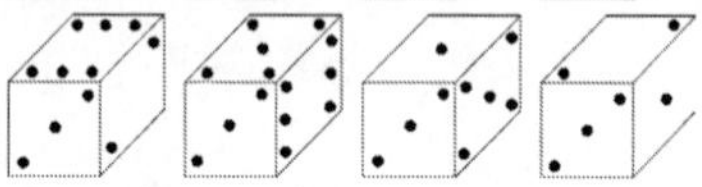

c) 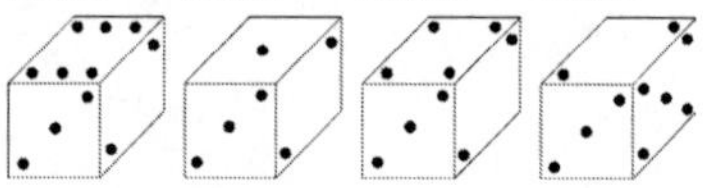

d) 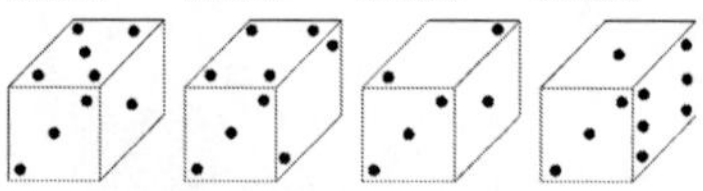

e) 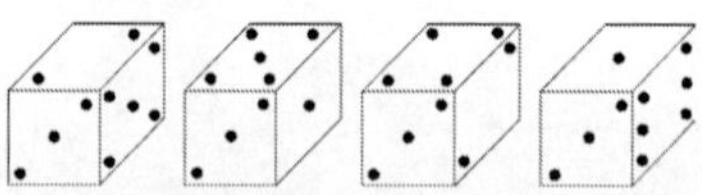

02. (VUNESP) As cinco alternativas abaixo representam planificações de um cubo. Levando-se em conta que em um dado a soma dos pontos marcados nas faces opostas é 7, a única alternativa que representa a planificação do dado é:

a) 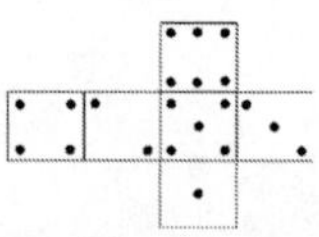

b) 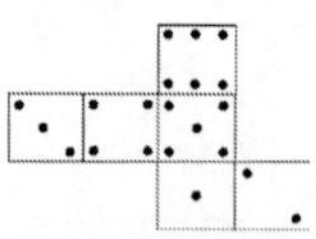

c) 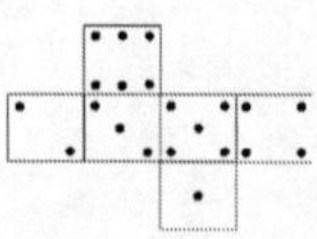

d) 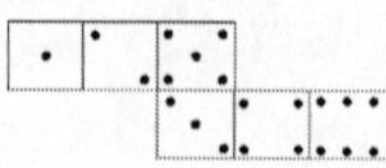

e) 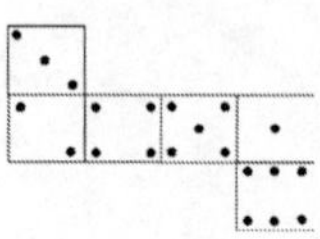

Gabarito

01. B **02. C**

Exercícios de Concursos

129. (FCC) O desenho seguinte mostra a planificação de um cubo que apresenta um número pintado em cada face, como é mostrado na figura abaixo.

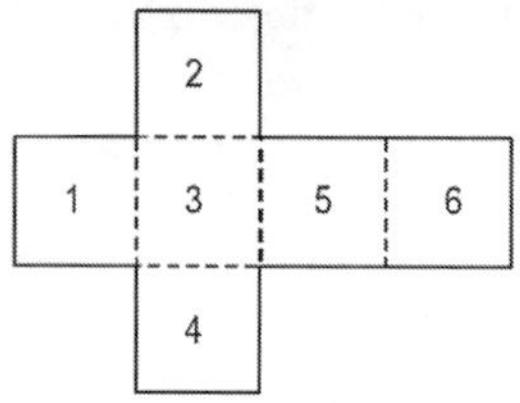

A partir dessa planificação, qual dos seguintes cubos pode ser montado?

a) 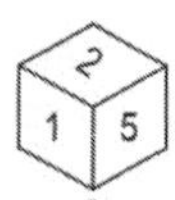

b) 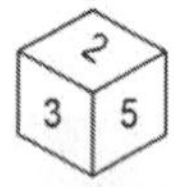

c) 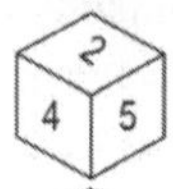

d) 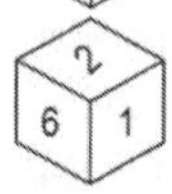

e) 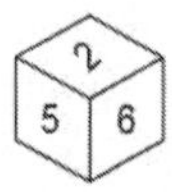

130. (FCC) Três cubos numerados idênticos, com as faces numeradas de 1 a 6, são sobrepostos de modo que as faces unidas tenham o mesmo número, como ilustrado abaixo. Dessa forma, a soma dos números contidos nas faces traseiras dos dados é igual a:

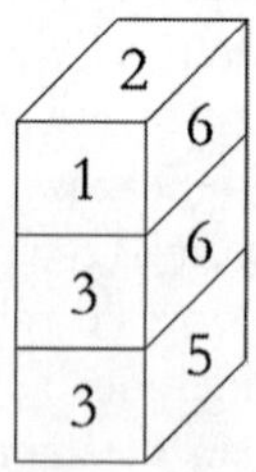

a) 4
b) 5
c) 7
d) 10
e) 12

131. **(FCC) A figura abaixo mostra uma pilha de três cubos numerados idênticos. O número da face do dado inferior que está em contato com o dado intermediário:**

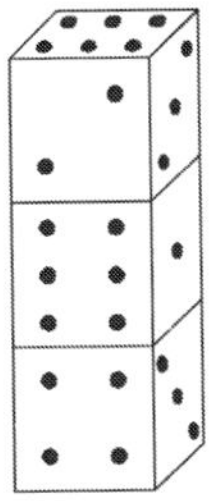

a) certamente é 1.
b) certamente é 2.
c) certamente é 5.
d) pode ser 1 e pode ser 2.
e) pode ser 5 e pode ser 6.

132. **(CESGRANRIO) Um dado é dito "comum" quando faces opostas somam sete. Um dado comum é colocado sobre uma mesa. Se o número da face voltada para cima é 2, o número da face em contato com a mesa tem o número**

a) 1
b) 3
c) 4
d) 5
e) 6

133. **(CESGRANRIO) Um dado comum foi lançado sobre uma mesa. A soma de todas as faces visíveis vale 18. O valor da face que está em contato com a mesa é:**

a) 1
b) 2
c) 3
d) 4
e) 5

134. **(CESGRANRIO) Um dado comum tem os números naturais de 1 a 6 em cada uma de suas faces e foi lançado sobre uma mesa. A soma dos números nas faces visíveis é 16. A face voltada para baixo tem o número:**

a) 6
b) 5
c) 4
d) 3
e) 2

135. **(FCC) Em um dado convencional os pontos que correspondem aos números de 1 a 6 são colocados nas faces de um cubo, de tal maneira que a soma dos pontos que ficam em cada par de faces opostas é sempre igual a sete. Considere que a figura seguinte indica dois dados convencionais, e que suas faces em contato não possuem quantidades de pontos iguais.**

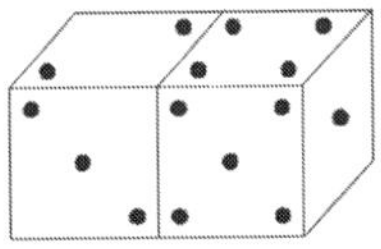

A soma dos pontos que estão nas faces em contato dos dois dados é

a) 7;
b) 8;
c) 9;
d) 11;
e) 12.

136. **(FCC) Na figura, as faces em contato de dois dados possuem o mesmo número.**

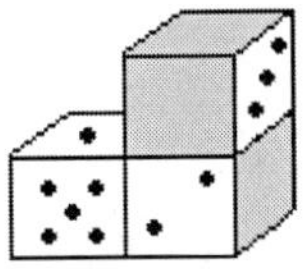

Se a soma dos números nas faces opostas de cada dado é sempre igual a 7, a maior soma possível dos números nas três faces sombreadas da figura é

a) 6;
b) 8;
c) 10;
d) 11;
e) 15.

137. (FCC) Um certo número de dados de seis faces formam uma pilha única sobre uma mesa. Sabe-se que:

– **os pontos de duas faces opostas de um dado sempre totalizam 7;**

– **a face do dado da pilha que está em contato com a mesa é a do número 6;**

– **os pontos das faces em contato de dois dados da pilha são sempre iguais.**

Sendo verdadeiras as três afirmações acima, na pilha, a face do dado da pilha mais afastada da mesa

a) necessariamente tem um número de pontos ímpar.
b) tem 6 pontos, se o número de dados da pilha for par.
c) tem 6 pontos, se o número de dados da pilha for ímpar.
d) tem 1 ponto, se o número de dados da pilha for par.
e) necessariamente tem um número par de pontos.

138. (FCC) Sabe-se que os pontos marcados nas faces opostas de um dado devem somar 7 pontos. Assim sendo, qual das figuras seguintes NÃO pode ser a planificação de um dado?

a) 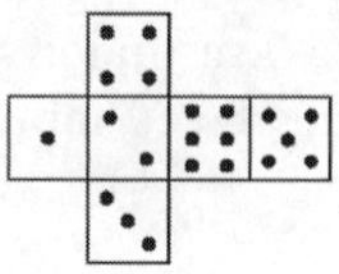

b) 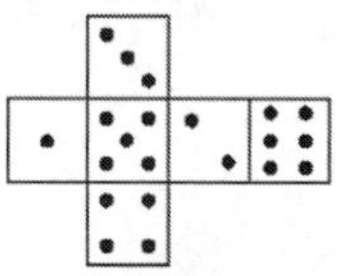

c) 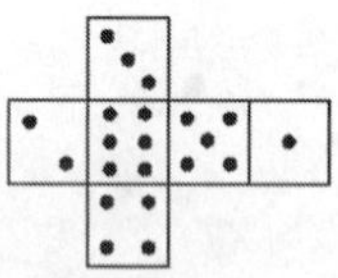

d) 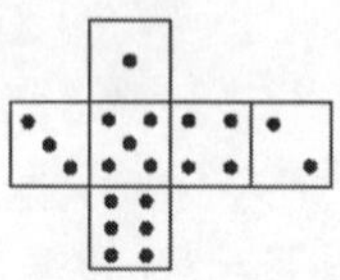

e) 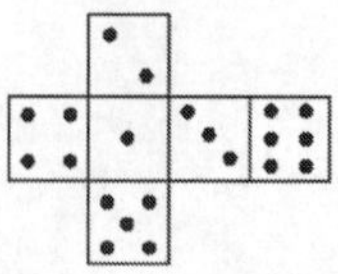

8. Calendário

- Ano Civil "comum": **365 dias;**
- Janeiro, Março, Maio, Julho, Agosto, Outubro e Dezembro: **31 dias;**
- Abril, Junho, Setembro e Novembro: **30 dias;**
- Fevereiro: **28 dias;**
- O 1º dia do ano e o último dia do ano cairão no mesmo dia da semana;
- Ano bissexto tem 366 dias e Fevereiro tem 29 dias.

Exercícios de Fixação

01. (CESGRANRIO) Observando o calendário de um certo ano, Gabriel percebeu que havia dois meses consecutivos que totalizavam 60 dias. Se esse ano começa em uma segunda-feira, então termina em uma

a) segunda-feira.
b) terça-feira.
c) quarta-feira.
d) quinta-feira.
e) sexta-feira.

02. (CESGRANRIO) Depois de amanhã é segunda-feira, então, ontem foi

a) terça-feira.
b) quarta-feira.
c) quinta-feira.
d) sexta-feira.
e) sábado.

Gabarito

01. B **02. D**

Exercícios de Concursos

139. (CESGRANRIO) Em um certo ano, o mês de abril termina em um domingo. É possível determinar o próximo mês a terminar em um domingo?

a) Sim, será o mês de setembro do mesmo ano.
b) Sim, será o mês de outubro do mesmo ano.
c) Sim, será o mês de dezembro do mesmo ano.
d) Sim, será o mês de janeiro do ano seguinte.
e) Não se pode determinar porque não se sabe se o ano seguinte é bissexto ou não.

140. (CESGRANRIO) Os anos bissextos têm 366 dias. Se um certo ano bissexto começa em uma Quarta-feira, em que dia da semana terminará o ano seguinte?

a) Quinta-feira
b) Sexta-feira
c) Sábado
d) Domingo
e) Segunda-feira

141. (CESGRANRIO) Antes de ontem foi terça-feira. Amanhã é dia 10. Ontem foi

a) segunda-feira, dia 8.
b) segunda-feira, dia 11.
c) quarta-feira, dia 8.
d) quarta-feira, dia 11.
e) quarta-feira, dia 9.

142. (FCC) Ao observar o calendário de um ano, Josué observou que um certo mês começava em um sábado e o mês seguinte terminava em uma quinta-feira. Em tal ano, o feriado de 7 de setembro ocorreu em:

a) uma terça-feira;
b) uma quarta-feira;
c) uma quinta-feira;
d) um sábado;
e) um domingo.

Gabarito

Raciocínio Aritmético

01. C 02. D 03. E 04. A 05. A
06. C 07. B 08. A 09. C 10. C
11. D 12. E 13. A 14. D 15. E
16. D 17. E 18. E 19. C 20. E
21. D 22. E 23. C 24. C 25. B
26. A 27. D 28. D 29. A 30. E
31. A 32. B 33. D 34. C 35. B
36. E 37. D 38. D 39. B 40. B
41. D 42. D 43. B 44. A 45. E
46. C 47. B 48. E 49. E 50. B
51. D 52. B 53. C 54. A 55. D

Princípios de Contagem

Diagrama de Árvores

56. D 57. D 58. E 59. D 60. C
61. D

Princípio Multiplicativo

62. A 63. D 64. D 65. D 66. A
67. E 68. B 69. D 70. E 71. C

Princípio da Casa dos Pombos

72. A 73. C 74. B 75. C 76. C

Contagem de Números Consecutivos

77. E 78. C 79. B

Relação por Analogia

80. C 81. C 82. D 83. D 84. C
85. D 86. C 87. B 88. B 89. C
90. B 91. E

Habilidade Visio-espacial

92. A 93. E 94. D 95. C 96. C
97. B 98. A 99. B 100. B 101. D
102. E 103. A 104. D

Habilidade Orientação Espacial

105. B 106. B 107. D 108. A 109. C
110. B 111. C 112. E 113. C

Habilidade Verbal

114. D 115. B 116. B 117. A 118. B
119. E 120. A 121. B 122. D 123. E
124. C 125. A 126. E 127. B 128. D

Dados

129. B 130. B 131. B 132. D 133. C
134. B 135. A 136. E 137. B 138. B

Calendários

139. C 140. B 141. C 142. C

6. Sequências

1. Sucessões ou Sequências

1. Sucessões ou Sequências

Definição

É um conjunto ordenado de elementos.

Como, por exemplo, o conjunto dos meses de um ano (janeiro, fevereiro, ..., dezembro)

Como o conjunto formado pelos números naturais ímpares (1, 3, 5, ...)

Como o conjunto formado pelas vogais do nosso alfabeto (a, e, i, o, u)

Termos de uma Sucessão

Para facilitar a identificação de um determinado elemento de uma sequência, poderemos, abreviadamente, representá-lo da seguinte forma:

$a_1 \rightarrow$ o 1º termo (a índice 1)
$a_2 \rightarrow$ o 2º termo (a índice 2)
$a_n \rightarrow$ o enésimo termo (a índice n), para indicar a posição do termo na sucessão.

Lei de Formação de uma Sequência

A lei de formação determinará como cada elemento dessa sequência será formado.

Essa lei de formação poderá ser uma qualidade, como no caso dos números primos, ou no caso das letras, como vogal ou consoante.

As sequências matemáticas que obedecem a uma lei de formação são muito importantes. Podemos, por meio delas, encontrar qualquer um de seus termos.

Podemos escrever a sequência sabendo-se que cada elemento será obtido pela relação $a_n = 2n+1$, com $n \in N$.

Dessa forma, substituindo os valores, teremos:

$n = 1 \rightarrow a_1 = 2 . 1 + 1 = 3$
$n = 2 \rightarrow a_2 = 2 . 2 + 1 = 5$
$n = 3 \rightarrow a_3 = 2 . 3 + 1 = 7$

E a sequência será:

$$(3 , 5 , 7 , ... , 2n + 1)$$

Sequências Alfabéticas

São sequências cujos termos são letras de um alfabeto. No caso do alfabeto latino, temos o alfabeto oficial com 23 letras a,b,c,d,e,f,g,h,i,j,l,m,n,o,p,q,r,s,t,u,v,x,z.

Além dessas, existem três letras que podem ser usadas em casos especiais, que são k, w, y.

As 23 letras poderão ser subdivididas em vogais e consoantes.

As vogais são: a, e, i, o ,u.

As consoantes são: b,c,d,f,g,h,j,l,m,n,p,q,r,s,t,v,x,z.

A utilização das 23 letras, ou das 26 letras com as três letras especiais, deverá ser especificada no enunciado.

Para alguns exercícios que envolvem sequências alfabéticas, relacionando a letra com a posição que ela ocupa, poderá facilitar o entendimento da Lei de Formação usada.

Alfabeto com 23 letras (sem k, w e y):

a	b	c	d	e	f
1	2	3	4	5	6

g	h	i	j	l	m
7	8	9	10	11	12

n	o	p	q	r	s
13	14	15	16	17	18

t	u	v	x	z	
19	20	21	22	23	

Alfabeto com 26 letras:

a	b	c	d	e	f
1	2	3	4	5	6

g	h	i	j	k	l
7	8	9	10	11	12

m	n	o	p	q	r
13	14	15	16	17	18

s	t	u	v	w	x
19	20	21	22	23	24

y	z				
25	26				

Dessa forma, usando o alfabeto com 23 letras, vamos determinar a letra que preencheria o espaço na seguinte sequência:

B A D C F ......

Numerando cada letra conforme a sua posição no alfabeto, teremos:

B	A	D	C	F	.....
2	1	4	3	6	.....

Notamos na sequência uma alternância entre letras de posição par, com as de posição ímpar. Assim, a próxima letra deverá ser uma de posição ímpar após a de posição 3, que seria a letra de posição 5, ou seja, a letra e.

Sequências Numéricas

As sequências poderão apresentar uma lei de formação associada a uma classificação, como Número Par, Número Ímpar ou Número Primo, ou então, estarão associadas a uma fórmula para se determinar cada elemento da sequência como $a_n = 2.n + 5$, com $n \in N$.

Para determinarmos a lógica de formação de uma sequência numérica, observações do tipo, os elementos estão em ordem crescente ou em ordem decrescente se tornam importantes.

Para completarmos os espaços da sequência abaixo:

20 23 22 25 24 27 ....

Vamos separar a sequência da seguinte forma:

20 22 24.......(I)
23 25 27.......(II)

A sequência (I) é formada por números pares iniciados no 20. Logo, a sequência será 20, 22, 24, 26, então o primeiro espaço será preenchido pelo 26.

A sequência (II) é formada por números ímpares iniciados no 23, logo a sequência será:

23, 25, 27, 29

então o segundo espaço será preenchido pelo 29.

Uma mesma sequência poderá ter várias interpretações, como esse nosso exemplo, pois poderíamos pensar da seguinte forma:

$$20 + 3 = 23$$
$$23 - 1 = 22$$
$$22 + 3 = 25$$
$$25 - 1 = 24$$
$$24 + 3 = 27$$

Então os próximos seriam:

$$27 - 1 = 26$$
$$26 + 3 = 29$$

Sequências com figuras

Em sequências onde aparecem figuras é importante notar se houve uma rotação no sentido horário ou no sentido anti-horário; se houve mudança nos elementos associados à figura, como letras ou números.

ER01. Qual das letras abaixo deve ocupar a posição que a interrogação ocupa, para que a sequência fique correta:

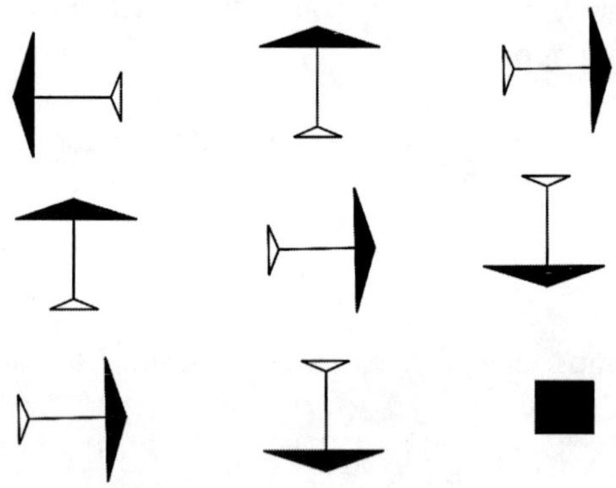

a) 

b) 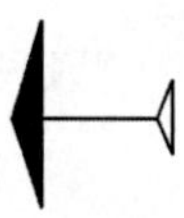

c) 

d) 

Resolução:

Notamos que em cada linha a figura gira no sentido horário. Portanto, devemos procurar uma figura com direção horizontal e sentido para esquerda, ou seja, a figura da alternativa b.

Exercícios de Fixação

01 (VUNESP) Continuando a sequência de letras F, N, G, M, H .... temos, respectivamente:

a) O, P.
b) I, O.
c) E, P.
d) L, I.
e) D, L.

02 (VUNESP) Continuando a sequência 47, 42, 37, 33, 29, 26,..., temos

a) 21
b) 22
c) 23
d) 24
e) 25

03. Escolha a figura que deve ocupar a vaga assinalada.

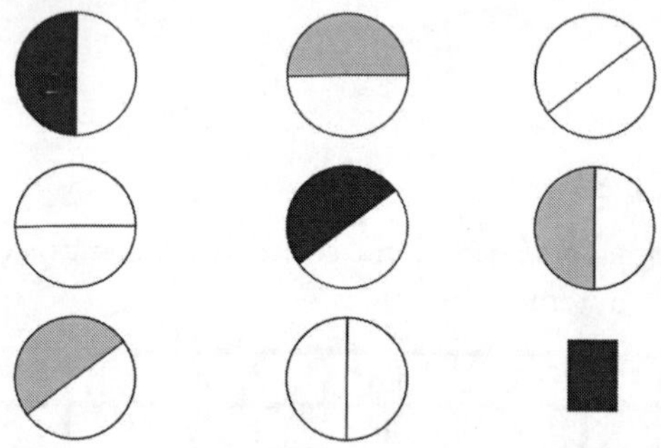

a) 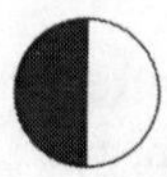

b) 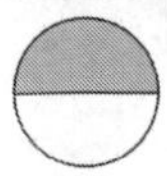

c) 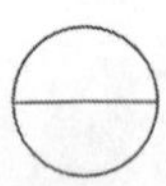

d) 

Gabarito

01. D **02. C** **03. D**

Exercícios Complementares e de Concursos

Sequências Alfabéticas

Atenção: nas questões desta prova que envolve sequências de letras, utilize o alfabeto oficial que não inclui as letras k, w e y.

01. (CESGRANRIO) Complete a série:

B D G L Q .....

a) R
b) T
c) V
d) X
e) Z

02. (FCC) Considere que a sequência (C, E, G, F, H, J, I, L, N, M, O, Q, ...) foi formada a partir de certo critério. Se o alfabeto usado é o oficial, que tem 23 letras, então, de acordo com esse critério, a próxima letra dessa sequência deve ser

a) P
b) R
c) S
d) T
e) U

03. (CESGRANRIO) Observe a sequência lógica a seguir:

A A B A B C A B C D A B C D E A B C D E F A...

Os sete próximos elementos dessa sequência são:

a) B C D E F A C;
b) A B C D E F G;
c) B C B C A D F;
d) B C D E F G A;
e) C D E A B C D.

04. (CESGRANRIO) Complete a série:

ADFI : CFH ....

a) I
b) J
c) L
d) N
e) P

05. (FCC) Observe que há uma relação entre os dois primeiros grupos de letras apresentados abaixo. A mesma relação deve existir entre o terceiro e o quarto grupo, que está faltando.

DFGJ : HJLO :: MOPS : ?

a) OQRU;
b) QSTV;
c) QSTX;
d) RTUX;
e) RTUZ.

06. (FCC) Observe que, no esquema abaixo, as letras que compõem os dois primeiros grupos foram dispostas segundo determinado padrão. Esse mesmo padrão deve existir entre os terceiro grupo e quarto, que está faltando.

ZUVX : TQRS :: HEFG : ?

Considerando que a ordem alfabética adotada, que é a oficial, exclui as letras K, W e Y, o grupo de letras que substitui corretamente o ponto de interrogação é:

a) QNOP;
b) BCDA;
c) IFGH;
d) DABC;
e) FCDE.

(FCC) Instruções: Nas duas questões seguintes, observe que há uma relação entre o primeiro e o segundo grupos de letras. A mesma relação deverá existir entre o terceiro grupo e um dos cinco grupos que aparecem nas alternativas, ou seja, aquele que substitui corretamente o ponto de interrogação.

Considere que a ordem alfabética adotada é a oficial e exclui as letras K, W e Y.

07. ABCA : DEFD :: HIJH : ?

a) IJLI.
b) JLMJ.
c) LMNL.
d) FGHF.
e) EFGE.

08. CASA : LATA :: LOBO : ?

a) SOCO.
b) TOCO.
c) TOMO.
d) VOLO.
e) VOTO.

09. **(FCC) São dados três grupos de 4 letras cada um:**

(MNAB) : (MODC) : (EFRS) :

Se a ordem alfabética adotada exclui as letras K, W e Y, então o grupo de quatro letras que deve ser colocado à direita do terceiro grupo e que preserva a relação que o segundo tem com o primeiro é:

a) (EHUV);
b) (EGUT);
c) (EGVU);
d) (EHUT);
e) (EHVU).

10. **(FCC) Considere a relação existente entre o primeiro e o segundo grupo de letras, a contar da esquerda no esquema abaixo. A mesma relação deve existir entre o terceiro grupo e o quarto, que está faltando.**

ABCA : EFGE :: MNOM : ?

Se o alfabeto oficial exclui as letras K, W e Y, então o grupo de letras que substitui corretamente o ponto de interrogação é:

a) TUVT;
b) QRSQ;
c) PQRP;
d) OPQO;
e) NOPN.

11. **(FCC) O triângulo abaixo é composto de letras do alfabeto dispostas segundo determinado critério.**

```
          ?
        –   N
      M   L   J
    I   –   –   –
  E   D   C   –   A
```

Considerando que no alfabeto usado não entram as letras K, W e Y, então, segundo o critério utilizado na disposição das letras do triângulo a letra que deverá ser colocada no lugar do ponto de interrogação é

a) C
b) I
c) O
d) P
e) R

12. **(FCC) Na figura abaixo, as letras foram dispostas em forma de um triângulo segundo determinado critério.**

```
          P
        P   Q
      P   R   S
    Q   R   S   T
  Q   R   –   –   ?
```

Considerando que as letras K, W e Y não fazem parte do alfabeto oficial, então, de acordo com o critério estabelecido, a letra que deve substituir o ponto de interrogação é

a) P
b) Q
c) R
d) S
e) T

13. **(FCC) Na figura abaixo, tem-se um triângulo composto por algumas letras do alfabeto e por alguns espaços vazios, nos quais algumas letras deixam de ser colocadas.**

```
          Z
        P   X
      –   Q   V
    –   N   R   U
  –   ?   M   S   T
```

Considerando que a ordem alfabética adotada exclui as letras K, W e Y, então, se as letras foram dispostas obedecendo a determinado critério, a letra que deveria estar no lugar do ponto de interrogação é:

a) H;
b) L;
c) J;
d) U;
e) Z.

14. (FCC) A figura abaixo mostra um triângulo composto por letras do alfabeto e por alguns espaços vazios, nos quais algumas letras deixaram de ser colocadas.

```
            A
        _       L
    B       C       D
_       _       ?       P
E       F       G       H       I
```

Considerando que a ordem alfabética é a oficial que exclui as letras K, W e Y, então, se as letras foram disposta obedecendo a determinado critério, a letra que deveria ocupar o lugar do ponto de interrogação é:

a) J;
b) L;
c) M;
d) N;
e) O.

15. (FCC) Na figura abaixo, as letras foram dispostas em forma de um triângulo segundo determinado critério.

```
            B
        D       F
    H       J       M
O       _       ?       _
```

Considerando que na ordem alfabética usada são excluídas as letras K, W e Y, então, segundo tal critério, a letra que deverá substituir o ponto de interrogação é:

a) T;
b) Q;
c) S;
d) P;
e) R.

16. (FCC) Considere que a sequência de pares de letras (A, C), (F, D), (G, I), (M, J), ... obedece a uma lei de formação. Se o alfabeto oficial da Língua Portuguesa exclui as letras K, W e Y, o quinto par de letras da sequência é:

a) (P, N);
b) (N, P);
c) (O, Q);
d) (Q, O);
e) (R, P).

17. (CESGRANRIO) Relacione as séries que possuem a mesma sequência lógica e assinale a opção que mantém a numeração correta.

(1) AFBE	( ) HNLJ
(2) BGED	( ) LPNL
(3) LHEB	( ) HNIM
(4) GLIG	( ) UROL

a) 2413
b) 2143
c) 2431
d) 1432
e) 1423

18. (CESGRANRIO)

BCFHMO <u>OFC</u> ACDFOR

ADGIQV <u>ID</u> DFHINO

CEHLRT <u>....</u> BDELST

a) TEC
b) ELT
c) TL
d) LE
e) TLE

19. (FCC) Na sucessão de figuras seguintes, as letras do alfabeto oficial foram dispostas segundo um determinado padrão.

A	C	E	?	I	L	N
Z	V	T	?	P	N	L

Considerando que o alfabeto oficial exclui as letras K, Y e W, então, para que o padrão seja mantido, a figura que deve substituir aquela que tem os pontos de interrogação é:

a) I / R
b) H / T
c) H / R
d) G / T
e) G / R

20. (FCC) Na sucessão de figuras seguintes as letras foram colocadas obedecendo a um determinado padrão.

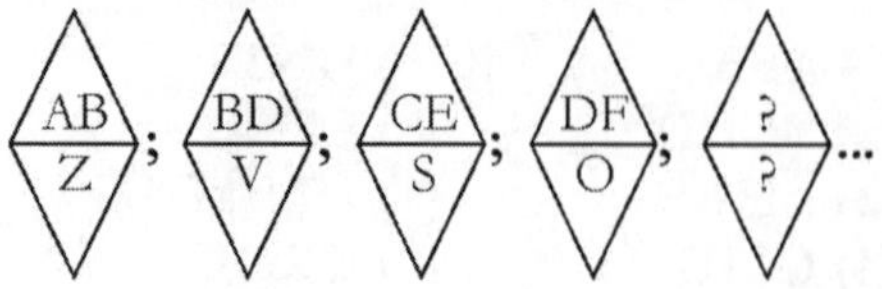

Se a ordem alfabética adotada exclui as letras K, W e Y, então completando-se corretamente a figura que tem os pontos de interrogação obtém-se:

a) 

b) 

c) 

d) 

e) 

21. (FCC) Abaixo, tem-se uma sucessão de quadrados, no interior dos quais as letras foram colocadas, obedecendo a um determinado padrão.

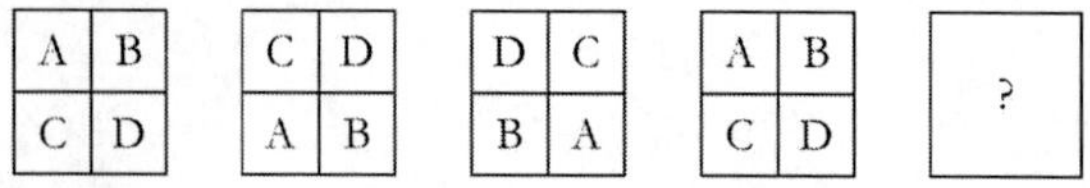

Segundo esse padrão, o quadrado que completa a sucessão é:

a) 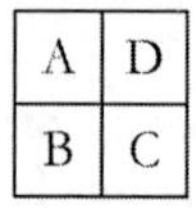

b) 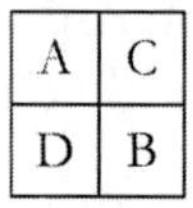

c) 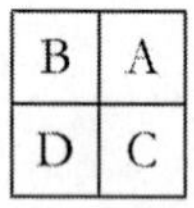

d) 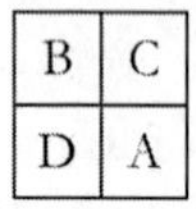

e) 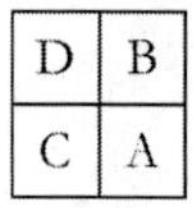

22. (FCC) Considere a sequência de retângulos com os respectivos números e letras, obedecendo a uma lei de formação.

1 A	3 C	6 F	10 J	15 P	...

a) | 20 | T |

b) | 21 | V |

c) | 20 | U |

d) | 21 | T |

e) | 20 | V |

23. (CESGRANRIO)

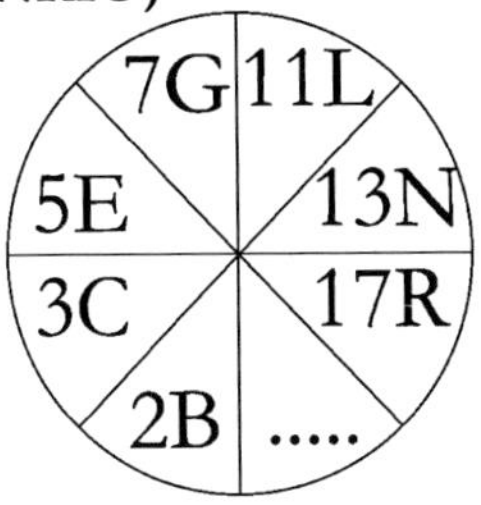

a) 19T
b) 20U
c) 21V
d) 22X
e) 23Z

24. **(FCC) Os números 1, 2, 3, 4 etc. são dispostos progressivamente em quadros, como indicado abaixo.**

1	1 2	1 2 5	1 2 5 10	
	4 3	4 3 6	4 3 6 11	
		9 8 7	9 8 7 12	
			16 15 14 13	etc.

Assim sendo, o número que aparece no canto direito inferior do vigésimo quadro dessa sequência é:

a) 181;
b) 281;
c) 381;
d) 481;
e) 581.

25. **(FCC) A inserção dos números nos espaços abaixo observa determinada lógica.**

9C	A6
45F	

–7J	H9
6M	

5S	Q2
21V	

8G	E8
?	

O número que substitui corretamente a interrogação é:

a) 90R;
b) 64I;
c) 48J;
d) 42L;
e) 15X.

26. **(FCC) Segundo um determinado critério, foi constituída a sucessão seguinte em que cada termo é composto de um letra seguida de um número:**

A1 – C2 – F3 – J4 – ?5

Considerando que na ordem alfabética usada são excluídas as letras K, Y e W; então, de acordo com esse critério, a letra que deverá substituir o ponto de interrogação é:

a) M;
b) N;
c) O;
d) P;
e) Q.

27. **(FCC) Assinale a alternativa que completa a série seguinte: C3, 6G, L10,...**

a) C4;
b) 13M;
c) 9I;
d) 15R;
e) 6Y.

28. **(FCC) Segundo um determinado critério, foi construída a sucessão seguinte em que cada termo é composto de um número seguido de uma letra:**

A1 – E2 – B3 – F4 – C5 – G6 – ...

Considerando que no alfabeto usado são excluídas as letras K, Y e W, então de acordo com o critério estabelecido, a letra que deverá anteceder o número 12 é:

a) J;
b) L;
c) M;
d) N;
e) O.

29. **(CESGRANRIO) O próximo termo da sucessão**

1, 3, 6, 8, 11, 13, 16,.. é

a) 18
b) 19
c) 22
d) 23
e) 25

30. (VUNESP) Considere a seguinte sequência infinita de números: 3, 12, 27, __, 75, 108, ...O número que preenche adequadamente a quarta posição dessa sequência é

a) 36.
b) 40.
c) 42.
d) 44.
e) 48.

31. (VUNESP) Continuando a sequência 4, 10, 28, 82, ..., temos

a) 236
b) 244
c) 246
d) 254
e) 256

32. (FCC) Os termos da sequência (77, 74, 37, 34, 17, 14,...) são obtidos sucessivamente através de uma lei de formação. A soma do sétimo e oitavo termos dessa sequência, obtidos segundo essa lei é:

a) 21;
b) 17;
c) 19;
d) 23;
e) 11.

33. (FCC) Considere que os números que compõem a sequência seguinte obedecem a uma lei de formação.

(414, 412, 206, 204, 102, 100,...)

A soma do nono e do décimo termos dessa sequência é igual a:

a) 98;
b) 72;
c) 58;
d) 46;
e) 38.

34. (FCC) Assinale a alternativa que substitui corretamente a interrogação na seguinte sequência numérica:

8 12 24 60 ?

a) 56.
b) 68.
c) 91.
d) 134.
e) 168.

35. (CESGRANRIO) Observe a sequência:

2, –4, 6, –8, 10, – 12,...

O 33º termo dessa sequência é:

a) –36;
b) –18;
c) –2;
d) 32;
e) 66.

36. (FCC) Os números abaixo estão dispostos de maneira lógica.

8 1 12 10 14 11 ...... 3 7 5 16 9

A alternativa correspondente ao número que falta no espaço vazio é:

a) 51;
b) 7;
c) 12;
d) 6;
e) 40.

37. (FCC) Na sequência (1, 2, 4, 7, 11, 16, 22,...), o número que sucede 22 é:

a) 28;
b) 29;
c) 30;
d) 31;
e) 32.

38. (FCC) Estabelecido um certo padrão de formação, foram obtidos os termos da seguinte sequência numérica:

43,2 - 44,4 - 45,6 - 46,8 - 47,0 - 48,2 - 49,4 - 50,6 - ...

A soma do nono e décimo termos da sequência assim obtida é:

a) 103,8;
b) 103,6;
c) 103,4;
d) 102,6;
e) 102,4.

39. (FCC) Considere que todos os termos da seguinte sequência numérica podem ser obtidos segundo determinado padrão:

87,4 – 85,6 – 83,8 – 82,0 – 80,2 – 78,4 – ...

Assim sendo, o nono e o décimo primeiro termos dessa sequência deverão ter por soma um número compreendido entre:

a) 150 e 175;
b) 125 e 150;
c) 100 e 125;
d) 75 e 100;
e) 50 e 75.

40. (FCC) Os termos da sequência (2, 5, 8, 4, 8, 12, 6, 11, 16,...) são obtidos através de uma lei de formação. A soma do décimo e do décimo segundo termos dessa sequência, obtidos segundo essa lei, é:

a) 28;
b) 27;
c) 26;
d) 25;
e) 24.

41. (FCC) Considere que os termos da sucessão (0, 1, 3, 4, 12, 13,...) obedecem a uma lei de formação. Somando o oitavo e o décimo termos dessa sucessão obtém-se um número compreendido entre:

a) 150 e 170;
b) 130 e 150;
c) 110 e 130;
d) 90 e 110;
e) 70 e 90.

42. (FCC) Os termos da sucessão seguinte foram obtidos considerando uma lei de formação.

(0, 1, 3, 4, 12, 13,...)

Segundo essa lei, o décimo terceiro termo dessa sequência é um número:

a) menor que 200;
b) compreendido entre 200 e 400;
c) compreendido entre 500 e 700;
d) compreendido entre 700 e 1000;
e) maior que 1000.

43. (FCC) Assinale a alternativa que substitui corretamente a interrogação na sequência numérica:

6 11 ? 27

a) 17.
b) 15.
c) 13.
d) 18.
e) 57.

44. (FCC) Na sequência numérica 11, 12, 16, 25, 41, x, qual o valor de x?

a) 66.
b) 62.
c) 60.
d) 58.
e) 56.

45. (FCC) Considere que os termos da sequência (820, 824, 412, 416, 208, 212, 106,...) são obtidos sucessivamente segundo um determinado padrão. Mantido esse padrão, obtém-se o décimo termo e o décimo primeiro termo dessa sequência, cuja forma é um número compreendido entre:

a) 0 e 40;
b) 40 e 80;
c) 80 e 120;
d) 120 e 160;
e) 160 e 200.

46. (CESGRANRIO) Na sequência a seguir, a partir do segundo termo, cada termo é a soma de todos os anteriores menos 1.

3, 2, 4, 8, 16,...

O sétimo termo dessa sequência é, então:

a) 45;
b) 64;
c) 97;
d) 98;
e) 100.

47. (VUNESP) A tira a seguir foi composta, a partir do 4º número, por um regra.

1	2	3	6	11	20	37	68		

Admitindo-se que a regra de formação dos elementos seguintes permaneça a mesma, pode-se afirmar que os dois números que completam essa tira são:

a) 98 e 126;
b) 125 e 230;
c) 136 e 167;
d) 105 e 173;
e) 201 e 236.

48. (FCC) Observando a sequência (2, 5, 11, 23, 47, 95, ...) verifica-se que, do segundo termo em diante, cada número é obtido a partir do anterior, de acordo com uma certa regra. Nessas condições, o sétimo elemento dessa sequência é:

a) 197;
b) 191;
c) 189;
d) 187;
e) 185.

49. (FCC) Considere a sequência:

(16, 18, 9, 12, 4, 8, 2, X)

Se os termos dessa sequência obedecem a uma lei de formação, o termo X deve ser igual a:

a) 12;
b) 10;
c) 9;
d) 7;
e) 5.

50. (CESGRANRIO)

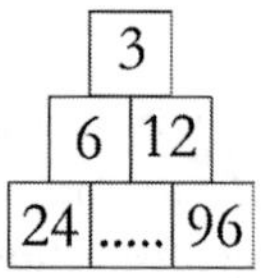

a) 9
b) 36
c) 42
d) 48
e) 64

51. (CESGRANRIO)

$$\frac{1}{4}; \frac{16}{9}; \frac{25}{36}; \frac{64}{49}; \frac{....}{....}$$

a) $\frac{82}{90}$

b) $\frac{81}{100}$

c) $\frac{100}{72}$

d) $\frac{99}{72}$

e) $\frac{100}{81}$

52. (FCC) Considere que os termos da sequência seguinte foram obtidos segundo determinado padrão:

$$\left(\frac{2}{2}, \frac{4}{6}, \frac{3}{4}, \frac{6}{12}, \frac{5}{10}, \frac{10}{30}, \frac{9}{28}, \ldots\right)$$

Se de acordo com o padrão estabelecido, $\frac{x}{y}$ é o décimo primeiro termo dessa sequência, então x + y é um número compreendido entre:

a) 100 e 150;
b) 150 e 200;
c) 200 e 250;
d) 250 e 300;
e) 350 e 400.

53. (FCC) Os números no interior dos setores do círculo abaixo foram marcados sucessivamente, no sentido horário, obedecendo a uma lei de formação.

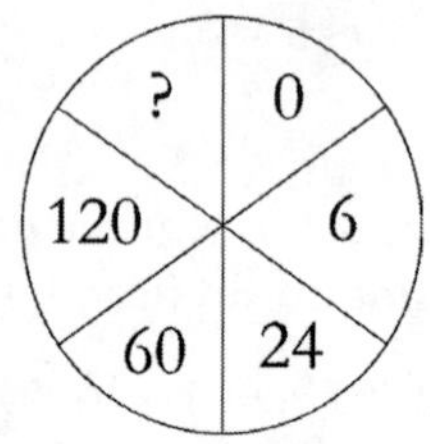

Segundo essa lei, o número que deve substituir o ponto de interrogação é

a) 210
b) 206
c) 200
d) 196
e) 188

54. (FCC) Considere que, no interior do círculo abaixo os números foram colocados, sucessivamente e no sentido horário, obedecendo a um determinado critério.

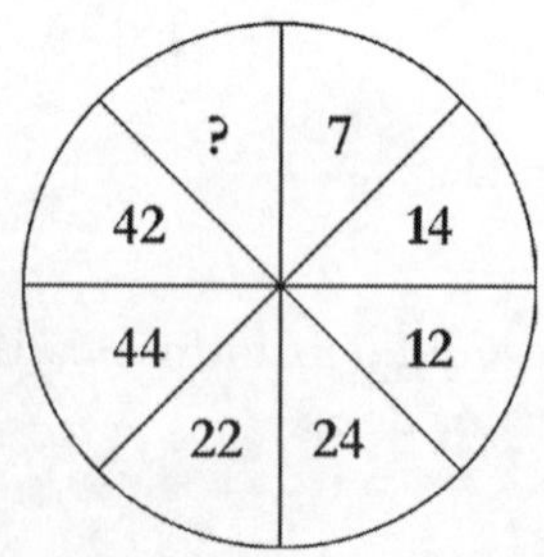

Se o primeiro número colocado foi o 7, o número a ser colocado no lugar do ponto de interrogação está compreendido entre:

a) 50 e 60;
b) 60 e 70;
c) 70 e 80;
d) 80 e 90;
e) 90 e 100.

55. (FCC) Os números no interior do círculo representado na figura abaixo foram colocados a partir do número 2 e no sentido horário, obedecendo a um determinado critério.

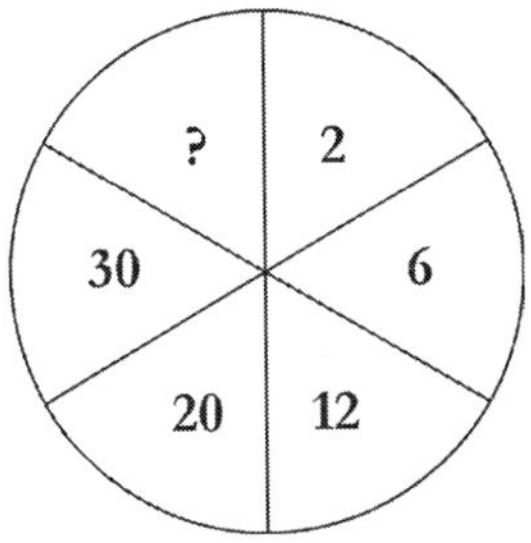

Segundo o critério estabelecido, o número que deverá substituir o ponto de interrogação é:

a) 42;
b) 44;
c) 46;
d) 50;
e) 52.

56. (FCC) Assinale a alternativa que substitui a letra x.

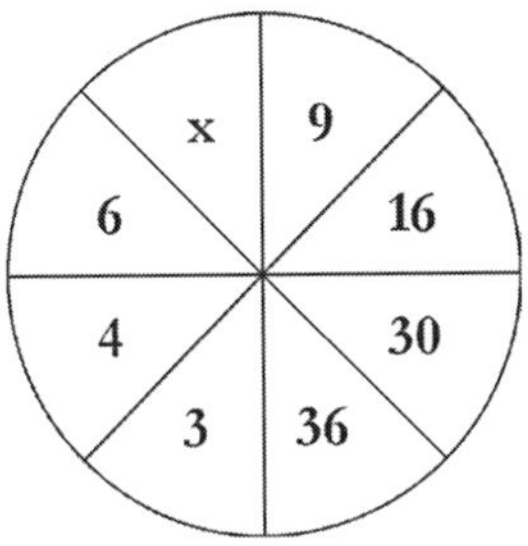

a) 29.
b) 7.
c) 6.
d) 5
e) 3.

57. (VUNESP) Observe a sequência de triângulos equiláteros:

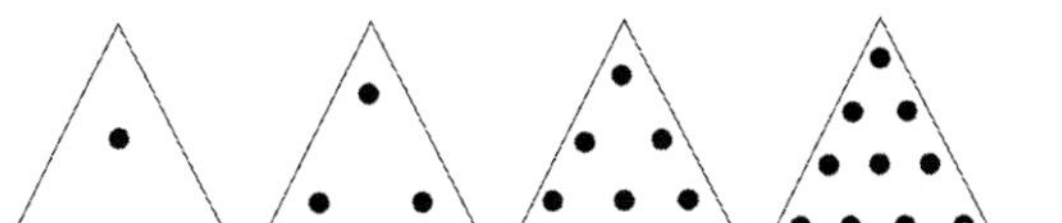

1 3 6 10

Esses números, associados a cada um desses triângulos, são chamados de números triangulares. Desse modo, podemos dizer que o oitavo número dessa sequência é:

a) 45
b) 36
c) 32
d) 28
e) 21

58. (FCC) Considere que a sucessão de figuras abaixo obedece a uma lei de formação.

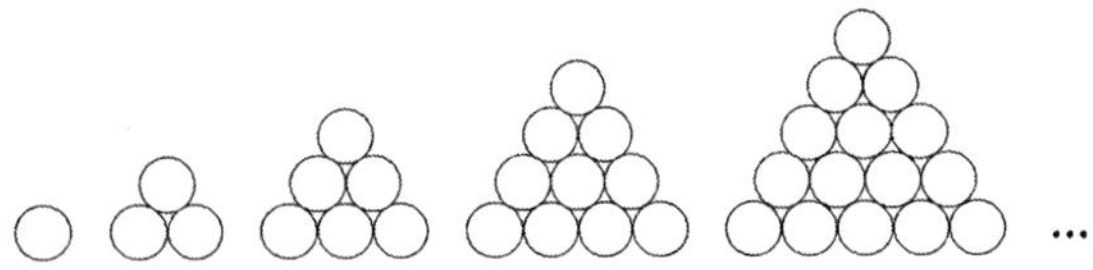

O número de circunferências que compõem a 100ª figura dessa sucessão é

a) 5151
b) 5050
c) 4950
d) 3725
e) 100

59. (CESGRANRIO) Na sucessão de figuras, a quantidade dos menores triângulos da 7ª figura será

1ª figura 2ª figura 3ª figura

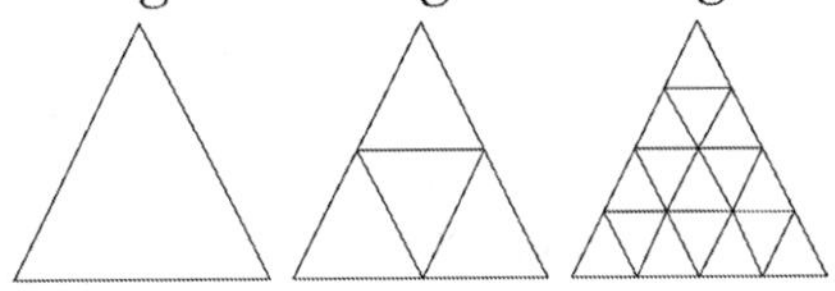

a) 12.000
b) 10.000
c) 4.096
d) 345
e) 56

60. (CESGRANRIO) As figuras da sequência são formadas por partes iguais de um círculo. Continuando-a, obteremos 14 círculos ou mais a partir da

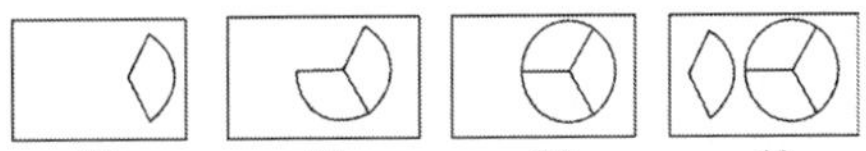

1ª 2ª 3ª 4ª

a) 6ª figura.
b) 10ª figura.
c) 24ª figura.
d) 30ª figura.
e) 42ª figura.

61. (BACEN) A 11ª figura da sequência abaixo terá

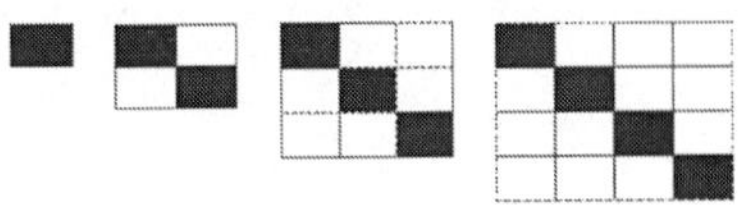

1ª 2ª 3ª 4ª

a) 10 quadrinhos pretos.
b) 10 quadrinhos brancos.
c) 22 quadrinhos pretos.
d) 86 quadrinhos brancos.
e) 110 quadrinhos brancos.

62. (FCC) Na sequência de quadriculados abaixo, as células pretas foram colocadas obedecendo a um determinado padrão.

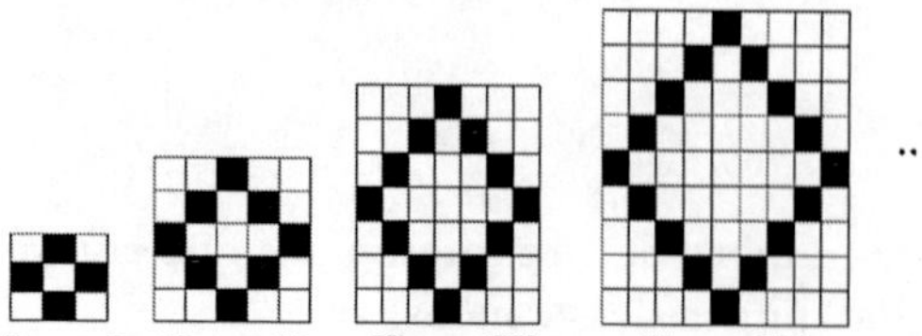

Figura I Figura II Figura III Figura IV ..

Mantendo esse padrão, o número de células brancas na figura V será

a) 101
b) 99
c) 97
d) 83
e) 81

63. (FCC) As pedras de dominó abaixo foram, sucessivamente, colocadas da esquerda para a direita de modo que, tanto a sua parte superior como a inferior, seguem determinados padrões.

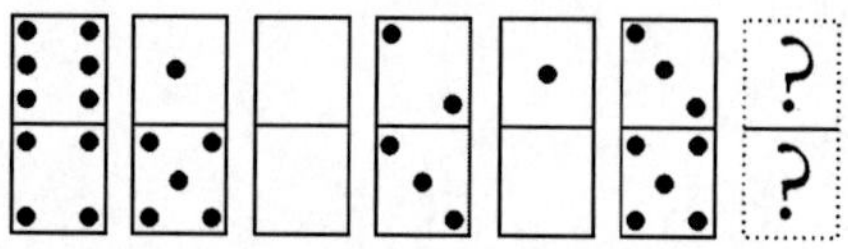

A pedra de dominó que substitui a que tem os pontos de interrogação é

a) 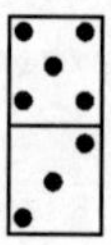

b) 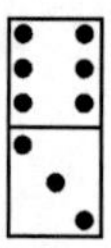

c) 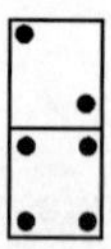

d) 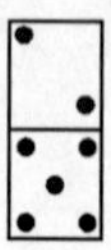

e) 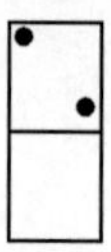

64. (FCC) As pedras de dominó mostradas abaixo foram dispostas, sucessivamente e no sentido horário, de modo que os pontos marcados obedeçam a um determinado critério.

Com base nesse critério, a pedra de dominó que completa corretamente a sucessão é

a) 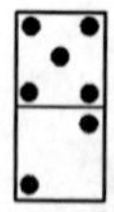

b) 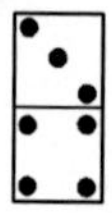

c) 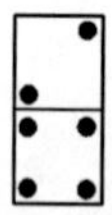

d) 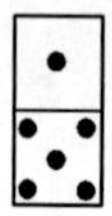

e) 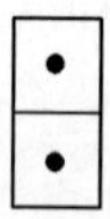

65. (FCC) Note que o mesmo padrão foi usado na disposição das pedras de dominó na primeira e na segunda linha do esquema abaixo.

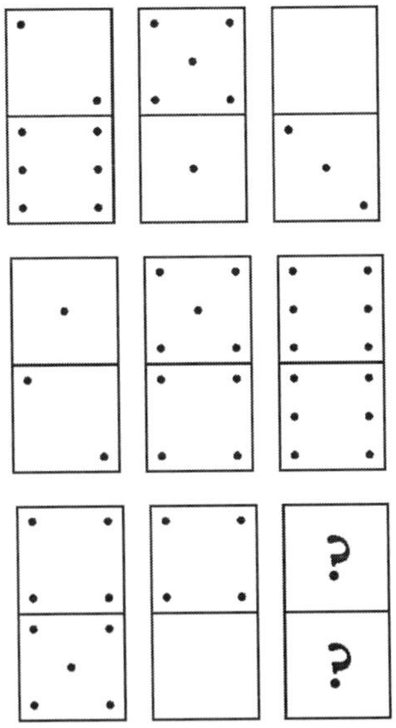

Se a terceira linha deve seguir o mesmo padrão das anteriores, a pedra que tem os pontos de interrogação é:

a)
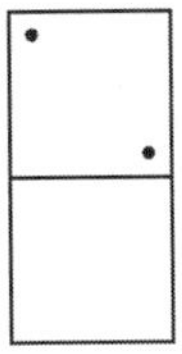

b)
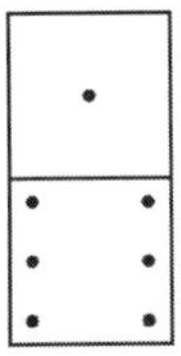

c)
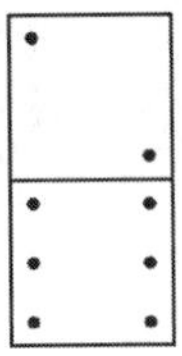

d)
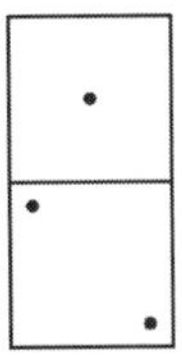

e)
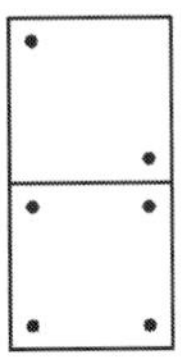

66. (FCC) Para formar a seguinte sequência de pedras de dominó, considere que elas foram dispostas sucessivamente e da esquerda para a direita, seguindo um determinado critério.

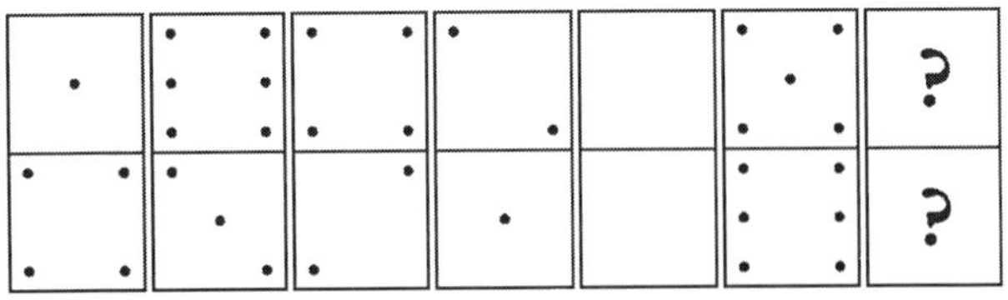

Segundo o critério, a pedra que deve corresponder àquela que tem os pontos de interrogação é:

a)
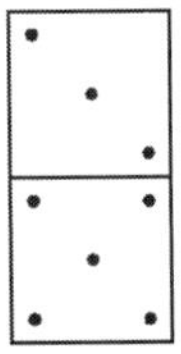

b)
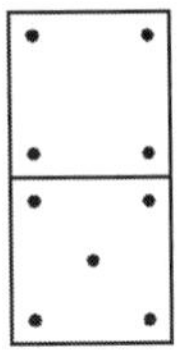

c)
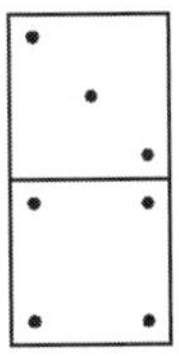

d)
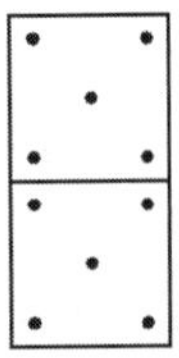

e)
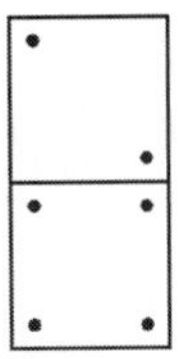

67. (CESGRANRIO)

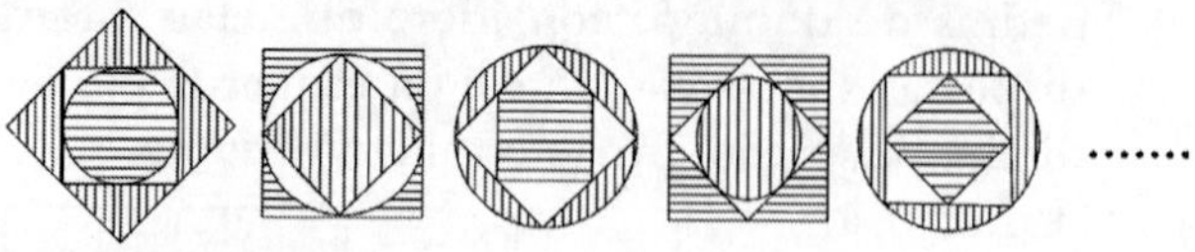

a) 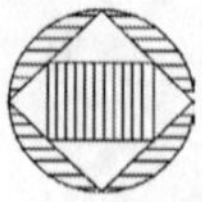

b) 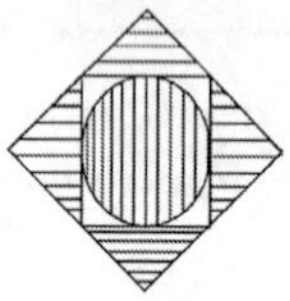

c) 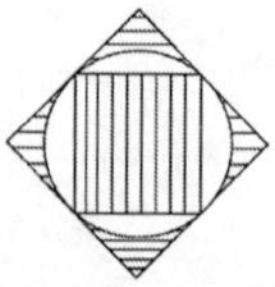

d) 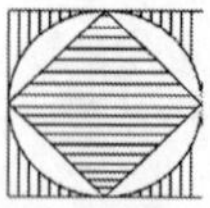

e) 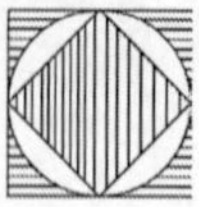

Instrução: Para responder às questões 68 e 69, observe cada série de figuras. Veja que, ao final de cada série, há espaços para ser colocada mais uma figura. Abaixo de cada uma série você encontrará cinco figuras. Escolha a que completa corretamente a série e assinale a correta.

68. (VUNESP)

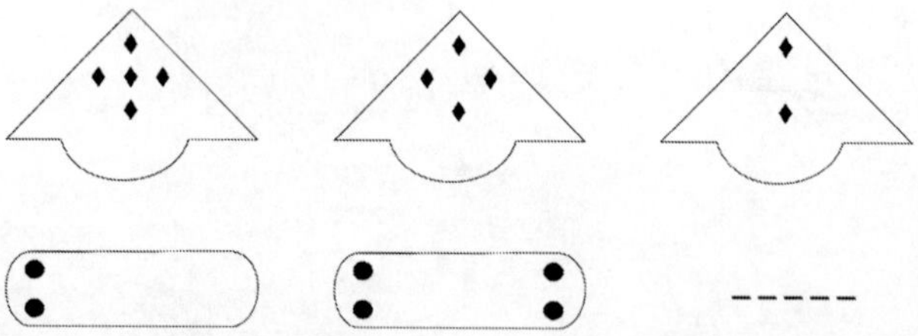

a) 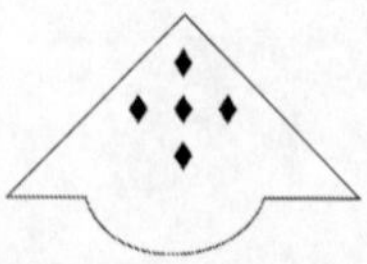

b) 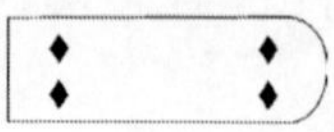

c) 

d) 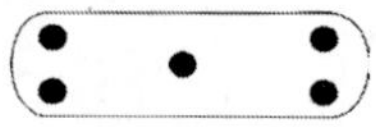

e) 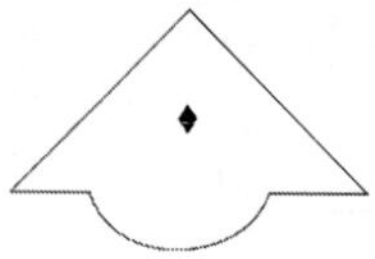

69. (VUNESP)

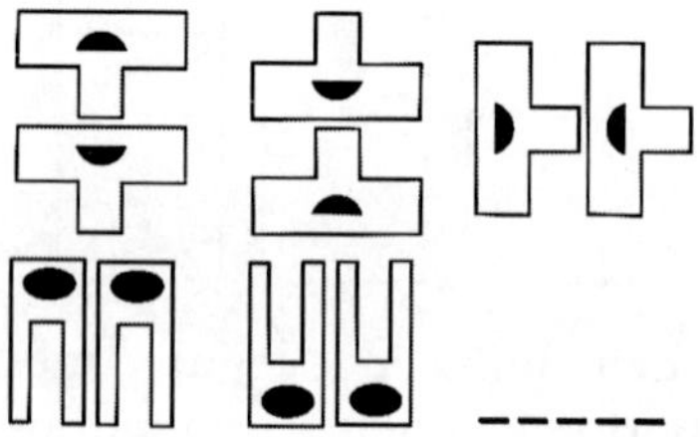

a) 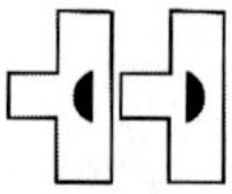

b) 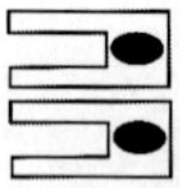

c) 

d) 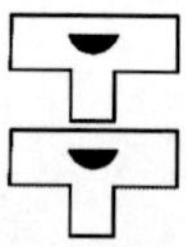

e) 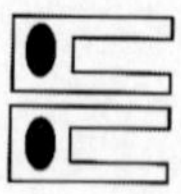

70. (VUNESP) Continuando a sequência de figuras

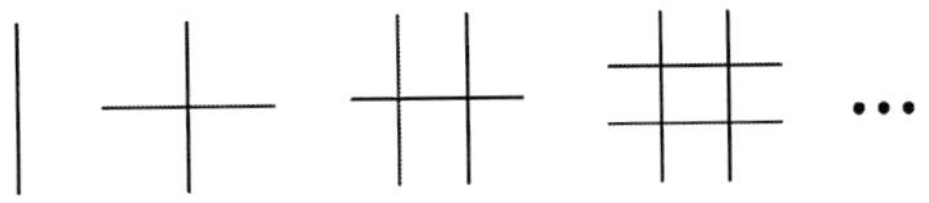

temos:

a) 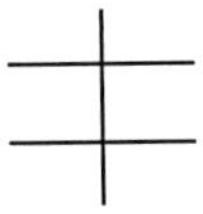

b) 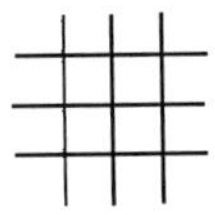

c) 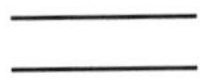

d) 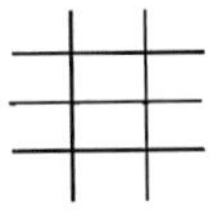

e) 

71. (FCC) Considere a sequência de figuras:

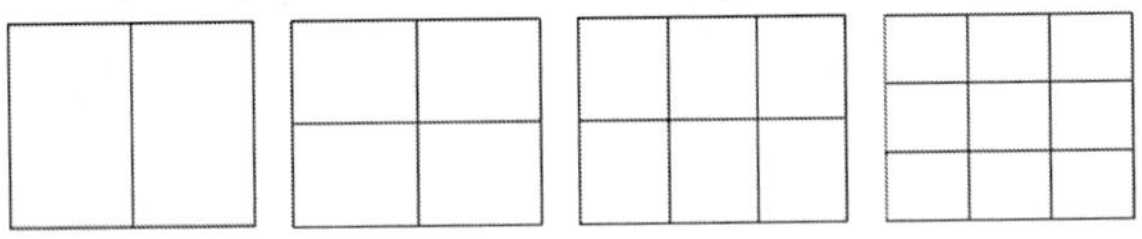

I II III IV ...

a) 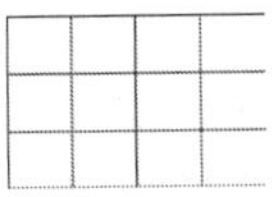

b) 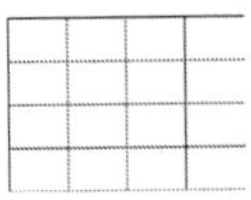

c) 

d) 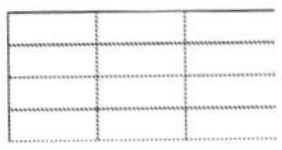

e) 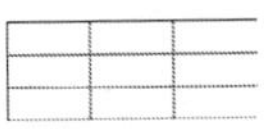

Gabarito dos Exercícios Complementares e de Concursos

01. D	**02. A**	**03. D**	**04. C**	**05. C**
06. D	**07. C**	**08. B**	**09. B**	**10. B**
11. D	**12. E**	**13. B**	**14. E**	**15. C**
16. B	**17. A**	**18. E**	**19. E**	**20. A**
21. C	**22. B**	**23. A**	**24. C**	**25. C**
26. D	**27. D**	**28. A**	**29. A**	**30. E**
31. B	**32. E**	**33. D**	**34. E**	**35. E**
36. D	**37. B**	**38. A**	**39. B**	**40. A**
41. A	**42. E**	**43. D**	**44. A**	**45. C**
46. B	**47. B**	**48. B**	**49. D**	**50. D**
51. B	**52. D**	**53. A**	**54. D**	**55. A**
56. C	**57. B**	**58. B**	**59. C**	**60. E**
61. E	**62. A**	**63. C**	**64. E**	**65. D**
66. A	**67. C**	**68. D**	**69. E**	**70. E**
71. A				

7. Provas de Concursos

Técnico da Fazenda Estadual – SEFAZ FCC – 2010

01. Relativamente às raízes reais da equação $3x^2 - 8x - 3 = 0$, é correto afirmar que

a) o produto é igual a 1.
b) têm sinais opostos.
c) a soma é igual a 8.
d) são ambas positivas.
e) a menor é igual à nona parte da maior.

02. Jasão foi a uma loja e comprou X unidades de certo artigo,10 < X < 100, ao preço de R$ 12,80 cada. Ao conferir na nota fiscal o valor a ser pago por essa compra, Jasão percebeu que o vendedor havia se enganado ao escrever o número X, que lá aparecia com os algarismos das unidades e das dezenas em posições trocadas, e que esse engano acarretava em um acréscimo ao valor que efetivamente ele deveria pagar. Se o valor marcado na nota fiscal era R$ 409,60, então o custo real da compra de Jasão era

a) R$ 286,60.
b) R$ 294,40.
c) R$ 296,50.
d) R$ 298,40.
e) R$ 299,60.

03. Às 7 horas e 45 minutos de certo dia, duas filas foram formadas em frente a dois guichês de um balcão de atendimento de uma Repartição Pública: a do guichê 01, com 15 pessoas, e a do guichê 02, com 6 pessoas. Suponha que: a cada 5 minutos contados a partir desse momento, a fila do guichê 01 recebeu 1 pessoa e a do guichê 02 recebeu 2 pessoas; os funcionários responsáveis pelo atendimento em tais guichês iniciaram suas atividades apenas quando as duas filas ficaram com o mesmo número de pessoas. Assim sendo, o atendimento nesses guichês teve início às:

a) 8 horas e 45 minutos.
b) 8 horas e 40 minutos.
c) 8 horas e 30 minutos.
d) 8 horas e 15 minutos.
e) 8 horas.

04. Considere que as seguintes sentenças são verdadeiras:

6 * 8 = 20
4 * 11 = 19
12 * 5 = 29
31 * 10 = 72
104 * 27 = 235

De acordo com o padrão estabelecido para a operação * , é verdade que:

a) 6 * 15 = 28.
b) 15 * 15 = 47.
c) 43 * 66 = 152.
d) 66 * 37 = 180.
e) 76 * 108 = 250.

05. Relativamente às 76 pessoas que havia atendido ao longo de certo dia, um Técnico da Secretaria da Fazenda do Estado de São Paulo observou que:

– **$\frac{1}{3}$ do número das atendidas pela manhã eram do sexo masculino e $\frac{2}{5}$ do número das atendidas à tarde eram do sexo feminino;**
– **a quantidade de mulheres atendidas no período da manhã era igual à de homens atendidos à tarde.**

Assim sendo, é correto afirmar que, nesse dia, tal Técnico atendeu

a) 32 homens no período da tarde.
b) 12 mulheres no período da manhã.
c) 6 homens a mais que o número de mulheres.
d) 4 mulheres a mais que o número de homens.
e) homens e mulheres em quantidades iguais.

06. Elenita dispunha de R$ 3 000,00 e, em uma mesma data, aplicou a metade dessa quantia a juros simples e o restante a juros compostos, ambas à taxa mensal de 8%. Dessa forma, decorridos dois meses da data das aplicações, os montantes de ambas totalizavam

a) R$ 2 031,60.
b) R$ 2 753,40.
c) R$ 3 267,50.
d) R$ 3 489,60.
e) R$ 3 743,40.

07. **Everaldo deve escolher um número de quatro algarismos para formar uma senha bancária e já se decidiu pelos três primeiros: 163, que corresponde ao número de seu apartamento. Se Everaldo escolher de modo aleatório o algarismo que falta, a probabilidade de que a senha formada seja um número par, em que os quatro algarismos são distintos entre si, é de**

a) 60%.
b) 55%.
c) 50%.
d) 45%.
e) 40%.

08. **Considere as seguintes premissas:**
p: Estudar é fundamental para crescer profissionalmente.
q: O trabalho enobrece.

A afirmação "Se o trabalho não enobrece, então estudar não é fundamental para crescer profissionalmente" é, com certeza, FALSA quando:

a) p é falsa e q é falsa.
b) p é verdadeira e q é verdadeira.
c) p é falsa e q é verdadeira.
d) p é verdadeira e q é falsa.
e) p é falsa ou q é falsa.

09. **Quando questionada sobre quantos filhos possuía, Violeta respondeu:**

– ***Cada filho meu do sexo masculino tem tantas irmãs como irmãos e o número de irmãos de cada uma das minhas filhas é o triplo do número de irmãs que ela tem.*** **A resposta de Violeta permite que se conclua corretamente que, no total, ela tem**

a) 8 filhos.
b) 7 filhos.
c) 6 filhos.
d) 5 filhos.
e) 4 filhos.

10. **A sucessão de palavras seguintes obedece a um padrão lógico:**

TÓRAX – AMIGÁVEL – SABIÁ – VALENTÃO – CÔNICA – AÉREO – FICTÍCIO

De acordo com o padrão estabelecido, uma palavra que poderia dar continuidade a essa sucessão é:

a) GELADO.
b) ARREBALDE.
c) FÁCIL.
d) FILANTROPIA.
e) SOPA.

Gabarito

01. B	02. B	03. C	04. C	05. D
06. D	07. E	08. D	09. D	10. C

Técnico Judiciário – TRF – 4ª Região
FCC – 2010

01. A expressão N ÷ 0,0125 é equivalente ao produto de N por

a) 1,25.
b) 12,5.
c) $\frac{1}{80}$
d) 80.
e) $\frac{125}{100}$

02. Dos funcionários concursados lotados em certa repartição pública, sabe-se que a razão entre o número de homens e o de mulheres, nesta ordem, é 1,20. Se 88% dos funcionários dessa repartição são concursados, então, relativamente ao total de funcionários, a porcentagem de funcionários concursados do sexo

a) feminino é maior que 42%.
b) masculino está compreendida entre 45% e 52%.
c) feminino é menor que 35%.
d) masculino é maior que 50%.
e) masculino excede a dos funcionários do sexo feminino em 6%.

03. Considere que:
1 milissegundo (ms) = 10^{-3} segundo
1 microssegundo (μs) = 10^{-6} segundo
1 nanossegundo (ns) = 10^{-9} segundo
1 picossegundo (ps) = 10^{-12} segundo

Nessas condições, a soma 1ms + 10μs + 100ns + 1 000ps NÃO é igual a

a) 1 010 101 000ps.
b) 1 010 101ns.
c) 1 0 101,01μs.
d) 1,010101ms.
e) 0,001010101s.

04. Considere que, do custo de produção de determinado produto, uma empresa gasta 25% com mão de obra e 75% com matéria-prima. Se o gasto com a mão de obra subir 10% e o de matéria-prima baixar 6%, o custo do produto

a) baixará de 2%.
b) aumentará de 3,2%.
c) baixará de 1,8%.
d) aumentará de 1,2%.
e) permanecerá inalterado.

05. Suponha que apenas um dentre 12 Técnicos Judiciários se aposenta e é substituído por um concursado que tem 24 anos de idade e, como consequência, a média das idades dos Técnicos diminui de 3,5 anos. Assim sendo, a idade do Técnico que se aposentou é um número

a) menor que 65.
b) quadrado perfeito.
c) primo.
d) divisível por 4.
e) múltiplo de 11.

06. Considere as seguintes equivalências de preços, em reais: o de 2 cadernos equivale ao de 30 lápis; o de 3 canetas equivale ao de 5 cadernos. Se 5 canetas custam R$ 40,00, quantos lápis poderiam ser comprados com R$ 32,00?

a) 102.
b) 100.
c) 98.
d) 96.
e) 94.

07. Sejam x , y e z três números inteiros e positivos, tais que x < y < z. Sabe-se que o maior é a soma dos outros dois, e que o menor é um sexto do maior. Nessas condições, x, y e z são, nesta ordem, diretamente proporcionais a

a) 1, 3 e 6.
b) 1, 4 e 6.
c) 1, 5 e 6.
d) 1, 6 e 7.
e) 1, 7 e 8.

08. Suponha que, sistematicamente, três grandes instituições – X , Y e Z – realizam concursos para preenchimento de vagas: X de 1,5 em 1,5 anos, Y de 2 em 2 anos e Z de 3 em 3 anos. Considerando que em janeiro de 2006 as três realizaram concursos, é correto concluir que uma nova coincidência ocorrerá em

a) julho de 2015.
b) junho de 2014.
c) julho de 2013.
d) janeiro de 2012.
e) fevereiro de 2011.

09. Uma propriedade comum caracteriza o conjunto de palavras seguinte:

MARCA – BARBUDO – CRUCIAL – ADIDO – FRENTE – ?

De acordo com tal propriedade, a palavra que, em sequência, substituiria corretamente o ponto de interrogação é

a) FOFURA.
b) DESDITA.
c) GIGANTE.
d) HULHA.
e) ILIBADO.

10. Considere que os números dispostos em cada linha e em cada coluna da seguinte malha quadriculada devem obedecer a determinado padrão.

7	9	2
10	?	5
3	?	3

Entre as células seguintes, aquelas que completam corretamente a malha é

a) 14 / 7
b) 13 / 9
c) 15 / 7
d) 16 / 9
e) 15 / 6

Gabarito

01. D	**02. B**	**03. C**	**04. A**	**05. E**
06. B	**07. C**	**08. D**	**09. A**	**10. E**

Auditor-Fiscal Tributário Municipal
ISS/SP – FCC – 2012

01. Considere a sequência de figuras, que representam caixas idênticas, exceto pela cor, empilhadas segundo uma determinada lógica.

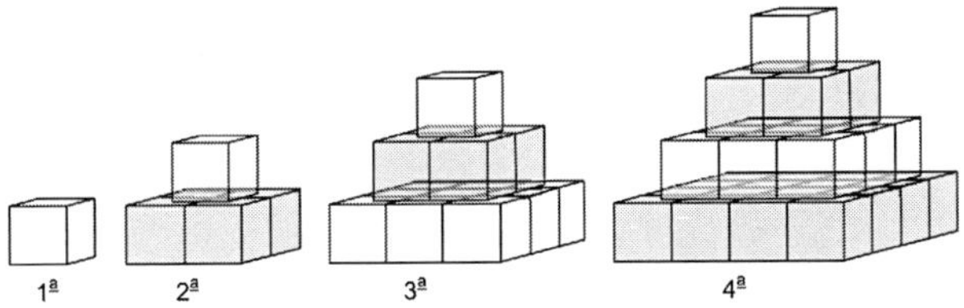

A 101ª figura dessa sequência possui n caixas a mais do que a 99ª figura. O valor de n é igual a

a) 20605.
b) 20404.
c) 20201.
d) 20002.
e) 19801.

02. Para classificar uma empresa como "altamente bem avaliada pelos clientes", um órgão certificador de qualidade exige que, em qualquer grupo de 10 clientes dessa empresa, sempre existam pelo menos dois clientes que a avaliem bem, independentemente da forma como esse grupo seja escolhido. De acordo com esse critério, para que uma empresa com 60 clientes seja considerada "altamente bem avaliada pelos clientes", ela deverá ser bem avaliada por, no mínimo,

a) 12 clientes.
b) 30 clientes.
c) 32 clientes.
d) 50 clientes.
e) 52 clientes.

03. Numa partida de futebol, o total de gols marcados foi um número par, sendo que nenhum deles foi gol contra. O time que fez o primeiro gol do jogo acabou derrotado, mas seu atacante foi o artilheiro da partida, tendo marcado mais gols do que qualquer outro jogador em campo. Apenas com as informações fornecidas, pode-se concluir que o total de gols marcados nesse jogo foi, no mínimo, igual a

a) 10.
b) 8.
c) 6.
d) 4.
e) 2.

04. Considere a multiplicação abaixo, em que letras iguais representam o mesmo dígito e o resultado é um número de 5 algarismos.

$$\begin{array}{r} R\,A\,M\,O\,S \\ \times \qquad 9 \\ \hline S\,O\,M\,A\,R \end{array}$$

A soma (S + O + M + A + R) é igual a

a) 25.
b) 27.
c) 29.
d) 31.
e) 33

05. Arlete e Salete são irmãs gêmeas idênticas, mas com uma característica bem diferente: uma delas só fala a verdade e a outra sempre mente. Certo dia, um rapaz que não sabia qual das duas era a mentirosa perguntou a uma delas: "Arlete é mentirosa?".
A moça prontamente respondeu: "Sim". Analisando somente a resposta dada, o rapaz pôde concluir que havia se dirigido a

a) Salete, mas não pôde decidir se ela era a irmã mentirosa.
b) Arlete, e que ela era a irmã mentirosa.
c) Arlete, e que ela não era a irmã mentirosa.
d) Arlete, mas não pôde decidir se ela era a irmã mentirosa.
e) Salete, e que ela não era a irmã mentirosa.

06. As letras A, B, C, D, E, F, G e H deverão ser distribuídas pelos oito quadrados da figura abaixo, de modo que em cada quadrado seja escrita uma única letra e todas as letras sejam escritas uma única vez. Duas letras que ocupem posições consecutivas no alfabeto (por exemplo, A e B, ou ainda, F e G) não poderão ser escritas em quadrados ligados por uma linha.

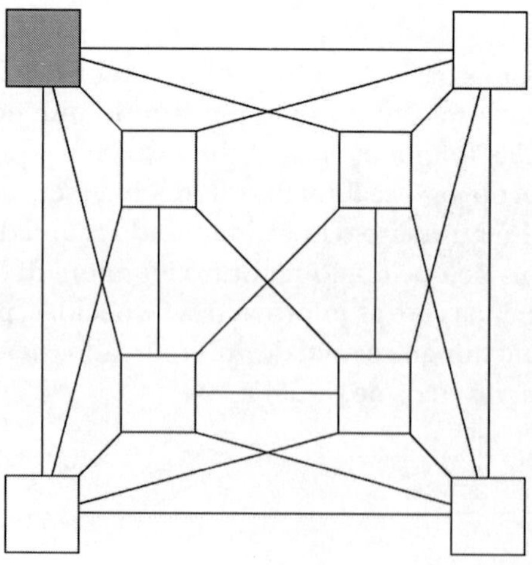

Nessas condições, para que o problema possa ser resolvido, no quadrado destacado pelo sombreado

a) deverá, necessariamente, ser escrita a letra D.
b) poderá ser escrita a letra A ou a letra H.
c) poderá ser escrita a letra B ou a letra G.
d) poderá ser escrita a letra C ou a letra F.
e) deverá, necessariamente, ser escrita a letra A.

07. Para a prova final de um concurso de televisão, serão colocadas 20 caixas no palco, numeradas de 1 a 20. Em cada caixa, haverá uma pista diferente, que ajudará a desvendar o enigma da noite. Um a um, os 20 concorrentes serão sorteados para ter acesso às pistas, de acordo com a seguinte regra:
- o 1º sorteado lerá as pistas das caixas 1, 2, 3, 4, 5, 6, 7, 8, 9, 10, 11, 12, 13, 14, 15, 16, 17, 18, 19 e 20,
- o 2º sorteado lerá apenas as pistas das caixas 2, 4, 6, 8, 10, 12, 14, 16, 18 e 20,
- o 3º sorteado lerá apenas as pistas das caixas 3, 6, 9, 12, 15 e 18,
- o 4º sorteado lerá apenas as pistas das caixas 4, 8, 12, 16 e 20,
- o 5º sorteado lerá apenas as pistas das caixas 5, 10, 15 e 20,
- o 6º sorteado lerá apenas as pistas das caixas 6, 12 e 18, e assim sucessivamente, até o 20o sorteado, que só lerá a pista da caixa 20.

Algumas pistas serão lidas por um número par de concorrentes e as demais serão lidas por um número ímpar de concorrentes. A quantidade de pistas lidas por um número ímpar de concorrentes é

a) 10.
b) 8.
c) 7.
d) 5.
e) 4.

Gabarito

01. C 02. E 03. C 04. B 05. A
06. C 07. E

Informática

• Elaboração Adalberto Pinto •

1. Hardware e Software

1. Diferenciando Hardware e Software

Hardware:. É um termo coletivo e não inclui apenas o computador propriamente dito, mas também cabos, conectores, unidades de força e periféricos como o teclado, mouse, auto-falantes e impressoras. Este termo pode referir-se aos aspectos físicos da infraestrutura de rede de telefonia e telecomunicações. Diferente de **Software:** que é a parte lógica do computador e constituída por programas, linguagens, sistemas, ou seja, são as instruções entendidas pelo hardware. Os softwares podem ser adquiridos como **Sharewares** - Normalmente com a intenção de venda após o período de teste, **Freewares** - Software grátis, mas com restrições no direito de cópia), **Open Source** – Software onde o código fonte é fornecido e os usuários concordam em não limitar a distribuição das versões aperfeiçoadas.

2. Tipos de Computadores

Desktops e Notebooks

Os desktops são os computadores de mesa. Compostos por monitor, mouse, teclado e a Unidade de Processamento Central (CPU), o módulo onde ficam o drive óptico, disco rígido e demais componentes. É o formato mais tradicional dos PCs. A grande vantagem do **desktop** é maior possibilidade de se fazer upgrade no hardware. Ampliar a capacidade do disco rígido, instalar mais memória RAM ou uma placa de vídeo mais poderosa são tarefas bem mais fáceis do que em outros tipos de computador. Os **notebooks** (tradução literal: cadernos), são a versão móvel dos desktops. Vantagem: mobilidade. Com o aprimoramento dos processadores voltados para esse tipo de equipamento, muitos notebooks – também conhecidos como laptops ou computadores de colo – não perdem em nada para os desktops quando o assunto é desempenho. O lado ruim dos notes tradicionais é que são mais limitados em termos de upgrade.

All-in-one ou Tudo-em-um

Todo equipamento instalado em uma única peça. Tudo fica incorporado ao gabinete do monitor, o que inclui placa-mãe, disco rígido, drive óptico, portas USB... O teclado e mouse continuam de fora e alguns equipamentos promovem a acesso deles sem fio.

Tablet PC

A indústria de tecnologia já vem trabalhando há muito tempo no desenvolvimento dos tablets PCs, computadores portáteis que contam com tela sensível ao toque rotacionável. A possibilidade de torcer a tela e dobrá-la sobre o teclado faz com que seja possível segurar o **Tablet PC** com uma mão (o que pode ser complicado por causa do peso) e escrever ou desenhar na tela com a outra por meio de uma canetinha conhecida como stylus. O **iPad** é um dispositivo em formato tablet produzido pela **Apple**. Foi apresentado como um dispositivo situado a meio caminho entre um MacBook e um iPhone. O dispositivo utiliza o mesmo sistema operacional do iPhone, o **iOS**.

Netbook

Versão reduzida e econômica dos notebooks, os **netbooks** surgiram como a mais nova sensação do mercado – mas não conseguiram manter o pique. A queda do preço dos notebooks e o surgimento de outros tipos de computador reduziram o alcance desses pequenos. Como contam com recursos computacionais reduzidos, são voltados para o usuário que vive em trânsito e só precisa acessar a internet para baixar e-mails, visitar um site ou outro e...só. Eles não vêm com drive óptico, o que faz com que o proprietário tenha que comprar um drive externo ou depender de arquivos que possam ser rodados a partir de pen drives caso necessite instalar mais programas. E como são equipados com telas de até 10 polegadas e processadores da família Intel Atom, dificilmente o usuário conseguirá rodar algum programa diferente do que os que já vêm com ele. Por outro lado, em matéria de consumo de bateria, os netbooks são imbatíveis: há modelos que aguentam até 10 horas longe da tomada em uso normal.

3. Tipos de Arquiteturas de Construção

Arquitetura **CISC** (Complex Instruction Set Computer) **- Computador com Conjunto de Instrução Complexa**

Refere-se a computadores projetados com um conjunto completo de instruções computacionais com a finalidade de prover capacidades necessárias da forma mais eficiente. Posteriormente descobriu-se que reduzindo o conjunto completo a apenas as instruções mais frequentemente usadas, o computador realizaria mais trabalho em um tempo menor para a maioria das aplicações. Com isso foi chamado de conjunto reduzido de instruções (RISC), havia agora a necessidade de algo pelo qual chamar computadores com conjunto completo de instruções – daí o termo **CISC**. Usada em todos os modelos de *chip* da empresa **Intel** e garantem um ótimo desempenho na resolução de problemas complicados, apesar de reduzirem a velocidade de execução.

Arquitetura **RISC** (Reduced Instruction Set Computer) **- Computador com Conjunto Reduzido de Instruções.**

É um microprocessador planejado para realizar um menor número de tipos de instruções para o computador, de modo que ele possa operar em uma velocidade maior (realizar mais instruções por segundo ou milhões de instruções por segundo). Uma vez que cada tipo de instrução que um computador precisa realizar requer transistores adicionais e circuitos, uma grande lista ou grupo de instruções para o computador, tende a deixar o microprocessador mais complicado e lento na operação. Inventada na década de 70 pelo pesquisador da IBM John Coke, esta arquitetura provê o chip com uma "inteligência" bem mais limitada, porém com uma rapidez sem precedentes. Enquanto o *chip* CISC leva vários **ciclos de máquina**[1] para executar uma única instrução, o *chip* RISC faz várias delas em apenas um ciclo (conceito de *chip* superescalar - que executa mais do que uma instrução por ciclo).

4. Principais Componentes do Computador Pessoal

A anatomia do computador se compõe de dispositivos externos para captar e emitir informações (teclado, monitor etc.); e internos para calcular, comparar e controlar (processador, memória etc.) A seguir, veremos, especificamente, os componentes que constituem a arquitetura de um computador pessoal.

Gabinete

É a caixa que abriga toda a estrutura física interna de um computador. É normalmente dividido em baias onde serão instalados os dispositivos. Exige boas condições de ventilação interna considerando que muitos dos componentes que serão ali instalados trabalham em elevadas frequências e por isso geram grande quantidade de

[1] **Ciclo de máquina**: tempo gasto pelo computador para processar cada instrução; é medido por um circuito chamado *clock* (= relógio), que emite pulsos a uma frequência constante. Se o *clock* "pulsa" 58 milhões de vezes por segundo, por exemplo, a frequência de processamento dessa máquina é de 58 Mhz (MegaHertz). É o espaço de tempo entre um pulso e outro, ou seja, o ciclo de máquina.

calor. Existem os modelos **desktop** ou **torre**, como são respectivamente conhecidos o examinador refira-se ao computador apenas como uma máquina ou PC.

Nota: É comum chamarmos o gabinete de CPU, porém o gabinete, como já vimos, é apenas um "armário" onde são guardados o HD, as placas, a memória, os drives e outros componentes.

Fonte de Alimentação

A fonte de alimentação se encontra, normalmente, na traseira do gabinete e serve para fornecer as tensões para alimentar os diversos circuitos e componentes do PC. Todas as fontes de alimentação partem do princípio básico de transformar a tensão alternada elétrica (110V ou 220V) em tensões contínuas (5V ou 12V). O ventilador interno da fonte serve para esfriar a própria fonte e também retirar o ar de dentro do gabinete.

Placa-mãe

A Motherboard (placa-mãe) é um arranjo físico que contém os circuitos e componentes básicos de um computador. Em uma placa-mãe comum, os circuitos são impressos ou afixados a uma superfície plana firme e normalmente produzida em um único passo. O planejamento mais comum de placas-mãe em computadores desktop de hoje em dia é o AT, baseado nas placas-mãe AT da IBM. Uma especificação mais recente de placa-mãe ATX, melhora o estilo AT. Tanto nos modos AT, como no ATX, os componentes no computador incluídos na placa-mãe são os seguintes:

- Microprocessador (CPU);
- Memória;
- Sistema básico de Input/output (BIOS);
- **Slot**[2] de Expansão;
- Circuitos de interconexão.

[2] Nome que se dá às "tomadas" ou soquetes que, no computador, permitem a conexão dos periféricos. Os slots de expansão estão preparados para receber as placas de expansão de memória ou de disco rígido.

Alguns componentes adicionais podem ser acrescidos à placa-mãe por meio de seus slots de expansão. A interface eletrônica entre a placa-mãe e as placas nos slots de expansão são chamadas de **barramento**[3] **(Bus)**.

Muitas placas-mãe possuem a capacidade de atualização (**Upgrade**), muitas vezes trocando-se apenas o processador e a memória nela acoplados. Na placa-mãe são "encaixados", além de cabos de dispositivos externos, outros componentes como placa de vídeo, som, modem etc.

Existem as placas-mãe **Onboard**, também chamadas de superintegradas, que agregam em seus circuitos, além das interfaces já tradicionalmente incorporadas, outros recursos como áudio, vídeo, modem e rede – quando não as memórias e até o processador. E, as placas-mãe **Offboard** que vêm "peladas" ou seja, fica a cargo de quem se propõe a montar o computador decidir quais funções irá implementar, a marca e o modelo dos dispositivos que as proverão.

Processador

Nas provas, os examinadores, podem referir-se ao processador como o microprocessador ou como unidade central de processamento (CPU – Central Processing Unit) e até como processor.

Como o próprio nome sugere, é a parte do computador que controla o processamento de dados, desde a sua entrada até a saída. Quando um processamento começa, é a CPU que busca a instrução no disco; faz a decodificação desta instrução; associa a instrução decodificada ao dado que será processado e, por fim, executa cada instrução do programa. Ele também controla os periféricos de entrada e saída, faz os cálculos e movimentações exigidas pelo programa e gerencia todas as unidades para que trabalhem em harmonia. Eles são montados em um único chip ou circuito integrado.

A CPU é a única responsável pela interpretação dos programas, tomando decisões lógicas, fazendo contas e encaminhando ordens, tudo isso muito rapidamente.

A velocidade de processamento é fruto da criatividade e experiência dos engenheiros que projetam as Unidades de Execução. Atualmente há 4 importantes unidades: A lógica e aritmética (ULA), a de ponto flutuante (FPU), a de instruções (SIMD – Single Instruction Multiple Data – Instrução única, múltiplos dados) e uma utilizada somente para fazer cálculos de endereços de memória. Cada unidade é especializada em determinados tipos de operações lógicas e matemáticas.

[3] O barramento é a via de informação entre a CPU e demais dispositivos de I/O; é como se fossem estradas com várias pistas, quanto mais pistas, maior o fluxo de automóveis.

O performance das aplicações está diretamente ligada com a das unidades de execução. Por exemplo, editores de texto usam mais a ULA do que qualquer das outras, enquanto que jogos e decodificadores de DVD-video mostram dependência muito maior da FPU e das unidades SIMD.

Qual seria o critério para classificar uma CPU como sendo de 32 ou 64 bits? O tamanho dos **registradores**[4] e consequentemente o tamanho dos dutos de entrada das unidades de execução são cruciais para determinar se uma CPU é de 32, 64 ou 128 bits. Quanto maior o tamanho dos registradores, mais viável é o aumento da precisão de operações matemáticas (principalmente financeiras e científicas), maior o módulo dos números que podem ser armazenados e maior a quantidade de combinações lógicas que podem ser avaliadas. Atualmente é o tamanho dos registradores que trabalham com a ULA que especificam.

Um programa escrito para uma CPU dificilmente poderá ser executado diretamente em outra. Esse é um dos principais motivos da incompatibilidade entre os computadores.

As instruções em linguagem de máquina são muito primitivas. Por exemplo: Ler (copiar) conteúdo de um endereço de memória no registrador do processador central; comparar duas informações; adicionar, subtrair dois números; escrever palavra na memória ou dispositivo de saída. Estas etapas compõem o que se denomina ciclo de instrução. Este ciclo se repete indefinidamente até que o sistema seja desligado, ou ocorra algum tipo de erro, ou seja, encontrada uma instrução de parada.

Modelos de Processadores: Core 2 Duo

Se comparado com os antigos processadores de dois núcleos da empresa, os novos Core 2 Duo mostram uma superioridade incrível. O grande motivo da diferença em desempenho é o novo sistema de núcleo da Intel. Os antigos Pentium D trabalhavam com uma linha de processamento idêntica à dos Pentium 4, já os tais Core 2 Duo funcionam com a nova tecnologia Core. Com uma frequência (velocidade) mais baixa, um pouco mais de memória interna, modos mais eficientes de compartilhamento de recursos e alguns outros detalhes, os Core 2 Duo são os processadores mais potentes no ramo dos Dual Core. O Intel Core 2 Duo é indicado para jogos de última geração, edição de imagem e vídeo, programas matemáticos ou de engenharia e tarefas que requisitem alto processamento. Há vários modelos, sendo que os mais fortes não são viáveis para quem procura montar um PC econômico.

Pentium Dual Core

Surgiu na mesma época do Core 2 Duo. Tendo a arquitetura (sistema interno de peças) baseada no Core 2 Duo, o Pentium Dual Core trouxe apenas algumas limitações. O tão falado FSB (barramento frontal) tem velocidade menor, a memória interna (cache) do processador é menor e os modelos disponíveis trazem clocks (velocidades) mais baixos. Para o usuário que procura apenas navegar na internet e realizar tarefas simples, este processador pode ser uma excelente escolha, visto que a relação custo-benefício dele é uma das melhores quando se fala em processadores Intel de duplo núcleo.

Core 2 Quad

Descendentes dos Core 2 Duo, os Core 2 Quad nada mais são do que processadores com quatro núcleos e um sistema interno muito semelhante aos seus antecessores. Apresentam desempenho relativamente alto, porém em algumas tarefas eles perdem para os Dual Core. O grande problema nos "Quad Core" (termo adotado para falar a respeito de qualquer processador de quatro núcleos) é a falta de programas aptos a trabalhar com os quatro núcleos. Além disso, o custo destes processadores ainda não é ideal para os usuários domésticos.

Core 2 Extreme Quad Core

Apesar da grande performance apresentada pelos Core 2 Quad, a Intel conseguiu criar um processador quase idêntico com maior velocidade. Apresentando dois modelos com a velocidade de clock superior, a Intel

[4] **Registradores**: Nome dado a alguns conjuntos de bits de alta velocidade que existem dentro da CPU. A função primordial dos registradores é o endereçamento de memória, ou seja, é nos registradores que fica armazenado o endereço fornecido que está sendo tratado na memória naquele momento. O resultado de uma operação aritmética ou lógica realizada na ULA deve ser armazenado temporariamente, de modo que possa ser utilizado mais adiante ou apenas para ser, em seguida, transferido para a memória.

criou estes processadores especificamente para gamers e usuários fanáticos por overclock. A relação custo-benefício é péssima, pois custam quase o dobro dos Core 2 Quad e não fornecem o dobro de desempenho.

Core i7

Processadores da Intel que operam com quatro núcleos, velocidade semelhante à dos Core 2 Quad e quantidade de memória cache parecida. As mudanças são diversas, começando pelo suporte de memória DDR3 e abrangendo até o modo de comunicação com os outros itens do PC. O Intel **Core i7** traz a tecnologia HT, que simula múltiplos núcleos e tende a aumentar o desempenho significativamente para aplicações que trabalhem com a divisão de processamento. Segundo o site da Intel, estes novos processadores podem simular até oito núcleos, isso se o sistema operacional for compatível com a tecnologia.

Cooler

Antes de finalizar este tópico, convém chamar a atenção para um personagem muitas vezes negligenciado pelo usuário, porém de grande relevância, a refrigeração do processador. Essa refrigeração é um papel desempenhado pelo **Cooler**[5]

Chipset

Costuma-se dizer que, se o processador é o cérebro, a placa-mãe é o coração de um computador, o **chipset**, por sua vez, é o coração da placa-mãe. Para explicar de uma forma simples, o chipset é o conjunto de componentes que estabelecem a interface entre o processador (mais propriamente o seu barramento local) e os barramentos/componentes, desde as memórias aos controladores de periféricos. Como se pode concluir, a função do chipset é bastante importante no desempenho do sistema, portanto é aconselhável conhecer alguns dos detalhes associados à definição da respectiva arquitetura. Para comparar: se os grandes componentes como o processador, a memória, e os controladores de I/O fossem representados por edifícios, o chipset representaria toda a infraestrutura rodoviária necessária para interligar aqueles edifícios. Ele agrega diversos circuitos destinados a dar funcionabilidade ao PC e determina, entre outras coisas:

- Quais processadores poderão ser utilizados;
- O tipo e a quantidade máxima de memória que poderá ser instalada;
- As frequências de barramento suportadas;
- A quantidade de slots de expansão disponíveis, de HD's; de periféricos, como leitora e gravadores de CD e a taxa máxima de transferência de dados entre eles e as controladoras **IDE**.[6]

O chipset é ultraintegrado quando constituído por única peça, mas normalmente é dividido em duas, fisicamente distintas, conquanto interdependentes: Ponte Norte (Northbridge) e Ponte Sul (Southbridge). Cabe a **Ponte Norte** gerenciar a comunicação entre os mais diversos elementos, especialmente conectar o processador ao barramento de memória e de vídeo. Cabe à **Ponte Sul** responsabilidades pelas atividades menos nobres como comandar a controladora de discos, interfaces de entrada e saída (portas seriais, paralelas e USB), além da comunicação com outras interfaces como som, rede etc.

Compete ao chipset definir o **Clock**[7] – frequência de barramento – sinal responsável pela transmissão dos dados entre os periféricos. Dependendo de sua frequência, um certo processador poderá ou não ser suportado por uma determinada placa.

[5] **Cooler**: Popularmente conhecido por ventoinha. Responsável pelo zumbido característico do computador. É um pequeno ventilador que, embutido no gabinete ou diretamente no processador tem a função de resfriá-lo.

[6] **Integrated Drive Eletronics:** É uma interface eletrônica padrão utilizada entre os caminhos de dados ou barramentos de uma placa-mãe e os dispositivos de armazenagem em disco de um computador.

[7] O **clock** tem como finalidade gerar "pulsos de clock". É um dispositivo gerador de pulsos cuja duração é chamada de ciclo. A quantidade de vezes em que este pulso básico se repete em um segundo define a unidade de medida do relógio, denominada frequência, a qual também usamos para definir a velocidade na CPU, a unidade de medida usual para a freqüência dos relógios de CPU é o Hertz (Hz), que significa 1 ciclo por segundo. Como se tratam de frequências elevadas abreviam-se os valores usando-se milhões de Hertz, ou de ciclos por segundo (MegaHertz ou simplesmente, MHz). Assim, por exemplo, se um determinado processador funciona como seu relógio oscilando 25 milhões de vezes por segundo, sua frequência de operação é de 25 MHz. E como a duração de um ciclo, seu período, é o inverso da freqüência, então cada ciclo, neste exemplo, será igual ao inverso de 25.000.000 ou 1/25.000.000 = 0,00000004 ou 40 nanossegundos.
Nota: Os processadores atuais trabalham com unidade de Ghz

Memórias

Memória é o lugar eletrônico no qual ficam armazenadas instruções e os dados para que o processador possa acessá-los. As memórias podem ser divididas em dois grupos diferentes:

- Voláteis
- Não Voláteis

Elas são classificadas como voláteis, quando os dados que estão armazenados internamente são perdidos, devido à interrupção do fornecimento de energia para a memória. Toda vez que o computador é desligado, os dados armazenados na memória principal são perdidos. Já as memórias do tipo não volátil não perdem os seus dados, mesmo quando a alimentação de energia é interrompida.

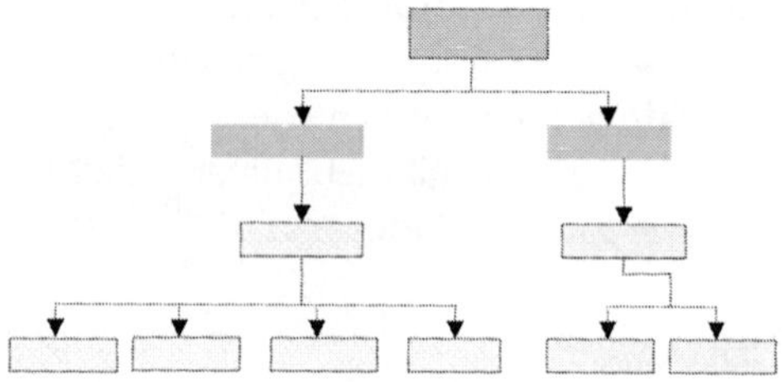

RAM (Random Access Memory – **Memória de Acesso Aleatório**) – Memória Principal/ Primária

RAM (Random Access Memory – **Memória de Acesso Aleatório**) – Memória Principal/ Primária

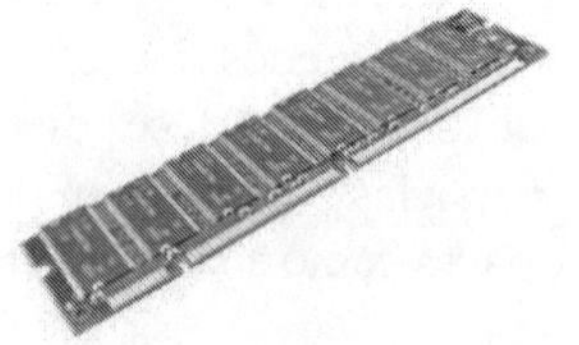

É o local onde o sistema operacional, os programas aplicativos e os dados em uso são colocados, de modo que possam ser rapidamente acessados pelo processador. A RAM tem uma leitura e gravação muito mais rápida do que os outros tipos de armazenamento do computador (Ex.: disco rígido, unidade de disquete, CD-ROM etc). Porém, os dados da RAM ficam lá somente enquanto o computador está funcionando. Quando se desliga o computador perde-se todo conteúdo. Deste modo, quando se liga novamente o computador, o sistema operacional e outros arquivos mais uma vez terão que ser carregados pela RAM, o que é feito normalmente a partir do Disco Rígido.

A RAM pode ser comparada à memória de curto prazo de uma pessoa, e o disco rígido à memória de longo prazo. A memória de curto prazo dá destaque ao trabalho das mãos, mas pode recorrer a fatos da memória de longo prazo. Um computador, também funciona deste modo. Se a RAM ficar cheia, o computador precisará ir continuamente ao disco rígido para cobrir velhos dados da RAM com novos. Isso diminui a velocidade do computador. A não ser que o disco rígido fique completamente cheio de dados de modo que ele não possa aceitar nenhum mais, a RAM transbordará da memória. Ela continua funcionando, mas muito mais lentamente. O que ocorre é que o processador transfere o conteúdo atual da memória RAM para um arquivo do disco rígido, chamado arquivo de troca, liberando espaço na memória RAM. O conteúdo do arquivo de troca é colocado de volta na memória RAM quando for solicitado algum dado que lá esteja armazenado. Este processo é conhecido como **Memória Virtual**. Quanto mais memória RAM o micro tiver, menor a probabilidade de a memória RAM acabar e, com isso, menos trocas com o arquivo de troca do disco rígido serão necessárias. Toda a vez que uma troca é feita o usuário percebe a lentidão no micro, pois o acesso ao disco rígido é bem mais lento do que o acesso direto a memória RAM, por ser um sistema mecânico e não eletrônico.

A RAM é pequena, tanto no espaço físico (ela é armazenada em microchips) quanto na quantidade de dados que ela pode armazenar. Ela é muito menor do que o disco rígido. Um computador típico costuma vir com 32 milhões de bytes em RAM e com disco rígido que pode armazenar 4 bilhões de bytes. A RAM vem na forma de microchips discretos (no sentido de separados) e também na forma de módulos e ligam-se em buracos na placa-mãe do computador. Estes buracos se conectam ao processador por meio de um barramento ou grupo de condutores elétricos. O disco rígido, por outro lado, armazena dados em uma superfície magnética como uma espécie de registro fotográfico.

A capacidade desta memória aumenta em múltiplos de 8 megabytes. A maioria dos computadores são planejados de modo que você possa adicionar módulos de RAM até certos limites (por exemplo 64 ou 128 megabytes). Ter mais RAM no computador reduz o número de vezes que o processador tem que ler dados por meio do disco rígido, uma operação que leva muito mais tempo do que ler dados por meio da RAM (A RAM acessa o tempo em nanossegundos); o disco rígido acessa o tempo em milessegundos.

O acesso é randômico porque qualquer local de armazenamento pode ser acessado diretamente. Talvez ela devesse ser chamada de memória não sequencial, pois o acesso à RAM é altamente randômico. A RAM é organizada e controlada de um modo que permite que os dados sejam armazenados e atualizados diretamente em locais específicos. Outras formas de armazenamento como o disco rígido e o CD-ROM também são acessados diretamente (ou randomicamente), mas o termo acesso randômico não pode ser aplicado a essas formas de armazenamento.

Tipos de Memoria RAM

DRAM (Dinamic RAM): Memória dinâmica de acesso aleatório. É o tipo mais comum de memória de acesso aleatório (RAM). É dinâmica no sentido que precisa ter suas células de armazenamento renovadas ou receberem uma nova carga eletrônica a cada poucos milissegundos - Formada por circuitos que armazenam os bits de informações através de pequenos capacitores. Quando tem algum dado representa "1" e, quando não, representa "0". Não se trata de uma memória rápida. O grande problema desta memória é que ela perde sua carga, por isso precisam ter continuamente a renovação de carga (refresh). Características:

- Barata;
- fácil integração;
- baixo consumo;
- lenta (em função do refresh).

SRAM (Static RAM): Memória estática de acesso aleatório. Bem mais rápida e em vez de capacitores, utiliza circuitos digitais chamados de flip-flop para armazenamento de cada "0" ou "1", ou seja, este tipo de circuito não necessita do circulo de refresh. Tem como característica principal o sincronismo com o processador nos acessos de leitura e gravação. Sua velocidade trabalha na ordem de 20 nanossegundos (20×10^{-9} segundos). Normalmente, este tipo de chip de memória é aplicado nas memórias do tipo cache. Características:

- Cara;
- Difícil integração (pouca capacidade em muito espaço);
- Alto consumo;
- Rápida.

ROM (Read Only Memory – **Memória Somente para Leitura**)

Trata-se de um termo genérico utilizado para designar os circuitos de memória ROM. Só permitem a leitura, mas em compensação, não perdem o conteúdo quando são desligados. São mais lentas que a memória RAM.

Para o processador, não há diferença entre acessar uma memória RAM ou ROM – a não ser a velocidade. Quando o micro é ligado, um programa gravado na memória ROM da placa-mãe, chamado POST entra em ação inicializando os circuitos da placa-mãe, o vídeo e executando testes, como o teste de memória. O último passo do POST é carregar o sistema operacional de algum disco para a memória RAM.

Estes tipos de circuito podem ser construídos utilizando uma das seguintes tecnologias básicas:

Mask-ROM: Gravado na fábrica do circuito integrado e não há como apagar ou regravar o seu conteúdo, ou seja, fabricado com o conteúdo predefinido.

PROM (Programmable ROM): É uma memória que pode ser modificada uma vez pelo usuário. Essa memória é vendida virgem e o fabricante do dispositivo que utilizará este circuito se encarrega de fazer a gravação de seu conteúdo. No entanto, uma vez gravada, não há como apagar ou reprogramar o seu conteúdo. A diferença entre este circuito e a Mask-ROM é o local da gravação. Enquanto a Mask-ROM é fabricada já com um conteúdo predefinido, a PROM é gravada pelo fabricante do periférico que utilizará o circuito.

EPROM (Erasable Programable ROM): Trata-se de uma memória exclusiva de leitura que pode ser apagada e reaproveitada. Da mesma forma que a PROM, a EPROM é vendida virgem e deve ser gravada pelo fabricante do dispositivo que a utilizará. Ao contrário dos outros dois tipos, o seu conteúdo pode ser apagado, o que é feito colocando-se o circuito integrado exposto à luz ultravioleta (ele tem uma janela transparente para que o apagamento possa ser feito). Deste modo o circuito pode ser regravado.

EEPROM (Electric Erasable Programable ROM): O apagamento não é feito através de luz, mas sim através de impulsos elétricos. Os chips de EEPROM, ao contrário do que ocorre com os chips EPROM, não precisam ser removidos do computador para serem modificados.

Flash-ROM: É uma EEPROM que utiliza baixas tensões de apagamento e este é feito em um tempo bem menor. Hoje em dia, a memória ROM da maioria das placas-mãe é formada por um circuito de Flash-ROM, permitindo a reprogramação do seu conteúdo via software. Diferença entre uma EEPROM e uma Flash-ROM? O apagamento da Flash-ROM é extremamente rápido e não é possível reprogramar um único endereço, isto é, quando a memória é apagada, todos os seus endereços são zerados. Às vezes chamado de RAM-Flash.

Informática

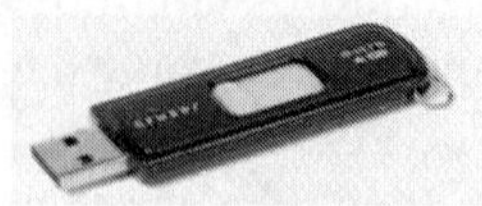

Pen Drive ou **Memória USB Flash Drive** é um dispositivo de memória constituído por memória flash com uma ligação **USB tipo A** permitindo a sua conexão a uma porta USB do computador ou outro equipamento com uma entrada USB. As capacidades atuais de armazenamento são variadas, existindo pen drives com capacidade de até 256 TB.

Programas Contidos na ROM:

A placa-mãe de um computador tem um único circuito de memória ROM, contendo os seguintes programas:

1. **BIOS** (Basic Input/Output System – Sistema Básico de Entrada/Saída): Gerencia o fluxo de dados entre o sistema operacional e dispositivos anexados como o disco rígido, adaptador de vídeo, teclado, mouse e impressora. Quando o computador é ligado o processador passa o controle para o BIOS. Ele determina se todos os anexos estão instalados e operantes; em seguida, carrega o sistema operacional na memória de acesso aleatório (RAM) a partir do disco rígido ou unidade de disquete. Com o BIOS o sistema operacional e aplicações são liberados de terem que compreender detalhes exatos (como endereços de hardware) sobre os dispositivos anexos de entrada/saída. Quando detalhes do dispositivo mudam, apenas o programa BIOS precisa ser alterado. Às vezes, essa mudança pode ser feita durante a configuração do sistema. Embora o BIOS seja, teoricamente, sempre o intermediário entre o processador e as informações de controle do dispositivo de entrada/saída e o fluxo de dados, em alguns casos, o BIOS pode dar um jeito para que os dados fluam diretamente para a memória a partir de dispositivos que exigem um fluxo de dados mais rápido para serem eficazes.

2. **POST** (Power On-Self Test – Auto Teste ao Ligar): Teste de diagnóstico que o Sistema Básico de Entrada e Saída (BIOS) roda para determinar se o teclado, Memória RAM, discos e outros itens de hardware estão funcionando corretamente. Se tudo é encontrado e está funcionando corretamente, o computador começa o **boot**.[8] Se o hardware não for encontrado ou estiver com problemas, a BIOS mostra uma mensagem de erro que pode ser um texto na tela ou uma série de bipes, dependendo da natureza do problema. Como o POST roda antes da ativação da placa de vídeo, não é possível ver o progresso na tela. Um erro encontrado no POST é geralmente fatal (isto é, causa o travamento do programa que está rodando) e vai parar o processo de boot, pois o hardware checado é essencial para as funções do computador. Executa as seguintes rotinas sempre que o micro é ligado:

- Identifica a configuração instalada
- Inicializa todos os circuitos periféricos de apoio (chipset) da placa-mãe
- Inicializa o vídeo
- Testa a memória
- Testa o teclado
- Carrega o sistema operacional para a memória (RAM)
- Entrega o controle do processador ao sistema operacional

3. **SETUP** (Configuração): Programa de configuração de hardware do computador; normalmente chamamos esse programa apertando um conjunto de teclas durante o POST (geralmente basta pressionar a tecla DEL durante a contagem da memória; esse procedimento, contudo, pode variar de acordo com o fabricante da placa-mãe – Esc, Ctrl-Esc, Ctrl-Alt-Esc ou F1)

Estes três programas são completamente diferentes, embora fisicamente armazenados dentro do mesmo circuito integrado. Muita gente confunde estes conceitos, chamando o SETUP de BIOS. Alguns técnicos, sem o devido conhecimento, dizem que alteram o conteúdo do BIOS ou configuram o BIOS quando, na verdade, entram no SETUP da placa-mãe. Como o BIOS está em uma memória do tipo ROM, seu conteúdo não pode ser alterado a não ser que fosse um circuito do tipo FLASH-ROM.

Quando se entra no SETUP, as alterações são armazenadas na memória de configuração da placa-mãe, também chamada de CMOS.[9] A memória de configuração é uma memória do tipo RAM e, por isso, seu conteúdo é apagado quando sua alimentação é cortada. Para que isso não ocorra as placas-mãe têm uma bateria que alimenta essa memória, para que as informações não sejam perdidas quando o computador é desligado.

Assim, quando é pressionada a tecla DEL durante a contagem de memória (ou seja, durante a execução do POST), acessamos o SETUP (e não a BIOS). As alterações efetuadas no SETUP são armazenadas na memória de configuração (CMOS). O conteúdo da memória de configuração é usado pelo BIOS para saber qual é a configuração da máquina e, durante o POST, para programar os circuitos da placa-mãe. Atualmente a memória de configuração está embutida no chipset da placa-mãe, mais especificamente em um circuito chamado Ponte Sul.

---

8 **Boot** é um programa que, após a conclusão do POST, procura numa determinada posição de um disquete ou de um disco um bloco de "informação" com um determinado formato, que se pressupõe conter o programa de inicialização de um sistema operacional.

9 **CMOS** (Complementary Metal-Oxide Semicondutor) Tem os dados de tipo de disco rígido, número e tipos de drives, data e hora, configurações gerais, velocidade de memória etc. Estes dados são mantidos pela bateria interna que dura cerca de 5 anos.

Cache

Podemos entender memória cache como um lugar para armazenar alguma coisa mais ou menos temporariamente. Páginas web solicitadas, por exemplo, são armazenadas no diretório cachê do navegador no disco rígido. Assim quando retornamos a uma página examinada recentemente, o browser pode obtê-la a partir do cache em vez de a partir do servidor original, poupando tempo e a rede do trabalho de tráfego adicional.

A memória cache é memória de acesso aleatório que pode ser mais rapidamente acessada pelo processador do que a RAM normal. À medida que o processador processa dados, ele primeiramente verifica a memória cache e, se encontrar os dados ali (de uma leitura de dados anterior), não precisará mais fazer uma outra leitura de dados consumidora de tempo na memória.

Memória cache é às vezes escrita em níveis de proximidade e de acessibilidade ao processador. Um cache **L1** está no mesmo chip do processador. (Por exemplo, o processador PowerPC 601 possui um cache de nível 1 de 32KB embutido em seu chip) **L2** é geralmente um chip de RAM estático (SRAM) separado. A RAM principal é geralmente um chip de RAM dinâmico (DRAM).

Além da memória cache, pode-se pensar na própria RAM como um cache de memória para armazenamento em disco rígido, pois todo o conteúdo da RAM vem inicialmente do disco rígido ao ligarmos o computador e carregarmos o sistema operacional e, mais tarde, ao iniciarmos novas aplicações e acessarmos novos dados. A RAM também pode conter uma área especial denominada disk cache que possui todos os dados mais recentemente lidos a partir do disco rígido.

O Disk Cache (cache de disco), ou cache de disco ou uma área reservada do RAM ou um cachê especial de disco rígido, tem uma cópia dos dados mais recentemente acessados e prováveis de serem acessados que ficam ali armazenados para acesso rápido.

O cache de disco é um mecanismo para melhorar o tempo de leitura ou gravação no disco rígido. Hoje em dia o cache de disco é normalmente incluído como parte do disco rígido ou pode também ser uma porção específica da memória de acesso aleatório (RAM). O cache de disco guarda dados lidos recentemente e, em alguns casos, áreas adjacentes de dados prováveis de serem acessados em seguida.

Disco Rígido

Disco Rígido

O disco rígido faz parte de uma unidade, normalmente chamada de disk drive, hard drive ou hard disk drive, que armazena e oferece acesso relativamente rápido a grande quantidade de dados em uma superfície carregada eletromagneticamente ou em um conjunto de superfícies e tudo isso vem acondicionado dentro de uma caixa blindada. Nas provas podem referir-se a ele como Hard Disk, Winchester ou simplesmente HD. Os computadores atuais vêm acompanhados, normalmente de disco rígido com capacidade de armazenamento na ordem dos GB mas já temos HD sendo vendidos com TB.

Ele é realmente um conjunto de discos empilhados, apresentando cada um em círculos concêntricos ou faixas de disco. Uma cabeça grava ou lê as informações nas faixas. Para cada leitura ou gravação é necessário que os dados sejam localizados, que é uma operação chamada de busca. A unidade de disco rígido possui uma velocidade de rotação que varia de 4500 a 7200 rpm.

CD e DVD

CD e DVD

CD-ROM (Compact-Disk Read –Only Memory): apenas leitura.
CD-R: permite a gravação apenas uma vez.
CD-RW: é regravável, ou seja, permite a gravação mais de uma vez. Isto é feito por causa da tintura especial índio, antimônio e telúrio. Quando o feixe laser eleva temperatura de 500º C a 700º C sua superfície perde sua reflexão que em seguida será entendido como informação pelos leitores. Quando o mesmo ponto for utilizado por outro feixe de laser com uma temperatura mais baixa a tintura recupera sua característica reflexiva que poderá ser gravada novamente.

Tipos de DVDs

DVD-R: É equivalente ao CD-R. Sua capacidade depende da mídia em uso. As primeiras mídias de uma face armazenavam até 3,68 GB, as mídias atuais já possuem 4,7 GB. As de dupla antiga armazenavam 7,38 GB, e as atuais, 9,4 GB.

DVD-RW ou DVD-ER (DVD enable): criado pela Pionner, tem capacidade de 4,7 GB. Pode ser lido em praticamente qualquer unidade de DVD.

DVD+W: é concorrente do anterior, desenvolvido pela Philips, Sony, HP e outros. Por causa de sua taxa de reflexão, este disco não pode ser lido por todas unidades de DVDs. Armazena de 2,8 GB a 4,7 GB.

DVD-RAM: Este tipo de mídia é encontrado em quatro capacidades: 2,6 GB, 4,7 GB, 5,2 GB e 9,4 GB. Esta mídia é regravável, isto é, funciona de maneira similar a um CD-RW. Estima-se que o DVD-RAM pode ser regravado 100.000 vezes, enquanto estima-se que o DVD-RW só pode ser regravado 1.000 vezes. O disco DVD-RAM necessita de um gravador de DVD-RAM tanto para ser gravado quanto para ser lido. O disco DVD-RAM normalmente está acondicionado dentro de uma caixa chamada caddy. Esta mídia não é compatível com unidades de DVD-ROM nem com DVD players comerciais.

Barramentos

Um barramento (bus) é uma rota de transmissão na qual os sinais são emitidos ou captados em cada dispositivo anexado à linha. Apenas os dispositivos que forem dirigidos pelos sinais prestam atenção a eles; os outros desconsideram os sinais. O termo deriva-se de sua semelhança com um ônibus que para em toda quadra para deixar e pegar passageiros. Trata-se da rota dos dados no computador que interconecta o processador com os anexos à placa-mãe em slots de expansão, como unidades de disco rígido, unidades de CD-ROM e adaptadores gráficos.

Genericamente falando é um caminho para a troca de dados entre dois ou mais circuitos. Em geral podem ser divididos em três grupos:

- **Dados** (Data Bus) – Todos os dados, tais como instruções e dados, que serão manipulados internamente pelo processador, utilizam o barramento de dados para serem transferidos dos periféricos do sistema para o processador.

Quando as informações já foram processadas e os resultados estão disponíveis, eles retornam para os periféricos do sistema, utilizando-se do mesmo barramento de dados que foi utilizado para a entrada das informações. Em um determinado instante estas vias são usadas como barramento de entrada e em outro instante opera como saída de dados e assim sucessivamente.

Fisicamente é formado por vias, ou seja, um conjunto de vias forma o barramento de dados. Cada via transmite um bit, portanto um barramento de 16 vias possui 16 bits de largura. Essa largura varia de acordo com o processador utilizado no sistema.

- **Endereços** (Address Bus) – É utilizado pelo processador para fazer o endereçamento de todos os periféricos do sistema, tais como: Memória RAM, controladores de vídeo, disco rede, entre outros. Esse barramento é do tipo unidirecional, pois o processador utiliza-o para apontar um determinado endereço em um determinado instante. No próximo instante, esse barramento será utilizado, novamente, para apontar um endereço e assim sucessivamente. Portanto, o tráfego de bits no barramento de endereços será sempre do processador para os periféricos do sistema, ou seja, unidirecional.

Todos os dados e instruções que entram ou saem do processador utilizam o barramento de dados. Porém, é por meio do barramento de endereços que o processador fornece endereços em que os dados e as instruções, que serão utilizados para o processamento, estão armazenados. Este procedimento é conhecido como **leitura**, ou seja, o processador determina por meio do barramento de endereços quais endereços devem ser lidos para que os dados e as instruções possam ser transferidos para o processador, por meio do barramento de dados.

Após o processamento das informações, o resultado deverá ser armazenado em alguma posição de memória ou transferido para algum dispositivo de I/O (entrada ou saída), portanto o processador fornece, por meio do barramento de endereços, o endereço da memória ou dispositivo de I/O, em que o resultado será armazenado. Este procedimento é conhecido como **escrita**.

Assim como o barramento de dados, o barramento de endereços também é composto por vias. Um barramento com 16 vias é o mesmo que dizer que a largura do barramento de endereços é de 16 bits. Essa largura depende exclusivamente do processador.

- **Sinais de Controle** (Control Bus) – Por meio do barramento de controle o processador recebe ou envia sinais de controle para todos os dispositivos do sistema. Como neste barramento trafegam sinais de controle nos dois sentidos, ele é do tipo bidirecional. Entretanto, existem vias desse barramento que só enviam sinais, como, por exemplo, a via de R/W (Leitura/Escrita), e outras vias que só recebem, por exemplo, a via CLK (clock – relógio). Mas como o conceito se refere ao conjunto de vias, ou seja, ao barramento, este é considerado bidirecional. Ao contrário dos barramentos de dados e endereços que executam apenas um tipo de evento, a transferência de dados ou de endereços, o barramento de controle possui vários eventos distintos de controle.

Mouse

Mouse

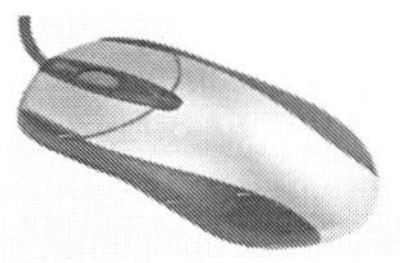

O mouse consiste de uma capa de metal ou plástico, uma esfera de borracha na parte de baixo da capa e que rola deslizando em uma superfície (mouse pad), um ou mais bastões na parte de cima da capa e um cabo que conecta o mouse ao computador. Como a bola desliza em qualquer direção, um sensor envia impulsos ao computador que faz com que o programa de resposta do mouse reposicione um indicador visível (cursor) na tela. O posicionamento é relativo ao local inicial. Visualizando a posição presente do cursor, o usuário pode reajustar a posição movendo o ponteiro do mouse.

O **Mouse Óptico** requer o uso esfera de borracha, pois ele utiliza um sensor óptico (que é muito mais preciso) em seu lugar. Esse tipo de mouse tem vantagens de maior precisão e agilidade no seu manuseio.

Detalhadamente podemos citar alguns movimentos básicos deste periférico de entrada:

- **Apontar** – Mover o ponteiro do mouse para que seja posicionado sobre alguma parte específica da tela. Exemplo: Caso o examinador afirma: "aponte para o botão iniciar", isso significa que o ponteiro do mouse deve ser movido sobre o botão iniciar da barra de tarefas no Windows.
- **Clicar** – Pressionar e imediatamente liberar o botão esquerdo do mouse para iniciar algum tipo de ação. Nas provas, normalmente, estará especificado que o mouse usado tem a configuração padrão, ou seja, o botão esquerdo é o responsável por iniciar a ação e pode ser chamado de principal.
- **Clique Duplo** – Pressionar e liberar o botão principal do mouse duas vezes, um pressionamento após o outro (deve haver pouco espaço de tempo entre cada pressionamento). Vamos perceber que algumas coisas exigem um simples clique para iniciar algum tipo de ação e outras exigem um duplo.
- **Clique Triplo** – Pressionar e liberar o botão principal do mouse três vezes (deve haver pouco espaço de tempo entre cada pressionamento). Com esta ação pode-se selecionar todo um parágrafo no Word, quando clicamos sobre ele, ou todo o arquivo, quando clicamos à margem do texto.
- **Clicar com o botão Direito** – Pressionar e imediatamente soltar o botão direito do mouse é usado para exibir o menu de atalhos ou , em algumas provas, menu de contexto. Este menu vai variar de acordo com a posição na qual estiver posicionado o ponteiro do mouse.
- **Arrastar** – Apontar para algum objeto, pressionar e manter pressionado o botão principal do mouse, mover o que se pretende e então soltar o botão.
- **Paginar** – Girar a pequena roda (**Scroll**) que fica entre o botão principal e o direito do mouse, nos programas que suportam a rolagem, permite mover para cima e para baixo um documento.

O ponteiro do mouse fica, na maior parte do tempo, com a aparência de uma seta, porém ele pode mudar de forma dependendo de sua posição na tela ou aplicativo no qual estiver sendo utilizado. Ele também pode mudar a partir de certos comandos a sua escolha. Cada um dos formatos indica o que o Windows está processando naquele momento, neste caso o chamamos de apontador de mouse. O padrão básico para os apontadores de mouse é o seguinte:

 **Seleção Normal** – Indica um objeto na tela.

 **Ajuda** – Seleção de ajuda.

 **Ampulheta** – Ocupado (processando).

 **Processamento** – Trabalhando em segundo plano.

+ **Seleção gráfica** – Precisão.

I **Viga** – Seleção de texto.

⊘ **Proibido** – Indica impossibilidade de realizar operação.

↕ **Seta Dupla Vertical** – Usado para redimensionamento na vertical.

↔ **Seta Dupla Horizontal** – Usado para redimensionamento na horizontal.

⤡ **Seta dupla Diagonal Esquerda** – Usado para redimensionamento diagonal.

↗ **Seta Dupla Diagonal Direita** – Usado para redimensionamento diagonal.

✥ **Seta em Cruz** – Move objeto selecionado.

↑ **Seta para Cima** – Seleção alternativa.

Seleção de Link - Informa que uma ligação pode ser clicada.**Modem**

O modem é um periférico, um acessório do computador que serve para a conexão do computador à linha telefônica para transmissão de dados. Como periféricos, os modems são instalados nas portas de expansão dos computadores. O acesso a essas portas de expansão pode ser interno (uma placa é encaixada no interior do computador) ou externo (o modem é ligado ao computador através de um cabo). Portanto, os modems podem ser internos ou externos. Essa característica não influi no desempenho do computador ou do acesso à Internet.

Impressora

Principais Tipos de Impressoras

Matriciais

São aquelas em que o componente responsável pela impressão propriamente dita é uma cabeça de agulhas. Quanto mais agulhas possuir a cabeça, maior a qualidade final. Prestam-se para impressões de relatórios extensos onde a preocupação com estética perde terreno para o conteúdo dos dados, listagens nominais, relatórios de material em estoque, cupons fiscais etc.

Esta impressora monta os caracteres a partir de uma série de pequenos pontos que são impressos muito próximos uns dos outros. É abastecida por uma fita semelhante à fita de uma máquina de escrever.

Jato de tinta

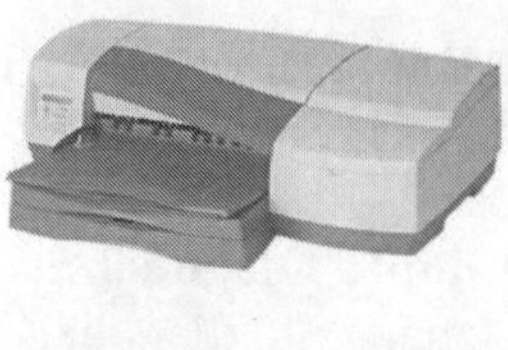

São impressoras mais modernas cuja impressão é realizada através de diversos jatos microscópicos da tinta. Apresentam uma boa qualidade de impressão e são usadas em editoração gráfica.

A tecnologia de jato de tinta tem evoluído continuamente. Cada novo modelo que chega ao mercado produz imagens um pouco mais próximas da qualidade fotográfica e com rapidez cada vez maior. E o melhor é que não se paga mais por isso – o preço dessas máquinas até se reduziu ao longo desses anos. Ao mesmo tempo, a cor, que era um item opcional ou inexistente em muitos modelos, tornou-se uma característica básica dessas impressoras.

Velocidade de impressora se mede em PPM (páginas por minuto) e CPS (caracteres por segundos).

Resolução (qualidade) se mede em DPI (pontos por polegadas).

Laser

Trabalham com um "toner" especial, a exemplo das máquinas copiadoras. Sua qualidade de impressão é insuperável.

Cera

Impressora térmica, com alta resolução, podendo atingir 16.000 DPI (pontos por polegada), trabalha com cartuchos individuais sua impressão tem qualidade de uma capa de revista.

Este tipo de impressora geralmente é utilizado em impressões que dependa de uma excelente definição (gráficas, revistas e outros).

Scanner

FUNCIONAMENTO DO SCANNER

1. Uma fonte de luz ilumina o pedaço de papel colocado com a face voltado para a janela de vidro situada acima do mecanismo de varredura. Os espaços vazios ou brancos refletem mais luz que as partes que possuem letras ou imagens, coloridas ou não.
2. Um motor move cabeça de varredura situada abaixo da página. O movimento permite que a cabeça de varredura capture a luz que rebate de áreas da página com cerca de milhares de polegadas quadradas de cada uma.

3. A luz proveniente da página é refletida através de um sistema de espelhos constantemente ajustados para que os feixes de luz fiquem alinhados com lentes.
4. As lentes focalizam os feixes de luz diodos fotossensíveis que convertem as intensidades da luz em corrente. Quanto maior for a luz refletida, maior a tensão da corrente.
5. Um conversor analógico digital (A-D) armazena cada leitura analógica da tensão com um pixel digital, representado por uma área preta ou branca numa linha que contém cerca de 300 pixeis por polegadas. Se os Scanners trabalharem com imagens coloridas, a cabeça de varredura passa três vezes pela imagem, em cada passagem a luz é direcionada para um filtro vermelho, verde e azul, antes de atingir a imagem original.
6. A informação digital é enviada ao programa instalado no computador, no qual os dados são armazenados num formato compatível com o programa gráfico ou programa de reconhecimento óptico de caractere (ORC ou ICR).

Monitor

Telas de Cristal Líquido (Liquid Crystal Display - LCD): Finos e leves, os LCDs gastam cerca de quatro vezes menos energia do que antigos monitores de tubo, não cintilam, não geram radiações perigosas. Têm visível a área efetivamente declarada em polegadas.
Pixel: É uma unidade básica de programação de cor em uma imagem. É uma unidade lógica e não física, depende da resolução da tela. Para a resolução máxima, o tamanho físico do pixel é igual ao tamanho do dot-pitch do monitor. A cor específica de um pixel descreve a mistura dos três componentes do espectro de cores (RGB). A definição da imagem na tela é às vezes expressada por pontos por polegada (Dots per inch – **dpi**). Uma imagem vai ter menos definição em um monitor maior, pois a mesma quantidade de dados é mostrada em uma área física maior. Em uma tela do mesmo tamanho, uma imagem vai ter menor resolução se a definição é configurada para baixo, por exemplo de 800X600 para 640X480 pixels.

Monitores de vídeo **Touch Screen** são tipos de monitores que têm um gerador de campo eletromagnético que são sensíveis ao toque sobre tela. Normalmente, são utilizados nos caixas eletrônicos de alguns bancos ou terminais dos shoppings.

Teclado

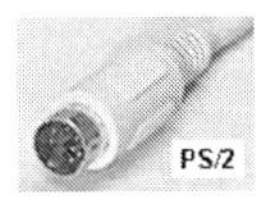

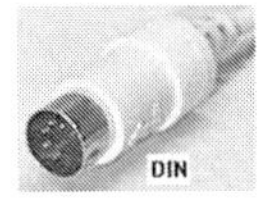

Existem os teclados comuns e os ergonômicos que foram concebidos com o propósito de proporcionar conforto para o usuário. As placas de CPU padrão AT utilizam conectores DIN para o teclado, e as placas de CPU padrão ATX, o padrão PS/2. Portanto, encontramos teclados à venda com conectores DIN e com conectores PS/2.

Teclas:

O teclado pode, funcionalmente, ser dividido em 2 seções:
• O **teclado Alfanumérico**, que contém as letras, os números e a maioria dos símbolos, além de algumas teclas especiais;
• O **teclado Numérico**, que traz os operadores matemáticos; a resposta que será obtida ao pressioná-las dependerá da tecla **Num Lock** estar ativada ou não.
Enter: Utilizada para dar entrada nos comandos desejados. Aparece tanto no teclado numérico quanto alfanumérico.
Backspace: Retorna a posição anterior (dependo do aplicativo em que é utilizada: no Word remove o caractere que antecede o cursor e no Internet Explorer retorna à página anterior.)
Del ou **Delete**: Também aparece no teclado numérico e no alfanumérico. É utilizada para apagar. Em editores de textos serve para apagar o que foi selecionado.
Setas do cursor: Usadas para deslocar o cursor para cima, para baixo, para a direita e para a esquerda.
CapsLock ou **fixa:** Fixa em caixa alta. Permite escrever com letras maiúsculas.
Shift: É uma das teclas modificadoras e serve, por exemplo, para habilitar a segunda função da tecla. É uma tecla que quando utilizada isoladamente não tem função específica, como é o caso das teclas **Ctrl** e **Alt**.
Teclas de Função (F1, F2...F12): Estas funções dependem do aplicativo que estiver sendo utilizado. Normalmente a tecla F1 é utilizada para acessar o programa de ajuda.
Ins ou **Insert**: Sobrescreve.
Esc ou **Escape:** Utilizada para cancelar a necessidade de optar por algo em caixas de diálogo.
Tab ou **tabulador**: Normalmente, utilizada em editores de texto, onde poderemos avançar o cursor em uma marca na tabulação. Se acionada, concomitantemente com a tecla **Shift**, retrocede uma tabulação.

Print Screen: No ambiente Windows, captura a imagem no monitor e a envia para a área de transferência.

Num Lock: Permite que o teclado numérico seja utilizado para se digitar números e sinais matemáticos (quando estiver LIGADA) ou apenas funcione como setas e direcionadores (se DESLIGADA).

Scroll Lock: Causa o travamento do teclado permitindo ao usuário mover todo o conteúdo da tela, em bloco, com as setas direcionadoras. Sua utilização no ambiente Windows é praticamente nula, ficando mais restrita a algumas ações dentro do Excel. Era usada apenas por alguns antigos softwares gráficos do ambiente DOS (Ventura for DOS e versões simplificadas de software de desenho técnico). Só funciona em algum software específico, caso contrário, fica inoperante, não importando o seu estado de ligada ou desligada.

Pause/Break: Pode gerar uma interrupção na listagem rolada pela tela (DOS) como por exemplo, quando se digita o comando DIR em um diretório que contém muitos arquivos; neste caso, basta pressionar a tecla **pause/break** para que a listagem pare sua rolagem, sendo reassumida através do pressionamento de qualquer outra tecla. A mesma tecla funciona para substituir o comando de teclado **Ctrl C**, utilizado para interromper a execução de alguns programas. Note, que nem todos os programas executáveis podem ser interrompidos, mas aqueles que puderem, bastará digitar a combinação acima ou apenas a tecla **pause/break**.

Sobre o teclado, ainda podemos falar sobre opções de acessibilidade, item que é encontrado na opção painel de controle no Windows.

Teclas de aderência: Utilizadas quando desejamos usar as teclas **Shift**, **Ctrl**, **Alt** ou a tecla de logotipo do Windows pressionando uma tecla de cada vez.

Teclas de Filtragem (filtro): Utilizadas para que o Windows ignore teclas pressionadas rápida ou repetidamente ou para que ele diminua a taxa de repetição.

Teclas de Alternância: Utilizada para se ouvir sons quando se pressiona as teclas **Caps Lock**, **Num Lock** e **Scroll Lock**.

NoBreak

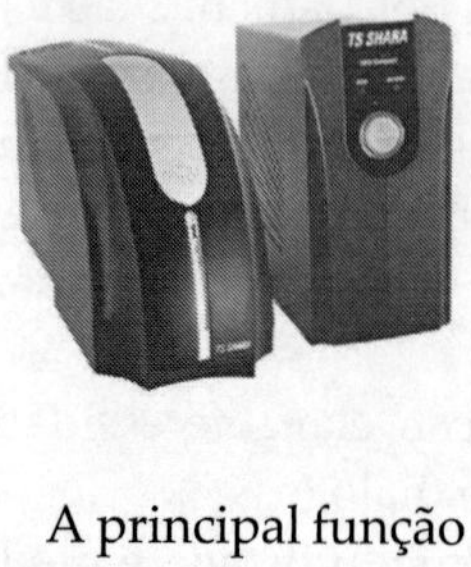

A principal função do NoBreak é fornecer energia ininterrupta aos equipamentos, mesmo na ausência total de energia proveniente da rede elétrica. Isto é possível graças à utilização de baterias, que podem gerar até várias horas de autonomia, dependendo da configuração do nobreak. Existem NoBreak de baixa, média e alta potência. Os NoBreaks de baixa potência, por exemplo, fornecem autonomia de aproximadamente 15 minutos, suficiente para permitir ao usuário fechar todos os arquivos com segurança.

Qual a diferença entre estabilizador e nobreak?

Ambos os equipamentos têm a função de estabilizar a tensão da rede, ou seja, manter a amplitude dentro dos valores aceitáveis pelos equipamentos, porém, a diferença primordial é que o nobreak possui uma ou mais baterias que fornecem energia, mesmo durante o período em que a rede elétrica não está presente, o estabilizador não. Assim, o nobreak não deixa parar o equipamento que está ligado a ele quando houver a falha da rede.

Exercícios de Fixação e Concursos

CESPE/UNB - 2011 - IFB

01. Os teclados que são desenvolvidos no padrão ABNT2 não possuem o caractere cedilha.

( ) Certo ( ) Errado

TRE-SC 2011 - Analista Judiciário

02. Marque V (Verdadeiro) e F (Falso) para os itens que representam elementos de hardware:

( ) Modem.
( ) Placa-mãe.
( ) Linux.
( ) Disco rígido.

A sequência CORRETA, de cima para baixo, é:

a) F – F – F – V
b) F – V – F – V
c) V – V – V – F
d) V – V – F – V

03. É a placa mais importante de um computador. Nela estão localizados o processador, a memória e diversas interfaces. É conhecida por

a) storage
b) slot
c) driver
d) BIOS
e) motherboard.

Técnico da Receita Federal - ESAF

04. Analise as seguintes afirmações relativas a componentes básicos de um computador.

I. A memória RAM pode ser lida ou gravada pelo computador e outros dispositivos.

II. A memória virtual é utilizada para armazenamento temporário, visando à execução de programas que precisam de mais memória, além da principal.

III. Paginar significa mover as partes da memória ROM usadas com pouca frequência como memória de trabalho para outra mídia armazenável, geralmente o CD-ROM.

IV. As memórias ROM e Cache têm a mesma velocidade de acesso em computadores mais modernos, desde que o processador tenha sido configurado para utilizar a memória virtual como intermediária entre a memória RAM e o HD.

Indique a opção que contenha todas as afirmações verdadeiras.

a) I e II
b) II e III
c) III e IV
d) I e III
e) II e IV

05. Analise as seguintes afirmações relativas à UCP – Unidade Central de Processamento, ou processador, de um computador.

I. Um processador, além da capacidade de realizar leituras e gravações na memória, deve ser capaz de comunicar-se com o usuário. Ele deve ser capaz de ler dados provenientes do teclado, mouse e outros dispositivos de saída de dados, bem como transferir dados para o vídeo, impressora e outros dispositivos de entrada de dados.

II. O processador possui um barramento de dados, através do qual trafegam os dados que são transmitidos ou recebidos pelo barramento de endereços.

III. O processador utiliza o barramento de endereços para indicar qual é a posição de memória a ser acessada.

IV. Os processadores possuem, além do barramento de dados e de endereços, o barramento de controle.

Indique a opção que contenha todas as afirmações verdadeiras.

a) I e II
b) II e III
c) III e IV
d) I e III
e) II e IV

06. Uma interrupção pode ser considerada como uma solicitação de atenção feita pelo processador. Sempre que o processador recebe uma interrupção ele

a) se desliga imediatamente.
b) acessa o BIOS, faz uma varredura no HD e transfere o controle para o usuário.
c) suspende suas operações do momento, salva o status do trabalho e transfere o controle para o teclado.
d) suspende suas operações do momento, salva o status do trabalho e transfere o controle para uma determinada rotina de tratamento de interrupção.
e) acelera suas operações do momento para salvar os arquivos abertos e transfere o controle para o usuário.

07. Um exemplo de periférico de entrada para ambientes gráficos é o(a):

a) monitor de vídeo.
b) impressora laser.
c) impressora de jato de tinta.
d) mouse.
e) drive de CD-ROM.

FCC - 2011 - Banco do Brasil - Escriturário

08. Mantém o computador que não é provido de bateria funcionando mesmo com a ausência total e temporária de energia da rede elétrica. Trata-se de:

a) desfragmentador
b) processador
c) nobreak
d) placa de rede
c) placa-mãe

Gabarito

01. Errado	**02. D**	**03. E**
04. A	**05. C**	**06. D**
07. D	**08. C**	

2. Microsoft Windows 7

1. Área de trabalho

A área de trabalho é a janela inicial do Windows, nela estão a informações para início da utilização dos recursos e aplicativos do sistema.

Exemplo: logon do Windows (acesso do usuário na máquina). Acesso aos atalhos de aplicativos ou arquivos e a barra de tarefas. O principal item da barra de tarefas, o botão  Iniciar, que pode ser usado para acessar programas, pastas e configurações do computador. Nesta barra encontramos também a seção intermediária, e área de notificação. Veja a figura abaixo:

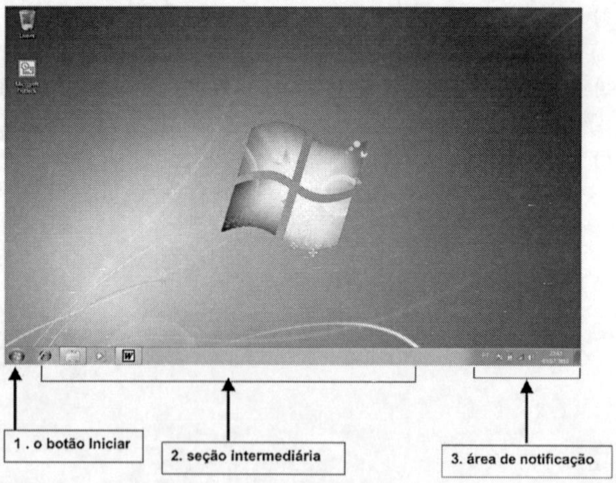

Principais itens da barra de tarefas

1.1  **Botão Iniciar.** Abre o menu Iniciar.

IMPORTANTE PARA A PROVA. Windows 7 acrescentou algumas novidades neste menu. Veja exemplos a seguir.

Vejamos agora os novos recursos do menu Iniciar.

Lembrete de estudo: Se na prova for colocado que um dos avanços do Windows 7 está na facilidade de organizar e localizar arquivos, pastas e aplicativos, está correto.

Obs.: Estas afirmações, normalmente são feitas pelo CESPE (organizadora do MPU).

Listas de Saltos

O recurso Listas de Saltos é usado no menu Iniciar e na barra de tarefas. Este recurso deixa visível os itens recentes utilizados pelo usuários como arquivos, pastas ou sites, organizados pelo programa que você usa para abri-los. E também é possível fixar itens nos favoritos. No Windows 7, nenhum programa está fixo no menu Iniciar eles estarão visíveis logo após a primeira utilização.

Lembrete de estudo: É possível fixar favoritos na lista de saltos do Windows 7.

Bibliotecas

Nas versões anteriores, o gerenciamento dos seus arquivos significava organizá-los em diferentes pastas e subpastas. No Windows 7, também é possível utilizar bibliotecas para organizar e acessar arquivos por tipo, não importa onde eles estejam armazenados.

Conceito de Bibliotecas

Este recurso pega arquivos de diferentes locais e os exibe em um único lugar, sem os mover de onde estão armazenados. Isto facilita seus acessos. O Windows traz quatro itens da bibliotecas em seu padrão. São eles: (Documentos, Músicas, Imagens e Vídeos, porém o usuário poderá criar novas bibliotecas para outros itens.

Lembrete de estudo: Normalmente as perguntas são feitas no modo padrão do Windows.
Exemplo de pergunta: O Windows 7 disponibiliza no menu Iniciar a biblioteca três itens básicos e não permite criação de outros.

Certo ou Errado?
Errado. Veja o texto da definição. "O Windows traz quatro itens da biblioteca em seu padrão. São eles: Documentos, Músicas, Imagens e Vídeos, porém o usuário poderá criar novas bibliotecas para outros itens".

Função de cada item da biblioteca

Biblioteca Documento. Por padrão, a Biblioteca de documentos mostra todos os documentos localizados na pasta Meus Documentos.
Para vizualizar um documento sem abrir o programa em que ele foi criado. A sequência é, na barra de ferramentas, clique no botão Painel de Visualização e clique no documento.
• **Nota:** Para determinados tipos de arquivos, poderá ser necessário ter algum software adicional instalado.

Biblioteca Imagens. Utilizada para exibir e acessar arquivos de imagens digitais, obtidas da câmera, do scanner.
• **Nota:** No padrão, os arquivos movidos, copiados ou salvos na biblioteca Imagens são armazenados na pasta Minhas Imagens.

Biblioteca Músicas. Utilizada para exibir e acessar arquivos de músicas digitais, de CD de áudio ou copiadas da Internet.
• **Nota:** No padrão, os arquivos movidos, copiados ou salvos na biblioteca Músicas são armazenados na pasta Minhas Músicas.

Biblioteca Vídeos. Utilizada para exibir e acessar arquivos de vídeos, de clipes da câmera digital ou da câmera de vídeo, ou arquivos de vídeo copiados da Internet.
• **Nota:** No padrão, os arquivos movidos, copiados ou salvos na biblioteca Videos são armazenados na pasta Meus Vídeos.

Opções para criar uma biblioteca
1. Botão Iniciar, nome do usuário (que abre sua pasta pessoal) e, no painel esquerdo, escolha Bibliotecas.
2. No item excluir Bibliotecas, na barra de ferramentas, clique em Nova biblioteca.
3. Digite um nome para a biblioteca e pressione Enter.

Este processo é necessário pois para copiar, mover ou salvar arquivos em uma biblioteca, a pasta precisa existir.

Nota: Essa pasta se torna automaticamente o local de salvamento padrão da biblioteca. É possível incluir até 50 pastas em uma biblioteca.

Exemplo de pergunta: No Windows 7 é possível criar novas pasta na Biblioteca no menu Iniciar, porém o limite é de apenas 40 pastas.

Certo ou Errado?
Errado. Veja o texto da definição. "é possível incluir até 50 pastas em uma biblioteca."

Incluindo pastas em uma biblioteca. Como já visto nos itens anteriores o Windows 7 permite incluir outras pastas de vários lugares. Abaixo veremos exemplo de inclusão de pastas de uma unidade de disco externo.

Opções para incluir uma pasta de uma unidade de disco rígido externa em uma biblioteca

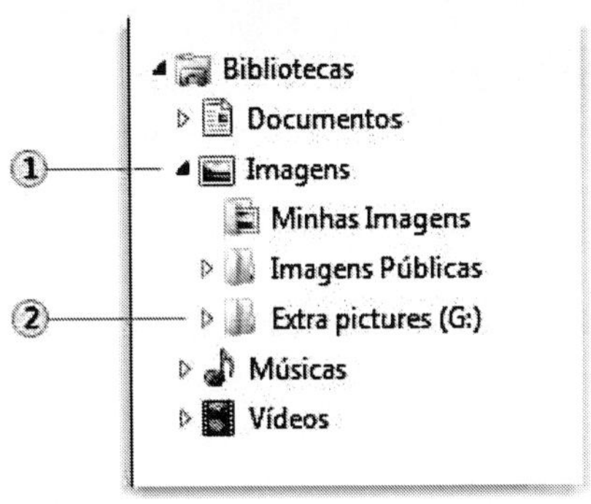

① A Biblioteca de Imagens

② Uma pasta incluída na Biblioteca de Imagens

1. Botão do Windows Explorer, da barra de tarefas.
2. No painel de navegação (painel esquerdo), clique em Computador e escolha a pasta na unidade de disco rígido externa que você deseja incluir será incluída.

3. Clique com o botão direito do mouse na pasta, aponte para Incluir na biblioteca e escolha uma biblioteca.

Nota: Pastas de dispositivos de mídia removível (como CDs e DVDs) e algumas unidades flash USB não podem ser incluídas em uma biblioteca.

Lembrete de estudo: Normalmente as perguntas são feitas no modo padrão do Windows.

Exemplo de pergunta: O Windows 7 disponibiliza, permite incluir na biblioteca uma pasta de qualquer unidade externa.
Certo ou Errado?
Errado. *Veja o texto da definição.* "Pastas de dispositivos de mídia removível (como CDs e DVDs) e algumas unidades flash USB não podem ser incluídas em uma biblioteca."

Observação: Também é possível de outros locais, como incluir uma pasta de seu computador em uma biblioteca, de uma rede. Para isso basta mudar o local de origem.

Nota: Se a opção Incluir na biblioteca não estiver visível, a pasta de rede não está indexada ou não está disponível offline.

Opções para remover uma pasta da biblioteca

Quando não quiser mais monitorar uma pasta em uma biblioteca, você pode removê-la. Quando você remove uma pasta de uma biblioteca, somente será excluído o atalho e não o conteúdo da pasta (arquivos e outras pastas). Siga os procedimentos abaixo.
1. Clique no botão do Windows Explorer.
2. No painel de navegação (painel esquerdo), clique na biblioteca e escolha o que será removido pastas.
3. No painel de bibliotecas, ao lado de Incluir, clique em Locais.
4. Na caixa de diálogo exibida, escolha a que deve ser removida, clique em Remover e em OK.

1.2  **Seção intermediária.** Mostra quais programas e arquivos estão abertos e permite alternar rapidamente entre eles.

Exemplo de pergunta: Nas bibliotecas quando remove um item da biblioteca somente o atalho será apagado.

Certo ou Errado?
Errado. "será excluído o atalho e não o conteúdo da pasta."

1.3 

Área de notificação. Inclui um relógio e ícones (pequenas imagens) que exibem e permitem acessar o status de determinados programas e das configurações do computador. Esses ícones comunicam o status de algum item no computador ou fornecem acesso a determinadas configurações.

Observação:
A visualização de miniaturas somente será visível se o recurso Aero puder ser executado no seu computador, pois algumas versões do Windows 7 não possuem este recurso ou a configuração na máquina não o suporta.
Exemplo de pergunta: Qualquer versão do Windows 7 disponibiliza a visualização de miniaturas na barra de notificação.

Certo ou Errado?
Errado. *Veja o texto da definição.* "A visualização de miniaturas somente será visível se o recurso Aero puder ser executado no seu computador, pois algumas versões do Windows 7 não possuem este recurso ou a configuração na máquina não o suporta".

Novas opções da barra de tarefas

O Windows 7 adicionou novos recursos na área de trabalho visando melhorar organização e o gerenciamento de várias janelas e ajudar o usuário melhorar a personalização de sua área de trabalho.

Exemplo: nesta versão será possível alternar facilmente entre janelas abertas de modo que possa se concentrar nos programas e arquivos importantes.

Lembrete de estudo. Para os alunos do MPU. O edital pede o Windows XP e 7. Por experiências de provas anteriores notamos que normalmente o cespe compara as duas versões, portanto explora as principais diferenças.

Então, apresentaremos abaixo os novos recursos da área de trabalho.

Exemplo de novos recursos da Área de Trabalho

Snap

Função
A. Este recurso permite organizar e redimensionar janelas na área de trabalho com um único movimento do mouse.
B. Usando este recurso também é possível alinhar rapidamente as janelas no lado da área de trabalho, expandi-las verticalmente para ocupar toda a altura da tela ou maximizá-las para que preencham a área de trabalho completamente.

Principal objetivo. Snap é um recurso muito útil para comparar dois documentos, quando está copiando ou movendo arquivos entre duas janelas, maximizando a janela de trabalho ou expandindo documentos longos para facilitar sua leitura e exigir menos rolagem.

Lembrete de estudo: Normalmente as provas perguntam o que e por quê?
Por este motivo é importante estudar o que é a principal função

Nota: Arraste uma janela para o lado da área de trabalho para expandi-la à metade da tela.

Exemplo de como usar:
Arraste a barra de título de uma janela aberta para o lado da área de trabalho para alinhá-la ali ou arraste-a para a parte superior da área de trabalho para maximizar a janela. Para expandir uma janela verticalmente usando Snap, arraste a extremidade superior da janela para a parte superior da área de trabalho.

Exemplo de pergunta: O Windows 7 disponibiliza o recurso snap, que facilita a comparação de documentos, quando copia ou move.

Certo ou Errado?
Certo. Veja o texto da definição. "Snap é um recurso muito útil para comparar dois documentos, quando está copiando ou movendo arquivos entre duas janelas".

Shake

Função. Este recurso, permite minimizar rapidamente todas as janelas abertas na área de trabalho exceto aquela em que você deseja se concentrar.
Principal objetivo. Agilizar o processo de minimizar e restaurar.
Exemplo de como usar:

Basta clicar na barra de título da janela que você deseja manter aberta e arrastar a janela de um lado para o outro rapidamente, e as outras janelas abertas serão minimizadas. Para restaurar as janelas minimizadas, arraste a janela de um lado para o outro rapidamente.

Aero Peek

Função. Este recurso permite visualizar rapidamente a área de trabalho sem minimizar todas as janelas ou visualizar uma janela aberta apontando para seu ícone na barra de tarefas.

Principal objetivo. Este recurso poderá ser utilizado para visualizar rapidamente a área de trabalho sem minimizar todas as janelas ou visualizar uma janela aberta apontando para seu ícone na barra de tarefas.

Nota: O botão Mostrar área de trabalho foi movido para a extremidade oposta da barra de tarefas no botão Iniciar, facilitando clicar ou apontar para o botão sem abrir acidentalmente o menu Iniciar. Veja figura a seguir.

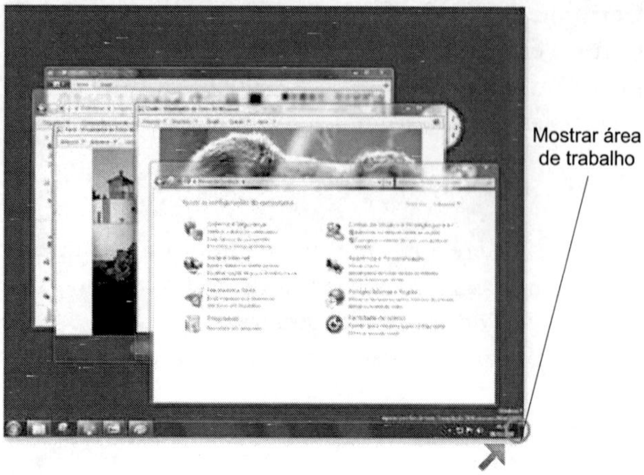

Exemplo de como usar:

Para acessar a área de trabalho, clique no botão Mostrar área de trabalho.

Caso queira apenas visualizar sem abrir ou seja exibir temporariamente basta apontar o mouse para o botão Mostrar área de trabalho.

Obs.: Quando estes recursos forem aplicados a janela aberta oculta da exibição, mostrando a área de trabalho. Para retornar às janelas, tire o mouse do botão Mostrar área de trabalho.

Exemplo de pergunta: No Windows 7 é possível visualizar a área de trabalho rapidamente clicando no mostrar área de trabalho.

Certo ou Errado?

Certo. Veja o texto da definição. "Para acessar a área de trabalho.Clique no botão Mostrar área de trabalho".

Função. Nesta versão a barra Lateral do Windows não foi inclusa no Windows 7. Porém é possível exibir os gadgets em qualquer lugar da área de trabalho e usar os recursos do Aero Peak para ver temporariamente gadgets de área de trabalho sem minimizar nem fechar as janelas com as quais você está trabalhando.

Principal objetivo. Os gatgets poderão ser utilizados para exibir uma apresentação de slides, exibir manchetes atualizadas continuamente ou pesquisar contatos.

Exemplo de como usar:

1. Clique para abrir o Windows SideShow.
2. Para cada dispositivo, marque ou desmarque a caixa de seleção ao lado do gadget que deseja ativar ou desativar.

Plano de fundo da área de trabalho

Principal objetivo. Este recurso permite que o usuário possa exibir uma apresentação de slides de imagens. Alguns temas do Windows incluem uma apresentação de slides ou criar sua própria apresentação de slides com sua coleção pessoal de imagens.

Nota: Como já vimos em exemplos anteriores os recursos citados neste capítulo dependem da configuração da máquina e da versão e instalação do sistema.

Organização e criação de pastas e arquivos

Conceito. Arquivo é qualquer item que armazena informações, de qualquer natureza e formato; exemplo: texto, imagens ou música. A Pasta é semelhante à gaveta que armazena os documentos convencionais.

Principal objetivo. Armazenar dados semelhantes a um documento de texto ou com uma imagem em uma gaveta ou em um arquivo convencional.

A representação gráfica deste arquivos ou pastas é feita por ícones; isso facilita o reconhecimento de um tipo de arquivo bastando olhar para o respectivo ícone. Veja exemplo nas figuras abaixo:

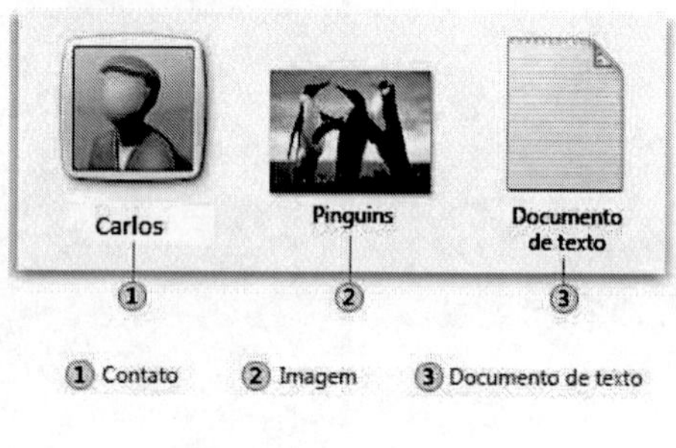

Ícones de alguns tipos de arquivo

Exemplo de ícones de pasta comuns:

Nota: As pastas também podem conter outras pastas e também subpastas.

Exemplo de pergunta: O Windows 7 não disponibiliza o recurso para gadgets.

Certo ou Errado?
Errado. Veja o texto da definição. "Nesta versão a barra Lateral do Windows não foi inclusa no Windows 7. Porém é possível exibir os gadgets em qualquer lugar da área de trabalho".

2. Contas de Usuários

Função. Uma conta de usuário é um conjuto de dados que informa ao Sistema quais a permissões de acesso que usuário tem. Isto inclui quais alterações pode fazer no computador, quais são suas preferências pessoais, como plano de fundo da área de trabalho ou proteção de tela.

Principal objetivo. As contas de usuário permitem compartilhar um computador com várias pessoas, enquanto mantém seus próprios arquivos e configurações. Cada pessoa acessa a sua conta com um nome de usuário e uma senha.

O Windows 7 oferece três tipos de contas, cada tipo oferece ao usuário um nível diferente de controle do computador:

Função. As contas do tipo padrão são geralmente criadas para se utilizar no dia a dia.

Principal objetivo. Esta conta permite usar a maioria dos recursos do computador. Com uma conta deste tipo é possível usar a maioria dos programas instalados no computador e alterar as configurações que afetam a sua conta de usuário.

O que não pode. Não é possível instalar ou desinstalar um software ou um hardware, não é possível excluir arquivos necessários para o funcionamento do computador e não é possível alterar as configurações que afetam outros usuários ou a segurança do computador.

Função. As contas Administrador oferecem mais controle sobre um computador e só devem ser usadas quando necessário. Uma conta administrador é uma conta de usuário que permite fazer alterações que afetem outros usuários. Os administradores podem alterar configurações de segurança, instalar software e hardware e acessar todos os arquivos do computador. Eles também podem alterar contas de outros usuários. Usuário que configura o Windows deve criar uma conta de usuário. Essa conta é uma conta administradora que permite configurar o seu computador e instalar quaisquer programas que necessita usar.

Função. As contas do tipo Convidado não oferecem acesso a nenhum controle.

Principal objetivo. São utilizados por pessoas que precisam usar temporariamente um computador. Ou seja, seu acesso será limitado pelo administrador.

Exemplo de pergunta: No Windows uma conta do tipo padrão tem acesso ilimitado tanto no uso quanto nas instalações.

Certo ou Errado?
Errado. Veja o texto da definição."Não é possível instalar ou desinstalar um software ou um hardware."

Exemplo de como usar:

1. Acessar o Painel de controle.

2. Clique para abrir Contas de Usuário.

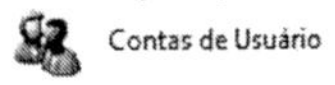

3. Clique em Gerenciar outra conta. Se você for solicitado a informar uma senha de administrador ou sua confirmação, digite a senha ou forneça a confirmação.

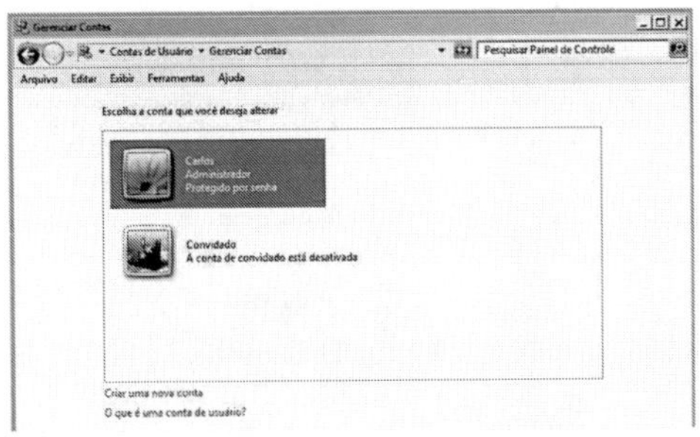

4. Clique em Criar uma nova conta.

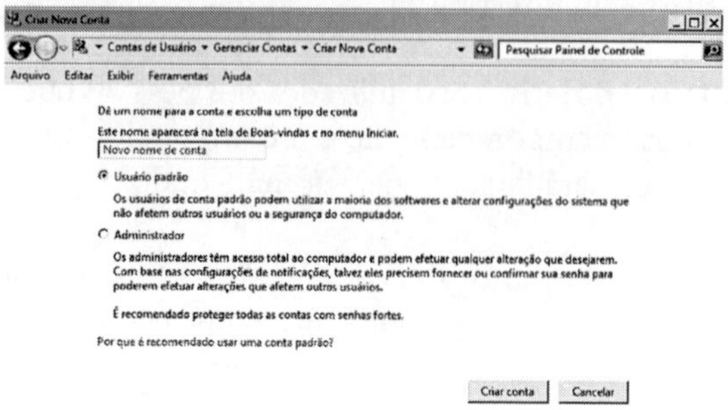

5. Digite o nome que deseja fornecer à conta de usuário, clique em um tipo de conta e depois clique em Criar conta.

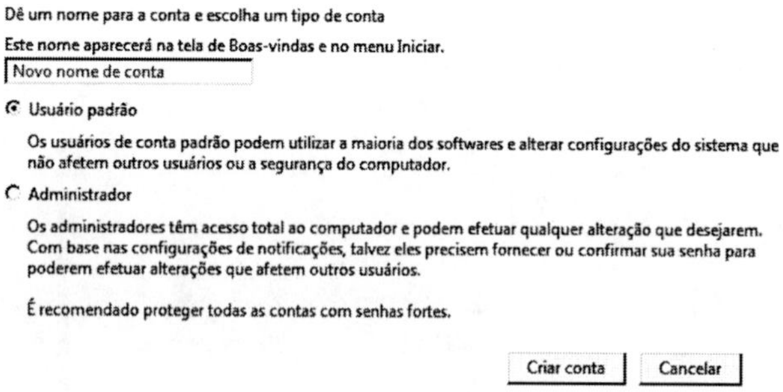

Mudar de usuário sem fazer logoff

Caso tenha mais de uma conta de usuário no computador, a Troca Rápida de Usuário é um modo fácil de outra pessoa fazer logon no computador sem fazer seu logoff ou fechar seus programas e arquivos.

1. Clique no botão Iniciar e aponte para seta ao lado do botão Desligar.
2. Clique em Trocar Usuário.
3. Pressione Ctrl+Alt+Delete e clique no usuário para o qual deseja alternar.

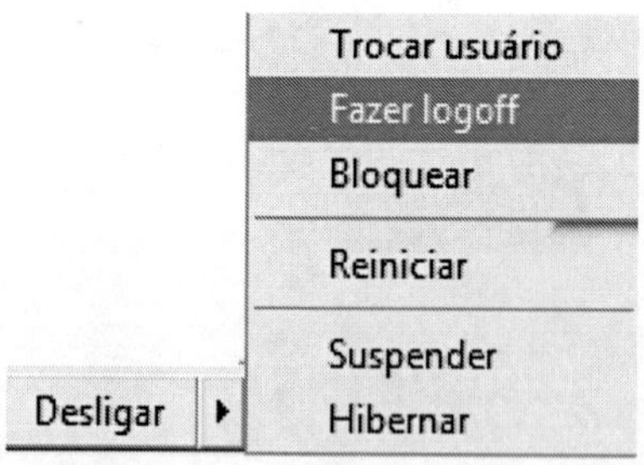

Observação: Se este logon for em um computador remoto, a troca Rápida de Usuário nesse computador não funcionará.

Exemplo de pergunta: O Windows 7, caso tenha mais de uma conta para usuários para fazer o logon, é necessário que o outro faça o logoff primeiro.

Certo ou Errado?

Errado. Veja o texto da definição. "Troca Rápida de Usuário é um modo fácil de outra pessoa fazer logon no computador sem fazer seu logoff ou fechar seus programas e arquivos."

Logoff

Quando se faz um logoff no Windows, todos aplicativos que estão sendo utilizados são fechados, mas o computador não desliga.

- Clique no botão Iniciar, aponte para a seta ao lado do botão Desligar e clique em Fazer Logoff.

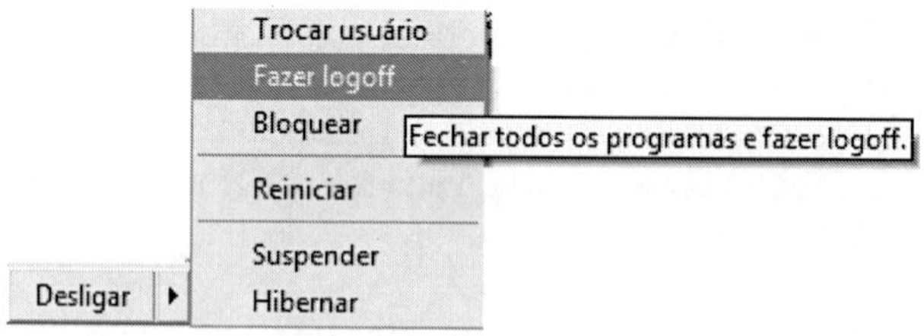

3. Fechando o Windows 7

1. Clique na opção desligar do menu Iniciar

Nota: CTRL + ESC, Acessa o Menu Iniciar. O Windows 7 abre uma janela para escolher o item desligar.

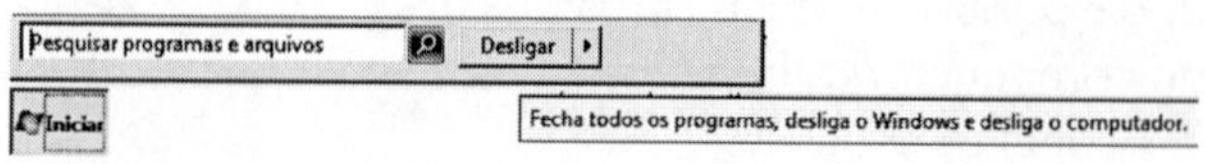

4. Suspendendo o Windows 7

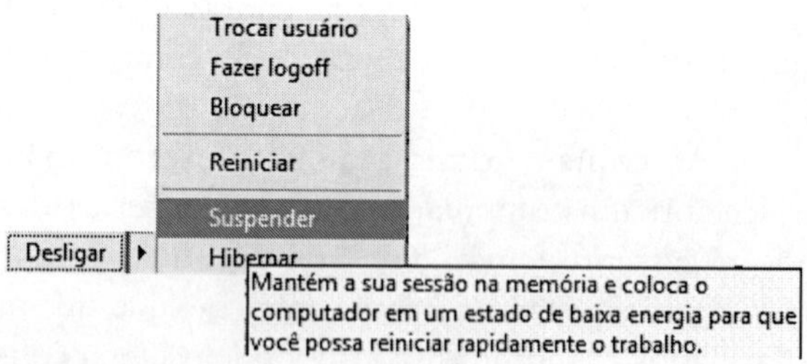

5. Bloqueando o Windows 7

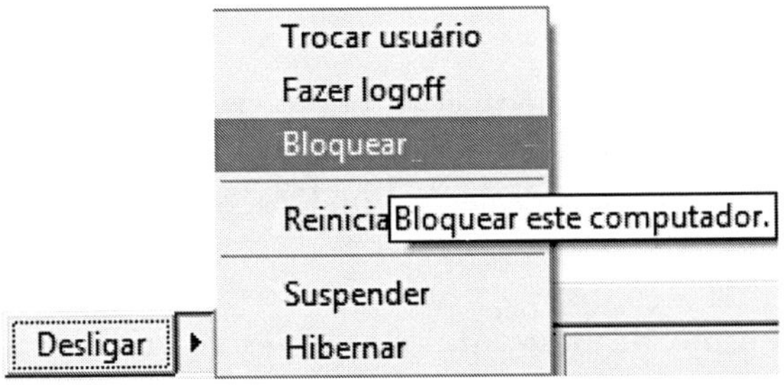

6. Hibernando o Windows 7

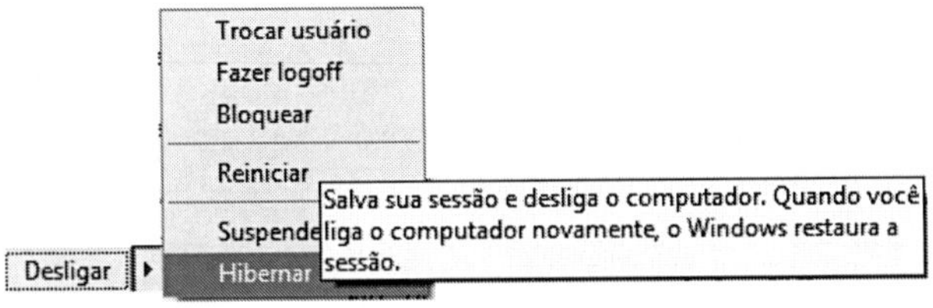

7. Principais Itens do Painel de Controle

Painel de Controle modo categoria

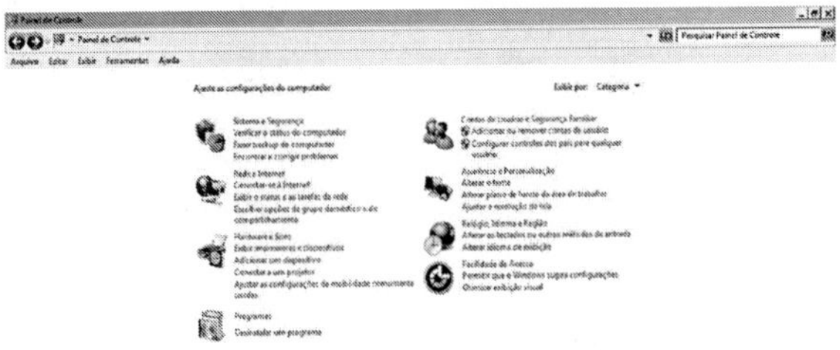

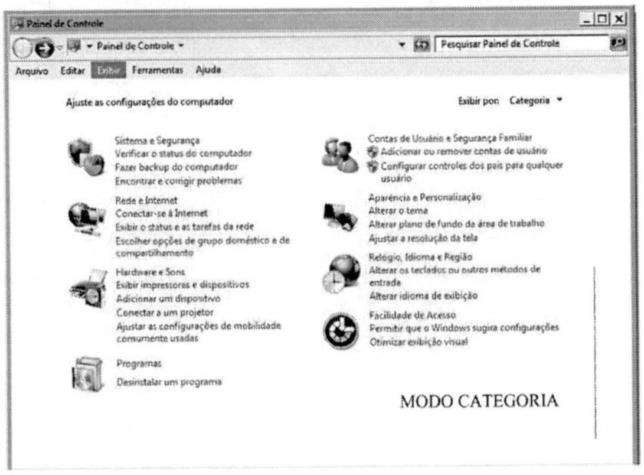

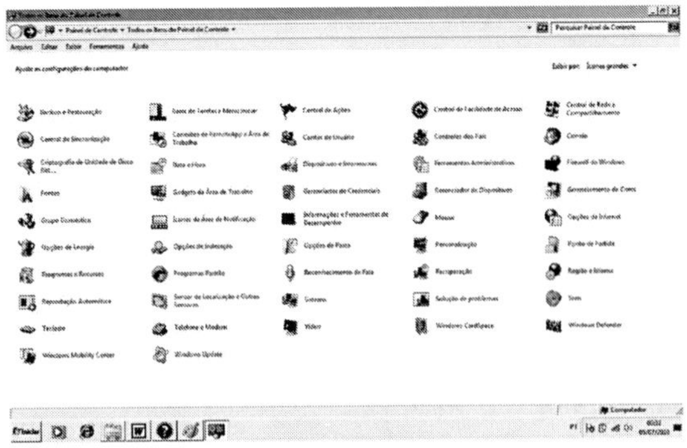

Backup e Restauração

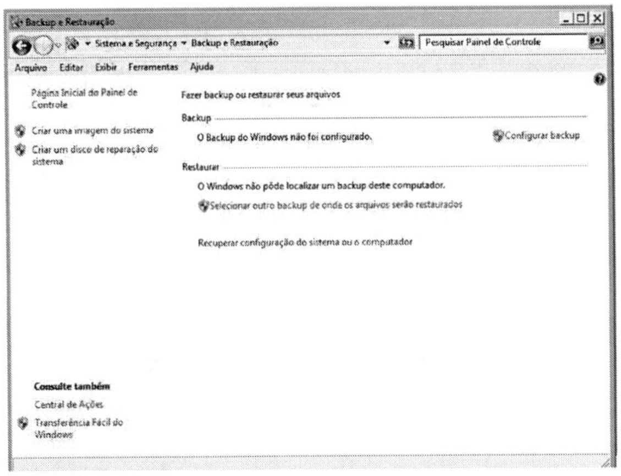

Tipos de backups do Windows 7

A. Backup do arquivo
Função. Este Backup é usado para fazer cópias dos arquivos de dados para todos os usuários que utilizam o computador.

Padrões destes tipos de backup
O usuário poderá configurar para que o Windows escolha o que será incluído na cópia ou o próprio usuário escolha o que vai fazer; os backups são criados periodicamente. Porém é possível alterar o agendamento e criar um backup manualmente. Uma vez configurado o Backup do Windows, o Windows mantém o controle dos arquivos e das pastas que são novas ou modificadas e as adiciona ao backup.

Principal objetivo. Realizar cópias de reservas periodicamente.

B. Backup da imagem do sistema
Função. Backup da imagem do sistema. Este Backup permite criar uma imagem do sistema, ou seja realiza uma cópia do Windows e as configurações do sistema, os programas e os arquivos.

Principal objetivo. Este backup é utilizado para restaurar o conteúdo do computador, caso o disco rígido ou o computador deixe de funcionar. Porém nesta restauração não é possível escolher apenas um item, deve ser restaurado todo o conteúdo.

Nota: É possível criar uma imagem do sistema manualmente ou se preferir incluir unidades de dados adicionais.

C. Versões anteriores
Função. Este tipo é utilizado para criar cópias de arquivos e pastas que o Windows salva automaticamente como parte da proteção do sistema.

Principal objetivo. Este backup é utilizado para restaurar arquivos ou pastas que foram modificadas ou excluídas acidentalmente ou que estavam danificadas. Porém backup do tipo versões anteriores podem ser úteis, mas não devem ser consideradas como um backup eficiente pois os arquivos são substituídos por novas versões e não estarão disponíveis se a unidade vier a falhar.

D. Restauração do sistema
Função. Esta opção permite restaurar arquivos do sistema do computador para um ponto anterior no tempo especificado.

Principal objetivo. Este recurso é utilizado para desfazer possíveis alterações do sistema sem danificar os arquivos pessoais, como email, documentos ou fotos. Este recurso utiliza o sistema chamado proteção do sistema.

Exemplo de como usar:
1. Clique para abrir o Backup e Restauração.
2. Siga um destes procedimentos:

Nota: Se o Backup do Windows ainda não foi utilizado, clique em Configurar backup e depois siga as etapas no assistente. Quando for solicitado a informar uma senha de administrador ou sua confirmação, digite a senha ou forneça a confirmação.

Se um backup já foi criado antes, pode-se aguardar o backup agendado regularmente ou criar um novo backup manualmente, clicando em Fazer backup agora e criando um novo backup.

Após criar o primeiro backup, o Windows adicionará as informações novas ou alteradas aos backups subsequentes. Caso o usuário esteja salvando os seus backups em um disco rígido ou em um local de rede, o Backup do Windows criará um backup novo e completo automaticamente, quando necessário. Se estiver salvando os backups em CDs ou DVDs, mas não puder encontrar um disco de backup existente, ou se quiser criar um novo backup de todos os arquivos do computador, o usuário poderá criar um backup completo.

Exemplo de como usar (processo inicial):
1. Clique para abrir o Backup e Restauração.
2. No painel esquerdo, clique em Criar um novo backup completo.

Exemplo de pergunta: O backup de arquivos do Windows 7 não permite restaurar arquivos para outro computador.

Certo ou Errado?
Errado. Veja o texto da definição. "de arquivos, poderá restaurar os arquivos em outro computador."
Permite alterar os padrões dos componentes para facilitar ou melhorar o sistema de acordo com a necessidade de cada usuário.

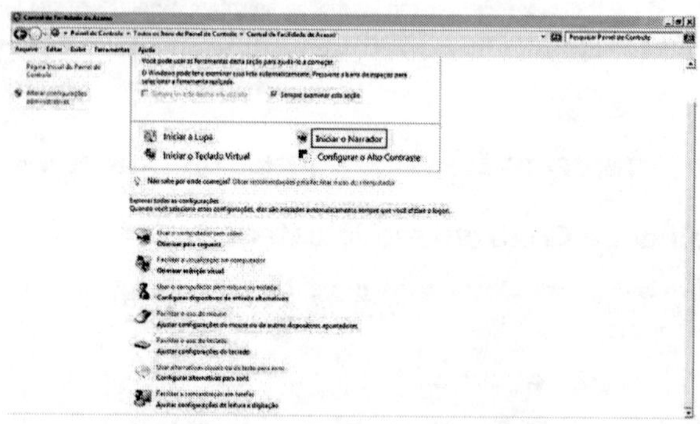

Função. Este recurso fornece proteção para unidades de sistemas operacionais, unidades de dados fixas, e unidades de dados removíveis que foram perdidas ou roubadas.

Principal objetivo. O BitLocker faz isso criptografando o conteúdo das unidades e pedindo que os usuários autentiquem suas credenciais para acessar as informações.

Exemplo de como usar:
O assistente para configuração do BitLocker poderá ser inicializado no Painel de Controle ou no Windows Explorer, e é utilizado para habilitar o BitLocker em uma unidade de dados fixa ou removível instalada no computador ou na unidade do sistema operacional dos computadores com um TPM compatível. Para habilitar o BitLocker em uma unidade do sistema operacional de um computador sem um TPM ou caso queira utilizar outros recursos e opções do BitLocker, o usuário poderá alterar as configurações da Diretiva de Grupo do BitLocker que controlam quais recursos estarão acessíveis pelo assistente para configuração do BitLocker.

Observação:
É recomendado sempre usar o driver padrão do TPM do Windows com o BitLocker. Caso esteja instalado um driver que não seja da Microsoft, ele pode evitar que o driver padrão do TPM seja carregado e fazer com que o BitLocker informe que um TPM não está presente no computador. Neste caso, o BitLocker não poderá usar o TPM. Se as configurações de Diretiva de Grupo forem configuradas para exigir que o BitLocker seja usado com um TPM, o BitLocker não poderá ser ativado até que o driver não-Microsoft seja removido.

Métodos de desbloqueio:
Através de Senha. Neste caso utiliza-se uma senha para desbloquear unidades de dados fixas (como discos rígidos internos) e unidades de dados removíveis (como discos rígidos externos e unidades flash USB). As configurações de Diretiva de Grupo podem ser usadas para definir o comprimento mínimo da senha.

Através do Cartão inteligente. Neste método utiliza-se um cartão inteligente com o BitLocker, o usuário deve ter um certificado compatível no seu cartão inteligente. O BitLocker escolherá automaticamente o certificado a menos que você tenha vários certificados compatíveis, nesse caso é preciso escolher qual certificado usar.

Fontes - Adiciona, altera e gerencia fontes.

Grupo Doméstico - Exibe e altera configurações domésticas, e altera senhas.

Opções de Energia

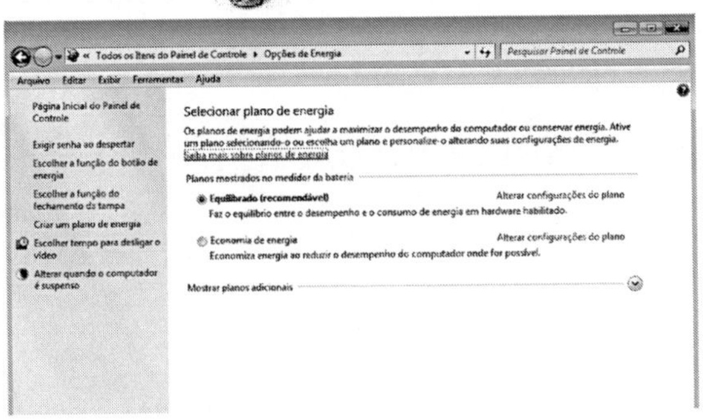

Plano de energia

Função. Este recurso possui um conjunto de configurações de hardware e de sistema que gerenciam o uso da energia do computador.

Principal objetivo. Tem como principal reduzir a quantidade de energia usada por seu computador, aumentar o desempenho ou equilibrar os dois.

Planos de energia disponíveis no Windows 7

Equilibrado

Função. Oferecer desempenho total quando necessário e economizar energia durante os períodos de inatividade.

Principal objetivo. Este é o plano ideal para a maioria dos equipamentos

Economia de energia

Função. Economizar energia reduzindo o desempenho do sistema e o brilho da tela.

Principal objetivo. Este plano é útil para os usuários de laptop, ajuda a obter o máximo proveito da carga de uma bateria única.

Alto desempenho

Função. Aumenta o brilho da tela e pode aumentar o desempenho do computador em algumas circunstâncias. Porém este recurso usa muito mais energia e reduzirá o tempo que a bateria de um laptop dura entre as cargas.

Principal objetivo. Útil, quando o ambiente de trabalho necessita de mais brilho.

Exemplo de pergunta: O plano de energia do Windows 7, possui um recurso denominado alto desempenho que aumenta o brilho e não usa mais energia.

Certo ou Errado?
Errado. Veja o texto da definição. "Aumenta o desempenho. Porém este recurso usa muito mais energia e reduzirá o tempo que a bateria de um laptop dura entre as cargas."

Programas e Recursos - Recursos utilizados para desinstalar ou alterar programas do computador.

Reprodução Automática - Permite definir qual a forma que as mídias serão reproduzidas.

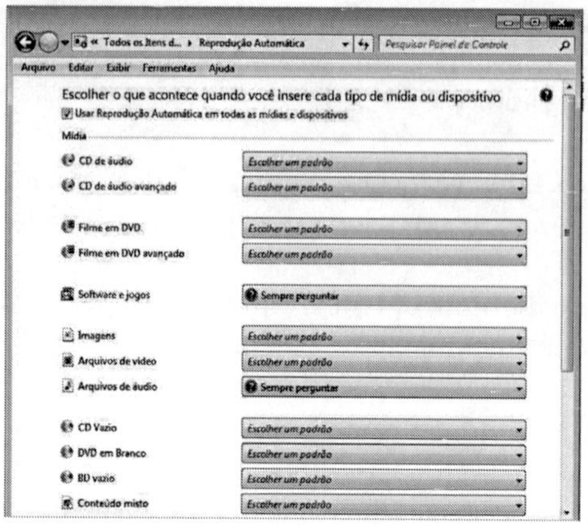

Teclado - Permite personalizar o padrão do teclado.

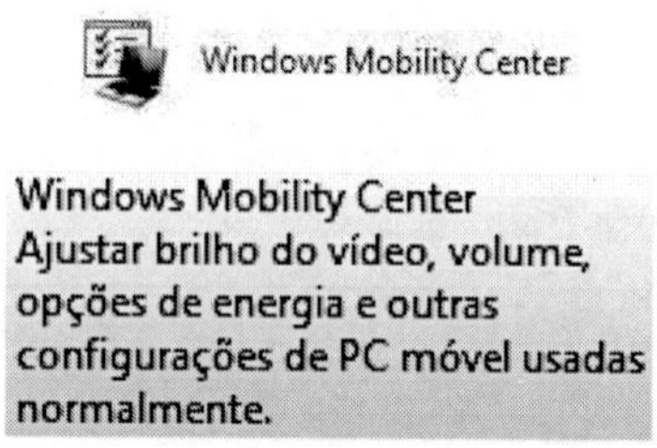

Barra de Tarefas e Menu Iniciar - Permite personalizar a barra de tarefas e o menu Iniciar.

Conexões de RemoteApp e Área de Trabalho

Função. Este recurso permite acessar programas e áreas de trabalho em computadores remotos e computadores virtuais, disponibilizados para o usuário pelo administrador da rede do seu local de trabalho.

Principal objetivo. Permite que o usuário possa acessar todos os programas e computadores que precisam de um outro local fora de ambiente de trabalho. Com uma conexão, todos esses recursos são localizados em uma pasta de fácil acesso no computador como se o usuário estivesse em sua rede local.

Principal objetivo. Veja sequência na figura abaixo:

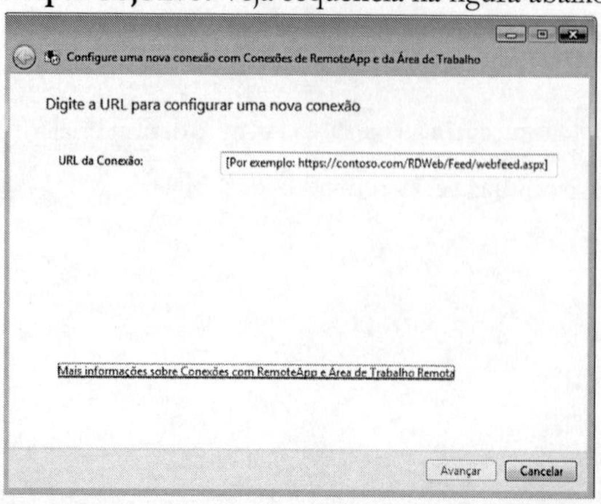

Data e Hora - Permite configurar a data e hora do sistema. Veja figura abaixo:

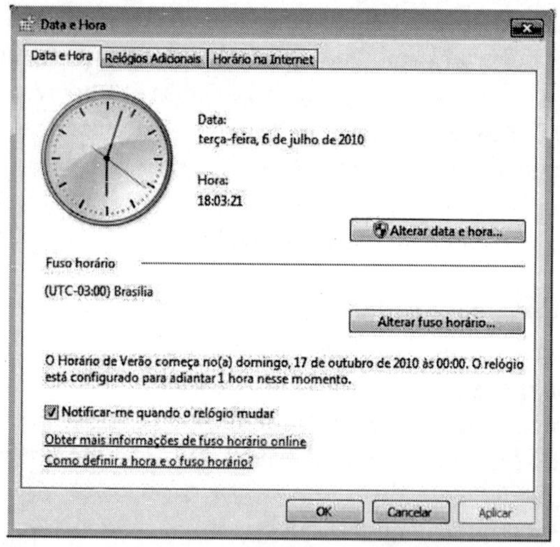

Gadgets da Área de Trabalho

Função. Este recurso mantêm as informações e as ferramentas disponíveis para que o usuário possa usar e configurar os gadgets.

Principal objetivo. Este recurso permite exibir manchetes de notícias ao lado dos programas abertos, manter o controle sobre o que há de novo enquanto trabalha, e não será necessário parar o que está fazendo e mudar para um site de notícias na Web e utilizar o gadget Manchetes do Feed para mostrar os títulos de notícias mais recentes encontrados nas fontes escolhidas. Neste caso não é necessário parar de trabalhar no documento, porque os títulos estão sempre visíveis.

ABAIXO JANELA DO GADGETS:

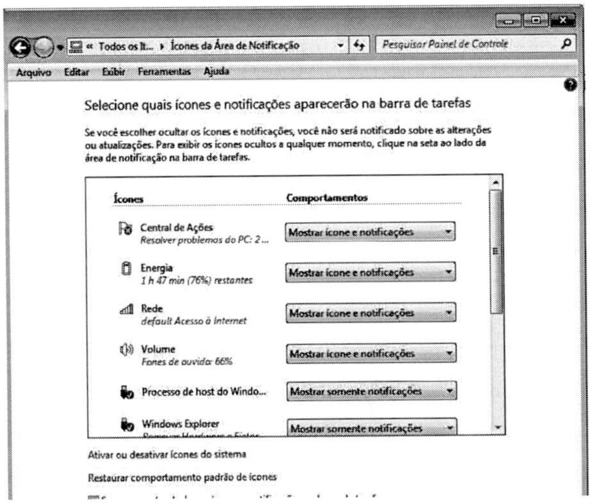

Ícones da Área de Notificação - Permite especificar ícones que aparecerão na área de notificação.

Opções de Indexação

Função. Permite alterar o modo como indexa seus arquivos para realizar pesquisas rápidas.

Principal objetivo. Este índice é utilizado para fazer pesquisas muito rápidas dos arquivos mais comuns em seu computador.

Quais os arquivos que são indexados?

Todos os arquivos mais comuns do computador são indexados. Isto inclui todas as pastas nas bibliotecas, e-mail e arquivos offline. Os arquivos que não são indexados são arquivos de programas e arquivos de sistema; arquivos que a maioria raramente precisa pesquisar.

Exemplo de pergunta: A opção de indexação do Windows 7 é utilizada para acelerar pesquisa dos arquivos, porém somente os arquivos de sistema são indexados.

Certo ou Errado?
Errado. Veja o texto da definição. "Os arquivos que não são indexados são arquivos de programas e arquivos de sistema."

Programas Padrão - Permite definir quais são os programas que serão utilizados como padrão nas atividades. Como navegação, envio de email e outros.

Reconhecimento de Fala - Permite configurar o modo de reconhecimento de voz de seu computador.

Sistema - Exibe configuração e característica de seu computador e também personalizar componentes de hardware.

Central de Ações - Este recurso exibe alertas para o usuário tomar providências que podem ajudar a executar o Windows uniformemente A Central de Ações o avisa quando itens precisam da sua atenção e lista mensagens importantes sobre configurações de segurança e manutenção que precisam da sua atenção. Os itens em vermelho na Central de Ações são rotulados como Importante e indicam problemas significativos que devem ser resolvidos logo, como um programa antivírus que precisa ser atualizado. Os itens em amarelo são tarefas sugeridas que você deve considerar executar, como tarefas de manutenção recomendadas.

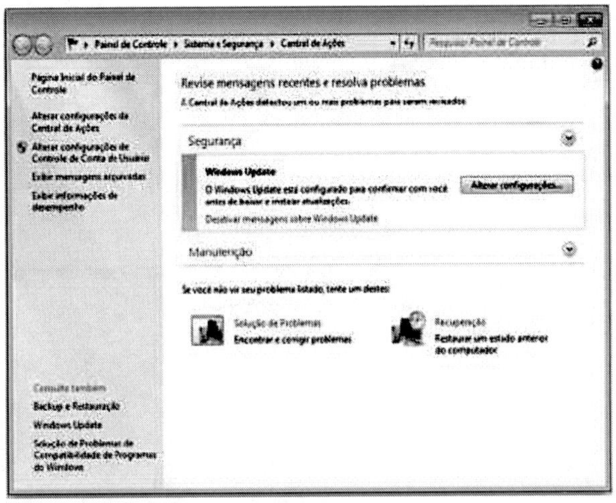

Contas de Usuário - Permite criar e alterar contas de usuários.

Controles dos Pais

Função. Este recurso é utilizado para definir limites para a quantidade de horas que seus filhos podem usar o computador, os tipos de jogos que podem jogar e os programas que podem executar.

Principal objetivo. Definir limites de tempo para controlar quando as crianças têm permissão para fazer logon no computador. Este limites de tempo impedem que as crianças façam logon durante as horas especificadas.

Nota: É possível definir horas de logon diferentes para cada dia da semana.Se elas estiverem conectadas quando o tempo alocado terminar, serão automaticamente desconectadas.

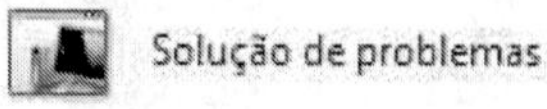

Função. Este recurso permite realizar tarefas comuns de manutenção no Windows, como limpar arquivos e atalhos não utilizados.

Principal objetivo. Aumentar espaços no disco e melhorar o desempenho do micro. Veja figura abaixo:

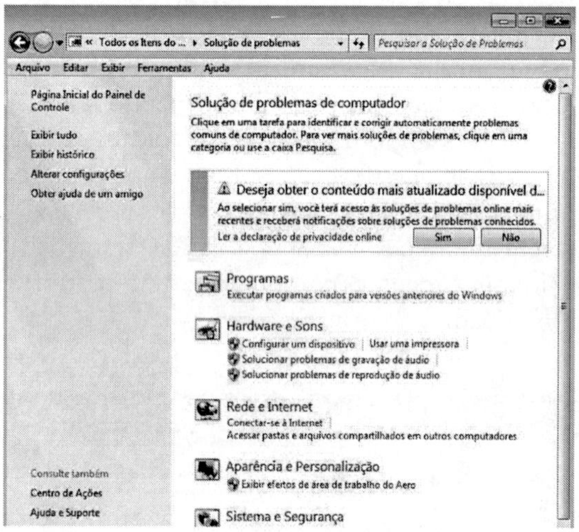

8. Windows Explorer

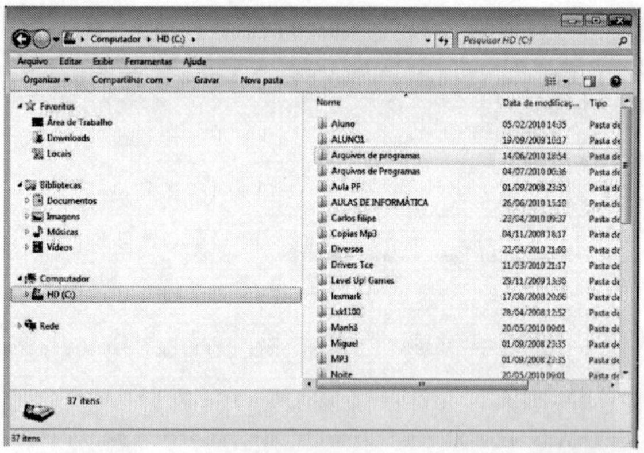

A barra de endereços aparece na parte superior de todas as janelas de pastas e exibe seu local atual como uma série de links separados por setas. Veja qual pode ser a aparência da barra de endereços na Biblioteca de documentos:

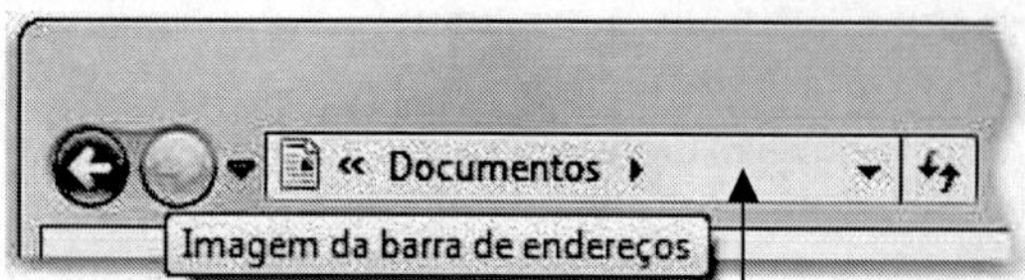

A barra de endereços

É possível navegar para um local diferente clicando em um link ou digitando o caminho de um local.

Para navegar clicando em um link

Procedimentos para navegar clicando em um link:

1. Clique em um link da barra de endereços para ir diretamente para esse local.
2. Clique na seta à direita do link na barra de endereços. Em seguida, clique em um item da lista para ir para esse local.

A barra de endereços exibindo uma lista de locais

Para navegar digitando um novo caminho

1. Clique no ícone no lado esquerdo da barra de endereços. A barra de endereços é alterada para exibir o caminho para o local atual.
2. Siga um destes procedimentos:

Para a maioria dos locais, digite o nome completo da pasta ou o caminho completo para o novo local (como C:\Users\Public) e pressione Enter.

Para acessar locais comuns, digite o nome (como Documentos) e pressione Enter.

Painel de Navegação

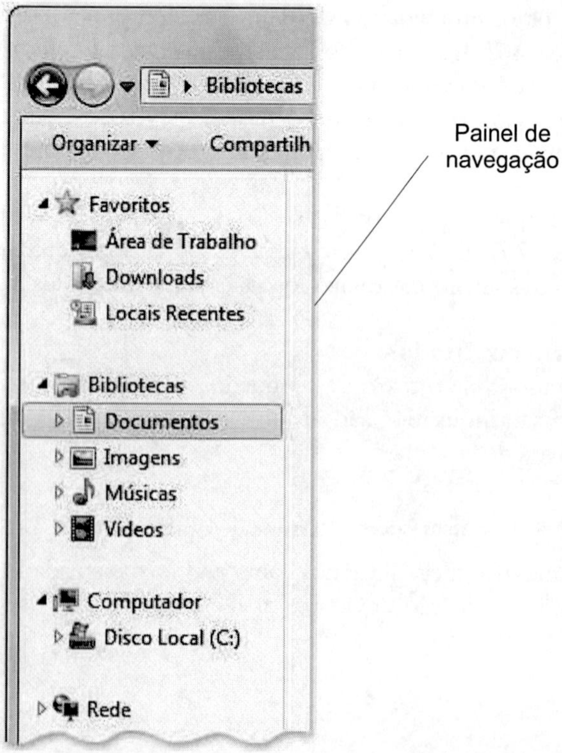

Utilize o painel de navegação (o painel à esquerda) para localizar arquivos e pastas. Também é possível mover ou copiar itens diretamente para um destino do painel de navegação.

Nota: Se não vir o painel de navegação no lado esquerdo de uma janela aberta, clique em Organizar, aponte para Layout e clique em Painel de navegação para exibi-lo.

Alterar configurações do painel de navegação
1. Em uma janela aberta, clique em Organizar e em Opções de pasta e pesquisa.
2. Na caixa de diálogo Opções de Pasta, clique na guia Geral e siga um ou todos os procedimentos abaixo:
• Para mostrar todas as pastas do computador no painel de navegação, incluindo sua pasta pessoal, marque a caixa de seleção Mostrar todas as pastas e clique em OK.
• Para expandir automaticamente o painel de navegação para a pasta selecionada na janela da pasta, marque a caixa de seleção Expandir automaticamente para a pasta atual e clique em OK.

Alterando o tamanho da miniatura e os detalhes do arquivo
É possível alterar o tamanho e a aparência de arquivos e pastas usando o botão Modos de Exibição, localizado na barra de ferramentas de cada pasta aberta.

Alterar a forma exibição dos itens em uma pasta
1. Abra a pasta que será alterada.
2. Clique na seta ao lado do botão Modos de Exibição, na barra de ferramentas.
3. Clique em um modo de exibição ou mova o controle deslizante para alterar a aparência de arquivos e pastas.

Nota. É possível mover o controle deslizante até um modo de exibição específico (como o modo de exibição Detalhes) ou ajustar o tamanho do ícone movendo o controle deslizante até um ponto entre Ícones Pequenos e Ícones Extra Grandes.

Gravar um CD ou DVD no Windows Explorer

O processo gravação de disco do Windows permite gravar discos no formato Sistema de Arquivos Dinâmico ou no formato Mastered de acordo com o formato de disco escolhido pelo usuário.

Formato Sistema de Arquivos Dinâmico

Principal objetivo. Este formato será utilizado quando quiser gravar um disco de dados que será reproduzido em um computador que executa o Windows XP ou posterior.

1. Insira um disco gravável, como CD-R, CD-RW, DVD-R, DVD-RW ou DVD+RW, no gravador de CD, DVD ou Blu-ray Disc no computador.

2. Na caixa de diálogo Reprodução Automática, clique em Gravar arquivos em disco usando o Windows Explorer.
Nota: Se a caixa de diálogo Reprodução Automática não aparecer, clique no botão Iniciar, em Computador e duas vezes no gravador de disco.

3. Na caixa de diálogo Gravar um Disco, digite um nome para esse disco na caixa Título do disco, clique em Como uma unidade flash USB e em Avançar.
Nota: Essa é a opção para gravar disco que usa o formato Sistema de Arquivos Dinâmico. O disco pode levar alguns minutos para ser formatado. Quando a formatação estiver concluída, uma pasta do disco vazia será aberta.

4. Abra a pasta que contém os arquivos que deseja gravar e arraste os arquivos para a pasta do disco vazia.
Para selecionar mais de um item, mantenha a tecla Ctrl pressionada e clique nos arquivos que serão gravados.

Conforme arrasta os arquivos para a pasta do disco, eles são copiados para o disco.

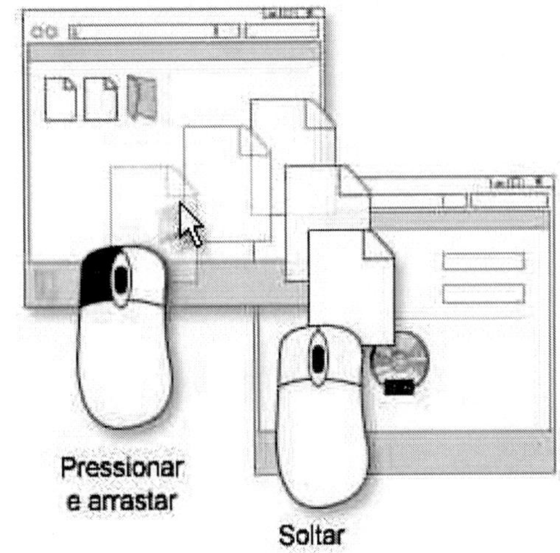

Formato Mastered

Objetivo principal. Este formato será utilizado quando o disco será reproduzido em qualquer computador ou em outros dispositivos eletrônicos, como CD, DVD e Blu-ray Disc players, que podem reproduzir arquivos de música, de imagem ou de vídeo digital.
1. Insira um disco gravável, como CD-R, CD-RW, DVD-R, DVD-RW ou DVD+RW, no gravador de CD, DVD ou Blu-ray Disc no computador.
2. Na caixa de diálogo Reprodução Automática, clique em Gravar arquivos em disco usando o Windows Explorer.

Nota: Se a caixa de diálogo Reprodução Automática não aparecer, clique no botão Iniciar, em Computador e duas vezes no gravador de disco.

3. Na caixa de diálogo Gravar um Disco, digite um nome para esse disco na caixa Título do disco, clique em Com um reprodutor de CD/DVD e em Avançar.

4. Abra a pasta que contém os arquivos que deseja gravar e arraste os arquivos para a pasta do disco vazia.

Nota: Para selecionar mais de um item, mantenha a tecla Ctrl pressionada e clique nos arquivos que serão gravados.

5. Na barra de ferramentas, clique em Gravar em disco e siga as etapas no assistente.

Os arquivos selecionados serão copiados para o disco. Quando a gravação do disco estiver concluída, a bandeja do gravador de disco será aberta e você poderá remover o disco. Agora, o usuário poderá usar o disco em outro computador ou em um CD ou DVD player. Esse tipo de disco não precisa ser fechado.

Um CD gravável típico pode conter cerca de 650 a 700 MB, ao passo que um DVD gravável típico pode conter seis vezes mais do que isso, cerca de 4,7 GB. Contudo, o volume total de espaço em disco que você pode usar para gravar arquivos no disco é inferior ao volume que em geral é indicado no próprio disco. Isso ocorre porque a capacidade do disco é calculada de uma forma diferente de como ela é usada no computador. Por exemplo, um DVD-R típico que tenha uma capacidade de disco de 4,7 GB pode armazenar somente cerca de 4,37 GB de dados no disco.

Barra de menus do Windows Explorer

Barra de título do Windows Explorer

Barra de ferramentas avançar e voltar

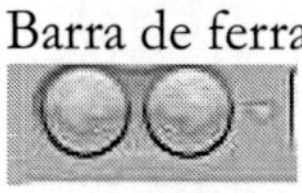

Barra de endereço e pesquisar

Barra de ferramentas

Modo de exibição

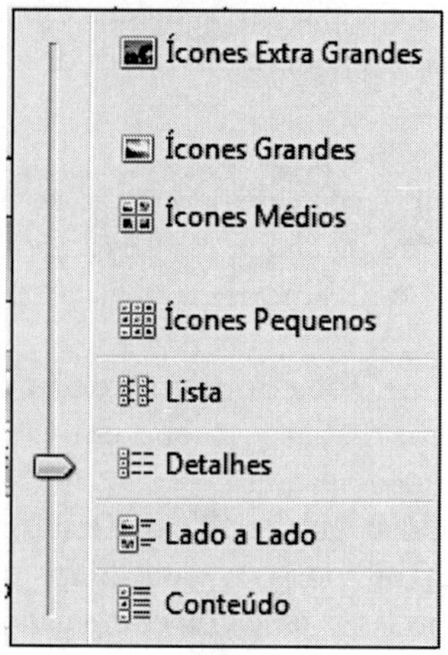

Botão organizar

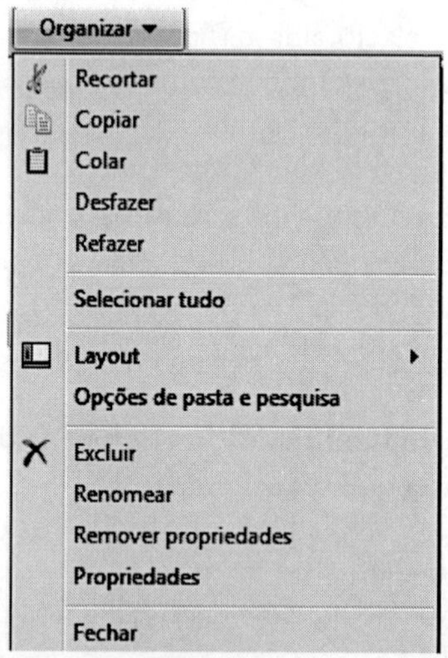

RESUMO DAS PRINCIPAIS NOVIDADES DO WINDOWS 7

Lembrete de estudo. Como já foi dito em tópicos anteriores nas provas que tem mais de uma versão do Windows. Exemplo XP e Windows 7, devemos prestar muita atenção nas diferenças, por este motivo adicionamos abaixo uma relação do próprio manual do Windows 7.

Dica do professor. Tenha prioridade em seus estudos, faça vários exercícios de provas anteriores, se não tiver tempo para estudar todo o conteúdo, que seria o ideal, estude pelo menos as diferenças do resumo.

Desempenho mais rápido e mais receptivo

Ninguém gosta de esperar. Por isso nos concentramos nos elementos básicos que podem afetar a velocidade de seu PC. O Windows 7 inicializa, desliga, retorna do modo de suspensão e responde mais rápido.

Barra de tarefas e visualização em tela inteira aprimoradas

Você pode usar a barra de tarefas na parte inferior da tela para alternar entre programas abertos. No Windows 7 você pode definir a ordem dos ícones da barra de tarefas e eles permanecerão na ordem escolhida. Além disso, os ícones são maiores. Ao apontar para um ícone, você verá uma pequena versão de visualização da página ou do programa. Se apontar para essa visualização, você verá uma visualização de tela inteira. Para abrir um programa ou arquivo, clique no ícone ou em uma das visualizações. Tenha uma visão ampla: Veja o que está aberto com visualizações de tela inteira.

Melhor em laptops

O Windows 7 ajuda a prolongar a vida útil da bateria de seu laptop com o recurso de economia de energia, que inclui o escurecimento da exibição quando você passa algum tempo sem usar o computador. Outro recurso amigável para laptops, a impressão com local conhecido, pode alternar automaticamente sua impressora padrão quando você for de casa para a escola ou o trabalho.

Lista de saltos

Com a Lista de Saltos, você pode localizar rapidamente os arquivos com os quais trabalhou recentemente. Clique com o botão direito do mouse no ícone de um programa para ver uma lista de arquivos recentemente abertos. Você também pode adicionar arquivos usados regularmente a uma Lista de Saltos. Algumas Listas de Saltos mostram comandos para tarefas comuns, como a execução de música ou vídeos.

Um salto em eficiência: As Listas de Saltos fornecem acesso rápido aos arquivos e tarefas mais comuns.

Encontre mais coisas mais rapidamente com a pesquisa aprimorada

Graças a um aprimoramento na pesquisa, você pode encontrar mais coisas, em mais lugares e com mais rapidez do que em versões anteriores do Windows. Basta digitar algumas letras na caixa de pesquisa para ver uma lista de itens relevantes, como documentos, imagens, música e email. Os resultados de pesquisa são agrupados por categoria e contêm palavras-chave realçadas para facilitar sua localização.

Hoje em dia, pouca gente armazena todos os seus dados em um só lugar. O Windows 7 foi projetado para pesquisar em discos rígidos externos, PCs em rede e outros locais. Ele também acelera sua pesquisa exibindo recomendações com base em consultas anteriores. Os resultados são esmagadores? Novos filtros dinâmicos podem reduzir os resultados instantaneamente classificando-os em categorias como tipo de dado ou de arquivo.

Formas mais simples de trabalhar com janelas

O Windows 7 simplifica a forma como você lida com as janelas em sua área de trabalho. Você tem formas mais intuitivas de abrir, fechar, redimensionar e organizar as janelas.

Maximize uma janela arrastando sua borda para a parte superior da tela e retorne-a ao tamanho original arrastando-a no sentido inverso. Arraste a borda inferior de uma janela para expandi-la verticalmente.

Para comparar os conteúdos de duas janelas, arraste-as para lados opostos da tela. Cada janela será redimensionada para se encaixar a uma metade da tela.

Para ver todos os gadgets[1] da sua área de trabalho, arraste o mouse para o canto inferior direito da área de trabalho. As janelas abertas ficarão transparentes, tornando a área de trabalho e os gadgets que nela se encontram imediatamente visíveis. Deseja minimizar todas as janelas abertas? Basta um clique. Após mover sua barra de tarefas, você pode arrastar o mouse para um canto diferente da área de trabalho de modo a tornar transparentes as janelas que estão abertas. Em um estalo: Basta arrastar uma janela para a borda da área de trabalho e ela será redimensionada de forma a preencher metade da tela, facilitando a comparação entre duas janelas.

Melhor gerenciamento de dispositivos

Dispositivos e Impressoras

Antes, era preciso ir a diferentes locais do Windows para gerenciar diferentes tipos de dispositivos. No Windows 7, há um só local de Dispositivos e Impressoras para conectar, gerenciar e usar impressoras, telefones e outros dispositivos. Ali você pode interagir com os dispositivos, navegar por arquivos e gerenciar configurações. Após a conexão de dispositivos, seu PC estará pronto para a ação em poucos cliques.

De uma só vez: Veja todos os seus dispositivos ao mesmo tempo em Dispositivos e Impressoras.

Device Stage

O Device Stage ajuda a gerenciar telefones celulares, câmeras, impressoras, MP3 players e outros dispositivos conectados ao computador. Ao conectar um dispositivo compatível, você verá seu status e uma lista de tarefas populares. Até mesmo uma imagem do dispositivo será exibida.

No centro da cena: O novo recurso Device Stage coloca em destaque seus dispositivos favoritos, facilitando a visualização do status e a realização de tarefas mais comuns.

Windows Grupo Doméstico

O Grupo Doméstico facilita a conexão com outros computadores que executem Windows 7 para que você possa compartilhar arquivos, fotos, música e impressoras em toda a casa. Você escolhe o que quer compartilhar com os outros membros do grupo doméstico.

Pacotes de temas que refletem seu estilo

Com o Windows 7, você pode começar com uma área de trabalho vazia e decidir qual será sua aparência. Existem modelos ou temas disponíveis, e você pode escolher o formato ou a cor.

Os novos pacotes de temas incluem 16 janelas de cores, esquemas de som, protetores de tela e planos de fundo diversificados. Você pode fazer download de novos temas e criar o seu próprio tema para compartilhar com os amigos e a família. Há diversas maneiras de personalizá-lo. Pelo design: Os novos temas e planos de fundo do Windows (exibidos) dão um toque pessoal à sua área de trabalho.

Assuma o controle dos problemas

No Windows 7, você pode escolher as mensagens que deseja ver. A Central de Ações consolida notificações de múltiplos recursos do Windows, incluindo o Windows Defender. Quando o Windows 7 necessitar sua atenção, você verá um ícone da Central de Ações na área de notificação e poderá clicar nele para saber mais informações. Sem tempo de ver o alerta imediatamente? A Central de Ações guardará a informação para você verificar depois. Reunindo as mensagens: A Central de Ações acaba com as interferências das mensagens pop-up consolidando as notificações do sistema.

Compartilhe música e vídeos

Após ter todas as suas imagens, vídeos e música em seu computador, é natural que você queira compartilhá-los com outros computadores de sua casa. O Windows 7 apresenta novos recursos de compartilhamento e fluxo de mídia que transformam seu PC em um grande hub de entretenimento doméstico. O Grupo Doméstico facilita o compartilhamento de música, imagens e vídeo com outros computadores que executem Windows 7.

Com outro novo recurso chamado "Executar em", você pode executar sua mídia digital em outros dispositivos da casa.

Apresentando o Windows Touch

O teclado e o mouse são ótimos para muitas tarefas, mas eles nem sempre são o modo mais fácil de fazer as coisas. Se você tiver uma tela sensível ao toque, bastará tocar na tela do computador para trabalhar de forma mais direta e natural. Use seus dedos para fazer rolagem e zoom. Grandes áreas sensíveis ao toque no menu Iniciar e na barra de tarefas facilitam o uso do Windows Touch.

Melhor suporte ao Tablet PC

O reconhecimento de manuscrito teve um grande avanço no Windows 7. Começando pela maior velocidade e precisão, o Windows 7 aprimora de diversas formas a entrada a caneta. Você pode criar dicionários personalizados para o reconhecimento de manuscrito e usar os novos idiomas com suporte no Windows 7. Além disso, você pode usar o Painel de Entrada de Expressões Matemáticas para escrever expressões matemáticas. Ou então, basta fazer uma lista rápida em uma nota autoadesiva usando a caneta eletrônica. É só escrever: O reconhecimento de manuscrito é mais preciso no Windows 7.

A experiência de área de trabalho do Aero[2] apresenta um design de vidro translúcido com animações sutis e novas cores de janelas. A experiência de área de trabalho do Aero tem janelas com visual vítreo, para se obter uma visão aberta.

Essa experiência de área de trabalho inclui estilos visuais diferenciados que combinam a aparência de janelas leves e translúcidas com poderosos avanços gráficos. Com o Aero, você pode apreciar efeitos e aparência visualmente atraentes e também se beneficiar de um melhor acesso aos seus programas.

Efeitos de vidro

Janelas de vidro translúcidas criam profundidade na área de trabalho. Um dos recursos mais visíveis do Aero são as bordas de vidro das janelas, que permitem que você se concentre no conteúdo das janelas abertas. O comportamento de janelas também foi reprojetado, animações sutis acompanham a minimização, a maximização e o reposicionamento das janelas para um efeito mais suave e fácil.

Tinja suas janelas usando as cores oferecidas ou crie sua própria cor personalizada.

Você pode até mesmo ajustar as cores e aparência das janelas, do menu Iniciar e da barra de tarefas, tingindo suas janelas translúcidas. Selecione uma das cores oferecidas ou crie sua própria cor personalizada, usando a mixagem de cores.

Alternar entre programas

Colocar o cursor sobre o botão de uma janela na barra de tarefas exibe uma visualização da janela.

A experiência de área de trabalho do Aero também inclui visualizações das janelas abertas na barra de tarefas. Ao apontar para um botão na barra de tarefas, você verá uma visualização em miniatura da janela, independentemente de o conteúdo da janela ser um documento, uma foto ou até mesmo um vídeo em execução.

Alternar janelas com Alt+Tab

Ao pressionar Alt+Tab para alternar as janelas, você poderá ver visualizações ao vivo das janelas de cada programa.

Nota: As seguintes edições do Windows 7 incluem o Aero:

- Windows 7 Enterprise
- Windows 7 Home Premium
- Windows 7 Professional
- Windows 7 Ultimate

Referência Bibliográfica

- Manual do Windows 7

Exercícios de Concursos

VUNESP - CETESB - Técnico Administrativo - 2013

01. A principal diferença existente entre a área de transferência do MS-Windows 7 e do MS-Office 2010 é que no primeiro é possível armazenar quantos conteúdos de cada vez?

a) 1.
b) 6.
c) 12.
d) 18.
e) 24.

02. Na figura mostrada a seguir, é exibida uma janela do MS-Windows 7, em sua configuração padrão:

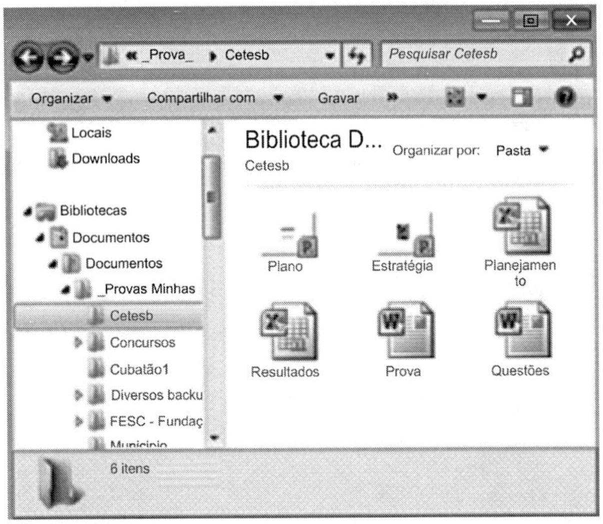

Baseando-se nos arquivos e pastas da janela, assinale a alternativa correta.

a) Cetesb é uma pasta que possui seis arquivos, sendo quatro apresentações do MS-PowerPoint 2010.
b) Concursos é uma pasta que não possui subpastas.
c) Cubatão1 é uma pasta que possui subpastas.
d) Ao selecionar o arquivo Prova, pressionar CTRL+C e, em seguida, CTRL+V será criado o arquivo Prova – Cópia.
e) Ao selecionar o arquivo Prova, pressionar CTRL+X e, em seguida, CTRL+V será criado o arquivo Prova – Cópia.

Gabarito

01. A **02. D**

3. Microsoft Word 2010

1. Visualizando e Identificando o Word 2010

Diferentemente da versão 2007, o Word 2010 não sofreu modificações significativas em seu visual e na disposição dos ícones que realizam as tarefas. Este é um fator positivo, pois evita um incômodo semelhante ao ocorrido durante a transição dos menus convencionais para o polêmico Ribbon, que ocorreu entre as versões 2003 e 2007.

No Word 2010, funções como salvar, imprimir e abrir documentos voltaram a ser realizadas por meio do item de guia Arquivo, tendo sido eliminado o botão com o símbolo do Office, existente na versão 2007, que fornecia acesso a estas opções. Com isso, o aplicativo volta a ter suas funções principais no esquema mais utilizado por aplicativos.

Visualizando a Janela do Word:

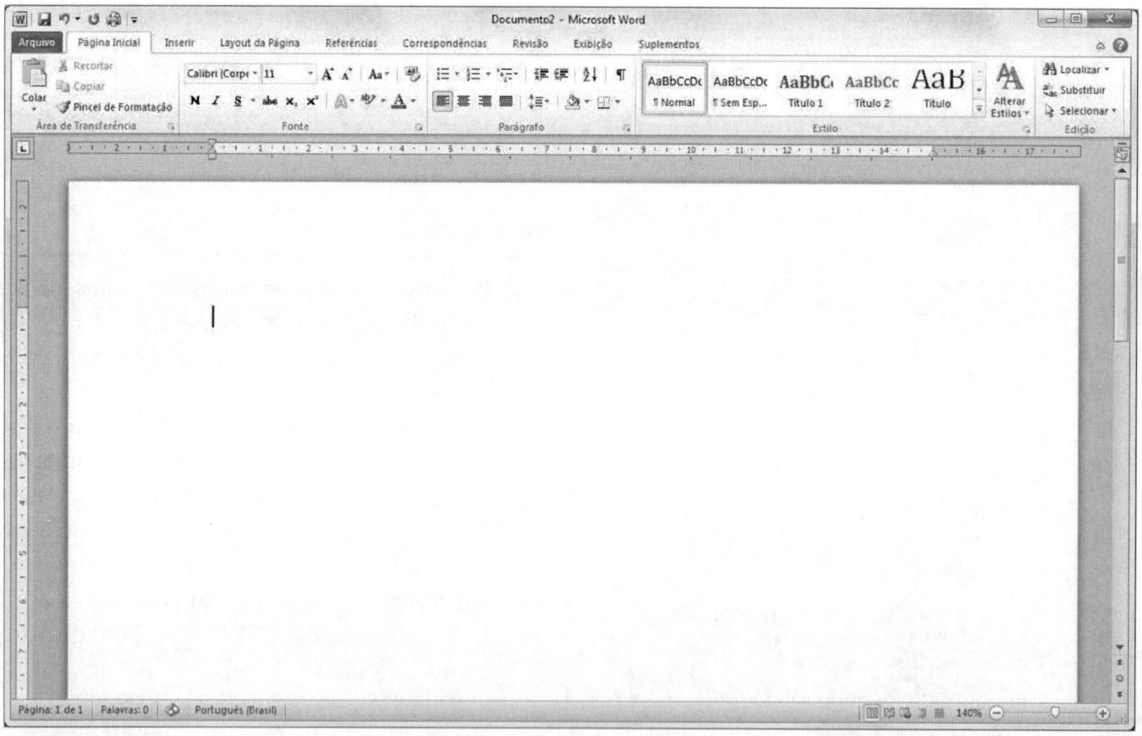

• **Barra de Título**

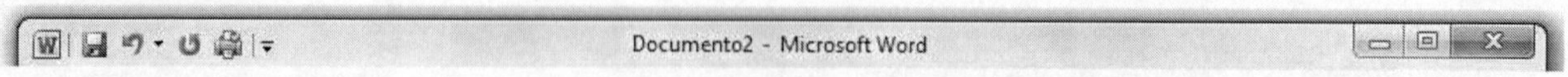

Indica se a janela está ativa ou não, o nome do aplicativo e o nome do arquivo. "Documento .." é um nome temporário utilizado pelo Word até você atribuir um novo. Com o auxílio do mouse, podemos arrastar a janela, desde que não esteja maximizada, clicando e mantendo o botão principal do mouse pressionado e movendo para o local desejado.

• **Barra de Ferramentas de Acesso Rápido**

Recurso que possibilita a personalização no menu que se abre ao clicar em 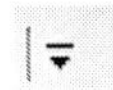

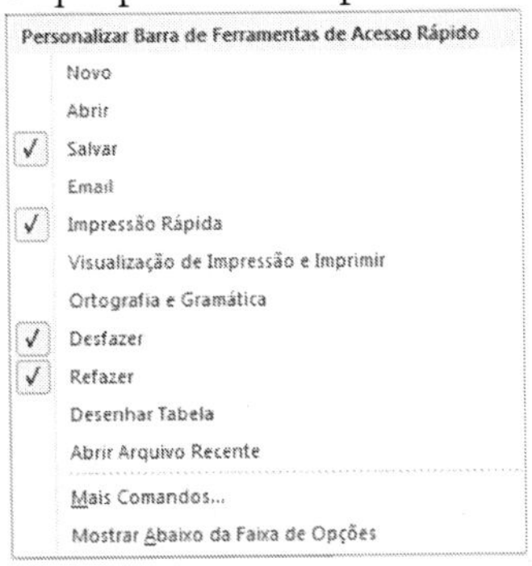

Ao se clicar nas setas tem-se uma lista dos atos realizados e pode-se selecionar uma determinada ação e considerar que todas as realizadas posteriormente serão desfeitas. Teoricamente, tudo o que for feito poderá ser desfeito.

Atalhos:

PARA	PRESSIONE
Cancelar uma ação.	ESC
Desfazer uma ação.	CTRL+Z
Refazer ou repetir uma ação.	CTRL+R

• **Guia Arquivo**

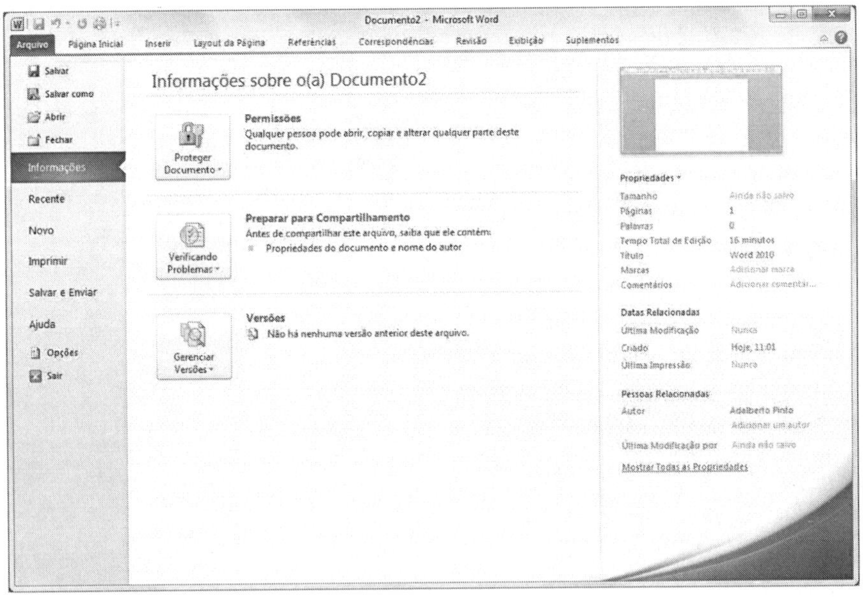

As nove Guias do Word permitem que você acesse todas as opções do Word que são organizadas em grupos. Ao clicar nas guias são disponibilizados os grupos.

- **Guia Página Inicial**
- **Guia Inserir**
- **Guia Layout de Página**
- **Guia Referência**
- **Guia Correspondências**
- **Guia Revisão**
- **Guia Exibição**
- **Guia Suplementos**
- **Guia Formatar (Guia Contextual)**

2. Barra de Status

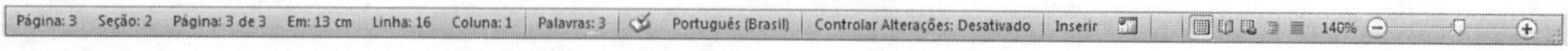

A barra de status, que é uma área horizontal na parte inferior da janela do documento no Microsoft Word, fornece informações sobre o estado atual do que está sendo exibido na janela e quaisquer outras informações contextuais.

Para personalizar a barra de status: posicione o ponteiro do mouse sobre a barra de status e clique com o botão direito do mouse.

Página: 3

Número da página. Mostra o número da página.

Seção: 2

Seção número. Mostra o número da seção[1] da página exibida na janela.

Página: 3 de 3

Número/número. Mostra o número da página e o número total de páginas com base na contagem de páginas físicas do documento.

Em: 13 cm

Em medida. Mostra a distância do início da página ao ponto de inserção. Nenhuma medida será exibida caso o ponto de inserção não esteja na janela.

Linha: 16

Linhanúmero. Mostra a linha do texto em que o ponto de inserção se encontra. Nenhuma medida será exibida caso o ponto de inserção não esteja na janela.

Coluna: 1

Colunanúmero. Mostra a distância, em número de caracteres, da margem esquerda ao ponto de inserção. Nenhuma medida será exibida caso o ponto de inserção não esteja na janela.

Clicando-se em qualquer um dos seis botões acima a opção que abre é "localizar e Substituir"

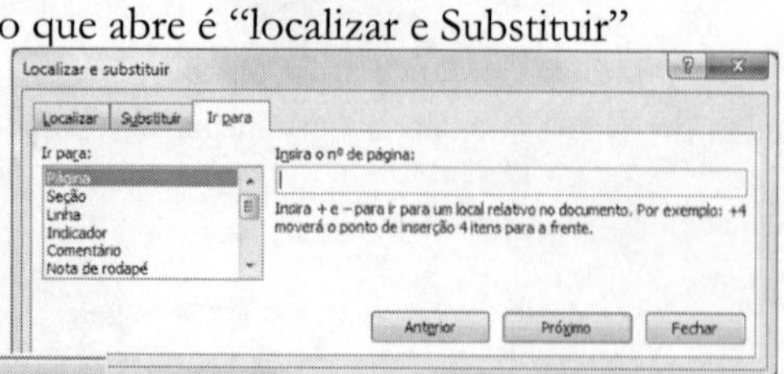

Palavras: 3

Indica a quantidade de palavras que o documento tem.

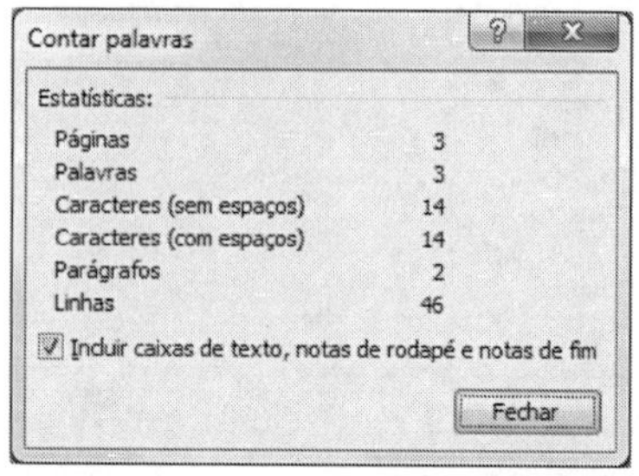

Mostra o status da verificação de ortografia e gramática. Quando o Word faz a verificação de erros, uma caneta animada aparece sobre o livro. Se nenhum erro for encontrado, será exibida uma marca de seleção. Se um erro for encontrado, será exibido um "X". Para corrigir o erro, clique nesse ícone.

Quando as opções de verificação ortográfica e gramatical estiverem desativadas, o verificador gramatical continua a ser executado para reconhecer as marcas inteligentes.Se desejar que o verificador ortográfico e gramatical seja desativado, você também precisa desativar as marcas inteligentes.

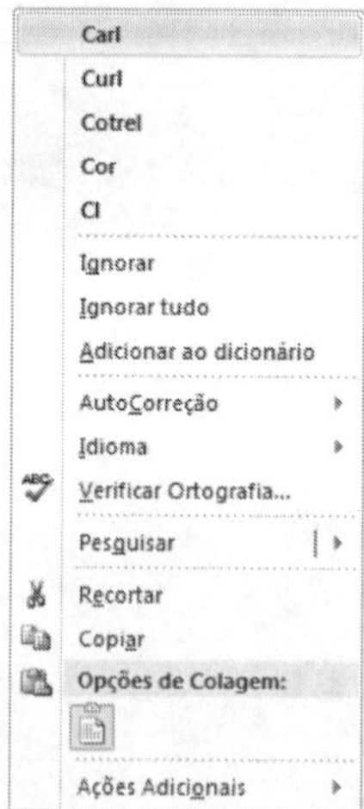

Português (Brasil)

Idioma. Mostra o idioma no ponto de inserção. Clique para alterar o formato do idioma do texto selecionado.

[1] **Seção**: parte de um documento em que você define determinadas opções de formatação de página. Você cria uma nova seção quando deseja alterar propriedades como numeração de linha, número de colunas ou cabeçalhos e rodapés.

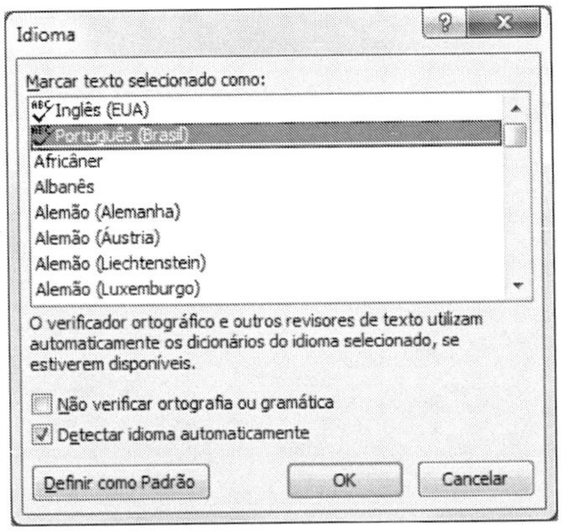

Mostra o status das alterações controladas. Clique no botão para ativar ou desativar o recurso de alterações controladas.

Mostra o status do modo sobrescrever. Clique para ativar ou desativar o modo. Quando o modo sobrescrever estiver desativado, aparece a palavra "Inserir" e quando estiver ativado a palavra "Sobrescrever" aparecerá.

Mostra o status da gravação da macro. Clique duas vezes para acessar o gravador de macro.

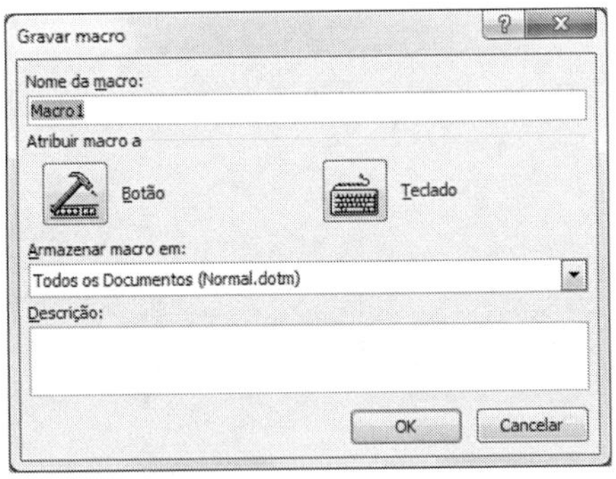

3. GUIAS

A seguir uma breve descrição das possibilidades de ações disponíveis em cada guia:

GuiaArquivo

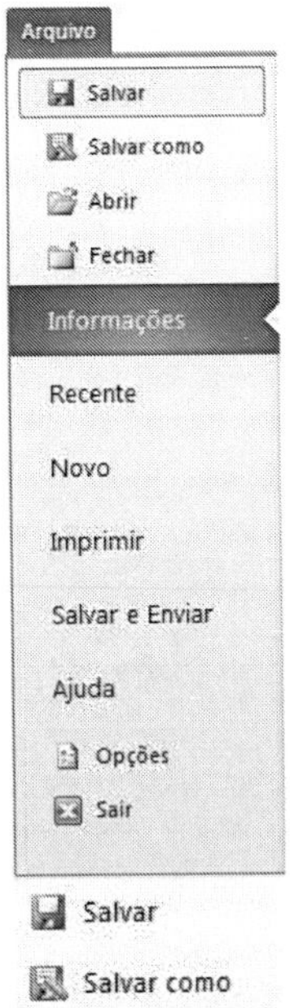

Há diversas maneiras de salvar documentos no Microsoft Word. Você pode salvar o **documento ativo**[2] no qual está trabalhando, seja ele novo ou não. Também é possível salvar todos os documentos abertos ao mesmo tempo. E, ainda, salvar uma cópia do documento ativo com um nome diferente ou em um local diferente.

Se desejar reutilizar um texto ou formatação em outros documentos criados, você poderá salvar um documento como um **modelo**[3] do Word.

Se você compartilha documentos com pessoas que utilizam versões anteriores do Word e quer ter certeza de que os documentos tenham a mesma aparência quando forem abertos em versões anteriores, poderá desativar os recursos que não fazem parte daquela versão.

Quando você precisa compartilhar documentos com pessoas que usam outros processadores de texto ou versões do Word com um formato de arquivo diferente (como o Word 97-2003), você pode salvar os documentos em outros formatos de arquivo.

[2] **Documento ativo**: O documento no qual você está trabalhando. O texto digitado ou os elementos gráficos inseridos no Microsoft Word aparecem no documento ativo. A barra de título do documento ativo é realçada.
[3] **Modelo**: Um arquivo ou arquivos que contêm a estrutura e as ferramentas para formatar elementos como o estilo e layout de página de arquivos concluídos.

Ao usar o Word para criar páginas da Web para exibição em um navegador da Web, você poderá salvar os documentos no formato de página da Web e publicá-los em um servidor Web. Também é possível salvar os documentos em um site FTP na Internet (você precisa ter uma conta de Internet fornecida por um provedor de serviços de Internet e permissão para salvar documentos no servidor FTP) ou na Intranet de uma empresa.

Na guia arquivo o ícone  salva o arquivo.

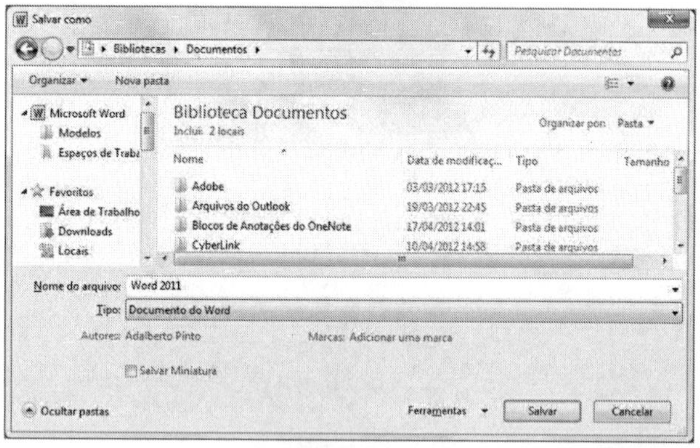

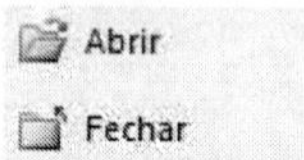

Determina onde se quer examinar um possível arquivo para ser aberto, clique sobre ele e pressione o botão abrir. Com um duplo clique sobre o arquivo iremos obter o mesmo resultado.

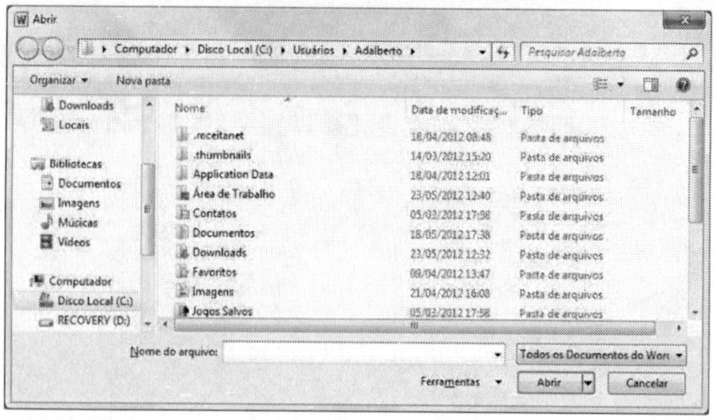

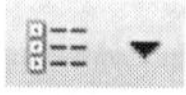

Modos de visualização do que está sendo acessado.

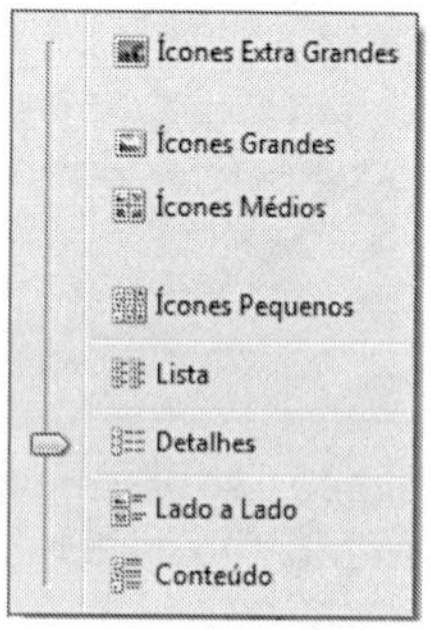

Na seta ao lado do botão **abrir** existem outras opções para a abertura deste documento.

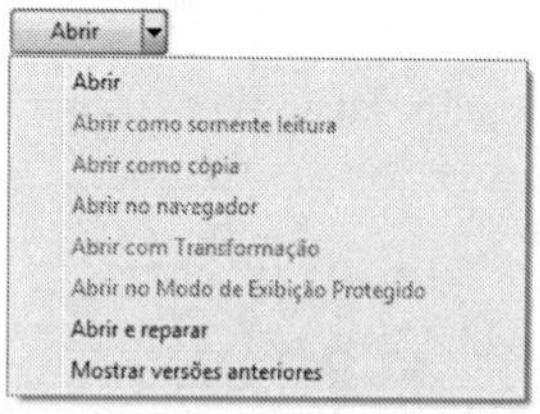

Atalhos:

PARA	PRESSIONE
Exibir a caixa de diálogo **Abrir**.	CTRL+F12
Exibir a caixa de diálogo **Salvar como**.	F12
Abrir a pasta ou arquivo selecionado.	ENTER
Abrir a pasta um nível acima da pasta selecionada.	BACKSPACE
Excluir a pasta ou o arquivo selecionado.	DELETE
Exibir um menu de atalho para um item selecionado, como uma pasta ou um arquivo.	SHIFT+F10
Avançar pelas opções.	TAB
Retroceder pelas opções.	SHIFT+TAB
Abrir a lista **Examinar**.	F4 ou ALT+I
Criar um novo documento.	CTRL+O
Abrir um documento.	CTRL+A
Fechar um documento ativo	CTRL+W

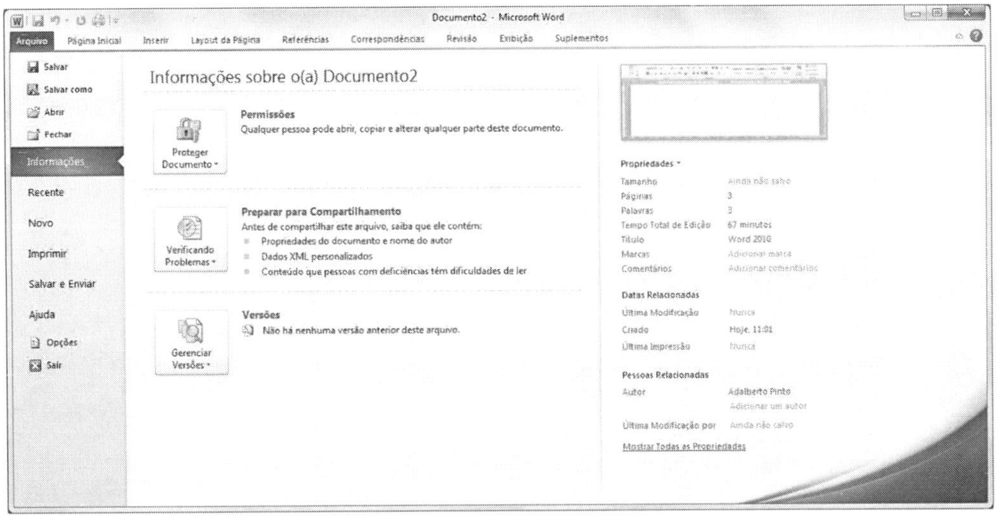

Proteger Documento possibilita:

Marcar como final – informar aos leitores que o documento é final e torná-lo somente leitura;

Criptografarcomsenha – Será necessária uma senha para abrir o documento;

Restringiredição – Controlar quais tipos de alterações as pessoas podem fazer neste documento;

Restringirpermissõesporpessoas – Conceder acesso às pessoas e as impedir de editar copiar ou imprimir;

Adicionarumaassinaturadigital – Garantir a integridade do documento adicionando uma assinatura digital invisível.

Verificando problemas permite:

Inspecionardocumento – Verificar se existe propriedades ocultas ou informações pessoais do documento;

Verificaracessibilidade – Verificar o documento em busca de conteúdo que pessoas com deficiências talvez tenham dificuldade de ler;

Verificarcompatibilidade – Procurar recursos sem suporte das versões anteriores do Word.

Gerenciar Versões possibilita:

Recuperar documentos não salvos – Procurar cópias recentes de arquivos não salvos;

Excluir todos os documentos não salvos – Excluir todas as cópias recentes de arquivos não salvos.

As propriedades de documento são detalhes sobre um arquivo que ajudam a identificá-lo — por exemplo, um título descritivo, o nome do autor, o assunto e as palavras-chave que identificam os tópicos ou outras informações importantes contidas no arquivo. Use as propriedades de documento para exibir informações sobre um arquivo ou ajudar a organizar seus arquivos de modo que você possa encontrá-los facilmente mais tarde. Você também pode pesquisar documentos com base nas suas propriedades.

Há quatro tipos de propriedades de documento:

- Entre as **propriedades atualizadas automaticamente** estão estatísticas mantidas para você pelos aplicativos do Microsoft Office, como tamanho do arquivo e as datas em que ele foi criado e modificado pela última vez. Por exemplo, você pode pesquisar todos os arquivos criados após 27 de fevereiro de 1999 ou todos os arquivos modificados ontem pela última vez.

- As **propriedades predefinidas** já existem (como autor, título e assunto), mas é necessário que você insira um valor de texto. Você pode usar a propriedade **Palavras-chave** para adicionar a palavra-chave "clientes" aos seus arquivos de vendas e pesquisar todos os arquivos de vendas com essa palavra-chave.

- As **propriedades personalizadas** são aquelas definidas por você. Pode-se atribuir um texto, uma hora ou um valor numérico às propriedades personalizadas, podendo-se também atribuir a elas os valores "sim" ou "não". Você pode fazer a sua escolha com base em uma lista de nomes sugeridos ou pode definir seus próprios nomes. Você também pode vincular propriedades personalizadas de documento a itens específicos contidos no arquivo, como uma célula nomeada no Microsoft Excel, um item selecionado no PowerPoint ou um indicador do Word. Por exemplo, em um formulário de contrato criado no Word, você pode criar uma propriedade personalizada de arquivo vinculada a um campo do formulário que contenha a data de vencimento do contrato. Depois disso, você pode pesquisar todos os arquivos de contrato que contenham datas de vencimento anteriores à data especificada por você.

- As **propriedades da biblioteca de documentos** são para arquivos que se encontrem em uma biblioteca de documentos, em um site da Web ou em uma pasta pública. Ao criar uma biblioteca de documentos, você define uma ou mais propriedades para a biblioteca e define regras referentes aos seus valores. Ao adicionar documentos à biblioteca, os usuários recebem um aviso solicitando que preencham um formulário atribuindo valores a cada uma dessas propriedades. Por exemplo, uma biblioteca de documentos que reúna ideias de produtos, pode solicitar aos usuários dados referentes a propriedades como Submetida por, Data, Categoria e Descrição.

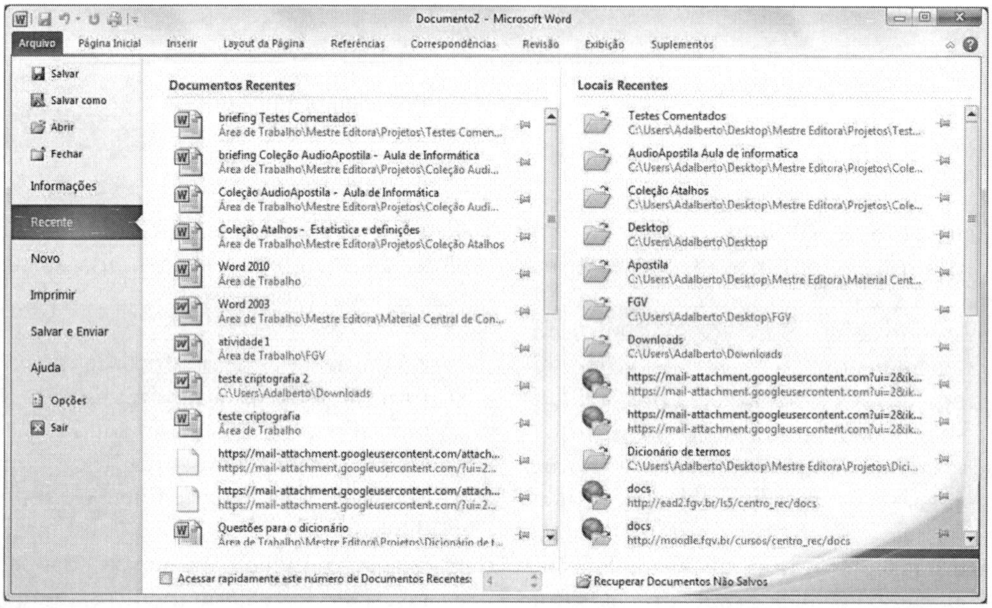

Relação de documentos e locais recentes de acesso

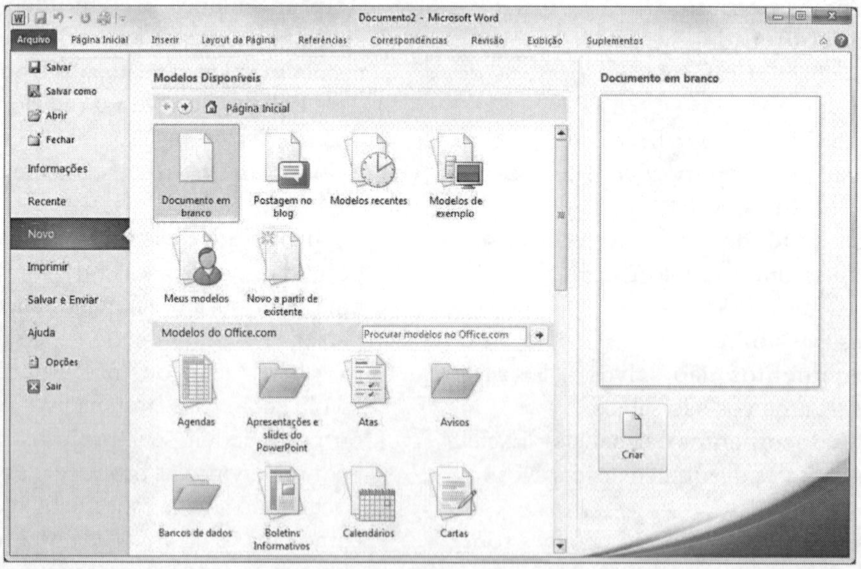

O Word 2010 permite que você aplique modelos internos, aplique seus próprios modelos personalizados e pesquise vários modelos disponíveis no Office.com. O Office.com fornece uma ampla seleção de modelos populares do Word, incluindo **currículos básicos, currículos específicos de um trabalho, agendas, cartões de visita para impressão** e **faxes.**

Para localizar e aplicar um modelo no Word siga este procedimento:

1. Na guia **Arquivo**, clique em **Novo**.
2. Em **Modelos Disponíveis**, siga um destes procedimentos:
   - Para usar um dos modelos internos, clique em **Modelos de Exemplo**, clique no modelo desejado e depois em **Criar**.
   - Para reutilizar um modelo usado recentemente, clique em **Modelos Recentes**, clique no modelo desejado e depois em **Criar**.
   - Para usar seu próprio modelo criado anteriormente, clique em **Meus Modelos**, clique no modelo desejado e depois em **OK**.
   - Para localizar um modelo no Office.com, em **Modelos do Office.com**, clique na categoria de modelo desejada, no modelo desejado e em **Baixar** para baixar o modelo do Office.com para o computador.

   Obs.: Você também pode pesquisar modelos no Office.com a partir do Word. Na caixa **Pesquisar modelos no Office.com**, digite um ou mais termos de pesquisa e clique no botão de seta para pesquisar.

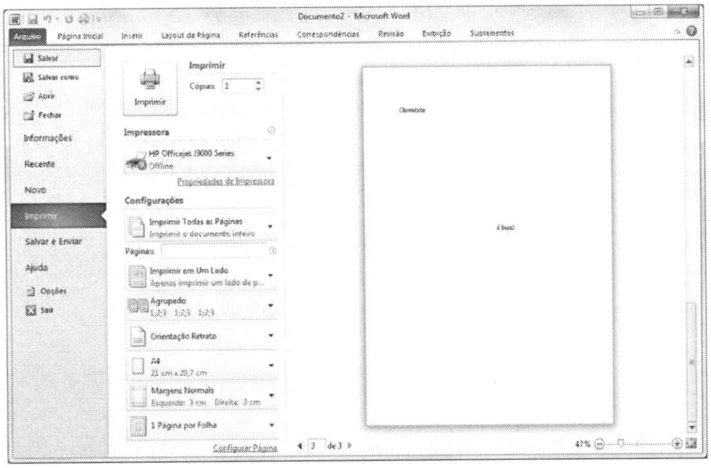

Impressora: Opção pela impressora configurada.

Configurações para imprimir:
- Todas as páginas – imprimir o documento inteiro.
- Seleção – Imprime somente o conteúdo selecionado.
- Página atual – imprime somente a página onde está o cursor.
- Intervalo personalizado – possibilidade de especificar as páginas ou seções específicas a serem impressas.
- Propriedades do documento e valores.
- Somente lista de marcações.
- Lista de estilos usados no documento.
- Lista de autotexto disponível.
- Lista de teclas de atalho personalizadas.
- Somente páginas ímpares ou pares.
- Apenas imprimir um lado da página.
- Dos dois lados invertendo as páginas na borda longa.
- Dos dois lados invertendo as páginas na borda curta.
- Manualmente dos dois lados (recarregar papel quando solicitado).
- Agrupado ou desagrupado.
- Orientado como retrato ou paisagem.
- Em um tamanho específico de papel.
- Configurado com margens: personalizadas, normal, estreita, moderada, larga e espelhada.
- Configurar quantidades de páginas por folha.

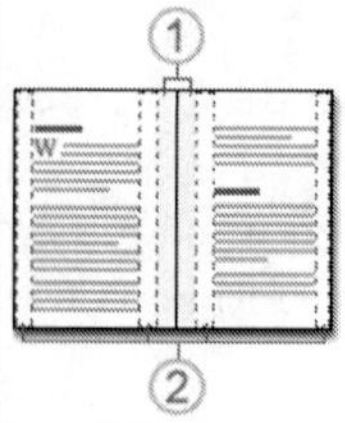

1 Margens de medianiz para encadernação

2 Margens de espelho para páginas opostas

Atalhos:

PARA	PRESSIONE
Imprimir um documento.	CTRL+P
Entrar no modo de visualização de impressão.	ALT+CTRL+I

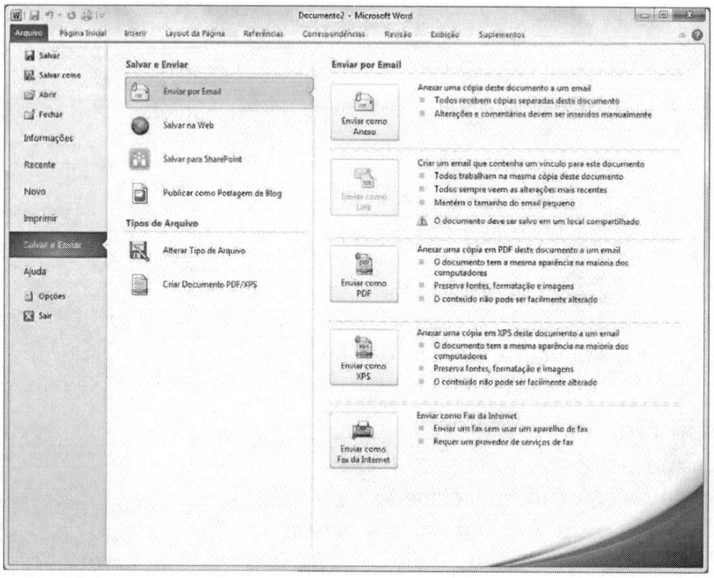

Permite o envio por e-mail:

- Anexando cópia
- Com link do documento
- Como arquivo em PDF
- Como cópia em XPS
- Como fax da internet

Usando o Windows Live você pode salvar o documento na Web e acessá-lo de qualquer computador.

Salvar em um site para compartilhar com outras pessoas.

Criar uma nova postagem de blog usando o documento atual.

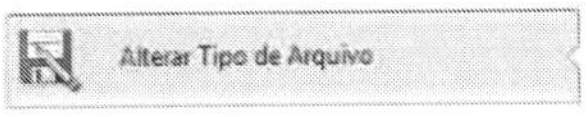

Modificar a extensão do arquivo.

Salvar este documento em um formato fixo (PDF) no qual o documento não poderá ser facilmente modificado.

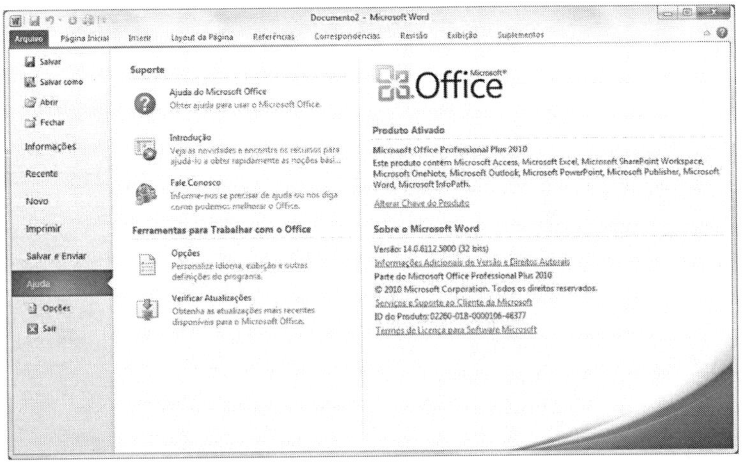

Ajuda do Microsoft Office
Introdução – Novidades e possibilidades de encontrar os recursos para ajudá-lo a obter rapidamente as noções básicas.

Fale Conosco
Possibilidade de obter atualizações mais recentes
Opções – Possibilidade de personalização de idioma, exibição e outras definições do programa.
Identificações sobre ativação e informações adicionais sobre o Word 2010

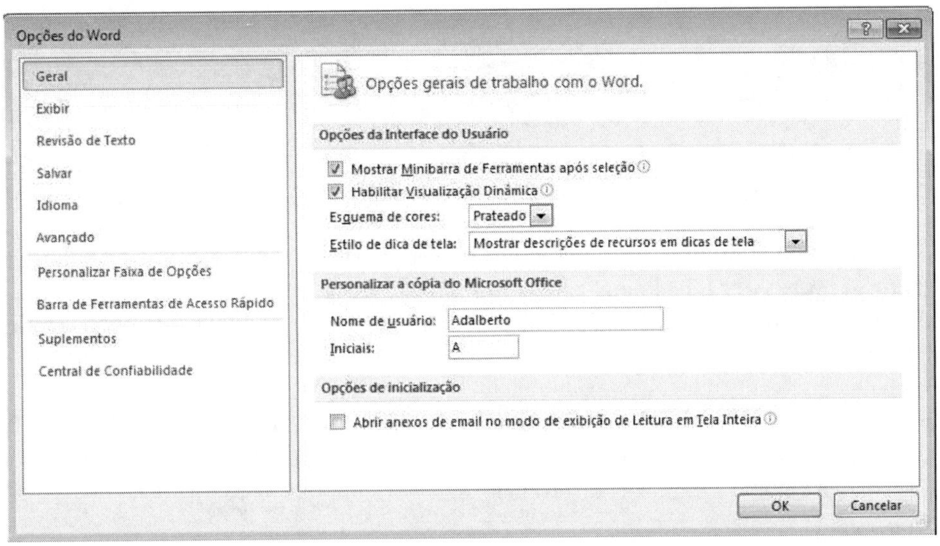

Guia Página Inicial

Na guia página inicial e nas demais guias vamos encontrar os recursos separados em grupos:

Grupo Área de transferência

Atalhos:

PARA	PRESSIONE
Copiar a formatação do texto.	CTRL+SHIFT+C
Aplicar a formatação copiada ao texto.	CTRL+SHIFT+V

Após um texto ter sido recortado ou copiado e ser colado em outro local, surge a imagem de um pequeno ícone logo abaixo do texto colado (Ctrl), que permite opções quanto a formatação a ser adotada. As opções disponíveis dependem do tipo de conteúdo que você está colando, o aplicativo de onde você está fazendo a colagem e o formato do texto onde você está colando.

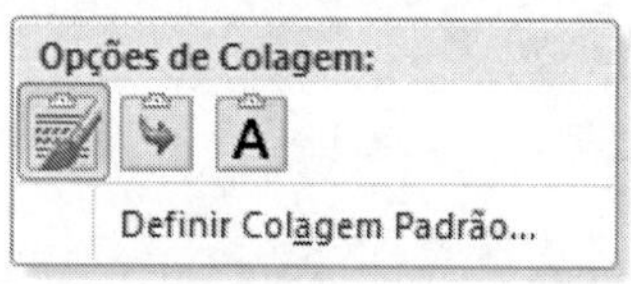

A área de transferência do Office funciona apenas com os programas do Office. Ela permite que você colete texto e itens gráficos de qualquer quantidade de documentos do Office ou outros programas para, em seguida, colá-los em qualquer documento do Office. Por exemplo, você pode copiar parte do texto de um documento do Microsoft Word, alguns dados do Microsoft Excel, uma lista com marcadores do Microsoft PowerPoint, texto do Microsoft FrontPage ou do Microsoft Internet Explorer e uma folha de dados do Microsoft Access, voltando para o Word e organizando alguns ou todos os itens coletados em seu documento do Word.

Ela funciona com os comandos Copiar e Colar padrão. Basta copiar um item para a Área de Transferência do Office para adicioná-lo à sua coleção. Depois, cole-o em qualquer documento do Office a qualquer momento. Os itens coletados permanecerão na Área de Transferência do Office até que você saia dele.

Para copiar itens para a Área de Transferência do Office, é necessário que ela seja exibida no painel de tarefas de um programa do Office ou que a opção **Coletar sem Mostrar Área de Transferência do Office** esteja ativada.

A Área de Transferência do Office é aberta automaticamente quando você:

- Copia ou corta dois itens diferentes consecutivamente no mesmo programa.
- Copia um item, cola o item e copia outro item do mesmo programa.
- Copia um item duas vezes sucessivamente.

Se você abrir a Área de Transferência do Office no painel de tarefas de um programa do Office, ela não será exibida automaticamente quando você alternar para outro programa do Office. Entretanto, você poderá continuar copiando itens de outros programas. Será exibida uma mensagem acima da área de status, indicando que um item foi adicionado à Área de Transferência do Office.

Observação: A exibição do ícone da área de transferência do Office e da mensagem do status de cópia pode ser desativada; para isso, desmarque as opções **Mostrar ícone da 'Área de Transferência do Office' na barra de tarefas** e **Mostrar status ao lado da barra de tarefas ao copiar** da Área de Transferência do Office.

A Área de Transferência do Office não estará disponível em modos de exibição onde os comandos Copiar, Cortar e Colar não estejam disponíveis.

A Área de Transferência do Office pode conter até 24 itens. Se você copiar um 25° item, o primeiro item será excluído.

Os itens coletados permanecerão na Área de Transferência do Office até que você encerre todos os programas do Office em execução no computador ou clique em **Limpar Tudo** na Área de Transferência do Office.

A cada item que vai sendo adicionado à Área de Transferência do Office, uma entrada é exibida na galeria da Área de Transferência do Office. A entrada mais recente sempre é adicionada ao topo da galeria.

Cada entrada inclui um ícone que representa um programa do Office e uma parte do texto copiado ou uma miniatura de um gráfico copiado.

Você pode colar os itens da Área de Transferência do Office individualmente ou todos de uma vez. O comando **Colar** cola apenas o último item copiado. **Colar Tudo** cola todos os itens armazenados na Área de Transferência do Office.

A Área de Transferência do Office está relacionada à área de transferência do sistema das maneiras a seguir:

- Quando você copia vários itens para a Área de Transferência do Office, o último item copiado é sempre copiado para a área de transferência do sistema.
- Ao limpar a Área de Transferência do Office, você estará limpando também a área de transferência do sistema.
- Quando você usa o comando Colar, o botão Colar ou as teclas de atalho (**Ctrl V**), você cola o conteúdo da área de transferência do sistema, não da Área de Transferência do Office.

- Copia a formatação do texto clicado e permite que seja copiada a outro texto clicado (não é preciso selecionar). Um duplo clique no ícone mantém ativado o botão até que seja clicado novamente.

É possível economizar tempo usando as **marcas inteligentes**[4] para realizar ações no Microsoft Word que você geralmente faria utilizando outros programas.

Quando o Word reconhece tipos de dados, marca esses dados com um indicador de marca inteligente ou com um sublinhado pontilhado roxo. Para descobrir que ações você pode realizar com uma marca inteligente, mova o ponto de inserção sobre o texto sublinhado até que o botão **Ação com Marcas Inteligentes** apareça. Você pode então clicar no botão para ver uma lista de ações que podem ser realizadas.

Quando você salva um documento, as marcas inteligentes são incorporadas para ficarem disponíveis a qualquer pessoa que abrir o documento. No entanto, você pode decidir não incorporá-las ao salvar o documento.

Se você salvar como página da Web um documento do Word que contém marcas inteligentes, algumas tarefas podem ser realizadas na Web usando-se o Microsoft Internet Explorer 5 ou posterior. Você também pode usar as marcas inteligentes em seus e-mails no Microsoft Outlook e no Microsoft Excel.

Cada identificador de marca inteligente identifica um tipo de dado, como nomes, datas ou números de telefone, e contém a lógica necessária para disponibilizar uma ou mais ações para cada tipo de dado.

Quando você digita texto em um documento novo ou abre um documento existente, a lógica da marca inteligente procura palavras que correspondam aos tipos de dados da lista. Ao encontrar uma correspondência, insere

[4] **Marcas inteligentes**: Dados reconhecidos e rotulados como um tipo particular. Por exemplo, o nome de uma pessoa ou o nome de um destinatário recente de mensagem de email do Microsoft Outlook é um tipo de dados que pode ser reconhecido e rotulado com uma marca inteligente.

um indicador de marca inteligente (uma linha pontilhada roxa) sob o termo e habilita as ações apropriadas.

As ações que você pode realizar dependem do tipo de dados que o Word reconhece e nomeia com uma marca inteligente.

Por exemplo, "José Santos" no exemplo anterior é reconhecido como uma marca inteligente "nome de pessoa", e as ações que podem ser realizadas são **Abrir Contato, Agendar uma Reunião, Adicionar a Contatos** ou **Inserir Endereço**.

Se você selecionar a ação **Adicionar a Contatos**, poderá adicionar o nome e o endereço à pasta de contatos do Outlook sem copiar as informações; para isso, basta abrir o Outlook e colar as informações em um cartão de visita.

Você pode encontrar marcas inteligentes adicionais criadas pela Microsoft, por outras empresas ou por profissionais da área de tecnologia da informação (TI), que poderão criar marcas inteligentes e ações para produtos e serviços específicos com os quais você trabalha. Por exemplo, se você trabalha em um departamento de vendas, seria possível clicar uma marca inteligente "nome do produto" no documento que oferecesse ações como "verificar quantidade no estoque" ou o "consultar preço".

Algumas vezes, você poderá ver outros botões que aparecem enquanto você trabalha no documento. Os botões **Opções de AutoCorreção** e **Opções de Colagem** 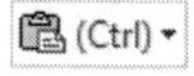 permitem que você realize ações sem clicar em um botão da barra de ferramentas ou abrir uma caixa de diálogo.

O botão **Opções de AutoCorreção** aparece primeiro como uma pequena caixa azul quando você posiciona o ponteiro do mouse perto de um texto que foi corrigido automaticamente. Muda para um ícone de botão quando você aponta para ele.

Caso você não queira que o texto seja corrigido, pode desfazer uma correção ou ajustar as opções de AutoCorreção clicando no botão e fazendo uma seleção.

O botão **Opções de Colagem** 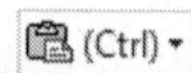 aparecerá abaixo de um bloco de texto colado. Quando você clicar no botão, aparecerá uma lista que lhe permitirá especificar como o Word colará as informações no documento.

As opções disponíveis dependem do tipo de conteúdo que você estiver colando, do programa do qual estiver colando e do formato do texto onde você estiver colando.

Grupo Fonte

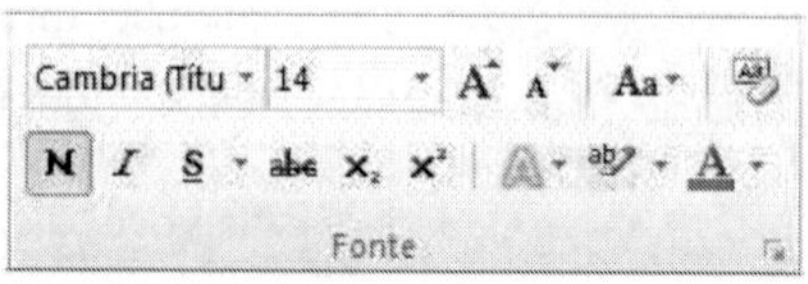

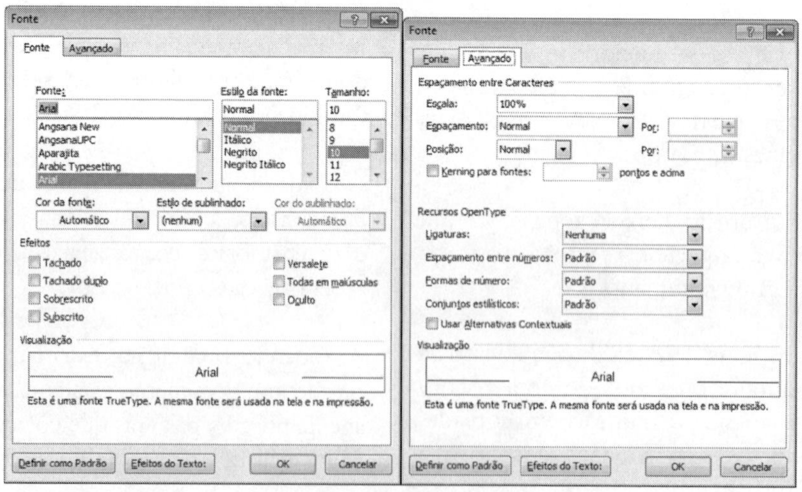

 Altera tipo e tamanho da fonte.

 Aumenta ou diminui tamanho da fonte.

No ícone **Aa** Altera todo o texto selecionado para maiúsculas, minúsculas ou outros usos comuns de maiúsculo e minúsculo:

- Primeira letra da sentença em maiúsculo.
- Minúsculo.
- Maiúsculo.
- Colocar cada palavra em Maiúsculo.
- Alternar Maiúsculo/Minúsculo.

Com o atalho shift f3 se obtém resultado semelhante, respeitando a seguinte sequência:

1. Maiúsculo.
2. Minúsculo.
3. Primeira letra da sentença em maiúsculo.

Limpa toda formatação da seleção.

N Aplica negrito.

I Aplica itálico.

S Aplica tipos diferentes de sublinhado.

abc Desenha uma linha no meio do texto selecionado (tachado).

X_2 Cria linhas pequenas abaixo da linha de base do texto.

X^2 Cria linhas pequenas abaixo da linha do texto.

A Aplica um efeito visual ao texto como sombra, brilho ou reflexo.

ab Cor de realce do texto: faz o texto parecer como se tivesse sido marcado .

A Altera a cor do texto.

Atalhos:

PARA	PRESSIONE
Abrir a caixa de diálogo **Fonte** para alterar a fonte.	CTRL+SHIFT+F ou CTRL+D
Aumentar o tamanho da fonte.	CTRL+SHIFT+>
Diminuir o tamanho da fonte.	CTRL+SHIFT+<
Aumentar em 1 ponto o tamanho da fonte.	CTRL+]
Diminuir em 1 ponto o tamanho da fonte.	CTRL+[
Alternar as letras entre maiúsculas e minúsculas.	SHIFT+F3
Formatar todas as letras como maiúsculas.	CTRL+SHIFT+A
Aplicar negrito.	CTRL+N
Aplicar sublinhado.	CTRL+S
Sublinhar as palavras, mas não os espaços.	CTRL+SHIFT+W
Aplicar sublinhado duplo ao texto.	CTRL+SHIFT+D
Aplicar formatação de texto oculto.	CTRL+SHIFT+H
Aplicar itálico.	CTRL+I
Formatar as letras com versalete.	CTRL+SHIFT+K
Formatar com subscrito (espaçamento automático).	CTRL+SINAL DE IGUAL
Formatar com sobrescrito (espaçamento automático).	CTRL+SHIFT+SINAL DE ADIÇÃO
Remove a formatação manual dos caracteres.	CTRL+BARRA DE ESPAÇOS
Alterar a seleção para a fonte Symbol.	CTRL+SHIFT+Q
Copiar formatação.	CTRL+SHIFT+C
Colar formatação.	CTRL+SHIFT+V
Excluir um caractere à esquerda.	BACKSPACE
Excluir uma palavra à esquerda.	CTRL+BACKSPACE
Excluir um caractere à direita.	DELETE
Excluir uma palavra à direita.	CTRL+DELETE

Grupo Parágrafo

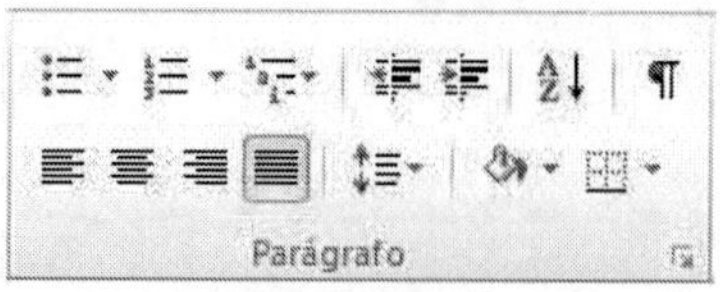

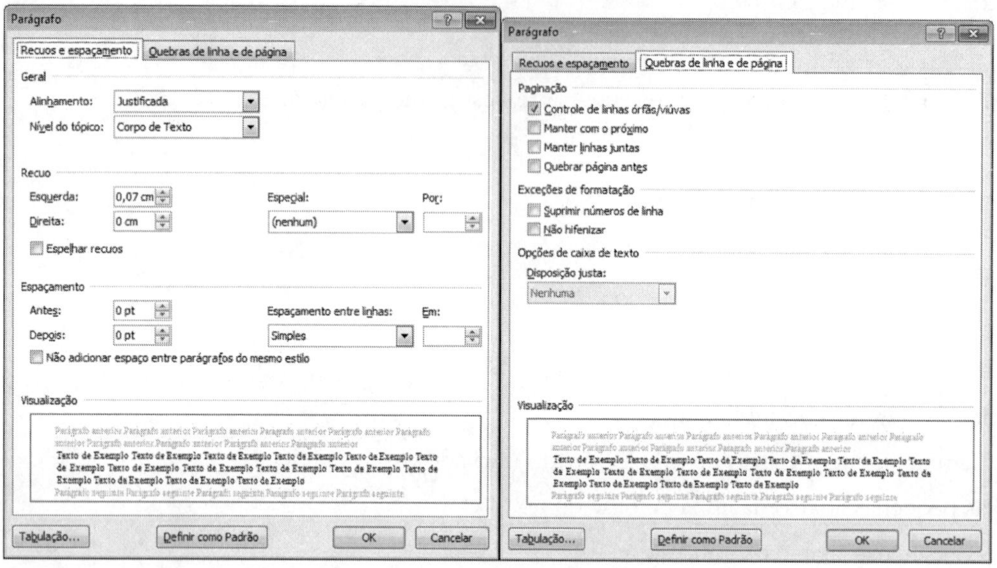

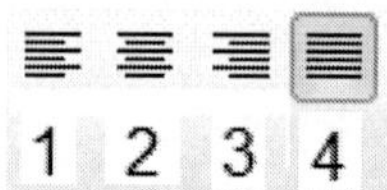

1 - Alinha à esquerda.
2 - Centraliza.
3 - Alinha à direita.
4 -Justifica (alinha à esquerda e à direita simultaneamente).

 Altera o espaçamento entre as linhas.

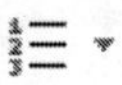 Insere numeração nos parágrafos.

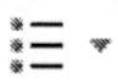 Insere marcadores nos parágrafos.

 Recua o parágrafo para a esquerda. Padrão:1,25cm.

 Recua o parágrafo para a direita. Padrão:1,25cm.

 Coloca o texto selecionado em ordem alfabética ou classificas dados numéricos.

 Mostra marcas de parágrafos e outros símbolos de formatação ocultos.

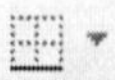 Bordas.

 Serve para colorir o plano de fundo atrás do texto ou parágrafo selecionado.

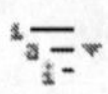 Inicia uma lista de vários níveis.

Recuar parágrafos

É possível recuar os parágrafos de um texto utilizando qualquer dos procedimentos abaixo:

Criar um recuo da primeira linha

1. Selecione o parágrafo que você deseja recuar.
2. Na régua horizontal, arraste o marcador **Recuo da primeira linha** para a posição em que você deseja que o texto comece.

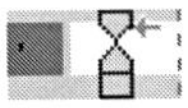

Alterar o recuo direito de um parágrafo inteiro

1. Selecione o parágrafo que deseja alterar.
2. Na régua horizontal, arraste o marcador **Recuo à direita** para a posição em que deseja que o texto termine.

Criar um recuo deslocado

1. Selecione o parágrafo em que deseja criar um recuo deslocado.
2. Na régua horizontal, arraste o marcador **Recuo deslocado** para a posição em que você deseja que o recuo comece.

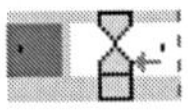

Criar um recuo negativo

1. Selecione o parágrafo que você deseja estender para a margem esquerda.
2. Na régua horizontal, arraste o marcador **Recuo à esquerda** para a posição em que você deseja que o parágrafo comece.

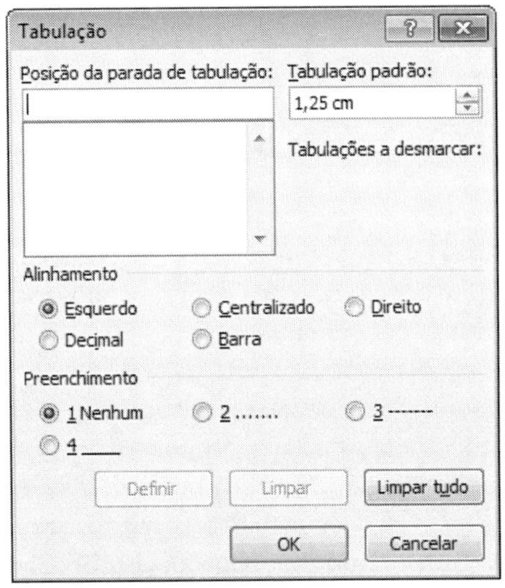

As tabulações permitem que você alinhe texto à esquerda, à direita, centralizado ou de acordo com um caractere decimal ou de barra. Você também pode inserir caracteres específicos automaticamente, como pontos ou traços, antes das tabulações.

Selecione o parágrafo no qual deseja definir uma parada de tabulação. E, para definir tabulações:

- Clique em **Esquerdo**  na extremidade esquerda da régua horizontal até obter o tipo de tabulação desejado:

 - Esquerdo

 - Direito

 - Centralizado

 - Decimal

 - Barra

- Clique na régua horizontal em que você deseja definir uma parada de tabulação.

Atalhos:

PARA	PRESSIONE
Aplicar espaçamento simples entre linhas.	CTRL+1
Aplicar espaçamento duplo entre linhas.	CTRL+2
Aplicar espaçamento de 1,5 linha.	CTRL+5
Adicionar ou remover um espaço de uma linha antes de um parágrafo.	CTRL+0 (zero)
Alternar um parágrafo entre alinhamento centralizado e à esquerda.	CTRL+E
Alternar um parágrafo entre alinhamento justificado e à esquerda.	CTRL+J
Alternar um parágrafo entre alinhamento à direita e à esquerda.	CTRL+G
Alinhar o parágrafo à esquerda.	CTRL+F
Recuar o parágrafo à esquerda.	CTRL+M
Remover o recuo à esquerda do parágrafo.	CTRL+SHIFT+M

Grupo Estilo

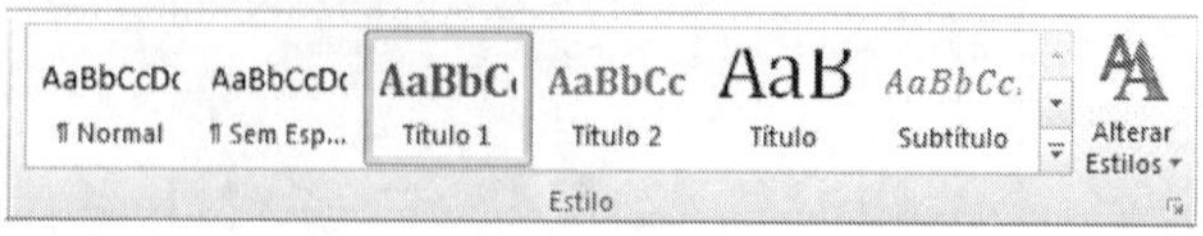

Um estilo é um conjunto de características de formatação, como nome da fonte, tamanho, cor, alinhamento de parágrafo e espaçamento. Alguns estilos incluem até mesmo borda e sombreamento.

Use estilos para formatar o documento e para aplicar de maneira rápida e fácil um conjunto de opções de formatação consistente em todo o documento. Exemplo, em vez de seguir três etapas separadas para formatar um título como 16 pontos, negrito, Cambria, você pode conseguir o mesmo resultado em uma única etapa aplicando o estilo Título 1 incorporado. Não é preciso se lembrar das características do estilo Título 1. Para cada rubrica no seu documento, basta clicar no título (você nem mesmo precisa selecionar todo o texto) e clicar em Título 1 na galeria de estilos.

Painel de Tarefas: Estilo

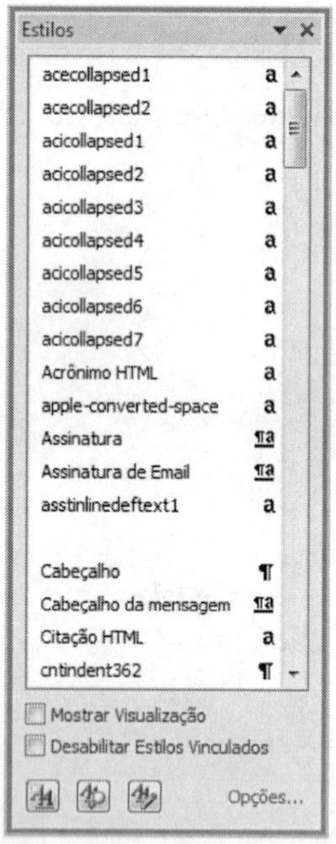

Grupo Edição

Utilizado, basicamente, para localizar e substituir textos em seu documento. Pode-se estender a pesquisa para que o Word encontre palavras similares ou reduzi-la para procurar uma parte de um documento ou texto que utilize formatações específicas. Ao selecionar uma palavra no texto e acionar o comando **Localizar...** a palavra selecionada já estará descrita como a que deve ser localizada (do mesmo modo em **Substituir...**). Com um clique no botão Localizar próxima, o botão com as duas setas para baixo, na barra de rolagem, automaticamente usa as informações inseridas na caixa de diálogo Localizar e Substituir. Para procurar o texto novamente depois que a caixa de diálogo foi fechada, basta clicar nas setas.

Clicando no botão Mais encontramos possibilidades de serem habilitados os seguintes parâmetros para a busca:

- **Diferenciar Maiúscula de Minúscula** – Permite que localize o texto exatamente como foi digitado;
- **Encontrar Palavras Inteiras** é usado para procurar apenas por palavras completas e não por partes de uma palavra;
- **Usar Caracteres Curinga** – Permite alguns caracteres especiais. Caracteres curinga são usados para representar outros caracteres. Os mais usados são os sinais **?**e*****. O caractere **?** representa qualquer caractere, enquanto o caractere ***** significa que você está procurando qualquer número de caracteres. Para obter uma lista completa dos curingas, selecione a caixa **Usar Caracteres Curinga** e clique no botão Especial.

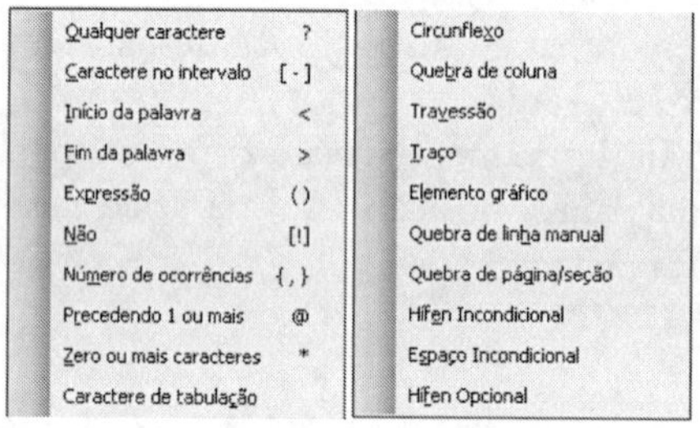

- **Semelhante (inglês)** – Permite encontrar palavras que têm o mesmo som, mas são escritas diferentemente (como their e there). Só funciona no idioma inglês;
- **Todas as Formas de Palavra (Inglês)** – Serve para encontrar todas as formas de uma determinada palavra (como o plural ou o passado). Só funciona no idioma inglês.

No comando **Ir Para...** podemos determinar ir para um local específico no documento. Em alguns itens podemos utilizar os sinais de **+** e **–** para ir para um local relativo no documento. Por exemplo: +4 moverá o ponto de inserção 4 itens para a frente.

PARA LOCALIZAR	DIGITE	EXEMPLO
Um único caractere qualquer	?	s?o localiza salvo e sonho.
Qualquer sequência de caracteres	*	t*o localiza tristonho e término.
O início de uma palavra	<	<(org) localiza organizar e organização, mas não localiza desorganizado.
O final de uma palavra	>	(do)> localiza medo e cedo, mas não localiza domínio.
Um dos caracteres especificados	[ ]	v[ie]r localiza vir e ver.
Qualquer caractere único neste intervalo	[-]	[r-t]ã localiza rã e sã. Os intervalos devem estar em ordem crescente.
Qualquer caractere único, exceto os caracteres no intervalo entre colchetes	[!x-z]	F[!a-m]rro localiza forro, mas não localiza ferro.
Exatamente *n* ocorrências do caractere ou expressão anterior	{n}	ca{2}tinga localiza caatinga, mas não catinga.
Pelo menos *n* ocorrências do caractere ou expressão anterior	{n,}	ca{1,}tinga localiza catinga e caatinga.
De *n* a *m* ocorrências do caractere ou expressão anterior	{n,m}	10{1,3} localiza 10, 100 e 1000.
Uma ou mais ocorrências do caractere ou expressão anterior	@	ca@tinga localiza catinga e caatinga.

Guia Inserir

GrupoPáginas

Folha de Rosto

Insere uma folha de rosto completamente formatada. Cabe ao usuário preencher o título o autor e data e outras informações.

Página em Branco

Insere uma nova página em branco na posição do cursor.

Quebra de página

Quando você preenche uma página com texto ou elementos gráficos, o Microsoft Word insere uma **quebra de página**[5] automática e inicia uma nova página. Para forçar uma quebra de página em um local específico, você poderá inseri-la manualmente.

Por exemplo, você pode forçar uma quebra de página para assegurar que o título de um capítulo comece sempre em uma nova página.

Se você trabalhar com documentos que contenham diversas páginas e inserir quebras de página manuais, talvez seja necessário reinseri-las com frequência à medida que você editar o documento. Em vez disso, você poderá definir opções de paginação para controlar onde o Word posicionará as quebras de página automáticas. Por exemplo, você poderá impedir que uma quebra de página ocorra em um parágrafo ou em uma linha de tabela. Você também poderá assegurar que uma quebra de página não seja inserida entre dois parágrafos, como entre um título e o parágrafo seguinte.

GrupoTabelas

Insere ou desenha uma tabela no documento incluindo tabelas pré-formatadas e do Excel.

[5] **Quebra de página**: O ponto em que uma página termina e outra começa. O Microsoft Word insere uma quebra de página "automática" (ou involuntária) ou você pode forçar uma quebra de página em um local específico inserindo uma quebra de página manual "manual" (ou forçada).

Grupo Ilustrações

 Insere uma imagem de um arquivo.

Insere clip art no documento incluindo desenhos, filmes, sons, ou fotos de catálogos para ilustrar um conceito específico.

 Insere formas prontas como retângulos, círculos, setas, linhas, símbolos de fluxogramas e textos explicativos.

 Insere um elemento gráfico SmartArt para comunicar informações visualmente. Eles variam desde linhas gráficas e diagramas de processos, até gráficos mais complexos e organogramas.

 Insere um gráfico para ilustrar ou comparar dados. Tipos: coluna, linha, pizza, barra, área, ações, superfície, rosca, dispersão, bolha e radar.

 Insere uma imagem de qualquer programa que não esteja minimizado na barra de tarefas.

Grupo Links

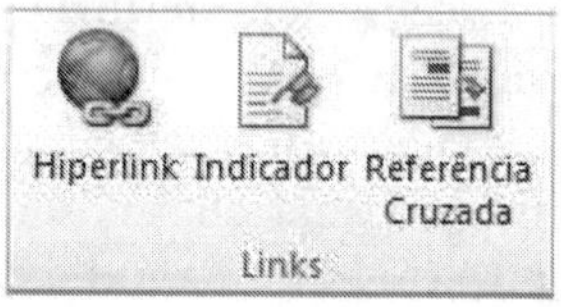

O ícone  cria uma conexão entre diferentes partes do documento, de outros documentos do Word ou de outros tipos de arquivos on-line. Por padrão, após o hyperlink inserido, será preciso pressionar a tecla **Crtl** para usá-lo:

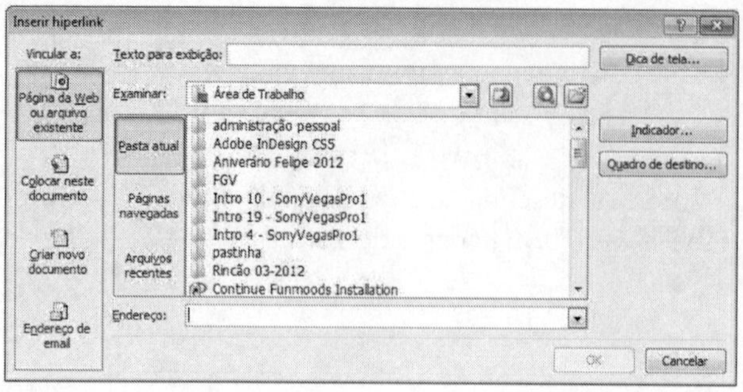

Um indicador identifica um local ou seleção de texto aos quais você atribui um nome e identifica para referência futura. Por exemplo, você poderá usar um indicador para identificar um texto que deseje revisar posteriormente. Em vez de rolar pelo documento para localizar o texto, você poderá ir para ele usando a caixa de diálogo **Indicador**.

Indicador

Cria um indicador para atribuir um nome a um ponto específico em um documento.

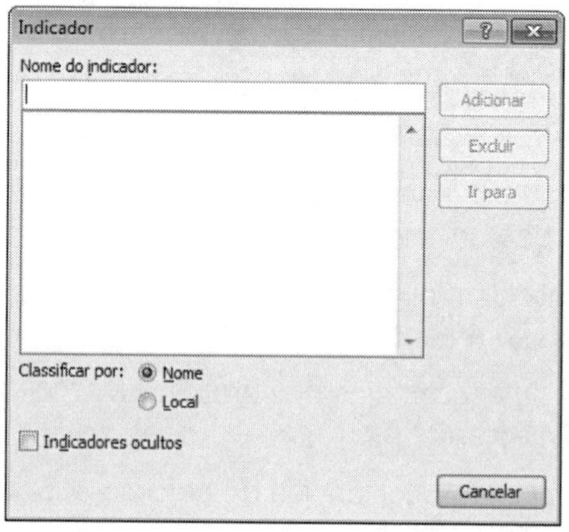

Referência Cruzada

Permite referir-se a itens, como títulos ilustrações e tabelas, inserindo uma referência cruzada como, por exemplo, "consulte a tabela abaixo".

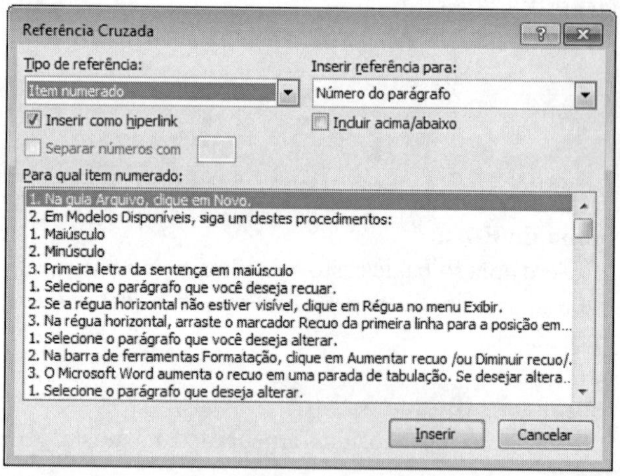

Atalhos:

PARA	PRESSIONE
Inserir um hiperlink.	CTRL+K
Voltar uma página.	ALT+SETA PARA A ESQUERDA
Avançar um página.	ALT+SETA PARA A DIREITA
Atualizar.	F9

Grupo Cabeçalho e Rodapé

Permite editar o cabeçalho e o rodapé do documento e permite inserir e formatar numeração de página do documento.

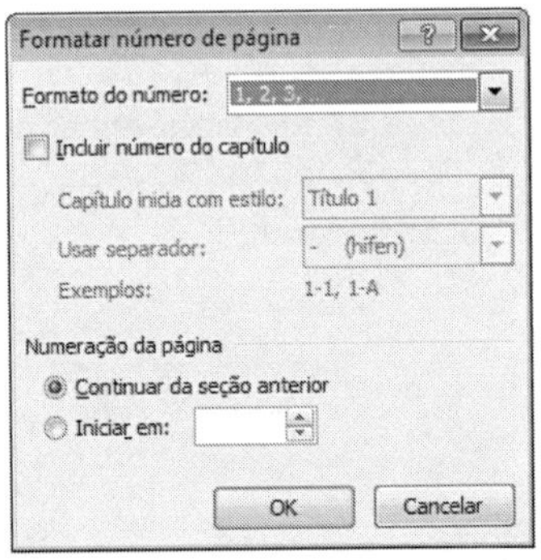

Grupo Texto

 Insere caixa de texto pré-formatada.

 Insere texto de conteúdo reutilizável, incluindo campos, propriedades de documento como título e autor ou qualquer fragmento de texto pré-formatado criados por você.

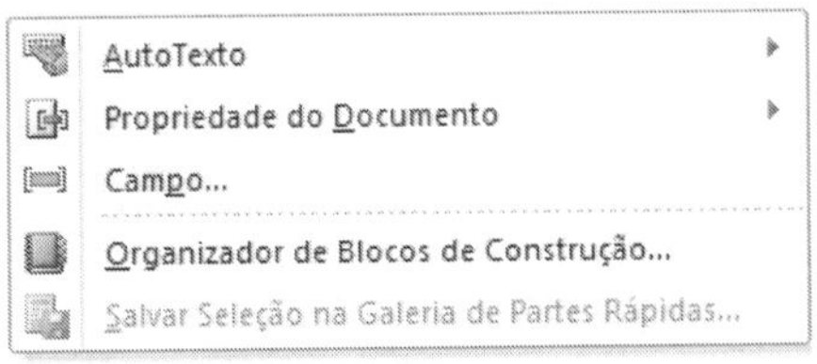

 Insere um texto decorativo no documento.

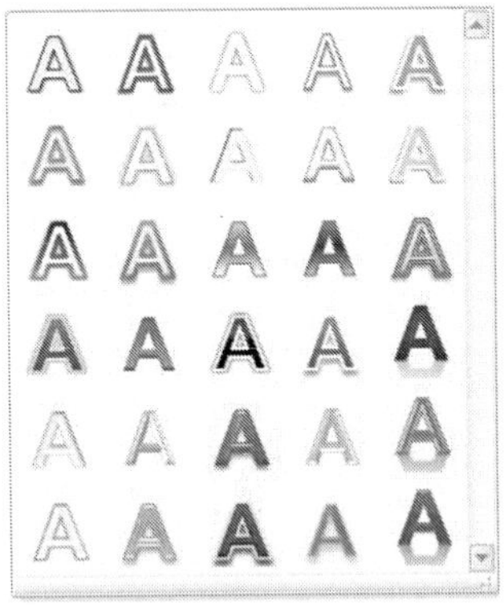

 Cria uma letra maiúscula grande no início de um parágrafo.

Linha de Assinatura Insere uma linha de assinatura que permite que se especifique a pessoa que deve assinar. A inserção de uma assinatura digital requer uma identificação digital.

Data e Hora Insere a data ou hora atuais no documento

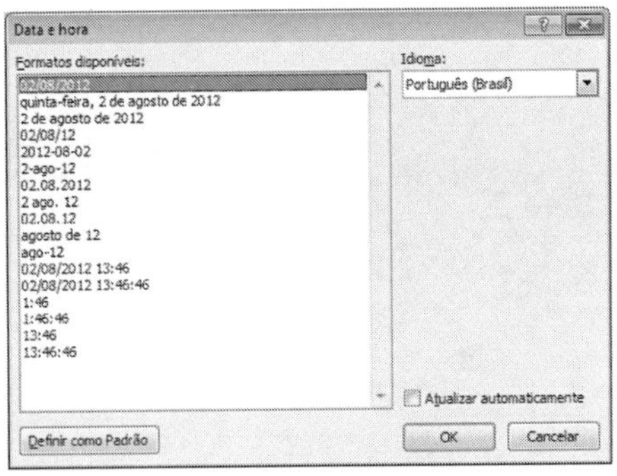

Objeto Permite inserir um objeto ou texto de arquivo.

Grupo Símbolos

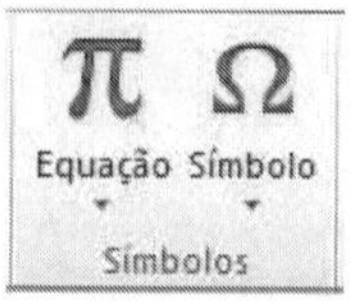

Equação

Permite inserir equações matemáticas ou desenvolver suas próprias equações usando uma biblioteca de símbolos matemáticos.

Símbolo

Permite inserir símbolos que não constam no teclado, como símbolos de copyright, símbolos de marca registrada, marcas de parágrafo e caracteres especiais.

Guia Layout de Página

GrupoTemas

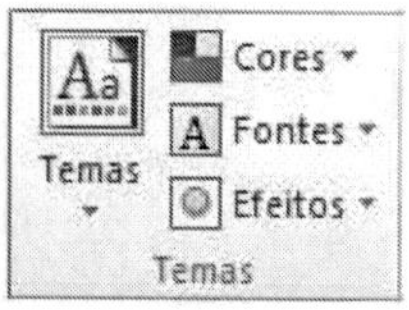

Tema

Permite alterar o design geral do documento inteiro incluindo cores, fontes e efeitos.

Cores

Permite alterar as cores do tema atual.

Fontes

Permite alterar a fonte do tema atual.

Efeitos

Permite alterar os efeitos do tema atual.

Grupo Configurar página

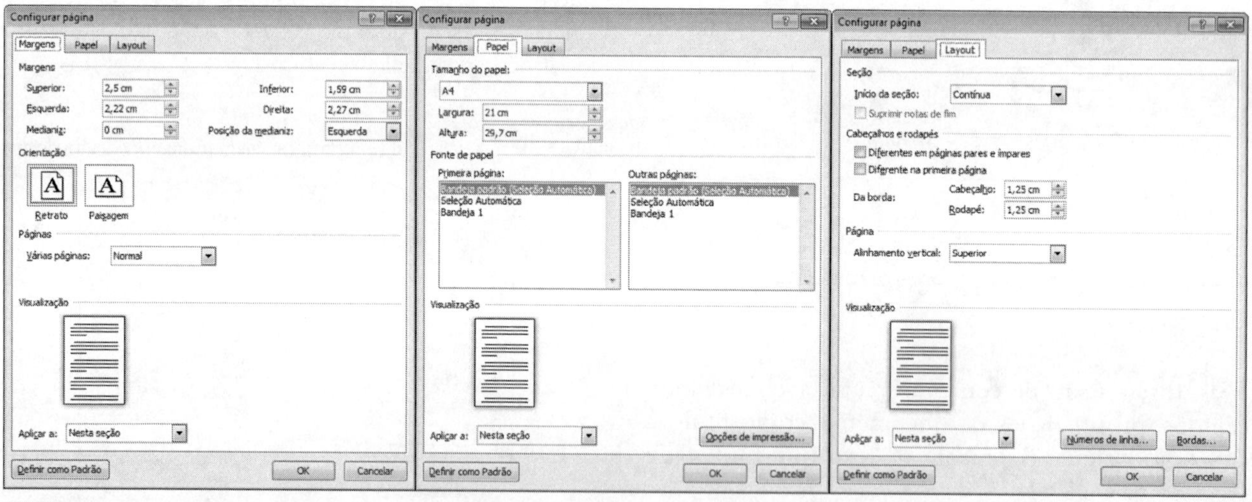

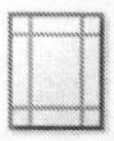 Permite selecionar o tamanho de margem do documento inteiro ou da seção atual.

 Permite alternar as páginas entre layouts retrato e paisagem.

 Permite escolher um tamanho de papel para a seção atual.

 Permite dividir o texto em duas ou mais colunas.

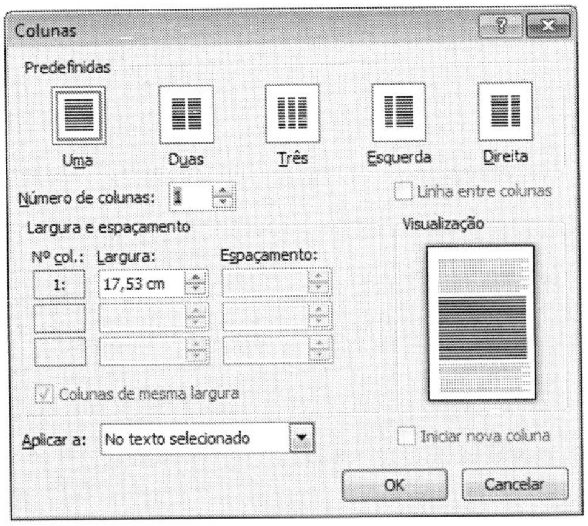

Quebras Permite adicionar página, seção ou quebras de coluna ao documento.

Números de Linha Permite adicionar números de linha à margem lateral de cada linha do documento.

Hifenização Permite ativar o recurso de hifenização que permite ao Word quebrar linhas entre as sílabas das palavras.

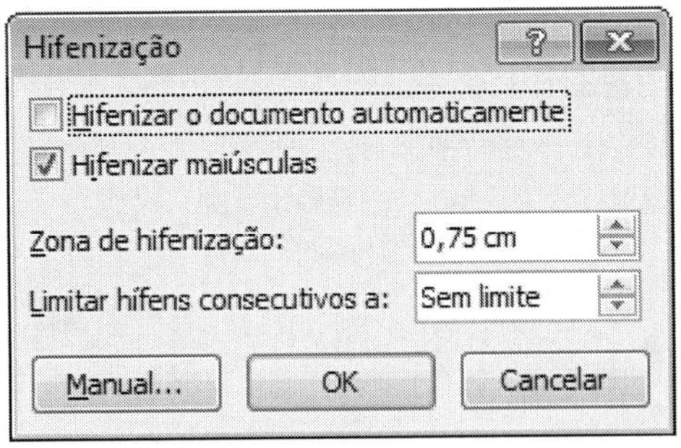

Se uma palavra for muita comprida para se ajustar ao tamanho final de uma linha, o Microsoft Word a posicionará no início da linha seguinte em vez de fazer a hifenização. Entretanto, você pode usar o recurso de hifenização e inserir hifens para eliminar folgas em textos justificados ou para manter os tamanhos de linha uniformes em colunas estreitas. É possível inserir um **hífen opcional**[6] ou um **hífen não separável**[7] ou permitir que o Word faça a hifenização de todas as partes do documento.

Usando a hifenização automática

Ao ativar a hifenização automática, o Word insere automaticamente hífens onde são necessários no documento. Se você posteriormente editar o documento e alterar as quebras de linha, o Word hifenizará o documento novamente.

Usando hifenização manual

Ao escolher a hifenização manual, o Word pesquisa pelo texto para hifenizar, solicita que você confirme cada hífen opcional proposto e insere os hífens opcionais. Se você mais tarde editar o documento e alterar as quebras de linha, o Word exibirá e imprimirá somente os hífens opcionais que ainda caiam no final das linhas. O Word não hifenizará o documento novamente.

Hifenizar texto em outro idioma

Para hifenizar texto em outro idioma, você precisa certificar-se de que o idioma está ativo para edição e instalar os Revisores de Texto do Microsoft Office 2010 para esse idioma.

GrupoPlano de Fundo da Página

Marca D'água

Permite inserir um texto "fantasma" atrás do conteúdo da página.

Cor da Página

Permite escolher uma cor para o plano de fundo da página.

Bordas de página

Permite adicionar ou alterar a borda em torno da página.

[6]**Hífen opcional**: Um hífen usado para controlar onde uma palavra ou frase será quebrada se ocorrer no final de uma linha. Por exemplo, você pode especificar que a palavra "imprimível" deve ser quebrada como "im-primível" em vez de "imprimí-vel.".

[7]**Hífen não separável:** Um hífen usado para evitar que uma palavra hifenizada, número ou frase quebre se ocorrer no final de uma linha. Por exemplo, é possível evitar que 555-0123 fique quebrado; em vez disso, o item inteiro é movido para o início da próxima linha.

Grupo Parágrafo

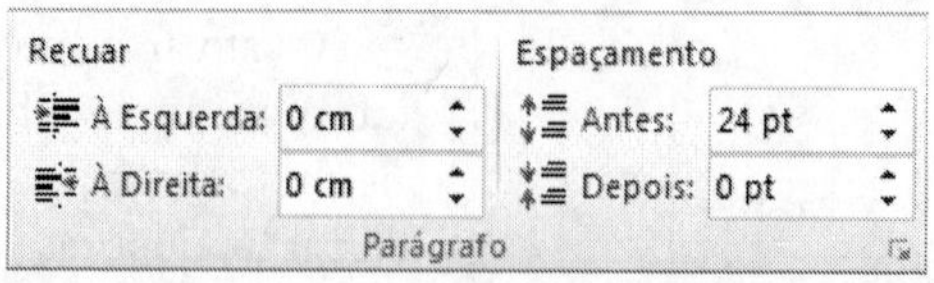

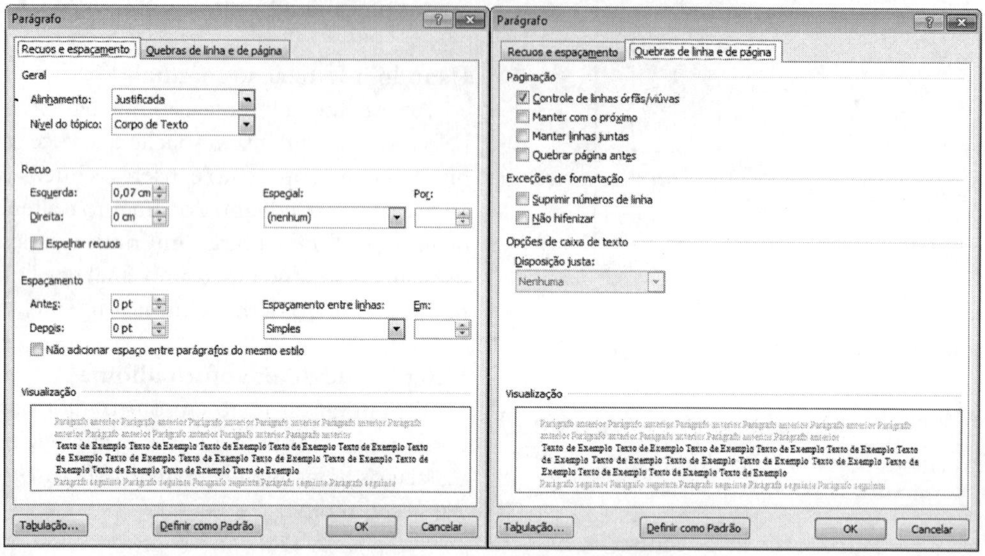

Organizar

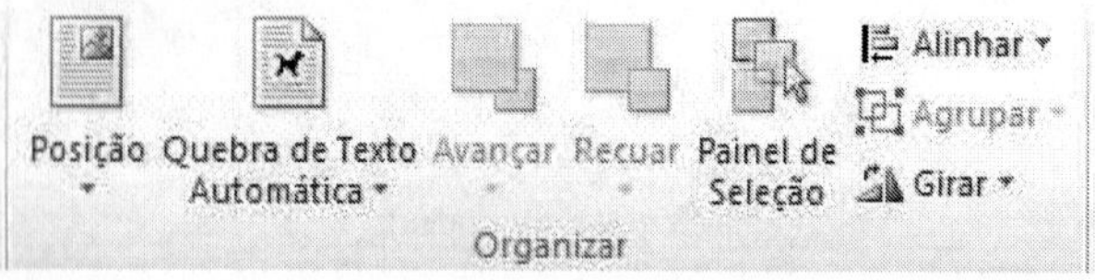

 Trata do posicionamento de objeto em relação à página.

 Altera a forma com que o texto será disposto ao redor do objeto selecionado.

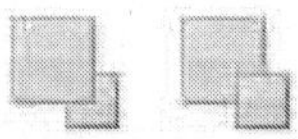 Posiciona o objeto selecionado para frente ou oculta o objeto atrás.

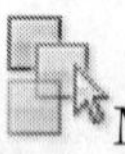 Mostra o painel de seleção para ajudar a selecionar objetos individuais e para alterar a ordem e a visibilidade desses objetos.

Alinhar ▾ Alinha a borda dos objetos selecionados.

Agrupar ▾ Agrupa objetos para que possam ser tratados como único.

Girar ▾ Gira o objeto selecionado.

Guia Referências

Grupo Sumário

Adiciona um sumário ao documento.

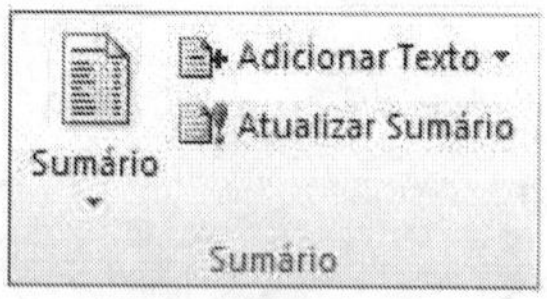

Adicionar Texto ▾

Adiciona o parágrafo atual como entrada do sumário.

Atualizar Sumário

Atualiza o sumário de modo que todas as entradas indiquem o número de páginas correto.

Grupo Notas de Rodapé

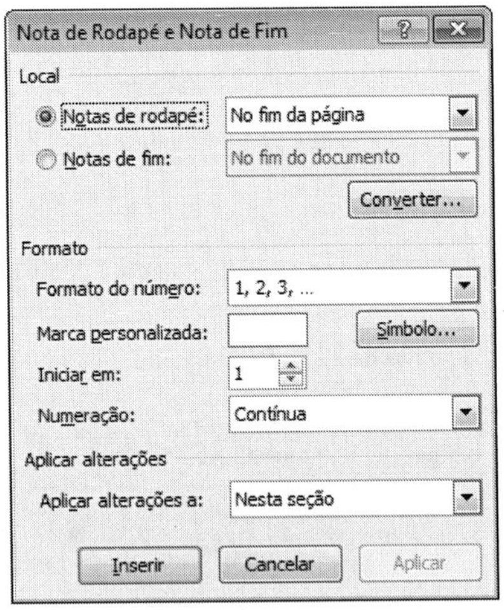

Adiciona uma nota de rodapé ao documento. Elas serão renumeradas automaticamente conforme movimentar o texto no documento.

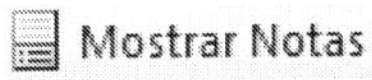

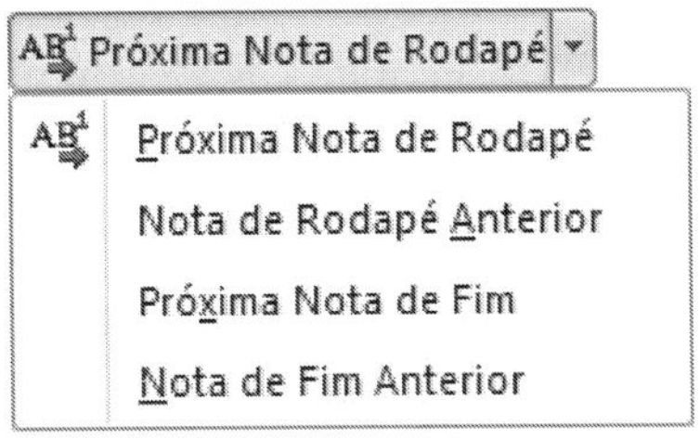

Rola o documento para mostrar o local em que as notas de rodapé ou notas de fim estão localizadas.

Atalhos:

PARA	PRESSIONE
Marcar uma entrada do sumário.	ALT+SHIFT+O
Marcar uma entrada do índice de autoridades (citação).	ALT+SHIFT+I
Marcar uma entrada do índice.	ALT+SHIFT+X
Inserir uma nota de rodapé.	ALT+CTRL+F

Grupo Citações e Bibliografia

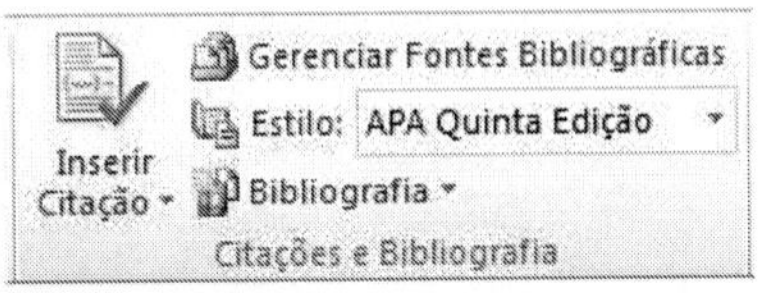

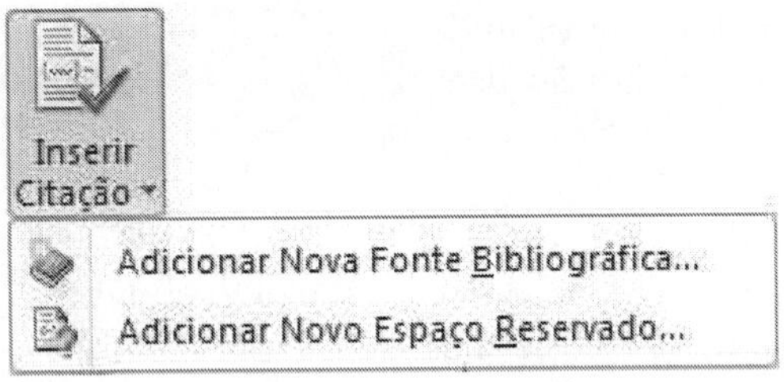

Permite citar um livro, artigo de jornal ou outro periódico como fonte das informações de documento. Escolha uma opção da lista de fontes que você criou ou especifique sobre uma nova fonte. O Word formatará a citação de acordo com o estilo selecionado.

 Gerencia fontes bibliográficas. Exibe a lista de todas as fontes citadas no documento.

Estilo de bibliografia. Permite escolher o estilo da citação a ser utilizado no documento. As opções mais conhecidas são Estilo APA, Estilo Chicago e Estilo MLA.

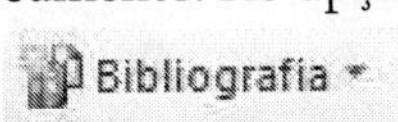

Grupo Legendas

Inserir legenda. Permite adicionar uma legenda a outra imagem. Legenda é uma linha de texto exibida abaixo de um objeto para descrevê-lo.

Inserir índice de ilustração. Permite inserir um índice de ilustração no documento. Isto inclui uma lista com todas as ilustrações, tabelas ou equações do documento.

Atualizar índice de ilustrações. Atualiza o índice de modo a incluir todas as entradas do documento.

Inserir referência cruzada. Permite referir-se a itens como títulos, ilustrações e tabelas, inserindo uma referência cruzada. Elas são atualizadas automaticamente se o conteúdo for movido para outro local. Por padrão elas são inseridas como hiperlinks.

Grupo Índice

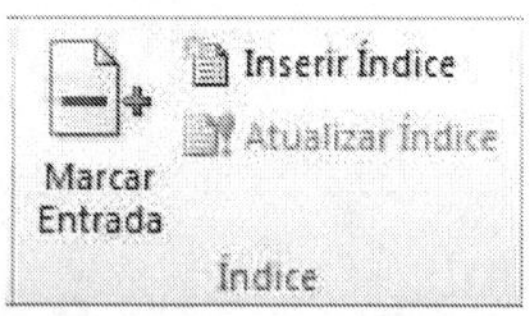

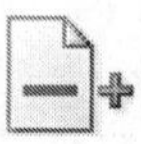 Marcar entrada. Inclui o texto selecionado no índice do documento.

Índice remissivo: é uma lista que pode ser de assuntos, de nomes de pessoas citadas, com a indicação da(s) página(s) no texto onde aparecem.

ÍndiceAnalítico: é uma sequência de títulos formada pela ordem de apresentação desses títulos no documento. O índice analítico é criado com base nos estilos utilizados para os títulos e subtítulos dos capítulos ou unidades do documento.

Grupo Índice e Autoridades

 Marcar citação. Adiciona o texto selecionado como uma entrada no índice de autoridades.

Guia Correspondências

Grupo Criar

Permite criar e imprimir envelopes e etiquetas.

Grupo Iniciar Mala Direta

Iniciar mala direta para criar uma carta-modelo a ser impressa ou enviada várias vezes por e-mail, remetendo cada cópia a um destinatário diferente. Você pode inserir campos, como nomes ou endereço, que o Word substituirá automaticamente pelas informações de um banco de dados ou de uma lista de contatos em cada cópia da carta-modelo.

Grupo Gravar e Inserir Campos

Grupo Visualizar Resultados

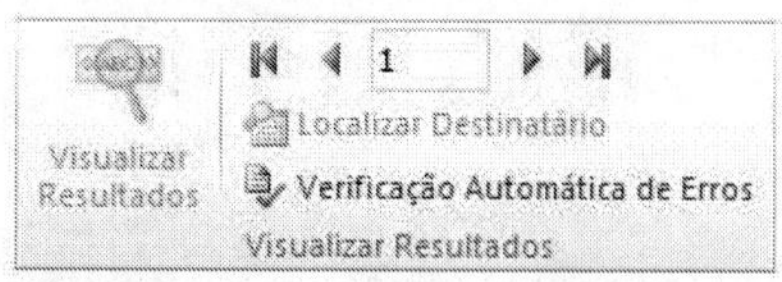

Grupo Concluir

Guia Revisão

Grupo Revisão de Textos

Você pode verificar a ortografia e a gramática automaticamente ao digitar ou de uma só vez. Você também pode usar o dicionário de sinônimos para verificar sinônimos.

Quando o verificador ortográfico encontra uma palavra que não reconhece, ele determina quais palavras em seu dicionário têm semelhança ortográfica e exibe uma lista destas palavras, realçando aquela que mais se aproxima. O conteúdo da lista é determinado exclusivamente pela ortografia, desse modo quaisquer instâncias que pareçam fora de contexto serão mera coincidência.

O dicionário de sinônimos fornece uma lista de sinônimos para o texto que você está procurando. Assim como no verificador ortográfico, ocorrências de termos aparentemente impróprios são mera coincidência.

O verificador gramatical é baseado em "linguagem natural" e sinaliza possíveis problemas ao executar uma análise completa do texto. É possível que o verificador gramatical não encontre todos os tipos de problemas, uma vez que foi criado para se concentrar naqueles problemas mais típicos ou frequentes.

Para ajustar com precisão a maneira como o Microsoft Word revisa o documento, siga um destes procedimentos:

- Defina preferências como, por exemplo, ignorar texto durante uma verificação ortográfica e gramatical, ou escolher uma ortografia preferencial para uma palavra.
- Selecione as regras de estilo e gramática usadas durante uma verificação gramatical.
- Mostre ou oculte o sublinhado ondulado usado para marcar possíveis problemas de ortografia e gramática.
- Use dicionários personalizados para evitar que o verificador ortográfico questione palavras específicas, como termos técnicos, acrônimos ou outros termos especializados, que talvez não estejam incluídas no dicionário principal. O Word compartilha os dicionários personalizados com outros programas do Microsoft Office.

Você pode revisar texto em diferentes idiomas — por exemplo, verificar a ortografia ou procurar palavras no dicionário de sinônimos — contanto que as ferramentas estejam instaladas para a linguagem que você quer verificar. Ferramentas de revisão para vários idiomas podem ser instaladas com a sua versão de idioma do Microsoft Word.

Além disso, quando você cria ou adiciona um dicionário personalizado, você pode associá-lo a um idioma em particular de modo que o Word somente o utilize ao verificar texto naquele idioma. Todos os dicionários são depois agrupados por idioma na caixa de diálogo **Dicionários personalizados**.

Abre o painel de tarefas pesquisar para fazer uma pesquisa em materiais de referência como dicionários, enciclopédias e serviços de tradução.

Sugere palavras com significado semelhante ao da palavra selecionada.

Identifica o número de palavras, caracteres, parágrafos e linhas no documento ou parte do documento. Estas informações também podem ser encontradas na barra de status.

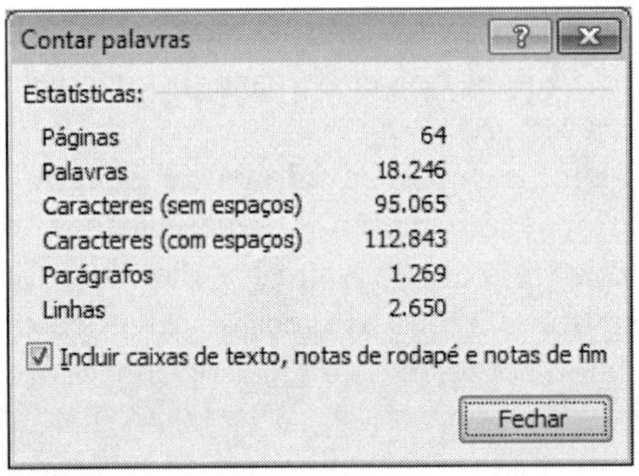

Grupo Idioma

Traduzir palavras ou parágrafos em um idioma diferente usando dicionários bilíngues ou tradução automática.

Seleciona opções de idioma.

Quando você abre um documento ou insere texto, o Microsoft Word pode detectar automaticamente o idioma do texto para um determinado número de idiomas. Quando o Word detectar um idioma, ele usará os dicionários de ortografia e gramática, regras de pontuação e convenções de classificação para esse idioma. Esse recurso oferece uma maneira conveniente de executar determinadas tarefas ao digitar, como, por exemplo, verificar a ortografia e a gramática e trabalhar com textos multilíngues.

O Word usa algoritmos de linguagem especial e estatísticas para analisar as combinações de letras em cada frase. Ele não detecta o idioma de palavras separadas ou frases curtas. Ao detectar idiomas, o Word restringe os resultados para os idiomas com os quais ele está configurado para trabalhar, usando qualquer um dos critérios a seguir:

- Se o idioma estiver ativado para a edição.
- Se ele for o idioma padrão do documento (esse é o formato de idioma para o estilo Normal no modelo ativo).
- Se ele for o idioma do teclado ativo (caso mais de um idioma e formato de teclado esteja instalado).

A detecção do idioma ocorre enquanto você trabalha, sem interromper seu trabalho. Em um novo documento, o Word começa no início do documento e verifica cada frase enquanto você digita e cada texto que é colocado ou inserido no arquivo. Ao abrir um documento que ele nunca tenha verificado, o Word verifica cada frase do documento. Ele também verifica novamente frases que você edita.

Grupo Comentários

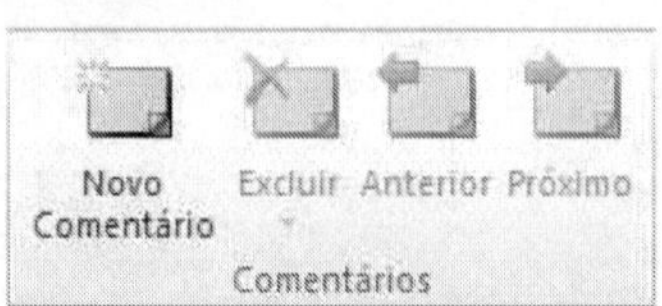

 Adiciona um comentário sobre a seleção.

Grupo Controle

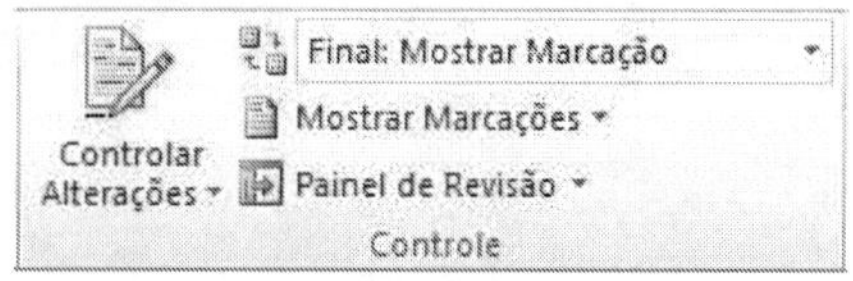

 Controlar alterações – Permite controlar todas as alterações feitas no documento, incluindo inserções, exclusões e alterações de formatação.

Exibir para revisão. Permite escolher a forma de exibir as alterações propostas no documento. ***Final*** mostra o documento com todas as alterações propostas incluídas. ***Original*** mostra o documento antes da implementação das alterações. As marcações mostram as alterações que foram propostas.

Mostrar marcações. Permite escolher o tipo de marcação a ser exibido no documento. Você pode ocultar ou mostrar comentários, inserções e exclusões, alterações de formatação e outros tipos de marcação.

Mostra as revisões em uma janela separada.

Grupo Alterações

 Permite aceitar a alteração atual e passar para a próxima alteração proposta. Basta clicar na seta para aceitar várias alterações de uma vez.

 Permite rejeitar a alteração atual e passar para a próxima alteração proposta. Basta clicar na seta para rejeitar várias alterações de uma vez.

Grupo Comparar

Permite comparar ou combinar várias versões de um documento.

Grupo Proteger

Permite bloquear outros autores, impedindo-os de editar o texto selecionado ou restringir como as pessoas editam ou formatam partes específicas do documento. Você pode impedir alterações de formatação, impor que todas as alterações sejam controladas ou habilitar apenas os

Atalhos:

PARA	PRESSIONE
Inserir um comentário.	ALT+CTRL+M
Ativar ou desativar o controle de alterações.	CTRL+SHIFT+E
Fechar o Painel de Revisão se ele estiver aberto.	ALT+SHIFT+C

Guia Exibição

Grupo Modos de Exibição de Documento

Sobre as maneiras de exibir um documento do Word

No Microsoft Word, há diferentes maneiras de você obter uma visualização adequada de seu trabalho, dependendo da tarefa que será efetuada. Modos de exibição de layout (para trabalhar com o documento):

Layout de impressão

Para ver como o texto, os elementos gráficos e outros elementos serão posicionados na página impressa.Esse modo de exibição é útil para editar cabeçalhos e rodapés, para ajustar margens e para trabalhar com colunas e objetos de desenho. Para digitar e editar texto nesse modo de exibição, você pode economizar espaço na tela ocultando o espaço em branco na parte superior e na parte inferior da página.

Leitura em Tela Inteira: Formato que oculta as barras do documento, facilitando a leitura em tela cheia, observe que no rodapé do documento à direita, ele possui uma flecha apontando para a próxima página. Para sair desse modo de visualização clique no botão fechar no topo à direita da tela.

Layout da Web: Este formato aproxima seu texto de uma visualização na internet. Desta forma você pode postar textos em sites e blogs.

Estrutura de tópicos

Usado para examinar a estrutura de um documento e para mover, copiar e reorganizar o texto arrastando os títulos. Nesse modo de exibição, você pode recolher um documento para ver apenas os títulos principais, ou pode expandi-lo, para ver todos os títulos e também o corpo do texto.

O modo de exibição de estrutura de tópicos também facilita o trabalho com **documentos mestres**[8]. Os documentos mestres facilitam a organização e manutenção de um documento longo, como um relatório de várias partes ou um livro com capítulos. Nesse modo de exibição, as quebras de página, cabeçalhos e rodapés, elementos gráficos e planos de fundo não aparecem.

Rascunho: É o formato bruto, permite aplicar vários recursos de produção de texto, mas não visualiza como impressão.

Grupo Mostrar

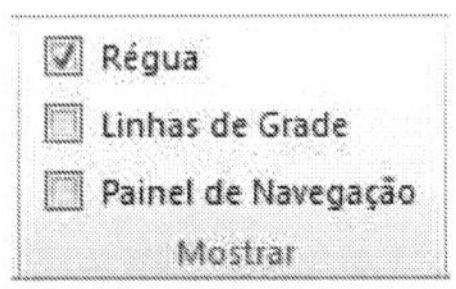

Grupo Zoom

Exibe a caixa de diálogo zoom para especificar o nível de zoom do documento. Na maioria dos casos, você também pode usar os controles de zoom da barra de status, na parte inferior da janela, para aplicar zoom rapidamente ao documento.

[8] **Documento mestre**: Um "recipiente" para um conjunto de arquivos separados (ou subdocumentos). É possível usar um documento mestre para configurar e gerenciar um documento com várias partes, como um livro com diversos capítulos.

Grupo Janela

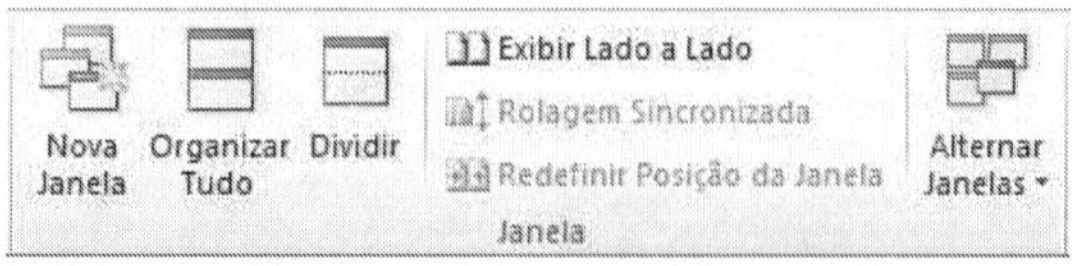

Nova janela – abre uma nova janela com exibição do documento atual.

Organizar tudo – permite colocar todas as janelas abertas do programa lado a lado na tela.

Dividir – Permite dividir a janela atual em duas partes, de modo que seções diferentes do documento possam ser vistas ao mesmo tempo.

Exibir lado a lado – Permite exibir dois documentos lado a lado para poder comparar os respectivos conteúdos.

Rolagem sincronizada – permite sincronizar a rolagem de dois documentos de modo que rolem juntos na tela.

Redefinir posição da janela – permite redefinir a posição da janela dos documentos que estão sendo comparados lado a lado de modo que dividam a tela igualmente. Para habilitar este recurso o recurso de exibir lado a lado deve estar ativado.

Alternar janelas – Permite passar para outra janela aberta.

Grupo Macros

É possível criar uma macro (macro: uma ação ou um conjunto de ações que você pode usar para automatizar tarefas. As macros são registradas na linguagem de programação Visual Basic for Applications.) usando a gravação de macro para gravar uma sequência de ações ou criar uma macro a partir do zero inserindo código do Visual Basic for Applications no Editor do Visual Basic.

Gravar: Execute as ações que você deseja incluir na macro. Ao gravar uma macro, você pode usar o mouse para clicar em comandos e opções, mas não para selecionar texto. Use o teclado para gravar esse tipo de ação. Por exemplo, você pode usar F8 para selecionar texto e pressionar END para mover o cursor para o fim da linha.

Para parar de gravar a macro, clique em **Parar gravação** .

Observação: Se você der a uma nova macro o mesmo nome de uma comando interno do Microsoft Word, as ações da nova macro substituirão as ações existentes.

Segurança: Como macros podem conter vírus, tenha cuidado ao executá-las. Tome estas precauções: execute software antivírus atualizado no computador; defina o nível de segurança da macro como alto; desmarque a caixa de seleção **Confiar em todos os suplementos e modelos instalados** ; use assinaturas digitais; mantenha uma lista de editores confiáveis.

4. Método para Mover-se por um Documento

É possível movimentar-se pelo documento utilizando qualquer dos procedimentos abaixo:

Rolar por um documento

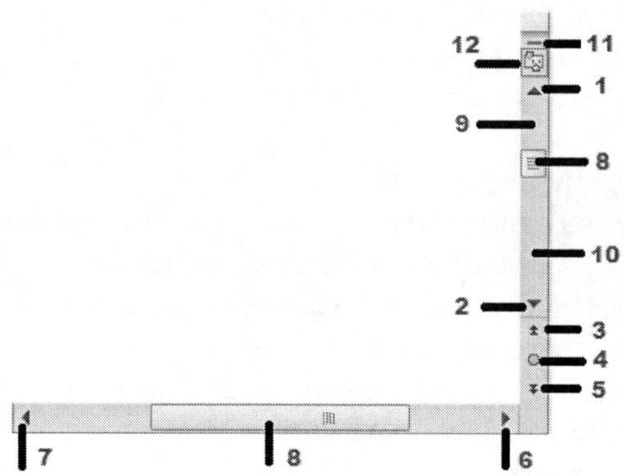

1 - Rolar uma linha para cima.
2 - Rolar uma linha para baixo.
3,4 e **5** - Navegador Word.
6 - Rolar para a direita.
7- Rolar para a esquerda. Mantenha a tecla **Shift** pressionada e clique na seta de rolagem para a esquerda. caso deseje, utilizando o modo de exibição normal, rolar além da margem.
8 - Rolar para uma página específica.
9 - Rolar uma tela para cima.
10 - Rolar uma tela para baixo.
12 - Exibir régua.

Observação: Para rolar mais lentamente, use as teclas de rolagem ou tecla a **PageUp** ou **PageDown** no teclado.

Rolar por duas partes de um documento simultaneamente dividindo a janela

Aponte para a caixa de divisão (**11**) na parte superior da barra de rolagem vertical (Split box). Quando o ponteiro mudar para um ponteiro de redimensionamento, arraste a barra de divisão para a posição desejada.

Observações: Para retornar para uma única janela, clique duas vezes na barra de divisão. Para mover ou copiar texto entre partes de um documento grande, divida a janela em dois painéis. Exiba o texto ou os elementos gráficos que você deseja mover ou copiar em um painel e o destino do texto e dos elementos gráficos no outro painel. Depois, selecione e arraste o texto ou os elementos gráficos pela barra de divisão.

Navegador do Word

IR para a página, tabela ou outro item seguinte ou anterior do mesmo tipo

1. Na barra de rolagem vertical, clique em **Selecionar Objeto da Procura** (4).

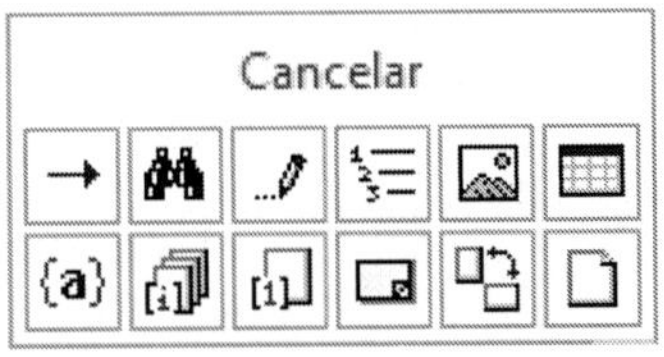

2. Clique no item desejado.

- Procura por campos
- Ir para
- procura por nota de fim
- Localizar
- Nota de rodapé
- Procura por edições
- Procura por comentários
- Procura por títulos
- Procura por seções
- Procura por gráficos
- Procura por páginas
- Procura por tabelas

3. Para ir para o item seguinte ou anterior do mesmo tipo, clique em **Próximo** (5) ou **Anterior** (3).

Voltar para um local de edição anterior

O Microsoft Word controla os três últimos locais nos quais você digitou ou editou textos. Para voltar para um local de edição anterior, pressione **Shift F5** até chegar ao local desejado. Observe que também pode-se usar esse recurso para voltar para um local anterior depois de salvar o documento.

5. Métodos para Selecionar, Mover e Copiar

Selecionar

Selecionar textos com formatação semelhante – Clique no botão direito do mouse com o ponteiro sobre o corpo do documento e Clique em selecionar textos com formatação semelhante;

Selecionar trecho de texto - Arrastar o ponteiro do mouse com o botão principal pressionado sobre a área que se quer selecionar;

Selecionar uma palavra - Duplo clique sobre uma palavra;

Seleciona a linha - Com o ponteiro do mouse na margem esquerda do texto, clicar quando o mouse apontar para o canto superior direito do documento. Seleciona a linha que estiver a sua frente;

Selecionar sentença - Com a tecla **Ctrl** pressionada clicar em qualquer lugar no texto;

Selecionar um parágrafo - Triplo clique sobre uma palavra;

Selecionar um parágrafo - Com o ponteiro do mouse na margem esquerda do texto dê um duplo clique quando o mouse apontar para o canto superior direito do documento – Seleciona o parágrafo que estiver a sua frente;

Selecionar trecho longo - Clique no início de um trecho longo e, em seguida, pressione a tecla **Shift** e clique no ponto até onde quer selecionar;

Selecionar trechos não contíguos - Arraste o ponteiro do mouse sobre um trecho, pressione a tecla **Ctrl** e arraste o ponteiro do mouse para selecionar outro trecho;

Selecionar todo o texto -Use o atalho **Ctrl T**;

Selecionar bloco vertical de texto – Clique no canto superior esquerdo do bloco desejado e pressionando a tecla **Alt** arraste o ponteiro do mouse para o fim do bloco desejado;

Selecionar parte inicial da linha – Clique em algum ponto da linha e pressione **Shift Home**;

Selecionar parte final da linha – Clique em algum ponto da linha e pressione **Shift End**.

Mover

Mover em distância curta – Arraste o texto selecionado para outro local;

Mover para uma curta ou longa distância – Selecione, e pressione a tecla **F2**, clique no novo local e pressione **Enter;**

Mover para uma longa distância ou para documento ou programa diferente – Selecione,clique no botão **Recortar** (**Ctrl X**) e, no novo local, no botão **Colar** (**Ctrl V**).

Copiar

Copiar em distância curta – Pressione a tecla **Ctrl** e arraste o texto selecionado para um novo local e solte a tecla;

Copiar para uma curta ou longa distância – Selecione e pressione as teclas **Shift F2**, clique no novo local e pressione **Enter;**

Copiar para uma longa distância ou para documento ou programa diferente – Selecione, clique no botão **Copiar** (**Ctrl C**) e, no novo local, no botão **Colar** (**Ctrl V**);

Copiar vários itens e inserir todos no mesmo lugar – Selecione e clique em *copiar* (**Ctrl C**), selecione o próximo item e clique em *copiar* (**Ctrl C**) novamente e repita o procedimento até no máximo 24 vezes. Clique no novo local e pressione o botão **Colar** (**Ctrl V**).

Atalhos

PARA	PRESSIONE
Alternar para a próxima janela.	ALT+TAB
Alternar para a janela anterior.	ALT+SHIFT+TAB
Fechar a janela ativa.	CTRL+W ou CTRL+F4
Restaurar o tamanho da janela ativa após maximizá-la.	ALT+F5
Mover para um painel de tarefas a partir de outro painel na janela do programa (direção no sentido horário). (Talvez você precise pressionar F6 mais de uma vez.)	F6
Mover para um painel de tarefas a partir de outro painel na janela do programa (direção no sentido anti-horário).	SHIFT+F6
Quando houver mais de uma janela aberta, alternar para a próxima janela.	CTRL+F6
Alternar para a janela anterior.	CTRL+SHIFT+F6
Maximizar ou restaurar a janela selecionada.	CTRL+F10
Copiar uma imagem da tela para a Área de Transferência.	PRINT SCREEN
Copiar uma imagem da janela selecionada para a Área de Transferência.	ALT+PRINT SCREEN
Voltar para a opção ou o grupo de opções anterior.	SHIFT+TAB
Alternar para a próxima guia de uma caixa de diálogo.	CTRL+TAB
Alternar para a guia anterior de uma caixa de diálogo.	CTRL+SHIFT+TAB
Alternar entre as opções da lista suspensa aberta ou de um grupo de opções.	Teclas de direção
Executar a ação atribuída ao botão selecionado; marcar ou desmarcar a caixa de seleção destacada.	BARRA DE ESPAÇOS
Selecionar uma opção; marcar ou desmarcar uma caixa de seleção.	ALT+ a letra sublinhada em uma opção
Abrir a lista suspensa selecionada.	ALT+ SETA PARA BAIXO
Selecionar uma opção de uma lista suspensa.	Primeira letra de uma opção em uma lista suspensa
Fechar a lista suspensa selecionada; cancelar um comando e fechar uma caixa de diálogo.	ESC
Executar o comando selecionado.	ENTER
Ir para o início da entrada.	HOME
Ir para o fim da entrada.	END
Mover um caractere para a esquerda ou para a direita.	SETA PARA A ESQUERDA ou SETA PARA A DIREITA
Mover uma palavra para a esquerda.	CTRL+SETA PARA A ESQUERDA
Mover uma palavra para a direita.	CTRL+SETA PARA A DIREITA
Marcar ou desmarcar um caractere à esquerda.	SHIFT+SETA PARA A ESQUERDA
Marcar ou desmarcar um caractere à direita.	SHIFT+SETA PARA A DIREITA
Marcar ou desmarcar uma palavra à esquerda.	CTRL+SHIFT+SETA PARA A ESQUERDA
Marcar ou desmarcar uma palavra à direita.	CTRL+SHIFT+SETA PARA A DIREITA
Selecionar do ponto de inserção ao início da entrada.	SHIFT+HOME
Selecionar do ponto de inserção ao fim da entrada.	SHIFT+END
Exibir a caixa de diálogo **Abrir**.	CTRL+F12 ou CTRL+O
Exibir a caixa de diálogo **Salvar como**.	F12
Abrir a pasta ou arquivo selecionado.	ENTER
Abrir a pasta um nível acima da pasta selecionada.	BACKSPACE
Excluir a pasta ou o arquivo selecionado.	DELETE
Exibir um menu de atalho para um item selecionado, como uma pasta ou um arquivo.	SHIFT+F10
Avançar pelas opções.	TAB
Retroceder pelas opções.	SHIFT+TAB

Abrir a lista **Examinar**.	F4 ou ALT+I
Cancelar uma ação.	ESC
Desfazer uma ação.	CTRL+Z
Refazer ou repetir uma ação.	CTRL+R
Mover para um painel de tarefas a partir de outro painel na janela do programa. (Talvez você precise pressionar F6 mais de uma vez.)	F6
Quando um menu estiver ativo, mover para um painel de tarefas. (Talvez você precise pressionar CTRL+TAB mais de uma vez.)	CTRL+TAB
Quando um painel de tarefas estiver ativo, selecionar a próxima opção ou a opção anterior no painel de tarefas.	TAB ou SHIFT+TAB
Exibir o conjunto completo de comandos no menu do painel de tarefas.	CTRL+BARRA DE ESPAÇOS
Executar a ação atribuída ao botão selecionado.	BARRA DE ESPAÇOS ou ENTER
Abrir um menu suspenso para o item de galeria selecionado.	SHIFT+F10
Selecionar o primeiro ou último item em uma galeria.	HOME ou END
Rolar para cima ou para baixo na lista de galeria selecionada.	PAGE UP ou PAGE DOWN
Exibir o menu de atalho do item selecionado.	SHIFT+F10
Exibir o menu ou a mensagem para uma ação disponível, para o botão Opções de AutoCorreção ou para o botão Opções de Colagem se houver mais de uma ação presente, alterne para a próxima ação e exiba o respectivo menu ou mensagem.	ALT+SHIFT+F10
Mover-se entre as opções de um menu de ações disponíveis.	Teclas de direção
Executar a ação correspondente ao item selecionado em um menu de ações disponíveis.	ENTER
Fechar o menu ou a mensagem de ações disponíveis.	ESC
Selecionar a guia ativa da Faixa de Opções e ativar as teclas de acesso.	ALT ou F10. Pressione uma dessas teclas novamente para voltar ao documento e cancelar as teclas de acesso.
Mover para outra guia na Faixa de Opções.	F10 para selecionar a guia ativa e então SETA PARA A ESQUERDA ou SETA PARA A DIREITA
Expandir ou recolher a Faixa de Opções.	CTRL+F1
Exibir o menu de atalho do item selecionado.	SHIFT+F10
Mover o foco para selecionar cada uma das seguintes áreas da janela: - Guia ativa da Faixa de Opções - Qualquer painel de tarefas aberto - Barra de status na parte inferior da janela - Seu documento	F6
Mover o foco para cada comando na Faixa de Opções, para a frente ou para trás, respectivamente.	TAB ou SHIFT+TAB
Mover para baixo, para cima, para a esquerda ou para a direita, respectivamente, entre os itens na Faixa de Opções.	SETA PARA BAIXO, SETA PARA CIMA, SETA PARA A ESQUERDA ou SETA PARA A DIREITA
Ativar o comando ou controle selecionado na Faixa de Opções.	BARRA DE ESPAÇOS ou ENTER
Abrir o menu ou galeria selecionado na Faixa de Opções.	BARRA DE ESPAÇOS ou ENTER
Ativar um comando ou controle na Faixa de Opções de forma que você possa modificar um valor.	ENTER
Concluir a modificação de um valor em um controle na Faixa de Opções e mover o foco novamente para o documento.	ENTER

Obter ajuda sobre o comando ou controle selecionado na Faixa de Opções. (Se não houver tópico de Ajuda associado ao comando selecionado, um tópico de Ajuda geral sobre o programa será mostrado.)	F1
Criar um espaço incondicional.	CTRL+SHIFT+BARRA DE ESPAÇOS
Criar um hífen incondicional.	CTRL+SHIFT+HÍFEN
Formatar as letras com negrito.	CTRL+N
Formatar as letras com itálico.	CTRL+I
Formatar as letras com sublinhado.	CTRL+S
Diminuir o tamanho da fonte em um valor.	CTRL+SHIFT+<
Aumentar o tamanho da fonte em um valor.	CTRL+SHIFT+>
Diminuir o tamanho da fonte em 1 ponto.	CTRL+[
Aumentar o tamanho da fonte em 1 ponto.	CTRL+]
Remover a formatação do parágrafo ou do caractere.	CTRL+BARRA DE ESPAÇOS
Copiar o texto ou objeto selecionado.	CTRL+C
Recortar o texto ou objeto selecionado.	CTRL+X
Colar um texto ou objeto.	CTRL+V
Colar especial.	CTRL+ALT+V
Colar somente formatação.	CTRL+SHIFT+V
Desfazer a última ação.	CTRL+Z
Refazer a última ação.	CTRL+R
Abrir a caixa de diálogo **Contar Palavras**.	CTRL+SHIFT+G
Criar um novo documento.	CTRL+O
Abrir um documento.	CTRL+A
Fechar um documento.	CTRL+W
Dividir a janela do documento.	ALT+CTRL+S
Remover a divisão da janela do documento.	ALT + SHIFT + C ou CTRL + ALT + S
Salvar um documento.	CTRL+B
Abrir o painel de tarefas **Navegação** (para pesquisar o documento).	CTRL+L
Repetir a operação de localização (depois de fechada a janela **Localizar e Substituir**).	ALT+CTRL+Y
Substituir texto, uma formatação específica e itens especiais.	CTRL+U
Ir para uma página, um indicador, uma nota de rodapé, uma tabela, um comentário, um elemento gráfico ou para outro local.	CTRL+ALT+G
Alternar entre os últimos quatro lugares editados.	ALT+CTRL+Z
Abrir uma lista de opções de navegação. Pressione as setas de direção para selecionar uma opção e, em seguida, pressione ENTER para navegar em um documento usando a opção selecionada.	ALT+CTRL+HOME
Mover para o objeto anterior procurado (definido nas opções de pesquisa).	CTRL+PAGE UP
Mover para o próximo objeto procurado (definido nas opções de pesquisa).	CTRL+PAGE DOWN
Alternar para o modo de exibição Layout de Impressão.	ALT+CTRL+P
Alternar para o modo de exibição de estrutura de tópicos.	ALT+CTRL+O
Alternar para o modo de exibição de rascunho.	ALT+CTRL+N
Elevar o nível de um parágrafo.	ALT+SHIFT+SETA PARA A ESQUERDA
Rebaixar o nível de um parágrafo.	ALT+SHIFT+SETA PARA A DIREITA
Rebaixar para corpo do texto.	CTRL+SHIFT+N
Mover os parágrafos selecionados para cima.	ALT+SHIFT+SETA PARA CIMA
Mover os parágrafos selecionados para baixo.	ALT+SHIFT+SETA PARA BAIXO
Expandir o texto embaixo de um título.	ALT+SHIFT+SINAL DE ADIÇÃO

Recolher o texto embaixo de um título.	ALT+SHIFT+SINAL DE SUBTRAÇÃO
Expandir ou recolher todos os textos ou títulos.	ALT+SHIFT+A
Ocultar ou exibir a formatação dos caracteres.	A tecla de barra (/) no teclado numérico
Mostrar a primeira linha do corpo do texto ou o corpo do texto inteiro.	ALT+SHIFT+L
Mostrar todos os títulos com o estilo Título 1.	ALT+SHIFT+1
Mostrar todos os títulos até o Título *n* .	ALT+SHIFT+*n*
Inserir um caractere de tabulação.	CTRL+TAB
Imprimir um documento.	CTRL+P
Entrar no modo de visualização de impressão.	ALT+CTRL+I
Mover-se pela página de visualização quando ela está ampliada.	Teclas de direção
Mover-se pela página de visualização quando ela está reduzida.	PAGE UP ou PAGE DOWN
Ir para a primeira página de visualização quando ela está reduzida.	CTRL+HOME
Ir para a última página de visualização quando ela está reduzida.	CTRL+END
Inserir um comentário.	ALT+CTRL+M
Ativar ou desativar o controle de alterações.	CTRL+SHIFT+E
Fechar o Painel de Revisão se ele estiver aberto.	ALT+SHIFT+C
Ir para o início do documento.	HOME
Ir para o fim do documento.	END
Ir para a página *n* .	*n* , ENTER
Sair do modo de exibição de layout de leitura.	ESC
Marcar uma entrada do sumário.	ALT+SHIFT+O
Marcar uma entrada do índice de autoridades (citação).	ALT+SHIFT+I
Marcar uma entrada do índice.	ALT+SHIFT+X
Inserir uma nota de rodapé.	ALT+CTRL+F
Inserir uma nota de fim.	ALT+CTRL+D
Inserir um hiperlink.	CTRL+K
Voltar uma página.	ALT+SETA PARA A ESQUERDA
Avançar um página.	ALT+SETA PARA A DIREITA
Atualizar.	F9
Excluir um caractere à esquerda.	BACKSPACE
Excluir uma palavra à esquerda.	CTRL+BACKSPACE
Excluir um caractere à direita.	DELETE
Excluir uma palavra à direita.	CTRL+DELETE
Recortar o texto selecionado para a Área de Transferência do Office.	CTRL+X
Desfazer a última ação.	CTRL+Z
Recortar para o AutoTexto Especial.	CTRL+F3
Abrir a Área de Transferência do Office.	Pressione ALT+H para mover para a guia **Página Inicial** e pressione F,O.
Copiar o texto ou elemento gráfico selecionado para a Área de Transferência do Office.	CTRL+C
Recortar o texto ou elemento gráfico selecionado para a Área de Transferência do Office.	CTRL+X
Colar a inclusão ou o item colado mais recente da Área de Transferência do Office.	CTRL+V
Mover texto ou elementos gráficos uma vez.	F2 (e, em seguida, mova o cursor e pressione ENTER)
Copiar texto ou elementos gráficos uma vez.	SHIFT+F2 (e, em seguida, mova o cursor e pressione ENTER)
Quando um texto ou objeto estiver selecionado, abrir a caixa de diálogo **Criar Novo Bloco de Construção**.	ALT+F3
Recortar para o AutoTexto Especial.	CTRL+F3
Colar o conteúdo do AutoTexto Especial.	CTRL+SHIFT+F3
Copiar o cabeçalho ou o rodapé usado na seção anterior do documento.	ALT+SHIFT+R

Um campo	CTRL+F9
Uma quebra de linha	SHIFT+ENTER
Uma quebra de página	CTRL+ENTER
Uma quebra de coluna	CTRL+SHIFT+ENTER
Um travessão	ALT+CTRL+SINAL DE MENOS
Um traço	CTRL+SINAL DE MENOS
Um hífen opcional	CTRL+HÍFEN
Um hífen incondicional	CTRL+SHIFT+HÍFEN
Um espaço incondicional	CTRL+SHIFT+BARRA DE ESPAÇOS
O símbolo de copyright	ALT+CTRL+C
O símbolo de marca registrada	ALT+CTRL+R
O símbolo de marca comercial	ALT+CTRL+T
Reticências	ALT+CTRL+PONTO
Aspas simples de abertura	CTRL+`(aspas simples), `(aspas simples)
Aspas simples de fechamento	CTRL+' (aspas simples), ' (aspas simples)
Aspas duplas de abertura	CTRL+` (aspas simples), SHIFT+' (aspas simples)
Aspas duplas de fechamento	CTRL+` (aspas simples), SHIFT+' (aspas simples)
Uma entrada de AutoTexto	ENTER (depois de digitar os primeiros caracteres do nome da entrada de AutoTexto e quando aparecer a dica de tela)
Ativar o modo de extensão.	F8
Selecionar o caractere mais próximo.	F8 e, em seguida, pressione a SETA PARA A ESQUERDA ou a SETA PARA A DIREITA
Aumentar o tamanho de uma seleção.	F8 (pressione uma vez para selecionar uma palavra; duas vezes para selecionar uma sentença e, assim, sucessivamente).
Reduzir o tamanho de uma seleção.	SHIFT+F8
Desativar o modo de extensão.	ESC
Ampliar uma seleção com um caractere à direita.	SHIFT+SETA PARA A DIREITA
Ampliar uma seleção com um caractere à esquerda.	SHIFT+SETA PARA A ESQUERDA
Ampliar uma seleção até o final de uma palavra.	CTRL+SHIFT+SETA PARA A DIREITA
Ampliar uma seleção até o início de uma palavra.	CTRL+SHIFT+SETA PARA A ESQUERDA
Ampliar uma seleção até o final de uma linha.	SHIFT+END
Ampliar uma seleção até o início de uma linha.	SHIFT+HOME
Ampliar uma seleção uma linha para baixo.	SHIFT+SETA PARA BAIXO
Ampliar uma seleção uma linha para cima.	SHIFT+SETA PARA CIMA
Ampliar uma seleção até o final de um parágrafo.	CTRL+SHIFT+SETA PARA BAIXO
Ampliar uma seleção até o início de um parágrafo.	CTRL+SHIFT+SETA PARA CIMA
Ampliar uma seleção uma tela para baixo.	SHIFT+PAGE DOWN
Ampliar uma seleção uma tela para cima.	SHIFT+PAGE UP
Ampliar uma seleção até o início de um documento.	CTRL+SHIFT+HOME

Informática

Ampliar uma seleção até o final de um documento.	CTRL+SHIFT+END
Ampliar uma seleção até o final de uma janela.	ALT+CTRL+SHIFT+PAGE DOWN
Ampliar uma seleção para incluir todo o documento.	CTRL+T
Selecionar um bloco vertical de texto.	CTRL+SHIFT+F8 e, em seguida, utilize as teclas de direção; pressione ESC para cancelar o modo de seleção
Ampliar uma seleção até um local específico em um documento.	F8+teclas de direção; pressione ESC para cancelar o modo de seleção
Selecionar o conteúdo da próxima célula.	TAB
Selecionar o conteúdo da célula anterior.	SHIFT+TAB
Estender a seleção para as células adjacentes.	Mantenha pressionada a tecla SHIFT e pressione repetidas vezes uma tecla de direção
Selecionar uma coluna.	Use as teclas de direção para mover a parte superior da coluna ou a célula inferior e faça o seguinte: - **Pressione** SHIFT+ALT+PAGE DOWN para selecionar a coluna da parte superior para a inferior. - **Pressione** SHIFT+ALT+PAGE UP para selecionar a coluna da parte inferior para a superior.
Estender uma seleção (ou um bloco).	CTRL+SHIFT+F8 e, em seguida, utilize as teclas de direção; pressione ESC para cancelar o modo de seleção
Selecionar uma tabela inteira.	ALT+5 no teclado numérico (com NUM LOCK desativado)
Um caractere para a esquerda	SETA PARA A ESQUERDA
Um caractere para a direita	SETA PARA A DIREITA
Uma palavra para a esquerda	CTRL+SETA PARA A ESQUERDA
Uma palavra para a direita	CTRL+SETA PARA A DIREITA
Um parágrafo para cima	CTRL+SETA PARA CIMA
Um parágrafo para baixo	CTRL+SETA PARA BAIXO
Uma célula para a esquerda (em uma tabela)	SHIFT+TAB
Uma célula para a direita (em uma tabela)	TAB
Uma linha para cima	SETA PARA CIMA
Uma linha para baixo	SETA PARA BAIXO
Para o fim de uma linha	END
Para o início de uma linha	HOME
Para o início da janela	ALT+CTRL+PAGE UP
Para o fim da janela	ALT+CTRL+PAGE DOWN
Uma tela para cima (rolando)	PAGE UP
Uma tela para baixo (rolando)	PAGE DOWN

Para o início da página seguinte	CTRL+PAGE DOWN
Para o início da página anterior	CTRL+PAGE UP
Para o fim de um documento	CTRL+END
Para o início de um documento	CTRL+HOME
Para uma revisão anterior	SHIFT+F5
Depois de abrir um documento, para o local onde estava trabalhando quando o documento foi fechado	SHIFT+F5
Para a próxima célula em uma linha	TAB
Para a célula anterior em uma linha	SHIFT+TAB
Para a primeira célula em uma linha	ALT+HOME
Para a última célula em uma linha	ALT+END
Para a primeira célula em uma coluna	ALT+PAGE UP
Para a última célula em uma coluna	ALT+PAGE DOWN
Para a linha anterior	SETA PARA CIMA
Para a próxima linha	SETA PARA BAIXO
Linha para cima	ALT+SHIFT+SETA PARA CIMA
Linha para baixo	ALT+SHIFT+SETA PARA BAIXO
Novos parágrafos em uma célula	ENTER
Caracteres de tabulação em uma célula	CTRL+TAB
Copiar a formatação do texto.	CTRL+SHIFT+C
Aplicar a formatação copiada ao texto.	CTRL+SHIFT+V
Abrir a caixa de diálogo **Fonte** para alterar a fonte.	CTRL+SHIFT+F
Aumentar o tamanho da fonte.	CTRL+SHIFT+>
Diminuir o tamanho da fonte.	CTRL+SHIFT+<
Aumentar em 1 ponto o tamanho da fonte.	CTRL+]
Diminuir em 1 ponto o tamanho da fonte.	CTRL+[
Abrir a caixa de diálogo **Fonte** para alterar a formatação de caracteres.	CTRL+D
Alternar as letras entre maiúsculas e minúsculas.	SHIFT+F3
Formatar todas as letras como maiúsculas.	CTRL+SHIFT+A
Aplicar negrito.	CTRL+N
Aplicar sublinhado.	CTRL+S
Sublinhar as palavras, mas não os espaços.	CTRL+SHIFT+W
Aplicar sublinhado duplo ao texto.	CTRL+SHIFT+D
Aplicar formatação de texto oculto.	CTRL+SHIFT+H
Aplicar itálico.	CTRL+I
Formatar as letras com versalete.	CTRL+SHIFT+K
Formatar com subscrito (espaçamento automático).	CTRL+SINAL DE IGUAL
Formatar com sobrescrito (espaçamento automático).	CTRL+SHIFT+SINAL DE ADIÇÃO
Remove a formatação manual dos caracteres.	CTRL+BARRA DE ESPAÇOS
Alterar a seleção para a fonte Symbol.	CTRL+SHIFT+Q
Exibir caracteres não imprimíveis.	CTRL+SHIFT+* (asterisco no teclado numérico não funciona)
Revisar a formatação do texto.	SHIFT+F1 (e, em seguida, clique no texto com a formatação que você deseja revisar)
Copiar formatação.	CTRL+SHIFT+C
Colar formatação.	CTRL+SHIFT+V
Aplicar espaçamento simples entre linhas.	CTRL+1
Aplicar espaçamento duplo entre linhas.	CTRL+2
Aplicar espaçamento de 1,5 linha.	CTRL+5
Adicionar ou remover um espaço de uma linha antes de um parágrafo.	CTRL+0 (zero)
Alternar um parágrafo entre alinhamento centralizado e à esquerda.	CTRL+E
Alternar um parágrafo entre alinhamento justificado e à esquerda.	CTRL+J

Alternar um parágrafo entre alinhamento à direita e à esquerda.	CTRL+G
Alinhar o parágrafo à esquerda.	CTRL+Q
Recuar o parágrafo à esquerda.	CTRL+M
Remover o recuo à esquerda do parágrafo.	CTRL+SHIFT+M
Criar um recuo deslocado.	Ctrl+H
Reduzir um recuo deslocado.	CTRL+SHIFT+T
Remover a formatação do parágrafo.	CTRL+F
Abrir o painel de tarefas **Aplicar Estilos**.	CTRL+SHIFT+U
Abrir o painel de tarefas **Estilos**.	ALT+CTRL+SHIFT+S
Iniciar a formatação automática.	ALT+CTRL+K
Aplicar o estilo Normal.	CTRL+SHIFT+Y
Aplicar o estilo Título 1.	ALT+SHIFT+1
Aplicar o estilo Título 2.	ALT+SHIFT+2
Aplicar o estilo Título 3.	ALT+SHIFT+3
Visualizar a mala direta.	ALT+SHIFT+K
Mesclar um documento.	ALT+SHIFT+N
Imprimir o documento mesclado.	ALT+SHIFT+M
Editar um documento com dados de mala direta.	ALT+SHIFT+E
Inserir um campo de mala direta	ALT+SHIFT+F
Inserir um campo DATE.	ALT+SHIFT+D
Inserir um campo LISTNUM.	ALT+CTRL+L
Inserir um campo PAGE.	ALT+SHIFT+P
Inserir um campo TIME.	ALT+SHIFT+T
Inserir um campo vazio.	CTRL+F9
Atualizar informações vinculadas em um documento de origem do Microsoft Word.	CTRL+SHIFT+F7
Atualizar os campos selecionados.	F9
Desvincular um campo.	CTRL+SHIFT+F9
Alternar entre o código de campo selecionado e seu resultado.	SHIFT+F9
Alternar entre todos os códigos de campo e seus resultados.	ALT+F9
Ir para o próximo campo.	F11
Ir para o campo anterior.	SHIFT+F11
Proteger um campo.	CTRL+F11
Desproteger um campo.	CTRL+SHIFT+F11
Barra de idiomas	
Obter Ajuda ou visitar o Microsoft Office.com.	F1
Mover texto ou elementos gráficos.	F2
Repetir a última ação.	F4
Escolher o comando **Ir para** (guia **Página Inicial**).	F5
Ir para o próximo painel ou quadro.	F6
Escolher o comando **Ortografia** (guia **Revisão**).	F7
Estender uma seleção.	F8
Atualizar os campos selecionados.	F9
Mostrar Dicas de Teclas.	F10
Ir para o próximo campo.	F11
Escolher o comando **Salvar como**.	F12
Iniciar a ajuda contextual ou revelar a formatação.	SHIFT+F1
Copiar texto.	SHIFT+F2
Alternar as letras entre maiúsculas e minúsculas.	SHIFT+F3
Repetir a ação **Localizar** ou **Ir para**.	SHIFT+F4
Ir para a última alteração.	SHIFT+F5
Ir para o painel ou estrutura anterior (após pressionar F6).	SHIFT+F6
Escolher o comando **Dicionário de Sinônimos** (guia **Revisão**, grupo **Revisão de Texto**).	SHIFT+F7
Reduzir o tamanho de uma seleção.	SHIFT+F8
Alternar entre o código de campo e seu resultado.	SHIFT+F9
Exibir um menu de atalho.	SHIFT+F10
Ir para o campo anterior.	SHIFT+F11
Escolher o comando **Salvar**.	SHIFT+F12
Expandir ou recolher a Faixa de Opções.	CTRL+F1

Escolher o comando **Visualizar Impressão**.	CTRL+F2
Recortar para o AutoTexto Especial.	CTRL+F3
Fechar a janela.	CTRL+F4
Ir para a próxima janela.	CTRL+F6
Inserir um campo vazio.	CTRL+F9
Maximizar a janela do documento.	CTRL+F10
Proteger um campo.	CTRL+F11
Escolher o comando **Abrir**.	CTRL+F12
Inserir o conteúdo do AutoTexto Especial.	CTRL+SHIFT+F3
Editar um indicador.	CTRL+SHIFT+F5
Ir para a janela anterior.	CTRL+SHIFT+F6
Atualizar informações vinculadas em um documento de origem do Word 2010.	CTRL+SHIFT+F7
Estender uma seleção ou um bloco.	CTRL+SHIFT+F8 e pressione uma tecla de direção
Desvincular um campo.	CTRL+SHIFT+F9
Desproteger um campo.	CTRL+SHIFT+F11
Escolher o comando **Imprimir**.	CTRL+SHIFT+F12
Ir para o próximo campo.	ALT+F1
Criar um novo **Bloco de Construção**.	ALT+F3
Sair do Word 2010.	ALT+F4
Restaurar o tamanho da janela do programa.	ALT+F5
Sair de uma caixa de diálogo aberta e voltar para o documento, no caso de caixas de diálogo com suporte a esse comportamento.	ALT+F6
Localizar o próximo erro ortográfico ou gramatical.	ALT+F7
Executar uma macro.	ALT+F8
Alternar entre todos os códigos de campo e seus resultados.	ALT+F9
Exibir o painel de tarefas **Seleção e Visibilidade**.	ALT+F10
Exibir código do Microsoft Visual Basic.	ALT+F11
Ir para o campo anterior.	ALT+SHIFT+F1
Escolher o comando **Salvar**.	ALT+SHIFT+F2
Exibir o painel de tarefas **Pesquisa**.	ALT+SHIFT+F7

Exercícios de Concursos

CESPE - BASA - Técnico Científico - 2010

01. No Word, o recurso de autocorreção do menu Ferramentas é útil para a correção gráfica e sintática de palavras e frases digitadas em um documento em edição.

CESPE - Agência Brasileira de Inteligência - OFICIAL TÉCNICO DE INTELIGÊNCIA -2010

02. Um documento criado no Word 2003 pode ser aberto no Word 2007 e salvo no formato docx

FCC - TRE/SP - Analista judiciário- 2012

03. Muitas vezes o alinhamento justificado de parágrafos no *Microsoft Word* deixa grandes espaços entre as palavras, numa mesma linha ou em várias linhas do texto, que podem, além de comprometer a estética do texto, dificultara leitura. Uma solução para esse problema, no *Microsoft Word 2010*, é habilitar a hifenização automática do texto. Isso pode ser feito por meio da opção Hifenização da guia

a) *Layout* da Página.
b) Inserir.
c) Página Inicial.
d) Exibição.
e) Parágrafo.

FCC – TRE/SP – Técnico – 2012

04. João está concluindo um curso de pós-graduação e resolveu iniciar sua monografia utilizando o *Microsoft Word 2010*. Ao criar um novo documento, adicionou cinco páginas vazias (por meio de ações de quebra de página) para criar posteriormente a capa, sumário e outras partes iniciais. Na sexta página, iniciará a introdução do trabalho. De acordo com as recomendações da Universidade, João deverá iniciar a numeração das páginas a partir da Introdução, ou seja, da sexta página do documento. Para isso, João deve

a) adicionar uma quebra de seção imediatamente antes da página em que começará a numeração.
b) concluir que a única maneira de realizar a tarefa será criar dois documentos, um para as cinco primeiras páginas e outro para o restante da monografia.
c) clicar na guia Inserir, na opção Número da Página e na opção Numeração Personalizada.
d) clicar na guia Inserir, na opção Quebras e na opção Quebra de Página com Numeração.
e) inserir o rodapé com o cursor posicionado na sexta página e adicionar uma numeração de página personalizada por meio do menu *Design*.

FCC – TRT 11ª Região – Analista – 2012

05. Ao dar um duplo clique no botão esquerdo do *mouse*, quando o cursor do *mouse* estiver apontando para a direita e posicionado na margem esquerda do texto de um documento no *Word 2010*, será

a) posicionado o cursor de texto no início da linha.
b) selecionado todo o texto do documento.
c) selecionada a primeira palavra da linha.
d) selecionado todo o parágrafo.
e) selecionada toda a linha.

FCC – TRT 11ª Região – Técnico – 2012

06. À esquerda do Controle de Zoom, localizado no lado direito do rodapé da tela de um documento *Word 2010*, encontram-se cinco botões em miniatura cujas funções podem também ser acessadas em botões na guia

a) Início.
b) Inserir.
c) Exibição.
d) Revisão.
e) *Layout* da Página.

FCC – SABESP - Analista de Gestão I –2012

07. O *MS Word 2010* possui um recurso de verificação ortográfica e gramatical automáticas. Quando este recurso está ativado, de forma padrão,

a) as palavras com ortografia errada aparecem sublinhadas em vermelho e frases com gramática errada aparecem sublinhadas em verde.
b) as palavras com ortografia errada aparecem sublinhadas em verde e é possível clicar com o botão direito para obter sugestões de correção.
c) as palavras com ortografia errada aparecem sublinhadas em verde e não há nenhum tipo de sugestão de correção.
d) as frases com gramática errada aparecem sublinhadas em verde e não há nenhum tipo de sugestão de correção.
e) é possível obter uma lista de erros e recomendações de correção clicando na guia Arquivo, em Ajuda e em Revisões.

VUNESP – FMSRP - analista de serviço administrativo - 2012

08. A imagem a seguir é uma ilustração da guia Página Inicial do programa MS-Word 2010, em sua configuração padrão.

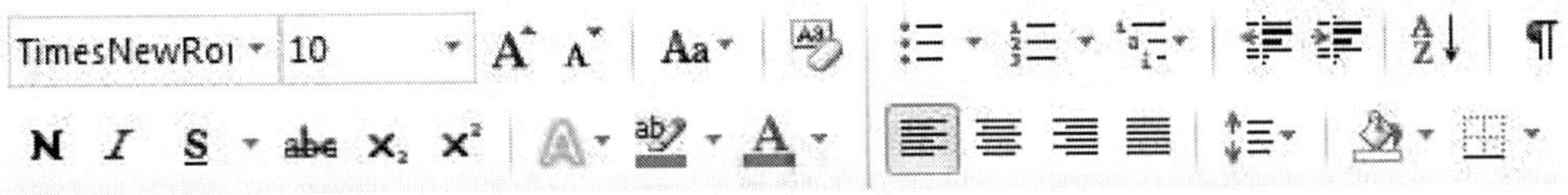

I II

Os nomes corretos dos grupos I e II são, respectivamente,

a) Layout; Fonte.
b) Parágrafo; Estilo.
c) Estilo; Parágrafo.
d) Fonte; Parágrafo.
e) Fonte; Estilo.

09. No Microsoft Word 2010, em sua configuração padrão, um usuário começa a escrever a palavra "Segunda-feira", mas antes de concluir, o Word já oferece uma opção de preenchimento.

O trecho que está ofuscado, entre parênteses, indica a tecla a ser pressionada pelo usuário, para que o termo seja automaticamente completado com a sugestão. Trata-se da tecla

a) TAB
b) CTRL
c) SHIFT
d) barra de espaço
e) ENTER

VUNESP – IAMSPE - Oficial administrativo - 2012

10. No Microsoft Word 2010, em sua configuração original, um usuário, durante a edição de um documento, inseriu nele um arquivo texto, usando a opção *Objeto* na guia *Inserir* e selecionando a caixa *Exibir como ícone*, na guia *Criar do arquivo*, conforme tela a seguir.

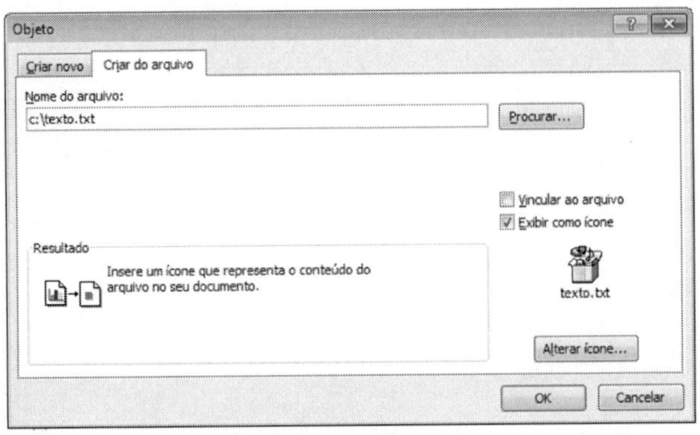

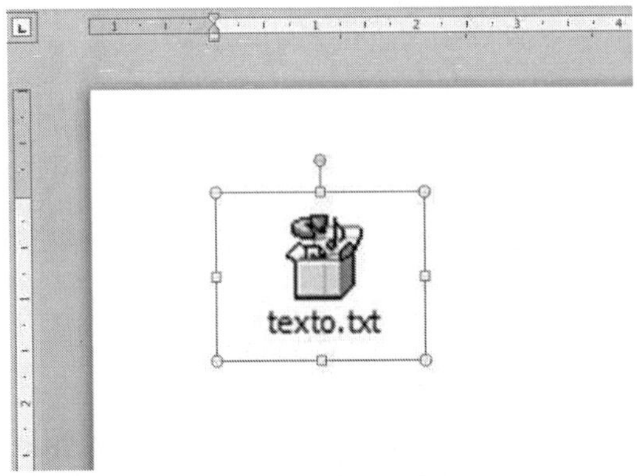

A partir da situação apresentada, têm-se as afirmações:

I. Ao selecionar o objeto "Texto.txt" no documento Word eapagá-lo, o arquivo texto original que estava no diretórioC:\ também será apagado.

II. Se esse documento Word for gravado em um pen drive,para ser aberto em outro computador que tenha MS Word,o arquivo original "Texto. txt" também deverá ser copiado,senão o documento não será aberto.

III. Ao efetuar um duplo-clique com o botão principal do mouse sobre o objeto inserido "Texto. txt", o Word abrirá o bloco de notas e exibirá o conteúdo do arquivo.

Está correto o contido em

a) I, apenas.
b) I e II, apenas.
c) II e III, apenas.
d) III, apenas.
e) I, II e III.

VUNESP – Câmara Municipal de Mauá - Técnico Legislativo – 2012

11. No Microsoft Word 2010, em sua configuração padrão, tem-seo seguinte documento, com ambas as linhas (1 e 2) selecionadas.

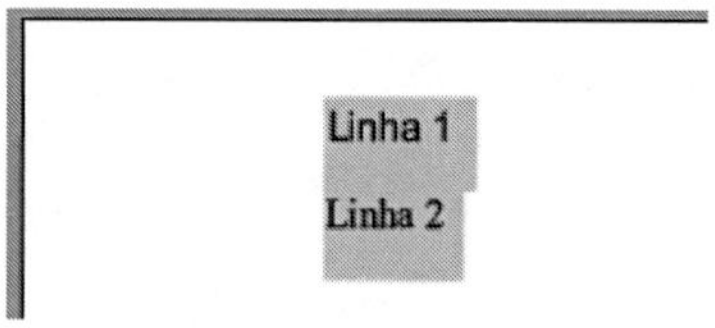

A partir da imagem a seguir, do grupo *Fonte* da guia *PáginaInicial*, conclui-se que

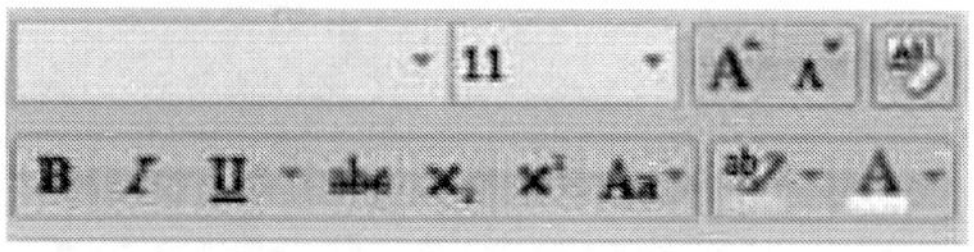

a) a única diferença entre as linhas 1 e 2 é o tamanho das fontes utilizadas.
b) as diferenças entre as linhas 1 e 2 são o tipo e tamanho das fontes utilizadas.
c) não existe nenhuma diferença entre as linhas 1 e 2.
d) a única diferença entre as linhas 1 e 2 é o tipo das fontes utilizadas.
e) a linha 1 está usando o recurso Itálico.

12. A imagem a seguir, do Microsoft Word 2010, em sua configuração padrão, cujo título e demais textos estão propositalmente ofuscados, refere-se ao recurso

a) colunas.
b) bordas.
c) marcadores.
d) inserção de objetos.
e) tabela.

VUNESP – Agente de Organização Escolar – 2012

13. No MS-Word 2010, a operação que permite alinhar um texto simultaneamente às margens esquerda e direita de um parágrafo selecionado é denominada

a) Alinhar Texto à Direita.
b) Alinhar Texto à Esquerda.
c) Centralizar.
d) Espaçar Linha.
e) Justificar.

14. Um usuário do MS-Word 2010 posicionou o cursor de edição no meio da linha de um parágrafo do documento e, posteriormente, pressionou o seguinte botão do grupo Páginas da guia Inserir.

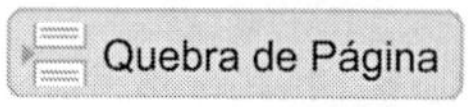

Como consequência dessa ação,

a) a próxima página será iniciada na posição atual do cursor.
b) passam a ser exibidas as linhas de Quebra de Página, caso não estejam habilitadas para visualização.
c) passam a ser exibidos os caracteres de Fim de Parágrafo, caso não estejam habilitados para visualização.
d) todo o parágrafo será mantido na página atual do documento.
e) todo o parágrafo será transferido para a próxima página do documento.

VUNESP - CETESB - Técnico Administrativo - 2013

15. **Um usuário do MS-Word 2010, em sua configuração padrão, digitou o seguinte texto em uma página em branco:**

Observe a formatação que será aplicada na palavra selecionada.

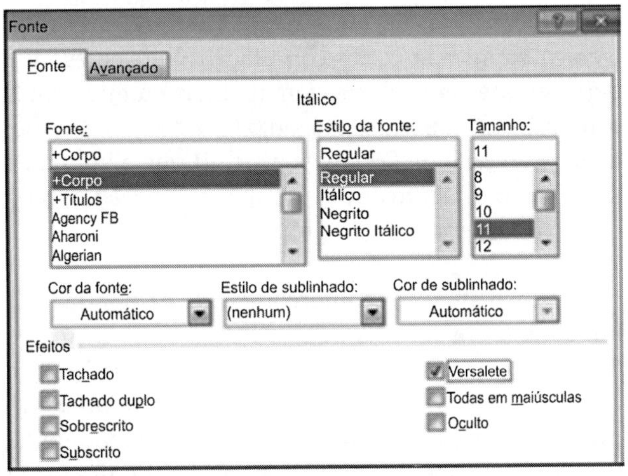

Assinale a alternativa que contém o resultado da formatação.

a) Ambiental
b) *Ambiental*
c) AMBIENTAL
d) Ambiental
e) ~~Ambiental~~

16. **No Word 2010, a partir da sua configuração padrão, em um documento que está sendo editado, a opção mostrada na figura está disponível no guia:**

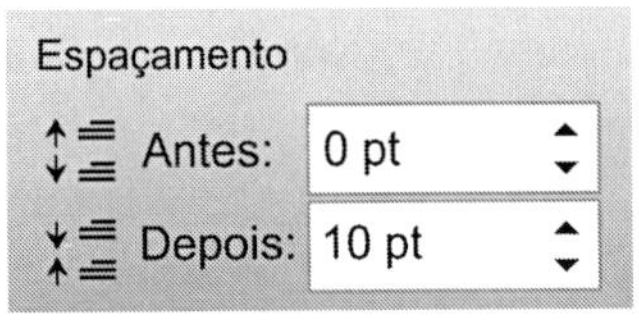

a) Página Incial.
b) Inserir.
c) Layout da Página.
d) Exibição.
e) Opções.

CESGRANRIO – Banco do Brasil - Escriturário – 2012 (adaptada)

17. **No Microsoft Word versão 2010, para alinhar um texto selecionado tanto à margem direita quanto à margem esquerda, acrescentando espaço extra entre as palavras, conforme seja necessário, pode-se utilizar o atalho de teclado**

a) Ctrl+ e
b) Ctrl+ j
c) Ctrl + d
d) Alt + a
e) Alt+ b

Gabarito

01. Errado		02. Certo	
03. A	04. A	05. D	06. C
07. A	08. D	09. E	10. D
11. D	12. E	13. E	14. A
15. C	16. C	17. B	

4. Internet e Correio Eletrônico

1. A Internet

Aquilo que entendemos como internet podemos compreender como uma rede mundial de computadores, ou seja, uma rede com milhões de máquinas conectadas ao redor do mundo. A maior parte destes equipamentos é formada por PCs tradicionais, por estações de trabalho com sistema Unix e pelos chamados servidores que armazenam e transmitem informações, como páginas Web (World Wide Web – WWW) e mensagens de e-mail. Um número cada vez maior de equipamentos não convencionais (TVs, celulares...) estão sendo conectados à internet. Os computadores que usamos diariamente podem ser chamados de hospedeiros (hosts) ou sistemas finais. São assim chamados porque hospedam (rodam) programas de aplicação (ex.: Browser da Web) e, porque se situam na periferia da internet. Estes sistemas podem, ainda, ser divididos em clientes e servidores, onde os clientes, normalmente são as estações de trabalho e os servidores máquinas mais poderosas. Há um significado mais preciso para cliente e servidor em rede de computadores. No chamado modelo cliente/servidor, um programa cliente que roda em um sistema final pede e recebe informações de um servidor que roda em outro sistema final. Esta seria a estrutura que predomina na internet.

Os sistemas finais operam protocolos que controlam o envio e o recebimento de informações na internet. O **TCP** (Trasmission Control Protocol – Protocolo de controle de transmissão) e o **IP** (Internet protocol – Protocolo da Internet) são os protocolos mais importantes da internet. Eles são conhecidos como **TCP/IP**. Estes sistemas são conectados entre si por enlaces de comunicação (Links) que podem utilizar diferentes meios físicos para sua ligação (cabo coaxial, fibra óptica, ondas de rádio etc). A velocidade de transmissão do link é chamada de **largura de banda** e é medida em bits por segundo (bps). Indiretamente são os roteadores que conectam os sistemas finais. Um roteador encaminha a informação que está chegando por um dos links de saída. O protocolo **IP** especifica o formato da informação que é enviada e recebida entre os roteadores e os sistemas finais. O caminho que a informação transmitida percorre do sistema final de origem, passando por uma série de enlaces de comunicação e roteadores, para o sistema final de destino é conhecido como rota ou caminho pela rede.

Em vez de fornecer um caminho dedicado entre os sistemas finais comunicantes, a internet usa uma técnica conhecida como comutação de pacotes, que permite que múltiplos sistemas finais comunicantes compartilhem um caminho, ou partes de um caminho, ao mesmo tempo. Podemos concluir que a internet é um imenso conjunto de redes públicas e privadas, cada uma com gerenciamento próprio.

Esta estrutura toda interconectada demanda uma hierarquia em termos de rede de acesso. Sistemas finais conectados a provedores de acesso (**ISP**). Uma rede de acesso pode ser uma rede local de uma empresa, uma linha telefônica acoplada a um modem ou uma rede de acesso de alta velocidade dedicada ou comutada. Em linhas gerais isto seria o conceito de internet no âmbito público. Existem as redes privadas de empresas ou governos, cujos computadores não são acessíveis às máquinas externas a elas. Estas redes privadas são as chamadas **intranets**.

Como a internet funciona?

Você pode pensar na internet como uma rede telefônica onde, em lugar de um aparelho telefônico, está um computador, o que a transforma em uma rede telefônica audiovisual. A rede telefônica mundial é o conjunto das redes de cada país, sendo que no Brasil, por exemplo, a rede telefônica nacional é subdividida em redes estaduais; as estaduais em metropolitanas; as metropolitanas, em centrais telefônicas onde estão conectados os vários aparelhos telefônicos de um determinado bairro.

A rede mundial da internet também se subdivide em países e, dentro dos países, se subdivide em vários níveis até chegar ao provedor de acesso, que faz o papel da central telefônica. E, assim como do seu telefone você pode ligar para qualquer lugar do mundo, desde que do lado de lá também exista um aparelho, uma linha e uma companhia telefônica, com o seu computador você também pode ligar para qualquer outro computador, desde que cada um tenha um modem, uma linha e um provedor de acesso.

O computador do provedor de acesso (**ISP**) tem o nome de **Host** (pronuncia-se: rôust) cuja tradução é anfitrião, porque é ele quem vai ser o nosso anfitrião na internet. A passagem para a internet chama-se **gateway** (guêituei), cuja tradução é porta, portão, abertura, passagem, ou seja, o provedor de acesso é a nossa porta de entrada na internet.

Repare que quando dizemos que você entrou na internet, queremos dizer que você se conectou com algum computador que está na rede. Ninguém entra na rede sem se conectar com outro computador, assim como você só entra na rede telefônica quando completa a chamada. Quando o modem instalado em sua máquina liga para o modem do seu provedor de acesso, eles trocam as primeiras informações para definir a velocidade, paridade e outros dados daquela conexão.

Cada modem envia o seu protocolo para informar que tipo de equipamento está pedindo e recebendo a conexão, então, **protocolo** é um padrão de comunicação entre dois computadores que permite a troca de mensagens para a transmissão de dados. O mais comum desses padrões, hoje em dia, é o **HTTP**, e ao conjunto de recursos, usuários e computadores ligados na internet pelo protocolo **HTTP** dá-se o nome de **WWW (World Wide Web** – ou simplesmente Web**)**.

Na internet existem computadores que estão abertos ao público, são aqueles que têm alguma coisa para mostrar, com ou sem finalidade comercial. Pode ser um texto, uma foto, uma música um filme ou qualquer combinação entre eles. A área da memória deste computador que pode ser visitada chama-se **SITE** (pronuncia-se saite – em algumas provas usa-se o termo "**sitio**"). Ou seja, um site é a área da memória, dentro de um computador na internet, que está aberta ao público.

A Web é um dos mais interessantes, abrangentes e conhecidos serviços oferecidos pela internet. É um banco de dados ou servidor de aplicações que contém informações que podem ser manipuladas através de software de navegação (**browser**). Cada página de um site ou ponto de presença WWW pode conter informações textuais e gráficas e informações na forma de vídeo ou de áudio.

Nas páginas da WWW, qualquer palavra, frase, figura ou ícone pode ser marcada para funcionar como um endereço de outras páginas em um sistema **hipertexto**. Isto permite o deslocamento entre páginas com o simples uso do mouse (apontando com o ponteiro do mouse o que está marcado e apertando o botão principal do mouse). Esta codificação é feita usando uma linguagem de marcação de textos chamada **HTML**, que permite indicar, em cada página, o que é texto normal, o que é figura, ou o que é um ícone de ligação com outras páginas.

E o que é intranet e extranet?

A **intranet** é uma forma de agilizar o trânsito de informações dentro de uma empresa, através da criação de verdadeiros sites departamentais. É baseada no protocolo de rede TCP/IP, padrão de uso da internet e largamente utilizado por aplicações cliente-servidor e conexão de equipamentos em geral. Ou seja, todos os recursos que o protocolo permite poderão ser utilizados na rede (browser, e-mails..). Consiste da instalação de um servidor, Sistema Operacional (Windows Seven, Unix...), que provê páginas de informação e/ou aplicações da mesma maneira como é feito na internet, ou seja, através de softwares gerenciadores de serviços de rede. O Servidor é o responsável pelo processamento das informações arquivadas, este atenderá a todas as solicitações de páginas realizadas pelas diversas estações de trabalho. Na configuração da rede TCP/IP atribui-se um endereço para cada equipamento e a configuração do browser já pré-instalado. O termo intranet é também utilizado para qualquer rede corporativa de acesso remoto (redes **LAN** e **WAN**[1]) que não tenham qualquer conexão com a Internet, então podemos dizer que existem intranets com ou sem acesso a internet.

Em outras palavras intranet é semelhante a um site da Web e usa protocolos da internet, mas é uma rede interna exclusiva de uma empresa. Uma **extranet** também é um site da Web interno ou privado, mas os privilégios de acesso também se estendem aos clientes, parceiros e/ou outras usuários escolhidos. A extranet seria uma tecnologia usada para interligar várias intranets.

[1] **LAN** e **WAN –** Tipos de rede (Local e Remota) que são melhor explicados no capítulo sobre comunicação de dados.

2. Ferramentas de Navegação

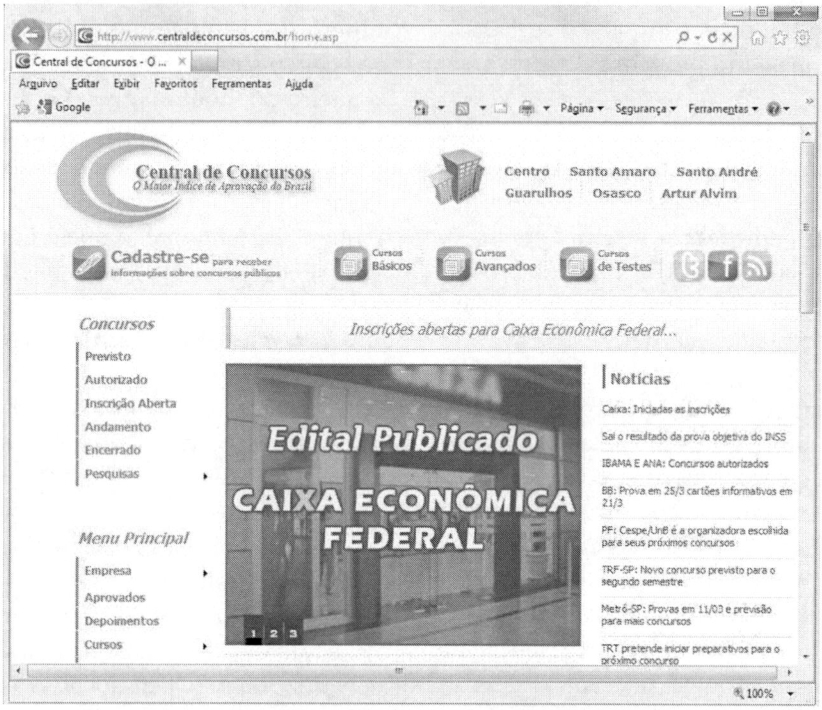

Em algumas provas: **MSIE, IE** ou simplesmente **Browser.**

Barras Para Utilização do IE9

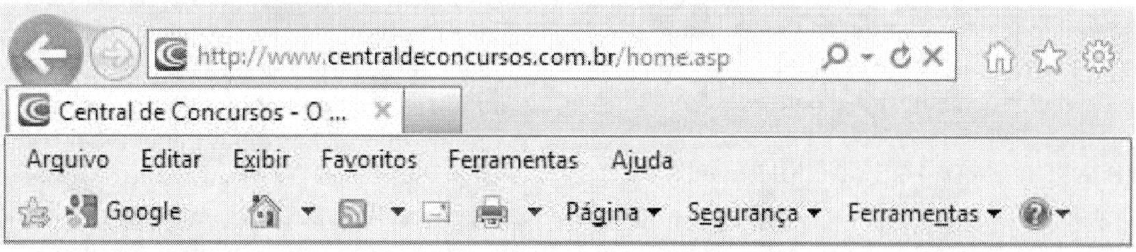

O propósito básico da barra de ferramentas é executar de maneira rápida diversos recursos.

Voltar: Usado para retornar à última página visualizada. Para visualizar uma das últimas nove páginas que você visitou nesta sessão, clique na seta ao lado do botão **Voltar** ou **Encaminhar** e depois clique na página que você deseja na lista.

Avançar: Para mostrar a página visualizada antes de clicar no botão **Voltar**, clique no botão **Avançar**. Para ver uma lista das últimas páginas visitadas, clique na pequena seta abaixo, ao lado do botão.

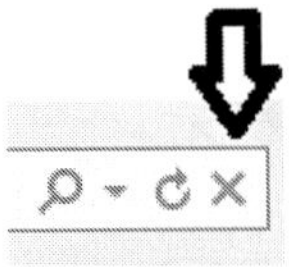

Parar: Suspende o download da página que se estava pretendendo acessar.

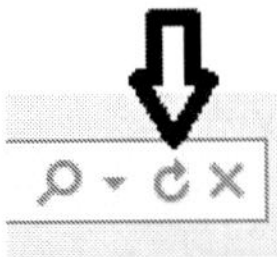

Atualizar: Utilizado para certificar-se de que está visualizando a versão mais recente da página da Web atual.

Página Inicial: Você pode definir qual página será inicialmente acessada ao abrir o navegador e que será acessada inclusive quando se acionar este botão. Em **opções da internet...**, no menu **ferramentas**, temos as seguintes opções:

- **Usar atual:** Define a página aberta no momento como página inicial.
- **Usar padrão:** Usa a página inicial que foi definida quando o Internet Explorer foi instalado.
- **Usar em branco:** Especifica que a página inicial será uma página Html em branco.

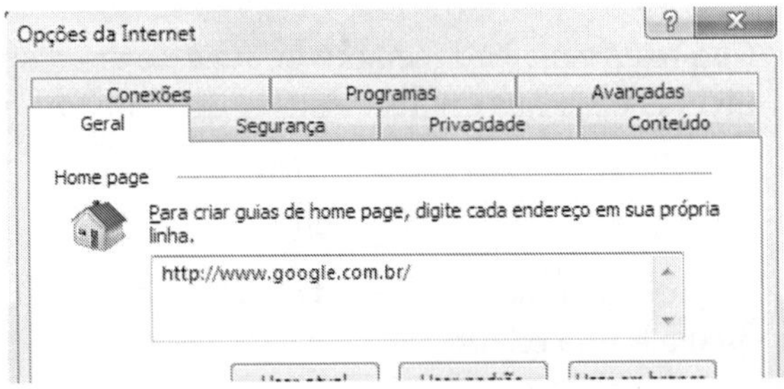

A página inicial pode ser acessada usando a barra de endereço quando se digita ".." (dois pontos) e se pressiona **Enter**.

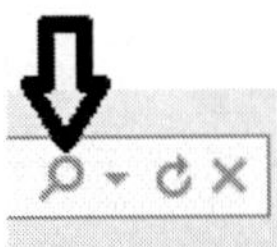

Pesquisar: Clique no botão Pesquisar na barra de ferramentas para acessar diversos servidores de pesquisa. Digite uma palavra ou expressão na caixa Pesquisar. Digite **go**, **find** ou **?** seguido de uma palavra ou expressão na barra de endereços. O Internet Explorer inicia a pesquisa usando o seu provedor de pesquisa predeterminado.

Depois que estiver em uma página da Web, você pode procurar por um texto específico nessa página, clicando no menu Editar e depois clicando em Localizar (nesta página).

Se um endereço da Web não funcionar, o IE pergunta se você deseja procurar endereços da Web semelhantes. Você pode alterar essa definição de forma que o IE procure automaticamente sem lhe perguntar.

Favoritos: Para adicionar ou acessar uma página na lista de páginas favoritas.

Adicionar:

1. Vá para a página que você deseja adicionar à sua lista de favoritos;
2. No botão favoritos ou no menu favoritos, clique em Adicionar a favoritos, ou direto em  na barra de ferramentas;
3. Digite um novo nome para a página, se desejar.

À medida que a sua lista de páginas favoritas for crescendo, você pode organizá-las em subpastas.

Acessar: Clique no ícone ou no menu favoritos e selecione o endereço desejado.

Histórico: Para localizar uma página acessada nos últimos dias. Ao clicar na guia **Histórico** são exibidos links para sites da Web visitados em dias e semanas anteriores. No padrão está configurado para registrar os 20 últimos dias. É possível esvaziar o conteúdo da pasta histórico acessando menu **ferramentas** em **opções da Internet...** ou alterar a quantidade de dias que os atalhos estarão disponíveis.

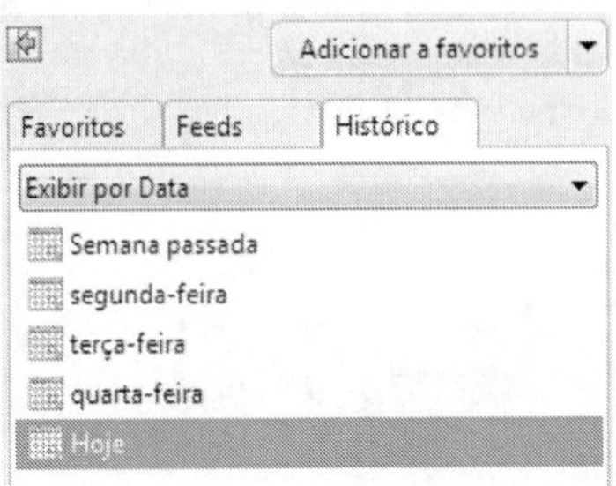

Clique em uma pasta de site da Web para exibir páginas individuais e, em seguida, clique no ícone da página para exibi-la. Para classificar na barra histórico, clique na seta ao lado do botão **Exibir** na parte superior da barra histórico. A barra de histórico pode ser oculta clicando no botão histórico novamente. Você pode alterar o número de dias durante os quais as páginas são mantidas na lista de histórico.

É possível filtrar por: **Data, site, mais visitados, pela ordem de visita hoje** e ainda **pesquisar no conteúdo das páginas** contidas no histórico ou pesquisar Quanto mais dias você especificar, mais espaço em disco será usado no seu computador para salvar as informações.

Correio: O botão correio em sua configuração padrão sugere que seja configurado o **windows live mail**, um programa de correio eletrônico para gerenciar contas de e-mail.

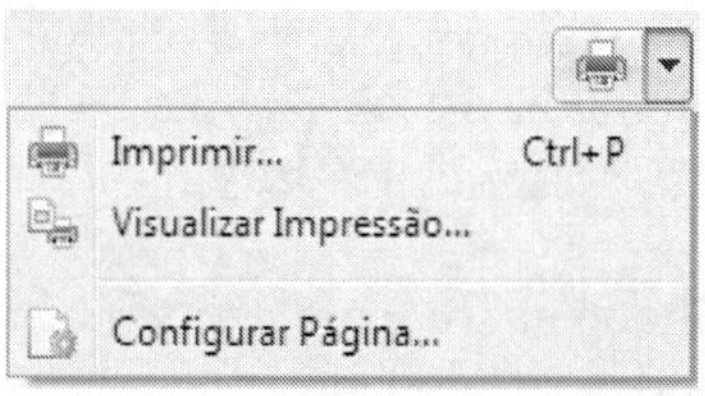

Imprimir: Permite imprimir a página que estiver sendo visualizada no momento na impressora definida como padrão.

Configurar Página:

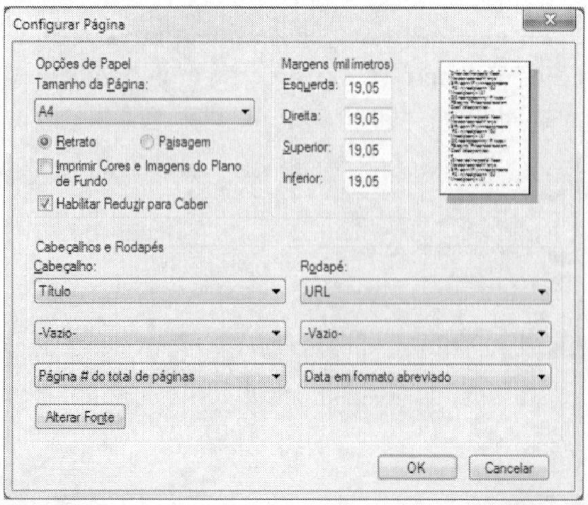

Os feeds, também conhecidos como RSS feeds, são listagens de conteúdo publicado por um site. Eles são usados por sites de notícias e blogs e também para distribuir outros tipos de conteúdo digital, incluindo imagens, áudios ou vídeos.

Assinatura de feeds

Quando você assina um feed, novos conteúdos são baixados automaticamente do site para que o feed esteja sempre atualizado. Existem muitas maneiras de assinar feeds. Estas são algumas:

- Assinar feeds diretamente do Internet Explorer. Esse processo está descrito a seguir.
- Usar um software leitor RSS.
- Clicar em um link em páginas da Web pessoais.

Para assinar um feed usando o Internet Explorer

1. Clique para abrir o Internet Explorer.
   - Se a Barra de comandos não estiver visível, clique com o botão direito do mouse no botão Favoritos e selecione Barra de comandos.
2. Vá até o site que oferece um feed.
3. Clique no botão Feeds para visualizar os feeds na página da Web.
4. Clique em um feed (se houver mais de um disponível). Se apenas um feed estiver disponível, você irá diretamente para essa página.
5. Clique em **Assinar este Feed**.
6. Digite um nome para o feed e selecione a pasta na qual ele será criado.
7. Clique em **Assinar**.

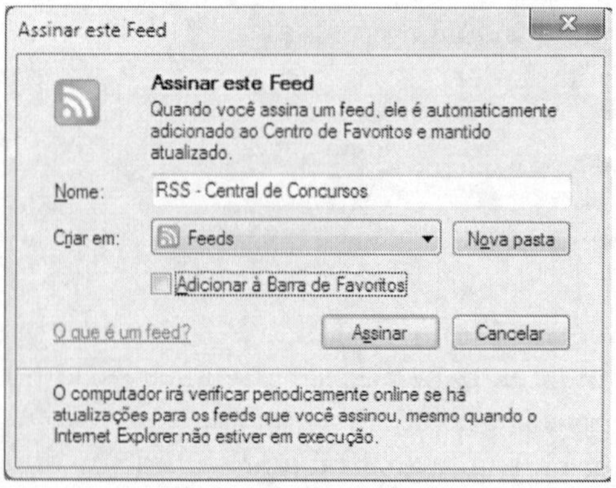

Barra de Endereços

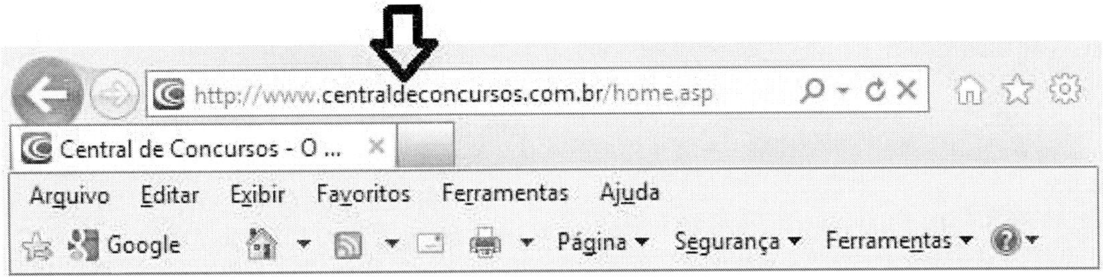

A barra de endereços pode ser usada para abrir uma página ou pasta da Web ou para executar um programa.

O que significa cada item na linha do URL

Http:// Quando outro recurso não for especificado, http é o protocolo padrão que o browser utiliza.

Subdomínio: Informação adicional sobre o local onde está o servidor. (opcional, portanto, nem sempre aparece).

Domínio: é o nome associado ao servidor ao qual o usuário está ligado.

DPN (Domínio de Primeiro Nível): Informa sobre o tipo de atividade do domínio.

O nome escolhido deve respeitar as seguintes regras sintáticas:

- Tamanho mínimo de 2 e máximo de 26 caracteres, não incluindo a categoria. Por exemplo: no domínio xxxx.com.br, esta limitação se refere ao xxxx;
- Caracteres válidos são letras de "a" a "z", números de "0" a "9", o hífen, e os seguintes caracteres acentuados: à, á, â, ã, é, ê, í, ó, ô, õ, ú, ü, ç
- Não conter somente números;
- Não iniciar ou terminar por hífen.

Para fins de registro, verifica-se uma equivalência na comparação de nomes de domínio. Esta verificação é realizada convertendo-se os caracteres acentuados e o cedilha, respectivamente, para suas versões não acentuadas e o "c", e descartando-se os hífens. O registro de um domínio **não** é permitido se houver domínio equivalente pertencente a outro titular.

Exclusivo para pessoas jurídicas:

AGR – Empresas agrícolas, fazendas
AM – Empresas de radiodifusão sonora
ART – Artes: música, pintura, folclore
EDU – Entidades de ensino superior
COM – Comércio em geral
COOP – Cooperativas
ESP – Esporte em geral
FAR – Farmácias e drogarias
FM – Empresas de radiodifusão sonora
G12 – Entidades de ensino de primeiro e segundo grau
GOV – Entidades do governo federal
IMB – Imobiliárias
IND – Indústrias
INF – Meios de informação (rádios, jornais, bibliotecas, etc..)
MIL – Forças Armadas Brasileiras
NET – Detentores de autorização para o serviço de Rede e Circuito Especializado da Anatel e/ou detentores de um Sistema Autônomo conectado a internet conforme o RFC1930
ORG – Entidades não governamentais sem fins lucrativos
PSI – Provedores de serviço internet
REC – Atividades de entretenimento, diversão, jogos, etc...
SRV – Empresas prestadoras de serviços
TMP – Eventos temporários, como feiras e exposições
TUR – Entidades da área de turismo
TV – Empresas de radiodifusão de sons e imagens
ETC – Entidades que não se enquadram nas outras categorias

Para profissionais liberais:

ADM – Administradores
ADV – Advogados
ARQ – Arquitetos
ATO – Atores
BIO – Biólogos
BMD – Biomédicos
CIM – Corretores
CNG – Cenógrafos
CNT – Contadores
ECN – Economistas
ENG – Engenheiros
ETI – Especialista em Tecnologia da Informação
FND – Fonoaudiólogos
FOT – Fotógrafos
FST – Fisioterapeutas
GGF – Geógrafos
JOR – Jornalistas
LEL – Leiloeiros
MAT – Matemáticos e Estatísticos
MED – Médicos
MUS – Músicos
NOT – Notários
NTR – Nutricionistas
ODO – Dentistas
PPG – Publicitários e profissionais da área de propaganda e marketing

PRO – Professores
PSC – Psicólogos
QSL – Rádio amadores
SLG – Sociólogos
TRD – Tradutores
VET – Veterinários
ZLG – Zoólogos
NOM – Pessoas Físicas

País: Há uma sigla com duas letras fazendo referencia ao país onde está o servidor responsável pela gestão da internet naquele país. Exceto nos Estados Unidos, onde a Internet se originou (este fato não exclui a possibilidade do registro **.US** – Estados Unidos)
BR – Brasil
FR – França
CA – Canadá
SP – Espanha
PT – Portugal

/pasta: Uma subpasta no servidor que contém itens como subpastas, páginas html, arquivos de qualquer tipo.

/arquivo.ext: Representa qualquer arquivo disponível no site. Geralmente, mas não obrigatoriamente, os arquivos possuem um nome, ponto e extensão com três letras.

Observe que o protocolo **http://** por ser o padrão do Internet Explorer, pode ser omitido na digitação.

Preenchimento Automático

Ajustar as configurações do recurso Preenchimento Automático

Você pode configurar o recurso AutoCompletar para salvar e sugerir somente as informações desejadas. Você pode usar esse recurso em endereços da Web, formulários e senhas ou, se preferir, não usá-lo. Também pode limpar o histórico de qualquer um desses itens.

- No Internet Explorer, no menu **Ferramentas**, clique em **Opções da Internet**.
- Clique na guia **Conteúdo**.
- Em **preenchimento automático**, clique em **Configurações**.
- Marque as caixas de seleção para as opções de **Preenchimento Automático** que você deseja usar.

Excluir as entradas de preenchimento automático da lista da barra de endereços

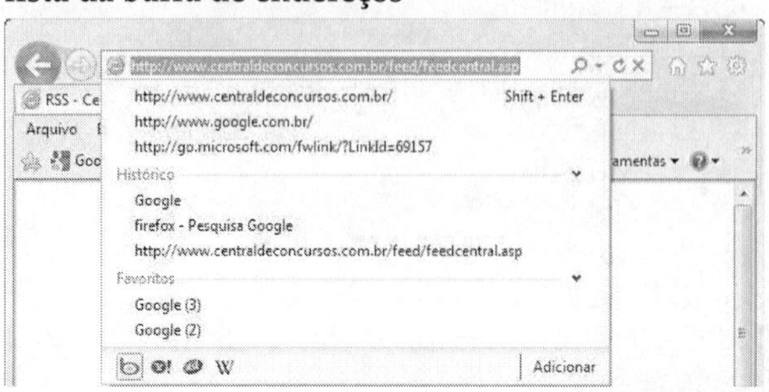

O recurso **preenchimento automático** salva as entradas anteriores de endereços da Web, formulários e senhas. Para excluir as entradas da barra de endereços, limpe a pasta Histórico. Você não pode limpar entradas individuais da lista de entradas salvas.

- No menu **Ferramentas**, clique em **Opções da Internet.**
- Clique na guia **Geral** em **histórico de navegação.**
- Clique em **Excluir.**

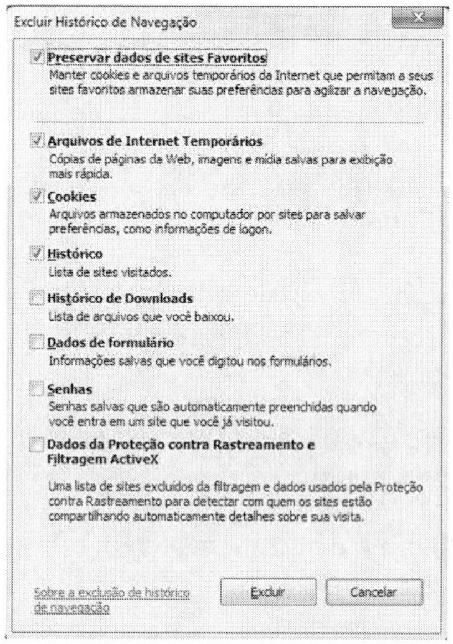

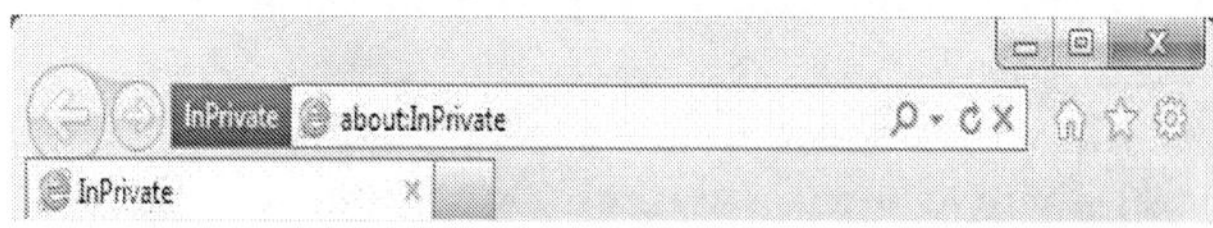

A **Navegação InPrivate** impede que o Internet Explorer armazene dados sobre sua sessão de navegação. Isso ajuda a impedir que qualquer outra pessoa que possa estar usando seu computador veja quais páginas você visitou e o que você procurou na Web. Quando você inicia a Navegação InPrivate, o Internet Explorer abre uma nova janela. A proteção oferecida pela Navegação InPrivate tem efeito apenas durante o tempo que você usar a janela. Você pode abrir quantas guias desejar nessa janela e todas elas estarão protegidas pela Navegação InPrivate. Entretanto, se você abrir outra janela do navegador ela não estará protegida pela Navegação InPrivate. Para ativar a Navegação InPrivate, siga um destes procedimentos:

- Clique no botão Segurança e, em seguida, clique em Navegação InPrivate.
- Abra uma nova guia e, na página da nova guia, clique em Abrir uma janela de Navegação InPrivate.
- Pressione CTRL+SHIFT+P.

Para finalizar a sessão da Navegação InPrivate, feche a janela do navegador.

Permite acessar informações sobre um possível certificado de segurança.

Muitos sites da internet são configurados para impedir que pessoas sem autorização vejam as informações que são enviadas para esses sites e desses sites. Eles são chamados sites "seguros". Como o Internet Explorer oferece suporte aos protocolos de segurança usados pelos sites seguros, você pode enviar informações a um site seguro com segurança e confiança

Quando você visita um site da Web seguro, ele lhe envia automaticamente o seu certificado, e o Internet Explorer exibe um ícone de cadeado na barra de status. (Um certificado é uma declaração que atesta a identidade de uma pessoa ou a segurança de um site da Web.)

Ao enviar informações (como o número do seu cartão de crédito) a um site inseguro, o Internet Explorer pode avisá-lo de que o site não é seguro. Se o site declarar que é seguro, mas as suas credenciais de segurança forem suspeitas, o Internet Explorer pode avisá-lo de que o site pode ter sido violado ou pode estar fornecendo informações falsas sobre ele mesmo.

Modo de exibição de compatibilidade: sites feitos para navegadores antigos provavelmente terão melhor aparência, e menus, imagens e textos serão corrigidos.

3. Recursos de segurança e privacidade no Internet Explorer 9

- **Filtragem ActiveX**, que bloqueia os controles ActiveX de todos os sites e permite que você posteriormente os ative novamente apenas para os sites nos quais confia.
- **Realce de domínio**, que mostra claramente a você o verdadeiro endereço Web do site que está visitando. Isso ajuda você a evitar sites que usam endereços Web falsos para enganá-lo, como sites de phishing. O verdadeiro domínio que você está visitando é realçado na barra de endereços.
- **Filtro SmartScreen**, que pode ajudar a protegê-lo contra ataques de phishing online, fraudes e sites falsos ou mal-intencionados. Ele também pode verificar downloads e alertá-lo sobre possível malware (software mal-intencionado).
- **Filtro Cross site scripting (XSS)**, que pode ajudar a evitar ataques de sites fraudulentos que podem tentar roubar suas informações pessoais e financeiras.
- **Uma conexão SSL (Secure Sockets Layer) de 128 bits para usar sites seguros.** Isso ajuda o Internet Explorer a criar uma conexão criptografada com sites de bancos, lojas online, sites médicos ou outras organizações que lidam com as suas informações pessoais.
- **Notificações** que o avisam se as configurações de segurança estiverem abaixo dos níveis recomendados.
- **Proteção contra Rastreamento**, que limita a comunicação do navegador com determinados sites - definidos por uma Lista de Proteção contra Rastreamento - a fim de ajudar a manter suas informações confidenciais.
- **Navegação InPrivate**, que você pode usar para navegar na Web sem salvar dados relacionados, como cookies e arquivos de internet temporários.
- **Configurações de privacidade** que especificam como o computador lida com cookies.

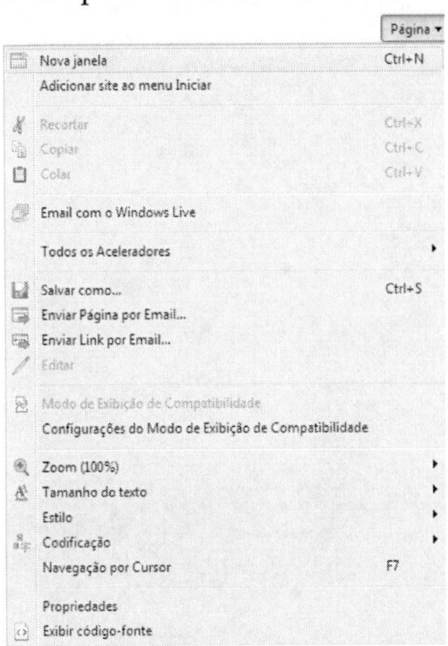

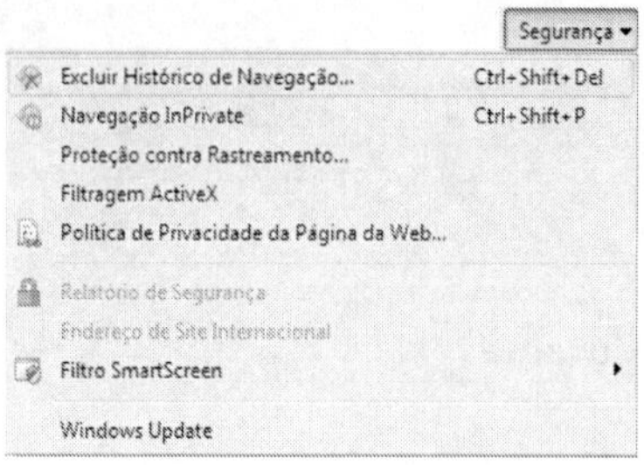

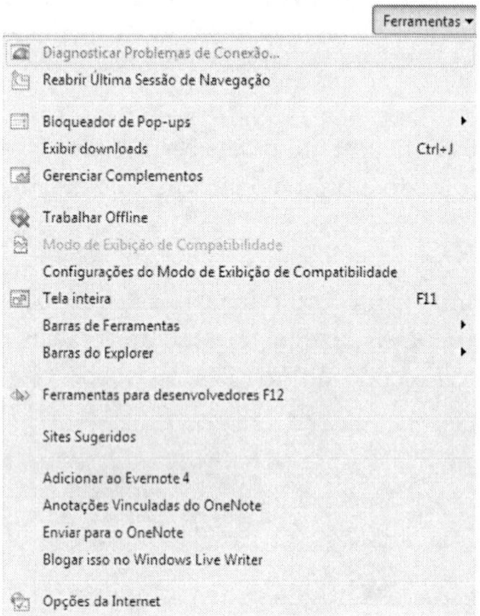

Barra de Menu

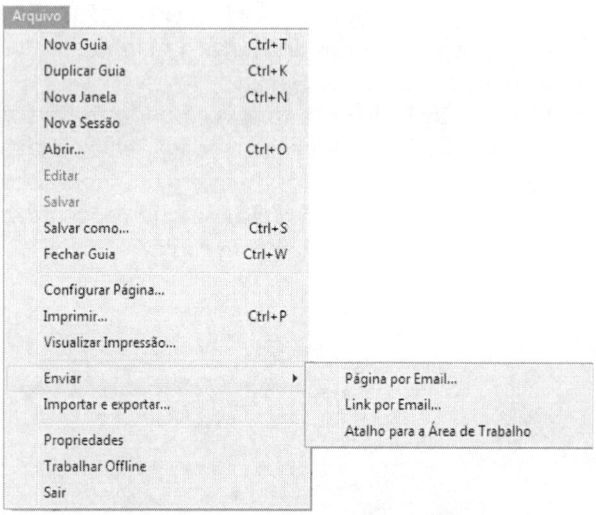

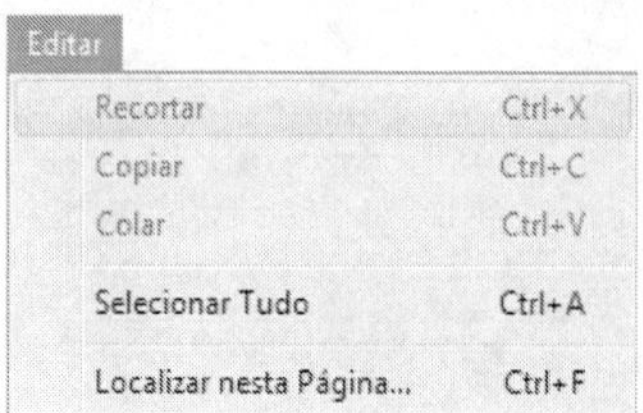

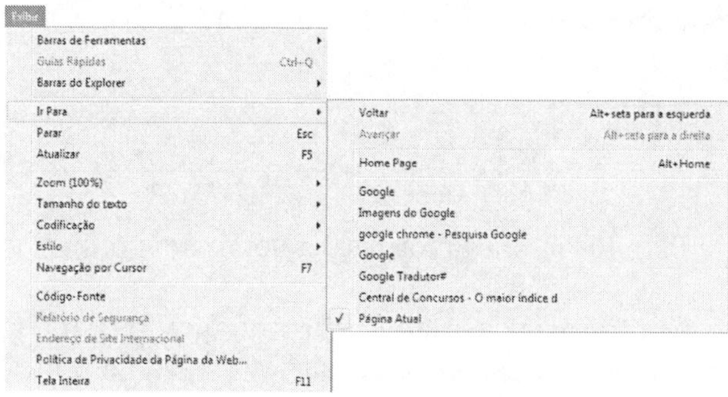

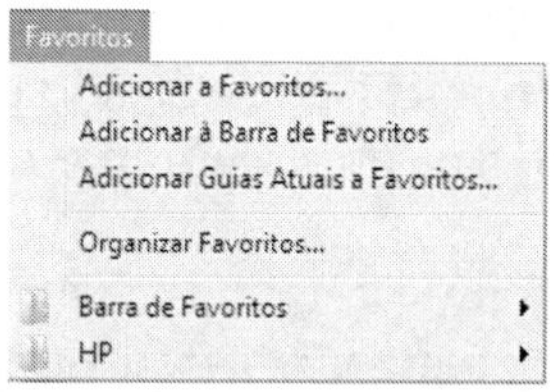

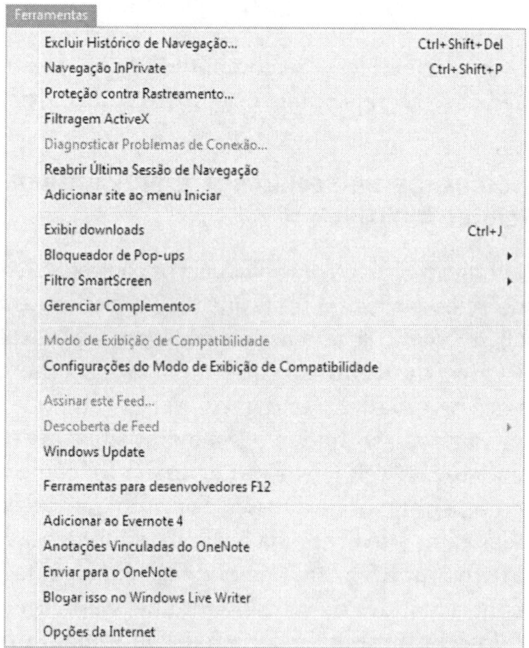

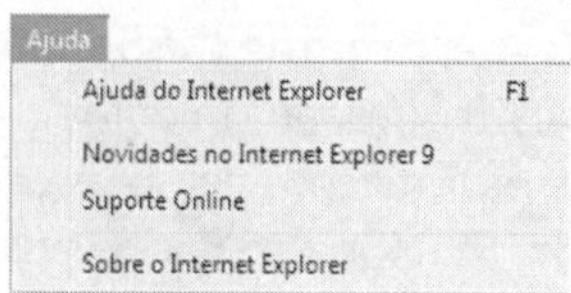

Atalhos

Atalhos Internet Explorer 9	
Para fazer isto	**Teclas de Atalho**
Mostrar a Ajuda	F1
Alternar entre os modos de exibição tela inteira e normal da janela do navegador	F11
Avançar pelos itens de uma página da Web, a barra de endereços ou a barra Favoritos	Tab
Mover-se para frente entre os itens de uma página da Web, a barra de endereços e a barra Favoritos	Shift+Tab
Iniciar a Navegação por Cursor	F7
Ir para a home page	Alt+Home
Ir para a próxima página	Alt+Seta para a direita
Ir para a página anterior	Alt+Seta para a esquerda ou Backspace
Exibir o menu de atalho de um link	Shift+F10
Mover-se para frente entre quadros e elementos do navegador (funciona apenas se a navegação com guias estiver desativada)	Ctrl+Tab ou F6
Mover-se para trás entre quadros (funciona apenas se a navegação com guias estiver desativada)	Ctrl+Shift+Tab
Voltar ao início de um documento	Seta para Cima
Ir para o final de um documento	Seta para Baixo
Voltar ao início de um documento em incrementos maiores	Page Up
Ir para o fim de um documento em incrementos maiores	Page Down
Mover-se para o início de um documento	Home
Mover-se para o fim de um documento	End
Localizar nesta página	Ctrl+F
Atualizar a página da Web atual	F5
Atualizar a página da Web atual, mesmo que os carimbos de data/hora da versão da Web e da versão armazenada localmente sejam iguais.	Ctrl+F5
Parar o download de uma página	Esc
Abrir um novo site ou página	Ctrl+O
Abrir uma nova janela	Ctrl+N
Abrir uma nova janela de Navegação InPrivate	Ctrl+Shift+P
Excluir histórico de navegação	Ctrl+Shift+Delete
Duplicar Guia (abrir a guia atual em uma nova guia)	Ctrl+K
Reabrir a última guia fechada	Ctrl+Shift+T
Fechar a janela atual (se apenas uma guia estiver aberta)	Ctrl+W
Salvar a página atual	Ctrl+S
Imprimir a página atual ou a moldura ativa	Ctrl+P
Ativar um link selecionado	Inserir
Abrir os favoritos	Ctrl+I
Abrir o histórico	Ctrl+H
Abrir o Gerenciador de Download	Ctrl+J
Abrir o menu Página (se a Barra de comandos estiver visível)	Alt+P
Abrir o menu Ferramentas (se a Barra de comandos estiver visível)	Alt+T
Abrir o menu Ajuda (se a Barra de comandos estiver visível)	Alt+H
Abrir links em uma nova guia no plano de fundo	Ctrl+clique
Abrir links em uma nova guia no primeiro plano	Ctrl+Shift+clique
Abrir uma nova guia no primeiro plano	Ctrl+T
Alternar entre guias	Ctrl+Tab ou Ctrl+Shift+Tab

Fechar a guia atual (ou a janela atual, se a navegação com guias estiver desativada)	Ctrl+W
Alternar para um número de guia específico	Ctrl+n (em que n é um número entre 1 e 8)
Alternar para a última guia	Ctrl+9
Fechar outras guias	Ctrl+Alt+F4
Aumentar o zoom (+ 10%)	Ctrl+Sinal de adição
Diminuir o zoom (- 10%)	Ctrl+Sinal de subtração
Ajustar nível de zoom em 100%	Ctrl+0
Abrir uma consulta de pesquisa na Barra de endereços	Ctrl+E
Abrir a solicitação de pesquisa em uma nova guia	Alt+Enter
Abrir o menu da Barra de endereços (para exibir o histórico, os favoritos e os provedores de pesquisa)	Ctrl+Seta para Baixo
Pesquisar usando texto copiado	Ctrl+Shift+L
Definir opções de impressão e imprimir a página	Alt+P
Alterar papel, cabeçalhos e rodapés, orientação e margens da página	Alt+U
Exibir a primeira página a ser impressa	Alt+Home
Exibir a página anterior a ser impressa	Alt+Seta para a Esquerda
Digitar o número da página a ser exibida	Alt+A
Exibir a próxima página a ser impressa	Alt+Seta para a Direita
Exibir a última página a ser impressa	Alt+End
Especificar como deseja imprimir os quadros (essa opção estará disponível apenas se você estiver imprimindo uma página da Web que usa quadros)	Alt+F
Fechar o recurso Visualização de Impressão	Alt+C
Selecionar o texto na barra de endereços	Alt+D
Exibir uma lista de endereços digitados	F4
Na barra de endereços, mover o cursor para a esquerda para a próxima interrupção lógica no endereço (ponto ou barra)	Ctrl+Seta para a Esquerda
Na barra de endereços, mover o cursor para a direita para a próxima interrupção lógica no endereço (ponto ou barra)	Ctrl+Seta para a Direita
Adicionar www. ao início e .com ao final do texto digitado na Barra de endereços	Ctrl+Enter
Mover-se para frente na lista de correspondências do recurso Preenchimento Automático	Seta para Cima
Mover-se para trás na lista de correspondências do recurso Preenchimento Automático	Seta para Baixo
Abrir o menu Início	Alt+M
Abrir o menu Imprimir	Alt+R
Abrir o menu RSS	Alt+J
Abrir o menu Ferramentas	Alt+O
Abrir o menu Segurança	Alt+S
Abra o menu Ajuda	Alt+L
Adicionar a página atual aos favoritos (ou assinar o feed quando estiver na visualização de feeds)	Ctrl+D
Excluir histórico de navegação	Ctrl+Shift+Del
Abrir uma janela de Navegação InPrivate	Ctrl+Shift+P
Abrir a caixa de diálogo Organizar Favoritos	Ctrl+B
Mover o item selecionado para cima na lista de favoritos da caixa de diálogo Organizar Favoritos	Alt+Seta para Cima
Mover o item selecionado para baixo na lista de favoritos da caixa de diálogo Organizar Favoritos	Alt+Seta para Baixo
Abrir a Central de favoritos e exibir os seus favoritos	Alt+C
Abrir a Central de favoritos e exibir o seu histórico	Ctrl+H
Fixar a Central de favoritos e exibir seu histórico	Ctrl+Shift+H
Abrir e encaixar Central de Favoritos e exibir os feeds	Ctrl+Shift+J
Abrir o menu Adicionar a Favoritos (ou abrir Assinar o feed quando estiver na visualização de feeds)	Alt+Z
Abrir o menu Favoritos na barra de menus	Alt+A

4. Opções Internet

Na barra de menu Ferramentas do Internet Explorer é possível acessar o comando **opções internet** e definir configurações de acesso:

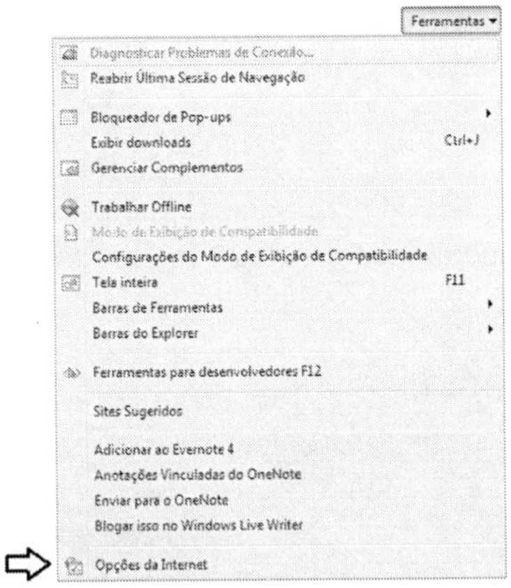

Guia Geral - A Página Inicial é a página que é exibida sempre que se abre o Internet Explorer. Escolha uma página que você deseje exibir frequentemente ou uma que possa ser personalizada para ter acesso rápido a um determinado URL de seu interesse.

Histórico de Navegação: Excluir...

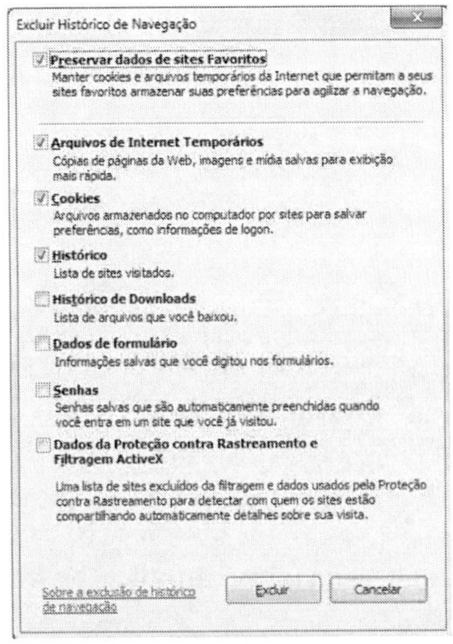

Histórico de Navegação: Configurações

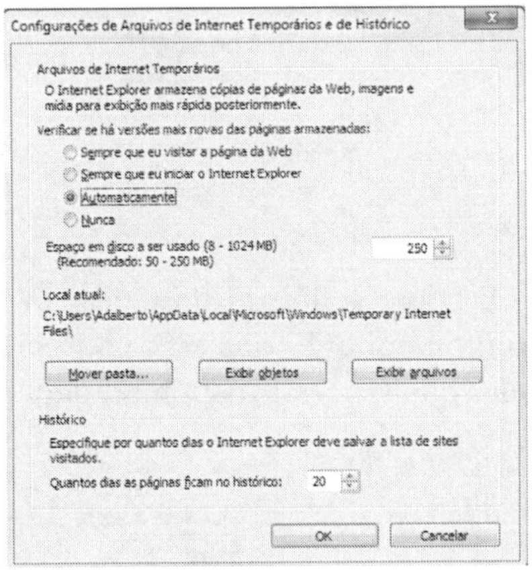

Pesquisa: Configurações

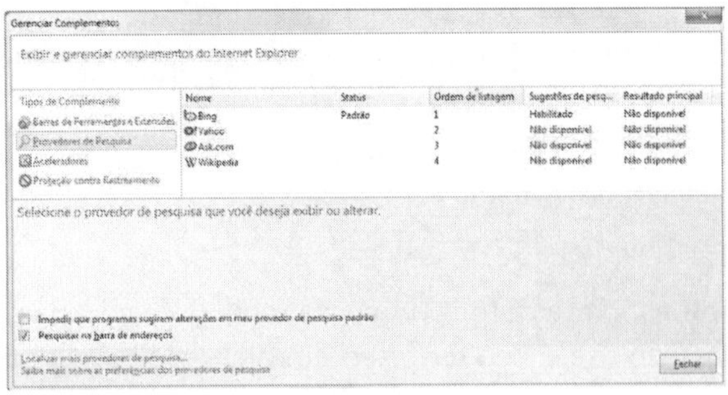

Guias: Configurações

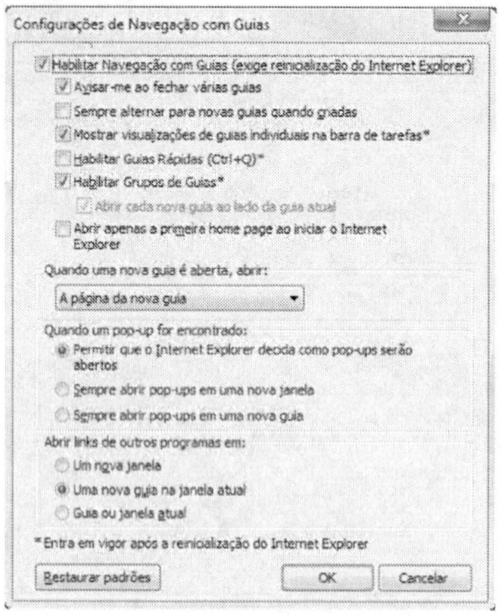

Cores - Para alterar a forma como as cores das páginas são exibidas:

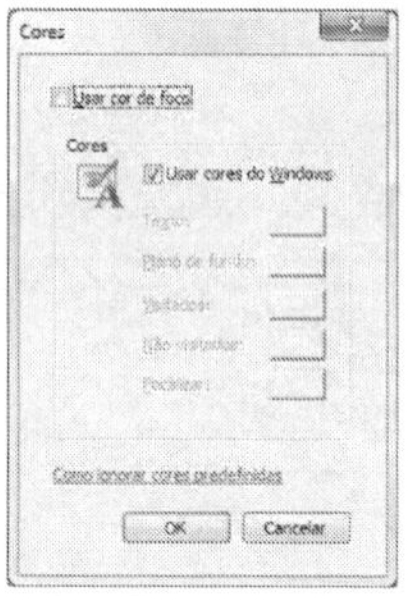

Idiomas - Permite definir prioridades em termos de idioma com o qual quer que o site seja visualizado. Para aqueles que têm esta disponibilidade.

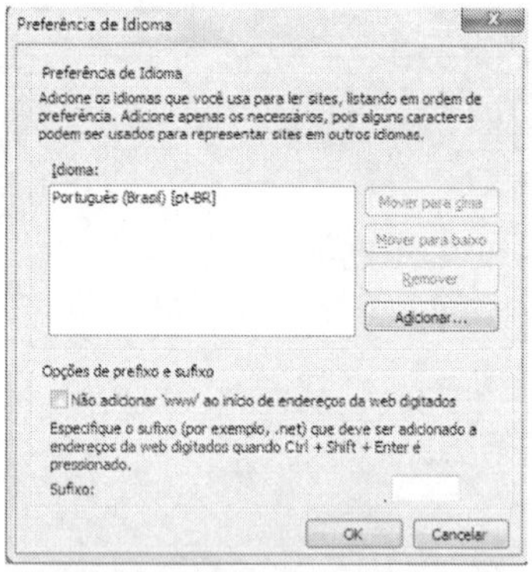

Fontes - Para definir o tipo de fonte desejado para o caso do site já não ter pré-definido.

Acessibilidade - Ignora ou estabelece estilos de formatação com os quais o usuário pretende visualizar as páginas.

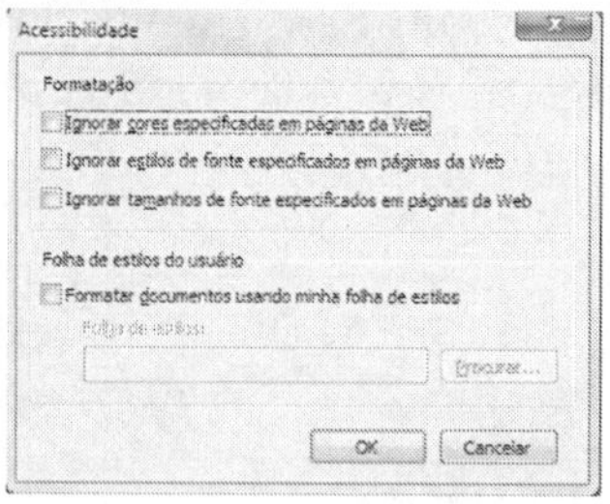

Guia Conexões - Permite configurar novas conexões e define conexão a ser utilizada como padrão.

Guia Segurança - Configurações de nível de segurança para cada zona de conteúdo.

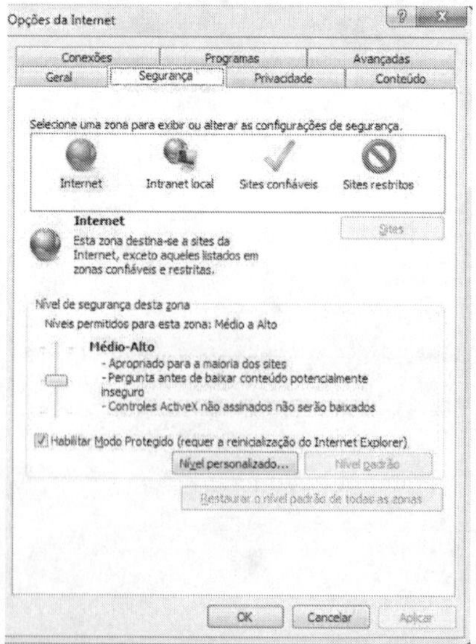

Zonas de Conteúdo:

O Internet Explorer divide o seu mundo da internet em zonas para que você possa atribuir um site da Web a uma zona com um nível de segurança adequado.

Você pode saber em que zona a página da Web atual está, examinando o lado direito da barra de status do Internet Explorer. Sempre que você tentar abrir ou descarregar conteúdo da Web, o Internet Explorer verifica as configurações de segurança da zona daquele site da Web.

Há quatro zonas:

- Zona da **Internet**: Por padrão, esta zona contém tudo que não está no seu computador, em uma intranet ou que não tenha sido atribuído a outra zona. O nível de segurança padrão da zona **internet** é **Médio**. Você pode alterar as configurações de privacidade da zona **Internet** na guia **Privacidade** em **Opções da Internet**. Para obter mais informações, clique em **Tópicos relacionados**.

- Zona da **intranet local**: Esta zona normalmente contém todos os endereços que não requerem um servidor, conforme definido pelo administrador do sistema. Esses incluem sites especificados na guia **Conexões**, caminhos de rede (como \\servidor\compartilhado) e sites da intranet local (normalmente endereços que não contém pontos, como http://interno). Você pode adicionar sites a essa zona. O nível de segurança padrão da zona **Intranet local** é **Médio**; portanto, o Internet Explorer permitirá que todos os cookies de sites da Web dessa zona sejam salvos no computador e lidos pelo site da Web que os criou.

- Zona de **Sites confiáveis**: Essa zona contém sites em que você confia, ou seja, sites dos quais pode fazer download ou executar arquivos sem se preocupar com danos ao seu computador ou aos seus dados. Você pode atribuir sites a essa zona. O nível de segurança padrão para a zona de sites confiáveis é **Baixo**; portanto, o Internet Explorer permitirá que todos os cookies de sites da Web dessa zona sejam salvos no computador e lidos pelo site da Web que os criou.

- Zona de **Sites restritos**: Essa zona contém sites em que você não confia, ou seja, sites que não considera seguros o bastante para fazer download ou executar arquivos sem danificar o seu computador ou seus dados. Você pode atribuir sites a essa zona. O nível de segurança padrão da zona de sites restritos é **Alto**; portanto, o Internet Explorer bloqueará todos os cookies de sites da Web dessa zona.

Além disso, todos os arquivos que já estão no seu computador são considerados muito seguros, portanto configurações mínimas de segurança são atribuídos a eles. Você não pode atribuir uma pasta ou unidade do seu computador a uma zona de segurança.

Você pode alterar o nível de segurança de uma zona. Por exemplo, pode querer alterar a configuração de segurança da sua zona da intranet local para **Baixo**. Ou pode personalizar as configurações dentro de uma zona. Você também pode personalizar configurações de uma zona importando um arquivo de configurações de privacidade de uma autoridade de certificação.

Em **Sites...** é possível adicionar ou remover sites para cada zona de conteúdo.

Guia Programas - Especifica que programa o Windows irá utilizar automaticamente para cada serviço de internet.

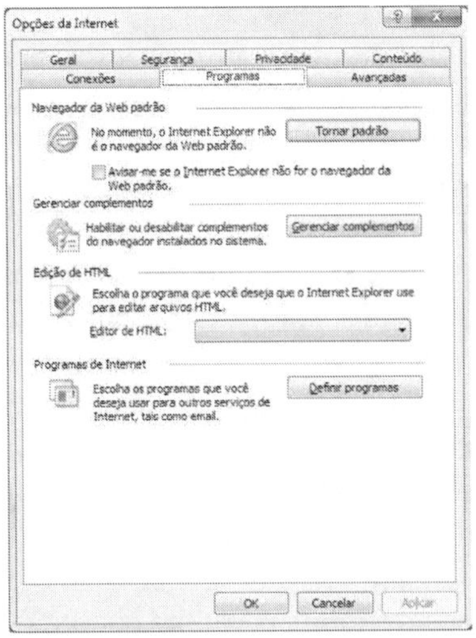

Guia Privacidade - Especifica o nível de privacidade para a zona da internet. Movendo o controle deslizante, altera-se o nível de privacidade ou visualiza-se resumos de cada nível de privacidade. Em avançado é possível personalizar como o Internet Explorer deve lidar com cookies.

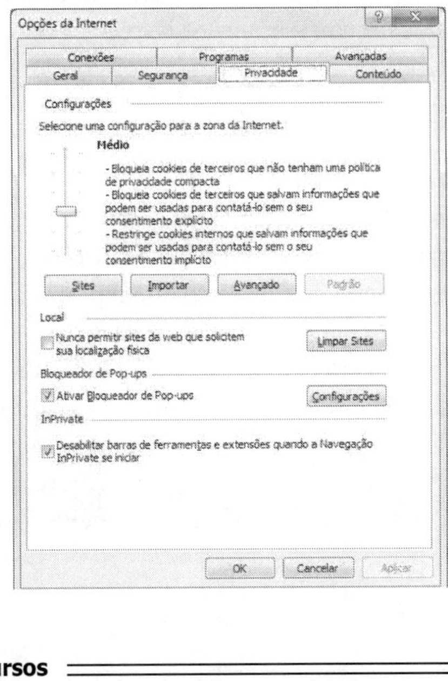

Cookies - São pequenas informações que alguns sites que você visitou guardam em seu computador. Existem diversas formas em que são utilizados pelos sites. As mais comuns são: personalizar sites pessoais ou de notícias, uma vez que se tenha escolhido o que se quer que seja mostrado na página; manter listas de produtos ou de compras preferidos em sites de comércio; resguardar sua senha e identificação enquanto você vai de uma página a outra; conservar a lista das páginas usadas em um site, para simples estatística ou para eliminação daquelas em cujos links você não tem interesse. Essas informações são armazenadas em pequenos arquivos de texto no computador. Esse arquivo é chamado cookie.

Os cookies também podem armazenar informações pessoais de identificação. São aquelas que podem ser usadas para identificar ou contatar você, como seu nome, endereço de e-mail, endereço residencial ou comercial ou número de telefone. Entretanto, um site da Web só tem acesso às informações pessoais de identificação que você fornece. Por exemplo, um site não pode determinar seu nome de e-mail a menos que você o forneça. Além disso, um site não pode ter acesso a outras informações no computador. Quando um cookie é salvo no computador, apenas o site que o criou poderá lê-lo.

Você pode decidir se permitirá que alguns, nenhum ou todos sejam salvos no computador. Se não quiser salvar cookies, talvez não consiga exibir alguns sites da Web nem tirar proveito de recursos de personalização.

Cookies persistentes

Um cookie persistente é aquele armazenado como arquivo no computador e que permanece nele mesmo quando você fecha o Internet Explorer. Na próxima vez que você visitar o site, o cookie poderá ser lido pelo site que o criou.

Cookies temporários

Um cookie temporário ou por sessão é armazenado apenas para a sessão de navegação atual e é excluído do computador quando o Internet Explorer é fechado.

Cookies primários versus cookies secundários

Um cookie primário é aquele criado ou enviado para o site que você está exibindo no momento. Esses cookies costumam ser usados para armazenar informações, como suas preferências ao visitar o site.

Um cookie secundário é aquele criado ou enviado para um site diferente daquele que você está exibindo no momento. Em geral, os sites secundários fornecem conteúdo no site que você está exibindo. Por exemplo, muitos sites exibem propagandas de sites secundários e esses sites podem usar cookies. Esse tipo de cookie costuma ser usado para controlar o uso da sua página da Web para propagandas ou outras finalidades de marketing. Os cookies secundários podem ser persistentes ou temporários.

Cookies não satisfatórios

Os cookies não satisfatórios são cookies que podem permitir acesso a informações pessoais de identificação que poderiam ser usadas com uma finalidade secundária sem o seu consentimento.

Opções para trabalhar com cookies

O Internet Explorer permite o uso de cookies, mas você pode alterar suas configurações de privacidade para especificar que o Internet Explorer deve exibir uma mensagem antes de inserir um cookie no computador (o que permite a você autorizar ou bloquear o cookie) ou para impedir que ele aceite cookies.

Você pode usar as configurações de privacidade do Internet Explorer para especificar como o Internet Explorer deve lidar com cookies de sites da Web específicos ou de todos os sites da Web. Também pode personalizar as configurações de privacidade importando um arquivo que contém configurações personalizadas de privacidade ou especificando essas configurações para todos os sites da Web ou para sites específicos.

Selecionando...	Especificamos:
Bloquear todos os cookies	• Os cookies de todos os sites da Web serão bloqueados. • Os cookies existentes no computador não podem ser lidos por sites da Web.
Alta	• Os cookies de todos os sites da Web que não tenham uma diretiva concisa (uma declaração de privacidade resumida para leitura na tela do computador) serão bloqueados. • Os cookies de todos os sites da Web que usem informações pessoais de identificação sem o seu consentimento explícito serão bloqueados.
Média alta	• Os cookies de sites secundários que não tenham uma diretiva concisa (uma declaração de privacidade resumida para leitura na tela do computador) serão bloqueados. • Os cookies de sites secundários que usem informações pessoais de identificação sem o seu consentimento explícito serão bloqueados. • Os cookies de sites primários que usem suas informações pessoais de identificação sem o seu consentimento implícito serão bloqueados.
Média	• Os cookies de sites secundários que não tenham uma diretiva concisa (uma declaração de privacidade resumida para leitura na tela do computador) serão bloqueados. • Os cookies de sites secundários que usem suas informações pessoais de identificação sem o seu consentimento implícito serão bloqueados. • Os cookies de sites primários que usem suas informações pessoais de identificação sem o seu consentimento implícito serão excluídos do computador quando você fechar o Internet Explorer.
Baixa	• Os cookies de sites secundários que não tenham uma diretiva concisa (uma declaração de privacidade resumida para leitura na tela do computador) serão bloqueados. • Os cookies de sites secundários que usem suas informações pessoais de identificação sem o seu consentimento implícito serão excluídos do computador quando você fechar o Internet Explorer.
Aceitar todos os cookies	• Todos os cookies serão salvos no computador. • Os cookies existentes no computador podem ser lidos pelos sites da Web que os criou.

Guia Conteúdo - Em ativar se inicia ou para o supervisor de conteúdo. O que e como serão exibidos os conteúdos. Permite incluir senha para evitar que usuário não autorizado altere as configurações.

A senha do supervisor permite que se altere, ative ou desative as configurações do supervisor de conteúdo.

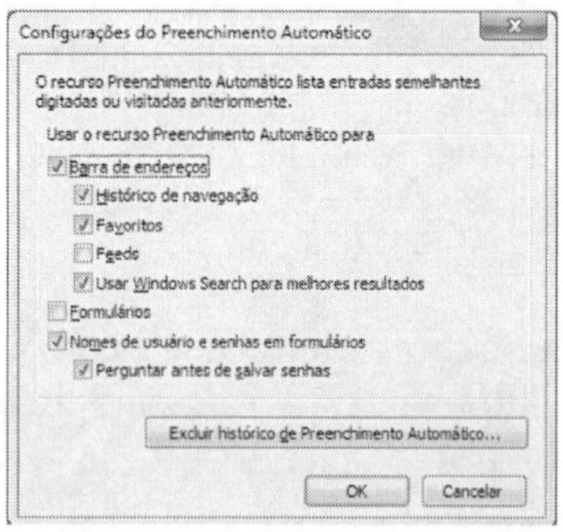

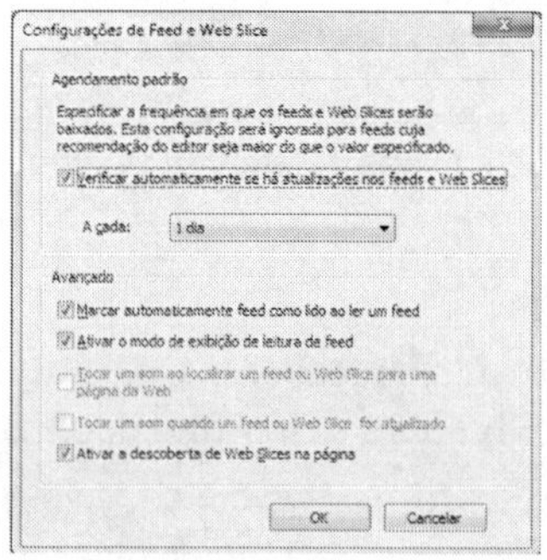

Avançadas - Outras configurações avançadas:

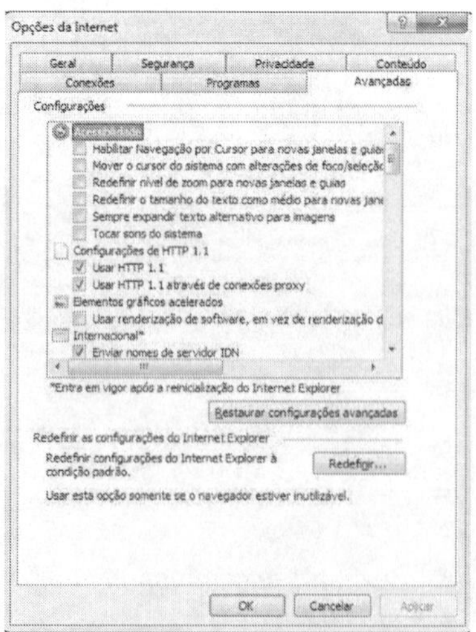

5. Protocolos

Um protocolo é uma linguagem para a comunicação entre dois computadores distantes geograficamente, permitindo a troca de mensagens entre eles para a comunicação de dados. Alguns protocolos e suas funções:

TCP/IP - Protocolo de Controle de Transmissão/ Protocolo Internet

Um padrão de comunicação para todos os computadores na internet. No lado do remetente, o TCP divide os dados a serem enviados em segmentos de dados. O IP monta os segmentos em pacotes que contêm segmentos de dados, além dos endereços do remetente e do destinatário. Em seguida, o IP envia os pacotes para o roteador para entrega. No lado do destinatário, o IP recebe os pacotes e os divide em segmentos de dados. O TCP monta os segmentos de dados no conjunto de dados original.

FTP - Protocolo de Transferência de Arquivo/File Transfer Protocol

É uma ferramenta, um recurso que utilizamos para transferir (receber ou enviar) arquivos na internet. Imagine que ao navegar na rede encontra um site que lhe oferece um software que lhe possibilita editar imagens. Só que tem um problema: pra você copiar este programa, que está guardado em um arquivo no servidor da empresa ou em outro site de FTP, você precisa de outro programa que possa fazer isto. Um programa que possibilite uma comunicação entre o seu computador e o outro que funciona com outro sistema e linguagem, permitindo assim que você possa transferir arquivos (enviar ou receber). Existem dois tipos de conexões de FTP - a conexão anônima e a identificada. No caso citado acima, se você quiser copiar o programa provisoriamente, apenas para testá-lo e verificar se ele realmente lhe interessa, você faz uma conexão de FTP anônimo, ou seja, você não precisará para isto usar uma senha no servidor de FTP (username ou password). Há outro tipo de conexão de FTP que é a identificada, no caso de usuários que têm conta no servidor. Para efetivar este tipo de conexão, você terá que se identificar com uma senha ou password.

O FTP permite somente a transferência de arquivos. Para que os arquivos possam ser lidos ou manipulados, não basta só transferi-los. É necessário outros programas que possam fazer a leitura desses arquivos. Como os arquivos incluem textos, imagens, sons e filmes, eles precisam de programas adicionais. Para ler um arquivo que contém texto, por exemplo, você precisa de um editor de texto que permita sua visualização. O mesmo acontece com arquivos que contém imagens ou sons. Além disso, muitos arquivos de servidores de FTP estão em forma comprimida, pois assim eles ocupam menos espaço. Para descomprimi-los, você precisará de um software específico que realize essa operação.

HTTP - Protocolo de Transferência de Hipertexto/ Hypertext Transfer Protocol

O protocolo cliente/servidor usado para acessar as informações na World Wide Web.

HTTPS - Protocolo de Transferência Segura de Hipertexto/ Secure Hypertext Transfer Protocol

É um protocolo que é acoplado ao navegador, criptografa e criptoanalisa solicitações a páginas e páginas retornadas pelo servidor Web.

SSL – Secure Sockets Layer – Camada de Portas de Segurança

Permite que um usuário confirme a identidade de um servidor. Um browser habilitado para SSL mantém uma lista de **CA**[1]s de confiança, juntamente com as chaves públicas dessas CAs. Quando um browser quer fazer negócios com um servidor web habilitado para SSL, ele obtém um certificado do servidor obtendo a chave pública deste. O certificado é emitido (ou seja, é assinado digitalmente) pela CA que aparece na lista de CAs de confiança do cliente. Essa característica permite que o browser autentique o servidor antes de o usuário informar o número de seu cartão de crédito.

ICMP - Protocolo de Mensagens de Controle da Internet/ Internet Control Message Protocol

Uma extensão do Internet Protocol (IP, Protocolo Internet), o ICMP permite a geração de mensagens de erro, pacotes de teste e mensagens informativas relativas ao IP.

IP - Protocolo Internet /Internet Protocol

A parte do TCP/IP (Transmission Control Protocol/ Internet Protocol) que roteia as mensagens de um local da internet para outro. O IP é responsável pelo endereçamento e envio dos pacotes TCP (Transmission Control Protocol) pela rede. O IP proporciona um sistema de entrega sem conexão e da melhor maneira possível, não garantindo que esses pacotes cheguem aos seus destinos ou que eles sejam recebidos na seqüência na qual foram enviados.

DHCP - Protocolo de configuração dinâmica de hosts/ Dynamic Host Configuration Protocol

Protocolo de serviço TCP/IP que oferece configuração dinâmica com concessão de endereços IP de host e distribui outros parâmetros de configuração para clientes de rede qualificados. O DHCP fornece uma configuração de rede TCP/IP segura, confiável e

[2] **CA** - Autoridade Certificadora: sua tarefa é validar identidades e emitir certificados.

simples, evita conflitos de endereço e ajuda a preservar a utilização de endereços IP de clientes na rede.

O DHCP usa um modelo cliente/servidor, no qual o servidor DHCP mantém o gerenciamento centralizado dos endereços IP usados na rede. Os clientes com suporte para DHCP podem solicitar e obter concessões de um endereço IP de um servidor DHCP como parte do seu processo de inicialização da rede.

SMTP - Protocolo para Transferência de e-mail Simples/ Simple Mail Transfer Protocol

Um protocolo TCP/IP para o envio de mensagens de um computador para outro em uma rede. Esse protocolo é usado na internet para rotear correio eletrônico.

SNMP - Protocolo de Gerenciamento de Redes/ Simple Network Management Protocol

Protocolo usado para monitorar e controlar serviços e dispositivos de uma rede TCP/IP. É o padrão adotado pela RNP (Rede Nacional de Pesquisa) para a gerência de rede.

POP ou POP3 - Post Office Protocol ou Post Office Protocol Version 3

Protocolo popular usado para receber mensagens de e-mail. Este protocolo é utilizado com frequência por provedores de serviços de internet. Protocolo que permite ao cliente de e-mail (Outlook Express) recolher mensagens no servidor de e-mail. Os servidores POP3 permitem acesso a uma única caixa de entrada, diferentemente dos servidores IMAP, que fornecem acesso a várias pastas do lado do servidor.

IMAP - Protocolo de Acesso ao Correio da Internet / Internet Message Access Protocol

Tem mais recursos que o POP3, mais é muito mais complexo. Foi projetado para permitir que os usuários manipulem caixas postais remotas como se elas fossem locais. Permite que se mantenha múltiplas pastas de mensagens no servidor de correio e organizar as mensagens da maneira mais conveniente.

MIME - Multipurpose Internet Mail Extensions

É o protocolo que possibilita o e-mail trabalhar em multimídia. Com ele é possível clicar um objeto do e-mail para ouvir um som, por exemplo.

Telnet

Um protocolo que permite que um usuário da internet faça o logon e insira comandos em um computador remoto ligado à internet, como se o usuário estivesse usando um terminal baseado em texto ligado diretamente àquele computador.

6. Problemas na Internet

Códigos e mensagens de erros comuns

400 - *Bad Request* – Solicitação Incorreta

Há algo de errado com o endereço que você digitou. É o servidor que não encontra a página que você pediu. Pode ser que ela realmente não exista ou que você não esteja autorizado a acessá-la.

401 - *Unauthotized* – Não Autorizado

O site que pretende acessar está protegido e você digitou a senha incorreta ou previamente o hospedeiro não quer que usuários com o seu domínio entrem. Ex.: Alguns sites educacionais permitem somente o acesso a partir de outros sites educacionais.

403 - *Forbidden* - Proibido

O documento que você quer acessar está protegido por senha ou bloqueado para o seu domínio (o provedor de onde acessa a internet).

404 - *Not Found* – Não Foi Encontrado

O servidor que hospeda este site não consegue encontrar o documento HTML no URL com o qual você entrou. Pode ser que você tenha digitado o endereço da página errado ou que tal página simplesmente não exista mais.

503 - *Service Unavailable* – Serviço Não Disponível

Seu provedor pode ter saído do ar, o gateway (conexão com a internet e a rede local) pode estar com problemas ou até mesmo sua máquina pode não estar funcionando muito bem.

***Bad File Request* – Solicitação de Arquivo Incorreto**

Seu browser, muito provavelmente, não consegue se entender com o formulário que você está preenchendo. Ou, existe um erro no formulário.

***Cannot add form submission result to bookmark list* – Impossível Adicionar Resultado de Submissão de Formulário na Lista de Favoritos**

Ocorre quando você submeteu uma solicitação de busca e depois tenta salvar o resultado no favoritos. Apesar de parecer um endereço válido a página não possui um URL que pode ser reutilizado de modo que ele não pode ser adicionado a sua lista de favoritos.

***Connection Refused by Host* – Conexão Recusada Pelo Hospedeiro**

Você não tem permissão para acessar este documento ou porque é protegido por senha ou o hospedeiro não aceita o seu domínio.

Failed DNS[3] *Lookup* – **Falha de Procura no DNS**

O servidor de DNS não consegue converter a URL que você pediu em um endereço válido.

File Contains no Data – **Arquivo Não Contém Dados**

O site que foi acessado não contém nenhuma página Web. É possível que seja bem o momento em que estão atualizando a página.

Helper Application Not Found – **Aplicação Auxiliar Não Encontrada**

Esta mensagem é exibida quando o browser encontra um arquivo com extensão desconhecida em uma determinada página. Os referidos arquivos não são necessariamente gráficos. Eles podem ser sons, clipes, arquivos ZIP, enfim qualquer tipo de arquivo.

Host Unavailable – **Hospedeiro Não Disponível**

O computador servidor que hospeda esse site não pode ser alcançado. O servidor pode estar off-line ou fora do ar para manutenção.

Host Unknown – **Hospedeiro Desconhecido**

O servidor que você está tentando alcançar não está conectado, ou você perdeu sua própria conexão. Você pode estar usado o URL incorreto.

Network Connection was Refused by the Server – **Conexão na Rede Foi Recusada Pelo Servidor**

Alguns servidores possuem limites para número de usuários concorrentes. É provável que o servidor esteja ocupado para manipular mais um usuário.

Permission Denied – **Permissão Negada**

Esse erro ocorre quando você está conectado a um site FTP e está fazendo upload ou download. Às vezes o administrador do site não quer que faça upload para o site, download em determinado arquivo ou acesse determinado diretório. O site também pode estar ocupado demais.

Too Many Connections - Try Again Later - **Excesso de Conexões – Tente Novamente Mais Tarde**

O limite de pessoas que podem utilizar o site ao mesmo tempo foi excedido.

Too Many User – **Excesso de Usuários**

Nenhum site de FTP (ou qualquer outra espécie) é capaz de oferecer acesso a um número ilimitado de usuários. Quando a lotação do site for atingida, todos que tentarem se logar receberão esta mensagem.

Unable to Locate the Server - **Impossível Localizar Hospedeiro**

Ou você cometeu um erro ao digitar o endereço, ou o servidor tão somente não existe.

Viewer Not Found – **Visualizador Não Encontrado**

Seu browser não reconhece arquivos deste tipo ou seu computador não tem o programa necessário para lidar com ele.

You Can´t Log on as an Anonymous User – **Você Não Pode Fazer Logon Como Usuário Anônimo**

A grande maioria dos sites de FTP oferece um número limitado de vagas para usuários não-cadastrados. Quando estas se esgotam, a mensagem acima é exibida. Outra possibilidade é que seu browser não esteja conseguindo encaixar você numa das vagas que o servidor oferece para visitantes.

DoS – Negação de Serviço/ Denial of Service

Um ataque por negação de serviço é um incidente no qual um usuário ou organização é privado dos serviços de um recurso do qual deveria dispor normalmente.(por exemplo, perda temporária de toda a conectividade e serviços de rede). Ainda que usualmente seja intencional e malicioso, o ataque por negação de serviço às vezes pode acontecer acidentalmente. Ele é um tipo de quebra de segurança de um sistema de computadores que usualmente não resulta no roubo de informações ou em outras perdas de segurança.

[3] **DNS** – Domain Name System – Sistema de Nomes por Domínio. Sistema pelo qual o hosts na internet têm endereços de nome de domínio (como microsoft.com) e endereços IP (como 172.21.13.45). O endereço de nome de domínio é utilizado por usuários e é traduzido automaticamente para o endereço IP numérico, que é usado pelo software de roteamento de pacotes. DNS é também um acrônimo para Domain Name Service, o utilitário da internet que implementa o Sistema de nomes de domínios. Os servidores DNS, também denomina dos servidores de nome, mantêm bancos de dados contendo o endereço e são acessados de forma transparente para o usuário.

6. Outlook Express 6

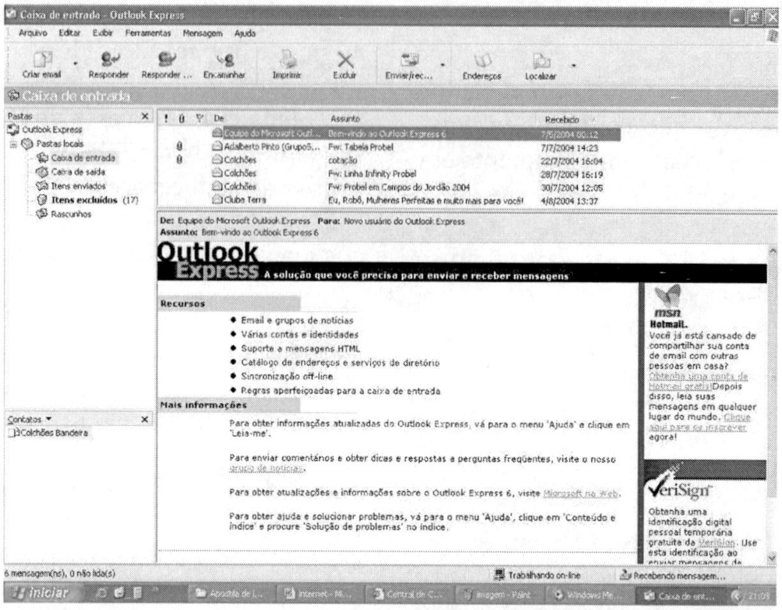

Em algumas provas: **MSOE, Gerenciador de Contas de E-mail** ou simplesmente **OE.**

Com uma conexão à internet e o Microsoft Outlook Express, você pode trocar mensagens de e-mail com qualquer pessoa na internet e associar-se a qualquer número de **grupos de notícias**[4].

O **Assistente para conexão com a internet** o ajuda a conectar-se a um ou mais servidores de e-mail ou de notícias. Você precisará das seguintes informações do provedor de serviços de internet ou do administrador da rede local:

- Para adicionar uma conta de e-mail, você precisa do nome da conta e da senha e dos nomes dos servidores de e-mail de entrada e de saída.
- Para adicionar um grupo de notícias, você precisa do nome do servidor de notícias ao qual deseja se conectar e, se necessário, do nome de sua conta e senha.

Para adicionar uma conta de e-mail ou de grupos de notícias você precisará das seguintes informações do provedor de serviços de internet ou do administrador da rede local:

- Para contas de e-mail, você precisará saber o tipo de servidor de e-mail usado (POP3, IMAP ou HTTP), o nome da conta e a senha, o nome do servidor de e-mail de entrada e, para POP3 e IMAP, o nome de um servidor de e-mail de saída.
- Para uma conta de grupo de notícias, você precisará saber o nome do servidor de notícias ao qual deseja se conectar e, se necessário, o nome da conta e a senha.

1. No menu **Ferramentas**, clique em **Contas**.
2. Na caixa de diálogo **Contas na internet**, clique em **Adicionar**.
3. Selecione **E-mail** ou **Notícias** para abrir o **Assistente para conexão com a internet** e siga as instruções para estabelecer uma conexão com um servidor de e-mail ou de notícias.

Cada usuário pode criar várias contas de e-mail ou de grupo de notícias, repetindo o procedimento acima para cada conta.

Barra de Ferramentas do OE6

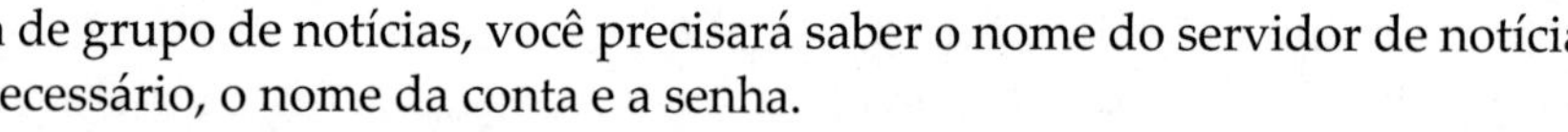

O propósito básico da barra de ferramentas do OE é executar de maneira rápida diversos recursos.

[4] **Grupo de notícias**: é uma coleção de mensagens postadas por indivíduos em um servidor de notícias (um computador que pode hospedar milhares de grupos de notícias).

Criando um novo e-mail

Escrever mensagem - Utilizado para produzir uma nova mensagem que poderá ser enviada ou armazenada como rascunho e posteriormente utilizada. Observe que ao utilizar a seta ao lado do botão temos acesso a um menu de possibilidades para o papel de carta a ser utilizado.

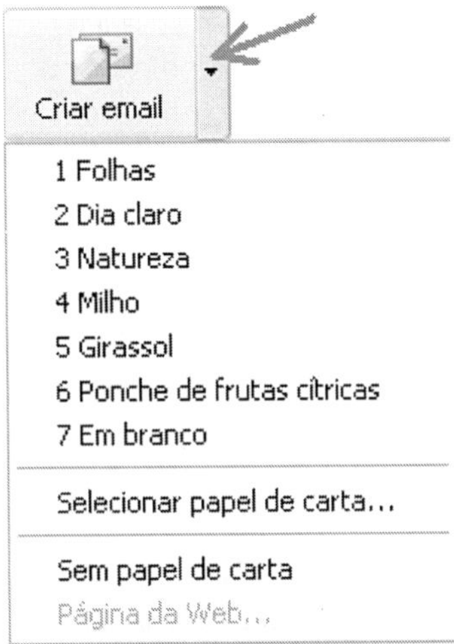

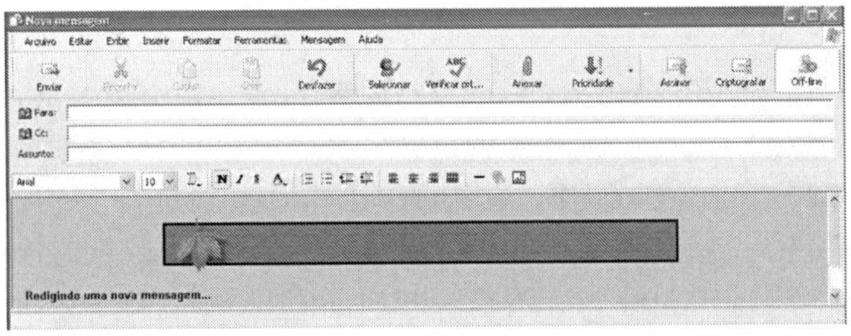

Enviar - Envia a mensagem produzida, desde que a conexão esteja online.

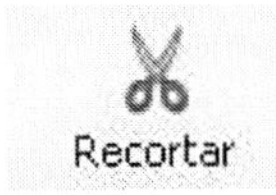

Recortar - Usado na edição do e-mail quando se deseja recortar um trecho de texto ou imagem do e-mail e enviá-lo para a Área de Transferência o que permitirá que seja utilizado em outro local como atalho.

Copiar - Usado para copiar um trecho de texto ou imagem do e-mail e enviá-lo para a Área de Transferência.

Colar - Uma vez que exista algo que tenha sido enviado para a Área de Transferência é possível determinar um ponto de inserção e transferi-lo para esse ponto.

Desfazer - É habilitado assim que algo for inserido no e-mail que está sendo criado. A cada vez que é acionado desfaz o último ato realizado.

Selecionar - Para o caso de se ter no catálogo de endereços mais do que um endereço de e-mail para o mesmo nome. Clicando neste botão se tem uma lista das ocorrências encontradas com o mesmo nome e podemos selecionar o endereço que pretendemos como destinatário.

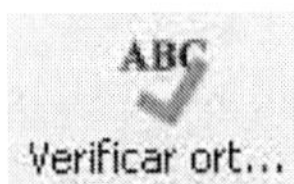

Verificar Ortografia - O Outlook Express usa o verificador ortográfico fornecido com os seguintes programas do Microsoft Office: Microsoft Word, Microsoft Excel e Microsoft Power Point. Se não tiver um desses programas instalado, o comando Verificar ortografia não estará disponível. Atalho: **F7**

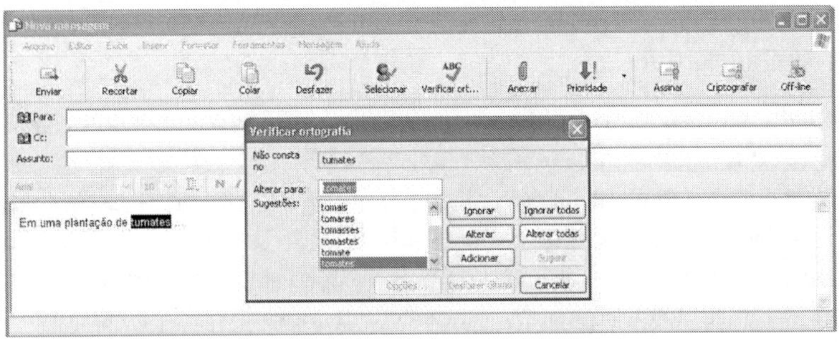

Usado para inserir um arquivo em uma mensagem.

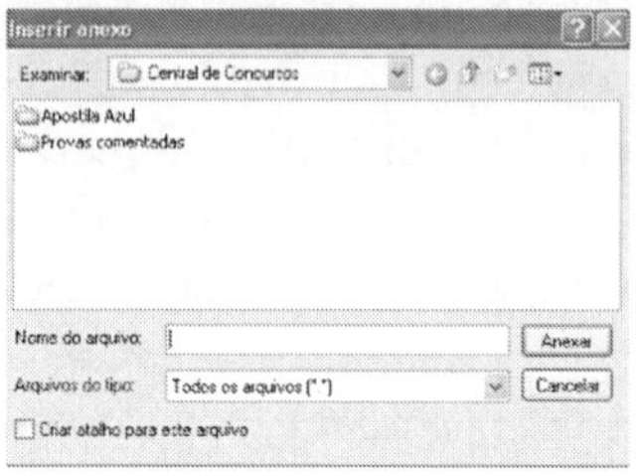

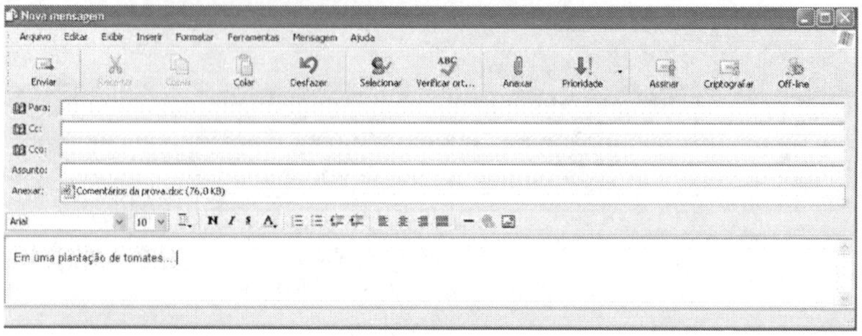

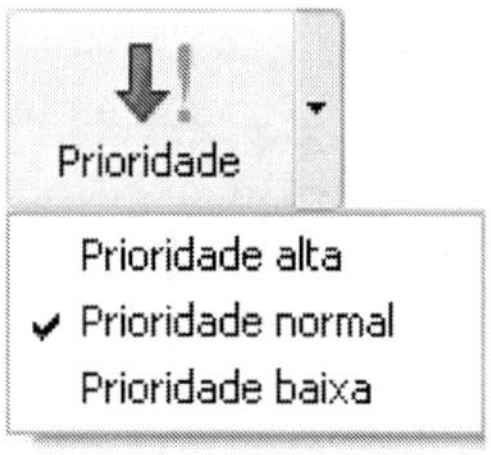

Prioridade - Ao enviar uma nova mensagem ou uma resposta a uma mensagem, você pode atribuir uma prioridade à mensagem, para que o destinatário saiba se deve lê-la imediatamente (prioridade alta) ou quando houver tempo (prioridade baixa). As mensagens com prioridade alta têm um ponto de exclamação ao seu lado. A prioridade baixa é indicada por uma seta para baixo. O padrão é a prioridade normal. Os examinadores, quando utilizam este tema tendem a elaborar questões que façam o candidato acreditar que a prioridade irá definir a velocidade ou algum tipo de conexão diferenciada que será utilizada para enviar a mensagem.

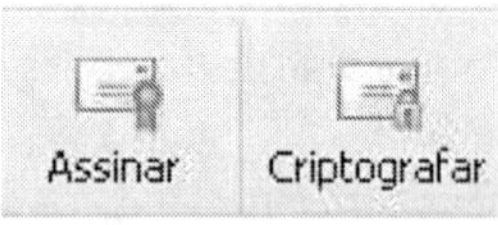

Assinar/Criptografar - Podemos assinar digitalmente e criptografar mensagens usando identificações digitais. Assinar digitalmente mensagens assegura aos destinatários que a mensagem foi realmente enviada por você. A criptografia garante que somente os destinatários desejados possam ler a mensagem.

A barra de formatação é usada para determinar a fonte, o tamanho das fontes, o estilo de parágrafo, negrito, itálico, sublinhado, a cor da fonte, numeradores, marcadores, diminuir recuos, aumentar recuos, alinhar à esquerda, centralizar, alinhar à direita, justificar, inserir linha horizontal, inserir hyperlink e inserir imagens.

Responder - Ao acionar este botão o OE irá produzir uma espécie de e-mail pré-formatado que indicará em Para: o endereço do(s) remetente(s) da mensagem selecionada, em Cc: e Cco: não constará nenhum endereço, em Assunto: surgirá, precedendo o assunto do e-mail selecionado um Re: . No corpo da mensagem surgirá uma marca ">" referindo-se ao texto da mensagem que esta sendo respondida e desta maneira mantendo-se o histórico das trocas de e-mails que ocorrerem. A cada troca de respostas o OE acrescenta uma marca.

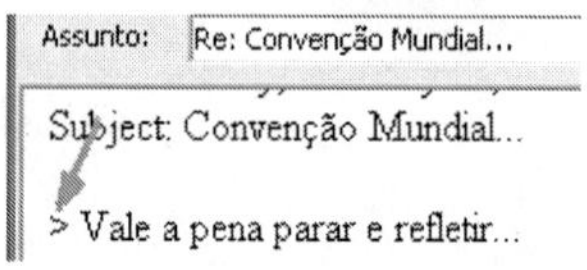

Caso o remetente tenha enviado um arquivo anexo à mensagem, na resposta, este arquivo não retornará no e-mail pré-formatado. Atalho: **Crtl R**

Responder a Todos - Neste caso o e-mail pré-formatado terá as seguintes características: Em Para: o endereço do(s) remetente(s) da mensagem selecionada, em Cc: e Cco: teremos todos os endereços para os quais o remetente havia enviado, em surgirá, precedendo o assunto do e-mail selecionado um Re: , o histórico das trocas deste e-mail também serão conservados e marcados e caso haja algum arquivo anexo, também não retornará. Lembrando que esta mensagem é apenas uma pré-formatação na qual pode ser incluído qualquer novo endereço ou anexado qualquer arquivo. Atalho: **Ctrl Shift R**

Encaminhar - Nesta outra opção o OE cuidará de produzir um e-mail pré-formatado que terá as seguintes características: Em Para:, Cc: e Cco: o usuário poderá indicar a quem pretende enviar a mensagem pois a princípio estarão em branco. O assunto será precedido por Fw: , valem as mesmas marcações para o histórico do e-mail só que desta vez o arquivo que foi anexado pelo remetente permanecerá anexo. Atalho: **Ctrl F**

Imprimir - Imprime o e-mail selecionado. Atalho: **Ctrl P**

Excluir - Exclui o e-mail selecionado enviando-o para a caixa de **itens excluídos.** Atente para o detalhe de que o número entre os parênteses colocados em frente de cada item refere-se ao número de e-mails marcados como não lidos e não ao número de e-mails que eles contêm. Assim, em **itens excluídos**, do exemplo abaixo, sem verificar as propriedades da pasta, não podemos determinar a quantidade de e-mails que contém, porém sabemos que do número de e-mails total, 59 estão marcados como não lidos.

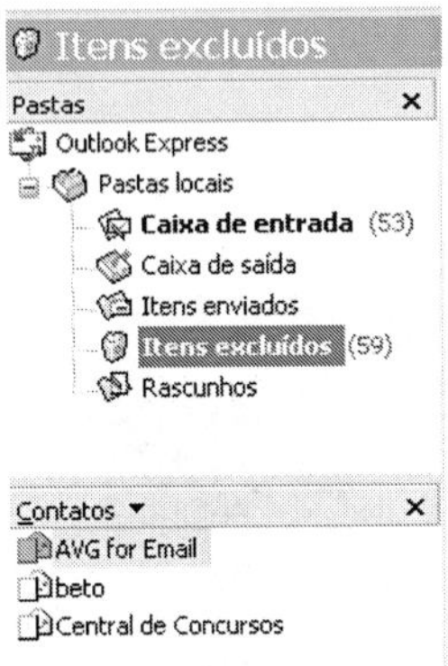

Com o botão direito do mouse podemos acessar as propriedades (ou menu **arquivo/propriedades**) da pasta selecionada:

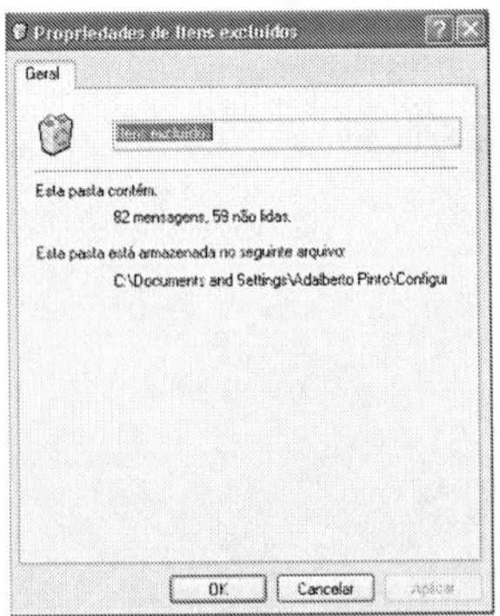

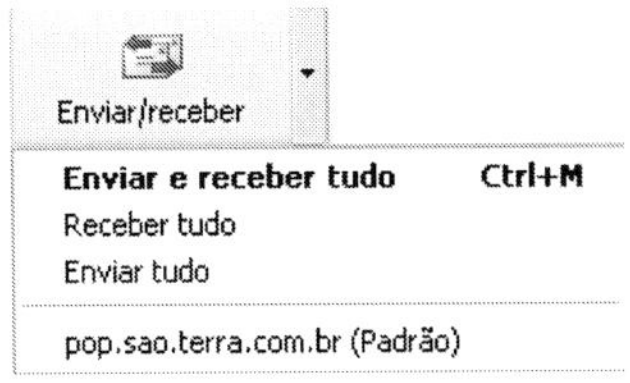

Enviar/Receber - Ao clicar sobre o botão o ato é o de enviar tudo o que está na caixa de saída e receber e-mails de todas as contas gerenciadas pelo OE. Atalho: **Ctrl M**. Caso o usuário utilize a seta ao lado do botão tem acesso à possibilidade de receber ou enviar, cada ação individualmente.

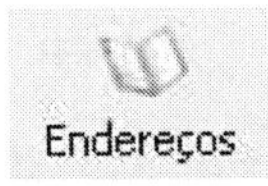

Endereços - Acessa o catálogo de endereços.

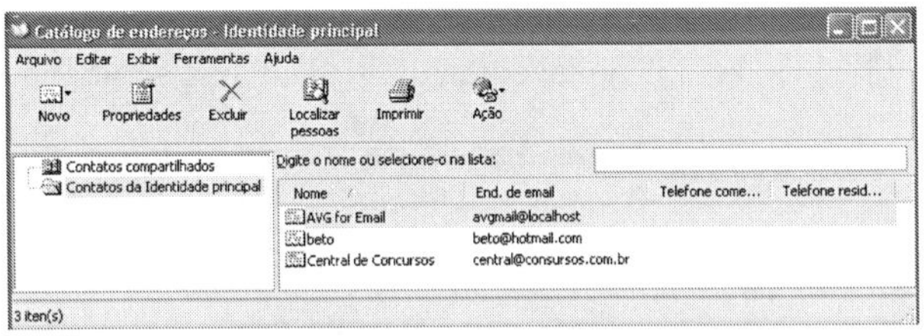

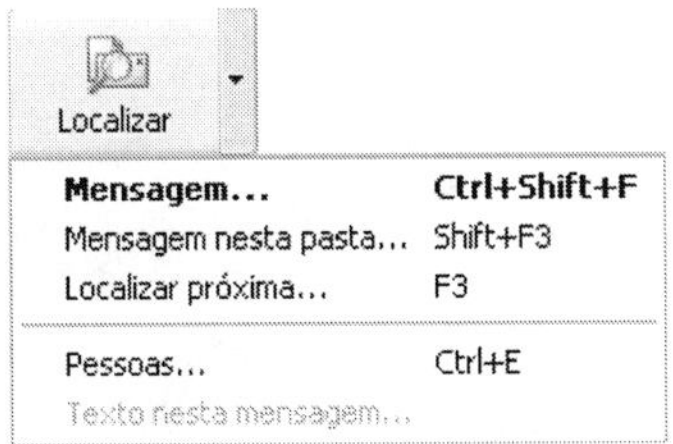

Localizar - Por padrão, o OE pesquisa a pasta selecionada no momento. Para pesquisar em outra pasta, clique em **Procurar...** e selecione a pasta desejada. Atalho: **Ctrl Shift F.**

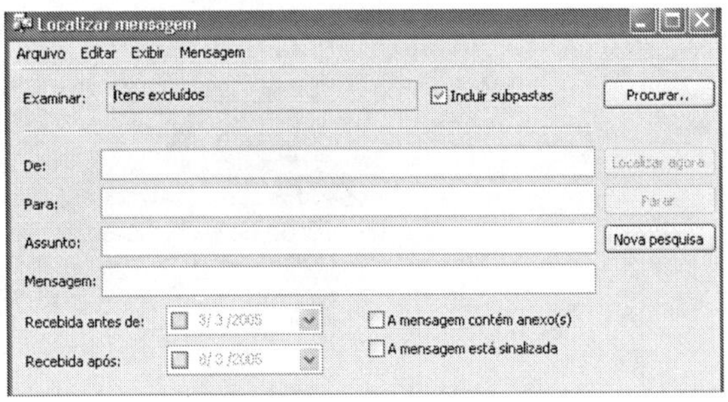

BARRA DE MENU

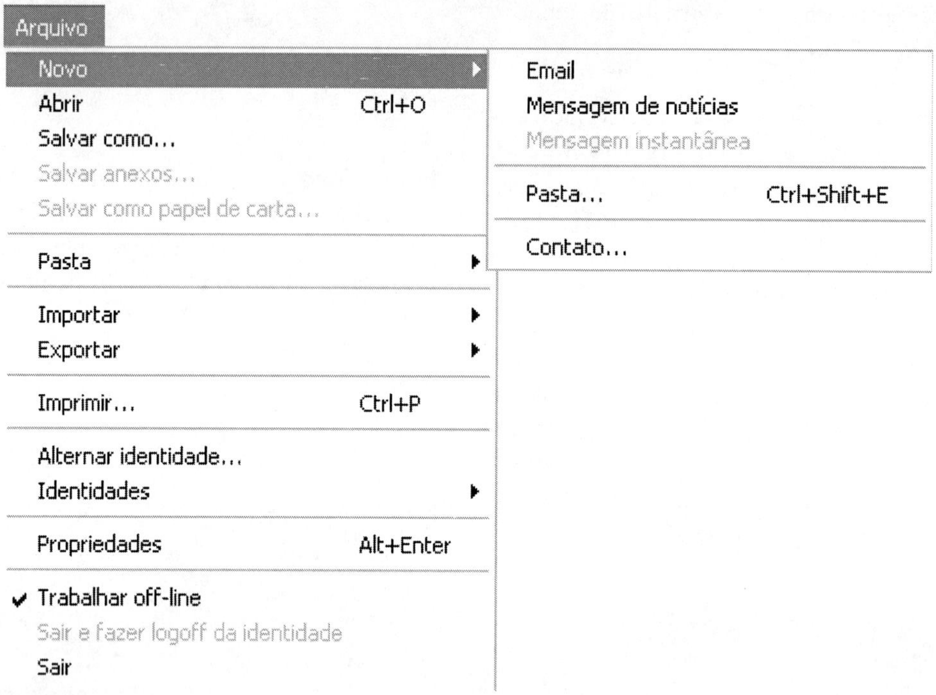

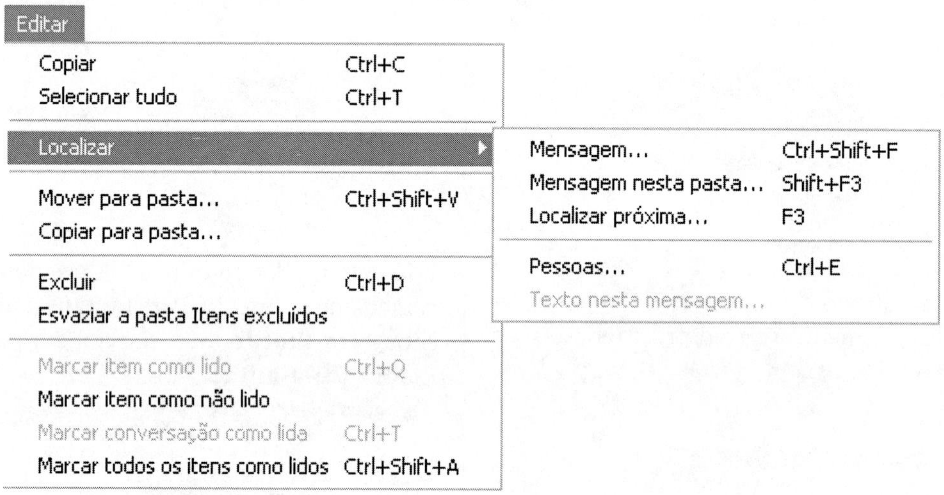

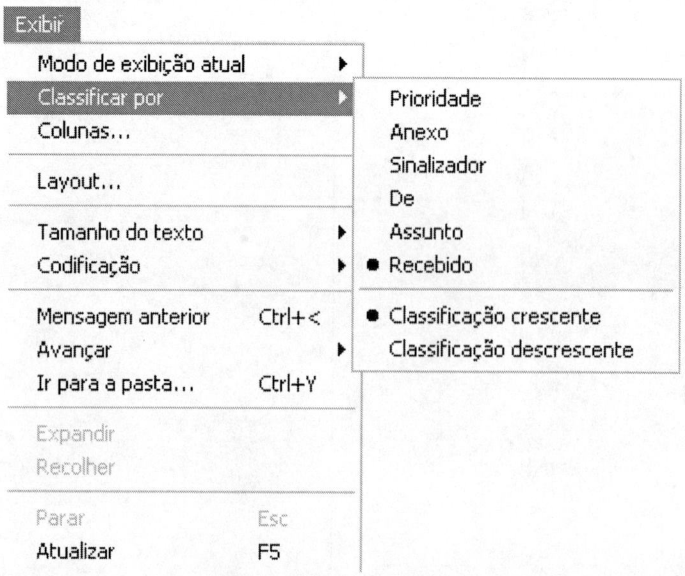

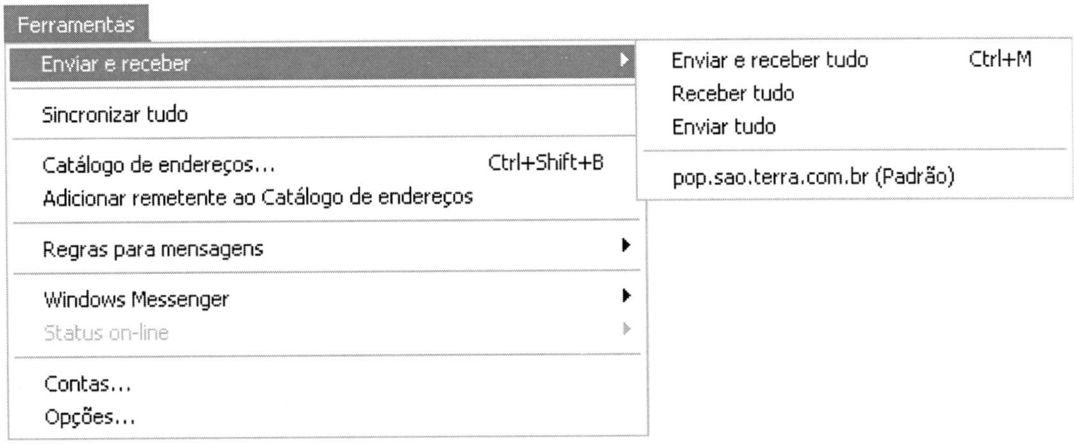

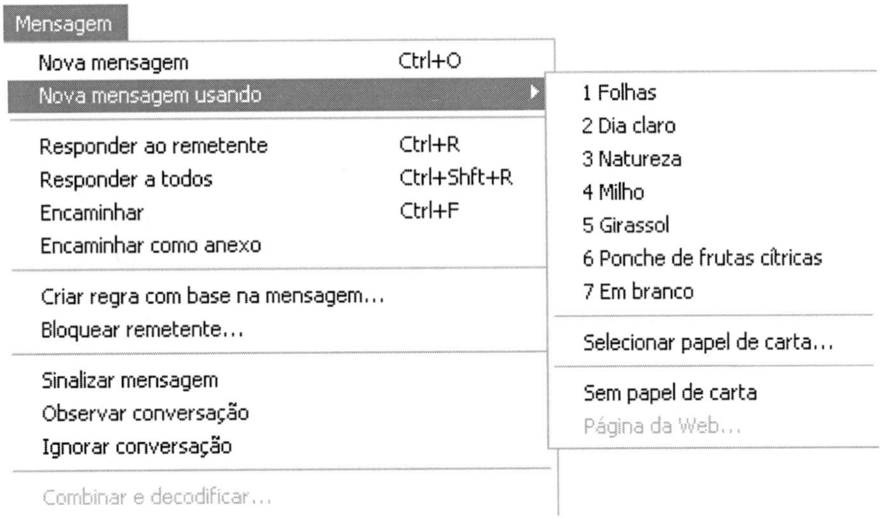

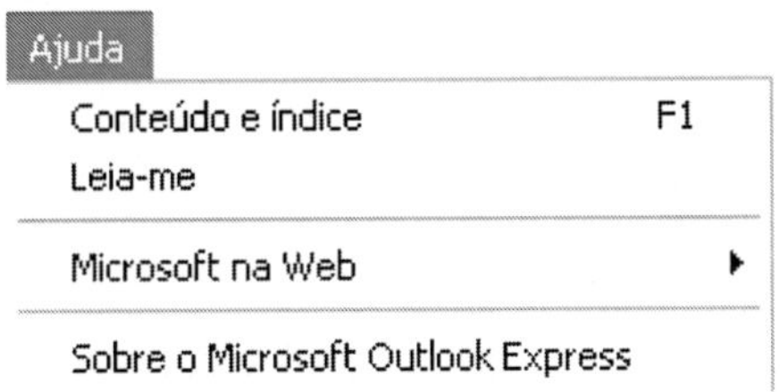

Atalhos para o Outlook Express 6

Janela principal, janela de exibição de mensagens e janela de envio de mensagens

Para	Pressione
Abrir tópicos da **Ajuda**	**F1**
Selecionar todas as mensagens	**Ctrl A**

Janela principal e janela de mensagem

Para	Pressione
Imprimir a mensagem selecionada	**Ctrl P**
Enviar e receber e-mail	**Ctrl M**
Excluir uma mensagem de e-mail	**DEL** ou **Ctrl D**
Abrir ou postar uma nova mensagem	**Ctrl N**
Abrir o catálogo de endereços	**Ctrl Shift B**
Responder ao autor da mensagem	**Ctrl R**
Encaminhar uma mensagem	**Ctrl F**
Responder a todos	**Ctrl Shift R** ou **Ctrl G (notícias)**
Ir para sua **Caixa de entrada**	**Ctrl I**
Ir para a próxima mensagem da lista	**Ctrl >** ou **Ctrl Shift >**
Ir para a mensagem anterior da lista	**Ctrl <** ou **Ctrl Shift <**
Exibir as propriedades de uma mensagem selecionada	**Alt Enter**
Atualizar novas mensagens e cabeçalhos	**F5**
Ir para a próxima mensagem de e-mail não lida	**Ctrl U**
Ir para a próxima conversação de notícias não lida	**Ctrl Shift U**
Ir para uma pasta	**Ctrl Y**

Janela principal

Para	Pressione
Abrir uma mensagem selecionada	**Ctrl O ou Enter**
Marcar uma mensagem como lida	**Ctrl Enter ou Ctrl Q**
Mover-se entre a lista **Pastas** (se ativada), a lista de mensagens, o painel de visualização e a lista **Contatos** (se ativada).	**Tab**
Marcar todas as novas mensagens como lidas	**Ctrl Shift A**
Ir para um grupo de notícias	**Ctrl W**
Expandir uma conversação de notícias (mostrar todas as respostas)	**Seta a Esquerda** ou **Sinal de Adição (+)**
Recolher uma conversação de notícias (ocultar mensagens)	**Seta à direita** ou **Sinal de Subtração (-)**
Ir para o próximo grupo de notícias ou pasta não lido	**Ctrl J**
Fazer download de notícias para leitura off-line	**Ctrl Shift M**

Janela de mensagem — exibindo ou enviando

Para	Pressione
Fechar uma mensagem	**Esc**
Localizar texto	**F3**
Localizar uma mensagem	**Ctrl Shift F**
Alternar entre as guias **Editar**, **Origem** e **Visualizar**	**Ctrl Tab**

Janela de mensagem — somente enviando

Para	Pressione
Verificar nomes	**Ctrl K** ou **Alt K**
Verificar ortografia	**F7**
Inserir uma assinatura	**Ctrl Shift S**
Enviar (postar) uma mensagem	**Ctrl Enter** ou **Alt S**

Ícones de mensagens de e-mail

Os ícones a seguir indicam a prioridade das mensagens, se as mensagens possuem arquivos anexados e se as mensagens estão marcadas como lidas ou não lidas.

Ícone	Indica que:
	A mensagem possui um ou mais arquivos anexados.
!	A mensagem foi marcada como de prioridade alta pelo remetente.
↓	A mensagem foi marcada como de prioridade baixa pelo remetente.
	A mensagem foi lida. O título da mensagem aparece em tipo claro.
	A mensagem não foi lida. O título da mensagem aparece em negrito.
	A mensagem foi respondida.
	A mensagem foi encaminhada.
	A mensagem está em andamento na pasta **Rascunhos**.
	A mensagem está assinada digitalmente e não foi aberta.
	A mensagem está criptografada e não foi aberta.
	A mensagem está assinada digitalmente, criptografada e não foi aberta.
	A mensagem está assinada digitalmente e foi aberta.
	A mensagem está criptografada e foi aberta.
	A mensagem está assinada digitalmente, criptografada e foi aberta.
⊞	A mensagem possui respostas que estão recolhidas. Clique no ícone para mostrar todas as respostas (expandir a conversação).
⊟	A mensagem e todas as suas respostas estão expandidas. Clique no ícone para ocultar todas as respostas (recolher a conversação).
	O cabeçalho da mensagem não lida está em um servidor IMAP.
	A mensagem aberta está marcada para exclusão em um servidor IMAP.
	A mensagem está sinalizada.
	A mensagem IMAP está marcada para ser descarregada.
	A mensagem IMAP e todas as conversações estão marcadas para serem descarregadas.
	A mensagem IMAP individual (sem conversações) está marcada para ser descarregada.

Ícones de mensagens de notícias

Os ícones a seguir indicam se uma conversação (um tópico e todas as suas respostas) está expandida ou recolhida e se mensagens e cabeçalhos estão marcados como lidos ou não lidos.

Ícone	Indica que:
⊞	Este nível da conversação está recolhido. Clique no ícone para mostrar todas as respostas (expandir a conversação).
⊟	Este nível da conversação está expandido. Clique no ícone para ocultar todas as respostas (recolher a conversação).
	A mensagem ainda não foi aberta. O título aparece em negrito.
	O cabeçalho da mensagem foi marcado como lido.
	A mensagem foi marcada como lida e está armazenada em um arquivo de mensagens no computador.
	A mensagem não foi marcada como lida e o cabeçalho e o corpo estão armazenados em um arquivo de mensagens em seu computador.
	A mensagem não está mais disponível no servidor.
	A mensagem de notícias está marcada para ser descarregada.
	A mensagem de notícias e todas as conversações estão marcadas para serem descarregadas.
	A mensagem de notícias individual (sem conversações) está marcada para ser descarregada.
	A mensagem de notícias foi respondida.
	A mensagem de notícias foi encaminhada.
	O grupo de notícias é novo no servidor.
	A mensagem está em andamento na pasta **Rascunhos**.
	A mensagem está sinalizada.
	A conversação é observada.
	A conversação é ignorada.

8. Software Livre e Formas de Distribuição

Com a explosão da internet foi dado um súbito destaque a uma nova categoria de programas que praticamente "carrega" a internet movimentando diversos serviços e em alguns casos indo até ao sistema operacional das máquinas que compõem a rede. O que são os programas livres? São programas comuns, construídos como quaisquer outros. A diferença está nos direitos que o autor dá para outras pessoas fazerem uso deste programa: a licença de uso. Existem diversos tipos de licença e consequentemente diversos tipos de comercialização de programas:

Software Livre (Free Software)

É o software disponível com a permissão para qualquer um usá-lo, copiá-lo, e distribuí-lo, seja na sua forma original ou com modificações, seja gratuitamente ou com custo. Em especial, a possibilidade de modificações implica em que o código fonte esteja disponível. Se um programa é livre, potencialmente ele pode ser incluído em um sistema operacional também livre. É importante não confundir software livre com software grátis porque a liberdade associada ao software livre de copiar, modificar e redistribuir, independe de gratuidade. Existem programas que podem ser obtidos gratuitamente mas que não podem ser modificados, nem redistribuídos.

Copyleft

A maioria das licenças usadas na publicação de software livre permite que os programas sejam modificados e redistribuídos. Estas práticas são geralmente proibidas pela legislação internacional de copyright, que tenta justamente impedir que alterações e cópias sejam efetuadas sem a autorização do autor. As licenças que acompanham o software livre fazem uso da legislação de copyright para impedir utilização não-autorizada, mas estas licenças definem clara e explicitamente as condições sob as quais cópias, modificações e redistribuições podem ser efetuadas, para garantir as liberdades de modificar e redistribuir o software assim licenciado. A esta versão de copyright, dá-se o nome de copyleft.

Open source, GPL e GNU

É um tipo de distribuição no qual o programa é um freeware é o seu código-fonte também é disponível para download. Entende-se por código-fonte o código em alguma linguagem de programação no qual o programa foi desenvolvido. Desenvolvedores poderão utilizar este código, readaptando o software de acordo com suas necessidades, mas essa readaptação deverá sempre ser distribuída nos mesmos padrões. GPL (GNU Public License) é o formato padrão dos softwares Open source.

Software em Domínio Público

Software em domínio público é software sem copyright. Alguns tipos de cópia, ou versões modificadas, podem não ser livres porque o autor permite que restrições adicionais sejam impostas na redistribuição do original ou de trabalhos derivados.

Software Semi-livre

Software semi-livre é software que não é livre, mas é concedida a permissão para que indivíduos o usem, copiem, distribuam e modifiquem, incluindo a distribuição de versões modificadas, desde que o façam sem o propósito de auferir lucros. Exemplos de software semi-livre são as primeiras versões do Internet Explorer da Microsoft, algumas versões dos browsers da Netscape, e o StarOffice.

Freeware

O termo freeware não possui uma definição amplamente aceita mas é usado com programas que permitem a redistribuição mas não a modificação, e seu código-fonte não é disponibilizado. Estes programas não são software livre.

Shareware

Shareware é o software disponibilizado com a permissão para que seja redistribuído, mas a sua utilização implica no pagamento pela sua licença. Geralmente, o código-fonte não é disponibilizado e, portanto modificações são impossíveis.

Software Proprietário

Software proprietário é aquele cuja cópia, redistribuição ou modificação são em alguma medida proibidos pelo seu proprietário. Para usar, copiar ou redistribuir deve-se solicitar permissão ao proprietário ou pagar para poder fazê-lo.

Software Comercial

Software comercial é o software desenvolvido por uma empresa com o objetivo de lucrar com sua utilização. Note que 'comercial' e 'proprietário' não é o mesmo. A maioria do software comercial é proprietário, mas existe software livre que é comercial, e existe software não-livre não-comercial.

Demo e Trial

As versões Demo são basicamente relacionadas a jogos. É geralmente uma versão mais curta do jogo, contendo apenas um pedaço do jogo para que você instale-o e veja se gosta. Caso goste, é preciso comprar o software na sua versão de caixa, como chamamos, aquela que literalmente fica exposta na prateleira. Isso acontece porque muitos jogos são muito grandes, ocupam até vários CDs, e seria impraticável distribuí-los a título de Shareware. Os Trials funcionam quase da mesma maneira, se aplicam a programas geralmente mas com uma pequena diferença: geralmente não salvam nem exportam os trabalhos realizados. Você poderá utilizá-los em todo seu potencial para aprender mas deverá comprar o produto de caixa. Existem algumas variações, é preciso verificar os planos do desenvolvedor.

Beta

Versões ainda em desenvolvimento. Muitas vezes com aspectos de Freeware, outras vezes Shareware. Precede a versão oficial, assim como softwares com a versão 0.x ou RC1, RC2, etc. RC é a sigla de Release Candidate, geralmente as últimas versões antes do lançamento oficial.

Exercícios de Fixação e de Concursos

01. Ao se configurar um aplicativo de correio eletrônico para enviar e receber e-mails corretamente, deve-se especificar os servidores:

a) FTP e UDP.
b) TCP e IP.
c) DNS e TCP/IP.
d) Telnet e DNS.
e) SMTP e POP3.

TRE CE - FCC - 2012

02. Sobre o Filtro SmartScreen do Internet Explorer 9, analise:

I. Enquanto você navega pela Web, ele analisa as páginas da Web e determina se elas têm alguma característica que possa ser considerada suspeita. Se encontrar páginas da Web suspeitas, o SmartScreen exibirá uma mensagem dando a você a oportunidade de enviar um comentário e sugerindo que você proceda com cautela.

II. Verifica os sites visitados e os compara com uma lista dinâmica de sites de phishing e sites de softwares mal-intencionados relatados. Se encontrar uma correspondência, o Filtro SmartScreen exibirá um aviso notificando-o que o site foi bloqueado para a sua segurança

III. Verifica os arquivos baixados da Web e os compara com uma lista de sites de softwares mal-intencionados relatados e programas conhecidos como inseguros. Se encontrar uma correspondência, o Filtro SmartScreen o avisará que o download foi bloqueado para a sua segurança.

IV. É um recurso no Internet Explorer que ajuda a detectar sites de phishing. Pode ajudar também a protegê-lo contra o download ou a instalação de malware (software mal-intencionado).

Está correto o que se afirma em

a) I,II, III e IV.
b) I e II, apenas.
c) I, II e II, apenas.
d) III e IV, apenas.
e) IV, apenas.

TRE PR - FCC – 2012 - Analista Judiciário

03. Devido ao modo de armazenamento do histórico de acesso em navegadores, é possível para diferentes usuários acessando um mesmo computador visualizar e até utilizar informações de outro usuário deste histórico ou arquivos armazenados pelos navegadores (Cookies). No Internet Explorer 9 é possível navegar de forma privada onde não será mantido o histórico de navegação por uso do modo InPrivate. Uma das maneiras de iniciar a navegação nesse modo é clicar no botão

a) Arquivo, clicar na opção Segurança e clicar em InPrivate.
b) Segurança e clicar em Modo de Compatibilidade.
c) Arquivo e clicar em InPrivate.
d) Modo de Compatibilidade e clicar em Navegação InPrivate.
e) Nova Guia e, no corpo da página, clicar em Navegação InPrivate.

Delegado de Polícia Federal - CESPE/UNB
(adaptada para IE9)

Considere que um delegado de polícia federal, em uma sessão de uso do Internet Explorer 6 (IE6), obteve a janela ilustrada acima, que mostra uma página web do sítio do DPF, cujo endereço eletrônico está indicado. A partir dessas informações, julgue os itens:

04. Considere a seguinte situação hipotética. O conteúdo da página acessada pelo delegado, por conter dados importantes à ação do DPF, é constantemente atualizado por seu webmaster. Após o acesso mencionado acima, o delegado desejou verificar se houve alteração desse conteúdo.

Nessa situação, ao clicar o botão , o delegado terá condições de verificar se houve ou não a alteração mencionada, independentemente da configuração do IE9, mas desde que haja recursos técnicos e que o IE9 esteja em modo online.

Informática

05. O armazenamento de informações em arquivos denominados cookies pode constituir uma vulnerabilidade de um sistema de segurança instalado em um computador. Para reduzir essa vulnerabilidade, o IE9 disponibiliza recursos para impedir que cookies sejam armazenados no computador. Caso o delegado deseje configurar tratamentos referentes a cookies, ele encontrará recursos a partir do uso do menu Ferramentas ▾.

06. Caso o acesso à internet descrito tenha sido realizado mediante um provedor de internet acessível por meio de uma conexão a uma rede LAN, à qual estava conectado o computador do delegado, é correto concluir que as informações obtidas pelo delegado transitaram na LAN de modo criptografado.

TRE CE - FCC – 2012 - Analista Judiciário

07. O Internet Explorer 9 mostra claramente o verdadeiro endereço Web do site que está sendo visitado. Trata-se de um recurso de segurança e privacidade do IE denominado

a) Navegação InPrivate.
b) Filtro SmartScreen.
c) Filtro ActiveX.
d) Realce de domínio
e) Conexão SSL.

FUMARC - PC MG - 2011

08. Analise as seguintes afirmativas sobre a internet.

I. É globalmente ligada por um espaço de endereços únicos baseado no Internet Protocol (IP).

II. É capaz de suportar a comunicação usando o Transmission Control Protocol/Internet Protocol (TCP/IP).

III. O correio eletrônico (e-mail) é baseado na troca de mensagens entre usuários da internet, por meio de conexões ponto a ponto (P2P).

Assinale a alternativa CORRETA:

a) A afirmativa III está errada e as afirmativas I e II estão corretas.
b) A afirmativa II está errada e as afirmativas I e III estão corretas.
c) A afirmativa I está errada e as afirmativas II e III estão corretas.
d) As afirmativa I, II e III estão corretas.

Técnico da Receita Federal - ESAF

09. Analise as seguintes afirmações relativas ao uso da internet.

I. Todos os servidores na internet são gerenciados, fiscalizados e de propriedade de um órgão governamental que, no Brasil, denomina-se Comitê Gestor da Internet no Brasil, acessado pelo endereço www.registro.br.

II. Na Internet, utilizando-se o FTP, é possível transferir arquivos, autenticar usuários e gerenciar arquivos e diretórios.

III. Na transferência de arquivos, existem situações nas quais é necessário que o serviço FTP seja acessado por usuários que não têm conta no servidor FTP. Nestes casos pode-se utilizar o serviço FTP anônimo.

IV. A transferência de arquivos de algum ponto da internet para um computador específico é denominada download, desde que o servidor intermediário no processo seja um servidor SMTP.

Indique a opção que contenha todas as afirmações verdadeiras.

a) I e II
b) II e III
c) III e IV
d) I e III
e) II e IV

10. Analise as seguintes afirmações relativas ao uso da internet.

I. Um serviço hospedado em um servidor na internet pode ser acessado utilizando-se o número IP do servidor, como também a URL equivalente do serviço disponibilizado pelo referido servidor.

II. O endereço IP 161.148.231.001 é um exemplo de endereço IP que pode ser válido.

III. Para acessar a internet é necessário apenas que o computador tenha uma placa de rede ligada à linha telefônica, permitindo, assim, uma conexão dial-up de alta velocidade.

IV. Para uma conexão à internet com alta velocidade, isto é, velocidades superiores a 2Mbps, pode-se optar por uma ADSL ligada à porta serial do computador, o que dispensa o uso de adaptadores de rede, modens e qualquer outro tipo de conexão entre o computador e a ADSL.

Indique a opção que contenha todas as afirmações verdadeiras:

a) I e II
b) II e III
c) III e IV
d) I e III
e) II e IV

Analista Ambiental (IBAMA) - CESPE/UNB

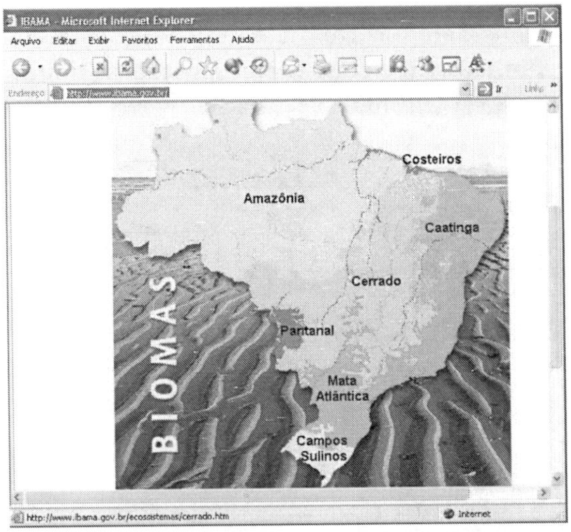

Considerando que a janela do Internet Explorer 6 (IE6) ilustrada na figura acima esteja sendo executada em um computador PC e que, no momento em que a figura foi capturada, o ponteiro do *mouse* encontrava-se sobre o *hyperlink* Cerrado existente na página *web* mostrada na janela do IE6, julgue os itens subsequentes.

11. Sabendo que biomas.gif (97,8 KB) refere-se a um arquivo que contém a figura correspondente ao mapa do Brasil contido na área de páginas da janela do IE6, ao se clicar com o botão direito do *mouse* sobre essa figura, será disponibilizada opção que permite obter a janela do Outlook Express 6 (OE6) ilustrada a seguir, desde que o OE6 esteja adequadamente configurado.

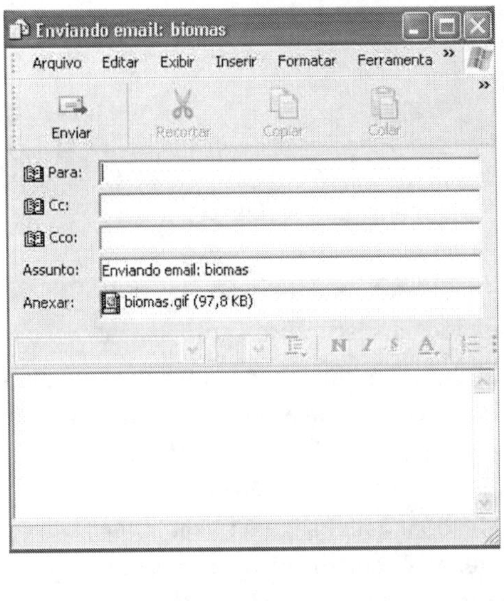

12. Sabendo-se que o sistema operacional do PC acima referido é o Windows XP, seria possível, a partir desse computador, ter acesso à página *web* mostrada na janela do IE6 utilizando-se o *browser* Mozilla FireFox.

13. As informações contidas na janela do IE6 ilustrada são suficientes para se concluir que o acesso à internet que permitiu obter a página *web* mostrada foi realizado por meio de uma conexão segura. Nessas condições, ao se clicar o *hyperlink* Cerrado, será iniciado processo de acesso à página *web* associada ao endereço eletrônico http://www.ibama.gov.br/ecossistemas/cerrado.htm em modo seguro, livre de vírus de computador e ataques por *hackers*.

Escrivão de Polícia Civil/SP - 2005

14. **O protocolo utilizado para fazer download de arquivos da internet é:**

a) o ISS
b) a URL
c) a ARPANET
d) o FTP
e) o HTTP

15. **Assinale a alternativa incorreta.**

a) Browser é um aplicativo utilizado para acessar páginas da internet.
b) Não é necessária a aquisição de licença para utilização de software aberto.
c) O software aberto (open source) não pode ser modificado pelo usuário.
d) Softwares protegidos por direitos autorais não são de domínio público.
e) Planilha de cálculo é um tipo de software aplicativo.

VUNESP – Agente de Organização Escolar – 2012

16. **O sistema de correio eletrônico (*email*) da Internet possui algumas pastas específicas para o armazenamento de mensagens. Por padrão, as mensagens já transmitidas para o destinatário são armazenadas na pasta**

a) Saída.
b) Lixeira.
c) Rascunho.
d) Enviado.
e) Encaminhado.

17. Considere as seguintes afirmações sobre o uso do sistema de correio eletrônico (*email*) da Internet:

I. É possível anexar arquivos eletrônicos contendo textos, imagens, planilhas ou vídeos em uma mensagem.

II. Pode-se inserir assinatura digitalizada em uma mensagem.

III. Ao lermos uma mensagem recebida com um arquivo anexo, o arquivo anexo à mensagem será automaticamente aberto.

Sobre as afirmações, está correto o contido em

a) I, apenas.
b) II, apenas.
c) I e II, apenas.
d) I e III, apenas.
e) I, II e III.

VUNESP – Banco do Brasil – Escriturário – 2011

18. Uma das formas possíveis de criar guias de *home page* no *Internet Explorer* 8, é: abrir o menu

a) Exibir, depois escolher Barra de Ferramentas e, por fim, a janela Nova Guia.
b) Favoritos, depois a opção Nova Janela e, por fim, a janela Adicionar a Favoritos.
c) Favoritos, depois a opção Adicionar Página e, por fim, a janela Adicionar a Favoritos.
d) Ferramentas, depois a opção Opções da Internet e, por fim, a aba Conexões.
e) Ferramentas, depois a opção Opções da Internet e, por fim, a aba Geral.

VUNESP - CETESB - Técnico Administrativo - 2013

19. Considere o correio eletrônico que está sendo digitado no webmail apresentado na figura I e a janela exibida na figura II.

Figura I

Figura II

Baseando-se na janela da figura II, que apareceu quando o usuário clicou em 

, assinale a alternativa que contém a ação que o usuário pretende executar no e-mail que está sendo digitado.

a) Adicionar destinatários existentes na lista de contatos do computador.
b) Adicionar a mensagem na biblioteca Documentos.
c) Anexar o rascunho da mensagem que está na biblioteca Documentos.
d) Anexar outras mensagens que estão no webmail.
e) Anexar arquivos que estão no computador.

20. Se o site possuir um certificado, a cor na barra de endereços do Internet Explorer 9 mostrará o nível de validação desse certificado. Quando o certificado possuir validação normal, ou seja, a comunicação com o site é criptografada, a cor na barra de ferramentas será

a) Branca.
b) Preta.
c) Verde.
d) Vermelha.
e) Amarela.

21. No Internet Explorer, versão 9 da Microsoft, na sua configuração padrão, na janela "Opções da Internet", o botão que permite excluir o histórico de navegação está contido na aba

a) Geral.
b) Segurança.
c) Privacidade.
d) Programas.
e) Avançadas.

Gabarito

01. E	02. A	03. E
04. Certo	05. Certo	06. Errado
07. D	08. A	09. B
10. A	11. Certo	12. Certo
13. Errado	14. D	15. C
16. D	17. C	18. E
19. E	20. A	21. A

Noções de Arquivologia

1. Noções de Arquivologia
Classificação, Organização, Arquivos Correntes e Protocolo

Noções de Técnicas de Arquivo

1. Origem dos Arquivos

A palavra Arquivo é de origem grega, derivada de **ARCHEION** (depósito de documentos), na antiga Grécia. Há os que dizem provir do Latim **ARCHIVUM**, que significava lugar onde eram guardados antigos títulos, papéis e etc.

De início, o homem somente se comunicava por gestos (linguagem mímica). Posteriormente, surgiram os sons, depois os vocábulos e conseqüentemente a linguagem oral. Já havia se conseguido muito em termos de comunicação. No entanto, as informações ao serem transferidas à longas distâncias perdiam muito do seu significado real.

Visando a perpetuação da informação surge a linguagem escrita.

A origem do Arquivo dá-se no exato momento em que o homem passou a preocupar-se em registrar as informações. Como suporte da informação eram utilizados o mármore, o cobre, o marfim, as tábuas, os tabletes de argila e outros materiais. Só mais tarde é que apareceram **os papiros, pergaminhos** e, finalmente **o papel**.

2. Finalidade: Arquivo, Biblioteca e Museus

Apesar dos três terem a mesma função de **guardar e preservar,** os seus objetivos são distintos, segundo Marilena Leite Paes:

*"**Arquivo** – É a acumulação ordenada dos documentos, em sua maioria textuais, criados por uma instituição ou pessoa, no curso de sua atividade, e preservados para a consecução de seus objetivos, visando à utilidade que poderão oferecer no futuro.*

***Biblioteca** – É o conjunto de material, em sua maioria impresso, disposto ordenadamente para estudo, pesquisa e consulta.*

***Museus** – É uma instituição de interesse público, criada com a finalidade de conservar, estudar e colocar à disposição do público conjuntos de peças e objetos de valor cultural.*

Observa-se, então que a finalidade das bibliotecas e museus é essencialmente cultural, enquanto dos arquivos é primordialmente funcional, muito embora o valor cultural exista, uma vez que constituem a base fundamental para o conhecimento da História".

O ARQUIVO

3. Conceito

Móvel destinado a guarda de documentos.

Prédio ou uma de suas partes, onde são guardados os conjuntos arquivísticos.

Unidade Administrativa cuja função é a de reunir, ordenar, guardar e dispor para o uso, conjuntos de documentos, segundo os princípios e técnicas arquivísticas. Conjunto de documentos produzidos ou recebidos por uma pessoa física ou jurídica, pública ou privada caracterizada pela natureza orgânica de sua acumulação e conservado, por essas pessoas ou seus sucessores, para fins de prova ou informação.

4. Razões da Importância do Arquivo

A função do arquivo é de **guarda e conservação** dos documentos, objetivando a sua utilização. Os arquivos são de extrema importância para:

- Reconstituição e preservação da memória;
- Apoio administrativo;
- Fonte de informação;
- Guardião de matéria prima para trabalho de pesquisa histórica.

Podemos afirmar que o arquivo é fundamental para o desenvolvimento dos trabalhos realizados nas empresa e instituições culturais, pois os mesmos possuem uma forma de organização da informação, seja ela escrita, sonora, audiovisual, impressa, desenhada e etc. Portanto, é de suma importância dizer, que todas as decisões geralmente são tomadas, a partir das informações encontradas nos arquivos (Memória da Instituição ou empresa).

5. Classificação dos Arquivos

ENTIDADE MANTENEDORA:

Arquivos Públicos - Conjunto de documentos produzidos ou recebidos por instituições governamentais de âmbito federal, estadual ou municipal, em decorrência de suas funções específicas, administrativas, judiciárias ou legislativas.

Arquivos Privados - Conjunto de documentos produzidos ou recebidos por instituições não governamentais, famílias ou pessoas físicas, em decorrência de suas atividades específicas e que possuam uma relação orgânica perceptível do processo de acumulação.

EXTENSÃO:

Arquivos Setoriais - São aqueles que funcionam junto aos criadores do documento, cumprindo funções de arquivo corrente.

Arquivos Gerais - São aqueles que se destinam a receber os documentos dos arquivos setoriais.

NATUREZA DE DOCUMENTO:

Arquivos Especiais - Aqueles que têm sob sua guarda documentos de formas físicas diversas: fotografias, slides, discos, fitas magnéticas, fitas cassetes, disquetes, CD-Rom, microformas, etc., e que por essa razão, merecem tratamento especial em seu armazenamento, registro, acondicionamento, controle, conservação e etc.

Arquivos Especializados - Aqueles que têm sob sua custódia os documentos resultantes da experiência humana num campo específico, independente da forma física que apresentem, como por exemplo: arquivos médicos ou hospitalares, arquivo de engenharia e assim por diante. Esses arquivos são também chamados de arquivos técnicos

ADMINISTRAÇÃO:

Centralizado

Descentralizado

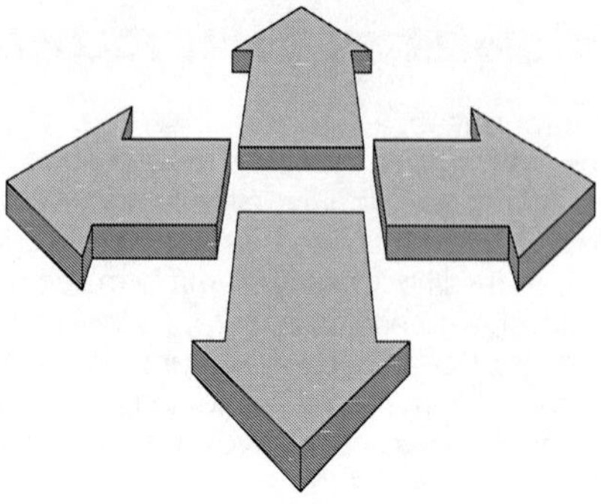

6. Tipos de arquivamento

É a posição que são dispostos as fichas e documentos e não a forma dos móveis onde se faz a guarda dos mesmos. A saber:

horizontais – os documentos são acondicionados um sobre os outros e armazenados, sobre estantes, escaninhos e caixas. Sendo amplamente utilizado para: plantas, mapas e desenhos.

Ex.:

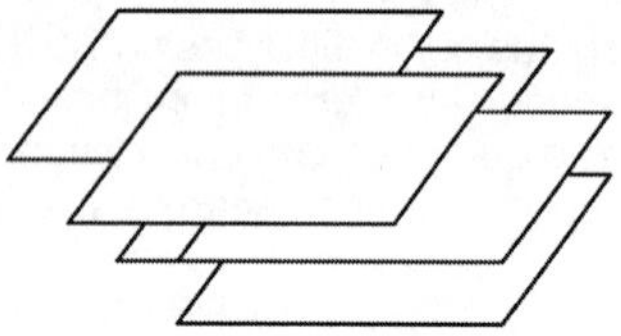

verticais – os documentos são acondicionados uns atrás dos outros, permitindo assim sua consulta.

Ex.:

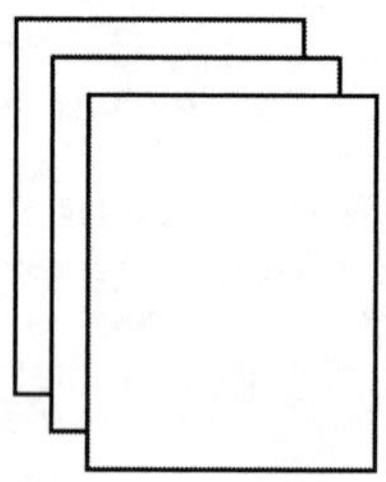

ACESSO:

Franqueado ou Ostensivo – Documento de consulta livre.
Restrito – Documento de consulta limitada.

ESTÁGIOS DA EVOLUÇÃO DO ARQUIVO (TEORIA DAS 3 IDADES)

Essas fases de evolução são definidas por Jean-Jacques Valette (1973) como a **Teoria das três idades:**

Arquivo Corrente – Primeira idade:
Todos os documentos produzidos, recebidos ou consultados freqüentemente e conservados nos próprios setores onde se originam. A sua função é guardar, conservar e classificar os documentos, segundo um planejamento pré-estabelecido.
As suas atividades são: produzir, receber, classificar, arquivar, controlar, selecionar e transferir os documentos. Geralmente localizam-se nos escritórios, setores ou próximo deles.

Arquivo Intermediário – Segunda idade:
Arquivamento transitório dos documentos de reduzida utilização, assegurando o processamento, armazenagem e acesso racional com vista a custódia, a pesquisa e a eliminação. Antigamente somente existiam duas idades dos Arquivos. O documento passava da idade administrativa para a idade histórica. A transição entre uma e outra não era considerada.
Os documentos administrativos quando se tornavam inúteis, eram transferidos para os Arquivos Permanentes, sem um critério definido. Às vezes permaneciam nos Arquivos Corrente por longos anos, sofrendo o risco de perda.
Tendo como base os problemas que eram causados nos Arquivos, surgiu a noção de pré-arquivamento, com a teoria da idade intermediária, entre a administrativa e a permanente.

a) Funções
- Custodiar temporariamente a documentação pública ou privada de reduzida utilização;
- Custodiar a documentação de órgãos recentemente extintos;
- Custodiar a documentação relativa as atividades especiais ou extintas;
- Custodiar a documentação regular ou especial; de valor histórico ou relativo, ainda não avaliada para custódia definitiva.

b) Objetivos
- Reduzir os custos da documentação;
- Favorecer a eficiência das operações governamentais;
- Contribuir para a racionalização da guarda e preservação dos documentos de arquivo.

Arquivo Permanente – Terceira idade:
Onde os documentos que perderam todo seu valor administrativo são conservados porque possuem **conteúdo histórico e probatório**. Esses documentos permitem conhecer todo um passado histórico. Todo o material é proveniente dos Arquivos Correntes e Intermediários. O material deve vir em grupos, ordenados e classificados segundo um critério pré-estabelecido. A responsabilidade dos funcionários é muito grande, pois terão que conservar e preservar toda a documentação ali recolhida, além de arranjar o material da melhor forma, possibilitando o acesso a pesquisa histórica e recuperando a informação no mais curto espaço de tempo.
Os documentos no arquivo permanente não são eliminados.

Importante:

Transferência e Recolhimento
a) **Transferência** - passagem de documentos do arquivo corrente para o arquivo intermediário.

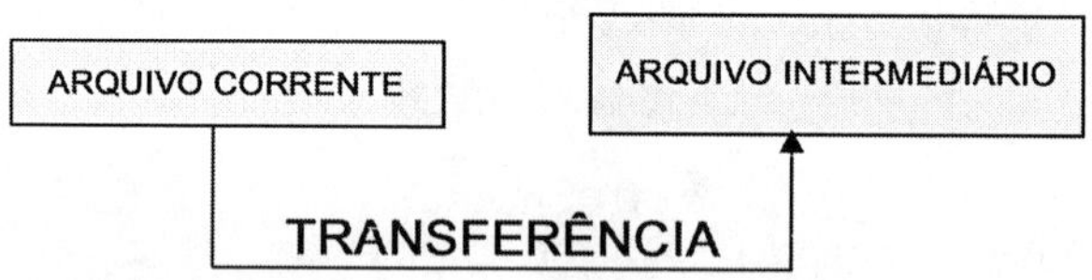

A transferência da documentação deve ser feita, mediante um critério pré-estabelecido dos setores interessados.

A remessa é efetuada em duas ou três vias, enfocando as seguintes informações:
- Setor de onde provêm os documentos;
- Forma de ordenação;
- Quantidade, datas limites, etc.

Todos os arquivos Correntes e Intermediários devem enviar documentos para os arquivos permanentes, havendo porém, um regimento, onde se defina todos os procedimentos a serem adotados quanto ao recolhimento.

b) **Recolhimento** – passagem de documentos do arquivo intermediário para o arquivo permanente cuja suas informações têm um caráter histórico ou informativo, que já sofreram **a avaliação e sua destinação final.**

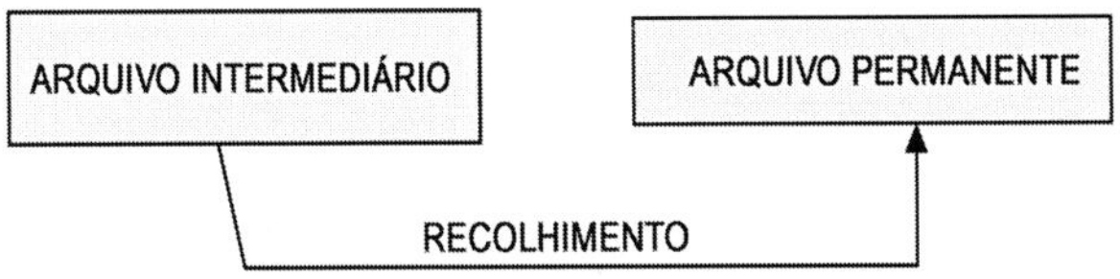

7. Tabela de Temporalidade de Documentos (TTD)

É o instrumento que determina os prazos em que os documentos devem ser mantidos nos arquivos correntes e intermediários ou recolhidos aos arquivos permanentes, estabelecendo critérios para microfilmagem, guarda ou eliminação de cada documento. A Tabela de Temporalidade é um instrumento aprovado por autoridade competente da Empresa.

8. Arranjo dos Arquivos Permanentes

Fundo Arquivístico:
A principal unidade de arranjo estrutural / funcional nos arquivos permanentes, constituída dos documentos provenientes de uma mesma fonte geradora de arquivos (Princípio da Proveniência).
Série - Designação dada às divisões de um fundo arquivístico, que refletem a natureza de sua composição, seja ela estrutural, funcional ou por espécie documental. As séries podem ser divididas em subséries.

Unidade de Arquivamento:
O menor conjunto de documentos, reunido de acordo com um critério de arranjo pré-estabelecido. Tais conjuntos são denominados dossiê, pastas, maços ou pacotilhas.

Item Documental:
A menor unidade arquivística materialmente indivisível.

9. Instrumentos de Pesquisa de Arquivo

Meio de disseminação e recuperação da informação contida nos documentos dos arquivos. Os instrumentos de pesquisa são:

Guia - Meio de pesquisa destinado a orientar os usuários para a utilização das séries que integram um arquivo permanente.

Índice - Lista sistemática, pormenorizada, dos elementos do conteúdo de um documento ou grupo de documentos, disposta em determinada ordem para indicar e facilitar sua localização no texto.

Inventário Sumário - Instrumento no qual as unidades de arquivamento de um fundo arquivístico ou de uma de suas divisões são identificadas e brevemente descritas.

Inventário Analítico - Instrumento no qual as unidades de arquivamento de um fundo arquivístico ou de suas divisões são descritas pormenorizadamente.

<u>Repertório</u> - Instrumento no qual são descritos, pormenorizadamente, documentos previamente selecionados, pertencentes a um ou mais fundos arquivísticos, podendo ser elaborado segundo critério temático, cronológico, onomástico ou geográfico.

<u>Tabela de Equivalência</u> - Instrumento que dá equivalência de antigas notações para as novas que tenham sido adotadas, em decorrência de alterações no sistema de arranjo de um arquivo.

<u>Catálogo</u> - Instrumento de pesquisa elaborado segundo um critério temático, cronológico, onomástico ou geográfico, incluindo todos os documentos pertencentes a um ou mais fundos arquivísticos, descritos de uma forma sumária ou pormenorizada.

10. Conceitos Importantes

Protocolo

• Denominação geralmente atribuída a setores encarregados do recebimento, registro, distribuição e movimentação de documentos em curso.
• Denominação atribuída ao próprio número de registro do documento.
• Livro de registro de documentos recebidos ou expedidos.

Classificação de documentos = Arranjo de documentos
Processo que, na organização de arquivos permanentes, consiste na ordenação - estrutural ou funcional - dos documentos em fundos arquivísticos, na ordenação de séries dentro dos fundos e, se necessário, de subséries e itens documentais dentro das séries.

Avaliação

Processo de análise de arquivo visando estabelecer a destinação final do documento (guarda permanente ou eliminação) de acordo com valores probatórios ou informativos.

Eliminação/Descarte

Destruição de documentos julgados destituídos de valor para guarda permanente.

Metro Linear

A unidade de controle de extensão dos arquivos, tomando-se como base o espaço ocupado pelos documentos nas estantes

Paleografia

Estudo dos escritos antigos.

Diplomática

Corpo de conceitos e métodos, originalmente desenvolvidos nos séculos XVII e XVIII, com o objetivo de provar a autenticidade e a fidelidade dos documentos.

Pasta

São folhas de cartolina ou papelão forte dobradas para guardar documentos. Podem ser simples, sanfonadas, suspensas, entre outras.

Projeção

É a saliência na parte superior da guia. Pode ser recortada no próprio papelão.

Notação

É a inscrição feita na projeção. Pode ser alfabética, numérica, alfa-numérica, aberta ou fechada.

a) **Simples abertas** (indicam o limite inicial)
Ex.: A, B,C, Ab, Ac e etc.

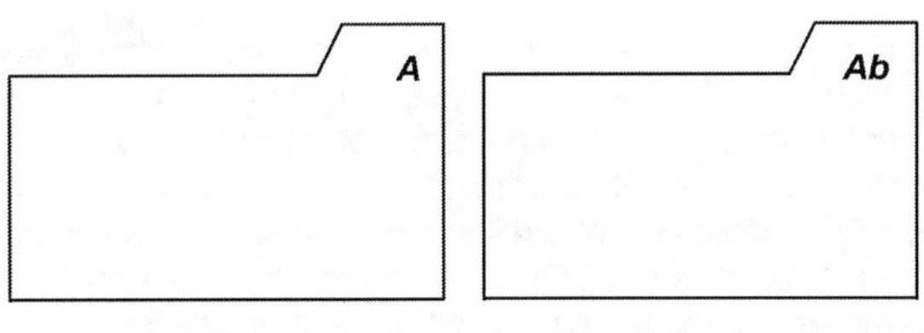

b) **Simples composta ou fechada** (indicam o limite inicial e o limite final)
Ex.: Aa - Al ; Am - Az

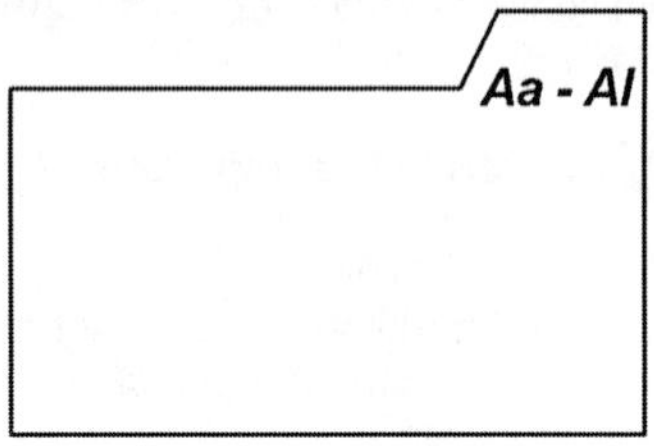

O DOCUMENTO

11. Conceito

Registro de uma informação independentemente da natureza do **Suporte** que a contém.
Aquele que, produzido ou recebido por uma Instituição pública ou privada,no exercício de suas atividades, constitua elemento de **Prova** ou de **Informação.**
Registro de uma informação, produzida ou recebida por uma instituição pessoa física ou jurídica, que constitua elemento de prova ou de informação, independentemente da natureza do suporte que a contém (papel, audiovisual, iconográfico, meio magneto ótico, fotográfico, filme entre outros).

12. Classificação dos documentos

Segundo sua **forma, conteúdo e característica física**, os documentos podem ser classificados segundo: gênero, natureza do assunto, espécie e tipo de documento.

GÊNERO:

Os documentos podem ser definidos segundo o aspecto de sua representação nos diferentes suportes:

Cartográficos - São documentos em formatos e dimensões variáveis, contendo representações geográficas, arquitetônicas ou de engenharia. Exemplos: mapas, plantas, perfis;

Icnográficos - São documentos em suporte sintéticos, em papel emulsionado ou não, contendo imagem estática. Exemplo: fotografias (diapositivos, ampliações e negativos fotográficos, desenhos e gravuras);

Informáticos - São documentos produzidos, tratados e armazenados em computador. Exemplo: disco flexível (disquete), disco rígido e disco óptico;

Filmográficos - São documentos em películas cinematográficas e fitas magnéticas de imagens (tapes), conjugadas (ou não), em trilhas sonoras, com bitolas e dimensões variáveis, contendo imagens em movimento. Exemplos: filmes e fitas videomagnéticas.

Micrográficos - São documentos em suporte fílmico resultante da microprodução de imagens, mediante a utilização de técnicas específicas. Exemplo: microficha, microfilme em rolo, cartão e jaqueta;

Textuais - os documentos manuscritos, datilografados/digitados ou impressos. Apresentam inúmeros tipos físicos ou espécies documentais criados para produzir determinada ação específica, tais como: contratos, folha de pagamento, livros de contas, requisições diversas, atas, relatórios, regimentos, regulamentos, editais, certidões, tabela, questionários, correspondência e outros. Exemplos: datilografados, impressos ou manuscritos;

Sonoros - São documentos com dimensões e rotações variáveis, contendo registros fonográficos. Exemplo: discos e fitas audiomagnéticas.

NATUREZA DO ASSUNTO:

Ostensivo ou Ordinário - as informações contidas no documento, não prejudicam a administração, quando divulgadas.
Sigiloso - as informações contida no documento, por sua natureza devam ser de conhecimento restrito e, portanto, necessitam de medidas especiais de segurança, quanto a sua **custódia e divulgação.**

Segundo a natureza do grau de sigilo e a extensão de circulação do assunto, dividem-se em quatro categorias, a saber:

Ultra-secreto - quanto ao assunto abordado no documento, somente devam ter **acesso as pessoas intimamente ligadas ao seu estudo e manuseio.** Assuntos classificados como ultra-secretos: são aqueles de políticas governamental de alto nível e segredos de Estado, tais como negociações para aliança política e militares; planos de guerra; descobertas e experiências científicas de valor excepcional; informações sobre política estrangeiras de alto nível;

Secreto - quanto ao assunto abordado no documento, somente devam ter **acesso as pessoas que não estejam ligadas intimamente ao seu estudo e manuseio**, sejam autorizadas a deles tomar conhecimento funcionalmente. Assuntos classificados como secretos: são referentes a planos, programas e medidas governamentais; os assuntos extraídos de matéria ultra-secreta que, sem comprometer e excepcional grau de sigilo da matéria original, necessitam de maior difusão, tais como: planos ou detalhes de operações militares; planos ou detalhes de operações econômicas ou financeiras; aperfeiçoamento em técnicas ou materiais já existentes; dados de elevado interesses sob aspectos físicos, políticos, econômicos, psicossociais e militares de países estrangeiros e meios de processos pelos quais foram obtidos; materiais criptográficos importantes que não tenham recebido classificação interior;

Reservados - Quanto ao assunto, **não devam ter o acesso e nem o conhecimento do público**, em geral. Recebem essa classificação, entre outros, parte de planos, programas e projetos e as suas respectivas ordens de execução; cartas.

ESPÉCIE:

Designação dos documentos segundo seu aspecto formal, ou seja as espécies documentais são definidas tanto em razão da natureza dos atos que lhes deram origem, quanto pela forma dos registros dos fatos. Tomando por base os atos administrativos mais comuns temos as seguintes espécies documentais:
Atos normativos: são as regras e normas expedidas por autoridades administrativas. Exemplos: **medida provisória, decreto, estatuto, regimento, regulamento, resolução, portaria, instrução normativa, ordem de serviço, decisão, acórdãos, despacho provisório**;

Atos enunciativos: são os opinativos que esclarecem os assuntos, visando a fundamentar uma solução. Exemplos: **parecer, relatório, voto, despacho interlocutório**;

Atos de assentamento: são os configurados por registros, consubstanciando assentamento sobre fatos ou ocorrências. Exemplos: **apostila, ata, termo, auto de infração**;

Atos comprobatórios: são os que comprovam assentamentos, decisões etc. Exemplos: **traslado, certidão, atestado, cópia autenticada ou idêntica**;

Atos de ajuste: são representados por acordos em que a administração pública é parte. Exemplos: **tratado, convênio, contrato, termos (transação, ajuste, etc.)**;

Atos de correspondência: objetivam a execução dos atos normativos, em sentido amplo. Exemplos: **aviso, ofício, carta, memorando, mensagem, edital, intimação, exposição de motivos, notificação, telegrama, telex, telefax, alvará, circular.**

TIPOS DE DOCUMENTO:

Documento Comercial - É todo aquele relacionado ao ato comercial.

Documento Histórico - É toda fonte informativa, onde o historiador pode recolher dados de interesse para o conhecimento do passado humano.

Documento Legal - É aquele que para força de lei se é obrigado a emitir ou guardar.

Documento Oficial - É todo e qualquer documento arquivado ou em trânsito nos órgãos dos Poderes Executivo, Legislativo, e Judiciário, inclusive nos de administração indireta, da União, Estado, Distrito Federal, Territórios e Municípios.

Documento Original - É aquele que dá inicio a um processo, seja ele primeira, segunda via, ou qualquer modalidade de cópia.

Documento Particular - É todo e qualquer documento arquivado ou em trânsito em estabelecimento particular, independentemente de suas origens. Todo aquele que não foi criado ou determinado por lei, portanto não se é obrigado a emitir ou guardar.

Documento Público - São aqueles produzidos e recebidos pelos órgãos do poder público, constituindo-se em patrimônio da Nação, tendo em vista o direito dos seus cidadãos ao acesso a informação neles contidas.

13. Valoração dos Documentos

Para aplicação dos critérios de avaliação dos documentos de arquivo, deve-se identificar os seus valores primário e secundário.

Valor Primário - Refere-se ao valor que o documento apresenta para a consecução dos fins explícitos a que se propõe tendo em vista seu uso para fins administrativos, legas e fiscais.

Valor administrativo - valor que possuem dos documentos que testemunham a política e os procedimentos adotados pelo organismo, no desempenho de suas funções.

Valor legal ou jurídico: valor que possuem os documentos que envolvem direitos a curto ou longo prazos tanto do Governo quanto de terceiros e que possuem caráter probatório.

Valor fiscal - valor que possuem os documentos relativos a operações financeiras e a comprovação de despesas e receita.

Valor Secundário - Refere-se a possibilidade de uso dos documentos para fins diferentes daqueles para os quais foram originalmente criados: o documento passa a ser fonte de pesquisa e informação para o próprio serviço e de terceiros.

14. Características dos documentos de acordo com prazo de guarda

Guarda eventual

São documentos de interesse passageiro que não possuem valor administrativo e jurídico para o órgão.

Guarda temporária

São aqueles em que prevalece o interesse administrativo como determinante do seu valor e, conseqüentemente, do seu prazo de retenção.

Guarda permanente

São documentos de valor probatório, isto é, relativos a direitos, tanto de pessoas físicas ou jurídicas quanto da coletividade, e de valor informativo sobre as pessoas, fatos ou fenômenos, considerados cientificamente relevantes.

15. Métodos de Arquivamento

São várias rotinas que envolvem o arquivamento de um documento na fase corrente e, do cuidado dispensando a cada uma delas, depende o bom atendimento ao usuário.

Na escolha do método de arquivamento deve considerar as características dos documentos ao serem classificados, identificando o aspecto pelo qual o documento é mais freqüentemente consultado. Os métodos comumente utilizados são:

Alfabético - quando o elemento principal para a recuperação da informação for **o nome**;

Geográfico - quando o elemento principal para a recuperação da informação for **o local (cidade, distrito, comarca, Estado, Região e/ou país);**

Numérico simples - quando o elemento principal para a recuperação da informação **for o número** do documento;

Numérico cronológico - quando ao número do documento vier associado **a data**;

Ideográfico (assunto) - quando o elemento principal para a recuperação da informação for o assunto; a sua ordenação deverá seguir a modalidade alfabética (dicionária ou enciclopédica) ou numérica (decimal ou duplex);

Método Alfabético:
É o método mais simples, fácil e prático. Sua consulta é direta e o elemento principal a ser considerado é o nome ou a razão social. Conhecido também como **método nominal ou onomástico.** Existe divergência na maneira de arquivar os nomes. Acham preferível fazê-lo pelo prenome, apesar do critério tecnicamente mais adequado, ser pelo último , o sobrenome, depois a vírgula e em seguida todo o nome em sua ordem normal.

Vantagem: rapidez , fácil implantação, acesso direto e manuseio.

Desvantagem: erro no ato de arquivar.

Regras de alfabetação
No arquivamento dos nomes devemos observar pequenas regras, conhecida como **Regras de Alfabetação.**

1. Nos nomes de pessoas físicas, considera-se o último sobrenome e depois o prenome.
Ex.: João Barbosa
Pedro Almeida Coimbra
Paulo Santos

Arquivam-se: **BARBOSA**, João
COIMBRA, Pedro Almeida
SANTOS, Paulo

Obs.: Sobrenomes iguais – quando houver sobrenomes iguais, prevalece a ordem alfabética do prenome.
Ex.: Wilson Ferreira
Ademar Ferreira
Edson Ferreira

Arquivam-se: **FERREIRA**, Ademar
FERREIRA, Edson
FERREIRA, Wilson

2. Sobrenomes compostos de um substantivo e um adjetivo ou ligados pôr hífen , não se separam.
Ex.: Camilo Castelo Branco
Fábio Monte Verde
Heitor Villa-Lobos

Arquivam-se: **CASTELO BRANCO**, Camilo
MONTE VERDE, Fábio
VILLA-LOBOS, Heitor

3. Os sobrenomes formados com as palavras **Santa, Santo ou São** seguem a regra dos sobrenomes compostos por um adjetivo e um substantivo.
Ex.: Waldemar Santa Rita
Irwin São Paulo
Luciano Santo Cristo

Arquivam-se: **SANTA RITA**, Waldemar
SANTO CRISTO, Luciano
SÃO PAULO, Irwin

4. As iniciais **abreviaturas de prenomes** têm precedência na classificação de sobrenomes iguais:
Ex.: J. Silvestre
Jonas Silvestre

Arquivam-se: **SILVESTRE,** J.
SILVESTRE, Jonas
SILVESTRE, José

5. Os artigos e preposições, tais como: **a, o, de(s), da(s), d', do(s), um, uma,** não são considerados
Ex.: Pedro de Andrade
Ricardo d'Andrade
Lúcia da Câmara
Arnaldo do Couto
Maria da Ambulância

Arquivam-se: **ANDRADE**, Pedro de
ANDRADE, Ricardo d'
AMBULÂNCIA, Maria da
CÂMARA, Lúcia da
COUTO, Arnaldo do

6. Os sobrenomes que exprimem grau de parentescos como: **Filho, Júnior, Neto, Sobrinho** são considerados parte integrante do últimos sobrenomes, mas não são considerados na ordenação alfabética.
Ex.: Antônio Almeida Filho
Sônia Maria Estefânia Neta
Tarcísio Meira Filho
Moisés Cabral Neto
Almir Peixoto Sobrinho

Arquivam-se: **ALMEIDA FILHO**, Antônio
CABRAL NETO , Moisés
ESTEFÂNIA NETA, Sônia Maria
MEIRA FILHO, Tarcísio
PEIXOTO SOBRINHO, Almir

Obs.: os **graus de parentesco** só serão considerados quando servirem de elemento de destinção, passando a obedecer a ordem alfabética.
Ex.: Jorge de Abreu Filho
Jorge de Abreu Sobrinho
Jorge de Abreu Neto

Arquivam-se: **ABREU FILHO**, Jorge de
ABREU NETO, Jorge de
ABREU SOBRINHO, Jorge de

7. **Os títulos não são considerados na alfabetação**. São colocados após o nome completos, entre parêntese.
Ex.: Dra. Denise Fanco Lima
Dr. Arnaldo Quintanilha
Bispo Edir Macedo
Missionário R. R. Soares
Ministro Antônio Arruda
Governadora Denise Rangel Furriel
Pastor Antônio Gusmão

Arquivam-se: **ARRUDA**, Antônio (Ministro)
FURRIEL, Denise Rangel (Governadora)
GUSMÃO, Antônio (Pastor)
LIMA, Denise Franco (Dra.)
MACEDO, Edir (Bispo)
QUINTANILHA, Arnaldo (Dr.)
SOARES, R. R.(Missionário)

8. **Os nomes estrangeiros** são considerados pelo último sobrenome, salvo nos casos de nomes **espanhóis e orientais**
Ex.: George Aubert
Wiltson Churchill
Paul Müller
Jorge Schmidt

Arquivam-se: **AUBERT**, George
CHURCHILL, Wiltson
MÜLLER, Paul
SCHMIDT, Jorge

9. **As partículas dos nomes estrangeiros** podem ou não ser considerado. Mais comum é considerá-los como parte integrante do nome, **quando escritos com letra maiúscula**.
Ex.: Giulio di Capri
Esteban De Penedo
Charles Du Ponte
John Mac Adam
Gordon O'Brien

Arquivam-se: **CAPRI**, Guilio di
DE PENEDO, Esteban
DU PONTE, Charles
MAC ADAM, John
O'BRIEN, Gordon

10. Os nomes espanhóis são registrados pelo penúltimo sobrenome, que corresponde ao sobrenome da família do pai.
Ex.: José de Oviedo y Baños
Francisco de Pina de Mello
Angel del Arco y Molinero
Antônio de los Rios

Arquivam-se: **ARCO y MOLINERO**, Angel del
OVIEDO y BAÑOS, José de
PINA DE MELLO, Francisco de
RIOS, Antônio de los

11. Os nomes orientais: japoneses, chineses e árabes são registrados como se apresentam.
Ex.: Mituo Yoshida
Al Ben Hur
Li Yutang

Arquivam-se: **AL BEM HUR** - árabe
LI YUTANG - chinês
MITUO YOSHIDA - japonês

12. Os nomes de firmas, empresas, instituições e órgãos governamentais devem ser transcritos como se apresentam, não se considerando, porém para fins de ordenação, os artigos e preposições que os constituem. Admite-se para facilitar a ordenação que os artigos iniciais sejam colocados, entre parênteses, após o nome.

Ex.: Embratel
Petrobrás
Banco do Brasil
Fundação Getúlio Vargas
A Colegial

Arquivam-se: **BANCO DO BRASIL**
COLEGIAL (A)
EMBRATEL
FUNDAÇÃO GETÚLIO VARGAS
PETROBRÁS

Obs: **Os nomes de instituições ou órgãos governamentais de países estrangeiros** devem ser precedidos pelo nome do país.
Ex.: The Library of Congress – Estados Unidos

Arquivam-se: **ESTADOS UNIDOS - LIBRARY OF CONGRESS (THE)**

13. Nos títulos de congresso, conferência, reuniões, assembléias e assemelhados; os números arábicos, romanos ou escritos por extenso deverão aparecer no fim, entre parênteses.

Ex.: III Jornada Arquivística da Uni-Rio
Quinto Congresso de Arquivologia
3º Congresso de Geologia

Arquivam-se: **CONGRESSO DE ARQUIVOLOGIA (QUINTO)**
CONGESSO DE GEOLOGIA (3º)
JORNADA ARQUIVÍSTICA DA UNI-RIO (III)

Os nomes de jornais, instituições e revistas precedidos de artigos, não se considera o artigo para fins de ordenação. Escreve-se no final entre parênteses.
Ex.: **O Globo**
The Time

Arquivam-se: **GLOBO (O)**
TIME (THE)

De acordo com as necessidades das instituições, estas regras podem ser alteradas porém, o arquivista deve sempre usar o mesmo critério

NOTA: Para melhor atender à pesquisa no caso de pessoas ou instituições que possuam nomes figurados ou sejam conhecidas por parcelas de seus nomes deve-se ordenar pelo nome mais conhecido, fazendo as remissivas necessárias.
Ex.: José Félix Alves Pacheco
Edson Arantes do Nascimento
Artur Antunes Coimbra

Arquivam-se: **FÉLIX PACHECO**
PELÉ
ZICO

Obs.: Pode ser adotado o critério de letra por letra ou palavra por palavra. Observando que a escolha de um critério implica na exclusão sistemática do outro.

✓ **LETRA POR LETRA**
Ex.: Monteiro
Monte Sinai
Monte Alegre

Arquivam-se: **MONTE ALEGRE**
MONTEIRO
MONTE SINAI

✓ **PALAVRA POR PALAVRA**
Ex.: Monteiro
Monte Sinai
Monte Alegre

Arquivam-se: **MONTE ALEGRE**
MONTE SINAI
MONTEIRO

Método Geográfico
É o sistema direto. A busca é feita diretamente ao documento. Este método é aconselhável quando se ordena a documentação de acordo com a divisão geográfica, isto é, de acordo com os países, Estados, cidades, municípios, etc. ou quando o principal elemento a ser considerado é a **procedência** ou **local.**

a) **Nome do Estado, cidade e correspondente (elemento principal: Estado)**

Quando se organiza um arquivo por **Estado**, as capitais devem ser alfabetadas e vir em primeiro lugar, em ordem subseqüente, independentemente da ordem alfabética. As demais cidades são colocadas a seguir subseqüente em rigorosa ordem alfabética.

Ex.: 1ª ORDENAÇÃO

ESTADO	CIDADE	CORRESPONDENTE alfabetação
AMAZONAS	Manaus (capital)	SOBREIRA, Luisa
AMAZONAS	Itacoatira	SANTOS, Antônio
RIO DE JANEIRO	Rio de Janeiro (capital)	RODRIGUEZ, Luiz
RIO DE JANEIRO	Duque de Caxias	LI CHÚ
SÃO PAULO	São Paulo (capital)	MONTE VERDES, Marcelo
SÃO PAULO	Guarulhos	DI CAPRI, Paolo

b) **Nome da cidade, Estado e correspondente (elemento principal: cidade)**

Ao organizar um arquivo nesta modalidade, devemos observar para a rigorosa ordem alfabética das cidades, incluindo as capitais, colocando sempre em segundo lugar os nomes dos estados, pois existem cidades com o mesmo nome em diferentes países.

Ex.: ÚNICA ORDENAÇÃO

CIDADE	ESTADO	CORRESPONDENTE alfabetação
ALECRIM	Paraná	VASCONCELOS, Neusa
BANDEIRANTES	Paraná	BASTOS, Lúcio
BARBACENA	Minas Gerais	GONZAGA, Denilson
BARROSSO	Minas Gerais	MACEDO, Jair
FEIRA DE SANTANA	Bahia	SANTA MARTA, José
ILHÉUS	Bahia	SOBRINHO, Jorge Fernando
SALVADOR	Bahia	YOKIKO NATAKA

c) **Nome do país, capital e correspondente (elemento principal: País)**

Ao organizar o arquivo nesta modalidade devemos observar, a ordem alfabética do país, seguido da capital. As demais cidades serão alfabetadas após as respectivas capitais dos países a que se referem.

PAÍS	CAPITAL	CORRESPONDENTE alfabetação
BÉLGICA	Bruxelas	CRANKO, John
BÉLGICA	La Louviére	SAVIÉRE, Dora de la
ESPANHA	Madri	DOMINGUES, Paloma
ESPANHA	Madri	DOMINGUEZ, Juan
FRANÇA	Paris	SANCHEZ, Madalena
FRANÇA	Lyon	UNESCO
PORTUGUAL	Lisboa	VADIM, Roger
PORTUGUAL	Coimbra	PEREIRA, José

Método Numérico:

O Método Numérico de arquivamento é adotado para os casos em que o principal elemento a ser considerado em um documento é o **número**.

Este é um método indireto, pois vai necessitar sempre de um índice alfabético (em fichas, livros) para localizar o documento ou pasta desejada no arquivo.

Ao adotarmos o método numérico precisamos fazer a opção entre o método: **numérico simples, cronológico ou dígito-terminal.**

a) **Numérico Simples**

Atribui-se um número a cada novo cliente ou assunto que surgir a cada instituição que enviar documentos. Além do índice alfabético, é indispensável um registro em ficha ou livro.

Características:

• Atribuir um número a cada novo elemento. Cada elemento pode ser um cliente (pessoa física ou jurídica), um fornecedor, um empregado, etc. Os números obedecem a um critério previamente determinado e pode ser, por exemplo, o número de registro do documento, a matrícula do funcionário, sem qualquer preocupação com a ordem alfabética.

• Elaborar o registro em livro ou fichas, para controle da numeração.

• Elaborar índice onomástico em fichas

• Arquivar a pasta em ordem numérica

• Consulta indireta. Recorre-se primeiro ao índice onosmático.

Vantagens - Em um arquivo organizado pelo método numérico simples, não há necessidade de guias divisórias, pois a numeração dada às pastas ou fichas facilita a localização do documento.

Desvantagens - O método numérico simples exige um índice alfabético remissivo, onde cada número corresponde a um nome, para ajudar na pesquisa no arquivo. No índice, os nomes estão relacionados em ordem alfabética, obedecendo às regras de ordenação e de alfabetação.

Ex.: Um funcionário de uma empresa de seguros precisou pesquisar no arquivo da empresa a respeito dos dados de cadastro do cliente: Carlos Barreto. Recorrendo ao índice alfabético remissivo, isto é com uma referência, ele encontrou o nome do cliente.

ALENCAR, Jair de	**00 825**
ALVES FILHO, César	**01 800**
BARBOSA, Maria Santa	**02 900**
BARRETO, Carlos	**01 450**
GONZALEZ, Margarida	**02 033**

b) **Cronológico**

Além da ordem numérica, observa-se a data. Este método é adotado em quase todas as repartições públicas.

Numera-se o documento e não a pasta. Além do índice alfabético-onomástico, existem índices de procedência e de assunto.

Nesse método, quando se anula um registro, só se aproveita o número se for na mesma data.

É o único método de arquivamento que dispensa o uso de pastas miscelâneas, uma vez que cada documento recebe seu próprio número de registro, constituindo em um processo único, ordenado em rigorosa ordem numérica.

Vantagens: maior grau de sigilo, menor possibilidade de erros pôr ser mais fácil lidar com números do que com letras.

Desvantagens: método indireto, obrigando duplicidade de pesquisa.

c) **Dígito-terminal**

Este método surgiu em decorrência da necessidade de serem reduzidos erros no arquivamento de grande volume de documento, cujo elemento principal de identificação é o número. Entre as instituições de grande porte que precisam arquivar parte considerável de seus documentos por número podemos mencionar entre outros: o INSS , as companhias de seguros, os hospitais e os bancos.

Os documentos são numerados seqüencialmente, mas sua leitura apresenta uma peculiaridade que caracteriza o método: os números, dispostos em três grupos de dois dígitos cada um, são lidos da direita para esquerda, formando pares. Decompondo-se, por exemplo, o número **829.319**, têm-se os seguintes grupos: **82 - 93 - 19.**

Como a leitura **é feita sempre da direita para a esquerda,** chama-se o grupo 19 de primário, o grupo 93 de secundário e o grupo 82 de terciário.

Quando o número for composto de menos de seis dígitos, serão colocados (0) zero a sua esquerda, para sua completação.

Ex.: **42.054** será representado pelos grupos **04 - 20 - 54**

O arquivamento dos documentos, pastas ou fichas é feito considerando-se em primeiro lugar, o grupo primário, seguindo-se do secundário e finalmente o terciário.

Assim para localizar uma pasta de número 162.054 **(16-20-54)**, deve verificar, em primeiro lugar, onde se encontram as pastas terminadas em **54** ; em seguida localizar as pasta do grupo secundário **20** e finalizando a pasta desejada de número **16**.

Comparando-se a numeração dos métodos numéricos simples e dígitos-terminal, tem-se a seguinte representação:

NUMÉRICO SIMPLES	DÍGITO-TERMINAL	ARQUIVAM-SE EM ORDEM NUMÉRICA
57 698	05-76-98	13-60-97
126 197	12-61-97	42-60-97
136 097	13-60-97	12-61-97
277 698	27-76-98	65-75-98
279 799	27-97-99	05-76-98
426 097	42-60-97	27-76-98
657 598	65-75-98	27-97-99

Vantagens - redução de erros de arquivamento; rapidez na localização e arquivamento, uma vez que se trabalha com grupos de seis dígitos; expansão equilibrada do arquivo distribuído em três grandes grupos; possibilidades de divisão eqüitativa do trabalho entre os Arquivistas.

Desvantagens - leitura não convencional dos números.

Método por assunto (Ideográfico)

Não existem regras fixas para a escolha dos assuntos, estas dependerão das atividades das instituições ou empresas.

Este método não é muito fácil, tudo vai depender da interpretação do documento, devendo escolher o melhor termo da expressão que defina o assunto. Este método é aconselhado para instituições que lidam com grande número de assuntos.

É muito comum encontrar pessoas que confundem **o assunto** com tipo físico do documento (**espécie**) e **sendo assim adotam erroneamente como sendo classificação de assunto: atas,correspondência recebida e expedida, contratos, acordos, pareceres, telegramas etc.**

É evidente que as espécies documentais têm importância, mas devem ser adotadas como subdivisões auxiliares. Por exemplo:

Assistência jurídica
Correspondência
Pareceres

Recursos Humanos
Departamento Pessoal

Pode ser adotado dois métodos no arquivamento por assunto:

Alfabético

a) **Dicionário** – Os assuntos isolados, são dispostos em rigorosa ordem alfabética, sem preocupação de subordinação ao assunto.

Ex.: **ALMOXARIFADO**
APERFEIÇOAMENTO DE PESSOAL
HORÁRIO DE EXPEDIENTE
IMPRESSOS (FORMULÁRIOS)
MOVIMENTAÇÃO DE MATERIAL PERMANENTE
NOTA FISCAL
PEDIDO DE COMPRA DE MATERIAL
RACIONALIZAÇÃO DE MÉTODOS E SISTEMAS
REQUISIÇÃO DE PESSOAL

b) **Enciclopédico** - Os assuntos correlatos são agrupados sob títulos gerais e dispostos em rigorosa ordem alfabética. Com a ordenação enciclopédica surgem os primeiros esboços de esquemas de classificação.

Ex.: **MATERIAL PERMANENTE**
Almoxarifado
Movimentação de material
Nota Fiscal
Pedido de Compra

ORGANIZAÇÃO E MÉTODOS
Padronização de formulários
Racionalização de Métodos e Sistemas

PESSOAL
Aperfeiçoamento (cursos e estágios)
Horário de Expediente
Requisição

Numérico

Os métodos numéricos ideográficos ou assuntos mais conhecidos são : **o duplex, o decimal e o unitermo**, também conhecido como indexação coordenada. Por ser este método do sistema indireto, **torna-se necessário um esquema de classificação e um índice alfabético.** Os métodos numéricos aplicados à classificação por assunto facilitam as operações, pois basta marcar, com um número, cada papel, para indicar o local exato onde ele deve ser arquivado. Alem disso, é muito fácil fixar um número do que qualquer outro símbolo formado por letras.

a) **Decimal** - É baseado na técnica do Sistema Decimal de Mervill Dewey. Sistema que foi elaborado pelo Instituto Bibliográfico de Bruxelas, que o ampliou. A classificação decimal foi publicada em 1876. É importante ressaltar que se deve ter muita atenção e responsabilidade por parte de quem elabora o plano de classificação decimal, para que durante a sua elaboração não ocorra distorções. Não existem esquemas padronizados de classificação por assunto, como ocorre na Biblioteconomia – **Classificação Decimal de Dewey (CDD)**. Assim cada Instituição e/ou empresa deverá de acordo com a suas peculiaridades, **elaborar seu próprio plano de classificação, onde os assuntos devem ser grupados sob títulos principais e estes subdivididos em títulos específicos, partindo-se sempre dos conceitos gerais para os particulares, ou seja, do maior para o menor. Essa elaboração deve ser feita obedecendo o critério de finalidade e funcionamento de uma organização, complementando-o com o levantamento minucioso da documentação arquivada. Podemos , no entanto, aplicar a Técnica de Dewey e não a classificação.**

O método decimal divide o conhecimento humano em 9 (nove) **classes** e uma décima para generalidades. Os assuntos se agrupam em 10 classes numerados de 0 (zero) a 9 (nove). As classes de 1 a 9 , agrupam os assuntos de caráter específico, reservando-se a classe 0 para generalidades e que não pertençam a nenhum assunto determinado. Cada classe é dividida em **subclasses** e uma décima para generalidades, separando-se o número em classes de três algarismos por um ponto. A parte inteira do número é composta por três algarismos. A parte decimal pode não existir, como pode ter um, dois, três, ou mais algarismos.

As 10 (dez) primeiras divisões são classes, as seguintes subclasses, e a seguir, temos: divisão, grupo e subgrupo.

Ex.:

a) **Classes**

000 - Administração Geral
100 - Pessoal
200 - Organização
300 - Orçamento
400 - Material
500 - Obras
600 - Transporte
700 - Informações
800 - Publicações
900 - Divulgação

b) **Subclasses**

100 - Pessoal
110 - Seleção
120 - Aperfeiçoamento
130 - Preenchimento de Cargos
140 - Vacância de Cargos
150 - Direitos e Vantagens
160 - Deveres e Responsabilidades

c) **Divisão de 130**

130 - Preenchimento de Cargos
131 - Nomeação
131.1 - Interina
131.2 - Efetiva
131.3 - Comissão
132 - Vacância de Cargos
132.1 - Demissão
132.2 - Desligamento
132.3 - Dispensa
133 - Transferência
133.1 - Ex-officio
133.2 - A Pedido
133.21 - Permuta

Quando o número de classificação estiver constituído de três algarismos juntos, colocar-se-á um ponto e a divisão continuará.

Vantagens – expansão ilimitada para as subdivisões dos assuntos, os números Classificadores formam nomenclaturas fáceis de reter na memória.

Desvantagens – exige muita atenção do arquivista e limitação de dez números para classificação.

b) **Duplex** - A documentação é dividida em classe, conforme os assuntos. Partindo sempre do gênero para a espécie e desta para minúcia.

No decimal é necessário fazer a previsão antecipada de todas as atividades. No Duplex o plano inicial não precisa ir além das necessidades imediatas. Na medida das necessidades podem ser abertas novas classes. Deve-se fazer um índice em fichas para as classes ocupadas. A relação entre as partes é indicada pôr um traço de união (hífen).

Ex.: Uma empresa começa com as seguintes classes principais:

1 - Contabilidade
2 - Empregados
3 - Móveis
4 - Imóveis
5 - Seguros
6 - Transportes
7 - Metais
8 - Ferragens
9 - Tintas
10 - Óleos Lubrificantes
11 - Materiais para Construção

Mais tarde resolve negociar com equipamentos elétricos e combustíveis, terá de abrir novas classes, pois nenhuma destas enquadra-se nas classes já existentes.

12 - Equipamentos
13 - Combustíveis

Estrutura do Método Duplex

1. Contabilidade
1.1 Contas a Receber
1.1.1 Contas do Governo
1.1.2 Contas da Prefeitura
1.2 Contas a Pagar
1.2.1 Bancos
1.2.1.1 Ultramarino
1.2.1.2 Francês-Italiano

Vantagens – Abertura ilimitada de Classe.

Desvantagens – Se as classes não forem bem definidas, encontraremos documentos que tratam do mesmo assunto em mais de um lugar.

Unitermo ou Indexação coordenada

O método Unitermo ou indexação coordenada foi desenvolvido por Mortimer Taube, nos Estados Unidos, em princípios de 1950, sendo utilizado pela organização das Forças Armadas.

Embora não se recomende sua aplicação nos arquivos convencionais, a indexação coordenada vem sendo utilizada, com grande êxito, principalmente nos Arquivos Especializados e Arquivos Especiais.

O método consiste em se atribuir a cada documento ou grupo de documentos, um número em ordem crescente, de acordo com sua entrada no arquivo, esse número chamado número de registro, controlado por ordem de chegada, deve ser assinalado no documento, em lugar visível e previamente determinado.

Os documentos devem ser analisados, sendo destacados os Unitermos, isto é, os assuntos principais, que deverão ser bem determinados ou os nomes que servirem para sua identificação.

1º passo : Elaborar uma Ficha índice.

CONVERSORES DE CORRENTE CONTINUA DE ITAIPU	***N.º 0013***
Resumo: Equipamentos da Hidroelétrica de Itaipu, peça de reposição, de alimentação elétrica, conversores de corrente continua	***Palavras-chaves/Descritores Conversores Corrente continua Itaipu***

2º passo: Para cada palavra-chave será aberta uma ficha que trará na parte superior a palavra indicativa unitermo e será dividida em 10 colunas de 0 a 9 .O número de registro é transcrito na ficha ou fichas correspondentes às palavras-chaves escolhidas para sua identificação, na coluna cujo algarismo coincidir com o final do número atribuído ao documento.

Ex.:

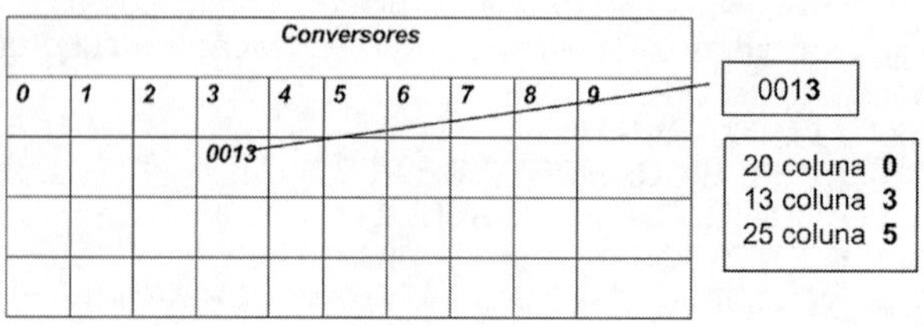

Corrente contínua									
0	*1*	*2*	*3*	*4*	*5*	*6*	*7*	*8*	*9*
			0013						

Conversores									
0	*1*	*2*	*3*	*4*	*5*	*6*	*7*	*8*	*9*
			0013						

Os documentos são arquivados em ordem numérica – número de registro – em pastas, envelopes ou caixas e as fichas em rigorosa ordem alfabética. Ao serem arquivados os documentos, o seu número vai para ficha referente aos termos escolhidos, quando da sua identificação, e na coluna cujo algarismo coincidir com o final do número. Quando o documento tratar de vários assuntos ou nomes, a pesquisa deverá ser feita somente nas fichas referentes aos termos ou nome solicitados.

Método Padronizados

Com a evolução das empresas, a intensificação do comércio, o afã da industrialização e outros fatores, métodos novos foram surgindo para que os arquivos melhor atendessem às necessidades das organizações. Juntamente com os números e as letras, foi empregado também o artifício das cores, em combinação com as anteriores. Entre os métodos padronizados pode-se citar: o variadex, o automático, o soundex, o ronêo e o mnemônico. Abordaremos somente o variadex, por ser o mais conhecido e de uso mais comum. O automático e o soundex não têm aplicação prática nos arquivos brasileiros; o ronêo e o mnemônico são obsoletos.

Método Variadex

Este método é uma variante do alfabético. Com o objeto de minimizar as dificuldades apresentadas pelo método nominal, a Remington Rand concebeu o método variadex, introduzindo **as cores** como elementos auxiliares para facilitar não só o arquivamento, como a localização de documentos.

A idéia do método consiste basicamente em dividir os arquivos em seções menores, restringindo, assim, o campo de pesquisa e a manipulação de pastas ou fichas. Neste método, concebido pela Remington, trabalha-se com uma chave constituída de cinco cores:

LETRAS	CORES
A,B,C,D e abreviações	Ouro
E,F,G,H e abreviações	Rosa
I,J,K,L,M,N e abreviações	Verde
O,P,Q e abreviações	Azul
R,S,T,U,V,W,X,Y,Z e abreviações	Palha

Como seria impossível determinar uma cor para cada letra do alfabeto, uma vez que seriam necessárias 26 cores distintas para representar o alfabeto, as cores da chave devem **ser atribuídas às projeções** das pastas em função da **segunda letra** do nome de entrada e não da inicial, a qual indicará a seção alfabética correspondente para sua ordenação. Assim pode-se concluir que em cada letra do alfabeto existirão pastas nas cinco cores da chave.

Ex.:

NOMES	ENTRADAS	CORES
C. Catram, S.A	C. (abreviação)	**Ouro**
Figueiredo, João Batista	Figueiredo	**Rosa**
Nunes, Pedro	Nunes	**Verde**
Pontes, Armando	Pontes	**Azul**
Tostes, Adriana	Trostes	**Palha**

Estes dossiês estariam arquivados, respectivamente, nas C, D, F, P E T, e as notação estariam inscritas em projeção (etiquetas) nas cores ouro, rosa , verde, azul e palha. Quando adotado ao método variadex deve-se utilizar pastas com projeções; nos fichários, as fichas devem ser colorida.

Quando à posição das projeções, o método é muito semelhante ao alfabético comum: na primeira posição coloca-se a guia alfabética; na segunda posição, a pasta de diversos; na terceira e quarta posições, as pastas com nomes especiais e as guias-fora.

A Grande vantagem do variadex é que, adotando várias cores dentro de cada letra do alfabeto, **o trabalho se reduz em 80%,** evitando-se, desta, forma, arquivamentos errôneos e agilizando-se a pesquisa.

As cores da chave são cambiáveis em função de nossas conveniências. Sendo o trabalho de arquivo criativo por excelência, sugere-se uma chave na qual as abreviações recebem cor especial – **o branco** – para representá-las. Não se devem usar as cores para enfeitar os arquivos, quanto a sua aparência, mas sim como elemento coadjuvante da pesquisa.

Método Alfanumérico

O método alfanumérico não é considerado básico, pois foi concebido do alfabético nominal, e nem padronizado, uma vez que sua aplicação independe de equipamentos e acessórios especiais, tais como pastas, guia, projeções. Este método trabalha com uma tabela, constituída de divisões do alfabeto, previamente planejadas a critério do profissional responsável pela sua elaboração, e numeradas em ordem crescente. Usam-se notações fechadas para se evitar que, uma vez numeradas, as divisões sejam alteradas. Quaisquer aplicações ou reduções na tabela implicarão remuneração de todos os documentos.

Ex.: Aa - Af = 1
Ag - Al =2

Assim, as pastas individuais teriam como notação os nomes colocados após o número correspondente à sua divisão alfabética.

Ex.:
1 – **ACRÍSIO**, Paulo (Aa - Af = 1)
1 – **AFONSECA**, João (Aa - Af = 1)
2 – **ALMEIDA,** Mário (Ag - Al = 2)
2 – **ALONSO,** Ernesto (Ag - Al = 2)

Neste método, as pastas miscelânea terão por notação apenas o número correspondente à sua divisão.

Ex.: 13 – Di - Dl

Para se arquivar uma pasta, procura-se inicialmente o número da divisão alfabética e, só então, dentro da divisão, é que nos atemos à seqüência alfabética, restringindo, assim, as possibilidades de erro.

Sua desvantagem consiste na prévia determinação do número de divisões alfabéticas que deverão compor a tabela, devendo-se, portanto, para isso, proceder a cuidadoso estudo sobre o grau de incidência de nomes, letra por letra.

Dossiê
Unidade de Arquivamento formada por documentos diversos pertinentes a um determinado assunto ou pessoa.

Processo
Termo geralmente usado na administração pública para designar o conjunto de documentos reunidos com capa especial e que vão sendo organicamente acumulados no decurso de uma ação administrativa ou jurídica.

16. Automação, Preservação, Conservação, Restauração de Documentos

- O ar seco e a alta umidade são fatores de enfraquecimento do papel;

- A higienização mecânica dos documentos feita com uma trincha ou uma flanela é uma ação importante para a conservação dos documentos em papel;

- Os documentos de arquivo devem ser guardados na posição vertical, em estantes, e em ambientes bem ventilados;

- O microfilme de substituição é aquele que serve à preservação das informações contidas em documentos que são eliminados, tendo em vista a racionalização e o aproveitamento de espaço;

- Para identificação das caixas nos arquivos devem ser evitadas as tintas hidrográficas e esferográficas, pois esmaecem com rapidez;

- A conservação compreende os cuidados prestados aos documentos e, conseqüentemente, ao local de sua guarda. Recomenda-se que o arquivo seja em local elevado, com o mínimo de umidade, em área isolada, com previsão de ampliação futura e prevenção contra incêndio;

- Os agentes que prejudicam o documento são: Químicos (tintas de escrever, acidez etc.), Físicos (luz solar e artificial), umidade (para guarda de documento é desejável ambiente seco), temperatura (o calor acelera a deterioração do papel) e outros vários fatores que danificam: orelha, dobraduras, perfurações etc; e Biológicos – traças (tysanura), baratas, cupins, broca ou anóbio, microorganismos (fungos – "mofo") e o homem (grifando, fazendo sinais, pegando com as mãos gordurosas, furtando etc.

- A conservação compreende os cuidados prestados aos documentos e, conseqüentemente, ao local de sua guarda.

- A luz, o ar seco, a umidade, o mofo, a temperatura inadequada, a poeira, gases e inúmeras pragas, a médio e longo prazo, são altamente prejudiciais à conservação do acervo documental;

- A luz do dia deve ser abolida na área de armazenamento, porque não só acelera o desaparecimento das tintas, como enfraquece o papel. A própria luz artificial deve ser usada com parcimônia;

- O ar seco é outro fator de enfraquecimento do papel;

- A umidade, além de exercer o mesmo efeito do ar seco, propicia o desenvolvimento de mofo. O índice de umidade ideal situa-se entre 45% e 48%;

- O calor destrói as fibras do papel, por isso recomenda-se a utilização de arcondicionado de forma ininterrupta, e não de forma interrupta;

- Tanto poeira quanto gases são prejudiciais às fibras do papel;

- "Fumigação" é o método considerado mais eficiente no combate aos arquivos infestados por insetos;

- O Silking é uma técnica de restauração que utiliza tecidos (crepeline e musseline) de grande durabilidade, mas, devido ao uso de adesivo à base de amido, afeta suas qualidades permanentemente;

- Encapsulação é o procedimento de preservação em que o documento é colocado entre duas superfícies de plástico transparente, cujas bordas são seladas;

- Velatura é a técnica de restauração de documentos que consiste na aplicação de reforço de papel ou tecido a qualquer face de uma folha.

É bom lembrar que é melhor **conservar** do que **restaurar.**
Conservação – implica em resguardar a integridade física do documento, manutenção e higienização dos acervos e arquivos.
Restauração - implica em interagir no corpo físico do documento, com técnicas especiais de restauração.

Procedimentos de Protocolo

Conhecimentos básicos
Nas repartições, que vêm se organizando de acordo com os princípios de organização racional do trabalho, há sempre integrado, ao grupo que atende às atividades de administração geral ou de atividades meio um núcleo onde se centraliza o movimento da correspondência e da documentação.
Este núcleo pode ser chamado de serviço, seção ou turma de comunicações, variando o nome em função do movimento dos papéis.
Seja ele mesmo serviço, seção ou turma a finalidade dessa dependência é controlar toda a correspondência recebida ou expedida da organização de que faz parte.
O protocolo é a unidade responsável pelo controle do recebimento e expedição de correspondência de uma empresa.
A recepção e a expedição de documentos representam a primeira atividade documental na empresa. Toda continuidade, certa ou errada, depende dessa primeira atividade.
Antigamente, o protocolo ainda era responsável pela tramitação da correspondência interna (memorando/cartas/ofícios/etc.). Atualmente, esse controle é feito pelas próprias unidades, por meio de arquivos correntes e/ou secretários.
Cabe ao protocolo a administração das correspondências externas, no que se refere à sua recepção e expedição.
As suas atribuições são: receber, classificar, registrar e distribuir a correspondência recebida, adicionando a ela, quando necessário, os antecedentes ou procedentes; conferir, numerar e expedir a correspondência elaborada no

órgão e arquivar as cópias da correspondência e dos outros documentos. Também faz parte desses serviços informar e orientar o público quanto ao andamento dos processos.

Dividem-se os órgãos de comunicações em quatro setores distintos:

- Entrada
- Expedição
- Informação
- Arquivo

Cabe ao setor de entrada executar as seguintes tarefas:

- receber
- registrar
- classificar
- distribuir

Receber - Consiste em verificar se o documento está dirigido à autoridade competente, se está redigido em termos próprios, se selado devidamente quando necessário e ainda conferir os anexos, quando houver.

Classificar - Tarefa principal de um órgão de comunicações. Classificar é o processo de analisar a correspondência e outros documentos de modo a arrumá-los logicamente em grupos (por assunto) ou séries para um arquivamento sistemático.

Distribuir - Remeter às seções competentes para o devido estudo.

OBS.: O registro, quando feito em fichas poderá ser tirado em quatro ou cinco vias. A 5ª via acompanhará o processo à seção competente e as outras quatro serão entregues à turma de informação.

Atividade de Informação e Orientação ao Público

Este setor recebe as quatro vias do registro elaborado pelo primeiro setor (setor de entrada e execução de tarefas), organiza-as e procede à atualização dos fichários.

A Primeira Via do registro, isto é, a ficha nº 1, é guardada em ordem numérica cronológica e é a que constitui propriamente o registro, pois toda a movimentação do processo é aí anotada.

A Segunda Via guarda-se em ordem alfabética (pelo nome).

A Terceira Via, de acordo com a procedência; a Quarta Via, por assunto, conforme o método de arquivamento.

Além de zelar pelos fichários, este setor atende as pessoas nos "guichês", informando-as e orientando-as em tudo que for necessário quanto aos processos em estudo na repartição.

Tarefas (competências) do setor de conferência, numeração e expedição (de correspondência ou documentos)

Este setor revê tudo que tem de ser expedido, conferindo os anexos, quando houver, e fazendo a verificação do que deve ficar arquivado na repartição (principalmente no tocante a antecedentes e procedentes).

Numerar, de acordo com as séries, os ofícios, as exposições, circulares e toda forma de correspondência.

Também irá sobrescritar os envelopes e atualizar o fichário referente aos recibos de correspondência.

Nos serviços de comunicações modernos, não se usam mais livros-protocolo e sim recibos, que são depois arquivados por destinatários.

Outras atividades do setor de Protocolo

a) **Rever a classificação -** certificar-se de o documento a ser arquivado conserva as mesmas características da entrada. Proceder, quando necessário, à elaboração das folhas de referência. Se houver necessidade, deve-se conferir com o documento original.
b) **Arquivar as cópias e documentos -** o mesmo deve ser feito nas respectivas pastas. Assim como controlar as publicações e despachos do Diário Oficial e Boletim de Pessoal.
c) **Fornecer antecedentes e precedentes -** elementos que identifiquem a classificação do documento, o seu registro e distribuição.
d) **Fornecer dados à turma de informações -** ou seja, a todos que os solicitarem, independente do veículo.
e) **Fornecer certidões de pareceres e informações -** quando solicitados por escrito. Compete ainda a este setor controlar os prazos de empréstimo de documentos.

O órgão de comunicação tem ligação direta com os de documentação, pois fornece todos os meios necessários para que este possa analisar os seus fichários de referência e divulgar o que for necessário ao conhecimento do público.

Classificação e Correspondência

Correspondência oficial - é constituída pelos documentos concernentes ao serviço público. Toda correspondência oficial é propriedade do Estado. Nenhuma peça dessa correspondência deve ser destruída ou desviada sem a prévia e expressa autorização, que depende de um estudo minucioso, a fim de se julgar se de fato o documento nenhum valor apresenta, quer administrativa ou historicamente. A correspondência de uma determinada organização pode ser externa ou interna, conforme seja trocada entre suas próprias dependências ou com autoridades estranhas à organização ou a particular. Quanto à natureza do assunto da correspondência, classifica-se em:

a) **Ostensiva ou ordinária -** É a que pode ser exposta ao público, sem comprometer a organização, instituição ou empresa.
b) **Confidencial -** É a correspondência sigilosa que diz respeito a informação de caráter pessoal ou a assunto cujo conhecimento deve ficar mais restrito possível.
c) **Reservada -** É aquela cujo resguardo seja restrito ou transitório. Geralmente é um documento enviado entre setores ou departamentos.
d) **Secreta -** É a que se refere exclusivamente a documentos ou informações que exijam absoluto sigilo, e cuja divulgação possa comprometer a segurança e a integridade do Estado ou as suas relações internacionais.
e) **Ultra-Secreta -** Refere-se ao item secreto, mas cujo conteúdo da correspondência possa dizer respeito ao aspecto estratégico, seja a nível de Estado ou empresarial.

Ainda se pode classificar a correspondência em:

a) **comum -** não demanda de um procedimento especial.
b) **urgente -** é sempre conveniente assinalar de uma forma bem visível a palavra URGENTE, ou seja, a própria palavra escrita em tinta vermelha permitirá que seja ela sempre expedida o mais rápido possível.

Formas de correspondência dos atos de expediente

A correspondência oficial pertence ao Estado.

Principais tipos de correspondência:

a) **Exposição de motivos**
Documentos em que os Ministros, Presidentes e Diretores de Órgãos diretamente subordinados ao Presidente da República a ele se dirigem expondo ou encaminhando assunto de sua pasta que depende de despacho ou decreto presidencial.

b) **Aviso**
Forma de correspondência trocada entre Ministros de Estado, Governadores Estaduais e Presidentes de órgãos diretamente subordinados ao Presidente da República.

c) **Ofício**
Forma de correspondência trocada entre autoridades da mesma hierarquia ou de alguém de posição inferior para uma autoridade de posição superior.

d) **Carta**
Documento em forma epistolar usada por autoridades, porém menos protocolar.

e) **Circular**
Documento do mesmo teor enviado, simultaneamente, a vários destinatários para informar de posições, decisões e pareceres expedidos.

f) **Requerimento ou Petição**
Documentos em que o signatário pede a concessão de um favor regulamentar ou o reconhecimento de um direito.

g) **Portaria**
Documento em que Ministros e Dirigentes de Repartições aprovam instruções e modelos, determinam providências ou fazem designações, admissões e dispensas.

h) **Ordem de Serviço ou Instrução**
Documento determinando normas de trabalho e instruções a serem seguidas em relação a determinados serviços.

i) **Despacho**
Atos pelos quais as autoridades solucionaram os assuntos submetidos a sua apreciação.

j) **Memorando**
Forma de correspondência em uso interno expondo resumidamente ou recapitulando qualquer assunto.

l) **Edital**
Aviso ao público em geral ou a grupos interessados sobre atos, divulgações de concorrências, concursos, provas etc. Da divulgação de atos a fatos administrativos.

m) **Certidão**
Documento em que são descritos de forma clara e precisa fatos registrados em outros documentos ou registros.

n) **Relatório**
Documento nos quais se relata a uma autoridade superior o desenvolvimento dos trabalhos relativos a certos serviços especiais ou a um determinado período.

o) **Ato**
Exposição do que ocorrem durante uma reunião ou sessão.

p) **Nota**
Correspondência trocada entre Ministérios das Relações Exteriores e as Representações Diplomáticas estrangeiras.

q) **Regimento**
Conjunto de princípios e de normas que estabelecem o modo de fornecimento interno de cada repartição.

r) **Regulamento**
Conjunto de principais e de normas estabelecidas para a perfeita execução de uma lei.

2. Leitura Complementar

1. ARQUIVOS E HISTÓRICO

Conceitos

"Os documentos de qualquer instituição pública ou privada que haja sido considerados de valor, merecendo preservação permanente para fins de referência e de pesquisa e que hajam sido depositados ou selecionados para depósito, num arquivo de custódia permanente" – *T. R. Schellenberg.*

"Conjunto de documentos oficialmente produzidos e recebidos por um governo, organização ou firma, no decorrer de suas atividades, arquivados e conservados para si e seus sucessores para efeitos futuros" – *Sólon Buck.*

"Designação genérica de um conjunto" de documentos produzidos e recebidos por uma pessoa física ou jurídica, pública ou privada, caracterizado pela natureza orgânica de sua acumulação e conservado por essas pessoas e seus sucessores, para fins de prova ou informação. – *Glossário Associação Brasileira dos Arquivistas.*

Evolução Histórica

Ao longo da História, que os arquivos se encontraram com diferentes suportes, desde as placas de argila, de papiro, de papel, entre outros e, a seu entendimento, recai sobre a necessidade de um acompanhamento desde as civilizações Pré-Clássicas até os dias de hoje.

Hoje, a variedade de suportes aumentou, o que por sua vez aumentou o conteúdo destes que se tornou bastante variado.

Os arquivos constituem desde sempre a memória das instituições e das pessoas, e existem desde que o Homem fixou por escrito as suas relações como ser social.

Vários autores defendem que a História dos Arquivos não pode ser considerada à margem da História Geral da que formam parte integrante, tanto que a sociedade condiciona a sua existência, a sua organização, os seus critérios de conservação e, mesmo, a sua finalidade. A evolução histórica dos arquivos e do seu conceito, como veremos, é paralela ao desenvolvimento das sociedades humanas.

Assim, os arquivos surgem desde que a escrita começou a estar ao serviço da sociedade, e terão nascido de forma espontânea no seio das Antigas Civilizações do Médio Oriente há cerca de seis milénios atrás.

O aparecimento da escrita condicionou o aparecimento dos primeiros Arquivos, de tal forma que desde logo a humanidade tomou consciência de era necessário conservar os registos produzidos para mais tarde poderem ser utilizados.

Cronologia dos surgimentos dos arquivos
1 - Arquivos das Civilizações Pré-Clássicas
2 - Arquivos Greco-Romanos
3 - Arquivos Medievais
4 - Arquivos da Idade Moderna
5 - Arquivos na Época Contemporânea

CLASSIFICAÇÕES

Os documentos assumem diferentes classificações.

01 – VALOR DOS DOCUMENTOS
01 – Valor Administrativo - Valor que um documento possui para a administração produtora do arquivo, na medida em que informa, fundamenta ou aprova seus atos presentes ou futuros.
02 – Valor Fiscal - Valor atribuído a documentos ou arquivos para comprovação de operações financeiras ou fiscais.
03 – Valor Informativo - Valor que um documento possui pelas informações nele contidas, independente de seu valor probatório.
04 – Valor Legal - Valor que um documento possui perante a lei para comprovar um fato ou constituir um direito.
05 – Valor Permanente - Valor probatório ou valor informativo que justifica a guarda permanente de um documento em um arquivo. Também referido como valor histórico.
06 – Valor Primário - Valor atribuído aos documentos em função do interesse que possam ter para o gerador do arquivo, levando-se em conta a sua utilidade para fins administrativos, legais e fiscais.
07 – Valor Probatório - Valor intrínseco de um documento de arquivo que lhe permite servir de prova legal.
08 – Valor Secundário - Valor atribuído aos documentos em função do interesse que possam ter para o gerador do arquivo, e para outros usuários, tendo em vista a sua utilidade para fins diferentes daqueles para os quais foram originalmente produzidos.

02 – NATUREZA DOS DOCUMENTOS
01 – Arquivo Especial – São aqueles que requerem tratamento especial de armazenamento, independente de sua forma. Certas variáveis precisam ser controladas, pois caso contrário, podem deteriorar os documentos. (temperatura, luminosidade, umidade etc).
02 – Arquivo Especializado – São aqueles que tratam de um assunto específico, independente da forma física.

03 – ABRANGÊNCIA

01 – Arquivo Setorial – São aqueles que cumprem função de arquivo corrente e, por esta razão, devem ser guardados próximos aos órgãos operacionais. (descentralizados)

02 – Arquivo Geral – São aqueles que recebem os documentos dos diversos órgãos. (centralizado)

04 – NATUREZA DO ASSUNTO

01 – Documentos Ostensivos – Não há necessidade de ter acesso restrito, pois sua natureza de assunto não prejudica a administração;

02 – Documentos Sigilosos – São aqueles que, por seu conteúdo, devem ter o acesso restrito. Há diferentes graus de sigilo – (reservado, confidencial, secreto e ultra-secreto). – *vide Decreto n° 4.553 de 27.12.2002.*

Notação importante – contexto do assunto anterior. (Arquivos da ditadura serão abertos à sociedade)

Arquivos da ditadura: o Brasil precisa conhecer sua história!

A partir do dia 31 de dezembro de 2005, os documentos secretos produzidos durante a ditadura militar e mantidos em sigilo pela Agência Brasileira de Inteligência (Abin) serão colocados à disposição da população no Arquivo Nacional do Rio de Janeiro.

A medida foi determinada no dia 18 de novembro pelo presidente Luiz Inácio Lula da Silva por meio do Decreto 5.584, publicado em edição extra do Diário Oficial da União.

O decreto dois grupos técnicos formados por profissionais da Abin e do Arquivo Nacional para organizarem e classificarem as informações produzidas durante a ditadura pela Comissão Geral de Investigações (CGI), pelo Conselho de Segurança Nacional (CSN) e pelo Serviço Nacional de Informação (SNI), órgãos da administração federal que já foram extintos.

Um terceiro grupo, formado por funcionários da Casa Civil, Ministério da Justiça, Ministério da Defesa, Gabinete de Segurança Institucional, Secretaria Geral da Presidência da República e da Advocacia Geral da União (AGU), supervisionará os trabalhos.

Documentos considerados "ultra-secretos", que possam trazer risco para a sociedade e para o Estado, e aqueles que causem danos à imagem de pessoas continuarão sob sigilo. A lei que regula a política nacional de arquivos públicos e privados (8.159/1991) estabelece que esses documentos "são originariamente sigilosos."

No último mês de outubro, a ONU - Organização das Nações Unidas - indicou ao governo brasileiro a abertura dos arquivos da repressão militar. No Brasil, o movimento foi grande e diversas entidades se posicionaram e se uniram para sensibilizar o governo da necessidade imediata de tornar público aqueles documentos.

Na Bahia, a Aaba está presente nesta luta. A associação assinou no dia 11 de novembro em conjunto com a OAB-Bahia, a Associação Baiana de Imprensa, os Deputados Federais Alice Portugal e Daniel Almeida, o Grupo Tortura Nunca Mais e a APUB – Associação dos Professores Universitários da Bahia - requerimento ao Procurador Geral de Justiça Militar Samuel Pereira para reabertura do Inquérito Policial Militar (IPM) que investiga os documentos encontrados decompostos pelo fogo em tentativa de apagar a memória pertencente ao povo brasileiro, atitude criminosa e covarde.

Fonte: OAB/2005

05 – CLASSIFICAÇÃO QUANTO AO GÊNERO

01 - Textuais – Documentos impressos e manuscritos.

02 - Cartográficos – Documentos com representações geográficas.

03 - Iconográficos – Documentos que contém imagens estáticas (fotos).

04 - Filmográficos – documento áudio-visual.

05 - Sonoros – Documentos contendo registros fonográficos.

06 - Micrográficos – Microfilme e microficha.

07 - Informáticos – HD, disquete, CD etc.

Termos importantes

Documentação

"Conjunto de documentos ou de informações que tratam de determinados assuntos, que elucidem certos fatos ou servem para comprová-los."

Documento

"São todos os papéis contendo informações que ajudem a tomar decisões, comuniquem decisões tomadas, registrem assuntos de interesse da organização ou do indivíduo." *(Feijó)*

"Qualquer informação escrita, objeto ou fato registrado materialmente, suscetível de ser utilizado para estudo, consulta ou prova." *(Rabaça)*

"Registro de uma informação independentemente da natureza do suporte que a contém." *(Paes)*

Informação

"É a noção, idéia ou mensagem contida em um documento."

"É considerada como recurso ou insumo à produção de novos conhecimentos e produtos vinculados ao projeto de desenvolvimento econômico e social." *(JARDIM & FONSECA)*

"Qualquer conhecimento (fato, dado ou assunto) que deva ser comunicado." *(ISO)*

06 – ÓRGÃOS DE DOCUMENTAÇÃO:

Schellenberg, renomado arquivista, estabelece como órgãos de documentação os Museus, as bibliotecas e os arquivos. Cada um com características peculiares, como veremos abaixo:

Arquivo	Biblioteca
Atendem objetivos funcionais	Atendem objetivos culturais
São produzidos	Podem ser compradas ou doadas
Contém um assunto específico	Podem conter várias áreas do conhecimento humano.
Os documentos são produzidos em um único exemplar	Os documentos existem em numerosos exemplares

07 – ENTIDADES MANTENEDORAS DE ARQUIVOS

- Públicas – (Federal, Estadual, Municipal, DF)
- Institucionais – (Instituições Educacionais, Igrejas, ONG'S)
- Comerciais – (Empresas, Firmas, Corporações Lucrativas)
- Pessoais

Exercícios de Fixação

01. A respeito do arquivo de documentos públicos, é incorreto afirmar que:

a)a cessação de atividades de instituições públicas e de caráter público implica o recolhimento de sua documentação à instituição arquivística pública ou a sua transferência à instituição sucessora;

b) consideram-se documentos correntes aqueles em curso ou que, mesmo sem movimentação, constituam de consultas freqüentes, sendo inalienáveis e imprescritíveis;

c)consideram-se documentos intermediários aqueles que, não sendo de uso corrente nos órgãos produtores, por razões de interesse administrativo, aguardam a sua eliminação ou recolhimento para guarda permanente;

d) consideram-se permanentes os conjuntos de documentos de valor histórico, probatório e informativo que devem ser definitivamente preservados;

e)a eliminação de documentos produzidos por instituições públicas e de caráter público será realizada mediante autorização da instituição arquivística pública, na sua específica esfera de competência.

02. A organização dos arquivos correntes do DPF e de outros órgãos públicos e privados pressupõe atividades indispensáveis para a recuperação e a preservação da informação. Considerando esse pressuposto, julgue os itens a seguir.

( ) O responsável pela guarda dos documentos nos arquivos correntes não pode emprestá-los a outros setores do próprio órgão; por isso, deverá copiá-los quando houver algum pedido de informação.

( ) Nos arquivos correntes, são guardados os documentos utilizados com muita freqüência pelos funcionários do órgão.

( ) Para melhor preservação dos documentos, deve-se guardá-los em caixas ou pastas suspensas, acondicionadas em estantes ou em arquivos de madeira, e deve-se utilizar espaços físicos que recebam diretamente a luz solar.

a)F V F;
b) F F F;
c)V V F;
d) F F V;
e) V F V.

03. Às normas, técnicas e princípios utilizados na constituição, organização, desenvolvimento e utilização de arquivos, damos o nome de:

a)Arquivo;
b) Arquivística;
c)Documentação;
d) Biblioteconomia;
e) Administraçao.

04. Quanto à sua função, a guia que indica a localização de um nome ou assunto de grande freqüência, é chamada:

a)Subsidiária;
b) secundária;
c) primária;
d) especial.

05. O arranjo que tem sob sua custódia documentos resultantes da experiência humana num campo específico, independente da forma física que apresentam, é identificado como?

a)Especial;
b) corrente;
c) técnico;
d) especializado.

06. A classificação dos documentos de arquivo em textual, audiovisual, cartográfico ou iconográfico implica em definição:

a) Da forma do documento;
b) Do formato do documento;
c) Do gênero documental;
d) Do tipo documental.

Arquivologia

07. Os documentos de arquivos podem assumir, basicamente, dois tipos de valores, que de acordo com seus conteúdos podem ser:
a) probatório e fiscal;
b) eventual e jurídico;
c) transitório e definitivo;
d) administrativo e histórico.

08. São os arquivos em forma de escaninho, encontrados ainda hoje em hotéis, restaurantes, prédios etc.
a) Pombais; c) Fole;
b) Sargento; d) Verticais.

09. São os arquivos em forma de tubos metálicos utilizados pelo exército em campanha, estudantes de desenho e engenharia:
a) Pombais; c) Fole;
b) Sargento; d) Verticais.

10. Toda pasta de arquivos possui uma guia, está poderá estar em posições diferentes para indicar uma notação. Qual das alternativas abaixo não indica estas posições?
a) Primária; c) Subsidiária;
b) Secundária; d) Terciária.

11. Documento em que o estado tem sua guarda ou custódia:
a) Original; c) oficial;
b) Privado; d) histórico.

12. É o documento que não atende mais aspectos administrativos ou legais, mas sim fatos relevantes do passado.
a) Original; c) histórico;
b) privado; d) oficial.

Gabarito

01. B	02. A	03. B	04. D	05. D
06. C	07. D	08. A	09. B	10. D
11. C	12. C			

GLOSSÁRIO DE TERMINOLOGIA ARQUIVÍSTICA

Acervo: Conjunto de documentos de um arquivo.
Acesso: Disponibilidade de consulta a documentos e/ou informações neles contidas, variável em função de cláusulas restritivas.
Acondicionamento: Ato de embalar documentos de forma apropriada à sua preservação. Embalagem destinada a proteger os documentos e a facilitar seu manuseio.
Acumulação: Formação progressiva, natural e orgânica do arquivo.
Aquisição: Ação formal em que se funda a transmissão de propriedade de documentos de arquivo.
Armazenamento: Guarda de documentos em mobiliário ou equipamentos próprios em áreas que lhes são destinados.
Arquivamento: Operação que consiste na guarda de documentos nos seus devidos lugares, acondicionados de forma adequada e de acordo com um sistema de ordenação previamente estabelecido.
Arquivista: Profissional de nível superior graduado em Arquivologia ou provisionado pela Lei 6.546, de 04.07.1978.
Arquivo: Conjunto de documentos produzidos e/ou recebidos por órgãos públicos, instituições de caráter público e entidades privadas, em decorrência do exercício de atividades específicas; e por pessoa física, qualquer que seja o suporte da informação ou natureza do documento; instituição, serviço e/ou setor que visa ao uso, ao tratamento e à preservação de documentos; móvel utilizado para a guarda de documentos.
Arquivo Permanente (AP): Conjunto de documentos de valor histórico, probatório e/ou informativo que devem ser definitivamente preservados.
Arquivos Pessoais e Familiares: Arquivos privados resultantes das atividades de pessoas e/ou famílias.
Arquivo Privado: Arquivos produzidos por famílias e pessoas físicas e jurídicas de direito privado.
Arranjo: As operações intelectuais envolvidas na análise e ordenação do acervo arquivístico.
Atendimento ao Público: Função arquivística que consiste em colocar os documentos à disposição dos usuários que os solicitem, dentro de normas estabelecidas.
Avaliação: O processo pelo qual se determina o valor arquivístico de um conjunto de documentos.
Consulta: Ação de examinar ou conhecer um documento.
Custódia: Responsabilidade jurídica, temporária ou definitiva, de guarda e proteção de documentos dos quais não se detém a propriedade.
Dado: Representação mínima de todo e qualquer elemento de caráter cognitivo, passível de ser transferida, processada e interpretada de forma manual ou automática.

Data de Acumulação: O período durante o qual foram reunidos, pelo produtor, os documentos da unidade de descrição.
Datas-Limites: Elemento de identificação cronológica de uma unidade de arquivamento, em que se indicam as datas de início e término do período abrangido pela documentação.
Data de Produção: A data em que foram produzidos os documentos de uma unidade de descrição.
Descrição Arquivística: A elaboração de uma representação cuidadosa de uma unidade de descrição e de suas partes componentes, caso existam, por meio da extração, análise e organização de qualquer informação, que sirva para identificar o acervo arquivístico e explicar o seu contexto, bem como o sistema de arquivo que o produziu.
Direito Autoral: Direito exercido pelo autor ou por seus descendentes sobre suas obras, no tocante à publicação, tradução, venda e reprodução.
Divulgação: Função básica das instituições arquivísticas, de tornar os documentos acessíveis e promover sua consulta mediante publicações, exposições, conferências, serviços educativos e outras atividades.
Documentos: Conjunto constituído pela informação e seu suporte, o qual pode ser utilizado para consulta ou prova.
Documento Audiovisual: Documento produzido e/ou acumulado por pessoa física e/ou jurídica durante o exercício de suas atividades, em cujo suporte são registrados, simultaneamente, som e imagem.
Documento Iconográfico: Documento de arquivo apresentado sob a forma de imagem impressa, manuscrita ou fotográfica.
Documento sonoro: Documento que contem registro sonoro.
Documento Textual: Documento com registros escritos, em suporte papel, incluindo os manuscritos, datilografados ou impressos.
Dossiê: Unidade de arquivamento composta de documentos diversos, pertinentes a determinado assunto ou pessoa.
Eliminação: Destruição de documentos sem valor para guarda permanente.
Fundo: principal unidade de arranjo estrutural nos arquivos permanentes, constituído dos documentos provenientes de uma mesma fonte geradora de arquivos, bem como de mais de uma fonte geradora de arquivos, reunidos pela semelhança de suas atividades, respeitada a proveniência.
Conjunto de documentos, independente da sua forma ou suporte, organicamente produzido e/ou acumulado e utilizado por uma pessoa física, família ou instituição no decurso de suas atividades e funções.
Guia: Instrumento de pesquisa que oferece uma visão geral do conjunto de fundos e coleções de um ou mais arquivos, geralmente organizados por fundos ou séries e contendo histórico e/ou biografia das instituições e/ou pessoas produtoras dos mesmos, datas limite, e a lista dos demais instrumentos de pesquisa disponíveis.
História Oral: Técnica de pesquisa que reúne conjuntos de testemunhos orais, provocados ou espontâneos, registrados em discos ou fitas magnéticas e transcritos para pesquisa.
Identificação de Documentos: Processo de conhecimento, sistematização e registro das informações contidas nos documentos, visando ao acesso e avaliação dos mesmos.
Indexação: Processo pelo qual se relacionam de forma sistemática descritores ou palavras-chave que permitem a recuperação posterior do conteúdo de documentos e informações.
Informação: Todo e qualquer elemento referencial contido num documento.
Instrumentos de Pesquisa: O termo mais amplo que abarca qualquer descrição ou meio de referência elaborado ou recebido por um serviço de arquivo, com vistas ao controle administrativo ou intelectual do acervo arquivístico.
Documentos, publicados ou não, que enumeram e descrevem as diversas unidades de arquivamento de parte ou totalidade de um fundo, com a finalidade de controle e acesso.
Ínventário: Instrumento de pesquisa que fornece uma enumeração descritiva dos itens documentais ou dossiês que compõem um ou mais fundos ou séries. Normalmente inclui um histórico da instituição produtora dos documentos, uma breve explicação dos critérios utilizados em seu arranjo e um índice. De acordo com o nível de detalhamento da descrição dada, o inventário pode ser sumário ou analítico.
Inventário Topográfico: Instrumento de controle que indica a localização física dos dossiês e outros documentos no depósito.
Ítem Documental: A menor unidade arquivística intelectualmente indivisível, por exemplo, uma carta, memorando, relatório, fotografia, registro sonoro.
Listagem: Enumeração de documentos com dados identificadores, para fins de controle ou informação.
Locação: O depósito ou endereço de um proprietário onde se encontra o acervo arquivístico.
Maço: Conjunto de documentos amarrados ou reunidos num mesmo invólucro, formando uma unidade de arquivamento.
Notação: Elemento de identificação das unidades de arquivamento, constituída de números, letras ou combinação de números e letras, que permite sua localização nos depósitos de arquivos.
Ordenação: Disposição dos documentos de uma série, a partir do elemento convencionado para sua recuperação.
Organicidade: Qualidade segundo a qual os arquivos refletem sua estrutura, funções e atividades da entidade acumuladora em suas relações internas e externas.
Palavra-Chave: Palavra ou grupo de palavras retiradas diretamente de um ou mais documentos, para indicar seu conteúdo e facilitar sua recuperação.

Processo: Unidade documental em que se reúenm oficialmente documentos de natureza diversa, no decurso de uma ação administrativa ou judiciária, formando um conjunto materialmente indivisível.
Proveniência: A instituição ou pessoa que produziu, acumulou e/ou manteve e utilizou documentos no decurso de suas atividades públicas ou privadas.
Recolhimento: operação compulsória de passagem de um conjunto de documentos do depósito de arquivamento intermediário, visando a sua concentração no arquivo permanente, que será acompanhada de termo de recolhimento.
Sala de consulta: Área do arquivo onde os usuários examinam os documentos de seu interesse, sob supervisão de arquivistas.
Seção: Subdivisão de um fundo contendo um conjunto de documentos relacionados que corresponde a subdivisões administrativas da agência ou instituição produtora ou, quanto tal não é possível, correspondendo a uma divisão geográfica, cronológica, funcional ou agrupamentos de documentos similares. Quando o organismo produtor tem uma estrutura hierárquica complexa, cada seção tem tantas subdivisões subordinadas quanto as necessárias, de modo a refletir os níveis da estrutura hierárquica da unidade administrativa subordinada a primária.
Série: Documentos organizados de acordo com o sistema de arquivamento e mantidos como uma unidade, porque resultam de um mesmo processo acumulação ou arquivamento, ou de uma mesma atividade, têm uma forma particular ou devido a qualquer outro tipo de relação derivada do processo de produção, recebimento ou uso. É também conhecida como uma série de documentos.
Subsérie: Divisão de uma série, eventualmente utilizada em razão de variantes do tipo documental.
Suporte: Material que serve de base às diferentes formas de registro da informação. Exemplos: filme, papel, fita magnética, disco etc.
Tabela de Temporalidade: Instrumento de destinação aprovado pela autoridade competente que determina prazos de guarda dos documentos e estabelece critérios para microfilmagem e eliminação.
Terminologia: Conjunto de termos particulares de uma ciência, de uma arte, de um ofício ou profissão; nomenclatura.
Tipologia documental: Estudo dos tipos documentais.
Unidade de Arquivamento: Recipiente, invólucro ou formato que se tomam por base para fins de acondicionamento e armazenamento.
Usuário: Pessoa que solicita para consulta ou pesquisa, documentos de uma instituição arquivística

2. PRINCÍPIOS ARQUIVÍSTICOS

• **Princípio da Proveniência** - Os arquivos originários de uma instituição ou de uma pessoa devem manter sua individualidade, não sendo misturados aos de origem diversa.
• **Princípio da Finalidade** – Servir à administração.
• **Princípio da Função** – Disponibilizar as informações contidas no acervo documental.
• **Princípio de Arranjo de Arquivos** – Dizem respeito à ordenação dos grupos de documentos, uns em relação aos outros, visando ao ordenamento das peças individuais dentro dos grupos. *(R. T. Schellenberg).*
• **Princípio da Territorialidade** - "O princípio segundo o qual os arquivos públicos de um território, seguem o destino deste último." *(ROUSSEAU & CULTURE)*
• **Teoria das Três Idades** - Ciclo vital dos documentos - Assenta nas etapas de vida dos documentos.

Considerações importantes

1. Finalidade dos arquivos
Servir a administração:
- Fornecem informações e documentos necessários ao desenvolvimento das atividades;
- Facilitam o acesso aos documentos;
- Preservam a documentação da empresa;
- Possibilitam o controle da produção de documentos.

Servir à História:
- Fornecem informações e/ou documentos para reconstituir ou escrever a história política, social ou econômica de uma nação;
- Servem de memória de uma empresa;
- Constituem fontes de pesquisa;
- Acessibilidade;
- Colocar à disposição dos usuários (sociedade) documentos que fornecem informações de caráter probatório ou simplesmente informativo.

2. Funções do Arquivo
- Recolher e ordenar todos os documentos que circulam na empresa;
- Avaliar e selecionar os documentos, tendo em vista sua conservação definitiva ou sua eliminação;
- Garantir o fluxo dos pedidos de documentos provenientes dos diversos órgãos da empresa;
- Arquivar os documentos, visando a recuperação da informação;
- **Preservar, conservar** e assegurar a integridade dos documentos, evitando danos que possam ocasionar a sua perda;
- Executar as funções específicas conforme a organização e administração da instituição.

3. GESTÃO DOCUMENTAL

"Conjunto de medidas e rotinas visando a racionalização e eficiência na criação, manutenção, uso primário e avaliação de documentos de Arquivo." (AAB. Dicionário)

"Conjunto de procedimentos e operações técnicas referentes às atividades de produção, tramitação, uso, avaliação e arquivamento de documentos em fase corrente e intermediária, visando a sua eliminação ou recolhimento para guarda permanente." (Lei Federal nº 8.159 de 08.01.91)

OBJETIVOS

- Assegurar com eficiência a produção, administração, manutenção e destinação de documentos;
- Garantir que a informação esteja disponível aos cidadãos;
- Assegurar o descarte dos documentos que não tenham valor administrativo fiscal, legal ou para pesquisa científica;
- Assegurar o uso adequado da micrográfica, processamento automatizado dos dados e outras técnicas avançadas de gestão da informação;
- Contribuir para o acesso e preservação dos documentos considerados para guarda permanente por seus valores histórico e científico.

FASES DA GESTÃO DE DOCUMENTOS

1 - Produção

Otimização na criação dos documentos, evitando-se a produção daqueles não essenciais, diminuindo o volume a ser manuseado, controlado, armazenado e eliminado, garantindo assim o uso adequado dos recursos de reprografia e de automação.

O arquivista deve propor:
- Consolidação de atos normativos alterados ou atualizados com certa freqüência;
- Sugerir criação ou extinção de modelos e formulários;
- Apresentar estudos sobre a adequação e o melhor aproveitamento de recursos reprográficos e informáticos;
- Contribuir para a difusão de normas e informações necessárias ao bom desempenho institucional;
- Opinar sobre a escolha de materiais e equipamentos;
- Participar da seleção dos recursos humanos que deverão desempenhar tarefas arquivísticas e afins.

2 - Utilização

Refere-se a tramitação dos documentos, necessária ao cumprimento de sua função administrativa, assim como sua guarda após cessar seu trâmite.

Atividades
- Protocolo;
- Organização e arquivamento de documentos em fase corrente e intermediária;
- Elaboração de normas de acesso à documentação;
- Gestão de correio e telecomunicações.

3 - Avaliação e Destinação

Refere-se às atividades de análise, seleção e determinação de prazos de guarda dos documentos, ou seja, implica decidir quais os documentos a serem eliminados e quais serão preservados.

Obs: A fase mais importante é a avaliação, pois se feita erroneamente, documentos de valor permanentes, podem ser descartados.

INSTRUMENTOS DE DESTINAÇÃO - TABELA DE TEMPORALIDADE DE DOCUMENTOS

A Tabela de Temporalidade Documental conhecida como TTD tem como objetivo definir o tempo de vida útil dos documentos na empresa sob o ponto de vista legal, técnico, administrativo e fiscal.

Através do levantamento dos itens documentais a tabela define o que deve ser arquivado, em que formato físico deverá ser armazenado.

O tempo de guarda é definido com suporte na legislação vigente definindo as diversas fases de arquivamento, documento ativo, documento intermediário e documento inativo.

É dado treinamento para manutenção da TTD que é parte integrante da Gestão Documental da Empresa.

Exemplo de TTD:

Assunto	PRAZO DE GUARDA			OBS
	Fase Corrente	**Fase Intermediária**	**Fase Permanente**	
024.144 – Pensão alimentícia	5	95	**Eliminar**	
024.151 FGTS	5	47	**Eliminar**	
025.153 – Contribuição sindical do empregador	7	-	**Eliminar**	
029.6 – Ações Trabalhistas	Até o Transito em julgado	5	**Guarda Permanente**	
030.1 – Cadastro de fornecedores	5	-	**Eliminação**	
041.12 – Conta de Gás	Até a aprovação das contas	5	**Eliminação**	

Obs: A tabela está em consonância com a Resolução 14 do CONARQ.

4. ATIVIDADE DE PROTOCOLO

Muitas vezes, nas organizações, as atividades de arquivo corrente confundem-se.

Ao setor de protocolo, entre atribuições, cabem as seguintes tarefas básicas:

- Recebimento de documentos
- Registro
- Movimentação

Obs: É a porta de entrada e saída de documentos em uma instituição, podendo ter protocolos setoriais e gerais, como também ostensivos e sigilosos.

Atribuições:

- Receber correspondências
- Separar as oficiais das particulares
- Distribuir
- Verificar a natureza do assunto (ostensivo e sigiloso)
- Protocolar o documento com carimbos específicos
- Movimentar os documentos.

Estrutura da pasta de arquivo

As pastas têm guias ou projeções nas seguintes posições:

- **Guia Primária** – indica a primeira posição de uma gaveta ou seção de um arquivo;
- **Guia Secundária** – indica uma subdivisão da primária;
- **Guia Subsidiária** – indica uma subdivisão de uma secundária
- **Guia Especial** – para localização de um assunto muito utilizado
- **Guia Fora** – para indicação de uma saída de um documento.

Obs: Nas projeções encontramos notações que podem ser abertas ou fechadas

Notação fechada – Aa-Am / A-E
Notação Aberta – A / B / C

Neste caso temos uma notação alfabética.

Exercícios de Fixação

01. A primeira etapa do trabalho de um Protocolo, ao receber os documentos, consiste em:
a) expedição e descarte;
b) distribuição, expedição e descarte;
c) separação, registro e descarte;
d) separação, registro e distribuição;
e) separação e registro.

02. (UFRJ – 2003 – NCE) Receber o documento, ler o documento identificando o assunto principal e o(s) assunto(s) secundário(s) de acordo com o seu conteúdo, localizar o código, utilizando o índice, quando necessário, anotar o código na primeira folha do documento e preencher a(s) folha(s) de referência para os assuntos secundários são rotinas correspondentes às operações de:
a) prescrição;
b) notação;
c) avaliação;
d) classificação;
e) restauração.

Gabarito

01. D 02. D

5. ESTÁGIO DE EVOLUÇÃO DOS ARQUIVOS TEORIA EM 3 (TRÊS) TEMPOS - CICLO VITAL

Arquivo de Primeira Idade - Arquivo Corrente Ativo - Vivo

"Conjunto de documentos em tramitação ou não, que pelo seu valor primário é objeto de consultas freqüentes pela entidade que o produziu, a quem compete sua administração."

Período de atividade - "É o período durante o qual os documentos são indispensáveis à manutenção das atividades quotidianas de uma administração. Devem permanecer o mais perto possível do utilizador ou, se estiverem em memória de computador, ser fácil e rapidamente acessíveis."

Arquivo de Segunda Idade - Arquivo Intermediário Semi-Ativo – Transitório

"Conjunto de documentos originários de arquivos correntes, que aguarda destinação e com uso pouco freqüente."

Período de semi-atividade - "É o período durante o qual os documentos, seja qual for o suporte utilizado, devem ser conservados por razões administrativas, legais ou financeiras, mas não têm de ser utilizados para assegurar as atividades quotidianas da administração."

Arquivo de Terceira Idade - Arquivo Permanente – Inativo – Custódia – de Custódia (morto*)

"Conjunto de documentos preservados em caráter definitivo em função de seu valor"

Período de inatividade - "É o período a partir do qual os documentos deixam de ter valor previsível para a organização que os produziu. Os documentos são eliminados conservados como arquivos definitivos se possuírem valor de testemunho."

Obs: O termo arquivo morto não é o que muitos pensam - massa documental desprovida de interesses - e, por esta razão, deveriam ser decartados.
Nunca concordei com esse conceito, porém as bancas que elaboram as provas já cobraram inúmeras vezes esse termo.

Exercícios de Fixação

01. Registro ou protocolo, expedição, arquivamento e consultas são atividades do arquivo:
a) especial;
b) especializado;
c) intermediário;
d) permanente;
e) corrente.

02. A passagem dos documentos da 2ª para a 3ª idade do arquivo, chama-se:
a) conservação
b) recolhimento
c) referência
d) transferência

03. Temos um armário vertical que dispomos de três gavetas. Na primeira gaveta, de cima para baixo, são guardados documentos referentes a empresas prestadoras de serviços. É utilizado o método alfabético para o arquivamento. Nesta gaveta há 30 (trinta) pastas, cada uma contendo assunto relativo a uma única empresa. Observe os tópicos abaixo e julgue-os:
1) Todas as pastas deverão ter uma única guia e sempre na mesma posição para facilitar a consulta.
2) Se a empresa MM'S LTDA for uma pasta muita utilizada, poderá está localizada com uma guia chamada "fora"
3) 10 (dez) empresas raramente são requisitadas, podendo então colocá-las em uma pasta chamada miscelânea.
4) É um arquivo corrente.

a) Todas são verdadeiras
b) Todas são falsas
c) F V F V
d) F F V V

Arquivologia

04. Sobre arquivos, é correto afirmar que:
I - o arquivo ativo mantém documentos e papéis de consulta e referência correntes;
II - o arquivo permanente contém obras que são objeto de consulta constante;
III - o arquivo morto deve ser organizado do mesmo modo que o arquivo ativo;
IV -o arquivo morto guarda documentos que podem ser descartados.

São corretas, somente, as afirmações:
a) I e II.
b) I e III.
c) II e III.
d)II e IV.
e)III e IV.

Gabarito

01. E	**02. B**	**03. D**	**04. B**

6. MÉTODOS DE ARQUIVAMENTO

O método de arquivamento é determinado pela natureza do documento, porém outro ponto fundamental na escolha do método é a estrutura da organização (empresa).

Os métodos de arquivamento podem ser divididos em dois sistemas - **Direto e Indireto.**

Sistema Direto - consultamos a pasta sem necessitarmos de um índice.

Sistema Indireto - Necessitamos de um índice ou uma tabela codificadora para acessarmos a informação.

Esquema dos métodos de arquivamento:
- Alfabéticos
- Numéricos - (Numéricos simples, Dígito Terminal e Cronológico)
- Alfanuméricos
- Assuntos (ideográficos) - alfabéticos (enciclopédico e dicionário) e numéricos (decimal, duplex e unitermo)
- Geográficos

Há, também, outros métodos que são enquadrados como Padronizados:
- Variedex
- Automático
- Soudex
- Mnemônico
- Rôneo

Métodos de Arquivamento

1 - Alfabético – utilização de sobrenome para arquivamento. Este sistema é de pouca praticidade uma vez que se torna difícil a localização do documento por várias pessoas com nomes parecidos e certas vezes até idênticos.

Definição prática do método - É o escolhido, desde que o elemento fundamental a ser considerado seja o nome.

Configuração de um nome:

1) **Nome 1 = (ex: Marcelo Marques).**
Prenome = Marcelo
Sobrenome = Marques
Prenome + Sobrenome

2) **Nome 2 = Carla Andrade Marques**
Prenome = Carla
Sobrenome = Andrade Marques
Prenome simples e sobrenome composto

3) **Nome 3 = Maria Eduarda Marques**
Prenome = Maria Eduarda
Sobrenome = Marques
Prenome composto e sobrenome simples

4) **Nome 4 = Maria Eduarda Marques Andrade**
Prenome = Maria Eduarda
Sobrenome = Marques Andrade
Prenome composto e sobrenome composto.

No Brasil, devido a nossa cultura, valorizamos o prenome no lugar do sobrenome, porém a comunidade internacional, através de regras padronizadas, valoriza o sobrenome - vide filme recente - Senhor e Senhora Smith - lembram?

Se pedíssemos para uma pessoa arquivar em ordem alfabética os nomes - Zélia Amaral e Ana Penteado - certamente a ordem seria:

1) Ana Penteado 2) Zélia Amaral - Não é?

Porém, há 13 regras denominadas Regras de Alfabetação - que ao aplicá-las os nomes supramencionados ficariam desta forma:

Amaral, Zélia
Penteado, Ana

Logo, concluímos que o arquivamento se daria pela ordem do sobrenome ao invés do prenome. Veremos agora as 13 regras.

7. REGRAS DE ALFABETAÇÃO

Regra 1 - Nos nomes de pessoas físicas, considera-se o último sobrenome e depois o prenome.
Exemplo - Marilda Marques - Marques, Marilda

Regra 2 - Sobrenomes compostos de um substantivo e um adjetivo não se separam.
Exemplo - Renata Monte Verde - Monte Verde, Renata (pois monte é substantivo e verde adjetivo).

Obs: Também não separamos sobrenomes ligados por hífen.
exemplo - Heitor Villa-Lobos - Villa-Lobos, Heitor

Regra 3 - Sobrenomes formados pela palavra Santa, Santo ou São seguem a mesma regra 2.
Exemplo - Rita Santa Lucia - Santa Lucia, Rita

Regra 4 - As iniciais abreviativas de prenomes têm precedência na classificação de sobrenomes iguais.
Exemplo: Marcelo Marques - Marilda Marques - M. Marques
Ordenação:
Marques, M.
Marques, Marcelo
Marques, Marilda

Regra 5 - As preposições e os artigos não são considerados.
Exemplo:
Paula de Oliveira - Oliveira, Paula de
Renato D'Almeida - Almeida, Renato D'

Regra 6 - Alguns sobrenomes exprimem grau de parentesco (Filho, Neto, Sobrinho, Junior) - não são separados.
Exemplo: Djalma José Marques Neto - Marques Neto, Djalma José

Regra 7 - Os títulos não são considerados, logo são colocados após o nome completo entre parênteses.
Professor Adalmir Guimarães - Guimarães, Adalmir (Professor)
Engenheiro Alexsander Pacheco - Pacheco, Alexsander (Engenheiro)

Regra 8 - Os nomes estrangeiros são considerados pelo último sobrenome, porém há exceções (vide regra 10 e 11).
James Bond - Bond, James
John Lennon - Lennon, John

Regra 9 - Os nomes estrangeiros que possuam partículas podem ou não ser consideradas. O mais comum é considerá-las como parte integrante do nome quando escritas em letras maiúsculas.
Paul Mac Peterson - Mac Peterson, Paul
François Du Pont - Du Pont, François
Leonardo di Caprio - Caprio, Leonardo di

Regra 10 - Os nomes espanhóis, diferente dos nossos, possuem como penúltimo sobrenome o nome do pai.
José Gutierres Molinero - Gutierres Molinero, José

Regra 11 - Os nomes orientais - japoneses, chineses e árabes são registrados da mesma maneira.

Daniel
ダニエル
Thiago
チアゴ
Vinicius
ビニシウス

Chiam Chim - Chiam Chim

Regra 12 - Os nome de instituições são registrados da mesma forma.

Universidade Estadual do Rio de Janeiro
Curso Degrau Cultural
A Embrasil Ltda - neste caso apareceu um artigo e admite-se colocá-lo no final entre parênteses.
A ordenação correta ficaria:
Curso Degrau Cultural
Embrasil Ltda (A)
Universidade do Estado do Rio de Janeiro

Regra 13 - Nos títulos de seminários, feiras, congressos não consideramos a ordem, devendo, então, ficar no final.

III Encontro Nacional de Arquivologia
11º Seminário de Educação à Distância
Primeiro Congresso de Cardiologia
A ordenação correta ficaria:
Congresso de Cardiologia (Primeiro)
Encontro Nacional de Arquivologia (III)
Seminário de Educação à Distância (11º)

2 - Numéricos – (Numérico simples, cronológico e dígito terminal).

Numéricos Simples – Método indireto – requer um índice alfabético remissivo para acessar a pasta.

Registro do documento de acordo com a ordem de chegada – numeramos as pastas sem se preocupar com a ordenação alfabética, obedecendo-se à ordem de entrada. Imagine uma empresa que tenha um arquivo de fornecedores em um total de 100 pastas numeradas. Suponhamos que um desses fornecedores seja cortado da relação comercial com a empresa. Neste caso poderíamos aproveitar o número da pasta para o próximo cliente.

Obs: Podemos usar uma pasta denominada miscelânea para reunirmos correspondentes eventuais, visando sempre, a racionalização dos espaços.

Cronológico – material ordenado tendo por base datas de: emissão, recepção, fabricação, aquisição, etc. Critérios de classificação: meses, quinzenas, séries de 10 dias, semanas, dias.

Deve ser usado quando a quantidade do material a ser arquivado é pequena, quando é possível conhecer pelo menos, aproximadamente as datas.

Obs: Muito usado em repartições públicas.

Dígito Terminal – Usado para arquivos extremamente complexos, usando técnicas matemáticas. A numeração dos documentos é seqüencial, porém o acesso as pastas segue um critério todo particular como veremos no exemplo abaixo.

Exemplo: Um funcionário do INSS precisa encontrar um processo que tem o número 234098 – ele procede dá seguinte maneira:

Etapa 1 – Decompor o número 234098 em 23 -40 – 98
98 – Grupo Primário
40 – Grupo Secundário
23 – Grupo Terciário

Etapa 2 – Procuraria as pastas terminadas em 98.

Etapa 3 – Destas procuraria as que possuíssem grupo secundário 40.

Etapa 4 – Por fim acharia a pasta desejada de número 23.

Obs: Os números dispostos em grupos são lidos da direita para a esquerda.

Características:

Os dígitos da direita são denominados finais ou terminais.

Os do centro são os subterminais ou secundários.

Os da esquerda são chamados iniciais ou primários.

Quaisquer que sejam os grupos subterminais e iniciais, a indicação será sempre pelo grupo terminal.

Os números que tiverem menos de 6 dígitos, receberão tantos zeros (0) à esquerda quantos forem necessários.

3 - Método por Assunto - também conhecido como ideográfico.

Cada organização deverá, ao seu critério, adotar um plano de classificação de assuntos – em contraposição ao plano de classificação Decimal de Dewey ligados à Biblioteconomia.

Exemplo:

A imobiliária More Bem S/A arquiva seus documentos da seguinte forma:

Administração
Aluguéis
  Apartamento
    1 quarto
    2 quartos
    3 quartos
  Casa
    Com garagem
    Sem garagem
  Escritório
Compra
  Terreno
    Rural
    Urbano
Folha de Pagamento
  De janeiro a junho
  De julho a Dezembro
Patrimônio
  Rio de Janeiro
  São Paulo

O Método por assunto tratado alfabeticamente pode ser **enciclopédico** ou **dicionário**:

Enciclopédico – No arranjo supramencionado observamos que administração, aluguéis, compra, folha de pagamento e patrimônio são assuntos principais, mantendo-se, assim, na margem esquerda, enquanto os assuntos principais são afastados da margem esquerda, demonstrando, assim, uma subordinação.

Dicionário – os assuntos são dispostos alfabeticamente, obedecendo-se somente à seqüência de letras.

Exemplo:
Administração de Contratos
Administração de Convênios
Contratos de Compra
Contratos de Locação
Despesas

Obs: no exemplo supramencionado não usamos afastamentos.

Decimal – Influenciado pelo método decimal de Melvil Dewey que, em 1876, publicou uma tabela de mil assuntos

AS CLASSES PRINCIPAIS DA CLASSIFICAÇÃO DECIMAL

Melvil Dewey, em seu sistema de classificação, apresentou todos os conhecimentos humanos, divididos em 9 grandes grupos, numerados de 1 a 9, precedidos de um grupo, sob o número 0, abrangendo material miscelâneo ou muito geral para ser incluído em qualquer dos demais grupos.

Usando uma base de três algarismos, estabeleceu as seguintes classes fundamentais

000 - Obras Gerais	500 - Ciências Puras
100 - Filosofia	600 - Ciências Aplicadas
200 - Religião	700 - Belas-Artes
300 - Ciências Sociais	800 - Literatura
400 - Filologia	900 - História

Cada classe é por sua vez dividida, sucessivamente, em grupos numerados de 1 a 9. A partir do terceiro algarismo, o sistema passa a desenvolver-se por meio de números decimais, continuando a ser subdividido por nove subclasses, até onde a especialização do assunto mostrar necessário.

A classe Ciências Sociais apresenta a seguinte subdivisão:

300 - Ciências Sociais
310 - Estatística
320 - Ciência Política
330 - Economia
340 - Direito
350 - Administração Pública
360 - Assistência Social e Instituições
370 - Educação
380 - Comércio e Comunicações
390 - Usos e Costumes

A classe 340 - Direito

Esta é a classe enfocada no presente trabalho. Foi adotada, desde a sua primeira edição a dicotomia do Direito nas grandes divisões.

- Direito Público e Direito Privado, com exclusão do Direito Canônico e do Direito Romano, que ficaram situados fora desses dois grupos.

Essa divisão em duas classes iniciais, de certa forma, restringe a base do sistema, limitando-o, com as exceções já apontadas, à utilização de apenas dois algarismos na primeira subdivisão.

341 - Direito Público
342 - Direito Privado
343 - Direito Canônico
344 - Direito Romano

Obs: Para os arquivos não há uma classificação universal, logo cada instituição deverá adotar a sua classificação.

Vejamos um exemplo do método decimal

Arranjo da Imobiliária More Bem LTDA.

100	Administração		
200	Aluguéis		
210		Apartamento	
211			1 quarto
212			2 quartos
213			3 quartos
220		Casa	
221			Com garagem
222			Sem garagem
230		Escritório	
300	Compra		
310		Terreno	
311			Rural
312			Urbano
400	Folha de Pagamento		
410		De janeiro a junho	
420		De julho a Dezembro	
500	Patrimônio		
510		Rio de Janeiro	
520		São Paulo	

Duplex – O método duplex tem as mesmas possibilidades que o método decimal, porém ele permite abertura ilimitada de classes, razão de sua preferência.

Observe o mesmo esquema supramencionado como ficaria pelo método duplex:

1	Administração		
2	Aluguéis		
2-1	Apartamento		
2-1-1			1 quarto
2-1-2			2 quarto
2-1-3			3 quarto
2-2	Casa		
2-2-1			Com garagem
2-2-2			Sem garagem
2-3	Escritório		
3	Compra		
3-1		Terreno	
3-1-1			Rural
3-1-2			Urbano

4 Folha de Pagamento
4-1 De janeiro a junho
4-2 De julho a Dezembro
5 Patrimônio
5-1 Rio de Janeiro
5-2 São Paulo

Indexação Coordenada (unitermo)

Desenvolvido em 1950, por Mortiner Taube, e possui aplicação prática em arquivos especiais e especializados. Usa-se ficha-índice, sob forma de palavras-chaves, que fornece uma descrição detalhada dos documentos referentes, com função de instrumento de controle dos números de registro e do acervo.
A ficha é dividida em 10 colunas numeradas de 0 a 9.

4 - Geográfico

O método geográfico é o mais indicado para os casos em que consideramos a precedência ou o local como elemento principal em um documento. Ele também é um método do sistema direto, pois a busca é feita diretamente ao documento, facilitando o manuseio.
Esse método exige sempre duas classificações: nome do local (cidade, estado ou país) e mais o nome do elemento do documento correspondente.

MODALIDADE – ESTADO – CIDADE – CORRESPONDENTE

ESTADO	CIDADE	CORRESPONDENTE
ESPÍRITO SANTO	VITÓRIA	CARDOSO, MARCELO
ESPÍRITO SANTO	VILA VELHA	TEIXEIRA, CARLOS
RIO DE JANEIRO	RIO DE JANEIRO	MARQUES, MARCELO
RIO DE JANEIRO	CAMPOS	LESSA, RENATA
RIO DE JANEIRO	PETRÓPOLIS	MESSEDER, HAMMURABI
SÃO PAULO	SÃO PAULO	PACHECO, ALEXSANDER
SÃO PAULO	CAMPINAS	MARQUES, DÉBORA
SÃO PAULO	SANTOS	ABREU FILHO, LUCIO DE

MODALIDADE - CIDADE – ESTADO – CORRESPONDENTE

CIDADE	ESTADO	CORRESPONDENTE
CAMPINAS	SÃO PAULO	MARQUES, DÉBORA
CAMPOS	RIO DE JANEIRO	LESSA, RENATA
PETRÓPOLIS	RIO DE JANEIRO	MESSEDER, HAMMURABI
RIO DE JANEIRO	RIO DE JANEIRO	MARQUES, MARCELO
SANTOS	SÃO PAULO	ABREU FILHO, LUCIO DE
SÃO PAULO	SÃO PAULO	PACHECO, ALEXSANDER
VILA VELHA	ESPÍRITO SANTO	TEIXEIRA, CARLOS
VITÓRIA	ESPÍRITO SANTO	CARDOSO, MARCELO

Obs: O correspondente pode ser uma pessoa, uma entidade ou um evento.

Importante:

Na organização de um arquivo em que o **ESTADO** é o elemento principal, primeiro eles são arrumados em ordem alfabética. Dentro deles, então, começamos pela alfabetação das **CAPITAIS**, independentemente da ordem alfabética em relação às demais cidades. As cidades restantes virão depois das capitais, em ordem alfabética ou não, dependendo dos critérios do arquivista.

Na organização de um arquivo que a **CIDADES** é o elemento principal, elas serão ordenadas alfabeticamente, sem destaque para as capitais. Quando há mais de um nome correspondendo a cada cidade, eles também são dispostos em ordem alfabética, obedecendo às regras de ordenação e alfabetação.

Outros métodos de arquivamentos padronizados

Podemos classificar os métodos padronizados em:
- Variedex
- Automático
- Soundex
- Mnemônico
- Rôneo

Estes métodos são pouco utilizados e caberá apenas ressaltar o método Variedex.

Variedex: É uma derivação do método alfabético, com introdução de cores como auxílio para facilitar o arquivamento, como o acesso e recuperação da informação.

Este método foi concebido pela Remington estabelecendo 5 (cinco) cores aplicadas às letras.

Exemplo:

LETRAS	CORES
A, B, C, D e abreviações	OURO
E, F, G, H e abreviações	ROSA
I, J, K, L . M, N e abreviações	VERDE
O, P, Q e abreviações	AZUL
R, S, T, U, V, W, X, Y, Z e abreviaçoes	PALHA

Exemplo: Um dossiê em nome de Marques, Marcelo estaria arquivado na cor VERDE.

Obs: Este método reduz erros, pois as cores não tem fins estéticos, porém relevantes na pesquisa.

Exercícios de Fixação

01. Os métodos de arquivamento pertencem a dois sistemas básicos de acesso, que são:

a) direto e indireto;
b) objetivo e subjetivo;
c) público e privado;
d) secreto e público;
e) ostensivo e sigiloso.

02. Obedecendo às regras de alfabetação (letra por letra), a ordem de arquivamento dos nomes abaixo é:

1. Maria Alvinegra,
2. Maria Benedita,
3. Maria Bravata,
4. Marianna Mesquatra,
5. Mariene Ferreira.

a) 1, 2, 3, 4 e 5;
b) 1, 2, 3, 5 e 4;
c) 1, 3, 5, 2 e 4;
d) 2, 1, 5, 4 e 3;
e) 5, 1, 2, 3 e 4.

03. Considere a organização dos documentos abaixo, através do método geográfico que tem a cidade como referência:

1 - Campos / Rio de Janeiro / Francisco Alvarenga
2 - Itaboraí / Rio de Janeiro / Antonio Marcos
3 - Manaus / Amazonas / J. M. Pacheco
4 - Rio Bonito / Rio de Janeiro / Nicea Lucia
5 - São Paulo / São Paulo / Bárbara Santos e Silva

A ordem correta é:

a) 1, 2, 3, 4 e 5;
b) 2, 3, 4, 5 e 1;
c) 4, 3, 2, 5 e 1;
d) 5, 3, 1, 4 e 5;
e) 5, 3, 2, 1 e 4.

04. Os erros de arquivamento oriundos do cansaço visual e das diferentes formas gráficas são predominantes no método:

a) numérico;
b) alfa numérico;
c) alfabético;
d) ideográfico numérico;
e) assunto.

05. A ordenação numérica pressupõe um índice alfabético denominado:

a) ideográfico;
b) remissivo;
c) assistemático;
d) equivalente;
e) classificatório.

06. A ordenação correta dos nomes abaixo, sob o critério palavra por palavra da regra de alfabetação, é:
1 - Francisco Alves
2 - Francisco Alvarenga
3 - Francisco Silva
4 - Francisco Bernardo
5 - Francisco das Almas

a) 2, 3, 4, 5 e 1;
b) 4, 3, 2, 5 e 1;
c) 5, 2, 1, 4 e 3;
d) 5, 3, 1, 4 e 5;
e) 5, 3, 2, 1 e 4.

07. (PM de Sapucaia-1994) – Considere o os elementos abaixo.
Cursos
Cursos do SMA
Graduação
Intensivo
Cursos da FAE
Cursos do DPE

A codificação correta destes assuntos, segundo o método decimal, partindo da classe 100 é:
a) 100 – 200 – 300 – 400 – 500 – 600;
b) 100 – 111 – 112 – 113 - 120 – 130;
c) 100 – 110 – 111 – 112 – 120 – 130;
d) 100 – 101 – 10.0 – 101.2 – 102 – 103.

08. (PM de Sapucaia - 1994) Considere os elementos abaixo:
1) Rio de Janeiro - Vassouras - Oliveira & Santos
2) Rio de Janeiro - Angra dos Reis - Irmão Gonçalves S/A
3) Rio de Janeiro — Rio de Janeiro — Sociedade Protetora
4) Rio de Janeiro - Teresópolis - Jone's Shop
5) Rio de Janeiro - Resende - Hotel Serrana

A ordenação dos números segundo o Método Geográfico, na modalidade Estado, Cidade e correspondente é:
a) 3-5-2-4-1;
b) 3-2-5-4-1;
c) 2-5-4-1-3;
d) 1-2-3-4-5;
e) 5-4-3-2-1.

09. Os documentos organizados por um técnico de arquivo, foram, numeradas seqüencialmente, apresentando uma peculiaridade, fazendo com que os números ficassem dispostos em 3 grupos de 2 algarismos cada um, sendo ligados da direita para esquerda, formando pares. O técnico de arquivo se utilizou do seguinte método de arquivamento?
a) Dígito-inicial;
b) Dígito-binário;
c) Dígito-terminal;
d) Dígito secundário.

10. O setor de arquivo acaba de receber as seguintes pastas
I – IX Congresso Internacional de Radiologia.
II – Quinto Simpósio Nacional de Programação Visual.
III – 15º Seminário Brasileiro de Vinicultura.
IV – Primeiro Encontro de Intérpretes de Conferências.
V – II Simpósio de Professores Universitários.

Em que ordem devem ser arquivadas as pastas acima, de acordo com as regras de alfabetização:
a) I – II – III – IV – V;
b) I – IV – III – V – II;
c) IV – II – I – V – III;
d) IV – V – II – I – III.

11. Julgue os tópicos abaixo levando em consideração as 13 regras de alfabetação, marcando a alternativa coerente com o julgamento:
1) Os sobrenomes compostos de um substantivo e adjetivo podem ficar separados.
2) Os sobrenomes formados por palavra como Santa, Santo ou São, não podem ser separados.
3) As iniciais abreviaturas de prenomes têm precedência na classificação de sobrenomes iguais.
4) Os artigos e preposições são considerados.

a) Todas são falsas;
b) Todas são verdadeiras;
c) Somente a primeira é falsa;
d) A segunda e terceira são verdadeiras;

12. Observe abaixo e julgue se verdadeiro ou falso de acordo com as regras de alfabetação:
1) Presidente Luis Inácio – Presidente Inácio, Luis.
2) Terceiro Encontro dos ex-alunos de arquivologia..
3) Chian Chim – Chin, Chian.
4) Fundação Getulio Vargas – Fundação Vargas, Getúlio.
5) Empresa 3 Corações – Empresa 3 (três) corações.

a) Todas são falsas;
b) Todas são verdadeiras;
c) 1 2 são valsas 2 4 5 verdadeiras;
d) Somente a 5 é verdadeira.

13. Assinale a opção que apresenta a maneira correta de armazenar nomes de pessoas, segundo o método alfabético.
a) Camilo Castelo Branco
Carlos Drummond de Andrade
Maria Clara Machado

b) Andrade, Carlos Drummond de
Branco, Camilo Castelo
Clara Machado, Maria
c) Andrade, Carlos Drummond de
Castelo Branco, Camilo
Machado, Maria Clara
d) Castelo Branco, Camilo
Drummond de Andrade, Carlos
Clara Machado, Maria
e) Branco, Camilo Castelo
de Andrade, Carlos Drummond
Machado, Maria Clara

14. (UFRJ – 2003 – NCE) Segundo Vázquéz, é possível relacionar a vida do documento com a vida do ser humano. Nesse sentido, o ciclo de vida dos documentos de arquivo forma o pano de fundo no qual se apóiam as intervenções arquivísticas e é composto por:
a) um período;
b) dois períodos;
c) três períodos;
d) quatro períodos;
e) cinco períodos.

Gabarito

01. A	**02. B**	**03. A**	**04. E**	**05. B**
06. C	**07. C**	**08. B**	**09. C**	**10. B**
11. D	**12. D**	**13. C**	**14. C**	

8. GESTÃO ELETRÔNICA DE DOCUMENTOS (GED)

Com o surgimento e uso mais intenso dos microcomputadores a partir da década de 1980, utiliza-se este instrumento para as mais diversas funções, que vão desde os mais simples editores de texto até os mais sofisticados e complexos programas, que no caso dos arquivos vêm apresentando soluções para gerenciamento de documentos, das quais podemos citar o tratamento digital de imagens, as técnicas de fluxo de trabalho, a multimídia, que combina textos, voz, imagens e movimento, os quais oferecem recursos cada vez mais amplos na área da informação e documentação.

Cabe ressaltar que, apesar das facilidades que as novas tecnologias propiciam, deve-se considerar impreterivelmente a questão legal destes arquivos ou documentos, que até o momento não possuem regulamentação devido a sua vulnerabilidade e, por conseguinte, não asseguram o valor probatório legal dos documentos. Outra questão é a durabilidade dos materiais empregados e sua rápida superação no que tange a atualização destes softwares de gerenciamento.

Para implantação do GED, deve-se primeiramente criar infra-estrutura necessária a sua implantação: cabeamento do prédio, aquisição de servidor, computadores para todos os usuários, interligação dos equipamentos em rede, aquisição e instalação de software. Alem de se fazer necessário os procedimentos de recebimento, indexação, tramitação, arquivamento dos documentos e finalmente o treinamento dos usuários.

Quando uma empresa faz a escolha de implantar sistemas de GED, isso significa que ela já é madura o suficiente para perceber o real valor da informação. Quanto maior o volume das informações, mais necessário é encontrar uma solução para que a desordem não crie sérios problemas, inclusive o da perda de negócios, atrasos em respostas e perda do potencial da competitividade.

Algumas vantagens do GED:

a) Interação com outros sistemas como correio eletrônico, sistemas de gestão e manutenção;
b) Possibilidade de maior disseminação da informação, dinamizando análise de documentos e reduzindo o tempo de tramitação dos mesmos;
c) Redução de custos provenientes da duplicidade, reprografia e extravio de documentos;
d) Rapidez no envio da informação ao usuário final;
e) Agilidade no atendimento e padronização no cadastramento e informações;
f) Economia com a redução de tempo de resposta para auditorias e pesquisas;
g) Redução de tempo no acesso a documentos, redução de área física e móveis para arquivamento.

A implantação, tanto do GED, quanto da microfilmagem deve ser efetivada visando a garantia no processo de atualização da documentação, interrupção no processo de deterioração dos documentos, e ainda a eliminação do risco de perda do acervo, através de backup, microfilmagem e distribuição de documentos, sem falar no acesso à informação pela internet e intranet.

Gestão de Arquivos Especiais (fotografias, cd´s, fitas magnéticas, microfilmes)

Para os Arquivo Especiais, compostos de fotografias, cd´s, fitas magnéticas, microfilmes, etc.., é importante conhecer as suas necessidades de preservação.

Conhecendo o comportamento dos materiais em relação ao ambiente, podemos definir o método de arquivamento, acondicionamento e manuseio mais adequado.

Este serviço permite a preservação da informação contida nestas mídias por um prazo mais extenso de forma segura, garantindo o resgate de informações de caráter permanente ou históricas.

(MEIOS ELETRÔNICOS)

(FOTOGRAFIAS)

Tecnologias Aplicadas aos Arquivos

O mundo tem passado nos dois últimos séculos por várias transformações. O século anterior foi o das grandes descobertas e, o nosso, de grandes desenvolvimentos tecnológicos. Os negócios que geralmente ficavam no âmbito familiar se transformaram em grandes companhias que não mais almejavam o mercado interno e sim o mundo. Estamos na era da globalização. Cada vez mais há a interação entre os países e o computador é o agente fundamental para esse intercâmbio.
A conseqüência desse desenvolvimento se percebe através do enorme volume de papéis que tramitam nas empresas. A verticalização e o encarecimento do metro quadrado, ocorridos nos últimos anos nos grandes centros, levaram à definição de diretrizes para um melhor gerenciamento de documentos.
Com o surgimento das novas tecnologias, os documentos convencionais começaram a migrar para novos suportes. São elas: Automação da Informação, Microfilmagem e a Digitalização de Documentos.

a) Automação da Informação

A automação da informação pode ser aplicada nos arquivos de duas maneiras:

- *o arquivo como usuário* - quando o computador é utilizado como instrumento de trabalho na identificação de séries documentais, no registro de documentos, no controle do acervo etc.
- *o arquivo como órgão responsável pela guarda e tratamento técnico das informações* - quando o suporte da informação é o próprio computador. São os bancos de dados onde são armazenados registros sobre determinado assunto como: Folha de Pagamento, Razão etc.

Em ambas as situações a recuperação se dá de forma rápida e eficaz. O índice de erros é muito pequeno, já que só podem ocorrer por falhas na digitação, o que não acontece nos controles manuais, que necessitam de um grau elevado de atenção para evitar a ocorrência de erros. Outra vantagem da utilização da automação é a descentralização da informação. Várias pessoas podem acessar as mesmas informações em qualquer ponto da empresa, por meio de terminais ou microcomputadores.

b) Microfilmagem

O estudo da microfilmagem iniciou-se em 1835 com a reprodução de diminutas imagens fotográficas. Entretanto a sua utilização como vemos hoje se deu em 1906 quando livros e documentos foram reduzidos a pequenas dimensões visando sua utilização em pesquisas. Com o advento das duas grandes guerras mundiais o avanço da tecnologia do microfilme foi enorme já que, por questões de segurança, milhares de documentos necessitaram tramitar de forma sigilosa e secreta. Paralelamente, os bancos e as repartições públicas nos Estados Unidos utilizavam essa tecnologia como solução para a avalanche de papéis que cobriam seus arquivos.
No Brasil sua utilização se dá um pouco antes da metade do século no acervo da Biblioteca Nacional. Hoje em dia há uma larga utilização dessa técnica em todo o mundo e sua aplicação é extremamente ampla: Bancos, Comércio, Indústria, Cartórios, Colégios, Hospitais, Jornais, Hotéis, Órgãos Governamentais etc.
Como vantagens podemos citar:

- *economia de espaço* - quando não havia problemas no mercado imobiliário, as empresas guardavam seu acervo de valor permanente em galpões ou em suas próprias instalações. Atualmente isso é completamente inviável. O microfilme é uma técnica eficaz já que reduz em 98% o espaço necessário para a guarda desses documentos.
- *preservação e conservação de originais* - os documentos que necessitam permanecer em papel seja pelo seu valor histórico, legal ou devido ao seu suporte físico (fichas) podem ser preservados e a utilização da informação será feita através do microfilme.
- *segurança* - a microfilmagem traz segurança a documentação já que o arquivamento do rolo é feito em dois lugares: junto ao usuário e em local afastado da Empresa. Caso haja algum sinistro (roubo, incêndio, falsificação etc.) o microfilme de segurança resgata a memória do acervo.
- *aquisição de coleções de jornais, revistas etc.* - por meio de catálogos informativos é possível adquirir coleções completas de jornais, revistas, documentação rara, séries esgotadas etc. no Brasil e no exterior. Esse tipo de aquisição é muito comum em decorrência de sua dimensão e facilidade de transporte.
- *integridade de reprodução* - o microfilme reproduz integralmente o conteúdo de um documento, não podendo sofrer alterações
- *versatilidade na duplicação* - cópias instantâneas do original em filme ou papel.
- *racionalização da informação* - as microformas possibilitam o acesso à informação em vários lugares, simultaneamente, a partir de filmes cópias. Como exemplo, podemos citar uma empresa que possua, em seus arquivos, documentos de suas filiais que estão instaladas em outras cidades ou estados.

As microformas podem apresentar-se em três modos: Filme, Jaqueta e Microficha

• Filme (Rolo)

É a forma de saída natural do processo de microfilmagem dos documentos. É gerado 1 filme original (sais de prata) para acondicionamento no arquivo de segurança e 1 cópia (diazo) para consulta, sendo aconselhável a utilização de caixas para a guarda dos carretéis com cores diferentes, objetivando a imediata identificação do original e cópias. Caso seja necessário, podem ser geradas outras cópias para distribuição.
Um filme tem a capacidade de armazenar mais ou menos 2.400 documentos de formato A4. No filme esses documentos são chamados de fotogramas. Esse suporte é utilizado para qualquer tipo de documento: dossiês financeiros, operacionais, administrativos, cheques, livros, jornais etc.
No preparo da documentação para a microfilmagem, separam-se grupos de aproximadamente 2.400 documentos que serão numerados, seqüencialmente, para sua identificação. Depois são inseridas sinaléticas que irão completar o grupo a ser microfilmado, de acordo com uma padronização pré-estabelecida: Imagem de Abertura e Encerramento (contendo a ordem de colocação dos documentos no filme remetendo-os aos fotogramas, a assinatura da pessoa autorizada que irá dar valor legal ao filme, o número do filme e a data de início e encerramento da microfilmagem), Folha Zebrada e sinaléticas para separar as diversas informações (datas, números, assuntos etc.)

• Jaqueta

A sua impressão segue os mesmos procedimentos da forma anterior. Também são gerados 2 Filmes: 1 para guarda no arquivo de segurança e o outro para consulta. Entretanto, esse segundo formato passa por novos procedimentos: seus fotogramas são recortados e inseridos em jaquetas.
Utiliza-se o arquivamento em jaquetas nos documentos que formam dossiês e que necessitam ser constantemente atualizados e consultados exigindo, assim, a proximidade das informações. Podemos citar os dossiês de empregados, de empresas, de contratos etc. Como esse processo é mais trabalhoso, somente uma pequena parte da documentação de uma empresa encontra-se nesse suporte.
Cada jaqueta comporta aproximadamente 60 fotogramas e são arquivadas em ordem alfabética ou numérica. Como exemplo tomemos um filme em que foram microfilmados documentos de aproximadamente 150 empregados. Os fotogramas são recortados e inseridos nas jaquetas dos respectivos empregados que encontravam-se arquivadas alfabeticamente (ou numericamente - por matrícula). A vida funcional do empregado está acondicionada em um só local, independente do período de emissão dos documentos a ele relacionados. A recuperação da informação será rápida e não haverá o menor problema em atualizações futuras.

• Microfichas

Podem ser emitidas pelo sistema comum de microfilmagem ou através do sistema COM - Computer Output Microfilm, ou seja, saída direta do computador para a microficha, através da fita spooll, sem passar pelo papel. Não é mais necessária a impressão de quilômetros de formulários contínuos.
As listagens, que outrora atrapalhavam a vida do empregado tanto no seu arquivamento quanto no seu manuseio, se apresentam, atualmente, em um suporte que permite fácil consulta e que necessita de um pequeno espaço para guarda.
Sua capacidade de armazenamento é de até 420 fotogramas. As microfichas são usadas em arquivos que sejam bastante utilizados devido a facilidade de seu manuseio. São geradas microfichas para os arquivos referentes a: folha de pagamento, razão etc.
Os equipamentos para a leitura das microformas podem ser simples - unicamente para a leitura - ou conjugados (leitoras/copiadoras) - para a leitura e cópia em papel.

Digitalização de Documentos

Com o avanço da tecnologia, outras mídias vão sendo criadas. Como o computador é uma peça fundamental nesse desenvolvimento, sua capacidade é ampliada dia-a-dia, modificando, consideravelmente, a execução dos serviços em qualquer ramo do conhecimento humano. Atualmente o computador é um elemento fundamental no gerenciamento das informações. Nesta década, os sistemas de imagens e voz vieram a integrar os sistemas já existentes de texto, gráfico e números.
O que vem a ser um sistema de imagens e de que maneira ele está relacionado com a administração de documentos? Podemos levantar alguns pontos que nos ajudarão a responder esta questão.
A microfilmagem é uma mídia que facilita muito as empresas no que se refere a redução de espaço, rapidez na recuperação da informação e segurança. Entretanto, ela não abrange normalmente todos os arquivos da empresa, já que sua utilização se dá no arquivo permanente e em alguns arquivos setoriais como o de pessoal e o de contabilidade. Com isso, a maioria dos documentos está no suporte papel nos arquivos correntes e intermediários.
Uma pesquisa feita nos EUA diz que um bilhão de documentos são produzidos nos Estados Unidos todos os dias e que, um documento é copiado, no mínimo, vinte vezes. As transmissões em fax geram mais de 85 milhões de páginas por ano.
A AIIM (*Association for Information and Image Management Internacional*) em conjunto com uma empresa

de consultoria publicou uma pesquisa em 1989 que informava as mídias em que as informações estavam armazenadas: 95% em papel; 4% em microfilmes; 1 % meios magnéticos. Isso mostra que as empresas continuam gastando grande parte do seu tempo no gerenciamento dos documentos.

a) Apresentação dos discos ópticos

Os discos ópticos evoluíram a partir dos vídeos discos que foram lançados primeiro para filmes e outras formas de animação utilizadas para lazer ou treinamento. Depois surgiram os CDs usados para músicas, e, finalmente, os discos para o armazenamento dos documentos.

Todos os sistemas de discos ópticos usam codificação binária para armazenar a informação e um facho de laser de alta potência para gravá-Ia. A leitura é feita com um laser de baixa potência. Os discos usados para o armazenamento dos documentos se apresentam de três formas:

• *CD-ROM - Compact Disc - Read Only (memória só para leitura)*

Possui 12 cm de diâmetro e é utilizado, normalmente, em publicações (catálogos, enciclopédias) que são vendidas ao público de uma maneira geral.

Também são utilizados para publicar material específico de uma empresa como catálogos de peças para oficinas de manutenção, material contábil de empresas de consultoria/auditoria. Essas publicações são proprietárias e somente estão disponíveis no âmbito da organização. Esses discos podem ser lidos milhares de vezes, sem risco de danificá-los, usando software e hardware adequados. Um CD-Rom não pode ser alterado.

O CD-Rom já é utilizado por várias empresas no Brasil através do serviço de assinaturas (medicina, enciclopédia, saúde, agricultura etc.)

• *WORM - Write - Once - Read - Many (uma só gravação, muitas leituras)*

Estão disponíveis em diversos tamanhos: 5 1/4, 12 e 14 polegadas de diâmetro. Ele está em branco quando é adquirido e é preenchido pelo usuário usando software e hardware adequados.

Sua aplicação se dá em todos os tipos de documentos empresariais, ou seja, correspondências, faturas, formulários, desenhos de engenharia etc. Este disco também pode ser lido milhares de vezes sem degradação e a informação também não pode ser alterada. A diferença entre os discos WORM e CD-ROM é que o primeiro é criado pelo usuário e o segundo por um editor.

• *Discos regraváveis ou apagáveis*

Este sistema usa discos de 5 1/4 polegadas em cartuchos. É utilizado para armazenar documentos que necessitam de atualizações constantes como os legais, os desenhos de engenharia etc. Eles são gravados e alterados pelos próprios usuários.

9. PROCESSO DE MICROFILMAGEM

História do Microfilme

Um francês, René Dragon, foi o inventor do microfilme. Contam os historiadores que a primeira aplicação do microfilme deu-se durante a guerra franco-prussiana, com pombos correio transportando mapas microfilmados das posições inimigas.

A aplicação prática comercial aconteceu nos Estados Unidos em 1927, quando a Kodak lançou a primeira microfilmadora de cheques, a Recordak. Os bancos americanos imediatamente perceberam que estavam diante de um produto capaz de resolver definitivamente o problema criado pelo grande volume de cheques e outros documentos que deviam ser armazenados por longo tempo. E é claro que George Eastman, homem de grande visão empresarial, também percebeu que tinha lançado um produto capaz de alavancar grandes negócios.

Daquele momento em diante estava criada uma industria capaz de faturar milhões de dólares anualmente, satisfazer plenamente seus clientes e empregar muitas pessoas. Alguns anos se passaram até que esta nova tecnologia chegasse ao Brasil, trazida pela própria Kodak. A medida em que novas aplicações iam surgindo, aumentava a procura por mão-de-obra especializada, novas empresas entravam no mercado e as aplicações iam aumentando.

A microfilmagem convencional era uma realidade. Bancos, Governo, Comércio e Indústria beneficiam-se desta tecnologia que reduz custos, preserva documentos e a memória nacional.

Paralelamente ao desenvolvimento da informática o microfilme evoluiu para o chamado sistema C.O.M. (saída de computador em microfilme). Grandes volumes de relatórios que até então eram impressos em papéis passaram a ser impressos em microfilmes, com grande redução de custos.

Na década de 90 o microfilme foi colocado em xeque pelo surgimento dos sistemas digitais. O mundo exigia maior rapidez no tráfego de informações, coisa que só a informática poderia propiciar. Tudo indicava que a tecnologia que insistia em sobreviver desde a guerra franco-prussiana estava com seus dias contados. Os sistemas digitais prometiam resolver todos os problemas que o velho e arcaico microfilme não tinha solucionado. Ledo engano! Com o passar dos tempos verificou-se que a nova e extraordinária tecnologia chamada "digital" também tinha os seus inconvenientes, tais como obsolescência rápida das mídias, mudanças nos sistemas operacionais e, principalmente, o curto espaço de tempo em que as informações permanecem armazenadas nos sistemas ópticos/magnéticos.

Mais uma vez a KODAK entrou em ação e desenvolveu uma microfilmadora digital, chamada Digital Archive Writer. O D.A.W pode microfilmar documentos após digitalizados, perfeitamente indexados e integrados ao computador através do driver de microfilmes Intelligent Microfilm Scanner (IMS), também da Kodak. Surgiu , então, o chamado sistema híbrido, conjugando as tecnologias de informática, digital e de microfilmagem.

Razões para Microfilmar

- **Confiabilidade**: O microfilme é uma mídia de arquivamento. Atualmente os documentos filmados há 70 anos são recuperáveis e legíveis. Que outro tipo de mídia pode oferecer a mesma confiabilidade?
- **Norma ISO**: O microfilme é uma mídia compatível. As informações armazenadas em microfilme estão protegidas quanto a possíveis mudanças tecnológicas.
- **Baixo Custo**: O microfilme propicia um armazenamento eficiente, ocupando pouco espaço a um custo muito baixo por imagem. Suas qualidades de arquivamento o tornam a melhor opção para armazenamento em longo prazo.
- **Reproduzível**: É muito econômico reproduzir um microfilme. Pode-se distribuir de modo rápido e conveniente grandes quantidades de informações para as pessoas que desejam acessá-las.
- **Digitalizável**: O microfilme pode ser convertido em dados eletrônicos para distribuição através da Internet e ser armazenado digitalmente para fácil consulta.

Após o advento da digitalização, e da utilização desta tecnologia por algum tempo, ficou claro para toda a comunidade do gerenciamento de documentos que somente o microfilme é uma mídia segura para armazenamento de documentos no longo prazo.

Por quê?

Quem garante a compatibilidade dos atuais formatos de imagem nos próximos 10, 20 ou 50 anos? Qual será a plataforma de hardware a ser utilizada nos próximos 10, 20 ou 50 anos? Qual será o sistema operacional nos próximos 10, 20 ou 50 anos?

As dificuldades em responder estas perguntas, levam muitas empresas a adotarem a microfilmagem de suas informações.

3. Lei n. 8.159, de 8 de Janeiro de 1991

Dispõe sobre a política nacional de arquivos públicos e privados e dá outras providências.

O PRESIDENTE DA REPÚBLICA, faço saber que o Congresso Nacional decreta e eu sanciono a seguinte lei:

CAPÍTULO I
Disposições Gerais

Art. 1º É dever do Poder Público a gestão documental e a de proteção especial a documentos de arquivos, como instrumento de apoio à administração, à cultura, ao desenvolvimento científico e como elementos de prova e informação.

Art. 2º Consideram-se arquivos, para os fins desta lei, os conjuntos de documentos produzidos e recebidos por órgãos públicos, instituições de caráter público e entidades privadas, em decorrência do exercício de atividades específicas, bem como por pessoa física, qualquer que seja o suporte da informação ou a natureza dos documentos.

Art. 3º Considera-se gestão de documentos o conjunto de procedimentos e operações técnicas à sua produção, tramitação, uso, avaliação e arquivamento em fase corrente e intermediária, visando a sua eliminação ou recolhimento para guarda permanente.

Art. 4º Todos têm direito a receber dos órgãos públicos informações de seu interesse particular ou de interesse coletivo ou geral, contidas em documentos de arquivos, que serão prestadas no prazo da lei, sob pena de responsabilidade, ressalvadas aquelas cujos sigilo seja imprescindível à segurança da sociedade e do Estado, bem como à inviolabilidade da intimidade, da vida privada, da honra e da imagem das pessoas.

Art. 5º A Administração Pública franqueará a consulta aos documentos públicos na forma desta lei.

Art. 6º Fica resguardado o direito de indenização pelo dano material ou moral decorrente da violação do sigilo, sem prejuízo das ações penal, civil e administrativa.

CAPÍTULO II
Dos Arquivos Públicos

Art. 7º Os arquivos públicos são os conjuntos de documentos produzidos e recebidos, no exercício de suas atividades, por órgãos públicos de âmbito federal, estadual, do Distrito Federal e municipal em decorrência de suas funções administrativas, legislativas e judiciárias. Regulamento

§ 1º São também públicos os conjuntos de documentos produzidos e recebidos por instituições de caráter público, por entidades privadas encarregadas da gestão de serviços públicos no exercício de suas atividades.

§ 2º A cessação de atividades de instituições públicas e de caráter público implica o recolhimento de sua documentação à instituição arquivística pública ou a sua transferência à instituição sucessora.

Art. 8º Os documentos públicos são identificados como correntes, intermediários e permanentes.

§ 1º Consideram-se documentos correntes aqueles em curso ou que, mesmo sem movimentação, constituam de consultas freqüentes.

§ 2º Consideram-se documentos intermediários aqueles que, não sendo de uso corrente nos órgãos produtores, por razões de interesse administrativo, aguardam a sua eliminação ou recolhimento para guarda permanente.

§ 3º Consideram-se permanentes os conjuntos de documentos de valor histórico, probatório e informativo que devem ser definitivamente preservados.

Art. 9º A eliminação de documentos produzidos por instituições públicas e de caráter público será realizada mediante autorização da instituição arquivística pública, na sua específica esfera de competência.

Art. 10º Os documentos de valor permanente são inalienáveis e imprescritíveis.

CAPÍTULO III
Dos Arquivos Privados

Art. 11. Consideram-se arquivos privados os conjuntos de documentos produzidos ou recebidos por pessoas físicas ou jurídicas, em decorrência de suas atividades. Regulamento

Art. 12. Os arquivos privados podem ser identificados pelo Poder Público como de interesse público e social, desde que sejam considerados como conjuntos de fontes relevantes para a história e desenvolvimento científico nacional.

Art. 13. Os arquivos privados identificados como de interesse público e social não poderão ser alienados com dispersão ou perda da unidade documental, nem transferidos para o exterior.

Parágrafo único. Na alienação desses arquivos o Poder Público exercerá preferência na aquisição.

Art. 14. O acesso aos documentos de arquivos privados identificados como de interesse público e social poderá ser franqueado mediante autorização de seu proprietário ou possuidor.

Art. 15. Os arquivos privados identificados como de interesse público e social poderão ser depositados a título revogável, ou doados a instituições arquivísticas públicas.

Art. 16. Os registros civis de arquivos de entidades religiosas produzidos anteriormente à vigência do Código Civil ficam identificados como de interesse público e social. Regulamento

CAPÍTULO IV
Da Organização e Administração de Instituições Arquivísticas Públicas

Art. 17. A administração da documentação pública ou de caráter público compete às instituições arquivísticas federais, estaduais, do Distrito Federal e municipais.

§ 1º São Arquivos Federais o Arquivo Nacional do Poder Executivo, e os arquivos do Poder Legislativo e do Poder Judiciário. São considerados, também, do Poder Executivo os arquivos do Ministério da Marinha, do Ministério das Relações Exteriores, do Ministério do Exército e do Ministério da Aeronáutica.

§ 2º São Arquivos Estaduais o arquivo do Poder Executivo, o arquivo do Poder Legislativo e o arquivo do Poder Judiciário.

§ 3º São Arquivos do Distrito Federal o arquivo do Poder Executivo, o Arquivo do Poder Legislativo e o arquivo do Poder Judiciário.

§ 4º São Arquivos Municipais o arquivo do Poder Executivo e o arquivo do Poder Legislativo.

§ 5º Os arquivos públicos dos Territórios são organizados de acordo com sua estrutura político-jurídica.

Art. 18. Compete ao Arquivo Nacional a gestão e o recolhimento dos documentos produzidos e recebidos pelo Poder Executivo Federal, bem como preservar e facultar o acesso aos documentos sob sua guarda, e acompanhar e implementar a política nacional de arquivos.

Parágrafo único. Para o pleno exercício de suas funções, o Arquivo Nacional poderá criar unidades regionais.

Art. 19. Competem aos arquivos do Poder Legislativo Federal a gestão e o recolhimento dos documentos produzidos e recebidos pelo Poder Legislativo Federal no exercício das suas funções, bem como preservar e facultar o acesso aos documentos sob sua guarda.

Art. 20. Competem aos arquivos do Poder Judiciário Federal a gestão e o recolhimento dos documentos produzidos e recebidos pelo Poder Judiciário Federal no exercício de suas funções, tramitados em juízo e oriundos de cartórios e secretarias, bem como preservar e facultar o acesso aos documentos sob sua guarda.

Art. 21. Legislação estadual, do Distrito Federal e municipal definirá os critérios de organização e vinculação dos arquivos estaduais e municipais, bem como a gestão e o acesso aos documentos, observado o disposto na Constituição Federal e nesta lei.

CAPÍTULO V
Do Acesso e do Sigilo dos Documentos Públicos

Art. 22. *(Revogado pela Lei nº 12.527, de 2011)*

Art. 23. *(Revogado pela Lei nº 12.527, de 2011)*

§ 1º *(Revogado pela Lei nº 12.527, de 2011)*

§ 2º *(Revogado pela Lei nº 12.527, de 2011)*

§ 3º *(Revogado pela Lei nº 12.527, de 2011)*

Art. 24. *(Revogado pela Lei nº 12.527, de 2011)*

Parágrafo único. *(Revogado pela Lei nº 12.527, de 2011)*

Disposições Finais

Art. 25. Ficará sujeito à responsabilidade penal, civil e administrativa, na forma da legislação em vigor, aquele que desfigurar ou destruir documentos de valor permanente ou considerado como de interesse público e social.

Art. 26. Fica criado o Conselho Nacional de Arquivos (Conarq), órgão vinculado ao Arquivo Nacional, que definirá a política nacional de arquivos, como órgão central de um Sistema Nacional de Arquivos (Sinar).

§ 1º O Conselho Nacional de Arquivos será presidido pelo Diretor-Geral do Arquivo Nacional e integrado por representantes de instituições arquivísticas e acadêmicas, públicas e privadas.

§ 2º A estrutura e funcionamento do conselho criado neste artigo serão estabelecidos em regulamento.

Art. 27. Esta lei entra em vigor na data de sua publicação.

Art. 28. Revogam-se as disposições em contrário.

Brasília, 8 de janeiro de 1991;
170º da Independência e 103º da República.

FERNANDO COLLOR

4. Lei n. 12.527, de 18 de Novembro de 2011

LEI Nº 12.527, DE 18 DE NOVEMBRO DE 2011

Regula o acesso a informações previsto no inciso XXXIII do art. 5º, no inciso II do § 3º do art. 37 e no § 2º do art. 216 da Constituição Federal; altera a Lei nº 8.112, de 11 de dezembro de 1990; revoga a Lei nº 11.111, de 5 de maio de 2005, e dispositivos da Lei nº 8.159, de 8 de janeiro de 1991; e dá outras providências.

A PRESIDENTA DA REPÚBLICA Faço saber que o Congresso Nacional decreta e eu sanciono a seguinte Lei:

CAPÍTULO I
DISPOSIÇÕES GERAIS

Art. 1º Esta Lei dispõe sobre os procedimentos a serem observados pela União, Estados, Distrito Federal e Municípios, com o fim de garantir o acesso a informações previsto no inciso XXXIII do art. 5º, no inciso II do § 3º do art. 37 e no § 2º do art. 216 da Constituição Federal.

Parágrafo único. Subordinam-se ao regime desta Lei:

I - os órgãos públicos integrantes da administração direta dos Poderes Executivo, Legislativo, incluindo as Cortes de Contas, e Judiciário e do Ministério Público;

II - as autarquias, as fundações públicas, as empresas públicas, as sociedades de economia mista e demais entidades controladas direta ou indiretamente pela União, Estados, Distrito Federal e Municípios.

Art. 2º Aplicam-se as disposições desta Lei, no que couber, às entidades privadas sem fins lucrativos que recebam, para realização de ações de interesse público, recursos públicos diretamente do orçamento ou mediante subvenções sociais, contrato de gestão, termo de parceria, convênios, acordo, ajustes ou outros instrumentos congêneres.

Parágrafo único. A publicidade a que estão submetidas as entidades citadas no **caput** refere-se à parcela dos recursos públicos recebidos e à sua destinação, sem prejuízo das prestações de contas a que estejam legalmente obrigadas.

Art. 3º Os procedimentos previstos nesta Lei destinam-se a assegurar o direito fundamental de acesso à informação e devem ser executados em conformidade com os princípios básicos da administração pública e com as seguintes diretrizes:

I - observância da publicidade como preceito geral e do sigilo como exceção;

II - divulgação de informações de interesse público, independentemente de solicitações;

III - utilização de meios de comunicação viabilizados pela tecnologia da informação;

IV - fomento ao desenvolvimento da cultura de transparência na administração pública;

V - desenvolvimento do controle social da administração pública.

Art. 4º Para os efeitos desta Lei, considera-se:

I - informação: dados, processados ou não, que podem ser utilizados para produção e transmissão de conhecimento, contidos em qualquer meio, suporte ou formato;

II - documento: unidade de registro de informações, qualquer que seja o suporte ou formato;

III - informação sigilosa: aquela submetida temporariamente à restrição de acesso público em razão de sua imprescindibilidade para a segurança da sociedade e do Estado;

IV - informação pessoal: aquela relacionada à pessoa natural identificada ou identificável;

V - tratamento da informação: conjunto de ações referentes à produção, recepção, classificação, utilização, acesso, reprodução, transporte, transmissão, distribuição, arquivamento, armazenamento, eliminação, avaliação, destinação ou controle da informação;

VI - disponibilidade: qualidade da informação que pode ser conhecida e utilizada por indivíduos, equipamentos ou sistemas autorizados;

VII - autenticidade: qualidade da informação que tenha sido produzida, expedida, recebida ou modificada por determinado indivíduo, equipamento ou sistema;

VIII - integridade: qualidade da informação não modificada, inclusive quanto à origem, trânsito e destino;

IX - primariedade: qualidade da informação coletada na fonte, com o máximo de detalhamento possível, sem modificações.

Art. 5º É dever do Estado garantir o direito de acesso à informação, que será franqueada, mediante procedimentos objetivos e ágeis, de forma transparente, clara e em linguagem de fácil compreensão.

CAPÍTULO II
DO ACESSO A INFORMAÇÕES E DA SUA DIVULGAÇÃO

Art. 6º Cabe aos órgãos e entidades do poder público, observadas as normas e procedimentos específicos aplicáveis, assegurar a:

I - gestão transparente da informação, propiciando amplo acesso a ela e sua divulgação;

II - proteção da informação, garantindo-se sua disponibilidade, autenticidade e integridade; e

III - proteção da informação sigilosa e da informação pessoal, observada a sua disponibilidade, autenticidade, integridade e eventual restrição de acesso.

Art. 7º O acesso à informação de que trata esta Lei compreende, entre outros, os direitos de obter:

I - orientação sobre os procedimentos para a consecução de acesso, bem como sobre o local onde poderá ser encontrada ou obtida a informação almejada;

II - informação contida em registros ou documentos, produzidos ou acumulados por seus órgãos ou entidades, recolhidos ou não a arquivos públicos;

III - informação produzida ou custodiada por pessoa física ou entidade privada decorrente de qualquer vínculo com seus órgãos ou entidades, mesmo que esse vínculo já tenha cessado;

IV - informação primária, íntegra, autêntica e atualizada;

V - informação sobre atividades exercidas pelos órgãos e entidades, inclusive as relativas à sua política, organização e serviços;

VI - informação pertinente à administração do patrimônio público, utilização de recursos públicos, licitação, contratos administrativos; e

VII - informação relativa:

a) à implementação, acompanhamento e resultados dos programas, projetos e ações dos órgãos e entidades públicas, bem como metas e indicadores propostos;

b) ao resultado de inspeções, auditorias, prestações e tomadas de contas realizadas pelos órgãos de controle interno e externo, incluindo prestações de contas relativas a exercícios anteriores.

§ 1º O acesso à informação previsto no **caput** não compreende as informações referentes a projetos de pesquisa e desenvolvimento científicos ou tecnológicos cujo sigilo seja imprescindível à segurança da sociedade e do Estado.

§ 2º Quando não for autorizado acesso integral à informação por ser ela parcialmente sigilosa, é assegurado o acesso à parte não sigilosa por meio de certidão, extrato ou cópia com ocultação da parte sob sigilo.

§ 3º O direito de acesso aos documentos ou às informações neles contidas utilizados como fundamento da tomada de decisão e do ato administrativo será assegurado com a edição do ato decisório respectivo.

§ 4º A negativa de acesso às informações objeto de pedido formulado aos órgãos e entidades referidas no art. 1º, quando não fundamentada, sujeitará o responsável a medidas disciplinares, nos termos do art. 32 desta Lei.

§ 5º Informado do extravio da informação solicitada, poderá o interessado requerer à autoridade competente a imediata abertura de sindicância para apurar o desaparecimento da respectiva documentação.

§ 6º Verificada a hipótese prevista no § 5º deste artigo, o responsável pela guarda da informação extraviada deverá, no prazo de 10 (dez) dias, justificar o fato e indicar testemunhas que comprovem sua alegação.

Art. 8º É dever dos órgãos e entidades públicas promover, independentemente de requerimentos, a divulgação em local de fácil acesso, no âmbito de suas competências, de informações de interesse coletivo ou geral por eles produzidas ou custodiadas.

§ 1º Na divulgação das informações a que se refere o **caput**, deverão constar, no mínimo:

I - registro das competências e estrutura organizacional, endereços e telefones das respectivas unidades e horários de atendimento ao público;

II - registros de quaisquer repasses ou transferências de recursos financeiros;

III - registros das despesas;

IV - informações concernentes a procedimentos licitatórios, inclusive os respectivos editais e resultados, bem como a todos os contratos celebrados;

V - dados gerais para o acompanhamento de programas, ações, projetos e obras de órgãos e entidades; e

VI - respostas a perguntas mais frequentes da sociedade.

§ 2º Para cumprimento do disposto no **caput**, os órgãos e entidades públicas deverão utilizar todos os meios e instrumentos legítimos de que dispuserem, sendo obrigatória a divulgação em sítios oficiais da rede mundial de computadores (internet).

§ 3º Os sítios de que trata o § 2º deverão, na forma de regulamento, atender, entre outros, aos seguintes requisitos:

I - conter ferramenta de pesquisa de conteúdo que permita o acesso à informação de forma objetiva, transparente, clara e em linguagem de fácil compreensão;

II - possibilitar a gravação de relatórios em diversos formatos eletrônicos, inclusive abertos e não proprietários, tais como planilhas e texto, de modo a facilitar a análise das informações;

III - possibilitar o acesso automatizado por sistemas externos em formatos abertos, estruturados e legíveis por máquina;

IV - divulgar em detalhes os formatos utilizados para estruturação da informação;

V - garantir a autenticidade e a integridade das informações disponíveis para acesso;

VI - manter atualizadas as informações disponíveis para acesso;

VII - indicar local e instruções que permitam ao interessado comunicar-se, por via eletrônica ou telefônica, com o órgão ou entidade detentora do sítio; e

VIII - adotar as medidas necessárias para garantir a acessibilidade de conteúdo para pessoas com deficiência, nos termos do art. 17 da Lei nº 10.098, de 19 de dezembro de 2000, e do art. 9º da Convenção sobre os Direitos das Pessoas com Deficiência, aprovada pelo Decreto Legislativo nº 186, de 9 de julho de 2008.

§ 4º Os Municípios com população de até 10.000 (dez mil) habitantes ficam dispensados da divulgação obrigatória na internet a que se refere o § 2º, mantida a obrigatoriedade de divulgação, em tempo real, de informações relativas à execução orçamentária e financeira, nos critérios e prazos previstos no art. 73-B da Lei Complementar nº 101, de 4 de maio de 2000 (Lei de Responsabilidade Fiscal).

Art. 9º O acesso a informações públicas será assegurado mediante:

I - criação de serviço de informações ao cidadão, nos órgãos e entidades do poder público, em local com condições apropriadas para:

a) atender e orientar o público quanto ao acesso a informações;

b) informar sobre a tramitação de documentos nas suas respectivas unidades;

c) protocolizar documentos e requerimentos de acesso a informações; e

II - realização de audiências ou consultas públicas, incentivo à participação popular ou a outras formas de divulgação.

CAPÍTULO III
DO PROCEDIMENTO DE ACESSO À INFORMAÇÃO
Seção I
Do Pedido de Acesso

Art. 10. Qualquer interessado poderá apresentar pedido de acesso a informações aos órgãos e entidades referidos no art. 1º desta Lei, por qualquer meio legítimo, devendo o pedido conter a identificação do requerente e a especificação da informação requerida.

§ 1º Para o acesso a informações de interesse público, a identificação do requerente não pode conter exigências que inviabilizem a solicitação.

§ 2º Os órgãos e entidades do poder público devem viabilizar alternativa de encaminhamento de pedidos de acesso por meio de seus sítios oficiais na internet.

§ 3º São vedadas quaisquer exigências relativas aos motivos determinantes da solicitação de informações de interesse público.

Art. 11. O órgão ou entidade pública deverá autorizar ou conceder o acesso imediato à informação disponível.

§ 1º Não sendo possível conceder o acesso imediato, na forma disposta no **caput**, o órgão ou entidade que receber o pedido deverá, em prazo não superior a 20 (vinte) dias:

I - comunicar a data, local e modo para se realizar a consulta, efetuar a reprodução ou obter a certidão;

II - indicar as razões de fato ou de direito da recusa, total ou parcial, do acesso pretendido; ou

III - comunicar que não possui a informação, indicar, se for do seu conhecimento, o órgão ou a entidade que a detém, ou, ainda, remeter o requerimento a esse órgão ou entidade, cientificando o interessado da remessa de seu pedido de informação.

§ 2º O prazo referido no § 1º poderá ser prorrogado por mais 10 (dez) dias, mediante justificativa expressa, da qual será cientificado o requerente.

§ 3º Sem prejuízo da segurança e da proteção das informações e do cumprimento da legislação aplicável, o órgão ou entidade poderá oferecer meios para que o próprio requerente possa pesquisar a informação de que necessitar.

§ 4º Quando não for autorizado o acesso por se tratar de informação total ou parcialmente sigilosa, o requerente deverá ser informado sobre a possibilidade de recurso, prazos e condições para sua interposição, devendo, ainda, ser-lhe indicada a autoridade competente para sua apreciação.

§ 5º A informação armazenada em formato digital será fornecida nesse formato, caso haja anuência do requerente.

§ 6º Caso a informação solicitada esteja disponível ao público em formato impresso, eletrônico ou em qualquer outro meio de acesso universal, serão informados ao requerente, por escrito, o lugar e a forma pela qual se poderá consultar, obter ou reproduzir a referida informação, procedimento esse que desonerará o órgão ou entidade pública da obrigação de seu fornecimento direto, salvo se o requerente declarar não dispor de meios para realizar por si mesmo tais procedimentos.

Art. 12. O serviço de busca e fornecimento da informação é gratuito, salvo nas hipóteses de reprodução de documentos pelo órgão ou entidade pública consultada, situação em que poderá ser cobrado exclusivamente o valor necessário ao ressarcimento do custo dos serviços e dos materiais utilizados.

Parágrafo único. Estará isento de ressarcir os custos previstos no **caput** todo aquele cuja situação econômica não lhe permita fazê-lo sem prejuízo do sustento próprio ou da família, declarada nos termos da Lei nº 7.115, de 29 de agosto de 1983.

Art. 13. Quando se tratar de acesso à informação contida em documento cuja manipulação possa prejudicar sua integridade, deverá ser oferecida a consulta de cópia, com certificação de que esta confere com o original.

Parágrafo único. Na impossibilidade de obtenção de cópias, o interessado poderá solicitar que, a suas expensas e sob supervisão de servidor público, a reprodução seja feita por outro meio que não ponha em risco a conservação do documento original.

Art. 14. É direito do requerente obter o inteiro teor de decisão de negativa de acesso, por certidão ou cópia.

Seção II
Dos Recursos

Art. 15. No caso de indeferimento de acesso a informações ou às razões da negativa do acesso, poderá o interessado interpor recurso contra a decisão no prazo de 10 (dez) dias a contar da sua ciência.

Parágrafo único. O recurso será dirigido à autoridade hierarquicamente superior à que exarou a decisão impugnada, que deverá se manifestar no prazo de 5 (cinco) dias.

Art. 16. Negado o acesso a informação pelos órgãos ou entidades do Poder Executivo Federal, o requerente poderá recorrer à Controladoria-Geral da União, que deliberará no prazo de 5 (cinco) dias se:

I - o acesso à informação não classificada como sigilosa for negado;

II - a decisão de negativa de acesso à informação total ou parcialmente classificada como sigilosa não indicar a autoridade classificadora ou a hierarquicamente superior a quem possa ser dirigido pedido de acesso ou desclassificação;

III - os procedimentos de classificação de informação sigilosa estabelecidos nesta Lei não tiverem sido observados; e

IV - estiverem sendo descumpridos prazos ou outros procedimentos previstos nesta Lei.

§ 1º O recurso previsto neste artigo somente poderá ser dirigido à Controladoria-Geral da União depois de submetido à apreciação de pelo menos uma autoridade hierarquicamente superior àquela que exarou a decisão impugnada, que deliberará no prazo de 5 (cinco) dias.

§ 2º Verificada a procedência das razões do recurso, a Controladoria-Geral da União determinará ao órgão ou entidade que adote as providências necessárias para dar cumprimento ao disposto nesta Lei.

§ 3º Negado o acesso à informação pela Controladoria-Geral da União, poderá ser interposto recurso à Comissão Mista de Reavaliação de Informações, a que se refere o art. 35.

Art. 17. No caso de indeferimento de pedido de desclassificação de informação protocolado em órgão da administração pública federal, poderá o requerente recorrer ao Ministro de Estado da área, sem prejuízo das competências da Comissão Mista de Reavaliação de Informações, previstas no art. 35, e do disposto no art. 16.

§ 1º O recurso previsto neste artigo somente poderá ser dirigido às autoridades mencionadas depois de submetido à apreciação de pelo menos uma autoridade hierarquicamente superior à autoridade que exarou a decisão impugnada e, no caso das Forças Armadas, ao respectivo Comando.

§ 2º Indeferido o recurso previsto no **caput** que tenha como objeto a desclassificação de informação secreta ou ultrassecreta, caberá recurso à Comissão Mista de Reavaliação de Informações prevista no art. 35.

Art. 18. Os procedimentos de revisão de decisões denegatórias proferidas no recurso previsto no art. 15 e de revisão de classificação de documentos sigilosos serão objeto de regulamentação própria dos Poderes Legislativo e Judiciário e do Ministério Público, em seus respectivos âmbitos, assegurado ao solicitante, em qualquer caso, o direito de ser informado sobre o andamento de seu pedido.

Art. 19. (VETADO).

§ 1º (VETADO).

§ 2º Os órgãos do Poder Judiciário e do Ministério Público informarão ao Conselho Nacional de Justiça e ao Conselho Nacional do Ministério Público, respectivamente, as decisões que, em grau de recurso, negarem acesso a informações de interesse público.

Art. 20. Aplica-se subsidiariamente, no que couber, a Lei nº 9.784, de 29 de janeiro de 1999, ao procedimento de que trata este Capítulo.

CAPÍTULO IV
DAS RESTRIÇÕES DE ACESSO À INFORMAÇÃO
Seção I
Disposições Gerais

Art. 21. Não poderá ser negado acesso à informação necessária à tutela judicial ou administrativa de direitos fundamentais.

Parágrafo único. As informações ou documentos que versem sobre condutas que impliquem violação dos direitos humanos praticada por agentes públicos ou a mando de autoridades públicas não poderão ser objeto de restrição de acesso.

Art. 22. O disposto nesta Lei não exclui as demais hipóteses legais de sigilo e de segredo de justiça nem as hipóteses de segredo industrial decorrentes da exploração direta de atividade econômica pelo Estado ou por pessoa física ou entidade privada que tenha qualquer vínculo com o poder público.

Seção II
Da Classificação da Informação quanto ao Grau e Prazos de Sigilo

Art. 23. São consideradas imprescindíveis à segurança da sociedade ou do Estado e, portanto, passíveis de classificação as informações cuja divulgação ou acesso irrestrito possam:

I - pôr em risco a defesa e a soberania nacionais ou a integridade do território nacional;

II - prejudicar ou pôr em risco a condução de negociações ou as relações internacionais do País, ou as que tenham sido fornecidas em caráter sigiloso por outros Estados e organismos internacionais;

III - pôr em risco a vida, a segurança ou a saúde da população;

IV - oferecer elevado risco à estabilidade financeira, econômica ou monetária do País;

V - prejudicar ou causar risco a planos ou operações estratégicos das Forças Armadas;
VI - prejudicar ou causar risco a projetos de pesquisa e desenvolvimento científico ou tecnológico, assim como a sistemas, bens, instalações ou áreas de interesse estratégico nacional;
VII - pôr em risco a segurança de instituições ou de altas autoridades nacionais ou estrangeiras e seus familiares; ou
VIII - comprometer atividades de inteligência, bem como de investigação ou fiscalização em andamento, relacionadas com a prevenção ou repressão de infrações.

Art. 24. A informação em poder dos órgãos e entidades públicas, observado o seu teor e em razão de sua imprescindibilidade à segurança da sociedade ou do Estado, poderá ser classificada como ultrassecreta, secreta ou reservada.

§ 1º Os prazos máximos de restrição de acesso à informação, conforme a classificação prevista no **caput**, vigoram a partir da data de sua produção e são os seguintes:
I - ultrassecreta: 25 (vinte e cinco) anos;
II - secreta: 15 (quinze) anos; e
III - reservada: 5 (cinco) anos.

§ 2º As informações que puderem colocar em risco a segurança do Presidente e Vice-Presidente da República e respectivos cônjuges e filhos(as) serão classificadas como reservadas e ficarão sob sigilo até o término do mandato em exercício ou do último mandato, em caso de reeleição.

§ 3º Alternativamente aos prazos previstos no § 1º, poderá ser estabelecida como termo final de restrição de acesso a ocorrência de determinado evento, desde que este ocorra antes do transcurso do prazo máximo de classificação.

§ 4º Transcorrido o prazo de classificação ou consumado o evento que defina o seu termo final, a informação tornar-se-á, automaticamente, de acesso público.

§ 5º Para a classificação da informação em determinado grau de sigilo, deverá ser observado o interesse público da informação e utilizado o critério menos restritivo possível, considerados:
I - a gravidade do risco ou dano à segurança da sociedade e do Estado; e
II - o prazo máximo de restrição de acesso ou o evento que defina seu termo final.

Seção III
Da Proteção e do Controle de Informações Sigilosas

Art. 25. É dever do Estado controlar o acesso e a divulgação de informações sigilosas produzidas por seus órgãos e entidades, assegurando a sua proteção.

§ 1º O acesso, a divulgação e o tratamento de informação classificada como sigilosa ficarão restritos a pessoas que tenham necessidade de conhecê-la e que sejam devidamente credenciadas na forma do regulamento, sem prejuízo das atribuições dos agentes públicos autorizados por lei.

§ 2º O acesso à informação classificada como sigilosa cria a obrigação para aquele que a obteve de resguardar o sigilo.

§ 3º Regulamento disporá sobre procedimentos e medidas a serem adotados para o tratamento de informação sigilosa, de modo a protegê-la contra perda, alteração indevida, acesso, transmissão e divulgação não autorizados.

Art. 26. As autoridades públicas adotarão as providências necessárias para que o pessoal a elas subordinado hierarquicamente conheça as normas e observe as medidas e procedimentos de segurança para tratamento de informações sigilosas.

Parágrafo único. A pessoa física ou entidade privada que, em razão de qualquer vínculo com o poder público, executar atividades de tratamento de informações sigilosas adotará as providências necessárias para que seus empregados, prepostos ou representantes observem as medidas e procedimentos de segurança das informações resultantes da aplicação desta Lei.

Seção IV
Dos Procedimentos de Classificação, Reclassificação e Desclassificação

Art. 27. A classificação do sigilo de informações no âmbito da administração pública federal é de competência:
I - no grau de ultrassecreto, das seguintes autoridades:
a) Presidente da República;
b) Vice-Presidente da República;
c) Ministros de Estado e autoridades com as mesmas prerrogativas;
d) Comandantes da Marinha, do Exército e da Aeronáutica; e
e) Chefes de Missões Diplomáticas e Consulares permanentes no exterior;
II - no grau de secreto, das autoridades referidas no inciso I, dos titulares de autarquias, fundações ou empresas públicas e sociedades de economia mista; e
III - no grau de reservado, das autoridades referidas nos incisos I e II e das que exerçam funções de direção, comando ou chefia, nível DAS 101.5, ou superior, do Grupo-Direção e Assessoramento Superiores, ou de hierarquia equivalente, de acordo com regulamentação específica de cada órgão ou entidade, observado o disposto nesta Lei.

§ 1º A competência prevista nos incisos I e II, no que se refere à classificação como ultrassecreta e secreta, poderá ser delegada pela autoridade responsável a agente público, inclusive em missão no exterior, vedada a subdelegação.

§ 2º A classificação de informação no grau de sigilo ultrassecreto pelas autoridades previstas nas alíneas "d" e "e" do inciso I deverá ser ratificada pelos respectivos Ministros de Estado, no prazo previsto em regulamento.

§ 3º A autoridade ou outro agente público que classificar informação como ultrassecreta deverá encaminhar a decisão de que trata o art. 28 à Comissão Mista de Reavaliação de Informações, a que se refere o art. 35, no prazo previsto em regulamento.

Art. 28. A classificação de informação em qualquer grau de sigilo deverá ser formalizada em decisão que conterá, no mínimo, os seguintes elementos:
I - assunto sobre o qual versa a informação;
II - fundamento da classificação, observados os critérios estabelecidos no art. 24;
III - indicação do prazo de sigilo, contado em anos, meses ou dias, ou do evento que defina o seu termo final, conforme limites previstos no art. 24; e
IV - identificação da autoridade que a classificou.

Parágrafo único. A decisão referida no **caput** será mantida no mesmo grau de sigilo da informação classificada.

Art. 29. A classificação das informações será reavaliada pela autoridade classificadora ou por autoridade hierarquicamente superior, mediante provocação ou de ofício, nos termos e prazos previstos em regulamento, com vistas à sua desclassificação ou à redução do prazo de sigilo, observado o disposto no art. 24.

§ 1º O regulamento a que se refere o **caput** deverá considerar as peculiaridades das informações produzidas no exterior por autoridades ou agentes públicos.

§ 2º Na reavaliação a que se refere o **caput**, deverão ser examinadas a permanência dos motivos do sigilo e a possibilidade de danos decorrentes do acesso ou da divulgação da informação.

§ 3º Na hipótese de redução do prazo de sigilo da informação, o novo prazo de restrição manterá como termo inicial a data da sua produção.

Art. 30. A autoridade máxima de cada órgão ou entidade publicará, anualmente, em sítio à disposição na internet e destinado à veiculação de dados e informações administrativas, nos termos de regulamento:
I - rol das informações que tenham sido desclassificadas nos últimos 12 (doze) meses;
II - rol de documentos classificados em cada grau de sigilo, com identificação para referência futura;
III - relatório estatístico contendo a quantidade de pedidos de informação recebidos, atendidos e indeferidos, bem como informações genéricas sobre os solicitantes.
§ 1º Os órgãos e entidades deverão manter exemplar da publicação prevista no **caput** para consulta pública em suas sedes.
§ 2º Os órgãos e entidades manterão extrato com a lista de informações classificadas, acompanhadas da data, do grau de sigilo e dos fundamentos da classificação.

Seção V
Das Informações Pessoais

Art. 31. O tratamento das informações pessoais deve ser feito de forma transparente e com respeito à intimidade, vida privada, honra e imagem das pessoas, bem como às liberdades e garantias individuais.
§ 1º As informações pessoais, a que se refere este artigo, relativas à intimidade, vida privada, honra e imagem:
I - terão seu acesso restrito, independentemente de classificação de sigilo e pelo prazo máximo de 100 (cem) anos a contar da sua data de produção, a agentes públicos legalmente autorizados e à pessoa a que elas se referirem; e
II - poderão ter autorizada sua divulgação ou acesso por terceiros diante de previsão legal ou consentimento expresso da pessoa a que elas se referirem.
§ 2º Aquele que obtiver acesso às informações de que trata este artigo será responsabilizado por seu uso indevido.
§ 3º O consentimento referido no inciso II do § 1º não será exigido quando as informações forem necessárias:
I - à prevenção e diagnóstico médico, quando a pessoa estiver física ou legalmente incapaz, e para utilização única e exclusivamente para o tratamento médico;
II - à realização de estatísticas e pesquisas científicas de evidente interesse público ou geral, previstos em lei, sendo vedada a identificação da pessoa a que as informações se referirem;
III - ao cumprimento de ordem judicial;
IV - à defesa de direitos humanos; ou
V - à proteção do interesse público e geral preponderante.
§ 4º A restrição de acesso à informação relativa à vida privada, honra e imagem de pessoa não poderá ser invocada com o intuito de prejudicar processo de apuração de irregularidades em que o titular das informações estiver envolvido, bem como em ações voltadas para a recuperação de fatos históricos de maior relevância.
§ 5º Regulamento disporá sobre os procedimentos para tratamento de informação pessoal.

CAPÍTULO V
DAS RESPONSABILIDADES

Art. 32. Constituem condutas ilícitas que ensejam responsabilidade do agente público ou militar:
I - recusar-se a fornecer informação requerida nos termos desta Lei, retardar deliberadamente o seu fornecimento ou fornecê-la intencionalmente de forma incorreta, incompleta ou imprecisa;
II - utilizar indevidamente, bem como subtrair, destruir, inutilizar, desfigurar, alterar ou ocultar, total ou parcialmente, informação que se encontre sob sua guarda ou a que tenha acesso ou conhecimento em razão do exercício das atribuições de cargo, emprego ou função pública;
III - agir com dolo ou má-fé na análise das solicitações de acesso à informação;
IV - divulgar ou permitir a divulgação ou acessar ou permitir acesso indevido à informação sigilosa ou informação pessoal;
V - impor sigilo à informação para obter proveito pessoal ou de terceiro, ou para fins de ocultação de ato ilegal cometido por si ou por outrem;
VI - ocultar da revisão de autoridade superior competente informação sigilosa para beneficiar a si ou a outrem, ou em prejuízo de terceiros; e
VII - destruir ou subtrair, por qualquer meio, documentos concernentes a possíveis violações de direitos humanos por parte de agentes do Estado.
§ 1º Atendido o princípio do contraditório, da ampla defesa e do devido processo legal, as condutas descritas no **caput** serão consideradas:
I - para fins dos regulamentos disciplinares das Forças Armadas, transgressões militares médias ou graves, segundo os critérios neles estabelecidos, desde que não tipificadas em lei como crime ou contravenção penal; ou
II - para fins do disposto na Lei nº 8.112, de 11 de dezembro de 1990, e suas alterações, infrações administrativas, que deverão ser apenadas, no mínimo, com suspensão, segundo os critérios nela estabelecidos.
§ 2º Pelas condutas descritas no **caput**, poderá o militar ou agente público responder, também, por improbidade administrativa, conforme o disposto nas Leis nºs 1.079, de 10 de abril de 1950, e 8.429, de 2 de junho de 1992.
Art. 33. A pessoa física ou entidade privada que detiver informações em virtude de vínculo de qualquer natureza com o poder público e deixar de observar o disposto nesta Lei estará sujeita às seguintes sanções:
I - advertência;
II - multa;
III - rescisão do vínculo com o poder público;
IV - suspensão temporária de participar em licitação e impedimento de contratar com a administração pública por prazo não superior a 2 (dois) anos; e
V - declaração de inidoneidade para licitar ou contratar com a administração pública, até que seja promovida a reabilitação perante a própria autoridade que aplicou a penalidade.
§ 1º As sanções previstas nos incisos I, III e IV poderão ser aplicadas juntamente com a do inciso II, assegurado o direito de defesa do interessado, no respectivo processo, no prazo de 10 (dez) dias.
§ 2º A reabilitação referida no inciso V será autorizada somente quando o interessado efetivar o ressarcimento ao órgão ou entidade dos prejuízos resultantes e após decorrido o prazo da sanção aplicada com base no inciso IV.
§ 3º A aplicação da sanção prevista no inciso V é de competência exclusiva da autoridade máxima do órgão ou entidade pública, facultada a defesa do interessado, no respectivo processo, no prazo de 10 (dez) dias da abertura de vista.
Art. 34. Os órgãos e entidades públicas respondem diretamente pelos danos causados em decorrência da divulgação não autorizada ou utilização indevida de informações sigilosas ou informações pessoais, cabendo a apuração de responsabilidade funcional nos casos de dolo ou culpa, assegurado o respectivo direito de regresso.
Parágrafo único. O disposto neste artigo aplica-se à pessoa física ou entidade privada que, em virtude de vínculo de qualquer natureza com órgãos ou entidades, tenha acesso a informação sigilosa ou pessoal e a submeta a tratamento indevido.

CAPÍTULO VI
DISPOSIÇÕES FINAIS E TRANSITÓRIAS

Art. 35. (VETADO).

§ 1º É instituída a Comissão Mista de Reavaliação de Informações, que decidirá, no âmbito da administração pública federal, sobre o tratamento e a classificação de informações sigilosas e terá competência para:

I - requisitar da autoridade que classificar informação como ultrassecreta e secreta esclarecimento ou conteúdo, parcial ou integral da informação;

II - rever a classificação de informações ultrassecretas ou secretas, de ofício ou mediante provocação de pessoa interessada, observado o disposto no art. 7º e demais dispositivos desta Lei; e

III - prorrogar o prazo de sigilo de informação classificada como ultrassecreta, sempre por prazo determinado, enquanto o seu acesso ou divulgação puder ocasionar ameaça externa à soberania nacional ou à integridade do território nacional ou grave risco às relações internacionais do País, observado o prazo previsto no § 1º do art. 24.

§ 2º O prazo referido no inciso III é limitado a uma única renovação.

§ 3º A revisão de ofício a que se refere o inciso II do § 1º deverá ocorrer, no máximo, a cada 4 (quatro) anos, após a reavaliação prevista no art. 39, quando se tratar de documentos ultrassecretos ou secretos.

§ 4º A não deliberação sobre a revisão pela Comissão Mista de Reavaliação de Informações nos prazos previstos no § 3º implicará a desclassificação automática das informações.

§ 5º Regulamento disporá sobre a composição, organização e funcionamento da Comissão Mista de Reavaliação de Informações, observado o mandato de 2 (dois) anos para seus integrantes e demais disposições desta Lei.

Art. 36. O tratamento de informação sigilosa resultante de tratados, acordos ou atos internacionais atenderá às normas e recomendações constantes desses instrumentos.

Art. 37. É instituído, no âmbito do Gabinete de Segurança Institucional da Presidência da República, o Núcleo de Segurança e Credenciamento (NSC), que tem por objetivos:

I - promover e propor a regulamentação do credenciamento de segurança de pessoas físicas, empresas, órgãos e entidades para tratamento de informações sigilosas; e

II - garantir a segurança de informações sigilosas, inclusive aquelas provenientes de países ou organizações internacionais com os quais a República Federativa do Brasil tenha firmado tratado, acordo, contrato ou qualquer outro ato internacional, sem prejuízo das atribuições do Ministério das Relações Exteriores e dos demais órgãos competentes.

Parágrafo único. Regulamento disporá sobre a composição, organização e funcionamento do NSC.

Art. 38. Aplica-se, no que couber, a Lei nº 9.507, de 12 de novembro de 1997, em relação à informação de pessoa, física ou jurídica, constante de registro ou banco de dados de entidades governamentais ou de caráter público.

Art. 39. Os órgãos e entidades públicas deverão proceder à reavaliação das informações classificadas como ultrassecretas e secretas no prazo máximo de 2 (dois) anos, contado do termo inicial de vigência desta Lei.

§ 1º A restrição de acesso a informações, em razão da reavaliação prevista no **caput**, deverá observar os prazos e condições previstos nesta Lei.

§ 2º No âmbito da administração pública federal, a reavaliação prevista no **caput** poderá ser revista, a qualquer tempo, pela Comissão Mista de Reavaliação de Informações, observados os termos desta Lei.

§ 3º Enquanto não transcorrido o prazo de reavaliação previsto no **caput**, será mantida a classificação da informação nos termos da legislação precedente.

§ 4º As informações classificadas como secretas e ultrassecretas não reavaliadas no prazo previsto no **caput** serão consideradas, automaticamente, de acesso público.

Art. 40. No prazo de 60 (sessenta) dias, a contar da vigência desta Lei, o dirigente máximo de cada órgão ou entidade da administração pública federal direta e indireta designará autoridade que lhe seja diretamente subordinada para, no âmbito do respectivo órgão ou entidade, exercer as seguintes atribuições:

I - assegurar o cumprimento das normas relativas ao acesso a informação, de forma eficiente e adequada aos objetivos desta Lei;

II - monitorar a implementação do disposto nesta Lei e apresentar relatórios periódicos sobre o seu cumprimento;

III - recomendar as medidas indispensáveis à implementação e ao aperfeiçoamento das normas e procedimentos necessários ao correto cumprimento do disposto nesta Lei; e

IV - orientar as respectivas unidades no que se refere ao cumprimento do disposto nesta Lei e seus regulamentos.

Art. 41. O Poder Executivo Federal designará órgão da administração pública federal responsável:

I - pela promoção de campanha de abrangência nacional de fomento à cultura da transparência na administração pública e conscientização do direito fundamental de acesso à informação;

II - pelo treinamento de agentes públicos no que se refere ao desenvolvimento de práticas relacionadas à transparência na administração pública;

III - pelo monitoramento da aplicação da lei no âmbito da administração pública federal, concentrando e consolidando a publicação de informações estatísticas relacionadas no art. 30;

IV - pelo encaminhamento ao Congresso Nacional de relatório anual com informações atinentes à implementação desta Lei.

Art. 42. O Poder Executivo regulamentará o disposto nesta Lei no prazo de 180 (cento e oitenta) dias a contar da data de sua publicação.

Art. 43. O inciso VI do art. 116 da Lei nº 8.112, de 11 de dezembro de 1990, passa a vigorar com a seguinte redação:

> "Art. 116...
>
> VI - levar as irregularidades de que tiver ciência em razão do cargo ao conhecimento da autoridade superior ou, quando houver suspeita de envolvimento desta, ao conhecimento de outra autoridade competente para apuração;
>
> ...." (NR)

Art. 44. O Capítulo IV do Título IV da Lei nº 8.112, de 1990, passa a vigorar acrescido do seguinte art. 126-A:

"Art. 126-A. Nenhum servidor poderá ser responsabilizado civil, penal ou administrativamente por dar ciência à autoridade superior ou, quando houver suspeita de envolvimento desta, a outra autoridade competente para apuração de informação concernente à prática de crimes ou improbidade de que tenha conhecimento, ainda que em decorrência do exercício de cargo, emprego ou função pública."

Art. 45. Cabe aos Estados, ao Distrito Federal e aos Municípios, em legislação própria, obedecidas as normas gerais estabelecidas nesta Lei, definir regras específicas, especialmente quanto ao disposto no art. 9º e na Seção II do Capítulo III.

Art. 46. Revogam-se:

I - a Lei nº 11.111, de 5 de maio de 2005; e

II - os arts. 22 a 24 da Lei nº 8.159, de 8 de janeiro de 1991.

Art. 47. Esta Lei entra em vigor 180 (cento e oitenta) dias após a data de sua publicação.

Brasília, 18 de novembro de 2011;
190º da Independência e 123º da República.

Regimento Interno do Tribunal Regional Eleitoral de São Paulo

DISPOSIÇÃO INICIAL

Art. 1º - Este Regimento estabelece a composição, a competência e o funcionamento do Tribunal Regional Eleitoral de São Paulo e regula os procedimentos jurisdicionais e administrativos que lhe são atribuídos pela Constituição da República Federativa do Brasil e pela legislação eleitoral.

TÍTULO I
DO TRIBUNAL
CAPÍTULO I
DA ORGANIZAÇÃO DO TRIBUNAL
SEÇÃO I
DA COMPOSIÇÃO

Art. 2º - O Tribunal Regional Eleitoral de São Paulo, com sede na Capital e jurisdição em todo o Estado, compõe-se:

I - mediante eleição em escrutínio secreto:

a) de dois Juízes escolhidos pelo Tribunal de Justiça dentre os seus Desembargadores;

b)de dois Juízes escolhidos pelo Tribunal de Justiça dentre os Juízes de Direito;

II - de um Juiz escolhido pelo Tribunal Regional Federal da 3ª Região;

III - de dois Juízes, indicados em listas tríplices pelo Tribunal de Justiça, dentre seis Advogados de notável saber jurídico e idoneidade moral, que não sejam incompatíveis por lei, nomeados pelo Presidente da República.

§ 1º - Não podem fazer parte do Tribunal cônjuges, companheiros ou parentes consangüíneos ou afins, em linha reta ou colateral, até o quarto grau, excluindo-se, neste caso, o que tiver sido escolhido por último.

§ 2º - No período compreendido entre a homologação da convenção partidária destinada à escolha de candidatos e a apuração final da eleição, não poderão servir como Juízes no Tribunal o cônjuge, companheiro, parente consagüíneo ou afim, até o segundo grau, de candidato a cargo eletivo na circunscrição.

§ 3º - A nomeação de que trata o inciso III não poderá recair em cidadão que ocupe cargo público de que possa ser demitido "ad nutum", que seja diretor, proprietário ou sócio de empresa beneficiada com subvenção, privilégio, isenção ou favor, em virtude de contrato com a administração pública, ou que exerça mandato de caráter público federal, estadual ou municipal.

Art. 3º - Os substitutos dos Membros efetivos do Tribunal serão escolhidos pelo mesmo processo que os efetivos, em número igual ao de cada categoria.

Parágrafo único - Os Juízes substitutos terão os mesmos direitos, garantias, prerrogativas, deveres e impedimentos dos Juízes titulares.

Art. 4º - O Tribunal elegerá para sua Presidência um dos Desembargadores do Tribunal de Justiça, para servir por dois anos, contados da posse, cabendo ao outro o exercício cumulativo da Vice-Presidência e da Corregedoria Regional Eleitoral, sendo que presidirá o pleito e lhes dará posse o Juiz mais antigo.

§ 1º - A eleição de que trata este artigo será por escrutínio secreto, mediante cédula oficial que contenha o nome de dois Desembargadores.

§ 2º - Havendo empate na votação, considerar-se-á eleito o Desembargador mais antigo no Tribunal de Justiça e, se igual a antigüidade, o mais idoso.

§ 3º - No ato da posse, o Presidente e o Vice-Presidente prestarão compromisso solene nos termos semelhantes aos dos Membros do Tribunal.

§ 4º - Vagando o cargo de Presidente, assumirá o Vice-Presidente, que convocará nova eleição, no prazo máximo de trinta dias.

SEÇÃO II
DOS BIÊNIOS

Art. 5º - Os Juízes e seus substitutos servirão obrigatoriamente por dois anos e, facultativamente, por mais um biênio.

§ 1º - O biênio será contado ininterruptamente a partir da data da posse, sem o desconto do tempo de qualquer afastamento, salvo na hipótese do § 2º, do art. 2º deste Regimento.

§ 2º - Ocorrendo vaga do cargo de um dos Juízes do Tribunal, o substituto permanecerá em exercício até que seja designado e empossado o novo Juiz efetivo, salvo se ocorrer o vencimento também do seu biênio.

§ 3º - No caso de recondução para o segundo biênio, observar-se-ão as mesmas forma-lidades indispensáveis à primeira investidura.

§ 4º - Quando a recondução se operar antes do término do primeiro biênio, não haverá necessidade de nova posse, bastando para formalizar a permanência na condição de Membro do Tribunal, a simples anotação no termo da investidura inicial, contada para efeito de antigüidade a data da primeira posse.

§ 5º - Haverá necessidade de nova posse quando ocorrer interregno do exercício entre o primeiro e segundo biênios, hipótese em que, porém, será contado o período já exercido, para efeito de antigüidade.

Art. 6º - Até vinte dias antes do término do biênio de Juiz da classe de magistrados, ou imediatamente depois da vacância do cargo por motivo diverso, o Presidente comunicará o Tribunal competente para a escolha, esclarecendo, naquele caso, se se trata de primeiro ou de segundo biênio.

Art. 7º - Até noventa dias antes do término do biênio de Juiz da classe de advogados, ou imediatamente depois da vacância do cargo por motivo diverso, o Presidente comunicará o Tribunal competente para a indicação em lista tríplice, esclarecendo, naquele caso, se se trata de primeiro ou de segundo biênio.

Parágrafo único – A lista tríplice organizada pelo Tribunal de Justiça do Estado será encaminhada ao Tribunal Superior Eleitoral, fazendo-se acompanhar:

I - da menção da categoria do cargo a ser provido;

II - do nome do Juiz cujo lugar será preenchido e da causa da vacância;

III - da informação de se tratar do término do primeiro ou do segundo biênio, quando for o caso;

IV - de dados completos a respeito da qualificação de cada candidato, bem como declaração de inocorrência de impedimento ou incompatibilidade legal;

V - em relação a candidato que exercer qualquer cargo, função, ou emprego público, de informação sobre a natureza, forma de provimento ou investidura, bem como condições de exercício;
VI - de comprovante de mais de dez anos de efetiva atividade profissional para Juiz da classe de advogados;
VII - de ofício do Tribunal de Justiça do Estado, com as indicações dos nomes dos candidatos da classe de advogados e da data da sessão em que foram escolhidos;
VIII - de certidão negativa de sanção disciplinar da Seção da Ordem dos Advogados do Brasil – OAB, em que estiver inscrito o integrante da lista tríplice;
IX - quando o candidato houver ocupado cargo ou função que gere incompatibilidade temporária com a advocacia, deverá, ainda, apresentar comprovação de seu pedido de licenciamento profissional à OAB, nos termos do art. 12 da Lei nº 8.906/94 e da publicação da exoneração do cargo ou função;
X - de comprovação do efetivo exercício da advocacia pela inscrição na OAB, observado o disposto no art. 5º do Estatuto daquela Instituição;
XI - de certidões relativas a ações cíveis e criminais do foro estadual e federal da comarca onde reside o integrante da lista.

Art. 8º - Nenhum Juiz efetivo poderá voltar a integrar o Tribunal, na mesma classe ou em classe diversa, após servir por dois biênios consecutivos, salvo se transcorridos dois anos do término do segundo biênio.

§ 1º - O prazo de dois anos referido neste artigo somente poderá ser reduzido em caso de inexistência de outros Juízes que preencham os requisitos legais.

§ 2º - Para os efeitos deste artigo, consideram-se também consecutivos dois biênios quando entre eles houver ocorrido interrupção inferior a dois anos.

Art. 9º - Ao Juiz substituto, enquanto nessa categoria, aplicam-se as regras do artigo anterior, sendo-lhe permitido, entretanto, vir a integrar o Tribunal como efetivo.

Art. 10 - Compete ao Tribunal a apreciação da justa causa para dispensa da função eleitoral antes do transcurso do primeiro biênio.

Art. 11 - Perderá automaticamente a jurisdição eleitoral o Magistrado que se aposentar na Justiça Comum ou que terminar o respectivo período.

SEÇÃO III
DA POSSE

Art. 12 - Os Juízes efetivos tomarão posse perante o Tribunal e os substitutos perante o Presidente, obrigando-se uns e outros, por compromisso formal, a bem cumprir os deveres do cargo, de conformidade com a Constituição e as leis da República.

Parágrafo único - Os Juízes, efetivos e substitutos, prestarão o seguinte compromisso: "Prometo desempenhar bem e fielmente os deveres do cargo em que estou sendo empossado, cumprindo e fazendo cumprir a Constituição e as leis".

Art. 13 - O prazo para a posse será de trinta dias contados da publicação oficial da nomeação, podendo ser prorrogado pelo Tribunal por, no máximo, sessenta dias, desde que assim o requeira, motivadamente, o Juiz a ser compromissado.

Art. 14 - No caso de dois Juízes, de igual classe ou não, tomarem posse na mesma data, considerar-se-á mais antigo, para efeitos regimentais:
I - sucessivamente, ao que couber desempenhar os cargos de Presidente e Vice-Presidente do Tribunal e o Juiz integrante do Tribunal Regional Federal da 3ª Região;
II - o que tiver servido, por mais tempo, como substituto;
III - no caso de igualdade no exercício da substituição, o mais idoso;
IV - persistindo o empate, decidir-se-á por sorteio.

SEÇÃO IV
DAS FÉRIAS E LICENÇAS

Art. 15 - Os Juízes do Tribunal gozarão de férias coletivas nos períodos de 02 a 31 de janeiro e de 02 a 31 de julho de cada ano, as quais poderão ser interrompidas por exigência do serviço eleitoral, nos termos do art. 66, **§ 2º** da Lei Complementar nº 35.

Art. 16 - O Tribunal entrará em recesso nos feriados forenses compreendidos entre os dias 20 de dezembro e 6 de janeiro, inclusive nos termos do art. 62, inciso I, da Lei nº 5.010, de 30.4.1966 e Resolução TSE nº 19.763, de 17.12.1996.

Art. 17 - O Presidente e o Vice-Presidente poderão se revezar em plantões, por eles estabelecidos, durante o recesso e as férias coletivas, podendo convocar os Membros do Tribunal, se necessário, para sessões extraordinárias.

Art. 18 - Os Membros do Tribunal gozarão de férias e licenças nos casos e pela forma regulados em lei.

Art. 19 - Os Membros do Tribunal serão licenciados:
I - automaticamente e pelo mesmo prazo, em conseqüência de afastamento na Justiça Comum.
II - pelo Tribunal, quando se tratar de Membro da classe de magistrados afastados da Justiça Comum para servir exclusivamente à Justiça Eleitoral.

§ 1º - Os Juízes afastados de suas funções na Justiça Comum por motivo de férias ficarão automaticamente afastados da Justiça Eleitoral pelo tempo correspondente, exceto quando os períodos de férias coletivas coincidirem com a realização e apuração de eleição.

§ 2º - A aplicação da regra do parágrafo anterior é facultada aos cargos de Presidente e Vice-Presidente, que poderão optar por permanecer no exercício de suas funções eleitorais, não implicando retribuição pecuniária ou, ainda, compensação futura.

§ 3º - A licença para tratamento de saúde independe de exame ou inspeção quando inferior a trinta (30) dias, bastando atestado médico, a critério do Tribunal.

Art. 20 - Quando o serviço eleitoral exigir o Tribunal poderá solicitar o afastamento dos Juízes de seus cargos efetivos na Justiça Comum, sem prejuízo dos vencimentos.

Parágrafo único - O afastamento, em todos os casos, será por prazo certo ou enquanto subsistirem os motivos que o justifique, mediante solicitação fundamentada do Presidente do Tribunal.

Art. 21 - Nos casos de vacância do cargo, licença, férias individuais ou afastamento será obrigatoriamente convocado, pelo tempo que durar o motivo, o Juiz substituto da classe correspondente, na ordem de antigüidade.

Art. 22 - Nas ausências ou impedimentos eventuais de Juiz efetivo, somente será convocado Juiz substituto por exigência de *quorum* legal.

CAPÍTULO II
DA COMPETÊNCIA DO TRIBUNAL

Art. 23 - Compete ao Tribunal:

I - processar e julgar originariamente:

a)o registro, a substituição e o cancelamento do registro de candidatos a Governador, a Vice-Governador, ao Congresso Nacional e à Assembléia Legislativa;

b)os conflitos de competência entre os Juízes Eleitorais do Estado;

c)a exceção de incompetência;

d)as exceções de suspeição ou impedimento dos seus Membros, do Procurador Regional, dos Juízes, Escrivães, Chefes de Cartório e dos servidores de sua Secretaria;

e)os crimes eleitorais e os comuns que lhes forem conexos cometidos pelos Juízes Eleitorais, por Promotores Eleitorais, Deputados Estaduais, Prefeitos Municipais e demais autoridades estaduais que respondam perante o Tribunal de Justiça por crime de responsabilidade;

f)o "habeas corpus" e o mandado de segurança em matéria eleitoral contra ato de autoridades que respondam perante o Tribunal de Justiça por crime de responsabilidade ou, ainda, o "habeas corpus" quando houver perigo de se consumar violência antes que o Juiz competente possa prover sobre a impetração;

g)o mandado de segurança em matéria administrativa contra seus atos, de seu Presidente, de seus Membros, do Corregedor, dos Juízes Eleitorais e dos Membros do Ministério Público Eleitoral de primeiro grau;

h)os pedidos de "habeas data" e mandados de injunção, nos casos previstos na Constituição, quando versarem sobre matéria eleitoral;

i)as ações de impugnação de mandato eletivo estadual e federal, excetuado o cargo de Presidente da República;

j)as investigações judiciais previstas no art. 22 da Lei Complementar nº 64/90 em eleições estaduais;

k)as reclamações relativas a obrigações impostas por lei aos partidos políticos, quanto à sua contabilidade e à apuração da origem de seus recursos, as prestações de contas dos órgãos regionais e as referentes aos recursos empregados na campanha eleitoral estadual;

l)os pedidos de desaforamento dos feitos não decididos pelos Juízes Eleitorais em trinta (30) dias da sua conclusão para julgamento, formulado por partido, candidato, Ministério Público ou parte legitimamente interessada, sem prejuízo das sanções decorrentes do excesso de prazo;

m)representações e reclamações em matéria eleitoral ou administrativa relativa à sua organização ou atividade.

II - julgar os recursos interpostos:

a) dos atos e das decisões proferidas pelos Juízes, Juntas Eleitorais e pela Comissão Apuradora do Tribunal;

b) das decisões dos Juízes Eleitorais que concederem ou denegarem "habeas corpus", mandado de segurança, mandado de injunção e "habeas data";

c) dos atos e decisões do Presidente, do Corregedor Regional e dos Relatores.

III - elaborar o seu regimento interno;

IV - organizar a sua Secretaria e a Corregedoria Regional, provendolhes os cargos na forma da lei e propor ao Congresso Nacional, por intermédio do Tribunal Superior, a criação ou supressão de cargos e a fixação dos respectivos vencimentos;

V - conceder aos seus Membros e aos Juízes Eleitorais licença e afastamento do exercício dos cargos efetivos, submetendo, no caso de afastamento, a decisão à aprovação do Tribunal Superior;

VI - (Revogado pelo Assento Regimental nº 05, de 29.09.2011);

VII - constituir as Juntas Eleitorais e designar a respectiva sede e jurisdição;

VIII - constituir a Comissão Apuradora das eleições estaduais;

IX - apurar, com os resultados parciais enviados pelas Juntas Eleitorais, os resultados finais das eleições para Governador e Vice-Governador, bem como para o Congresso Nacional e Assembléia Legislativa, proclamando os eleitos, expedindo os respectivos diplomas e remetendo, dentro de dez (10) dias após a diplomação, cópias das atas de seus trabalhos ao Tribunal Superior, ao Congresso Nacional e à Assembléia Legislativa do Estado;

X - apurar as urnas das seções anuladas pelas Juntas Eleitorais que tenham sido validadas em grau de recurso;

XI - responder, sobre matéria eleitoral, às consultas que lhe forem feitas, em tese, por autoridade pública ou partido político;

XII - fixar a data das eleições para Governador e Vice-Governador, Deputados Estaduais, Prefeitos, Vice--Prefeitos e Vereadores, quando não determinada por disposição constitucional ou legal;

XIII - dividir a respectiva circunscrição em Zonas Eleitorais, submetendo essa divisão, assim como a criação de novas zonas, à aprovação do Tribunal Superior;

XIV - aprovar a designação de Ofício de Justiça que deva responder pela escrivania eleitoral durante o biênio;

XV - requisitar a força necessária ao cumprimento da lei e de suas decisões e solicitar ao Tribunal Superior a requisição de força federal;

XVI - eleger o seu Presidente e Vice-Presidente;

XVII - empossar os Membros efetivos do Tribunal, Presidente, Vice-Presidente e Corregedor Regional Eleitoral;

XVIII - aplicar aos Juízes Eleitorais as penas disciplinares de advertência e censura, comunicando ao Presidente do Tribunal de Justiça e ao Corregedor-Geral da Justiça;

XIX - fixar dia e hora das sessões ordinárias;

XX - cumprir e fazer cumprir as decisões e instruções do Tribunal Superior;

XXI - expedir instruções e resoluções para o exato cumprimento das normas eleitorais;

XXII - determinar, em caso de urgência, providências para a execução da lei na circunscrição;

XXIII - organizar e manter atualizado o cadastro dos eleitores do Estado;

XXIV - providenciar a impressão de boletins e mapas de apuração, cujos modelos, adaptados às peculiaridades locais, tenham sido aprovados pelo Tribunal Superior;

XXV - proceder ao registro dos comitês que aplicarão os recursos financeiros destinados à propaganda e campanha eleitoral nos pleitos de âmbito estadual ;

XXVI - manifestar-se sobre a regularidade de tomadas de contas quando o Presidente tenha sido o ordenador das despesas;

XXVII - consultar o Tribunal Superior sobre matéria de alcance nacional;

XXVIII - dar publicidade, na Imprensa Oficial do Estado, de suas resoluções, acórdãos, editais e pautas de julgamento, bem como de determinações, despachos, atos e avisos baixados pela Presidência, Corregedoria ou pelos seus Juízes;

XXIX - designar Juízes de Direito para as funções de Juízes Eleitorais, inclusive nos casos de substituição;
XXX - designar Juízes Auxiliares do Tribunal e dos Juízos Eleitorais.

CAPÍTULO III
DAS ATRIBUIÇÕES DO PRESIDENTE

Art. 24 - Compete ao Presidente do Tribunal:
I - presidir as sessões do Tribunal, propor e encaminhar as questões, registrar e apurar os votos, proclamar o resultado e subscrever a respectiva súmula de julgamento;
II - proferir voto nos julgamentos em que houver empate;
III - assinar as atas das sessões junto com o Secretário do Tribunal;
IV - assinar as Resoluções com os demais Membros e o Procurador Regional Eleitoral;
V - convocar sessões extraordinárias;
VI - assinar a ata de distribuição dos processos do Tribunal;
VII - conhecer, em grau de recurso, das decisões administrativas do Diretor-Geral da Secretaria;
VIII - exercer o juízo de admissibilidade nos recursos especiais;
IX - encaminhar ao Tribunal Superior os recursos especiais que admitir e os ordinários interpostos das decisões do Tribunal;
X - relatar as tomadas de contas de verba federal e estadual e os recursos administrativos;
XI - decidir pedido de suspensão da execução de liminar e de sentença em mandado de segurança, na forma do art. 4º da Lei nº 4.348/64;
XII - *(Revogado pelo Assento Regimental nº 01, de 25.07.2006)*
XIII - despachar, durante as férias coletivas e no recesso do Tribunal, em processos já distribuídos, quando a urgência o exigir;
XIV - praticar "ad referendum" do Tribunal todos os atos necessários ao bom andamento da Corte, submetendo a decisão à homologação pelo Plenário, na primeira sessão de julgamento que se realizar;
XV - apresentar ao Tribunal, na última sessão ordinária que anteceder o término do mandato, relatório circunstanciado dos trabalhos efetuados em sua gestão;
XVI - expedir atos, ofícios e portarias para cumprimento das resoluções do Tribunal;
XVII - cumprir e fazer cumprir as deliberações do Tribunal e as suas próprias decisões;
XVIII - dar posse aos Juízes substitutos do Tribunal e ao Diretor-Geral;
XIX - comunicar ao Tribunal Superior o afastamento de seus Membros que estejam no exercício dos cargos efetivos;
XX - representar o Tribunal nas solenidades e atos oficiais, bem como junto às autoridades constituídas ou órgãos federais, estaduais e municipais;
XXI - despachar os expedientes dirigidos ao Tribunal, inclusive inquéritos policiais;
XXII - prestar informações aos Tribunais Superiores e demais órgãos, quando requisitadas;
XXIII - abrir, rubricar e assinar os termos de abertura e encerramento dos livros no âmbito de sua competência;
XXIV - supervisionar os trabalhos das eleições estaduais e municipais, inclusive expedindo instruções;
XXV - designar data para a renovação de eleições;
XXVI - designar, na hipótese de renovação de eleições em mais de uma seção da mesma zona, os Juízes que deverão presidir as respectivas Juntas Eleitorais;
XXVII - nomear os Membros das Juntas Eleitorais, depois de aprovados pelo Tribunal;
XXVIII - mandar publicar, no prazo legal, listagem dos candidatos registrados, comunicando aos partidos interessados eventuais cancelamentos;
XXIX - presidir a Comissão Apuradora quando se tratar de eleições gerais;
XXX - mandar publicar na Imprensa Oficial os resultados finais das eleições federais, estaduais e municipais;
XXXI - assinar os diplomas dos candidatos eleitos para cargos estaduais e federais, excetuado o cargo de Presidente da República;
XXXII - comunicar a diplomação de militar candidato a cargo eletivo federal e estadual à autoridade à qual esteja aquele subordinado;
XXXIII - determinar e superintender a remessa de material eleitoral aos Juízes ou a outra autoridade competente;
XXXIV - determinar, mediante despacho, as anotações relativas aos diretórios e comissões provisórias dos partidos políticos;
XXXV - aprovar e encaminhar ao Tribunal Superior a proposta orçamentária e plurianual, solicitando, quando necessária, a abertura de créditos suplementares;
XXXVI - aprovar o registro cadastral de habilitação de firmas, aplicando aos fornecedores ou executantes de obras e serviços, quando inadimplentes, as penalidades previstas em lei;
XXXVII - autorizar a realização de licitações para compras, obras e serviços; aprová-las, revogá-las ou anulá-las, podendo dispensá-las nos casos previstos em lei;
XXXVIII - aprovar e assinar os contratos que devam ser celebrados com o Tribunal;
XXXIX - ordenar o empenho de despesas e autorizar pagamentos dentro dos créditos distribuídos, submetendo ao Tribunal a tomada de contas anual;
XL - conceder suprimento de numerários;
XLI - delegar aos Membros do Tribunal, ao Juiz Assessor da Presidência e ao Diretor-Geral da Secretaria, temporariamente, as atribuições que não lhe sejam exclusivas;
XLII - instaurar e processar sindicância contra Juízes Membros do Tribunal, submetendo a conclusão à apreciação do Plenário;
XLIII - afastar, preventivamente, "ad referendum" do Tribunal, o Juiz Eleitoral;
XLIV - conceder férias e licença ao Diretor-Geral e designar o substituto;
XLV - sustar férias dos servidores do Quadro da Secretaria, por necessidade de serviço;
XLVI - nomear, promover, exonerar, demitir e aposentar, nos termos da lei, os servidores do Quadro da Secretaria;
XLVII - nomear e exonerar os ocupantes dos cargos em comissão, bem como designar e exonerar os detentores de funções comissionadas da Secretaria e dos cartórios eleitorais, inclusive os da Corregedoria, sendo que estes serão previamente indicados pelo Corregedor Regional;
XLVIII - aplicar aos funcionários da Secretaria penas disciplinares, inclusive a de demissão;
XLIX - autorizar a realização de concursos para provimento dos cargos da Secretaria, nomear a respectiva comissão e homologar os resultados;

L - requisitar funcionários federais, estaduais e municipais quando o exigir o acúmulo ocasional ou a necessidade do serviço da Secretaria e das Zonas Eleitorais e promover a respectiva dispensa;

LI - conceder licenças e afastamentos aos servidores do Quadro da Secretaria, à exceção de licença médica;

LII - regulamentar a prestação de serviços extraordinários nos períodos eleitorais;

LIII - conceder vantagens e benefícios aos servidores do Quadro da Secretaria, dispensando o deferimento caso a caso nas hipóteses em que a matéria esteja previamente regulada;

LIV - conceder diárias para o Vice-Presidente e demais Membros do Tribunal, para os Juízes Eleitorais, Assessor da Presidência, Assessor da Corregedoria e Diretor-Geral; *(Inciso alterado pelo art. 1º do Assento Regimental nº 07, de 13.03.2014)*

LV - supervisionar os serviços da Secretaria do Tribunal, expedindo instruções;

LVI - aprovar o regulamento de pessoal;

LVII - expedir atos regulamentando matéria administrativa;

LVIII - organizar a pauta das sessões de julgamento; *(Inciso incluído pelo art. 2º do Assento Regimental nº 06, de 16.01.2014)*

LIX - desempenhar outras atribuições que lhe forem conferidas por lei e por este Regimento. *(Inciso renumerado pelo art. 1º do Assento Regimental nº 06, de 16.01.2014)*

Art. 25 – Junto à Presidência, oficiará Juiz Assessor, designado pelo Tribunal de Justiça, que terá as atribuições que lhe forem delegadas pelo Presidente, entre as que não lhe sejam exclusivas.

CAPÍTULO IV
DAS ATRIBUIÇÕES DO VICE-PRESIDENTE

Art. 26 - O Vice-Presidente exerce as suas funções cumulativamente com as de Corregedor Regional Eleitoral e de Membro do Tribunal.

Art. 27 - Compete ao Vice-Presidente:

I - substituir o Presidente nas férias, licenças, impedimentos e ausências ocasionais;

II - assumir a Presidência do Tribunal, em caso de vaga, convocando nova eleição, no prazo máximo de trinta (30) dias;

§ 1º - O Vice-Presidente, no caso do inciso I, quando no exercício da Presidência, não será substituído nos feitos em que seja Relator e terá voto nas mesmas condições que os demais, sendo que no caso de empate o feito será adiado até o retorno do Presidente.

§ 2º - O Vice-Presidente, no caso do inciso I, quando no exercício da Presidência, e por ocasião do julgamento de feitos dos demais Relatores, não terá voto, exceto em caso de empate.

§ 3º - No impedimento ocasional, o Vice-Presidente será substituído pelo Juiz mais antigo.

Art. 28 - No caso de férias, licenças, faltas e impedimentos do Vice-Presidente, será convocado o respectivo substituto e, no caso de vacância, o substituto assumirá o cargo até a posse do novo titular.

Art. 29 - Na ausência do Presidente, o Vice-Presidente poderá praticar "ad referendum" do Tribunal todos os atos necessários ao bom andamento da Corte, submetendo a decisão à homologação pelo Plenário, na primeira sessão de julgamento que se realizar.

CAPÍTULO V
DAS ATRIBUIÇÕES DO CORREGEDOR REGIONAL ELEITORAL

Art. 30 - O Corregedor terá jurisdição em todo o Estado, incumbindolhe as seguintes atribuições:

I - cumprir e fazer cumprir as determinações do Tribunal Regional Eleitoral e do Tribunal Superior Eleitoral;

II - velar pela fiel execução das leis e instruções, bem como pela boa ordem e celeridade dos serviços eleitorais;

III - expedir provimentos, portarias, ofícios, avisos, memorandos, telegramas, fac-símiles, ou seja, as ordens necessárias ao bom e regular funcionamento dos serviços eleitorais, sob sua correição;

IV - realizar ou determinar correição ordinária anual nos cartórios eleitorais;

V - determinar a realização de inspeções nos cartórios eleitorais;

VI - supervisionar, orientar, treinar e fiscalizar os atos cartorários;

VII - orientar os Juízes Eleitorais, relativamente à execução e regularidade dos serviços;

VIII - verificar se são observados, nos processos e atos eleitorais, os prazos legais; se há ordem e regularidade nos papéis, fichários e livros, devidamente escriturados os últimos e conservados de modo a preservá-los de perda, extravio ou qualquer dano e se os Juízes, Escrivães e Chefes de Cartório mantêm perfeita exação no cumprimento de seus deveres;

IX - verificar se há erros, abusos ou irregularidades que devam ser corrigidos, evitados ou sanados, determinando, por provimento ou circular, a providência a ser tomada ou a corrigenda a fazer-se;

X - exigir, quando em correição na zona eleitoral, que o oficial de registro civil informe quais os óbitos de pessoas alistáveis ocorridos nos dois meses anteriores à sua fiscalização, a fim de apurar se está sendo observada a legislação em vigor;

XI - proceder, nos autos que lhe forem afetos ou nas reclamações, à correição que se impuser e determinar as providências cabíveis;

XII - comunicar ao Presidente do Tribunal Regional Eleitoral a sua ausência, quando se locomover, em correição, para qualquer Zona fora da Capital;

XIII - comunicar ao Tribunal Regional, através do Presidente, a falta grave ou procedimento que não couber, na sua atribuição, corrigir;

XIV - conhecer, processar e relatar reclamações e representações contra Juízes Eleitorais, encaminhando-as ao Tribunal para julgamento;

XV - sem prejuízo da competência do Juiz Eleitoral, processar reclamações e representações contra Escrivães, Chefes e funcionários dos cartórios eleitorais, bem como presidir sindicâncias, nos termos da Resolução TSE nº 7.651/65, observado o rito da Lei nº 8.112/90, e decidir ou delegar a atribuição ao Juiz Eleitoral competente, para instrução e julgamento;

XVI - determinar a apuração de notícia de crime eleitoral e verificar se as denúncias já oferecidas têm curso normal;

XVII - aplicar aos Escrivães, Chefes e funcionários de cartório a pena disciplinar de advertência ou suspensão até trinta (30) dias, conforme a gravidade da falta, remetidos os autos com relatório ao Tribunal para julgamento, se entender necessário o afastamento do servidor de suas funções eleitorais;

XVIII - avocar reclamações e representações instauradas perante Juízos Eleitorais, bem como julgar os recursos interpostos contra decisões que impuserem penalidades;
XIX - convocar, à sua presença, o Juiz Eleitoral que deva, pessoalmente, prestar informações de interesse para a Justiça Eleitoral ou indispensáveis à solução de caso concreto;
XX - presidir sindicâncias contra Juízes Eleitorais, nas quais é obrigatória a presença do Procurador Regional Eleitoral;
XXI - conhecer, processar e relatar investigação judicial prevista na Lei Complementar nº 64/90, nas eleições estaduais;
XXII - relatar as representações relativas aos pedidos de veiculação dos programas político-partidários, na modalidade de inserções estaduais;
XXIII - conhecer, processar e relatar as representações relativas a irregularidades na propaganda político-partidária, na modalidade de inserções;
XXIV - conhecer, processar e relatar as representações relativas à revisão e correição do eleitorado;
XXV - delegar atribuições, mediante carta de ordem, aos Juízes Eleitorais, para as diligências necessárias;
XXVI - encaminhar às demais Corregedorias Regionais,periodicamente, relação de falecidos e condenados que não forem eleitores deste Estado;
XXVII - manter, na devida ordem, a Secretaria da Corregedoria e exercer a fiscalização de seus serviços;
XXVIII - indicar ao Presidente os nomes dos servidores que exercerão ou serão exonerados de função comissionada pertencente à Corregedoria;
XXIX - oficiar todos os anos, até o quinto (5º) dia do mês de dezembro, ao Congresso Nacional, Assembléia Legislativa e Câmara Municipal, a fim de solicitar informações sobre eventual rejeição de contas
relativas aos exercícios de cargos ou funções públicas, nos termos da letra "g", inciso I, art. 1º, da Lei Complementar nº 64/90, comunicando, em caso positivo, o fato às respectivas Zonas Eleitorais;
XXX - apresentar no mês de dezembro de cada ano Relatório Anual das Atividades da Corregedoria para o Tribunal Regional e Corregedoria-Geral da Justiça Eleitoral, acompanhado de elementos elucidativos e oferecendo sugestões que devam ser examinadas no interesse da Justiça Eleitoral.

Art. 31 - No desempenho de suas atribuições, o Corregedor se locomoverá para as Zonas Eleitorais:
I - por determinação do Tribunal Superior ou deliberação do Tribunal Regional;
II - a pedido dos Juízes Eleitorais;
III - a requerimento de partido político, deferido pelo Tribunal;
IV - sempre que entender necessário.

Art. 32 - Ao Corregedor Regional compete elaborar o Regimento Interno da Correge-doria, submetendo-o à apreciação do Tribunal.

Art. 32-A. Junto à Corregedoria, oficiará Juiz Assessor, designado pelo Tribunal de Justiça, que terá as atribuições que lhe forem delegadas pelo Corregedor Regional Eleitoral, entre as que não lhe sejam exclusivas. *(Artigo incluído pelo art. 2º do Assento Regimental nº 07, de 13.03.2014)*

CAPÍTULO VI
DO PROCURADOR REGIONAL ELEITORAL

Art. 33 - Funcionará junto ao Tribunal, como Procurador Regional Eleitoral, o Membro do Ministério Público Federal designado pelo Procurador-Geral da República.
§ 1º - Nas faltas, férias, licenças ou impedimentos ocasionais do Procurador Regional Eleitoral, funcionará o seu substituto legal.
§ 2º - Solicitar a designação de Membros do Ministério Público do Estado, para auxiliá-lo, sem prejuízo das respectivas funções, que não terão assento nas sessões do Tribunal.

Art. 34 - Compete ao Procurador Regional Eleitoral, sem prejuízo de outras atribuições que lhe forem conferidas por lei:
I - assistir às sessões do Tribunal e participar das discussões, bem como assinar as resoluções;
II - exercer a ação pública e promovê-la até final, em todos os feitos de competência originária do Tribunal;
III - oficiar em todos os recursos e conflitos de competência submetidos ao Tribunal;
IV - manifestar-se, por escrito ou oralmente, em todos os demais assuntos submetidos à deliberação do Tribunal, quando solicitada sua audiência por qualquer dos Juízes, ou por iniciativa própria, se entender necessário;
V - representar ao Tribunal visando assegurar a fiel observância das leis eleitorais, especialmente quanto à sua aplicação uniforme em toda a circunscrição;
VI - requisitar diligências, certidões e esclarecimentos necessários ao desempenho de suas atribuições;
VII - requerer o arquivamento dos inquéritos policiais quando entender não seja caso de oferecer denúncia;
VIII - acompanhar, obrigatoriamente, por si ou por delegado seu, os inquéritos em que sejam indiciados Juízes Eleitorais, bem como, quando solicitado, o Corregedor, nas diligências que realizar;
IX - acompanhar, como parte ou como fiscal da lei, a realização de audiências nos processos de investigação judicial, no âmbito da competência deste Tribunal;
X - expedir instruções aos Promotores Eleitorais;
XI - funcionar junto à Comissão Apuradora de Eleições, constituída pelo Tribunal;
XII - tomar a providência a que alude o art. 224, **§ 1º**, do Código Eleitoral;
XIII - promover, junto ao Procurador-Geral da Justiça do Estado, a designação dos Membros do Ministério Público Estadual para exercerem as funções de Promotor Eleitoral junto aos Juízes e Juntas Eleitorais.

(...)

EXERCÍCIOS DO ÚLTIMO CONCURSO TRE/SP (2012)

01. Felipe, Presidente do Tribunal Regional Eleitoral de São Paulo, faleceu após um ano de exercício na Presidência. Em razão da vacância do cargo, assumiu o Vice-Presidente, Ricardo, que convocará nova eleição, no prazo máximo de

a) trinta dias.
b) quarenta dias.
c) quarenta e cinco dias.
d) sessenta dias.
e) noventa dias.

02. Xisto, Desembargador do Tribunal de Justiça de São Paulo, com 68 anos de idade, é membro do Tribunal Regional Eleitoral de São Paulo. Em março de 2012, Xisto aposentar-se-á na Justiça Comum. Nesse caso, Xisto

a) perderá a jurisdição eleitoral apenas se formular requerimento expresso nesse sentido.
b) permanecerá com a jurisdição eleitoral até o término do ano de 2012.
c) perderá automaticamente a jurisdição eleitoral.
d) permanecerá com a jurisdição eleitoral até completar 70 anos.
e) permanecerá com a jurisdição eleitoral até o término de seu biênio (e de eventual prorrogação).

03. Em razão de exigência do serviço eleitoral, o Tribunal Regional Eleitoral de São Paulo solicitou o afastamento do juiz José de seu cargo efetivo na Justiça Comum. Referido afastamento

a) será sempre por prazo certo e com prejuízo dos seus vencimentos.
b) não será válido, pois o Regimento Interno do TRESP não prevê tal modalidade de afastamento.
c) será sempre por prazo indeterminado.
d) perdurará enquanto subsistirem os motivos que o justifique, mediante solicitação fundamentada da Corregedoria do Tribunal.
e) dar-se-á sem prejuízo dos seus vencimentos.

04. Genésio é Vice-Presidente do Tribunal Regional Eleitoral de São Paulo e está substituindo o Presidente do Tribunal, que se encontra em gozo de férias. Nessa situação, Genésio

a) será substituído nos feitos em que seja Relator pelo Corregedor Regional Eleitoral.
b) não será substituído nos feitos em que seja Relator e terá voto nas mesmas condições que os demais.
c) não será substituído nos feitos em que seja Relator, porém seu voto terá peso maior que os demais, uma vez que representa o Presidente.
d) será substituído nos feitos em que seja Relator pelo Juiz integrante do Tribunal Regional Federal da 3a Região.
e) deverá comunicar o fato ao Pleno do Tribunal, que suspenderá o julgamento de feitos nos quais Genésio seja Relator.

05. NÃO se inclui na competência do Presidente do Tribunal Regional Eleitoral de São Paulo:

a) comunicar a diplomação de militar candidato a cargo eletivo federal e estadual à autoridade à qual esteja aquele subordinado.
b) despachar os expedientes dirigidos ao Tribunal, inclusive inquéritos policiais.
c) relatar as tomadas de contas de verba federal e estadual e os recursos administrativos.
d) aplicar aos funcionários da Secretaria penas disciplinares, excluída a de demissão, que compete ao Pleno do Tribunal.
e) designar data para a renovação de eleições.

06. João é Juiz do TRE-SP pertencente à classe dos magistrados e Bento é Juiz do TRE-SP pertencente à classe dos advogados. Ambos estão encerrando seus biênios e, por tal razão, deixarão os respectivos cargos no referido Tribunal. O Presidente do TRE-SP deverá comunicar aos Tribunais competentes sobre a situação de João e de Bento, para a escolha dos novos integrantes, respectivamente, até

a) cinco e quarenta dias antes do término do biênio.
b) dez e quarenta e cinco dias antes do término do biênio.
c) dez e sessenta dias antes do término do biênio.
d) vinte e trinta dias antes do término do biênio.
e) vinte e noventa dias antes do término do biênio.

07. Nos termos do Regimento Interno do Tribunal Regional Eleitoral de São Paulo, o Vice-Presidente do Tribunal, quando afastado de suas funções na Justiça Comum por motivo de férias,

a) permanecerá obrigatoriamente no exercício de suas funções eleitorais, ainda que o período das férias não coincida com a realização e apuração de eleição.
b) ficará obrigatoriamente afastado da Justiça Eleitoral pelo tempo correspondente, sem que qualquer Juiz o substitua nesse período.
c) poderá optar por permanecer no exercício de suas funções eleitorais, o que implicará em retribuição pecuniária.
d) poderá optar por permanecer no exercício de suas funções eleitorais, não implicando, todavia, em compensação futura.
e) será substituído pelo Procurador Regional Eleitoral durante o afastamento.

08. Considere:

I. Conhecer, processar e relatar reclamações e representações contra Juízes Eleitorais, encaminhando-as ao Tribunal para julgamento.

II. Presidir sindicâncias contra Juízes Eleitorais, nas quais é obrigatória a presença do Procurador Regional Eleitoral.

III. Relatar as tomadas de contas de verbas federal e estadual e os recursos administrativos.

IV. Mandar publicar, no prazo legal, listagem dos candidatos registrados, comunicando aos partidos interessados eventuais cancelamentos.

Compete ao Presidente do TRE-SP as condutas indicadas APENAS em

a) I e II.
b) I e III.
c) III e IV.
d) I, III e IV.
e) II, III e IV.

09. Deocleciano, Desembargador do Tribunal de Justiça de São Paulo, fará parte da composição do Tribunal Regional Eleitoral de São Paulo. De acordo com o Regimento do TRE-SP, o prazo para a posse, contados da publicação oficial da nomeação, será de

a) trinta dias, improrrogáveis.
b) trinta dias prorrogáveis excepcionalmente pelo TRE-SP por, no máximo, sessenta dias.
c) quarenta e cinco dias, improrrogáveis.
d) quarenta e cinco dias prorrogáveis excepcionalmente pelo TRE-SP por igual período.
e) sessenta dias prorrogáveis excepcionalmente pelo TRE-SP por, no máximo, noventa dias.

10. Ao Tribunal Regional Eleitoral de São Paulo, compete processar e julgar, dentre outras, originariamente:

a) os pedidos de desaforamento dos feitos decididos pelos Juízes Eleitorais, dentro do prazo de trinta dias da sua conclusão para julgamento, desde que formulado por partido concorrente ao pleito.
b) o mandado de segurança em matéria judicial contra seus atos, de seu Vice-Presidente, de seus Membros, do Corregedor, dos Membros das Juntas Eleitorais e dos Membros do Ministério Público Eleitoral de segundo grau.
c) o habeas corpus em matéria eleitoral contra ato de autoridades que respondam perante o Tribunal de Justiça por crime comum ou, ainda, o habeas corpus, após provida a impetração por Juiz competente.
c) os crimes eleitorais e os comuns que não lhes forem conexos cometidos pelos Juízes Eleitorais, por Promotores Eleitorais, Deputados Estaduais, Deputados Federais, Prefeitos Municipais e demais autoridades estaduais que respondam perante o Tribunal de Justiça por crime de comum.
e) as ações de impugnação de mandato eletivo estadual e federal, excetuado o cargo de Presidente da República.

11. Considere:

I. Os Membros do TRE/SP serão licenciados automaticamente e pelo mesmo prazo, em conseqüência de afastamento na Justiça Comum.

II. A licença para tratamento de saúde de Membro do TRE/SP independe de exame ou inspeção quando inferior a trinta dias, bastando atestado médico, a critério do Tribunal.

III. Nos casos de vacância do cargo, licença ou afastamento, será obrigatoriamente convocado, por períodos sucessivos de quinze dias, o Juiz substituto, na ordem de merecimento.

IV. Os Juízes afastados de suas funções na Justiça Comum por motivo de férias individuais ou coletivas, ainda que estas coincidam com a realização e apuração de eleição, ficarão automaticamente afastados da Justiça Eleitoral pelo tempo correspondente.

V. Nas ausências ou impedimentos eventuais de Juiz efetivo, somente será convocado Juiz substituto por exigência de quorum legal.

É correto o que consta APENAS em

a) I, II e V.
b) I, III e IV.
c) II e IV.
d) II, IV e V.
e) III e V.

Gabarito

01. E	**02. C**	**03. E**	**04. B**	**05. D**
06. E	**07. D**	**08. C**	**09. B**	**10. E**
11. A				

Cód.: 0690
Básico dos Tribunais
Esp.: Série Concursos
07/15

Caro(a) leitor(a),

Sua opinião é fundamental para que possamos corrigir eventuais falhas e continuar melhorando sempre a qualidade de nosso material didático, de modo a atender cada vez mais às suas expectativas, como é o nosso objetivo.
Assim sendo, gostaríamos de saber o que você achou desta apostila e, para isto, solicitamos-lhe a gentileza de preencher o formulário abaixo e entregá-lo em qualquer agência dos Correios. A postagem é gratuita.

Agradecemos a sua colaboração.

Atenção: Esta carta não será respondida.

Para entrar em contato conosco, envie um e-mail para: *faleconosco@degraucultural.com.br*

Os Editores

Nome: ______________________________

Formação: _______________ Atividade profissional: _______________

Endereço: ____________________ Bairro: __________

Cidade: ____________________ UF: _____ CEP: __________

Telefone residencial: _______________ Telefone comercial: _______________

E-mail: ____________________ Fax: _______________

Título da apostila:	
Edição:	**Código (favor ver na última página):**

Quais são os aspectos mais positivos desta apostila e como eles lhe foram úteis?

____

____

Que aspectos desta apostila você acha que poderiam ser melhorados e qual seria a sua sugestão?

____

____

Espaço reservado para outras observações que você queira fazer sobre este material:

____

____

corte aqui

cole aqui

dobre aqui

DEGRAU CULTURAL

Carta Resposta
099122107-9/2003-DR/RJ
Editora
Degrau Cultural
CORREIOS

CARTA RESPOSTA

NÃO É NECESSÁRIO SELAR

O selo será pago por

EDITORA DEGRAU CULTURAL

AG. AFONSO CAVALCANTI
20299-999 Rio de Janeiro - RJ